مَاتَ إِلَهُ الغَرَابِيب

كريم المحروس

مَاتَ إِلَهُ الغَرَابِيب

اِفْتِراقُ الأُمَّةِ المُتَحَيِّرَةِ بَعْدَ نَبِيِّها المَخْذُولَةِ بِعِصْيانِها

الفهرس

المُقَدِّمَةُ 11

التَّمْهِيد 29

الفَصْلُ الأَوَّل

تَرَقُّبُ الاخْتِلالِ في مَوازِينِ الإِمْرَة 45

خُطُواتٌ مَيْسُورَةٌ تُنجِزُ فَلْتَه 49

الاصْطِفافُ المُلزِم لِتَصْحِيح مَرتَبَةِ الإِمْرَة 59

الأَرَاذِل والأَذِلّاء على قِمَّةِ التَّصْنِيفِ الاجْتِماعِي 75

انْقلابُ الدِّين إلى سَلْطَنَة 87

أَزْمَةُ التَّفريط في أصالَة الحُرِّيَّة 91

المُمْكِنُ يُؤمِّن لِلفُرْقَةِ وَقُودَها 100

4

الفَصْلُ الثّانِي

الْمُجْتَمعُ الْمِثالِيُّ بَينَ الوَحْيِ والدَّولَةِ 113

القِتالُ عَلى التَّأوِيلِ والتَّنْزِيل 162

الشُّبهَةُ في خُصَماءِ الدَّهْر 183

آفاقُ البَيْعَةِ في المَرْحَلةِ الانْتِقالِيَّة 200

تَحصِيلُ الإِجْماعِ لِنَقْضِ الوَلايَة 210

الفَصْلُ الثّالِث

رَزِيَّةُ الفَيْءِ إِلى الأَعْقاب 219

صَدُّ الرِّوايَة واحتِكارُ حَصادِها 221

لُعبَةُ السِّياسَةِ على سَفْحِ هَرْشَى 239

رَزِيَّةُ الْمُنقِذِ مِن الضَّلال 275

- التَّنازُعُ لِاختِزالِ الأَنْفاسِ الأَخِيرة 286

- الاجْتِهادُ رَفاهُ الْمُستَخِفِّين 306

- أَفَإِنْ ماتَ أَو قُتِلَ انْقَلَبْتُم 313

- تَرَقُّبُ ساعَة الرَّحِيل 348

- التَّباشِيرُ تَسْبِقُ لَحظَةَ الرَّحِيل 357

مَأْزَقُ الأَنْصار مُنْيَةُ الْمُهاجِرين 373

غالَطُوا الحِصارَ لِجَبْرِ البَيْعَة 404

نَقضُ البيعَةِ بِسُيوف الفَلْتَة 410

5

الفصلُ الرَّابع

هَواجسُ الأقطابِ الخَمْسَة 455
- يُحذِّرون بَني هاشِم ويُنذِرون 457
- صانعُ الرَّحى مُنفِّسُ الكُرْبَة 495
- فِتنةُ عُثمان والفِرارُ من البَيعَتَين 544
- عَوائِقُ الإصلاح في المَورُوث الرِّوائي 579
- الخَوارجُ مِنْ أهْلِ العامَّة 605

الفصلُ الخامس

جدلُ الشُّهودِ وانْفِصامُ عُرى الأُصُول 635
- البِداياتُ الأُولَى لِأهْلِ العَامَّة 637
- مِحنةُ السِّياسةِ عند أهْلِ العَامَّة 662
- المَنبَتُ الأوَّلِ للمَذاهِبِ والفِرَق 686
- القَولُ الفَصل في المَذاهِبِ الأربَعَة 694
- البِداياتُ الأُولَى لِأهْلِ التَّشَيُّع 722
- الفِئةُ أَم الطَّائفَةُ والمَذهَب؟! 734
- ذَرائعُ التَّمْييزِ والاضْطِهاد 809
- المَردُودُ في قوائمِ المَذاهِبِ والفِرَق 820

الخَاتِمَة 941

المَصادِرُ والمَراجِع 969

بسم الله الرحمن الرحيم

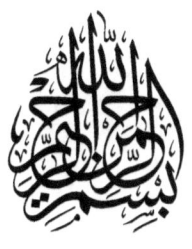

المُقَدِّمَةُ

بَعْدما فَرَغتُ مِن تأليف كِتاب (جِيْل الجَنَّةِ) وعَزَمتُ على نَشْرِه حيث وُفِّقْتُ فِيه لِنَقْض (مَنهجِ الشَّكِّ والتَّشْطِيب والتَّأمِيم) ذِي المُنطَلَق السِّياسِيّ المُعَدِّل لِثَورات ما عُرِف بِشعار (الرِّضَا مِنْ آلِ مُحَمَّد) والمُفْرِط في التَّعاطِي الحِزْبِي والفِئوي السَّلْبِي مع قَضايا الثَّقافَة الشِّيعِيَّة الأَصِيلَة ـ صارَ مِن اللَّازِم أَنْ أُتْبِعَ عَملِيَّة النَّقضِ هذه بتَألِيف كِتابٍ آخر يَتَضَمَّن بحْثًا مُفصَّلًا شامِلًا لِلخَلفِيَّات التَّأريخِيَّة الَّتي دَفَعَت بَعض المَرجِعِيَّات الشِّيعِيَّة والتَّيارات الحِزْبِيَّة لِتَبَنِّي خِيار الانْقِلاب على الرُّؤيَة الأَصِيلَة لِلتَّشَيُّع واعتِناق (مَنهجِ الشَّكِّ والتَّشْطِيب والتَّأمِيم) في مُعالَجَةِ مُشكِلات العَصْر، مِنها:

ـ السِّيرَة التَّأريخِيَّة لِظُهور الأَوائل مِن الاتِّجاهات الفِكْرِيَّة في الإسْلام والجَذر الرَّئيس المُؤدِّي إلى انْقِلابها إلى مَذاهِب وفِرَق يَتَجاوَز عَددُها عَدَدَ الأَرقَام الوارِدة في نُصوصِ المَورُوث الرِّوائي.

ـ ما نَجَمَ عن هذه السِّيرة مِن نَسَقٍ عَقَدِيّ (ثَورِيٍّ) ما زال يَتفاعَل في بِيئتِنا الثَّقافِيَّة المُعاصِرَة ويُثِير في أَوساط مُجتمعنا وقُواه السِّياسِيَّة المُؤثِّرة وتَياراتِه المَرجِعِية السَّائدة الكَثِيرَ مِن الجَدال العاصِف.

ـ ما خَلَّفَتهُ التَّفاعُلات الثَّقافِيَّة في هذه السِّيرة مِن انْتِماءاتٍ عَبَثِيَّةٍ ما زالت تُعكِس ظِلالًا قاتمةً على السِّلْم الأَهلي لِمُجتمعاتِنا وتُثِير المَخاوف مِن تَراجُع قِيم (التَّعايُش) وطُغيان التَّفكّك الاجْتِماعي وعَودَةِ التَّمييز الدِّينِي والفَصل الطَّائفي وانْسِدادِ الأَبْواب أَمام المُبادرات الجادَّة في التَّقرِيب والوَحدَة بين قُوى المَذاهِب والفِرَق الكُبرى المُؤثِّرَة في تَقرير مَصِير مُستَقبَل الأُمَّة.

شَرَعتُ في البَحث بَين مُتُون عَددٍ مِن الأُصُول القَدِيمة والمُدوَّنات الحَدِيثة الَّتي رَصَدَت مَلامِحَ أَوَّل ظُهورٍ تَأريخي لِـ(التَّشَيُّع) وأَوَّل نُشوءٍ لِـ(اتِّجاه أَهْل العامَّة)، وخَلفِيّةَ التَّطوّر في نَسَقَيّ هذين الاتِّجاهَين وسِيرة تَدوِين أُصُولِها ونُمو ثَقافَتِها، والمَدى الَّذي وَصَل إِليه تَوسُّع نُفوذِهِما على الصَّعِيدَين السِّياسِيّ والاجْتِماعِي في أُمَّةٍ تائهَةٍ لم تُدرِك بَعْد مَعنى الاسْتِقرار الحَضارِي والتَّنمِيَة الشَّامِلَة العادِلَة وقَد وَصَفها أَبُو ذر الغفاري رِضْوان الله تَعالى عليه عِندَما أُكْرِهَ مع لَفِيفٍ مِن الأَصْحاب الأَبْرار على البَيعةِ لِأَوَّل خَلِيفَةٍ في الإِسْلام بِـ(الأُمَّةِ المُتحَيِّرة بَعد نَبِيِّها المَخذُولَة بِعِصْيانِها).

نَقَّبتُ في الدَّوافِع الَّتي أَدَّت إِلى تَنازع هَذين الاتِّجاهَين التَّأرِيخِيَّين البارِزَين، وتَتَبَّعتُ حَرَكة العِلَل الَّتي تَوارَت خَلْف ظاهِرَة تَفَرُّعِهِما إِلى مَذاهِب مُختَلِفَة وفِرَق مُتَبايِنَة في الفِكر والمَنهج حيث يَنقض بَعضُها البَعضَ الآخر ويُدِينُ بَعضُها المَورُوثَ الثَّقافي لِلبَعض الآخر وأُصُولَه ومَجامِيعَه الرِّوائيَّة، ويُسَفِّهُ بَعضُها ما تَفرّع عن البَعض الآخر مِن قُوى أَهْلِيَّة وحِزْبِيَّة مُنَظَّمة باتَت مُؤثِّرة في تَقرِير مَصِير مُجتَمعات المُسلِمين بِوَجهٍ سَلْبِيٍّ أَو إِيجابِيٍّ مُشَكِّك، أَو يَكِيدُ بَعضُها لِلبعضِ الآخر ويُحرِّضُ على تَصْفِيةِ أَئمَّتِهِ ووُعَّاظِهِ ويَستَقطِبُ أَتباعَه بِالإِكراه والإِغْراء ويَحتَوي قاعِدَتَه الثَّقافِيَّة والاجتِماعِيَّة بِالتَّعاون مع المُؤَسَّسات السِّيادِيَّة لِلدَّولة، أَو يَعتَدِي بَعضُها على مَظاهِر ثَقافَة البَعض الآخر ويُقَوِّض شَعائرَها ويُشوِّهُ عَقائدَها ويُشكِّكُ في صِحَّة أُصُولها ومُتَبنّياتِها الفِكرِيّة، أَو يَحتَلُّ بَعضُها مَناطِقَ وُجودِ البَعض الآخَر ويُجبِره على النُّزوح ويَحتَكِر رُتبَةَ الإِمرَة والرِّئاسة في أَحَيائه ومَناطِق نُفوذِه، أَو يَتقرَّبُ بَعضُها إِلى الخُلفاء/ الحكَّام نِفاقًا منه فيُغالِي في مُوالاتِهم لِيَفتَري سِياسِيًّا على البَعض الآخَر المُنافِس والمُغالِب، ويُحرِّض على إِقصائه مِن المَراتِب الوَظِيفِيَّة العُليا في المُؤسَّسات العامَّة والخاصَّة وعلى حَظر ارتقائه في سِلَّمِها الوَظِيفي، ويَحض على إِعاقَة مُبادراتِه الدّاعِيَة إِلى الإِصْلاح السِّياسِي ونَبذِ التَّميِيز والفَصل الطَّائفي، أَو يَتحالَفُ بَعضُها مع أَجْهزة دُوَلٍ

أَجنَبيَّـةٍ كُـبرى مُعادِيَـةٍ في سَـبيل إِزاحـةِ البَعـض الآخَـر عـن محَـاور القُـوَّة في دَولَتِـهِ الَّتـي يَنتَمِـي إِليهـا وإِبعـادِه عـن مَراكـز التَّأثـير الاسـتراتِيجيّ في المُحيطَـين الإِقْليمِـي والـدُّولي لِبـلادِه.

تَعمَّقـتُ في دِراسـة الانْتِشـار الجغـرافي التَّأريخـي والمُعـاصر لِـ(التَّشـيُّع) ولِـ(اتِّجـاه أَهْـل العامَّـة) والمَذاهِـب والفِـرق المُنطوِيـة تَحـت لِوائهـا، ورَصَـدتُ مَظاهِـرَ تَطوّرِهمـا في البُعدَيـن النَّظـري والعَمَـلي المُسـيِّرَين لِنُفوذِهمـا في عـالَم السِّياسَـة وحِكايـة تَنازُعِهمـا في دَوائـر الـدُّول المُتعاقِبَـة.

كان مُـرادِي الأَوَّل مِـن تَأليـف هـذا الكِتـاب هـو بُلـوغُ نَتيجـةٍ مُقنِعـةٍ تَدفَـع بِـذَوي العَلاقَـةِ والشَّـأن وأَصْحـاب العُقـول الكَبـيرة إِلى تَبَنِّـي السُّـبل النَّموذَجِيَّـة المُناسِـبة لِضَـمان التَّمسُّـك بِقِيمـة (التَّعايُـش) الأَهْـلي السِّـلمِي والصِّيانَـةِ الدَّائمَـة لِسُـبل التَّعاطِـي المُشْـترك مـع قَضايـا (التَّواصُـل الاجتِماعـي) في حرِّيـةٍ فَردِيَّـةٍ أَو جماعيَّـةٍ مَقبولَـةٍ وفي سِعَةٍ مِـن التَّعبير عـن العَقائـد والشَّرائـع والأَخْـلاق مِـن دُونِ حَساسِيَّةٍ مُضـادّةٍ وانْفِعـالٍ واهتِيـاجٍ أَو كَبْـتٍ اجْتِماعـي أَو قَيـدٍ ثَقـافِي أَو مُماكَـرةٍ سِياسِـيَّة، ومِـن دُون المُسـاوَمَة عـلى العَقائـد الصَّحِيحَـة تَحـتَ ضَغْـطَ المُنافَسـات الحِزْبيَّـة والفِئويَّـة.

رُمـتُ الإِفصـاحَ بِـمادَّةِ هـذا الكِتـاب عـن إِمـكان قِيـامِ صِيغَـةٍ تَوافُقيَّـةٍ جامِعَـة مُواكِبَـة لِلتَّحـوُّلات الحَضارِيَّـة المَعـاصِرة ومَفاهِيمهـا المُتجـدِّدة في شَـأن تَوثِيـق العَلاقَة بـين ذَوي العَقائـدِ والشَّرائـع والأَخْـلاق المُختَلِفـة، وعـن إِمـكان تَأسِـيس فِكـرةٍ مُؤهِّلـة لِتَخطِّـى المُبـادَرات التَّقليدِيَّـة الرَّاهنـة المُتداولـة في شَـأن الوَحـدَة والتَّقريـب والانْدِمـاج بـين فِئـات المُجتَمـع حيـث امتطَـت السِّياسَـةُ ظَهْـرَ هـذه المُبـادَرات وعَبَثَـت في تَوصِياتِهـا وحَلَبَـت مِـن ضَرْعِ القَائمِـين عَليهـا والمُتبَنِّـين لهـا تحـت ضَغْـط الـضَّرُورة السِّـيادِيَّة لِلدَّولـة تـارةً ومُقتَضيـاتِ السُّـلطة تـارة أُخـرى.

راعَيـتُ في تَدوِيـن بَحْـثِ هـذا الكِتـاب مـا تَقـدَّم مِـن الأُصُـول في البعـد العَقـدِي

فَضْلًا عن المُدَوَّنات المُتأخِّرة والمُعتَمَدة حَدِيثًا لَدى أئمَّة ووُعَّاظ المَذاهِب والفِرق ومُثقَّفيها ومُنَظِّريها، وتَقَصِّيتُ المُستَجدَّ في شَأنِها الثَّقافِي والاجْتِماعِي الرَّاهِنَين وما صَدَر عَنها مِن مَرويَّاتٍ ومِن أُطروحات اجْتِهادِيَّة ورُؤى مَنهجِيَّة في التَّدوين والتَّحلِيل التَّأريخي وما اشْتَملت عليه مِن قِيم دافعةٍ نَحو تكريس مَفاهِيم (التَّعايُش) وتَحدِيث وسائل التَّواصُل الاجتماعِي وفُنون التَّبادل الثَّقافِي.

وعلى خُطَى المُنذِرين المُعاصِرين الحَرِيصِين على الاستِقْرار المَدَنِي والتَّطوُّر الحَضارِي ودَوام التَّنمِيَّة في ثَقافَةِ مُجتَمعاتِنا تَحت سَقْف (التَّعايُش) الجامِع والمَانِع؛ أَشْرتُ إلى خُطورة التَّعاطِي مع تِقْنِيَةِ التَّواصُل الاجْتِماعي الرَّاهِنَة بِذاكِرَةٍ تَقليدِيَّةٍ جامِدَةٍ كُلَّما اقْتَضى الحالُ تَسلِيطَ الأَضْواء على الظَّواهِر التَّالِيَة:

ـ التَّعَصّب لِنَمطٍ تَأرِيخِيّ خاصٍّ مِن السِّيرة والإتِّباع الجامِد لِمحْتَوى المَنقُول في الأُصُول والمُدوَّنات على حِساب حقِّ النَّصّ الوارد في مَصادِر المَعرِفَة المُعتَبرة، والخُضُوع لِلمَورُوث الثَّقافِي الدَّارِج النَّاشِئ عن تَفاعُلات هذه السِّيرة، مِن غير اجْتِهادٍ عِلْمِيٍّ يُفْشَى أَو تَحقِيقٍ مَنهَجِيٍّ جادٍ مُتمَسِّكٍ بِـ(الحَقِّ والحَقِيقَة) يُقصَد أَو حِرصٍ على الالْتِزام بِنتائج ما اجْتُهِد وحُقِّق فيه يُلتَمس ويُرْجَى.

ـ مُوالاة بعض المَذاهِب والفِرق لِلأَنْظِمة السِّياسِيّة المُتعاقِبَة والإسْراع إلى إسْباغ صِفَة الشَّرعِيَّة الدِّينِيَّة والدّنيوِيَّة على نَظَرِيَّتها السِّياسيَّة، مُقابِل ثَمَنٍ مَحدُودٍ على حَقِّ الانْفِراد بِالتَّمثِيل الدِّينِي الرَّسْمِي لِلدَّولة واحتِكارِه وحَظرِه على الآخَر، وبَثِّ عَقِيدة المَذْهَب الواحِد أَو الفِرْقَة الواحِدَة في الدَّولة ونَبذِ ما سِواها في المُجتَمَع.

ـ وتَحرِيض الدَّولة على تَشرِيع القَوانِين الجائرة الَّتِي تُطلِق لِلمَذْهَب الرَّسْمي الواحِد المُخْتار حصرًا حَقّ الانْتِشار في الجِهاز الإدارِي لِلدَّولَة وتَقرِير المَناهِج في المؤسَّسات التَّعلِيمِيَّة وتَنظِيم الدَّوائِر الثَّقافِيَّة، والحَدِّ مِن حَرَكَةِ المَذاهِب والفِرَق

الأُخْـرى وتُقَييـد حُرِّيتهـا في التَّعبـير عـن مَعارِفِهـا وشَـعائرها في البِـلاد، وإرغـام أَتْباعِهـا عـلى الإمتِثـال لِتَعاليـم المَذْهَـب الرَّسْـمِي الواحِـد ونَبـذ الآخَـر .

ـ شِـدَّة التَّنـازع البـارِد والخَفِـي بـين المَذاهِـب والفِـرَق حَـول مِلكِيَّـة الأُطُـر التَّقليدِيَّـة الجامِعَـة، وسَـعيهما في احتِـكار مَعايِـير الانْتِـماء إليهـا وتَحدِيدِهـا.

ـ تَكاثـر المَذاهِـب عـلى خِـلاف المَأثُـور مِـن المَـورُوث الرِّوائـي المُخْتَـصّ في وَحْـدَة (الفِرَقَـةِ النَّاجِيَـة)، وتَعـدُّد الفِـرَق المنشَـقَّة عـن المَذاهِـب وتَقمُّصها لمُسَـمّى (المَذاهِـب)، وتَصاعُـد مُـؤشِّر الخِـلاف فيـما بَينَهـا حَـول إطْـلاق المَعايِـير المُوجِبَـة لِلتَّمَتُّـع بِصِفَـة (المَذْهَـب) أو تَقْييدهـا أو حَظْرهـا، وحـول احْتِـكار مُهِمَّـة تَصنِيـف الاتِّجاهـات إلى مَذاهِـب وفِـرَق والحَـقّ في إضْفـاء صِفَـة (المَذْهَـب) أو (الفِرْقَـة) عـلى أيّ اتِّجـاهٍ عَقـدِيّ جَدِيـد ناشِـئ منشَـقّ أو حِرْمانـه مِـن التَّمتُّـع بـأَيٍّ مـن الصِّفَتـين.

ـ تَكالـب أئمَّـة المذاهـب والفِـرق ووُعَّاظِهـما ومُثقَّفِيهـما عـلى دُنيـا الثَّـروَةِ والمَكاسِـب والأَرْبـاح المادِيَّـة ولِزُومهـم قُصـور الحُـكَّام المُستبِدِّين وانْخِراطهـم في التَّطبيقـات الرَّسْـمِيَّة المُعطِّلـة لِحَركـة التَّنمِيـة الثَّقافِيَّـة أو المُناهِضـة لِحَركـة الإصْـلاح السِّـياسِي الدَّاعِـي إلى إطْـلاق الحُرِّيـات المَدنِيَّـة وتَحسِـين الدَّسـاتِير وتَجدِيـد النُّظُـم والقَوانِـين في المُجتَمَـع.

ـ واعتِـماد أئمَّـة المذاهـب والفِـرَق ووُعَّاظِهـما ومُثقَّفِيهـما دور المُحافَظَـة عـلى الوُجودِ الخـاصّ بِأَنانِيَّـةٍ مُفرطَـة والتَّعصّـب لِلهُوِيَّـة الدِّينِيَّـة ذات النَّزعَـةِ القَومِيَّـة أو الوَطَنِيَّـة وجَعلهـا مُنطلقًـا لِتَبريـر الوَسـائل العَنِيفَـة في مُواجَهَـة النُّظَـراء مِـن أئمَّـة ووُعَّـاظ ومُثَقَّفِـي المذاهِـبِ والفِـرَق الأُخْـرى وأَتْباعِهـم.

كُنـتُ تَفاءلـتُ في عَـددٍ مِـن الكُتـب الَّتـي أَلَّفتُهـا والمَقـالات الَّتـي نَشَرتُهـا أَثْنـاء إقامَتِـي في أَوطـان المَنفـى، منهـا (دِمَشـق) و(لَنـدن)، بَـين عامَـي (1980 ـ 2022م) إزاء المُتوقَّـع في هـذا الشَّـأن ومـا سـيَفْرِزه التَّطـوّرُ السَّريـع والوَاسِـع لِتِقنِيَـة الاتِّصـال

والتَّواصُل مِن نَتائج إيجابيَّة في هذه القَضِيَّة الشَّائكة تَاريخيًّا وسِياسِيًّا واجتِماعِيًّا، أَو كلَّما جَدَّ بَعضُ مُثقَّفي المَذاهِب والفِرَق وعَكفَ على تَصْحِيح مُنطَلقه في العَقيدة والشَّريعة والرُّؤية لِلتَّأريخ وصَرَّح بِذلك، أَو كُلَّما تبنَّى في ذلك مَنهجًا عِلْمِيًّا مُستَقلًّا قَبْل شُروعِهِ في بَثِّ ما يَأخُذ بِه ويُؤمِن مِن عَقائد وشَرائع ورُؤي ونَتائج في البَحث والدِّفاع عنها، أَو كُلَّما حرص على تَجرِيد رُؤيَته لِسيرة العَقائد والشَّرائع ونَشأتِها وتَطَوّرِ مَراحِل نُموِّها وانْتِشارِها، أَو كلَّما أَخْلَصَ واسْتَقَل في اخْتِيار سُبُل تَقويمِ العَقائد والشَّرائع وتَهذِيبِها، أَو كُلَّما اتَّبَع القَراءة العِلْمِيَّة لِسيرة العقائد والشَّرائع وسُبل مُعالجة الخَلفِيَّة التَّأرِيخيَّة لِتعدُّد المذاهِب وانْشِقاق الفِرَق عنها.

وقد أَوْرَدتُ بَعض الخُطواتِ المُساهِمة في اجْتِياز مُعطِيات ذات الطَّريق بِمَوضُوعِيَّة يحُفُّها اللُّطف، مع إِدْراك المَقصَد مِن النَّسَق المُخْتار في تَنظِيم مُحتوى هذا البَحْث لِاستِلهام أَحْسَن النَّتائج وما هُو خَير:

- إِعْمالُ العَقل القَارئ النَّاقِد، الباحِث عن (الحَقِّ والحَقِيقَة) بِتجرُّدٍ إِذْ لَيس مِن دُونِ الحَقِّ والحَقِيقَة مِن حِجَابٍ فاصِلٍ ولا سَحابٍ عاتِم ولا عَصَبِيَّةٍ حادَّةٍ وتَطَرّفٍ مانِع. فالحَقُّ والحَقِيقَة مُتاحان لِلجَميع مِن دُون استِثْناء، وما عَلَينا إِلَّا المُبادَرة والجِدّ والمُثابَرَة الدّائمين لِلوُصُول إِليهما.

- تَشغِيلُ خاصِّيَّة الرَّبط والتَّفكِيك الذِّهنِي بِأَقصى طاقَتِها لِرَصد حَركَة التَّطوُّر العِلمِيّ في المَناهِج واخْتِيار أَفضَلها بِمَسئولِيَّة وتَوظِيفها على أَحْسَن ما يَكون كلَّما جرى التَّعاطِي بِنفَسٍ مَصِيريٍّ مع الأُصُولِ والمُدوَّنات المُتخصِّصَة في تَحلِيل البُعدِ التَّأريخيّ لِسِيرة نَشأة الدِّين والتَّدافع المُخسِر بَين رِجالِه وخَلْفِيَّة ظُهور قُوى التَّوازن السِّياسِي ونُشوء المَذاهِب وانْشِقاق الفِرَق ومَراحِل تَطوُّر الشَّرائعِ والتَّحدِّيات الَّتي اعترَضَت شيوع النَّسَقِ العَقدي الثَّابِت.

ـ تَحليلُ المُستَجدّ المُعاصِر مِن الرُّؤى السِّياسِيَّة المُستَنبَطة مِن النَّصّ الدِّيني والمُتداوَلَه لَدى أئمَّة المَذاهِب والفِرَق وقُوى التَّأثِير الاجْتِماعي والسِّياسِي والثَّقافي، وتَحدِيد النَّسَق المُتَّبَع لِتَقرير المَواقِف وحُدودِ تَأثِيرها في الوَسَط العام ونَمط العَلاقَة القائمة بين أئمَّة المَذاهب والفِرَق وقُوى التَّأثير والصِّفة الاعتِبارِيَّة لِسِيادَة الدَّولة ومُؤسَّساتها.

ـ الاجْتِهاد في عَقد المُقارَنات بين النَّظرِيّات المُوجِهَة لِقُوى التَّأثِير الاجْتِماعي والسِّياسِي والثَّقافي والمَعايير الثَّابِتَة والمُتغيِّرة في عَقائد وشَرائع وأَخْلاق أئمَّة المَذاهِب والفِرق ووُعَّاظها.

ـ إمْعان النَّظَر في إمكان تَحرُّر مُثَقَّفي قُوى التَّأثِير الاجْتِماعي والسِّياسِي والثَّقافي وأَتْباع المَذاهِب والفِرَق مِن أَغلال بيئتهم الثَّقافِيَّة ومِن قيود النُّظُم الاجتِماعِيَّة ومِن أَغلال الدُّولة المُستَبِدَّة المُتبنِيَّة لِمَذهَبٍ مِن المَذاهِب أو فِرقَةٍ من الفِرق.

وقد أَشَرتُ في ذاتِ المقالاتِ والكُتب إلى خُطورة الإقْدام على تَدْوير نَتائج إعمال عَقل المُثَقَّف الحُرّ النَّاقِد بِلا مَنهجٍ يَتفَهَّم الحُدود الثَّقافِيَّة والضَّوابط الاجْتِماعِيَّة والأَخلاقِيَّة في كُلِّ بَلد على حِدَة، ومِن غَير أَنْ يَعمد إلى هذه النَّتائج فيَرصدها بِرُوحٍ مَسئولَةٍ ويَنظر إليها بِعَين فاحِصَة وذِهْنٍ قارئ وقَّاد، أَو يَعمد إلى تَبعات بَثِّها مِن منصَّات الاتِّصال الإعْلامي وشَبكات التَّواصُل الاجْتِماعي اللَّتَين تُوفِّرهما التِّقنِيَة المُستَحدَثة ـ بِوَصفِها مَحلًّا لِمُنتَدياتٍ حُرَّةٍ عابِرةٍ لِثَّقافات القارات السَّبْع، ومُتاحة بِالمجَّان في الظَّرف الرَّاهن لِـ 5 مِليار إِنْسانٍ، وآخِذة في الانْتِشار والتَّطوُّر السَّريع عالَمِيًّا وأُمَمِيًّا حتَّى يَبلغَ المُكونُ البَشَرِيّ المؤلَّف مِن 8 مليار إِنْسان أَشدَّه في استِعمال هذه التِّقْنِيَة، مِن غَير تَطرُّفٍ منه في تَحديد الرُّؤيَة أَو تَعَصُّبٍ في اتِّخاذ المَوقِف.

ولَيْس مِن شَكٍ في أَنَّ هناك إِجماعًا مُؤتَلِفًا بَين المُؤرِّخين والمُدَوِّنين الباحِثين يُؤكِّد على أَنَّ لِرَهْطٍ مِن كُبراء الصَّحابَة المُنافِقين الأَوائل في إِسلام مَكَّة والمَدِينَة اليَدَ الطُّولى في انْشِطار مُجتَمعات المُسلِمين إِلى اتّجاهات مُتبايِنَة الفِكْر والمَقصَد، وفي انْقسامِها بعد ذلك إِلى مَذاهِب وفِرق مُتنازِعَة لا حُدود لِحَصر عَددِها. وأَنَّ هذا الرَّهْط مِن الصَّحابة المُنافِقين لم يَغِب لحَظَةً واحدة عن أَيِّ مَشهدٍ مِن مَشاهِد التَّوتُّر وأَيّ مَرحَلَةٍ مِن مَراحِل الحَرب الطَّاحِنَة الَّتي نَشَبت في صُفوفِ الرَّعيل الأَوَّل المأْزُوم بِمَكَّة والمَدِينة. ولَم يَكُن بِمَقدُورِ ذاتِ الرَّهْط مِن الصَّحابَة شَقُّ الصَّف المَرصُوص لِلأَصْحاب الأَبرار المُؤمِنين المُخلِصين في المَدِينَتَين لَولا استَحالة هذا الرَّهْط في مَرحَلَةٍ مُتقدِّمَةٍ مِن الإِسلام إِلى انْتِماء قائمٍ بذاتِه على تَعاقُدٍ بَينِيٍّ خاصٍّ مُعزِّزٍ لِلثِّقة في إِمْكان استِغلال فُرَص الضَّعف والاخْتِلال في نِظام الإِمْرَة والانْقِلاب بِالمُسلِمين إِلى عَهد الجاهِلِيَّة أَو تَأسِيس عَهدٍ وَسَطي جامِعٍ بَين الإِسْلام والجاهِلِيَّة يَستَرضِي كُلَّ مُكوِّنات مُجتَمعي مَكَّة والمَدِينَة ويَعِدها بِانْتاج مَفاهِيم تَوافقِيَّة خاصَّة مُجدِيَة ويُقِيم لها ثَقافَةً مُستَقِرّةً وأَحوالًا اجْتِماعِيَّة مُرَفَّهة.

إِنَّهُ ذات الانْتِماء الَّذي أَسَّس لِنفسه في بادِئ الأَمْر بَيتًا مَعقوفًا مِن الصَّحابَة الغَرابِيب ونَسَج لِأَهوائهِ المُضِلَّة رُوايةً قاطِعَةً في القَولِ بِأَنْ (لا يَجْتَمع لِأَهْلِ بَيتِي النُّبوَّة والخِلافَة) ثُمّ نَسبَها كَذِبًا وافتراءًا إِلى سُنَّة رَسُول الله صَلَّى الله عليه وآله.

وما يَزال بَيتُ الغَرابِيب المَعقُوف هذا يَتَربَّصُ الدَّوائر بِبَيتٍ طاهِرٍ شَريفٍ مَعمُور أَذهَبَ اللهُ عن أَهْلِهِ الرِّجسَ وطَهَّرَهُم تَطهِيرًا، حتَّى سَفكَ دِماء جِيلٍ مِنه ومِن أَصْحابِهِ الأَبْرار، وسَعى في هَدمِ قاعِدَتِه الاجْتِماعيَّة. ثُمَّ لم يَكُن له مِن خِيارٍ إِلَّا أَنْ يَهمَّ بِمَن تَبقَّى مِن أَهْلِ البَيتِ المَعمُورِ وأَصحابِهِ الهُمومَ وأَنْ يُريدَ بِهم العَظِيم المُهْلِك.

لقد آوى الكَهفُ الحَصِين لِأَهْلُ (البَيتِ المَعمُور) صَلواتُ الله وسَلامُه عليهم فِئةً قَليلَةً مِن الأَصْحاب الأَبْرار آمنَت بِإلهٍ واحدٍ حَيٍّ قَيُّوم لا شَريك له ولا شَبيه ولا نَظِير، ولَازَمَت رَسُولَ الله صَلَّى الله عليه وآله والوَصيَّ عَلِيّ أَمِير المؤمنين ووُلْدِهما المَعصُومِين صَلواتُ الله وسَلامُه عَلِيهم وطَلَبت بِهِم نُزولَ السَّكِينَة على القلوب والتَّأييد في الدُّنيا والفَوز بِدار الآخِرَة، ولم تَتقَدَّم عَلِيهم أَو تَتأَخَّر عَنهم، بَل ذاقَت بِمُلازَمَتِهم حُلو الإِيمان وسَعِدَت بالاقْتِران بِثَقلِهم وبِفَتحِهِم المُبين وانْتَظَرت إِمامَهَم المَوعُود عَجَّلَ الله تَعالى فَرَجَهُ الشَّريف.

انطَلَقتُ في إِعْدادِ مادَّة هذا الكِتاب مِن الجَدال الطَّائفي الثَّائر في وَاقِعنا المُعاصر، وعُدت مِنه إِلى الامْتِداد التَّأريخِي الَّذي كان عِلَّةً رَئيسَة في أَثارَةِ هذا الجَدال بِوَجهٍ عَنِيف مُكْفَهرّ، وقَرأتُ في آثارِهما والنَّتائج المُترتِّبَة، واجْتَنَبتُ الخوضَ في ما يُتصوّر عند أَهْل التَّعَصُّب الأَعْمى المُتوارث بِغَير عِلْمٍ ولا مَعْرِفَة ولا تَمييز حَقٍّ ولا حَقِيقَة أَنَّه مِن الرَّأي السَّقِيم ومِمَّا يُفضِي إِلى تَأجِيج دَوافِع التَّمييز الدِّينِي والفَصلِ الطَّائِفي مِن مُنطَلقٍ أَنانِي خاصّ، وما هو بِذلك.

لامَستُ مِن خِلال المنهج المُختار في بَحث هذا الكِتاب ما يُؤكِّد على صِحَّة قَول القائلين بِمَوت إِله بَيْتِ الغَرابِيب المَعْقُوف في يَوم السَّقِيفَة وفقًا لما صَرَّحَ بِه الغَرابِيب مِن الصَّحابَة الأَولِين مِرارًا وتَكرارًا، وجَريًا على ما تَكَهَّن بِه المُتأَخِّرون مِن مِوالِيهم وأَتباعِهِم الَّذين اجتَهدوا في زُبُرِهم وقَضَوا بِتَقرِير مَصِير هذا الإِلَه حَيًّا أَو مَيِّتًا، فَحَكَموا عليه بِالرَّحِيل عن دار الدُّنْيا، وآمَنوا كما آمَن غَيرُهُم مِن خُلَفائهم أَنْ (لا خَبَرٌ جاء ولا وَحْيٌ نَزل)!

أَعْدَدتُ بَحث هذا الكِتاب ودَوَّنته تَحت عنوان (مَاتَ إِلهُ الغَرابِيب) لِيَكونَ مُساهَمَةً مِنِّي في إِلقاء الأَضْواء على أَصْل الوَقائع التَّأرِيخيَّةِ الخَطِيرة الَّذي كَرَّسَ مَفهُوم الحِيرَة في سِيرَةِ المُسلِمين مُنذ ساعَة مَقتل النَّبيّ صَلَّى الله عليه وآله، وشَوَّهَ الوَجْهَ الوَحْيَانِي المِثالي النَّاصِع لِلدِّين الأَصِيل، وانْصَرَف بِعَقِيدَةِ

المُسلِمِين وشَريعَتِهِم وأَخْلاقِهِم إلى مَعانِي سِياسِيَّةٍ جاهِلِيَّة سَقِيمَةٍ لا عَقل فيها ولا نِظام ولا أَمْن فيها ولا أَمان، وأَسَّسَ لِعِبادَةِ إلهٍ غَير الإلهِ القَيُّوم الَّذي لَيْس كَمِثْلِهِ شَيء، ثُمَّ راهَنَ على مَوتِهِ بعد أَنْ خَلَت الأَرْض مِن مُرْسَلٍ، وكَفَر بِإمكان صدور وَحِي خاصٍّ لِلإمامَة مِن بعد رَحِيل المُرسَل، وانفَرَدَ بِـ(مَذْهَب الرَّأي) النَّزِق البَدِيل عن فَراغ العِباد والبِلاد مِن الإله ورَسُولِه وانْقِطاع الوَحْي، ثُمَّ رَفعَ قَواعد بَيت الغَرابِيب المَعقُوف الَّذي أَورَث المُسلِمين ظاهرة النِّفاق الحادّ بِحَوالى 110 خَلِيفة غَير شرعِيّ، وشَرَّعَ لِلأَغْلَبِيَّة في المُسلِمين حَكَم الغَلبة بِالمُماكَرَة العَنِيفَة وفَنِّ المُمْكِن السِّياسِيّ القاهر بِأَلوانٍ مِن العَذاب المُمنهَج المَقرُون بِالكَراهِيَّة والازْدِراء والغَضَب والنَّصْب والكِبْر والعَداوة والبَغضاء، وقَعَّد لِلعُنف المنظَّم أَسْبابَه ودوافِعَه، وأَسَّسَ لِلإرهاب الجاهِلِيّ والتَّمييز القَبلِيّ والفَصْل الطَّائفِيّ والقَومِي و(الوَطَنِي) أُسُسَها، وأَسْطر إمْرة الحاكِم وَلِيّ الأَمْر (السُّوبَرْمَانْ) وأَطلَقَ له سُلَطة الحَقّ الإلهي المُقدَّس لِشَغر الفَراغ النَّاجِم عن مَوت إله الغَرابِيب المُتصوّر الَّذي أَدرَكته أَبْصار رَهْطٍ مِن الصَّحابَة المُنافِقِين في يَوم إسْلامِهِم، ثُمّ سُقِمَ وانْقَطَعت أَخبارُه في يَوم السَّقِيفَة، ورُجِّحَ الإعلانُ عن مَوتِه في يَوم البَيعَةِ لِأَوَّلِ خَلِيفَةٍ، وأُفْصِح عن مُوارَاتِهِ الثَّرى في عَهد مُعاوِيَة بن أَبِي سُفيان، فخَلا الحاضِر والمُستقبَل مِنه!

خَلصتُ في خاتِمة الكِتاب إلى حَقِيقَةٍ مُؤلِمَةٍ طالما غُمِرَت في زَحمَةِ التَّدافع بَين فِئات المُجتَمع واتِّجاهاتِه الدِّينِيَّة ومَذاهِبه المُتعدِّدة وفِرقه المُتبايِنَة والمُختلِفَة، مَفادُها:

أَنَّ العامِلَ الخَطِير المؤدِّي إلى اضْطِراب الرُّؤيَة لِلتَّأرِيخ ولِشيوع ظاهِرَتي نُشوء المذاهِب والفِرق وتَفَشِّي التَّمييز القَبَلِي والقَومِي والفَصْل الطَّائفي بَين الأَتْباع مُنذ يَومِ الانْقِلاب على الأَعْقاب ـ لا يَخرُج عن كَونِه تَدافعًا ذِي مَيولٍ عَصَبِيَّة جاهِلِيَّةٍ حادَّةٍ تَفاعَلت في مُجتمعات المُسلِمِين وما زالت نَشِطَة في واقِعِنا المُعاصر

بِنَفسٍ فَظٍّ وقَلبٍ غَليظٍ وبِوَسائل عَنيفةٍ مُنظَّمة صارِخَةٍ في اللَّونِ السِّياسِي المُمَنهج ومُرتَكِزَةٍ على نَزعَةِ حُبِّ الرِّئاسة وساعِيَة إلى الهَيمنة وبَسطِ يَدِ الإمْرة والسُّلطان بِأَيِّ ثَمَنٍ وتَحتَ أَيِّ شعار يَضمَن إقصاءَ كُلِّ مَن يُؤمِن بالإلهِ الحَيّ القيُّوم.

ولا نُجانِب الحَقيقَة حِين نَقولُ أَنَّهُ تَدافعٌ مَعبِّرٌ عن إيمانِ فِئةٍ كَثيرةٍ مِن مُعتَنِقِي الدِّين (الوَسَط) الَّذي اصْطَنَعه الغَرابِيب مِن الصَّحابة - بِخلوّ العالَم مِن إله، أَو بِمَوت الإله المُدرِك حيث لا وُجُود له خارِج المَحْسُوس، وعن تَظاهرِ هذه الفِئة بِضَرُورة إيجاد البَدِيل عن الإله الرَّاحِل وتَمكِينِهِ مِن السُّلطَة المُطلَقَة وإنْ دَلَّ سَعيُه على مَعنى المَثَل الشَّعْبِي الدَّارِج في ثَقافَتِنا البَحرانِيَّة القائل (ياالله أَكُونْ أَمِيرْ ولَو على مَجْمُوعَة حَمِيرْ)، أَو دَلَّ على مِصْداقِ قَولِ مُعاوِيَة (ما قاتَلْتكُم لِتَصُومُوا ولا لِتُصَلّوا ولا لِتَحجُّوا ولا لِتُزَكُّوا، قد عَرفْتُ إنَّكم تَفعَلون ذلك، ولكِنْ إنَّما قاتَلتكُم لِأَتَأَمَّر عَلَيْكُم، فقَد أَعطانِي الله ذلك وأَنْتُم لَهُ كارِهُون)!

لَيس في سِيرةِ دَوران هذا العامِل مِن التَّدافع المُؤرِق ما يُشِير إلى أَنَّ التَّناوُل المعاصِر لِسِيرَتِي مَنشأ (اتِّجاه أَهْل التَّشَيُّع) والفِرَق المَنسوبَة إليه كَذِبًا وافتِراءً ومَنشَأ (اتِّجاه أَهْل العَامَّة) ومَذاهِبِهِ وفِرَقه - ما يُوجِب تَأجِيج (الفِتْنَة) وإثارة دَوافِع التَّمييز والفَصل الطَّائِفِيَّين إذْ أَنَّ المعطيات الرَّاهِنَة هي ذاتُها التَّأرِيخِيَّة الَّتي نُفِّذ فِيها الانْقِلاب على الأَعْقاب حيث لا وُجود لِـ(فِتْنَةٍ) حَقِيقِيَّةٍ أَو مُحتَمَلةٍ في الأُفُق ولا ما يُشبِهها ولكِنْ افْتَراها المُنقَلِبون سَلفًا وشُبِّه لِلأَغْلبِيَّة في المُسلِمِين!

وكَذلِك جَرى افْتِراء (الفِتْنَة) في العَصرِ الرَّاهن وشُبِّه لِلأَغلَبِيَّة في أَئمَّةِ المَذاهِب والفِرَق وأَتْباعِهما حيث لا فِتنة في الأُفُق بَل المُماكَرَة السِّياسِيَّة والمُراوغة بِالنِّفاق على قاعدةٍ مِن(مَذْهَبِ الرَّأي) الَّذي أُسِّس في مَطلَع عَهدِ (الخِلافَة) لِتَعزيز عوامِل بَقاء الخِلافَة ودَوامِها في عُهدة أُولِي الشُّعور بالحقارَةِ مِن الصَّحابة

وأُولِي الشّعور بِعُقدَةِ النَّقص في النَّسَب والحَسَب، والإِحْساسِ بِمَرتَبَةِ (أَذَلّ الأَذِلّاء وأَرْذَلِ الأَراذِل).

عِندما تُؤتَى سِيرتَا (اتِّجاه التَّشَيُّع) و(اتِّجاه أَهْل العامَّة) في مُجتَمعٍ مُسلمٍ بِالبَحثِ العِلْمي المؤيَّد بِالدَّليل الحقّ والبُرهان القاطِع وبِالعَقل المُحَقِّق الحُرّ المُستقلّ النَّاقِد، ويُصرِّح بِحَقيقَةِ ما كانَت عليه أُصُولُ هاتَين السِّيرَتَين مِن صحَّةٍ أَو سُقم وما كانَت عليه شَريعَتُهما مِن حَقٍّ أَو باطِلٍ وما كان عليه رَجالُهُما مِن إِيمانٍ أَو نِفاقٍ، ثُمَّ تَستَيقِظ لِذَلك (الفِتْنَةُ) أَو تُثار فُجْأَةً في هذا المُجتَمع - فاعْلَم أَنَّ (الفِتنَةَ) هذه لا واقِعَ لها البَتَّة ولا تَتَوافَر على المَعْنَى المَعلُوم لِلفِتْنَةِ الحَقِيقيَّة، إِنْ هِي إِلَّا وَهْمٌ مِن الأَوْهام الَّتي يَختَلقها غُولُ السِّياسَة ويُرَوِّجها غَرابيبُه السُّود في المُجتَمع بِعُلُوهِم وبِكِبرِهِم وبِمَكرِهم وبِما تَقمَّصوا مِن النِّفاق على طَرِيقَةِ الانْتِماء الصَّحابي الأَوَّل الَّذي اغتال النَّبِيّ الأَكرَم صَلَّى الله عليه وآله وشَطرَ مُجتَمعَ الصَّحابَة إِلى اتِّجاهَين بارِزَين مُتنافِرَين وأَفرَز مِن أَحَدِهما المَذاهِب وبَثَّ مِنه الفِرَق.

فالفِتْنَةُ المُصرَّح بها - إِنْ صَدَّقنا بِوُجُود مُقوِّماتِها - فَهِي ما زالَت في طَور الإِحْتِمال البَعِيد، ولَو تُرِكَ مُجتَمعُ المُسلِمين الأَوَّل على سَجِيَّتِه ولِيَمضِي لِحال سَبيلِه مِن غَير تَدَخُّلٍ سافِر مِن قِبَل الصَّحابَة المُنافِقِين لما تَبقَّى لِلفِتَنِة مِن مَقام فيه.. إِنَّ وَراءَ الأَكَمة ما وراءها، فَإِنْ احتُمِلَ وُقُوع (الفِتْنة) فَلا مِن سَبِيل إِلى اجْتِنابِها والوِقايَة منها إِلَّا بِالوَفاء لِبَيعَةِ الغَدِير إِذْ هِي وَحْيٌ في النُّبوَّة والإِمامَة، والوَحْيُ أَعلَمُ بِما يُصلِح بال المُسلِمين ويَصُون أَمنَ دِينِهم ودَوامَ بَقائهم في خَير!

رَجعتُ في تَأليف هذا الكِتاب إِلى المَنهجَين العامَّين التَّأريخِي والتَّحليلِيّ المُقارِن، واتَّخذتُ مِن مَنهج النَّقل أَساسًا لِلبَحْث، وسَلَّطتُ بِالمناهِج الثَّلاثَة مُجتَمِعةً الأَضْواء على المُقدِّمات الاجتِماعِيَّة والثَّقافِيَّة المُؤدِّية إِلى انْعقادِ اجتِماعٍ في

جَوف الكَعْبَةِ، مُتمِّم لِنَسَقِ اجتِماع (صَحِيفة مَكَّة الأُولى) الشَّهِيرة الَّتي تَعاقَد عَليها سادَاتُ مَكَّة المُشرِكين في دار النَّدوة بِقِيادة أَبي سُفيان وأَبي جَهل لِلقضاء على دِين مُحمَّد صَلَّى الله عليه وآله إلى الأَبد، واجمعوا على تَعلِيقَها في جَوفِ الكَعبَة، وجَرَت عَليها بعد ذلك مُعجِزَةُ الأَرَضَة.

اسْتَعرَضتُ بِذات المُقدِّمات سِيرَةَ صَحِيفةٍ أُخْرى تَعاقَد عليها خَمسَةٌ مِن الصَّحابة في لِقاءٍ جَمَعَهم في جَوف الكَعبَة أَثْناء أَدائهم لِمَناسِك حجَّة الوَداع في صُحْبة الرَّسُول صَلَّى الله عليه وآله مَكَّة لِتكون مُتمِّمَةً لِلمَبادِئ الَّتي تَضمَّنتها (صَحِيفَةُ مَكَّة الأُولى). وناقَشْتُ الدَّوافِع الَّتي أَفضَت إلى إمضاء الخَمْسَة لِهذا العَقد الخَطِير المُثير لِلجدل على الرَّغْم مِن احتِمال فُشُوِّ خَبَرِه في مُجتمعٍ خَلِيطٍ ما يزال نُفوذ طُلقاء مَكَّة وأَبنائهم فيه على سِعَةٍ مِن التَّأثير السَّلْبيّ المُناهِض لِلدِّين، وأَنَّ النَّسِيجَ المُؤلَّف مِن الصَّحابَة المُهاجِرين والأَنْصار في هذا المُجتَمع ما يَزال هَشًّا مُتبايِن الفِكر والرَّأي، تؤُمُّه ثَقافَةٌ هَجِينَةٌ مُضْطَرِبَة تَشدّها جاهِلِيَّةٌ عَمِيقَة الجُذور.

تَناوَلتُ النَّتائج الَّتي أَفضَى إِليها التَّعاقُد الخَطِير على (صَحِيفة مَكَّة الثَّانِيَة) حيث دَفَعَ كُبراء الصَّحابة إلى إِيجادِ (مَذْهَب الرَّأي) البَدِيل عن الثَّقلَين، وتَأْسِيسِ (اتِّجاه أَهْل العامَّة) (اللُّوبِي) الضَّاغِط المُتمسِّك بِمفهوم (الخِلافَة) والمُنفَرِد بِصِفَة تَمْثِيل الأَغْلَبِيَّة في المُسلِمين. وابْتِداعِ سُنَّةٍ مُشوَّهَةٍ أَخْرَجت ظاهِرَة النِّفاق مِن إِطارِها المَحدُود في عَددٍ مِن الصَّحابَة وأَفْشَتها في النَّاس ومَهَّدت بها السَّبيل لاخْتِلاق كومَةٍ مِن المَذاهِب والفِرَق حيث غَزَت عُقولَ جِيلَين مِن الصَّحابَة والتَّابعين اليائسِين مِمّا اخْتلَقَته (الخِلافَة) مِن نِزاعاتٍ وحُروبٍ طاحِنَةٍ، وفَرَّقت بِهم السُّبل وجَعلَتْهُم طَرائق قِددًا.

استَعرَضْتُ في تَفاصِيل الكِتاب العِلَل المُؤدِّيَة إلى تَلاشِي مَفهُوم (الخِلافَة) المُستَبدّة الَّذي وُصِفَ مصْداقُها بِـ(الفَلْتَة)، وإِنْتاج مَفهوم (المَلكيَّة الهِرَقْلِيَّة) الَّذي

أَهمَلَ مصداقُها دِين (الخِلافَة) البَدِيل عن الثَّقلَين وتَبَنَّى القَول بـ(لا خَبَرٌ جاءَ ولا وَحْيٌ نَزَل) واستَمَدّ شَرعِيَّةَ وُجودِهِ ودَوام بَقائه مِن شَتات المَذاهِب والفِرَق وتَوسَّلَ بِأَدوات القَهر والقَمع لِتَصفِيَة المُنافِسِين والمُغالِبِين ولِرَدع الخُصوم وابْتِزاز الأَتْباع بالمِال أو بِالمَقام الزَّائف.

قَسَّمْتُ بَحثَ هذا الكِتاب إِلى فُصْولٍ رَئيسَة تَحت خَمْسَةٍ مِن العَناوِين، هي:

1ـ تَرقُّب الاخْتِلال في مَوازِين الإِمْرَة والرِّئاسَة

2ـ المُجْتَمع المِثاليّ بين الوَحْي والدَّوْلَة.

3ـ رَزِيَّةُ الفَيءِ إِلى الأَعْقاب.

4ـ هَواجِسُ الأَقْطابِ الخَمْسَة.

5ـ الجِدالُ في الشُّهود وانفِصامُ عُرى الأُصُول.

جَمعتُ إِلى فُصول الكِتاب الخَمْسَة هذه ما اخْتَزَلْته مِن وَقائع مُثِيرة ونُصُوص صَرِيحَة تَكفِي لِلدَّلالة على ارتِكاب رَهْطٍ مِن كُبراء الصَّحابَة جُرْم الانْحِراف الكَبِير بِالدِّين، والتَّمادِي بِه لِتَعزيز وُجُود (اتِّجاهِ أَهْل العامَّة) الَّذي ضَمَّ الأَغلبِيَّة الصَّامِتَة في مكَّة والمُنكَفِئة على ذاتِها مِن الطُّلقاء بَعد (الفَتْح)، والأَغلَبِيَّة الحَيوِيَّة السَّاحِقَة في مُجتَمع المَدِينة المُسيَّس عَقدِيًّا والمُقَسّم اجتِماعِيًّا إِلى جِهَتين حَذِرتَين تَتَحسَّس كُلُّ واحِدَةٍ مِنهما المُستَجدَّ في الرَّأي والمَوقِف لَدى الآخْرى بِحَسدٍ وكَراهِيَّة وتُراقِب كُلُّ واحدةٍ مِنهما أَحوالَ الآخْرى في قِبال فِئَةٍ أُخرى نَشأت في عُهدة رَسُول الله صَلَّى الله عليه وآله ورِعايَتِهِ أَطلَق عليها مُسلِمو الرَّعِيل الأَوَّل اسْم (شِيعَة عَلِيّ).

رَجوتُ مِن الله العَلِي القَدِير أَنْ يَجعلَ لِبَحث هذا الكتاب أَهمِّيَّةً بالِغَةً مِن

حيث المَعنَى في أفهام المُهتَدِين المُصلِحين ومِن حيث المُراد مِن تأليفِهِ في أفهام أَهْل البَحث العِلْمي وطالِبي (الحَقّ والحَقِيقَة) والجادِّين المُنَقِّبين الدَّارِسين مِنهُم والمتبَنِّين لِلرُّؤيَتين المِثالِيَّة والواقِعيَّة المُؤَثِّرَتين في عَملِيَّة تَقرير مَصِير أُمَّة مُحَمَّد صَلَّى الله عليه وآله، على أَنْ يُسفِرَ عن هذا الجُهدِ المبارك وَظِيفَتان مُهِمَّتان:

- الكَشف عن هُوِيَّة الفِريَةِ التَّأريخِيَّة الكُبرى في الدِّين الَّتي افْتُرِيَت فأَسَّسَت لِلظُّلم أساسَه منذ لَحظَة الإعْلان عن رَحِيلِ الرَّسُول صَلَّى الله عليه وآله، وهَيمَنَت على ثَقافَة الأَغلَبيَّةِ مِن المُسلِمين، وامْتَدَّت في حُقبَةٍ زَمنِيَّة تَجاوزت الـ14 قَرْن على شَكْلِ دُولٍ مُستَبِدّة مُتعاقِبَة ما زالَتْ تَدَّعِي تَمَسَّكها بِدِين الأَغلَبيَّة وتَستَظِل في عَصرِنا الرَّاهِن بِعقائد المَذاهِب والفِرَق.

- والحَثّ على مُلازَمة الحَقِّ وتَقَصِّي جَوْهَرِ الحَقِيقَةِ، واجتِناب الإِذْعان لِهَوى الإِمْرَة والرِّئاسة والسُّلطان وسَرابه السُّفْلِي المُتَذَبْذِب المَعكُوس الَّذي يَحسَبه الظَمئآنُ ماءً - وتَحاشِي ظِلال السِّياسَة الَّتي تَبدو لِناظِرها في كَهفِهِ المُوصَد أو في صَرْحِهِ المُقفَل مِن الحَقِّ المُبين ومِن أُمَّهات الحَقائق، وما هِي مِنها.

إنْتهيتُ مِن إعداد هذا الكِتاب في يَوم الغَدِير 18 مِن ذِي الحِجَّة 1443هـ الموافق 18 يُولْيو 2022م في العاصِمة البِريطانِيَّة بَلد المنفى الثَّالِث.

واللهُ وَلِيُّ التَّوفِيق.

التَّمْهِيد

لا بُـدّ مِـن الرُّجـوع إلى العِلَـل الأُولى المُؤدِّيَـة إلى الغَفلَـةِ والضَّيـاع والتِّيـه في أُمَّة مُحَمَّد صَـلَّى الله عليـه وآلـه عنـد مُـراد الإقْـدام عـلى تَحدِيـد المَنهـج المُناسِـب لإيجـاد صِيغَـةٍ تَوافُقِيَّـةٍ مِـن (التَّعايُـش) المُؤمَّـل لَـدى مُجتَمعـات المُسـلِمين في عـالَم يَتفَسَّـخ إنْسـانِيًّا وثَقافِيًّـا ويَتفـكَّك اجتماعِيًّـا ويَرتَـدّ عـن حَضارَتِـه ويَنقلِـب إلى فَلسـفاتِه القَدِيمـة الَّتـي نَقَضَهـا بِنفسِـهِ مِـن قَبْـل ودَحَـضَ أُحدُوثَتَهـا وتَجـاوزَ قَواعِدَهـا وعاقَـب رِجالَهـا وتَحـرَّر مِـن أَسْرهـا ومَـضى بِثَوراتِـهِ السِّياسِـيَّة العارِمَـة لِيُطلِـق حُرِّياتِـه ولِيُقِيـم لِأَوطانِـهِ نَهضَتَـه العِلمِيَّـة.

ولَيْـس مِـن شَـكٍّ في أَنَّ أَثَـر الامتِـداد الذِّهنـي التَّقلِيـدي عنـد المُعالجَـة النَّظرِيَّـة المعـاصرة لِلسِّـيرة في التَّأريـخ الإسْـلامِي ومـا انطَـوت عَليـه هـذه السِّـيرة مـن مُشـكلات التَّبايُـن والنِّـزاع بـين قُـوى التَّأثِـير الاجْتِماعِـي والهَيمَنـة السِّياسـيّة والثَّقافيّة ومـا أَفرَزتـه مِـن مَـورُوثٍ رِوائـي مُتَضـارِب ومِـن أُصُـول وشَرائـع ومَذاهِـب وفِـرق وقُـوى واتِّجاهـات مُتناقِضَـة الـرَّأي والمَوقِـف ـ يَـزدادُ تعقِيـدًا وخُطـورة في الأَحْـوال التَّالِيـة:

ـ كُلَّـما كان مُنطلَـقُ البَحـث أَو الدِّراسـة مَنهجًـا وِجدانيًّـا عَاطِفِيًّـا مُجـرّدًا، أَو تَبعِيًّـا مُنصرِفًـا إلى اسـتِعمال أَدوات التَّحقِيـق التَّأريخي بِعَصبِيَّـةٍ مُفرِطـة أَو خَلفِيَّـة ثَقافِيَّـة مُضْطَرِبَـة ضاغِطَـة.

ـ أَو كان المُنطلَقُ سِياسِيًّا مُتطرِّفًا أَو هَجِينَ الفِكر أَو مُجرّدًا مِن الأَصالَة والضَّوابِط الأَخلاقِيَّة والبُعد الإِنسانِي.

ـ أَو حِين يدأَب الباحِثُ المثقَّفُ المُنتَمي لِقُوى التَّأثِير الاجتِماعي والسِّياسِي والثَّقافِي أَو لِمَذهَبٍ مِن المَذاهِب أَو فِرْقَةٍ مِن الفِرق أَو لِرَهْطٍ مَشهور في النَّاس ـ على التَّسلُّح بِالإِثارة الدِّعائيَّة المُتشدِّدة أَو المُبتذَلة أَو المُغالِية في التَّشَفِّي أَو المُتطرِّفة في مُراد الدِّفاع عن الأَصْل والهُوِيَّة.

ـ أَو حِين يَتَبنَّى البَاحثُ المُنتَمي الإِثارة الإِعلامِيَّة المُتدرِّعَة بِمنهج تَنشِيط الذَّاكِرَة في حدود المجال المُعتِم مِن سِيرة الماضِي فَحَسب، وتَفعيل الجانِب الضَّعيف المُهمَل مِنها، ونَبْش المَنسِيّ فيها، وذلك بِقَصد تَبييضِها ولَيس مُراجَعتِها والاجْتِهاد في تَحدِيد الرُّؤيَة الصَّحِيحَة منها وتَبيُّن المَوقِف السَّدِيد وطَلَب الهِدايَة إِلى الحَقِّ والحَقِيقَة.

فعِندَما يَستَخْفِي المُتعصِّبون مِن أَئمَّة قُوى التَّأثِير الاجْتِماعِي والسِّياسي والثَّقافي ومِن أَئمَّةِ ووُعَّاظ ومُثَقَّفِي المَذاهِب والفِرَق مَقاصِدَهم الدِّفاعِيَّة لِتَبرير اعْتِماد الأَفكار المُسيئة واستِعمال الوَسائل المُبتذلة؛ فإِنَّهم ـ مِن دُونِ شَكّ ـ سيُبالِغُون في التَّوارِي خَلف ما اعتادوا عليه مِن نِفاقٍ وكَذِبٍ ودَجلٍ، ومِن تَضليل بِالفِريَة وهَتكٍ لِلحُرمات، ومِن عِنادٍ وإِصرارٍ على تَدوِير مَفاهِيم العَصَبيَّات القَبَليَّة الحادَّة والعَشائرِيَّة والقَومِيَّة الضَّيِّقة والوَطَنِيّة العَلمانِيّة المُزيَّفة، ومِن كَراهِيّةٍ وبَغضاء وعَداوة وحِدّة عند بَثِّهم لِمَفاهِيم التَّمييز المَذهَبِي والتَّحرِيض على الفَصل السِّياسي الطَّائفِي.

فإِنْ فَعلوا ذلك وتَمكّنوا مِن نَيلِ مُبتغاهُم في حدود بِيئتِهم الاجتِماعيَّة الضَّيِّقة؛ شَرعوا في اختِلاق أَو تَزوِير ما يَصِفونه بـ(إِجماع) الأُمَّة على فَترةٍ منه ورَوَّجُوه، واستَعدّوا لِبلوغ مَرحلَة الاستِجابة لِلمُحفِّزات الإِستراتِيجِيَّة الَّتي تَرتكِز عليها

سِياساتُ الأَنظِمةِ المُستبدَّة الحَليفة أَو الحاضِنَة، وحَرَّضوا على استِنزاف قُوى الإِصلاحِ الاجْتِماعِي والسِّياسِي وقَطعوا الطَّريق عَليها أَو حَضّوا على تَدجِينها أَو تَذرَّعوا بِالخَدِيعة فافتروا تُهمَةَ خُروج هذه القُوى على الدِّين والسِّيادَة الوَطَنِيَّة لِلدَّولة تَمهِيدًا لِلقَضاء عَليها والانْفِراد بِالتَمثِيل الدِّينِي الرَّسْمِي، ثُمّ وأَسَّس كُلُّ واحدٍ مِنهم مُنفردًا لِمَشروع تَمزيق الآخَر مِن نُظرائهِ المُنافِسين والمُغالِبين وحَفَر لَه حَفِيرة لِيُوقِعه فيها!

وكُلّما أَنذَر ذَوو العُقول الكَبِيرة ونَبَّهوا وحَذَّروا مِن عاقِبَة تَجاوز بعض أَئمَّة المَذاهب والفِرَق وقُوى التَّأثِير الأُخْرى لِمناهج البَحث العِلْمي الرَّصِينَة المُعَوَّل عليها تَحقِيق الانْسِجام الاجْتِماعِي وتَرسِيخ قِيم التَّعايُش السِّلمِي والحَضّ على الالتِزام بِها وَفْق خِيار (البَحْثِ عن الحَقّ والحَقِيقَة) المَكفُول لِلجَمِيع انطلاقًا مِن أَصالة الحُرِّيَّة ومِن دُونِ حَساسِيَّةٍ مُسرِفةٍ أَو عَصَبِيَّة مُفرطة - استَدرَكوا ذلك بِالدَّعوة إِلى الصَّبر في فَهْم الواقِع واعتماد العَقل النَّاقِد والرُّؤيَة الجامِعَة بين المِثالِ وقِيمةِ استِلهام العِبر مِن قصص الأُمَم. مع الرَّصْد الكافي لِحَجم التَّحوَّل الثَّقافي الهائل الَّذي يَشهده العالَم المُعاصِر بزعامَة سَردِيَّاتِه الثَّقافِيَّة والعِلميَّة الكُبرى، والانْتِباه إلى ما يَجول مِن جَدلٍ حول ما يُسمى بِـ(الحَداثة) ذات العَقل المادِّي المُجرَّد والمتَطرِّف ومِن جِدالٍ عَقِيم حول ما يُسمَّى (ما بَعد الحداثة) ذي البُعدين العَدَمي والفَوضَوي اللَّذَين أَسَرف رُوّادُهما ومُريدُوهما في إِقْصاء العَقل والمَنهج وسَرَّحوا مَعاني اللُّغة مِن لَوازم مُفرداتها وقالوا بِمَوت (الإِله) أَو بِمَوت ما اصْطُلِح عليه بِـ(الصَّانِع) أَو (المُؤلِّف).

إِنَّ مُحتوى هذا الكِتاب يُؤكِّد على أَهمِيَّة تَقصِّي هذا اللَّون مِن التَّحدِّي المُعاصر وقراءة خَلفِيَّاتِه التَّأريخِيَّة بِروحٍ رِياضِيَّةٍ مَسئولَة، كما يُؤكد على أَهمِيَّة تَحدِيد الرُّؤية الَّتي تَتبنَّاها المَذاهب والفِرق وقُوى التَّأثِير الأُخْرى في بُعدي الثَّقافَة والسِّياسَة الفاعِلَين الرَّاهِنَين والجِد في التَّعاطي مع سُبل المُعالَجة، وذلك مِن خِلال:

ـ الرُّجُـوع إلى أُصُـول المَعرِفَـة القَويمَـة والمُدوَّنـات المُعتَـبَرة بِوَصْفِهـما أَهَـمّ المصـادر المُحفِّـزة عـلى الامتِثـال لِلأَصالـة والـدَّوام في المحافَظَـة عـلى الهُوِيَّـة وتَنظِيـم شُـئون الواقِـع الاجتِماعِـي بِـلا انْقِطـاع.

ـ واعتـماد المَرحَلِيَّـة المُتدَرِّجَـة الَّتـي تَحُـدّ مِـن انْفِـلات الـذّات ورَغباتهـا وتَجِـدّ في التَّحـرُّر مِـن هَيمنـة النَّـوازع القَبَلِيَّـة والقَومِيَّـة والطَّائفيَّـة أَو الحِزبِيَّـة الضَّيِّقَـة والعصَبِيَّـة الفِئويَّـة أَو الوَطَنِيّـة العَلمانِيّـة.

ـ والإِسْراع إلى تَحقِيـق كلِّ ذلـك قَبـل أَنْ يُبـادر مَـنْ اعتـادت نَفسُـه المُعتَلّـة عـلى اسـتِغلال المُتناقِضـات في التَّحـول الثَّقـافِي المَصِـيريّ واقتِحامهـا والعَبَـث في مِيـزان القُـوى الإِجتِماعِيّـة لِتَأجِيجِهـا، أَو أَنْ يَـدأب عـلى التَّعويـض عـن يَأسِـهِ مِمّـا في أَيـدي النَّـاس بِالمُسـارَعَة إلى تَأسِـيس انْتِـماءات إِرهابِيَّـة وتَنظِيـمات الغَرابِيـب العَنِيفَـة المَعقُوفَـة في الفِكـر والمُدمِّـرة لِلثَّقافـات حيـث لا تَتوافَـر هـذه الانْتِـماءات والتَّنظِيـمات عـلى مـا يَردَعهـا مِـن عَقِيـدَةٍ سَـلِيمةٍ ولا عـلى مـا يُرشِـدها مِـن عَقـلٍ ناضِـجٍ ولا إِيـمانٍ حَقِيقِـي ولا ذَوق آدمِـيّ ولا حِـسٍّ إِنْسـاني ولا عاطِفَـة.

ولم أَكُن أَعْنِي بِكُلّ ذلك:

ـ أَنْ يَتحَسَّـس أَئِمَّـةُ المذاهِـب والفِـرق ووُعّاظُهـما وقُـوى التَّأثـير مِـن المُثقَّفِـين فتَمتَنِعـوا عـن اسـتغلال فُـرَص اللِّقـاء الثَّقـافِي العَـام لِلتَّعريـف بِالهُوِيَّـة الدِّينِيَّـة وإِظهـار الشَّـعائر بِالكَيفِـةِ المُناسِـبَة، وحَـثِّ النَّـاس عـلى تَبَنِّـي مـا يُؤمِنـون بِـهِ مِـن أُصُـول وشَرائـع ومِـن مَبـادِئ في الأَخـلاق.

ـ أَو أَنْ يُحجِـمَ الأَئِمَّـةُ والوُعّـاظ وقُـوى التَّأثـير مِـن المثقَّفِين عِـن صِيانـة مَصالِـح مَذاهِبِهـم وفِرَقِهـم.

ـ أَو أَنْ يكـفَّ الأَئِمَّـةُ والوُعّـاظ وقُـوى التَّأثِـير مِـن المُثَقَّفِـين عـن التَّصريـح بِـما

يُؤمِنُون بِه مِن مَبادئ فَلسفِيَّة وقِيم أَخلاقِيَّة مُستقِلّة داعِمَة أَو بِما يَلتزِمونَ به مِن ضَرُورات مَذهَبِيَّة أَو اجتماعِيَّة أَو سِياسِيَّة يَرون فيها الأَصالة والتَّمثُّل بِالدِّين ومَورُوثِه الرِّوائي على وَجْهٍ تامّ.

ـ أَو أَنْ يَمسِكَ الأَئمَّةُ والوُعَّاظ وقُوى التَّأثِير الثَّقافي الأُخرى بِمَبدأ التَّقِيَّة عن كَشف ما دأبوا على تَداولِه في الأَوضاع الاعتِيادِيَّة مِن مَفاهِيم مُنتزَعَة مِن بِيئةِ المَنشأ الثَّقافِي لِمَذاهِبهم وفِرَقِهم ولِقُوى التَّأثِير الثَّقافي الأُخْرى وما يَرتضُونَه مِن سِياقٍ تَأريخيّ ماضَوي وما يُعوِّلون عليه مِن نَسقٍ وصَيرورةٍ مُستقبلِيّة مُتأمَّلَين.

ـ أَو أَنْ تجتهِدَ مَرجِعيَّاتُ المَذاهِب والفِرق وقُوى التَّأثِير الثَّقافي الأُخْرى في العَمل على تَرقِيق عَقائدها المُتشدِّدة وشَرائِعِها العَنِيفة وأَخْلاقها الرَّدِيئة الخَشِنة بِما يُضفِي عَليها مَزِيدًا مِن النُّعومَة والمُرونَة، كأَنْ تُطعِّمَها بِالفِكر الفَلسَفِي أَو الصُّوفي أَو بِمَزيج مِنهما، كالَّذي اشْتُهِر بين فِئةٍ مَغمورَةٍ مِن الشِّيعَة والسُّنَّة الصُّوفِيَّة بِمُتَبنَّى (العِرْفان)!

فهذا شَأنُ مَرجِعِيَّات المَذاهِب والفِرق وأَئمَّتها ووُعَّاظِها وقُوى التَّأثِير مِن مُثقَّفِيها وأَتْباعِها.

ولَا يُرْجى مِن كلِّ ذلك:

ـ أَنْ يُعَطِّلَ هؤلاء الأَئمَّة والوُعَّاظ وقُوى التَّأثِير الثَّقافي حَرَكة التَّطوّر في مَظاهِر ثَقافتِهم وما اعتادوا عليه مِن مَناهِج في البَحْث والدِّراسَة ومِن ثُمَّ التَّوقُّف عن دَعم مَشارِيع الدَّعوة والتَّبليغ بِمُقتَضى عَقائدِهم وشَرائعهم وأَخلاقِهم.

ـ ولا أَنْ يُصار إِلى التَّخلِّي عن كُلِّ المَورُوثِ الثَّقافي لِلمَذاهب والفِرق تَمهِيدًا لاعتِماد البَديل الواقِعيّ المُجرّد الَّذي يُدعَون إِليه أَو يُبَشَّرون به ويُوعَظون.

ـ ولا أَنْ يُشدّ الرِّحال إِلى مُؤسَّسات الدَّولة بِغُية الخُضُوع لَها طمعًا في استِغلال

سِـيادَتِها ونُفوذِهـا لِلتَّحريـض عـلى شَـعائر المَذاهـبِ والفِـرَق الأُخْـرى وحَظـر وُجودِهـا أو مَنـع أَنْشِـطتها أو الحَـدّ مِـن فَعاليَّاتهـا الثَّقافِيَّـة.

- ولا أنْ يُلتَجـأ إلى عقـد التَّحالُفـات السِّياسِـيَّة بـين عَـددٍ خـاصٍّ مِـن المَذاهـب والفِـرق وقُـوى التَّأثِـير الثَّقـافي الأُخْـرى في إطْـرٍ جامعـة لِلـزَّج بِالمذاهـب والفِـرَق وقُـوى التَّأثـير الأُخْـرى المُنافِسَـة أو المُغالِبَـة في أتُـون صِراعٍ وُجُـوديٍّ مـع حـكَّام الـدَّول.

- ولا الاسـتِقواء بِالنُّفـوذِ السِّـياسي لِلـدَّول الحَليفـة والاسـتِعانة بِسُـلطانِها في مَقـام المُغالَبـة أو المُنازَعـة مـع النُّظـراء المُشاكِسِـين والمُناهِضـين مِـن المذاهـب والفِـرق وقُوى التَّأثِـير الثَّقـافِي الأُخْـرى!

إنَّ العمـلَ عـلى تَوسِـعَةِ الدَّوائـر الإيجابِيَّـة عنـد عَقْـد العَـزم عـلى مُعالجـة مُشـكِلات التَّبايُـن والخِـلاف والنِّـزاع بـين مُجتَمعـات المذاهـب والفِـرق سـيُفضي آليًّـا - في الأَعَـمّ الأَغْلَـب - إلى تَضييـق الدَّوائـر السَّـلبِيَّة شَـيئًا فشـيئًا حتَّـى تَنعدِم أو يَـؤُول أمْرُهـا إلى النَّفاد.

فذَلِـك مِـن مَهـام الأئمَّـة والوُعَّـاظ وقُـوى التَّأثِـير الثَّقـافي العُقـلاء المسئولِين إذْ ليـس لِأَحـدٍ مِـن المَذاهِـب والفِـرق ولا أيّ مِـن قُـوى التَّأثِـير الثَّقـافي الأُخْـرى الحـق بِنَفـي أصالَـةَ الحُرِّيَّـة ومَنعهـا لِيَنفـرِد هـو بِتَقمُّصِهـا مِـن دُونِ غَـيره، وإنَّـما عليـه العَمل عـلى إيجـاد نَظرِيَّـةٍ اجتماعِيَّـةٍ عادِلَـةٍ مُنصِفَـة لِقيمَـةِ (التَّعايُـش) وداعِمَـة لِوَحـدة المُجتَمَعـات ثَقافِيًّـا واجْتماعِيًّـا واقتِصادِيًّـا، مِـن غَـير المَـسّ بِالحـقّ في حُرِّيَّـة التَّعبـير أو التَّضْيِيـق عـلى مُواطِنِـه المُتمَتِّـع بهـا.

ولا يَجـوز بِـأَيِ حـالٍ مِـن الأَحـوال أنْ يَقـع الجِـدالُ السَّـقِيم الحـادّ في مَشـهَدٍ عـامّ بـين أئمَّـة ووُعّـاظ ومُثقَّفـي المَذاهِـب والفِـرق وغَيرِهـا مِـن قُـوى التَّأثِـير الثَّقـافي أو بـين فِئـة مِـن الأَتْبـاع ويُفـضِي ذلـك إلى التَّشـنُّج ثُـمَّ لا يَكـون مِـن خِيـارٍ لِفَـضِّ

الجِدال وحَسْم المُشكِلات المُستَعصِيَّة إِلَّا عبر الاستِعانَة بِقُوى النُّفوذ السِّياسي حَيث تُستَدعى سِيادة الدّولة وتُحكّم.

فإِنْ أَحسَنّا النَّوايا، ووَقَع مِثلُ ذلك وعَمّ، فإِنّه سيُعزى على وَجْه الدِّقة إِلى سُوء اخْتِيار المَنهج المُعالِج، كأَن يُستَند إِلى مَبدأ العُلوّ المَذهَبي بِالسِّياسَة مِن مُنطَلقٍ طائفِيّ أَنانِيّ مُتطَرّف حَيث درجَ بعضُ الغَرابِيب السُّود مِن أئمّة ووُعّاظ ومُثقّفي المذاهب والفِرق وقُوى التَّأْثِير الثَّقافي الأُخْرى على تَبَنّي هذا المَبدأ والتَّأكيد على استِعمالِه لِسَدّ (الطُّرق إِلى الله) سُبحانَه عَمّا يَصِفُون كُلَّما نَشَط نُظراؤه مِن أَهْل المذاهب والفِرق والقُوى الأُخرى في (البَحث عن الحَقّ والحَقِيقَة) ولَهَج لِسانُه بِذكر النَّتائج عن عْلمٍ كَبيرٍ وصَدرٍ واسِعٍ وحُسن نِيَّةٍ أَو كُلَّما تَشنَّجت اللِّقاءاتُ البَينِيَّة المُختصّة في تَناول وَحدة المَصِير مِن غَير الاستِدراك بِمبدأ التَّعايُش الإنساني ووَحدة النِّظام الاجتِماعي لِيُصار إِلى تَطبِيقِهما.

لَيس مِن شَكٍّ في أَنَّ مُجتمعات التَّشَيُّع اتَّخذَت مَنحًا مُختلفًا عن سائر مُجتَمعات المَذاهِب والفِرق وقُوى التَّأْثِير الثَّقافي الأُخْرى في هذا المِضْمار منذ لَحَظَة نُشوء التَّشَيُّع وإِذْ رأى الشِّيعَةُ أَنَّ إِيجاد عامِل الاستِقرار الاجْتِماعي بِما انطوى عليه مِن أُصُولٍ مُتضارِبَة وشَرائع مُتبايِنَةٍ ومِن (تَعدُّد في الطُّرق إِلى الله) هو في غايَةِ الإِمكان، وذلك بِدَفع الثَّقافات المُتعدِّدة في المُجتَمع المُسلِم الواحِد إِلى الاستِقلال عن غُول السِّياسَة واجتِناب التَّحاكم إِلى غرابِيبِها أَو الاستِعانة بِضَلالِهِما في الوُجودِ والبَقاء وفي تَحقيقِ التَّفوّقِ على النُّظراء والأَقْران.

في حِين أَنَّ الفَهمَ الدَّقِيق لِلواقع وسَبر غَور التَحوُّلات التَّأريخِيَّة وسِيرتها الاجتِماعِيَّة يَكْشِفان لِلقاصِي والدّاني أَنَّ مضارّ التَّبعِيَّة لِغرابِيبِ السِّياسَة ولِأَقطابِها الكُبرى ولِأَنظِمتها المُستَبِدّة قد تَفشَّت بِلا حدود وفَرضَت ذاتها بلا ضَوابِط على كُلِّ قِيمةٍ عَقدِيَّةٍ نَظريَّة أَو فقهِيَّة أَو أَخلاقيَّةٍ عَملِيَّة في السَّواد الأَعْظَم مِن

مُجتَمعـات المَذاهِـب والفِـرق وقُـوى التَّأثِـير الثَّقـافي الأُخْـرى، فسَـلَبَت مِنهـا لُبَّهـا وعَبَثَـت في فِطرتِهـا، وجَعلَـت مِنهـا جُـذوع نَخـلٍ خاوِيَـة لا حَيوِيَّـة فيهـا ولا معنـى.

في الظَّـرف الرَّاهـن ـ عـلى الأقَـل ـ حيـث تَوافـرت المَناهِـج المناسِـبَة وتَعـدَّدت أَدواتُ البَحْـث المُتعَلِّقَـة وازْدادَت وَسـائلُ البَـثِّ سِـعَةً وانْتِشـارًا، نَسـتَطِيع القَـول وبِـما لا يَـدع مَجـالًا لِلشَّـكّ أَنَّ غُـول السِّياسـة وغَرابِيبَـه فَرَضـا قُواهمـا عـلى عَقْـل الأَغْلَبِيَّـة مِـن المُسـلِمين بِشَـكلٍ سـافِرٍ مثلـما فَعَـلا في مطلـع عَهـد (الخِلافَـة) وهَيمَنـا عـلى ثَقافَـات المُجتمـع المُسـلِم في عَهـد مُعاوِيَـة ومـا بَعـده، فقَلَبَـا قواعـد الأُصُـول والتَّشرِيعـاتِ الفِقهِيَّـة رأسًـا عـلى عقـب، فتَحوَّلَـت الأغْلَبِيَّـةُ في المُسـلِمين مِـن اتِّجـاهٍ نَصـير لِعَهـد مـا مَضى مِـن خِلافَـة أَبي بَكـر وعُمَـر وعُثمان إلى انْتِـماءٍ سِياسِيٍّ غِرِبِيـب يَحمِـل المواصَفـات الخَطِـيرة التَّالِيَّـة:

ـ مُناهِضٌ لِـ(التَّشَيُّع) في الأَولَوِيَّة، فإِنْ سَكَن فإِنَّما لِيَتحَيَّن الفُرص.

ـ مُعـادي لِـكُلّ اتِّجـاهٍ آخَـر مُمتَنِـع عـن عقـد الـوَلاء لِسيادَةِ الدَّولـة المُسـتَبِدَّة ومِنهـا الأُمَوِيَّـة والعباسِـيَّة والعُثمانِيَّـة والأَيُّوبِيَّـة والمَملُوكِيَّـة والمَلَكِيَّـة والقَومِيَّـة والوَطَنِيَّـة العَلمانِيَّـة ومـا شـاكَلَها.

ـ معاكِسٌ لِـكُلِّ مَشروعٍ مُستقلٍّ يَهـدف إلى الإِصْـلاح في أُمَّـةِ مُحمَّـد صَـلَّى الله عليـه وآلـه، ولِـكُلِّ مُبـادرةٍ مُخَلِّصَـةٍ تَرجـو النَّجـاة في الدِّيـن والرَّفـاه في الدُّنيـا واعتنـاق أَصْـل الأَمْـر بِالمعـروف والنَّهـي عـن المُنكـر عـلى نَسَـقٍ أَصِيـلٍ وسَـليمٍ.

ـ لا يَسـتَنكِف أَنْ يَكـون حَلِيفًـا أَو تابعًـا لِقُـوى الاسـتِعمار ومُرَوِّجًـا لِشِـعاراتِها (القَومِيَّـة) وسِياساتِها العَلمانِيَّـة (الوَطَنِيَّـة) المُخالِفَـة لِلدِّيـن ولِحَـق الأَوْطـان في التَّمَتُّـع بِالحُرِّيَّـة والأَمْـن والاسـتِقرار الاجْتِماعِـي.

ـ مُحـاربٌ لِـكُلِّ ممتَنِـعٍ عـن الانْدِمـاج في أُطـر (اتِّجـاه أَهْـل العامَّـة) الجامِعَـة

لخُلفائه ومنها (أَهْل السُّنَّة والجَماعَة) المُعاصر وغيرها مِن الأَحْزاب والفِئويّات والمُنظّمات القائمة على ذات الشّاكِلَة!

إنَّ تَبنِّي مَفهوم (التَّعايُش) في عَصرِنا الرَّاهن والعَمل على جَعْلِه قِيمةً عُليا واجبَة التَّحقُّق في مُجتمعات بلاد المُسلِمين المُعاصِرَة هو أَمرٌ ضَرُورِيٌّ ولكِنَّه يَشتَرط أَمرَين:

ـ الاستِقلال التَّام عن ضَغط السِّياسَة ونُفوذِها وضَرُوراتِها ومُقتَضياتِها والتَّجرُّد مِن التَّبعِيَّة والخضوع لِغَرابِيبِها.

ـ الخلوّ مِن مِفهوم الانتِماء الَّذي أَرْسَى لِلنِّزاع على الإِمْرَةِ والرِّئاسة في عَهد الخِلافَة قواعدَه السِّياسِيَّة، وتَجنُّب الانْدِكاك فِيه.

فكُلّ ما يُبنَى على قاعِدَةٍ مِن الانْتِماء السِّياسِيّ أَو على تَعاقدٍ منه فإِنَّه ـ مِن دُون شَكٍّ ـ لَنْ يَسلَم مِن طُغيان الضَّروراتِ السِّياسِيَّة والمُقتضيات السِّيادِيَّة لِلدَّولَة، ولَنْ يقدر على التَّحرُّر مِن (لُوبِي) الانْتِماء أَو الفكاك مِن قَبضَةِ غَرابِيبِ السِّياسَة.

في إِثْر انتهاء عهد (الخِلافَة) بِمَقتل جَمِيعِ مَن تَرأَّسها وقَعَّد لِمَقعدَها وعلى رأسهم الخُلفاء الثَّلاثة (أَبُو بَكر وعُمَر وعُثمان)، واختِتام هذا العَهد بِاغْتِيال سافِرٍ لِمَن أَمَّ المُسلِمِين مِن بَعدِ هَلاك الخلفاء الثَّلاثَة وهُم اثْنان مِن الأَئمَّة الطَّاهِرين (عَلِيٌّ أَمِير المُؤمِنين ووَلَدُه الحَسَن المُجتَبى صَلواتُ الله وسَلامُه عليهما) ـ نَشأَت مَرحَلةُ الحُكم المَلكيّ الهِرَقْلي الوِراثي على رأس دُولٍ مُستَبِدّة مُتعاقِبة جاء في طَلِيعَتها دولةُ الأُمَوِيِّين حيث مَهَّد عُثمان بن عَفَّان لِقيامِها وأَسَّس مُعاوِيَةُ بن أَبِي سُفيان قواعد نِظامها الوراثِيّ، وأَكثَرا مِن أَعمال التَّزوِير والوَضْع والاخْتِلاق والتَّلفِيق والتَّشْطِيب عند نَقلِهما لِلسُّنَّة الشَّريفَة والتَّعاطِي مَع المَورُوث الرِّوائي.

وقَدَّمـا (مَذْهَـب الـرَّأي) عـلى نَـصِّ الثَّقلَـين عنـد مُعالَجتهـما لِشُـئون الدَّولـة وقُـوى التَّأثِـير الاجْتِماعـي والسِّـياسِي والثَّقـافي وعـزّزا مِـن مُـراد التَّفـوّق الاجتماعِـي لِـ(اتِّجاه أَهْـل العامَّـة) المُـوالي المُحْـدَث بَعـد تَشـذِيبِهِ وتَقلِيـم أَضافِـره، وعظَّـما مِـن شـأن سِـيادَة الخَلِيفَـة (الهِرَقْـل) وتَمكِينِـه مِـن مُلْكِيَّـة والبِـلاد والعِبـاد، وحَجَبـا عـن آل مُحمَّـد صَلـواتُ الله وسَـلامُه عليهـم حَقَّهـم في مَقـام الخِلافَـة ونَـكَّلا بهـم وبِـ(شِيعَة عَـلِيّ) واتَّخَـذَا مِنهـما عَـدوًّا.

صـار عَهـدُ الخُلفَـاء الثَّلاثَـة الأَوائـل يُقَعِّـد بِـ(مَذْهَـبِ الـرَّأي) لِمَبـادِئ السِّـيادة والوِارثـة في نِظـام الحُكـم، فاسْـتَحالَت هـذه المبـادِئ إلى جُـزءٍ أَسـاسِيٍّ مِـن السُّـنَّةِ حيـث تَعبَّـدت بهـا الأَغلبيَّـةُ في المُسـلِمِين وشَـيَّدت عليهـا قَواعِـد التَّعـدُّد المَذْهَبِـي بِـإزاء فِئَـة (شِـيعَة عَـلِيّ) القَلِيلَـة وعـلى حِسـاب مَصِـير كومَـةٍ مِـن الاتِّجاهـات وقُـوى التَّأثِـير الأُخْـرى المَغمُـورة المُسـتقِلّة الَّتـي بَاتَـت يَائسـة مِمّـا في أُصُـول الدِّيـن ونُظُـمِ الخِلافَـة ومـا في أَيـدِي الخُلفاء/ الحـكّام ومـا داخَلهـم مِـن (رَأْي) ومـا غُيِّـب مِـن قِيَـمٍ في العَـدل والإنصـاف.

ومِـن عُمْـق البِيئـة الثَّقافِيَّـة السَّـقِيمةِ هَـذِه انْتُـزِعَ أَيضًـا مَفهـومُ (القَهْـر) بِالغَلَبـةِ لِتَأسِـيس الدَّولـة وتَنصِيـبِ الغالِـب نَفسـه خَلِيفَةً/ حاكِـمًا عـلى المُسـلِمِين مَـدى الحَيـاة. فاغتِيـل عـلى أَثَـر ذلـك عَـددٌ مِـن الصَّحابَـة و(المُبَشَّريـن بِالجَنّـة) والتَّابعـين وتابِعـيّ التَّابِعـين بِمَكـرٍ وغَـدرٍ صادِرَيـن عـن فِئَـةٍ مِـن الصَّحابَـة الآخَريـن ومِـن (المُبَشَّريـن بِالجَنّـة) والتَّابِعِيـن وتابِعِـي التَّابعِـين الَّذيـن كانـوا فيهـم الأَعَـزَّ مِنهـم مَقامًـا ونفـوذًا والأكثَـر مـالًا ونَفـرا. فعَمَّـت الحُـروب في المُسـلِمِين بِأَيـدِي المُسـلِمِين وحُصِـدت رُؤوسُ المُسـلِمين بِسُـيوف المُسـلِمِين وكَثُـرت فيهـم مَيادِيـنُ الاسـتِنزاف البَـشري بِتَحريـضٍ مِـن الصَّحابَـة و(المُبَشَّريـن بِالجَنّـة) والتَّابعـين وتابِعِـيّ التَّابِعـين وبِإمْـرةٍ مِنهـم عـلى غَيرِهـم.

فـإنْ أُقِيمَـت حَـربٌ أُخـرى عـلى غَـير مَبـادِئ (مَذهَـب الـرَّأي) وخـارج دائـرة

الصِّراع الدَّاخِلي، فهِي ـ مِن دُونِ شَكٍّ ـ تَرمي إِلى بَسط يَديّ الخَلِيفة/ الحاكِم وإِمْرَتِه على الأَقْران والنُّظراء المُعارِضِين أَو لِكَسب الثَّروة والفَخامة أَو لِلتَّخَلّص مِن المناوِئين بِزَجِّهم في مقدِّمة الجيوش أَو جَعلِهم كَبش فِداء لِمَعارِك فاصِلَة.

أَمسَى الشَّكُّ يَنْخر في أَعماق عَقِيدة النَّاسِ ويَشلّ عزائمَهُم ويُصِيبَهم بِاليأس والقُنوط مِمَّا في أَيدي الصَّحابة الخُلفاء والأُمْراء والوزراء والولاة المُتنازِعين والمُتحارِبين على الإِمْرَةِ والرِّئاسة. وصار الوَهنُ يَحثّ النَّاس على قراءة واقِع دِينِهم قَراءةً سِياسِيَّةً مادِّيَّةً صِرفَة أو فَلسَفِيّة مُجرَّدةً مِن الوِجْدانِيَّات والوَحْيانِيَّات والغَيبِيَّات والمُعجِزات والكَرامات والفَضائل والمَناقِب. فخَلَّفوا (الثَّقلَين) وراء الظَّهور ونَسوا ما ذُكِّروا بِه مِن أَنَّ الرَّسُول صَلَّى الله عليه وآله أَوصاهُم مِن قَبْل بِالتَّمَسُّك بِهما لا بِـ(مَذْهَبِ الرَّأي) البَدِيل النِّزق المُحْدَث، وأَكدَّ لهم قَبل رَحِيله على أَنَّ (الثَّقلَين) هما حَبلٌ ممدودٌ ما بين الأَرْض والسَّماء ولَنْ يَفترِقا حتَّى يَردا عليه الحوض. فإِنْ خَذلَتهُما فِئةٌ قَلِيلَةٌ أَو كثيرةٌ مِن المُسلِمين فإِنَّ وُجوب التَّمَسّك بِهما لا يَسقُط بِالتَّقادُم، وأَنَّ لهما في العِباد مَن يُحيِيهما إِلى يوم الدِّين.

إِنَّ هذا التَّأكِيد الشَّريف مِن الرَّسُول صَلَّى الله عليه وآله يُمَثّل عَرضًا لِمَشهدٍ مُستقبَلِيٍّ حَقِيقِيّ الوُقوع وكاشِفٍ عن جملةٍ مِن التَّحولاتِ الخَطِيرة الَّتي سيَعمّ في ثَناياها بَلاءُ التَّمحِيص الشَّدِيد، ويَتطلَّب ذلك مِن المؤمِنِين الصَّبر والاستِعداد لاجْتِياز الامْتِحان بِتفوّق، ولا يَكون ذلك إِلَّا بِمُلازَمَة (الثَّقلَين) والتَّمسُّك بهما في الشِّدّة والرَّخاء على الدَّوام.

إِنَّ في ذاتِ المَشهد أَيضًا ما يُؤكّد عليه النَّبِيّ صَلَّى الله عليه وآله مِن أَنَّ آثار هذه التَّحوُّلات ستكون دائمة الأُكُل والظِّل لِمَن آمَن وصَبر واتَّقى حتَّى يَرِد الثَّقلان عَليه صَلَّى الله عليه وآله الحوض، وإِنَّ لِلكافِرين والمُنافِقين والغَرابِيب منهم بِما أَحدَثوا مَتاعًا قَلِيلًا ثُمَّ مأواهُم جهنَّم وبِئس المَصِير.

وعلى أساسٍ مِمّا أحدَثَه الصَّحابَة مِن بَعد نَبيّهم صَلَّى الله عليه وآله، ومُنذ ذَلِك الحِين، تَشَكَّلَت ثَقافةُ الأَغلَبيَّة في المُسْلِمين على نَمطٍ مُختلِفٍ مِن الدِّين يَشبه دِين مُحمَّد صَلَّى الله عليه وآله شَكلًا ويَختَلِف عنه مَضمُونًا. وما زالَت ثقافةُ هذه الأَغلَبيَّة جامِدَةً على ذات النَّمَط مِن الدِّين، فمُنِعَت عنها بَركاتُ الأَرْض وفُرِّقَ مُجتمعُ الأَغْلبيَّة تَفريقًا ومُزِّق تَمزيقًا وجُعِل طَرائق قِددًا ولم تَرض الوُلاةُ عَنه أَبدًا، وفَشَلَت دولُ مُجتَمع الأَغلَبيَّة في أَنْ تَستَمِدّ مِن الدِّين الأَصِيل شَرعِيَّة وُجودِها وبَقائها وما زَالَت على ذلك في القُرون المُتعاقِبَة حيث الدِّين النَّمَطِي المُختَلَق معتمدًا.

في حِين استَقلَّت فِئةُ (شِيعة عَليّ) بِالتَّشَيُّع وبِمَورُوثِهِ الرِّوائي التَّأريخي الأَصِيل، وشَكَّلت ثَقافتَها الخاصَّة بِهما بإزاء ثَقافة الأَغلَبيَّة المُوالِيَة لِلدَّولَةِ الفاقِدَة لِشَرعِيَّة وُجودِها، ولم تُبالِ بِما دُفِّعَت مِن دماءٍ غَزيرة وحُقَبٍ مِن الآلام والعُزلَة والانْكِفاء لِقاء تَمسُّكها بِالثَّقلَين ومَودَّتِها لِأَهْل (البَيت المَعمُور) صَلواتُ الله وسَلامُه عليهم.

لقد نَشَأت دُول (الغَرابِيب) المُتعاقِبَة على أَنْقاضِ بَعضِها حيث نَصبَ بَعضُها لِلبَعض الآخر العَداوةَ والبغضاءَ والكراهِيّةَ والازْدِراء، فأَوَرثَت مُجتمعاتِ المُسلِمين جِبالًا مِن المَروِيَّات والتَّفاسِير والسِّيَر المَوضُوعَة والمَكذُوبَة والمُختَلَقَة والمُزوَّرة والمُلفَّقَة. وعندما جاء ما سُمِّي بِـ(عَصْر التَّدوِين) بَعد 88 عامًا أَقرَّ هذا المَورُوث وزادَ عليه مِن عِنده كَذبًا واختِلاقًا وتَلفِيقًا وافتراءً وتَشطِيبًا، ثُمَّ جَمعه بعد النِّصف الأَوَّل مِن القَرن الثَّاني الهِجْري في أُصُولٍ ومُدوَّناتٍ خاصَّة بِه وأَتلَفَ ما سواها.

وفي إِثْر هذه الفَعْلَة الَّتي فَعلَها (عَصرُ التَّدوِين) بِزَعامَةِ الأُمَويِّين ثُمَّ العَبَّاسِيِّين مِن بَعدِهم ازدادَت فرصُ وُقوعِ (الفِتَن) سِعَةً وعددًا، وعَمَّت الفُرْقَةُ والتَّنازع والانقِسام، ونَشَبت الحروبُ النِّظامِيَّة والأَهلِيَّة بين جُيوش الدَّول المُتخاصِمَة

وبَين أَهْل المَذاهِب المُتزاحِمة والفِرق المُتضَخِّمَة. فأَصبَحنا في هذا العَصر فإذا بِنا نَقِف في وَسَطِ أُمَّةٍ خاضِعَةٍ لِكومَةٍ مُزَيَّفَةٍ مِن الأُصُول والمُدَوَّنات المَبْثوثة بِتِقنِيَة عالِيَة الدِّقَة والمصْفوفَة على الأُلُوف مِن مَنصَّات الاتِّصال الإعْلامِي وشَبكات التَّواصُل الاجْتِماعي واسِعَةِ الذَّاكِرَة وسَريعَة الانْتِشار ومُتاحَة الاستِدعاء مَحلِّيًّا وإقليمِيًّا وعالَمِيًّا.

وحيث لا تَخفَى عَلى أَحدٍ مِن عامَّة النَّاس ولا على أَحدٍ مِن البَاحِثين والدَّارسين المعاصِرين مِن خافِيَة في هذا الشَّأن الخَطِير، وحيث تَضارَبَت هذه المنصَّات والشَّبكات لِفرط كَثرَتِها وصارَت طَوع الأَيدِي بالمَجّان وبِلا حُدود؛ فُضِحَ الكَثِيرُ مِن الأُصُول والمُدوَّنات المُزوَّرة والمُلفَّقة والمُختَلقة والمَوضُوعة والمَكذُوبَة منذ عَهدِ النَّبِيّ صلَّى الله عليه وآله وشُهِّر بِه وبِأَهلِه. فمِنه ما تَعلَّق بِسِيرة النَّشأة الأُولى لِلإسْلام وشخوصِه، ومِنه ما تَمخَّض عن هَذِه السِّيرة مِن تَحوُّلات وإفرازات كانت عِلَّةً تامَّة مِن عِلَل الفُرْقَةِ وظُهور المَذاهِب وانْشِقاقها إلى فِرق، ومِنه ما كان سَببًا رَئيسًا في مَدِّ المَذاهِب والفِرق المُختَلَقة سِياسِيًّا بِما يُعِينها على تَنظِيم أُصُولها وفقهها والدُّخول بهما في مُواجَهة مُباشِرة مع نُظرائها مِن المَذاهِب والفِرق الأخرى.

وبذلك يَكون مَعدنُ الحَقّ قد كُشِف وظَهَرت الحَقائق بِأَجْلى صُورِها مِن غير بقاء كُلفَةٍ لِبلوغِها والوُصُول إِليها والاطِّلاع على تَفاصِيلها. فَفُضِحت الكِذبةُ التَّأريخيَّة الكُبرى الَّتي امتدَّت سِلسلتُها مِن لحظة اقتِحام ظاهرة النِّفاق المُهاجِر أَسوار المَدينة حتَّى لَحظة نُشوء دَولَةِ الخِلافَة الهِرَقليَّة الوِراثِيَّة المُستَبدّة. وقد اعترَفَ ذَوو العَقل والعَدل والانْصاف بالحقّ مِن بَعدِ بُلوغِه، وجَحَد ذَوو الأَسْقام بِالحَقِيقَة، وتَعلَّق الغَرابِيبُ منهم بِقشَّةِ التَّأوِيل الخُرافي لِسِيرَة الرِّجال وقاتَلوا دونها خشية انْهيار مَوروثِ الأَجْداد وما أُسِّس عليه مِن دُولٍ ومُجتمعاتٍ وشعائرٍ وثَقافات، وبالَغوا في أَسطَرة المُنقلِبين على الأَعْقاب خَوفَ حلول لَعنة اللَّاعِنِين.

الفَصلُ الأَوَّل

تَرَقُّبُ الاخْتِلالِ في مَوازِينِ الإِمْرَة

أَدَّت التَّفاعـلاتُ الاجتماعيّـة في مَكّـة إلى ظُهـورِ العَديـد مِـن محـاور التَّمايُـز ثُـمَّ الخُصُومَـة بـين اتِّجـاه (شِـيعة عَـلِيّ) ذِي النَّشـأةِ النَّبويَّـةِ الأَصِيلَـةِ ورَهْـطٍ مِـن الصَّحابَـة المُنافِقـين حيـث يَقـود آخَريـن مِـنْ سِـنخِ أَطْباعِـه، فلَـمْ يَلتَقِيـا عـلى قاعِـدةٍ ثَقافيَّـةٍ واحِـدةٍ أو مُرتَكـزٍ اجتِماعِـيٍّ ثابِـتٍ مُنـذ اليَـوم الَّـذي أَنـذرَ النَّبـيُّ صَـلَّى الله عليـه وآلـه فيـه عَشِـيرتَه الأَقرَبـين.

فـإنْ اجتَمَـع (شِـيعةُ عَـلِيّ) ورَهْـطُ الصَّحابـة المُنافِقـين تَحـت مَظلَّـةِ النُّبـوَّةِ فَمِـن حيـث لا يَنبَغـي لِأَحَـدِ التَّنـازُع عِنـد النَّبـيّ صَـلَّى الله عليـه وآلـه ولا التَّنابُـز بالأَسْـماء والأَلقـاب مِـن بَعـد إسْـلام وحيـث الصَّـبر مَعـدن (شِـيعَة عَـلِيّ) والنِّفـاق مَعـدن الآخـر.

وقـد آمَـنَ (شِـيعةُ عَـلِيٍّ) إيمانًـا تامًّـا بِنـزُولِ الوَحْـيِّ عـن إلـهٍ حَـيٍّ قَيُّـوم، وسَـلَّموا تَسـليمًا لِـكُلّ مَـا بَلَّغـه النَّبـيُّ مُحمَّـد صَـلَّى الله عليـه وآلـه في كُلِّ أَحوالِـهِ مُطلقًـا. في حِـين كَفَـر رَهْـطُ الصَّحابـة المُنافِقِـين بِـكُلّ ذلـك وعَـزّز مِـن حـال الشَّـكِّ في قلـوب النَّـاس ولكِنَّـه في المقابِـل صَـدَّق بِإمْـكان صُنـع الاخْتِـلال في مَوازِيـن (الإمْـرَة) و(المَقـام الاجْتِماعِـي) التَّقليدِيَّـين المُتَميِّزيـن في النِّظـام القَبَـلي لِأَهْـل مكَّـة وفِي نِظـام أَهْـل المَدِينَـة المؤلَّـف مِـن الأَوْسِ والخَـزرَج.

وفي تَقدِيـر الصَّحابَـة المُنافِقـين، إنْ قَضَـت الأمُـور إلى تَمكّـن الرَّسُـول صَـلَّى الله صَـلَّى الله عليـه وآلـه مِـن السِّـيادَة عـلى المَدينتَـين بِدِينـه الجَديـد تَحـت رِعايَـةٍ مُنفَـرِدةٍ

مِـن بَنِـي هاشِـم أَو جامِعَـةٍ مؤلَّفـة مِـن كُلِّ القَبائـل والعَشـائر؛ فلَيـسَ مِـن اليَسِـير عليـه صَـلَّى الله عليـه وآلـه (...) إعـادَة تَأهِيـل مُجتَمعـي هاتَـين المَدينتَـين الجاهِلِيَّتَـين عـلى طِبـق مُقتَـضى وَحْـي النُّبـوّة في وَقـتٍ قِيـاسِيٍّ ولا بِوَحـي الإمامـة عـبر إمـام يخلِفـه ويَسـتكمل مِـن بَعـدِه مَسـيرَته صَـلَّى الله عليـه وآلـه، وحِينئـذٍ سـتكون فُرصَـةُ صُنـعِ الاختِـلال في مَوازيـن القُـوى في سِـعَةٍ مِـن الأَمْـر!

إنَّ الثَّقافَـة الجاهِلِيَّـة وعَصبِيَّاتِهـا ـ في ظَـنِّ رَهْـط المُنافِقـين ـ هـي أَشَـدُّ رُسـوخًا في قُلـوب أَهْـلِ مَكَّـة والمَدِينـة، وأَنَّ في الإمـكان الوثُـوق بِـما هِـي عليـه والتَّعوِيـلَ عـلى مُكوّناتهـا الجاهِلِيّـة القابَعـة في أَهْـل المَدِينَتَـين لِصُنـع الاخْتِـلال المَرْجُـو وتَعمِيمِـه وتَغلِيبـه عـلى كُلِّ مَفهُـومٍ عَقَـدِيّ أَو تَطبِيـق أَخلاقِـي طـارئ وافـدٍ عَـلى هـذه الثَّقافَـة.

بـادَرَ رَهْـطُ مِـن المُنافِقِـين إلى هـذا المُمكِـن فاسـتَغلَّه واجتَهـدَ في تَوظِيفـه لِلتَّعويـض عـن مَقـام النَّسـب الوَضِيـع الَّـذي اشـتُهِر بـه انْتِـماؤه في حَيَّـي بَنـي تَيـم وبَنـي عَـدِيّ ورَسـخ في قائمـة التَّصنِيـف القَبلِـيّ بـين عَـرَب الجَزِيـرة العَرَبِيَّـة إذْ هُـما يُمثّـلان القِلّـة الذَّلِيلَـة نَسَـبًا وحَسَـبًا في قُرِيـش وبَـين أَحْيـاء مَكّـة[1]. فاتَّبَـع رَهْـطُ الصَّحابَـة المُنافِقـين ثَلاثـةً مِـن الأَدوار المُتجانِسَـة:

ـ الاسـتِمرار في تَقمُّـص (النِّفـاق) إلى جانِـب الغِلظـة والرُّعونـة بِعنـوان الحِـرص عـلى الدِّيـن.

ـ ولـزوم اتِّبـاع المَكـر والخَدِيعـة لِصُنـع الفُـرَص أَو تَحيّنهـا لِلتَّنـزُّل بِمَقـام بَنِـي هاشِـم الرَّفِيـع الشَّريـف في التَّصنِيـف القَبلِـيّ وأَخـذ الحيطـة والحـذَر مِـن الأُمَوِيِّـين المُسـتَنزَفِين حيـث لا حَـول ولا قُـوّة لهـم مُنـذ يَـوم فَتـحِ مَكّـة.

ـ والاسـتِعداد لِركُـوب مَقـام الرِّئاسـة والإمْـرَة والتَّأهُّـب لانتِزاعـه مِـن النَّبِـيّ

---

1 - انْظر تأريخ الطَّبري 944/ 2. أَنساب الأشراف 588. مُستَدرك الحاكِم 78/ 3.

مُحمّـد صَـلَّى الله عليـه وآلـه في الظَّـرف المُناسِـب ولـو اقْتَـضى الأَمْـرُ الإِقـدام عـلى اغْتِيالِـه سرًّا.

وإلى حاضِنَتَـي كلٍّ مِـن هذيـن الاتِّجاهـين (شِـيعة عَـلِيّ) و(رَهْـط المُنافِقـين) النَّاشِئين في مُجتمـع مكّـة نُسِبَت كُلُّ المَذاهِـب الَّتـي بَـرَز شَـأنُها بَعـد وُقـوع الانْقِـلاب عـلى الأَعْقـاب وشـاع صِيتُهـا في إِثْـر رَحِيـل النَّبـيّ صَـلَّى الله عليـه وآلـه وكَثُـر عَددُهـا مـع دخـول نِظـام الخِلافـة الجَديـد حَـربي (الـرِّدَّة) و(الفُتُـوح). ثُـمَّ تَفرَّعَـت المَذاهِـب وتَشـعَّبَت وانشَـقَّت عنهـا الفِـرقُ بِدافـعِ ثَقـافِيّ جاهِـلِيّ أَو سِـياسِيٍّ أَو أَنـانيٍّ فَوضَـوِي أَو طَمـعٍ احتِجاجِـيّ في إِثْـر احتِـدام الـصِّراع البـارد عـلى (الخِلافَـة).

ومـع انْتِقـال المُسـلِمين إلى الدَّولـة (الهِرَقْلِيّـة) الوِراثِيَّـة وتَداعـى النِّظـام الاجتِماعِـي في كُلٍّ مِـن مَكّـة والمَدِينـة والمُـدُن والوَلايـات الأخـرى؛ زُجّ بِالمذاهِـب والفِـرق في مِيـدان النِّـزاع البَينِـيّ المُبـاشر لِبَسـط يَـدي الهَيمَنـة عـلى (اتِّجـاه أَهْـل العامّـة) الَّـذي أَسَّسَـه أَوّلُ عَهـد لِلخِلافَـة وشَـكّل الإِطـار الجامِـع لِلمَذاهِـب والفِـرَق في وَقـتٍ لاحِـقٍ.

تَفـوَّق رَهـطُ الصَّحابـة المُنافِقِـين ونَجَـح في اصْطِنـاع الاخْتِـلال وتَكرِيسِـه في مُجتَمـعِ المَدِينـة أَوّلًا، ثُـمّ انْقَلـب عـلى الأَعْقـاب في غَفلـةٍ مِـن عامّـة المُسـلِمين، ولم يَكـن الانْقِـلاب مُفاجِئًـا لِـ(شِـيعَة عَـلِيّ). ثُـمَّ أَصْبـح مُجتَمَـعُ المَدينـة المُؤَلَّـف مِـن قُطْبَـي الأَنْصـار والمُهاجِريـن فوَجَـد نَفسَـه مُنقطِعًـا عـن أَثَـر وَحـي النّبُـوة، فزَاغَـت الأَبْصـار في العامَّـة وظَنـوا بِـالله الظُّنُونـا وجَحَـدوا الإمامـةَ ونَقَضـوا أَيّ مَفهـومٍ لِلوَحـي.

خُطُواتٌ مَيْسُورَةٌ تُنجِزُ فَلْتَه

رَحَـلَ النَّبِـيُّ صَـلَّى الله عليـه وآلـه وانْقطَـع الوَحْـيُ وأَخـذ معـه مَقـام النُّبـوّة ومَنزِلَتِهـا في مُجتَمـع المُسلِمين و(لم يَـترُك ورَيثًـا ولا وَصِيًّـا)! في حِيـن دَلَّـتَ المـؤَشِّرات عـلى اقـتِراب المُسـلمين مِـن (فِتْنَـةٍ) مُحتَملَـةٍ وحَـربٍ (داخِليَّـةٍ) وشِـيكة لَـنْ يُبقِيا شَـيئًا

مِمّا أتى به الرَّسول صَلَّى الله عليه وآله إلَّا وجَعلَته قاعًا صَفصَفا، وأَنَّ فئاتٍ مِن القَبائل قد وَلَجت بِالفِعل في تَدافعٍ جاهِلِيٍّ ما زال يَحضّهم بِقُوّة على طلب الثَّأر لِلدِّماء ويُغري بَينهم العَداوةَ والبَغضاء ويَحثّهم على ارتكابِ مَوجات عارِمَةٍ مِن التَّصفِيات الجَسَدِيّة المُستَحقة جاهِلِيًّا.

ومِن المؤكّد في هذا الظَّرف المُعقَّد أَنَّ كُبراء الصَّحابَة رَضَخوا لِهَوى الإِمْرة وَحُبّ الرِّئاسة وفِيهم مَن قَطَع شَوطًا لاستِرداد مَقامٍ رفِيعٍ مَفقودٍ في القَبائل والعَشائر لم يَتَسنّ له الحُصول بإزائه على مُقابِل، ومِنهم مَن سَعى في سَبِيل التَّعويض عن مَرَتَبةِ الأذِلّاء والأَراذِل الَّتي كان عَليها في حَيِّهِ الوَضِيع بين قَبائل مَكَّة فتَقمَّص النِّفاقَ وتَحيّن الفُرص!

فهَل صَدَق قَولُ القائل بِأَنَّ النَّبيّ صَلَّى الله عليه وآله مات حَتفَ أَنفِهِ أو قُتِل ولم يَكُن له وَرِيثٌ في النُّبوّة يَرِثه أَو وَصِيَّةٌ في الإمامَة دالَّةٌ على الصِّراطِ المُستَقِيم أَو مُنقِذةٌ مِن الضَّلال الحَتمِي الَّذي بَدأت مَظاهِرُه تَعصِف بِأُمَّته قُبَيل رَحِيلِهِ بما كَسَبت أَيدِي الصَّحابة المُنافِقِين، أَمْ أَنَّ هناك كِتابًا نَبوِيًّا قد كُتِب وشَهد عليه شُهودٌ مِن الصَّحابَة الأَبْرار ولكِنَّه نُقِضَ بِكِتابٍ آخر أُمْضِي في السِّرّ بَين عدد مِن الصَّحابة المنافِقِين مِن حَيث لا يَعلَم الرَّسول صَلَّى الله عليه وآله فَجِيءَ به على كِتابِه ووَصِيهِ وخَلِيفَتِه وأُقصِي، وحُرِمَ الوَرِيثُ مِن حَقِّهِ في الورثة بِعنوان الفَيءِ كَذلك؟!

لم يَقع الانْقلاب على الأَعْقاب في المَدِينة مِن دُون تَدابِير سابِقَة ومُقدِّمات تَمهِيدِيَّة لازِمَة حيث أَقدَم على اتِّخاذِهما رَهْطٌ مِن الصَّحابَة المُنافِقِين، وأَمْضى لاعتِمادِهِما صَحِيفةً مُلزِمَة، ثُمّ أَشرَك في تَنفيذِها عددًا مِن الأَتْباع والخُلفاء على فتَرات مُتباعِدة مِن حَياة النَّبيِّ صَلَّى الله عليه وآله. وجاء على رَأسِ هذه التَّدابِير والمُقدِّمات:

ـ فَـرضُ الرّقابـة المُشـدَّدة على المَروِيّـات الصَّـادِرة عـن النَّبـيّ صَـلَّى الله عليـه وآلـه في حَياتِـه، وحَظـرُ نقـل لَـونٍ خـاصٍّ مُختـار مِـن الرِّوايـة الشَّـائع في مُجتَمـع المُسـلِمِين، وإحـراقُ مـا دُوِّن مِنهـا، ومَنْـعُ الـرُّواة مِـن نَقـل هـذا اللَّـون مِـن الرِّوايـة، ومُعاقبـة كُلّ مُعـترِضٍ أو كُلّ مَـن تُحدِّثـه نَفسُـه بِالعَـزمِ عـلى تجـاوز فُـروض الحَظـر.

وبِـإزاء ذلـك كَثُـر الكَذّابـةُ مِـن الصَّحابـة عـلى النَّبـيّ صَـلَّى الله عليـه وآلـه في حَياتِـه، فَـزُوِّرت المَروِيّـات ووُضِعَـت الحِكايـات ولُفِّقَـت المَراتِـب وشُـطِبَت الأسْـماء.

(فعَـن عِـليٍّ بـن إبراهيـم بـن هاشِـم، عـن أَبيـه، عـن حَمّـاد بـن عيسـى، عـن إبراهيـم بـن عمـر اليَـماني، عـن أَبـان بـن أَبي عيـاش، عـن سُـلَيم بـن قيـس الهِـلالي، قـال: قلـتُ لِأَمـير المؤمنـين صَلـواتُ الله وسَـلامُه عليـه: إنِّي سَـمعتُ مِـن سَـلمان والمقـداد وأَبي ذَر شَـيئًا مِـن تَفسِـير القـرآن وأَحادِيـث عـن نَبـيّ الله صَـلَّى الله عليـه وآلـه غـير مـا في أَيـدِي النَّـاس، ثُـم سَـمعتُ مِنـك تَصدِيـق مـا سَـمِعتُ مِنهـم، ورأيـتُ في أَيـدي النَّـاس أَشياء كَثِيرة مِـن تَفسِـير القُـرآن ومِـن الأحادِيـث عـن نَبـي الله صَـلَّى الله عليـه وآلـه أَنْتُـم تُخالِفُونَهـم فيهـا، وتَزعَمُـون أَنَّ ذلـك كُلّـه باطِـل. أَفَتَرى النَّـاس يُكذِّبـون عـلى رَسُـول الله صَـلَّى الله عليـه وآلـه مُتَعمِّدِيـن ويُفَسِّرون القـرآن بِآرائهـم؟! قـال: فَأَقْبَـل عَـلِيٌّ أَمـير المُؤمنـين صَلـواتُ الله وسَـلامُه عليـه فقـال: قـد سَـأَلتَ فافهَـم الجـواب!

إنَّ في أَيـدِي النَّـاس حَقًّـا وباطـلًا، وصِدقًـا وكَذِبًـا، وناسِـخًا ومَنسُـوخًا، وعامًّـا وخاصًّـا، ومُحكَـمًا ومُتشـابِهًا، وحفظًـا ووَهْمًـا، وقـد كُـذِّبَ عـلى رَسُـول الله صَـلَّى الله عليـه وآلـه عـلى عَهـدِهِ حتَّـى قـام خَطِيبًـا فقـال: «أَيّهـا النَّـاس قـد كَثُـرَت عَـلَيَّ الكَّذابـةُ، فمَـن كَـذب عَـلَيَّ مُتعمّـدًا فليَتَبـوء مَقعـدَهُ مِـن النَّـار» ثُـمّ كُـذِّب عليـه مِـن بَعـدِه)[1].

1 - الكافي، الشّيخ الكليني 62/ 1. مرآة العقول، العَلّامة المَجلسي 210/ 1.

- تنفيذُ عَددٍ مِن عَمليّات الاغْتِيال السِّرّيّ الَّتي تَستَهدِف القَضاء على حياة الرَّسُول صَلَّى الله عليه وآله في المَقام الأوّل. واصْطِناع الهَزيمة في ميادين حُروبِهِ صَلَّى الله عليه وآله بالتَّواطؤ مع الأعداء لِلإيقاع بِه صَلَّى الله عليه وآله وقَتلِهِ أو أسرِه ومِن ثَمّ الخَلاص مِن دِينِه ورِجالِه.

فَشَلَت كُلُّ العَمليّات المُنفَّذة لِقَتلِ النَّبِيّ صَلَّى الله عليه وآله إلَّا الأخِيرة مِنها الَّتي جاءت بِالسُّمّ حيث جَرَت تَفاصِيلُها في أيام مَرضِهِ الأخِير الَّذي أُصِيب به بَعد مُبايعة المُسلِمين له في يَوم الغَدِير بِوَلايَة عَلِيّ أمِير المؤمِنين صَلواتُ الله وسَلامُه عليه، وحيث عَزم على كِتابة الكِتاب المُنقِذ مِن الضَّلال في فترة تجهِيزه لجَيش أُسامة.

ومِن المُفارَقات المُثِيرة أنَّ وقائع عَملِيّات الإغتيال هذه قد شُطِبَت أو زُيِّفَت في عَصري التَّدوِين الأُمَوي والعَبَّاسِي وزُوِّرت أُخْرى أو لُفِّقت ووُضِع في ثَنايَاها بُطُولات أُسْطورِيَّة لِعَمليّات مُنقِذَة لِلنَّبِي صَلَّى الله عليه وآله مِن القَتل المُحقَّق ونُسِبَت أدوارٌ رَئيسة فيها لِأَسماءٍ بارِزَة مِن رَهْطِ المُنافِقين المُنقَلِبين، وذُكِرَ في مَجامِيع عَصَر التَّدوِين أنَّ عددًا مِن الصَّحابة (المُنافِقِين) انْقَذوا حَياة النَّبِيّ صَلَّى الله عليه وآله مِن المَوت بِما قدَّمُوه مِن التَّفانِي في ذات الله والمَودَّةِ في رَسُولِه صَلَّى الله عليه وآله!

فالتَمَس مُرِيدُو هؤلاء الصَّحابَة المُنافِقِين مِن ذلك الدَّلِيلَ على نَزاهَتِهم، ونَفوا عنهم ما تآمَروا عليه، وطَمْسوا حَقِيقَة أخطر عَملِيَّة اغتِيال فاشِلَة فاضِحَة نَفذّها هؤلاء الصَّحابة فَوق هَضَبة (هَرْشى) أثناء عَودة النَّبِيّ صَلَّى الله عليه وآله وجَيشِهِ مِن تَبوك. وهي أَشْهر العَمليّات المُنظَّمة الَّتي كُشِفَ فِيها عن هُوِيَّة المُنافِقِين المُنفِّذين وأودَع النَّبِيُّ صَلَّى الله عليه وآله سِرَّها في قَلبِ

الصَّحـابِي الجَلِيـل حُذيفـة بـن اليَـمان رضـوان الله تَعـالى عليـه وأَمَـرَه بِكتْمانِـه[1].

ـ الإقـدام عـلى تأسِـيس تَحالُـفٍ سِرِّي مـع عـددٍ مِـن القَبائـل والعشـائر البَاحِثـة عـن فـرص الثَّـأر لِصَنادِيدهـا الَّذيـن وتَرهُـم سَـيفا الرَّسُـول صَـلَّى الله عليـه وآلـه وعَـلِيٍّ أَمِـير المؤمنـين صَلـواتُ الله وسَـلامه عليـه.

ـ وتَطعِيـم تكتّـل رَهْـط الصَّحابـة المُنافِقـين بِعَنـاصِر إضافِيَّـة حتَّـى يَسـتَحِيلَ رَهْطُهـم إلى اتِّجـاهٍ واسِـعٍ في عَـرض الفِئـة القَلِيلَـة (شِـيعة عَـلِيّ)، ويَبقـى عـلى حـالٍ مِـن التَّفَـوّق الدّائـم مِـن حيـث دَرجـة الانْتِشـار والتَّأثـير والامتِـداد في النّفـوذ، فمُـدَّ لـه في ذَلِـك مَـدّا!

وعندمـا قَطعَـت المُقدِّمـاتُ التَّمهِيدِيّـة لِلإنْقـلاب في المَدِينَـة شَـوطًا كَبِـيرًا، ولم تَجِـد التَّدابِـيرُ الأَمْنيـة لاغتِيـال النَّبِـيّ صَـلَّى الله عليـه وآلـه نَفعًـا ولم تُقـرِّب أَجـلًا قَبـل بُلوغِـهِ صَـلَّى الله عليـه وآلـه سِـنّ الوَفـاة المقـدَّرة لـه حيـث عَلِمَهـا أَبـو سُـفيان نَقـلًا عـن النَّبِـيّ صَـلَّى الله عليـه وآلـه مُبـاشرة وبِـلا واسِـطَة؛ تَعاقَـدَ خَمسَـةٌ مِـن كُـبراء الصَّحابَـة عـلى صَحِيفَـةٍ أمضوهـا بينهـم في جَـوف الكَعبـة، قَضـت عـلى أَنْ يَسـتكْمِلوا مـا بـدأوه مِـن تَدابِـيرٍ مُشـدَّدةٍ وصارِمَـة في الضِّـد مِـن النُّبـوّة حتَّـى يَبلغـوا بهـا مـا أَرادوا مِـن صُنـعِ الاخْتِـلال في مِيـزان الإمْـرَة والرّئاسـة وتَعمِيـم الفَـوضى في النِّظـام الاجتِماعـي وتَقدِيـم أَنفُسِـهم وهُـم مِـن أَذَلِّ أَذِلّاء وأَرْذَلِ أَراذِل أَحْيـاء مَكَّـة عـلى غَيرهِـم مِـن أَشْرافهـا عـلى رأس تَحالُـفٍ جَديـد آخـر مُوسّـع يَأخـذُ في الاعتِبـار التَّطـوّرات المُسـتَجدّة الرَّاهِنَـة.

وعـلى الرَّغْـم مِـن السِّرِّيَّـة التَّامّـة الَّتـي أَحاطَـت بِعقـد صَحِيفـة هـؤلاء الصَّحابَـة الخَمْسَـة واحتِـلال هـذه الصَّحِيفـة المرتَبـة الثَّانِيَـة مِـن حيـث خُطورتهـا في سِـيرة نَشـأة الإِسـلام مِـن بَعـد (صَحِيفـة مَكَّـة الأُولى) العَلَنِيّـة الَّتـي تَعاقَد عليهـا المُشرِكُـون في دار

1 - انظر البخاري 2617-4730. سيرةُ ابن كثير-177/ 3 75/ 4. صحيح مُسلم 2190.

النّدوة في الضِّدّ مِن النُّبوّة - إلّا أنَّ كُلَّ حادِث جَرى في مَكّة أثناء حَجّة الوداع الّتي بَلَغ عَددُ الصَّحابَة الحجّاج المُلتَحِقين بها (100) ألف أو يَزيدون[1]، فهُو يَظلّ مِن المَعلُوم لَدى النّبيّ صَلَّى الله عليه وآله ووَصِيّه عَلِيّ أَمِير المؤمنين صَلواتُ الله وسَلامُه عليه بالتّفصِيلِ الدَّقِيق، فلَم تَخفَ عَنهما في الوَضْع الرّاهن لِمَكّة ولا في المَدِينة مِن خافِيَة.

وعِندما أُجْهِضَت كُلُّ المُحاوَلات، ودَلَّ فَشَلُّها على وُقوع مُعجِزَةٍ مُؤَكِّدة على صِدق نُبوّة الرّسُول صَلَّى الله عليه وآله وعلى حَقِيقَة عِصْمَتِه وعِلْمِهِ بِما كان ومَا يَكُون؛ جَحدَتها قلوبُ الصَّحابة المُنافِقين المُنفِّذين لِعَمليّات الاغْتِيال واستَمرّوا في التَّمَسّك بِعَقد صَحِيفَتِهم، وخَلَّفوا ما أَنبَأ الرَّسُول صَلَّى الله عليه وآله عن ساعَةِ مَوتِهِ وراء الظُّهُور.

وعندما بَلَغَ النَّبِيُّ صَلَّى الله عليه وآله سِنَّ الوفاة المَعلُومة لَدَيهم وهَدّه المَرَض ولم يُثنِه ذلك عن أَداء دَور النُّبوّة حيث أَمر بِتَجهِيز جَيشِ أُسامَة؛ ظَنَّ الصَّحابةُ الخَمسة أَقطاب (صَحِيفَة مَكّة الثّانِية) أَنَّ نُبوءة النَّبِيّ صَلَّى الله عليه وآله أو عِلْمِه في تَحدِيد سِنِّ وَفاتِه لا أَساسَ لَها مِن الصِّحّة، وأَنَّ الموتَ لَن يُعاجِله إلّا بِالقَتل غِيلة في أَيّ وَقت شاؤا. فَبدروا إِليه صَلَّى الله عليه وآله فقتلوه في بَيتِهِ بِمعونَةِ اثْنَتَين مِن أزواجِه، وسارعوا إلى إِعلان النَّفِير العام بِجَيشٍ مِن المُسلَّحِين أَمَروا بِنَشرِهم في أَحْياءِ المَدِينة حيث حانَت ساعةُ الانْقِلاب عليه صَلَّى الله عليه وآله وإِسْدال السِّتار على دِينِهِ ونَقضِ بَيعة الغَدِير وشَطْب وَصاياه في الوَلايَة، واخْتاروا لِأَنفُسِهم نَمطًا (وَسَطًا) مِن الدِّين، فَلا هو دُينُ مُحَمَّد صَلَّى الله عليه وآله، ولا هُو دِين الجاهِلِيَّة، وإِنَّما هو أَمْرُ وَسَط بين أَمرين، يَنتَشِلهم مِن مَقامِ أَرذَلِ أَراذِلِ مَكّة وأَذَلِّ أَذِلّائها ويَجعَلهم في عَلِّيِّين!

1 - صَحِيح مسلم 1218، عن جابر بن الأنصاري (فَصَلَّى رَسولُ الله صَلَّى الله عليه وَآلِهِ في المَسْجِدِ ثُمَّ رَكِبَ القَصْواءَ حتَّى إذَا اسْتَوَتْ به نَاقَتُهُ عَلَى البَيْدَاءِ نَظَرْتُ إلى مَدِّ بَصَرِي بَيْنَ يَدَيْهِ مِن رَاكِبٍ وَمَاشٍ وَعَنْ يَمِينِهِ مِثْلَ ذلكَ وَعَنْ يَسَارِهِ مِثْلَ ذلكَ وَمِنْ خَلْفِهِ مِثْلَ ذلكَ).

ومِن المُلْفِت المُثِير في وَقائع الاغتِيال الأَخِيرة الَّتي نالَت مِن حياة النَّبِيّ صَلَّى الله عليه وآله أَنَّ الصَّحابَة أَقطاب الصَّحِيفة الثَّانِية وَصَفوا انْقلابَهم بِـ(الفَلْتَة)، وذلك لِفَرط اليُسرِ الَّذي لَمِسُوه في تَنفِيذِ خطواتِه حيث مَدَّهُم الله عَزَّ وَجَلَّ في ما أَقدموا عليه، وكَادَ لَهُم في المَدِينة كَيدًا إِذْ سكَنَت العامّة مِن المُسلِمين واطْمَأَنَّت لِما لمست مِن كَمال في الدِّين بِوَلاية عَلِيٍّ أَمِير المُؤمِنين صَلواتُ الله وَسَلامُه عليه واستَقَرّ رَوعُها لِتَمام النِّعمة بِبَيعةِ يَوم الغَدِير مِن لَدُن خالِقِهم عَزَّ وَجَلّ، وضَمِنَت بذلك مَصير نَظامِها الاجْتِماعي الجَدِيد إِنْ ماتَ النَّبِيُّ صَلَّى الله عليه وآله حَتْف أنفه أو قُتِل، وليس مِن شَيءٍ مُثِيرٍ مُتوقَّع قد يُعَكِّر صَفو مَدِينَتِها عندما يُقدَّر الأَمر المَحتُوم فتَخلو مِن نَبِيِّها إِلّا مِن الحُزْن الشَّدِيد لِفَقدِه وانقِطاع وَحي النُّبوّة عنه، فكان ذلك لِلمُسلِمِين كافَّة بَلاءٌ مِن رَبِّهم عَظِيم قد مُحِّصوا به فَقَلَّ فيهم الدَّيانُون، واختَالَ أَهْلُ (الفَلْتَة) وشَمَخوا بِأُنوفِهِم ورَأوا الدُّنْيا لَهُم مُستَوسِقَة والأُمُور مُتَّسِقّة وصَفا لَهُم المُلك والسُّلطان!

مَهَّد الصَّحابةُ الخَمسة الطَّرِيقَ مُبكرًا لِرفع قواعِد اتِّجاه جَدِيد عُمدَته (الأَغلَبِيّة السَّاحِقَة) المُوالِية مِن أَهْل العامَّة وجُعِل مُعِينًا لهم عند خَوض غَمَرات التَّحدِّي المُقبِل، فقُيِّض لهم ما أَرادوا وتَشكّل (اتِّجاه أَهْل العامَّة) مِن بَقايا العَشائر ذات الثَّأر الجاهِليّ ومِن بَقايا القَبائل المُمَزّقة والمنْكَفِئة على ذاتها مِن بَعد إِخْفاقها في حَسم معارك بَدر وأُحُد والأَحْزاب وحُنَين في الضِّدّ مِن الإِسْلام، واصْطفَّ هذا الاتِّجاه بِإِسْلامِه الجديد تحت لِواء الخَمسة أَقطاب الصَّحِيفة كالبُنيان المرصُوص في مَطلَعِ الأَمر.

أَماطَ الأَقطابُ الخَمسة اللِّثام عن أَنفسِهم على رأس جَبهة مُعادِيَة لِـ(شِيعَة عَلِيّ)، وقادوا بِحضُور (اتِّجاه أَهْل العامَّة) زمام الحوادِث المَصِيرِيَّة الكُبرى اللَّاحِقَة لِرَحِيل الرَّسُول صَلَّى الله عليه وآله، وصانوا تحت ظِلِّ عناصر هذا الاتِّجاه مَفهوم (الخِلافَة) البَدِيل عن الإِمامة وكرّسُوه في أَذهان النَّاس، ونَقضوا

بِـه بَيعَـة الغَدِيـر وانْفَـردوا بِمَقـام (الخَلِيفَـة) حيـث بَـرزَت شَـخصِيَّتا أَبي بَكـر وعُمَـر سِياسِـيًّا واحتَلَّتـا مَقـام القِمّـة إِذْ لم يَكُـن لـدى أَحدِهمـا أَو كِلاهمـا مِـن نَسَـبٍ قَبَـلِيّ وحَسَـبٍ رَفِيعَـيّ المَنزِلَـة أَو عَظِيمَـيّ المقـام وعالِيَـيّ الـشَّرف بِمَوطِنهـما الأَصْـلي مَكَّـة، مـا يَـدلّ عـلى وُجـود طَـرفٍ ثالِـثٍ مِـن ذَوِي الأَنْسـاب الرَّفِيعـة قـد اتَّخَـذَ بِـإزاء ذلـك مِـن الصَّمْـتِ والانْـزِواء سَـبِيلًا لِتَحَيّـين الفُـرص.

وظَـنَّ الصَّحابَـةُ الخَمسَـة أَقطـاب (صَحِيفَـة مَكَّـة الثّانِيـة) أَنَّ تَعاقدَهـم عـلى الصَّحِيفَـة وإِقدامَهـم الجَرِيـئ عـلى تَشْكِيل (اتِّجـاه أَهْـل العامَّـة) ذِي الأَغلَبِيّـة الموالِيَـة لــ (الخِلافَـة) قـد انْجَـزا لهـم التّـالي:

ـ أَنَّهُـم عصَمـوا بهـا جمـعَ رَهْطِهـم والأَفـواج الَّتـي التَحقَـت بِهـم مِـن التَّصَـدّع والانْشِـطار والانْقِسـام.

ـ وأَنَّهـم أَنْزلـوا بهـا السَّـكِينة عـلى قُلـوب الأَغلَبِيّـة المُوالِيّـة لَهُـم إذا شـارَكَتهُم في نَقـضِ بَيعـةِ الغَدِيـر ووالَتهُـم خـوف وقـوع (الفِتْنَـةِ) المُحتَمَلَـة كـما زُعِـم.

ـ وأَنَّ التَّفَـوّق سـيَتحَقّق بِقُـوةٍ في حُضُورِهِـما اللافِـت وبِتَغطيـة مِـن قِبَـل عَـددٍ مِـن القبائـل الموالِيَـة.

ـ وأَنَّهُـم تَخطَّـوا عقبَـة كَونِهـم قِلَّـة مِـن العَـدَد وقـد أَصْبَحـوا مُنـذ الآن اتِّجاهًـا مُتَماسِـكًا وانتـماءً مُتمَكِّنًـا بِـما يَكفِـي لِمَلإ الفَـراغ الكَبِـير الّـذي خَلَّفَـه نَقضُهـم لِبَيعـة الغَدِيـر وإِقصـاءُ عَـلِيٍّ أَمـير المؤمنـين صَلـواتُ الله وسَـلامُه عليـه عـن مَقامِـه الَّـذي رَتَّبَـه الله عَـزَّ وَجَـلَّ لَـه.

ـ وأَنَّ مُجتَمعـي المَدِينـة ومِكَّـة سـيَبقَيان مُنـذ اللَّحظـة الرَّاهِنَـة خاضِعَـين لِسِيادة أَقطابِهـم ومُنعَّمَـين بِوَحـدة النَّسِـيج الاجتِماعـي لِأَحيـاء المَدِينَتَـين كافّـة وصائنَـين لِقَبائلِهـا وعَشـائِرِهما مِـن (فِتنَـة) التَّمـزُّق والفُرقَـة المُحتَمَلـين.

ـ وأنَّ مَفهـوم (الخِلافَـة) البَدِيـل سـيَكون مُؤهَّـلًا شَـيئًا فشـيئًا لحمايَـة الصَّحابـة المُنقلبـين مِـن أَيِّ هَجَـماتٍ مُرتَـدّةٍ مُعارضـة لِمـا أَقدَمـوا عليـه مِـن انْقِلاب عـلى الأَعْقاب ومِـن عَقـد عَقـدُوه لِبَيعَـةِ خَلِيفَـة لا نَسَـب لَـه ولا حَسَـب بـين القَبائـل العربيّـة.

وفَـاتَ أقطـابُ (صَحِيفَـة مَكّـة الثّانِيـة) الخَمسـة أنْ يَتذكّـروا في غَمـرة مـا أقدمـوا عليـه أنَّ عَلِيًّـا صَلـواتُ الله وسَـلامُه عليـه قـد اخْتُـصّ وَحْيانِيًّـا بِمَقـام الإمْـرة في عهـد الرَّسُـول صَـلَّى الله عليـه وآلـه ومـا زال يُنـادَى بـه (أَمِـير المُؤمِنِـين)، وهـو في عَقِيـدة (شِـيعَة عَـلِيّ) لم يَخرج عـلى كَونِـه أَمِـيرًا لِلمؤمِنِـين أكان قائـمًا عـلى رأس الخِلافَة عـلى حَسَـب مـا وَصَّى النَّبِـيُّ صَـلّى الله عليـه وآلـه المُسلمين في يَـوم الغَدِيـر أو مُجَـرَّدًا منهـا، ولا يَحِـقّ لِأَحَـدٍ مِـن الصَّحابَـة الأَخْيـار ولا لِغيرهـم مِـن الصَّحابَـة الأَشْرار مِمَّـن نَصَـب لَـه العَـدواةَ والبَغضـاء ولا لِلتّابِعـين ولا لِتَابِعـي التَّابِعـين ولا لِمَـن جـاء في إثْرِهـم إلى يَـوم الدِّيـن أنْ يُقـاسَ بِعَـلِيٍّ صَلـواتُ الله وسَـلامُه عليـه أو يُقـاس بِوُلْـدِه الأَئمَّـة الطّاهريـن صَلـواتُ الله وسَـلامُه عليهـم، ولا أنْ يُلَقَّـبَ أيّ صَحـابِيّ في حَيـاة الرَّسُـول صَلـواتُ الله وسَـلامُه عليـه أو بَعـد مَماتِـه بِـ(أَمِـير المُؤمِنـين) غـير عَـلِيٍّ صَلـواتُ الله وسَـلامُه عليـه مَهـما كانَـت الظُّـروف والأَحْـوال.

وطالَمـا ذَكَّـرَ عَـلِيٌّ أَمِـير المؤمنـين صَلـواتُ الله وسَـلامُه عليـه المُسـلِمين في مُناسَـبات مُختَلِفـة بِإمرَتِـه الخاصَّـة والعامَّـة مِـرارًا وتكـرارًا، وقـد عَلِـم بِذَلـك الصَّحابـة خَمسـة الصَّحِيفـة الثّانِيـة وأغلَبِيَّتُهـم مِـن المَوالِـين المُنضَويـن في (اتِّجـاه أهْـل العامَّـة) حَيـثُ جحَـدوا فبايَعـوا أَبـا بَكـر خَلِيفَـةً ولم يَسـتَنكِفوا مِـن أنْ يُطلِقـوا عليـه وعـلى مَـن خَلَفَـهُ وَصْـفَ (أَمِـير المُؤمِنِـين)!

وصَرَّح عَلِيٌّ صَلواتُ الله وسَلامُه عليه وآله بِقَوله:

(أنَّ رَسُـول الله صَـلَّى الله عليـه وآلـه أَمَـرَ أنْ أُدْعـى بِإمْـرَةِ المؤمِنـين في حَياتِـه وبَعـد

مَوتِـهِ، ولم يُطلـق ذاكَ لِأَحَـدٍ غَـيري)[1].

ورُوِي أَنَّ رجـلًا سَـلَّم عـلى الإِمـام الصَّـادق صَلـواتُ الله وسَـلامُه عليـه فقـال (السَّـلامُ عليـكَ يـا أَمِـير المؤمنـين!. فقـام عـلى قَدَمَيـه، فقـال: مَـهْ، هـذا اسـمٌ لا يصلـح إِلّا لِأَمـير المؤمنـين عليـه السَّـلام، سـمَّاه الله بِـهِ، ولم يُسـمَّ بِـهِ أَحـدٌ غَـيرَه فـرَضِيَ بِـهِ إِلّا كان مَنكُوحًـا وإِنْ لم يَكُـن ابتُلِي بـهِ. وهُـو قَـول الله في كتابـه [إِنْ يَدْعُـونَ مِـنْ دُونِـهِ إِلاَّ إِنَاثًـا وَإِنْ يَدْعُـونَ إِلاَّ شَـيْطَانًا مَرِيـدًا][2].

وفي حَدِيـثٍ واردٍ عـن الإِمـام الكَاظِـم صَلـواتُ الله وسَـلامُه عليـه قـال لِفُضَيـل (لم يُسـمَّ بِهـا والله بعـد عَـلِيّ أَمِـير المؤمنـين إِلّا مُفـترٍ كـذّاب إِلى يـوم النَّـاس هـذا)[3].

ولَمّـا سُـئل الإِمـامُ الصَّـادِق صَلـواتُ الله وسَـلامُه عليه عـن أَنْ (يُسلَّـمَ) عـلى الإِمام المهـدِي عجَّـل الله تعـالى فرَجَـه الشَّـريـف بِإِمـرَةِ المؤمنـين. قـال (لا.. ذاك اسـمٌ سـمَّى اللهُ بـه أَمِـيرُ المؤمنـين عليـه السَّـلام، لم يُسـمَّ بِـهِ أَحـدٌ قبلـه، ولا يتَسـمَّى بِـهِ بَعـدَه إِلّا كافِر)[4].

وقـال رَسُـول الله صَـلَّى الله عليـه وآلـه في المُحِـبّ لِعَـلِيّ أَمـير المؤمنـين صَلـواتُ الله

---

1 - الخِصـال، الشَّـيخ الصّـدوق٥٨. مصبـاح البلاغـة (مُسـتدرك نهـج البلاغـة) للمِيرجهـاني184/ 3. بِحـار الأنـوار445/ 31. موسـوعة الإمـام عَلِيّ بـن أَبي طالـب صَلـواتُ الله وسَـلامُه عليـه في الكتـاب والسُّـنّة والتَّأريـخ 182/ 2، 246/ 8.

2 - انظـر: وسـائل الشِّـيعة (ط مُؤسَّسـة آل البيـت) ٦٠٠/ 14و(ط دار الإسـلاميّة) ١٠/ 469. اليقـين، ابـن طـاووس27. مدينـة المعاجـز، هاشـم البحـراني 72/ 1. بحـار الأنـوار331/ 37. شـجرةُ طُوبـى٧٠/ 1. جامـع أَحادِيـث الشِّـيعة 352/ 12. مُسـتَدرك سَـفِينة البِحـار 231/ 1. تَفسِـير العيّـاشي 276/ 1. البُرهـان (تَفسِـير) 328/ 2. نُـور الثَّقلـين 551/ 1. وكنـز الدّقائـق 625/ 2. غايَـةُ المـرام ١٠١/ 1. موسـوعة الإمـام عَلِيّ بـن أَبي طالـب صَلـواتُ الله وسَـلامُه عليـه في الكِتـاب والسُّـنّة والتَّأريـخ 182/ 2.

3 - مُسـتدرك الوسـائل ١٠/ ٤٠١. اليقـين، ابـن طـاووس ٣٠٣/ 26. بِحـار الأَنـوار 315/ 24 و68/ 36 و318/ 37. جامـع أَحادِيـث الشِّـيعة ٤٣٠/ 1 و352/ 12. الـكافي 288/ 8. مدينـةُ المعاجِـز، البَحـراني 72/ 1. موسـوعة أَحاديـث أَهْـل البيـت عليهـم السّـلام، هـادي النَّجفـي ٥٠/ 9. نُـور الثَّقلـين 384/ 5. تأويـل الآيـات لِشَرف الدِّيـن الحسـيني ٧٠٣/ 2. غايـة المـرام، البَحـراني 97/ 1 و329/ 4.

4 - الـكافي411/ 1. وسـائل الشِّـيعة (ط مؤسَّسـة آل البيـت) ٦٠٠/ 14 و(ط دار الإسْـلامِيّة) ١٠/ ٤٧٠. بِحـار الأنـوار 211/ 24 - 212 و373/ 52. جامـعُ أَحاديـثِ الشِّـيعة 351/ 12. مُسـتَدرك سَـفِينة البِحـار 179/ 1. شَرحُ أُصُـول الـكافي 48/ 7. تَأوِيـل الآيـات، شَرف الدِّيـن الحُسـيني 186/ 1. نُـور الثَّقلـين ٣٩٠/ 2. تَفسِـير فـرات الكُـوفي 193.

وسَلامُه عليه ومُبغِضِه (يا عَلِيّ، لا يُحِبّك إلّا مُؤمن، ولا يَبغُضك إلّا مُنافق إلى يَومِ القِيامَة). وعنه صَلَّى الله عليه وآله أَنَّه قال (يا عَلِيّ، لا يُحِبّك إلّا مُؤمن تَقِيّ، ولا يَبغُضك إلّا ولد زنية أَو حيضة)[1].

وقال صَلَّى الله عليه وآله (أَلا ومَن مات على حُبّ آل مُحَمَّد مات مَغفورًا له. أَلا ومَن مات على حُبّ آل مُحَمّد مات تائبًا. أَلا ومَن مات على حُبّ آل مُحَمَّد مات مُؤمنًا مُستكمِل الإيمان. أَلا ومَن ماتَ على حُبّ آل مُحمّد بَشَّرَه ملكُ الموت بِالجَنَّة ثُمَّ مُنكرٍ ونكير. أَلا ومَن ماتَ على حُبِّ آلِ مُحَمَّد يُزفّ إلى الجَنَّة كما تُزَفّ العَروس إلى بَيتِ زَوجِها. أَلا ومَن مات على حُبّ آل مُحَمَّد فُتِح له في قَبرِهِ بابان إلى الجَنَّة. أَلا ومَن مات على حُبِّ آل مُحَمَّد جَعل اللهُ قبرَه مزار ملائكة الرَّحمة. أَلا ومَن مات على حُبّ آل مُحمّد مات على السُّنَّة والجماعة. أَلا ومَن مات على بُغضِ آل مُحَمَّد جاء يوم القِيامة مَكتوب بين عَينَيه «آيِسٌ مِن رَحْمةِ الله». أَلا ومَن مات على بُغض آلِ مُحَمَّد مات كافرًا. أَلا ومَن مات على بُغض آل مُحمّد لم يشمّ رائحة الجَنَّة)[2].

الاصْطِفافُ المُلزِم لِتَصْحِيح مَرتَبَةِ الإمْرَة

أَخْطأ مَن اجْتَهد في بِحثِهِ وَظَن في النَّتائج بِأَنَّ اتِّجاهَ (شِيعة عَلِيّ) كان وَلِيدًا طارِئًا لِلحَوادِث الواقِعَة في إِثْر رَحِيل النَّبِيّ صَلَّى الله عليه وآله. فالتَّشَيُّع لم يَغِب عن ساحَةِ المُسلِمين مُنذ أَنْ بُعِث النَّبِيُّ صَلَّى الله عليه وآله، وما كان (شِيعَة عَلِيّ) إِلَّا مِمّا وُصِفَ بِه أَصْحابُ النَّبِيّ صَلَّى الله عليه وآله الأَوائل الأَبْرار الَّذين انخَرَطوا في النَّواةِ الأُولى لِلإسْلام وتَنعَّموا تَحتَ ظِلال رايَته، وما كان (التَّشَيُّع) إِلَّا اتِّجاهًا فاعِلًا بِهؤلاء الأَوائل الأَبْرار ونَشِطًا بِمُبارَكةٍ مباشرة مِن النَّبِيّ صَلَّى الله عليه وآله وبِرعايَةٍ منه.

---

1 - بِحار الأنوار، العَلّامة المَجلِسي 287/ 39.

2 - الكشّاف عن حقائق غوامض التّنزيل. الزمخشري 221-220/ 4

وقد أَلزَم (شِيعَةُ عَلِيٍّ) لِوَحدِهِم أَنفسَهم في عَهدِهِ صَلَّى الله عليه وآله بِاتِّباع أَثَر أَخِيه ووَصِيِّه عَلِيٍّ أَمِير المؤمنين صَلواتُ الله وسَلامُه عليه، والتَّصدِيق بِإمامَتِه في عَهدِهِ صَلَّى الله عليه وآله وبِإمْرَتِه، والإطمئنان لِوَلايَتِهِ انْطلاقًا مِن الوُصايا الَّتي تَفوَّه بها صَلَّى الله عليه وآله، والامْتِثال لِما وَرَدَ في الذِّكر الحكِيم مِن آياتٍ عديدة حَثَّت على طاعَة عَلِيٍّ أَمير المؤمنين صَلواتُ الله وسَلامُه عليه بِوَصْفِهِ وَلِيّ الأَمْر الَّذي أَذهَب اللهُ عنه الرِّجْسَ وطَهَّرهُ تَطهِيرًا، والتَّسلِيم لِما اختُصَّ به مِن وَحْيِ الإمامَة ومِن وَلايَةٍ زَفَّتها إلى المُسلِمِين مَناقِبُه وفَضائلُه ومَكارِمُه ومآثرُه صَلواتُ الله وسَلامُه عليه. وخالَفَ ذَلِك الأَغْلَبِيَّةُ مِن الصَّحابَة ونَازَعوا نَبِيَّهم صَلَّى الله عَليهِ وآله الأَمْر.

فعَنْ (مُحَمَّدُ بْنُ الْعبَّاسِ، قَالَ: حَدَّثَنَا مُحَمَّدُ بْنُ هَمَّام، عَنْ مُحَمَّدِ بْنِ إِسْمَاعِيلَ، عَنْ عِيسَى بْنِ دَاوُدَ، قَالَ: حَدَّثَنَا الْإِمَامُ مُوسَى بْنُ جَعْفَرٍ، عَنْ أَبِيهِ صَلَواتُ الله وسَلامُهُ عَلَيهِما قَالَ: «لَمَّا نَزَلَتْ هَذِهِ الْآيَةُ: [لِكُلِّ أُمَّةٍ جَعَلْنَا مَنْسَكاً هُمْ نَاسِكُوهُ]؛ جَمَعَهُمْ رَسُولُ الله صَلَّى الله عَلَيْهِ وَآلِهِ، ثُمَّ قَالَ: يَا مَعَاشِرَ الْمُهَاجِرِينَ وَالْأَنْصَارِ، إِنَّ الله تَعَالَى يَقُولُ: [لِكُلِّ أُمَّةٍ جَعَلْنَا مَنْسَكاً هُمْ نَاسِكُوهُ] وَالْمَنْسَكُ هُوَ الْإِمَامُ لِكُلِّ أُمَّةٍ بَعْدَ نَبِيِّهَا حَتَّى يُدْرِكَهُ نَبِيٌّ. أَلا وَإِنَّ لُزُومَ الْإِمَامِ وَطَاعَتَهُ هُوَ الدِّينُ، وهُوَ الْمَنْسَكُ، وهُوَ عَلِيُّ بْنُ أَبِي طَالِبٍ صَلَواتُ الله وسَلامُهُ عَلَيهِ إِمَامُكُمْ بَعْدِي. فَإِنِّي أَدْعُوكُمْ إِلَى هُدَاهُ فَإِنَّهُ عَلَى هُدًى مُسْتَقِيمٍ.

فَقَامَ الْقَوْمُ يَتَعَجَّبُونَ مِنْ ذَلِكَ، ويَقُولُونَ: والله إِذَنْ لَنُنَازِعَنَّ الْأَمْرَ، ولاَ نَرْضَى طَاعَتَهُ أَبَداً، وإِنْ كَانَ رَسُولُ الله صَلَّى الله عَلَيْهِ وَآلِهِ الْمَفْتُونَ بِهِ. فَأَنْزَلَ الله عَزَّ وَجَلَّ: [وادْعُ إِلىٰ رَبِّكَ إِنَّكَ لَعَلىٰ هُدىً مُسْتَقِيمٍ، وإِنْ جادَلُوكَ فَقُلِ الله أَعْلَمُ بِما تَعْمَلُونَ، الله يَحْكُمُ بَيْنَكُمْ يَوْمَ الْقِيامَةِ فِيما كُنْتُمْ فِيهِ تَخْتَلِفُونَ، أَلَمْ تَعْلَمْ أَنَّ الله يَعْلَمُ ما فِي السَّماءِ والْأَرْضِ إِنَّ ذٰلِكَ فِي كِتابٍ إِنَّ ذٰلِكَ عَلَى الله يَسِيرٌ].

وَفي قَولِه تَعالَى: [وإِذا تُتْلىٰ عَلَيْهِمْ آياتُنا بَيِّناتٍ تَعْرِفُ فِي وُجُوهِ الَّذِينَ كَفَرُوا

المُنْكَـرَ يَـكَادُونَ يَسْـطُونَ بِالَّذِيـنَ يَتْلُـونَ عَلَيْهِـمْ آيَاتِنَـا قُـلْ أَفَأُنَبِّئُكُـمْ بِشَرٍّ مِنْ ذَلِكُـمُ النَّـارُ وَعَدَهَـا اللهُ الَّذِيـنَ كَفَـرُوا وبِئْـسَ المَصِـيرُ]. عـن مُحَمَّـدِ بْـنِ الْعَبَّـاسِ، قَـالَ: حَدَّثَنَـا مُحَمَّـدُ بْـنُ هَمَّـامٍ، قَالَ: حَدَّثَنَـا مُحَمَّـدُ بْـنُ إِسْـمَاعِيلَ الْعَلَـوِيُّ، عَـنْ عِيسَـى بْـنِ دَاوُدَ، قَـالَ: حَدَّثَنَـا الْإِمَـامُ مُوسَـى بْـنُ جَعْفَـرٍ، عَـنْ أَبِيـهِ صَلَـوَاتُ اللهِ وَسَـلَامُهُ عَلَيهِـمَا فِي قَـوْلِ اللهِ عَـزَّ وَجَـلَّ: [وَإِذَا تُتْـلَى عَلَيْهِـمْ آيَاتُنَـا بَيِّنَـاتٍ تَعْـرِفُ فِي وُجُـوهِ الَّذِيـنَ كَفَـرُوا المُنْكَـرَ يَـكَادُونَ يَسْـطُونَ بِالَّذِيـنَ يَتْلُـونَ عَلَيْهِـمْ آيَاتِنَـا..]. قَـالَ:

«كَانَ الْقَـوْمُ إِذَا نَزَلَـتْ فِي أَمِـيرِ الْمُؤْمِنِينَ صَلَـوَاتُ اللهِ وَسَـلَامُهُ عَلَيْـهِ آيَـةٌ فِي كِتَـابِ اللهِ فِيهَـا فَـرْضُ طَاعَتِـهِ أَوْ فَضِيلَـةٌ فِيـهِ أَوْ فِي أَهْلِـهِ؛ سَـخِطُوا ذَلِـكَ وَكَرِهُـوا، حَتَّـى هَمُّـوا بِـهِ وَأَرَادُوا بِـهِ الْعَظِيـمَ وَأَرَادُوا بِرَسُـولِ اللهِ صَـلَّى اللهُ عَلَيْـهِ وَآلِـهِ أَيْضـاً لَيْلَـةَ الْعَقَبَـةِ غَيْظـاً وَحَنَقـاً وَغَضَبـاً وَحَسَـداً حَتَّـى نَزَلَـتْ هَـذِهِ الْآيَـةُ»[1].

ولم يَخْـذُل الأَصْحـابُ الأَبْـرار مِـن (شِـيعة عَـلِيّ) مَسـيرَةَ نَبِيِّهـم صَـلَّى اللهُ عليـه وآلـه قَـطّ، وإِنَّـما اتَّبعـوا أَثَـرَه وارْتَقـوا بمَنزلَـةِ الإمامَـةِ الَّتي أُكمِـل بِهـا الدِّيـنُ وتَمَّـت النِّعمَـةُ بِمَقامِهـا الشَّريـف، وأَفْشَـوا مَفهـومَ (الإِمَامَـة) في مُجتمَـعِ المُسـلِمين وقَرَّبـوه إلى مِصداقِهـا.

وعندمـا أُقْـصِي عَـلِيٌّ أَمـير المؤمنـين صَلـواتُ اللهِ وسَـلامُه عليـه مِـن مَرتَبَـةِ الإِمامَـة ونُقِضَـت بَيعـةُ الغَدِيـر؛ نَـصر (شِـيعَةُ عَـلِيٍّ) حَقَّـه صَلـواتُ اللهِ وسَـلامُه عليـه، ثُـمَّ لَازمـوا ظِـلّ الأَئمَّـة مِـن وُلْـدِه صَلـواتُ اللهِ وسَـلامُه عليـه وعَلَيهِـم ولَم يَتخَلَّفـوا عنهـم ولم يَتقدَّمـوا عليهـم.

واشْـتُهِر (شِـيعَةُ عَـلِيّ) بَـين سـائر المُسـلِمين بِحرِصِهـم الشَّـديد عـلى تَنظيـم شُـئون مُجتَمَعِهـم الصَّغـير وفـق مَنهـج الوَلايَـة الَّـذي أَدْرَجُـوه في كُلِّ مـا خَـصَّ وظيفتهـم العَمَلِيَّـة وفي مُهِمَّـة تَنمِيـة ثَقافَـة أَهْـل الجَزيـرة العَربِيَّـة وغَيرهـا مِـن وَلايـات

1 - البُرهان في تفسير القرآن، السَّيّد هاشِم البَحراني 907/ 3

المُسلِمين، وتَجاوَزوا بهذا المَنهج آثار العَهد الجاهِليّ بِتَفوّقٍ مُنقطع النَّظير على الرَّغم مِن شِدّة التَّحدِّيات الَّتي اعتَرَضَت نَسَق عَملِهم المعلوم واستَهدَفَت حَياتَهم. فأَودَعوا مَروِيّات السُّنَّة النَّبويّة في قُلوبهم وحافَظوا على مُتونِها ونَقلوها بِما هِيَ هِي، ونَشأت بينهم في إِثْر ذلك الكَثيرُ مِن مَظاهر الثَّقافَة المُتميِّزة مِثلَ التَّقالِيد والعادات والشَّعائر وفُنون الأَدب المُعبِّر عن المَودَّةِ لِأَهْلِ الولاية صَلواتُ الله وسَلامُه عليهم.

مِن جِهَتِهم، أَلزَمَ غَيرُهم مِن الصَّحابةِ وكَثِيرٌ مِن النَّاس أَنفسَهم بِما فَرضَته الوَقائع السِّياسِيَّة الرّاهنة وانْعكاساتُها الاجْتِماعِيَّة النَّاشئة في عَهد أَوَّل خُلفائهم أَبي بَكر المؤيَّد علنًا مِن قِبَل أَقطاب رَهْطِهِ الأَرْبَعة الآخَرين الَّذين تَعاقَدوا مَعه على (صَحِيفَة مَكّة الثَّانِيَة) وأَمضوها معه قُبيل بَيعَةِ الغَدِير بِأَيَّام مَعدُودَة، وهُم: عُمَر بن الخطَّاب ومَعاذُ بن جَبل وأَبُو عُبَيدة بن الجرّاح وسَالِم مَولى أَبِي حُذيفَة.

في عَهد أَبي بَكر حيث تَسلَّم أَقطابُ (صَحِيفة مكّة الثَّانِيَة) وخُلفاؤهم الخِلافَة؛ أَعاد أَبو بَكر تَشكِيل هَيئة الخَمسة وأَضاف إِليها عناصِر أُخْرى لِلحَدِّ مِن ضَغط بَعض أَقطاب هيئة الصَّحِيفة المُطالِب بِتَداول مَقام الخِلافَة أَو بِمَناصَفة سِيادَتها فِيما بَين الخَمسة، وأَسَّس لِـ(اتِّجاه أَهْل العامَّة) قَواعِدَه حيث تَمثّل في تَيّارٍ عامٍّ في المُسلِمين وجِهَةِ ضَغْطٍ لِتَعزيز مَقام (الخَلِيفَة) وقُدسِيَّته شَخصِه بِإزاء نُظرائه مِن أَقطاب الصَّحِيفَة الثَّانِيَة والأَقوياء مِن الأَقطاب الجدد في التَّحالُف المُوسَّع.

وقد ظَهر (اتِّجاهُ أَهْل العامَّة) مُتَفاعلًا بِشَكلٍ بارزٍ مع الإفرازات الخَطِيرة النَّاجِمة عن (فِتْنَةِ) مَقتل عُثمان بن عَفَّان، كما وُجِدَ مُنْدَكًا في المَوجَات الثَّأرِيَّة الجاهِلِيَّة العارِمَة لِهذِهِ الفِتنَةِ، ولم يكن يَفعَل مِثلَ ذلك بِوَصفه اتِّجاهًا جماهِيريًّا في الوَقائع الأُخرى مِن نحو:

- إفـرازات يَـوم السَّـقِيفَة، مـع عَلَـمِ المُسـلِمِين القاطِـع بِاشـتِغال ذِمَمِهِـم بِبَيعـة الغَدِيـر ولم يُجـز نَقضُهـا مِـن قِبَـل أَقطـاب الصَّحِيفَـة الثَّانِيـة إِفْـراغ الذِّمَـم مِـن عَقـد عَقَـدُوه في حَـضرة الرَّسُـول صَـلَّى الله عليـه وآلـه.

- مَـع واقِعَـة مَقتَـل خَلِيفَتِـه الأَوَّل أَبي بَكـر غِيلَـة عـلى أَيـدي الأُمَوِّيِّـين وصـدورِ وَصِيَّـةٍ مَكتوبَـةٍ بِخَـطّ عُثـمان ومَختومـة بِتَعيـين عُمـر خَليفـةً مِـن بَعـده بِـلا شُـهود وبـلا مَشـورة مِـن المُسـلِمِين ولا تَقلِيـب رأي مِـن أَعيانِهـم حتَّـى.

- مـع واقِعَـة مَقتَـل خَلِيفَتِـهِ الثَّـاني عُمَـر الَّـذي طُعِـن في وسـط سِردابِـه الآمِـن الواصِـل بـين بَيتِـهِ والمَسـجِد بِخنجَـر أَبي لُؤلُـؤة.

ثُـمَّ عـاد (اتِّجاهُ أَهْـل العامّـة) لِيُشـارِك أَقطـاب الصَّحِيفـة الثَّانِيَـة في مُبتغاهُـم إِذْ هَمَّ بِعَـلِيٍّ أَمِـير المؤمنـين صَلـواتُ الله وسَـلامُه عليـه الهُمـوم ومَهَّـد الأَمْـرَ لِلإِجْهـاز عـلى خِلافَتِـه القائمـة في إِثْـر مَقتَـل عُثـمان ولمَنعِهـا عـن بَنـي هاشِـم مـا اسـتطاع إِلى ذلـك سَـبِيلًا، ومِـن ذلـك:

- دُخولُـه في اصْطِفـاف (النَّاكِثِـين) بِزَعامـة عائشَـة بِنـت أَبي بَكـر وطَلحـة والزُّبَـير في يَـوم الجَمَـل بِالبَـصرة ورِضـاه عـن مَقتـل الأُلُـوف مِنـه ومِـن (جَيـش الخِلافَـة) بِسـيوفِهِما.

- ووُقوفُـه إِلى جانـب مُعاوِيَـة الَّـذي تَمَـرّد واسـتَقلَ بِوَلايَـة الشَّـام عـن بِـلاد المُسـلِمِين وخَـرج عـلى خَلِيفَـة المُسـلِمِين المُختـار عَـلِيّ أَمـير المؤمنـين صَلـواتُ الله وسَـلامُه عليـه واصْطَـفّ مـع (القَاسِـطِين).

- ومُشـاركتُه في مَعركَـةِ صِفِّـين إِلى جانِـب مُعاوِيَـة وبِـما أَحـدَث مِـن فَـوضَى حـول الحَكَمَـين المُختارَيـن في جَيـش عَـلِيّ أَمِـير المُؤمنـين صَلـواتُ الله وسَـلامُه عليـه ودَخَـل في عهـد المارِقِـين (الخَـوارِج).

- وتَخلُّفه عن نُصرة الإمام الحَسَن صَلواتُ الله وسَلامُه عليه الَّذي تَسلَّم مَقاليد الخِلافَة مِن بَعد مَقتل والِده عَلِيٍّ أَمير المؤمنين صَلواتُ الله وسَلامُه عليه في مَسجِد الكُوفة، وخذلانه لِمَصلَحة الأُمَوِيِّين.

- وانْتَهى بِه المَطاف إلى مُبايَعة شارِب الخُمور وقاتِل النَّفس المُحتَرمة يَزِيد بن معاوِيَة وَلِيًّا لِعَهد أَبِيه مُعاوِيَة، ثُمَّ المُشارِكَة في تَجِييش الجيوش لِقَتلِ الإِمام حُجَّة زَمانِه وابْنِ بِنْت رَسُول الله صلَّى الله عليه وآله الحُسَين صَلواتُ الله وسَلامُه عليه - طاعةً لِخَليفَتِه الجَدِيد المُتهَتّك يَزِيد بن مُعاوِيَة.

- ثُمَّ تَقَطَّعَت بِه السُّبُل فدَخَل في وَلايَة الزُّبَيرِيِّين بِقِيادة عبد الله بن الزُّبَير وأَخِيه مُصْعَب وغَيرِهما كالأَشْعَث بن قيس، ثُمّ صار مِن نَصيب الدُّول المُتَعاقِبَة تَتقاذَف به وتَستَعمِله في خَوض حُروب (التَّاج) أينما أَراد الحاكم، وما زال (اتِّجاه أَهْل العامَّة) على ذلك!

لقد تَفاقَمَت مُشكِلة (الشَّرعِيَّة) لَدى العَمل بِمَفْهوم (الخِلافَة) في أَوَّل لحظة مِن انْعِقاد مَراسِيم (فَلْتَة) أَبِي بَكر الَّتي تَمَّت في ذُهولٍ مِن (الأَنْصار) وهُمْ أَهْلُ المَدِينَة الَّذين آووا ونَصروا، وفي صَدمةٍ من أَهْلِ مَكَّة الَّذين مُيِّزوا بِالبُيوتِ العربيّة العَرِيقَة والتَّفاخُر بِالنَّسَب الرَّفِيع والشَّرِيف، ولم يروا في الخَلِيفة الجَدِيد إِلّا نَسَب أَذَلِّ الأذِلّاء وأَرْذَلِ الأَراذِل مِن أَحياء مكّة.

في حِين انْكَفأ الأَصحابُ مِن (شِيعة عَلِيّ) وتَفرّغوا لإِصْلاح البُنيَة الثَّقافِيّة لِمُجتَمعي المَدِينَة ومكّة ما أَمكنَهم ذلك، وانتَظَموا بِوَلايَة عَلِيٍّ أَمير المُؤمِنين صَلواتُ الله وسَلامُه عليه ورافَقوا ظِلّه، وصَبروا بِما صَبر صَلواتُ الله وسَلامُه عليه على ما جَرى بِه قَضاءُ الله في أَولِيائه الَّذين استَخلَصَهُم لِنَفسِهِ ودِينِه إِذْ اختار لَهُم جَزِيل ما عِندَه مِن النَّعِيم المُقيم الَّذي لا زَوال ولا اضْمِحلال له بَعد أَنْ شَرط عَلَيهِم الزُّهدَ في دَرجاتِ هذه الدُّنيا الدَّنِيّة فشَرطوا لَهُ ذلك وعَلِمَ

مِنهم الوَفاء فقَبِلَهم وقَرَّبَهم وأهبَط عَلَيهِم مَلائكَتَه وكَرَّمَهم بِوَحيِهِ ورَفَدهُم بعِلْمِه[1].

بُويِع أَبُو بَكر تَحت ظِلال السَّقِيفة، ثُمَّ بايَعه الصَّحابَةُ والعامَّة مِن النَّاس في واقِعَةٍ كانَت مَحلَّ جَدَلٍ ونَقدٍ ونَقضٍ بَينَهُم.

ـ فَقال قائلٌ منهم أَنَّ البَيعَةَ فَلْتَةٌ تَمَّت بِتَصافُقٍ أَوَّلِيٍّ طيَّارٍ جرى بِكَفَّي أَبِي بَكر وكَفَّي عُمَر عندما لَقوا جَمعًا مِن الأَنْصار أثناء عِيادَتِهم لأَمِيرِهِم سَعد بن عَبادَة المُتوعِّك بِالحُمَّى والمُزَّمِّل في سَقِيفة بَنِي ساعِدة، ولم يَكن أَمْر البَيعَةِ قد دُبِّر بِلَيل وإِنَّما هو وَلِيد اللَّحظة الرَّاهنة.

ـ وقائلٌ قال أَنَّ البَيعة كانَتْ انتِخابًا فِئويًّا جرى بَين (أَهْلِ الشُّورَى) وقد أُتْبِع بِتَحقُّق رضا الأَغلبيَّة ضِمنِيًّا عندما انْتَقل جمعُ السَّقِيفة والمُبايِع والخَلِيفة المُبايَع إِلى المَسجِد لِيَجعلوها عامَّة في النَّاس!

ـ وقائلٌ قال أَنَّ الأَغلَبِيَّة في المُسلِمين لم تُرشِّح أَبا بَكر خليفةً ولم تَختَره ولِكنَّها رَضِيَت بِما عُيِّن لها مِن إِمْرة فيه خلال مُضارَبات يَوم السَّقِيفَة حيث لا بُدّ مِن أَمِيرٍ على وَجْه السُّرعة لِتُحقَن به دِماء المسلمين مِن (فِتْنَةٍ) مُحتمَلَة.

ـ وقائلٌ قال أَنَّ مَفهومَ الوَلايَة ومصداقَه مَعلومان في المُسلِمين قُبَيل مَقتل النَّبِيّ صَلَّى الله عليه وآله وقد استَقرّ أَمْنُ المُسلِمين كافّة عَليها، وأَنَّ البَيعة لِلوَلِيّ مُتَحقّقة عند الأَغلبيَّة مِن المُسلِمين مُنذ يوم الغَدِير، فلا يَضرُّ إِرجاءُ البَيعةِ العامَّة لِعَلِيٍّ أَمِير المؤمنين صَلواتُ الله وسَلامُه عليه حتَّى تَتِمّ مَراسِيم تَجهيز جنازة النَّبِيّ صَلَّى الله عليه وآله وأداء الصَّلاة عليه وإِيداع جثمانه في لَحدِه.

ولكِنَّ مَفهوم (الخَلِيفة) المُستَجدّ ذِي المعنى الطَّارئ الصَّادِر عن الأقطاب

1 - أُنظر دعاء النُّدبَة.

الخَمْسَـة مُتعاقِـدِي (صَحيفـة مَكَّـة الثَّانِيـة) وحُلفائهـم بِزَعامـة أَبي بَكـر وعُمَـر كان هُـو المُنقِـذ مِـن فِتْنـةٍ مُحتملـة قـد تَشـتَعِل في أَيّ لحظـة بَـين مُجتمعـي المُهاجِريـن والأَنْصـار اللَّذَيـن طَلبـا مَنصِـب الإِمْـرة والسُّـلطان وخَـصَّ كُلُّ واحـدٍ مِنْهُـما الفَضْـل لِنَفسِـهِ باحْتِـكارِه مِـن دُون الآخـر!

ـ وقائـلٌ قـال لَـو تَخلَّى عَـلِيٌّ أَمِـير المؤمِنِين صَلـواتُ الله وسَـلامُه عليـه عـن وَصِيـة أَخِيـه النَّبِـيّ صَـلَّى الله عليـه وآلـه فعطَّـل تَجْهِيـزَ جِنازَتـه والصَّـلاة عَـلى جثمانِـهِ الطَّاهـر ودَفْنَـه ـ وأَسْرع الخُطـى نحـو السَّـقيفَة أَو مَسـجِد رَسُـول الله صَـلَّى الله عليـه وآلـه لِيُقـرِّر بِنَفسِـهِ وبِحُضـورٍ مُبـاشرٍ منـه حَقَّـه في الخِلافـة الَّتـي بايـعَ النَّـاسُ عليهـا في يـوم الغَدِيـر، ولِيَطلـب عقـد البَيعـة العامَّـة لـه مِـن المُسـلِمين عـلى عَجَـلٍ اسـتِكمالًا لمـا عَقـدُوه مِـن قَبْـل في غَدِيـر خُـم مِـن بَيعَـة، أَو سَـعى في انتِـزاعِ البَيعـة مِـن أَبِي بَكـر لِنَفسِـهِ أَمـام مُبايعِيـه مِـن الأَنْصار المُجتَمِعـين تَحـت ظِـلال السَّـقِيفة قَبـل الخُـروجِ بهـا إلى المسـجِدِ النَّبَـوي ـ لمَـا اختـار المُسـلِمون عنـه بَـدلًا!

إِنَّ الاحْتِجـاج الَّـذي صَـدَر عـن بَعـضِ الصَّحابـة المُتمَسِّـكين بِبَيعـةِ الغَدِيـر في اجْتِـماع المَسـجِد عِندَمـا نُـودِيَ لِأَخْـذ البَيعـة العامَّـة لِأَبِي بَكـر ـ كان بَلِيـغَ الحُجَّـة وشَـدِيدَ اللَّهجَـة، ويَكفِـي أَنْ يكـون دَلَيـلًا دامِغًـا لِنَقـضِ أَيِّ إِجـراءٍ بَدِيـلٍ أَو مُضـادّ يَسـتَهدِف إِقْصـاء عَـلِيٍّ أَمـير المؤمنـين صَلـواتُ الله وسَـلامُه عليـه.

وقَـد اسـتَمع طَرفَـا هـذا اللِّقـاء (المُبايِـع) و(المُبايَـع) تَفاصِيـل هـذا الاحْتِجـاج وتَمَّـت الحُجَّـة عـلى الطَّرفَـين، لكِـنَّ أَقطـاب الصَّحِيفَـة الثَّانِيـة لم يَكتَرِثـوا لِقَـول قائـلٍ مُذَكِّـرٍ ولا مُحتَـجٍّ ولا لِقَـولِ ناصِـحٍ ولا مُصلِـحٍ. فقَـد ضَمَـن تَحالُفُهـم السِّـياسِي القَبَلِي الوَاسِـع انْتشـارَ مُسـلَّحِيه عـلى طُـرق المَدِينَـة وفـرضَ السَّـيطَرة التَّامَّـة عـلى الأَوضْـاع. فـإِنْ خَلَّـف عـليٌّ أَمِـير المؤمنـين صَلـواتُ الله وسَـلامُه عليـه وراءَه جَنـازة أَخِيـه صَـلَّى الله عليـه وآلـه مُعطَّلـة وقَـدِم إِلى المَسـجِد يَطلُـب مِـن الجمـع الحاشِـد الوَفـاء بِبَيعـةِ الغَدِيـر الَّتـي بايعـوا؛ فلَـنْ يَلقـى آذانـًا صاغِيـة.

خالِـدُ بـنِ سَـعِيد العـاص كان أَوَّل مَـن اعـتَرَض عـلى بَيعـةِ أَبِي بَكـر في اجتـماع المَسـجِد ووَجَّـه خِطابَـه إلى أَبِي بَكـر مُباشَرة قائـلًا (يـا أَبابَكْـر، اتَّـقِ اللهَ وَانظُرْ مَـا تَقَدَّمَ لِعَـليٍّ مِـنْ رَسُـولِ اللهَ صَـلَّى اللهُ عليـهِ وَآلِـهِ.. أَمَـا عَلِمْـتَ أَنَّ النَّبِـيَّ قَـالَ لَنَـا فِي يَـوْمِ بَنِـي قُرَيْظَـة - وَقَـدْ قَتَـلَ عَـلِيٌّ عِـدَّةً مِـنْ صناديـد رِجَالهِـم وَأُولِي البَـأس النَّجْـدَةِ مِنْهُـم: مَعَـاشِرَ النَّـاس، أُوصِيكُـم بِوَصِيَّـةٍ فَاحْفَظُوهَـا، وَمُـودِعٌ إِليكُـمْ سِرًّا فَـلاَ تُضَيِّعُـوه: أَلا وَإنَّ عَلِيًّـا إِمَامُكُـم مِـنْ بَعْـدِي وَخَلِيفَتِـي فِيكُـمْ، بِذَلِـكَ أَوْصَـانِي جَبْرَئِيلُ عَـنْ رَبِّي. أَلا وَإنْ لَمْ تَحْفَظُـونِي فِيـهِ وَتُـوَازِرُوهُ وَتَنْـصُرُوهُ؛ اخْتَلَفْتُـم فِي أَحكَامِكُـم وَاضطَـرَبَ عليكُـمْ أَمْـرُ دِينِكُـمْ وَوَلِيَ عليكُـمْ شِرَارُكُـم! أَخْـبَرَنِي جَبْرَئِيـلُ عَـنْ رَبِّي. أَلا وإِنَّ أَهْـلَ بَيْتِـي هُمُ الوَارِثُـونَ لِأَمْـرِي، وَالقَائِمُـونَ بِأَمْـرِ أُمَّتِـي. اللَّهُـمَّ فَمَـنْ أَطَاعَهُـم مِـنْ أُمَّتِـي وَحَفِـظَ فِيهِـمْ وصِيَّتِـي فَاحْشُرْهُـم فِي زُمْـرَتِي، واجعَـلْ لَهُـمْ نَصِيبًـا مِـنْ مُرَافَقَتِـي يُدْرِكُـونَ بِـهِ نُـورَ الآخِـرَةِ. اللَّهُـمَّ وَمَـنْ أَسَـاء خِلاَفَتِـي فِي أَهْـلِ بَيْتِـي فَاحرِمْـهُ الجَنَّـةَ الَّتِـي عَرْضُهَـا السَّـمَاوَاتُ وَالأَرْضُ أُعِـدَّتْ لِلْمُتَّقِـينَ)[1].

فتَدَخَّـل عُمَـر عـلى وَجْـه السُّرعَـةِ وقَطَـع خِطَـاب خالِـد، ونَهَـرَه قائـلًا (اُسْـكُتْ يَـا خَالِـد، فَلَسْـتَ مِـنْ أَهْـلِ المَشُـورَة ولا مِمَّـن يُقتَـدى بِـه). فـرَدَّ عليـه خالِـد قائـلًا (بَـلْ أُسْكُت أَنـتَ يـا بـنَ الخَطّـاب، فإِنَّـكَ تَنطِـقُ عـلى لِسَـان غَـيرك. وأَيْـم الله لَقَـد عَلِمَـت قُرَيـش إِنَّـك مِـن أَلأَمِهـا حَسَـبًا وأَدناهَـا مَنصِبًـا وأَخَسِّـها قـدرًا وأَخمَلِهـا ذِكْـرا وأَقلَّهـم عنـاءً عـن الله ورَسُـولِه، وإِنَّـك لَجَبـانٌ في الحُـروب، بَخِيـلٌ بِالمـال، لَئِيم العُنْـصُر. مالَـك في قُرَيـش مِـن فَخْـر ولا في الحُـروبِ مِـن ذِكْـر، وإِنَّـكَ في هـذا الأَمْـر بِمَنزِلَـةِ الشَّـيطان)[2].

ثُـمَّ اعـتَرَض أَبُـو ذرّ الغفـاري المَوقِـف وقـال (يـا مَعَـاشِرَ قُرَيْـش، قَـدْ عَلِمْتُـمْ وَعَلِمَ أَخيَارُكُـمْ أَنَّ النَّبِـيّ صَـلَّى اللهُ عليـهِ وَآلِـهِ وَسَـلَّمَ قَـالَ «الأَمْـرُ مِـنْ بَعْـدِي لِعَـلِيِّ بْـنِ

1 - الاحْتِجاج، الطبرسي -99/1 104

2 - المصدر السابق -99/1 104.

أَبِي طَالِـب ثُـمَّ لِلْحَسَـنِ ثُـمَّ لِلْحُسَـيْنِ ثُـمَّ لِلائِمَّـةِ مِـنْ وُلْـدِ الحُسَـيْنِ». فَتَرَكْتُـمْ قَوْلَـهُ وَنبَذْتُـمْ أَمْـرَهُ وَوَصِيَّتَـهُ، وَكَذَلِـكَ تَرَكَـت الأُمَـمُ الَّتِـي كَفَـرَتْ بَعْـدَ أَنْبِيائهَـا فَغَـرَتْ وَبَدَّلَـتْ، فَحَاذَيْتُمُوهَـا حَـذْوَ النَّعْـلِ بِالنَّعْـلِ وَالقُـذَّةِ بِالقُـذَّة. وَعَـمَّا قَلِيـلٍ تَذُوقُـونَ وَبَـالَ أَمْرِكُـمْ وَجَـزَاء مَـا قَـدْ قَدَّمَـتْ أَيْدِيكُـمْ، وَأَنَّ اللهَ لَيْـسَ بِظَـلاَّمٍ لِلعَبِيـد)[1].

ثُـمَّ قـال سَـلمانُ الفَـارِسيّ لِأَبي بَكـر (يَـا أَبَـا بَكْـر، إلـى مَـنْ تُسْـنِد أَمْـرَكَ إذَا نَـزَلَ بِـكَ القَضَـاء؟! وإلـى مَـنْ تَنْـزَعُ إذَا سُـئِلْتَ عَـمَّا لاَ تَعْلَـمُ؟! مَـا عُـذْرُكَ فِي التَّقَـدُّمِ وَفِي القَـوْمِ مَـنْ هُـوَ أَعْلَـمُ مِنْـكَ وَأَقْـرَبُ بِرَسُـولِ اللهَ صَـلَّى اللهُ عليـهِ وَآلِـهِ وَسَـلَّمَ قَرَابَـةً مِنْـكَ. قَدَّمَـهُ النَّبِـيُّ فِي حَيَاتِـهِ وَأَوْعَـزَ إليكُـمْ عِنْـدَ وَفَاتِـهِ، فَنبَذْتُـمْ قَوْلَـهُ وَتَنَاسَـيْتُمْ وَصِيَّتَـهُ، وأَخْلَفتُـم الوَعْـد ونَقضتُـم العَهْـدَ وحَلَلتُـم العَقْـد الَّـذي كان عَقـدُه عليكُـم مِـن النَّفـوذ تَحْـتَ رايَـةِ أُسـامَة بـن زَيـد حَـذرًا مِـن مِثـل مـا أَتَيتُمـوه وتَنبِيهًـا لِلأُمَّـة عـلى عَظِيـم مـا احْتَرَمْتُمـوه ومِـن مُخالَفَـةِ أَمْـره. فعَـن قَلِيـل يَصفُـو لَـكَ الأَمْـرُ وقـد أَثقلَـكَ الـوزْرُ ونُقِلْـت إلى قَـبرك وحَمَلْـت معـك مـا كَسَـبت يَـداك. فلَـو راجَعْـت الحَـقّ مِـن قَرِيـب وتَلافَيْـت نَفسَـك وتُبْـتَ إلى الله مِـن عَظِيـم مـا اجْتَرَمْـت، كان ذلـك أَقْـربُ إلى نَجاتِـك يَـوم تُفْـرَد في حُفرَتِـك ويُسَـلِّمُك ذَوو نُصْرَتِـك. فقَـد سَـمِعتَ كَـما سَـمِعنا ورَأَيـت كَـما رأَينـا، فلَـمْ يردَعْـك ذلـك عَـمّا أَنْـت مُتَشَـبِّث بِـه مِـن هـذا الأَمْـر الَّـذي لا عُـذرَ لَـك في تَقلّـدِه ولا حَـظَّ لِلدّيـن ولا المُسلِمِين في قِيامِـك بـه. فـالله الله في نَفسِـك، فقَـد أَعْـذَر مَـن أَنـذَر، ولا تَكُـن كَمَـن أَدْبَـر واسـتكبَر)[2].

ثُـمَّ خَطَـب المقـداد الكِنـدي بَعـد انْتِهـاء سَـلمان مِـن خِطابِـه، وقـال (يَـا أَبَـا بَكْـر، إِرْبَـعْ على ظَلْعِـكَ وَقِـسْ شِـبْرَكَ بِفِـتْرِكَ وَالْـزَمْ بَيْتَـكَ وَابْـكِ على خَطِيئَتِـكَ وَارْدُدْ هَـذَا الأَمْـرَ إلـى مَـنْ هُـوَ أَحَـقُّ بِـهِ مِنْـكَ. فَـلاَ تَغْـتَرِرْ بِدُنْيَـاكَ وَلاَ تُغْـرِرْكَ قُرَيْـشٌ وَغَيْرُهَـا. فَعَـمَّا قَلِيـلٍ تَضْمَحِـلُّ عَنْـكَ دُنْيَـاكَ وَتَصِـيرُ إلـى آخِرَتِـك، وَقَـدْ عَلِمْـتَ أَنَّ

1 – المصدر السابق –99/1 104.

2 – المصدر السّابق –99/1 104.

عَلِيًّا صَاحِبُ هَذَا الأَمْرِ، فَأَعْطِهِ مَا جَعَلَهُ اللهُ وَرَسُولُهُ لَهُ، فَإِنَّ ذَلِكَ خَيْرٌ لَكَ فِي دُنْيَاكَ، وَأَسْلَمُ لَكَ فِي آخِرَتِكَ)[1].

ثُمَّ جاء مِن بَعدِ المقداد بُرَيدَة الأَسْلَمِيّ فخَطَبَ وقال (يَا أَبَا بَكْر، أَنَسِيتَ أَمْ تَنَاسَيْتَ؟! أَمَا عَلِمْتَ أَنَّ النَّبِيّ صَلَّى اللهُ عليهِ وَآلِهِ وَسَلَّمَ أَمَرَنَا أَنْ نُسَلِّمَ على عَلِيٍّ بِإِمْرَةِ المُؤْمِنِينَ فِي حَيَاتِهِ، فَسَلَّمْنَا عليهِ وَأَنْتَ مَعَنَا وَالنَّبِيُّ يَتَهَلَّلُ وَجْهُهُ فَرَحًا لِمَا يَدْرِي مِنْ طَاعَةِ أُمَّتِهِ لِابْنِ عَمِّهِ. فَلَوْ عَمِلْتُمْ بَعْدَ وَفَاتِهِ لَكَانَ خَيْرًا لَكُمْ فِي دُنْيَاكُمْ وَآخِرَتِكُمْ. وَقَدْ سَمِعْتَ مَا سَمِعْنَا وَرَأَيْتَ مَا رَأَيْنَا).

ثُمّ عَقَّبَ عَمَّار بْنَ يَاسِر بِقولِه (يَا مَعْشَرَ قُرَيْش، قَدْ عَلِمْتُمْ أَنَّ أَهْلَ بَيْتِ نَبِيِّكُمْ أَقْرَبُ بِرَسُولِ الله صَلَّى اللهُ عليهِ وَآلِهِ وَسَلَّمَ قَرَابَةً مِنْكُمْ. فَرُدُّوا هَذَا الأَمْر إِلَى مَنْ هُوَ أَحَقُّ بِهِ مِنْكُمْ، وَلاَ تَرْتَدُّوا على أَدْبَارِكُمْ فَتَنْقَلِبُوا خَاسِرِين)[2].

ثُمَّ اسْتَدركَ قَيسُ بن سَعْد بْن عُبَادة المَوقِف وقال لِأَبِي بَكر (يَا أَبَا بَكْر، اتَّقِ اللهَ وَانْظُرْ مَا تَقَدَّمَ لِعَلِيٍّ مِنْ رَسُولِ اللهِ صَلَّى اللهُ عليهِ وَآلِهِ وَسَلَّمَ. وَارْدُدْ هَذَا الأَمْر إِلَى مَنْ هُوَ أَحَقُّ بِهِ مِنْكَ. وَلاَ تَكُنْ أَوَّلَ مَنْ عَصَى مُحَمَّدًا صَلَّى اللهُ عليهِ وَآلِهِ وَسَلَّمَ فِي أَهْلِ بَيْتِهِ. وَارْدُدْ هَذَا الأَمْرَ إِلَيهِمْ تَخِفّ ذُنُوبُكَ وَتَقِلّ أَوْزَارُكَ، وَتَلْقَى مُحَمَّدًا صَلَّى اللهُ عليهِ وَآلِهِ وَسَلَّمَ وَهُوَ رَاضٍ عَنْكَ أَحَبُّ إِلَيَّ مِنْ أَنْ تَلْقَاهُ وَهُوَ عليكَ سَاخِطٌ)[3].

ثُمَّ جاءَ خُزَيْمَة بنَ ثَابِت ذِي الشَّهَادَتَين، وقال (مَعَاشِرَ النَّاسِ، أَلَسْتُمْ تَعْلَمُونَ أَنَّ النَّبِيَّ صَلَّى اللهُ عليهِ وَآلِهِ وَسَلَّمَ قَبِلَ شَهَادَتِي وَحْدِي وَلَمْ تَزِدْ مَعِي غَيْرِي؟! قَالُوا «بَلَى، فَاشْهَدْ بِمَا تَشْهَد». قَالَ: أَشْهَدُ على رَسُولِ الله أَنَّهُ قَالَ «أَهْلُ بَيْتِي كَالنُّجُومِ فَقَدِّمُوهُمْ، فَإِنَّكُمْ إِنْ قَدَّمْتُمُوهُم سَلَكُوا بِكُمْ طَرِيقَ الهُدَي،

1 - المصدر السّابق -99/ 1 104.
2 - المصدر السّابق -99/ 1 104.
3 - المصدر السّابق -99/ 1 104.

وَإِنْ تَقَدَّمْتُمُوهُـمْ سَـلَكْتُمْ طَرِيـقَ الضَّلاَلَـةِ. ثُـمَّ سَـمِعْتُهُ صَـلَّى الله عَلِيـهِ وآلـه يَقُـولُ: عَـلِيٌّ فِيكُـمْ كَسَـفِينَةِ نُـوحٍ مَـنْ رَكِبَهَـا نَجَـا وَمَـنْ تَخَلَّـفَ عَنْهَـا غَـرِقَ. وَعَـلِيٌّ فِيكُـمْ كَهَـارُونَ فِي بَنِـي إِسْرَائِيـلَ خَلَّفْتُـهُ عليكُـمْ كَـمَا خَلَّفَـهُ مُوسَـى علـى قَوْمِـهِ ومَضَى إِلَـى مُنَاجَـاةِ رَبِّـهِ).

ثُـمَّ خَطَـبَ أُبَيّ بـن كَعْـب، وقـال (مَعَـاشِرَ النَّـاسِ، إِنِّي لأَعِظُكُـمْ بِـمَا كَثِـيرًا مَـا وَعَظَكُـمْ بِـهِ رَسُـولُ الله صَـلَّى اللهُ عليـهِ وَآلِـهِ وَسَـلَّمَ وَلاَ تَسْـمَعُونَ مِنِّـي إِلاَّ أَكْـبَرَ مَـا سَـمِعْتُمْ مِـنْ نَبِيِّكُـمْ. اشْـهَدُوا علـى أَنِّي أَشْـهَدُ علـى رَسُـولِ الله صَـلَّى اللهُ عليـهِ وَآلِـهِ وَسَـلَّمَ أَنِّي رَأَيْتُـهُ وَهُـوَ وَاقِـفٌ فِي هَـذَا المَكَانِ وَكَـفُّ عَـلِيٍّ فِي كَفِّـهِ وَهُـوَ يَقُـولُ «هَـذَا إِمَامُكُـمْ مِـنْ بَعْـدِي وَخَلِيفَتِـي فِيكُـمْ فَقَدِّمُـوهُ وَلاَ تُقَدَّمُـوهُ، وَاسْـمَعُوا لَـهُ وَأَطِيعُـوا. فَإِنَّكُـمْ إِنْ أَطَعْتُمُـوهُ دَخَلْتُـمُ الجَنَّـةَ، وَإِنْ عَصَيْتُمُـوهُ دَخَلْتُـمُ النَّـارَ)[1].

ثُـمَّ جـاءَ مِـن بَعـدِ ابـن كَعـب سُـهَيلُ بـن حُنيـف الأَنْصـارِي وقـال (يَـا مَعَـاشِرَ النَّـاس، سَـمِعْتُ رَسُـولَ الله صَـلَّى اللهُ عليـهِ وَآلِـهِ وَسَـلَّمَ يَقُـولُ «عَـلِيٌّ إِمَامُكُـمْ مِـنْ بَعْـدِي وَخَلِيفَتِـي فِيكُـمْ، بِذَلِـكَ أَوْصَـانِي جَبْرَئِيـلُ عَـنْ رَبِّي، أَلاَ إِنَّ عليًّـا هُـوَ الذَّائِـدُ عَـنْ حَـوْضِي يَـوْمَ القِيَامَـةِ، وَهُـوَ قَسِـيمُ النَّـارِ وَالجَنَّـةِ، يُدْخِـلُ الجَنَّـةَ مَـنْ أَحَبَّـهُ وَتَـوَلاَّهُ، وَيُدْخِـلُ النَّـارَ مَـنْ أَبْغَضَـهُ وَقَـلاَهُ)[2].

ثُـمَّ جـاء أَبُـو الهَيْثَـم بـنُ التَّيهـان وقـال (يَـا مَعَـاشِرَ النَّـاس، اشْـهَدُوا علـى أَنِّي أَشْـهَدُ علـى رَسُـول الله صَـلَّى اللهُ عليـهِ وَآلِـهِ وَسَـلَّمَ أَنِّي سَـمِعْتُهُ يَقُـولُ «مَـنْ كُنْـتُ مَـوْلاَهُ فَعَـلِيٌّ مَـوْلاَهُ.. مَعَـاشِرَ النَّـاس. إِنَّ عَلِيًّـا فِيكُـمْ كَالسَّـماء السَّـابِعَةِ فِي السَّـماوَاتِ، وَعَلِيًّـا فِيكُـمْ كَالشَّـمْسِ فِي الفَلَـكِ بِهَـا تَهْتَـدِي النُّجُـومُ، وَعَلِيًّـا إِمَامُكُـمْ وَخَلِيفَتِـي فِيكُـمْ.. بِذَلِـكَ أَوْصَـانِي جَبْرَئِيـلُ عليـهِ السَّـلاَمُ عَـنْ رَبِّي، وَأَخَـذَ اللهُ مِيثَاقَـهُ علـى أَهْـلِ السَّـماوَاتِ وَالأَرَضِـينَ مِـنَ الجِـنِّ وَالإِنْـسِ وَالمَلاَئِكَـةِ. فَمَـنْ أَقَـرَّ بِـهِ وَآمَـنَ بِـهِ كَانَ

---

1 - المصدر السّابق -99/1 104.

2 - المصدر السّابق -99/1 104.

مُؤْمِنًا وَهُوَ فِي الجَنَّةِ يَوْمَ القِيَامَةِ، وَمَنْ أَنْكَرَهُ وَجَحَدَهُ كَانَ كَافِرًا وَهُوَ فِي النَّارِ يَوْمَ القِيَامَةِ)[1].

ثُمَّ جاءَ أَبُو أَيُّوب الأَنْصارِي وَقالَ (يا مَعاشِرَ النَّاس، أَقُولُ: اتَّقُوا اللهَ فِي أَهْلِ بَيْتِ نَبِيِّكُمْ فَلا تَظْلِمُوهُمْ فَقَدْ سَمِعْتُمْ مَا أَعَدَّ اللهُ لِلظَّالِمِينَ، فَإِنَّهُ كَما قالَ [إِنَّآ أَعْتَدْنَا لِلظَّالِمِينَ نَارًا أَحَاطَ بِهِم سُرَادِقُهَا]. وقالَ: [إِنَّ الَّذِينَ يَأْكُلُونَ أَمْوَالَ الْيَتَامَى ظُلْمًا إِنَّمَا يَأْكُلُونَ فِي بُطُونِهِمْ نَارًا وَسَيَصْلَوْنَ سَعِيرًا][2].

فهَلْ مَضَت أَيامُ أَهل المَدِينة في إِثْر هذا اللِّقاء العاصِف مِن الاحتِجاج في حيرَةٍ مِن أَمْرها وجَرَت الأُمُور في المُهاجِرين والأَنْصار على غير هُدى وكأَنّ شيئًا لم يَكُن؟!

لم يَستَجب أَحَدٌ مِن صَحابَة المَدِينة ولا مكّة لِأَهْلِ الاحْتِجاج والاعتِراضِ في المَسجِد ولم يُبدِ ما يُشير إِلى عَزْمِه على صَرف النَّظر عن بَيعةِ أَبي بَكر أَو رَفْضها، والنَّاس أَعَلمُ بِأَنَّ الحَقَّ مع عَلِيٍّ أَمير المؤمنين صَلواتُ الله وسَلامُه عليه يَدُور معه حيث دار، وهو أَحَقُّ أَنْ يُتَّبع، وإِنَّما هم بالَغوا فنَقضوا بَيعَةَ الغَدِير الَّتي بايَعوا مِن قَبْل وتَمَسَّكوا بِهذا المَوقِف لَيس خَوف (الفِتْنَة) المُحتمَلَة المُفتَعَلَة المَكذُوبَة وهُم أَعرفُ بِمَن اختَلَقها وافْتَعلها، وإِنَّما هِي ثَقافةُ الجاهِلِيَّة الَّتي ما زالَتْ قابِعةً في الأَذهان.

فتَدخَّل عُمَر يَسنِده الخُلفاءُ مِن الأُمَوِيِّين بِزَعامَة عُثمان بن عَفَّان، وقاد فِرَق المُسَلَّحِين المُنتَشِرة في أَحْياء المَدِينَة بِنَفسِه، وجاءَه (خالِدُ بن الوَلِيد ومَعه أَلفُ رَجُلٍ، وسَالِم مَولَى أَبِي حُذَيفَة ومَعه أَلفُ رَجُل، ومعاذُ بْنَ جَبَل ومَعه أَلفُ رَجُلٍ. فما زال يَجتَمِع إِليهم رَجُلٌ رَجُلٌ حتَّى اجْتَمعَ أَربعَةُ آلافِ رَجُلٍ)[3].

---

1 - المصدر السّابق -99/1 104.

2 - المصدر السّابق -99/1 104.

3 - المصدر السّابق -99/1 104.

وبِهذا الاستِعراض السَّافر لِلقُوّة على طُرق المَدينة انْعَطف عُمَر إلى المحتَجِّين على بَيعةِ أَبي بَكر في اليوم التَّالي منذرًا ومُحذرًا يَتوعَّدهم ويُخوِّفهم ويُهَدّدهم، وقال فِيما قال لَهُم (والله يا أَصْحابَ عَليٍّ، لِئن ذَهَب مِنْكُم رَجُلٌ يَتكَلّم بِالَّذي تَكَلّم بالأَمْس لَنَأخُذَنّ الَّذي فِيه عَيناه.

فقام إِليه خالِد بن سَعِيد بن العاص وقال (يا بْنَ صَهَّاك الحَبَشِيّة، أَبِأَسيافِكُم تُهدِّدُونَنا أَمْ بِجَمعُكم تُفزِعُونَنا؟! والله إِنَّ أَسْيافَنا أَحَدُّ مِن أَسيافِكُم، وأَنَّا لَأَكثر مِنكم وإِنْ كُنّا قَلِيلين، لِأَنَّ حُجَّةَ الله فِينا. والله لولا أَنّي أَعْلَمُ أَنَّ طاعَةَ الله ورَسُوله وطَاعَةَ إِمامِي أَوْلَى بِي لَشَهَرتُ سَيفي وجاهَدتكم في الله إِلى أَنْ أَبلِي عُذرِي. فقام عَلِيٌّ أَمِير المؤمنين صَلواتُ الله وسَلامُه عليه وقال له: أُجْلس يا خالِد فقد عَرف اللهُ لك مَقامَكَ وشَكر لَك سَعْيك)[1].

وهُنا يَرِد خَطأٌ منهَجِيٌّ أَوقَع بِالكَثِير مِن أَهْلِ الأُصُول القَدِيمة والمُدَوَّنات المُعاصِرة ـ أَو يَشاء ذلك ويَصْطَنِع ـ كُلَّما اجتَهد في تَحدِيد أَوَّل ظُهورٍ لِـ(التَّشَيُّع) أو أَوَّل ظُهورٍ لِـ(اتِّجاه أَهْلِ العامَّة)، فإِنَّه يُشِير إِلى أَنَّ انقِسامَ المُجتَمع في الجَزِيرة العَربِيَّة بين أَقليَّةٍ ضَئيلَةٍ مُعارِضَةٍ لِفَلتَة أَبِي بَكر وأَغْلَبِيَّة ساحِقَة مُؤيِّدة لِبَيعَتِه يُمَثِّلُ دَلِيلًا دامِغًا على نَفيِ وُجُود (التَّشَيُّع) فَضلًا عن ظُهورِه بِما هُو هُو إِلى جانِب الرَّسُول صَلَّى الله عليه وآله وفي مَرحَلةِ حَياتِه. وأَنَّ الحَوادِث المؤسِفَة الَّتي رَصَدَها المُسلِمون في المدينة قُبَيل مَقتَل الرَّسُول صَلَّى الله عليه وآله لم يَتوهَّم أَحدٌ مِن المُدَوِّنين المُعاصِرين ويُصدّق بِوقُوع مِثلِها أَو يَتنَبَّأ أَحدٌ مِنهم بِإِمكان صُدورِها عن طَبَقةِ الصَّحابة (المَعصُومِين) ويُصدّق، ومِن بَين هذه الحَوادث:

ـ تَخلُّفُ عَددٍ مِن الصَّحابَة (الكِبار) وفِيهم أَبو بَكر وعُمَر عن جَيشِ أُسامَة

1 - المصدر السّابق -99/1 104.

وقد كرَّر النَّبيُّ صَلَّى الله عليه وآله لَعنَهُ في مَرَّات ثَلاث مَن تَخلَّفَ عن أُسامَة ولم يَكترِث أَحدٌ مِنهم لِما يُصيبه جراء اللَّعْن على لِسانِ نَبيِّه.

ـ وتَدَخُّل عُمَر لِمَنْع تَدوين النَّبيّ صَلَّى الله عليه وآله لِلكِتاب المُنقِذ مِن الضَّلال في حَضرة ثَلاثين مِن الصَّحابة الشُّهود، ولم يَعترِض أَحدٌ مِنهم على مَوقِف عُمَر إلّا بَعض النّسوة حيث نَهرهُنّ عُمَر واستَخَفَّهم.

ـ ماجَريات السَّقِيفَة الَّتي انْفَرَدَ فيها كُلُّ طَرفٍ مِن طَرفَيّ الخِلاف بِحصَّتِه في منصب الإِمْرَة والرِّئاسة والسُّلطان، والتَّناوش بينهم بِالكَذِب المُتعمّد على النَّبيّ صَلَّى الله عليه وآله فَنَسبوا ظلمًا وجورًا صدُور الرِّواية المانِعَة مِن استِلام غَير القُرَشِي لِلخَلافَة في مَقام النِّزاع عَليها بَين المُهاجِرين والأنصار، وما أَسْفرَ عن ذلك مِن بَيعةٍ بِفلْتَة (وقَى اللهُ المُسلِمين شَرَّها).

ـ والظُّهور المُفاجِئ لِلتَّحالُف بَين أَقطاب الصَّحِيفَة والأُمَويِّين، وانْتِشار مُسلَّحِيهما في المَدِينة تَتقدَّمهم قَبِيلةُ (أَسْلَم) حتَّى غَصَّت بِهم أَحياؤها.

إنَّ هذه الحَوادِث الخَطِيرة كُلّها دَفَعت بِعامَّة المُسلِمين إِلى السُّكوت على نَقضِ الصَّحابَة لِبَيعَة يوم الغَدير، ثُمّ إِلى الاستِجابَة الفَوريّة لِبَيعةِ أَبِي بَكر خَلِيفَةً بِذَريعة خَوف وُقوعِ (الفِتْنَة) الَّتي أُشِيعَت مَلامِحُها في أَوساطِ أَهْل المدينة أَو احتَملُوها بِما شاهَدوه مِن مَظاهِر مُسَلَّحة. كما دَفَعَت هذه الحَوادِث بِـ(شِيعة عَلِيّ) إِلى التَّمَسّك بِبَيعة الغَدِير، وهُو الاتِّجاه الَّذي استُنزِفَ وُجودَه بِما أَقدَم عليه أَقطاب (صَحِيفة مَكَّة الثَّانِيَة) مِن تَأسِيس لِـ(اتِّجاه أَهْلِ العامَّة) الّذي استَقرّ بِه الأَمر على مُهِمَّة صِيانة عَهد (الخِلافة) وتَعزِيز سِيادَة أَبِي بَكر أَمام نُظرائه الطَّامِعِين في الإِمْرة والسّلطان!

وقد نَفى أَهلُ هذا الخَطأ المَنهَجي مِن المُدوِّنين المُعاصِرين ما ذَهب إِليه التَحلِيل التَّأرِيخي مِن صُدورِ وَصِيَّةٍ عن الرَّسُول صَلَّى الله عليه وآله بِنَصٍّ جَلِيٍّ

في إمامَـةِ عَـلِيٍّ أَمِـير المؤمنـين صَلـواتُ الله وسَـلامُه عَليـه مِـن بَعـدِه. كـما نَفـوا وُجـودَ أَيِّ تَكتُّـلٍ مُنفـرِدٍ بـين عَـددٍ مِـن الصَّحابـة أَو وُجُـودِ أَيِّ تعاقُـدٍ فِئـويٍّ بـين خَمسـةٍ مِنهـم عـلى صَحِيفَـةٍ قَضَـت بِوُجـوب التَّدخُّـل عـلى وَجْـه السُّرعـة لِتَقرِيـر مُسـتَقبل الخِلافَـة والاستِعداد لِمَرحَلَـة مـا بَعـد رَحِيـل النَّبـيّ صَلَّى الله عليـه وآلـه والعَمَـل على نَقـضِ بَيعَـةِ الغَديـر وإقصـاء عَـلِيٍّ أَمِـير المؤمنـين صَلـواتُ الله وسَـلامُه عليـه عـن مَقامِـه خشـية وُقـوع الفِتْنَـة!

في واقِـع الأَمْـر وفي ظاهِـره، تَنافَـرت مَواقِـف الصَّحابَـة، وامتَنَعـت القِلّـةُ مِنهُـم عـن بَيعـةِ أَبِي بَكـر، وتَوالَـت عَمليّـات الإغتِيـال لِلبَعـضِ مِـن الصَّحابـة عـلى أَيـدِي آخَريـن ولَم يُسـتَثنَ أَبـا بَكـر مِنْهُـم. ثُـمّ اشْـتَدّ النِّـزاع البـارِد بَـين الصَّحابـة وتَوسَّـع حتّـى اسـتَحال إِلى صِراعٍ مَريـر أَشـعَل حُروبًـا داخلِيَّـة، مِـن بَينِهـا الجَمـل وصِفِّـين والنَّهروان، وسُـفِكَت دِمـاءُ الآلاف مِـن الصَّحابَة المُسـلِمين بِسـيوف المُسـلِمين، وتَكاثـرَت المَذاهِبُ والفِـرَق فيهـم بِوَصفِهـا رَدّة فِعْـلٍ مُضـادّة لِبَيعـةِ السَّـقِيفَة، وتَفاقمـت مَشـاهِد الحَـرب البـارِدَة بـين الصَّحابـة ثُـمَّ الحَـرب المُبـاشِرَة بَينهـم، وانْـبرى كُلُّ صَحـابِيٍّ يَدَّعِـي تَمثِيلَـه لِلإسـلام الحَقِيقِـي ويَنفِيـهِ عـن غَـيرِه مِـن الصَّحابَـة الآخَريـن، ويُشَـكِّل لِنَفسِـهِ مَذهبًـا مُختَلِفًـا ويَسـتَقطب النَّـاس مِـن حَولـه ويُنفِّرهـم مِـن المَذاهـب الأُخـرى.

اسـتَبعَدَت بَعـضُ الأُصُـول والمُدوَّنـات المُتخصِّصَـة في الشَّـأن التَّأريخي أَنْ يكـون لِوقائـع نَقْـضِ بَيعـةِ الغَديـر وتَنصِيـب أَبِي بَكـر خَليفَـة دَورٌ رَئيـسٌ في ظُهـور المَذاهِـب وانْشِـقاقِها وتَفرُّعِهـا إِلى فِـرق مُتبايِنَـة عَقدِيًّـا ومختَلِفـة فقهِيًّـا. ثُـمَّ كَثُـرَت التَّكهُّنـات حـول تَدخُّـلِ الـدُّول المُتَعاقِبَـة لِتَأسِـيس المَذاهِـب والفِـرَق وتَقريـر مَصِيرهـا أَو لِاحتِـواء بَعضهـا في إِطـار اللُّعبَـةِ السِّـيادِيّة ونَصـب العَـداوة لِأُخـرى أَو تَحرِيـض بَعضِهـا عـلى البَعـض الآخَـر، أَو التَّحالُـف مـع بَعضِهـا لِدَعْـم حَركَـة الانْشِـقاق في أَوسـاطِ غيرهـا، أَو لِتَحصِيـل شَرعِيَّـة اغْتِيـال بَعـض أَئمَّـة ووُعّـاظ المَذاهِـب والفِـرَق مِـن أَئمَّـة ووُعّـاظ البَعـض الآخَـر.

واختُلِفَ في تَقرِير مَدى قُربِ هذه المَذاهِب والفِرق مِن الدِّين (الوَسَط) أو بُعدِها عن العَقِيدةِ والشَّريعَةِ البَديلَين اللَّذَين أرْسَى قواعدَهما (مَذْهَب الرَّأي) الَّذي عُدّ أوّل مَذْهَبٍ رَسْمِي نَشأ في الإسْلام مِن بَعد رَحِيل النَّبِيّ صَلَّى الله عليه وآله ومِن تأسِيس أبي بَكر أوَّل الخُلفاء، وَسَار على خُطاه عُمَر، ورَكِبَ ظَهرَه عُثمان وحَلَب مِن ضَرعِهِ أكثَرُ مِن (110) خَليفَة وحاكِم جاؤا مِن بَعدِه!

الأرَاذِل والأذِلّاء على قِمَّةِ التَّصْنِيفِ الاجْتِماعِي

لَيْس مِن شَكٍّ في أنَّ تَيّارًا مِن المُدوِّنِين والمُحقِّقين والدّارِسِين اجتَهد بِأقصى ما يَختزن مِن طاقة فتحَرَّى بها الدِّقّة لِلوُصُول إلى ما هو أقربُ إلى الحقائق التَّأريخيّة الواقِعَة في سِيرة الإسْلام وسَردِيَّتِه العَقَدِيّة. وكان غرضُه مِن ذلك أنْ يَحقّ الحقّ ويَكْشِف الحَقِيقَة بِما هِي هِي وبِمُنتهى المَوضُوعِيَّة ويَعمل بها ويَتجرّد بِأمانَةٍ عِلميّةٍ تَسمو على نفوذ الانْتِماءات المَذهَبِيّة ومُؤثّراتها الاجْتِماعيّة مِن حوله، وأنْ يَتعاطى مع كُلِّ مَصادِر المَعرِفَة وما ضَمَّته مِن مَورُوثٍ ثَقافيّ مُعالِج لِلواقِع الاجتِماعي على حَدٍّ سَواء، مِن غَير أنْ يكون مُتحيِّزًا لِفِئةٍ أو مَتحَرِّفًا لِقتال.

إنَّ الأذهانَ المَحكُومَة بِالعَصبِيَّات القَبلِيَّة والعشائريّة والقَومِيّة والعَلمانِيّة (الوَطَنِيّة) أو المأسُورة منها لِهوى الإمْرَة تحت وَقع حَوافِر التَّمييز الاجتِماعي والفَصل الطّائِفي، وتِلك الأذهان الأُخرى المكتظّة بِهوى الحِزبِيّة الضَّيِّقة والفِئويّة الحادَّة، وتِلك الأنفُسِ المُنفَلِتة بِأهواء الأنانِيّة الذّاتِيّة - لا يَخلو مِنها مُجتَمعٌ مُثقّف وإنْ كان مُتفاعِلا مَع العُلوم الحَدِيثة المُستجِدّة ويَتبَنّى بعضًا مِن الفَلسَفات الحَيوِيّة القَديمَة منها والمُعاصِرة.

إنّها أذهانٌ يحكُمها المَيلُ لِهَوى الذّات بِما يَنتَهي بها إلى استِخلاص نَتائج البَحث والدِّراسة مِن مُقدِّمات عَصَبِيّة مُعلَّبة جاهِزَة ومُوجَّهة عن سابِق إصْرارٍ

وتَرَصّد على أثَر هَوى الأوَّلِين.. أذهانٌ تَستخْلص مِن المُقدّمات المَوضُوعَة بِقُوّة النُّفوذ السِّياسي والمال الحَرام ما يُزوّر الحقائق ويُغيِّب الوَقائع ويَشطُب الفَضائح ويُلَفِّق الفَضائل والمناقِب في مَن يَشاء ويَختار.

مِن هُنا اعْترَى الكَثِيرَ مِن الأُصُول والمُدوَّنات القَدِيمة فَضلًا عن البُحوثِ التّأريخيّة والدِّراسات الحديثة المُعالجة لِلنَّص القُرآني ولِلسُّنّة والسِيرَةِ آثارٌ جمَّة مِن أعمال التَّزوير والوَضع والتَّلفِيق والافْتِراء والتَّشطِيب، فقالَ قائلٌ بِأَنَّ عصيانَ الصَّحابة لِأَمْر النَّبي صَلَّى الله عليه وآله في الوَلاية ونَقضَهم لِبَيعةِ الغَدِير وإقصاءَهم لِعَلِيٍّ أمِير المؤمنين صَلواتُ الله وسَلامه عليه عن مَرتَبَتِهِ ومَقامِه إنّما جاء لِدَرء مخاطر (فِتنَةٍ) مُحتملَةٍ أو وَشِيكَةٍ لم يَأخْذها الرَّسُول صَلَّى الله عليه وآله بِعَين الاعتِبار في موقف يَوم الغَدِير إذْ هو صَلَّى الله عليه وآله مَعصُومٌ عِند تَلَقِّي وَحْي النُّبوّة فحَسْب!

وفي ذلك أَسْرف غيرُها مِن المُدوَّنات والبُحوثِ والدِّراسات في خَرْقِ أمانَةِ البَحث العِلْمِي بَشكلٍ سافِرٍ وجاء مُسفِّهًا لِمَبدأ (البَحثِ عن الحَقِّ والحَقِيقَة)، فزَوَّر ودَلَّس واختَلَق ولَفَّق وافتَرى وشَطَب بِغَير حِساب وعلى ذات المنوال المُتَّبَع لدى الصَّحابة المُنافِقين في عَهدِ الرَّسُول صَلَّى الله عليه وآله.

إنَّ التَّفاوُت في المَنزِلَةِ الاجتماعِيَّة ومَقام النَّسَب في ثَقافَة القَبائل العَربِيَّة، وشيوعَ ظاهِرَتي الأنانيّة والتَّعويض الحادّ المُضادّ في المراتب والمقامات، وغَلبَةَ حال الشُّعور غير السَّويّ بِعُقدَةِ النَّقص وحال الشُّعور بِالغُبن، وغَلبَةَ هَوى الرِّئاسَة والإمْرَة بِإزاء التَّحوُّلات اليَومِيّة في ثَقافة المُسلِمين - كُلُّها ساهَمت إلى حَدٍّ كبيرٍ في ما لا يُتَصوّر وُقوعه في كبراء الصَّحابَة، ومِنه الآتي:

- تعزيزُ إرادة العَودة إلى الجاهلِيّة بِثَوبٍ دِينيّ مُختلِف يَحفظ لِأَذَلِّ أذِلّاء الجاهلِيّة وأَرْذَلِ أراذِلها مَقامًا رَفِيعًا ومَنزِلَةً شَرِيفَة لَنْ يَتحصّل عليهما فِيما لو عادوا إلى

الجاهِلِيَّـةِ الخالِصَـةِ فَـور مَقتَـل النَّبِـيِّ صَـلَّى الله عليـه وآلـه. ويُصَـوِّرُ الإمـامُ عَـلِيٌّ أَمِـير المؤمنـين صَلـواتُ الله وسَـلامُه عليـه هـذه الحـال بَقولِـه (ولـو لا أَنَّ قريشًـا جعلـت اسـمَه ذَرِيعـةً إلى الرِّياسـة وسِـلَّمًا إلى العِزِّ والإِمْـرَة لمـا عَبَـدتْ اللهَ بعـد مَوتِـه يومًـا واحـدًا، ولا رتَـدَّتْ في حافِرَتِهـا، وعـادَ قارِحُهـا جذعًـا، وبازِلُهـا بكـرًا)[1].

ـ وتَأكِيـدُ العَـزم عـلى رُكـوب الانْحِـراف السِّـياسي بِاسـتِصدار مَفهـوم (الخِلافَـة) في قبـال مَفهُـوم (الإمامـة) وإمـرَة عَـلِيٍّ أَمِـير المُؤمنـين صَلـواتُ الله وسَـلامُه عليـه الَّتـي نُـودِيَ بهـا في عَهـدِ النَّبِـيِّ صَـلَّى الله عليـه وآلـه، والـشُّروعِ في تأَسِـيس (مَذْهَـب الـرَّأي) في قِبـال العَمَـل بِـ(الثَّقلَـين) وإِنْشـاء (اتِّجـاه أَهْـل العامَّـة) في قِبـال (شِـيعَة عَـلِيٍّ).

ـ والانْحـدارُ بالأُمَّـةِ عـن المَسـارِ الصَّحِيـح ونَسـقِهِ اللَّذيـن رَسَـمَهما النَّبِـيُّ صَـلَّى الله عليـه وآلـه مُنـذ يَـوم البِعثـة وأَمَـرَ بِالـدَّواة والقَلَـم لِتَدوِيـن خارِطَـة مُسـتقبلهما في الكِتـاب المُنقـذ مِـن الضَّـلال قَبيـل رَحِيلـه في شُـهودٍ مُؤلَّـفٍ مِـن ثَلاثِـين صَحابِيًّـا.

ـ وصَرْفُ عُقـول العامَّـة مِـن المُسـلِمين عـن الفِكـرة في تَتَبُّـع تَفاصِيـل الانْقِـلاب عـن الأَعْقـاب الَّـذي أَنْبـأ بِوُقوعِـهِ الثَّقـلان، واشْـغالُ فِكرِهِـم فِيـما يُعـزِّز مِـن سِـيادة الخَليفَـة الجَدِيـد ومـن انْتمائِهـم إلى نَسَـقِه، وذَلِـك عـبر الـزَّجّ بِهـم في أَتُّـون هُمـومٍ بَدِيلَةٍ حيـث أَتَـت حَرْبَـا (الـرِّدّة) و(الفُتُـوح) عـلى رَأس قائمـة هـذه الهُمـوم.

لقـد تَشَـكّل المَخْبُـوء الاجْتِماعِـي المُشَـكِّك في وَحيانِيّـة الرِّسـالَة والدِّيـن وتَبلـور ثُـمّ فُضِـحَ عندمـا بَـرَزَ الخِـلافُ الظَّاهِـر والفاصِـل بَـين أَقلِّيَّـةٍ تَتَشـيَّع لِعَـلِيٍّ أَمِـير المؤمنـين صَلـواتُ الله وسَـلامُه عليـه وتَنطـوِي عـلى نَـصٍ جَلِيٍّ في ولايَتِـه ـ وأَكثَرِيَّـةٍ مِـن أَهْـل العامَّـة بِقِيـادَة رَهْـطٍ مُؤلَّـفٍ مِـن خَمْسَـةِ أَقطـاب جَعَلَـت مِـن (اتِّجـاه أَهْـل العامَّـة) الطَّـرف الوَحِيـد المُـدرك لِمَصلَحـة الدِّيـن والحَريـص الوَحِيـد عـلى انْتِخـاب المَوقِـف

1 - شَرح النَّهج، ابن أبي الحديد 298/ 20.

الصَّحِيح المَطلوب إِزاء ما قد يَعصِف بِوَحدة المُسلِمِين مِن (فِتنٍ) مُحتَمَلة، ثُمَّ وُصِفَ الآخَرُ بِالمُرْتَدِّ أو المُخالِف الَّذي شَقّ عَصا الطَّاعة أو المُتمرِّد على الجَماعة والخارج عليها!

لم يَكُن ما بَين الأَقَلِيَّة مِن (شِيعَة عَلِيّ) والأَغلَبِيّة مِن العامَّة مِن خُصُومَةٍ بارزةٍ في هَيئةِ تَنافرٍ سِياسِيٍّ أو فَرزٍ ظاهرٍ معلومٍ في النَّاس بَين (الأَصحاب) الأَبْرار مِن المُسلِمِين و(الصَّحابَة) مِن المُنافِقِين على الرَّغم مِن وُجودِ حَدٍّ نَظرِيٍّ أَخْلاقِيٍّ فاصِلٍ ظاهِرٍ بَين الصَّحابة كافَّة بِمِعيار التَّقوى وشُيوع ظاهِرَة الفِرار مِن مَيادِين الحَرب.

وعندما تَفَشَّت ظاهِرةُ نُشوء المَذاهِب وتَفرَّعَت وتكاثَرت الفِرق المنشَقَّة عنها على قاعِدَةٍ مِن الحُكْم بِـ(مَذْهَب الرَّأي) وبإزاء تَشَكّل (اتِّجاه أَهْل العامّة) المُوالي لِلخَلِيفة - إِنَّما لِكَون الصَّحابَة كُلّهم أَصْبَحوا يَطلُبون لِأَنفسهم الحقَّ في التَّمَتّع بِمَقام الرِّئاسة والإِمْرة على أَساسٍ مِن التَّفاضُل القَبلِي والعَصَبِيّة الجاهِلِيّة إِذْ انْتَفى مَفهُوم (الوَلايَة) المَحْدُود على مَن استَخلَصَه اللهُ عَزَّ وَجَلّ لِنَفسه ودِينه وذلك مِن بَعد وقوع الانْقِلاب على الأَعْقاب وتَصدِير مَفهُوم (الخِلافَة).

فَصارَ مَن لا نَسَب له ولا حَسَب ولا شَرَف ولا إِيمان ولا عِلم يَتصَدّر مَوقِف المُنقِذ مِن (فِتنَةٍ) مُحتَمَلةٍ أَشاعَ مَلامِحَها بِنَفسه ومَهَّد لها الأَمْر، ولم يَكُن منقذًا مِن (ضَلالٍ) مُؤكَّدٍ سيَعقبُ رَحِيل الرَّسُول صَلَّى الله عليه وآله إِنْ لم يُعْمَل بوَصِيَّتِه الَّتي أَوْصَى.

انشَطَرَت القاعِدةُ الاجتماعِيّة في البِلاد، وتَعدَّدت الأَقطابُ وكَثُرت مَحاور قُوى التَّوازن والتَّرجِيح وتَشَعَّبت الاتِّجاهات، وانْتَشَرَت الاصْطلاحات وعُبِثَ بِأَذهان النَّاس على هَوى (اتِّجاه أَهْل العامّة) في صِيغٍ مِن الاجتِهادات اللَّفظِيّة تَستَبطِن مَعاني مُزوَّرة لا عَدْل فيها مِن حيث التَّفاضُل والتَّمايز والأَصالَة.

فخُصَّت المذاهِبُ الَّتي نَشأت مُستقِلَّةً عن (الدَّولَة) وعن حَليفِها العَقدِي الدَّائم (اتِّجاه أَهْل العامّة) بِاسْم أَو بِوَصف (الفِرْقَة)، وحُرِمَت مِن مُسَمَّى (المَذْهَب) إِلَّا أَنْ تكونَ حائزةً على رِضا المُتحالِفين. وعندما خَصَّ الحَليفان (التَّشَيُّعَ) بِوَصْف (المَذْهَب) فلَيس عَدلًا منهما وإِنصافًا وحُبًّا ومَودَّة في التَّشيّع اتَّبعوه، وإِنَّما لِلانْتِقاص مِن شَأن التَّشَيُّع ولإِقْصائه عن مَرتَبَتِه الَّتي جَعلها النَّبِيُّ مُحَمَّد صَلَّى الله عليه وآله له ومَيَّزه بها في المسلمين.

فَالتَّشَيُّع لم يَكُن مَذهبًا ولَيد ذاتِهِ ولا فِرْقَةً مُنشقَّة عن مَذْهَبٍ سابِقٍ لِوُجودِهِ إِذْ تَنَزَّل (اتِّجاهُ أَهْل العامّة) بِه إِلى مُستَوى ما عِندَ الخَليفَة مِن قائمة في المَذاهِب جاء على رَاسِها (مَذْهَبُ الرَّأي) الرَّسْمِي الَّذي أَسَّسَه، وإِنَّما لِما كان عليه (التَّشَيُّع) مِن أَصالَةٍ وسِيرةٍ مُشَرِّفةٍ لا يَستَطِيع أَحدٌ من الصَّحابة في الظَّرف الرَّاهِن أَنْ يُنفيها، ولِما تَميّز به (التَّشَيُّع) مِن حُضُورٍ رَئيس ظاهِرٍ مُؤَثِّرٍ في عَهد الرَّسُول صَلَّى الله عليه وآله حيث خَلَت هذه المَرحَلة مِن الاجْتِهاد بِالرَّأي ولم تَنشأ المَذاهِبُ بَعْد.

لَيس (التَّشَيُّع) في نَفسِهِ مَذهبًا، وإِنَّما هُو ذات الدِّين القَويم والمَلأ الأَعلى والصِّراط المُستَقِيم، وأَنَّ النَّبِيّ مُحَمَّد صَلَّى الله عليه وآله هو راعِيه ورَئِيسُه، وأَنَّ أَهلَه هُم أُولئك النَّفر المُتمَسِّك بِالثَّقلَين، وأَنَّ وُجودَه مُستقِرٌّ في فِئةٍ مِن الأَصْحاب الأَبْرار الَّذين اشتُهِروا بِـ(شِيعَة عَلِيّ) وأَقاموا مَعه الدِّين في السِّلم والحَرب، وأَنَّ تَميّزَه في المُسلِمين كان ظاهِرًا بِاتِّباعه أَثر عَلِيٍّ أَمير المؤمنين صَلواتُ الله وسَلامُه عليه، وأَنّه الباقِي المُذَكّر بِسِيرة الصِّراع البَارِد مع أُولئك الصَّحابة المُنافِقِين المُتآلفِين على صَحِيفَة عَهدٍ بَينهم، وأَنّه المُحذِّر مِن عاقِبَة ما أَقدَم عليه هؤلاء الصَّحابَة مِن عَملٍ قضى بِاغتِيال الرَّسُول صَلَّى الله عليه وآله وتَحريض المُسلِمين على نَقض بَيعة الغَدِير الَّتي بايَعوا وعلى حَصْر الوَلايَة مِن بَعدِ مَقتَل نَبِيِّهم صَلَّى الله عليه وآله في المُنقلِبين على الأَعْقاب.

ولَم تكـن فِئـةُ الصَّحابَـة المنافِقِـين بِـإزاء حضـور التَّشَـيّع في عَهـد الرَّسُـول صَـلَّى الله عليـه وآلـه إلَّا اتِّجاهًـا عامًّـا مَغمُـورًا يَتَعاطـى الرِّوايـة لِيَشْـطُب نَصَّهـا عنـد النَّقـل أَو يَكتِمهـا أَو يُزَوّرهـا أَو يَجتَهِـد في جَمـعِ المُـدَوّن مِنهـا لإِحراقِـه ويُحـرِّض الـرُّواة المُسـتأكِلِين الوَضَّاعِـين عـلى الافْـتِراء في صُدورِهـا.

لقـد التزمَـت العَلاقـةُ العضوِيّـة بـين خَليفـةِ (الدَّولـة) و(اتِّجـاه أَهْـل العامّـة) بِإجـراء تَصنيـفٍ خـاصٍّ لِلمَذاهِـب والفِـرق حتَّـى يَكـونَ بِمَقدُورِهمـا احتِـكار الحـقّ السِّـيادِي في التَّمْيِـيز بـين مَفهومَـي (المَذْهَـبِ) و(الفِرْقَـة)، واستِصدار صَـكٍّ بِمَشروعِيّـة عَمـلِ المَذاهِـب والفِـرق أَو فَسـاد المَشروعِيّـة، والانْفِـراد بِحَـقّ تَقنِـين دَورِهِمـا عـلى طِبـقِ مَعايِـير التَّزكِيَـة الرَّسـمِيّة المُختـارَة سَـلفًا، والحـدّ مِـن نشـوء عـددٍ إِضـافِيٍّ منافِـس أَو مُناهِـض مِنهـما. فنَسَـبَتْ العَلاقَـةُ الرَّسـمِيّة هـذه عَـددًا مِـن المَذاهِـب المُسْـتَقِلّة زُورًا وكَذِبًـا إِلى التَّشَـيُّع ونَفَـت عنهـا صِفَـة المَذْهَـب وأَطلَقـت عليهـا مُسَـمَّى (الفِرَقـة) بِروايَـة مَوضُوعـة مِنهـا أَو حِكايَـة مُختلَقـة أَو مُلَفّقـة، مِثلَـما حَصَـل لِـ(الجَـبر) و(التَّفويـض) و(الإِرجـاء) و(الاعتِـزال) أَو مـا وَقَـع لِلمارِقِـين والنَّاكِثِـين والقاسِـطِين أَو مـا حَـدَث لِلكيسـانِيّة والإِسْـماعيلِيّة والزَّيدِيَّـة إِذْ أَنَّ أَئمَّتَهـا صَنّفـوا أَنفسَـهم مَذاهِـب مُسـتقِلَّة في وَاقِـع الأَمْـر ولم تكـن تَختَلِـف عـن (مَذْهَـب الـرَّأي) الَّـذي أَسَّسَـه أَبُـو بَكـر في شَيء، ورُبَّـما تَميَـزّت عليـه عَقِيـدةً وشَرِيعَـةً أَو فِكـرًا وعَمـلًا، ولكِـنَّ بَعضَهـا صُنِّـفَ ظلـمًا وجورًا مِـن قِبَـل تَحالُـف الدَّولـة وأَئمَّـة ووُعَّـاظ ورُواة (اتِّجـاه أَهْـل العامَّـة) في قائمـة (الفِـرَق) المُنشـقَّة عـن التَّشَـيُّع، أَو امتَنَـع هـذا التَّحالُـف عـن تَصنِيـفِ بَعـض هـذه المَذاهِـب إِلى فِـرَقٍ مُنشـقَّة عـن (مَذْهَـب الـرَّاي) وجَعلَهـا مَذاهِـب مُسـتَقِلّة فاقِـدَة لِشَرعِيّـة وُجُودِهـا.

لقـد انكَشَـفَ لِأُمَّـة مُحَمَّـد صَـلَّى الله عليـه وآلـه فيـما مَـضى مِـن عُمُـر الدِّين وسِـيرتِه أَنَّ لِلبُعـد السِّـياسِي وتَدابِـيره المُؤسَّسَـة عـلى حـالٍ مِـن عُقـدة الشُّـعور بِالنَّقـص في النَّسَـب والحَسَـب أَثـرًا خطـيرًا في تَحدِيـد مَصـير العَلاقَـة بَـين (التَّشَـيُّع) بِوَصْفِهِ

اتِّجاهًا أَصِيلًا مُستقلًا مُتمسِّكًا بِالثَّقلَين و(مَذْهَبِ الرَّأي) الشَّائع في (اتِّجاه أَهْلِ العامَّة) بِصَرف النَّظر عن فَلسَفة مَنشأ كُلٍّ مِنْهما والدَّوافع مِن ظُهورِهما وتَطوّر جانِبهما الاجتِماعِي والسِّياسِي والمُؤسَّسي.

إنَّ التَّمايُز الحاصِل بَين مَفهوم (الخِلافَة) الطَّارئ الجَديد ذِي المَصادِيق النَّاشِئة عن (فِتنَةٍ) مُحتمَلَةٍ لا حَقِيقَة وُجُودِيَّة لها ومَفهومِ (الإِمامَة) ذِي البُعد الوَحيَانِي الأَصِيل ومَصادِيقِهِ المُبلَّغ عنها في النَّاس والمَفرُوضة عليهم بِبَيعةٍ سَبَقَت واقِعَة مَقتَل النَّبيّ صَلَّى الله عليه وآله ـ قد انْقَلَب إلى تَبايُن بَين هُوِيَّتين عَقَدِيَّتَين لِوُجودَين تَأريخيَّين سُرعان ما تَدخَّلَت أَوَّلُ دَولةٍ في المُسلِمِين ثُمّ الدُّوَل الأُخرى المُتعاقِبَة لِلاعْتِراف بِه واعتِمادِه سِياسِيًّا واستِثمارِه واستِغلالِه وتَشكِيلِه في هَيئة صِراع بارِدٍ مُزمِنٍ بين مُجتَمَعين عِملاقَين لا مجال لإخمادِهِ إلَّا باستِصدار قَانونٍ رَسمِيّ أَو ضِمْنيّ تَتَرتَّب عليه عُقوبات خاصَّة تُشرِّعها (الدَّولةُ) نَفسُها وتَسهر على تَنفِيذِها بِوَصْفِها صادِرَة عن مَركز السِّيادَة الأَعْلى لِلخَليفة أَو لِلحاكِم ذِي السُّلطة المُطلَقة الَّذي لا مَناص لِلشِّيعة مِن أَهْل (الإِمامَة) و(اتِّجاه أَهْل العامَّة/ الخِلافَة) مِن بَيعتِهِ ومُوالاتِه والخُضوعِ له!

وبِهذه الأَعْمال الصّارِفَة عن الحَقّ والحَقِيقَة عِلْمِيًّا وعَمَلِيًّا صُودِر مقامُ (التَّشيُّع) بِوَصفِه دِين الإِسْلام الأَصِيل، وانْتُقِص مِن مَقامِهِ وجُعِل (مَذْهَبٌ) بِإزاء مَذاهِبِ (اتِّجاه أَهْل العامَّة)، في حِين أَنَّ المَذاهِب الَّتي استَظلّت بِإطار (اتِّجاه أَهْل العامَّة) كلّها تُعَدّ فِرقًا مِن فِرَق (مَذْهَب الرَّأي) المؤسَّس مِن قِبَل أَبِي بَكر الجاعِل مِنه المَذْهَب الرَّسْمِيّ لِعَهد الخِلافَةِ وسَرَى بِشَكلٍ صورِيّ في عَهد الحُكّام الـ(110) مِن بَعدِ هلاك أَبي بَكر بِاستِثناء عَهْدَي عَلِيٍّ أَمير المؤمنين وابنِهِ الإِمام الحَسَن صَلواتُ الله وسَلامُه عليهما اللَّذَين عَطّلا الأَخذ بِـ(مَذْهَب الرَّأي) والعَمَل به.

وعلى أَساسٍ مِن هذا التَّحوّل المَصِيري في السِّيرة، دارَت رَحَى السِّياسَةُ

المعـاصِرَة لِـدُول (اتِّجـاه أَهْـل العامَّـة) بِأَشـكالِها المُتلوِّنـة لِتُكـرِّس مَفهـوم التَّـوازن المُشَـكِّك بـين الوُجُودَيـن (التَّشَـيُّع) و(اتِّجـاه أَهْـلِ العامَّـة) بِـما:

ـ يَخـدِم سِـيادة الخَلِيفَة/ الحاكِـم والوَظيفـة الرَّسـمِيَّة لِلدِّيـن الشَّـكْلي في الدَّولـة الخـاوِي مِـن اللُّبـاب والمُنـزوع مِـن الحَـقِّ في تَقريـر المَصِـير سِياسـيًّا واجتماعيًّـا واقتصادِيًّـا.

ـ يُـؤدِي في نِهايـة المَطـاف إِلى مُشـاركة الاتِّجاهـين في تَقلِيد الحاكم تاج السُّـلطة وتَسـلِيمِهِ مَقالِيـد السِّـيادة وإِطـلاق يَدَيـهِ في الاجْتِهـاد عـلى هـواه بِـ(مَذْهَـبِ الـرَّأي) لِمُكافَحـة قُوى النِّـدّ والمعارَضـة، فمَـنْ أَبَـى أَحدُهمـا ذَلِـك أَو شَـقَّ عـصى الطّاعَـة سَـلّط عَليـه الآخَـر وكان مَصِـيرُه العُزلَـة والانْكِفـاء ورُبَّـما التَّـلاشي والفَنـاء عـلى حَسـب مـا فِيـه مِـن قابِلِيّة.

اسـتَقرَّ هـذا الشَّـكلُ مِـن دَولـة (الخِلافَـة) عـلى قاعِـدةٍ مِـن الدِّيـن المَحكـوم المُقَيّـد بِأَصفـاد الـضَّرورات السِّياسِـيّة ومُقتضَيـات السِّـيادَة.. وعـلى أَصـلٍ مُسـتَلٍّ مِـن الصَّحِيفَتَـين: (صَحِيفـة مَكَّـة الأُولَى) الَّتـي تَعاقَـد عَليهـا مُشرِكُـو قُرَيـش في جَـوفِ الكَعبـة لِلقَضـاء عَلى دِيـن مُحمَّـد صَـلَّى الله عليـه وآلـه و(صَحِيفَـة مَكّـة الثَّانِيَـة) الَّتي تَعاقَـد عليهـا الصَّحابَـةُ الأقطـاب الخَمسَـة لِنَقـض بَيعَـةِ الغَدِيـر وإِقْصـاء عَـلِيٍّ أَمِـير المؤمنـين صَلَـوات الله وسَـلامُه عليـه عـن وَلايَـة المُسـلِمين؛ وُضِعَـت قَواعِـد (مَذْهَب الـرَّأي) بَعـد الفَـراغ مِـن مُهِمّـة اغْتِيـال رَسُـول الله صَـلَّى الله عليـه وآلـه.

وعَـلى مبادِئ كُلٍّ مِـن الصَّحِيفَتَـين صِيغَـت أُصُـول الـدُّول المُتعاقِبَـة بِدَعـمٍ وتأيِيـدٍ ومُشـاركةٍ رَئيسـةٍ مِـن (اتِّجـاه أَهـل العامَّـة) وغيـابِ كُلٍّ مِـن (شِـيعة عَـلِيّ) الَّذيـن رَفَضـوا البَيعـة لِغَـير (آل مُحمَّـد صَلـواتُ الله وسَـلامُه عليهـم) وانْتَظـروا قِيـام دَولَتِهـم، وصَـبروا عـلى ذلـك لِمَـا تَمَيَّـزوا بِـه مِـن قابِلِيّـةٍ عَظِيمـةٍ في الصَّـبر المَحمُـود واشْـتُهِروا بهـا في التَّأريـخ الإِسْـلامي.

وعَـلى طَرِيقَـة الاسـتِئناس بإِجمـاع (الأُمَّـة) المُدَّعـى والمُنتَـزع مِـن عيـادةِ رَهْـطٍ مِـن

الصَّحابـةِ لِمَريـضٍ مُزمِّـل في السَّـقِيفة شُرِّعـت سِيادةُ الـدُّول الهِرَقْلِيّـة المُسـتَبِدّة. ثُـمَّ تَنازعـت مَرجِعيَّـاتُ المَذاهِـب والفِـرَق فيـما بَينهـا وتَزاحمـت عـلى أَعتـاب القُصـور لِعَقـد البَيعـة لِسـيادَةِ الخَليفة/ الحاكِـم وإِعْـلان الـوَلاء المُطلـق لَـه والرِّضـا بِحَقّـه المُنفـرِد في الإِفتـاء بِـ(مَذْهَـبِ الـرَّأي) وذلـك حِفظًـا لِلوُجُـود وصِيانَـةً لإرادة البَقـاء حيـث لا تمَتَلِـك هـذه المَذاهِـب والفِـرَق القَابِلِيّـة لِلبَقـاء في خـارِج دائـرة الدَّولـة.

لا نَجانِـب الحَقِيقَـة حـين نُشِـير إلى أَنَّ (اتِّجـاه أَهْـلِ العامَّـة) بِمَذاهِبـه وفِرَقِـه قـد سَـجّل تَفَوّقًـا عـلى سـائر المَذاهِـب والفِـرَق بِالـتَّراضِي السِّـياسِي مـع حُـكّام الـدُّول، واحَتَـلّ بـه مَقعـد الحَلِيـف الدَّائـم المُشـارِك في مُـراد إِقصـاء (التَّشَـيُّع) عـن دَوائـر التَّأثِير في الدَّولَـةِ ونِظامِهـا الاجتِماعِـي والتَّربَـوي أَو الحَـرب السَّـافِرة عليـه.

ومُنـذ عُقِـدَت تِلـك الشَّراكـة أُقْـصِي الشِّـيعةُ عـن حَقَّـي المُشـاركة العادِلـة في إِدارة الشُّـئون العامَّـة وتَقريـر المَصـير، وأُجْـبِروا عـلى الانْدِمـاج في (مَذْهَـب الـرَّأي) الرَّسـمِي لِلدَّولـة ومـا تَفـرّع عنـه مِـن فِـرَق. وانْتَهـى المَطـاف بِـ(اتِّجاه أَهْـلِ العَامَّـة) وسـائر مَذاهِبِـهِ وفِرَقِـهِ إلى المُلازمَـة السِياسِـيَّة العُضويّـة ووَحـدَةِ المَصـير بَينهـا وحُـكّام الـدُّول المُتعاقِبِـين عـلى رأسِ السُّـلطة في بِـلاد المُسلِمين وجُعِـل محـلُّ التَّشَـيُّع محَـلَّ المَرمَـى لِأَدوات حَربهِـما المُشـتَركَة سِياسـيًا واجْتِماعيًـا واقتِصادِيًـا والمَيـدان لِفَـكِّ خِلافاتهِـما وحَسـمِ مـا تَنازعـا عليـه.

فـإِنْ طَـرأت بعـضُ حـالات التَّنافـر المؤقَّـت بَـين أَحـدٍ مِـن أَئمَّـة المَذاهِـب والخَلِيفَة/ الحاكِـم فـلا يَخِـلّ ذلـك بِأَصْـل هـذه المُلازمَـة وخَلفِيّتهـا التَّأرِيخيَّـة، مـع وُجُـوب الالتِفـات إلى أَمْرَيـن:

ـ أَنَّ أئمَّـة المَذاهِـب أَو الفِـرق يَمتـازُون في النَّـاس بِوَصْفِهـم محُدِّثِـين وحُفّـاظ رِوايَـة ولا يَتمتَّعـون بِـأَيِّ نَمَـطٍ مِـن الوَلايَـة عـلى النَّـاس. فالوَلايَـة المُطلَقـة خاصَّـة لِسـيادَةِ الخَلِيفَة/ الحاكِـم.

ـ وأَنَّ الخَليفَةَ/ الحاكِم يُمَثِّلُ رأسَ الدِّين إِذْ يَختَصّ بِبَيعة النَّاس له مِن دُونِ أَئمَّة المَذاهِب والفِرَق وإنْ كان الخَليفة/ الحاكم في النَّاس مِن الطُّلَقاء أو كان فاسِقًا شارِبًا لِلخَمر أو مُتَهتِّكًا قاتِلًا لِلنَّفسِ المُحترمة أو وارِثًا لِلحُكم مِن أَبِيه أو أَخِيه بِقُوّة السَّيف. فإنْ امتنع أَحدُ الرَّعايا عن البَيعة لِلخَلِيفَة/ الحاكم سُجِّلَ مُنقطِعًا عن الدِّين وخارِجًا عليه فأُبِيحَ دَمُه وعَرضُه ومَالُه، ولا يَخرج إِمامُ المَذْهَبِ أَو الفِرقَة عن كَونِه مِن رَعِيَّة دَولة الخَلِيفة/ الحاكِم وخاضِعًا لِسِيادَتِه في كُلِّ الأَحْوال، ولا مِن تَميّز لَه أَو صِفَة أَو خاصَّة عن سائر الرَّعايا إِلَّا بِما خَصَّهُ الخَلِيفَة/ الحاكِم.

أَصبَح مِن اللَّافِت أَنَّ الإِخْبارَ عن فَشل الدَّولَةِ بِعامِل فَسادِها وانْحِدارِ قِيمها وانْهِيار خَلِيفَتِها الحاكِم بِما طَغى وفَسَق واستَبدّ وبَغى، وأَنَّ الإِخبارَ عن قِيامِ دَولةٍ أُخْرى على أَنْقاضِ هذه الدَّولة الفاشِلَة وعلى ذاتِ السِّيرة والنَّهْج والسُّنَّة ـ إِنَّما هو إِخْبارٌ عن انْهِيارٍ فاضِحٍ لِلمَذهَب الرَّسْمِيّ المُقرَّب أَو الحَلِيف المُشَرِّع لِقيام هذه الدَّولة ودوام بَقائها إِذْ هو يُمثِّل دورَ الدّاعِم الرَّئيس لاستِبدادِ خَلِيفتها الحاكِم وطُغيانِه، ومِن المُفتئِتين على فَسادِه وفُسْقِه وتَهتّكِه.

فلَم يَتبقّ مِن عَشَرات المَذاهِب والفِرَق المُتفرِّعَة عن (مَذْهَبِ الرَّأي) المَنسُوبَة لِـ(اتِّجاه أَهْلِ العَامَّة) مُنذ عَهد أَبِي بَكر إِلَّا القَّلِيل منها حيث ذَهَب رِيحُها وتَلاشَى وُجودُها السِّياسِي، وراحَ الحقُّ المُبِين والحَقِيقَةُ ينخُران فِي هَيكَل ما تَبقَّي مِنها ويُبدِّدان ما بَقِي مِن مَورُوثِها الثَّقافي في النَّاس!

في الفَترةِ الزَّمَنِيَّة الواقِعَة ما بين مَرحَلَة انتِهاء حُكم الأُمَويِّين (132هـ) ومَرحَلةِ انتِهاء الدَّولَةِ العبَّاسِيَّة (656هـ)؛ جَرَت الأُمُور على غير مُراد (اتِّجاه أَهْل العامَّة) إِذْ افتُضِحت فَعْلَةُ (صحِيفَةِ مكَّة الثَّانِيَة) الَّتي فَعَلَت وما بُنِي عَليها مِن أَحْكام خاصَّةٍ بِـ(مَذْهب الرَّأي)، وما قُرِّر بها مِن هُوِيَّةٍ عقدِيَّةٍ ونِظامٍ سِياسِيٍّ رَسْمِيٍّ، وما نُفِّذ بها مِن إِقْصاءٍ وتَصفِيَةٍ جَسدِيّة ومَعنويَّة طالَت

الأئمَّـة مِـن أَهْـل البَيـت صَلـواتُ الله وسَـلامُه عَلِيهـم وأَتباعِهـم مِـن (شِـيعَة عَـلِيّ).

فَقـد أَخَـذَ التَّشـيُّع طَرِيقَـه سَـهْلًا في السِّـعَةِ والانتِشـار، وأَثْبَـت التَّحقِيـقُ في مَورُوثِـه التَّأريخـي المُتـداول بَـين أَيـدِي المُسـلِمين سَـلامةَ نُشـوئه وصِحَـةَ مُحتـوى أُصُولِـهِ ومُدوَّناتِـه واسـتِقامةَ مَسـيرَتِهِ عـلى الرَّغـم مِـن عُزلَتِـهِ السِّياسِـيَّة وتَـوالي الخُطـوب واشـتِداد الكُـروب ومـا هُـمّ بِـه مِـن هُمُـوم ومـا أُرِيَـد بِـه مِـن عَظِيـم مُنـذ عَهـد أَبِي بَكـر.

فَطَفِقَـت بعـضُ مَذاهِـب وفِـرق (اتِّجـاه أَهْـل العامّـة) تَنسِـب نَفسَـها إلى (التَّشَـيُّع) مِـن وَجْـه وتَتَعسّـف في ذلـك أَو تَفْخَـر بـما اقْتَبَسـت عـن أَئمَّتِـه صَلـواتُ الله وسَـلامُه عَليهـم مِـن مَروِيَّـات ومِـن قِيَـم أَخْلاقيَّـة ومِـن خُـبرات في الاسـتِقلال بِالهُوِيَّـة مِـن وَجْـه آخـر.

وذَهَـب البَعـضُ الآخـر مِـن المَذاهـبِ والفِـرَق في اتِّجـاهٍ مُعاكِـسٍ حيـث أَفْـرط في النَّصـب والعَـداوة والبَغضـاء والازْدِراء والكَراهِيّـة، فَنَفـى أَفضَلِيَّـة عَـلِيٍّ أَمِـير المؤمنين صَلـواتُ الله وسَـلامُه عليـه عـلى سـائر الخَلـقِ مِـن بَعـد النَّبِـيّ صَـلّى الله عليـه وآلـه، وجَعـلَ الأَفضَلِيّـةَ في الخُلفـاء الثَّلاثَـة (الرَّاشِـدين) حـصرًا عـلى التَّرتِيـب المَعلُـوم (أَبي بَكـر، عُمَـر، عُثـمان)، وأَخـرَجَ عَلِيًّـا مِـن قائمـة التَّفاضُـل وسـاواه مَـع النَّـاس جَميعًـا حيـث لا تَفاضُـل فِيـما بينهـما، وبالَـغ في هـذا الموقـف عِندمـا امتَنَـع أَنْ يَسْـنِد إلى عَـلِيٍّ أَمِـير المُؤمِنـين صَلـواتُ الله وسَـلامُه عليـه رِوايَـةً واحِـدةً يَروِيهـا عـن النَّبِـيّ صَـلّى الله عليـه وآلـه، فخَلَـت مُدوّنـاتُ هـذا (البَعـض) ومَجامِيعُـه مِـن اسـم عَـلِيٍّ صَلـواتُ الله وسَـلامُه عليـه ورَسْـمِهِ أَو بَغـى فنَفَـى صُـدور رِوايَـةٍ أَو خُطْبَـةٍ عنـه صَلـوات الله وسـلامه عليـه أَو تَمـادى فنَسَـب رِواياتِـهِ أَو خطبـه إلى أَحـدٍ مِـن الخُلفـاء الثَّلاثَـة!

وفي لحظَـةٍ مُفاجِئَـة لِحاشِـيَة قَـصرِهِ ودِيوانِـهِ يَجتَهـدُ بعـضُ الخُلفاء/ الحُـكّام في الاسـتِعانة الصّورِيّـة بِثَقافَـة التَّشَـيُّع فيُقَـرّر اسـتَدعاءَ أَحـدٍ مِـن أَئمَّـة أَهْـل البَيـت

صَلَواتُ اللهِ وسَلامُه عَليهِم إلى قصرِه بالإكراه ومِن دُون أَنْ يَستَشِير أحدًا مِن أَئمَّة المَذهَب الرَّسْمي المُعتَمد لديه في الدَّولة ومِن دون أَنْ يَكتَرِث لِمَشاعِر أئمَّة المَذاهِب والفِرَق الأُخْرى النَّاصِبِيَّة المُنضَوِيَة تَحت عباءة (اتِّجاه أَهْل العامَّة) ووَلايَة الخَليفة/ الحاكِم نَفسِه.

ويُعد مِثل هذا الاستِدعاء أَحد الإجراءات الضَّرُورِيَّة المُتَّبَعَة لدى الخَلِيفَة/ الحاكِم لِلتَّعبير عن سُلطته المُطلَقَة في وَضْع سِياسَة الدَّولة والانْفِراد بإصدار القَرار وتَعيين طَريقَة التَّنفِيذ، مِن غَير حاجَة منه لِمَشُورة أَحدٍ مِن الرَّعايا وإِنْ كانوا أَئمَّةً مِن أَئمَّةِ (اتِّجاه أَهْل العامَّة) المُقرَّبين المستَشارِين.

فإِنْ مُيِّز أَحدُ الرَّعايا في النَّاس بِوَصْفِهِ إِمامًا لِمَذهب أَو رَئيسا لِفِرْقَةٍ أَو زَعِيما لاِتِّجاهٍ اجْتِماعِيّ فَلا يُستَثني مِن واجِب عقد الوَلاء لِلخَلِيفة/ الحاكِم والبَيعَةِ لَه على مَلأ وإِثْبات حُسن الطَّاعة له. فَحَقُّ السِّيادة المُطلَقَة لِلخَلِيفَة/ الحاكم لِوَحدِه فحَسْب، ولَه حَقَّ التَّنصِيب وتَوزيع المقامات والرُّتَب أَو التَّنَزّل بها وانْتِزاعها، ولا مِن حاجَة ضَرورِيَّة له في اتِّباع أَساليب الابْتِزاز أَو مُمارَسة أَساليب المُفاضَلة بين أَئمَّةِ المَذاهِب والفِرق بِقَصدِ امْتِحان وَلائِهِم أَو إِخْضاعِهم لِطاعَتِه، وإِنَّما يَعتَمِد أُسلُوبَين مُجزِيَين فاعِلَين قاهِرَين مُفاجِئَين حِين:

- يَتنزَّل بِمَقام الذَّوات بِإكراهٍ منه كُلَّما تَضخَّمت قُوى أَئمَّة المَذاهِب والفرق واعتَلَت دَرجاتُ مَقامِتها في النَّاس وزاد فِيها الأَتْباع مِن دُون تَخويلٍ أَو إِجازةٍ صادِرَين عن إِحدى مُؤسَّسات الدَّولة أَو تَفويضٍ مُباشرٍ مِن خَليفَتها الحاكِم.

- يُرهِب بَعضَ الذَّوات ويَتوعَّدها بالقَتل أَو بِفَرض عُقوبَة السَّجن أَو الجَلد أَو العُزلَةِ أَو الانْكِفاء أَو الإِقامَة الجَبرِيَّة أَو النَّفي أَو الإكتفاء بِحَلِّ جَماعة الأَتْباع والطَّردِ عن دِيوان القَصر وحَجْب الأُعطِيات، وتَقرِيب المَذْهَب الآخر المُنافِس أَو المُغالِب وإِدخالِه القَصر أَو الدِّيوان واعتِمادِهِ مَذْهبًا رَسمِيًّا وبَديلًا في النَّاس.

انْقلابُ الدِّين إِلى سَلْطَنة

في القَرن الخامِس الهِجْري/ الثَّاني عَشر المِيلادِي استَردَّ (اتِّجاهُ أَهْلِ العامَّة) عافِيَتَه في غَمْرةٍ مِن حُروب الإِمْرة و(التَّاج) والفَصْل الاجتماعِي والطَّائفي والانْقِسام الجُغرافِي، وجُدِّد فيه (مَذْهَب الرَّأي) على أَيدي كلٍّ مِن التُّرك العُثمانِيِّين النَّازحِين مِن شِمال غَرب الصِّين والمَمالِيك والكُرد الأَيُّوبيِّين القادِمين مِن شِمال العِراق وسُوريا وبلاد فارِس (إِيران).

في هذا القَرن مِن الزَّمان فَقَدَ (اتِّجاهُ أَهْل العامَّة) إِمْرَتَه العَربِيَّة، وتَحول النِّظامُ في الدَّولة إلى حُكم عَسكرِيٍّ بَغِيضٍ عَضوض لا يَعرِف مِن العَقِيدة إِلَّا الإِله المُفارق المُنقَطِع عن أَهْل مَملكَتِه والمريض المُشارِف على الهَلاك.. الإِله الغرِيب الَّذي نَسِيَ دِينَه الَّذي خَلَق ولا يَعلم مِمّا أَصدَر مِن شَريعَةٍ إِلَّا القشور والبُثور ومِمّا خَلَّفَه (مَذْهَب الرَّأي) له مِن (مَذاهِب) وفِرَق ما زالت مُنضَوِيَّة تَحت لافِتَة (اتِّجاه أَهْل العامَّة) المَرِن الَّذي يَتكَيَّف في مُوالاتِه ويَتقلَّب على حَسب مُراد الخَلِيفَة/ الحاكم الغَالِب لا على حَسَب مُرادِ هذا الإِلَه الخالِق له.

ودُفِّع شِيعةُ الأناضُول وبِلاد الشَّام الثَّمن باهضًا إِذْ كُفِّروا بِفَتاوى مُفتِي السَّلاطِين العُثمانيين وأَوجَبوا إِبادتَهم. فقُتِل حَوالى (70 أَلفًا)[1] مِن شِيعة الأَناضُول لِوَحدِها. وفي الشَّام استَهدف العُثمانِيُّون المَدِينَة العِلمِيّة الشِّيعِيّة حَلب المَتميِّزة بِحوزَتِها العِلمِيَّة العَرِيقة والشَّهيرة فلَم يبقوا على أَحدٍ مِن الشِّيعة وقُتِّلوهم شَرّ قَتلَة. وفي جَبَل عامِل أَباد العُثمانِيُّون عُلماء الدِّين الشِّيعَة وأَحرَقوا حوزاتِهم ومَكتَباتِهم ومَساجِدِهم وحُسينِيَّاتِهم وهَدموا كُلَّ مَظهرٍ مِن مَظاهِر التَّشيّع ومَنعوا شَعائرَهُم.

وفي أَقليم العِراق ذِي الأَغلَبِيَّة الشِّيعِيَّة والحُضور العُلمائي النَّشط الَّذي قُدِّر

1 - أعيان الشِّيعة، محسن الأمين 30/ 1.

عـدَدُ عنـاصِره بِـ(2000) مَرجـعٍ وفَقيـهٍ مُجتهِـد وعـالِمِ دِيـن عـلى درجـةٍ عِلمِيَّـة مُتقدِّمـة ـ دَفَـع الشِّـيعَةُ ثَمَـنَ التَّحـول الطَّـارئ المُفاجِـئ في الهُوِيَّـة القَومِيَّـة لِـ(اتّجـاه أَهْـل العامَّـة) إذْ أَجمَـعَ الـوُلاةُ العُثمانِيُّـون في الأَقطـار عـلى ضَرُورة إثـارة مَخـاوف سَـلاطِينهم وتَحذيرِهـم مِـن ظاهـرة انْتِشـار التَّشَـيُّع في العَشـائر العِراقِيَّـة وفي أَنْحـاء مُختَلِفَـة مِـن العـراق والبِـلاد المُجاوِرَة. فَرَاجَـع السُّـلطان مُستَشـارِيه مِـن الوعَّـاظ الأَحْنَـاف، ثُـمَّ أَوعَـز إلى ولاتِـه في العـراق أَنْ يَتَّخـذوا الإِجـراء الـلَّازم لِمكافحـة الشِّـيعة بِوَصفِهـم (كُفَّـارًا)!

وفي عـام (1869م) أَصـدَر السُّـلطان العُثـماني قانُونًـا يُضـاف إلى قائمـة الأَحْـوال الشَّخصِيّة، يَحظُـر بِمُوجِبـه زواج الرَّعايـا العُثمانِيّيـن مِـن الشِّـيعَة العَلَوِيّيـن والفُـرس. وأَنْ مَـن يُخالِـف القانُـون مِـن الرِّجـال أَو النِّسَـاء فيَقـدِم عـلى الـزَّواج مِـن الشِّـيعة فَليـس لـه مِـن حَقِّـه التَّمتُّـع بِـأَيّ جِنسِـيَّة غـير العُثمانِيَّـة، وعـلى الأَولاد الامتِثـال لِقَانـون الخِدمـة العَسـكرِيَّة العُثمانِيّـة حـصرًا.

وفي عـام (1822م) حُـرِّم الـزَّواج مِـن الشِّـيعَة مُطلقًـا، وأُسِّسَـت في ذلـك مَعاهـد في العاصِمَـة العُثمانِيَّـة لاستِقدام فئـةِ الشَّـباب العِراقِيِّـين الشِّـيعة مِـن بَلدِهـم لِتَعلِيمهم أُصُـول الدِّيـن (السُّـنّي) مـع اشـتِراط تَحوُّلِهـم إلى (سُـنَّة) عـلى مَذهـب أَبي حَنِيفـة مقدّمـةً لِلانْخِـراط في الوَظائـفِ الرَّسـمِيَّة لِإقليـم العِـراق.

وعمـد العُثمانِيُّـون في مَرحَلـةٍ لاحِقَـة إلى الأَوضـاع الاجْتِماعيَّـة لِلشِّـيعة فتَتَبَّعـوا أَحوالهـم ثُـمّ قَـرّروا التَّضييـق عـلى مَعيشَـتِهم بِمُضاعَفـة الضَّرائـب. وشَـمل هـذا الإِجـراء عامَّـة الشِّـيعة العِراقِيِّـين في بـادئ الأَمـر، ثُـمّ فَـرَض العُثمانِيُّـون الضَّرائـب الباهِضـة عـلى المُـدن المُقدَّسَـة حَـصرًا وسَـلَّطوا عليهـا القَبائـل العِراقِيَّـة (السُّـنِّيّة) مِـن (بَنِـي سَـالِمٍ) و(الكُبيسَـات) وحَرّضُوهـم عـلى قَطـع طُـرق الـزُّوار ونَهبِهـم ومُصـادَرة بَضائـع التِّجـار الشِّـيعة وأَموالهـم.

وفي تَطوّرٍ لاحِقٍ لِهذا الإجراء وما خَلّف مِن فَصلٍ طَّائفي صارِمٍ عَمَّ البِلاد مِن أَقصاهَا إلى أقصاهَا؛ شَكَّلَ العُثمانِيُّون مِن القَبائل (السُّنِّيّة) حامِيةً عَسكَرِيَّةً وزَرَعُوها على أَطراف مَدِينة كَربلاء المُقدّسَة، وفَرَضوا على أَهالي كَربلاء دَفعَ رَواتِب الحامِيَة وتَموين جُنودها بِالمأكَلِ والمَشْرَب.

وفي خُطوةٍ شجاعة أَقدَم عليها الشِّيعة الكربلائيُّون؛ أَعربوا عن رَفضِهم لِلأَوامر العُثمانِيَّة، فرّد السّلطانُ العُثمانِي في العاصِمَة (اسْطَنبول) عليهم بِتَعيين الوَالي المُتَشدِّد (عَلِيّ باشا نَجيب باشَا اللّاز) الَّذي أَصدر على الفور أَوامِرَه العَسكريَة لِمُعالجة المَوقِف بِتَطويقٍ صارمٍ لِمدينة كَربلاء المقدَّسة على مَدى شَهرٍ كامِلٍ وبِقَطع المِياه والمُؤن عنها ثُمَّ قَرّر دَكّها بِنيرانِ قَذائف (20) مدفعًا مُستقدَمًا مِن العاصِمَة العُثمانِيّة.

وعندما دعا الأَهالي الشِّيعَة إلى التَّفاوض مع الوَالي (عَلِيّ باشا) مِن أَجل حِمايَة المُقدَّسات والضُّعفاء مِن النِّساء والأَطفال؛ رَفض الباشا ذلك ثُمَّ عاد فاشتَرطَ عليهم تَسليم عائلات القادَة الثَّوريِّين. فرَدَّ أَهالي كَربلاء بِإعلان الرَّفض المُطلَق لَطلَبِهِ واستَعدوا لِلقتال.

انْتَهت فَترةُ الحِصار في (23 يناير 1843م)، واقتَحم القائد العُثماني المَيداني (مُصطَفى باشا) كربلاء المقدَّسة فأَباحَها لِجُنودِه وراح يُقَتِّل أَهلَها بِكَراهِيَة وازدِراء. فاحتَمى مَن تَبقى مِن النِّساء والأَطفال بِضَريحَيّ الإمام الحُسَين وأَخيهِ العبَّاس صَلواتُ الله وسَلامُه عليهما، فدَنى الجُنودُ العُثمانِيّون مِن الصَّحْنَين الشَّريفَين واقتَحمُوهُما وقَتلوا جميع اللّائذِين بِهما حتَّى عُدَّ مَن قُتِل في هذه الواقعة بِـ(24) أَلفًا مِن الشِّيعَة دُفِنوا في مقابِر جَماعِيَّة، ونَهَبوا خزائن الأَضْرِحَة ودَمَّروا القِباب والمآذن. وَقد أُطلِق على هذه المَجْزَرَة اسْمَ (غَدِير دَم)[1]. وعلى

1 – انظر: صور مِن تأريخ العراق 307. موسوعة العتبات المقدّسة، قسم كربلاء 279. بُغيةُ النّبلاء في تأريخ كربلاء 45. صور من تأريخ العراق في العصور المظلمة 307. كربلاء في الإرشيف العثماني، دراسة وثائقية 1876/ 1840م ص 191.

أَثَـر هـذه المَجـزَرة تَفاقَمـت أَحـوالُ (الفَصْـل السِّـياسي الطَّائفـي) في مناطـق العِـراق كافَّـة وعَمَّـت بِـما اتَّخَذَهُ العُثمانيُّـون مِـن إِجـراء طائِفِـيٍّ صـارِم.

وعندمـا اسـتَقَلّ العِـراق عـن السَّـلطنة؛ سُـلِّمت السُّـلطة بيـدي حُـكّامٍ مِـن أَتْبـاع (اتِّجـاه أَهْـل العامَّـة) واسـتُثنِيَ الشِّـيعَة، فقَرَّبـوا أَتْباعَهـم وأَقصـوا الشِّـيعة عـن المُشـارَكَة في إدارة الشُّـئون السِّـيادِيَّة العامَّـة لِلدَّولـة، ومارَسـوا بِحَقِّهـم أَشـدّ أَسـاليب القَهـر والعـدوان والفَصْـل الطَّائفـي لِدَفعهـم نَحـو الشُّـعور بِالنَّقـص في دِينِهِـم وفي ذَواتِهِـم البَشَرِيّـةَ وشَـكَّكوا في قابِلِيَّتِهِـم لِلتَّوافـر عـلى الكَفـاءة اللَّازمـة لِقيـادة البِـلاد أَو إِدارة بعـض مُؤَسَّسِـاتها.

وفي المَرحلـة المُتَأخِّـرة مِـن تَأريـخ العِـراق اسـتَبَدّ حِـزبُ البَعـث بِطائِفِيَّتِـهِ فحَكَـمَ البِـلاد وضَيَّـق الدُّنيـا عـلى الشِّـيعَة، وأَكثـرَ مِـن أَعـمال القَمـع المفـرط العَنِيـف، واسـتَصدر أَشـدّ الأَحـكام القَضائيّـة جـورًا، منهـا إِصْـدارُ أَحـكام مُكثَّفـة بِالإِعـدام جـزاءً لِأَتْفَـه الأَسْـباب، والقَتـلُ تَحـت التَّعذِيـب في المُعسـكرات والسُّـجون، وإِسـقاطُ جِنسِـيَّة الأُلـوف مِـن الشِّـيعة وطردهـم مِـن البِـلاد.

وتَوالـت الأَعـمال الإرهابِيَّـة المُنظَّمـة في إِثْـر سُـقوط حُكْـم البَعـث لِتَشـمِلَ كُلّ مَناطـق الشِّـيعَة في العِـراق. وقـد أَسْرَج (اتِّجـاه أَهْـل العامَّـة) لِقَتـل الشِّـيعة في عَهـد حِـزب البَعْـث ومِـن بَعـدِه، وجَنَّـد (سُـنَّة) المَناطـق الشِّـمالِيَّة والغَربِيَّـة في البِـلاد لِتَنفيـذ أَعـمالٍ إِرهابِيَّـة عَنِيفـة مُتوحِّشَـة، وأَلجَـم النَّواصِـبُ مِـن أَتْبـاع هـذا الاتِّجـاه في كُلِّ البِـلاد الإسْـلامِيَّة وتَهيـأوا لِقَهـر الشِّـيعَة وحَرَّضـوا حُكامَهـم عـلى تَطبِيـق أَحْـكام (الفَصْـل الطَّائفـي) الصَّارِمَـة واتِّخـاذ الإِجْـراءات الأَمنِيَّـة التَّعسـفِيَّة بِحَقِّهـم.

لم يَـتردَّد العُثمانيُّـون الأَحْنـاف ولا الأَيُّوبِيُّـون الشَّـوافِع ولا الحَنابِلـة الجـدد في ارتِـكاب العديـد مِـن المَجـازر بِحَـقّ الشِّـيعَة وأَتْبـاع المَذاهِـب والفِـرَق الأُخْـرى

المَنسوبَة لِـ(التَّشَيُّع) في كلِّ مكان، وبالَغا في فَرض الحَظْر على سفر الشِّيعة بين المُدن ومَنعوهم مِن حقِّ إِحْياء الشَّعائر وشَرَّدوا بهم ونَكَّلوا، حتَّى كاد الوُجود الشِّيعِي في بَعض البلاد يَنْحَسِر، مِنها العِراق والشَّام وشِمال أَفْريقْيا والأَنْدَلس والحِجاز.

أَزْمَةُ التَّفرِيط في أَصالَة الحُرِّيَّة

استَقَلَّت البِلادُ عن الدَّولة العُثمانِيَّة وعاد (اتِّجاه أَهْلِ العامَّة) يُلَملِم قُواه مِن جَديد بِرعايَةٍ مِن دُولِ الاستِعمار، وسَعَى في تَشكِيل الأَغلَبِيَّة السَّاحِقَة. وكُلَّما انْشَقَّت أَنظِمَةُ الحُكم العَلمانِيَّة (الوَطَنِيّة) الصَّاعِدَة واقتَطعَت جُزءًا مِن بِلاد المُسلِمين وانفَرَدَت بِحُدوده اجتهد أَئمَّة ووُعَّاظ (اتِّجاه أَهْلِ العامَّة) في احتِكار تَمثِيل (الإِسْلام) والمَذاهِب والفِرق فيه، وأَمْسَى الشِّيعَةُ يَتشَكَّلون في أَقلِّيَّات مُضطهَدَةٍ في بلاد مُختلِفَة مِن قِبَل الأَكثرِيَّة مِن أَتْباع هذا الاتِّجاه أَو باتوا أَكثرِيَّةً مُضْطهَدَة مِن قِبَل أَقَلِّيَّة حاكِمَة مِنه، وكِلاهُما (الأَقلِّيّة) و(الأَكثَرِيَّة) مِن الشِّيعة يَبحث عن سُبلِ الأَمْن والاستِقرار في بِلادِهِ وعن صِيانة وُجودِه الثَّقافِي وبناء نِظامِه الاجتِماعِيّ مِن غَيرِ طَمَعٍ في سُلطانٍ ولا رَغْبَةٍ في إِمْرَةٍ ولا رِئاسَة.

وفي ذات الظُّروف الاجتِماعِيَّة والسِّياسِيَّة السَّلبِيَّة المعقَّدة هذه وما اكتَنفها مِن فَصلٍ طائفِيٍّ كَئيبٍ بَغيضٍ؛ انْدَفع الكَثِيرُ مِن المُسلِمين إِلى البَحث عن (الحَقّ والحَقِيقَة) في هُوِيَّة المَذاهِب والفِرَق الَّتي تُهيمِن على مُقدَّراتِه على الرَّغْم مِن تَوالِي أَعْمال الإرهاب وما أَسْفَر عنها مِن حَصَدٍ لافِتٍ لِأَرواح الشِّيعَة والتَّنكِيل بهم والتَّشْريد والتَّهجِير. فسَجَّلَ التَّحالُف الوَثِيق بين (اتِّجاه أَهْل العامَّة) وحُكومَات الدُّول (الوَطَنِيّة) و(العَلمانِيَّة) فَشَلًا ذَرِيعًا في القَضاء على الوُجُود الشِّيعِي والحَدّ مِن ظاهِرَة انْتِشارِه.. عِندئذٍ تَعالَت صَيحاتُ (التَّقرِيب) و(الوَحدِة) ووُجوب التَّعاون الثَّقافي بَين (الشِّيعَةِ) و(اتِّجاه أَهْلِ العامَّة) والمَذاهِب والفِرَق الأُخْرى المُصنّفة تَحتَ عنوانِهما ـ مِن مُنطَلَقٍ يَبدو مِن ظاهِرِه

دِينِيًّا مَسئولًا علـى قاعِـدَةٍ سِياسِـيَّةٍ خاضِعَـةٍ لِرِعايَـةِ عَـددٍ مِـن الـدُّول المنشَـقّة وتَحـت لِـواءٍ قَومِـيّ صِرف يَقـوده المُسـتَعمِر.

فاجْتـاز الاتِّجاهـان (الشِّـيعَة) و(أَهْـلُ العامَّـة) تَجرِبَتـين مَريرَتَـين لم يَسـفِر عَنهـما تَقرِيـبٌ ولا وَحْـدة، ثُـمّ اختُتِمـت التَّجرِبَـة الأَخِـيرَة في نِهايـة القَـرن المـاضي بِظُهـورِ إرهـابيٍّ مُفاجِـئٍ ومُنظَّـمٍ واسِـعٍ وضَخْـمٍ جِـدًّا اجْتـاح الشِّـمال الغَـربي لِلعِـراق وقـد عُـزِّز ظُهـورُه بِأَعْـمالٍ مُكثَّفَـةٍ مِـن التَّفجِـيرات الانْتِحاريَّـة المُتوالِيـة شَـمِلت المُـدن والقُـرى والأَحْيـاء المُكتَظَّـة بِالسّـكان الشِّـيعَة، كـما شَـمِلَت مَسـاجِدِ الشِّـيعة ومآتمهـم في مَناطِـق مُتفرّقـة مِـن دُول الخَليـج.

وقـد دَلَّـت التَّفاصِيـل المَيدانِيَّـة عـلى أَنَّ عَملِيَّـة الاجْتِيـاح هـذه اسـتَهدَفَت احتِـلال العاصِمَـة بَغـداد بِدَعْـم مِـن غِطـاءٍ سِـياسِيٍّ طائفِـيٍّ وتَمويـلٍ (دُولي/ إِسْـلامِي/ عَرَبِي)، ومِـن تَنفِيـذ مِئـات الأُلـوف مِـن أَبنـاء (اتِّجـاه أَهْـل العامَّـة) المُجنَّدِيـن المُسـتَقدَمِين مِـن بِـلاد المُسـلِمِين ومـن كُلّ بِـلاد العـالَم[1]، كَـما دَلَّـت عـلى تَراجُـع حِصّـة المَذاهِـب الأَربَعـة الرَّئيسـة المُنضوِيَـة تَحت مَظلّـة (اتِّجـاه أَهْـل العامَّـة) في الانْتِشـار وتَفـوّق حصَّـة الفِرْقَـة السَّـلَفِيَّة في (اتِّجاه أَهْـل العامَّـة) لِوَحدِهـا بِـما تَوافَـر لَديهـا مِـن أَمـوالٍ طائلَـة سَـخَّرتها دُول إِنْتـاج النَّفـط لِقَهـر الشِّـيعَة في العـالَم والحَـدّ مِـن مَدِّهـم الثَّقـافِي الرَّصِـين. فـراح ضَحِيّـةُ هـذه المَوجَـه ومـا رافقهـا مِـن عَمـل أَرْعَـن مُتَوحِّـش الأُلـوف مِـن الأَبريـاء الشِّـيعَة الآمِنـين في بِلادِهِـم ومَسـاكِنِهم وأَسْـواقِهم وأَحْيائهِـم والمُتعَبِّديـن في مَسـاجِدِهم ومآتمِهـم.

لَيـس مِـن شَـكٍ في أَنَّ شـطرًا سِياسِـيًّا مِـن (اتِّجـاه أَهْـل العامَّـة) اسـتَغَلَّ مُبـادرات (التَّقرِيـب) و(الوَحْـدَة) واختَـرَق تَجارِبَهـا بَسـلبِيَّةٍ حـادَّةٍ، فأَصْـدَر في بـادِئ الأَمْـرِ مجموعـةً مِـن الفَتـاوى التَّحفِيزِيَّـة الَّتـي مِـن شَـأنِها تَعزيـز النَّجـاح في هـذه المبـادرات، فوَثُـق (الشِّـيعَةُ) وامتَثلـوا لِنِـداء التَّقرِيـب والوَحْـدة بِحُسـنِ نِيَّـةٍ وتَحـت رِعايَـةٍ كريمـة مِـن بَعـض مَراجِعِهـم، ونـاوَرَت المَرجِعِيَّـات السَّـلَفِيَّة

1 ـ انظـر تَقرِيـر الأُمَـم المُتَّحـدة الصّـادر عـن مكتـب الأمـم المتّحـدة في 2021م تحـت عنـوان (المقاتلـون الإرهابِيُّـون الأجانـب في بلـدان الـشَّرق الأوسـط وشِـمال افريقيـا).

في (اتِّجاه أَهْل العامَّة) بِالتَّنسِيق مع أَجْهِزة المُخابَرات الدُّوَلِيَّة ومَجموعَةٍ مِن أَنظِمة الحُكم في بِلادِها، فاجْتَاحت جُيُوشُهم الحدود العِراقيَّة بِأَحدَث الأَسلِحَة والآليّات العَسكَرِيّة المُدَرَّعة والصَّوارِيخ الفَتّاكَة وعَمَّت التَّفجِيرات الانْتِحارِيَّة مُحافظات العِراق وامْتَدّت إلى مَناطِق الوُجُود الشِّيعِي في المَنطِقَة والعالَم!

وعندما قَرَّرت المرْجِعِيّاتُ الشِّيعِيَّة المَعنِيّة بِالتَّقرِيب والوحْدة خَوضَ التَّجرِبَتين البائسَتَين المُنصَرِمَتين؛ أَفرز قَرارُها عددًا من الإِجراءات الصَّارِمَة المُمَهِّدة في الوَسَط الشِّيعِي والدَّالَة على الثِّقَة في الطَّرَف الآخر أَو مُحاوَلة التَّأْكِيد على حُسن النَّوايا بِإلقاء الحُجّة عليه، منها:

- تجمِيدُ البَحث في كُلِّ ما مِن شَأنِهِ نَقض فَعْلَة الانْقِلاب التَّأريخي على الأَعْقاب الَّتي فَعلَها أَقطاب (صَحِيفة مكَّة الثَّانِيَة).

- والامْتِناع عن دَحْضِ فَلْتَةِ السَّقِيفة الَّتي نَقض الصَّحابةُ المنقلبون بِها بَيعَة الغَدِير وشَطبوا وَصِيَّة الرَّسُول صَلَّى الله عليه في وَلايَة عَلِيٍّ أَمير المؤمنين صَلواتُ الله وسَلامُه عليه.

- وصار تَنزِيهُ الصَّحابَة مِن القَول بِتَفرِيطِهم في حَقّ خالِقِهم وفي حَقِّ نَبِيِّهم وفي حَقِّ إِمام زَمانِهم وفي حَقِّ الثَّقَلَين - مِن الواجِبات بين طُلّاب مَعاهِد الدِّراسات الحَوزَوِيّة والمُؤَسَّسات الثَّقافِيَّة العامَّة الأُخرى.

- أُعِيد صِياغة المَوقف الشِّيعِي العام مِن ظاهِرة النِّفاق التَّأرِيخي الَّتي تَفَشَّت في مَكّة والمَدِينَة بَين القَرن الهِجْري الأَوّل والثّالِث. كما أُعِيد صِياغَة المَوقِف مِن مَصادِيق النِّفاق في طَبَقَتي الخُلفاء الثَّلاثة والرُّواة ومَن يَلِيهِما في الرُّتْبَة.

- دُعِيَ إلى تَنزِيهِ مُجتمعَي مَكّة والمَدِينة وسائر مُجتَمعات المُدن الكُبرى في عَهد النَّبِيّ مُحمَّد صَلَّى الله عليه وآله مِن ظاهِرَة الفَساد الاجْتِماعِي، ومِن التَّمييز القَبَلِي في عَهد الخِلافَة والدَّولَتَين الأُمَوِيَّة والعَبَّاسِيَّة.

- فُرِضَت الوَصايَةُ على مَحافِل الشِّيعَة وعلى مَظاهر ثَقافَتِهم المُتعَلِّقَة بِالبحث وتَداول قَضايا

الخِلاف الطَّائفي، وَكُتِم صَوتُ الشِّيعة الأَصِيل وقُيِّد، وعُوقِب فِي بَعض الأَحْوال.

ـ صُودِرَ الحقُّ العِلْمي والأكَادِيمي المُتعلِّق بِالبَحْث التَّأريخي والأُصُولي والفقهي المُقارِن وما يَشتَمِل عليه مِن دِراسة في هُوِيّة العَقِيدة والشَّرِيعَة السَّائدة على عَهد الخِلافَة وسِيرتها ومَدى تَوافقها مع الأُصُول والقَواعِد والمَعايِير الوَرادة في الثَّقلين.

ـ عُطِّلت بَعض الشَّعائر وجُمِّد الخطاب العام الكاشِف عن مَدى فَداحَة الظُّلم والاضْطِهاد اللَّذين حاقا بِأَهْل البَيت صَلواتُ الله وسَلامُه عليهم على أَيدي الصَّحابة وخُلفاء المُسلمين ودُولهم ومَوالِيهم وأئمَّة مَذاهِبِهم وفِرقهم ووُعاظِهم.

ـ عُطِّلت أَعمالُ التَّنقِيب في سِيرة (110) خَلِيفة أَفْسَدوا وفَسَقوا بِاسْم الإسْلام، وحُظِر السَّرد التَّفصِيلي لِلفَضائح والفَضائع وجَرائم الإبادَة الَّتي ارتُكِبَت بِحَقّ الشِّيعة في دُول الخِلافَة المُتعاقِبَة.

ـ وأُوقِفَت المَجالِس الَّتي مِن شَأنها تناول سِيرةَ خُروج دول الخلافة على الدِّين وتَبنِّيها لِلنُّظم والتَّشْريعات والقِوانين المُخالِفة لِأَحكام الثَّقلين.

ـ وحُظِر العَمَلُ الإِعْلامي الَّذي يَتَناول الأَسْباب المُوصِلة إلى الانْقِسام الجُغرافي، وكذلك تَقويم الدَّوافِع الَّتي صَنَعت الشَّتات الثَّقافِي وأَدَّت إلى تَكاثر المَذاهِب وانْشطارِها إلى فِرق وتَضارُب الوَلاءات والتَّبعِيّة المفرطة لِنُظم الاستِبداد.

ـ مُنِعَت المَنابِر مِن قَراءة واقِع المُسلِمين بِما هُو هُو وما اكتنَفَه مِن الجُمود الثَقافي والأَسْباب التَّأرِيخيَّة المؤدِّية إلى الفَشَل في إِنتاج المفاهِيم المواكبة لِلعَصر وتَحدِيد سُبل التَّصدّي لِظاهرة تَفشّي الفَقْر والإِلحاد والفَساد الأَخْلاقِي المُعاصر.

وبِذلك جَرى الأَخْذُ بِما يُطابق رأي عَمرو بن العاص الَّذي غَدَر في نِهايَة المَطاف بِنَظِيره أَبِي مُوسَى الأَشْعَري في تَحكِيم واقعة صِفِّين، فلَم تلتَزِم مَرجِعِيّات (اتِّجاه أَهلْ العامَّة) المُنضَوية تَحت رايَة (التَّقرِيب) و(الوَحدة) بِمُقدِّمات التَّجرِبَتين المنصرِمَتين ولا بِبَياناتِهما ولا بِمُقرَّراتِهما ولا بِتَوصِياتِهما حيث لا يَمتلِك صُنّاع التَّجرِبَتين مِن هذه المَرجِعِيّات وَلايةً على غَيرِهم ولا تَحويلًا

أَو تَفويضًا ما لم تُقرِّر النُّظم السِّياسِيّة الحاكِمَة الَّتي تَستَظِلّ هذه المَرجِعيّات بِظِلّ سيادَتِها بِذَلك وما لم يُوعِز الحُكّام لهذه التَّوصِيات بالإنْفاذ!

وإِزاء هذه القُيود الَّتي حَدَّت مِن حُرِّيّة المُعتقد والتَّعبير عن الرَّأي في الخِطابَين العِلمِي والتَّربَوي الشِّيعِي العام رِعايَة لِمَسعى المَرجِعيّات الشِّيعِيّة في التَّقريب والوَحدَة مع مَذاهِب (اتِّجاه أَهْل العامّة)؛ رأى ذَوو البَصِيرَة والعَقول الكَبِيرة أَنَّ الإتيان بِخِيارات (التَّقريب) و(الوَحدة) انطلاقًا مِن قواعد سِياسِيَّة؛ لَنْ يُحقِّق الحدّ الأَدنى مِن التَّوازن بين حَقِّ التَّشَيُّع و(اتِّجاه أَهْل العامَّة) وسائر المَذاهِب والفِرق في الوُجود وَصِيانة الهُوِيَّة، ولَن يُثمِر تَعايُشًا اجتماعِيًّا مِثالِيًّا. وأَنَّ الحَدَّ مِن حُرِّيّة التَّعبِير عن المُعتقد خِدمةً لِخِيارات التَّقريب والوَحْدة سيصُبُّ - مِن دُون شَكٍّ - في المَصلَحَةِ السِّياسِيَّة لِلنُّظم الحاكِمة الَّتي تَقود (اتِّجاه أَهْل العامَّة) والأَغلَبِيَّة السّاحِقَة مِن المُسلِمِين، وهي أَنظِمَةٌ لا تَملِك إِلَّا أَنْ تَكونَ مُستَبِدَّةً بِذات المَفاهِيم السّائدة في الفَترة ما بَين مَرحَلة (الخِلافة) ومَرحَلة السِّيادة الأُمَوِيَّة والعبّاسِيَّة والعُثمانِيَّة والأَيُّوبِيَّة والمَملوكِيّة.

فقَد ظَلّ (الفَصْل الطّائفي) - على سَبِيل المِثال - هو الإِجراء الأَخْطَرُ على الإطْلاق مِن بَين الأَزمات الماحِقَة في طُول التَّأريخ الإِسْلامي وعَرضِه. وهو مِن الصِّناعة السِّياسِيَّة الَّتي حرص أَئمَّةُ ووُعّاظ مَذاهِب (اتِّجاه أَهْل العامَّة) على الالْتِزام بِتَطبِيقاتِه بِوَصفِه (سُنَّةً) بَدِيلَةً عن (سُنَّةِ) لَعْنِ الأُمَوِيِّين لِعَلِيّ أَمير المؤمنين صَلواتُ الله وسَلامُه عليه الَّتي دامَتْ (60) عامًا وعُطِّلت في عَهد عُمر بن عبد العزيز[1]، ويُراد بِها القَضاءُ على الوُجود الشِّيعِي وتَدمِيرُ مَورُوثِهِ الرِّوائي والثَّقافي الرَّصِينَين والحَدُّ مِن انْتِشارِه في قِبال المَورُوث التَّأريخي لِـ(اتِّجاه أَهْل العامَّة) ومَذاهِبه والفِرق المُنضوِيَّة تَحت لِوائه.

---

1 - بِحار الأنوار، المجلسي 23/ 46. الخَرائج والجَرائح، القُطب الرّاوندي 276/ 1. بَصائر الدّرجات، محمد الصفار 170/ 1. تَنقِيح المقال، عبد الله المامقاني 198/ 2: عن أَبي بصير قال: كنت مع الباقر صَلواتُ الله وسَلامُه عليه في المسجد إِذْ دَخل عليه عُمر بن عبد العزيز عليه ثوبان مُمصّران، متّكئاً على مولى له، فقال صَلواتُ الله وسَلامه عليه: (لَيَلِيَنّ هذا الغلامُ فيظهر العدل ويَعِيش أربع سنين ثمّ يموت فيَبكي عليه أَهل الأرض ويَلعَنه أَهْل السَّماء، فقلنا: يا بن رسول الله، أَليس ذكرتَ عدلَه وإنصافَه؟ قال: يَجلِسُ في مَجلِسَنا ولا حَقَّ لَهُ فِيه، ثُمّ مَلك وأَظهرَ العَدل جهده). وعَنْ عَبْد الله بْنِ عَطَاء اَلتَّمِيمِي قَالَ: كُنْتُ مَع عَلِيِّ بن اَلْحُسين فِي اَلمَسْجِدِ فَمرَّ عُمر بن عبد العَزيز عليه شِرَاكَا فِضَّة وكان مِن أَحْسَنِ النَّاس وهو شابٌّ فنظر إِلَيْه عَلِيُّ بن اَلْحُسين فَقَالَ يَا عبد الله بن عَطَاء تَرَى هذَا اَلْمُتْرَف إِنَّهُ لَنْ يَمُوت حَتَّى يَلِيَ النَّاسَ. قَالَ قُلْتُ هَذَا اَلْفَاسِقُ. قَالَ: نَعَمْ، لاَ يَلْبَثُ فِيهِمْ إِلاَّ يَسِيرًا حَتَّى يَمُوتَ فَإِذَا مَاتَ لَعَنَهُ أَهْلُ اَلسَّمَاءِ واسْتَغْفَرَ لَهُ أَهْلُ اَلأَرْض.

وكُلَّما خَمَدَت نيرانُ (الفِتْنَة) ووَجَد الخَليفةُ/ الحاكِم ضَرُورةً سِياسِيَّةً مُوجِبةً لِتَحسِين عَلاقَة دَولَتِه مع الشِّيعَة؛ أَوعَزَ لِأَئمَّة (اتِّجاه أَهْل العامَّة) ومَذاهِبه وفِرَقِه لِيُعرِبوا عن عُمْق وَلائهم له ثُمّ يُبدِي استِعدادَه لِإثارَة فِتنَةٍ أُخرى في الشِّيعة، ويُراد لِلشِّيعَةِ بذلك أَنْ يَتوسَّلوا لِلخَليفةِ/ الحاكِم ويَدفَعوه لِإنْقاذِهم وإيجاد الحَلِّ ودَرءِ الفِتْنَةِ مُقابِل أَنْ يُعلِنوا عن وَلائهم المُطلَق لِلحاكِم.

فكِلاهُما (الفَصْل الطَّائفي) و(الوَلاء لِلخُلفاء/ الحُكام) يُشكِّلان شَريان الحَياة والعامِل التَّأريخِي الرَّئيس لِلإبقاء على (اتِّجاه أَهْل العامَّة) ومَذاهِبه وفِرَقِهِ مُتفَوِّقةً على الصَّعيد السِياسِيّ ومُستَقِرّةً على عقائدِها وشَرائعِها أَمام الوُجود الشِّيعِي في البِلاد، وهُما يُشكِّلان المانِعَين الرَّئيسِيَّين مِن إيجاد (التَّعايُش) السِّلْمِي الدّائم والعامِلين اللَّذَين يَتوجَّب تَقويمَهُما وبِحاجَة دائمة إلى مَن يُذهِب أَثرهُما ويُعَطِّل مَفعُولها إنْ جَدَّ الجِدُّ في تَحقِيق (التَّعايُش) وما يُتأمَّل مِن خصائص في التَّقريب والوَحدة.

ولَنْ يَكون ذلك إلّا مِن خِلال وَقفَةٍ شجاعةٍ يَتبَنّاها أَئمَّةُ (اتِّجاه أَهْل العامَّة) ومَذاهِبُه وفِرقُه ويَرتَكِزوا عليها في مُبادَرةٍ إصْلاحِيَّة تَقتَضِي العَودةَ إلى الأُصُول العَقَدِيَّة وإخضاعِها لِخُطوةٍ بَرائيَّةٍ جَريئةٍ صَريحةٍ سافِرَةٍ ثُمّ الجِدّ في تَجرِيدِها مِمّا اعتَورها مِن الشَوائب المُحَرِّضَة على التَّبَعِيَّة المُطلَقة لِلخُلفاء/ الحُكّام المُفسِدين والمُرَوِّجة لِلفِكر الطَّائفي الإرهابِي المُناهِض لِلأَديان والطَّوائف ولا سِيَّما الكَراهِيَّة والفَصْل الطَّائفي المَنْصُوبَين لِدَحْر التَّشَيُّع والمَذاهِب والفِرَق المنسوبَة إليه. وهذا مِمّا لا يَملِك أَئمَّةُ (اتِّجاه أَهْل العامّة) ومَذاهِبُه وفِرقُه أَنْ يَقدِموا عليه، وفي (التَّبَعِيَّة) المُطلَقة لِلخُلفاء/ الحُكّام المُفسِدين ضَمانُ بَقائهم وصِيانَةُ وُجودِهم وتَرَفُ مَعِيشَتِهم.

لَيس مِن شَكٍّ في أَنَّ المَعْنِيَّ - في الدَّرجَة الأُولى - بِإصْلاح المَوقِف مِن مفهوم (التَّعايُش) وقِيَمِهِ هُم أَئمَّةُ (اتِّجاه أَهْل العامَّة) ومَذاهِبه وفِرَقِهِ حَصرًا إِذْ لا حُجَّة يَحتَجّ بِها هذا الاتِّجاه وغَيرُه مِن المَذاهِب والفِرَق على المَوقِف المَبدئي التَّأريخي العَظِيم لِلشِّيعَة حيث بادَروا فدَعَوا إلى الاستِقرار الاجْتِماعي مُنذ اليَوم الأَوَّل لِوُقوع الانْقِلاب على الأَعْقاب،

وَجـدَّدوا دَعوتَهـم هـذه عِندمـا جُعِـل مَقتَـلُ عُثـمان بـن عفَّـان مَطِيّـةً يَمتَطِـي ظَهَرهـا فَريقـا عائشَـة بنـت أَبي بَكـر ومُعاويَـة بـن أَبي سُـفيان ويَحتَجّـان بهـا لِلامتِنـاع عـن بَيعَـةِ عَـلِيّ أَمِـير المُؤمِنـين صَلـواتُ الله وسَـلامُه عليـه الخَلِيفـة الَّـذي أَجمَـع عليـه المُسـلِمُون ونَصبـوه خَليفـةً مِـن بَعـد مَقتَـل عُثـمان.

لقـد خـاضَ بعـضُ مَرجِعِيَّـات الشِّـيعة في العَـصر الرَّاهـن العَدِيـد مـن تَجـارِب (الوَحْـدَةِ) و(التَّقْريـب) وتَفاعَـل مـع مَبـدأ (التَّعايُـش) بِـرُوحِ رِياضِيـةٍ إيجابيَّـةٍ، حتَّـى غُـدِر بِـه في عَمـلٍ إرهـابيٍّ شَـامِلٍ دُبِّـر بلَيـل وصَـار (التَّشَـيُّع) في إثْـرِهِ الضَّحِيَّـة الَّتـي يَتوجَّـب العمـل عـلى إنقاذِهـا وحِمايَتِهـا دُوليًّـا.

وهنـا يُثـارُ رَأيٌ مخالِـفٌ لِيُفِيـد عِلـمًا بِـأَنَّ الدَّعـوة إلى (التَّقريـب) و(الوَحـدَةِ) والتَّواصُـل الوَثيـق انْطِلاقًـا مِـن قاعـدةٍ فِكرِيَّـة التِقاطِيَّـة جَذْبـاء غـير رَصِينـة أَو انطلاقًـا مِـن سِياسَـةٍ تَقلِيدِيَّـة هامِـدَة أَو انْطلاقًـا مِـن مَزِيـج مِنهُـما ـ هـي خِيـارٌ يبقـى محكومًـا بِالتَّـالي:

ـ بِالضَّعـف والهِـزال حيـث لا يَقـدِر عـلى إنْتـاج مَفهـومٍ ولا قِيمـةٍ في التَّعايُـش الاجْتِماعـي المِثـالي المَطلـوب.

ـ بِكونِهِ أَثرًا لمُسكِّناتٍ مؤقَّتَة فاقِدة لِديمُومة الفِعل المُراد.

ـ مَنزُوع التَّأثِير على مُستَوى النِّظام الاجتِماعي العامّ الَّذي يَضُمّ الطَّرفين.

ـ مُفتقِرٌ إلى مُكنَـة التَّفاعـل الجِـدِّي مـع دوائـر البَحـث والتَّقَـصِّي الأَكادِيمِـي الَّتـي لَـنْ تَـرضى بِغَـير الحَـقّ والحَقِيقَـة.

ـ فاقِـدٌ لِمَعنـى الحـقّ في التَّعبـير عـن الـرَّأي والتَّفاعـل الطَّبيعـي بَـين الثَّقافَـات المعاصِرة المُختلفـة النَّشِـطة المَدعُومـة بِأُلـوفٍ مِـن منصّـات التَّواصُـل الاجتِماعـي والثَّقـافي الَّتـي تُوفِّرهـا التِّقْنِيَـةُ الحديثـة المُتطـوّرة المُتاحـة بِالمجّـان لِلفَـرد ولِلمَجمُـوع عالميًّـا ولِـكُلِّ ذكـرٍ وأُنثـى ولِـكُلِّ بَيـتٍ ومَدرسـةٍ ولِـكُلِّ مُؤسَّسـةٍ دراسِـيَّة وبَحثِيَّـة تَعليمِيَّـة ولِـكُلِّ حِـزْبٍ وفِئـة

ولِـكُلِّ نـادٍ وَهيئـة ولِـكُلّ مَجلـسٍ ومُنتَـدى، بِـصَرف النَّظـر عـن الهُوِيَّـة المَذهَبِيَّـة والقَومِيَّـة والعَشـائرِيَّة لـه.

قـد يُصاحِـب هـذه الدَّعـوة المُتكَـرِّرة في عَصرنـا الرَّاهـن وفي هـذا الظَّـرف المُعقّد والمُشَـكّك مِـن العَلاقـات المَكشُـوفة بـين الأَدْيـان والمذاهِـب والفِـرق - تقمُّـصٌ سـافرٌ لِمثاليَّـةٍ وِجدانِيَّـةٍ واجتِماعيَّـة جَذّابَـة ومُغرِيَـةٍ عـلى الصَّعيـد السِـياسِي يُؤدِّيـه أئمَّـةُ المَذاهِـب والفِـرق ودُعاتُهـا والوُعّـاظ، ولكنَّـه في واقِـع الأَمْـر لا يَعـدو أَنْ تكـونَ صَيحـةً باهِتَـةً في وَسَـط بِيئـةٍ مُتخَشِّـبة مَوصُوفـة بِالتَّـالي:

- أَنَّها لم تَتجَرَّد بَعد مِن المَورُوث الجاهِلِيّ المُلوَّث بِفُنون النِّفاق.

- يَسـوُدها (مذْهَـبُ الـرَّأي) ويَسوسُـها سِـيرةُ الخُلفـاء الثَّلاثـة وسُـنَّتِهم مِـن غَـير اجتِهـادٍ يُفْشـى.

- أنّهـا فاقِـدَة لِأَهلِيّـة التَّجـرّد مِـن أُصُـول الازْدِراء الطَّائفـي المُنظَّـم والكَراهِيّـة الفَاضِحـة والتَّحاسُـد المذْهَبِـي والفِئـوي المُنفَلِـت.

- أنّهـا مَحكومـةٌ بِالرَّهبَـة الشِّـدِيدة مِـن الإقـدام عـلى مـا تَظنّـه مُغامـرة بِمَصـير المَـورُوث التَّأريخي في عَمليّـة تَخيِـير بَـين حَـقٍّ وباطـلٍ ولا مِـن مَرتَبـة وَسَـط بَينَهُـما.

فلَيـس في هـذه الدَّعـوة مـا يَحـثُّ عـلى تَقريـر رُؤيـةٍ إيجابيّـة عاقِلَـة مَضمُونَـةِ العَواقِـب، أَو مـا يَهـدف إلى مُعالجـة سِـيرَةِ الخِلاف والتَّبايُـن بـين الشِّـيعة و(اتّجاه أَهْـل العامّـة) والمذاهِـب والفِـرق عـلى طِبـق مَعايـير أَصِيلَـة ثابِتَـة سَـلِيمة ومُوصِلَـة إلى مبـدأ التَّعايُـش الإجتِماعـي الدّائـم ولَيْـس التَّلاقـي أَو الانْدمـاج المؤَقَّـتين الأَسِـيرين لِلمُتغـيّرات الاجْتِماعِيّـة والتَّحـوّلات السِّياسِـيّة.

إِنَّ أَنظمَـةَ الحُكـم المُسـتَبِدّة القائمَـة عـلى مَـورُوثٍ تَأريخِـيٍّ مُـزَوّرٍ وأُصُـولٍ مَوضُوعَـة ومُلَفَّقـة لَـنْ تَتخَـلّى بِـإزاء دَعـواتِ التَّقريـب المذهَبِـي عـن سِـلاحَيّ التَّمْيِيـز والفَصْـل

الطَّائفيِّين إذْ هُما شأنٌ مِن شَئونِ هذه الأَنظمة ومُقوِّمٌ مِن مُقوّمات وُجودِها ومَصدَرٌ مِن مَصادِر القُوّة وسِلاحٌ مِن أَسلِحَة السِّيادَة. ولَيس لِـ(اتِّجاه أَهْل العامّة) ولا لِأَئمَّةِ مَذاهِبه وفِرَقِه مِن سُلطة مُستِقلةٍ نافذة في هذا الشّأن، ولا مِن تَفويضٍ أو صَلاحِيَّة في التَّعاطِي مع هذه الدَّعوة أو تَناول قَضاياها إلّا بِما يُقرِّره الحاكِمُ السِّياسِي مُنفرِدًا، ولا يَملِك أئمّةُ (اتِّجاه أَهْل العامَّة) إلّا الطّاعَةَ المطلقة والامْتِثالَ، لما لَدَيهم مِن مَورُوث سَلْبيّ في فَنّ ضَبط العَلاقة بين الحاكِم والمَحكوم حيث استحال هذا الاتّجاه وكُلّ مَذاهِبه وفِرَقِه إلى لازِمَة مِن لَوازِم تَحقِيق التَّوازُن السِّياسِي السِّيادِي لِلدَّولة الفاقِدَة لِشَّرعِيّة الوُجُود والبَقاء.

لَيس لِسياسَةِ دُول المُسلِمين المُعاصِرة أَيُّ اهتِمامٍ ضَرُوريٍّ بِمَصير أَيِّ دِين أو عقيدة أو أَيِّ اتِّجاهٍ أو مَذهبٍ وفِرقَة كما هُو حالُ دُولِ الخِلافَة وحُكّامِها، وإِنَّما هي دُولٌ عَلمانِيّةُ الفِكرة تَدَّعِي الوَطَنِيّة وتَبحَث عن الأَدوات الَّتي تُعِينها على تَحقِيق التَّوازن الضَّامِن لِوجُودِها وبَقاء حاكِمِها على سدَّة الحُكم، ومنه: تَقويض وُجود أَيِّ اتِّجاهٍ يَسْعى إلى تَرسِيخ دَعائم كِيانِه في الدَّولة عبر اعتِناق مَفهوم الاستِقلال عن سِيادَةِ الدَّولة نفسها بِوَصْفِه قِيمةً عُليا لازِمَة، إذْ لا مَعنى لِعَقِيدةِ أَيِّ اتِّجاهٍ أو مَذهبٍ أو فِرقةٍ مِن دُون خَضُوعِها لِمُقتَضيات سِياسة الحاكِم ولِضَرُورة مِن ضَرورات سِيادَةِ دَولَتِه.

ولا مِن مَذهبٍ أو فِرقةٍ في (اتِّجاه أَهْل العامّة) إلّا ويَنفَرِد بِخاصَّةٍ مِن المُرونَة الكافِيَة تُبقِي عليه طائعًا ذَلِيلًا خاضِعًا في كُلِّ الأَحْوال لِأُولي الأَمْر مِن أَصْحابِ السِّيادة في الدَّولة وإِنْ طُحِنَت عِظامُ مَوالِيه وفُرِي لَحمُ أَئمَّته وجُلِدت ظُهور وُعَّاظِه وأُودِعَ الأَتْباعُ السّجون واغْتُصِبت نِساؤُهم وجُعِلَ أَطفالُهم عَبِيدًا تَلحَسُ قِصاع مَوائد القُصور!

إِنَّ الأجدَر بِأَهْل العِلْمِ وذَوي الثَّقافة والمَعرِفَة والأَئمَّة في (اتِّجاه أَهْل العامَّة) والمذاهب والفِرق المُلحَقة ـ الاجتِهاد لِلبَحث عن (الحَقّ) و(الحَقِيقة) في تَفاصِيل الوَقائع التَّأريخيَّة ومَورُوثِها الرِّوائي، وذلك بِاتِّباعِ مَنهجٍ تأريخيّ عِلْميٍّ دَقِيقٍ رَصِينٍ مُستَقِلٍّ عن إِمْلاءات الحاكِم، على أَنْ يكون المنهجُ قادرًا على قراءة الأُصول والمُدوَّنات

الشِّيعِيّة بِحُرِّيَّـةٍ مُطلَقـةٍ ومُسـتقلّةٍ عـن قُـوى الحَجْـر، وأنْ يُفصِـحَ عـن نَتائـج القَـراءة هـذه بِصِـدْقٍ وأمانَـةٍ.

الأَجْـدرُ أيضًـا بكِلَيهـما (الشِّـيعَة) و(اتِّجاه أَهْـل العامَّـة) التَّصْريـح بِنَتائـج البَحْـث التَّأريخي والرِّوائـي ومـا اشـتَمَل عليـه مِـن سِردِيَّـةٍ في الرِّجـال والنِّسـاء مِـن المُؤمِنـين الَّذيـن يُظهِـرون الإيـمان ومِـن المُنافِقـين والآثِمـين والمُفسِـدين الَّذيـن يُبطِنـون الـشِّرك أَو الكُفـر.

فلِلدِّيـن حَقيقَـةٌ عَقدِيَّـةٌ واحِـدةٌ سَـليمةٌ مَزَّقهـا النِّفـاق وعَبَـث فيهـا (مَذهَـبُ الـرَّأي) وشَـوَّه المُنقلِبـون عـلى الأَعْقـاب قُدسِـيّتها، وسـاهَم (110) خَليفَـة يَسـندهم (اتِّجـاه أَهْـل العامَّـة) والمَذاهِـب والفِـرق في تَكريـس الفَـوضَى وتَأجِيـج الحـرُوب باسـم الدِّيـن حتَّـى باتَـت الحَقِيقَـةُ هـذه مَغمُـورةً بِـما فَعـل السُّـفاء مِـن حُـروبٍ طاحِنَـةٍ عـلى (العَـرْش) في مُجتَمـع المُسـلِمين وبـما حَرَّضـوا.

إنَّ لِلدِّيـن في مُجتَمعـات المُسـلِمِين سَردِيَّـةً تأريخِيَّـةً حَقيقيَّـةً واحِـدةً في النُّشـوء والظُهـورِ والتَّطـوُّر وفي البَقـاءِ والنُّمـو، كـما أَنَّ لِلدِّيـن خَلفِيَّـةً مِثالِيَّـةً حقيقيَّـةً واحِـدَةً تتطَلَّـبُ مِـن النَّاظِـر لِلتَّأريـخ والقـارِئ والباحِـث والـدَّارِس فيـه التَّجـرُّدَ والصِّـدقَ والأَمانـة كلَّـما هَـمّ لِيَتَقَـصّي مَسِـيرتَه ولِيَمِيـزَ الخَبِيـث مِـنَ الطَّيِّـب في رِجالِـه.

لا يُمكِـن العُـدول عـن هـذه الوَظِيفـة العِلمِيَّـة الحَضارِيَّـة والهُـروب مِنهـا بِالقِـول (تِلـك دِمـاءٌ طَهَّـر اللهُ مِنهـا يَـدَيَّ فَـلا أُحِـبُّ أَنْ أُخَضِّـب بِهـا لِسـانِي)، والالتِجـاء إلى المُسـكِّنات السِّياسِـيَّة واتِّخاذهـا بَديـلًا عـن الاجْتِهـاد والجِـدّ في إيجـاد الحَـلِّ الأَمْثَـلِ الدّائـم ونَبـذِ مـا طَـرأ مِـن تَزوِيـرٍ وكَـذِبٍ وتَلفِيـقٍ ووَضـعٍ واختـلاقٍ.

المُمْكِنُ يُؤَمِّن لِلفُرْقَةِ وَقُودَها

إنَّ لِلعامِـل السِّياسِـي قـدرةً هائلـةً عـلى الجَمـعِ بـين النِّفـاقِ والـشِّرك والكُفـر مِـن جِهَـة والإيـمان والإسْـلام مِـن جِهَـة أُخـرى، كـما أَنَّ لهـذا العامِـل القـدرة عـلى المَـزْج

بَينهما في ذهنٍ واحدٍ قَرّر صاحِبُه أَنْ يَرضَخَ ويُذعِنَ لِضرُوراته عن وَهنٍ فيه واستِسلام لِمُقتَضيات الواقع.

ولا مَحِيص عن الاعْتِراف بِأَنَّ السِّياسَةَ الفاسدة كانَت الأَداة الرَّئيسة في انْحِراف الأُمَّة عن الصِّراط المُستَقِيم الَّذي ضَمِن الثَّقَلان صِيانَتَه في الماضِي والحاضِر، وكانت هي الوَسِيلةُ الَّتي أَخرَجَت مُجتَمعات المُسلِمين على المَسار الثَّقافي التَّأريخِي الصَّحِيح والدَّافعُ الرَّئيس لِوُقُوع الانْشِقاق في هذه الأُمَّة وتَشظِّيها إِلى اتِّجاهات ومَذاهِب وفِرَق.

وما زالَت السِّياسَةُ ذاتُها حاضِرةً بِشَكلٍ فاعِلٍ في سِيرةِ المُسلِمين وصَيرُورَتِهم، وقَد اعتَادت الأُمَّةُ عَلى هَضْم السَّيئ مِن إِفرازات السِّياسَة وقد تَشَرَّبت بِنَتائج مَكْرِها فصارَت واقِعًا يُعاش وقانونًا لا مَحِيص عن الامْتِثال لِمُوجباتِه.

فإِنْ تَقدَّمَت السِّياسَةُ لإِيجاد حَلٍّ لِمُشكِلات التَّمييز والفَصْل الطّائفي الشَّائكة في عَصرِنا الرّاهن، أَو لِتَبَنِّي طريقة التَّقريب بين الشِّيعَة و(اتِّجاه أَهل العامَّة) وسائر المَذاهِب والفِرق، أَو لإِيجاد إِطارٍ جامعٍ مَشفُوعٍ بينهما بِصِيغَةٍ وَاحِدَةٍ أَو إِيجاد إِطارٍ تَركِيبي عضوِيّ؛ فإِنَّ مِن شَأنِ ذلك:

- خَرق أَصالَةِ الحُرِّيَّة الفَردِيَّة في المقام الأَوّل.

- وتَكرِيس العُبودِيَّة الاجْتِماعِيَّة والتَّبعِيَّة الفكريَّة.

- والاعتِداء على حَق التَّعبُّد الاخْتِيارِي.

- وتَجمِيد وظائف البَحث وفق المَنهجَين العِلمِيّين التَّأريخي والنَّقلي الرِّوائي.

- وتَكمِيم الأَفواه النَّاطِقة وجَعْل الأَغلال في الأَعْناق.

- ووَأد حركة التَّطوّر في المَناهج العِلمِيَّة وأَنْماط التَّفكير.

ـ وتمرير تَعاقُدات بَينِيَّة لا تَختلِف في المَعنى والنَّتائج عن الطَّريقة الَّتي اتَّبَعها مُتعاقِدو (صَحيفة مكّة الأُولى) المُشرِكُون لِلخَلاص مِن دِين النَّبِيِّ مُحمَّد صَلَّى الله عليه وآله، كما أَنَّها لا تَختلف عن الهَدف الَّذي أَسرفَ الصَّحابةُ المنافِقُون أَقطاب (صَحِيفَة مكَّة الثَّانِية) في المكر والقَتل مِن أَجْل تَمرير مَقصَدِ نَقضِ بَيعةِ الغَدِير في النَّاس والانْفِراد بِالإمْرة والسُّلطان مِن دُون صَاحِبها صَلواتُ الله وسَلامُه عليه.

فهذه (صَحِيفة مكَّة الأُولى) الَّتي تَعاقَد عليها ساداتُ العَرب قد تَفوَّقَت فقَرَّبَت قَبائل مَكَّة مِن بَعضِها في وَحدَةٍ عضويَّة، وجَمعت بَعضها إلى البَعض الآخر على هَدفٍ مَصِيريٍّ واحِدٍ، ووَحَّدت المَوقِفَ الجاهِلي لِوَضْع حَدٍّ لِـ(أَلغازِ) النُّبوّة ولِـ(سِحرِها). وسُرعان ما فُلَّ نَسيجُ وَحدتها وسَقَطت هَيبةُ ساداتِها، فانشَقَّت ولَانَ مَوقِفُ طَرف مِنها وانْهار، فخَضَع كُلُّها واستَسلَمَ لِلأَمر الواقع ثُمّ أَسلَم على نِفاق منه.

وهذه (صَحِيفةُ مكَّة الثَّانِيَة) توسَّلَت الإنْقاذ مِن (صَحِيفةِ مكَّة الأُولى) وجَعَلَتها أَصْلًا لِوحدة تَحالُفِها القَبَليّ، وقاعِدَةً لِلانْطلاق، ومَحلًّا لاقْتِباس خبرات الرَّدع بِشَتّى أَلوانِه. فاجتَمع بِها شَملُ المُتحالِفين لِدَرء مَفاسِد (فِتْنَةٍ) مُحتملةٍ مَكذُوبة احتَطبوها وأَشاعُوها في النَّاس، وتَلاقى أَقطابُ (صَحِيفة مَكَّة الثَّانِية) لِصُنع إِجماعٍ ثَأرِيٍّ على (بَيعَةِ الغَدِير) لِنَقضِها وعلى عَليٍّ أَمير المُؤمنين صَلوات الله وسَلامُه عليه لِإقصائه مِن مَقامِه.

فأَسَّسوا في سَبِيل الوُصُول إلى مَقاصِدِهم (مَذْهَبَ الرَّأي) وهُو أَوَّل مَذْهَبٍ في الإسْلام واستَعانوا به لِإزاحَة (الثَّقلَين)، وصَنعوا به أَوَّلَ الانْحِراف في الأُمَّة وأَسَّسُوا أَساسَه، وأَدخلوا المُسلِمين في حُروب إِبادةٍ بَينِيَّةٍ، وفرَّقوا دِينَهم وصار المُسلِمُون به شِيعًا تَستَضعِف طائفةٌ منهم الطَوائف الأُخْرى فتَذبِّح أَبناءها وتَستَحيي نِساءها. ثُمَّ مِن بَعد (1400) عام مِن هذا الوَباء المُتفشّي والبَلاء

المُستَشرِي في ثَقافَـة المُسـلِمِين؛ يَستَسـلِمُ أَهْـلُ (مَذْهَـب الـرَّأي) يَبغُـون بذلـك (التَّقريـب) ويَتغنَّـون بِقِيمَـةِ (الوَحـدة) عـلى ذات القاعِـدَة الَّتـي فرَّقَتهـم وجَعلتهـم في المُسـلِمِين طِرائـق قِـددا.

وتظـلُّ السَّردِيّـةُ التَّأريخِيّـة لِلدِّيـن ولمِوروثِـه الرِّوائـي ومـا بُنِـي عَـلى قَواعِدهمـا مِـن اجتِهـاد بـ(مَذْهَـب الـرَّأي) أَو مِـن اجتِهـادٍ في حُـدود أُصُولهـا مِـن المَعْرِفـة المُقـرَّرة ـ هِـي الحاكِمـة في تَسـيِير أَشْـكال التَّوافـق والتَّبايـنِ وتَحدِيـدِ أَدواتِ التَّعبِـير عـن الخُصومَـة ووَسـائل النِّـزاع عـلى الإمْـرة والسُّـلطان، وتَحديـد دَرجـاتِ المواجَهـة مِـن حيـث الرَّخـاء والشِّـدّة والاعتِـدال والتَّطـرُّف.

فـإنْ أُطلِـق لِلبَحـث التَّأريخي العِلمـي والرِّوائـي الجـادّ والرَّصِـين أُمُـورٌ أَساسِـيّة، منهـا:

ـ الحُرِّيّةُ في مُراوَدة الأُصُول والتَّنقِيب في المُدوّنات المُعتَبرة.

ـ والحَقُّ في التَّصريح عن النَّتائج بِعقَل ناقِدٍ ورُوحٍ رِياضِيّةٍ.

ـ والحقُّ في التَّعبِير بِالمُكاشَفة الصّادِقَة الَّتي لا عِوج فيها.

ـ والحَـقُّ في الطَّـواف بِنَتائـج البَحـث بـين المَحافِـل الثَّقافِيَّـة الكُـبرى لِـكُلّ الفُرقـاء وفي أَوسَـاطهم الأَكادِيمِيَّـة المُعتَـبرة وعـلى مَنابِـر المُسـلِمين ومُنتَدَياتِهـم ومنصّـات تَواصِلِهـم.

عِندئـذٍ أَمكَـن القَـول أَنَّ أَوَّل الطَريـق لِلاقْـترِاب مِـن الحـقّ والوُصُـول إلى الحَقِيقَـة قـد عُبِّـد ومُهِّـد!

فـإنْ سُـجِّل لِبَعـضِ المَرجعِيّـات الشِّـيعِيَّة المعـاصِرَة التِزامهـا بِالمنهجـين التَّأريخـي والرِّوائـي الرَّصِينـين في البَحـثِ العِلمِـيّ المُوصِـل إلى الرُّؤيَـة السَّـدِيدة والدّافِعَـة

نحو تبَنّي النّتائج الحاسِمَة، إلى جانب حِرصِها على الجمع بين القَراءة المُعَمّقة لِلأُصُول الصَّحِيحة والمدوَّنات المُعتَبرة والنّظر المُركّز في سائر الأُصُول والمُدوَّنات الّتي شُهِد لها بِالعَدْل وبوافر الصِّحة والاعتِبار - فإنَّ ذلك يُرَدُّ بِالقول أنَّ هذه المَرجعِيَّات لا تَملِك الشُّجاعَة الكافِية لِلتَّصريح بِمُطلق النَّتائج!

وإنْ تَوافَرت لَدَى هذه المَرجِعِيَّات الشُّجاعة الكافِيَة تلك؛ فلَن تَتَوافَّر المَحافِلُ على الشّجاعة الكافِيَة لِإذاعَة النَّتائج إذْ جُبِل رُعاةُ هذه المَحافل على الحَذَر الشَّدِيد مِن غَدر غُولِ السِّياسَة وممّا وراء الأكَمَة، واعتادوا على اتِّباع المَنهج القَدِيم الَّذي خَلَّفته تَقِيّةُ القُرون المُنصرِمَة وأفضَت إليه التَّجربَتان الفاشِلَتان في التَّقريب والوَحدَة. في حِين تَقدَّمت العُلوم وانْتَعَشَت الثَّقافَةُ عالَمِيًّا وتَطوَّرت مَعهُما تِقنيات الاتِّصال والتَّواصُل، وتَحطَّمَت حَواجِز الحَظر وتَلاشَت قَوانِين مَنعِ بَثّ الفِكر والزَّجْرِ عند تَبادُل المَعرفة وتَفاعل الثَّقافات.

لقد ضَمَّت الأُصُولُ والمُدوَّنات التَّأريخيَّة والرِّوائيَّة القَدِيمة حُزمَةً كبيرة مِن السَّردِيَّات في النَّشأة الأُولى لِلإسْلام، وأورَدَت العَدِيدَ مِن ظواهِر الانْقِسام والانْشِقاق بين المُسلِمين إلى اتِّجاهات رَئيسة ومَذاهب وفِرق مُتعدِّدة العَقائد والشَّرائع، واشَتملَت على سِيرة تَفاقُم الوَضع الاجْتِماعي وقِصَّة الحروب البَينِيَّة وأعمال الاغتِيال المُتَبادل بين أتْباع المَذاهِب والفِرق انْطلاقًا مِن دوافع مُتعدِّدة يَعود بَعضُها إلى حُضور ثَقافَة الثَّأر الجاهِلي مع رَغبةٍ جامِحَةٍ في التَّعويض عن عُقدَةِ الشّعور بِالنَّقص في المَقام وتَدني النَّسَب وانْحِطاط الحسب والاستِسْلام لِضَغط هَوى الإمْرة وحُبّ الرِّئاسة.. كلُّها أُصُول ومُدوَّنات يَزِفُّ بَعضُها البَعض الآخر ويُعاضِده في عَملِيَّة طَمس الحَقِيقَة وتَقمُّص لِباس النِّفاق والشِّرك والأنانِيَّة المُستَبطَنة.

وعلى الرَّغم مِن صُعوبَة تَحصِيل الرِّضا بِالحقّ والحَقِيقَة في الأَوْساط الإسلامِيَّة المختلفة والخُضُوع له بناءً على وَعدٍ بِالعَودة الشُّجاعة والجَريئة

إلى الأُصُـول والمدوَّنـات لِتَقييمِهـا وتَقوِيمِهـا؛ تَقدَّمَـت بعـضُ المرجعِيَّـات الشِّـيعِيَّة خُطـواتٍ واعـدة في البَحـثِ والدِّراسـة المُستَقلّة لِلأُصُـول والمُدَوّنـات انْطلاقًـا مِـن مَنهـجٍ تَكامُـليٍّ سَـلِيم ومِـن تَجـرُّدٍ تَـامّ، ولم تَتخَـلّ عنهـما ولا عـن مَشروعهـا الثَّقـافي الإصْلاحِـي في خِضَـم مِـن التَّنـاوش الحـادّ مـع أَئمَّـة ووُعّـاظ (اتِّجـاه أَهْـل العامَّـة) المَوَجَّـه عـلى الصَّعِيـد السِّياسِي والمَدعُـوم عـلى الصَّعِيـد الإعلامِـي والثَّقـافي.

وكُشِـفَ لِلجِهـاتِ المَرجِعِيَّـة الأُخْـرى المُنشـغِلَة بِتَقريـر المَصِـير السِّياسِي في عـالَم التَّشَـيُّع لِأَوَّلِ مَـرَّة في التَّأريـخ الإسْـلامي أَنَّ مَفهـوم (التَّعايُـش) الاجتِماعِـي المُجـرَّد مِـن أَهـواء السِّياسَـة وخَبائـث تَعاقداتِهـا هـو المفهـومُ الأَصْلَـح والأَكثَـرُ صِدقًـا وعَـدلًا ونَقـاءً، والأَشَـدُّ حِرصًـا عـلى خَلـقِ الانْسِـجام مـع رَغبـة المُحافَظَـة عـلى أَصالَـةِ الحُرِّيَّـة والحَـقّ لِجَميـع المَذاهِـب والفِـرَق في إبـداء الـرَّأي والتَّعبِـير عنـه بِمَوضوعِيَّـة ومِـن غـير ضَغِينـةٍ ولا كراهِيَّـةٍ ولا ازدِراء ولا حَساسِـيَّة ولا انْفِعـال!

ولا مِـن بَدِيـلٍ يُضاهِـي هـذا اللَّـون مِـن المفاهِيـم في (التَّعايُـش) مِـن بَعـد فَشَـل التَّجـارب السَّـابقة في (الوَحـدَة) و(التَّقرِيـب) ومـا اكتَنفَهـا مِـن تَكلُّـفٍ في خَلْـقِ الأَجـواء المناسِـبَة المُشـتَركة بَـين بَعـضِ مَرجِعِيَّـات (التَّشَـيُّع) وأَئمَّـة (اتِّجـاه أَهْـل العامَّـة) والمَذاهِـب والفِـرق المُنضَوِيـة تحـت لِوائهـما، ومـا انْتَهـت إليـه هـذه التَّجـارب مِـن خَـرابٍ فِكْـريٍّ أَدّى في نهايـة المطـاف إلى طُغيـان الاتِّجـاه السَّـلَفِي الإرهـابِي وتَبريـر اجْتيـاحِ غَرابِيبِـه لِـلأَراضي العراقِيَّـة وفَرضِـهِ لِعَقِيدَتِـهِ عـلى مَذاهـب (اتِّجـاه أَهْـل العامَّـة) وفِرَقِـهِ والتَّنكِيـل بِالشِّيعة والتَّظاهـر عليهـم بِقـوّة النُّفـوذ السِّياسِي وتَصفِيَتِهـم بِالعَمَلِيَّـات الانْتِحارِيَّـة واحْتِـلال المُـدن الشِّـيعِيّة المُقدَّسَـة وتَخرِيبِهـا ونَبْـشِ قُبورِهـا.

إنَّ الخُـبرات السَّـابقَة الَّتـي كَرّسَـها مَـشروع صُنـع الوِفـاق الطَّائفـي بـين عَقِيـدة (التَّشَـيُّع) والسَّردِيَّـات الفكرِيَّـة لِـ(اتِّجـاه أَهْـل العامَّـة) والمذاهـب والفِـرق قـد اختُتِمَـت بِـما يُمَكِّننـا مِـن وَصْفِـهِ بِـ(اسْـتِراحَةِ مُقاتِـل) إذْ أَنَّ سِـياق هـذه الخُـبرات

ونَسَقَ التَّجارب لم يُنتِجا معنًا حقيقيًّا لِلوفاق المُؤمَّل، ولم يُفرِزا قِيمًا مُعزِّزةً لِلتَّآلف الصَّادِق، كما لم يُنتِجا مَفاهيم مُؤدّيةً إلى قيام إطار حائزٍ على رِضا كُلّ الأَطراف أو تَجمُّعٍ قادِرٍ على إحراز الثِّقة المتبادلة والاستِقرار الاجْتِماعِي، وإنَّما كانَ السِّياقُ والنَّسَقُ ـ في حَقِيقة الأَمْر ـ يَلعبَان دورَ المَمهِّد لِفَوزٍ ساحِقٍ لِمُراد بَعض أَئمَّةِ السَّلفِيَّة في (اتِّجاه أَهْل العامَّة) فَحَسب ولإِعانَتِه على أداء مُهِمَّتَين:

ـ إِخْضاع أئمَّة المَذاهِب الأَرْبَعة ووُعاظِها في العالَم الإِسْلامي المُعاصر إلى سِيادة إِطارٍ جامِعٍ حتَّى يُصار إلى اندكاك أَتْباع هذه المَذاهِب وفِرَقِها كلّها في اتِّجاهٍ سَلَفِيّ الهُوِيَّة يَقود (اتِّجاه أَهْل العامَّة) بِلا مُنازِع، فيَتَحلّل بِذلك الغَرضُ مِن التَّعَبّد بالمَذاهِب الأَرْبَعَة ويَنتَهي وُجُودُها المُتعدّد. وهذا ما يُفَسّر ظُهور نَشاطٍ ثَقافي كَثِيفٍ وواسِعٍ مِن قِبَل مَنْ تبقَّى مِن أئمَّة ووُعّاظ المَذاهِب الأَرْبَعة المُستقِلّين لِعَملٍ ثَقافيٍّ مُضادٍ ومَدْعومٍ مِن قِبَل بَعض حُكوماتِ الدُّول العَرَبيَّة وبَعض الجِهات العِلْمِيَّة الكُبرى مِثل الأَزْهَر وغَيره.

ـ الاستِعداد التَّام لِخَوض المَرحَلة اللَّاحِقَة مِن لُعْبَةِ الموت والعُلو السِّياسي الاسْتِراتِيجِي، وذلك تَيمُّنًا مِن اتِّجاه السَّلَفِيّة بالسِّيرتَين: سِيرةِ (صَحِيفَة مكَّة الأُولى) وسِيرةِ (صحِيفَة مَكَّة الثَّانِيَة) حيثُ يُصفَّى وُجود الإِطار الجامِع لِما يُسمَّى بالمذاهِب الأَرْبعة والفِرَق التَّابِعَة، ويُعاد تَشكِيل (اتِّجاه أَهْل العامَّة) مِن جَدِيد واخْضاعه لِقيادة سَلَفِيَّة مُتطرِّفة ثُمّ يُزجّ بِه في المَعرَكَةِ الفَاصِلَة مع الشِّيعَة في كُلِّ مكان!

منذ وَقَعت حَوادِثَ سِيرة الانْقلاب على الأَعْقاب حتَّى اللَّحظة الرَّاهِنَة الَّتي نَعيش صَار مَصِيرُ مفاهيم (التَّقْرِيب) و(الوَحدة) فضلًا عن (التَّعايُش) المُستَقرّ الآمِن رَهنًا لما سيؤول إليه مَصِير بَيعة الغَدِير وموجِبات الامتِثال لِصَاحِبها صَلواتُ الله وسَلامُه عليه. فهذه الحَقِيقَة ـ مِن دون شَكّ ـ أَنَّها شامِلةٌ لِمَضامين

حَـقٌّ مُنتَهَـكٌ لا يُنكـر عنـد المُسـلِمين كافَّـة يَسـتوجَّب مُعالجَتـه بِالعَـودة إِليـه لا النُّفُـور مِنـه والتَّآمُـر عليـه أَو التَّخَـلّي عنـه.

فـإِنْ أَبَـى مُجتمـعُ المُسـلِمين وأَنكـرَ هـذا الحـقّ فَجَعـل مِـن (مَذْهَـبِ الـرَّأي) حاكـمًا ومِـن السَّـردِيَّـةِ الفِكريَّـة لِصَحِيفَتـي مَكَّـة)الأُولى(و)الثَّانِيَـة(ورجالهـما سُـنَّةً واجِبَـةً مُلزمَـةً وفـق إِطـار جامـعٍ لِلمَذاهِـب الأَرْبعَـة وفِرَقِهـا أَو وفـق إِطـار الاتِّجـاه السَّـلَفِي الَّـذي يَنشـط لاحْتِـواء المَذاهِـب الأَربَعـة أَو لِدمجهـا في دَوائـره؛ صـار هـذه المجتمـع:

ـ رَهنًـا لِأُلْعُوبَـةٍ سِياسِـيَّةٍ (هِرَقلِيَّـةٍ) مُتخاصِمَـةٍ مـع العَقِيـدَة السَّـلِيمة وخالِيَـة مِـن الثَّقلَـين.

ـ وطَوعًـا لإِرادَات رِسـمِيَّة مُتفرِّقَـة خاصّة بِإِنْظمـةِ دُوَلٍ فاقـدةٍ لِشَرعِيَّـةِ وُجودِها ومُتنافِرة الفِكـر والمَوقِـف بِحُكـم تبعِيَّتهـا لِنُفـوذ قُوى عالمِيَّـة كُـبرى وهَشاشَـة مَوازِين الإِمْـرة فِيها.

ـ وعَبـدًا مُسـيَّرًا لِمَرجعِيَّـات مُزيَّفَـة مِـن شـأنِها التَّطَفّـل عـلى خَزائـن المُلـوك والميوعةُ عنـد موائـد الأُمراء.

ـ ومُتعهّـدًا لِقُـوى مُتفرِّقَـة يَمْكـرُ بَعضُهـا لِلبَعـض الآخَـر فيَحكُـم بِالسَّـيف عـلى أَنْقاضِـه في دَورٍ لا يَنتَهِـي، ويُصَفِّـي بَعضُهـا عنـاصِرَ البَعـضَ الآخـر في تَسَلْسُـلٍ مُدَمِّـر، ويُفسِـدُ في الأَرض ويَسـفِكُ الدِّمـاء في حُـروبٍ عَبثِيَّـةٍ يُؤجِّـج نِيرانَهـا الطَّمـعُ في الإِمْـرة والسُّـلطان والأَنانِيّـة الجاهِلِيَّـة والعَصبِيَّـة المفرطـة في الثَّـأر والرَّغبـةُ المُلِحَّـة في الاسـتِيلاء عـلى عَـرْش (الرِّئاسـة) والزَّعامـة بِـأَيِّ ثَمَـنٍ، حتَّـى يتَـوارثَ أَبنـاءُ هـذه المُجتَمعـات مُلـكًا عَضُوضًـا قائـمًا عـلى القَهـر وسـائدًا بِالقَتـل والتَّمييـز القَبَـلي والعشـائري والقَومِـي والفَصْـل الطَّائفـيّ البَغِيـض.. فتِلـك هـي سِـيرةُ مـا مَـضى تَعـود إِلينـا في هـذا العـصر مِـن جَديـد بِلِثـامٍ مُختَلِـف الشَّـكلِ واللّـون!

عندمـا اخْتـار مُجتَمـعُ المُسـلِمين الانْحِيـاز إِلى العصـاة الَّذيـن واثَقَهـم الرَّسُـول صَـلَّى

الله عليه وآله في يَومِ الغَدِير ونكثُوا بَيعَتَه وخَذلُوه وعَصوا أَمْرَه، أَو سَكَت هذا المُجتَمع على نَقضِهم لِبَيعة الغَدِير وعِصيانِهم أَمْر نَبيهم تحت مُبرِّر دَرء (الفِتْنَة)، ثُمَّ بايَعوهم وشاركوا في جريمة إِقْصاء عَلِيّ أَمِير صَلواتُ الله وسَلامُه عليه فقَتلوه ـ فإِنَّ هذا المُجتَمع قد فقد مَعْنَى الإِيمان ولم يَتذَوّق طَعم السَّكينة والطَّمأنينَة والأَمْن والاستِقرار الوِجْداني، وإِنَّما صار كُلُّ جِيلٍ رَاهِنٍ في هذا المُجتَمع يُورّث لِأَجْيال المُسلِمين مِن بَعده ذُلًا وفُرْقَةً وجُمودًا وانْحِطاطًا. فقُتِلَ فِيهم مَن قُتِل وشُرِّدَ مَن شُرِّد وسُبِيَ مِن سُبِي، بِأَوامر صادِرَة عَمَّن جَعَلَ مِن نَفسِهِ خَليفةً وأَمِيرًا ومَلِكًا ورَئيسًا وسُلطانًا لِلمُسلِمين، ثُمَّ أُقصِيَ مِن بَعدِه مَن أُقصِي مِن بَنِي جِلدَتِهِ، وأُبْعِد مَن أُبعِد ونُفِي مَن نُفِي، في غِيابٍ قَسريٍّ مِن أَحكام الدِّين القَويم وحُضورٍ لازِمٍ مِن (مَذْهَبِ الرَّأي) المُتوارث سِياسيًّا.

ومِن المُفارقات الظَّاهرة في لُعبة العُلوّ بِالسِّياسة لدى أَئمَّة (اتِّجاه أَهْل العامَّة) ووُعَّاظِه ومَن وُصِفوا مِن حُكّامِهم بِـ(الخُلفاء) أَنَّهما لم تُفرِّط بِأُصُول الدِّين ومَعارِف التَّنوير فحَسب، بَل أَنَّ لاعِبيها انْخرَطوا في ظُلْمَةِ التَّبعِيَّة لِلقَوِيّ والسَّائد مِن الأَمْبراطوريَّات، فبَدَّدوا الثَّروات وفَرَّطوا بها، ومَزَّقوا العُمق الثَّقافي والاجتِماعِي لِبلاد المُسلمين، وزَجُوا بِالأَجيال في أَتُون الصِّراع على عَرش (الإِمْرَة) و(السّلطان) وتاجِهِ بِعَناوين خَدَّاعة، وأَبادوا مِن هذه الأَجْيال خَلقًا كثيرًا، ولم يَستَثنوا مِن ذلك حُلَفاءهم مِن أَتْباع ذات الاتِّجاه مِن أَهْل العامَّة ومَذاهِبه وفِرَقه، فأَكثَروا فِيهم مِن القَتل والتَّشريد والتَّعذِيب والنَّفي والتَّهجِير طَمَعًا في السِّيادة بِالإِمْرة والسُّلطان أَكثر مِمَّا قَتلوا وعَذّبوا ونَفوا وهَجّروا مِن أَتباع (التَّشيُّع) في عَمليَّات الإِقْصاء الدِّينِي والتَّمْييز القَبَلِيّ والفَصل الطَّائفِي!

عندما انقَلَبت الخِلافةُ مِن فَلْتَةٍ إِلى أُثْرة ومُلكٍ (هِرَقلِيّ) مُستَبِد، ثُمّ قَيصَرِيّ وراثِي مُستَبِد، وعُقِد الوِفاق بَينها وأَئمَّة ووُعَّاظ (اتِّجاه أَهْل العامَّة)، وقُتِل عَلِيٌّ والحَسن والحُسَين صَلواتُ الله وسَلامُه عليهم تحت سِيادَةِ وفاقهما؛ انْزَوى

(الشِّيعَةُ) وعطّلوا مَسعى إيجاد دَولةٍ خاصَّةٍ بِهم رِعايَةً منهم لِوحْدَةِ المُسلِمِين، وصَبروا على ذلك، واجْتَنبوا مُشارَكة (اتِّجاه أَهْل العامَّة) هِرَقلِيَّة خُلفائه/ حُكّامِه في الدُّول المُتَعاقِبَة، وفي اعتقاد الشِّيعة أنَّهم بذلك سيَضمَنون أَمْنَ الهُوِيَّة الشِّيعِيَّة والصَّمود في غَمَرات الموجِ الهائج مِن الفِكر المُنحَرِف والطُّغيان السِّياسِي الَّذي اسْتَسلمت له ثَقافة المُسلِمين منذ الانْقِلاب على الأَعْقاب.

ولَيْس مِن شَكٍّ في أَنَّ الجانِب المُنصِف المُدوّن مِن السِّيرة التّأريخيَّة سَجَّلَ لِلشِّيعَةِ جَدارتَهم فِيما مَضوا إِليه إِذْ تَفرَّغوا لِلعَمل على رَصِّ بُنيانِهم الاجْتِماعي وتَنمِيَة ثَقافتِهم وصِيانَة أُصُولهم، وعَزَّزوا مِن رَصانَة ما يُؤمِنون به مِن عَقِيدة وما يُسلِّمون له مِن شَرِيعَةٍ وأَخلاقٍ، وأَعادوا رَسْم المَشهَد الحَضارِي المؤمَّل في أَوْساطِهم بِما يَنسَجِم والتَّحوُّلات الحادِثة، وأَعدّوا لِمنهج تَبلِيغ نِعْمَةِ (الوَلايَة) المُرَتَّبَةِ وَحْيانِيًّا أَدواتِه الخاصَّة أَينما حَلّوا واستَقرّوا، وهيَّأوا لهذا المَنهَجِ وسائلَه المُناسِبَة بِلا تَعصُّبٍ مَذهبِيٍّ مِنهم ولا رُعُونَةٍ حِزبيَّةٍ أَو إِرهاب فِئويّ، ولم يَرضَخوا أَو يَستَسلِموا لِما واجَهَهُم مِن ظُلم وحَيفٍ وتَعسُّفٍ ونَفيٍ في الأَرض وسَجنٍ ومُؤامَرات إِبادَة جماعِيَّة لَو أَحصاها المُؤرِّخون لَكانَت كافِيَة لإنْهاء وُجود أُمَّةٍ مُتوافِرة على كُلّ مُقوّمات الوُجودِ والبَقاء.. إِنّها الرُّؤيَة الشِّيعِيَّة السَّلِيمَة الَّتي يَجِدّ أَهلُها في تَحقِيق الفَوز بها كُلّما تَعرَّضوا لانْتِكاسة يَصنعها الأَعداء وإِنْ طال بهم السّرى.

لقد ظَنّ أَئمَّةُ (اتِّجاه أَهْل العامَّة) أَنَّ انْفِرادَهم بِسِيادَةِ الدَّولَة والاسْتِئثار بِثَرواتِ البِلاد ـ وانْصِراف الشِّيعَة عن طَلَب المُلْكِ والانْزِواء عن الإمْرَة والسُّلطان، سيُحَقِّق التَّفَوّقَ المَأمُولِ والمَرْجو لِكُلّ أَتْباع (اتِّجاه أَهْل العامَّة) في عِزٍّ ورَفاهٍ، وسَيُبتَلى الشِّيعَةُ بِهَزِيمَةٍ سِياسِيَّةٍ مُنكَرَةٍ وجُمودٍ ثَقافِيٍّ وانْحِطاطٍ فِكْرِيّ تَضَع الهُوِيَّةَ الشِّيعِيَّة في مَهَبِّ رِيحٍ عاتِيَةٍ قد تُهدِّد وُجودَها.

وإِذا بِمَساوئ الشَّكّ والرِّيبَة والطَّمَع والأَنانِيَّة والحَسَد والغرور تَغزو

أَذْهـان كُـبراء العامَّـة قَبْـلَ أَنْ تُعَشْـعِش في أَذهـان الأَغلَبيّـة في الأَتْبـاع.. وإذا بِالفُرْقَـة والشَّـتات يَحِـلّان ضَيفًـا ثَقِيـل الظِّـلّ في سـاحَة وُلاة (اتِّجـاه أَهْـل العامّـة) وحُكّامِـه وأَئمَّتِـه ووُعّاظِـهِ وأَتْباعِـهِ.. وإِذا بِالأُمّـة تَشْـهَد حُروبًـا أَهْلِيَّـة وتَغْـرَق في بَحْـرٍ مِـن الدِّمـاء المَسـفُوكَة بِغَـير حَـقّ.. وإِذا بِالفُرْقَـةِ تُمَـزِّق النَّسِـيج الاجْتِماعـي وتُهـدِّد مَصِـير الدَّولَـة الواحِـدَة وتُقَسِّـمها إِلى دُول فاشِـلَة فاقِـدَة لِمقوِّمـات الوُجُـود والنُّمو والسِّـيادَة ويَطمـعُ في ثَرواتِهـا جَبابِـرَةُ الأَرْض.. وإِذا بِـسُرّاق الأَوْطـان مِـن سِياسِيِّ (اتِّجـاه أَهْـل العامَّـة) يَنقَلِبـون عـلى أَئمَّـة مَذاهِبِهـم وفِرَقِهـم لِيُؤَسِّسـوا لِأَنفُسِـهم دُوَلًا عَلمانِيَّـةً بِرِعايَـةٍ خاصَّـةٍ مِـن المُسـتَعمِر لِتكـون بَدِيلَـةً عـن دَولَـةِ الأُمَّـة الواحـدة ولِيَتقاسَـموا فيهـا البِـلاد والعِبـاد ويَعبَثُـوا فِي أَمْنِهـا الاجْتِماعـي ويُشْـعِلوا نـار الحَـرب الطَّائفِيّـة بـين أَتْبـاع مَذاهِبِهـم وأَتْبـاع التَّشَـيُّع والفِـرَق المَنسُـوبَة إِليـه حِفاظًـا عـلى سِـيادَة الحاكِـم الفاسِـق الفَاجِـر شـارِب الخَمـر وقاتِـل النَّفـس المُحترمـة، ثُـمّ لِيَزِجُّـوا بِأَجْيـال (اتِّجاه أَهْـل العامَّـة) في أَتُّـون حُـروبٍ طاحِنَـة تحـت شـعار إِعـادَة الأُمّـة الواحِـدَة إِلى مَجدِهـا وتَوحِيـد البِـلاد والعِبـاد في دَولَـةٍ واحِـدَة.

وعندمـا دَخلَـت هـذه الأَوطـان مِضـمار التَّقسِـيم الاسـتِعماري الحَديـث وصـارَت اشـتاتًا مِـن الـدُّول؛ لم يَسـتوعِب مُثِـيروا الحَـرب الطَّائفيَّـة في الضِّـدّ مِـن الشِّـيعَة مِـن خُلاصَـةِ تَجرِبَتهـم البَائسَـة ولم يَعتَـبر أُولُـوا الأَلبَـاب مِنهـم مِمّـا خَلّفـوه مِـن ضَـرَرٍ عـلى وحـدة الوُجُـود الإِسْـلامِي، وعـادوا يُشَـكِّكون في دِيـنِ الشِّـيعة ووَطَنِيَّتِهـم، ويُمارِسُـون (الفَصْـل الطَّائفـي) تَحـتَ مَظلَّـة المُسـتَعمِر بِأَشَـدِ الطُّـرق والوَسـائل خُبثًـا، ومـا زالـوا يعَبَثـون في التَّقسِـيم الدِّيمُغـرافِي لِلبـلاد ويُقَلِّبونَـه مـدًا وجـزرًا لِصالِـح جمهـور (اتِّجاه أَهْـل العامَّـة) كلَّـما تَطلَّبَـت ضَرُورات السِّياسَـة ومُقتضاياتُهـا فِعْـلَ ذلـك وفي عَقِيدَتِهـم أَنَّهـم يُحسِـنُون بذلـك صُنعـا!

الفَصْلُ الثَّانِي
المُجْتَمعُ المِثالِيُّ بَينَ الوَحْيِ والدَّولَةِ

يُمثّل الإمامُ عَلِيّ أَمِير المُؤمنين صَلواتُ الله وسَلامُه عليه في عَقِيدَةِ التَّشَيُّع والشِّيعَة وَجْهَ الله الَّذي يُؤتى والحُجَّةَ البالَغة الَّتي يَتوجَّه إليها الأَولِياء، ولا يُستَغنى عن إمامَتِه إذْ هي عقيدةٌ مُلازمةٌ لكِلِّ مُؤمِن يَنشُد الإيمانَ والتَّقوى أَو يَبتَغِي شَحْذَ الطَّاقة الوِجدانِيّة في ذاتِه أَو يَسعى في انْتِخاب المنهج السَّليم لِتوظِيفِ ما لَديه مِن المَنقُول والمَعقُول أَو يَجتَهد في تَنمِيَةِ ثَقافَة مُجتَمَعِه وتَأْصِيل مَظاهِرها في بِلاده.

فلَيس مِن الغَرِيب في الثَّقافَة الإسلامِيَّة أَنْ تَتصدَّرَ سِيرةُ الإمام عَلِيٍّ صَلواتُ الله وسَلامُه عليه قَوائمَ البُحوث والدِّراسات عند قَراءة كُلِّ حُقْبَةٍ تأريخيَّةٍ في المُسلِمِين، فيُصنِّفه ذَوو العَدل مِن أَهْل العِلْم والمَعرِفَة في مَقام الشَّخصيَّة الثَّانِيَة المؤثِّرة في نَشأة الإسلام ودوام بَقائهِ والقِتال فيه على التَّأوِيل مِن بَعد الرَّسُول صَلَّى الله عليه وآله.

وبِمعايِير الأَرْض فقد استَحقَّ الإمام عَلِيٌّ صَلواتُ الله وسَلامُه عليه بِجدارة حقَّ الانْفِراد بِنَصّ الوَلايَة وبِمَرتَبة الأُسْوة والقُدوة، والتَّمَيّز عن سائر النَّاس بفَيضٍ مِن المَناقِب والفَضائل. وأَمّا بِمَعايِير السَّماء فلا يعلمه إلَّا الله عَزَّ وَجَلّ ورَسُولُه مُحَمَّد صَلَّى الله عليه وآله.

فعَن رَسُولِ الله صَلَّى الله عَليه وآله (يا عَلِيّ، ما عَرَف الله إلّا أَنا وأَنْت، وما عَرَفَنِي إلَّا الله وأَنْت، وما عَرَفَك إلَّا الله وأَنا)[1].

1 - مدينة المعاجز، السّيد هاشم البحراني 439/ 2.

إنَّ مَن يَتَّبِع مِن المُدوِّنين البَاحِثين والدَّارِسين العَدْلَ والإنصاف ويَلتَزِم بِالمَنهج العِلْمِيّ الصَّادِق الرَّصين عند تَناول سِيرة الإمام عَلِيّ أمير المؤمنين صَلوات الله وسَلامُه عليه وتَصْنِيف مَنزلَتِهِ ومَقامِه في قَوائم الأَرْضِ ويجتهد في تِبيانِ مكانهما في قوائم السَّماء بِما هِي هِي مِن غَير قِياس بِآخَر مِن البَشَر غير النَّبِيّ الأَكْرم صَلَّى الله عليه وآله ـ فَلَيس مِن شَكٍّ في أَنَّه سيَرتَقي بِتَصنِيفِهِ واجْتِهاده في سِلَّم الكَمال ويَسمُو بِنَفسِه على نَقائِصِها.

وأَمّا ذَوو النِّفاق والكَراهيَّة والازْدِراء والفِسْق والبَغضاء وأَهْل الشِّقاق والغِلِّ والعَداوة والضَّغِينَة والعَصبِيَّة القَبلِيّة والعَشائريّة والتَّطرف الحِزبِي والفِئوي والقَومِي والمَذْهَبِي والطَّائفي الَّذين جَعلوا مِن عَلِيٍّ أَمِير المُؤمنين صَلوات الله وسَلامُه عليه لِلقياس مَحلًا ولِلطُّعون، فلَيس مِن شَكٍّ في أَنَّهم يَنحَدِرون بِتَصنِيفهم هذا وما يَجتَهِدون إلى الدَّرك الأَسفلِ مِن الجاهلِيّة الوَحشِيّة ولَنْ يَضرّوا سِيرة عَلِيّ أَمِير المؤمنين صَلواتُ الله وسَلامُه عليه شيئًا وإنَّما سيُنقَضُون وسيُفضَحون عاجِلًا أو آجِلًا.

لَيس مِن الغَريب المُفاجِئ أَنْ تُصبِحَ سِيرةُ عَلِيٍّ أَمير المؤمنين صَلواتُ الله وسَلامُه عليه عند تَلاطُم مَوج الشُّبهات وأَعاصِير الأَزمات الحُصنَ الدَّافِئ المُنقِذ، فيَأوي إليه كُلُّ طالِب إيمانٍ وتَقوى، وَقِيم إِنسانِيّة رَفيعةٍ وفَضِيلَةٍ، ومُثُلٍ أَصِيلةٍ وعِلْمٍ نافعٍ، ويَقصِدُه كُلُّ داعِية أَمْنٍ وسَلامٍ وكُلُّ راجٍ في عَقِيدة لا عِوج فِيها ولا أَمتا وكُلُّ راغبٍ في شَريعة سَمحاء، وكُلّ آملٍ في بَلاغَة جميلة عَصْماء، وكُلُّ باحثٍ عن الحقّ والحَقِيقة وعَدلٍ وإنْصاف.

يُمكن القَول بِضرسٍ قاطع إنَّ عليًّا أَمير المؤمنين صَلواتُ الله وسَلامُه عليه هو الحُجَّةُ على أَهْل الدُّنيا الَّذي أَسلَم قبل إِسْلام النَّاس وصَلَّى قبل صَلاتِهم.

وقال رَسول الله صَلَّى الله عليه وآله فيه (يا عَلِيّ، أَنْتَ حجّةُ الله، وأَنْت

بـابُ الله، وأَنْـت الطَّريـق إلى الله، وأَنْـت النَّبـأ العظِيـم، وأَنْـت الـصِّراط المُسـتقِيم، وأَنْـتَ المثـلُ الأعـلى، وأَنْـتَ إمـامُ المسـلِمِين وأَمـيرُ المؤمنـين وخـيرُ الوَصِيّـين وسَـيِّد الصِّدِّيقـين.. يـا عَـلِيّ، أَنْـت الفـارُوق الأعظـم، وأَنْـت الصِّدِّيـق الأكـبر، وإنَّ حِزبَـك حِـزبي وحِـزبِي حـزبُ الله، وإنَّ حِـزبَ أعدائـك حـزبُ الشَّـيطان)[1].

عنـد اللَّحظَـةِ الَّتـي انْتَقـل فِيهـا المُسـلمون مِـن مَرحَلَـةِ القِتـال عـلى التَّنزيـل بإمامَـة الرَّسُـول صَـلَّى الله عليـه وآلـه، ثُـمَّ عنـد دُخـولِ المُؤمنِـين مَرحَلـةِ القِتـال عـلى التَّأويـل بِإمامَـةِ عَـلِيٍّ أَمِـير المؤمنـين صَلـوات الله وسَـلامُه عليـه؛ لم يكـن مُجتمعـا مَكّـة والمدينـة يُـدرِكان بَعـد مَعنـى مـا أَعـدَّه رَهْـطٌ مِـن الصَّحابَـة المَغمورِيـن مِـن مَقصـدٍ تَواطئـوا عليـه ثُـمّ أَمضـوه في جَـوفِ الكَعبَـةِ أَثنـاء صُحبَتِهـم لِلنَّبِـي صَـلَّى الله عليـه وآلـه في حجّـة الـوداع. كـما لم يُفصِـح أَحـدٌ في هذيـن المُجتمَعَـين شـيئًا عـمّا أَسَرّ هَـؤلاء الصَّحابـة الخَمْسَـة في قُلوبِهـم ومـا عَزَمـوا عـلى إنفـاذه مِـن عَمـلٍ قَريـبٍ سـيَجرِف الأُمَّـة ودِينَهـا إلى التِّيـه ويَقـذِف بهـما إلى لهـوات مَصِـيرٍ مجهـولٍ يَـدوم أحقابًـا ويَسـتَمِرّ إلى يَـوم يُبعثُـون.

وبعـد حَـوالى ثَلاثـة شُـهور مِـن أَدائـه حجَّـة الـوَداع وإمضـاء خَمسـة مِـن الصَّحابـة الكِتـاب (صَحِيفَـة مَكّـة الثّانِيَـة) بَينهـم في جَـوفِ الكَعبَـة؛ أُشِـيع في مكّـة والمَدِينـة نَبـأٌ مُقلِـقٌ عـن قُـرب رَحِيـل الرَّسُـول الأكـرم صَـلَّى الله عليـه وآلـه.

فهَـل مـات النَّبِـيُّ مُحمَّـد صَـلّى الله عليـه وآلـه حَتـف أَنفِـه أَمْ أَنَّ في إشـاعة نَبـأ مَـرض النَّبِـيّ صَـلَّى الله عليـه وآلـه مـا يُشِـير إلى أَنَّ تَعاقُـدَ الصَّحابَـة الخَمسـة قـد اقْتَـضى في الظَّـرف الرّاهـن تَعجِيـل مـا أَخَّـر مِـن عَملِيّـة لاغْتِيـال الرَّسُـول صَـلَّى الله عليـه وآلـه، فكانَـت الشَّـائعة هـذه مُقدِّمـةً تَمهِيدِيّـةً لمـا وَجـبَ عليهـم اقْترافُـه وفـق مـا تَعاقـدوا عليـه مِـن صَحِيفَـة؟!

1 - المصدر السّابق 4/ 36.

لم يُصرِّح أحدٌ في المَدِينَتَين أيضًا عن وُجود خُطوةٍ مُتقدِّمةٍ لإنشاء تحالُفٍ بين رَهْطٍ مِن الصَّحابة المُتعاقِدين في جَوف الكعبَةِ وعَددٍ مِن القُوى الجاهِليَّة المُتربِّصة بالنَّبيّ محمَّد صَلَّى الله عليه وآله وأخِيه ووَصِيِّه عَليٍّ أمِير المُؤمنين صَلواتُ الله وسَلامُه عليه الدَّوائر لِلأخذ بِثَأر صَنادِيد العرب الَّذين جُندِلوا في بَدرٍ وأُحدٍ وحُنَين وغيرِهِن والتَّعجِيل في مَقصَدِ السَّيطرة على مَقالِيد السُّلطة والسُّلطان والرّئاسة واحتِكارها.

وعِندما جُرجِرَ عَليٌّ أمِير المُؤمنين صَلواتُ الله وسَلامُه عليه وهو مَغلول اليَدين بِالحَبلِ إلى مَجلِس الصَّحابَة الخَمسَة وحُلفائهم الجدد في مَسجِد الرَّسُول صَلَّى الله عليه وآله مُحاطًا بِجُندِهم الَّذين فَرغوا لِلتَّو مِن عَملِيّة الإغارة على بَيتِه وإحراق دارِه والاعتِداء على زَوجِه فاطِمة الزَّهراء صَلواتُ الله وسَلامُه عليها بِالرَّكل والرَّفْس والجَلد والعَصر ما بَين البابِ والجِدار في مَحضر وشُهود مِن أهْل المَدِينة الَّذين تَوافدوا مُسرِعين مِن كُلّ صَوبٍ وحَدْبٍ لِلتَّفرّج على سَير عَمليَّة الهُجوم عن قُرب - كَشَف عَليٌّ أميرُ المؤمنين صَلواتُ الله وسَلامُه عليه المَستورَ وأماط عنه اللِّثام عندما قال لهم (لَقد وَفَّيتُم بِصَحيفَتِكم الَّتي تَعاقدتُم عليها في الكَعبة إنْ قَتَل الله مُحمَّدًا أو مات لَتزوُون هذا الأَمر عَنَّا أَهْل البَيت)!

فَسَألَه أبو بكر: فما عِلْمك بِذلك، ما أَطْلَعناك عليها!

فقال عَليٌّ صَلواتُ الله وسَلامه عَليه: أَنْتَ يا زُبَير، وأَنْتَ يا سَلمان، وأَنْتَ يا أَبا ذَر، وأَنْتَ يا مقداد.. أَسأَلكم بالله وبِالإسْلام، سَمِعتُم رَسُولَ الله صَلَّى الله عليه وآله يَقول ذلك وأَنْتُم تَسْمَعُون «إنَّ فُلانا وفُلانا - حتَّى عَدَّ هَؤلاءِ الخَمسَة - قد كَتَبوا بَينَهم كِتابًا وتَعاهدوا فِيه وتَعاقَدوا على ما صَنَعوا إنْ قُتِلْتُ أَو مُتُّ»؟!

فقالوا: اللّهُمَّ نَعَم، قَد سَمِعنا رَسُولَ الله صَلّى اللهُ عليه وآله يَقول ذَلِك لَكَ (إنّهم قَد تَعاهَدوا وتَعاقَدوا على ما صَنعوا، وكَتَبوا بَينهم كِتابًا إنْ قُتِلتُ أَو مُتُّ وأنْ يَزْوُا عَنك هذا يا عَلِيّ)[1].

فَفُضِح هُنالِك أمرُ التَّعاقد بِرمَّته وطارَت تَفاصِيل الانْقِلاب على الأَعْقاب مِن مَجلِسِ أَبي بَكر إلى أَحياء المدينة في هذا الظَّرف المُعقّد ووَصَلت أَصْداؤه إلى أَهْل مكّة. ولم يُصاحِب إجراءات الانقلاب الطَّارئة هذه ما يُشِير مِن قَريبٍ أو مِن بَعيدٍ إلى وُجود (فِتْنَةٍ) مُحتَمِلة الوقوع استَدعَت مِن كبراء الصّحابة التَّدَخّل على عَجلٍ لِوَأْدِها وإنقاذ ما يُمكن إنْقاذه في مجتمع المدينة، بَل أَنَّ مَظاهر المَدِينة كلِّها دَلَّت على العَكْس مِن ذلك على الرَّغم مِن الانْتِشار الوَاسِع والمُفاجِئ وغير المألوف لِلمُسلَّحِين مِن بَنِي أَسلَم وغيرهم، وأَنَّ الأَمْر المُستَجِدّ الوَحِيد المُتداول بَين أَهْل المَدِينة بات مُقتصرًا على ما تَكهَّن به بَعض الصَّحابة مِن أَنَّ الآيةَ الكريمَة [وَمَا مُحَمَّدٌ إِلَّا رَسُولٌ قَدْ خَلَتْ مِن قَبْلِهِ الرُّسُلُ، أَفَإِن مَّاتَ أَوْ قُتِلَ انقَلَبْتُمْ عَلَىٰ أَعْقَابِكُمْ، وَمَن يَنقَلِبْ عَلَىٰ عَقِبَيْهِ فَلَن يَضُرَّ اللهَ شَيْئًا، وَسَيَجْزِي اللهُ الشَّاكِرِينَ][2] الَّتي نَزَلَت في يَوم أُحُد قد تَحقَّق نبوُءها، ومِن أَنَّ انْقِلابًا قد دُبِّر بِلَيل حيثُ نَقَضَ المُنقلِبون بِمُوجِبه (بَيعةَ الغَدِير) الَّتي أَخذها الرَّسُول صَلَّى الله عليه وآله مِنهُم ومِن المُسلِمين كافَّة قَبل رَحِيله بِأَشهرٍ قَلِيلةٍ بِالقُرب مِن غَدِير خُمّ ثُمَّ في المَدِينة.

فَلِماذا تَعمَدُ بَعضُ الأُصُول والمَدوَّنات المُختَصَّة في انْتاج الفِكْر وصِناعَةِ المَفاهِيم المُعاصِرَة إلى أَسالِيب التَّزوِير والتَّضلِيل والتَّلفِيق والوَضْع والاخْتِلاق والإِفْتراء فَتعتَنِقها وتَتَمسَّك بِها وتَجعلها مِن مُسلَّمات الدِّين، فيما يُؤكِّد واقع الحال لِلقاصي والدَّاني أَنَّ المناهج الحَدِيثة قد تَقدَّمت كثيرًا وأَماطَت اللِّثام عن

---

1 - المصدر السّابق 274/ 28

2 - آل عمران 144

الكَثِير مِن الحَقائق التَّأريخيَّة المَغمُورة وتَوصَّلَت إلى نَتائج مُبهِرَة تَكاد تَكون دامغة الدَّليل وجازِمَة في شَأن طَبيعة الثَّقافَةِ وهُوِّيَةِ النِّظام الاجْتِماعِي اللَّذين كانا سائدَين في مُجتَمعي مكَّة والمدينة عند البِداية الأُولى لِظُهور الإسْلام حتَّى يَوم الانْقِلاب على الأعْقاب؟!

ولماذا تَمضِي هذه الأُصُول والمُدوَّنات إلى اعتِماد ذات الأسَالِيب المُتخلِّفة الَّتي أكَلَ عليها الدَّهر وشَرب، فتَتَحصَّن بها كُلَّما تَقدَّم المنهج التَّأريخي وأَتى دولَة الرَّسُول صَلَّى الله عليه وآله في المَدِينة لِيَقرأ كَيفِيَّة نُشوئها والهُوِيَّة التي اعتَمَدها في تَشكِيل نِظامِه الاجتِماعي ومَنهجِهِ في تَنمِيَتِها وما تَخَلَّل ذلك مِن مُقدِّمات خِلافِيَّة ونِزاع خَفيّ جرت وقائعُهما بين الصَّحابَة وما أَسْفَر عن ذلك مِن صِدام مباشر في إِثْر وُقوع الانْقِلاب على وَلايَة العَهدِ المُقرَّرة لِهذه الدَّولة الفَتِيَّة؟!

ولماذا أَسرَفَت هذه الأُصُول والمُدوَّنات في تَشطِيب الحقائق فأَظهرَت أَهلَ مكَّة والمدِينة في شَكلِ مُجتمعٍ مُوحَّدٍ مُتماسِكٍ مُقدَّسٍ مَعصومٍ عن الخَطأ لِقاء ما أَقدم عليه مِن صُحبَةٍ لِلرَّسول صَلَّى الله عليه وآله أَو مُشاهَدَة، فجَعلَ مِن مادّة القرآن حكاياتٍ في أَساطِير الأوَّلين وجَرَّدَ آياتِه مِن وَظِيفَتِها التَّفاعُلِيَّة في واقِع الحال؟!

أَفكُلَّما تَقدَّمت مَناهِجُ البَحث وتَطوَّرت الوَسائل الحَدِيثة واقتَرَبَت مِن لحظة الإحاطة التَّامّة بِالطَّبائع الثَّقافِيَّة والرَّوابط الاجتِماعِيّة القائمَين في هذين المُجتَمَعين قَبْل إِسلامهما والأسْباب المؤدِّيَة إلى فَشل هذين المُجتَمَعين في التَّجرّد مِن المَورُوث العَصَبيّ الجاهِلي في ثَلاثةٍ وعِشرين عامًا مِن عُمُر إِسلامِهم - انْبَرى نَفرٌ مِن المُسلِمين لِيَنحَرفَ بهذه المَناهِج والوَسائل عن مَقاصِدِهما العِلْمِيّة ولِيُنتِجَ بهما ما هو مُخالِفٌ لِلوقائع التَّأريخِيّة والمَوروثِ الرِّوائي الصَّحِيح وانْعكاساتِهما على الواقع الاجْتِماعي والسِّياسِي لِلمُسلِمين على وَجْهٍ أَخَصّ.

لماذا تَفاقَمَت نَزعةُ حُبِّ (الإمْرَة والسُّلطان) في هذين المُجتَمَعين وتَعصَّبا لِلاستِحواذ على مَقام (الخِلافة) بِمَفهومِها المَوضُوع المُختَلَق أو لِمُناصَفَتِها بالقول (مِنَّا أَمِيرٌ ومِنكُم أَمِير)؟! ولماذا ساهم المُجتَمعان في تَبرير عُذر الانْقِلاب على الأَعْقاب الوَهْمِي القائل بوُجُود (فِتنَةٍ مُحتَمَلةٍ)؟! ولماذا أَقال المُجتَمَعان المُنقلِبِينَ فَعْلَتَهم وأَسرعا الخُطى إلى المَسجِد لِنَقض بَيعةِ الغَدِير ولإِعلان البَيعةِ لِلمُنقلِبين، وفيهم مَن شَهد بَدرًا وأُحدًا والأَحزابَ وخَيبرَ وحُنَين وتَبوك، وبايع بَيعات العَقبة الأُولى والثَّانِية والرِّضْوان وفَتْح مَكّة مِن قَبل، وبايَع بَيعةَ الغَدِير إِلى وَقتٍ قَرِيبٍ لم يَتجاوز مدّة شهورٍ ثلاثة؟!

استدعى هِرَقْل قَيصر الرَّوم أَبا سُفيان لِيَستعْلِمَ مِنه مَعنى الرِّسالة الَّتي تَلقاها مِن النَّبِي مُحمّد صَلَّى الله عليه وآله يَدعوه فيها إلى الإسلام، فدار بَينهما نِقاشٌ كاشِفٌ عن طَبِيعَة الثَّقافَة الجاهِلِيّة الَّتي كانت تُسيّر أَهْل مَكّة وعن رُؤيَة أَقطاب الجاهِلِيّة في الرَّسُول صَلَّى الله عليه وآله إِذْ دَفعتهم إلى مُناجزتِه وشَنّ أَلوانٍ مُختلِفة مِن الحَربِ عليه ثُمّ اعتِناق النِّفاق وانْتِظار فُرْصَة تَغَيّر الأَحْوال واخْتِلال مَوازِين القُوى المُمَهّدين لِلانْقِلاب على الأَعْقاب والاستِحواذ على الإِمْرَة مِن جَديد أو استِردادها جاهِلِيّة.

فلَيس لِدِينِه صَلَّى الله عليه وآله القَويم ولا لِخُلقِه العَظِيم قاتَلَه أَهْلُ الجاهِلِيّة وفي مَكّة يَزدَحِم عُبّادُ مئاتٍ مِن الأَصْنام والأَوثان ولَيْس لِقُريش مِن بَينِها صَنَمٌ ولا وَثَنٌ يُعبد، وما زالت التِّجارةُ تَدرّ على قُريش مِن الأَموال الكَثِير وهُم في رَفاهٍ ثَقيلٍ مُتخَم لا ينقطع وفي ثَقافَةٍ نامِيَةٍ.

أَدركَ هِرَقْل الرُّوم أَنَّ قُريشًا كانَت حَريصَةً كُلّ الحرص على (الإِمْرَة) المَفقُودَة في المَقام الأَوّل، وأَنَّ مَركَزِيّةَ التَّعبّد بِالأَصْنام في جَوف الكَّعبة وعلى ظَهرِها يُمثّل بعدًا ثقافيًّا رَئيسًا في تَنمِية الدَّورة الاقْتِصادِيّة لِمَكّة وأَهَم مَوردٍ لِتكوين الثَّروة والرُّقِي بِالنِّظام الاجْتِماعِي والامْتِداد بِالنّفوذ الخارِجي وتَعزيز التَّحالُفات.

فَـلا مَنـاص مِـن دُخُـول كُـبراء مكَّـة وأُمرائهـا في لِقـاءٍ تَفـاوضي مـع النَّبـيّ صَـلَّى الله عليـه وآلـه وإنْ وَصَلـت نَتائـج المُفاوضَـات بينهـما إلى حَـدِّ الإذعـان لـه صَـلَّى الله عليـه وآلـه صِيانَـةً وحِفظًـا لِلنِّظـام الاجتِماعـي والاقْتِصـادِي القائـم. فمَكَّـة هـي أَغْنـى مُـدنِ الجَزيـرة العَربِيَّـة وتُمثّـل مُلْتَقـى التِّجـارَة بـين الشِّـمال والجَنـوب في الصَّيـف والشِّـتاء وتَسـتَحِقّ التَّضحِيَـة بِالإمْـرة والسُّـلطان عنـد كُـبراء مكَّـة!

فعَـن عَبْـد الله بـن عَبَّـاس أَنَّ أَبـا سـفيان بـن حَـرْب أَخـبَره (أَنَّ هِرَقْـل أَرْسَـل إِلَيْـهِ فِي رَكْـبٍ مِـنْ قُرَيْـش فِي الْمُـدَّةِ الَّتِـي كَانَ رَسُـول الله صَـلَّى الله عليـه وآلـه مَـادَّ فِيهَـا أَبَـا سـفيان وَكُفَّـارَ قُرَيْـش، فَأَتَـوْهُ وَهُـم بِإِيلِيَـاء فَدَعَاهُـم فِي مَجْلِسِـه، وَحَوْلَـهُ عُظَـمَاء الـرُّوم ثُـمَّ دَعَاهُـم، وَدَعَـا بِتَرجُمَانـه فَقَـالَ أَيُّكُـم أَقْـرَبُ نَسَـبًا بِهَـذَا الرَّجُـل الَّـذِي يَزْعُـمُ أَنَّـه نَبِـيٌّ؟ فَقَـالَ أَبُـو سُـفيان: فَقُلْـتُ أَنَـا أَقْرَبُهُـمْ نَسَـبًا. فَقَـالَ أَدْنُـوهُ مِنِّـي، وقَرِّبُـوا أَصْحَابَـه، فَاجْعَلُوهُـم عِنـد ظَهْـرِه. ثُـمَّ قَـالَ لِتَرجُمَانِـه: قُـلْ لَهُـمْ إِنِّي سَـائِلٌ هَـذَا عـن هَـذَا الرَّجُـل، فَـإِن كَذَبَنِي فَكَذِّبُـوه. فَـوَالله لَـولا الحَيَـاء مِـن أَنْ يَأْثِـرُوا عَـلَيَّ كَذِبًـا لَكَذَبْـتُ عَنْـه).

وأَضَـاف أَبُـو سُـفيان في قَولِـه لابْـنِ عَبّـاس (ثُـمَّ كَان أَوَّلُ مَـا سَـأَلَنِي عَنْـه أَنْ قَـالَ: كَيْـف نَسَـبُهُ فِيكُـم؟! قلـتُ: هُـو فِينـا ذُو نَسَـبٍ. قَـالَ: فَهَـل قَـالَ هَـذَا القَـوْل مِنكُـم أَحَـدٌ قـطّ قَبلَـهُ؟! قلـتُ: لا. قَـال: فَهَـل كَانَ مِـن آبَائِـهِ مِـن مَلِـكٍ؟! قلـتُ: لا. قَـالَ: فَـأَشْرَافُ النَّـاس يَتَّبِعُونَـه أَمْ ضُعَفَاؤُهُـم؟! فقلـتُ: بَـل ضُعَفَاؤُهُـمْ. قَـالَ: أَيَزِيـدُون أَمْ يَنْقُصُـون؟! قلـتُ: بَـل يَزيـدُون. قَـالَ: فَهَـل يَرْتَـدُّ أَحَـدٌ مِنهُـم سَـخْطَةً لِدِينِـه بعـد أَنْ يَدْخُـلَ فِيـه؟ قلـتُ: لا. قَـالَ: فَهَـلْ كُنْتُـم تَتَّهِمُونَـه بِالكَـذِب قَبْـلَ أَنْ يَقُـولَ مَـا قَـالَ؟! قلـتُ: لا. قَـالَ: فَهَـل يَغْـدِرُ؟ قلـتُ: لا، وَنَحْـنُ مِنْـه فِي مُـدَّةٍ لا نَـدْرِي مـا هُـو فَاعِـلٌ فِيهَـا. قَـال: وَلَم تُمْكِنِّـي كَلِمَـةٌ أُدْخِـلُ فِيهَـا شَـيْئًا غَـيْرَ هَـذِه الْكَلِمَـة. قَـالَ: فَهَـل قَاتَلْتُمُـوه؟ قلـتُ: نَعَـم. قَـالَ: فَكَيْـف كَان قِتَالُكُـم إِيَّـاه؟ قلـتُ: الحَـرب بَيْنَنَـا وبَينَـه سِـجَالٌ، يَنَـالُ مِنَّـا وَنَنَـالُ مِنْـهُ. قَـالَ: مَـاذَا يَأْمُرُكُـم؟ قلـتُ: يقـولُ اعْبُـدُوا الله وَحْـدَهُ،

وَلاَ تُشْرِكُوا بِهِ شَيْئًا، واتْرُكُوا ما يَقُولُ آباؤُكُم، ويَأْمُرُنا بِالصَّلاة والصِّدْق وَالْعَفاف وَالصِّلَة).

فَقَالَ هِرَقْل لِلتَّرْجُمَان: قُلْ لَه: سَأَلْتُكَ عن نَسَبِه، فذكَرْتَ أَنَّهُ فِيكُم ذُو نَسَبٍ، فَكذَلِك الرُّسُل تُبعَثُ فِي نَسَبِ قَومِها، وسَأَلْتُكَ: هَل قَالَ أَحَدٌ مِنكُم هذا الْقَوْل، فذكَرْتَ أَنْ: لا. فقُلتُ: لَو كان أَحدٌ قال هَذَا القَوْل قَبْلَهُ لَقُلْتُ: رَجُلٌ يَأْتَسِي بِقَوْلٍ قِيلَ قَبْلَهُ، وسَأَلْتُكَ: هَلْ كان مِن آبائِهِ مِن مَلِكٍ، فَذَكَرتَ أَنْ: لاَ. قُلْتُ: فَلَو كان مِن آبائِهِ مِن مَلِكٍ، قُلْتُ: رَجُلٌ يَطْلُبُ مُلْكَ أَبِيهِ. وَسَأَلْتُكَ: هَلْ كُنتُم تَتَّهِمونَه بِالكَذِب قَبل أَنْ يَقُولَ مَا قَالَ، فَذَكَرْتَ أَنْ: لاَ، فَقَد أَعْرِفُ أَنَّهُ لَمْ يَكُن لِيَذَرَ الْكَذِبَ عَلَى النَّاسِ وَيَكْذِبَ عَلَى الله. وَسَأَلْتُكَ: أَشْرَافُ النَّاس اتَّبَعُوه أم ضُعَفَاؤُهُم، فَذَكَرْتَ: أَنَّ ضُعَفاءَهُم اتَّبَعُوه، وهُم أَتْبَاعُ الرُّسُل. وَسَألتُك: أَيَزِيدُون أَم يَنقُصون، فَذكَرْتَ: أَنَّهُم يَزِيدُون، وكَذَلِك أَمْرُ الإِيمان حَتَّى يَتِمَّ. وَسَأَلْتُك: أَيَرْتَدُّ أَحدٌ سَخْطَةً لِدِينِه بَعد أَنْ يَدخُلَ فِيه، فَذَكَرْتَ أَنْ: لا، وكَذَلِك الإِيمانُ حِين تُخالِطُ بَشاشَتُه القُلُوب. وَسَأَلْتُكَ: هلْ يَغْدِرُ، فَذَكَرْتَ أَنْ: لاَ، وَكذلِك الرُّسُلُ لا تَغْدِر. وسَألتُكَ: بِما يأمُرُكُم، فَذَكَرْتَ: أَنَّهُ يأمُرُكم أَنْ تَعبُدوا الله ولا تُشرِكُوا بِه شَيئًا، ويَنْهَاكُم عن عِبادَة الأوثان، ويَأْمُرُكُم بالصَّلاة والصِّدْق والْعَفاف. فَإِنْ كان ما تَقُولُ حَقًّا فَسَيَمْلِكُ مَوْضِعَ قَدَمَيَّ هَاتَيْن، وقَد كنْتُ أَعْلَمُ أَنَّهُ خارِجٌ، لَم أَكُن أَظُنُّ أَنَّهُ مِنكُم، فَلَو أَنِّي أَعلَمُ أَنِّي أَخلُصُ إِلَيه لَتَجَشَّمْتُ لِقَاءَه، ولَو كُنْتُ عِنْدَهُ لَغَسَلْتُ عن قَدَمِه).

ثُمَّ دَعا هِرَقْل بكِتَاب رَسُولِ الله صَلّى الله عَليهِ وآلِه الَّذي بَعثَ بِه دِحْيَةُ إِلى عَظِيم بُصْرَى، فدَفعهُ إِلى هِرَقْل فَقَرَأَهُ فَإِذَا فِيه (بِسْمِ الله الرَّحْمَنِ الرَّحِيم. مِن مُحَمَّدٍ عَبْدِ الله وَرَسُولِه، إِلى هِرَقْل عَظِيم الرُّوم. سَلاَمٌ على مَنِ اتَّبَعَ الهُدَى، أَمَّا بَعْدُ، فإِنِّي أَدْعُوكَ بِدِعَايَةِ الإِسْلام، أَسْلِمْ تَسْلَم، يُؤْتِكَ اللهُ أَجْرَكَ مَرَّتَيْن. فَإِنْ تَوَلَّيْتَ فَإِنَّ عَلَيك إِثْمَ الأَرِيسِيِّين و[قُلْ يَا أَهْلَ الْكِتَابِ تَعالَوْا إِلى كَلِمَةٍ سَوَاءٍ

بَيْنَنَا وَبَيْنَكُمْ أَلَّا نَعْبُدَ إِلَّا اللهَ وَلَا نُشْرِكَ بِهِ شَيْئًا وَلَا يَتَّخِذَ بَعْضُنَا بَعْضًا أَرْبَابًا مِنْ دُونِ اللهِ فَإِنْ تَوَلَّوْا فَقُولُوا اشْهَدُوا بِأَنَّا مُسْلِمُونَ].

قَالَ أَبُو سُفيان: فَلَمَّا قال ما قالَ، وفَرَغ مِن قِرَاءَة الكِتَاب كَثُرَ عِنْدَهُ الصَّخَب، وارْتَفَعَت الأَصْوَاتُ وأُخْرِجْنا. فقلتُ لأَصْحَابِي حِين أُخْرِجْنا: لَقد أَمِرَ أَمْرُ ابن أَبِي كَبْشة، إِنَّهُ يَخافُه مَلِكُ بَنِي الأَصْفَر. فما زِلْتُ مُوقِنًا أَنَّهُ سَيَظْهرُ حَتَّى أَدْخَلَ اللهُ عَلَيَّ الإِسْلَامَ)[1].

إنَّ مِن وَراءِ عَمليّة العبَث بالسِّيرَة الحَقيقيَّة لِلإِسْلام تَقِف فِئةٌ مِن المَعتُوهِين السِّياسِيّين المُتوارين في السِّتر بِالحِجاب طالما فَرَّطَت بِثَروات الأُمّة وسَخَّرتها في أَعمال التَّلفِيق المُنظَّم في السِّيرة حتَّى تَصطَنِع منها سَرديَّةً تَأريخِيَّةً مُغايرة تَحكِي فواصِل مَكذُوبة على الأَمثِلَة العَظِيمَة مِن قُدوات الإسلام المُقدَّسَة، كما تَحكِي فاصِلًا مُقدَّسًا لِسِيرة الصَّحابَة المُنافِقِين الَّذِين أَسلَموا ولم يُؤمنوا وكانوا أَرذَل أَراذِل مَكَّة وأَذَلّ أَذِلّائها ولا حَظّ لهم مِن العِلْم بِالدِّين وعَقِيدَته وشَرِيعَته. وراحَت تَنفُث في ثَقافَة المُسلِمِين مَزيجًا مِن النَّظرِيَّات الفَلسَفِيّة المُلتقطَة وخَليطًا مُشَوّهًا مِن السُّلوك الإنساني الاجْتِماعي اللَّذَين يبدوان في ظاهِرِهما نَموذَجًا وحْيانِيًّا فتُشَكِّل مِنهما مَشاهِدَ مُزَوَّرة عن البِيئَتَين الاجْتِماعِيَّتَين في مَكَّة والمَدِينَة وعن سُلوك رَجالِهما إِزاء ما يَصدر عن الثَّقلَين مِن نَصّ.

لَقد عَكَسَت أُصُول ومُدوَّنات هذه الفِئة مَشاهد كاذِبَة عن صحابة مُجتمعَيّ المدِينَتَين في عَهد النُّبوّة فأَظهَرَتْهم في هَيئةِ صِفٍ واحِدٍ كأَنَّهُ البُنيانُ المَرصُوص على حَدٍّ لم يُعرَف مِثلُه في البِلاد ولم يَتكرَّر مِن بَعد عهد الخِلافَة (الرَّاشِدَة)، ولَنْ يَبلُغَ أَحدٌ دَرجةً عالِيَةً مِن الإِيمان والتَّقوى مِثلَما بَلَغ صَحابَةُ مُجتمعي مَكَّة والمَدِينَة.

1 - صحيح البخاري 18/ 16/ 3.

لقد كَذَّبت الكَثيرُ مِن أُصُول ومُدوَّنات ومُحرَّرات (اتِّجاه أهْل العامَّة) حِين قَرّرت أنَّ مَن يَبتَغِي مِن المُسلِمين المُعاصِرين بُلوغَ الدَّرجَات العُليا والمَراتِب السَّامِيَة مِن الإيمان والتَّقوى والوَرع والاجتِهاد على الصَعِيدَين الفَردِي والجَماعِي العامّ ـ فعَليه أنْ يَتَّخِذَ مِن تَفاصِيل سِيرَة صَحابَة مُجتَمَعَي مَكَّة والمَدِينة وكبرائهما قُدوةً وأُسْوةً مِن غَير حاجَةٍ إلى إعمال عَقلٍ مُدبِّرٍ فاحِصٍ ولا ذِهْنٍ ناقِدٍ جَريءٍ ومُدقِّقٍ مِقدام، ومِن غَير حاجَةٍ إلى التَبَيُّن أو التَّحقُّق في أُصُول الرِّجال ومَنابع الأفكار وماهيَّة الأشْياء إذْ أنَّ الصَّحابةَ كُلّهم نُجومٌ يُهتدى بها!

وعلى حَسب ما جاء في مُحتوى هذه الأُصُول والمُدوَّنات:

ـ أنَّ سِيرةَ مُجتَمَعَي هاتَين المَدِينتَين مَثَّلت سَردِيَّةً نموذجيَّةً واحِدَة لِبَشرٍ مِن صُنعِ إلهيٍّ خاصٍّ إذ لَيْسَ لِلشَّيطانِ ولا لِأهواء جُندهِ مِن وَلايَة عليه ولا سُلطان. فَإن رُصِدَت بَعضُ المَثالِب في رِجالِ هذين المُجتَمَعين ونسائه؛ فذَلِك مُوجِبٌ لِلتَّأويل بناءً على وُجودِ عِصمَةٍ مُلازِمَةٍ لِصَيرورة هاتَين المَدينتَين بِوَصفِهما مهبطًا لِلوَحْي ومَوضعًا لِتَبلِيغ الرِّسالة ومَحلًا لِولادة النَّبِيّ صَلَّى الله عليه وآله ومَقَرًا لِبعْثتِه ولِهجرَتِه وميدانًا لِتَفاعل مَوضوعات قُرآنِهِ وسُنَّتِه!

ـ وأنَّ كُلَّ عُنصرٍ دَبَّ على أَرض هاتَين المَدِينتَين وعاصَر مَرحلَةَ النُّبوَّة وشاهَد النَّبيَّ مُحمَّد صَلَّى الله عليه وآله ولو لِمَرَّةٍ واحِدَةٍ، أو صَار مُندكًّا في حِياض الرَّعِيل الأَوَّل مِن المُسلِمين فهُو ـ على حَسب هذه المُزوِّرات والملفَّقات ـ بَشرٌ مُقدَّسٌ ومِثالٌ مُجسِّدٌ لِنَصَّي القُرآن والسُّنّة النَّبَوِيّة وناطِقٌ بِاسْمِهما وطَرِيقٌ إلى العِلْم بِدَلالاتِهما القَطعِيَّة، ولِرَأيه في ذلك ما يفوق نَصَّهما مطلقًا. وما كان الرُّجُوع إلى هذا العُنصرِ البَشري المُقدَّس في كُلِّ أمْرٍ إلَّا مِن مَظاهر التَّعْظِيم المُستَتبِع لِلطَّاعة والالتِزام الرَّصِين بِتَعالِيم الوَحْي!

اسْتَلّ (اتِّجاهُ أهْل العامَّة) مِن هذه السَّردِيَّةِ التَّارِيخيَّة المُلفَّقَة رُؤيةً خاصةً حدّد

بِمُوجبها ما آمَن به مِن عَقِيدةٍ وشَريعةٍ وأَخلاقٍ وفَرائض وسُنَن، فقَدَّس سِيرةَ كُلٍّ مِن الخُلفاء الثَّلاثة الأَوائل أَبِي بَكر وعُمَر وعُثمان ونُظرائهم مِن الصَّحابَة وأَضافَها إِلى سُنَّةِ النَّبِيّ صَلَّى الله عليه وآله واستَثْنى عَلِيًّا أَمِير المُؤمِنين صَلوات الله وسَلامُه عليه أَو سَكَتَ عنها مِن غَير دَلِيلٍ مُؤَيِّدٍ لاصْطِفاءٍ مِن الله عَزَّ وَجَلَّ لِلثَّلاثة ولا اختِيارٍ مَعلوم قاطِعٍ بِالتَّقديس مِن نَبِيّه صَلَّى الله عليه وآله، ثُمّ أَطلقَ على نَفسِه في مَرحَلةٍ مُتقَدِّمة مُسَمَّى (أَهل السُّنَّةِ والجَماعَة) تَيمُّنًا منه بِهذه السَّردِيَّةِ وتَعبيرًا مِنه عن إِمكان انْضواء كُلِّ المَذاهِب والفِرَق تَحتَ لواء هذا الإِطار. في حِين أَنّ المَذهب السَّلَفِي الحَنبلِي شذّ في بادِئ الأَمْر ونازَعَ (اتِّجاه أَهْلِ العامَّة) مُسَمَّى (أَهْلَ السُّنَّةِ والجَماعَة) وسَعى في احتِكارِه لِنَفسِه ولِيُخرِّج مِنه عَددًا مِن المَذاهِب والفِرَق الَّتي (لا تَليق بِه)، وسَعى في غير مَرَّة إِلى تَوظيفِ هذا الإِطار لِمُناهضَة الهُوِيَّة الشِّيعِيَّة الَّتي احتَفَظَت بِاستِقلالها واتَّخذَت مِن التَّجرِيح والتَّعدِيلِ في الصَّحابة وسِيرة مُجتمعَي مَكَّة والمَدِينة وغَيرِهما مِن مُجتَمعات المُسلِمين ورجالها مَنهجًا واجبًا.

وفي مَراحلٍ لاحِقة، انْفردَ إِطار (أَهْلُ السُّنَّةِ والجَماعَة) بِنكهةٍ ظاهريَّة سَلَفِيَّة حادَّة الطِّباع، فصنَّف المُسلِمين إِلى اتِّجاهٍ صَحِيح العَقِيدَةِ والشَّريعَةِ وآخَر باطِلِ العَقِيدَةِ والشَّرِيعَة، وعَزَّز مِن آلة الفَصل الطَّائفي بَينَهُما وعَمل على تكريسه في النِّظام الثَّقافِي والسِّياسِي والاجْتِماعي لِلدّولة. وقَرَّر أَنَّ الرَّسُول صَلَّى الله عليه وآله قد اصْطُفِيَ في مُجتمع مَكَّة ونُصِرَ في مُجتَمع المَدِينَةِ فصار مَحلُّ الاصْطِفاء ومَحلُّ النَّصر مُؤيَّدَين مِن الله عَزَّ وَجَلَّ وملائكَتِه وكُتُبِه. فاكتَفى بِهذه المُقدِّمة لِيُنزِّه كُلَّ فَردٍ مُنتَسبٍ لِهَذين المُجتَمَعَين مِن كُلِّ رِجْسٍ ونَقْصٍ وعَيْبٍ وأَضْفَى عَليهِ مِسحَةً مِن الكَمال الإِلهي وأَطلقَ دَرجةَ إِيمانِ هذين المُجتَمَعين وعَصَم سُلوكَهُما الإِنْسانِي مِن كُلِّ خَطأٍ وزَلَلٍ ورَفَع عَنهُما الفَصل المعياري بين مَن هو مُؤمِنٌ نَقِيُّ السَّرِيرَةِ ومَن هو كافِرٌ أَو مُشركٌ أَو مُنافِقٌ خَبِيثُ السَّرِيرَةِ، وأَقَرَّ صِحَّة سِيرَتِهما وجَعَلَ مِنهما سَردِيَّةً مِثالِيَّةً صَالِحَةً لِكُلِّ عملٍ، وحرَّم الفَصلَ

فِي سِيرَةِ رِجالِهِا ونِسائِها على قاعِدةٍ مِن التَّجرِح والتَّعدِيل، وجَوَّزَ اتِّباع سُنَّتِها على وَجهِ الإطلاق تَعَبُّدًا بِنَصِّ الرِّوايَةِ (أَصْحَابِي كَالنُّجُوم بِأَيِّهِمْ اقْتَدَيْتُمْ اهْتَدَيْتُمْ)[1] واستَعان بِرواياتٍ أُخْرى قائمة على ذات المَعنى والشَّاكِلَة فأَدخَل فيها كُلَّ ما عَدَّتْهُ النُّبُوّةُ مُشرِكًا أَو كافِرًا أَو مُنافِقًا عاصِيًّا مُحارِبًا في الجَزِيرة العربيَّة أَو في خارِجِها، وشَكَّل مِن رِجال ونِساء مَكَّة والمَدِينَة قِوامَ الدِّينِ وسِيرَتَهُ المُنتَجَبَة في حَالَيّ الحَرب والسِّلْم، وجَعلَهما سَلَف الأُمَّة الصَّالِح!

هذا ما جَرَى عليه الحال أَيضًا في السِّيرة المعاصرة لِـ(اتِّجاه أَهْل العامَّة) وجَرَت عليه رُؤية أَجيالِه لِلتَّأريخ الإِسْلامِي ورِجالِه، وهذا ما اتَّخَذَ منه مَسلكًا ثُمّ انضَوى بِه تَحت هَيئة (أَهْل السُّنَّةِ والجَماعة) وعَبَّر عنه مِن خِلال مُدوَّناتِه ومُؤَلَّفاتِهِ وإِصداراتِه ومُحَرَّراتِه الثَّقافِيَّة كَثِيفة الصّدور.

فيما تُؤكِّدُ سِيرةُ القَرن الهِجْرِي الأَوّل على ما نَصَّ عليه الثَّقلان مِن أَنَّ مُجتمَعَي مَكَّة والمَدِينة الشَّاهِدَين على صُحبَةِ الرَّسُول الأكرَم صَلَّى الله عليه وآله كانا مَوضوعًا لِلكَثِير مِن النُّصوص المُعالِجَة في القُرآن والسُّنّة الشَّرِيفَة أَو مادَّةً فيها.. كانا مُجتَمَعين مُضْطَرِبي العَقِيدَة والسُّلوك الاجْتِماعِي ومأسُورَين لِلثَّقافَة الجاهِلِيّة. وظَلّ كَثِيرٌ مِن مُكوِّناتِهما الاجْتِماعِيّة على ذَلِك، وقد تَخلَّلهما النِّفاقُ بِأَشَدّ مَعانِيه وَطْأةً إِلّا فِئةً قَلِيلةً فِيهما كانَت مِن المؤمنِين النَّاجِين.

ولَيس مِن بَين مُجتَمَعيّ المدِينَة ومَكّة مَن هو مَعصومٌ وفَوقَ أَنْ يُخطِئ، وأَنَّ الآيات المحذِّرة مِن المُنافِقِين والقاسِطين والنَّاكِثين والكافِرين والمُشرِكين ومِن غَيرهم فَضلًا عن الآيات المُتعَلِّقة بِالقِيَم الاجتِماعيّة ومَعايير الصَّلاح والفَساد، فَإِنَّما نَزلَت لِمُعالجة الثَّقافَة السَّقِيمة السَّائدة في بِيئة المدِينَتَين واختَصَّت بِهما ولَيس

1 - لم يصححه ابن الجوزية في كتابه إعلام الموقعين، 361/ 2. والشوكاني في إرشاد الفحول ج188/ 2. وابن حزم في الاحكام 642/ 5ـ643. ابن حجر في لسان الميزان / 137ـ138. وقد اختُلِق هذا النّص في مُقابِل الحديث الصَّحِيح في مستدرك الحاكم النِّيسابورى 149/ 3 (النُّجوم أَمانٌ لِأَهل الأرض مِن الغَرق وأَهْل بيتي أَمان لأُمّتي مِن الاختلاف، فاذا خالفَتْهُم قَبيلةٌ مِن العرب اخْتَلفوا فصاروا حِزب إبليس) ونَظائرُه كَثير.

بِكائنـاتٍ فَضائيَّـة أَو خَياليّـة أُسـطُوريَّة مِـن دُونِهـما.

إنَّ البَاحِـثَ عـن الحـقّ والحَقِيقَـة والحـاذِق في هـذا الاختِصـاص والقـارِئ عـلى سَـبِيل نَجـاة لَـنْ يَجِـد في مُجتمَعَـي مكَّـة والمَدِينَـة مـا يُحفِّـز عـلى إضْفـاء مِسْـحَةٍ مِـن القَداسـة المُطلَقَـة، بَـل أنَّ مـا يَدعـو إلى الفَصـل والتَّصنِيـف فِيـما بَـين إيـمانٍ صَحِيـحٍ وإسـلامٍ عـلى حَـرف أو شِرك أو كُفـر أو نِفـاق أو غَـير ذلـك لم تخـلُ مِنـه بُيوتـات مَكَّـة وأحيـاء المَدِينَـة في عَهـدِ النَّبِـيّ صَـلَّى الله عليـه وآلـه ومِـن بَعـدِه، وأنَّ مـا كان عـلى خِـلافِ الإيـمان ظَـلَّ هَـو السُّـلوك الغالِـب عـلى النِّسـبَةِ العَدديَّـةِ العُظْمـى مِـن أَفـراد مُجتَمَعَـي المَدينَتَـين في عَهْـد النَّبِـيّ مُحَمَّـد صَـلَّى الله عليـه وآلـه، وازْدادَت هـذه النِّسْـبَة أَضعافًـا مُضاعَفَـة بَعـد شَـهادَتِه.

فَـ(مـا أُوذِيَ نَبِـيٌّ مِثـل مـا أُوذِيـت)[1] هـو قَـولٌ مُطلَـقٌ لِلنَّبِـيّ صَـلَّى الله عليـه وآلـه مِـن حيـث دَرَجَـة الأَذى فهُـو في دَرجَتِـه القُصـوى، وقَـولٌ يَـسرُد بـه مـا لاقـاه وأَهْـلُ بَيتِـهِ صَلـواتُ الله وسَـلامُه عَليهِـم في هاتَـين المَدينَتَـين وفي مُحيطِهـما مِـن أَذَى ولَيـس في خارِجَهـما، وأَنَّ سُـوَرًا مِـن القُـرآن الكَرِيـم مِثـل سُـور (المُنافِقُـون) و(التَّوبَـة) و(الجُمعَـة) ظَلَّـت شـاهِدةً فاضِحـةً لِصَحابَـةِ مُجتَمَعَـيّ مَكَّـة والمَدِينَـة عـلى حَدٍّ سـواء!

ورُبَـما اختَلَفَـت الأُصُـول والمُدَوّنـات والمُحـرّرات فِيـما بَينهـا مِـن حَيـث دَرجَـةِ التَّصرِيـح أو التَّعرِيـض فِي مُلابَسـات صُـدور (صَحِيفَـة مكَّـة الثَّانِيَـة) تَبعًـا لِلمُيـول العَصَبِيّـة والمَذهَبِيَّـة والسِّياسِـيَّة. إلَّا أَنَّ أَحـدًا مِـن المُحقِّقِـين في سِـيرة مُجتمَعَـي مَكَّـة والمَدِينَـة لَم يَنـفِ اطِّلاعَـه عـلى النَّتائـج الَّتـي حَقَّقهـا تَعاقُـد الصَّحابَـةِ الخَمسَـة، ومـا قَرَّرَتـه صَحِيفتُهـم مِـن مَصـيرٍ سَـيئ لِمُسـتقبل الدِّيـن، ومـا أَفرَزَتـه مِـن صِراعٍ اجتِماعـيٍّ دائـم عـلى الإمْـرة والرِّئاسـة والسُّـلطان والنُّفـوذ العَصَبـيّ القَبَلِـي، ومـا ولَّدَتـه مِـن صِـدامٍ ثـأريٍّ سِـياسِيٍّ مُبـاشِرٍ ومِـن مُواجَهـةٍ حَربِيَّـة طاحِنـة حُصِـدت

1 - كَنزُ العمال 130/ 3.

فيها مئات الأُلُوف مِن رُؤوس المُسلمين بِأَيدِي المُسلِمين أنفسهم في 14 قَرنًا مِن الزَّمن، وما زالت كَذلك وسَتبَقى إِلى آخر الزَّمان!

وفي ذلك يَقول الشَّاعر الكُمَيت بن زيد الأَسَدِي لِلإمام الصّادِق صَلواتُ الله وسَلامه عليه (يا سَيِّدي أَسأَلُك عن مَسأَلة.. وكان مُتَّكِئًا فاستوى جالِسًا وكَسَر في صَدرِه وسَادَة، ثُمَّ قال: سَلْ!

فقال: أَسأَلُك عن الرَّجُلَين!

فقال الصَّادِق صَلواتُ الله وسَلامُه عليه: يا كُمَيت بن زَيد.. ما أُهرِيقَ في الإِسْلام مَحجَمةً مِن دَمٍ وَلا اكتُسِب مالٌ مِن غَير حِلِّهِ ولا نُكِحَ فَرجُ حَرام إِلَّا وذلك في أَعناقِهما إِلى يَوم القِيامة حتَّى يَقوم قائمُنا، ونَحنُ مَعاشِر بَنِي هاشِم نَأمُر كِبارَنا وصِغارَنا بِسَبِّهما والبَراءَةِ مِنهُما)[1].

فمَنْ هُما الرَّجُلان اللَّذان أَشار إِليهما الإِمامُ الصَّادِق صَلواتُ الله وسَلامُه عليه وأَمَر بِسَبِّهما والبَراءة مِنهُما وحَمَّلَهُما وِزْرَ الدِّماء والضَّياع والتِّيه والانْحِراف الخَطِير عن الصِّراط المُستَقِيم إِلى يَوم القِيامَة؟! أَلَيْسا مِن الصَّحابَة الَّذين عاصَروا النَّبِيّ صَلَّى الله عليه وآله واختَلقا (مَذْهَب الرَّأي) في إِثْر اغْتِيالهما لَه وانْقِلابِهما عَليهِ وعَلى وَصِيَّتِه في وَصِيِّهِ صَلواتُ الله وسَلامُه عليه، وصارا خَلِيفَتَين بِلا نَصٍّ ولا وَصِيَّة، وحَكَما بِـ(مَذْهَب الرَّأي) واصْطَنَعا إِلهًا ودِينًا مُختلِفَين فتَمثَّلا السَّبَب الرَّئيس في كُلِّ كارِثَةٍ أَو مُصِيبَةٍ حَلَّت وتَحِلّ في المُسلِمين إِلى يَوم الدِّين؟!

إِنَّ صَحِيفَتَي مَكَّة الأُولى والثَّانِيَة كانَتا متوائمَتَين مِن حَيث الهَدف المُراد إِذْ يُكمل كُلُّ واحدٍ مِنهما الآخر، واندكَّت الثَّانِيةُ فِي الأُولى لِأَسبَقِيَّة الأُولى في الصّدور

1 - الكافي 215/ 8.

وتَوافُقِ الهَدَف وجَعَلَت مِنها أَصْلًا، فأَسَّسَتا معًا أَساسَ الظُّلْمِ في المُسلِمِين بـ(خِلافَةٍ) هِرَقلِيّة مُستبِدَّةٍ، وانتَهيا بالمُسلِمِين إلى الرّضُوخ لِلواقِع ونَبذِ الثَّقلَين ثُمَّ الرِّضا بِمُلْكٍ هِرَقلِيّ وراثِيٍّ مُطلَقٍ عَضوضٍ قاهِرٍ لِخَليفَةٍ فاسِقٍ فاجِرٍ سِكِّيرٍ شارِبٍ لِلخُمور وسَفّاحٍ قاتِلٍ لِلنَّفسِ المُحترَمَة.

لَنْ يَستطيع أَحدٌ مِن أَهْلِ التَّزوِير والتَّلفِيق والتَّشْطِيب العابِثِين في سِيرَةِ المُسلِمِين، ولا مِن أئمَّة (اتِّجاه أَهْل العامَّة) ولا مِن مُسَمَّى (أَهْل السُّنَّة والجَماعَة) الجامِع لِلمَذاهِب والفِرَق عامَّة، ولا لِذات المُسمَّى بِتَشكِيله المُعاصر الَّذي انْدَكَّت فيه المَذاهِب والفِرَق وتَحلَّل بَعضُ عقائدها تَحت زَعامة السَّلَفِيَّة ـ محو أَثار الطَّامَّة الكُبرى الَّتي أَورَثها التَّعاضُد الخَطِير بين الصَّحِيفَتَين الأُولى والثَّانِيَة أَو طَمس نَتائج تَعاقُدِهما على الصَّعِيد الثَّقافِي وتَفاعُلاهما في النِّظامَين السِّياسِيّ والاجْتِماعي لِبلاد المُسلِمِين.

ضَمَّت (صَحِيفةُ مكَّة الأُولى) تَعاقُدًا عَشائريًّا قَبلِيًّا حَربيًّا لِلقضاء على النَّبيّ مُحَمَّد صَلَّى الله عليه وآله والتَّخلُّص مِن بِعثَتِه الشَّريفَة ونُبُوَّتِهِ الكريمة وشَطْب ما أَنذرَ به عَشيرتَه الأَقرَبِين مِن وَلايَة مَعلُومَةٍ ثابتةٍ إلى الأَبْد. وعِندما فَشَل المُشْرِكُون المُتعاقِدون على هذه الصَّحِيفَة في بُلوغ أَهدافِهم الرَّئيسَة؛ أَرْخوا صُدورَهم وبَسَطوا أَيدِيَهم لِخيار التَّفاوض مِن أَجل إِصْدار تَعاقُدٍ مُختَلِف يَقضِي بِجَعل الإِمْرَة المُطلَقَة بين يَدَيّ الرَّسُول صَلَّى الله عليه وآله مُقابِل تَخلِّيه عن (الأَلغاز) و(السِّحْر) اللَّذين قدَّمهما لِأَهْل مكَّة بِعُنواني (الوَحْي) والاتِّصال بِالملائكة. فَأَعْلَن الرَّسُول صَلَّى الله عليه وآله رَفضَه المُطلَق على خِلاف كُلِّ التَّوقُّعات فيهم. فمَكَّة بِالنِّسبَةِ لِساداتها تَستَحِقُّ التَّضحِيَّة مُقابل الإبقاء على الواقع في سِياقِهِ التَّأريخي المُمْتَدّ ونَسَقِهِ القائم، والسِّياسَةُ في ثَقافَة كُبراء مَكَّة هي فَنّ المُمكِن مِن بعد تَدكْدك الخِيارات المُتاحَة.

وأَمَّا أَقطابُ (صَحِيفة مَكَّة الثَّانِيَة) الخَمسة وحُلفاؤهم مِن الأُمَوِيّين وغَيرهم

مِـن القَبائـل والعَشـائر فقـد اسـتَدركوا أَمْرَهـم واتّبعـوا مـا أُمضِي مِـن الصَّحِيفـة في ذات المَكان الَّـذي عُلِّقـت فيـه (صَحِيفـةُ مَكَّـة الأُولى) لِيُقِيلـوا بهـا مـا أَخفَـقَ في إنْجـازِه أَبُـو سُـفيان وأَبـو جَهـل بِصَحِيفَتِهـا الأُولى، ولِيُؤسِّـسوا بينهـم تحالُفًـا قَبَلِيًّـا جاهِلِيًّـا مُختَلِفًـا ضَـمّ إليـه عَـددًا مِـن القَبائـل الَّتـي أَمَضـت مِـن قَبْـل (صَحِيفـة مَكَّـة الأُولى) أَو شـهدت تجرِبَـة فَشـلِها، كـما ضَمَّـت جانِبًـا مِـن القَبائـل المُنهزِمَـة الفَاشـلة في أَخـذِ ثأرهـا لِصَنادِيـد حَربهـا مـع المُسلِمِين، ولِيُسـارعوا في وَضـع حَـدٍ لِنُّبـوّة مُحمَّـد صَـلَّى الله عليـه وآلـه قُبَيـل الإِعـلان عـن أَخـذِ البَيعَـةِ لِوَلايَـة عَـلِيٍّ أَمِـير المُؤمنـين صَلـواتُ الله وسَـلامُه عليـه في مَشـهدٍ عـامٍّ صَريـحٍ أَو بوَصِيَّـةٍ يَترُكُهـا النَّبـيُّ صَـلَّى الله عليـه وآلـه في المُسلِمِين يُلزِمـان الصَّحابَـة والمُسـلِمِين كافّـة بوُجُـوب طاعَـة الـوَليّ (الخَليفَـة) الجَدِيـد إِذْ عَلِمـوا عـن قُـربِ سـاعَةِ رَحِيـل النَّبـيّ مُحمَّـد صَـلَّى الله عليـه وآلـه وانْقِطـاع وَحْـي النُّبـوّة.

فانْقَلـب أَقطـابُ الصَّحِيفَـة الثَّانِيـة عـلى الأَعْقـاب بِدَعـم شـاملِ الخُلفـاء مِـن بَعـد مُـضِيّ ثَلاثَـة أَشْـهرٍ عـلى إِعـلان البَيعـة في يَـومِ الغَدِيـر لِأَوَّلِ خَليفَـةٍ يَـلِي نَبِيِّهـم صَـلَّى الله عليـه وآلـه، ومَنعـوا النَّبـيّ صَـلَّى الله عليـه وآلـه مِـن تَدوِيـن الكِتـاب المُنقِـذ مِـن الضَّـلال واغتالُـوه في مَرَضِـهِ بِالسُّـمّ!

تُمثِّـلُ الصَّحِيفَتـان الأُولى والثَّانِيَـة مِـن حيـث خُطُـورة بُعدِهمـا النَّظَـري والعَمَـلي نَسـقًا واحـدًا إِذا مـا عُرِضَتـا عـلى السِّـياق التَّأرِيخِـي الَّـذي نَشـئا فيـه وتَفاعـلا، أَو عـلى نُصُـوص الثَّقلَـين المُتعلّقـة ومَعانِيهـا. فـلا اختِـلاف بَـين أَهـدافِ الصَّحِيفَتـين وإِنَّـما تُتمِّـم الثَّانِيـةُ نَسَـقَ الأُولى في واقِـع الأَمْـر. ولا سِـيَّما أَنَّ التَّعاقُدَيـن اللَّذيـن شَـمَلَتهما الصَّحِيفَتـان قـد تَـمّ تَصدِيقهـما أَو نَشْرَهمـا في ذاتِ المَـكان، وهـو بَيـتُ الله الحَـرام الَّـذي حَجَّـت إليـه مَلائكـةُ السَّـماء وطـاف حَولَـه أَنبِيـاءُ الأَرض، وهُـو البَيـتُ المُقـدَّس الَّـذي شَـيَّدَته المَلائكـةُ وَأَقـام النَّبـيُّ إبراهيـم عليـه السَّـلام قَواعِـدَه لِيكـونَ أَوَّلَ بَيـتٍ وُضِـع لِلنَّـاس وقِبلـةً رَضِي عنهـا خاتَـمُ الأَنْبِيـاء والرُّسُـل مُحمَّـد بـن عَبدِ الله

صَلَّى اللهُ عليه وآلِه بَعدَ ذلك، وفي جَوفِه جُبِلَ النَّاسُ على التَّعاقُد فيما بَينَهم مُنذ عَهدِ إبراهِيم عليه السَّلام، وإليه تُوفَّى النُّذور.

كان (حِلْفُ الفُضُول) مِن أَشْهَرِ العُقود الَّتي أُبرِمَت في الكَعبَةِ قَبلَ صدور عَقْدَي الصَّحِيفَتَين الأُولى والثَّانِيَة، حيث انْتَهى إلى قِيام (حِلْف المُطيِّبين) لِرَدِّ المَظالِمِ وحِمايَةِ الحقوق الشَّخصِيَّة لِقاطِني مَكَّة. وقد أَمضاهُ بَنُو هاشِم وبَنُو عبد المطَّلب وبَنُو عبد العُزّى وبَنُو كلاب وبَنُو الحارث بن فهر وبَنُو تَيم بن مُرَّة لِيَكون مِن أَبرز مَظاهِر ثَقافة العَرب في عَهدِ الجاهِلِيَّة.

مع دُخولِ بِعثَةِ النَّبِيِّ مُحَمَّد صَلَّى اللهُ عليه وآلِه سنَتَها السَّابِعَة؛ فقَدَت قُرَيشُ الكَثِيرَ مِن هَيبَتِها الجاهِلِيَّة وتَراجَع نُفوذُ كبار قَومِها وضَعُفت سِيادتُهم على أَنحاء مختلفة مِن مكّة، واستَقطَبَ الرَّسُول صَلَّى اللهُ عليه وآلِه إلى جانِبِه بعض القُوى المُؤثِّرة في صُنع التَّفوّق أَو التَّوازن القَبلِي القائم بين العرب.

فأَبُو طالِب وحَمزة عَليهما السَّلام كانا مِن أَعمِدَةِ قُرَيش الَّتي لا يُستَهان بِمَقامها وبِمَنزِلَتِها وحَسَبِها ونَسَبِها ونُفوذِها وتَأثيرَها الاجتِماعي، وقد جَهَرا بموقِفِهما عندما اصطفَّا إلى جانِب ابنِ أَخِيهم النَّبِيّ صَلَّى اللهُ عليه وآلِه وأَعلَنا عن إيمانِهما واعتناقِهما لِلدِّين. وبِذلك انهارَت الكَثِيرُ مِن قُوى الضَّغط الاجْتِماعِي الَّتي أَثارَتها قُرَيش في الضِّدّ مِن النُّبُوَّة حيث انْفَرد بها بَنو هاشِم مِن دون سائر القبائل. ولم تَنسَ قُرَيش والأُمَوِيّون فيهم ما صَرَّح به (هِرَقْل) الرُّوم لِأَبي سُفْيان عن مُؤهَّلات هذا الدِّين ونَبِيِّه لِبَسط سِيادَتِها على العالَم.

أَصبحَ بابُ الدِّين بِأَبي طالِب وحَمزة مَفتوحًا على مِصراعَيه لِكُلِّ مَن رَغب في الدُّخول فيه مِن القَبائل العربيَّة مِن دُون اكتِراث مِنها لِرُعونَةِ سادَة قُرَيش مِن المُشرِكين المُناوِئين الَّذين أَدركوا أَنَّ هذا الدِّين سيَقضِمُ ما تَبقّى لهم مِن مَنزِلَةٍ ومَقامٍ جاهِلِيَّين رَفيعَين في الإِمْرة بين العرب، وأَنَّه سيَحتَوي رَجالَهم

ونِسـاءَهم وأولادَهـم وعَبيدَهـم وإماءَهـم ويَسـتَقطِبهم في سُرعَـةٍ مِـن الأمـر، حتَّـى فَقَـد مُريدُوهـم مِـن الأتْبـاع مـا تبقّـى مِـن الثِّقـة في آلهَتِهـم وشَـعروا أنْ لا مَنـاص مِـن الخُضـوع لِلدِّيـن الجَديـد عاجِـلًا أو آجـلًا.

ومِـن هنـا، أَسرعَ كُـبراءُ المُشركِـين في قُريـش إلى عَقـدٍ فِيـما بَينَهُـم يُعـبّر عـن شُـعورِهم بِمَـدى خُطـورة مـا هُـم عليـه مِـن حـالٍ يائـسٍ مُحبِـطٍ وبمـدى تَقـدُّم بَنِـي هاشِـم عليهـم تَحـت إمْـرَة الرَّسُـول صَـلَّى الله عليـه وآلـه وحِمايَـة أَبي طالِـب ورِعايَـة مِـن هَيبـة حَمـزة وسَـيف عَـلِيّ ومـالِ خَديجـة ـ فأَبرَمُـوه بِحـالٍ واثِـقٍ في مـا هُـم عازِمُـون عليـه.

وقُبيـل إمضـاء كُـبراء المُشركِـين لِعَقـد (صَحِيفـة مَكَّـة الأُولى) انْطلقَـوا يَطلبُـون التَّفـاوض عـلى الإمْـرَة ظَنًّـا مِنهـم أَنَّ النَّبِـيَّ صَـلَّى الله عليـه وآلـه مـا كان يَتحَـدَّث بِـ(ألغـاز) الوَحْـي والملائكـة وبِأقـوال (شـاعِرٍ) وبفعـلِ (سـاحرٍ) إلّا لِطَلَـب الإمْـرَة والسُّـلطان بِوَصْفِهـما أعـلى مَرْتَبَـةٍ اجْتِماعِيَّـةٍ وقَبَلِيَّـةٍ ومَقـامٍ ومَنزلـةٍ بـين عَـرَب الجَزيـرة العَربيّـة، أو أَنَّـه صَـلَّى الله عليـه وآلـه سـيَكتَفِي بِالإمْـرة والسُّـلطان إنْ هُـما عُرِضَـا عليـه بِالتَّفـاوض، أو أنَّ قُريـش مُلْزَمـةٌ بِاتِّبـاع عُـرفٍ بِذَلـك كان سـائدًا في قَبائـل العَـرب يُسـار عليـه قُبَيـل استِحداث إجمـاعٍ قَبَـليٍّ لاتِّخـاذ قَـرارٍ بِالحَـربِ عليـه.

فـما كان مِـن قريـش إلّا أنْ اجتَمَعـت وتَعاقـدَت عـلى (صَحِيفَـة مَكَّـة الأُولى) لإنفـاذ خُطـة الاجتِثـاث في إثْـر فَشْـل العـرض التَّفـاوُضي بِـ(الإمْـرَة). فَفَرضَـت في بـادِئِ الأمْـرِ حِصـارًا اجتِماعِيًّـا واقتصادِيًّـا عـلى النَّبِـيّ صَـلَّى الله عليـه وآلـه وأَصحابِـه، وراهَنَـت عـلى إيـمان بَنِـي هاشِـم وجَميـع مَـن وآلاهُـم ونَصَرَهُـم، ولم تَسْـتَثنِ مِـن ذلـك أبـا طالِـب وحَمـزة عَليهـما السَّـلام.

اِجتَمـع أَربَعُـون مِـن أقطـاب قُريـش في (دار النَّـدوَة) وقَـرَّروا تدويـن (صَحِيفَـةِ مَكَّـة الأُولى) والتَّعاقـد عليهـا ومِـن ثَـمَّ تَعليقهـا في جَـوف الكَعبَـةِ تَثبيتًـا مِنهـم

وإقـرارًا مِـن عِنـد أَنفُسِـهم أَمـام قَداسَـةِ الكَعبَـةِ بالامتِثـال لِعقـد هـذه الصَّحِيفَـة والعمـلِ عـلى طِبقهـا، عـلى أَنْ يَشـمَلَ الحِصـارُ المُلـزِم لِلجَمِيـع مُعاقَبَـةَ كُلِّ مَـن دَخـلَ دِيـن مُحمَّـد صَـلَّى الله عليـه وآلـه مِـن بَنِـي هاشِـم وغيرهِـم.

واسـتَمَرَّ الحصـارُ التَّـام لِثَـلاث سِـنِين مُتوالِيَـة فِي شِـعب أَبِي طالِـب حيـث أَخـذَ الجُـوع والمَـرَضُ مأخَـذَه في المحاصَريـن، ثُـمّ حَـلَّ المـوتُ بِسـاحَةِ خَدِيجَـة وأَبِي طالِـب عَليهِـما السَّـلام، ودُبِّـرَت عَملِيَّـةٌ لاغْتِيـال النَّبِـيّ صَـلَّى الله عليـه وآلـه عـلى فِـراشِ نَومِـهِ حيـث فَـداه عَـلِيٌّ أَمِـير المؤمنـين صَلـواتُ الله وسَـلامُه عليـه وآلـه بِنَفسِـهِ عندمـا قَـرّر المَبِيـت فِي فِراشِـهِ، فوَقـاه مِـن طَعَنـات رِمـاح القَبائـل المُتعاقِـدة عـلى (صَحِيفَـة مكَّـة الأُولى).

ومـع عَظِيـم الصَّـبر عـلى المِحنَـةِ الَّـذي اتَّسَـم بـه مَوقِـف الرَّسُـول صَـلَّى الله عليـه وآلـه وبَنـي هاشِـم ومَوالِيهـم مِـن المُسـلِمين؛ عَـمَّ التَّمَلْمُـل في الوَسـط المَكِّـي العـام، وفَقَـد حصـارُ شِـعب أَبِي طالِـب مَعنـاه، واشـتَدَّت أَزمَـةُ الخِـلاف بَـين القَبائـل تَحـت ضَغـط طَـرفٍ مـن أَطـراف العقـد لم تَـرُق لَـه مُضاعفَـات الحصـار فأَعـاد النَّظَـرَ في عقـد الصَّحِيفَـة وانْقَلَـب عـلى مـا تَضَمَّنَـه وسـارع كبـارُ قَومِـه إلى الكعبـة لانْتِـزاع جِلـدَة الصَّحِيفـة الأُولى المَلعُونَـة وإِسـقاط الصِّفَـة الاعتبارِيَّـة المُقدّسـة مِنهـا، ولا سِـيّما أَنَّ مُعجِـزَةً وقَعَـت في جَـوفِ الكَعبَـةِ دَفعَتهـم إِلى نَقـضِ مـا تَعاقـدوا عليـه مـع كُبرائهـم.

فانْهـار عَقـدُ الصَّحِيفـة الأُولى قبـل أَنْ يُفاجَـئ كبـارُ المُتعاقِديـن بِـما شـاهَدوه مِـن مُعجِـزَةِ الأَرَضـة الَّتـي قَرَضَـت أَطـراف الصَّحِيفَـة وأَسـماء المُتعاقِديـن حيـث (انْطلـق أَبـو طالِـب ـ قُبَيـل مَرَضِـهِ ـ في عِصابَـةٍ مِـن بَنِـي عَبْـد المُطَّلِـب حتَّـى أَتَـوا المَسـجد وهُـم خائفـون لِقريـش.

فلَـمَّا رأتهـم قُرَيـش في جَماعَـةٍ أَنكـروا ذلـك وظَنُّـوا أَنَّهـم خَرجـوا مِـن شِـدَّة البَـلاء

ـ الحِصار ـ لِيُسَلِّموا رَسُولَ الله صَلَّى الله عَلَيْهِ وَآلِه بِرُمَّتِه إلى قُرَيش. فتكَلَّم أَبُو طالِب فَقال: قد جَرَت أُمورٌ بَينَنا وبَينكم لم نَذكُرها لكم، فأتُوا بِصَحِيفتِكم الَّتي فيها مَواثِيقِكُم فلَعَلَّه أَنْ يكونَ بَيننا وبَينكُم صُلْحٌ. وإنَّما قَالَ ذلك أَبُو طالِب خَشيَةَ أَنْ يَنظروا في الصَّحِيفَة قَبل أَنْ يَأتُوا بها.

فأَتَوا بِصَحِيفَتِهم مُتعَجِّبين لا يَشكّون في أَنَّ رَسُولَ الله صَلَّى الله عَلَيْهِ وَآلِه يُدْفَعُ إليهم، فوَضعُوها بينهم وقالوا لِأَبِي طالِب: قد آنَ لَكُم أَنْ تَرجِعوا عَمَّا أَخذتُم عَلَينا وعلى أَنْفُسكم. فقال أَبُو طالب: إِنَّما أَتيتُكُم في أَمْرٍ هو نِصفٌ بَيننا وبَينكم، إِنَّ ابن أَخِي أَخبَرَني ولم يُكْذِبْنِ أَنَّ هذه الصَّحِيفَة الّتي بَين أَيدِيكم قد بَعَث الله عليها دابَّةً فلَم تَترُك فيها اسْمًا إِلَّا لَحَسَته وتَركَت فيها غَدْرَكُمُ وتَظاهرَكم علينا بِالظُّلْم. فإِنْ كان الحديثُ كما يَقول فأَفِيقُوا، فلا والله لا نُسَلِّمه حتَّى نَمُوت مِن عند آخِرِنا. وإنْ كان الّذي يَقول باطِلًا دَفعنا إليكم صاحِبنا فقَتلْتُم أَو استَحيَيتم. فقالوا: قد رَضِينا بِالّذي تَقول.

ففَتَحوا الصَّحِيفَةَ فوجَدوا الصَّادِق المصدوق صَلَّى الله عَلَيْهِ وَآله قد أَخبر بِخَبَرِها قبل أَنْ تُفتَح. فلَمّا رأت قُرَيشٌ صِدق ما جاء به أَبُو طالب عن النَّبيّ صَلَّى اللهُ عليه وآله قالوا: هذا سِحرُ ابن أَخِيك. وزادَهم ذلك بَغْيًا وعُدوانًا.

يقول ابنُ هِشام (قد ذَكَر بَعضُ أَهلِ العِلْم أَنَّ رَسُول اللهَّ صَلَّى الله عَلَيْهِ وَآله قَالَ لِأَبِي طالِب يا عَمّ إِنَّ رَبِّي قد سَلَّط الأَرَضَة على صَحِيفة قُرَيش فلَم تَدَعْ فيها اسْمًا لله إِلَّا أَثبَتَته، ونَفَت منها القَطِيعة والظُّلم والبُهتان. قَالَ أَبُو طالِب: أَرَبُّك أَخبَرَكَ بِهَذا؟! قَالَ صَلَّى الله عليه وآله: نَعم. قَالَ: فوَالله ما يَدخُل عَلَيك أَحَدٌ. ثُمَّ خَرَجَ إِلى قُرَيش فقال لهم: يا مَعشر قُرَيش إِنَّ ابنَ أَخِي أَخبَرنِي. وساق الخَبر بِمَعنَى ما ذكرنا.

وقال ابنُ إِسحاق ومُوسَى بْن عقبة وغيرُهما في تَمام ذلك الخَبر: ونَدِمَ منهم

قَومٌ فقالوا: هذا بَغْيٌ مِنَّا على إخْوانِنا وظُلْمٌ لَهم. فكان أَوَّلُ مَن مَشى في نَقضِ الصَّحِيفَة هو هشامُ بْن عمرو بْن الحارث مِن بَنِي عامر بن لؤي وهو كان كاتِبُ الصَّحِيفَة، وأَبُو البُختري العاص بن هِشام بن الحارِث بن أَسَد بن عَبْد العزى، والمطعم بن عدي)[1].

رُفِعَ الحِصارُ وانتهت مَرحَلَةُ (صَحِيفَة مكَّة الأُولى) صِفَتَها التَّعاقُدِيَّة، فمُزِّقَ ما تبَقَّى منها. إلَّا أنَّ مُحاولات الخَلاص مِن النَّبِيّ مُحمَّد صَلَّى الله عليه وآله ودِينِه وأَهْلِ بَيته ومِمَّن آمَن به قد بُيِّتَت وأُرْجِئت.

في المَفهوم الجاهِليّ، وفي ثَقافَةِ مُجتَمع مَكّة، لا تَخرج مُعجِزةُ الأَرَضَة عن كَونها (سِحْرًا يُؤثَر). فطُورِدَ الدَّاخِلُون الجدد في دِين الإسلام، وبدأت الهِجرةُ إلى المَدِينة في غِيابٍ مِن أَبِي طالِب وخَدِيجة عَلَيهما السَّلام اللَّذَين تُوفِّيا في شَهر وأَيَّام قلائل في حِصار شِعب أَبِي طالِب. ثُمَّ انتصر النَّبِيُّ صَلَّى الله عليه وآله وتَمكَّن مِن المَدِينَتين فدَخَلَ النَّاسُ في دِين الله عَزَّ وَجَلَّ أفواجًا.

إنَّما بُعِث الرَّسُول صَلَّى الله عليه وآله في مُجتَمَعي مَكَّة والمَدِينَة مِثالًا إنْسانيًّا مُتكامِلًا وهادِيًا إلى الحَقّ ودالًّا إلى العَقِيدة السَّلِيمَة ومُبيِّنًا لِأَمْرِ الله سُبحانَه وتَعالى ومُتِمًّا لِلدِّين ومَكارِمِ الأَخْلاق على المُستَوى العامّ والخاصّ ولم يكن ساحِرًا ولا شاعِرًا.

وما زَال صَلَّى الله عليه وآله في المُجتَمَعَين يُشَكِّل المَرجعَ الفاصِل فِيما شَجَر بينهم جَمِيعًا، وظَلّ على ذلك خِلال مَرحلتَي حُضورِهِ صَلَّى الله عليه وآله بَينَهم ومِن بَعدِ رَحِيلِهِ بِما بَلَّغ بِه ووَصَّى مِن كِتابٍ وعِتْرَةٍ لَنْ يَفترِقا حتَّى يَرِدا عليه الحَوض، وبِما أوجَبَ مِن طاعةٍ بِنَص قوله تَعالى [يَا أَيُّهَا الَّذِينَ آمَنُواْ أَطِيعُواْ اللهَ وَأَطِيعُواْ الرَّسُولَ وَأُوْلِي الأَمْرِ مِنكُمْ فَإِن تَنَازَعْتُمْ فِي شَيْءٍ فَرُدُّوهُ إلى

1 - عيون الأثر في المغازي والسّير، الواقدي 11

اللهِ وَالرَّسُولِ إِنْ كُنتُمْ تُؤْمِنُونَ بِاللهِ وَالْيَوْمِ الآخِرِ ذَلِكَ خَيْرٌ وَأَحْسَنُ تَأْوِيلاً][1].

لَمْ يكُن المُجتَمعان المَكِّي والمَدِيني مِثاليَين في دِينِهما ومُتكامِلَين في مُكوِّناتِهما الشَّخْصِيَّة وإِنْ بَرزت فِيهما مِن قَبل بَعضُ المَظاهر الحَضارِيَّة الَّتي لا تُنافي الوُجودَ الجاهِليّ بِإزاء الدِّين. فقَد جُعِلَت سِيرةُ حَياتِهما في الجاهِلِيَّة وما بُنِيَ عَليها مِن تَطوّر ثَقافي في عهد الإسلام المَوضوع الرَّئيس لِكُلٍّ مِن الثَّقلَين كِتاب الله والسُّنَّة الشَّريفَةِ حيث عالَجا ما ظَهرَ مِن هذه الجاهِلِيَّة وما بَطنَ فيهما مِن فِكْرٍ وسلوكٍ بَشريّ. وأَنَّ في الانْطِباق بَين وَقائع سِيرة المُجتَمعَين ومَعاني نَصّي القُرآني والسُّنَّة الشَّريفة دَليلا قاطعًا على أَنْ القُرانَ والسُّنَّة مُتعلّقان بثَقافَة هذين المُجتَمعين وبيئتهما الاجْتِماعِيّة وبالحوادِث الواقِعَة فِيهما، وأَنْ لَيس لِلقُران والسُّنَّة مِن مَصدْر يَعلَمُ تَفاصِيل ما يَجرِي في هذين المُجتَمعين مِن أَسرارٍ غَير الوَحْي الإِلهي المُتوجِّه إِليَهما.

كانَت (الإِمامةُ) مِن أَبرزَ ما شَغَل بال مُجتَمَعي مَكّة والمَدِينة، ورُبَما فاقَ اهتِمام المجتَمَعَين بِمسأَلة (الإِمامَة) ما شَدّ الاهتِمام في مَسأَلة النُّبوّة. فعَقْدُ (صَحِيفَة مكّة الثَّانِيَة) الَّذي أُبرِم في جَوفِ الكَعبةِ بين رَهْطٍ مِن الصَّحابَة هُم أَبو بَكر وعُمَر وأَبو عُبيدة بن الجرَّاح ومَعاذُ بن جَبل وسالِمٍ مَولى أَبِي حُذيفة أَثناء رِحْلَتِهم مَع الرَّسُول صَلَّى الله عليه وآله مِن المَدِينَة لِأَداء مَناسِك حَجَّة الوَداع في مَكَّة، وضُلُوعُ ذات الرَّهْط فِي اختِلاق دَلالات أُخرى لِلسُّنَّة الشَّريفة غَير دَلالاتِها الأَصلِيّة، والسَّعْيُ الدَّؤوب لِهَذا الرَّهط في تَشْطِيبِ السُّنّة ومَنعِ نَقلِها وتَدوين مَروِيَّاتِها وإِحراقِ مُدوَّناتِها وصُحُفِها، وحرصُهُ على مَنع النَّبيّ مُحمَّد صَلَّى الله عليه وآله في أَواخر أَيّام حَياتِه مِن كِتابَةِ الكِتاب المُنقذِ مِن الضَّلال، وتَوصِيفُهُ لِلنَّبيّ صَلَّى الله عليه وآله بِأَنَّه (رَجُل) ولِأَمْرِهِ الشَّريف بِكِتابَةِ الكِتاب بِأَنَّه (لَيَهْجُر)، ثُمّ انقلابُه على الأَعْقاب - ما كان إِلَّا

1 - النِّساء 59

مِـن الموضُوعـات الرَّئيسـة الَّتـي تَناوَلَتهـا آيـاتُ الكِتـاب وعالجتها مَروِيّـات السُّـنَّة الشَّريفَـة إذْ هُمـا مُتعلِّقـان بواقـع النُّبُـوَّة وتفاعُلاتها وبِمَصِـير الإمامَـة ومُسـتقبَلِها في مكّـة والمَدِينـة وليـس في بِـلادٍ أُخـرى أو عـالَمٍ آخـر مُخْتَلِـف.

ولَيـس مِـن المفاجـئ أَنْ تَتَّصِـل مَقاصِـدُ (صَحِيفَـةِ مَكّـة الأُولى) المُتعاقَـد عليهـا بَـين كُـبراءِ مُشْرِكـي قُرَيـش بِمَقاصِـد (صَحِيفَـةِ مكّـة الثّانِيَـة) وتَتكـرّر عـلى أَيْـدِي البَعـض مِـن الصَّحابَـة الَّذيـن عُرِفُـوا بانْتِسـابِهِم لِبَعـض الأَحْيـاء الذَّلِيلَـة عـلى هامِـش مَكّـة حيـث (يَتربَصـون بِالنَّبـي صَـلَّى الله عليـه وآلـه وأَهْـل بَيتِـه صَلـواتُ الله عَليهِـم الدَّوائـر، ويتوكّفـون الأخبـار، وينكصـون عنـد النِّـزال، ويَفِـرُّون مِـن القتـال)[1].

لقـد أَسـلَمَ الكَثـيرُ مِـن الصَّحابَـة نِفاقًـا منهـم في إِثْـر انْهيـار مَقاصِـد العَصبِيَّـة القَبلِيَّـة المَرصُـودَة لَـدى كُـبراء (صَحِيفَـةِ مكّـة الأُوْلى) ويَأسِـهم مِـن المُحـاولات المُتكـرّرة لِلقَضـاء عـلى دِيـن مُحَمَّـد صَـلَّى الله عليـه وآلـه انطلاقًـا مِـن ذاتِ الثَّقافـة السَّـائدة في الوَسَـط الاجْتِماعِـي في مكّـة. ولم يَغِـب عَـن كِبـار الصَّحابـة المُنافِقِـين في مَكّـة والمَدِينـة مـا صَدَّقـوا مِـن إِمـكان صُنـع الاختِـلال في مَوازِيـن الإمْـرَة والسُّـلطان والمقـام التَّقليـديّ القائمـة في بُيوتـات أَهْـلِ المَدِينَتـين، فاستَسـلَموا لِلواقِـع وأَسْـلَموا، ولكنّهـم تَحيَّنـوا الفُـرَصَ السَّـانحة لاسـترداد حُكْـم الجاهِلِيَّـة أَو العَـودة إِلى نِظامهـا الاجْتِماعـي والثَّقـافي عـبر نِظـامٍ آخـر بَدِيـلٍ يَقْـضِي بِالخَـلاص مِـن أَمْريـن واجِبَـين:

- بِالخَـلاص مِمّـا عـزم النَّبِـيُّ الكَريـم صَـلَّى الله عليـه وآلـه عليـه عـلى تَقرِيـره لِمَرحلـة مـا بَعـد رَحِيلـه قتـلًا أَو حَتـف أَنفِـه، ومنـه أَخـذُ البَيعـة لِمَـن يَخلِفـه مِـن بَنِـي هاشِـم عـلى رأس دَولَتِـه وكِتابـةُ وَصِيَّـة بِذلـك.

- بِالخَـلاص مِمّـا جَبِـل عليـه النِّظـام القَبَـليّ المَكّـي الجاهِـلي مِـن تَقسـيمٍ اجتِماعِـيٍّ

1 - انظـر: الخطبـة الفدكيـة لِلزّهـراء صَلـواتُ الله وسَـلامه عليهـا، ابـن أَبي الحديـد، شرح نهـج البلاغـة 211/ 16 - 249. بحـار الأنـوار، المجلـسي 148/ 43.

حـادٌّ مُهَمِّـش لِبَنِـي تَيـم وبَنِـي عَـدِي، ومِمَّـا اعتـاد عليـه هـذا النِّظـام مِـن تَصنيـفٍ قَبَلِيّ سَـلبِيٍّ لهـما والـزَّج بهـما في عِـداد قائمـة أذَلِّ الأذِلّاء مَرتَبـةً بَـين القَبائـل وأرْذَلِ الأَراذِل إذْ كانـا في مُجتَمـع مَكّـة المُتمَـدِّن عـلى حَسَـب وَصْـف فاطِمَـة الزَّهـراء صَلواتُ الله وسَـلامُه عليهـا (مِذْقَـة الشَّـارِب ونهـزة الطامِـع، وقبسـة العجـلان، ومَوطِـئ الأقـدام، يشربـون الطـرق، ويقتاتـون القـدّ، أذِلّـة خاسِـئين صاغِريـن، يَخافـون أنْ يَتخطَّفهـم النَّـاس مِـن حَولِهـم)[1]، وقَـد أعزَّهُـم الإسْـلام عِندمـا دَخلـوا فيـه ولكِنَّهُـم خَذَلـوه بِنِفاقِهـم.

ذَكَّـرَت فاطِمـة صَلـواتُ الله وسَـلامُه عَليهـا هَـؤلاء القـوم الأذِلّاء الأَراذِل بِـما أنعَـم اللهُ عَـزَّ وجَـلَّ عليهـم مِـن بَعـدِ الجاهِلِيَّـة، ومـا كرَّسَـه والدُهـا صَـلَّى الله عليـه وآلـه فِيهـم مِـن قِيَـم نَبيلـة بَدِيلَـةٍ عندمـا قالَـت في مَحضَـرٍ مِنهـم (فجَعَـل اللهُ الإيـمانَ تطهـيرًا لكـم مِـن الـشِّرك، والصَّـلاةَ تَنزيهـاً لكـم عـن الكِـبر، والـزَّكاة تَزكِيَـة لِلنَّفـس ونَـماءً في الـرِّزق، والصِّيـامَ تَثبيتًـا لِلإخـلاص، والحـجَّ تَشـييدًا لِلدِّيـن، والعَـدلَ تَنسيقًا لِلقُلـوب، وطاعَتَنـا نِظامًـا لِلمِلَّـة، وإمامَتَنـا أمانًـا مِـن الفُرْقَـة، والجهـادَ عِـزًّا لِلإسـلام وذلًا لِأَهْـل الكُفـر والنِّفـاق، والصَّـبرَ مَعونـةً عـلى اسـتِيجاب الأَجْـر، والأَمْـرَ بِالمعـروفِ مَصلحـة للعامَّـة، وبِـرَّ الوالِدَيـن وَقايَـة مِـن السّـخط، وَصِلـةَ الأرحـام مَنسـأةً في العمـر ومَنْـماةً لِلعـدَد، والقصـاصَ حَقنًـا للدِّمـاء، والوَفـاءَ بِالنَّـذر تَعريضًـا لِلمَغفـرة، وتَوفِيـةَ المَكاييـل والموازيـن تَغيـيرًا لِلبخْـس، والنَّهـيَ عـن شُرب الخَمـر تَنزيهًـا عـن الرِّجْـس، واجتِنـابَ القَـذف حِجابًـا عـن اللَّعنـة، وتَـركَ السَّـرقة إيجابًـا لِلعِفَّـة، وحـرَّمَ اللهُ الـشِّرْكَ إخلاصًـا لـه بِالرُّبُوبِيَّـة)[2]، فلـم يَتَّـقِ هَـؤلاء الصَّحابـة رَبَّهـم الَّـذي أنقذَهـم حَـقّ تُقاتِـه، ولم يُطيعـوا الله في مـا أَمَرَهُـم بِـه ومـا نَهاهُـم عنـه، فإنَّـه إنَّـما يَخشـى اللهَ مِـن عِبـادِهِ العُلَـماءُ، وقـد صـاروا أقطابًـا في القَـوم المُنقَلِبـين عـلى

1 - انظـر الخطبـة الفدكيّـة لِلزّهـراء صَلـواتُ الله وسَـلامه عليهـا، شرح نهـج البلاغـة، ابـن أبي الحديـد 249-211/ 16. بحـار الأنـوار، المجلـسي 148/ 43.

2 - أنظر نفس المصدر السّابق.

الأَعقـاب، وَأَوَّلَ المُتعاقِديـن بِـ(صَحِيفـة مَكّـة الثَّانيـة)!

وعِنـد السِّـنِ المَعلُومَـة المُتبقِّيـة مِـن عُمُـره الشَّريـف حَسَـم النَّبِـيُّ صَـلَّى الله عليـه وآلـه عـلى مَسـمَعٍ ومَـرأى مِـن مُجتَمَعَي مكّـة والمَدينـة أَمْـرَ الوَلايـة مِـن بَعـدِه، فَأَخَـذ البَيعَـةَ مِـن المُسـلِمين وكَتَـب الوَصِيَّـة، وسَـدَّ أَبـواب الشَّـكّ في وُجـوهِ المُنافِقِـين والمُشرِكِـين ومَـن في قَلبِـهِ مَـرض، وعَطَّـل مـا عَزمـوا عـلى الخَـلاص مِنـه إذْ لم يَكـن لِمِثلِـه أَنْ يَرْحَـل عـن المُجْتَمَعَـين قَبـل أَنْ يُتِـمَّ تَبليـغ مـا أُنـزِلَ إليـه مِـن نِعمَـةٍ مُنقـذةٍ تُصـان بِإمـامٍ مَعصـومٍ مُطَهَّـرٍ مِـن الرِّجْـس تَكوينـاً.

وقـال فِي الـوَلِيّ مِـن بَعـدِه وأَهْـلِ بَيتِـه (مَعـاشِر أَصْحـابِي، مَـن أَحَـبَّ أَهْـلَ بَيتِـي حُـشِرَ مَعَنـا، ومَـن استَمْسَـكَ بِأَوصِيائـي مِـن بَعـدِي فقَـد استَمْسَـكَ بِالعُـروَةِ الوُثقى.

فَقام إِليه أَبُو ذر الغفاري فقال: يا رَسول الله، كَم الأَئمَّة بَعدَك.

قال: عَددُ نُقَباء بَنِي إِسْرائيل.

فقال: كُلُّهم مِن أَهْلِ بَيتِك؟

قال: كُلُّهُم مِن أَهْلِ بَيتِي، تِسْعَةٌ مِن صُلْبِ الحُسَين والمَهدِي مِنهم)[1].

وأَعلَـمَ صَـلَّى الله عليـه وآلـه وَصِيَّـه المُختـار مِـن السَّـماء أَمِـير المؤمنـين صَلـواتُ الله وسَـلامُه عليـه (إِنَّ الأُمَّـةَ سـتَغدرُ بِـكَ بَعـدِي وأَنْـتَ تَعِيـشُ عـلى مِلَّتِـي وتُقتَـلُ عـلى سُـنَّتِي. مَـن أَحَبَّـكَ فقـد أَحَبَّنِـي ومَـن أَبغَضَـك فقـد أَبغَضَنِـي، وإِنَّ هـذه سـتخضب مِـن هـذا)[2].

فـكان مـا نَبَّـأَ بِـهِ الرَّسُـول صَـلَّى الله عليـه وآلـه وحَصَـل، وأَنَّ الخُلاصَـةَ الَّتـي

1- بحار الأنوار 36 / 310. المعجم الكبير 2 / 196(1794).

2- المستدرك على الصَّحيحين 3 / 153(4686).

أَرسَى عليها إِسْلامُ الكَثِير مِن الصَّحابَة ما كانت إِلَّا تحيُّنًا لِلفُرَص واستِغلالًا لها وتَدبِيرًا منهم لِمَحوِ الدِّين ومحقهِ والانْقلاب عليه حيث تَعاقَدوا في أَواخِرِ أَيّام حَياتِه صَلَّى الله عليه وآله على إِحياء ما انْتَهَت إِليه (صَحِيفَةُ مكَّة الأُولى)، واغتالوا الرَّسُولَ صَلَّى الله عليه وآله بِالسُّمّ قَبل حِين مماتِهِ بِمُوجِب ما أَمضوه مِن تَعاقُدٍ، ثُمَّ انقَلَبوا على كِتابِهِ وسُنَّتِه وسَعوا في إِقصاء وُلْدِهِ وأَهْلِ بَيتِهِ صَلواتُ الله وسَلامُه عَلَيهِم عن مَراتِبِهِم الَّتي رَتَّبَهم اللهُ تَعالى فِيها، وبَالَغوا في قَتلِهِم ومَن والاهُم مِن (شِيعةِ عَلِيّ)، وامعَنوا في تَعذِيبِهم وتَشرِيدِهِم.

إِنَّ وَقائعَ مَنعِ تَدوِين السُّنَّةِ الشَّريفة وتَشْطِيبها وتَزوِيرها وتَشْوِيهِ دَلالَةِ أَلفاظِها وتَلفِيقها وتَغييبِ مَعانِيها وإِحْراقِ مَروِيّاتِها المكتوبة واتِّباع سُبُلِ الاغْتِيال الَّتي سُجِّلَت في حَياة الرَّسُول الأَكرَم صَلَّى الله عليه وآله وما لَحَقَ ذلك مِن شَطَبٍ ونَقضٍ لِبيعَةِ الغَدير - ما هِي إِلَّا إِحدى مَظاهر وَفائهم لِما تَعاقَدوا عليه في (صَحِيفَةِ مكَّة الثَّانِيَة). فأَفضَى تَعاقدُهم إِلى:

- وُقُوعِ الفَساد في مَفاهيم الزَّعامَةِ والإِمْرَة والسُّلطان ومعاني الخِلافَة الَّتي بَثُّوها واتَّبعوها.

- وتَكثُّرِ الانْحِراف في النِّظام الاجتِماعِي.

- وتَشرذُم قُوى المجتمَعَين في مَكَّة والمَدِينَة.

- وانقِسام المُسلِمين إِلى مَذاهب وفِرَق مُتناحِرَة أَو مُتخاصِمَة في سائر الوَلايَات الإِسلامِيّة.

إِنَّ وُقوعَ مِثل هذه الأَعمال مِن قِبَل أَفرادٍ في مُجتَمعَيّ مَكَّة والمَدِينَة لا يَدُلُّ بِأَيِّ حالٍ مِن الأَحوال على مِثاليَّةٍ إِنسانِيَّة أَو عَقَدِيَّة أَو أَخلاقِيَّة كانت حاكِمَةً ظاهِرةً فيهما، ولا على شَرف عِصْمَةِ رِجالِهما أَو رِجالٍ مِنهما، ولا على كَمالِهما في

المُقوِّمـات القِيادِيَّـة أو الشَّـخصِيَّة، ولا عـلى دُخُـول الإيـمان في قُلـوبِ أهلِهـما حتَّـى!

وقـد دوَّنَـت الكَثِـيرُ مِـن الأُصُـول والمَصـادر التَّأريخِيَّـة المُعتَـبَرَة دَوافِـع التَّعاقُـد عـلى الصَّحيفَتَـين ومَظاهـرَ إنفاذهمـا بزَعامـة المُشرِكـين مِـن قريـش والمُنافِقِـين مِـن الصَّحابـة في مكَّـة والمَدِينَـة عـلى وَجْـه التَّحدِيـد حيـث اسـتكمَل مُتعَهِّـدو (صَحِيفَـةِ مكّـة الثَّانِيَـة) مـا انتهـى إليـه أَبُـو سُـفيان وأَبُـو جَهْـل عَمْـرو بـن هشـام وأُمَيَّـة بـن خَلَـف وأَبُـو لَهَـب وعُتبَـة بـن رَبِيعَـة وابنَتُـه هِنـد وشَـيبة بـن رَبِيعـة والوَلِيـد بـن المُغـيرة والوَلِيـدُ بـن عُتبـة والعـاصُ بـن سَـعِيد والنَّـضرُ بـن الحـارث وغَيرُهـم في صَحِيفَتِهـم الأُولى.

وهُمـا ـ(مُشرِكُـو مكَّـة) و(مُنافِقُـو المَدِينَـة) ـ مَـن حَـدَّد سـاعَة الصّفـر لإنْفـاذ المَراحل الخَطِـيرة اللّاحِقـة لإمِضـاء الصَّحِيفَتَـين. ومِنهـما صَـدَرت المُحـاوَلاتُ المُتكـرِّرَة والفاشِـلَة لاغتِيـال النَّبِـيِّ صَـلَّى الله عليـه وآلـه. وهُمـا مَـن هَـمَّ الهموم بِالنَّبِـيّ صَـلَّى الله عليـه وآلـه وصَنعـا الانْحـرافِ الخطـير واحْيَيـا الثِّقَـةَ في الثّقافَـة الجاهِلِيّـة والحَنِين إليهـا. وهُمـا مَـن اسـتبَدَل مَفهـومَ (الإمامَـة) الَّـذي هـو خَـير وأكّـد عليـه النَّبِـيّ صَـلَّى الله عليـه وآلـه في اليَـوم الَّـذي أَنـذرَ النَّبِـيُّ صَـلَّى الله عليـه وآلـه عَشِـيرتَه الأَقْرَبـين وفي اليَـوم الَّـذي أَخـذَ صَـلَّى الله عليـه وآلـه مِـن المُسـلِمين البَيعَـةَ في غَدِيـر خُـم ـ بِمَفهـومِ (الخِلافَـة) الَّـذي هـو أدنـى خَـوف مـا وَصَفـوه بِـ(الفِتنَـة) المُحْتملَـة الَّتـي أَشـاعُوها بِأَنفُسِـهم.

تَصِـفُ فاطمــةُ الزَّهـراء صَلـواتُ الله وسَـلامُه عليهـا مُعطِيـات هــذا المَوقِـف وطَبِيعـة الظَّـرف المُسـتَحكِم في تَلـك اللَّحظـات، مُخاطِبـةً الصَّحابَـة المُنقلِبـين عـلى الأَعْقـاب:

(ابتـدارًا زَعمتُـم خَـوف الفِتنـة، ألا في الفِتَنة سَـقطوا وإنّ جهنّـم لَمُحيطـة بِالكافرين. فهَيهـات مِنكـم، وكَيـفَ بِكُـم، وأنَّـى تُؤفكـون، وكِتـابُ الله بَـين أَظهُرِكـم أُمـورُه

ظاهِرَة، وأحكامُه زاهِرة، وأعلامُه باهِرة، وزَواجِرُه لائِحة، وأوامِرُه واضِحَة، وقد خلَّفتُمـوه وراء ظُهورِكُـم. أرَغْبَةً عنه تُريـدون؟! أم بغَيرِه تحكمون؟!

بِئسَ للظالمينَ بَـدَلًا، ومَن يَبتـغِ غيـرَ الإسـلامِ دِينًـا فلَـنْ يُقبَل مِنه وهُو في الآخرة مِن الخاسِرين. ثُـمَّ لم تَلبثـوا إلّا رَيثَ أَنْ تَسكُنَ نَفرتُها ويَسلَسُ قيادُها، ثُـمَّ أخذتُـم تُـورُون وَقَدَتَـها وتُهيجـون جمرتها، وتَستَجيبـون لِهتاف الشَّيطان الغَـوِي، وإطفاءِ أنـوارِ الدِّيـنِ الجَلـيِّ، وإهـمالِ سَـننِ النَّبـيِّ الصَّفـيِّ، تشربـون حسـوًا في ارتغاء، وتَمشـون لِأهلِـهِ وولـدِه في الخمـرة والضَّراء، ونَصبـرُ (ويَصيـر) مِنكم على مِثلِ حَـزِّ المِـدى ووَخـزِ السِّـنانِ في الحشـا، وأنتُـم الآن تَزعمون أنْ لا إرثَ لنا.

أفحُكمَ الجاهِليَّـة تَبغون؟! ومَـن أحسـنُ مِـن الله حُكمًـا لِقـوم يُوقنـون، أفـلا تَعلمـون؟ بَـلى، قـد تجَـلَّى لَكُـم كالشَّمس الضَّاحِيَـة أنِّي ابنَته.

وأضافت:

أيُّها المسلمون، أأغلَبُ على إرثي يابن أبي قَحافة، أفي كِتابِ الله أنْ تَرِثَ أباك ولا أرِثَ أبي؟! لقد جِئتَ شَيئًا فَريًّا على الله ورَسوله. أفعَلى عَمدٍ تركتُم كِتابَ الله ونَبذتُمـوه وراء ظُهورِكُـم؟! إذ يَقول: [ووَرِثَ سُليمانُ داودَ]. وقال في ما اقتصَّ مِن خَبـرِ يحيـى بن زَكريـا عليـه السَّـلام إذ قـال [فهَب لي مِـن لَدُنكَ ولِيًّا يَرثِني ويَـرثِ مِن آلِ يعقوب]، وقال أيضًا [وأُولُـو الأرحامِ بَعضُهـم أولى بِبَعضٍ في كِتابِ الله]، وقال [يُوصيكُم الله في أولادِكُم للذَّكرِ مِثلُ حَظِّ الأُنثيين]، وقال [إنْ تَـرَكَ خَيـرًا الوَصيَّـةُ للوالِدَيـن والأقرَبيـن بالمعروف حقًّا على المُتَّقيـن]، وزَعمتم أنْ لا حَظوةَ لي ولا إرثَ مِن أبي ولا رَحِمَ بَيننا. أفخَصَّكُم اللهُ بآيَةٍ مِن القُرآنِ أخرَج أبي مُحمـدا صَلَّى الله عليـه وآلـه منها؟! أم تَقولون: إنَّ أهـلَ مِلَّتيـن لا يَتوارَثـان؟! أولسـتُ أنـا وأبي مِـن أهـلِ مِلَّـةٍ واحِدَة؟ أم أنتُـم أعلـمُ بِخُصوصِ القُرآن وعُمومِه مِـن أبي وابـنِ عَمِّـي؟!

فدونكها مَخطُومَة مَرحُولَة تَلقاك يَوم حَشرِك، فنِعم الحَكَم الله، والزَّعِيم مُحمَّد صلى الله عليه وآله والمَوعِد القِيامة. وعِند السَّاعة يَخسرُ المُبطِلون، ولا يَنفعكم ما قُلتُم إذْ تَندمون، ولِكُلِّ نبأٍ مُستقرٌ، وسَوف تَعلمون مَن يَأتِيه عَذابٌ يُخزِيه ويَحلُّ عليه عَذابٌ مُقِيم)[1].

وقد أشارَ القرآنُ الكَريم إلى حَقِيقَةِ هذا التَّحوُّل الخَطِير في صَحابَةِ المَدِينَتَين مِن خِلالِ نَصّ الآية الكَرِيمَة [وَمَا مُحَمَّدٌ إِلاَّ رَسُولٌ قَدْ خَلَتْ مِن قَبْلِهِ الرُّسُلُ أَفَإِن مَّاتَ أَوْ قُتِلَ انقَلَبْتُمْ عَلَى أَعْقَابِكُمْ وَمَن يَنقَلِبْ عَلَىَ عَقِبَيْهِ فَلَن يَضُرَّ الله شَيْئًا وَسَيَجْزِي الله الشَّاكِرِينَ][2].

ليس مِن شَكٍّ في أَنَّ النِّفاقَ عمَّ في المَدينتَين ولم يَكن لَلنَّبيّ مُحمَّد صَلَّى الله عليه وآله أَنْ يَفرِض دِينَه بِالقُوَّةِ والإكْراه، وبلَغَ دَهاءُ الصَّحابة بِالنِّفاق مَبلَغه ولم يَكونوا بِحاجَة إلى تَقمُّصِه، ولكِنَّهم تكتَّلوا بِالعَداوَة والبغضاء واجتَمعوا على الدِّين وتَلَبَّسوا بِالنِّفاق عِندما لمسوا تَقدُّمًا سَريعًا في انْتِشار رِسالة الإسلام وأَنَّ الدِّين لَشامِل لِكلّ ما لَدَيهم مِن نُظُمٍ اقتصاديّة وعلاقاتٍ اجتْماعِيّة وثَقافَة مُتَّبَعة.

وعندما تَمكَّن الرَّسُول صَلَّى الله عليه وآله مِن أَمْرِهِ وأَقام نصرَه في مَكّة والمَدِينَة، وحانَت ساعةُ رَحِيله عنهما؛ صَرَّح لِمُجتمَعهما بِافْتراقِ أُمَّتِه مِن بَعدِهِ إلى مَذاهب وفِرق مُتنافِرَة. وهِي الفُرْصَة الَّتي طالما انْتَظرَها الصَّحابَة المُنافِقُون لِصُنعِ الاخْتِلال في المُسلِمين ومِن ثَمّ تَنفِيذ الانْقِلاب على الأَعقاب والحُكم في المُسلِمين بِـ(مَذْهَب الرَّأي)، وهو أَوَّلُ المَذاهِب في الإِسْلام.

فَوَرد حَدِيثُ الافْتِراق بِروايات مُختَلِفَة وأَسانِيد عَدِيدَة في مَصادر (اتِّجاه

1- انظر الخطبة الفدكيّة لِلزّهراء صَلواتُ الله وسَلامه عليها، شرح نهج البلاغة، ابن أَبي الحديد 249-211/ 16. بحار الأنوار، المجلسي 148/ 43.

2- آل عمران 144.

أَهْـل العامَّـة)، منها عـن السِّـيوطِي في (الـدُّرّ المَنْثـور) وعـن ابـنِ الأَثِـير في (جامِـعِ الأُصُـول) و(سُـنَنِ ابـن داوُد)، وعـن ابـنِ البَطرِيـق في (العُمْـدَة) و(سُـنَنِ ابـنِ ماجَـة)، وعـن التِّرِمِـذي في (صَحِيـح التِّرمِـذِي).

وجـاء فيـه، عـن ابـنِ عمـرو بـن العـاص أَنَّـه قـال: قـال رَسُـولُ الله صَـلَّى الله عليـه وآلِه:

(لَيأْتِـيَنَّ عـلى أُمَّتِـي مـا أَتـى عـلى بَنِـي إِسْرائيـل حـذو النَّعـل بِالنَّعـل حتَّـى إِنْ كان مِنهـم مَـن أَتـى أُمَّـه علانِيـةً لَيكونَـنَّ في أُمَّتِـي مَـن يَصنـع ذلـك، وإِنَّ بَنِـي إِسْرائيـل تَفرَّقَـت عـلى ثِنتَيـن وسَـبعِين مِلَّـة، وسـتَفترِقُ أُمَّتِـي عـلى ثَـلاثٍ وسَـبعين مِلَّـةٍ، كُلُّهـا في النَّـار إِلَّا مِلَّـة واحـدة. قالـوا: مَـن هِـي يـا رَسُـول الله. قـال: مَـنْ كان عـلى مَـا أَنـا عَليـهِ وأَصْحـابِي).

فأَيّ مِن الأَصْحاب أَشار إِليه رَسُول الله صَلَّى الله عليه وآله في هذا النّص؟!

وهُنـا أَطلَـق (اتِّجـاه أَهْـل العامَّـة) المَعنـى لِيَشـمِل كُلَّ (صَحابـة) مَكَّـة والمَدِينـة وكُلَّ مَـن رَأي لِرَسُـول الله صَـلَّى الله عليـه وآلـه شَـخصًا أَو سَـمِع لَـه قَـولًا في جِيلِـهِ، ولم يُقَيِّـد قولَـه صَـلَّى الله عليـه وآلـه فِي مَـن عَدَّهُـم (أَصْحابَـه) المُؤمِنـين!

لَم يكُـن باطِـنُ أُمَّتِـه صَـلَّى الله عليـه وآلِـه عـلى مـا أَسَّـس في مكَّـة والمَدِينَـة ومـا هُـو عَليـه مِـن دِيـن حتَّـى آلَـت خاتِمَـةُ صَحابَتِـه مِـن بَعـدِ رَحِيلِـهِ إِلى الانْقِـلاب عـلى الأَعْقـاب، واسـتَحالوا إلى اتِّجاهـاتٍ يُقَتِّـلُ بَعضُهـم البعـضَ الآخـر أَو يَكِيـدُ لـه كَيـدًا عـلى طَرِيقَـةِ الجاهِلِيَّـةِ الأُولى، بَـل هِـي أَشَـدُّ مِـن ذلـك. فانقَسَـموا وافْتَرقـوا وتَجـاوز عـددُ فِرَقِهـم ومَذاهِبِهـم العـددَ المشـهور، حتَّـى ظَـنَّ الظَّـانُّ مِنهـم أَنَّ الأَصْحـاب الَّذيـن أَشـارَ إِليهـم النَّبِـيُّ صَـلَّى الله عليـه وآلـه في هـذه الرِّوايـة هُـمْ أُنـاسٌ آخـرون لَيْسُـوا مِمَّـن انتسَـب إِلى مُجتَمَعَـيّ مَكَّـة والمَدِينَـة أَو غَيرهـا مِـن بـلاد المُسـلِمِين، وتَسـاءلوا فيـما بَينهـم أَيُّ الفَريقَـين مِـن الأَصْحـاب المُوحِّديـن هُـمْ النَّاجِـون إِذَنْ وقَـد

تَعـدَّدت المَذاهِـبُ والفِـرق فيهـم وتجـاوَزَت السَّـبعِين، وكُلٌّ منهـم يُـصَرِّح بِصحَّـةِ مـا عِنـده ويُحـارب عليـه؟!

إنَّ في حَدِيـث افـتِراق الأُمَّـة وفي غَـيره مِـن الأَحادِيـث القَرِيبَـة مِنـه في الدَّلالـة والمَعنـى إشـارةً صَريحـةً إلى سَـلامَةِ دِيـن فِئـةٍ قَليلـةٍ مِـن أَصْحـابِ الرَّسُـول صَـلَّى الله عليـه وآلـه ولَيـس دِيـن كُلّ الصَّحابَـة. وقـد اختُصَّـت هـذه الفئـة بِالطَّهـارة مِـن الرِّجْـس تكوينـًا، وهِـي في طُـول النَّبـيِّ صَـلَّى الله عليـه وآلـه مِـن حَيـث الصِّفـات في الخُلُـق العَظِيـم وطِيـبِ الـوَلادَةِ والنَّسَـب والمَقـام والمَنزِلَـة عنـد الله عَـزَّ وَجَـلّ. في حِـين أَنَّ كُـبراء الأَغلَبِيَّـة مِـن المُسلِمِين ممَّـن صُنِّـف بِصِفَـةِ (الصَّحـابِي) واشـتُهِر بِهـا ونُـودِي بِـه خَليفَـةً أَو أَمِـيرًا لِلمؤمنـين هُـم الَّذيـن أَحدَثـوا قَبْـل النَّبـيّ صَـلَّى الله عليـه وآلـه ومِـن بَعـدِه مـا أَحْدَثـوا، وهُـم مَـن جَعـل لِتِلـكَ الأَغلبِيَّـة (مَذْهَـب الـرَّأي) وخالَـف بـه الثَّقلَـين وسـاهم في اختـلاق المَذاهِـب المُتفرِّقـة واصْطِنـاع الفِـرق المُتحارِبَـة في عـددٍ منهـا لا يُحـصى، حتَّـى سـالَت بِسُـيوفِ أَذَلِّ الأَذِلّاء ونِفـاق أَرْذَلِ الأَراذِل مِـن هـؤلاء الكُـبراء الدِّمـاء أَنْهـارًا، ومُزِّقَـت البـلاد شَرَّ ممُـزَّق.

يقـول البُخـارِي ـ وهـو أَحـدُ أَركانِ (اتِّجـاه أَهْـلِ العامَّـة) وصاحِـبُ مَوسُـوعَتِهم الحَدِيثِيَّـة المصحَّحَـة ـ (حدَّثَنِـي أَحمَـد بِـنْ إِشْـكاب، حدَّثَنـا محُمَّـد بـن فُضَيـل عَـن العَـلاء بـن المُسـيَّب عَـن أَبِيـه قـال: لَقِيـتُ الـبَرَّاء بـن عـازِب فقُلْـتُ طوبَـى لَـكَ، صَحِبـتَ النَّبـيَّ صَـلَّى الله عليـه وآلـه وبايَعتَـه تحَـتَ الشَّـجَرة. فقـال: يـا ابـن أَخِـي إنَّـك لا تَـدرِي مـا أَحدَثنـا بَعـدَه)[1]. والضَّمِـير هُنـا يُشِـير إلى الجِيـلِ الَّـذي أُطلِـق عليـه وَصْـف (الصَّحابَـةِ) ولَيـس إلى جِيـل التَّابِعِـين وتَابعـي التَّابِعِـين.

ورَوى الحاكِـمُ النِّيسـابُورِي بِسَـندٍ وَافقَـهُ الذَّهَبِـي عـمّا أَحْدَثَتـهُ الصَّحابِيَّـة عائشـة وهِـي زَوجُ النَّبـيّ صَـلَّى الله عليـه وآلـه وابْنَـةُ الخَلِيفـة الأَوَّل أَبِي بَكـر الصَّحـابِي

1 - البخاري ((3852.

الأَكثـر شِـهرةً ومَـودَّة لـدى (اتِّجـاه أَهْـلِ العامَّـة) والأَبـرَز جَـدَلًا بـين أَتْبـاع المَذاهِـب والفِـرَق ـ (حَدَّثَنـا أَبُـو العبَّـاس مُحمَّـد بـن يَعقُـوب، حَدَّثَنـا أَبُـو البُحـترِي عبـد الله بـن مُحمَّـد بـن بُـشر العَبـدِي، حدَّثَنـا إِسـماعِيلُ بـن أَبِي خالِـد عـن قَيـس بـن أَبِي حـازِم قـال: قالَـت عائِشَـةُ وكانَـت تُحـدِّث نَفسَـها أَنْ تُدفَـنَ في بَيتِهـا مـع رَسُـولِ الله صَـلَّى الله عليـه وآلـه وأَبِي بَكـر فقالَـت: إِنِّي أَحدَثـتُ بعـد رَسُـولِ الله صَـلَّى الله عليـه وآلـه حَدَثًـا.. اِدفِنُـونِي مـع أَزواجِـهِ.. فدُفِنَـت بِالبَقِيـع)[1].

لا مناص مِـن القَـول أَنَّ الصَّحابَـة مِـن كُـبراء (اتِّجـاه أَهْـل العامَّـة) قـد أَحدَثـوا، فأَسَّسُـوا لِلفُرْقَـة أَسـبابَها، فظَهـرت المَذاهِـبُ والفِـرَق وتَناحَـرت في عهـد أَبي بَكـر بِـما كَسَـبت أَيـدِي الصَّحابـة في عَهـد النَّبِـيّ صَـلَّى الله عليـه وآلـه، ومـا اقترَفُـوا مِـن انْقِـلابٍ سـافِرٍ عـلى رَسُـول الله صَـلَّى الله عليـه وآلـه، ومـا نَقضـوا مِـن بَيعَـةٍ عَقَدوهـا في يَـوم الغديـر، ومـا ارتَكبـوا بِحَـق وَصِيَّتِـهِ في ولايـة عَـلِيٍّ أَمِـير المؤمنـين صَلـواتُ الله وسَـلامُه عليـه، ومـا خَذلـوا ونَكصـوا، ومـا فَرضُـوا مِـن حَظـر عـلى بَـثّ الرِّوايـة الصَّـادرة عـن النَّبِـيّ صَـلَّى الله عليـه وآلـه، ومـا فَرضـوا مِـن رقابـة مُشـدَّدة عـلى بَيتِـهِ صـلَّى الله عليـه وآلـه لِرَصْـد الإِجْـراءات الصَّـادِرَة عنـه ومِـن تَدَخّـلٍ سـافِرٍ لِمَنعـه صَلَّى الله عليـه وآلـه مِـن كِتابـة الكِتـاب المُنقِـذ مِـن الضَّـلال وقـد عـزم النَّبِـيُّ صَـلَّى الله عليـه وآلـه عـلى إِملائـه عَلَيهِـم وأَمَرَهُـم بِتَدوِينِـهِ في مَحضَر عـددٍ مـن الشُّـهود مِنهـم قُبَيـل رَحِيلـه يَصِـل إِلى ثَلاثِـين صحابِيًّـا.

وعَـن طَرِيـقِ الشِّـيعَةِ الإِمامِيَّـةِ الاثْنـي عَشريَّـة ورَدَ حَديـثُ الافْـتِراق فِي كُتُـبِ كُلٍّ مِـن الصَّـدُوق (الخِصـال) و(مَعـانِي الأَخْبـار) و(الاحتِجـاج)، والشَّـيخ المُفيـد في كِتابِـهِ (أَمـالي المُفِيـد)، والعَيَّـاشِي في كتابِـهِ (تَفسِـير العَيَّـاشي)، والكُلَينـي في كِتابِـه (الـكافِي).

1 - النَّيسابُوري، المستدرك 7/ 4 (6717).

وجاء في كِتاب (الخِصال) بِأَسنادِهِ عن سُليمان بن مِهران عن جَعفر بن مُحَمَّد عن أَبيهِ عن جَدِّهِ عن أَبيهِ الحُسَين بن عَلِيٍّ بن أَبِي طالِب صَلواتُ الله وسَلامُه عليه قال: سَمِعتُ رَسُولَ الله صَلَّى الله عليه وآله يَقول:

(إنَّ أُمَّةَ مُوسَى عليه السَّلام افترَقَت بَعدِهِ على إحدَى وسَبعِين فِرْقَة، فِرقَةٌ منها ناجِيةٌ وسَبعُون في النَّار. وافترَقت أُمَّةُ عِيسى عَليهِ السَّلام بَعدِهِ على اثنَتَين وسَبعِين فِرْقَة، فِرقةٌ منها ناجِيةٌ وإحدَى وسَبعُون في النَّار. وأُمَّتِي ستَفْتَرِق بَعدِي على ثَلاثٍ وسَبعِين فِرْقَة، فِرقةٌ منها ناجِيَةٌ واثْنَتان وسَبعُون في النَّار)[1].

وقال صَلَّى الله عليه وآله (إذا كان يَوم القيامَة، يُنادُون عَلِيّ بن أَبِي طالِب صَلواتُ الله وسَلامُه عليه بِسَبعَةِ أَسْماء: يا صِدِّيق، يا دالّ، يا عابِد، يا هادِي، يا مَهدِي، يا فَتَى، يا عَلِيّ، مُرْ أَنْتَ وشِيعَتُك إلى الجَنَّةِ بِغَير حِساب)[2].

في هذه الرِّوايَة تكمُن دَلالَةٌ صَرِيحَةٌ مفادُها أَنَّ (الفِرقَة النَّاجِيَة) هِي شِيعةُ أَمِيرِ المُؤمنين صَلواتُ الله وسَلامه عليه ولا أَحد غَيرهم.

وقال صَلَّى الله عليه وآله: (تَفتَرِقُ هَذِه الأُمَّةُ على ثَلاثٍ وسَبعِين فِرقَة، اثْنَتان وسَبعُون في النَّار، ووَاحِدَةٌ في الجَنَّة، وهُمْ الّذين قال الله عَزَّ وجَلَّ [وَمِمَّنْ خَلَقْنَا أُمَّةٌ يَهْدُونَ بِالْحَقِّ وَبِهِ يَعْدِلُونَ] وهُم أَنا وشِيعَتِي)[3].

سَجَّلَت أُصُول السِّيرَة والمَجامِيعُ الرِّوائِيَّة الكَثِيرَ مِن الأَحادِيث الكاشِفَة عن هُوِيَّةِ (الفِرْقَةِ النَّاجِيَةِ) وعن زَمَنِ نُشوئها وأَسْبابِ ظُهورها وأَسْماءِ رِجالها وطَبيعَةِ رُؤيتِها لِلحَياةِ واليوم الآخِر ومَنهجِها في التَّفكِير وأَسالِيبها في التَّعاطِي مع المَنقولِ والمَعقُولِ، ومَظاهِرِ تَميُّزِها الثَّقافي عن المذاهب والفِرَق الأُخْرى

1 - حكيمي، بداية الفرق نهاية الملوك 50

2 - الخوارزمي، المناقب 228/ 226

3 - نفس المصدر السابق 228/ 226

الَّتي تَجاوزَ عددُها الثَّلاثَ والسَّبعِين لِتَدُلَّ الرِّوايَةُ هذه على المُبالَغَة في كَثْرَتِها أَو تَشَعُّبِها وانقِسامِها إلى مَذاهِب وفِرَقٍ أو رُبَما اتِّجاهات عَقدِيّة وفقيّهة أُخْرى إضافِيَّة.

ولَيْس مِن الغَريب ما جَرى مِن انْقلاب بزَعامَةِ فِئة المُنافِقين على التَّطوّر السَّردِيّ التَّأريخِيّ لِنَشأة الإسْلام، كَأَنْ يَظلّ الإمامُ عَلِيٌّ أَمِير المؤمنين صَلواتُ الله وسَلامُه عليه الَّذي مُيِّزت بِمُوالاتِهِ (الفِرقَةُ النَّاجِيَة) ونُبِذَت المذاهب والفِرَقُ الأُخْرى لِعِصيانِها وانْقلابِها ولِنَصبها وكراهِيّتها وازدِرائها له - هو الطَّرفُ المُستهدَف في جُلِّ التَّعاقُدات والتَّحالُفاتِ المُناوِئةِ لِلدِّين مُنذ البِدايات الأُولى لِلبِعثَةِ النَّبويَّة الشَّريفة وخِلال مَرحَلَة انتِشار الرِّسالة المُحمّدِيَّة وتَطوِّر وُجودِها وتَكثّر أَتْباعِها. كما أَنَّه لَيْس غَريبًا أَنْ يتمسَّك الرَّسولُ صَلَّى الله عليه وآله بِمَوقِفه الرَّافض لِلعُروض المُغرِيَة الَّتي تَقدّم بها سَاداتُ مكَّة مِن مُشرِكِي قُرِيش وعَدم اسْتِسلامِه لِلضَّغط الاجْتِماعي الهائل الصَّادر عن تَعاقُدي الصَّحِيفَتَين الأُولى في مَطلع رِسالَتِه والثَّانِيَة في أَيَّامه الأَخِيرة مِن حَياتِه صَلَّى الله عليه وآله حيث غامر المتَعهِّدُون على الصَّحِيفتين وأَقْسَموا على وَضْع حَدٍّ لِرِسالَتِه ومَنع وُصُولِ (الإِمْرة) إلى عَلِيٍّ أَمِير المؤمِنِين صَلواتُ الله وسَلامُه عليه.

وعِندَما أُخِذَ عَلِيٌّ أَمِير المؤمنين صَلواتُ الله وسَلامُه عليه مَخفورًا ومَغلول اليَدَين بِالحَبلِ إلى مَجلِس الخَلِيفة الجديد أَبِي بَكر الآمِر بِاعتِقالِه واقتِحام بَيته لانتِزاع البَيعَةِ مِنه صَلواتُ الله وسَلامُه عليه بِالإِكراه وإِحراق دار الزَّهراء بِنت رَسُول الله صَلَّى الله عليه وآله وقتلها - قال عَلِيٌّ صَلوات الله وسَلامُه عليه مُشِيرًا إلى ما تَعاقَد عليه أَبُو بَكر في السِّرّ مع أَربعةٍ مِن الصَّحابَة بَما وَفّوا أَنْ يزوون هذا الأَمْر عن أَهْل البَيت صَلوات الله وسلامه عليهم إِنْ قُتِل النَّبِيّ صَلَّى الله عله وآله[1].

1 - كتاب سليم بن قيس(تحقيق الأنصاري)594/ 584/ 2. الاحتجاج 1/ 216/ 210. أنظر مرآة العقول 5/ 320/ 319. البِحار 28 / 268/ 261/ 299/ 270 و 200/ 197/ 43. العوالم 11/ 404/ 403/ 400.

بَـرزَ مَفهُـوم (الخِلافَـة) في النَّـاس وشَـاع صِيتُـه، ونُقِضَـت بَيعَـةُ الغَديـر عـلى خِـلاف مـا كان سـائدًا في ثَقافَـة المَدِينَتَـين مِـن حفـظ لِلعَهـد، فَـأَضَرّ ذلـك بِـما تَبقّـى مِـن القُدسِـيَّة لِمَعـانِي السُّـنَّةِ ودَلالَـةِ نَصِّهـا في النّفـوس، وقُـدِّم (مَذْهـبُ الـرَّأي) وجُعِـل فـوق السُّـنّة النَّبويَّـة الشَّريفـة حتَّـى طَغـى وأُهمِـل النَّصَّـان الرِّوائـي والقُـرآني وأَحكامُهـما وزُوِّرا وكَثُـر الكَذَّابـة عـلى الرَّسـول صَـلَّى الله عليـه وآلـه.

فبِـ(مَذهَـب الـرَّأي) الَّـذي عَمـل بِـه الصَّحابَـةُ المُنقلِبـون عـلى الأَعْقـاب شَـيَّد غيرُهـم مِـن الصَّحابَـة نُظرائهـم والتَّابِعِـين عليـه قَواعِـدَ مَذاهِبهـم الخاصَّـة وفِرَقِهـم، فِيـما تَمسَّـك المُوالُـون لِعَـلِيٍّ أَمِـير المؤمنـين صَلـواتُ الله وسَـلامُه عليهـم بِالثَّقلـين كِتـاب الله والسُّـنَّة النَّبويَّـة الشَّريفـة واتَّبعـوا الوَصِيَّـةَ النَّبوِيَّـةَ في الإِمـام مِـن بَعـدِهِ وأَطاعُـوه وتَجـاوزوا معـه مِحنَـةَ الانقِـلاب عـلى الأَعْقـاب وآمنـوا وصَـبَروا عـلى مُضاعَفـات المِحنَـةِ واقْتَـدوا في واقِعِهـم العَمَـلي بِصَـبرِ عَـلِيٍّ أَمِـير المُؤمنـين صَلـواتُ الله وسَـلامُه عليـه.

لَيْـسَ مِـن شَـكٍّ في أَنَّ خِلافَـةَ كُلٍّ مِـن أَبي بكـر وعُمـر وعُثْـمان أَسْرَفَـت في الرُّجُـوع إلى (مَذهَـب الـرَّأي)، وعَطَّلَـت أَحـكامَ الثَّقلَـين الكِتـاب والسُّـنَّة، وبَالَغَـت في شَـنِّ الحُـروب عـلى المُتمَسِّـكين ببَيعَـةِ الغَديـر والمُعارِضِـين والمُخالِفِـين لِلخِلافَـة، كـما بالَغَـت في رَدع المُوالِـين لِعَـلِيٍّ صَلـواتُ الله وسَـلامُه عليـه عـلى حَـدٍّ سـواء.

وانقلَـبَ (مَذْهَـبُ الـرَّأي) بِعُنفـه وإِرهابـه إلى سُـنَّةٍ لازِمَـةٍ لِتَعزيـز سِـيادة الحاكـم السِّـياسِي، ومَـضى أَكثَـرُ الصَّحابَـة بِهـذا المَذْهَـب إلى تَأصِيـل حَربِهـم عـلى إِمامَـةِ عَـلِيٍّ أَمِـير المُؤمنـين صَلـواتُ الله وسَـلامُه عليـه عِندمـا آلَـت إِليـه ذاتُ (الخِلافَـة) في إِثْر مَقتَـلِ الخليفة الثَّالِـث عُثْـمان. ثُـمَّ انْشَـقّوا عنـه، وتَمـرّدوا وخَذلُـوه واغتالُـوه صَلـواتُ الله وسَـلامُه عليـه في المحـراب، وقَتلـوا ابْنَـه الحَسَـن صَلـواتُ الله وسَـلامُه عليـه الخَليفَـة (الخامِـس) بِالسُّـمّ بِيـدي زَوجِـهِ، ونَكَّلـوا بِشِـيعَتِه، وامتَنعـوا عـن إِضافَة سِـيرَته وسِـيرَةِ ابنـهِ الحَسَـن صَلواتُ الله وسَـلامُه عَلَيهِـما في عَـرض سِـيرة أَبي بَكـر وعُمـر وعُثـمان، وأَخْرَجـوا فَترة حُكْـم الإِمام

الحَسَـن صَلـواتُ الله وسَـلامُه عليـه مِـن فَـترَة (الخِلافَـة الرَّاشِـدة) بِنـاءً عـلى مَرويَّـات اخْتلَقُوهـا أَو زَوَّرُوهـا.. مِنهـا: عـن النَّبِـيّ مُحمَّـد صَـلَّى الله عليـه وآلـه (الخِلافَـةُ في أُمَّتـي ثَلاثُـون سَـنَةً ثُـمَّ يَكـونُ مُلـكًا)[1]. فلَـم يَعـدّوا الحَسَـن صَلـواتُ الله وسَـلامُه عليـه خَلِيفَـةً ولا راشِـدًا. وكَذلِـك فعـلَ بَعضُهـم مـع عَـلِيٍّ أَمـير المؤمنـين صلَـواتُ الله وسَـلامُه عليـه فشَـطَبوه مِـن قائمـة (الخِلافَـة) الَّتـي وَصَفوهـا بِـ(الرَّاشِـدَة) أَو أَوجَزهـا في بِضْـعِ سُـطور!

وفي إِثْـر اغْتِيـال مُعاوِيَـة لِلإِمـام الحَسَـن صَلـواتُ الله وسَـلامُه عليـه بِالسُّـمّ استَجمَع أَئمَّـةُ (مَذْهَـبِ الـرَّأي) قُواهـم مِـن جَدِيـد واتَّخـذوا الإِجـراءات التَّالِيَـة:

ـ اعْتَرفوا بِمُعاوِيَة خَلِيفَةَ على المُسلِمِين واتَّبعوه.

ـ شَرَّعوا وراثِيَّة الخِلافَة الهِرَقلِيّة المُستَبِدّة بِزَعامَةِ الأُمَويِّين.

ـ وجَعلوا مِن سَبِّ عَلِيٍّ أَمير المؤمنين صَلواتُ الله وسَلامُه عليه على المَنابِر سُنَّةً.

ـ ولِيُعلِنـوا عـن قُبولِهـم ورِضاهُـم بِبَيعـةِ يَزيـد بـن مُعاوِيَـة الفَاسِـق شـارب الخَمـر وقاتـل النَّفْـس المحترَمـة لِوَلايَـة عهـدِ مُعاوِيَـة، وسَـلَّموا مَقاليـد الخِلافـةَ لِيَزيـد بَعـد هَـلاكِ أَبِيـه وبايعـوه.

ـ وشـارَكوا الأُمويِّـين في قَتْـلِ الأَئمَّـة مِـن وُلْـدِ عَـلِيٍّ أَمِـير المُؤمِنـين صَلـواتُ الله وسَـلامُه عليـه وعَليهـم.

ـ واستَعانُوا بِالانْفِتـاح عـلى الثَّقافَـات الأَجنَبِيَّـة وعُلومِهـا بِـما يُعـزِّز مِـن قُـوة حكـم (مَذْهَـبِ الـرَّأي)، ومِنـه سُـنَّةُ الطَّعـن في دِيـنِ أَهْـلِ البَيـتِ صَلـواتُ الله وسَـلامُه عَليهِـم.

ـ وبَثّـوا أَخطـرَ مَفاهِيـم الفُرْقَـةِ بَـين المُسـلمين جَميعًـا عـلى ذاتِ الطَّرِيقَـةِ الَّتـي

1 - موافقة الخبر الخبر، علي بن حجر العسقلاني 141/ 1. أنظر: الإحسان في تقريب صحيح ابن حبان، شعيب الأرنؤوط 6657. السَّيل الجرار المتدفق على حدائق الأزهار، علي الشوكاني 506/ 4.

أَحْدَثُوا بها الانْشِقاق في مَعرَكَةِ صِفِّين لإِنْتاج مَذْهَب المارِقِين (الخَوارج).

ـ وشارَكوا الأَمويِّين في مُهِمَّةِ إِعادَةِ مَجد العَصَبيَّة القَبلِيّة الجاهِليَّة وفي تَعطِيل نَشر الإِسْلام في أُوروبا. و(يَقول أَحدُ كِبار عُلَماء الأَلمان في الآستَانَة لِبعَض المُسلِمين وفيهم أَحد شُرفاء مكّة: إِنَّه يَنبغِي لَنا أَنْ نُقيم تِمثالًا مِن الذَّهَب لِمُعاوِيَة بن أَبِي سُفيان في ميدان كذا مِن عاصِمَتِنا «برلين». فقِيل له: لماذا؟ قال لِأَنّه هو الّذي حَوّل نِظام الحُكم الإِسْلامي عن قاعِدَته الدِّيمقراطية إِلى عَصَبيّة الغالب. ولَولا ذلك لَعَمّ الإِسْلام العالمُ كلُّه، وإِذَن لكُنَّا نَحنُ الأَلمان وسائر شُعوبِ أُوروبا عَربًا مُسلِمين)[1].

لَيْس مِن شَكٍّ في أَنَّ الأَغلَبِيَّة مِن المُسلِمين لم تَندكّ في عَقِيدة الإِسْلام على عَهْدِ رَسُول الله صَلَّى الله عليه وآله بِكامِل قُواها العَقلِيَّة والوِجدانِيَّة، ولكِنّها لم تُجبَر على الإِيمان ولم تُكره إِذْ أَنَّ ثَقافَةَ الجاهِليَّة كانَت أَشَدَّ قُوةً في جَذْبِها والانْحِدار بالأَغلَبِيّة، وأَنَّ الدِّين قد أَمرَ تَخيِيرًا ونَهى تَحذِيرًا، فلَمْ تُؤلِّف الأَغْلَبِيّةُ في مَكَّة والمَدِينة مِن نَفسِها مُجتمعًا مُسلِمًا مُوَحِّدًا لِلخالِق ومُوحَّدًا نابِذًا لِلعَصَبيَّة الجاهِلِيَّة على الرَّغْم مِن وُجودِ الرَّسُول صَلَّى الله عليه وآله فيهما مِثالًا مَحْسوسًا وهادِيًا إِلى الصِّراط المُستَقِيم ومُبلِّغًا عن وَحْيٍ يُوحى إِليه.

فإِنْ صارَ رَسُولُ الله صَلَّى الله عليه وآله المَرجِعَ المُطاع والفاصِل فِيما شَجرَ بين المُسلِمين بِقَولِه تَعالى [يَا أَيُّهَا الَّذِينَ آمَنُواْ أَطِيعُواْ الله وَأَطِيعُواْ الرَّسُولَ وَأُوْلِي الأَمْرِ مِنكُمْ فَإِنْ تَنَازَعْتُمْ فِي شَيْءٍ فَرُدُّوهُ إلى الله وَالرَّسُولِ إِنْ كُنتُمْ تُؤْمِنُونَ بِالله وَالْيَوْمِ الآخِرِ ذَلِكَ خَيْرٌ وَأَحْسَنُ تَأْوِيلًا][2]، فذَلِك بِحُكم حاجَة هؤلاء المُسلِمين وما اعْتادوا عليه في النِّظام القَبَلِي، وقد ساء لَفِيفًا مِن أَذلِّ أَذِلّاء الجاهِلِيَّة وأَرْذَل الأَراذِل مِن كُبرائها ومِن الطُّلقاء وأَبنائهم البَقاءُ على دِينِهم الجَدِيد، فنَافَقوا وأَعدُّوا العدّة

1 – الوحي المحمدي، رشيد رضا 232. شيخ المضيرة أبو هريرة، محمود أبو رية 185.

2 – النِّساء 59.

لِلانْقِلاب على الأَعْقاب، وغَيَّروا وبَدَّلُوا مَسار الدِّين مِن التَّدَرُّج والسُّموّ بِهُدى العالِين إِلى الانْحِدار والانْحِطاط بِغِوايَة الشَّياطين.

وقد سَبقَت آيَةٌ كَرِيمَةٌ مَرحلةَ وُقوعِ الانْقِلاب على الأَعْقاب وأَخبَرت عَنه في عَهدِ النَّبيّ صَلَّى الله عليه وآله بِنصِّها [وَمَا مُحَمَّدٌ إِلاَّ رَسُولٌ قَدْ خَلَتْ مِن قَبْلِهِ الرُّسُلُ أَفَإِن مَّاتَ أَوْ قُتِلَ انقَلَبْتُمْ عَلَى أَعْقَابِكُمْ وَمَن يَنقَلِبْ عَلَىَ عَقِبَيْهِ فَلَن يَضُرَّ الله شَيْئًا وَسَيَجْزِي اللهُ الشَّاكِرِينَ][1]، فتَحَسَّس المُسلِمُون عَلامات وُقُوع الإِنقلاب على الأَعْقاب وتَرَقَّبوا ساعَةَ مَقتل النَّبيِّ صَلَّى الله عليه وآله إِذْ لم يَكُن المَعنِيُّ بِهذِه الآيَة الكَرِيمَة أُناسًا يَدبُّون في كَوكَبٍ آخر أَو يَنعمُون في مَساكِن الملائكة بَين السَّماء والأَرضِ أَو أُناسا آخرين مِن الماضِين الأَوَّلِين وقد انْقَلبوا في إِثْر مَقتَلِ نَبِيِّهم، وإِنَّما المَعنِيّ هُم الصَّحابة في مَكَّة والمَدينَة الَّذين سيَغْتالون نَبِيَّهُم صَلَّى الله عليه وآله ويَحْتَلّوا مقامًا في المُسلِمين لَيسوا أَهلًا لَه!

وقد صَرَّح الرَّسُول صَلَّى الله عليه وآلِهِ في سِياق الآيَتَين الشَّرِيفَتَين بِافْتِراق أُمَّتِهِ مِن بَعدِه إِلى فِرَقٍ مُتعدِّدة، ووَردَ ذلك بِرواياتٍ مُختَلِفَةٍ وأَسانيد متَعدِّدةٍ ضَمَّتها المجامِيعُ الحَدِيثِيَّة الشِّيعِيَّة والأُخْرى التَّابِعَة لِـ(اتِّجاه أَهْلِ العَامَّة). ويَظهرُ (أَنَّ الَّذين وضَعُوا هذا الحَدِيث وضَعُوه لِيُثبتوا أَنَّ تِلكَ الفِرَق لم تَخرُج عن الإِسْلام على ما بَينها مِن تَباعُدٍ وتَضارُبٍ في المُعتقدات، في حِينٍ أَنَّ أَكثرَ تِلك الفِرق قد خَرَجَت على الإِسْلام في كِثيرٍ مِن آرائها ومُعتقَداتِها)[2].

وتَكْشِفُ الرِّواياتُ الوَارِدَة فِي ظُهُورِ المذاهب والفِرَق عن طَبِيعة الظُّروف السَّائدَة في المُسلمين على عَهدِ الرَّسُول صَلَّى الله عليه وآله، وأَنَّ المُجتمعَ المُسلِم في هذه المَرحَلةِ الزَّمَنِيَّة التَّأسِيسِيَّة قد شَهد تَميُّزًا لِفئةٍ مِنه أُطلِق عَليها وَصْفُ (شِيعة عَلِيّ)، وهي الفِئةُ الأُولى الَّتي ظَهَرت في المُسلِمين وتَظاهَرت بِنَبذِها لِلثَّقافة

1 - آل عمران 144

2 - الشّيعة بين الأشاعرة والمعتزلة، هاشم معروف الحسيني 23

الجاهِلِيَّة ومُجتَمعها بِمَكَّة منذ اليَوم الَّذي أَنذَرَ الرَّسُول صَلَّى الله عليه وآله عَشِيرَته الأَقرَبين.

بإزاء (شِيعَة عَلِيّ) انْبرى رَهْطٌ مِن الصَّحابة مَرَدَ على النِّفاق لِيُؤَلِّف لِنَفسِهِ تَحالُفًا عاتِيًا مُتمسِّكا بِالمَورُوثِ الثَّقافي الجاهِلِيّ القَبَلِيّ، ولِيَضْمر لِعَلِيٍّ أَمير المؤمنين صَلواتُ الله وسَلامُه عليه شَرًّا مُستطيرًا، ويَتَحيَّن الفُرَصَ لِلثَّأر لِقَتلاه في بَدرٍ وأُحدٍ وحُنَين وغيرها مِن الحُروب ولِلنُّهوض بِعَهدٍ جاهِلِيّ في لِباسٍ مُختلِفٍ يَحفظ لِأَذَلِّ أَذِلّاء بَنِي (تَيم) وبَنِي (عَدي) ولِأَرْذَلِ أَراذِلِ أَحْيائهما في مَكَّة مَقامًا اجتَماعِيًّا رَفيعًا ومَنزلةً مُتَقدِّمةً لا يَنالها الرِّجالُ مِنهم إِلَّا بِالنِّفاق.

لم يُسمَّ في عَهد النَّبِيّ مُحَمّد صَلَّى الله عليه وآله أَيّ رَهْطٍ مِن صَحابَة مُجتَمَعَي مَكّة والمَدِينة بِـ(شِيعَةِ أَبِي بَكر) ولا بِـ(شِيعَة عُمَر) ولا بِـ(شِيعَةِ عُثمان) مِثلما سُمِّي (شِيعةُ عَلِيٍّ) في مكَّة قَبل الهِجْرَةِ وفي المَدِينة مِن بَعد الهِجْرَة. فإِنْ أُشِير إِلى أَحدٍ غَير (شِيعَةِ عَلِيّ) في العَهد النَّبوِي إِنَّما يُشار إِلى رهطٍ مِن الصَّحابَة المُنافِقين مِن الأَذِلّاء والأَراذِلِ كان يَلتَقِي في بُغْضِهِ لِعَلِيٍّ أَمِير المُؤمِنين صَلواتُ الله وسَلامُه عليه وعَداوتِه لِـ(شِيعَةِ عَلِيٍّ)، ويَتنافر عناصرُه في ما بَينَهُم على قاعِدَةٍ ثَقافِيَّةٍ جاهِلِيَّةٍ تَمسّ أَوضاعَهُم في مُتعَلِّق نِظام الرُّتَب الاجتماعِيَّة وما اشتَمَلَ عليه مِن مَنزِلَةٍ ومَقامٍ وشَرفٍ تَقمَّصه هُؤلاء الصَّحابَة في الإِسْلام فَضْلًا عن مُتعَلِّق الأَصْل مِن النَّسَب والحَسَب.

فالأُمويُّون مِن بَعد إِسلامِهم لم يُسقِطوا مِن أَذهانِهم التَّصنِيف الطَّبَقِيّ الجاهِلِي وما تَعَلَّق به مِن رُتَبٍ ومَقاماتٍ نَشأوا عليها في مُجتَمع مكَّة وتَفرَّدوا بِها مِن دُون الصَّحابَة الآخَرين مِن أَراذِلِ بَنِي تَيم وأَذلاءِ بني عَدِي.

وعندما اقْتَرب الأُمَويُّون الطُّلقاء في عَهد النُّبوُة مِن نُظرائهم الصَّحابَة وتَبادلوا مَعهم المَنافِع والمَصالِح؛ رَفَضوا الاعْتِراف بِأَي رُتَبٍ ومَقاماتٍ اكتَسبَها هؤلاء الصَّحابَة مِن خارِج التَّقسِيم الاجْتِماعي المَكِّي الجاهِلي القَدِيم، وتَنكَّروا لِكُلِّ

مَن تَحصَّل عليهما في عَهد الإِسْلام، بِمَن فيهم رهط الصَّحابة مِن أَهْلِ أَحياء (تَيم) و(عَدي)!

وعندما حانَت فُرَصُ الانْقِلاب على الأَعْقاب في المَدِينَةِ وأُتِيحَت؛ تَجرَّأ رَهطٌ مِن الصَّحابَة مِن ذَوِي النَّسَب المَنبُوذ والحَسَب الوَضِيع، فشَمَخَ بِأَنفِه وتَعاقَدَ على صَحِيفَةٍ في جَوفِ الكَعبَةِ وأَحاط الأُمويِّين عِلْمًا بذلك. وعندما انقَلَبَ رَهْطُ الصَّحابَة وانتَهى بِالدِّين إِلى الفَوضى والفُرْقَة والضَّلال؛ امتَنَع هذا الرَّهْط مِن العَودَةِ بِمُجتَمَعِ المُسلِمِين إِلى عَهد الجاهِلِيَّة الأُولى وضَعف الأُمويُّون في أَداءِ هذه المُهِمّة حيث استُنزِفوا في فَتح مَكّة، فصَار أَذَلُّ أَذِلاء بَنِي تَيم وبَنِي عَدي وأَرْذَلُ أَراذلهما مِن الصَّحابَة المُنقلِبين الكُبراءَ في المَدِينَة واستَحالوا إِلى خُلفاء يَحكُمون بلاد المُسلِمِين إِلى حِين!

لم يَنفكّ المُنقَلِبون على الأَعْقاب يُنْشِئون جاهِلِيَّةً مُختَلِفةً على غَير ثَقافَة النَّسَق القَبَلِي الجاهِليّ السَّائد في مَوطِنِهم الأَوَّل مَكَّة، فحَكَّمَوا فِيه وفي المدينة بِـ(مَذْهَب الرَّأي) إِذْ صارَ مِن غَير المُمكِن خَلْقُ حالٍ مِن الانْسِجام بَين النِّظام الجاهِلِيّ القَدِيم ذِي التَّقسِيم الاجْتِماعي القَبلي بين فئات المُجتَمع حيث يَهوى نُظراؤهم الجدد مِن الأُمَويِّين العَودةَ إِليه وكانُوا مِن سادَتِه ـ والمُستجدّ في أُمنِيات المُنقلِبين حيث يَقود الدَّولةَ ونِظامَ الخِلافَةِ بَنو تَيم وبَنو عَدِي الأَقلُّ مَنزِلَةً ومقامًا وصِيتًا في النَّسَب والحَسَب والأَوضَع في الرُّتْبَة الاجْتِماعِيّة الجاهِلِيَّة.

نُقِضَت بَيعةُ الغَدِير وعُيِّن خَلِيفةُ (الفَلْتَة) وأُقصِي عَلِيٌّ أَمِير المؤمنين صَلواتُ الله وسَلامُه عليه، فلَمْ يَجِد الأُمَوِيُّون في إِثْر ذلك ما يَحول بَينَهُم والوُصُول إِلى سُدّة الحُكْم وقيادة المُسلِمِين بِنظامٍ هِرَقْلِيٍّ عَضُوض حيث أَنَّ المُنقلِبين الجدد في مُجتَمع المَدِينة أَقلُّ تَميُّزًا مِن الأُمويِّين في فَنِّ إِدارة الشَّأن العام والأَقَلُّ خِبرة في فَنِّ المُسايَسة والمُماكرة والأَدنى منهم مَنزِلَةً ورُتبةً في النَّسبِ والحَسَب والمَقامِ.

صَارَ في الإِمكان أَنْ يَعود الأُمَوِيُّون إِلى شَأنهم الدَّاخِلي لِيُنظِّموا فيه صُفُوفَهم

ويَستَعِيدوا عافِيَتهم الَّتي استُنزِفت في الحَرب على النَّبيّ مُحمَّد صَلَّى الله عليه وآله مُنْذ يَوم بِعثَتِه. وما كان عَلَيهِم في مِثلِ هذه الأَحْوال والظُّروف المواتِيَة المُستَجِدّة إِلَّا أَنْ يَتقدَّموا بِأُولى خُطواتِهم لِانْتِزاع المُلْك مِن المُنقلِبين الجدد بِمِثل ما فَعل المُنقلِبُون أَنفُسَهم وعلى نَسَقِهِم.

لم يَكن انْتِزاعُ الأُمَويين لِلمُلك مِن أَيدي رَهط المُنقلِبين الجدد بِالأَمر الصَّعب أَو المُستَصْعَب إِذْ أَصْبح نَقضُ البَيعةِ المُقَدَّسة في عُرف مُجتَمَع المُسلِمين عَمَلًا هَيِّنًا، فهانَ نَقلُ السُّلطة بِالمُماكَرةِ وبِالخُدعَةِ أَو بِاستِبدال بَيعَةٍ بِأُخرى. ولِلأَمَوِيِّين في هذا الظَّرف الحَسَّاس أَنْ يَحتَفِظوا لِأَنفُسِهم خَبرَ ما تَعاهَد عليه الخَمسَةُ مِن الصَّحابة المُنقَلِبين في السِّرّ وتَفاصِيل ما نَفَّذوه مِن مُؤامرة انْقلابِيَّة تَبدو في ظاهِرِها على غَير حَقِيقَتِها، فإِنْ شَاؤوا كَشَفوا وفَضَحوا، وإِنْ شَاؤا ابْتَزُّوا. والابْتِزازُ هو السِّلاح الأَمضى والأَشَدُّ وقعًا وأَثرًا وأَكْثر نفعًا في عند ساسَةِ الأُمَويين في الوَقت الرَّاهن حتَّى يَستَعِيدوا عافِيَتَهم ويَتمَكَّنوا!

في عَهْد الرَّسُول صَلَّى الله عليه وآله لم يَأْخُذ التَّقابل بين (شِيعةِ عَلِيٍّ) ورَهْط الصَّحابَة الخَمسَة مُتعَهِّدي (صَحِيفَة مَكَّة الثَّانِيَة) وخُلَفائهم الجدد مِن القَبائل المطالِبَة بِثَأرِها الجاهِليّ ـ صِبغةً سِياسِيَّةً وتَمثُّلًا في هُوِيَّتين مُتبايِنَتَين في الرَّأي والمَوقِف أَو مُختلِفَتين، وإِنَّما اتَّخذَ كُلُّ واحدٍ مِنهما خاصَّةً مُميَّزة، مِنها:

ـ إِيمانٌ عَمِيقٌ ثابتُ اليَقِين بِـ(نزُول وَحْي النُّبوّة)، وامتثالٌ وطاعَةٌ مُطلَقَةٌ لِمُحمَّد صَلَّى الله عليه وآله بِوَصفِه نبيًّا، واتِّباعٌ لِوَصِيَّتِهِ في الوَلِيّ عَلِيٍّ أَمِير المُؤمنين صَلواتُ الله وسَلامُه عليه الإِمام الَّذي يَتلَقَّى وَحيَ الإِمامَة.

ـ تَظاهرٌ بِالإِسْلام ونِفاقٌ يَتقمَّصُ صاحِبُه الدِّينَ لِظَرفٍ مُتَعلِّق بِالمَصير القَبلِيّ، وجاهِلِيَّةٌ خَفِيَّةٌ تَعدُّ العدّة لِإِعادَةِ مَجدِ ثَقافَتها الأُولى على نَمطٍ اجتِماعِيٍّ مُختَلِف.

فمِنهُم المُؤمِنُون ومِنهم المُسلِمُون على حَسَب تَأوِيل الآيَة الكَرِيمة [قَالَتِ الْأَعْرَابُ آمَنَّا قُل لَّمْ تُؤْمِنُوا وَلَكِن قُولُوا أَسْلَمْنَا وَلَمَّا يَدْخُلِ الْإِيمَانُ فِي قُلُوبِكُمْ وَإِنْ

تُطِيعُوا الله وَرَسُولَهُ لَا يَلِتْكُم مِنْ أَعْمَالِكُمْ شَيْئًا إِنَّ الله غَفُورٌ رَّحِيمٌ][1].

ورُبما تكشِفُ رِوايَةُ الحافِظ مُحمَّد بن مُؤمِن بَعض الفَرق بَين ما مَيّز عَلِيًّا أَمِير المُؤمنين صَلواتُ الله وسَلامُه عليه وصِنفًا مِن الصَّحابة المُتعاقِدين على (صَحِيفَةِ مكَّة الثَّانِيَة) مِن حَيث رُؤيتهم لِدِين النَّبيِّ صَلَّى الله عليه وآله وامتِثالِهم لِأَمْرِهِ وطاعتِهِ مِن غير تَردُّدٍ أَو اجْتهادٍ منهم بِإزائه، وما سَيُؤول إِليه الأَمرُ بَينَهما مِن افتِراقٍ عِند رَحِيل نَبيِّهم صَلَّى الله عليه وآله:

قال مالِكُ (كُنَّا جلوسًا عند النَّبيّ صَلَّى الله عليه وآله فتَذكَّرنا رَجُلًا يُصَلِّي ويَصُوم ويَتصدَّق ويُزَكِّي. فقال لَنا رَسُول الله صَلَّى الله عليه وآله: لا أَعْرِفه.

فقُلنا يا رَسُول الله، إِنَّهُ يَعبدُ الله ويُسَبِّحُه ويُقدِّسُه ويُوحِّدُه. فقال صَلَّى الله عليه وآله: لا أَعْرِفه.

وفِيما نَحنُ في ذِكرِ الرَّجُلِ إِذْ طَلَعَ علينا، فقُلْنَا: هذا هُو!

فنَظر إِليه الرَّسُول صَلَّى الله عليه وآلِهِ وقال لِأَبِي بَكر: خُذْ سَيفِي هذا واذْهَب إلى هذا الرَّجل واضْرِب عُنقَه فإِنَّه أَوَّلُ مَن رايته مِن حِزْبِ الشَّيطان.

فدَخلَ أَبُو بَكر المَسجدَ فَراهُ راكِعًا، فَقالَ والله لا أَقتله فإِنَّ رَسُول الله نَهانا عن قَتْلِ المُصَلِّين! فرَجَع أَبُو بَكْر وقال: يا رَسُول الله أَنِّي رأيتُ الرَّجُلَ راكِعًا وأَنَّك نَهيتَنا عن قَتْلِ المُصلِّين.

فقَال رَسُولُ الله صَلَّى الله عليه وآله: أَجَلْ يا أَبا بَكر، فلَسْتَ بِصاحِبِه. قُمْ يا عُمَر وخُذْ سَيفِي مِن أَبِي بَكر وادخُل المَسجد فاضْرِب عُنقَه.

قال: فأَخذتُ السَّيفَ مِن يَدِ أَبِي بَكر ودخَلتُ المسجد فرأيتُ الرَّجلَ ساجِدًا، فقُلْتُ والله لا أَقتله فَقَد استأذَنه مَن هُو خَيرٌ مِنِّي. فرَجَعتُ إلى رَسُولِ الله صَلَّى الله عليه وآله فقُلْتُ يا رَسُول الله أَنِّي رأيتُ هذا الرَّجُل ساجِدًا. فقال صَلَّى الله عليه وآله:

---

1 - الحجرات 14

يا عُمر اِجْلِس، فلَسْتَ بِصاحِبِه. قُمْ يا عَلِيّ فإنَّكَ أَنْتَ قاتِله، إنْ وَجدتَه فاقتله، فإنَّك إنْ قَتَلتَهُ لم يَقع الضَّلالُ والاختِلافُ بَين أُمَّتِي أَبدًا. فقالَ عَلِيٌّ أَمير المُؤمِنين صَلواتُ الله وسَلامُه عليه:

فأَخْذتُ السَّيفَ ودَخلتُ المَسجِدَ فلَم أَرَهْ، فرَجَعتُ إلى رَسُولِ الله صَلَّى الله عليه وآله وقُلْتُ ما رأيته. فقال صَلَّى الله عليه وآله:

يا أَبا الحَسَن، أَنَّ أُمَّةَ مُوسى افترَقَت إلى أَحد وسَبعين فِرْقةٍ، فِرْقَةٌ ناجِيَةٌ والباقُون في النَّار.. وأَنَّ أُمَّتِي ستَفْتَرِق على ثَلاثٍ وسَبعِين فِرقَة، فِرْقَةٌ ناجِيَةٌ والباقُون في النَّار.

فقال عَلِيٌّ أَمِير المؤمنين صَلواتُ الله وسَلامُه عليه: يا رَسُول الله، مَنْ النَّاجِي؟

قال صَلَّى الله عليه وآله: المُتمَسِّكُ بِما أَنْتَ عليه وأَصحابك.

فأُنزِل في ذلك الرَّجُل [ثانِيَ عِطْفِهِ لِيُضِلَّ عَن سَبِيلِ الله لَهُ فِي الدُّنْيَا خِزْيٌ وَنُذِيقُهُ يَوْمَ الْقِيَامَةِ عَذَابَ الْحَرِيقِ][1]. يقولُ: هُو أَوَّلُ مَن كان ظَهَر مِن أَصْحابِ البِدَع والضَّلال.

قال ابنُ عَبَّاس: والله ما قَتَل ذلك الرَّجُل إلَّا أَمِير المُؤمنين صَلواتُ الله وسَلامُه عليه يَوم صِفِّين)[2].

تكشِفُ هذه الرِّوايَة عن أَنَّ بَعضًا مِن الصَّحابَة مُرتَكِبِي الضَّلال والبِدَع قد يَتَظاهر بِالتِزامٍ دِينِيٍّ مَشْهودٍ، لكِنَّ التَّحوُّل الكَبِير في الظُّروف المُحِيطة بِه قد يُشكِّل عامِلا ضاغطًا يَدفعه إلى الجَهر بما يَضْمِر مِن جاهِلِيَّةٍ وإنْ كان مُصنَّفًا على رأس قائمَةِ (الصَّحابَة) المُقرَّبِين مِن رَسُول الله صَلَّى الله عليه وآله.. إنَّهم ـ في هذا المَوقِف ـ اجْتَهدوا وحَكَموا بِـ(مَذْهَبِ الرَّأي) والرَّسُول صَلَّى الله عليه وآله يَأمُرُهم

1 - سورة الحج، آية 9

2 - الطّرائف في معرفة الطوائف، رضي الدين الحسيني 430.

بِقَتلِ المارِق (الخارِجيّ) إِذْ لَيس لهم الخِيَرة مِن أَمْرِهِم ولا حَقّ لهم بِالاجْتِهاد أَمام أَمْر الرَّسُول صَلَّى الله عليه وآله!

خَلا عَهدُ رَسُولِ الله صَلَّى الله عليه وآله مِن ظاهِرَة المذاهِب والفِرق الَّتي يُشار إِليها بِأَميرٍ أَو بِزَعِيمٍ مَعلومٍ أَو بِكيانٍ مُستَقِلٍّ عَلني إِذْ لا اجْتِهاد مِن أَحدٍ يَقتَضِي ظهور مَذْهَبٍ ولا فِرَقة، ولكِنَّه النِّفاق المَغمُور. وعلى الرَّغْم مِن ذلك فَقد وُجِدَت فِئةٌ مِن أَصحاب النَّبيّ صَلَّى الله عليه وآله يُشار إِليها بِاسم (شِيعَة عَلِيّ)، وإِلى جانِبها رَهط مِن الصَّحابة غير مُؤتَلِفٍ ويَجتَمِع إِليه عددٌ كبيرٌ مِن المُنافِقين المُتَبايِنين في الرُّؤيَة لِلدِّين والمُتفاوِتَين في درجة الاعتِقاد بِالنُّبوَّةِ والوَحي ويلتَقون في مُهِمَّةِ بَثِّ الشُّكُوك في عِصمَة النَّبيّ صَلَّى الله عليه وآله وعَدالَتِه ونَزاهَتِه، ويَنشَطون في بَثِّ فِكْرَةِ الجَبر بين المُسلِمين، ويَتَدخَّلون بَشكلٍ سافِرٍ لِلحَدِّ مِن تَدوين مَروِيَّاتِ النَّبيّ صَلَّى الله عليه آله ونَقلِها ويُساوِمون ويُعاقِبون على ذَلِك، ويَعدّون العدَّة لِاغتِيالِ النَّبيّ صَلَّى الله عليه وآله، ويَجتَهِدون في تَأسِيس التَّحالُفَاتِ القَبَلِيَّة والعشائريَّة ويُمَهّدون لاغتِصابِ الإِمْرَة والرِّئاسة والسُّلطان والسِّيادة قَبل وُصُولها لِعَلِيّ أَمير المؤمنين صَلواتُ الله وسَلامُه عليه الَّذي عَلِموا مَقامَه الكَبير في الدِّين منذ يَوم أَنذر النَّبيُّ صَلَّى الله عليه وآله عَشِيرتَه الأَقرَبين.

فعَن الشَّهرستَاني (قال ذُو الخُوَيصِرَة التَّمِيمِي ـ الَّذي انقلَب فصار مِن أَتباع مَذْهَب (المارِقَة) الخَوارج في صِفِّين ـ أَثناء تَقسِيم غَنائم الحَرب: اِعدِلْ يا مُحمَّد، فإِنَّك لم تَعدِل!

حتَّى قال صَلَّى الله عليه وآله (إِنْ لم أَعدِل فَمَنْ يَعدِل). فعاوَد وقال: هذه قِسْمَةٌ ما أُريد بها وَجْه الله تعالى!

ذلك موقِفٌ خارِجِيٌّ صَريحٌ على النَّبيّ صَلَّى الله عليه وآله. ولو صَار مَنْ اعترَضَ على الإِمام الحَقّ خارِجيًّا أَولَيس ذلك قَولًا بِتَحسِينِ العَقلِ وتَقبِيحِهِ وحُكمًا بِالهَوى في مُقابَلَةِ النَّصّ واستِكبارًا على الأَمْر بِقِياس العَقل. حتَّى قال صَلَّى الله

عليه وآله (سيَخرُج مِن ضِئضِئ هذا الرَّجُل قَومٌ يَمرُقُون مِن الدِّين كَما يَمْرُق السَّهمُ مِن الرَّمِيَّة.

واعتُبِر حالُ طائفةٍ مِن المُنافِقِين في يَوم أُحد إذْ قالوا [يَقُولُونَ هَلْ لَنَا مِنَ الْأَمْرِ مِنْ شَيْءٍ] وقولهم [يَقُولُونَ لَوْ كَانَ لَنَا مِنَ الْأَمْرِ شَيْءٌ مَا قُتِلْنَا هَٰهُنَا] وقولهم [لَو كَانُواْ عِندَنَا مَا مَاتُواْ وَمَا قُتِلُواْ] فهَلْ ذلك إلَّا تَصريحٌ بِالقدر. وقَولُ طائفةٍ مِن المُشْرِكِين [لَوْ شَاءَ الله مَا عَبَدْنَا مِن دُونِهِ مِن شَيْءٍ]، وقول طائفة [أَنُطْعِمُ مَن لَّوْ يَشَاءُ الله أَطْعَمَهُ] تَصريحٌ بِالجَبر.

واعتُبِر حالُ طائفةٍ أُخرى حيث جادَلوا في ذات الله تَفكُّرًا في جَلالِهِ وتَصرُّفًا في أَفعالِهِ حتَّى مَنعَهُم وخوَّفَهُم قَولُه تَعالى [وَيُرْسِلُ الصَّوَاعِقَ فَيُصِيبُ بِهَا مَن يَشَاءُ وَهُمْ يُجَادِلُونَ فِي الله وَهُوَ شَدِيدُ الْمِحَالِ].

فَهذا ما كان فِي زَمانِه صَلَّى الله عليه وآله وهُو على شَوكَتِهِ وقُوَّتِهِ وصِحَّةِ بَدَنِهِ والمُنافِقُون يُخادِعُون فيُظهِرُون الإسْلام ويُبطِنون النِّفاق، وإِنَّما يَظهَرُ نِفاقُهم في كُلِّ وَقْتٍ بِالاعتِراض على حَركاتِهِ وسَكَناتِه، فصارَت الاعتِراضاتُ كالبُذور، وظَهَرَ مِنها الشُّبُهاتُ كالزُّروع)[1].

وعِندما اغْتِيل الرَّسُول صَلَّى الله عليه وآله ظَهَرَ الصَّحابة المُنافِقُون المُنقلِبُون في النَّاس فأَسَّسوا مِن الأَغلَبِيّة في المُسلِمين اتِّجاهًا يَكون له عونًا وسَندًا ومُناكِفًا لِـ(شِيعَةِ عَلِيّ) ويَملأ ما وُصِفَ بِالفَراغ السِّياسِي الكبير المؤدِّي إلى اخْتِلال مَوازِين القُوى في غَير صالِح سِيادَة الخَليفة الجَديد أَبِي بَكر.

وإذا بِالمسلِمين قد تَفرَّقوا شِيعًا واحتَجّ كِبارُ الصَّحابَة في مَناطق مُختَلِفَة، واستَقال وُلاةُ النَّبِيّ صَلَّى الله عليه وآله على المَناطِق رافِضِين بَيعة أَبي بَكر، واعترَضَ (شِيعةُ عَلِيٍّ) أَمِير المُؤمنين صَلواتُ الله وسَلامُه عليه وتَمسَّكوا بِبَيعَةِ

1 - الملل والنحل، محمد الشهرستاني 12

الغَدير واتَّخذوها حُجَّةً بالِغةً ودَلِيلًا دامِغًا على التَّنصِيص والتَّنصِيب، وسَكتَ الأُمَوِيُون الطلقاء في الظَّاهِر إذ استُنزِفوا في يَوم فَتح مَكَّة، لكِنّ التَّحوّلات تَجري في صالِحِهم وإنْ كانَت مِن صُنعِ رَهط كُبراء الصَّحابة المُنافِقين!

في حين اتَّخذَ الصَّحابة المُنقلِبُون مِن مَفهوم (الخِلافَة) المُتَمخِّض عن لِقاء سَقِيفَةِ بَنِي ساعِدَة مَخرجًا لِنَقض بَيعةِ الغَدِير، فتَمَّت بَيعةُ أَبي بَكر في حِكايةٍ ما زالت مَحلًّا لِجدالٍ تأريخيّ عاصِفٍ في أَوَّل انفِصامٍ لم يَستقرّ بِمقام (الخِلافَة) على حالٍ حتَّى نِهايَة الخِلافَة العُثمانِيَّة وظُهور الدَّولة الوَطَنِيّة العَّلمانِيّة المُستَعمَرة. وتَوالت نكباتُ الحُروب العَبَثِيَّة ونَشطَت النَّزعاتُ العَصبيَّة بِشَكلها الحادّ ودُفِّعَ المسلمون ثَمنُهما مِن أَمْنِهم ووُحدِة هُوِيَّتِهم واستِقرار ثَقافَتِهم.

ومِن (مَذْهَب الرَّأي) الَّذي جَرت عَليهِ سِيرةُ أَبي بَكر في الخِلافة تَكاثَرت مَذاهِبُ الصَّحابَة وتَشعَّبت إلى فِرَق عَدِيدة، تَجاوَز عَددُها ما ذَكرته المَروِيّات بِالثَّلاثِ والسَّبعِين فِرَقَة. (ولَقد أَعْطَت كُلُّ فِرقَةٍ لِخِتام الحَدِيث الرِّوايَةَ الَّتي تُناسِبها. فأَهْلُ السُّنَّةِ جَعَلوا الفِرْقَةَ النَّاجِيَةَ هِي أَهْلُ السُّنَّة، والمُعتزِلَةُ جَعَلُوها فِرْقَةَ المُعتَزِلَة.

وهكذا ظَهر التَّعسُّف في الأُصُول والمُدوّنات بِناءً على ما اتَّبعه المُدَوِّنون والمؤرِّخون والمُفسِّرون مِن مَنهجٍ مَذهَبِي أو فِرَقِي مُتعَصِّبٍ مُسْرِفٍ في الكَذِب والوَضْع والتَّزوير والتَّلفِيق، ودَخلوا بِه مَيدان البَحث والدِّراسة بِتَصنِيفٍ حادٍّ لِقائمة مِن المذاهِب والفِرق حتَّى يَتمكَّنوا بها مِن تَعدِيلِ ما يَنتخِبُون مِن المذاهِب والفِرق المَرضِيَّة طائفِيًّا أَو سِياسِيًّا وتَجرِيحِ الأُخرى، ثُمّ يَصِلُون بِالقائمة مِن المَذاهِب والفِرَق إلى العَدد الـ (37) فِرْقَة المَنصُوص عَليه في الرِّواية. وَفاتَهم (أَنَّ افتِراق المُسلِمين لم يَنْتَهِ عند حَصرِهْم، وإنَّه لا بُدَّ سَتَنشأ فِرقٌ جَدِيدَةٌ بِاستِمرار. مِمَّا يَجعل حَصْرَهُم هذا خَطأ تَمامًا إذْ لا يَحسب حِسابًا لِما سَينشأ بَعد ذلك مِن فِرَقٍ إسلامِيَّة جَدِيدَة)[1].

---

1 - مذاهب الإسلاميين 34/ 1.

القِتالُ عَلى التَّأوِيلِ والتَّنْزِيل

رُسِـمَ مستَقبلُ المُسلِمين وحُـدِّدَت مَعالمُـه وأُلقِيـت الحُجَّـة في ذلـك، وتمَّـت النِّعمَـةُ بالبَيعـةِ لِلـوَليّ الخَليفَـة الموعـود، وبايَـع النَّـاسُ، فـلا مجَال لِلتَّراجـع عـن البَيعَـةِ وقـد ضَمَنـوا بهـا وَحـدَةَ نِظامِهـم القَـادِمِ في حَـضرةِ الرَّسُـول الأَكْـرم صَلـواتُ الله وسَـلامُه عليـه وبِرِعايَـة منـه.

أَمْسَـى مَنِصـبُ الوَلايَـة محَسُـومًا واضِـح المِصداق قُبَيـل رَحِيـل الرَّسُـول صَـلَّى الله عليـه وآلـه ولا مِرْيَـة فيـه ولا لِبـس ولا شَـكّ - إذْ أَصْبـحَ الرَّسُـول صَـلَّى الله عليـه وآله مَأمـورًا بالتَّبليـغ وهـو أَبلـغُ البُلغـاء.. وأَنَّ الوَلايـة هِـي في عَـلِيٍّ أَمِـير المؤمنـين صَلواتُ الله وسَـلامُه عليـه حـصرًا، وبهـا أُكمِـل الدِّيـن بنَـصِّ الآيـة الكَريمَـة [حُرِّمَـتْ عَلَيْكُـمُ المَيْتَـةُ وَالْـدَّمُ وَلَحْـمُ الْخِنْزِيـرِ وَمَـا أُهِـلَّ لِغَـيْرِ الله بِـهِ وَالْمُنْخَنِقَـةُ وَالْمَوْقُـوذَةُ وَالْمُتَرَدِّيَـةُ وَالنَّطِيحَـةُ وَمَـا أَكَلَ السَّـبُعُ إِلاَّ مَـا ذَكَّيْتُـمْ وَمَـا ذُبِـحَ عَـلَى النُّصُـبِ وَأَن تَسْتَقْسِـمُواْ بِـالأَزْلاَمِ ذَلِكُـمْ فِسْـقٌ الْيَـوْمَ يَئِـسَ الَّذِيـنَ كَفَـرُواْ مِـن دِينِكُـمْ فَـلاَ تَخْشَـوْهُمْ وَاخْشَـوْنِ الْيَـوْمَ أَكْمَلْـتُ لَكُـمْ دِينَكُـمْ وَأَتْمَمْـتُ عَلَيْكُـمْ نِعْمَتِـي وَرَضِيـتُ لَكُـمُ الإِسْـلاَمَ دِينـاً فَمَـنِ اضْطُـرَّ فِي مَخْمَصَـةٍ غَـيْرَ مُتَجَانِـفٍ لِإِثْـمٍ فَـإِنَّ الله غَفُـورٌ رَحِيـمٌ][1].

كان اليَـوم الثَّامِـن عَـشر مِـن ذِي الحِجَّـة الَّـذي أُخِـذَت فيـه البَيعـةُ قائظًـا شَـدِيدَ الحـرِّ.. فِي هـذا اليَـوم المُبـارك وَصَـلَ الرَّسُـولُ صَـلَّى الله عليـه وآلـه بِركـبِ الحَجِيـج العَظِيـم إِلى مُفـتَرقِ طُـرُقٍ يَصِـل مَكَّـة بالمَدِينَـة ومِـصر والشَّـام والعِـراق ويَقـعُ في مَنطِقَـة الجُحْفَـة حيـث يَقِـلُّ فِيهـا الظِّـل والمـاءُ والمَرْعَـى. وكان بِصُحبَتِـهِ صَـلَّى الله عليـه وآلـه في هـذا اليَـوم زَهـاء مائتـي أَلـف مِـن المُسـلمين وفَـدوا مِـن كُلِّ فَـجٍّ لِنَيـل شَرَف حَجَّـةِ الـوداع العَظِيمَـة الَّتـي شُرِّعَـت فِيهـا مَناسِـكُ الحـجِّ لِأَوّل مَـرّة وأُوجِبَـت عـلى مَـن اسـتَطاع إِلى الحَـجّ سَـبِيلا.. وهِـي في عِلـم الصَّحابـة القاطِـع أَنّهـا الحجَّـةُ الأَخـيرة الَّتـي سَـيؤدِّيها الرَّسُـول صَـلَّى الله عليـه وآلـه في حياتِـه

1 - المائدة 3

وسَـيرحَل عنهـم عـن قَريـب، فلَـمْ يَتخَلَّـف عنهـا أَحـدٌ مِنهـم حتَّـى خَلَـت المدينـة مِـن أَهلِهـا!

وَقَـف الرَّسُـول صَـلَّى الله عليـه وآلـه عِنـد الغَدِيـر حتَّـى لَحِقَـه مَـنْ هـو بَعـدهُ ووَرَدَ مَـنْ كان تَقـدَّم عليـه، فنَهـى أَصحابَـه عـن سـمرات مُتفرِّقـات بِالبَطحـاء أَنْ يَنزِلـوا تَحتَهـن، ثُـمَّ بَعـثَ إِليهـن فقـم مـا تَحتهُـن مِـن الشَّـوك ونـادى بِالصَّـلاة جامِعَـة، وعمـد إِليهـن وظُلِّـل لِرَسُـولِ الله صَـلَّى الله عليـه وآلـه بِثَـوبٍ عـلى شَـجَرةٍ سـمرة مِـن الشَّـمس، فصَلَّى الظُّهـرَ بِهَجِـير ثُـمَّ قـام خَطِيبًـا فحَمَـد الله وأَثْنـى عليـه وذَكَـر ووَعَـظ وقـال مـا شَـاء الله أَنْ يَقـول، ثُـمَّ قـال:

(إِنِّي أُوشَك أَنْ أُدْعى فأُجِيب، وإِنِّي مَسئول وأَنْتُم مَسئولُون، فماذا أَنتم قائلون؟

قالوا: نَشهدُ أَنَّك بَلَّغْتَ ونَصحْتَ فجَزاك الله خَيرًا .

فقـال صَـلَّى الله عليـه وآلـه: أَليـس تَشـهَدُون أَنْ لا إلـه إِلَّا الله وأَنَّ مُحمَّـدًا عبـدُه ورَسُـوله وأَنَّ الجنَّـة حـقٌّ وأَنَّ النَّـار حـقٌّ؟

قالوا: بَلى نَشهدُ ذلك.

قال: اللَّهُمَّ اشْهَد.

ثُمَّ قال: أَلا تَسمعون؟

قالوا: نَعم.

قـال: يـا أَيُّهـا النَّـاس إِنِّي فـرط وأَنْتُـم وارِدُون عَـلَيَّ الحـوض وإِنَّ عرضـه مـا بـين بُـصرى إِلى صَنعـاء، فيـه عـددُ النُّجـوم قَدَحـان مِـن فِضّـة، وإِنِّي سـأَلتكم عـن الثَّقَلَـين فانْظُـروا كيـف تُخلِّفـوني فيهـا.

فنادَى مُناد: وما الثَّقْلان يا رَسُولَ الله؟

قال صَلَّى الله عليه وآله: كِتابُ الله طَرفٌ بِيَدِ الله وطَرفٌ بأَيدِيكُم فاستَمْسِكوا به لا تَضلُّوا ولا تُبدِّلوا، وعِتْرَتِي أَهْلُ بَيتِي، وقد نَبَّأَنِي اللَّطيف الخَبير أَنَّهما لَنْ يَتفرَّقا حتّى يَرِدَا عَلَيَّ الحوض، سأَلْتُ ذلك لَهُما رَبِّي فلا تقدمُوهما فتَهلكوا ولا تُقصِّروا عنهما فتَهلَكوا، ولا تُعلِّموهُما فهُم أَعْلَم منكم. ثُمَّ قال: أَلسْتُم تعلمون أَنِّي أَوْلى بِالمؤمنين مِن أَنْفسِهم؟

قالوا: بَلَى يا رَسُول الله.

قال: أَلسْتُم تَعلمون ـ تَشهدون ـ أَنِّي أَولى بِكُلِّ مُؤمِن مِن نَفسِه؟

قالوا: بَلَى يا رَسُول الله.

ثُمَّ أَخذَ بِيَد عَلِيٍّ بن أَبِي طالب بِضبعيه فرَفَعها حتَّى نَظر النَّاسُ إلى بَياض إبطَيهما، ثُم قال: أَيُّها النَّاس! الله مَولايَ وأَنا مَولاكُم، فمَن كُنْتُ مولاه فهذا عَلِيٌّ مولاه، اللَّهُمّ والِ مَن والاه وعادِ مَن عاداه وانْصُر مَن نَصرَه واخْذُل مَن خذَلَه وأَحِب مَن أَحبَّه وابغُض مَن أَبغضه. ثُمَّ قال: اللَّهُمَّ اشْهد.

ثُمَّ لم يَتفرَّقا ـ رَسُولُ الله وعَلِيّ ـ حتَّى نَزلَت هذه الآية [... الْيَوْمَ أَكْمَلْتُ لَكُمْ دِينَكُمْ وَأَتْمَمْتُ عَلَيْكُمْ نِعْمَتِي وَرَضِيتُ لَكُمُ الإِسْلاَمَ دِيناً فَمَنِ اضْطُرَّ فِي مَخْمَصَةٍ غَيْرَ مُتَجَانِفٍ لِإِثْمٍ فَإِنَّ الله غَفُورٌ رَحِيمٌ][1].

فقال رَسُولُ الله صَلَّى الله عليه وآله:

اللهُ أَكبر على إكمال الدِّين وإتمام النِّعْمَة ورِضا الرَّبِّ بِرسالَتِي والوَلايَة لِعَلِيّ.

---

1 – المائدة 3

فَلَقِي عُمَر بعد ذلك عَلِيًّا فقال لَه:

هَنِيئًا لَـك يابـن أَبِي طالـب، أَصْبَحـتَ وأَمسَـيتَ مَـولَى كُلِّ مُؤمـنٍ ومُؤمنـةٍ. وفي رِوايَـة قـال لـه: بَـخٍ بَـخٍ لـكَ يـا ابـن أَبِي طالِـب)[1].

جـاءت بَيعـةُ غَدِيـر خُـم صَرِيحَـةً في وَلايَـة عَـلِيٍّ أَمِـيرِ المؤمنين صَلـواتُ الله وسـلامُه عليـه حيـث نقَلهـا مِـن الصَّحابـة الأُلُـوف الَّذيـن التَحَقـوا بِحجَّـة الـوداع وحَفظُوهـا ونَقلُوهـا بَـين المُسلِمِين وفي أَهْـل مَكَّـة والمَدِينَـة ودوَّنوها.

لقـد سَـبَق بَيعـةَ الغَديـر وَحْـيٌ إِلهـيٌّ يَحثُّ الرَّسُـول صَـلَّى الله عليـه وآلـه عـلى أَنْ يُبلِّـغ المُسـلِمِين بِوَلايَـة عَـلِيٍّ أَمِـيرِ المُؤمنـين صَلـواتُ الله وسَـلامه عليـه.

وفي هـذا الظَّـرف الحَسّـاس لم يَخْـف عـلى الرَّسُـول صَـلَّى الله عليـه وآلـه مـا تَعاقَـد عليـه رَهْـطٌ مِـن الصَّحابَـة الخَمسَـة لِلتَّـو في جَـوف الكَعبَـة، ومـا تآلـف عليه الكَثِـيرُ مِـن الصَّحابـة الآخريـن الَّذيـن مـردوا عـلى النِّفـاق. كـما عَلِـم صَـلَّى الله عليـه وآلـه بِحَجـم رُدود الفِعـل المُضـادَّة المُتوقَّعـة مِنهـم إِنْ أَقـدَم صَـلَّى الله عليـه وآلـه عـلى إِعلان اسْـم الـوَلِيّ مِـن بَعـده وطَلَـب مِـن المُسـلِمين أَخـذَ البَيعَـةِ لـه، وذلـك لِمـا فِي قُلـوبِ أَكثَرِهـم مِـن غِـلٍّ جاهـلِيٍّ ونِفـاقٍ وخُضـوعٍ لِهَـوى حُـبِّ الإِمْـرة والسُّـلطان، ولِمـا أَضْمَرتـه أَنفسُـهم مِـن نَزعَـةِ تَفاخُـرٍ قَبـلِيّ وتَمييـزٍ فئـوي عشـائري وأَحقـادٍ تَبغِـي الثَّـأر مِـن الـوَلِيّ الجَديـد عَـلِيٍّ أَمِـير المؤمنـين صَلـواتُ الله وسَـلامُه عليـه ومِـن شِـيعَتِهِ ومَـن والاه.

لقـد حَـلَّ سـخطُ البـارِي عَـزَّ وجَـلَّ عـلى العاصِـين الَّذيـن رَفَضـوا البَيعَـةَ ومـا دعا النَّبِـيُّ صَـلَّى الله عليـه وآلـه إِليـه ومـا أَمَـر، وعـلى كُـلّ مَـن تَنكَّـر لِوَلايَـة الـوَلِي وكَذَّبهـا وامتَنَـع عـن التَّصدِيـق بِآيَـة التَّبلِيـغ أَو جَحدهـا بَعـد أَنْ اسـتَيقَنها قَلبـه.

1 - معالم المدرستين، السّبحاني 418

فقَـد ذكـرَ أَبُـو إِسْـحاق الثَّعْلبـي فِي تَفسـيره (لَمَّـا كان رَسُـولُ الله صَـلَّى الله عليـه وآلـه بِغَدِيـر خُـم نـادَى النَّـاس، فاجتَمَعـوا، فأَخَـذَ بِيَـدِ عَـلِيٍّ أَمِـير المؤمنـين صَلـواتُ الله وسَـلامُه عليـه وقـال «مَـنْ كُنْـتُ مَـولاهُ فعَـلِيٌّ مَـولاه».

فشَـاع ذلـك، فَطـار في البِـلاد، وبَلَـغَ الحـرث بـن نَعـمان الفِهـري. فأَتَـى رَسُـول الله صَـلَّى الله عليـه وآلـه عـلى ناقـةٍ لـه فأَنـاخَ راحِلَتـه ونَـزل عنهـا وقـال «يـا مُحَمَّـد، أمرتَنا عـن الله عَـزَّ وجَـلَّ أَنْ نَشـهدَ أَنَّ لا إِلـه إِلَّا الله وأَنَّـك رَسُـولُه فقَبِلْنـا مِنـك، وأَمَرتَنـا أَنْ نُصـلِّي خمسًـا فَقبِلْنـا مِنـك، وأَمرتَنـا بِالـزَّكاةِ فقَبِلْنـا، وأَمَرتَنـا أَنْ نَصُـومَ شـهر رَمضـان فقَبِلْنـا، وأَمرتَنـا بِالحَـجِّ فَقَبِلْنـا. ثُـمَّ لم تَـرض بِهـذا حتَّـى رَفَعـتَ بِضبعَـي ابـنِ عَمِّـك تُفضِّلـه علينـا فقُلـتَ مَـن كُنْـتُ مَـولاه فعَـلِيٌّ مَـولاه. فهـذا شَيءٌ مِنـك أَمْ مِـن عِنـد الله عَـزَّ وَجَـلَّ؟!

فقـالَ النَّبِـيُّ صَـلَّى الله عليـه وآلـه «والَّـذي لا إِلـه إِلَّا هـو أَنَّ هـذا مِـن الله عَـزَّ وجَـلَّ».

فـوَلَّى الحـرثُ بـن النَّعـمان يُريـد راحِلَتـه وهـو يَقـول اللَّهُـمَّ إِنْ كان مـا يَقـول مُحَمَّـدٌ حقًّـا فأَمطِـر علينـا حِجـارَةً مِـن السَّـماء أَو ائتِنـا بِعـذابٍ أَلِيـم. فـما وصَـلَ إلى راحِلَتِـه حتَّـى رَمـاهُ اللهُ عـزَّ وجَـلَّ بِحَجـرٍ سـقط عـلى هامَتِـه فخَـرج مِـن دُبُـرِه. فأَنـزل الله عَـزَّ وجَـلَّ [سـأَلَ سـائِلٌ بعـذابٍ واقـعٍ، لِلكافِريـنَ لَيـسَ لَـه مِـن دافِـع، مِـن الله ذِي المَعـارِج][1].

لم يَكُـن الحَـرث بـن نَعـمان الفِهـري هُـو أَوَّلُ مَـن أَبـدى سُـخطَه ورَفْضَـه لِوَلايَـة عَـلِيٍّ أَمِـير المُؤمِنـين صَلـواتُ الله وسَـلامُه عليـه، وإِنَّـما كان كَذلِـك في إِثْـر يَـوم الغَدِيـر، ومِـن قَبْـلِ ذلـك بَـرز مَـن فِي الصَّحابَـة الأَنْصـار والمُهاجِريـن عـلى ذات المَوقِـف السَّـلْبِيّ.

1 - سورة المعارج 3/1

فعَن الإمـام الكاظـم صَلـواتُ الله وسَـلامُه عليـه عـن أَبيـه الصَـادِق صَلـواتُ الله وسَـلامُه عليـه قـال: لمّـا نَزَلَـت هَـذِه الآيـة [لِـكُلِّ أُمَّـةٍ جَعَلْنَـا مَنسَـكًا هُـمْ نَاسِـكُوهُ] جَمَعهـم رَسُـول الله ثُـمّ قـال: يـا مَعـشَرَ المُهاجِريـن والأَنْصـار إنَّ الله تَعـالى يَقـول [لِـكُلِّ أُمَّـةٍ جَعَلْنَـا مَنسَـكًا هُـمْ نَاسِـكُوهُ] والمَنْسَـكُ هـو الإمـام لِـكُلّ أُمَّـةٍ بَعـد نَبيّهـا حتَّـى يُدْرِكَـه نَبـيّ، أَلا وإنَّ لُـزوم الإمـام وطاعَتَـه هـو الدِّيـن وهُـو المَنْسَـك وهُـو عَـلِيُّ بـن أَبي طالِـب عَليـه السَّـلام إمامُكـم بَعـدِي، فـإنِّي أَدعُوكُـم إلى هُـداه وإنَّـه عـلى هُـدى مُسـتَقِيم.

فقـامَ القَـومُ يَتعجَّبُـون مِـن ذلـك ويَقولُـون: والله إذًا لَنُنازِعَـنّ الأَمـرَ ولا نَـرضَى طاعَتَـه أبـدًا. فأَنـزلَ الله عَـزَّ وجَـلّ [فَـلَا يُنَازِعُنَّـكَ فِي الْأَمْـرِ، وَادْعُ إِلَىٰ رَبِّـكَ إِنَّـكَ لَعَـلَىٰ هُـدًى مُّسْـتَقِيمٍ، وَإِن جَادَلُـوكَ فَقُـلِ اللهُ أَعْلَـمُ بِـمَا تَعْمَلُـونَ، اللهُ يَحْكُـمُ بَيْنَكُـمْ يَـوْمَ الْقِيَامَـةِ فِيـمَا كُنتُـمْ فِيـهِ تَخْتَلِفُـونَ، أَلَمْ تَعْلَـمْ أَنَّ اللهَ يَعْلَـمُ مَـا فِي السَّـمَاءِ وَالْأَرْضِ، إِنَّ ذَٰلِـكَ فِي كِتَـابٍ، إِنَّ ذَٰلِـكَ عَـلَى اللهِ يَسِـيرٌ][1]

أَودَع الكَثـيرُ مِـن الصَّحابَـة تَفاصِيـل بَيعـة الغَدِيـر الَّتـي بايَـع عليهـا طَـيّ النِّسـيان وكَتَمَهـا أَو كـذَّب صُـدورَ البَيعَـةِ عـن الرَّسُـول صَـلَّى الله عليـه وآلـه في يـوم غَدِيـر خُـم بِمَعنـى (الوَلايـة) ، وذَهـبَ البعـضُ الآخـر مِنهـم إلى الاعـتراف بِأَخـذ البيعـة لِعَلِيّ أَمـير المؤمنـين صَلـواتُ الله وسَـلامُه عليـه ولكنّـه تَعسَّـف في التَّأويـل أَو تكلَّـف فوَضَـعَ ولَفَّـق وزَوّر.

لقـد رُوِيَ حَدِيـثُ الغَدِيـر عـن طَرِيـق (شِـيعَة عَـلِيٍّ) أَمِـير المؤمنـين صَلـواتُ الله وسَـلامُه عليـه وعـن طريـق الكَثِـير مِـن رُواة (اتِّجـاه أَهْـل العامَّـة). فعَـن بَعـض أُصُـول ومُدوَّنـات أَهْـل العامَّـة ورَدَ حَديـثُ الغَدِيـر في (زادِ المعـاد) لابـنِ القَيِّـم الجوزِيَّـة وفي (مسْـنَد أَحمـد) وفي (صَحِيـح مُسـلِم) وفي (مسْـنَد الطَّيالِسـي) وفي (مسْـنَد

1 - بحار الأنوار، العلامة المجلسي 362/ 24

البَيهَقِـي) وفي (تَأرِيـخ ابـن كَثِـير) وفي (شَـواهِد التَّنزِيـل) لِلحَسـكاني وفي (تَأرِيـخ اليَعقـوبي)[1].

تَقـدَّم بَيعـةَ يَـومِ الغَدِيـر نُـزولُ آيـةِ التَّبلِيـغ الكَرِيمَـة، وفيهـا رُوِيَ عـن زيـاد بـن المنـذر أَنَّـه كان يَقـول (كُنْـتُ عنـد أَبِي جَعفـر مُحَمَّـد بـن عَـلِيّ صَلـواتُ الله وسَـلامُه عليـه وهـو يُحـدِّث النَّـاس إِذْ قـام إِليـه رَجـلٌ مِـن أَهْـلِ البَـصرة يُقـال لـه عُثـمان الأَعْشَـى ـ كان يَـروِي عـن الحَسَـن البَـصرِي ـ فقـال لـه: يابـنَ رَسُـول الله، جَعَلَنِـي فِـداك، إِنَّ الحَسَـن يُخبِرنـا أَنَّ هـذه الآيـة نَزَلَـت بِسَـبب رَجُـلٍ ولا يُخبِرنـا مَـن الرَّجـل [يـا أَيُّهـا الرَّسُـولُ بَلِّـغْ مَـا أُنـزِلَ إِلَيْـكَ مِـن رَبِّـكَ وَإِنْ لَمْ تَفْعَـلْ فَـمَا بَلَّغْـتَ رِسَـالَتَهُ وَالله يَعْصِمُـكَ مِـنَ النَّـاسِ إِنَّ الله لاَ يَهْـدِي الْقَـوْمَ الْكَافِرِيـنَ][2].

فقـال صَلـواتُ الله وسَـلامُه عليـه: لـو أَرادَ أَنْ يُخـبِرَ بِـهِ لَأَخْـبَرَ بِـه، ولكِنَّـه يَخـاف. إِنَّ جبرائيـل هَبـط إلى النَّبِـيّ صَـلَّى الله عليـه وآلـه ـ إلى قَولِـهِ ـ فقـال: أَنَّ الله يأمُـرك أَنْ تَـدلّ أُمَّتَـك عـلى وَلِيِّهـم عـلى مِثـل مـا دَلَلتَهُـم عليـه صَلاتهـم وزَكاتهـم وصِيامهـم وحَجّهـم لِيُلزمهـم الحُجَّـةَ مِـن جَميـع ذلـك.

فقـال رَسُـول الله صَـلَّى الله عليـه وآلـه «يـا رَبّ إِنَّ قَومِـي قَرِيبُـو عَهـد الجاهِلِيَّـة، وفِيهـم تَنافُـسٌ وفَخـرٌ، ومـا مِنهـم رَجـلٌ إِلّا وقـد وَتَـرهُ وَلِيُّهـم، وإِنِّي أَخـاف ـ أَيْ تكذِيبَهـم ـ فأَنـزلَ الله تَعـالى [يـا أَيُّهـا الرَّسُـولُ بَلِّـغْ مَـا أُنـزِلَ إِلَيْـكَ مِـن رَبِّـكَ وَإِن لَمْ تَفْعَـلْ فَـمَا بَلَّغْـتَ رِسَـالَتَهُ وَالله يَعْصِمُـكَ مِـنَ النَّـاسِ إِنَّ الله لاَ يَهْـدِي الْقَـوْمَ الْكَافِرِيـنَ][3].

وقـال ابـنُ عبَّـاس: فهبـطَ رَسُـولُ الله صَـلَّى الله عليـه وآلـه فَكَـرِهَ أَنْ يُحـدِّثَ النَّـاس بِشَيء مِنهـا إِذْ كانـوا حَدِيثـي عَهـدٍ بِالجاهِلِيَّـة ـ إِلى قولـه: فاحتَمـلَ رَسُـول الله صَـلَّى

1 – معالم المدرستين، السّبحاني 414

2 – المائدة 67

3 – المصدر السابق 67

الله عليـه وآلـه حتَّـى إذا كان اليَـوم الثَّامِـن عَـشر أنـزلَ الله عليـه [يـا أيَّهـا الرَّسُـول بَلِّـغ مـا أُنْـزِل إلِيـك ...][1].

كان مِـن الصَّعـبِ عـلى أحـدٍ مِـن الصَّحابَـة نَفـيُ وُقـوع بيعـة غَدِيـر خُـم. غَـير أنَّ مُحـاولاتِ التَّشـكِيك والتَّزوِيـر والتَّأويـل إلى معانـى مختلِفَـة أو مُغايـرة أو مُباينـة لِنَـص حَديـث الغَدِيـر قـد فعلَـت فعْلَتَهـا وتَركَـت أثـرًا سَـلبيًّا خَطـيرًا في الأُمَّـة. وذَهـب ابـنُ حجـر الهَيثَمِـي في صَواعِقـهِ المُحرِقَـة إلى القـول (أنَّ الحديـث صَحِيـحٌ لا مِريَـة فيـه، وقـد أخرَجَـه جماعـةٌ كالتِّرمـذِي والنِّسَـائي وأحمـد، وطُرُقُـه كَثِيرةٌ جـدًا، ومِـن ثَـمَّ رُواتُـه سِـتَّة عـشر صَحابِيًّـا. وفي رِوايـةٍ لِأحمَـد أنَّـه سَـمِعَه مِـن النَّبِـيّ صَـلَّى الله عليـه وآلـه ثَلاثُـون صَحابِيًّـا وشَـهِدوا بِـهِ لِعَلِيّ لَمَّـا نُـوزع أيـام خِلافَتـه.. وكَثيرٌ مِـن أسـانِيدها صِحـاح وحِسـان ولا التِفـات لِمَـن قَـدح في صِحَّتِـه ولا لِمَـن رَدَّه.

ويُضِيـفُ ابـنُ حَجـر مُشَـكِّكًا في المعنـى بِقَولـه (ويَتَعـيَّن تَأوِيلَـه عـلى وَلايَـةٍ خاصَّـةٍ نَظِـير قولـهِ صَـلَّى الله عليـه وآلـه «أقضاكُـم عَـلِيّ». عـلى أنَّـه وإنْ لم يَحتَمِـل التَّأوِيـل فالإجمـاع عـلى حَقِيقَـة وَلايَـة أبي بَكـر وفَرعَيهـا قـاضٍ بِالقَطـع بِحَقِيقَتِهـا لِأبي بكـر وبُطلانِهـا لِعَـلِيّ. لِأنَّ مفـادَ الإِجمـاع قَطعِـيٌّ ومفـادَ الخَـبر الواحـد ظَنِّـيٌّ، ولا تَعـارض بـين ظَنِّـيّ وقَطعِـيّ، بَـل يُعمَـل بِالقَطعِـي ويُلغـى الظَّنِّـي، عـلى إنَّ الظَّنِّـيّ لا عِـبرَة بِـه فيهـا عِنـد الشِّـيعة)[2].

ويَـردُّ أبُـو حامِـد الغَـزالِي عـلى جِهَـة التَّأوِيـل إلى الإجمـاع فيَقـول (أجمـعَ الجُمهـور عـلى مَتْـنِ الحَدِيـث مِـن خُطبَتِـهِ في يَـومِ غَدِيـر خُـم بِاتِّفـاق الجمِيـع وهـو يَقـول «مَـن كُنـتُ مَـولاهُ فعَـلِيٌّ مَـولاه» فقـال عُمَـر بَـخٍ بَـخٍ يـا أبـا الحَسَـن لقـد أصْبَحْـتَ مَـولايَ ومَـولى كُلِّ مَـولى. فهـذا تَسـلِيمٌ وَرِضـا وتَحكِيـم. ثُـمَّ بعـد هـذا غَلَـبَ الهَـوى لِحُـبِّ الرِّياسَـة)[3].

---

1 - معالم المدرستين، السّبحاني 412

2 - الصِّياغة المنطقية للفكر السِّياسي الإسلامي 25 / 26

3 - نفس المصدر السابق، عن ابن حجر الهيثمي، الصّواعق المحرقة 25 - 26

ووَرَدَ عن الشَّيخ سَليم البُشْري في حِواره مع آية الله السَّيِّد عبد الحُسَين شَرَف الدِّين (حَملُ الصَّحابَةِ على الصِّحَةِ يَستوجِبُ تأويلَ حَديث الغَدِير مُتواترًا أو غير مُتواتِر. وقوله (.. قالوا فلَعَلَّ الحديث «مَنْ كُنتُ ناصِرَه أو صَدِيقَه أو حَبيبَه، فإنَّ عَلِيًّا كذلك. وهذا المعنى يُوافِقُ كرامةَ السَّلف الصَّالِح وإمامة الخُلفاء)[1].

ويُوردُ آيةُ الله عبد الحُسَين شَرَف الدِّين أربَعِينَ رِوايَةً صَحِيحَة ومُتواتِرة عن رَسُول الله صَلَّى الله عليه وآله في وَلايَة عَلِيّ أَمِير المُؤمنين صَلواتُ الله وسَلامُه عليه. كما يُورِد مُحمَّد جَواد مُغنية في (الشِّيعَة والحاكِمُون) أنَّه (اتَّفَقَ السُّنَّةُ والشِّيعَةُ على صِحَّةِ حَدِيث الوَلايَة وقول الرَّسُول صَلَّى الله عليه وآله «مَن كُنْتُ مَولاهُ فعَلِيٌّ مَولاهُ» لأَنَّه تجاوزَ حَدَّ التَّواتُر بعد أنْ رَواه ١١٠ مِن الأَصْحاب وأَربعةٌ وثَمانونَ مِن التَّابِعين. وذَكرَه الإمامُ أَحمد في مسنَدِه والإمام النَّسائي في خَصائِصه والحاكِم في مُستدرَكِه والرَّازي في مَناقِبه وابن البرّ في استِيعابه والعَسقلاني في إصابتِه، كما ذَكرَه التِّرمِذي وابنُ جرير والذَّهبي وغيرُهم)[2].

بَلَّغَ الرَّسولُ صَلَّى الله عليه وآله الرِّسالَةَ الَّتي سيهتَدِي بها المُسلِمُون ولَنْ يضلّوا، وأَتْبَعها بِالوَلايَة الَّتي أنعمَ اللهُ عَزَّ وَجَلَّ بها على المُؤمِنين، وقَعَّد بهما لِلمَسار الأَمثَل الجامِع لَهُم والمُوحِّد على التَّأويل. وآمن الصَّحابَةُ جميعُهم أَنَّ هذه الوَلايَة تَمثَّلَت في عَلِيٍّ أَمير المُؤمنين صَلواتُ الله وسَلامُه عليه مِن دُون غيره إذْ لا أَحَد مِن الصَّحابَة خَليقٌ بها، وكَذلِك يُصرِّح الرَّسُول صَلَّى الله عليه وآله في مَواطِن شَتَّى.

عندما أَشرَف عُمَر على الهَلاك، قال لِعَلِيٍّ أَمير المُؤمنين صَلواتُ الله وسَلامُه

1 - المراجعات، شرف الدين 215.

2 - الصِّياغة المنطقية 290.

عليـه (أَمـا والله لَإِنْ وَلَّيتَهُـم لَتَحمِلَنَّهـم عـلى النَّهْـجِ الواضِـحِ والمَحَجَّـة البَيضـاء)، إيمانًـا منه بِثَبـاتِ مـا خُـصَّ بِـه عَـلِيٌّ أَمـير المُؤمنـين مِـن وَظِيفَـة إِلهيَّـة لا يُمكِـن لِأَحَـدٍ آخـر مِـن الصَّحابَـة أَنْ يَكـونَ بَديـلًا عنـه صَلـوات الله وسَـلامُه عليـه ولـو بِحُكـم فَـرض الواقِـع والفُجئـة.

لكِـنَّ عُمـر نَفسـه جَحَـدَ مـا آمَـن بِـه في حَياتِـهِ، ثُـمّ خالَـف مـا انطَلَـق مِنـه في أَواخـر سـاعَة احتِضـاره. فقـد امتَنَـع عـن الامتِثـال لِوَصيَّـةِ الرَّسُـول صَـلَّى الله عليـه في وَلايَـة عَـلِيٍّ أَمـير المُؤمنـين صَلـواتُ الله وسَـلامُه عليـه ولَمْ يُسَـلِّم عَلِيًّـا أَمـير المؤمنـين صَلـواتُ الله وسَـلامُه عليـه الخِلافَـة في آخِـر لَحَظـات حَياتِـه وإِنَّـما جعلَـه في الشُّـورى سادِسًـا ومِـن بَـين المُرَشَّـحِين لِلخِلافَـة مِـن بَعـدِه انْطلاقًـا مِـن اعتِقـادِه الجـازِم بِـأَنَّ عَلِيًّـا أَمـير المُؤمنـين صَلـواتُ الله وسَـلامُه عليـه لَـو وُلِّي لَبَقِيَـت الخِلافَـةُ في بَنِـي هاشِـم ولا يَنالهـا أَحـدٌ مِـن قُرَيـش غيرهـم!

قـاس كُـبراءُ الصَّحابَـة عَلِيًّـا أَمِـير المؤمنـين صَلـواتُ الله وسَـلامُه عليـه بِأَنفُسِـهم حيـث لا يُقـاسُ أَحـدٌ مِـن المُسـلِمِين ومِـن غَيرِهـم بِأَحَـدٍ مِـن أَئمَّـة أَهْـلِ البَيـت صَلـواتُ الله وسَـلامُه عليهـم. وعَـلِيٌّ أَمِـير المُؤمنـين صَلـواتُ الله وسَـلامُه عليـه هـو أَبُـو الإئمَّـةِ الَّـذي اجتَمَعَـت فيـه كُلُّ مُؤهَّـلات الإِمامَـة فَضـلًا عـن مُؤهَّـلات الخِلافَـة بِالمَعايـير الأَرضِيَّـة، وقـد اختُـصّ بِالوَلايَـة عـلى المُسـلمين بِجَعْـلٍ إِلهـيّ ولَيْـس بِإِجْماعِ مِـن النَّـاس أَو تَواطـؤ مِـن كُبرائِهـم، وهـو نَفسُ النَّبِـيّ صَـلَّى الله عليـه وآلـه والأَقـربُ رحِمًـا إِليـه، وهـو أَوَّلُ مَـن أَسلَـمَ وأُعلِـن عـن إِسلامِه، وهـو أَوَّلُ مَن فَـدَى النَّبِـيّ صَـلَّى الله عليـه وآلـه بِنَفسـه يَـوم تآمَـرَت قُرَيـشٌ لِقَتلِـه، وهـو خَليفَتُـه بِمَكَّـة عـلى أَهلِـه والمُسـلمين يَـوم هاجَـر صَـلَّى الله عليـه وآلـه إِلى المَدِينَـة، وهـو حامِـلُ لِوائـهِ في جَميـع غَزواتِـه، وقـد آخـاه رَسُـول الله يَـوم آخَـى بـين الصَّحابَـة، وهـو فاتِـحُ خَيـبر وقاتِـلُ مَرْحَـب، وهـو الَّـذي دَفَـعَ أَذى عَـشرة آلاف فـارسٍ مِـن المُشْرِكِـين في يَـومِ الخَنـدَق لِقَتلِـهِ عمـرو بـن عبـد وِدّ، وهـو الوَحِيـد مِـن بـين كُلِّ الصَّحابَـة الَّـذي

قـال فيـه النَّبِـيُّ صَـلَّى الله عليـه وآلـه في ذلـك اليـوم (بَـرزَ الإيـمانُ كلُّـه إلى الـشِّركِ كُلِّـه)[1].

التَقَـت في عَـلِيٍّ أَمِـير المُؤمنين صَلواتُ الله وسَـلامُه عليـه كلُّ المُؤهَّـلات والمُواصَفات اللّازِمَـة لِأَوَّلِ وأعظَـم خَلِيفَـة في المُسـلِمِين مِـن بَعـد الرَّسُـولِ صَـلَّى الله عليـه وآلـه. وفَـوقَ ذَلِـك، أَنَّ الرَّسُـول صَـلَّى الله عليـه وآلـه أَورَد فيـه نُصوصًـا كَثِيرةً مُؤكِّـدة عـلى أَحقِّيَّتِـهِ في الخِلافَـة وأَقـرَّ بهـا مِـرارًا وتكـرارًا، ومـا كان يَـومُ الغَدِيـر إلّا أَحـد أيّامهـا المَشهُودة.

كلُّ ذلـك يُذكِّـر بِـأَنَّ الحِيـاد عـن وَلايَـة عَـلِيٍّ أَمِـير المؤمنيـن صَلـواتُ الله وسَـلامُه عليـه سَـيُخِلُّ بِمَسـار أَعـلى سُـلْطةٍ واجِبَـةٍ ضَروريّةٍ في المسلِمِين، وسيُدخِل المُسـلِمِين في التِّيـهِ إلى يَـوم يُبعَثـون وسـيُعرِّضهم لِلضَّـلال والضَّيـاع والشِّـقاق والانْقِسـام والتَّشَـظِّي والفُرقـة إلى يـوم الدِّيـن.

وعِندمـا وَقَـعَ الانْقِـلابُ عـلى الأَعْقـابِ وصـارَت الخِلافـةُ إلى غَـيرِ مُسـتحَقِّها؛ بَـدأَت مَعـالِمُ الفُرقَـةِ والشَّـتَاتِ تَـبرز وتَعِـمّ. يَقـول مُحمَّـد الشَّهرسـتاني في ذلـك (أَنَّ شُـبهات أُمَّتِـه ـ النَّبِـيّ ـ في آخِـر زَمانِـهِ ناشِـئةٌ مِـن شُـبهات خُصـماء أَوَّلِ زَمانِـه مِـن الكُفّـار والمُنافِقـين، وأَكثرهـا مِـن المُنافِقِـين وإِنْ خَفِـي علينـا ذلـك في الأُمَـم السَّـالِفة، لِتَـمادِي الزَّمـان، فلَـمْ يخـف في هـذه الأُمَّـة أَنَّ شُـبهاتِها نَشـأَت كلّهـا مِـن شُـبهاتِ مُنافِقـي زَمَـن النَّبِـيّ صَـلَّى الله عليـه وآلـه إِذْ لم يَرضـوا بِحُكْمِـهِ فِيـما كان يأمـر وينهـي، وشَرعـوا فِيـما لا مَسـرَح لِلفِكْـر فيـه ولا مَسْرى، وسَـأَلوا عَـمّا مُنِعـوا مِـن الخَـوضِ فيـه والسُّـؤال عنـه، وجادَلـوا بِالباطِـلِ فيـما لا جِـدال فيـه)[2].

ومِمّـا يُؤسَـف لـه أَنْ يَنحـاز الكثـيرُ مِـن مُـدوِّني الأُصُـول والمُؤرِّخِين والمُفسِّريـن إلى

---

1 – تأريخ الفرق الإسلاميّة 30

2 – الملل والنّحل 1/12

مَوقِـف الضِّـدّ فيَذهـب إلى تَهوِيـن هـذا الأَمـر وإظهـاره بِالَمظهـر التَّأريخـي الطَّبيعِـي المأْلُـوف الشَّـائع والعـادَة المقبولـة في الثَّقافـة العربِيَّـة والحـادِث بِالاجتِهـاد المَسـئول الَّـذي يُصِيـب أَو يَعترِيـه الخَطـأ أَو يُظـنّ في ذلـك أَو يُشـكّ، فـلا شُـذُوذ في كُلّ مـا جَـرى، وإِنَّ مِثـل تِلـك الوَقائـع تَظـلّ مَحـدودةً عـلى عـددٍ مِـن الصَّحابَـة ولا تَتجـاوز صِفَـة الخِـلاف البَسـيط الَّـذي لا بُـدّ مِـن وُقوعِـه في أُمـورِ الخِلافـة، وإِنَّـما هـو (لا يُوجِـبُ تَضْلِيـلًا ولا تَفسِـيقًا)[1]، وأَنَّـه (اختِلافـاتٌ اجتهادِيَّـةٌ كـما قِيـل كان غَرضُهـم فيهـا إِقامَـةَ مَراسِـم الشَّرع وإِدامَـة مناهِـج الدِّيـن)[2]، وأَنَّ هـذا اللَّـون مِـن الخِـلاف لِيـس مُسـتَجِدًّا في حَيـاة المُسـلمين ولا طارِئـًا في إِثْـر غِيـاب الرَّسُـول صَـلَّى الله عليـه وآلـه!

ويَقـولُ عبـد القاهِـر البَغـدادِي في هـذا اللَّـون مِـن الخِلافـات (الوَادِعَـة) في المُسـلمين فيُهـوِّن مِـن الأَمـر ويُعوِّمـه، (فـأَوَّل خِـلافٍ وَقَـعَ مِنهـم اختِلافُهـم في مَوتِ النَّبِـيّ صَـلَّى الله عليـه وآلـه، فزَعَـمَ قـومٌ أَنَّـه لم يَمُـت وإِنَّـما أَراد الله تعـالى رَفْعَـه إِليـه كـما رَفَـع عِيسـى بـنُ مريـم إِليـه، وزال هـذا الخِـلافُ وأَقـرَّ الجميعُ بِمَوتِـه حـين تَـلا عليهـم أَبُـو بكـر في رَسُـول الله صَـلَّى الله عليـه وآلـه [إِنَّـكَ مَيِّـتٌ وإِنَّهـم مَيِّتُـون][3] وقـال لهـم: مَـن كان يَعبُـد مُحَمَّـدا فـإِنَّ مُحَمَّـدًا قـد مـات، ومَـن كان يَعبُـد رَبَّ مُحَمَّـد فإِنَّـه حَـيٌّ لا يَمُـوت. ثُـمَّ اختَلَفـوا بَعـد ذلـك في مَوضِـعِ دَفنِـه صَـلَّى الله عليـه وآلـه فـأَراد أَهـلُ مكَّـة رَدَّهُ إلى مَكَّـة لِأَنَّهـا مَحَـلُّ مَولِـده ومَبعثِـه وقِبلَتِـه ومَوضِـعُ نَسـلِهِ وبِهـا قَـبرُ جَـدِّه إِسـماعيل عليـه السَّـلام، وأَراد أَهْـلُ المدِينَـة دَفنَـه بِهـا لِأَنَّهـا دارُ هِجرَتِـهِ ودارُ أَنصـاره، وقـال آخـرون بِنَقلِـهِ إلى أَرضِ القُـدس ودفنـه بِبَيـت المقـدِس عنـد قَـبر جَـدِّه إِبراهيـم الخَلِيـل عليـه السَّـلام.

وزال هـذا الخـلافُ بِـأَنْ رَوى لهـم أَبُـو بكـر عـن النَّبِـيّ صَـلَّى الله عليـه وآلـه (أَنَّ

---

1 - الفرق بين الفرق 30

2 - الملل والنّحل 13

3 - سورة الزّمر 30

الأنبياء يُدفَنُون حيثُ يُقبَضُون)، فدَفنُوه في حُجرَتِه بالمَدِينَة. ثُمَّ اختلفوا بَعدَ ذلك في الإمامَة، وأذعَنَت الأنصارُ إلى البيعةِ لِسَعدِ بن عَبادة الخَزرَجي، وقالَت قُريش: أنَّ الإمامة لا تكون إلّا في قُريش، ثُمَّ أذعَنَت الأنصارُ لِقُريش لمّا رُوِي لهم قَول النَّبيّ صَلَّى الله عليه وآله (الأئمَّةُ مِن قُرَيش) وهذا الخِلاف باقٍ إلى اليوم لِأنَّ ضِرارًا أو الخوارج قالوا بِجَواز الإمامَة في غَيرِ قُرَيش)[1].

إنَّ هذه الأَقوال ونَظائرها لَهِي مُعبّرةٌ عن الاستِخفافِ بِأهْلِ الحَقّ والوِجْدان والمنطق والبُرهان، وطَمسٌ لِمَعالِمِ الحقِيقَة، وتَدلِيسٌ لِلمَعاني الواضِحَة المُتعلِّقة بِسيرةِ المُسلِمِين ومَصِير مُستقبَلِهم.

لَيس مِن شَكٍّ في أَنَّ آياتِ القُرآن الكريم وَقَفت على مُستَقبل النُّبوَّةِ والإمامَة. فنَبَّأت بِما يجْرِي عليهما في المُسلِمِين ووَصَفَته بِـ(الانْقِلاب على الأَعْقاب)، وهو الوَصْف الخَطِير والأَشَدّ ذِكرًا، فلَم يَكُن عابِرًا محدودَ الأَثَر مُهمَل حتَّى يَستَحِقّ أنْ يُوصِفَه المُسلِمُون بِـ(الخِلاف) الَّذي لا (يُوجِب التَّفسِيق والتَّضلِيل) إنَّما هو حادِثٌ عَظِيمٌ تمَثَّل فِيه مَصيرُ الأُمَّة وأنْحرفَ بِالمُسلِمِين عن الصِّراط المُستَقِيم.

هو كما وَصفَته الآية الكَرِيمَة بِـ(الانْقِلاب) مِن غَير أَنْ تَضمر الآية شِيئًا مِن مَعانِيه. وأَنَّ النَّتائجَ في الواقِع العَمِلي ناظِرةٌ إلى أَنَّ التِواءً عنيفًا وخَطِيرًا قد وَقَع بالفِعلِ، وأَنَّ اعْوجاجًا سَينحَدِر بالعَقِيدَة والشَّرِيعَة والأَخْلاق، وأَنَّ فَسادًا حَلَّ في النِّظام وفي مَفاهِيمِه القائمة، وأَنَّ هناك رِدّةً ورَجْعةً إلى ثَقافة الجاهِلِيَّة بِلِباسٍ مُختلِفٍ يَتقَمَّصه الصَّحابةُ المُنافِقُون وأَرْذَلُ الأَراذِل مِنهم وأَذَلُّ الأَذِلّاء وشُذاذُ الآفاق في المُسلِمين وقد تَظاهروا بِمَقام (كُبراء) القَوم وعلِيَتِهم وأشْرفِهم مَنزِلَة وأَخَصِّهم زُلْفة لَدى رَسُول الله صَلَّى الله عليه وآله وما هُم.

1 - الفرق بين الفرق 34

إنَّ إدراجَ وَقائعِ الانْقِلابِ على الأَعْقابِ الَّذي تَضمَّنتِ الآياتُ الشَّريفةُ مُفرداتِه أو صَرَّحت بِه - في خانَةِ (الخِلافات) الاجْتِهادِيَّةِ البَسيطَةِ الَّتي أُزيلَت -على حَسب البَغدادِي - ما هُو إلَّا إحدى المُحاولاتِ المُتكرِّرةِ لِتزييفِ الوَقائعِ والتَّهوينِ مِن انْعِكاساتِها السَّلبيّةِ إذْ لم يَستطِع أحدٌ مِن المُسلِمين إزالةَ آثارِ هذا الانْقِلابِ الخَطيرِ على الدِّينِ أو مُعالجَتِهِ.

فقد شَعرنا في عَصْرِنا الرَّاهِنِ بِالمَوجاتِ العاتِيَةِ لهذا الانْقِلاب، وعلمنا ما أُسِّسَ عليه مِن المَفاهِيم وما بُنِيَ عَليهِ مِن شَريعَةٍ مُختلِفَةٍ وقُعِّدت عليه مِن الثَّقافاتِ الفاسِدَة وشُيِّدت عليه مِن الدُّول المُستَبدّة والنُّظم السِّياسِيَّة الهِرَقلِيّة ونُسِجَت عليه مِن العَلاقاتِ الاجتِماعِيَّةِ الحرام، وسُفِكَت في سَبيل دَوامِ نَسقِهِ الدِّماء وانْتُهِكَت الأعراض واحتُلَّت الأَوْطان وأُسِّسَت عليه المَذاهب وفُصِلَ أَتْباعُها طائفِيًّا أو شُرِّدوا، وما زالت آثارُ الانْقِلاب تَتفاقَم وتَتضَخَّم في الزَّمَن مِن غَير نِهايَةٍ تُنْهِيها أو خاتِمَةٍ يُلتَجأ إليها.

لقد وَقَعَ (الانقلابُ) المَذكُور في نُصوص الثَّقلَين لِيُنكِرَ الصَّحابَةُ (الكُبراء) المُنقَلِبون مِن خِلال تَفاصِيل وقائعه جَعلًا إلهِيًّا، ويَنقُضون بِه أَمْرًا صادرًا مِنه عَزَّ وَجَلَّ ويُخالِفون به بَيعَةً أَعلَنَها رَسُولُه صَلَّى الله عليه وآله وأَخَذَ بِها عهدًا مِن النَّاس في يَوم الغَدِير، [وَمَا كَانَ لِمُؤْمِنٍ وَلَا مُؤْمِنَةٍ إِذَا قَضَى ٱللَّهُ وَرَسُولُه أَمْرًا أَن يَكُونَ لَهُمُ ٱلْخِيَرَةُ مِنْ أَمْرِهِمْ وَمَن يَعْصِ ٱللَّهَ وَرَسُولَهُ فَقَدْ ضَلَّ ضَلَٰلًا مُّبِينًا][1]. وهُم يَعلَمُون أَنَّ أمر (الوَلايَة) الَّتي بايَع المُسلِمُون عليها في مَواطِن كَثِيرة ومنها يَوم الغَدِير لم يَكُن اجتِهادًا بَشريًّا مِن النَّبِيّ الأَكرَم مُحمّد صَلَّى الله عليه وآله أو مَشورةً منه قابِلةً لِلرَّدّ أو لِلنِّقاش ولِلتَّفاوُض أو أَمرًا مِنه قابِلًا لِلاستِبدال بِالأَمزِجَة أو لِلمُسايَرة على حسب الضَّرورة السِّياسِيَّة ولِلعُرف ولِلمُقتَضى الاجْتِماعِيّ، وقَد صُنِّفَ الصَّحابَةُ في خاتِمَةِ الأَمْر بَين أَقلِّيَة مُؤمِنة

1 - الأحزاب 36

مُمَتثِلـة مُطيعـة لِأَمْـرِ الله ورَسُـولِهِ وأُولي الأَمْـر ـ وأَكثَرِيّـةٍ مُعانِـدةٍ مُنافِقـةٍ مارِقـةٍ ناكِثـةٍ قاسِـطةٍ خارِجـةٍ عـلى الوَلايَـة وناقِضـةٍ لهـا ومُنقَلِبَـة.

لَيْسَ مِـن العَـدلِ وَصـفُ مـا حـدَث أثنـاء مَـرض الرَّسُـول صَـلَّى الله عليـه وآلـه مِـن عصيـانٍ صَريـح لِأَمْـرِه ومِـن استِخفافٍ لمَقامِـهِ ولِمَنزِلَتِـهِ ومِـن إِقـدامٍ أَرْعَـن عـلى مَنْعـهِ صَـلَّى الله عليـه وآلـه مِـن تَدويـن الكِتـاب المُنقِـذِ مِـن الضَّـلال ـ بِـ(الخِـلاف) البَسِـيط القابِـل لِلمُعالجـة أَو لِلـزَّوال بالمفاوَضَـة أَو بِقليـلٍ مِـن الاجتِهـاد وفـق (مَذْهَـب الـرَّأي) أَو مـا شـاكَله، ثُـمّ يكـون بِالإمـكان لِـ(المُخالِـف) بِهـذا العَمـل أَنْ يَنـزُو عـلى مِنْـبَر الخِلافَـة بِفَلْتَـةٍ أَو بِادِّعـاء الخشـية مِـن وُقُـوع فِتنَـةٍ مُحتملَـةٍ يُشِـيعها بِنَفسِـه وبِدعـمٍ مُبـاشر مِـن قِبَـل رَهْطِـه وحُلفائـه، ثُـمّ يَكـون لـه الحَـقُّ المطلـقُ في احتِـكار الخِلافـة لِنَفسِـهِ وتَنصِيـب مَـن يَرغَـب مِـن خَلَـفٍ لـه بِمَرسـوم تَعيِـين أَو بِشُـورى مَركَزِيَّـة أَو وراثـة.

مِـن المُؤكَّـد أَنّ الصَّحابَـةَ تَنازَعـوا عنـد النَّبِـيِّ صَـلَّى الله عليـه وآلـه حيـثُ لا يَنْبَغِـي لَهُـم ذَلِـك وهُـم كـبراء الصَّحابَـة الَّذيـن ذِكَـر في السِّـيرة أَنَّهـم رافَقـوا النَّبِـيّ صَـلَّى الله عليـه وآلـه وعَلِمـوا مـا أُوحِـي إِلَيـه مِـن ذِكْـر. فـلا يَحِـقّ لهـم أَنْ يَسـتَخِفّوه بِالقَـول (إِنَّ الرَّجُـل).

فَفِيـما رَواه البُخـارِي بِإِسـنادِهِ عـن عبـد الله بـن عبّـاس قـال: لَمّـا اشـتَدَّ بِالنَّبِـيِّ صَـلَّى الله عليـه وآلـه مَرَضُـه الَّـذي مـاتَ فيـه، قـال ائتُـونِي بِـدَواةٍ وقِرطَـاسٍ أَكْتُـبُ لَكُـم كِتابًـا لا تَضِلّـوا بَعـدِي. فقـال عُمَـر أَنَّ ـ الرَّجُـلَ ـ «رَسُـول الله» قـد غَلَبَـه الوَجـعُ، حَسـبُنا كتـاب الله!. فكَثُـر اللَّغَـطُ. فقـال النَّبِـيّ صَـلَّى الله عليـه وآلـه «قُومُـوا عَنِّـي، لا يَنبَغِـي عِنـدِي التَّنـازُع». وقـال ابـنُ عبّـاس «الرَّزِيَّـةُ كُلُّ الرَّزِيَّـة مـا حـال بَينَنـا وبَـين كِتـاب رَسُـولِ الله»!

كَيـف لِمَـن يَحُـول مـا بَـين المُسـلِمين وكِتـاب الله المنقـذ مِـن الضَّـلال في مَوقِـفٍ

مَصِـيريٍّ ويُخالِـف أمـرَ الرَّسُـول صَـلَّى الله عليـه وآلـه في حَضرَتِـهِ مُخالَفَـةً سِـيّئةً صَريحَـةً، ويَسـتَبدِل الدِّيـن الأَصِيـل بديـنٍ هَجِـين الفِكـرة راسِـخ عـلى قاعِـدَةٍ مِـن (مَذْهَـبِ الـرَّأي) أَنْ يَكـون مُسـلِمًا فَضـلًا عـن أَنْ يكـون مُؤمِنًـا، ثُـمّ يَـرضى عنـه المُسـلمون ويَترضَّـون عليـه ويَجعلونَـه خَلِيفـةً، إلّا أَنْ يَكـون سَـاحِرًا مـكّارًا دَجّـالًا، أو شـاعرًا كَذّابًـا، أو مُشَـعوِذًا أَفّـاكًا، أو ضـالًّا مُضِـلًا في أَحسَـنِ الأَحـوال!

مـا هـي طَبِيعـة الأَثـر الَّتـي سـيَطبعها هـذا المَوقِـف السَّـلبِيّ الخَطـير عـلى ثَقافـة مُجتمعـات مَكَّـة والمَدِينـة وسـائر الوَلايـات الإسـلاميَّة الحَدِيثـة عَهـد بالإسْـلام ولم تَتخـلّ بعـد عـن جاهِلِيّتهـا، وقـد شـهدت بِـأُمِّ عَينهـا وَقائـع الانْقِـلاب، وعَلِمَـت بِتَفاصِيلِـه المُقرِفَـة، وتَعرَّفَـت عـلى طَبِيعـة مُنفذِّيـه وهُوِيَّتِهـم ونَسـبِهم في العـرب وحَسَـبِهم؟!

وهَـل صـار بِالإمـكان أَنْ تَنقَلِـب ثَقافَـاتُ مـا قَبْـل الإِسْـلام بِحضـور البَديـل الدِّينِـي الهَـشّ المُشَـكّك إلى شَـكلٍ آخـر مُختلِـف مِـن الثَّقافَـة في فَـترة زَمَنِيَّـة قَصِـيرة لا تَتجـاوَز الـ٢٣ عامًـا حيـث عَمَّـت ظاهِـرةُ النِّفـاق ولَبَثـت في رَوع كِـبراء الصَّحابـة حتَّـى انقَلَبـوا فُجـأةً إلى ناكِثِـين ومارِقِـين وقاسِـطِين وتَخلّـوا عـن الثَّقَلَـين واتَّخـذوا مِـن (مَذْهَـب الـرَّأي) بَديـلًا وأَسَّسـوا عليـه سُـنَّة الخُلَفـاء وأقامـوا لـه إطـار (اتِّجـاه أَهْـل العامَّـة) وزَيَّنوهمـا بـما وَصَفـوه بِـ(المَذاهِـب والفِـرَق) واغتـال بَعضُهـم البعـضَ الآخـر؟!

وكَيـف سَـيقرأ مَـن في صَـدرِه قَلـبٌ نابِـضٌ سـليمٌ ومَـن في رَأسِـهِ عَقـلٌ باحـثٌ حـاذِقٌ ناقِـدٌ ـ كُلّ تَفاصِيـل هـذا التَّمـرّد الصَّريـح والانْقِـلاب عـلى الأَعقـاب الَّـذي خُفِّـفَ وَصْفُـهُ ورُقِّـقَ زورًا وعـن عَمْـد عـلى لِسـان كـبراء الصَّحابَـة والتَّابِعـين وتابِعي التَّابِعـين ثُـمّ رُسِّـخَ في بُطُـون الأُصُـول والمُدوَّنـات ـ فَقِيـل أَنَّـهُ (خِـلاف) بَسـيط لا يُوجِـب تَضلِيـلًا ولا تَفسِـيقًا.. ثُـمَّ أُقيـم أَوَّلُ مَذْهَـبٍ في الإِسْـلام هـو (مَذْهَـبُ الـرَّأي) عـلى قَواعِـد مِـن هـذا (الخِـلاف) وأُسِّسَـت عَليـه عَقِيـدةُ وشَرِيعَـةٌ لا نَصِيـب

لِلثَّقلَـينِ فِيهـما، وأُقيـم عليـه نظـامٌ سِـياسِيٌّ واجتماعِـيٌّ واقتصـادِيٌّ، ونُسِـجَت عليـه ثَقافَـةُ أُمَّـةٍ في ١٣٤١ عامًـا حيـث تَهـاوَت آخِـرُ دُوَلِـهِ الموَسُـومَة بِـ(الإِسْـلامِيّة)؟!

وأَمَّـا (الخِـلافُ) الثَّـانِي في مَرَضِـهِ، أَنَّـه صَـلَّى اللهُ عليـه وآلـه أَمَـر وقـال «جَهِّـزوا جيـشَ أُسـامَة، لَعَـنَ اللهُ مَـن تَخَلَّـف عنـه.. فقـالَ قَـومٌ يَجِـب علينـا امتِثـال أَمْـرِه، وأُسـامَةُ قـد بَـرزَ مِـن المَدِينَـة، وقـال قَـومٌ «اشـتَدَّ مَـرَضُ النَّبِـيّ صَلـواتُ الله وسَـلامُه عليـه، فـلا تَسـع قُلُوبُنـا لِمُفارَقَتِـهِ والحـال هـذه، فنَصـبِر حتَّـى نُبـصِرَ أَيَّ شَيءٍ يَكـون مِـن أَمْـرِه»!

إِنَّهـم الكُـبراء مِـن (الصَّحابَـة) الَّذيـن خَذلـوا أَمـرَ الرَّسـول صَـلَّى الله عليـه وآلـه وعَصـوه واسـتَخفُّوا مَقامَـه ومَنزِلَتَـه في حَضرَتِـهِ عندمـا هَـمَّ بِكتابَـةِ الكِتـاب المُنقِـذِ مِـن الضَّـلال في حَضرَتِهـم، فمَنعـوه مِـن كِتابَتِـه في السَّـاعات الحَرِجَـة الأَخِـيرة مِـن عُمُـره الشَّريـف. ومِـنَ المؤكَّـد أَنَّهـم تكيَّفـوا مـع مـا صَـدَر عـن الرَّسـول صَـلَّى الله عليـه وآلـه مِـن (لَعْـنٍ) شَـملهم كلَّما عَصـوه وخالفـوا إِنْفـاذَ جَيشِ أُسـامَة ورَفَضـوا اللِّحـاق بِـه.

وهَكَـذا وَقـعَ المَحـذُور.. فَعَـصَى كُـبراء الصَّحابـة أَمْـرَ الرَّسُـول صَـلَّى الله عليـه وآلـه فصَـبَّ عَليهِـم اللَّعنـات ثَـلاث مـرَّات. ثُـمَّ يَأتِيـكَ أَحـدٌ مِـن مُرِيدِيهِـم ومَوالِيهِـم فيَسـتَبدِل معنـى مـا ارتكبـوه مِـن عِصيـانٍ وتَمَـرّدٍ ويَصِفـه بِـ(المُخالَفَـة) حَـذَر الفِتْنَـة أَو الاجْتِهـادٍ في أَحْسَـن الأَحـوال، أَو يُطَهِّرهـم مِمَّـا حَـلَّ بِساحَتِهم مِـن اللَّعنـات الصَّريحَـة الصَّـادِرَة عـلى لِسَـان النَّبِـيّ صَـلَّى الله عليـه وآلـه!

وأَمَّـا (الخِـلافُ) الثَّالِـث فَهُـو (أَعظَـمُ خِـلافٍ بـين الأُمَّـةِ.. هـو خِـلافُ الإِمامَـةِ إِذْ مـا سُـلَّ سَـيفٌ في الإِسـلام عـلى قاعِـدَةٍ دِينِيَّـةٍ مِثـلَ مـا سُـلّ عـلى الإِمامَـةِ في كُلِّ زَمـان، وقـد سَـهَّل اللهُ تَعـالى ذلـك في الصَّـدر الأَوَّل فاختَلَـف المُهاجِـرُون والأَنصـار فِيهـا، وقالَـت الأَنصـارُ «مِنَّـا أَمِيرٌ ومِنكُـم أَمِـير» واتَّفَقـوا عـلى رَئيسِـهم سَـعد بـن

عَبادة الأنصاري، فاستدركَهُ أَبُو بَكر وعُمر في الحال بِأَنْ حَضَرا سَقِيفَةَ بَنِي ساعِدَه وفرضا نَفسيهما على اللِّقاء العاصِف.

وقال عُمَر أُزور في نَفسِي كَلامًا في الطَّرِيقِ، فلَمّا وَصَلْنا إلى السَّقِيفَةِ أَردتُ أَنْ أَتكلّم. فقال أَبُو بكر مَهْ يا عُمَر، فحَمَدَ الله وأَثْنَى عليه وذكَر ما كُنْتُ أُقدِّره في نَفسِي كأَنَّه يُخبِر عن غيب. فقَبْلَ أَنْ يَشتَغلَ الأَنصارُ بِالكلامِ مَددتُ يَدِي إليه فبايَعته وبايَعهُ النَّاسُ وسكَنَت الثَّائرَة، إلَّا أَنَّ بَيعةَ أَبي بَكر كانَت فَلْتَةً وَقَى اللهُ شرَّها، فمَن عادَ إلى مِثْلِها فاقتُلوه.. ثُمَّ لَمّا عاد إلى المَسجِدِ انْثالَ النَّاسُ عليه وبايَعُوه عن رَغْبَة، سُوى جَمْعَة مِن بَنِي هاشِم وأَبِي سُفْيان مِن بَنِي أُمَيَّة، وأَمِير المُؤمنين عَلِيّ كان مَشْغُولًا بِما أَمَرَ النَّبِيُّ صَلَّى الله عليه وآله مِن تَجهِيزِهِ ودَفْنِهِ ومُلازَمَةِ قَبْرِهِ، مِن غَير مُنازَعةٍ ولا مُدافعةٍ)[1].

فهَل كان (الخِلافُ) هذا وَلِيدَ لَحظَتِه أَمْ أَنَّه عِصيانٌ مِن كبراء الصَّحابة لِأَمْرِ الله عَزَّ وَجَلَّ وقد مَردوا على (النِّفاق) مِن قَبْل فلَم يُطِيعوا لِنَبيِّهم صَلَّى الله عليه وآله أَمْرًا، وتآمروا عليه في مَواطِن كَثِيرة ثُمَّ عصوا وانقلبوا على الأَعْقاب؟!

كَشَفَ التَّفاعُل المُتبايِن في سِيرة مُجتَمَع المُسلِمين أَنَّ ثَقافَةَ الجاهِلِيَّة كانَت هي الأَقْوى حضورًا والأَشَدُّ تأثيرًا على الرَّغْم مِن وُجودِ الرَّسُول صَلَّى الله عليه وآله بَينَهم يَدعُوهُم إلى الهُدى ويُقاتِل على التَّنزِيل ولَمَّا يَقدِر هذا المُجتَمع على الانْعِتاق مِن العَصَبِيَّةِ القَبَلِيَّةِ المُتشَدِّدة والتَّراتُب العَشائرِيّ الحادّ الطَّاغِي على هذه الثَّقافة.

كان الرَّسُولُ صَلَّى الله عليه وآلِهِ مُسَجًّا على المُغتَسَلِ، وأَهْلُ بَيتِهِ صَلواتُ الله وسَلامُه عليهم وفئة مِن (شِيعَة عَلِيّ) مَشغولِون بِتَجهِيزِ جِنازَتِه. وتَخلّف كُبراء الصَّحابَةُ عن تَشيِيعِ جِنازةِ نَبيِّهم صَلَّى الله عليه وآله لِثَلاثَةَ أَيّامٍ مُتوالِية بِدَفعٍ

1 - الملل والنِّحل 23

شَـدِيدٍ مِـن حَمـاسِ الجاهِليَّـة وإصرار منهـم عـلى تَحيُّن فُـرَص الاخْتِـلال في نِظـام الإِمْـرة والرِّئاسـة واستِغلالها، وانْشَـغلوا بِـما يُقـرِّر مَصِـير مَرْحَلـة مـا بَعـد رَحِيلِـه صَـلَّى الله عليـه وآلـه انطلاقًـا مِمّـا تَمسَّـكوا بَـه مِـن عَصبيَّـات الجاهِليَّـة لم يَكفـروا بهـا لِصالِـح الدِّيـن الجديـد ومفاهِيمِـهِ وقِيَمِـهِ ومَعانِيـه.. هُـم لم يؤمنـوا بِنُبـوّة مُحمّـد صَـلَّى الله عليـه وآلـه ولا بِوَحْيِـه، ولم يَجعلـوا مِـن إسْـلامِهِ بَدِيـلًا عـمّا كانـوا يُؤمنـون، ولم تَكُـن دَرجـةُ الإيـمان بِـه صَـلَّى الله عليـه وآلـه نَبِيًّـا مُرسَـلًا تكفِـي لِتَنقِيَـة مـا في الصّـدور مِـن أَغْـلال الجاهِلِيَّـة.

فأَعـدّوا عُدَّتَهـم لِشَـقِّ بُنيـانِ المُسـلِمين، وإِثـارَةِ الفَـوضَى فيهـم، وتَأجِيـجِ مَخاوِفِهـم مِـن وُقـوعِ فِتَنـةٍ مُحتَملَـةٍ لا تُبقِـي ولا تَـذَر إِنْ هُـم امتَثَلـوا لِبَيعَتِـهِ صَـلَّى الله عليـه وآلـه الَّتـي بايعـوا في يَـوم الغديـر. ومالـوا بِالاتِّجـاه العـام إلى المُشـاركة في النُّفُـور مِـن مَفهـومِ (الإمامَـة). فنَشـأ عـن ذلـك مَفهـومٌ مُغالِـبٌ لِمَفهـوم الإمامَـة وفي عَرضِـه إذْ جَعَـلَ لِكـبراء الصَّحابَـة حَقَّـين مُطلَقَـين:

ـ الحَقَّ المُطلَـق في السَّـعي لِتَأسِـيس نِظـام سِياسِيٍّ يَتَوافَـق مـع مـا يَرَونَـهُ عـلى طِبـق (مَذْهَـب الـرَّأي) الَّـذي اتَّخَـذوه مَنهجًـا لِلتَّعوِيـض عَـمّا هُـم عليـه مِـن جَهْـلٍ بِالدِّيـن وتَمَسّـكٍ بِثقافـةِ الجاهِلِيّـة.

ـ والحـقَّ المُطلـق في نَقـضِ مـا اختَتَـم الرَّسُـولُ صَـلَّى الله عليـه وآلـه نُبُوَّتَـه بِـهِ وأَكمَـلَ رِسـالَتَه.

وبِذَلـك تَمكَّـنَ الصَّحابـةُ أَقطـاب (صَحِيفَـةِ مكَّـة الثَّانِيَـة) مِـن انْتـاج مَفهـوم (الخِلافَـة) و(الخَلِيفَـة) وإشـاعَتِها في المُسـلِمين وتَعْطِيـل وَصايـا الرَّسُـولِ صَـلَّى الله عليـه وآلـه في إمامَـةِ عَـلِيٍّ أَمِـير المُؤمنـين صَلـواتُ الله وسَـلامُه عليـه ونَقـضِ بَيعـة الغَدِيـر. وجـاؤا بِالخَلِيفَـةِ الجَدِيـد عـلى عَجـلٍ مِـن بَـين أوسـاطِهم عـبر فَلْتَـة، ولم يَكُـن لِعَلِيٍّ أَمِـير المُؤمنـين صَلـواتُ الله وسَـلامُه عليـه ولا لِشِـيعتِهِ ـ في إِثْـر هـذا الانْقِـلاب

- إِلَّا اتِّباع طَرِيق الصَّبر والالتزام ما وَصَّى الرَّسُول صَلَّى الله عليه وآله بِه، مع الاستِمْرار في الحِرْصِ على وَحْدَةِ أَهْلِ مَكَّة والمَدِينَة والعَمل على تَنمِيَة عَقيدَتِهم وتَأصِيل ثَقافَتِهم.

وقد عَبَّرَ عَلِيٌّ أَمِير المُؤمِنِين صَلواتُ الله وسَلامُه عليه عن هذا المَوقِف بِقَولِه (لَنا حقٌّ فإنْ أُعطِيناه وإلَّا رَكِبنا أَعْجازَ الإِبِل وإنْ طالَ السُّرَى). فلَنا حَقٌّ إنْ نُعطَه نَأخذه وإنْ نمنعه نَركَبُ أَعجازَ الإِبِل وإنْ طال السُّرى.. الرُّكوب على أَعجازِ الإِبِل شاقٌّ.. أي إنْ مُنِعنا حَقَّنا رَكِبْنا مَركَب المَشَقَّة صابرين عَليها وإنْ طال الأَمَد. وقِيل: ضَرَبَ أَعجاز الإِبِل مَثَلًا لِتَأخُّرِه عن حَقِه الَّذي كان يَراهُ له وتَقَدُّم غَيرِه عليه، وإِنَّه يَصبِر على ذلك وإنْ طالَ أَمَدُه)[1].

لَنْ يَغِيب عن عَقل طالِب الحَقِّ والحَقِيقة أو طالِب العِلْم والمَعرِفَة مَدى خُطورَة الآثار السَّلبِيَّة الَّتي انَتهى إليها الانْقِلابُ على الأَعقاب فضلًا عن النَتائج الوَخِيمة الَّتي طالَت معنى الأَمر بِطاعة الله ورَسُولِه والحقّ الإلهي في وَلايَة عَلِيٍّ أَمِير المُؤمنين صَلواتُ الله وسَلامُه عليه. كما لَنْ يَغِيب عن عَقل طالِب حَقٍّ وحَقِيقَة مدى جسامَة الخَرق الفَاضِح لِمفهوم العَدالَةِ الَّذي قُرِن بهذه الوَلايَة حيث لا أَحد على وَجهِ الأَرْض تَتوافر فيه المُؤَهَّلات اللازمة لِتَجسيد العَدالة في النَّاس إِلَّا أَمِير المؤمنين عَلِيّ بن أَبِي طالِب صلواتُ الله وسَلامه عليه.

وبِمَفهوم (الخِلافَة) الَّذي اصطُنِع بِأَسقام النِّفاق مُنذُ يَومِ السَّقِيفَة حلَّ الفَسادُ الكَبِير في أُمَّةِ مُحمّد صَلَّى الله عليه وآله، وما زال ذاتُ الفَساد يَستَشري في هذه الأُمّة المُتحَيِّرة. ولَيس مِن المُفاجِئ أَنْ تَتفَشّى في المُسلِمين ظاهِرةُ الضَّياع العَقدِي فتتعَدَّد المذاهِبُ أو يَتفرَّعَ عنها الكَثِيرُ مِن الفِرَق بِعُنوان الاجْتِهاد في

1 - بِحار الأنوار، العلامَة المجلسي ٦٠٠/ 29. مجمع البحرين 24/ 4

الدِّيـن، وكلُّهـا تُطلُـب الإمْـرة والرِّئاسَـة والسُّـلطان عـلى مَنهـج الفَلْتَـة وجَريًـا عـلى مـا أَسَّسَـهُ (مَذْهـبُ الـرَّأي) الَّـذي سَـنَّهُ أَبـو بَكـر وأَسَّـسَ عليـه (اتِّجـاه أَهْـل العامَّـة) وكَرَّسَـه عُمَـر واستَغلَّه عُثْـمان لِوَضـع قَواعِـد دَولَـة الأُمَويّـين وتَمكِـين (اتِّجـاه أَهْـل العامَّـة) ذِي الأَغلبيّـة المُوالِيَـة مِـن إقصـاء (شِـيعة عَـلِيّ).

عنـد لَحظَـةِ وُقُـوع الانْقِـلاب عـلى الأَعْقـاب أُتِيحَـت الفُرصَـة اللَّازِمَـة لِلمَذاهِـبُ والفِـرَق لِكَـي تَتمَسّـك بِعُـروة (اتِّجاه أَهْـل العامَّـة) فجَعَلَت مِـن (مَذْهَـبِ الـرَّأي) أَصْلَها، وعَظَّمـت مِـن مَقـام (خُلَفـاء) النُّظُـم المُسـتَبِدَّة المُتعاقِبَـة، وشَرَّعَـت لِلأُمـراء في الأَقالِيـم الحَـقَّ في تَبرِيـر الوَسـائل، وأَضافَـت إلى قُـوّةِ سِـيادَتِهم في البِـلاد قُـوّة، وتَبادَلَـت معهـم المنافِـع والمَصالِـح، وأَكْثَرت مِـن انْتاج المَفاهِيـم المُناهضة لِلمُغالِبِـين والمُناوِئـين والمُناهِضِين، وخَلَقَـت شَـكلًا مِـن أَشْـكال التَّـوازُن الاجْتِماعـي فيـما بَينهـا بِـذات المُـبرِّرات الَّتـي اتَّخَذَها المُنقَلِبـون عـلى الأَعقـاب وروَّجهـا الـرُّواة والمُفسِّرون المُـزَوِّرُون لِمَعـاني القُـرآن الكَرِيـم والوضَّاعـون والمُلفِّقـون لِلمروِيّـات ونَسـبُوها لِسُـنَّةِ الرَّسُـول صَـلَّى الله عليـه وآلـه.

فَشَـاع صِيـتُ المَذاهِـبِ والفِـرق وحَـلَّ بَدِيـلا عـن الدِّيـن بِتَدَخّـلٍ مباشرٍ مِـن قُصور الخُلَفـاء، وارتَقـى مَقـامُ بَعضِهـا في النَّـاس وانْتَكَـس إلى الحَضِيـض مَقـامُ نُظرائهـا، أو كَثُـر أَتْباعُهـا كُلَّـما اقتَرَبَـت مَرجِعِيّاتُهـا مِـن قُصـور سَـلاطِين الـدُّول وأُمرائهـا وانتَعَشَ رَصِيدُهـا المـالي بِالأُعطيـاتِ وتَفَشَّـت أَفكارُهـا في الأَقطـار الإسْـلامِيَّة، وانْحـسَر أَتْباعُ غيرهـا وتَلاشَـى وُجـودُه كُلَّـما بَعُـد عـن قُصُـور الخُلَفـاء والأُمـراء.

لَم تَكتَـفِ الـدُّول (الإسْـلامِيّة) المُتعاقِبَـة بِـما هُـو شَـائعٌ مِـن صُنـعِ مَرجِعِيَّـات المَذاهِـب والفِـرَق فَحَسـب، وإِنَّـما راحَـت تَجـرِي بَعـضَ التَّحسِـينات الشَّـكلِيَّة عـلى عَقائـدِ المَذاهِـب والفِـرَق والشَرائـع بِـما يُضفِـي عـلى النِّظـام السِّـياسِيّ شَرعِيَّـةَ الوُجـودِ والبَقـاء ويَشُـدّ مِـن عَضِـد سِـيادَة الخَلِيفَـة. فصـارَ الأَذانُ بِقِيـام نِظـامٍ سِـياسِيٍّ لِدَولَـةٍ أو لِحاكِـمٍ أَو بِسُـقوطِ أَحدِهِـما أَو كِليهـما هُـو أَذانٌ بِقيـام مذْهَـبٍ أَو فِرقَـةٍ أَو بِسُـقوطِهما معًـا أَو أَحدِهِمـا.

فلَم تَبْقَ مِن عَشراتِ المَذاهِب والفِرق الَّتي نَشأت منذ عَهد أَبي بَكر إِلَّا القَليل، وعَبَثت السِّياسَةُ في أُصولِها وزَرَعَت أَسبابَ العَداوة والبَغضاء في ساحة أئمَّتِها وأَتْباعها، وراح تَطوُّر العِلْم وتَعدّد مَصادِر المعرفة والتَّبادُل الثَّقافِي وتَعدُّد مَناهِج الاجْتِهاد بِالرَّأي وتَوافرها في النَّاس يَنْخُر في عظام المَتبقِّي مِنها.

وصارَ في الإِمْكانِ مَعرِفَةِ فَساد عقيدة مَذهَبٍ مِن المَذاهِب أَو فِرقَةٍ مِن الفِرق مِن خِلال الاطِّلاع على طَبيعَةِ النِّظام السِّياسِي السَّائد في الدَّولَةِ المُتبَنِّية لِهَذا المَذْهب أَو تِلك الفِرْقَة. ولو حَرص المُسلِمون على البَحث عن المَذْهَب النَّاجِي أَو (الفِرْقَةِ النَّاجِيَة) منذ مَرحَلةِ الانْقِلاب على الأَعقاب، وتَحرَّروا مِن سِيادَةِ دُولِ الخِلافَة المُستَبِدَّة والتِزاماتها بعد ذلك، واتَّبعوا وَصايا الرَّسُول صَلَّى الله عليه وآله في الإِمَامَةِ، ونَقَّبُوا في مِصداق الإِمَامَةِ والمُواصَفات اللّازِم تَحقُّقها فيه؛ لَما أَبقَت بعضَ المَذاهِبِ والفِرق على نَفْسِها إِلى زمَنِنا المُعاصر، ولَسُدَّ البابُ على لُعْبَةِ ظُهورِها وتَعدُّدِها وتَفرُّعِها وانْقِسامِها وتَبايُنِها وتَضارُبِها في النَّاس.

الشُبهَةُ في خُصَماءِ الدَّهْر

انْطَوى المَورُوث الرِّوائي لِكلٍّ مِن (التَّشَيُّع) و(اتِّجاهِ أَهْلِ العامَّة) الوارِد في شأن التَّعريف بِثَقافَة مُجتَمَع الجَزِيرة العَرَبِيّة على عَهد الرَّسول صَلَّى الله عليه وآله، على أَمرَين أَساسِيَّين مُهِمَّين:

الأَمْرُ الأَوَّل: نَشأَ في عَهْدِ الرَّسُول صَلَّى الله عليه وآله اتِّجاهان مِن الصَّحابَة، أَحَدُهما اجتَمَع في فئةٍ قَليلَةٍ أَظهَرت إِيمانَها المُطلَق بِالكِتاب والسُّنَّة المُطهَّرة وامتثَلَت لِلنَّبِيِّ صَلَّى الله عليه وآله في جَميع أَحوالِه البَشرِيَّةِ بِصِفَتِه نَبِيًّا مَعصومًا أَوْلَى بِالمُؤمِنين مِن أَنفسِهم. وقد عُرِفَ عن هذه الفِئة التَّضْحِية والفِداء بِالأَنفُسِ والأَولادِ والأَموالِ على يَقِينٍ مِنها بِما آمَنَت. وقد أُطلِق عَليها في جِيل الرَّعِيل الأَوّل مِن الصَّحابة اسْم (شِيعَة عَلِيّ).

بِـإِزاء (شِـيعَة عَـلِيّ)، اجتَمـعَ رَهْـطٌ مِـن الصَّحابَـة (المُسـلِمِين) عـلى مُغالِبـة الكِتابِ والسُّـنَّة الشَّريفَـةِ ومُناوَشَـةِ (شِـيعَةِ عَـلِيّ) انطلاقًـا مِـن عَصَبِيّـة جاهِلِيّـة حَـذِرة لم يَقـو هـذا الرَّهْـط عـلى التَّجَـرّد مِـن مُخَلَّفاتِهـا ومِـن مَوروثِهـا الثَّقـافي القَبَـلِي والعَشـائِري عـلى الصَّعِيديـن المَفاهِيمـي والسُّـلوكِي. وسُرعـان مـا تَفَشَّـى عمـلُ هـذا الرَّهْـط في قَبائـل مُجتَمَعَـيّ مكَّـة والمَدِينَـة.

وقد التَقَى عناصِرُ هذا الرّهْط مِن الصَّحابة على مَبدأ تَحَيُّن الفُرَص لِلتَّالي:

ـ لِلتَّعويـض عـن مَقـامٍ وَضِيـعٍ عاشَـه في مكَّـة بـين قبائـل عَـرب الجاهِلِيَّـة مِـن ذَوِي الأَنْسـابِ العَريقَـة ومُعالجَـةِ عُقدَته.

ـ ولاكتِسـاب مَقـامٍ آخـر بَدِيـل ذِي مَنزِلَـةٍ اجتِماعيّـة رَفِيعـة في العَهـد الجَدِيـد لِلمُسـلِمِين الَّـذي انقَطَـعَ عـن ماضِيـهِ وجَـبَّ تكوِينَـه الاجْتِماعِـي.

ـ ولِتَعزيـز نُفـوذٍ سِـياسِيّ بـين القَبائـل الَّتـي فَقـدَت شَـأنها الطَّبَقـي مـع ظُهـور الإِسـلام ومـا زالـت تَبحـث عـن تَحالُـفٍ جديـدٍ لاسـتِعادَة مـا فَقدتـه.

اسـتَطاع هـذا الرَّهْـط مِـن الصَّحابـة أَنْ يَسـتغِلَّ مَفهـومَ العَدالَـةِ الاجتِماعِيَّـة في الدِّيـن الجَدِيـد، فاعتَنـق (النِّفـاق) واسـتَظَلّ بـه لِتَحقِيـق مَقاصِـدِه، فأَقبَلَـت الدُّنْيـا عليـه مُستَسـلِمَةً، وسُرعـان مـا أَعـدّ العُـدَّة لِلانقـلاب عـلى الأَعْقـاب بِأَمْـر دَبَّـرَه بِليـل.

الأَمْـرُ الثَّـانِي: لم يَأخُـذ هـذان الاتِّجاهـان في مُجتَمَعَـيّ مَكَّـة والمَدِينَـة بُعـدًا تَصادُمِيًّـا ظاهِـرًا خِـلال عَهـد الرَّسُـول صَـلَّى الله عليـه وآلـه، إِنَّـما كان المُمَيِّـزُ بينهـما مـا مَيَّـز بـين المُسـلِمين الَّذيـن عَبـدُوا الله سُـبحانَه وتَعـالى عـلى حَـرفٍ عـلى حَسـب الوَصْـف الصَّريـح لِلآيـة الكَريمَـة [وَمِـنَ النَّـاسِ مَـنْ يَعْبُـدُ اللهَ عَـلَىٰ حَـرْفٍ فَـإِنْ أَصَابَـهُ خَـيْرٌ اطْمَـأَنَّ بِـهِ وَإِنْ أَصَابَتْـهُ فِتْنَـةٌ انْقَلَـبَ عَـلَىٰ وَجْهِـهِ خَسِرَ الدُّنْيَـا وَالْآخِـرَةَ ذَٰلِـكَ هُـوَ

الْخُسْرَانُ الْمُبِينُ][1] ـ وأُولَئِكَ الْمُؤْمِنين بِالدِّين والْمُتَمسِّكِين بِالوَلايَة وبِالهُدى الَّذي لا تُزَعزِعه البَلايَا ولا خُطُوب المَنَايَا.

لم يَبرُز هذا التَّبايُنُ والتَّضَادُّ الخَطِيرين بَين اتِّجاهَيّ (المُؤمِنين) و(المُسْلِمين) أو يُشكِّلان ظاهِرَةً عند الفَرز الاجْتماعِيّ، ولكِنَّهما صُنِّفا مُقرَّبين مِن الرَّسُول صَلَّى الله عليه وآله على حَسب مَعايِير الواقِع مِن غَير فَصلٍ فِئويٍّ أو طَبَقِيّ لِلمُنافِقِين مِنهم أو إِقصاءٍ مباشِرٍ صَريحٍ لهم. ولا سِيَّما أَنَّ كَثِيرًا مِن قبائل أَهْل مَكَّة والمَدِينَةِ دَخل الإسْلام واعتَنق الدِّين تَحت وَقْع ظُروف خاصَّة أَمْلَت عليه إِسْلامَه وإِقْرارَه بِنُبُوَّةِ مُحَمَّد صَلَّى الله عليه وآله ورِسالَتِه مِن غير إِكْراه ولا جَبر.

وتُشِيرُ الآيَةُ الكَريمة إلى ذلك بِنَصّها [قَالَتِ الْأَعْرَابُ آمَنَّا قُل لَّمْ تُؤْمِنُوا وَلَكِن قُولُوا أَسْلَمْنَا وَلَمَّا يَدْخُلِ الْإِيمَانُ فِي قُلُوبِكُمْ وَإِن تُطِيعُوا الله وَرَسُولَهُ لَا يَلِتْكُم مِنْ أَعْمَالِكُمْ شَيْئًا إِنَّ الله غَفُورٌ رَّحِيمٌ][2].

إِنَّ المسلِمِين عامَّة لَيُؤمِنوا بفَساد المُقايَسة إِذا ما ضَرَبَها أَحدٌ منهم بَين أَحدٍ مِن أَئمَّةِ أَهْلِ بَيت النَّبي صَلَّى الله عليه وآله الَّذين أَذْهَبَ اللهُ عَزَّ وَجَلَّ عنهم الرِّجْس تَكوينًا وطَهّرهم تطهيرا ـ وأَحَدٍ مِن الصَّحابَة المُهاجِرين أو الأَنْصار، أَو أَنَّه تَناول في المقايَسَةِ بُعدَي الإِيمان والعِلم، فلا يَصحّ لِأَحدٍ عَقدُ هذا اللَّون مِن المُقايسة في كلِّ الأَحوال.

فعَن الرَّسُول صَلَّى الله عليه وآله قال)نَحنُ أَهْل البَيت لا يُقاسُ بِنا أَحد)[3]، وجاءت آيةُ التَّطهير لِتُؤكِّد على بِطلان أَيِّ شَكلٍ مِن هذا القِياس [إِنَّمَا يُرِيدُ الله

1 - الحج 11.
2 - الحجرات 14
3 - ذخائر العقبى، فردوس الأخبار، الديلمي 373/ 17. كنز العمال 104/ 12

لِيُذْهِبَ عَنْكُمُ الرِّجْسَ أَهْلَ الْبَيْتِ وَيُطَهِّرَكُمْ تَطْهِيراً][1].

ويُدرِكُ الصَّحابَةُ المُهاجِرون والأَنْصار معًا مَعنى هذين النَّصَّين وقَطعِيَّة صُدورِهما في عَصرِهم، لكِنَّ ثَقافة الأَحْقاد الجاهِلِيَّة وعَصَبيّة حُبّ الإمْرة والرِّئاسة والسُّلطان والدّافع الأَخر المُلِحّ لِلتَّعويض عن المَنزِلَة الاجتماعيّة الوَضِيعَة صادَرَت عُقول البَعض مِنهم في القَبائل والعَشائر وهَيمَنت على وِجدانِه فتَخطَّت به معنى هذين النَّصَّين وما هُو في حُكمِهما مِن النُّصوص الأُخْرى، فانكَشَف مَعدنُه الخَبيث في حالي السِّلْمِ والحَرْب.

وفي ثَنايا حَرْبِهِ صَلَّى الله عليه وآله الضَّروس مع يَهود الحُصون الثَّلاثَة بِخَيبر انْهَزَمَ يَهود حُصنَي (الوَطِيح) و(سَلالِم) فاجتَمعوا كُلُّهُم في الحِصن الثَّالِث، الأَمْر الَّذي دَفع النَّبِيَّ صَلَّى الله عليه وآله إلى تَطوِيق هذا الحِصن وفَرْض الحِصار عليه في ظَرف عِشرين يَومًا.

وعِند صَلاة الفَجر (بَعَث رَسُولُ الله صَلَّى الله عليه وآله بِرايته إلى خَيبر مَع أَبِي بَكر فَرَدَّها، فبَعث بِها مَع عُمر فَرَدَّها. فغَضب رَسُول الله صَلَّى الله عليه وآله وقال «لَأعطِيَنّ الرَّايَة غَدًا رَجلًا يُحِبُّهُ اللهُ ورَسُولُه ويُحِبُّ اللهَ ورَسولَه، كَرَّارًا غير فَرَّار، لا يَرجع حَتَّى يَفتحَ اللهُ على يَديه»)[2].

وفي رواية أُخْرى عن(عَباد بن يَعقُوب، قَال: حَدَّثنا عَبد الله بن بكير، قَال: حَدَّثنا حَكِيم بْنِ جُبَير، عَن سَعِيد بْنِ جُبَير، عَنِ ابْنِ عَبَّاس، قَالَ: بَعَثَ رَسُولُ الله صَلَّى الله عَلَيه وَآله إِلَى خَيبَر، أَحْسَبُهُ أَبَا بَكْر، فَرَجَعَ مُنْهَزِمًا وَمَنْ مَعَهُ، فَلَمَّا كَانَ مِنَ الْغَدِ بَعَثَ عُمَر، فَرَجَعَ مُنْهَزِمًا يُجَبِّنُ أَصحابَهُ ويُجَبِّنهُ أصحابُهُ. فَقالَ رسولُ الله صَلَّى الله عَلَيه وَآله: لَأُعطِيَنّ الرَّايَةَ غَدًا رَجُلا، يُحب الله ورسولَهُ،

1 - الأحزاب 33

2 - أمالي المفيد 56

ويُحبـه الله ورسـولُهُ، لا يَرْجِـعُ حَتَّـى يفتـحَ الله عَلَيْـهِ، فَثَـارَ النّـاسُ. فَقَـالَ: أَيْـنَ عَـلِيّ؟ فَـإِذَا هُـوَ يَشْـتَكِي عينَـهُ، فتَفَـلَ رَسُـولُ الله صَـلَّى الله عَلَيـه وَآلـه فِي عَيْنِـهِ، ثُـمَّ دَفَـعَ إِلَيْـهِ الرَّايـةَ، فَهَزَّهَـا، فَفَتَـحَ الله عَلَيْـهِ)[1].

وفي رُوايـةٍ أُخْـرى عـن (عُبَيْـدُ الله قَـالَ: حَدَّثَنَـا نُعَيْـمُ بْـنُ حَكِيـمٍ عَـنْ أَبِي مَرْيَـمَ عَـنْ عَـلِيٍّ، قَـالَ: «سَـارَ رَسُـولُ الله صَـلَّى الله عَلَيْـهِ وَآلـه إِلَى خَيْـبَرَ فَلَـمَّا أَتَاهَـا بَعَـثَ عُمَـرَ وَمَعَـهُ النَّـاسَ إِلَى مَدِينَتِهِـمْ أَوْ إِلَى قَصْرِهِـمْ فَقَاتَلُوهُـمْ فَلَـمْ يَلْبَثُـوا أَنْ انْهَـزَمَ عُمَـرُ وَأَصْحَابُـهُ فَجَـاءَ يُجَبِّنُهُـمْ وَيُجَبِّنُونَـهُ. فَسَـاءَ ذَلِـكَ رَسُـولَ الله صَـلَّى الله عَلَيْـهِ وَآلـه فَقَـالَ: «لَأَبْعَثَـنَّ إِلَيْهِـمْ رَجُـلًا يُحِـبُّ الله وَرَسُـولَهُ وَيُحِبُّـهُ الله وَرَسُـولُهُ، يُقَاتِلُهُـمْ حَتَّـى يَفْتَـحَ الله لَـهُ، لَيْـسَ بِفَـرَّارٍ». فَتَطَـاوَلَ النَّـاسُ لَهَـا وَمَـدُّوا أَعْنَاقَهُـمْ يُرُونَـهُ أَنْفُسَـهُمْ رَجَـاءَ مَـا قَـالَ فَمَكَـثَ سَـاعَةً ثُـمَّ قَـالَ: أَيْـنَ عَـلِيٌّ؟ فَقَالُـوا: هُـوَ أَرْمَـدُ. فَقَـالَ: ادْعُـوهُ لِي. فَلَـمَّا أَتَيْتُـهُ فَتَـحَ عَيْنَـيَّ ثُـمَّ تَفَـلَ فِيهِـمَا ثُـمَّ أَعْطَـانِي اللِّـوَاءَ فَانْطَلَقْـتُ بِـهِ سَـعْيًا خَشْـيَةَ أَنْ يُحْـدِثَ رَسُـولُ الله صَـلَّى الله عَلَيْـهِ وَآلـه فِيهِـمْ حَدَثًـا أَوْفَى، حَتَّـى أَتَيْتُهُـمْ فَقَاتَلْتُهُـمْ. فَـبَرَزَ مَرْحَـبٌ يَرْتَجِـزُ، وَبَـرَزْتُ لَـهُ أَرْتَجِـزُ كَـمَا يَرْتَجِـزُ حَتَّـى الْتَقَيْنَـا. فَقَتَلَـهُ الله بِيَـدَيَّ وَانْهَـزَمَ أَصْحَابُـهُ فَتَحَصَّنُـوا وَأَغْلَقُـوا الْبَـابَ. فَأَتَيْنَـا الْبَـابَ، فَلَـمْ أَزَلْ أُعَالِجُـهُ حَتَّـى فَتَحَـهُ الله)[2].

وفي رِوايَـةٍ أُخـرى (دعـا الرَّسـول صَـلَّى الله عليـه وآلـه أبـا بكـر فعَقـد لـه لِـواءً ثُـمَّ بَعَثَـه، فسـار بِالنَّـاس فانْهَـزَم حتَّـى إِذا بَلَـغ ورَجـعَ فدَعَـا عُمـر فعَقـد لَـه لِـواءً فسـار ثُـمّ رَجـع مُنهزِمًـا بِالنَّـاس. فقـال رَسُـول الله «لَأُعطِيَّـن الرَّايـةَ رَجـلًا يُحِـبُّ الله ورَسـولَه ويُحِبُّـهُ الله ورَسُـوله، يَفتـح الله لـه، لَيـس بِفـرّار»)[3].

وفي رِوايَـة الحافِـظ مُحَمَّـد بـن مُؤمِـن، قـال مالـك (كُنَّـا جلوسًـا عنـد النَّبِيّ صَـلَّى

1 - تاريخ دمشق، ابن عساكر 96/ 42‌97 .

2 - المصنف، أَبُو بكر بن أَبِي شَيبة 396/ 7. ميزان الاعْتِدال، الذَّهبِي 3/ 1. تَقرِيبِ التّهذيب، بن حجر 1204/ 1.

3 - سنن النّسائي 18/ 5، وصحيحه في الزّوائد 124/ 9. مصنّف ابن أَبي شيبة 522/ 8. الطبراني الكبير 35/ 7. تفسير الثعلبي 5/ 9

الله عليـه وآلـه فتَذكَّرنـا رَجُـلًا يُصَـلِّي ويَصُـوم ويَتصـدَّق ويُزَكِّـي. فقـال لَنـا رَسُـول الله صَـلَّى الله عليـه وآلـه: لا أَعْرِفـه.

فقُلنـا يـا رَسُـول الله، إنَّـهُ يَعبـدُ الله ويُسَـبِّحُه ويُقدِّسُـه ويُوحِّـدُه. فقـال صَـلَّى الله عليـه وآلـه: لا أَعْرِفـه.

وفِيما نَحنُ في ذِكرِ الرَّجُلِ إذْ طَلَعَ علينا، فقُلْنَا: هذا هُو!

فنَظَـر إليـه الرَّسُـول صَـلَّى الله عليـه وآلـهِ وقـال لِأَبِي بَكـر: خُـذْ سَـيفِي هـذا واذهَـب إلى هـذا الرَّجـل واضْرِب عُنقَـه فإنَّـه أَوَّلُ مَـن رايتـه مِـن حِـزْبِ الشَّـيطان. فدَخـلَ أَبُـو بَكـر المَسجدَ فَـراهُ راكِعًـا، فَقـالَ والله لا أَقتلـه فـإنَّ رَسُـول الله نَهانـا عـن قَتْـلِ المُصلِّـين! فرَجَـع أَبُـو بَكْـر وقـال: يـا رَسُـول الله أَنِّي رأيـتُ الرَّجُـلَ راكِعًـا وأَنَّـك نَهيتَنـا عـن قَتْـلِ المُصلِّـين.

فقَـال رَسُـولُ الله صَـلَّى الله عليـه وآلـه: أَجَـلْ يـا أَبـا بَكـر، فلَسْـتَ بِصاحِبِـه. قُـمْ يـا عُمَـر وخُـذْ سَـيفِي مِـن أَبِي بَكـر وادخُـل المَسـجد فـاضْرِب عُنقَـه. قـال: فأَخـذتُ السَّـيفَ مِـن يَـدِ أَبِي بَكـر ودَخلـتُ المسـجِد فرأيـتُ الرَّجـلَ سـاجِدًا، فقُلْـتُ والله لا أَقتلـه فَقَـد اسـتأذَنَه مَـن هُـو خَـيرٌ مِنِّـي. فرَجَعـتُ إلى رَسُـولِ الله صَـلَّى الله عليـه وآلـه فقُلْـتُ يـا رَسُـول الله أَنِّي رأيـتُ هـذا الرَّجُـل سـاجِدًا. فقـال صَـلَّى الله عليـه وآلـه:

يـا عُمـر اجْلِـس، فلَسْـتَ بِصاحِبِـه. قُـمْ يـا عَـلِيّ فإنَّـكَ أَنْـتَ قاتِلـه، إنْ وَجَدتَـه فاقتلـه، فإنَّـك إنْ قَتَلتَـهُ لم يَقـع الضَّـلالُ والاختِـلافُ بَـين أُمَّتِـي أَبـدًا. فقـالَ عَـلِيٌّ أَمـير المُؤمِنـين صَلـواتُ الله وسَـلامُه عليـه:

فأَخَـذْتُ السَّـيفَ ودَخلـتُ المَسـجِدَ فلَـم أَرَهْ، فرَجَعـتُ إلى رَسُـولِ الله صَـلَّى الله عليـه وآلـه وقُلْـتُ مـا رأيتـه. فقـال صَـلَّى الله عليـه وآلـه:

يـا أَبـا الحَسَـن، أَنَّ أُمَّـةَ مُوسـى افتَرَقَـت إلى أَحـد وسَـبعين فِرْقـةٍ، فِرْقَـةٌ ناجِيَـةٌ

والباقُـون في النَّـار.. وأنَّ أُمَّتِـي سـتَفْتَرِق عـلى ثَـلاثٍ وسَـبعِين فِرقَـة، فِرْقَـةٌ ناجِيَـةٌ والباقُـون في النَّـار. فقـال عَـلِيٌّ أَمِـير المؤمنـين صَلـواتُ الله وسَـلامُه عليـه: يـا رَسُـول الله، مَـنْ النَّاجِـي؟ قـال صَـلَّى الله عليـه وآلـه: المُتمَسِّـكُ بِـما أَنْـتَ عليـه وأَصحابـك.

فأُنـزِل في ذلـك الرَّجُـل [ثـانيَ عِطفـهِ لِيُضـلَّ عـن سـبيل الله، لـه في الدُّنْيـا خِـزيٌ ونُذيقُـه يـوم القِيامَـةِ عـذابَ الحريـق][1]. يقـولُ: هُـو أَوَّلُ مَـن كان ظَهَـر مِـن أَصْحـابِ البِـدَع والضَّـلال. قـال ابـنُ عَبَّـاس: والله مـا قَتَـل ذلـك الرَّجُـل إِلَّا أَمِـير المُؤمنـين صَلـواتُ الله وسَـلامُه عليـه يَـوم صِفِّـين)[2].

إِنَّ هذه الرِّوايَات ونَظائرها وما كان في حُكمِها تَكشِف عَن أمرين خَطِيرين:

- فإِمَّـا أَنْ يَكـون الصَّحابِيَّـان أَبِي بَكـر وعُمَـر جاهِلَـين بِوُجـوبِ طاعـة الرَّسـول الأَكـرَم صَـلَّى اللهُ عليـه وآلـه فِي الأَمْـر الَّـذي وُجِّـهَ إليهـما مُبـاشَرة في قَضِيَّـةٍ واحِـدَةٍ مِـن حيـث المَوضُـوع والمَوضِـع والظَّـرف الاجْتِماعـي، وكان الأَمْـر نَبوِيًّـا بِنَـصٍّ صَرِيـحٍ لا يَقبـل التَّأويـل ولا حتَّـى حَـقّ الجِـدال فِيـه. وأَنَّ في المُخالَفـة تَقَـعُ الحُرمَـة المُؤكَّـدة وإِنْ سِـيقَت بِإزائهـا الأَعـذارُ والمُـبَرِّرات.

فكَيـف يَحـقُّ لهـما الاجْتِهـاد في أَمْـر صَـادِرٍ عـن النَّبِـيّ صَـلَّى الله عليـه وآلـه وهـو حَـيٌّ أمامهُـما يَأمُرهُـما؟!

ولمـاذا يَخُصَّـان نَفسَـيهما بِحُكـمٍ ويُقلّـد أَحدُهمـا الآخـرَ في قِبـال أَمْـر النَّبِـيّ صَـلَّى الله عليـه وآلـه ويَنفَـردان بـه ويُرَجِّحـان إِرادةَ الامتِنـاع عـلى الاسـتِجابَة الفَـورِيَّـة فـلا يَمتَثِـلان لِلأَمـر النَّبَـوي ويَعصِيـان؟!

- وأَمَّـا أَنَّهـما عَمِـدا إلى ارتـكابِ مُحـرَّمٍ بِمُخالَفتِهـما لِلأَمـر النَّبـوِيّ عـن عِلْـمٍ قَطعِـيٍّ

1 - سورة الحج 9
2 - الطَرائف في معرفة الطّوائف، رَضِي الدِّين الحُسَيني 430.

أَفـاد بِالوجـوب. وهـو المُرَجِّـح بِظاهِـر نَـصِّ هـذه الرِّوايـة والرِّوايـات الأُخْـرى الـوارِدَة في خَيـبر.

ويُضاف إلى ذَلِك:

أَنَّ أَبـا بكـر رَجَـع إلى رأيِـهِ فاجتَهـد في قِبـال نَـصٍّ بِأَمْـرٍ صـادرٍ عـن النَّبـيِّ صَـلَّى الله عليـه وآلـه، فِيـما اتَّبَـعَ عُمَـر سِـيرةَ أَبِي بَكـر وسُـنَّتَه في الأَخْـذ بِحُكـمِ (الـرَّأي) وعَـصى أَمْـرَ النَّبـيِّ صَـلَّى الله عليـه وآلـه.

إنَّ مِثْـلَ هـذه الوَقائـع الكثـيرة المُدَوَّنـة في السِّـيرة لَتكشِـف عـن ضَرُورَةٍ مَنطِقِيَّـةٍ ومَنهجِيَـةٍ تَسـتَوجِب إِعـمال عنـوان (البَحـث عـن الحَـقّ والحَقِيقَـة) عنـد التَّنقيـب في سِـيرة الصَّحابَـة ومـا آلـت إليـه خاتِمَتُهـم في حَيـاة مُجتَمَعـيّ مَكّـة والمَدِينَـة والوَلايـات الإِسْـلامِيّة الأُخْـرى مُنـذ بِعثَـةِ النَّبـيّ صَـلَّى الله عليـه وآلـه.

وإنَّ المُخالِفِـين العاصِـين والمُتَمَرِّدِيـن ـ وإنْ كانـوا مِمَّـن يَتصـدَّر قائمـة الصَّحابَـة وكُبرائهـا ـ فقَـد ظَهـر مِنهـم التِـزامٌ دِينـيٌّ مُصاحِـبٌ لِمـا هُـم عليـه مِـن النِّفـاق في دَوائـر الصُّحْبَـةِ المُقرَّبَـة مِـن رَسُـول الله صَـلَّى الله عليـه وآلـه وأَمـام ناظِـرَي عامَّـة النَّـاس المُكلَّفِـين. لكِـنَّ الطَّبيعَـةَ البَشريَّـة والبيئـة الاجْتِماعِيَّـة الَّتـي نَشـأوا عليهـا، وضَغـطَ الأَهـواء الذَّاتِيَّـة وخُبـثَ السَّرائـر وتَجـذُّرَ ثقافـة الجاهِلِيَّـة والعَصَبِيَّـة القَبلِيَّـة والعَشـائرِيَّة في العُقـولِ والقُلـوب فَضـلًا عـن الحاجـةَ المُلِّحَـة المُحرِّضَـة عـلى التَّعويـض السَّـلْبِي عـن القُصُـور فِي النَّسَـبِ والحسـب بـين قَبائـل العَـرب والانْحِطـاط في المَنزلَـة وانعِـدام الأَصْـل الاجْتِماعـي الخـاصّ، كلّهـا مُجتَمِعَـة باتَـت هـي الغالِـب عـلى أَنْفـس هَـؤلاء المُخالِفِـين العاصِـين والمُتمرديـن والجاحِدِيـن، فَـما كان مِـن بُـدّ إِلّا أَنْ نافقـوا فأَجَّلـوا إِرادَةَ ثـأر الجاهِليّـة وكتَمـوا سِرّ الانْتِقـام وخَطَّطُـوا لِلانْقِـلاب وتَحيَّنـوا الفُـرص ثُـمّ حرَّضُـوا عـلى القِتـال.

لقد كان النَّبيُّ صَلَّى الله عليه وآله فِيهم رَسولًا يَتَلَقَّى الوَحْيَ، وما كان صَلَّى الله عليه وآله فِيهم يَجتَهِد فيَنطِق عن الهَوى، وهُو يَعلَمُ علم اليَقين السِّرّ الَّذي أَخْفاهُ الصَّحابةُ العُصاةُ في ما بَينهم وما كتَمه المُنافِقون في قُلوبِهم، فلَم يَقدِم على فَضْحِهم في النَّاس أَو مُعاقَبتِهم وهُو القادِر على ذَلِك.

فمَدّ اللهُ عَزَّ وَجَلّ لِرَهْط الصَّحابة الخَمسة مِنهم حتَّى عقدوا صَحيفتَهم في خاتِمَة الأَمْر، وقَرَّروا مَصِير النَّبيّ صَلَّى الله عليه وآله ومُستَقبَل رِسالَتِه فِي أَواخِر عُمُره الشَّرِيف وعَملوا على تَقويض وَصاياه واستَعدُّوا لِلانْقلاب عليه وعليها، وانطلقوا يُنَفِّذون عددًا مِن العمليّات لاغتياله صَلَّى الله عليه وآله.

لم يَكُن في أَوَّل عَهدِ الرَّسُول صَلَّى الله عليه وآله وُجودٌ ظاهِرٌ لِلمَذاهِب والفِرَق أو لِرَأس زَعيمٍ أو أَمِير مُستقلٍّ منهم يُتَّبع مِن قِبَل تكتّلٍ مُنظّم معلوم الهُوِيَّة على الرَّغْم مِن تَسجيل عَددٍ مِن المَواقِف السَّلبيَّة المُضادَّة لِنُبوَّةِ الرَّسُول صَلَّى الله عليه وآله والمُشكِّكَة في رِسالتِه، والمُعادِيَة لِأَهْلِ بَيته صَلواتُ الله وسَلامُه عليهم ولـ(شِيعَة عَلِيّ)، والمُستقلّة بِالرَّأي في قِبال أَوامِر النَّبيّ صَلَّى الله عليه وآله والمُحرِّضَة على كَتم الرِّواية وإِحراق المُدوّن منها.

إِلَّا أَنَّ العَداوةَ والبَغضاء والكَراهِيَّة كانت كامِنَةً في قُلوبِ الكَثير مِن الصَّحابَة المُنافِقين ولا يَمتِلك أَحدٌ منهم الجرأة على البَوحِ بِها في المُجتَمَعِ الجديد. ولكنَّهم لم يقِفُوا مَكتُوفي الأَيدِي، وإِنَّما تَواروا بِنِفاقِهم واتَّبعوا أَخبَثَ الأَدوار وأَخطَرَها على عَقِيدة المُسلِمين ونِظامِهم الاجتماعِي، مِن بَينها:

- التَّعتِيم على المَروِيَّات المُبيِّنَة لِفَضائل ومَناقِب الرَّسُول صَلَّى الله عليه وآله وأَهْل بَيتِه صَلواتُ الله وسَلامه عَليهم.

- وحَظْر نَشر الرِّوايّة والاجتِهاد في جَمعها وإِتْلافها أَو إِحراقِها.

ـ وابتـزاز بَعـض الـرُّواة في الـسِّر ومعاقَبتهـم عـلى تَدويـنِ الرِّوايَـة ونَشرِهـا أو إغراؤهـم بِالوَضْـع والتَّزويـر والتَّلفِيـق.

فأَسَرّ بعضُ الرُّواة إلى النَّبيّ صَلَّى الله عليه وآله فَعْلَتَهُم الَّتي فَعلوا.

وفي مَرحلـةٍ مُتقدِّمـةٍ مِـن حَيـاة النَّبـيّ صَـلَّى الله عليـه وآلـه، وفي السَّـنَةِ العـاشِرَة لِلهجـرَة جَـرى في الـسِّرّ التَّحضِـيرُ لِعَقـد لِقـاء تَنسِـيقِي جامِـع لِلخَمْسَـة مِـن الصَّحابَـة بِزَعامَـة أَبي بَكـر، وتَـمَّ بِمُوجبـه في شَـهر ذِي الحِجَّـة إمضـاءُ عَقـد (صحِيفَـة مكَّـة الثَّانِيَـة) بَينَهـم فِي جَـوف الكَعبَـة لِتُرفـع قواعـدَ أَوَّل اتِّجـاهٍ سَـلبيٍّ في الإسـلام مُتَّصـلٍ بِمَعنـى (صَحِيفَـة مكَّـة الأُولى) الَّـذي خَـيَّر بَنِـي هاشِـم بـين تَسـلِيم النَّبـي مُحمّـد صَـلَّى الله عليـه وآلـه لِحَـدِّ سَـيف أَبي سُـفيان أو تَحمّـل تَبِعـات مـا تعاقَـدت عليـه قبائـلُ مكّـة مِـن مُقاطعـةٍ شـامِلةٍ لِبَنِـي هاشِـم وعَزلهـم وفَـرض طَـوقٍ مِـن الحصـار حولهـم في شِـعب أَبي طالِـب.

فَشَـل عَقـدُ (صحِيفَـة مكَّـة الأُولى) بَعـد مـرور عَـشرةِ أَعـوامٍ مِـن بِعثَـة النَّبـيِّ صَـلَّى الله عليـه وآلـه وفي أَوَّل امْتِحـانٍ مَصـيرِيٍّ لِرِسـالَتِه ولِعَقـد الصَّحِيفَـة، فلَـم يُسَـلَّم النَّبـيُّ صَـلَّى الله عليـه وآلـه مِـن قِبَـل بَنِـي هاشِـم إلى تَحالُـف (صَحِيفَـة مَكَّـة الأولى) إِذْ اختـار بَنـو هاشِـم بزَعامَـة أَبِي طالِـب وحَمـزة مَوقِـف الرَّفـض المُطلـق لِمـا أَجمعـت عَليـه قَبائـلُ مَكّـة، والتَجـأوا إلى شِـعب أَبِي طالِـب حيـث تعرَّضـوا لِلجُـوع والمـرض حتَّـى استُشـهد أَبُـو طالـب وخَدِيجـة عليهـما السَّـلام.

عندمـا أَمـضى مُشركـوا مكَّـة صَحِيفَتَهـم فَقَـد تَعاهـدوا عـلى أَنْ لا يَتزوَّجـوا مِـن بَنِـي هاشـم ولا يُبايِعُوهـم ولا يُخالِطُوهـم ولا يَدخُلـوا بُيوتَهـم ولا يُكلِّمُوهـم حتَّـى يُسـلِّموا الرَّسُـول صَـلَّى الله عليـه وآلـه لِسَـيف أَبي سُـفيان.

ونُسِبَ لِأَبِي طالِب القولُ في رَفضِ تَسلِيم النَّبيّ صَلَّى الله عليه لِمُشرِكِي قُرِيش:

(والله لنْ يَصلِوا إِليك بِجَمعِهم   حتّى أُغَيَّبَ في التُّراب دَفِينا

ودَعوتَنِي وزَعَمتَ أَنَّكَ ناصحٌ   ولقَد صَدقْتَ وكُنتَ ثُمَّ أَمِينا

وعَرضْتَ دِينًا قد عَلِمتُ بِأَنَّه   مِن خيرِ أديانِ البَرِيَّة دِيْنَا)[1].

وتَوعَّـد أَبُـو طَالِـب زَعامـات بُطـونِ قُريـش قائـلًا: والله لَـو قَتلتُمُـوه مـا أَبقيـتُ مِنكـم أَحـدًا حتَّـى نَتفانَـى نَحـنُ وأَنتُـم. فقـال لـه المطعـم بـن عـدي بـن نُوفَـل بـن عبـد مَنـاف: لَقـد كِـدتَ تَـأتِي عـلى قَومِـك!

قال أَبُو طالِب عليه السَّلام: هو ذلك!

وخاطَبَ أَبُو طالِب عليه السَّلام النَبِيَّ صَلَّى الله عليه وآله أَمامَهم شعرًا:

اذهَب بُنَي فما عَليك غَضاضَةٌ   اذهَب وقرّ بِذاك منك عُيونا

والله لَنْ يَصلِوا إِليك بِجَمعِهم   حَتَّى أُوَسَّد في التُّراب دَفِينا)[2]

كَثَّـف رَهْـط الصَّـحابَـة الخَمسَـة ـ إِذْ أَصْبـح اتِّجاهًـا متكاتفًـا بِـما ضَـمّ إِلى جَمعِـهِ مِـن حُلفـاء ـ مِـن إِجراءاتِـه الاسـتِفْزازِيّة لِلنَّبِـيّ صَـلَّى الله عليـه وآلـه في أَواخِـر أَيَّـام حَياتِـه، وضَيَّـق الدُّنْيـا عَـلى أَهْـلِ بَيتِـهِ صَلـواتُ الله وسَـلامُه عَليهِـم، وشَـكَّك فِي النُّبُـوَّةِ والإِمامَـة تَمهيـدًا لِخَـوض مَرحَلـة اغْتِيـال النَّبِـيِّ صَـلَّى الله عليـه وآلـه والانْقِـلاب عَـلى وَلايَـة عَـلِيٍّ أَمِـير المؤمنـين صَلـواتُ الله وسَـلامُه عليـه، واسـتُفِزّ عندمـا عَلِـم أَنَّ النَّبِـيّ صَـلَّى الله عليـه وآلـه قـد أَنْجـزَ مـا كان عليـه إِنْجـازه قَبـل رَحيلـه عـن دار الدُّنيـا ولم تَنفـع مُمانَعتُهـم لِكتابَـة الكِتـاب المُنقِـذ مِـن الضَّـلال مِـن انْجـاز النَّبِـيّ صَـلَّى الله عليـه وآلـه مـا أُمِـر بِـه في الإمامـة، فقـد كَتَـب وَصِيَّتَـهُ في غيـابٍ مِـن هـذا الرَّهـط مِـن

1 - تأريخ اليعقوبي 31/ 2

2 -الطّبقات الكبرى 203/ 1

كُـبراء الصَّحابـة وفي حُضـورٍ مَحْدُودٍ مِـن الأَصْحـاب الأَبْـرار (شِـيعَة عَـلِيّ) بِوَصفِهِـم شُـهودًا عـلى الوَصِيَّـة.

إنَّ تَدبـير عَقـد (صَحِيفَـة مكَّـة الثَّانِيَـة) في الـسِّرّ ثُـمَّ تشـكِيل رَهْـط الخَمسـة لِلتحالُـف القَبَـليّ المُوسَّـع لإنفـاذ مـا نَصَّـت عليـه الصَّحيفـة إنَّـما دلَّ عـلى أنَّ وَظيفـة تَبليـغ الرِّسـالَةِ الَّتـي جـاء بِهـا نَبِيُّنـا صَـلَّى الله عليـه وآلـه قـد تمَّـت واختُتِمَـت بِالوَلايَـة لِعَـلِيٍّ أَمِـير المُؤمنـين صَلـواتُ الله وسَـلامُه عليـه قَبـل يَـومِ الغَدِيـر، وبَقِيَـت البَيعـةُ العامّـة ووَصِيَّـةُ الرَّحِيـل حيـث يَنتظـر المُسـلِمُون الإعـلانَ عنهـا وأَخذَهـا لِعَـلِيٍّ أَمـير المؤمنـين صَلـواتُ الله وسَـلامُه عليـه.

في يَـوم الغَدِيـر تُوِّجَـت وَلايَـةُ عَـلِيٍّ أَمـير المؤمنـين بِالبَيعـة عـلى مَـلأٍ مِـن المُسـلِمين عُـدّ حُضـورَه بِالأُلُـوف، وبـاتَ كُلُّ شَيءٍ مَحْسُـومًا ووَاضِحًـا ومعلومًـا وقـد بُلِّغَـت الرِّسـالَة وفَـرِح هُنالـك المُسـلِمُون، ولا مِـن فُرصَـةٍ سـانِحةٍ لِأَحَـدٍ مِـن كـبراء الصَّحابـة المُنافِقـين أَو مَـن في قَلبِـهِ مَـرضٌ منهـم ولا عُـذْر لـه أَنْ يَشـتَغِل بِغَـير بَيعَـةِ الغَدِيـر أَو يَسـتَقِلّ بِمَصِـير المُسـلِمين فيَجْتَهِـد ويدعـو مِـن نَفْسِـهِ إلى اخْتِيـار (خَلِيفَـة) آخـر بَدِيـل مِـن بَعـد رَحِيـل الرَّسـول صَـلَّى الله عليـه وآلـه!

إنَّ المُـضِيّ في تنفيـذ مـا تَعاقَـد عليـه رَهْـطُ الصَّحابـة بِـ(صحِيفة مكّـة الثَّانيَـة) في السِّرّ والسَّـعي إلى تَعزيـز دور تحالُفـه المؤلّـف مِمّـن تَبَقَّـى مِـن المُنافِقـين والمُشركـين والكُفَّـار عـلى طَرِيقـة تَعاقُـد (صحِيفَـةِ مكَّـة الأُولى) دَفَعـا إلى تَنفيـذ مَـشروع الانْقِـلاب بِثِقـةٍ تَامَّـة. وأَنَّ صُنـعَ البَديـل عـن إمامَـة عَـلِيٍّ أَمـير المُؤمنـين صَلـواتُ الله وسَـلامُه عليـه وتَوظِيـف مـا أُسِّـس مِـن نُفـوذٍ بـين القَبائـل في وَقـتٍ قِيـاسِيٍّ لِمُواجَهـة كُلِّ طـارِئٍ غـير مُتوقَّـعٍ باتَـا جاهِزيـن.

وأَنَّ الثَّقْلَـين اللَّذيـن أَوصى النَّبِـيُّ صَـلَّى الله عليـه وآلـه المسـلمين بِالتَّمسّـك بهـما أَغـاظ كـبراء الصَّحابـة المُنقَلِبـين وأَغضَبَهـم، فانْدَفعـوا إلى وَضْـع البَدِيـل المُضَـادّ،

واتَّخـذوا مِـن (مَذهـب الـرَّأي) دينًـا وعملـوا بـه.

ولم يَكُـن أَخـذُ البَيعـة بَعـد أَداء مناسِـك حَجّـة الـوداع عـلى طَريـق العـودَةِ إلى المدينـة مُفاجِئًـا لِرَهْـط الصَّحابـة الخَمْسَـة. فقـد بَلَـغ النَّبِـيُّ صَـلَّى الله عليـه وآلـه السِّـنَّ مِـن عُمُـره الشَّريـف الَّتـي صَرَّحَ بهـا مِـن قَبْـل وتَمثّلـت فيهـا خاتِمَـةُ حَياتِـه، وأنَّ كُلَّ عَمليـات الاغتِيـال الَّتـي نُفِّـذَت قَبْـل بُلوغِـه هـذه السِّـنّ قـد فَشـلت وعـلى غَـير المُتوقّـع لـدى كـبراء الصَّحابـة المُنافِقِـين.

حُسِـمَت وَلايَـةُ عَـلِيّ أَمِـير المُؤمنـين صَلـواتُ الله وسَـلامُه عليـه مُنـذ اليَـوم الَّـذي أَنـذَر النَّبِـيُّ صَـلَّى الله عليـه وآلـه فيـه عَشِـيرتَه الأَقْرَبـين، وقَـد ذُكِّـر المُسـلِمُون بهـذه الوَلايَـة مِـرارًا وتكـرارًا في مُناسـباتٍ مختلفـة وبِأَسـاليب مُتعـدّدة حتَّـى مَجِـئ يَـوم الغَدِيـر حيـث سـتُؤخَذ البَيعـة عـلى مَـلأ. فضَاعَـف المُنافِقـون مِـن إجـراءات طَمْـسِ المَروِيّـات المستجِدّة الصَّـادِرة في هـذا الشَّـأن عنـد هـذه السِّـنّ مِـن حيـاة رَسُـول الله صَـلَّى الله عليـه وآلـه، ولَم يَتوقَّفـوا عـن تَحـيّن الفُـرص لاغتِيالِـه صَـلَّى الله عليـه وآلـه، وأَكثَـروا مِـن صُحبَتِـهِ يَبغُـون التَّجَسُّـس عليـه وتَقَـصِّي أَخْبـاره وتَضْيِيـق حَرَكَتـه، ووَظَّفـوا بَعـض أزواجِـه لِلمُشـاركة في أداء هـذه المهـامّ.

تَغلغَـل نفـوذُ الصَّحابَـة المُنافِقـون في بَيتَـينِ مِـن بُيـوت الرَّسُـول صَـلَّى الله عليـه وآلـه وانتَهكُوهُمـا بِعُيـون رَقِيبَـين مِـن النِّسـاء. وعندمـا فَشـلوا مِـن التَّمكُّـنِ مِنـه؛ اغتالُـوه بِالسُّـمِّ في أَحـد هذيـن البَيتَـين، وانْقلَبـوا عـلى وَصايـاه، وأَصـدروا مَفهومَـي (الخِلافَـة) و(الخِلافَـة) وتَناوبـوا عـلى مَقعـدِ الإمْـرَة والسّـلطان ونَبَـذوا الثَّقَلَـين وراء ظُهورِهـم. فتَفـرَّق المُسـلِمون بَعدَئـذٍ وظَهـرت المَذاهِـب وتَفـرَّع عنهـا الفِـرَق في هيئـة أَلـوانٍ عَقدِيَّـةٍ مختلفـة بِنـاءً عـلى المَبـدأ المُختَلَـق القائـل بِـأَنَّ لِـكُلِّ صَحـابِي شَـهِد النَّبِـيّ صَـلَّى الله عليـه وآلـه الحَـقَّ في الانفـراد بِمَنزِلَـةٍ مُقدَّسَـةٍ ومقـام كَريـم وبِمَرتَبَـةٍ عُليـا تَـلِي مَرتَبَـةَ النَّبِـيّ صَـلَّى الله عليـه وآلـه في السَّـماء بِالتَّسـاوِي، وأَنَّ لـه أَنْ يَتمَتَّـعَ بِـدَورٍ قِيـادِيٍّ في الدِّيـن مِثلـما فَعَـل غَـيرُه مِـن كُـبراء الصَّحابَـة.

فصار بوسعِ الصَّحابَةِ الخَمسَةِ وتحالُفِهم أنْ يُقيما حُكْمَ (الخِلافَة) باجتهادِهما الخاصّ، لِأنَّ الوَلايَةَ الَّتي صَرَّحَ بِها النَّبِيُّ صَلَّى الله عليه وآله مرارًا وتكرارًا ثُمّ أَخَذَ لها البَيعَةَ في يَومِ الغَديرِ ـ على حَسَب ما أشاعوا بَعدَ رَحيلِ النَّبِيِّ صَلَّى الله عليه وآله ـ ما هِي إلَّا تَوصِيَةٌ نَبوِيَّةٌ مِن غَيرِ نَصٍّ جَلِيٍّ في عَلِيٍّ أميرِ المؤمنين صَلواتُ الله وسَلامُه عليه، وجازَ لِلصَّحابَةِ أنْ تكون لهم الخِيَرَةُ بإزائها والاِجْتِهاد!

إنَّ اتِّجاهي (شِيعَة عَلِيّ) و(أَهْلِ العامَّة) اللَّذَين تَفاعلا مع سِيرة النَّبِيّ صَلَّى الله عليه وآله واتَّخذ كُلُّ واحدٍ مِنهما رُؤيَةً خاصَّةً مختلفةً انفرَد بها عن الآخَرِ ـ اصْطدَما بِشَكلٍ مُباشِرٍ بَعد لحظة استِشهاد النَّبِيّ صَلَّى الله عليه وآله، واستَمَرّا على ذلك في القُرون اللَّاحِقَة حيث استظَلّ (شِيعةُ عَلِيّ) بِمَظلَّة (التَّشَيُّع) واتَّبعوا وَحْيَ الإمامَة ولم يُفارِقوا الثَّقَلَين وإمامَهم عَلِيّ صَلواتُ الله وسَلامُه عليه، فيما استظَلّ الآخرُ بمَظلَّة ما عرف لاحِقًا بـ(اتِّجاه أَهْلِ العامَّة) الَّذي اتَّبع (مَذْهَب الرَّأي)، ولم يُفارِق سِيرَةَ الخُلفاء الثَّلاثة، وتَلَوّن في دائرة الاجْتِهاد حتَّى تَفَرّعَ عَنه المذاهِب وتَشَعَّبَت الفِرَق بعَقائد وشَرائع وأَسْماء مُخْتَلِفَة أو مُتبايِنَة.

وعلى الرَّغْمِ مِن تَعاظُم المُشكِلات وتَناوب التَّحدِّيات الَّتي تَلَت الانْقلاب على الأعْقاب، إلَّا أنَّ (الشِّيعَة) لم يَتخَلّوا عن عَلِيٍّ أَمِيرِ المؤمنين صَلواتُ الله وسَلامُه عليه بِوَصْفِهِ وَلِيًّا لِلمُؤمِنين والمُسلِمين ويَتلَقّى وَحْيَ الإمامة، وأوجبوا مَودَّته. وكان عُمْدَتُهم في ذلك الآياتُ الشَّريفَة والمَروِيَّات الصَّحِيحَة الصَّادِرة عن الرَّسُول صَلَّى الله عليه وآله الَّتي بَلَّغها مِرارًا وبَثَّها تكرارًا في حُضورٍ خاصٍّ وعامٍّ مِن الصَّحابَةِ الأنْصار والمُهاجِرين وغَيرِهم مِن المُسلِمين.

وكان نَصُّ غَديرِ خُم في بَيعَةِ عَلِيٍّ أمير المؤمنين صَلواتُ الله وسَلامُه عليه هو الأَكثَرُ شُيوعًا وظُهورًا في المُسلِمين كافَّة حيث شَهد لَه أكثَرُ مِن مائتي أَلف مِن الصَّحابَةِ فِي مكانٍ وزَمنٍ وَاحِدٍ. ونُقِل النَّصُّ على لِسان أكثر مِن (١١٠) راوِيًا صَحابِيًّا و(٨٤) مِن التَّابِعين.

وعندما ذَهب صَحابَةُ (صَحِيفَةِ مكّة الثَّانِيَة) وأَتْباعُهم لاستِكمال الأَهداف المَرسُومَة مِن غير اكتِراثٍ منهم لِبَيعة غَدِير خُم وما سَبَقها مِن الآيات الصَّريحة النَّازلة والمَروِيَّات الصَّادرة في الولاية ـ كان عَلِيٌّ أَمِيرُ المُؤمنين صَلواتُ الله وسَلامُه عليه هو أَوَّل مَن كَشف عن السِّرّ الخَطِير لِـ(صحِيفَة مكّة الثَّانِيَة).

فقد جُرَّ حِينها مَخفورًا بِالحَبل مِن بَيتِهِ إلى مَجلِس الخليفة الجَدِيد أَبي بَكر الَّذي لم يَتردّد في نَقْضِ بَيعَةِ الغَدِير أَمام المُسلِمِين وإِصدار أَمْرٍ بِأَخذ البَيعةِ بِالقوّة والإِكْراه مِن عَلِيٍّ أَمِير المؤمنين صَلواتُ الله وسَلامُه عليه وأَصْحابِه مِن (شِيعَة عَلِيّ) و(إِنْ) تطلَّب تَحقِيق ذلك اقتِحام بَيتِ فاطِمَة الزَّهراء صَلواتُ الله وسَلامُه عليها وقَتْلَها وإِحْراقَ دارِها. وفي ذلك أَصْدر أَبُو بَكر أَمْرَهُ لِعُمر وفَرِيق الهُجُوم على البيت أَنْ يَأتِيان بِعَلِيٍّ بِالقُوّة إِلى المَسجِد، وقال لِعُمَر (ائتِني بِه بِأَعْنَف العُنف)[1].

وعندما اغْتِيل الرَّسُول صَلَّى الله عليه وآله بِالسُّمّ ذَهب ثلاثةٌ مِن رَهْط الصَّحابَة الخَمسَة الَّذين خطَّطوا لِقتلِهِ إلى لقاءٍ عادِيٍّ عَقدَه الأَنصار في سَقِيفة بَنِي ساعَدة مِن غَير دَعوةٍ وُجِّهت إِليهم. وفي اللِّقاء جَعل الخَمسة مِن اللِّقاء اجْتِماعًا استثنائيًّا طارِئًا فعَيَّنوا فيه أَبا بَكر خَلِيفةً وأَلَّفوا قِصَّةً كانت وما زالت مَحلّ جَدلٍ لِأَوَّل انفِصامٍ خَطِيرٍ وَقَع بين المُسلِمِين في غِيابِ مِن نَبِيِّهم صَلَّى الله عليه وآله، حيث مَهَّدَ الطَّرِيقَ لِظُهورِ أَوَّلِ حُكومَةٍ طَوارِئ قائمةٍ على (مَذْهَب الرَّأي) المُستَبِدّ ومُعطِّلَةٍ لِلثَّقلَين.

وعلى قاعِدةٍ مِن الحُكم بِـ(مَذْهَبِ الرَّأي) انْشَقَّ المُسلِمون وكَثُرت فِيهم الفِرَق العَقدِيَّة والمَذاهِب الفِقهِيَّة حتَّى تَجاوزت حَدَّ الـ(٧٣) فِرْقَة الوارِد في

1 - أنساب الاشراف، البلاذري 587/1

النَّـصّ النَّبـوِي ودَلَّ عـلى الكِثـرَة الكاثِـرة مِـن فِـرَق الضَّـلال المنشـقّة في قِبـال الفِرْقَـة النَّاجِيَـة، و(ظَهـر التَّعسُّـفُ البَالِـغ لَـدى مُؤرِّخِـي الفِـرَق فِي وَضْعهـم فُرُوقـا وأَصنافـا داخـل التَّيّـارات الرَّئيسِـيّة حتَّـى يَسـتطِيعوا الوُصُـول إلى (٧٣) فِرْقَـة. وفاتَهـم أَنَّ افـتِراق المُسـلِمين لم يَنتَـهِ عنـد حَصْرِهـم، وأَنَّـهُ لا بُـدَّ ستَنشـأ فِـرقٌ جَدِيـدةٌ بِاسـتمرار. مِمَّـا يَجعـل حَصرَهـم هـذا خَطـأ تَمامًـا، وإِذْ لا يَحْسِـب حسـابًا لِمـا سيَنشـأ بَعـد ذلـك مِـن فِـرَق إسـلامِيَّة جَدِيـدة)[1]، وأَنَّ الرَّقَـم الـوارِد في المَـورُوث الرِّوائـي مـا هـو إِلَّا كِنايَـة عـن كَثـرةِ عَدَدِهـا وتَفرُّعِهـا فِي الزَّمـن حيث طَغـى الشُّعورُ بِعَـدم كَـمال الدِّيـن وتَمـام النِّعمـة في إِثْـر رَحِيـل النَّبِـيّ صَـلَّى الله عليـه وآلـه وانَقَلـب.

لقـد اضْطَرَبَـت الرّؤيـةُ المُتعلِّقَـة بِتَقريـر مَصِـير المسـلمين عـلى أَثَـر وُقـوعِ الانْقِـلاب عـلى الأَعْقـاب في يَـوم السَّـقِيفَة، وتَوالـت ثَلاثـةٌ مِـن أَلـوانٍ مِـن التَّنصِيـب لِلخَلِيفَـة عـلى رأس الدَّولـة. فَأَيـنَ مَحَـلّ قـولِ القائلـين بِـأَنَّ (أَهْـل السُّـنَّة والجَماعَـة) هـو تَمَثُّـلٌ لِلشَّريعـة الأَصليَّـة عـلى مَذْهَـبِ أَبِي بَكـر وعُمـر وعُثـمان.. وأَيـن مَحَـلُّ قَـولِ القائلـين بِـأَنَّ الطُّـرق والفِـرَق والمَذاهـب قـد نَشـأت بعـد اغتِيـال عُثـمان بـن عَفّـان طَلَبًـا لِثَـأر دَمِـه؟!

أُعلِنَـت الوَلايَـةُ فِي يَـوم الغَدِيـر، وتَمَّـت النِّعمَـةُ وأُخِـذَت البَيعـة، وسَـقطَت آمـالُ كـبراء الصَّحابَـة المُنافِقـين وكُلُّ المُراهَنـات عـلى مَصِـير الوَلايَـة إِذْ لم يَعُـد اغتِيـال الرَّسُـول صَـلَّى الله عليـه وآلـه لِوَحـدِه يَكفِـي لاعتِـلاء سـدَّة السُّـلطة. فقـد بَـات عليهـم المُغامَـرة والحـرص عـلى أَداء مُهِمَـةٍ إِضافِيَّـة حاسِـمَة سـتكون صَعْبَـة لِلغايَـة إِنْ لم يُمَـدّ لهـا، هـي:

ـ الاجْتِهـادُ فِي تَعوِيـم مَعْنـى (الوَلايَـة) الَّـذي ورَدَ في سِيرة النَّبِـيّ صَـلَّى الله عليـه وآلـه ومَورُوثِـه الرِّوائـي وأُعلِـنَ عنـه بِالبَيعـة فِي يَـوم الغَدِيـر عـلى مَـلأٍ مِـن المُسـلِمِين.

---

1 - مذاهب الإسلاميّين 34/ 1

- العَمـل الجِـدّي عـلى إِعـداد المُـبرِّرات المناسِـبَة واصْطنـاع الدَّوافـع المقبولـة لإِقصـاء عَـلِيٍّ أَمِـير المُؤمنـين صَلـواتُ الله وسَـلامُه عليـه عـن مَقـام الوَلايَـة.

فكَثُـرَ الحَـذرُ والحِيطـة والتَّحسُّـس بـين رَهْـط الصَّحابـة الخَمسَـة وكُثِّفَـت الجُهـود فِيهـم مِـن أَجْـل تَحصِيـل تَحالُـفٍ أَكثـر سِـعَةً وَجُنـدًا.

واسـتَغَلّ رَهْـطُ الصَّحابـة الخَمسَـة فُرصَـةَ اجتِماعِهـم في حَجَّـة الـوداع، وذلـك لِتَأصِيـل مـا تَعاقـدوا عليـه في جَـوف الكَعبَـةِ. وبَـاتَ لِزامًـا عليهـم الاجْتِهـاد في إِعـداد خُطَّـة عاجِلَـة لاغتِيـال النَّبِـيّ صَـلَّى الله عليـه وآلـه، عـلى أَنْ تكـون مُحكمـةً ومُواكِبـةً لِظَـرف مـا بَعـد بَيعـة الغَدِيـر.

فلَـولا فَشَـل عَمَلِيّـة الاغْتِيـال عـلى هَضَبـة هَرْشـا أَثنـاء عـودة جَيـش المُسـلمين مِـن تَبُـوك في السَّـنة التَّاسِـعَة لِلهِجـرَة لمـا اسـتَطاع النَّبِـيُّ صَـلَّى الله عليـه وآلـه - عـلى حَسـب ظَنِّهـم - القِيـام بحَجَّـة الـوداع واسـتِكمالها بِأَخـذ البَيعـة العَلنِيّـة والصَّريحـة لِعَـليّ أَمِـير المؤمنـين صَلـواتُ الله وسَـلامُه عليـه في يَـوم الغَدِيـر، ورُبَـما كانَـت مبـادرةُ النَّبِـيّ صَـلَّى الله عليـه وآلـه بِأَخـذِ البَيعَـةِ لِعَـلِيّ في يَـوم الغَدِيـر تُمثِّـل ردًا حاسِـمًا عـلى جَرِيمَـة الاغتيـال الَّتـي ارتُكِبَـت فـوق هَضَبـة هرْشَـى.

اقتَضَـت الخطَّـةُ البَدِيلَـةُ عـن مُحاولَـة هَرْشَـى الفاشِـلة الإِسراع في تَنفِيـذ مُحاولـة اغْتِيـال أُخْـرى لِلنَّبِـيّ صَـلَّى الله عليـه وآلـه بِالسُّـمّ في بَيتِـهِ عـلى أَيـدي أَزوجـهِ ولا مِـن سَـبِيل إِلى غَـيرِ ذلـك، مـع الإِدراكِ التَّـام لِلتَّبِعـات ولِحَجـم العَواقِـب الَّتـي سـتَنجُم عـن هـذه المُحاوَلـة في حـالَيّ الفَشَـلِ والنَّجـاح، ومِنهـا أَنَّ بيعـةَ الغَدِيـر المُفاجِئـة لَم تَكُـن عـلى مَسـمَعٍ ومَـرأى مِـن فِئـةٍ قَلِيلـةٍ مِـن الصَّحابَـة مِـن أَهْـل الجَزيـرة العَربِيَّـة أَو الشَّـام أَو اليَمـن أَو مِـصر حتَّـى يكـونَ في الإِمْـكان نَقـضُ البَيعَـةِ وفَـرضُ الحِصـار عـلى مَرويَّاتِهـا وكَتبُهـا في مَهدِهـا ولَجْـمُ رُواتِهـا وإِقصـاء صاحِبهـا!

آفاقُ البَيْعَةِ في المَرْحَلةِ الانْتِقاليَّة

قُبَيل رَحِيل النَّبيّ صَلَّى الله عليه وآله عن دار الدُّنيا اتُّخِذت الكثيرُ من التَّدابير لِلحَيلولة دُون نَقل السُّلطة مِن خِلالِه، وحِيل بَينَه وبَين مُرادِهِ في وَصِيَّةٍ مُنقِذةٍ واجبة كان مُجتمع المَدينة بِأَنْصارِه ومُهاجِرِيهِ يَنتظِرونَ صُدورَها عنه إذْ هو النَّبيّ الَّذي لَنْ يَتخَلَّف عن عَمَلٍ واجِبٍ يُذكِّر المُسلِمين في طَرفٍ منه بِالوفاء بِبَيعَتِهم الَّتي بايَعوا في يوم الغَدِير ويُؤكِّد في على وجوب الامتِثال لِلآيات النَّازلة في وَلايَة عَليٍّ أَمْير المؤمنين صَلواتُ الله وسَلامُه عليه.

وعلى نَهج الكذَّابة الَّذين تَزاحَموا بَينهُم وتَسابقوا فأَكْثروا مِن الكَذِب على النَّبيّ صَلَّى الله عليه وآله في حَياتِهِ؛ كَذَّب كبراء الصَّحابَة ونَفَوا صُدور نَصٍّ عنه مُتعَلِّق بـ(الوَلايَة) في يوم غَدِير خُمّ، وعَبَثوا في المَعنى المُراد لِـ(الوَلايَة) عند مَن أَقرّ بِصدُورِ النَّص وسَاقوا دَلالَةً مُختلِفَةً عن مَعنى البَيعَةِ.

وكان عَليٌّ أَمِير المُؤمنين صَلواتُ الله وسَلامه عليه قد احتَجّ في لِقاءاتٍ مُختَلِفَة سابِقَة لِيومِ غَدِير خُمّ وفي لقاءاتٍ لاحِقَة جَمعَتْهُ مَع كبراء الصَّحابَة وفيهم بَعضُ أَقطاب (صَحِيفة مكّة الثَّانِيَة) والبعضُ مِن خُلفائهم، وذَكَّرَ بِتَصريح النَّبيّ صَلَّى الله عليه وآله في وَلايَتِه وبِكُلِّ ما يَعنِيه نَصُّ البَيعَةِ في غَدِير خُمّ حيث يَعتقِد هؤلاء الصّحابة بِوُقوعِهِ ويُؤمنون بِذلك ولكنَّهُم جَحدوا وعبثوا في دَلالة النَّصّ بين النَّاس.

فَفي الرَّحبَةِ بِشِمال الجزيرة العربيَّة جَمع الإمامُ عَليّ صَلواتُ الله وسَلامُه عليه النَّاسَ وقال: أَنشِدُ اللهَ كُلَّ امْرِئٍ مُسْلِمٍ سَمِع رَسُول الله صَلَّى الله عليه وآله يَقول يوم غَدِير خُمّ ما سَمع لَمّا قام. فَقام ثَلاثُون مِن النَّاس. وقال أَبُو نَعِيم: فقَام ناسٌ كَثيرٌ فَشَهدوا حِين أَخذَه صَلَّى الله عليه وآله بِيَدِه فقَال لِلنَّاس: أَتعلَمُون أَنِّي أَوْلى بِالمُؤمنين مِن أَنفسهم؟! قالوا: نَعَم يا رَسُول الله.

قـال: مَـن كُنـتُ مَـولاهُ فَهـذا مَـولاه، اللَّهُـمّ والِ مَـن وآلاه وعـادِ مَـن عـاداه. قـال: فَخَرجْـتُ وكأَنّ في نَفـسِي شَـيئًا، فلَقِيـتُ زَيـد بـن أَرْقـم فَقُلـتُ لَـه: إنِّي سَـمِعتُ عَلِيًّـا صَلـواتُ الله وسَـلامُه عليـه يَقـول كَـذا وكَـذا. قـال: فَـمَا تَنكُـر قـد سَـمِعتُ رَسُـولَ الله صَـلّى الله عليـه وآلـه يَقـول ذلـك لَـه!)[1].

عَمـد البَعـضُ مِـن كـبراء الصَّحابـة ومِمَّـن التَحـق بِحَجَّـة الـوداع ومِـن غَيرِهـم مِـن الـرُّواة ومِـن التَّابِعـين وتابِعـي التَّابعـين إلى إنْـكار مـا جَـرى عِنـد غَدِيـر خُـمّ، أَو أَنَّهـم اجتهـدوا في تَعويـم مَعنـى الوَلايَـة الصَّـادِر عـن الرَّسـول صَـلَّى الله عليـه وآلـه، أَو أَنّهـم اتَّخـذوا الكِتـمان والصَّمْـت طريقًـا لاسـتِرضاء رَهْـط الصَّحابـة الخَمسـة وأَتباعِهـم وحُلفائهـم أَو لِلخَشـيَة مِـن غِلظَتهـم ورُعونَتِهـم. حـدَث ذلـك قَبـل وبَعـد شَـهادَة الرّسُـول صَـلَّى الله عليـه وآلـه وسـار (اتِّجـاهُ أَهْـل العامَـة) عـلى ذلـك في القُـرون اللّاحِقَـة ومـا زال!

وإنَّ مَـن تَنـزَّل مِـن الـرُّواة في ذلـك، فقـد ذَهَـب إلى الاعـتراف بِصُـدور النَّـص المَنقـول ولكِنّـه أَخضَـع النَّـص لِلتَّشـطِيب أَو تَأويـل النَّـصّ إلى مَعـانِي بَديلـة باعِثَـة عـلى الشَّـك في الصّـدور، فِيـما راح الكَثِيرُ مِمَّـن صَحَـب حَجَّـة الـوداع ومِـن التَّابِعـين لهـم إلى تَعزِيـز العَصَبِيّـة الجاهليّـة القَبَليّـة والعَشـائرِيّة في مُقابِـل النَّـص اسـتِجابَةً منـه لِـضَرُورات الواقِـع المُسـتَجِد والاستِسْـلام لِقُـوى الضَّغـط الَّتـي يَقودهـا رَهْـطُ الصَّحابـة الخَمسَـةِ المُنقَلِبـين عـلى وَصِيَّـة الرَّسُـول الأكـرَم صَـلَّى الله عليـه وآلـه.

لقـد عَـمَّ حَديـثُ الغَدِيـر الآفـاقَ، ورُوِيَ عـن طَريـق أَغلـب الاتِّجاهـات الرِّوائيَّـة بِمُفـرداتٍ مُطابِقَـة أَو مُختلِفَـةٍ، وبِشُروحٍ ذات مَعـانِي صَحِيحَـة أَو دَلالات مُشـكِّكَة صارِفَـة عـن المعنـى الحَقِيقـي، ومِنهـا مـا جـاء بِشَيءٍ مِـن المُوارَبـةِ أَو التَّعرِيـض.

فعَـنْ طَرِيـق الأصُـول والمُدَوَّنـات المَشْـهُورَة لـدى (اتِّجـاه أَهْـل العامّـة)، كان منهـا

---

1 - مسند أحمد بن حنبل 370/ 4 (19321)

(مسْنَد أَحمد) و(فضائل الصَّحابَة) لِأَحمد بن حَنبَل، و(صَحِيح مُسْلِم) و(مسْنَد الطَّيالِسي) و(مسْنَد البَيهَقِي) و(تأرِيخ ابنِ كَثِير) و(شَواهِد التَّنزيل) لِلحسَكاني و(تأريخ اليَعقوبي) وابن هشام في (سِيرتِه)، و(الدَّلائل) للبَيهَقِي، و(المُعجَم الكَبِير) لِلطَّبَرانِي، و(المَجمَع) لِلهَيثمي، و(التَّقرِيب) لابن حَجَر، و(السُّنَن) لِلتِّرمِذي، و(المُستَدْرك) للحاكِم النِّيسابُوري، و(الخَصائص) لِلنَّسائي، و(قَطف الأزهار) لِلسِّيوطي، و(مسْنَد أَبِي يَعْلى)، و(زاد المعاد) لابنِ القَيِّم الجوزي، وغَيرها كَثير جدًا.

إنَّ دلائل المَنع مِن تَدوين الرِّوايَة ونَقلِها ثُمّ المُبادرة إلى جَمعها وإحراقِها كَثِيرةٌ، وقد شَملَت المَروِيَّات المُتعلِّقة بِفضائل ومَناقِب أَهْل البَيت صَلواتُ الله وسَلامُه عليهم ومَقامِهم ومَنزلَتِهم عند الله عَزَّ وَجلَّ وفي النَّاس خاصَّة، ومنها ما تَعلَّق بِوَلاية عَلِيّ أَمِير المؤمنين صَلوات الله وسَلامُه عليه، ومنها ما وَرَد في تَفاصِيل يَوم الغَدِير.

وفي ذلك، فَصَّلت مَصادِرُ (الشِّيعَة) و(اتِّجاه أَهْل العامَّة) حيث اعتاد بَعضُ الرُّواة على الامْتِناع عن ذِكر أَسْماء أَهْلِ البَيت صَلواتُ الله وسَلامُه عليهم الوارِدة في الرِّوايَات خَوف أَنْ يَستهدِفَهم النَّواصِب وخَشيَة مِمّا سَينالهم مِن عُقوبَةٍ مَفروضَةٍ مِن قِبل أَقطاب (صَحِيفَة مكّة الثَّانِيَة) وخُلفائهم وأَتْباعِهم.

وفي الرُّواة مَن رَوى ولكِنَّه حَذَف الأَسْماء مِن غير اضْطِرار منه وإنَّما لِحاجَةٍ في نَفسِه. ومِنهم مَن جرَّد نَصَّ غَدِير خُمّ مِن أَيِّ بُعدٍ مِثالِيٍّ أَو وَحْي بِآيات نَزلَت في حقِّ عَلِيٍّ أَمير المؤمنين صَلواتُ الله وسَلامُه عليه. ومِنهم مَن أَوردَ رِواياتٍ ثَلاث في مَقام إثْبات صُدور نَصّ الغَدِير في الإمام عَلِيٍّ صَلواتُ الله وسَلامُه عليه فجَعلَها طَرِيقًا إلى القَول بِأَنَّ عِلَّة صدور هذا النَّصّ إنَّما جاءت لِيُبَرِّئَ الرَّسُول صَلَّى الله عليه وآله بها ساحَة عَلِيّ أَمِير المؤمنين صَلوات الله وسَلامُه عليه مِمَّا أَنكره عليه بَعضُ الصَّحابة، ولِيُبَيِّنَ فَضلَه فَحَسْب، وليس

لِيُبيِّنَ وَصِيَّتَهً واجبةً في خِلافَتِهِ مِن بَعدِه بِوَحي نَزلَ عليه. وأَنَّ الرَّسُول صَلَّى الله عليه وآله لم يَشأ في مكَّة وأثناء أداء حجَّة الوداع إِعلان التَّبرِئة هذه ويُذَكّر فيها ما لِأَمِير المُؤمنين مِن فَضْل، فأَجَّلها إلى مُفترق الطُّرق عند الغَدِير!

يَقول نَصّ الرِّواية الأُولى: أَنَّ الرَّسُول صَلَّى الله عليه وآله أَرسَلَ خَالِد بن الوَلِيد إلى أَهْل اليَمن لِيَجمع مِنهم خُمْس الغَنائم، ثُمَّ أَتْبعه بِعَلِيٍّ صَلواتُ الله وسَلامُه عليه لِيَستلِمها مِنه ويَأتي بِها إلى المَدِينَة.

وكان مِن بَين الخُمْس وَصِيفَةٌ مَسبِيَّةٌ جميلةٌ أخذها عَلِيٌّ صَلوات الله وسَلامُه عليه. فَشَكا خالِدُ ذلك لِلنَّبِيّ صَلَّى الله عليه وآله بكتابٍ أوصلَه بُرَيدة بن الحصيب. فسأَلَه النَّبِيُّ صَلَّى الله عليه وآله: يا بُرَيدة، أَتُبغِضُ عَلِيًّا؟! فقال: نَعم. فقال النَّبِيُّ صَلَّى الله عليه وآله: لا تُبغِضه فإِنَّ لَه في الخُمْس أكثر مِن ذلك)[1].

ويَقول نَصُّ الرِّوايَة الثَّانِيَة: أَنَّ بَعضَ الصَّحابَة رَكِبوا إِبلَ الصَّدقة وأَراحوا إِبلَهم فذَمَّهُم أَمِيرُ المُؤمنين صَلواتُ الله وسَلامُه عليه ومَنَعها مِنهم. فأَوصَلَ شَكواهُم أَبُو سَعِيد الخُدرِي إلى النَّبِيّ صَلَّى الله عليه وآله، فأَقَرَّ الرَّسُول صَلَّى الله عليه وآله فِعْلَ أَمِير المؤمنين. فقال أَبُو سعيد (والله لا أَذكُره بِسُوءٍ أَبدًا سِرًّا ولا علانِيَة)[2].

ويقول نَصُّ الرِّوايَة الثَّالِثة: أَنَّ جُنودَ الجيش القادِم مِن اليَمن كَسَوا أَنفسَهم بِالحُلَلِ لِيَتجمَّلوا بِها قبل دُخولهم مَكَّة بِتَوجِيهِ مِمَّن استخلَفَه عَلِيٌّ أَمِير المؤمنين صَلواتُ الله وسلامه عليه على الجَيش، فَلَمّا شَهِد عَلِيٌّ صَلواتُ الله وسَلامُه عليه جَيشَه بِالحُلَلِ أَمَره بِنَزعها. فشَكوه لِلرَّسُول صَلَّى الله عليه وآله)[3].

1 - أنظر البخاري 65/ 8. أحمد في المسند 350/ 5

2 - أحمد في المسند 86/ 3. ابن كثير في البداية 120/ 5

3 - ابن هشام، السيرة 603/ 4. البداية والنهاية، ابن كثير 95/ 5

وعندما قرُب أوانُ حجّة الوداع قام رَسُول الله صَلَّى الله عليه وآله بِغَدير خُم خَطِيبًا لِيُعالِجَ في المُسلمين الشَّكاوَى الواردة في تِلك الرِّوايات الثَّلاث حصرًا، فقال (أَيُّها النَّاس، لا تَشكوا عَلِيًّا، فوالله إِنَّه لَأَخشَن في ذاتِ الله أو في سَبيل الله مِن أَنْ يُشتكى)[1]، (مَن كُنْتُ مَولاه فعَلِيٌّ مولاه)[2]، (أَلستُم تَعلمون.. أَلستُم تَشهدون أَنِّي أَوْلَى بِكُلِّ مُؤمنٍ مِن نَفسِه؟! قالوا :بَلى. قال: فمَنْ كُنْتُ مَولاه فإِنَّ عَلِيًّا مَولاه، اللَّهُمّ عادِ مَن عاداه ووَالِ مَنْ والاه)[3]، (يا أَيُّها النَّاس إِنَّه لم يُبعَث نَبيٌّ قط إِلّا عاش نِصفَ ما عاشَ الَّذي قَبلَه، وإِنِّي أُوشَك أَنْ أُدعى فأُجيب، وإِنِّي تاركٌ فيكم ما لَنْ تَضلّوا بعده كتاب الله. ثُمَّ قام وأَخذ بِيَد عَلِيّ صَلواتُ الله وسَلامُه عليه فقال: مَن كُنْتُ مَولاه فعَلِيٌّ مولاه)[4].

ونَقل الطَّبَري أَربعةَ أَجزاءٍ في نَصِّ الوَلايَة وفي طُرق حديث الغَدير بيوم خُمّ، حتَّى قال عنه الذَّهبي (رأيتُ شطرَه فبَهرَني سِعَةُ رِواياتِه، وجَزَمتُ بوقوع ذلك)[5]. وله في هذا الكِتاب أكثر مِن سَبعين طَرِيقًا في نَقل رِواية حديث الغدير[6]، وكذلك له كتاب فضائل عَلِيّ بن أَبي طالب فيه رِوايات كثيرة في حديث غدير خُم[7]. وفي ذلك اتُّهِم الطَّبَري بِتَشيُّعِهِ وبالرَّفْض.

يقول ابنُ حجر في الطَّبري (وإِنَّما نُبِذَ بِالتَّشيُّع لِأَنَّه صَحَّحَ حَدِيث غَدير خُمّ)[8]. بينما لا يُقِرّ الطَّبَري نَفسُه نُزول آيات إِكمال الدِّين وإِتْمام النِّعمة بِنَص

1- السيرة النبوية، ابن هشام 603/ 4. مسند الإمام أحمد 86/ 3

2- مسند احمد 419/ 5. فضائل الصحابة، أحمد بن حنبل 572/ 2. المعجم الكبير، الطبراني 174-173/ 4

3- أحمد، المسند 372/ 4. المعجم الكبير، الطبراني 202/ 5. الإمام أحمد، فضائل الصحابة 596-563/ 2. ابن ماجة، السنن 43/ 1. الحاكم،المستدرك 110/ 3. الترمذي، السنن 297/ 5. ابن حجر، المطالب العالية 60/ 4. ابن أبي عاصم، السنة 607-604/ 2. الدولابي، الكنى والأسماء 61/ 2. النسائي، الخصائص 72. ابن شيبة، المصنف -67/ 12 68. ابن كثير، البداية والنهاية 235/ 5

4-المعجم الكبير، الطبراني 172-171/ 5. البداية والنّهاية 514/ 5. قطف الأزهار، السيوطي 277

5- الذهبي، تذكرة الحفاظ 713/ 2

6- الغدير 153/ 1. الشيخ آغا بزرك الطهراني، الذريعة إلى تصانيف الشيعة 35/ 16

7- أنظر: الحموي، معجم الأدباء 80/ 18

8- لسان الميزان 100/ 5

الغَديـر. ثُـمَّ يَزيـدِ فِي فَضـل أَبِي بَكـر وعُمـر وعُثـمان عـلى عَـلِيٍّ صَلـواتُ الله وسَـلامُه عليـه فيُخـرج صِحَّـة خِلافَتهـم قَبْـل عَـلِيّ صَلـواتُ الله وسَـلامُه عليـه)[1].

إنَّ في الأُصُـول والمُدوِّنـات القَدِيمَـة ومِـن الباحِثِـين والدَّارسـين المُعاصِريـن مَـن اجتَهـد في تَحلِيـل إعـلان غَديـر خُـمّ وخَـرّج مـا لا حَقِيقـة لـه، كأَن يُـورِد الشَّـيخ سَلِيم البُشري في حِواره مع السَّيد عبد الحُسَين شَرف الدِّيـن مقالَتَه بِالقـول (حَمْلُ الصَّحابَـةِ عـلى الصِّحَـة يَسـتوجِبُ تَأوِيـل حديـث الغَديـر مُتواتـرًا أو غـير مُتواتـر. وقولـه (..قالـوا فلَعَـلَّ الحديـث مَـنْ كُنْـتُ نـاصِرَه، أَو صَديقَـه، أَو حَبِيبـه، فـإنَّ عليًّـا كذلـك. وهـذا المعنـى يُوافِـقُ كرامـة السَّـلَف الصَّالِـح وإمامـة الخُلفـاء)[2].

وفي المُقابـل يُـورِد السَّـيّد عبـد الحُسَـين شَرَف الدِّيـن (قُـدِّس سِرُّه) أَربعـينَ رِوايـةً صَحِيحـةً ومُتواتـرةً عـن رَسُـول الله صَـلَّى الله عليـه وآلـه فِي وَلايَـة عَـلِيٍّ أَمـير المُؤمنـين صَلـواتُ الله وسَـلامُه عليـه. وقـال: أَنَّـهُ اتَّفـق السُّـنَّةُ والشِّـيعةُ عـلى صِحَّـة حديـث الوَلايَـة وقَـول الرَّسُـول صَـلَّى الله عليـه وآلـه، مَـنْ كُنـتُ مـولاه فعَـلِيٌّ مَـولاه، لِأَنَّـه تَجـاوز حَـدَّ التَّواتـر بعـد أَنْ رَواه مائـةٌ وعـشرة مِـن الأصْحـاب، وأَربعـةٌ وثَمانـون مِـن التَّابِعِـين، وذكَـرَه الإمـام أَحمـد في مسْـنَده، والإِمـام النَّسـائِي في خصائصـه، والحاكِـم في مُسـتدْرَكِه، والـرَّازي في مَناقِبـه، وابـن الـبِرّ في اسـتِيعابِه، والعَسـقلاني في إصابَتِـهِ، كـما ذَكَـرَه التِّرمـذي وابـنُ جريـر والذَّهَبِـي وغيرُهـم)[3].

ويقـول ابـنُ تيمِيَّـة قَـولًا مُتهافِتًـا لا يُقِـرّه نَـصٌ قـرآنيٌّ ولا سُـنَّةٌ، وهـو أَقـربُ إِلى التَّحلِيـل الفَلسَـفِي المُوجَّـه المُجـرَّد مِـن الأَدِلَّـة أَو غيرهـا، فيَقُـول (لَيْـسَ في هـذا الحَدِيـث مـا يَـدلّ عـلى أَنَّـه نَـصٌّ عـلى خِلافَـةِ عَـلِيّ، إِذْ لَم يَـرِد بِـه الخِلافَـةَ أَصـلًا، وليـس في اللَّفـظ مـا يـدلّ عليـه، ولـو كان المُـرادُ بـه الخِلافَـةَ لَوَجـب أَنْ يُبلِّـغَ مثـل

1 - أُنظر: صريح السنة، الطبري 24

2 - المراجعات 215

3 - الصياغة المنطقية 290

هـذا الأَمْـر العَظيـم بِلاغًـا بَيِّنًـا)[1]. مِمَّـا يـدلُّ عـلى أَنَّـهُ لم يَـرِد الخِلافَـةَ. فـإنَّ كونَـه وليَّ كُلّ مُؤمِـنٍ وَصْـفٌ ثابـتٌ لـه في حَياة النَّبِـيّ صَـلَّى الله عليـه وآلـه لم يَتأَخَّـر حُكمُـهُ إلى المـوت، وأَمَّـا الخلافَـة فـلا يَصِـير خَلِيفَـةً إِلَّا بعـد المـوت، فعَلِـم أنَّ هـذا لَيْـس هـذا.

وإذا كان النَّبِـيُّ صَـلَّى الله عليـه وآلـه هـو أَوْلَى بِالمُؤمنـين مِـن أَنْفُسِـهم في حَياتِـهِ وبَعد مَماتِـه إلى يَـوم القيامـة، واسـتَخْلَفَ أَحـدًا عـلى بعـض الأُمُـور في حَياتِـه أو قـدر أَنَّـه استَخلَفَ أَحـدًا عـلى بعـض الأُمُـور في حَياتِـه أو قـدر أَنَّـه اسْـتَخلَف أَحـدًا بعـد مَوتِـهِ وصـار لـه خَلِيفَـةً بِنَـصٍّ أو إِجمـاعٍ؛ فهـو أَوْلى بِتلـك الخِلافَـة وبِـكُلّ المؤمنـين مِـن أَنْفُسِـهم، فـلا يَكـون قَـط غـيرُه أَوْلَى بِـكُلّ مُؤمِـنٍ مِـن نَفسِـهِ، ولا سِـيَّما في حَياتِـهِ.

وأَمَّـا كـون عَـلِيّ وغَـيرِهِ هـو مَـولى لِـكُلّ مُؤمِـنٍ فَهُـو وَصْـفٌ ثابـتٌ لِعَـلِيٍّ في حياة النَّبِـيّ صَـلَّى الله عليـه وآلـه وبَعـد مماتِـه وبَعـد مَمـاتِ عَـلِيّ، فعَـلِيٌّ اليـوم مَـولَى كُلِّ مُؤمِـنٍ وليـس اليـوم مُتولِّيًـا عـلى النَّـاس، وكذلـك سـائر المؤمنـين بَعضُهـم أَوليـاءُ بعـض أَحيـاءً وأَمواتًـا)[2].

يَضُـمّ هـذا النَّـص الـوارِد عـن ابـن تَيمِيَّـة نَفْيًـا صَريحًـا لِعِصمَـةِ النَّبِـيّ صَـلَّى الله عليـه وآلـه، واستِهانَةً بِأَهلِيَّتـه في التَّبلِيـغ، ونَفيًـا في إِمـكان تَعيـين الـوَصِي لِـكُلّ نَبِـيٍّ، عـلى خِـلاف مـا وَرَد في القـرآن مِـن نُصـوصٍ مُتعلِّقَـة. ثُـمَّ يَـرى ابـنُ تَيمِيَّـة أَنَّ ثَبـات حـقِّ عَـلِيّ أَمِير المؤمنـين صَلـواتُ الله وسَـلامُه عليـه بِوَصْفِـه خَليفـة بِنَـصٍّ عـن النَّبِـيّ صَـلَّى الله عليـه وآلـه يَمنـعُ إِمـكان ثَبـات وُقـوعِ هـذا الحـقِّ والوَلايَـة في غَـيره، ثُـمَّ يُثبِـت الوَلايَـة لِعَـلِيّ صَلـواتُ الله وسَـلامُه عليـه ويَمنـعُ عنـه الخلافَـة، فـما بـال الأَمْـر في المرحلـة الَّتـي وُلِيَّ فيهـا عَـلِيٌّ صَلـواتُ الله وسَـلامُه عليـه بعـد مَقتـل عُثـمان؟!

1 - ابن تيمية، منهاج السنة 85-84/ 4

2 - المصدر السّباق 325-322/ 7

فَإِنْ أَتَمَّ الرَّسُولُ صَلَّى الله عليه وآله تَبليغَ رسالته قُبيلَ رَحيلِهِ، وأَتَمَّ الله سُبحانه وتعالى نِعمتَه على المُسلمين بِوَلايَة الإمام عَلِيٍّ أَمِير المؤمنين صَلواتُ الله وسلامُه عليه؛ فإِنَّ الاعتِقاد بِهذه الوَلايَة وإِثْبات حاكِمِيّتها يُشكِّل المَسار الأَصَحّ لِحياة آمنة في المُسلِمين والأَمْثَل لِنظام دِينهم، بِدَلالَةِ الرِّوايات في ذلك وماجَرَيات الواقِع منذ يوم شَهادَةِ النَّبيّ صَلَّى الله عليه وآله حيث عَمَّ الفَسادُ البَيِّن في الرِّئاسة والسّلطان وعظم التَهافُت الكَبير في الإِمْرة بِلا (وَلايَةٍ) مَنصُوصَةٍ.

وعلى الرَّغم مِن قِيام دولٍ إِسْلامِيَّةٍ عُظمى أَورَثَت أَبْناء الملوك والأُمراء نِظام الحُكم، وجَعَلَت مِن نَفسِها بَدِيلًا عن (الوَلايَة) المَنصُوصَة؛ إِلَّا أَنَّها فقَدَت القدرة على إِحْياءِ قِيمة (العَدل) وإِفشائها في المُسلِمين. فَجَرَت سِيرتُها على صُنع المَزِيد مِن الطُّغْيانِ والبَطْشِ والفَسادِ والفَصْلِ الطَّائفي والقَومي مُنذ يوم الانْقِلاب على (الوَلايَة) إلى يومنا المُعاصر، وصارت قِيمةُ (العَدل) في نِظام الدَّولة المُسلِمَة شُذوذًا سِياسِيًّا يُهدِّد استِقرارَ (التَّاج) ويَستوجِب استِئصال شَأفَته، وتَوالَت الحُروب الدّاخِليّة في الدَّولة وصارَت ضَرُورَة لِتَعزيز سِيادَة الحاكِم على الطَّريقة (الهِرَقْلِيّة) فحَصَدت مِئات الأُلُوف مِن رُؤوس المُسلِمين ودَمَّرت حَياتَهم الاجْتِماعِيَّة ولَوَّثَت ثَقافَتَهم بِمَفاهِيم الكَراهِيّة والبَغْضاء والانْتِقام والطَّائفِيّة، فذَلَّت الإِسْلام وأَهلَه.

وكان رَأيُ الأَقطاب الخَمْسَة الَّذين عزموا على اغتِيال الرَّسُول صَلَّى الله عليه وآله ثُمَّ انقلَبوا عليه ومَنَعوا الوَلايَة عن أَمِير المؤمنين صَلواتُ الله وسَلامُه عليه هو انْتِزاع السِّيادَة أَوّلًا، فَسادَ هَوى الإِمْرة والرِّئاسة والسّلطان في النُّفوس وصار هو الغالِبُ والدَّافع في يَومِيّات كبراء الصَّحابة المُنقَلِبين وغَيرِهم ولم يَبرَح لُبَّ أَحَدٍ منهم!

فَفِي قَولِ عُمر لِعَلِيٍّ أَمِير المؤمنين صَلواتُ الله وسَلامُه عليه (أَما والله لَإِنْ

وُلِّيتهـم لَتَحمِلَنَّهـم عـلى النَّهـجِ الواضِـحِ والمَحَجَّـة البَيضـاء) اعـترافٌ صَريـحٌ بِحقِّ الإِمـام عَـلِيٍّ وأَهلِيتِـه وسَـلامَةِ نَهجِـهِ وتَمثُّـلُ القُـرآن والسُّـنَّة فِيـه لا فِي غَـيره.

فـإنْ كان الأَمـرُ كذلـك فقـد نُقِـض تَحلِيـلُ ابـن تَيمِيَّـة فِي أَفضَلِيَّـة غَـيرِ عَـلِيٍّ أَمِـير المُؤمنـين صلـواتُ الله وسـلامُه عليـه، وذلـك بِحُكـم ماجَرَيـاتِ الوَاقِـع إِنْ تَنزَّلنـا فيـه وقُلنـا بِاحتِـمال الإِقـرار بالمَعنـى الآخَـر لِلوَلايَـة غَـير الَّـذي أَعلَنَـه النَّبِـيُّ صَـلَّى الله عليـه وآلـه في عَـلِيٍّ أَمِـير المؤمنـين صَلـوات الله وسَـلامه عليـه بِيَـوم غَدِيـر خُـمّ.

لكِـنَّ هـذا القَـول في حـقِّ عَـلِيٍّ أَمِـير المُؤمنِـين قـد ورَدَ عـلى لِسـانِ عُمَـر في السَّـاعات الأَخِـيرة مِـن حَياتِـهِ وبَعدمـا فَعَـل فَعْلَتـه مِـن انْفـاذِ مُقـرَّرات (صَحِيفـة مكّـة الثَّانِيـة) ونَقـضِ بَيعـة الغَدِيـر والمُشـارَكة في عَمليّـات اغتيـال النَّبـيّ صَـلَّى الله عليـه وآلـه وإِحْـراق بَيـت ابْنَتِـه فاطِمَـة واقتِحامِـهِ وضَربِهـا وإِسـقاط جَنِينهـا وقَتلهـا، وبَعدمـا نـالَ مـا نـالَ مِـن طَعنـات أَبِي لُؤلـؤة رِضْـوان الله تَعـالى عليـه ودَنَـت مَنِيَّتُـه.

ومـع عِلْـم عُمـر بِحَـقّ عَـلِيّ أَمـير المؤمنـين صَلـواتُ الله وسَـلامُه عليـه، فإِنَّـه لَمْ يُمكِّنـه مِـن الخِلافَـة مِـن قَبْـل ومِـن بَعْـد، وعمـد إليـه فجَعلَـهُ في الشُّـورَى بِوَصْفِـهِ أَحَـد أَفـراد السِّـتَّة المُرَشَّـحِين لِلخِلافَـة الَّذيـن جَعلَهُـم في عرضِـه بِقِيـاسٍ باطِـل منـه وكُلُّهـم مِمَّـن نَصـب العَـداوة والبَغضـاء لِأَمِـير المُؤمنـين صَلـواتُ الله وسَـلامُه عليـه، ومِمَّـن شـارَك في إِنْفـاذ (صَحِيفَـة مكّـة الثَّانِيَـة)، ومِمّـن عَبَـث في مفهـوم الوَلايَـة ومعناهـا، ومِمّـن حَجـب الوَلايَـة عـن أَمـير المؤمنـين صَلـواتُ الله وسَـلامُه عليـه، ومِمّـن حـال دُون كِتابـة الرَّسُـول صَـلَّى الله عليـه وآلـه الكِتـاب المُنقِـذ مِـن الضَّـلال، ومِمَّـن تزعَّـم الانْقـلاب عـلى الأَعقـاب ونَبَـذ الوَصِيّـة في الوَلايَـة ونَقـض بَيعـةَ الغَدِيـر وحَـرّض النَّـاس عـلى فِعـل ذلـك وأَكـرَه غَـيره مِـن كُـبراء الصَّحابـة عـلى بَيعـة أَبي بكـر.

كُلُّ ذلـك يُؤكِّـد عـلى أَنَّ دَعـوة عُمَـر لانعقـاد هـذا اللَّـون المُسَيَّس مِن الشُّـورى قَبل

مماتِـهِ مـا كانَـت إلّا حِرصًـا منـه عـلى لـزُوم اقتِفـاء أثَـر عهـد (صَحِيفَـةِ مكّـة الثَّانِيَـة) واستِكمال مـا بَـدأه في سِـيرَتِه مَـع أَبِي بَكـر مِـن إصرارٍ عـلى إثـارة العَصَبيَّـة القَبَلِيَّـة والعَشـائريَة والتَّحذيـر بالقَـول أنَّ عَلِيًّـا أمـير المُؤمنـين صَلـواتُ الله وسَـلامُه عليـه (لَـو وُلِّيَ عَـلى الخِلافَـة لَبَقِيَـت في بَنِـي هاشِـم فَـلا يَنالها حَـيٌّ مِـن أحيـاء قُريـش)!

إنَّ مَواقِـف عُمـر كلّهـا تَجسـيدٌ لِأحـكام (مَذْهَـب الـرَّأي) واقتفـاءٌ مِنـه لِسُـنَّة سـابِقِهِ أَبِي بَكـر الَّـذي اعـتَرف في أَواخِـر عُمُـره بِـما اقـترَف مِـن ظُلْـم في حَـقِّ عَـلِيٍّ أمـير المؤمنـين وزَوجِـهِ فاطِمـة صَلـواتُ الله وسَـلامُه عليهـما ولكِنَّـه جَحـدَ أيضًـا مِثلَـما جَحَـد عُمَـر ولم يُصلِـح المَوقِـف عندمـا مـرض وحَضرتـهُ الوَفـاة، وإنَّـما بـادَر إلى جَعْـل الخِلافَـة لِعُمـر مِـن بَعـدِه بِوَصِيَّـة مِنـه أو أنَّـه قُتِـل عـلى يَـدي عُثـمان الَّـذي اختَـلى بـه في مَرَضِـهِ الأخـير وخَـرج مِـن بَيتِـه بِوَصيّـةٍ مَختُومـةٍ مِـن غَـير شُـهود بتَعيِـين عُمَـر، فقَطَـع عُثـمان بذلـك الطَّريـق عـلى أبي بَكـر مِـن تَعـين أبي عُبَيـدة بـن الجَـرّاح خَليفَـةً لِلمُسـلِمين استِجابَةً لِمشـورةٍ قدَّمهـا لـه بَعـضُ الصَّحابَـة المُقرَّبـين منـه في إثْـر إقـرار أبي بَكـر لهـم بِعَـدم تَوافـر المُؤهّـلات اللّازمـة في عُمَـر ولِسُـخط الصَّحابَـة عَليـه ولِما أبـدُوه مِـن مَخـاوف مِمّـا ستؤول إليـه الأُمُـور إنْ تَـولّى عُمَـر أُمـور المُسـلِمين!

ليْـس مِـن شَـكٍّ في أنَّ كُلّ مُؤهَّـلات الإمامَـةِ اجتَمَعـت في عَـلِيٍّ أمـير المُؤمنـين صَلـواتُ الله وسَـلامُه عليـه، وحـازَ مِـن قَبْـل ذلـك عـلى مـا هُـو أعظـم مِـن شَـأن) الخِلافَـة(القائمـة الَّتـي وَصَفهـا بِـ(عَفطَـةِ عَنْـز)، وانفـردَ بِالنَّـصِّ المُقـدَّسِ في الإمامَـة ووَحْيهـا، وهـو أقـربُ النَّـاس إلى النَّبـيّ صَـلَّى الله عليـه وآلـه رُحمًـا، وأوَّل مَـن أسْـلم، وأوَّلُ مَـن فَـداه بِنَفسـه في يَـومٍ تآمَـرت قُريـش والمُنافِقُـون عَليـه، وهـو خَليفتُـه بِمَكَّـة عـلى أهلِـه يَـوم هاجَـر، وقـاضِي دَينـه، وهـو حامِـلُ لِوائـه في جَميـع غَزواتِـهِ، وآخـاه الرَّسُـول صَـلَّى الله عليـه وآلـه يَـوم آخـى بَـين الصَّحابـة، وهـو فاتِـحُ خَيـبر وقاتِـل مَرحَـب، وهـو الَّـذي دَفـع أذى عَـشرة آلاف فـارسٍ مِـن المُشركـين في يَـوم الخَنْـدَق لِقَتلِـه عَمْـرو بـن عبـد وِدّ، وهـو الوَحِيـد بَـين الصَّحابـة الَّـذي قـال فِيـه النَّبـيّ صَـلَّى

الله عليـه وآلـه في ذلـك اليـوم (بَـرزَ الإيـمانُ كلُّـه إلى الـشِّركِ كُلِّـه)[1].

وفَـوق كُلِّ ذلـك، هُـو نَفسُ النَّبـيِّ صَـلَّى الله عليـه وآلـه وأَحـدُ الأَنـوار الَّتـي خُلِقَـت مـع نَبيِّنـا صَـلَّى الله عليـه وآلـه قبـل خَلْـقِ الخَلْـقِ وخُلِـقَ الكَـونُ لِأَجلِهـم. وهـو أَحـدُ أَصْحـابِ الكِسـاء الخَمْسَـة صَلـواتُ الله وسَـلامُه عليهـم الَّذيـن أَذهَـبَ الله عَنهُـم الرِّجْـسَ وطَهَّرَهـم تَطهِـيرًا، وأَوَّلُ الخُلَفـاء الاثْنَـي عـشر الَّذيـن صَرَّح بِهـم الرَّسُـول صَـلَّى الله عليـه وآلـه وصاحِـبُ المَناقِـب والفَضائـل الكُـبرى الَّتـي لا تُحـصى ولا تُعَـدّ وتَمَنَّـى كُلُّ صَحـابِيٍّ أَنْ تَكـون لـه واحـدةٌ منهـا.

اجتَمعَـت كُلُّ المُؤهَّـلات في عَـلِيٍّ أَمِـير المؤمنـين صَلـواتُ الله وسَـلامُه عليـه بِوَصْفِـهِ إِمامًـا لِلمُسـلِمِين ومُقاتِـلًا عـلى التَّأوِيـل مِـن بَعـدِ شَـهادة الرَّسـول صَـلَّى الله عليـه وآلـه الَّـذي قاتَـل عـلى التَّنزِيـل. وقـد عَلِـم المُسـلِمون هـذه التَّفاصِيـل في إِمامـة عَـلِيٍّ أَمِـير المؤمنـين صَلـواتُ الله وسَـلامُه عليـه وصَدَّقـوا بَيعـةَ الغَدِيـر مِـن غَـير تَـردّد، وبايَعـوا ولم تكـن البَيعَـةُ مِـن أَمْـرِهِ صَلـواتُ الله وسَـلامُه عليـه سِرًا مَخفِيًّـا وقَـد ضَمنـوا بِهـذه البَيعَـةِ مـا يَطمْئنـون إِليـه مِـن مَستقبَل دِينهـم إِنْ قَضـت الأَقـدار بِرَحِيـل نَبِيّهـم صَـلَّى الله عليـه وآلـه. لكِنَّـه أُقـصِيَ عـن وَلايَتِـهِ وسَـكتوا عـلى ذلـك إِلَّا القَليـل مِمّـن وَفى لِرِعايَـة الحَـقّ.

فـالي أَيْـنَ سـار مُجتمعـا المَدِينَـةِ ومَكَّـة، وعَـلى أَيِّ اتِّجـاهٍ أَو دِيـنٍ اجتَمـعَ المُسـلِمُون في بـلاد الإِسْـلام كافَّـة مِـن بَعدِهمـا؟!

تَحصِيلُ الإِجْماعِ لِنَقْضِ الوَلايَة

منـذُ جَـرى التَّحـوّل المُعاكِـس الخَطِـير النَّاقِـض لِبَيعـة الغَدِيـر والمُخالِـف لِلوَصِيَّـةِ النَّبوِيَّـةِ في الإِمامَـةِ مِـن بَعـده بِزَعامَـةِ أَقْطـاب (صَحِيفَـة مكّـة الثَّانِيَـة) ـ لم يَعـرف

---

1 - تأريخ الفرق الإسلامية 30

المُسلِمُون دِينًا ثابت العَقيدة لا عِوَج فيه ولا نِظامًا اجْتِماعيًّا وسِياسِيًّا مُستقرًّا ولا ثَقافةً أَصيلةً حتَّى يومَنا المعاصر الَّذي نَعِيش، فحُمِّل أقطابُ الصَّحِيفة أَوزارَ ذلك إلى يَوم القِيامَة.

لم يَكُن الانْقلابُ على الأَعْقاب ناشِئًا عن ظُرُوفِ اللَّحظَة الرَّاهِنَة والطَّارِئة إذْ شَهِدَ المُسلِمون فِيها رَحِيلَ نَبِيِّهم صَلَّى الله عليه وآله فُجأةً وبِلا سابِق وَصِيَّة مِنه، وقَد قَصَّر صلَّى الله عليه وآله في ذلك عندما أَهمَلَ كِتابَةَ الوَصِيَّة وتَخَلَّف عن واجِبها وسَوَّفَ أَمْرَ (الخِلافَةِ) أو خَشِيَ مِن عَواقِبِ إِبْلاغ المُسلِمين أَحْكام الخِلافَةِ ونِظامِها وكَيفِيَّة تَعيين أو اختيار أَوَّل خَلِيفَة مِن بَعده. فأَدخل المُسلِمين في حِيرَةٍ مِن أَمرِهم حتَّى بَاتوا يَطلبون الوَلايَة الشَّرعِيّة فَلا يَجِدون الدَّلِيل، أو عَجزوا عن مُعالَجَة الموقِفِ بإِجماعٍ مُنقِذٍ مِن الضَّلال فَتداعوا إلى البَدِيلِ الَّذي قَضى في المقدِّمة العمل على دَرءِ الفِتْنَةِ فاخْتَلقوه وزَوَّرُوه، ثُمّ جَرى التَّصافُقِ المُفاجِئ بَين يدي أَبِي بَكر وعُمر الصَحابِيَّين الحَرِيصَين على سَلامَة دِينِ المُسلِمين وأَمْنِ وُجودِهم في دُنْياهُم فصارا هُما المُنقِذَين العَظِيمَين في إِثْر اجْتِماعِ صاحِبِ بَينهما والأَنصار تَحتَ ظِلال سَقِيفَة بَنِي ساعِدَة حيث لم يَكَد يُثْمِر عنه شَيء لَولاهُما.. هكَذا قِيل، وصار كُبراءُ الصَّحابة في المُسلِمين في إِثْر ذلك يَجِدُّون في الاجْتِهاد بِرأيِهم في شأني تَعيِين خَليفَتِهم وتَنصِيبه كلَّما أَفَل نَجمُ أَحدِهم فَهلك!

إنَّ التَّفاصِيل المُتعلِّقة بِمَرض الرَّسُول صَلَّى الله عليه وآله والحَوادِث الواقِعَة مِن بَعد شَهادَتِه كَشَفَا عن حُصولِ فَوضَى مُدبَّرة بِلَيلٍ لِحَسم أَمْر (الخِلافَة) على طَرِيق استِكمال مَرحَلةٍ سبَقت الانْقلابَ الظَّاهِر ولم يَكُن الأَمرُ وَلِيد لحظَتِه.

ويُراد بِإشاعة الفَوضى تِلك تَقريرَ مَصِير الإمامَة على خِلاف ما أَرادَه الرَّسُول صَلَّى الله عليه وآله مِن بَعدِه حيث لَم يَمُت الرَّسُول صَلَّى الله عليه وآله في هذه المَرحلة حَتْفَ أَنفِه، كما أنَّ اختيار أَبِي بَكر خَليفةً لِلمُسلمين لم يكن حادِثًا

عَرَضيًّا صنَعته ضَرُوراتُ اللَّحظةِ الرَّاهِنةِ وحُدُودُها الزَّمَنيَّة الضَّيِّقة وحَوادِثُها المُضطَرِبَة والمُفاجِئة!

وأمَّا ما وُصِف بِالتَّنازع عِندَه صَلَّى الله عليه وآله فِي حال مَرضِهِ فهُو مَظهرٌ مِن مَظاهر المَرحَلة الحَرِجة الَّتي مَرَّ بها التَّدبير الانْقلابِي وشاء الله تَعالى أنْ يَمدَّ فِيما عزِم المُنقلِبُون على تَنفيذِه وما هُم مُقدِمون عليه، وأنَّ الرَّسُول صَلَّى الله عليه وآله والإمام عَلِيّ أَمِير المُؤمِنين صَلواتُ الله عليه يَعلَمان بِالمُخطَّط المُدَبَّر الَّذي سيَقدِم عليه الصَّحابة المُنقَلِبون وقَد أُخْبِرا وَحيانِيًّا بِتَفاصِيل ما سيَجري عَليهِما وعلى أَهْلِ بَيتِهما صَلواتُ الله وسَلامُه عليهم، وأُعلِما بِما يَتوجَّب عَليهِما اتِّخاذه مِن مَوقِف عُمدَته الصَّبْر حتَّى يَحكُمَ الله وهُو خَيرُ الحاكِمِين.

فإنْ غَلب أُولُو الانْقلاب على الأَعْقاب ونَجَحوا في اغْتِيال الرَّسُول صَلَّى الله عليه وآله واستَولوا على الوَلايَة؛ فَلَيسَ ذلك نِهاية كُلِّ شَيء ولَنْ يَضرّ شَيئًا وسَيَجزِي اللهُ الشَّاكِرين.

وَصَف داهِيَةُ الرُّواة ابن عبَّاس ـ وهو أَحدُ مُستَشارِي عُمَر في فَترةِ خِلافَتِه ـ هذا التَّنازُع بِـ(الرَّزِيَّة). فِفِيما رَواه مُحمَّد بن إِسماعِيل البُخارِي بِإسنادِه عن عبد الله بن عبَّاس، قال: لمَّا اشْتَدَّ بِالنَّبِيِّ صَلَّى الله عليه وآله مَرضُهُ الَّذي مات فيه قال ائتُوني بِدَواةٍ وقِرطاسٍ أَكتُبُ لكم كِتابًا لا تَضِلّوا بَعدِي. فقال عُمر: إنَّ رَسول الله قد غَلبَه الوَجَع، حَسبُنا كِتاب الله. وكَثُر اللَّغطُ، فقال النَّبِيُّ صَلَّى الله عليه وآله قُومُوا عنِّي، لا يَنبغِي عِندي التَّنازُع. قال ابنُ عبَّاس «الرَّزِيَّةُ كُلُّ الرَّزِيَّة ما حال بَيننا وبَين كِتاب رَسُول الله»[1].

وعن جابِر بن عبد الله الأَنْصارِي قال: إنَّ النَّبِيّ صَلَّى الله عليه وآله دَعا عند

---

1 - الملل والنّحل 29

مَوتِـهِ بِصَحِيفَـةٍ لِيَكتُـبَ فِيهـا كِتابًـا لـن يَضِلُّـوا بَعـده، فخالَـفَ عُمـر حتَّـى رَفَضَهـا)[1].

بُهِـتَ كُـبراءُ الصَّحابَـة بِـما أَصـدَر الرَّسُـول صَـلَّى الله عليـه وآلـه فِي مَرِضِـهِ مِـن أَمْـرٍ عاجِـلٍ بِتَجهِيـز جَيـشِ أُسـامَة وإِلـزام الجَمِيـع كُلّهـم بِالانْظِـام إلى جَيـش أُسـامَة، وقـال جَهِّـزوا جَيـشَ أُسـامَة لَعَـن الله مَـن تَخلَّـف عنـه.. فقَـال قَـومٌ يَجِـب علينـا الامتِثـال لِأَمـر النَّبِـيّ صَـلَّى الله عليـه وآلـه وقـد بَـرز أُسـامةُ مِـن المَدِينـة. وقـال قَـومٌ لقـد اشْـتَدّ مَـرضُ النَّبِـيّ صَـلَّى الله عليـه وآلـه فـلا تَسـعُ قُلوبُنـا لِمُفارقَتِـه والحـال هـذه، فنَصْـبر حتَّـى نُبـصِر أيَّ شَيء يَكـون مِـن أمـره!

فتَخلَّـف الكُـبراءُ مِـن الصَّحابَـة عـن جَيـش أُسـامَة مِـن دُون مُبـالاةٍ لِعاقِبَـة مـا صَـدر عـن النَّبِـيّ صَـلَّى الله عليـه وآلـه مِـن اللَّعـن فِي حَـقِّ المُتخلِّفِـين عـن جَيـش أُسـامَة لِثَـلاث مَـرَّات مُتعاقِبَـة، ومِنهـم أبـو بَكـر وعُمـر وآخَـرون!

ويُعظِّـمُ الشَّهرِسْـتانِي صاحِـب النِّحَـل والمِلَـل مِـن شَـأن خُطـورة الانْقِـلاب عـلى الأَعْقـاب، لكِنَّـه لا يَشـذّ عـن المُهوِّنِـين والواصِفِـين لـه بِـ(الخِـلاف) النَّاجِـم عـن (الجَـبْر) عـلى الرَّغـم مِـن صُـدور القَـول الصَّريـح عـن أَبِي بَكـر نَفسـه وعـن عُمـر مِـن بَعـدِه بِـأَنَّ البَيعـةَ لِلخِلافَـة مِـن بَعـد النَّبِـيّ صَـلَّى الله عليـه وآلـه مـا كانَـت إِلَّا فَلْتَـة، وكان الفَـرقُ بَـين أَبِي بَكـر وعُمـر فِي إِثْـر قَولهـا هـذا أَنَّ عُمـر حَـذَّر مَـنْ يَـأْتِي بِمِثْـلِ هـذه الفَلْتَـة بِالقَتْـل بَعـد أَنْ كان هُـو نَفسـه مَـن ابتَدعَهـا وأَبـو بَكـر واشْـتَركا مَعًـا فِي ارتِكابِهـا!

فيَقـول الشَّهرِسْتانِي (أَعظَـمُ خِـلاف بَـين الأُمَّـة خِـلافُ الإمامَـة إِذْ مـا سُـلَّ سَـيفٌ فِي الإِسْـلام عـلى قاعِـدَةٍ دِينِيَّـةٍ مِثْـل مـا سُـلَّ عـلى الإمامَـة فِي كُلِّ زَمـان، وقـد سَـهَّل الله تَعـالى ذلـك فِي الصَّـدر الأَوَّل. فاختَلَـفَ المُهاجِـرون والأَنصـار فِيهـا، وقالَـت الأَنصـارُ مِنَّـا أَمِـير ومِنكُـم أَمِـير، واتَّفقـوا عـلى رَئِيسِـهم سَـعد بـن عبـادة الأَنصـارِي.

1- مسند أحمد 346/3

فاستَدرَكه أَبُو بَكر وعُمر في الحال بِأَنْ حَضَرا سَقِيفَةَ بَنِي ساعِدة. وقال عُمر أُزوِّر في نَفسِي كَلامًا في الطَّريق، فَلَمّا وَصلنا إلى السَّقِيفَة أَردتُ أَنْ أَتكلَّمَ فَقال أَبُو بكر مَهْ يا عُمر، فحَمَد الله وأَثْنى عليه وذَكَر ما كُنْتُ أُقدِّره فِي نَفسِي كَأَنَّه يُخبر عن غَيب. فقَبْل أَنْ يشغل الأَنصار بالكلام مَددتُ يَدَيَّ إليه فبَايعته وبايَعه النَّاسُ وسكَنَت الثَّائرة، إلَّا أَنَّ بَيعة أَبِي بكر كانَتْ فَلْتَه وَقى اللهُ شَرّها، فمَن عاد إلى مِثلها فاقْتُلوه.. ثُمَّ لَمّا عاد إلى المَسجِد انْثال النَّاسُ عليه وبايَعوه عن رَغْبَةٍ، سُوى جَمْعَةٌ مِن بَنِي هاشِم وأَبِي سُفيان مِن بَنِي أُمَيّة، وأَمِير المُؤمِنين عَلِيّ صَلواتُ الله وسَلامُه عليه كان مَشغولًا بِما أَمرَ النَّبِيُّ صَلَّى الله عليه وآله مِن تَجهِيزه ودَفنِه ومُلازَمةِ قَبره، مِن غَير مُنازَعة ولا مُدافعة)[1].

ظَلَّت الثَّقافَةُ الجاهِلِيَّةُ والقَبلِيَّةُ والعَصبيَّةُ والعشائرِيَّة في مُجتَمَعي مَكَّة والمَدِينة بِما ساوَرها مِن شِركٍ وكُفرٍ وفسقٍ ونِفاق حاضِرَةً بِكُلِّ تَفاصِيلها، وصار لِلخَليفةِ في مَنصِبه الجَديد حاكِميَّةٌ مُطلقةٌ بِـ(مَذْهَبِ الرَّأي)، ولا مِن حاجَةٍ ضَرُورِيّة لِلثَّقَلَين في تَحدِيد هُويَّة نِظامِه السِّياسي إلّا بِما يَتوافَق مع ما يَراه رأيُه صالِحًا لِسَدّ ما كان يُعانِيه مِن عُقْدَة نَقصٍ في نَفسِهِ وفي قَبيلته وعَشيرتِه وبَين أَتْباعه وحُلفائه ويُمَهِّد له الطَّريق في تَعيين مَن يَخْلِفه.

يَكْشِفُ أَمِيرُ المُؤمنين صَلواتُ الله وسَلامُه عليه في خُطبةٍ له حَجْم الانْحراف الكَبير في الخِلافَة والفِتن النَّاجِمة عن الانِقلاب على الأَعقاب، وطبيعة الخَراب الَّذي حَلَّ في الدِّين والنِّظام وبالأَمْن الاجْتِماعِي لِلنَّاس على عَهد الثَّلاثَة أَبِي بكر وعُمر وعُثمان حيث يَشكُو صَلواتُ الله وسَلامُه عليه ما لَقِيَته الأُمَّةُ مِن فُرقَةٍ ومِن امتِثالها لِكُبراء الصَّحابة الانْقلابِيِّين الَّذين وَصَفَهم بِـ(أَئمَّة الضَّلالَة) و(الدُّعاة إلى النَّار)، فيَقول (أَلا إِنَّ أَخْوَف ما أَخاف عَليكم خِصلَتان: اتِّباع الهَوى وطُول الأَمل. أَمّا اتِّباع الهَوى فيَصدّ عن الحقّ، وأَمّا طُول الأَمَل

1 - المِلَل والنِّحَل 23

فيُنسِي الآخِرَة. أَلا إِنَّ الدُّنيا قد تَرحَّلَت مُدبِرة، وأَنَّ الآخِرَة قد تَرحَّلَت مُقبِلة، ولهما بَنُون، فكونوا مِن أَبناء الآخِرَة ولا تكونوا مِن أَبناء الدُّنْيا، فإِنَّ اليوم عَمَلٌ ولا حِساب، وأَنَّ غدًا حسابٌ ولا عمل، وإِنَّما بدء وُقوع الفِتن مِن أَهواءٍ تُتَّبع وأَحكامٍ تُبتَدع، يُخالَف فيها حُكمَ الله ويَتولَّى فيها رجالٌ رجالًا. أَلا إِنَّ الحقَّ لو خلص لم يكن اختِلاف، ولو أَنَّ الباطل خلص لم يخف على ذِي حِجى، لكِنَّه يُؤخذ مِن هذا ضِغث ومِن هذا ضِغْث فيُمزجان فيُجلَّلان معًا، فهنالِك يَستولِي الشَّيطانُ على أَولِيائه، ونَجا الَّذين سَبقت لَهُم مِن الله الحُسنى. إِنِّي سمِعتُ رسولَ الله صَلَّى الله عليه وآله يَقول: كيف أَنْتُم إِذا لَبِستُم فِتنةً يَربو فيها الصَّغِير ويَهرَم فيها الكَبِير، يَجري النَّاسُ عليها ويَتَّخِذونها سُنَّةً فإِذا غُيِّر منها شَيءٌ، قِيل: قد غُيِّرت السُّنّة وقد أَتى النَّاسُ منكرًا ثُمَّ تَشتدّ البَلِيَّةُ وتُسبَى الذّرية وتدقّهم الفِتنة كما تَدقُّ النَّارُ الحطبَ، وكما تَدُقُّ الرَّحى بثِقالها، ويَتفقَّهون لِغَير الله ويَتعلمون لِغَير العمل ويَطلُبون الدُّنيا بِأَعمال الآخرة.

ثُمَّ أَقبل (عَلِيٌّ أَمير المؤمِنين صَلواتُ الله وسَلامُه عليه) بِوجهِهِ وحَوله ناسٌ مِن أَهْلِ بَيتِهِ وخاصَّتِه وشِيعَتِهِ فقال: قد عَمِلَت الوُلاةُ قَبلِي أَعمالًا خالَفُوا فيها رَسُول الله صَلَّى الله عليه وآله مُتَعمِّدين لِخلافِهِ، ناقِضين لِعَهدِه مُغيِّرين لِسُنَّتِه. ولو حَمَلتُ النَّاس على تَركِها وحوَّلتها إِلى مواضعها وإِلى ما كانت في عَهدِ رَسُول الله صَلَّى الله عليه وآله لِتَفرَّقَ عَنِّي جُندِي حتَّى أَبْقَى وَحدِي أَو قَليلٌ مِن شِيعَتِي الّذين عَرَفوا فَضْلِي وفَرْضَ إِمامَتِي مِن كتاب الله عَزَّ وجَلَّ وسُنَّة رَسُول الله صَلَّى الله عليه وآله. أَرأَيتُم لو أَمرتُ بِمَقام إِبراهيم عليه السَّلام فَرَدَدتُه إِلى المَوضع الّذي وَضَعه فِيه رَسُول الله صَلَّى الله عليه وآله، ورَدَدتُ فَدك إِلى وَرَثَةِ فاطِمة عليها السَّلام، ورَدَدتُ صاع رَسُول صَلَّى الله عليه وآله كما كان، وأَمضيتُ قطائع أَقطعَها رَسُول الله صَلَّى الله عليه وآله لِأَقوامٍ لم تَمضِ لَهم ولم تنفذ، ورَددتُ دار جَعفر إِلى ورَثتِه وهدمتها مِن المَسجد، ورَددتُ قضايا مِن الجَور قُضِي بها، ونَزعتُ نِساءً تَحت رِجالٍ بِغَير حَقّ فَردَدتهُن إِلى أَزواجِهن

واستقبلتُ بِهِنّ الحكمَ في الفُروج والأَرْحام، وسَبيتُ ذَرارِي بَنِي تَغلِب، ورَددتُ ما قسم مِن أَرض خيبر، ومَحوتُ دَواوِين العطايا، وأَعطيتُ كما كان رَسُول الله صَلَّى الله عليه وآله يَعطِي بِالسَّوِيَّة ولم أَجعلها دُولةً بين الأغنياء وأَلقيتُ المساحة، وسَوَّيتُ بين المَناكح، وأَنفذتُ خُمس الرَّسُول كما أَنزل الله عَزَّ وجَلَّ وفرضه، ورَددتُ مَسجِد رَسول الله صَلَّى الله عليه وآله إلى ما كان عليه، وسَددتُ ما فَتح فيه مِن الأَبواب، وفَتحتُ ما سُدَّ منه، وحَرَّمْت المَسحَ على الخِفَّين، وحَددَتُ على النَّبِيذ، وأَمرتُ بِإحلال المتعَتَين، وأَمرتُ بِالتَّكبِير على الجَنائز خَمس تَكبِيرات، وأَلزَمْتُ النَّاس الجَهر بِبسم الله الرَّحمن الرَّحيم، وأَخرَجتُ مَن أُدخِل مع رَسُول الله صَلَّى الله عليه وآله فِي مَسجِده مِمَّن كان رَسُول الله صَلَّى الله عليه وآله أَخرَجه، وأَدخلتُ مَن أُخرِج بَعد رَسُول الله صَلّى الله عليه وآله مِمَّن كان رَسُول الله صَلَّى الله عليه وآله أَدخله، وحملتُ النَّاس على حُكم القُرآن، وعلى الطَّلاق على السُّنّة، وأَخذتُ الصَّدقات على أَصنافِها وحُدودها، ورَددتُ الوُضوءَ والغُسلَ والصَّلاة إلى مَواقيتها وشَرائعها ومَواضِعها، ورَددتُ أَهلَ نَجران إلى مَواضِعهم، ورددتُ سَبايا فارِس وسائر الأُمَم إلى كِتاب الله وسُنَّة نَبيهِ صَلَّى الله عليه وآله. إذاً لَتفرَّقوا عَنِّي. والله لقد أَمَرتُ النَّاس أَنْ لا يَجتَمِعوا في شَهر رَمضان إلَّا فَرِيضَة، وأَعلمتهم أَنَّ اجتِماعهم في النَّوافِل بِدْعة، فتَنادى بَعضُ أَهْل عَسكَرِي مِمَّن يُقاتل مِعي: يا أَهْل الإِسلام غُيِّرت سُنَّةُ عُمر، يَنهانا عن الصَّلاة في شَهر رَمضان تَطوُّعًا، ولقد خِفتُ أَنْ يَثوروا في ناحِية جانِب عَسكَرِي ما لَقِيتُ مِن هذه الأمّة مِن الفُرْقَة وطاعة أَئمّة الضَّلالَة والدُّعاة إلى النَّار. وأَعطيتُ مِن ذلك سَهم ذِي القُربى الّذي قال الله عَزَّ وَجلَّ [إِن كُنتُمْ آمَنتُم بِاللَّهِ وَمَا أَنزَلْنَا عَلَىٰ عَبْدِنَا يَوْمَ الْفُرْقَانِ يَوْمَ الْتَقَى الْجَمْعَانِ] فنَحن والله عَنِى بِذِي القُربى الّذي قَرنَنَا الله بِنَفسه وبِرَسوله صَلَّى الله عليه وآله فقال تَعالى [لله خُمُسَهُ وَلِلرَّسُولِ وَلِذِي الْقُرْبَىٰ وَالْيَتَامَىٰ وَالْمَسَاكِينِ وَابْنِ السَّبِيلِ] فينا خاصَّة [كَيْ لَا يَكُونَ دُولَةً بَيْنَ الْأَغْنِيَاءِ مِنكُمْ، وَمَا آتَاكُمُ الرَّسُولُ فَخُذُوهُ وَمَا

نَهَاكُـمْ عَنْـهُ فَانتَهُـوا] فيظلـم آل مُحمَّـد [إِنَّ اللَّهَ شَـدِيدُ الْعِقَـابِ] لِمَـن ظلمهـم رَحمـةً منـه لَنـا وغِنـى أَغنانـا الله بِـه ووَصّى بِـه نَبِيّـه صَلّى الله عليـه وآلـه ولم يَجعـل لَنـا في سَـهم الصَّدقـة نَصِيبًـا أكـرم الله رَسُـوله صَـلَّى الله عليـه وآلـه وأكرَمَنـا أَهْـل البَيـت أَنْ يُطعِمَنـا مِـن أَوسـاخ النَّـاس، فكَذَّبـوا الله وكَذَّبـوا رَسـولَه وجَحـدوا كِتـابَ الله النَّاطِق بِحَقِّنـا ومَنعونـا فَرضًـا فَرَضَـهُ الله لنـا، مـا لَقِـي أَهْـلُ بَيـت نَبِـيٍّ مِـن أُمَّتِـه مـا لَقِينـا بَعـد نَبِيِّنـا صَـلَّى الله عليـه وآلـه والله المُسـتعان عـلى مَـن ظَلَمَنـا ولا حَـول ولا قُـوة إلّا بِـالله العَـلِيّ العظيـم)[1].

1 - الكافي 58/ 8

الفَصلُ الثّالِث

رَزيَّةُ الفَيْءِ إلى الأَعْقاب

صَدُّ الرِّوايَة واحتِكارُ حَصادِها

بَرز أَوَّلُ تَكتُّلٍ لِلصَّحابَة في عَهد رَسُول الله صَلَّى الله عليه وآله عندما تَحَسَّس عَددٌ مَن الصَّحابة صُدورَ لَونٍ خاصٍّ مِن الرِّوايات الَّتي جاء فِيها ذِكرٌ مُفَصَّلٌ لِفَضائل أَهْلِ البَيت صَلواتُ الله وسَلامُه عَليهِم ولِمَناقِبِهِم ولِما جُعِلَ فيهم مِن الطَّهارة وأُذهِبَ عنهم الرِّجْس تَكوينًا ومَا فُرِضَ على المُسلِمِين مِن طاعَةٍ لَهم إِذْ قُرِنُوا بِالقُرآن وتَمَثَّلَت السُّنَّةُ فيهم إِلى يَوم يُبعَثُون، فهُم ثانِي الثَّقلَين والقُرآن النَّاطق.

فثارَت ثائرةُ العَصَبِيّاتُ القَبَلِيَّة وضَرَب الحَسدُ أَطنابَه في قُلوبِ الكُبراء مِن الصَّحابَة، واجتَهد أَقطابُهم في البَحْثِ عن مَقام الإِمْرة والسّلطات لِلتَّعوض عَمّا عُرِف عنهم في مَكّة مِنَ عُقدة الشّعور بِالنَّقصِ في مَرتَبة النَّسَب والحَسَب بَين القَبائل، وَقَرّروا وَضْعَ حَدٍ لهذا النَّسَق الرِّوائي الوارِد في أَهْل البَيتِ صَلواتُ الله وسَلامُه عليهم فعَدّوه حادِثًا مُصطَنَعًا ونزوعًا طَبَقِيًّا لا مُراد فيه مِن لَدُن الخَالِق عَزَّ وَجَلَّ ولا وَحْي نَزَل وإِنَّما سارَعَ النَّبِيُّ صَلَّى الله عليه وآله مِن نَفسِهِ إِلى أَهْلِ بَيتِهِ صَلواتُ الله وسَلامُه عَليهِم فرَفَعهم مَنزلَةَ شَرفٍ لا يُساوى، وجَعَلَهُم عَقِيد عِزٍّ لا يُسامَى، وأَثِيل مَجدٍ لا يُجازى، وتِلاد نِعَمٍ لا تُضاهي، والسَّادَةَ المُقَرّبين، والنُّجباءَ الأَكرَمين، والهداةَ المَهدِيِّين، والغَطارِفَة الأَنجَبين، والأَطائبَ المُستَظهَرِين، والخَضارِمَة المُنتَجَبِين، والقَماقِمَة الأَكبَرين، والبُدورَ

المُنِيرة، والسُّرجَ المُضِيئة، والشُّهَبَ الثَّاقِبَة، والأَنْجُمَ الزَّاهِرَة، والسُّبلَ الوَاضِحَة، والأَعْلام اللّائحَة، والعُلومَ الكامِلَة، والسُّنَن المَشهورَة، والمعالِمَ المأثُورَة، والمُعجِزاتِ المَوجُودة، والدَّلائلَ المَشهودَة، والصِّراط المُستقِيم، والنَّبأ العَظِيم، والآياتِ البَيِّنات، والدَّلائل الظَّاهِرات، والبَراهِين البَاهِرات، والحُجَجَ البَالِغَات، والنِّعَمَ السَّابِغات ـ فاعتَرضوا على هذا النَّسَق الرِّوائي حَسَدًا مِن عند أَنْفسِهِم، وشَرعوا في مَنع تَدوِين مَروِيَّاتِهِ وعَرقَلِةِ نَقلها وحَظْر بَثِّها في المُسلِمين، وعاقَبوا الرُّواة والنَّاس على ذلك وابْتَزّوا، وابتَذلوا في تَزوِير الرَّوايَة.

وعندما عَلِم هذا الصِّنف الحاسِد الوَضِيع مِن كبراء الصَّحابة أَنَّ أَهْلَ البيت صَلواتُ الله وسَلامُه عَليهِم هُم أَوْلَى النَّاس بِالوَلايَة؛ تَرَبَّص بهم الدَّوائر وعزم على إيجاد البَدِيل عَنهم صَلواتُ الله وسَلامُه عليهم. وحينما ظَنّ أَنّ لا سَبِيل إلى ذلك تَوسَّل التَّدبير السِّياسِي الماكِر الشَّامل لِمُهِمَّتَى الفَصْل الاجْتِماعي والقَتْل غِيلَة.

فتعرَّض أَهْلُ البيت صَلواتُ الله وسَلامُه عليهم مع تَوالي نُزول آيات الذِّكر الحكِيم وصدور مَرْوِيّات السُّنّة إلى ما تعرَّضوا إليه مِن الأَذَى الشَّدِيد على أَيدِي أَهْلِ الجِبتِ والطَّاغُوت مِن كبراء الصَّحابة الَّذين تَحالَفوا وأَسَّسوا لِأَنفُسِهم اتِّجاهًا قَبَلِيًّا مغامرًا ومُتَعصِّبًا لِذاتِهِ وكافِرًا بِالجَعل الإلهي في أَهْل البَيتِ صَلواتُ الله وسَلامُه عليهم ومُحارِبًا لما اخْتَصّوا بِه مِن صِفات ووَلايَة على النَّاس.

لَم يَكن أُسلوب النِّفاق لِتَشكِيل المُعارضَة السَّلبِيّة يُجدِي نَفعًا في الحَدِّ مِن انتِشار رِسالةٍ يَمدُّها الوَحْيُ بِعناصِر القُوَّة والبَقاء ويَقودها نَبيُّ الرَّحمة مُحَمَّد صَلَّى الله عليه وآله ذِي النَّسَب الرَّفِيع والخُلُق العَظِيم والصَّادِق الأَمِين.

وعِندما بَرز (اتِّجاهُ أَهْل العامَّة) واستَقوى تَحت رعايةٍ خاصّةٍ مِن أَوَّلِ الخُلفاء الجدد؛ كان الأُمَوِيُّون في عَرض هذا الاتِّجاه مَحْمُومِين بِرَغبةٍ جامِحَةٍ في استِعادة

المَقـام الاجْتماعِـيّ والنُفـوذ القَبَـلِي اللَّذَيـن فَقَداهُمـا فِي إِثْـر فَتـح مَكَّـة ولم يَبـقَ لهـم نَصيـبٌ مِنهُـما مِـن بَعـدِ إِسْـلامِهم. وزادَ عـلى ذلـك، أَنَّ الفَـرق بَـين الأُمَوِيِّـين وغيرِهِـم مِـن الصَّحابَـة والمُوالِـين لِلخِلافَـة ظاهِـرٌ في المَقـام الاجتماعـي الجاهِـلي المَفقُـود إِذْ أَنَّ الخَلِيفَـة الأَوَّل ورَفِيقِـهِ عُمَـر لَيْسـا مِـن ذَوي النَّسَـبِ الزَّعِيـم في العَـرب ولا يُضاهِيـان بِـما عِندَهُمـا مِـن نَسـبِ النَّسَـبَ الشَّـهِير لِلأُمَويِّـين، عـلى مـا اكْتَنَـف نَسَـبَ الأُمَوِيِّـين مِـن عَـوار وعِـوج مَعلومَـين. وأَنَّهـما لَيسـا مِـن ذَوي الخـبرة في فَـنٍّ إِدارة الشَّـأن القَبَـلِي العـام مِثلـما كان لِلأُمَوِيِّـين، وأَنَّ إِيجادهمـا لِـ(اتِّجاه أَهْـل العامَّـة) الدَّاعِـم لِسِـيادَة الخَليفَة الجَديـد في المَدِينَتَـين إِنَّـما هـو لِلتَّعويـض عـن عُقـدَةِ شُـعورِهِما بِالنَّقـص أَمـام شِـهرَةِ البَيتَـين الهاشِـمي والأُمَـوِي والبُيـوت الأُخْـرى، وأَنَّ مِـن شَـأنِ مَقامَيهِـما الوَضِيعَـين وهُمـا عـلى رأس الخِلافَـة أَنْ يُشَـكِّل تَحدِّيًـا آخـر سـيَزِيد في الوُجـود الأُمَـوي ضَعفًـا وبُعـدًا عـن مَقـام الإِمْـرة مـا لم يُوجِـد الأُمَوِيُّـون صِيغَـةً لِتَحالُـفٍ مُشـتَرَكٍ مَعهُـما أَو الانْفِـراد بِأَحدِهمـا سِرًّا وتَوثِيـق التَّحالُـف معه لِإِسـناد مَقامِـهِ في الخِلافَـة أَمـام الآخر، ومِـن ثَـمّ رُكـوب ظَهـرِهِ والسَّـعي مِـن خِلالِـه لاسـتِردادِ مـا فَقـدُوه مِـن رُتبَـةٍ سِياسِـيّة ومِـن نُفـوذٍ ومَنزِلَـةٍ في قبائـل العَـرَب.

عندمـا أَسـلَمَت المَدِينـةُ، وانْتَـصر الرَّسُـولُ صَـلَّى الله عليـه وآلـه عـلى مُشرِكِـي مكَّـة، وجَـرى الحَدِيـثُ عـن مُسـتَقبلِ المُسلِمِين، وانتَظَـمَ أَبـو بَكـر وعَمـر في تَكتُّلِهـما وانْتهيـا بِـه إِلى عَقـد (صَحِيفـة مكَّـة الثَّانِيَـة) ووَضعـا قواعِـدَه وشَرعـا في تَوسِـعَة دائرة نُفوذِهمـا في العـرب مِـن خِلالِـه والتَّمهِيـد لانتِـزاع مقـام السِّـيادَة؛ اِقْتَربـا عـلى حَـذرٍ شَـدِيدٍ مِـن اتِّجـاه الأُموِيِّـين!

وفي أَوَّلِ الأَمْـر، جـاء الهَـدفُ الجامِـع لِأَقطـاب (الصَّحِيفـة الثَّانِيَـة) و(الأُمَوِيِّـين) مُثـيرًا لِلغايَـة إِذْ تَقـرَّر أَنْ (لا يَنبَغِـي أَنْ تَجتَمِـع فِي الهاشِـمِيِّن الخِلافَـةُ والنُّبـوَّةُ)، فهـو (شِـعارٌ جاهِـليٌّ قَبـلِيٌّ مِـن كُلِّ الوُجـوه، ولـه جُـذورٌ مُسـتَقِرَّةٌ وواضِحَـةٌ فِي الصِّيغَـة الجاهِلِيَّـة الَّتـي سـادَت مكَّـة قَبـل ظُهـور الإِسْـلام والقائمـة أَصْـلًا عـلى اقتِسـام

البُطـون القُرَشِـيَّة لِمَناصِـب الـشَّرَف. ومِـن جِهَـة أُخـرى فَـإنَّ الخَليفَـةَ المُعلَـن عنـه مِـن النَّبِـيّ صَـلَّى الله عليـه وآلـه وهـو عَـلِيٌّ صَلـواتُ الله وسَـلامُه عليـه بِالـذَّات كان نَـكَّل بِالبُطـون المُشرِكَـة المُحارِبَـة مِـن قُرَيـش. فلَيـس فِيهـا بَطـنٌ إلَّا ولَـه دَمٌ عنـد عَـلِيٍّ صَلـواتُ الله وسَـلامُه عليـه بِالحِسـاب الجاهِـلِي. فعَـلِيٌّ هـو قاتِـلُ سـادات بَنِـي أُمَيَّـة فِي بَـدر، وقاتِـلُ حنظلـة بـن أَبِي سُـفيان، وقاتِـلُ العـاصّ بـن هِشـام بـن المُغـيرة.. فعَصَبـت قُريـش دِماءَهـا بِعَـلِيٍّ صَلـواتُ الله وسَـلامُه عليـه، ووَجَّهَـت لَومَهـا وكَراهِيتهـا لَـه مـع الاحتِفـاظ بِهُوِيَّتِهـا الإسـلامِيَّة ووَلائهـا لِلنَّبِـيّ صَـلَّى الله عليـه وآلـه بِالـذّات)[1].

في هـذا الظَّـرف مِـن التَّلاقِـي المُعَقَّـد حيـث يَتحَسَّـس كُـبراءُ الصَّحابَـة المُنافِقـين تَفاصِيـل أَمْـر الوَلايَـة ويَترَصَّـدون التَّحـوُّلات القائمـة في النِّظـام الاجْتِماعِـي الجَدِيـد؛ اسـتَمَرَّ الرَّسُـول صَـلَّى الله عليـه وآلـه في أَداء وَظِيفَتِـهِ وتَبلِيـغ رسَـالته وإِكـمال مـا أُنْـزِل إليـه فِي شَـأنِ (الوَلايَـة) المفتَرضَـة مِـن بَعـدِه في النَّـاس ويُؤكِّـد عَليـه بَـين حِـين وآخـر. فقـد أَزِفَ مَوعـد الرَّحِيـل ولا بُـدَّ مِـن إِتْمـام الحُجَّـةِ عـلى المُؤمِنـين والمُسلِمِين. ومـا كان لَـه صَـلَّى الله عليـه وآلـه أَنْ يَـترِكَ أُمَّتَـه مِـن دُون أَنْ يَأخُـذ بِيدِهـا إِلى حيـث الخُطـوات اللَّازِمَـة والمُنقِـذَة حـاضرًا ومُسـتقبلًا.

ومـا كان لِتَنـازُعِ الصَّحابـة الخَمسَـة بِالتَّعـاون مـع حُلفائهـم في لِقائهـم الأَخِـير مـع النَّبِـيّ صَـلَّى الله عليـه وآلـه عـلى كِتابَـة الكِتـاب المُنقِـذ مِـن الضَّـلال أَنْ يَتمَكَّـن مِـن فـرض الحَظـر عـلى الرَّسُـول صَـلَّى الله عليـه وآلـه والحَيلُولـة دون أَداء وَظِيفَتِـهِ إِذْ الأَمْـرُ في حَسـم (الوَلايَـة) إلهِـيٌّ واجـب الوُقـوع، فـاللهُ عَـزَّ وَجَـلَّ يَفعـلُ مـا يَشـاء ولا يُسـأَل وهُـم يُسـأَلُون. في حِـين أَنَّ إِقـدام النَّبِـيّ صَـلَّى الله عليـه وآلـه عـلى كِتابَـةِ الكِتـاب المُنقِـذ مِـن الضَّـلال في حَـضرةِ ثَلاثِـين صَحابِيًّـا وفِيهـم أُولئـك الصَّحابـة الَّذيـن شَـملتهم اللَّعنَـةُ ثَـلاث مَـرّات لِتَخلُّفهـم عـن جَيـش أُسـامَة ـ لَدلِيـل عـلى

1 – نظرية عدالة الصّحابة 32

حِرصِه على تَذكِير المُسلِمين كافَّة بِمَن جَعلَته السَّماءُ مِن قَبْل وَصِيًّا وخَليفةً مِن بَعدِه، ولا مِن قُوة على وَجْه الأَرض تَستَطِيع أَنْ تمنعَ مِن صُدور هذا الكِتاب إن عزم صاحِب الكِتاب على ذلك.

فإنْ اعترَضَ عُمَر على صُدور الكِتاب في هذا اللِّقاء فإنَّما يَكشِف عَمّا عزم الأقطابُ الخَمسَة وحُلفاؤهم على ارتِكابِه في المُستقبل القَرِيب، ويُصْبِح جَميعُ الحاضِرين في اللّقاء شُهودًا على ما جَرى.. فكان ما كان!

لم تَستَثنِ سُنَّةُ الرَّسُول صَلَّى الله عليه وآله شأنًا مِن شُئون الدُّنيا والآخِرة إلّا وتَناولته بِالتَّشرِيع وعَزَّزته بِالنِّظام والقانُون اللّازمَين، ومِنه التَّصرِيح بِالأَمْر العَظِيم في (الوَلايَة) الَّذي بِهِ تمَّت النِّعمَةُ ورَضِي الخالِقُ بِالإِسْلام دِينًا، وصَار الرُّواة يَنقلون (حَدِيث الغَدِير) بِكَثافة ويتناولونَه مُضافًا إلى ما كانوا يَتناوَلون مِن مَروِيّات سابِقَة في شَأن وَلايَة عَلِيّ أَمِير المُؤمنين صَلواتُ الله وسَلامُه عليه على الرَّغم مِن الشِّدَّة الَّتي لاقوها أثناء أَدائهم لِهذه الوَظِيفة حيث تَطلَّب الأمرُ تجاوز العَدِيد مِن العَوائق وتَخطِّي الكَثِير من الحَواجِز المُصطَنعة والمَوضُوعَة مِن قِبَل كبراء الصَّحابَة وأَهل العِصيان والطُّغيان فيهم.

بِإزاء ذلك، اسْتأنَفَ الأَقطاب الخَمسة وحُلفاؤهم مِن الصَّحابة أَعمالهما المُضادَّة لِلسُّنَّةِ الشَّفَهِيَّة والمُدوَّنَة، ومَنعوا الرُّواة مِن نَقلِها وتحمُّلِها، وزَجروا وعاقَبوا الرُّواة والمُدَوِّنين ونَقَلَةَ الرِّوايَة بَين الأَمصار، وتمادوا في جمع الرِّواية وإحراقِها وبالَغوا في وَضْع الرِّوايَة واختِلاقِها وتَزويرها وابْتِزاز الرُّواة. وأَنَّ مَن قالوا (إنَّ النَّبِيّ صَلَّى الله عليه وآله قد ماتَ وهُو راضٍ عنهم، كُلُّ أُولئك كانوا أَقلَّ الصَّحابَة تحدِيثًا، وأَندرَهم رُوايَة، حتَّى بَلَغ الأمرُ بِبَعضِهم أَنَّه لَم يَروِ عن النَّبِيّ حَديثًا واحدًا، ولم يَقِف الأَمرُ عند ذلك فَحَسب بَل قد وَجدنا كِبار الصَّحابة يَرغَبون عن رِوايةِ الحَدِيث ويَنهونَ إِخوانَهم عنها، حتَّى أَدَّى بِهم فرطُ

الاحتِيـاط والمُبالَغـةَ في التَّوقِّـي إلى أنَّهـم كانـوا يَحرِقُـون مـا يَكتبـون)[1].

أَليْس في هذا المَوقِفِ المُريب ما يُشِير إِلى الدَّهشَة والتُساؤل؟!

لم يَتخَلَّـف الأقطـابُ الخَمسَـة وحلفاؤهـم عـن السَّـعي في جَمـع مـا تَبقّـى مِـن الرِّوايـة المُدوَّنـة قُبَيـل الإنقـلاب عـلى الأَعْقـاب، وَبـاتَ مِـن السَّـهل إِحْراقهـا في إِثْـر نَجـاح انْقِلابهـم (حتَّـى أنَّ أَبـا بَكـر أَحـرَق في خِلافَتِـه خمسـمائة حَدِيثًـا كَتَبـه الرَّسـول صَـلَّى الله عليـه وآلـه. ولمّـا قـام عُمـر بَعـده بِالخِلافَـة نَهـى عـن كِتابـة الحَديـث.. ثُـمَّ نَهـى عـن التَّحـدُّث، فـتَرك عِـدَّةٌ مِـن الصَّحابـة الحَدِيـثَ عـن الرَّسـول صَـلَّى الله عليـه وآلـه فلَـم يُكتَـب الحَدِيـث ولم يُـدَوَّن إلّا في عَهـد المَنصـور العَبّـاسي عـام ١٤٣هــ)[2].

وفِي ذَلِـك اعتَرَفَـت عائشـة بِنـت أَبي بَكـر بِـما كان يَجـول مِـن هِمَّـةٍ عالِيَـةٍ في رَوع والِدهـا ومِـن جِـدٍّ في إرادةِ طَمـس المَرويَّـات المَكتوبـة عندمـا قالَـت (جَمـع أَبِي الحَديث عـن رَسُـول الله صَـلَّى الله عليـه وآلـه، وكانَـت خمسـمائة حَدِيـث، فبـات لَيلَتـه يَتقلَّـب كَثِـيرًا، فغمَّنِـي، فقُلـتُ: أَتَتقلَّـب لِشَـكوى أو لِـشيء بَلغَـك؟!

فلَـمَّا أَصْبـح قـال: أَي بُنيَّـة، هَلُمِّـي الأحادِيـث الّتـي عِنـدك. فجِئتـه بهـا، فدَعـا بِنـارٍ فأَحـرَقهـا. فقلـتُ: لِمَ أَحرقْتَهـا؟ قـال: خَشِـيتُ أَنْ أَمُـوتَ وهـي عِنـدي فيَكـون فيهـا أَحاديـث عـن رَجُـل ائتمَنتـهُ ووثِقـتُ فِيـه ولم يَكـن كـما حَدَّثَنـي، فأَكـون قـد نَقلـت ذاك). وعَلَّـق الذَّهَبـي في كتـاب (تَذكِـرة الحُفّـاظ) عـلى هـذه الرِّوايَـة بِقَولـه (فَهـذا لا يَصـحّ، والله أَعلـم)[3].

ويُعـدُّ هـذا الكَـمّ المَحـرُوق مِـن الرِّوايـة المُدوَّنـة في تِلـك المَرحَلَـة مِـن تأريـخ المُسلِمين عـددًا قياسِـيًّا وضَخـمًا، ولا سِـيَّما أَنَّ العَـرب مـا زالـت تَعتَمِـد الحَفْـظَ عـن

1 - شيخ المضيرة أبي هريرة، محمود أبو ريّة 134/ 4

2 - في الملل والنّحل، عن كنز العمال 239-237/ 10. مسند احمد 14-12/ 3. مستدرك الحاكم104-102/ 1

3 - الذّهبي، تذكرة الحفاظ 5/ 1

ظَهـرِ قَلْـب و(تَسـتَظْهِر)، وهـي الوسَـيلَة الأُولى في مِهنَـةِ نَقْـلِ الرِّوايـة ومُهِمَّـة تداولها. فـإنِ كان هـذا العَـدد الضَّخْـم مِـن الرَّوايـة مُختَصًـا بِبُعـدٍ واحـدٍ مِـن أَبعـاد السُّـنَّة الشَّريفَـة واهتِماماتِهـا كأَن تَختَـصّ بِفَضائـل أَهْـل البَيـتِ صَلـواتُ الله وسَـلامُه عليهـم ومَناقِبِهـم وأَحوالِهـم ومـا سَـيصِيرون إِليـه، فـإِنَّ مُضاعَفـات حَـرقِ هـذا العَـددِ مِـن الرِّوايـة المكتوبَـة سـتكون وَخِيمَـة وستُشَـكِّل ضَررًا بالِـغ الخُطـورة عـلى هُوِيَّـة الثَّقافَـة الَّتـي يُـراد لهـا أَنْ تَنمـو لَـدى المُسـلِمين.. هـذا مـا وَقَـع بِالفِعـل، وهـو مـا كنَّـا نَلمسـه في طَبيعَـةِ المَعـارِفِ المُتداولـة في ثَقافـة عصرِنـا الرَّاهـن ونَشـعرُ بـه في سَـير العَلاقـة النَّمَطِيّـة القائمـة بـين المَذاهـب والفِـرَق.

لقـد فُقِـدَت الكَثِـيرُ مِـن مَروِيَّـات السُّـنّة المكتُوبَـة مُنـذ يـوم أَنـذر النَّبِـيُّ صَـلَّى الله عَليـه وآلـه عَشِـيرته الأَقربـين، وتَوسَّـع العَمـلُ عـلى مُكافَحَـة المَروِيَّـات المنقولـة بَعـد ذَلِـك حيـث تَدَخَّـل الأُمَوِيُّـون مُحَرِّضِـين لِلأَقطـاب الخَمسـة وغَيرِهـم مِـن الصَّحابَـة الحانِقِـين ومِـن القَبائـل المُتبرِّمَـة. ورُبَّـما كان الأُمَوِيُّـون هُـم أَوَّلُ مَـن تَنَبَّـه إلى خُطـورَةِ تَـداول المَروِيَّـات المكتوبَـة فاتَّخـذوا مِـن فِكـرة القَضـاء عـلى السُّـنَّة المَكتوبـة وسَـيلةً لِلحَـرب عـلى دِيـن مُحَمَّـد صَـلَّى الله عليـه وآلـه، ثُـمَّ اقْتبَـسَ سـائر كُـبراء الصَّحابَـة عنهـم ذلـك فضاعَفـوا مِـن جُهودِهـم وأَكثـروا فيهـا الحَـرق والتَّزويـر والاخْتِـلاق والتَّشـطِيب فكفَّـوا الأُمَوِيِّـين مؤنـة الحَـربِ عـلى الرِّوايَـة.

ومِمّـا رَواه عبـد الله بـن عَمـرو بـن العـاص، قـال: كُنـتُ أَكتُـبُ كُلَّ شَيء أَسـمعه مِـن رَسُـول الله صَـلَّى الله عليـه وآلـه، فنَهَتنِـي قُرَيـش وقالـوا: تَكتُـب كُلَّ شَيء سَـمِعته مِـن رَسُـول الله صَـلَّى الله عليـه وآلـه ورَسُـول الله بَشَرٌ يَتكلَّـم في الغَضـب والرِّضـا! فأَمسَـكتُ عـن الكِتابـة، فذَكـرت ذلـك لِرَسُـول الله صَـلَّى الله عليـه وآلـه، فأَومَـأَ بِإِصْبَعِـه إلى فِيـه وقـال: أُكتُـبْ فَوالّـذي نَفسِي بِيَـده مـا خَـرج مِنـه إِلَّا حـقٌّ)[1]. ثُـمّ أَكثَـرَ الصَّحابَـة مِـن مُطـاردة المَروِيَّـات المكتوبـة عندمـا رَكِبـوا الخِلافَـة، فاشـتكى

1 - سنن الدّرامي 125/ 1. مسند أحمد 162/ 2

عُمـر كَثرتَهـا (فأَنشَـدَ النَّـاس أَنْ يَأتُـوه بِهـا، فلَـمّا أَتَـوه بِهـا أَمَـر بِإحراقهـا)[1].

فـإِنْ صـحَّ القـولُ بِـأَنَّ أَبـا بكـر وعُمـر والصَّحابـة الآخريـن مِـن كُـبراء القـوم، وأَنَّهـم كانـوا مِـن المُقرَّبـين لِرَسُـول الله صَـلَّى الله عليـه وآلـه والمُفَضَّلـين والمُصطَفَـين لَدَيـه، وأَنَّهـم لازَمـوا ظِلَّـه وخاضُـوا مَعـه غِـمار الدَّعـوة فِي سِلْمِها وحَرِبها عـلى وَجْهِ الحَقِيقـة منـذ مُطلَـع البعثـة النَّبوِيَّـة أَو مـا هـو قَريـب منهـا حتَّـى لَحظَـةَ رَحيلِـه؛ فلِـماذا أَقَلّـوا مِـن الرِّوايَـة عـن النَّبـيّ صَـلَّى الله عليـه وآلـه وأَكثَـر غَيرُهـم مِـن الأَبْعَدِيـن مِـن الحِـرص عـلى تَدوينهـا ونَقْلِهـا؟!

ولِمـاذا فَرضـوا عـلى المُسـلِمين الأَخـذَ بِـ(مَذْهَـبِ الـرَّأي) الَّـذي اصْطَنَعـوه واعتَمدوا سِـيرتَهم الخاصَّـة وأَقوالَهـم وتَقارِيرَهـم عـلى مَنهجِـه وجَعلـوا مخرجاتِـه سُـنَّة في الإِسْـلام؟!

ولِمـاذا امتَنعـوا عـن نَقـلِ شَـيءِ مِمَّـا نُسِـب إِلى سُـنَّةِ نَبِيِّهـم صَـلَّى الله عليـه وآلـه، ولم يَـرووا عنـه صَـلَّى الله عليـه وآلـه مُبـاشَرَة فِعـلًا ولا قَـولًا ولا تَقرِيـرًا، وإِنَّـما أَكثـروا مِن الحَـرق فِي مـا دُوِّن مـن المَروِيَّـات، ونَهـوا الـرُّواة ونَهروهـم وصَرفوهـم عـن الكِتَابـة وعاقَبوهـم ثُـمَّ دفعـوا بَعضَهُـم إِلى التَّزوِيـر فِيهـا عـلى حَسـب أَهوائِهـم وحَرَّضُوهـم عـلى اخْتِلاقهـا وكَذبـوا عليـه صَـلَّى الله عليـه وآلـه واخْتَلقـوا بعـض الرِّوايـات عـلى حَسـب مـا تَطَلَّـب واقِـع الحـال؟!

ولِمـاذا لم تُـروَ مـن طَريقِهـم ـ عـلى سَـبِيل المثـال ـ سِلسـلةَ خُطَـبِ النَّبِـيّ صَـلَّى الله عليـه وآلـه الخاصَّـة بِأَيَّـام الجُمعـة والمُناسَـبات الأُخْـرى كالأَعْيـاد والحـروب وهُـمْ كانـوا مِـن الصَّحابـة المُلازِمـين لِلنَّبِـيّ صَـلَّى الله عليـه وآلـه واللَّصِيقِـين العارِفِـين بِتَفاصِيـل خطبـه والحافِظِـين لمفرداتهـا؟!

1 - الطّبقات الكبرى، ابن سعد 140/ 5

لقد قُدِّر عددَ ما شَطَبوا مِن خُطَبِهِ صَلَّى الله عليه وآله في أَيام الجُمعة وأَحرَقوا ما دُوِّنَ منها ومَنعوا مِن الكِتابَة أَو النَّقل ما يَفوق ٥٠٠ خُطْبَة أَلقاها النَّبِيُّ صَلَّى الله عليه وآله في المَدِينَة لِوَحدِها.

وفَوق ما قرَّر كُبراء الصَّحابة مِن حَظْرٍ ومَنعٍ، ومِن نَقلٍ وتَدوِينٍ لِلرِّوايَة، فإنَّهم كَذَّبوا على النَّبِيّ صلَّى الله عليه وآله ونَسبوا إليه القَولَ بِمَنع نَقلِها وتَدوِينِها. ورَوى مُسلِم في صَحِيحه وأَحمد في مِسنده في ذلك أَنَّ رَسُول الله صَلَّى الله عليه وآله قال (لا تَكتُبوا عَنِّي، ومَن كتَبَ عَنِّي غَير القرآن فلْيُمْحِه). وفي رِواية أُخرى: إنَّهم استَأذَنوا النَّبِيّ صَلَّى الله عليه وآله أَنْ يَكتبوا عنه فلَمْ يَأذَنْهُم)[1]. ومِنها ما نُقِل عن أَبِي هريرة (قال فِيه ابنُ عُمر: «لكِنَّه اجْتَرأَ وَجَبنَّا» يُرِيد أَنَّه «أَبو هريرة» أَقدَم على الإكْثار مِن الحديث عن النَّبِيّ صَلَّى الله عليه وآله، وجَبنَّا نَحن عنه، فكَثُر حديثُه وقَلَّ حَديثُنا)[2].

إنَّ الإجراء المُتَشدِّد في فرض الحَظْر على تَدوِين ونَقْل الرِّوايات إلى جانِب التَّحريض على الإكثار مِن تَشْطِيب السُّنَّة ووَضعِ الرِّواية المُخالِفَة وتَزوِير الرِّوايَة ونِسبَتِها ظُلْمًا وعُدوانًا إلى النَّبِيّ صَلَّى الله عليه وآله إنَّما دخَل فِي سِياق قَول عُمَر المُتقدِّم فِي مَحضَر النَّبِيّ صَلَّى الله عليه وآله عند مَرَضِه وقُبَيل استِشهادِهِ (حَسْبُنا كِتاب الله)!

(حَسْبُنا كِتاب الله) جُملَةٌ خَطِيرةٌ كاشِفَةٌ عن حَجم ما كان يَدور فِي أَوساط أَقطاب الصَّحِيفَة الثَّانِية الخَمسَة وحُلفائهم مِن عَزمٍ أَكِيدٍ وحرصٍ شَدِيدٍ على تَقوِيض السُّنَّةِ أَو مَنعها والحَدِّ مِن انتِشارها في مُجتَمَعي مَكَّة والمَدِينَة وسائر بلاد المسلمين.

1- سنن الدرامي 119/1

2- النّهاية في غريب الحديث والأثر، ابن كثير 232/1

فَفِي مسْنَد أَحمد بِن حَنبل ما رُوِي أَنَّ رَسُول الله صَلَّى الله عليه وآله نَهى أَنْ يُكتبَ شيئًا مِن حَدِيثه. وعَن أَبِي هريرة قال: كُنَّا قُعودًا نكتبُ ما نَسمع مِن النَّبِيّ صَلَّى الله عليه، فَخَرج عَلينا رَسُولُ الله صَلَّى الله عليه وآله وقال: ما هذا تَكتبون؟! فقُلنا: ما نَسمع مِنك. فقال: أَكِتابٌ مع كِتاب الله. فقُلنا: ما نَسمع. فقال: اكتُبوا كِتاب الله.. امحضُوا كِتاب الله.. أَكِتابٌ غير كِتاب الله؟!.. امحضوا كِتاب الله أَو خلصوه. قال: فجَمَعنا ما كَتبنا فِي صَعِيد وَاحِدٍ ثُمَّ أَحرَقناه بِالنَّار)[1].

ومِن المُتيَقَن أَنَّ إِطلاق عُمَر لِمَقولَتِه الشَّهِيرة (حَسْبُنا كِتاب الله) كان تَعبيرًا صَريحًا عن إِجْماع عددٍ مِن كبراء الصَّحابة على رَفْض الامتِثال لِأَمْر الرَّسُول صَلَّى الله عليه وآله المُستجدّ الَّذي أَصْدَره في مَرَضِه بِكتابَةِ كِتابٍ لَنْ يَضلَّ المُسلِمون مِن بَعدِه أَبدًا، مِثلَما هُو تَعبِير عن حِرْصِهم الدَّائم على مَنع تَدوِين الرِّواية وعلى العَمَل بِحَرقها مِن قَبْل ومِن بَعد.

عُمَر هو أَوَّلُ مَن صَرَّح بِوُقوع هذا الإِجماع لَفظًا عندما أَمرَ النَّبِيُّ صَلَّى الله عليه وآله بِكتفٍ وقَلَمٍ لِيَكتبَ الكتاب المُنقذ مِن الضَّلال فمَنع عُمَر مِن ذلك في شُهودٍ مِن كبراء الصَّحابة تَجاوز عددُهم الثَّلاثِين فلَم يُبهَتوا بِما فَعل، إِلَّا طَرَفًا مِن النِّساء الحاضِرات إِذْ كانَ أَحرَص على كِتابَة الكِتاب المنقذ مِن أَبِي بَكر وعُمَر والصَّحابة الثَّلاثِين الَّذين سَكتوا تَواطئا أَو خَشيةً مِن بَطْشِ أَقطاب الصَّحِيفَة وشِدَّةِ تَحالُفِهم.

عَبّر الثَّلاثون صَحابيًّا عَن إِجْماع على القَول بِـ(حَسبُنا كِتاب الله) في مَواقِف مُختلِفَة، لكِنَّهم كتَموا الأَمرَ فِي مَحضر النَّبِيّ صَلَّى الله عليه وآله ونَطق عُمَر بِرأي إِجماعِهم خشيةً مِن أَنْ يُضِيفَ كَتْبُ الكِتابِ المُنقِذ مِن الضَّلال ما يُؤكِّد على

1 - مسند أحمد 2 18-12

وُجـوب الأَخْـذ بِوَلايَـة عَـلِيٍّ أَمـير المُؤمنـين صَلـواتُ الله وسَـلامُه عليـه مِـن بَعْـدِه صَـلَّى الله عليـه وآلـه.

فَعَـنْ ابـنِ أَبِي مليكـة أَنَّ أَبـا بكـر جَمـع النَّـاس بَعـد وَفـاة نَبيِّهـم فقـال إِنَّكـم تُحَدِّثـون عـن رَسـول الله صَـلَّى الله عليـه وآلـه أَحاديـث تَختَلِفـون فيهـا والنَّـاسُ بَعدَكـم أَشـدّ اختِلافًـا، فـلا تُحَدِّثـوا عـن رَسـول الله شَـيئًا. فمَـن سَـأَلكم فقُولـوا بَيننـا وبَينكـم كِتـابُ الله فاسـتَحِلّوا حَلالَـه وحَرِّمـوا حَرامـه)[1].

لقـد أَكَّـد النَّبِـيُّ صَـلَّى الله عليـه وآلـه عـلى حفـظ السُّـنَّةِ، وحَـثَّ عـلى الإِكْثـار مِـن تَدويـن قَولِـهِ وفِعلِـهِ وتَقريـره ونَقلِهـا ونَشرِهـا مـا دام الوَحْـي قائـما غـير مُنقطِـع. ويَصِـفُ الإمـامُ عَـلِيّ أَمـير المُؤمنـين صَلـوات الله وسَـلامه عليـه هـذا الحِـرص بِقولـه (وكُنْـتُ أَدخـلُ عليـه في كُلِّ يَـوم دَخلـةً وفي كُلِّ لَيلـةٍ دَخلـةً، فيخلني فيهـا يُجيبني بِـما أَسـأل، وأَدور مَعـه حيثُـما دار. وقـد عَلِـم أَصحـابُ رَسـول الله صَـلَّى الله عليـه وآلـه أَنَّـه لم يَصنَـع ذلـك بِأَحـدٍ مِـن النَّـاس غَـيري. ورُبَـما يَأتِينـي رَسـولُ الله صَـلَّى الله عليـه وآلـه فِي بَيتِـي أَكثـر مِـن ذلـك فِي بَيتِـه. وكُنـتُ إذا دَخلـتُ عليـه في بَعـض مَنازِلـه أَخـلانِي وأَقـام عَنِّـي نَسـاءَه ولا يَبقـى عنـده غَـيرِي. وإذا أَتـانِي لِلخلـوة فِي بَيتِـي لم تَقُـم عَنِّـي فاطِمـةُ صَلـواتُ الله وسَـلامُه عليهـا ولا أَحـدٌ مِـن بَنِـيّ. وكُنـتُ إِذا سـأَلته أَجابَنِـي، وإذا سَـكَتُّ عنـه وفَنَيـتُ مَسـائِلِي ابتَـدأَني.

فـما نَزلَـت عـلى رَسُـول الله صَـلَّى الله عليـه وآلـه آيَـةٌ مِـن القـرآن إِلّا أَقرأَنيهـا وأَملاهـا عَـلَيَّ فكَتبتها بِخَطِّـي، وعَلَّمَنـي تَأويلهـا وتَفسِـيرها، ناسِـخَها ومَنسُـوخَها، ومُحكَمهـا ومُتَشـابهها، وخاصَّهـا وعامَّهـا، وظَهْرَهـا وبَطنَهـا، ودعـا الله أَنْ يُعطيَنـي فَهْمهـا وحفظَهـا فـما نَسـيتُ آيـةً مِـن كتـاب الله ولا عِلْـمًا أَمـلاه عَـلَيّ وكَتبتـه مُنـذ دعـا لِي الله بِـما دَعـا. ومـا تَـرك شـيئًا عَلَّمـه اللهُ مِـن حَـلالٍ أَو حـرامٍ، أَو أَمْـرٍ أَو نَهـيٍ،

---

1 - تذكرة الحُفّاظ 5/ 1

أَو طاعـةٍ أَو مَعصِيـةٍ، أَو شيء كان أَو يكـون، ولا كِتـابٍ مُنـزلٍ عـلى أَحـد مِـن قبلـه إِلّا علمنِيـه وحفظتـه فلَـم أَنْـسَ حرفًـا واحـدًا منهـا. وكان رَسُـول الله صَـلّى الله عليـه وآلـه إِذا أَخـبرني بِذلـك كلِّـه وَضَـعَ يَـده عـلى صَـدرِي ودَعـا الله لِي أَنْ يَمـلأ قَلبِـي عِلـمًا وفهـمًا وحُكـمًا ونُـورًا. وكان يَقـول: اللَّهُـم عَلِّمـه وحفِّظـه ولا تَنسِـهِ شَـيئًا مِمّـا أَخبرتـه وعلمتـه.

فقلـتُ لـه ذات يَـوم: بَـأَبِي أَنْـتَ وأُمِّـي يـا رَسُـول الله، مُنـذ دعـوت لِي الله بِـما دَعـوت لَمْ أَنْـسَ شـيئًا ولم يفتـن شيءٌ مِمّـا علَّمْتَنـي، وكُلّ مـا عَلَّمتنـي كَتبتـه. أَتتخـوَّف عَـلَيَّ النِّسـيان؟! فقـال: يـا أَخِـي، لَسـتُ أَتخـوّف عليـك النِّسـيان والجَهـل، وإِنِّي أُحِـبُّ أَنْ أَدعـو لـك، وقـد أَخْـبَرَني الله تعـالى أَنَّـه قـد أَخْلَفَنِـي فيـك وفِي شُركائـك الّذيـن قَـرَن الله طاعتَهـم بِطاعتِـه وطاعَتِـي وقـال فيهـم [أَيُّهَـا الَّذِيـنَ آمَنُـوا أَطِيعُـوا اللَّهَ وَأَطِيعُـوا الرَّسُـولَ وَأُولِي الْأَمْـرِ مِنْكُـمْ][1].

وفَـور الإِعْـلان عـن مَـرضِ الرَّسُـول صَـلّى الله عليـه وآلـه اشْـتَدَّت الرّقابـةُ عـلى الرِّوايَـة أَضعافًـا مُضاعفـة مِـن قِبَـل الأَقطـاب الخَمسـة وأَتباعِهـم وخُلفائِهـم. وعندمـا وَصلَـت دَرجـاتُ مَنـع التَّدوِيـن في الرِّوايَـة ونَقلِهـا مُسـتَوى الـذُّروة وآلَـت الأُمـور إِلى أَبِي بَكـر ومـن بَعـده عُمـر؛ تَشـدَّد الأَقطـاب وغيرُهـم مِـن كُـبراء الصَّحابَة في إِجـراء المَنـعِ والتَّدوِيـن وأَمـروا وحَرضـوا عليـه.

وليـس مِـن شَـكٍّ في أَنَّ الرِّوايـات الصَّـادِرة عـن النَّبِـيّ صَـلّى الله عليـه وآلـه في أَيَّامـه الأَخِـيرة مِـن حَياتِـهِ الشَّريفَـة كانَـت تُشـكِّل حَساسِـيَّةً مُفرطـةً لَـدى مُـزوِّري الرِّوايَـة ووَاضِعِيهـا ومانِعـي تَدوِينهـا ولـدى كلِّ أُولئـك الَّذيـن عاقَبـوا عـلى نَقلِهـا في سـائر أَيَّـام حياتِـه وجمعوهـا بِأَنفُسِـهم وأَحرَقُوهـا. ولَيْـس مِـن شَـكٍّ أَيضًـا في أَنَّهـم تَشـدَّدوا في طَمْـسِ مَروِيَّاتـه صَلّى الله عليـه وآلـه ومَنـع تَدوينهـا في أَيـام خِلافَتِهـم.

1 -البحار 41/ 89. الكافي 1/ 50

يَقول أَبُو هريرة عن مُحمَّد بن عجلان (إِنِّي لِأُحَدِّث أَحاديث لَو تكلَّمْتُ بِها فِي زَمان عُمَر أَو عِند عُمر لَشَجَّ رأسِي)[1].

وعن الزُّهري قال، قال عُمَر (أَقِلُّوا الرِّواية عن رَسُول الله صَلَّى الله عليه وآله إِلَّا فِيما يُعمَل بِه). قال ثُمَّ يَقول أَبُو هريرة: أَفكُنتُ مُحدِّثكم بِهذه الأَحادِيث وعُمر حَيّ؟!. أَما والله إِذَن لَأَيقَنتُ أَنَّ المَحفَّفة ستُباشِر ظَهرِي، فَإِنَّ عُمر كان يَقول اشتَغِلوا بِالقُرآن كلام الله، ولِهَذا لَمّا بَعثَ عُمَر أَبا مُوسَى إِلى العِراق قال له إِنَّك تَأْتِي قومًا لَهُم في مَساجِدِهم دَوِيٌّ بِالقُرآن كَدَوِي النَّحل، فدَعهُم على ما هُمْ عليه ولا تُشغِلهُم بِالأَحادِيث وأَنا شَريكُك في ذلك)[2].

وعن شُعبَة عن سَعد بن إِبراهيم عن أَبِيه (أَنَّ عُمر حَبَس ثَلاثةً: ابنَ مَسعود وأَبا الدَّرداء وأَبا مَسعود الأَنْصارِي. فقال: قد أَكثَرتُم الحَدِيث عن رَسول الله صَلَّى الله عليه وآله)[3]. وتَفصيل ذلك عن عبد الرَّحمَن بن عوف، أَنَّ عُمَر بَعثَ إِلى عبد الله بن حُذيفة وأَبِي الدَّرداء وأَبِي ذر وعقبة بن عامر، ثُمَّ فرض عليهم الإِقامَة الجَبرِيَّة عنده في المَدِينة. قال عُمر لهم: ما هذه الأَحادِيث الَّتي أَفْشَيتُم عن رَسُول الله صَلَّى الله عليه وآله في الآفاق؟! قالوا: تَنهانا؟! قال: لا، أَقِيموا عِندي، لا والله لا تُفارِقُوني ما عِشت، فنَحنُ أَعلَمُ، نَأخذُ مِنكُم ونَردُّ عليكم. فما فارَقُوه حتَّى مات)[4].

وعندما فُرِض الحظرُ على الرُّاوة ومُنِعوا مِن تَدوين الرِّواية ونَقلِها فإِنَّما مُنعوا مِن التَّعاطِي مع كُلِّ المَورُوث الرِّوائي وكُلِّ مُتعلِّقٍ بِالسُّنّة والقُرآن حيث كَثُر صُدور هذا اللَّون مِن الرِّوايات عن أَهْل البَيت صَلواتُ الله وسَلامُه عليهم، فهُم ثانِي الثَّقلَين والرَّاسِخُون في العِلْم.

1 - البداية والنهاية 107/ 8

2 - نفس المصدر السابق 107/ 8

3 - تذكرة الحفاظ 5/ 1

4 - كنز العمال ط1 (4865) 239/ 5.

فعَـن عَـلِيِّ بـن إبراهيـم بـن هاشِـم عـن أَبِيـه عـن حمـاد بـن عيسـى عـن إبراهيـم ابـن عُمـر اليَـماني عـن أَبـان بـن أَبِي عيـاش عـن سُـلَيم بـن قيـس الهِـلالي سـأَل عَلِيًّـا أَمِـير المُؤمنـين صَلـواتُ الله وسَـلامُه عليـه عـن هـذا الاخْتِـلاق في الحَديـث (إِنِّي سَـمِعتُ سَـلمان وأَبـا ذر والمُقـداد يَتحدَّثـون بِأَشـياءٍ مِـن تَفسِـير القُـرآن والأحاديـث والرِّوايـات عـن رَسُـول الله صَـلَّى الله عليـه وآلـه، ثُـمَّ سَـمِعت منـك تَصدِيـقَ ذلـك. ورَأَيـتُ فِي أَيـدي النَّـاس أَشـياء كَثِـيرة مِـن تفسِـير القـرآن والأحادِيـث والرِّوايـات عـن رَسُـول الله صَـلَّى الله عليـه وآلـه يُخالِفُونهـا فيُكـذِّب النَّـاس مُتعمِّديـن ويُفسِّرون القـرآن بِآرائهـم. فقـال عَـلِيٌّ أَمِـير المُؤمنـين صَلـواتُ الله وسَـلامُه عليـه قـد سـأَلْتَ فافْهَـم الجَـواب: إِنَّ في أَيـدِي النَّـاس حقًّـا وباطـلاً وصِدقًـا وكِذبًـا ونَاسِـخًا ومَنسـوخًا وعامًّـا وخاصًّـا ومُحكَـمًا ومُتشـابهًا وحفظًـا ووَهْـمًـا، وقـد كُـذِب عـلى رَسُـول الله صَـلَّى الله عليـه وآلـه في حَياتِـه كذبًـا كثـيرًا حتَّـى قـام خَطيبًـا فقـال: أَيُّهـا النَّـاس قـد كَثُـر عَـلَيَّ الكَذَّابـة، فمَـن كـذب عَـلَيَّ مُتعمِّـدًا فلَيَتبـوَّأ مَقعـدَه مِـن النَّـار. وكَذلـك كُـذِّب عليـه بَعـده)[1].

هـذا هـو مَوقِـف كُـبراء الصَّحابَـة الَّذيـن قـادوا تَحالفًـا مُوسَّـعًا بِصَحيفَتِهـم وحارَبـوا بِـه الرِّوايَـة ومَنعـوا مِـن تَدوِينهـا في مُـدّة ٨٨ عامًـا. وعـلى هـذا المنـوال جـرت سِـيرةُ الدَّولـةِ الأُمَويَّـةِ منـذ يَومِهـا الأَوَّل في عـام ٤١هــ بِقيـادةِ مُعاويَـة مِـن العاصِمَـة دِمَشـق حتَّـى يَـوم نِهايَتِهـا في ١٢٧هــ بِقِيـادَة (القائـم بِـالله) ومَجيءِ الدَّولـةِ العبَّاسِـيَّة مِـن بَعـدِه في ٧٥٠هــ بقيـادة أَبِي العَبَّـاس السَّـفاح حتَّـى نِهايَتهـا في عـام ٦٥٦هــ بِقِيـادَة المُعْتَصِـم. وقِيـل أَنَّ عُمَـر بـن عَبـدِ العَزيـز بـن مَـروان الأُمَـوي رَفَـع الحَظْـر في عـام ١٠١هــ.

وهـذا مـا فَعَلَـه عُمَـر مِـن بـين سـائر الصَّحابـة عندمـا جمـعَ مـا في أَيـدِي النَّـاس مِـن الرِّوايـات ومَنَّاهُـم بِتَعدِيلِهـا أَو تَقوِيمهـا ثُـمَّ فاجَأَهُـم بِإقدامِـه عـلى إِحْراقهـا.

---

1 - الكافي، الشيخ الكليني 1/62

(فقد بَلغَ عُمر أَنَّ في أَيدِي النَّاس كُتبًا، فاستنكَرَها وكَرِهها وقال: أَيُّها النَّاس، بَلغَني أَنَّه قد ظَهرت في أَيديكُم كُتبٌ فأَحبَّها الله، أَعدلها وأَقومها، فلا يَبقِيَنَّ أَحدٌ عنده كتاب إِلَّا أَتاني بِه فأَرَى رأيي. قال فظَنّوا أَنَّه يُريد النَّظرَ فيها ويُقوِّمها على أَمرٍ لا يَكون فيه اختِلاف. فأَتوه بِكُتبهم فأَحرَقَها بِالنَّار ثُمّ قال: أُمنيةٌ كأُمنيةِ أَهْلِ الكِتاب)[1].

دَفع بَعضُ الصَحابةِ المُنافِقين بِفِئةٍ مِن مُوالِيهم مِن الرُّواة إِلى القِيام بِأَعمال التَّحريف فِي الرِّواية. فهذا أَبُو هريرة الَّذي مُنِع مِن تَدوين السُّنَّة وضُرِب بِالدُّرّة على رأسه وظَهرِه وهُدِّد بِالنَّفي قد أُطلِق له الأَمر بَعد ذلك ورُفِعَ عنه الحَظر فِي تَسوِيَةٍ مُرضِيةٍ، حتَّى (أَنَّه كان يَسوغ كَثرةَ الرِّواية عن النَّبِي صَلَّى الله عليه وآله بِأَنَّه ما دام لا يَحِلّ حَرامًا ولا يُحرِّم حَلالًا فإِنَّه لا بِأْس مِن أَنْ يُرْوى.

وقد أَيَّد صَنِيعَه هذا بِأَحاديث رَفعها إِلى النَّبِيّ، ومِنها ما رَواه الطَّبراني في تَفسِير القرآن الكبير عن أَبِي هريرة أَنَّ رَسُول الله قال: إِذا لم تَحلّوا حَرامًا ولم تُحرِّمُوا حَلالًا وأَصبتُم المَعنى فَلا بَأس. وقال أَيضًا إِنَّه سَمِع النَّبِيَّ صَلَّى الله عليه وآله يَقول: مَن حَدَّث حَدِيثًا هو لله عَزَّ وَجَلَّ رِضًا فأَنا قُلته وإِنْ لم أَكُن قُلته. ورَوى ذلك ابنُ عساكِر في تَأريخه)[2].

إِنَّ أَوَّل مَن دَوَّنَ الأَحادِيث وأَدْرَجَها بين دَفَّتي الكُتب هو عَلِيٌّ أَميرُ المُؤمنين صَلواتُ الله وسَلامُه عليه، وهو أَوَّلُ مَن عَنِي بها. وأَنَّ مَناقبَه وفضائلَه وكَراماتِهِ كانت أَوَّل المُستهدَفِين مِن مَنع تَدوِين هذه الرِّوايَة وحَذفِها وشَطْبِها وإِحراقِها والوَضْع في عَبائرها والتَّزوِير في معانِيها.

فما الَّذي دَفعَ بِهؤلاء الصَّحابة المُنافِقين إِلى مَنعِ تَدوِين الرِّوايات المُتعلِّقة

---

1 - بحوث في الملل والنحل 66

2 - أَضواء على السُّنة المُحمَّدِيّة، مَحمُود أَبو رَيَّة 110

بِأَهْلِ البَيتِ صَلواتُ اللهِ وسَلامُه عليهم وبِشُئونِهِم في المُسلِمين إلى حَدّ الغُلو في التَّشَدّد؟!

كان صُدور الرِّوايَة والإكثار مِنها مِن أبرزِ المَظاهِر الجديدة لِصناعَة البَديل عن الثَّقافَة الجاهِلِيَّة الحاكِمَة في مُجتَمعي مكَّة والمَدينَة. وأنَّ مِن شَأن نَقل الرِّواية وتَدوينها وتَداولها أنْ يُساهم في تَعمِيق أَواصِر العَلاقة مع العَقِيدة الجَدِيدَة وفي مُعالجة ظاهِرة النِّفاق الَّتي بَرز الصَّحابةُ أَقطاب (صَحِيفَةِ مكّة الثَّانِيَة) في الأَوائل مِن مَصادِيقها. فَإِنْ انتقلَت النُّبوَّةُ مِن عَهدِها إلى عَهد الوَلايَة الجَدِيد بِسَلاسَة ـ والحال هذه ـ فإنَّ انتِزاع الوَلايَة مِن عَلِيٍّ أَمِير المُؤمنين صَلواتُ الله وسَلامُه عليه وسادة بَنِي هاشِم سيُصبِحُ أَمرًا عَسِيرًا مُستَصعبًا، ورُبما أقرب إلى المُستحِيل، إلَّا بِحَربٍ على طَرِيقةِ عائشة في (الجَمَل) ومُعاوِيَة بن أَبِي سُفيان في (النّهروان).

لم تكن التَّوازُناتُ القَبلِيَّة الجاهَلِيَّة في الجَزِيرة العَرَبِيَّة فضلًا عن العَصبِيَّات العَشائريَّة النَّاشِئة عنها والمُتَضَرِّرة مِن سِيادَةِ نُبوَّة مُحمَّد صَلَّى الله عليه وآله على ذُئبانِها والمُنهزِمَة أَمام حِدَّة سَيف عَلِيٍّ أمير المؤمنين صَلواتُ الله وسَلامُه عليه ـ تَسمح بِتَخطِّي ما هو مَعمولٌ بِه في مُجتَمَعي مَكَّة والمَدِينَة.

وباتَ مِن الضَّروري عند أَولِياء الجاهِلِيَّة ومَن تبَقَّى مِن صَنادِيدِهم صَدّ أَيِّ خُطوةٍ مُتقدِّمَةٍ تَتضَمَّن تَعزيزَ مَقام عَلِيّ أَمِير المُؤمنين صَلواتُ الله وسَلامُه عليه بِوَصفِهِ وَلِيًّا وإمامًا مِن بعد النَّبِيّ صَلَّى الله عليه وآله وإِنْ تَمَثَّلت المقدّمات في ظاهرة شُيوع مَرْوِيَّات النَّبِيّ صَلَّى الله عليه وآله.

مِن هُنا سارَع الصَّحابةُ الخَمْسَة أَقطاب الصَّحِيفة الثَّانِيَة إلى التَّشدُّد في تَنفيذهم لِأَعمال النَّصبِ وتَأصِيلِ العَداوة والبَغضاء في أَهل مكَّة والمَدِينَة، وإثارةِ النَّعرَةِ القَبلِيَّة والتَّحريض على طَلَبِ الثَّأر مِن بَنِي هاشِم تَمهِيدًا لِتَعزِيز ما تَعاقَدوا

عليه وشَدِّ عزم رُفقائهم في التَّحالُف المُوسَّع، ولِكَسب ولاء الوُجود القَبَلي العام في المَدينَتَين حتَّى يُنجِزَ الانْقلابُ على الأَعقاب مِهِمَّتَه في يُسر وبِلا مُنغِّصات.

لم يَتَجاسَر الصَّحابَةُ في يَوم الخَميس على النَّبيّ صَلَّى الله عليه وآله إلَّا مِن بَعد ما اجْتازوا الخَطوة التَّمهيدِيَّة المُتمثِّلَة في مَنع تَدوين المَروِيَّات وحظرِ نَقلِها وارتكاب جُرم حَرقِها والمُعاقَبة عليها، فَكَشّروا عن أَنْيابِهم عِند السَّاعات الأَخِيرة مِن حَياته صَلَّى الله عليه وآله وفي مَحضرٍ مِن عَددٍ كَبيرٍ مِن نُظرائهم في الصُّحبة، وأَتَوا بعِصيان أَمْرِه في مَرَضِه ومَنعوه مِن كِتابة الكِتاب المُنقِذ مِن الضَّلال قُبَيل أَنْ يُدرَجَ هذا الكِتاب ضِمن قائمة مَرْوِيَّات السُّنَّة ويُجدِّدَ في النَّاس ما بايَعوا عليه في يَوم الغَدِير ويَختَتِمَ وَحْيُ النُّبوّة بِهذا الكتاب مَهامَّه ويَنقطِع بِرَحيل النَّبي صَلَّى الله عليه وآله في شُهودٍ مِنهم!

استُشهِد النَّبِيُّ صَلَّى الله عليه وآله بِالسُّمّ في يَوم الخَميس أَو في يوم ما عُرِف بِـ(الرَّزِيَّةِ) الَّذي ارتُكِبَت فِيه آخِرُ مُحاولةٍ لاغتيالِه صَلَّى الله عليه وآله مِن بَعدِ فَشل العَديد مِن المُحاوَلات، ومنها مُحاولَة (هَرْشَى)[1] الشَّهيرة الَّتي تُعدّ أَخطر مُحاولةٍ نَفَّذها الصَّحابَةُ المُنافِقون في إِثْر عَودة الجَيش مِن تَبُوك في السَّنَة التَّاسِعَة لِلهِجرَة وفي شُهودٍ مِن الصَّحابِي حُذَيفَة بن اليَمان رِضْوان الله تَعالى عليه وفي غِيابٍ مِن عَلِيٍّ أَمير المؤمنين صَلواتُ الله وسَلامُه عليه الَّذي كُلِّف بِأَمر المُحافظة على أَمْنِ المَدِينَة وحِمايَتِها في غِيابٍ مِن نَبيِّها صَلَّى الله عليه وآله وجُندِهِ.

صَمَّم هَؤلاءُ الصَّحابة على اغتِيال النَّبيّ صَلَّى الله عليه وآله فوق هَضَبة (هَرْشَى)، وكان حُذيفة على مَقْربةٍ مِن ساحةِ التَّنفيذ حيث استَطاع رَصْد

1 - عقبة هَرْشَى أَو جبل هرشى، أَو عقبة لِفْت، أَو ثَنِيَةُ هرشى، مكان في منتصف الطَّريق بين مكّة والمدينة، ولها طريقان كعقبة تبوك، وتبعد عن الجحفة 30 كيلومترا. انظر: معجم البلدان 449/ 5-20/ 5. معجم ما استُعجِم 1350/ 4. عمدة القارئ 273/ 4

المُنفِّذِيـن والتَّعـرف عَـلى هُوِيَّاتِهـم. وعندمـا فَشَـلَت المُحاولَـةُ وظَـنّ المُنفِّـذون أَنَّ حُذيفـةَ هـو الشَّـاهِدُ الوَحِيـد الَّـذي اقْـتَربَ مِـن المُنفِّذيـن وشَـخَّصَهم ونَقَـل تَفاصِيـل مـا رأى إِلى الرَّسُـول صَـلَّى الله عليـه وآلـه؛ سـارعوا إِلى نَـشر جَواسِيسِـهم لِمُراقبـة حركـة حُذَيفـة وتَنقُّلاتـه في المدينـة خَشْـيَةَ أَنْ يَبـوحَ بِـما عِنـده مِـن أَسـماء أَسَرَّهـا النَّبِـيُّ الأَكـرم صَـلَّى الله عليـه وآلـه لَـه وأَضـافَ إِلى حَصِيلَتِـه زيـادةً مِـن التفاصيـل عـن هُوِيَّـة المُتآمِريـن.

فمَنْ هُم مُتآمِرُو هرشى؟!

سَـأَلَ حُذيفـة بـن اليَـمان رَسُـول الله صَـلَّى الله عليـه وآلـه عَنهـم. يقـول (فقلـت: ومَـن هُـؤلاء القَـوم المُنافِقـون يـا رَسُـول الله؟! أَمِـنَ المُهاجِريـن أَمْ مِـن الأَنْصـار؟! فسَـمّاهُم لي رَجُـلًا رَجُـلًا حتّـى فَـرِغ مِنهـم، وقَـد كان فِيهـم أُنـاسٌ أَنـا كارِهٌ أَنْ يكونـوا فِيهـم، فأَمْسَـكتُ عنـد ذلـك. فقـال رَسُـول الله صَـلّى الله عليـه وآلـه يـا حُذيفـة كأَنَّـك شـاكّ في بَعـض مَـن سَـمَّيتُ لَـك، اِرفع رأسَـكَ إِليهـم! فرَفَعـتُ طَـرفِي إِلى القَـوم وهُـم وُقـوفٌ عـلى الثَّنِيَـة، فبَرُقَـتْ بَرقَـةٌ فأَضـاءَت جَميـع مـا حَولَنـا، وثَبُتَـت البَرْقَـةُ حتَّـى خِلتهـا شَمْسًـا طالِعَـة، فنَظَـرتُ والله إِلى القَـوم فعَرفتهـم رَجُـلًا رَجُـلًا، فـإِذا هُـم كـما قـال رَسُـول الله صَـلَّى الله عليـه وآلـه، وعـددُ القـوم أَربَعـة عَـشرَ رَجُـلًا، تِسعةٌ مِـن قُريـش وخَمسَـةٌ مِـن سـايِرِ النَّـاس. فقـال لَـه الفَتَـى: سَـمِّهم لنـا يَرحَمُـك الله تعـالى! قـال حُذيفَـة: هُـمْ والله أَبُـو بكـر وعُمَـر وعُثـمان وطلحـة وعَبـد الرَّحمَـن بـن عَـوف وسَـعد بـن أَبِي وَقـاص وأَبـو عُبَيـدة بـن الجَـرّاح ومُعاويـة بـن أَبِي سُـفيان وعَمـرو بـن العـاص، هَـؤلاء مِـن قُريـش. وأَمّـا الخَمسَـة الآخـر فأَبُـو مُوسـى الأَشْـعَري والمُغِـيرة بـن شُـعبَة الثَّقَفِـي وأَوسُ بـن الحدثـان البَـصرِي وأَبُـو هُرَيـرة وأَبُـو طلحـة الأَنِصـاري)[1].

1 - بحار الأنوار، العلامة المجلسي 101-99/ 28

لُعْبَةُ السِّياسَةِ على سَفْحِ هَرْشَى

لم تُدَوَّن كتبُ السِّيرة شَيئًا عن السَّنَة الَّتي وُلِدَ فيها الصَّحابِي الجَلِيل حُذَيفة بن اليَمان رِضْوان الله تَعالى عليه، لكِنَّ حكايةَ وُفودِ والِدِه على المَدِينة هَرَبًا مِن ثأرٍ يَطلبه في مَوطِنه قد اشتُهِرت فِي مَصادر التَّابِعين وتابِعي التَّابعين المُصَنِّفين في قائمة (اتِّجاه أَهْلِ العامَّة).

فقد شَهَّروا بِحذيفة مع سَبقِ الإِصْرارِ منهم ونالوا مِن خَمسَة أُمُور لَفَتَت إلى عَظيم مَنزِلَة حُذَيفة ومَقامِه في التَّأريخ الإِسلامِي وكَشَفَت طَبيعةِ ما كان يُحاك في السِّرّ لِلقَضاء على النَّبِيّ صَلَّى الله عليه وآله وطَمْسِ مَعالِمِ دِينِه وإِسْقاط حَقِّ (الوَلايَة) المَنصُوص في علِيٍّ أَمِير المؤمِنين وأَهْلِ بَيتِه صَلواتُ الله وسَلامُه عَلَيهم:

الأَوَّل: أَنَّ ابن اليَمان شَهد أَخطَر مُحاوَلة لِاغتِيال النَّبِيّ صَلَّى الله عليه وآله مِن تَدبِير رَهْط الصَّحابَة المُنافِقِين حيث باءَت هذه العَمَلِيّة بِالفَشَلِ الذَّرِيع وكُشِفَ أَمرُهُم وأُصِيب مُنفِّذوها بالِيَأس والإحْباط حتَّى تَعاقَدوا في ما بَعد بَينَهم وآخَرين على (صَحِيفَةِ مكَّة الثَّانِيَة) وأَقاموا على بنودها تَحالُفًا مُوسَّعًا مع بَعض القَبائل.

الثَّانِي: مُصاحبَة ابن اليَمان لِلنَّبِيّ صَلَّى الله عليه وآله وتَحمُّلُه لِأَخطَر الأَسْرار عن هُوِيَّة الصَّحابَة المُنافِقين مِن المُهاجِرين والأَنْصار في المَدِينة.

والثَّالِث: وقُوع أَكثَر مِن مُعجِزَة لِلنَّبِيّ صَلَّى الله عليه وآله فِي ابن اليَمان.

الرَّابِع: تَلَقِّي ابنِ اليَمان لِبَعض الأَسْرار مِن النَّبِيّ صَلَّى الله عليه وآله في عِلْم الغَيب وعِلْم ما كانَ وما يَكُون.

الخامِس: مُؤاخاة النَّبِيّ صَلَّى الله عليه لابن اليَمان والصَّحابي الجَلِيل عَمَّار بن ياسِر رِضْوان الله تَعالى عليه.

اِلتَحَـق حُذَيفَـة بِالنَّبِـيِّ صَـلَّى الله عليـه وآلـه في مَعـارِك أُحُـد والخَنـدق وتَبُـوك، وشـارك مِـن بَعـد رَحِيـل النَّبـيّ صَـلَّى الله عليـه وآلـه في مَعـارك أُخْـرى كَثِيرة، منهـا فَتـح بِـلاد شَـمال الجَزيـرة العَربِيَّـة والعِـراق والشَّـام، ثُـمَّ اختِـير قائِـدًا مَيدانِيًّـا في فتـحِ بِـلاد فـارِس وخـاض مَعارِكَهـا بِمُـدُنِ هَمَـدان والـرَّي ونَهاوَنـد وغَيرهـا مِـن المُـدن انطلاقًـا مِـن الكُوفَـة.

واختُصَّ بِمُعجِزَتَين وقَعتا مِن قِبَل الرَّسُول صَلَّى الله عليه وآله:

الأُولى في يَـوم الخَنـدَق حِـين نـاداه النَّبِـيُّ صَـلَّى الله عليـه وآلـه وأَمَـره بِـأَداء مُهمَّـةِ التَّسـلُّل بـين (الأَحْـزاب) لِيَأتِيَـه بِخَبَرهـم حيـث كان الـبَرْدُ شَـديدًا جـدًّا والرِّيـاح عاصِفـةً لا تُحتَمـل عـلى جَبهَتـي الجَيشَـين.

يَقـول حُذَيفـة بَعدمـا أَنهـى مُهِمَّتـه بِنَجـاح (فَلَـمَّا وَلَّيـتُ مِـنْ عِنْـدِهِ ـ النَّبِـي صَـلَّى الله عليـه وآلـه ـ جَعَلْـتُ كَأَنَّـما أَمْـشِي فِي حَمَّـامٍ حَتَّـى أَتَيْتُهُـمْ..)[1]. فلَـمْ يَشـعر حُذَيفـة بِالـبَرد الشَّـدِيد ولا عَواصِفِـهِ في طَرِيقِـهِ لِأَداء هـذه المُهِمـة الخَطِـيرة، فكَشَـف عـن مُكَوِّنـات (الأَحْـزاب) حَيـث شَراكَـة الأُمَوِيّـين فِيهـم رَئِيسَـة.

والأُخـرى في عَقبـة (هَرْشَـى) حيـث تَبـادَل حُذيفَـة الحَدِيـث مـع صَخـرةٍ آوى إِليهـا نَفسَـه بِأَمْـرٍ مِـن النَّبـيّ مُحَمَّـد صَـلَّى الله عليـه وآلـه واخْتَفـى فِي عُمقِهـا عـن أَعْـيُن الصَّحابَـة المُتَربِّصـين بِالنَّبِـيّ صَـلَّى الله عليـه وآلـه الدَّوائـر، ومـا لَبِـثَ حُذيفـة حتَّـى طـار بِجَناحَـين إِلى النَّبِـيّ صَـلَّى الله عليـه وآلـه لِيُعلِمـه بِتَفاصِيـل المُحاوَلـة وعَدد المُجتَمِعـين لِتَنفيذِهـا وآخـر مُسـتجِدّات الوَضـع عـلى هَضبـة هَرشـى.

وفي إِثْـر فَشَـل المُنافِقِـين في عَمليّـة اغْتِيـال النَّبـي صَـلَّى الله عليـه وآلـه عـلى هَضبَـةِ (هَرْشَـى) أُخْضِـعَ حُذَيفـة لِإِجـراءٍ رَقـابِيٍّ صـارِمٍ شَـدِيد الحَساسِـيَّة بِـإشْرافِ قـادة

---

1 - صحيح مُسلَم (1788)

الاغْتِيـال وبعـض مُنَفّـذي العَملِيّـة، منهـم أَبـو بَكْـر وعُمـر وعُثْـمان وأَبـو مُوسَـى الأَشْـعري وطَلحَـة وسَـعد بـن أَبِي وقَّـاص وأَبـو سُـفيان، وداوَموا عـلى التَّجسُّـس عليه وأَحاطُـوه بِأَصُنـافٍ مُخْتَلِفـةٍ مِـن أَسـالِيب التَّهدِيـد، وسَـعوا في ابتـزازِه بِأَسـاليب مُختَلِفَة.

وكان غَرضُهُـم مِـن ذلـك بَـثُّ الخَـوف والرَّهبـة فِي نَفسِـه وإِرغامِـه عـلى كَتْـم سِرِّ تَورُّطِهـم المُبـاشِر مـع سِـتَّةٍ آخَريـن مِـن الصَّحابـة فِي عمليّـة الاغتِيـال الفاشِـلَة، حتَّـى قـال حُذَيفـةُ (لـو كُنـتُ عـلى شـاطِئ نَهـرٍ، وقـد مَـددتُ يَـدي لِأَغْـرِف، فحدَّثتكـم بِـكُلِّ مـا أَعْلَـم، مـا وَصلَـتْ يَـدي لِفَمِـي حتَّـى أُقْتَـل)[1].

في حيـاة النَّبِـيّ صَـلَّى الله عليـه وآلـه لم تُكْشَـف أَسـماء الصَّحابـة المُنافِقـين الَّذيـن شـاركوا في مُؤامـرة هَرْشَـى. وعندمـا نُفِّـذَت خُطَّـةُ اغتِيالِـه صَـلَّى الله عليـه وآله بِالسُّـمّ في بَيتِـهِ فَـرِح الصَّحابـةُ المُنافِقـون، وبـات مِـن السَّـهل عليهـم طَمْـس قائمة الأَسْـماء في إِثْـر الفَـراغ الَّـذي خَلَّفـه رَحِيـلُ النَّبِـيّ صَـلَّى الله عليـه وآلـه، ولكِـنّ الحَـوادِث جَـرَت عـلى غَـير مـا كان متوقَّعًـا!

صـار امتِنـاعُ حُذَيفَـة عـن الصَّـلاة عـلى جِنائـز المَوتَـى مِـن الصَّحابَـة المُنافِقِـين أَمْـرًا مُقْلِقًـا لِمَصِـير كُلِّ واحـدٍ مِـن فَريـق قِيـادة عَملِيّـة هَرشـى ومُنَفِّذيهـا، ولم يَكُـن بِاسـتِطاعة أَحَـدٍ مِـن هـذا الفَريـق المُبـادَرة إِلى حُذَيفـة لاغْتِيالِـه والتَّخلـص مِـن هـذا العِـبء الثَّقِيـل لِوُجُـودِه، لِأَنّ قائمـة أَسْـماء المُنفِّذيـن مـا زالَـت محفوظَـةً لَـدى اثْنَـين آخَريـن لا قِبَـل لِأَحـدٍ مِـن فَريـق عَمَلِيَّـة هَرْشَـى عـلى اغتِيالهـما، هُـما عَـلِيٌّ أَمِـير المُؤمنـين صَلـواتُ الله وسَـلامُه عليـه الَّـذي (يَقتلـه أَشْـقى الآخِريـن) وعَـمار بـن يـاسر الَّـذي (تَقْتُلُـه الفِئـةُ الباغِيَـة)!

وفي مَرحَلِـة خلافَتِـه مـا انفَـكَّ عُثْـمان بـن عفَّـان يَبعَـثُ بِجَواسِيسِـه لِيحيطـوا بِحركـة حُذَيفـة ويَرصـدُوا أَحادِيثَـه في المجالـس، وحُذيفـة يَصِفُهـم بِالنَّمامِـين. فـكان

---

1 - مختصر تأريخ ابن عساكر 259/ 6

(رَجُـلٌ يَرْفَـعُ إِلى عُثْـمان الْأَحَادِيـثَ مِـن حُذَيْفَـة. قَـال حُذَيْفَـة: سَـمِعْتُ رَسُـولَ الله صَـلَّى الله عليـه وآلـه يَقُـولُ (لَا يَدْخُـلُ الجَنَّـةَ قَتَّـاتٌ، يَعْنِـي نَمَّـامًـا)[1]. فـما كان مِـن عُثمان إِلّا تَدخُّـل بِنَفسِـه عـلى وَجْـهِ الشَّـرعـة فاتَّخـذ إِجـراءً مُضـادًا يَقـضِي بِنَفـي حُذيفـة إِلى المَدائـن، وأَمَـرَ عامِلَـه عـلى الكُوفَـة أَبـا مُوسَـى الأَشْـعرِي وهـو أَحـد المُتورِّطـين في تَنفِيـذ عَمِلِيَّـة (هَرْشَـى) في سـنة ٣٦هــ بِتعقُّـبِ حُذيفـة وقَتلِـهِ قَبـل أَنْ يَكشِـفَ المزيدَ مِـن أَسـماء مُنافِقِـي هَرْشَـى كلَّـما امْتَنـع عـن الصَّـلاة خَلْـفَ جَنائزهـم ومِنهـا جِنازَتـه وجنـازة عُثـمان إِنْ هَلَـكا!

ومِـن سُـوء حَـظِّ عُثـمان العاثِـر أَنَّ المـوتَ خَطَفَـه قَبـل أَربَعِـين يَومًـا مِـن لحَظـةِ إِقْـدام الأَشْـعري عـلى إِنفـاذ أَوامِـره بِقَتـل حُذيفـة، فـدارت رَحَـى الفَضِيحـة الكُـبرى في المُسـلِمِين عـلى عُثـمان بـن عفّـان عندمـا امتَنَـع حُذيفـة عـن الصَّـلاة خلـف جِنازَتـه، فـكان امِتناعُـه عـن أَداء هـذه الصَّـلاة إِعلانًـا صَريحًـا بِضَـمِّ عُثـمان إِلى رَهْـط المُنافِقِـين الاثْنَـي عَشر الَّذيـن شـاركوا في تَنفِيـذ مُحاولـة اغتِيـال النَّبِـيّ صَـلَّى الله عليـه وآلـه عـلى عَقَبـةِ (هَرْشَـى).

أَنْبَـأَ النَّبِـيُّ صَـلَّى الله عليـه وآلـه حُذَيفـةَ بِمَوتِـه غِيلَـةً فِي المدائـن حِـين قـال صَـلَّى الله عليـه وآلـه لِحُذيفـة (يـا حُذَيفـة إِنَّـكَ مَقتُـول)[2]. ورُوِيَ عـن حُذيفـة نَفسـه فِي قاتِلِـه أَبِي مُوسَـى الأَشْـعَرِي عـن عَـمَّار بـن يـاسِر رِضْـوان الله تعـالى عليـه قـال (لَقـد سَـمِعتُ فيـه مِـن حُذَيفـة قـولًا عَظِيـمًا، سِـمعتُه يقـول صاحِـب البُرْنُـس الأَسـود ثُـمَّ كَلَـحَ كلوحًـا علمـتُ أَنَّـهُ كان ليلـة العَقبـة بـين ذلـك الرَّهْـط)[3].

اشـتَهر حُذيفـة بِكُنيـةِ (حافـظِ سِرِّ الرَّسُـول) بَعدمـا خصَّـه صَـلَّى الله عليـه وآلـه مِـن عِلمِـه وأَسَرّ لـه بِأَسـماء الصَّحابـة المُنافِقِـين كافَّـة، ومِنهـم أُولئـك الَّذيـن هَمّـوا

---

1 - مسند أحمد بن حنبل (22699)- (22798)

2 - رجال الكشّي 77

3 - شرح نهج البلاغة، ابن أبي الحديد 292/ 3

بِاغتِيالِـهِ فَـوق عَقَبـة هَرشـى أثنـاء عَودَتِـه صَـلَّى الله عليـه وآلـه والجَيـش مِـن تَبُـوك.

وأَيَّـد ذلـك مـا قالـه عَـلِيٌّ أَمِـير المُؤمنـين صَلـواتُ الله وسَـلامه عليـه في حُذَيفـة (ذاك امـرؤ عَلِـم المُعضـلات والمُفصـلات، وعَلِـم بِأَسـماء المُنافِقِـين، وإِنْ تَسـأَلُوه عنهـا تَجِـدوه بهـا عالِمًـا)[1]. ورَوى مُسـلِم عـن حُذَيفـة رِضْـوان الله تعـالى عليـه (والله إِنِّي لَأَعْلَـمُ النَّـاسِ بِـكُلِّ فِتْنَـةٍ هِـيَ كَائِنَـةٌ فِيـمَا بَيْنِـي وَبَـيْنَ السَّـاعَةِ، وَمَـا بِي إِلَّا أَنْ يَكُـونَ رَسُـولُ الله صَـلَّى الله عَلَيْـهِ وآلـه أَسَرَّ إِلَيَّ فِي ذَلِـكَ شَـيْئًا لَمْ يُحَدِّثْـهُ غَـيْرِي)[2].

أَخْـبرَ النَّبِـيُّ مُحَمَّـد صَـلَّى الله عليـه وآلـه الصَّحابـةَ في المدينـة بِأَنَّـهُ صَـلَّى الله عليـه وآلـه أَسَرَّ لِحُذيفـة بِأَسـماء المُجتَمِعـين علـى قَتلِـه في عَقَبـةِ هَرْشَـى. ومنـذُ ذلـك اليَـوم اسـتَهدَفَت أَسـلِحةُ المُنافِقـين حيـاة حُذَيفـة تَبغِـي اغتِيالَـه، ولكِنَّهـا ظَلَّـت مأسُـورةً لِلحِـيرة مِـن أَمْـر قَتلِـه.

بـات قَتْـلُ حذيفـة عـلى أَيـدي الصَّحابَـة المُنافِقِـين المُتآمِريـن المُتواجِديـن في المَدِينَـة يُشـكِّل دَليـلًا دامغًـا عـلى صِحَّـةِ أخبـار وُقـوع المُؤامَـرة عـلى هَضبـة هَرْشـى وتَفاصِيلها، وهـو الأَمـر الَّـذي سـيَدفعُ بِالنَّبِـيّ صَـلَّى الله عليـه وآلـه -إذا مـا غُـدِر بِحُذيفـة- إلى التَّصريـح بِأَسْـماء المُنافِقـين والإِقـدام عـلى مُعاقَبَتِهـم. وأَنَّ الإِبقـاء عـلى حُذيفة حَيًّـا يَجعلُ مِنـه دَلِيـلًا فاضِحًـا عـلى اشـتِراك كُلّ واحـدٍ مِـن الصَّحابَـة المنافِقِـين في المُؤامـرة. وحِـين يُـدرِك هـؤلاء الصَّحابـة المـوتُ ويَمتَنِـع حُذيفـة عـن الصَّـلاة خَلْـفَ جِنائزِهـم سـتكون الفَضِيحـةُ قـد تَخطَّـت حُـدود المَدِينـة وتَفشَّـت وطـارت إِلى كُلّ القبائـل في البـلاد.

فصـار المُسـلِمُون يَتعرَّفُـون عـلى الصَّحابـة المُنافِقِـين المُنفِّذيـن لِمُؤامـرة هَرْشَـى واحدًا تلـو الآخـر كُلَّـما ذاق المنافِقُـون المـوت وامتَنَـع حُذيفـة عـن الصَّـلاة خَلْـفَ جَنائزهم، مِثلَـما فَعـل ذلـك عندمـا مـات الخُلفـاء الثَّلاثَـة أَبُـو بَكـر وعُمَـر وعُثـمان!

---

1 - أُسد الغابة، ابن الأثير 468/ 1

2 - مُسلم (2891)

أَكَّـد أَبُـو حَـزم الأَنْدَلُـسِي عـلى حَقِيقَـة امتِنـاع حُذَيفـة عـن الصَّـلاة عـلى جَنائـز الصَّحابَـة الثَّلاثـة أَبِي بَكـر وعُمـر وعُثـمان. وقـال في مُحـلَّاه (فتـورَّعَ عـن الصَّـلاةِ عَليهِـم)[1] امتِثـالًا لِلآيـة الشَّريفَـة [وَلَا تُصَلِّ عَلَىٰ أَحَدٍ مِنْهُم مَاتَ أَبَدًا وَلَا تَقُمْ عَلَىٰ قَبْرِهِ، إِنَّهُمْ كَفَرُوا بِاللهِ وَرَسُولِهِ وَمَاتُوا وَهُمْ فَاسِقُونَ)[2]. فـدَلَّ حُذيفَـةُ بِمَوقِفـه هـذا عـلى أَنَّ الَّذيـن نَـأى بِنَفسِـه عـن الصَّـلاةِ خَلْـفَ جَنائزِهِـم ولم يَقُـم عـلى قُبورِهِـم كانُـوا مِمَّـن نافَـقَ وتَآمـر عـلى الرَّسُـول صَـلَّى الله عليـه وآلـه وأَقْـدَم عـلى اغتِيالِـه مـع سـبق الإِصْرار والتَّرصُّـد، وقـد وَصَفهـم ظاهـرُ الآيـة الشَّريفَـة بِالكُفَّـار!

مَثَّـلَ عُمَـر دَورَ الزَّعِيـم الثَّـانِي لِـ(اتِّجاه أَهْـل العامَّـة) في عَهـدِ خِلافَةِ أَبِي بَكـر، وكان هـو الأَكثـر حِرصًـا عـلى تَقَصِّي أَخْبـار حُذيفـة بـن اليَـمان عندمـا جَـرَت الفَضِيحَـةُ عـلى جِنـازة صاحِبِـهِ أَبِي بَكـر وامتَنَـع حُذَيفـةُ عـن الصَّـلاةِ عليهـا. فـما كان مِـن عُمَـر إِلَّا أَنْ تَرَصَّـدَ حركـةَ حُذَيفـة في النَّـاس فأَحَـصى عليـه أَنفاسَـه، وتَتَبَّـعه في كُلِّ مَحفَـلٍ وعنـد كُلِّ فُرْصَـةٍ يَحتَمِـل أَنْ يَبـوحَ حُذيفـة فيهـا بِـما اسـتَجمَع مِـن تَفاصِيـل عَمليَّـة هَرشـى أَو بِـما أَسَرَّ الرَّسُـول صَـلَّى الله عليـه وآلـه لَـه عـن الحـوادِث الواقِعَـة ومـا انطـوت عليـه صَفحـاتُ المُستقبَل، ولِيَتأَكَّـد عُمـر بِنَفسـه ويَقِـف عـلى عِلْـمٍ قاطـعٍ راسـخٍ بِـوُرود اسـمِهِ في ذاكِـرَة حُذيفـة مِـن بـين أَسْـماء المُنفِّذيـن لِمُحاولـة الاغتِيـال الفاشِـلَة إِنْ أَقـدمَ حُذيفـة عـلى إِفْشَـاء سِرِّهـا، حتَّـى يَتَّخِـذ في عقـب ذلـك أَمـرًا صارمًـا قـد يَنتَهِـي بِـه إِلى إِصـدار أَمْـرٍ باغتيـال حُذيفـة.

حَـرِصَ عُمَـر عـلى الاقـتراب مِـن حُذَيفـة والاجتِـماع إِليـه مُنفـرِدًا لَعـلَّ حذيفـة يَبـوح إِليـه بِـشيءٍ مِمَّـا يكتـم ويَضمِـر، أَو لَعـلَّ عُمَـر يَنجـح فِي طَلَـبِ ابتِـزازه أَو إِغرائـهِ بِعضوِيَّـة في غُنـم حِلـف المنقلِبـين عـلى الأَعقـاب، أَو لِيَتَصَيَّـد في ملامِـح وَجـهِ حُذيفـة لائحـة الاتِّهـام ومَرتَبـة اسـمِه في قائمـة الأَسـماء!

1 - المحلى، ابن حزم الأندلسي 225/11

2 - التَّوبَة 84

يَقـول حُذيفـة عندمـا جَهَّـز المسـلمون جنـازة أَبي بكـر: مَـرَّ بِي عُمـر بـن الخطّـاب وأنـا جَالِـس في المَسـجِد فقـال لِي: يـا حُذيفـة إنَّ فلانًـا ـ ويَعنِـي أَبـا بَكـر ـ قـد مـاتَ فاشْـهده.. ثُـمَّ مَـضى. وإِذْ كاد يَخـرج مِـن المَسـجد اِلتَفَـت إِلَيَّ فـرآنِي وأنـا جالِـسٌ، فعَـرِف! أَيّ (أَنَّ حُذيفَـة مُمتَنِـعٌ ولَـنْ يَشـهد جِنـازة أَبِي بَكْـر)، فرَجـع إِلَيَّ فقـال: يـا حُذيفَـة أَنشـدك الله، أَمِـنَ القَـوم أَنـا؟! قُلـتُ: لا، وَلَـنْ أُبـرِئ أَحـدًا بَعـدكَ. قـال: فَرأيـتُ عَيْنَـيّ عُمَـر جاءتـا)[1].

ومنـذ ذلـك اللِّقـاء، وبَعـد أَنْ قَطـعَ عُمـر في نفسـه العِلْـم بِـما عِلْـم مِـن حُذيفـة حـول أَسـماء مُنفِّـذي عمليّـة هَرْشَـى، ولا مَجـال لِلشَّـكِّ في ذلـك؛ صـار عُمـر يَحسَـب كُلَّ صَيحـةٍ مِـن حُذيفـة عَليـهِ.

ومـا زال عُمَـر يَقتَنـص الفُـرص لِيَلتَقِـي حُذيفـة وحُذيفـة مِـن جِهَتِـه يَفـرّ منـه أو يَكِيـل لـه مـا كان فيـه مِـن حَـرجٍ وإِشـارةٍ وتَعريـضٍ مِـن الـكلام، فيَزيـده شُـعورًا بِالخـوف والهَلَـع والحَنـق والغَيـض بِـما يَكتُـم حُذيفـة مِـن سِرٍّ، حتَّـى راح عُمَـر يَنُـمّ ويَشـتكِي حُذيفـة لِعَـليٍّ أَمـير المؤمنـين صَلـواتُ الله وسَـلامُه عليـه!

وفِي إِحـدى الفُـرص لَقِـي حُذيفـة عُمـر، فقـال لـه عُمـر: كَيـف أَصبحـتَ يـا ابـنَ اليَـمان؟ فقـال: كيـف تُريـدني أُصْبِـح؟! أَصبحـتُ والله أَكـرهَ الحـقّ، وأُحِـبَّ الفِتْنَـة، وأَشـهَدَ بِـما لَم أَرَه، وأَحفـظَ غَـير المَخلُـوق، وأُصَـلِّي عـلى غَـير وُضـوءٍ، ولِيَ في الأَرْض مـا لَيْـس لله في السَّـماء.

فغَضِـب عُمـر لِقَولِـهِ وانْـصَرفَ مِـن فَـورِهِ وقـد أَعجَلَـه أَمْـرٌ، وعـزم عـلى أَذى حُذَيفَـة لِقَولِـهِ ذلـك. فبَينـما هـو في الطَّريـق إِذْ مَـرَّ بِعَـلِيٍّ بـن أَبي طالِـب صَلـواتُ الله وسَـلامُه عليـه فـرَأى الغَضـبَ في وَجهِـهِ فقـال: مـا أَغضَبـكَ يـا عُمـر؟!

---

1 - مختصر تأريخ دمشق 253/ 6

فقـال: لَقِيـتُ حُذيفـة بـن اليَـمان فسَـأَلته: كيـفَ أَصْبَحـتَ، فقـال أَصبحـتُ أَكـرَه الحـقّ. فقـال عَـلِيٌّ أَمـير المؤمنـين صَلـواتُ الله وسَـلامُه عليـه: صَـدَق، يَكـرهُ المـوتَ وهـو حَـقٌّ. فقـال عُمَـر: يَقـولُ وأُحِـبّ الفِتنـة. قـال عَـلِيٌّ أَمـير المؤمنـين صَلـواتُ الله وسَـلامُه عليـه: صَـدَق، يُحِـبّ المـالَ والوَلـد وقـد قـال الله تعـالى [وَاعْلَمُـوا أَنَّـمَا أَمْوَالُكُـمْ وَأَوْلَادُكُـمْ فِتْنَـةٌ][1]. فقـال عُمَـر: يـا عَـلِيّ، يَقـول: وأَشـهد بـما لَمْ أَرَه. فقـال عَـلِيٌّ أَمِـير المؤمنـين صَلـواتُ الله وسَـلامُه عليـه: صَـدَق، يَشـهدُ بِالوحْدانِيّـة والمَـوتِ والبَعـثِ والقِيامـة والجَنَّـةِ والنَّـارِ والـصِّراط ولم يَـر ذلـك كُلّـه.

فقـال عُمـر: يـا عَـلِيّ، وقـد قـال: إِنِّي أَحفـظُ غـير المَخلـوق. قـال عَـلِيٌّ أَمـير المؤمنـين صَلـواتُ الله وسَـلامُه عليـه: صَـدَق، يَحفـظُ كِتـاب الله تَعـالى القُـرآن وهـو غـير مَخلـوق. قـال عُمَـر: ويَقـولُ أُصَـلِّي عـلى غـير وُضـوء. فقـال عَـلِيٌّ أَمـير المؤمنـين صَلـواتُ الله وسَـلامُه عليـه: صَـدَق، يُصَـلِّي عـلى ابـنِ عَمِّـي رَسُـول الله صَـلَّى الله عليـه وآلـه عـلى غَـير وُضُـوء والصَّـلاة عليـه جائـزة. فقـال عُمَـر: يـا أَبـا الحَسـن، قـد قـال أَكْـبر مِـن ذلـك. فقـال عَـلِيٌّ أَمـير المؤمنـين صَلـواتُ الله وسَـلامُه عليـه: ومـا هـو؟ قـال عُمَـر إِنَّـه قـال: إِنَّ لِي في الأَرْضِ مـا لَيْـس لله فِي السَّـماء. قـال عَـلِيٌّ أَمـير المؤمنـين صَلـواتُ الله وسَـلامُه عليـه: صَـدَق، لـه زَوجـةٌ ووَلَـد.

فقال عُمَر: كاد يُهلك ابن الخَطَّاب لَولا عَلِي بن أَبِي طالب)[2].

فَاطمَئـن عُمـر الَّـذي وُصِـفَ بِـ(العَبقَرِيَّـة) في بَعـض المُدَوّنـات المُعـاصِرَة بِحُـدود مـا كان حُذيفـة يَعْنِيـه مِـن قَـول!

وبَعد مَقتل أَبِي بَكر وَقعَت حادِثةٌ مُثيرةٌ.

أَخـذ عُمَـر يُبـدِي إِشـارةً ضِمنِيَّـة لابْتِـزاز حُذَيفـة بـن اليَـمان أَو لاسـتِدراجِه أَو

1 - التَّغابن 15

2 - نِهايَة الطَّالب في مَناقِب علي بن أَبي طالب 218

لانْتِـزاع قائمـة أَسـماء الصَّحابَـة المُنافِقـين الضَّالِعـين في مؤامَـرة اغتِيـال النَّبـيّ صَـلَّى الله عليـه وآلـه بِعقبـة هَرْشَـى مِـن صَـدرِه، ولِيَتيقَّـن ممّـا في نَفْـسِ حُذَيفـة مِـنْ عَـزمٍ عـلى البَـوح بِـسِرٍّ ضلـوع الصَّحابَـة في المُؤامَـرة أَو عـلى الإِحجـام عـن ذلـك، حيـث قَطـع عُمَـر في عِلْمِـه بِـأَنَّ حُذيفـة بـن اليـمان امتَنـع عـن الصَّـلاة عـلى جِنـازة أَبي بَكـر صاحِـب (الفَلْتَـة)، وهاهـو سِرُّ دَورِه قـد حـان مِـن بَعـد فَضـحِ سِرِّ رَفيقِـه الَّـذي رَحَـل.

فأَقْـدَم عُمَـر عـلى تَولِيَـة المَدائـن لِحُذيفـة، لكِـنَّ عُمـر سـاءَله في إِثْـر التَّعيـين (هَـل في عُـمالي أَحـدٌ مِنهـم؟! قـال حُذيفـة: نَعـم واحِـد. قـال عُمـر: مَـن هـو؟! قـال: لا أَذكُـره! فعَزلَـه عُمـر)[1].

كيـف تَعـرَّفَ حُذيفـةُ رِضْـوان الله تَعـالى عَليـهِ عـلى هُوِيَّـة الصَّحابـة المُنافِقـين المُنفِّذيـن لِمُحاوَلـة الاغْتِيـال عـلى عقبـة هَرْشَـى؟

نُـورِدُ بعضًـا مِمّـا ضَمَّتـه الأُصُـول والمُدوَّنـات في السِّـيرة حيـث أَجمَعَـت عـلى وُقـوع المُحاوَلَـة واختَلَفَـت في تَحديـد هُوِيَّـة الصَّحابَـة المُنافِقِـين المُنفذِّيـن ومَوضِـع التَّنفيـذ ويَومِـه خَـوفَ الطَّعـن في كـبراء الصَّحابـة الخُلفـاء وانْتِكـاس رايـة عهـد (الخِلافَـة) وضُمـور مَقـامِ غَرابيبـه!

انتَهَـت غَـزوةُ تَبُـوك، وهَـمَّ الرَّسُـول صَـلَّى الله عليـه وآلـه وجَيشُـه المُؤلَـف مِـن ٣٠ أَلفًـا مِـن المُقاتلـين بِالرُّجـوع إِلى المَدينـة، (وسـار رَسُـول الله صَـلَّى الله عليـه وآلـه باقِـي يَومِـه ولَيلَتـهِ حتَّـى إِذا دَنَـوا مِـن عَقَبـة هَرْشَـى، فقَدَّمَـه القَـوم فتَـواروا فِي ثَنْيَـةِ العَقبـة وقـد حَملـوا مَعهـم دبابًـا وطَرحُـوا فيهـا الحَصى.

قـال حُذيفـة: فدَعـاني رَسُـول الله صَـلَّى الله عليـه وآلـه ودَعـا عَـمّار بـن يـاسِر وأَمَـره

---

1 – تهذيب الأسماء واللّغات، النَّووي 154/1

أَنْ يَسوق ناقتَه وأَنا أَقُودها، حتَّى إِذا سِرْنا في رأس العَقبَة ثار القَومُ مِن ورائنا ودَحْرَجوا الدّباب بين قوائم النَّاقة، فذُعِرت «النَّاقة» وكادَت أَنْ تنفر بِرَسُول الله. فصاح بها النَّبِيُّ صَلَّى الله عليه وآله أَنْ اسْكنِي فلَيسَ عَليكِ بَأْس. فَأَنطَقَها الله تعالى بِقَولٍ عَربِيٍّ فَصِيح فقالت: والله يا رَسُول الله لا أَزَلتُ يدًا عن مُستقرّ يدٍ ولا رِجلًا عن موضع رِجْلٍ وأَنتَ على ظَهري.

تَقدَّم القومُ إلى النَّاقَةِ لِيَدفَعوها، فأَقبَلْتُ أَنا وعَمّار لِنَضرِبَ وُجوهَهُم بِأَسْيافِنا، وكانت لَيلةٌ مظلِمةٌ، فزَالوا عنَّا وآيَسوا مِمَّا ظَنُّوا وأَدبَروا. فقُلتُ يا رَسول الله، مَن هؤلاء القوم الَّذين يُريدون ما تَرى؟!

فقال: يا حُذيفة هؤلاء المُنافِقون في الدُّنيا والآخِرة.

فقُلتُ أَلا تَبعث إِليهم يا رَسُول الله رَهْطًا فيَأتوا بِرُؤوسِهم؟

فقال إِنَّ الله أَمَرنِي أَنْ أَعرِض عنهم وأَكره أَنْ يقول النَّاسُ أَنَّه دعا أُناسًا مِن قَومِه وأَصحابِه إلى دِينه فاستَجابوا له فقاتَل بِهم حتَّى ظَهَر على عَدُوّه ثُمَّ أَقبلَ عليهم فقَتَلهُم، ولكنْ دَعْهم يا حُذيفة فإِنَّ الله لَهم بِالمِرصاد وسيُمهِلهم قليلًا ثُمّ يَضْطرّهم إلى عذاب غليظ)[1].

وفي رِوايةٍ ثانِيَةٍ ذُكِر (أَنَّ رَسول الله صَلَّى الله عليه وآله أَمَر بِالرَّحِيل في أَوَّل نِصف اللَّيل الأَخِير، وأَمَرَ مُنادِيه فنَادى: أَلا لا يَسبِقنَّ رَسُول الله صَلَّى الله عليه وآله أَحدٌ إلى العَقَبة ولا يَطأها حتَّى يُجاوِزها رَسُولُ الله صَلَّى الله عليه وآله. ثُمَّ أَمر حُذَيفة أَنْ يقعد في أَصْلِ العَقبَة فيَنظر مَن يَمُرّ به ويُخبِر رَسُول الله صَلَّى الله عليه وآله، وكان رَسُول الله صَلَّى الله عليه وآله أَمَرَه أَنْ يَستَتِر بِحَجر.

فقال حُذَيفة: يا رَسُول الله إِنِّي أَتَبيَّن الشَّرّ في وُجوه رُؤساء عسكَرِك، وإِنِّي

---

1 - الدَّرجات الرَّفِيعة لِطَبَقات الشِّيعة 292

أَخـاف إِنْ قَعـدت في أَصْـل الجَبَـل وجـاء منهـم مَـن أَخـافُ أَنْ يَتقدَّمَـك إلى هنـاك لِلتَّدبـير عليـك يَحسّ بِي فيَكشِـفَ عنِّـي فيَعرِفَنـي ومَوضِعِـي مِـن نَصِيحَتِـك فيَتَّهِمَنـي ويَخافِنـي فيقْتلنـي.

فقـال رَسُـول الله صَـلَّى الله عليـه وآلـه: إنَّـك إذا بَلَغـت أَصْـلَ العقبـة فاقصِـد أَكـبرَ صَخْـرةٍ هنـاك إلى جانِـب أَصْـلِ العَقبـة وقُـلْ لهـا (إنَّ رَسُـول الله صَـلَّى الله عليـه وآلـه يأمُـركِ أَنْ تَنفَرِجـي لِي حتَّـى أَدخُـل في جَوفِـك، ثُـمَّ يأمُـركِ أَنْ يَنثَقِـب فِيـك ثقبـة أَبـصرُ مِنهـا المارِّيـن، ويَدخـل عَـلَيَّ منهـا الـرُّوح لِئَـلا أَكـون مِـن الهالِكـين، فإِنَّهـا تَصِـير إلى مـا تَقـول لَهـا بـإذنِ الله ربِّ العالمـين.

أَدَّى حُذيفـةُ الرِّسـالةَ ودَخـل جَـوف الصَّخـرة، وجاء الصَّحابـةُ الأربَعـة والعُشرون عـلى جِمالِهِـم وبَـين أَيديهِـم رجالتهـم، يَقـولُ بَعضُهـم لِبَعـض: مَـن رَأيتُمـوه ههنـا كائنًـا مَـن كان فاقْتُلـوه لِئـلا يُخبِروا مُحمَّـدًا أَنَّهـم قـد رَأَونـا هاهنـا فينكـص مُحمَّـد ولا يَصعـد هـذه العقبـة إلَّا نهـارًا فيَبطـل تَدبيرنـا عليـه. وسَـمِعها حُذيفـة واسـتقصَوا فلَـم يَجِـدوا أَحـدًا. وكان الله قـد سَـتر حُذيفـة بِالحَجـر عنهـم فتَفرَّقـوا، فبَعضُهـم صَعـد عـلى الجبـل وعـدل عـن الطَّريـق المَسـلوك، وبَعضُهـم وَقـفَ عـلى سَـفْح الجبـل عـن يَمِـين وشِـمال، وهُـم يقولـون أَلا تَـرون حـين مُحمَّـد كيـف أَغـراهُ بِـأَنْ يَمنـع النَّـاس مِـن صُعـود العَقَبَـة حتَّـى يَقطعهـا هـو لِنَخلـوا بـه هاهنـا فنَمضِي فِيـه تَدبيرَنـا وأَصحابُـه عنـه بِمَعـزل؟! وكلُّ ذلـك يُوصلـه الله مِـن قَريـب أو بَعِيـد إلى إذن حُذيفـة ويعيـه.

فلـمَّا تمَكَّـن القَـومُ عـلى الجبـل حيـث أَرادوا؛ كَلَّمَـتْ الصَّخـرةُ حُذيفـة وقالـت: اِنطلـق الآن إلى رَسُـول الله صَـلَّى الله عليـه وآلـه فأَخـبره بِـما رأيـتَ ومـا سَـمِعت.

قـال حُذيفـة: كيـف أَخـرجُ عنـك وإنْ رآني القَـومُ قَتَلـونِي مَخافـةً عـلى أَنفسـهم مِـن نَميمَتـي عليهـم؟!

قالت الصَّخرةُ: إنَّ الَّذي مَكَّنَك مِن جَوفِي وَأوصل إليك الرُّوح مِن الثّقبة الَّتي أحدَثها فِيَّ هو الّذي يُوصِلك إلى نَبِيّ الله ويُنقِذك مِن أعداء الله.

فنَهض حُذيفة لِيَخرج، وانْفرَجت الصَّخرةُ، فحَوَّله الله طائرًا فَطار في الهواء مُحَلِّقًا حتَّى انقضَّ بَين يدي رَسُول الله صَلَّى الله عليه وآله، ثُمّ أُعِيد على صُورَتِه، فأَخبرَ رَسُول الله صَلَّى الله عليه وآله بِما رأى وسَمِع.

فقال رَسُول الله صَلَّى الله عليه وآله: أَوَعَرِفتهم بِوُجُوهِهم؟

قال: يا رَسُول الله كانوا مُتَلثّمين وكُنتُ أَعِرفُ أكثرَهم بِجِمالِهم فلَمّا فتّشوا المَوضِع فلم يَجِدوا أحدًا أحدَروا اللِّثام فرَأيتُ وُجوهَهُم وعَرِفتهم بِأعيانِهم وأَسمائهم فُلان وفُلان حتَّى عَدَّ أربعةً وعِشرين.

فقال رَسُول الله صَلَّى الله عليه وآله: يا حُذيفة إذا كان الله تعالى يُثبت مُحمّدا لم يَقدِر هؤلاء ولا الخَلق أجمَعون أَنْ يَزِيلوه، إنَّ الله تَعالى بَالِغ فِي مُحَمَّد أمرَه ولو كَرِه الكافرون. ثُمَّ قال: يا حُذيفة فانْهَض بِنا أَنْتَ وسَلمان وعَمّار، وتَوكَّلوا على الله، فإِذا جزنا الثَّنِيَة الصَّعْبَة فأذِّنوا لِلنَّاس أو يَتبِعونا.

فصَعد رَسُول الله صَلَّى الله عليه وآله وهو على ناقَتِه وحُذيفة وسَلمان أحدهما آخذٌ بِخِطام ناقَتِه يَقودها والآخرُ خَلفها يَسوقُها وعَمّار إلى جانِبها، والقَومُ على جِمالِهم ورِجالتهم مُنْبَثّون حوالَيّ الثَّنية على تِلك العَقبات، وقد جَعل الَّذين فوقَ الطَّريق حِجارة فِي دِباب فدَحرَجُوها مِن فَوق لِينفِروا النَّاقة بِرَسُول الله صَلَّى الله عليه وآله، وتَقع بِه في المَهوى الَّذي يَهُول النَّاظِرُ النَّظر إليه مِن بُعده.

فلَمّا قَرُبَت الدّباب مِن ناقة رَسُول الله صَلَّى الله عليه وآله أَذِنَ الله تعالى لها، فارتَفَعت ارتفاعًا عَظِيمًا فجَاوَزت ناقَةَ رَسُول الله صَلَّى الله عليه وآله ثُمَّ سَقطت في جانِب المَهوى، ولم يَبق مِنها شَيء إلّا صار كذلك، وناقةُ رَسُول الله صَلَّى الله

عليه وآله كَأَنّها لا تَحسّ بِشَيءٍ مِن تلك القَعْقَعات الَّتي كانت لِلدّباب. ثُمَّ قال رَسُول الله صَلَّى الله عليه وآله لِعَمّار: اِصعَد الجبل فاضْرِب بِعصاك هذه وُجوهَ رَواحِلِهم فارْمِ بها. ففَعلَ ذلك عمّار، فنَفرَت بِهم، وسَقط بعضُهم فانكسَر عَضدُه، ومِنهم مَن انكسَرت رِجلُه ومنهم مَن انكسر جَنبُه واشتَدَّت لِذلك أَوجاعُهم، فلَمّا جَبُرت واندَمَلت بَقِيت عليهم آثارُ الكَسر إِلى أَنْ ماتُوا[1].

إنّ عَلِيًّا أَمِير المُؤمِنين صَلوات الله وسَلامه عليه الَّذي جَعَله رسُولُ الله صَلَّى الله عليه وآله على المَدِينة والِيًا وحامِيًّا لِيَردَّ كَيد المُنافقين عنها في فترةِ خُروجِهِ إلى تَبوك، فهُو وحُذيفة بن اليَمان قال عنهما الرَّسُول صَلَّى الله عليه وآله في وقائع هَرْشى (أَنَّهما أَعلَمُ النَّاس بِالمُنافِقين، لِقُعودِه - حُذَيفة - في أَصل العَقبة ومُشاهدتِه مَن مَرَّ سابقًا لِرَسُول الله صَلَّى الله عليه وآله، وكَفى الله رَسُوله أَمرَ مَن قَصدَ له.

وعاد رَسُولُ الله صَلَّى الله عليه وآله إلى المَدِينة، فكَسَى اللهُ الذُّل والعار مَن كان قَعد عنه، وأَلبس الخِزْي مَن كان دَبَّر على عَلِيٍّ صَلواتُ الله وسَلامُه عليه ما دَفَع الله عنه)[2].

وفي رِواية ثَالِثة: رَجَع رَسُول الله صَلَّى الله عليه وآله قافِلًا مِن تَبُوك إلى المَدِينَّة حتَّى إذا كان بِبَعض الطَّريق؛ مَكَر بِرَسُول الله صَلَّى الله عليه وآله ناسٌ مِن أَصحابِه فتَآمَروا أَنْ يَطرَحوه مِن عِقبةٍ في الطَّريق. فلَمّا بلغوا العَقَبة أَرادوا أَنْ يسلكوها معه. فَلَمّا غَشِيهُم رَسُول الله صَلَّى الله عليه وآله أَخْبَر خَبرهم فَقال: مَن شاء مِنكم أَنْ يَأخُذ بَطْنَ الوادِي فإِنّه أَوسعُ لكم.

وأَخذَ رَسُول الله صَلَّى الله عليه وآله العَقَبة، وأَخذَ النَّاسُ بِبَطنِ الوادِي، إِلَّا

---

1 - تفسير الإمام العسكري (ع) 389

2 - تفسير الإمام العَسْكري 305

النَّفر الَّذين مَكَرُوا بِرَسُول الله صَلَّى الله عليه وآله لمّا سَمعُوا ذلك استَعدَّوا وتَلثَّموا وقد همّوا بِأمرٍ عَظِيمٍ.

وأمرَ رَسُول الله صَلَّى الله عليه وآله حُذيفة بن اليمان رِضْوان الله تعالى عليه وعَمّار بن ياسِر رِضْوان الله تعالى عليه فمَشَيا مَعه مَشيًا. فأَمَرَ عمَّارًا أَنْ يَأخُذَ بِزِمام النَّاقَةِ وأَمَر حُذيفة يَسوقها. فبَينما هُم يَسِيرون إِذْ سمعوا وكْزةَ القَومِ مِن ورائهم قد غَشوه، فغَضب رَسُول الله صَلَّى الله عليه وآله وأَمَر حُذيفة أَنْ يَرُدَّهم، وأَبصر حُذيفة رِضْوان الله تعالى عليه غَضَب رَسُول الله صَلَّى الله عليه وآله فرَجَع ومَعه مِحْجَن، فاستَقبَل وُجوه رَواحِلهم فضَربها ضَربًا بِالمِحْجَن، وأَبصرَ القومَ وهُم مُتلَثِّمون لا يَشعرون إِنَّما ذلك فِعْل المُسافر فرَعِبهم الله حين أَبْصروا حُذيفَةَ رِضْوان الله تعالى عليه وظَنُّوا أَنَّ مكرَهم قد ظَهر عليه فأَسرَعوا حتَّى خالطوا النَّاس.

وأَقبلَ حُذيفةُ رِضوان الله تعالى عليه حتَّى أَدرك رَسُولَ الله صَلَّى الله عليه وآله، فلَمّا أَدركَهُ قال اضْرِب الرَّاحلة يا حُذيفة وامشِ أَنتَ يا عمّار. فأَسرعوا حتَّى استووا بِأَعلاها، فخَرجوا مِن العقبة يَنتظِرون النَّاس، فقال النَّبيُّ صَلَّى الله عليه وآله لِحُذيفَة هَلْ عَرفت يا حُذيفة مِن هؤلاء الرَّهْط أَحدًا؟!

قال حُذيفةُ عَرفتُ راحِلَةَ فُلان وفُلان، وقال كانَت ظَلمةُ اللَّيل غَشِيتهُم وهُم مُتَلثِّمُون.

فقال النَّبيُّ صَلَّى الله عليه وآله: هَلْ عَلِمتُم ما كان شَأنهم وما أَرادوا؟! قالوا لا والله يا رَسُول الله. قال: فإِنَّهم مَكرُوا لِيَسيروا مَعِي حتَّى إذا طلعتُ في العَقبة طَرَحُونِي منها. قالوا أَفلا تَأمُر بهم يا رَسُول الله فنَضرِب أَعناقَهم؟! قال: «أَكرهُ أَنْ يَتحدَّث النَّاسُ ويَقولوا إِنَّ مُحمَّدًا وَضع يَده فِي أَصحابِه». فسَمّاهُم لَهما (حُذَيفَة وعَمّار) وقال لَهما اكتُماهُم.

وأَخـرجَ البَيهقـي في الدَّلائـل عـن حُذيفـة بـن اليَـمان رِضْـوان الله تعـالى عليـه رِوايـةً رَابعَـةً. قـال حُذيفـة: كُنْـتُ آخـذ بِخِطـام ناقـةِ رَسُـول الله صَـلَّى الله عليـه وآلـه أَقـودُ بِـه وعَـمّار يَسـوقه أَو أَنـا أَسـوقه وعـمَّار يقـوده حتَّـى إذا كُنَّـا بِالعقبَـة فـإِذا أَنـا بِاثْنـي عَشَر راكِبًـا قـد اعترَضـوا فيهـا. قـال فأَنبَهـتُ رَسُـول الله صَـلَّى الله عليـه وآلـه، فـصَرَخَ بِهـم، فَوَلَّـوا مُدبِريـن. فقـال لنـا رَسُـول الله صَـلَّى الله عليـه وآلـه: هَـلْ عرفتـم القـومَ؟. قلنـا لا يـا رَسُـول الله كانُـوا مُتلثِّمـين ولكِنَّـا قـد عرفنـا الـرِّكاب. قـال هـؤلاء المُنافقـون إلى يـوم القِيامَـة، هَـلْ تـدرون مـا أَرادوا؟ قُلنـا لا. قـال أَرادوا أَنْ يزحمـوا رَسُـول الله فِي العَقَبـة فَيلقـوه مِنهـا. قُلنـا يـا رَسُـول الله أَلا تَبعـث إلى عَشائِرِهِـم حتَّـى يَبعـثَ إِليـك كُلُّ قَـومٍ بِـرأس صاحِبهـم؟ قـال لا، إِنِّي أَكـرهُ أَنْ تُحـدِّث العـرب بينهـا أَنَّ مُحمَّـدا قاتَـل بِقَـومٍ حتَّـى إِذا أَظهَـرَه الله بِهـم أَقْبَـل عليهـم يَقتلهـم. ثُـمَّ قـال: اللَّهُـمّ ارمِهـم بِالدَّبيلـة. قلنـا يـا رَسُـول الله ومـا الدَّبيلـة؟ قـال: شِـهابٌ مِـن نـارٍ يُوضـع عـلى نِيـاط قَلـبِ أَحدِهـم فَيَهلـك)[1].

لَيـس مِـن شَـكٍّ في أَنَّ واقِعَـة الاغْتِيـال في ثَنيَـةِ هَرشـى كَشَـفَت عـن حَجـم التَّحالُـف المُوسَّـع بـين الصَّحابـة المُنقلِبـين عـلى الأَعْقـاب مِـن المُهاجريـن والبَعـض الآخـر مِـن الصَّحابَـة الأَنْصـار ودَلّ عـلى تَقدُّمِهـم في مـا هُـم عازِمُـون عـلى تَنفِيـذِه، وأَنَّ التَّحالُـف المُوسَّـع قـد أُبـرِمَ بـين عنـاصره لِيتـمّ بِمُوجِبـه حَسْـم مَسـأَلة اغتِيـال النَّبـيّ صَـلَّى الله عليـه وآلـه، والإِسْراع في إِتمْـام هـذه المُقدّمـة الخَطِـيرة بِعَمـلٍ آخـر يُتبعهـا ولا يَقِـلّ عنـه خُطـورة عنهـا حيـث يَقـضِي بِإِسْـقاط المَدِينَـةِ والسَّـيطرة عليهـا بِأَيـدي مُسَـلّحِي التَّحالُـف وقَتـل حامِيهـا عَـلِيّ أَمِـير المؤمنـين صَلـواتُ الله وسَـلامُه عليـه.

ورُبَـما شـكَّل عِلْـمُ النَّبِـيّ صَـلَّى الله عليـه وآلـه السّـابق لِإقدامِـه عـلى الإِعـداد لِمَعركـة تبـوك وإِحاطتُـه بِـما سـيَجْرِي عـلى طَريـق العَـودَةِ مِـن تَبـوك ـ دافِعًـا لاتِّخـاذ

1 - الدّر المنثور 259/ 3

بَعـض الاحْتياطـات اللّازِمَـة المُطَمْئنَـة لجَيشِـهِ ولِحِفـظ أَمْـن وسَـلامَة المَدينـة وأَهلِهـا ولِـرَدع مُخطَّـط المُنافِقـين، مِنهـا العمـلُ عـلى تَقسِـيم قُـوى المَعرَكَـة إلى في جِهتَـين:

ـ فَفـي المَدينـة خَلّـف عَلِيًّـا أَمـير المُؤمنـين صَلـوات الله وسَـلامه عليـه حيـث تَترصَّـد المدينَـةَ الأَخْطـارُ مِـن كُلِّ جانِـب، فهـي العاصِمَـة الَّتـي يُخشَـى عليهـا مِـن مُحيطَهـا القَبَـلِي. (قـال ابـن إسـحاق: وَخَلَّـف رَسُـول الله عَـلِيّ بـن أَبِي طالِـب عـلى أَهْلِـه، وأَمَـره بِالإقامَـة فِيهـم، واستَخلَف عـلى المَدينـة سباع بـن عرفطـة (أخـا بَنِـي غفـار). فأَرجَـفَ المُنافِقـون بِعَـلِيّ بـن أَبي طالِـب، وقالـوا: مـا خَلَّفـه إلّا اسـتِثقالًا لـه وتَخفُّفًـا منـه. فلَـمّا قـال ذلـك المُنافِقـون أَخـذَ عَـلِيٌّ سِـلاحَه ثُـمّ خَـرَج حتَّـى أَتَـى رَسُـول الله وهُـو بِالجُـرف. فقـال: يـا نَبِـيَ الله، زَعَـم المُنافِقُـون أَنَّـك إنَّـما خَلَّفْتَنـي أَنَّـك اسـتَثْقَلتَنِي وتَخفَّفْـت مِنِّـي. فقـال: كَذُبـوا، ولِكِنِّـي إنَّـما خَلَّفْتُـك لِمَـا ورائـي، فارْجِـع فاخْلُفْنِـي في أَهـلِي وأَهلَـك. أَفـلا تَـرضَى ـ يـا عَـلِيّ ـ أَنْ تكـون مِنِّـي بِمَنزِلَـة هـارُون مِـن مُوسَـى إلّا أَنَّـه لا نَبِـيّ بَعـدِي)[1]

ـ وأَمَـر كُلّ الصَّحابَـة بِالانْظـمام إلى الجَيـش وقـاد الجَيـشَ بِنَفسِـهِ صَـلَّى الله عليـه وآلـه وخَـرج بِـه إلى تَبـوك.

وبِذَلـك يَكـون الرَّسُـول صَـلَّى الله عليـه وآلـه قـد وزَّع قُـوى المُسلِمين بـين المَدينـة عاصِمَتـه ومَيـدان تَبـوك، لِيُعـرِبَ عـن خُطـورَةِ المَوقِـف وحَجْـم المَخاطِـر الَّتـي تُواجِههـا المَدينـة كُلَّـما انْتَـشر الإسْـلام واتَّسَـعت رُقعَـةُ الدَّولـة. فـلا مِـن أَحـد يَضْمَن أَمْـن المَدينـة في السِّـلْم والحَـرب إلَّا بِوجـود الرَّسُـول صَـلَّى الله عليـه وآلـه أَو أَخِيـه ووَصِيِّـهِ ونَفْسِـهِ عَـلِيّ أَمِـير المؤمنـين صَلـواتُ الله وسَـلامُه عليـه، ولا مِـن أَحـدٍ قـادرٍ عـلى إبْطـال أَيِّ عَمـلٍ مُتوقّـع قـد يَقـدم عليـه الصَّحابـة المُنافِقُـون في المَدينـة أَو في الجَيـش الخـارِج منهـا في مِثـل هـذا الظَّـرف الحَـرِج ومِـن غَـير ضَجِيـج إلَّا الرَّسُـول

1 - شَرح نهج البلاغة. بن أبي الحديد 12 / 190، المصنف 5 / 448

صَلَّى اللهُ عليه وآله أو الوَصِيّ عَلِيّ أَمِير المؤمنين صَلواتُ الله وسَلامُه عليه.

فاجتاز الرَّسُول صَلَّى الله عليه وآله بِذلك عَقبة هَرشَى بِأَمنٍ وأمانٍ أثناء عَودَته بِالجيش مِن تَبوك إلى المَدِينَة مِن غَير الاضْطِرار إلى ارتِكاب عَملٍ يُحتَمل أنْ يُؤدِّي إلى الدُّخول في مُواجَهة مُباشِرَة مَع قُوى الصَّحابة المُنافِقِين، في حِين أَمِنَت المَدِينةُ ولم تَعد بُيوتُها (عَورَة)، وانْتَفَت كُلّ مُبَرّرات تَخَلّف الصَّحابة عن الجَيش وكان منها بُعد المسافة بين مَيدان الحَرب والمدينة وطَمَعُ الطامِعين في المَدِينَة والبُيوت (عَورَة).

إنَّ الفَشَل الَّذي حاق بِهذا اللَّون مِن عَمليات الاغْتِيال الضَّخْمَة الَّتي نَفَّذها تَحالُف الصَّحابة المُنافِقِين وانْفِضاح أَمْر أَقْطابِه في هَرْشَى بِعِلْم النَّبِيّ صَلَّى الله عليه وآله وبِالرُّؤية المُباشِرة أو مِن خِلال مَعرِفَة مَركُوبِهم أَو مَعرِفَة هُوِيَّة الجَرحى مِن الأَنصار الَّذين سَقَطوا مِن أَعلى العَقبة وجُرِحُوا وخَلَّفت جِراحُهم آثارًا بارِزةً على أَجسادِهم لَنْ تُمحى إلّا في القُبور ـ ضَيَّقَ مِن خِيارات التَّحالُف، وبَثَّ اليَأس والرُّعب في نُفوسِ أَقطابِهِ، ولم يَتبقَّ في جُعْبَتِهم إلَّا الخِيار الضَّروري الأَخِير والعاجِل حيث مُقتَضَيات الحرب البارِدَة بَين التَّحالُف والنُّبوَّة باتَت تَتَّجه نَحو الذُّروة ولا مِن سَبِيل إلى التَّراجع والتَّقهقُر في إِثْر الفَضِيحَة. ومَن يَقدِم مِنهُما ـ النَّبِيُّ صَلَّى الله عليه وآله وتَحالُف المُنافِقِين ـ على الخُطوة اللّاحِقَة سَيَحسِم الأَمر بِالنَّصر أو الهَزِيمَة، بِصَرف النَّظر عن طَبِيعة السِّلاح الَّذي سيُشهر أَو طَبِيعة هذا النَّصر أَو هذه الهَزِيمة في عالَمَيّ المادَّة والمِثال!

ففي إِثْر فَشل عَمليَّة هرشى لم يَتَّخِذ النَّبِيُّ صَلَّى الله عليه وآله إِجراءً سَريعًا ومُضادًا لِلرَّدّ على عَمليَّة الاغْتِيال، في حِين أَقدَم خَمسَةٌ مِن الصَّحابَة وفِيهم مِن الأَقطاب مُنفِّذي عَمليَّة هَرْشى على إِجْراء تَعاقُدٍ خاصٍّ مُختَلِف في ما بَينهم في جَوف الكَعْبَة أَثناء أَدائه مَناسِك حَجَّة الوداع، ووَسَّع مِن دائرة تَحالُفه.

وفي طَرِيـق العَـودَةِ مِـن حجَّـة الـوداع، وعِنـد غَدِيـر خُـم، أَخَـذَ الرَّسُـول صَـلَّى الله عليـه وآلـه مـن المُسـلِمِين البَيعـة لِوَلايَـة عَـلِيّ أمـير المؤمنـين صَلـواتُ الله وسَـلامُه عليـه. وذُكِـر في بَعـض المصـادِر أَنَّ الصَّحابَـة المُنافِقـين أنفسـهم أَقدَمـوا عـلى تَنفِيـذ عَمليّـة فاشِـلَة أُخْـرى مُشـابِهَة لِعَمليّـة هَرْشـى في طَرِيـق عَـودة النَّبـيّ صَـلَّى الله عليـه وآلـه مِـن حَجَّـة الـوَداع!

مَـرض الرَّسـول صَـلَّى الله عليـه وآلـه بَعـد حَجَّـة الـوداع بِأشـهرٍ قَليلـةٍ، ومَـضى شَـهِيدًا بِالسُّـم الَّـذي لُـدّ في فَمِـه الشَّريـف خِـلال فَـترة العِـلاج مِـن مَـرَضٍ أُصِيـب بِـه إِذْ تَدخَّلَـت زَعامـةُ التَّحالُـف مُبـاشَرَة في تَنفِيـذ هـذه العَمليَّـة في سِرِّيَّـةٍ تامَّـةٍ وبِمُشـارَكة مِـن أقـرَب المُقرَّبـين، هِـي (عائشـة) بِنْـت أَبِي بكـر الَّتـي قـال النَّبـيُّ صَـلَّى الله عليـه وآلـه فيهـا (وَيْحَهـا لـو تَسـتَطيع مـا فَعلـت)[1] وقِيـل حَفصـة بِنـت عُمَـر أَيضًـا. وأَشـار الثَّلاثَـةُ أَو الأَربَعـة إِلى ذلـك بِقَولِهـم: لَددنـا[2] رَسُـول الله صَـلَّى الله عليـه وآلـه فِي مَرَضِـه.

كان خيـارُ الإقـدام عـلى تَنفِيـذ عَمليـة الاغتِيـال بِالسُّـمّ مُتاحًـا مُنـذ تَـزوَّج النَّبـيُّ صَـلَّى الله عليـه وآلـه بِعائشـة بِنـت أَبِي بَكـر وحَفصـة بِنـت عُمـر. فلِـماذا اسـتُبعِد هـذا الخِيـار المَضمـون فِي تِلـك المَرْحلَـة، وجَـرى العمَـلُ عـلى تَنفِيـذ مُحاولـة (هَرْشَـى) الَّتـي كانـت تَحتَمِـل الفَشَـلَ وأَنَّهـا غَـير مَأمُونَـةِ الجانِـب ولَيْسـت مَضمونَـةَ النَّتائـج؟!

وهَـل أَنَّ أَمْـر الاغتِيـال وقَـرارَه هـذا كان مَرهونًـا بِإِيـمان رَهْـط الصَّحابـة مُتعاقِـدِي (صَحِيفَـة مكّـة الثَّانِيَـة) المُطلـق بِـما أَنْبـأَ بِـه النَّبـيُّ صَـلَّى الله عليـه وآلـه عـن عُمُـره الشَّريـف الَّـذي لَـنْ يَتَجـاوز الثَّالِثـةَ والسِّـتِّين عامًـا أَم كُفـرٍ بِـه؟!

---

1 - الطَّبقات، ابن سَعد 203 /2

2ـ اللّـدود مـا يُسـقى الإنسـان في أَحـدِ شِـقّي الفَـم. أُنظر الطِّـب النَّبـوي، ابـن القيـم الجـوزي66 /1. ولـدّد، اللّـدود: هـو بِالفَتـح، مِـن الأَدوِيَـة مـا يُسـقاه المريـض. أُنظـر كنـز العـمال، المُتَّقـي الهنـدي268 /7. اللّـد: فِعلُـك بِاللّـدود حِـين تلـدّ بـه، وهـو الـدّواء يُوجَـر في أَحـدِ شِـقّي الفَـم، وتَقُـول: لَدَدتـه أَلُـدَّه لَـدّا، والجَمـع أَلِـدّة. أُنظـر كتـاب العَـين لِلخَلِيـل الفراهيـدي 8/ 9

فإنْ قِيل أَنَّ هؤلاء الصَّحابة اعتقَدوا بأَنَّ نُبوَّةَ الرَّسُول صَلَّى الله عليه وآله صادِقَةٌ حادِثَةٌ ثابِتَةٌ بِالقَطعِ واليَقِين، وأَنَّ هناك إِلهًا يُوحِي إِليه، فَإِنَّ إِقدامهم المُتكرِّر على تَنفِيذ عمليات الاغْتِيال الفاشِلة فِي أَحوال السِّلْم والحَرب قَبل تَجاوُزِ النَّبِيّ صَلَّى الله عليه وآله سِنّ الثَّالِثة والسِّتِّين الَّذي أنبأ به - إِنَّما يُعَظِّم مِن سِيِّئات ما فَعلوا، ويُؤكِّد على أَنَّ حَربَهم كانَت على الله سُبحانَه وتَعالى الَّذي لم يُؤمِنوا بِه ولا بِوَحيِه طَرْفَةَ عَين.

إِنَّ إِخبار الرَّسول صَلَّى الله عليه وآله لَهُم بِرَحيلِهِ فِي هذه السِّنّ، وتَحقُّق ذلك فِي الواقع بِأَيدِيهم، وفَشل مُحاولاتِهم المتكرِّرة لاغتِيالِه قُبيل سِنّ الرَّحِيل المعلوم لديهم - يَشتَمِل دَلِيلًا دامِغًا على كُفْرِهم بِنُبوَّتِه وما يَصدر عنها مِن عِلْمٍ ونَبأ فضلًا عن أَنَّه إِظهارٌ منها لِـ(مُعجِزةٍ) أَدْرَكوا وُقُوعها بِالتَّفصِيل وكانوا وَسائلُها وأَدواتُها، وعَلِموا بِمَعناها وتَيقَّنوا، ولكِنَّهم جَحَدوا بها فلَمْ يَنصرِفوا عنها ويَتَّقوا.

إِنَّ تَتَبُّعَ تَفاصِيل مُحاولَتَي اغْتِيال النَّبِيّ صَلَّى الله عليه وآله فِي هَرْشَى وفي بَيتِه، لَيَكشِف عن مَدى خُطورة الوَضع الاجْتِماعِي السَّائد في المَدِينة، وعن حَجم النُّفوذ الجديد الَّذي أَسَّسَه تحالُف الصَّحابة منذ إِبرام أَقطابِهم الخَمسة لِعَقد (صَحيفة مكَّة الثَّانِيَة)، وعن شِدَّة الحَربِ البارِدَة القائمة فِي السِّرّ، مِن غَير أَنْ يُحقِّق تَحالُف الصَّحِيفَة تَقدُّمًا مَلحوظًا في نَشاطِهِ المُضادّ إِلَّا عندما دَنت ساعَة رَحِيل النَّبِيّ صَلَّى الله عليه وآله.

فاقتَضت هذه الأَحْوال مِن النَّبِيّ صَلَّى الله عليه وآله أَنْ يَمْتَنِع عن البَوح بِأَسماء مُنفِّذِي عَملِيَّة هَرْشَى، واكتَفَى بِتَوجِيه الأَمْر إلى حُذيفة بِالحرص على كِتمانِ الأَسْماء، وقال (إِنَّ الله أَمرَنِي أَنْ أُعْرِض عَنهم)، وجَعلَ مِن أَهْل المَدينة يَتتبَّعون بِأَنفسِهم مَوقِف حُذيفة مِن الصَّلاة على جَنائز الصَّحابَة المُنافِقِين المُنفِّذِين لِعَملِيَّة هَرْشَى إِنْ هُمْ ماتُوا، فتَمنَّى الصَّحابَةُ المُنافِقون الموتَ لِأَنفسهم مِن بَعدِ مَوتِ حُذَيفَة لا قَبلَه، وذلك خَشيَة الفَضِيحَة.

إنَّ في العَرب على عَهد بعثَةِ النَّبيّ صَلَّى الله عليه وآله دُهاةٌ في السِّياسَة، ولَيس مِن شَكٍّ في أَنَّ أَبا بَكْر كان مِنهم، ويَتقدَّم عليه كُلٌّ مِن أَبي سُفيان وطلحة وأَبي عُبيدة بن الجرّاح، ويَلِيهم سَعد بن أَبي وقَّاص وعُثمان وأَبو مُوسَى الأَشْعري، ثُمَّ عُمَر آخرهم وَطَوع راحتَيّ يدَيّ أَبي بَكر حيث يَخشى عُمَرُ دَهاءَه.

وحَدث أَنْ فَضَّل عُمَر البَيعَةَ بِالخِلافَة لِأَبي عُبيدة بن الجَرَّاح في يوم السَّقيفَة على أَبي بَكر، وجَدّ في جَعلِهِ خَليفَة على المُسلِمين مِن بَعد رَحِيل الرَّسُول صَلَّى الله عليه وآله. فابنُ الجرّاح ـ في تَقدِير عُمَر ـ هو أَكثرُ أَمانًا وصِدقًا وأَكثرُ ضمانًا لِلوَفاء بِالوَعد مِن أَبي بكر إِنْ هُو استُخلِف. فإِنْ تقدَّمَ عُمر فبايَع ابنَ الجَرّاح وجَعَلَه خَليفَةً فإِنَّ ابن الجرّاح سَيردّها إِلى عُمر مِن بَعدِهِ، لَولا أَنَّ عُبَيدة كان يَمتَهِن حَفْرَ قُبور المَوتَى في المَقابر ويَعتاش على هذه الوَظِيفة، ولا يَرقى بِصِفَتِه الوَضِيعة هذه الشَّرَفَ والمَنزِلَة والمُستوى الاجْتماعي المُناسب لِكَسب رِضا النَّاس وبَيعتهم في مَقام الخِلافَة ولو بِفَرض الأَمْر الواقِع مِثلَما صار الأَمْرُ لِأَبي بَكر الَّذي استَعان بِواقِعَة صُحبَتِهِ لِلنَّبيّ صَلَّى الله عليه وآله في طَريق الهجرة إِلى المَدِينة ونُزول الوَحْي بِذلك.

ووفق هذه المُعطيات، فقد رُجِّح أَنَّ عُمر لَنْ يَحظى بِشَطرٍ عَظيمٍ مِمَّا حَلَب مَع أَبي بكر في مَراحِل الإِعداد لِلانْقلاب على الأَعْقاب وأَثناء عَمليّات التَّنفِيذ والاستِحواذ على مقعد الخِلافة، وأَنَّ الأُمور مِن بَعد أَبي بكر رُبَما ستؤول إِلى أَحدٍ مِن بَني تَيم بِالوراثة أَو التَّعيِين ولَنْ يَنالَها عُمر ولا أَحدٌ مِن بني عَدي مُطلقًا.

هكذا جَرت فترَةُ خِلافةِ أَبي بكر وتَصرَّمت السَّنتان مِن عَهدِه وفي نَفسِ عُمَر منها شَيء، لَولا أَنَّ عُثمان بن عَفَّان ومِن ورائه الأُمويِّين يَعضِدُونه قد دَخل حَليفًا مع عُمر في لُعبَةِ المَوت الَّتي راح ضَحِيَّتُها أَبُو بكر على يَدي عُثمان. ومِن ذلك قال عُمر بَعد مَقتل أَبي بَكر على فِراش مَرَضِهِ بِأَنَّ خِلافَة أَبي بَكر كانَت فَلْتَة!

وكان مِـن دَهـاء أَبِي بَكـر تَرَحِيلُـه لِعَملِيّـة اغتِيـال النَّبِـيّ صَـلَّى الله عليـه وآلـه بِسُـمٍّ عائشـة وحَفصَـة إلى مـا بَعـد اسـتِنفاذ كُلِّ الخِيـارات عـلى اجْتِهـاد خـاصٍّ مِـن التَّحالُـف القائـم بَـين رَهْـط الصَّحابَـة أَقطـاب (صَحِيفَـة مكّـة الثَّانِيَـة) القُرشِـيِّين وغَيرهـم مِـن الأَنْصـار في المَدِينـة.

فاسـتُنفِذت كُلُّ الخِيـارات، ووَقَـع تحالُـفُ (صَحِيفـة مكّـة الثَّانِيَـة) مَوضوعًـا لِمُعجِـزة سِـنِّ النَّبِـيّ صَـلّى الله عليـه وآلـه في الــ٦٣ الَّتـي صَرَّح بِهـا الرَّسُـول صَـلَّى الله عليـه وآلـه لِلأَموِيِّـين عـبر أَبِي سُـفيان، وأَنَّ خِيـار الاغْتيـال لا يَعـدو أَنْ يكـون محَـدودًا عـلى رَجُلَـين وابْنَتيهـما وكُلّهـم مِـن بَنِـي تَيـم وبَنِـي عَـدي ولَيـس فِيهـم أُمَـويٌّ حتَّـى تِلـك اللَّحظَـةِ الحَرِجَـة. والمُنفِّـذون هُـم ـ في حَقيقـة الأَمـر ـ لا يُمثِّلـون ثِقـلًا اجْتماعِيًّـا قَبَلِيًّـا واسـع النُّفـوذ وعَظِيـم الأَثَـر في مَكّـة والمَدِينـة مِثلَـما كان لـدى الأُمَوِيّـين الَّذيـن مـا زالـوا يَطمَعـون في جَعْـل أَبِي بَكـر وعُمَـر وعائشـة وحفصـة قَنطَـرة لِلوُصـول إلى الضَّفـةِ الأُخْـرى مِـن مُخطَّطِهـم!

كانَـت الحاجـةُ لِتَحالُـفٍ قَبَلِيٍّ وعشـائريٍّ واسـعٍ تُشـكِّل ضَرورة لا يَسـتَغنى عنهـا أَقطـاب الصَّحِيفـة حيـث أَنَّ تَفريـقَ دَم النَّبِـيّ صَـلَّى الله عليـه وآلـه بَـين سـيوف عَـددٍ مِـن عنـاصِر هـذا التَّحالُـف عـلى طَريقـة أَبِي جَهْـل وأَبِي سُـفيان في مطلـع البِعْثَـةِ النَّبوِيَّـةِ بِمَكَّـة يَبقَـى مُمكِنًـا عـلى حَسـب مـا يَـدُور في الثَّقافَـة المأَلوفـة في مُجتَمعَـي مَكّـة والمَدِينـة. ولا مِـنْ مَفـرّ لِتَلبِيـةِ هـذه الحاجـة وإِنْ أَفضَـت الأُمـور في النِّهايـة إلى اجتِـماع هـذا التَّحالُـف عـلى خَـوفٍ أَمـام التَّحـدِّي الكبـير المُتمَثِّـل في شَـخْص عَـلِيٍّ أَمِـير المُؤمنـين صَلـواتُ الله وسَـلامُه عليـه إِذْ هـو النَّبـأ العَظِيـم وذو النَّسَـب الرَّفِيـع وذُو المَناقِـب والفَضائـل وذو العِصمَـة والحِكمَـة والشُّـجاعة والفَصاحـة وهـو الـوَلِيّ المُؤيَّـد بِنـصٍّ إِلهـيٍّ صَريـحٍ.

وعندمـا اسـتَجمع الصَّحابـةُ المُنافِقُـون في المَدِينـة قُواهـم ولَمْلَمُوهـا مِـن كُلِّ حَـدَبٍ وصَـوب واتَّخـذوا قـرارًا جَماعِيًّـا بِتَصفِيـة النَّبِـيّ مُحمّـد صَـلَّى الله عليـه وآلـه عـلى عَقبَـة

هَرْشَى - كان ابنُ عَمِّه الإمام عَلِيّ بن أَبِي طالبِ صَلواتُ الله وسَلامُه عليه بَعِيدًا عنه مسافة تُقدّر بـ ٦٨٥ كيلومترًا.

فقد جَعل النَّبِيُّ صَلَّى الله عليه وآله عليًّا أمير المؤمنين صَلواتُ الله وسَلامُه عليه في المَدِينة حامِيًا لها لِحين عَودته مِن غزوة تَبوك. وظَنَّ الصَّحابَةُ المُنافِقُون وحُلفاؤهم أَنَّ قَرار الاغْتِيال في هَرْشَى وفي هذه الفَرْصَةِ الوَحِيدة السَّانِحَة لِلتَّحالف سَينجُم عنها الآتي:

- ستَتوفّر لَهُم ضَمانة النَّصر بِنِسبةٍ عالِيَةٍ جدًا بناءً على الخِبرات الكَثِيرة الَّتي استجَمَعوها في إِثْر الفَشِل المُتكَرِّر لِلمُحاولات السَّابِقَة، وذلك لِغياب الفارُوق الأَعْظم أَبِي الحَملات حَيدرة صَلواتُ الله وسَلامُه عليه عن ابن عَمِّه صَلَّى الله عليه وآله في هذا المَسيرالطَّويل إِلى تَبوك والعَودةِ منها.

- ولِإمكان عَودَتِهم بِالجَيش إِلى المَدِينة فور نَجاح عملِيّة الاغْتِيال لِتَصفِيَة عَلِيٍّ أَمير المُؤمِنين صَلوات الله وسَلامُه عليه جَسدِيًّا والسَّيطرة التَّامَة على مَقالِيد الأُمُور فيها.

بَقِيَ عَلِيٌّ أَمِير المؤمنين صَلواتُ الله وسَلامُه عليه في المَدِينة الَّتي تُمثِّل العُمق الاستراتِيجي لِلإِسلام والمُسلمين. وخَرَج النَّبِيُّ مُحمّد صَلَّى الله عليه وآله إِلى تَبوك مُصطَحِبًا مَعه جميعَ مَن في المدينة مِن الصَّحابَة بِمَن فيهم المُنافِقِين الَّذين ازدادوا حنقًا وسخطًا، وقد أرجفوا إِذْ علموا بِأَنَّ لِأَمِير المُؤمنين صَلواتُ الله وسَلامُه عليه مَقامٌ آخر فَوق ما عَلِمُوه مِن قَبْل وصَرَّح بِه النَّبِيُّ صَلَّى الله عليه وآله لِعَلِيّ أمير المُؤمِنين صَلواتُ الله وسَلامُهُ عليه في أَهْل المَدينة بِقَولِه (أَلا تَرضى أَنْ تكونَ مِنّي بِمَنزلةِ هارُون مِن مُوسى إِلَّا أَنَّه لا نَبِيّ بَعدي)[1].

1 - الكامل في التّأريخ 278/ 2

فالمَدينـةُ العاصِمَـة سـتَخلو عـن قَريـبٍ مِـن رِجالهـا مِـن الأَنْصـار والمُهاجريـن معًـا، وسَـيُؤلِّفون معًـا جَيشًـا هُـو في أَمَـسِّ الحاجَـة إِلى مَـن يَبعـث في نَفسِـهِ الطُّمأنينَـة والسَّـكِينَة والثِّقَـة في أَمْـن وسَـلامة أَهْلِـه ومالِـه ووُلْـدِه في المَدينـة لِكَـي يَعـود مِـن تَبـوك البَعِيـدَة بِبُشـرَى النَّـصر.

لم يُقـرن مَقـامُ هـذا الأَمْـر بِمَقـام (هـارُون) عليـه السَّـلام ويُـوكَل إِلى أَحـدٍ مِـن كُـبراء الصَّحابـة في المَدينـة مِـن الأَنصـار ولا مِـن المُهاجِريـن القُرَشِـيِّين، وإِنَّـما فُـوِّض إِلى عَـلِيٍّ أَمِـير المؤمنـين صَلـواتُ الله وسَـلامُه عليـه، والمُنافِقُـون يَعلَمُـون أَنْ لَيْـس لِحَـرب تَبـوك إِلَّا هـو صَلـواتُ الله وسَـلامُه عليـه (إِذْ لا أَحـد أَشَـدّ في الصَّحابَـة لِلحَـرب مراسًـا ولا أَقـدم فِيهـا مَقامًـا وقَـد نَهـض فِيهـا ومـا بَلَـغ العِشريـن)[1] ولَيـس مِـن عـادَةِ الرَّسُـول صَـلَّى الله عليـه وآلـه أَنْ يَتَخَـلَّى عـن سَـيفِ عَـلِيٍّ صَلـواتُ الله وسَـلامُه عليـه في حَـرب يَخوضُهـا والصَّحابـة المُنافِقُـون مِـن حَولِـه يَترَبَّصـون بِـه الدَّوائـر!

فَشَـل التَّحالُـف في عَملِيّـة الاغْتِيـال عـلى هَضَبـة هَرْشَـى، وفُضِـحَ أَمْـرُ زُعَمائـه وضَعـف مَوقِفُهـم وخَـارت قُواهـم بِـما أَقـدَم عليـه الرَّسُـول صَـلَّى الله عليـه وآلـه مِـن كِتمان لِأَسـمائهم، وفَقـد التَّحالُـف بِوَقائـع عَملِيَّـةِ الاغْتِيـال هـذه كُلَّ الخَيـارات المَرصُـودة لِلوُصُـول إِلى مَقاصِـدِه، وازداد قادَتُـه حنقًـا عِندمـا تَناهـى إِلى مَسـامِعهم أَنَّ النَّبـيّ صَـلَّى الله عليـه وآلـه يَسـتَعِدّ لِأَخـذِ البَيعَـةِ مِـن المُسـلِمين لِوَصِيـهِ عَـلِيٍّ أَمِـير المؤمنـين صَلـواتُ الله وسَـلامُه عليـه عـن قَرِيـب.

ويُذْكَـر في بَعـضِ المَصـادِر التَّأريخِيّـة أَنَّ عَملِيَّـة الاغْتِيـال عـلى هَضَبَـة هَرْشَـى وَقَعَت بَعـد يَـوم الغَدِيـر وأَثنـاء عَـودة النَّبـيّ صَـلَّى الله عليـه وآلـه مِـن مكَّـة إِلى المَدِينـة، وقَـد تَعاقَـد الصَّحابَـةُ الخمسـة في مَكَّـة عـلى بنـود صَحِيفَـة مكَّـة الثَّانِيَـة ونَفَّـذوا عَملِيَّـة

1 - نهج البلاغة ٧٠/١

الاغْتِيال بِمُوجِب عَقد هذه الصَّحِيفَة. كما يُذْكَر أنَّهما عَمَلِيَّتان مُنفصِلَتان نُفِّذَتا بِذات الكَيفِيَّة على فَتَرات مُتقارِبَة في مَنطِقَتَين يَحمِلان ذات الاسْم، الأُولى نُفِذت في إثْر غَزوة تَبوك، والأُخْرى في إثْر حَجَّة الوداع.

وكان النَّبِيُّ مُحمَّد صَلَّى الله عليه وآله أطلع زَوجَهُ عائشة بِدُنوِّ ساعة أجَلِهِ وبِعَزمِهِ على أخذ البَيعة لِعَلِيٍّ أمِير المُؤمنين صَلواتُ الله وسَلامُه عليه فيَلِيهِ في الوَلايَة إنْ هو مات أو قُتِل. (فلَم تَلْبَث ـ عائشة ـ أنْ أخبَرَت حَفصة، وأخبرت كُلُّ واحدةٍ مِنهما أباها، فاجتَمعا فأرسلا إلى جَماعة الطُّلَقاء والمُنافِقِين فأخبراهم بالأَمر. وأقبل بَعضُهم على بَعض وقالوا: إنَّ مُحمَّدًا يريد أنْ يَجعل هذا الأمر في أهْل بَيتِه كسُنَّة كِسْرى وقَيصر إلى آخر الدَّهْر.. لا والله ما لكُم في الحياة مِن حَظٍّ إنْ أُفضي هذا الأمر إلى عَلِيٍّ بن أبي طَالِب، وأنَّ مُحمَّدًا عامَلَكم على ظاهِركم، وأنَّ عَلِيًّا يُعاملكم على ما يَجِد في نفسه مِنكم، فأَحْسِنوا النَّظر لِأنفسكم في ذلك وقدِّموا آراءكم فيه.

ودار الكلامُ فيما بَينهم وأعادوا الخطاب وأجالوا الرَّأي، فاتَّفقوا على أنْ يَنفِروا بالنَّبِيّ صَلَّى الله عليه وآله ناقَتَه على عَقَبَةِ الهَرِيش، وقد كانوا صَنعوا مِثل ذلك في غَزوة تَبوك، فصَرف الله الشَّرَّ عن نَبيه صَلَّى الله عليه وآله فاجْتَمعوا في أمْرِ رَسُول الله مِن القَتل والاغتِيال واستِقاء السُّمّ على غير وَجْه. وقد كان اجتَمع أعداءُ رَسُول الله صَلَّى الله عليه وآله مِن الطُّلَقاء مِن قُرِيش والمُنافقين مِن الأنصار ومَن كان في قَلبِهِ الارتِداد مِن العَرب في المَدِينة وما حولها، فتَعاقدوا وتَحالفوا على أنْ يَنفِروا به نَاقَته. وكانوا أربعة عشر رَجُلًا. وكان مِن عزم رَسول الله أنْ يُقِيم عليًّا صَلواتُ الله وسَلامُه عليه ويُنصِّبه لِلنَّاس بالمَدِينة إذا أقدم. فسار رَسُولُ الله يومَين ولَيلَتَين، فلمَّا كان في اليوم الثَّالِث أتاهُ جبرائيل عليه السَّلام بآخر سورة الحِجْر فقال: اِقْرأ [فَوَرَبِّكَ لَنسأَلَنَّهُمْ أجْمَعِينَ، عَمَّا كَانُوا يَعْمَلُونَ، فَاصْدَعْ بِمَا تُؤمَر وَأَعْرِضْ عَنِ المُشْرِكِينَ، إنَّا كَفَيْنَاكَ

الْمُسْتَهْزِئِينَ][1]. قال: ورَحلَ رَسُولُ الله وأَغدَقَ السَّير مُسرِعًا على دُخول المَدِينة لِيُنصِّب عَلِيًّا صَلواتُ الله وسَلامُه عليه علَمًا لِلنَّاس، فلمَّا كانت اللَّيلة الرَّابعة هَبطَ جِبرائيلُ عليه السَّلام في آخر اللَّيل فقَرأ عليه [يَا أَيُّهَا الرَّسُولُ بَلِّغْ مَا أُنزِلَ إِلَيْكَ مِن رَبِّكَ، وَإِنْ لَمْ تَفْعَلْ فَمَا بَلَّغْتَ رِسَالَتَهُ، وَاللهُ يَعْصِمُكَ مِنَ النَّاسِ، إِنَّ اللهَ لَا يَهْدِي الْقَوْمَ الْكَافِرِينَ][2]، فقال صَلَّى الله عليه وآله: أَمَا تَراني يا جبرائيل أَغدق السَّير مُجِدًّا فيه لِأَدخُلَ المَدِينة فأَعرِض وَلايَةَ عَلِيٍّ صَلواتُ الله وسَلامُه على الشَّاهِد والغائب. فقال له جبرائيلُ عليه السَّلام: الله يأمُرك أَنْ تَفرِضَ وَلايَة عَلِيٍّ غدًا إِذا نزلت مَنزلك. فقال رَسُول الله: نَعَم يا جِبرائيل غدًا أَفعلُ ذلك إِنْ شَاء الله)[3].

إِنَّ لِعَلِيٍّ أَمير الْمُؤمنين صَلواتُ الله وسَلامه عليه مَنزِلةً ومقامًا ورُتبة في السَّماء والأَرْض عَظِيمة وقد وَقَع العِلمُ بها في الصَّحابَةِ الْمُنافِقين مِرارًا وتَكرارًا ولكِنَّهم جَحَدوها، فكان مِن الْمُؤكَّد أَنْ تَتأجَّجَ أَحقادُ الجاهِليَّة وثَأرُها حتَّى صار صَلواتُ الله وسَلامُه عليه غَرضًا لِسِهامِهم. ولِأَنَّ النُّبوَّةَ والإِمامةَ لَيْستا بِالهَدف السَّهل؛ فقد اشتَدَّتْ حساباتُ الصَّحابة الْمُنافِقِين دِقَّةً وكثافةً لِلنَّيل مِنهما.

لم يَخفَ على كُلّ الاتِّجاهات النَّشِطَة في مَكَّة والمَدِينة مِن الْمُهاجِرين والأَنصار شَيءٌ مِمّا بَلَّغه الرَّسول صَلَّى الله عليه وآله بينَهُم وفي الوَسط العام حول وَلايَة عَلِيٍّ أَمِير المؤمنين صَلواتُ الله وسَلامُه عليه حيث لا تَقصِير في الأَداء ولا غُموض لُغَةِ التَّبلِيغ ولا لِبْس في قنواتِ التَّواصِيل ولا وَصْف مُجَرَّد مِن مَوصُوف حتَّى.

وعندما عَجز الصَّحابةُ المنافِقون عن إِسْقاط معنى نُبُوَّتِه صَلَّى الله عليه وآله على الطَّرِيقَة الْمُتَّبعة في عَهد الجاهِلِيَّة مِن فَنٍّ في الْمُماكَرة وتَوظِيف النُّفوذ واستِعمال

1- الحجر 94-92

2- المائدة 67

3- إرشاد القلوب، الديلمي 330 333

وَسائل الضَّغط الاجْتِماعي؛ رَضَخوا لِلنُّبوَّة نِفاقًا ولكِنَّهم اقترَبوا مِن الإمامَة لِلطَّعن في مَعناها وفي عَظِيم مَنزِلَتِها ورُتبَتِها وضاعَفوا مِن أفعالهم المُضادَّة لِمَقامِها في الدِّين، وزادوا على التَّأليب والتَّحرِيض في النَّاس تَأجيجًا لِلثَّأر مِن سَيف عَلِيٍّ أَمِير المُؤمنين صَلواتُ الله وسَلامُه عليه، وزَوَّروا في مَعنى (الوَلايَة) ثُمَّ اختَلقُوا مَنطِقَةَ فَراغٍ بَين ساعة رَحِيل النَّبيّ صَلَّى الله عليه وآله وساعة وَلايَة عَلِيٍّ أَمِير المُؤمنين صَلواتُ الله وسَلامُه عليه، وأَتْبَعوا ذلك بِعَملِيَّةِ سطوٍ مُفاجئٍ على مقام (الخَليفَة) لِيَملئوا به (الفَراغ)، ودَعَّموا العَمَلِيّةَ بِانْتِشارٍ مُسلّحٍ واسعٍ عَمّ طُرق المَدينة بِالتَّزامُن مع لقاء السَّقِيفة وإعلان البَيعة لِلخَلِيفة البَديل، ثُمَّ حاصروا دارَ عَلِيٍّ أَمِير المُؤمنين صَلواتُ الله وسَلامُه عليه وأَحرَقُوها واقتَحموها وضَربوا فاطِمة الزَّهراء صَلواتُ الله وسَلامُهُ عليها وكَسروا ضِلْعها وأَسقَطوا جَنِينها واقتادوا بَعلَها أَمِير المُؤمنين صَلواتُ الله وسَلامُه عليه مَكتوفًا بِالحَبل إلى حيث مَجلِس الخَليفة الجَدِيد لِيَنظُر في أَمره ويُقرِّر مَصِيره.

ولو افترضنا جَدلًا أَنَّ كُبراء الأَنْصار لم يَلتَقوا في السَّقِيفة لِعيادةِ زَعيمِهم المَريض، وأَنَّ قُطبيّ (صَحِيفة مَكّة الثّانية) أَبا بَكر وعُمَر لم يَعلَما بِانعقاد هذا اللِّقاء، فهَل ستَبقى فِكرَةُ اختِيار خَلِيفَة مِن بَين الصَّحابة الخَمسَة في طَي العَدَم أَمْ أَنَّ الانْتِشار المُسلَح لِحُلفائهم مِن القَبائل في المدينة شَكّل دَلِيلًا دامِغًا على أَنَّ عَزمَهُما على اختِيار الخَليفة مِن بَينِهما قد أُبرِم قُبَيل عِلْمِهما بِانْعِقاد لِقاء السَّقِيفة؟!

قُبَيل انْعقاد لِقاء السَّقِيفة عاشَ أَهْلُ مَكَّة والمَدِينَة والمُسلِمُون جميعًا مُطمَئنِّين على بَيعَتِهم لِمَن يَخلِف الرَّسُول صَلَّى الله عليه وآله. وما زال بَعضُ الرُّواة في هذه الظُّروف المُعقّدة يَختَرِق الحِصار المَفروض على الرِّواية فيَتداول في النَّاس مَناقِبَ وفَضائلَ وكرامات الخَليفة الجَديد عَلِيٍّ أَمِير المُؤمِنين صَلواتُ الله وسَلامُه عليه الَّذي أُخِذَت لَه البَيعةُ صَريحةً مُعلَنةً قَبل شُهور قَلائل مِن رَحِيل النَّبِيِّ مُحمَّد صَلَّى الله عليه وآله على مُفترق طُرق غَدِير خُم، منها:

ـ قَولُ الرَّسُول صَلَّى الله عليه وآله (كُنتُ أَنا وعَلِيٌّ نُورًا بَين يدي الله عَزَّ وجَلَّ نُسبِّح الله ونُقدِّسه مِن قَبْل أَنْ يَخلقَ اللهُ عَزَّ وَجَلَّ آدمَ بِأربعة عَشر ألف سنَة. فلَـمّا خلقَ الله آدم نَقَلَنا إِلى أَصْلابِ الرِّجال وأَرحامِ النِّساء الطّاهِرات، ثمَّ نَقَلَنا إِلى صُلب عبد المُطّلب، وقَسَّمنا نِصفَين، فجَعَل النِّصف في صُلب أَبِي عبد الله، وجَعل النِّصف الآخر في صُلب عَمِّي أَبي طالب، فخُلِقتُ مِن ذلك النِّصف، وخُلِقَ عَلِيٌّ مِن النِّصف الآخر. واشتَقّ اللهُ تعالى لنا مِن أَسمائه أَسماء، فالله عَزّ وَجَلّ المَحمُود وأَنا مُحمّد، والله تَعالى الأَعلى وأَخِي عَلِيّ، والله الفاطِر وابْنَتي فاطِمة، والله المُحسن وابناي الحَسن والحُسين، وكان اسمِي في الرِّسالة والنُّبوّة، وكان اسْمهُ في الخِلافة والشُّجاعة، فأَنا رَسُول الله وعَلِيٌّ سيف الله)[1].

ـ وقولُه صَلَّى الله عليه وآله (يا عَلِيّ، أَنْت أَمِير المُؤمنِين وإِمام المُتَّقِين. يا عَلِيّ، أَنْتَ سيِّد الوَصِيِّين ووَارث عِلم الأَوّلين وخير الصِّدِّيقين وأَفضل السَّابقين. يا عَلِيّ، أَنْت الحُجّة بَعدِي على الخَلق أَجمَعِين، استَوجب الجَنَّة مَن تَولَّاك واستَحقَّ النَّار مَن عاداك. يا عَلِيّ، والَّذي بَعثَنِي بِالنُّبوَّة واصْطفاني على جَمِيع البَرِيَّة لو أَنَّ عبدًا عَبَد الله أَلفَ عامٍ ما قَبِل الله ذلك منه إِلَّا بِولايتك وبِوَلايَة الأَئمَّة مِن وِلْدك، وإِنَّ ولايَتك لا يَقلبَها الله تعالى إِلَّا بِالبَراءة مِن أَعدائك وأَعداء الأَئمَّة مِن وِلْدك. بِذلك أَخبَرني الأَمِين جبرائيل، فمَنْ شاء فلْيُؤمِن ومَن شاء فَليَكفُر)[2].

ـ وقولُه صَلَّى الله عليه وآله (يا عَلِيّ، أَنْت مِنِّي بِمَنزلة شِيث مِن آدم، وبِمَنزلة سام مِن نُوح، وبِمَنزلة إِسحاق مِن إِبراهيم، كما قال تعالى [وَوَصَّىٰ بِهَا إِبْرَاهِيمُ بَنِيهِ وَيَعْقُوبُ][3]، وبِمَنزلة هارون مِن مُوسى، وبِمَنزلة شَمعون مِن عيسى. وأَنت وَصِيِّي ووارِثي، وأَنْت أَقدمُهم إِسْلامًا وأَكثَرُهم عِلمًا وأَوفَرهم

---

1 - الطّرائف، السّيد ابن طاووس الحسني 15

2 - البحار 27/ 66 - 199

3 - سورة البقرة 132

حِلـمًا وأَشـجعُهم قلبًـا وأَسـخاهم كفًّـا، وأَنـت إِمـامُ أُمَّتِـي وقَسـيم الجنَّـة والنّـار. بِمَحبَّتِـك يُعـرف الأبـرار مِـن الفُجّـار ويُميّـز بـين المؤمنـين والمنافقـين والكُّفـار)[1].

ـــ وقولُـه صَلَّى الله عليـه وآلـه (إنَّ في عَـلِيٍّ خِصـالٌ لـو كانَـت واحـدةٌ في رَجـل اكتَفـى بهـا فَضـلًا وشرفًـا، منهـا: وَلِيُّ عَـلِيٍّ ولِيُّ الله وعَـدوُ عَـلِيٍّ عـدوُ الله، ومنهـا: عَـلِيٌّ حُجَّـةُ الله عـلى عِبـاده، ومِنهـا: حُـبُّ عَـلِيٍّ إيـمانٌ وبُغضُـه كُفـرٌ، ومنهـا: حِـزبُ عَـلِيٍّ حِـزبُ الله وحِـزبُ أَعدائـهِ حِـزبُ الشَّـيطان، ومِنهـا: عَـلِيٌّ مـع الحـقِّ والحَـقُّ مـع عَـلِيٍّ لا يَفتَرِقـان، ومِنهـا: عَـلِيٌّ قَسِـيم الجَنَّـة والنَّـار)[2].

ـــ وقَولُـه صَـلَّى الله عليـه وآلـه (مَـن أَطاعَنِـي فقـد أَطـاعَ الله، ومَـن عَصـانِي فقـد عَـصى الله، ومَـن أَطـاع عَلِيًّـا فقـد أَطاعَنِـي، ومَـن عَـصَى عَلِيًّـا فقـد عَـصَى الله).

ـــ وقولُـه صَـلَّى الله عليـه وآلـه وهـو آخـذٌ بِيَـد عَـلِيٍّ صَلـواتُ الله وسَـلامُه عليـه (هـذا أَوَّلُ مَـن آمَـن بِي، وأَوَّلُ مَـن يُصافحُنـي يـوم القِيامـة، وهـذا الصِّدِّيـقُ الأكـبر، وهـذا فـارُوق هـذه الأُمَّـة، وهـذا يَعسـوبُ المُؤمنـين والمـالُ يَعسـوب الظَّالِمـين)[3].

لم يغِـب شَيءٌ ممَّـا اخْتُـصّ بِـه الإمـام الـوَصِيّ المَعصـوم ذِي الفَضائـل والمَناقـب والمَعاجـز والكَرامـات عـن علـم مُجتَمعـي مكَّـة والمَدِينـة، ولا مِـن خَلِيفَـةٍ بَدِيـلٍ عـن عَـلِيّ أَمِـير المُؤمِنـين صَلـواتُ الله وسَـلامُه عليـه في الـرَّوع والوِجْـدان، ولا مَـن يُضاهِيـهِ في شَيء، ولا مَـن يُقـاس بِـه في الوَاقِـع العَمَـلي. فهُـو صَلـواتُ الله وسَـلامُه عليـه حائـزٌ عـلى كـمالات الـوَصِي الَّـذي أُكمِـل الدِّيـن بِولايَتِـه وتَمَّـت النِّعمَـة بِجَعـلٍ مِـن الله عَـزَّ وَجَـلَّ، ولكِـنّ المَدينـة حِينئـذٍ غَصَّـت بِنفـوذِ الصَّحابـة المُنافِقـين وازدَحَمَت بِمُؤثِّـرات اتِّجـاهٍ واسِـعٍ مُؤلَّـفٍ مِـن ذَوِي الثَّـأر الجاهِـلي المُبغـض لِعَـلِيّ أَمِـير المُؤمِنـين

---

1 - المستدرك 136/ 3

2 - إحقاق الحقّ 395/ 20

3 - فرائد السمطين، الجويني 178/ 1

صَلواتُ الله وسَلامُه عليه و(عامَّة الصَّحابَة يَبغُضُون عَلِيًّا)[1] و(أَنَّ مَن يَبغُض عَلِيًّا مُنافِق)[2].

ظَلّ بُغْضُ الصَّحابَة المُنافِقين لِعَلِيّ أَمِير المؤمنين صَلواتُ الله وسَلامُه عليه يَتفاعَل ويَتضخّم ويزداد حدَّة مُنذُ أَنذَر النَّبِيُّ صَلَّى الله عليه وآله عَشِيرتَه الأَقرَبين، واشْتدَّت قَبضَةُ نُفوذِهم في العام الأَخِير مِن حَياة الرَّسُول صَلَّى الله عليه وآله، والرَّسُول صَلَّى الله عليه وآله في المَدِينَة يَحجُم عن فَضحِهم وذِكرِ أَسمائهم فضْلًا عن إِصدار أَمْرٍ بمُعاقَبَتِهم والحدِّ مِن نُفوذِهم واتِّخاذِ إِجراءٍ رادعٍ بحَلِّ تكتُّلِهم لِيَضمَن بذلك انتقالًا آمِنًا لِلخِلافَة مِن بَعدِه.

تَفاعلَت المَدِينة مع كُلِّ هذه المعطيات في ظُروفٍ تَبدو مُتَشابِكة وظاهِرة في التَّعقِيد الثَّقافِي القَبَلِيّ وقد أَزِفَت ساعةُ نَفاذ أَمَر الوَلايَة بلا فاصِلٍ زَمَنِيٍّ بين رَحِيل النَّبِيِّ صَلَّى الله عليه وآله ومَجِيء الوَصِيِّ، والنَّاسُ في هذه السَّاعة على عِلْمٍ تَفصِيلِيٍّ بقُرب لَحظَة انْقِطاع وَحْيّ النُّبوّة عنهم.

سيَعتَلِي الوَصِيُّ بِما خُصّ مِن الفَضائل والمناقِب ومِن وَحْيِ الإِمامَةِ ومِن مَقام (الخِلافَة) مِن بَعد النَّبِيّ صَلَّى الله عليه وآله إِذْ لا شَيء يُستَخفى على أَهْل المَدِينة ومَكَّة، ومنها: أَنَّ الوَصِيّ الحائز على هذه الكَمالات لا بُدّ وأَنْ يكون غرضًا لِحراب شَبكةٍ واسِعَةٍ مِن النُّفوذ المُضادّ إِذْ لَيس في هذين المُجتَمَعَين ما هو أَكثر تَعقِيدًا مِن مُضاعَفات ظاهِرَة (النِّفاق) وأَكثر إِثارَةً واستِهدافًا مِن مَقام الإِمْرة والرِّئاسة والسُّلطان.

لَيْس مِن المُستحِيل قَراءة ما يَستَخفِيه رَهطُ (صَحِيفة مكَّة الثَّانِيَة). فمِن خِلال تَتبُّع المَفاهِيم الَّتي جَعلُوها قاعدةً لانطلاقِ مَقاصِدِهم وما أَسَّسوا

1 - منهاج السُّنّة، ابن تيميّة 137/1

2 - صحيح مسلم 86/1

عليه مِن (الـرَّأي) في حَربِهِـم عـلى مَروِيَّـات السُّـنّة الشَّريفـة وعـلى ناقِليهـا وحامِليهـا وناشِريهـا؛ صـار مِـن اليُـسر إدراك معنـى حَلقَـة الوَصـل بَـين عَمليَّـة الاغْتيـال بِدباب هَرْشَـى وعَمليَّـة لَـدِّ النَّبـيّ صَـلَّى الله عليـه وآلـه بِالسُّـمّ في أثنـاء مَرَضِـهِ الأخـير إذْ تَيَقَّـن الصَّحابَـةُ المُنقلبُـون بِـأَنَّ مَـرض النَّبـيّ صَـلَّى الله عليـه وآلـه في الحـال الرَّاهِنَـة سـيُختَتم بِلَحظـة رَحِيلـه عـن دار الدُّنيـا مِـن أثَـر مـا لَـدّوا مِـن السُّـمّ.

أَلَّـف رَهْـطُ الصَّحابـة الخَمسـة نفـوذًا سِياسِـيًّا حميـمًا في المَدِينـة مـع فِئـةٍ خاصَّـة مِـن الأَوْس الأنصارِيِّـين، فقَرَّبُوهـم وتَـمَّ بِمُوجِـبِ ذلـك مُوافقَـة هـذه الفِئة مِـن الأَنْصـار عـلى الاشْـتِراك في تَنفيـذِ عَمليّـةٍ سِرِّيَّـةٍ لِقَتـل النَّبـيّ صَـلَّى الله عليـه وآلـه في هَرْشَـى عـلى الرَّغـم مِـن وُجـود خِيـارٍ آخـر في حَـوزة (الخَمْسَـة) لاغْتِيالـه.

وفي ذلـك نُكتَـةٌ سِياسِـيَّةٌ لافِتَـة كاشِـفَة عـن إمـكان تَدبـير الصَّحابـة الخَمسـة لِحَربٍ أَهلِيَّـةٍ فِي المَدِينـة، وذلـك مِـن خِـلال الـدَّور الَّـذي عُهِـد بِحُلفائهـم الأَنْصاريِّـين في تَنفيـذ عَمليّـة هَرشـا حيـث يتَفاخـر الأَنْصـارُ الأَوس والخَـزرج عـلى المُهاجِريـن بِالمنزلـة الرَّفيعـة الَّتـي خَصَّتهـم مَروِيَّـات النَّبـيّ صَـلَّى الله عليـه وآلـه مِـن دُون غَيرِهـم ولا بُـدّ مِـن زعزعـة الثِّقـة في الأنصـار والانْحِـدار بِمَنزلَتِهـم!

وكان مِـن المُرجَّـح أَنَّ فئـة الأَنصـار المُتحالِفـة مـع الصَّحابـة الخَمسـة سـيَطلبون الخِلافَـةَ لِأَنفُسـهم بعـد عمليَّـة هرشـى بِـما امتـازوا بِـه مِـن مَقـام إذْ هُـم أَهـلُ المدينـة الَّذيـن آوَوا النَّبـيِّ صَـلَّى الله عليـه وآلـه ونَـصروه عندمـا نَصبَـت قُرَيـشٌ لـه العَـداوة والبغضـاء والكراهيَّـة في مكّـة وأَلَّبَـت عليـه وحَاصرَتـه في شِـعب أَبِي طالِـب وعَزمَـت عـلى التَّخلُّـص مِنـه بِقَتلِـهِ عـلى فِـراش نُومِـه وطارَدتـه عـلى طَريـق هِجرَتِـه. وأَنَّ ظاهِـرَة (النِّفـاق) مـا هـي إلَّا عُقـدة وافِـدَة مـع وُفـودِ مُهاجِـري مَكَّـة عـلى المَدِينـة، ولَيْـس في الأَنْصـار مِـن مُنافِـق يُشـار إليـه بِالبَنـان إلَّا ابـن سَـلُول، فذَلِـك مِمَّـا يُعـزِّز مِـن نَصيـبِ الأَنْصـار في تَقريـر مُسـتقبل مَدِينَتِهـم ويَنتَقِـص مِـن مَقـام المُهاجِريـن قـادَة عَمليَّـة هَرْشـى ويُقلِّـل مِـن شَـأنِهم في مُجتمـع المَدِينـة.

فكان ذلك التَّمايز الاجْتِماعي مُبتَغى الأَقطاب الخَمْسة ومبلغ مُرادِهم، ولِأَجْل استِثارَتِه في المَدِينة استَعانوا بِبَعض العَناصر مِن الأَنصار في تنفيذ عَمليَّة هَرْشى، ولِأَجلِ بُلوغ هذا الهَدَف أَقحَمُوا الأَنْصار في الخُطوات اللّاحِقَة لِعَمليَّة هَرْشى حيث سيَتمّ بِمُوجِبها السَّيطرة على المَدِينَة بِأَيدِي الأَنْصار ومِن ثَمّ دَفْعهم لانْتِزاع إمارتها مِن عَلِيٍّ أَمِير المُؤمنين صَلواتُ الله وسَلامُه عليه بِأَيدِيهم، فهي مَدِينَتهم!

وكان في تَقدِير أَقطاب صَحيفة مَكَّة الخَمسة أَنَّ ضَمَّ الأَنصار إلى عَمليَّة الانْقلاب على الأَعْقاب سَيُحقِّقُ عددًا مِن المقاصِد الضَّرُورِيَّة لِتَحالُفِه:

ـ سيَحِدّ مِن حسَاسِيَّة الأَنْصار تِجاه المُهاجِرين المُنقلِبين والمُنافِقِين.

ـ وسيُبَدّد مَخاوف الأَنْصار مِمّا عزم الأَقطابُ على تَنفِيذِه مِن عَملٍ سيَشمِل تَقريرَ مَصِير مَدِينَتِهم. فذَلِك مِمّا يُساهِم في استِقرار المَدِينة والسَّيطرة على أَوضاعها الأَمْنِيَّة في إِثْر مَقتَل النَّبيّ صَلَّى الله عليه وآله.

ـ وسيَجنِي الأَقطابُ الخَمْسَة مِن ذلك كامِلَ الأَهداف المُقرَّرة في نَصّ الصَّحِيفَة.

ـ وسيُؤمِّن الانْقلاب لِلأَنصار وُجودهَم الأَصِيل في مَدِينتِهم. فغايَةُ ما سيَطلبه الأَنْصارُ في مُقابِل شَراكَتِهم في عَمَلِيَّة الاغْتِيال هو حِصَّةٌ مُطَمئنةٌ مِن الخِلافَة قابِلَة لِلتَّفاوض.

ـ في حال فَشَل الانْقلاب في خُطَّتِه فإِنَّ حَظوةَ الصَّحابة الأَنْصار ومِنزلَتَهم عِند النَّبيّ صَلَّى الله عليه وآله ستنهاران ويَنتِهي أمدهُما بِإزاء حَظوة ومَنزِلَة الصَّحابة المُهاجِرين الَّذين وَفدوا على المَدِينة بِعُقدةِ النِّفاق. وسَتَفقِدُ المَدِينة مِيزةَ التَّوازن بين مُجتَمَعي المُهاجِرين والأَنْصار، وستَتراجعُ سِيادة الرَّسُول صَلَّى الله عليه وآله عَليهما.

كان المؤمَّل أنَّ يعود جَيش المُسلِمين المؤلَّف مِن ٣٠ ألف مُقاتِل مِن تَبوك مُنتصِرًا ومُمْتنًّا لِقائدِه ونَبيِّه رَسُول الله صَلَّى الله عليه وآله على ما حَقَّق مِن نَصرٍ مُؤزَّرٍ بَدا عند ساعة الانْطلاق إلى تَبُوك مُستحِيلًا. وأنَّ مِن شَأنِ هذا النَّصر أنْ يُعزِّز مِن سِيادة الرَّسُول صَلَّى الله عليه وآله على كُلِّ مَفاصِل الحَياة في المَدِينة ومكَّة. وسيَكسِب بِذلك ثِقة مُجتمعات البِلاد الَّتي لم تَدخُل الإِسْلام بَعْد، ويُفقِدَ تَحالُف الصَّحابَة المُنافِقِين نُفوذهم الخارِجي، ويُوثِّق العَلاقَةَ القائمة بين فِئتَيّ المُهاجِرين والأَنْصار بوَصفِهما مُجتمعًا واحدًا يَستَظلّ بإمْرَةِ الرَّسُول صَلَّى الله عليه وآله وبِإمامَةِ عَلِيّ أمير المُؤمِنين صَلواتُ الله وسَلامُه عليه مِن بَعده.

كَيفَ سيتمكَّن الأقطابُ الخَمْسَة مِن إقناع هذا الجَيش العائد مِن تَبُوك مُنتَصِرًا بِالخُضوع لِإمْرَتِهم فِيما لَو انْفَردوا مِن دُون الأَنْصار بتَنفِيذ عَمليَّة اغْتِيال النَّبيّ مُحمَّد صَلّى الله عليه وآله على هضبة هَرْشَى؟! وهَلْ سيَتمكَّن هُؤلاء الصَّحابَة الخَمْسَة في رِحلَةِ العَودَة مِن السَّيطَرةِ على المَدِينة وعَزل عَلِيٍّ أَمِير المؤمِنين صَلواتُ الله وسَلامُه عليه عن الوَلايَة أو قَتلِه مِن دُون أنْ يكون لِلأَنْصار شَراكَةٌ في الأَمْر ودَورٌ رَئيس، أو عِلْمٌ مُسبقٌ بِخُطَّةِ الانْقِلاب وهُوِيَّة المُنفِّذين، أو أَنْ يكون لَهُم الحَقّ في الانْفِراد بِالحِصَّة الأَوْفر حظًا مِن غُنم الانْقِلاب؟!

فالمَدِينَةَ هِي مَوطِنُهم وهي مَحلُّ تَنفيذِ الانْقِلاب الخَطِير، وهُم أَوْلى النَّاس بِإمْرَة المدينة في كُلِّ الأَحْوال مِن دُون المُهاجِرين، وهُم الأَقرب إيمانًا ووَلاءً لِعَلِيّ أَمير المؤمنين صَلوات الله وسَلامه عليه وشِيعَتِه؟!

كُلُّ تلك المُعطِيات وما ظَهر مِنها وما بَطن تُرجِّح «أنَّ الغَلبَةَ ستكُون حليفًا لِدَهاء الصَّحابَة المُنافِقِين وحُلفائهم» إنْ تَمكَّنوا مِن احتِواء الأَنْصار وضَمِّهم إلى ما هُمْ مُقبِلُون على تَنفِيذِه.

ورُبَما كان امتِناعُ النَّبيّ صَلَّى الله عليه وآلِهِ عن كَشْفِ أَسماء المُشارِكين في

مُحاوَلـة الاغتِيـالِ الفاشِـلَة في ثَنيـةِ هَرْشَـى والاكتِفـاءُ بالإشـارة إلى وُجـودِ أَسـمائهم بين يَـدي حُذيفـة بـن اليَـمان ـ قـد رَمَـى إلى إِحْـداث لِـونٍ مِـن التَّـوازن الاجْتِماعِـي المانِـع مِـن وُقـوع حَـربٍ أهلِيَّـةٍ في عاصِمَتِـهِ والمُحافَظـة عـلى تَماسُـك مُجتَمعـي المُهاجِريـن الوافِديـن عـلى المَدِينـة والأَنْصـار أَهْـل المَدِينـة. فـإِنْ قُتِـل صَـلَّى الله عليـه وآلـه عـلى هَضَبـة هَرشـى ولم يُحقِّـق الصَّحابـة المنافِقُـون خُطـوة مُتقَدِّمـة لاحتِـواء الأَنْصـار فـإِنَّ الانْشِـاق في المَدِينـة واقـعٌ لا مَحالَـة.

ولـو عمـد حُذَيفـة إلى أَسْـماء الصَّحابـة المُنافِقِـين فكشَـفَها دَفعَـةً واحـدةً في أَوسـاط جَيـش المُسـلِمين العائـد مِـن تَبُـوك إلى المدينـة، أَو سَـعى حُذيفـة وَجَـدَّ جدُّه في كَشْـفِ الأَسْـماء بـين أَهْـل المَدِينـة عِنـد لحظـة وُصُـول الجَيـش إليهـا؛ لَرُجِّـح أَنْ يَعـمَّ المدينـةَ أَوضـاعٌ بائسـة خَطِـيرة منهـا:

ـ فسـادٌ كبـير في النِّظـامَ الاجتِماعـي واخْتِـلال لِغَـير مَصلحـة المُهاجِريـن، بِمَـن فِيهـم الأَقْطـاب الخَمْسَـة الَّذيـن تَزعَّمـوا مُحاولَـة الاغْتِيـال في هَرْشَـى، ولَأَقـدَمَ الأَنْصـارُ عـلى استِغلال هـذا الفَسَـاد فجَعلـوه مُـبرِّرًا لِطَـردِ المُهاجِريـن مِـن مَدِينَتِهـم حِمايَـةً لهـا مِـن ظاهِـرَةِ (النِّفـاق) الَّتـي اسـتوطَنَت قُلـوبَ المُهاجِريـن وعَشْعَشَـت وكاد وباؤهـا أَنْ يَتَفَشّـى في أَهْـل المَدِينَـة مِـن الأَنْصـار.

ـ تَدَخُّـلٌ احتِجاجِـيّ مباشرٌ مِـن قِبَـل نقبـاء الأَنْصـار يَدعـو إلى إنقـاذِ مَدِينَتِهـم ولِتَقرير مَصِيرهـا بِأَيـدِي أَهلِهـا الأَنْصـار مِـن عَبَـثِ العابِثِـين حيـث يُظَـنّ أَنَّ سِـيادة الرَّسُـول صَـلَّى الله عليـه وآلـه عـلى المدينـة وسـيطَرَته عـلى النِّظـام الاجْتِماعـي لِأَهلِهـا قـد فُقِـدا، وبـاتَ مِـن الـلَّازم اتِّخـاذ الإجـراء الـلَّازم والعاجِـل لِمُعاقَبَـةِ مُنفـذِّي عَملِيَّـة هَرْشَـى مِـن المُهاجِريـن أَو إِخْضـاع مَوقِـف رَسُـول الله صَـلَّى الله عليـه وآلِـه لِدائـرةٍ مِـن الشَّـكّ والرِّيبة ولا يُسـتَبعَد أَنْ يُتَّهـم بالانْحيـاز لِلمُهاجِريـن في حـال إِحْجامِهِ عـن مُعاقَبة مُنفِّـذي عَملِيَّة هَرْشـى، مِـن غَـير أَنْ يَعلـمَ نُقَبـاء الأَنصـار بِـأَنَّ في المُتورِّطِـين المُتَّهَمِـين بِتَنفِيـذ عملِيَّـة اغْتِيـال النَّبِـيّ صَـلَّى الله عليـه وآلـه عَـددٌ مِـن بَنِـي جِلدَتِهـم مِـن الأَنْصـار.

ـ ولَبادر الصَحابةُ المُنافِقُون وحُلفاؤهم إلى الفَوضى الأَمنِيَّة فاستَغلُّوها لِبَثِّ الشُّكوكَ بين الأَنْصار في نُبوَّة الرَّسُول صَلَّى الله عليه وآله وطُلَبوا مِن النَّبِيّ صَلَّى الله عليه وآله مِن جَدِيد كَشف (الدَّلِيل) أمام أَهْل المدينة على عِصمَتِه وعَدالَتِه وإثبات صَلاح رِسالَتِه وصِدقِ ارتباطِه بالوَحي وعِلْمِه بِما كان وما يَكون، ولَسأَلوه في ريبة منهم عن كَفاءتِه في مُعالجة الأَوْضاع المُضْطَرِبَة وحَفظ التَّوازن الاجتماعي بين المُهاجِرين والأَنْصار، ولَأَدخلوه صَلَّى الله عليه وآله في جِدالٍ يُهدِّد مَقامَه ومَنزِلَتَهُ في النّفوس، وأَشْغَلوه في غَمراتٍ مِن النِّزاع الداخِلي يَطول أَمدُه ولم يَتبقّ مِن حَياتِهِ الشَّريفة إلَّا عُمُر قَصِير لا يَتجاوز العامَين!

وسيَكون مِن الصَّعب في هذه الحال أَخذ البَيعة لِعَليٍّ أَمِير المؤمنين صَلواتُ الله وسَلامُه عليه مِن أُناسٍ يَعيشُون على شِكٍّ مِن العَقيدة في مَدِينة تَكاد تَنفجِر في نِزاعٍ داخِليٍّ بين مكوّنات اجتماعِيَّة غير مُتجانِسَة.

فجاء الأمرُ في الآية الشَّريفة مُقتَرِنًا بِوَصفٍ دَقِيق لِلوَضع العام عند مُراد تَبليغ ما أُنزل في شَأن أَخذ البَيعة [يَا أَيُّهَا الرَّسُولُ بَلِّغْ مَا أُنْزِلَ إِلَيْكَ مِنْ رَبِّكَ وَإِنْ لَمْ تَفْعَلْ فَمَا بَلَّغْتَ رِسَالَتَهُ وَاللهُ يَعْصِمُكَ مِنَ النَّاسِ][1].

وقَد نَصَّ النَّبِيُّ مُحمَّد صَلَّى الله عليه وآله مِن قَبل على العِلَّة في امتِناعِه عن كَشفِ هُوِيَّة المنافِقِين بِكُرْهِه (أَنْ يقول النَّاسُ أَنَّه دعا أُناسًا مِن قومِه وأَصحابِه إلى دِينِه فاستَجابوا له، فقاتَل بِهم حتَّى ظَهر على عُدوِّه ثُمّ أَقْبَل عليهم فقتَلَهم). وكان الصَّحابَةُ المُنافِقُون أنفسهم يُدرِكون أَنَّ النَّبِيّ صَلَّى الله عليه وآله يَعلَمُ تَفاصيلَ ما أَقدَموا عليه مِن فَعْلَةٍ شَنيعةٍ فَعَلوها وأَنَّهم يَستَحِقُّون بإزائها أَشدّ أَلوان العِقاب. فأُسقِط في أَيديهم لما عَلِموا أَنَّ النَّبِيَّ صَلَّى الله عليه وآله اكتَفى بإيداع أَسْمائهم في سِرِّ الصَّحابي الجَليل حُذيفة بن اليَمان ولم يُعاقِبهم، وأَنّ

1 - المائدة 67

الأَمْـر عابِـرٌ، ثُـمَّ أَردكـوا مِـن بَعـد شَـهادَتِهِ صَـلَّى الله عليـه وآلـه أَنَّ سِرَّ حُذَيفـة لَيْـس إِجـراءً عاديًّـا، فقـد أَقَـضَّ مَضاجِعَهـم وهُـمْ في ذُروَةِ قُوَّتِهـم وجَبرُوتِهـم، يَتَسَـنَّمون (الخِلافَـةِ) ويَحكُمـون.

ومـع دابِ النَّبِـيِّ صَـلَّى الله عليـه وآلـه وحِرْصِـهِ عـلى تَفـادِي وُقـوعِ نِـزاعٍ أَهـلِيٍّ في المَدِينـة، وتَكليفِـهِ حُذيفـة بـن اليَـمان رضـوان الله تَعـالى عليـه إِنْجـاز دَورِه الـضَّرُوري ودوام الحِـرص عـلى الامْتِنـاع عـن التَّصريـح بِقائمَـةِ أَسـماءِ الصَّحابـة المُنافِقِـين المُنفذِّيـن لِعَملِيَّـة هَرْشَـى؛ فَـإِنَّ هـؤلاء الصَّحابـة الخَمسَـة لَم يَـتَردَّدوا في إِلقـاء اللَّائمَـة عـلى جُملَـةٍ مِـن الأَنْصـار وسَـوق التُّهمَـة إِليهـم زُورًا وبُتهتانًـا بِإِشْـعال فَتِيـل الفَـوضى في المَدِينـة مِـن خِـلال تَدبيرِهِـم عَملِيَّـة هَرْشَـى، ونَفـوا تَواطـؤ أَحـدٍ مِـن المُهاجِريـن مَعهـم عـلى الرَّغْـم مِـن أَنَّ المُنفِّذيـن لِلعَملِيَّـة الاغْتِيـال في هَرْشَـى هُـم (ثَمانِيـةٌ مِـن قُرَيـش، والباقِـون مِـن أَهـلِ المَدِينـة)[1]، وأَنَّ أَحـد الأَدِلَّـة الدَّامِغـة عـلى وُقُـوع هـذه العَملِيَّـة المُشـتَرَكَة تَتمَثَّـل في وُجـود عَـددٍ مِـن الأَنْصـار الجَرحى الَّذيـن أُصِيبـوا أَثنـاء تَنفِيذهـم لِعَملِيَّـة الاغْتِيـال ولَيْـس فِي الجَرحـى أَحـدٌ مِـن المُهاجِريـن، فهُـم شُـهودُ إِثْبـات عـلى تَـورُّط الأَنْصـار لِوَحدِهِـم!

جـاء عـن نافِـع بـن جُبَير بـن مطعـم (لم يُخـبِر رَسُـول الله صَـلَّى الله عليـه وآله بِأَسـماء المُنافِقِـين الَّذيـن بخسـوا بِـهِ ليلـة العَقبـة بِتَبـوك وهُـم اثنـا عـشر رَجـلًا. وزادوا في الحِديـث قولَهـم: ليـس فِيهـم قُـرَشِيٌّ وكُلُّهـم مِـن الأَنْصـار أَو مِـن حُلفائهـم)[2].

فـإِنْ أُخِـذ بِعـين الاعْتِبـار مـا اسـتُبقِيَ مِـن تَزاحُـمٍ وتَحاسُـدٍ بَـين شِـقَّي الأَنْصـار الخَـزْرج والأَوْس، فمِـن المُمكِـن إِدراك طَبِيعـة مَوقـف الأَنصـار مِـن عَملِيَّـة اغتِيـال النَّبِـيِّ صَـلَّى الله عليـه وآلـه بِالسُّـمّ بَعـد أَقَـلِّ مِـن عامَـين مِـن فَشـل مُؤامَـرة الاغتِيـال في هَرْشَـى حيـث انْفَـرد بِتَنفِيـذ عَملِيَّـة الاغتيـال بِالسُّـمّ رَجُـلان مِـن المُهاجِريـن

1 - المغازي النَّبويّة 1042/ 3

2 - مختصر تأريخ دمشق، ابن منظور 253/ 6

القُرشِيِّين وامْرأَتَـان مِـن أَزواج النَّبِـيّ صَـلَّى الله عليـه وآلـه مِـن غَـير وُجـود استِعانَةٍ بِـأَيِّ عُنـصرٍ مِـن الأَنْصـار. في حِـين اسـتَعمل هُـؤلاء الصَّحابَـة المُهاجـرون القُرَشِـيُّون الأَرْبَعـة بعـض حُلفائهـم مِـن الأَنْصـار في تَنفِيـذ عَمَلِيَّـة هَرْشَـى عـلى وَعـدٍ منهـم بِمُناصَفَـة الغُنـم.

وعِندمـا فَشَـلت عَمليَّـةُ هَرشـى وأَمكَـن الاسـتِقواء في مُجتَمَـعِ المَدِينـة عـلى فئـةِ الأَنْصـار وابْتِزازهـم مِـن خِـلال التَّلوِيـح بِدَلِيـل وُجـود الجَرْحـى المُنفذِّيـن مِـن الأَنْصـار الَّذيـن سَـقَطوا مِـن أَعـلى العَقَبَـة ولم تَتلاشَـى آثـارُ جُروحِهـم بَعـد؛ اسـتَغنى الصَّحابَـةُ المُهاجِـرون الخَمَسـة عـن الأَنْصـار في وَضْـع خُطَّـةٍ بَدِيلـةٍ قَـرَّروا فيهـا قَتْـلَ النَّبِـيّ صَـلَّى الله عليـه وآلـه بِالسُّـمّ وانْفَـردوا بِـسِرٍّ تَنفِيذِهـا، ومَنعـوا الأَنْصـار مِـن الحَصـاد المُتوقّـع مِـن هـذه العَمَلِيّـة، وأَخفـوا الأَمْـر عـن الخَـزرج واسـتَغلوا الأَوسَ لِوَحدِهـم لِيُشـارِكوهم بعـد الفَـراغ مِـن عَمليَّـة الاغْتِيـال ونَجاحِهـا في حَسْـم أَمـر تَولِيَـةِ الخِلافَـة لِأَبي بَكـر.

لم يَعـزل الخَمَسَـةُ أَقطـابُ (صَحِيفـة مكَّـة الثَّانيـة) حِـزب الأُمَوِيِّـين عَـمّا أَسَّسـوا لـه، وإنَّـما أَطلقـوا لَهـم الـدَّور الحاسِـم وأَتَمّـوا بِـه مُهِمَّـةَ القَضـاء عـلى وَلايَـة أَهْـلِ البَيـت صَلـوات الله وسَـلامُه عليهـم إذْ هُـم يُمثِّلـون الطَّـرف المُغالِـب والمُعـادِي الأَشَـدّ عَـداوة وقَسـاوة وبَغضـاء لِلَّذيـن آمنـوا.

رَزِيَّةُ المُنقِذِ مِن الضَّلال

في اليومَين الأخِيرين المُتبقِّيَن مِن حَياتِه لُدَّ النَّبيُّ مُحمَّد صَلَّى الله عليه وآله وصُبَّ السُّمّ فِي فَمِه، وكان لِقاؤه مع أُسامَة بن زيد المُصادِف يَوم الأَحَد هو آخر لِقاءاتِه العَلنِيَّة.

أَصْبحَ النَّبيُّ صَلَّى الله عليه وآله فِي هذا اليَوم بارِئًا يُودِّع أواخرَ آلام مَرضِه ويَتخَطّى آثار عاصِفَة (رَزِيَّةِ الخَميس) التَّي سَبقت لِقاءَه الثَّاني بِأُسامَة حيث لَعنَ صَلَّى الله عليه وآله الصَّحابَةَ المُتخلِّفِين في المدينة عن جَيشِ أُسامَة لِمدّة تجاوَزَت الأُسْبوعَين مِن دُون أَنْ يكتَرِثَ أَحدٌ مِنهم لِندائه بإنفاذ جَيش أُسامة والامتِثال لِأَمْره صَلَّى الله عليه وآله ولا لِعاقِبَةِ لَعنِه لِلمُتخلِّفين منهم.

إنَّ بَقاء الصَّحابة الملعُونين في المَدينة وامتِناعَهم عن الامتِثال لِأَمْرِ الرَّسُول صَلَّى الله عليه وآله قبل يَوم (رَزِيَّة الخَميس) ومِن بَعدِه، وإصْرارَهُم على مَنع كِتابَةِ الكِتاب المُنقذ مِن الضَّلال لَيَكشِف عن وُجودِ خُطوةٍ لاحِقَةٍ حاسِمَةٍ سيَقترِفها الملعُونُون المُتخَلِّفون عن جَيش أُسامَة ولم يُفصِحوا عنها بَعد.

وهُم على هذه الحال، أَصْبحَ النَّبيُّ صَلَّى الله عليه وآله بَارِئًا، فأُسقِط في أَيدي هؤلاء الصَّحابة. فقد انْتَظروا لحظةَ مُفارَقتِه لِلحَياة حَتْف أَنفِهِ فِي هذا العُمُر الَّذي أَنبأَهُم صَلَّى الله عليه وآله إِيَّاه في إِثْر فَشَل كُلِّ عَمليَّات المُنَفَّذَة لاغتِيالِه، ولكِنَّه اجتَازَ فيه مَرضَهُ الصَّعب بِسَلام، وصار احتمالُ إِقدامِه صَلَّى الله عليه وآله مِن جَدِيد على تَدوين كِتابِهِ الأَخِير المُنقذ مِن الضَّلال في إِثْر عاصِفَة (الرَّزِيّة) أَمرًا مُؤكَّدًا ولا تَراجُع عنه، إِذْ هو وَحيٌ يُوحى مِن الله عَزَّ وَجَلَّ، ولا بُدَّ مِن شُهودٍ على الكِتاب. وما كان لِلنَّبيّ صَلَّى الله عليه وآله أَنْ يَجتَهِد في تَبلِيغ الرِّسالة ولا في غَيرها، وأَنَّ الإِقدام على كِتابَةِ الوَصِيَّةِ قَبلَ المَمات مِن الأَعْمال الَّتي أَكدَّ النَّبِيُّ صَلَّى الله عليه وآله في المُسلِمين على استِحبابِها، ولَنْ يَتخَلَّف

عـن هـذا العَمـل الَّـذي اختـصّ بِوُجوبِـهِ بِوَصْفِـهِ نَبِيًّـا.

سـارَعَ الصَّحابَـةُ أقطـاب (صحِيفَـة مكَّـة الثَّانِيَـة) إلى النَّبـيّ صَـلَّى الله عليـه وآلـه في مَرَضِـه لِيَسـتَدرِكوا المَوقِـفَ قَبـل أنْ يُبـادر إلى الكِتـاب فيُمليـهِ عـلى أحـدٍ في غِيـابٍ مِنهُـم أو بَعِيـد عـن عُيـونِ رَقِيبهـم. وعندمـا اقْتَربـوا مِنـه؛ حانَـت فُرصَتُهـم الَّتـي طالمـا انْتَظرُوهـا. فَوجَـروه بِالسُّـمِّ قبـل أنْ يسـتَرجِع كامِـلَ عافِيَتِـهِ مِـن مَرضِـه الَّـذي شُـفِي مِنـه وصـار بارئًـا. وفاتَهُـم أنَّ النَّبـيَّ صَـلَّى الله عليـه وآلـه قـد فَـرِغ مِـن كِتابَـةِ الكِتـاب المُنقِـذ مِـن الضَّـلال لِعَـلِيٍّ أَمِـير المُؤمنـين صَلـواتُ الله وسَـلامُه عليـه قبـل حلـول فرصَتِهـم، وأَشْـهدَ عليـه ثَلاثـةً مِـن الصَّحابَـة الأَخْيـار الأَبـرار رضـوان الله تعـالى عليهـم الَّذيـن وُصِفـوا في حَيـاةِ النَّبِـي صـلَّى الله عليـه وآلـه بِـ(شِـيعةِ عَـلِيٍّ).

قُبَيـل حلـول شَـهر صَفـر المُكتَـظّ بِالحـوادِث المَصِيرِيَّـة المُتلاحِقَـة؛ فَـرَض الصَّحابَـةُ الخَمْسَـة وحُلفاؤهـم رقابَـةً أمنِيَّـةً شَـدِيدَة ومُكثَّفَـةً عـلى أَحْيـاء المدينـة طالَـت كُلّ مُسـتَجِدٍّ مِـن الرِّوايـة الصّـادرة عـن النَّبِـيّ مُحمّـد صَـلَّى الله عليـه وآلـه أو يَتـمّ تَداولـه في النَّـاس. فَمُنِعَـت كُتُبـه مِـن الخُـروج مِـن المَدِينَـة، وعانَـى الـرُّواة الَّذيـن اشْـتُهروا بِتَدويـن الرِّوايـة واختَصُّـوا في نَقلِهـا مِـن هـذا الحِصـار.

أمْسَـت كُلُّ التَّوقُّعـات في المَدِينـة تُشِـير إلى احتِـمال عـودة النَّبِـيّ صَـلَّى الله عليـه وآلـه إلى مُمارَسَـة دَوره الطَّبِيعـي مـع وُرود أنْبـاءٍ عـن تَعافِيـه مِـن مَرضِـهِ وعـن تَجاوُزِهِ حـال الخَطـر. لكِـنَّ ظُهـور رِوايـةٍ أو كِتـابٍ يُقـرِّر مَصِير الوَلايَـة لِعَـلِيّ أَمِـير المُؤمنـين صَلـوات الله وسَـلامُه عليـه ويُؤكّـد عـلى الامْتِثـال لِبَيعـة الغَدِيـر صـار حَديـث السَّـاعة في مَكَّـة والمَدِينَـة في إثْـر ضَجَّـة يَـوم الخَمِيـس وشـمول اللَّعنـة كُلّ الصَّحابـة المُتخلِفِّـين عـن جَيـش أُسـامَة، وأنَّ هـذه اللَّحظـات الحَرِجَـة مِـن الأَحْـوال الصِّحيَّـة لِلنَّبِـيّ صَـلَّى الله عليـه وآلـه قـد يُصاحِبهـا صـدور إعـلانٍ لِلصَّحـابِي الجَليـل حُذيفـة بـن اليـمان قـد يَبـوح فيـه بِقائمـة أَسـماء المُنافِقـين المتآمريـن في هَرْشـى وقـد لُعِنـوا، فيُخْزِيهـم ويَهـدِم مـا نَسـجُوه مِـن عَمِـل عـلى رُؤوسِـهِم.

وهنا أَضاف الصَّحابةُ المُنافِقُون المَعلونُون في يوم أُسامة إلى ما بَدَأُوا به مِن إجراءات رقابيَّة مُشدَّدة شملت كُلَّ صادرٍ جَدِيدٍ في الكُتُب والرِّوايَة كما شملت كُلَّ خُطوةٍ يَخطوها حُذيفة بن اليَمان بَين الأَحْياء والمُدن. وقد تَأهَّب أتباعُهم وحُلفاؤهم واستَعدوا لِصناعة التَّحوّل الجَدِيد في المَدِينَة بـ(فِتْنَةٍ) سَعوا إلى التَّلويح بِإِشْعال فَتِيلها إذْ لم يَحفظوا أَمْنَ ما بَينهم مِن أُلفَةٍ مَتِينَةٍ سابِقَةٍ. فتَوالَت الاتِّهامات المُتبادلة بينهم بِإساءَة العَلاقَة مَع النَّبِيّ صَلَّى الله عليه وآله، وتَفَشَّت بَينهم صُورٌ قَبيحةٌ مِن الابْتِزاز بِسِرِّ عَمليّة هَرْشَى!

أُرِيد بهذه (الفِتْنَة) تَعويم حادِثة الاغْتِيال، وإِشاعة الفوضى في المَدِينة، وإِلهاء أَهلها عن الفِكرة في تَحليل التَّطوّرات المُستجِدّة المُتعلِّقَة بِمَرض الرَّسُول صَلَّى الله عليه وآله وبِوَفاته المُرتقَبَة في هذا العام وما قد يَعقُبها مِن تَأكِيدٍ بين أَهْلِ المَدِينة على الدُّخول في عهد وَلايَة عَلِيٍّ أَمِير المُؤمنين صَلواتُ الله وسَلامُه عليه والوفاء لِبَيعة الغَدِير.

لقد استَنفذَ أَقطابُ الصَّحِيفَة وأَتْباعُهم وحُلفاؤهم كُلَّ طاقَتِهم في العامَين التَّالِيَين لِفَشلِ عَمليّة الاغْتِيال في هَرْشَى وأَعادوا شَحنها، واستَعدّوا لِتَنفيذ عَمليَّة الاغتِيال الأَخِيرة بِالسُّمّ ولمّا تَخْلو المَدِينة مِمّا يُثِير شُبهة ضُلوع بَعض الأَنْصار في عَمَليّة هَرْشى بِوَصْفِه شَرِيكًا مُتمرِّدًا.

لَنْ يُسعِفَ المُتورِّطِين في عَمليَّة الاغتِيال هذه ما تَمَسَّك به سائرُ الأَنْصار في هذين العامَين مِن إذاعةٍ وِجدانِيّةٍ لِفَضل نُصْرَتِهم لِلنَّبِيّ صَلَّى الله عليه وآله وتَضْحِياتِهم الَّتي بَذلُوها لِإِيواء القُرَشِيّين المُهاجِرين وبِما اختَصّوا به مِن مَروِيَّات صادِرَة عن النَّبِيّ صَلَّى الله عليه وآله في حَقِّهم، أَو حتَّى سعيَهم الخَبِيث لتَبْرِئة أَنفسهم أو تَبرئة مُجتَمَعِهم الأَنْصاري مِن تُهمَةٍ المُشاركة في عمليّة هَرْشَى، في حين ظلَّت أَسماءُ مُنفِّذِيها مِن المُهاجِرين والأَنْصار على حدٍّ سَواء مَكتومَةً في صَدرِ حُذيفة بن اليَمان حتَّى تِلك اللَّحظات الحَرِجَة.

إنَّ العَصبِيَّـة الأُولى النَّشِـطَة في بَعـض الصَّحابَـة مِـن الأَوس والخَـزرج نازَعَـت عمـوم الأَنْصـار في هـذه الظَّـرف المَصـيريّ الرَّاهِـن، فمَكَّنـوا بِذَلـك أَقطـاب الصَّحِيفَة مِمَّـا يسـعون إِليـه حيـث اسـتَغلّوا هـذا الظَّـرف المُتوتّـر لِتَعزيـزِ تَحالُفِهـم مـع الأَوسِ مُنفرِديـن ولِتَوثِيـقِ الصِّلَـة مـع نُقبـاء الأَوْسِ عـلى حِسـاب نُقَبـاء الخَزْرَج.

وبَـين صُـورٍ مُشوَّشَـةٍ مِـن الاتِّهامـات المُتبادلـة بَـين الأَقْطـاب الخَمسَـة وجانِـبٍ مِـن الأَنصـار أُعْلِـنَ فِي اليَـوم الثَّالِـث مِـن شَـهر صَفَـر النَّفِـير العـام فُجـأَةً إِذْ عَـزم النَّبِـيُّ صَـلَّى الله عليـه وآلـه عـلى غَـزو الـرُّوم البِيزَنطِيِّـين في بَلْقـاء الشَّـام، فتَوقَّفـت مَوجَـةُ الاتِّهـام المُتبـادل، ولم يَعُـد أَحـدٌ يَنتَظِـر مـا يَسـتجِدّ مِـن الأَحْـوال المَرَضِيَّـة لِلنَّبِـيّ صَـلّى الله عليـه وآلـه ومـا سَـيؤول إِليـه مَصيرُه إِلّا الأَقطـاب الخَمسَـة الَّذيـن انْتَظَـروا سـاعَةَ وَفاتِـه حَتْـف أَنْفِـهِ أَو الفُرصَـة المُناسِـبَة والمُوجِبَـة لِقَتلِـه إِذْ لُعِنـوا واحتَملـوا صُـدور الفَضِيحـة مِـن جانِـب ابـنِ اليَـمان!

تَثاقَـل الصَّحابَـةُ المُنافِقُـون في هـذا اليَـوم، وازدادوا تَحوُّطًـا في إِثْـر تَعْيِـين النَّبِـيّ صَـلَّى الله عليـه وآلـه أُسـامة بـن زَيـد عـلى رَأس الجَيـش ونـادَى بِتَجهيـزِهِ وأَمَـر بِانْضِـمام الصَّحابَـة إِليـه عـلى وَجْـهِ السُّرعـة. ومنـذُ الآن أَضْحـى أَقطـابُ الصَّحِيفَـة مُلزمـين أَمـام حُلفائهـم الجـدَد بِـما تَعاهـدوا عليـه في (صحِيفَـة مكّـة الثَّانِيَـة) ذات العَقـد المُبرم، وصـاروا عـلى خَـوفٍ شَـديدٍ وتَرَقُّـبِ حَـذرٍ مِـن أُمُـور ثَلاثَـة قـد تَعـمّ المَدِينَـة في هـذا الظَّـرف الحَسّـاس إِنْ هُـم تَركوهـا خَلفهـم والتَحقـوا بِجَيـش أُسَـامَة:

- انفِـلاتُ القُيـود الَّتـي فَرضُوهـا عـلى الـرُّواة خِـلال فَـترَةِ مَـرض النَّبِـيّ صَـلَّى الله عليـه وآلـه.

- صُدورُ إِعْلان نَبويٍّ مُفاجِئٍ مُذَكِّر بِالتَّمَسّك بِبيعَةِ الغَدِير.

- انْتِشارُ شائعة بِتَدبِيرٍ مِن مُدَبِّر حَول هُوِيَّة مُنفِّذي عَمليّة هَرْشَى.

فـما كان مِـن صَحابـةِ الصَّحِيفَـة الثَّانِيَـة إلّا أنْ فَـرّوا عـلى وَجْـه السُّرعَـة مِـن الجَيـش ورَجعُـوا خِلسَـةً إلى المَدِينـة لِمُواكبـة التَّطـوّرات المُسـتَجدّة.

وبِنـاءً عـلى الأَنبـاء الَّتـي تَسـلَّمها أَبُـو بكـر مِـن ابنَتِـه عائشـة حـول أَوضـاع بَيـت النَّبِـيّ صَـلَّى الله عليـه وآلـه وماجرياتـه؛ حَـلَّ أَبُـو بكـر بنفسـه فُجـأة فِي مَسـجِد النَّبِـيّ صَـلَّى الله عليـه وآلـه لِيَتقـدَّم صُفـوفَ صَـلاة الجَماعـة ويَـؤمّ المُصلّـين مِـن غَـير إجـازةٍ مِـن النَّبِـيّ صَـلَّى الله عليـه وآلـه!

في هـذه الأَثنـاء أَخـذَ النَّبِـيُّ صَـلَّى الله عليـه وآلـه بِيـدَي عَـلِيٍّ أَمِـير المُؤمنـين صَلوات الله وسَـلامُه عليـه ويَـدي الفَضـل بـن عبَّـاس واتَّـكأ عـلى كَتِفَيـهما ودَخـل المَسـجِد عـلى هـذه الحـال المَرَضِيَّـة. فبُهِـتَ الصَّحابَـة المُصَلُّـون الهارِبـون مِـن جَيـش أُسـامَة والمتَخلِّفـون عنـه وقـد لُعِنـوا وهُـم اليَـوم في المَسـجِدِ مُواظِبُـون عـلى أَداء صَـلاة الجَماعـة في وَقْتِهـا. فنَحَّـى النَّبِـيُّ صَـلَّى الله عليـه وآلـه أَبـا بَكـر عـن إمامـةِ الصَّـلاة وصَرفَـه عنهـا وتَقـدَّم بِنَفسـه يَـؤمّ المُصلِّـين.

وبَعـد الفَـراغ مِـن أَداء صَـلاةِ الجَماعَـة دَعـا النَّبِـيُّ صَـلَّى الله عليـه وآلـه هـؤلاء الصَّحابَـة الفارِّيـن المُتخلِّفِـين عـن أُسـامَة إلى بَيتِـهِ يُسـائلهم عـن دَوافِـع هُروبِهِـم وتَخلِّيهـم عـن مُعسـكَره في الجُـرف عـلى أَطـراف المَدِينـة وعـن تَخاذلهـم في إنْفـاذ الجَيـش وقـد سـمعوا عـن لَعْنِـهِ صَـلَّى الله عليـه وآلـه لِلمُتَخَلِّـف عـن أُسـامَة. فَسَـاقوا إليـه مُبرِّراتِهـم فلَـم يَقبلهـا النَّبِـيُّ صَـلَّى الله عليـه وآلـه، ورَفضهـا حتَّـى لَعَنَهـم مـرَّة أُخـرى إنْ هُـم امْتَنَعـوا وتَخَلَّفـوا عـن جيـش أُسـامة، وأَصَرَّ صَـلَّى الله عليـه وآلـه فيهـم عـلى إنفـاذ الجَيـش وكـرَّر لَعْنَـه ثَـلاث مـرَّات، ثَـمَّ أَمَـر مُجـدَّدًا كُلَّ واحـدٍ مِـن الصَّحابـة الفارِّيـن بِالعـودَةِ إلى جَيـش أُسـامة.

رَفَـض الصَّحابَـةُ الفـارُّون مِـن جَيـش أُسـامَة الامتِثـالَ لِأَمْـر النَّبِـيّ صَـلَّى الله عليـه وآلـه ثانِيَـةً رَفضًـا مُطلقًـا وعصَـوا أَمـرَه واجتَمعـوا في لِقـاء سِرِّي عَقَـدوه بَينهـم ثُـمَّ

انصرَفوا مِنه وعادوا في يَوم الخَميس - قَبل خمسة أيامٍ مِن يَوم شَهادَةِ النَّبيّ صَلَّى الله عليه وآله - لِعِيادَتِه في بَيتِه وهو طَرِيح الفِراش. ورُبَما كان هو يَومُ الخَميس وذاتُه اليَوم الَّذي لِقَيَهم الرَّسُول صَلَّى الله عليه وآله في المَسجِد.

لم تَذكُر السِّيرةُ الكَثِيرَ مِن التَّفاصِيل حول كَيفِيّةِ حُصول لِقَاء يَوم الخَميس. ومِن المَعلُوم أَنَّ أَكثَرَ الصَّحابَة امتَثلوا لِأَمْر نَبِيّهم صَلَّى الله عليه وآله فالتَحقوا بِأُسامة حتَّى خَلَت المَدِينةُ مِن القادِرين على القِتال إلّا النَّفر مِمّن اخْتِير لِلبَقاء والدِّفاع عنها. فكان عددُ مَن دَعاهُم الرَّسُول صَلَّى الله عليه وآله لِهذا اللِّقاء في بَيتِه يَربُو على الثَّلاثِين صَحابِيًّا لم يَبُوحوا بِتَفاصِيلِ لِقائهم في سِيرةٍ مَروِيَّةٍ مُفَصَّلةٍ مَكتُوبَةٍ أَو مَنقولَةٍ وبالَغوا في كِتْمانها، ولم يَرِد مِن أَحدِهم ما يَكشِف عن كَيفِيّة انفِضاضِ اللِّقاء والأَسباب الكامِنَة وراء ذلك إلَّا مِن بَعد الإِعلان عن شَهادَةِ النَّبيّ صَلَّى الله عليه وآله بِالسُّمّ وتَمكُّن أَقطاب (صَحِيفَةِ مَكَّة الثَّانِيَة) مِن الاستِيلاء على (الخِلافَة) وإِقصاء عَلِيٍّ أَمِير المُؤمنين صَلواتُ الله وسَلامُه عليه ومَنعِه مِن حَقِّهِ في الوَلايَة المَنصُوصَة حيث أَعربَ عُمَر عن كُرهِهِ لِذلك اللِّقاء وراح يَكشِف عن القَلِيل مِمّا أَدّاه نُظراؤه في ذات اللِّقاء لِلوصُول إلى مَرامِيهم.

عبدُ الله بن عبَّاس بن عبد المُطَّلِب بن هاشِم وابنُ عَمِّ النَّبيّ صَلَّى الله عليه وآله - الرَّاوي المُثِير لِلجَدل - تَحَسَّسَ تلك الأَوضاع فنَقل بَعض ماجَرِيات لِقاءِ الخَميس على خَوفٍ شَديدٍ مِن أَبي بَكر وعُمَر وعُثمان وخُلَفائهم مِن الأُمَوِيِّين في إِثْر تَمكّنهم مِن الخِلافة.

فقَد رَوى أَبانُ بن أَبِي عيَّاش عن سُلَيم بن قَيس في وَصْف حال ابن عبَّاس الخائف الَّذي أَطلق على ماجَرِيات هذا اللِّقاء وَصْف (رزِيَّة الخَميس) تَعبيرًا منه عن خُطورَتِهِ وضَياع الفُرصة التَّأريخيّة بِكَتْبِ الكِتاب المُنقذ مِن الضَّلال (إِنّي لَعِند عبد الله بن عبَّاس في بَيتِه، وعنده رَهطٌ مِن الشِّيعة، فذَكروا رَسُول الله صَلَّى الله عليه وآله ومَوته، فبَكى ابنُ عبَّاس وقال: قال رَسُول الله صَلَّى الله

عليـه وآلـه (في يَـوم الاثْنـين)[1]: «إيتُـوني بِكَتـفٍ أَكتـب لَكُـم كِتابًـا لا تَضلّـوا بَعدي ولا تَختَلِفـوا بَعـدِي». فقـال رَجُـل منهـم: إنَّ رَسُـول الله يَهجُـر. فغَضـب رَسُـولُ الله صَـلَّى الله عليـه وآلـه وقـال: «إنِّي لَأَراكـم تَختَلِفـون وأنـا حَـيٌّ فكَيـف بَعـد مُـوتِي». فـتَرك الكَتِـف.

قـال سُـلَيم: ثُـمَّ أَقبَـلَ عَـلَيَّ ابـنُ عبَّـاس فقـال: يـا سُـلَيم، لـولا مـا قـال ذلـك الرَّجُـل لَكَتـبَ لَنـا كِتابًـا لا يَضـلّ أَحـدٌ ولا يَختِلـف. فَقَـال رَجُـلٌ مِـن القَـوم: ومَـن ذلـك الرَّجُـل؟ فقـال: لَيْـس إلى ذَلِـك سَـبِيل! فخَلـوتُ بابـن عبَّـاس بَعـد مـا قـام القَـوم فقـال: هـو عُمَـر. فَقُلْـتُ: قـد صَدَقْـتَ. قـد سَـمعتُ عَلِيًّـا صَلـواتُ الله وسَـلامُه عليـه وسَـلمان وأبـا ذر والمِقـداد رضْـوان الله تعـالى عليهـم يَقولـون: إنَّـهُ عُمَـر. قـال: يـا سُـلَيم، أُكْتُـم إلَّا مِمَّـن تَثِـق بِـه مِـن إِخْوانِـك، فـإنَّ قُلـوب هـذه الأُمَّـة أُشرِبَـت حُـبَّ هذيـن الرَّجُلـين، كـما أُشْرِبـت قُلـوبُ بَنِـي إِسْرائيـل حُـبّ العِجْـل والسَّـامِري)[2].

كان ابـنُ عبَّـاس يَخشـى رُعونَـة عُمَـر وغِلظَتـه وعُنفَـه وتَسـلُّطَه واسـتِخفافَه النَّـاس حيـث أَطاعُـوه. وقـد نُقِـل عـن عُثْـمان بـن عَفّـان مـا كان في عُمَـر مِـن صِفَـةٍ عندمـا وَجَّـه عُثْـمان تَهديـدًا ووَعِيـدًا إلى النَّـاس الثَّائريـن عَليـه في أَواخـر أَيَّـام خلافَتِـه قائـلًا: أَمَّـا بعـد فـإنَّ لِـكُلِّ شَيء آفـة ولـكُلِّ أَمْـرٍ عاهـة، وإنَّ آفـة هـذه الأُمَّـة وَعاهـةَ هـذه النِّعمـة عَيَّابُـون طَعَّانُـون، يَرونكـم مـا تُحِبُّـون ويُـسِرُّون مـا تكرَهُـون، يَقُولُـون لَكُـم وتَقولُـون أَمثـال النَّعـام يَتبعُـون أَوَّلَ ناعـقٍ أَحـب مواردهـا إليهـا البعيـد لا يَشربـون إلَّا نغضًـا ولا يـردون إلَّا عكـرا لا يقـوم لهـم رائـد وقـد أَعيَتهُـم الأُمُـور وتَعـذَّرت عليهـم المكاسِـب، أَلا فقـد والله عِبتُـم عَـلَيَّ بِـما أَقررتُـم لابـن الخَطَّـاب بِمِثلِـه، ولكِنَّـه وَطأَكُـم بِرِجْلِـهِ وضَربكُـم بِيَـدِه وقَمعَكُـم بِلِسـانِهِ فَدِنْتُـم لـه عـلى مـا أَحبَبْتُـم أَو كَرِهتُـم)[3].

1 - وَصَف ابنُ عبّاس هذا اليوم بـ(رزيّة الخَميس) ولَيس رزيّة الاثْنَين.

2 - كتابُ سُلَيم بن قيس 324. بحار الأنوار، المجلسي -497/ 22 498/ 44

3 - تأريخ الأمم والملوك، الطّبري 645/ 2

وفَـوق كُلِّ الاعْتِبـارات، أَصْبـحَ ابـنُ عبَّـاس الـرَّاوِي (الأَكْـبر) الَّـذي نَقَـل عـن النَّبِـيّ صَـلَّى الله عليـه وآلـه حَـوالى (١٧٠٠) رِوايَـة ـ عـلى حَسـب مـا نُقِـل في عَـصر التَّدوِيـن العَبّـاسِي ـ وهـو طِفـلٌ لم يَبلُـغ سِـنّ الـ(١٣) سَـنَة عنـد وَفـاةِ النَّبِـيِّ صَـلَّى الله عليـه وآلـه ـ مُستشـارًا أَوَّل لِلخَلِيفـة عُمَـر وعُمُـره حَـوالى (١٥) سَـنَة، يُفـضِي إليـه بَعـض أَسْرارِه، ومِنهـا: أَنَّ عُمَـر كان يَعلَـم أَنَّ الرَّسُـول صَـلَّى الله عليـه وآلـه أَراد أَنْ يُـصرِّح بِاسْـم الـوَصِي والخَلِيفـة مِـن بَعـده وَهُـو عَـلِيٌّ أَمِـير المُؤمِنـين صَلـواتُ الله وسَـلامُه عليـه. يَقـول ابـنُ عبَّـاس: دَخلـتُ عـلى عُمَـر في أَوَّل خلافَتِـه، وقـد أُلقِـيَ لـه صـاعٌ مِـن تَمْـر عـلى خَصَفـة، فدَعانِـي إلى الأَكْل، فأَكَلـتُ تَمـرَةً واحـدَةً، وأَقبَـل يَـأكُل حتَّـى أَتـى عليـه، ثُـمَّ شَرب مِـن جَـرٍّ كان عنـده، واسـتَلقى عـلى مِرْفقـةٍ لـه، وطَفِـق يَحمِـد الله ويُكـرِّر ذلـك، ثُـمّ قـال: مِـن أَيـن جِئـت يـا عبـد الله؟!

قُلْتُ: مِن المَسجِد.

قال: كيف خَلَّفْتَ ابن عَمِّك؟!

فظَننته يَعنى عبد الله بن جعفر. قُلْتُ: خَلَّفتَه يَلْعَب مع أَتْرابِه.

قال: لَم أَعْنِ ذلك، إِنَّما عنَيت عَظِيمَكم أَهْلَ البَيت.

قُلتُ: خَلَّفته يَمْتَح بِالغَرْب على نخيلات مِن فُلان وهو يَقرأ القُرآن.

قـال: يـا عبـد الله، عليـك دمـاء البُـدْن إِنْ كَتَمْتَنِيهـا، هَـلْ بَقِـي في نَفسِـه شَيءٌ مِـن أَمْـرِ الخِلافـة؟!

قلتُ: نَعَم.

قال: أَيَزعَمُ أَنَّ رَسُول الله صَلَّى الله عليه وآله نَصَّ عليه؟!

قُلتُ: نَعم، وأَزِيدك، سأَلتُ أَبِي عَمّا يَدَّعِيه فقال: صَدَق.

فقال عُمَر: لقد كان مِن رَسُول الله صَلَّى الله عليه وآله فِي أَمْرِه ذَرْوٌ مِن قولٍ لا يُثبت حُجّة، ولا يَقطع عُذرًا، ولقد كان يَرْبَع في أَمْرِه وَقْتًا ما. ولقد أراد في مَرضِهِ أَنْ يُصرِّح باسْمِهِ فمَنَعتُ مِن ذلك إشفاقًا وَحِيطةً على الإسْلام. لا وربِّ هذه البَنِيّة لا تَجتَمِع عليه قُريش أَبدًا. ولَو ولِّيَها لانتَقَضتْ عليه العَرب مِن أَقطارها. فعَلِم رَسُول الله صَلَّى الله عليه وآله أَنِّي عَلِمْت ما في نَفسِه، فأَمْسَك، وأَبَى اللهُ إِلَّا إِمضاء ما حتَّم)[1].

لم يَفتأ عُمَر يُقَرِّب عبد الله بن عبَّاس وتلامذتَه ويُقِيم معهم أُلفةً، ويقول له: إِنِّي رأيتُ رَسُول الله صَلَّى الله عليه وآله دَعاك يومًا فمَسَح رأسك وقال اللَّهُمّ فَقِّهْهُ في الدِّين وعَلِّمْهُ التَّأويل)[2]. وراح يُكرِمهُ بِالمال بِمِثل ما كان يُكرِم عُثمان إِذْ كان يَرى في ابْنِ عبّاس النَّقيب لِلهاشِمِيِّين وعُثمان نَقيبًا لِلأَمويِّين، ويَستَقْوِي بِهما ويَسود ويَستَعِين في إدارة شُئون خِلافَتِه.

فعَن ابن عبَّاس كان يَقُول: كان عُمَر إذا صَلَّى صلاةً جَلَس لِلنَّاس، فمَنْ كانت لَهُ حاجةٌ كلَّمَه، وإنْ لم يكُن لِأَحدٍ حاجة قام فدَخَل. قال فصَلَّى صَلواتُ لا يَجلِس لِلنَّاس فِيهنّ، قال ابنُ عبَّاس: فحَضَرتُ البابَ فقُلتُ: ما يَرْفأ بِأَمِير المُؤمنين شَكاةٌ؟ فقال: ما بَأَمِير المُؤمنين مِن شَكوى. فجَلَسْتُ. فجاء عُثمان بن عفَّان فَجلَس، فخَرَج يَرفأ فقال: قُمْ يا ابن عفَّان، قُمْ يا ابن عبَّاس. فدَخلنا على عُمَر فإذا بَين يَدَيهِ صبرٌ مِن مال على كُلِّ صَبرةٍ منها كنف. فقال عُمَر: إِنِّي نَظرتُ في أَهْل المَدينة ووَجَدْتكُما مِن أكثر أَهْلِها عَشِيرة، فَخُذا هذا المال فاقْتَسِماه، فما كان مِن فَضلٍ فَرِدَّا. فأَمَّا عُثمان فحَثا، وأَمَّا أنا فجَثوتُ لِرُكبَتِي وقُلتُ: وإنْ كان نُقْصانًا رَدَدتَ علينا؟ فقال عُمَر: نشنشة من أخشن - يعني حجرًا مِن جَبل - لا ما كان هذا عند الله إِذْ مُحمّد وأَصحابه يأكُلون القِدّ؟

1- شرح نهج البلاغة، المعتزلي 20/ 12. كشف اليقين 562/ 462. كشف الغمّة 46/ 2. بحار الأنوار 156/ 38

2- فتح الباري 170/ 1

فقلتُ: بَلى والله، لقد كان هذا عند الله ومُحمّد صَلَّى الله عليه وآله حَيّ، ولو عليه فَتَح لَصَنع فيه غير الّذي تَصْنع. قال فغَضب عُمَر وقال: أَوَ صَنع ماذا؟ قلتُ: إذاً لأَكَلَ وأَطعَمَنا. قال: فنَشج عُمَر حتَّى اختلفت أَضلاعُه ثُمّ قال: ودَدتُ أَنِّي خَرَجْتُ مِنها كفافًا لا لِي ولا عَلَيّ)[1].

وكان عُمَر لا يَقطع في مَسألةٍ إِلَّا دعا ابنَ عبَّاس إليه أَو لاقاه فيحرص على مَشورَتِه. وإذا ذُكِر أَمامَه قال (ذلك فتَى الكُهُول له لِسانٌ سَؤول وقلبٌ عَقول)[2].

استَسْلم مُجتَمعُ المَدينة لِنُفوذ أَقطاب الصَّحيفة الثَّانِيَة ولِحلفائهم قُبيل الإعلان عن شَهادة النَّبيّ صَلَّى الله عليه وآله، لكِنّه ما زال يُعَوِّل على بَيعة الغَدِير الَّتي قَطعَها لِضَبط شَأن الخِلافَة ويَثق في دَورِها وأَثرِها في استقرار المَدينة. وعِندَما استُشْهِد النَّبيّ صَلَّى الله عليه وآله لَم يَبق أَحدٌ في المَدينة إِلَّا ورَضَخ لِلصّحابَة المُنقَلِبين على الأَعقاب وأُشرِبَ بِحُبِّهم في ظاهرة مُثيرة لِلدَّهشة. حتَّى أَنَّ فاطِمة الزَّهراء صَلواتُ الله وسَلامُه عليها وهِي بِنتُ النَّبِي مُحمَّد صَلَّى الله عليه وآله ولَها مِن المَقام والمَنزِلة بَين المُهاجرين والأنصار ما لها، لم يَكُن أَحدٌ مِنهم لِينصرَها عندما اقتَحَم عُمَر بَيتَها وكَسر أَضْلاعَها وأَسقَط جَنِينها أَو يَستجِيب لِندائها بِاستِرداد حَقِّها وحَقّ عَلِيٍّ أَمير المُؤمنين صَلواتُ الله وسَلامُه عليه عندما طافَت في أَحيائِهم وبَين بُيوتِهم تَرجو النّصرَة. في حِين أَنَّ أَقطاب الصَّحِيفَة الخَمْسَة وحُلفاؤهم نفّذوا انْقِلابَهم ولا مِن مُعتَرضٍ ولا مِن ناقِدٍ ولا مِن ساخِط أَو ناقِص أَو محتجّ، وقَد نَقضوا بَيعة الغَدِير الَّتي بايَعوها أَمام نَبِيّهم صَلَّى الله عليه وآله بلا كُلفة أَو حَرَجٍ وفِيهم مِن أَهْل بَدر، وأَهمَلوا المودَّةَ في أَهْلِ البَيت صَلواتُ الله وسَلامُه عَليهم الَّتي سأَلَهم قرآنهم ونَبِيُّهم صَلَّى الله عليه وآله.

1 - مسند الحميدي 18/ 1

2 - البلاذري، أنساب الأشراف 33/ 3

فعَـن الإمـام أَبِي جَعفـر مُحمَّـد الباقِـر صَلـواتُ الله وسَـلامُه عليـه أَنَّ عَليًّـا حمَـل فاطِمـة صَلـواتُ الله وسَـلامُه عليهـا عـلى حِمـار، وسـار بِهـا لَيـلًا إلى بُيـوت الأَنْصـار يَسـألهم النُّـصْرَة، وتَسـأَلهم الانْتِصـار لـه، كانُـوا يَقولـون: يـا بِنْـت رَسُـول الله، قـد مَضَـت بَيعتُنـا لِهـذا الرَّجـل، لـو كان ابـنُ عَمِّـك سَبق إِلينـا أَبـا بَكـر مـا عدلنـا بـه.

فقـال عَـلِيٌّ أَمِـير المُؤمنـين صَلـواتُ الله وسَـلامُه عليـه: أَكنـتُ أَتـرُكُ رَسُـول الله مَيِّتًـا في بَيتـه لا أُجهِّـزه وأَخـرُج إلى النَّـاس أُنازِعهـم فِي سُـلطانه؟!

وقالـت فاطِمـة: مـا صَنـع أَبـو الحَسـن إلاَّ مـا كان يَنبغِـي لـه، وصَنعـوا هُـمْ مـا الله حَسبُهم عليـه)[1].

لـو حَـدث أَنْ تَخـلّى الإِمـامُ عَـلِيّ أَمِـير المؤمنِـين صُلـوات الله وسَـلامُه عليـه عـن الانْشِـغال بتَجهِيـز جِنـازة أَخِيـه صَـلَّى الله عليـه وآلـه وراح يَطلـب البَيعَـةَ مِـن أَهْـل المَدِينـة قَبـل أَنْ يَتقـدَّم أَبُـو بَكـر وعُمَـر وابـنُ الجـرّاح إِليهـم لِيطلبوهـا منهـم لامْتَنعـوا ونَقضُـوا بَيعـةَ الغديـر ولاسـتَجابوا لِأَبِي بَكـر مـا دام عُمَـر مُرافِقًـا لـه ومـا دام أَبُـو بَكـر يَسـتَظِلّ بِتَحالُـفٍ قَبَلِيّ عَريـضٍ يَتـوارَى مِـن خَلفِـهِ الأُمَويُّـون.

مِـن هُنـا يُمكـن إِدراك مـا رَمـى إِليـه الرَّسـول صَـلَّى الله عليـه وآلـه مِـن أَمْـر إِنفـاذ جَيـش أُسـامة وإِخْـلاء المَدينـة مِـن الصَّحابَـة مِـن المُهاجِريـن والأَنْصـار، ولَعْـن مَـن يَتخلَّـف منهـم وقـد عَزمـوا عـلى عصيـان أَمـره ورَفـض الامتِثـال لِندائـه صَـلَّى الله عليـه وآلـه وتحذيـره، وصـاروا يَبثُّـون الشَّـائعات المُضـادَّة الَّتـي تُنـذِر القـومَ بِوقـوع (فِتْنَـةٍ) مُحتَمَلـةٍ في أَنحـاءِ مختلفـةٍ مِـن الجَزيـرَة العَربِيَّـة ويعـدّون العـدّة لِتَنفيـذ مـا عزمـوا عليـه مِـن إِجـراء (مُنْقِـذ) إِنْ رَحَـلَ النَّبِـيُّ صَـلَّى الله عليـه وآلـه وانْقَطـعَ الوَحْـي.

---

1 - السَّـقيفة وفـدك، الجوهـري 63 - 64. شرح نهـج البلاغـة، ابـن أَبي الحديـد 13/ 6. الإمامـة والسياسـة، ابـن قتيبـة 1/29 - 30

ـ التَّنازُعُ لِاختِزالِ الأَنْفاسِ الأَخِيرة

عـرَّجَ ثَلاثُـونَ صَحابِيًّـا عـلى بَيـت النَّبـيّ صَـلَّى الله عليـه وآلـه لِعِيادَتِـه في مَرضِـه الأَخِـير.. وفي هـذا اللِّقـاء أَمَـرَ النَبـيُّ صَـلَّى الله عليـه وآلـه بِإِحضـار دَواةٍ وكَتـفٍ لِيَكتـبَ لَهـم كِتابًـا مُنقِـذًا مِـن الضَّـلال ولِيَكونـوا جميعًـا شُـهداء عـلى مـا وَصَّى بـه في حَضرتِهـم.

فاختَلَـف الحـاضِرون فُجـأةً بـين مُسـتَجِيبٍ لإِنْفـاذ أَمْـر النَّبـيّ صَـلَّى الله عليـه وآلـه ومَانـعٍ مِـن كِتابَـة مـا كانـوا يَعلمـون أَنَّـه الحـقُّ الَـذي سـيَقِي المُسـلِمين مِـن الضَّـلال، ومـا كان لَهـم الخِيرةُ مِـن أَمْرِهـم إِذا قَـضى الرَّسُـول صَـلَّى الله عليـه وآلـه بِإِنفـاذ مـا يُريـد. لكِنَّهـم تَنازَعـوا، وانْحـاز بَعضُهـم لِمَوقِـف عُمَـر الصَّريـح فِي المَنع وسَـكَتوا عليـه حِـين أَشـار إِلى النَّبـيِّ صَـلَّى الله عليـه وآلـه بـ(الرَّجُـل) ووَصَفـه بِالهُجْر أَو الهَذيـان حيـث قـال: (إِنَّ الرَّجُـل) (غَلَـب عَليـه الوَجـع) و(إِنَّـه لَيَهْجُـر)، ورَضـوا بِـأَنْ يَكـون خِيـارُ عُمَـر (حَسْبُنا كِتـاب الله) البَديـلَ المُجـرّد مِـن الثَّقـل الآخـر هـو رأيَهـم المُقـدَّم، وضَربُـوا بِأَمْـر النَّبـيِّ صـلَّى الله عليـه وآلـه عَـرض الحائـط، وعَصَـوه وخَذلُـوه وعَطَّلـوا صُـدور كِتابَـةِ المُنقِـذ مِـن الضَّـلال، ومَهَّـدوا لِـ(مَذْهَـب الـرَّأي) أَصْلَـه.

ولـو لَم يَكُـن لِلصَّحابَـةِ المُنقَلِبـين مِـن نُفـوذٍ مُمتـدٍّ في المَدِينـة ومَكَّـة ومِـن خُطَّـةٍ شـامِلةٍ لِمُعالَجَـة الموقـف أُعِـدّا في الأَيَّـام الأَخِـيرة السَّـابِقَة لِرَحِيـل النَّبـيّ صَـلَّى الله عليـه وآلـه إِلى بارِئـه عَـزَّ وَجَـلَّ ـ لمـا تَخَلَّفـوا عـن جَيـشِ أُسـامَة ورَضـوا بِاللَّعـن عـلى مَرحَلَتَـين أَو ثـلاث في إِصْرار مِنهـم وعِنـاد، ولَكُتِـب الكِتـابُ في شُـهود مجموعَـةِ الثَّلاثِـين صَحابِيًّـا وامتِثـالٍ منهـم.

صـار المَانِعـون مِـن كِتابَـة الكِتـاب مَلْعونِـين عندمـا تَخَلَّفـوا عـن أُسـامَة وقَبـل أَنْ يهمّـوا بِالدُّخـول عـلى النَّبـيّ صَـلَّى الله عليـه وآلـه لِلقائـه، ولكِنَّهـم لم يَكترِثـوا لِلَّعـن،

وتَمادوا فعَصَوا أَمْرَ رَبِّهم عَزَّ وَجَلَّ كما عَصَوا نَبِيَّهُم صَلَّى الله عليه وآله!

وتَكشِف بعضُ أُصُول ومُدوَّنات (اتِّجاه أَهْل العامَّة) عن شِدَّة تَهافُت الصَّحابة في وَصْف لِقاء الخَمِيس، وسِعَة استِهانَتِهم بِخُطُورة ماجَرَياتِه، وتَهوينِهم لِتبعاتِه ومُضاعفاتِه إِذْ لم يَكُن هذا اللِّقاء عادِيًّا بِمعايِير الثَّقافَة السَّائدة الغَالِبَة بين المُسلِمين عندما تَمّ في اللَّحظات الأَخِيرة مِن حَياة النَّبِيّ صَلَّى الله عليه وآله وتَعلَّق بِه مَصير أُمَّةٍ ودِينها ودُنياها، وفاتَت عند المنع الفُرْصَة العُظمى لِتُصبح بعد ذلك غُصّة .. غُصَّة في المُستقبل القَرِيب ثُمَّ البَعِيد منه وإِلى يَوم القِيامَة.

وعَزى ابنُ عبَّاس عِلَّة النَّقل الشَّحِيح لِتَفاصِيل ماجَرَيات هذا اللِّقاء المَصِيرِي الخَطِير إِلى (ضَعف ذاكِرَة الشُّهود) ولا سِيّما الرُّواة مِن بَين الثَّلاثِين صَحابِيًّا! لكِنَّه أَطلق على اللِّقاء وَصْف (رَزِيَّة يَوم الخَمِيس)، و(نَسِي) أَمرًا ثالِثًا أَوصَى بِه النَّبِيُّ صَلَّى الله عليه وآله في هذا اللِّقاء، فَقال (أَمَّا الثَّالِثَة فنَسِيتها)!

أَدرجَ ابنُ عبَّاس اسْمَ عُمَر فِيمَن قال في النَّبِيّ صَلَّى الله عليه وآله (إِنَّه لَيهجُر)، وذَكره بِوَصْفِه أَوَّل المانِعين مِن كتابَة الكِتاب المُنقِذ مِن الضَّلال فِي حَضرة الثَّلاثِين صحابِيًّا، ولا يُورِد في ذات الرِّواية تَمام قول عُمَر (إِنَّ الرَّجلَ لَيهجُر) الَّذي استَخَفَّ بِأَلفاظِه السَّيِّئة نُبوَّةَ مُحمَّد صَلَّى الله عليه وآله وأَشار إِليه بِـ(رَجُل) واستَغْنى عن وَصْفِه بِمَقام (رَسُول الله) أو (نَبِيّ الله)، واستَعاض ابنُ عباس عن قول عُمَر بِالمَعنى الآخر المُخفَّف: (غَلَبَ عَليهِ الوَجَعُ).

ونَقَل كُلٌّ مِن مُسلِم والنَّسائي وابنِ حنْبل والطَّبري والبَيهقي وابنِ سعد ومَن هُم على شاكِلَتهم مِن الرُّواة والمُؤرِّخين ما نَقله البُخارِي عن ابن عبَّاس.

يَقول البُخاري (حدَّثَنا إِبراهيمُ بن موسى، أَخبرنا هِشام عن معمر عن الزَّهري عن عُبيد الله بن عبد الله عن ابن عبَّاس قال: ما حضَر النَّبِيّ صَلَّى الله عليه وآله وفِي البَيت رِجالٌ فيهم عُمر بن الخطَّاب، قال: هَلمّ أَكتُب لكم كِتابًا

لَـن تضِلّـوا بعـده. قـال عُمَـر: إنَّ النَّبِـيَّ »غَلَبَـهُ الوَجَـعُ« وعِندكـم القـرآن فَـ»حَسْـبنا كتـاب الله«. واختلـف أَهْـلُ البَيـت واختَصمـوا، فمِنهـم مَـن يقـول قَرِّبـوا يَكتُـب لكُـم رَسُـول الله صَـلَّى الله عليـه وآلـه كِتابًـا لَـنْ تضِلّـوا بَعـده، ومِنهـم مَـن يَقـول مـا قـال عُمَـر. فلَـمّا أكثـرُوا اللَّغـط والاختِـلاف عنـد النَّبِـيّ صَـلَّى الله عليـه وآلـه قـال لهـم: قُومـوا عَنِّـي)[1].

وفي نَـصٍّ آخـر لِروايَـة عـن ابـن عبَّـاس نَفسـه تَحاشَـى فيهـا ذِكـرَ اسـم عُمَـر، واتَّخـذ مِـن صِيغَـة الجَمـع مُحـورًا في عَـرض مـا وُصِـف بِـه النَّبِـيّ صَـلَّى الله عليـه وآلـه بِمُفـردة (يَهْجُـر) فشـمل عُمَـر بَينهـم. ثُـم اختَتَـم النَّـص بِاثنَـين مِـن أَوامِـر النَّبِـيّ صَـلَّى الله عليـه وآلـه وَجَّههـا لِلصَّحابَـة الثَّلاثِـين، ولم يُـورد ابـنُ عبَّـاس الأَمـرَ الثَّالِـث وأَرجـع السَّـبب في ذلـك إلى النِّسـيان الَّـذي غَلـب عـلى ذَاكِرتِـه عندمـا قـال (حدَّثَنـا مُحمّـد حدَّثَنـا بـن عيينـة عـن سُـليمان الأَحْـول، سَـمع سَـعِيد بـن جُبَـير، سَـمِع ابـن عبَّـاس يَقـول: «يَـومُ الخَمِيـس ومـا يَـوم الخَمِيـس» ثُـمَّ بَكـى حتَّـى بَـلَّ دمعُـه الحَـصى. قُلـتُ يـا بـن عبَّـاس: مـا يَـوم الخَمِيـس. قـال: اشـتَدَّ بِرَسـول الله صَـلَّى الله عليـه وآلـه وَجَعُـه فقـال ائتُـوني بِكَتـفٍ أَكتُـب لكـم كِتابًـا لا تضلّـوا بَعـده أبـدًا، فتَنازعـوا ولا يَنبَغِـي عنـد نَبِـيٍّ تَنـازع. فقالـوا مـا لَـه؟! أَهَجَـر؟ اِسـتفهِمُوه! فقـال: ذَرُونِي فالَّـذي أنـا فِيـه خَـيرٌ مِمَّـا تَدعونَنِـي إليـه. فأَمرهـم بِثَـلاث. قـال: اخْرجـوا المُشرِكـين مِـن جَزيـرة العـرب، وأَجِيـزوا الوَفـد بِنَحـو مـا كُنـتُ أجيزهـم، والثَّالِثـة خَـير، إمَّـا أَنْ سَـكَت عنهـا وإمَّـا أَنْ قالَهـا فنَسِـيتها)[2]، والضَّمـير فِي (نَسِـيتها) يَرجـع إلى ابـن عبَّـاس.

وفي صَحِيح مُسْلِم قال:

(حدَّثَنـا إِسـحقُ بـن إبراهيـم، أَخبرنـا وكيـعُ عـن مالـك بـن مغـول عـن طلحـة بن

1 - صحيح البخاري 2680/ 6 (6932). مُسْلِم 1257/ 3
2 - نفس المصدر السابق 1155/ 3

مصرف عن سعيد بن جُبير عن ابن عبَّاس أَنَّه قال: يَومُ الخَمِيس وما يَومُ الخَمِيس. ثُمَّ جَعل تَسيل دُمُوعُه حتَّى رأيتُ على خدَّيه كأَنَّها نظام اللُّؤلؤ. قال: قال رَسُول الله صَلَّى الله عليه وآله ائتُوني بِالكَتف والدَّواة أو اللَّوح والدَّواة أَكتُبُ لكم كتابًا لَنْ تضلّوا بعده أَبدًا، فقالوا إِنَّ رَسُول الله صَلَّى الله عليه وآله يَهجُر)[1]. وفي هذه الرِّوايَة هَجْرٌ لِلأَوامِر الثَّلاث مُطلقًا فلَم يُذكرها ابنُ عبَّاس.

وفي صَحِيح البُخاري أَيضًا: حدَّثَنا سَعِيد بن مَنصُور وقُتيبَة بن سَعِيد وأَبو بكر بن أَبي شَيبة وعَمرو الناقد، قالوا: حدَّثَنا سُفيان عن سُليمان الأَحْوَل عن سَعِيد بن جُبير قال: قال ابنُ عبَّاس «يَومُ الخَمِيس وما يَوم الخَمِيس» ثُمَّ بكى حتَّى بَلّ دمعُه الحصى فقلتُ: يا ابن عبَّاس وما يوم الخَمِيس؟ قال: اشتَدّ بِرسُول الله صَلَّى الله عليه وآله وجَعُه فقال: ائتوني أَكتُب لَكُم كتابًا لا تضلّوا بَعدِي. فتَنازعوا، وما يَنبَغي عند نَبِيٍّ تنازع. وقالوا: ما شَأنه؟! أَهَجَر؟! استفْهِموه!. قال الرَّسُول صَلَّى الله عليه وآله: دَعُونِي فالَّذي أَنا فِيه خَير. أُوصِيكم ثَلاث، أُخرجوا المُشركين مِن جَزِيرة العَرب، وأَجِيزوا الوفد بِنَحوِ ما كنتُ أجيزهم. قال: وسَكت عن الثَّالِثَة أَو قال: فأَنسيتها)[2].

وجاء في مسند ابن حنبل: حدَّثَنا وَهبُ بن جرير، حدَّثنا أبي، قال سمعتُ يونس يحدُث عن الزُّهري عن عبيد الله بن عبد الله عن ابن عبَّاس قال لمّا حَضرَت رَسُول الله صَلَّى الله عليه وآله الوفاةُ قال هلُمّ أَكتبُ لكم كتابًا لَنْ تضلّوا بعده. وفي البيت رجالٌ فيهم عُمَر بن الخطّاب. فقال عُمَر: إِنَّ رَسُول الله صَلَّى الله عليه وآله قد غَلَبهُ الوَجَع وعِندَكم القُرآن، حَسبُنا كتاب الله. قال: فاختلف أَهْلُ البيت فاختَصموا، فمِنهُم مَن يقول يَكتب لَكُم رَسُول الله صَلَّى الله عليه وآله، أَو قال قَرِّبوا

1- انظر صحيح مسلم 1257/ 3. صحيح البخاري -4079 5237-111-6818

2- صحيح مسلم 3091-1834-3090-1257/ 3. صحيح البخاري -2932 -2825 4078

يكتـب لكـم رَسُـول الله صَـلَّى الله عليـه وآلـه، ومنهـم مَـن يقـول مـا قـال عُمَـر. فلَـمّا أَكثـروا اللَّغـط والاختـلاف وغَـمّ رَسُـول الله صَـلَّى الله عليـه وآلـه، قـال: قُومـوا عَنِّـي)[1].

عنـد تَقريـبِ هـذه الرِّوايـة بِروايَـةِ جابِـر الأَنصـارِي عـلى لِسـان عُمَـر (أَنَّ النَّبِـيَّ صَـلَّى الله عليـه وآلـه دعـا عنـد مَوتِـه بِصَحيفَـةٍ لِيَكتُـبَ فيهـا كِتابًـا لا يضلّـون بعـده أَبـدًا. قـال: فخالَـفَ عليهـا عُمَـر بـن الخطَّـاب حتَّـى رَفَضَهـا. ورَوى أَحمـد بـن حنبـل في مسـنده عـن عُمَـر بـن الخطَّـاب، قـال: لَمّـا مـرض النَّبِـيُّ صَـلَّى الله عليـه وآلـه قـال: «ادعـوا لي بِصَحِيفَـةٍ ودَواةٍ أَكتُـبُ لكـم كِتابًـا لا تضلّـون بعـدي أَبـدًا». فكَرِهنـا ذلـك أَشَـدّ الكَراهـة. ثُـمَّ قـال: «ادعـوا لي بِصَحِيفَـةٍ أَكتُـبُ لكـم كتابًـا لا تضلّـوا بعـده أَبـدًا». فقالـت النّسْـوَةُ مِـن وراء السِّـتر: أَلا يَسـمعون مـا يقـول رَسُـول الله صَـلَّى الله عليـه وآلـه؟ فقلـتُ: إِنَّكـنَ صواحِبـات يُوسـف، إِذا مَـرض رَسُـول الله صَـلَّى الله عليـه وآلـه عَصَرتُـنَّ أَعينكُـنّ، وإذا صَـحَّ رَكبتُـنّ رَقبتـه. فقـال رَسُـول الله صَـلَّى الله عليـه وآلـه (دَعوهُـنَ فإِنَّهـن خـيرٌ مِنكـم)[2].

لقـد أُجْرِيـت الكَثـيرُ مِـن أَعـمال التَّشـطِيب والتَّلفِيـق والاخْـتِلاق والتَّزويـر في نَقـل وتَدوِيـن الرِّوايـات المُعالِجَـة لِشـأن الكِتـاب المُنقـذ مِـن الضَّـلال ومـا عـزم النَّبِـيُّ صَـلَّى الله عليـه وآلـه عـلى كِتابَتِـه بِوَحـيٍ مِـن الله عَـزَّ وَجَـلَّ عندمـا أَمَـر صَحابتَـه الثَّلاثِـين بِتَقديـم الصَّحِيفَـة والـدَّواة في لِقـاء يَـوم الخَمِيـس، وأَثـار ابـنُ عبَّـاس الكثـيرَ مِـن الجَـدل في نَقـلِ هـذه الوَاقِعَـة وتَأوِيلهـا وسَـكَت الصَّحابـةُ الثَّلاثـون عـن ذِكـر تَفاصِيـل اللِّقـاء وكَتَمـوا تَفاصِيلَـه وفيهـم أَبُـو بكـر وعُمـر حيـث لم يَـرِد عـلى لِسانِهما شَيء عـن يـوم الرَّزِيّـة.

لكِـنّ لَيلـة الاثْنَـين كانـت الحاسِـمة في إِثْـر خَمِيـس الرَّزِيَّـة، وهِـي آخـرُ لَيلَـةٍ في العُمُـر الشَّريـف لِلنَّبِـيّ صَـلَّى الله عليـه وآلـه، فيهـا أَمْـلى صَـلَّى الله عليـه وآلـه وَصِيَّتَـه

1 - مسند أحمد - 2835 2945-3165

2 - مجمع الزّوائد، الحافظ الهيثمي 14257-214/ 4

لِعَلِيٍّ أَمِيرِ المُؤمنين صَلواتُ الله وسَلامُه عليه في حُضور ثَلاثةٍ فقط مِن الصَّحابَة المُؤمنين الأَبرار رِضْوان الله تعالى عليهم الَّذين وُصِفوا في جِيل الرَّعِيل الأَوّل مِن المُسلِمين بِـ(شِيعَةِ عَلِيّ) وهُم سَلمان المُحَمَّدِي وأَبُو ذر الغفاري والمقداد الكِندي.

وجاء في الرِّواية (عن أَبِي عبد الله الحُسين بن عَلِيّ بن سُفيان البزوفري، عن عَلِيٍّ بن سنان المُوصِلي العدل، عن عَلِيّ بن الحُسين، عن أَحمد بن محمد بن الخليل، عن جَعفر بن أحمد المصري، عن عمّه الحَسن بن عَلِيّ، عن أَبِيه، عن أَبِي عبد الله جعفر بن مُحمّد، عن أَبِيه البَّاقِر، عن أَبِيه ذي الثَّفنات سَيد العابِدين، عن أَبيه الحُسَين الزَّكي الشَّهِيد، عن أَبِيه عَلِيٍّ أَمِير المُؤمنين صَلواتُ الله وسَلامُه عليه قال: قال رَسُول الله صَلَّى الله عليه وآله ـ في اللَّيلَة الَّتي كانت فيها وَفاتُه ـ لِعَلِيّ: «يا أَبا الحَسن أَحضِر صَحِيفَةً ودواة». فأَمْلى رَسُولُ الله صَلَّى الله عليه وآله وَصِيَّتَه حتَّى انتهى إلى هذا المَوضع فقال (يا عَلِيّ إِنَّه سيَكون بَعدِي اثْنا عَشر إِمامًا، ومِن بَعدِهم اثْنا عَشر مَهدِيًا. فأَنْتَ يا عَلِيّ أَوَّل الإِثْني عشر إِمامًا، سَمّاك الله تَعالى في سَمائِهِ عَلِيًّا المُرْتَضى وأَمِيرَ المُؤمنين والصِّدِّيقَ الأَكبر والفارُوقَ الأَعظَم والمَأمُون والمَهدِي، فلا تَصِحّ هذه الأَسْماء لِأَحدٍ غَيرِك.

يا عَلِيّ أَنْتَ وَصِيِّي على أَهْل بَيتِي حَيِّهم ومَيِّتِهم، وعلى نِسائي: فمَن ثَبَّتَها لَقِيتْنِي غدًا، ومَن طَلَّقتَها فأَنا بَرِئٌ مِنها لم تَرنِ ولم أَرَها في عَرصَة القِيامَة. وأَنْتَ خَلِيفَتِي على أُمَّتِي مِن بعدي، فإذا حضَرَتْكَ الوَفاةُ فسَلِّمها إلى ابنِي الحَسن البَرّ الوَصُول، فإذا حضَرَتُه الوَفاة فليُسلِّمها إلى ابني الحُسين الشَّهِيد الزَّكي المَقتول، فإذا حضرتهُ الوفاةُ فليُسلّمها إلى ابنِه سَيِّد العابِدين ذِي الثَّفنات عَلِيّ، فإذا حضَرته الوَفاةُ فليُسلّمها إلى ابنِه مُحمَّد الباقر، فإذا حضَرته الوفاةُ فليُسلّمها إلى ابنه جَعفر الصَّادِق، فإذا حضَرته الوَفاةُ فليُسلّمها إلى ابنِه مُوسى الكاظِم، فإذا حَضرته الوَفاةُ فليُسلِّمها إلى ابنه عَلِيّ الرّضا، فإذا حضَرته الوفاة فليُسلّمها إلى ابنه مُحمَّد الثِّقة التَّقِي، فإذا حضَرته الوفاةُ فليُسلّمها إلى ابنِه عَلِيّ النَّاصِح، فإذا

حضَرتـه الوفـاةُ فليُسـلّمها إلى ابنـه الحَسـن الفاضِـل، فـإذا حَضَرَتـهُ الوفـاة فليُسـلِّمها إلى ابنـه مُحمَّـد المُسـتَحفِظ مِـن آل مُحمّـد عليهـم السَّـلام، فذلـك اثنـا عَـشَر إمامًـا.

ثُـمَّ يكـون مِـن بَعـدِه اثنـا عَـشَر مَهدِيًّـا، فـإذا حضَرتـهُ الوفـاة فليُسـلِّمها إلى ابنـه أَوَّل المُقرَّبـين لـه ثلاثـةُ أسـامِي: اسْـمٌ كاسْـمِي واسْـم أَبِي وهـو عبـد الله وأحمـد، والاسْـم الثَّالِـث: المَهـدِي، هُـو أَوَّلُ المُؤمنـين)[1].

وتُشِـير الرِّوايـات المَنقولَـة عـن أئمَّـة أَهْـل البيـت صَلـواتُ الله وسَـلامُه عليهـم الَّذيـن ورَدت أسـماؤهم في الوَصِيّـة الأخِـيرة لِلنَّبِـيّ صَـلَّى الله عليـه وآلـه إلى أنَّ النَّبِـيَّ صَـلَّى الله عليـه وآلـه أَمْـلى هـذه الوَصِيَّـة لِعَـلِيّ أَمِـير المُؤمنـين صَلـواتُ الله وسَـلامُه عليـه في يَـومٍ لاحِـقٍ لِيـوم رَزِيَّـة الخَمِيـس وفي إِثْـرِ خُـروج كُلِّ الصَّحابـة الثَّلاثـين مِـن عنـد رَسُـولِ الله صَـلَّى الله عليـه وآلـه بِأَمْـرٍ منـه عندمـا قـال لهـم (قُومـوا عَنِّـي لا يَنبَغِـي التَّنـازع عِنـدي).

لم يَسـتَحِقّ أكثـرُ مَـن في الصَّحابـة الثَّلاثـين الَّذيـن حـضروا يَـوم (الرَّزِيَّـة) شَرَفَ المُشـارَكة في لِقـاء عَظِيـم مُبـارك سـيَتِمّ فيـه إمـلاءُ وَصِيَّـة النَّبِـيّ صَـلَّى الله عليـه وآلـه عـلى عَـلِيّ أَمِـير المُؤمنـين صَلـواتُ الله وسَـلامُه عليـه، وذلـك بِـما قَدّمَـت أَيدِيهـم ومـا تَواطـؤا عليـه مِـن عصيـانٍ ورَفـضٍ لِأَمْـر النَّبِـيِّ صَـلَّى الله عليـه وآلـه ومِـن مَنـعٍ لِكتابَـة الكِتـاب المُنقِـذ مِـن الضَّـلال.

فـكان يَـوم الخَمِيـس بِالنِّسـبَةِ لِهـؤلاء الصَّحابـة الثَّلاثِـين لِقـاءً عادِيًّـا مِـن كُلّ الوُجُـوه ومُندرِجًـا في سِـياق مـا رَجَـوه مِـن فـرصٍ مُتاحَـةٍ لِمَنـع صُـدور كُلّ مـا يُشِـير إلى وَصِيَّـة تَنصِيـب الـوَلِيّ أو تَعيـينِ خَليفَـة الرَّسُـول صَـلَّى الله عليـه وآلـه عَـلِيّ أَمِـير المؤمنـين صَلـواتُ الله وسَـلامُه عليـه أو التَّأكِيـد عـلى بَيعـةِ الغَديـر والتَّذكِـير بهـا.

1 - الغَيبَـة، الشّـيخ الطّـوسي 156-150. إثبـات الهـداة، الحرّ العامـلي 549/ 1 (376). الإيقـاظ مِـن الهَجعَـة (393). بحـار الأنـوار، العلّامـة المجلـسي 147/ 53(6) 260/ 36 (81). العـوالم، الشّـيخ عبـد الله البحـراني 236/ 3 (227). غايـة المـرام، السَّـيّد هاشـم البحرانـى 370/ 1(59)، الإنصـاف (222). النَّجـم الثَّاقـب، الشّـيخ المـيرزا النّـورى 71/ 2

فلَيس في حُضـور هـذا اليَـوم مـا يُعـدّ شَرفًـا ورِفعـةً ومَنقبَـةً لِلصَّحابَـة الثّلاثـين انْفَـردوا بهـا. ولـو كان الأمْـر كَذلِـك لَـرَووا عـن اللّقـاء التَّفاصِيـل ولَزايـدوا بـلا حـدود لِيُحبِطـوا مُـبرِّر صـدور اللّعنـات الّتـي صُبَّـت عَليهِـم عـلى لِسـان الرَّسُـول صَـلَّى الله عليـه وآلـه عندمـا تَخلَّفـوا عـن جَيـش أُسـامَة فِي مُعسكَر الجُـرف وهُـم عنـه صَـلَّى الله عليـه وآلـه مَشـغُولون بِإنفـاذ مـا نَـصّ عليـه عَقـدُ صَحيفَتِهـم أو مُمتَنِعـون عـن إنفـاذ أوامِـره صَـلَّى الله عليـه وآلـه وعَصيانِـه، ولأَوَّلـوا اللَّعَـن وأضافُـوه إلى قائمـة مـا تَفـوَّه بِـه النَّبِـيّ صَـلَّى الله عليـه وآلـه عـن مَـرَضٍ غَلَـب عـلى عَقْلِـهِ ووَعيِـهِ.

أَلقَـى النَّبِـيُّ مُحَمَّـد صَـلَّى الله عليـه وآلـه الحُجَّـةَ عـلى كُلِّ الصَّحابـة الثَّلاثِـين في يَـوم الخَمِيـس وفيهـم أقطـابُ (صَحيفَـةِ مكَّـة الثَّانِيـة) المُتخلِّفـون عـن جَيـشِ أُسَـامَة، وعَطَّـل بِذَلِـك كُلَّ الاسـتِعْدادات الَّتـي أُعِـدَّت لِمَنع كِتابـة الوَصِيَّـة في الوَلايَـة، وتَـركَ حُضـورَ لقـاء يـوم الخَمِيـس وشَـأنَهم عندمـا زَيـن الشَّـيطانُ لهـم أعمالَهُـم فَرَضـوا بِزِينَتِـه وحُمِّلـوا أوزارَ الأَجْيـال مِـن بَعدِهِـم إلى يَـوم القيامـة.

لقـد مدَّهُـم الله عَـزَّ وَجَـلَّ في طُغيانِهِـم وفِيـما تَعاقـدوا عليـه مِـن بُنـودٍ أُدرِجَـت في (صَحِيفَـة مكَّـة الثانِيَـة) وفِيـما انْفَـردوا بِـه وأَقدَمـوا عليـه، فَلَـم يُشـهِدهُم عـلى الوَصِيَّـة العُظمـى في الوَلايَـة إذْ اسـتَعدوا لِنَقـضِ بَيعَـةِ الغَدِيـر وحَـضِّ النَّـاس عـلى فِعـل ذلـك ورَضِي النَّـاسُ بِفَعْلَتِهـم الَّتـي فَعَلـوا إلَّا القَليـل مِمَّـن وَفَى لِرعايَـة الحَـقّ. ومُنـذ سـاعَة هـذا اللِّقـاء سـيَكونُ هـؤلاء الصَّحابـة بِـما فعلـوا فيـه سَـببًا في انْحـراف أُمَّـة رَسُـولِ الله صَـلَّى الله عليـه وآلـه وعِلَّـةً مُبـاشرةً فِيـما سـيَلْحَق بِأَهْـلِ البَيـت صَلـواتُ الله وسَـلامُه عليـه مِـن أَذَى حتَّـى يَـوم قِيـام قائِمهـم عَجَّـل الله تعـالى فَرَجـه الشَّريـف.

وكان مِـن حُسْـنِ حـظِّ ابـن عبَّـاس أنَّـه علِـمَ مِـن جانـب الإمـام عَـلِيٍّ أَمِـير المُؤمِنين صَلـواتُ الله وسَـلامه عَليـه بَعـض مـا ورَدَ في تلـك الوَصِيَّـة الَّتـي أَمْلاهـا الرَّسُـول صَـلَّى الله عليـه وآلـه عليـه ودَوَّنَهـا بِنَفسِـهِ صَلـواتُ الله وسَـلامُه عليـه عندمـا عَقَـدَ

النَّبِيُّ صَلَّى الله عليه وآله له الوَلايَة في مَحْضَرٍ مِن الصَّحابَة الشُّهود المُؤمنين الثَّلاثَة الأَبرار رضْوان الله تعالى عليهم. ورُبَما كان بُكاءُ ابن عبّاس المَشهور على ماضِي ما جَرى في رَزِيّة الخَمِيس قد لامَس مُفارقَتَين:

ـ أَنَّ الصَّحابَة الثَّلاثِين الشُهود في لِقاء (يوم الخميس) لَم يكونوا بِالمُستوى اللَّائق مِن الإِيمان وحُسن الصُّحبَة حتَّى يَستحِقّوا التَّميُّز بفَضلِ حُضور لِقاءٍ مُقدّسٍ تُمْضى فيه وَصِيَّة النَّبِيّ صَلَّى الله عليه وآله، فحُرِموا مِن حُضورِه بِما فَعلوا مِن فَعْلَة، إِلَّا النَّفر القليل مِن أَصْحاب النَّبِيَّ صَلَّى الله عليه وآله المُؤمنين الَّذين اخْتِيروا شُهودًا على تَفاصِيل المُخالَفة والمُمانَعة والتَّنازع في لِقاء يَوم (الرَّزِيَّة) ثُمَّ خُصّوا بِاللِّقاء الآخر المبارك المُقدَّس عَظِيم الشَّأن الَّذي عُقِد في لَيلَةِ أَو يَوم الاثْنَتين ولم يَكن ابنُ عبَّاس أَحدَ شُهودِه!

ـ وأَنَّ ابن عباس قد عَلِمَ بِأَنَّ الفَساد الَّذي سَيلحَق بِتَلامِذَتِه ثُمَّ بِوُلْدِه من بَعْدِه ما هو إِلَّا سَيِّئةً مِن سَيِّئات عصيان أَقطاب الصَّحيفة الثَّانِية وإِصرارِهم على مَنع كتابَة الكِتاب المُنقذ مِن الضَّلال وتَواطئهم في (يَوم الخَمِيس) وسُكوت الصَّحابة الثَّلاثِين على ذلك.

تقول الرِّوايات في بَعض تَفاصِيل الوَصِيَّة المباركة ووَقائع نُزولِها:

ــ عن الإِمام مُوسَى بن جَعفَر صَلواتُ الله وسَلامه عليه قال: قُلتُ لِأَبِي عبد الله: أَلَيس كان أَمِير المُؤمنين كاتِب الوَصِيَّة ورَسُول الله صَلَّى الله عليه وآله المُمْلِي عليه وجِبرئيل والمَلائكة المُقرَّبون عليهم السَّلام؟!

قال: فَأَطرق طَوِيلًا ثُمَّ قال: يا أَبا الحَسن، قد كان ما قُلت، ولكِن حين نَزل بِرَسُول الله صَلَّى الله عليه وآله الأمرُ؛ نَزلَت الوَصِيَّةُ مِن عند الله كِتابًا مُسجَّلًا، نَزَلَ بِها جِبرئيل مع أُمناء الله تَبارك وتَعالى مِن الملائكة. فقال جِبرائيلُ: يا مُحمَّد مُرْ بِإخراج مَن عِندك إِلَّا وَصِيَّكَ لِيَقبضها مِنَّا وتُشهِدنا بِدَفعك إِيَّاها

إِليـه ضامِنًـا لهـا ـ يَعنِـي عَليًّـا صَلـواتُ الله وسَـلامُه عليـه ـ وفاطِمـة فِيـما بـين السِّـتر والبـاب)[1].

ـــ عـن الإِمـام الرِّضـا صَلـواتُ الله وسـلامُه عليـه في حَدِيـث دُخولِـه الكُوفـة واحتِجاجِـه عـلى عُلَـماء اليَهـود والنَّصـارى أَنَّـه قـال فِيـما قـال لِنَصرانِي (إلى أَنْ قـال وإِنَّ رَسُـول الله صَـلَّى الله عليـه وآلـه لمّـا كان وقـت وَفاتِـه دَعـا عَلِيًّـا صَلـواتُ الله وسَـلامُه عليـه وأَوصـاه ودَفـع إِليـه الصَّحِيفـة الَّتـي كانـت فيهـا الأَسـماء الَّتـي خَـصَّ اللهُ بهـا الأَنبيـاء والأَوصيـاء)[2].

ـــ وعـن سُـليم بـن قَيـس الهِـلالي عـن ابـن عبَّـاس في رِوايـة أَنَّـه دَخـل على عَـلِيّ بن أَبِي طالِـب صَلـواتُ الله وسَـلامُه عله بِـذِي قـار فأَخـرجَ لـه صَحِيفـة وقـال: يـا ابـن عبَّـاس، هـذه صَحِيفـةٌ أَملاهـا عَـلَيَّ رَسُـول الله صَـلَّى الله عليـه وآلـه وخَطِّـي بِيَـدي قـال: فأَخـرَج إِلَيّ الصَّحيفـة. فقلـت يـا أَمِـير المُؤمنـين أقرأهـا، وإذا فيهـا كُلُّ شيء مُنـذ قُبِـض رَسُـول الله صَـلَّى الله عليـه وآلـه إِلى قَتـل الحُسـين صَلـواتُ الله وسَـلامُه عليـه ومَـن يَقتُلـه ومَـن يَنـصُره ومَـن يَستشِـهد معـه. وكان فيـما قـرأه كيـف يُصنَـع بِـه وكَيـف تَستشِـهد فاطِمـة وكيـف يَستَشـهِد الحُسـين وكيـف تَغـدُر بِـه الأُمّـة. ثُـمَّ أَدرج الصَّحِيفـة وقـد بَقـي مـا يكـون إلى يـوم القيامـة.

وكان فيـما قَـرأ منهـا أَمْـرُ أَبِي بَكـر وعُمَـر وعُثـمان، وكَـم يَملِـك كُلُّ إِنسـان مِنهـم، وكيـف بُويِـع عَـلِيٌّ ووَاقعـة الجَمَـل ومَسِـيرة عائشـة وطلحـة والزُّبـير.. إلى أَنْ قـال: فلـمَّا أَدرج الصَّحِيفـة قلـتُ: يـا أَمِـير المُؤمنـين، لـو كنـتَ قـرأتَ عَـلَيَّ بقِيَّـة الصَّحِيفـة. قـال: لا، ولكِنِّـي مُحدِّثـك مـا يَمنَعنِـي منهـا، مـا يَلقـى أَهْـلُ بَيتِـك ووُلْـدِك مِـن أَمْـر فَضِيـع مِـن قَتلِهـم لَنـا وعَداوتِهـم وسُـوء مُلكِهـم وشُـؤم قدرتهـم، فأكـرهُ أَنْ تَسـمعَه فتُغْتـم ويُحزنـك.. إلى أَنْ قـال ابـنُ عبَّـاس: لأن يكـون نسـختي ذلـك الكتـاب أَحـبّ

---

1 – الكافي 1/311

2 – إثبات الهداة، الحرّ العاملي 613/ 1ـ614

إِليَّ ممّـا طلعـت عليـه الشَّـمس)[1].

ــ عـن سُـلَيم بـن قَيـس الهِـلالي قـال: سـمعتُ سَـلمان يقـول: سَـمِعتُ عَليًّـا صَلـواتُ الله وسَـلامُه عليـه بعـد مـا قـال ذلـك الرَّجُـل (عُمَـر) مـا قـال وغَضِـب رَسُـول الله صَـلَّى الله عليـه وآلـه ودَفـع الكتِـف: ألا نَسـأل رَسُـول الله صَـلَّى الله عليـه وآلـه عـن الّـذي كان أراد أنْ يكتُبَـه في الكَتـف مِمّـا لـو كتبـه لم يَضـلّ أحـدٌ ولم يَختلـف اثنـان. فسَـكت حتَّـى إذا قـام مَـن فِي البيـت وبَقِـي عَـلِيٌّ وفاطِمـة والحَسـن والحُسـين صَلـواتُ الله وسَـلامُه عليهـم وذَهَبنـا نَقـوم وصاحِبـي أبـو ذر والمقـداد، قـال لنـا عَـلِيٌّ صَلـواتُ الله وسَـلامُه عليـه: اِجلِسـوا. فـأَراد أنْ يَسـأل رَسُـول الله صَـلَّى الله عليـه وآلـه ونَحـن نَسـمَع، فابتـدأه رَسُـول الله صَـلَّى الله عليـه وآلـه فقـال: يـا أَخـي أَمـا سـمعت مـا قـال عَـدُو الله؟! أَتـانِي جبرئيـلُ عليـه السَّـلام قَبـل فأَخـبَرنِي أَنّـه سـامِريُّ هـذه الأُمَّـة، وأَنَّ صاحِبَـه عِجلُهـا، وأَنَّ الله قـد قـضى الفُرقـة والاختِـلاف عـلى أُمَّتـي مِـن بَعـدِي، فأَمَـرني أنْ أكتـب ذلـك الكِتـاب الّـذي أردتُ أَنْ أكتبـه في الكتـف لَـك وأُشـهد هـؤلاء الثّلاثـة عليـه. أُدعُ لِي بِصَحيفـة! فأَتَـى بهـا فأَمـلى عليـه أَسـماء الأَئمَّـة الهُـداة مِـن بعـده رَجُـلًا رَجُـلًا وعَـلِيٌّ صَلـواتُ الله وسَـلامُه عليـه يَخـطّ بِيَـده، وقـال رَسُـول الله صَـلَّى الله عليـه وآلـه: إِنّي أُشـهِدكم أَنَّ أَخِـي ووَزِيـري ووَارِثـي وخَلِيفَتِـي عـلى أُمَّتِـي عَـلِي بـن أَبِي طالـب ثُـمَّ الحَسـن ثُـمّ الحُسـين ثُـمَّ مِـن بَعدِهـم تِسـعة مِـن وُلْـد الحُسـين..)[2].

ــ عـن سُـليم بـن قيـس الهِـلالي: قـال عَـلِيٌّ أَمـير المؤمنـين صَلـواتُ الله وسَـلامُه عليـه لِطَلحـة: أَلَسْـت قـد شَـهدتَ رَسُـول الله صَـلَّى الله عليـه وآلـه حـين دَعـا بِالكتـف لِيكتُـب فيهـا مـالا تَضـلّ الأُمّـة ولا تختلـف فقـال صاحِبُـك مـا قـال «إِنَّ نَبِـيَّ الله يَهجُـر» فغَضـب رَسُـول الله صَـلَّى الله عليـه وآلـه ثُـمّ تَركهـا؟! قـال: بَـلَى قـد

1 -الحرّ العاملي، إثبات الهداة 278-277/ 1

2 -كتاب سُليم بن قيس 398

شَـهِدت ذلـك. قـال: فإنَّكـم لـمّـا خَرجتُـم أَخـبَرَنِي بِذلـك رَسُـول الله صَـلَّى الله عليـه وآلـه بِالّـذي أَراد أَنْ يَكتُـب فيهـا وأَنْ يُشـهِد عليهـا العامّـة، فأَخْـبَرَه جِبرئيـل:«إنَّ الله عَـزَّ وجَـلَّ قـد عَلِـم مِـن الأُمَّـة الاختِـلاف والفُرقـة». ثُـمَّ دعـا بِصَحِيفـة فأَمْـلى عَلَيَّـا مـا أَراد أَنْ يَكتُـب في الكتـف وأَشـهَد عـلى ذلـك ثَـلاث رَهـط: سَـلمان وأَبـا ذر والمقـداد، وسَـمَّى مَـن يكـون مِـن أَئمَّـة الهُـدى الّذيـن أَمَـر اللهُ بِطاعتهـم إلى يـوم القيامـة. فسَـمّانِي أَوَّلهـم ثُـم ابْنَـي هـذا ـ وأَدنـى بِيَـده إلى الحَسـن ـ ثُـمَّ الحسُـين ثُـمَّ تِسعة مِـن وُلْـد ابْنِـي هـذا ـ يَعنـي الحُسـين ـ كذلـك كان. يـا أَبـا ذر وأَنْـت يـا مقـداد. فقامـوا وقالـوا: نَشـهدُ بِذلـك عـلى رَسُـول الله صَـلَّى الله عليـه وآلـه)[1].

ــ وفي روايَـةٍ منقولـةٍ عـن الإمـام أَبِي جَعفـر صَلـواتُ الله وسَـلامُه عليـه وعـلى لِسَـان عَـلِيٍّ أَمِـير المُؤمنـين صَلـواتُ الله وسَـلامُه عليـه تَذكُـر الوَقائـعَ الَّتـي تَلَـت شَـهادة النَّبِـيّ صَـلَّى الله عليـه وآلـه وسِـيرةَ تَأمِـيره عـلى المُسـلمين وَلِيًّـا في سِـياق الأَجـواء الاجْتماعِيّـة المُضطَربـة الَّتـي عَبَثَـت فيهـا أَيـدِي الصّحابـة المُنافِقـين وعَمَّـت فيهـا فـوضى العَصبِيّـات القَبلِيّـة وهـوى الإِمْـرة وحُـبّ الرِّئاسـة ثُـمَّ التَّمـرُّد عـلى جَيـش أُسـامة، ثُـمّ مَنـع كِتابـة الكِتـاب المُنقِـذ مِـن الضَّـلال، ثُـمَّ الانْقِـلاب عـلى الأَعقـاب واغتِصـاب الخِلافـة بِزَعامـة الصَّحابَـة أَقطـاب (صَحِيفَـة مكَّـة الثَّانِيـة) وأَتباعِهـم وحُلفائهـم الَّذيـن لم يَدَّخِـروا جُهـدًا في تَأليبهـم لِلأَحقـاد القَبلِيّـة والعَشـائرِيّة وإِيصالهـا إِلى الـذُّروة. كـما تَذكـر مَوقِـفَ عَـلِيٍّ أَمـير المؤمنـين صَلـواتُ الله وسَـلامُه عليـه مِـن مُختَلـف أَشـكال التَّمـرّد والنَّسـق المُنحـرِف اللّذيـن وَصلَـت إِليهـما (الخِلافَـة) مِنـذ مَرحلـة أَبي بكـر إِلى واقعـة مَقتـل عُثـمان ومـا لَحِقهُـما مِـن (الفِتنـة) المُختلَقَـة بِإدعـاء الثَّـأر لِـدَم عُثـمان ومـا كان يُـراد مِـن ذلـك مِـن تَمـرّدٍ عـلى بَيعـةِ المُسـلمين لِعَـلِيّ أَمـير المؤمنـين صَلـواتُ الله وسَـلامه عليـه بعـد مَقْتـل عُثـمان وإِشـغال فَـترة إِمامَتِـه بِالحُـروب في خَمـس سِـنين مُتوالِيَـة.

1 - نفس المصدر 211. غيبة النّعماني 81

في هـذه الرِّوايَـة، قـال: أَتَـى رأسُ اليهـود عَـلِيَّ بـن أَبي طالـب أَمِـير المُؤمنـين صَلـواتُ الله وسَـلامُه عليـه عنـد مُنصَرفِـهِ مِـن وَقْعَـةِ النَّهـروان وهـو جالِـسٌ في مَسـجد الكُوفَـة، فقـال: يـا أَمِـير المُؤمنـين، إِنِّي أُريـد أَنْ أَسـألك عـن أَشـياءٍ لا يَعلمهـا إِلّا نَبـيٌّ أو وَصِيٌّ نَبـيّ. قـال: سَـلْ عـمّا بَـدا لـك يـا أَخـا اليَهـود. قـال: إِنّـا نَجِـد في الكتـاب أَنَّ الله عَـزَّ وَجَـلَّ إذا بَعـث نَبيًّـا أَوحـى إليـه أَنْ يَتَّخِـذَ مِـن أَهْـل بَيتـه مَـن يَقـوم بِأَمْـرِ أُمَّتِـه مِـن بعـده، وأَنْ يعهـدَ إليهـم فيـه عَهـدًا يُحتـذَى عليـه ويُعْمَـل بِـه في أُمَّتِـه مِـن بَعـده. وأَنَّ الله عَـزَّ وَجَـلَّ يَمتَحِـن الأَوصِيـاء في حيـاة الأَنْبيـاء ويَمتحِنهـم بَعـد وَفاتهـم. فأَخْـبِرني كَـم يَمتحِـنُ الله الأَوصيـاء في حيَـاة الأَنبيـاء؟ وكَـم يَمتحنهـم بعـد وَفاتِهـم مِـن مَـرَّة؟ وإلى مـا يَصِـير آخِـر أَمـر الأَوصِيـاء إذا رَضِي مِحنتهـم؟ فقـال لـه عَـلِيٌّ صَلـواتُ الله وسَـلامُه عليـه فيـما قـال:

يـا أَخـا اليَهـود، إِنَّ الله عَـزَّ وجَـلَّ امتحَنَنِـي بعـد وَفـاة نَبِيِّـه صَـلَّى الله عليـه وآلـه في سَـبعَةِ مَواطِـن فَوَجَـدَني فِيهـن مِـن غـير تَزكِيـة لِنَفسي بِمَنِّـهِ ونِعْمَتِـهِ صَبـورًا.

أَمّـا أَوَّلهُـن يـا أَخـا اليَهـود فإِنَّـه لم يَكُـن لِي خاصَّـة دون المسـلمين عامَّـة أَحـدٌ آنَـسُ بـه أو أَعتَمِـدُ عليـه أَو أَسـتنيم إِليـه أَو أَتقـرّبُ بـه غـير رَسُـول الله. هـو رَبَّـانِي صَغِـيرًا وبَـوأني كبـيرًا، وكفـانِي العيلـة وجَـبرني مِـن اليُتـم، وأَغنـانِي عـن الطَّلَـب ووَقَـاني المكسـب، وعـال لِي النَّفس والوالـد والأَهْـل. هـذا في تَصاريـف أَمـر الدُّنيـا. مـع مـا خَصَّنِـي بـه مِـن الدَّرجـات الّتـي قادتْنِـي إلى مَعـالِي الحظـوة عنـد الله عَـزَّ وَجَـلَّ. فنَـزل بِي مِـن وَفـاة رَسُـول الله صَـلَّى الله عليـه وآلـه مـا لم أَكُـن أَظُـنّ الجبـال لـو حَمَلَتـه عنـوة كانَـت تنهـض بـه. فرَأيـتُ النَّـاس مِـن أَهْـل بَيتِـي مـا بـين جـازِع لا يَملِـكُ جزعـه، ولا يَضبـط نفسـه ولا يَقـوى عـلى حَمـل فـادِحِ مـا نَـزَل بِـه، قـد أَذهَـب الجَـزع صَـبرَه وأَذهـلَ عقلَـه وحـال بينـه وبـين الفَهْـم والإِفهـام والقـول والاسـتِماع. وسـائر النَّـاس مـنِ غـير بَنِـي عبـد المطَّلِـب بـين مُعـزٍّ يأْمُـر بِالصَّـبر، وبـين مُسـاعد بـاكٍ لِبكائهـم جـازِعٍ لجزعهـم. وحَمَلـتُ نَفسِـي عـلى الصَّـبر عنـد وَفاتـه بِلُـزوم الصَّمـت والاشـتِغال

بِـما أَمَـرنِي بـه مِـن تَجهيـزِه وتَغسِـيله وتَحنيطـه وتَكفِينـه والصَّـلاة عليـه ووَضْعِـه في حُفرتـه وجَمـع كِتـاب الله وعهـده إلى خلقـه، لا يُشـغلني عـن ذلـك بـادرُ دمعـةٍ ولا هائـجُ زَفـرةٍ ولا لاذعُ حرقـةٍ ولا جَزيـلُ مُصيبـةٍ. حتَّـى أَدَّيـت في ذلـك الحـقّ الواجـب لله عَـزَّ وجَـلَّ ولرَسـوله صَـلَّى الله عليـه وآلـه عَـلَيَّ، وبَلَّغـت منـه الّـذي أمـرنِي بـه واحتَملتـه صابـرًا مُحتسِبًا.

ثُمَّ التَفت صَلواتُ الله وسلامُه عليه إلى أَصحابِه فقال: أَليس كَذلك؟

قالوا: بَلَى يا أَمِير المُؤمنين.

فقال صَلواتُ الله وسَلامُه عليه:

وأَمَّـا الثَّانِيَـة يـا أَخـا اليَهـود فـإنَّ رَسُـول الله صَـلَّى الله عليـه وآلـه أَمَـرنِي في حَياتِـه عـلى جَمِيـع أُمَّتِـه، وأَخـذَ عـلى جميـع مَـن حَـضرَه مِنهـم البَيعـة والسَّـمع والطَّاعـة لِأَمـري، وأَمَرَهُـم أَنْ يُبَلِّـغَ الشَّـاهِدُ الغائـب ذلـك، فكُنْـتُ المُـؤدِّي إِليهـم عـن رَسُـول الله صَـلَّى الله عليـه وآلـه أَمـرَه إِذا حضرتـه والأَمِـير عـلى مَـن حـضرني مِنهـم إِذا فارقته، لا تَختلِـج في نفسـي مُنازعـة أَحـدٍ مِـن الخَلـقِ لي في شيءٍ مِـن الأمـر فِي حَيـاة النَّبِـي صَـلَّى الله عليـه وآلـه ولا بَعـد وَفاتـه.

ثُـمَّ أَمـر رَسُـول الله صَـلَّى الله عليـه وآلـه بِتَوجِيـه الجَيـش الّـذي وَجَّهـه مـع أُسـامة بـن زيـد عنـد الّـذي أَحـدَث الله بـه مِـن المَـرض الّـذي توفَّـاه فيـه، فلَـمْ يَـدْعُ النَّبِـيُّ صَـلَّى الله عليـه وآلـه أَحـدًا مِـن أَفنـاء العـرب، ولا مِـن الأَوْسِ والخَـزْرَج وغيرهـم مِـن سـائر النَّـاس مِمَّـن يَخـاف عـلى نَقضِـه ومُنازعتِـه، ولا أَحـدًا مِمَّـن يـراني بِعَـين البغضـاء مِمَّـن قـد وَترتُـه بِقَتـل أَبيـه أو أَخِيـه أو حَمِيمـه إِلَّا وَجَّهـه في ذلـك الجَيش، ولا مِـن المُهاجِريـن والأنصـار والمُسـلمين وغيرِهـم والمُؤلَّفـة قلوبهـم والمُنافقـين، لِتَصفـو قُلـوبُ مَـن يَبقـى معـي بِحَضرَتـه، ولِئـلا يَقـولُ قائـلٌ شَـيئًا مِمَّـا أَكرَهـه، ولا يَدفعنـي دافـع مِـن الوَلايَـة والقِيـام بِأَمـر رَعِيَّتِـه مِـن بعـده.

ثُـمَّ كان آخـرُ مـا تَكلَّـم بـه في شَيء مِـن أَمـرِ أُمَّتِـه أَنْ يَمـضِي جَيشُ أُسـامة ولا يَتخَلّـف عنـه أَحـدٌ مِمَّـن أَنهـض معـه، وتَقـدَّم في ذلـك أَشـدّ التَّقـدُّم وأَوعـز فيـه أبلـغ الإيعـاز وأَكّـد فيـه أكثـر التّأكيـد، فَلـم أَشـعُر بعـد أَنْ قُبِـضَ النَّبـيّ صَـلَّى الله عليـه وآلـه إِلَّا بِرجـال مَـن بَعـث أُسـامة بـن زيـد وأَهْـل عَسـكره قـد تَركُـوا مَراكِزهـم وأَخَلّـوا بِمَواضعهـم وخالَفـوا أَمْـرَ رَسُـول الله صَلَّى الله عليـه وآلـه فِيـما أَنهضَهُـم لـه وأَمَرهـم بِـه وتَقـدَّم إليهـم مِـن مُلازمـة أَمِيرهـم والسَّـير معـه تَحت لِوائـه حتَّـى ينفـذ لِوَجْهِـه الّـذي أَنفـذه إليـه. فخَلَّفـوا أَميرَهـم مُقيـمًا في عسـكَره، وأَقبَلُـوا يَتبـادَرُون عـلى الخَيـلِ رَكضًـا إلى حَـلِّ عُقـدةٍ عَقدَهـا اللهُ عَـزَّ وَجَـلَّ لِي ورَسُـوله فِي أَعناقهـم فَحلّوهـا، وعَهـدٍ عاهَـدُوا الله ورَسـوله فنكثُـوه، وعَقـدوا لِأَنفسِـهم عقـدًا ضَجَّـت بِـه أَصواتُهـم واختَصَّـت بـه آراؤهـم مِـن غيـر مُناظـرةٍ لِأَحـدٍ مِنَّـا بَنِـي عبـد المُطّلـب أو مُشـاركةٍ في رَأي أَو اسـتِقالةٍ لِـما في أَعناقِهـم مِـن بَيعَتِـي.

فَعَلـوا ذلـك وأَنـا بِرَسُـول الله مَشـغولٌ وبِتَجهِيـزه عـن سـائر الأَشْـياء مَصـدُودٌ، فإِنَّـه كان أَهمّهـا وأَحـقّ مـا بَـدئ بـه منهـا. فـكان هـذا يـا أَخـا اليهـود أَقـرَحُ مـا ورَدَ عـلى قَلبِـي مـع الَّـذي أَنـا فيـه مِـن عظيـم الرَّزِيّـة وفاجِـع المُصِيبَـة وفَقـد مَـن لا خَلَف مِنـه إِلَّا الله تبـارك وتعـالى. فصَـبرتُ عليهـا إِذْ أَتَـت بعـد أُختِهـا عـلى تَقارُبهـا وسُرعـة اتّصالهـا.

ثُـم التَفتَ صَلواتُ الله وسَلامُه عليه إلى أَصحابِه فقال: أَليس كَذلِك؟

قالوا: بَلَى يا أَمِير المُؤمنين.

فقال صَلواتُ الله وسَلامُه عليه:

وأَمَّـا الثَالِثـة يـا أَخـا اليَهُـود فـإِنَّ القائـم بَعـد النَّبـيّ صَـلَّى الله عليـه وآلـه كان يَلْقـانِي مُعتـذِرًا في كُلِّ أَيامِـه ويُلـزِم غَـيرَه مـا ارتَكبـه مِـن أَخـذِ حَقِّـي ونَقـضِ بَيعَتِـي، وَيسـأَلني تَحلِيلـه. فكنُـت أَقـول تَنقَـضِي أَيّامُـه ثُـمَّ يُرجِـع إِلَيَّ حَقِّـي الَّـذي جعلـه الله

لِي عفـوًا هنيئًـا مِـن غَـير أَنْ أُحـدِث في الإسـلام مـع حُدوثِـه وقُـربِ عهـدِه بِالجاهلِيَّـة حدَثًـا في طلـب حَقِّـي بِمُنازعَـة، لَعَـلَّ فُلانًـا يقـول فِيهـا نَعـم وفُلانًـا يقـول لا، فيَـؤول ذلـك مِـن القـول إلى الفِعـل.

وجَماعـةٌ مِـن خَـواصّ أَصحـاب مُحمَّـد صَـلَّى الله عليـه وآلـه أَعرِفُهـم بِالنُّصح لله ولِرَسـوله ولِكِتابـه ودِينـه الإِسْـلام يَأْتُـوني عَـودًا وبـدءًا وعلانِيَـة وسِرًا فيَدعـونِي إلى أَخـذ حَقِّـي، ويَبذِلـون أنفسَـهم في نُـصرَتِي لِيُـؤدوا إِلَيّ بذلـك بَيعَتِـي في أعناقهـم، فأَقـول رُويـدًا وصَـبرًا قليـلًا لَعَـلّ الله يَأْتِينـي بِذلـك عفـوًا بِـلا مُنازعـة ولا إِراقـةِ الدِّمـاء. فقـد ارتـاب كَثِيرٌ مِـن النَّـاس بعـد وَفـاة النَّبِـيّ صَـلَّى الله عليـه وآلـه وطَمـعَ في الأَمْـر بَعـده مَـن ليـس لَـه بِأَهْـل، فقـال كُلٌّ قـومٍ مِنَّـا أَمِـير! ومـا طَمـع القائلـون في ذلـك إِلَّا لِتَنـاول غَـيري الأَمـر.

فلَـمّا دَنـت وَفـاةُ القائـم وانقَضَـت أَيَّامُـه صَـيَّر الأَمـرَ بعـدَه لِصاحِبـه فكانَـت هـذه أُخْـتُ أُختِهـا، ومَحلّهـا مِنِّـي مِثـلُ محلّهـا، وأَخـذَا مِنِّـي مـا جعلـه اللهُ لِي. فاجتَمـع إِلَيّ مِـن أَصحـاب مُحمَّـد صَـلَّى الله عليـه وآلـه مَـن مَـضَى رَحِمـهُ الله ومَـن بَقِـي مِمَّـن أَخَّـرَه الله مَـن اجتَمـع، فقالـوا لِي فيهـا مِثـل الَّـذي قالـوا فِي أُخْتِهـا، فلَـم يَعـدُ قَـولِي الثَّـانِي قَـولِيَ الأَوَّل صـبرًا واحتِسـابًا ويقِينًـا وإِشْـفاقًا مِـن أَنْ تَفنـى عُصبـةُ تَأَلفهـم رَسُـول الله صَـلَّى الله عليـه وآلـه بِاللِّـين مَـرَّةً وبِالشِّـدَّة أُخـرى وبِالبَـذلِ مَـرَّةً وبِالسَّـيف أُخـرى. حتَّـى لَقـد كان مِـن تَألفـه لهـم أَنْ كان النَّـاسُ في الكَـرِّ والفِـرار والشَّـبَع والـرَّي واللِّبـاس والوطـاء والدِّثـار، ونَحـن أَهْـل بَيـت مُحمَّـد صَـلَّى الله عليـه وآلـه لا سُـقوف لِبُيوتِنـا ولا أَبـواب ولا سـتُور إِلَّا الجَرائـد ومـا أَشْـبهها، ولا وطـاء لَنـا ولا دِثـار علينـا، ويُتـداول الثَّـوب الواحِـد في الصَّـلاة أَكثرُنـا، وتُطـوي اللَّيـالِي والأَيَّام جُوعًـا عامَّتنـا. ورُبَـما أَتانـا الـشَّيء مِمّـا أَفـاء الله علينـا وصَـيَّره لنـا خاصَّـة دُون غَيرنـا ونَحـن عـلى مـا وُصِفـت مِـن حالنـا فيُؤثـر بِـه رسـول الله صَـلَّى الله عليـه وآلـه أَربـاب النِّعـم والأَمْـوال تَألفًـا مِنـه لَهُـم. فكُنـتُ أَحـقّ مَـن لم يُفـرِّق هـذه العُصبـة الَّتـي أَلِفهـا

رَسُولُ الله صَلَّى الله عليه وآله ولَم يحملها على الخُطة الَّتي لا خَلاص لها منها دُون بلوغها أَو فناء آجائها. لِأَنِّي لو نَصَّبت نَفسِي فدَعوتهم إلى نُصرَتِي كانوا مِنِّي وفِي أَمْرِي على أَحدِ مَنزلتَّين: إِمَّا مُتَّبعٌ مُقاتِلٌ وإِمَّا مَقتُولٌ إِنْ لم يَتَّبع الجميع، وإِمَّا خاذِل يُكفِّر بِخذلانِه إِنْ قَصَّر في نُصرَتِي أَو أَمْسك عن طاعَتِي، وقد عَلِم أَنَّني مِنه بِمَنزلة هارُون مِن مُوسى مَحلّ به في مُخالَفَتِي والإمْساك عن نُصرَتِي ما أَحَلّ قَومُ مُوسى بِأَنفسهم في مُخالَفة هارُون وتَرك طاعَتِه.

ورأيتُ تَجرُّعَ الغُصَصِ وردّ أَنْفاس الصُّعداء ولِزُوم الصَّبر حتَّى يَفتَح اللهُ أَو يَقضِي بِما أُحِب أَزيَد لي فِي حَظِّي وأَرفَق بِالعِصابة الَّتي وُصفت أمرهم (وكان أَمْر الله قَدرًا مَقدُورا).

ولو لم أَتّق هذه الحال يا أَخا اليَهود ثُمَّ طَلبتُ حَقِّي لَكنتُ أَوْلَى مِمَّن طَلَبه لِعلِم مَن مَضى مِن أَصحاب رَسُول الله ومَن بِحضرَتِك مِنهم بِأَنِّي كنتُ أَكثَرَ عددًا وأَعزَّ عَشيرةً وأَمنعَ رِجالاً وأَطوعَ أَمْرًا وأَوضحَ حجّة وأكثر فِي هذا الدِّين مَناقب وآثارًا لِسوابِقي وقَرابَتِي ووُراثَتِي فضلًا عن استِحقاقِي ذلك بِالوَصِيّة الَّتي لا مَخرج لِلعباد مِنها، والبيعة المُتقدِّمة في أَعناقِهم مِمَّن تَناولها.

ولقد قُبِض مُحمَّد صَلَّى الله عليه وآله، وإِنَّ وَلاية الأُمَّة فِي يَدِه وفي بَيتِه لا فِي يَد الأولى تناولُوها ولا في بُيوتِهم، ولِأَهْل بَيتِه الَّذين أَذهب الله عنهم الرِّجس وطَهّرهم تَطهِيرًا أَولى بِالأَمر مِن بَعدِه مِن غيرهم في جَمِيع الخِصال.

ثُمّ التفتَ صَلواتُ الله وسَلامُه عليه إلى أَصحابِه فقال: أَلَيس كَذلِك؟

قالوا: بَلَى يا أَمِير المُؤمنين.

فقال أَمير المُؤمنين صَلواتُ الله وسَلامُه عليه:

وأَمَّا الرَّابعة يا أَخا اليهود فَإِنَّ القائم بَعد صاحِبه كان يُشاورني في مَوارِد

الأمُـور فيَصدرهـا عـن أمـرِي، ويُناظـرني في غَوامضهـا فيمضيهـا عـن رَأيـي، لا أعلمُ أحـدًا ولا يُعلّمـه أصحـابي يُناظـره في ذلـك غَـيري ولا يَطمـع في الأمـر بَعـده سُـواي. فلـمّا أنْ أتتـهُ مَنِيّتُـه عـلى فُجـأة بِـلا مَـرض كان قَبلـه ولا أمـر كان أمضـاه في صِحَّـة مِـن بَدنِـه لم أشُـكّ أنّي قـد استَرجَعتُ حَقّـي في عافِيـة بِالمَنزلـة الّتـي كُنـت أطلبَهـا والعاقِبَـة الّتـي كنـتُ ألتَمِسـها، وأنّ الله سـيأتِي بِذلـك عـلى أحْسـن مـا رَجـوتُ وأفضـل مـا أملـتُ.

فـكان مِـن فِعلِـه أنْ خَتَـم أمـره بِـأنْ سَـمّى قَومًـا أنـا سادِسُـهم ولَم يَسـتوف بِواحـدٍ مِنهـم، ولا ذُكِـر لِي حـالاً في وراثـة الرَّسُـول ولا قَرابـة ولا صِهـر ولا نَسـب، ولا لِواحـدٍ مِنهـم مِثـل سابِقة مِـن سَـوابِقي ولا أثَـر مِـن آثـاري. وصَيَّرهـا شُـورى بَينَنـا وصَـيَّر ابنـهُ فِيهـا حاكـمًا علينـا، وأمَـرَهُ أنْ يَـضرِب أعنـاقَ النَّفـر السِّـتّة الَّذيـن صَـيَّر الأمـرَ فيهـم إنْ لم يُنفِّـذوا أمـرَه. وكَفـى بِالصَّـبر عـلى هـذا يـا أخـا اليهـود صـبرًا. فمَكَـثَ القـومُ أيامَهُـم كُلّهـا كُلٌّ يَخطـب لِنَفسِـه وأنـا مُمْسِـكٌ عـن أن سـألوني عـن أمْـري. فناظرتهـم فِي أيامِـي وأيّامهـم وآثـاري وآثارهـم، وأوضحـتُ لهـم مـا لم يَجهلُـوه مِـن وُجُـوه استِحقاقِي لهـا دُونهـم، وذَكَّرتهـم عَهـدَ رَسُـول الله إليهـم وتَأكِيـد مـا أكَّـده مِـن البَيعـة لي في أعناقهـم. دعاهُـم حُـبّ الإمـارة وبَسـط الأيـدِي والألسُـن في الأمْـر والنَّهـي والرُّكـون إلى الدُّنيـا والاقتـداء بِالماضِـين قَبلهـم إلى تَنـاوُل مـا لم يَجعـل الله لَهُـم. فـإذا خَلـوتُ بِالواحـد ذكَّرتـه أيّـام الله وحَذَّرتـه مـا هـو قـادِمٌ عليـه وصائـرٌ إليـه التَمـس مِنّـي شَرطًـا أنْ أصَيِّرهـا لـه بَعـدِي. فلـمّا لم يَجـدِوا عنـدِي إلّا المَحجَّـة البيضـاء والحمـل عـلى كِتـاب الله عَـزَّ وَجَـلَّ ووَصِيّـةِ الرَّسـول وإعطـاء كُلّ امْـرئ مِنهـم مـا جَعلَـه اللهُ لـه ومَنعـه مـا لم يَجعـل اللهُ لـه أزالَهـا عَنّـي إلى ابـن عَفّـان رَجـلٌ لم يَسـتَوِ بـه وَبِواحـدٍ مِمَّـن حـضره حـال قـط فضـلًا عمَّـن دونهـم، لا يبـدر الَّتـي هِـي سَـنام فَخرَهـم ولا غَيرهـا مِـن المآثـر الَّتـي أكـرم الله بهـا رَسُـوله ومَـن اختَصَّـه مَعـه مِـن أهْـل بيتـه.

ثُـمَّ لم أَعلـم القـوم أَمسـوا مِـن يَومهـم ذلـك حتَـى ظَهـرت نَدامَتُهـم ونَكصُـوا عـلى أَعقابِهـم وأَحـال بَعضُهـم عـلى بعـض كُلٌّ يَلـوم نفسـه ويَلـوم أَصحابـه. ثُـمّ لم تطل الأَيَّـام بِالْمُسـتَبِدّ بِالأَمـر ابـن عفَّـان حتَّـى أَكفـروه وتَـبرّؤا منـه، ومَشـى إِلى أَصحابِـه خاصَّـة وسـائر أَصحـاب رَسُـول الله صَـلّى الله عليـه وآلـه عـلى هـذه يَسـتَقِيلهم مِـن بَيعَتِـه ويَتُـوب إلى الله مِـن فَلتَتِـه، فكانَـت هـذه يـا أَخـا اليَهـود أَكـبرُ مِـن أُختِهـا وأَفظَـع وأَحـرى أَنْ لا يَصْـبر عليهـا، فنَالَنِـي منهـا الَّـذي لا يبلـغ وَصفـه ولا يحـدّ وقتـه، ولم يَكُـن عِنـدي فيهـا إِلّا الصَّـبر عـلى مـا أَمَـضّ وأَبلَـغ منهـا. ولقـد أَتـانِي الباقُـون مِـن السِّـتّة مِـن يَومهـم كُل راجـع عَـمَّا كان رَكـب مِنِّـي! يَسـأَلني خَلـع ابـن عفَّـان والوُثـوب عليـه وأَخـذ حَقِّـي، ويُؤتِينِـي صفقَتَـه وبَيعتَـه عـلى المَـوت تحـت رَايَتِـي أَو يـردّ الله عـزَّ وجَـلَّ عَـلَيّ حَقِّـي. فـوالله يـا أَخـا اليهـود مـا منَعَنِـي إِلَّا الّـذي مَنعنـي مِـن أُختَيهـا قبلهـا ورَأيـتُ الإبقـاء عـلى مَـن بَقِـي مِـن الطَّائفـة أَبهـج لِي وآنـس لِقَلبـي مِـن فنائهـا. وعلِمـتُ أَنِّي إِنْ حملتهـا عـلى دَعـوة المَـوت رَكِبتـه. فأَمّـا نَفسِـي فقـد عَلِـم مَـن حـضر مِمَّـن تَـرى ومَـن غـاب مِـن أَصحـاب مُحمَّـد صَـلَّى الله عليـه وآلـه أَنّ المَـوت عنـدي بِمَنزلـة الشَّربَـة البـارِدة في اليـوم الشَّـدِيد الحـرّ مِـن ذِي العَطَـش الصـدى.

ولقـد كنـتُ عاهَـدتُ الله عَـزَّ وَجَـلَّ ورَسُـولَه أَنـا وعَمِّـي حَمْـزة وأَخِـي جَعفـر وابـن عمِّـي عُبيـدة عـلى أَمـرٍ وَفَّينـا بـه لله عَـزَّ وَجَـلَّ ولِرَسـوله. فتَقَدَّمَنِـي أَصحـابِي وتَخَلَّفـتُ بَعدهـم لِـما أَراد اللهُ عـزَّ وَجَـلَّ، فأَنْـزل اللهُ فِينـا [مِـنَ الْمُؤْمِنِـينَ رِجَـالٌ صَدَقُـوا مَـا عَاهَـدُوا الله عَلَيْـهِ، فَمِنْهُـم مَـن قَـضَىٰ نَحْبَـهُ وَمِنْهُـم مَـن يَنتَظِـرُ، وَمَـا بَدَّلُـوا تَبْدِيـلًا][1] حَمْـزة وجَعفـر وعُبيـدة، وأَنـا والله المُنتَظِـر يـا أَخـا اليهـود ومـا بَدَّلـتُ تبديلا. ومـا سـكتَني عـن ابـن عفّـان وحَثَّنِـي عـلى الإِمسـاك إِلَّا أَنِّي عَرفـت مِـن أَخلاقِـه فيـما اختَـبرتُ منـه بِـما لَـنْ يدعـه حتَّـى يَسـتدعِي الأَباعِـد إِلى قتِلـه وخَلعِـه فَضـلًا عـن

---

1 - الأحزاب 23

الأَقـارب، وأنـا فِي عُزلـة. فصَـبرتُ حتَّـى كان ذلـك، لم أَنطِـق فيـه بحَـرفٍ مِـن (لا) ولا (نَعـم)، ثُـمَّ أَتَـانِي القـومُ وأنـا علِـمَ الله كارِهٌ لِمعرفَتِـي بـما تَطاعَمـوا بـه مِـن اعتقالِـه الأَمـوال والمَـرح في الأرض، وعلمهـم بِـأَنَّ تلـك ليسـت لَهـم عنـدي، وشَـديد عـادة منتزعـة، فلَـمّا لم يَجِدوا عنـدي تَعلَّلـوا الأَعالِيـل.

ثُمّ التَفت صَلواتُ الله وسَلامُه عليه إلى أَصحابِه فقال: أَليس كَذلك؟

فقالوا: بَلَى يا أَمِير المُؤمنين.

فقال صَلواتُ الله وسَلامُه عليه:

وأَمّـا الخامِسَـة يـا أَخـا اليهـود فـإِنَّ المُتابعـين لي لَمّـا لم يطمعـوا في تلـك مِنِّـي؛ وثَبـوا بِالمـرأة عَـلَيَّ وأنـا ولِيُّ أَمرهـا والـوَصِي عليهـا. فحَملُوهـا عـلى الجَمـل وشَـدَّوها عـلى الرِّحـال، وأَقبلـوا بهـا تَخبُـط الفَيـافي وتَقطـع الـبَرَاري، وتَنبـح عليهـا كِلابُ الحَـوأَب وتُظهِـر لَهـم علامـات النَّـدم في كُلِّ سـاعة وعنـد كلِّ حـال، فِي عصبـةٍ قـد بايَعـوني ثانِيَّـة بعـد بَيعتِهـم الأُوْلى في حَيـاة النَّبِـيّ صَـلَّى الله عليـه وآلـه، حتَّـى أَتَـت أَهـلَ بَلـدةٍ قصـيرة أَيديهـم، طويلـة لِحاهُـم، قَليلـة عُقولهُـم، عازِبـة آراؤهـم، جِـيران بَـدو ووَراد بَحـر، فأَخرجَتهـم يَخبطُـون بِسُـيوفِهم مِـن غـير عِلْـم، ويَرمـون بِسـهامِهم بِغَـير فَهْـم. فوقفـتُ مِـن أَمرهـم عـلى اثنَتَـين كِلتاهُمـا في محلـة المكـروه مِمّـن إنْ كففـت لم يرجـع ولم يَعقِـل وإِنْ أَقمـت كنـتُ قـد صِرتُ إلى الَّتـي كَرهـت. فقَدَّمـتُ الحُجّـةَ بِالأعـذار والإنـذار، ودَعـوتُ المـرأة إلى الرّجـوع إلى بَيتِهـا، والقَـوم الَّذيـن حمّلوهـا عـلى الوفـاء بِبَيعتهـم لي والـتّرك لِنَقضهـم عهـد الله عَـزَّ وَجَـلَّ فِيّ، وأَعطيتهـم مِـن نفسـي كُلّ الّـذي قـدرت عليـه. وناظـرتُ بعضهـم فرَجَـع، وذكَّـرت فذَكَـر)[1].

1 - بحار الأنوار 5 18-168/ 38.

ـ الاجْتِهادُ رَفاهُ المُستَخِفِّين

دَخلَ أَقطابُ (صَحِيفَة مكّة الثّانِيَة) وخُلفاؤهم على النَّبِيّ صَلَّى الله عليه وآله فِي مَرضِه مِن بَين مجموعة الثّلاثين صَحابِيًّا وهُمْ يَستَخفُون مَوقِفًا ثابِتًا قد أَجمَعوا عليه وتَواطئوا أَو أُرغِموا على فعل ذلك وأُكرهوا، وفِي أَنفسهم عَزمٌ أَكِيدٌ على كَتم كُلِّ ما مِن شأنِهِ التَّذكِير بِالوَلايَة الَّتي خُصَّت لِعَلِيٍّ أَمير المُؤمنين صَلواتُ الله وسَلامُه عليه بِبَيعة الغَدير.

وفي ذاتِ المقام، وبِوَصْفِهم شُهودًا على تَدوِين الكِتاب، انْبَرى عُمَر في حَضرَةِ الصَّحابة الثّلاثِين لِيَصِفَ النَّبِيَّ صَلَّى الله عليه وآله بِالقَول (إِنَّ الرَّجُلَ)، (إِنَّه لَيَهْجُر) أو (غَلَبَ عليه الوَجَع)، ثُمَّ استَدركَ قَولَه بِما يَعنِي الرَّفْض المُطلَق لِأَمْرِ الرَّسُول صَلَّى الله عليه وآله والخُروج على طاعَتِه، فقال في الصَّحابَة (حَسبُنا كِتاب الله)! ولم يَعتَرِض أَحدٌ مِن الصَّحابة الثّلاثِين على المَعنى المقصود في قَولِ عُمَر ولا على الأَلفاظ السَّيِّئة الَّتي لا يَنبَغِي أَنْ يُوصَفَ بِها نَبِيّ الله صَلَّى الله عليه وآله في الأَحْوال العادِيَة، ويَنبَغِي الامتِثال لَه والسَّمع والطّاعَة ومُراعاة حال مَرَضِهِ وهُو النَّبِيّ المَعصُوم الَّذي أَذهَب اللهُ عنه الرِّجْسَ وطَهَّرهُ تَطهيرًا وقد أَقدَم على كِتابَة ما فِيه مَصير دِينٍ وأُمَّة.

أَجمع أَربابُ السِّيرَة على حَقِيقة وُقوع هذا المَوقِف السَّلْبِي الخَطِير وعلى صُدور هذا القَول السَّيِّئ المُشاكِس والمُخالِف لِأَمرِ الرَّسُول صَلَّى الله عليه وآله والمانِع مِن تَدوِين الكِتاب المُنقِذ مِن الضَّلال. ولكنَّ أَربابَ السِّيرة أَنفسهم كَتموا النِّصف الآخر مِن الحَقِيقة عِندما رَفضوا الخَوض في تَفاصِيل هذا اللِّقاء وماجَرَياتِه، وأَجمعوا على بُطلان المَنقول مِن كَلام عُمَر ووَصَفوا النّاقِلِين بِـ(المُؤوِّلين) المُخالِفِين لِلحَقِيقَة، وخالَفوا كلَّ مَن حمل ظاهِرَ قول عُمَر على مَعناه الأَصْلِي الوَاقِعي المُستَخِفّ لِأَمْرٍ عظيمٍ قد قَطعه الرَّسُول صَلَّى الله عليه وآله بِوَحْيٍ مِن السَّماء ولا يَنبغِي لِأَحدٍ مِن الصَّحابة الثّلاثين التَّنازع حَوله عند

النَّبِيّ صَلَّى الله عليه وآله والحَيلولة دُون طاعة أَمْره.

شَعَر الصَّحابَةُ الحاضِرُون في هذا اللِّقاء الأَخِير مِن حياة الرَّسُول صَلَّى الله عليه وآله بِخُطورةِ أمرين هما صُدور الكِتاب وحَجبِهِ عن الصّدور. وقَدّروا أَنَّ ما أَقدم عليه عُمَر مِن عَمَلٍ فَضيعٍ لا يَنبَغِي لِأَحدٍ عاقلٍ أَنْ يَقدِمَ عليه إِلّا أَنْ يكون مُغامرًا بِمَصير أُمَّة إِذْ عصى وخالف مُرادًا وحيانِيًّا مانِعًا مِن ضَلال أُمَّةٍ في ظَرفٍ اجتِماعيٍّ مُعقَّد يَستَدعِي رَصَّ الصُّفوف وَالاستعداد لِخَوضِ حَربِ أَمَرَ الرَّسُول صَلَّى الله عليه وآله بِشَنِّها تَحت ظِلِّ لِواء أُسامَة ولَعَنَ المُتخلِّفين عن الجيش المُتوجِّه لِلحَربِ في الشَّام، وأَنَّ في المُخالَفة والعصيان ما يَشي بِتورّط هؤلاء الصَّحابَة في اصْطِناع ذات (الفِتْنَة) الَّتي تَذرع بِها صَحابَةُ (صَحِيفة مكّة الثَّانية) وجَعلوها عِلّة رئيسة في مُبرّر قِيامِهم بِالإنقلاب على الوَصِيّ في إِثْر رَحِيل الرَّسُول صَلَّى الله عليه وآله.

خَضَعت مُفردةُ (يَهجر) المُثِيرة لِلجَدَل في سِيرَةِ نشأة الإسلام إِلى تَأوِيلات مُختَلِفة تَبتغي مِن ذلك إِقالَةَ (عَثرةِ) الصَّحابة العاصِين المعانِدين.. ولَيس مِن شَكٍّ في أَنَّ هذه (العَثْرة) مُؤدِّية إِلى الخلودِ في النَّار على الرَّغْم مِن كَون مُفرَدَة (يَهجُر) واضِحة الدَّلالة ولا تَقبَل إِلَّا المَعنى الَّذي ساقة عُمَر وجبل على استِعماله وعَنِي بِه مُرادُه في واقع الحال، وهو (إِيراد قَول السُّوء في حالِ الإِدراك التَّام ولَيس في حال الهَذيان، ومِنه الشَّتْمُ وما إِليه).

ولِتَقريب المَعنى المُراد عند عُمَر مِن مُفرَدة (يَهجُر) فإِنَّ ذلك يَقتَضِي البَحث والتَّقَصّي في استِعمالاتِ عُمَر لِهذه المُفرَدة في ظُروف أُخرى. فعَن مُحمَّد بن عبد الرَّحمن بن حاطب عن أَبِيه قال: كان بين عُثمان وطَلحة تُلاح (شَتْمٌ ولَعْنٌ) في مَسجد رَسُول الله. فبَلغَ عُمَر فأَتاهُم وقد ذَهب عُثمان وبَقِي طلحة، فقال: أَفِي مَسجد رَسُولِ الله تَقولان (الهُجْر) وما لا يَصلح مِن القَول؟! ما أَنتَ مِنِّي بِناجٍ.

فقال طلحة: الله الله يا أَمِير المؤمنين، فوالله إِنِّي لَأَنا المَظلوم المَشتُوم.

فقالَت أُمُّ سلمة مِن حِجرتها: والله إِنَّ طلحة لَهُو المَظلوم المَشْتُوم.

فكَفَّ عُمَر ثُمَّ أَقبل إلى أُمِّ سَلَمة رِضْوان الله تعالى عليها فقال: ما تَقُولِين يا هنتاه! إِنَّ ابنَ الخَطّاب لَحَدِيث العَهد، ولو سَبَّ طلحة لَسَبَّه طلحة، ولو ضَرَبَ طَلحة لَضَرَبَه طلحة، ولكِنّ الله جَعل لِعُمَر دِرّة يَضرب بها النَّاس عن عرض)[1].

كان عُمَر يَستَعمِل مُفردة (الهُجْر) بِمَعناها المُستَعمل في هذه الواقِعة. فإِنْ لم يَكُن عُمَر يَعتقد بِعِصمَة النَّبِيّ صَلَّى الله عليه وآله عن الهَذيان، فإِنَّه قد جَمع بِإطلاقِه مُفردة (يَهجُر) بين وَصْفَين سَيِّئين لِلغايَة هُما (الهَذيان) و(قول السُّوء)، وحاش لِرَسُول الله صَلَّى الله عليه وآله أَنْ يَهذِي أَو يَقول قولَ سُوء، فهو صَلَّى الله عليه وآله على خُلقٍ عَظيمٍ بعِصَمةٍ تَكوينيَّةٍ مِن الله تعالى في كُلِّ الأَحْوال [فَبِمَا رَحْمَةٍ مِّنَ الله لِنتَ لَهُمْ، وَلَوْ كُنتَ فَظًّا غَلِيظَ الْقَلْبِ لَانفَضُّوا مِنْ حَوْلِكَ، فَاعْفُ عَنْهُمْ وَاسْتَغْفِرْ لَهُمْ وَشَاوِرْهُمْ فِي الْأَمْرِ، فَإِذَا عَزَمْتَ فَتَوَكَّلْ عَلَى الله، إِنَّ الله يُحِبُّ الْمُتَوَكِّلِينَ][2].

كان عُمَر مِن الصَّحابَة المُتشدِّدين المانِعين مِن تَدوِين الرِّوايات الواردة على لِسان النَّبِيّ صَلَّى الله عليه وآله في حَياتِه، ومِن المُبادِرين إلى جَمعها وإِحراقها ومعاقبة الرُّواة عليها وابتزازهم بِأَساليب شَتَّى. وهو في ذلك لا يَشذّ عن عَمَل قُريش وأَقطابها المُتعاقِدين على (صَحِيفة مَكّة الأُولى) حيث لم يَعتَقِدوا بِعِصْمَة النَّبِيّ صَلَّى الله عليه وآله مطلقًا ولا يَشكّون في إِمكان صُدور (الهُجْر) عنه صَلَّى الله عليه وآله.

---

1 - أخبار المدينة، ابن شبّة النّميري 26/ 1

2 - آل عمران 159

ويُشِير عبد الله بن عُمَر إلى ذلك (حدَّثَنا عبد الله، حدَّثَني أَبِي، حدَّثَنا يَحيَى بن سَعِيد عن عُبَيد الله بنَ الأَخْنَس، عن الوَلِيد بن عبد الله عن يُوسُف بن ماهك عن عبد الله بن عَمرو قال: كنتُ أَكتُب كلَّ شَيء أَسمعه مِن رَسُول الله صَلَّى الله عليه وآله أُرِيد حفظه، فنَهتْنِي قُرَيش فقالوا أَنَّك تكتُب كلَّ شَيء تَسمعه مِن رَسُول الله صَلَّى الله عليه وآله ورَسُول الله صَلَّى الله عليه وآله بَشرٌ يَتكلَّم في الغَضب والرِّضا. فأَمسكتُ عن الكِتابة، فذكرتُ ذلك إلى رَسُول الله صَلَّى الله عليه وآله، فقال اكتُبْ فوالَّذي نفسي بِيَده ما خَرج مِنِّي إِلَّا حَقّ)[1].

لقد بُذِلَت الكثيرُ مِن الجهود الفَلسَفِيّة والكلامِيَّة واللَّغويَّة والتَّحلِيلِيّة، وأُكثِرَ مِن الوَضع والتَّزوير والتَّلفِيق والتَّحريف في سَبِيل إِقالة ما أَفصَح عنه عُمَر مِن قَولٍ سَيّئ في وَصْفِ النَّبِيّ صَلَّى الله عليه وآله، والتَّهوِين مِن خُطورَة مَوقِفه الَّذي عَصى فيه أَمْرَ النَّبِيّ صَلَّى الله عليه وآله في أَواخر أَيام عُمُره الشَّرِيف ولم يَتَناهَ عن الإِشارة إليه بِـ(الرَّجل) ويُوصفه بِـ(الهُجْر) واتِّخاذ موقفٍ مُضادٍ مِن مُرادِ الوَحْي وتَجرِيد النَّبِيّ صَلَّى الله عليه وآله مِن العِصْمَة، فحَرَّم صُدور الكِتاب المُنقِذ مِن الضَّلال وحَرَم المُسلِمين منه، وأَغضَب النَّبِيَّ صَلَّى الله عليه وآله وآذاه، وتَنازعَ في حَضرتِهِ صَلَّى الله عليه وآله، واستَخفَّ قولَه، ولَمْ يُراعِ ما كان فيه مِن حالٍ مَرضِيَّةٍ صَعبة.

فزاد هَؤلاء مِن أَهلِ التَّفلسُف والكَلام واللُّغة والتَّحلِيل التَّأرِيخي البَائس بِفعلَتِهم هذه في الطِّين بِلَّة، وبَالغوا في وَضع المعاني مِن عند أَنْفُسِهم. ومُرادُهم مِن ذَلِك السُّموّ بِمَقام عُمَر وتَأهِيله لِلخِلافَة والحَطّ مِن مَقام نَبِيّهم وتَبرِير ما عُطِّل مِن أَمْرِه، فاستَخَفّوا الرَّسولَ صَلَّى الله عليه وآله وهُم يَعلَمُون بِسُوء ما فَعلوا!

---

1 - مسند أحمد بن حنبل 2/ 162

فهَـذا ابـنُ حَـزم يَعـتَرِف بِسَـيِّئة عُمَـر الَّتـي ارتكبهـا في يَـوم الخَمِيـس، ولكنَّـه سـعى في التَّخْفِيـف مِـن وَطأتهـا فيَصِفهـا بِـ(زَلَّـة العـالِم)، ثُـمّ يُرجِعهـا إلى شَيءٍ مِـن الجَـبر عندمـا قـال (فهَـذه زَلَّـةُ العـالِمِ الّتـي حـذَّر مِنهـا النَّـاس قَدِيـمًا. وقـد كان في سـابِق عِلْـم الله تعـالى أَنْ يكـون بَيننـا الاختِـلاف، وتَضـلُّ طائفـةٌ وتَهتَـدِي بِهُـدى الله أُخـرى. فلِذَلـك نَطـق عُمَـر ومَـن وَافقَـه مِـن الصَّحابَـة بِـما نَطقـوا بِـه، مِمَّـا كان سَـببًا إلى حِرمـان الخَـير بِالكِتـاب الَّـذي لـو كَتبـه لم يَضـلّ بَعـده، ولم يَـزل أمـرُ هـذا الحديـث مُهِمًّـا لنـا وشَـجِى في نُفوسـنا، وغصّـة نَـألَمَ لهـا.. لاحـظ أنَّهـم ضَيَّعـوا العاصِـمَ مِـن الضَّـلال وهُـو كِتابَـةُ الكتـاب)[1].

ويُضِيـف ابـنُ حَـزم في حُكـم القَـول السَّـيئ الَّـذي أطلقـه عُمَـر (لـو أنَّ امـرئ قـال لا نَأخُـذ إلَّا مـا وَجدْنـا في القـرآن لَـكانَ كافِـرًا بإجمـاع الأُمّـة، ولَـكان لا يُلزمـه إلَّا رَكعـة مـا بـين دُلـوكِ الشَّـمس إلى غَسـق اللَّيـل وأُخـرى عنـد الفَجْـر، لِأَنَّ ذلـك هـو أَقـلُّ مـا يَقـعُ عليـه اسـمُ صَـلاة ولا حَـدّ لِلأكثـر في ذلـك، وقائـل هـذا مُـشرِكٌ حَـلال الـدَّم والمـال)[2].

إنَّ العمـلَ بِالقُـرآن لِوَحـدِه ونَبـذ الثَّقـل الآخـر وراء الظّهـور ـ عـلى حَسَـب مـا دعـا إليـه عُمَـر ـ مـا هـو إلَّا إنْـكارٌ لِلقـرآن ذاتِـه أو تَمَـرّدٌ عليـه فَضـلًا عـن أنَّه انـكارٌ لِلسُّـنّة الشَّريفـة. فالقـرآنُ نَفسُـه حَـثَّ في آيـات كَثِـيرة عـلى وُجـوب الرّجـوع إلى السُّـنَّةِ المتَمثِّلـة في الثَّقـل الآخـر أَهْـل البَيـت صَلـواتُ الله وسَـلامُه عَلِيهـم وكَذلِـك السُّـنّة حثَّـت عـلى الرّجـوع إلى القـرآن الكريـم. فالثَّقـل الآخـر عـدل القُـرآن [وَأَنزَلْنَـا إِلَيْـكَ الذِّكْـرَ لِتُبَـيِّنَ لِلنَّـاسِ مَـا نُـزِّلَ إِلَيْهِـمْ وَلَعَلَّهُـمْ يَتَفَكَّـرُونَ][3]، [وَمَـا آتَاكُـمُ الرَّسُـولُ فَخُـذُوهُ وَمَـا نَهَاكُـمْ عَنْـهُ فَانتَهُـوا][4].

---

1 - الأحكام في أُصول الأحكام، ابن حزم 984/ 7

2 - نفس المصدر السّابق 80/ 2

3 - النَّحل 44

4 - الحشر 7

وينقل التّرمِذي رِوايةً عن رَسُول الله صَلَّى الله عليه وآله (ألا هَلْ عَسى رَجُل يبلغُه الحديث عنِّي وهو مُتَّكِئٌ على أَرِيكَته فيقول: بَيننا وبَينكم كتابُ الله فما وَجدنا فيه حَلالًا استَحلَلناه، وما وجدنا فيه حرامًا حرَّمْناه، وإنَّ ما حرَّم رَسُول الله صَلَّى الله عليه وآله كما حرَّم الله).. أو (يُوشِكُ أَحدُكم أَنْ يُكذِّبَني وهو مُتَّكِئٌ على أَرِيكَتِهِ يُحدِّث بحَدِيثِي فيَقول: بيننا وبَينكم كِتابُ الله، فما وَجَدْنا فيه مِن حَلالٍ استحلَلْناه، وما وَجدنا فيه مِن حَرامٍ حَرَّمْناه، أَلا وإِنَّ ما حرَّم رَسُول الله صَلَّى الله عليه وآله مِثل ما حرَّم الله)[1].

ويُؤكّدُ ابنُ تيمِيَّة على أَنَّ القائل فِي وَصفِ النَّبِيِّ صَلَّى الله عليه وآله (أَنَّهُ هجر) عندما أَمْر بِالدَّواة والكتف هو عُمَر. وأَنَّ عُمَر لا يَعتقد بِعِصْمَةِ النَّبِيّ صَلَّى الله عليه وآله وله، وأَنَّ له صَلَّى الله عليه وآله رأيٌ واجتِهادٌ شَخْصِي مُنفَصِلٌ عن دائرة وَحْيّ النُّبوّة وقابِلٌ لِلنِّقاش. لكِنَّ ابنَ تَيمِيَّة نفسه يُهوِّن مِن الأمر ويَرجِعه إِلى (الاشْتِباه) أو (الشَّكُّ في الهُجْر) لِجَهْلٍ في عُمَر يُساوِق جَهْلَهُ الآخر فِي إِمكانِ وُقوعِ المَوت على النَّبِيّ صَلَّى الله عليه وآله، فيقول (أَنَّ الَّذي وَقعَ في مَرَضِه كان مِن أَهْون الأَشْياء)[2]، (وأَمَّا عُمَر فاشتَبَه عَلَيهِ هَلْ كان قَولُ النَّبِيّ صَلَّى الله عليه وآله مِن شِدَّة المَرض أو كان مِن أَقوالِه المعروفَة، والمَرَضُ جائز على الأَنْبِياء. ولِهذا قال: ما لَه، أَهَجر. فَشَكَّ في ذلك ولَم يَجزِم بِأَنَّه هَجر، والشَّكُّ جائزٌ على عُمَر فإِنَّه لا مَعصوم إِلّا النَّبِيّ صَلَّى الله عليه وآله ولا سِيّما وقد شَكّ بِشُبهةٍ فإِنَّ النَّبي صَلَّى الله عليه وآله كان مَرِيضًا فلَمْ يَدْر أَكلامُه كان مِن وَهج المَرض كما يَعرِض لِلمَرِيض أَو كان مِن كلامِهِ المَعروف الَّذي يَجب قُبوله. وكذلك ظَنَّ أَنَّه لم يَمُت حتَّى تبَيَّن أَنَّه قد مات. والنَّبِيُّ صَلَّى الله عليه وآله قد عزم على أَنْ يَكتُبَ الكتابَ الّذي ذكره لِعائشَة، فلَمّا رأى أَنَّ الشَّكّ قد وَقَع؛ عَلِم أَنَّ

1 - مسند أَبُو يعلى 1813، ورواه التّرمذي وأَحمد بن حَنْبل وأَبُو داوُد وابنُ ماجَه.

2 - منهاج السُّنّة، ابن تيمية 315/ 6

الكِتـابَ لا يَرفَـع الشَّـكّ، فلَـم يَبـق فيـه فائـدة، وعَلِـم أنَّ الله يَجمعُهـم عـلى مـا عَـزِم عليـه)[1].

وقائلـون آخـرون نسـبوا إقـدام النَّبـيّ صَـلَّى الله عليـه وآلـه عـلى كِتابَـة الكِتـاب إلى حُكـم الإباحَـة، وهـو مـا ذَهَـب إليـه ذِهـنُ عُمَـر. وبِذلـك رَفَعـوا عـن عُمَـر الخَطـأ وعَصَمـوه وأقالـوا مَوقِفـه مِـن كِتابـة الكِتـاب!

وأضافـوا مُـبرّرًا آخـر عندمـا قالـوا: إنَّ النَّبـيّ صَـلَّى الله عليـه وآلـه مَعصُـومٌ في كُلّ الأَحْـوال، ومنـه عِندمـا قـال (ايتُـوني بِـدَواةٍ وكتـف..) لكِـنَّ قولَـه هـذا لَيْـس أمـرًا مِمّـا أوجـبَ اللهُ تعـالى عـلى النَّبـيّ مُحمَّـد صَـلَّى الله عليـه وآلـه تَبليغـه)[2]، بِدَليـل أنَّـه لم يُبلِّغـه بَعـد أنْ قـال لِلصَّحابَـة الثَّلاثِـين الحاضِريـن (قُومُـوا، لا يَنبَغِـي عِنـدي التَّنـازع)، فتَركهـم في اختِلافهـم، ثُـمَّ ظَـلَّ عـلى ذلـك منـذ يَـوم الخَمِيـس إلى يَـوم الاثْنـين لم يَأمُـر بِكتابَـة الكِتـاب.. ولا يَنبَغِـي لِلنَّبـيّ صَـلَّى الله عليـه وآلـه أنْ يَمتَنِـع عـن أمْـرٍ وَجَـبَ تَبليغُـه!

إنَّ هـذا القـول ومِثلَـه كَثـير عنـد المُؤرِّخِـين وحَملَـةِ الرِّوايـة وناقِلِيهـا ومُدوِّنيها، وهو لا يَخـرج عـلى كَونِـه مِـن المُتهافِـت مِـن الـكَلام الَّـذي نَقضَـهُ حتَّـى أُولئـك العامِلِـين عـلى إقالـة (عَثْـرَة) أو (زَلَّـة) عُمَـر مِـن أَتْبـاع (اتِّجـاه أَهْـل العامَّـة)، كَـما في قـول ابـن تَيمِيَّـة (فلَـمّا رأى أنَّ الشَّـكّ قـد وَقَـع؛ عَلِـمَ أنَّ الكِتـاب لا يَرفَـع الشَّـكّ فلَـم يَبـق فيـه فائـدة، وعَلِـم أنَّ الله يَجمَعُهـم عـلى مـا عـزم عليـه). وأمَّـا الدَّلِيـل عِندهـم كان قَرينـة عـدم كِتابَتِـه الكِتـاب خِـلال مـا تَبقـى مِـن أَيامِـهِ الثَّلاثـة، فهُـو دليـل باطِـلٌ في مـراد إقالـة عُمـر لِأنَّـه جـاء بَعـد وَقـوع كلامِـه ومَنعِـه، وأنَّ الكِتـاب قـد كُتِـبَ في حُضـور ثَلاثَـةِ مِـن شِـيعة عَلِيّ فقـط!

---

1 - منهاج السُّنّة، ابن تيمية 24/ 6 315-

2 - انظر: شرحُ صَحِيح مسلم، النّووي 132-131/ 11. فتح الباري 741/ 7. فتح ابن حجر 252/ 1

ومِـن المُفارَقـات المثـيرة أنَّ بعـض المُتفَلسِـفِين والكَلامِيِّـين واللُّغويّـين لم يُـشِر إلى بيْعَـة الغَدِيـر عِنـد تَصحِيحِـه لِقَـول عُمَـر (إنَّـه لَيهْجُـر) بِوَصْفِهـا عَمـلًا مُطمْئنًـا لِلمُسـلِمين عـلى مَصِـير مُسـتَقبَلِهم إذْ أنّها حَسَـمَت المَوقِـف، وأَمْسـى الخَلِيفَـة المُبايَـع في غَدِيـر خُـم نافِـذ الأَمْـر عنـد لحَظَـةِ رَحِيـل الرَّسُـول صَـلَّى الله عليـه وآلـه.

وفي شَرحِـه لِصَحِيـح مُسْـلِم يَرجِـع النَّـوَوِيُّ قـولَ عُمَـر (إنَّـه لَيَهجُـر) و(حَسْـبُنا كتـاب الله) إلى (تَرفِيـه) ابتغـاهُ عُمـر لِلنَّبِـيّ صَـلَّى الله عليـه وآلـه في مَرَضِـه، وأَنَّ عُمَـر أَفقَـهُ مِـن النَّبِـيّ صَـلَّى الله عليـه وآلـه وأَحـرصُ عـلى مُسـتَقبل المُسلِمين، فـأَراد مَنعَـه مِـن إيقـاع الـضَّرر عَليهـم بِـما عـزم عـلى إصـداره مِـن أَمْـرٍ لا يُسـتطاع تَحمّلـه أو لا طاقـة لِأَحـدٍ عـلى إنْفـاذِهِ!

ويَتَّفـقُ المُتفَلسِـفون والمُتكلِّمـون واللُّغويّـون مـع النَّـووِي في شَرح الحَدِيـث عـلى أَنَّ (تَرفِيـه) عُمَـر: أَنَّـه مِـن دَلائـل فِقـه عُمَـر وفَضائِلـه ودَقِيـق نَظـره، لِأَنَّـه خَـشِي أَنْ يَكتُـب صَـلَّى الله عليـه وآلـه أُمـورًا رُبَـما عَجـزوا عنهـا واستَحقّوا العُقوبـة عليها لِأَنَّهـا مَنصوصَـة لا محالـة لِلاجتِهـاد فيهـا. فقـال عُمَـر: حَسْـبُنا كتـاب الله لِقَولِـه تعـالى [مَـا فَرَّطْنَـا فِي الْكِتَـابِ مِـنْ شَيْءٍ]، وقولـه تعـالى [الْيَـوْمَ أَكْمَلْـتُ لَكُـمْ دِينكُـمْ]، فعَلِـم أَنَّ الله تعـالى أَكمَـل دِينَـه فأَمِـن الضَّلالـة عـلى الأُمَّـة، وأَرادَ التَّرفِيـه عـلى رَسُـول الله صَـلَّى الله عليـه وآلـه. فـكان عُمَـر أَفقـهَ مِـن ابـن عبَّـاس ومُوافِقيـه!)[1].

ـ أَفَإِنْ ماتَ أَو قُتِلَ انْقَلَبْتُم

أَخْضَـع الصَّحابَـةُ الخَمسَـة وحُلفاؤهـم بَيـتَ رَسُـول الله صَـلَّى الله عليـه وآلـه لِلرّقابَـة الخارِجيَّـة ولِلتَّجسّـس الدَاخِـلي المُشـدَّدين في الأَيَّـام الثَّلاثَـة السَّـابِقَة لِيَـوم استِشـهاد الرَّسُـول صَـلَّى الله عليـه وآلـه بِالسُّـمّ، وفَرَضـوا حِصـارًا مُشـدَّدًا عـلى الطُّـرق الرَّئيسـة في المَدِينَـة، ومَنَعـوا نَقـل الرِّوايَـة أَو أَيِّ كِتـابٍ صـادِرٍ عـن الرَّسُـول

1 - شرحُ صَحِيح مسلم، النَّووي 132/11

صَلَّى الله عليه وآله في المَدِينة وما حَولها. ثُمّ اتَّخذُوا مِن رَحِيلِهِ فَرصَتَهم الذَّهبِيَّة الَّتي طالما انتظروها لِحَصاد ما تَعاقدوا عليه وما اجتَهدوا فيه مِن عَملٍ مُناوِئٍ لِلنُّبوَّة والإمامَة مُنذ اليَوم الَّذي أَنذر النَّبِيُّ صَلَّى الله عليه وآله عَشيرَته الأَقْرَبين.

فقد ضَمَنوا بِمُستجِدّات الواقِع الوُصولَ إلى سدّة الخِلافَةِ، فكَرَّسوا (مَذْهَب الرَّأي) وعمَّموه في دَولَةِ الخِلافَة وعَطَّلوا أَحكام الثَّقلَين المُتلازِمَين الكِتاب والعِتْرَة الطَّاهِرَة وأَقْصوا بَنِي هاشِم.

مِمّا كان في يَوم (رَزِيَّةِ الخَمِيس) أَنَّ النَّبِيَّ صَلَّى الله عليه وآله أَمَر الصَّحابَةَ المُتنازِعين في حَضرَته وفي ساعات مَرَضه الشَّديد بِفَضِّ اللِّقاء والخُروج مِن بَيتِه، ثُمَّ التَفتَ إلى عَلِيٍّ أَمِير المُؤمنين صَلواتُ الله وسلامُه عليه وقال له (يا أَخِي تَقْبَل وَصِيَّتي، وتُنْجِز عدتي، وتَقضِي عنِّي دَيني، وتَقوم بِأَمر أَهلِي مِن بَعْدِي. فقال أَمِيرُ المُؤمنين صَلواتُ وسَلامُه عليه: نَعم يا رَسُول الله. فقال الرَّسُول له: أُدْنُ مِنِّي. فدَنا مِنه. فضَمَّه إليه ثُمَّ نَزع خاتَمَه مِن يَدِه وقال له: خُذ هذا فضَعْهُ في يَدِك. ودَعا بِسَيفِهِ ودرعه وجَمِيع لامَتِه فدَفع ذلك إليه، والتَمَس عِصابَةً كان يَشُدّها على بَطنِه إذا لَبس سِلاحَه وخَرَج إلى الحرب. فَجِيء بها إليه، فدَفعها إلى أَمِير المُؤمِنين صَلواتُ الله وسَلامُه عليه، وقال له: إمْضِ على اسْمِ الله إلى مَنزِلك.

فلَمّا كان مِن الغَد، حجَبَ النَّاسَ عنه وثَقُل في مَرَضه. وكان عَلِيٌّ أَمِيرُ المؤمنين صَلواتُ الله وسَلامُه عليه لا يُفارقه إلَّا لِضَّرُورة. فقام في بعض شُئونه فأَفاق رَسُول الله صَلَّى الله عليه وآله إفاقة، فافْتَقدَ عَلِيًّا صَلواتُ الله وسَلامُه عليه فقال وأَزواجُه مِن حَولِه (أُدعوا لِي أَخِي وصاحِبي) وعاوَده الضَّعْف فأَصمَت. فقالَت عائشة: أُدعوا له أَبا بَكر. فدُعِي أَبُو بكر ودَخل عليه وقَعد عند رأسِه. فلَمّا فتَح عَينَيه نَظر إليه أَعرَض عنه بِوَجهه. فقال أَبُو بكر: لو كان له إلَيَّ حاجة لَأَفضَى بها إلَيَّ. فلَمّا خَرج أَبُو بكر أَعاد رَسُولُ

الله صَلَّى الله عليه وآله القَولَ ثانِيَة، وقال (أُدعوا لِي أَخِي وصاحِبِي. فقالَت حَفصة: أُدعوا له عُمَر. فدُعِي عُمَر. فلَمّا حضَر وراَه رَسُول الله صَلَّى الله عليه وآله أَعرَض عنه فانْصَرف. ثُمَّ قال (أُدعوا لِي أَخِي وصاحِبي). فقالَت أُمُّ سَلمة رِضْوان الله تعالى عليها: أُدعوا له عَلِيًّا صَلواتُ الله وسَلامُه عليه، فإنَّه لا يُريد غيره. فدُعِي أَمِيرُ المُؤمنين صَلواتُ الله وسَلامُه عليه. فلَمّا دَنا مِنه أَوْمَأَ إليه، فأَكَبّ عليه فناجاه رَسُول الله صَلَّى الله عليه وآله طَوِيلاً، ثُمَّ قام فَجَلس ناحِيَة حتَّى أَغفَى رَسُول الله صَلَّى الله عليه وآله. فلَمّا أَغفي خَرج، فقال له النَّاس: ما الَّذي أوعَز إليك يا أَبا الحَسن؟ فقال: علَّمَنِي أَلفَ بابٍ مِن العِلْم، فتَح لِي كُلُّ بابٍ أَلفَ باب، وأَوصانِي بِما أَنا قائمٌ به إنْ شاء الله تعالى. ثُمَّ ثَقُل وحَضَرَه المَوتُ وأَمِير المُؤمِنين صَلواتُ الله وسلامُه عليه حاضرٌ عنده. فلَمّا قَرُبَ خُروجُ نفسِه قال لَه (ضَع يا عَلِيّ رَأسِي في حِجرك فقد جاء أَمرُ الله تَعالى، فإذا فاضَت نَفسِي فتَناولها بِيَدِك وامسَح بِها وَجهَك، ثُمَّ وَجِّهنِي إلى القِبلة وتَوَلّ أَمرِي، وصَلِّ عَلَيَّ أَوَّل النَّاس، ولا تُفارِقنِي حتَّى تُوارِيني في رَمْسِي، واستَعِن بالله تَعالى.

فأَخذ أَميرُ المُؤمِنين صَلواتُ الله وسَلامُه عليه رأسَه فوَضَعهُ في حِجْرِه فأُغْمِي عليه. فأَكَبَّت فاطِمةُ صلواتُ الله وسلامُه عليها تَنظُر في وَجْهِه وتَندبه وتَبكي وتقول:

وأَبيض يَستَسقِي الغَمام بِوَجهِهِ   ثُمال اليتامى عِصمَةٌ لِلأرامل.

ففَتح رَسُول الله صَلَّى الله عليه وآله عينَيه وقال بِصَوتٍ ضَئيلٍ: يا بُنَيَّة هذا قولُ عَمِّك أَبِي طالِب لا تَقولِيه، ولكِنْ قُولي [وما مُحَمَّدٌ إِلَّا رَسُولٌ قد خَلَت مِن قَبلِه الرُّسُل أفإنْ مات أو قُتِل انقلَبتُم على أعقابِكم]. فبَكت طَويلًا، فأَومَأَ إليها بِالدُّنو مِنه، فدَنَت مِنه فأَسَرّ إليها شَيئًا فتهلَّل وَجهُها له، ثُمَّ قُبِض صَلَّى الله عليه وآله ويَدُ أَمِير المُؤمنين اليُمنى تَحت حَنكِه، ففاضَت نفسُه صَلَّى الله

عليـه وآلـه فيهـا، فرَفَعهـا إلى وَجْهِـه فمَسَـحَه بهـا، ثُـمَّ وَجَّهَـهُ وغَمّضَـه ومَـدّ عليـه إزاره، واشـتَغل بالنَّظـر في أَمْـره.

فجـاءت الرِّوايَـة أَنَّـه قِيـل لِفاطِمـة صَلـواتُ الله وسَـلامُه عليهـا: مـا الَّـذي أَسَرّ إليـك رَسُـولُ الله صَـلَّى الله عليـه وآلـه فسرى عنـكِ بـه مـا كُنـتِ عليـه مِـنَ الحُـزن والقَلـق بِوَفاتِـه؟ قالـت: إنَّـهُ أَخـبَرني أَنَّنـي أَوَّلُ أَهْـلِ بَيتِـه لُحوقًـا بـه، وأَنَّـهُ لَـنْ تَطـول المُـدَّةُ لي بَعـده حتَّـى أُدرِكَـه، فـسرى ذلـك عنِّـي.

وعـن سُـهيل بـن أَبِي صالـح عـن ابـن عبَّـاس أَنَّـه أُغمِـي عـلى النَّبِـيّ صَـلَّى الله عليـه وآلـه في مَرَضـه فدُقَّـت بابُـه، فقالـت فاطِمـة: مَـن ذا؟ قـال: أَنـا رَجـلٌ غَريـب أَتَيـتُ أَسـأل رَسُـول الله صَـلَّى الله عليـه وآلـه.. أَتأذَنُـون لي في الدُّخـول عليـه؟ فأَجابـت: إمْـض رَحمـك اللهُ لِحاجَتِـك، فرَسُـول الله عنـك مَشـغُول. فمَضَى ثُـمَّ رَجـع فـدَّق البَـاب وقـال: غَريـبٌ يَسـتأذِن عـلى رَسُـول الله، أَتأذَنـون لِلغُربـاء؟ فأَفـاق رَسُـول الله صَـلَّى الله عليـه وآلـه مِـن غشـيته وقـال: يـا فاطِمَـة أَتَدْرِيـن مَـن هـذا؟ قالـت: لا يـا رَسُـول الله. قـال: هـذا مُفـرِّق الجَماعـات ومُنغِّـص اللّـذات، هـذا مَلَـكُ المَـوت، مـا اسْـتَأذن والله عـلى أَحـدٍ قَبْـلي، ولا يَسـتأذِن عـلى أَحـدٍ بَعـدِي، إسـتأذن عَـلَيّ لِكَرامَتِـي عـلى الله. اِئـذَني لـه. فقالـت: أُدخـلْ رَحمـك الله. فدَخـل كريـح هَفَّافـة وقـال: السَّـلامُ عـلى أَهْـل بَيـت رَسُـول الله. فـأَوصَى النَّبِـيُّ إلى عَـلِيّ أَمِـير المُؤمنـين صَلـواتُ الله وسَـلامُه عليـه بِالصَّـبر عـن الدُّنْيـا، وبَحفـظ فاطِمـة، وبِجَمْـع القُـرآن، وبِقضـاء دَينـه، وبِغَسْـله، وأَنْ يَعمـل حـول قَـبرِه حائطًـا، وبِحفـظ الحَسـنِ والحُسـين صَلـواتُ الله وسَـلامُه عليـه.

لمّـا أَراد عَـلِيٌّ أَمِـيرُ المُؤمنـين صَلـواتُ الله وسَـلامُه عليـه غَسـل جثـمان الرَّسُـول صَـلَّى الله عليـه وآلـه اسـتَدعى الفَضـلَ ابـن العبَّـاس، فأَمَـره أَنْ يُناولـه المـاء لِغَسـله بعـد أَنْ عصـب عَينَيـه، ثُـمَّ شَـقّ قَمِيصـه مِـن قُبـل جَيبـه حتَّـى بَلَـغَ بـه إلى سرّتـه، وتَـولى غَسـله وتَحنيطـه وتكفِينـه، والفَضـلُ يُعاطِيـه المـاء ويُعِينـه عليـه. فلَـمّا فَـرَغ مِـن

غَسلِه وتَجهِيـزه تَقـدَّم فصَـلَّى عليـه وَحـدَهُ ولم يُـشرِكْ مَعـه أَحـد في الصَّـلاة عليـه. وكان المُسـلِمون في المَسـجِد يَخوضُـون في مَـن يَؤمُّهـم في الصَّـلاة عليـه، وأَيـن يُدفَـن. فخَـرج إِليهـم أَمِـير المُؤمنـين صَلـواتُ الله وسَـلامُه عليـه وقـال لهـم: إِنَّ رَسُـول الله صَـلَّى الله عليـه وآلـه إِمامُنـا حَيًّـا ومَيِّتًـا. فيَدخُـل عليـه فَـوجٌ بعـد فَـوج مِنكـم فيُصلُّـون عليـه بِغَـير إِمـام ويَنصرِفُـون، وإِنَّ الله تعـالى لم يَقبِـض نَبيًّـا في مـكان إِلّا وقـد ارتضـاه لِرَمْسِـه فيـه، وإِنِّي لَدافنـه في حُجرَتـه الَّتـي قُبِـض فيهـا. فسَـلَّم القـومُ لِذلـك ورَضـوا بـه.

ولَمَّـا صَـلَّى المُسـلمون عليـه أَنفـذَ العبَّـاسُ بـن عبـد المُطّلـب بِرَجُـلٍ إِلى أَبِي عُبيـدة بـن الجَـرّاح وكان يَحفِـر لِأَهْـل مكَّـة ويـضرح، وكان ذلـك عـادة أَهْـل مكَّـة. وأَنفـذَ إِلى زَيـد بـن سَـهل وكان يَحفُـر لِأَهْـل المَدِينـة ويلحـد فاسـتدعاهُما، وقـال: اللَّهـم خـر لِنَبيـك. فوجـد أَبُـو طلحـة زيـد بـن سَـهل وقيـل لـه: احْفـر لِرَسُـول الله صَـلَّى الله عليـه وآلـه، فحَفَـر لـه لَحـدًا. ودَخـل أَمِـيرُ المُؤمنـين صَلـواتُ الله وسَـلامُه عليـه والعبَّـاس بـن عبـد المُطّلـب والفَضـل بـن العبَّـاس وأُسـامة بـن زيـد لِيَتولّـوا دَفْـن رَسُـول الله صَـلَّى الله عليـه وآلـه. فنـادَت الأَنْصـارُ مِـن وراء البَيـت: يـا عَـلِيّ إِنَّـا نُذكِّـرك الله وحقَّنـا اليـوم مِـن رَسُـول الله صَـلَّى الله عليـه وآلـه أَنْ يَذهـب، أَدْخِـل مِنَّـا رَجـلًا يكـون لنـا بِـه حـظّ مِـن مُـواراة رَسُـول الله صَـلَّى الله عليـه وآلـه. فقـال: لِيَدخُـلْ أَوْس بـن خـولي، وكان بَدرِيًّـا فاضِـلًا مِـن بَنِـي عـوف مِـن الخَـزرج. فلَـمّا دَخَـل قـال لـه عَـلِيٌّ أَمِـير المؤمنـين صَلـواتُ الله وسـلامُه عليـه: اِنْـزل القَـبر. فنَـزل ووَضَـع أَمِـير المُؤمنـين رَسُـول الله صَلـوات الله عَليهـما عـلى يَدَيـه ودلاه في حُفرتـه. فلَـمّا حَصـل فِي الأرض قـال لـه: أُخْـرُجْ، فخَـرَج. ونَـزل عَـلِيٌّ القَـبرَ فكَشـف عـن وَجْـهِ رَسُـول الله صَـلَّى الله عليـه وآلـه ووَضَـع خَـدَّه عـلى الأرض مُوجّهًـا إِلى القِبلـة عـلى يَمِينـه، ثُـمَّ وَضـع عليـه اللَّبـن وأَهـال عليـه الـتُّراب.

كان ذلـك فِي يَـوم الاثنَـين لِلَيلتَـين بَقِيتـا مِـن صَفـر سـنَة عـشر مِـن هِجرَتـه صَـلَّى

اللهُ عليه وآله، وهو ابنُ ثلاث وسِتِّين سَنة. ولم يَحضُر دَفْنَ رَسُول الله صَلَّى الله عليه وآله أكثرُ النَّاس لِما جَرى بين المُهاجِرين والأنْصار مِن التَّشاجُر في أَمْر الخِلافة، وفاتَ أكثَرهم الصَّلاة عليه لِذلك، وأَصبَحت فاطِمَة صَلواتُ الله وسَلامُه عليه تُنادِي: واسُوء صَباحاه. فَسَمِعها أَبُو بَكر فقال لَها: إنَّ صَباحَكِ لَصباح سُوء. واغْتَنم القَوُم الفُرصة لِشغل عَلِيّ بن أَبِي طالِب صَلواتُ الله وسَلامُه عليه بِرَسُول الله صَلَّى الله عليه وآله ولانْقطاع بَنِي هاشِم عنهم بِمُصابِهِم بِرَسُول الله صَلَّى الله عليه وآله، فتَبادَروا إلى وَلايَة الأَمر، واتُّفق لِأَبِي بَكر ما اتُّفِق، لِاختِلاف الأَنْصار فِيما بَينُهم، وكَراهِيَّة الطُّلَقاء والمُؤلَّفة قلوبهم مِن تَأَخُّر الأَمر حتَّى يَفرغ بَنُو هاشِم فيَستقِرّ الأمرُ مَقرّه، فبايَعُوا أَبا بكر لِحُضوره المكان)[1].

استَدلَّ الكَثِيرُ مِن مُدِّونِي السِّيرة والباحِثِين والمفسِّرين بالآيَتَين الكَريمَتَين مِن سُورَتَي آل عُمران والزُّمر على مَوت النَّبِيِّ صَلَّى الله عليه وآله حَتفَ أَنْفهِ أو أَنَّهُ صَلَّى الله عليه وآله قَضَى شَهِيدًا في عَمليَّة اغتِيالٍ مُدَّبرٍ بِلَيل.. يَقُول نَصُّ الآيَة الأُولى:

[وَمَا مُحَمَّدٌ إِلَّا رَسُولٌ قَدْ خَلَتْ مِنْ قَبْلِهِ الرُّسُلُ، أَفَإِنْ مَاتَ أَوْ قُتِلَ انْقَلَبْتُمْ عَلَىٰ أَعْقَابِكُمْ، وَمَنْ يَنْقَلِبْ عَلَىٰ عَقِبَيْهِ فَلَنْ يَضُرَّ اللهَ شَيْئًا، وَسَيَجْزِي اللهُ الشَّاكِرِينَ][2]. ونَصُّ الآيَة الأُخرى [إِنَّكَ مَيِّتٌ وَإِنَّهُم مَيِّتُونَ][3].

فمِمّا أَورَدَته هاتان الآيَتان في مَتعَلِّق رَحِيلِ الرَّسُول صَلَّى الله عليه وآله خَمسةٌ مِن المَعانِي هي:

ـ مَوتُه.

---

1 - بحار الأنوار، المجلسي 464-456/ 22

2 - آل عمران 144

3 - الزّمر 39

ـ مَقتَلُه.

ـ الانْقلابُ عليه.

ـ الأَثرُ الَّذي تَركه موتُه أَو مَقتَلُه في معنى النُّبوَّة والرِّسالَة.

ـ وجَزاءُ الله سُبحانه وتَعالى في الشَّاكِرين.

في مضمار هذه المَعانِي الخَمسَة اكتَنفَ سردُ السِّيرة جَدلٌ كَبير غطَّى كُلَّ الاحتِمالات عن الكَيفِيَّة الَّتي رَحلَ بها النَّبيُّ مُحمَّد صَلَّى الله عليه وآله ودَوافِعِ وُقُوع الفَوضى في الوَلايَة أو الخِلافَة مِن بَعدِه. فَهُم بَينَ قائلٍ أَنَّه صَلَّى الله عليه وآله قَضى حَتْف أَنْفِهِ بِمَرَضٍ أُصيب بِه على كِبَر سِنٍّ وقد عَلِمَ صَلَّى الله عليه وآله به مِن قَبْل وُقوعِهِ وأَخْبرَ عنه، وقائلٍ قَاطَعٍ في القول بِأَنَّ النَّبِيّ صَلَّى الله عليه وآله قَضى مَسمُومًا فهو شَهيد.

واختُلِف في هُوِيّة الفاعِل المُدَبِّر لِأَمْر الاغْتيال والكَيفِيَّة أَو أُدْخِلت هُوِيّة الفَاعِل المُدبِّر في السِّتْر خشية الفَضِيحة.. فالقائلُون بِمَوتِهِ حَتْفَ أَنْفِهِ صَلَّى الله عليه وآله لِمَرضٍ أَلَمّ بِه هُمْ فِئةٌ أَساءَت إِلى الحَقِّ والحَقِيقة بِما قدَّمَت مِن وَضعٍ وافْتراءٍ وتَلفِيقٍ وتَزوِيرٍ صَرِيحٍ مُتعمَّد، وبِما قَدَّمَت مِن تَأوِيلٍ واهِنٍ مَبنيٍّ على أُسُس مجموعةٍ مِن الأَدِلَّة والقَرائن المُنتَزَعَة تَحت وَطْأة هَوى الأَنْفُس ومُراد التَّعمِيَة وقَلْب الحَقائق أَو طَمْسها أَو إِحاطَتِها بِغُموضٍ لا سَبِيل لِلوصُول منه إِلى نَتيجةٍ واضِحةٍ.

فلَم يَكُن إِيمانُ القائلِين بِمَوتِ النَّبِيّ مُحمّد صَلَّى الله عليه وآله حَتْفَ أَنفِه يُشكّل إِيمانًا قَطعِيًّا بِماجَرَيات الوَاقِع وإِنّما تعمَّدوا التَّضليل والتَّشوِيه. ولا يَعدو اختِلاقُهم وتَلفِيقُهم وافتِراؤهم وتَزويرُهم أَو تَأويلُهم المُتَعَسِّف هذا إِلَّا يَكون جُحودًا منهم لِما استيقَنَتهُ القلوبُ وأَدركَتهُ الأَذهانُ وعَلِمتهُ العُقول.

وإذا ما جِئت أَدِلَّتهم في ذلك فلَن تَرى إِلَّا رأيًا يَتَّكِئ على الأَقوال الَّتي حَدّد النَّبِيّ صَلَّى الله عليه وآله زَمَنَ رَحِيلِهِ وعَدد سَنوات عُمُره الشَّريف، مِن غَير تِبيانٍ حِياديٍّ صادِقٍ أو بَحثٍ جادٍّ مِنهم لِكَيفِيَّة مَوته صَلَّى الله عليه وآله والأَسْباب. لكِنَّ مَلامِح الحَقِيقة ظَلَّت هي الأَقوى بُروزًا مِمّا ذهبوا إليه حيث أَشارَت الدَّلائلُ إلى أَنَّ الرَّسُول صَلَّى الله عليه وآله لم يَكشِف أثناء تِبيانِه لِحَدّ عُمُره الشَّريف عن عامِل الانْقِلاب على الأَعْقاب الَّذي سَيُؤدِّي إلى قَتلِه. وكان مُقتَضى واقع الحال مَحدُود على المَقال الإِجمالي لا التَّفصِيلي إِذْ أَنَّ المُراد في الآية الكَريمة هو الكاشفُ عن المعنى على حسب لُغَة العَرب، وأَنَّ مرتبة الشَّهادَة لَن تَنصرِف عن المَقام المَحمُود لِلرَّسُول صَلَّى الله عليه وآله، فما مِن أَحدٍ مِن أَهْل البَيت صَلواتُ الله وسَلامُه عليهم إِلَّا مَقتولٌ أَو مَسمُوم!

إِنَّ القولَ بِمَقتل وشَهادةِ النَّبِيّ صَلَّى الله عليه وآله بِالسُّمّ يَصِل إلى حَدّ الإجماع بين أَغْلبِيَّة أَهْل العِلم والعَقِيدة مِن الرُّواة والمُدوِّنين المُؤرِّخين والباحِثِين والمُفكِّرين المُنصِفين المُستَقِلّين فضلًا عن أُولئك المُفسِّرين مِن أَهْل المَذاهِب وأَئمَّة الفِرق، لكِنَّهم يختَلِفون في نَمط تَحلِيل الوَاقِعَة ومنهجه وتَحدِيد الزَّمَن الَّذي اغتِيل فيه رَسُولُ الله صَلَّى الله عليه وآله، ثُمّ يُحجِمون عن الخَوض في هُوِيَّة قاتِلِه الحَقِيقي عن عَمْدٍ خَشيَة انْهِيار بُنيان عَقائدِهم وما شَيّدوا عليها مِن الوَلاءات وما أَقاموا عليها مِن دُولٍ وما أَسَّسوا عليها مِن ثَقافَة ما زالت هِي السَّائد في بِلاد المُسلِمين!

فَقائلٌ مِنهم يَقول أَنَّه صَلَّى الله عليه وآله اغتِيل بِالسُّمّ على يَد زَينب بِنت الحارِث بِتَحرِيضٍ مِن جِهَةٍ يَهودِيَّةٍ مُعادِيةٍ ثَأرًا لِدماء قتلى غَزوة خَيبر الَّتي وَقَعت في السَّنة السَّابِعة لِلهجرَة وانْهَزَمَت فِيها ثَلاثُ رَاياتٍ لِلمُسلِمين على أَيدِي كلٍّ مِن أَبي بَكر وعُمَر وسَعد بن عَبادة، وانْتَصرت فِيها رايةُ عَلِيٍّ أَمير المؤمنين صَلواتُ الله وسَلامُه عليه انتصارًا ساحِقًا بعدما أَقدَم على قَتل ثَمانِية

مِـن صَنادِيـد اليَهـود وزُعمائهِـم الأَبْطـال، وفِيهـم الحـارِث ومَرْحَـب وأُسَـير ويَـاسِر وعَامِـر[1]، وفَـرَّ البَاقـون مِـن سَـيفِهِ لِتَسـقط الحُصُـون كلّهـا.

وقائـلٌ مِنهـم أَنَّـه صَـلَّى الله عليـه وآلـه اغتِيـل بِالسُّـمّ عـلى يَـد عائشَـة بِنـت أَبِي بَكـر بِتَدبـيرٍ مِـن أَبِيهـا ومشـاركة مبـاشرة مِـن قِبَـل عُمَـر وابنَتِـه حَفصَـة طَمَعًـا في الإِمْـرة والخِلافـة والسّـلطان، والتَّعويـض عـن عقـدة الشُّـعور بِالنَّقـص في مَرتَبـة النَّسَـب بين أَحْيـاء عَـرَب مَكَّـة، والخَشـيَة مِـن الفَضائـح الَّتـي مُنِـيَ بهـا التَّحالُـف الَّـذي أَقامُـوه والهَزائـم المُتكـرِّرة لِعَملِيّـات الاغْتِيـال الفاشِـلَة الَّتـي نَفَّذوهـا واسـتَهدَفوا بهـا حَيـاةَ النَّبـيّ صَـلَّى الله عليـه وآلـه وانْكِشـاف أَمْـر مُنفِّذيهـا.

فعَـن العيَّـاشِي عـن عبـد الصَّمَـد بـن بَشِـير عـن أَبِي عبـد الله صَلـواتُ الله وسَـلامُه عليـه قـال: تـدرون مـات رَسُـولُ الله صَـلَّى الله عليـه وآلـه أَو قُتِـل. إِنَّ الله يَقـُولُ [أَفَـإِنْ مَـاتَ أَوْ قُتِـلَ انْقَلَبْتُـمْ عَـلَىٰ أَعْقَابِكُـمْ] فسُـمّ قَبـل المَـوت: إِنَّهُـما سَـقَتاه. فقُلنـا: إِنَّهُـما وأَبَوَيهـما شَرُّ مَـن خَلَـقَ الله)[2].

وقـد أَيَّـد القـولَ بِالاغْتِيـال بِالسُّـمّ كِبـارُ عُلَـماء التَّشَـيُّع وغَيرُهـم مِـن المُؤرِّخـين والمُحقِّقـين والمُنصِفـين مِـن أَهْـل المذاهـب والفِـرق فَضْـلًا عـن أُولئـك المُلتزمـين بِاعتِنـاق الحَقِيقـة العِلْميَّـة عنـد مُعالجـة الشَّـأن التَّأرِيخـي ولم يَخافـوا لَومَـة لائـم.

قـال الشَّـيخُ المُفِيـد رِضْـوان الله تَعـالى عليـه (وقُبِـض صَـلَّى اللهُ عليـه وآلـه بِالمَدينَـةِ مَسْـمومًا يَـوم الاثْنَـين لِلَيلَتَـين بَقِيتـا مِـن صَفـر سَـنة عَـشَر مِـن هِجْرَتـه، وهـو ابـنُ ثـلاث وسِـتِّين سَـنة)[3]. وأَيَّـده العَلّامـة الحليفـي في كِتابِـهِ (مُنتَهـى المَطلَـب)، ومِـن بَعـده أَيَّـد القـولَ بِشَـهادَتِه الشَّـيخُ الطُّـوسِي في (تَهذِيـب الأَحْـكام).

---

1 - المغازي، الواقدي 670/ 2

2 - تفسير العيّاشي 200/ 1 (152). تفسير البُرهان 320/ 1. تفسير الصّافي 305/ 1

3 - المقنعة، الشّيخ المفيد 456

ووَافَق أَئِمَّةُ ووُعّاظُ ومُؤرِّخو (اتِّجاهُ أَهْلِ العامَّة) قَولَ التَّشَيُّع بِناءً على كَثيرٍ مِن المرويّات الوارِدة في مَصادِر الشّيعة القائلَة بِمَقتَلِ النَّبيّ صَلَّى الله عليه وآله، ومِنها مسندُ ابنِ حنبَل عن بن مسعود حينما قال (لَئن أَحْلِف تِسعًا أَنَّ رَسُول الله صَلَّى الله عليه وآله قُتِل قَتلًا أَحَبُّ إليَّ مِن أَنْ أَحلِف واحدةً أَنّه لم يُقْتَل، وذلك بِأَنَّ الله جَعلَه نَبيًا واتَّخذه شَهيدًا)[1].

وعَن الحُسَين بن أَبِي العَلاء عن الإِمام الصَّادِق صَلواتُ الله وسَلامُه عليه، قال الحَسَنُ بِن عَلِيّ صَلواتُ الله وسَلامُه عليه لِأَهْلِ بَيتِه «يا قَوم، إِنّي أَمُوت بِالسُّمّ كما ماتَ رَسُول الله صَلَّى الله عليه وآله»[2].

وقال بِشَهادَتِه صَلَّى الله عليه وآله بِالسُّمّ الحاكِم النِّيسابُورِي في كِتابه (المُستَدْرَك) فَأَيَّد قولَ داوُد بن يَزِيد الأودي عن الشَّعبي الّذي أَقْسَم بِذَلِك وقال (والله لَقد سُمَّ رَسُول الله صَلَّى الله عليه وآله)[3].

إِنَّ الأَقوال المُؤيِّدَة لِحَقيقَةِ مَقتل النَّبيّ صَلَّى الله عليه وآله والصَّادرة عن أَئمَّة ووُعَّاظ ومُؤرِّخي ومُفكِّري (اتِّجاه أَهْلِ العامَّة) هي كَثيرةٌ جدًا، وكانَت مِن بين القَاطِعين بِشَهادَتِه صَلَّى الله عليه وآله، فِي حِين جرَى التَّهافُت في هذه الأَقول عندما اقترَب التَّحقِيق إِلى مَلف تَحدِيد هُوِيَّة قاتِله صَلَّى الله عليه وآله!

وحيث أَنَّ النَّتائج ستَصل إِلى إِدانة الصَّحابة الخَمسة أَقطاب (صَحِيفَة مكَّة الثَّانِيَة) وبَعض أَزواج النَّبيّ صلَّى الله عليه وآله بِالضّلوع المُباشِر في وَاقِعَة اغْتِيال النَّبيّ صَلَّى الله عليه وآله بِالسُّمّ؛ سَتأتي السِّيرةُ على أَلسِنَتِهم وأَلسِنَةِ أَتْباعِهم ومُرِيدِيهم مُزيّفةً ومُختلقةً ومُزَوَّرةً ومُلَفَّقةً، وسيُصرَف النَّظرُ سَرِيعًا عن التَّصريح بِهُوِيَّة القاتِل والخَوضِ في هُوِيَّتِه ونَسَبِهِ وحَسَبِه ومُحرِّضِيهِ والمُنتَفِعين مِن ارتِكابِ

---

1 - مسند أحمد بن حنبل 408/ 1. البداية والنّهاية، ابن كثير 227/ 5

2 - بحار الأنوار، المجلسي 327/ 43

3 - المستدرك علي الصّحيحين 61/ 3 (4395)

عَمليّـة القَتْـل، وسـتُخْضَع الأَذْهـانُ لِعَمليّـات تَعتيـمٍ وتَعمِيَـةٍ، وستُغْسَـل مِـن أَجْـل تَبرئـة القاتِـل أدمُغَـةُ الأَجْيـال جِيـلًا مِـن بَعـد جِيـل!

لقـد وطَّـنَ مُتكَلّمـوا (اتِّجـاه أَهْـل العامّـة) أَنْفُسَـهم وتَشـدّد مُؤرِّخُوهـم ومُفَسِّروهُم وناقِلـو مَجامِيعِهـم الرِّوائيّـة ومَـن اتَّبَـع نَهجَهَـم مِـن الباحِثـين والمُدوِّنيـين والمُفكِّريـن المُعاصِريـن لِلتَّأكِيـد عـلى أَنَّ اليَهودِيَّـة زَينَـب بِنْـت الحـارِث هـي المُنَفِّـذ الوَحِيـد لِعَمَلِيّـة اغتِيـالِ النَّبِـيّ صَـلَّى الله عليـه وآلـه بِالسُّـمّ بَعـد خَيْـبَر، وذلـك لِلخُـروج مِـن المـأزِقِ العِلْمِـي الضَّاغِـط بِجُنـود الحَـقِّ والحَقِيقَـة ولِتَجـاوز هـذه الأَزمـة بِـلا مُخسِرٍ يَعصِـف بِسِـيرة دول الخِلافَـةِ وأَهلِهـا ومـا خَلَّفتـه مِـن ثَقافَـةٍ بائسـةٍ قائمـةٍ عـلى الزَّيـغ والافْـتِراء والفُسـوق والعصيـان والطَّغيـان.

إنَّ التَّأكِيـد عـلى أَنَّ زينـب هـي الطَّـرف الوَحِيـد المُنَفِّـذ لِعَملِيَّـةِ الاغتِيـال لا يَصمـد أَمـام الأَدِلَّـة والقَرائـن الَّتـي سـاقَتها مَصـادر أُخـرى مَتِينَـة الحُجَّـة والدَّلِيـل وجَزمَـت بِوُجـودِ دائـرةٍ سَـلْبيّة مِـن الصَّحابَـة المُنافِقـين أَحاطَـت بِالنَّبِـيّ صَـلَّى الله عليـه وآلـه وابتَغَـت وَضْـعَ حَـدٍّ لِمـا آلَ إِليـه الوَضْـع القائـم الَّـذي جُمِـع فِيـه جمعًـا عضويًّـا بَـينَ النُّبـوَّةِ والإِمامَـة في بَنِـي هاشِـم مِـن دُون غَيرِهـم.

اسـتَغَلّت هـذه الدَّائـرة حَمِيَّـةَ الجاهِليَّـة وعَصَبِيّاتِهـا لِتُبالِـغ في تَأَجِـج الثَّـأر القَبَـلِي والأَحقـاد العَشـائِرِيَّة، وانْتَهـى بهـا الحـال إلى الانْقِـلاب عـلى هَـذا الوَضْـع مِـن خِـلال إِحـراز مُقدّمـةٍ حاسِـمَةٍ عُمدتها الاغْتِيـال. فذلِـكَ هـو خِيارُهـا الوَحِيـد المُتَبقّـي.

إِنَّ تَأكِيـد هـذه المَصادِر عـلى اتِّهـام زَينـب بنـت الحـارث لا يَعـدو أَنْ يكـون مُحاوَلَـةً سـاذِجَةً لِلخُـروج مِـن وَرْطَـةٍ عَقدِيّـة أَوجَبـت عـلى عهـد النُّبـوَّةِ الإِيـمان بِوُقـوع شـهادَة النَّبِـيّ صَـلَّى الله عليـه وآلـه وأَلزَمـت بوجـود أَدِلَّـةٍ دامغـةٍ مُثيرةٍ تَحـوم حـول عَـددٍ مِـن كُـبراء القَـوم مِـن الصَّحابَـة المُهاجِريـن والأَنْصار لِتُطيـحَ بِهـم ولِتَهِـدّ أَركان مـا أَسَّسـوا مِـن سِـيرة مَكذُوبَـةٍ ومِـن شَريعَـةِ مَذاهِـب وفِـرَقٍ مصْطَنَعـة.

فقد ارْتابَ الصَّحابةُ الأبْرار (شِيعةُ عَلِيّ) في نَزاهَة عَددٍ مِن الصَّحابةِ الوافِدِين على الإسْلام عِندَ اللّحْظةِ الأُولى لإسلامِهم في مكّة، وعند تَثاقُلِهم عن الجِهاد وفِرارِهم مِن مَيادِين الحَرب، وتَواطُئِهم مع الأعْداء، وتورُّطِهم في مُؤامَرةِ الإغْتِيال على هَضَبة هَرشَى، وشُمول لَعْن النَّبيّ صَلَّى الله عليه وآله لهم في إثْر تَخلُّفِهم عن تَجهيز جَيش أُسامَة وامتِناعِهم عن الالْتِحاق به، وعِصيانِهم لِأمْر النَّبيّ صَلَّى الله عليه وآله بِكِتابَةِ الكِتاب المُنقِذ مِن الضَّلال وتَدخُّلِهم السَّافِر لَمنعِ صُدورِه عَنه صَلَّى الله عليه وآله ووَصْفِهم له بِأنَّه (رَجُلٌ يَهجُر).

فَفِي الصَّحابَة الكَثِيرُ مِمَّن نافَقَ وتَآمر وكَذَّب على النَّبيّ صَلَّى الله عليه وآله وارتكب الظُّلْم الفاحِش في حقِّهِ صَلَّى الله عليه وآله واجْتَهدَ برأيِه في عَهدِه واتَّهمَه بِالتَّقصِير في الالْتِزام بِالدِّين وشَكَّك في امْتِثالِه لِأَوامر الله عَزَّ وجَلَّ ونَواهِيه وهو حَيٌّ مَعصومٌ بَينهم يُوحى إليه. ولم يَكُن عبدُ الله بن سَلول الأنْصارِي هو الرَّجُل المُنافق الوَحِيد في المُسلِمين على حَدّ ما تُشِير إليه المَجامِيع الحَدِيثِيّة لِـ(اتِّجاه أهْل العامَّة) وتُؤكِّد عليه، وتَنصَرِف بِالأذهان بَعِيدًا عن كُبراء الصَّحابَة المُنافِقِين مِن المُهاجِرِين، وتُشدِّد على القَول أَنَّ إسْلام (ابن سَلُول) هو أَوَّلُ النِّفاق بَعدَما خَسر مَقامَ الزَّعامَة في المَدِينة بِهجْرَةِ الرَّسُول صَلَّى الله عليه وآله إليها وأَنَّ في موتِهِ راحةً لِلمُسلِمين وخاتِمَةً مُخزِيَةً لِلنِّفاق ونِهايةً له وأَنَّ قَلبَ الصَّحابِي الجَلِيل حُذيفة بن اليَمان لا يَضمّ إلَّا اسْمًا واحدًا هو (ابنُ سَلُول) ولا أحد غيره.

وأكثروا مِن تَحريف الكَلِم عن مَواضِعِه في سِيرة (ابن سَلُول)، واخْتَلقوا الحكايات والرِّوايات في مَوتِه لِيُزيحوا شُبهة النِّفاق عن سِيرة كَثِيرٍ مِن كُبراء الصَّحابَة ويَرفَعوا مِن شَأنِهم، ولِيَنالوا بها مِن مَقام النَّبيّ صَلَّى الله عليه وآله وعِلمِه وعِصمَتِه، ولِيَستَخفّوا عُقول المُسلِمين. فَجاؤا إلى أَسْباب نُزول الآيَة الكَرِيمَة مِن سُورة التَّوبَة [اسْتَغْفِرْ لَهُمْ أَوْ لَا تَسْتَغْفِرْ لَهُمْ إِنْ تَسْتَغْفِرْ لَهُمْ سَبْعِينَ

مَرَّةً]¹ وقالـوا فيـما قالـوا أَنَّـه (لَمّـا تُـوُفِّيَ عبـد الله بـن أُبَيّ جـاءَ ابنُـهُ عبـدُ الله بـنُ عبـدِ الله إلى رَسُـولِ الله صَـلَّى اللهُ عليـه وآلـه، فَسَـأَلَهُ أَنْ يُعْطِيَـهُ قَمِيصَـهُ يُكَفِّـنُ فيـه أَبـاهُ، فَأَعْطـاهُ، ثُـمَّ سَـأَلَهُ أَنْ يُصَـلِّيَ عليـه. فَقـامَ رَسـولُ الله صَـلَّى اللهُ عليـه وآلـه لِيُصَـلِّيَ عليـه، فَقـامَ عُمَـرُ فَأَخَـذَ بثَـوْبِ رَسـولِ الله صَـلَّى اللهُ عليـه وآلـه، وقـالَ: يـا رَسـولَ الله.. تُصَـلِّي عليـه وقـدْ نَهـاكَ رَبُّـكَ أَنْ تُصَـلِّيَ عليـه؟! فقـالَ رَسُـولُ الله صَـلَّى اللهُ عليـه وآلـه: إِنَّـما خَـيَّرَنِي الله فقـالَ [اسْـتَغْفِرْ لَهُـمْ أَوْ لَا تَسْـتَغْفِرْ لَهُـمْ إِنْ تَسْـتَغْفِرْ لَهُـمْ سَـبْعِينَ مَـرَّةً]، وسَـأَزِيدُهُ عـلَى السَّـبْعِينَ! قـالَ عُمَـر: إِنَّـه مُنافِـقٌ! قـالَ: فَصَـلَّى عليـه رَسُـولُ الله صَـلَّى اللهُ عليـه وآلـه، فأَنْـزَلَ الله [وَلَا تُصَـلِّ عَـلَى أَحَـدٍ مِنْهُـمْ مَـاتَ أَبَـدًا وَلَا تَقُـمْ عَـلَى قَـبْرِهِ]².

فهَـلْ يَجـوز القَـول بِـأَنْ عُمَـر يَعلَـمُ مـا لا يَعلَمـهُ الرَّسُـول صَـلَّى الله عليـه وآلـه، وأَنْ النَّبِـيّ صَـلَّى الله عليـه وآلـه يُخالِـف مـا أَمَـرَهُ الله عَـزَّ وَجَـلّ فَينهـاهُ بِآيَـةٍ أُخْـرى مُوافِقَـة لِقَـول عُمَـر؟!

جـاء في تَفاسِـير الشِّـيعة عـن عَلِـىّ بـن إبراهِيـم القُمِّـي المُعـاصر لِلإمامَـين الهـادِي والعَسـكَرِي صَلـواتُ الله وسَـلامُه عليهـما أَنَّ الآيـة ٨٠ مِـن سُـورةِ التَّوبَـة (نَزَلَـتْ لَمّـا رَجَـعَ رَسُـولُ الله صَلَّـى الله عليـه وآلـه إِلَـى المْدينـة ومَـرِضَ عَبْـدُ الله بْـنُ أُبَـيّ. وَكَانَ ابْنُـهُ عَبْـدُ الله مُؤْمِنـاً فَجَـاءَ إِلَـى رَسُـولِ الله صَلَّـى الله عليـه وآلـه وأَبُـوهُ يَجُـودُ بِنَفْسِـهِ فَقَـالَ يَـا رَسُـولَ الله بِأَبِـى أَنْـتَ وَأُمِّـى إِنَّـك إِنْ لَمْ تَـأْتِ أَبِـى كَانَ ذَلـك عَـارًا عَلَيْنَـا. فَدَخَـلَ إِلَيْـهِ رَسُـولُ الله صَلَّـى الله عليـه وآلـه وَالمنَافِقُـونَ عِنْـدَهُ فَقَـالَ ابْنُـهُ عَبْـدُ الله بْـنُ عَبْـدِ الله يَـا رَسُـولَ الله اِسْـتَغْفِرِ الله لَـهُ! فَاسْـتَغْفَرَ لَـهُ.

فَقَالَ عُمَر أَلَمْ يَنْهَك الله يَا رَسُـولَ الله أَنْ تُصَلِّيَ عَلَيْهِمْ أَوْ تَسْـتَغْفِرَ لَهُمْ؟! فَأَعْرَضَ عَنْهُ رَسُولُ الله صَلَّى الله عليه وآله.

---

1 - سورة التوبة 80

2 - البخاري حديث 4670

وأَعَادَ (عُمَر) عَلَيْهِ. فَقَالَ رَسُولُ الله صَلَّى الله عَلَيهِ وآلِهِ لَهُ:

وَيْلَك.. إِنِّي خُيِّرْتُ فَاخْتَرْتُ. إِنَّ الله يَقُولُ [اسْتَغْفِرْ لَهُمْ أَوْ لا تَسْتَغْفِرْ لَهُمْ إِنْ تَسْتَغْفِرْ لَهُمْ سَبْعِينَ مَرَّةً فَلَنْ يَغْفِرَ الله لَهُمْ].

فَلَمَّا مَاتَ عَبْدُ الله جَاءَ ابْنُهُ إِلى رَسُولِ الله صَلَّى الله عليه وآله فَقَالَ: بِأَبِي أَنْتَ وأُمِّي يَا رَسُولَ الله إِنْ رَأَيْتَ أَنْ تَحْضُرَ جَنَازَتَهُ فَحَضَرَ رَسُولُ الله صَلَّى الله عليه وآله وقَامَ عَلَى قَبْرِهِ. فَقَالَ لَهُ عُمَر: يَا رَسُولَ الله أَلَمْ يَنْهَك الله أَنْ تُصَلِّيَ عَلَى أَحَدٍ مِنْهُمْ مَاتَ أَبداً وأَنْ تَقُومَ عَلَى قَبْرِهِ؟! فَقَالَ لَهُ رَسُولُ الله صَلَّى الله عليه وآله: وَيْلَكَ، وَهَلْ تَدْرِي مَا قُلْتُ؟! إِنَّمَا قُلْتُ «اللَّهُمَّ احْشُ قَبْرَهُ نَارًا وجَوْفَهُ نَارًا وَأَصْلِهِ النَّارَ. فَبَدَا مِنْ رَسُولِ الله صَلَّى الله عليه وآله مَا لَمْ يَكُنْ يُحِبّ)[1].

وهَلْ مِن أَحدٍ أَقدمَ على قَتل النَّبيِّ صَلَّى الله عليه وآله غير أُولئك الصَّحابة المُنافِقين الَّذين ظَهروا أَوَّل ما ظَهروا في مكَّة وتكاثَروا في المَدِينة وغلظ نِفاقُهم قَبل ظُهور نِفاق ابنِ سَلول الَّذي فَقدَ مَقامَ الإِمْرة بِهجرَةِ النَّبيّ صَلَّى الله عليه وآله إلى المَدِينة وكادُوا يَفقِدُون ذات الإِمْرة بِبيعةِ الغَدِير لَولا أَنَّهُم تآمَروا مع ابنِ سَلول قَبل حِين مَوتِه.

وورَد في الآيَة الكَرِيمَة [وَمَا مُحَمَّدٌ إِلَّا رَسُولٌ قَدْ خَلَتْ مِن قَبْلِهِ الرُّسُلُ، أَفَإِن مَّاتَ أَوْ قُتِلَ انقَلَبْتُمْ عَلَىٰ أَعْقَابِكُمْ، وَمَن يَنقَلِبْ عَلَىٰ عَقِبَيْهِ فَلَن يَضُرَّ الله شَيْئًا، وَسَيَجْزِي اللهُ الشَّاكِرِينَ][2] ما هو بَيانٌ لِعِلَّةِ الاختِلاف بين القائلِين بِمَوتِ نَبيّ الله مُحَمَّد صَلَّى الله عليه وآله حَتْف أَنفِهِ والقائلِين بِمَقتلِه، وذلك بِعَطفِ مُفردَة (القَتْل) على مُفْرَدة (المَوت) مُجرَّدَة مِن البِداء بِالمَعنى الصَّحِيح الَّذي ثَبُتَ فِيه عِلمُ الله تَعالى في الأَمْرين.

1 - تفسير القمي 203/ 1. بحار الأنوار 30/ 361

2 - آل عمران 144

وقد استُعمِل مَفهوم البِداء بِمَعناه الخاطِئ في مَوارِد الطَّعْن بَين أَطراف القَولَين:

ـ فَمِنهم مَن قالَ أَنَّ العَطفَ الوارِد في الآيَة الشَّريفَة لا دَلالَة فيه على غَير القَتْل المُؤدِّي إلى المَوت.

ـ ومِنهم مَن قال أَنَّ وُرود المُفرَدتَين بِعَطفٍ ما هو إِلّا تَعرِيضٌ بَلِيغٌ يدلُّ على حَقِيقَة القَتْل لا المَوت الطَّبِيعِي الاعتِيادي لكِبَرِ سِنٍّ أَو لِطُروء عارضٍ أَو مَرضٍ.

ـ ومِنهم مَن برَّر وُقوعَ العَطف بين المُفرَدتَين أَنَّه جاء لِمَنع تَحرِيف هذه الآية الكَرِيمَة مِن قِبَل الصَّحابة القَتَلَةِ المُنافِقِين المُتآمِرين على النَّبِيّ صَلَّى الله عليه وآله وعلى وَصِيِّه ابنِ عَمِّه عَلِيّ أَمِير المؤمنين صَلواتُ الله وسَلامُه عليه.

إِنَّ أَغلَبَ المُعطيات التَّأرِيخِيَّة في هذه القَضِيَّة المَصِيرِيَّة الخَطِيرة أَكَّدت على أَنَّ النَّبِيَّ صَلَّى الله عليه وآله عَلِمَ قَبْل حِين مَوتِه بِساعَةِ رَحِيلِه إِلى الرَّفِيق الأَعلى. وقد ورَدت في ذلك رِواياتٌ كَثِيرةٌ، كان يَومُ الغَدِير أَخصّها وأَبلَغها على مُستوى اللَّفظ والمَعنى والدَّلالَة حيث صَرَّحَ النَّبِيُّ صَلَّى الله عليه وآله في حَشدٍ كَبِيرٍ مِن الصَّحابَة بِدنُوّ ساعة أَجلِه، وعَلِم بَعضُ الصَّحابة أَنَّ نِهايَة أَجَلِهِ ستكون في عُمُر الثَّالِثَة والسِّتِين.

إِنَّ تَقدُّمَ النَّبِيُّ صَلَّى الله عليه وآله لِأَخذ البَيعة مِن المُسلِمين لِوَلايَة عَلِيٍّ أَمِير المؤمنين صَلواتُ الله وسَلامُه عليه ورَبْطَها عضويًّا بِوَلايَتِهِ صَلَّى الله عليه وآله في المُسلِمين دُونَما فاصِلٍ بَينهُما ولا اخْتِلاف، وكذلك تَوجِيهَهُ لِلبَيعَةِ في حَشدٍ مِن الصَّحابة يَزيد عَددُهم على الـ(٥٠) أَلفا أَو (١٥٠) أَلفًا، ومُبادرَته صَلَّى الله عليه وآله إِلى تَهيئَة الأَجْواء الإِيمانِيَّة والوِجدانِيَّة في هذا الحَشد العَظِيم لِتَلَقِّي نَبأَ ساعَةِ الرَّحِيل والقَبول بِالأَمر الحَقِّ الَّذي لا بُدَّ مِنه ولا مَفرّ ـ كُلُّها مِن الأَدِلَّة على عِلْمِه بِقُربِ لحَظَةِ شَهادتِه.

وإذْ عَلِم هذا الحَشدُ العَظِيم مِن الصَّحابَة بِقُربِ ساعة الرَّحِيل مِن خِلال خُطبَتِه صَلَّى الله عليه وآله في يَوم الغَدِير ولم يُعْلِن فِيهم عن خَلِيفَتِهِ مِن بَعده؛ فَلَيْسَ مِن شَكٍّ في أَنَّهم سيُسرِعون الخُطى لِلعِلْم بذلك في ذاتِ اللَّحظة وذات اليَوم وقَبل أَنْ يَتفرَّق الجَمع ويُولِّي الدُّبر ويَعود إلى أوطانِه.

فهَل اكتَفوا أمامَه صَلَّى الله عليه وآله بِعَقد البَيعَةِ لِعَلِيٍّ أَمير المؤمنين صَلواتُ الله وسَلامُه عليه خَلِيفَةً مِن بَعده وقد أُبْرِمَ إبراما، أَمْ أَنَّه صَلَّى عليه وآله أَعرَض عن الخَوض في أَمْر الخَلِيفَةِ مِن بَعدِهِ في خُطبَةِ الرَّحِيل فانْشَغل ١٥٠ أَلفا مِن الصَّحابَة بِالنَّبأ الصَّاعِق عن قُربِ رَحِيله وغَلبَهُم الحزنُ فلَمْ يَكتَرِثوا ولَمْ يَتساءلوا عن النَّبأ العَظِيم الَّذي هُم فيه مُختَلِفون؟!

إنَّ في المَعنَيَن: مَعنى (حجَّة الوداع) الَّتي شُرِّعت مَناسُكها في هذه الشُّهور المُتبَقِية مِن حياة النَّبيّ صَلَّى الله عليه وآله مِن بعد زِيارات ثَلاث له إلى مكَّة حيث أَدَّى فِيها حَجَّ العُمرة مِن غَير أَنْ يُشرِّع فيها الحجَّ الأَكبر ويُوجِبه، وفي معنى (يَوم الغَدير) الَّذي تَوَّج النَّبيُّ صَلَّى الله عليه وآله هذه الحَجَّة العَظِيمَة بِأَخذ البيعة مِن المُسلِمِين لِوَلايَة أَمِير المؤمنين صَلواتُ الله وسَلامُه عليه مِن بَعد خُطبَةٍ مُفصَّلَةٍ أَلقاها فيهم - إذاعةً لِساعَةِ دنوِّ أَجَلِه صَلَّى الله عليه وآله، وبَيعةً لِخَلِيفَةٍ يَأتي مِن بَعدِه، وكِلاهُما (دُنوّ الأَجَلِ وأَخذ البَيعة) مَوضوعٌ واحدٌ بِتَوجِيهَين مُقتَرنَين.

فإنْ نَقضَ المُسلمون بَيعة الغَدِير بَعد رَحِيلِهِ وانْقلبوا على الأَعْقاب، فلَيس مِن شَكٍّ في أَنَّهم آمنوا بواجِب وُقُوع المُوت على النَّبيّ صَلَّى الله عليه إذْ لا استِثناء عند الخالِق عَزَّ وَجَلَّ في ذلك. فـ(كُلُّ نَفْسٍ ذَآئِقَةُ الْمُوْتِ وَإِنَّمَا تُوَفَّوْنَ أُجُورَكُمْ يَوْمَ الْقِيَٰمَةِ فَمَن زُحْزِحَ عَنِ النَّارِ وَأُدْخِلَ الْجَنَّةَ فَقَدْ فَازَ وَمَا الْحَيَوٰةُ الدُّنْيَا إِلَّا مَتَٰعُ الْغُرُورِ)[1].

1 - آل عمران 185

ولَعلَّ مِن أَبْرَز ما دَلَّت عليه وَقائع مَعركة أُحُد مِن بَعد شهرة الدَّور البُطولي العَسكَري العَظِيم الَّذي أنجزه عَليٌّ أمير المُؤمنين صَلواتُ الله وسَلامُه عليه وأَحبَط به مُؤامَرة الصَّحابَة المُنافِقين وكَشَف بِه هُويَّة الصَّحابة المُتواطِئين مع مُعسكر المُشركِين وحَجْم ما أَعَدّوا لِصُنع الهَزيمة في جَيش المُسلِمين ـ هو إمكان وُقوع المَوت على النَّبيّ صَلَّى الله عليه وآله حَتْف أنفِه أو بالقَتل، مَثلُه كمَثل سائر البَشر في إمكان عُروض المَوت عليه صَلَّى الله عليه وآله، وقد آمن الصَّحابَةُ كافَّة بذلك وتآمر الصَّحابة المنافِقُون منهم وتَواطئوا مع المُشركين على قَتلِه.

أُلقِيَت الحُجّة على المُسلِمين إذْ عَلِموا بتَفاصِيل واقِعَة أُحُد، مِثلَما نَصَّت الآيةُ الكريمة فيهم بالقَول [وَمَا مُحَمَّدٌ إِلَّا رَسُولٌ قَدْ خَلَتْ مِنْ قَبْلِهِ الرُّسُلُ، أَفَإِنْ مَاتَ أَوْ قُتِلَ انْقَلَبْتُمْ عَلَىٰ أَعْقَابِكُمْ، وَمَنْ يَنْقَلِبْ عَلَىٰ عَقِبَيْهِ فَلَنْ يَضُرَّ الله شَيْئًا، وَسَيَجْزِي الله الشَّاكِرِينَ][1]. ولم يَتَخلَّف أحدُ مِن الصَّحابَة عن العِلْم بإمكان مَقتل النَّبيّ صَلَّى الله عليه وآله في وَقائع معركة أُحُد إنْ تَعرَّض لِحَدّ سَيفٍ أو رأس رُمح، وقَطعوا كُلُّهم بِحَتمِيَّة رَحِيل النَّبيّ صَلَّى الله عليه وآله قَتلًا أو حَتف أنفِه في يَوم ما، وفِيهم أَقطابُ الصَّحِيفة الثَّانِية الَّذين نَبَّأت الآيةُ الكَريمَة بِوُقوع انْقِلابِهم على الأَعْقاب وبإقدامِهم على ارتِكابِ جَريمَة قَتلِ الرَّسُول صَلَّى الله عليه وآله.

ومِن بَعد يوم مَعركة أُحُد الَّتي كادَت تَنتَهي بِمَقْتَل الرَّسُول صَلَّى الله عليه وآله ويَوم بَيعةِ الغَدير على مُفْتَرق طَريق غَدِير خُم حَيث أَعلَن النَّبيُّ صَلَّى الله عليه وآله عن قُرب دنُوّ أَجلِه ـ تَصرَّمَت الأَعوام فكانَت سَبعةً، وحُسِم في ثَناياها الجَدلُ القائم عن إمكان وُقوع المَوت على النَّبيّ صَلَّى الله عليه وآله، وباتَ الجَمِيعُ على عِلْمٍ تَفصِيليٍّ بِقُرْبِ رَحِيل النَّبيِّ صَلَّى الله عليه وآله وإيمانٍ بِحلول الأَجَل. وعلى عَقِيدةٍ مِن ذلك تَعاهَد أَقطابُ (صَحِيفة مكّة الثَّانِية)

1 - آل عمران 144

كلّهـم وفِيهـم عُمَـر (إنْ مـاتَ أو قُتِـل) لَيمنَعـوا الولايَـة عـن عَـلِيٍّ صَلـواتُ الله وسَـلامُه عليـه!

إذَنْ، فـلا مَعنـى لِصَيحَـةِ عُمَـر الّتـي نَفَـى بهـا إمـكانَ وقـوعِ المـوتِ عـلى النَّبِـيّ صَـلَّى الله عليـه وآلـه حـين أُعْلِـنَ عـن نَبـأ وَفاتِـهِ صَـلَّى الله عليـه وآلـه ولا حُجَّـة لِأَحـدٍ غـيره في ذلـك. كـما لا حُجَّـة لِأَيِّ أَحـدٍ مِـن المُؤرِّخـين والمُدوِّنـين والمُفَسِّـرين والمُفَكِّريـن في القَـولِ بـأَنَّ عُمَـر كان يَجهـلُ وُقـوع هـذا الإمـكان فـما كان منـه إلّا أَنْ نَفَـى قَـولَ القائلـين بِوُقـوعِ المَـوتِ عـلى رَسُـول الله صَـلَّى الله عليـه وآلـه .

أَلا تَكفِـي سـبَعُ سِـنِين مِـن نُـزول الآيـة الكَريمَـة لِإحاطـة جَميـع الصَّحابَـة في البِـلاد المُختلِفَـة بِبَشرِيَّـة النَّبِـيّ صَـلَّى الله عليـه وآلـه، وبِوُجُـوب الاسـتِعداد لِتَلَقِّـي نَبـأ رَحِيلـه، وتَوقُّـع تَسـلِيمِهِ الإمْـرة إلى مَـن أعلَنَـه خَلِيفَـةً مِـن بَعـدِه، وأَنّـه أَخَـذَ البَيعـة لِخَلِيفَتِـه مِـن بعـده في يَـوم الغَدِيـر، وأَنَّـه صَـلَّى الله عليـه وآلـه قـد عـزم عـلى كِتابـة الكِتـاب العاصِـم مِـن الضَّـلال إيذانًـا بِقُـرب رَحِيلِـهِ واسـتعدادًا لِسـاعَةِ المـوت؟!. وكَذلِـك عَلِـم المُسـلِمُون أَنَّ سـاعة احتِضـارِه عنـد مَرضِـهِ وَشِـيكةٌ فتَنازعـوا أَمْرَهـم في حَضرَتِـه حيـث لا يَنبَغِـي التَّنـازُع ومَنعـوه مِـن كِتابَـةِ الكِتـاب وهُـم يَعلَمُـون أَنَّـه يُـودِّع أَيامَـه الأَخِـيرة.

فـما المُـرادُ إذَنْ مِـن تَفاصِيـل واقِعَـة مَنـع كِتابَـة الكِتـاب العاصِـم مِـن الضَّـلال والقَـول بِـ(حَسْـبُنا كِتـاب الله)؟! أَلا يَـدّل ذلـك عـلى إيـمانِ عُمَـر بِإمـكان طُـروء المـوت عـلى النَّبِـيّ صَـلَّى الله عليـه وآلـه؟!

وما المُراد مِن رَفْض إنْفاذ أَمْر النَّبِيّ صَلَّى الله عليه وآله وعصيانِه؟!

وما المُراد مِن وَصْفِ حالِه بِأَنَّ (الرَّجُلَ لَيهْجُر)؟!

أَلَيس لِمَرَضِهِ ولِقُرْبِ ساعَةِ رَحِيلِهِ صَلَّى الله عليه وآله؟!

لماذا ضَلَّ عُمَر الصَّحابِي (المُلازِم) لِظِلّ النَّبِيِّ صَلَّى الله عليه وآله والعارِف بتفاصِيل سِيرَتِه وسُنَّتِه و(العَبْقَرِي) حيث كَفَرَ فُجأَةً بِإمكان وُقوع المَوتِ على النَّبِيّ صَلَّى الله عليه وآله؟!

وهَل كان عُمَر غائبًا عن مَيدان مَعرَكَةِ أُحُد وعن المُتداوَل بين الصَّحابة مِن الأَخْبار عن فَضِيحَةِ فِرارِهِ ومَجموعةٍ آخَرين مِن المَيدان حيث تَخَلّوا عن نَبِيِّهم وهو تَحت حِراب المَوتِ وسُيوفِهِ وجبنوا وجَبَّنوا ونَجَوا بِأَنفُسِهم؟!

فقَد باتَت المَدِينة مِن أَقصاها إِلى أَقصاها تَتَحدَّث عن تَعرُّض النَّبِيِّ صَلَّى الله عليه وآله في يوم أُحد لِجُروحٍ بَالِغَة الخُطُورة، وكاد أَنْ يُقتَلَ لولا سَيف عَلِيٍّ أَمِير المؤمنين صَلواتُ الله وسَلامُه عليه؟!

ولماذا طَغَى الجَهلُ على عُمَر فُجأَةً فنَفَى بَشَرِيَّة النَّبِيّ صَلَّى الله عليه وآله وصَارَ (يَهْجُر) وغابَ عنه وَعْيُه وإدراكُهُ وتَعطَّلت ذاكِرتُه فنَسِيَ الآيات البَيِّنَة في كِتاب الله والمَروِيَّات الصَّرِيحة الصَّادِرَة عن الرَّسُول صَلَّى الله عليه وآله في حقّ المَوت الَّذي سَيذُوقه كُلّ البَشَر كائنًا مَن كان؟!

وهَلْ كان عُمَر غافِلًا عندما أُكمِل الدِّين وتَمّت النِّعمة في حجَّة الوداع بِالبَيعة لِوَلايَة عَلِيٍّ أَمِير المُؤمنين صَلواتُ الله وسَلامُه عليه ونَعى النَّبِيُّ صَلَّى الله عليه وآله نَفسَه وصَرَّح بِدُنوّ أَجلِهِ وأَوصَى بِالثَّقلَين مِن بَعده وقال بِصَرِيح العِبارة (إِنِّي أُوشكُ أَنْ أُدعَى فأُجيبُ، وإِنِّي تَركتُ فِيكم ما إِنْ أَخذتُم به لَنْ تَضلُّوا بَعدِي: الثَّقلَينِ، أَحدُهما أَكبرُ مِن الآخرِ؛ كتابُ الله حَبْلٌ ممدودٌ مِن السَّماءِ إِلى الأرضِ، وعِترَتِي أَهلُ بَيتِي. أَلا وإِنَّهما لَنْ يَتفرَّقا حتّى يرِدَا عليَّ الحوضَ)[1]. أَم أَنَّ عُمَر كان غائبًا وهُو القائل لِعَلِيٍّ أَمير المؤمنين صَلواتُ الله وسَلامُه عليه في هذا اليَوم بَعد البَيعةِ له (بَخٍ بَخٍ لَكَ يَا ابْنَ أَبِي طَالِبٍ، أَصْبَحْتَ مَوْلايَ وَمَوْلَى كُلِّ مُسْلِمٍ)؟!

1 - صحيح مسلم 2408

إنَّ الرُّواة الَّذين نَقلوا عن عُمَر مَقولَتَه الشَّهيرة في أَعْقابِ ورُود النَّبأ بِرَحِيل النَّبيّ صَلَّى الله عليه وآله (إنَّ النَّبيَّ صَلَّى الله عليه وآله ذَهَب إلى رَبِّهِ لِأَربعين يَومًا كَما ذَهب مُوسى عَليهِ السَّلام)، قالوا إنَّ عُمَر (ما زال يَتكلَّم حتَّى أَبْدَ شِدْقاه)[1] حتَّى لَقِيَه أَبُو بَكر وذَكَّره بِالآية مِن سُورة عِمْران، فاندَهَش عُمَر وتَساءل (هذا في كِتاب الله؟! قال أَبُو بَكر نَعم، فَسَكتَ عُمَر)[2]!

فهَل كان عُمَر يَجهل ظُروف نُزولِ هذه الآية أَمْ نَسِيها وهُو أَحد الصَّحابة الفارِّين مِن مَيدان المَعْرَكة، أَمْ أَنَّه يَعلَمُ بِها كَما عَلِمها أَبُو بَكر والبَقِيّة مِن أَقْطاب (صَحِيفَة مكّة الثَّانِيَة) وغيرُهم مِن الصَّحابة المُسلِمِين مُنذ يَوم واقِعَة أُحُد، أَم أَنَّ المَوقِف الرّاهن يَتطلَّب الزَّيغَ والمُوارَبَة والتَّظاهُر على خِلاف ما في البَاطِن مِن مَعرفة؟!

إنَّ احتِمالَ وُقوع مَقتَل النَّبيّ صَلَّى الله عليه وآله في مُواجَهات مَعرَكَة أُحُد بِأَيِّ نَوعٍ مِن أَدواتِ الحربِ العَنيفة أَو النَّاعِمَة أَضْحَى مِن المُسَلَّمات إِذْ هُو بَشَرٌ يُدعى فيُجِيب. وقد عَلِم الصَّحابَة المُنافِقُون ذلك قَبل نُزول هذه الآيَةِ الكَرِيمَةِ حيث امْتَنَعوا عن الإِيمان بِنُبوَّتِه وأَجمَعوا على قَتلِه مِرارًا وتَكرارًا وتَواطَؤا مع أَبِي سُفيان وخالِد بن الوَلِيد على التَّخلُّص مِنه في ميدان يَوم أُحُد، وفَرّوا مِن المَيدان وتَركوا النَّبيّ صَلَّى الله عليه وآله وعَلِيًّا أَمِير المؤمنين ورَهطًا مِن الصَّحابة الأَبرار عُرْضَةً لِحدّ سُيوف المُشرِكِين.

وهُم الَّذين هَمُّوا في ذات المَعركة بِبثِّ إِشاعة مَقتَلِ النَّبيّ صَلَّى الله عليه وآله حتَّى اضْطَرب جيشُ المُسلِمِين وبادَروا إلى الجيش بِرفْقَةِ ٣٠٠ مُقاتِل مِمَّن أَعانَهم على بَثِّ الشَّائعَة فَجَرُّوه مِن خَلفِهِم ووَلَّوا بِهِ هارِبين مِن مِيدان المَعركة، وتَركوا نَبِيَّهم خَلفَهُم يُقاتِل مِن غَير اكتِراثٍ منهم لِمَصِيره.

---

1 - كنز العمال 53/ 4

2 - الطّبري 1817/ 1

أَدَّى فِـرار الصَّحابَـة المتآمِريـن مِـن ساحَة المَعركـة بِشَـكلٍ مُفاجِـئٍ إلى سُـقوط ٧٠ مُقاتـلًا مُسـلمًا مِـن مجمـوع ٧٠٠ مُقاتِـل شـكَّلوا جَيـش النَّبِـيّ صَـلَّى الله عليـه وآلـه الَّـذي انْحَـسَر بِكُلِّـه فجـأةً عـن مَيـدان المعركـة، فكشَـفوا بِفعلَتِهـم هـذه لِـ ٣٠٠٠ مُقاتِـل مِـن المُشْرِكـين بزَعامَـة أَبِي سُـفيان وخالِـد بـن الوَليـد ـ جانِـبَ النَّبِـيّ صَـلَّى الله عليـه وآلـه حتَّـى يَتيَقَّنـوا مِـن وُقُوعِـهِ فَرِيسَـةً سَـهلةً لِسيوف المُشْرِكِين، وعـن قَريـب سـتُعلَن خاتِمَـة دِينـه بِالفَنـاء.

فهَـل كان الصَّحابـة المنافِقُـون بِهـذا الفِعـل الحَـربِي يَكفـرونَ بِإِمكانِ وقُـوع المَـوتِ عـلى النَّبِـيّ صَـلَّى الله عليـه وآلـه؟!

جُـرِحَ النَّبِـيُّ صَـلَّى الله عليـه وآلـه بَعـد قِتـالٍ ضـارٍ مـع كَتِيبَتَـين مِـن جَيـش المُشركِـين دُفِعَـت لِقَتلِـهِ دَفعًـا في إثْـر انْحسـار الجَيـش عنـه، وكاد أَنْ يُقتَـلَ لَـولا أَنْ تَقـدَّمَ عَـلِيٌّ أَمِـير المؤمنـين صَلـواتُ الله وسَـلامُه عليـه يَعضـده ثَلاثـةٌ أَو اثْنـا عَـشر مِـن الأَصْحـاب الأَبْـرار مِمَّـن تَبقَّـى مِـن الجَيـشِ صامِـدًا في مَيدان المَعْرَكـة واسـتَقام إِلى جانِـب سَـيفِ النَّبِـيّ صَـلَّى الله عليـه وآلـه، فنَجَـى النَّبِـيُّ صَـلَّى الله عليـه وآلـه مِـن القَتـل المُؤكَّـد.

يَصِـفُ الزُّبَـير بـن العَـوام واقِـعَ الحـال في مَعركَـةِ أُحُـد وخُطـورة الشَّـائعة الَّتـي سِـيقَت في مَقتـل النَّبِـيّ صَـلَّى الله عليـه وآلـه بِتَواطـؤ مِـن الصَّحابَـة المُنافِقـين والأُموِيِّـين وفِيهـم عَـددٌ مِمّـن أَمـضى عقـد الصَّحِيفـة الثّانِيَـة في حَجَّـة الـوداع، قـال (وصَرخَ صـارِخٌ: أَلا إِنَّ مُحمَّـدًا قـد قُتِـل، فانكَفأنـا وانكَفَـأ القـومُ علينـا) حتَّـى مَيَّـز الزُّبـير بِنَفسـه جِهـة الـصُّراخ، وقـال: إِنَّـه الشَّـيطان!. وقـد رُوِيَ عـن عبـدِ الله بـن الزُّبـير وَصَـفٌ لِلشَّـيطان إِزْب (أَنَّـه رَأى رَجُـلًا طُولـه شِـبران، فقـال لـه ابـنُ الزُّبَـير مَـن أَنْـت؟ قـال: إِزْبْ. فقـال: مـا إِزْبْ؟ فقـال: رَجُـلٌ مِـنَ الجِـنّ)[1].

1 - سيرة الحلبي 2/503

ويُقـرِّرُ ابـنُ هِشـام في سِـيرَته مُشـاهدات الزُّبَـير في المعركـة ويُؤكِّدهـا. فعَـن ابـن إسـحاق: حَدَّثَنـي يَحيـى بـن عبـاد بـن عبـد الله بـن الزُّبَـير، عـن أَبيـه عبـاد، عـن عبـد الله بـن الزُّبَـير، عـن الزُّبَـير، أنَّـه قـال: والله لقـد رأيتنـي أنظُـر إلى خَـدَم هِنـد بِنْـت عُتْبَـة وصَواحِبهـا مُشَـمِّرات هَـوارِب، مـا دون أَخذهـن قَلِيـل ولا كثـير، إذْ مالـت الرّمـاة إلى العَسْـكر، حـين كَشـفَنا القـوم عنـه وخلَّـوا ظُهورنـا لِلخَيـل فأُتِينـا مِـن خَلفِنـا، وصَرَخ صـارخٌ: أَلا إنَّ مُحمّـدًا قـد قُتِـل، فانْكَفأنـا وانْكَفـأ علينـا القَـوم بعـد أَنْ أَصَبنـا أَصحـاب اللِّـواء حتَّـى مـا يدنـو منـه أَحَـد مِـن القـوم. قـال ابـنُ هشـام: الصَّـارخ: أَزْبُ العَقَبـة، يَعنِـي الشَّـيطان)[1].

فَـرَّ الصَّحابـةُ المُنافِقـون مِـن مِيدان الحَـربِ عـلى وَجْـه السُّرعَـة استِجابةً لِلشّـائعة الَّتـي اصطَنعُوهـا بِأَنفُسِـهم وبَثّوهـا في الجَيـش، وأَلقـوا اللَّـوم عـلى شَـيطانٍ مِـن الجِنِّ اختَلَقـوا لـه اسْـمَ (إِزْبْ) لِـصَرف الأَنْظـار عـن تَواطُئهـم مـع الأُمويّـين ولِكَشـف جانِـب النَّبـيّ صَـلَّى الله عليـه وآلـه وتَعريضِـه لِلقَتْـل. فِي حِـين اسـتَمرَّ النَّبـيُّ صَـلَّى الله عليـه وآلـه يُقاتِـل ويَحتَمِـي مَـن تَبقَّـى مِـن الصَّحابـة الأَبْـرَار بـهِ، وعَـلِيٌّ أَمـير المُؤمنـين صَلـواتُ الله وسَـلامُه يَكَشِـف كَتائـب أَبِي سُـفْيان وابـن الوَلِيـد عـن النَّبِـيّ صَـلَّى الله عليـه وآلـه ويدَمِّرهـا في مَشْـهَدٍ إِعجـازيٍّ صَـدَرت فيـه صَيحـةُ جبرائيـل عليـه السَّـلام المَشْـهُورَة.

وعندمـا (حَمَلَـت طائفـةٌ عـلى رَسُـول الله صَـلَّى الله عليـه وآلـه في غـزوة أُحُـد اسـتقبلهم الإمـام عَـلِيّ صَلـواتُ الله وسَـلامُه عليـه وَرَدَّهـم وأَكثـر فيهـم القَتْـل والجراحـات حتَّـى انكَسَر سَـيفُه، فجـاء إلى النَّبـي صَـلَّى الله عليـه وآلـه، فقـال: يـا رَسُـول الله إنَّ الرَّجـل يُقاتِـل بِسِـلاحِهِ وقـد انكَسَر سَـيفِي. فأَعطـاه النَّبـيُّ صَـلَّى الله عليـه وآلـه سَـيفَه «ذِي الفِقـار» فـما زال يَدفـع بِـه عـن رَسُـول الله صَـلَّى الله عليـه وآلـه حتَّـى أُثـر (أُثخِـنَ بِالجِـراح) وأُنكـر (لم يُمَيَّـز)، فنَـزل عليـه جبرئيـل عليـه السَّـلام

1 - السِّيرة النَّبويَّة، ابن هشام 116-60/ 4

وقال: يا مُحمّد إنَّ هذه لَهِي المواساة مِن عَلِيٍّ صلواتُ الله وسَلامُه عليه لك. فقال النَّبِيُّ صَلَّى الله عليه وآله «إنَّهُ مِنِّي وأنا مِنه». فقال جبرئيل عَليه السَّلام : وأنا مِنكما.. وسَمعوا دَويًّا مِن السَّماء «لا سَيف إلّا ذُو الفقار، ولا فَتى إلّا عَلِيّ»[1].

عن الإمام الصَّادق صَلواتُ الله وسَلامُه عليه قال (لمّا قَتَل الإمام عَلِيّ صَلواتُ الله وسَلامُه عليه أوّلَ كافرٍ مِن المُشرِكين نادَى جِبرائيل عليه السَّلام (لا سَيف إلّا ذو الفقار، ولا فَتَى إلّا عَلِيّ)[2]، أو قال جبرائيلُ عليه السَّلام (لا فَتَى إلّا عَلِيّ ولا سَيف إلّا ذو الفقار)[3]. ويَنشُد حَسّان بن ثابِت الشِّعر في وَصْف واقع حال المعركة بِقولِه:

جِبريلُ نَادى مُعلِنا والنَّقعُ ليسَ بِمَنجَلي

والمُسلمُونَ قَدْ أحْدَقُوا حَولَ النَّبيِّ المُرسَلِ

لا سَيفَ إلّا ذُو الفَقَار وَلا فَتى إلّا عَلِيّ)[4]

وفي مَعرض احتِجاجِه في شُورى السِّتّة، عن أَبِي ذَر الغفاري قال عَلِيٌّ أَمير المؤمنين صَلواتُ الله وسَلامُه عليه (أُناشِدكم الله هَلْ تَعلَمُون مَعاشِر المهاجرين والأنْصار أنَّ جبريل أَتى النَّبِيَّ صَلَّى الله عليه وآله فقال يا مُحَمَّد «لا سَيف إلّا ذُو الفقار ولا فَتَى إلّا عَلِيّ»، فَهل تَعلَمون هذا كان لِغَيري)[5].

ويَروي ابنُ أَبِي الحديد أَنَّه (لمّا فَرّ مُعظمُ أَصحابِه عنه صَلَّى الله عليه وآله

1 - تَأريخ الطَّبري 514/ 2. الكامِل في التّأريخ 107/ 2. بِحار الأنوار 71-70/ 20
2 - الكافي 110/ 8ح 90.
3 - شرح المقاصد 298/ 5
4 - الغدير 105/ 2
5 - تأريخ مدينة دمشق، ابن عساكر -198/ 39 201.

يَـوم أُحُـد، كَثُـرت عليـه كتائـبُ المُشركِـين، وقَصدَتـهُ كَتِيبـةٌ مِـن بَنِـي كنانـة، ثُـمَّ مِـن بَنِـي عبـد منـاة بـن كَنانـة وفيهـا بَنُـو سُـفيان بـن عـوف، وهُـم: خالِـد بـن سـفيان، وغـراب بـن سـفيان، وأبُـو شـعثاء بـن سـفيان، وأبـو الحمـراء بـن سـفيان. فقـال رَسُـولُ الله صَـلَّى الله عليـه وآلـه: يـا عَـلِيّ اكْفِنِـي هـذه الكَتِيبَـة. فحمَـل عليهـا وإنَّهـا لَتُقـارِب خَمسِـين فارسًـا، وعَـلِيُّ بـن أَبي طالِـب صَلـواتُ الله وسَـلامُه عليـه راجِـلٌ. فـما زال يَضرِبهـا بِالسَّـيف حتَّـى تفرَّقـت عنـه، ثُـمّ تجتَمـع عليـه هكـذا مِـرارًا حتَّـى قَتـل بَنِـي سُـفيان بـن عـوف الأَربعـة وتَمـام العَـشرة مِنهـا مِمَّـن لا يُعـرف بِأَسـمائهم. فقـال جبريـل عليـه السَّـلام: يـا مُحمَّـد، إنَّ هـذه لَمُواسـاة، لقـد عَجِبَـت الملائكـة مِـن مُواسـاة هـذا الفَتَـى. فقـال رَسُـولُ الله صَـلَّى الله عليـه وآلـه: ومـا يَمنعـه وهـو مِنِّـي وأنـا منـه؟! فقـال جِبريـل: وأنـا مِنكـما. قـال: وسُـمِع ذلـك اليـوم صَـوتٌ مِـن قِبَـل السَّـماء لا يُـرى شـخصُ الصَّـارِخ بـه يُنـادِي مِـرارًا: لا فَتَـى إِلَّا عَـلِيّ ولا سَـيف إِلَّا ذُو الفِقـار. فسُـئل رَسُـول الله صَـلَّى الله عليـه وآلـه عنـه. فقـال: هـذا جِبرائيـل.

ثُـمَّ يُعلِّـق ابـنُ أَبِي الحديـد عـلى خَـبر جبرائيـل عليـه السَّـلام في عَـلِيٍّ صَلـواتُ الله وسَـلامُه عليـه فيَقـول: وقـد رَوى هـذا الخـبرُ جماعـةٌ مِـن المحدِّثِـين وهـو مِـن الأَخبار المَشـهورة، ووَقفـتُ عليـه في بَعـضِ نسـخ مَغـازِي مُحمَّـد بـن إِسـحاق ورأيـتُ بَعضَهـا خالِيًـا عنـه. وسـأَلتُ شَـيخِي عبـد الوهـاب بـن سـكينة عـن هـذا الخـبر، فقـال خَـبرٌ صَحِيـح. فقلـتُ: فـما بـال الصّحـاح لم تَشـتَمِل عليـه؟! قـال: أَوَ كُلّـما صَحِيحًـا تَشـتمل عليـه كتـبُ الصّحـاح؟! كَـمْ قـد أَهمـلَ جامِعـو الصّحـاح مِـن الأخبـار الصَّحِيحَـة)[1]. حتَّـى أَنَّ أَبـا سُـفيان الَّـذي تآمـرَ عـلى قَتـل النَّبِـيّ صَـلَّى الله عليـه وآلـه بالَـغ في الاسـتهزاء بِالصَّحابـة الفارِّيـن الَّذيـن تَواطـؤا مَعـه فاسـتَخفَّهم وأَبـدى شـماتةً عندمـا فَـرَّ الجَيـشُ خَلْـفَ الشَّـائعة وانْسَـحَبوا خَلفَـه إِلى جَبـل أُحُـد لِيَحتَمـوا بـه تارِكـين نَبِيَّهُـم صَـلَّى الله عليـه وآلـه عُرضَـةً لِطَعـن السُّـيوف والرِّمـاح، وهـو يَعلـمُ

1 - شرح نهج البلاغة، ابن أَبي الحديد 272 /3

أنَّ كُلًّا مِـن أَبي بَكـر وعُمَـر جَبُنـا وجَبَّنـا وفَـرّا مِـن الميـدان، وأنَّ عُثـمان معهـما أَخذهـا عَرِيضَـة. فنـادَى أَبُـو سُـفيان فيهـم مُسـتَخِفًا (أَفي القَـومِ ابـن أَبي قحافَـة، أَفي القَـوم ابـن الخطّـاب؟!) وأَراد بِذَلـك الشَّـماتَة مِـن نَسـبِهما الجاهِـلي الوَضِيـع وانْتِسـابِهما لِـ(أَذَلِّ أَذِلّاء وأَرْذَلِ أَراذِل) أَحْياء مكَّـة، ولم يَـأت أَبُـو سُـفْيان عـلى ذِكِـر عُثـمان بـن عَفّـان ولم يَشـمُت بِـه لِمـا لَـه مِـن صِلَـة قَرابَـة وهـو مِـن المُتواطِئِين.

ولَمّـا خَـذَل أَقطـابُ (صَحِيفَـة مكّـة الثّانِيـة) وأَتباعُهـم النَّبِـيَّ صَـلَّى الله عليـه وآلـه وفَـرّوا مِـن مَيـدان معركـة أُحُـد وَجَـرّوا مِـن خَلفِهـم جيـشَ المُسـلِمِين، وكَشَـفوا جانِـب النَّبِـيِّ صَـلَّى الله عليـه وآلـه لِجَيـش أَبي سُـفْيان وخالِـد بـن الوَلِيـد فإِنَّـما كانـوا مِـن المُتواطئِـين بِفَعلَتِهـم هـذه يَبغـون قَتلَـه صَـلَّى الله عليـه وآلـه والخَـلاصَ مِـن دِينِـه، وأَنَّهـم كانـوا عـلى يَقِـينٍ وعِلْـمٍ قاطـعٍ بِـأَنَّ النَّبِـيَّ صَـلَّى الله عليـه وآلـه بَـشرٌ يَدَّعِـي اتِّصالَـه بِالسّـماء، وأَنَّ المَـوتَ يَعـرِض عَلَيـهِ ولَـو بِالقَتـل، فتَواطَـؤا وعَزَمـوا عـلى قَتلِهِ.

عندمـا فَـرّ الصَّحابَـةُ المُنافِقـون مِـن مَيـدان المعركـة أَقـرّوا فيـما بينهـم بِوقـوع الهَزِيمَـةِ أَمـام المُشرِكِـين، ومـا زال أَتباعُهـم ومُرِيدِوهُـم إِلى يَومَنـا هـذا يُـرَدِّدون ذلـك في أُصُولِهِـم ومُدَوّناتِهِـم وتَفاسِـيرِهم لِيُـبرِّروا لِهـؤلاء الصَّحابَـة المُنافِقِـين اصْطِنـاعَ الهزيمـةِ وفِرارَهُـم واعتِصامَهَـم بِالجَبَـل وتَركَهُـم النَّبِـيّ صَـلَّى الله عليـه وآلـه وَحِيـدًا فَرِيـدًا في مَيـدانِ المَعرَكَـةِ يُواجِـه مَصِـيره، في حِـين أَنَّ المَعرَكَـة هـذه لم تَنتَـهِ بِفِرارِهـم مِـن مَيـدان المَعرَكَـةِ وتَجبِينِهـم لِلجَيـش. فقـد اسـتَمرَّ النَّبِـيُّ صَـلَّى الله عليـه وآلـه وعَـلِيٌّ أَمـير المؤمنـين صَلـواتُ الله وسَـلامُه عليـه ورَهـطٌ مِـن الأَصحـاب في قِتـال المُشركِـين، ولم يُغـادِروا مِيـدان المعركـة حتّـى اسـتُنزِف جَيـشُ أَبي سُـفيان وخالِـد بـن الوليـد وفَـرَّ وانْهـزَم ولُوحِقَـت فُلولُـه!

في حَقِيقَـة الأَمْـر أَنَّ الهزيمـة لَم تَقـع في جانِـب المُسـلِمين بِيَـوم أُحُـد، وإِنَّـما وَقعَـت حادِثَـةٌ مُفاجِئَـةٌ لِلجَيـش بِتَدبِـيرٍ مِـن الصَّحابَـة المُنافِقِـين الجُبنـاء الَّذيـن تَعمّـدوا الفِـرارَ مِـن مَيـدان المَعْرَكَـة وتَجبِـينَ بَعضهـم البَعـضَ الآخـر، وأَرادوا بِفَعْلَتهـم هـذه

الَّتي فَعَلوا استِدراجَ جانِب المُسلِمين إلى هَزيمةٍ مُنكرةٍ يُقتَل على أثَرِها النَّبيُّ صَلَّى الله عليه وآله بِالتَّواطؤ مع المُشرِكين أبي سُفيان وخالِد بن الوَليد!

لَم يُسجَّل في سِيرةِ النَّبيِّ صَلَّى الله وآله وُقوعَ هَزيمَةٍ له في المَعارك الَّتي قادَها بِنفسِهِ ولا فِرارَه مِن المعركة لِينجو بِنفسه. لكِنَّ بَعضَ المُؤرِّخين والمُفسِّرين والمُدوِّنين المَحسوبين على (اتِّجاه أَهْل العامَّة) ما زالوا يصِفُون خاتِمَة مَعركة أُحُد بِـ(الهَزيمة) السَّاحِقَة لِلنَّبيّ صَلَّى الله عليه وآله ولِجَيش المُسلِمين لِيُبرِّروا بِذلك لِلصَّحابَة المُنافِقين جُبنَهم وفِرارَهم مِن مَيدان الحَرْب إلى جَبَل أُحُد، ولِيُنزِّهُوا ساحَتَهم مِن تُهمَة التَّواطؤ مع أَبِي سُفيان وخالِد بن الوليد على قَتلِ النَّبيّ صَلَّى الله عليه وآله في هذه المَعركة، ولِيَشْطبوا التَّفاصِيل الوارِدَة عن شجاعَة عَلِيٍّ أَمير المؤمنين صَلواتُ الله وسَلامُه عليه في هذه المعركة وما خُصَّ مِن مُعجِزَة بِسَيف (ذِي الفقار) وما ورَد مِن صَيحَةٍ لِجبرائيل. فإنْ تنزَّلوا وذَكروا بَعضًا مِن تَفاصِيل بَقاء النَّبيّ صَلَّى الله عليه وآله في مِيدان المَعرَكَة قبل (انْسحابِه إلى جَبل أُحُد)؛ فإنَّ الحَديث يَتَخطى ذِكر سِيرة عَلِيٍّ أَمير المؤمنين صَلواتُ الله وسَلامُه ويُهمل بُطولاتِهِ الإعْجازِيَة في القِتال إلى جانِبِ رَسُول الله صَلَّى الله عليه وآله، ولِيَنصَبَّ على ذِكْرِ بُطولَةِ الصَّحابِي (أَبِي دجانة) لِوَحدِه ولِيَشطب أَيَّ ذِكر عن عظمة قتال عَلِيٍّ أَمِير المؤمنين صَلواتُ الله وسَلامُه.

فقالوا أَنَّ النَّبيَّ صَلَّى الله عليه وآله قال في ذَلِك (لقد رَأَيتَنِي يَوم أُحد وما في الأَرضِ قُربِي مَخلوق غَير جِبرائيل عن يَمِينِي وطَلحَة عن يسارِي، وكان سَيفُ أَبِي دجانة غَير دَمِيم)[1]. وقد تَسلَّمَ أَبو دجانة سَيفًا أَهداه له الرَّسُول صَلَّى الله عليه وآله لِيُقاتِل بِه عندما قال صَلَّى الله عليه وآله في أُحد (مَن يَأخُذ هذا السَّيف بِحَقِّه؟. فأَحجَموا. فقال أَبُو دجانة: وما حَقُّه يا رَسُول الله؟!

1 - انْظُر: سِير أَعلام النُّبلاء لِلذَّهَبِي، الطَّبقات الكُبرى لابْنِ سَعد، أُسْد الغَابة لابن الأثير.

قـال: تُقاتِـل بِـه فِي سَـبِيل الله حتَّـى يَفتَـح اللهُ عليـك أَو تُقتَـل)[1]. وأَرادوا بِهـذا القَـولِ نَفْـيَ تَسـلُّم عَـلِيٍّ أَمـيرِ المؤمنـين صَلـواتُ الله وسَـلامُه عليـه لِسَـيف (ذِي الفقـار) مِـن الرَّسُـول صَـلَّى الله عليـه وآلـه ونَسَـبوا ذلـك إِلى أَبِي دجانـة. وقِيـل في بعـض مَصـادِرِ الشِّـيعة (أَنَّ النَّبِـيَّ صـلَّى الله عليـه وآلـه أَعطـى يَـوم أُحـد لِأَبِي دجانـة سَـعفَة نَخْـلٍ فصـارت سَـيفًا، فأَنشـأَ أَبُـو دجانـة يقـول:

نصرنا النَّبيّ بِسعفِ النَّخيل فصار الجَرِيدُ حُسامًا ثَقِيلًا

ولا عَجَب مِن أُمورِ الإِله ومِن عَجب الله ثُمَّ الرَّسُولا)[2].

لَيْـس مِـن شَـكٍّ فِي أَنَّ الصَّحابـة المُنافِقـين كانُـوا أَكثـر النَّـاسِ حِرصًـا عـلى مَعرِفـة السَّـاعة الحاسِـمَة لِمَـوتِ النَّبِـيّ صَـلَّى الله عليـه وآلـه بَعـد أَنْ يَئِسُـوا مِـن قَتلِـهِ صَـلَّى الله عليـه وآلـه غِيلـة في مُحـاولات شَـتَّى مُتعـدِدَّة الخُطـط ومُختَلِفَـة الوسـائل وفِي أَوقـات مُختَلِفـة ومُتباعِـدَة. ثُـمَّ لم يَتَبـقَّ لهـم مِـن خِيـارٍ إِلَّا فِي واحـدَةٍ مِـن الخُطـط يَعلـمُ النَّبِـيُّ صَـلَّى الله عليـه وآلـه تَفاصِيلَهـا ويَعلَـمُ أَبُـو سُـفيان وَقْتهـا وظَرفَهـا أَيضًـا، وأَنَّهـا لَتُمثِّـل دَلِيـلًا قاطِعًـا عـلى تَمـام وكَـمال عِلْمِـهِ وعِصْمَتِـه صَـلَّى الله عليـه وآلـه، وأَنَّ مُعجِـزَةً رآهـا الصَّحابَـة المُنافِقُـون والأُمَوِيُّـون مِـن خَلفِهـم رُؤيـا العَـين ولمسـوا وقائعهـا وكانـوا طرفًـا فيهـا حيـث أُبْطِلَـت فَعْلَتَهـم وضَعفـوا عـن قَتْلِ النَّبِـيّ صَـلَّى الله عليـه وآلـه قَبـل حِـين مَوتِـهِ واسـتَيقَنوا بِوقـوع هـذه المُعجِـزَة ولكِـنْ جَحَـدت قُلوبهـم فكَفَـروا!

يُذكـر أَنَّ أَبـا سُـفيان دَخَـل عـلى النَّبِيِّ صَـلَّى الله عليـه وآلـه يومًـا (فقـال: يا رَسُـول الله أُريـد أَنْ أَسـأَلك عـن شَيء. فقـال صَـلَّى الله عليـه وآلـه: إِنْ شِـئتَ أَخبرتُـك قبـل أَنْ تَسـأَلْنِي. قـال: اِفعَـل! قـال صَـلَّى الله عليـه وآلـه: أَردتَ أَنْ تَسـأَل عـن مَبلـغ

1 - انظر المصدر السَّابق.
2 - أَعيان الشِّيعة، السيد محسن الأمين 319/ 7

عُمُـرِي. فقـال: نَعـم يـا رَسُـول الله. فقـال صَـلَّى الله عليـه وآلـه: إِنِّي أَعِيـشُ ثلاثًـا وسِـتِّين سَـنة. فقـال أَبُـو سُـفيان: أَشْـهَدُ أَنَّـكَ صـادِقٌ. فقـال صَـلَّى الله عليـه وآلـه: بِلِسَـانِك دُون قَلْبِـك)[1].

وعـلى الرَّغـم مِـن عِلْمِهـم القاطِـع بِـما صَرَّح بِـه النَّبِـيّ حَـول عُمُـره الشَّريـف لم يَكـفّ أَبُـو سُـفيان وخالِـد بـن الوَلِيـد والمتواطِئـون مَعهُـما مِـن الصَّحابـة المُنافِقـين عـن قِتـال النَّبِـيّ صَـلَّى الله عليـه وآلـه ونَصْـب الكَيْـد لاغتيالِـه قُبَيـل بُلوغِـه العُمُـر الَّـذي أَخبَرَهُـم بِـه.

فهُـم أُنـاسٌ كَفـروا بِكونِـه نَبِيًّـا مُرسـلًا يُوحَـى إِليـه مِـن رَبّ العالمين، فلَـمْ يُؤمنـوا بِصِحَّـة عِلْمِـه بِـما كان وبِـما يَكُـون مِـن البَلايـا والمَنايـا ولا بِعِصمَتِـهِ. وأَنَّ كُلّ مُحاولاتِ الاغْتِيـال الَّتـي نَفَّذُوهـا كانـت مِـن مُنطلـق تَكذِيبهـم لِمـا أَخبَرهـم النَّبِـيُّ صَـلَّى الله عليـه وآلـه عـن عَـددِ سِنِين عُمُـره الشَّريـف الــ٦٣ سَـنَة، فبـاءَت أَعمالُهـم المُضـادّة بِالفَشَـل الذَّريـع ولم يَتمكَّنـوا مِـن قَتلِـه قَبـل انْقضـاء عُمُـره الشَّريـف وحلـول السَّـنة الَّتـي أَعلَمَهـم بهـا.

وعندمـا يَئِـس المُشرِكـون والمُتواطِئـون المُنافِقُـون مَعهـم مِـن قَتلِـهِ وقـد بَلَـغ النَّبِـيُّ صَـلَّى الله عليـه وآلـه هـذه السِّـنّ؛ عـاد الأُمَوِيُّـون وحُلفاؤهـم مِـن الصَّحابَـة أَقطـاب (صحِيفـة مكَّـة الثَّانِيـة) لِيُصدِّقـوا مـا أَنبأَهُـم النَّبِـيُّ صَـلَّى الله عليـه وآلـه إِذْ فـرَضَ المُتحالِفَـان رقابـةً صارِمَـةً عـلى بَيـت النَّبِـيِّ صَـلَّى الله عليـه وآلـه، واسـتَقصَوا الأَخبـار بِدِقَّـة.

وحِينـما أُعلِـن عـن مَرضِـهِ صَـلَّى الله عليـه وآلـه تَوثَّـب عُثـمان بـن عفَّـان مِـن بـين الأُموِيِّـين فخَـصَّ نَفسَـه بِمُهِمَّـةِ تَقَـصِّي أَخبـار مَسـجد النَّبِـيِّ صَـلَّى الله عليـه وآلـه لِكَـي يُـزوِّد أَبـا سُـفيان بِآخـر التَّطـورّات الحاصِلَـة ويَنقـل إِليـه مـا رَصـده مِـن

1 - بحار الأنوار 504/ 22

علامـات مَـرَض النَّبِـيّ صَـلَّى الله عليـه وآلـه ويُشـاوره في طَبيعَـة الاسـتِعداد المُوجِـب لاسـتِقبال سـاعة مَوتِـه.

لقـد أَجمعَـت المَنقـول في السِّـيرة عـلى أَنَّ شَـهادة النَّبِـيّ صَـلَّى الله عليـه وآلـه جـاءت بِالسُّـمّ في ذات السِّـنّ الَّتـي أَورَدهـا الرَّسُـول صَـلَّى الله عليـه وآلـه وأَنْبـأَ وصَرَّح بِهـا لِأَبِي سُـفيان حـين قـال لـه (إِنِّي أَعِيـش ثَلاثًـا وسِـتِّين سَـنة)، واختَلفـوا في تَحدِيـد يَـوم وشَـهر شَـهادتِه، منهـا مـا جـاء عـن الشَّـيخ المُفيـد قُـدِّس سِرُّه (وقُبِـض صَـلَّى الله عليـه وآلـه بِالمدِينـة مَسـمومًا يـوم الاثْنـين لِلَيلَتَـين بَقِيتـا مِـن صَفـر سَـنة عـشر مِـن هِجرَتِـه وهـو ابـنُ ثـلاث وسِـتِّين سَـنة)[1]. وأَكـد عـلى ذات التَّأريـخ كُلٌّ مِـن الأَعـلاَم الصَّـدوق والحِـلِّي والطُّـوسِي والمَجلِـسي رِضْـوان الله تعـالى عليهـم.

ونُقِـل عـن الإمـام الحَسـن صَلـواتُ الله وسَـلامُه عليـه أَنَّ النَّبِـيّ صَـلَّى الله عليـه وآلـه حـدَّث عـن مَقتلِـه بِالسُّـمّ. فعَـن عَـلِيّ بـن محمّـد الخزار القُمِّـي الـرَّازي: عـن الإمـام الحَسـن صَلـواتُ الله وسَـلامُه عليـه قـال: ولقـد حدَّثَنِـي جَـدِّي رَسُـولُ الله صَـلَّى الله عليـه وآلـه أَنَّ الأمـرَ يملُكـه اثْنَـا عَـشَر إِمامًـا مِـن أَهْـل بَيتِـهِ وَصَفوَتِـه، مـا مِنَّـا إِلَّا مَقتـولٌ أَو مَسـمُومٌ)[2].

وحيـث أَكَّـد النَّبِـيُّ صَـلَّى الله عليـه وآلـه عـلى وُجـوبِ اتِّبـاع وَلايَـة عَـلِيٍّ أَمِـير المؤمنـين صَلـواتُ الله وسَـلامُه عليـه في مَواقـف شَـتَّى، فـإِنَّ إِنْبـاء الرَّسُـول صَـلَّى الله عليـه وآلـه لِحَفصـة بنـت عُمَـر بِـأَنَّ أَبـا بكـر وعُمَـر سَـيَلِيانِه في الخِلافَـة مِـن بعـد رَحِيلـه، إِنَّـما هـو إِنْبـاءٌ كاشِـفٌ عـن أَنَّ فُرصَتَهـما في الحُكـم سـتَأتِي عـلى خِـلاف أَمْـرِ الله عَـزَّ وجَـلَّ الَّـذي أَكمَـل الدِّيـن وأَتَـم النِّعمَـة عـلى المُسـلِمين كافَّـة بِبَيعَـةِ الغَدِيـر وبِوَلايَـة عَـلِيٍّ أَمِـير المُؤمنـين صَلـواتُ الله وسَـلامُه عليـه.

1 - المقنعة -72 75

2 - كفاية الأثر 162-160

وجـاء في الرِّوايـة قولُـه صَـلَّى الله عليـه وآلـه لِحَفْصَـة (أَنـا أُفـضِي إِليـكِ سِرًّا فـإِنْ أَنـتِ أَخـبرتِ بـه فعَليـكِ لَعنـةُ الله والملائكـة والنَّـاسِ أَجمعـين. فقالـت: نَعَـم مـا هـو؟ فقـال: إِنَّ أَبـا بَكـر يَـلِي الخِلافـة بَعـدِي ثُـمَّ مِـن بَعـدِه أَبُـوك. فقَالَـتْ: مَـنْ أَنبَـأَكَ هَـذَا؟! قَـالَ: نَبَّـأَنِيَ الْعَلِيـمُ الْخَبِـيرُ. فأَخـبَرَت حَفصَـةُ عائشَـةَ مِـن يَومِهـا ذلـك، وأَخْـبَرَت عائشـةُ أَبـا بكـر. فجـاء أَبُـو بكـر إلى عُمَـر فقـال لـه: إِنَّ عائشـة أَخْبَرَتنِـي عـن حَفْصَـة بِشَيء ولا أَثِـق بِقَولِهـا، فاسْـأَل أَنْـتَ حَفْصَـة. فجـاء عُمَـر إلى حَفصـة فقـال لهـا: مـا هـذا الَّـذي أَخـبَرَت عنـكِ عائشـة؟! فأَنكَـرَت ذلـك وقالَـتْ: مـا قُلـتُ لَهـا مِـن ذلـك شـيئًا! فقـال لَهـا عُمَـر: إِنْ كان هـذا حقًّـا فأَخبِرِينـا حتَّـى نَتقـدَّم فيـه. فقالـت: نَعَـمْ، قـد قـالَ رَسُـولُ الله ذلـك. فاجتَمعـوا أَربعـةً عـلى أَنْ يَسِـمُّوا رَسُـول الله)[1].

إِنَّ إِخبـار النَّبـيّ صَـلَّى الله عليـه وآلـه لِحَفْصـة بِمَـن يَليـه في الخِلافـة مِـن بَعـدِه لَيُؤكِّـد عـلى أَنَّ مـا أَصْـدَر مِـن أَمْـرٍ بِأَخْـذِ البَيعـة المُعلَنـة لِعَـلِيٍّ أَمِـير المُؤمنـين صَلـواتُ الله وسَـلامُه عليـه لمُنقلـب عليـه مِـن قِبـل الصَّحابَـة أَقطـاب (صحِيفَـةِ مكَّـة الثَّانِيَـة)، وأَنَّهـم المُتَّهمـون الرَّئيسِـيُّون في تَنفِيـذ ذلـك الانْقِـلاب.

ويُشِـيرُ تَخصِيـص النَّبـيِّ صَـلَّى الله عليـه وآلـه لِحَفصـة بِنَبـأ تَسـلُّم أَبِي بَكـر الخِلافَـة مِـن بَعـدِه مِـن دُون تَسـلّم عَـلِيٍّ أَمـير المؤمنـين صَلـواتُ الله وسَـلامُه عليـه الخِلافـة، إلى أَنَّـه صَـلَّى الله عليـه وآلـه قَـد نَبَّـه أَقطـاب الصَّحِيفـة بِـما عِلِـمَ ومـا يُدَبِّـرون، فإِنَّـه أَعلَـمُ النَّـاس بِـما يُحِيكُونـه مِـن عَمَـلٍ لِقَتلِـهِ في بَيتِـه إِذْ لم تكُـن حَفصَـة أَو عائشـة لِوَحدِهـا مُنفَـردةً بِمُهِمَّـة لـدّ فَـم النَّبـيّ صَـلَّى الله عليـه وآلـه بِالسُّـمّ في مَرضِـه، وإِنَّـما هُـنّ يُمثِّـلان طَرفًـا في عَمـلٍ مُشـتركٍ قائـمٍ بِثَلاثـةٍ آخريـن، وأَنَّ قـرارًا حاسـمًا قـد اتُّخِـذ بِذلـك مِـن قِبَـل أَقطـاب الصَّحِيفـة.

1 ـ تفسير القُمّي 376/ 2

وبِذلـك تكـون الآيـةُ الكَريمـة ناظِـرةً إلى شَـهادة النَّبِـيّ صَـلَّى الله عليـه وآلـه في دائـرةٍ مِـن دَوائـرِ الانْقـلاب عـلى الأَعقـاب المُدَبّـر بلَيـل، وأَنَّ في الانْقِـلاب مَقاصِـد مُتعـدِّدة سـتُقرِّر مَصـيرَ المسـلِمِين وتَأخُـذُ بهـم إلى طَريـقٍ مُنحرفَـةٍ عـن المَصـير المُقـرَّر بولايـة عَـليٍّ أَمِـير المؤمنـين صَلـواتُ الله وسَـلامُه عليـه.

وأمَّـا إصرار عُمَـر عـلى صَيحتِـهِ القائلـة بنَفْـي المَـوت عـن النَّبـيِّ صَـلَّى الله عليـه وآلـه وادِّعـاؤه أَنَّـه صَـلَّى الله عليـه وآلـه ذاهِـبٌ إلى رَبِّـهِ وسَـيعود كـما ذَهـبَ مُوسـى إلى رَبِّـهِ، فـإنَّ عُمَـر قـد أظهـر بهـذه الصَّيحـة خِـلاف مـا كان يَضْمُـر في باطِنِـه مِـن عِلـمٍ مُتعَلِّـق بـذات الشَّـأن، منـه:

- أنَّه يَعلمُ بِبَشَرِيَّة النَّبِيّ صَلَّى الله عليه وآله.

- وأَنَّ الموتَ يعرِضُ عليه وهو مُحَتَّم لا بُدّ مِن وُقُوعِهِ.

- وأَنَّـه أَقـرّ بِإِمْـكان وُقُـوع القَتـل أَو المـوتِ عـلى النَّبـيّ صَـلّى الله عليـه وآلـه عندمـا عـزم مـع نُظرائـه مِـن الصَّحابـة عـلى قَتْلِـهِ غِيلـة تَطبِيقًـا لِمـا تَعاقـد عليـه مـع نظرائـه في (صَحِيفـة مَكَّـة الثَّانيـة).

- وأَنَّـه عَلِـمَ بِنـزول الآيـة الكَريمـة المُتعَلِّقـة بإمـكان مَـوت النَّبـيّ صَـلَّى الله عليـه وآلـه أَو بِقَتلِـهِ وبِمُناسـبَتِها.

- وأَنَّـه كان مِـن بَـين الصَّحابَـة الَّذيـن فَـرُّوا مِـن مِيـدان معركـة أُحُـد وكَشَـفُوا لِجَيـش أَبي سُـفيان ظَهـر النَّبـيّ صَـلَّى الله عليـه وآلـه بُغيَـة القَضـاء عَليـهِ وقَتلِـهِ.

- وأَنَّـه كان مِـن بَـين الصَّحابـة المُخطِّطـين والمُنفِّذيـن لِعَمليّـة اغْتِيـال النَّبـيّ صَـلَّى الله عليـه وآلـه في عقبَـة هَرْشَـى.

فـما كانَـتْ صَيحتُـهُ بِنفـي المـوتِ عـن النَّبـيّ صَـلَّى الله عليـه وآلـه إِلَّا لِـصَرف

الأَنْظـار عـن مَعنـى الآيـة الكَريمـة [وَمَـا مُحَمَّـدٌ إِلَّا رَسُـولٌ قَـدْ خَلَـتْ مِـن قَبْلِـهِ الرُّسُـلُ، أَفَإِيْـن مَّـاتَ أَوْ قُتِـلَ انقَلَبْتُـمْ عَـلَىٰ أَعْقَٰبِكُـمْ، وَمَـن يَنقَلِـبْ عَـلَىٰ عَقِبَيْـهِ فَلَـن يَـضُرَّ اللهَ شَـيْئًا، وَسَـيَجْزِى اللهُ الشَّٰـكِرِينَ][1] إِذْ هِـي آيـةٌ صريحـةٌ مُؤكِّـدةٌ عـلى أَنَّـه صَـلَّى الله عليـه وآلـه سَـيُقتَل وسـينَقلِب المُنقلِبـون عليـه بنَقضِهـم لِبَيعـة الغَديـر وتَعيينهـم (خَليفـة) عـلى رأس أُمَّتِـه مِـن عنـد أَنْفُسِـهم وإِقْصـاء الخَلِيفَـة الشَّرعِـي وَصِيّ رَسُـول الله صَـلَّى الله عليـه وآلـه.

وهـا هـو النَّبِـيّ صَـلَّى الله عليـه وآلـه قَـد قُتِـل وانقَلـبَ المُنقلِبـون عليـه ولم تَـأتِ الأيـةُ الشَّريفـة عـلى طِبـق خِـلاف الوَاقِـع. فمَـن قَتَـل النَّبِـيَّ صَـلَّى الله عليـه وآل ومَـن انقَلَـب عليـه؟! ذلـك هُـو السُّـؤال المَسكُوت عنـه في المَـوروثِ الرِّوائـي الخَـاصّ بِاتِّجـاه أَهْـل العامَّـة، وذلـك هـو السُّـؤال الفاضِـح في المَـورُوث الرِّوائـي الخَـاصّ بِـ(شِـيعة عَليّ).

فقـد رُوِي عـن عُمَـر أَنَّـه قـال (إِنَّ رجـالًا مِـن المُنافِقـين يَزعَمُـون أَنَّ رَسُـول الله تُـوُفِّي.. إِنَّ رَسُـولَ الله مـا مـات ولكِنَّـه ذَهَـبَ إلى رَبِّـهِ كـما ذَهَـب مُوسى عـن قَومِـهِ وغـاب أَربَعِـين يومًـا. والله لَيَرجِعَـنّ رَسُـولُ الله، فليُقطِّعَـنّ أَيـدِي وأَرْجُـل مَـن يَزعمُـون أَنَّـهُ مـات)[2]. وأَضـاف (ومَـن قـال بِأَنَّـه مـات عَلـوتُ رأسَـه بِسَـيفِي)[3].

فاسـتوَقَفه أَبُـو بَكـر وتَـلا الآيـة الكَريمـة [وَمَـا مُحَمَّـدٌ إِلَّا رَسُـولٌ قَـدْ خَلَـتْ مِـنْ قَبْلِـهِ الرُّسُـلُ، أَفَـإِنْ مَـاتَ أَوْ قُتِـلَ انْقَلَبْتُـمْ عَـلَىٰ أَعقَابِكُـمْ، وَمَـنْ يَنْقَلِـبْ عَـلَىٰ عَقِبَيْـهِ فَلَـنْ يَـضُرَّ اللهَ شَـيْئًا، وَسَـيَجْزِي اللهُ الشَّـاكِرِينَ][4] لَيُثِـير بِقولِـهِ هـذا بـين الصَّحابـة في المَدِينـة شُـعورًا بِمُسـتوى التَّفاضُـل بَينـهُ وعُمَـر في المقـام والمَنزِلَـة فيَحلِـبَ أَحدُهـما حَلبًـا لِلآخـر منـه شَـطرٌ ويَشْـدُد إِليـه، ثُـمَّ لِيُجرِيـا الأَفضلِيَّـة بَينهـما مِـن دُون عَـلِيٍّ

---

1 - آل عمران 144

2 - تأريخ الطّبري 1818 /1

3 - تأريخ أبي الفداء 164 /1

4 - آل عمران 144

أَمِيرِ المؤمنين صَلَواتُ الله وسَلامُه عليه في شَأن العِلْم بِحتْمِيَّة عُروض المَوت على رَسُول الله صَلَّى الله عليه وآله، والنَّاسُ بِإزاء ذلك قد أُشْرِبوا في أواخرِ أيّام حَياة النَّبِيِّ صَلَّى الله عليه وآله بِحُبِّ أبي بكر وعُمَر على حَسب قراءة عبد الله بن عبّاس لِلأوضاع الاجْتماعِيَّة القائمة حِينَئذ، وهُما اللَّذان جَحَدا في الظَّاهر ما أخبَرَ بِه النَّبِيُّ صَلَّى الله عليه وآله أبا سُفيان مِن حَتْمِيَّة وُقوع مَوتِه عند سِنِّ الثَّلاث والسِّتِّين مِن العُمُر، ولَنْ يَتَقدَّم المَحتُوم أو يتأخَّر عنه وإنْ نُفِّذَت لاغتِياله صَلَّى الله عليه وآله أُلُوفُ المُؤمَرات!

وتَذْهَبُ بَعضُ الأصُول والمُدوَّنات إلى القَول أنَّ عُمَر ما قال قَولَتَه تِلك إلَّا لِيَصرف أنظار عامّة المُسلمين مِن حَولِهِ لِمُدّة أربعين يومًا عن الفِكرة في حتَمِيَّة مَقتَل النَّبِيِّ صَلَّى الله عليه، ثُمَّ يُقرِّر فيهم مَوتَ النَّبِيّ صَلَّى الله عليه وآله حَتف أنفِهِ فَحَسب، ولِيَصرفهم أيضًا عن الفِكرة في حَتمِيَّةِ وُقوع الانْقلاب على الأَعقاب مِن بَعدِه حيث أنبأت ذاتُ الآية الكَريمَة مِن سُورةِ آل عِمْران بِحَتمِيَّة وُقُوعِهما معا (القَتل والانقِلاب) ولَنْ يَفترِقا أو يَتفَرَّقا.

فالنَّبِيُّ صَلَّى الله عليه وآله قد تَعافَى مِن مَرَضِهِ الَّذي أُصِيب به في ذات السِّنّ الَّتي أَخبرَ مِن قَبل وأَنبَأَ عن وَقوع المَوتِ عليه، فاستَبشَر أَهْلُ المدينة بِذَلك ، وظَنّ أَقطابُ الصَّحيفة الثَّانِيَة وأَبُو سُفيان زَعِيم الأُمَوِيِّين أَنَّ ما نَبَّأَ بِه النَّبِيُّ صَلَّى الله عليه وآله عن سِنّ مَوتِهِ ما كان إلّا تَضلِيلًا منه أو اختِلاقًا مِن القَول.

ثُمَّ أُعلِن بعد ذلك عن مَوتِهِ المُفاجِئ الَّذي جاء قَتْلًا، ورُجِّح أَنَّ عُمَر أَخْطأ الظَّرفَ المناسب فنَفى مَوتَه وأَكّد على دُخولِه دور السِّتر لِأَربعين يومًا، وكان في مُراده مِن ذلك أنْ يَسبِق قَولَه بِنَفي إمكان وُقوع المَوتِ على النَّبِيّ مُحَمَّد صَلَّى الله عليه وآله وما ارتُكِبَ في حَقِّ النَّبِيِّ مِن جَريمة اغتِيال بِالسُّمّ ويُفَنِّد ما كان يُتداول على أَلْسُن المُسلِمين في المدينة مِن تَساؤلات حول هُوِيَّة القَتلة والمُنقلِبين على الأَعْقاب بِناءً على ما نَبَّأت بِه الآية الكريمة وقَطَعَت.

ثُـمَّ كان لِأَبِي سُـفيان وحِزبِـه دَورٌ فعَّـالٌ في إِثـارة واقِعَـة الاغتِيـال وبَـثِ مُسـتجِدّاتها في المُسـلِمِين، ومِـن ورائهـما عُثـمان بـن عَفّـان يَمدّهـما بِالتَّفاصِيـل الجارِيَـة في بَيـتِ رَسُـول الله صَـلَّى عليـه وآلـه. فاضْطَـرّ عُمَـر أَنَّ يسـتَدرك موقِفَـه بِإنْـذارٍ شَـدِيد اللَّهجَة طالمـا وَجَّهَـه إِلى الجِهـة القائلـة بِمَقْتَـل النَّبِـيّ صَـلَّى الله عليـه وآلـه، وأَنْ يحـرص كُلّ الحِـرص عـلى نَفْـى نَبـأ مَـوت النَّبِـي صَـلَّى الله عليـه وآلـه جُملـةً وتَفصِيـلًا، مُخالفًـا بِذلـك معنـى الآيـة الكريمـة ومُنـذِرًا بِقَتـل كلِّ مَـن آمَـن بِالآيـة بِوَصفِهـا وَحْيًـا، ولا يُخطِـئ نَبـأُ الوَحْـي حيـث أَتـى.

لقـد أَثـار عُمَـر زَوبعـةً مِـن الجَـدال في المَدِينـة حَـول طُـروء المَـوت عـلى النَّبِـيّ صَـلَّى الله عليـه وآلـه حتَّـى يَـأتِي أَبُـو بكـر مِـن بَعـدِه في تَواطـؤ مِنهـما لِيُزِيـلَ هـذا اللَّبـس المُدبَّـر ويَقطـعَ دابـر (الفِتْنَـة) المُخْتَلَقـة هـذه وَيُؤكِّـد لِلنَّـاس بِعلْمِـهِ الخـاصّ عـلى حَتمِيَّـة وُقـوع المَـوتِ عـلى النَّبِـيّ صَـلَّى الله عليـه وآلـه حَتـف أَنفِـهِ ولَيـس اغتِيـالًا!

فانْصَرَفَـت اهتِمامـات النَّـاس في المَدِينَـة عـن البَحـث في تَفاصِيـل عَمَلِيَّـة القَتـل الَّتي أَكَّـدَت الآيـةُ الكريمـة عـلى وُقوعهـا حتـمًا مَقضِيًّـا، وانْقلَبـت أَحادِيثُهـم مِـن البَحْـث عـن هُوِيَّـة القَتَلـة وعـن سـاعَة وُقُـوع الانْقـلاب عـلى الأَعْقـاب المُرتَقبَـة عـلى حَسـب النَّسَـق الـوارِد في نبـأ الآيـة الكَرِيمَـة ومعنـاه ـ إِلى الجِـدال في احتِـمال وُقـوعِ المَـوت عـلى النَّبِـيّ صَـلَّى الله عليـه وآلـه حَتـفَ أَنفِـهِ أَو عَدمِـهِ!

ولا يُسـتَبعد أَنَّ يكـون أَبُـو سُـفيان قـد اسـتَغلّ الظَّـرف المُسـتَجدّ، فهَيَّـأ الأَمـر لِعَملِيَّةِ ابتِـزازٍ كُـبرى يَطـوف بها بـين الصَّحابـة الخَمسَـة أَقطـاب (صَحِيفَـةِ مكَّـة الثَّانِيَـة) قُبيل إِقدامِهـم عـلى تَنفيـذ الإِنْقـلاب. فالأُمويُّـون هـم أَكثـر النَّـاس حِنكَـة في إِدارة اللُّعبَـة السِّياسَـيَّة وشُـئون الحُكـم ولم يُقـرِّروا بَعـد تَنفِيـذ انْقـلابٍ خاطِـفٍ مُضـادٍ عـلى فَلْتَـهِ مَـن يَرونَهـم أَرْذَل أَراذِل مَكَّـة وأَذلّ أَذِلّائهـا نَسَـبًا وحَسـبا. فالظّـروف مِـن بَعـد فَتـح مَكَّـة مـا زالَـت مُعقَّـدة ولمّـا يَنس المُسلِمون ضَحايـا الحُـروب الَّتـي خاضُوهـا مـع

مُشركي مَكَّة بِقيادَةِ الأُمويِّين. فجَرَي العَمل مع المُنقلِبين بِمُقتَضى عَمليّة ابتزاز إذْ يَتكتَّم الأُمَويِّين فيها على سِرّ عَمليّات الصَّحابَة الخَمسَة المُنفَّذة لاغْتِيال النَّبيّ مُحمَّد صَلَّى الله عليه وآله في مُقابِل اتِّفاق (مُحاصَصَة) يَنال بِمُوجِبها الأُمويُّون حصَّةً مُناسِبَةً ومُجزيَة مِن قوام دَولة (الخِلافَة). فكانَت وَلايَةُ الشَّام مِن حِصَّة الأُمَويّين فَتحًا وإدارةً لا يُنازِعهم عَليها أَحَدٌ، وكان تَعيينُ عُثمان خَليفةً مِن بَعدِ عُمر حِصّةً مِن الحِصَّص.

لم يَكن أَبُو بَكْر يَتوقَع أَنْ يَنفرِدَ عُمَر بِمَوقِفِه فيَنقلِب عليه ويَتواطأ مَع الأُمويِّين على قَتلِهِ فِي مَرَضِهِ على ذات الطَّرِيقة المُتَّبعة في اغْتِيال النَّبِيّ صَلَّى الله عليه وآله فِي مَرَضِه، فكانَت مُدّةُ خِلافة أَبِي بَكر قَصِيرةً جدًّا لم تَتجاوز السَّنَتين تَقريبًا حَيث فَقَدَ الأَقْطابُ الخَمْسَة الثِّقَة في عَهْد صَحِيفَتِهم ودارَت رَحَى الظُّنون والشُّكوك ثُمَّ المُكايدة والقَتل فيما بَينَهم!

يُمكن القَول بِأَنَّ سِرّ عَمليّة اغتيال النَّبيّ صَلَّى الله عليه وآله بِالسُّمّ قد ذاع صِيتُه وعمّ بِكُلِّ تَفاصِيله بين المُسلِمين بِناءً على نَبأ الآيةِ الكريمةِ مِن سُورة آل عِمْران. ولِلأُمَويّين دَورٌ في تَسرِيبِ التَّفاصِيل والإِذاعَة، حتَّى تَضارَبت الآراءُ والمَواقِفُ وساد في المَدِينة الهَرجُ والمرجُ قَبل الإِعلان المُفاجِئ عن رَحِيل الرَّسول صَلَّى الله عليه وآله الَّذي استُدرِك بِمدَّةٍ زَمنيَّةٍ قصيرة ذُكِر فِيها أَنَّ النَّبِيّ صَلَّى الله عليه وآله صار يَتعافى مِن مَرَضِه.

مِن هُنا عمد عُمَر إلى أَبِي سُفيان وحِزبِه في بادِئ الأَمْر ووَصَفَهُما بِـ(المُنافِقين)، ووَجَّهَ إِنذارًا شَديد اللَّهجة إلى الأُمويِّين الَّذين استَغَلّوا عِلْمَهم بِتَفاصيل عَمَلِيّات اغتيال النَّبيّ صَلَّى الله عليه وآله ومنها الأَخِيرة القاضِيَة فوَظَّفُوه لِلابتِزاز السِّياسِي بين الصَّحابة المُنقلِبين، ثُمّ تَحالَف عُمَر مَعهُم في ظُروفٍ مُتقَدِّمَة مِن عهد خِلافَة أَبِي بَكر!

ـ تَرَقُّبُ ساعَةَ الرَّحِيل

مَـرَّت سـنَتان عـلى فَشَـلِ أَخْطَـر مُحاوَلـة نُفِّـذت لاغْتِيـال النَّبِـيّ صَـلَّى الله عليـه وآلـه وكادَت تَصنـع حَربًـا أَهلِيّـةً في المَدِينـة وتفصِـم عُـرى التَّـوادّ والمَرحَمَـة القائمـة بـين المُسـلِمِين وتُقسِّـمهم إلى مُهاجِريـن وَجَـبَ تَرحِيلُهـم إلى مَوطِنِهـم مَكَّـة حيث مَعيشـة الجاهِلِيَّـة وأَنْصـار يَسـتعِيدون سِـيادَتهم عـلى مَيدنَتِهـم حيـث مَوطِـن المُغالَبـة بَـين الأَوْس والخَـزرَج.

وكان أَبُـو سُـفْيان ومِـن وَرائـه حِـزب الأُمَويِّـين في هاتَـين السَّـنتَين يَترقَّبـان مَقتَـلَ النَّبِـيّ صَـلَّى الله عليـه وآلـه إِذْ حانَـت السَّـنة الحادِيَـة عَـشر لِلهِجْـرة، وهِـي ذات السَّـنَة الَّتـي بَلَـغَ فيهـا النَّبِـيُّ صَـلَّى الله عليـه وآلـه سِـنَّ الثَّالِثَـة والسِّـتِّين، وهِـي ذاتُ السِّـنّ الَّتـي أَنْبـأ النَّبِـيُّ صَـلَّى الله عليـه وآلـه بِرَحِيلِـهِ وصَرَّح بِهـا لِأَبِي سُـفيان، وأُمُّ حَبِيبَـة بنـت أَبِي سُـفيان وزوجُ النَّبِـيَّ صَـلَّى الله عليـه وآلـه هـي واحـدةٌ مِـن بـين المَصـادر الخَبَرِيَّـة المُهِمّـة لِلحِـزبِ الأُمَـوي المُتَرَقِّـب لِسَـاعة الرَّحِيـل.

وفي سَـعيِهِم لاسـتِباق الحَـوادِث اجْتَهَـد أَقطـابُ (صَحِيفَـة مكّـة الثَّانِيَـة) في مَسـاعِيهم لاغْتِيـال النَّبِـيّ صَـلَّى الله عليـه وآلـه ولَمْ يَأبَهـوا بِمَوعِـد القَتـل والوَفـاة المُقـدَّر مِـن رَبٍّ لا يُؤمِنـون بِـه ومِـن نَبِـيٍّ لا يَعتقِـدُون بِنُبوَّتِـهِ ولا بِعلِمِـه وعِصْمَتِـه أَو وَحْـي يَتلَقّـاه. فسـارَعوا إلى عَملِيَّـة الاغتِيـال الأَخِـيرة بِالسُّـمّ وأَصرّوا عـلى تَنفِيذهـا في مُقابِـل إِصْرار النَّبِـيّ صَـلَّى الله عليـه وآلـه عـلى تَبلِيـغ مـا أُنْـزِل إلِيـه وأَخْـذِ البَيعـة لِعَليّ أَمِـير المؤمنـين صَلـواتُ الله وسَـلامُه عليـه عـلى الرَّغْـم مِـن شِـدّة التَّدافُـع في المَدِينَـةِ وبُلوغِـهِ الـذّروة، فنَفّذوهـا وقَتلُـوه صَـلَّى الله عليـه وآلـه.

عنـد مَطلـع السَّـنَة الحادِيَـة عَـشر لِلهِجـرَة باتَـتْ الحـوادثُ ومواقيتُهـا يَجريـان في غـير صالـحِ أَقطـاب (صَحِيفَـة مكّـة الثَّانِيَـة) وحُلفائهـم. فقَـد أُعدِمَـت خِيـاراتُ القَضـاء عـلى النُّبـوّة في إِثْـر تَحقّـق الضَّـمان بِـدَوامِ وجـود الرِّسـالَة عـبر الـوَلِيّ المُختـار

مِـن السَّـماء وعُـزِّزَ مُسـتقبلُها بِإِمامَـةِ الخَلِيفَـة عَـلِيّ أَمِـير المُؤمِنـين صَلـواتُ الله وسَـلامُه عليـه، ومُنِيَـت كُلّ أَعـمال الصَّحابَـة المُنافِقِـين وأَسـالِيب مَكْرِهـم بِالفَشـل أَمـام مُعجِـزَة البَقـاء حتَّـى سِـنِّ الــ٦٣ وقـد جَحَـدوا بِوُقُوعِهـا، وصـارَ في حُكـم المُستَحِيل أَنْ يَتمكَّـن أَحـدٌ مِـن قَتـلِ النَّبـيِّ صَـلَّى الله عليـه وآلـه قَبـل حُلـول السَّـنَة الموعُـودَة، ولم يَتبـقَّ في حَـوزَة أَقطـاب (الصَّحِيفَـة الثَّانِيَـة) المُنقلِبـين إِلَّا خِيـار قَتـلِ النَّبـيّ صَـلَّى الله عليـه وآلـه في بَيْتِـهِ.

ولَيـس مِـن شَـكٍّ في أَنَّ مَوعِـد المـوت المُـصرّح بِـه قَبـل حِـين وُقوعِـهِ كان مِـن دلائـل نُبـوَّة مُحمّـد صَـلَّى الله عليـه وآلـه وعِلمِـه بِـما كان أَو يَكُـون، وأَنَّ الجَمـع بـين مَوعِـد الرَّحِيـل الَّـذي سـاقَه النَّبـيُّ صَـلَّى الله عليـه وآلـه لِأَبي سُـفيان ومَعنـى الآيـة مِـن سُـورة آل عِمْـران يَكشِـف بِـما لا يـدعُ مَجـالًا لِلشَّـك أَنَّ في الأَمْـر مُؤامـرَة لَـنْ يَرتكبهـا الأُموّيـون لِوَحدِهِـم وإِنَّـما هُـم بالغـوا في رَصْـد يَومِيّاتهـا لحظـة بِلَحظـة وابتـزوا بهـا الصَّحابَـة الخَمسَـة أَقطـاب (صَحِيفـة مكّـة الثَّانيـة) المُنفِّذِيـن ونالـوا حِصَّتهـم والغُنـم منهـا عـبر مُمَثِّلِهـم ووَسِـيطِهِم عُثـمان بـن عَفّـان الَّـذي اقـترب مِـن عُمَـر بِمُباركَـةٍ وتَأييـدٍ ودَعـم مِـن البَيـت الأُمَـوي، واشـتَرَك معـه في اغْتِيـال أَبِي بَكـر في مَرَضِـهِ وزَوَّر وَصِيَّتـه ورَفـعَ بهـا مِـن شَـأن عُمَـر وجَعلـه الـوارِث لِخلافَـةِ سَـلَفِه بِالقُـوّة النَّاعِمَـة.

إِنَّ خِيـارَ الاغْتِيـال الصَّعـب والأَخِير قـد مُـدَّ لـه فأَتَـى عـلى النَّبـيّ مُحمّـد صَـلَّى الله عليـه وآلـه فقَتَلـه، وقـد تَـمَّ تَنفِيـذ عَمليّـة القَتـل في مَدينَـة الأَنْصـار وعاصِمَـة النُّبـوّة عَـلى أَيـدِي أَزواجِـه وأَنسـابِه مِـن أَقطـاب (صَحِيفَـة مكّـة الثَّانِيَـة) وفي بَيْتِـهِ وتَحـت رَصـدٍ مُحكَـمٍ مِـن الأُمَويّـين الَّذيـن عـزَّزوا مِـن تَحالُفاتِهـم ووَسَّـعوا مِـن شَـبكة عُيونِهِـم.

أَمسَـت الأَوضـاع الرّاهِنـة مُعقَّـدة جِـدًا، وكُلّ التَّكهُّنـات أَشـارَت إِلى أَنَّ نَصيب بَنِـي تَيـم وبَنِـي عَـدِي مِـن الخِلافَـة سـيَكون مَعدومًـا، ولا مِـن شَـطرٍ لهـما ولا

لِلأُمَوِيِّـين منهـا إِنْ تقـدَّمَ عَـلِيٌّ أَمِـير المؤمنـين صَلـواتُ الله وسَـلامُه عليـه فاسـتَلَم (السُّـلطة) بِنـاءً عـلى مـا جَـرى مِـن بيعَـةٍ في يَـوم الغَدِيـر، ولا مِـن فُرصَـةٍ سـانَحةٍ تَبـدو في الأُفـقِ السِّـياسِي لِوُقـوع انْقـلابٍ مُفاجِـئٍ بِقِيـادَة الأُمَوِيِّـين المُسـتنْزَفِين في إِثْـر فَتـحِ مَكَّـة، فـإِنْ أَتَـى هـذا الأَمْـرُ فهـو عـلى خِـلاف مـا نَبَّـأَت بِـه الآيَـةُ الكَريمَـة.

لَم يَتخَـطَّ الأُمَويُّـون بعـد مَرحَلـةً مِـن النَّقاهَـة أَو تَأهِيـل مَناسِـب لِمـا اسـتُنزِف مِـن وُجودِهِـم ونُفوذِهـم بـين القَبائـل. فـإِنْ تَلقّاهـا عَـلِيٌّ أَمـير المؤمنـين صَلـواتُ الله وسَـلامُه بِبَيعَـةِ الغَدِيـر فإِنَّهـم سَـيُصابون بِخَيبـة أَمَـلٍ مُضافَـةٍ ومُضاعَفَـةٍ وسـيحبَطُ عَمَلُهـم مِـن جَدِيـد ولَـن تَقـومَ لهـم قائمـة في عَهـدِه صَلـواتُ الله وسَـلامُه عليـه ولا مِـن بَعـدِه.

وعندمـا انْقَلـبَ المُنقلِبُـون وحَكَـم أَبُـو بكـر في المُسلِمِين؛ انْتَصَبـت قامَـةُ الأُمَوِيِّـين ورَفَعـوا رُؤوسَـهم وانْتَعشـوا إِذْ صـار نَصِيبُهـم في الدَّولَـةِ أَوفَـر حَظًّـا، وقـد ضَمنـوا كَسـب مَقعـد الخِلافَـة بِعُثمان بـن عَفَّـان عندمـا جَعَلـوا مِـن عُمَـر قَنطـرةً لِعُبورهـم إِلى أَعـلى سُـلطة في الدَّولـة مُقابِـل تدخُّلِهـم المُبـاشر لِإِرْغـام أَبِي بَكـر عـلى جَعـل الخِلافَـة مِـن بَعـده في عُمَـر والعـدول عـن قَـرار إِقصائـه، كـما ضَمنـوا حِمايَـة مَكسَـبِ عُثمان بِجَعـل وَلايَـة الشَّـام لهـم خاصَّـة فتحًـا وإِدارةً.

لم تُجـزِ المُكافئـة الَّتـي قَدَّمهـا أَبـو بَكـر لِلأُمويِّـين لِقـاء بَقـاءِ مَوقِفهـم عـلى الحِيـاد أَو كَسْـب وِدِّهـم وتَعزيـز العلاقـة المُبـاشِرَة مَعَهُـم وتَحريـر يَـدَي عُمَـر مِـن كَيدِهـم ومَكرِهـم ومِمّـا نصبـوه لـه مِـن فِخـاخ يَبغـون بهـا المُبالَغـة في استِغلالِ ضَعـفِ عُمَـر أَمـام صاحِبـه الماكـر أَبِي بَكـر. فقـد جَعـل أَبُـو بَكْـر مِـن يَزيـد بـن أَبِي سُـفيان قائـدًا لِلجَيـش الرَّابـع المُتوجِّـه إِلى الشَّـام لِفَتحهـا، وَزايـد عُمَـر في إِثْـر مَقتَـلِ أَبِي بَكـر عندمـا سَـلَّم الأُمَوِيِّـين وَلايَـة الشَّـام مِـن بَعـد فَتحِهـا ومَنَـعَ خالِـد بـن الوَلِيـد مِنهـا وعَزَلَـه وفَـرَضَ عليـه الإِقامَـة الجَبريّـة في مَدِينـة حِمْـص حتَّـى ساعة وَفاتِـهِ في عـام ٢٢هـ عِقابًـا لَـه عـلى وَلائـه المُطلَـق لِأَبِي بَكـر الَّـذي كافـأَهُ وأَسـقَط عنـه حُكـمًا بِالرَّجـم

حتَّـى المـوت مُقابِـل وُقُوفِـهِ إلى جانِبِـهِ في الضِّـدّ مِـن نفـوذ عُمَـر.

في مِثـلِ هـذه الظَّـروف الحَرِجـة حيـث كان الجَميـعُ يَترقَّـب رَحِيـلَ النَّبِـيّ صَـلَّى الله عليـه وآلـه إلى بارئـه عَـزَّ وَجَـلَّ، نَشـطت كُلُّ دَوائـر (النِّفـاق) فأَعَـدّت العـدّة لِفَـرضِ سِـيادَتِها عـلى مُجتَمعَـي المَدينـة ومكّـة، وبـات الجَمِيـع يُحـصي عـدد الأَيَّـام الأَخِـيرة مِــن حَيــاة النَّبِـيّ صَــلَّى الله عليـه وآلـه وفـق حسـاب المَوعِـد الَّـذي ضُرِب لِأَبِي سُـفيان، ولكنَّهـم بُهِتُـوا بِالنِّـداء العاجِـل وعـلى خِـلافِ كُلِّ التَّوقُّعـات والتَّكَهُّنـات!

فِفِـي الثَّالِـث مِـن شَـهر صَفـر عَـزم النَّبِـيُّ صَـلَّى الله عليـه وآلـه عـلى مُحاربـة الـرُّوم البِيزَنطِيِّـين في الشَّـام بجَيشٍ كَبـيرٍ، وأَمَـر صَـلَّى الله عليـه وآلـه الصَّحابَـة بِإنفـاذِ أَمـرِهِ عـلى أَنْ تَخلـو المَدِينَـة مِـن الصَّحابَـة إلَّا القَلِيـل مِمّـن صلـح لِمُهِمَّـة الدِّفـاع عن أَسْـوارِها وحِمايَـة أَمْنهـا الدّاخِـلي، وأَنْ يَلتَحِـق الجَمِيـعُ بِجَيـش أُسـامَة بـن زَيـد الَّـذي لم يَتَجـاوز سِـنّ الــ ١٨ عاما.

خابَــت آمــالُ الصَّحابَــة المُنافِقِــين ومِــن خَلْفِهــم الأُمَوِيِّــين عنــد لَحظَــةِ صُــدور الإعـلان الأَوّل لِنَفِـير الحَـرب، وهُـم الَّذيـن عَوَّلـوا عـلى سـاعَةِ رَحِيلـه صَـلَّى الله عليـه وآلـه في المَوعْـدِ المُحـدَّد الَّـذي تَلقّـاه أَبُـو سـفيان عـن النَّبِـيّ صَـلَّى الله عليـه وآلـه مِـن بَعدمـا كذَّبـوه ولم يُؤمِنـوا بـه مَوعِـدًا نـازِلًا عـن السَّـماء. فعَـمَّ الارتِبـاكُ في أَوسـاطِهِما مـع نَفـاد آخـر الخِيـارات الَّتـي قرَّرهـا الصَّحابـة الخَمسَـة أَقطـاب (صحِيفَـة مكّـة الثَّانِيَـة).

صَـدر أَمْـرُ النَّبِـيّ صَـلَّى الله عليـه وآلـه عـلى حِـين غِـرّة بِنُـزُوح الصَّحابَـة جميعًـا إلى الجُـرف لِلمُشـاركة في حَـربٍ مَصِيريّـةٍ قادِمَـة لم تَكُـن مُتوقَّعـة. فاضْطَرَبَـت التَّحالُفات السِّياسِـيّة وجُمِّـدت الإِجْـراءات المُتَّخـذَة مِـن قِبَـل أَقْطـاب الصَّحِيفَـة الثَّانِيَـة واختَلَّـت مَوازِيــن اللّعبَــة الَّتــي رَسَــمَها الأُمَوِيُّــون وعَلّقــوا عليهــا آمالهــم في الضِّــدّ مِــن وَلايَــة عَـلِيّ أَمِـير المؤمنـين صَلـواتُ الله وسـلامُه عليـه. ولا مِـن أَحَـدٍ يَسـتطِيع أَنْ يَتكَهّـن

علـى عُجالـة بِـما ستُسـفِر عنـه هـذه الحَـرب إذْ هـي بَعيـدةُ المَيـدان جغرافِيًّـا، وأنَّ مُواجَهـة الـرُّوم تنطَـوِي عـلى مُجازَفَـة عَسـكَرِيّة كُـبرى، وأنَّ النّـصر فِي هـذا الظَّـرف الدَّاخِـلي المُعقّـدّ هـو أَقـرَب إلى المُسـتحِيل.

أَمْسَـت الوقائـع المُسـتَجِدّة كُلّهـا تَتطَلّـب الإسراع في تَنفِيـذ انْقـلابٍ يَنجُـم عنـه تَعطيـل أَمْـر الرَّسُـول صَـلَّى الله عليـه وآلـه وإنْ اقتَـضَى ذلـك اغْتِيالـه صَـلَّى الله عليـه وآلـه. ولم يَعـد الزَّمَـن يَجـري في صالِـح أقطـاب (صَحِيفَـة مكّـة الثَّانِيَـة) ولا عـلى هَوى الحِـزب الأُمَـوِيّ، وأنَّ الرّهـان عـلى تَنفِيـذ الانْقِـلاب أَو الوُلُـوج بالمُسـلِمِين في أَزمَـةٍ أَهلِيَّـةٍ يَضمَـنُ الأُموِيُّـون اشـتِعال أُوراهـا قَبـل رَحِيـل النَّبِـيّ صَـلَّى الله عليـه وآلـه ـ لَيـس في دائـرة إمْـكان أَحـدٍ مِـن أقطـاب الصَّحِيفَـة ولا بِتَحالُفِهـم مـع الأُموِيِّـين.

فـما كان مِنهـما إلَّا الاسْتِسـلام لِلواقـع حيـث عَقـدا العَـزم عـلى الانْتِظـار ومُراقبـة آخـر تطـوُّرات المَوقِـف حتَّـى حِـين حلـول المَوعـد المقـدَّر لِوَفـاةِ النَّبِـيّ صَـلَّى الله عليـه وآلـه الَّـذي قـد يَتجـاوَز السِّـنّ الَّتـي صَرَّحَ بِهـا مِـن قَبْـل.

جيـشُ أُسـامَة ومـا أَدراك مـا جيـش أُسَـامَة.. لم تَشـهد قَضِيَّـةٌ تأرِيخِيَّـةٌ كَثافَـةً في الوَضْـع والاخْتِـلاق والتَّزويـر والتَّلفِيـق والتَّشْـكِيك والتَّشـطِيب مِـن بَعـد بَيعَـةِ الغَدِيـر أَكثـر مِمَّـا نـال التَّدوِيـن في تَغطِيَـة سِـيرة إنفـاذ جَيشِ أُسـامَة. وكانَـت الدَّوافـع في ذلـك كثـيرة، أَتَـى عـلى رأس قائمَتِهـا تلـك المحاولـة الجـادَّة لِتَبرئـة سـاحة الصَّحابة المُنافِقـين مِـن كَبـيرةِ عصيـان أَمْـر النَّبِـيّ صَـلَّى الله عليـه وآلـه وتَبريـر تَخلّفهـم عـن جَيـشِ أُسـامة عـلى الرَّغْـم مِـن وضـوح العاقِبَـة بِـ(اللَّعـن) وشـمولها لِـكُلّ مُتخلِّـف عـن أُسَـامَة ثـلاث مَـرّات.

فهَـل تَخلَّـف الصَّحابَـةُ الأَوَّلـون عـن جَيـشِ أُسـامَة وعَـصى كُبراؤهـم الرَّسُـولَ صَـلَّى الله عليـه وآلـه حقًّـا، ومَـن هُـمْ عـلى وَجـهِ التَّحديـد، وهَـل شَـملهم اللَّعـنُ أَمْ اسـتُثنوا لِظَـرف خـاصٍّ أَو مَصلَحَـةٍ طارئـة؟!

في الأُسْبوع الأَخِير مِن شَهر صَفر وقَبيل رَحِيلِهِ بِأَيّامٍ أربعة نُودِيَ بتَجهيز الجيش وإِعداد عدَّتِهِ وباللَّحاق بِه في الجُرف على بُعد ثَلاثة أميال تَقريبًا مِن المَدينة بِاتِّجاه الشَّام، (فلَمْ يَبقَ أَحدٌ مِن وُجوه المُهاجِرين الأَوَّلِين والأَنصار إِلّا انتُدِب في تِلك الغَزوة، فيهم أَبُو بَكر وعُمر بن الخطَّاب وأَبُو عُبيدة بن الجرّاح وسَعد بن أَبي وقَّاص وسَعيد بن زيد.. «وطَلحة وأَبُو سُفيان وخالِد بن الوليد وعبد الرَّحمن بن عوف وغيرهم».

وبَعد يَومَينِ مِن صُدور الأَمْر بإِعْدادِ الجَيش بَدأَت أَعراضُ المرض تَظهَر مِن جَدِيد على جَسَد رَسُول الله صَلَّى الله عليه وآله فحمّ وصدع. فلَمّا أَصبح يَوم الخَمِيس عَقَد لِأُسامَة لواءً بِيَدِه)[1]. وكان الرَّسُول صَلَّى الله عليه وآله (قد أَمَر بحَملة أُسامة إِلى الشَّام يَوم الاثْنَين وسُمّ يَوم الأَربعاء)[2]. وقال ابنُ الأَثِير: وأَعَبّ مع أُسامة المُهاجرُون الأَوَّلون، مِنهم أَبُو بكر وعُمَر. فبَينما النَّاسُ على ذلك ابتَدأ بِرَسُول الله صَلَّى الله عليه وآله مَرضُه)[3].

ومُنذ أَنْ عُقِد اللّواء لِأُسامَة إِلى حِين شَهادة الرَّسُول صَلَّى الله عليه وآله عاني الرَّسُول مِن آثار مَرَضِه الأَوَّل، وقِيل أَنَّها مُدَّةٌ استَغرَقَت ١٣يَوما.. في هذه المُدَّةِ القَصِيرة مِن أَواخِر عُمُره الشَّريف جرَت الحوادث في سُرعةٍ مِن أَمرها وتَضارَبَت الأَنباء حول وَضعِهِ الصِّحِّي، فاضْطَرب جيشُ أُسامة بِما أَشاعه الصَّحابة أَقطاب (صَحِيفَة مكّة الثَّانِيَة) والأُمَويُّون مِن إِشاعاتٍ وأَنباءٍ مُختَلَقة غَطَّت أَرجاء المَدِينَة وعَمَّت صُفُوف الجَيش الَّذي يُراد تأجيل ساعة انْطلاقِهِ إِلى الشَّام بِقُوّة الشَّائعة وعلى الرّغم مِمَّا عزم أُسامَة.

في مَطلع هذه الوقائع تَأَفَّف الصَّحابةُ أقطاب (صَحِيفة مَكّة الثَّانِية) فَقَرَّروا

---

1 - الطَبقات الكُبرى، ابن سعد 249 /2

2 - نفس المصدر السّابق 190 /2

3 - الكامل في التّأريخ 317 /2

والخُلفـاء الأُمَويِّـين وغيرهـم مِـن القَبائـل والعشـائر تَكثِيـف مَظاهِـر الاحتِجـاج وأَكْثَـروا مِـن السّـخط الشَّـديد عـلى تَنصِيـب النَّبـيّ صَـلَّى الله عليـه وآلـه لِأُسـامَة قائـدًا لِلجَيـش ولمّـا يَتجـاوز عُمُـره الثَّمانِيَـة عَـشَر عامًـا وفي القـوم صَحابَـةٌ مُصَنَّفـون في قائمـة الأَقـدَر عـلى إِمْـرة الجَيـش في حيـن أَنَّهـم كانـوا مِـن الجُبنـاء الَّذيـن اعتـادوا الفَـرَّا مِـن مَيادِيـن الحَـرب.

وتَعلَّـل بَعـض الصَّحابـة بِحُزنِـه الشَّـدِيد عـلى النَّبِـيّ صَـلَّى الله عليـه وآلـه والرَّغبـة الجامِحـة لِلاطْمِئنـان عـلى وَضْعِـه الصِّحّـي الصَّعْـب، والنَّبِـيُّ صَـلَّى الله عليـه وآلـه في المدينـة مـا زال يَأمُرهـم بِإِنفـاذ الجَيـش ويَحثّهُـم عـلى الالْتِحـاق بِـه ويُكَـرِّر وُجـوب انْضِـمام كُلّ الصَّحابَـة إِليـه عـلى وَجْـه السّرعـة ويُفَنِّـد أَعذارهـم ويُذلِّـل مَصاعبهـم ويُسـقِط عِلَـل المُتَردِّديـن والمُتخاذِلـين ويَشـدِّد مِـن لَعْـن المُتَخلِّـف مِنهـم عـن الجَيـش، ويُـوصِي بِالجَيـش وأُسـامة خَـيرًا، حتَّـى قالـوا (يَسـتعمِلُ هـذا الغُـلام عـلى المُهاجِريـن الأَوَّلِـين)!

فغَضِـب رَسُـولُ الله صَـلَّى الله عليـه وآلـه غَضَبًـا شَـدِيدًا، وخَـرج مِـن بَيتِـه وقـد عَصَـبَ عـلى رأسـه عصابَـة وعليـه قطيفـة، فصَعـد المِنـبر فحَمَـد الله وأثنـى عليـه ثُـمَّ قـال: أَمَّـا بعـد أَيُّهـا النَّـاس، فـما مقالـة بَلَغتنِـي عـن بَعضِكـم في تَأْمِـيري أُسـامة، ولِئـن طَعَنتُـم في إِمـارتِي أُسـامة لقـد طعنتُـم في إِمـارتي أَبـاه مِـن قَبلـه، وأَيـم الله إِنْ كان للإِمـارة لَخَلِيقًـا وإِنَّ ابنـه مِـن بَعـدِه لَخَلِيـق لِلإِمـارة، وإِنْ كان لَمِـن أَحَـبّ النَّـاس إِلَيّ، وإِنَّهـما مَظنَّـة لِـكُلّ خـير، واسـتَوصوا بِـه خـيرًا فإِنَّـه مِـن خِياركـم)[1].

لم يَكـتَرِث الصَّحابـة أَقطـاب الصَّحِيفَـة الثَّانِيَـة والأُمَويّـون بِمَقـامِ النَّبِـيّ صَـلَّى الله عليـه وآلـه ومقالـه مطلقًـا (وقـد أَكثـر المُنافِقُـون في تَأمِـير أُسـامة)[2]، فحَكـم النَّبِـيُّ صَـلَّى الله عليـه وآلـه عليهـم بِاللَّعـن إِنْ هُـم خَذلُـوا أَمـرَه وتَخلَّفـوا عـن أُسـامة،

1 - الطّبقات الكبرى، ابن سعد 190/ 2

2 - تأريخ الطّبري 431/ 2

وقـال: جَهِّـزوا جيـشَ أُسـامة، لَعَـنَ اللهُ مَـن تَخلَّـفَ عنـه.

فقال قَومٌ: يَجبُ علينا امتِثالُ أَمْرِهِ، وأُسامة قد بَرز مِن المَدينة.

وقـال قَـومٌ: قـد اشـتَدّ مَـرضُ النَّبـيّ صَـلَّى الله عليـه وآلـه فـلا تَسـع قُلوبُنـا لِمُفارَقتِـهِ والحـال هـذه، فنَصبِر حتَّـى نُبصِر أيَّ شَيءٍ يكـون مِـن أَمْـرِه)[1].

في يَـوم الأَحَـد التَقَـى أُسـامةُ بـن زيـد النَّبـيّ صَـلَّى الله عليـه وآلـه حيـث كان النَّبـيُّ صَـلَّى الله عليـه وآلـه في صِحَّـةٍ مِـن بَدنـه (مُفِيـق مُريـح، وجَعـل نِسـاؤه يَتماشَـطن سُرورًا بِراحَتِـه، وتَبـاشر النَّـاسُ بِسُـؤال عَـلِيٍّ أَمـير المُؤمنـين صَلـواتُ الله وسَـلامُه عليـه عندمـا خَـرج مِـن عنـده: يـا أَبـا الحَسَـن كَيـف خَلَّفْـتَ رَسُـول الله؟ فأَجابهـم: أَصبَـحَ بِحَمـدِ الله بارِئًـا.

ثُـمَّ تَحـرَّكَ جَيـشُ أُسـامة في الطَّريـق إِلى الشَّـام ولكنَّـه لم يَسـتطع التَّقـدُّم كَثِيرًا عـن الجـرف بِسـبب سِـعَةِ تَثبيـط الصَّحابـة المُنافِقـين لِجَيشـه وعـدم انضِباطهـم والالتِـزام بِأَوامِـره، وهُـروبِ كُـبراء الصَّحابَـة مِنـه وتَسَـلّلهم إِلى المَدِينَـة وفيهـم أَبُـو بَكـر وعُمـر وعُثـمان وأَبُـو عُبيـدة وابـنُ عـوف ومُعاوِيَـة وابـنُ العـاص والمُغِـيرة وأَبُـو سُـفيان.

يَقـول الشَّـيخ المُفِيـد في الإِرْشـاد (انْـصَرفَ النَّبـيُّ صَـلَّى الله عليـه وآلـه إلى مَنزِلـه، واسـتَدعى أَبـا بَكـر وعُمـر وجَماعـة مِمَّـن حَـضر بِالمَسجد مِـن المُسـلمين ثُـمَّ قـال: أَلم آمركـم أَنْ تنفـذوا جيـش أُسـامة؟! فقالـوا: بَـلى يـا رَسُـول الله. قـال: فلِـم تَأَخَّرتُـم عـن أَمْـري؟! قـال أَبـو بكـر: إِنِّي خَرجـتُ (مـع أُسَـامَة) ثُـمَّ رَجعـتُ لِأُجَـدِّد بـك عَهـدًا. وقـال عُمَـر: يـا رَسُـول الله إِنِّي لم أَخـرج لِأَنِّي لم أُحِـب أَنْ أَسـأَلَ عنـك الرَّكـب. فقـال النَّبـيُّ صَـلَّى الله عليـه وآلـه: أَنفـذوا جيـش أُسـامة.. يُكرِّرهـا ثـلاث مـرَّات، ثُـمَّ أُغْمِـي عليـه مِـن التَّعـب الَّـذي لَحَقـه والأَسَـف. فمَكـثَ هُنَيهـة مغمِيًّـا عليـه

---

1 – المِلَل والنِّحل 23/ 1. شرح نهج البلاغة، ابن أبي الحديد 52/ 6

وبَكَى المُسلمون وارتَفع النَّحِيب مِن أزواجِهِ ووُلْدِه ونِساء المُسلمين وجميع مَن حضر مِن المُسلمين)[1].

لم يَمتَثِل أَبُو بكر لِأَمْر النَّبِيّ صَلَّى الله عليه وآله بِالعَودَةِ إلى حيث أُمِر، وأَصَرّ على الرَّفْض والعِناد والخذلان. وقِيلَ أَنَّه ذهب إلى زَوجه (مَليكة) في السُّنخ واختَبأ عندها ثُمَّ عاد بَعد يَومِين مِن شَهادَةِ النَّبِيّ صَلَّى الله عليه وآله حين أَرْسَل عُمر خلفه.

وخالَف عُمَر كذلك وبَقِي في المَدِينة إلى حِين شَهادة النَّبِيّ صَلَّى الله عليه وآله مِثل صاحِبه أَبِي بَكر، وبَعثَ عُمَر سالِمِ بن عُبيد إلى أَبِي بَكر يُخبِره بِمَوت النَّبِيّ صَلَّى الله عليه وآله. وهذا مِمَّا ينقض القولَ بِلُحُوقِهما بِجَيش أُسامة ويَنفِي صَلاة أَبِي بَكر بِالمُسلِمِين في المَسجد بِأَمْر مِن الرَّسول صَلَّى الله عليه وآله.

مِن جِهَتِه نَقَضَ ابنُ عبَّاس قولَ القائلِين بِامْتِثال الصَّحابة أَقطاب الصَحِيفَة الثَّانية لِأَمر النَّبِيّ صَلَّى الله عليه وآله فنَفَى ما قِيل عن التِحاقِهم بِجيش أُسامة، وسَجلَّ أقوالَ كُلٍّ مِن أَبِي بكر وعُمر وعُثمان وابن عوف وابن الجرّاح ومُعاوية وأَبِي سُفيان وابن العاص والمُغيرة، وجَعَلَهُم في قائمة الحاضِرين بِمَجلِس الرَّزِيّة مِن (يَوم الخَمِيس) الَّذي مَنَع فيه عُمر النَّبِيَّ صَلَّى الله عليه وآله مِن كِتابة الكِتاب العاصِم مِن الضَّلال، حتَّى قال عُمَر في ذلك اليَوم:

كُنَّا عند النَّبِيّ صَلَّى الله عليه وآله وبَينَنا وبَين النِّساء حِجاب. فقال رَسُول الله صَلَّى الله عليه وآله: اغسلُونِي بِسَبع قرب، وائتُونِي بِصَحِيفَة ودَواة أَكتُب لَكم كِتابًا لَنْ تضلّوا بَعده أَبدًا. فقالت النّسوة: ائتُوا رَسُول الله صَلَّى الله عليه وآله بِحاجَتِه. قال عُمر: فقُلتُ اسكُتنَ فإِنَّكُنّ صَواحِبه، إذا مرض عصرتُنّ أَعينكُنّ،

1- الإرشاد، الشّيخ المفيد 96

وإذا صَحَّ أَخذتُنَّ بِعُنقِه. فقال رَسُولُ الله صَلَّى الله عليه وآله: هُنَّ خَيرٌ مِنكم)[1].

ثُمَّ إِنَّ أَبا بكر وعُمر كانا في المَدِينة ولم يُسافرا إِلى خارِجها في حِينه، وهُما مِن بين الَّذين (لَدّوا)[2] النَّبِيَّ صَلَّى الله عليه وآله بَعدما لُعِنوا ثَلاث مَرّات على لِسان النَّبِيّ صَلَّى الله عليه وآله لِتَخلُّفهم عن جَيش أُسامَة.

ـ التَّباشِيرُ تَسْبِقُ لَحظَةَ الرَّحِيل

يُقرِّر الشَّهرِستانِي فِي مِلَلِهِ أَنَّ اليَوم الَّذي لَقِيَ فيه رَسُولُ الله صَلَّى الله عليه وآله أُسامَة بن زَيد وأَكَّدَ لَه فِيه على وُجوب إِنفاذ الجَيش (هو اليَوم الَّذي لَدّوه فِيه، فتَطَأطَأ أُسامَة عليه صَلَّى الله عليه وآله فقَبَّلَه.. ثُمَّ أَشار «النَّبِيُّ» إِليه بالرُّجوع إِلى عَسكَرِه والتَّوجُّه لِما بَعثَهُ فيه، فرَجَع أُسامَة إِلى عَسكَرِه)[3].

وفي ذات اليَوم كان النَّبِيُّ صَلَّى الله عليه وآله مُفِيقًا مرِيحًا، ونِساؤه يتَماشَطنَ سُرورًا براحَتِه، وتَباشِير النَّاسُ في هذا اليَوم ظاهِرَة بِقَول عَلِيٍّ أَمِير المؤمنين صَلواتُ الله وسَلامُه عليه بَعد خُروجه مِن عِنده (أَصْبحَ بِحَمْدِ الله بارِئًا). ولَمّا تَقدَّم أُسامةُ بِجَيشِهِ (جاءه رَسُولُ أُمِّ أَيْمَن فقال: إِنَّ رَسُولَ الله صَلَّى الله عليه وآله يَمُوت)[4].

فمَنْ الَّذي استَغَلَّ ضَعْف النَّبِيِّ صَلَّى الله عليه وآله عن مَرضٍ شُفِيَ مِنه

---

1 - طبقات ابن سعد 243/ 2 ￼ 244

2 - عن الأصمعي: اللّدود ما يُسقى الإنسان في أَحدِ شِقي الفم، الطب النبوي، ابن القيم الجوزي66/ 1. ولدد، اللَّدود: هو بالفتح من الأدوية ما يسقاه المريض. كنز العمال، المتقي الهندي 268/ 7 . اللَّد: فعلك باللَّدود حين تُلدّ به، وهو الدّواء يُوجَر في أَحد شِقي الفَم، وتقول: لددته أُلده لدا والجمع الدة. كتاب العين، الخليل الفراهيدي 9/ 8.. أخذ بلسانه فمده إلى أحد شدقي الفم وصبّ الدّواء في الشّدق الآخر فهو لاد وذاك ملدود ويقال لده باللّدود ولدَّه اللَّدود (المعجم الوسِيط) قال الفراء: اللّد. أَنْ يُؤخذ بِلِسان الصَّبِيّ فيمد إلى إحدى شِدقَيه ويُوجر في الآخر الدَّواء في الصدف بين اللِّسان وبين الشِّدق. ولده إياه وأَلده إِلدادا، وقد لَدّ الرّجل فهو مَلدود، وفي الحديث￼أَنَّهُ لدّ في مَرضِه فلَمّا أَفاق قال: لا يَبقى في البيت أَحدٌ إلا لدّ￼ فعل ذلك عقوبة هم لِأَنَّهم لَدّوه بِغَير إِذنِهِ (تاج العروس 236/ 5).

3 - المِلَل والنِّحل، الشَّهرستاني 23

4 - نفس المصدر السابق 23

لِلتَّـو، فأَخـذَ بلسـانِه بِالقُـوَّة ومَـدَّه إلى إِحـدى شـدقَيه ووَجَـرهُ فِي الآخـر بِالسُّـمِّ في الصـدف بَـين اللِّسـان والشِّـدق فلَـدَّه حتَّـى انتكسَـت صِحَّتـه واستُشـهِد فُجـأة؟!

ولِمـاذا ذَهبَـت الشَّـائعات إلى القَـول بِـأَنَّ شَـهادتَه بعـد خُـروج أُسـامَة مِـن لِقائـه صَـلَّى الله عليـه وآلـه مُبـاشرةً كانـت بِالسُّـمّ الَّـذي تَعاطـاه بِخَيـبر في السَّـنة السَّـابِعَة لِلهِجـرَة ومـاتَ بِـه اليـوم، أَي بَعـد أَربـع سـنَواتٍ مِـن يَـوم هـذه الواقِعَـة؟!

أَقـام النَّبِـيُّ صَـلَّى الله عليـه وآلـه مُـدَّة يومَـين مُتَتالِيَـين في بَيـتِ أُمِّ سَـلَمة رِضْـوان الله تعـالى عليهـا، فجاءتهـا عائشـةُ تَطلُـب مِنهـا لَيلـةً يَبيـت النَّبِـيُّ صَـلَّى الله عليـه وآلـه عِندهـا حتَّـى يَستَمِر في العِـلاج تَحت رِعايَتِهـا. فَوافَقـت أُمُّ سَـلمة ومَعهـا بَقِيَّـة نِسـاء النَّبِـيِّ صَـلَّى الله عليـه وآلـه وأَذِنـت بِذلـك، فانتَقـلَ النَّبِـيُّ صَـلَّى الله عليـه وآلـه إلى بَيتِـهِ بِجِـوار عائشـة، وعندهـا وُجِـرَ السُّـمّ.

تَتحـدّث الرِّوايـات فِي كَيفِيَّـة وَجْـر عائشـة وحَفْصَـة السُّـمّ حَلـق النَّبِـيِّ صَـلَّى الله عليـه وآلـه (فلَـدّوه وهُـو مَغمـور، فلَـمّا أَفـاق صَـلَّى الله عليـه وآلـه قـال: مَـن فعـل بِي هـذا، هـذا مِـن عَمَـلِ نِسـاء جِئـن مِـن هاهُنـا، وأَشـار بِيَـده إلى أَرض الحَبَشـة)[1].

وفِي رِوايَـة ثانِيـة أَنَّ عائشـة وحَفصـة قالتـا لِأَبِي بَكـر وعُمـر (إِنَّـا لَنَـرى بِرَسُـول الله صَـلَّى الله عليـه وآلـه ذات الجَنْـب فهَلمُّـوا فلْنَلِـدّه فلَـدّوه، فَأَفـاق رَسُـول الله صَـلَّى الله عليـه وآلـه فقـال: مَـن فَعـل هـذا؟! فقالـوا: عَمُّـك العبَّـاس خَـوف أَنْ يكـون بِـك ذات الجَنْـب. فقـال رَسُـولُ الله صَـلَّى الله عليـه وآلـه إِنَّهـا مِـن الشَّـيطان، ومـا كان الله لِيُسـلِّطه عَـلَيَّ. لا يَبقـى في البيـت أَحـد إِلَّا لَدَدتّمـوه إِلَّا عَمِّـي العبَّـاس، فلُـدّ أَهْـل البيـت كلّهـم)[2].

وفي الرِّوايَـة الثَّالِثَـة: عـن عائشـة أَنَّهـا قالـت: لَددنـا رَسُـول الله فِي مَرَضِـه وجَعـل

---

1 -الطِّب النَّبوي، ابن الجوزي 688/ 2

2 - مُعجَم ما استُعجِم، عبد الله الأندلسي 322

يُشِير إِلينا أَنْ لا تلدُّونِي. فقلنا كَراهِيَّة المَرِيض بِالدَّواء. فلَمَّا أَفاق قال: أَلَمْ أَنْهَكُم أَنْ تلدُّونِي؟! قلنا: كَراهِيَّة الدَّواء. فقال صَلَّى الله عليه وآله: لا يَبقى مِنكم أَحدٌ إِلَّا لُدَّ وأَنا أَنظر إِلَّا العبَّاس فإِنَّه لم يشهدكم)[1].

وفي رِوايَة رابعَة عن عائشة أَنَّها قَالَت: إِنَّ رَسُول الله كانت تأْخُذُه الخاصِرة فتَشتَدّ بِه وكُنَّا نَقول: أَخذ رَسُول الله صَلَّى الله عليه وآله عرق الكِلْيَة، ولا نَهتدِي أَنْ نَقول الخاصِرة.. أَخذتُ رَسُول الله صَلَّى الله عليه وآله يومًا فاشتدَّت بِهِ حتَّى أُغمِيَ عليه وخفنا عليه، وفَزِع النَّاسُ إِليه، فظَنَنَّا أَنَّ به ذات الجَنْب فلَددناه، ثُم سُرِّيَ عن رَسُول الله صَلَّى الله عليه وآله وأَفاق فعَرِف أَنَّه قد لُدَّ، ووَجد أَثر ذلك اللّد، فقال: أَظنَنتُم أَنَّ الله سَلَّطها عَلَيّ؟! ما كان الله لِيُسلِّطَها عَلَيّ، والَّذي نفسي بِيَده لا يَبقى في البيت أَحد إِلَّا لُدَّ إِلَّا عَمِّي)[2].

وفي رِوايَة خامِسة عن عائشة أَنَّها قالت: (مات رَسُولُ الله صَلَّى الله عليه وآله مِن ذات الجَنْب)[3].

وفي رِوايَة سادِسَة قالت عَائِشَة (كَانَ النَّبِيُّ صَلَّى الله عليه وآله يَقُولُ فِي مَرَضِهِ الَّذِي مَاتَ فِيهِ: يَا عَائِشَة، مَا أَزَالُ أَجِدُ أَلَمَ الطَّعَام الَّذِي أَكَلْتُ بِخَيْبَر، فَهَذَا أَوَانُ وَجَدْتُ انْقِطَاعَ أَبْهَرِي مِنْ ذَلِكَ السُّمِّ)[4].

وعن أَبِي عبد الله الإمام جَعفر الصَّادِق صَلواتُ الله وسَلامُه عليه قال: أَتدرُون مات النَّبِيُّ صَلَّى الله عليه وآله أَو قُتِل، إِنَّ الله يقول [أَفإِنْ ماتَ أَو قُتِل انقَلَبتُم على أَعقابِكم] فسُمّ قبل المَوت، إِنَّهما سَقَتاه)[5]. وجاء في رِواية أُخرى

1- صحيح البخاري 42/ 8. صحيح مسلم 42/ 7
2- مستدرك الحاكم 203/ 4
3- مسند أَبي يعلى 258/ 8
4- البخاري (4165)
5- تفسير العياشي 1/ 200

عن أَبِي عبد الله جَعْفَر الصَّادق صَلواتُ الله وسَلامُه عليه قال (عائشةُ وحَفصَةُ سقَتاه سُمًّا)[1].

وعن عائشة بَعد لدِّهِ السُّمّ أَنَّه صَلَّى الله عليه وآله قال (ويحَها لو تَستطيع ما فَعلت)[2]. وجاء في رِوايَة بحار المَجلِسي بِاجتِماع الأَربَعة (أَبِي بكر وعُمر وعائشة وحفصة على سَمِّه)[3].

إِنَّ هذه الرِّوايات ورِوايات أُخرى كَثِيرة نظيرة لها تَتَّفِق مَعها فِي المَعنى وتَتطابَق فِي المَتن أَو الدَّلالة، تَكشِف عن الأُمور التَّالِية:

- أَنَّ السُّمّ وُضِع فِي فَمِهِ صَلَّى الله عليه وآله بَعدما بَرِئ مِن مَرضٍ أُصِيب به.

- أَنَّ الَّذين وَضعوا السُّمّ في فَمِه استَغلّوا ضَعفَه في فَترة نَقاهَتِه مِن بعد مَرضٍ أُصيب به.

- أَنَّهُم وَضعوا السُّمّ بِالطَّريقة المُتَّبَعَة على حسب تَقلِيد العَرب في الجاهِلِيّة حيث كانوا يلدّون صِبيانَهم بِالقُوّة لِكراهِيَّتِهم تَعاطِي الدَّواء، فيشدُّون عليهم الوثاق بِالأَيدِي ويُوجِرون الدَّواء في الفَمِ.

- أَنَّه صَلَّى الله عليه وآله شَعر بِأَنَّهم يلدّونه بِالقُوَّةِ فأَشار إِليهم بِالامتِناع عن فِعل ذلك فامتَنعن، ففَقد الوَعْيَ جَراء فَعْلَتهم مِن بَعد ما لدّ، ثُمَّ أَفاق، وكان نَهاهُم عن لدّه مِن قَبْلِ فَعْلَتِهم الَّتي فعلوا.

- أَنَّ الَّذين لدّوه هُنَّ اثنتان مِن نِسائه، فوَصَفهم بِما وَصف بِه نِساء الحَبَشة مِن غَدرٍ بِالسُّمّ.

---

1 - البحار، المجلسي 516/ 22

2 - الطّبقات، ابن سعد 203/ 2

3 - البحار، المجلسي -239/ 22 246

- كذَّبوا عليه صَلَّى الله عليه وآله وكانُوا أكثر مِن شَخْصَين حين اتَّهموا العبَّاس بِفعل اللّدّ. فعاقبَهم بِقوله لا يَبقى في البَيت أَحد إلَّا لدّ (عُقوبة لهم بتَركهم الامتِثال لِنَهيِه عن ذلك)[1]، واستَثنى العبَّاس مِن أَنْ يُلدّ لِأَنَّ النَّبيّ صَلَّى الله عليه وآله بَرَّأه مِن التُّهمَة المُختَلَقة المُوجَّهة إليه مِن قِبَلهم وما افتُرِيَ عليه.

- أَنَّ الَّذين سَمُّوه صَلَّى الله عليه وآله هُم أَربعةُ أَشخاص (أَبُو بكر وعُمر وعائشة وحَفصَة) أو هُنَّ اثنَتان (عائشَة وحَفصَة) قامتا بِالفِعل في حُضورٍ مِن أَبِي بَكر وعُمر وبِمُشاركة أَو بِإِيعاز مِنهما. وكانت شَهادتُه صَلَّى الله عليه وآله على يَد مَن أَوْجَرت السُّمّ مُباشرة في حَلقه وهي (عائشة)، وأَعانَها على ذلك الثَّلاثةُ الآخرون (أَبُو بَكْر وعُمَر وحَفْصَة).

- تَعذَّر قاتِلوه صَلَّى الله عليه وآله في لدّه بِالقُوَّةِ بِما وَصَفوه بِذات الجَنْب، وقد نَفَى النَّبيُّ صَلَّى الله عليه وآله إِصابَته بِهذا المَرض.

- أَنَّ الَّذين لَدّوه صَلَّى الله عليه وآله بِالسُّمّ اعترَفوا بِأَنَّ النَّبيّ صَلَّى الله عليه وآله قُتِل بِالسُّمّ لا بِشَيء آخر، ولكنَّ عَائشَة وحَفْصَة أَرْجَعْن عِلَّةَ مَوتِهِ إلى سُمّ زَينب بِنت الحارث في إِثْر غَزوة لِخَيبر. وهذا مِمَّا يُخالِف أَيضًا تَأكِيدَهن على أَنَّ وَفاته كانَت لِمَرض ذات الجَنْب، كما يُخالِف ما صَدر مِن رِوايات أَكَّدت على عِصْمة النَّبيّ صَلَّى الله عليه وآله مِن سمّ حادِثة خَيبر.

ومِن المُلفِت المُثِير أَنَّ التَّباين بين أَدِلَّة إِثْبات شَهادَة الرَّسُول صَلَّى الله عَلَيهِ وآله عند القائلين بِسَمٍّ زَينب بِنت الحارث بَعد فتح خَيبَر هُو ذاته عند الَّذين نَفوا أَكلَ النَّبيّ صَلَّى الله عليه وآله لِلَّحْم الَّذي قُدِّم إليه مَسمومًا قَبل أَرْبَع سِنين مِن شَهادَتِه صَلَّى الله عليه وآله، وأَرْجَعوا نَجاتَه مِن سُمِّيَّةِ اللَّحم إلى العِصْمَة الَّتي أَلهمَها الله تعالى له - على حَسب هَؤلاء القائلين.

---

1 - شرح البخاري، السندي 95/ 3

لقد تَعرَّضَت قَضِيَّةُ سمِّ بِنت الحارث لِجدال كَثِير، واصطُنِعَت فيها الرِّوايات ووُضِعَت فيها الحِكايَات وزُوِّرت ولُفِّقَت وشُطِب مِن حَقِيقَتِها ما شُطِب. كُلُّ ذلك جرى لِلتَّأكِيد على أنَّ هذا السُّمّ لِوَحدِهِ هو العِلَّةُ التَّامَّة فِي شَهادَة النَّبِيّ صَلَّى الله عليه وآله، وأَنَّ أَيّ احتِمالٍ آخر في هذه الواقِعَة فهُو مُستَبعَدٌ مَنفِيٌّ مطلقًا!

فلِماذا يَأتِي هذا التَّأكِيد على سُمّ بِنتِ الحارِث ونَفْيِ الاحْتِمالات الأُخْرى؟!

وأَمَّا عائشة فقد ادَّعَت في بادِئ الأَمْر أَنَّ عِلَّةَ موتِ النَّبِيّ صَلَّى الله عليه وآله كان اغتيالًا بِسُمّ زَينب بِنت الحارِث، وأَورَدَت في ذلك رِوايات لم تَنقلها عنه صَلَّى الله عليه وآله إِلَّا بَعد أَنْ آل أَمرُ الخِلافة إِلى والدِها أَبِي بَكر، مِنها (أَنَّ النَّبِيَّ قال في مَرضِه الَّذي مات فيه: يا عائشة، ما أَزالُ أَجِد أَلَمَ الطَّعام الَّذي أكلت بِخَيبر، فهَذا أَوانُ وَجدت انْقطاع أَبهري مِن ذلك السُّمّ)[1].

وبعد أَنْ ثَبُت لِلقاصِي والدَّاني قولُه صَلَّى الله عليه وآله بِاستِحالَة أَنْ يَموت بِسُمّ خَيبر، وذلك لِوُجود بُعدٍ غَيبِيٍّ مانِعٍ وعِلْمٍ بِما كان وما يَكون لدى النَّبِيّ صَلَّى الله عليه وآله، والفاصِل الزَّمنِي الطَّويل بين الواقِعَتين، وعَدم ظُهور ذات الأَعراض على الصَّحابَة الآخرِين الَّذين أكلوا مِن ذاتِ لَحم الشَّاة - أَرجَعَت عائشةُ نَفسها عِلَّةَ وَفاتِه إِلى ذات الجَنْب، وكان له صَلَّى الله عليه وآله في ذلك أَيضًا رِوايَة نافِيَة لإِصابتِه بِذات الجَنْب قَرَنَ هذا المَرض بِفعل الشَّيطان الَّذي لا سُلطان لَه عليه صَلَّى الله عليه وآله.

اخْتَلفَت الرِّوايات في واقِعَةِ سُمّ خَيبر في جِهات كَثِيرة، منها:

- أَنَّ النَّبِيَّ صَلَّى الله عليه وآله لاكَ شَيئًا مِن تِلك الشَّاة المَسمُومة.

1 - صحيح البخاري 137/ 5

ـ وأَنَّه صَلَّى الله عليه وآله تَجنَّبها ولم يَقرب فاهُ شَيئًا مِن لَحمِها.

ـ وأَنَّـه صَـلَّى الله عليـه وآلـه امتَنـعَ عـن الأَكل مِنهـا بَعـد أَنْ تَقـدّم عليـه أَحـدُ صَحابَتِـه فـأَكل مِنهـا ومـات مِـن فَـوره.

ـ وأَنَّه صَلَّى الله عليه وآله تَجنَّبها وامتَثل صحابَتُه كُلُّهم لِأَمرِه بِتَجنُّبِها.

ـ وأَنَّه صَلَّى الله عليه وآله عاقَبَ الجانِيَة زَينب بنت الحارث.

ـ وأَنَّه صَلَّى الله عليه وآله لم يُعاقبها ثُمّ أَسْلَمت أَو لَمَ تَسلِم.

تُعَـدُّ الرِّوايـات المُتعَلِّقـة بِقَضيَّـة سَـمّ بِنـت الحـارث مِمَّـا تَواتـر عليـه النَّقـلُ مـع الاختِـلاف في بعـض التَّفاصِيـل. وتَقـول إِحـدى الرِّوايـات: حدَّثنـا الإِمـامُ أَبُـو الطَّيِّـب سـهل بـن مُحمَّـد بـن سـليمان، قـال: أَخبرنـا أَبُـو حامـد أَحمـد بـن الحُسـين الهَمـدانِي، قـال: حدَّثنـا مُحمَّـد بـن رزام المـروزي، قـال: حدَّثَنـا خلَـف بـن عبـد العزيـز، قـال: أَخـبَرَنِي أَبُـو عبـد العَزيـز بـن عُثـمان، عـن جَـدِّي عُثـمان بـن أَبي جبلـة، قـال: كـما أَخـبَرَنِي عبـد الملـك بـن أَبِي نـضرة، عـن أَبِيـه، عـن جابِـر بـن عبـد الله، أَنَّ يهودِيَّـة أَهْـدَت إِلى رَسُـول الله صَـلَّى الله عليـه وآلـه إِمَّـا شـاةً مَسـمومَةً وإِمَّـا برقـا مَسـموطًا مَسـمومًا. فلَـمّا قَرَّبَتـه إِليـه وبَسَـط القَـومُ أَيدِيهـم، قـال: امسِـكوا، فـإِنَّ عضـوًا مِـن أَعضائهـا يُخبِرني أَنَّهـا مَسـمومَة. فدعـا صاحِبتَهـا، فقـال: أَسـمَّمت هـذا؟

قالت: نعم.

قال: ما حَمَلَكِ عليه؟

قالـت: أَحبَبـتُ إِنْ كُنـتَ كاذِبًـا أَنْ أُريـح النَّـاس مِنـك، وإِنْ كنـتَ رَسُـولًا أَنَّـك سـتَطَّلع عليـه. فلَـمْ يُعاقبهـا)[1].

1 – دلائل النّبوة، البيهقي 357/ 4

ثُـمَّ قـال الرَّسُـول مُحَمَّـد صَـلَّى الله عليـه وآلـه لِزَينـب بنـت الحـارث بعـد انكِشـاف جَرِيمَتهـا (مـا كان الله لِيُسـلِّطَكِ عـلى «ذاك». أو قـال «عَـلَيَّ».

قالوا: ألا نَقتلها؟

قال: لا.

قال أَنَسُ: فما زِلتُ أَعرِفها فِي لهوات رَسُولِ الله)[1].

نُقِلَـت هـذه الرِّوايـة عـن الصَّحـابِي الجَليـل جابِـر الأنْصـاري رِضْـوان الله تعـالى عليـه ولَمَ تَـرِد فيهـا الكَثِـير مِـن التَّفاصِيـل، وفي مَضْمونِهـا مَنعَـت الرَّسُـول صَـلَّى الله عليـه وآلـه مِـن أكل لَحَـم الشَّـاة. وتُعتَـبر هـذه الرِّوايـة مُتوافِقـة مـع إضافـات أنَـس بـن مالِـك بِشَـأن عِصْمَتِـه عندمـا قـال صَـلَّى الله عليـه وآلـه: «مـا كان الله لِيُسـلِّطَكِ عـلى ذاك» أو «مـا كان الله لِيُسـلِّطَكِ عَـلَيّ»). ومَنـع بِعِصمَتِـه وعِلْمِـه صَـلَّى الله عليـه وآلـه أَصحابَـه مِـن أَكْلِ شَيء مِنهـا.

وتُضِيـف رِوايـاتٌ أُخـرى: أَنَّ بُـشر بـن الـبَرّاء مـات مِـن أَكلِ اللَّحْـم لِأَنَّ النَّبِـيّ صَـلَّى الله عليـه (تَأَخَّـر) في اكتِشـاف سُـمِّيَّة لحـم الشَّـاة أَو الإعـلان عنـه أَو أَنَّـه تأخَّـر عــن الأَكْل، فـأَكَلَ النَّبِـيُّ صَـلَّى الله عليـه وآلـه وأَكَلَ أَصحابُـه ولَم يَمُـت إلَّا بُـشْر. وظَـلَّ أثـرُ السُّـمّ يَجـول في جَسَـدِه صَـلَّى الله عليـه وآلـه أو بَقِـي مَركُونـا في جِهَـةٍ مِـن جِهاتِـه لِحـوالَى أربـع سِـنِين ثُـمَّ مـات مِـن أَثَـرِه في وَقْـتٍ مُتأخِّـرٍ ولَمْ يَمُـت مَعـه عَـلِيٌّ أَمـيرُ المُؤمنـين صَلـواتُ الله وسَـلامُه عليـه ولا أَحـدٌ مِـن الأَصْحـاب الأَبـرار بَعـد هـذه الواقِعَـة، وفيهـم المِقـداد وعَـمّار وأَبـو ذر الغفـاري وبِـلال، وكَثِـيرٌ مِـن الصَّحابـة الآخَريـن مِـن بَينِهـم صُهَيـب الرُّومـي حيـث أَكلـوا مِـن لَحْـم تلـك الشَّـاة المَسـمومة ولم يُصابُـوا بِـأَيِّ أَذى حتَّـى آخـر لحظـة مِـن عُمُرِهِـم، كـما لَم يُـرْوَ لَهـم عـن هـذه

1 - إمتاع الأسماع، المقريزي 45/ 8. سُنَن أَبِي داوود السِّجستاني 368/ 2

الحادِثـة شَـيئًا، ولا مِـن أَلَم أَصابهـم جَـراء هـذه الواقِعَـة.

وأَمَّـا زَينـب بِنْـت الحـارث ـ الَّتـي صَرَع عَـلِيٌّ أَمِـير المُؤمنـين صَلـواتُ الله وسَـلامُه عليـه أَخاهـا (مَرْحَـبْ) وقُتِـل أَبُوهـا وعَمُّهـا فِي خَيـبر وتَقدَّمَـت بِلَحـم الشَّـاة المَسْـمُومَة إِلى النَّبـيّ صَـلَّى الله عليـه وآلـه وعَـلِيٍّ صَلـواتُ الله وسَـلامُه عليـه والأَصْحـابِ لاغتِيالهـم فإِنَّهـا قُتِلَـت.

وجـاء فِي رِوايَـة (أَهـدَت لـه يَهودِيَّـة بِخَيـبر شـاةً مصلِيَّـةً سَـمَّتها، فـأَكَل رَسُـولُ الله صَـلَّى الله عليـه منهـا وأَكل القَـومُ، فقـال: ارفعـوا أَيدِيكـم فإِنَّهـا أَخبَرتنِـي أَنَّهـا مَسـمومة، فـمات بُـشر بـن الـبراء بـن معـرور الأنصـاري، فأَرسَـل إِلى اليَهودِيَّـة: مـا حَمَلـكِ عـلى الَّـذي صنَعـتِ؟ قالـت: إِنْ كُنـتَ نَبِيًّـا لم يَـضرُّك الَّـذي صنَعـت، وإِنْ كُنـتَ مَلِـكًا أَرَحـتُ النَّـاس مِنـك. فأَمـرَ بهـا رَسُـول الله صَـلَّى الله عليـه فَقُتِلَـت. ثُـمَّ قـال فِي وَجَعِـهِ الَّـذي مـات فيـه (مـا زِلـتُ أَجِـد مِـن الأَكْلَـة الَّتـي أَكلـت بِخَيـبر، فهَـذا أَوانُ انقِطـاع أَبهـري)[1].

وفي رِوايـاتٍ أُخْـرى أَنَّ النَّبـيّ صَـلَّى الله عليـه وآلـه سَـبقَ بِعِلْمِـه وُجـود السُّـمّ، فَـأَكل هـو والصَّحابـة ولم يَمُـت إِلَّا بُـشْر بعـد أَنْ طَـرأت عليـه علامـات التَّسَـمّم، ثُـم قُتِلَـت زَينـب أَو صُلِبَـت أَو عُفِـي عنهـا. وجـاء ابـنُ سَـحنون بِالإِجمـاع فِي قَتلِهـا.

تَقـول الرِّوايـة (زَينـبُ ابنـة الحـارث اليَهودِيَّـة أُخـتُ مَرحَـب ذَبَحَـت عَنْـزًا وطَبَختهـا وسَـمَّتها. فلَـمّا صَـلَّى رَسُـول الله صَـلَّى الله عليـه وآلـه المَغـرِب وانْـصَرف إِلى مَنزِلـهِ وَجـدَ زَينـب عنـد رَحلِـه، فقدَّمَـت لـه الشَّـاة هَدِيَّـة، فأَمَـر بهـا فوُضِعَـت بـين يَدَيـه وتَقـدَّم هـو وأَصحابُـه إِليهـا لِيأكُلـوا فتَنـاول الـذِّراع، وتَنـاول بُـشر بـن الـبَرّاء عَظـمًا وانتهـس رَسُـول الله صَـلَّى الله عليـه وآلـه ثُـمَّ ازدرد، وقـال كُفُّـوا أَيدِيَكـم فـإِنَّ هـذه الـذِّراع تُخـبرني أَنَّهـا مَسـمومة. فقـال بُـشر بـن الـبراء: والله يـا رَسُـول الله

1 - سنن أبي داود 855 /3

وَجـدتُ ذلـك مِـن أَكلَتِـي الَّتـي أكلـت، فـما مَنعَنِـي أَنْ أَلفظهـا إِلّا كراهِيَـة أُنغّـص عليـك طعامَـك. فلَـم يَـرِمْ بُـشر مِـن مكانِـه حتّـى تَغيَّر ثُـمَّ مـات. ودعـا رَسُـولُ الله زَينـب وقـال: سَـمَمْتِ الـذِّراع؟ قالـت: مَـن أَخـبرك؟ قـال: الـذِّراع! قالـت: نَعـم. قـال: ومـا حَمَلَـكِ عـلى ذلـك؟ قالـت: قَتلْـتَ أَبِي وعَمِّـي وزَوجـي، ونِلْـتَ مِـن قومِـي مـا نِلـت، فقُلـتُ إِنْ كان نَبِيًّـا فسـتَخبِرُه الشّـاة، وإِنْ كان مـلِكاً اسـترَحْنَا منـه. فقِيلَ أَمَـر بِهـا فقُتِلَـت ثُـمَّ صُلِبَـت، وقِيـل عَفَـا عنهـا. وقـال ابـنُ سـحنون: أَجمَـع أَهـلُ الحديـث عـلى أَنَّ رَسُـول الله قَتَلهـا)[1].

وجـاء في تَفسِـير الإِمـام العَسْـكَري صَلـواتُ الله وسَـلامُه عليـه، وفي بِحـار الأَنـوار لِلشَّـيخ المَجلِـسي أَنَّ الرَّسُـول صَـلَّى الله عليـه وآلـه مـا زال وَحـيٌّ يُوحـى، فـما كان لِلسُّـمّ أَنْ يُسـلَّط عليـه. فعَلِـمَ بِسُـمِّيّة الشّـاة قبـل أَكلِهـا وذلـك حـين نَطقَـت الشَّـاة لَـه. ومـات الـبراءُ بـن معـرور مِـن فَـورِه عندمـا تَقـدّم عـلى الرَّسُـول صَـلَّى الله عليـه وآلـه وأَكلَ منهـا.

وقـد أَظهـر الرَّسُـول صَـلَّى الله عليـه وآلـه لِزَينـب في سُـمّ الشّـاة مُعجِـزَةً مِـن مَعاجِـز نُبوَّتِـه عندمـا دعـا صَـلَّى الله عليـه وآلـه ورَجـا بِدُعائـه مِـن الله عـزَّ وجـلَّ الحِمايَـة مِـن كُلِّ سُـوء. فـأَكلَ وأَصحابُـه مِـن لَحـم ذات الشّـاة المَسـمومَة فلَـمْ يُصابـوا بِـأَي أَثَـرٍ مِـن آثـار السُّـمّ. فأَسْـلَمَت زَينـب بنـت الحـارث وحَسُـن إِسْـلامُها.

تقـول الرِّوايـة (أَنَّ رَسُـول الله صَـلَّى الله عليـه وآلـه لَمّـا رَجـع مِـن خَيـبر إِلى المَدِينـة وقـد فتـح الله لـه جاءتـه امـرأةٌ مِـن اليَهـود قـد أَظهـرَت الإِيـمان ومَعهـا ذِراعٌ مَسـمومَةٌ مَشـوِيَّةٌ فوَضَعتهـا بـين يَدَيـهِ، فقـال رَسُـول الله صَـلَّى الله عليـه وآلـه: مـا هـذه! قالـت لـه: بِـأَبِي أَنـتَ وأُمِّـي يـا رَسُـول الله، همَّنِـي أَمـرُك في خُروجِـك إِلى خَيـبَر، فـإِنِّي عَلِمتهم رِجـالًا جلـدًا، وهـذا حَمَـل كان لِي رَبَّيتـه وأعـدّه كالوَلَـد لِي، وعَلِمـتُ أَنَّ أَحَـبَّ الطَّعـام

1 - إمتاع الأستماع، المقريزي 321

إِليك الشّواء، وأَحبّ الشّواء إِليك الذّراع، فنذرتُ لله لَئن سلَّمَك الله مِنهم لَأَذبحَنَّه ولِأطعمنَّك مِن شواء ذِراعه. والآن فقد سلَّمَك اللهُ منهم وأَظفرك بهم، فجِئتُ بهذا لِأَفي بِنَذْرِي. وكان مع رَسُول الله صَلَّى الله عليه وآله البَراء بن معرور وعَلِيُّ بن أبي طالب صَلواتُ الله وسَلامُه عليه، فقال رَسُول الله صَلَّى الله عليه وآله: ائتُوا بِخُبز. فأُتِي به فمَدَّ البراء بن معرور يَده وأَخذ مِنه لُقمةً فوَضَعها في فِيه. فقال له عَلِيُّ بن أَبي طالب صَلواتُ الله وسَلامُه عليه: يا براء لا تَتقدَّم على رَسُول الله صَلَّى الله عليه وآله. فقال لَه البراء ـ وكان إعرابِيًّا: يا عَلِيّ، كأَنَّك تُبَخِّل رَسُول الله صَلَّى الله عليه وآله؟! فقال أَمِير المُؤمنين صَلواتُ الله وسَلامُه عليه: ما أُبَخّل رَسُول الله صَلَّى الله عليه وآله، ولكِنِّي أُبَجِّله وأُوَقِّره، ليس لِي ولا لَك ولا لِأَحدٍ مِن خَلقِ الله أَنْ يَتقدَّم رَسُول الله صَلَّى الله عليه وآله بِقَولٍ ولا فِعلٍ ولا أَكلٍ ولا شربٍ. فقال البراءُ: ما أَبْخل رَسُول الله! فقال عَلِيٌّ صَلواتُ الله وسَلامُه عليه: ما لِذَلك قُلْت، ولكِنّ هذا جاءت بِه هذه وكانَت يَهُودِيَّة، ولَسنا نَعرف حالَها، فإِذا أَكلته بِأَمْرِ رَسُول الله صَلَّى الله عليه وآله فهُو الضَّامِن لِسلامَتِك منه، وإِذا أَكلتَه بِغَير إِذْنِه وُكِلتَ إلى نَفسك. يَقول عَلِيٌّ صَلواتُ الله وسَلامُه عليه هذا والبراء يَلُوكُ اللُّقْمَة إِذْ أَنطَق اللهُ الذِّراع فقالت: يا رَسُول الله لا تَأكُلنِي فإِنِّي مَسمومَةٌ، وسَقَط البراءُ في سَكرات المَوت، ولم يُرفع إِلَّا مَيِّتًا. فقال رَسُول الله صَلَّى الله عليه وآله: ايتُونِي بِالمَرأة. فأُتِي بها، فقال لَها: ما حَمَلكِ على ما صَنَعتِ؟ فقَالت: وتَرْتَنِي وترًا عَظِيمًا: قَتَلْتَ أَبِي وعَمِّي وأَخِي وزَوجِي وابْنِي ففَعَلْتُ هذا وقُلْتُ: إِنْ كان مَلِكًا فسأَنتَقِم مِنه، وإِنْ كان نَبِيًّا كما يَقول وقد وُعِدَ فَتح مكَّة والنَّصر والظَّفر، فسيَمنَعه الله ويَحفظه مِنه ولَنْ يَضرَّه.

فقال رَسُول الله صَلَّى الله عليه وآله: أَيَّتها المرأة لقد صَدَقت. ثُمَّ قال لها رَسُول الله صَلَّى الله عليه وآله: لا يَضُرَّكِ مَوتُ البراء فإِنَّما امتحنَه الله لِتَقدُّمه بين يَدَي رَسُول الله صَلَّى الله عليه وآله، ولو كان بِأَمر رَسُول الله أَكَلَ مِنه لَكَفَى شَرَّه وسَمَّه.

ثُـمَّ قـال رَسُـول الله صَـلَّى الله عليـه وآلـه: أُدع لي فُلانًـا وفُلانًـا، وذَكَـر قومًـا مِـن خِيـار أَصحابـه مِنهـم سَـلمان والمِقـداد وعـمَّار وصُهَيـب وأَبُـو ذر وبِـلال وقومًـا مِـن سـائر الصَّحابـة تَمـام عَـشرة وعَـلِيٌّ أَمِـير المُؤمنـين صَلَـواتُ الله وسَـلامُه عليـه حـاضِرٌ معهـم. فقـال صَـلَّى الله عليـه وآلـه: اقعُـدوا وتَحلَّقـوا عليـه. فوَضَـع رَسُـولُ الله صَـلَّى الله عليـه وآلـه يَـده عـلى الـذِّراع المَسـمومَة ونَفَـثَ عليـه، وقـال: بِسم الله الرَّحْمـن الرَّحِيم، بِسْـم الله الشَّـافِي، بِسْـم الله الـكافِي، بِسْـم الله المُعـافِي، بِسـم الله الَّـذي لا يَـضرُّ مـع اسـمِه شَيء، ولا داء فِي الأرض ولا فِي السَّـماء وهـو السَّـميع العَلِيـم. ثُـمَ قـال صَـلَّى الله عليـه وآلـه: كُلُـوا عـلى اسـمِ الله. فـأَكَلَ رَسُـولُ الله صَـلَّى الله عليـه وآلـه، وأَكلُـوا حتَّـى شَـبعوا، ثُـمَّ شَربـوا عليـه المـاء، ثُـمَّ أَمَـر بِهـا فحُبِسَـت. فلـما كان في اليـوم الثَّـاني جِـيء بهـا فقـال صَـلَّى الله عليـه وآلـه: أَلَيـس هـؤلاء أَكلـوا ذلـك السُّـمّ بِحَضرَتِـك؟! فكيـف رأيـت دَفـع الله عـن نَبيِّـه وصَحابَتِـه؟ فقالـت: يـا رَسُـول الله كُنْـتُ إلى الآن في نُبوَّتِـك شـاكَّة، والآن فقَـد أَيقنـتُ أَنَّـك رَسُـول الله صَـلَّى الله عليـه وآلـه حقًّـا، فأَنـا أَشـهدُ أَنْ لا إلـه إلَّا الله وَحـدَه لا شَريـكَ لـه، وأَنَّـك عبـدُه ورَسُـولُه حقًّـا. وحَسُـن إسـلامُها.

وقـال الإمـام عَـلِيّ بـن الحُسـين صَلـواتُ الله وسَـلامُه عليهـما: ولَقَـد حدَّثَنِـي أَبِي، عـن جَـدِّي أَنَّ رَسُـولَ الله صَـلَّى الله عليـه وآلـه لَمَّـا حُمِلَـت إليـه جِنـازةُ الـبراء بـن معـرور لِيُصـلِّي عليـه قـال: أَيـن عَـلِيّ بـن أَبِي طالِـب؟ قالـوا: يـا رَسُـول الله إِنَّـه ذَهـب في حاجَـةِ رَجُـلٍ مِـن المُسـلمين إلى قبـا. فجَلَـس رَسُـولُ الله صَـلَّى الله عليـه وآلـه ولم يُصَـلِّ عليـه. قالـوا: يـا رَسُـول الله مالَـك لا تُصَـلِّي عليـه؟ فقـال رسُـول الله صَـلَّى الله عليـه وآلـه: إنَّ الله عَـزَّ وَجَـلَّ أَمَـرنِي أَنْ أُؤخِّـر الصَّـلاة عليـه إلى أَنْ يَحضره عَـلِيٌّ فيَجعلـه في حِـلٍّ مِمَّـا كلَّمـه بـه بِحَضـرة رَسُـول الله لِيَجعـلَ الله مَوتَـه بِهـذا السُّـمّ كَفّارة لـه. فقـال بَعـضُ مَـن كان حَـضَر رَسُـول الله صَـلَّى الله عليـه وآلـه وشـاهد الـكلام الَّـذي تَكلَّـم بـه الـبراء: يـا رَسُـول الله إنَّـما كان مزحـا مـازح بـه عَلِيًّـا صَلـواتُ الله وسَـلامُه عليـه لم يَكُـن مِنـه جِـدًّا فيُؤاخِـذه الله عَـزَّ وَجَـلَّ بِذلـك. قـال رَسُـول الله صَـلَّى الله عليـه وآلـه: لَـو كان ذلـك مِنـه جِـدًّا لَأَحبَـط اللهُ تعـالى أَعمالـه كُلّهـا، ولَـو

كان تَصدَّق بِملء ما بَين الثَّرى إلى العَرش ذهَبًا وفِضَّةً ولكِنَّه كان مزحا، وهو في حِلٍّ مِن ذلك، إلَّا أنَّ رَسُول الله يُريد أنْ لا يَعتَقِد أحدٌ مِنكم أنَّ عَلِيًّا واجِدٌ عليه، فيُجدِّد بِحَضرَتكم إحلاله ويَستغفر له لِيَزيده الله عَزَّ وَجَلَّ بذلك قُربَةً ورِفعةً في جِنانه.

فلَمْ يَلْبث أنْ حَضر عَلِيٌّ صَلواتُ الله وسَلامُه عليه فوَقفَ قِبالة الجِنازة، وقال: رَحِمَك اللهُ يا براء فلَقَد كنتَ صَوَّامًا قَوّامًا، ولقد مُتَّ في سبيل الله. وقال رَسُول الله صَلَّى الله عليه وآله: لو كان أحدٌ مِن المَوتى يَستغنِي عن صَلاة رَسُول الله لاستَغنى صاحِبكم هذا بِدُعاء عَلِيٍّ صَلواتُ الله وسَلامُه عليه له. ثُمَّ قام فصَلَّى عليه ودُفِن. فلَمّا انْصَرف وَقَعد في العَزاء قال: أنتُم يا أولياء البراء بِالتَّهنِئة أولى مِنكم بِالتَّعزِيَة لِأَنَّ صاحِبَكم عُقِد له في الحُجب قِباب مِن السَّماء الدُّنيا إلى السَّماء السَّابعة، وبالحجب كلّها إلى الكُرسِي إلى ساق العرش لِرُوحه الَّتي عرج بها فيها، ثُمَّ ذَهب بها إلى رَوض الجِنان، وتَلَقَّاها كلُّ مَن كان فيها مِن خُزَّانها، واطَّلع عليه كُلُّ مَن كان فيها مِن حُور حِسانها. وقالوا بِأَجمعهم له: طُوباك طُوباك يا رُوح البراء، إنتظرَ عليك رَسُول الله صَلَّى الله عليه وآله عَلِيًّا صَلواتُ الله وسَلامُه عليه حتَّى تَرَحَّم عَليك عَلِيٌّ واستَغفر لَك، أَما إنَّ حمَلة «عَرش رَبِّنا حدَّثُونا» عن رَبِّنا أنَّه قال: يا عَبدِيَ المَيت في سَبيلي، ولو كان عليك مِن الذُّنوب بَعددِ الحَصى والثَّرى، وقطر المَطر ووَرق الشَّجر، وعَدد شُعور الحيوانات ولَحظاتِهم وأَنفاسِهم وحركاتِهم وسكناتِهم لكانَت مَغفُورةً بِدُعاء عَلِيٍّ لَك. قال رَسُول الله صَلَّى الله عليه وآله: فتَعرَّضوا يا عِباد الله لِدُعاء عَلِيٍّ لَكُم، ولا تَتعرَّضُوا لِدُعاء عَلِيٍّ صَلواتُ الله وسَلامُه عَليه عليكُم، فإنَّ مَن دعا عَليه أَهلَكَه اللهُ ولو كانَت حسناتُه عدَد ما خلق اللهُ، كما أنَّ مَن دعا له أَسْعَدَه الله ولو كانَت سَيِّئاتُه بِعدَد ما خلق الله)[1].

1 - تفسير الإمام العسكري 149-146. بحار الأنوار 319/17(15)

ونَظِير هذه المُعجِزَة مِن مَعاجِز النَّبِيّ صَلَّى الله عليه وآله سُجِّلَ الكَثيرُ ممّا عَصَمَه مِن كَيد الصَّحابَة المُنافِقين والمُشرِكين والكافِرين، ومِن كَيدِ اليَهود المحارِبين، ولم يَبق منها أثرٌ على صحَّتِه حتَّى ساعَةَ الإعلان عن شهادَتِه في سِنِّ الثَّالِثَة والسِّتِّين حيث بَلَّغ إتمام النِّعْمَة وكمال الدِّين بِوَلايَة عَلِيٍّ أَمِير المؤمنين صَلواتُ الله وسَلامُه عليه إلى أَنْ أَزِفَت ساعةُ الرَّحيل.

ومِن المَعاجِز العاصِمَة، ما عَزم عليه عبد الله بن أُبَيّ إذْ تَقولُ الرِّوايَة في كَيدِ عبد الله بن أُبَيّ: أَنَّ رَسُول الله صَلَّى الله عليه وآله لَمّا ظهر بِالمَدِينة اشتَدَّ حَسدُ عبد الله بن أُبَيّ له، فدَبَّر عليه أَنَّ عليه أَنْ يَحفِر له حفيرة في مجلس مِن مجالِس داره، ويَبسط فوقها بِساطًا، وينصب في أسفل الحَفِيرة أَسِنَّة رِماح ونصب سَكاكِين مَسمومة، وشَدَّ أَحدَ جوانِب البِساط والفِراش إلى الحائط لِيَدخل رَسُول الله صَلَّى الله عليه وآله وخواصُه مع عَلِيٍّ صَلواتُ الله وسَلامُه عليه. فإذا وَضَع رَسُول الله صَلَّى الله عليه وآله رِجلَه على البساط وَقَع في الحفيرة. وكان قد نصب في داره وخبَّأ رجالاً بِسُيوفٍ مشهورةٍ يخرجون على عَلِيٍّ صَلواتُ الله وسَلامُه عليه ومَن معه عند وُقوع مُحمَّد صَلَّى الله عليه وآله في الحفيرة فيقتلونَهم بها. ودَبَّر أَنَّه إنْ لم ينشط لِلقُعود على ذلك البِساط أَنْ يُطعِموه مِن طعامِهِم المَسموم لِيَموت هو وأَصحابُه معه جميعًا. فجاءَه جبرئيل عليه السَّلام وأَخبَره بِذَلك، وقال له: إنَّ الله يَأمُرك أَنْ تقعد حيث يقعدك وتأكُل ممَّا يطعمك فإنَّه مُظهر عليك آياتِه ومُهلِك أكثر مَن تَواطأ على ذلك فِيك. فدَخَل رَسُولُ الله صَلَّى الله عليه وآله وقعد على البِساط، وقَعَدوا عن يَمِينِهِ وشِمالِهِ وحواليه، ولم يَقع في الحَفِيرة، فتَعَجَّب ابنُ أُبَيّ ونظر، فإذا قد صار ما تحت البساط أرضًا مُلتئِمة. وأَتى رَسُول الله صَلَّى الله عليه وآله وعَلِيًّا صَلواتُ الله وسَلامه عليه وصَحبَهما بِالطَّعام المَسمُوم، فلَمّا أَراد رَسُول الله صَلَّى الله عليه وآله وَضْع يَدَه في الطَّعام قال: يا عَلِيّ أَرق هذا الطَّعام بِالرّقية النَّافِعة. فقال عَلِيٌّ صَلوات الله وسَلامُه عليه: «بِسم الله الشَّافِي، بِسم الله الكافِي، بِسم الله المُعافِي، بِسْم الله الَّذي

لا يَضرّ مع اسْمِه شيءٌ ولا داءٌ في الأرض ولا في السَّماء، وهو السَّميع العليم».
ثُمَّ أكل رَسُولُ الله صَلَّى الله عليه وآله وعَلِيٌّ صَلواتُ الله وسَلامُه عليه ومَن مَعهما حتَّى شبعوا. ثُمَّ جاء أصحابُ عبد الله بن أُبَيّ وخواصُه، فأكلوا فضلات رَسُول الله صَلَّى الله عليه وآله وصحْبه، ظنًّا منهم أنَّه قد غلط ولم يجْعل فيه سُمًّا لمَّا رأوا محُمَّدا وصحبَه لم يُصِبهم مكروه. وجاءت بنتُ عبد الله بن أُبَيّ إلى ذلك المَجلِس المَحفُور تحته، المَنصُوب فيه ما نُصِب، وهي كانَت دَبَّرت ذلك، ونَظرَت فإذا ما تحَت البِساط أَرضٌ مُلتئمةٌ، فجلَسَت على البِساط واثقةً، فأعاد اللهُ الحفيرةَ بِما فيها فسَقَطَت فيها وهلَكَت، فوَقَعَت الصَّيحة. فقال عبد الله بن أُبَيّ: إياكُم وأَنْ تقولوا أنَّها سَقطَت في الحَفِيرة فيَعلَم محُمّدٌ ما كنَّا دَبَّرناه عليه. فبَكوا وقالوا: ماتَت العرُوس وبِعِلّة عرسها كانوا دعوا رَسُول الله صَلَّى الله عليه وآله، ومات القَومُ الّذين أكلوا فَضْلَة رَسُول الله صَلَّى الله عليه وآله. فسأَل رَسُول الله عن سبَبَ موت الابْنَة والقوم؟ فقال ابنُ أُبَيّ: سَقطَت مِن السَّطح، ولحق القَومُ تُخمة. فقال رَسُول الله صَلَّى الله عليه وآله: الله أَعلَمُ بِماذا ماتُوا. وتَغافَل عنهم)[1].

وبناءً على هذا التَّواتُر في وَقائع قصَّة اللَّحْم المَسموم المُقدَّم مِن اليَهودِيَّة زَينَب بِنت الحارِث لم يَتقبَّل أَحدٌ قولَ عائشة في شَهادَةِ النَّبِيّ صَلَّى الله عليه وآله بِسُمّ تِلك الشَّاة، وذلك لِقولِهم بِعِصمَتِه وعِلْمِه بِالغَيب. واختَلف بَعضُ الرُّواة في صُدور الرِّواية عن عائشة رِعايةً منهم لِـ(أُمومَتِها) لِلمُؤمِنين، ورَفَضوا رِوايَة أُمّ مُبشر المُشابِهة في المعنى لِقولِ عائشة. فَقد نُقِل عنها في مَرضِ النَّبِيّ صَلَّى الله عليه وآله الَّذي مات فيه: ما يتّهم بِك يا رَسُول الله؟ فإنِّي لا أَتَّهم بِابْنِي إِلَّا الشَّاة المسمومَة الَّتي أَكَل معك بِخَيبر. وقال النَّبِيُّ صَلَّى الله عليه وآله: «وأنا لا أَتَّهِم بِنَفسي إِلَّا ذلك فهذا أوان انقطاع أَبهري)[2].

1 - تفسير العسكري 156. بحار الأنوار 328/ 17 (15)

2 - صحيح سنن أبي داوود 855/ 3

وأَمَّـا قـول عائشـة المَـردود فقـد وَرَد عنهـا مـا أَخرجـه البُخـاري (قـال يُونـس عـن الزّهـرى، قـال عُـروة قالَـت عائشـة: كان النَّبـي صَـلَّى الله عليـه وآلـه يقـول في مَرَضِـه الَّـذي مـات فيـه: يـا عائشـة، مـا أَزال أَجِـد أَلمَ الطَّعـام الَّـذي أَكَلـتُ بِخَيـبر، فهـذا أَوان وجـدتُ انقطـاع أَبهـري مِـن ذلـك السُّـم)[1]. وصَحَّـح مُسـلم أَيضًـا هـذه الرِّوايـة عـن أَبِي هريـرة حيـث لا مَفـرّ مِـن القَـولِ بِشَـهادَتِهِ صَـلَّى الله عليـه وآلـه مـع الانْـصِراف عـن كَشـفِ هُويَّـة القاتِـل الحَقِيقِـي وإِهمالِـه.

فالرِّوايـة الأُولى وردت عـن أُمِّ مبشر، وهِـي لَيْسَـت أُمَّ بُشْر الَّـذي قُتِـل ابنُهـا بسُّـمّ الشَّـاة، وهـي رِوايـةٌ مَعلُولَـة لِأَنَّهـا مُدَلَّسَـة ومُنقطِعـة، وتَشـتَمِل عـلى رُواة مجهـولِي الحـال عـلى حسـب مَوازيـن الدِّرايَـة عنـد (اتِّجـاه أَهْـل العامَّـة).

وأَمَّـا الرِّوايـة الأُخْـرى الَّتـي نقلهـا البُخـارِي عـن عائشـة فِفِيهـا نكتـة لافِتَـة حيـث أَنَّهـا تَتَعـارَض مـع مـا نَقَلَـهُ البُخـاري نفسـه في واقِعـة الشَّـاة المَسـمُومَة وحـاوَل فيهـا إِثْبـات عِصْمَـة النَّبِـيّ صَـلَّى الله عليـه وآلـه إِذْ نَقـلَ فيهـا عـن النَّبِـيِّ صَـلَّى الله عليـه وآلـه: «مـا كان الله لِيُسـلِّطَك عـلى «ذاك» أَو «عَـلَيّ».

ولِرَفـعِ الشُّـبهةِ عـن وَضـع عائشـة واختِلاقهـا لِلرِّوايـة هـذه، قالـوا في دِرايتهـم إِنَّ البُخـاري جـاء بِالحديـث هـذا مُعلَّقًـا آحـادًا مُرسـلًا، نَقلـه عـن راوٍ مـات قبـل ولادتِـه بِأَربعـين عامًـا!

---

1 - البخاري 4428-7/ 791

مَأْزَقُ الأَنْصار مُنْيَةُ المُهاجِرين

في الفَترة الواقِعَة بَين بِعثَة النَّبيّ صَلَّى الله عليه وآله في المُسلِمِين في مكَّة ويَوم معاناتِه على فِراش مَرضه الأَخِير في المَدِينة بَرزت فِئاتٌ أَربع مِن الصَّحابَة على فَترات مُتفاوِتَة لِتكشِف عن طَبِيعَة الواقع الاجْتِماعي غير المُتجانِس في المَدِينَتين الرَّئيستين مَكَّة والمَدِينَة:

ـ بَنُو هاشِم والأَصحابُ الأَخْيار وهُم (الفِئة القَلِيلَة)، وفيهم سَلمان وأَبو ذر وعَمّار والمقداد وحُذَيفة بن اليَمان وحجر بن عدي وآخرون مِمَّن هُم فِي عِداد شِيعة عَلِيّ أَمِير المُؤمنين صَلواتُ الله وسَلامُه عليه ويُسمّون بـ(شِيعَة عَلِيّ).

ـ والأَنْصار بِما يَمثِّلُون مِن ثُنائيّ أَوْس وخَزْرَج، ويشَكِّلون في مَجموعِهم أَكثر مِن نِصفِ عدد سُكان بَلدَهِم المَدِينة.

ـ والمُهاجِرُون القُرشِيُّون بِزَعامة الصَّحابَة الخَمسَة أَقطاب (صَحِيفَة مكَّة الثَّانِيَة)، ويلْحَقُ بِهم ويَنصُرهم مَن تَولَّاهُم وسار على مِنوالهم مِن مُختَلَفِ القَبائل. وهُم مَن مَثَّل الامتِداد التَّأَريخي لِـ(اتِّجاه أَهْل العامَّة) المُتغلِّب الَّذي ظَهر في مَرحَلةِ خِلافة أَبِي بَكر وساد في عَهدي عُمَر وعُثمان.

ـ وطَلائع حِزْب الأُموِيِّين بِرئاسة أَبِي سُفيان وفِيهم عُثمان بن عَفّان، وما استَظَلّ تَحت عَباءتِه مِن نُفوذٍ قَبَلِيٍّ وتَحالُفٍ واسِعٍ يَسندهم في مَكَّة وفي مُختلَف مناطِق الجَزِيرة العَرَبِيَّة.

وأَمَّا مَن تَبقَّى مِن النَّاس فهُم إِمَّا من المُتَشيِّعِين لِهذه الفئات الأَربَعة، وإِمَّا مِن التَّابِعين لِما يُمْلَى عليهم مِن قِبَل الصَّحابة المُقرَّبِين قَبَلِيًّا وعشائرِيًّا بِلا نَظر ولا رأي يُمَيِّزهم ولا قُرآن ولا سُنَّة، وهُم يُشكِّلون أَقلّ مِن نِصفِ عددِ السُّكان بِقَليل.

احْتَلَّت الفِئات الأَربع مَحلّ الطَّرف المُؤثِّر الرَّئيس في سَير الوقائع في المَدِينَتَين وجرى التَّدافُع فِيما بَينها وقَرَّر مَصيرُ الدِّين ومُستقْبَلُه، ومِنها مَرحَلة ما بَعد استِشْهاد النَّبي صَلَّى الله عليه وآله حيث تَكْشِف سيرةُ هذا التَّكوين الاجْتِماعي في المَدِينَتَين أَنَّ

الدِّين الَّذي جاء بِه النَّبيّ مُحمَّد صَلَّى الله عليه وآله وحْيًا مُنزلًا لم يَحكم المُسلِمين بِما هُو هُو، وإنَّما بَقِيَت مُجتَمعاتُ المُسلمِين رَهن تَموُّجات مِنه حيث تُمتَحَن وتُمَحّص.

وتُشِير الرِّوايات الكاشِفَة عن مُستقبَل المُسلِمين إلى مَشاهِد سَوداوِيَّة يَرجِع النَّاسُ فيها إلى دِين آبائهم وإلى عِبادة اللَّات والعُزى. فعَن رَسُول الله صَلَّى الله عَلَيْهِ وآله، كان يقول: (لا يَذْهَبُ اللَّيْلُ والنَّهارُ حتى تُعْبَدَ اللَّاتُ وَالعُزَّى «... و»إنَّهُ سَيَكُونُ مِنْ ذلِكَ مَا شَاءَ اللهُ، ثُمَّ يَبْعَثُ اللهُ رِيحًا طَيِّبَةً ، فَيَتَوَفَّى مَنْ كانَ فِي قَلْبِهِ مِثْقَالُ حَبَّةٍ مِنْ خَرْدَلٍ مَنْ خَيْرٍ، فَيَبْقَى مَنْ لا خَيْرَ فِيهِ، فَيرجِعُونَ إلَى دينَ آبائِهِمْ)[1].

وعِن ابنِ عبَّاس، قال رَسُولُ الله صَلَّى الله عَليهِ وآلِه): (إنَّ اللهَ فَتَحَ هَذَا الدِّيْن بِعَلِيّ، وإذَا قُتِلَ فَسَدَ الدِّيْنُ وَلاَ يُصْلِحَهُ إلاَّ الْمَهَدِيُّ)[2]. ويُعِيد المُسلِمين إلى دِينِهم، فـ[هُوَ الَّذِي أَرْسَلَ رَسُولَهُ بِالْهُدَىٰ وَدِينِ الْحَقِّ لِيُظْهِرَهُ عَلَى الدِّينِ كُلِّهِ وَلَوْ كَرِهَ الْمُشْرِكُونَ][3].

ويَعود السَّبب الرَّئيس في ذَلِك إلى البِدايات الأُولى وعِلى رأسِها واقِعَة (الانْقِلاب على الأَعْقاب) ومُقدِّماتِها ومُعَقِّباتِها وما أَفْضَت إليه مِن حَوادِث منها: مَقتَل الرَّسُول صَلَّى الله عليه وآله ونَقض بَيعة الغَدِير وقِيام نِظام (الخِلافَة)، حيث اشتَدّ التَّدافع في سِيرة الفِئات الأَرْبَع وأُقْصِي الثَّقلان وحَكم (مَذْهَبُ الرَّأي).

استُشهِدَ النَّبيُّ صَلَّى الله عليه وآله بِالسُّمّ في بَيتِهِ بين يَدي عَلِيٍّ أَمِير المُؤمنين صَلواتُ الله وسَلامُه عليه بعد أَنْ ناجاه طَويلًا وأَوْصاه بِوَصِيَّتِه في الوَلايَة بِمَحضَرٍ مِن جمعٍ مِن الصَّحابَة الشُّهود الأَبرار. فحَزِنَ واغتَمَّ أَهْلُ البيت صَلواتُ الله وسَلامُه عليهم وبَنُو هاشِم، ثُمّ انشَغَلوا بِتَجهِيز النَّبِيِّ صَلَّى الله عليه وآله مع نَفرٍ قَليلٍ مِمَّن شايَعهُم، مِنهم (العبَّاس وابناه الفَضل وقثم، وأُسامة بن زيد، وصالِح مَولى الرَّسول صَلَّى الله عليه وآله، وأَوْس بن خولي الأَنصاري)[4].

---

1 – تفسير الطبري 361/ 23

2 – ينابيع المودة، الحافظ القندوزي ج2/ ص304.

3 – التَّوبة 33. الصَّف 9

4 – الطّبقات، ابن سعد 70/ 2

وفي مَشهد آخَر مِن المَدِينَة، انْشغَل أقطابُ (صَحِيفَة مكّة الثّانِيَة) وأَتباعُهم بِبَثِّ مُسَبِّبات الفَوضي في النِّظام الاجتِماعي لِمَكّة والمَدينة معًا، وأَثاروا العَصبِيّات القَبلِيَّة فِيهما، وعزَّزوا جانِبَهم كيما يُمَكِّنوا أَنْفسَهم مُقَرِّرين لِمَصير مُستقبل الأُمَّة، وسارعوا إلى بَيعةِ الغَدِير فنَقضُوها مِن فَورِهم عَلنًا، وشكَّكوا فِي العَقيدة ورَفَضوا الأخذَ بالثَّقلَين، وأَثاروا شُبهةَ استِحالَةِ عُرُوض المَوت على النَّبِيِّ صَلَّى الله عليه وآله أَو إِمكانه، وأَوقَدوا طَلَبَ الثَّأر بين القَبائل مِن سيوف بَنِي هاشِم ومِنها سَيف عَلِيٍّ أَمِير المُؤمِنين صَلواتُ الله وسَلامُه عليه. كُلُّ ذلك جَرَى لِتَأجِيجِ (الفِتْنَة) وزَعزَعة الثِّقَةِ الوَصايا الأَخِيرة لِلنَّبِيّ صَلَّى الله عليه وآله قَبْل أَداء الصَّلاة على جِنازَته واستِكمال إِجراء دَفْنِه.

أَثارت فَوضَى العَصبِيَّات القَبَلِيَّة هذه حَفيظةَ الأَنْصار فاعْتَزَلَ أَكثرُهم الوَضع العام في اليَوم الأَوَّل لِمَرضِ النَّبِيّ صَلَّى الله عليه وآله، وتَنادَى كُبراؤهم إِلى زَعِيمهم المَرِيض سَعد بن عبادة لِيَضَع حَدًّا لِما هُم فيه مِن خَشيَةٍ على مَصير مُستقبلهم في إِثْر رَحِيل مُنْقِذِهم مِن الضَّلالة والعَصبِيَّة القَبلِيَّة ومِمّا اجتَرحَت نُفوسُهم مِن الثّارات القَدِيمة بَين قُطْبَيهِم الأَوس والخَزرَج، ولما عانوه مِن عَصَبِيَّات أُخرى اقْتَرفها أَهْلُ مكّة ما برِحَت تَتراكَم وتَطلُب الثَّأر مِن الأَنْصار الَّذين شارَكوا نَبِيَّهم والهاشِمِيِّين في قِتال مُشركِي مكَّة بِبَدرٍ وأُحُدٍ وحُنَين وغَيرهُن.

ويَبدو أَنَّ تَقرير المَصِير بِوَلايَة عَلِيٍّ أَمِير المؤمنين صَلوات الله وسَلامُه عليه لم يَكن يُرضِي الأَغْلَبِيَّة مِن الأَنصار بِقطْبَيهِم الأَوْس والخَزْرج على حَدٍّ سواء، فلَم يَكترِثوا كثيرًا لِوَلايَتِه وبَيعَةِ الغَدِير في الأَيّام الأُولى لِرَحِيل النَّبِيّ صَلَّى الله عليه وآله، على خِلاف ما كانوا عليه مِن قَبْل ويُتوَقّع منهم، وتَحسَّسوا الدَّسائس البَينِيَّة في الاتِّجاهات والقَبائل المُختَلِفَة في مَدِينَتِهم، وهَمَّهُم ما يَضمَن لهم أَمْنَ وُجودِهم الأَصِيل أَوَّلًا وعَمّا يُزيل المَخاوِف ويُعزّز مِن الاستِقرار في مَدِينَتِهم في إِثْر الفَراغ الكَبِير الَّذي أَحدَثه رَحِيلُ النَّبِيّ صَلَّى الله عليه وآله وتَنطُّعُ المنافِقِين القُرَشِيِّين المُهاجِرين بِجَدلِيَّة مَوت النَّبِي صَلَّى الله عليه وآله ودُخولِهِ السِّتر إِلى حِين عَودته بعد 40 يومًا، وغَمَّتهم مَظاهر التَّحالُف القائم بين الصَّحابَة أَقطاب (صَحِيفَة مَكَّة الثّانِيَة) والأُمويِّين.

في حَياتِه الشَّرِيفة قال النَّبيُّ صَلَّى الله عليه وآله في الأَنْصار ما أَسَعدَ سِيرةَ حَياتِهم تَحت ظِلِّه الشَّريف، وأَحْزَنَهم كَثيرًا ما أَنْبأ فيهم إنْ هو فارَقَهم. وكُلَّما اطَّلعوا على عَصَبيَّات الصَّحابة المُنافِقين مِن المُهاجِرين وسِعَة تَحالفِهم في الأَيَّام الأَخِيرة لِحَياة النَّبيّ صَلَّى الله عليهم وآله استَعدّوا لِذلك استِعدادًا وَثِيقًا لمواجهة أَيّ طارِئٍ يُهدِّد وَحدَةَ كِيانِهم ومصير مَدِينتِهم.

في ذلك نَقلَ أَنَسُ بن مالِك وأُسَيد بن حضير وعبد الله بن عاصم وعبد الله بن زيد الأَنصارِي رِوايَةً صادِرَةً عن الرَّسُول صَلَّى الله عليه وآله في الأَنْصار أَنَّه قال (إِنَّكم ستَلقَون بَعدِي إِثْرةً، فاصْبِروا حتَّى تَلقَوني، ومَوعِدُكم الحوض)[1].

إِنَّ هذه الرِّواية في مَصِير الأَنصار هِي واحدةٌ مِمَّا وُضِعَ وزُوِّر ولُفِّق أَو مِمَّا صَدَر وسُخِّر بِشكْلٍ سَيئٍ مِن قِبَل أَقطاب (صَحِيفَة مكّة الثَّانِيَة) وحُلفائهم مِن نُقباء الأَنْصار والرُّواة مِنهم، لِيَكِيدوا لِوَلايَة عَلِيٍّ أَمِير المُؤمنين صَلواتُ الله وسَلامُه عليه كَيدًا.

فأُسَيد بن حضير وأَنَس بن مالك هُما مِمَّن سَعي بِنَقلِه لِهذه الرِّوايَة إِلى استِضْعافِ الأَنْصار فِي أَنْفُسِهم ولِتَهيئة الظَّروف المَوضوعِيَّة فِيهم لِلرِّضا بِما يُرسَم لهم مِن مَصِير ويُقرَّر بِزَعامة الصَّحابَة الخَمْسَة أَقطاب (صَحِيفَة مكَّة الثَّانِيَة) بِوَصْفِهم مُهاجِرين قُرشِيِّين وفي مَرتَبةٍ دِينِيَّة ووِجْدانِيَّة تبدو مُتقدِّمة على الأَنْصار وإِنْ كان فِي هؤلاء المَهاجِرين مِنَ كُبراء الصَّحابة مَن هو في مَرْتَبَةِ (أَذَلِّ الأَذِلّاء وأَرْذَلِ الأَراذِلِ) في أَحْياء مَكّة.

في واقِعِ الأَمر، أَنَّ هُوِيَّة (الخَلِيفَة) وخَلْفِيّته القَبلِيَّة بين العَرَب أَمْسَت مِن بَعد رَحِيلِ رَسُول صَلَّى الله عليه وآله تُشكِّل هاجِسًا مُقلِقًا لِلأَنْصار ومُخِيفًا على المُستويَين النَّفسِي والاجتِماعي لهم. ولم يُضِف أَنَسُ بن مالك وأُسَيد بن خضير نَقِيب الأَوْسِ حَلِيفًا الصَّحابَة الخَمسَة أَقطاب (صَحِيفَة مكّة الثَّانِيَة) شَيئًا مِمَّا بَثُّوه على ما كان مِن هَمٍّ يُثِير في الأَنْصار المَخاوف على مَصير مُستقبَلِهم ومَدِينَتِهم.

---

1 - البخاري (3430-3729). مسلم (1845-1061)

مُنْذُ حَلَّ النَّبِيُّ مُحمَّد صَلَّى اللهُ عليه وآله على أَهْلِ المَدِينَة إطمأَنَّ الأَنْصارُ لِوَلايَة عَلِيٍّ أَمِير المؤمنين صَلواتُ الله وسَلامُه عليه وآمنوا بِأَنَّه الخَلِيفَة مِن بَعدِ النَّبِيّ صَلَّى الله عليه وآله وأَنَّ بَيعَتَه المُعلَنة في يَوم الغَدِير كانَتْ الضَّامِن لاستِقرار مستقبل مَدِينَتِهم. فإنْ لم تَصِل إِليه صَلواتُ الله وسَلامُه عليه مِن بَعدِ رَحِيل النَّبِيّ صَلَّى الله عليه وآله فإنَّها لَنْ تكون فِي الأَنْصار مُطلَقًا، فلا مَحِيص مِن العَمَل على حَصرِها في عَلِيٍّ أَمِير المُؤمنين صَلواتُ الله وسَلامه عليه والسَّعي الحَثِيث إِلى تَعزِيز ذلك في المُسلِمين.

وحَيث صَرَّحَت الآياتُ والرِّواياتُ وقَضى اللهُ ورَسُولُه الأَمرَ وما كان لِأَحدٍ مِن بعد ذلك الخِيَرة أو التَّأويل أَو التَّحريف بِأَدِلَّةٍ مُختَلقَةٍ أَو مُزوَّرةٍ أَو مُلفّقةٍ أَو الاعتِماد على مُبرّرات وقَرائن موضُوعَة؛ فإنَّ التَّوازُن الاجْتِماعِي القَبلِيِّ والعشائرِيّ القائم والسَّائد باتَ يُشكِّل مَنفعةً كُبرى تَصبّ في مَصْلَحةِ الأَنْصار في مَدِينَتِهم قَبل المُهاجِرين. ولكِنَّ وقائع الأُمُور أَسفَرت عن تَحالُفاتٍ مَتِينةٍ كانت تَنتظر ساعة رَحِيل النَّبِيّ صَلَّى الله عليه وآله وتُخَطِّط لِانْقلاب سافر على وَلايَة عَلِيٍّ أَمير المُؤمنين صَلواتُ الله وسَلامُه عليه.

حينها تَأَكّد لِلأَنصار أَنَّ بيعةَ الغَدِير ستُنقَض، وأَنَّ الوَلايَة مِن بعد الرَّسُول صَلَّى الله عليه وآله ستُزوى عن عَلِيٍّ أَمِير المؤمنين صَلواتُ الله وسَلامُه عليه أَو ستُنتَزع مِنه بِقُوة المُماكَرَة لِكَي يَتقمَّصَها شَخْصٌ آخر غَير ذِي نَسَبٍ ولا حَسَبٍ مَعلُومٍ ورَفِيعٍ بين العرب يُعظَّم جانِبَه أَو يُهاب أَو يُخشى.

فالصَّحابةُ المُهاجِرُون المُنافِقُون مِن القُرَشِيّين قد عَزَموا على نَقض بَيعة الغَدِير ومَنع الوَلايَة والخِلافة مِن أَنْ تَصِل إِلى عَلِيٍّ صَلوات الله وسَلامُه عليه على مَرأى ومَسمَع مِن الأَنْصار وبَين جُدُرِ مَدِينَتِهم، وهَيَّئوا الظُّروف مِن قَبْل وأَعدّوا العدَّة لِما عَزَموا على ارتِكابِه، وبالَغوا في العَمَل على احْتِكار الوَلايَة فِيهم بِعَقدٍ مَكتوبٍ أَمضوه فيما بَينهم في جَوفِ الكَعبَةِ بِمَكَّة، واجتهدوا في تَرَقُّب السَّاعة الحاسِمَة في غُضُون كُلِّ عمليّة يُنفِّذونها لاغْتِيال النَّبِيّ صَلَّى الله عليه وآله، وأَضْمَروا ما هو لَيس بِهَيِّنٍ مِن كَيدٍ طُوال فَترة مَعِيشتِهم بين الأَنْصار الَّذين آوُوهُم ونَصرُوهُم في المَدِينة، ولم تَغفُ أَعيُنهم

عن كُلِّ لَحظةٍ صَدَرت فيها رِوايَةٌ أَو خُصِّصَت لِتَناول شَأن مِن شئون وَلايَة عَلِيٍّ أَمِير المؤمنين صَلوات الله وسَلامه عليه، والنَّبِيُّ مُحمَّد صَلَّى الله عليه وآله وأخوه عَلِيّ أَمِير المؤمنين صَلواتُ الله وسَلامُه عليه يَعلَمان تَفاصِيل ما يَجرِي في هذا المُجتَمع.

لم يسْلَم الأنْصارُ بِوَصْفِهم أَهْل المَدينة وأَصْحابها مِمّا كان يُحيكه الصَّحابَةُ الخَمَسة أَقطاب الصَّحِيفَة الثَّانِيَة وحُلفاؤهم مِن مَكرٍ مَكروه واستَهدَف فِيما استَهدَف عَزلَهُم عن جِوار النَّبِيّ صَلَّى الله عليه وآله في حَياتِهِ ونَفيَ أَيِّ حَظوةٍ لَهم عِنده وطَمسَ أَيِّ رِواية مِنه صَلَّى الله عليه وآله في حَقِّهم، وطالما استغَلّوا كُلّ صَغِيرةٍ وكبيرةٍ لِتَفتِيت الوَحدَة الاجتِماعِيَّة الَّتي أَسَّس النَّبِيُّ صَلَّى الله عليه وآله قَواعِدَها في مُجتَمَع الأَوسِ والخَزْرَج.

إِنَّ مَواقِفَ الأَنْصار في الأَيَّام الأَخِيرة مِن حَياةِ النَّبِيّ صَلَّى الله عليه وآله تُعَدّ مَصدرًا مُهِمًّا لِلعِلْم بطَبِيعَةِ الهَيمَنةِ الَّتي فَرَضَها الصَّحابةُ المُهاجِرُون مِن أَقطابِ الصَّحِيفَة وحلفائهم على مُجتَمَعيّ مَكَّة والمدينة. وقد استَقَلَّ الصَّحابةُ الأَبْرار الَّذين شايَعوا عَلِيًّا أَمير المُؤمِنين صَلواتُ الله وسَلامُه عليه والبَعض مِن كُبراء الأَنصار عن هَيمنة أَقْطاب الصَّحِيفَة والتزموا بوَصايا النَّبِيّ صَلَّى الله عليه وآله في حَياتِه وفي الأَيَّام الأَخِيرة الحَرِجَة مِن مَرَضِه وفي ساعة رَحِيلِه.

وأَمّا أَبو سُفيان فقد كان حالًّا في فِئات التَّقسِيم الاجْتِماعِي لِلمَدِينَة وقاعدًا مُتكتِّمًا ومُتَرَبِّصًا بعُيُونِه، يُحصِي ما لِبَنِي أُمَيَّة في الأَنْصار وفي بَنِي هاشِم وفي غَيرِهِم مِن ثَأر، ويَعدّ لِما يَتوَقّعه مِن غُنم وَفِير جَراء ما أَمضى مِن تَحالُفٍ مع أَقطاب الصَّحيفة عُمدته الابْتِزاز، ويَأبى إِلَّا أَنْ يبقى اتِّجاهًا مُستقلًّا مُنافِقًا فِي حُدود الحاجَة إلى النُّفوذ والضَّرُورة الجاهِلِيَّة، ويَأبى إِلَّا أَنْ يُعِيد مَجدَ الأُمَوِيِّين المَفقود حيث كان في القَريَةِ عَظِيم!

فالمَدِينةُ هِي بَلَدُ الأَنْصار لِوَحدِهم مِن قَبْل أَنْ يجتمع الخزْرَجُ والأَوسُ على كَلِمة سواء بَينَهُما على عَهدٍ مع النَّبِيّ صَلَّى الله عليه وآله، وأَمْسوا اليوم جُزءًا لا يَتجزَّئ مِن مُجتمعٍ خَلِيطٍ قد لا يُشكِّلون فيه النُّفوذ الأَعْظَم والسِّيادَةَ الأُولى الأَقْوى.

وعندما حان مَوعِدُ رَحيل النَّبِيّ صَلَّى الله عليه وآله لَم يُجمِع الأَنْصارُ على زَعِيمٍ واحِدٍ يُوحِّد جانِبَهم ويَخوض بهم مَعركة الخِلافَة في المُسلِمِين ويَرفع مِن سَقف طُموحِهم ويَضْمَن حِصَّتهم مِن الإِمْرة والرِّئاسة على الرَّغم مِن تَمسُّكِهم بِبَيعَةِ الغَدِير. ويَقول ابنُ إِسحاق في وَصف ما كان بَين قُطْبَي الأَنصار في عهد النَّبِيّ صَلَّى الله عليه وآله:

ولمَّا انْقَضى شأنُ الخَندق وأَمرُ بَنِي قُرِيظة، وكان سلام بن أَبِي الحَقِيق ـ وهو أَبُو رافع ـ فِيمَن حزَّبَ الأَحْزاب على رَسُول الله. وكانت الأَوْس قَبل أُحُد قد قَتلَت كَعب بن الأَشْرف، فاسْتأذن الخَزرجُ رَسُولَ الله صَلَّى الله عليه وآله في قَتل سَلام بن أَبِي الحَقِيق وهو بِخَيبر فأَذِن لهم. قال ابنُ إِسْحاق: فحدَّثَنِي مُحمَّد بن مسلم الزُّهريُّ عن عبد الله بن كعب بن مالك قال: وكان مِمَّا صنع الله لِرَسُولِه صَلَّى الله عليه وآله أَنَّ هذين الحَيَّيْن مِن الأَنصار الأَوْس والخَزرَج كانا يَتصاوَلان مع رَسُول الله تَصاوُل الفحْلَين، لا تَصنعُ الأَوسُ شيئًا فيه غناء عن رَسُول الله إِلَّا وقالت الخَزرج: والله لا يذهبون بِهذِه فَضلًا علينا عند رَسُول الله، فلا يَنتَهون حتَّى يُوقِعوا مِثلها. وإِذا فَعلَت الخَزرَجُ شَيئًا قالت الأَوْس مِثلَ ذلك. قال: وَلمّا أَصابَت الأَوسُ كَعبَ بن الأَشْرف في عَداوتِه لِرَسُول الله قالت الخزرَجُ: والله لا يَذهبون بها فَضلًا علينا أَبَدًا. قال: فتَذاكَروا مِن رَجُلٍ لِرَسول الله في العَداوة كابن الأَشْرف فذَكَروا ابن أَبِي الحقيق وهو بِخَيبر، فاستَأذَنوا الرَّسُول في قتله، فأَذِنَ لَهم)[1].

رُبَما يذهب بَعضُ المُحقِّقين إِلى القَول بِأَنَّ مِثل هذه المَواقِف لا تَخرج على كونِها حالًا تنافسِيَّة على خَيرٍ بين الأَوْس والخَزْرَج تَحت ظِلال النُّبوَّة. لكنَّ ماجريات وقائع ما بَعد شَهادة النَّبِيّ صَلَّى الله عليه وآله تُؤكِّد على عكس ذلك.

فقد اتَّسَعَت رُقعَةُ الخِلاف بَين الأَوْس والخزرج، وإِنْ سَلَّمْنا بِالقَول أَنَّ بعض المُهاجرين كانُوا أَشَدّ المُحرِّضِين على شَقِّ الصُّفوف بَين جميع أَقطاب القَبائل غير

1- ابن هشام 2/ 273-274. البداية والنّهاية، ابن كثير 4/ 139

المُتحالِفَة معهم أو غير المُوالِيَة لهم بِمَن فيهم الأَوْس والخَزْرج، وأَنَّ الصَّحابة أَقطاب الصَّحِيفة الثَّانِيَة كانوا المُدَبِّر لهذا التَّحرِيض في أَوْسَاط كُلٍّ مِن المُهاجِرين والأَنْصار على حَدٍّ سَواء لِحاجةٍ فَرضتها مُتطلَّبات الانْقِلاب والمرحلة الانتِقاليَّة منه!

فَلم يُوفَّق الزَّعِيم الخزرَجِي سَعد بن عبادة لِجَعلِ ذاتِه الرَّجل الأَقوى في مُهِمَّة التَّقريب بين قُلوب الأَنْصار مِن الأَوْس والخَزرَج بِوَحَدةٍ عضويَّةٍ حاكِمَة على الأَحْقاد وسُيوف الثَّأر، فَقَد انْقَضى العَهدُ الَّذي شَكّلوا فيه لِوَحِدِهم مُجتمع المَدِينَة، كما أَنَّ مَدينتَهُم لم تَعُد مُجتمعًا مُتجانس الثَّقافَة، وقد شَقّ تَحالُفُ الصَّحِيفة الثَّانِية بِمَكرِهِ صُفوفَ الأَنْصار، ونَجَح في استِقْطاب عَددٍ مِن العَناصِر الأَوسِيَّة ذات التَّأْثِير القِيادِي المُباشِر والفاعِل في تَقرِير مَصِير وَحدَةِ الأَوْسِ والخَزرَج.

لَيس مِن شَكٍّ في أَنَّ مُستقْبَل المدينة خَضَع لِلرِّهانات السِّياسِيَّة والمُزايدات حيث تَفاعَل الأَنصارُ مع المُحاولات الحَثِيثَة لِجَرِّهِم أَو استِقطابِهِم إِلى ما يُشعِرهُم بِأَهمِيَّة تَقرِير مَصير مَدِينَتِهِم، واستَجاب بَعضُهم إِلى ما كان مُتوثِّبًا لِحَسمِ تَطَوُّرات ما بَعد رَحِيل النَّبيّ صَلَّى الله عليه وآله. في حين قَصَد كُبراء الصَّحابَة المُهاجِرين مَوطِنَهم مَكَّة لِكَسب وَلاء القَبائل المُتمَسِّكَة بِجاهِلِيَّةِ الثَّأر لِقَتلاها الَّذين وتَرهُم سَيفُ النَّبيّ مُحمَّد صَلَّى الله عليه وآله وسَيفُ أَخِيهِ ووَصِيِّهِ عَلِيّ أَمِير المُؤمنين صَلواتُ الله وسَلامُه عليه وسُيوف شِيعَةِ عَلِيٍّ الأَبرار، ولم تَنْس جانبًا مِن سُيوف الأَنْصار أَيضًا.

في هذه الظُّروف المُعقَّدة الَّتي تَموج بِمُجتَمع الأَنْصار؛ مَا كانَ مِن بُدّ إِلَّا أَنْ يَتمسّك الأَنْصارُ بِبَيعة الغَدِير إِذْ هِي العَقدُ الوَحِيد المُنقِذ والبَيعَةُ المُلزِمَة لِلجَميع على حَدٍّ سواء والدِّرعُ الحَصِينة المُرشَّحة لِرَدع مُواطِنِيهم مِن كُبراء الصَّحابَة المهاجِرين المُنافِقِين والتَّعاقد الوَحِيد الَّذي سيَردّ لَهُم اعتِبارَهم ويُكافِئهم على ما بَذَلوه لاحتِضان عهد النُّبوّة، فنادوا بِعَلِيٍّ أَمِير المُؤمِنين صَلواتُ الله وسَلامُه عليه خَلِيفَةً مِن بَعد النَّبيّ صَلَّى الله عليه وآله وأَصرّوا على ذلك وبَنوا عليه ثَقافَتَهم، ووَقَف الخَزرج إِلى جانِبِ زَعِيمِهِم سَعَد بن عبادة وأَعادوا الثِّقَة في إِمكان تَنصِيبِهِ خَلِيفَةً بَدِيلًا إِنْ لم يَنلْها عَلِيٌّ أَمِير

المؤمنين صَلوات الله وسَلامُه عليه، وقد صَرَّحوا بِذلك.

في الظَّرف الرَّاهِن انْدَفَع الأَنْصارُ نَحو عَلِيٍّ أَمِير المؤمِنين صَلواتُ الله وسَلامُه عليه وجَعلُوه المُخَلِّص الوَحِيد لهم مِن هَمّ وحدة مَصِير مَدِينَتِهم ومِمّا يُثِير فيهم الخَشيَةَ مِن قَسوة الوَضْع المُستَجِدّ الَّذي تَنزَّلَ بِمَقامِهم في المُسلِمِين واخْتَرق صُفوفَهُم لاستِقطاب جانِبٍ مِنهم على حِساب الآخر، مِن غَير أَنْ يُحِيطوا بِطَبِيعة المَوقِف الَّذي سيَتَّخِذه عَلِيٌّ أَمِير المُؤمِنين صَلواتُ الله وسَلامُه عليه بِناءً على تَفاصِيل وَصِيَّةٍ تَلقَّاها مِن أَخْيهِ رَسُول الله صَلَّى الله عليه وآله تَدعُوه إِلى الصَّبر عند وُقوع الانْقِلاب على الأَعْقاب وإِنْ لم تكتَمِل عِدَّة الأَصْحاب.

اجتَمعت الأَغلَبِيَّةُ في الأَنْصار على مُوالاة عَلِيٍّ صَلواتُ الله وسَلامُه عليه مِن دُون سواه على الرَّغْم مِن مَيل بَعض نُقبائهم مِن الأَوْس والخَزرج لِأَقطاب (صَحِيفَة مكَّة الثَّانِيَة)، ومِنهم البَشِير بن سَعد الخَزرَجِي ومَعاذ بن جَبل وأُسَيد بن حضير وعويم بن ساعدة وعاصِم بن عدي. ثُمّ حَدَث ما لم يَكُن في الحُسْبان!

جاء أَبُو بكر وعُمر وأَبُو عُبَيدة بن الجرَّاح الأَنْصار في لِقاء السَّقِيفة على حِين غِرَّة، فسارع الأَنْصار إِلى نَقضِ بَيعة الغَدِير واتِّخاذ أَبِي بَكر أَوّل خَلِيفة لِلمُسلِمِين، ووَطَأُوا زَعِيمهم الخَزرَجِي سَعد بن عبادة وهَضموا حَقّ عَلِيٍّ أَمِير المُؤمنين صَلواتُ الله وسَلامه عليه، فَلَم يُشاركوا في إِكمال عِدَّةِ أَصْحاب عَلِيّ أَمِير المؤمنين صَلواتُ الله وسَلامُه عليه!

في تَقدِير الأَغلبِيَّة مِن الخَزرَج والبَعضِ مِن الأَوْس أَنَّ الإِمام عَلِيٍّ أَمِير المؤمنين صَلواتُ الله وسَلامُه عليه هُو الشَّخص الوَحِيد الَّذي يَمتَلِك الشَّرعِيَّة لِتَولِي الخِلافَة، والوَحِيد الأَقوى الَّذي ستَستَقِيم له كُلُّ أُمورِ المَدِينة ونِظامِ مُجتَمعِها إِنْ حالَفَته الظُّروف فصَار خَلِيفَةً فِي مُقابل ما كان يَرمِي إليه تَحالُفُ الصَّحابة الخَمَسة أَقطاب (صحِيفَة مكّة الثَّانِيَة) وخَتلُ أَبِي سُفيان. وهو صَلواتُ الله وسَلامُه عليه المُؤتَمن الَّذي سيَحفَظ لَهُم عهد النَّبِيّ صَلَّى الله عليه وآله ويَرقَى بِمَنزِلَتِهم في المُسلِمِين دَرجات جَزاء ما آثَروا بِهِ

على أَنفُسِهم وما قدَّموا لِإيواء المُهاجِرين ونُصرتِهم لِرَسُول الله صَلَّى الله عليه وآله. ولا مِن أَحَدٍ قادرٍ على مُكافحة فَساد كُبراء الصَّحابة المُنافِقين المُهاجِرين مِن أَهْل مَكّة وصَدِّ تَحالُفِهم والقَصاص مِمَّن أَقدَم على تنفيذ مُؤامَرات الاغْتِيال السِّرّي في المَدِينَة وما حولها إِلَّا عدل عَلِيٍّ أَمِير المُؤمنين صَلواتُ الله وسَلامُه عليه إِذْ هُو الإمامُ الوَصِي وهو حَقِيقٌ وخَلِيقٌ بها، وهو مَن أُخذِت له البَيعةُ في يَومِ الغَدِير وأَوصَى النَّبِيُّ صَلَّى الله عليه وآله فِيه بِالوَلايَة إِلى وَقْتٍ قَرِيبٍ ودَفعَ إليه وَصِيَّته وناجاه طَويلًا بِعِلْم يَفتح أَلفَ بابٍ في حُضور ثَلاثةٍ مِن الرِّجال الصَّحابة الأَبْرار الشُّهود وفيهم فاطِمة الزَّهراء صَلواتُ الله وسَلامُه عليها عندما ثَقُل عليه مَرَضُه وقُبَيل شَهادَتِه.

فكُلُّ المُؤهَّلات الذَّاتِيَّة والموضُوعِيَّة ومُتعلِّقات السَّماء مُتوافِرة في عَلِيٍّ أَمِير المُؤمنين صَلواتُ الله وسَلامُه عليه إِلى جانِب بَيعَةِ الغَدِير الَّتي بايَع المُسلِمُون.. وإِذا بِالأُمور تَنقَلِب فُجأَةً لِتُسفِرَ عن امتِناع الأَغلَبِيَّة مِن الأَوْس وكَثِير مِن الخَزرَج عن القُبول بِعَلِيٍّ أَمِير المؤمنين صَلواتُ الله وسَلامُه عليه وَلِيًّا وناصِرًا، وتَكشِف عن تَرْجِيحِها لِفَلتَةِ أَبِي بَكر في لِقاء يَوم السَّقِيفَة الَّذي جمع الأَوْس والخَزرَج ونُقباءَهم.

بَدت الأَحوالُ في مَدِينة الرَّسُول صَلَّى الله عليه وآله على كَفِّ عِفرِيت مِن الجِنّ، حيث انْشغل الأَنْصارُ بِمَخاوِفِهم وبِما كان بين أَقطابهم وزُعمائهم مِن تَنافُرٍ بِالرُّتَب وتَنابُزٍ بِالأَلقاب والمقامات، وانْشغَل أَبُو بَكر وأَبُو سُفيان بِأَتباعِهِما وبِحُلفائهما وبِتَقسِيم حِصَص غُنمِ الخِلافَة، وتَركوا عَلِيًّا صَلواتُ الله وسَلامُه عليه وبَنِي هاشِم والصَّحابَة مِن شِيعَتِهم عاكِفِين على تَجْهِيز رَسُول الله صَلَّى الله عليه وآله المُسجَّى في داره.

لَيْس مِن شَكٍّ في أَنَّ كلًا مِن عُيون الأَنْصار وعُيون المهاجِرين مبثوثةٌ في أَنحاءٍ مختلفة مِن المدينة، وبالَغَ كُلُّ واحدٍ منهما في رَصد تَحرّكات الآخر، وأَمعَن النَّظَر في ما عزَم على اتَّخاذِه كلُّ طَرَفٍ مِن تَدابِير تَخصّ مُستقبل الخِلافَة في تِلك السَّاعات الحَرِجة الفاصِلَة بين عَهدِ النُّبوّة وعَهد النِّظام الجَدِيد المُنقَطِع عن وَحْي النُّبوّة. في حِين كانَت بَيعةُ الغَدِير ما زالت ماثِلَةً في رَوع عامَّة النَّاس. فوَلَّد ذلك ما يَشْبه الحَرْب البارِدَة

في الأَنْصار وفي المُهاجِرين وما بَينَهما، وقد عَلِم كُلٌّ مِنهما عِلْمَ اليَقِين بِما سيَقدِم عليه الآخرُ مِن خُطوات حاسِمَة وما يُريد مِن حِصَصٍ في الغُنم.

إنَّ الأَهمَّ الَّذي شَغل بالَ الأَنْصار بِشقَّيهم الخَزرج والأَوْس هو هاجِسُ الثَّأر القَبَلِي الجاهِلي الَّذي يضمِرُه مُهاجِرو مكَّة مِنَ الأُمَويِّين والصَّحابة المُنافِقين منهم، وتَرقُّب المُهاجِرين لِلفُرص المناسبة لِلأَخذ بِهذا الثَّأر على قاعِدَةٍ جاهِلِيّة. فاستَغلّ الأَنْصارُ فُرصَةَ عِيادتِهم لِزَعِيمهم سَعد بن عبادة في بِيته أَثْناء مَرَضِه، وأَعْرَبوا له عن مَخاوِفِهم، وَتبادلوا معه وفِيما بينهم أَطراف الحَدِيث عن أَمْر الخِلافَة، حتَّى فاجَأَهُم الثَّلاثَةُ مِن المهاجِرين (أَبُو بَكر وعُمَر وأَبو عُبَيدَة بن الجرَّاح) عندما قدموا إِلى مَجلِسِهم مِن غَير مَوعِدٍ مسبق ضَربوه مَعهم. (فإِنَّ أَوَّل مَن سَمِع خَبر اجتِماع الأَنْصار هو عُمَر)[1] فسارَع هو وأَبُو بَكر وأَبُو عُبيدة بن الَجرّاح إِلى فَضِّ اجتماعٍ طارئٍ عُقِد فيما بَينهم وهَمُّوا باقتِحام لِقاء الانْصار!

ومِمَّا أَكَّد على الثَّلاثة أَبِي بَكر وعُمر وأَبِي عُبَيدة ضَرُورةَ المُسارَعَة إِلى اقتحام لِقاء الأَنْصار هو نَجاح حُلفاء أَبي بَكر مِن الأَوْس والخَزرَج في إِقْصاء سَعد بن عبادة عن دائرة التَّرشُح لِلزَّعامَتَين:

- لِزَعامَةِ الأَنْصار حيث سادَ فيها الأَوْس واقتَربوا مِن التَّمرّد عَليها.

- لِزعامة المُسلِمين والخِلافة في إِثْر رَحِيل النَّبِيّ صَلَّى الله عليه وآله إِنْ لم يَتقدَّم عَلِيٌّ أَمِير المُؤمنين صَلواتُ الله وسلامُه عليه لِطَلَبِها.

وشَكَّك الأَوْسُ في قُدرة الخزرجي ابن عبادة على التَّصدِّي لِوظِيفَتي زَعامة الأَنْصار وخِلافة المسلمين معًا إِنْ هو تَقدَّم وتَصدَّى إِلى ذلك، وباتُوا يَخشون مِنه ومِن انْفراد الخَزرج بِأَمْرٍ لا نَصِيب لَهُم فيه على عَهدِه، ثُمَّ تكون الخِلافةُ مِن نَصِيب الخَزرج على الدَّوام مِن دُونهم فيَرقوا عليهم بِفَضِيلَةٍ أَو مَنقبةٍ.

1 - نظريّة عدالة الصّحابة 309

بَقِي الأَنْصارُ أُسراء لِمِحنَة الشَّكّ والتَّردُّد والخشيَة مِمّا ستئول إليه الأُمُور في الأَيَّام الثَّلاثة الأُوْلى لِشَهادة النَّبِيّ صَلَّى الله عليه وآله ولِمحنَةِ التَّفكُّك مِن جَدِيد، وبَنو هاشِم والأَصحابُ الأَبرار وعَلِيٌّ أَمير المؤمنين صَلواتُ الله وسَلامُه عليه فِي هذه الحال مَشغُلون بِتَجهيز رَسُولِ الله صَلَّى الله عليه وآله لِتَشييعِه والصَّلاة عليه ودَفنِه. فيما أَكثرَ أَقطابُ (صَحِيفَة مكّة الثّانِيَة) مِن عقد اللِّقاءات الطّارِئة واستكمِلوا عزائم حُلفائهم وشدّوا مِن بَأسِ أعوانهم لِحَسم أَمر الخِلافَة وحَصرِها فيهم وإِقْصاء عَلِيٍّ أَمير المؤمنين صَلوات الله وسَلامُه عليه عنها ونَقض ما بايَعوا عليه النَّبِيّ مُحمّد صَلَّى الله عليه وآله مِن قَبْل وَحَثّ النَّاس على فِعل ذلك.

وعلى الرَّغم ممَّا كان بين الأُمويِّين وأَقطاب (صَحِيفة مكَّة الثَّانِيَة) مِن تَوادٍّ سِياسِي ظاهِرِي، إِلَّا أَنَّ الأُمويِّين بزَعامة أَبِي سُفيان هَرَعوا إِلى بَثّ المَخاوف في بَنِي هاشِم وأَنذَرُوهم بِفقد بَيتِهم الخِلافَة لِمَصلحة غَيرِهم مِن المُهاجِرين أَو الأَنْصار إِنْ لم يَقدِموا عليها وانْتِزاعها بِقوَّة!

هَمَّ أَبو سُفيان بِاغتِنام هذه الفُرْصَة الذَّهَبِيّة السَّانِحَة بِشَكلٍ عاجِلٍ يَبتغِي بها الفِتنَة مِن وَراءِ ظَهرِ حُلفائه أَقطاب الصَّحِيفَة. فأَسرع إِلى عَلِيٍّ أَمِير المُؤمنين صَلواتُ الله وسَلامُه عليه يُحرِّضه على ما تَعاقد عليه الأَنْصار وأَقطاب (صَحِيفَة مكَّة الثَّانِيَة) في لِقاء السَّقِيفَة يَبغون به نَقضَ بَيعَةِ الغَدير وإِزاحة بَنِي هاشِم عن الوَلايَة مِن بَعد رَسُول الله صَلَّى الله عليه وآله.

وحِينما عرض أَبُو سُفيان على عَلِيٍّ أَمِير المؤمنين صَلواتُ الله وسَلامُه عليه أَنْ يَمدَّ إِليه يَديه لِيُبايعه خَلِيفةً لِلمُسلِمين ومِن وَرائهِ البَيت الأُمَويّ يَفعل بِالمِثْل إِلى جانِب بَنِي هاشِم، فإِنَّما أَراد أَبُو سُفيان أَنْ تكون لِلأُمَوِيِّين الخِلافَةُ أَو شَطرُ مِنها، وإِقْصاء الأَنْصار، واستِبعاد أَذلِّ أَذِلّاء مَكَّة وأَرْذَلِ أَراذِلها مِن ذَوِي النَّسَب الوَضِيع حيث لا يُقاسُون في التَّصنِيف الاجْتِماعي القَبلِيَ لِمَكَّة بِنَسَب وحَسَب بَنِي أُمَيَّة وبَنِي هاشِم ولا حَقّ لَهُم في المَدِينَة ولا في مُستقَبل الجَزِيرة العَرَبِيَّة.. هذه هِي رُؤية أَبي سُفيان في

أَقطاب الصَّحِيفَة وما يَنبَغِي أَنْ يَكون مِن فِتنَةٍ لِحرق المَدِينة وتَدمِيرها مِن أَقصاها إِلى أَقصاها ولِتَعود مَكَّة إِلى حيث كانَت جاهِلِيَّة.

رَفَض عَلِيٌّ أَمِير المؤمنين صَلواتُ الله وسَلامُه عليه ما أَقدم أَبُو سُفيان عليه، وأَعرَض عن طَلَبِه وواصَل مُهمَّته في تَجْهِيز جنازة الرَّسُول صَلَّى الله عليه وآله أَخْذًا بِوَصِيَّته وغَير آبِهٍ لِما سيَسْفِر عن تِلك المُدَولات واللِّقاءات المُدَبَّرة مِن نَتائج وَخِيمَة على أَمْرِ الوَلايَة. فقد بايَعوه في يَوم الغَدِير، وأَنَّ أَيَّ إِجراءٍ مُضادٍّ ناقضٍ لِبَيعَة الغدير فإِنَّما يُمثِّل انْقلابًا صَريحًا سافرًا على وَصِيَّةِ الرَّسُول صَلَّى الله عليه وآله وخِذلانًا لما وَجَب عَلى المُبايِعين مِن طاعة.

لم تَكن تفاصيل ماجَرَيات هَذِه الحَوادِث بِمَنأى عن عِلْم عليٍّ أَمِير المؤمنين صَلواتُ الله وسَلامُه عليه وما يَكون مِنها مِن مُحاولاتٍ خَبِيثَةٍ لِلانْقلاب على النُّبُوَّةِ والإِمامَة ولاغْتِيال النَّبِيّ صَلَّى الله عليه وآله. وأَنَّه صَلواتُ الله وسَلامُه عليه لَيعلَمَ ما سَيجرِي عَليهِ وعَلى فاطِمة صَلواتُ الله وسَلامُه عليها في بَيتِهِ، وما يَحلّ مِن مُصابٍ عَلى بَنِي هاشِم وعلى شِيعَتِهِ وعَلى المُسلمين إِلى يَوم القِيامة.

كانَت وَصِيَّةُ الرَّسُول صَلَّى الله عليه وآله لِعَلِيٍّ أَمِير المؤمنين صَلواتُ الله وسَلامُه عليه عَلَنِيَّةً صَريحةً في الاختِصاص بِالوَلايَة على المُسلِمِين مِن بَعدِه، وقد أَخذَ صَلَّى الله عليه وآله البَيعَةَ مِن الصَّحابَة المُسلمين عند غَدير خُم مِن بَعدِ شَعِيرة حَجٍّ أَدّوها ودَعوا مِن الله غُفران الذّنُوب ورَفْع الدَّرَجات. ولم يَرحل صَلَّى الله عليه وآله عن دار الدُّنيا مِن غَير أَنْ يُعلِمَ عَلِيًّا وابنَتَه فاطِمة صَلواتُ الله وسَلامُه عليهما بِما سيَجْرِي عَليهما وعلى (شِيعَة عَلِيّ) مِن مَصائب ومِحَن، وأَوْصَاهما في ذَلك بِالصَّبر حتَّى يَحكُم الله عَزَّ وَجَلَّ وهو أَحْكَمُ الحاكِمِين.

وهذا العبَّاس يُذكِّر عَلِيًّا أَمِير المُؤمِنين صَلواتُ الله وسَلامُه عليه بِما جاء بِهِ أَبو سُفيان له، وبِما أَنذَر مِمَّا سِيق في اجتماع السَّقِيفة ولِقَاء المَسجِد، ومِمّا حَذّر مِن خَواتِيم جرَّت عليه صَلواتُ الله وسَلامُه عليه مِن الدَّواهي والمَصائب، بَعدما أَصَرَّ على رَفضِ

العَرضِ الَّذي تَقدَّم بِه أَبُو سُفيان وما اشْتَمل عليه مِن استِعدادٍ أَمَوِيٍّ لِبَيعَتِه. كما ذَكَّره العَباس بِما تَقدَّم به إِلَيه صَلواتُ الله وسَلامُه عليه مِن مَشورةٍ يَدعوه فِيها إِلى تَدارُك الأَمْر والإِسْراع في أَخْذِ البَيعَةِ مِن المُسلِمين قَبْل أَنْ يَسبِقَه إِليها أَقطابُ (صحِيفَة مكَّة الثَّانِيَة) وحُلفاؤهم وحَسْم أَمْرها بَينَهُم في سَقِيفة بَنِي ساعدة.

فأَبى عَلِيٌّ أَمِير المؤمنين صَلواتُ الله وسَلامُه عليه أَنْ يَقْبَل عَرْض العَبّاس ومِن ورائه الهاشِمِيِّين يَسنُدونَه، وأَعرَضَ عمّا تَقدَّم به أَبُو سُفيان مِن عَرضٍ ومِن ورائه الأُموِيِّين يَسنُدونه، إِلَّا أَنْ يكون العَرض مَشْروطًا بِأُمور:

ـ ظاهِرًا بِالبَيعَةِ عَلنِيًّا وبِلا إِكْراه فِيها ولا مُوارَبة.

ـ وأَنْ يَشترِك فيه النَّاسُ عامَّة بِلا شُبهةٍ جاهلِيَّةٍ أَو عَصَبيّة قَبلِيّةٍ أَو عَشائرِيَّةٍ مِنهم، ولا مَكْرٍ فِيه ولا خَديعةٍ ولا دَهاءٍ ولا سِرٍّ.

ـ وأَنْ يَأْتِيَه النَّاسُ لِلبَيعَةِ على رَغْبَةٍ مِنهم وامتِثالًا لِوَصِيةِ نَبِيِّهم صَلَّى الله عليه وآله في الوَلايَة الحاسِمَة الَّتي استَمَعوا إِليها مِنه صَلَّى الله عليه وآله مباشرة وبايَعوا عليها أَمامَه في مَشهدٍ مفتوح عام مِن الحَجِيج.

ـ وأَنْ تكون البَيعةُ خالِصَةً نقيَّةً مُجردةً مِن أَيّ دافع يَتطلّبه التَّوازن القَبلِيّ ولا خُضُوع فيها لِنِزاع الأَضْداد والزَّعامَات، ولا لِمُغالَبةٍ سِياسِيّةٍ، ولا استِسلام لِعَوامل التَّحريض.

يقول العَبَّاس مُخاطبًا عَلِيًّا أَمِير المؤمنين صَلواتُ الله وسَلامُه عليه عن كِلا العَرضَينِ وما اشْتَملا عليه مِن بَيعةٍ بِإِزاء فَلتَة أَبِي بَكر، مُذَكِّرًا بِأَنَّ أُولئك النَّفر الَّذين تَقدَّموا على عَلِيٍّ صَلواتُ الله وسَلامُه عليه بِما اصْطَنعوه في يَوم سَقِيفَتِهم لا يُمثِّلون قُوةً قَبلِيَّةً حاسِمةً في قُريش ولا انتِماءً ذِي نَسَبٍ وحَسَب مُؤثِّرين في المَدِينَة في مُقابِل المَوقِف الموحّد لِبَنِي هاشِم والأُمَوِيِّين إِنْ قَرّر عَلِيٌّ أَمير المؤمنين صَلواتُ الله وسَلامُه عليه وعَزم على مَدِّ يَديه لِلعَبَّاس ولِأَبِي سُفيان وعلى عَقدِ تَحالُفٍ مَعهُما. فإِنْ أَقدم أَهْلُ السَّقِيفة على اغتِصاب الخِلافَة لِيَنالوها لِأَنفُسهم أَو سَبَقوا عليًّا أَمِير المؤمنين صَلواتُ

الله وسَلامُه عليه إِليها؛ فلا يَصعب استِردادُها مِنهم إِنْ اجتمَعت أَيدي بَنِي هاشِم والأُموِيّين بِمُوافَقَةٍ سافِرةٍ مِن عَلِيٍّ أَمِير المؤمنين صَلواتُ الله وسَلامُه عليه!

قال العبَّاس مُخاطِبًا عَلِيًّا أَمير المؤمنين صَلواتُ الله وسَلامُه عليه (فلَمّا قُبِض رَسُول الله صَلَّى الله عليه وآله، أَتانا أَبُو سُفيان بن حَرْب تِلك السَّاعة، فدَعوناك إلى أَنْ نُبايِعَك، وقُلْتُ لك: أَبسِط يَدك أُبايِعك ويُبايعك هذا الشَّيخ، فإِنَّا إِنْ بايَعناك لم يَختلِف عليك أَحَدٌ مِن بَنِي عَبد مَناف، وإِذا بايَعك بَنو عَبْد مَناف لم يَختَلِف عليك أَحدٌ مِن قُرَيش، وإِذا بايَعَتْكَ قُريش لم يَختلف عليك أَحدٌ مِن العَرب. فقُلتَ: لَنا بِجهاز رَسُول الله صَلَّى الله عليه وآله شُغل، وهذا الأَمْر فلَيس نَخشَى عليه، وإِنِّي لا أُحِبُّ هذا الأَمْر مِن وَراءِ رِتاج، وأُحِبُّ أَنْ أَصْحَرَ به)[1]، فلَمْ نَلبَث أَنْ سَمِعنا التَّكبِير مِن سَقيفة بَنِي ساعِدَة. فقُلتَ يا عَمّ ما هذا؟! قلتُ: ما دَعوناك إِليه فأَبَيت. قُلْتَ سُبحان الله أَيَكُون هذا. قُلْتُ: نَعم. وقُلْتَ: أَفلا يُرَدّ؟!. قُلْتُ لَكَ: وهَلْ رُدَّ مِثل ذا قَط)[2].

رَفض عَلِيٌّ أَمِير المؤمنين صَلواتُ الله وسَلامُه عليه أَنْ يُبايع سِرًا مِن خَلْف رِتاج أَو (بَوابةٍ مُغلقةٍ)، وفَضَّل:

ـ أَنْ تكون البَيعةُ صَريحةً على أَرضٍ سافرةٍ مَكشوفةٍ أَمام المُسلمين وبَينهم وفي وَضَح النَّهار.

ـ وعلى شَرط وَلايَة النَبِيّ صَلَّى الله عليه وآله وبَيعَتِه صَلواتُ الله وسَلامُه عليه الَّتي أَخذَها النَبِيُّ صَلَّى الله عليه وآله مِنهم.

ـ وعلى أَنْ تكون في إِثْر الانْتِهاء مِن تَجهيز جنازة ابن عَمِّه رَسُول الله صَلَّى الله عليه وآله وتَنفِيذ وَصِيَّته في دَفنه.

ـ وعلى أَنْ يَأتِيَه النَّاسُ راضِين مُعَبِّرين عن اتِّباعِهِم لِسُنَّة رَسُول الله صَلَّى الله عليه وآله ووَصاياه، لا لِحاجةٍ في أَنْفُسِهم يَقضُونها وسُيوفُهم مُشرَعَة أَو مُسلَّطة على الرُّؤوس.

1 - شرح نهج البلاغة، ابن أبي الحديد 169/ 9

2 - نفس المصدر السّابق 48/ 2

أَراد عَلِيٌّ أَمير المُؤمنين صَلواتُ الله وسَلامُه عليه مِن النَّاس أَنْ يَمتَثِلوا لِما بايَعوا في يَوم الغَدِير، ولِما أَجمعوا عليه في مَحضرٍ مِن رَسُول الله صَلَّى الله عليه، لا انْفِصالًا ولا استِدراكًا منهم وإِنْما هو استئنافٌ لما كان ويَجِب أَنْ يكونَ، وأَنْ لا بَدِيل عن ذلك. فقد نَفَذَت إِمامتُه فِيهم عند لَحْظَةِ عُروج رُوح النَّبِيّ صَلَّى الله عليه وآله، وأَنَّها كما كانَت عند لَحظَةِ بَيعَتِهم لَه في يَوم الغَدِير مِن حيث المَعنى. وأَنَّ أَيَّ عَملٍ يخرج على ذلك فهُو يُمَثّل نَقضًا لِبيعةِ الغَدِير وعصْيانًا لِأَمْر النَّبِيّ صَلَّى الله عليه وآله وخِذلانًا لِأُولِي الأَمْر مِن بعده. وهَلْ خَلَت الأُمَّةُ مِن وَلِيٍّ يُطاع وإِمامٍ يُتَّبَع بَين لَحظَةِ عُرُوجِ رُوح النَّبِيّ صَلَّى الله عليه وآله إِلى بَارِئها وساعة اجتِماع أَهْل السَّقِيفَة حتَّى يَتنادى المُهاجِرون والأَنْصَار إِلى تَعيين خَلِيفَةٍ فِي المُسلِمين لِيَسدّوا الفَراغ الحاصِل في الإِمامَةِ والرّئاسة؟!

فما الضَّير في أَنْ يَنشغِلَ المُسلِمون كلهم بِما أَراد أَمِيرُهُم وخَلِيفَتُهم الجَدِيد صَلواتُ الله وسَلامُه عليه مِن تَجهيزِ لِجنازةِ الرَّسُول صَلَّى الله عليه وآله إِكرامًا له ولِنُبوَّتِهِ فِيهم إِذْ خَلَت المَدِينَةُ مِن أَزمَة زَعامَةٍ ماحِقَةٍ أَو فِتنَةٍ رئاسة مُحتَملَة تَستوجِبان الإِسْراع في مُعالجَتِهما بِما يَلِيق اللَّحظة الحَزِينَة الرَّاهِنَة حيث فَقَدَت المَدِينة نَبِيًّا ونُبوَّة وانْقَطع عنها الوَحْيُ وبَقِيَ الإِمامُ ووَحْيُ الإِمامَة حاكِمَين؟!

ولِمَ هذه العَجلَة في حَسم أَمَر البَيعةِ وقد حُسِم مِن قَبْل على عَهْد النَّبِيّ صَلَّى الله عليه وآله وبايَع النَّاسُ عَلِيًّا أَمير المؤمنين صَلواتُ الله وسلامُه عليه في حَضرَة النَّبي الأكرم، وقَضى اللهُ ورَسُولهُ هذا الأَمر مِن قَبْل ولا خِيرَة لِأَحدٍ مِن المُسلِمِين فيه ومِن بَعده؟! وهَلْ الصَّحابةُ وسائر النَّاس أَحْرص عَلى دِين الله مِن الثَّقْل الآخر الأَعْظم مِن بَعد كِتاب الله في المُسلِمين عَلِيٍّ أَمِير المؤمنين وأَهْلِ بَيتِهِ صَلواتُ الله وسَلامُه عليهم حيث لا يُقاس بِهما أَحَد.

إِنَّ الخَلِيفةَ الَّذي أَوْصَى النَّبِيُّ صَلَّى الله عليه وآله عليه قَبل رَحِيلِهِ وجَعلَه وَلِيًّا على المُسلِمِين مِن بَعدِه وخَلِيفَةً هو في الظَّرف الرَّاهِن مَشغولٌ بِتَجهيز جِنازة نَبِيٍّ

المُسلِمين ورَسُولِهِم صَلَّى الله عليه وآله، وعلى النَّاس اتِّباعُ الوَصِيّ والانْشِغالُ معه بالمِثل والطاعَةُ له والامْتِثال لما يَأْمُر ويَنهِي.

وليس مِن شَكٍّ في أَنَّ هؤلاء النَّاس كُلّهم مِن المُؤمِنين بِذلك، كما أَنَّهم مؤمنون بإمْكان عروض المَوت على النَّبِيّ صَلَّى الله عليه وآله ولم يَأخذوا بإشاعة الصَّحابة أَقطاب (صَحِيفَة مكّة الثَّانِيَة) وأَتْباعهم في مُجتَمعي المَدِينَة ومَكَّة. فقد أَلِفوا مِن قَبْل ذاتَ الأَمْر، وعَلِموا تَفصِيل ذلك مِن خِلال مَعركة أُحُد وغَيرها مِن المعارِك، واعتَقدوا بِحَتمِيَّة وُقوعِ المَوت على النَّبِيّ الأَكرَم صَلَّى الله عليه وآله امتِثالًا لِنُصوص آياتٍ نَزلَت فِيهم مِن قَبْل. وهاهُو قد فارَقَ الحَياةَ شَهيدًا وجِنازتُه بين يَدي وَلِيِّهم وخَلِيفَتِهم الجَدِيد عَلِيٍّ أَمير المُؤمنين صَلواتُ الله وسلامُه عليه يَعكِف على تَجهيزه ويُصَلِّي عليه ويدفنه، وأَنَّ ناكِرَ رَحِيلِه صَلَّى الله عليه وآله قد لَفَت إلى ضَرُورة تَجمِيد فِكْرَةِ الرّجوع إلى خَلِيفة الزَّمان ووَلِيّ الأَمر المَعلُوم المُبايَع لَدى المُسلِمين جَميعًا، وعمد إلى تَعطِيل الأَخذِ بِبَيعة الغَدِير مِن أَنْ تَنفذ في المُسلِمين وادَّعى أَنَّ النَّبِيّ صَلَّى الله عليه وآله ما زالَ في المُسلِمين حَيًّا يُرزَق ولم يَمُت وإِنَّما دَخَلَ طَورَ السِّتر المُؤقّت وسَيعُود بعد أَربَعِين يومًا!

إِنَّ نَفاذَ أَمر الوَلايَة لِعَلِيٍّ أَمير المُؤمنين صَلواتُ الله وسَلامُه مِن بَعد شَهادة الرَّسُول صَلَّى الله عليه وآله مِن غَير فاصِلٍ زَمَنِيٍّ لم يَكُن مَحلًا لِلشَّكّ أَو النَّفْي بين المُسلمين كافّة، ولكِنَّ الصَّحابَة أَقطاب (صَحِيفَة مكَّة الثَّانِية) أَعلنوا خِذْلانَهم ونَقضَهم لِبَيعة الغَدِير في لَحظَةِ الإعلان عن رَحِيل النَّبِيّ صَلَّى الله عليه وآله حيث كانَت البَيعةُ مِن قَبل ذلك تُشَكِّل في المُسلِمين مَفهومًا مُبايِنًا لِلأَنانِيَّة الجاهلِيّة المَركُوزَة في قُلوبِهم، وهي المانِعُ والسَّدّ المَنِيع مِن هَيمنَةِ حُبّ الرِّئاسة والسُّلطان أَو وُقوعِ الفِتنَةِ بِهَوى الإِمْرَةِ في الأَيَّام الثَّلاثة الحَرِجة والمَصِيرِيّة لِرَحِيل نَبِيِّهم صَلَّى الله عليه وآله.

أَراد العبَّاسُ مِن خِلال دعوته المُنفرِدَة والمُغلَقَة لِلبَيعة السَّرِيعَة والخاصَّة ـ ولَو صارت إِلى أَهْل بَيتِ عبدِ مَناف مُجتمِعَين ـ أَنْ يُنجِزَ الأَمر لِعَلِيٍّ أَمير المُؤمنين صَلواتُ الله وسَلامُه ما دامَت دَوائرُ الانْقلاب مُسْرِعةً إلى حَسم الأَمْر بَين المُسلِمين فِيما يَظنّه

العَبّاس غَفلةً مِن عَلِيٍّ أَمير المؤمنين صَلواتُ الله وسَلامُه عليه وبَني هاشِم المُنشَغلَين بِتَجْهِيز جنازة رَسُول الله صَلَّى الله عليه وآله.

وأَمَّا أَبُو سُفيان فأَرادها فِتنةً كُبرى بين تَحالُفَين واجِبَة الوُقوع، هُما تَحالفُ بَنِي هاشم والأُموِيِّين مِن جِهة وتَحالُف الصَّحابَة أَقْطاب (صحِيفَة مكَّة الثَّانية) بِزَعامة أَبِي بَكر الَّذي قَطع مع أَتباعِهِ وحُلفائِهِ خُطواتٍ مُتقدِّمَةً لِلسَّيطرة على (الخِلافَة) مِن جهة أُخرى. كما أَرادَ شَقّ صُفوف الأَنْصار إلى جِهَتَين مُتنازِعَتَين مُضطَرِبَتَيّ الوَلاء، فهُم بَين مُوالٍ لِحلفِ الهاشِمِيِّين والأُمَوِيِّين وحِلْف أَقطاب الصَّحيفة.

فعَن جابر بن عبد الله قال: قال العبَّاس لِعَلِيٍّ أَمير المُؤمنين صَلواتُ الله وسَلامُه لمّا قُبِض رَسُول الله صَلَّى الله عليه وآله: أُخْرج حتَّى أُبايِعَك على أَعْيُن النَّاس، فلا يَختَلِف عليك اثْنان. فقال له عَلِيٌّ أَمير المُؤمنين صَلواتُ الله وسَلامُه: إِنَّ رَسُول الله صَلَّى الله عليه وآله عَهد إِليَّ أَنْ لا أَدعو أَحدًا حتَّى يَأتُوني، وقال «إِنَّما مِثلُك في الأُمَّة مِثْل الكَعبة الّتي نَصَّبها الله عَلَمًا، وإِنَّما تُؤتَى مِن كُلِّ فَجٍّ عَمِيقٍ ونَأيٍ سَحِيق، ولا تَأتِي)[1]، ولا أُجرِّد سَيفًا حتَّى يُبايِعونِي. ومع هذا فلِيَ بِرَسُول الله شُغل)[2]. فأَبَى وقال: أَوَ مِنهم مَن يَنكُر حَقَّنا، ويَستَبِدّ علينا؟! فقال العَبَّاس: سَتَرى أَنَّ ذلك سَيكُون. فلَمّا بُويع أَبُو بَكر، قال له العبَّاس: أَلَمْ أَقُلْ لَكَ يا عَلِيّ)[3].

في مثل هذه الأَحْوال شَدِيدة الحَساسِيَّة وِجْدانِيًّا واجْتِماعِيًّا وعَقدِيًّا حيث مُلِئت بالمُداولات والمُناورات والمُؤامَرات والكَيد والدَّهاء؛ استُدرِج سَعدُ بن عبادة إِلى مُفاوضات سَقِيفة بَنِي ساعِدة بِتَدبِير مِن قبل الأَنصارِيَّين أُسَيد بن حضير وبَشِير بن سَعد حَلِيفَيّ أَبِي بكر ولم يَكُن أَحدٌ مِن الحاضِرين مُستعِدًّا لِتَناول هذا الأَمْر، فاللِّقاء وُدِّيٌّ ومَحدودٌ على عِيادة مَرِيض. وفي هذه الأَثناء دَخلَ عَلَيهِم أَبُو بكر وعُمر وأَبو عُبيدة

---

1 - وسائل الشِّيعة، الحرّ العاملي 302/ 4

2 - الفصول المُختارة، الشّيخ المفيد341. شرح نهج البلاغة، ابن أبي الحديد 253/ 10. الفصول المختارة 277 - 279. بحار الأنوار 451/ 10 (18)

3 - الإِمَامَة والسِّياسَة، ابنُ قتيبة 12/ 1

في السَّقِيفة فُجأةً وبالتَّنسِيق مع أُسَيد بن حضير وبَشِير بن سَعد، والأنْصارُ في السَّقِيفة مُتفرِّقون لا رأس لهم يُوحِّدهم على رَأْيٍ أو مَوقفٍ حاسم.

وقد عمد حَلِيفا أَبِي بكر فِي الأَنْصار أُسَيد وبَشِير إِلى اللِّقاء فأثارا الشَّكّ في كَفاءة سَعد وقُدرتِهِ على التَّصدّي لِمقام الزَّعيم الجامِع بَين الأَوْس والخَزرج وهمَّا بِه الهُموم. وعندما هَمَّ أَبو بَكْر وعُمَر وأبو عُبَيدة بِدخول السَّقِيفَة استَخَفّوا ابنَ عبادة ولم يَلتَفِتوا إِلى شَخصِهِ أَو يَعتَنُوا، ولم يَسأَلوا عن أَحْوالِه بِصِفَتِه الزَّعِيم المَرِيض بين الأَنْصارِ الَّذين التَفّوا حوله يَسأَلون له مَوفُور الصِّحّة والعافِيَة.

أَقدَم عُمَر على إِهانةِ مَقامِ سَعد ومَنزِلَتِه بين قَومِه الأَنْصار(وهو يَعلمُ أَنَّه بينهم مُزَّمِّل. فالتَفت إِليه ولم يُحادِثه أَو يَسأله عن أَحوالِهِ وإِنَّما سَأَل مَن حَوله وقال: مَن هذا؟! فقالوا هذا سَعد بن عبادة. فَقُلتُ: ما له؟!. قالوا يُوعَك). ثُمَّ جَلَسوا بين الأَنْصار فِي السَّقِيفة على خِلاف التَّقاليد المُتَّبعة فيها، ونأَوا بِأَنفُسهم عن سَعد وتَجاهلوا حَضْرتَه في قَومِهِ، ولم يُكَلِّموه أَو يَضَعوا له اعتِبار الزَّعِيم المَرِيض.

وأَمْعَنَ أَبُو بَكْر النَّظر إِلى الأَنْصار وأَكثَر مِن الالتِفات إِليهم مِن دُون سَعد، ثُمّ بادَرَهم بِالخِيار بين (خِلافَة) رَفِيقَي دَربِهِ عُمَر وأَبِي عُبيدة حين قال (وقد رَضِيتُ لكُم أَحدَ هذين الرَّجُلين فبَايِعُوا أَيّهُما شِئتُم)، ولم يَقتَرِب مِن اسْم سَعد بن عُبادة لِيذْكُره في خَيرٍ أَبدًا وكَأَنَّه لم يَكُن زَعِيما في قَومِه الأَنْصار وفِي سَقِيفَتِهم.

تَحسَّس الأَنْصارُ مِن تَعَرُّض أَبِي بَكر لِمقام (الخلافَة) أَمامَهُم بِلا تَنسِيقٍ مُسبّق، وساءَهم موقفُه عندما خَيّرهُم بين عُمَر وأَبِي عُبَيدة واستَثنى مِن هذا العَرض المُثِير والمَحدود على المُهاجِرين حِصَّةَ الأَنْصار في سعد بن عبادة وأَهمَل نَصِيبَهم. فالأَوّلُ في المُرَشَّحَين لِلخِلافَة وَحشِيٌّ عَنِيف يَضرب بِالدِّرة ومَشْحون بِالكَراهِيَّة ومَعروف بِازْدرائه لِلأَنْصار، فِيما الآخر لَيس له مِن وظِيفَة بين قَومِهِ إِلَّا حَفر القُبور. فلا مَقامَ ولا مَنزِلَة ولا رُتْبة اجْتِماعِيَّة مُميّزة مُعتَبرة لِعُمر وأَبِي عُبَيدة بَين قبائل العرب. كما أَنَّ أَبا بَكْر لَيس مُخوّلًا مِن أَحدٍ حتَّى يُبادِرَهم ويُخيِّرهم بَينهما، ولا سِيّما أَنَّ أَبا بَكر

وعُمَر لِيْسا مِن ذَوِي النَّسَب والحَسب في قَومِهما بِمَكَّة حتَّى يتَمَيّزا على سَعد بن عبادة بِالأَفْضَلِيّة إِذْ هو زَعيمٌ في الأَنْصار ومِن ذَوِي النَّسَب والحَسَب الرَّفِيعَين في قَومِهِ وإِنْ جَرى عليه ما جَرَى.

أَعربَ خَطِيبُ الخَزرج فِي السَّقِيفة لِأَبِي بَكر ورَهْطِه عن خَشيتِهِ مِمَّا عَزَما عليه بِحُضُورهما المُفاجئ إِلى سَقيفة الأَنْصار، وذَكَّر بِمَصير العَلاقة المُضطربة بين زَعِيم الأَنْصار سَعد بن عبادة وأَبِي بَكر.

يَقول عُمَر في هذا اللِّقاء المَصِيري الخَطير حيث تَظاهَرَ فيه أَبُو بَكْر وأَبو عُبَيدة بِصِفَةِ المُبادِرَين إِلى إِنْقاذِ وَحْدَة الأَنْصار والحرِيصَين على درء الفِتنَةِ ومَنع الفُرْقَة وما قد يَصِل في مُلتقى الأَنْصار مِن خَرقٍ فاضِحٍ لِسِيادة زَعِيمِهم سَعد بن عبادة: (وإِنَّه قد كان مِن خَبَرنا حين تَوفَّى الله نَبِيَّه صَلَّى الله عليه وآله أَنَّ الأَنْصار خالَفونا واجتَمعوا بِأَسرِهم في سَقِيفة بَنِي ساعدة، وخالَفَ عَنَّا عَلِيٌّ والزُّبير ومَن معهما، واجتَمع المُهاجِرون إِلى أَبِي بَكر، فقُلْتُ لِأَبِي بكر: يا أَبا بكر اِنْطَلِق بِنا إِلى إِخوانِنا هؤلاء مِن الأَنْصار. فانْطلقنا نُريدهم. فلَمّا دَنَونا منهم لَقِينا منهم رَجُلان صالِحَان: عويم بن ساعِدَة، ومَعَن بن عَدي»[1]، فذَكرا ما تَمالأَ عليه القَوم، فقالا أَين تُريدون يا مَعشر المُهاجِرين؟ فقُلنا نُريد إِخواننا هؤلاء مِن الأَنْصار. فَقالا: لا عليكم أَنْ لا تَقربوهم، اُقضُوا أَمركم!. فقُلْتُ والله لَنأتِينَّهم. فانْطَلَقنا حتَّى أَتيناهُم في سَقِيفةِ بَنِي ساعِدَة، فإِذا رَجلٌ مُزَمِّل بين ظَهرانِيهم. فقلت: مَن هذا؟! فقالوا: هذا سَعد بن عبادة. فقلت ما له؟! قالوا يُوعَك. فلمّا جَلسنا قَلِيلاً تَشهّدَ خَطيبُهم فأَثْنَى على الله بِما هو أَهلُه ثُمَّ قال: أَمّا بعد، فنَحنُ أَنصارُ الله وكَتِيبةُ الإِسْلام، وأَنْتُم مِعْشَر المُهاجرين رَهطٌ»...»وقد دَفَّت (اعْوَجَّت) دافَّةٌ مِن قَومِكُم، فإِذا هُم يُريدون أَنْ يَختزلونا مِن أَصْلِنا، وأَنْ يحضنونا مِن الأَمْر. فلَمّا سكتَ (الخَطِيب) أَردتُ أَنْ أَتكلّم وكنتُ قد زوّرت مَقالةً أَعجبَتني أُريد أَنْ أُقدِّمها بين يَدي أَبِي بكر، وكنتُ أُداري مِنه بَعض الحدّ. فلَمّا أَردتُ أَنْ أَتكلم قال أَبُو بَكر: على رَسْلِك. فكَرَهْتُ

---

1 - السِّيرة النَّبوية، ابن هشام 660/ 2

أَنْ أُغضِبه. فتكلَّم أَبو بَكْر فكان هو أَحلم مِنِّي وأَوْقَر، والله ما تَرك مِن كَلِمةٍ أَعجبَتنِي في تَزويري إِلَّا قال في بَدِيهتِه مِثلها أَو أَفضل مِنها حتَّى سَكَت. فقال: ما ذَكرتُ فيكم مِن خَيرٍ فأَنتُم له أَهْلٌ ولَنْ يَعرِف هذا الأَمْر إِلَّا لِهذا الحَيّ مِن قُريش هُم أَوْسَطُ العرب نَسبًا ودارًا، وقد رَضِيتُ لَكُم أَحد هذين الرَّجُلَين فبايِعوا أَيَّهما شِئتُم!

فأَخذ بِيَدِي وبِيَد أَبِي عُبيدة بن الجرّاح وهو جالسٌ بيننا، فلَمْ أَكْره مِمَّا قال غَيرها كان والله أَنْ أَقدِم فتُضرَب عُنقِي لا يقربني ذلك مِن إِثْم أَحبُّ إِليّ مِن أَنْ أَتأَمَّرَ على قَومٍ فيهم أَبُو بَكْر، اللَّهُمّ إِلَّا أَنْ تُسوِّل إِليّ نَفسي عند المَوت شيئًا لا أَجِده الآن.

فقال قائلٌ مِن الأَنْصار: أَنا جَذِيلها المُحكك وعَذِيقها المُرجّب، مِنَّا أَمِير ومِنكم أَمير يا مَعشر قُريش.

فكَثُر اللَّغَطُ وارتَفَعَتُ الأَصْواتُ حتَّى فرقت مِن الاخْتِلاف.. «فلَمّا قلتُ إِنَّ الإمامة في قُريش، قالوا: هو الأَصْلَع البَطِين أَمِير المُؤمنين عَلِيٌّ بن أَبِي طالِب الَّذي أَخذَ رَسُول الله البَيعةَ له على أَهْلِ مِلَّتِه وسَلَّمنا له بِإِمرة المُؤمنين في أَربعة مَواطِن. فإِنْ كُنتم نَسِيتُموها ـ مَعشَرَ قُريش ـ فما نَسِيناها، وليست البَيعةُ ولا الإِمامةُ والخِلافةُ والوَصِيّةُ إِلَّا حقًّا مَفروضًا، وأَمرًا صَحِيحًا، لا تبرُّعا ولا ادِّعاءً. فكذَّبناهُم وأَقمتُ أَربَعِين رَجلًا شَهدوا على مُحمَّد أَنَّ الإِمامَةَ بِالاختيار»[1]. فقُلْتُ: ابْسط يَدك يا أَبا بَكر. فبَسط يَدهُ فبايَعته وبايَعهُ المُهاجرون ثُمّ بايَعَتْه الأَنْصارُ ونَزونا عَلى سَعد بن عبادة. فقال قائل منهم: قَتلْتُم سَعد بن عبادة. فقلتُ: قَتَلَ اللهُ سَعد بن عبادة!

قال عُمَر: وإِنّا والله ما وَجَدْنا فيما حَضرنا مِن أَمرٍ أَقوى مِن مُبايعةِ أَبِي بَكر، خَشِينا إِنْ فارقَنا القومُ ولم تكُن بَيعةٌ أَنْ يُبايعوا رَجُلًا منهم بَعدنا. فإِمَّا بَايعناهُم على ما لا نَرْضَى وإِمَّا نُخالِفهم فيكون فَساد. فمَن بَايَع رَجلًا على غير مَشورة مِن المُسلِمين فلا يُتابَع هو ولا الّذي بايَعه تغرة أَنْ يقتلا)[2].

---

1 - بحار الأنوار 292/ 30

2 - البُخاري 120/ 6 (6442)

لم يَسكُت سَعد بن عبادة إزاء هذه التَّطوُّرات الحادِثَة المُتسارِعَة في لِقاء السَّقيفة إذْ لَمَسَ في قَومِهِ الأَنْصار ضَعفًا وتَهافُتًا أَمام خِيار البَيعَةِ المفاجئةِ لِأَبي بَكر وبِالفَلتَة المُثِيرة. فقال ناصِحًا قومَهُ مِن الأَنصار يَستَنهضَهم ويَكشِف لهم عن مَدى استِبداد الثَّلاثة المُهاجِرين بِالأَمْر وما هُم عليه مِن مَكرٍ وخَدِيعة ودَهاء. فيما احتَسَب رَهطٌ مِن الأَنْصار إجماعَ الثَّلاثة على رَفْضِ البَيعة فِي غَير رَهطِهم مَيلًا إلى الخِيار الوَسط «مِنَّا أَمير ومِنكم أَمِير».

فكان ذلك (أَوَّلُ الوَهْن) في الأَنْصار على حَسَب وَصْف زَعِيمِهم سَعد بن عبادة لهذا الخِيار. فأَخَذ يعرِّض بِنَسب أَبِي بكر وعُمر وبِمَقامِهما الأَدنى والوَضِيع في قبائل العَرب إذْ قال: يا مَعشر الأَنْصار، لكُم سابِقَةٌ في الدِّين وفَضِيلَةٌ في الإسلام لَيْسَت لِقَبيلةٍ مِن العَربِ، أَنَّ مُحمَّدًا صَلَّى الله عليه وآله لَبِثَ بِضَع عشرة سَنة فِي قَومِه يَدعوهم إلى عِبادة الرَّحْمَن وخَلْعِ الأَنداد والأَوْثان فما آمَن به مِن قَومِهِ إلَّا رجالٌ قليلٌ وكان ما كانوا يقدرون على أَنْ يمنعوا رَسُول الله ولا أَنْ يعزّوا دِينه ولا أَنْ يَدفعوا عن أَنفسهم ضَيمًا عموا به، حتَّى إذا أَراد بكم الفَضِيلة ساقَ إليكُم الكَرامة وخصَّكم بِالنِّعمَةِ فرَزقَكُم الله الإِيمان به وبِرَسولِه والمنع له ولِأَصحابِه والإِعْزاز له ولِدِينه والجِهاد لِأَعدائه، فكُنْتُم أَشدَّ النَّاس على عَدوِّه مِنكم وأَثقله على عدوِّه مِن غيركم، حتَّى استقامَت العربُ لِأَمر الله طوعًا وكرهًا، وأَعطى البعيد المَقادة صاغِرًا داخرًا حتَّى أَثخن الله عَزَّ وجَلَّ لِرَسوله بِكم الأَرض ودانت بِأَسيافكم له العَرب وتَوفَّاه الله وهو عنكم راضٍ وبِكم قَرير عَين؛ استَبدّوا بِهذا الأَمْر دُون النَّاس)[1].

فوافَقَ الأَنْصارُ سَعد بن عبادة رأيَه على وَهْنٍ وشَكٍّ وتَردُّد، وقالوا: أَنْ قد وُفِّقتَ في الرَّأي وأَصبتَ في القول، ولَنْ نَعدو ما رَأَيتَ، نُولِّيك هذا الأمر فإنَّك فِينا مُقنع ولِصالِح المؤمنين رِضًا. لكِنَّ الأَنصار تَرادَّوا الكلام بينهم فقالوا فإنْ أَبَت مُهاجرةُ قُرِيش فقالوا نَحن المُهاجِرون وصَحابةُ رَسُول الله الأَوَّلون ونحن عَشيرتُه وأَولياؤه

1- الطَّبري 218/ 3

فعَلام تَنازعُوننا هذا الأمر بعده! فقالت طائفةٌ منهم فإنَّا نقول إذن مِنَّا أَمِير ومِنكُم أَمِير ولَنْ نَرضى بِدون هذا الأمر أَبدًا. فقال سَعد بن عبادة حين سَمِعها (هذا أَوَّلُ الوَهْن)[1].

وفي ذات اللِّقاء أَعلنَ عُمر عن رَفضِه لِما أدلى به الأَنْصارُ مِن خُطَبٍ حول حَصر الخِلافة فيهم أَو تَداولها بينهم والمُهاجِرين بِالمُناصَفة أَو الدَّور، فأَرخَى أَبُو بكر يَديه بَين الأَنْصار وشَدَّ له اثنان من نُقبائِهم البَشِير بن سَعد وأُسَيد بن حَضِير، وهَيئ العدَدَ النِّسبيّ مِن النَّاس بِتَدَخُّلٍ مِن أَبِي الأَعْور الأَسْلَمِي زَعِيم قَبِيلة أَسْلَم والأَقرَع بن حابِس زَعِيم تَيْم وغيرهم، واجتَمعوا معه على خَتْل الأَنْصار كافَّة. فأَنذرهُم الحبَّاب بن المُنذر بِالجَلاء عن المَدِينة.

يَقول عُمَر: هَيْهات، لا يَجتَمِع اثْنان في قَرْن، والله لا تَرضى العربُ أَنْ يُؤمِّروكم ونَبيُّها مِن غَيرِكم، ولكِنَّ العرب لا تَمتَنِع أَنْ تُولِّى أَمرها مَن كانَت النُّبوَّةُ فيهم ووَلِيُّ أُمورهم مِنهم، ولَنا بذلك على مَن أَبَى مِن العرب الحُجّةُ الظَّاهِرة والسُّلطان المُبين، مَن ذا يُنازعنا سلطان مُحمّد وإمارتَه ونحن أَولياؤه وعَشيرتُه إِلَّا مُدلّ بِباطل أَو مُتجانِف لِإثْم أَو مُتورِّط في هلكة». فرَدَّ عليه الحبابُ بن المنذر، فقال: يا مَعشر الأَنْصار املِكوا على أَيديكم ولا تَسمعوا مقالَة هذا وأَصحابَه فيَذهبوا بِنَصيبكم مِن هذا الأَمْر، فإِنْ أَبوا عليكم ما سأَلتُموه فاجلوهم عن هذه البِلاد وتَولوا عليهم هذه الأمور فأَنْتُم والله أَحقُّ بهذا الأَمْر منهم، فإِنَّه بِأَسيافِكُم دان لِهَذا الدّين مَن دان مِمّن لم يَكُن يُدِين، أَنا جَذِيلها المحكك وغذيقها المرجَّب، أَما والله لِئن شِئتم لَنُعيدنها جذعة. فقال عُمر إِذاً يقتلُك الله. قال: بَلْ إِياكَ يَقتُل!

تَدخَّل أَبُو عُبيدة بن الجَرّاح لِيُحذِّر بِقَولِه الأَنْصارَ مِن تَبدِيل ما يَظنُّه حقًّا خاصًّا لِلمُهاجرين فِي الخِلافة وحصرًا فيهم مِن دُون غيرهم، وأَنْذَر مِن أَنْ يَعمد الأَنْصار إِلى المُهاجرين فيَطرِدُونَهم مِن المَدِينة لِيستقِلّوا بِزعامَتِها. فقال: يا مَعشر الأَنْصار إِنَّكم أَوَّلُ مَن نَصر وآزر فلا تَكونوا أَوَّل مَن بَدَّل وغَيَّر.

---

1 - نفس المصدر السّابق 222-219/ 3

وهذا بَشِيرُ بن سَعد أبو النَّعمان بن بَشير مِن وُجوه الأَنْصار المُتحالِفين مع الصَّحابة أَقطاب الصَّحيفَة الثَّانِيَة ومِن بين الرِّجال المُؤثِّرين في ساحة الأَنْصار وأَوَّلُ مَن بايَع أَبا بَكر قَبْل عُمَر وأَبي عُبيدة، قد عقَّبَ على قَول أَبِي عُبيدة ناكرًا لِفَضائل الأَنْصار ومُسكِّنًا لِثَائرتِهم قائلًا: يا مَعشر الأَنْصار إِنَّا والله لئِن كُنَّا أَولَى فَضِيلة في جِهاد المُشركِين وسَابِقة في هذا الدِّين ما أَردنا به إِلَّا رضا رَبِّنا وطاعة نَبِيِّنا والكدح لِأَنفسنا، فما يَنبَغِي لنا أَنْ نَستطِيل على النَّاس بِذَلك، ولا نَبتَغِي به مِن الدُّنيا عَرضًا. فإِنَّ الله وَلِيُّ المِنَّةِ علينا بذلك. أَلا إِنَّ مُحمّدًا صَلَّى الله عليه وآله مِن قُريش، وقَومُه أَحقُّ به وأَوْلى، وأَيم الله لا يَراني الله أُنازِعهم هذا الأَمر أَبدًا. فاتَّقُوا الله ولا تُخالِفُوهم ولا تُنازِعوهم. (يا مَعشر الأَنْصار، إِنَّكم وإِنْ كُنْتُم على فَضل، فلَيسَ فِيكم مِثل أَبِي بَكْر وعُمَر وعَلِيّ. فقام المُنذر بن أَرْقَم فقال له (ما نَدفع فَضْلَ مَن ذكرت، وإِنَّ فيهم لَرَجُلًا لو طَلَب هذا الأَمرَ لم يُنازعه فيه أَحد، يَعنِي عَلِيَّ بن أَبِي طالب)[1].

زَجَّ أَقْطابُ (صَحِيفَة مَكَّة الثَّانية) بِالمُهاجِرين كافَّة في تَحدِّي البقاء والوُجود أَمام الأَنْصار، فإِمّا أَنْ يَنقَلِبوا على الأَنْصار فيَنفَرِدوا بِالإِمْرَة والسُّلطان أَو يُطرَدوا مِن المَدِينة على أَيدِي الأَنْصار، ولم يَكُن مِن أَحدٍ في المُهاجِرين قد فَوَّض أَقْطاب الصَّحِيفَة لِلَعبِ هذا الدَّور بِالنِّيابَة، في حِين انْقَسَم الأَنْصارُ أَمام خِيارَين:

- أَنْ تَكون لَهُم الإِمْرَة خالِصَة على مَدِينَتِهم.
- أَو يَتِمّ تَداول الإِمْرَة مع المُهاجِرين.

ووَصَفَ ابنُ عبادة وُقوفَ قَومِهِ الأَنْصار على هذين الخِيارين بِـ(أَوَّلَ الوَهْن) المانِع مِن أَنْ تَصِل الإِمْرَة إِليهم مُطلقًا إِنْ آلَت إِلى أَقطابِ الصَّحِيفَة. ولا مِن حَلٍّ سِياسِيٍّ لِهذِه المَخْمَصة إِلّا بِعَودة كُلِّ الأَطْراف إِلى بَيعةِ الغَدِير أَو الاسْتِسلام لِـ(الفِتْنَة)!

فُوجِئ الجَمِيعُ بِخُطوةٍ استباقِيَّةٍ مِن أَبِي بَكْر عندما تَخطّى المَوقِف المُعَقّد في

1 - تأريخ اليعقوبي 2/123

السَّقِيفَة فَأَجرى الجَولَةَ الأُولى مِن المُبايَعة الخاطِفَة لِلمُهاجِرين، فحَصر حَقَّ الخِلافَة فيهم مِن دُون الأَنْصار ومِن خَلفِهِ حَلِيفه وعامِلِه بَشير بن سَعد أَبُو النَّعمان يَدعَمه ويُؤيِّده، ثُمّ عَرض على الأَنْصار البَيعةَ لِعُمَر وأَبِي عُبَيدة ودَعاهُم إلى اختِيارِ واحدٍ مِنهما. فمَهّد أَجواء السَّقِيفة لما يَضمره مِن مَقصَد، وخبر بِذلك أَمْزِجَة الأَنْصار وزَجَّ بها في الجَولَة الثَّانِيَة الَّتي ستُسلِم البَيعةَ إليه مع ضَمان تَحقُّقها فيه مِن دُون عُمَر وأَبِي عُبَيدة.

وما كان لِلأَنصار والبَيعة لِعُمَر ولِأَبِي عُبيدة، فكِلاهُما وأَبو بَكر ممَّن أُدرِجَ في قائمة الفَارِّين مِن ميادين الحَرب مع رَسُول الله صَلَّى الله عليه وآله والعاصِين لِأَمْر النَّبِيّ صَلَّى الله عليه وآله في إِنفاذ جَيش أُسامَة والمُمتَنِعين مِن اللَّحاق بِه، وأَنَّ أَبا بكر وعُمَر - في التَّصنِيف الاجْتِماعِي القَبليّ الجاهِلي - يَنتَسِبان لِأَذلِّ أَذِلّاء أَحياء مَكّة وأَرذَلِ أَراذِلها وأَوضَعِها نَسَبًا وحَسَبًا، وأَنَّ أَبا عُبَيدة الجَرّاح لا نَسَب لِوَالِدِه عبد الله، وقِيل أَنَّه مِن بَنِي الحارِث إِحْدى القَبائل اليَهودِيَّة في اليَمن!

هذه الرُّؤية الاجْتِماعِيّة السَّائدة في الأَنْصار لِمقام أَبي بكر وعُمر وأَبي عُبيدة الاجْتِماعِي كانت مانِعَة مِن إِحراز رِضا الأَنْصار والقُبول بِأَحدِهم مُرشَّحًا لِلخلافَة حتَّى.

فقال أَبُو بَكر: هذا عُمَر وهَذا أَبُو عُبَيدة، فأَيّهما شِئتُم فبايِعُوا. فقال عُمَر وأَبُو عُبَيدة: لا والله لا نَتولَّى هذا الأَمر عَليك، فإِنَّك أَفضَلُ المُهاجِرين وثَانِي اثْنَين إِذْ هُما في الغار وخَلِيفةُ رَسُول الله على الصَّلاةِ، والصَّلاةُ أَفضل دِين المُسلِمين، فمَن ذا يَنبَغِي له أَنْ يَتقدَّمَك أَو يَتولَّى هذا الأَمر عليك.. اِبسِطْ يَدكَ نُبايِعك. فلَمّا ذَهبا لِيُبايِعاه سبقَهُما إِليه حَليفُهُ الأَنْصاري بَشِير بن سَعد فبَايَعه!

فبُهِتَ الأَنْصار، فما كان مِن الحبَّاب بن المُنذر الخَزرجِي المُخالِف لِلمَوقِف في السَّقِيفَة والرَّافض لِبَيعة أَبِي بَكر - مِن خِيار إِلَّا أَنْ نَدَّد بِفَعْلَة بَشِير بن سَعد الأَنْصاري الَّتي فَعَل، فقال له: عَققْتَ عَقاق، ما أَحْوَجَك إِلى ما صَنَعت، أَنفَسْتَ على ابنِ عَمِّك الإِمارَة. فقال البَشيرُ: لا والله ولكِنِّي كَرِهتُ أَنْ أُنازِعَ قَومًا حقًّا جَعلَهُ الله لَهُم!

ولَمّا رَأَت الأَوْسُ ما صَنع بَشِيرُ بن سَعد وما دعا إِليه الثَّلاثَةُ أَبُو بَكر وعُمر وأَبُو

عُبيدة وما فَعلَت الخَزرَجُ مِن قَبْل مِن عَملٍ في احتِكارِ الزَّعامة بِتأْمِيرهم لِسَعد بن عبادة الخَزْرَجِي مِن دُون نَقِيب الأَوْس، قال بَعضُهم لِبَعض وفِيهم أُسيد بن حضير نَقِيب الأَوس وحَلِيف أَبِي بكر: والله لَئن وَلّيتها الخزرَج علَيكُم مَرَّة لا زالت لَهُم عليكم بِذلك الفَضِيلة ولا جَعلوا لَكُم مَعهم فيها نَصِيبًا أَبدًا.. فقُوموا فبَايَعوا أَبَا بَكر. فقاموا إِليه فبَايَعوه، فانْكَسر على سَعد بن عبادة وعلى الخَزرج ما كانُوا أَجمعوا له مِن أَمْرهم.

ثُمَّ استُدرِك أَمْرُ أَبِي بَكر واستُكمِل في البَيعة بانْضمام حَشدٍ كَبِيرٍ مِن بَنِي (أَسْلَم) وبَنِي (تَيم) إِلى المُبايِعِين بِتَدبِير مُسبق مِن أَبِي الأَعور الأَسْلَمي والأَقرَع بن حابِس وأَبِي بكر، فأُعْلِن عن نَصر أَقطاب (صَحِيفَة مكَّة الثَّانِيَة) المُهاجِرين وحُسِم أَمرُ الخِلافة فيهم. وظَلّ عَلِيٌّ أَمير المُؤمنين صَلواتُ الله وسَلامُه عليه فِي شُغْلٍ عنها ومُنصَرِفًا إِلى تَجهيز جِنازة أَخِيه النَّبِيِّ مُحمَّد صَلَّى الله عليه وآله والصَّلاة عليه ودفنه وإِنفاذِ وَصِيَّتِه في ذلك، غَير مُبالٍ بِأَصواتِهم المُتعالِيّة فِي السَّقِيفَة والفَرِحَة بِنَصر السَّقِيفة وما تَوصَّلوا إِليه مِن إِعلانٍ أَخِيرٍ قَضى بِنَقضِ بَيعةِ الغَدِير وتَتوِيجِ أَبِي بَكْر خَلِيفة وختَمُ لِقائهم بِرَفع أَصْوات التَّكبِير!

قال هِشام، قال أَبُو مَخْنَف، فحَدَّثَنِي أَبو بكر بن مُحمَّد الخزاعى أَنَّ (أَسْلَم) أَقْبَلَت بِجَماعتِها حتَّى تَضايَق بِهم السِّكك، فبايَعوا أَبا بَكر. فكان عُمَر يَقول ما هو إِلَّا أَنْ رأيت أَسْلَمَ فأَيقَنت بِالنَّصر، وهكَذا فَعَلَت تَيم. (ثُمَّ إِنَّ سَعد بن عبادة لمّا رأى النَّاس يُبايعون أَبا بَكر، نادى: والله ما أَردتُها حتَّى صُرِفَت عن عَلِيٍّ صلواتُ الله وسَلامُه عليه. ولا أُبايِعكم أَبدًا حتَّى يُبايِعَكم عَلِيّ، ولَعَلِّي لا أَفعل وإِنْ بايَع)[1].

فأَقبلَ النَّاسُ مِن كُلّ جانِبٍ يُبايِعون أَبا بَكر وكادوا يَطَئون زَعِيمهم سَعد بن عبادة. فقال ناسٌ مِن أَصحاب سَعد: اتَّقوا سَعدًا لا تَطئوه. فقال عُمر: اقتُلُوه قَتلَهُ الله. ثُمَّ قام على رأسه، فقال لِسَعد: لقد همَمتُ أَنْ أَطأكَ حتَّى تندر عضوك. فأَخذَ سَعد بِلحْيَة عُمَر فقال: والله لو حصصت منه شَعرة ما رَجعتَ وفِي فِيك واضِحة. فقال أَبُو بَكر: مَهلًا يا

1- المُستَرشِد، الطّبري 412

عُمر، الرِّفْقُ ههُنا أَبلَغ. فأَعرَضَ عنه عُمَر. وقال سَعد: أما والله لو أَنَّ بِي قُوّةً ما أَقوى على النُّهوض لَسَمعتَ مِنِّي في أَقطارها وسِكَكها زَئيرًا يحجرُك وأَصحابُك، أما والله إِذَنْ لأَلحَقنَّك بِقَومٍ كنتَ فيهم تابعًا غير مَتْبوع.. اِحمِلوني مِن هذا المكان!

فحَملُوه فأَدخلوه في دارِه وتُرِك أَيَّامًا، ثُمَّ بُعِث إِليه «أَنْ أَقبِل فبَايِع فقد بايَع النَّاسُ وبايَعَ قومُك». فقال أَما والله حتَّى أَرمِيكم بِما في كنانَتِي مِن نَبلٍ وأَخضِبَ سِنان رُمحِي وأَضرِبَكم بِسَيفي ما مَلكَته يَدي وأُقاتلَكم بِأَهْل بَيتِي ومَن أَطاعنِي مِن قَومِي فلا أَفعل. وأَيْم الله لو أَنَّ الجِنَّ اجتَمَعَت لكُم مع الإِنْسِ ما بايَعتكم حتَّى أُعرَض على رَبِّي وأَعلمُ ما حِسابي.

فلَمّا أَتَى أَبُو بَكر بِذَلك قال لَه عُمر لا تَدعْهُ حتَّى يُبايع. فقال له بَشِير بن سَعد إِنَّه قد لَجَّ وأَبَى، وليس بِمُبايِعكم حتَّى يُقتَل، وليس بِمَقتول حتَّى يُقْتَل معه وُلْده وأَهْل بَيته وطائفة مِن عَشِيرته فاتْرُكوه، فلَيس تَركُه بِضارِّكم، إِنَّما هو رَجلٌ واحد. فتَركوه وقَبِلوا مشورة بَشِير بن سَعد واستَنصحوه لِمَا بَدا لهُم منه. فكان سَعد لا يُصلِّي بِصَلاتِهم ولا يَجمع معهم، ويَحجّ ولا يَفِيض مَعهم بِإفاضَتهم، فلَم يَزل كذلك حتَّى هَلك أَبو بَكر)[1].

لم يَترُك عُمر لِسَعد بن عبادة مَأمَنًا بعد تَولِّيه الخِلافة في إِثْر مَقتل أَبِي بكر، وبَعث إِليه بِمُحَمَّد بن مسلمة الأَنْصاري في الشَّام وأَمره أَنْ «اُدعُه إِلى البَيعة واختل له، فإِنْ أَبَي فاستَعِن بالله عليه. فقَدِم الرَّجلُ الشَّام فَوَجدَ سعدًا في حائط بِـ(حوارين) فدعاه إِلى البَيعة. فقال: لا أُبايع قُرشِيًّا أَبدًا. قال: فإِنِّي قاتِلُك. قال: وإِنْ قاتَلتَنِي؟ قال: أَفخارجٌ أَنتَ مِمَّا دَخَلت فِيه الأُمّة؟ قال سعد: أَمَّا مِن البَيعة فإِنِّي خارجٌ. فَرماهُ مسلمة بِسَهم فقتَله. وقِيل (رُمِيَ سَعد بن عبادة في حمَّام بِالشَّام، فقُتِل)[2]. وأَعانه على قَتلِه خالِد بن الوَليد[3] وأَلقى بِتُهمة القَتل على الجِنِّ بَعد أَنْ عَرِف منه تَشدُّدًا لا يُطاق في الضِّدِّ مِن الخِلافة، إِذْ (لَقِيَه «عُمر» ذات يَوم في طَرِيق المَدِينة فقال: إِيهٍ يا سَعد. فقال سَعد: إِيهٍ يا عُمر. فقال

1 - تأريخ الطّبري، الطّبري 222/ 3
2 - العقد الفريد 373/ 3. نهج السّعادة 272/ 5
3 - أنسابُ الأشراف، البلاذري 589. تبصرة العوام 32

عُمر: أَنتَ صاحِب ما أَنْتَ صاحِبه؟! فقال سَعد: نَعم أنا ذاك وقد أَفضَى إِليك هذا الأمرُ كان والله صاحِبُك أَحبّ إِلينا مِنك وقد والله أَصبحتُ كارِها لِجُوارك. فقال عُمَر: إِنَّهُ مَن كَرِه جِوار جارِه تَحوَّل عنه. فقال سَعد: أَما أَنِّي غير مُستَنْسِيء بِذلك وأَنا مُتحوِّل إلى جِوار مَن هو خَيرٌ منك. قال فلَمْ يَلْبَث إِلَّا قليلًا حتَّى خَرج مُهاجِرًا إلى الشَّام في أَوَّل خِلافة عُمر بن الخطَّاب.. «وقُتِل» لِسنتَين ونِصف مِن خِلافة عُمر.. فما عَلِم بِمَوته بِالمَدِينة حتَّى سَمِعَ غِلمانٌ في بِئر منبه أَو بئر سكن وهم يَقتحِمون نِصف النَّهار في حَرٍّ شَدِيدٍ قائلًا يَقولُ مِن البِئر: قد قَتلنا سَيِّد الخَزرجِ سَعد بن عبادة ورَمَيناه بِسَهمَين فلَمْ نخطِئ فؤادَه. فذُعِر الغِلمانُ فحَفظوا ذلك اليوم فوَجدوه اليوم الَّذي مات فيه سَعد، فإِنَّما جلس يَبُول في نَفق فاقتُتِل فمات مِن ساعتِه ووَجدوه قد اخضرّ جِلْده.. فلَمّا رَجع قال لِأَصحابِه إِنِّي لَأَجِد دَبِيبًا فمات، فسمَعوا الجِنَّ تَقول قد قتلنا سَيِّد الخزرج سَعد بن عبادة ورَميناه بِسَهمَينِ فلَم نُخط فؤادَه)[1].

اغتِيل سَعد بن عبادة بِأَمرٍ مِن عُمَر مع مَجمُوعةٍ مِن الصَّحابة كان مِن بينهم الحبَّابُ بن المُنذر الَّذي اعتَرَض على بَيعة أَبي بكر في السَّقِيفة، واثْنان مِن الأَنْصار مِن حُلفاء أَبِي بَكر المُساهِمِين الرئِيسِين في انكِسار بَيعة زَعِيمهم الأَنْصاري سَعد بن عبادة وفي تَفوُّق بَيعة أَبِي بكر هُما أسيد بن حضير وعويم بن ساعدة. ويُشَكّ في أَنَّ عُمَر هو مَن دَبَّر عَمليّة اغتيالِهما بِنَفس الطَّريقة الَّتي اغتِيل بها سَعد بن عبادة، وذلك لِلتَّخلص مِمّا في جُعبَتِيهما مِن تَفاصيل الانْقلاب على بَيعة عَلِيّ أَمِير المؤمنين صَلواتُ الله وسَلامُه عليه[2] وما دُبِّرَ مِن أَمرٍ بِلَيلٍ لِحَسم مَوقِف السَّقِيفة.

وعلى هَذِه الحال فُضَّ اجتماعُ السَّقِيفة وانْتَهى إِلى بَيعةِ أَبِي بكر خَلِيفَةً وبِهذه السُّرعة الخاطفة وبِهذه الكَيفِيَّة مِن الاختِيار الَّتي أَطلَق عليها عُمَر وَصْف (الفَلَتة) فِيما وَصَفها (اتِّجاه أَهْل العامَّة) بِالشُّورى.

1 - الطّبقات الكبرى 45/ 3. المستدرك، الحاكم 253/ 3. الطّبراني 16/ 6. شرح نهج البلاغة 40/ 6

2 - انظر الاسْتِيعاب 171/ 3،34-31/ 1. أُسْد الغابة 346/ 1

وفِي اليوم التَّالي لِبَيعَتِه اصطَحَب أَبُو بَكر عُمَر إلى المَسجِد لاستِكمال البَيعَةِ وإِشهارها بين النَّاس مع التَّأكيد فيها على الحُكم بـ(مَذهَبِ الرَّأي) ونَقضِ بَيعة الغَدِير وتَجمِيد الثَّقلَين على خِلاف ما أَصَرّ عليه عُمَر في خَمِيس (الرَّزِيّة) وصَرَّح مِن شعار (حَسْبُنا كِتاب الله) فلَم يُحتَسَب الكِتاب ولم يُعتَدّ بِالسُّنَّة!

صار عُمَر فَرِحًا (محتجزًا يُهرول بَين يدي أَبي بكر ويَقول: أَلا إِنَّ النَّاس قد بايعوا أَبا بكر)[1]. ثُمَّ وَقف في المَسجِد خَطيبًا وقال: أَيُّها النَّاس، إِنِّي كنتُ قلتُ لكُم بِالأَمْس مَقالةً ما كانت مِمّا وَجدتُها فِي كِتاب الله، ولا كانَت عهدًا عُهِد إلى رَسُول الله صَلَّى الله عليه وآله، ولكِنِّي قد كنتُ أَرى أَنَّ رَسُول الله صَلَّى الله عليه وآله سيُدبِّر أَمرنا، يقول: يكونُ آخِرنا وإِنَّ الله قد أَبقى فِيكم كِتابَه الَّذي هدى اللهُ رَسولَه صَلَّى الله عليه وآله، فإِنْ اعتَصمْتُم بِه هَداكُم الله لِما كان هَداه له، وإِنَّ الله قد جَمع أَمركم على خَيرِكُم، صاحَبَ رَسُول الله صَلَّى الله عليه وآله، ثانِي اثْنَين إِذْ هُما في الغار، فقُومُوا فبَايِعُوه. فبايَع النَّاسُ أَبا بَكر بَيعتَه العامَّة بَعد بَيعة السَّقِيفة)[2]، فَغُيِّب القُرآنُ بهذه البَيعة وحَلّ (مَذْهبُ الرَّأي) بَدِيلًا.

ويُؤكِّد عَلِيٌّ أَمير المؤمنين صلواتُ الله وسَلامُه عليه على أَنَّ الشَّيطان كان أَوَّل مَن بايع أَبا بَكر ثُمَّ لَحِقَه المُغِيرَةُ بن شُعْبَة أَو البَشِير بن سَعد الأَنْصارِي ثُمَّ الآخرون مِن بَعدِهِ إِلى بيعَتِه. ويُشيرُ إلى ذلك الصَّحابِي الجليل سَلمان الفارِسي رَضْوان الله تعالى عليه عندما قال (فأَخبرتُ عَلِيًّا صلواتُ الله وسَلامُه عليه وهو يُغَسِّل رَسُول الله صَلَّى الله عليه وآله بما صنَع القوم، وقُلتُ: إِنَّ أَبا بكر السَّاعة لَعَلَى مِنبر رَسُول الله صَلَّى الله عليه وآله، ما يَرضَون يُبايعونه بيدٍ واحدةٍ، وإِنَّهم لَيُبايِعونه بِيَديه جَمِيعًا بِيَمِينه وشِمالِه. فقال عَلِيٌّ أَميرُ المؤمنين صَلواتُ الله وسَلامُه عليه: يا سلمان، وهَلْ تَدرِي مَن أَوَّل مَن بايعهُ على مِنبَر رَسُول الله صَلَّى الله عليه وآله؟! قلتُ: لا، إِلَّا أَنِّي رأيتُه في ظلّة بَنِي ساعِدَة حين خصمت الأَنْصار، وكان أَوَّل مَن بايعه المُغيرةُ بن شُعْبَة ثُمَّ بَشير بن سَعد

1 -السَّقيفة، ابن أَبي الحديد 133-74/ 1

2 - السِّيرة النَّبويّة، ابن هشام 661-660/ 2

ثُمَّ أبو عُبيدة بن الجرّاح ثُمَّ عُمر بن الخطّاب ثُمَّ سالِم مَولى أَبِي حُذيفة ومَعاذ بن جبل. قال صَلواتُ الله وسَلامُه عليه: لَسْتُ أَسألَك عن هؤلاء، ولكِن هَلْ تَدرِي مَن أَوَّل مَن بايعه حين صَعد المِنبر؟! قلتُ لا، ولكِنِّي رأيتُ شَيخًا كبيرًا يَتوكَّأ على عَصاه، بَين عَينَيه سجادة شديدة التَّشمير، صَعد المِنبر أَوَّل مَن صَعد وخَرَّ وهو يَبكِي ويَقول: «الحمدُ لله الّذي لم يُمِتن حتَّى رَأيتُك في هذا المَكان، اُبسُط يَدك». فبَسط يَده فبايَعه، ثُمَّ قال: «يَومٌ كَيَومِ آدَم»، ثُمَّ نَزل فخَرج مِن المَسجِد. فقال أَميرُ المُؤمنين صَلواتُ الله وسَلامُه عليه: يا سَلمان، أَتدرِي مَن هو؟! قلتُ: لا، لقد ساءَتْني مَقالتُه، كأَنَّه شامِتٌ بِمَوت رَسُول الله صَلَّى الله عليه وآله. قال عَلِيٌّ أَمِير المُؤمنين صَلواتُ الله وسَلامُه عليه: فإِنَّ ذلك إِبلِيس لَعنَه الله)[1].

يَقولُ البُخارِي عن جرير واصفًا طَبيعَةِ الإمْرَة والرِّئاسة مِن بَعد اغْتِيال النَّبِيّ صَلَّى الله عليه وآله، قال: كُنتُ بِاليَمَن فلَقِيتُ رَجُلَين مِن أَهْلِ اليَمن ذا كلاع وذا عمرو، فجَعلتُ أُحدِّثهم عن رَسُول الله صَلَّى الله عليه وآله. فقال له ذو عمرو لَئنْ كان الَّذي تَذكُر مِن أَمْرِ صاحِبك، لَقد مَرّ على أَجَلِهِ مُنذ ثَلاث. وأَقبلا مَعِي حتَّى إِذا كُنَّا في بَعض الطَّريق رَفعَ لَنا رَكبٌ مِن قِبَل المدينة فسَأَلناهُم فَقالوا قُبِضَ رَسُول الله صَلَّى الله عليه وآله واستُخْلِفَ أَبُو بَكر والنَّاسُ صالِحُون. فقالا أَخْبِر صاحِبَك أَنَّا قد جِئنا ولَعَلَّنا سنَعود إِنْ شاء الله. ورَجعا إِلى اليَمن. فأَخبرتُ أَبا بَكر بِحَدِيثِهم، قال أَفَلا جِئت بِهم. فلَمّا كان بعد، قال لِي ذُو عمرو يا جرير إِنَّ بِكَ عَلَيَّ كَرامة وإِنِّي مُخبِرَك خَبرًا، إِنَّكُم مَعشر العَرب لَنْ تَزالوا بِخَير ما كُنْتُم إِذا هَلَك أَمِيرٌ «تَآمَرتُم/ تَأَمَّرْتُم» في آخَر، فإِذا كانَت بِالسَّيف «والقَهرِ والغَلَبَةِ، نُزِعَت عنهم صِفةُ الخِلافةِ»، وكانُوا مُلوكًا يَغضَبون غَضبَ المُلوكِ ويَرضَون رِضا المُلوك)[2].

وَوصَفَ عَلِيٌّ أَمِير المُؤمنين صَلواتُ الله وسَلامُه عليه المُنقَلِبين على وَلايَتِهِ والمُجتمِعين لِبَيعَةِ أَبِي بكر بِأَنَّهم قَومٌ رَجعوا على الأَعْقاب (وغالَتْهُم السُّبل واتَّكلوا

1 - الكافي 283/ 8

2 - البخاري 369

على الوَلائج، ووَصلوا غير الرَّحم، وهَجروا السَّبَب الَّذي أُمِروا بِمَودَّتِه، ونَقلوا البِناء عن رِصِّ أَساسِه، فبَنوه في غير مَواضِعه، مَعادن كُلّ خطيئة، وأَبواب كُلّ ضارب في غمرة، وقد ماروا في الحِيرة، وذُهِلوا في السَّكرة، على سُنَّةٍ مِن آلِ فِرعون، مِن مُنقَطعٍ إلى الدُّنيا راكِن، أَو مُفارقٍ لِلدِّين مُباين)[1].

وقال صَلواتُ الله وسَلامُه عليه فِي أَبِي بَكر الخَلِيفة الجَدِيد وما فَعَلَ مِن أَذِيَّةٍ وما صَدَر عنه مِن ضَررٍ وإِساءةٍ بَلِيغَين وما كان مِن عَلِيٍّ صَلواتُ الله وسَلامُه عليه بِإِزاءِ ذلك: (ولقد تَقمَّصَها ابنُ أَبي قَحافَة، وهو يَعلمُ أَنَّ مَحلِّي مِنها مَحلّ القُطبِ مِن الرَّحى، يَنحدِرُ عنِّي السَّيل ولا يَرقى إِلَيَّ الطَّير، فسَدَلْتُ عنها ثوبًا وطَويتُ عنها كَشحًا، وطَفِقتُ أَرتَئي بين أَنْ أَصولَ بِيَدٍ جذاء أَو أَصبرَ على طَخِيَّة عَمياء، يَهرمُ فيها الكَبير ويَشيب فيها الصَّغِير، ويَكْدَحُ فيها مُؤمِنٌ حتَّى يَلقى رَبَّه.. فرَأَيتُ أَنَّ الصَّبر على هاتا أَحْجَى، فصَبرتُ وفِي العَين قَذَى، وفي الحَلقِ شَجَى، أَرَى تُراثِي نهبا..)[2].

1 - شَرح نهج البَلاغة، ابن أَبي الحديد 36/ 2

2 - شرح نهج البلاغة، ابن أَبي الحديد 25/ 1، خطبة 3 (الشَّقشَقِيَّة)

غَالَظوا الحِصارَ لِجَبْرِ البَيْعَة

انَتهى أَبُو بَكر مِن حَسْم المَوقف فِي السَّقِيفة على عَجَلٍ امتِثالًا لما تَعاقد عليه مع الصَّحابة الأَربعة الآخَرِين في رَهط (صَحِيفَة مكّة الثَّانِيَة) وتَوجَّه في اليوم التَّالي إِلى اجتِماع المَسجِد بِرِفْقَةِ عُمَر لِأَخذ البَيعةِ مِن عامَّة المُسلِمِين ومِمَّن لم يُبايع مِن الصَّحابَة، فكسَبَ الجولةَ الثَّانِيَة في المَسجد مِن بَعد جَولة السَّقِيفَة.

وعَلى وَجْهِ السّرعَة وبِفَرحَةٍ غامِرَة وَجَّه أَبُو بَكر رِسالَةً إلى والدِهِ أَبِي قَحافَة بِالطَّائف يُبَشّره بِنَبأ بَيعَةِ النَّاس له قائلًا: «مِنْ خَلِيفَةِ رَسُول الله إِلى أَبِي قَحافة.. أَمَّا بَعد، فإِنَّ النَّاس قد تَراضَوا بِي، فإِنِّي اليَوم خَلِيفةُ الله، فلَو قَدِمْتَ عَلينا كان أَقَرّ لِعَينَيك»!

فلَما قَرأ أَبُو قَحافَةَ الرِّسالة سَأَل ناقِلَها:

ما مَنعَكُم مِن عَلِيٍّ؟!

قال: هُو حَدَثُ السِّنِّ وقد أَكثر القَتْلَ في قُرِيش وغَيرِها، وأَبُو بَكر أَسَنُّ مِنهُ.

قال أَبُو قَحافة: إِنْ كان الأَمْرُ في ذلك بِالسِّنِّ، فأَنا أَحقُّ مِن أَبِي بَكر. لَقد ظَلمُوا عَلِيًّا حَقَّه، وقَد بايَع لَه النَّبِيّ صَلَّى الله عليه وآله وأُمِرنا بِبَيعَتِه.

فكتَب أَبُو قحافة إِلى ابنهِ الخَلِيفة الجَديد أَبِي بَكر:

مِن أَبِي قَحافَة إِلى ابنهِ أَبِي بَكر.. أَما بَعد، فقد أَتانِي كِتابُك فوجدته كِتابَ أَحمَقٍ يَنقضُ بَعضُه بَعضًا، مَرَّة تَقول «خَلِيفَة رَسُول الله صَلَّى الله عليه وآله»، ومَرَّة تَقول «خَلِيفَة الله»، ومَرَّة تَقول: «تَراضَىٰ بِي النَّاس»، وهُو أَمْرٌ مُلْتَبس، فلا تَدخُلَنَّ في أَمْرٍ يَصعُب عليكَ الخُروجُ مِنه غدًا، ويَكون عُقباكَ مِنه إِلى النَّار والنَّدامَة ومَلامَة النَّفس اللَّوّامة لَدى الحِساب بِيوم القِيامَة. فإِنَّ لِلأُمُور مَداخِل ومخارِج، وأَنْتَ تَعرِفُ مَن هو أَوْلَى بِها مِنك. فَرَاقِب الله كأَنَّك تَراه ولا تَدعَنَّ صاحِبها، فإِنَّ تَركَها اليوم أَخفُّ عَليكَ وأَسْلَم لَكَ.. والسَّلام)[1].

---

1 - المصدر السابق 222/ 1. بحار الأنوار، المجلسي 88/ 8. الاحتجاج، العّلامة الطّبرسي 226/ 1

لم يتبقَّ على طَريق استِكمال البَيعةِ لِأَبِي بَكْر إِلَّا عقَبة واحِدة يَستوجِب العَمل على تَجاوزها مِن أَجل إِعلان الفَوز السَّاحِق لِأَقطاب (صَحِيفَة مكَّة الثَّانِيَة)، هي بَيتُ فاطِمة وعَلِيٍّ أَمِير المُؤمنين صَلواتُ الله وسَلامُه عليهما ومَن التَجأَ إِليه مِمَّن امتَنع عن بَيعة أَبِي بَكر.

بَيتُ فاطمة وعَلِيٍّ أَمير المُؤمنين صَلواتُ الله وسَلامُه عليهما يُثِيرُ مَخاوف الصَّحابة الخَمْسَة وأَتباعِهم وحُلفائهم الجدد مِن انْهيارِ البَيعة كلّها وافتِضاح الفَلْتَة وانكشاف السِّرّ المُضمَر وفَسادِ كُلّ ما أَنجزه الصَّحابة الخَمسَة مُنذ أُبْرِمَت الصَّحِيفَة في جَوف الكَعبة.

ويُشِيرُ إلى ذلك مُعاوية بن أَبِي سُفيان في كِتابه إِلى عَلِيٍّ أَمِير المُؤمنين صَلواتُ الله وسَلامُه عليه بِقَوله: وما يَوم المُسلِمين مِنك بِواحد. لَقد حَسَدْتَ أَبا بكر والْتَوَيتَ عليه ورُمْتَ إِفسادَ أَمرِه، وقَعَدتَ فِي بَيتِك عنه، واستَغويتَ عِصابةً مِن النَّاس حتَّى تَأَخَّروا عن بَيعتِه)[1].

ويُذكِّر مُعاوِيَة أَنَّ النَّاس قد فُوجِئوا بِتَغيّر الأَحْوال، وأَنَّ انْقلابًا على الأَعْقاب قد دَعاهم إِلى نَقض بَيعَتِهم لِعَلِيٍّ أَمير المُؤمنين صَلواتُ الله وسَلامُه عليه الَّتي دعا إِليها صَلَّى الله عليه وآله مِرارًا وتكرارًا، وأَنَّ هناك مُبادَرةٌ أُخرى تَعمَلُ على تَأْسِيس بَيعةٍ مُختلِفةٍ، فتأَخَّر النَّاسُ عنها. ورُبَما انْسَحب وُلاةُ النَّبيّ صَلَّى الله عليه وآله على المُدن عن وَظائفهم ورَفضوا العَمل تَحت سَقف هذه البَيعة إِذْ لا أَحد مِن الصَّحابَة يعدل عَلِيًّا أَمير المُؤمنين صَلواتُ الله وسَلامُه عليه الَّذي بُويع في يَوم الغَدِير بِوَحي نازِلٍ بِأَمْر، ولا تَلِيق الخِلافَةُ مِن بعد رَسُول الله صَلَّى الله عليه وآله إِلَّا له صَلواتُ الله وسَلامُه عليه، وأَنَّ عَلِيًّا أَمِير المُؤمِنين صَلوات الله وسَلامُه عَليه لم يَحضر مُداولات السَّقِيفة ولم يَكن على رأس مَن دعا النَّاس إِلى المَسجِد لِأَخذِ البَيعة لِأَبي بكر. وعِندما سأَل النَّاسُ في المَسجِد عَن عَلِيٍّ أَمِير المُؤمِنين صَلواتُ الله وسَلامُه عِليه قِيل لَهُم أَنَّه اعتَصَم فِي بَيتِه

1 - نفس المصدر السّابق 448/ 3

مع رَهطٍ مِن الصَّحابة مُعلِنًا وُقوع الغَدرِ مِن قِبَل رَهطٍ مِن الصَّحابَة والخِذلان ونَقضِ بَيعةِ الغَدِير والانْقلاب على وَصِيَّةِ النَّبِيّ صَلَّى الله عليه وآله في الوَلايَة، وأنَّه مُمتَنِع عن البَيعة.

لَقَد دُبِّرت عمليًّا اغتصاب (الخِلافَة) وأَخذِ (البَيعة) بِلَيل، وبات أَبُو بكر لا يَملِك الشُّجاعةَ الكافِية لِلقاء عَلِيٍّ أَمِير المُؤمنين صلواتُ الله وسلامُهُ عليه وَجهًا لِوَجه لِيَطلب منه البَيعةَ لِنَفسِه مِنه ويَكشِف له عن مُلابَسات العصيان ودَوافع الانقلاب على وَصِيَّةِ النَّبِيّ صَلَّى عليه وآله فِي المُسلِمِين ونَقض بَيعةِ الغَدِير حيث لا يَمتلِك أَبُو بكر حُجَّةً دامغة إِلّا أَنْ يَعتَرِف بِالانْقِلاب. فجَعل أَبُو بكر مِن عُمَر مِتراسَه ويَدَه الضَّارِبَة، وأَرسَلَه إلى بَيتِ فاطِمة صَلواتُ الله وسَلامُه عليها وإِلى فِئة قَلِيلة رَفَضت بَيعة أَبي بَكر واعتَصَمت بِأَمِير المُؤمنين صَلوات الله وسَلامُه عليه.

لَم يَشأ عَلِيٌّ أَمير المُؤمنين صَلوات الله وسَلامه عَليه أَنْ يَخوضَ غمار المُواجهة المُباشرة مع المُنقلِبين حتَّى يَمتَحِن هذه الفِئة المُؤلَّفة مِن العبَّاس وابنه الفَضل والزُّبير بن العوَّام وخالِد بن سَعِيد والمقداد الكندي وسَلمان الفارِسِي وأَبِي ذر الغفاري وعَمَّار بن ياسر والبرّاء بن عازب وأُبَي بن كعب.

وما كان مِن عُمر إِلَّا أَنْ جمعَ عددًا مِن أَتباعه، وفَرض بهم حصارًا شديدًا على دار فاطِمة صَلواتُ الله وسلامُه عليه، ثُمَّ نادى فيهم بِالاستِسْلام والخُروج مِن الدَّار وإِعلان البَيعة لِأَبِي بكر فِي مَجلِسه على وَجه السُّرعة. فرَفَض مَن في الدَّار جميعًا الاستِسلام والبَيعة. وتَقدّم عُمر بِإنذارٍ شَدِيد اللَّهجة قَضى فيه بِإحراق الدّار أَو هدمها على رُؤوس مَن فيها (فأَبوا أَنْ يَخرُجوا، فدَعا بِالحَطب وقال: والَّذي نَفس عُمَر بِيَده لَتَخرجنَّ أَو لَأَحرقَنَّها على مَن فيها. فِقيل له يا أَبا حفص إِنَّ فيها فاطِمة! فقال: «وإِنْ».

فخَرجوا فبَايَعوا إِلَّا عَلِيًّا فإِنَّه زُعِم أَنَّه قال «حلَفتُ أَنْ لا أَخْرُج ولا أَضَع ثَوبِي على عاتِقي حتَّى أَجمعَ القُرآن. فوَقَفَت فاطِمةُ على بابِها وقالَت لِلمُحاصِرين «لا عهدَ لِي بِقَومٍ حضَروا أَسوأَ مَحضرٍ مِنكم، تَرَكتُم رَسُول الله صَلَّى الله عليه وآله جِنازةً بَين

أَيدِينا، وقَطعتُم أَمرَكم بَينكم، لم تَستأمِرونا ولم تَردُّوا لنا حقًّا)[1]. فضَعفوا عن الرَّد وتَركوا البَيتَ وانصرفوا!

بَعثَ أَبُو بكر مَرَّة أُخرى إِلى عَلِيٍّ أَمِير المؤمنين صَلواتُ الله وسَلامُه عليه أَنْ يُبايع، فقال له أَمير المؤمنين صَلواتُ الله وسَلامُه عليه «إِنِّي مَشغول، وقد آلَيت على نَفسِي يَمِينًا أَنْ لا أَرتَدِي بِرِداءٍ إِلّا لِلصَّلاة حتَّى أُؤلِّف القُرآن وأَجمعه.. فسَكتوا عنه أَيامًا، فجَمَعَهُ فِي ثَوبٍ واحِدٍ وختَمه، ثُمَّ خَرج إِلى النَّاس وهُم مُجتَمِعون مع أَبِي بكر في مَسجِد رَسُول الله صَلَّى الله عليه وآله، فنادَى فيهم بِأَعلى صَوته (أَيُّها النَّاس، إِنِّي لم أَزَل مُنذ قُبِض رَسُول الله صَلَّى الله عليه وآله مَشغولًا بِغُسلِه، ثُمَّ بِالقرآن حتَّى جمعته كلَّه في هذا الثَّوب الوَاحِد، فلَم يُنزِّل اللهُ على رَسُوله آيةً منه إِلّا وقد جَمعْتُها، ولَيست مِنْهُ آية إِلّا وقد أَقرأَنِيها رَسُول الله صَلَّى الله عليه وآله وعَلَّمَني تَأويلها..»).

ثُمَّ قال عَلِيٌّ أَمِيرُ المُؤمنين صَلواتُ الله وسَلامُه عليه «لِئلا تَقولوا غدًا إِنَّا كُنَّا عن هذا غافِلين، لا تَقولوا يوم القِيامة إِنِّي لم أَدعُكم إِلى نُصرَتِي.. ولم أُذَكِّركم حَقِّي.. ولم أَدعُكم إِلى كتاب الله مِن فاتِحَتِه إِلى خاتِمَتِه». «فلَمّا فتَحه أَبو بكر خَرج في أَوَّل صَفحة فتَحها فَضائح القوم.

فوَثَب عُمر وقال: يا عَلِيّ أَرْدِده فَلا حاجة لَنا فِيه! فأَخذَه عَلِيٌّ صَلواتُ الله وسَلامُه عليه وانصَرف. ثُمَّ أَحضروا زَيد بن ثَابِت وكان قارِئًا لِلقُرآن فقال له عُمر: إِنَّ عَلِيًّا جاءنا بِالقُرآن وفيه فضائحُ المُهاجرين والأَنصار، وقد رأينا أَنْ نُؤلِّف القرآن ونسقط منه ما كان فيه فَضِيحة وهَتك المهاجرين والأنصار. فأَجابه زيد إِلى ذلك، ثُمَّ قال: فإِنْ أَنا أَفرغتُ مِن القُران على ما سأَلتم وأَظهَر عَلِيٌّ أَمير المؤمنين صَلواتُ الله وسَلامُه عليه القُرآن الَّذي أَلَّفَه، أَليس قد بَطَل ما قد عَلِمتُم؟ قال عُمر: فما الحِيلة؟ قال زيد: أَنتُم أَعلَمُ بِالحِيلة. فقال عُمر: ما الحِيلة دون أَنْ نَقتله ونَستَرِيح مِنه)[2].

---

1 - الإمامة والسّياسة، ابن قتيبة 18/ 1

2 - بِحار الأنوار 42/ 92

وذُكِر أنَّ عُمر قال لِعَلِيٍّ أَمِير المُؤمنين صَلواتُ الله وسلامُه عليه بَعدما عَرَض القُرآن على الجالِسين فِي المَسجِد: ما أَغنانا بِما مَعنا مِن القُرآن عَمّا تَدعُونا إليه!. ثُمَّ دَخل عَلِيٌّ أَمِير المُؤمنين صَلواتُ وسَلامُه عليه بَيتَه.. وقال: فسَكتُوا عنه يَومهم ذلك. قال سَلمان المُحمَّدِي: فلَمّا كان اللَّيل حمَل أَمِيرُ المُؤمنين صَلواتُ الله وسَلامُه عليه فاطِمة صَلَواتُ الله وسَلامُه عليها على (حِمار) وأَخذ بِيَد ابْنَيه الحَسَن والحُسين صَلواتُ الله وسَلامُه عليه، فلَم يَدَعُ أَحدًا مِن أَصحاب رَسُول الله صَلَّى الله عليه وآله إِلّا أَتاه في مَنزِله، فنَاشَدهم الله حَقَّه ودَعاهم إلى نُصرَته، فما استَجاب مِنْهم رَجلٌ غَيرنا أَربَعة، فإنَّا حَلقنا رُؤوسنا، وبَذلنا له نُصرتَنا. فقال عَلِيٌّ أَمير المُؤمنين صَلواتُ الله وسَلامُه عليه: «ولو كُنتُ استَمكَنتُ مِن الأَرْبَعين رَجُلًا لَفرَّقتُ جَماعتكم، ولكِنْ لَعنَ الله أَقوامًا بايَعونِي ثُمَّ خَذلُوني»[1].

فلَمّا أَنْ رأى عَلِيٌّ أَمِير المُؤمِنين صَلواتُ الله وسَلامُه عليه خذلان النَّاس إِيَّاه وتَرْكَهُم نُصرته واجْتماع كَلِمتهم مع أَبِي بكر وتَعظِيمهم إِيَّاه لَزِمَ بَيته)[2].

إنَّ بين مَن ناداهُم عَلِيّ أَمِير المؤمنين صَلوات الله وسَلامُه عليه إلى نُصرتِه أُولئك الصَّحابة الَّذين قاتَلَوا مع رَسُول الله صَلَّى الله عليه وآله في بَدر، فلَم يَستجِب أَحدٌ مِنهم. يَقول مُعاوية لِعَلِيٍّ أَمِير المُؤمنين صَلوات الله وسَلامُه عليه في رِسالة بَعثها إليه على عَهده شامِتًا: وأَعهدك أَمس تَحمِل قَعِيدة بَيتِك لَيلاً على حِمار، ويَداك في يَد ابنَيك الحَسن والحُسين يَوم بُويع أَبو بَكر، فلَم تَدع مِن أَهْلِ بَدْرٍ والسَّوابق إِلّا دعوتهم إلى نَفسِك ومَشيت إليهم بامرأَتِك وأَدلَيت إليهم بِابْنَيك واستَنصَرتهم على صاحِب رَسُول الله، فلَمْ يُجِبْك منهم إِلَّا أَربعة أَو خَمسَة. ولَعَمري لو كنتَ مُحِقًّا لأَجابوك، ولكِنَّك ادَّعيتَ باطِلًا، وقلت ما لا يُعرف، ورُمْتَ ما لا يُدرك. ومَهما نَسيتَ فَلا أَنْسَى قَولَك لِأَبِي سُفيان لمّا حرَّكك وهَيَّجك «لو وَجدَتُ أَربعين ذَوي عَزم مِنهم لناهضْتُ القوم»)[3].

1- سُليم بن قيس، تحقيق الأنصاري 868-862/ 2. بحار الأنوار -297/ 28 197/ 43،299. العوالم -400/ 11 404

2- نفس المصدر السّابق 862/ 2 868-

3- شرح النّهج، ابن أبي الحديد 67/ 2

قال سَلمانُ لِسُلَيم بن قيس إنَّ عَلِيًّا أَمِير المُؤمنين صَلواتُ الله وسَلامُه عليه ناشَد الأَنْصار والمُهاجِرين ثلاث مَرّات. «فما استجاب لهُ مِنهم إِلّا أَربعة وأَربعون رَجُلًا. فأَمَرَهُم أَنْ يُصبِحوا بُكرة مُحلِّقِين رُؤوسهم، معهم سِلاحُهم، لِيُبايعوا على المَوت. فأَصبَحوا فلَمْ يُواف مِنهم أَحدًا إِلّا أَربعة. فقُلتُ لِسَلمان: مَنْ الأَربعة؟! فقال: أَنا وأَبُو ذر والمقداد والزُّبير بن العوام. ثُمَّ أَتاهم عَلِيٌّ صَلواتُ الله وسَلامُه عليه مِن اللَّيلة المُقبلة فناشَدَهم، فقالوا: نصبحك بكرة، فما مِنهم أَحد أَتاه غَيرُنا. ثُمَّ أَتاهم اللَّيلة الثَّالِثَة فما أَتاه غَيرُنا. فلَمّا رأى غَدرَهم وقِلَّة وَفائهم له لَزِمَ بَيتَه وأَقبَلَ على القُرآن يُؤلِّفه ويَجمعه، فلَم يَخرُج مِن بَيته حتَّى جَمعَه، وكان فِي الصّحف والشَّظاظ والأَسْيار والرّقاع»[1].

1- الاحتِجاج، الشّيخ الطّبرسي 96/1 - 112

نَقضُ البَيعَةِ بِسُيوف الفَلْتَة

لم يَعبأ أَبُو بكر ولا عُمَر بِتَوبيخ فاطِمة الزَّهراء صَلواتُ الله وسَلامُه عليها لَهُما ولِمَن شارَكهما فِي الحِصار الأَوَّل لِبَيتِها، ورَفضا طَلَبها بِإِعادَة الحقِّ إلى نِصابِهِ والامتِثال لِوَصِيَّة والِدِها صَلَّى الله عليه وآله والتَّسْلِيم لِوَلايَة عَلِيٍّ أَمِير المُؤمِنين صَلواتُ الله وسَلامُه عليه، وامتَنعا مِن الاستِجابَة لِأَيِّ مبادرة تَرِد مِن عَلِيٍّ أَمِير المُؤمنين صَلواتُ الله وسَلامُه عليه في إِثْر ما اتَّخذُوه مِن إجْراءٍ بِفَكِّ الحِصار الأَوَّل عن بَيتِهِ غَير إعلانِه عن مُبايَعَتِهِ لِأَبِي بَكْر إِذْ أَنَّ قُبولَه صَلواتُ الله وسَلامُه عليه بِالبَيعَةِ لِأَبِي بكر مِن غَير إِكْراهٍ فِيه إِقرار بِبَيعَةِ أَبِي بَكر وتَنازلٌ عن بَيعةِ الغَدِير وتَنَزُّل بِالرُّتْبَةِ والمَقام، وأَنَّ مَسعاه الآخر لِجَمع القُرآن والاعتِزال في بَيتِ فاطِمَة صَلواتُ الله وسَلامُه عليها لِإِنجاز هذا المَسعى فَفِيه إِرجاءٌ واضِحٌ منه لِبَيعةِ أَبِي بَكْر وتَنصُّل.

أَصرّ أَبُو بَكر على نَقض بَيعةِ الغَدِير وعلى أَخذ البَيعةِ مِن عَلِيٍّ أَمير المؤمنين صَلواتُ الله وسَلامُه عليه أَوَّلًا، إِذْ لا كَمال لِخِلافَة أَبِي بَكر ولا تَمام إِلَّا بِإِعلان عَلِيٍّ أَمِير المُؤمنين صَلواتُ الله وسَلامُه عليه عن تَسْرِيحه لِبَيعة النَّاس الَّتي أَخذَها الرَّسُول صَلَّى الله عليه وآله له في يَوم الغَدِير والرِّضا بِالبَيعة الرَّاهنة لِلخَلِيفَة الجَدِيد أَبِي بَكر، وأَنَّ انْتِزاع البَيعة مِنه صَلواتُ الله وسَلامُه عليه ولو بِالإِكراه فَإِنَّما يُعدّ ضَرُورة ومِن أَولَوِيَّات أَبِي بَكر، وأَنَّها لِأَهَمّ بِكَثِير مِن مَسْعى عَلِيٍّ أَمِير المؤمنين صَلواتُ الله وسَلامُه عليه في جمع القُرْان. فَفِي الجَمع بَين آياتِهِ الكَرِيمَةِ وإِدراجها بين دَفَّتين عَرضٌ مُتقَنٌ لِفَضائح أَئمَّة الكُفر والنِّفاق والفُسُوق والعصيان ولِما دبَّروا مِن انْقلاب على الأَعْقاب.

إِنَّ تَحصِيل أَبِي بكر لِلبَيعة مِن عَلِيٍّ أَمِير المُؤمنين صَلواتُ الله وسَلامُه عليه بِالإِكْراه لا يعكس تَنازلًا مِن عَلِيٍّ أَمير المؤمنين صَلواتُ الله وسَلامُه عليه عن حَقِّ يَوم الغَدِير. فإِنْ ظَفَر أَبو بَكر بِهذه البَيعة في أَيِّ طَرِيقة شاء فعِند ذلك سيُسْدَل السِّتار على وَصِيَّةِ النَّبِيّ صَلَّى الله عليه وآله في الوَلايَة ويُضْفَى طابع الشَّرعِيَّة على الانْقِلاب الَّذي يَقُوده أَقطابُ (صَحِيفة مَكّة الثَّانية) ويُمَكِّن أَهْل النِّفاق مِمّا راموا الوُصول إِليه وسَعوا

في إِنْجازِهِ مُنذ أَنْ أَنذرَ الرَّسُول صَلَّى الله عليه وآلله عَشيرتَه الأقربين، مِن غَير اعتِبار لِطَبيعة البَيعة المُنتَزعَة ومِن كَونِها جاءت بِالإكراه أَو بِغَير ذلك.

فأَبُو بَكر ما زال يَرى في سِيرة وُصُولِه إِلى (الخِلافَة) بِهذا اللَّونِ مِن الانقلاب فَلْتَةً مِثلَما رآها عُمَر، وأَنَّها تَحقَّقَت في ولادَةٍ سهلةٍ يَسِيرة إِذْ أَنَّ [الله يَسْتَهْزِئُ بِهِمْ وَيَمُدُّهُمْ فِى طُغْيَٰنِهِمْ يَعْمَهُونَ][1]، وأَنَّ رَسُولَ الله صَلَّى الله عليه وآله ووَصِيَّه أَمير المؤمنين صَلواتُ الله وسَلامُه عليه يَعلَمان تَفاصِيل ما يُعدّ في السِّرّ وما يُحاك مِن وراء السِّتْر. ولو شاءا الفَضِيحة وكَشْفَ مُراد المُنافِقِين ودَحْرَهم وما كانوا يَكتمون لَفَعَلا، ولا مِن قُوَّةٍ تَستَطِيع رَدَّهُما. وحيث فقد مَولُودُ الفَلْتَة شَرعِيَّة ولادَتِهِ فقد ظَلَّ أَبُو بَكْر على وَجَلٍ وخَوفٍ شَديدين مِمَّا يَنطِوي عليه المُستقبَلُ مِن مُفاجئات.

كان أَبُو بكر يَخشَى مِن أَنْ يَعود عُمر مِن جَولةِ الحِصار المَفرُوض على بَيت فاطِمة صَلواتُ الله وسَلامُه عليه خاوِي الوِفاض. فإِنْ ارتَكَب عُمَر حَماقَةً تُرغِمه على الدُّخول في مُواجَهةٍ مُباشرة بِالسَّيف مَع عَلِيٍّ أَمِير المُؤمنين صَلواتُ الله وسَلامُه فإِنَّ مَصيرَه إِلى الهَلاك، ولا بَأس بِذَلك وهو مُراد أَبِي بَكر. على أَنْ لا يَنْتَهِي الحِصار بِفَضِيحةٍ لِسِرٍّ مِن أَسْرار عَهد (صَحِيفة مَكَّة الثَّانِية)، ولا أَنْ تَصِلَ الأُمُور بِالخَلِيفة أَبي بَكر إِلى اتِّخاذ قَرارٍ عاجِلٍ سافِرٍ بِقتل عَلِيٍّ وفاطِمة بنت رَسُول الله صَلَّى الله عليه وآله إِلَّا أَنْ يَكون ذلك بِحماقَةٍ يُقدِم عليها عُمَر أَو ابن عَمِّه قُنفذ.

فإِنَّ في بَقاء عَلِيٍّ وفاطِمَة صَلواتُ الله عليهما على قَيد الحَياة مِن غير مُبايَعة لِأَبِي بَكر ـ والحال هذه ـ سَيُشكِّل خَطرًا عظيمًا على سِيادة خِلافَتِه وفَضِيحةً مُدَوِّيَة لانْقِلاب السَّقِيفَة وما سَبَقه مِن مُقدِّمات تَضمَّنت طَمْسَ مَروِيّات السُّنّة وإِحْراق المُدوّن مِنها وابتِزاز الرُّواة وتَنفيذ عَمليَّات الغَدر لاغْتِيال النَّبِيّ صَلَّى الله عليه وآله، وسَيَدْفَع بِآخَرين مِن الصَّحابَة إِلى إِعْلان امتِناعِهم عن إِعطاء البَيعَةِ واتِّخاذ مَوقِف عَلِيٍّ وفاطِمَة صَلواتُ الله وسَلامُه عليهما ذَرِيعَة في ذلك!

---

1 - (البقرة - 15)

ما زال التَّحالف بين مُتعَهِّدي (صَحيفة مكَّة الثَّانِيَة) والأُمَويّين والقَبائل الأُخْرى قائمًا في السِّرّ، فلَن يَقدِر أَبُو بَكر على إِعلان الاسْتِسلام أَمام آخِر جَبهةٍ حَصِينةٍ مُمتَنِعةٍ عن بَيعتِهِ، ولكِنَّ الأَمْر لَنْ يَستَقِيم له مُطلقًا ما لم يَنْتَزِع البَيعة مِن عَلِيٍّ أَمِير المُؤمنين صَلوات الله وسَلامُه عليه مَهما كَلَّف الأَمرُ مِن ثَمَن.

ورُبَما يَأخُذها أَبُو بكر فَوضَى تَستَعِر بَين بُيوت الأَنْصار وبُيوت المُهاجِرين الَّذين بايَعوه على خَوفٍ أَو لِفَلْتةٍ أَو ختلهِ أُعِدَّت سَريعًا ونُفِذِّت في السَّقِيفة واستُكمِلَت في المَسجد كَيما يَبتَزّ بها عَلِيًّا أَمِير المؤمنين صَلواتُ الله وسَلامُه عليه.

استَمَرّ أَبُو بَكر في مُمارَسَة الضَّغط على بَيت فاطِمة صَلواتُ الله وسَلامُه عليها لِانتِزاع البَيعةِ مِن عَلِيٍّ أَمِير المُؤمنين صَلواتُ الله وسَلامُه بِثَلاثَة أَشكالٍ مِن الغارات المُتَقطِّعَة، ورَفَض كُلَّ مُبَرِّرات التَّخَلّف عن البَيعَة الَّتي ساقَها عَلِيٌّ أَمِير المُؤمنين صَلواتُ الله وسَلامُه عليه إِليه ومِنها الاعتِكاف فِي البَيت لِحِين الانْتِهاء مِن جَمع القرآن.

فالزَّمَنُ يَجري في غَيرِ صالِح أَبِي بَكْر ولا بُدَّ مِن حَسم الأُمُور سَريعًا مِن حيث أَنَّ خِلافته فَلْتَه تَضمِر في جَوفِها عاصِفَةً مِن الشَّرِّ المُستَطِير ولا يُمكن التَّكهُّن بِعَواقِبها في وَسطٍ قَبليٍّ ما زال مَحمومًا بِأَسقام الجاهِلِيَّة ومنها نَظرتَه الدُّونِيَّة لِنَسَب قُطبَي بَيعةِ السَّقِيفة أَبي بِكر وعُمَر مِن حيث أَنَّهما يَنتَمِيان إِلى أَذَلِّ أَذِلَّاءِ أَحْياء مكَّة وأَرذَلِ أَراذِلها.

عَزمَ أَبُو بَكْر على إِرسال مَن يَحسِم أَمر بَيت فاطِمة صَلواتُ الله وسَلامُه عليها في الجَوالة الثَّانِيَة، ثُمَّ بادر بِنفسِهِ لِيتقدَّم فَريق انْتِزاع البَيعَة، وَوقعَ اختِيارُه على 300 نَفر مِن مُرِيدِيهِ وأَعوانِهِ (الشُّجْعان) وفِيهم عُمَر وعُثمان بن عَفَّان وخالِد بن الوَلِيد وأَبُو عُبيدة بن الجَرَّاح وعَبد الرَّحمِن بن عوف والمُغِيرة بن شُعْبَة وسعد بن أَبي وَقَّاص وزَيد بن ثابت وعَمْرو بن العاص وعِكْرِمَة بن أَبِي جَهل و(قُنفذ) خَلَف بن عُمَير وأُسَيد بن حضير الأَشْهَلي وسَلمة بن سَلامَة الأشهلي وسلكان بن سَلامَة وقش بن زغبة بن زاعوراء وسالِم مَولى أَبِي حُذيفة وأَسْلَم العَدوِي وعَيَّاش بنَ رَبِيعة وهُرمز الفارِسي وزِياد بن لَبِيد الأَنْصارِي وعبد الله بن أَبِي رَبِيعة وعبد الله بن زمّعة وسَعد بن مالك وثابت بن

قَيس بن شماس ومُحمَّد بن مَسْلَمة وسَلَمة بن أَسْلَم بن جريش وعباد بن بُشر وبَشِير بن سَعد وسَهل بن خثيمة.

فسار (الشُّجْعَان) مُمَثِّلوا سِيادَة الخَلِيفة أَبي بَكر إِلى بَيت فاطِمة صَلواتُ الله وسَلامُه عليه وقَد عَزَموا على إِحْراق البَيتِ بِمَن فيه إِنْ رَفَض عَلِيٌّ أَمير المُؤمنين صَلواتُ الله وسَلامُه عليه البَيعَةَ ثانِيَة على مَشهَدٍ مَكشُوفٍ مِن أَهْلِ المَدِينَة الَّذين اجتَمعوا حَول البيت بِقصد الفُرْجَة!

ويَصِفُ أُبَيّ بن كَعْب المَشهدَ فيقول:

فسَمِعنا صَهِيل الخَيل وقَعقَعَةَ اللّجم واصْطِفاق الأَسِنَّة، فخَرَجْنا مِن مَنازِلِنا مُشتمِلين بِأَرْدِيَتنا مع القَوم حتَّى وافوا مَنزِلَ عَلِيٍّ صَلواتُ الله وسَلامُه عليه. وكانت فاطِمَة صَلواتُ الله وسَلامُه عليها قاعِدة خَلْفَ الباب، قد عَصَبت رأسها ونَحَل جِسمُها فِي وَفاة رَسُول الله صَلَّى الله عليه وآله.

فلَمّا رأَتهم أَغْلَقَت الباب فِي وُجُوهِهم وهِي لا تَشُكّ في أَنْ لا يَدخُل عليها إِلَّا بِإِذنِها. فقَرَعوا الباب قَرعًا شَديدًا ورَفعوا أَصواتَهم وخاطَبوا مَن في البَيت بِخِطابات شتَّى، ودَعوهم إلى بَيعةِ أَبي بكر. «فلَمّا سَمِعت أَصواتِهم نادت بِأَعلى صَوتِها: يا أَبَتِ رَسُول الله، ماذا لَقِينا بَعدك مِن ابن الخطَّاب وابن أَبي قَحافة؟!

«فجاء عُمَر ومَعه قَبسٌ «مِنْ نَارٍ» فتَلقَّته فاطِمة على الباب، فَقالَت له: يا ابن الخطَّاب، أَتُراك مُحَرِّقًا عَلَيَّ بَابِي؟! قال: نَعم، وذلك أَقوى فِيما جاء بها أَبوك)[1].

طَلَب عُمَر مِن أَبي بَكر الإِذْنَ لِبدء الهُجوم واقتِحام الدَّار وقَتْل عَلِيٍّ صَلواتُ الله وسَلامه عليه على وَجه السُّرعَة فلَمْ يَعُد الأَمرُ يَحتِمل المُماطَلَة والتَّأخِير. فالعَمَلِيّة كُلُّها فَلْتَة قابِلة لِلانْفِلات في أَيِّ لحظة، فقال له (أَلا تَأخذ هذا المُتَخَلِّف عنك بِالبَيعة والله إِنِّي لَعارِفٌ بِسُخفِه وضَعف رأيه، وإِنَّه لا يَستقيم لنا أَمرٌ حتَّى نَقتُلَه، فخَلِّني آتيك

1 - تَلخِيص الشّافي، السَّيِّد المرتضى 76/ 3، 261/ 3. أنساب الأشراف، البلاذري 12/ 2

بِرأسه». فقال أَبُو بكر: إِجْلِس! فأَبَى. فأَقسَم عليه فجَلَس)[1].

واسْتَدار أَبُو بَكر نحو قُنفِذ وهُو مَولَى له وابنُ عَمِّ عُمَر، وهو رَجلٌ فَظٌّ غَلِيظ جاف مِن الطُّلقاء وقال له: إِذْهب فادْعُ عَلِيًّا. قال فذَهب إِلى عَلِيٍّ صَلواتُ الله وسَلامُه عليه فقال له: ما حاجَتك؟ فقال: يَدعُوك خَلِيفةُ رَسُول الله. فقال عَلِيٌّ أَمِير المُؤمنين صَلوات الله وسَلامُه عليه: لَسَريع ما كَذَّبْتُم على رَسُول الله، فارْجِع فأَبْلِغ الرِّسالة. قال: فبَكى أَبُو بَكر طَوِيلًا. فقال عُمَر الثَّانِيَة: لا تُمهِل هذا المُتخَلِّف عنك بِالبَيعَةِ. فقال أَبُو بَكر لِقُنفذ: عُد إِليه فَقُل له: خَلِيفةُ رَسُول الله يَدعوك لِتُبايع. فجاء قُنفذ، فأَدى ما أَمَرَ بِهِ. فرَفَعَ عَلِيٌّ أَمِير المُؤمِنين صَوتَه فقال سُبحان الله لقد ادَّعى)[2].(سُبحان الله، ما والله طال العَهدُ فيَنْسَى، والله إِنَّهُ لَيَعلَمَ إِنَّ هذا الاسْم لا يَصلُح إِلَّا لِي، ولقد أَمَرَهُ رَسُول الله صَلَّى الله عليه وآله وهو سابعُ سَبعة فسَلَّموا عَلَيَّ بِإِمْرَةِ المُؤمنين، فاستَفهَم هو وصاحِبُه مِن بَين السَّبعَة، فقالا: أَمْرٌ مِن الله ورَسُوله؟! فقال لَهُم رَسُول الله صَلَّى الله عليه وآله: «نَعم حقًّا مِن الله ورَسُولِهِ إِنَّهُ أَمِيرُ المُؤمِنين وسَيِّدُ المُسلمين وصاحِبُ لِواء الغُرّ المَحجَّلين، يقعده الله عَزَّ وَجَلَّ يوم القِيامَة على الصِّراط فيُدخِل أَولياءَه الجَنَّة وأَعداءَه النَّار)[3].

إِنَّ مِن بين مَشاهِد الهُجوم على دار فاطِمة صَلواتُ الله وسَلامُه عليها واقتِحامِها وفِيها عَلِيٌّ أَمِير المؤمنين صَلواتُ الله وسَلامه عليه ما كشَف عن أَمْرين مُهِمَّين:

ـ عن شِدَّةِ اضْطراب أَبِي بَكر حيث ضَعُف عن اختِيار المَوقِف المُناسِب لِمعالجة المَوقِف وانْعِدام خِيارات الحَلّ لانْتزاع البَيعة مِن عَلِيٍّ أَمِير المُؤمِنين صَلواتُ الله وسَلامُه عليه مِن دون الإِقدام على اقتِحام بَيت فاطِمَة صَلواتُ الله وسَلامُه عليه. فإِن رَفَعَ عَلِيٌّ أَمير المؤمنين صَلواتُ الله وسَلامُه عليه سَيفَه فلَنْ يُبقِي لِأَحدٍ مِن أَقطاب (صَحِيفة مَكّة الثّانية) ولا لانْقلابِهم مِن باقِيَة، وأَنَّ أَهل المَدِينة مِن الأَنْصار والمُهاجِرين

---

1 - سُليم بن قيس (تحقيق الأنصاري) 862/2 - 868. بحار الأنوار -297/ 28 197/ 43، 299

2 - الإمامة والسّياسة، 19/1

3 - سُليم بن قيس 146. كتاب الاحتجاج 107/1

على عِلْمٍ تفصِيليٍّ بِذلك ويَخشونَه كما يَخشاهُ أَبُو بَكْر حيث أَنّ بَيعَتَهُم لِأَبِي بَكر كانت فَلتَةً وأَنَّ بَيعةَ الغَدِير أَقوى حُضورًا في أَنْفسِهم ولا مَناص مِن العَودَةِ إِليها وإِنْ نُقِضَت في يَوم السَّقِيفة عن ضَعف.

ـ عن شِدَّةِ الخَوف في رَوعِ عُمَر رَغْم رُعونَةِ مَوقِفه وغِلظَتِه، وبدا أَشدّ اضْطِرابًا مِن أَبِي بَكر الَّذي سايَس المَوقِف حين تَظاهر بِالبُكاء أمام أَهْلِ المَدِينَة المُتفرِّجين الَّذين أَثارَهم صَهِيلُ الخَيل وقَعقَعةُ اللَّجْم واصْطِفاق الأَسِنَّة وما أَقْدَمَ عليه عُمَر على رأس 300 مِن الخَيّالة يَقودُهم خَلِيفَتُهم الجَديد في مُغامَرةٍ تَبدو ضَرُورِيّة سِياسيًّا لكِنَّها تَمسّ مَقامَ الدِّين في قُلوب النّاس وتُقوّض ثِقتَهم في عَقيدتِه وفي الثَّقلَين اللَّذَين أَوصَى النَّبِيُّ مُحمَّد صَلَّى الله عليه وآله بِالتَّمَسّك بِهما وفي كُبراءِ الصَّحابَة.

أَحاط أَهْلُ المدينة بِبَيت فاطِمَة الزَّهراء صَلواتُ الله وسَلامُه عليها. ومِن وراء الجُندِ حَرَصوا على مُتابَعةِ تَطوُّر الموقف وسَير عَملِيَّة الاقْتِحام الصَّعْبة لِانتِزاع البَيعة مِن عَلِيٍّ أَمِير المُؤمنين صَلواتُ الله وسَلامُه عليه أَو الإِجْهاز عليه وعلى زَوجه فاطِمة الزَّهراء صَلواتُ الله وسَلامُه عَليهما قَتلًا أَو حَرْقًا أَو تَحت انقاض بَيتِهما، ولم يَتدخَّل أَحدٌ مِن الأَنْصار ولا المُهاجِرِين المُتفرِّجين مِن أَهْلِ المَدِينَة ولم يَعتَرِض أَحدٌ مِن الصَّحابة على موقف أَبِي بَكْر وعُمَر وأَعوانِهما وعلى ما يَجرِي على بَيْت فاطِمَة صَلواتُ الله وسَلامُه عليها.

ومَهما تكُن العاقِبَة وما ستَصِير إِليه نِتائج الهُجوم على الدّار ـ على حَسب عُمر ـ فإِنَّ خِلافَةَ أَبِي بَكر ستَتحَمَّل المَسئولِيَّة الكامِلة بِوَصْفِها خِلافةً مُتحقِّقةً في المَدِينَة. فإِنْ ارتَكبَ فريقُ الهُجوم جَريمة إِحْراق بيت فاطِمة أَو قَتلِها مع بَعْلِها عَلِيٍّ أَمِير المُؤمنين صَلوات الله وسَلامُه عليه أَو هَدْم البَيت على رأسَيهِما، فلا يُلام فَريق الهُجوم بَل أَبَا بَكْر وخِلافتَه.

ومِن هُنا أَلغَى عُمَر فِكرَة التَّفاوُض مَع عَلِيٍّ أَمِير المُؤمنين صَلواتُ الله وسَلامُه عليه عبر مُوفَدِي الخَلِيفَة المَبعُوثَين إِلى بابِ دار فاطِمة صَلواتُ الله وسَلامُه عليها في

هذه المَرَّة، وأَنَّ في العَودةِ مِن بَيت فاطِمَة بِلا تَحصيلٍ مُبرمٍ لِلبَيعة أو انْتِزاعٍ لها مِن عَلِيٍّ أَمْير المؤمِنين صَلواتُ الله وسَلامُه عليه ستُعدّ ضَعْفًا فاضِحًا في الخِلافَة وخَرقًا لِسِيادَةِ الخَلِيفة الجَدِيد أَبي بَكر.

بَعد جَولَتَين مُثِيرَتَين أَو أَكثر مِن الضَّغط على بَيت فاطِمَة صَلوات الله وسَلامُه عليها، لَفَتَ نَظرَ أَبي بَكر وعُمَر أَنَّ عَلِيًّا أَمير المؤمنين صَلواتُ الله وسَلامُه عليه لم يُبدِ مُقاومَة تُذكَر، فلَمْ يَخرُج عليهم مِن البَيتِ شاهِرًا سَيفه لِدَرء مَخاطِر الهُجوم على البَيت وفِي البيت فاطِمَة وأَبناؤها صَلواتُ الله وسَلامُه عليهم. فلا بُدّ مِن اتِّباع إِجراءٍ استِفْزازيٍ مُتقَطِّع الجَولات لِمَعرِفَة العِلَّة في ذلك، فَعَلِيٌّ أَمير المؤمنين صَلواتُ الله وسَلامُه عليه سَيفٌ لا يُغلَب كما أَنَّه لا يُستَفزّ، فما الَّذي أَقعدَه عن قِتال جُند الخَلِيفَة أَبِي بَكر!

تَدخَّل عُمَر على الفَور وطَلَب مِن أَبِي بَكْر في هذه المرَّة الإِذْنَ بتَنفِيذ الهُجوم على وَجْهِ السُّرعَة وبلا تَردُّد، ووَجَّه إِنذارًا شَدِيد اللَّهجَة إِلى أَبي بَكر أَفزَعَ المُتفَرِّجِين مِن أَهْلِ المَدِينَة حِين قال لَه (إِنْ لَم تَفعل لَأَفعَلَنّ! وخَرَج مُغضِبًا وجَعل يُنادِي القَبائل والعَشائر: أَجِيبُوا خَليفة رَسُول الله صَلَّى الله عليه وآله. فأَجابَه النَّاسُ مِن كُلِّ ناحِيَة ومَكان.. فاجْتَمعوا عند مَسجِدِ رَسُول الله صَلَّى الله عليه وآله، فدَخَل على أَبِي بَكر وقال: قد جَمعتُ لَك الخَيلَ والرِّجال)[1].

فأَخذَ أَبو بَكر بِرَأي عُمر وأَرْسَل قُنفِذ إِلى بيت فاطِمَة صَلواتُ الله وسَلامُه عليها. وقَبل أَنْ يطلِق العنان لِيَد عُمر وَجُندِه خَيَّر عَلِيًّا أَمير المُؤمنين صَلواتُ الله وسَلامُه عليه بين التَّفاوُض عبر قُنفِذ أَو الحَرب ومُقاتَلة 300 فارِس يَقودهم عُمَر ويُحيطون بَيتَه بِالنِّيران ومِن كلِّ جانب ومكان.

قال الشَّيخُ المَجلِسي عن سُليم بن قَيس الهِلالي (كان أَبُو بَكر أَرَقَّ الرَّجُلين وأَرفقهما وأَدْهاهُما، وأَبعدَهُما غورًا، والآخر أَفَظّهما وأَجْفاهُما. فقال أَبُو بَكر: مَنْ

1 - شَرح نهج البلاغة، ابن أبي الحديد 48/ 6

نُرْسِل إِليه؟ فقال «عُمَر»: نُرسِل إِليه قُنفِذًا، وهو رَجلٌ فَظٌّ غَلِيظ جاف مِن الطُّلقاء، أَحد بَنِي عدي بن كعب، فَأَرسِله إِليه وأَرسِل مَعه أَعوانًا.

اِنْطلق «قُنفِذ» فاسْتَأْذَنَ على عَلِيّ صَلواتُ الله وسَلامُه عليه، فأَبَى أَنْ يَأْذَن لَهُ وجُندِه. فرَجع أَصْحابُ قُنفذ إِلى أَبِي بَكر وعُمر، فقالوا: لَم يُؤذَن لنا. فقال عُمر: اِذهبوا، فإِنْ أَذِن لَكم وإِلَّا فادخُلوا بِعُنفٍ وبِغَير إِذْنٍ. فانْطلقوا فاستَأذنوا. فقالَت فاطِمة صَلواتُ الله وسَلامُه عليها:

«أَحرَجٌ عليكم أَنْ تَدخلوا عَلَيَّ بَيتِي! فرَجَعوا وثَبُتَ قُنفذ. فقالوا: إِنَّ فاطِمة قالَت كَذَا وكَذَا، فتَحرَّجْنا أَنْ نَدخلَ بَيتها بِغَير إِذْن.

فغَضِب عُمر وقال: ما لَنا ولِلنِّساء.

فَأَمَر «عُمَر» أُناسًا حوله أَنْ يَحمِلوا الحَطب فحَملوا الحَطب، وحَمل مَعهم عُمر فجَعلوه حَول منزل عَلِيٍّ وفاطِمة وابنَيهِما صَلواتُ الله وسَلامُه عَلَيهم، ثُمَّ نادى عُمر حتَّى أَسمَع عَلِيًّا وفاطِمة: «والله لَتخْرُجَنّ يا عَلِيّ، ولَتُبايِعَنّ خَلِيفة رَسُول الله وإِلَّا أُضرِمَت عَلَيك».

فقالَت فاطِمةُ صَلواتُ وسَلامُه عليها: يا عُمر، ما لَنا ولَك. فقال: افتَحِي الباب وإِلّا أَحرَقنا عليكم بَيتَكُم. فقالت: «يا عُمر، أَما تَتَّقِي الله تَدخُل عَلَيَّ بَيتِي»! فأَبَى أَنْ يَنصرف. ودعا عُمر بِالنَّار فأَضْرَمها في الباب ثُمَّ دَفعَه، فدَخَل، فاستَقبَلته فاطِمة صَلواتُ الله وسَلامُه عليها وصاحَت: «يا أَبَتاه يا رَسُول الله». فرَفَع عُمر السَّيف وهو في غِمْدِهِ فَوجَأَ به جَنبَها، فصَرخَت: «يا أَبَتاه»! فرَفَع السَّوطَ فضَرَبَ بِه ذِراعَها فنادَت: «يا رَسُول الله، لَبِئس ما خَلَّفَك أَبُو بَكْر وعُمَر». ثُمَّ جاءَها المُغِيرةُ بن شُعْبَة وضَرَبَها حتَّى أَدْماها)[1].

وقال إِبراهيم بن سيار النظام (إِنَّ عُمَر ضَرَب بَطْنَ فاطِمَة يَوم البَيعة حتَّى أَلقَت

---

1 – انظر: البحار 43. الاحتجاج 137، خطاب الإمام الحَسَن عليه السّلام لِلمُغِيرة في مَجلِس مُعاوِيَة.

الجَنين مِن بَطنِها. وكان يَصِيح عُمَر: أحْرقوا دارها بِمَن فِيها، وما كان بِالدَّار غَير عَلِيّ وفاطِمَة والحَسَن والحُسَين)[1].

فوَثَبَ عَلِيٌّ أميرُ المُؤمنين صَلواتُ الله وسَلامُه عليه وأخذَ بِتَلابِيب عُمَر ثُمَّ نَتَرَه فصَرعَه ووَجأَ أَنفَه ورَقبَته وهَمَّ بِقَتلِه، فذَكر قَولَ رَسُولِ الله صَلَّى الله عليه وآله وما أَوْصَاه به، فقال: «والَّذي كَرّم مُحمَّدًا بِالنُّبوَّة - يا ابْنَ صَهَّاك - لولا كِتابٌ مِن الله سَبق وعَهدٌ عَهِدَه إِلَيّ رَسُول الله صَلَّى الله عليه وآله لَعَلِمتَ أَنَّكَ لا تَدخُل بَيتِي».

فأَرسَل عُمَر يَستغِيث. فأَقبلَ النَّاسُ حتَّى دَخلوا الدَّار، وثارَ عَلِيٌّ أَمِير المُؤمِنين إلى سَيفه. فرَجَع قُنفذ إلى أَبِي بَكْر وهو يَتَخَوّف أَنْ يَخرجَ عَلِيٌّ أَمِير المُؤمنين صَلواتُ الله وسَلامُه عليه بِسَيفِه وبما عُرِف مِن بَأسِه وشِدَّتِه. فقال أَبُو بَكْر لِقُنفِذ: «إِرْجَع، فإِنْ خَرَج وإِلَّا فاقتَحِم عَليه بَيتَه. فإِنْ امتَنَع فأَضْرِم عليهم بَيتَهُم بِالنَّار. فانطلق قُنفِذ، فاقتَحم هو وأَصحابُه بِغَير إِذْن.

إلى أَنْ قال: وحالَت بَينَهُم وبَينَهُ فاطِمةُ صَلواتُ الله وسَلامه عليها عند بابِ البَيت، فضَربَها قُنفذ بِالسَّوط فماتَتْ حِين ماتَت، وإِنَّ فِي عَضدِها كَمِثلِ الدُّمْلُج مِن ضَربَتِه لَعَنهُ الله. إلى أَنْ قال: ثُمَّ انطلق بِعَلِيٍّ صَلواتُ الله وسَلامُه عليه يَعْتلّ عتلًا بَعد أَنْ تَكاثَروا عليه ولَفُّوا على عُنقِه حَبلًا حتَّى انْتُهِي بِهِ إلى أَبِي بَكر، وعُمر قائمٌ بِالسَّيف على رَأسِه، وخالِد بن الوَلِيد، وأَبُو عُبيدة بن الجرّاح، وسالِم مَولى أَبِي حُذيفة، ومعاذُ بن جَبَل، والمُغيرةُ بن شُعبة، وأسيدُ بن حصين، وبَشِيرُ بن سَعد الأَنْصارِي، وسائرُ النَّاس حَول أَبِي بَكْر عَلَيهم السِّلاح.

ضَرب قُنفِذ فاطِمة صَلواتُ الله وسَلامُه عليها بِالسَّوط حين حالَت بَينَه وبَين زَوجِها. وأَرْسَل إِليه عُمَر إِنْ حالَت بَينكَ وبَينَهُ فاطِمة فاضْرِبها. فأَلجأَها قُنفذ إلى عضادة بابِ بَيتِها ودَفعها، فكَسر ضِلْعَها مِن جَنبِها فأَلقَت جَنِينًا مِن بَطنِها. فلَمْ تَزل صاحِبة فِراش حَتَّى ماتَت صَلواتُ الله وسَلامُه عليها مِن ذلك شَهِيدة.

---

1 - الملل والنحل، الشهرستاني 59/ 1 . الوافي في الوفيّات 17/ 6

قال: قُلتُ لِسَلْمان: أَدَخلُوا على فاطِمة صَلواتُ الله وسَلامُه عليها بغَير إذْنٍ. قال: إي والله، وما عَليها مِن خِمار. فنادَت «وا أَبتاه وا رَسُول الله، يا أَبتاه فلَبِئس ما خَلَّفك أَبُو بكر وعُمر وعَيناك لم تتفقا في قَبرك» تُنادِي بِأَعلى صَوتِها. فلَقَد رأَيتُ أَبا بَكر ومَن حَوله يَبكُون، ما فِيهم إِلَّا بَاكٍ غير عُمَر وخالِد بن الوَليد والمُغيرة بن شُعبَة، وعُمَر يَقول: إِنَّا لَسْنا مِن النِّساء ورَأيُهُنّ في شَيء.

وعند باب الحِجْرة قالت الزَّهراء صَلواتُ الله وسَلامُه عليها لِأَبِي بكر: يا أَبا بَكر، ما أَسرع ما أَغَرْتُم على أَهْلِ بَيت رَسُول الله. والله لا أُكلِّم عُمر حتَّى أَلقَى الله. ثُمَّ خَرَجَت تَبكِي وتَصِيح فنَهنَهَت مِن النَّاس وقالَت: والله لَتَخرُجَنَّ أَو لَأَكشِفَنّ شَعْرِي ولَأَعِجَّنَّ إِلى الله.. فخَرَجوا وخَرَج مَن كان فِي الدّار)[1] ومَعَهم عَلِيّ أَمير المؤمنين صَلواتُ الله وسَلامُه عليه مَكتُوفًا يُجَرّ بين أَيدِيهم.

قال: فانتَهوا بِعَلِيٍّ إِلى أَبِي بَكر وعَلِيٌّ صَلواتُ الله وسَلامُه عليه يَقول: أَمَا والله لو قد وَقَعَ سَيفِي في يَدي لَعلِمتُم أَنَّكُم لَنْ تَصِلوا إِلى هذا أَبدًا. أما والله ما أَلُوم نَفسِي في جِهادِكُم، ولو كُنْتُ استمكَنتُ مِن الأَربَعِين رَجُلًا لَفرَّقتُ جَماعتكم، ولكِنْ لَعَن اللهُ أَقوامًا بايَعُونِي ثُمَّ خَذَلونِي!

ولمّا أَنْ بَصر بِه أَبُو بَكر صاح «خَلُّوا سَبِيلَه». فقال عَلِيٌّ أَمِير المُؤمنين صَلواتُ الله وسَلامُه عليه: يا أَبا بَكر، ما أَسرَع ما تَوثَّبتُم على رَسُول الله، بِأَيِّ حَقٍّ وبِأَيِّ مَنزِلةٍ دَعوتَ النَّاسَ إِلى بَيعَتِك.. أَلَم تُبايِعَنِ بِالأَمْس بِأَمْر الله، وأَمْر رَسُول الله؟!

قال: ولمّا انْتُهِيَ بِعَلِيٍّ صَلواتُ الله وسَلامُه عليه إِلى أَبِي بكر انْتَهرَهُ عُمَر وقال له: بَايعْ! فقال له عَلِيٌّ صَلواتُ الله وسَلامُه عليه: فإِنْ لَمْ أَفعَل فمَا أَنْتُم صانِعُون؟ قالوا: نَقتُلك ذُلًا وصغارًا. فقال: إِذَن تَقتلون عبدَ الله وأَخا رَسُولِه. فقال أَبُو بَكر: أَمَّا عبد الله فَنعَم، وأَمَّا أَخُو رَسُول الله فما نُقِرُّ بهذا. قال: أَتَجحَدون أَنَّ رَسُولَ الله صَلَّى الله عليه وآله آخَى بَينِي وبَينَه. قال: نَعم. فأَعاد ذلك عَلِيهم ثَلاث مَرَّات.

---

1 - تأريخ اليعقوبي 126/ 2. شرح النّهج، ابن أبي الحديد 134/ 1

ثُمَّ أَقبَلَ عَليهم عَلِيٌّ أَمِير المؤمنين صَلواتُ الله وسَلامُه عليه فقال: يا مَعشَر المُسلِمين والمُهاجِرين والأَنصار، أَنْشدكم الله، أَسمِعتُم رَسُولَ الله صَلَّى الله عليه وآله يَقول يَوم غَدِير خُم كَذا وكَذا؟ وفِي غَزوة تَبُوك كَذا وكَذا؟. فلَمْ يَدع عَلِيٌّ صَلواتُ الله وسَلامُه عليه شَيئًا قال فِيه رَسُول الله صَلَّى الله عليه وآله عَلانِية لِلعامَّة إِلَّا ذَكَّرهُم إِيَّاه. قالوا: اللَّهُمّ نَعَم.

فلَمّا تَخوَّف أَبُو بَكر أَنْ يَنصُره النَّاس، وأَنْ يَمنَعوه؛ بَادَرَهم فقال: كُلَّما قلتَ حَقًّا قد سَمِعناه بِآذانِنا ووَعَته قُلوبُنا، ولكِنْ قد سَمِعتُ رَسُولَ الله صَلَّى الله عليه وآله يَقول بَعد هذا: «إِنَّا أَهْلُ بَيتٍ اصْطفانا اللهُ واختار لَنا الآخِرَة على الدُّنيا، وإِنَّ الله لم يَكُن لِيَجمعَ لَنا أَهْلَ البَيت النُّبوَّةَ والخِلافَةَ».

فقال عَلِيٌّ صَلواتُ الله وسَلامُه عليه: هَلْ أَحَدٌ مِن أَصحاب رَسُول الله صَلَّى الله عليه وآله شَهِد هذا مَعك؟ فقال عُمر: صَدَق خَلِيفةُ رَسُول الله، قد سَمِعتُه مِنه كما قال. وقال أَبُو عُبَيدة وسالِم مَولَى أَبِي حُذيفة ومَعاذ بن جَبل: قد سَمِعنا ذلك مِن رَسُول الله صَلَّى الله عليه وآله. فقال لَهُم عَلِيٌّ أَمِيرُ المُؤمنين صَلواتُ الله وسَلامُه عليه: لقد وَفَّيتُم بِصَحِيفَتِكم الَّتي تَعاقَدتُّم عليها في الكعبة إِنْ قَتَل اللهُ مُحمّدًا أَو ماتَ لَتزوُون هذا الأَمر عَنَّا أَهْلَ البَيت»!

فقال أَبُو بَكر: فما علمك بِذلك، ما أَطلعنَاكَ عَليها! فقال صَلواتُ الله وسَلامُه عليه: أَنْتَ يا زُبَير، وأَنْتَ يا سَلمان، وأَنتَ يا أَبا ذَر، وأَنتَ يا مِقداد، أَسأَلُكم بِالله وبِالإِسلام، سَمِعتُم رَسُول الله صَلَّى الله عليه وآله يَقول ذلك وأَنتُم تَسمَعون: «إِنَّ فُلانا وفُلانا ـ حتَّى عَدَّ هؤلاء الخَمسَة ـ قد كَتبوا بَينهم كِتابًا وتَعاهدوا فِيه وتَعاقدوا على ما صَنعوا إِنْ قُتِلْت أَو مُتّ؟ فقالوا: اللَّهُمّ نَعم، قد سَمِعنا رَسُولَ الله صَلَّى الله عليه وآله يَقول ذلك لكَ: إِنَّهم قد تعاهدوا وتَعاقدوا على ما صَنَعوا، وكَتبوا بَينهم كِتابًا إِنْ قُتِلْت أَو مُتّ، وأَنْ يَزووا عنك هذا يا عَلِيّ». قُلت: بِأَبِي أَنْتَ وأُمِّي يا رَسُول الله، فما تَأمُرني إِذا كان ذلك أَنْ أَفعَل؟ فقال لك: إِنْ وَجدت عليهم أَعوانًا فجاهِدهُم ونابِذهم، وإِنْ لَمْ

تَجِد أَعوانًا فبَايِع واحْقِن دَمَك. فقال عَلِيٌّ صَلواتُ الله وسَلامُه عليه: أَمَا والله، لو أَنَّ أُولئك الأَربَعين رَجُلًا الَّذين بايَعوني وَفَّوا لِي لَجاهَدتكم في الله، ولكِنْ أَما والله لا يَنالها أَحدٌ مِن عَقِبكما إلى يَوم القِيامَة. وفي ما يُكذِّب قولَكم على رَسُول الله صَلَّى الله عليه وآله قَولُه تَعالى [أَمْ يَحْسُدُونَ النَّاسَ عَلَىٰ مَا آتَاهُمُ اللهُ مِن فَضْلِهِ، فَقَدْ آتَيْنَا آلَ إِبْرَاهِيمَ الكِتَابَ وَالحِكْمَةَ وَآتَيْنَاهُم مُلْكًا عَظِيمًا] فالكِتابُ النُّبُوَّةُ والحِكمةُ والسُّنَّةُ والمُلْكُ والخِلافَةُ، ونَحنُ آل إِبراهيم.

فقام المقداد فقال: يا عَلِيّ بِما تَأمُرنِي، والله إنْ أَمَرتَنِي لَأَضرِبَنّ بِسَيفِي وإِنْ أَمَرتَنِي كَفَفَت؟ فقال عَلِيٌّ صَلواتُ الله وسَلامُه عليه: كُف يا مقداد واذكُر عَهد رَسُول الله وما أَوصَاك به. فقُمتُ وقُلتُ: والّذي نَفسِي بِيَده لو أَنِّي أَعلَمُ أَنِّي أَدفعُ ضَيمًا وأَعِزُّ لله دِينًا لَوضَعتُ سَيفِي على عُنقِي ثُمَّ ضَربتُ بِهِ قِدمًا قِدمًا، أَتَثِبون على أَخِي رَسُولِ الله ووَصِيِّهِ وخَليفتهِ في أُمَّتِه وأَبِي وِلْدِه؟! فأَبْشِروا بِالبَلاء واقنَطوا مِن الرَّخاء!

وقام أَبُو ذر فقال: أَيَّتها الأُمَّة المُتحَيِّرة بَعد نَبِيِّها المَخذُولة بِعِصيانِها، إنَّ الله يَقول [إِنَّ اللهَ اصْطَفَى آدَمَ وَنُوحًا وَآلَ إِبْرَاهِيمَ وَآلَ عِمْرَانَ عَلَى الْعَالَمِينَ، ذُرِّيَّةً بَعْضُهَا مِنْ بَعْضٍ وَاللهُ سَمِيعٌ عَلِيمٌ]، وآل مُحمَّد الأَخْلاف مِن نُوح، وآل إِبراهيم مِن إِبراهيم، والصّفوة والسُّلالة مِن إِسماعِيل وعِترَة النَّبِيّ مُحمَّد أَهْل بَيتِ النُّبُّوة ومَوضِع الرِّسالة، ومُختلف المَلائكة، وهُم كالسَّماء المرفوعة، والجِبال المنصوبة، والكعبة المَستورة، والعَين الصّافِيّة، والنُّجوم الهادِيَة، والشَّجرة المُباركة، أَضاء نُورُها وبُورِك زَيتُها، مُحمَّد خاتَم الأنبياء، وسَيِّد وِلد آدم، وعَلِيّ وَصِيّ الأَوصِياء، وإِمام المُتَّقين، وقائد الغُرّ المُحجّلين، وهو الصِّدّيق الأكبر، والفارُوق الأَعْظم، ووَصِيّ مُحمّد، ووَارِث عِلمه، وأَوْلَى النَّاس بِالمُؤمِنين مِن أَنفُسهم، كما قال عَزَّ وجَلَّ [النَّبِيُّ أَوْلَىٰ بِالْمُؤْمِنِينَ مِنْ أَنفُسِهِمْ، وَأَزْوَٰجُهُۥٓ أُمَّهَٰتُهُمْ، وَأُوْلُواْ الْأَرْحَامِ بَعْضُهُمْ أَوْلَىٰ بِبَعْضٍ فِى كِتَٰبِ الله] فقَدِّموا مَن قدَّم اللهُ، وأَخِّروا مَن أَخَّر اللهُ، واجْعلوا الوَلايَةَ والوَراثَةَ لِمَنْ جَعلَ الله.

فقام عُمر فقال لِأَبِي بَكر: ما يُجلِسك فوق هذا المِنبر وهذا جالِسٌ محاربٌ لا يَقُوم فيُبايِعك؟! أَو تَأمُر بِه فنَضْرِب عُنقَه - والحسنُ والحُسَين قائمان - فلَمّا سَمِعا مقالةَ عُمَر بَكيا، فضَمَّهُما صَلواتُ الله وسَلامُه عليه إِلى صَدرِه فقال: لا تَبكِيا، فوالله ما يَقدِران على قَتْلِ أَبِيكُما.

وأَقبلَت أُمُّ أَيمَن حاضِنَةُ رَسُول الله صَلَّى الله عليه وآله، فقالَت: «يا أَبَا بَكر، ما أَسرع ما أَبدَيتُم حَسدَكُم ونِفاقَكم»!. فأَمَرَ بها فأُخْرِجَت مِن المَسجد، وقال: ما لَنا ولِلنِّساء!

وقام بُرَيدة الأَسْلَمي وقال: أَتَثِب على أَخِي رَسُول الله وأَبِي وِلدِه، وأَنتَ الَّذي نَعرِفك في قُرَيش بِما نَعرِفك! أَلَسْتُما قال لَكُما رَسُولُ الله صَلَّى الله عليه وآله: انْطَلِقا إِلى عَلِيٍّ وسَلِّما عليه بِإمْرَةِ المُؤمِنين فقُلْتُما «أَعَن أَمْر الله وأَمْر رَسُوله»؟! قال: نَعَم. فقال أَبُو بَكْر: قد كان ذلك، ولكِنَّ رَسُولَ الله قال بَعد ذلك: «لا يَجْتَمع لِأَهْلِ بَيتِي النُّبوَّةُ والخِلافَةُ». فقال: «والله ما قال هذا رَسُول الله، والله لا سَكَنتُ في بَلدَةٍ أَنْتَ فيها أَمِير. فأَمَر بِه عُمَر فضُرِبَ وطُرِد. ثُمَّ قال: قُم يا ابن أَبِي طالِب فبَايِع!

فقال عَلِيٌّ صَلواتُ الله وسَلامُه عليه: فإِنْ لَم أَفْعَل. قال: إِذَن والله نَضرِب عُنقك. فاحتَجَّ عليهم ثَلاثَ مَرَّات، ثُمَّ مَدَّ يَدَه مِن غَير أَنْ يَفتح كَفَّهُ فضَرَب عَليها أَبُو بَكر ورَضِي بِذلك مِنه. فنادَى عَلِيٌّ صَلواتُ الله وسَلامُه عليه قَبل أَنْ يُبايع [ابنَ أُمَّ إِنَّ القومَ استَضعَفُونِي وكادُوا يَقتُلُونَنِي].

وقِيل لِلزُّبَير: بَايِع! فأَبَى. فوَثَبَ إِليه عُمَر وخالِد بن الوَلِيد والمُغِيرةُ بن شُعبة فِي أُناسٍ مَعهم فانتَزعُوا سَيفَهُ فضَربوا بِه الأَرْض. فقال الزُّبَير: «يا ابن صَهَّاك، أَما والله لو أَنَّ سَيفِي في يَدي لَحِدت عنِّي». ثُم بايَع. قال سَلمان: ثُمَّ أَخذُونِي فوَجَأوا عُنقِي حتَّى تَركُوها كالسِّلْعة، ثُمَّ أَخذوا يَدي، فبايَعتُ مُكرهًا. ثُمَّ بايعَ أَبو ذر والمقداد مُكرَهَين، وما بَايَع أَحدٌ مِن الأُمَّة مَكرهًا غير عَلِيٍّ صَلواتُ الله وسَلامُه عليه وأَرْبَعتِنا. ولم يكُن مِنَّا أَحدٌ أَشدّ قولًا مِن الزُّبَير، فإِنَّه لمّا بَايع قال: يا ابنَ صَهَّاك، أَما والله لَولا هؤلاء الطُّغاة

الَّذين أَعانُوك لَما كنتَ تَقدِم عَلَيَّ ومَعي سَيفي لِما أَعرِف مِن جُبْنِك ولُؤمِك، ولكِنْ وَجَدْتَ طُغاةً تَقوى بِهم وتَصُول.

فغَضب عُمر وقال: أَتَذكُر صَهَّاك. فقال «الزُّبَير»: وما يَمنَعني مِن ذِكْرِها وقد كانَت صَهَّاكُ زانِيَةً، أَوَ تَنكُر ذلك؟! أَوَ لَيْس كانت أَمَةً حَبَشِيَّةً لِجَدِّي عبد المُطَّلِب فزَنَى بِها جَدُّك نفيل فوَلَدت أَباكَ الخَطّاب، فوَهَبها عبد المُطّلب لِجدِّك فوَلَدته، وإِنَّه لَعَبدٌ لِجَدِّي ولد زِنا!. فأَصلَحَ بَينهما أَبُو بَكر وكَفّ كُلَّ واحدٍ مِنهما عن صاحِبه.

قال سُلَيم بن قَيس فقُلتُ لِسَلمان: أَفبايَعْتَ أَبَا بَكر ولَمْ تَقُل شَيئًا؟ قال: قد قُلْتُ بَعدما بايَعت: تَبًّا لَكُم سائر الدَّهْر، أَوَ تدرون ما صَنَعتُم بِأَنفُسِكم، أَصَبتم وأَخطأتُم: أَصَبتُم سُنّةَ مَن كان قَبلكم مِن الفُرْقَةِ والاختِلاف، وأَخطأتُم سُنّةَ نَبِيِّكم حتَّى أَخْرَجتُموها مِن مَعدَنِها وأَهلها.

فقال عُمر: يا سَلمان، أَما إِذْ وبايعتَ، فقُل ما شِئتَ وافعل ما بَدا لك، وليَقُلْ صاحِبُك ما بَدا له. قال سَلمان: فقلتُ: سَمِعتُ رَسول الله صَلَّى الله عليه وآله يقول: «إِنَّ عليك وعلى صاحِبك الَّذي بايَعته مِثلَ ذُنوب أُمَّتِه إلى يَوم القِيامة، ومِثل عَذابِهم جَميعًا». فقال: قُلْ ما شِئت، أَلَيْس قد بايَعتَ ولم يقرّ اللهُ عينَيكَ بِأَنْ يَلِيها صاحِبُك. فقلتُ: أَشهدُ أَنِّي قد قَرأتُ في بعض كُتب الله المُنزلة أَنَّك بابٌ مِن أَبواب جَهَنَّم. فقال لِي: قُلْ ما شِئتَ، أَلَيس قد أَزالها الله عن أَهْلِ البَيتِ الَّذي اتَّخذتُموه أَربابًا مِن دونِ الله. فقُلتُ له: أَشهدُ أَنِّي سَمِعتُ رَسُول الله صَلَّى الله عليه وآله يَقُول، وسأَلته عن هذه الآية [فَيَوْمَئِذٍ لا يُعَذِّبُ عَذَابَهُ أَحَدٌ وَلا يُوثِقُ وَثَاقَهُ أَحَدٌ] فأَخبَرني بِأَنَّك أَنتَ هو. فقال عُمَر: أُسكُتْ أَسكَتَ اللهُ نامتك، أَيَّها العَبد يا ابن اللَّخناء! فقال عَلِيُّ أَمِير المُؤمنين صَلواتُ الله وسَلامُه عليه: أَقسمتُ عليك يا سَلمان لما سَكَتّ)[1].

استَعدَّ أَبُو بكر لِأَسْوأ الاحتِمالات في مراحل إِنفاذه لِعَقد (صَحِيفَة مكّة الثَّانِيَة)،

1- كتاب سُليم بن قيس (تحقيق الأنصاري) 90-80،594-584 /2. الاحتِجَاج 216-210 /1. انظر: مرآة العقول 319 /5 - 320. بحار الأنوار 200-197 /43،261-299-270-268 /28. العوالم 404-403-400 /11

وأَطلَقَ لِجُندِه بِزَعامة عُمر صَلاحِيَّة اقتِحام بَيتِ فاطِمة الزَّهراء صَلواتُ الله وسَلامُه عَليها وقَتلِها واعتِقال زَوجها عَلِيٍّ أَمِير المُؤمنين صَلواتُ الله وسَلامُه عليه وجَرّه مَخفورًا إِليه لِإِرْغامِه على البَيعَةِ وإِكْراهِهِ.

وفي إِثْر عَددٍ مِن الغارات الَّتي أَمَر أَبُو بَكْر بِشَنِّها على بَيتِ فاطِمَة صَلواتُ الله وسَلامُه عليها في حَذَرٍ شَدِيدٍ وخَوف المَواجَهة المُباشِرة مع عَلِيّ أَمِير المؤمنين صَلوات الله وسَلامُه عليه؛ قَطع أَبو بَكر في نَفسِه أَنَّ عَلِيًّا أَمير المؤمِنين صَلواتُ الله وسَلامُه عليه لَيْس مُستعدًّا لِلمُواجهَة المباشِرة، وأَنَّه مُلزَمٌ بِوَصِيّةٍ مِن أَخِيه وابنِ عَمِّه النَّبِيّ صَلَّى الله عليه وآله حيث قَضَت بِالصَّبر على ما سَيَحلّ بِبَيتِهِ وبِفاطِمَة صَلَوات الله وسَلامُه وبِشِيعَتِه.

فقد صَرَّح عَلِيٌّ أَمِير المؤمنين صَلواتُ الله وسَلامُه عليه لِعُمَر في ثَنايا هذه الغارات (لَولا كِتابٌ مِن الله سَبق وعَهدٌ عَهِدَه إِلَيّ رَسُول الله صَلَّى الله عليه وآله لَعَلِمتَ أَنَّكَ لا تَدْخُل بَيتِي) و(أَمَا والله لو قد وَقَعَ سَيفِي في يَدِي لَعلِمتُم أَنَّكُم لَنْ تَصِلوا إِلى هذا أَبدًا).

بَعث مَوقِف عَلِيّ أَمِير المؤمِنين صَلواتُ الله وسَلامه في نَفسِ أَبِي بَكر شَيئًا مِن الإِطْمِئنان على ما ذَهَب إِليه مِن قَرارٍ عاجِلٍ بِفرض البَيعَة على المُمتَنِعين عنها إِذْ لَيْس لِسَيف عَلِيٍّ أَمِير المؤمِنين صَلواتُ الله وسَلامُه مِن دَورٍ مُقاوِم، وأَنَّ أَهْل المَدِينَة اكتفوا أَمامَه بِالتَّفرّج على المُستجِد مِن الوَقائع الرَّاهنة ومِن غَير صدور رَدّة فِعْلٍ شَديدةٍ مِنهم إِزاء حادِثَتَي مَقتَلِ النَّبِيّ صَلَّى الله عليه وآله ثُمّ نَقضِ المُنقلِبين لِبَيعةِ الغَدِير والدَّعوة العامَّة الصَّادِرَة عنهم إِلى البَيعَةِ (الفَلْتَة) البَديلَة ثُمّ فَرْضِها عليه وعلى بَيتِ فاطِمَة بِالقُّوة والقَهر والإِكْراه. فإِنْ أَبدى عَلِيٌّ أَميرُ المُؤمنين صَلواتُ الله وسَلامُه عليه شَيئًا مِن المُقاومَة فَلِعُمَر وجُندِه مِن أَبِي بَكْر مُطلَق الصَّلاحِيَّة والتَّفويض بِإِحْراق بَيت فاطِمَة صَلواتُ الله وسَلامُه عليها ومَنْ فيه!

ولا يُستَبعَد عن الإِحتِمال قَولَ القائلِين بِأَنَّ اعتِماد أَبي بَكر لِخُطّة الغارات المُتعَدّدة في الهُجوم على بَيتِ فاطِمَة صَلواتُ الله وسَلامُه عليها إِنَّما جاء لاستِفزاز عَلِيٍّ أَمير

المؤمنين صَلواتُ الله وسَلامُه عليه ولِيَضمَن بِها الزَجَّ بِصاحِبِه عُمَرِ في مُغامرةٍ خاسِرَةٍ أَمام سَيف عَلِيٍّ أَمير المؤمنين صَلواتُ الله وسَلامُه عليه البَتّار. فعِندئذٍ يَكون أَبُو بكر هو الرَّابح مِن وراء تَعدّد الغارات وما يُسفِر عنها مِن مَقتَلٍ لِعُمر ما يَلِي:

ـ التَّخَلُّص مِن عُمر إذْ هُو نَظِيرُه المُشاغِب الدّائم منذ إنْفاذ عهد (صَحِيفَة مكّة الثّانِية)، وهو اللَّجُوج الَّذي طالما أَلَحَّ على أَبِي بَكر بِأَنْ يَفِي بَوعدِه الَّذي قطعه في يَوم السَّقِيفة ويُعَجِّل بَرِدِّ مَنصِب الخِلافَة إلى عُمَر، في حِين أَنَّ أَبا بَكْر أَراد الخِلافَة خالِصَةً لَه مِن دُون مُنافِسٍ ولا مُغالِبٍ فنكَص وأَخْلَف وَعدَه وأَخَلَّ بِه، ولم يَكُن يَرى في صاحِبِه عُمَر الأَهلِيَّة لِتَقمُّصِ الخِلافَة في حَياتِه ولا أَنْ يَتلَقَّاها مِنه بِوَصِيَّةٍ عند المَمات، ولِكنَّه سايَس عُمَر بِوَعدِه وسَوَّف وغامَر بِه عندما دَفَعه إلى حَدِّ سَيفِ عَلِيّ أَمِير المؤمنين صَلواتُ الله وسَلامُه عليه.

ـ فإِنْ استُفِزّ عَلِيٌّ أَمير المؤمِنين صَلواتُ الله وسَلامُه عليه وأَقدَم على قَتلِ عُمَر بِسَيفِهِ فإِنَّ التَّخَلّص مِن عَلِيٍّ أَمِير المؤمِنين صَلواتُ الله وسَلامُه بِطَلَبِ القِصاص لِدَم عُمَر يُصْبِح عَمَلًا مَشرُوعًا في القَبائل. ورُبَما ابْتَز أَبُو بَكر عَلِيًّا أَمير المؤمنين صَلواتُ الله وسَلامُه عليه فانْتَزعَ منه البَيعة انتزاعًا لِقاء صُدور أَمْرٍ بِالعفوِ عنه!

نَفد صَبرُ أَبِي بَكْر ولم يُقْتَل عُمَر ولا عَلِيٌّ صَلواتُ الله وسَلامُه عليه في هذه الغارات، ولا بُدَّ أَنْ تَتِمَّ البَيعةُ المُطلقة بِأَيِّ شَكْلٍ مِن الضَّغط وبِأَيِّ طَرِيقة مِن الحَرب حتَّى يَجرِي الإِعْلان عن الخَلِيفة بِالإِجْماع مِن غَير مانِعٍ أَو حَرجٍ. فَفِي عُنقِ النَّاس بَيعةٌ لِعَلِيّ أَمِير المُؤمِنين صَلواتُ الله وسَلامُه عليه مُنذ يَومِ الغَدِير ولم يَمْضِ عليها غير أَقَلّ مِن نِصف عام، ولم تَنكُل فاطِمَةُ الزَّهراء صَلواتُ الله وسَلامُه عليها في طَلَبِ حَقّ الوَلايَة لِبَعلِها صَلواتُ الله وسَلامُه عليه، وظَلَّت مُتمسِّكة بِهِ مِن بَعد أَبِيها صَلَّى الله عليه وآله، وقد أَمْسَى بَيتُها ومَن فِيه يَنتَظِران مَصِيرًا مَجهولًا في تَقدِير أَهْل المَدِينَة ومَكّة.

امتنعَ عَلِيٌّ أَمِيرُ المؤمنين صَلواتُ الله وسَلامُه عليه عن بَيعةِ أَبِي بَكْر في مُدَّةٍ مقدارها سِتَّة أَشْهر، وهي مدّة تَكفِي لِإلقاء الحُجَّة على كُلِّ مَن شَهِدَ إِتمام النِّعمةِ وكَمالِ

الدِّين على لِسَان رَسُول الله صَلَّى الله عليه وآله بِوَلايَته صَلواتُ الله وسَلامُه عليه في مَواطن كَثِيرة، وعلى كُلِّ مَن بَايَع رَسُول الله صَلَّى الله عليه وآله عليها في يَوم الغَدِير المَشْهود على وَجْهٍ أَخص.

كانَتْ المُدَّةُ هذه كافِية لِيَعْلَمَ القاصِي والدَّاني عن تَفاصِيل الانْقلاب على الأَعْقاب وعَن رَفض بَيت فاطِمَة صَلواتُ الله وسَلامُه عليها مُبايَعة المُنقلَبِين، كما أَنَّها كافِية لإِحاطَةِ المُسلِمِين كافّة بِتَفاصِيل الغَارات الرَّعْناء وبإِجراءات فَرض البَيعَة على بَيتِ فاطِمَة صَلواتُ الله وسَلامُه عليها بِالقُّوة، حتَّى قَضتَ فاطِمةُ الزَّهراء صَلوات الله وسَلامُه عليها شَهِيدةً مقتولةً بِأَوامر الخَلِيفة أَبِي بَكْر، ثُمّ أُكْرِهَ عَلِيٌّ أَمِير المُؤمنين صَلواتُ الله وسَلامُه عليه وشِيعَتُه على البَيعةِ تَحت حَدِّ السّيف.

في إِثْر رَحِيل فاطِمة صَلواتُ الله وسَلامُه عليها وإِصرار المُنقلِبِين على أَخذ البَيعة مِن عَلِيٍّ أَمِير المُؤمنين صَلواتُ الله وسَلامُه عليه بالإِكْراه؛ فُرَض أَبُو بكر عَلى (شِيعَةِ عَليّ) وعلى أَهْلِ بَيت عَلِيّ صَلواتُ الله وسَلامُه عليه طوقًا سِياسِيًّا وحصارًا اجْتِماعِيًّا، ومَنَعَهُم مِن حُقوقِهم العامَّة.

وفي هذه الأَثْناء لم يَتخَلَّ أَبُو سُفيان عن مَكْرِهِ ودَهائه لِلإِيقاع بِعَلِيٍّ أَمِير المؤمنين صَلواتُ الله وسَلامُه عليه وقَتلِه، فاجتَهدَ في استِغلال الظُّروف الرَّاهِنَة الصَّعبَة لإِثارَةِ فِتْنةٍ تُوجِب على أَبِي بَكر إِقامَةَ الحَدِّ على عَلِيٍّ صَلواتُ الله وسَلامُه عليه وقَتلِه بِصِفَةٍ (شَرعِيَّةٍ)، وذلك بافْتِعال تَحالُفٍ سِرِّيٍّ يَزجّ بِاسم عَلِيٍّ أَمِير المُؤمنين صَلواتُ الله وسَلامُه عليه في غَمَراتِهِ ويَقضي بِالتَّواطؤ على تَنحِيةِ الخَلِيفَة أَبِي بَكر مِن سُدّة الخِلافَة، ثُمَّ يُتبع أَبُو سُفيان ذلك بِوشايَةٍ سَريعةٍ يَمْشِي بها إِلى حَلِيفه الخَلِيفَة أَبِي بَكر، فتَخلُو المَدينةُ بِذَلِك مِن وُجودٍ لِعَلِيٍّ أَمِير المُؤمنين صَلواتُ الله وسَلامه عليه، ويَكُون مِن السَّهْل حِينئذٍ على أَبِي سُفيان تَعزِيز دَور عُثْمان في المُنقلِبين على الأَعْقاب وضَمان تَسلُّمِه لِلخِلافَةِ وجَعل فتح وَلايَة الشَّام وحُكمِها مِن حِصَّةِ الأُموِيِّين الدّائمة.

فهَرع أَبُو سُفيان لِتَهيئة المُقدِّمات المُتعلِّقَة بِالتَّحالُف الجَدِيد، واقتَرب مِن عَلِيٍّ

أَمِير المُؤمنين صَلواتُ الله وسَلامُه عليه، وقال له (أَنّي أَرى عَجاجَةً لا يُطفئها إِلَّا دَم. يا آل عبد مَناف، فِيمَ أَبُو بَكر مِن أُمُورِكُم؟ أين المُستضْعَفان؟ أَيْنَ الأَذِلان عَلِيّ والعَبَّاس؟ ما بال هذا الأَمر في أَقَلّ حَيٍّ مِن قُريش؟! ويَعنِي بِه حَيّ بَنِي تَيم أَذَلّ أَذِلّاء مكَّة وأَرْذَلِ أَراذلها.

فقال عَلِيٌّ أَمِير المُؤمنين صَلواتُ الله وسَلامُه عليه: والله ما أَردتَ إِلَّا الفِتنَةَ، وإِنَّك والله طالما بَغيتَ لِلإسلام شَرًّا، لا حاجة لَنا فِي نَصِيحتك)[1].

ولَو دَخلَ عَلِيٌّ أَمير المؤمنين صَلواتُ الله وسَلامُه عليه في مُواجَهةٍ مُباشرةٍ في الضِّدّ مِن تَحالُف أَقطاب (صَحِيفة مكّة الثَّانية) في إِثْر إِعلان بَيعَةِ السَّقِيفة أَو أَثناء اقتِحام عُمَر لِبَيت فاطِمَة صَلواتُ الله وسَلامُه عليها بِالجُند أَو دَخَل حَلِيفًا مع الأَمَوِيّين لِتَنفيذِ انْقلابٍ على خِلافَةِ أَبِي بَكر، لَنَشَبت فِتْنَةٌ يكون فيها مُرادُ أَبِي سُفيان وحِزب الأُموِيّين قد تَحقّق حيث أَنَّ انْتِزاع الخِلافَة مِن أَبِي بَكر وتَحالُفِه لَيْس بِالأَمْر الصَّعب العَسير المُكلِف في غَمرةِ فِتْنَةٍ تَعصِف بِالخِلافَة.

رَفضَ عَلِيٌّ أَمِير المُؤمنين صَلواتُ الله وسَلامُه عليه تَقدِيم البَيعة لِكُلٍّ مِن أَبِي بَكر وعُمَر بِشَكل مُطلَق. وذَكَر والِي الشَّام مُعاوِيَة مُلابَسات هذا الرَّفض في مَشهدٍ أَمَوِيٍّ لافِت، إِذْ بَعث بِكتابِه إِلى عَلِيٍّ أَمِير المُؤمنين صَلواتُ الله وسَلامُه عليه في مَرحلة خِلافَتِه بَعد مَقتل عُثمان بن عَفّان، قال فيه (ومِن قَبْل ذلك ما عيَّبت خَلِيفَتَيّ رَسُول الله صَلَّى الله عليه وآله أَيَّام حَياتِهما، فقَعَدتَ عنهما، وأَلَّبْتَ عليهما، وامتَنعتَ مِن بَيعَتِهما)[2]. وأَضاف (وإِبطاؤك عن الخُلفاء وأَنْتَ في كُلِّ ذلك تُقاد كما يُقاد البَعِير المَخشوش حتَّى تُبايع وأَنْتَ تَكره)[3]. فأَجابَ عَلِيٌّ أَمِير المُؤمنين صَلواتُ الله عليه بِقَولِه (وذَكرتَ حَسَدِي الخُلفاء وإِبطائي عنهم وبَغيِي عليهم.. فأَمَّا البَغْي فمَعاذ الله أَنْ

1 - الكامل، ابن الأثير 326/ 2

2 - شرح النّهج، ابن أبي الحديد 201/ 4. جمهرة رسائل العرب 417/ 1

3 - العقد الفريد 33/ 2. صبح الأعشى، أبو العبّاس القلقشندي 1/ 28. شرح نهج البلاغة، ابن أبي الحديد 3/ 407. جمهرة رسائل العرب 1/ 437. إحقاق الحق، التُّستري 2/ -368 369

يكون، فإمَّا الإبطاء عنهم والكَراهِيّة لِأَمْرِهِم فلَستُ أَعتذِر إلى النَّاس مِن ذلك، أنَّ الله تعالى ذَكره لمّا قَبض نَبيَّه صَلَّى الله عليه وآله قالَت قُريش: مِنَّا أَمِير، وقالت الأَنْصارُ مِنَّا أَمير. فقالَت قُريش: مِنَّا مُحمَّد فنَحنُ أَحَقّ بِالأَمر. فعَرَفَتْ ذلك الأنصارُ فسَلَّمَت لَهم الوَلايَة والسُّلطان. فإذا استَحَقُّوها بِمُحَمَّد صَلَّى الله عليه وآله دُون الأَنْصار فَإِنَّ أَوْلى النَّاس بِمُحمَّد أَحقُّ به مِنهُم. وإلّا فإنَّ الأَنْصار أَعظَمُ العَربِ فِيها نَصِيبًا ولا أَدري أَصحابِي سَلموا مِن أَنْ يكونوا حَقِّي أَخذوا أَو الأنصار ظلموا، بَلْ عَرفت أَنَّ حقِّي هو المأخوذ وقد تركته لهم، تَجاوزَ الله عنهم)[1].

لمّا فَشل أَقطابُ (صَحِّيفة مكّة الثَّانِيَة) وحُلفاؤهم في أَخذِ البَّيعةِ الشَّرعِيَّةِ التَّامَّة والصَّريحة مِن عَلِيٍّ أَمِير المُؤمنين صَلواتُ الله وسَلامُه عليه؛ دَفَع أَبُو بَكر بِأَعوانِهِ ومَن شارَكه في إِدارة نِظام خِلافَتِه إلى العَمل على تَفتيتِ مَوقِف المُخالِفين لِلبَيعةِ مِن بَنِي هاشِم، وذلك بِكَسبِ رِضا بَعضهم واستِمالَةِ البَعض الآخر وضَمِّهم إلى حاشِيَته وبِطانَتِه. فجَعل لِلعبَّاس (ت3هـ) عَمّ النَّبيّ صَلّى الله عليه وآله مِثلَما جَعل لِأَبي سُفيان مِن نَصِيب فِي الخِلافَة، وضَمَّهُ إلى صَفِّه بَعد أَنْ أَخذ البَيعة منه.

فَقِيل (الرَّأي يا أَبا بَكر أَنْ تَلقَوا العَبَّاس فتَجعَلُوا له فِي هذه الأَمْر نَصِيبًا يكون له ولِعَقِبه، وتَكون لَكُما الحُجَّةُ على عَلِيٍّ وبَنِي هاشِم إذا كان العبَّاسُ معكم. فانطَلَقَ أَبُو بكر وعُمر وأَبُو عُبيدة والمُغيرة حتَّى دَخلوا على العَبَّاس. فقال أَبُو بكر: فمَنَّ اللُّه تَعالى بِمَقامِه «النَّبيّ صَلَّى الله عليه وآله» بين أَظهُرنا حتَّى اختار له الله ما عنده، فخَلَّى على النَّاس أَمرَهُم لِيَختاروا لِأَنفُسِهم في مَصلَحتِهم، مُتَّفِقين غير مُختلِفين. فاختارُوني عَليهم وَالِيًا، ولِأُمورِهم راعِيًا، فولِّيت ذلك وما أَخاف بِعَون الله وتَسدِيده وهْنًا ولا حِيرةً ولا جُبنًا وما تَوفِيقي إِلّا بالله عليه تَوكَّلتُ وإليه أُنِيب. وما انفَكَّ يُبلغني عن طاعنٍ يَطعن بِخِلاف ما اجتَمعَت عليه عامَّةُ المُسلمين، ويَتَّخِذكم لجًا، فتكونُون حِصنَه المَنِيع، فإمَّا دَخلتُم فيما دَخل فيه العامَّة أَو دَفعتمُوهم عَمّا مالوا إليه. وقد جِئناك ونحن

1 – العقد الفريد 234/ 2. شرح النّهج. ابن أبي الحديد 408/ 3. نهج البلاغة 6/ 2. جمهرة رسائل العرب 442/ 1

نُريد أَنْ نَجعلَ لَك في هذا الأَمر نَصِيبًا يكونُ لَك ولِعَقبك مِن بَعدِك إِذْ كنتَ عَمَّ رَسُولِ الله. وإِنْ كان النَّاسُ قد رأوا مَكانَك ومَكان صاحِبِك فعَدَلوا الأَمر عنكُم على رَسلكم بَنِي هاشِم، فإِنَّ رَسُول الله مِنَّا ومِنكم. وقال عُمر: وأُخرى إِنَّا لم نَأْتِكم لِحاجَةٍ إِليكم، ولكِن كرهًا أَنْ يكونَ الطَّعنُ في ما اجتَمع عليه المُسلِمون مِنكم فيتفاقَم الخَطبُ بِكُم وبِهم، فانْظروا لِأَنفسِكم.

فقال العباسُ: فإِنْ كنتَ بِرَسُول الله طلبتَ فحَقُّنا أَخَذت، وإِنْ كنتَ بِالمؤمنين طَلبت فنحنُ مِنهم مُتقدِّمون فيهم، وإِنْ كان هذا الأَمرُ إِنَّما يَجِب لَك بِالمؤمنين فما وَجبَ إِذْ كُنَّا كارِهين، فإِمَّا ما بَذلت لنا فإِنْ يكُن حَقًّا لك فلا حاجةَ لنا فيه، وإِنْ يكُن حقًّا لِلمُؤمِنين فلَيس لَك أَنْ تَحكُم عليهم، وإِنْ كان حَقَّنا لم نَرضَ عنك فِيه بِبَعض دُون بَعض)[1].

وهكذا مَضى الأَمرُ في مدَّةِ سِتَّةِ شُهور مِن بَيعة أَبِي بكر وعَلِيٌّ أَمير المُؤمنين صَلواتُ الله وسَلامُه عليه لم يُبايع (ثُمَّ أَنَّهما «أَبا بَكر وعُمر» دَعواه إلى بَيعتِهما فأَبْطأ عنْهما وتَلَكّأ عليهما، فهَمّا بِه الهُمومَ، وأَرادوا به العَظيم)[2].

فلَمّا استُشهِدت فاطِمة صَلواتُ الله وسَلامُه عليها وعَمل عَلِيٌّ أَميرُ المُؤمنين صَلواتُ الله وسَلامُه عليه بِوَصِيَّتِها وشيَّعها وحَجب عن أَبِي بَكر ورَهطه المُشاركة في التَّشْيِيع ودَفنَها لَيلًا؛ انْصرَفَ مَن تَبقَّى مِن النَّاس عن عَلِيٍّ أَمِير المُؤمِنين صَلواتُ الله وسَلامُه عليه، ومِنْهم مَن نَدم على بَيعتِه لِأَبِي بكر، ومِنهم مَن ارتَدّ عن الإسلام عَقِب وقوع الانْقلاب بِفَوضى السَّقِيفة ومِنهم مَن طَمَع فِيه بادِّعاء نُبوَّةٍ جَدِيدة، ومِنهم مَن حارَب الإسلام وأَلَّبَ القَبائل والدُّول في الضِّدّ منه، حتَّى قِيل أَنَّ أَبا بَكر صالَح عَلِيًّا صَلواتُ الله وسَلامُه عليه على أَنْ يُقدِّم المَشورةَ والنُّصْحَ له في مُعالجة الفَوضَى الَّتي عَمّت شئون الخِلافَة. ولكِنَّ عَلِيًّا صَلواتُ الله وسَلامُه عليه لم يُبايِع أَبا بَكر مُطلقًا على

1- شرح نهج البلاغة، ابن أبي الحديد 220 /1

2- مروجُ الذّهب، المسعودي 12 /3، رسالة معاوية إلى محمّد بن الحنفيّة

الرَّغْم مِن الضُّغوط المستَمِرّة الَّتي وَصَلت ذُروتها بِهَتكِ حُرمَةِ بيت فاطِمة صَلواتُ الله وسَلامُه عليه وإِحراقِه و(إسقاط جَنِينها المُحْسِن) وقَتلها والتَّهديد بِقَتله صَلواتُ الله وسَلامُه عليه بِالسَّيف في مَسجد رَسُول الله صَلَّى الله عليه وآله. ولم يَحضُر لهم جُمعةً ولا جماعةً، ولم يُبايع ساعةً قطّ)[1].

انْشَغل عليٌّ أَمِير المُؤمِنين صَلواتُ الله وسَلامُه عليه مِن بَعد دَفنِ رَسُول الله صَلَّى عليه وآله بِهُموم سَيِّدة نِساء العالَمِين فاطِمَة الزَّهراء صَلواتُ الله وسَلامُه عليها، ورُوِي (أَنَّها ما زالَت بَعد أَبِيها مُعصبةَ الرَّأس، ناحِلةَ الجِسم، منهدّة الرُّكن، باكِيَةَ العَين، مُحتَرِقَةَ القَلب، يُغشَى عليها ساعةً بَعد ساعَة، وتَقول لِوَلَديها «أين أَبُوكما الَّذي كان يُكرِمَكُما ويَحمَلَكُما مَرّة بعد مَرّة، أَينَ أَبُوكُما الَّذي كان أَشدّ النَّاس شَفَقةً عليكما فلا يَدعكُما تَمشيان على الأَرْض ولا أَراه يَفتح هذا البابَ أَبدًا ولا يَحملكُما على عاتِقِه كما لم يَزل يَفعل بِكُما)[2] . وازداد هَمًّا بِدَفنِها، وأَخذَ يَشكو الأَمْر لِأَخِيه رَسُول الله صَلَّى الله عليه وآله ويَقُول (السَّلام عَليكَ يا رَسُول الله عَنِّي وعن ابْنَتِك النَّازِلَة في جِوارك والسَّريعة اللَّحاق بِكَ.. قَلَّ يا رَسُول الله عن صَفِيَّتِك صَبري، ورَقّ عنها تَجلُّدِي. إِلّا أَنَّ لِي في التَّأَسِّي بِعَظِيم فرقَتِك وفادِح مُصِيبَتِك مَوضِع تعز. فلَقد وسَّدتُك في مَلحُودَةِ قَبرِك، وفاضَت بَين نَحرِي وصَدرِي نَفسُك. إِنّا لله وإِنّا إِليه راجِعُون. فلَقَد اسْتَرجَعت الوَدِيعَة، وأَخذت الرَّهِينة. أَمّا حُزْني فسَرْمَد، وأَمّا لَيلِي فمُسَهَّد، إِلى أَنْ يَختار اللهُ لِي دارَكَ الَّتِي أَنْتَ بها مُقِيم. وستُنَبِّئك ابْنتُك بِتَضافُر أُمَّتِك على هَضْمِها فأَحْفِّها السُّؤال واستَخْبِرها الحال. هذا ولَمْ يطل العَهد ولَمْ يَخلُ مِنك الذِّكر. والسَّلام عَليكُما سَلام مُودِّع لا قالٍ ولا سَئِم. فإِنْ أَنْصَرِف فَلا عن مَلالَة. وإِنْ أَقِم فَلا عن سُوء ظَنٍّ بِما وَعَد الله الصَّابِرين)[3].

لقد هَمّوا بِه الهُمُوم. ومع عَظِيم ما لاقاه عَليٌّ أَمِير المُؤمِنين صَلواتُ الله وسَلامُه

---

1 - سِير أعلام النّبلاء، الذّهبي 284/ 9

2 - بيت الأحزان ، الشيخ عباس القمي 166

3 - نهج البلاغة ، الشريف الرضي 182/ 2

عليه مِن أَلَم لِفِراق أَخِيه صَلَّى الله عليه وآله ومَقتَل زَوجِهِ صَلواتُ الله وسَلامُه عليها وخِذلان النَّاصِر؛ لم يُبايع.

ومِمَّا أَكَّد على أَنَّ عَلِيًّا أَمير المؤمنين صَلواتُ الله وسَلامُه عليه لم يُبايع أَلبَتَّه، أَنَّه (لَيس يَخلو تَأَخُّره مِن أَنْ يكون هدى وتَركُه ضَلالًا، ويكون ضَلالًا وتَركُه هُدى وصوابًا، أَو يكون صَوابًا وتركه صَوابًا، أَو يكون خَطأ وتركه خَطأ. فلَو أَنَّ التَّأخر ضَلالًا وباطِلًا لكان أَمِيرُ المُؤمنين صَلواتُ الله وسَلامُه عليه قد ضَلَّ بَعد النَّبِيّ صَلَّى الله عليه وآله بِتَركه الهُدى الَّذي كان يَجبُ المَصِير إليه. وقد أَجمعت الأُمَّة على أَنَّ عَلِيًّا أَمِير المؤمنين صَلواتُ الله وسَلامُه عليه لم يَقَع مِنه ضَلالٌ بَعد النَّبِيّ صَلَّى الله عليه وآله ولا في طُول زمان أَبِي بَكر وأَيَّام عُمَر وعُثمان، وبطلَ أَنْ يكون تَأَخُّرُه عن بَيعة أَبِي بَكر ضَلالًا. وقد كانت النَّاصِبة غافِلة عن هذا الاستِخراج في مُوافَقَتِها على أَنَّ أَمِير المُؤمنين صَلواتُ الله وسَلامُه عليه تَأَخَّر عن البَيعة وَقْتٍ ما، ولو فطَنَت له لَسَبقت بالخِلاف فيه عن الإجْماع وما أَبعد أَنَّهم سيَرتكِبون ذلك إِذا وَقَفوا على هذا الكلام[1]، وهُو يَقول صَلواتُ الله وسَلامُه عليه: «فأَمسَكتُ يدَيَّ حتَّى رأيتُ راجِعَةَ النَّاس قد رَجَعت عن الإسْلام، يَدعون إِلى مَحقِّ دِين مُحمَّد صَلَّى الله **عليه** وآله. فخَشِيتُ إِنْ لم أَنصُر الإسلام وأَهلَه أَنْ أَرى فيه ثلمًا أَو هدمًا تكون المُصيبةُ به عَلَيَّ أَعظَمَ مِن فَوت وَلايَتِكم هذه»)[2].

مِن جهتِه اعتَرفَ أَبُو بكر بِإصداره الأوامر لاقتحام بَيت فاطِمة صَلواتُ الله وسَلامُه عليه مِن دُون إِذنٍ منها أَو إِذنٍ مِن عَلِيٍّ أَمِير المُؤمنين صَلواتُ الله وسَلامُه عليه، وأَنَّ مَسئولِيَّةَ الاقتِحام الشَّرعِيَّة والأخلاقِيَّة تَعلَّقت بِذِمَّتِه، ولكِنَّه في مَرضِه الَّذي ماتَ فيه لم يَقتَرِب إِلى النَّدَم على فَعْلَتِه الَّتي فَعَل. فإِنْ صَرَّح بِالقول (إِمَّا إِنِّي لا آسَى على شَيءٍ في الدُّنيا إِلَّا على ثَلاث فعَلتهُنّ ودَدت أَنِّي لم أَفعلْهُنّ.. فأَمَّا الثَّلاث الَّتي

1- الفصول المختارة، المفيد 58. انظر: الطّبري 338/ 2. شرح نهج البلاغة، ابن أبي الحديد 122/ 1. ابن الأثير 2/126

2- انظر: نهج البلاغة، محمّد عبده 119/ 3. بحار الأنوار 597-596/ 33. شرح نهج البلاغة، ابن أبي الحديد 17/151

فَعَلتها فوَددتُ أَنِّي لم أَكشِف عن بَيت فاطِمة وتَركته ولو أَغلَق على حرب، ولَيتَنِي لم أُفَتِّش بَيت فاطِمة بِنت رَسُول الله وأدخله الرِّجال ولو أَغلق على حَرب، ولَيت أُمِّي لم تَلدنِ)[1]؛ فإِنَّ هذه الأَقوال ونظائرُها لم تَعبِّر عن نَدم أَبِي بَكر لِما فَعل في حَقِّ عَلِيٍّ وفاطِمة صَلوات الله وسَلامُه عليهما وفي حقّ بَيتٍ أَذهب اللهُ عنه الرِّجْس وطَهَّره تَطهيرًا، وإِنَّما هي أَقولٌ بِأُمنِيات عَبّرت عن إِقراره بِفَعْلَته الَّتي فَعل وحَسْب. ولو نَدم حقًّا على ما فَعل لَخَلَّف الأَمرَ مِن بَعدِه لِعَلِيّ أَمير المؤمنين صَلواتُ الله وسَلامه عليه في فَترة مَرضِه أَو رَدّ له حُقوقَه وحُقوقَ فاطِمَة صَلواتُ الله وسَلامُه عليها في مَرَضِهِ قَبل مَوتِه وكَتَب كِتابًا أَو وَصِيَّةً بذلك .. وأَخِيرًا مَضى بَعد أَنْ عاجَلَه حَلِيفُه عُمَر بِالموت لِيَستكْمِل عُمر مَسيرتَه ويُمَثّل يَدَه الباطِشَة في غَيبَتِه.

سُجِّل على أَبِي بَكر ـ حتَّى آخر لَحظة مِن حَياتِه ـ اعترافُه بِفَشلِه في قِيادة الخِلافَة مُجرَّدَة مِن تَبعات تَزعُّمِه لِلانْقِلاب على وصِيَّةِ النَّبِيّ صَلَّى الله عليه وآله، ونَقْضِه لِوَلايَة عَلِيٍّ أَمِير المُؤمنين صَلواتُ الله وسَلامُه عليه، ونكثِه لِبَيعة يَوم الغدِير، وإِكراه مُجتَمعَي مَكَّة والمَدِينة على خَوض سياسَةِ (الحَرب) وتَأمِين مَنصب الخِلافَة بِحِراسَة (اتِّجاه أَهل العامَّة). وقال (قُلِّدتُ أَمرًا عَظِيمًا ما لِي به طاقَةٌ ولا يَدٌ، وأَنَّ بَيعَتِي كانَت فَلْتَة وَقَى اللهُ شرَّها، ووَدَتُ أَنِّي يَوم سَقِيفة بَنِي ساعِدة كُنْتُ قَذفتُ الأَمْرَ في عُنُق أَحد الرَّجُلَين فكان أَميرًا وكُنْتُ وزِيرًا، ووَدَتُ أَنِّي خُضرة تَأكُلنِي الدَّواب، ولَيتَنِي كُنْتُ بَعَرَة ولَيتَنِي كُنْتُ عَذِرَة، وتَركتُموني وما أَنا فيه. لا حاجة لِي في بَيعتِكم، أَقِيلونِي بَيعَتِي)[2].

وماتَ أَبُو بَكر أَو قُتِل مِن غير أَنْ يُعالج أُمورًا خَطِيرة كانَت مُعلَّقة في فَترة خِلافَتِه وهو يَعلَم أَنَّها تُولِّد المَزِيد مِن الأَزمات الدَّاخِليّة بين كُبراء الصَّحابة وتَخلق المَزِيد مِن المَواقِف المُضادَّة لِلخِلافَة ورَئيسَها:

ـ لم يَكُن كبراء الصَّحابة راغِبين في تَعيين عُمَر خَلِيفة مِن بَعدِه لكِنَّه لم يَتَّخِذ قرارًا

1 - الطّبري 619/ 2. كنز العمال 135/ 3. تأريخ الذّهبي 388/ 1. بحار الأنوار 204/ 43

2 - الإمامة والسّياسة، ابن قتيبة 16-14/ 1. شرح نهج البلاغة ابن أبي الحديد 47/ 6. تأريخ الخلفاء، السّيوطي 104

عَلنيًّا حاسمًا في ذلك حتَّى أَردَكهُ الموتُ أَو قُتِل ولم يُعيِّن بَدِيلا عنه.

ـ لم يَدعُ إِلى تَصحِيح الأَوْضاع النَّاجمة عن نَقضِهِ لِبَيعة الغَدِير، وأَبقى عليها. في حِين أَنَّ الاستِياء مِن هذه الفَعلَة الَّتي فَعل بدا ظاهِرًا في بَعض فئات مُجَتمعي مَكَّة والمَدِينة.

ـ لم يُبادر إِلى إِعادة حَقِّ فَاطِمة صَلواتُ الله وسَلامُه عليها في إِرثِها مِن فَدك حتَّى اللَّحظة الأَخِيرة مِن حَياته وإِنّما جعلَه وَسِيلَة مِن وَسائل الضَّغط.

ـ فَشَل في الحَدِّ مِن النُّفوذ الأُمَوي حتَّى أَجْهز عليه عُثمان بن عَفَّان بِتَدبيرٍ مُشتَركٍ بين عُمر والأُمَوِيِّين.

ـ ولا مِن دَلِيل على نَدَمِ أَبي بَكر إِزاء فَلتَتِهِ والانْقلاب على الأَعْقاب. ولو نَدِم لكانَت الفَضِيحة أَدْهَى وأَمرّ في صُفوف مَن بَقِيَ مِن مُتعهِّدي (صَحِيفَة مكّة الثَّانية).

ـ لم يَنتَقِل بِالخِلافَة مِن الاعتِمادُ الكُلّي على (مَذْهَب الرَّأي) إِلى اعتِماد الثَّقلَين.

إِنَّ اغتصابَ أَرْض فَدك والسَّطو عليها والحَجْر عليها كان مِن بين الأَزَمات الكُبرى الَّتي وَصَفها مُعاوِيَة في رِسالَتِه لِمُحمّد بن الحَنفِيَّة بِالهُموم الَّتي يُراد بها إِنْهاك عَلِيٍّ أَمِير المُؤمنين صَلوات الله وسَلامُه عليه وصَرفه عن الفِكْرَةِ في استِعادة حَقِّه في الوَلايَة والتَّمهِيد إِلى قَتلِه غِيلة (فهَمَّا «أَبُو بكر وعُمَر»به»بِعَلِيّ صَلواتُ الله وسَلامُه عليه الهُمُوم) قَبل أَنْ يُرِيدا به (العَظِيم) القَتل. فَطلبا بِغَصْبِهما لِفَدك أَنْ يُكثِرا عَلى بَيت عَلِيٍّ أَمير المؤمنين صَلواتُ الله وسَلامُه الهُمُوم. فرَدَّت فاطِمةُ عليهما بِكَشف عظِيم الخَطب بِما طالَبَت به مِن حقٍّ لها في أرض فَدك وَإِرثٍ لها مِن أَبِيها صَلَّى الله عليه وآله، وأَظهرت لِلنَّاس خُطورَةِ نُكوص كُبراء الصَّحابة على الأَعْقاب وحَجْمَ فَسادهم ومَداهما في دِين المُغتَصِبين وعَمِلِهم.

ولم يَزل أَبُو بكر مُتمسِّكا بِمَواقِفه مِن عَليٍّ أَمير المؤمنين صَلواتُ الله وسَلامُه عليه ومِن إِرْثِ فاطِمة صَلواتُ الله وسَلامُه عليها حتَّى مرِضَ ودَنَتْ ساعَةُ وَفاتِه، وقد

عزم على تَرحِيل أَمْر اغْتِصاب إِرْث فاطِمَة صَلواتُ الله وسَلامُه عليها إلى مَن يَختاره خَليفَة مِن بَعده بِوَصِيَّة يُوصِي بها، ولم يَكد يَفعل ذلك حتَّى انْتَزعَ عُمَر الخِلافَة منه انتزاعًا في قِصّةٍ مُثِيرةٍ.

يُمكِن الجَزم بِأَنَّ أَبا بَكر لم يَنْدَم لِفَعْلَتِه الَّتي فَعَل ولا لِفَلتَتِهِ على الرَّغْم مِن إِصْرار فاطِمة صَلواتُ الله وسَلامُه على اسْتِرداد حقِّها في مِيراثِها مِن أَبِيها، ولم تَتراجَع أَمامَه وهو الخَلِيفَة الَّذي أَقَرّ لِعُمر فَعْلَتَه بِإِحْراق بابِها واقتِحام بَيتِها وضَرْبِها ووَكزها بِمَقدم السَّيف وجَلدِهَا بِالسَّوط وعَصرها بين الجِدار والبَاب وغَرس مِسمار الباب في صَدرها وإِسقاط جَنِينها وحَثِّ الجُنودِ على شَتْمِها وهَدْمِ بَيتِها على رُؤوس مَن فِيه.

أَصَرَّ أَبُو بكر في مَرَضِهِ على رَفْض كُلّ الحُجَج الَّتي ساقَتها فاطِمة صَلواتُ الله وسَلامُه عليها إِليه في شَأن حَقِّها في فَدك، ورَدَّ أَبُو بَكر طلبَها عندما ما جاء بِها عَلِيٌّ أَمِير المُؤمنين صَلواتُ الله وسَلامه عليه إِلى المَسجِد في مَحضر مِن المُهاجرين والأَنْصار. فقالَت لِأَبِي بَكر:

لِمَ تَمنَعنِ مِيراثِي مِن أَبِي رَسُول الله صَلَّى الله عليه وآله، وأَخرَجْتَ وَكِيلي مِن فَدك وقد جَعلها لِي رَسُول الله صَلَّى الله عليه وآله بِأَمْر الله تَعالى؟! فقال: هاتِي على ذلك بِشُهود. فجاءت بِأُمِّ أَيمَن. فقالت له أُمُّ أَيمَن: لا أَشهَد يا أَبا بَكر حتَّى أَحتَجَّ عَليك بِما قال رَسُول الله صَلَّى الله عليه وآله. أُنشِدُك بِالله، أَلست تَعْلَم أَنَّ رَسُول الله صَلَّى الله عليه وآله قال: «أُمُّ أَيمَن امرأةٌ مِن أَهْل الجَنَّة»؟! فقال: بَلَى. قالَت: فاشهَدُ أَنَّ الله عَزَّ وَجَلَّ أَوحَى إِلى رَسُول الله صَلَّى الله عليه وآله [فآتِ ذا القُرْبَى حَقَّه] فجَعل فَدَكًا لها طعمة بِأَمره عَزَّ وجَلّ.

فجاء عَلِيٌّ أَمِير المؤمنين صَلواتُ الله وسَلامُه عليه فشَهِد بِمِثل ذلك. فكَتَب «أَبُو بَكر» لَها كِتابًا ودَفعهُ إِليها. فدَخَل عُمَر فقال: ما هذا الكِتاب؟! فقال: إِنَّ فاطِمة ادَّعَت في فَدك، وشَهد لها أُمُّ أَيمن وعَلِيٌّ فكتَبْته لَها. فأَخذ عُمَر الكِتاب مِن فاطِمة فتَفَلَ فِيه ومَزَّقَه.

فخَرَجت فاطِمة صَلواتُ الله وسَلامُه عليها تَبكي)[1]، والخَلِيفةُ ذُو السِّيادَة بإزاء هذا المَوقف هو أَبُو بَكر ولَيْس عُمَر، وهُو صاحِب الأَمْر والنَّهي، لكنَّه لَم يَتدخَّل لِتَصحِيح المَوقِف أَو اتِّخاذ إِجراء رَادع لِفَعْلَةِ عُمَر أَو مُعاقَبَته على خَرقِ سيادَة الخَلِيفة وعلى نَقضِهِ لِكتاب المِلْكيّة الصَّادر بِأَمره وتَمزِيقِهِ، أَو حتَّى السَّعي لِلإقرار بِمُلكِ الزَّهراء صَلوات الله وسَلامُه عليها لِفَدك بَعد واقِعَة تَمزيق عُمَر لِلكِتاب حتَّى يَوم هلاكه.

وقَد دعاه عَلِيٌّ أَمِير المُؤمِنين صَلواتُ الله وسَلامُه عليه إِلى الإِقْرار بِـ(ما في اليَد) في المَرّة الأُخرى فلَمْ يَستَجِب، وأَصَرّ على مَنعِ فاطِمَة صَلواتُ الله وسَلامُه عليها حقَّها في فَدَك، ورَفَض العَودَة إِلى (الثَّقلَين) في مُعالجة المَوقِف، وإِنّما ظَل مُتَمسِّكًا بِـ(مَذْهَب الرَّأي) المانع مِن ذلك.

ذلك يَكشِف عن خُبثِ السِّياسَة الجامِعة بَين أَبي بَكر وعُمَر وتَوافقهما في مَنع فاطِمة صَلواتُ الله وسَلامُه عليها مِن مِيراث أَبِيها، وكانت أَلقَت عَلِيهما الحُجّةَ على مِلكِيَّتها فِي مَحضَرٍ مِن المُسلمين. فلَمَّا كان ذلك، جاء عَلِيٌّ أَمِير المُؤمنين صَلواتُ الله وسَلامُه عليه إِلى أَبِي بَكر وهو فِي المَسجِد يُحِيط به المُهاجِرون والأَنْصار، فقال: يا أَبَا بَكْر، لِمَ مَنعتَ فاطِمة مِيراثها مِن رَسُول الله صَلَّى الله عليه وآله وقد مَلكَته في حَياة رَسُول الله صَلَّى الله عليه وآله. فقال أَبُو بَكر: هذا فَيءٌ لِلمُسلمين، فإِنْ أَقامَت شُهودًا أَنَّ رَسُول الله صَلَّى الله عليه وآله جَعَله لَها وإِلَّا فلا حَقَّ لها فيه. فقال عَلِيٌّ أَمِير المُؤمنين صَلواتُ الله وسَلامُه عليه: يا أَبا بكر تَحكُم فِينا بِخِلاف حُكم الله فِي المُسلمين. قال: لا. قال: فإِنْ كان في يَد المُسلِمين شَيءٌ يَملِكونه ثُم ادَّعَيتُ أَنا فيه، مَن تَسأَل البَيِّنَة؟ قال: إِياكَ أَسأَلُ البَيِّنَة. قال: فما بال فاطِمة سأَلتَها البَيِّنَة على ما فِي يَدَيها وقد مَلكَته في حياة رَسُول الله صَلَّى الله عليه وآله وبَعدَه ولم تَسأَل المُسلمين بَيِّنَة على ما ادَّعوها شُهودًا كما سأَلتَنِي على ما ادَّعَيت عليهم؟!

فسَكَت أَبُو بَكر. فقال عُمر: يا عَلِيّ دَعنَّا مِن كلامك فإِنَّا لا نَقوى على حُجَّتِك،

---

1 - الاختصاص، الشّيخ المفيد 183 ـ 185. شرح نهج البلاغة، ابن أبي الحديد 274-235/ 16

فإنْ أَتيتَ بِشُهودٍ عُدول وإلّا فهُو فَيءٌ لِلمُسلمين لا حَقّ لَك ولا لِفَاطِمة فيه. فقال عَلِيٌّ أَمِير المُؤمنين صَلواتُ الله وسَلامُه عليه: يا أَبا بَكر، تَقرأُ كِتاب الله؟! قال: نَعم. قال: أَخْبِرني عن قَول الله عَزَّ وَجَلَّ [إِنَّما يُريدُ اللهُ لِيُذهِبَ عَنكُمْ الرِّجسَ أَهْلَ البيت ويُطَهِّرَكُمْ تَطهِيرا] فِيمَن نَزلَت، فِينَا أَمْ في غَيرِنا؟ قال: بَلْ فِيكم. قال: فلَو أَنَّ شُهودًا شَهدوا على فاطِمة صَلواتُ الله وسَلامُه عليها بِنت رَسُول الله صَلَّى الله عليه وآله بِفاحِشَةٍ، ما كُنتَ صانِعًا؟ قال: كنتُ أُقِيم عليها الحَدّ كما أُقِيمُه على نِساء المُسلِمين. قال صَلواتُ الله وسَلامُه عليه: إِذَن كنْتَ عند الله مِن الكافِرين. قال: ولِمَ؟! قال عَلِيٌّ صَلواتُ الله وسَلامُه عليه: لِأَنَّكَ كُنتَ رَددتَ شَهادةَ الله لَها بِالطَّهارة وقَبلتَ شَهادةَ النَّاس عليها، كما رَدَدتَ حُكم الله وحُكمَ رَسُولِهِ أَنْ جَعَلَ لها فَدكًا قد قَبضَته في حَياتِه، ثُمَّ قَبِلتَ شَهادة إِعرابِي بائل على عَقِبَيه عليها وأَخذتَ مِنها فدكًا وزَعمتَ أَنَّه فَيءٌ لِلمُسلمين، وقد قال رَسُول الله صَلَّى الله عليه وآله: «البَيِّنَةُ على المُدَّعِي واليَمِينُ على المُدَّعَى عَليه» فَرَدَدتَ قولَ رَسُول الله صَلَّى الله عليه وآله. قال: فدَمْدَم النَّاسُ وأَنكروا، ونَظر بَعضُهم إلى بَعض، وقالوا: صَدق والله عَلِيٌّ بن أَبِي طالب صَلواتُ الله وسَلامُه عليه. ورَجَع إلى مَنزِله)[1].

فلَمّا رأت فاطِمةُ صَلواتُ الله وسَلامُه عليها عِنادَ أَبِي بكر وما تَواطأ عليه مع الصَّحابَة وفِيهم عُمَر بِمُصادرة حَقِّها ومِيراث أَبِيها لم تَسكُت.. ذَهَبت إِلى مَجلِسه وكَشفَت في خُطبَةٍ عظيمةٍ لَها عن خَبايا انقلاب أَبِي بَكر على وَصايَا النَّبِيّ صَلَّى الله عليه وآله، وعن نَبذِه لِلثَّقلَين وراء الظُّهور واتِّخاذِه لِـ(مَنهج الرّأي) ظَهِيرًا، وعن هَضمِه لِحَقّ عَلِيٍّ أَمِير المُؤمنين وحَقِّها صَلواتُ الله وسَلامُه عليهما، وعن سُكوتِ الأَنْصار والمُهاجِرين على ذلك وتَخاذُل أَهْل المَدِينة ومَكَّة وسائر المُسلِمين وفيهم أَهْل بَدْر عن نُصْرَةِ الحَقّ.

1- كنز العمال 187/ 6(187-13 - -15282 15283. سُنن التِّرمذي6241/ 3. السُّنن الكبرى، البيهقي 279/ 8. وسائل الشِّيعة، الحرّ العاملي 170/ 18. الاَحتجاج، الطّبرسي 93-90/ 1. علل الشّرائع، الصّدوق191/ 1. تفسير القمّي -155/ 2 157

فعَن عبد الله بن الحَسَن بِإسنادِهِ عن آبائه صَلواتُ الله وسَلامُه عليهم: أنَّه لمّا أَجمع أَبُو بَكر وعُمر على مَنع فاطِمة صَلواتُ الله وسَلامُه عليها فدكًا وبَلَغها ذلك، لاثَتْ خِمارَها على رأسها واشتَملَت بِجِلبابِها، وأَقبَلَت في لمّةٍ مِن حَفدَتها ونِساء قومها، تَطأ ذيولها، ما تخرم مَشيتُها مَشيةَ رَسُول الله صَلَّى الله عليه وآله حتَّى دَخلت عَلى أَبِي بَكر وهو في حَشدٍ مِن المُهاجرين والأنصار وغَيرِهم، فنِيطَت دُونَها ملاءة. فجَلَست، ثُمَّ أَنَّت أنّةً أَجهشَ لها القومُ بالبُكاء، فارتَجَّ المَجلِسُ. ثُمَّ أَمهلَت هُنيئة حتَّى إِذا سَكَن نَشِيجُ القوم وهَدأَت فَورتُهم افتَتَحت الكَلام بِحَمدِ الله والثَّناء عليه والصَّلاة على رَسُول الله صَلَّى الله عليه وآله فعاد القومُ في بُكائهم. فلَمّا أَمسَكوا عادَت في كلامها، فقالت صَلواتُ الله وسَلامُه عليها:

«الحَمدُ لله على ما أَنْعَم، وله الشُّكر على ما أَلهَم، والثَّناءُ بما قدَّم، مِن عُموم نِعَمٍ ابتدأها، وسبوغ آلاء أَسداها، وتَمام مِنَن أَولاها، جَمّ عن الإحْصاء عدَدها، ونأى عن الجزاء أَمدها، وتفاوت عن الإدراك أَبدها، ونَدبهم لاستِزادتها بِالشُّكر لاتّصالها، واستحمد إلى الخلائق بإجزالها، وثنى بالنَّدب إلى أَمثالها. وأَشهدُ أَن لا إله إِلَّا الله وَحده لا شَرِيك له، كلمة جعل الإِخلاص تأويلها، وضمَّن القلوب موصولها، وأَنار في التَّفكر معقولها، المُمتنع مِن الأبصار رؤيته، ومِن الأَلسُن صِفته، ومِن الأوهام كيفِيَّته. ابتدع الأَشياء لا مِن شيء كان قبلها، وأَنشأها بلا احتذاء أمثلة امتثلها. كوَّنها بقدرته وذَرأها بمشيَّتِه، مِن غير حاجةٍ مِنه إلى تكوينها، ولا فائدة له في تصويرها، إِلَّا تَثبيتًا لِحِكمته، وتَنبيهًا على طاعته، وإِظهارًا لِقُدرته، وتَعبُّدًا لِبَرِيَّتِه، وإِعزازًا لِدَعوته. ثُمَّ جعلَ الثَّواب على طاعته، ووَضَع العِقاب على مَعصِيته، ذيادة لِعباده عن نقمته، وحياشا (جَياشًا) لهم إلى جنَّته.

وأَشهدُ أَنَّ أَبِي مُحمّدا النَّبِيّ الأُمّي صَلَّى الله عليه وآله عبدُه ورَسُولُه. اختاره وانتجبه قبل أَنْ أَرسله، وسَمَّاه قَبل أَنْ اجتَباه، واصطفاه قبل أَنْ ابتعثه، إِذْ الخَلائق بِالغَيب مكنونة، وبِسَتر الأهاويل مصونة، وبنهاية العدم مقرونة، علمًا مِن الله تعالى بِمآيل الأمور، وإِحاطةً بحوادث الدُّهور، ومعرفة بِمَواقع الأمور.

ابْتَعثه الله إِتْمامًا لِأَمْره، وعزيمة على إِمضاء حُكمه، وإنفاذًا لِمَقادير حتمه. فرأى الأُمَم فرقًا في أَديانها، عُكَّفًا على نيرانها، عابدة لِأَوثانها، مُنكِرة لله مع عرفانها، فأَنار الله بِأَبِي مُحمَّد صَلَّى الله عليه وآله ظُلَمَها، وكشف عن القلوب بهمَها، وجَلَّى عن الأبصار غممها، وقام في النَّاس بالهداية، فأَنقذهم مِن الغواية، وبَصَّرهم مِن العماية، وهداهم إلى الدِّين القويم، ودعاهم إلى الطَّريق المستقيم.

ثُمَّ قَبضه الله إِليه قَبض رأفة واختِيار، ورَغبة وإيثار. فمُحمَّد صَلَّى الله عليه وآله مِن تَعَب هذه الدّار في راحة، قد حُفّ بِالمَلائكة الأبرار، ورِضْوان الرَّب الغفّار، ومُجاورة المَلِك الجَبّار، صَلَّى الله على أَبِي، نَبِيّه وأَمِينه على الوَحْي، وصَفيّه في الذِّكر وخِيرته مِن الخلق ورضيّه، والسَّلام عليه ورحمة الله وبركاته».

ثُمَّ التَفَتت صَلواتُ الله وسَلامُه عليها إِلى أَهْل المَجلِس وقالت:

«أَنتُم عِبادُ الله نصُبُ أَمره ونَهيِه، وحَمَلةُ دِينه ووَحْيه، وأُمناء الله على أنفسكم، وبُلغاؤه إلى الأمم، وزَعيم حقّ له فيكم، وعهد قدّمه إليكم، وبَقيّة استخلفها عليكم: كِتاب الله النَّاطِق والقُرآن الصَّادق، والنُّور السَّاطع، والضِّياء اللّامِع، بيِّنةٌ بصائره، مُنكشفةٌ سرائره، مُنجلِية ظواهره، مُغتبطة به أَشياعه، قائدًا إلى الرِّضوان أَتباعه، مُؤدٍّ إلى النَّجاة استماعه، به تُنال حجج الله المنوّرة، وعزائمه المفسّرة، ومحارمه المحذِّرة، وبيِّناته الجالية، وبراهينه الكافية، وفضائله المندوبة، ورخصه الموهوبة، وشرائعه المكتوبة.

فجَعَل الله الإيمانَ تطهيرًا لكم مِن الشِّرك، والصَّلاةَ تَنزيهًا لكم عن الكِبر، والزَّكاةَ تَزكِيةً لِلنَّفس ونَماءً في الرِّزق، والصِّيام تَثبِيتًا لِلإخلاص، والحجَّ تَشيِيدًا لِلدِّين، والعدلَ تَنسيقًا للقلوب، وطاعتَنا نظامًا لِلملَّة، وإِمامتَنا أَمانًا مِن الفُرقة، والجِهادَ عِزًّا لِلإسلام وذُلاً لِأَهْل الكُفر والنّفاق، والصَّبرَ معونة على استِيجاب الأجر، والأمرَ بِالمعروف مصلحةً لِلعامّة، وبرَّ الوالدين وقايةً مِن السّخط، وصِلةَ الأرحام مَنسأةً في العمرِ ومنماةً لِلعَدد، والقِصاصَ حَقْنًا لِلدِّماء، والوفاءَ بِالنّذر تَعريضًا للمغفرة، وتَوفِيةَ المكاييل

والموازين تغييرًا لِلبخس، والنَّهيَ عن شُرب الخمر تَنزيهًا عن الرِّجس، واجتنابَ القَذْف حِجابًا عن اللَّعنة، وتَركَ السَّرِقَة إيجابًا لِلعِفَّة، وحرَّمَ الله الشِّرك إخلاصًا له بالرُّبوبيّة. فاتَّقوا الله حقَّ تُقاته، ولا تَموتُنّ إلّا وأنتُم مُسلِمون، وأطيعوا الله في ما أمركم به وما نَهاكم عنه، فإنَّهُ إنَّما يخشى اللهَ مِن عِباده العلماءُ».

ثُمَّ قالت:

«أيُّها النَّاس، اعْلمُوا أنِّي فاطِمة وأبِي مُحمَّد صَلَّى الله عليه وآله. أقولُ عودًا وبدوًا، ولا أَقُول ما أَقول غلطًا، ولا أَفعل ما أَفعل شَططًا. لقد جاءكم رَسُولٌ مِن أنفسكم عزيزٌ عليه ما عَنِتُّم حريصٌ عليكم بِالمؤمنين رؤوفٌ رحيم. فإنْ تُعزوه وتعرفوه تَجِدوه أَبِي دون نِسائكم، وأخا ابن عَمِّي دون رِجالكم، ولِنِعم المُعزى إليه صَلَّى الله عليه وآله. فبَلَّغ الرِّسالةَ صادعًا بالنَّذارة، مائلًا عن مدرجة المشركين، ضاربًا ثَبَجهم، آخذًا بِأكظامهم، داعيًا إلى سَبيل ربِّه بِالحِكمة والموعظة الحسنة. يكسر الأَصْنام، وينكث الهام، حتَّى انهزم الجمعُ وولّوا الدُّبر، حتَّى تَفرَّى اللَّيلُ عن صُبحِهِ، وأسفرَ الحقُّ عن محضه، ونَطقَ زَعِيم الدِّين، وخرسَت شَقاشِقُ الشَّياطين، وطاح وَشِيظُ النِّفاق، وانحلّت عُقد الكفر والشِّقاق، وفِهْتُم بكلمة الإخلاص في نَفرٍ مِن البِيض الخماص، وكُنتُم على شَفا حُفرةٍ مِن النَّار، مِذْقَةَ الشَّارب ونهزةَ الطَّامع، وقبسةَ العجلان، وموطِئَ الأقدام. تَشرَبُون الطّرق، وتَقتاتُون القدّ، أَذِلَّة خاسئين صاغِرين، تَخافون أنْ يَتخطَّفكم النَّاس مِن حَولِكُم، فأنقذَكُم الله تَبارك وتَعالى بِمُحمَّد صَلَّى الله عليه وآله بَعد اللُّتَيّا واللَّتِي، وبَعد أَنْ مُنِيَ بِبهم الرِّجال وذئبانِ العرب ومَرَدَةِ أَهْل الكتاب. كلَّما أوقدوا نارًا لِلحرْب أطفأها الله، أَو نَجم قرنُ الشَّيطان أَو فغَرت فاغِرةٌ مِن المشركين؛ قَذَفَ أَخاهُ في لَهواتها فلا يَنكفِئ حتَّى يَطأ صماخها بِأخمصه ويخمد لهبها بسيفه، مكدودًا في ذات الله، مُجتهدًا في أمر الله، قَريبًا مِن رَسُول الله، سَيِّدًا في أَولياء الله، مُشمِّرًا ناصحًا، مُجِدًّا كادحًا، لا تأخذه في الله لومةُ لائم، وأنتم فِي رَفاهِيَّةٍ مِن العيش، وادِعُون فاكِهون آمنون، تَتربَّصون بِنا الدَّوائر، وتَتوكَّفون الأخبار، وتنكصون عند النِّزال، وتَفرِّون مِن القِتال.

فلَمّا اختار اللهُ لِنَبِيِّه دارَ أَنبيائه ومأوى أَصفيائه، ظَهَرَ فِيكم حسكة النِّفاق، وسمل جلباب الدِّين، ونطقَ كاظِمُ الغاوين، ونَبغَ خامِلُ الأَقلّين، وهدر فنيق المبطلين، فخطر في عرصاتكم، وأطلع الشَّيطان رأسه مِن مغرزه هاتفًا بكم، فألفاكُم لِدَعوتِهِ مُستجِيبين، ولِلغرّة فيه ملاحظين، ثُمَّ استنهضكم فوجدكم خِفافًا، وأَحمشكم فأَلفَاكم غِضابًا، فوسمتم غير إِبِلكم، ووردتُم غير مشربكم.

هذا والعَهدُ قريب والكلمُ رحيب، والجرحُ لمّا يندَمِل، والرَّسُول لمّا يُقبر، ابتدارًا زَعمْتُم خَوف الفِتنَةِ، أَلا فِي الفِتنَة سَقطوا وإِنَّ جَهنَّم لَمُحيطة بالكافرين. فهيهات منكم، وكيف بكم، وأَنَّى تُؤفكون وكتاب الله بين أَظهركم، أُمورُهُ ظاهرةٌ، وأَحكامُهُ زاهرةٌ، وأعلامُهُ باهرةٌ، وزواجِرُهُ لايحةٌ، وأَوامِرُهُ واضحةٌ، قد خَلَّفتُموه وراء ظُهورِكُم، أَرغبة عنه تُرِيدُون، أَمْ بِغَيرِه تَحكُمون، بِئس لِلظَّالِمين بَدلًا، ومَن يَبتَغِ غير الإِسلام دِينًا فلَنْ يُقبلَ منه وهو في الآخرة من الخاسِرين ثُمَّ لم تلبثوا إِلَّا ريث أَنْ تَسكُنَ نفرتُها ويسلس قيادُها، ثُمَّ أَخذتم تورون وقدتها وتهيجون جمرتها، وتستجيبون لِهتاف الشَّيطان الغوي، وإِطفاء أَنوار الدّين الجَلِي، وإِهمال سُنَن النَّبيّ الصَّفِي. تَشربُون حسوًا في ارتغاء، وتمشون لِأَهلِهِ وولده في الخمرة والضَّراء، ونصبر منكم على مثل حزّ المدى ووخز السّنان في الحشا. وأَنتم الآن تَزعَمون أَنْ لا إِرث لنا، أَفحُكم الجاهليّة تَبغون ومَن أَحسن مِن الله حُكمًا لِقومٍ يُوقنون، أَفلا تَعلمون؟! بَلَى، قد تَجلّى لكُم كالشَّمس الضَّاحِية أَنِّي ابنتُه.

أَيُّها المُسلمون..

أَأُغلَب على إِرثِي يابن أَبِي قَحافة، أَفِي كتاب الله أَنْ تَرِثَ أَباك ولا أَرِث أَبِي، لقد جِئت شيئًا فرِيًّا على الله ورَسُوله، أَفَعلى عمدٍ تَركتُم كتابَ الله ونَبذتُموه وراء ظهوركم؟! إِذْ يقول [ووَرِثَ سُليمانُ داودَ]، وقال في ما اقتصّ مِن خبر يَحيَى بن زكريّا عليه السَّلام إِذْ قال [فهَب لِي مِن لَدنْكَ ولياً يَرثني ويَرث مِن آل يعقوب]، وقال [وأُولُو الأرحام بَعضهم أَولى بِبَعض في كِتاب الله] وقال [يُوصِيكم الله فِي أَولادِكم لِلذَّكر

مِثلُ حظّ الأُنثيين] وقال [إنْ تَرك خَيرًا الوَصِيةُ لِلوالِدين والأقربين بِالمَعروف حقًّا على المُتقين]، وزَعمتم أنْ لا حظوة لِي ولا إرث مِن أَبِي ولا رحم بيننا. أَفخصَّكم الله بآيةٍ أخرَج أَبِي مُحمَّدًا صَلَّى الله عليه وآله مِنها، أَمْ تقولون: إنَّ أَهْلَ مِلَّتين لا يَتوارثان، أَولستُ أَنا وأَبِي مِن أَهْل مِلَّةٍ واحدةٍ؟! أَمْ أَنتم أَعلمُ بِخُصوص القرآن وعُمومه مِن أَبِي وابن عَمِّي؟! فدُونكها مخطومة مرحولة تلقاكَ يَوم حَشرك، فنِعم الحَكَم الله، والزَّعيم مُحمَّد صَلَّى الله عليه وآله والمَوعد القيامة، وعند السَّاعة يخسر المبطلون، ولا ينفعكم ما قلتم إِذْ تندمون، ولِكلِّ نَبأ مستقر، وسوف تَعلمون مَن يأتِيه عذابٌ يُخزِيهِ ويَحلّ عليه عذابٌ مُقيم».

ثُمَّ رَمَت بِطَرفها نحو الأَنْصار فقالت:

«يا مَعشرَ النَّقيبة وأَعضادَ المِلّة وحَضَنةَ الإِسْلام، ما هذه الغَمِيزَة في حقِّي والسِّنةُ عن ظُلامَتِي؟!

أَما كان رَسُول الله صَلَّى الله عليه وآله أَبِي يقول «المَرءُ يُحفَظُ فِي وُلْدِه»؟! سُرعان ما أَحدثْتُم، وعجلان ذا إِهالة، ولكم طاقة بما أُحاول، وقوّة على ما أَطلب وأَزاول. أَتقولون مات مُحمَّد صَلَّى الله عليه وآله، فخطبٌ جليل، استَوسَع وَهنَه واستَنهرَ فتقَه، وانفتَقَ رتقه، وأَظلمت الأرضُ لِغَيبَتِه، وكسفت الشَّمس والقمر، وانتثرت النُّجوم لِمُصيبته، وأَكَّدت الآمال، وخشعت الجبال، وأضيع الحريم، وأزيلت الحرمة عند مماته، فتلك والله النَّازلةُ الكبرى، والمصيبةُ العظمى، لا مثلها نازلة، ولا بائقة عاجلة، أعلن بها كتاب الله جَلّ ثناؤه، في أفنيتكم، في ممساكم ومصبحكم، يهتف في أَفنيتكم هتافًا وصراخًا وتلاوة وأَلحانًا، ولقبله ما حَلّ بِأَنبياء الله ورسله، حكم فصل وقضاء حتم: [وما مُحمَّدٌ إِلّا رَسُولٌ قد خَلَت مِن قَبلِه الرُّسُل أَفإِنْ مات أَو قُتِل انقلبتم على أَعقابكم ومَن يَنقلِب على عَقِبَيه فلَنْ يَضُرّ الله شَيئًا وسَيجزي الله الشَّاكرين].

إِيهًا بَنِي قِيلة..

أَأُهضم تُراث أَبِي وأَنتم بِمَرأى مِنِّي ومسمع، ومنتدى ومجمع؟ تلبسكم الدَّعوةُ،

وتشملكم الخبرةُ، وأنتم ذوو العَدَد والعدّة، والأداة والقُوّة، وعندكم السِّلاح والجُنَّة، توافِيكم الدَّعوةُ فلا تُجِيبون، وتَأتيكُم الصَّرخةُ فلا تُغِيثون، وأَنتم مَوصُوفُون بِالكفاح، معروفون بالخير والصَّلاح، والنّخبة الّتي انتخبت، والخيرة الّتي اختيرت لنا أَهْل البَيت.

قاتَلتُم العربَ، وتَحمَّلتم الكدَّ والتَّعب، وناطَحتُم الأُمَم، وكافَحتُم البهم، لا نبرح أَو تبرحون، نأمركم فتأتَمِرون، حتَّى إِذا دارت بِنا رَحَى الإِسلام، ودَرّ حلب الأَيَّام، وخضعت ثغرةُ الشِّرك، وسكنَت فَورةُ الإفك، وخمدَت نيرانُ الكُفر، وهدأت دَعوةُ الهرج والمرج، واستَوسق نظامُ الدِّين، فأَنَّى حزتم بعد البيان؟ وأَسررتُم بعد الإعلان؟ ونكصتُم بعد الإقدام؟ وأَشركتُم بعد الإيمان؟ بُؤسًا لِقَومٍ نكثوا أَيمانَهم مِن بَعد عهدهم، وهَمُّوا بِإخراج الرَّسُول، وهم بدأوكم أَوَّلَ مَرَّةٍ، أَتخشَونَهم فالله أَحقّ أَنْ تخشوه إِنْ كُنتم مؤمنين.

أَلا وقد أَرى أَنْ قد أَخلدتُم إلى الخفض، وأَبعدتم مَن هو أَحقّ بِالبَسط والقَبض، وخلوتُم بِالدِّعَة ونجوتُم بِالضِّيق مِن السِّعة، فمَجَجتُم ما وَعَيتُم، ودَسعتم الَّذي تسوغتم، فإِنْ تكفروا أَنتم ومَن في الأرض جميعًا فإِنَّ الله لَغَنِيّ حميد.

أَلا وقد قلتُ ما قلتُ هذا على معرفة مِنِّي بِالخَذلة الّتي خامَرَتكم، والغَدرةِ التي استشعرتها قلوبكم، ولكنَّها فيضةُ النَّفس ونفثةُ الغيظ، وخورُ القناة، وبثّةُ الصَّدر، وتقدمة الحجّة، فدُونكموها فاحتقبوها دبرة الظّهر، نقبة الخفّ باقية العار، موسومة بغضب الجبار وشنار الأبد، موصولة بنار الله الموقدة الّتي تطلّع على الأفئدة، فبِعَين الله ما تفعلون، وسيَعلَمُ الَّذين ظلموا أَيَّ منقلبٍ ينقلبون، وأَنا ابنةُ نذيرٍ لَكُم بَين يَدَي عذابٍ شَديدٍ، فاعملوا إِنّا عاملون، وانتظروا إِنَّا مُنتَظِرون».

فأَجابها أَبُو بكر «عبد الله بن عُثمان»، وقال:

يا بِنْت رَسُول الله، لقد كان أَبُوكِ صَلَّى الله عليه وآله بِالمؤمنين عَطوفًا كريمًا، رَؤوفًا رحيمًا، وعلى الكافِرين عذابًا أَليمًا، وعِقابًا عظيمًا. إِنْ عزوناه وجدناه أَباكِ دُون النِّساء، وأَخا إِلفك دون الأَخِلاّء، آثرهُ على كلِّ حميم وساعَده في كلِّ أَمرٍ جسيم، لا

يُحبّكم إِلّا سعيد ولا يبغضكم إِلّا شَقيّ بعيد. فأَنتم عِترة رَسُول الله صَلَّى الله عليه وآله الطَّيِّبون، والخِيَرةُ المنتجَبون، على الخير أَدِلَّتِنا، وإِلى الجَنَّةِ مسالكنا، وأَنتِ يا خيرة النِّساء، وابنة خَير الأنبياء صادقةٌ في قولك، سابقةٌ في وفور عقلك، غير مردودة عن حَقِّك، ولا مصدودة عن صِدقك. والله ما عَدوتِ رأيَ رَسُول الله ولا عَمِلتِ إِلّا بإِذنه، والرّائد لا يكذّب أَهلَه، وإِنّي أُشهِد الله وكفى بِه شهيدًا، أَنّي سَمِعتُ رَسُول الله صَلَّى الله عليه وآله يَقول نحن مَعاشِر الأَنبياء لا نُورِّث ذَهبًا ولا فِضَّةً، ولا دارًا ولا عقارًا، وإِنَّما نُورِّث الكِتاب والحِكمة والعِلْم والنُّبوَّة، وما كان لنا مِن طعمة فلِوَلِيّ الأَمر بعدنا يحكمُ فيه بِحُكمه، وقد جعلنا ما حاولته في الكراع والسِّلاح، يُقاتل بها المسلمون ويُجاهدون الكفّار، ويُجادِلون المردة الفُجّار، وذلك بإِجماعٍ مِن المسلمين، لم أَنفَرِد به وَحدي، ولم أَستَبِدّ بما كان الرَّأي عندي، وهذه حالي ومالي، هي لَكِ بين يَديكِ، لا تُزوى عنك، ولا نَدّخر دونك، وأَنْتِ سَيِّدة أُمَّة أَبيك، والشَّجرة الطَّيِّبة لِبَنيك، لا ندفعُ مالك مِن فضلك، ولا يُوضعُ مِن فرعك وأَصلك، حُكمُكِ نافذٌ في ما مَلَكَت يَداي، فهَلْ تَرين أَنْ أُخالِف في ذلك أَباك صَلَّى الله عليه وآله.

فقَالَت صَلواتُ الله وسَلامُه عليها:

«سُبحان الله، ما كان أَبي رَسُول الله صَلَّى الله عليه وآله عن كِتاب الله صادِفًا ولا لِأَحكامه مُخالِفًا، بَلْ كان يَتَّبع أَثَرَه، ويَقفُو سُوَرَه. أَفتَجمعون إِلى الغَدرِ اعتلالًا عليه بِالزُّور، وهذا بعد وَفاتِه شَبيه بما بُغِي له مِن الغوائل في حياته، هذا كتابُ الله حكمًا عدلًا، وناطقًا فصلًا يقول [يَرِثُني ويَرِثُ مِن آل يَعقُوب]، ويقول [ووَرِثَ سُليمان داود]، فبَيَّن الله عَزَّ وَجَلَّ في ما وزَّع مِن الأَقساط، وشرَّع مِن الفرائض والمِيراث، وأَباح مِن حَظِّ الذُكران والإناث ما أَزاحَ به عِلَّةَ المبطلين وأَزال التَّظَنِّي والشُّبهات في الغابرين، كَلاّ، بل سَوَّلَت لَكُم أَنفُسكم أَمرًا فصَبرٌ جميل والله المُستعان على ما تَصِفون».

فقال أَبُو بكر «ابن أَبي قحافة»:

«صدقَ الله ورَسُولُه، وصَدقَت ابنَتُه، أَنْتِ معدن الحِكمَة ومَوطِن الهدى

والرَّحمة، ورُكن الدِّين، وعين الحُجّة، ولا أَبعِد صَوابك، ولا أَنكِر خطابك، هؤلاء المُسلمون بَينِي وبَينَكِ، قلَّدُوني ما تَقلَّدْتُ، وباتِّفاقٍ منهم أَخذتُ ما أَخذت، غير مُكابرٍ ولا مُستبدٍّ ولا مُستأثِرٍ، وهُم بِذلك شُهود».

فالتفَتَت فاطِمَة صَلواتُ الله وسَلامُه عليها إِلى النَّاس وقالَت:

«مَعاشرُ المُسلمين المُسرِعَةُ إِلى قِيل الباطل، المغضية على الفِعْلِ القَبِيح الخاسِر، أَفلا تَتدبَّرون القُرآن أَمْ على قلوب أَقفالها. كَلّا، بَلْ ران على قلوبكم ما أَسأتم مِن أَعمالكم، فأَخذَ بِسَمعِكم وأَبصارِكُم، ولَبِئس ما تأَوَّلتُم، وساء ما به أَشرتُم، وشرّ ما منه اغتصَبتُم! لَتَجِدنَّ والله محمله ثقيلًا، وغبّه وبيلًا، إذا كُشِف لكم الغطاء، وبان ما وراءه مِن البأساء والضَّراء، وبَدا لكم مِن رَبِّكم ما لم تكونوا تَحتَسِبون، وخسر هنالك المبطلون»[1].

ثُمَّ خَرجَت وذَهبَت إِلى قَبر أَبِيها صَلَّى الله عليه وآله تَشكوه الحال.

لَم يَنته الانْقلابُ على الأَعْقاب عند غَصْبِ أَبِي بَكر لِمِيراث فاطِمَة صَلواتُ الله وسَلامُه عليها أَو عند قَتلِه إِيَّاها وتَضيِيق الخناق على بَنِي هاشِم كلَّما استمَرّ عَلِيٌّ أَمِير المُؤمنين صَلواتُ الله وسَلامُه عليه في مَوقِفِه المُمانِع مِن بَيعة أَبِي بَكْر خَلِيفة لِلمُسلِمين. فتبِعات عقد (صَحيفة مكَّة الثَّانية) ولِقاء الفَلْتَة في السَّقِيفَة ثُمّ تَوافق الأَنْصار والمهاجرين على مُبايَعةِ أَبِي بَكر في المَسجد ونَقضِ بَيعة الغَدِير الَّتي كانَت في أَعناقِهم عَهدًا ضَربوه أَمام رَسُول الله صَلَّى الله عليه وآله ـ كُلُّها مَهَّدت الطَّرِيق لِدخول الأُمَّة في مَسار مُنحرِف عن الدِّين القَوِيم لَنْ تَسكُن الأَوطان فيه وتَستَقرّ النُّظم أَو تُصان الدِّماء والأَنْفس المَحترَمَة، ولَنْ تَلتئم الجِراح الَّتي أَحدثَها تَعاقُد (صَحِيفَة مَكَّة الثَّانِيَة) في عَهدِ خِلافَتِه إِلى قِيام يَوم الدِّين.

إِنَّ جلّ ما ذكَرَته فاطِمة الزَّهراء صَلوات الله وسَلامُه عليها في خُطْبَتِها أَماط

1 - بحار الأنوار 148/ 43. الاحتجاج 107-97/ 1. انظر: مسند فاطمة 557. شرح نهج البلاغة، ابن أبي الحديد 249-211/ 16. عوالم الزّهراء 467. أعلام النّساء 208/ 3. بلاغات النّساء، ابن طيفور 19-12

اللِّثام عن مَستور هذا المَسَار المُنحَرِف، وأَظهر وَجهِ الحَقِيقَةِ وما عَزم أَقطابُ (صَحِيفة مكَّة الثَّانية) على اقترافِهِ مِن تَشْوِيهٍ لِلدِّينِ وطَعنٍ في رِجاله وتَدميرٍ لِنظامِه الاجْتِماعي، ومِن تَقيِيدٍ لِعَقائِدِهِ وشَرائعِهِ وأَخْلاقِه. وفي ذَلِك استَعانَت فاطِمَة الزَّهراء صَلواتُ الله وسَلامُه عليها بِأَفْصَحِ لُغة وأَبْلَغ الأَلفاظ حتَّى لا يَكون لِأَحدٍ مِن المُسلِمِين مِن بَعدِ ذلك الحُجَّة في النُّكوص والتَّخَلّف عن نُصرَةِ دِين الله عَزَّ وجَلَّ وأَهلِه أَو التَّماهِي في الواقِع المُستجِدّ ذِي المسار المُنحَرِف أَو القُبول بِه والرِّضا عن مُغتَصِبيّ الخِلافَة وناقِضِي بَيعةِ الغَدِير.

أُسدِل السِّتارُ على لِقاء السَّقِيفَة وظَهر (اتِّجاه أَهْل العامَّة) ذِي المَوقِف المُوحَّد النَّصِير لِبَيعةِ أَبِي بَكر ونِظام الخِلافَة والوسِيلَة الضَّاغِطَة المُتَّبعة لِلتَّعويض عن نَسَبِ الخَلِيفة الوَضِيع في مُجتَمعٍ ما زال مُتمسِّكًا بِالتَّقسِيم القَبَلِي لِفِئاته، وقد صار يَتداول سِيرةً مُقَدَّسَةً لِلقاء المَسجِد بِوَصفِهِ مَحلًّا لِبَيعة أَوَّل خَلِيفَة في المُسلِمين خَوف الفِتنَةِ، وعَدَّ لِقاء السَّقيفة نَصرًا مُقدَّسًا وساحِقًا على مُدَبّري (الفِتْنَة)! فتَحقَّق لِأَقْطاب (صَحِيفَةِ مَكّة الثَّانية) ما أَرادوا بهذا الاتِّجاه. لكِنَّ حَيثيَّاتِ هذه البَيعة شَكَّلت هاجِسًا خَطِيرًا لَحِقَ بِأَصْل مَفهُوم (الخِلافَة) وشَرْعِيَّة تَدْبِير الرِّجال.

فكُلَّما أُرِيد الانْتِقال بِمَفهومِ (الخِلافَة) هذه مِن مَرحَلَةٍ سياسِيَّةٍ راهنة إِلى أُخرى مُتقدِّمة؛ أَسْفَر عن ذلك هَلاك الخَلِيفَة قتلًا ونَصَّبَ (مَذْهَبُ الرَّأي) الَّذي أَسَّسه أَبُو بَكر خَلِيفَةً آخرَ مِثله في النَّاس.

فعَبدُ الله بن العبَّاس (ت 68هـ) ـ على سَبِيل المثال ـ واحدٌ مِن كُبراء الصّحابة بين الَّذين سَكتُوا على المُخاتَلة والابتِزاز والاغتِصاب لِلخِلافَة الجارِيَة وعلى ما فَعلوه مِن تَدمِيرٍ لِمَفهوم الوَلايَة ومِن نَقضٍ لِبَيعَةِ الغَدِير وإِقصاءٍ لِمصداقِهما والاستِحواذ على الإِمْرة والرّئاسة بِتَمامِها وتَكريس المفهوم البَدِيل القائم على (مَذهَبِ الرَّأي) المُسمّى بـ(الخِلافة).

وما فَتِئ أَكثر الصَّحابَة مِن مِثل ابنِ عبَّاس يَتداولون حَقائق فَلْتَة (الخِلافة) فِي السِّرّ

على طَرِيقة ابنِ عبَّاس، ولكِنَّهم مالَئوا الخُلَفاء واحدًا بعد الآخَر خَوفًا على أَنفُسِهم مِن بَطش غَضْبِهم وهَيبةً مِن سُلطانِهم، وتَحسَّسوا مِن أَنْ يَنالَهم ما نال غيرُهم مِن حِصَص الاغْتيال السِّرّي والإِقْصاء الاجْتِماعي.

وصار عُمَر مِن بَعد أَخذ البَيعة لِأَبِي بَكر أَقْرَب أَقطاب (صَحِيفة مكّة الثَّانِيَة) إِلى الصَّحابة المُذَبذَبِين بَين هؤلاء وهؤلاء، ومنهم ابنُ عبَّاس الَّذي حظِي بِمَنزلةٍ عَظِيمةٍ ومقامٍ رفيعٍ عند عُمر على الرَّغْم مِن رُعونَةِ عُمر معه وشِدَّةِ بَطشِه مع الأَشْخاص والأَشْياء والأَفكار.

فكان عُمر يُصَرِّح أَمام ابن عبَّاس بِمَقولَة (لا تَجتَمِع النُّبوَّةُ والإمامةُ في بَنِي هاشِم)، وابنُ عبَّاس مِن جِهته يُبادِله التَّصريح بِالحَقيقة المُرَّةِ في حَقِّ أَهْل البَيت صَلواتُ الله وسَلامُه عليهم. وكأَنَّ الجامِع بَينهُما فَلْتَةٌ مَضَت (وعَفا اللهُ عمّا سَلَف) ولم يَتبَقّ منها مِن أَثَرٍ يَستدعِي التَّبَرِّي مِن فاعِلِها ومَن أَعانَه على فَعْلَتِه الَّتي فَعَل.

يقول عُمَر في أَيَّام خِلافَتِه في حِوارٍ أَجْراه مع ابنِ عبَّاس (يا ابن عبَّاس، أَتدرِي ما مَنعَ قومَكَم مِنكُم؟! فقال ابنُ عبَّاس فكَرِهتُ أَنْ أُجيبَه، فقُلتُ: إِنْ لم أَكُنْ أَدرِي فإِنَّ أَمِير المُؤمنين يَدرِي. فقال عُمر: كَرِهوا أَنْ يَجمعوا لَكُم النُّبوَّةَ والخِلافَةَ فتَبجَّحوا على قومِكُم بَجحًا بجحًا، فاختارت قُريشٌ لِأَنفسها فأَصابَت ووُفِّقَت. فقلتُ: يا أَمِير المُؤمنين إِنْ تأْذَنْ لِي في الكلام وتمط عَنِّي الغَضب تكلَّمْت. قال: تَكَلَّم. قال ابنُ عبَّاس، فقُلتُ: أَمَّا قَولُك يا أَمِير المُؤمنين «اختارت قُريشٌ لِأَنفُسِها فأَصابَت ووُفِّقَت» فلو أَنَّ قُريشًا اختارَت لِأَنفسها مِن حِين اختار اللهُ لها لَكانَ الصَّوابُ بِيَدِها غير مَردُود ولا مَحسُود. وأَمَّا قولك «إِنَّهم أَبوا أَنْ تكونَ النُّبوَّةُ والخِلافَةُ..» فإِنَّ الله عَزَّ وَجَلَّ وَصفَ قومًا بِالكراهة، فقال [ذَٰلِكَ بِأَنَّهُمْ كَرِهُوا مَا أَنزَلَ الله فَأَحْبَطَ أَعْمَالَهُمْ][1]. فقال عُمَر: هيهات يا ابنَ عبَّاس، قد كانَت تَبْلُغنِي عنك أَشياءٌ أَكرَه أَنْ أُقِرّكَ عليها فتَزِيل مَنزِلَتك مِنِّي. قال ابنُ عبَّاس، فقلتُ: ما هِي يا أَمِير المُؤمنين، فإِنْ كانت حقًّا فما يَنبَغِي

1 - الأحقاف 9

أَنْ تُزِيل مَنزِلتك مِنِّي، وإِنْ كانت باطِلًا فمِثلِي أَماط البَاطِل عن نَفسِه. فقال عُمر: بَلَغَنِي أَنَّكَ تقول «إِنَّما حرَّفوها عَنَّا حسدًا وبَغيًا وظُلمًا». فقال ابنُ عبَّاس: أَمَّا قَولُك حَسَدًا، فإِنَّ آدم حَسَدَ ونَحنُ وُلْدُه المَحسُودُون. فقال عُمر: هيهات هيهات، أَبَت والله قلوبُكم يا بَنِي هاشِم إِلَّا حَسَدًا لا يَزُول. قال ابنُ عبَّاس، فقلتُ: مَهلًا يا أَمِير المُؤمنين لا تَصِف بِهذا قلوبَ قَوم أَذهَبَ اللهُ عنهم الرِّجْسَ وطَهَّرَهُم تَطهيرا. فقال عُمر: إِليك عَنِّي يا ابن عبَّاس. فقلتُ: أَفعَل. فلَمّا ذَهبتُ لِأَقومَ استَحيا مِنِّي فقال: يا ابن عبَّاس، مكانَك، فوالله إِنِّي لَراعٍ لِحَقِّك مُحِبٌّ لِما سَرَّك. فقلتُ: يا أَمِير المُؤمنين، إِنَّ لِي عليك حقًّا وعلى كُلِّ مُسلِم، فمَن حفظَه فحظَّه أَصاب، ومَن أَضاعَه فحظَّه أَخطأ. ثُمَّ قام فمَضى)[1].

وهذا مُعاوِيَة بن أَبِي سُفيان يذَكِّر مُحمَّد بن أَبِي بكر بِفَعْلَةِ أَبِيه الَّتي فَعَل والفَضائح في بَسط الخِلافَةِ وجَرِّها إلى نَفسِه، مُخالفًا لِوَصِيَّةِ الرَّسُول الأَكرَم صَلَّى الله عليه وآله. يقول مُعاوية:

مِن مُعاوِيَة بن صَخر إِلى الزَّاري على أَبِيه مُحمَّد بن أَبِي بكر. أَمَّا بعد: فقد كُنَّا وأَبُوك مَعنا في حياة نَبِيِّنا نَعرف حَقَّ ابن أَبِي طالب لازمًا لنا وفضلَه مبرزًا علينا. فلَمّا اختار الله لِنَبِيِّه ما عنده وأَتَمَّ له ما وَعده، وأَظهَرَ دَعوتَه، وأَفلجَ حُجَّتَه، وقَبَضَهُ الله إِليه، كان أَبُوكَ وفارُوقُه أَوَّلَ مَن ابتَزَّهُ حَقَّهُ وخالَفه على أَمْرِه. على ذلك اتَّفقا واتَّسَقا. ثُمَّ دَعَواه إِلى بَيعتِهما فأَبْطأَ عنهما وتَلَكَّأَ عليهما، فهَمَّا بِه الهُموم وأَرادا به العَظِيم. ثُمَّ إِنَّه بايَعهما وسَلَّم لَهما (...)، وأَقاما لا يُشركانِهِ في أَمرِهما، ولا يُطلعانِه على سِرِّهما، حتَّى قبضهُما الله وانقَضَى أَمرُهما. ثُمَّ قام ثالثُهما عُثمان فهدى بِهما وسار بِسِيرَتِهما فعِبته أَنْتَ وصاحِبُك حتَّى طمع فيه الأَقاصِي مِن أَهْل المَعاصِي، فطَلَبتُما له الغوائل حتَّى بلغتُما فيه مُناكما. فخُذ حِذرك يا ابن أَبِي بَكر، فستَرى وَبال أَمرِك، وقِس شبرك بفترك تقصر عن أَنْ تُوازي أَو تُساوي مَن يَزِن الجِبال حمله، ولا تَلِين على قسر قناته، ولا يَدرُك ذَو مدى أَناته. أَبُوك مَهَّد له مِهاده، وبَنى ملكَه وشاده، فإِنْ يَكُ ما نَحن فيه صَوابا

1 - الكامل في التّأريخ 24/ 3. انظر: تأريخ الطّبري 223/ 4، 289/ 2

فأبُوكَ أوَّلُه، وإنْ يَكُ جَورًا فأبُوكَ استَبدَّ به، ونَحن شُركاؤه، فبِهَديهِ أخذنا وبِفعلِهِ اقتَدَينا. لو لا ما فَعل أبُوكَ مِن قبل ما خالَفْنا ابن أَبي طالِب ولَسَلَّمْنا إليه، لكِنَّا رأينا أباك فَعلَ ذلك به مِن قَبْلِنا فأخذنا بِمِثالِه واقتدينا بِفِعالِه، فعِب أبَاكَ بِما بَدا لَكَ أو دَعْ)[1].

وقامَ عَلِيٌّ أَمِير المُؤمنين صَلواتُ الله وسَلامُه عليه فخَطَب وفَصَّل في طَبائع أقطاب (صَحِيفَة مكّة الثَّانِيَة) وأَتْباعِهِم وحُلفائهم، وأضاف إلى ما ذَكَرتهُ الزَّهراء صَلواتُ الله وسَلامُه عليها في خُطبَتِها في هذا الشَّأن الكَثِير، وذكَّر بِما فَعلُوه مِن اسْتِيلاء على مَقام الإمامَة واغْتصاب مِيراثِ النَّبِيّ صَلَّى الله عليه وآله والسَّطو عليه ومَنعِهِ مِن الوَرَثَة. وكَشَف عن سَير الحوادِث مُنذ ساعة الانْقِلاب على النَّبِيّ مُحمَّد صَلَّى الله عليه وآله، عندما قال (.. فَلَمّا استكمَلَ «النَّبي مُحمّد صَلَّى الله عليه وآله» مُدَّته مِن الدُّنيا تَوفَّاهُ الله حَميدًا سَعيدًا مَرضِيًّا علمه، مشكورًا سعيه، فيالها مِن مُصِيبة خَصَّت الأقَربين وعَمَّت جميع المُسلمين. فلَمّا مضى لِسَبيله، تَرك كِتابَ الله وأَهْلَ بَيتِهِ إمامَين لا يَختلفان وأخوَين لا يتخاذلان ومُجتَمِعَين لا يفترقان. قد كنتُ أَوْلى النَّاس به مِنِّي بِقَميصي فسَارع المُسلمون بَعده. فوالله ما كان يلقي في رَوعِي ولا يخطر على بالِي أَنَّ العربَ تَعدِل هذا الأَمْر بَعد مُحمَّد صَلَّى الله عليه وآله عَنِّي.

فلَمّا أَبطئوا بِالوَلايَة عَلَيَّ وهَمُّوا بِإزالتها عَنِّي، وثَبَت الأنصارُ وهُم كَتِيبةُ الإسلام فقالَت: إذا لم تُسَلِّموها لِعَلِيٍّ صَلواتُ الله وسَلامُه عليه فصاحِبُنا سَعد بن عبادة أَحقُّ بها مِن غَيرِه! فوالله ما أدري إلى مَن أَشكو؟! إمَّا أَنْ تكونَ الأَنصارُ ظلمت حقَّها وإمَّا أَنْ يكونوا ظَلَمُونِي حَقِّي، بَلْ حَقِّي المَأخوذ وأنا المظلوم. وقال قائلٌ مِن القَوم: إنَّ رَسُولَ الله استَخلَفَ أَبا بكر في حَياتِه لِأَنَّه أَمَره أَنْ يُصلِّي بِالنَّاس، والصَّلاةُ هِي الإمامَة، فعَلِم المَشورة فيه إنْ كان رَسولُ الله استَخلفه. فأَتى رَهطٌ مِن أَصْحابِ مُحمَّد صَلَّى الله عليه وآله يُعرِضُون عَلَيَّ النُّصرة، مِنهم خالِد وأبان ابنا سَعِيد بن العاص والمقداد بن الأسود الكندي وأبو ذر الغفاري وعمّار بن ياسر وسَلمان الفارسي والزُّبير بن العوَّام وأَبُو

---

1 - مُروج الذّهب للمسعودي 59/ 2. شرح نهج البلاغة، ابن أبي الحديد 283/ 1

سفيان بن حَرب والبرَّاء بن مالك الأنصارِي. فقلتُ لهم: إِنَّ عندي مِن نَبِيٍّ الله العَهد ولَه الوَصِيَّة، وليس لِي أَنْ أُخالِفَه، ولستُ أُجاوِز أَمرَهُ وما أَخذَه عَلَيَّ الله لو خزَموا أَنفِي لَأَقررتُ سَمعًا وطاعةً لله عَزَّ وَجَلَّ.

فبَينما أَنا على ذلك إِذْ قِيل: قد انثال النَّاسُ على أَبِي بكر وأَجفلوا عليه لِيُبايعوه، وما ظنَنَتُ أَنَّه تَخلَّف عن جَيشِ أُسامَة إِذْ كان النَّبِيّ صَلَّى الله عليه وآله قد أَمَرَه عليه وعلى صاحِبه، وقد كان أَمَرَ أَنْ يُجهِّزَ جيش أُسامة. فلَمّا رأيتُه قد تَخلَّف وطَمِعَ في الإِمارَةِ ورأيتُ انثِيالَ النَّاسِ عليه أَمسَكْتُ يَدي، ورأيتُ أَنِّي أَحقُّ بِمَقام مُحمَّد صَلَّى الله عليه وآله في النَّاس مِمَّن قد رفض نفسه، فلَبِثتُ ما شاء الله حتَّى رأيتُ راجِعَةً مِن النَّاس رَجعت عن الإِسلام وأَظهَرَت ذلك يدعون إلى مَحوِ دِين الله وتَغيير مِلَّةِ مُحمَّد صَلَّى الله عليه وآله، فخَشِيتُ أَنْ لم أَنصُر الإِسلام وَقَعدتُ أَنْ أَرى فِيه ثُلمًا وهدمًا تكون مصيبتُه عَلَيَّ أَعظم مِن فوات وَلايَة أُمورِكم الّتي إِنَّما هي متاعُ أَيّامٍ قلائل ثُمَّ يَزول ما كان منها كما يَزُول السَّراب ويَنقشع كما يَنقشع السَّحاب.

ورأيتُ النَّاسَ قد امتَنعوا بِقُعودِي عن الخُروج إِليهم، فمَشيتُ عند ذلك إلى أَبِي بَكر فتَأَلَّفته، ولولا أَنِّي فعلتُ ذلك لَبادَ الإِسلام. ثُمَّ نهضتُ في تلك الأَحداث حتَّى أَناخَ الباطلُ، وكانت كَلِمةُ الله هِي العُليا ولو كَرِه المشركون. ثُمَّ إِنَّ سَعد بن عبادة لمّا رأى النَّاس يُبايعون أَبا بَكر نادى: والله ما أَردتها حتَّى صُرِفَت عن عَلِيٍّ صَلواتُ الله وسَلامُه عليه، ولا أُبايِعُكم أَبدًا حتَّى يُبايِعَكم عَلِيٌّ، ولَعَلِّي لا أَفْعَل وإِنْ بايَع. وأَحْبَبتُ أَنْ أَقطعَ قولَ سعد فرَكَب فرَسَه وأَتى حوران وأَقام في غسان حتَّى هَلَك وأَبى أَنْ يُبايع.

وقام فروة بن عُمر الأَنْصاري فقال: يا مَعشر قُريش، هَلْ فِيكم رَجُلٌ تَحِلّ له الخِلافَة أَو يُقبل في الشُّورى فيه ما فِي عَلِيٍّ؟! قالوا: لا. قال: فهَلْ فِي عَلِيٍّ ما ليس في أَحدٍ منكم؟! قالوا: نعم! قال: فما صدَّكم عنه؟! قالوا: اجتِماعُ النَّاس على أَبِي بكر. قال: أَما والله لَئِن كُنْتُم أَصَبتُم أَسنَّتكم لقد أَخطأتُم سُننكُم، فلو جَعلتُموها في عَلِيٍّ لَأَكلتُم مِن فَوقِكم ومِن تَحتِ أَرجُلِكم.

فتولَّى أَبُو بكر فصَحِبته والله مُناصِحًا، وأَطعتُه فيما أَطاع الله جاهدا، وما طَمعتُ أَنْ لو حدث به حادِث وأَنا حَيٌّ أَنْ يُردَّ الأَمرُ الَّذي نازعتُه فيه إِلى طَمعٍ مُستيقِن، ولا يَئستُ مِنه يأس مَن لا يَرجوه. ولولا خاصَّة ما بَينَهُ وبين عُمر وأَمرٌ قد عَقداه بينهما لَظَننتُ أَنَّه لا يَدفعها عَنِّي، هذا وقَد سَمِع قَول النَّبِيّ صَلَّى الله عليه وآله لِبُريدة الأَسلَمِي، وذلك: أَنَّ النَّبِيّ صَلَّى الله عليه وآله بَعثَنِي وخالِد بن الوَلِيد إلى اليَمن فقال: إِذا تَفرَّقتُما فكُلُّ واحدٍ مِنكما أَمِير على حياله، وإِذا اجتمعتُما فأَنتَ يا عَلِيّ أَمِيرٌ على خالد. فأَغَرْنا على أَبيات، وسَبَينا فيهم خَولَة بِنْت جَعفر جان الصفا، وإِنَّما سُمِّيت جان لِحُسنها. فأَخذتُ خولةَ واغتَنمها خالد مِنِّي وبَعثَ بُريدة الأَسلَمِي إلى رَسُول الله صَلَّى الله عليه وآله فأَخبَره بما كان مِنِّي ومِن أَخذِي خولة. فقال له النَّبِيُّ صَلَّى الله عليه وآله: حَظُّه في الخُمسِ أَكثرُ مِمَّا أَخذ، إِنَّه ولِيُّكم بَعدِي، ويَسمعُها أَبُو بَكر وعُمر. وهذا بُرَيدة لم يَمُت، فهَلْ بَعد هذا مَقالٌ لِقائل!

فلَمَّا احتَضر بَعثَ إلى عُمر فوَلَّاهُ، فسَمِعتُ وأَطعتُ وناصَحتُ لِلدِّين. وتَوَلَّى عُمر تِلك الأُمُور، وكان مَرضِيَّ السِّيرة مَيمونَ النَّقِيبَة عندهم، حتَّى إِذا احتَضر قُلْتُ في نَفسِي: لَنْ يَعدِلها عَنِّي. فجَعلَنِّي سادِسَ سِتَّة، وأَمرَ صُهَيبًا أَنْ يُصلِّي بِالنَّاس. ودعا أَبا طلحة زَيد بن سَهل الأَنصارِي، فقال له: كُنْ في خَمسِين رَجُلًا مِن قَومِك فاقتُل مَن أَبَى أَنْ يَرضى مِن هؤلاء السِّتَّة.

كيف قال: قُبِضَ رَسُولُ الله صَلَّى الله عليه وآله وهو عن هَؤلاء السِّتَّة راضٍ. وقال في حالِه: أُقتُلْ مَن أَبَى مِنهُم وهُم عِنده مِمَّن قد رَضِي الله ورَسُولُه عَنهم. إِنَّ ذلك لَمِن العَجب!

ثُمَّ اجتَمعوا فما كانُوا لِوَلايَة أَحدٍ أَشَدّ كَراهِيَّة منهم لِوَلايَتِي عليهم، فكانُوا يَسمعُونِي أُحاجّ أَبا بكر فأَقول: يا مَعشر قُرَيش، إِنَّا أَهلُ البَيتِ أَحَقُّ بهذا الأَمْر مِنكم ما كان فِينا مَن يَقرأ القُرآن ويعرف السُّنّة ويَدِين بِدين الحقّ، فخَشِي القَومُ إِنْ أَنا وُلِّيتُ عليهم أَنْ لا يكون لهم في الأَمْر نَصِيبٌ ما بَقوا، وأَخذوا بِأَنفاسهم، واعترَض في

حُلوقهم، فأَجمَعوا إجماعًا واحِدًا. فصَرفوا الوَلايَة عَنِّي إلى عُثمان وأَخرَجُوني مِن الإمْرَةِ عليهم رجاء أَنْ يَنالوها ويَتداوَلوها. ثُمَّ قالوا هَلُمّ فبايعْ وإِلّا جاهَدناك، فبَايَعتُ مُستكْرِهًا وصبرتُ مُحتسبًا. فقال عبد الرَّحْمَن: يا بن أَبِي طالب، إِنَّك على هذا الأَمر لَحَرِيص. قلتُ: حِرْصِي على أَنْ يَرجِع حَقِّي في عافِية، ولا يَجوز لِي عنه السُّكوت لِإثْبات الحُجّة عليكم، وأَنْتُم حرَصتُم على دُنْيا تَبِيد. فإِنِّي قد جَعلَنِيَ الله ورَسُولُه أَوْلى به منكم، وأَنتُم تَصرِفون وَجْهِي دُونه، وتَحولُون بَينِي وبَينَه. فبُهِتُوا، والله لا يهدي القوم الظَّالِمين.

اللَّهُم إِنِّي استَعدِيك على قُريش فإِنَّهم قطعوا رَحِمِي، وأَضاعوا سُنَّتِي، وصَغروا عَظِيم مَنزِلَتِي، وأَجمعوا على مُنازعَتِي أَمرًا كنتُ أَوْلى النَّاس به منهم فسَلَبُونِيه ثُمَّ قالوا: أَلا إِنَّ في الحَقّ أَنْ تأخذوه، وفي الحَقِّ أَنْ تمنعه، فاصْبِر كمدًا أَو مُتْ مُتأَسِّفًا حَنقًا. وأَيْم الله لو استطاعوا أَنْ يدفعوا قَرابَتِي كما قَطعوا سُنَّتِي لَفعلوا، ولكِنْ لم يَجِدوا إلى ذلك سَبِيلا.

وكان نَبِيُّ الله صَلَّى الله عليه وآله عَهِد إِلَيَّ فقال: يا ابن أَبِي طالِب، لَكَ وَلايَةُ أُمَّتِي مِن بَعدِي، فإِنْ وَلُّوك في عافِية واجتَمُعوا عليك بِالرِّضا فقُم بِأَمرهم، وإِنْ اختلفوا عليك فدَعْهُم وما هُم فيه فإِنَّ الله سيَجْعَلُ لَك مَخرجًا. فنَظرتُ فإِذا لَيس مَعِي رافدٌ ولا ذابٌّ ولا مُساعِدٌ إِلّا أَهْل بَيتِي، فظَننتُ بهم على الموت والهلاك. ولو كان بهم حَمزة أَو أَخِي جَعفر ما بايَعتُ كرهًا، فأَغضبتُ على القذى وتجرعتُ الشَّجى وصَبرتُ مِن كَظْم الغَيظ على أَمَرٍّ مِن العَلْقَم وأَلَمّ القلوب مِن حَزّ الشِّفار.

ثُمَّ تفاقَمَت الأُمورُ فما زالت تَجري على غير جِهَتها، فصبرتُ عليكم حتَّى إِذا نَقمْتُم على عُثمان أَتَّبتُموه فقَتَلتُموه، خذلَهُ أَهْلُ بَدرٍ وقتلهُ أَهلُ مصر، ما أَمرتُ ولا نَهيتُ عنه، ولَو أَمرتُ بِه لَكُنتُ قاتِلًا، ولو نَهيتُ عنه لِصِرتُ ناصِرًا)[1].

---

1 - المُستَرشِد، الطَّبري 95 103-. شرح نهج البلاغة، ابن أبي الحديد 191/ 4، 135-121/ 1. الإمامة والسِّياسة، ابن قتيبة 161/ 1 166. بحار الأنوار 114/ 1، 659/ 8. الغارات، إبراهيم بن محمد الثقفي -316/ 1 322

الفَصلُ الرَّابِع

هَواجِسُ الأَقْطابِ الخَمْسَة

يُحذِّرون بَنِي هاشِم ويُنذِرُون

استَتبَّ الأَمرُ لِـ(اتِّجاه أَهْل العامَّة) المُوالِي لِأَقطاب (صَحِيفَة مكَّة الثَّانِيَة) والنَّاصِر لِلخُلفائهم والمُمتَثِل الَّدائم لِأَوامِرهم والمُتَمسِّك بِـ(مَنهَج الرَّأي) على سُنَّتِهم بين عُقود مُضْطَربة مِن الهَواجِس القَبلِيَّة والعَصبِيّات العَشائرِيَّة والثَّأر الجاهِلي وحَسَد الإِمْرَةِ وأَطْماع الرِّئاسة في المُسلِمين. لكِنَّ ذلك لم يَمنَع مِن إِخْفاق أَبِي بَكر الخَلِيفة في صُنع سُلطَة سِياسِيّة مُستَقِرَّةٍ آمِنةٍ نِسبيًّا بِلا مُقابِل مِن الأَثْمان.

فَفي دَولَةِ (الخِلافَة) ضَاق حصادُ الانْقِلاب وانْحَصر في عَدَدٍ مَحدودٍ مِن كُبراء الصَّحابَة المهاجِرين بِزَعامة أَبِي بَكْر، ولا بُدَّ مِن إِيجاد مُقدِّمَةٍ تَضْمن لِلسَّلطَنَةِ الجَديدة أَمْنها واستِقرارَها، ولَنْ يكون ذلك إِلّا مِن خِلال الاجْتِهاد في تَوسِعَة عَقد التَّحالُفِ بين أَقطاب (صَحِيفَة مكّة الثَّانِيَة) لِيَشمِل كُلَّ الاتِّجاهات القَبلِيَّة والعَشائرِيَّة الأُخْرى فِيما عدا الهاشمِيِّين.

فإِذا ما أُقيم هذا التَّحالُف فإِنَّ سِيادَةَ الخِلافة الجَدِيدَة لِأَبِي بَكر ستَتخَطَّى حُدودَ المَدِينَة لِتَشمِلَ كُلَّ ما كان تَحت سِيادَة النَّبِيّ مُحمَّد صَلَّى الله عليه وآله، ومِنها إِلى بَقِية الوَلايات في الجَزيرة العَربيّة وخارِجها، ويُبعد سِيادَة الخَلِيفة عن شَبح الفَلْتَة الَّتي اكتَسب بها أَبُو بَكر الخِلافَة، وسيُقلِّص مِن مُضاعفات الرُّؤية القَبلِيَّة الَّتي ما زال رُعاتها يحتفظون بِحَقِّ الرَّد على مَن سَلَبهم مَقام نَسَبِهم وحَسَبِهم في العَرب وسَلَّط عليهم أَرْذَلَ أَراذِلِ مَكَّة وأَذَلَّ أَذِلَّائها.

وعَلى الرَّغْم مِن كون الإجْراء المُستَجِد بِتوسِعَة التَّحالف سُيفضِي إلى تَأسِيس مُلْكٍ عظيمٍ على حَسب تَصوّر أَقطاب (صَحيفَة مكّة الثَّانِيَة) الَّذين خَرَجوا لِلتَّو مِن عَهد الجاهِلِيَّة الخاضِع لِثَقافة الأَعْراب وتَوازُناتِ الانْساب ـ فإِنَّ هذا التَّوسُّع مِن شَأنِه تَعزيز سِيادة أَبِي بَكر وتَقوِيَتِها وسَدّ الأَبواب أَمام مُعارِضِي خِلافَتِه فضلًا عن ضَمان مُستَقبلِها في الخَليفَة اللّاحِق والحَدّ مِن فُرص التَّقارب بين مُجتَمعَي المَدِينة ومَكّة وشِيعَة عَلِيٍّ أَمير المؤمنين صَلوات الله وسَلامُه عليه المُنتَشِرين فِي المَناطق البَعِيدَة والأَقالِيم الأُخرى.

فقَرّر أَبُو بكر أَنْ يُشمِّر عن ساعِدَيه ويمضِي في تَوسِعَة دائرة التَّحالُف مِن إِطار المُتعاقِدِين المَحدُود في الخَمسة مِن الصَّحابَة وفيهم عُمر وأَبُو عُبيدة الجرَّاح ومَعاذُ بن جَبل ومَولى حُذيفة إلى إِطارٍ مُوَسَّع مَبنِيٍّ على عقدٍ آخر شَاملٍ لِكُلٍّ مِن بَشِير بن سعد وأسيد بن حضير وخالد بن الوليد وعُثمان بن عَفَّان وأَبِي مُوسَى الأَشْعَري والمُغِيرَة بن شُعبة وسَعد بن أَبي وقَّاص وعبد الرَّحمن بن عوف ومُعاوِيَة بن أَبِي سُفيان ويزيد بن أَبِي سُفْيان وعَمرو بن العاص وعِكرِمَة بن أَبِي جَهل وعويم بن ساعدة وعاصِم بن عدي والأَعور الأَسْلَمِي والأَقْرَع بن حابِس وسعيد بن العاص والوَلِيد بن عقبه بن أَبِي معيط وسَعِيد بن زيد أَبِي الأَعور، وغيرُهم. وإلى جانِب هذا الحِلف الجديد أَضاف أَبُو بَكر أُناسًا آخرين يَحمِلون صِفَة الاستِشارة والمُسانَدة، مِنهم أَنَس بن مالِك وعبد الله بن عبَّاس وغيرُهم مِن مِثلهم وعلى شاكِلَتِهم. ومِن النِّساء ضُمَّت عائشَة وحَفصَة وأُمّ حَبِيبة وغَيرُهن.

ومع كُلِّ الاحتِرازات المُتَّخذَة لِتَضييق الخِناق على عَلِيٍّ أَمير المُؤمنين صَلواتُ الله وسَلامُه عليه وشِيعَتِه ومَنع الهاشِمِيِّين مِن الاقْتِراب إلى حَقِّهم فِي الوَلايَة؛ إِلَّا أَنَّ الإِقْدام على تَوسِعَة رُقعَة تَحالُف أَقطاب الصَّحِيفة انْقَلب إلى مُجازَفَةٍ سِياسِيَّةٍ بِوَحدة المَجْمُوع وبِمَبدأ تَعزِيز السِّيادَةِ لِلزَّعِيم مُنفَرِدًا.

فقد طَغى النِّفاق حيث ثَقافَة الجاهِلِيَّة ما زالت قائمةً وتَحتلّ مَساحَةً واسِعةً مِن ذاكِرَة الكَثِير مِن الصَّحابة، وشَكَّلَت وقائعُ ما بعد عَملِيَّة اغتِيال النَّبِيّ صَلَّى الله عليه

وآله دافِعًا لاشتِداد الشَّكِّ والتُّهْمَةِ والرِّيبة والمُغالَبَة بين عناصر الحِلْفِ المُوسَّع نَفسِه حيث بَدأَت الدَّسائسُ البَينِيَّة تَغزو جمع المُتحالِفين الجُدُد، حتَّى قُتِل عددٌ مِنهم في ظُروف غامِضَة.

ورُبَما أَراد أَبُو بَكر بِتَشكِيل هذا التَّحالُف المُوسَّع أَيضًا تَعوِيمَ المَقام الطَّاغي المُستَجدّ لأَقْطاب الصَّحِيفَة وإِضْعاف أَثره بِإزاء مَقامِ الخَلِيفة وسُلطاتِه الجَدِيدة المُطلَقَة، والحَدَّ مِمَّا يَراه نُظراؤه الأَربعة مِن حَقٍ خاصٍّ لَهُم مِثلما هُو حَقٌّ له بِوَصْفِه خَلِيفَة، ومنه:

- حَقّ التَّمَتع بِالسِّيادَةِ المُطلَقَةِ الَّتي يَتوَجّب أَنْ تُعادِل ما لَدى أَبِي بَكر مِن سِيادَة.

- حقّ التَّمَيز عن غَيرِهِم مِن الصَّحابَة بِما يُجزِيَهم أَجرَ ما سَعوا وما انْجَزوا بِتَعاقُدِ (صَحِيفَة مَكَّة الثَّانِيَة) وبِما نَفَّذوا مِن انْقلاب حَقَّق لِلمُسلِمِين عهدًا جَدِيدًا بِـ(الخِلافة).

مِن غَير أَنْ يَنْسَى أَبُو بَكر أَنَّه وَعدَ الأَقطاب الأَربَعة بِوُعودٍ لَنْ يَستجِيب لها أَو يُنجزِها لَهُم على عَجَل، منها تَسلِيم الخِلافَة لِعُمر بَعد مضي أُسْبوع مِن تَسلُّمِه لها وقَد عَزم أَبُو بَكر على النُّكوص بِوعْدِه. فإِنْ تَوسَّع في تَحالُف الصَّحِيفَة وضَمّ إِليه عددًا مِن الصَّحابة الكُبراء مِن أَهْل التَّناوُش والمُهارَشَة مِثل خالِد بن الوَلِيد ومعاوية بن أَبِي سُفيان فإِنَّ تَبريرَ نُكوصِهِ على ما وَعَدَ سَيكون في غايَةِ الإِمْكان.

اجتَهَد عُمَر في التَّحرّر مِن الأَغلال الجَدِيدة الَّتي فَرضَها أَبُو بكر على نُظرائه الأَرْبَعة مِن خِلال التَّوَسّع في التَّحالُف، فاعْتَرضَ على اخْتِيار أَبِي بَكر لِبَعض الصَّحابة وضَمِّهم إِلى التَّحالُف وأَمَر بِاستِصدار حُكمٍ من أَبِي بَكر بِتَصْفِيَةِ مُغالِبِيه ومُنافِسِيهِ مِنهُم، حتَّى يَضمَن بِذلك وُصُول الخِلافَة إِليه مِن دُون الآخَرين بِسَلاسَةٍ وقُبَيل حلول الأَجَلِ بِأَبِي بَكْر وهَلاكِه.

فأَقْدَم عُمَر في بادِئ الأَمْر على تَحرِيض أَبِي بْكر على خَالِد بن الوَلِيد ودَعاه إِلى رَجْمه لِقاء ما ارتَكبَه مِن جُرْمٍ فَضِيعٍ في اغتِيال الصَّحابِي مالِك بن نُويرة واغتِصاب زَوجِهِ بِحُجَّة ارتِدادِه، ولم يَكُن ابنُ نُويرَة مُرتَدًّا!

أدركَ أَبُو بَكر ما كان يَرمِي إليه عُمَر، كَما أدرك أَنَّ انْشِغال عُمَر بِمُغالِبِيه الجدد في التَّحالُف المُوسَّع سَيثنِيهِ عن تكرار المُطالَبَة بِتَداول مَقعدِ الخِلافَة والتَّناوب عَليه مع أَبِي بَكر. فقَدَّم أَبُو بَكر الحُكم بِـ(مَذْهَب الرَّأي) على حُكْمِ الثَّقلَين القُرآن والسُّنَّة، ومَنعَ مِن إِخْضاع خالِد لِلقصاص وحَظَرَ استِصدار أَمْرٍ بِرَجمِهِ، فَفَعَل بِـ(مَذْهَب الرَّأي) ما يُقِيم شَكلا مِن أَشكال التَّوازن في القُوى بين الأَقطاب المَوتُورِين في تَحالُفِهِ الجَدِيد المُوسَّع، فيَسترضِي بِذلك القَبائل الكَبِيرة في مُجَتمعَيّ مَكّة والمَدِينَة ويَحتِويها ويَكْسِب وَلاءَها إِذْ لا تَصلح غِلظَةُ عُمَر ورُعُونَتُه مِن دُون مُنافِسٍ أَو مُغالِب أَو مُعارِك له في المَجمُوع مِثل خالِد بن الوَلِيد.

فَالمُنافَسَة والمُغالَبَة والمُعارَكَة بين عُمَر وخالِد مِن شَأنِها تَطويعهما، وتَعوِيم ما كان في البَقِيَّة مِن الصَّحابة مُتعهِّدي (صَحِيفة مَكّة الثّانِية) مِن أَطماع في الرّئاسَة والسُّلطان. عِندئذٍ أَدرك عُمَر أَنَّ مَقامَه السِّيادِي وحَظوتَه بين عناصر التَّحالُف المُوسَّع يَشهدانِ نُكوصًا وأُفُولًا، وأَنَّ مَرتَبتَه المُتقدِّمة في تَعاقُد الصَّحِيفَة الثَّانِية تَشهد ارْتِدادًا وتَراجعًا عند سِيادة نَظيره أَبِي بكر، ولَن يَنال فُرصَتَه مِن الخِلافَة مِن أَبِي بَكر في أُسْبوع ولا شَهر ولا في عام ما دامت وَصَلت إِلى أَبِي بَكر واستَقرّ عليها!

قال أَبُو بَكْر فِي خالِد أَنَّه (سَيفٌ مِن سُيوفِ الله)، فاكتَسَب خالِد من ذلك حَصانَةً مانِعةً مِن تَطبِيق الحَدِّ عليه في مُقابِل نَصّي الثَّقلَين الَّذين جُمِّدا وعُطِّلا. فضَمن خالد بذلك رِفْعَةَ مَنزِلتِهِ ومَقامِهِ في قَومِه وصَعدَ بِـ(مَذْهَبِ الرَّأي) مَرتَبَةً في المُسلِمِين، وتَخطّى حُكمَ الرَّجْم لِمقتَضى تَعزِيز سِيادَة الخَلِيفة في التَّحالُف المُوسَّع. في حِين أَنَّ عُمَر لم يَحظ مِن أَبِي بكر بِوَصْفِهِ رَفِيق دَربِهِ وخَليفة المُسلِمِين بِأَيِّ إِطراء يَرفَع مِن شَأنِهِ في التَّحالُف المُوسَّع بِمِثل ما فَعَل مع خالِد.

لم يُشعِر عُمَر بِضَمان حِصَّتِهِ في مَرتَبَةِ الرَّجُل الثَّانِي مِن بَعدِ أَبِي بَكر في التَّحالُف المُوسَّع، كما لم يُشِر التَّحالُف المُوسَّع إِلى أَيّ مَرتَبَةٍ خَصَّها بِعُمر بِإزاء العناصر الجَدِيدة المُلتَحِقَة به ومنها ذات النَّسَبِ والحَسَب الرَّفِيعَين في قَبائل العَرب، وعُمَر

في هذه الأَحْوال ما يَزال يَصِف خالد بـ(عَدُو الله) ويُكَرِّر القَول أَمام أَبِي بَكر إِنَّ خالِد (عدُو الله، عَدَا على امْرِئٍ مُسْلِمٍ فقَتلَه ثُمَّ نَزا على امرأَتِه)[1].

لم يَكن الدَّافِعُ في مَوقِف أَبِي بَكر إِزاء صاحِبِه المُقرَّب خالِد نابعًا مِن إِيمانِه بِوجوب الالتِزام بِالنَّصّ الدِّيني وإِنَّما مِن التِزامِهِ بـ(مَذْهَب الرَّأي) الَّذي اختَلَقَه بَدِيلًا لِلتَّعويض عن الجَهل بِالدِّين ولِنَبَذِه لِلثَّقلَين، وكَذلِك فَعَل عُمَر مُنذ أَنْ اشتَركا في الحَدِّ مِن أَعْمال نَقلِ الرِّوايَة وتَدوِينِها وأَكثَرا مِن إِحْراقِها في عَهد النَّبِيّ مُحمّد صَلَّى الله عليه وآله وعاقَبَا المُدوِّنين مِن الرُّواة، وكَذَّبا على النَّبِيّ صَلَّى الله عليه وآله بَعد اغْتِيالِه وتَوافَقا على اختِلاق الأَحادِيث ومِنه حَدِيث (لا نُورَثُ، ما تَرَكْنَا صَدَقَة) لِمصادَرة حقِّ الزَّهراء صَلواتُ الله وسَلامه عليها في مِلكِيّة فَدك. وهنالك الكَثِير مِن الأَعْمال المُشتَركة الَّتي تَستَوجِب تَوثِيق العلاقة بَينَهُما في الظَّرف الرّاهن حيث نشط إِطار التَّحالُف المُوسَّع. لكِنّ الأُمور جَرَت على غَير مُستقرّ بينهما.

عندما آلَت أُمُور الخِلافَة إِلى عُمر؛ جَمَّد عَمر حُكمَ الثَّقلَين على طَرِيقة سَلَفِهِ أَبِي بَكرٍ، وحَكَم بِمَذهَبِه (مَذْهَبِ الرَّأي) وفَصل بِه، وشَربَ الخَمر وحرَّم مِتعتَي النِّساء والحَجّ، وأَتَى بِصَلاة التَّراويح جَماعة، وعَبَث في نَصَّي الأَذان والإقامة فحَذَف (حَيّ على خَيرِ العَمَل)، وابتَدع في أَواخِر أَيام حَياتِه فِكرة (مَجلِس الشُّورى) لاختِيار الخَلِيفة مِن بَعدِهِ وأَمَرَ بِقَتل كبراء الصَّحابَة إِنْ لم يَتوافَقوا بالإِجْماع عليه، وأَمَر بالإِبادَة الجماعِيَّة في بَعْض حُروبِهِ، وقَضايا أُخرى مُخالِفَة لِلدِّينِ ولِلعَقِيدة والشَّرِيعة والأَخلاق لا حَصْر لها. فهذا مِن شَأن عُمَر الَّذي يَبدو في الظَّاهِر مُنسَجِمًا مع شَخصِيَّة أَبِي بَكر، لكِنَّ أَبا بَكر السِّياسِي لَهُ ما لَه مِن مَقصَدٍ مُختَلف مِن وراء تَشكِيلِهِ لِلتَّحالُف المُوسَّع، بَل رُبما رأَي فيه مَنفذًا لِلاستِغناء عن عُمَر اللَّجُوج الَّذي ما زال يَلِحّ على إِعادَةِ الخِلافة إِليه في ظرف أُسبوع التِزاما بِما وَعدَه في يَوم السَّقِيفَة، والاستِعاضَة عن عُمر بِصَحابَة آخَرين هُمْ أَوسَعُ مِنه نُفوذًا بين قَبائل العَرب وأَقَلُّهم استِحقاقًا لِأَثمان ما مَضى مِن اجتِهادٍ مُشْتَرِكٍ

1 - تأريخ الطَّبري 50/ 2

فِي الانْقِلاب على الأَعْقاب وإِقصاء عَلِيٍّ أَمِير المؤمنين صَلواتُ الله وسَلامُه عليه عن وَلايَتِهِ وأَقلّ منه كُلْفَة، مِنهم خالِد بن الوَلِيد.

وذُكِرَ أَنَّ وراء إِصْرار عُمَر على مُحاكَمة خالِد واتِّخاذِ قَرارٍ عاجِلٍ ومُثيرٍ بِرَجمِهِ حتَّى الموت يكمُن في عددٍ مِن الدَّوافع أَتَى على رأسها ما أَفصحَ عنه تَبادلُ الاتِّهام بَينهما بِارتكاب الفاحِشَة. فلَمّا عاد خالِد مِن مَعركَتِه (قام إِليه عُمَر فانْتَزع الأَسْهُم مِن لَامَتِه وحَطَّمَها، ثُمَّ قال: أَرِياءً قَتَلْتَ امْرِءًا مُسلمًا ثُمَّ نَزَوتَ على امرأَتِه، والله لَأَرجِمنَّك بِأَحجارك)[1].

وخِلال دَقائق قَلِيلَةٍ مِن العَصبِيَّة الثَّائرة لِعُمر كادَت تَفتِك بِخالِد؛ قَدَّم خالِد اعتِذارَه لِأَبِي بَكر على فَعْلَتِه الَّتي فَعَل، فحكَّم أَبُو بَكر (مَذْهَب الرَّأي) في واقِعَتَي القَتل والزِّنا وقَبِل عُذْر خالِد، ثُمَّ أَعْلَنَ أَبو بَكر في الصَّحابة عن إِسقاط حُكْم الرَّجْم الشَّرْعِي عن خَالِد على حَسب ما تَمتَّع به مِن وَلايَةٍ مُطلقةٍ وبِوَصفِه خَلِيفة المُسْلِمين. فأُسقِط في يَدِ عُمر الَّذي أَراد بِخَالِد النِّقمة والثَّأر في إِثْر الفَشَل الذَّريع والفَاضِح لِعَملِيَّة ابْتِزازٍ شَخْصِيّة نُفِّذَت فِي لَحظة نِزاعٍ وَقَعَ بَينَهما.

ومِن المُفارقات المُثِيرَة أَنَّ عُمَر نَفسُهُ عاد في فَترةِ خِلافَتِهِ فارتَكَبَ ذات الخَطأ الَّذي وَقَع فيه أَبُو بَكْر، وذلك عِندما حَكَّم (مَذهَب الرَّأي) في واقِعَة زِنا المُغِيرة بن شُعْبَة وَالِيهِ على البَصْرة. (فإِنَّ امرأَةً يُقال لها أُمّ جَمِيل بِنْت الأَفْقَم مِن نِساء بَنِي عامِر بن صَعْصَعَة، ويُقال هِي مِن نساء بَنِي هِلال، وزَوجُها مِن ثَقِيف قد تُوُفِّي عنها وكانَت تغشى نِساء الأُمراء والأشراف، وتَدخُل على بَيت المُغِيرة بن شُعبة وهو أَمِير البَصرة، وهِي دارُ المُغِيرة تِجاه دار أَبِي بَكْرَة وبَينهما الطّريق وفيها كُوَّةٌ تُشرِفُ على كُوّةٍ في دار المُغِيرة. ولا يَزال بين المُغِيرة وبين أَبِي بَكْرَة شَنآن. فبَينما أَبُو بَكْرَة في دارِهِ وعِندهُ جماعة يَتَحدّثون في العلية إِذْ فَتَحَت الرِّيحُ باب الكُوّة، فَقام أَبُو بَكْرَة لِيغْلِقَها، فإذا كُوّة المُغِيرة مَفتوحة، وإِذا هو على صَدرِ امْرأَةٍ وبَين رِجلَيها وهو يُجامِعُها.

1- المصدر السّابق 2/ 503

فقال أَبُو بَكْرة لِأَصحابِه «تعالوا فانظروا إِلى أَمِيركم يَزنِي بِأُمّ جميل». فقاموا فنظروا إِليه وهو يجامع تلك المرأة. فقالوا لِأَبي بكرة «ومِن أَين قلتَ إِنّها أُمُّ جميل ورأساهما مِن الجانب الآخر». فقال«انتظروا». فلَمّا فرغا قامت المرأة فقال أَبُو بكرة: هذه أُمّ جميل! فعرفوها فيما يظنّون.

فلَمّا خرج المُغيرة ـ وقد اغتَسَل ـ لِيُصلّي بِالنّاس منعه أَبُو بَكرة أَنْ يَتقدّم. وكَتَبوا إِلى عُمّر في ذلك، فوَلّى عُمَر أَبا مُوسَى الأشعري أَميرًا على البَصرة وعَزَل المُغِيرة. فسار إلى البصرة فنزل البرد. فقال المُغيرة: والله ما جاء أَبو موسى تاجرًا ولا زائرًا ولا جاء إِلّا أَميرًا. ثُم قدم أَبو موسى على النَّاس وناول المُغيرة كتابًا مِن عُمر هو أَوجز كتاب فيه «أَمّا بعد فإِنّه بَلَغني نَبأٌ عظيم فبَعثتُ أَبا موسى أَميرًا، فسلِّم ما في يَدَيك والعجل»!

وكَتَب عُمر إلى أَهْل البَصْرة: إِنّي قد ولَّيتُ عليكم أَبا موسى لِيَأخذ مِن قَوِيّكم لِضَعيفكم، ولِيُقاتل بِكم عدوّكم، ولِيَدفع عن دينكم، ولِيُجبِي لكم فَيأكم ثُمّ لِيُقسّمه بينكم.

أَهدى المغيرةُ لِأَبي مُوسى جارِيَة مِن مولدات الطَّائف تُسمّى عقيلة وقال: إِنّي رَضِيتها لك، وكانت فارِهَة. وارْتَحلَ هو والَّذين شَهدوا عليه وهُم أَبُو بكرة ونافع بن كلدة وزياد بن أُمَيَّة وشبل بن معبد البجلي. فلما قدموا على عُمَر جمع بينهم وبين المغيرة. فقال المُغيرة: سَلْ هؤلاء الأعبد كيف رأوني، مُستقبِلهم أَو مُستدبِرهم، وكيف رأوا المرأة وعرفوها؟! فإِنْ كانوا مُستقبِلي فكيف لم يَستَتِروا، أَو مُستدبِرِي فكيف استَحلّوا النَّظر في مَنزِلي على امرأتي؟! والله ما أَتيتُ إِلّا امرأتي وكانت تُشبِهها.

فبدأ عُمَر بِأَبي بكرة فشَهدَ عليه أَنَّه رآه بين رِجْليّ أُمّ جَميل وهو يُدخِله ويُخرجه كالمِيل في المكحَلة، قال: كيف رأيتهما؟ قال: مُستدبِرهما. قال: فكيف استبَنت رأسها قال: تَحامَلَت. ثُمّ دعا شبل بن معبد فشَهِد بِمثل ذلك، فقال: استَقبَلتهما أَمْ استَدبَرتهما؟! قال: استقبلتهما. وشَهِد نافع بِمِثل شهادة أَبي بكرة ولم يَشهد زِياد بِمثل شهادتهم. وقد أَفهم عُمر زيادًا: أَنَّ رَغبتَه قَوِيَّة في تَبرئة المُغِيرة، ولَو بِكتمان الشَّهادة، حيث قال لما جاء

زِياد لِلشَّهادة: إِنِّي لَأَرى رَجلًا لَنْ يُخزِي الله على لِسَانه رَجلًا مِن المُهاجرين!

فقال زِياد: رأيتُه جالِسًا بين رِجلي امرأة فرأيتُ قَدمين مُخضوبَتَين يَخفقان وإِستَين مكشوفَتين، وسَمِعت حفزانًا شديدًا. قال: هَلْ رأيت كالمِيل في المكحلة؟ قال: لا. فهَلْ تَعرف المرأة؟! قال: لا ولكن أَشْبهها. قال: فتَنَحّ.

ورُوي أَنَّ عُمر كَبَّر عند ذلك، ثُمَّ أَمَر بِالثَّلاثة فجُلِدوا الحدَّ وهُو يقرأ قوله تعالى [فَإِذْ لَمْ يَأْتُوا بِالشُّهَدَآءِ فَأُوْلَئِكَ عِندَ ٱلله هُمُ الكَذِبُونَ][1] فقال المُغِيرة: اشْفِني مِن الأَعبد. قال: اسْكُت أَسْكَت الله فاك، والله لو تَمَّت الشَّهادة لَرَجمناك بِأَحْجارك!)[2].

وقِيل أَنَّ عُمَر قال: الله أَكبَر، قُمْ يا مُغيرة إِليهم فاضْرِبهم. فقام إلى أَبِي بكرة فضَربه ثمانين. وضَربَ الباقِين. وأَعجبه قول زِياد، ودَرأَ الحدّ عن المُغِيرة. فقال أَبو بكرة بعد أَنْ ضُرِب: أَشهَدُ أَنَّ المغيرة فَعَل كذا وكذا. فهَمَّ عُمر أَنْ يِضربه حَدًا ثانيًا فقال له عَلِي بن أَبي طالب صَلواتُ الله وسَلامُه عليه: إِنْ ضَربتَه فارجِم صاحِبَك. فتَركَهُ. واستَتاب عُمَر أَبا بكرة، فقال: إِنّما تَستَتِيبني لِتَقبل شَهادِتي؟ فقال: أَجْل. فقال: لا أَشْهد بين اثْنَين ما بَقِيت في الدّنيا. فلَمّا ضَربوا الحدّ قال المُغيرة: الله أَكبر، الحمدُ لله الّذي أَخزاكم. فقال عُمَر: أَخْزى الله مَكانًا رأوكَ فِيه!

ثُمَّ إِنَّ أُمَّ جَمِيل وافَت عُمر بن الخطاب بِالمُوسِم والمُغيرة هناك، فقال عُمَر له: أَتعرف هذه المرأة يا مُغيرة.. أَتتجاهَل عَلَيّ؟! والله، ما أَظنّ أَبا بكرة كَذّب فيما شَهِد عَليك، وما رأيتُك إلّا خِفْت أَنْ أَرمِى بِحجارةٍ مِن السَّماء!)[3]. ثُمّ أَعاد عُمر المُغِيرة والِيًا على البَصرة وزادَه على الكُوفة.

لقد دَبَّ الشَّكُّ وعمَّت ظاهرةُ فقدان الثِّقة بَين عَناصر التَّحالُف المُوسّع كلَّما بَالَغ

---

1 - النّور 13

2 - البداية والنّهاية، ابن كثير 93/ 7. السُّنن الكبرى للبيهقي 235/ 8. الغدير، الشيخ الأميني 138/ 6

3 - انظر شرح نهج البلاغة 236/ 12. الإيضاح، ابن شاذان 553. بحار الأنوار 644/ 30. النّص والإجتهاد 356. الغدير 139/ 6. السَّقيفة وفدك، الجوهري 94. الأغاني 146/ 14. قاموس الرِّجال، التُّستري 196/ 10. وفِيّات الأعيان 365/ 6. الكنى والألقاب 420/ 1.

أَبُو بكر في تَعزِيز سِيادتِه في التَّحالُف وأَكثر مِن أَسالِيب التَحرِيض في بَين عناصره الأَقْوِياء لِيضعفوا أَمام سِيادتِه فيُطِيعوه. ومنها أَنَّ أَبا بكر أَقدَم على تَحرِيض عُمَر على مُناوشة عَمرو بن العاص، واستَعان عُمر على عمرو بِأَبِي عُبيدة بن الجرّاح. وأَمَّا عُثمان ومُعاوية وزَعِيمهما أَبُو سُفيان فهُم ما فَتِئوا يَعدُّون الأمر لِتَنفيذ انْقلابٍ أَموِيٍّ على التَّحالُف المُوسَّع، وحَرصُوا على عَقد اتِّفاقٍ جانِبيٍّ خاصٍّ مع عُمَر لِضَمان قيام الخِلافَة فِيه مِن بَعد أَبِي بكر الَّذي مَرَد على الطُّرق المُلتوِيَة يَبتَغِي بها إِزاحة عُمر عن مَنصِب الخَلِيفَة ومَنعِهِ مِن استِلام الخِلافَة مِن بَعده.

ويَكشِفُ عُمر في مَرحَلةِ خِلافَته في رِسالة وَجَّهَها إِلى مُعاوِية بَعد تَعيِينِه له والِيًا على الشَّام خَلفًا لِأَخِيه يَزِيد بن أَبِي سُفيان ـ ما يَدل على وُجود تَحالُفٍ سابق بَينَهُ والأُمويِّين إِذْ أَشارَ إِلى ذلك بِقَولِه (وعلاها أَبُو بَكر وعَلوتُها بَعده، وأَرجو أَنْ تكونوا مَعاشِر بَنِي أُمَيَّة عِيدان أَطنابِها. فمِن ذلك قد وَلَّيتُك وقَلَّدتُك إِباحة مُلكِها وعرَّفتُك فيها وخالَفتُ قوله (ويَعنِي النَّبيّ مُحمَّد صَلَّى الله عليه وآله) فِيكم، وما أُبالِي مِن تَألِيف شِعرِه ونَثرِه، أَنَّه قال: يُوحَى إِليَّ مُنزّلَ مِن رَبِّي في قوله [والشَّجَرَة المَلعونَة في القُرآن] فزَعَم أَنَّها أَنتُم يا بَنِي أُمَيَّة)[1].

تَوصَّل التَّحالُف الجانِبي المُنفرِد بَين الأُمَوِيِّين وعُمر إِلى السَّعي لِضَمان مَنع وُصول الخِلافة إِلى عَلِيٍّ أَمِير المُؤمِنين صَلواتُ الله وسَلامُه عليه مِن بَعد أَبِي بَكر أَوَّلًا، ومَنعها مِن أَنْ تَصِل أَبِي عُبيدة بن الجرّاح حَلِيف أَبِي بَكر ثانِيًا. على أَنْ يَجتهِد التَّحالُف (الفَرعِي) في العَمل على إِبقَاء وَلايَة الشَّام مِن حِصّة الأُمَوِيِّين بِزَعامة يَزيد بن أَبِي سُفيان على الرَّغْم مِن اشْتراك خالِد بن الوَلِيد وأَبي عَبيدة الجرّاح في قِيادَة الجيوش الثَّلاثَة المكلَّفة بِفَتح الشَّام إِلى جانِب الأُمَوي يَزيد بن أَبي سُفيان، وتهيئة عُثمان لِتَسلّم الخِلافَة مِن بَعد ضَمانِ وُصُولها إِلى عُمَر ومَنعِها عن عَلِيٍّ صَلواتُ الله وسَلامُه عليه بعد هلاك عُمَر.

ويُشار في سِيرةِ عُمَر أَنَّه قدَّم عُثمان بن عَفان على أَبِي عُبَيدة بن الجَراح الَّذي فَضَّلَه أَبُو بَكر على عُمَر لِيَكون خَلِيفَة المُسلِمِين مِن بَعده. وقد استَثنى عُمر أَبا عُبيدَة مِن

1 - بحار الأنوار 292/ 30

الجُيوش الَّتي غادَرَت المَدِينة لِفَتح الشَّام وأَراد عَزلَهُ مِثلما فَعَل مَع خالِد بن الوَلِيد أَو أَراد بِه الأَذَى. فاستَدعاه إِلى المَدِينَة في رِسالَةٍ وَجَّهها إِليه يَقول فيها (فإِنَّه قد عُرِضَتْ لي حاجةٌ أُريد أَنْ أُشافِهَك فيها، فعزَمتُ عليك إِذا نَظرتَ في كِتابِي أَلّا تَضعَهُ مِن يَدِك حتَّى تُقبِل إِليَّ)[1]. لكِنَّ أَبا عُبَيد عَلِم مَقصَدَ عُمَر مِن الرِّسالة فَرَفَض العَودة وقال في رِسالَةٍ جَوابِيَّة (إِنِّي قد عَرفتُ حاجَتك إِليَّ، وإِنِّي في جُندٍ مِن المُسلِمِين، لا أَجِدُ بِنَفسِي رَغبةً عَنهُم، فلَسْتُ أُرِيد فِراقَهم حتَّى يَقضيَ اللهُ فيَّ وَفِيهم أَمرَه وقَضاءَه، فحَلِّلنِي ودَعْنِي في جُندِي)[2]. وقال الطَّبري في مَوتِه أَنَّه (طُعِن ومات)[3]. وقِيل أَنّ عُمَر أَراد بِرسالَةِ الاستِدعاء أَنْ يَستَنقِذه مِن وباء الطَّاعون، فطُعن (أَي أُصِيب بِالطَّاعُون)!

من جهته، أَكثَرَ عُمَر مِن الاستعانة بِالأُموِيِّين لِلاستِقواء بِهم على عناصِر التَّحالُف المُوسَّع وابتزازِ حَليفِهِ الخَلِيفة أَبي بَكْر بعد أَنْ شَعر عُمَر مِن أَبي بَكر جفوةً ردًا على ما صَرّح بِه ذات مَرَّة أَنَّ (أَبا بَكر أَعَقّ وهو أَحْسَد قُرَيش كُلّها)[4] وقد كَشَف عبد الرَّحمن بن أَبِي بَكر مَا كان يخفِيه والِدُه مِن وراء هذه الجفوة.

لم يكِفّ عُمَر عن تَوجِيه التَّنْبِيهِ تِلْو التَّنْبِيه والإِنْذار تِلْو الإِنْذار إِلى أَبِي بكر، وأَبو بَكر لا يَكتَرِث ولا يُصْغِي. فتوعّد عُمَر أَبا بَكْر مِرارًا وتكرارًا بِكَشف ما بَينهُما مِن أَسرارٍ خاصَّة إِنْ لم يَتَّخِذ أَبُو بَكر الإجراءات التَّالِية:

ـ أَنْ يَضع حَدًا لِعُلوِّه على مقام عُمَر الجديد، فهُو نَظِيرُ لَه في المَنزِلَة ويُساوِيهِ في المَقام مُنذُ شُروعِهِما في حَظر تَداوُل مَروِيّات السُّنّة الشَّفَهِيّة ومَنع تَدوِينها وجَمع وإِحْراق ما دُوِّن مِنها. وهو أَوَّلُ إِجراء مُشتَرك اتَّخذاه في هذا النَّسَق المؤدِّي إِلى استِلامِهما الخِلافَة.

ـ وأَنْ يَتوقَّف أَبُو بَكر عن ظُلمِه المُستَمِر لِحَقِّ عُمَر في استِلام الخِلافَة إِذْ اتَّفَقا

1 – البداية والنِّهاية، ابن كثير 42/ 10

2 – المصدر السابق 42/ 10

3 – تاريخ الطبري، الموسوعة الشاملة، ج2 ص488

4 – شرح نهج البلاغة، ابن ابي حديد 29/ 2

على تَداولها بَعد فَترةٍ وَجيزة وفي غُضون أسْبوعٍ مِن استِلام أبي بَكر لها.

ـ وأَنْ يَتوقَّف أَبُو بكر عن التَّدبير لِتَنصِيب خَلِيفَة آخر مِن بَعدِهِ غير عُمَر وإصْرارِه على مَنع عُمَر مِن تَسنُّم الخِلافَة قُبَيل هَلاكِهِ.

ـ وأَنْ يَشطُب أَبُو بَكْر ما أَقرَّه مِن إجراءٍ بِتَضيِيق صَلاحِيّات عُمَر الَّتي كانَتْ تُعادِل ما كان لِأَبِي بَكْر الخَلِيفة. فما زال عُمَر يَرى نَفسَه الشَّرِيك الثَّاني في صُنع (الفَلْتَة) وعلى مَرتَبةٍ واحِدَةٍ معه منذ جرى التَّعاقُد على (صَحِيفَة مكَّة الثَّانِيَة) مع الصَّحابَة الثَّلاثَة الآخَرين.

وعندما جَدّ الجِدُّ بينهما، قابَل أَبُو بكر إِنْذارَ عُمر بِأَنذارٍ آخَر مماثِل مُضادّ شَدِيد اللَّهجة قَضى بِفَضح سِيرَتِه وما ارْتَكَبه مِن عَمَلٍ يُوصَف بـ(الفاحِشة)، ومِمّا أَجْرَم وما أَقْدَم عليه مِن وراء ظَهر الخَلِيفة مِن تَحالُفٍ مع المُنحرِفِين المتآمِرين مِن الأُمَوِيِّين. فقال أَبُو بَكر لِعُمر (أَما والله لتكفَّنّ أَو لَأَقولَنَّ كَلِمةً بَالِغَةً بِي وبِك في النَّاس تَحمِلها الرُّكبان حيث ساروا)[1].

حَدثَ ذلك وأَبُو بَكر يَرَى رأيًا صَريحًا يُدلِي به في صَحابة التَّحالف المُوسَّع الحافِّين به يُفِيد بِعَدم لِياقَة عُمَر لِاعتلاء سُدّة الخلافة الآن بِالتَّناوب بَينهُما أَو مِن بَعد هَلاكِهِ بِوَصِيّة تَعيين إِذْ قال لِعُثمان ذات مَرَّة (ما هو بِخَير له أَنْ يَلِي أَمرَ أُمَّة مُحمَّد صَلَّى الله عليه وآله، ولو تَركته ما عَدوتُك، وما أَدرِي لَعَلِّي تارِكه والخِيرة له أَنْ لا يَلِي أَمرَكُم)[2].

راهَن الأُمويُّون على هذا التَّنازُع البارد بين أَبِي بَكر وعُمر وعلى شِدّة التَّناوش فِيما بينهما منذ قِيام التَّحالُف الموسَّع، وأَعانَهم عُثمان في ذلك إِذْ لعب دَور العَين الرّاصِدة والقارئة لِمَصلحة البيت الأُمَوِي الَّذي بات يَتلقّى مِن عُثمان التَّفاصِيل الدَّقيقة عن هذه الوَقائع لحظةً بِلحظة.

1 - مسند أحمد بن حنبل 55/ 1. تأريخ الطّبري 446/ 2
2 - كتاب الثّقات، ابن حيان 192/ 2

وفي الجِهة الأُخرى مِن التَّحالف الموسَّع؛ اشتَدَّت العداوةُ والبغضاءُ بين عبد الرَّحمن بن عوف وخالِد بن الوَليد حيث تَحسَّس عبد الرَّحمن في خالِد عَصبيّةً جاهِليّةً وعملًا بالثَّأر لِأَهْلِهِ وقَبيلَتِهِ وفَسادًا في الخُلق. وقال له ذات مَرّة (عمِلت بِأمر الجاهِليَّة في الإسّلام)[1].

إنَّ الفَوضى القبَلِيَّة هذه وما رافقها مِن العَصبِيَّة الجاهِليّة الشَّدِيدَة وما أَفرزتاه مِن الجرائم والفَواحِش الَّتي ارتُكِبت في السِّرّ والعَلانِيَة وعَصفَت بِعناصر التَّحالِف المُوَسَّع أَعقاب تمَادِيهم في شَطْب القُرآن الَّذي دَوّنه عَليٌّ أَمير المؤمنين صَلواتُ الله وسَلامُه عليه ومَنعِ العمل بِسُنَّةِ النَّبِيَ صَلَّى الله عليه وآله والمُعاقَبة على تَدوِينها وتَجميد فِعلها الحَقِيقي المُؤثِّر فِي الحياة العامَّة وإِعْمال (مَذْهَب الرَّأي) في إدارة نِظام الخِلافة الجَدِيد، والعَبثِ في مَعانِي الثَّقلَين بِالوَضع والاخْتِلاق والتَّلفِيق والتَّشطِيب لِتكريس الشَّكِّ فِيهما، وتَمْكِين الأُمَوِيِّين مِن اختِراق شبكة العَلاقات في التَّحالُف المُوَسَّع ومِن بَسط سِيادَتِهم على أَنحاء مُختلفة مِن الجَزيرة العربيَّة والوَلايات الأُخْرى.

كلُّ ذلك أَدَّى إلى تَفَشِّي ظاهرة الارتِداد عن الدِّين وتَفاقم ظاهرة تَشَكُّل الفِرق والمَذاهِب وانْتِشار الفَساد في النِّظام الدَّاخِلي لِلخلافَة وانْفلات سَيطرة أَقطاب (صحِيفَة مكّة الثَّانِيَة) على التَّحالُف المُوَسَّع وضعف هَيمَنَتِهم على قوى (اتِّجاه أَهْل العامَّة) ذِي التَّأثِير الكَبير في دَعْم سِيادة مَفْهوم (الخِلافة) البَدِيل النَّزِق عن مَفهُوم (الإِمامَة).

ولم يَكن مِن سَبيل لَدى أَبِي بَكر ومَن تَبَقَّى مِن رِفَاقِه ومِن خُلفائه إِلَّا اتِّباع سَبِيل التَّشدُّد واستخْدام القُوَّة وافتِعال الحُروب لِكَي يَنشَغِل كُبراء الصَّحابَة في التَّحالُف المُوسَّع بِها وبِالتَّأهب الدَّائم لِتَجيِيش الجَيوش لِجَني الغَنائم وبناء الثَّروة، ولِلحَدّ مِن ظاهِرَة بُروز الأَقْطاب المتعدِّدة في ذات التَّحالف بِإزاء سِيادة الخَلِيفة ومِنها ما انَفرَد به عُمَر مِن صَلاحِيّات مُطلَقة يَراها حَقًّا خاصًّا واستِثناءً واجِبًا له مِن دُون بَقِيّة الكُبراء من عَناصر التَّحالُف.

1 – سيرة ابن هشام 53/ 4 57. تأريخ أَبي الفدا 145/ 1. أُسد الغابة 102/ 3. الإصابة 318/ 1، 81/ 2

فلو اعتَزَلَ عَلِيٌّ أَمِير المؤمنين صَلواتُ الله وسَلامُه عليه هذه المَرحلة الحسَّاسَة مِن الخِلافَة ونَأى بِنَفسِه عن هذا المُجتمع الحائر بين ثَقافَة الجاهِلِيَّة ووَاقِع الدِّين المُلَفَّق والمُزوّر وفَوضَى الإمْرة والرّئاسة ومُنازعات الحرب البارِدَة على السُّلطان وزَعامة القبائل بين الصَّحابة والأَقطاب، وامتَنعَ صَلواتُ الله وسَلامُه عليه عن رِعاية هذه المَرحَلة وعن المُساهَمة في تَوجِيه دَفَّة الوَضْع الدَّاخِلي العامّ، وتَجنَّب التَّدخُّل لإِعادَة التَّوازن المَفقُود في النِّظام الاجْتِماعِي والثَّقافِي في مَكّة والمَدِينة والوَلايات الأُخْرى؛ لَحلَّت الفُرْقَة بِعَصبِيَّاتها القَبَليّة والعَشائرِيّة على أَشَدّ وأَعْنَفِ ما يَكون عليه واقع الحال، ولَتَّغَلَّبَ هوى الإِمْرة وحُبّ الرّئاسة والسُّلطان بين الأَقطاب المُتنافِرَة في التَّحالُف الموسَّع على واجِب حفظ الأَمْن والاستِقرار بين مُجتَمعات المُسلِمِين، ولَصارَ الخَلِيفةُ حاكِمًا مُستَبِيحًا لِلدِّماء ومنتهكًا لِلأَعْراض في وَضَح النَّهار، ولَرَجَعَ النَّاسُ إِلى جاهِلِيَّتِهم، ولمُحِيَ الدِّين مِن ذاكرة النَّاس وعَمَّت الجاهِلِيَّةُ بِثَأرِها وأَحْقادِها المُدَمِّرة مِن جَدِيد، ولكانَت المَدِينة أُولى ضَحايا الانْقِسام الحادّ والطَّلاق البَائن بَين فِئتَيّ المُهاجِرين والأَنْصار.

فقَد أَعطى عَلِيٌّ أَمِير المؤمنين صَلواتُ الله وسَلامُه عليه يَدًا لِلإسلام في سَبِيل إِنقاذ أَهْل الدِّين، فتَألّف أَبا بَكر ولِكنَّه لم يَبسُط يَدَه لِمُبايعَتِهِ ولا مُبايعة عُمَر ولا عُثمان.

ويَقول عَلِيٌّ أَميرُ المؤمنين صَلواتُ الله وسَلامُه عليه في وَصْفِ هذه الأَحْوال المُرَّة ومَوقِفه مِن بَيعة أَبِي بَكر: فلَمّا مَضى «الرَّسُول صَلَّى الله عليه وآله» تَنازع المُسلمون الأَمرَ مِن بَعدِه، فوالله ما كان يلقي في رَوعِي ولا يَخطُر بِبالِي أَنَّ العَربَ تزعج هذا الأَمر مِن بَعدِه صَلَّى الله عليه وآله عن أَهْلِ بَيته، ولا أَنَّهم مَنحوه عَنِّي مِن بعده، فما راعَنِي إِلّا انْثِيال النَّاس على فُلان يُبايِعُونه فأَمسكتُ بِيَدِي حتَّى رأيتُ راجِعَةَ النَّاس قد رَجعَت عن الإِسْلام، يَدعون إلى مَحقِ دِين مُحمَّد صَلَّى الله عليه وآله، فخَشِيت إِنْ لم أَنصُر الإِسلام وأَهلَه أَنْ أَرى فيه ثُلمًا أَو هدمًا تكون المُصِيبةُ به عَلَيَّ أَعظم مِن فوت وَلايَتِكم الَّتي إِنَّما هي مَتاعُ أَيَّامٍ قلائل يَزول منها ما كان كما يَزول السَّراب أَو كما يَنقشِع

السَّحاب. فنَهضتُ في تلك الأَحْداث حتَّى زاحَ الباطِلُ وزَهقَ واطمَأَنَّ الدِّينُ وتنهنه)[1].

وفي نَصٍّ آخر ذكَرَه الطَّبَري في «المُسْتَرشِد» أشار فيه إلى أَنَّ الإمام عَلِيٍّ أمير المؤمنين صَلواتُ الله وسَلامُه عليه بادر إلى أَبي بَكر «فتَألَّفَه» مِن أَجْلِ مَصلحة الإسلام ولم يُبايعه، إذْ يَقول عَلِيٌّ أَمير المؤمنين صَلواتُ الله وسَلامُه عَليه: إنَّ عِندي مِن نَبيِّ الله العَهد ولَهُ الوَصِيّة، وليس لِي أَنْ أُخالِفه، ولَستُ أُجاوزَ أَمرَه وما أَخذه عَلَيَّ الله لو خزموا أَنفِي لَأَقررتُ سَمعًا وطاعةً لله عَزَّ وَجَلَّ. فبَينما أنا على ذلك إذْ قَيل: قد انثال النَّاسُ على أَبِي بكر واجفلوا عليه لِيُبايعوه وما ظننت أَنَّه تَخلَّف عن جَيش أُسامة إذْ كان النَّبِيّ قد أَمَّرَه عليه وعلى صاحِبه، وقد كان أَمَرَ أَنْ يُجهَّز جيش أُسامة. فلَمّا رأيته قد تَخلَّف وطَمع في الإمارة، ورأيتُ انثيال النَّاس عليه، ورأيتُ أَنِّي أَحَقُّ بِمَقام مُحمَّد في النَّاس مِمَّن قد فرض نفسه، فأَمسَكتُ يَدَيَّ ولَبِثتُ ما شاء الله، حتَّى رأيتُ راجِعةَ مِن النَّاس رَجَعَت عن الإسْلام وأَظْهَرَت ذلك، يَدعون إلى مَحوِ دِين الله وتَغيير مِلّة مُحمَّد صَلَّى الله عليه وآله. فخَشِيتُ إنْ لم أَنْصر الإسلام وقَعدتُ أَنْ أَرى فِيه ثُلمًا وهدمًا، تكون مُصِيبَتُه عَلَيَّ أَعظم مِن فوت وَلايَة أُموركم الَّتي إنَّما هِي مَتاعُ أَيّامٍ قلائل ثُمَّ يَزُول ما كان منها كما يَزول السَّراب، ويَنقَشِع كما يَنقشِع السَّحاب. ورأيتُ النَّاس قد امْتَنعوا بِقُعودِي عن الخُروج إليهم فمَشَيتُ عند ذلك إلى أَبِي بَكر فتَأَلَّفْته، ولولا أَنِّي فَعلتُ ذلك لَباد الإِسْلام، فنَهَضْتُ في تلك الأَحْداث حتَّى أَناخ الباطِلُ وكانت كلمةُ الله هي العُليا)[2].

وعلى خِلاف النَّصَّين السَّابِقين مِن كَلام أَمِير المُؤمنين صَلواتُ الله وسَلامُه عليه وُجِد فِي كِتاب «الغَارَات» لِلثَّقفِي وَضعٌ مِن عِنده بـ«المُبايَعَة» على غَير ما وَرَد مِن تَفْصِيلٍ صَحِيحٍ في سِيرة عَلِيٍّ أَمِير المُؤمنين صَلواتُ الله وسَلامُه مُؤكِّدٍ على رَفْضِهِ المُطلق لاستِخلاف أَبِي بَكر وعلى امتِناعِهِ عن مُبايعَتِه خَلِيفةً لِلمُسلِمين.

---

1 - شرح النّهج، ابن أبي الحديد 164/ 4 – 191

2 - المُستَرشِد في إمامة علي بن أبي طالب، الطّبري 408 – 412

فيقول عَلِيٌّ أَمِير المُؤمنين صَلواتُ الله وسَلامُه عليه على حَسب ما أَورَده الثَّقفي (فمَشِيتُ عند ذلك إلى أَبِي بَكر فـ«بَايعته» ونَهضْتُ في تِلك الأَحْداث حتَّى زاغ الباطلُ وزَهَق وكانت كَلِمةُ الله هي العُليا ولو كَرِه الكافِرون)[1]. ويَظهر مِن هذا القَول أَنَّ بَيعة عَليٍّ أَمير المؤمنين صَلواتُ الله وسَلامُه عليه جاءت على شَكل مُبادَرةٍ مِنه وحِرصٍ على مَصلَحةِ بَقاء الإِسْلام ولَيْس فيها مِن إِكْراه!

ومَهما يكُن مِن أَمْر، فمَوقف عَلِيٍّ أَمِير المُؤمنين صَلواتُ الله وسَلامُه عليه من الانْقِلاب على الأَعْقاب الَّذي نَفَّذَه الصَّحابة الخَمْسة ورَعاه كُبراء الصَّحابة في التَّحالف المُوَسَّع بعد ذلك، وبِما أَدّاه صَلواتُ الله وسَلامُه عليه مِن وَظِيفةٍ عَظِيمَةٍ لِحِمايَة الدِّين بِوَصْفِه إِمامًا مُفترض الطَّاعة يَتَلقّى وَحيَ الإِمامَة فِي تِلك المَرحلة الحَرِجَة والمَصِيريَّة، وما اتَّبَعه مِن الصَّبر والحِكْمَة، فهو لا يَخْرج عن كَونِهِ عَمَلًا خارقًا لِلعادَة بِكُلِّ مُقاييس القِيم الإِنسانِيَّة الأَرضِيَّة فضلًا عن كَونِهِ عَمَلًا صادرًا عن عالِمٍ عَظِيمٍ مَعصُومٍ في اتِّخاذ المَواقِف إِذْ أَنقذَ الدِّين مِن أَنْ يُستَهلَك بِـ(مَذْهَب الرَّأي) على نَسَقٍ مُعوَجٍّ مَعقُوفٍ يَنتَهي بِالنَّاس إِلى الرِّدّة.

وفي مقابل ذلك، لم يَكتَفِ التَّحالُف المُوَسَّع بِقِيادة أَبِي بَكر بِالحَيلولة بَين أَمِير المُؤمنين صَلواتُ الله وسَلامُه عليه وتَقلّد أَيِّ مَنصِبٍ في الإِدارَةِ العامَّة لِلمُسلِمِين وَحَسب، وإِنَّما أَبى أَبُو بَكر أَنْ يَستَعمِلَ أَيَّ هاشِمِيٍّ فِي خِلافَتِه، مع التَّأكيد منه على أَنَّ يَكتَفِي الهاشِميّون مِن أَمْرِهِم أَنَّ النُّبوَّة مِنهم فَحَسب!

وقد أَظهر عبد الرَّحمن بن عَوف طَبِيعَة هذا المَوقف الشَّائع المُتشدِّد لِأَقطاب التَّحالف المُوسَّع في مَرحلة تَعيين شُورى الصَّحابَة السِّتّة لِلخَلِيفة مِن بَعد هلاك عُمَر إِذْ قال لِعَلِيٍّ أَمِير المُؤمنين صَلواتُ الله وسَلامُه عليه (أُبايِعُك على شَرط أَنْ لا تَجعل أَحدًا مِن بَنِي هاشِم على رِقاب النَّاس. فقال عَلِيٌّ أَمِير المُؤمنين صَلواتُ الله وسَلامُه عليه عند ذلك: مالَكَ ولِهذا إِذا قَطعتَها في عُنُقِي، فإِنَّ عَلَيَّ الاجْتِهاد لِأُمَّةِ مُحمَّد حيث

1 - الغارات، إبراهيم بن محمّد الثّقفي 310-304/1

عَلِمتُ القُوَّة والأَمانة استَعنتُ بها كان في بَنِي هاشِم أَو غيرهم. فقال عبد الرَّحْمَن: لا والله حتَّى تُعطِيني هذا الشَّرط. قال عَلِيٌّ أَمِير المُؤمنين صَلواتُ الله وسَلامُه عليه والله لا أُعطِيكَه أَبدًا)[1].

وعلى أَعتابِ ساعَةِ المَوت، حَرَصَ عُمَر كُلّ الحِرص على تَوجِيه ذات الأَمْر إلى أَمِير المُؤمنين صَلواتُ الله وسَلامُه عليه إِذْ قال له (فإِنْ وُلِّيتَ هذا الأَمْر فاتَّقِ الله يا عَلَيّ فيه، ولا تَحمِل أَحدًا مِن بَنِي هاشِم على رِقاب النَّاس)[2]، وعُمر بِإزاء ذلك يَعلَمُ أَنَّ عَليًّا أَمير المؤمنين صَلواتُ الله وسَلامُه عليه لَنْ يَتقَلَّدها بِشُورى السِّتّة المُستَبِدَّة ولكِنَّه وَضَع في الاحتِمال أَنَّ عَلِيًّا لَنْ يُمرِّر حُكمَ شُورى السِّتّة مِن غَير أَنْ يَردَّ على انْقِلاب السَّقِيفَة!

لم يكُن عبد الرَّحْمَن بن عوف في شُورَى السِّتّة مِن الرَّاغِبين في تَولِّي عُثمان الخِلافَة مِن بعد عُمر على الرَّغْم مِن وُجود مُصاهرة بينهما، إِلَّا أَنَّ مُبتَغى إِقصاء عَلِيٍّ أَمِير المُؤمنين صَلواتُ الله وسلامُه عليه ومَنعِ الوَلايَة عنه وإِبعاد بَنِي هاشِم عن شُئون الخِلافَة هو مِن الأُمُور الدَّافِعَة في ذاتِ كُلِّ عُنصرٍ مِن عناصِر التَّحالُف المُوسَّع ومِن المُجْمَع عليه بِشِدّة وتَطرّف عند الصَّحابة الخَمْسة المُتعاقِدِين على (صَحِيفَة مكّة الثَّانِيَة).

فعبد الرَّحْمَن بن عوف ما فَتِئ يُعَيِّر عُثمان بِجُبْنِه ويَأْخُذ عليه فِرارَه مِن مَيادِين الحَرْب ومُخالَفَته سُنّة عُمَر. فإِنْ استَلَمها عُثمان فقَد فَتَح نِيران بَنِي أُمَيَّة على دِين مُحمَّد صَلَّى الله عليه وآله وعلى أُمَّتِه وسدّ أَبْواب (الخِلافة) إلى الأَبَد في وَجْهِ بَنِي هاشِم وغَيرهِم مِن كُبراء الصَّحابَة والقَبائل إِلَّا أَنْ تَقع واقِعةٌ مُفاجِئةٌ تُغَيّر الأَحْوال وتَجرِي على ما لم يَكُن في الحُسْبان!

فقد رُوِي أَنَّ عبد الرَّحْمَن بن عَوف قال لِلوَلِيد بن عُقْبَة مُعرِّضًا مُستهزِءًا ومستخِفًّا

1 - الإمامة والسّياسة، ابن قتيبة 30

2 - نفس المصدر السّابق 29

لمّا سألَه عن الجَفوَة الّتي بَينه وعُثمان (أَبلِغْهُ أَنّي لَمْ أفرّ يوم أُحُد، ولم أَتَخلَّف عن يَوم بَدْر، ولم أَتْرُك سُنَّة عُمَر)[1]. وخاطَب عبد الرَّحْمَن عُثْمان مُباشَرة في مَرّة (أَتَسُبّنِي وقد شَهدتُ بَدْرًا ولم تَشْهَد، وقد بَايَعتُ تَحتَ الشَّجَرَةِ ولم تُبايع، وقد كُنْتَ تُوَلِّي مع مَن تَوَلَّى يَوم الجَمع، يَعنِي حُنين)[2].

وعندما اقترب عَلِيٌّ أَمِير المُؤمنين صَلواتُ الله وسَلامُه عليه مِن عبد الرَّحْمَن بن عوف بَعدما وُلِّى عُثْمان فِي الشُّورى ودَعا عَلِيًّا أَمِير المُؤمنين صَلواتُ الله وسَلامُه عليه إلى مُبايَعَتِه، قال له عَلِيٌّ أمير المُؤمنين صَلواتُ الله وسَلامُه عليه (خُدْعَةٌ أَيُّما خُدْعَة)[3]، ليس حُبًّا مِن ابْنِ عوف لِعُثمان ولكِن بُغضًا مِنه لِعَلِيٍّ أَمِير المُؤمنين صَلواتُ الله وسَلامُه عليه وبَنِي هاشِم وسَعيًا منه لِلحيلولة دُون استِقلالهم بِالخِلافَة أَو بِوَظيفة منها.

كان أَبُو بَكْر على رَغْبَةٍ أَكِيدةٍ وإِصْرار حادٍّ في إبعاد بَنِي هاشِم عن أَيِّ وَظِيفة مُتَّصِلَة بِالخِلافَة وداعمًا لِإجماع كبراء الصَّحابَة القُرشِيِّين على حِرمانِ بني هاشم مِن التَّصدِّي لِأَيّ شَأنٍ عامّ. لكِنَّ رَغبَتَه هذه لم تَدفَعه إِلى رفض رأي المُغِيرة بن شُعبة إِذْ قال لِأَبِي بَكْر وعُمر بِوُجوب العَمل على استِقطاب العَبّاس خاصَّة وَضَمّه إِلى حِلفِهما وتَسخِيره في مَشروع مُضاعَفَةِ ضَغطي الهَمِّ والعُزلة على عَلِيٍّ أَمِير المُؤمنين صَلواتُ الله وسَلامُه عليه وعلى بَنِي هاشِم، وأَشار إِليهما بِالقَول (الرَّأي يا أَبا بَكْر أَنْ تلقوا العَبَّاس فتَجعلوا له في هذه الأَمر نَصِيبًا يكون له ولِعَقِبه، وتكون لَكُما الحُجَّةُ على عَلِيٍّ وبَنِي هاشِم إِذا كان العَبَّاس معكم)[4].

يَنقلُ ابنُ أَبِي الحديد في شَرحه لِخطب نَهج البَلاغَة (مَرَّ المُغِيرةُ بن شُعبة بِأَبِي بَكر وعُمر وهُما جالِسان على باب النَّبِيّ حين قُبِض فقال: ما يُقعدكما؟! قالا نَنتَظِر هذا الرَّجُل يَخرج فنُبايِعه ـ يَعنِيان عَلِيًّا ـ فقال: تُريدون أَنْ تَنتَظِروا خَيلَ الحلبة مِن أَهْل

1 -مجمع الزّوائد، الهيثمي 226/ 7
2 - القُرطُبِي، الجامع لأحكام القرآن 230/ 4
3 - الطّبري، تأريخ الأمم والملوك 5/ 586
4- الإمامة والسّياسة، ابن قتيبة 21

هذا البَيت؟! وسِّعُوها في قُريش)[1]. وعندما وسَّعوها في قُريش وانْقلَبا بِها؛ أَخرَجا بَنِي هاشِمَ مِنها وهَمّا بِهم الهُمُوم وأَرادا بِهم العَظِيم.

فلم يكتفِ أَبُو بَكر بإقصاء عَلِيٍّ أَمِير المُؤمنين صَلواتُ الله وسَلامُه عليه عن الخِلافة والضَّغط عليه والإكْثار مِن هُمومِهِ بِقَتل زَوجِهِ فاطِمَة الزَّهراء صَلواتُ الله وسَلامُه عليها وفَرض العُزلة الاجْتِماعِيَّة عليه فحَسب، وإِنَّما سعى في اغْتِيالِه عندما أَصدر أَمرًا إلى خالِد بن الوليد أَنْ يقتله في المَسجد بعد الصَّلاة، وقال لخالد: إذا فرغتُ مِن صَلاة الفَجر وسلَّمتُ فاضْرِب عُنقَ عَلِيٍّ. فَلمَّا صَلَّى بِالنَّاس في آخِرِ صَلاتِه (نَدم) على ما كان فيه، فجَلس في صَلاتِه مُتفكِّرًا حتَّى كادَت الشَّمسُ أَنْ تَطلع، ثُمَّ قال: يا خالِد لا تَفعَل ما أَمرتُكَ ثلاثًا ثُمَّ سَلَّم. فالتَفتَ عَلِيٌّ إلى خالِد فإذا هو مُشتَمل على السَّيف تَحت ثِيابِهِ فقال له: يا خالِد، أَوَ كُنْتَ فاعِلًا؟! فقال: إي والله لو لا أَنْ نَهانِي لَوضَعْتَه في أَكْثرِكَ شَعرًا. فقال عَلِيٌّ: كَذَبْت، ولَأَنْتَ أَضْيَق حلقة إِسْتٍ مِن ذلك، والَّذي فلَقَ الحبَّة وبَرأ النَّسِمة لو لا ما سَبق القَضاء لَعَلِمتَ أَيّ الفريقين شَرٌّ مكانًا وأَضعَفُ جُندا)[2].

تَراكَمَت المُشكلات الدَّاخِليَّة في خِلافَة أَبِي بَكْر واتَّسَع خَرْقُها كُلّما رَجَع إِلى أَحكام (مَذْهَب الرَّأي) وأَقْصَى الثَّقلَين في عنادٍ وإِصرار، وعانَت خِلافَتُه مِمَّا لا عِلاج فيه إِذْ تَفاقَمَت أَسقام الجاهِلِيّة القَبَلِيَّة وعَصَبِيَّات الثَّأر وعَلَت ما سَعى إِليه مِن إِجراءات لِبَسط السِّيادة وتَعزيزها في شَخْصِهِ بِوَصْفِهِ خَلِيفة المُسلِمِين، وعَمّ نِزاعُ التَّحاسُد على الإِمْرة والرّئاسة وشاع الطَّمعُ في السُّلطان بَين أَقطاب الصَّحِيفة الخَمْسَة وأَقطاب التَّحالُف المُوسَّع وتَعدَّدت الرُّؤوس ودَبّ الشَّكُّ والارْتِياب في عُمقِهما، فَلا وُجود ولا أَثَر لِأَحكام الثَّقَلَين في يَومِيّات هذه الخِلافَة ولا ضابِطة مِنهُما تُسَكِّن النُّفوس وتَلجُم هوى الشَّيطان. فما كان مِن خِيارٍ مُنقذٍ مِن انْفِراط خِلافَة أَبِي بَكْر إِلَّا العَمل على إِقْحام الجَمِيع في (حَرْبِ الرِّدَّة) حيث جُمِع تَحت لِواء هذه الحرب بين مقاصِد ثَلاثة:

1 - السَّقيفة، الجوهري 67

2 - الإيضاح 155

ـ مُرادُ القَضاء على المُرتَدِّين ومُدَّعِي النُّبوَّة ومِنهم مُسَيلَمة والأَسَود العَنسِي وسَجاح التَّغلُبِيّة وأَتْباعِهم مِن بَني غَطفان وبَنِي حَنِيفة، وَفِيهم مَن يُؤمِن بِأَنَّ مُسيلَمة كاذبٌ وأَنَّ النَّبِيّ مُحمَّد صَلَّى الله عليه وآله مَبعوثٌ، ولكِنَّه قال (كَذابُ رَبِيعَة أَحَبّ إِلينا مِن صادِق مُضَر). ومِنهم مَن يُؤمن بِكَذِب مُسلَيمة ولكِنّه رَفَضَ التَّسلِيم لِخلافةٍ واقعة بِيَد أَرْذَلِ أَراذِلِ أَحْياء مَكَّة وأَذَلّ أَذِلّائها، ومِنهم مَن التَجأَ إِلى مُسيلَمَة فِرارًا مِن فِتنَةٍ وشَيكةِ الوُقوع في المَدِينة على أَثَر انْتِشار بَنِي أَسْلم على سِكَك المدينة وفي أَحيائها لِدَعم انْقِلاب المُنقَلِبين ونَقض بَيعة الغَدِير.

فبَعث أَبُو بَكر جُندَه بِقيادة خالِد بن الَولِيد لِمُحارَبتهم، ودَخَل معهم في مَعركة اليَمامة أَو ما يُسمّى بِمَعركة (حَدِيقَة المَوت) حيث انْهَزم خالِد بن الوَلِيد وهَرَب مِن خَيمة القِيادَةِ العامّة لِلمعركة مَرَّتَين، وخَلَّف وراءَه زَوجَته لِلمُهاجِمين وتَخلَّى عنها لِيُنجِي بِنَفسِه، وصَمَد القادَةُ المَيدانِيّون الَّذين خاضُوا هذه المَعْرَكَة بِبَسالَة في غِيابٍ مِن سيف خالِد، وصَنعوا بِأَنْفُسِهم النَّصر في وادِي اليَمامة، وهُم الصَّحابة عَمّار بن ياسر وأَبُو دجانَه والبَراء بن مالِك الأَنْصارِي وعباد بن بُشر الأَنْصاري وثابِت بن قَيس الأَنْصاري.

وفي إِثْر صدور إِعلان النَّصر عن القادة المَيدانِيّين أَراد خالِد أَنْ يُعَوّض فَضِيحة فِرارِه مِن مَيدان الحَرْب والتَّخَلّي عن عَرْضِهِ لِلمُهاجِمين فَنَسَبَ النَّصرَ لِنَفسِهِ حصرًا واخْتَلق في ذلك مَشهَدًا دَمَوِيًّا مُثِيرًا ضَجَّت له قبائل العَرب قاطِبَة. فقد أَرسَل عددًا مِن الفُرْسان المُوالِين له إِلى القُرى الآمِنَة في وادِي اليَمامة وأَمَرَهُم بِاخْتِطاف رِجالها. فَجِيءَ له بِسَبعةِ آلاف مِن أَهْلِها العُزَّل حَدِيثي الإِسْلام، فقَتَلهم شَرَّ قَتلَةٍ وشَمل بِهذه الفَعْلَة كُلَّ (مَن انْبَتَ مِن بَنِي حَنِيفة)[1]. وأَقام خالد (على «البَزّاخَة» شَهرًا يَصعد عنها ويُصَوّب ويَرجع إِليها في طلب أُولئك.. مِنهُم مَن أَحرَقه، ومِنهُم مَن قَمَّطَه ورَضَخه بِالحِجارة، ومِنهُم مَن رَمى بِهِ مِن رُؤوس الجِبال)[2]، وهو في هذه الأَثْناء يَستكمِل زَواجَه

1 - الطَّبري 517/ 2. ابن خلدون 76/ 2. الكامل 365/ 2. الإصابة342/ 7

2 - الطّبري 491/ 2 ـ 516

مِن بِنْت مَجاعة الحَنَفي الَّتي رَفَضَ والدُها تَزوِيجها في مثل هذا الظَّرف خَشيَة غَضَب أَبي بَكْر، وعُمَر في هذا الظَّرف الصَّعْب ما فَتئ يُحرِّض أَبا بَكْر على خالِد وفي الضِّدِّ منه.

فبَعث أَبُو بَكْر إلى خالِد بِكِتابٍ يَقول فيه (لَعَمري يا بن أُمِّ خالِد، إِنَّك لَفارِغ تَنكَح النِّساء وبِفِناء بَيتِك دِماءُ أَلفٍ ومِائتي رَجل مِن المُسلمين لم تَجِفّ بَعد!. قال: فلَمّا نَظر خالِد في الكِتاب جَعل يقول: هذا عَمَل الأُعَيْسر، يَعنِي عُمَر بن الخطاب)[1].

ومثل ذلك فَعل خَالِد مِن قَبْل في مَعرَكَتِهِ مع بَنِي جَذِيمَة عندما أَرسَله النَّبِيُّ صَلَّى الله عليه وآله على رأس 350 مُقاتلًا وفيهم مِن بَنِي سَلِيم لِكَي يُسلِموا. فأَسلَموا وتَركوا أَسلِحَتهم، لكِنَّ خالِد غَدَر بِهِم لِيَأخذ بِثَأر عَمِّه (فاكِه بن المغيرة)[2]. فأَرسَل النَّبِيُّ صَلَّى الله عليه وآله عَلِيًّا صَلواتُ الله وسَلامُه عليه لِيدَفْع دِيَةَ قَتلى سيف خالِد بن الوليد.

ـ ومُرادُ القَضاء على المُمتَنِعين عن بَيعة أَبِي بَكْر المتَمسِّكين بِبَيعة الغَدِير وتَصفِية غَيرهم مِن المُعترِضين المُخالِفِين لِلوضْع المُستَجِدّ أو المُعترِضِين على خِلافَة الحُكْم بِـ(مَذْهَبِ الرَّأي) النَّابِذ لِلثَّقلَين، وفِي المُمتَنِعين والمُعتَرِضِين عددٌ مِن قَبائل بَني أَسَد وبَنِي عامِر وبَنِي تَميم وبَنِي سُلَيم وبَنِي بَكر وبَنِي فزارَة وبَنِي يَربوع وكَنده[3]، فَقُتِّلوا وشُرِّدوا.

ـ ومُرادُ تَعزيز دَور (اتِّجاه أَهْل العامَّة) النَّاشِئ الجَدِيد لِيَكون سَندًا لِمَفهومِ (الخِلافَة) وسَدًّا مانِعًا مِن وُصُول عَلِيٍّ أَمير المؤمنين صَلواتُ الله وسَلامُه عليه إِلى مَقام (الخِلافَة) في حالِ تَرَهُّل سِيادَة أَبي بَكر خِلال حَربِ الرِّدّة وما يَلحَقُها مِن حُروب.

ـ ومرادُ القَضاء على ظاهِرَتي تَعدُّد الصَّحابَة الأَقْطاب ذَوِي السِّيادَة المُطلَقَة المُساوِقَة لِسِيادة الخَلِيفة تَحت مَيِّزة (الصُّحْبَة) المُقدَّسَة لِلنَّبِيّ صَلَّى الله عليه وآله الَّتي كَرَّسَها في مُجتَمع المَدِينَة مِثالُ صُحْبَةِ الخَلِيفَة أَبِي بَكر نَفسِهِ لِلنَّبِيّ صَلَّى الله

---

1 - الطَّبري 519/ 2. ابن الأعثم 36/ 1

2 - انظر ابن هشام 74-70/ 4

3 - انظر اليعقوبي تأريخ اليعقوبي 129/ 2. تأريخ دمشق 149/ 25

عليه وآله في الغار أَثْناء هِجْرَتِهما مِن مَكَّة إلى المَدِينَة، ومِثالُ نُشوءِ المَذاهِب على أَيدِي كُبراء الصَّحابة لِلتَّعويض عن النُّفوذ والمَقام المَعدُوم اللَّذين أَبطَلهما مَفهُوم (الخِلافَة) الجَدِيد.

في هذه الظُّروف المُعقّدة تَفَشَّت في الصَّحابة رُؤيَةٌ تَقُول بِأَنَّ أَبا بَكر لَيس أَهْلًا لِلخِلافَة ولا لِلحُكم بِالقُرآن الكريم ولا السُّنّة الشَّريفَة، ولا عِلْم لَه بِهما، وإِنَّما اتَّخذَ مِن (مَذْهَبِ الرَّأي) طَرِيقَةً لِلتَّعويض عن جَهلِهِ بِالقُرآن والسُّنّة الشَّريفة. فإِنْ جاز لِأَبِي بَكر الحُكم في المُسلِمين بِـ(مَذْهَبِ الرَّأي) فقَد فَتَح الباب على مِصراعَيهِ لِنُظرائه مِن كُبراء الصَّحابة فصار لِكُلِّ صَحابِيّ الحقّ في أَنْ يَتحوّل بِـ(مَذْهَب الرَّأي) إِلى قُطْبٍ يَقود اتِّجاهًا عَقليًّا مُستَقِلًا خاصًّا بِه عُمَدته رَأيه الخاصّ المُستقلّ عن رأي أَبِي بَكر ولو كان أَبُو بَكر في المُسلِمِين خَلِيفَة، كما أَنَّ لِكلّ واحدٍ مِن الصَّحابة الحقّ في أَنْ يُؤسِّس لِنَفسه مَذهبًا أَو فِرْقَةً أَو طريقةً على نَسَق مَذْهَب أَبِي بَكْر فيَحكُم في النَّاس مِن حَولِهِ بما يَرى، مِن غَير حاجَة إِلى الخَلِيفَة ولا الثَّقلَين، وله كذلك أَنْ يَعتزِلَ خِلافَة أَبِي بَكْر ويُؤسِّس لِنَفسِهِ مَذهَبًا خاصًّا ويَتمسّك به مُنفرِدًا فَفِيه نَجاةٌ لَه وهَلاكٌ لِمَن اتَّخذَ مِن غيره حَكَمًا وحاكِما!

فكان الصَّحابِي مالِكُ بن نُويرة وأَتباعُه مِمّن امتَنَع عن بَيعة فَلْتَةِ أَبِي بَكر ورَفَض نَقض بَيعَةِ الغَدِير واعترَض سَبِيل (مَذهَب الرَّأي) ونَبْذ (الثَّقلَين)، فَجَعَلَه أَبُو بَكْر على رأس قائمة المُتَمَرِّدِين والخارِجِين على الخَلِيفَة والمَطلوبِين في حَربِ (الرِّدّة)، وصَيَّره ضَحِيَّةً مِن بين ضَحايا هذه الحَرب بِغَير وَجْهِ حَقٍّ، ووُضِع تَحتَ طائلة نَصْب العَداوَة والبَغضاء ومَنع الزَّكاة ومُوالاةِ مُدَّعِيَةِ النُّبُوَّة سَجّاح التَّغلُبِيَّة زورًا وبهتانًا وافْتراء.

بَعثَ أَبُو بكر خالِد بن الوَلِيد إِليه لِيَقتُلَه، فأَسَرَهُ خالِد واحتَزّ رأسَه وجَعَلها في أَثافِي مَواقِد الطَّبخ وهَتَك عَرضَ زَوجَتِه في الحال.

استَدرك أَبُو بَكر حَرب (الرِّدَّة) المَحدُودة بِـ(حَرْبِ الفُتُوح) الشَّامِلَة والواسِعة في بِلاد ما بَين النَّهرَين وفارِس والشَّام والشِّمال الإِفرِيقِي مِن أَجل تَعزِيز سِيادَة الخَلِيفَة بَين

أُولئك الصَّحابَة المُنافِسين له بِالعِلم والمُتفوِّقين عليه بِالنَّسَب والحَسَب والمُغالِبين له بِالثَّروة.

في هذه الظُّروف المُعقَّدة مِن خِلافَة أَبي بَكر وما أَصابَها مِن وَهْنٍ دَاخِلي شَدِيد؛ اجتَمع (شِيعةُ عَلِيٍّ) إِلى الصَّحابَة مِن بين أَتْباع (اتِّجاه أَهْلِ العامَّة) المُوالِي لِخلافِة أَبي بَكْر، واستَمالُوا بَعض عناصِرِه وتآلَفُوه مِن أَجل إِقالَة العَثَرات الخَطِيرة الَّتي خَلَّفها أَبو بَكْر وساهَمَت فِي تَفاقُم مَظاهِر الرِّدَّة عن الدِّين والاستِياء العام مِن أَحْكام (مَذْهَبِ الرَّأي) والسّخط على ما جَرى مِن الإِسْراف في اغتِيال المُمتَنِعين عن بَيعةِ الفَلْتَةِ والمُخالِفين لها وغَلبَة دافِع الطَمَع الفاحِش في الإِمْرة والأَنانِيّة في كسب الرّئاسة والجَشَع في جَمع المال والثَّروة والتَّنازُع عليها.

جاءَت تِلك الأُلْفَة بِمُبادرة مِن (شِيعة عَلِيّ) عَملًا بِوَصِيَّةِ النَّبِيّ مُحمَّد صَلَّى الله عليه وآله لِعَلِيٍّ أَمِير المُؤمنين صَلواتُ الله وسَلامُه عليه بِالصَّبر على أَذى المُنقَلِبين والعَمل على إِنْقاذِ ما يُمْكِن إنقاذه وبما تُبيِّنه الآيَة الشَّريفة [هُمُ الَّذِينَ كَفَرُواْ وَصَدُّوكُمْ عَنِ الْمَسْجِدِ الْحَرَامِ وَالْهَدْىَ مَعْكُوفًا أَن يَبْلُغَ مَحِلَّهُ، وَلَوْلَا رِجَالٌ مُّؤْمِنُونَ وَنِسَاءٌ مُّؤْمِنَٰتٌ لَّمْ تَعْلَمُوهُمْ أَنْ تَطَؤُهُمْ فَتُصِيبَكُم مِّنْهُم مَّعَرَّةٌ بِغَيْرِ عِلْمٍ لِّيُدْخِلَ اللهُ فِى رَحْمَتِهِ مَن يَشَاءُ، لَوْ تَزَيَّلُواْ لَعَذَّبْنَا الَّذِينَ كَفَرُواْ مِنْهُمْ عَذَابًا أَلِيمًا][1]، مِن غَير عقد البَيعةِ التَّامَّة لِأَبي بَكر ولا الانْخِراط في تَحالُفاتِهِ وقُوى التَّوازن السِّياسِي ولا الرِّضَى بِأَحكام (مَذْهَب الرّأي) ولا الانْتِماء لِـ(اتِّجاه أَهْل العامَّة).

يُشَار في مَصادِر (اتِّجاه أَهْل العامَّة) وبَعضِ أُصُولِ الشِّيعة إِلى أَنَّ عَلِيًّا أَمِير المُؤمنين صَلواتُ الله وسَلامُه عليه هُو الَّذي حَثَّ أَبا بَكر وعُمَر وعُثمان على إِقامة حُروبِ (الفُتُوح)، وأَنْجَزَ فيها الدَّور الأَهَمّ عندما تَدخَّل بِتَوصِياتِهِ ووَجَّهَ مَعارِكَها بِأَبنائه وأَصحابِه في العِراق والشَّام وبِلاد فارس وبِلاد الرُّوم ودَفَعَهم إِلى التَّصدِّي لِوَلايَة بَعض البِلاد المَفتُوحَة. وكان مِن بَينِهم الإِمامان الحَسن والحُسين صَلواتُ الله وسَلامُه

1 - الفتح 25

عليهما وكُلٌّ مِن الأَصْحاب سَلمان المُحمَّدِي والمقداد بن عمرو وبلال الحبشي وعمَّار بن ياسر ومالِك الأَشْتر وأَبُو ذر الغفاري وحُجر بن عَدِي وحُذيفة بن اليَمان و«المِرقال» هشام بن أَبِي وقاص ومُحمَّد بن أَبِي بكر وصَعصَعَة بن صَوحان ومُحمَّد بن أَبِي حُذيفة وأَبُو أَيُّوب الأَنصارِي وعدي بن حاتم الطَّائي وغيرهم كَثِيرون)[1].

وذُكِر أَيضًا أَنَّ عُمَر أَسنَد في فَترةِ خِلافَتِه إِلى الإِمام عَلِيّ أَمِير المؤمنين صَلواتُ الله وسَلامُه عليه قِيادَة (حَرب الفُتُوح) مُضْطَرًّا. فعِندما سَجَّلَت خلافتُه فَشَلًا ذَرِيعًا في ميادين الحَرب وانْقَلَبَت الموازِين العَسكريَّة لِصالِح جُيوش الفُرس بِالظُّهور المُفاجِئ لِتَجمُّعٍ عسكريٍّ فارِسيٍّ عَظِيمٍ يُسْرِع الخُطى لاستِرداد ما فَقده مِن الأَقالِيم الكُبرى مِثل البَصرة والكُوفة والأَهْواز وخانِقِين وجلولاء ويَتقدَّم بِتفوّق لاستِكمالِ حَربِه المَصِيريَّة بِالزَّحْفِ على الجَزيرة العَربِيَّة واحتِلالها بِجَيشٍ وَصَل تِعدادُه عند ساعة الانْطلاق إِلى 150 أَلفًا قابلةً لِلزِّيادة كُلَّما تقدم الجيشُ وحقَّق نصرًا في مُقابِل 8 آلاف مِن جُند المُسلِمين؛ خَشِيَ عُمر الهَزيمَة بِانْعِدام الحِيلَة والتَجأَ إِلى مَن بِيَدِهِ القدرة على إِنْقاذ جَيش الخِلافَة قُبيل هَلاكِهِ وفنائه عن بكرة أَبِيه. فدعا عَلِيًّا أَمير المؤمِنين صَلواتُ الله وسَلامُه عليه إِلى التَّصدى المُباشر لِلمَوقف الَّذي لا قِبَل لِعُمَر له بِمُعالَجَتِه أَو إِصْلاحِه، ولا طاقَةَ ولا حِيلةَ له يُنقِذ بهما هذا الجَيش الواقِع في مِحنَةٍ ماحِقَةٍ على أَراضِي فارِس قد تُبِيده أَو تُوقِعه في الأَسْر وتُمهّد الطَّريق لِاحْتِلال الفرس لِلجَزِيرة العَربِيَّة.

عِندئذٍ تَدَخَّلَ عَلِيٌّ أَمير المؤمِنين صَلواتُ الله وسلامه عليه وانْقذَ جَيش المُسلِمين وهَزَم الفُرس في مَعركة (نَهاوَند) بِما تَقَدَّم بِهِ مِن خُطَّةٍ عَسكَرِيّة وبِما اخْتار لها مِن قِيادَات مَيدانِيَّةٍ مِن أَصْحابِه لِمُعالجة المَوقِف الخَطِير. فَسُجِّل لِلنَّعمان بن مُقرن وحُذَيفة بن اليَمان وجَرِير بن عبد الله البَجَلِي النَّصر المُبِين بِصِفَتِهم القادَة الَّذين خَصَّهم عَلِيٌّ أَمير المؤمنين صَلواتُ الله وسَلامُه عليه بِمُهِمّة إِنْقاذ المَوقِف مَيدانِيًّا.

1 -البداية والنّهاية 83-77/ 7. الكامل في التّاريخ 2/ سنة 21، 30، وقعة نهاوند، غزو حذيفة. فتوح الشّام، الواقدي 177/ 1، 66/ 2، 224-178. الاكتفاء، الكلاعي 273/ 3. تأريخ حلب، ابن النَّديم 569/ 1. الفتوح، البلاذري 302-194/ 1. الطَّبري 191/ 3. تأريخ دمشق 390/ 24. الفتوح، ابن أعثم 295-290/ 2. الطّبقات، ابن سعد 405/ 6. الأغاني، الأصفهاني 208/ 15

في (نَهاوَنْد) وفي غَيرها، انقلَبت الأَوْضَاع المَيدانِيّة مِن حُروب (الفَتْح) العبَثِيّة ذات الهَدف السِياسِيِّ الصِّرف إلى حُروبٍ دِفاعِيَّةٍ حيث سيُقرِّر (شِيعَةُ عَلِيٍّ) فيها مَصِير الإِسْلام وإنقاذ 8 آلاف مِن جُند المُسلِمِين الّذين باتُوا مُحاصَرِين في العُمق الفارِسِي، وقد يَئِس عُمَر مِمَّا تَلقّاه مِن مَشُورَةٍ لِإنقاذِهم ومِمّا أَصْدَره مِن أوامِر لِلخُروج مِن هذه المأزق العَسكَرِي الطَّاحِن.

وعِندما تَدخَّل عَلِيٌّ أَمِير المؤمنين صَلواتُ الله وسَلامُه عليه فأَنقَذَ ما يُمكِن إنقاذه وحَقَّق لِجَيش المُسلِمَين النَّصْر في نَهاونْد؛ نُسِبَ النَّصر لِعُمر ولم يَأْتِ أَحدٌ على ذِكرِ أَيّ دور لِعَلِيٍّ أمير المؤمِنين صَلوات الله وسَلامُه عليه ولا لِأَهْل بَيتِهِ صَلواتُ الله وسَلامه عليهم ولا لِشِيعَتِه رضْوان الله عَلَيهم. فإنْ ذُكِر عَلِيٌّ أَمير المؤمنين صَلواتُ الله وسَلامُه عليه في ماجريات فَتحِ بِلادِ فارِس فعَلى سَبِيل المَدْح والثَّناء لِعُمر الخَلِيفَة ولِعَلِيّ أَحَد رَعِيَّة عُمَر الصَّالحين!

ما الَّذي حَدث في (نَهاوَند)؟!

بَعثَ الصَّحابِيُّ الجَلِيل عَمّار بن ياسِر خِطابًا مِن الكُوفَة إلى عُمَر يُحذِّره مِمّا يَجرِي في ميدان حَرب فارِس، ويُعلِمه بِمَوقفٍ عَسكِرِيٍّ كارِثِيٍّ مُستَجدّ عَجزَ مُراسلِوه وعُيونُه عن رَصدِه، ويُنْبِئ عن وُقُوع هَزِيمةٍ في صُفُوف جَيش المُسلِمِين أَثْناء خَوضِهِم (مَعرَكة الجِسْر)، قائلًا (تَعاهَدوا ـ الفُرْس ـ وتَعاقَدوا وتَحالَفوا وتَكاتَبوا وتَواصَوا وتَواثَقوا على أَنَّهم يُخرِجُونَنا مِن أَرضِنا ويَأْتُونَكم مِن بَعدِنا، وهُم جَمعٌ عَتِيدٌ وبَأسٌ شَدِيد ، ودَوابّ فَرِهٌ وسِلاح شاك، ويَدُ الله فوقَ أَيْدِيهِم. فإِنِّي أُخْبرك أَنَّهم قد قَتلوا كلَّ مَن كان مِنَّا في مُدنِهم. وقد تَقارَبوا مِمّا كُنَّا فتحناه مِن أَرْضِهِم، وقد عَزَموا أَنْ يقصدوا المَدائن ويَصِيروا منها إلى الكُوفَة، وقد والله هالَنَا ذَلِك وما أَتانا مِن أَمرِهم وخَبرِهم)[1].

فاضْطَرب حالُ عُمَر وعَجز عن اتِّخاذ قَرارٍ صَائبٍ حاسِمٍ بِذَلك. فأَمَر بِجَمعِ أَهْل المَدينة في المَسجِد على وَجْه السُّرعَة يَتقدَّمهم عَددٌ مِن الصَّحابَة، وفِيهم عَلِيٌّ أَمِير

1 - الفتوح، ابن الأعثم 290/ 2

المُؤمِنين صَلواتُ الله وسَلامُه عليه والزُّبَير وابن عوف وطَلحة وعُثْمان. فدَعاهُم إِلى إِيجاد الوَسِيلَةِ المُنقِذة.

وفي إِثْر مُداولاتٍ مُكَثّفةٍ بَينهُ والصَّحابَة وتَقلِيبِ وُجوه الرَّأي؛ عَرَّج عُمَر على عَلِيّ أَمِير المُؤمنين صَلواتُ الله وسَلامه عليه يَطلب رأيه. فقال عَلِيٌّ أَمِير المؤمنين صَلواتُ الله وسَلامُه عليه وهو يُفَنِّد الآراء المُغامرة القَاتِلة الَّتي تَقدَّم بها الصَّحابَة واحدا بعد الآخر، ويُبين لِعُمَر الحلّ المُنقذ الَّذي يَتوجَّب عليه اتِّباعه:

(فقد رأيتَ قومًا أَشاروا عليك بِمَشورةٍ بعد مَشورة، فلَمْ تَقبَلْ ذلك منهم، ولم يأخذ بِقَلبِك شَيْءٌ مِمّا أَشاروا به عليك. لِأَنّ كلَّ مُشِير إِنَّما يُشير بما يُدركه عَقلُه. وأُعلِمك أَنَّك إِنْ كَتَبْتَ إِلى الشَّام أَنْ يَقبلوا إِليك مِن شامِهم لم تَأمَن مِن أَنْ يَأتِي «هِرَقْل» في جَمِيع النَّصرانِيّة فيَغِير على بِلادِهم ويَهدِم مَساجِدَهم ويَقتُل رجالَهم ويَأخذَ أموالَهم ويَسْبِي نِساءَهم وذُرّيتهم. وإِنْ كَتَبتَّ إِلى أَهْلِ اليَمن أَنْ يُقبِلوا مِن يَمنِهم أَغارت الحَبشَةُ أَيضًا على دِيارِهم ونِسائهم وأَموالهم وأَولادِهم. وإِنْ سِرتَ بِنَفسِك مع أَهْل مَكَّة والمَدِينَة إِلى أَهْل البَصرة والكُوفة ثُمَّ قصدتَ بهم قَصدَ عَدُوّك انتَقضَتْ عليك الأرضُ مِن أَقطارِها وأَطرافِها، حتَّى إِنَّكَ تُريد بِأَنْ يكون مَن خَلَّفْته وراءك أَهَمّ إِليك مِمّا تُريد أَنْ تَقصِدَه، ولا يَكون لِلمُسلِمين كانِفَةٌ تَكنِفهم ولا كَهف يَلجئون إِليه.. إِنْ أَحببتَ ذلك فاكتُب إِلى أَهْل البصرة أَنْ يَفترِقوا على ثَلاثِ فِرق: فِرقَةٌ تُقِيم في دِيارِهم فيَكونوا حَرسًا لهم يَدفَعُون عن حَرِيمِهم، والفِرقةُ الثّانية يُقيمون في المساجِد يَعمرُونها بِالأَذان والصَّلاة لِكَيلا تُعطَّل الصَّلاة ويأخذون الجِزيَة مِن أَهْل العَهد لِكَيلا يَنتَقِضوا عليك، والفِرقَة الثّالِثة يَسِيرون إِلى إِخْوانهم مِن أَهْل الكُوفة، ويَصنع أَهلُ الكُوفة أَيضًا كَصُنع أَهْل البَصرة. ثُمّ يَجتمِعون ويَسِيرون إِلى عُدوّهم فإِنَّ الله عَزَّ وَجَلَّ ناصِرُهم عليهم ومُظفِرُهم بهم. فثِق بالله ولا تَيأس مِن رَوح الله [... إِنَّهُ لاَ يَيْأَسُ مِن رَّوْحِ الله إِلَّا الْقَوْمُ الْكَافِرُونَ].

فأَقبلَ ـ عُمَر على الصَّحابة ـ والنَّاس وقال: وَيحَكم! عَجزتُم كُلّكُم عن آخِركُم أَنْ تَقولوا كما قال أَبُو الحَسن. والله لقد كان رأيُه رَأيِي الَّذي رأيته في نَفسي! ثُمَّ أَقبَل

إِلى عَلِيٍّ أَمِير المؤمنين صَلواتُ الله وسَلامُه عليه وقال: يا أَبا الحَسن.. فأَشِرْ عَليَّ الآن بِرَجُلٍ تَرتَضِيه ويَرتَضِيه المسلمون أَجعَلُه أَميرًا وأَستكفِيه مِن هؤلاء الفُرس. فقال عَلِيٌّ أَمِير المؤمنين صَلواتُ الله وسَلامُه عليه: قد أَصَبته. قال عُمَر: ومَن هُو؟! قال: «النَّعمان بن مُقرِن المُزَنِي». فقال عُمر وجميعُ المسلمين: أَصَبتَ يا أَبا الحَسن! وما لها مِن سُواه.

ثُمّ نَزل عُمر عن المنبر ـ ولم يَدعُ النَّعمان ـ ودعا بـ«السَّائب بن الأَقْرع بن عوف الثَّقَفي»! فقال: يا سائب.. إِنِّي أُرِيد أَنْ أُوجِّهك إِلى العراق فإِنْ نَشَطتَ لِذلك فتَهيَّأ. فقال له السَّائب: ما أَنشَطَنِي لِذلك)[1].

لكِنَّ مَصادر تَأريخيَّة أُخرى تُؤكِّد على أَنَّ عَلِيًّا وأَبناءَه صَلواتُ الله وسَلامُه عليهم كانوا بِمَنأى عن كُلِّ ما ذُكِر في حَرب فارِس، ولا مِن وَظيفة أَو مُشارَكة سُجِّلت لهم في (حَربِ الفُتوح). فقد كَرِه عَلِيٌّ أَمِير المؤمنين صَلواتُ الله وسَلامُه المُشارَكة في هذه الحَرب تَحت رايتي أَبِي بَكر وعُمر.

وذُكِر أَنَّ الإِمام الصَّادِق صَلواتُ الله وسَلامُه عليه سَجَّل مَوقفًا صَرِيحًا مِن هذه الحُروب ونَفَى مُشاركة عَلِيٍّ أَمِير المُؤمِنين صَلوات الله وسَلامُه في هذا الحَرب عندما قال (والله لوكان خَيرًا ما سَبقونَا إِليه)[2].

وبَعَث عُثمان إِلى حَلِيفه عُمَر يحثّه على إِشراك عَلِيّ أَمِير المُؤمِنين صَلوات الله وسَلامُه في حَربه، ففَوّضَهُ عُمَر لِلقاء عَلِيٍّ أَمِير المُؤمِنين صَلوات الله وسَلامُه ولِمُخاطَبته في هذا الشَّأن (فلَقِي عَلِيًّا فذاكَرهُ ذلك، فأَبَى عَلِيٌّ ذلك وكَرِهَه، فعاد عُثمان إِلى عُمر فأَخبره)[3]. ومِنه قَولُ عُمَر لِابْنِ عبَّاس (أَشْكو إِليكَ ابنَ عمِّك، سأَلتُه أَنْ يَخرُج مَعِي فلَمْ يَفعَل، ولم أَزَلْ أَراهُ واجِدًا)[4].

---

1 - ابن الأعثم في الفتوح 291/ 2

2 - وسائل الشّيعة 11/ 32

3 - مروج الذّهب، المسعودي 310/ 2. فتوح البلدان، البلاذري 313/ 2

4 - شرح النّهج، ابن أبي الحديد (12/ 78)

ولو تأكّد حُصُول المُشارَكَة مِن قِبَلِ عَلِيٍّ أَمِير المُؤمنين وبَنِيهِ صَلواتُ الله وسَلامُه عليهم في (حَرْب الفُتُوح) لَنُسِبَ ما أَنجَزُوه إِلى أَبِي بَكر وعُمر وعُثمان واخْتُلِق فيه ووُضِع وزُوِّر ولُفِّق، أَو نُفِيَ عَنهم صَلواتُ الله وسَلامُه عليهم أَو سُلِبَ مِنهم وأُعِيرَ إِلى الطُّلقاء وأَبناءِ الطُّلقاء والجُبناء الَّذين فَرّوا مِن مَيادين الحرب مُنذ بَدْر وعرَّضُوا حَياة النَّبيِّ صَلَّى الله عليه وآله والمُسلمين لِخَطر القَتْل والأَسْر في أُحُد.

قال قائلٌ لِعَلِيٍّ أَمِير المُؤمنين صَلواتُ الله وسَلامُه عليه: يا أَمِير المؤمنين، أَرأَيتَ لو كان رَسُولُ الله صَلَّى الله عليه وآله ترَك وَلَدًا ذكرًا قد بَلَغ الحُلم وآنَس منه الرُّشْد، أَكانَت العربُ تُسَلِّم إِليه أَمرَها. قال: لا، بَلْ كانت تَقتُله إِنْ لم يَفعل ما فَعَلْتُ، ولولا أَنَّ قريشًا جعلت اسمَه ذَريعةً إِلى الرّياسة وسِلَّمًا إِلى العِزِّ والإِمْرة لما عَبَدتْ اللهَ بعد مَوتِه يومًا واحدًا، ولارتَدَّتْ في حافرتها، وعادَ قارحها جذعًا، وبازلها بكرًا. ثُمَّ فَتح اللهُ عليها الفُتوح فأَثْرَت بعد الفاقَة، وتَموَّلَت بعد الجَهد والمخمصة، فحَسُن في عُيونها مِن الإِسلام ما كان سَمِجًا، وثَبُت في قلوبِ كثيرٍ منها مِن الدِّين ما كان مضْطَربًا، وقالت لو لا أَنَّه حَقٌّ لما كان كذا، ثُمَّ نَسَبت تلك الفُتوح إِلى آراء وُلاتِها وحُسن تَدبير الأُمراء القائمين بها، فتأَكّد عند النَّاس نَباهةَ قومٍ وخُمولِ آخرين، فكُنَّا نَحن مِمَّن خَمُل ذِكْرُه، وخَبَت نارُه، وانقطعَ صوتُه وصِيتُه، حتَّى أَكل الدَّهرُ علينا وشَرِب، ومَضت السّنون والأَحقاب بما فيها، ومات كَثِيرٌ مِمَّن يعرف، ونَشأ كثيرٌ مِمَّن لا يُعرَف. وما عسى أَنْ يكون الولد لو كان. إِنَّ رَسُول الله صَلَّى الله عليه وآله لم يُقَرِّبَنِي بما تعلمونه مِن القُرْب لِلنَّسب واللُّحمَة، بَلْ لِلجِهاد والنَّصِيحة. أَفتراه لو كان له وَلَدٌ هَلْ كان يَفعلُ ما فَعَلْتُ. وكذاك لم يَكن يَقْرُب ما قَرُبْت، ثُمَّ لم يكن عند قُرَيش والعرب سَبَبًا لِلحظوَةِ والمنزلة، بَلْ لِلحِرمان والجَفوة. اللَّهُم إِنَّك تَعلَمُ أَنِّي لم أَرِد الإِمْرَة ولا علُو المُلك والرّياسة، وإِنَّما أَردتُ القِيامَ بِحُدودِك، والأَداءَ لِشَرعِك، ووَضعَ الأُمورِ في مَواضِعِها، وتَوفِيرَ الحُقوق على أَهْلها والمُضِيَ على مِنهاج نَبِيِّك، وإِرشادَ الضَّالِّ إِلى أَنوار هِدايَتِك)[1].

كيف تَسَلَّم عُمَر الخلافة؟!

---

1 - شَرح النَّهج، ابن أَبي الحديد 298/20

بَعد سَنَتين وأَشْهرٍ قَليلَةٍ مِن خِلافَتِه، وفِي سِنِّ الثَّالِثَة والسِّتِّين مَرَض أَبُو بَكر في أُسبُوعَين مُتتالِيَين، فسارَع عُثمان بن عَفَّان إِلى عِيادة أَبِي بَكر على حَسب الاتِّفاق بَين عُمَر والأُمَوِيِّين المُفضِي إلى التَّحكُّم في المُضاعَفات السِّياسِيَّة المُصاحِبَة لِمَرض أَبِي بَكْر ـ وذلك لِضَمان مُستقبل الخِلافَةِ فِي عُمَر مِن دُونِ غَيرِه. ولَفتَ إِلى ذلك عائشة الَّتي قالَت (وكان عُثمان أَلزَمَهُم له فِي مَرَضِه)[1]. فاخْتَلى به عُثمان بن عَفَّان مِرارًا وتكرارًا، ثُمَّ اخْتَلى بِه في لِقائه الأَخِير وأَجْهَز عليه وكَتب الوَصِيَّةَ بِخَطِ يَدِهِ وخَرَج مِنه يُعْلِن بِالكِتاب استِخلاف عُمَر، وفيه جاء (هذا أَبُو بَكر بن أَبِي قَحافَة آخر عَهدِه في الدُّنْيا نازحًا عنها، وأَوَّل عهد بِالآخرة داخلًا فيها، إِنِّي استَخلَفتُ عليكم عُمَر بن الخطَّاب!)[2].

وقِيل أَنَّ عُمَر اختَلى بِأَبِي بَكر عِندما رَفض المُهاجِرُون والأَنْصار ما أُشِيع عن عزم لِأَبِي بكر في مَرَضِه على استِخْلاف عُمَر مِن بَعدِه، وقالوا له أَنَّك ستَستَخلِف فِينا مَن تَعلَم (بَوائقَه فِينا وأَنْتَ بين أَظهُرِنا)، (أَتَسْتَخلِفُ علينا فَظًّا غليظًا). فاستَجاب لَهُم ووَعدَهم بِاستِخْلاف آخر ـ فماتَ أَبُو بَكر حَتفَ أَنفِه بَين يَدي عُمَر أَو أَجهَزَ عليه وخَرج مِن عِنده يحمل كتابًا، فسأَله أَحدُهم عمّا في الكِتاب، فقال عُمَر لا أَدري. فرَدَّ عليه (ولكِنِّي أَدرِي ما في الكِتاب: أَمَّرْتَه عام أَوَّل وأَمَّرك العام)[3].

والمُثير المُلفت في وَصِيَّةِ استِخْلافِ أَبِي بَكْر لِعُمَر مِن بَعدِه أَنَّ عُثمان أَو عُمَر اختَلى بأَبِي بَكر ثُمَّ خَرَج مِن عِندِه فأَعْلَنَ عن مَوتِهِ وعن وَصِيَّةٍ مُفاجِئَةٍ أَعَدّها عُمَر أَو كَتبَها عُثمان بِخَطِ يَده بِلا شُهودٍ وعلى خِلافِ سُنَّةِ الرَّسُول صَلَّى الله عليه وآله الَّذي دعا ثَلاثِين مِن الصَّحابَة وفِيهم أَبُو بَكْر وعُمَر لِيَشْهدوا على كِتابَة وَصِيَّتِه فعَصَوه ومَنَعُوه. ثُمَّ لَمْ يَتَخلَّ صَلَّى الله عليه وآله عن أَداء ذاتِ الواجِبِ في مَرَضِهِ، وتَجاوزَ مَوانِعَهم، فكَتَبَ وَصِيَّتَهُ في مَشهَدٍ مِن عَلِيٍّ أَمِير المُؤمنين صَلواتُ الله وسَلامُه عليه وآخَرين مِن الأَصْحاب الأَبْرار.

---

1 - الطَّبقات الكبرى، ابن سعد 202 /3

2 - ابن قُتيبة، الإمامة والسِّياسة 22 /1

3 - المصدر السابق 22 /1

وذُكِر أَنَّ أَبا بَكر اغتِيل بِدَسّ السُّمّ إِليه على يَديّ طَبِيبِهِ الخاصّ الحارِث بن كلدة الَّذي اغتِيل سِرًّا في يوم هَلاك أَبي بَكر. ونُسِبَ كَلامٌ لِلَّيث بن سَعد عن الزُّهَرِي يَكشِف عن وُجودِ عَمَلٍ مُدَبَّرٍ لِإِبعاد شُبْهَةِ اغتِيال الطَّبيب الحارِث فِي ذات اليَّوم الَّذي قُتِل فيه أَبُو بَكر حيث قال: أُهدِيَ إِلى أَبِي بَكْر طعامٌ وعنده الحارِث بن كلدة، فأَكلا مِنه، فقال الحارثُ «لِأَبِي بَكر»: أَكَلْنا طعامًا سُمَّ سَنَة، وإِنِّي وإِياكَ لَمَيِّتان عند رأس الحَول، فماتا في يَومٍ واحدٍ عند انقِضَاء السَّنَة)[1].

هذا قولٌ في مَوتِ أَبِي بَكر مُماثلٌ لِما قالِت بِه عائشة في اغتِيال الرَّسُول صَلَّى الله عليه وآله بِسُمّ الخَيبَرِيَّة حيث ذَكرت أَنَّ سُمَّ الخَيبرِيَّة تَرَكَ أَثَره على النَّبِيّ صَلَّى الله عليه وآله حتَّى استُشهد بَعد أَربَع سِنِين مِن ساعة أَكلِه لِلَّحم المَسْمُوم الَّذي أَهدته إِليه صَلَّى الله عليه وآله. وهو قَولٌ مَنفِيٌّ لدى الكَثِير مِن المَصادر ومِنه قولٌ صَرِيحٌ آخر مَنقُول عن عائشة نفسها. فكَيف بِالسُّمّ في طَعامٍ يَأكله أَبُو بكر وطَبِيبُه الحارث قَبْل عامٍ ثُمَّ يَموتان بِه بَعد سَنَةٍ وفي ذاتِ اليَوم؟!

قُتِلَ أَبُو بَكْر بِأَيدِي الأُمَوِيِّين بعد أَنْ ظَهر مِنه تَردُّدٌ في استِخلاف عُمَر والامتِناع عن إِسنادها إِليه مِن بَعدِه خِلال أَجَلٍ مُحدَّدٍ مُدَّته أُسْبوع ولَيْس أَكثر مِن ذلك أَو اقتِرانِها بِساعَةِ هلاك أَبِي بَكر!

ويَقول عُمَر عن أَبِي بَكر شاكِيًا في شأن تَأَخُّر أَبِي بَكْر عن نَقل الخِلافَة إِليه وتَردُّدِه في تَسليمها إِليه (قال لِي «وإِنَّها لَصائرة إِليك بَعد أَيَّام». فظَنَنتُ أَنَّه لا يَأْتِي عليه جُمعَةٌ حتَّى يَرُدَّها عَلَيَّ. فتَغافَل، والله ما ذَكَرَنِي بَعد ذلك حَرفًا حتَّى هَلَك)[2]. وأَضاف عُمَر في شَكواه أَنَّ أَبا بَكر (لمّا استَعزَّ بِهِ دَعا عبد الرَّحْمن بن عوف، وقال: أَخْبرِنِي عن عُمر بن الخطَّاب. فقال عبد الرَّحمن: ما تَسأَلنِي عن أَمْرٍ إِلَّا وأَنْت أَعلَمُ به مِنِّي. فقال أَبُو بَكر: وإِنْ. فقال عبد الرَّحْمن: هو والله أَفْضَلُ مِن رَأيِكَ فِيه!. ثُمَّ دعا عُثْمان بن عَفَّان وقال

1 - العقد الفريد، ابن عبد ربه الأندلسي 250/ 4. طبقات ابن سعد 198/ 3. مروج الذهب، المسعودي 301/ 2

2 - شرح نهج البلاغة، ابن أبي الحديد -31/ 2 34

أَبُو بَكْر له: أَخْبِرنِي عن عُمَر، فقال: أَنْت أَخْبَرُنا به. فقال: على ذلك يا أَبا عبد الله؟ فقال عُثمان بن عَفَّان: اللَّهُمّ عِلْمِي بِه أَنَّ سَرِيرَتَه خَيرٌ مِن عَلانِيتِه، وأَنَّه لَيْسَ فِينا مِثلُه. فقال أَبُو بَكْر: يَرحمك الله، والله لو تَركتُه لما عَدوتُك!

وشاوَرَ مَعهما سَعِيد بن زيد أَبا الأَعْور وأُسَيد بن الحضير وغيرهما مِن حُلفائه مِن المهاجِرين والأَنْصار. فقال أُسيد: اللَّهُمّ أعلمه الخيرة بعدك، يرضى لِلرِّضِى ويسخط لِلسّخط، الَّذي يسرّ خيرٌ مِن الَّذي يُعلِن ولم يَلِ هذا الأمر أَحدٌ أَقوى عليه منه. وسَمع بعض أَصحاب النَّبِيِّ صَلَّى الله عليه وآله بِدُخول عبد الرَّحْمن وعُثمان على أَبِي بكر وخَلوتِهما بِه)[1].

وتَنقلُ الكثِيرُ مِن رِوايات السِّيرة تَفاصِيل ما كان بين أَبِي بَكْر وعُمر مِن خِلافٍ وتَحاسُدٍ ونِزاعٍ وتَناوُش ومُهارَشَة. وفِي عَرْضٍ وَصْفِيٍّ لِرَأي عُمر في أَبِي بَكر وما جَرى بَينهُما مِن تَحاسُدٍ على تَبادِل مَنصِب الخِلافَة (رَوى شريك بن عبد الله النّخعي عن مُحمّد بن عمرو بن مُرَّة عن أَبِيه عن عبد الله بن سلمة عن أَبِي مُوسى الأَشْعري قال: حَجَجتُ مع عُمَر فلَمّا نَزلنا وعظم النَّاس خَرَجْتُ مِن رَحلِي أُرِيده، فلَقِيَنِي المُغيرةُ بن شُعبة فَرافَقِني ثُمَّ قال: أَينَ تُريد؟! فقلتُ: أَميرَ المُؤمنين، فهَلْ لك؟ قال: نَعم. فانطلقنا نُرِيد رَحْل عُمَر، فإِنَّا لَفِي طَرِيقِنا إِذْ ذكرنا تولِّى عُمر وقيامَه بما هو فيه وحياطته على الأُمَّة ونهوضِه بما قبله مِن ذلك، ثُم خَرجْنا إلى ذِكر أَبِي بَكر، فقُلتُ لِلمُغِيرة: يا لك الخير، لقد كان أَبُو بكر مُسدَّدًا في عُمَر لَكأَنَّه ينظر إلى قِيامِه مِن بَعدِه وجدِّه واجتِهاده وغنائه فِي الإِسلام. فقال المُغيرة: لقد كان ذلك وإِنْ كان قومٌ كَرِهوا ولايَةَ عُمر لِيَزووها عنه وما كان لهم في ذلك مِن حَظّ. فقلتُ له: لا أَبا لك ومَن القَوم الَّذين كَرِهوا ذلك لِعُمر؟ فقال المُغيرة: لله أَنْتَ كأَنَّكَ لا تَعرِف هذا الحَيّ مِن قريش وما خُصّوا به مِن الحَسَد، فو الله لو كان هذا الحَسدُ يُدرَك بِحسابٍ لكان لِقُريش تِسعةُ أَعشارِه ولِلنَّاس كُلِّهم عُشر. فقلتُ: مَهْ يا مُغيرة فإِنَّ قريش أَبانَت بِفَضلها على النَّاس. فلَم نَزَلْ في مِثل

1 – كنز العمّال، المتّقي الهندي 1417/ 5

ذلك حتَّى انتهينا إلى رَحَل عُمَر فلَم نَجده، فسألنا عنه، فقِيل قد خَرج آنِفًا. فمَضينا نَقفُوا أَثرَه حتَّى دخلنا المَسجد فإذا عُمر يَطوف بِالبَيت فطفنا معه. فلَمّا فرغ دَخل بَينِي وبين المُغيرة فتَوكأَ على المُغيرة وقال: مِن أَين جِئتما؟ فقلنا: خَرَجْنا نُرِيدك يا أمير المؤمنين فأَتَينا رَحلك فقِيل لنا خَرجَ إلى المَسجد فاتْبَعناك. فقال: اتَّبعكما الخير. ثُمَّ نَظَر المُغيرة إلَيَّ وتَبَسَّم، فرَمَقهُ عُمر فقال: مِمَّ تَبسَّمْت أَيُّها العبد؟! فقال: مِن حِديثٍ كُنْتُ أَنا وأَبُو مُوسى فيه آنفًا في طريقنا إليك. قال: وما ذاك الحديث؟ فقَصَصنا عليه الخَبر حتَّى بَلغْنا ذِكْرَ حَسَد قُريش وذِكر مَن أَراد صَرف أَبِي بَكْر عن استِخْلاف عُمَر. فتَنفَّس عُمَر الصُّعداء ثُم قال: ثكلتك أُمُّكَ يا مُغيرة وما تِسعةُ أَعشار الحَسد بَل وتِسعة أَعشار العُشر وفِي النَّاس كلُّهم عُشر العُشر بَل وقُريش شُركاؤهم أَيضًا فيه. وسَكتَ مَلِيًّا وهو يَتهادَى بيننا ثُمَّ قال: أَلا أُخبركما بِأَحسَد قُريشٍ كلِّها؟ قُلنا بَلى يا أَمِير المؤمنين. قال: وعَليكُما ثِيابَكما؟!. قلنا: نعم. قال: وكيف بِذلِك وأَنتُما ملبسان ثيابكما؟! قلنا يا أَمير المؤمنين وما بال الثِّياب؟! قال: خَوفُ الإذاعة مِنها. قُلنا لَه: أَتَخاف الإِذاعة مِن الثِّياب أَنْتَ وأَنْتَ مِن ملبس الثِّياب أَخْوَف، وما الثِّياب أَردتَ؟!. قال: هو ذاك. ثُمَّ انطلَقَ وانطلَقْنا معه حتَّى انتَهينا إلى رَحلِه فخَلَّى أَيدينا مِن يَده ثُمَّ قال: لا تريما، ودَخل. فقلتُ لِلمُغيرة: لا أَبا لك، لقد عَثرنا بِكلامِنا معه وما كُنَّا فيه وما نَراه حبسنا إِلَّا لِيذاكرنا إِيَّاها. قال: فإِنَّا لَكذلِك إِذْ أَخرَجَ إِذنه إِلينا فقال: ادْخُلا. فدَخَلْنا فوَجدْنَاه مُستَلقِيًا على برذعة برحل. فلَمّا رآنا تَمثَّل بِقَول كعب بن زهير:

لا تَفشِ سِرَّكَ إِلَّا عند ذِي ثِقةٍ أَوْلَى وأَفضَل ما استَودَعْتَ أَسرارا
صدرًا رحيبًا وقلبًا واسعًا قمنا أَلا تخاف متَى أَودَعْتَ إِظهارا

فعلِمنا أَنَّه يُريد أَنْ نَضْمَن له كِتمان حديثه، فقُلتُ: أَنا له يا أَمِير المؤمنين، الزِمْنا وخصّنا وصلنا. قال: بِماذا يا أَخا الأَشْعرين؟ فقلت: بِإِفشاءِ سِرِّك وأَنْ تُشرِكَنا في همتك فنِعمَ المستشاران نَحن لَك. قال: إِنَّكما كذلك فاسئلا عَمّا بدا لكُما. ثُمَّ قام إِلى الباب لِيَغلِقَه فإِذا الآذن الَّذي أَذِن لنا عليه في الحِجرة، فقال: اِمْضِ عَنَّا لا أُمَّ لك. فخَرَج

وأغلق الباب خَلفَه ثُمَّ أقبل علينا فجَلَس معنا وقال: سَلا تُخبَرا. قلنا نُريد أنْ يُخبرنا أَمِير المؤمنين بِأَحْسَد قُريش الَّذي لم يَأمَن ثِيابنا على ذِكرِه لنا. فقال سألتُما عن معضلةٍ وسأُخبِرَكما فليَكُن عندكما في ذِمَّةٍ مَنيعةٍ وحِرزٍ ما بَقِيت، فإذا متُّ فشأنكما وما شئتما مِن إظهار أو كِتمان. قلنا: فإنَّ لك عندنا ذلك. قال أَبو مُوسَى: وأنا أقول في نَفسِي ما يُريد إلَّا الَّذين كرهوا استِخلاف أَبِي بكر له كطَلحة وغَيره فإنَّهم قالوا لِأَبي بَكر أَتستَخلِف علينا فَظًّا غليظًا، وإذا هو يَذهَب إلى غير ما في نَفسِي. فعاد إلى التَّنفس ثُمَّ قال: مَن تَرِيانه؟ قلنا: والله ما نَدرِي إلَّا ظَنًّا. قال: وما تَظُنَّان: قُلنا عساك تُريد القومَ الَّذين أرادوا أبا بَكْر على صَرف هذا الأَمْرِ عنك. قال: كَلّا والهُبل كان أَبُو بَكْر أَعَقَّ وهو الَّذي سألتما عنه كان والله أَحْسَد قُريش كُلِّها. ثُمَّ أطرق طَوِيلًا. فنَظر المُغيرةُ إِلَيَّ ونظرتُ إليه وأَطْرَقنا مَلِيًّا لِإطراقه وطال السُّكوت مِنَّا ومِنْه حتَّى ظَنَنّا أَنَّه قد نَدِم على ما بَدا مِنه، ثُمَّ قال: وآلهفاه على ضَئيل بَنِي تَيم بن مُرَّة، لقد تَقدَّمَنِي ظالمًا وخَرج إِليَّ مِنها آثِما. فقال المُغيرة: أَمّا تُقدُّمه عليك يا أَمير المؤمنين ظالمًا فقد عَرفناه، كيف خَرج إليك منها آثِما. قال: ذاك لِأَنَّه لم يَخرُج إِلَيَّ منها إلَّا بعد يَأس منها، أما والله لو كُنْتُ أَطعتُ يَزِيد بن الخطَّاب وأَصحابَه؛ لم يَتلمّظ مِن حَلاوتها بِشَيءٍ أَبدًا، ولكِنِّي قدَّمْتُ وأَخرّتُ وصَعدتُ وصَوَّبتُ ونَقَضتُ وأَبرَمْتُ، فلَم أَجِد إِلَّا الإغْضاء على ما نَشب بِه مِنها والتَّلَهّف على نَفْسِي وأَمَّلْت إنابَته ورُجوعَه، فو الله ما فَعَلَ حتَّى نغر بها بشما. قال المُغيرة: فما مَنعَك منها يا أَمير المؤمنين وقد عَرَضَك لها يوم السَّقِيفة بدعائك إليها، ثُمَّ أَنْتَ الآن تَنقِم وتَتأسَّف؟! قال: ثَكلَتْكَ أُمّك يا مُغيرة، إِنِّي كنتُ لَأَعِدُّك مِن دُهاة العرب، كأَنَّك كنتَ غائبا عَمَّا هناك، إنَّ الرَّجُل ماكَرَنِي فمَاكَرته، وأَلْفَانِي أَحذر مِن قطاة، إنَّه لمّا رأى شَغَفَ النَّاس به وإِقبالهم بِوُجوهِهِم عليه؛ أَيقَنَ أَنَّهم لا يُريدون بِه بَدلًا، فأَحَبّ لمّا رأى مِن حِرص النَّاس عليه ومَيلهم إليه أَنْ يعلمَ ما عندِي، وهَلْ تُنازِعُنِي نَفْسِي إليها وأُحِبّ أَنْ يَبلُونِي بِإطْماعِي فيها والتَّعرِيض لِي بها وَقَد عَلِم وعَلِمتُ لو قَبِلت ما عَرَضَه عَلَيَّ لم يَجِب النَّاس إلى ذلك، فأَلْفَانِي قائمًا على أَخمُصي مُستوفزًا حَذِرًا، ولو أَجبتُه إلى قُبولها لم يَسلم النَّاس إِلي ذلك، واختَبأَها ضغنًا عَلَيَّ في قلبه ولم آمَن

غائلته ولو بعد حِين، مع ما بَدا لِي مِن كراهة النَّاس لِي أَما سَمِعت نداءَهم مِن كِلّ ناحِيَة عند عَرضها عَلَيَّ، لا نُريد سِواك يا أَبا بَكْر، أَنْتَ لها. فرَدَدتُّها إِليه عند ذلك، فلَقَد رَأيتُه التَمَعَ وَجهُه لِذلك سُرورًا، ولقد عاتَبنِي مَرَّةً على كلام بَلَغَه عَنِّي، وذلك لمّا قدم عليه بِالأَشعَث أَسيرًا، فمَنَّ عليه وأَطلَقه وزَوَّجَه أُختَه أُمّ فَروة، فقلتُ لِلأَشعَث وهو قاعدٌ بين يديه: يا عَدُو الله، أَكفرَت بعد إِسْلامِكَ وارتدَدت ناكِصًا على عَقِبَيك. فنَظر إِلَيّ نظرا علِمتُ أَنَّه يُريد أَنْ يُكلِّمَني بكلامٍ في نَفسِهِ. ثُم لَقِيَني بعد ذلك في سِكَكِ المَدينة فقال: لِي أَنْتَ صاحِب الكَلام يا ابن الخَطّاب؟! فقلتُ: نَعم يا عدُو الله، ولك عِندي شَرٌّ مِن ذلك! فقال: بئس الجزاء هذا لِي منك. قلْتُ: وعَلامَ تُريد مِنِّي حُسن الجزاء؟. قال: لِأَنَفتِي لك مِن اتِّباع هذا الرَّجُل، والله ما جَرَّأَني على الخلاف عليه إِلَّا تَقدُّمُه عليك وتَخلُّفُك عنها، ولو كنتَ صاحِبَها لما رأيتَ مِنِّي خلافًا عليك. قلتُ: لقد كان ذلك، فما تَأْمُر والآن. قال إِنَّه ليس بِوَقْتِ أَمْر، بَلْ وقت صَبر. ومَضَى ومَضَيتُ. ولَقِي الأَشْعَث الزّبرقان بن بدر فذَكر له ما جرى بَيني وبينه، فنقل ذلك إِلى أَبِي بَكر، فأَرسل إِلَيَّ بِعتاب مُؤلِم، فأَرسلتُ إِليه: أَما والله لَتكِفَّنّ أَو لَأَقُولن كَلِمةً بالِغَةً بِي وبِكَ في النَّاس تحملها الرُّكبان حيث ساروا، وإِنْ شئت استدَمنا ما نحن فيه عفوًا. فقال: بَلْ نَستدِيمه وإِنَّها لَصائرة إِليك بَعد أَيَّام. فظَنَنتُ أَنَّه لا يَأتِي عليه جُمعة حتَّى يَردَّها عَلَيَّ، فتَغافَل والله ما ذاكَرني بعد ذلك حَرْفًا حتَّى هَلَك. ولقد مَدَّ في أَمدها، عاضًا على نَواجِذِه حتَّى حضرهُ الموتُ وأَيِس منها، فكان مِنهما ما رأيتما، فاكتُما ما قُلتُ لَكُما عن النَّاس كافَّة وعن بَنِي هاشِم خاصَّة، وليَكُن منكما بحيث أَمَرتكما، قُوما إِذا شِئتُما على بَركة الله. فقُمنا ونَحن نعجبُ مِن قوله، فو الله ما أَفشينا سِرَّهُ حتَّى هَلَك)[1].

وتَظهر مِن هذا اللِّقاء الحقائق التَّالية:

- أَنّ عُمر حَلفَ أَمام أَبِي مُوسى الأَشْعري والمَغِيرة بن شُعبَة بِـ(هُبَل) لِيَقول الحَقِيقَة.

---

1 - شرح نهج البلاغة، ابن أبي الحديد 31/ 2 34. انظر: المُستَرشِد، محمّد بن جرير الطبري. كتاب الشّافي، المرتضى 241- 244.

ـ وأَنّهما يَعْلمان بِعَقِيدة عُمَر في (هُبَل) أَو يَشتَرِكان مَعه في عَقِيدَتِه وعُمَر يَعلم ذلك، أَو أَنّهما لا يَمنعان مِن أَنْ يَتظاهَر عُمر بالإسْلام ويُخفِي عِبادته لِلأَصْنام أَو الأَوْثَان وذلك لِكون هذه الحال صِفَة شائعة وغالِبَة في مُجتَمع المُهاجِرين المُنافِقِين.

ـ أَنَّ عُمَر ضَمن وعْدَهما بِكَتِم سِرّه إِلى حِين وَفاتِه ووَثُق مِنهما وفيهما.

ـ أَنَّ أَبا بَكر في أَعماق نَفْسِ عُمَر هو أَعَقُّ وأَحسَدُ حُسّاد قُرِيش.

ـ وأَنَّ أَبا بَكر هو مَن قَرَّرَ صَرف الخِلافة عن عُمَر عِندما دَنَت مَنِيّتُه ولَيْس لِلصَّحابة ومنهم طلحة مِن دَخْلٍ، أَو رُبّما أَشاع أَبُو بَكْر فِكْرَةَ استِخلافِهِ لِعُمَر بُغية إِثارَة الصَّحابة في الضِّدّ مِن عُمر فيَعمد إِلى وَصِيَّتِه فيُعِيد النَّظر في استِخلافِه لِعُمر بِناءً على ما كان في الصَّحابة مِن استِياء وسخط مزاج ونُفور مِن عُمر (الفَظّ الغَلِيظ).

ـ وَصَف عُمَر أَبا بَكر بِـ(ضَئِيل) بَنِي تَيم بن مُرَّة، وقد وُصِفَ بَنو تَيم وبَنِي عَدِي على حَدّ سواء بِأَذَلِّ أَذِلّاءِ مَكَّة وأَرْذَلِ أَراذِلِها فلا تَفاضُل بَينهما في النَّسَب والحَسَب.

ـ أَنَّ أَبا بَكر ظَالمٌ لِعُمر عندما استأثر بِالخَلافة ومَنعها عن عُمَر، وأَنَّ أَبا بَكر أَثِم عندما تَمَسّك بِالخِلافَة واستأثر بها ولم يُرْدِدْها إِلى عُمَر حتَّى حال الموتُ بَين أَبِي بَكر والخِلافة.

ـ أَنَّ عُمَر عَقد الثِّقة بِأَبِي بَكر يَوم السَّقِيفة لِيَكون له قَنطَرة، فَسَلَّم الخِلافَة لَه مُؤَقَّتًا مَخافَة اعْتِراض الأَنْصار، على أَنْ يردّها أَبُو بَكْر إِليه في أَيّام، فخَذَلَهُ أَبُو بَكْر ولم يَفِ بما وَعَد عندما وَقَعَ الاخْتِيار عليه وبُويع خَلِيفةً لِلمُسلِمِين في المَسجِد.

ـ أَنَّ أَبا بَكْر سَلَّمَها لِعُمَر في يَوم السَّقِيفة فرَدَّها عُمَر إِذْ ماكَرَ كُلُّ واحِدٍ مِنهما الآخَر على أَنْ يَردَّها أَبُو بَكر إِلى عُمَر في غُضونِ أُسبوع. فَفَرِح أَبُو بَكْر بِها وآثرها لمّا أَيَّده أَهْل السَّقِيفة في فَلْتَه ودَعمه كُبراءُ صَحابَة التَّحالُف المُوَسَّع بِوَصْفِه الخِيار الأَفْضل نِسبَة لِعُمر الفَظّ الغَلِيظ ولم يرْدِدْها إِليه، فمَكَرَ حين مَكر ثُمّ غَدَر.

ـ أَنَّ أَبا بَكر تَمسَّكَ بِالخِلافة رِعايةً منه لِمَوقِف مُناصِريه في السَّقِيفة والمَسجِد

وفي (اتِّجاه أَهْل العامَّة) وهُم يُشكِّلون الأكثَريَّةَ الَّذين شَغفوا بِه حبًّا، وأَقدَم على مَنعِها مِن عُمَر واستَبَدَّ خشية تَمرُّدهم في أُولى مَراحِل نَقضِ بَيعة الغَدِير والانْقلاب على الأَعْقاب حَيثُ المَوقِف كان حَسَّاسًا جدًا ويَتطَلَّب الرِّفق والتَّروّي والحَذَر الشَّدِيد.

ـ خَشِي عُمَر أَنْ يُبقِي الخِلافَة لِنَفسِه عندما دَفعها أَبُو بَكْر إِليه أَوَّل مَرَّة في لِقاء السَّقيفة ولم يَمتَلِك الشَّجاعة الكافِيَة لِلإحتِفاظ بِها أَمام أَبِي بَكر فيكتمها أَبُو بَكر ضَغِينَةً في نَفسِه فيَمكُر ويَنتَقِم مِن عُمر.

ـ أَنَّ الأَشْعثَ بن قَيس الكِنْدِي كَتُم في نَفسِهِ ضَغِينةً لِأَبي بَكر، وهو ما يَشِي بِوجُودِ دافعٍ خاصّ ذِي عَلاقَةٍ بُعمَر. فَصار الأَشْعثُ نَصيرًا لاستِخلافِ عُمَر ومُعارضًا لاستِخْلاف أَبِي بَكر. ورُبما تَواطئا وتآمرا معًا على أَبِي بَكر، فسَعى أَبو بَكر إِلى تَحييد الأَشْعَث بِالعَفو عنه وتَزوِيجِه أُخْته أُمّ فَروة.

ـ أَنَّ أَبا بَكر أَبدى امتِعاضًا شَدِيدًا وسخطًا مِمّا كان بَين عُمَر والأَشعَث مِن سِرّ اقتَضَى منهما الصَّبر والسُّكوت المَوقُوت، فوَشَى الأَشْعثُ بِعُمر عن طَريق طَرفٍ ثالِثٍ، فوَجَّه أَبُو بكر عِتابًا شَديد اللَّهجة إِلى عُمر، ورَدَّ عُمَر على أَبِي بَكْر بِالكَشف عن فَضِيحة تَحملها الرُّكبان.

ـ أَنَّ كِليهما (عُمَر وأَبي بَكر) يَبتَزّ الآخر بِفَضيحَةِ سِرٍّ يكتمانِه، ولكِنّ عُمر لم يَكن يأَبه بِكَشفِه، في حِين كان أَبُو بَكْر حَذِرًا شَدِيد الحِرص على كَتم السِّر حِرصًا مِنْه على خِلافَتِه.

ـ أَنَّ أَبا بَكْر وَعَد بِرَدِّ الخِلافَة إِلى عُمَر في أَيَّامٍ مَعدُودَةٍ إِنْ استَمرا على تَوافِقِ بَينَهما بِالعَفو عَمّا سَلَف وَبِكَتْمِ ما بَينهما مِن سِرٍّ فاضِحٍ.

ـ عقد عُمَر الثِّقَة التَّامّة في وَعدِ أَبِي بَكر بِدَفع الخلافَة إِليه في حياتِه، وظَنّ أَنَّه سَيستَرِدَّها مِن أَبِي بَكر في غُضون أُسْبوع على أَكْثَر تَقدِير. ولكِنَّ أَبا بَكْر التَزمَ الصَّمْت وسَكَتَ عن ذلك إِلى يَوم مَرَضِهِ وساعة مَوتِه.

ـ لم يخشَ عُمَر كَشفَ السِّرّ الفَاضِح عبر الرّكبان، وكان أَحرَص على أَنْ يَكتُم أَبو مُوسَى الأَشْعَرِي والمُغِيرة بن شُعبة أَقوالَه في أَبي بَكر خشية اسْتِغلال بَنِي هاشِم لما كان بَين عُمَر وأَبِي بَكر مِن سِرّ.

نُقِل في سِيرة مَقتَل أَبِي بَكر وحَول وَصِيَّتِهِ وسَردِيَّة استِخلافِهِ لِعُمر مِن غَير شُهود، أَنَّ: أَبا بَكْر دعا عُثمان خالِيًا، فقال أُكتُب: بِسْمِ الله الرَّحْمَن الرَّحِيم.. هذا ما عَهِد أَبُو بَكْر بن أَبِي قحافَة إِلى المُسلِمِين. قال: ثُمَّ أُغمِي عليه، فذَهب عنه، فكَتب عُثْمان: «أَمَّا بعد فإِنِّي استَخلِفُ عليكم عُمر بن الخطَّاب، ولم آلكم خَيرًا». ثُمَّ أَفاق أَبُو بَكر، فقال: اِقرأ عَلَيَّ! فَقَرأ عليه. فكَبَّر أَبُو بَكر، وقال: أَراك خفت أَنْ يَختلف النَّاس إِنْ أَسلَمَتْ نَفسي في غَشْيَتي. قال: نَعم. قال: جَزاك الله خَيرًا عن الإِسلام وأَهله.. وأَقرَّها أَبُو بَكر!)[1].

إِنَّ النَّاسِجَ لِسَرْدِيَّة استِخلاف أَبِي بَكر لِعُمر عند لَحظَةِ مَوتِهِ هو عُثمان نَفسُه، فَلا شُهود أَقرُّوا ماجَريات هذه الواقِعَة، وليس فيها مَصدرٌ مُؤَكِّدٌ إِلّا خَبر ما نُقِل عن عُثمان بن عَفَّان الرَّجل الأُمَوِي الَّذي تَحالَف مع عُمَر مِن قَبْل لِيَجزيَه بَعد ذلك أَجْر ما فَعَل في أَبِي بَكْر إِذْ اختَلى بِأَبِي بَكر وكَتب الوَصِيَّةَ بِخَطِّ يَدِه وخَرج منه مُعلِنًا في النَّاس عن وَفاتِهِ وعن كِتابِه في تَعيين الخَلِيفة الجَدِيد!

وقَد أَقرَّت عائشةُ بِأَنَّ عُثمان أَكثَرَ مِن الخَلوةِ مع والِدِها وعيادته في مَرضِه. ولِعُثمان مقصدَه مِن ذلك، فأَجهزَ على أَبِي بَكْر في لِقائه الأَخِير وكَتب وَصِيَّتَه في الاستِخْلاف وختَمها بِخاتَمِهِ ومَضى بِهِ إِلى عُمَر مِن دون سائر الصَّحابَة ولا إِلى أَحَدٍ مِن أَقطاب التَّحالُف المُوسَّع لِيُبلغه البِشارَةَ قبل فَتح الكِتاب!

استَلَم عُمَر كِتابَ تَنصِيبِه مِن يَدي عُثمان وتظاهر في النَّاس بَعدَم عِلمه بِمَضمون كِتاب الوَصِيَّة، وجمع النَّاس وقال: أَيّها النَّاس اسْمَعوا وأَطِيعوا قولَ خَلِيفة رَسُولِ الله صَلَّى الله عليه وآله، أَنَّه يقول أَنِّي لم آلكم نصحًا)[2]. (فقال له رَجلُ: ما هذا يا أَبا

1 - تأريخ الطّبري 429/ 3. سِيرة عُمر، ابن الجوزي 37. تأريخ ابن خلدون 85/ 2

2 - تأريخ الطّبري 618/ 1.

حَفْص؟! قال: لا أَدْرِي، ولكِنِّي أَوَّل مَن سَمِع وأَطاع. قال: لكِنِّي والله أدري ما فيه «أَمَّرَته عام أَوَّل وأَمَّرَك العام»)[1].

(أَمَّرَته عام أَوَّل وأَمَّرَك العام) قَولٌ يَجري على نَسَقِ قَولِ عَلِيٍّ أَمِير المُؤمنين صَلواتُ الله وسَلامُه عليه يَوم اقتِيد بِالحَبل مكتوفًا ودُفِع تَحت حَدِّ السَّيف إِلى مَجلِس أَبِي بكر لِيُبايع مُكْرَهًا، عندما قاله لِعُمَر (إِحْلِبْ حلبًا لَك شَطره، أُشْدُد إِليه أَمْرَه اليَوم يَردده عليك غدًا)[2].

وهكذا استَمَرّت الخِلافَةُ المُغتَصَبة على قاعِدَةٍ مِن (مَذهَب الرَّأي) في مُقابل (الثَّقلَين) النَّص القُرآني والسُّنَّة الشَّريفة فِي مَرحَلةٍ حَسَّاسة جِدًا مِن تَأرِيخ المسلمين إِذْ قُتِل الرَّسُول صَلَّى الله عليه وآله في مطلعها وغُيِّب فيها الوَلِيُّ عَلِيّ أَمِير المُؤمنين صَلواتُ الله وسَلامُه عليه وسار فيها عُمَر على سِيرة سابِقِهِ أَبِي بَكر بعد أَنْ تَواطأ على قَتلِهِ وتَمَسَّكَ بِـ(مَذْهَبِ الرَّأي) وحَثَّ على الالتزام بِه بِوَصْفِه سُنَّةً كَيما يَحتوي (اتِّجاه أَهْل العامَّة) ويَستَرضِي الرَّافِضِين لِخِلافَتِه مِن الصَّحابَة، وضَرب بِدرَّتِه وقَتل في المُسلِمِين مِن أَجْل ذلك على الرَّغم مِن إِيمانِه المُطلَق بِوُصُول الخِلافة إِلى أَبِي بكر فِي فَلْتَةٍ حَذَّر بنفسِهِ مَنْ يَأتِي بِمِثلها وأَنذر بِالقَتْل.

وأَنَّه لَيَعْلَمَ أَيضًا أَنَّ تَغييب عَلِيٍّ أَمِير المُؤمنين صَلواتُ الله وسَلامُه عليه عن الشَّأن العام سَيؤدِّي إِلى المَزيد مِن الانْحِراف والبُعدِ بِه عن الدِّين القويم وتَفاقُم المَزيد مِن الخِلافات الدَّاخِلِيّة بَين الصَّحابة أَنفسهم حيث أَصْبحوا كُلّهم رُؤوسًا ولِكُلّ واحِدٍ منها الحَقُ في العمل بِـ(مَذْهَبِ الرَّأي) ونَبذ الثَّقلين وراء الظّهور.

ولم يَكُن لِمَفهوم (الخِلافَة) مِن قِيمةٍ مُلزِمةٍ مُقدّسةٍ تُعزِّز مِن سِيادة الخَلِيفة ذِي النَّسَب (المَنبُوذ) على غَيره مِن الصَّحابة مِن ذَوِي النَّسَب العالِي أَو الشَّرِيف وإِنَّما كانَت القُوّة والوَقْم فَحَسب. ولم يَكن أَحدٌ بين هذه الرُّؤوس يَرى في عُمَر الأَهلِيّة

---

1 - الإمامة والسّياسة، ابن قتيبة الدينوري 25

2 - نفس المصدر السابق 11

والكفاءة اللّازِمَتَين لِإدارة شُونِهم، كما أنَّه ليس خَلِيقًا بالخِلافَة وقَد أقدم أَبُو بكر على تَعطِيلها وامتَنعَ مِن أَنْ تَصل إِلى عُمر في (جُمعةٍ). وعندما يَئس أَبُو بَكْر مِنها وكادَ أنْ يَصرفها عن عُمَر في مَرضِ مَوتِهِ؛ تَدخَّل الأُمَويُّون فاغتالوه!

وقَد صرَّح أَبُو بَكْر بِمَوقِفه السَّلْبِيّ مِن استِخلاف عُمَر مِن بَعدِه لِلكَثِير مِن الصَّحابَة الحافِّين مِن حَوله في شُركاء التَّحالف المُوسَّع وسُرِّب رأيه إِلى عُمَر عن طَرِيق غَير مُباشر. لِكنَّ عُثمان اختَلى بِأَبي بَكر فِي مَرضِهِ وعَجَّل عليه فقَتله ونَصّب مِن فَورِه عُمَرَ خَلِيفةً بِكتابٍ كَتبهُ بِيدِهِ وخَتمه بِخَتمِ أَبِي بَكْر وادَّعى تَصدِيق أَبِي بَكر على ما فيه حتَّى يردَّها عُمَر عليه غدًا فيَكون عُثمان قد حَلَب حَلبًا له منه شَطر.

ومِمَّا كَتبَه يَزِيدُ بن مُعاوِيَة في جَوابِهِ إِلى عَبد الله بن عُمَر لمّا اعتَرَض على قَتلِهِ الإِمام الحُسَين صَلواتُ الله وسَلامُه عليه في كَربَلاء يُذَكِّره بِأَنَّ أَباه عُمَر هو أَوَّل مَن سَنّ الاستِئثار بِالحَقِّ على أَهلِه على الطَّرِيقة الأُمَويَّة العَنِيفَة، (أَمَّا بعد، يا أَحْمَق! فإِنَّا جِئنا إِلى بُيوتٍ مجدّدة، وفُرش ممهّدة، ووسائد منضَّدة، فقاتَلنا عنها. فإِنْ يَكُن الحقُّ لنا فعَن حَقِّنا قاتَلنا، وإِنْ يَكُن الحقّ لِغَيرِنا فأَبُوك أَوَّلُ مَن سَنّ هذا وآثَر واستأثَر بِالحَقِّ على أَهْلِه)[1].

إِنَّ مِن بَين الإِجْراءات الصَّارِمَة الَّتي اتَّخذَها عُمَر في مَرْحَلةِ خِلافَتِهِ هي إِبعادُه الهاشِمِيِّين والأَنصار والكَثِير مِن كبراء الصَّحابة مِمَّن والَى سَلَفَه في الخِلافَة أَبي بَكْر أَو رَضِي بما أَقدم عليه أَبُو بَكر مِن مُخالَفَة صَرِيحة لِمُراد عُمَر أَو لم يَرض بِأَهلِيَّة عُمر لخِلافة أَبِي بَكْر وحَرَّض على إِبعادِهِ عنها أَو تَدخَّل لِصَرف عُمَر عنها، أَو نَاوشَه شُئون الخِلافَة واختَلف مَعه مِن بَعدِ استِلامِهِ لها. فانتَقم مِنهم وعَمل على مُواجهَتِهم وشَدَّد الحَجْر عليهم وحَبسَهم في المَدِينَة. ولم يَكن يُبدي ثِقةً في أَحدٍ مِن القُرَشِيِّين المُرَشَّحِين لمَنصِب الوَلايَة على الأَمْصار والمُؤهَّلِين لها إِلّا في حُدود ضَيِّقة لِلغايَة، فكان مِن وُلاتِه المُغيرُة بن شُعبَة على الكُوفَة، ومعاوِيَة بن أَبِي سُفيان على دِمَشق،

1 - الطّرائف. ابن طاووس 247. نهج الحق، البلاذري 356. إحقاق الحقّ، البلاذري 297

وأَبُو مُوسى الأَشْعَرِي على البَصْرة، وعَمرو بن العاص على مِصر، وسُفْيان بن عبد الله الثَّقَفي على الطَّائف، ونافِع بن عبد الحارِث الخزاعي على مكَّة، ويَعلى بن أُمَيّة على اليَمن، وعبد الرَّحمن بن عَلقَمَة على فِلسطين، وعُمَير بن سَعد على حِمص، وعُثمان بن أَبِي العاص على البَحرين.

(ومِن المُلاحظ أَنَّه لم يَكُن بين وُلاةِ عُمر أحدٌ مِن الأَنصار إِلَّا عمير بن سعد والِي حمص ولا مِن السَّابِقين مِن المُهاجِرين، وأَنَّه قد عزل سَعد بن أَبِي وقَّاص - عن وَلايَة العِراق - لا لِظَنٍ فيه وإِنَّما خَشِيَ أَنْ يَفتَتِنَ النَّاسُ به، فرأى أَنْ يَمسِك السَّابِقين مِن المُهاجِرين والأَنصار في المدينة، إِذْ الخيرُ لهم أَنْ لا يَروا الدُّنيا ولا تَراهم الدُّنْيا وإِنَّما يَكفِيهم ما كان مِن جِهادِهِم مع رَسُول الله)[1].

ففِي الكُوفة كان ابنُ أَبِي وقَّاص مَرغوبًا في أَهلِها لِنَسَبِهِ مِن رَسُول الله صَلَّى الله عليه وآله. لكِنّ عُمَر لم يَرغب في بَقائه واليًا على العِراق فعَزَله بِذريعة (أَنَّه لا يُحسِن الصَّلاة)[2].

لم تَمنع الرُّعونَة والشِّدّة والغِلظة في خِلافة عُمر مِن أَنْ يَقتَرب أَحدُهم إِليه لِيَقتِلَه ويجهز عليه.. فهذا أَبُو لُؤلؤة رِضْوان الله تعالى عليه استَلَّ خنجرًا له وهَمّ بِقَتلِ عُمر فطَعَنه.

صانِعُ الرَّحَى مُنَفِّسُ الكُرْبَةِ

ذُكِر في عددٍ مِن الأُصُول والمدوَّنات الَّتي تَناوَلَت سِيرة الصَّحابة أَنَّ عُمر مات عن عُمُرٍ ناهَز سِنَّ الـ 63 عامًا. وفي أَقصى التَّقديرات المُسَجَّلة في مُدوَّنات (اتِّجاه أَهْل العامَّة) الوَارِث التَّأريخي لِـ(مَذْهَب الرَّأي)، أَنَّ عُمَر أَسْلَم مُتأخِّرًا، وقَضى في الإِسلام عُمُرًا تَجاوز 28 عامًا مِن بَعد الشِّرك بِالله وعِبادة الأَصْنام ومُعاقرة الخَمْر زهاء (35) عامًا.

1 - الفِتنةُ الكُبرى، طهَ حُسين 46

2 - محض الخلاص، ابن المبرد الحنبلي 124. أنظر صحيح البخاري، حديث رقم 722

قُتِلَ عُمَر في (اليَوم التَّاسِع مِن رَبِيع الأَوَّل)[1] في إِثْر خِلافَةٍ مضْطَرِبةٍ قائمة على(مَذْهَبِ الرَّأي) استَمرَّت (عَشر سِنين وخَمسة أَشْهرٍ وإِحدى وعِشرين لَيلةٍ مِن مُتوفَى أَبِي بَكْر على رأس اثنَتَينِ وعِشرين سَنَةٍ وتِسعَةِ أَشْهر وثلاثة عشر يَومًا مِن الهِجْرة)[2]. ويُسمَّى قاتِلُه (بَابَا شُجَاع الدِّين النَّهاوَنْدِي) المُكَنَّى بـ(أَبِي لُؤلُؤة)، وهو مِن الشَّخْصِيَّات التَّأْرِيخِيَّة المُهِمَّة جِدًا الَّتي احتَلَّت مساحةً تَأْرِيخِيّة مِن الجِدال الواسِع والمُثِير فِي العُقود الأُولى مِن القَرْنِ الإِسْلامِي الأَوَّل لِقاء ما أَقدَم عَليه مِن فِعلٍ جَرِيءٍ حاسِمٍ أَنْهي به خِلافَةَ عُمَر وحَياتَه، وحاكَم بِه عهدَ الخِلافَةِ كُلِّه، ونَقَضَ بِه (مَذْهَبَ الرَّأي) السَّائد في المُسلِمِين مُدَّةً تَجاوَزَت 12عامًا، وساءَل الخِلافَتين عن شَرعِيَّتِهما وعن إِسلام مَوالِيهِما، وتَركَ بِه أَثَرًا بارِزًا في المَوقِف المُتَقدِّم مِن شُورى السِّتَّة وما أَفضَت إِليه مِن اختيار مثير لِعُثمان بن عَفَّان خَليفة، وأَثارَ الشَّكوك حولَ مَفهوم (الخِلافَة) وأَحْدَث اضْطِرابًا عَقَدِيًّا في (اتِّجاه أَهْل العامَّة) ما زال قائمًا.

ومنذُ ساعة قَتْلِه لِعُمر حتَّى يَومنا هذا لم تَسْلَم سِيرَةُ أَبِي لُؤلؤة رِضْوان الله تَعالى عليه مِن حَملات التَّشْويهِ والتَّزوير والوَضْع والتَّشْطِيب والتَّلفِيق مِن قِبَل مُدوِّني السِّيرة والمُحلِّلين المُنضَوِين تَحت مَظلَّة (اتِّجاه أَهْلِ العَامَّة) وحُلفائه في الدَّول المُتعاقِبَة على (الخِلافَة).

نُسِبَت هُويَّتُه مَرَّة إِلى المَجوسِيَّة وإِلى الكُفْر مرَّة أُخرى حتَّى استُبِيح دم ابنَتِه (إِسْلام) فقُتِلَت على يَدي عُبَيدِ الله بن عُمَر بن الخطَّاب بِتَحْرِيضٍ مِن أُختِهِ حَفصَة. وقد امتَنع عُثمان الخَليفة الجَديد مِن البَتّ في شَأنِ قاتِلي ابنَةِ أَبِي لُؤلؤة نكالًا بِأَبِيها وانتقامًا مِنه على ما أَقْدَمَ عليه مِن عَمليَّة مُفاجِئة لِقَتل الخَليفة عُمر، وأَسقَط بِأَحْكام (مَذْهَبِ الرَّأي) حَقَّها في القِصاص. ثُمَّ سارت دَولَتا الأُمَوِيِّين والعَبّاسِيِّين بـ(اتِّجاه أَهْل العامَّة) على مَنهَجِ عُثمان في نَبذِ السِّيرَةِ الحَقِيقِيّة لِأَبِي لُؤلُؤة وَطَمْسِ أَثَره في التَّأْرِيخ الإِسْلامي.

---

1 - بحار الأنوار، 120-119/ 31. انظر: المصباح، الكَفْعَمِي 677

2 - تأريخ الطّبري 407/ 2

وكان مِن أَبْرَز الاتِّهامات الَّتي وُجِّهَت إلى شَخصِيَّة أَبي لُؤلُؤة ودُوِّنَت في السِّيرَة المُلَفَّقة أَنَّ أَبا لُؤلُؤة لا يَعدُو أَنْ يكونَ إِنْسانًا مَجوسِيّ الدِّيانة، وقد تَلقَّى أَوامِرَه مِن المَجُوسِ الَّذِين دَبَّروا مُؤامَرة القَضاء على عُمَر انتقامًا لِغَزوه بِلاد فارِس وثأرًا لِقَتلى حرب نَهاوند!

لكِنَّ الحقائق التَّأريخِيَّة في السِّيرة تُشِير إِلى أَنَّ أَبا لُؤلُؤة عُرِف بِالإِيمان والشُّجاعَة مِن قَبْل أَنْ يَقدِم على قَتْل عُمَر، وعلى يَدَيهِ حُسِم الجَدلُ القائم آنذاك حول أُمورٍ شَتى منها:

ـ حول شَرعِيَّة خِلافة أَبي بَكر وعُمَر وصَلاح الحُكم بـ(مَذهب الرَّأي) في سِيرَتِهما بِإِزاء الثَّقلَين الكِتاب والسُّنَّة الشَّريفة اللَّذَين لَنْ يَفترقا حتَّى يَرِدا على النَّبِيّ صَلَّى الله عليه وآله الحَوض وأَمَر بِالتَّمَسُّك بِهما وقَد عُطِّلا مِن قِبَل أَبِي بَكْر وعُمَر بِما أَحدثا مِن انْقِلابٍ على الأَعْقاب ومِن اغتيالٍ لِلنَّبِيّ صَلَّى الله عليه وآله ثُمّ الحكُم بِرَأيهما.

ـ حول طَبيعة المُبرِّرات الدَّافِعَة نَحو تَدبِير أَبِي بَكْر وعُمَر لِلانْقلابِ على وَصِيَّةِ النَّبِيّ مُحمَّد صَلَّى الله عليه وآله في أَمْر وَلايَة عَلِيٍّ أَمِير المُؤمنين صَلواتُ الله وسَلامُه عليه، ونَقضِهما لِبَيعَةِ الغَدير وتَحريض النَّاس على فِعْلِ ذلك وفَرض مقاصد الانْقلاب على مُجتَمعَي مَكَّة والمَدِينة بِالقُوَّة والإِكْراه.

ـ حول هُوِيَّة الصَّحابَة المنفِّذين لِلعَملِيَّات المَتكرِّرة لاغتِيالِ النَّبِيّ صَلَّى الله عليه وآله ومنها مُحاولة هَرْشَى والمُحاوَلَة الأَخِيرة الَّتي لُدّ فيها النَّبِيُّ صَلَّى الله عليه وآله بِالسُّمّ في مَرضِهِ الأَخِير.

ـ حول أَخذ البَيعة لِلخِلافَة بِالإِكراه تَحت حَدّ السَّيف وشَنِّ الحَرب على بَيت فاطِمة بِنْت رَسُول الله صَلَّى الله عليه وآلِه وإِحراقِ دارِها وإِسقاط جَنِينِها المُحْسِن وضَربها وقَتْلِها واقتِياد بَعلِها عَلِيّ أَمير المؤمنين صَلوات الله وسُلامه عليه أَمام أَهْل المَدِينَة مكتوفًا مخفورًا وإِجبارِهِ على البَيعةِ لِأَبي بَكر والتَّخلِّي عن حقِّه في بَيعة الغَدِير.

ـ حوال مُعالجة مُشكِلَة ضَعف سِيادَة الخليفة أمام تَعدّد الصَّحابة الأَقطاب في التَّحالُف المُوَسَّع بِما يُؤدِّي إِلى صِناعَةِ الحاكم الواحد المُستَبِد.

ـ حول دوافع شَنِّ حَرب الرِّدَّة بغية إِنْهاء مَظاهر الإِعتِراض على خِلافَةِ أَبِي بَكر ودَحْر المُتمَسِّكين بِبَيعة الغَدِير واتِّهامهم زُورًا وبُهتانًا بِالمُوالاة لِمُدَّعِي النُّبوّة والسَّعي إِلى مُطارَدَتِهم ومِن ثَمّ قَتلِهِم في مَيدان المَواجَهة عِوضًا عن تَحكِيم القَضاء فِيهم.

ـ حول دوافع التَّوسُّع بِشَنِّ (حَرب الفُتُوح)، والجَشَع الحَربي لِإشْباع هَوى الإِمْرة والرِّئاسة والسُّلطان وجمع الثَّروة.

ـ حول دوافع إِحياء العَصبِيَّة الجاهِليّة في الجَزيرة العَرَبِيّة، والتَّلوِيح بِلافِتَة (حَقّ المهاجِرين المُنفرِد في الخِلافَة) والسِّيادة لِقُرَيش مِن دُون أَهْل البَيت صَلواتُ الله وسَلامُهُ عليهم والاستِناد في ذلك إِلى مَجموعَةٍ مِن المَروِيَّات المُختَلَقَة.

ـ حول دَوافِع تَعزيز الخِلاف بَين فِئتي الأَوْس والخَزرَج في المَدِينة ونَبذ دَورِهِما في رِعايَة مَدِينَتِهِم.

قُضِيَ الأَمْرُ، ومَات الخَلِيفةُ الثَّاني بِطَعنات الخنجر في عِلمٍ سابِقٍ مِنه بِهُوِيَّةِ قاتِلِه، وأَنَّ (الصَّانِع) أَبِي لُؤلُؤة يَقدِم على قَتِله. فقد تَناهى إِلى سَمِع عُمَر قَولُ رَسُولِ الله صَلَّى الله عليه وآله فِيه حول ظُروف مَقتَلِهِ وما لِقاتِلِه مِن صِفَةٍ وخاتمةٍ يَكسِب بِهما الجِنان لِقاء ما سيَقدم عليه مِن عَمَل شجاع!

وجَرَت التَّفاصِيل المثيرة حول مَقتل عُمَر قَبل إِقدام أَبِي لُؤلؤة على قَتلِهِ على لِسان عَلِيٍّ أَمِير المُؤمنين صَلواتُ الله وسَلامُه عليه، وصَدَّقها عُمَر وانْتَظر تَحقُّقَها فيه إِذْ قال له فِيما قال (فيَقتلك تَوفِيقًا.. يَدخُلُ والله الجِنان على رَغْمٍ مِنك)[1]. فكَيف لِأَحدٍ أَنْ يَقتُلَ خَليفة المُسلِمين ويَدخُل الجَنَّة لِقاء ما سَعى إِليه وفَعل؟!

وفَوق ما صرَّح به عَلِيٌّ أَمير المؤمنين صَلواتُ الله وسَلامُه عليه مِن تَفاصِيل حول

1 - بحار الأنوار، المجلسي 276/ 30

مَقتل عُمَر قبل وُقُوعِها؛ أَكَّد صَلواتُ الله وسَلامُه عليه مِن جِهَةٍ أُخْرى على صِحَّةِ إيمانِ أَبِي لُؤلُؤة قاتِلِ عُمَر وبسَلامةِ دَوافِعِه في ارتِكاب عَمليَّة القَتل، كما أشار إلى الشُكر في مَسْعَي أَبِي لُؤلُؤة وعلى ما بَذَله في رِعايةِ حَقِّ أَهْل البَيت صَلواتُ الله وسَلامُه عليهم وفَضْلِ مَودَّتِه لهم، وما يَصير إليه عُمَر مِن سُوء العاقِبَة عند الطَّعنِ بالخنجر الَّذي غُرِس في بَطنِه وهو يَتمَشّى في النَّفَق الواصِل بَين بَيتِهِ والمَسجِد قَبل الفَجْر وفي اليَوم الأَخِير مِن حَياتِه، وما يَحلّ على جِثَّتِهِ وجِثَّة صاحِبِه أَبِي بَكر مِن عِقابِ قَومٍ يُخرجونَهما مِن بَطن الأَرض جَسَدين طَرِيَّين ويُحرقونَهما مِن بَعد صَلبِهما.

ذَكَرَ الرَّاوِي أَنَّ عَلِيًّا أَمِير المُؤمِنين صَلواتُ الله وسَلامُه عليه قال لِعُمر عن رَسُول الله صَلَّى الله عليه وآله بَعد أَنْ آل أَمْرُ الخِلافة إليه مِن أَبِي بَكر بِتَزويرٍ مِن عُثمان (مَن عَلَّمَك الجَهالةَ يا مَغرور، وأَيم الله وكُنْتَ بَصِيرًا وكُنْتَ في دُنياك تاجِرًا نِحريرًا، وكنتَ فِيما أَمرَك رَسُول الله صَلَّى الله عليه وآله أَركبتَ وفرشتَ الغضبَ ولما أَحببتَ أَنْ يَتمثَّل لك الرِّجال قيامًا، ولما ظلمتَ عِترَة النَّبِيّ صَلَّى الله عليه وآله بِقَبِيح الفِعال. غير أَنِّي أَراك في الدُّنيا قبلا بِجراحة ابن عبد أُمِّ مُعمّر - يَعنِي أَبا لُؤلُؤة - تَحكمُ عليه جورًا فيقتُلُك تَوفِيقًا، يَدخلُ والله الجِنان على رَغْمٍ مِنك. والله لو كُنتَ مِن رَسُول الله صَلَّى الله عليه وآله سامِعًا مُطِيعًا لما وضْعت سَيفك في عُنِقكَ، ولما خطبتَ على المِنبر، ولَكأَنِّي بِكَ قد دُعِيتَ فأَجَبت، ونُودِي بِاسمِكَ فأَحجَمْتَ. لك هتك سترًا وصَلبًا ولِصاحبكَ الَّذي اختارك وقُمتَ مَقامه مِن بعده!

فقال عُمر: يا أَبا الحسن أَما تَستَحِي لِنَفسِك مِن هذا إليك. فقال له عَلِيٌّ أَميرُ المُؤمنين صَلواتُ الله وسَلامُه عليه: ما قلتُ لك إلَّا ما سَمِعت، وما نَطقتُ إلَّا ما عَلِمت.

قال عُمر: فمَتَى هذا يا أَمِير المُؤمنين؟!

قال عَلِيٌّ أَميرُ المُؤمنين صَلواتُ الله وسَلامُه عليه: إذا أُخرِجَت جيفَتاكُما عن رَسُول الله صَلَّى الله عليه وآله مِن قَبرَيكُما اللَّذين لم تُدفنا فِيهما إلَّا لِئلا يَشُكّ أَحدٌ فِيكُما إذا نُبِشْتُما، ولو دُفِنتما بين المُسلِمِين لَشَكَّ شاكٌّ، وارْتابَ مُرتابٌ. وستُصلَبان

على أَغصانِ دوحةٍ يابِسَةٍ فتُورِق تلك الدَّوحة بِكما وتفرع وتخضرّ بكما فتكونا لِمَن أَحبَّكما ورَضِي بِفعلِكُما آيةً لِيَمِيز الله الخَبيثَ مِن الطَّيب، ولَكأَنِي أَنظر إِليكُما والنَّاسُ يَسأَلون ربَّهم العافِيَة مِمَّا بُلِيتما به.

قال عُمَر: فمَن يَفعل ذلك يا أَبا الحَسن. قال عَلِيٌّ أَميرُ المُؤمِنين صَلواتُ الله وسَلامُه عليه: عِصابةٌ قد فَرَّقَت بين السُّيوف أَغْمادها، وارتضاهُم الله لنُصْرَة دِينهِ فما تأخذهم في الله لَومةُ لائم، ولَكأَنِّي أَنظر إِليكُما وقد أُخرِجْتما مِن قَبرَيكما طَرِيَّين بِصورتَيكما حتَّى تُصلَبا على الدَّوحات، فتكون ذلك فِتنةً لِمَن أَحبَّكما، ثُمَّ يُؤتَى بِالنَّار الَّتي أُضرِمَت لِإبراهيم صَلواتُ الله عليه ولجرجيس ودانيال وكُلِّ نَبيٍّ وصدِّيقٍ ومُؤمِنٍ ومُؤمِنةٍ وهي النَّارُ الَّتي أَضْرَمْتُموها على بابِ داري لِتُحرِقُوني وفاطِمة بنتَ رَسُول الله صَلَّى الله عليه وآله وابْنَيّ الحسنِ والحُسين وابنَتَيّ زَينب وأُمّ كُلثوم حتَّى تُحرقا بها، ويُرسِلُ الله إِليكما رِيحًا مَدبَّرة فتنسِفكما في اليَمِّ نَسفًا ويأخذ السَّيف مَن كان مِنكما ويَصِير مصيركما إلى النَّار جميعًا، وتُخرجان إِلى البَيداء إِلى مَوضِع الخَسف الَّذي قال الله تعالى [ولو تَرى إِذْ فُزِعوا فلا فوتَ وأُخِذوا مِن مكانٍ قَريب) يَعني مِن تَحتِ أَقدامِكما.

قال: يا أَبا الحَسَن، تُفرِّقُ بيننا وبين رَسُول الله صَلَّى الله عليه وآله. قال: نعم. قال: يا أَبا الحَسَن إِنَّك سَمِعتَ هذا وأَنَّه حَقٌّ؟ قال: فحلَفَ أَميرُ المُؤمنين أَنَّهُ سَمِعَه مِن النَّبِيّ صَلَّى الله عليه وآله.

فبَكَى عُمر وقال: أَعوذُ بِالله مِمَّا تَقول، فهَلْ لك عَلامَة. قال: نعم، قَتْلٌ فَظِيعٌ، ومَوتٌ سَرِيعٌ، وطاعُونٌ شَنِيعٌ، ولا يَبقَى مِن النَّاس في ذلك إِلَّا ثُلثُهم ويُنادِي مُنادٍ مِن السَّماء باسْم رَجُلٍ مِن وُلْدِي وتَكثُر الآفات حتَّى يَتمَنَّى الأَحياءُ الموتَ مِمَّا يَرون مِن الأَهْوال، وذلك مِمَّا أَسَئتُما. فمَن هَلكَ استَراح ومَن كان له عند الله خَيرٌ نَجا. ثُمَّ يَظهرُ رَجلٌ مِن عِتْرَتِي فيَملأ الأَرض قِسطًا وعدلًا كما مُلِئت جورًا وظلمًا، يأتِيه الله بِبَقايا قَومِ مُوسَى ويَحيِي له أَصحابَ الكَهف وتُنزِلُ السَّماءُ قِطرها وتُخرج الأَرض نَباتُها.

قال له عُمر: فإنَّك لا تَحلِف إلَّا على حَقٍّ فإنَّك أَنْ تُهدِّدني بِفعال وُلْدِك، فوالله لا تَذوق مِن حَلاوةِ الخِلافة شَيئًا أَنْتَ ولا وُلْدِك، وإِن قبل قولِي لينصرني ولصاحبي مِن وُلْدِك قبل أَنْ أَصِير إلى ما قُلت.

فقال له عَلِيٌّ أَمِير المؤمنين صَلواتُ الله وسَلامُه عليه: تَبًا لك، أَنْ تَزداد إِلَّا عُدوانًا. فكأَنِّي بِك قد أَظهَرت الحَسْرةَ وطَلَبت الإِقالَةَ حيث لا يَنفعُك نَدمُك.

فلَمّا حَضرَت عُمَر الوَفاةُ أَرسل إِلى عَلِيٍّ أَمِير المؤمنين صَلواتُ الله وسَلامُه عليه، فأَبَى أَنْ يَجِيء. فأَرسل إِليه جماعةً مِن أَصحابِه فطَلبوه إِليه أَنْ يَأتِيه، ففَعَل. فقال عُمر: يا أَبا الحَسَن، هؤلاء حالوني مِمَّا وُلِّيت مِن أَمْرِهم فإِنْ رأَيتَ أَنْ تحالني فافْعَل!

فقام عَليٌّ أَمِير المُؤمنين صَلواتُ الله وسَلامه عليه وقال: أَرأَيتَ إِنْ حالَلتَك فمَن حالل بِتَحليل دَيَّان يَوم الدِّين، ثُمَّ وَلَّى وهو يقول [وَأَسَرُّواْ النَّدَامَةَ لَمَّا رَأَوُاْ الْعَذَابَ] فكان هذا مِن دَلائلِه صَلواتُ الله وسَلامُه عليه الَّذي شَهد أَكثرها وصَحَّ ما نَبّأ بِه فهُو حَقٌّ)[1].

ويُحدِّثُ الإمامُ الهادِي صَلواتُ الله وسَلامُه عليه في العَقد الأَوّل مِن القَرنِ الثَّاني الهِجري حول حَقِّ إِيمان أَبِي لُؤلؤة وما جرَي على يَديه مِن وَظِيفة في قَتل عُمَر ـ عن رَسُول الله صَلَّى الله عليه وآله وعن أَخِيه وابنِ عَمّه ووَصِيّه عَلِيٍّ أَمِير المُؤمنين صَلواتُ الله وسَلامُه عليه فِي مَدح يَوم أَبِي لُؤلُؤة رِضْوان الله تعالى عليه الَّذي جُعِلَت على يَديهِ سِيرةُ إِسلام عُمر في مَحلِّ شَكٍّ وطَعنٍ كما جُعِلَت واقعةُ مَقتَلِه في مَحلِّ فَرحٍ وسُرورٍ!

هذان القَولان مِمّا ضَمَّتهُما رِوايةٌ وارِدَة عن الصَّحابِي الجَلِيل حُذيفة بن اليَمان أَمِين سِرِّ الرَّسُول صَلَّى الله عليه وآله في أَسَماء المُتآمِرين المُنافِقِين المنفِّذِين لِمُحاولة اغتِياله صَلَّى الله عليه وآله على عَقبة هَرْشَى، وهُو مِمّن امتَنع عن الصَّلاة خَلَف جِنائز كلٍّ مِن أَبِي بَكر وعُمر وعُثمان عَفَّان بِحُكم عِلمِه بِما ارتَكبُوا:

---

1 - الهداية الكبرى، حسين بن حمدان الخصيبي 162. انظر: بحار الأنوار، المجلسي 276/ 30. مستدرك سفينة البحار، النّمازي 213/ 9. مدينة المعاجز، السَّيد هاشم البحراني 44/ 2 ‍243. مشارق أنوار اليقين في أسرار أمير المؤمنين عليه السّلام 70 - 79. مجمع النّورين، الشّيخ أبو الحسن المرندي 221

يقول الإمام الهادِي صَلواتُ الله وسَلامُه عليه: حدَّثَنِي أَبِي صَلواتُ الله وسَلامُه عليه أَنَّ حُذيفة بن اليمان دَخلَ فِي مِثل هذا اليَوم - وهو التَّاسِع مِن شَهر رَبِيع الأَوّل - على جَدِّي رَسُول الله صَلَّى الله عليه وآله، قال حُذيفَة: رَأيتُ سَيِّدِي أَمِير المُؤمنين مَع ولَدَيه الحَسن والحُسين صَلواتُ الله وسَلامُه عليهم يَأكلون مَع رَسُول الله صَلَّى الله عليه وآله وهُو يَتَبسَّم في وُجوهِهم ويَقول لَولَدَيهِ الحَسن والحُسين: كُلا هَنِيئًا لِكُما بِبَركة هذا اليَوم، فإِنَّه اليَوم الَّذي يُهلِكُ اللهُ فيه عَدوَّه وعدوَّ جَدِّكُما، ويَستجِيبُ فيه دُعاء أُمِّكُما.

كُلا، فإِنَّه اليوم الَّذي يَقبَلُ الله فيه أَعمالَ شِيعتِكما ومُحبِّيكما.. كُلا، فإِنَّه اليَوم الَّذي يَصدُق فيه قولُ الله [فَتِلْكَ بُيُوتُهُمْ خَاوِيَةً بِمَا ظَلَمُوٓا۟].

كُلا، فإِنَّه اليوم الَّذي يَتكسَّر فيه شَوكَةُ مُبغض جَدِّكُما.

كُلا، فإِنَّه يومٌ يفقد فيه فِرعونُ أَهْل بَيتِي وظالِمُهم وغاصِبُ حَقِّهم.

كُلا، فإِنَّه اليوم الَّذي يَقدِم اللهُ فيه إلى ما عَمِلوا مِن عَمَلٍ فيَجعله هَباءً منثورًا.

قال حُذيفة: فقُلتُ: يا رَسَولَ الله، وفِي أُمَّتِك وأَصحابِك مِن يَنتهِك هذه الحُرمَة. فقال رَسُول الله صَلَّى الله عليه وآله: نَعم يا حُذيفة، جُبْتٌ مِن المُنافِقين يَترأسُ عليهم ويَستعمِلُ فِي أُمَّتِي الرِّياء، ويَدعوهم إلى نَفسِه، ويَحمِلُ على عاتِقه درّة الخزي، ويَصدُّ النَّاس عن سَبِيل الله، ويُحرِّفُ كتابه، ويُغَيِّرُ سُنَّتِي، ويَشتملُ على إرث وُلْدِي، ويَنصِبُ نَفسَه عَلَمًا ويَتطاولُ على إمامِه مِن بَعدِي، ويَستَحِلّ أَموالَ الله مِن غير حلّها ويُنفقُها في غَير طاعَتِه، ويُكذِّبُني ويُكذِّبُ أَخِي ووَزيري، ويُنحِّي ابنتِي عن حَقِّها وتَدعو الله عليه ويَستجيبُ الله دُعاءها في مِثل هذا اليوم.

قال حُذيفة: قُلتُ: يا رَسُول الله، لم لا تَدعو رَبَّك عليه لِيَهلِكَه في حِياتِك. قال: يا حُذيفة، لا أُحِبّ أَنْ أَجترئ على قَضاء الله لِما قد سبق في عِلمه، لكِنِّي سأَلتُ الله أَنْ يَجْعَلَ اليوم الَّذي يَقبِضه فيه فَضِيلةً على سائر الأَيَّام لِيَكونَ ذلك سُنَّةً يَستَنّ بِها أَحْبائي

وشِيعة أَهْل بَيتِي ومُحِبُّوهم، فأَوحى إِلَيّ جَلَّ ذِكْرُه، فقال لي:

«يا مُحمَّد، كان في سابِق عِلْمِي أَنْ تمسَّكَ وأَهْلَ بَيتِك مِحنُ الدُّنيا وبَلاؤها، وظِلمُ المِنافقين والغاصِبين مِن عبادِي مَن نَصحتَهم وخانُوك، ومَحضتَّهم وغَشُّوك، وصافَيتهم وكاشحوك، وأَرضيتهم وكذَّبوك، وانتجيتهم وأَسلموك. فإِنِّي بِحولِي وقُوَّتِي وسُلطاني لَأَفتَحَنَّ على رُوح مَن يَغصِب بَعدك عَلِيًّا حَقَّه أَلفَ بابٍ مِن النِّيران مِن سفال الفيلوق، ولَأُصلِينَّه وأَصحابَه قَعرًا يُشرف عليه إِبلِيس فيلعَنَه، ولَأَجعَلَنّ ذلك المُنافق عِبرةً في القِيامة لِفَراعنة الأَنبِياء وأَعداء الدِّين في المَحشر، ولَأَحشُرَنَّهم وأَولياءهم وجَمِيع الظَّلمة والمُنافقين إلى نار جَهنَّم زُرقا كالِحِين أَذِلَّة خزايا نادِمين، ولَأَخلِدنَّهم فيها أَبَد الآبدين.

يا مُحمَّد، لَنْ يُوافقك وَصِيّك فِي مَنزِلَتك إِلَّا بما يمسّه مِن البلوى مِن فِرعونِه وغاصِبِه الَّذي يَجتَرِي عَلَيَّ ويُبدّل كلامِي، ويُشرِك بي ويَصدّ النَّاس عن سبِيلى، ويَنصِب مِن نفسه عِجْلًا لِأُمَّتِك، ويَكفُر بي في عَرشِي. إِنِّي قد أَمرتُ ملائكَتِي في سَبع سَماواتي لِشِيعتِكم ومُحبِّيكُم أَنْ يَتعيَّدوا في هذا اليوم الَّذي أَقبضه إِليَّ، وأَمرتهم أَنْ ينصبوا كُرسي كَرامَتِي حِذاء البَيت المَعمور ويُثنوا عَلَيَّ ويَستغفِروا لِشِيعتِكُم ومُحبِّيكم مِن وِلد آدم، وأَمرتُ الكِرام الكاتِبين أَنْ يَرفعُوا القَلَم عن الخَلق كُلِّهم ثَلاثَة أَيَّام مِن ذلك اليوم ولا أَكتُب عليهم شيئًا مِن خطاياهُم كرامةً لك ولِوَصيِّك.

يا مُحمَّد، إِنِّي قد جَعلتُ ذلك اليوم عِيدًا لك ولِأَهْل بَيتِك ولِمَن تَبِعهم مِن المُؤمنين وشِيعتهم، وآليتُ على نَفسِي بِعِزَّتِي وجلالِي وعلُوّي في مكانِي لَأَحبونَّ مَن تَعيَّد في ذلك اليوم مُحتَسبًا ثَواب الخافِقَين، ولِأشفعنَّه في أَقربائه وذَوِي رَحِمه، ولَأَزِيدَنَّ في مالِه إِنْ وَسَّع على نَفسِهِ وعِيالِه فيه، ولَأَعتِقَنَّ مِنَ النَّار في كُلِّ حول في مِثل ذلك اليوم أَلفًا مِن مَوالِيكُم وشِيعَتِكم، ولَأَجعلَنّ سَعيهُم مَشكورًا، وذَنبهم مَغفورًا، وأَعمالَهم مَقبولة».

قال حُذيفة: ثُمَّ قام رَسُول الله صَلَّى الله عليه وآله فدَخَل إلى بَيت أُمِّ سلمة،

ورَجعتُ عنه وأَنا شاكٌّ في أَمر الشَّيخ حتَّى تَرأس بَعد وَفاة النَّبِيّ صَلَّى الله عليه وآله وأتيح الشَّرّ وعاد الكُفر، وارتَدّ عن الدِّين، وتَشمَّر لِلمُلك، وحرَّف القُرآن، وأَحرَق بيت الوَحي، وأَبدع السُّنن، وغَيَّر المِلَّة، وبَدَّل السُّنّة، ورَدّ شَهادة أَمِير المُؤمنين صَلواتُ الله وسَلامُه عليه، وكَذَّب فاطِمة بِنت رَسُول الله صَلَّى الله عليه وآله واغتَصب فدكا، وأَرضَى المَجُوس واليَهود والنَّصارى، وأَسخن قرَّة عين المُصطفى ولم يُرضِها، وغَيَّر السُّنَن كُلّها، ودَبَّر على قَتل أَمِير المُؤمِنين صَلواتُ الله وسَلامُه عليه، وأَظهر الجَور، وحرَّم ما أَحلَّ الله، وأَحلَّ ما حرَّم الله، وأَلقى إلى النَّاس أَنْ يَتَّخِذوا مِن جُلود الإِبِل دَنانير، ولَطمَ وَجهَ الزَّكِيَّة، وصَعد مِنبرَ رَسُول الله غصبًا وظُلمًا، وافترى على أَمِير المُؤمنين صَلواتُ الله وسَلامُه عليه وعانَده وسَفَّه رأيه.

قال حُذيفة: فاستَجاب اللهُ دعاء مَولاتِي صَلواتُ الله وسَلامُه عليها على ذلك المُنافق، وأَجرى قَتله على يَد قاتِله رَحمةُ الله عليه، فدَخلتُ على أَمِير المُؤمنين صَلوات الله وسَلامُه عليه لِأُهنِّئه بِقَتل المُنافق ورُجوعِه إِلى دار الانْتِقام.

قال عَلِيٌّ أَمِير المُؤمنين صَلواتُ الله وسَلامُه عليه: يا حُذَيفة، أَتَذْكُر اليوم الَّذي دَخلتَ فيه على سَيِّدي رَسُول الله صَلَّى الله عليه وآله وأَنا وسِبطاه نَأكُل مَعه، فدَلَّكَ على فَضلِ ذلك اليوم الّذي دَخلتَ عليه فيه؟! قلتُ: بلى يا أَخا رَسُول الله صَلَّى الله عليه وآله. قال الأَمِير صَلواتُ الله وسَلامُه عليه: هو والله اليَوم الَّذي أَقَرَّ اللهُ به عَينَ آل الرَّسُول»وإِنّي لَأَعرِف لِهذا اليَوم اثْنَين وسَبعِين اسْمًا، قال حُذيفة: يا أَمِير المُؤمنين، أَحبّ أَنْ تُسمِعني أَسماء هذا اليوم، وكان يَوم التَّاسِع مِن شَهر رَبِيع الأَوّل، فقال أَمِيرُ المُؤمنين صَلواتُ الله وسَلامُه عليه: هذا يومُ الاستِراحة، ويوم تَنفِيس الكُرْبَة، ويَوم الغَدِير الثَّاني، ويَوم تَحطِيط الأَوزار، ويَوم الخيرة، ويوم رَفع القَلَم، ويَوم الهدو، ويَوم العافِيَة، ويوم البَركة، ويوم الثَّارات، ويوم عِيد الله الأَكبر، ويَوم يُستجاب فيه الدُّعاء، يَوم المَوقف الأَعظم، ويَوم التَّوافي، ويوم الشَّرط، ويَوم نَزع السَّواد، ويَوم ندامَة الظَّالم، ويَوم التَّصفُّح، ويَوم فرح الشِّيعة، ويَوم التَّوبة، ويَوم الإِنابَة، ويَوم الزَّكاة العظمى، ويَوم الفِطر الثَّاني، ويَوم سيل النغاب، ويَوم تجرع الرّيق، ويوم الرِّضا، ويَوم عِيد أَهْل البيت،

ويوم ظَفرَت به بَنو إسرائيل، ويَوم يَقبلُ الله أَعمال الشِّيعة، ويَوم تَقدِيم الصَّدقة، ويَوم الزِّيارة، ويَوم قَتل المُنافق، ويَوم الوَقْت المَعلوم، ويَوم سُرور أَهْل البَيت، ويَوم الشَّاهد، ويَوم المَشهود، ويَوم يَعضّ الظَّالم على يَدَيه، ويَوم القَهر على العَدُو، ويَوم هَدْم الضَّلالة، ويَوم التَّنبيه، ويَوم التَّصريد، ويَوم الشَّهادة، ويَوم التَّجاوز عن المُؤمنين، ويَوم الزَّهرة، ويَوم العُذوبة، ويَوم المُستطاب به، ويَوم ذهاب سُلطان المُنافق، ويَوم التَّسدِيد، ويَوم يَستريح فيه المُؤمن، ويوم المُباهلة، ويَوم المُفاخرة، ويَوم قُبول الأَعمال، ويَوم التَّبجِيل، ويَوم إذاعَة السِّرّ، ويَوم نَصْر المَظلوم، ويَوم الزِّيارة، ويَوم التَّودُّد، ويَوم التَّحبُّب، ويَوم الوُصول، ويَوم التَّزكِية، ويَوم كَشف البِدع، ويَوم الزُّهد في الكبائر، ويَوم التَّزاوُر، ويَوم المَوعِظة، ويَوم العِبادة، ويَوم الاستِسلام.

قال حُذيفة: فقُمتُ مِن عِنده ـ يَعني أَمِير المُؤمنين صَلواتُ االله وسَلامُه عليه ـ وقُلتُ في نَفسِي: لو لَم أُدرِك مِن أَفعال الخَير وما أَرجُو بِه الثَّواب إِلَّا فَضل هذا اليَوم لَكان مُناي)[1].

لقد عَلِمَ عُمَر بواقِعَة مَوتِه قَتلًا في سَبعِ مَرَّاتٍ مُختلِفَة وعلى فَترات مُتفاوِتَة، ولَنْ يَتمكَّن إِلَّا أَنْ يَقطعَ بِقُربِ أَوانِها عند سِنّ ما بَعد السِّتِّين:

ـ فَفِي الأُولى عَلِمَ بِمَقتَلِهِ مِن خِلال رُؤية رآها فِي مَنامِه (أَنَّ دِيكًا نَقرَهُ نَقرَتَين، فأَوَّلَه بِرَجُلٍ مِن العَجَم سيَقتُله)[2].

ـ وفي الثَّانِيَة عَلِمَ عُمر بِمَقتَلِه عندما خاطَبَة عليٌّ أَمير المُؤمنين صَلواتُ الله وسَلامُه عليه إِخبارًا مِنه عن قَول رَسُول الله صَلَّى الله عليه وآله، وقد اشتَمَلَ هذا الإِخْبارُ على لَمحَةِ عن هُوِيَّةِ قاتِلِه.

ـ وفِي المَرَّة الثَّالِثَة عَلِم عُمَر بِمَقتلِه عِندما دَعَت عليه فاطِمةُ الزَّهراء صَلواتُ الله

1- بحارالأنوار 119/ 31. انظر: البحار 132-120/ 31، 332/ 20، 355-351/ 95. المحتضر، الشيخ حسن بن سليمان 5-44. مستدرك الوسائل 155/ 1. البحار 132-120/ 31.355/ 95.

2- مستدرك سفينة البحار، الشّيخ علي النّمازي 214/ 9

وسَلامُه عليها بِبَقر البَطن، وذلك في اليَوم الَّذي مَزَّق كِتابَ مِلكيَّة فَدك لِلزَّهراء صَلواتُ الله وسَلامُه عليها بعد أَنْ تَفَل فيه أَمامَها صَلواتُ الله وسَلامُه عليها، (ولمّا وَعَظت فاطِمةُ صَلواتُ الله وسَلامُه عليها أَبا بَكر فِي فَدك، كتَب لها بِها كِتابًا وردّها عليها، فخَرجَت مِن عنده فلَقِيها عُمر، فخَرَق الكِتاب، فدَعت عليه بِمَا فعَلهُ أَبو لُؤلؤة به)[1] فقالَت صَلواتُ الله وسَلامُه عليها لَهُ: بَقرَ الله بَطنَك، كمَا بَقَرت صَحِيفَتِي)[2].

ـ وفي المرَّةِ الرَّابِعَة عَلِم عُمَر بِمَقتَلِه بِخَنجَر أَبِي لُؤلُؤة عندما لَقِيَه أَبُو بكر في حياته فأَخْبَره أَنَّ ابنتَه عائشة صرَّحَت بِأَنَّ الجِنَّ ناحَت على عُمَر قَبل أَنْ يُقتَل بِثَلاث، وأَنشَدت:

أَبعدَ قَتِيلٍ بِالمَدينة أَظلَمَت لَه الأَرضُ تَهتزّ العضاة بِأَسوق

جَزى اللهُ خيرًا مِن إِمامٍ وبارَكت يَدُ الله في ذاك الأَدِيم المُمزّق

فمَن يَسع أَو يَركب جناحي نعامة لِيُدرك ما قدَّمَت بِالأمس يسبق

قَضيت أُمورًا ثُمَّ غادَرت بَعدها بوائق فِي أَكمامِها لم تفتق

فما كنتُ أَخشى أَنْ تكون وفاتُه بِكفَي سبتني أَزرق العَين مطرق)[3].

ـ وفي الخامِسَة عَلِم عُمَر بِساعَةِ مَقتَلِهِ مِن معنى التَّصريح الَّذي تَلَقّاه مِن حُذيفة بن اليَمان رضوان الله تعالى عليه صاحِب سِرّ الرَّسُول صَلَّى الله عليه وآله والعالِم بِقائمة أَسماء المُنافِقِين في المَدِينَة والمُنفذِّين لِعَمليّة الاغْتِيال بِهضَبَة هَرْشى وفِيهم اسْمُ عُمر.

ـ وفي السَّادِسَة أَنَّ عُمَر لَقِي أَبا لُؤلُؤة ذات يوم وسأَله عن مِهنَتِه، فقال صِناعة الرَّحَى. فطَلَب منه عُمَر صِناعةَ واحِدَةٍ لَه. فأَجابَه أَبُو لؤلؤة بِقولِهِ (نَعم، أَصنَعُ لك رَحَى تَشتَهِر بين المَشْرق والمَغْرب). فأَدركَ عُمَر حينها أَنَّ قول أَبِي لُؤلؤة يَستبطِن تَهديدًا بِقَتله. فصرَّح عُمر بِذَلك لِأَعوانِهِ الَّذين صَرَفُوه عن اتِّخاذِ إِجراءٍ أَمْنِيٍّ مُضادٍ بذلك.

---

1 - منهاج الكرامة، العلّامة الحلّي 1 4، منهاج السُّنّة النَّبويّة، ابن تيميّة 6/ 30

2 - شرح نهج البلاغة، ابن أبي الحديد 234/ 6

3 - الاستيعاب 421/ 2. الأغاني، الأصفهاني 155/ 9

ـ في السَّابعة ذُكِر أَنَّ كعب الأَحْبار لَقِي عُمر وقال له (إِعْهد فإِنَّكَ مَيِّتٌ في عامِك).

لم يَكُن قاتِل عُمَر شَخصًا عادِيًا. فقد تَضمَّنت مَصادرُ (اتِّجاه أَهْل العامَّة) شيئًا عن جُرأَتِهِ وشجاعَتِه وإِقدامِه بِلا تَردُّدٍ على قَتل (أَمِير المُؤمِنين) عُمَر، ثُمَّ لم تَكفَّ عن المُبالَغة في التَّزوير والتَّلفِيق والوَضْع في هُوِيَّتِهِ والاستِخفاف بِشَخصِيَّته، فأَكثَرَت مِن الطَّعن في أُصُوله وأَسْرَفَت في وَصفِه بِأَقبَح الأَوْصَاف، وطَعَنت في نَسَبه ومَا قَصَدَ مِن وراء إِقدامِهِ على قَتل عُمر، وذَكَرَت فِيما ذكرت أَنَّ أَبا لُؤلُؤة وَلَّى هارِبًا أَو انْتَحر عند ساعَة تنفيذِه لِعَمليَّة قَتل عُمر، وأَمعنَت في شَطَبِ الكَثير مِن حَقائق العَمَلِيّة والمَواقِف منها.

عُرِفَ أَبُو لُؤلُؤة (مِن خِيار شِيعَة عَلِيٍّ أَمير المُؤمِنين صَلواتُ الله وسَلامُه عليه)[1]، (ومِن أَكابِر المُسلمين والمُجاهِدِين، بَل مِن خُلَّص أَتْباع عَلِيٍّ أَمير المُؤمِنين صَلواتُ الله وسَلامُه عليه، وكان أَخًا لذكوان وهو أَبُو الزِّناد عبد الله بن ذكوان عالم أَهْل المَدِينة في الحِساب والفَرائض والنَّحو والشِّعر والحَديث والفِقه)[2].

وقال الذَّهبِي في كِتابِهِ (المُختَصَر فِي الرِّجَال) عند تَرجَمتِهِ لِشَقِيق أَبِي لُؤلُؤة أَنَّ (عبد الله بن ذكوان أَبُو عبد الرَّحْمَن هو الإِمام أَبو الزِّناد المدني مَولى بَنِي أُمَيَّة، وذكوان هو أَخو أَبي لُؤلُؤة قاتِل عُمر، ثِقَةٌ ثَبتٌ رَوى عنه مالِك واللَّيث والسُّفيانان، مات فُجأَةً في شَهر رَمضان مِن سنة 131هـ. وقال ابن حبان في أَبِي الزِّناد هو عبد الله بن ذكوان، كُنْيَتُه أَبُو عبد الرَّحْمَن مولى رَملة بِنت شيبة بن ربيعة زوجة عُثمان، وكان ذكوان أَخًا لِأَبِى لُؤلُؤة قاتِل عُمر بن الخطَّاب، وكان أَبو الزِّناد مِن فقهاء المدِينَة ومِن عُبَّادهِم، وكان صاحِب كِتاب لا يحفظ. ماتَ سَنَة إِحدى وثلاثين ومائة. سمع أَبو الزِّناد الأَعرج رَوى عنه مالِك والثَّورِي وأَهْل الحجاز)[3].

وتَنقضُ هذه التَّرجمة قولَ المُشكِّكين القائِلين بِمَجُوسِيَّةِ أَو نَصرانِيَّةِ نَسَب أَبِي لُؤلُؤة ودِينه. فعائلَتُه عُدّت مِن أَكابر المُسلِمين في المَدِينة.

---

1 - سفينة البحار 560/ 7. رياض العلماء 507/ 5

2 - مستدرك سفينة البحار، النمازي 214/ 9

3 - في الثّقات، ابن حبان 6/ 7. انظر: مشاهير علماء الأمصار 215:

وقال صاحبُ الرِّياض في صِفَة أَبِي لُؤلُؤة والقائِلين بَعدَم إِسلامه: وهذا أَجْلى دَلِيل على كَون فَيروز المذكور مِن الشِّيعة. وحِينئذٍ فلا اعتِماد بِما قاله الذَّهَبِي مِن أَنَّ أَبا لُؤلُؤة كان عَبدًا نصرانِيًّا لِلمُغيرة بن شُعبة، وكذا لا اعتِداد بِما قالَه السُّيوطِي في تَأرِيخ الخُلفاء مِن أَنَّ أَبا لُؤلُؤة كان عبدًا لِلمُغيرة ويَصنع الأَرْحاء)[1]، وأَضاف الواقِدي ومُصعب الزُّبَيري والطَّبَري في ذلك: فما دام أَبُو لُؤلُؤة عَمّ إِمامِكم أَبِي الزِّناد، فلِماذا لا يَكون مُسلِمًا؟!)[2].

أَنذَر أَبو لُؤلُؤة عُمَر قَبل أَنْ يَقدِمَ على قَتْلِه، وذُكِر في شأن قَضيَّة العُبودِيَّة الَّتي رَفعها أَبُو لُؤلُؤة وشَكا فيها ما أَثقَل كاهِلَه ودَعا عُمر بِوصْفِه الخَليفة الحاكِم إِلى التَّدَخّل والإِنْصاف وتَطْبِيق العَدالة ـ أَنَّ عُمر قال لِأَبِي لُؤلُؤة (لَيس بِكَثير في حَقِّك.. فإِنِّي سَمِعتُ عنك أَنَّك لو أَردتَ أَنْ تُدِير الرَّحَى بِالرِّيح لَقدرت على ذلك. فقال له أَبُو لُؤلُؤة: لَأَدِيرَنَّ لك رَحى لا تَسكُن إِلى يَوم القيامة. فقال: إِنَّ العَبْدَ قد أَوعَد، ولو كُنتُ أَقتُل أَحدًا بِالتُّهمَة لَقَتلْتَه. وفِي خَبرٍ آخر قال له أَبُو لُؤلُؤة: لَأَعمَلَنَّ لك رَحى يُتحدَّثُ بها مَنْ بِالمشرق والمغرب. ثُمَّ إِنَّه قَتلَه بَعد ذلك)[3].

سارع أَبُو لُؤلُؤة إِلى طَعنِ عُمَر.. وحِين طَلبَ عُمَر أَنْ يَلقى القاتِلَ أَبِي لُؤلُؤة في سِجنِه أَعْرَبَ أَبُو لُؤلُؤة عن رَفْضِهِ لِأَيِّ حَكَمٍ يَحكُم بَينه وبَين عُمَر غير عَلِيٍّ أَمير المُؤمنين صَلواتُ الله وسَلامُه عليه. وفي اللِّقاء المُثِير بَينهما في حَضرةِ عَلِيٍّ أَمير المُؤمنين صَلواتُ الله وسَلامُه عليه أَلقَى أَبُو لُؤلُؤة على عُمَر حُجَّته البالِغَة مِن وراء إِقدامِه على ما فَعَل مِن عَمَل، فصُعِق عُمَر لِهذه الحُجَّة ولَفظ أَنفاسَه الأَخِيرة ومات!

وفِي تَفصِيل ذلك رُوِيَ عن جابِر الأَنْصارِي رِضْوان الله تعالى عليه، أَنَّه قال: لمّا طَعَن أَبو لُؤلُؤة عُمَر، قال عُمَر: يا عَدو الله، ما حَملك على قَتلِي، ومَن الَّذي دَسَّك إِلى قَتْلِي. قال: اجْعل بَينِي وبَينَك حَكمًا حتَّى أَتكلَّمَ معك. فقال عُمَر: بِمَن تَرضى بَيننا

1 - مُستَدرك سفينة البحار، الشّيخ علي النّمازي 214/ 9

2 - التَّمهيد، ابن عبد البر 5/ 18

3 - مُستدرك سَفِينة البحار، الشّيخ علي النّمازي 214/ 9

حَكَم عدلٍ. قال: بِعَلِي بن أَبي طالِب صَلواتُ الله وسَلامُه عليه.. فلَمّا جاءه الإمامُ عَلِيٌّ أَمير المُؤمِنين صَلواتُ الله وسَلامُه عليه قال عُمَر لِأَبي لُؤلُؤة: تَكَلَّم، فقد حَكَم بيننا حَكَمُ عدلٍ. فقال: أَنْت أَمَرتَني بِقَتلِك يا عُمَر. قال: وكَيف ذلك. قال: إِنِّي سَمِعتُك تَخطُب على مِنبر رَسُول الله صَلَّى الله عليه وآله وأَنْتَ تَقول: كانت بَيعتُنا لِأَبي بَكر فَلتَةً وَقانا اللهُ شَرَّها، فمَن عاد إلى مِثْلِها فاقْتلوه، وقد عُدْتَ أَنْتَ إلى مِثْلِها. فقال له: صَدَقْتَ. ثُمَّ أُغمِي عليهِ ومات)[1].

مَن الَّذي بالَغ في تَروِيج القَول المُفترى على سِيرةِ أَبِي لُؤلُؤة وعلى هُوِيَّته في مكَّة والمَدينة وباقِي الوَلايات الإسلامِيَّة وأَكثر مِن القَول المُزوّر والمُلفّق والمُختَلَق في دَوافِع طَعنِه لِعُمر، ولماذا؟!

ما كانَت تِلكَ إِلَّا مُحاولَة يائسة لِإِنقاذ ما يُمكن إِنقاذه مِن السِّيرة المُتهافِتَة لِصحابَة الصَّحِيفَة الثَّانِيَة المُنقَلِبين على الأَعْقاب، ومِن ذلك ما قالوه بِأَنَّ عملِيَّةَ قَتلِ عُمَر إِنَّما جاءت لِإِتْمام الثَّأر المَجُوسِي الفارِسي والانتِقام لافتِتاح عُمَر بِلاد فارِس!

ومِن بَين جُملةِ ما نُقِل أيضًا في وَقائع قَتْلِ عُمَر وهُوِيَّة قاتِلِه أَبِي لُؤلُؤة وتَفاصِيل عَملِيَّة القتل والدَّوافِع: أَنَّ أَبا لُؤلُؤة (عَبد لِلمُغيرَة بن شُعْبَة، وكان يَصنعَ الرَّحى. فكان المُغيرةُ يَستغِلَّه كُلّ يوم أَربعة دراهم. فَلَقِي أَبو لُؤلُؤة الخَلِيفة عُمَر فقال يا أَمَير المُؤمنين إِنَّ المُغِيرةَ قد أَثقَل عَلَيَّ «غَلَّتِي فكَلِّمه»[2] أَنْ يُخفِّف عَلَيَّ. قال فقال عُمر لِأَبِي لُؤلُؤة اتَّقِ الله وأَحْسِن إلى مَولاك. ومِن نِيَّة عُمر أَنْ يَلقَ المُغيرة فيُكلِّمه في التَّخفيف عنه. فغَضِب أَبُو لُؤلُؤة وسَخِر مِمّا يُشاع عن عُمَر مِن عَدلٍ، وتَهكَّمَ بِهِ بِالقول «يَسَع النَّاسَ عدلُه كُلّهم غَيري» وأَضمَرَ على قَتلِه وَصنعَ خَنجرًا له رأسان فشَحَذَه وسَمَّه ثُمَّ أَتى بِه الهرمزان فقال كيف تَرى هذا؟ قال أَرى أَنَّك لا تَضرب بِهِ أَحدًا إِلَّا قَتَلته[3] وتَحيَّن عُمر. «وقَبْلَ أَنْ يُصاب ـ عُمَر ـ بِأَيَّام بِالَمدينة وَقف عُمَر على

1- عقد الدّرر 81-80

2- مَجمَع الزّوائد، الهيثمي 76/ 9. المُغني، ابن قدامة 315/ 9

3- المصدر السّابق 76/ 9

حُذيفة بن اليَمان وعُثمان بن حنيف، قال كيف فعَلتُما؟! أتخافان أَنْ تكونا قد حَمَّلْتما الأرض ما لا تطيق. قالا حمَّلناها أَمرًا هِي له مُطيقة، ما فيها كَبير فَضْل. قال انْظُرا أَنْ تكونا حمَّلْتما الأرض ما لا تطيق، قالا: لا. فقال عُمر: لِئن سَلَّمَني الله لَأَدَعنَّ أَرامِل أَهْل العراق لا يَحتجنَ إلى رَجُلٍ بعدى أَبدًا. فما أَتَت عليه إِلَّا رابِعة حتَّى أُصِيب. قال إِنِّي لَقائم ما بَينِي وبينه إِلَّا عبد الله بن عبَّاس غداة أُصيب»[1]. وكان عُمَر لا يُكَبِّر إِذا أُقيمت الصَّلاة و»مَرَّ بين الصَّفَّين»[2] حتَّى يَتكلّم «أَقِيموا صُفوفَكم». قال فجاء «أَبُو لُؤلُؤة» فقام «وراء عُمَر»[3] في الصَّف بِحذائه مُقابل عُمَر في صَلاة الغداة)[4]، (حتَّى إِذا لم يَر فيهِن «الصُّفوف» خَللًا تَقدَّم فكَبَّر، ورُبَما قرأ سُورة يُوسف، أَو النَّحْل، أَو نَحو ذلك في الرَّكعة الأُوْلى حتَّى يَجتَمِع النَّاس. و»كان يَستقبِل الصَّف إِذا أُقِيمت الصَّلاة، فإِنْ رأى إِنسانًا مُتقدِّمًا أَو مُتأخرًا أَصابَه بِالدّرة. فجاء عُمر يُريد الصَّلاة فعرض له أَبُو لُؤلُؤة فناجاه عُمَر غير بَعيد، ثُمَّ تركه ثُمَّ ناجاه ثَم تَركه»[5].

فما هو إِلَّا أَنْ كَبَّر فسمعته يقول قَتَلَنِي ـ أَو أَكلَني ـ الكَلْب، حِين طَعنه، فطار العِلج بِسكِين ذات طَرفَين لا يَمُرّ على أَحدٍ يَمينًا ولا شِمالًا إِلَّا طعنه حتَّى طَعَنَ ثلاثةَ عشر رجلًا ومات منهم سَبعة)[6]. أَو)فلَمّا كَبَّر؛ وَجَأه أَبُو لُؤلُؤة في كَتِفه ووَجَأه في خاصِرَتِه فسَقَط عُمر)[7] وهو (يقول: دُونَكُم الكَلْب قد قَتَلني «فلَمّا رأى ذلك رَجُلٌ مِن المسلمين طَرح عليه بُرنسًا. فلَمّا ظَنَّ العِلج أَنَّهُ مأخوذ نَحرَ نفسه»[8]. أَو فماج النَّاسُ، فقال قائل: الصَّلاةُ عباد الله قد طلعت الشَّمْس، فصَلَّى بهم عبد الرَّحْمَن بن عوف بِأَقصر سُورَتَين

---

1 - صَحِيح البخاري 466/ 12

2 - المصدر السابق 466/ 12

3 - مجمَع الزّوائد، الهيثمي 76/ 9

4 - تأريخ دمشق، ابن عساكر 411/ 44. مسند أحمد بن علي بن المثنى، أبو يعلى الموصلي التّميمي 116/ 5 (2731)

5 - روضة المُحدّثين 309/ 12

6 - صَحِيح البُخاري 466/ 12

7 - صَحِيح ابن حبان، ابن بلبان 331/ 15 (6905). أُسْد الغابة، ابن الأثير 831/ 1. جامع الأحاديث، السّيوطي 61/ 28

8 - الجَمعُ بين الصَّحِيحين 49/ 1

فى القرآن [إذا جاء نصرُ الله] و [إِنَّا أعطيناك الكَوثر] قال: فاحتَمل عُمَر)[1]. «فلَمّا انصرفوا قال «عُمَر» يا ابن عبَّاس انظُر مَن قَتلنِي. فجال ساعةً ثُمّ جاء فقال: غُلامُ المُغيرة بن شُعْبة. فقال عُمَر: الصَّنع؟! قال: نَعم. قال: قاتَله الله)[2].

وعلى الرَّغْم مِن تَهافُتِ الكَثِير مِن مَنقُولات هذه الأُصُول والمُدوَّنات وما عُلِمَ مِمّا اشتَملت عليه مِن وَضْع وتَلفِيق وتَدلِيس وتَزوير لِلحقائق في واقِعَةِ إقدام أَبي لُؤلُؤة على قَتْلِ عُمَر إِلَّا أَنَّ بعضَ الحقائق ظلَّت دَامغة الدَّلِيل فلَمْ يَستطع أَحدٌ طَمسَها، منها:

تَواطؤ عُمر مع المُغِيرة بن شُعبة الثَّقفِي ومع غيرِه مِن أَثْرياء المَدِينة على استِخفاف المَوالِي ومُمارَسَة التَّمييز والفَصْل العرقِي فِيهم والتَّشدِيد في هذه المُمارَسَة على كُلِّ مَن ثَبُت وَلاؤهُ لِعَلِيٍّ أَمير المؤمنين صَلواتُ الله وسَلامُه. وشَمَل ذلك التَّمييز أَبَا لُؤلُؤة حيث حُقِّر وأُهِين وظُلِم وطُعِن في شَخصِه ومَقامِه. ومِن ذلك ما أَقْدَم عليه المُغِيرةُ حيث أَثْقَل على غَلَّةِ أَبِي لُؤلُؤة وغَلَّات مَن هُم في حُكْمِه وأَمثالِه. وقد عُرِف عن المُغِيرة بن شُعبة بين المَوالِي صِلَته الوَثِيقَة مع عُمَر، وهو مِن أَهْل الخَبائث والمَكْر والخَدِيعة وحامِل سِرّ عُمَر في أَبِي بَكر حيث كافئهُ عُمَر بِوَلايَة البَحْرَين (فسَرَق أَموالها حتَّى ضَجَّ النَّاسُ مِنه ونفروا فعزَلَه. ثُمَّ ولّاه البَصرة فزَنَى فيها بامرأةٍ فعَزلَه ولم يُقِم عليه الحَدَّ، ثُمَّ ولَّاهُ الكُوفَة حتَّى عَزلَه عُثمان)[3].

وفِي لقاءٍ مُثير جمع كُلًّا مِن حُذيفة بن اليمان رِضْوان الله تَعالى عَليهِ وعُمر وعُثمان بن حنيف كَشَفَ حُذيفة عَن أَمرٍ خطيرٍ لم يُدركه عُمَر، أَو رُبَما أَدركَه فلَمْ يُبال به. فقد أَنذَر حُذيفة عُمَر بِقُرب ساعةِ مَقتَلِه. فلِحُذيفة عِلمٌ بِالكَثِير مِن الوَقائع المُستَقبَلِيّة حيث انْفَرَد بها وخَصَّه نَبِيُّ الرَّحْمة مُحمَّد صَلَّى الله عليه وآله بِحَمْلِها، ومِنها ما ذُكِر بِأَنَّ عُمَر كان أَحد المُشارِكين في تَنفِيذ عَمَلِيّة هَرْشَى الَّتي استَهدَفَت اغتِيال النَّبِيِّ صَلَّى الله عليه وآله، وأَنَّ له يَومًا يُقتَل فيه.

---

1 - رَوضةُ المُحدّثين 309/ 12(5809). انظر: تأريخ دمشق 410/ 44. أُسْد الغابة 76/ 4. الطّبقات الكبري 341/ 3. تأريخ المدينة 896/ 3. الطّبقات الكبري 341/ 3. الحافظ فى المطالب 46/ 4. حِلْيَة الأولياء، أَبو نعيم 151/ 4.. فتح الباري 49/ 7

2 - الجمع بين الصَّحيحَين 49/ 1

3 - البداية والنّهاية، ابن كثير 50/ 8. سِيَر أَعلام النّبلاء، الذّهبي 21/ 3. ابن عساكر، تأريخ دمشق 154/ 25

وكان عُمر على درايةٍ كافِيَة لما يُخفِيه حُذيفة مِن سِرِّ هَرْشَى وما حمله على الامْتِناع عن الصَّلاة خَلْفَ جنازة صاحِبه أَبي بَكْر إِذْ كَشَف لِلنَّاس بامتِناعِه هذا ما أَخْفاه أَبُو بكر نفسه في حَياتِهِ مِن تَفاصِيل حول تَورُّطِهِ والأَربَعة مِن الصَّحابَة مُتعاقِدِي (صَحِيفة مَكّة الثَّانية) في تَنفِيذ عَمَلِيّة هَرْشى.

ومُنذ ذلِك اليَوم اجتَهد عُمَر في أَنْ يَستَرضِي حُذيفة لِيُبقِي السِّرّ مَكتومًا ولا يُفشِيه، مُقابِل أَنْ يُوَلِّى حُذيفة على المَدائن. لكِنَّ حُذيفة رَفض المُساوَمَة وإِعْطاء عُمر يَدٍ، فأَقدَم عُمر على إِلغاء العَرَض وعَزَله.

وبعد ثَلاثَةِ أَيام مِن هذا العَرْض ماتَ عُمَر، وامْتَنع حُذيفة عن الصَّلاة على جِنازَته. فعَلِم المُسْلِمُون مِن ذلك أَنَّ عُمَر كان أَحَد المتورِّطِين في تَنفِيذ عَملِيَّةِ اغتِيال النَّبِيِّ صَلَّى الله عليه وآله على هَضبَةِ هَرْشَى مِثلَما فَعَل بِصاحِبه أَبي بَكر، وأَنَّ آيةً في القَرآن وَصَفَتْ عُمَر وأَبا بَكر بِالكُفرِ إِنْ ثَبُتَ تَورُّطُهما في عَمَلِيَّة الاغْتِيال!

لم يَكُن أَبُو لُؤلُؤة مَجوسِيًّا ولا مُشرِكًا ولا كافِرًا ولا نَصرانِيًّا حين أَقْدَم على طَعنِ عُمَر بِالخَنْجَر في المَسْجِد أَو على الطَّريق إِليه. وأَنَّ مُدوَّنات الوَضْع وأُصُول الافْتِراء والتَّزوِير والتَّلفِيق والاخْتِلاق ذكَرت في أَحوال مَقتل عُمَر أَنَّ أَبا لُؤلُؤة كان يُصَلِّي جماعَة في الصَّف الأَوَّلِ الَّذي يَلِي عُمر مَباشَرة، وأَنَّ عُمَر قَطَعَ صُفوفَ المُصَلِّين لِيَتقدَّمَهم فَرأى أَبا لُؤلُؤة مأمُومًا خَلفَه مُباشرة فناجاهُ مَرَّتين، وحَضَر بَعض خُطَب عُمَر في المَسجِد ونَقل عنه قولَه في خُطبةٍ له وَصَفَ فِيها خِلافَة صاحِبه أَبي بَكر بِـ(الفَلْتَة). فكان عُمَر على مَعرِفَةٍ تَفصِيلِيَّةٍ بهُوِيَّةِ أَبِي لُؤلُؤة وإِسلامِه. ولو كان أَبُو لُؤلُؤة مَجوسِيًّا لَأَصْدَر عُمَر على الفور أَمرًا بِإِخراجِه مِن المَسجِد وطَردِهِ مِن الجَزيرةِ العَربِيَّة.

إِذَنْ، فلا صِحَّة مُطلقًا لما ذُكِر عن كُفر أَبِي لُؤلُؤة أَو مَجوسِيَّتِه أَو نَصرانِيَّتِه.. أَبُو لُؤلُؤة وعائلَتُه مِن سَكَنَةِ المَدِينة ومِن المَعروفِين بَين أَهلِها، وقد شُوهِدَ في مَساجِدِها حِين خَلَت المَدِينة مِن غَير المُسلِمين امتثالًا لِوَصِيَّة الرَّسُول صَلَّى الله عليه وآله الَّتي

أوصاها قبل شَهادَتِه حيث أَمَر الصَّحابة بِإخراجِهم مِن الجزيرة العَربِيَّة على حَسب ما اشْتُهِر وأُرِّخ في أُصُول ومُدوَّنات (اتِّجاه أَهْلِ العامَّة).

ولو حَكَمنا بِكُفْر أَبِي لُؤلُؤة لَشَمِلَت الصِّفةُ هذه عُمَر مِن بَعد كُفرِ أَبِي بَكر بِهذا الدَّلِيل، لِأَنَّهما حَكَما بـ(مَذْهَب الرَّأي) فخالَفا بِهِ أَمْرَ رَسُول الله صَلَّى الله عليه وآله القاضِي بِإِخلاء الجزيرة العربِيَّة مِن غَير المُسلِمين. وزاد عُمَر على ذلك عندما أَدَّى الصَّلاة إِمامًا لِلجماعة في المَسجد وهو يَعلَمُ أَنَّ مَن كان يَقِف خَلفَه في الصَّف الأَوَّل مِن المأمُومِين هو أَبُو لُؤلُؤة «الكَافِر» أو «المَجُوسِي» وامتَنع هو والصَّحابةُ عن إِخراجِه مِن المَسجد ومِن المَدِينة ومِن الجِزيرة العربِيَّة.

وتَتَحدَّثُ أُصُول ومُدوّنات (اتِّجاه أَهْلِ العامَّة) عن أَنَّ عُمَر عَزَم على مُلاقاةِ أَبِي لُؤلُؤة المُنفِّذ لِعَملِية اغتِياله والمُحتَجز في السِّجن لِيَتعَرَّف على هُوِيَّة قاتِله، فأَمَر صاحبَه ومُستشاره ابن عبَّاس أَنْ يَستَعلِم في ذلك، فقِيل له أَنَّ القاتِل هو (أَبُو لُؤلُؤة)، فعاد عُمَر بِذاكِرَتِهِ إِلى ما قال عَلِيٌّ أَمير المُؤمنين صَلواتُ الله وسَلامُه عليه فِي صِفَةِ قاتِله الَّذي سيَدخُل الجنَّةَ رَغما عن أنف المَقتُول، وأَنَّهَ هو «الصُّنْع». فعَرفه عُمَر وقال: «نَعم، قاتَلَه الله»!

جِيء بِأَبِي لُؤلُؤة إِلى عُمَر بَعدما توافقا على اخْتِيار عَلِيٍّ أَمير المُؤمنين صَلوات الله وسَلامُه عليه حكَمًا بَينَهما بِشَرطٍ أَمْلاهُ أَبُو لُؤلُؤة على عُمَر، فحاجَجَ أَبُو لُؤلُؤة عُمر فِي الأَسْباب الدَّافِعة نَحو التَّرصُّد له وقتله، وما كان إِقدامُ أَبِي لُؤلؤة على قَتلِ عُمَر إِلَّا امتِثالًا مِن أَبِي لُؤلُؤة لِلفَتوى الَّتي أَصدَرها عُمر نَفسُه حِين قال لِلمُسلِمِين: «فاقْتُلوه» ـ ويَعني بِذَلك مَن يَأتَى بِمِثل فَلْتَةِ أَبِي بَكر لِتَسنُّم الخِلافة ـ وقد أَتَى عُمَر الفَلْتَةَ نَفسها وارتَكبَ مِثلَما ارتَكَب أَبُو بَكر.

وعندما تُساق تَفاصِيل هذا اللِّقاء بَين عُمر وأَبِي لُؤلُؤة فإِنَّها تَتضَمّن دَلِيلًا واضحًا على إِسْلام أَبي لُؤلؤة إِذْ أَتَى فتوى عُمَر وامتَثَل لها، ولم يَكُن مَجوسِيًّا!

تَهافَتَ الكثيرُ مِن أُصُولِ ومُدوَّنات (اتِّجاه أَهْل العامَّة) واختَلَفت في تَحديد مَصِير

أَبي لُؤلُؤة مِن بَعد مَقتَل عُمَر. فقائلٌ قال أَنَّ أَبا لُؤلُؤة قُتِل فورًا في المَسجِد، وقائلٌ قال أَنَّه قَتَل نَفسَه عند مُحاولَة إلقاء القَبض عليه مِن قِبَل المُصَلّين، وقائلٌ قال أَنَّه هَرب وأُلقِيَ القَبضُ عليه ثُمّ أُعدِم في المَدِينة بِالسَّيف.

فهَذِه الأَقوال كلّها أَكَّد عليها مَن جاء في سَردِهِ التَّأريخي أَنَّ عُمَر تَلَقَّى طَعنَةَ أَبي لُؤلُؤة في المَسجد وأَثْناء أَداءِ الصَّلاة فوَصَفَهُ بِالخَلِيفَة (شَهِيد المِحْراب). ويَنفِي مُؤرِّخُون آخَرون ومِنهُم الشِّيعة أَنْ يَكون عُمَر قد تَلَقَّى الطَّعنات في المَسجِد أَثْناء أَداء الصَّلاة، وإنَّما قُتِل عُمَر بِخَنْجَر أَبي لُؤلُؤة في وَسَط النَّفَق الواصِل بَين بَيتِه والمَسجِد وأَثناء خُروجِهِ مِن المَسجِد وعَودتِهِ إلى بَيتِهِ. فَهذا القَولُ يَتَضمَّن ما يُشِير إلى أَنَّ القاتِلَ كان مُتَشرِّعًا يَتحاشَي تَنفِيذ ما أَقدَم عليه مِن عَمَلٍ في المَسجد!

اِنْتَهى أَبُو لُؤلُؤة إلى طَعنِ عُمَر بِـ(ثَلاث جِراحات، جِراحتان في سِرَّتِه، وجِراحة فَوق سِرَّتِه، ثُمَّ شَقَّ صُفوف المُصَلِّين و»كان أَبُو لُؤلُؤة رَجلًا شجاعًا سَرِيع الرَّكض»[1] وخَرَج «ونَجَى»[2] هاربًا)[3]، وقِيل أَيضًا (أَنَّ أَبا لُؤلُؤة قد وَجَأَ نفسه فقَتَلها حين تكاثروا عليه، وأَخذوه)[4]. وقِيل أَنَّ المُصَلِّين في المَسجد استَمروا في الصَّلاة، وأَمَّا نَواحِي المسجد فإنَّهم لا يَدرُون، غَير أَنَّهم قد فَقَدوا صَوتَ عُمر، وهُم يَقولُون: سُبْحان الله، سُبحان الله. فصَلَّى بِهم عبدُ الرَّحْمَن بن عوف[5] على الرَّغم مِن خُطورَة جِراح عُمر. فلَمّا انتهوا (وثَبَ النَّاسُ يتعادون خَلَف أَبي لُؤلُؤة، وهُم يَقولون: خُذوه، فقد قَتَل أَمِير المؤمنين. فكان كُلَّما لَحقه رَجلٌ مِن المسلمين لِيَأخذه وَجأَهُ أَبُو لُؤلُؤة بِالخَنجَر حتَّى جَرحَ مِن المُسلمين ثلاثةَ عشر رَجُلًا، فمات مِنهم سِتَّة نَفَر. قال: ولَحقه رَجلٌ مِن ورائه، فأَلقى عليه بُرنسًا فأَخذه، فلَمّا عَلِم أَبُو لؤلؤة أَنَّه قد أُخِذ؛ وَجأَ نفسَه وَجْأَةً فقَتل نَفسَه)[6].

---

1 - عقد الدّرر 74

2 - المصدر السّابق 74

3 - الفتوح، ابن أعثم 326/ 1 327-.

4 - المختصر في أخبار البشر 165/ 1

5 - أنظر صحيح البخاري 85-84/ 5. السُّنن الكبرى 47/ 8. تأريخ مدينة دمشق 416/ 44. أُسد الغابة 75/ 4. شرح نهج البلاغة، ابن ابي الحديد 188/ 12. نيل الأوطار 158/ 6

6 - الفُتوح، ابن أعثم 327-326-232/ 1. الحاكم 91/ 3. تأريخ المدينة 9/ 3

إِنَّ المُرجَّح مِن بَين المَنقُولِ في هذه الأُصُول والمُدوَّنات أَنَّ أَبا لُؤلُؤة طَعَنَ عُمَر في النَّفَق الواصِل بَين بَيتِ عُمَر والمَسجِد، ثُمَّ قُبِض عليه في وَقْتٍ لاحِقٍ وَجِيء بِه إِلى عُمَر قبل مَوتِه لِلاحْتِكام أَمام عَلِيٍّ أَمِير المُؤمنين صَلواتُ الله وسَلامُه عليه الَّذي لم يَكن يأْتَمّ فِي المَسجِد بِصَلاةِ الجَماعَة خَلْفَ عُمر. ثُمَّ تدخَّلَت جِهةٌ ما فحَرَّرت أَبا لُؤلؤة مِن السِّجن سِرًّا، وغابَ عن الأَنظار بَعيدًا عن أَهلِه في المَدِينة، واجْتاز البِلاد مُتكتِّمًا قاصِدًا موطنه بِلاد فارس.

لا يُوجَد أَيّ دَلِيلٍ قاطع يُشِير إِلى أَسماء أُولئك الخَمسَة أَو السَّبعَة الَّذين وَجأَهُم أَبُو لُؤلُؤة بِخَنْجَرِه فقَتَلهم في المَسجِد أَو في خارِجِه حين فَرَّ هارِبًا مِن المَسجِد. كما أَنَّ الدَّليل القاطِع على إِقامة الحَدِّ عليه في المَدينة بَعد مَوت عُمَر غَير مُتوافِر، ولَيس له مِن قَبرٍ أَو ما يُشِير إِليه في مَقابِر المَدِينة ومِن حولها.

وأَمَّا الأَدِلَّة المؤكِّدة على إِسْلام أَبِي لُؤلُؤة وعلى انتِمائه لِشِيعَةِ عَلِيٍّ أَمِير المؤمنين صَلوات الله وسَلامُه عليه وعلى وَفاتِه حَتف أَنفِهِ في فارِس فَهِي كَثِيرة تُضاف إِلى ما ذكرناه آنفا. فقد مُدِح في مَروِيَّات أَهْل البَيت صَلواتُ الله وسَلامُه عليهم كَثِيرًا. كما أَنَّ هُوِيَّة القَاتل أَبِي لُؤلُؤة وخَبر المقتول عُمَر والمَصير الَّذي سيُلاقِيه عُمَر على يَدَي أَبِي لُؤلُؤة لم يَكونا خافِيَين عن الصَّحابي الجَلِيل حُذيفة بن اليَمان، وطالما نَبَّه حُذيفَة عُمَر بِدنو ساعَةِ مَقتلِه إِذْ قال لِه في حُضرة ابن حنيف: «حمَّلناها أَمرًا هِي لَهُ مطيقةٌ»، وأَظهر حذيفة حَقِيقَةَ إِيمان أَو كُفر كُلٍّ مِن القاتِل والمَقتُول وحَسَم الأَمرَ في ثَلاثةِ أَيَّام إِذ امتَنع عن الصَّلاة خَلْفَ جِنازَة عُمَر مِثلما امتَنع عن الصَّلاة مِن قبل خَلف جنازة أَبِي بَكر!

وتكشِفُ دوافعُ أَبِي لُؤلُؤة وماجَرَيات إِقدامِهِ على تَنفِيذ عمليّة الطَّعن أَنَّ عُمَر لم يَكن شَخْصِيَّةً مَقبُولةً لدى كُلِّ الاتِّجاهات الَّتي عاصَرَته، وأَنَّ مَقولة (حَكَمْتَ فعَدَلْتَ فأَمِنْتَ فنِمْتَ) لا واقعَ لها البَتَّة ولا حَقِيقة إِذْ فَقد عُمَر ثِقَةَ مَن حَولَه والمُقرَّبين إِليه قبل وُصُولِهِ إِلى مَنصِب الخِلافَة وخِلال تَقَمُّصِهِ لها بِمَن فِيهم صاحبه أَبِي بَكر الَّذي تَحاسَد

مَعه ووَصَف بَيعَته بِجُملَتِه الشَّهيرة «أَنَّ بَيعةَ أَبِي بَكر كانت فَلْتَةً وَقَى اللهُ المسلمين شَرَّها، فمَن عاد إلى مِثْلِها فاقتُلوه»، ووَصَفَه بِضَئيل بَنِي تَيم والأَعَقّ وأَحسَدِ قُريش.

لقد أَفْسَدَ عُمَر بَجملَتِه الشَّهيرة في وَصْف خِلافَة أَبِي بَكر مَفهوم (الخِلافَة) في أَوَّل مَصداقٍ له وفي أَوَّلِ مُتقَمّصٍ لِلخِلافَة، وحكَم على (الفَلْتَة) بِبُطلانِ شَرعِيّتها وبِفَساد مَنهجِها في زعامة شُئون المُسلِمين، وجَعل مِن الصَّحابة أَهْل المَدِينة مِن الأَنْصار والمُهاجِرين ـ بهذا الوَصف ـ قومًا سُذَّجًا لا يَفْقهون شَيئًا مَمّا يَجرِي مِن حَولِهم إِذْ انطَلَت عَليهم خُدعَةُ السِّياسة ومَكْرها بِأَضْعَفِ أَدواتِها مِن هَمزٍ ولَمزٍ وغَمْزٍ. ثُمّ أَوجَبَ عُمَر القَتل على مَن يَعود لاقْتِرافها وارتِكابها. لكِنَّه عادَ فأَخْطأ وارتَكبَ مِثلَها، فمَهَّد بِذلك لِأَبِي لُؤلُؤة الطَّريق لِيَقدِم على قَتلِه عَملًا بِفَتوى عُمَر نَفسه.

عِندما كان عُمَر يَنزِف دمًا مِن جراح الطَّعن سَاءل أَبا لُؤلُؤة عن دافِع إِقدامه على القَتل، قال أَبُو لُؤلُؤة: أَنْتَ أَمرتَني بِقَتلِكَ يا عُمر، إِنِّي سَمِعتُك تَخطُب على مِنبر رَسُول الله صَلَّى الله عليه وآله وأَنْتَ تقول: كانت بَيعتُنا لِأَبِي بكر فَلْتَة وَقانا الله شَرَّها، فمَن عاد إلى مِثْلِها فاقتُلُوه، وقد عُدْتَّ أَنْتَ إلى مِثلها!

رَوى (مَجمعُ النُّورَين) سِيرةً مُفصَّلةً في مَقتل عُمَر جاء فيها (أَنَّ عبد الله بن سَلام كان مِن عُظماء رُؤساء نَواحِي الشَّام وهو مِن أَصْحاب سِرّ أَمير المؤمنين صَلواتُ الله وسَلامه عليه، جاء يومًا إلى عَلِيٍّ أَمِير المُؤمنين وجَلس عنده وقال: يا مَولاي إِنِّي أُريد تَدبيرًا. وقال عَلِيٌّ صَلواتُ الله وسَلامُه عليه: لا ونَعَم. فقام مِن عنده وَخرج ولاقَى في طَرِيقِهِ أَبا لُؤلؤة مَولى المُغِيرة بن شُعبة، فقال له: إِنِّي أُريد تَدبيرًا في قَتْلِ عُمَر. فأَجابه «أَنْ تجْعلَنِي في هذا الأَمْر شَريكًا». قال: أَجَل!

وكان أَبُو لُؤلُؤة في شِدَّةٍ مِن يَد مَولاه لِأَنَّه عَيَّن عليه في كُلِّ يومٍ أَربعة دراهم، وجَعل له منها نِصفَ درهم، وعَجِز أَبُو لُؤلُؤة عن تَحصيل الدَّراهم، فشَكا إلى عُمر مِن مَولاه. وقال له عُمر حِينئذٍ اِصْبر فإِنّي سأحضره وأَتكلم معه في أَمرك. فاحضَرَه يومًا وحكَى عليه قَضِيَّة غلامِه وشِكايَتِه، فلَمْ يَرض المُغِيرةُ إِلَّا بِما عَيّن عليه مِن الدَّراهم.

فجاء أَبُو لُؤلُؤة إلى عُمَر وسأله عن إِصْلاح أَمْرِه، فأَجابه بِما قَرّر المُغيرة، وحكَم عليه بِما الزَمَهُ مَولاه، فقال له «أَطِعْ مَولاكَ» ثلاثًا. فيَئس مِن عُمر.

ثُمَّ جاء إِلى عَلِيٍّ أَمير المُؤمنين صَلواتُ الله وسَلامُه عليه وشَكا مِن عُمَر ومِمّا الزَمَه عَليه، فلَمْ يُجبه عَليٌّ أَمِير المؤمنين صَلواتُ الله وسلامُه عليه. ورَجَع إلى عبد الله بن سَلام وقَصَّ عليه ما حكَم عليه عُمَر وسُكوتَ عَلِيٍّ أَمِير المؤمنين صَلواتُ الله وسَلامُه عليه. فقام عبد الله بن سَلام وجاء إلى دار عَلِيٍّ صَلواتُ الله وسَلامُه عليه وجَلَس عنده وتَكلَّم معه حول سُبل خَلاصِ أَبِي لُؤلُؤة. فأَجابَه عَلِيٌّ صَلواتُ الله وسَلامُه عليه «بِأَنِّي أُدَبِّر في أَمرِه تَدبِيرًا حتَّى أُخَلِّصَه مِن شِدَّةِ مَولاه».

رَجع عبد الله إِلى أَبِي لُؤلُؤة وبَشَّرَه بِما قال عَلِيٌّ أَمِير المُؤمنين صَلواتُ الله وسَلامُه عليه. وذَهب عَلِيٌّ أَميرُ المُؤمنين إلى عُمر وجَلس عنده وأَطال الكلام وذكر فِي أَثنائه أَحكامَ الزَّكاة ومَصارفها، وأَشار في الأَثناء إلى شِدَّةِ أَبِي لُؤلُؤة تَحت يَد المُغيرة، وأَمره بِأَنْ يَشتَريه مِن مَولاه بِما عِندَه مِن مالِ الزَّكاة ويَعتقه في سَبيل الله. فاعتَذَر عُمَر «أَنِّي لا أَرى مَوردًا مِن مال الزَّكاة». وأَضاف «أَنَّ مولاه لا يَرضى بِبَيعِه». فأَلزَم عَلِيٌّ أَمِير المؤمنين صَلواتُ الله وسَلامُه عليه عُمَر «أَنَّ عندك المقدار الفُلانِي في المَكان الفُلانِي مِن مال الزَّكاة»، فلَم يَقدر عُمَر على إِنكار ذلك، وافتُضِح تَواطُؤه مع المُغِيرة، وأُلزِم بِشِراء أَبِي لُؤلُؤة مِن مَولاه.

أَمر عَلِيٌّ أَمِير المُؤمنين صَلواتُ الله وسَلامُه عليه بِإِحْضار المُغِيرة وأَشار إِليه بِبَيع مَولاه أَبِي لُؤلُؤة. فاعتَذَر المُغِيرة عن بَيعِه ثُمَّ ضاعَف قِيمتَه. فأَجابَه عَلِيٌّ أَميرُ المُؤمنين صَلواتُ الله وسَلامُه عليه بِوُجوب بَيعِه لِأَنَّه واقعٌ في شِدَّةٍ وأَنَّ ثَمنَه مُقدَّر «فَبِعْهُ بِكذا مِن الثَّمَن وخُذ بِربح كَذا وكذا». ثُمَّ طلب مِن عُمر شِراءه مِن مال الزَّكاة، فصار عُمَر حِينئذٍ مُلزمًا بِشِراء أَبِي لُؤلُؤة مِن مَولاه فاشتَراه بِمَال الزَّكاة وأَعتَقَه، فصار أَبُو لُؤلُؤة حُرًا.

وبَعد بُرهَةٍ مِن الزَّمَن لَقِي أَبُو لُؤلُؤة عبد الله بن سَلام وشاورَه فِي قَتلِ عُمر، فأَخذ عبد الله بِيَد أَبِي لُؤلُؤة وجاء به إلى دارِه سِرًّا وأَبقاه فيها ثلاثة أَشْهر ونِصف الشَّهر. وفي

أحد الأَيَّام خَرج أَبُو لُؤلُؤة لِيَشتَرِي قِطعًا مِن الحديد لِيَصهرها ويَصنع بها خَنجَرًا، فلَقِيه (الهُرمزان) الفارِسي عَتِيق عَلِيٍّ أمير المُؤمنين وأَخ لِزوجَةِ الإِمام الحُسين صَلواتُ الله وسَلامُه عليه، فَسأَل الهرمزان أَبا لُؤلُؤة عن مَقصدِه مِن شِراء قِطَع الحديد، فتكتَّم أَبُو لُؤلُؤة وقال إِنَّما اشتراها لِيَصنع بِها خَنجرًا حادًا استعدادًا لِلحرب. فطَلب الهرمزان مِن أَبي لُؤلُؤة أَنْ يَصنعَ له مِثلَهُ لِيَكون معه شَريكًا فِي هذا الأَمر، وطَلب منه حفظ السِّرّ!

خَرجَ أَبُو لُؤلُؤة مِن سُوق الحدّادِين وعاد بِقطعٍ مِن الحَدِيد إلى عبد الله، فصَنع عبد الله بها في دارِهِ خَنجَرين حادَّين طُول كُلِّ واحدٍ منهما ذِراع وأَربعة أَصابع. ولمّا فرغ عبد الله مِن ذلك ذَهب إلى عَلِيٍّ أَمِير المُؤمنين صَلواتُ الله وسَلامُه عليه واستأذَنَه لِيَلحق بِعُمر ويَفعل به ما يَفعل، فتَبسَّم عَلِيٌّ أَميرُ المُؤمنين وأَمضاه. ثُمَّ قام عبد الله وذَهَب إلى عُمَر وقال له: أَتفارق عن عَلِيٍّ وأَلحَقُ بِكَ واكتُبُ إلى قَومِي وعَشِيرَتِي وأَصْحابِي في نَواحِي الشَّام أَنْ يُعرِضُوا عنه ويَلحَقوا بِكَ. فلَمّا سَمِع عُمَر ذلك مِن عَبد الله فَرِحَ واستَبشر حُبًّا في المُلك والرِّياسة وخَفقان النِّعال، لِأَنَّ عبد الله كان مِن خَواص عَلِيٍّ أَمِير المُؤمنين صَلواتُ الله وسَلامُه عليه ومِن عُظماء الرُّؤساء في نَواحِي الشَّام ومِمَّن يَطمئِن له. فصار عبد الله يَحضُر مَجلِس عُمَر ويُصَلِّي خَلفَهُ في كُلِّ يوم وفِي مُدَّة ثَلاثَةِ أَشْهر وخَمسة عشر يَومًا حتّى أَصْبح مِن خَواصِهِ وأَصْحاب سِرِّهِ ومِمَّن يُدعَى إلى مَنزلِهِ ويَتغذّى معه.

وفي خَبَرٍ آخر أَنَّ عُمر رأى في نَومِهِ لَيلًا أَنَّ طائرًا أَبيض اللَّون نَزل مِن السَّماء وضَرب بَطْنَه وفَتَقهُ. فاستَيقظ فَزِعًا، فقصَّ الرُّؤيا على أَصحابِه لِيَعبروها. فقال قائلٌ مِنهم أَنَّها أَضغاثُ أَحلام. فرَدَّ عُمر قائلًا: أَنَّ الطّائر هو ذاتُه العلج الأَسْود، لِأَنِّي سمِعت عن رَسُول الله صَلَّى الله عيه وآله «أَنَّ ذاك العلج - ويَعنِي به «أَبا لُؤلُؤة» - يَقتُلك!

ونَقَلَ المَجلِسي في (بِحار الأَنوار) أَنَّ أَبا لُؤلُؤة كان يَهودِيًّا، وفيه أَيضًا أَنَّهُ كان نَصرانِيًّا، وفي خَبر ثالِثٍ أَنَّه كان مَجوسِيًّا، ثُمَّ أَسلَم على يد عَلِيٍّ أَمِير المُؤمنين صَلواتُ الله وسَلامُه عليه وحَضَر مساجِدَ المَدِينة واستَمع إلى خُطب عُمَر في المَسجِد ومنها

الخطبة الَّتي وصف فيها خِلافَة أَبِي بَكر بـ(الفَلْتَة). وفي خَبَر آخر أَنَّ عُمَر أَحْضَر أَبا لُؤلُؤة وسأَلَه عن صَنعَتِه، فأَجاب بِأَنَّ له أَربع صَنائع ومِنها الرَّحَى. فأَمَره أَنْ يَصنع له رَحَى، وقال له: نَعم، اصَنَع لك رَحَى تَشتَهِر بين المَشْرق والمَغْرِب. فالتَفت عُمر وتَنبَّه وقال لِأَصحابِه أَنَّ هذا العِلج هدَّدَنِي بِالقَتل! فأَجابَه أَصحابُه بـ«أَنَّك أَمِير المُؤمِنين وهو عَبدٌ لا يَقدِر على شَيء. فقال لهم: لا بُدَّ مِن أَنَّه يَقتُلني، لِأَنِّي سَمِعتُ ذلك مِن رَسُول الله. ثُمَّ اجتَنب عُمر مِن أَبِي لُؤلُؤة وخاف منه واختار الانْزواء عن الخَلْقِ مُدَّة أَربعين يَومًا، وقَد جَعل لِنَفسه نَفقًا تَحت الأَرض يَمْتَدّ مِن بَيتِه إِلى المَسجِد.

وعلى حَسب قول البُخاري في باب عُثمان: لم يَخرُج عُمَر من بَيتِه إِلَّا في أَوقات الصَّلَوات، فقَعدَ أَبُو لُؤلُؤة في النَّفَق وضَرَبه بِخَنجر فِي بَطنِه فقتَلَه.

وذُكِر أَنَّ أَبا لُؤلُؤة والهرمزان جاءا إِلى عبد الله بن سَلام لِيُخبراه عن جهوزِيَّة العَمل حتَّى عَيَّن عبد الله لَهُما يَومًا مَحدَّدًا وساعةً مُعينةً لِتَنفيذ عَملِيَّة القَتْل. وفي هذه الأَثناء زَوَّر عبد الله بن سلام كِتابًا بِلِسانِ قَومِهِ وعَشيرتِهِ وأَصحابِهِ في بِلاد الشَّام مُوجَّها إِلى عُمر يُفيد بِأَنَّهم قد أَعرَضوا عن عَلِيٍّ أَمِير المُؤمِنين صَلواتُ الله وسَلامُه عليه وأَنَّهم بايَعوا عُمر. فحَمل عبد الله هذا الكِتاب معه وذَهبَ بِهِ إِلى عُمر وجَلَس عنده حتَّى دَخَل وَقتُ صَلاتَي المَغرِب والعشاء فصَلَّى خَلف عُمَر، ثُمَّ تناول معه وَجبةَ العشاء فِي المَسجد وتَشاورا في أَمر الجَيش.

وبعد مُضِي ثُلث اللَّيل قاما مِن مَجلِسهما وقَبَّل عبد الله يَد عُمر وغادر المَسْجِد. وبادر عُمر قَنادِيل المَسجد فأَخمدَ نِيرانَها وهَمَّ بِإغلاق الأَبواب والدُّخول إِلى النَّفَق لِيَعود إِلى بَيتِه، فَإِذا عبد الله بن سَلام قد رَجع إِليه لِيُذكِّرَه بِالكِتاب، فأَخذَ عُمَر بِيَدِ عبد الله وأَجلَسَه فِي زاوِيَة مِن زوايا المَسجد وأَقرأه الكِتاب ثُمَّ استَلَمه مِن عبد الله.

وفي هذه الأَثناء أَشار بن سلام إِلى أَبِي لُؤلُؤة والهرمزان أَنْ يَدخلا مِن باب النَّفَق قبل أَنْ يَدخِلَه عُمر، فدَخلاه واسْتَقرّا فيه، وعاد عُمر إِلى بَيته مِن خِلال النَّفَق. وقُبَيل حلول ساعَة الفَجْر هَمَّ عُمَر بِالعَودة إِلى المَسجِد عبر النَّفَق فاستَلَمَه أَبُو لُؤلُؤة

والهرمزان وأخذ أَبُو لُؤلُؤة بِتَلابِيبه وطَعنه بِالخَنْجَر في بَطنِه ومَزَّق كَبِده ولم يَقدِر على سَلِّ الخَنْجَر مِن بَطنِه، فاقترَب مِنه الهرمزان وطَعنَه (13) طَعنه ففَتق بَطنه. فكان في ذلك استجابة لِدُعاء الصِّدِّيقة الكُبرى على عُمَر حِين مَزَّق عُمَر كتابَها الَّذي كتبه أَبُو بَكر لَها فِي رَدِّ فَدَك وكذلك الكِتاب الَّذي كتَبه رَسُول الله صَلَّى الله عليه وآله إِلى عَمِّه.

فصاح عُمَر «إِنَّ العِلْج قد قَتَلَني»، وغادر أَبُو لُؤلُؤة والهرمزان النَّفَق. فاجتَمع المُهاجِرون والأَنصار والفُرسان والعَساكر حول بَيت عُمَر وفي مَسجد رَسُول الله صَلَّى الله عليه وآله الَّذي غَصَّ بهم.

ذَهب أَبُو لُؤلُؤة مُسرِعًا إِلى بيت عَلِيٍّ أَمِير المُؤمنين صَلواتُ الله وسَلامُه عليه، وكان بانْتِظاره. فقَبَّل أَبُو لُؤلُؤة يدَه وقَصَّ عليه وَقائع عَملِيَّةِ القَتل وقال: يا أَمِير المُؤمنين ضَربتُ الرَّجُل وشَقَقتُ بَطنه. فبَكَى عَلِيٌّ أَمير المُؤمنين صَلواتُ الله وسَلامُه عليه بُكاءً شديدًا، ثُمَّ أَخرجَ مِن جَيبه كِتابًا وسَلَّمه إِلى أَبِي لُؤلُؤة وأَمَره بِالخُروج مِن المَدِينة وبِقَراءة فاتِحة الكِتاب سَبع مَرَّات أَينما يَذْهَب. ففَعَلَ ما أَمَره عَلِيٌّ أَمِير المؤمنين صَلواتُ الله وسَلامه عليه حتَّى وَصَل إِلى بَلد يُقال لها «كاشَان» في بِلاد فارِس، فقَصدَ قاضِيها ودَفع إِليه كتاب عَلِيٍّ أَمِير المُؤمنين صَلواتُ الله وسَلامُه عليه. فأَخذه القاضِي وقَرأه وقَبَّله ووَضَعه على عَينَيهِ وأُذنَيه، وفيه أَمْرٌ مِن عَلِيٍّ أَمير المُؤمنين إِلى القاضِي بِتَزويج القاضِي ابنَتِه لِأَبِي لُؤلُؤة في يَوم وُصُوله، فامتَثَل القاضِي لِلأَمر. وبَعد عَشرة أَشهر ولَدَت ابنَته مِن أَبِي لُؤلُؤة غُلامًا.

وأَمَّا الهرمزان فقد خَرج مِن باب النَّفَق، وعلى بُعد فَرسَخَين مِن المَدينَةِ لاحقَه فُرسان عُمَر فأَدركوه وقَطَّعوه إِربًا إِربا. وفي خَبر آخر قَتَله عُبَيد الله بن عُمر قَبل مَوت أَبِيه بِيومَين.

فَفِي «البِحار» باب فَضائح عُثمان وقَتله أَنَّ عُبَيد الله بن عُمر لمّا طَعن أَبُو لُؤلُؤة أَباه الطَّعنة القاتِلَة وسَمِع قَومًا يقولون «قَتل العِلْجُ أَمِيرَ المُؤمِنين»؛ احتمل أَنَّهم يَعنُون الهرمزان رَئِيس فارِس وكان الهرمزان قد أَسلَم على يَدي عليٍّ أَمِير المُؤمنين صَلواتُ الله وسَلامُه عليه وأَعتَقه مِن قِسمَتِه مِن الفَيء. فبَادر عُبيد الله بن عُمر إِليه فَقَتَلِهِ قبل

أَنْ يَموت أَبُوه. فقِيل لِعُمر أَنَّ عُبيد الله قد قَتل الهرمزان. فقال عُمَر «أَخطأ، فإِنَّ الَّذي ضَرَبني هو أَبُو لُؤلُؤة، وما كان لِلهرمزان في أَمْري صَنع، فإِنْ عِشتُ فسَأَسْجنه بِما فعل، فإِنَّ عَلِيَّ بن أَبِي طالب لا يَقبَل مِنَّا الدِّيَّةَ وهو مَولاه.

مات عُمر واستَولى عُثمان على النَّاس بَعده. فقال عَلِيٌّ أَمير المؤمنين صَلواتُ الله وسَلامُه عليه لِعُثمان أَنَّ عُبَيد الله بن عُمَر قَتل مَولاي الهرمزان بِغَير حَقّ وأَنا وَلِيُّه والطَّالِبُ بِدَمه، سَلِّمهُ إِلَيّ لِأَسْجِنه بِما فَعل. فقال عُثمان «بِالأَمس قُتِل عُمر وأَنا أَقتُل ابنَهُ وأَورد على آل عُمر ما لا قوام لهم بِه»، فامتَنع مِن تَسليمه إِلى عَلِيٍّ شَفقةً مِنه يَزعمُها إِلى آل عُمر. فلمَّا رَجعَ الأَمرُ إِلى عَلِيٍّ أَمِير المُؤمنين صَلواتُ الله وسَلامُه عليه هَرب مِنه عُبيد الله بن عُمر إِلى الشَّام، فصار مع مُعاوِيَة وحَضر يَوم صفِّين مع مُعاوِيَة مُحاربًا فقُتِل في المعركة ووُجِد مُتقلِّدًا بِسَيفين يَومئذٍ)[1].

إِنَّ مِن أَبرز ما أُثِير فيه الجِدال حول مَقتل عُمَر مُتَمَثِّل في ما أَشار إِليه صاحبُ (مَجمَع النُّورَين):

ـ أَنَّ عُمر لم يُقتَل في المَسجِد، وإِنَّما قُتِل في النَّفق «السَّرْب» بعد أَنْ تَحسَّس عُمَر أَنَّ هناك مَن يَتقصَّد الاعتِداءَ عليه أَو قَتْلَه، ومِنه ما ظَنَّ فيه عُمَر أَنَّ أَبا لُؤلُؤة وجَّه إِليه تَهدِيدًا مُبطَّنًا بِقتلِه عندما قال له (نَعم، أَصْنَع لك رَحَى تَشتَهِر بين المَشْرق والمَغْرِب). فخَشِي عُمَر على نفسه وَجَبُن.

ـ وأَنَّ رُدود الفِعل على مَقتل عُمَر اقتَصَرت على عائلة عُمَر مِن دون الآخرين والنَّاس أَجمَعِين.

ـ وإِنَّ المَوقف المتَشدِّد الصَّادر مِن ابنه عُبيد الله الَّذي سارع فيه فانْتَقَمَ لِوَالِدِه مِن الهرمزان بِسَيفِه قُبيل مَوتِ والِده إِنَّما جاء بِلا أَيِّ دَليلٍ قاطِعٍ أَو شُهودٍ أَو حُكم قاضٍ يُؤكّد على مُشاركَة الهرمزان في قَتل عُمر.

1 - مجمع النُّورين، الشَّيخ أبي الحسن المرندي 222

لقد وَقفَ الأُمويُّون لِوَحدِهِم إلى جانب عُمَر في عَهد أَبِي بَكر حيث أعاد أَبُو بَكْر النَّظر في مُقرّر تَسلِيم الخِلافَة مِن بَعدِه لِعُمر، ثُمَّ أَعانوا عُمر على أَبِي بَكر فاستَلَم الخِلافَةَ مِن بَعد إِقدام عُثمان على اغْتِيال أَبِي بَكر في مَرَضِهِ الَّذي أَقعَده، وسانَدوا أَولادَ عُمَر ووَقَفوا إِلى جانِبِهم عندما تَعرَّض عُمَر لِطَعانات خَنْجَر أَبِي لُؤلُؤة وذلك لِضَمان تَسليم عُمَر الخِلافة إِلى عُثمان مِن بَعده.

ـ وإِنَّ أَبا لُؤلُؤة كان مِن المُؤمِنين بِشَريعة النَّهي عن المُنكر، وأَنَّ ما رآه النَّاسُ مِن غِلظَةٍ في خُلق عُمر دَعاهُم مِن بَعد طَعنات أَبِي لُؤلُؤة له إِلى التَّبيُّن في صحَّة أَو خَطأ دَوافِع أَبِي لُؤلُؤة وكذلك فعلوا في أَمْر استِحقاق عُثمان لِلخِلافَة أَو القَتْل مِن بَعد رَحِيل عُمر.

فعُمَر لم يَكن مِثالًا في الصَّحابة يُحتذى، وإِنَّما هو في مَحلِّ شُبهةٍ وإِثارةٍ منذ أَنْ سعى في أَذِيَّةِ الرَّسول صَلَّى الله عليه وآله قَبل إِسلامِه والإِضْرار به في عهد الجاهلِيَّة ومحاولة اغْتِياله صَلَّى الله وآله في عَهدِ الإسلام. وهو قَاتِلُ الزَّهراء صَلواتُ الله وسلامُه عليها، والمُتَشدِّد في علاقَتِهِ بِالنَّاس والمستَخِفّ بهم لِيُطِيعوه. وهو المُبْتَدِع في مَنع بَعض أَجزاءِ الأَذان وصَلاة الجَماعة والمُحَرِّم لِما أَحلّ اللهُ عَزَّ وجَلَّ في مُتعَتَيّ الحَجّ والنّكاح. وهو مِمَّن أَصرَّ على الأَخذ بِـ(مَذْهَب الرَّأي) وتعَطيل أَحكام الثَّقلَين. وهو مُبتَدِع الشُّورى المُستَبِدّة لاختِيار الخَلِيفة مِن بَعده. وقال فيه عَبْد الملك بن مَروان حِين (سَمع جماعةً مِن أَصحابِهِ يَذكرون سِيرة عُمر، فقال: إِيها عن ذكر عُمَر، فإِنَّه إِزراءٌ على الوَلاة، مَفْسَدةٌ لِلرَّعِيَّة)[1].

فمِن بين ما ابَتدع عُمَر واختلَق وأَمَر فيه وفقا لِأَحْكام (مَذْهَبِ الرَّأي): في المُهور حيث حَدَّدها مِن عند نفسه بِلا شَرع، وفي مِتعَةِ النِّساء ومِتْعَةِ الحجّ حيث مَنعهما، وقَضى بِرَجْم مَن تَلِد في سِتَّةِ أَشْهر، وتَشريعُهُ لِلأَحْكام البَاطِلَة في الوُضُوء والتَّيمُّم، والتَّلاعبُ في أَحكام المِيراث والحجّ، والفَوضى والإِثْرة في العَطاء، وإِجازَتُه لِبعض أَنواع الخَمر،

1 - البِداية والنِّهاية، ابن كثير 390/ 12

والعَبثُ في أَحكام الحرب والجِزْيَة وأَصحاب الذِّمّة، وعدمُ اعتنائه بِالصَّلاة والطَّهارة وأَحكامِهما، وفِرارُه مِن ميادين الحَرب في حَياة النَّبِيّ صَلَّى الله عليه وآله وتَجبينُه لِأَصحابِه فيها، والمُشاركةُ في تَدبِير المحاولات المُتكرِّرة لِقَتل النَّبِيِّ صَلَّى الله عليه وآله ومنها ما وَقَع في حَرب أُحُد وعلى هَضَبة هَرْشَى، وهو رابعُ المنفِّذين في العَمليَّة الأَخِيرة لاغْتيالِه صَلَّى الله عليه وآله غِيلةً بِالسُّمّ والانْقِلاب على وَصاياه، ونَقضُهُ لِبَيعةِ الغَدير»، وفَصْلُهُ بين الثَّقلَين أَو تَجمِيدهُ لهما بِمَذْهَبِ الرَّأي، واقتِحامُه لِبَيت فَاطمة صَلواتُ الله وسَلامُه عليها وإِحراقُ بَيتِها و»إِسقاطُ جَنِينها» وقَتلُها، واغتصابُه لِحقِّها فِي فدك والعوالي، وإِقصاؤه لِعَلِيّ وأَهْلِ بيته صَلواتُ الله وسَلامُه عليهم عن مَراتِبهم الَّتي رَتَّبهم الله فيها)[1].

وأَمَّا قَول القائلين بِأَنَّ الدَّافع الأَوَّل لِقَتل عُمَر هُو ثأرُ أَبِي لُؤلُؤة لِفَتح بِلاد فارِس وانتقامُه لِبَنِي قَومِهِ مِن المَجوس؛ فلا أَساس له مِن الصِّحَّةِ، وفِيه الكَثِيرُ مِن التَّزوير والتَّلفِيق والافتراء والوَضع والاختِلاق.

وجاء ـ فِي كِتاب منهاج السُّنَّة لِابْنِ تَيمِيَّة ـ أَنَّ أَبا لُؤلُؤة كافرٌ بِاتِّفاق أَهْلِ الإِسلام، وكان مَجوسِيًّا مِن عُبَّاد النِّيران، فقتَل عُمَر بُغضًا في الإِسلام وأَهلِه، وحُبًّا لِلمَجوس، وانتِقامًا لِلكُفَّار لِما فَعل بِهم عُمر حين فَتح بِلادَهُم وقَتَل رُؤساءَهم، وقسَّم أَمْوالهم[2]. فهذا قَولٌ مَردودٌ عليه، ويَنمُّ عن عَصبيَّةٍ حاكِمَة على تَصرّفات ابن تَيمِيَّة وحُقدٍ صَريحٍ مِنه على عَلِيٍّ أَمِير المُؤمنين وأَهْلِ البَيت صَلواتُ الله وسَلامُه عليهم، مِن غَير أَنْ يُشِير إِلى أَنَّ عُمَر غامَر بِـ 50 أَلفًا مِن جُندِ المُسلِمين وفَشَلَ في حَربِهِ وهُزِم في آخر مَعركة أَمام الفُرس، وكاد الفُرْس أَنْ يَتقدَّموا لاحتِلال الكُوفَة والبَصرَة ثُمّ الجَزيرة العَربِيّة، وما كان عِنده مِن حَلٍّ مُنقِذ، فَلاذَ بِأَمِير المؤمِنين صَلواتُ الله وسَلامُه عليه، فكان نَصرُ مَعركَة (نَهاوَند) بِقيادَة النَّعمان ـ وهُو مِن أَصحاب عَلِيّ أَمِير المؤمنين صَلواتُ الله وسَلامُه عليه ـ إِنْقاذًا لِجيش المُسلِمين مِن الهزيمة والفَناء قَبل أَنْ يكون فتحًا لِلإِسْلام،

1 - فتح البَارِي، الإِحكام في أُصُول الأحكام 239-237 /2. المُستَدرك 38-37 /3

2 - منهاج السُّنّة النَّبوِيّة، ابن تيمية 371-370 /6

كما كان النَّصرُ مكَسْبًا عَظيمًا حيث أَسْلَم الفُرس على أَيدِي (شِيعَةِ عَليّ).

وعلى الرَّغْم مِن عِلْم ابن تَيمِيَّة التَّامّ بِعَدم وُجود (إِجماعٍ) على كُفْر أَبِي لُؤلُؤة أَو على تَحقُّقِهِ حتَّى، إِنَّما الإِجماعُ عند أَهْلِ الحقِّ قائمٌ على حُجَّةِ أَبي لُؤلُؤة البالِغَة أَلقاها على عُمر في حَضرة عَليٍّ أَمِير المُؤمنين صَلواتُ الله وسَلامُه عليه، وإِنَّ لِأَبِي لُؤلُؤة دوافِعَه الخاصَّة المُنطَلِقَة مِن قاعدة حِرصِهِ الشَّديد على الإِسلام وسَلامةِ مَنهاجِهِ فِي شأني التَّشْرِيع ونِظام الحُكم. ولو وَقَع (الإِجْماع) على وَجهِ الحَقِيقَة لَأُدِين عُمَر بِتُهمة الإِبقاء على غَير المُسلِمِين في الجَزِيرة العَربِيَّة وبِمُخالَفَته الصَّريحة لِأَمر النَّبِيّ صَلَّى الله عليه وآله بِإِخلاء الجَزيرة العَربِيّة مِن غَير المُسلِمِين.

فَلا يُعتَدّ بِقولِ ابن تَيمِيَّة في السِّيرة والسَّردِ التَّأرِيخي حتَّى عند الأَقرَبِين. فهو لا يُلقي رُؤاه وفتاواه استنادًا على حُجَجٍ واضحةٍ وفق مَنهج عِلْميٍّ ثابتٍ رصين. ويَعمد كثيرًا إِلى (الإِجماع) فيُقَرِّره كَذِبًا وزُورًا في القضايا حيث لا وُجود له وليس مِن شَأنه التَّحقُّق إِلَّا عِنده وعِند البَعضِ الآخر مِن أَشباهِهِ.

ويُضافُ إِلى ما ذُكِر مِن فَسادٍ كبيرٍ في رَأي ابنِ تَيمِيَّة فَساد قولِ القائلين بِوُجُود علاقَةٍ بين كَعب الأَحْبار وأَبِي لُؤلُؤة. وقد أَورَدوا في ذلك حوارًا كاشفًا عن مَدى التَّواطُؤ أَو التَّحْرِيض المُتبادل بَين كَعْب وعُمر إِذْ قال كَعْب لِعُمر: يا أَمِير المُؤمنين، إِعْهد فإِنَّكَ مَيِّتٌ في عامِك. قال عُمَر: وما يُدرِيك يا كَعْب. قال: وجَدتُه في كِتاب الله. قال عُمر: أَنشدك الله يا كعب، هَلْ وَجدتَنِي بِاسْمِي ونَسَبِي عُمر بن الخطَّاب. قال: اللَّهمَّ لا، ولكِنِّي وَجدتُ صِفَتَكَ وسِيرَتكَ وعَملَك وزَمانكَ. فلَمَّا أَصبحَ الغَد غَدَا عليه كَعْب، فقال عُمر: يا كَعْب!. فقال كَعْب: بَقِيَت لَيلَتان. فلَمّا أَصبحَ الغَد غَدَا عليه كَعْب، قال عُمَر شِعرًا:

يُواعدني كعبٌ ثلاثاً يعدُّها ولا شكَّ أَنَّ القولَ ما قالهُ كَعْبُ

وما بي لقاء الموت إِنّي لَمَيِّت ولكنَّما في الذَّنْبِ يتبعُه الذَّنْبُ

فلَمّا طُعِن عُمر دَخل عليه كَعْب فقال: أَلَم أَنْهَك؟! قال عُمر: بَلَى، ولكِن كان أَمرُ الله قَدَرًا مَقْدورًا)[1].

إنَّ أَوّل ما يُؤخذ على هذا القَول: أَنَّ عُمر نفسه لم يَذكُر شيئًا عن هُوِيَّةِ كَعْب وسِيرَته. فإِنْ كان كَعْب شَخصِيَّةً بهذا المستوى مِن الخُطورة فَلِمَ امتنع عُمَر ومن قَبْلِهِ أَبو بكر عن أَداء واجب الأَمْر بِالمعروف والنَّهي عن المُنكر في كَعْب فيُطبِّقان عليه الحَدّ أَو يُخرِجانِه مِن الجزيرة العَربِيّة امتِثالًا منهما لِوَصِيّة النَّبِيّ صَلَّى الله عليه وآله بإِخراج المُشرِكين مِن الجَزيرة العربيّة؟!

لقد وُجِدتَ في أُصُول ومُدوَّنات (اتِّجاه أَهْل العامَّة) الكثيرُ مِن تَصريحات الصَّحابي الجَلِيل عَمّار بن ياسر رِضْوان الله تعالى عليه مَنسُوبة إِلى شَخصِيَّةٍ مُختلَقَةٍ مِن عند أَنفُسِهم هي كَعْب الأَحْبار الَّذي ثَبُتَ بِالتَّحْقِيق أَنَّه شَخْصِيَّةٌ أُسطوريَّةٌ لا وُجود لها مُطلقًا في سِيرة الإِسْلام.

ولو أَنَّ كَعْب الأَحْبار ـ فيما دُوِّن ـ كان شَخْصِيَّةً تَبيت لِلإِسلام حِقدًا مُستطيرًا وأَحَد المُصنَّفين في خانة المُتآمِرين المُخَرِّبين المَشهُورين والمَعلُومِين في النَّاس، فلِماذا طلَب السَّلامَةَ لِعُمر ودَعاه مُنبِّهًا أَو مُنذرًا أَو محذِّرًا مِن الهلاك في ثلاثة أَيّامٍ مُتتالِيةٍ، ويُضِيف مُؤكِّدًا على تَحذِيره في اليَوم الأَخِير أَيضًا، ثُمَّ يَأسف له بِالقَول حين لَقِيَه بَعد ما طَعنَه أَبو لُؤلُؤة «أَلَمْ أَنهَك»؟!

هَلْ كان عُمَر مُتيَقِّنًا بِضُلوع كَعْب في جَرِيمَة القَتل والتَّآمُر ولم يَأمُر بِاعتِقالِه وإِقامة الحَدِّ عليه؟! في حين أَصَرَّ كَعْب على عَقدِ لِقاءٍ بينه وعُمر حين طُعِن بِخنجر أَبِي لُؤلُؤة وعُمَر يَعلَم صِلَة كَعْب بِعَملِيَّة الاغْتِيال وقد اتَّهمَه بِالتَّواطؤ!

لَيس مِن شَكٍّ في أَنَّ نَظائر هذا المَوقِف تُثِير التَّساؤل وقد ورَدَ منها بين أَهْلِ البَحْث والتَّحقِيق: لماذا لم يُقِم عُمَر الحَدَّ على كَعْب الأَحْبار وهُو يَعلَمُ أَنَّ كعب هو

---

1 - تأريخ المدينة 891/ 3

المُحرّض على قَتلِهِ، فِيما جَرى قَتل أُناس آخرين لا عَلاقَة لهم بِعَمليَّة قتل عُمَر، وهُم: (إِسْلام) ابنة أَبِي لُؤلُؤة، و(الهرمزان)، و(جفينة)، وقد أَدرَك عُمر خُطورةَ الجريمة الَّتي ارتَكبها ابنهُ عُبَيد الله في حقَّ إِسلام والهرمزان ولم يُدرِك خطورة الجَريمة الَّتي ارتكبها كَعْب في حَقِّهِ، مع يَقِينِهِ بِضلُوع كعب في عَمليّة القَتل؟!

نُفِّذَت عَمليَّةُ قَتل (إِسْلام) بِلا حُجَّة ولا دَلِيل ولا إِقْرار.. كانَت (إِسْلام) طفلةً صَغيرةً لِـ(فَيروز النَّهاوَندِي) أَبي لُؤلُؤة حيث (انْطلَق عُبَيد الله إِليها فقَتلها، وأَراد أَنْ يَضع السَّيف في السَّبْي فاجتَمع عليه المُهاجِرون فلَم يَزل عَمرو بن العاص يَتَلَطَّف بِه حتَّى أَخذ مِنه السَّيف)[1].

عُدَّ (الهرمزان) الضَّحِيّةَ الثَّانِيَة الَّتي اغتِيلَت على بِسَيفِ عُبَيدِ الله، وعُرِف مِن قَبْل بِوَصْفِهِ والِيًا لِلأَهواز ومِن أَنْصار عَلِيٍّ أَمِير المؤمنين صَلواتُ الله وسَلامُه عليه ومِن مَوالِيه في المَدِينة. وأَمَّا المقتول الثَّالِث فهُو جفينة مِن الحِيرة. ولَم يُقِم أَحدٌ عَلى ضَحايا عُبَيد الله بن عُمَر البَيّنَةَ ولم يَصدُر إِقرارٌ مِن هَؤلاء الضَّحايا على أَنفسهم بِالتَّواطُؤ أَو المشَارَكَة المباشرة في قَتل عُمَر، وعُمَر الَّذي لم يَمُت بَعْد مِن أَثَرِ طَعنةِ أَبِي لُؤلُؤة لم يَتَّهِم ضَحايا سَيف ابْنِهِ بِالقَتل المُباشر أَو التَّواطؤ.

لقد أَوْصَى عُمَر قُبَيل مَوتِه بِمُقاضاة ابْنِهِ عُبَيد الله بِتُهمَة القِصاص بِالقَتل بِلا بَيِّنة بَعد أَنْ اتَّخذَ الإِجراء الضَّروري اللَّازِم لِإِنقاذِه. (فلَمَّا طُعِنَ عُمَر وَثَب عُبَيد الله بن عُمر على الهرمزان فقَتَله. فقِيل لِعُمر إِنَّ عُبيد الله بن عُمر قَتل الهرمزان، قال: ولِم قَتَلَه؟!. قال: إِنَّه قَتل أَبِي. قِيل وكيف ذاك؟! قال: رأيتُه قبل ذلك مستَخليًا بِأَبِي لُؤلُؤة وهو أَمرَه بِقَتل أَبِي. قال عُمَر: ما أَدري ما هذا، انْظروا إِذا أَنا مِتُّ فاسألوا عُبيد الله البَيِّنة على الهرمزان هو قَتلني، فإِنْ أَقام البَيِّنة فدَمه بِدَمِي، وإِنْ لم يُقِم البَيِّنة فأَقيدوا عُبيد الله مِن الهرمزان)[2]. وقال (أَخطأ، فإِنَّ الَّذي ضَرَبَنِي هو أَبُو لُؤلُؤة وما كان لِلهرمزان في أَمْري صنع، وإِنْ عِشْتُ احتِجتُ أَنْ أُقِيَّده به، فإِنَّ عَلِيَّ بن أَبي طالب لا يَقبل مِنَّا الدِّيَّة وهو مَولاه)[3].

---

1 - الدِّراية، ابن حجر 263/ 2

2 - سنن البيهقي 61/ 8

3 - بحارالأنوار 373/ 3. سفينة البحار 561/ 7

وقال حمزة بن عبد الله بن عُمر (إنَّ أَباه قال: فيرحَم اللهُ حَفصَة إنْ كانت لِمَن شَجَّع عُبيد الله على قَتل الهرمزان وجفينة)[1]. لكِنَّ عُثمان رَفَض في عَهدِ خِلافَتِه إقامةَ الحَدِّ على عُبيد الله بن عُمر إذْ نَصَّب نَفسَه وَليًا عن دَم الهرمزان وأَصَرّ على رَفْض أَمْر عَلِيٍّ أَمِير المؤمنين صَلواتُ الله وسَلامُهُ عليه بِإقامَةِ الحدِّ على عُبيد الله وقَتْلِهِ، ونَصَر المُهاجرون عُثمان مَوقفَه، وأَبدَى عَمرو بن العاص دَهاءَه في مَنع إقامَةِ الحَدِّ بِطَريقَةٍ مُخادِعَةٍ.

وسُئِل عُثمان في فَترةِ خِلافَتِهِ (أَلا تَمضِي وَصِية عُمر في عُبيد الله؟! قال: ومَن وَلِيُّ الهرمزان؟ قالوا: أَنْتَ يا أَمِير المُؤمنين. فقال: فقد عَفَوتُ عن عُبيد الله بن عُمَر)[2]. وفي قَولِهِ هذا إقرارٌ صَريح بِبَراءة الهرمزان مِن دَم عُمَر وإِدانةٌ لِعُبَيد الله، لكِنَّ عُثمان عَفَى عنه استنادًا إلى ما حَكَم به على (مَذْهَبِ الرَّأي) وبِما يَستَرضِي عُمَر. وأَمَّا ما جرى مِن قَتل لِابنَةِ أَبِي لُؤلُؤة (إِسْلام) فلَم يُوْصِ عُمَر بِمُقاضاةِ ابْنِهِ عُبيد الله على فَعْلَته الَّتي فَعَل، ولم يُعاقَب عُبيد الله مِن قِبَل الخَليفة الجَديد عُثمان!

ويُشِير الطَّبَري إلى وَقائع التَّداول في أَمْر عُبيد الله بن عُمَر بَعد قَتلِه الهرمزان وجفينة، فَيقول (ثُمَّ جَلس عُثمان في جانِب المَسجد ودعا عُبيد الله بن عُمر، وكان مَحبوسًا في دار سَعد بن أَبِي وَقّاص وهو الَّذي نَزع السَّيف مِن يَدِه بعد قَتلِهِ جفينة والهرمزان وابْنَةِ أَبِي لُؤلُؤة، وكان يقول «والله لَأَقْتلنّ رِجالًا مِمّن شَرك في دَمِ أَبِي، يُعرِّض بِالمُهاجرين والأَنصار. فقام إليه سَعد فنَزعَ السَّيف مِن يَدِه وجَذَب شَعرَه حتَّى أَضجَعه إلى الأَرضِ وحَبَسه في دارِهِ حتَّى أَخرَجَه عُثمان إليه. فقال عُثمان لِجَماعةٍ مِن المُهاجرين والأَنصار: أَشِيرُوا عَلَيَّ في هذا الَّذي فتَق في الإِسْلام ما فتَق. فقال عَلِيٌّ أَمِير المُؤمنين صَلواتُ الله وسَلامُه عليه: أَرى أَنْ تَقتلَه «أَقِد الفاسِق فإِنَّه أَتَى عَظيمًا، قَتَلَ مُسلمًا بلا ذَنْب»[3]، وقال عَلِيٌّ صَلواتُ الله وسَلامُه عليه لِعُبيد الله: «يا فاسِق لَئن ظَفرتُ بِك يومًا لَأَقتلنَّك»[4]. فقال بَعضُ المُهاجِرين: قُتِلَ عُمر أَمْس ويَقتُل ابنَهُ اليَوم! فقال عَمرو بن العاص: يا أَمِير المُؤمنين: إنَّ الله قد أَعفاك أَنْ يكون هذا

1 - المحلى، ابن حزم 114/ 11

2 - سُنَن البَيهقي 61/ 8

3 - أَنسَاب الأشراف، البلاذري 13/ 6

4 - انظر: الطّبري 42/ 5،الإصابة 619/ 3. سُنن البيهقي 61/ 8. طبقات ابن سعد 8/ 5. الكامل 32/ 3

الحدث كان ولَكَ على المُسلمين سُلطانًا، إِنَّما كان هذا الحدث ولا سُلطان لَكَ. قال عُثمان أنا وَلِيُّهم وقد جَعلتُها دِيَّةً واحتَملتها في مالِي. «فقام المقداد بن عمرو فقال: إِنَّ الهرمزان مَولى لله ولِرَسُولِه، وليس لَكَ أَنْ تَهبَ ما كان لله ولِرَسُولِه! قال: فَنَنْظُر وتَنظُرون! ثُمَّ أَخرج عُثمان عُبيد الله بن عُمر مِن المَدِينة إلى الكُوفة وأنزله دارًا»[1]، قال وكان رَجلٌ مِن الأَنْصار يُقال له زِياد بن لَبِيد البَياضي إذا رأى عُبيد الله بن عُمر قال:

أَلا يا عُبيد الله مالَكَ مَهربُ ولا مَلجأ مِن ابن أَرْوى ولا خفر

أَصبتَ دمًا والله في غير حلِّه حرامًا وقتل الهرمزان له خطر

على غير شيءٍ غير أَنْ قال قائل أَتَتَّهمون الهرمزان على عُمر

فقال سَفِيهٌ والحوادث جمَّة نعم أَتَّهمه قد أَشار وقد أَمْر

وكان سلاح العبد في جوف بيته يقلّبها والأمر بِالأمر يعتبر

قال، فشَكا عُبَيد الله بن عُمر إلى عُثمان زياد بن لَبِيد وشِعرَه، فدعا عُثمان زياد بن لبيد فنهاه. قال فأَنشَأَ زياد يقول في عُثمان:

أَبا عَمرو عبيد الله رهن فلا تَشكك بقتل الهرمزان

فإنَّك إِنْ غفرتَ الجرم عنه وأَسباب الخطأ فرسا رهان

أَتعفو إِذْ عفوت بغير حقّ فما لك بِالَّذي تَحكي يدان.

فدعا عُثمان زياد بن لبيد فنهاه وشذبه)[2].

فاحْتجَّ عَليٌّ أمير المؤمنين صَلواتُ الله وسَلامُه عليه على عُثمان فقال له: إِنَّ عُبيد الله بن عُمر قَتل مولاي الهرمزان بِغَير حقٍّ وأَنا وَلِيُّه الطَّالب بِدَمِهِ.. سَلِّمه إِليَّ لِأُقَيِّده به! فقال عُثمان: بِالأَمْس قُتِل عُمر وأَنا أَقتلُ ابنَهُ، أَورِدُ على آل عُمَر ما لا قوام لهم به. فامتَنعَ

---

1 - تأريخ اليعقوبي 163/ 2

2 - تأريخ الطّبري 302/ 3

مِن تَسلِيمِه إِلى عَلِيٍّ أَمِير المُؤمنين صَلواتُ الله وسَلامُه عليه شَفَقةً منه بزَعِمِه على آل عُمر. فلمَّا رَجع الأَمرُ إلى عَلِيٍّ هَربَ مِنه عُبَيد الله بن عُمر إلى الشَّام فصار مع مُعاوِيَة، وحَضر يَوم صِفِّين مع مُعاوية مُحاربًا لِأَمير المُؤمنين صَلواتُ الله وسَلامُه عليه فقُتِل)[1].

حين دَنَت ساعَةُ الوَفاة دَخَل المُهاجِرُون على عُمَر يَستفْتُونه أَمْرَ الخِلافة مِن بَعدِه، فقال (إِنْ استَخلَفْتُ فقد استَخلَفَ مَن هو خَيرٌ مِنِّي، يَعنِي أَبا بَكر)[2]، لكِنَّ عُمَر أَبى إِلَّا أَنْ يُقِيم لَونًا جَديدًا مِن الاستِخْلاف انطلاقًا مِن قَواعِدِه اللُعبة بِـ(مَذْهَب الرَّأي) فِي المُرشَّحِين لِلخِلافَة مِن بَعدِه، ومِنْ مَوقِفِه السَّلْبيّ مِن خِلافة أَبِي بَكر (الفَلْتَة الَّتي وَقَى اللهُ المسلمين شَرَّها).

فعُمر لا يَجِد أَنَّ خِلافًا أَو شِقاقًا قد فَشا في فترة خِلافَتِهِ حتَّى اللَّحظَةِ الرَّاهِنَة مِن ساعَة مَوتِهِ، بَل يَذهبُ إلى أَنَّها كانت مُستقِرَّةً على جميع الصُّعد. إِلَّا أَنَّ إِقدامَهُ على تَعيينِ مَجلس الشُّورى لِاختِيار خَلِيفَتِهِ قد اشتَمَل دَلِيلًا قاطعًا على تَراجُع سِيادَتِه وتَفَشّي فَوضَى المواقِف في أَوساط كُبراء القَوم مِن الصَّحابة وعلى قُوّة نُفوذِهم وتَعدّدهم السَّلْبي القَهرِي في سِرِّيَّةٍ مُشدَّدة حيث كان عُمَر يَتعاطى مَع مَن حوله بِقسوةٍ ورُعونةٍ ويَقِيس ويَطعَن بِناءً على (مَذْهب الرَّأي).

وما كان اختِيارُ عُمَر المُتعمّد لِأَعضاء مَجلِس الشُّورى المُستَبِدّة والمَشرُوطة تَحت حَدِّ السَّيف إِلّا دَلِيلًا دامِغًا على ما كان يَضمُر مِن مُرادٍ مُتَمِّم لما تَوافَقَ عليه مع حُلفائه الأُمَوِيِّين مِن ضَمان تَحقُّق الخِلافة في عُثمان مِن بعده، أَو أَنْ يَنتَهِي المَجلِس إِلى فَوضَى تَجتاح أَمْن المَدِينة بِقَتلِ عَلِيٍّ أَمِير المؤمنين صَلواتُ الله وسَلامُه عليه أَو يَنتَهِي أَعضاءُ المَجلِس السِّتّة إِلى استفزاز عَلِيٍّ أَمِير المؤمنين صَلواتُ الله وسَلامُه ودَفعِهِ إِلى الخُرُوج على صَمْتِهِ الَّذي أَبعَد بِه حَربًا أَهلِيّةً وشَبحَ الفُرقة والصِّدام المُباشر وحَفَظَ لِلإِسلام كِيانَه الدِّينِي وأَمْنَه الاجْتِماعِي وفِي المُسلِمِين أُمَوِيُّون يَترَبَّصون بِالخِلافَةِ

1- بحار الأنوار 373/3

2- الإمامة والسِّياسة 28

الدَّوائر ويَنتظِرُون الفُرصَة السَّانِحَة لاستِرداد ما فَقدُوه مِن إمْرَةٍ ورِئاسَةٍ ونُفوذٍ قَبلِي.

ومِن غَير شَكٍّ في أَنَّ شُورَى عُمَر لم تَكُن مِن بَنات ذَكائه ولا مِن لَحظَةِ طَعنِه بخنجر أَبي لُؤلُؤة وإِقبالِه على المَوت صاغِرًا، وإِنَّما هي صَنعةٌ مِن صَنائع الدَّهاء الأُمَوي ومَشُورةٌ لا يَمتلِك عُمَر إِلّا أَنْ يَمتَثِل لها في إِطار صَفقَةٍ سابِقَةٍ عَقَدَها مَعهم قَضَت بِجَعل الجَيش المُتقدِّم لِفَتح بِلاد الشَّام مِن نَصِيبِهم وإِبعاد خالِد بن الولِيد عنها ودَفع الخِلافة إِليهم إِنْ قَرُب أَجَلُه مِن خِلال رَجُلِهم عُثمان لِقاء ما قدَّمَه الأُمويُّون لِعُمر مِن وَعدٍ يَضمَنُون بِمُوجِبِه انتزاع الخِلافة مِن أَبِي بَكر وتَسلِيمها إِليه حيث كان عُمَر في شَكٍّ مِن أَنْ يَتَسلَّمها مِن صاحِبه أَبِي بَكْر!

عِندما قَرَّر عُمَر عَقد الصَّفقَةِ مع الأُموِيِّين الَّتي تَمّ بِمُوجبها اغتيال أَبِي بَكر وتَنصِيبه خَلِيفة على المُسلِمين فإِنَّه أَقام بِفَعلَتِه هذه انْقلابًا حَقِيقيًّا على تَعاقُد (صَحِيفة مَكّة الثَّانِيَة) فأَنهاه إِذْ لَم يَكُن عُمَر يَرى في المتبَقِّين مِن الصَّحابة الأربعة المُتعاقِدِين مَعه ما يُسعِف على تَحقِيق السِّيادة التَّامَّة لِلخَلِيفَة وفِي القَوم عَليٌّ أَمِير المؤمنين صَلواتُ الله وسَلامُه على رأس الهاشمِيِّين يَنتظِر فُرصَته، فلَيْس لها مِن أَحدٍ غير الأُموِيِّين النِّد الكفء لِبَني هاشِم، ولا بُدّ مِن إِتاحة المَجال لِعُثمان لِيَكون خَلِيفة مِن بَعدِه. فكان له ما أَراد مِن خِلال شُورى السِّتّة!

وممّا ظَلّ يُقْلِق عُمَر وهو يَجود بِنَفسِه مِن شِدَّة طَعنة أَبِي لُؤلُؤة وعَظِيم خَطرِها، هو مصير ابنِه عُبَيد الله الَّذي أُوقِفَ لِلقِصاص لِقاء ما اقتَرفَهُ مِن جَريمَة بِقَتل الهُرمزان، وأَنَّ حياة عُبَيد الله أَمْسَت بِيدَي اثْنَين هما: وَلِيُّ المَغدُور الهُرمزان وهو عَليٌّ أَمير المؤمنين صَلواتُ الله وسَلامُه عليه، وأَمْرُ الخَلِيفة الثَّالِث الَّذي سَيَلِي عُمَر على قِمَة الخِلافَة إِنْ هَلَك، ولَيس في القَوم مَن يُقرِّر إِنْقاذَ عُبَيد الله مِن حَدِّ سَيف القصاص إِلَّا عُثمان الَّذي سيَتمسَّك بِـ(مَذْهَب الرَّأي) بِدَعم مُطلَقٍ مِن قِبَل الأُموِيِّين إِنْ هو اخْتِير خَلِيفةً مِن قِبَل عُمَر لِيُقدِم على إِنْقاذ حَياة عُبَيد الله رَغمًا عن نَصوص الثَّقَلين في القِصاص!

وقُبَيل هَلاكِهِ أَمَر عُمَر ابنَهُ عبد الله أَنْ ادْعُ عَلِيًّا وعُثمان وطَلحَة والزُّبير وعبد

الرَّحْمن بن عَوف وسَعد. قال: فدُعوا، فلَم يُكلِّم أَحدًا مِن القَوم إلَّا عَليًّا وعُثمان. قال: يا عَلِيّ، إنَّ هؤلاء القَوم لَعلَّهم أَنْ يَعرِفوا لَكَ قَرابَتَك مِن رَسُول الله صَلَّى الله عليه وآله وما أَعطاك الله مِن الفِقه والعِلْم. فإنْ وَلُّوك هذا الأمر فاتَّقِ الله فِيه. ثُمَّ قال: يا عُثمان لَعَلَّ هؤلاءِ القَوم أَنْ يَعرِفوا لك صهرك مِن رَسُول الله صَلَّى الله عليه وآله وشَرَفَك، فإنْ وَلُّوكَ هذا الأَمر فاتَّقِ الله ولا تَحمِلنّ بَنِى أَبِى مَعِيط على رِقاب النَّاس. ثُمَّ قال: يا صُهَيب صَلِّ بِالنَّاس ثَلاثًا، وأَدخِل هَؤلاءِ في بَيتٍ، فإذا اجتَمَعوا على رَجُلٍ فَمَنْ خالَفَهم فلْيَضرِبُوا رأسه. فلَمَّا خَرَجوا قال: إنْ وَلَّوا الأَجْلَح سَلَك بِهم الطَّرِيق. فقال له عَبد الله بن عُمَر: فما يَمنَعك؟ قال: أَكْرهُ أَنْ أَحملها حَيًّا ومَيِّتًا)[1].

إنَّ فِي كلام عُمَر إِقرارًا صَريحًا لما كان في نَفسِه إزاء بَيتَي بَنِي هاشِم والأُمَويِّين، وقد أَظهرَ بِهذا التَّصرِيح في لِقائه الأَخِير مَعهم أَنْ يَحصِر خيارَ الخلافَةِ في الاثْنَين فحَسْب، وأَنْ يُقَعِّدَ لِلخِلاف بَينهما قَواعِدَه إنْ انْتَهى الأَمْرُ بَينَهُم في اجْتِماع الشُّورى المُستَبِدَّة، وأَنْ يَخلصَ الأَمْر في المنتهى إلى اختيار عُثمان مِن دُون عَلِيٍّ أَمِير المؤمنين صَلواتُ الله وسَلامُه عليه، وذلك لما لِلعَداوة الَّتي يكنّها كُلُّ أَطراف شُورى السِّتّة لِعَلِيٍّ أَمِير المؤمنين صَلواتُ الله وسَلامُه عليه ولِكُرهِهِم وبُغْضِهم لِبَنِي هاشِم.

ولَم يكن مِن المُتوقّع عِند الأُمَويّين الَّذين تَقدَّموا لِعُمَر بِخُطَّة مَجلِس الشُّورى السُّداسِي لِضَمان الخِلافَة في عُثمان ـ أَنْ يُحدِث عَلِيٌّ أَمير المؤمنين صَلوات الله وسَلامُه انْقِلابًا على وَقائع الشُّورى المُستَبِدّة ولا على نَتائجها المُستَفِزّة. فصَاحِبُ المَناقِب العُظْمى والفَضائل الكُبرى لا يَقدِم على ارْتِكاب هذا اللَّون مِن الفِعْل بَلْ هُو أَجَلُّ وأَعظَمُ.

جاء في التَّفاصِيل أَنَّ عُمَر أَمَرَ بِجَمعِ كُلٍّ مِن الصَّحابَة السِّتّة: عَلِيّ أَمِير المؤمنين صَلواتُ الله وسَلامُه عليه، وعُثمان، وطَلْحَة، والزُّبير، وسَعد بن أَبِي وقَّاص، وعبد الرَّحْمن بن عَوف، وكان طَلحة غائبًا.

1 - روضة المُحدثين 309/ 12 (5809)

قال عُمَر: يا معشر المُهاجرين الأوَّلِين، أنِّي نَظَرتُ في أمر النَّاس، فلَمْ أَجِد فيهم شِقاقًا ولا نِفاقًا، فإنْ يَكُن بَعدِي شِقاقٌ ونفاقٌ فهو فِيكُم.. تَشاوَروا ثَلاثَة أَيَّام، فإنْ جاءَكُم طَلحة إلى ذلك، وإلَّا فاعزم عليكم بِالله أَنْ لا تَتفرَّقوا مِن اليَوم الثَّالِث حتَّى تَستَخْلِفوا أَحدَكم.

ثُمَّ قال: إنْ استقامَ أَمرُ خمسةٍ مِنكم وخالَف واحدٌ فاضْرِبوا عُنُقه، وإنْ استقام أَرْبَعةٌ واختَلَف اثْنان فاضْرِبوا أَعناقَهما، وإِنْ استَقرَّ ثلاثةٌ واختَلفَ ثلاثةٌ فاحتكِموا إلى ابْنِي عبد الله، فَلأيِّ الثَّلاثَةِ قَضى فالخَلِيفة مِنهُم وَفِيهم، فإنْ أَبَى الثَّلاثَةُ الآخرُون ذلك فاضْرِبوا أعناقَهم.

فقالوا: قُلْ فِينا يا أَمِير المؤمنين مَقالةً نستَدِلُ فيها بِرأيك ونَقتَدِي به. فقال: والله ما يَمنعنِي أَنْ أَستخلِفَك يا سَعد إلَّا شِدَّتك وغِلظَتك، مع أَنَّك رَجُلُ حَرْب. وما يَمنعنِي منك يا عَبد الرَّحْمَن إلَّا أَنَّكَ فِرعَونُ هذه الأُمَّة. وما يَمنَعَنِي مِنك يا زُبير إلَّا أَنَّكَ مُؤمِنُ الرِّضا كافِرُ الغَضَب. وما يَمنعَنِي مِن طَلحة إلَّا نَخوته وكِبْره، ولو وُلِّيها وَضَع خاتَمه في إصبعِ امرأتِه. وما يَمنعنِي مِنكَ يا عُثمان إلَّا عَصبِيّتك وحُبّك قَومِكَ وأَهلِكَ، وما يَمنَعنِي مِنك يا عَلِيّ إلَّا حِرصُك عليها، وإنَّك أَحرَى القوم إنْ وُلِّيتَها أَنْ تُقِيم على الحَقِّ المُبين والصِّراط المستَقِيم... لَعلّ هؤلاء القَوم يَعرِفُون لَك حقَّك وشَرَفَك وقرابتَك مِن رَسُول الله، وما آتاك الله مِن العِلْم والفِقْه والدِّين فيستَخلِفوك، فإنْ وُلِّيتَ هذا الأَمر فاتَّقِ الله يا عَلِيّ فيه، ولا تَحمِل أَحدًا مِن بَنِي هاشم على رِقاب النَّاس)[1].

مات عُمَر بَعد ثَلاثَة أَيَّام مِن إصابَتِه بِطَعنةِ أَبِي لُؤلُؤة، فدَخَل عليه عَليٌّ أمير المؤمنين صَلواتُ الله وسَلامُه عليه وهو مُسجًّى بِالثَّوب فقال (إنِّي لَأَرجُو أَنْ أَلْقَى الله تَعالى بِصَحِيفَةِ هذا المُسَجَّى)[2]. فاقتَنَص أَتْباعُ عُمَر ومُرِيدُوه ومُبغِضُوا عَلِيٍّ أَمِير المُؤمنين صَلواتُ الله وسَلامُه عليه هذا القَول مِن عَلِيٍّ فِي عُمَر، وتَفاخَروا بِمَعناه

1 - الإمامة والسِّياسة، ابن قتيبة الدِّينوري ص29

2 - بِحار الأنوار 297-296/ 10. انظر: الشَّافي، عَلَم الهُدى 171. تلخيص الشَّافي، الطّوسي 428/ 2 ط إيران. معاني الأخبار، الصّدوق 117ط إيران.

الظَّاهر الَّذي أَوَّلُوه ولَفَّقوه فَأَشاعُوه في هيئةٍ تَزكِيةٍ لِعُمر وتَفخِيمٍ وتَعظِيمٍ مِن عليٍّ أَمِير المؤمنين صَلواتُ الله وسَلامُه عليه، فيما ورد المَعنى الحَقِيقِي المراد مِن قَولِه صَلواتُ الله وسَلامُه عليه على النَّقِيض ممَّا أَشاعُوه، إِنْ هو إِلّا صَيحة أَطلَقَها عَلِيٌّ أَمِير المؤمنين صَلواتُ الله وسَلامُه عليه على عُمَر ولَيْس لَه.

فعَلِيٌّ أَمِير المُؤمنين صَلواتُ الله وسَلامُه عليه أَشار بِذلك إِلى مَعنى (صحِيفَة مكَّة الثَّانِيَة) الَّتي تَعاقَدَ عليها عُمَر مع أَربعةٍ آخرين مِن الصَّحابَة وفيهم أَبُو بَكْر وما أُبْرِمَ بينهم مِن تَدابير لِلانْقلاب على الوَلايَة المَنصُوصَة في عَلِيٍّ أَمِير المُؤمنين صَلواتُ الله وسَلامُه عليه إِنْ قُتِل النَّبِيُّ صَلَّى الله عليه وآله. وفيها قال عَلِيٌّ أَمير المؤمنين صَلواتُ الله وسَلامُه عليه لِطَلحَة (يا طَلْحَة، أَمَا والله ما مِن صَحِيفَةٍ أَلْقَى الله بِها يَوم القِيامَة أَحَبُّ إِليَّ مِن صَحِيفة هَؤلاء الخَمْسَة الَّذين تَعاهَدوا على الوَفاء بِها في الكَعبة فِي حَجَّةِ الوداع «إِنْ قَتَل اللهُ مُحمَّدا أَو مات أَنْ يَتوازَرُوا ويَتظاهروا عَلَيَّ فلا أَصِل إِلى الخِلافة»)[1].

وعن مُفضَّلِ بن عُمر، قال: سَأَلتُ أَبَا عبد الله (الإِمام الصَّادق) صَلواتُ الله وسَلامُه عليه عن مَعنى قول أَمِير المُؤمنين صَلوات الله وسلامُه عليه لمّا نَظر إِلى عُمَر وهو مُسجًّى بِثَوبِهِ (ما أَحد أَحَبّ إِليَّ أَنْ أَلْقى الله بِصَحيفةٍ مِن هذا المُسجَّى». فقال: عَنِي بها الصَّحِيفة الَّتي كُتِبَت في الكَعْبَة)[2].

عندما تَلَقَّف عُثمان بن عَفَّان الخِلافَة فصار وَلِيّ أَمْر المُسلِمِين مِن بَعد عُمَر مباشرة؛ شُطِبَت الكَثيرُ مِن أَسرار سِيرة حياة عُمَر بِتَدخُّلٍ مُباشر مِن قِبَل الأُمَوِيِّين، فبَيَّضوا صَحِيفَته. لكِنَّ رِسالةً خطيرةً جِدًا وجَّهها عُمَر إِلى عامِلِهِ مُعاوِية بن أَبِي سُفيان في الشَّام كَشَفَت عن سِيرة عُمَر ورُؤيتِهِ لِعَهد الجاهِلِيَّة والإِسلام معًا، وعن إِصْرارِه على التَّمَسُّك بِأَصْنام قُريش الـ 365 والتَّخلّق بِثَقافة الجاهِلِيَّة، والاحتِفاظ بِعلاقَةٍ مَشْبُوهةٍ

1- كتاب سُلَيم بن قيس 154. البحار 111/ 96/ 28

2- بِحار الأنوار، العلّامة المجلسي 28 / 117

خاصَّةٍ مع مُعاوِيَة الَّذي استَلَم ولايَة الشَّام عن عُمَر مِن بَعد وَفاة أَخِيه يَزِيد بن أَبِي سُفيان إِذ هو نَدِيمُه الأَوَّل ويَتبادل مَعه ما فِي نَفسِه مِن عَقيدةٍ جاهِلِيَّةٍ وكُرهٍ لِلدِّين وشَعائره ورِجالِه، ومِنه ما أَقْدَم عليه عُمَر نَفْسه مِن عَمَلٍ مُناهِضٍ لِلنَّبِيِّ صَلَّى الله عليه وآله ولِعَلِيٍّ وفاطِمة صَلواتُ الله وسَلامُه عليهما، وما اتَّخَذَه مع أَبِي بَكر مِن تَدابِير في يَوم السَّقيفة، وما أَطلَقَه مِن تَصرِيح كاذِبٍ على لِسانِ رَسُول الله صَلَّى الله عليه وآله لِدَفع الأَنْصار نَحو اخْتيار أَبِي بَكر خَلِيفَة.

كان لِهذه الرِّسالة فِعلُ السِّرِّ الفاضِح عندما استُدرِجَ عبدَ الله بن عُمر إِلى الشَّام حيث أَسْفَرت رِحلتُه إِليها عن تَوثِيق العَلاقة مَع (خَلِيفَة المُسلِمين) الجَدِيد يَزِيد بن مُعاوِيَة. وفي وَقتٍ لاحِقٍ استطاعَت دِمشق أَنْ تَسْتَصْدِرَ وَثِيقةً خَطيرةً مِن ابن عُمَر نفسه بِمُناسبَة اطِّلاعِه على هذا السِّرِّ الفاضِح من شأنها أَنْ تُضفِي الشَّرعِيَّةَ على ما أَقدَم عليه يَزيد بن مُعاوية مِن سَفكٍ لِدِماء الإِمام الحُسين صَلواتُ الله وسَلامُه عليه وأَهلِ بَيتِهِ وأَصحابِهِ وسَبيٍ لِنَسائه وأَطفالِهِ في اليَوم العاشر مِن مُحرّم الحرام عام 61هـ.

فقد تَظاهر ابنُ عُمَر أَمام أَهْلِ المَدِينة بِحُزنِهِ الشَّدِيد لِفَضائع واقِعَةِ كَربلاء واستِشهاد الإِمام الحُسين صَلواتُ الله وسَلامه عليه بِسَيفِ يَزيد بن معاوية. وحدَّث أَبو الحُسين مُحمَّد بن هارون بن مُوسى التَّلعكبري، قال أَبِي، قال: حدَّثَنا أَبو عَلِيّ مُحمّد بن همام، قال: حدَّثَنا جَعفر بن مُحمَّد بن مالك الفزاري الكوفي، قال: حدَّثَنِي عبد الرَّحمن بن سنان الصَّيرفي، عن جَعفر بن عَلِيّ الحوار، عن الحَسن بن مسكان، عن المُفضَّل بن عُمر الجعفي، عن جابر الجعفي، عن سَعِيد بن المُسَيَّب، قال:

لمّا قُتِلَ الحُسينُ بن عَلِيٍّ صَلواتُ الله وسَلامُه عليهما وَردَ نَعيُه إِلى المَدِينة، ووَرَدَت الأَخبارُ بِجزِّ رأسِهِ وحَملِهِ إِلى يَزيد بن مُعاوية، وقَتْل ثمانِيَة عشر مِن أَهْل بَيتِهِ وثَلاث وخَمسِين رَجُلًا مِن شِيعَتِهِ، وقَتْل عَلِيٍّ ابنه بين يَدَيه وهو طِفلٌ رضيع بِنُشّابة، وسَبْيِ ذَرارِيه ـ أُقِيمت المآتم عند أَزواج النَّبِيِّ صَلَّى الله عليه وآله في مَنزل أُمِّ سَلَمة رِضْوان الله تعالى عليها وفي دُورِ المُهاجِرين والأَنصار. قال:

فخَرجَ عبدُ الله بن عُمَر بن الخطَّاب صارخًا مِن دارِهِ لاطِمًا وَجْهَهُ، شاقًّا جَيبَه، يقول: يا مَعْشر بَنِي هاشِم وقُريش والمُهاجِرين والأَنْصار! يَستحِلُّ هذا مِن رَسُول الله صَلَّى الله عليه وآله في أَهْلِه وذُرِّيَّته وأَنتُم أَحْياءٌ تُرزَقُون؟! لا قَرار دون يَزيد. وخَرج مِن المَدِينة تَحت لَيلِه لا يَرِد مَدِينةً إِلَّا صَرخ فيها واستَنفَر أَهلَها على يَزيد. وأَخبارُه يُكتَب بها إلى يَزيد، فلَمْ يَمُرّ بِمَلأٍ مِن النَّاس إِلَّا لَعنه وسُمِع كلامَه، وقالوا هذا عبدُ الله بن عُمر ابن خَلِيفة رَسُول الله صَلَّى الله عليه وآله وهو يُنكر فِعْلَ يَزيد بِأَهْلِ بَيت رَسُول الله صَلَّى الله عليه وآله ويَستنفِر النَّاس على يَزيد، وإِنَّ مَن لم يُجبْه لا دَين له ولا إِسلام، واضْطَرب الشَّامُ بِمَن فيه.

ووَرَد «عبدُ الله بن عُمر» دِمَشقَ وأَتَى باب (...) يَزيد في خَلْقٍ مِن النَّاس يَتلُونَه. فدَخل إِذنُ يَزيد إِليه فأَخبَره بِوُرودِه ويَدُه على أُمِّ رأسه والنَّاسُ يهرعون إِليه قُدَّامه ووَرائه. فقال يَزيد: فَورةٌ مِن فَورات أَبِي مُحمَّد، وعن قَليلٍ يَفِيقُ مِنها. فأَذِنَ له وَحدَه، فدَخلَ صارخًا يقول: لا أَدْخُل يا أَمِير المُؤمنين وقد فَعلْتَ بِأَهْل بَيت مُحمَّدٍ صَلَّى الله عليه وآله ما لو تَمكَّنَت التُّرْكُ والرُّومُ ما استَحَلُّوا ما استَحْلَلتَ، ولا فَعلُوا ما فَعَلْتَ. قُمْ عن هذا البِسَاط حتَّى يَختارَ المُسلِمون مَن هُو أَحقُّ بِه مِنك!

فرَحَّبَ به يَزيد وتَطاول له وضَمَّه إِليه وقال له: يا أَبا مُحمَّد! أُسكُنْ مِن فَورَتِك، واعْقَل، وانظُر بِعَينِك واسْمَع بِأُذُنِك.. ما تَقولُ في أَبِيك عُمَر أَكان هادِيًا مَهدِيًّا خَليفة رَسُول الله صَلَّى الله عليه وآله وناصِرُه ومُصاهِرُه بِأُختِك حَفْصَة، والَّذي قال: لا يُعبَدُ الله سِرًّا؟!

فقال عبدُ الله: هو كَما وَصَفْت، فأَيُّ شَيءٍ تَقول فِيه؟! قال: أَبُوك قَلَّد أَبِي (مُعاوِيَة) أَمْرَ الشَّام أَمْ أَبِي قَلَّد أَباكَ خِلافَة رَسُولِ الله صَلَّى الله عليه وآله؟ فقال: أَبِي قَلَّد أَباكَ الشَّام. قال: يا أَبا مُحمَّد! أَفتَرضَى بِهِ وبِعَهدِه إِلى أَبِي أَو ما تَرْضاه؟! قال: بَلْ أَرضى. قال: أَفترضَى بِأَبِيك؟ قال: نَعم.

فضَرَبَ يَزيدُ بِيَدِه على يَدِ عبد الله بن عُمر وقال له: قُم ـ يا أَبا مُحمّد ـ حتَّى تَقْرَأ.

فقام مَعهُ حتَّى ورَدَ خزانةً مِن خَزائنِه، فدَخلَها ودَعا بِصِندوقٍ فَفُتِحَ واستَخرجَ منه تابوتًا مُقفَلًا مَختومًا، فاستَخرجَ منه طومارًا لَطِيفًا في خُرقَةِ حرير سَوداء، فأَخذ الطّومار بيَدِهِ ونَشرَه، ثُمَّ قال: يا أَبا مُحمَّد، هذا خَطُّ أَبِيك؟ قال: إِي والله. فأَخذَه مِن يَدِه فقبَّله. فقال له: اِقْرَأ.. فقَرأه ابنُ عُمر، فإِذا فيه:

بِسْمِ الله الرَّحْمن الرَّحِيم.. إِنَّ الَّذي أَكرَهَنا بِالسَّيف على الإِقرار بِه فأَقرَرنا، والصُّدور وَغِرَة، والأَنفُسُ واجِفَة، والنِّيّات والبَصائر شائكة مِمَّا كانَت عليه مِن جَحدِنا ما دعانا إِليه وأَطعناه فيه رَفعًا لِسيوفه عَنَّا، وتَكاثُره بِالحيّ علينا مِن اليمن، وتَعاضُد مَن سَمِع به مِمَّن تَرك دِينه وما كان عليه آباؤه في قُريش. فبِهُبَل أُقسِم والأَصْنام والأَوْثان واللَّات والعُزَّى ما جَحَدَها عُمَر مُذ عَبدَها ولا عَبدَ لِلكَعبةِ رَبًّا ولا صَدَّق لِمُحمَّد قولًا، ولا أَلقى السَّلام إِلَّا لِلحِيلَةِ عليه وإِيقاع البَطْشِ به. فإِنَّه قد أَتانا بِسِحْرٍ عظيم، وزاد في سِحْرِهِ على سِحْر بَنِي إِسرائيل مع مُوسى وهارون وداود وسُليمان وابنِ أُمِّه عيسى، ولقد أَتانا بكُلِّ ما أَتوا بِه مِن السِّحر وزاد عليهم ما لو أَنَّهم شَهدوه لَأَقرّوا له بِأَنَّه سَيِّدُ السَّحرة.

فخُذ ـ يابن أَبِي سُفيان ـ سُنَّةَ قَومِك واتِّباع مِلَّتِك والفاء بما كان عليه سَلفُك مِن جَحْدِ هذه البنية الَّتي يقولون إِنَّ لها رَبًّا أَمرَهُم بِإِتيانها والسَّعي حولها وجَعلها لَهُم قِبلةً فأَقرّوا بِالصَّلاة والحجِّ الَّذي جَعلوه رُكْنًا، وزَعموا أَنَّه لله اختَلقوا، فكان مِمَّن أَعان مُحمّدا منهم هذا الفارِسي الطمطاني (رُوزبه). وقالوا إِنَّه أُوحِيَ إِليه [إِنَّ أَوَّل بيتٍ وُضِع لِلنَّاس لِلَّذي بِبَكّة مُباركًا وهدى لِلعالَمِين]، وقَولهم [قد نَرى تَقلُّبَ وَجهك في السَّماء فلَنُولِّيَنَّكَ قِبلةً تَرضاها فَوَلِّ وجهكَ شطرَ المسجدِ الحرام وحيثُ ما كُنْتُم فَوَلُّوا وُجُوهَكم شَطره] وجعلوا صلاتَهم لِلحِجارة. فما الَّذي أَنكره علينا لولا سَحره مِن عِبادَتِنا لِلأَصْنام والأَوثان واللَّات والعُزَّى وهِي مِن الحِجارة والخَشب والنُّحاس والفِضَّة والذَّهب. لا ـ واللَّات والعُزَّى ـ ما وَجدنَا سَببًا لِلخُروج عَمَّا عِندنا وإِنْ سَحَروا ومَوَّهوا. فانظُر بِعَينٍ مُبصرةٍ، واسمع بِأُذنٍ واعِيَةٍ، وتَأَمَّل بِقَلبك وعَقلِك ما هُم فيه، واشكر اللَّات والعُزَّى، واستِخلاف السَّيّد الرَّشِيد عَتِيق بن عبد العُزَّى «أَبِي بَكر» على أُمَّة مُحمَّد وتَحكُّمه في أَموالِهِ ودِمائهم وشَريعَتِهم وأَنفُسهم وحلالِهم وحرامِهم، وجِبايات الحُقوق الَّتي زَعَموا

أَنَّهم يُجْبُونها لِرَبِّهم لِيُقيموا بها أَنصارَهم وأَعوانَهم. فعاشَ شَديدًا رَشِيدًا يَخضَعُ جَهرًا ويَشتَدّ سِرًّا، ولا يَجِد حِيلةً غير مُعاشَرَةِ القوم. ولقد وَثَبتُ وثبةً على شِهاب بَنِي هاشم الثَّاقِب وقَرنِها الزَّاهر وعَلِمِها النَّاصر وعُدَّتِها وعَدِدها مُسمَّى بِحَيدَرة المُصاهِر لِمُحمَّد على المرأة الَّتي جَعلوها سَيِّدَةَ نِساء العالمين يُسمُّونها: فاطِمة، حتَّى أَتيتُ دار عَلِيٍّ وفاطِمة وابنيهما الحَسن والحُسين وابْنَتيهما زَينب وأُمَّ كلثوم، والأَمَة المدعُوَّة بِفِضّة، ومَعِي خالِد بن وَليد وقُنفذ مَولى أَبِي بكر ومَن صَحِب مِن خَواصِّنا، فقَرَعتُ الباب عَليهِم قَرعًا شَديدًا، فأَجابَتنِي الأَمَة، فقلتُ لها: قُولِي لِعَلِيٍّ: دَع الأَباطِيل ولا تَلِج نفسك إلى طَمع الخِلافة، فلَيس الأَمرُ لك، الأَمرُ لِمَن اختاره المُسلمون واجتَمعوا عليه. ورَبُّ اللَّات والعُزَّى، لو كان الأمرُ والرَّأيُ لِأَبِي بَكر لَفَشِل عن الوُصول إلى ما وَصلَ إليه مِن خِلافةِ ابنِ أَبِي كَبْشَة، لكِنِّي أَبدَيتُ لها صَفحَتِي وأَظهَرْتُ لها بَصري وقُلتُ لِلحَيَّين - نَزار وقَحطان - بعد أَنْ قلتُ لهم لَيس الخِلافَة إِلَّا في قُريش، فأَطِيعوهم ما أَطاعوا الله، وإِنَّما قلتُ ذلك لِما سَبقَ مِن ابن أَبِي طالب مِن وثُوبه واستِيثاره بِالدِّماء الَّتي سَفَكها في غزوات مُحمَّد وقَضاءِ دُيُونه، وهي - ثمانون أَلف درهم - وإِنجاز عِداته وجمع القرآن، فقَضاها على تليده وطارفه، وقول المُهاجرين والأنصار - لمّا قلتُ إِنَّ الإمامة في قُريش - قالوا: هو الأَصْلَع البَطِين أَمِير المُؤمنين عَلِيٌّ بن أَبِي طالِب الَّذي أَخذَ رَسُول الله البَيعةَ له على أَهْلِ مِلَّتِه وسَلَّمنا له بِإِمرة المُؤمنين في أَربعة مَواطِن. فإِنْ كُنتم نَسِيتُموها - مَعشَرَ قُريش - فما نَسِيناها، وليست البَيعةُ ولا الإِمامةُ والخِلافةُ والوَصِيّةُ إِلَّا حقًّا مَفروضًا، وأَمرًا صَحِيحًا، لا تَبرُّعا ولا ادِّعاءً. فكذَّبناهُم وأَقمتُ أَربَعِين رَجلًا شَهدوا على مُحمَّد أَنَّ الإِمامَةَ بِالاختيار.

فعِند ذلك قال الأَنصارُ: نَحنُ أَحقُّ مِن قُريش، لأَنَّا آوينا ونَصَرنا وهاجَر النَّاسُ إِلينا. فإذا كان دَفع مَن كان الأمرُ له فلَيس هذا الأَمرُ لَكُم دُوننا. وقال قومٌ: مِنَّا أَميرٌ ومِنكم أَمِير. قُلنا لهم: قد شَهدوا أَربعون رَجلًا أَنَّ الأئمَّة مِن قُريش، فقَبِل قَومٌ وأَنكرَ آخرون وتَنازعوا. فقُلتُ - والجمعُ يسمعون - أَلا أَكبَرُنا سِنًّا وأَكثرُنا لِينًا. قالوا: فمَن تَقول؟ قُلْتُ: أَبُو بَكر الَّذي قدَّمَه رَسُولُ الله صَلَّى الله عليه وآله في الصَّلاة، وجَلَس معه

في العَريش يَوم بَدر يُشاوره ويَأخُذ بِرأيه، وكان صاحِبَه في الغار، وزَوجُ ابنتِه عائشة الَّتي سمَّاها أُمَّ المُؤمنين. فأقبل بَنو هاشِم يَتميَّزون غَيظًا، وعاضَدَهُم الزُّبَير وسَيفُه مشهور وقال: لا يُبايَع إلَّا عَلِيّ أو لا أملِكُ رَقبَةَ قائمة سَيفي هذا. فقلتُ: يا زُبَير! صَرختُك سكن مِن بَنِي هاشِم، أُمُّك صَفِيَّة بنت عبد المطلب. فقال: ذلك ـ والله ـ الشَّرفُ الباذِخُ والفخرُ الفاخِر، يابن حنتَمَة ويابن صَهَّاك أُسكُت لا أُمّ لك. فقال قَولًا فوَثَب أربُعون رَجُلًا مِمَّن حضَرَ سَقِيفة بني ساعدة على الزُّبير، فو الله ما قَدِرنا على أخذِ سَيفِهِ مِن يَدِهِ حتَّى وسَّدناهُ الأرض، ولم نَرَ له علينا ناصِرًا. فوَثَبتُ إلى أَبِي بَكر فَصافَحته وعاقَدته البَيعة، وتَلانِي عُثمان بن عَفَّان وسائر مَن حَضَر غير الزُّبير. وقُلنا له: بايعْ أو نَقتُلك. ثُمَّ كَفَفتُ عنه النَّاس، فقُلتُ له: أمهِلوه، فما غَضَب إلَّا نَخوةً لِبَني هاشِم.

وأخذتُ أبا بكر بِيَدِهِ فأقمته ـ وهو يَرتَعِد ـ قد اختَلَطَ عقلُه، فأزعجته إلى مِنبرِ مُحمَّد إزعاجًا. فقال لِي: يا أبا حَفْص، أخافُ وثْبَةَ عَلِيٍّ. فقُلْتُ له: إنَّ عَلِيًّا عَنك مَشغُول. وأعانَنِي على ذلك أبُو عُبيدة بن الجرّاح، كان يَمدّه بِيَدِهِ إلى المِنبر وأنا أُزعجه مِن ورائه كالتَّيس إلى شفار الجاذر، متهوِّنًا. فقام عليه مَدهوشًا. فقُلْتُ له: أُخطُبْ! فأغلَقَ عليه وتَثبَّتَ فدهش، وتَلَجْلَج وغمض، فعَضَضتُ على كَفِّي غَيظًا، وقلتُ له: قُلْ ما سَنَح لك! فلَم يأتِ خيرًا ولا مَعروفًا، فأردتُ أنْ أحطّه عن المِنبَر وأقومُ مَقامَه، فكَرِهتُ تَكذيب النَّاس لِي بما قُلتُ فيه، وقد سألَني الجُمهور مِنهم: كَيفَ قُلتَ مِن فَضلِهِ ما قُلْت؟! ما الّذي سمعته مِن رَسُول الله صَلَّى الله عليه وآله في أَبِي بَكر؟! فقُلْتُ لَهم: قد قُلْتُ.. سمِعتُ مِن فَضلِهِ على لِسان رَسُول الله ما لَو ودَدْتُ أنِّي شَعرةٌ في صَدرِه ولِي حِكايَة. فقلتُ: قُلْ وإلَّا فانزل! فتبيَّنها والله في وَجهِي وعَلِمَ أنَّه لو نَزل لَرَقيتُ وقُلتُ ما لا يَهتدِي إلى قَوله. فقالَ بِصَوتٍ ضَعيفٍ عَليلٍ: ولِّيتُكم ولستُ بِخَيركم وعَلِيٌّ فِيكم، واعلَمُوا أنَّ لِي شَيطانًا يَعتَرِيني ـ وما أراد بِه سواي ـ فإذا زَللتُ فقَوِّمُوني لا أقع في شُعورِكم وأبشارِكم، وأستغفِرُ الله لِي ولَكُم. ونَزلَ فأخذتُ بِيَده ـ وأَعينُ النَّاس تَرمُقه ـ وغمزتُ يَده غمزًا، ثُمَّ أجلَسْته وقَدَّمتُ النَّاس إلى بَيعتِه وصحبته لِأرْهبَه. وكلُ مَن يُنكِر بَيعَتَهُ ويقول «ما فَعل عَلِيُّ بن أَبِي طالب»؟! فأقول: خَلعَها مِن عُنقِهِ وجَعلها طاعة

المُسلمين قلّة خِلاف عليهم في اختِيارهم. فصار جَلِيسَ بَيتِهِ، فبايَعوا وهُم كارهون.

فلَمّا فَشَت بَيعتُه، عَلِمنا أَنَّ عَلِيًّا يَحمِلُ فاطمة والحسن والحُسين إلى دُور المُهاجِرين والأنصار يُذَكِّرهم بَيعتَه علينا فِي أربعة مَواطن، ويَستَنفِرُهُم فيَعِدُونَه النُّصرةَ لَيلًا ويَقعُدون عنه نهارًا. فأَتَيتُ دارَهُ مُستشيرًا لإخراجه منها، فقالَت الأَمَةُ فِضَّة وقد قُلتُ لها قُولِي لِعَلِيٍّ يَخرج إلى بَيعَةِ أَبِي بكر فقد اجتَمع عليهِ المُسلِمُون. فقالَت إنَّ أَمير المُؤمنين صَلواتُ الله وسَلامُه عليه مَشْغُول. فقُلتُ: خَلِّي عَنكِ هذا وقُولِي لَه يَخرج وإِلَّا دَخلنا عليه وأَخْرَجْناه كرها. فخَرَجَت فاطمةُ فوَقفَت مِن وراء الباب، فقالَت: أَيَّها الضَّالُّون المُكذِّبون! ماذا تَقولُون؟! وأَيّ شَيءٍ تُريدون؟. فقُلتُ: يا فاطمة! فقالَت فاطمةُ: ما تَشاءُ يا عُمر؟! فقلتُ: ما بالُ ابن عَمِّكِ قد أَوردَكِ لِلجَواب وجَلسَ مِن وراء الحِجاب؟! فقالَت لِي: طُغيانُك ـ يا شَقِي ـ أَخرَجَنِي وأُلزِمُكَ الحُجَّةَ، وكُلّ ضَالٍ غَوِي. فَقُلتُ: دَعِي عنك الأَباطِيل وأَساطير النِّساء وقُولِي لِعَلِيٍّ يَخرُج. فقالَت: لا حُبَّ ولا كَرامَة، أَبِحِزبِ الشَّيطانِ تُخوِّفُنِي يا عُمر وكان حِزبُ الشَّيطان ضَعِيفا؟! فقُلْتُ: إنْ لم يَخرُج جِئتُ بِالحَطبِ الجزل وأَضرَمتُها نارًا على أَهْل هذا البَيت وأُحرق مَن فيه، أَو يُقاد عَلِيٌّ إلى البيعة. وأَخذتُ سَوطَ قُنفِذ فضَربتُ، وقُلتُ لِخالِد بن الوَلِيد: أَنْتَ ورِجالُنا هَلِمُّوا في جَمع الحَطَب، فقُلتُ: إِنِّي مُضرِمُها. فقالَت: يا عدو الله وعَدو رَسُوله وعَدو أَمِير المُؤمنين! فضَرَبتُ فاطمة يَدَيْها مِن الباب تَمنعُنِي مِن فَتْحِهِ فرُمتُه فتَصَعَّب عَلَيَّ، فضَربتُ كَفَّيها بِالسَّوطِ فأَلَّمها، فسمِعتُ لها زَفيرًا وبُكاءً، فكِدتُ أَنْ أَلِينَ وأَنقِلب عن الباب، فذَكرتُ أَحقادَ عَلِيٍّ ووُلوغَه في دماء صَنادِيدِ العَرب، وكَيدَ مُحمَّد وسِحرَه، فرَكَلتُ الباب وقد أَلصقتُ أَحشاءها بِالبابِ تَترسه، وسَمِعتُها وقد صَرَخَت صَرخةً حَسبتها قد جَعلَت أَعْلَى المَدِينة أَسفلها، وقالت: يا أَبَتاه! يا رَسُول الله! هكذا كان يُفعلُ بِحَبِيبَتِكَ وابنتِكَ، آه يا فِضَّة! إِليك فخُذِيني فَقَدْ والله قَتَل ما في أَحْشائي مِن حَمْل، وسَمعتُها تَمخَضُ وهي مُستنِدةٌ إلى الجدار، فدَفعتُ البابَ ودَخلتُ فأَقبلَت إِلَيَّ بِوَجهٍ أَغشَى بَصري، فصَفَقتُ صَفقةً على خَدَّيها مِن ظاهِر الخِمار فانَقطعَ قرطها وتَناثَرت إلى الأرض، وخَرَج عَلِيٌّ. فلَمّا أَحَسَّستُ بِه أَسْرَعتُ إلى خارج الدّار، وقلتُ

لِخالد وقُنفِذ ومَن مَعهُما: نَجوتُ مِن أمرٍ عظيمٍ. وفي رِواية أُخرى: قد جَنَيتُ جِنايَةً عَظِيمةً لا آمن على نَفسي. وهذا عَلِيٌّ قد بَرز مِن البيت وما لِي ولَكُم جميعًا بِهِ طاقة. فَخرَجَ عَلِيٌّ وقد ضَربَت يَدَيها إلى ناصِيَتِها لِتكشفَ عنها وتَستَغيثَ بالله العظيم ما نَزَل بها، فأَسْبَلَ عَلِيٌّ عليها مَلاتها وقال لها: يا بِنْتَ رَسُول الله! إنَّ الله بَعثَ أَباكِ رَحمةً لِلعالَمِين، وأَيْم الله لِئَنْ كَشفْتِ عن ناصِيَتِكِ سائلةً إلى رَبِّك لِيَهلكَ هذا الخلقُ لَأَجابَكِ حتَّى لا يَبقى على الأرض مِنهم بَشرًا، لِأَنَّكِ وأَباكِ أَعظمُ عند الله مِن نُوحٍ عليه السَّلام الَّذي غَرَقَ مِن أَجلِه بِالطُّوفان جميعُ مَن على وَجهِ الأَرضِ وتَحتَ السَّماء إلَّا مَن كان في السَّفينة، وأَهلكَ قَومَ هُودٍ بِتكذِيبهم له، وأَهلكَ عادًا بِريحٍ صَرصَرٍ، وأَنْتِ وأَبُوكِ أَعظمُ قدرًا مِن هُود، وعَذَّب ثَمودَ - وهِي اثنا عشر أَلفًا - بِعَقرِ النَّاقَةِ والفَصِيل، فَكُونِي - يا سَيِّدَةَ النِّساء - رَحمةً على هذا الخَلقِ المَنكُوس ولا تَكونِي عَذابًا. واشتَدَّ بها المَخاضُ ودَخلَت البَيتَ فأَسقطَت سقطًا سَماه عَلِيٌّ (مُحسِنًا).

وجَمعتُ جمعًا كَثِيرًا، لا مكاثرةً لِعَلِيٍّ ولكِنْ لِيَشدَّ بهم قَلبي وجِئتُ - وهو محاصَر - فاستَخرَجته مِن دارِهِ مُكرهًا مَغصُوبًا وسُقْته إلى البَيعةِ سَوقًا، وإِنِّي لَأَعْلَمُ عِلمًا يَقِينًا لا شَكَّ فيه لو اجتَهدتُ أَنا وجَمِيعُ مَن على الأرض جَميعًا على قَهرِه ما قَهرناه، ولكِنْ لِهَناتٍ كانت في نَفسِه أَعلَمُها ولا أَقولها. فلَمَّا انتَهيتُ إلى سَقِيفةِ بَنِي ساعِدَة قام أَبُو بَكر ومَن بِحَضرتِه يَستهزؤن بِعَلِيٍّ. فقال عَلِيٌّ: يا عُمر! أَتُحِبُّ أَنْ أُعَجِّلَ لَكَ ما أَخَّرتُه سواء عنك؟ فقلتُ: لا يا أَمِير المُؤمنين. فسَمَعَني والله خالِدُ بن الوليد، فأَسرعَ إلى أَبِي بَكر، فقال له أَبُو بكر: ما لِي ولِعُمر.. ثَلاثًا، والنَّاسُ يَسمَعُون. ولمّا دَخلَ السَّقيفةَ صبا أَبُو بكر إليه. فقلتُ له: قد بايَعتَ يا أَبا الحَسَن! فانصَرَف، فأَشْهَدُ ما بايَعهُ ولا مَدَّ يَدَهُ إليه، وكَرِهتُ أَنْ أُطالِبَه بِالبيعةِ فيُعَجِّل لِي ما أَخَّره عنِّي. ووَدَّ أَبو بكر أَنَّهُ لم يَرَ عَلِيًّا في ذلك المكان جَزَعًا وخوفًا منه. ورَجعَ عَلِيٌّ مِن السَّقِيفَةِ وسأَلنا عنه، فقالوا: مَضى إلى قَبرِ مُحمَّد فجَلس إِليه. فقُمتُ أَنا وأَبو بَكر إِليه، وجِئنا نَسعى وأَبُو بَكر يَقول: ويْلَك يا عُمر! ما الَّذي صنعتَ بِفاطِمَة، هذا والله الخُسرانُ المُبين. فقلتُ: إنَّ أَعظمَ ما عليك أَنَّه ما بايَعنا ولا أَثِق أَنْ تَتثاقلَ المَسلمون عنه. فقال: فما تَصنع؟ فقلتُ: تَظهرُ أَنَّه قد بايَعَك عند قَبرِ مُحمَّد. فأَتَيناهُ وقد جَعل القَبر

قِبلةً، مُسنِدًا كَفَّهُ على تُربَتِه وحَوله سَلمان وأبو ذر والمقداد وعَمّار وحُذيفة بن اليمان، فجَلسنا بِإزائه وأوعزتُ إلى أَبي بَكر أَنْ يَضعَ يَدَه على مِثل ما وَضَع عَلِيٌّ يَدَه ويُقرِّبها مِن يَدِه، ففَعل ذلك. وأخذتُ بِيَد أَبي بكر لِأَمسَحَها على يَدِه وأقول قد بايَع. فقَبضَ عَلِيٌّ يدَه، فقُمتُ أَنا وأَبو بَكر مُوَلِيًّا وأنا أَقول: جَزا اللهُ عَلِيًّا خيرًا فإِنَّه لم يَمنعك البَيعةَ لمّا حَضَرْتَ قَبر رَسُول الله (صَلّى الله عليه وآله). فوَثَبَ مِن دُون الجَماعَةِ أَبُو ذر جندب بن جنادة الغفاري وهو يَصِيح ويقول: والله ـ يا عدو الله ـ ما بايَع عَلِيٌّ عَتِيقا. ولم يَزل كُلَّما لَقِينا قَومًا وأَقبلنا على قومٍ نُخبِرهُم بِبيعَتِهِ وأبو ذَر يُكَذِّبنا. والله ما بايَعَنَا (عَلِيٌّ) في خلافةِ أَبي بكر ولا في خِلافَتِي ولا يُبايع لِمَن بَعدِي ولا بايعَ مِن أَصحابِه اثنا عَشر رَجلًا لا لِأَبي بَكر ولا لِي. فمَن فَعَلَ ـ يا مُعاوِيَة ـ فِعْلِي واستَشار أَحقادَه السَّالِفَة غَيري؟!

وأَمَّا أَنتَ وأَبُوكَ أَبُو سُفيان وأَخوكَ عُتبة فأَعرِفُ ما كان مِنكم في تَكذِيبِ مُحمَّد (صَلّى الله عليه وآله) وكَيدِه وإِدارةِ الدَّوائر بِمَكَّة وطلبتِه في جَبل حرى لِقَتله، وتَأَلّفِ الأحزاب وجَمعهِم عليه، ورُكوبِ أَبِيك الجَمل وقد قاد الأَحزاب، وقَول مُحمَّد «لَعَن اللهُ الرَّاكِب والقائد والسَّائق»، وكان أَبُوكَ الرَّاكِبُ وأَخُوكَ عُتبة القائدُ وأَنْتَ السَّائقُ.

ولم أَنْس أُمَّكَ هِندا وقد بَذلَت لِوَحشِي ما بَذلَت حتَّى تَكْمُنَ لِحَمزة ـ الَّذي دَعوه أَسَدَ الرَّحمن فِي أَرضِه ـ وطعنَهُ بِالحربَةِ ففَلَقَ فُؤادَه وشَقَّ عنه وأَخذ كَبده فحَمَله إلى أُمِّك، فزَعَمَ مُحمَّدٌ بِسِحرِه أَنَّه لمّا أَدْخَلته فاهها لِتأكُلَه صار جِلمُودًا فلَفظَته مِن فِيها، فسَمّاها مُحمَّدٌ وأَصحابُه آكِلَةَ الأَكباد، وقَولَها فِي شِعرِها لاعتِداء مُحمَّد ومُقاتليه:

نَحنُ بناتُ طارق نَمشِي على النَّمارِق

كالدُّرُ في المَخانِق والمِسكُ في المَفارِق

إِنْ يُقبلوا نُعانِق أَو يُدبروا نُفارِق.. فِراق غَير وامِق،

ونُسوتَها في الثِّياب الصّفر المَرئيَّةِ مُبديات وُجوهِهن ومَعاصِمِهن ورُؤوسِهن يُحرّضنَ على قِتال مُحمَّد.

إنَّكم لم تُسلموا طوعًا، وإنَّما أسلمتُم كرهًا يوم فتح مَكَّة فجَعلَكُم طُلقاء، وجَعلَ أخِي زَيدًا وعَقِيلًا أَخَا عَلِيّ بن أبي طالب والعبَّاس عمّهم مِثلهم، وكان مِن أبِيكَ في نفسه، فقال: والله يا بن أَبِي كَبشَة، لَأَملأنَّها عليكَ خَيلًا ورجلًا وأَحُولَ بينك وبين هذه الأَعداء. فقال مُحمَّد: ويُؤذن لِلنَّاس أَنَّه عَلِم ما في نفسه أو يَكفي الله شَرَّكَ يا أَبا سُفيان! وهو يَرى النَّاس أَنْ لا يَعلوها أَحدٌ غَيرِي وعَلِيٌّ ومَن يَلِيه مِن أَهْل بَيته. فبطل سِحرُه وخابَ سَعيُه، وعلاها أَبُو بكر وعَلوتُها بَعدَه وأَرجو أَنْ تكونوا مَعاشِرَ بَنِي أُمَيَّة عِيدان أَطنابها. فمِن ذلك قد وَلَّيتُكَ وقَلَّدتُكَ إباحةَ مُلكِها وعرَّفْتُكَ فيها وخالَفتُ قَولَه فِيكم، وما أُبالِي مِن تأَليف شِعرِه ونَثرِه، أَنَّه قال: يُوحَى إِلَيَّ مُنزَّلٌ مِن ربِّي في قوله [والشَّجرةَ المَلعونَةَ في القُرآن] فزَعَم أَنَّها أَنتُم يا بَنِي أُمَيَّة، فبَيَّن عداوتَه حيث مَلَك كما لَم يَزل هاشِم وبَنوه أَعداء بَنِي عبد شَمْس، وأَنا ـ مع تَذكِيري إِيَّاكَ يا معاوية وشَرحِي لك ما قد شَرحته ـ ناصِحٌ لك ومُشفِقٌ عليك مِن ضيقِ عطنك وحرجِ صَدرك، وقِلَّةِ حِلمِك، أَنْ تَعجلَ فيما وَصَّيتُك به ومَكَّنتُك منه مِن شَريعةِ مُحمَّد (صَلَّى الله عليه وآله) وأُمَّتِه أَنْ تُبدي لَهُم مُطالبته بِطَعنٍ أَو شَماتةٍ بِموتٍ أَو رَدًّا عليه فيما أَتَى به أَو استصغارًا لِما أَتَى به فتكونَ مِن الهالِكين، فتَخفضَ ما رَفعتَ وتَهدِمَ ما بَنيتَ. واحذَر كُلَّ الحذر حيث دخلتَ على مُحمَّد مَسجِدَه ومِنبَرَه، وصدِّق مُحمَّدا في كُلّ ما أَتَى بِه وأَورَده ظاهرًا. وأَظهِر التَّحرُّز والواقعة في رَعِيَّتِك، وأَوسِعْهم حِلمًا، وأَعمِهم بِرَوايح العطايا، وعَليك بإقامة الحُدود فيهم وتَضعِيف الجناية مِنهم لِسَبب مُحمّد مِن مالك ورزقك ولا تَرهُم أَنّك تَدع لله حَقًا ولا تَنقض فرضًا ولا تُغيِّر لِمَحمَّد سُنَّةً فتَفسد علينا الأُمَّة، بَل خُذهم مِن مَأْمَنِهم، واقتُلهم بِأَيدِيهم، وأَبِدهم بِسُيوفهم وتَطاولهم ولا تُناجِزهم، ولِنْ لهم ولا تَبخس عليهم، وأَفسِح لهم في مَجلِسِك، وشرقهم في مقعدك، وتَوصل إلى قَتلهم بِرئيسهم، وأَظهِر البُشرَ والبَشاشة بَلْ أَكظِم غيظك واعفُ عنهم يُحِبُّوك ويُطيعُوك، فما آمَن علينا وعليك ثَورةُ عَلِيٍّ وشِبلَيهِ الحَسنِ والحُسَين، فإِنْ أَمكنك في عدة مِن الأُمَّة فبادِر ولا تَقنع بِصِغار الأُمور، واقصِد بِعَظيمها واحفظ وَصِيَّتِي إليك وعَهدِي وأَخفِه ولا تُبده، وامتَثل أَمرِي ونَهيِي وانْهض بِطاعَتِي، وإِيَّاك والخلاف عَلَيَّ، واسلُك طريق

أَسْلافِك، واطلُب بِثارِك، واقتَصّ آثارهم، فقد أَخرَجْتُ إِليك بِسِرِّي وجَهرِي، وشَفَعت هذا بِقولِي:

مُعاوي إِنَّ القومَ جلَت أُمورُهم بِدَعوة مِن عم البَرِيَّة بالوتري

صبوتَ إلى دين لهم فأرابني فابعد بدين قد قصمت به ظهري

وأنْ أَنسَ لا أَنْسَ الوليد وشَيبة وعُتبة والعاص السَّريع لدى بدر

وتحت شغاف القلب لدغ لِفقدهم أَبو حكم أَعنِي الضّئيل مِن الفقري

أُولئك فاطلُب ــ يا معاوي ــ ثارهم بنصل سُيوف الهِند والأسل السّمري

وصِل بِرجال الشّام في معشرهم هُم الأسدُ والباقون في أكم الوعري

توسّل إلى التّخليط في المِلّة الّتي أَتانا به الماضي المسموه بالسحري

وطالِب بِأَحقاد مَضت لك مظهرًا لَعلَة دين عمّ كُلّ بني النّضر

فلستَ تنال الثّأر إلّا بدِينهم فتَقتُل بسيف القوم جِيد بَنِي عمري

لهذا لقد وَلَّيتُك الشّام راجيًا وأَنت جَدِير أَنْ تؤول إلى صخري

قال: فلَمّا قَرأ عبد الله بن عُمر هذا العَهد، قام إِلى يَزيد فقَبَّلَ رأسَه، وقال: الحَمدُ لله ـ يا أَمِير المُؤمنين على قَتلِك الشَّاري ابن الشَّاري. والله ما أَخرجَ أَبِي إِلَيَّ بِما أخرجَ إِلى أَبِيك. والله لا رآني أَحدٌ مِن رهط مُحمَّد بِحيث يَحبّ ويرضى، فأَحسن جائزته وبِرّه، ورَدّه مُكرّما.

فَخرَجَ عبد الله بن عُمَر مِن عَند يَزيد ضاحِكًا، فقال له النَّاس: ما قال لَكَ؟ قال: قولًا صادقًا لَودَدتُ أَنِّي كنتُ مُشاركه فيه. وسار راجعًا إِلى المَدِينة، وكان جوابُه لِمَن يَلقاه هذا الجواب.

ويُروى أَيضًا أَنّه أَخرَج يَزِيد بن معاوية لِعبد الله بن عُمر كتابًا فيه عَهد عُثمان بن عفَّان فيه أَغْلظُ مِن هذا وأَدْهَى وأَعظَم مِن العَهد الَّذي كتَبه عُمر لِمُعاويَة، فلَمّا قَرأ عبد

الله العَهد الآخَر قام فقبَّل رأس يَزِيد بن معاوية، وقال: الحَمدُ لله على قَتْلِكَ الشَّاري ابن الشَّاري، واعلَم أنَّ والِدي عُمر أَخْرَج إليَّ مِن سِرِّه بِمِثل هذا الَّذي أَخْرَج إلى أَبيك مُعاوِية، ولا أرى أَحدًا مِن رهط مُحمَّد وأَهلِه وشِيعتِه بعد يَومي هذا إلَّا غير منطو لهم على خير أبدًا. فقال يَزيد: أَفِيه شَرَح الخفا يابن عُمر؟)[1]

لَقَد وَصَف ابنُ عبَّاس ما كان عليه الصَّحابَةُ الخلفاء الثَّلاثَة بِقَولِه (أَظهروا الإيمانَ وأَسَرّوا الكُفرَ، فلمَّا وَجدوا عليه أَعوانًا أَظهرُوه)[2]. فهَذا هُو حال الصَّحابَة والكُبراء مِنهم، وهذا هو دِينُهم ودَيدَنُهم مُنذ أَنْ أَعلنوا عن إسْلامِهم وانْتَظروا فُرصَ الاخْتِلال في النِّظام الجَدِيد أَو اصْطَنَعُوه بِما أَسَرّوا وما أَعلَنوا ثُمّ انَقلَبوا على الأَعْقاب.

فِتنَةُ عُثمان والفِرارُ مِن البَيعَتَين

في الصَّحابَةِ السِّتَّةِ والفريق القائمِ على مَجلِس الشُّورى صَنَّف عُمَر قُبَيل مَوتِهِ الأَفْضلِيَّةَ لِتَسنُّم مَنصب الخِلافَة في ثَلاثةٍ مِنهم حصرًا، لكنَّه أَرادها مَلكيَّةً فوضَويَّةً مُستبّدة مِن بَعدِه يَتقدَّمُ فيها بَنو أُمَيَّة سِياسِيًّا ويَتخلّف عنها بَنو هاشِم لِيُصبِحوا بَين لَيلةٍ وضُحاها ضَحِيَّةَ مقعد الخِلافَة لِلمَرَّة الثَّانِيَة على التَّوالي. وبِذَلك يَكون عُمر قد وَفَّى بِدَينِهِ لِبَنِي أُمَيَّة على أَكمَلِ وَجْه، وقابَلَ ما أَسْداه إليه عُثمان بن عَفَّان مِن مُغامَرَة ضَمِنَ بِمُوجِبها نَقلًا آمِنًا لِمنصِب الخِلافَةِ مِن بَعد أَبِي بَكر إليه ـ بِجَعل عُثمان الرَّجُل الثَّاني مِن بَعدِه في إدارة الشُّئون السِّيادِيَّة لِلخِلافَة!

حُصِرت أَفضلِيَّةُ عُمَر في عَمَلِيَّة اخْتِيار الخَلِيفَة في الثَّلاثة وهُم: ابنهُ عبد الله الَّذي بِيَدِهِ أَمرُ تَنفَيذ عَمليّة اختِيار الخَلِيفَة في الصَّحابة السّتةِ وتَبعاتِها مِن أَعْمال قَتل وتَصْفِيه لِلمُخالِفين على حَسَب مَعايِير والدِهِ في الشُّورى وتعليماته، ثُمَّ عُثمان، فعَلِيّ

1 - بحار الأنوار 292/ 30

2 - المصدر السابق 300/ 30

أَمِير المُؤمنين صَلواتُ الله وسَلامُه عليه. وقَيَّدَ عُمَر عَمَلِيَّةَ اختِيار أَحدِهم بِمعايِير مُعقَّدة ضامِنة لامتِناع وُصُول الخِلافة إلى عَلِيٍّ أَمِير المؤمنين صَلواتُ الله وسَلامُه عليه مُطلقًا ووُجوب وُصُولها إلى عُثمان حتما، فتَنتهي إلى أَحدِ أَمْرَين:

ـ إمَّا أَنْ يكون الخَليفة مِن بَعدِ عُمَر هو حَلِيفُه عُثمان الَّذي أَوصَله إلى الخِلافَةِ ضِمْن صَفقَةٍ عَقدَها مع الأُمَوِيِّين قَضت بِاغتيال أَبِي بَكر في مَرضِهِ وتَنصيب عُمَر والإستمرار في مَشروع فَتْحِ الشَّام وجَعلها وَلايَة خاصَّة لِلأَموِيِّين مِن دُونِ مُنازع. ولَيس مِن خِيار آخر لِعُمر إلَّا نَقل مَنصِب الخِلافَة إلى عُثمان ذِي السِّرّ الأُمَوي الدَّفِين مُكافأَةً لِلدّور الحاسِم الَّذي لَعِبه الأُموِيُّون وصَونًا لِسِيرَتِه بِوَصْفِه الخَليفة الثَّاني القائم وضَمانًا لاستِقرار عهده والحَيلُولة دون وُصول الخلافة إلى بَنِي هاشِم في عَلِيٍّ أَمِير المؤمنين صَلواتُ الله وسَلامُه عليه.

ـ وإِمَّا أَنْ يَكونَ الخَليفة مِن بَعدِه هو ابنُه عبد الله، وذلك عندما يَصِل الأَمرُ في اجتماع الشُّورى إلى مُستوى الفِتنَةِ الكُبرى بَين البَيتَين الأُمَوِي والهاشِمِي ـ على حَسب تَقدِير عُمَر ـ ويُنفِّذ عبد الله أَمرَ والِدِه بِقَتْل كُلِّ أَعضاء الشُّورى مع انتهاء المُدَّة المَشروطَة لاختِيار الخَلِيفة والمقرَّرة بِثَلاثة أَيَّام مُتوالِية حيث يَجتَمِع فيها الصَّحابَةُ السِّتَّة ثُمّ يَنْتهون إلى نَتيجةٍ واحدةٍ، فإِمَّا أَنْ يختاروا مِن بَينِهم خَليفةً أَو يُقتلوا جميعًا ويَبقى الأَمْرُ بِيَدَي عبد الله بن عُمر فيَرِثها ويُوَرِّثها.

في ظَنِّ عُمر أَنَّ دُخول الهاشِمِيِّين والأُمويِّين في الصِّراع على مَنصِب الخِلافَة سيَخلُق نَوعًا مِن التَّوازن يَصْل في المُنْتَهى إلى فَشل المَجلِس في اختِيار الخَلِيفة أَو نَجاحِهِ في اخْتِيار أَحدِ السِّتّة هو عُثمان حَتمًا.

وفي جميع الأَحْوال سيَكون مَصير عَلِيٍّ أَمير المُؤمنين صَلواتُ الله وسَلامُه عليه وبَنِي هاشِم في الشُّورى المُستَبِدّة الإبعاد مِن جَدِيد عن مَنصِب الخِلافَة. وهذا ما رَغِب فيه عُمَر وفقا لِما أَخذَ بِـ(مَذْهَبِ الرَّأي) وانتِقامًا مِن عَلِيٍّ أَمير المُؤمنين صَلواتُ الله وسَلامُه عليه ونكالًا، وَفوقَ كُلِّ ذلك ضمان سلامة ابْنِهِ عُبَيد الله مِن حَدِّ سَيف القِصاص.

فإذا ما قُدِّر لِخاتِمَة الشُورى المستَبِدّة أَنْ تَدفَع بِعُثمان إلى سُدّة الخِلافَة فقَد ضَمِن عُمر بِذَلك سَدّ الطُّرق كُلّها بِوَجه عَلِيٍّ أَمِير المُؤمنين صَلواتُ الله وسَلامُه عليه وبَيتِه لِلمَرَّةِ الثَّالِثة على التَّوالِي مِن بَعد اغتِيال النَّبِيّ صَلَّى الله عليه وآله وأَبِي بكر ومِن بَعده، ومَهَّد الطَّريق لِأَمرَين:

ـ إِحْياء نُفوذ أَبِي سُفْيان المُتَرهِّل المُستَنزَف مِن بَعد فَتحِ مَكّة وتَمكِين حِزبِ الأُمويِّين المُتَمسِّك بِالجاهِلِيَّة وثَقافَتِها مِن بلوغ مُرادِه.

ـ والتَّمهيد لانْقلاب (اتِّجاه أَهْل العامَّة) مِن تَبَنِّي مَفهوم (الخِلافَة) وما أَسْفَر عنه مِن إِقْصاء لِلثَّقلَين إلى تَبَنِّي مَفْهُوم (المَلكِيَّة) المُستَبِدّة واتِّباع الوَلايَةِ المُتوارَثَة في الأُمَويِّين والارْتِباط التَّقلِيدِيّ الشَّكلِي بِـ(مَذْهَب الرَّأي) لِدَحْر خُصُوم (الخِلافَة).

ويَبدو مِن خِلال جُلّ ما مَهّد إِليه عُمَر بِالشُّورى المُستَبِدّة أَنَّ عُمَر دُفِع إلى اعتماد فِكرةٍ أَمَوِيَّة مَفادها أَنَّ مُجتَمع المُسلِمِين في حواضِر مَكّة والمَدِينَة وغَيرهما لَن يَستَقرّ بِما أَسفَر عنه عَقد الخَمسَة بِـ(صَحِيفَة مَكّة الثَّانِيَة) مِن تَدابِير على المُستوى السِّياسِي، ولا بِما أَسْفر عنه الإِبقاء على (مَذْهَب الرَّأي) لِتَصرِيف أَحْكام الشَّأن العام، ولا ما اختَلق سَلَفُه بِفَلتَتِهِ مِن سُنَّةٍ في مَقابِل نَصَّي الثَّقلَين ـ إِلّا بِإِحداث انْقلاب آخر في مَفهوم (الخِلافَة) والانْتِقال به إلى نِظام مَلَكِيّ مَستَبِدّ عَضُوض يَتوارثه بَنو أُمَيَّة ويَجري في أَعقابهم جِيلًا مِن بعد آخر حتَّى يَندَثِر أَثَرُ الثَّقلين بِإِزاء (مَذْهَب الرَّأي) ولا يَنالُ آلُ مُحمَّد صَلَّى الله عليه وآله الخِلافَة مُطلقًا بِحُضورٍ فاعلٍ ونَشط لِـ(اتِّجاه أَهْل العامَّة).

فإِنْ انقلَبت الأُمُورُ إلى غَير مُراد خُطَّةِ الشُّورى المُستبِدَّة في عُثمان ووَرِثَ عبد الله بن عُمر الخلافةَ مِن بعد مَقتَلِ كبراء الصّحابة أَعضاء الشُّورى جمِعهم تَنفيذًا لِشَرط والِدِه عُمر؛ فإِنَّ عبد الله سيَحكم البلاد بِمَلَكِيّة وراثِيَّة هزيلة في أَجواءٍ سِياسِيَّةٍ فَوضَوِيّة مُلبَّدة بِظُلمة الثَّأر لِوالِده وفي غِيابٍ مطبق مِن رُؤوس نِزاع المُلك ومَحاور المُغالبة على مَنصِب الخَليفة. عندئذٍ لَنْ تَصفو لابْنِ عُمر أَجواءُ الحُكم إِلَّا مِن بعد إِقدامِهِ على ارْتِكاب مَجزرةٍ في المُسلِمِين، ويَكون والدُه بذلك أَوَّل مَن سَنَّ الخِلافة المَلكِيّة بِحَدِّ السَّيف.

بَعدما قَرَّر عُمَر جَمعَ أَطراف الشُّورى المُستبِدَّة؛ دعا أَعْضاءَها إِلى الرِّضا بِمَن يَختاره نظيرُهم عبد الرَّحمن بن عَوف، تَزكِيةً مِنه لابن عوف وضمانًا لِتَحقُّق مُرادِهِ بِتَسنُّم عُثمان الخِلافَة أَو وُصولًا إِلى مَقتل عناصر الشُّورى جَمِيعًا إِذا ما اشْتَبَكَ النِّزاع بَينهُم وفُضّ المجلِس بِلا خَلِيفة مُختار.

ولِكَي يُصبِحَ الأَمرُ جِدِّيًا منذ الآن؛ وَضعَ عُمر على رَأسِ الشُّورى خَمسِين مُسلَّحًا بِقيادَةِ طلحة الأَنْصاري، وقِيل أَنَّه (تَحرَّجَ أَنْ يَجعلها لِواحِدٍ مِن هؤلاء على التَّعْيين، وقال «لا أَتَحمَّل أَمرَهُم حَيًّا ومَيِّتًا» وأَوصى أَنْ يُصلِّي بِالنَّاس صُهَيب بن سنان الرُّومِي ثَلاثة أَيَّامٍ حتَّى تَنقضِي الشُّورى[1].

وبَعد مُشاوراتٍ مُضْنِيةٍ بِتَدبير مُنَسَّقٍ مِن عبد الرَّحمن بن عَوف مع الأُمَوِيِّين استطاع ابنُ عوف تَجاوز اجتِماعات المَجلِس المُختَلِف في نَفسِه والمُجْمِع على نَصْبِ العَداوَةِ والبغضاء لِعَلِيّ أَمِير المؤمنين صَلواتُ الله وسَلامُه عليه، فطارَ ابنُ عوف إِلى النَّاس يَدعُوهم إِلى مُبايَعةِ عُثمان مِن دُون غيره، ثُمَّ رَجَع إِلى المجلس مُحمَّلًا بِشُروطٍ إِضافيَّةٍ سَعى إِلى فَرضِها على عَلِيٍّ أَمِير المُؤمنين صَلواتُ الله وسَلامُه عليه إِنْ هو رَضِي واختِير لِلخِلافَة، مِنها اعتماد (مَذْهَب الرَّأي) على طَريقة الشَّيخَين وما أَسفرَ عنه مِن سُنَّة لهما، وقَدَّم شَرط إِبعاد الهاشِمِيِّين عن أَيِّ دَورٍ أَو مَنصبٍ في الخِلافة.

رَفَض الإِمام عَلِيٌّ صَلواتُ الله وسَلامُه عليه هذه الشُّروط فورًا، ومع إِمكان أَنْ يُحقِّق لِنَفسِهِ كُلَّ ما يُريد بِقُوّة السِّيادَة إِنْ هو استَجاب وتَولَّى الخِلافَة بِقبُولِ مُوارِبٍ لِهذا الشَّرط، وأَنْ يَنقلِبَ على (مَذْهَبِ الرَّأي) ويَنكِث شُروط مَجلِس السِّتّة بعد الانْتِهاء مِن إِجراء عَمليّة اختِيارِه خَليفة مِثلَما فعل الصَّحابةُ الخَمْسَة مُتَعاقِدِي الصَّحِيفَة الثَّانِيَة وانقلبوا على وَلايَتِهِ الَّتي بايَعوا نَبِيَهم صَلَّى الله عليه وآله عليها ثُمّ نَقَضوا البَيعةَ بعد رَحِيلِهِ، وأَنْ يَسعى في احتِواء (اتِّجاه أَهْل العامَّة) مِن غَير كُلْفَة أَو عناء جُهدٍ إِذْ أَنَّ مِن عقيدة (اتِّجاه أَهْل العامَّة) انقلابُه إِلى مُوالاة كُلّ مَن غَلَب بِالسَّيف وتَمكَّن بِقوّة النُّفوذ وسَاد بِالسِّياسَة.

---

1 -البداية والنِّهاية 163/ 7

لكِنَّه صَلواتُ الله وسَلامُه عليه أَبَى أَنْ يَدخل نَفقَ اللُّعبة السِّياسِيَّة هذه ويَردّ ما نكثوا بِالمثل، أَو أَنْ يُماكِر ويُخادِع أَو يُراوغ. ففاجَأ ابنَ عوف بِالقَول (مالَكَ ولِهذا إِذا قَطعتها في عُنُقِي، فإِنَّ عَلَيَّ الاجتِهاد لِأُمَّةِ مُحمَّد صَلَّى الله عليه وآله حيث عَلِمتُ القُوّة والأَمانَة واستَعنتُ بِها، كان فِي بِنَي هاشِم أَو غَيرهم. فردَّ عبد الرَّحْمن: لا والله حتَّى تُعطِيني هذا الشَّرط. قال عَلِيٌّ أَمِير المُؤمنين صَلواتُ الله وسَلامُه عليه: والله لا أَعطِيكَه أَبدًا!

فخرَج عبد الرَّحْمن إِلى المَسجد فجَمع النَّاس ثُمَّ عاد يَحمِل في جُعبَتِهِ وعِيدًا أَخيرًا لِعَلِيٍّ أَمِير المُؤمِنين صَلواتُ الله وسَلامُه عليه وقال: أَنِّي نظرتُ في أَمر النَّاس، فلَمْ أَرَهُم يَعدِلون بِعُثمان، فلا تَجعل يا عَلِيّ سَبيلًا إِلى نَفسِك، فإِنَّه السَّيف لا غير. ثُمَّ أَخَذَ بِيَد عُثمان فبايَعه وبايَع النَّاسُ جَميعًا)[1].

بِالتَّزامُن مع هذا الظَّرف المُضطَرِب الشَّائك لَدى عامَّة النَّاس والمَصِير الواضِح المَعلُوم لَدى كُبراء الصَّحابَة؛ نَشطت آلةُ الدِّعايَة إِلى جانِب ما رُسِم وقُرِّر لِـ(شُورى السِّتّة).

فأُشِيعَت الأَحادِيثُ النَّبوِيَّة المُلَفَّقة والمُزوّرة والمَوضوعَة في فَضائل عُثْمان وفي مَناقِبه، وذلك مِن أَجْل تَعزيز خِيار الأُمَوِيِّين ودَفع النَّاس إِلى الرِّضا بِعُثْمان خليفةً مِن غير مُنغِّصات مِن مُعارِض ولا تَوتُّر مِن مُخالف.

وكان مِن أَكثرِ الأَحادِيث المُلَفَّقة والمُزوّرة والمَوضُوعة رواجًا وتَأثِيرًا بين المُسلِمِين في هذا الظَّرف المُعقّد ما جاء عن الكَذَّابة مِن الرُّواة على لِسَان الرَّسول صَلَّى الله عليه وآله في حقِّ عُثمان بِوَصْفِهِ أَحد الصَّحابة (المُبشَّرين بِالجنَّةِ) مِن بين عَشرة آخرين.

فعَن سَعيد بن زيد قال (أَشهدُ على رَسُول الله صَلَّى الله عليه وآله بِمَا سَمِعَتْهُ

1- نفس المَصدَر السّابق 30

أُذناي ووَعاه قَلبي وإنِّي لم أكُن لِأروي عليه كَذِبًا يَسألني عنه إذا لَقِيته أَنَّه قال: أَبُو بَكر فِي الجَنَّة وعُمر في الجَنَّة وعَلِيٌّ في الجَنَّةِ وعُثمان في الجنَّةِ وطَلحة والزُّبير في الجَنَّة وعبد الرَّحْمن بن عوف في الجَنَّةِ وسَعد بن مالك في الجَنَّةِ وتاسِع المُؤمِنِين لَو شِئتُ أَنْ أُسَمِّيه لَسَمَّيته. فرَجَّ أَهْلُ المسجد يُناشِدِونَه يا صاحِب رَسُول الله صَلَّى الله عليه وآله مَن التَّاسِع؟! قال ناشدَتُّموني بِالله العَظِيم، أَنا تاسِعُ المُؤمنين ورَسُول الله صَلَّى الله عليه وآله العاشِر)[1].

وقد تَضَمَّنت المُحاجَجةُ الَّتي جَرت بين عَلِيٍّ أَمِير المُؤمنين صَلواتُ الله وسَلامُه عليه وطلحة والزُّبير قُبَيل نُشوبِ مَعركة الجَمَل ما يُؤكِّد على أَنَّ حديثَ سَعِيد بن زيد في المُبَشَّرين بِالجَنَّةِ مَوضوعٌ مَلَفَّقٌ مُختلَق مَكذُوب إِذْ قال عَلِيٌّ أَمير المُؤمِنين صَلواتُ الله وسَلامُه عليه لِطَلحَة والزُّبَير:

«لقد عَلِمَ المُستحفِظون مِن أَصْحابِ عائشة ابنة أَبِي بَكر، وها هِي ذِه فاسأَلوها أَنَّ أَصحاب الجَمل مَلعونُون على لِسانِ النَّبِيّ صَلَّى الله عليه وآله، وقد خاب مَن افترى. فقال له طَلْحَة: سُبحان الله، تَزْعَمُ أَنَّا مَلعونُون وقد قال رَسُول الله: عَشرةٌ مِن أَصحابي في الجَنَّة! فقال عَلِيٌّ صَلواتُ الله وسَلامُه عليه: هذا مِن حَدِيث سَعِيد بن زيد بن نُفَيل في وَلايَة عُثمان.. سَمُّوا لِي العَشرة؟! فسَمّوا تِسعةً وأَمسكوا عن واحِد. فقال لَهم: مَن العاشِر؟ قالوا: أَنْتَ. قال: الله أَكبر، أَمَّا أَنتُم فقد شَهِدتُم لِي أَنِّي مِن أَهْلِ الجَنَّة، وأَنا بِما قُلتُما مِن الكافِرين، والَّذي فلق الحَبَّةَ وبرأ النَّسمة لَعَهد النَّبِيُّ الأُمِّي صَلَّى الله عليه وآله إِلَيَّ أَنَّ في جَهَنَّم جُبًّا فيه سِتَّةٌ مِن الأَوَّلِين وسِتَّةٌ مِن الآخرين، على رأس ذلك الجُبِّ صَخرةٌ إذا أَراد الله تعالى أَنْ يُسَعِّر جَهَنَّم على أَهلِها أَمَرَ بِتِلك الصَّخرةِ فرُفِعَت. إنَّ فِيهم لَنَفَرًا مِمَّن ذكرتُم، وإِلَّا فأَظفركم الله بِي، وإِلَّا أَظفرَنِي الله بِكما وقتلكُما بِمَن قَتلتُما مِن شِيعَتِي)[2].

1- سُنن النّسائي 56/ 5 (8193). انظر: مسند البزار 99/ 4. صحيح الجامع، التّرمذي (3839)

2- الاحتِجاج، أحمد بن علي الطّبرسي 237/ 1. الكافئة في إبطال توبة الخاطئة، الشّيخ المفيد 24

ولمّا سُئل أَمِيرُ المؤمنين صَلواتُ الله وسَلامُه عليه عن ضَلالة أَهْل الجَمل وفِيهم المَبشَّرون بِالجَنّة ماذا قال؟!

(فقال صَلواتُ الله وسَلامُه عليه: يَا حَارِثُ، إِنَّكَ نَظَرْتَ تَحْتَكَ وَلَمْ تَنْظُرْ فَوْقَكَ فَحِرْتَ.. إِنَّكَ لَمْ تَعْرِفِ الْحَقَّ فَتَعْرِفَ مَنْ أَتَاهُ، وَلَمْ تَعْرِفِ الْبَاطِلَ فَتَعْرِفَ مَنْ أَتَاهُ.

فقال الحارث: فإِنّي أَعتزل مع سَعِيد بن مالك وعبد الله بن عُمر.

فقال صَلواتُ الله وسَلامُه عليه: إِنَّ سَعِيدًا وَعَبْدَ الله بْنَ عُمَر لَمْ يَنْصُرَا الْحَقَّ، وَلَمْ يَخْذُلا الْبَاطِلَ)[1].

لم يَكن عُثمان في خِلافَتِه قاهرًا وعَنيفًا وفَظًّا غَليظ القلب ومُتهوِّرًا على طَرِيقة عُمَر الَّذي جبل على ذلك وأَحصَى على النَّاس مِن حولِهِ أنفاسَها.. عُثمان ابْتَدأ مَرحَلتَه في الخِلافَة بِالمُماكَرة ومِن ورائه الأُموِيّون يَمُدّونه بما يُعِين على تَعظِيم سِيادَتِه وتَعزِيزها في النَّاس، وقد أَكثَرَ مِن استِعمال أُسلوب الاعتِدال الظَّاهِر لِتَفكِيك قُوى الاستِياء والسّخط الَّتي عمَّت البلاد بِما فَعَلَ (مَذْهبُ الرَّأي) وما أَسْفَر عنه مِن سُنَّة في عامَي خِلافَة أَبِي بَكر والعَشْرة مِن خِلافَة عُمر. فَعَمل على إِعادَةِ انْتِشار نُفوذ بَنِي أُمَيَّة في كُلِّ رُكْنٍ مِن أَركان الخِلافة وأَرْجائها، وأَوْلى رُتْبَتَهُم القَبَلِيّة ونَسَبَهُم وحَسَبهُم في العَرب رعايَةً خاصَّةً، ونَسَّق شُئون أَمْن خِلافَتِهِ مع وَلايَة الشَّام ذات النُّفوذ والثَّروة والرِّجال مِن غَير ضَوضاء ولا ضَجَّة.

وأَمَّا قُوى الاستِياء والسُّخط الَّتي رَجَّحَت امتِثالَ عُثمان لما أَقَرَّه (مَذْهبُ الرَّأي) وفق سِيرَتَي سَلَفيهِ أَبِي بَكر وعُمَر ولِما قدّماه مِن العَطاء ـ وعلى حَسب ما اشتَرطَ عبد الرَّحمن بن عوف في شُورى السِّتّة ـ فقد قُوبِلَت بِما هو مُخالِف ومُعاكِس، فَأَكثَرت هذه القُوى بِزَعامَة عائشة مِن الطَّعَن في شَرعِيَّة حُكم عُثمان ووَصَفْته بِـ(نَعْثَل الكافِر) وحَرَّضَت على قَتلِهِ، واتَّبَعها في ذلك كُلٌّ مِن طَلحَة والزُّبير وغَيرِهم مِن مِثْلِهم.

---

1 - بِحار الأنوار، العلّامة المجلسي 244/ 32.

لقد سُجِّلَت على عُثمان في سَنوات خِلافَتِه الَّتي استَغرَقَت 12عامًا الكَثِير مِن المَثالِب الخَطِيرة الَّتي ظَنّ عُثمان أَنَّها ستَمرّ في النَّاس مَرّ السَّحاب بِلا رَعدٍ ولا بَرقٍ، منها:

ـ رَدُّه ابن عَمِّهِ مَروان بن الحَكم إِلى المَدِينة وجَعْلُه مُستَشارًا أَوَّل في دِيوانه. ويُعدّ مِثل هذا الإِجراء مُخالفةً صريحةً لِأَمْر رَسُول الله صَلَّى الله عليه وآله القاضِي بِلَعْنِ مَراون وطرده مِن المَدِينة، وعصيانًا لِأَمْر عُمَر القاضِي بِنَفْيِ مَروان إِلى اليَمن، واستِفْزازًا لِـ(اتِّجاه أَهْل العامَّة) الَّذي بَدأ وُجودُه وأَثرُه الاجْتِماعي والسِّياسي يَتقَلّص في دَولةِ عُثمان أَو أُرِيد لَه ذلك أَمَوِيًّا بعد أَنْ استَنفد الغَرض الَّذي وُجِدَ مِن أَجْلِهِ في عَهد أَبِي بَكر ولاذَ بِبَيتِ عائشة.

فلِعُثمان نَسَبُ بَنِي أُميَّة الأَرقَى دَرجَة في المَراتِب القَبلِيّة العَربيَّة مِن نَسَب أَبِي بَكر وعُمر المُصنَّف ضِمن قائمة أَذَلِّ الأَذلاء وأَرذَل الأَراذِل. فلا مِن حاجَة ماسَّة لِعُثمان في دَورٍ آخر يلعبه (اتِّجاهُ أَهْل العامَّة) الَّذي أَسَّسَه أَبُو بَكر لِلتَّعويض عن عُقدة الشَّعور بِالنَّقص في نَسَبِه وحَسَبِه في النِّظام الاجتماعِي القَبَلي واستَعمَله لِتَعزيز سِيادَتِهِ في القَبائل في مُقابِل نَسَب وحَسَب بَنِي هاشِم العَرِيقَين وما كان يَتغَنَّى بِه الأُمَوِيُّون مِن نَسبٍ وحَسَبٍ يَراهُما غَيرُهم لَصِيقَين.

فعَنْ عبد الرَّحمن بن عوف أَنَّه قال (كان لا يُولد لِأَحدٍ مَولود إِلَّا أَتي بِه النَّبِيَّ صَلَّى الله عليه وآله) فيَدعو له. فأُدخِلَ عليه مَروانُ بن الحَكم فقال «هو الوَزغُ ابنُ الوَزَغ، المَلعونُ ابنُ المَلعُون»)[1].

ـ تَظاهُرُه بِالعَداوةِ والبَغضاءِ لِأَهْل البَيتِ صَلواتُ الله وسَلامُه عليه واستِفزازُه لهم. فقد أَقْطعَ عُثمانُ بن عفان أَرضَ فَدَك الَّتي اغْتَصَبها أَبو بَكر وعُمر مِن فاطِمَة الزَّهراء صَلواتُ الله وسَلامُه عليها لِمَروانَ بن الحَكم. وقال ابنُ أَبِي الحَديد في شَرحِه لِنَهج البَلاغة (وأَقطع عُثمان مَروان فَدَك، وقد كانَت فاطِمَةُ صَلواتُ الله وسَلامُه عليها طَلَبَتها

1 - الغَدير، الأَمِيني 8 / 367. المُستدرَك، النِّيسابُوري 4 / 526. الحدائق النّاضرة، الشَّيخ يوسف البحراني 4/ 196

بَعد وَفاة أَبيها صَلواتُ الله وسَلامُهُ عليه تارةً بِالميراث وتارَةً بِالنِّحلة، فَدُفِعَت عنها)[1].

- وتَزوِيجُ عُثمان ابنَتِه لِمَروان وتَسلِيمُه خُمس غنائم أفريقيا البَالِغَة مائتي ألف دِينار.

- ونَفيُه لِأَبي ذَر الغفاري إِلى صَحراء الرَّبذة حتَّى الموت.

- وإِيواؤُه أَخِيه في الرَّضاعة عبد الله بن سَعد بن أَبِي السَّرح الَّذي ارتَدّ وكَفر وكَذّب على رَسُول الله صَلَّى الله عليه وآله، وتَولِيتُه إِياه مصر خلافًا لِأَمر النَّبِيّ صَلَّى الله عليه وآله الَّذي أَهدَرَ دمَهُ.

- وتَولِيتُه عبد الله بن عامِر البَصرة حتَّى أَحدثَ فيها ما أَحْدَث)[2].

وبِذلك يَكون عُثْمان قد غَلَّب الأُمَوِيِّين على وَلاياتِ الخِلافَة بِشَكْلٍ مُنظّم ومُمَنهَج حتَّى تَجرَّأ رأسُ الأُمَوِيِّين أَبُو سُفيان على مقام (الخِلافَة) المُكتَسبة بِالغَدر والمُماكَرة في المُسلِمِين، فقال فيها بِصَريح العِبارة (يا بَنِي عبد مَناف، تَلَقَّفُوها تَلَقُّف الكُرَة، فما هُناك جَنَّةٌ ولا نار)[3]. و(يا بَنِي أُمَيَّة تَلَقَّفوها تَلَقُّفِ الكُرة، فوالَّذي يَحلِفُ به أَبُو سُفيان ما زِلتُ أَرجُوها لَكُم، ولَتَصِيرنَّ إِلى صِبيانِكم وراثة)[4].

وذُكِر أَنَّ أَبا سُفيان كان مَكفوفَ البَصر حين وَصَلت الخِلافَةُ إِلى عُثمان، فدَخل على عُثمان وقال: هاهُنا أَحَد؟

فقالوا: لا!

فقال: اللَّهُمّ اجْعل هذا الأَمر أَمرًا جاهِلِيَّةً والمُلكَ مُلك غاصِبِيه، واجْعل أَوتاد الأَرض لِبَني أُميَّة[5].

1 - شرح نهج البلاغة -198/ 1 199 خ 3
2 - الملل والنِّحل، الشَّهرستاني 26
3 - تأريخ أبي الفداء 87-30. تأريخ الطّبري185/ 8.الأغاني، أَبي فرج الأصفهاني 370/ 6
4 -انظر: شرح نهج البلاغة، إبن أبي الحديد 53/ 9-175/ 15. تأريخ الطّبري 185/ 8. حقيقة الشِّيعة 54
5 - تأريخ دمشق 471/ 23

ومَضى إلى قَبرِ الحَمزة فِي أُحُد يَقودُه غُلامُه. وحِينما وَقفَ عليه رَفَسَه بِرِجْلِه وقال: قُمْ يا أَبا عمارة، إنَّ الَّذي تُجادِلنا عليه أَصبحَ تَحتَ أَقدامِنا.. و(يا أَبا عمارة، إنَّ الأَمر الَّذي اجتَلَدنا عليه أَمْس صارَ في يَد غِلمانِنا يَتلعَّبون به)[1].

امتَدّ نفوذُ الأُمَوِيِّين إلى كُلِّ الوَلايات الإِسلامِيَّة، وشَغَل الأُموِيُّون مواقع العُمّال وحَلقَات الرُّواة ومَقامات الصَّحابَة وامتطوا قَداسَة المُبَشَّرِينَ بِالجَنَّة، وتَفاخَروا بِقَرابَتِهم من النَّبِيّ صَلَّى الله عليه وآله، فاستَعادوا رُتبَتَهم القَبليَّة وجَرَّدوا (اتِّجاه أَهْل العامَّة) مِن قُواه واصْطَنعوا لِأَنفسِهِم (أَرستِقراطِيَّة) دِينِيَّة سداها المال والإِقطاع، ولحمتها السَّبق في الإسلام. فأَحاط النَّاسُ بِرجالِهم والتَفوا حولهم مَفتونِين بِما يُفِيضه عليهم هؤلاء الأَثرياء مِن هِبَاتٍ وأُعطيات.. وكان مِن جَراء ذلك أَنْ تَغيَّرَ المُركَّب الاجتِماعي لِلطَّبقات في عهد عُثمان بعد أَنْ كان المُسلِمون سَواسِيةً يَتفاضلون بِالتَّقْوى، فأَنْشَق إلى فِئتَين تَستَقوي العُليا مِنها بِعَصَبِيّتها القَبلِيّة ونَسَبِها وثَرائها وإِقطاعها على الدُّنيا وتَستَضعِفها وتَستَعبِدها.

وكان بَنو أُمَيَّة أَكثر قُريش استِئثارًا بِالمَراكز والأَمْوال، ولم يَنظروا إِلى الإِسلام على أَنَّه دِينٌ يَتَّصل بِالقلوب والضَّمائر وإِنَّما على أَنَّه صَفقةٌ خَطِيرةٌ مِن الصَّفقات الَّتي يُباشرونها ومُغامرةٌ جَرِيئةٌ داخل بِلاد العرب وخارجها)[2].

في عَهدِ عُثمان أُثِيرت ضَغائنُ الجاهِلِيَّة الأُولى والعَصَبِيَّات القبليَّة والعَشائرِيَّة أَكثرَ مِمّا أُشِيعَت في عَهدِي أَبِي بَكر وعُمَر الَّذين أَعرضَا عن بَعض القِيم القَبلِيَّة المُتعلِّقة بِالنَّسَب والحَسَب وعَملا على سَدِّ عُقدَةِ شُعورهِما بِالنَّقص في مَرتَبةِ الخِلافَة. وحكَم عُثمان والأُمَوِيُّون في النَّاس بِـ(مَذْهَب الرَّأْي) بِنَمطٍ مَلَكِيٍّ عَنِيف، وسَدَّا الأَبواب على الثَّقلَين، واستَثمرا كثيرًا في سُنَّة أَبِي بَكر وعُثمان إِلى حِين.

وبِإزاء ذلك، سعى الإِمامُ عَلِيٍّ أَمِير المُؤمنين صَلواتُ الله وسَلامُه عليه وشِيعَتُه

---

1 - شَرح نهج البلاغة، ابن أبي الحديد 51/ 4. انظر: النِّزاع والتَّخاصُم، معمر بن عقيل 227.

2 - نظرِيّة الإمامة 291-289

مِن الصَّحابَة الأَبرار إِلى كَشْف حَقِيقَة الانْقِلاب الأُمَوي المُستَجِدّ الخَطِير، وعرَّفوا النَّاس بِمَدى بُعدِ الأُمَوِيِّين عن الدِّين وأَماطوا اللِّثام عن الوَجْه الآخَر القَبِيح لِعَهدِ عُثمان، واستَعدوا لِاتِّخاذ التَّدابِير المُضادَّة المُناسِبة إِذا ما اسْتَمرّ طُغْيان عُثمان في الحُكم واستَبدّ بَنو أُمَيَّة بِقُوّة ولاية الشَّام.

انْبَرى البَعضُ مِن أَئمَّة ووُعّاظ (اتِّجاه أَهْل العامَّة) مِن أَهْلِ المَدينَة لِمُكاتَبة عُثمان يُحذِّرُه مِن تَعنِيفِ (مَذْهَبِ الرَّأي) وتَدْجِينِه مَلَكِيًّا وتَجهِيلِه قَبلِيًّا، ومُمارسَة الكُفر والشِّرك بِاسْم الدِّين، وإِشاعَة الفَساد الإِداري، والإِمْعان في البَذخ المَلَكِي المالي وبِناء القُصور، والهَيمَنة على الثَّروات والأَراضِي بِشَكلٍ مُلفتٍ جِدًا وشراكة الأَقارِب فيها حصرًا!

فقد عَمّ في حُكمِ عُثمان الفَسادُ في الدِّين والاستِهتارِ بِالمال العام والإِثْرة في الأُمَوِيِّين (وما كان مِن هِبَتِه خُمس أَفريقْيَة لِمَروان وفِيه حقُّ رَسُول الله صَلَّى الله عليه وآله ومِنهم ذَوي القُربى واليَتامى والمَساكِين، وما كان مِن تَطاوُلِه في البُنيان حتَّى عَدّوا سبعَ دورٍ بَناها في المدينة: دارًا لِنائلة ودارًا لِعائشة وغيرَهِما مِن أَهلِهِ وبَناتِه، وبُنيان مَروان القُصور بِذِي خشب «مَوضِع بِالمدِينَة» وعِمارة الأَمْوال بها مِن الخُمس الواجِبِ لله ولِرَسُوله، وما كان مِن إِفشائه العمل والولايات في أَهلِهِ وبَنِي عَمِّه مِن بَنِي أُمَيَّه أَحدَاث وغلمة لا صُحبَة لهم مِن الرَّسُول ولا تَجرِبة لهم بِالأُمُور، وما كان مِن الوَلِيد بن عُقبة بِالكُوفة إِذْ صَلَّى بِهم الصُّبح وهو أَمِيرٌ عليها سَكران أَربع رَكعات ثُمَّ قال لهم: إِنْ شِئتُم أَزِيدكم صَلاةً زِدتكم، وتَعطيلِهِ إِقامةَ الحدّ عليه، وتَأخِيره ذلك عنه، وتَركه المُهاجِرين والأَنْصار لا يَستعْمِلَهم على شَيءٍ ولا يَستشِيرهم. واستَغنى بِرَأيِه عن رأيهم، وما كان مِن الحمى الَّذي حمى حَول المَدينة، وما كان مِن إِدرارِه القَطائع والأَرزاق والأُعطِيات على أَقوامٍ بِالمَدينة ليست لَهم صُحبة مِن النَّبِيِّ صَلَّى الله عليه وآله، ثُمَّ لا يَغزُون ولا يذبُّون، وما كان مِن مجاوزَتِه الخيزران إِلى السَّوط، وأَنَّه أَوَّلُ مَن ضربَ بِالسِّياط ظُهورَ النَّاس، وإِنَّما كان ضَربُ الخَلِيفتَين قَبلَه بِالدّرة والخِيزران)[1].

---

1 - الإِمامة والسِّياسَة، ابن قتيبة 34

فضَجَّ كُبراء صَحابة الرَّسُول صَلَّى الله عليه وآله مِن أَتْباع (اتِّجاه أَهْل العامَّة) واعترَض الموالُون لِعَلِيٍّ أَمِير المُؤمنين صَلواتُ الله وسَلامُه عليه، وصَرَّحوا بِحَجم الكارِثة الَّتي تَنتَظِر خلافَةَ عُثمان إِنْ بالغَ عُثمان فيما قرَّره مِن تَبَنِّي لِـ(مَذْهَبِ الرَّأي) المُعدَّل مَلَكِيًّا والمُعزَّز بِالنَّزعة الجاهِلِيَّة العَنِيفَة الصّارِمَة ومِن الاستِبداد والإِثرة لِبَنِي أُمَيَّة ومِن الفَساد الفاحِش المُتَفشِّي في وُلاتِه. ولم يَكُن مِن أَمَلٍ يُخلِّص النَّاس مِن شَرِّ خِلافَةِ عُثمان وبَنِي أُمَيَّة قاطِبَة إِلَّا بِالعودَةِ إِلى الإِمام عَليٍّ أَمير المؤمنين صَلواتُ الله وسَلامُه عليه ودَفعِه إِلى مقام الخِلافَة عند أَقرَبِ فُرصَةٍ مُتاحة.

تَدارك الصَّحابِيُّ الجَلِيلُ عَمَّار بن ياسِر رِضْوان الله تعالى عليه الوَضْع العام وسَعى سَعيَهُ في عِلاجِه، فتَقدّم إِلى عُثمان بِكِتابٍ تَضَمَّن شَكوى مُقدَّمة مِن قِبَل أَهْلِ المَدِينة. لكِنّ أَهْلَ المَدِينة تَواروا بِالحِجاب عن عَمّار وتَخلّوا عن كِتابِ شَكواهُم فخَذَلُوه خَوف بَطش عُثمان وبَنِي أُمَيَّة وغَدر ابن الحَكَم وسَيف معاوية في الشَّام. فأَجابَه عُثمان وأَكَّد إِليه بِأَنَّ نظام خِلافَتِه مُلتزِمٌ بِـ(مَذْهَبِ الرَّأي) وحَرِيصٌ على العَمَلِ بِسِيرةِ وسُنَّةِ عُمر وسابِقِهِ أَبِي بَكر.

فأَشار مَروان بن الحَكَم على عُثمان بِأَهمِيَّة الإِقدام على مُعالجة قَضِيّة كِتاب أَهْلِ المَدِينة على وَجه السُّرعَةِ والشُّروع في التَّنكِيل بِعَمَّار بن ياسِر فِيهم قَبل أَنْ يَتفاقَم المَوقِف ويَطغى في النَّاس سُخطُهم وتَذَمُّرُهم وتَتضَرّرُ سِيادةُ الأُمَوِيِّين وهَيبَةُ خَلِيفَتِهم ويَكون المُنتَفِع مِن ذلك وُجود عَلِيٍّ أَمير المُؤمِنين صَلوات الله وسَلامُه عليه. فأَمَر عُثمان بِاستَدعاء عَمَّار بن ياسِر وإِخْضاعِه لِوَجبةٍ شَديدةٍ مِن التَعذِيبِ حتَّى فُتِق بَطنُه فغَشِي عليه. ثُمَّ رَدَّ عُثمان على أَهْلِ الشَّكوى مِن النَّاس بِوَعِيد مُبَطَّن استَهدَف (شِيعَة عَلِيّ) وأَمِيرَ المُؤمِنين صَلواتُ الله وسَلامُه عليه قائلًا:

(لقد عِبتُم عَلَيَّ أَشياءَ ونَقمتُم أُمورًا قد أَقررتُم لابْنِ الخطَّاب مِثلَها، ولكِنَّهُ وقَمَكم «قَهرَكُم» وقَمَعكم، ولم يَجتر أَحدٌ يَملأ بَصرَه منه ولا يُشير بِطرفِهِ إِليه، أَما والله لأَنا

أَكثر مِن ابنِ الخطَّاب عَددا)[1]. فذَكَّر بما أَعَدَّه قَومُه مِن بَنِي أُمَيَّة مِن قُوَّةٍ وبَأسٍ شَديدٍ، في إِشارةٍ صَريحة مِنه إِلى عامِلِه الأُمَوي مُعاوِيَة وقاعِدَتِه العَسكَرِيّة في الشَّام وما أُعِدّ فيها مِن رِجالٍ وخَيلٍ لا يَقوى أَحدٌ مِن أَهْل الجزيرةِ العَربِيَّة على مُناجَزَتِهما.

ولم يَزل أَبُو ذر الغفاري الَّذي قال فيه الرَّسُول صَلَّى الله عليه وآله (مَا أَظَلَّتِ الْخَضْرَاءُ وَلاَ أَقَلَّتِ الْغَبْرَاءُ أَصْدَقَ مِنْ أَبِي ذَر)[2] يُحرِّض على عُثمان ويُنكِر عليه أَفعالَه ويُذَكِّرهُ بِسِيرَةِ الرَّسُول صَلَّى الله عليه وآله. فكان جَزاؤه مِن عُثمان وبَنِي أُمَيَّة أَنْ حُوصِر اجتماعِيًّا ومُنِع النَّاسُ مِن الاقْتِراب مِنه، وهُدِّد بِالقَتل. فقال أَبُو ذر الغفاري فيما قال في بَنِي أُمَيَّة (إِنَّ بَنِي أُمَيَّة تُهدِّدني بِالفَقر والقَتل، ولَبَطنُ الأَرْضِ أَحَبُّ إِلَيَّ مِن ظَهرِها، والفَقر أَحَبُّ إِلَيَّ مِن الغِنى)[3].

تَمسَّك أَبُو ذَر الغفاري بِالصَّبرِ امتِثالًا لوَصِيَّة الرَّسُول صَلَّى الله عليه وآله الَّتي تَلقَّاها منه في صُحْبَتِهِ لِحَياتِهِ الشَّريفَةِ. وكُلَّما وَقعَت عليه شَدائدُ بَنِي أُمَيَّة عالَجَها بِهذه الوَصِيَّة. فقد سَأَله الرَّسُول صَلَّى الله عليه وآله مِن قَبل بِما يُنْبِئ (يا أَبا ذَر، كيف أَنْتَ عِند وُلاةٍ يَستأثرون عليك بِهذا الفَيء. قال أَبُو ذر: والَّذي بَعثَكَ بِالحَقِّ، أَضَعُ سَيفِي على عاتِقِي فأَضْرب بِه حتَّى أَلحقَك. قال صَلَّى الله عليه وآله: أَفلا أَدلُّك على خَيرٍ لَكَ مِن ذَلِك، تَصْبِر حتَّى تَلْقاني)[4].

وفي منَفاهُ الأَوَّل، كُلَّما أَتي أَبُو ذر قَصرَ مُعاوِيَة وَالِي عُثمان على الشَّام يَصرخ في بَنِي أُمَيَّة بِاللَّعْن حتَّى اضْطَرّوا إِلى إِدْخالِهِ في ذات مَرَّة على مُعاوِيَة فَقال مُعاوِيَة له: يا عَدوَّ الله وعدوَّ رَسُولِه، تَأتِينا في كُلِّ يَوم فتَصْنَع ما تَصْنَع! أَما إِنِّي لو كُنْتُ قاتِل رَجُلٍ مِن أَصْحاب مُحمَّد مِن غَير إِذْنِ أَمِير المؤمنين عُثمان لَقَتَلتُك، ولكِنِّي أَستأذنُ فيك. قال جلام: وكُنْتُ أُحِبّ أَنْ أَرى أَبا ذر لِأَنَّه رَجلٌ مِن قَومِي، فالتَفتُّ إِليه فإِذا رَجلٌ أَسمَر،

---

1 - نفس المصدر السّابق 32

2 - سُنن التّرمذي 669/ 5

3 - حِليَة الأولياء 162/ 1

4 - مسند أحمد بن حنبل 180/ 5

ضرب مِن الرِّجال، خَفِيف العارِضَين، في ظَهره حِناء، فأَقْبَلَ على مُعاوية وقال له: ما أَنا بِعَدوٍّ لله ولا لِرَسُولِهِ، بَلْ أَنتَ وأَبُوك عَدوَّان لله ولِرَسُوله، أَظهرتُما الإِسْلام وأَبْطَنْتُما الكُفرَ. ولقد لَعَنك رَسُول الله صَلَّى الله عليه وآله ودَعا عليك مَرَّات أَنْ لا تَشْبَع. سَمِعتُ رَسُول الله صَلَّى الله عليه وآله يَقول (إذا وُلِّي الأُمَّةُ الأَعْين الواسِع البَلعُوم الَّذي يَأكُل ولا يَشبع فلتَأخُذ الأُمَّةُ حذرها مِنه). فقال مُعاوية: ما أَنا ذلك الرَّجُل. قال أَبُو ذر: بَل أَنْتَ ذلك الرَّجُل، أَخْبَرَنِي بِذلك رَسُولُ الله وسَمِعته يَقول وقد مَرَرْتُ به (اللَّهُمّ العَنهُ ولا تُشبعه إِلَّا بِالتُّراب)[1].

يَروِي البَلَاذرِي في مُعاوِيَة (وَحَدَّثَنِي إِسْحَاق، وَبَكْرُ بْن الهَيْثَم، قَالا: حَدَّثَنا عَبْدُ الرَّازق بن هَمَّام، أَنْبَأَنَا مَعْمر، عَنِ ابن طَاوُس، عَنْ أَبِيه، عَن عَبد الله بن عَمرو بن العَاصِ، قَالَ: كُنْتُ عِندَ النَّبِيِّ فَقَالَ «يَطْلُعُ عَلَيْكُم مِن هَذَا الْفَجِّ رَجُلٌ يَمُوتُ عَلَى غير مِلَّتِي. قَالَ: وكُنْت تَرَكْتُ أَبِي قَد وُضِعَ لَهُ وَضُوءٌ، فَكُنْتُ كَحَابِسِ الْبَوْلِ مَخَافَةَ أَنْ يَجِيء. قَالَ: فَطَلَعَ مُعَاوِيَةُ. فَقَالَ النَّبِيُّ: هُو هذَا!)[2].

وَقَفَ أَبُو ذر الغفاري مِن عُثمان ومِن وُلاتِهِ وبِطانَتِهِ مَوقفًا برائيًّا صَريحًا لا مواربة فيه، وكَشفَ لِلمُسلِمين حَقيقةَ ما يَجرِي مِن سَطوٍ على المال العام واحْتِكارٍ لِلثَّروة ومِن فَسادٍ كَبيرٍ عَمّ البِلاد على أيدي بَنِي أُمَيَّة ووُلاة عُثمان في الأَمصار. فما كان مِن عُثمان إِلَّا أَنْ أَسرع إِلى اتِّخاذ التَّدابير المُضَادَّة واحْتِواء الموقف. فعاجَل أَبا ذر بِأَمْر نَفيِهِ إِلى صَحراء الرَّبذة آخِذًا بِمَشورةٍ تَلقَّاها مِن مَروان بن الحَكَم، وأَبُو ذَر يَعلَمُ بِمُستَقبلِ مَصيرِهِ وبِزَمانِ نَفيِهِ ومَكانِ مَقتلِهِ حتَّى، وكان ذلك مِمَّا أَخبَره الرَّسُول صَلَّى الله عليه وآله.

جِيءَ بِأَبِي ذَر الغفاري إِلى عُثمان مَخفورًا، فقال له عُثمان (وارِ عَنِّي وجْهَكَ. فقال: أَسِيرُ إِلى مكَّة؟! قال: لا والله. قال: فتَمنَعنِي مِن بَيتِ رَبِّي أَعبُده فيه حتَّى أَموت. قال: إِي والله. قال: فإِلى الشَّام؟! قال: لا والله. قال: البَصرة؟! قال: لا والله. فاخْتَر

1 - البحار 415/ 22

2 - أنساب الأشراف، البلاذري 134/ 5

غير هذه البُلدان. قال: لا والله ما اخْتار غير ما ذَكرتُ لَكَ، ولو تَركتَنِي في دارِ هِجرَتي ما أَردتُ شَيئًا مِن البلدان، فَسَيِّرني حيث شِئت مِن البلاد. قال: فإنِّي مُسيِّرك إلى الرَّبَذة. قال أَبُو ذر: اللهُ أَكبر، صَدَق رَسُول الله صَلَّى الله عليه وآله، قد أَخبَرَنِي بِكل ما أَنا لاقٍ. قال عُثمان: وما قال لَك. قال: أَخبَرنِي بِأَنِّي أُمْنَع عن مكَّة والمدِينَة وأَموتُ بِالرَّبذة، ويَتَولَّى مُواراتِي نَفرٌ مِمَّن يَرِدُون مِن العِراق نحو الحِجاز)[1].

لقد عَوَّل عُثمان في خِلافَتِهِ على قُوى قَومِهِ مِن الأُمَويِّين وعلى البَعض المُتبَقّي مِن أَهْل (اتِّجاه أَهْلِ العامَّة) مِن مُريدِي (مَذْهَب الرَّأي) ومُوالِي تَطبيقاتِ مَفهُوم (الخِلافَة) في سُنَّتي أَبي بكر وعُمر في الجَزِيرة العَربِيَّة وفي الشَّام ومِن النَّواصِب الَّذين يَكرَهون عَلِيًّا وأَهْل بَيتِهِ صَلواتُ الله وسَلامُه عليهم ويَحذّرون مِن وُصُول (الخِلافَة) إِليه ويَمنَعُونَها منه.

ولم يَكُن عُثمان يَخشى مِن أَحَدٍ إِلَّا مِن عَلِيٍّ أَمير المُؤمنين صَلواتُ الله وسَلامُه عليه وشِيعَتِهِ وما آل إِليه أَمْرُ عَمَّار بن ياسِر وأَبِي ذَر الغفاري اللَّذين جَدَّا في إِثارة قُوى المُعارِضة واستِغلال السّخط العام ودَفْعه إِلى مُناجَزةِ عُثمان.

وطالما خَشِي عُثمان مِن أَمْر عمّار بن ياسر وأَبِي ذر الغفاري اللَّذين كَشفا لِلنَّاس وُجوهَ الفَرق بين ما وَصَلَت إِليه أَحوالُ خِلافَةِ عُثمان مِن عَصَبِيَّةٍ جاهِلِيَّةٍ قَبلِيَّةٍ استَجْمَعَت عَناصرَها مِن الصَّحابة المُنافِقِين والطُّلقاء لِتُؤسِّس بهم دَولَةً مَلَكِيَّةً وراثِيَّةً أَمَوِيَّةً مُستَبدّةً ـ وما جاء بِه الرَّسُول الأَكرم صَلَّى الله عليه وآله مِن دِينٍ لَيس في عَهد الخِلافَةِ مُنذ عَهدِ أَبِي بَكر مِنه شَيء.

تَظاهر عُثمان بِالقوَّة فِي لِين بَعدما وَجَد في مُعارِضِيهِ مِن حِزْمٍ وشِدَّةِ بَأس وإِصْرار على المَوقِف، حتَّى إِذا ما استَتَبَّ الأَمرُ لِوالِيهِ مُعاوِيَة في الشَّام واستكمَلَ ما مَهَّد له أَخُوه يَزِيد بن أَبِي سُفيان مِن قَبل بِرعايةٍ مُباشِرَة مِن أَبِي سُفيان واستَوسَقَت لِلأُمَويِّين كامِل قُواهم العَسكرِيَّة؛ طلبَ مِن والِيهِ مُعاوِيَة المَجِيء إِلى المَدِينة لِيَتوعَّد عَلِيًّا أَمير

1 - مُروج الذَّهب، المسعودي 229/ 2

المؤمنين صَلواتُ الله وسَلامُه عليه ويُحذِّر شِيعتَه خاصَّة، ولِيَستَعرِضَ ما كان يُمَثِّله مِن سُلطةٍ أُمَويَّة صارِمَةٍ وسِيادَةٍ عارِمَةٍ لا طاقة لِأَحَدٍ على مُقاومَتِها ومِن عَسْكرٍ في الشَّام لا يُضاهى ولا يُنافَس.

فقَدِم مُعاوِيَة على وَجْه السُّرعة مِن الشَّام (فأَتى مَجلسًا فيه عَلِيّ بن أَبِي طالب وطَلحة بن عُبيد الله والزُّبَير بن العَوام وسَعد بن أَبِي وقَّاص وعبد الرَّحمن بن عوف وعمَّار بن ياسر، فقال لَهم: يا مَعشر الصَّحابَة، أُوصِيكم بِشَيخِي هذا خَيرًا، فوالله فإِنْ قُتِلَ بين ظَهرانِيكم لَأَملأنَّها عليكم خَيلًا ورِجالًا.. ثُمَّ أَقبل إِلى عَمَّار بن ياسر فقال له: يا عَمَّار، إِنَّ بِالشَّام مِئة أَلفِ فارِس كُلٌّ يَأخذ العطاء، مَع مِثلِهم مِن أَبنائهم وعبدانهم، لا يَعرِفُون عَلِيًّا ولا قَرابته، ولا عَمَّار ولا سابِقَتَه، ولا الزُّبَير ولا صَحابَتَه، ولا طَلْحَة ولا هِجْرَتَه، ولا يَهابون ابنَ عوف ولا مالَه، ولا يَتَّقون سَعد ولا دَعوتَه، فإِياك يا عَمَّار أَنْ تَقعدَ غدًا في فِتنَةٍ تَنجَلِي، فيُقال: هذا قاتِلُ عُثمان)[1].

أَدركَ أَهْلُ الجزيرة العربيَّة والعِراق أَنَّ البَيْت الأُمَوي ذِي القاعِدَة العَريضة والنُّفوذ الضَّاغط قد أَخْضَع أَئمَّة ووُعَّاظ (اتِّجاهِ أَهْلِ العامَّة) لِمُرادِهِ بِمَن فيهم أَتْباع سُنَّتَي الخَلِيفَتين مُؤيِّدي العَملَ بـ(مَذْهَب الرَّأي) وإِقْصاء الثَّقلَين، ولم يزل فِي طَرِيقِهِ إِلى إِقامَة خِلافَةٍ مَلكِيَّةٍ صَريحةٍ يَقودها في الظَّاهر (مَذْهَبُ الرَّأي) الَّذي سَنَّهُ أَبُو بَكر وطَوَّره عُمَر بِالدِّرة والخَيزران وقعَّدهُ بِشُورى السِّتّة وعزَّزهُ عُثمان مِن بَعدِ عُمر بِهَيمنة الحِزْب الأُمَوي والمال العام والإقطاع المُحتكر في أَيدِي وُلاتِه الَّذين شَكَّل مِنهما طَبَقةً ارستقراطِيّةً مُتشدِّدة عَنيفة المَوقِف وحادَّة الطِّباع لِتَعزيز سِيادَة الحاكم الأُمَويّ على شُئون المُجتَمع.

أَدركَ المُسلِمُون كافَّة أَنَّ البَيت الأُمَوي ماضٍ في إِحداث أَزْمةٍ اقتِصاديَّةٍ يَعَمّ بها الفَقر المُدقِع، وأَنَّهُ سيُغالِي في معاقَبة الصَّحابَة ثأرًا منه لِدِين أَبِي سُفيان وزَوجِهِ هِند بنت عُتبه ولِصَنادِيدِه الَّذين صُرّعوا في الحُروب مع المُسلِمِين قَبْل فتح مكّة، وَسيُضيِّق على النَّاس فُسحَةَ العَيش وعلى أَهْلِ المَدِينة خاصَّة، وسَيُوقِف العَطاء الَّذي يَتلقّاه

1 -الإمامة والسِّياسة 33

كُبراء الصَّحابة في عهدي أَبِي بَكْر وعُمر. وكان هَدفُه مِن ذلك مَنع ظُهور أَيّ مَحاور لِقُوى مُستقلَّة عن الخِلافَة وذات صِفَةٍ مُضادَّةٍ أَو مُنافِسَةٍ أَو مُعارِضَةٍ أَو حتَّى مُتأفِّفة، وسيُضاعِف مِن تَشدُّده فِي المَوقِف مِن عَلِيٍّ أَمِير المُؤمنين صَلوات الله وسَلامُه عليه وشِيعَتِه، وسيتَمادى في إِشغالِهم بِقُوتِ يَومِهم وأَمْنِ أَهلِيهم.

امتَثل عُمَّالُ عُثمان في الوَلايَاتِ الأُخرى لِذات السِّيرةِ والنِّظامِ في مُراد بَسط سِيادَة الخَلِيفة الأُمَوي وقَهْر النَّاس بِهَيبَة وجُودِه، ولم يَتَخَلّف أَحدٌ منهم في أَولوِيَّة التَّضييق على (شِيعة عَلِيٍّ) أَمِير المُؤمِنين صَلواتُ الله وسَلامُه عليه في سائر الأَمْصار وإِحْصاء أَنفاسِهم مِثلما يَفعل خَلِيفَتُهم عُثمان في المَدينة. وتَفوَّقَت وَلايةُ الشَّام على سائر الوَلايات بإعداد نَفسِها لِتُصبح عاصَمِةً بَديلَةً عن المَدِينة وأَداء دَور شُرطِي الخَلِيفة والقُّوة الضَّاغِطَة سِياسِيًّا والضَّارِبَة عَسكَرِيًّا.

ضَجَّ الصَّحابَةُ والنَّاسُ أَجمعِين مِن سِياسات عُثمان وإِرهاب وُلاتِهِ. وحَدَث أَنْ جاء وَفدٌ مِن بِلاد مِصر مُؤَلَّفٌ مِن مائة رَجُلٍ يَشكو لِأَهْلِ المَدِينة ولِعُثمان خاصَّة ما فَعله عامِلُه على مصر عبد الله بن أَبِي السّرح مِن ظُلمٍ وقَهرٍ وقَتل. فاستَجاب عُثمان لهم في الظَّاهر وهو يُبطن خِيانةً لِأَهْلِ مِصر وحِمايةً لِأَبِي السّرح، فَوعدهم خيرًا. ثُمَّ أَمَر بِكتاب تَعْيين مُحمَّد بن أَبِي بَكر على مِصر والِيًا وعَزلِ عبد الله ابن أَبِي السّرح.

وفيما كان مُحمَّد بن أَبِي بَكر بِكتابِ عُثمان في طَرِيقِهِ إِلى مِصر؛ الْتَقى غُلامًا لِعُثمان يَحمِل مِنه كتابًا آخر مُوجَّه إِلى ابن أَبِي السّرح. فعَلِم مُحمَّد أَنَّ في الكِتاب الآخر لَسِرّ، فاطَّلع عليه وكان في نَصِّهِ (إِذا أَتاك مُحمَّد بن أَبِي بكر وفُلان وفلان فاقتُلهم، وأَبْطِل كِتابَهم، وقُرَّ على عَمَلِك حتَّى يَأتِيك رَأْيِي)[1]. وذُكِر أَنَّ عُثمان أَمَر ابن أَبِي السّرح في هذا الكِتاب أَيضًا بِـ(الحَثّ على حَبْسِهم وجَلدِهم وحَلقِ رُؤوسِهم ولِحاهُم وصَلب بَعضهم)[2].

---

1 - نفس المصدر السّابق 39

2 - الشِّيعة في التّاريخ 109.

ولمّا سَمِع أَهْلُ المَدينة خَبرَ ما ذَهب إِليه عُثمان مِن خِيانةٍ في حَقِّ أَهْلِ مِصر والرَّجل الصَّالِح مُحمّد بن أَبِي بَكر رِضْوان الله تَعالى عليه وفي حَقّ الجَمعِ مِن مُرافِقي محمَّد وهُم في طَريق عَودَتِهم إِلى مِصْر بِصُحبَة والِيهم الجَدِيد لِيَتَولَّي أَمْرها؛ ضَجُّوا لِذلك، حتَّى عاد مُحمَّد ومُرافِقُوه مِن أَهْل مِصر إِلى المَدِينَة يُبدون سُخطَهم واستياءَهم. وأَحاطوا بِقَصْرِ عُثمان وحاصَروه. فاجتَمع إِليهم مالِك الأَشتَر رِضْوان الله تعالى عليه بِأَلفِ رَجُلٍ وفَدوا مِن الكُوفَة على المَدِينة لِمُشاركة أَهلِها وأَهْل مِصر العِصيان في الضِّدّ مِن عُثمان. ثُمَّ تَسَوَّر عددٌ مِن المُحاصِرين قَصر عُثمان وقَتَلوه.

ولمّا كان الصَّباح أَتَى النَّاسُ عَلِيًّا أَمِير المؤمنين صَلواتُ الله وسَلامُه عليه بِبَيتِه لِيُبايِعوه، فأَبَى أَنْ يُبايِعَهم (فانصَرَفوا عنه، وكَلَّمَ بَعضُهم بَعضًا فقالوا: يَمضِي قَتلُ عُثمان في الآفاق والبِلاد فيَسمعُون بِقَتلِهِ، ولا يَسمَعُون أَنَّه بُويع لِأَحدٍ بَعده، فيَثُور كُلُّ رَجلٍ مِنهم في ناحِية، فلا نَأمَن أَنْ يكون في ذلك الفَساد، فارجِعوا إِلى عَلِيٍّ فلا تَترُكوه حتَّى يُبايع)[1].

إِنْ أَصَرّ عَليٌّ أَمير المؤمنين صَلوات الله وسَلامُه عليه على رَفْضِ بَيعتَهم فإِنَّ أَمرَهُم سَيئول إِلى الفُرقَة ويَحلّ بِهم غَضبُ (الفِتنَةِ) وخَرابِها على أَيدِي جُندِ الشَّام والقُوى المُوالِيَة. ورُبَما يُعلِن وَلاةُ الأُمَوِيِّين في بِلاد المُسلِمين عن انْفصالِ وَلاياتِهم عن بِلاد المُسلِمين، ورُبَما يقدِم بَعضُهم بِجَيشِه إِلى المَدِينة لِمُحارَبَةِ أَهْلِها وقَطع الطَّرِيق على مُناوئي عُثمان. وقد يَتطوّر الأَمر فيَطغى بَعضُ الوُلاة على الوَلايَات القَريبَة فيَحتَلّها ويُشَكّل لِنَفسِهِ منها دَولَته الخاصَّة حيثُ (مَذْهَب الرَّاي) المُفرِّق قد أَلِفوه واعتادوا على صَنائعِهِ وبَرَّر لَهُم الانْفِراد بِمَواقِفِهم مِثلما يَرى غَيرُهم مِن نُظرائهم في الصُّحبَة .

عَلِم أَميرُ المؤمِنين صَلواتُ الله وسَلامُه عليه حَجْمَ المَخاطِرِ المُقبِلَة مِن جراء ما أَقدَمَت عليه ثَورةُ المَدِينة على خِلافَة عُثمان، وأَنَّ دَرء هذه المَخاطِر ودَفْعَها بِحاجَة ماسَّة إِلى تَحضِير ما يُضاهِيها مِن قُوةٍ وطاقةٍ وإِمكاناتٍ بَشرِيَّة. فلَم يَقبل عَلِيٌّ أَمِير

---

1 - نفس المصدر السّابق 47

المُؤمنين صَلواتُ الله وسَلامُه عليه شَيئًا ممَّا عَرضَهُ الثَّائرون مِن أَهْلِ المَدِينة والكُوفَة لِقاء قُبُولِهِ بـ(الخِلافَة) إِلَّا أَنْ يكونَ مَشروطًا مِن جانبِه. فقال لَهم فِيما قال: دَعُونِي والتَمِسوا غَيري، فإِنَّا مُستقبِلون أمرًا له وُجوهٌ وألوانٌ لا تَقوم له القُلوبُ ولا تَثبُت له العُقول، وإِنَّ الآفاق قد أَغامت والمَحجَّةُ قد تَنكَّرَت، واعلَموا إِنْ أَجَبْتكم رَكبتُ بِكم ما أَعلَم، ولم أُصْغِ إِلى قَولِ القائل وعَتبِ العاتِب)[1].

فبايَعوه على ذلك.. وقال عَلِيٌّ أَمير المؤمنين صُلوات الله وسَلامُه عليه في وَصفِ بَيعَتِهم له (وبَسَطْتُّم يَدِي فكَفَفتُها، ومَددتُّموها فقَبَضْتُها. ثُمّ تَداكَكتُم عَلَيَّ تداكَّ الإِبلِ الهيم على حِياضِها يَوم وُرودِها، حتَّى انقطَعَتْ النَّعل، وسَقطتْ الرِّداء، ووُطِئ الضَّعِيف، وبَلغَ مِن سُرور النَّاس بِبَيعتهم إِيّاي أَنْ ابتهَجَ بها الصَّغير، وهَدجَ إِليها الكَبِير، وتحامَلَ نحوها العَلِيل، وحَسرَت إِليها الكعاب)[2]، (ثُمَّ استَخرجْتُمُوني أَيها النَّاس مِن بَيتِي، فبايَعتُموني على شَنأ مِنّي لِأَمْرِكُم، وفراسة تصدقني عَمّا في قلوب كَثِير مِنكم. وبايَعني هذان الرَّجلان (طَلْحَة والزُّبير) في أَوَّلِ مَن بايَع. تَعلَمُون ذلك وقد نَكَثا وغَدَرا.

ثُمَّ إِنَّ النَّاس بايَعونِي غير مُستكرَهِين وكان هذان الرَّجلان ـ طَلْحَة والزُّبَير ـ أَوَّل مَن فَعل على ما بُويع عليه مَن كان قَبلي.. أَتَيتُموني لِتُبايعوني، فقلتُ: لا حاجة في ذلك. ودَخَلْتُ مَنزِلِي، فاستَخْرَجْتُموني، فقَبضْتُ يَدي، فبَسَطْتُموها. وتَداكَكتُم عَلَيَّ حتَّى ظَننت أَنَّكم قاتِلي، وأَنَّ بعضَكُم قاتَل بَعض فبايَعتُموني وأَنا غير مَسرور بِذَلك ولا جذل. وقد عَلِم الله سبحانه أَنّي كنتُ كارهًا لِلحُكومة بين أُمَّة مُحمَّد صَلّى الله عليه وآله. ولقد سمعته صَلَّى الله عليه وآله يقول: «ما مِن والٍ يَلِي شيئًا مِن أَمْرِ أُمَّتي إِلّا أُتِي به يَوم القِيامة مَغلولةً يَداه إِلى عُنقِهِ على رُؤوس الخَلائق، ثُمَّ يُنشَرُ كِتابُه، فإِنْ كان عادلًا نَجا، وإِنْ كان جائرًا هوى. حتَّى اجتمع عَلَيَّ مَلَؤكُم، وبايَعنِي طَلحةُ والزُّبير، وأَنا أَعْرِفُ

---

1 - الشيعة في التاريخ 25.

2 - نهج البلاغة، شرح عبده 222/ 2. بحار الأنوار 51/ 32. مصباح البلاغة (مستدرك نهج البلاغة) 149/ 1. المسترشد للطبري 418. شرح نهج البلاغة للمعتزلي ج13

الغَدرَ في أَوْجِهِهما والنَّكْثَ في أَعينهما)[1].

وقال المُفِيد (وإِذا ثَبت بِالإِجْماع مِن وُجُوه المُسلِمين وأَفاضِل المُؤمِنين والأَنْصار والمُهاجِرين على إِمامة أَمِير المُؤمِنين صَلواتُ الله وسَلامُه عليه والبَيعة له على الطَّوعِ والإِيثار. وكان العَقدُ على الوَجْه الَّذي ثَبت بِه إِمامة الثَّلاثَة قَبلَهُ عند الخُصومِ بِالإِخْتِيار، وعلى أَوكَد مِنه بِما ذَكرناه في الرَّغْبَة إِليه في ذلك، والإِجماع عَليهِ مِمَّن سَمَّيناهُ مِن المهاجِرين والأَنْصار، والتَّابِعين بِإِحْسان، حَسْبما بَيَّناه، ثَبُتَ فرضُ طاعَتِهِ، وحُرِّمَ على كُلِّ أَحدٍ مِن الخَلْق التَّعرُض لِخلافهِ ومَعصِيَتِهِ، ووَضَح الحَقُّ في الحُكِم على مُخالِفيه ومحُارِبيه)[2].

لم يشأ عَلِيٌّ أَمير المؤمنين صَلواتُ الله وسَلامُه عليه أَنْ تكون خِلافَته بِالإِكراه في أَحدٍ مِن الصَّحابَة والتَّابِعين ولا مَغمُورة الأَهداف والغايات. ونُقِلَ عن عمَّار بن ياسِر وابنِ عَبَّاس (أَنَّهُ لما صَعد عَلِيٌّ صَلواتُ الله وسَلامُه عليه قال لَنا: قُومُوا فتَخلَّلوا الصُّفوف ونادوا «هَلْ مِن كارِهٍ». فتَصارَخَ النَّاسُ مِن كُلِّ جانِب: اللَّهُمّ قد رَضِينا وسَلَّمنا وأَطَعنا رَسُولَكَ وابنَ عَمِّك)[3]. فكان عَلِيٌّ أَمير المُؤمنين صلواتُ الله وسَلامُه عليه بِذلك أَوَّلَ خَلِيفَة جاء على سدَّة الخِلافَة بِالاخْتِيار وبِلا إِكْراه في أَهْل المَدِينَة أَو خُوف وقد أُلقِيَت الحَجَّة على الجَمِيع.

وتَقدَّم عَمارُ بن ياسِر وأَبُو الهَيثم بن التَّيهان يَأْخُذان البَيعة على النَّاس، ويَقولان: نُبايِعُكم على طاعةِ الله وسُنَّةِ رَسُوله صَلَّى الله عليه وآله، وإِنْ لم نَفِ لَكُم فلا طاعَةَ لَنا عَليكُم ولا بَيعة في أَعناقِكُم، والقرآنُ إِمامُنا وإِمامُكم)[4].

بايَع النَّاسُ عَلَيًّا أَمير المؤمنين صَلواتُ الله وسَلامُه عليه مُعلِنين رِضاهم بِلا إِكْراه،

1 - بحار الأنوار 61/ 32. مصباح البلاغة (مُستدرك نهج البلاغة) 286/ 2. نهج السّعادة 242/ 1 . شرح نهج البلاغة لِلمُعتزلي 307/ 1. قاموس الرجال للتستري 72/ 12. الجَمَل، للمفيد (ط مكتبة الداوري ـ قم المقدّسة).

2 - الجمل، المفيد 89 ـ 92

3 - بحار الأنوار 123/ 32. مناقب آل أبي طالب 95/ 2.

4 - بحار الأنوار 27/ 32. الأمالي، الطوسي 338/ 2 728-. فضائل أمير المؤمنين، ابن عقدة 91

وهو القائل فيهم مِن بعد خَوضِهم لِتَجرِبَتي الفَلتَتَين المَريرَتَين وما رافَقهُما مِن دَسائس الأُمَويِّين ورِضاهُم على نَقضِ الخُلفاء الثَّلاثة لِبَيعةِ الغَدير وتَخلُّفِهم عن نُصرتِه:

(أَيَّتها النُّفُوس المُختَلِفَة والقُلوبُ المُتشَتِّتَة، الشَّاهدة أَبدانُهم والغائبةُ عنهم عُقولُهم، أَظأَرُكم على الحَقِّ وأَنتم تَنفِرونَه عنه نُفور المعزَى مِن وعوعة الأَسَد. هيهات أَنْ أَطلع بكم سرار العدل، أَو أُقيم اعوجاج الحقّ. اللَّهم إِنَّك تَعْلَمُ أَنَّه لم يكن الَّذي كان مِنَّا مُنافسةً في سُلطان ولا التِماسَ شئ مِن فُضُولِ الحطام، ولكنْ لِنَردّ المعالم مِن دِينِك، ونُظهِر الإِصْلاح في بِلادك، فيَأمنُ المَظلومُون مِن عِبادك، وتُقام المعطّلة مِن حُدودِك. اللّهُمّ إِنّي أَوَّلُ مَن أَناب وسَمِع وأَجاب، لم يَسْبقنِ إِلَّا رَسُول الله صَلَّى الله عليه وآله بِالصَّلاة، وقد عَلِمتُم أَنَّه لا يَنبَغِي أَنْ يَكونَ الوَالي على الفُروج والدِّماء والمَغانِم والأَحْكام وإِمامَةِ المسلمين البَخِيلُ فتكون في أَموالِهم نهمته، ولا الجاهِل فيَضِلّهم بجَهلِه، ولا الجافي فيَقطَعهم بِجفائه، ولا الحائف لِلدُّول فيتَّخذ قَومًا دُون قوم، ولا المُرتَشِي في الحُكم فيَذهب بِالحُقوقِ ويَقِف بها دِونَ المقاطِع، ولا المَعطِّل لِلسُّنّة فيهلك الأُمَّة)[1].

صار في يَقِين النَّاسِ أَنَّ عَليًا أَمِير المُؤمنين صَلواتُ الله وسَلامُه عليه الَّذي خَذلُوه مِن قَبْل وسَكتُوا على ظُلمِ الخُلفاء الثَّلاثَة لِحَقِّهِ وحَقِّ أَهْل بَيتِهِ صَلواتُ الله وسَلامُه عَليهِم وشِيعَتِهِ ـ سيَمضي بِهم إِلى أَمْرٍ صَعبٍ مُستَصْعَبٍ مُختلفٍ تَمامًا عَمَّا جَرت عليه سِيرةُ الثَّلاثة إِنْ هُم ـ النَّاس ـ اختارُوه خَلِيفةً مِن بَعد عُثمان.

وتَيقَّنوا بِأَنَّ الثِّقَة في عُثمان الَّذي خَلَّفوه وراء ظُهورِهم قَتيلًا لم تُقرِّبَهم إِلى (مَذْهَب الرَّأي)، وإِنَّما سَلَكت بِهم واديًا آخر، وأَنَّهم لم يُسلِّموا السِّيادة إِلى عُثمان بَل سَلَّموها لِقَومِهِ الأُمَوِيِّين الَّذين رَكبوا الخِلافَة وعَبثوا في النِّظام الاجتماعِي ورفعوا مِن شَأن مُعاوِيَة عامِله في الشَّام بِوَصْفِهِ الامتداد الطَّبيعِي لِسِيرَة الخُلفاء أَبي بَكر وعُمَر الَّتي اعتاد النَّاسُ عليها وانتَظَمَت بها ثَقافتُهم ونَمَت في كَنَفِهم، وأَنَّ عُثمان هذا ما كان إِلَّا

1 - نهج البلاغة 2/ 16

ثالِث مُشرِّعٍ لِحَياةٍ طَبَقِيَّة إقطاعِيَّة مُترَفةٍ ومُستَبِدَّةٍ لا دِين فيها ولا وَحْي نَزَل.

هكذا تَضارَبت المَصالحُ في النَّاس على غَير هُدى في عَهد عُثمان، وكان لِـ(الحِيرة) نَصيبٌ في أَئمَّةٍ ووُعّاظِ (اتِّجاه أَهْلِ العامَّة) ورُواتِه وأَتْباعِهِ حيث بالَغوا في التَعصُّب لِفكَرةٍ منع وُصولِ بَني هاشم إلى الخِلافَة مِن بَوابة عَليٍّ أَمِير المؤمنين صَلواتُ الله وسَلامُه عليه، وتَقرَّبوا مِن (مَذْهَب عائشة) واندَكُّوا فِي (مَذْهب الرَّأي) الرَّسمي، وأَعانوا جانب خَليفَتِهم الجَديد عُثمان.

وعلى الرَّغم مِن تَظاهُر عُثمان بِمُخالَفَة الكَثِير مِمّا سَنَّه أَبُو بَكْر وعُمر فِيهم بِـ(مِذْهَبِ الرَّأي)، إلّا أَنَّهم استَجابوا لَه فِيما حَكم، وعَلَّقوا آمالهم على وَالِيهِ في الشَّام مُعاوية بن أَبِي سُفيان وما يَملك مِن قُوَّة وثَروة وعُمق بَشَرِي. فسادَ عُثمان على إِمْرَته بِهَيبَة الشَّام، واتَّسعَت الرُّقْعةُ الجغرافيَّة لِخِلافَتِه فضاق النَّاسُ ذرعًا بِإقطاع المُترَفِين مِن آلِ أُميَّة ومَوالِيهم وحُلفائهم.

أَسَّسَ عُثمان لِنَفسِهِ أَوضاعًا طَبَقِيَّة شِبه مُستقِرّة على مُستوى القِمَّة، وتَظاهر بِاتِّباع (مَذْهَب الرَّأي) كَيما يَحتَوِي (اتِّجاه أَهْل العامَّة) وتَدجِينِه والانْتِقال بِمُيولِهِ الفِكريَّة مِن عَهد الخِلافَة الفَلتَة المُستَبِدّة إلى عَهد المَلكِيَّة الوراثِيَّة المُستَبِدّة. وسَعى إِلى التَّوفِيق بين مُتطلَّبات خلافَتِه والأَخذِ بِثَأر مكَّة في يَوم الفَتح حيث فَقدَ بَنو أُمَيَّة مُلكَهُم وإِلى التَّمكُّن مِن إقامَة هِرَقْلِيَّة مُختلِفَة.

فَشل عُثمان في تَحقِيق مُرادِهِ في النَّاس، واعترَض (شِيعةُ عَلِيّ) نَسَق خِلافَتَه، يَتقدَّمهم الصَّحابة عَمّار بن ياسر وأَبُو ذر الغفاري ومُحمَّد بن أَبِي بَكر. فاشتَعَلَت الثَّورَةُ على عُثمان فُجأَةً، والتحَقَ بِها أَهْلُ مِصر والكُوفَة واليَمن فَضلًا عن أَهْل المَدِينَة أَتْباع (اتِّجاه أَهْل العامَّة) الَّذي لاذَ بِـ(مَذْهَبِ عائشة) في حِيرةٍ مِن أَمْره.

استَغلَّ كُلٌّ مِن طَلْحَة والزُّبَير وعائشة اشْتِعال الثَّورة وقيامِها على عُثمان والأُمَوِيِّين، فاجتَهدوا في تَحرِيض أَهْل البَصرةِ والكُوفة والمَدِينَة وأَهْلِ مِصْر على قَتْل عُثمان الَّذي عَصى وطَغى وغَلَّب الأُموِيِّين ولم يَتركْ لِتَحالُف عائشة ومَذْهَبِها غُنمًا

وتَجرأ فقَطَع عنها عطاء عُمَر. وعندما ضاق الخِناق على قَصْر عُثمان بَعث عَلِيٌّ أَمِير المُؤمنين صَلواتُ الله وسَلامُه عليه الإمامَين الحَسَنِ والحُسَين صَلواتُ الله وسَلامُه عليهما ومَولاه قَمْبَر لِفَكِّ الحِصار ولِلتَّوسط لِرَفع الحَظر عن القَصْر ولإِيصال الماء إِلى عُثمان ومَن مَعه مِن أَهلِه.

امتَنَع الثُّوار عن فكّ الحصار ورَفَضوا إِيْصال المَعونَة الخارِجيَّة إِلى قَصر عُثمان، وتَطَرَّفَت سُلطَةُ القَصر المؤلَّفة مِن جند الأُمَويِّين وعلى رَأْسِهم مَروان في الاستِجابَة لِأَيِّ وَساطَة مِن عَلِيٍّ وبَنِيهِ صَلواتُ الله وسَلامُه عليهم لِحَلّ الإِشْكال القائم، ومَنعَت الإمامَين الحَسَنِ والحُسَين صَلوات الله وسَلامُه عليهما مِن التَّدَخّل المُباشر لِسِقايَة عُثْمان وأَهلِه. حينها اشْتَدّ الحصارُ مِن قِبَل الثَّائرين واشتَبَكوا مع جُند القَصر فجُرِحَ الإِمامان وقَمْبر مِن جَراء ذلك.

لم يَغِب مُعاوِيَة عن مَشْهدِ الحِصار المفروض على قَصر عُثمان والاشْتِباكات لاقْتِحامه، فهو على عِلْمٍ تَفصِيليّ بِدَقائق الأُمور في المَدينة مِن خِلال الرَّسائل الَّتي تَصِله مِن مَراون. فما كان مِنه إِلّا أَنْ تَقدَّم إِلى أَهلِ المدينة مُحذِّرًا، وتَوعَّدَهم وخَوَّفَهم بِإجراء دِمشَق الرَّادع وقليلًا سيَملأ المدينة خَيلًا ورِجالًا إِنْ تَعرَّض الخليفة عُثمان إِلى ما يُغضِبه ويَشِين مَقامَه.

في خِضَم هذه الحَوادِث المُتراكِمَة وما قَبلَها ازْدادَ أَهْلُ المَدِينَة ضُعفًا عن نُصْرَةِ مَفهوم (الخِلافَة) الَّذي تمسَّكوا به في عَهدَي أَبي بَكر وعُمر، وتَراجَع وَلاؤهُم شَيئًا فَشيئًا بِالتَّزامُن مع انْتِشار التَّفاصِيل المُخزِيَة الَّتي رافقَت تَداعِيات الاستِيلاء على الإِمْرَةِ والرّئاسة والانْقِسامات الفِئويَّة والاستِقطابات الحادَّة والقَتل غِيلة المُتفشِّية بين كُبراء الصَّحابَة، وعَمَّ فيهم الشَكُّ والارْتِياب في دِين كُبراء الصَّحابَة المؤثِّرين في تَقرِير مَصِير بلاد المُسلِمِين ومِنهم (المُبشَّرون بِالجَنّة)، وأَفسَدَهُم مَكرُ معاوِيَة وكَيدُه ودهاؤه القَبَلِيِّ وعَصبيَّته الجاهِلِيَّة حيث تَفرّق بُنيانُهم الاجتِماعِي وتَفاقَم النِّزاعُ الطَّبقِي والتَّفاخُر بِالأَنْساب فيهم.

وما زال مُعاوِيَة يَلعب الدَّور الرَّئيس في حادِثَةِ الثَّورَة على عُثْمان على الرَّغْم مَن بُعدِه عن المَدِينة آلاف الأَمْيال إِذْ استَغَلَّ كُلّ مُعطيات الحِصار على القَصْر ومُؤدّاه لِيُعَرقِلَ بِه مُهِمّة اختِيار الخَلِيفَة البَدِيل لِعُثمان مِن غَير الأُمَويِّين، ولِيُمَكِّن الأُمَويِّين مَرَّة أُخرى مِن بَعد عُثمان مِن الخِلافة إِنْ انْتَهَت الوَقائع في المدينة إِلى الإِجماع بِعَزلِ عُثمان أَو إِلى انفراد أَحدِهم بِقَتلِهِ ثأرًا أَو حقدًا أَو كُرْها.

تِلك التَّطوّرات المُتسارِعَة في المدينة أَقلَقَت دِمَشق، وبات الوَالِي معاوِيَة يَحمِل العِبء الأَكبر في تَقرِير مَصِير الإِمْرة والرّئاسة والسُّلطان ويَبحث في الخاتِمَة المُتوقَّعة لِحصار قَصْر عُثمان وما يَصِير إِليهِ مَيل (اتِّجاه أَهْل العامَّة) إِلى (مَذْهَب عائشة) مُنذ واقِعَة مَقتلِ عمر على يَدَي أَبِي لُؤلُؤة. فَفِي خاتِمَة وَقائع المَدِينَة سيَتقرَّر مَصِير ولايَة الشَّام فَضلًا عن مَصِير الأُمَوِيِّين ولا بُدّ مِن اتِّخاذ إِجراءٍ حازم!

كان مُعاوِيَة مُدركًا تمام الإِدْراك أَنَّ ضَعْف سِيادَةِ عُثْمان وخِلافَتِه مِن بَعد نَظيرَيهِ أَبِي بَكر وعُمَر اللَّذَين أَسرَفا في نَبذِ الثَّقلَين وتَبنِّي (مَذْهَب الرَّأي) سَيُؤدِّي إِلى أُمورٍ أَربعة خَطِيرة ورَئيسَة:

ـ ستفْقِد (الخِلافَةُ) مَعناها الوِجْدانيّ المُقدَّس وسَيَخبُو بَرِيقُها في الذِّهْن المُسلِم، وسيَتعرّض (مَذْهَبُ الرَّأي) لِلشَّكِّ، ولا بُدّ مِن تَقدِيم أَمْر سِيادة الدَّولة المُستبِدّة وضَرُوراتِها على (مَذهَب الرَّأي) وإِنْ عُمِل بِه صوريًّا في خِلافَة عُثمان.

ـ وستَبرِز مَحاورُ أُخْرى مِنافَسة أَو مُغالِبَة تَسعى لِاحتِكار الإِمْرَةِ والرّئاسة مِن بَعد عُثمان حيث لا يُستهان بِقُوَّتها، مِنها مِحور عائشة وطَلحَة والزُّبير.

ـ وسيَنهار (اتِّجاه أَهْل العامَّة) المُتَمسِّك بِمَفْهوم (الخِلافة) وتَنشَقّ مَذاهِبُه إِلى فِرَق بِصَرف النَّظر عن طَبِيعة ما ستئول إِليه الخِلافَة مِن بَعد عُثمان وما تَصِير إِليه هُوِيَّةُ الخَلِيفة البَدِيل.

ـ وسَيرتَمِي أَئمّةُ ووُعاظُ (اتِّجاه أَهْل العامَّة) في أَحضان الأُمَوِيِّين وستَزداد

تَبعيُّهم لِلشَّام خَوف البَطْش إنْ حَسَم مُعاوِية المَوقِف في المَدِينَة لِصالِح الأُمَوِيِّين، ولا مِن خِيار غَير مُجاراة المَوقِف وإلّا أُتيحَت الفُرصة لِعَلِيٍّ أَمير المؤمنين صَلواتُ الله وسَلامُه عليه وتَسلَّم مقاليدَ الأُمور.

فعُثمان (النَّعثَل الكافِر) ـ على حَدِّ وَصْف عائشة ـ هو قاتِلُ أَوَّل خَلِيفة في المُسلِمِين، وهو أَوَّلُ مُزوِّرٍ لِلخِلافَة بِالتَّعيين والمؤسِّس لِفِكرَة (شُورى السِّتَّة) والمُتظاهِر بِاتِّباع (مَذْهَبِ الرَّأي) والمُستَغِّل لَه، ولَنْ يَتمكَّن مِن ضَبطِ تَعدُّد قُوى الأَقْطاب المُختَلِفَة ورَدع المَحاور الطَّارئة على ساحة النِّزاع البارِد بين صحابَة مَكّة والمَدِينة حيث سيُتِيح هذا التَّحوّل في خارِطَة الصِّراع لِـ(شِيعة عَلِيّ) والمَذاهِب الأُخْرى المُستقلّة عن الخِلافة فُرصًا لِلانْتِشار، ورُبَما يَفرِضُ ذلك على (اتِّجاه أَهْلِ العامَّة) التَّخلّي عن (مَذْهب عائشة) والقُبولَ بِالأَمْر الواقِع والرِّضا بِوَلايَة عَلِيٍّ أَمِير الْمؤمنين صَلواتُ الله وسَلامه عليه والمَيل مع النَّاس حيث مالوا، لَيْس حبًّا مِنه في عَلِيٍّ أَمير المؤمنين صَلواتُ الله وسَلامُه عليه وإِنَّما خَوفًا مِمّا يَضمِره الأُمويّون مِن جَيشٍ وقُوةٍ رادعة وبَطشٍ وثَأر واستِبدادٍ وإِثْره ومُلكٍ وراثي عَضوض وفَسادٍ كَبِير في الأَرْضِ وعَودةٍ بِهم إِلى الجاهِلِيَّة وتَأجِيج لِلنِّزاعات المَريرة والعصَبِيّة القَبلِيّة والتَّنابُز بِالأَنْساب والأَلْقاب والأَسْماء.

في هذه المَرحلة الزَّمنِيَّة الحسَّاسة مِن خِلافة عُثمان سَرَّب الأُمَوِيُّون الكَثِير مِن الحَقائق حَول كَيفِيَّة وُقُوع الانْقِلاب على الأَعْقاب ومُقدِّماتِهِ ومُكوِّناتِهِ وَقادَتِهِ وشُركائه والمُضاعَفات النَّاجِمة والتَّبِعات، وأَرجَعوا ظُهور مَلامِح الانْحِراف السِّياسِي في الدَّولة الهِرَقلِيّة إِلى سِيرة أَبِي بَكر وعُمر وسُنَّتِهما، وأَنْ لَيس مِن مُنقِذ غَير مَلَكِيَّة بَنِي أُمَيّة الَّتي ستَنطلِق مِن دِمَشق. وأُثِيرت في هذه المَرحَلة المُتَأزِّمة مِن حُكم عُثمان الكَثِيرُ مِن التَّساؤلات الفَلسفِيّة في مُجتَمعي مَكَّة والمَدِينَة لِصالِح وَلايَة دِمَشق والأُمَوِيِّين، منها المُتعلِّق بِخَلفيَّة انْتاج مَفهوم (الخِلافَة) وجَدوى الحُكم بِـ(مَذْهب الرَّأي) والأَسْباب الكامِنَة وراء تَعطِيل مَبدأ الأَخْذِ بِالثَّقلَين واضْطِراب ولاءُ (اتِّجاه أَهْل العامَّة) مِن الوَلايَة التَّامّة لِلخَلافَة إِلى الوَلايَة لِلأَقطاب المُختلِفَة والمُتعدِّدة حيث عَبَثَت سِياسَةُ دِمَشق

وثَروتُها في المَفاهِيم السَّائدة وزَوَّرت وانْقَلبت على سِيرة عَهد الخِلافَة وسُنَّتِها وبَدَّل الأُمَوِيُّون وغَيَّروا ومَهَّدوا السَّبِيلَ لِإعْلان مَلَكِيَّة بَنِي أُمَيَّة.

لقد سَقَطَت في إِثْر تَضخُّم هذه التَّساؤلات الكَثِيرُ مِن الحَواجِز المانِعَة مِن مُناقَشَة سِيرة نَقل السُّلَطة ورِجالها، وهُوِيّتها، ونِظامِها، وتضارب التَّدابِير فيها، والنِّزاع المُزمن البارد بين الصَّحابة على الإِمْرة والرّئاسة، والخَلفِيّات القَبلِيّة الدَّافِعَة، والانْعكَاسات السَّلبِيّة الَّتي تَركها التَّفاوُت في المَراتِب الاجتِماعيَّة والتَّفاخُر بِالأَنْساب على حساب معنى (الخِلافَة) وحَقّ الخَلِيفة في الانْفِراد المُطلَق بِالسِّيادَة منذ عَهد أَبِي بَكر.

كان على رأس الحَقائق المُثِيرة ما تَعمَّد الأُمَوِيُّون على كَشفِهِ مِن تَفاصِيل في النَّاس حول وقائع المُحاولات الفاشِلَة والمُتكرِّرة الَّتي استَهدَفَت اغْتيال الرَّسُول صَلَّى الله عليه وآله، وضُلوع كُبراء الصَّحابَة مِن قُرَيش في إِحياء التَّعاقُد الجاهِلِي الفاشِل لِـ(صَحِيفة مكَّة الأُولى) المُبرم بِدار النَّدوة وإِنْشاء خَمسَةٍ مِن الصَّحابة لِتَعاقُد (صَحِيفة مكّة الثَّانِيَة) الرَّدِيف لِتَعاقُد الصَّحِيفة الأُولى، وانْقِلاب الصَّحابة وحُلفائهم على الرَّسُول صَلَّى الله عليه وآله بَعد سِلْسِلَةٍ مِن المُقدِّمات المُمَهّدة لاغتِيالِهِ في بَيتِهِ بِمُشارَكة مُباشِرة مِن قبل أَزواجِهِ، ثُمَّ نَقضِ المُنقلِبين لِبَيعة الغَدِير ولِوَصاياه صَلَّى الله عليه وآله في شأن الوَلايَة والخِلافَة مِن بَعده، وتَدبِير بَيعَةِ يَوم السَّقِيفَةِ وما تَبعها مِن فَلتَة بِاستِخلاف أَبِي بَكر ثُمَّ اغتيالِهِ بِتَدبِير مِن تَعاقُدٍ ضُرِب بين عُمَر والأُمَوِيِّين في مُقابل ضَمان الخِلافة في عُمَر وانْفِراد الأُمَوِيِّين بِقِيادةِ ثَلاثةٍ مِن جُيوش فَتح الشَّام ثُمَّ الإِنْفراد بِحُكمِ وِلاية الشَّام وجَعلِها أُمَوِيَّة مِن دُونِ مُنازِع، ثُمّ إِعادَة مُلكِ أَبِي سُفيان الجاهِلّي على مكَّة والمَدِينَة وسائر بِلادِ المُسْلِمين بِاسْتِخلافِ عُمَر لِعُثمان عبر شُورى السِّتّة.

وبِذَلك بُعِثَ تَعاقُد قَبائل العَرب على (صَحِيفة مَكَّة الأولى) مِن جَدِيد وتَسلَّم عُثمان عَهدَها واستَعدّ مُعاوِيَة لِلإِعْلان عن النَّصر المُبين لِلأُمُوِيِّين وعَودةِ إِمرَتِهم مِن بَعد سقوطها في فَتح مَكَّة في العام الثَّامِن الهِجْري، وبُعِثَ أَبُو سُفيان مِن قبره في عام 41هـ لِيَحكُم أُمَّةً وأَمبراطورِيَّةً تُشكِّل ثُلثَ مساحَة الكُرة الأَرضِيَّة!

وكانت التَّساؤلات حول واقعة مقتَل عُمَر بِخَنجَر أَبي لُؤلُؤة رِضْوان الله تَعالى عليه هي الأَكثر إثارة في هذه المَرحلة مِن خِلافَة عُثمان، والعامِل الرَّئيس في كَشف فَضِيحَة الصَّفَقات السِّياسِيَّة الَّتي تَناوب عليها كُبراء الصَّحابة وأُرِيد بِها اغْتِصاب الخِلافة أَو تَداولها أَو تَدوِيرها فيما بينهم.

ومِمّا زاد على ذلك إثارةً أَنَّ الانْقِلاب على الثَّقلَين وإحْلال (مَذْهَبِ الرَّأي) رَسمِيًّا في نظام الخِلافَة لم يَكن لِصالِح الخُلفاء. فَفِي عَهد عُثمان وَسَّع الأَئمَّة ووُعَّاظ (اتِّجاه أَهْل العامَّة) والصَّحابَة في مكَّة والمَدِينة الحقَّ في الأَخْذ بِرأي ذات المَذْهَبِ إزاء كُلِّ قَضِية خاصَّة وعامَّة مِن غير الرُّجوع إلى الخَلِيفة أَو أُوْلِي الأَمْر أَو إلى الثَّقلَين حتَّى، فَأَصبَحت المبرِّرات في قَراءة سِيرة الانْقِلاب على الأَعقاب مُتاحةً لِلجَميع.

واستَقَلَّ الكثيرُ مِن الصَّحابة بِآرائهم وعَطَّلوا نصوص الثَّقلَين في كُلٍّ مِن مَكّة والمَدِينة والشَّام والعِراق ومصر واليَمن وفارس، فسَاهَم ذَلِك في انْهِيار مَنظومة السُّلطة وضَعف سِيادة الخِلافَة وتَراجُع مَقامَها المُقدّس، وسقوط الهَيبة الشَّرعِيّة الشَّكْليَّة لِلخَلِيفَة. ثَمَّ وَصلَت الخِلافَة إلى عُثمان مُنهكة.

وازْداد الأُمورُ تَعقيدًا عندما بَرزت مَظاهِر الانْفِراد بِتَأسِيس المَذاهِب وتَجاوَزها لِحُدود مَكّة والمَدِينة إذْ اتَّخذت بُعدًا اجتِماعِيًّا مُؤثرًا، وتَشكّلت على هيئة انْتِماءات خاصَّة مُنَظّمة تَحتَ إمْرَة عددٍ مِن الصَحابَة يَدَّعي كُلُّ واحِدٍ منهم بِمَذهَبِهِ العِلْمَ والفَقاهَة انْطِلاقًا مِن مُبَرِّرات إعتِماد (مَذْهَب الرَّأي) لَدى أَوّل خَلِيفة في المُسلِمين. وكان لِعائشة مَذهَبها الخاصّ في عَهد عُثمان وهو أَبرز المذاهب، وبَرز غَيرُها مِن الصَّحابَة والتَّابِعِين مِثل عبد الله بن مَسعود وأَبي هريرة وأَبي عبيدة بن الجرّاح وأَبي مُوسَى الأَشْعري وزَيد بن ثابِت وأُبي بن كَعب ومَعاذِ بن جَبَل وأَبِي الدَّرداء وعبد الله بن عُمَر وابن عبَّاس وطَلْحَة وأَنَس بن مالِك وعبد الله بن عَمرو بن العاص وعُمَر بن عبد العَزِيز والشَّعْبِي والحَسَن البَصرِي والأَعمَش والأَوزاعِي وسُفْيان الثَّورِي واللَّيث وسُفيان بن عيينة وإِسحاق أَبِي ثُور وداوُد الظَّاهِري ومُحمَّد بن جُرَير وإِبراهيم النَّخَعي.

لم يَظهر الأُمَويُّون في شَكل حِزبٍ مُؤثّر وانْتِماء خاصّ يَقودُه مُعاوية والِي الخَلِيفة عُثمان بِأموال الشَّام وقُوة جَيش دِمَشق الرَّادِع ، وإِنَّما استَغلوا فَساد الخِلافَة ونِزاع الإِمْرة بِزعامَة عَمِيدِهِم أَبِي سُفيان لِضَمان استقلالهم بِالخِلافَة. وكانَت فُرصَتُهم السَّانِحة عندما مالئوا عُمَر الَّذي شَرع في السَّعى إِلى عقد تآلفٍ مَعهُم عبر وَسِيطِهم عُثمان لِلاستِقواء على الخَلِيفة أَبِي بَكر الَّذي تأكَّد عزمُهُ على البَحث عن بَدِيل عن عُمَر يخلِفه. وكاد أَبُو لُؤلُؤة أَنْ يَأتي على هذه الفُرصَة فيُبَدِّدها بِقَتلِه عُمَر لولا أَنَّ الأَمَوِيِّين استَدركوا المَوقِف بِفكرَةِ (شُورى السِّتّة) العاجِلَة.

لقد تَلقَّى الأُمويُّون الخِلافَة سَهلةً مِن خِلال عُثمان بَعد مَقتل عُمَر، وضَمنوا بَقاءها فيهم إذْ لم يَكونوا حِينئذٍ يَرغبون في جَعل المَدِينَة المُضْطَرِبَة اجْتِماعِيًّا عاصِمَتهم وفيها الخَزرجُ والأَوسُ يَطلُبون وَطَنَهم الأَصْل وهُم أَحَقُّ بِالسِّيادَةِ عليه مِن الأُمَوِيِّين الوافدين. الأَمر الَّذي دَفعَهم إلى تَعزِيز وُجودِهم في وَلايَة الشَّام البَعِيدة وذات الكَثافة السُّكانِيّة والثَّروة، وقَدَّموا عُثمان وعاصِمَتَه في المَدِينة كَبش فِداء وحَرّضُوا على المَزِيد مِن أَعمال الفَوضى بَين اتِّجاهات المَدِينة وأَقطابِها ومَذاهِبها.

وعندما قُتِل عُثمان؛ رَفعوا قَمِيصَه يَطلبُون ثَأرَ دَمِهِ على طَرِيقة أَبِي بَكر الفاشِلَة الَّتي سَعى مِن خِلالها إِلى جَعلِ عُمَر كَبشَ فِداء في واقِعَةِ كَبْس بَيتِ فاطِمَة الزَّهراء وعَلِيّ صَلواتُ الله وسَلامُه عليهما واستِغلال قَمِيصِهِ. وكان صَبرُ عَلِيٍّ أَمِير المؤمنين صَلواتُ الله وسَلامُه عليه قد أَبْطَل كَيد أَبِي بَكر وفَوَّت عليه مَقصدَه. فلَو أَقدَم عَلِيٌّ أَمير المؤمنين صَلواتُ الله وسَلامُه عليه على قَتلِ عُمر وفي واقِعَةِ اقتِحام البَيت وما جَرى فيها مِن استِفزازتِ مُتعمّدة له ولأَهْلِ بَيتِهِ صَلواتُ الله وسَلامُه عَليهِم لَرَفَعَ أَبُو بَكر قَمِيصَ عُمَر في المُسلِمين وأَخذَ عَلِيًّا أَمِير المُؤمنين بِتُهمَةِ قَتْلِ عُمَر والتَّظاهر بِسَيفِه على بَيعَةِ الخَلِيفَة أَبِي بَكر.

عِندما استَقرّت الشَّام على الوَلايَة الخالِصَة لِلأَمويِّين بِقِيادَةِ مُعاوِيَة بَعد ولايَة أَخِيه يَزِيد بن أَبِي سُفيان مِن دُون مُنازِعٍ أَو مُغالِبٍ أَو مُنافِس حتَّى؛ استَجمَع مُعاوِيَة

ثَروةً طائلةً وجَنَّد الجُند والأَعْوان والعُيون في كُلّ مكان، وشَمِلَ بِذَلك بعض صَحابَة مَكّة والمَدِينة الخاضِعَتين لِسِيادة خَلِيفَتِه عُثمان. واستَقَلَّ بِهُوِيَّة دِمَشق الثَّقافِيَّة الخاوِيَة مِن الدِّين الأَصِيل والمُتَجرِّدِة مِن الثَّقلين إِلَّا بِما يُقرِّره هو مِن مَعارف مُزوَّرة ومُختلَقَة ومُلَفّقة ومُعزِّزة لِلولاء لِلأَمَويِّين مِن دُون سواهم، ثُمَّ أَصْبَحَ جاهزًا لِتَقرير مَصِير الشَّام بِنَفسِه وخَوض مَعركة انْتِزاع (الخِلافَة) وفي رَوعه أَنْ تَصِير دِمَشق العاصِمَة العُظمى لِأَمبراطُورِيَّة بَنِي أُمَيَّة وتُطوَى سِيرة المَدِينة والفَتح التَّأرِيخي لِمَكَّة إِلى الأَبد.

زَهدَ أَهْلُ المَذاهِب في رُكُوب عَهدِ خِلافة عُثمان ذِي البَيت المُهَيمِن على وَلايَات الخِلافَة قَبَلِيًّا، وارتَاب سائرُ الصَّحابَة في قُدرة هذا البَيت على تَحقِيق الاستِقرار الاجتِماعِي في البِلاد ومُناجَزَةِ تَحدِّيات الحُدود الجُغرافِيّة فَضْلًا عن التَّحدِّيات الدّاخِلِيّة المُعارِضَة. ولكِنَّ هذا اللَّون مِن صَحابَة المَذاهِب وغيرهم ظَلَ على خَوفٍ مِن وُصول الخِلافَة إِلى عَلِيٍّ أَمِير المُؤمِنين صَلواتُ وسَلامُه عليه إِنْ أُقصِيَ عُثمان عن الخِلافَة أَو عُزل أَو قُتِل وبَلغ بَنو هاشِم مَبلَغَهم.

عَمرو بن العاص مِن بَين الصَّحابة الَّذين أَدرَكوا مُبكرًا حَقِيقَة ما يَجري في المَدِينة مِن تَحوُّلاتٍ تُنذر بِوقُوع فُرصٍ مُواتِيَة لِلإطاحَة بِعُثمان قد يَغتَنِمها عَلِيٌّ أَمير المُؤمنين صَلواتُ الله وسَلامُه عليه.. ابنُ العاص كان (عامِلًا لِعُثمان على مِصر فعَزلَه، فلَمّا قَدِم المَدينة جَعل يَطْعَن على عُثمان. فقال له عُثمان يابن النَّابِغَة أقمل جربآن جبتك؟! فخرَج عَمرو مِن عنده وهو مُحتَقِد عليه، يَأتِي عَلِيًّا مَرَّةً والزُّبيرَ وطلحة مَرَّةً يُؤلِّبهم على عُثمان ويَعتَرض الحُجَّاج فيُخبرهم بما أَحدَث عُثمان.. وبَعد مَقتل عُثمان، قال: أَنا أَبُو عبد الله إِذا حككتُ قُرحةً نكأتها. إِنِّي كُنتُ أُحرِّض عليه حتَّى الرَّاعِي في غَنمِه في رأس الجبل)[1].

إِنَّ أَقصى ما كان يرمِي إِليه ابنُ العاص هو الزَّجُ بِالأَطراف الكُبرى في مَعركةٍ بَيْنِيَّةٍ مُباشِرة حاسِمَة حتَّى يُهيِّئ لِنَفسِه مِنها فُرْصَةً مُناسِبةً يَتمكَّن مِن اغتِنامِها لِنَفسِه ويَضْمَن

1 - تأريخ الطَّبري 108/ 5

نَتائجها لِمَصلَحَتِه، ويَجعل مِن (شِيعة عَلِيٍّ) أَمِير المؤمنين صَلواتُ الله وسَلامُه عليه الطَّرفَ الرَّئيس المستَهدَف مِن قِبَل حُكومة مُعاوِيَة في الشَّام. وكان هذا دأبُ أَكثر الصَّحابَة في مَكَّة والمَدِينة بَعدما تَقمَّصها أَبُو بَكر ثُمَّ استَلمها عُمَر.

ولا يُستَبعد وُقوع ما تَكهَّن به البَعضُ مِن المُؤرِّخِين ومُحلِّلي السِّيرة مِن أَنْ عَمرو بن العاص كان مُكلَّفًا بِمُهِمَّةٍ خاصَّةٍ مِن قِبَل مُعاوِيَة ومَبعوثًا فوق العادَة منه إِلى المَدِينة حتَّى يَكون بِمَقدُورِه الاطِّلاع عن قُرب في أَحْوال المَدِينة ومِن ثَمّ الاجْتِهاد في إِشْعال (الفِتْنَة) بَين بَنِي هاشِم وأَضْدادِهم وتَصعِيد أُوارها وإِثارة الفَوضى والقَلاقِل في وَجْهِ صاحبه الخَلِيفَة عُثْمان، فلا يَكُن عِندئذٍ مَن بُدّ إِلّا الاصْطِدام بِبَنِي هاشِم، ولَيْس مِن سَبيلٍ أَمام مُعارِضِيهِ إِلّا الثَّورة عليه أَو تَدبِير انْقِلابٍ مُفاجِئٍ على خِلافَتِهِ، وما على الشَّام الَّتي تُراقِب الأَوضاع عن كَثَب وتَصطَنِعها عبر ابن العاص إِلَّا عقد العزم على التَّدخّل المُباشِر لإِنْقاذِ الخَلِيفَة والسَّيطرة على الوَضْع الأَمْنِي لِلمَدِينَة.

فإِنْ قُتِل عُثمان فلا مَناص مِن أَنْ يَسارِع مُعاوِيَة إِلى اتِّخاذ التَّدابِير اللَّازِمَة فيَجعل مِن هذا الانْقلاب مُسوِّغًا ومُبررًا كافِيًّا يَستِند إِليه في الإِعلان عن النَّفير العام بِولاية الشَّام وبين أَعوانِه مِن الصَّحابة المُنافِقِين وغيرهم مِن التَّابِعين والمُرتَزقة المُندَسِّين مِن أَهْل المَدِينة ومكَّة، ثُمّ يُهيئ لها الجُيوش ويُرسِلها إِلى الجَزيرة العَربيّة، فيَبسُط بِيَدَيه السَّيطرة التَّامّة على المَدِينة عاصِمَة الخِلافَة ومَعقَل المُعارَضَة، ويُنصِّب نَفسَه خَلِيفَةً بَديلًا عن عُثمان ويَقمَع (الفِتْنَةِ) ورُعاتها!

لم يَعد عُثمان رَجُل الأُمويِّين المُناسِب في مَنصِب الخِلافَة في هذه المرحَلة المُتقدِّمة مِن خطّة الأُمويّين الَّتي جَعَلت مِنه قنطرة لِلعَودة إِلى جاهِلِيّة أَبِي سُفيان بِثَوبٍ مَلَكيٍّ مُختلف. فقَد انْتَهى دَورُه عندما أَصْبَحَت وَلايَةُ الشَّام جاهِزَةً لاستِلام مَنصِب الخِلافَة، ومُستعِدّة على جَميع الصّعد لِانْتِزاع مَقام العاصِمَة مِن المَدِينة، ومُتأَهِّبة فِكريًّا وعَسكَرِيًّا لِتَبدِيد مَساعِي عَلِيٍّ أَمِير المؤمنين صَلواتُ الله وسَلامُه عليه وتَدابِيره المُتقدّمة لِلإِطاحَة بِخِلافَة عُثمان. وفي ظَنّ مُعاوِيَة أَو في تَقارِير ابنِ العاص الَّتي تَسلّمها

منه في دِمَشق أَنّ خِلافَة عُثمان قَطَعت شَوطًا كبيرًا في تَحقِيق مُرادِ الأُمَويِّين ومِنه تَحويل الخِلافَة مِن هِرَقلِيّة أَبي بَكر وعُمَر البَسِيطة إِلى هِرَقلِيّة مَلكِيَّة أَموِيَّة شَدِيدة البَأس وعَنِيفَة الرَّدع.

تَباكَى ابنُ العاص بَعد مَقْتل عُثْمان، وأَشار إِلى مُعاوِيَة بِنَشر قَمِيص عُثْمان على مِنابر الشَّام وبِإِثارة أَهلها بِطَلَب دَم عُثمان الخَلِيفَة المغدور وتَأْليب رِجالها على عَلِيٍّ أَمِير المؤمنين صَلواتُ الله وسَلامُه عليه.

أَصَرَّ أَهْلُ المَدِينَة على اختِيارِ عَلِيٍّ أَمِير المؤمنين صَلواتُ الله وسَلامه عليه مِن بَعدِ عُثمان، ورَضوا بِه خَلِيفةً، وشاطَروا شِيعَتَه المُتَبقِّين على قَيد الحَياة آمالَهم، وفي ظَنِّهم أَنَّ استِقرار المَدِينة على وَلايَة عَلِيٍّ أَمير المؤمنين صَلواتُ الله وسَلامُه عليه وشِيعَتِه سيُرغِم وَلايَةَ الشَّام على الطَّاعة والبَيعة لِلمَدِينة، وسيعَود عَلِيٌّ أَمير المُؤمِنين صَلواتُ الله وسَلامُه عليه بِـ(مَذْهَبِ الرَّأي) إلى حيث كان على طَرِيقَةِ أَبِي بَكْر وعُمَر، وسَيردَع مُعاوِيَة ويَثنِيهِ عن الاستِقلال بِالشَّام ويَصرفه عن فِكرَةِ الانْفصال بِها أَو الخُروج بها على وَحدَةِ الأُمّة والجَماعَة.

لَيْس في عَزم مُعاوِيَة الحَرج ـ في الوَقْت الرَّاهِن على الأَقَل ـ أَنْ يُسارع إِلى بَيعَةِ الخَلِيفة الجَدِيد عَلِيّ أَمِير المؤمنين صَلواتُ الله وسَلامُه عليه فيُبرمها ويَكون ضامِنًا لِوَلايَة الشَّام بِتَعيينٍ مِن عَلِيّ أَمِير المُؤمِنين صَلواتُ الله وسَلامُه عليه فيُؤته الله أَجرَه مَرَّتَين! ولا أَنْ يُعلِنَ الانْفِصال عن بِلاد المُسلِمين والاستِقلال بِالشَّام، وإِنَّما عليه منذ الآن أَنْ يَمتَطِي موجَة الفوضى العاتِيَة ويَتَلبّس بِجِلد دِين المُسلِمين على طَرِيقَة والِدِه ذِي النِّفاق الحادّ ويَتَحَيّن الفُرص لِرُكوب ظَهر الخِلافَة.

فالمُسارَعة إِلى إِعلان الشَّام بَيعَتِها لِعَليّ أَمِير المؤمنين صَلواتُ الله وسَلامُه عليه أَو امْتِناعها سَيؤدّي إِلى انْكسار عَهد الأُمويّين، وإِلى المغامرة بِـ35 عامًا مِن آمال أَبِي سُفيان، وإِلى انْهيار آخر ما أَسَّسَه على النِّفاق مِنذ فَتح مَكَّة، وإِلى ضَياع الفُرصَة الَّتي طالما انْتَظرها بَنو أُمَيّة لاستِعادَة حُكم الجاهِلِيّة المَفقُود.

إنَّ في الانْفصال بِالشَّام سيَعني أَيْضًا تَجرّدًا أَمويًّا فاضِحًا مِن البُعد العَقدِي والوِجدانِي لِلدّين وفَضْيحةً لِعقيدة بَني أُميَّة، مع إمكان أَنْ يَجمعَ الخَلِيفَةُ الجَدِيد عَلِيّ أَمِير المؤمنين صَلواتُ الله وسَلامُه عليه قُواه لِيُشكّل جَيشًا جرارًا يَشترك فِيه المُسلِمُون كافّة ومِن أَهْل الشَّام خاصّة لِيُخضِع بِه الوَالِي النَّزِق الكافِر بِالدِّين والمُتمرِّد على الخِلافَة جُغرافيًّا.

تَحيَّن عَمرو بن العاص وُقُوع هذا اللَّون مِن الاحتِمالات في الفِتن والأَزمات لِينكَأ القُرحة، حتَّى تَمكَّن في نهاية المَطاف مِن الانْعِطاف إلى وَقائع مَقتل عُثْمان لِيَستثمِرها ويَجترّ وقائعَها، فاقتَضى الأَمْرُ منه في بادِئ الأَمْر تَعطِيل فِكْرَة الانفِصال الأُمَويّ العاجِل بِولايَة الشَّام، وإنَّما تَكتَفِي هذه الوَلايَة في الظَّرف الرَّهن بـ(طَلَب الثَّأر لِدَم عُثْمان) وجَعلِه شَرطًا لإِعْلانِ مُعاوِيَة البَيعَةَ لِعَليٍّ أَمير المؤمنين صَلواتُ الله وسَلامُه عليه الخَليفة الجَدِيد ومُقدِّمةً واجِبَةً التَّحقّق قَبل الإِعْلان عن تَسلِيم وَلاية الشَّام إلى خِلافَته صَلواتُ الله وسَلامُه عليه.

ومِثْل ذلك فَعلَ تَحالُف عائشَة وطَلحة والزُّبير وأَتباعُهم في البَصرة.. (قَمِيصُ عُثمان أَوّلًا ثُمّ البَيعَة) كان أَكثر فَعالِيّة مِن الإِعلان عن الانْفِصال المَمنُوع لَدى مُجتمعات المسلِمِين وفِيهم (اتِّجاه أَهْل العامَّة) الَّذي بدا مُترهِّلا تحت رِعايَة مِن (مَذْهَب عائشة). فإذا ما طُولِبَ عَلِيٌّ أَمير المؤمنين صَلواتُ الله وسَلامُه عليه بِأُخِذَ الثَّأر لِدَم عُثمان، وكَثُرَ بِذلك أَعداءُه وتَضَخَّمَت أَعدادُهُم، واضْطَرَب أَثَرُ المُتبَقّي مِن صَحابَة (اتِّجاه أَهْل العامَّة) وانْشَطر مَوقِفُه، وانَحسَرت القَبائل عَن الخَلِيفَة عَلِيّ صَلواتُ الله وسَلامُه عليه بِثأرها الجَدِيد لِخليفَتِها القَتِيل وبِثأرها القَدِيم لِصَنادِيدِها الَّذين وتَرهُم سَيفُه صَلواتُ الله وسَلامُه عليه؛ نكأ ابنُ العاص قُرْحَةً أُخْرى لاحِقَةً مِن غَير فاصِلٍ زَمَني حتَّى تُستَنزَف خِلافَةُ أَمِير المؤمنين صَلوات الله وسَلامُه عليه وتَكثُر فيها فُرَصُ الابْتِزاز الأُمَوِي!

يَقولُ ابنُ العاص لِعَائشة (لَوددتُ أَنّكِ كُنتِ قد قُتِلْتِ يَوم الجَمل. فقالَت: ولم..

لا أبا لك؟! قال: كُنتِ تَمُوتِين وتَدخُلِين الجَنَّة، ونَجعَلُكِ أكبرَ تَشنِيعٍ على عَلِيٍّ)[1].

إنَّ دَهاء عَمرو بن العاص لم يَكن مَقصورًا عليه أو أنَّ به ذكاءً حادًّا مُتميِّزًا انفردَ به على سائر العَرب، وإنَّما كان الدَّهاءُ والمَكر شائعين بَين العَرب وأنَّ مُعطيات المَوقِف مُواتِيَة، ثُمَّ ازْدادَت الأوضاع المُتدَهورة حِدّةً حين اجتَمَع إلى ابن العاص الصَّحابةُ المُنافِقون المُتمسِّكون بِالجاهِلِيَّة وعلى رأسهم المُستأنِسون بـ(مَذْهَبِ الرَّأي) والمُنتفِعُون مِنه، وهو المُتنفَّسُ الوَحِيد لِمَكْرِ دهائهم منذ عَهد أَبِي بَكْر.

وزاد ابنُ العاص على دَهائِهِ ومَكْرِهِ ما أَقدَم عليه مِن عَمَلٍ خَطِيرٍ ساهَم بِشَكلٍ رَئيس في تَفْتِيت مَفهوم الثِّقَة في جِيل الصَّحابَة المُتنازِعين فِي المَدِينة والوَلايات الأُخرى وأَسَّسَ لِرُؤية جِيل (التَّابِعين) الَّذي نَشأ وتَرعْرَع بين حَوادِث (الفِتْنَةِ الكُبرى) حيث شَهِد الإسلامُ فِيها أَوّلَ انْقلاب على الرَّسُول صَلَّى الله عليه وآله وأَدّى إلى اغتياله بِالسُّمّ ونَقضِ وَصِيَّتِهِ في وَلِيِّهِ عَلِيٍّ أَمِير المؤمنين صَلواتُ الله وسَلامُه عليه وظُهور نَسَقٍ آخر مُختَلِف عن نَسَق الإسلام الَّذي أَظهرَه الرَّسُول صَلَّى الله عليه وآله وضَمن بَقاءه بِالثَّقلَين غَضًا طَرِيًّا إلى يوم الدِّين إذا ما تَمَسَّك المُسلِمُون بهما.

لَيْس مِن شَكٍ في أَنَّ مُجتمعات المَدِينة ومكَّة وسائر الوَلايات دَخلَت عَهدًا مُختلفًا عندما أَعلَنَت بيعَتها لِعَليٍّ أَمِير المؤمنين صَلواتُ الله وسَلامُه عليه واطْمأَنّت لِلصِّلَة الوَثِيقَة بَين هذا العَهْد وعَهد نَبِيّها الأَكرَم صَلَّى الله عليه وآله. ومِن قَبْل ذلك تَخلَّت عنه وعن شِيعتِه الَّذين اتَّبعوه مُنذ يوم البَعثَةِ النَّبوِيَّة واجْتازوا بِنُصرَته طَرِيقًا وَعِرًا غير مُبالِين بِقتامَة مِحْنَةِ الإقْصاء عن الوَلايَة الَّتي رَتَّبها الله عَزَّ وَجَلَّ وأَخذَ الرَّسُول صَلَّى الله عليه وآله لها البَيعة مِن المُسلِمين على مَلأ مِنهم في يَوم الغَدِير.

كَيف سيَتعاطَى عَلِيُّ أَمِير المُؤمِنين صَلوات الله وسَلامُه عليه و(شِيعَةُ عَلِيّ) في هذا العَهد الجَدِيد مع مُجتَمعات مُلوَّثَة بِمَفاهِيم (مَذْهَبِ الرَّأي) وما صَنعت مِن ثَقافَةٍ مُضْطَرِبَة القِيم مُنذ عَهد أَبِي بَكر وما أَحدَثت من التِقاط جاهِلِيّ في العَقِيدة.. مُجتَمعات

1 - تهذيب الكامل، المبرد 297/1

فاقِدَة لِلثِّقَة في دِينِها وفي ذاتِها وفي مَصِير مُستَقبلٍ يَخلو مِن فَوضى الانْقِلاب على الأَعْقاب والاغْتيالات البَينِيّة والحُروبِ الدَّاخِلِيّة على الإمْرة والخارِجيّة العَبَثِيّة على الثَّروة.. مُجتمعات شارَكَت بِالأَمْسِ في نَقضِ بَيعة الغَدِير وخَذَلَت نَبِيِّها صَلَّى الله عليه وآله في وَصِيَّتِهِ وشَكَّكَت في وَحْيِهِ وشَريعَتِهِ الَّتي جاء بها ورَضِيَت بِما عَلِمَت مِن حَرْبٍ بارِدَةٍ قائمة بَين كُبراء القَوم مِن الصَّحابة الَّذين نافقوا ونَفَروا بِنِفاقِهِم فاغتالوا نَبِيّهم صَلَّى الله عليه وآله في بَيتِهِ ثُمّ اصْطَنعوا (الخِلافَة) وتَقَمَّصوا معناها وتَنازَعوا عليه واغْتال بَعضُهم البَعضَ الآخر، وبات كُلّ واحِدٍ مِنهم يَترَضَّى على الآخَر في النَّاس ويَطعَن في سِيرَتِهِ مِن وراء ظَهرِه ويَتربّص الدَّوائر!

في الشَّام استَنفرَ مُعاوِيَة قُواه فاستَعدّ لِلظّرف المُستَجِد وأَعَدّ العدّة لِمُناجزة أَخْطر الاحتِمالات على مَصِير وَلايَة الأُمَوِيِّين في الشَّام وعلى وجُودِهِم في كُلّ ولاياتِ المُسلِمِين وكَأَنّهُ عَلِمَ بِما تَصِير إِلِيه أُمُور الخِلافَة أَو بما فَعَل بِمَكرٍ مَكرَه. وعَلِيٌّ أَميرالمؤمنين صَلواتُ الله وسَلامُه عليه مِن دَولَتِهِ الجَدِيدة سارع إِلى اتِّخاذ التَّدابير المُنقِذَة لإِصْلاح الوَضْع العام قَبل وُقوعِ الانْهيار الاجْتِماعي الخَطِير، ومنها ما تَعلّق بِحسم وَلايَة الشَّام حاضِنَة الأُمَوِيِّين ومُحور الدَّعم الرَّئيس لِسِيادَة عُثمان الهالِك في المَدِينَة ومَصدر النُّفوذ بِالمال والاستِقطاب بِالرّشا في كُلِّ البِلاد:

ـ فاحتُمِل أَنْ يَقدِم الإِمامُ عَلِيٌّ أَمِير المُؤمنين صَلواتُ الله وسَلامه على خطوةٍ مُفاجِئة يُقرِّر على أَثرِها تَنحِيَة الوالِي مَعاوِيَة عن وَلايَة الشَّام وتَعيِين آخر، ثُمّ تَخلِيص كُلِّ البِلاد مِن نُفوذِ الأُمَوِيِّين بِعَزل وَلاة عُثْمان المُفسِدين والمُتمَرِّدِين.

ـ وأَنْ يُدخِل عَلِيٌّ أَمِير المؤمنين صَلوات الله وسَلامُه عليه مُجتمعات البِلاد كلِّها في عَهد رَسُول الله صَلَّى الله عليه وآله مِن جَدِيد ويَطلب بَيعةَ الغَدِير فيَنسِف (مَذْهَب الرَّأي) نَسفًا ويُقوّض سِيرةَ الخُلفاء الثَّلاثة وسُنّتهم ويُنهي سِياساتِهم ويُسرِع في مُعالَجَةِ تَبعات الانْقِلاب على الأَعْقاب الَّذي جَعل مِن وَلايَة الشَّام عُمْقًا استراتِيجِيًّا يَحفظ لِلخلفاء المُتعاقِبين سِيادَتَهم في المَدِينَة بِالتَّوافق السِّياسِي والمُقايضات ويُتيح لِلأُمَوِيِّين

تَفوّقًا على قُوى الرَّفض والمُعارَضَة في المَدِينة ومكَّة ومنها قُوى (شِيَعة عَليّ).

ـ وإِصْلاح النِّظام الاجتِماعِي ونَبذ الوَضع الطَّبقي الجاهِلي وتَوحِيد البُعد العَقدَي والعودة إِلى الثَّقلَين ووَضع حَدٍّ لِظاهِرَة الانْفِصال العَقدِي الشَّائعة بين كُبراء الصَّحابَة إِذْ انْفَردوا بِمَذاهِبِهم بِإِزاء (مَذْهَبِ الرَّأي) الرَّسمِي ومِنها (مَذْهَبُ عائشَة)، وأَقاموا قَواعِدها بِدَعمِ مِن الخُلفاء الثَّلاثَة وعزَّزوا مِن وُجُودها في مُقابِل اتِّجاه (شِيعة عَلِيّ) المُتماسِك واللَّازم لِلثَّقلَين».

لكِنَّ الأُمور لم تَجرِ على هَوى مُعاوِيَة ومُستشاره ابنِ العاص، أَو بِالشَّكل الَّذي أَرادا حيث تَرهَّلَ (اتِّجاه أَهْل العامَّة) وضَعُف انتماءُ أَئمَّتِهِ ووُعاظِه لِـ(الخلافة) في المَدِينة، وخارت قُواه وانْهَكته الأَهواءُ الجاهِلِيَّة لِلخُلفاء وحُروبِهم وتَوالِي الفِتن القَبلِيَّة وتَنامِي أَطماع الرِّئاسة وهَوى الإِمرة والسُّلطان في النُّفوس، حتَّى انْقَسَمَ على نَفسِه قُبيل الإِعْلان عن مَقتَلِ عُثمان وتَفَاقمت في أَوساطِهِ ظاهرةُ الاستِقطاب المَذهَبي والنِّزاع في كَسْبِ الأَتْباع، في حِين استَطاع المِثال النَّمُوذَجِي (شِيعَةُ عَلِيّ) أَنْ يَصمِد أَمام العَواصِف العاتِيَة في عَهد الخُلفاء الثَّلاثَة، وأَنْ يُحافِظ على وُجودِهِ وهُوِيَّتِهِ أَمام نُفوذ (اتِّجاه أَهْل العامَّة) وشُيوع ظاهرة المَذاهِب المناوئة له، وأَنْ يَستَقِلّ بِوَلايَة أَمِير المؤمنين صَلواتُ الله وسَلامُه عليه ويَتمَسّك بِها وبِالثَّقلَين.

في غَمْرة هذه التَّحوّلات، مَثَّلَ عُثمان دَور أَوَّل الحُكّام المُنتَمِين لِأَوَّل حِزْبٍ قَبلِيّ سِياسِيٍّ نَشأ قُبَيل فَتح مَكَّة وتَمكَّن لِلتَّو مِن الخِلافَة بِصَفقَةٍ سِياسِيَّةٍ عَقدَها مع عُمَر، فتَقَمَّصها عُمر بِتَدبِير مِن الأُمويِّين ثُمَّ رَدَّها عُمَر إِلى الأُمَويِّين عبر عُثمان في الأَيَّام الأَخِيرة مِن حَياتِهِ الَّتي قَضى فيها بِطَعَنات خَنْجَر أَبِي لُؤلُؤة.

عُثمان هو أَكثر الصَّحابة الخُلفاء بُعدًا عن الثَّقلَين وتَطرّفًا في تَعنِيف (مَذْهَبِ الرَّأي) مِن سَلفَيهِ أَبي بَكر وعُمَر بِما يَخدِم اتِّجاهَه القَبلِيّ، ومِن غَير أَنْ يَكترِث لِمَصالِح الصَّحابَة مِن أَئمَّة ووُعَّاظ (اتِّجاه أَهْل العامَّة) الَّذي أَسَّسَه أَبو بَكر ورَعاه عُمَر لِيَبْسطا سِيادَتَهُما في المُسلِمين العَرَب حيث افْتقرا إِلى البُعد القَبَلِي الأَصِيل المَنِيع وإِلى

النَسَب الشَّهير المُعتَبر اللَّذين يَستقوِيا بِهما اجْتِماعِيًّا ويَكونا مَحلّ عِزِّهِما وشَرَفِهما. فعَدِي وتَيم مِن أَذَلِّ أَذِلّاء أَحْياء مَكَّة وأَرْذَلِ أَراذِلها، ولا يُقاسا بِبَنِي هاشِم ولا بِبَنِي أُمَيّة (اللَّصِيقِين) ولا بِبَنِي مَخزوم ولا بِبَنِي أَسَد وغَيرها مِن بُيوت العَرب في مكَّة.

في هَذِهِ الفَترة الحَرِجَة مِن سِيرةِ حَياة المُسلِمِين رَسَخَت قَواعِدُ المذاهِب والفِرق الَّتي بَدأت مَلامِحُها تَظهر في عَهدِ أَبِي بَكر حيث ضُيِّق على الرُّواة حركة سَفَرِهِم، وانْكَفأ الكَثِيرُ مِن الصَّحابَة بِعَقائدهم المُختلِفَة وشَرائعِهِم الخاصَّة عن نَسَق الخِلافَة ونَسبُوها إِلى الإِسْلام وتَنازعوا على تَمثِيلها، وانْفَرَد أَغْلَبُ الصَّحابَة المُولِين لِلخِلافَة بِـ(مَذْهَب الرَّأي) واستَقلّوا بِهِ على الرّغْم مَن تَشَظِّي انْتمائهم وانْقسامِهِ إِلى مَذاهِب، ونَبْذوا مَفهوم الرّابطة الوَثِيقَة بَين الثَّقلَين وسَعوا في تَنظِيم عَلاقاتِهِم الاجتِماعِيَّة وتَحديد مَواقِفِهِم إِزاء ما يَجري مِن نِزاع بارد في ساحَة غَيرهم مِن كِبار الصَّحابَة وما سَنُّوه مِن تَدابِير ماكِرة لِلتَّمكّن مِن السُّلطة وما أَصدَروه مِن أَفكار شاذّة في العَقِيدة ومِن أَحَكام مُلَفَّقَة.

عَوائِقُ الإِصْلاح في المَورُوث الرِّوائي

تَسلَّم عَلِيٌّ أَمِير المؤمِنين صَلواتُ الله وسَلامُه عليه (الخِلافَة) مِن بعد مَقتَل عُثمان وهي مُثقَلةٌ بِفِتَنِ الصَّحابَة وأَهوائهم وبِالأَزمات النَّاجمة عن الحُروب الَّتي اختَلقوها لِلتَّغلّب على نُظرائهم ومُنافِسِيهم ومُغالِبِيهم ولِجَمع الثَّروة ومَد النُّفوذ السِّياسي. وصارَت الخِلافَةُ إِلِيه مُنهكةً بِفَسادٍ عَمِيقٍ في العَقِيدة والشَّريعة والأَخْلاق وبِالشَّكّ في مَفهومِ (الخِلافَة).

لقد أَسفَر عن العَمَل بِـ(مَذْهَب الرَّأي) في عَهد الخلفاء الثَّلاثَة معطياتٌ سَيئةٌ ساهَمَت إِلى حَدٍّ كَبِيرٍ في ابْتِعاد المُسلِمِين عن إِسلامِهِم الَّذي عَرفوه في عَهدِهِم مع النَّبِيّ مُحمَّد صَلَّى الله عليه وآله، وهَيَّأَت البِيئَة المُناسِبَة لِظُهور المَذاهِب ثُمّ لِتَضخُّمها وانْشِقَاقها بعد تَمكُّنِها إِلى فِرَق. ومِن بَين هذه المعطيات:

ـ فقدان الثِّقَة في عَقِيدة الإسلام، وضَعْف الالْتِزام بِتَعالِيم الدِّين بين عامَّة المُسلِمين بِوَصْفِه بَدِيلًا عن الجاهِلِيَّة الأُولى وثَقافَتِها وصائنًا لِلأَنْفُس والأَموال ومُخالفًا لِلأَهواء والطَّبائع الشَّيطانِيَّة.

ـ واستَحالة النِّظامَين الاجْتِماعِي والاقتِصادِي في النَّاس إلى خَرابٍ يَعمُّه الشَّكُّ الرِّيبة والمَكر والخَدِيعة والفُرقة وهوى الإِمْرَة والسُّلطان حتَّى صار الصَّحابةُ أَقطابًا فِقهيَّة مُتباينة واتِّجاهات عَقدِيّة مُتنازِعَة، واختَلط على الفِكر والتَجأ المُسلمون إلى المَذاهِب وانْقسموا بها ثُمّ انْشَقّوا عنها إلى فِرق لِينقُضَ بَعضُها البَعضَ الآخر ويَنقَضَّ عليه ويَمكُر ويُؤلِّب ويُحرِّض ويَفتَرِي ويَبْهَت.

ـ تكَتَّل الصَّحابَة في اتَجاهات مُتبايِنَة المَواقِف أَو مُتحالِفَة، وينْصِب الولاة حَبائل الخَدِيعة لِنظرائهم ويَمكرون ويَمتدّون بِنُفوذهم في وَلايات غَيرهِم كِيما يحظون بِنَصيبٍ وافرٍ مِن السِّيادة في الإِمْرَة الَّتي صار يتَلَقَّفها الوَضِيع إيمانًا ونَسَبًا وحَسَبًا وشَرفًا ومَنْ لا يُحسِن إدارتها، وتَقمَّصَها مَن لا يَفْقَه في شَرِيعَةِ دِينها ولا في عَقيدَتِها.

فتَقَدَّم عَلِيٌّ أَمير المُؤمنين صَلوات الله وسَلامُه عليه بِأُولى خُطواتِهِ لإِصْلاحِ الوَضع العام، فعَمِل على إِعادَةِ المُسلِمين إِلى سابِق عَهدِهِم والالتِزام بِالثَّقلَين (القُرآن والسُّنَّةِ الشَّريفَة) المُترابِطَين المُجرَّدَين مِن أَثَر سِيرة الثَّلاثَة وسُنَّتِهم وما خَلَّفوه مِن أَحْكام (مَذْهَب الرَّأي) ومِن فَوضى والالتِقاط على مُستَوى الفكر الثَّقافَة وعلى مُستوى العَمل.

استَنهضَ عَلِيٌّ أَمِير المُؤمِنِين صَلواتُ الله وسَلامُه عليه العَدلَ النَّبوِي والأَخلاق المُحمَّدِيَّة، ودَعا إِلى التَّخَلِّيّ عمَّا ساء إِلى العَقِيدة السَّليمة ويَسوء إِلى الشَّريعة الصَّحِيحَة، وسعى إِلى التَّخلُّص مِن كلِّ مُخلَّفات صَحِيفَتي مكَّة الأُولى الجاهِلِيّة والثَّانِيَة الهِرَقلِيَّة، وبادرَ إِلى ما أَفسَدتَا وأَحدَثَتا في النَّاس بِـ(مَذْهَب الرَّأي) وغَيره مِن المَذاهِب مُنذ عَهد أَبِي بَكر، لِيُصلح ويُقِيم ما اعْوَجّ في أَفكار النّاس.

لكِنَّ العزم على العَودَة إِلى الأَصْل لم يَكُن بِالأَمر السَّهل على مُجتَمعات نَسَج

(مَذْهبُ الرَّأي) ثَقافَتَها، وصارت أَقرَب إِلى معنى التَّوفِيق بَين الجاهِليّة والإِسْلام أو (الوَسَطِيّة) بَينهما. ولم يَكُن أُولِئك الَّذين ارتَضوا بِبَيعَةِ عَلِيٍّ أَمِير المؤمنين صَلواتُ الله وسَلامُه عليه واجتَمعوا إِليه بَعد مَقْتَل عُثمان وباتوا لا يَرجون سُواه خَلِيفة فِي المُسلِمين ـ قادِرين على الانْسِجام مَع ما عَزم عَلِيٌّ أَمير المؤمنين صَلواتُ الله وسَلامُه عليه على اتِّخاذِه مِن مَنهج لِإصلاح الذَّوات وما أَفسَدَه مَورُوث الخُلَفاء الثَّلاثَة فيها.

وقد ظَهر مِن أَقوال بَعض الصَّحابَة وفِيهم طَلحَة والزُّبير ونَظائرهما ما يُشير إِلى أَنَّ كُبراء الصَّحابَة ومَوالِيهم ومَذاهِبهم ما اختاروا عليًّا أَمير المؤمنين صَلواتُ الله وسَلامُه عليه إِلَّا لِيَكون شَريكا لَها في المُلْكِ وفي ما هم عليه مِن تَعصّبٍ لِـ(مَذهَب الرَّأي) والتزامٍ بِحَقّ مَذاهِبِهم في الوُجود والبقاء، ولَيْس لِأَنْ يَكون عَلَيهِم إِمامًا هادِيًّا أَو حتَّى خَلِيفَةً ثالثًا في المُسلِمِين إِنْ استَوَنوا عُثمان الَّذي ثارُوا عليه أَو رابعًا مُضافًا إِلى سابِقِيه أَبي بَكر وعُمر وعُثمان (الرَّاشِدِين) أَو مُساوِيًا لَهُم في المَرتَبَةِ والمَقامِ أَو لَه أَنْ يَنفَرِد بِسُنَّةٍ خاصَّةٍ مِثْلَما كان لهم فتُضاف إِليهم!

إِنَّ عَلِيًّا أَمير المؤمنين صَلوات الله وسَلامه عليه مُؤَهَّلٌ لِتَشخِيص الواقِع المُزرِي وأَسبابِهِ ودَوافِعِهِ والنَّتائج الَّتي وَصَل إِليها، وذلك لما اخْتُصّ به مِن عِلْمٍ لَدُنّي وبِوَصْفِه إِمامًا معصومًا مُفترض الطَّاعة مَنصوصًا في الثَّقلَين، وهُو الأَعْلَم بِالواقِع والأَقدَر على مُعالَجَتِه بِما لَدَيهِ مِن مُختَصّات يَنفَرِد بِها ومِنها وَحْيُ الإِمامَة. فدَعا إِلى ما يَنبغي على النَّاس قُبوله وتَسلِيم الأَمْر له، فَقال لهم (وأَقبلَت الفِتنُ كقِطَعِ اللَّيل المُظلم، ولا يَحمل هذا الأَمرُ إِلَّا أَهْل الصَّبر والبَصر والعِلم بِواقع الأَمر. وإِنِّي حامِلُكم على مَنهج نَبِيّكُم)[1].

فما أَصعَب عَليهم أَنْ يَعودوا إِلى مَنهج نَبِيِّهِم صَلَّى الله عليه وآله بَعد أَنْ غَيَّبَهُ الخُلفاء الثَّلاثة واعتَصموا بِـ(مَذْهَبِ الرَّأي)، وتَخلَّفوا بِالنَّاس وأَسَّسوا على أَنقاضِ هذا المنهج نِظامَهم السِّياسِي والاجْتِماعِي، وأَقاموا مَظاهر ثَقافَتِهم الجَدِيدة ذات الصِّلَة الوَثِيقَة بِثَقافة الجاهِلِيَّة الَّتي أُمِروا أَنْ يَتَخلّوا عنها. فخاطَبَهم صَلواتُ الله وسَلامُه

---

1 -الإمامةُ والسِّياسة 51

عليه بما في أَنفُسِهم وقال (أَما إِنِّي أَعلَمُ الَّذي تُريدون ويُقِيم أَوِدَّكُم، ولكنْ لا أَشتَرِي صَلاحَكُم بِفَساد نَفسِي، بَل يُسلِّط الله عليكم قومًا فينتَقِم لِي مِنكم! فلا دُنيا استمتَعتُم بِها، ولا آخِرَة صِرْتُم إِليها. فبُعدًا وسُحقًا لِأَصحاب السَّعير!)[1].

إِنَّ طَبَائعَ النَّاس المُتقَلِّبة ورُؤيَتَهم الفاقِدة لِلثِّقة في ما يَجرِي مِن تَحوَّلات إِصْلاحِيَّة راهنة ومُفاجِئة تَحت إِمْرَةِ عَلِيٍّ أَمِير المؤمنين صَلواتُ الله وسَلامُه عليه ـ شَعَرت بِالاستِفزاز، وَظَنّ أَهلُها أَنَّ التَّحوُّلات هذه طالَت مَقام خُلفائهم المُقدَّسِين الَّذين اتَّبَعُوهُم بِإِحسانٍ في إِثْر رَحِيل النَّبِيّ صَلَّى الله عيه وآله وأُشْربت قلوبهم بِحُبّهم.

لِقد جُبِل النَّاس على ثَقافةٍ ناشِئة مُضْطَرِبَة تَشُدّها قِيمُ الجاهِلِيَّة المُتَخلِّفة والنُّظُم القَبلِيّة المُهترِئة، ويَعصِف بها الجَهلُ في الدِّين والبُعد عن الثَّقلين، وأَنَّ إِسلامَهم في الظَّرف الرَّاهن حيث رَحَل عُثمان وكاد حِزبُه الأُمَوي يخسر فُرصَتَه التَّأريخِيّة ليس هُو ذاتُه الدِّين الَّذي بَلَّغَه النَّبِيُّ صَلَّى الله عليه وآله وأَرسَى قَواعِدَه وأَسَّس لِأُصولِه وضَمِن مُستقبَله في فَترةِ بِعثَتِه وعَزَّز وُجودَه بِالثَّقلَين.

أَمْسَى الإِسْلامُ (أَهواءً تُتَّبَع وأَحكامًا تُبتَدَع)، وصار فِكرةً هَجِينةً تَجولُ في الأَذهانِ وتُزَفُّ بِأُلوفٍ مِن النُّصوص المُلَفَّقة والمَوضوعة والمُختَلقة والمُزَّورة والمؤوَّلة وقد نُسِبَت إِلى القُرآن أَو إِلى السُّنَّةِ المُطهَّرَة وصدَّقَها كِبارُ الصَّحابَة بِمَعايير (مَذْهَب الرَّأي) وأَضافوا إِليها مِن عِندِ أَنْفُسهم حتَّى انْقَلَبَت في النَّاس مع كرور الأَيَّام إِلى ثَقافَة هي أَقْرب إِلى الجاهِلِيَّة وأَبعَد عن الإسلام، وجاءها مِن الصَّحابَة مَن يَحبِسها في أُطرِ انْتِماءات مَذْهبِيَّة ضَيِّقة الفكر ومَن يَصْطَنِع لها بِمَا تَوهَّم أَحْكامًا خاصَّة صارت في المُسلِمين بعد ذلك مِن المُسَلَّمات.

وأَمّا المُغالَبات والدَّسائس وأَعمال الاغْتِيال والتَنابُز بِالأَلقاب والمَكْر والمَكر المُضادّ والإِفتراء فكانت خاصّةً نَشِطةً حيويّةً بَين كبراء الصَّحابَة المُنافِقين ووُلاتِهم ووُزرائهم في الأَمْصار سُرعان ما افتُضِحَت وَعَمَّ خبرُها الآفاق ونَفَرَت منها فئةٌ كَبيرةٌ

---

1 - الكافي 361 /8 - 551

مِنَ النَّاس ومِن عقائد أَكْثر الصَّحابَة ومَذاهِبهم، وصارَت مَساحةُ النِّفاق بِإزاء مُسَلَّمات هذا اللَّون مِن الثَّقافَة شاسِعةً جَدًا وفاصلةً فيما بَين أَفراد مُجتمعات المسلمين.

فإِنْ تَظاهر العامَّة مِن الصَّحابة بوَلايَتِهم لِأَبِي بَكر وعُمر وامتَثلوا لِسُنَّةِ (مَذْهَب الرَّأي) فإنَّما لِيُقدِّموا لهما العُذرَ فيما أَحْدَثوا في الدِّين، وذلك مِن مُنطلقٍ سِياسِيٍّ جاهِليّ أَو نَفعِي أَو بِما جُبلوا عليه مِن نِفاق. وتَحاملوا على عُثمان لِوَحدِهِ لِما فَعَل مِن التَّمكين الفاحِش لِبَنِي أُمَيَّة في شئون الخِلافَة مِن دُونِهم وإِيقاف العطاء، وأَصْبحوا يِنظرون إِلى عَلِيّ أَمير المؤمنين صَلواتُ الله وسَلامُه عليه الخَلِيفة الجَدِيد بِعَين الشَّكّ والرِّيبَةِ بِمِثل ما كانوا يَنظرون إِلى عُثمان، فقد يَحمِل ثِقل بَنِي هاشِم عَلى ظُهورِهم.

فِي خُطبه له صَلواتُ الله وسَلامُه عليه ساوى عَلِيٌّ أمير المؤمنين فيها بَين الخلفاء الثَّلاثَة وخَصّ الأَوّل والثَّانِي بِما سُجِّل على الثَّالِث مِن عَيوب، ودعا فيها المُسلِمِين إِلى الالْتِزام بِقِيَم نَسَوها وتَمرّد عليها خُلفاؤهم الثَّلاثة وناهَضُوها، وأَهْمَلوا فيهم الثَّقلين الكِتاب وسُنَّة النَّبِيّ صَلَّى الله عليه وآله واستَبدّوا عليهم وعلى الثَّقلَين بِـ(مَذْهَبِ الرَّأي) في كُلِّ أَمْر.

وَصَف عَلِيٌّ أَمير المؤمنين صَلواتُ الله وسَلامُه في هذه الخُطبة ما كان الخلفاء الثَّلاثَة عليه مِن تَجاوزٍ لِلدِّين، واستَعرضَ في المُسلِمِين ما يَجِب العَمل على إِصْلاحِه. كما ضَمَّن الخُطبةَ رُدود الفِعل في الوَسط العام على ما أَقدَم عليه مِن إِجراء إِصْلاحِي يَرجو بِه إِقامةَ العَدل وإِفشاءَه فِيهم.

فعَن عَلِيِّ بن إِبراهِيم، عن أَبِيه، عن حمَّاد بن عِيسَى، عن إِبراهيم بن عُثمان، عن سُلَيم بن قَيس الهِلالِي قال: خطَب أَمِيرُ المُؤمنين صَلوات الله وسَلامُه عليه فحَمَد الله وأَثنى عليه، ثُمَّ صَلَّى على النَّبِيِّ صَلَّى الله عليه وآله، ثُمَّ قال: أَلا إِنَّ أَخوفَ ما أَخاف عليكم خِصْلَتان: اتِّباعُ الهَوى وطُولُ الأَمَل. أَمَّا اتِّباعُ الهوى فيَصدّ عن الحَقِّ، وأَمَّا طُول الأَمَل فيُنسِي الآخرة.

أَلا إِنَّ الدُّنيا قد تَرَحَّلَت مُدبِرةً وإِنَّ الآخرةَ قد تَرَحَّلت مُقبلة ولِكُلّ واحدةٍ منها

بَنُون. فكونُوا مِن أَبْناءِ الآخْرة ولا تكونوا مِن أَبناء الدُّنيا، فإِنَّ اليومَ عَملٌ ولا حِساب وإِنَّ غدًا حسابٌ ولا عَمل، وإِنَّما بِدء وُقوع الفِتَن مِن أَهواءٍ تُتَّبَع وأَحكامٍ تُبتَدَع، يُخالَفُ فيها حكمَ الله، يتولَّى فيها رِجالٌ رِجالًا. أَلا إِنَّ الحقَّ لو خلص لم يَكُن اختِلاف، ولو أَنَّ الباطِلَ خلص لم يخفِ على ذِي حِجَى. لكنَّه يُؤخذ مِن هذا ضِغثٌ ومِن هذا ضِغثٌ فيُمزَجان فيُجللان معا، فهنالِك يَستولى الشَّيطان على أَولِيائه ونجا الَّذين سَبقَت لهم مِن الله الحُسْنى.

إِنِّي سَمِعتُ رَسُولَ الله صَلَّى اللهُ عليه وآله يقول: كيفَ أَنتُم إِذا لبستم فِتنةً يَربو فيها الصَّغير ويَهرمُ فيها الكبير، يَجري النَّاسُ عليها ويَتَّخِذونها سُنَّةً فإِذا غُيِّر منها شيءٌ قِيل: قد غُيِّرت السُّنَّةُ وقد أَتى النَّاس مُنكرًا ثُمَّ تَشتدُّ البَلِيَّةُ وتُسبَى الذُّرِّيّة وتدقّهم الفِتنَةَ كما تَدقّ النَّارُ الحطبَ وكما تَدقّ الرّحا بِثفالها ويَتفقّهُون لِغَير الله ويَتعَلّمون لِغَير العمل ويَطلبون الدُّنيا بِأَعمال الآخرة.

ثُمَّ أَقبَلَ عَلِيٌّ صَلوات الله وسَلامُه عليه بِوَجهِهِ وحَوله ناسٌ مِن أَهْلِ بَيتِهِ وخاصَّتِهِ وشِيعَتِه فقال: قد عَمِلَت الولاةُ قَبلِي أَعمالًا خالَفوا فيها رَسُول الله صَلَّى الله عليه وآله، مُتعمِّدين لِخِلافِه، ناقِضِين لِعَهده ، مُغَيِّرين لِسُنَّتِه، ولو حَمَلتُ النَّاسَ على تَركِها وحَوَّلتها إلى مواضعها وإِلى ما كانَت في عهد رَسُول الله صَلَّى الله عليه وآله لَتَفرَّقَ عَنِّي جُنْدِي حتَّى أَبقى وَحدي أَو قليل مِن شِيعَتِي الَّذين عَرفوا فَضْلِي وفرض إِمامَتِي مِن كتاب الله عَزَّ وَجَلَّ وسُنَّة رَسُول الله صَلَّى الله عليه وآله.

أَرأَيتُم لو أَمرتُ بِمَقام إِبراهيم عليه السَّلام فَرددته إِلى المَوضِع الَّذي وَضَعَه فيه رَسُولُ الله صَلَّى الله عليه وآله، ورَددتُ فدَكَ إِلى ورَثَةِ فاطِمة صَلواتُ الله وسَلامُه عليها، ورَدَدتُ صاع رَسُول صَلَّى الله عليه وآله كما كان، وأَمْضَيتُ قطائع أَقطعَها رَسُول الله صَلَّى الله عليه وآله لِأَقوامٍ لم تَمضِ لَهُم ولم تنفذ، ورددتُ دار جَعفر إِلى ورَثتِهِ وهدمتها مِن المَسجِد، ورَدَدتُ قضايا مِن الجور قُضِي بها، ونَزَعتُ نِساءً تَحت رِجالٍ بِغَير حقٍّ فَرددتَّهُن إلى أَزواجِهن واستقبلتُ بِهنَّ الحكمَ في الفُروج والأَرحام،

وسبيت ذرارِي بَنِي تغلب، ورَددتُ ما قسم مِن أَرضِ خَيبَر، ومَحوتُ دَواوِين العطايا، وأَعطيتُ كما كان رَسُول الله صَلَّى الله عليه وآله يَعطي بِالسَّوِيَّة ولم أَجعلها دولةً بين الأَغْنياء، وأَلقيتُ المساحة، وسَوَّيتُ بين المَناكح، وأَنفذتُ خُمس الرَّسُول كما أَنزل الله عَزَّ وَجَلَّ وفَرضه، ورَددتُ مَسجد رَسُول الله صَلَّى الله عليه وآله إلى ما كان عليه، وسَددتُ ما فُتِح فيه مِن الأَبْواب، وفَتحتُ ما سدَّ منه، وحرَّمتُ المَسح على الخِفَّين، وحددت على النَّبِيذ، وأَمرتُ بِإِحْلال المِتعَتين، وأَمرتُ بالتَّكبيرِ على الجنائز خمس تَكْبِيرات، وأَلْزمتُ النَّاسَ الجَهرَ بِبسمِ الله الرَّحمن الرَّحِيم، وأَخرَجتُ مَن أُدخِلَ مع رَسُول الله صَلَّى الله عليه وآله في مَسجِده مِمَّن كان رَسُول الله صَلَّى الله عليه وآله أَخرَجَه، وأَدخَلتُ مَن أُخرِج بعد رَسُول الله صَلَّى الله عليه وآله مِمَّن كان رَسُول الله صَلَّى الله عليه وآله أَدخله، وحملتُ النَّاس على حُكم القرآن وعلى الطَّلاق على السُّنَّة، وأَخذتُ الصَّدقات على أَصنافِها وحُدودها، ورَدَدتُ الوُضوء والغُسل والصَّلاة إلى مواقيتها وشائعها ومواضعها، ورَددتُ أَهْلَ نَجران إلى مَواضِعِهم، ورَددتُ سَبايا فارِس وسائر الأُمَمِ إلى كِتاب الله وسُنَّةِ نَبِيِّهِ صَلَّى الله عليه وآله، إذاً لَتفرَّقوا عَنِّي.

والله لَقد أَمرتُ النَّاسَ أَنْ لا يَجتمِعوا في شَهر رَمضان إِلَّا في فريضة وأَعلمتُهم أَنَّ اجتِماعَهم في النَّوافِل بِدعَةٌ فتَنادى بعضُ أَهْلِ عَسكَرِي مِمَّن يُقاتل مَعِي: يا أَهْلَ الإسلام غُيِّرت سنَّةُ عُمر، يَنهانا عن الصَّلاة في شَهر رمضان تَطوُّعًا. ولقد خِفْتُ أَنْ يَثُوروا في ناحِيَة جانِب عَسكَرِي ما لقيت مِن هذه الأُمّة مِن الفُرقَةِ وطاعة أَئمَّةِ الضَّلالة والدُّعاة إلى النَّار. وأَعطيتُ مِن ذلك سَهمَ ذِي القُربى الَّذي قال الله عَزَّ وَجَلَّ [وَاعْلَمُوا أَنَّمَا غَنِمْتُم مِنْ شَيْءٍ فَأَنَّ لله خُمُسَهُ وَلِلرَّسُولِ وَلِذِي الْقُرْبَى وَالْيَتَامَى وَالمسَاكِينِ وَابْنِ السَّبِيلِ إِنْ كُنتُم آمَنتُم بِالله وَمَا أَنزَلْنَا عَلَىٰ عَبْدِنَا يَوْمَ الْفُرْقَانِ يَوْمَ الْتقَى الْجَمْعَانِ وَالله عَلَى كُلِّ شَيْءٍ قَدِيرٌ]. فنَحنُ والله عَنِى بِذِي القُرْبى الَّذي قَرَنَنا اللهُ بِنَفسِهِ وبِرَسُولِهِ صَلَّى الله عليه وآله فقال تعالى [فَلِلَّهِ وَلِلرَّسُولِ وَلِذِى الْقُرْبَىٰ وَالْيَتَمَىٰ وَالْمَسَٰكِينِ وَابْنِ السَّبِيلِ..] «فِينا خاصَّة» [كَيْ لَا يَكُونَ دُولَةً بَيْنَ الْأَغْنِيَآءِ مِنكُمْ، وَمَا ءَاتَيكُمُ الرَّسُولُ فَخُذُوهُ وَمَا نَهَيكُمْ عَنْهُ فانتَهُواْ، وَاتَّقُواْ الله، إِنَّ الله شَدِيدُ الْعِقَابِ] «لِمَن ظَلَمَهم» رَحْمةً مِنه لَنا وغِنَى أَغنانا

اللهُ بِهِ ووَصَّى به نَبِيَّه صَلَّى الله عليه وآله ولم يَجعل لنا في سَهم الصَّدَقَةِ نَصِيبًا أكرَمَ الله رَسُولَه صَلَّى الله عليه وآله وأكرَمَنا أَهْلَ البيت أَنْ يُطعِمنا مِن أَوساخ النَّاس، فكَذَّبوا الله وكَذَّبوا رَسُولَه وجَحدوا كتابَ الله النَّاطِق بِحقِّنا ومَنعونا فَرضًا فَرَضَهُ اللهُ لنا، ما لَقِي أَهْلُ بيت نَبِيٍّ مِن أُمَّتِهِ ما لَقِينا بعد نَبِيِّنا صَلَّى الله عليه وآله والله المُستعان على مَن ظَلَمنا ولا حول ولا قُوّة إِلَّا بالله العَلِي العظيم)[1].

لقد أَماطَت هذه الخطبة اللِّثام عن الكَثِير مِن التَّراكمات الخاطِئة والمُنحرِفَة والشَّاذة الَّتي كَرَّسها (مَذْهَبُ الرَّأي) في مُجتَمعات المُسلمين وما أَحدَثه الخُلفاء الثَّلاثة حيث ضُرِبَت غشاوةٌ على عُقول الكِثير مِن الصَّحابَةِ والكَثيرِ مِن العامَّة مِن النَّاس مُنذ عَهد أَبِي بكر. وطَمَعَ الكَثِيرُ مِن الصَّحابَة والعَشائر والقَبائل في الإِمرةِ والرِّئاسة أَو ما يَترَتب عليهما مِن مَكاسِب مادِيَّة وامتيازات جُعِلَت ثَمنًا لِلادِّعاء بِصُحْبَةِ النَّبِيِّ صَلَّى الله عليه وآله أَو بِالقَرابَةِ مِن أَحد الخُلفاء أَو بِالتَّميُّز والصِّدق في تَحمُّل الرِّواية تَحت تَأثير الأَقطاب المُتنازِعَة مِن الخُلفاء ونُدمائهم وغُرمائهم.

وقد تَداخَلَت الأَحْقادُ القبليَّةُ مع عَوارِض عقدة الشُّعور بِالنَّقص في الذّات النَّاجِمة عن التَّمايز الطَّبَقِي والتَّفاوُت في النَّسَب والحَسَب الجاهِليّ بين الصَّحابَة وعَزَّزت مِن هَوى حُبّ الإِمْرة والرِّئاسة فِيهم فأَقدَموا على أَعمالٍ لا دِين فيها ولا شَريعة ولا أَخْلاق.

إِنَّ في الإجراءات الإِصْلاحِيَّة التي اتُّخِذَت في عهد عَلِيٍّ أَمِير المُؤمنين صَلوات الله وسَلامه عليه وما رافقها مِن أَعمال حازِمَة لإِيجاد البَدِيل الشَّرعي الأَصِيل السَّليم ـ ما يَكشِف عن أَنَّ المُعالجات الإِصْلاحِيَّة هذه لَنْ تَجري في سِياقٍ سَهلٍ يسيرٍ مُعبّد الطَّريق، ولكِنّ الإبقاء على الأَوْضاع على ما هِيَ عليه دُونَما تَغيير سيُعَدّ تكريسًا لِلنَّسَق الجاهِلي وتَغليبًا له. فلا بُدّ مِن إِيجاد البَدِيل ومِن اعتِبارِ التَّغيير ضَرورة لا تَراجُع عنها قَبل أَنْ يَتَّسِع الخَرقُ على الرَّاتِق.

فالأُمَّة على شَفِير هاوِيَة بِكُلّ المعايير السِّياسِيّة والإجتماعِيّة والإقتِصادِيّة،

---

1 - روضة الكافي، الكُليني 50. مرآة العقول، المجلسي 131/ 25

والجمودُ على ما أَحدَثه الخُلفاء الثَّلاثة بـ(مَذْهَبِ الرَّأي) وما أَقامُوه مِن تَحوّلٍ ثقافيٍّ على خِلاف ما نَصّ عليه الثَّقلان سيَفضِي إِلى انْشِقاق البِلاد وانْفِصال أَقالِيمها، وإِلى تَشظِّي المُجتَمَعات المُسلِمَة في ثَقافات مُشَوَّشة الفكر، وإِلى تَنازُع القَبائل والعَشائر على الأَنساب الجاهِلِيّة والمقامات الاجْتِماعِيّة والرُّتَب السِّياسِيّة، وإِلى انْفِلات ظاهِرَتي تَفَشِّي النِّفاق وتَعدّد المَذاهب وانْشِطارها إِلى فِرَق، وتَنامِي التَّكتّلات والاتِّجاهات والمحاور على ذات الهَيئة الَّتي تَشَكَّلَ فِيها (اتِّجاه أَهل العامّة) و(حِزْبُ الأُمَويِّين) و(حِزْبُ عائشة) وطَلحة والزُّبير، وتَباعُد الأَنْصار عن المُهاجِرين وتَباعد الأَوْس عن الخَزرج، حيث أَعْطَى (مَذْهَبُ الرَّأي) لِكُلِّ صَحابِيٍّ المُبرِّر الكافي لِيُقِيمَ سلطانَه الخاصّ وفق ما يراه راجِحًا في جَماعةٍ تَتَّبعُه أَو فِرقَةٍ أَو اتِّجاهٍ أَو مَذْهَبٍ يَكنّ له الوَلاء المُستَلزِم لِلطَّاعَةِ.

بُويعَ عَلِيٌّ أَمير المؤمنين صَلواتُ الله وسَلامُه عليه مِن بَعد مَقْتَل عُثمان على رِضًا مِن المُسلِمِين لَيس بِوَصْفِهِ الخَلِيفة الرَّابع ولا على ذات النَّسَق السِّياسِي لِلخليفة الأَوّل ولا لِلثَّاني ولا لِلثَّالِث. وَفِي أُولى خُطواتِهِ على طَريق الإِصْلاح الشَّامِل أَمَرَ عَلِيٌّ أَمير المؤمنين صَلواتُ الله وسَلامهُ عليه بِعَزلِ الوُلاة الأُمَويِّين الَّذين عَيَّنَهم عُثمان على وَجْه السُّرعَة، وجاء مُعاوِيَة بن أَبي سُفيان والِي الشَّام على رأس قائمة الوُلاة المُقالِين. وقال صَلواتُ الله وسَلامُه عليه مُعرِّضًا ومُعقِّبًا (إِنَّ هذه الإِمارَة أَمانَةٌ، فمَن جَعَلَها خِيانَةً فعَلَيهِ لَعنةُ الله إِلى يَوم القِيامَة، ومَن استَعْمَل خائنًا فإِنَّ مُحمَّدًا صَلَّى الله عليه وآله بَرِيءٌ مِنه في الدُّنيا والآخرة)[1].

فبَعَثَ عَمرو بن العاص ـ مِن مَخبَئِهِ الَّذي فَرَّ إِليه بَعد مَقْتَل عُثمان ـ إِلى مُعاوِيَة يُخبِره بِمستجِدّات الوَضْع الخَطير قائلًا (أَما بَعْد، ما كُنْتَ صانِعًا فاصْنَع، إِذْ قَشَّرَك ابنُ أَبي طالِب مِن كُلِّ مالٍ تَملِكُه كما تُقَشَّر عن العَصا لِحاها)[2].

1 - نَهج السّعادة في مُستدرك نهج البلاغة 33/ 5

2 - شَرح نَهج البَلاغة، ابن أَبِي الحديد 270/ 1

رَفضَ عَلِيٌّ أميرُ المؤمنين صَلوات الله وسَلامُه مُقترحًا تَلقَّاه مِن ابنِ عَبَّاس يَنصَح بِتعيين الزُّبَير وطَلحة على وَلايَتي الكُوفَة والبَصْرة إذْ قال ابنُ عبَّاس لِعَلِيٍّ أَمِير المؤمنين صَلواتُ الله وسَلامُه عليه فِيهِما (أَرى أَنَّهما أَحَبَّا الوَلايَة، فَوَلِّ البَصْرةَ الزُّبَير، ووَلِّ طَلحةَ الكُوفَة. فَقال عَلِيٌّ أَمِير المُؤمنين صَلواتُ الله وسَلامُه عليه لابن عبَّاس:

«وَيْحَك، إنَّ العِراقَين بِهما الرِّجال والأَمْوال، ومتَى تَملَّكا رِقابَ النَّاس يَستمِيلا السَّفِيهَ بِالطَّمَع، ويَضرِبا الضَّعيف بِالبلاء، ويَقْوَيا على القَوِي بِالسُّلطان. ولو كُنْتُ مُستعمِلًا أَحدًا لِضُرِّه ونَفعِه لاستَعمَلتُ مُعاوِيَة على الشَّام، ولولا ما ظَهر لِي مِن حِرصِهِما على الوَلايَة لَكان لِي فيهما رَأي)[1].

في بَادِئ الأمر، لم يَرْضَ طَلحةُ والزُّبير بِعَلِيٍّ أمير المؤمنين صَلواتُ الله وسَلامُه عليه خَلِيفةً إلّا وكان في ظَنِّهما أَنَّ ما سَيَقدِمان عليه مِن بَيعَةٍ له لا يَخرُج عن كَونِهِ تَرضِيَةً بِصَفْقَةٍ يَتِمّ بِمُوجِبِها تَقاسم السُّلطة في ظَرفٍ لاحِقٍ. فقالا لِعَلِيٍّ صَلواتُ الله وسَلامُه عليه (هَلْ تَدرِي على ما بايَعنَاك يا أَمِير المُؤمِنين.. بايَعناك على إنَّا شَرِيكاك في الأَمْر)[2]، لكنَّهما أدركا في وَقْتٍ مُتأخِّرٍ أَنَّهما يَعِيشان وَهْم العَظَمة حيثُ لا واقِع لما تَوَهَّموه وأَنَّ كل ما تَوهَّموه ظَلّ خارِج دائرة الاحْتِمالات.

فقد اتَّخذ عَلِيٌّ أمير المؤمنين صَلواتُ الله وسَلامه إجراءً عاجِلًا بِعَزل وُلاة عُثمان واستِعادة الأَموال المَنهوبَة، وأَمَرَ بِردِّ (الكنوز والأَراضي الَّتي وُزِّعَت بِوجْهٍ غير مَشروع، وأَعلَنَ إنَّ التَّمايُز الَّذي رَفَع مَن لا يَستَحِقّ وخَفَضَ مَن لا يَستَحِق قد حان الوَقْتُ لِتَصفِيَتِه. ثُم ذَهَب إلى التَّسوِيَة في العطاء)[3]، وأَمرَ بِمُصادَرة كُلِّ ما بِحَوزة عُثمان ووُلاتِه وما قَسَّمُوه مِن عَطايا ووَزَّعوه مِن إقطاعٍ على قَومهِم مِن بَنِي أُمَيَّة. وقال صَلواتُ الله وسَلامه عليه (والله لو وجدته قد تُزوِّج به النِّساء ومُلِك بِه الإِماء لَرَدَدتَه. فإِنَّ في

1 -الإمامَة والسِّياسَة 52/ 1. نظرِيّة الإمامة 284
2 -الإمامَة والسِّياسة 52/ 1. نَظرِيّة الإمامة 284
3 - نِهاية العقول. الرّازي 252

العَدلِ سِعَة، ومَن ضاقَ عليه العدلُ فَالجَور عليه أَضْيق)[1].

إنَّ عَلِيًّا أَمِير المؤمنين صَلواتُ الله وسَلامُه عليه هو أَعلَمُ النَّاسِ بِما تَصِير إِليه الأُمُور وما سيَجرِي مِن صِدامٍ مُباشرٍ لا بُدّ منه مع مُعاوِيَة بن أَبِي سُفيان الّذي انْتَظَرَ طويلًا لِيُحقِّق لِبَنِي أُمَيَّة فُرصَتهم التَّأريخيَّة بإِقامَة خلافَتهم المُستقِلّة السَّائدة على بِلاد المُسلِمِين. ولكنّ مُعاوِية بُهِتَ بِسُرعَةِ تَحوُّلات المَدِينَة وبِهَلاك عُثمان واخْتِيار الخَلِيفة البَديل، أَو أَنَّ مُعاوِيَة أَسرَع في تَقدِيم عُثمان كَبْش فِداء حتَّى يُحرِّر الشَّام مِن أَثْقال المَدِينَة وما كان يَمُوج فِيها مِن قُوى مُضادَّة لِلأُمَوِيِّين أَخْفَق عُثمان في مشْرُوع مُحاصَرتِها جُغرافِيًّا واشْغالها بنَفسِها، باستِثناء (شِيعَة عَلِيّ) الّذين أَدرَكوا الأَمر فاستَثْمروا المَوقِف وفَوَّتوا الفُرصَةَ على مُعاوِيَة، ففَقَد الأُمَوِيُّون بذلك السَّيطرة على مَقالِيد الأُمُور في المَدِينة.

لم يَكُن أَحدٌ يَتوقَّع أَنْ يُستَقْبل إِصْلاح عَلِيّ أَمِير المؤمنين صَلواتُ الله وسَلامُه عليه بِسِعَة صَدرٍ في مُجتَمَعات استُخِفَّت عُقولها بِالوَضْع الرِّوائي المؤيّد بِـ(مَذْهَبِ الرَّأي) لمدّة تَزِيد على 24 سَنَة، وأُشرِبت خِلالها بِحُبِّ سِيرة عَهْد (الخِلافَة) وأَطاعَت الخُلفاء واعتَادت على سُنَّتِهم، وقُعِّدَت لِثقافِتِها القَواعد ولِمَصالحها النِّظام الاجْتِماعي بما يُوافِق عهد الجاهِلِيّة.

ولَيْس مِن شَكّ في أَنَّ مَعركةً على مُستوى الثَّقافَة والنِّظام الاجْتِماعي وسِيادَة الحُكم ووَحْدَة الأُمَّة وجُغرافيا البِلاد لا بُدَّ مِن وُقوعها مِن جانِب عَلِيٍّ أَمِير المؤمنين صَلواتُ الله وسَلامُه عليه بِوَصْفِهِ الخَلِيفَةَ المُختار في النَّاس وراعيَ الأُمَّة والصَّائنَ لِديارها.

ولَعَلَّ أَعظم المعارِك مِن حيث أَهَمِّيتها وخُطورَتِها في سِيرة الخِلافَة هي مَعركَةُ الإِصْلاح الثَّقافِي حيث انْقَلبت مُخرجات (مَذْهَب الرَّأي) في النَّاس إِلى عادات وتَقالِيد وشَعائر وفُنون ورُؤيَة لِلتَّأريخ وإِذْعان لِلواقع المُعاش بِكل عِلّاتِهِ وأَسقامِه. وتَأتِي في

1 - شرح نهج البلاغة، ابن أبي الحديد 270/ 1.

الدَّرجَة الثَّانِيَة مِن حيث الأَهَمِّيَّة والخُطورة مَعركَةُ استِعادَة وَلايَة الشَّام قَبل أَنْ يَستَقِلّ مُعاوِيَة بِها ويُورِّثَها فِي بَنِي أُمَيَّة ويُؤسِّس بها مَلكِيَّةً مَحمِيَّةً مِن قِبَل دُول بَحر المُتَوسّط المَسيحِي. وفي الدَّرَجَة الثَّالِثَة مِن حيث الأَهمِيَّة تَأتِي مُعالجَةُ تَعدُّد الأَقطاب وتَشكّل المحاور والانْتِماءات المُضادَّة والقُوى المَذهِبيَّة المُنحرِفَة.

لم يَكُن مُعاوِيَة أَوَّل مَن سَعى سَعيَه لاعتِماد سُنَّة التَّورِيث في الخِلافَة، وإِنَّما سُجِّلت لِلخُلفاء قبله مُحاوَلاتٌ فاشلةٌ لِتَوريثها ولم يَتسنَّ لهم ذلك حَيث طَلَبَ الخِلافَةَ جَمعٌ كَبيرٌ مِن الصَّحابة الأَقوياء المُتحالِفِين مِمّن يُشاكِلهم مِن نُظرائهم، وظَلّ كُلُّ واحد منهم يَنتظر دَورَهُ على قائمة الجَزاء والاستِحقاق، على أَنْ تُردّ إِليه لِقاء ما أَحدَث بِالانْقِلاب أَو إِلى عَقِبه.

اجتهد عُمَر لِتَنصِيب ابنِهِ عَبد الله خَلِيفَةً بِما قدّم له مِن وَصِيَّة في الشُّورى المُستَبِدّة، وهَيَئ له الأَمرَ بِحَملِ السَّيف على رقاب كُبراء الصَّحابة المُجتمِعِين السِّتَّة ذَوِي الاتِّجاهات المُتبايِنة. ولكِنَّ عبد الرَّحمن بن عَوف فَوَّتَ الفُرْصَةَ على عُمَر الَّذي لم يَكن شُجاعًا بِما يَكفي لإِعلانِ الخلافَة في وُلْدِه مع وُجود الهاشِمِيِّين وعلى رأسهم عَلِيّ أَمِير المؤمنين صلواتُ الله وسَلامُه عليه فضلًا عن وُجودِ الأُمويِّين الَّذين طَلبوا منه نَصيبَهم في الخِلافة لِقاء ما قَدّموا له مِن عَمَلٍ انْتَهى بهم إِلى تَصفِيَة أَبي بَكر الخَلِيفَة وتَنصِيب عُمر مِن بَعدِه خَلِيفة.

سَدَّ ابنُ عوف الأَبوابَ في وَجْهِ عبد الله بن عُمَر، وجَدَّ في إِبعاد الخِلافة ما أَمْكَن ذلك عن عَلِيٍّ أَمِير المؤمنين صَلواتُ الله وسَلامُه عليه، وعَقدها في يَدَي عُثمان حصرًا وأَراح بَنِي عُمَر مِن عُقوبَةِ القِصاص بِالقَتل الَّتي كانَت تَنتظِر التَّنفِيذ في عُبيد الله بن عمَر قاتِل الهُرْمُزان وسَلامَ ابنَة أَبِي لُؤلُؤة.

لم يَشعر كبارُ الصَّحابة بِالحَرج عندما أَقدموا على مُمارسَة النِّفاق والمَكر والخَدِيعة أَو اتَّبعوا التَّآمُر طريقةً لِتَحقِيق الغَلبة لِأَنفُسِهم والاستِحواذ بها على مَحاور القُوة (المال والمقام والسُّلطة والرِّجال) ولو بِالفَلْتَةِ في أُمَّةِ مُحمَّد صَلَّى الله عليه وآله

حيث ما زالت ثَقافَةُ الجاهِلِيّة كامِنة في الأَنْفُس، ولَمْ يُدرِك كُبراء الصَّحابَة بَعْد المَعانِي الضَّرورِيّة في العَقِيدة والشَّريعة فضلًا عن الأَخْلاق، ورُبَما أدركوها فحال بينهما النِّفاق فلَم يَقتَرفوا مِن الإيمان شيئًا.

تَعَرَّضَ دِينُ الصَّحابة البَاهِت في الفَترَةَ الزَّمنِيَّة القَصِيرة مِن إِسْلامِهم إلى عَددٍ مِن التَّحدّيات المَصِيريَّة فلَمْ يَصمِدوا أمامها، ففَرّوا وتَركوا الصَّحابَة المؤمِنين لِوَحدِهم في عَرصاتِها، ثُمّ انْحَرفوا بِالدِّين وبالمُسلِمِين بِعنوان الدِّين نَفسِه وأَقامُوا جاهِلِيّةً ما زالت حاكِمَة على رُؤوسِ الأَغلَبيّةِ في المُسلِمِين إلى الزَّمَن المُعاصِر.

رَكَزَ إِصرارُ الإمام عَلِيّ صَلواتُ الله وسَلامُه عليه على عَزل مُعاوِيَة عن وَلايَة الشَّام حَدًّا فاصِلًا أمام ظاهِرَةِ النِّفاق المتفَشِّية بين الصَّحابَة المُتنافِرين والمُتغالِبين والمُتنافِسِين على الإمْرة والرّئاسة والسّلطان إِذْ لا يُجدِي النِّفاق في بِيئَتِهِ إِلّا بِاتِّباع (مَذْهَب الرَّأي) المُشرِّع لِلمَكر والخَدِيعة والكَذِب التَّزوِير والتَّلفِيق، فإِنْ حَلَّ الثَّقلان ضَعُفَت شَوكَةُ النِّفاق أَو اصْطِدم المُنافِقون بِأَهل الثَّقلين.

وقال عَلِيٌّ أَمِير المُؤمنين صَلواتُ الله وسَلامُه عليه في ذَلك (والله ما مُعاوِيَة بِأَدْهَى مِنِّي ولكِنَّهُ يَغدُر ويَفجُر. ولولا كَراهِيّة الغَدر لَكُنْتُ مِن أَدهى النَّاس، ولكِن كلّ غَدرةٍ فَجرة، وكُلّ فجرةٍ كفرة، ولكُلّ غادرٍ لِواء يُعرَفُ به يوم القِيامة، والله ما أَسْتَغفَل بِالمكِيدَة، ولا أَستَغمِز بِالشَّديدة)[1]. وأضاف صَلواتُ الله وسَلامُه عليه (هَيهات، لَولا التُّقى لَكُنْتُ أَدْهَى العرب)[2]، و(لولا أَنَّ المَكرَ والخَدِيعةَ في النَّار لَكُنْتُ أَمْكرَ النَّاس)[3].

عَزم عَلِيٌّ أَمِير المؤمنين صَلواتُ الله وسَلامُه عليه على إِقامَةِ خِلافَتِهِ الرَّاهِنة خالِصةً بِذات الإِمامَةِ الَّتي انْقَلَب عليها كُبراءُ الصَّحابَة ومُجتَمَعَا المَدِينَة ومَكَّة مِن قَبْل ونَقضوا في الضِّدّ منها بَيعَة يَوم الغَدِير، وجَعَلَها صَلواتُ الله وسَلامُه عليه على قَواعِد مُستقرّة لا انْحياز فِيها لِـ(الرَّأي) وإِنَّما عَودة بِالأُمَّةِ إِلى الثَّقلَين اللَّذين أَوصَى رَسُول

1- نهج البلاغة، خطبة 198

2- غُرَر الحِكَم (10041)

3- الكافي، الكُليني 336/ 2

الله صَلَّى الله عليه وآله المُسلِمِين كافَّة بِالتَّمَسّك بِهما معًا وجَحَدَهما الخُلفاء الثَّلاثَة وهَجَرُوهما.

فعَلِيٌّ أَمِير المؤمنين صَلواتُ الله وسَلامُه عليه هو نَفسُ الرَّسُول صَلَّى الله عليه وآله، فلا حاجَةَ له في سِيرةِ الثَّلاثة وسُنَّتِهم، كما لا حاجَة له في (مَذْهَب الرَّأي) إذْ هو الإمام المَعصُوم المُتَّصِل بِوَحْيِ الإمامة وعِدلُ القُرآن وهو القُرآن النَّاطق الَّذي خَذَلَه الصَّحابة وتَخلّوا عنه وانْسَاقوا خَلف الفَلتَة واستَبْدَلوا الَّذي هو أَدْنى بِالَّذي هو خَير لهم. وما عَليه إلَّا أَنْ يَحتوي (اتِّجاه أَهْل العامَّة) المُترَهِّل، وهُو المُمكِنُ بِخَراب دين طالِبِه مِثلما فَعَل أَبُو بَكر ومِن بَعدِهِ عُمَر وعُثمان.

فقَدْ بايَع الصَّحابَةُ عَلِيًّا في يَوم الغَدِير ثُمّ نَقضوا هذه البَيعَةَ ولَم يَسقُط تكلِيفُ بيعتهم بِالتَّقادُم إذْ الإمامَةُ في عَلِيّ أَمِير المؤمنين صَلواتُ الله وسَلامُه عليه لا تَغدُو وتَرُوح في عَصرِه، وعَليهِم اليَوم الإمتِثال لما استَجَدّ مِن بَيعةٍ بايَعوها مُجرَّدِين مِن مكر المُنْقلِبين على الأَعْقاب و(الفِتنة) الَّتي اخْتَلقُوها وأَشاعوها وخَوّفوا النَّاس منها وأَرهَبُوهم، على أَنْ يَضعوا عن أَنفُسِهم إِصْرَ يَوم السَّقِيفة وأَثْقَال (مَذْهَب الرَّأي) وأَغْلال سُنَّة الثَّلاثَة وسِيرَتهم، وأَنْ يَستغْفِروا لِذَنبِهم بَعودَةٍ مَيمونَةٍ إلى بَيعةِ الغَدِير ويُطِيعوا صاحِبَ البَيعَة الحقّ ويَمتَثِلوا له في إِثْر ثَلاث فُرَصٍ وثَلاثِ تَجارِب أُتِيحَت لَهُم فَخاضُوها ولم يَعتَبِروا في أَوَّلِها ولم يَستَدرِكوا في الثَّانِيَة والثَّالِثَة ما ارتكبوا مِن جُحُودٍ وعِنادٍ وتَضلِيلٍ وفُسُوقٍ وإلحاد، حتَّى إذا ما استَعاد الأُمَوِيّون ما فَقدُوه جاؤا إلى عَلِيٍّ أَمِير المُؤمنين صَلواتُ الله وسَلامُه عليه عشاء يَبكون ويَدعُون إلى أَنْ يَبسِط عَلِيٌّ أَمِير المؤمنين صَلواتُ الله وسَلامُه عليه يَدَه لِيُبايِعوه!

عندما بُويِع عَلِيٌّ أَمير المؤمنين صَلواتُ الله وسَلامُه عليهم خَلِيفةً مِن بَعد مَقتل عُثْمان، وحانَ الظَّرف المناسِب لِعَودةِ المُسلِمين إلى الدِّين الأَصِيل النَّقي وقَواعِدِه السَّلِيمَة؛ لم يَجتهِد أَحدٌ في المُسلِمين لِيَتخَلّى عمَّا اعتاد عليه مِن ثَقافَةٍ كَرَّسَتها خِلافَةُ أَبِي بَكر وعُمر وعُثمان ورَعاها (مَذْهَب الرَّأي) بِأَحْكامِهِ المُبتَدَعَة، وإِنَّما استَحسَنُوا هذه

الثَّقافَة بِما عليها ورَضَوا بها وصانُوها وجَعلُوها مِن أَعْمِدَة حَياتِهم والهُدى والدَّلِيل إلى الدِّين المُلتَبِس والمَشُوب بِالضَّلال، حتَّى بَدت لهم خُطواتُ العَودَةِ إلى الدِّين الأَصِيل الَّتي خَطاها عَلِيٌّ أَمِير المُؤمنين صَلواتُ الله وسَلامُه عليه فِيهم عَملًا اجتِثاثِيًّا وانقلابِيًّا غَرِيب الأَطْوار يَتوَجَّب إعادة النَّظر فيه وتَعطِيلِه والوُقُوف في الضِّدّ مِنه.

فما كان منهم إلَّا عادوا ونَصبوا العَداوة والبَغضاء لِعَلِيّ أَمير المُؤمنين صَلواتُ الله وسَلامُه عليه، وتَباكوا على (مَذْهَب الرَّأي) وسُنَّة أَبِي بَكْر وعُمَر، وعَزموا على تَشوِيه مُرادِه الإِصْلاحِي ولمّا يَنسوا تَفاصِيل وَاقِعَةِ مَقْتَل عُثمان خَليفَتهم الثَّالِث والنِّداء بِفِتنَةِ الثَّأر لَه مِن قاتِليه. وسُرعان ما استَجابوا لِلشَّائعة الرَّائجة في بِلاد المُسلِمين القائلَة بِوُقوع دَمِ عُثمان فِي ذِمَّةِ (شِيعَةِ عَلِيٍّ)، فحَنّوا إِلى مَبدأ الفَصْل الجاهِلِي الأُمويِّ القَدِيم القائل (لا يَنبَغِي اجتِماع النُّبوَّة والإِمامة في بَنِي هاشِم) ورأوا فيه خَلاصَهُم الأَبَدِي وفي قُطْبَيّ عائشة ومُعاوِيَة الطَّارِئين أَملَهُم!

إنَّ المَوقِف السَّلبِيّ لِكُبراء الصَّحابة المُنافِقِين مِن الخُطوات المُتقَدِّمَة الَّتي اتَّبعَها عَلِيٌّ أمير المؤمنين صَلواتُ الله وسَلامُه عليه قد مَهَّد الأَمْر لِتَمرّد عائشة ولِخُروجِ أَتْباع مَذْهَبِها على عَلِيٍّ أَمير المُؤمنين صَلواتُ الله وسَلامُه عليه بِذات الشِّعار الَّذي أَثاره مُعاوِيَة ولَوَّح به في الشَّام ورَفَع معه قَمِيصَ عُثمان، في حِين أَنَّ عائشة لم تَكن على وِفاقٍ تَامٍّ مَع عُثمان قَبل مقتَلِهِ في قَصْرِهِ ولم تَتورَّع عن وَصْفِهِ بِـ(نَعْثَل الكافِر) وحَرَّضَت على قَتلِهِ، وعادت اليَوم تُطالِب بِالثَّأر لِدَمِه في غَمرة الحوادِث المُتسارِعَة وإِنْ تَطلّب الأَمر منها التَّمَرّد على الخَلِيفَة الجديد والخُروج عليه وشَنِّ الحرب ورُكُوب أَهوالها!

غالَت عائشة في تَأْلِيب الجاحِدِين على عَلِيّ أَمِير المؤمنين صَلواتُ الله وسَلامه عليه ودَبَّرَت حَرب الجَمل في البَصرة بِالاشتِراك مع طَلحَة والزُّبَير ومَوالِيهما مِن أَتْباع (اتِّجاه أَهْل العامَّة) ومِن فُلول الأُمَوِيِّين المُوالِين لِدِمَشق والبَعض مِن المُتَمرِّدين عَلى مُعاوِيَة، وهِي فَرِحَة بِما فَعلَت. فقد رَوى أَبُو مَخنف (لمَّا نَزل عَلِيٌّ صَلواتُ الله وسَلامُه عليه «ذا قار» كَتَبت عائشة مِن البَصْرة إلى حَفصَة بِنْت عُمَر وهِي بِالمَدِينة «أَمّا بعد، فإِنِّي

أُخْبِرَك أَنَّ عَلِيًّا قد نَزَل ذَا قار وأَقام بِها مَرعُوبًا خائفًا لِمَا بَلَغَهُ مِن عِدَّتِنا وجماعَتِنا، فهُو بِمَنزِلَةِ الأَشْتَر إِنْ تَقدَّم عُقِر وإِنْ تَأَخَّرَ نُحِر. فدَعَت حَفْصَة جَوارِي لها يُغَنِّين ويَضْرِبن بِالدُّفوف. وأَمَرَتْهُنّ أَنْ يَقُلنَ في غِنائهن:

ما الخَبر ما الخَبر؟!

عَلِيٌّ فِي سَفَر كالفَرَس الأَشْتَر

إِنْ تَقَدَّم عُقِر وإِنْ تَأَخَّرَ نُحِر.

وجَعَلَت بَناتُ الطُّلقاء يَدخُلْنَ على حَفْصَة ويَجتَمِعنَ لِسَماع ذلك الغِناء. فبَلَغ أُمّ كُلثوم بِنْت عَلِيّ صَلواتُ الله وسَلامُه عليه، فَلبَسَت جَلابِيبَها ودَخَلَت عَليهِنَّ في نُسوةٍ مُتَنكِّرات، ثُمّ أَسفَرَت عن وَجهِها. فلَمّا عَرفَتها حَفصَةُ خَجلت واسْتَرجَعَت. فقالَت أُمُّ كلثوم «لَئِنْ تَظاهَرتُما عَليهِ مُنذُ اليَوم فلَقد تَظاهَرتُما على أَخِيه مِن قَبل فَأَنزلَ اللهُ تعالى فِيكُما ما أَنزل)[1].

يَقُول ابنُ عَبّاس في تَظاهُر عائشَة وحَفْصَة (كنْتُ أُرِيدُ أَنْ أَسْأَلَ عُمَر عن المَرْأَتَيْنِ اللَّتَيْنِ تَظَاهَرَتَا على رَسُولِ الله صَلَّى اللهُ عليه وآله، فَمَكَثْتُ سَنَةً، فَلَمْ أَجِدْ له مَوْضِعًا حتَّى خَرَجْتُ معهُ حَاجًا. فَلَمَّا كُنَّا بظَهْرَانَ ذَهَبَ عُمَرُ لِحَاجَتِهِ، فَقالَ: أَدْرِكْنِي بِالوَضُوءِ. فَأَدْرَكْتُهُ بالإِدَاوَةِ فَجَعَلْتُ أَسْكُبُ عليه المَاءَ، ورَأَيْتُ مَوْضِعًا فَقُلتُ: يا أَمِيرَ المُؤْمِنِينَ، مَنِ المَرْأَتَانِ اللَّتَانِ تَظَاهَرَتَا؟ قالَ ابنُ عَبَّاس: :فما أَتْمَمْتُ كَلَامِي حتَّى قالَ: عَائِشَةُ، وحَفْصَةُ)[2].

لم تَكُن حَرْبُ الجَمل أُولى المآسي الَّتي حَلَّت بِساحَة المُسلِمين فأَفسَدت في عَقِيدَتِهم ومَعانِيها وأَشاعَت فِيهم دَوافِع الشَّكّ والرِّيبَة في الوَحْي والرِّسالَة والرَّسُول صَلَّى الله عليه وآله وانْحَرَفَت بِـ(اتِّجاه أَهْل العامَّة) الَّذي مالأَها أَكثر مِمَّا فَعل مع مُعاوِيَة، وإِنَّما مَثَّلت امتدادًا حَقيقِيًّا لما أُفسِد بِـ(مَذْهَبِ الرَّأي) مُنذ يَوم الانْقِلاب على

1 - الجمل، الشّيخ المفيد 276/1

2 - أخرجه البخاري (4915)، ومسلم (1479)

الأَعْقاب وما أُعطي بِهِ لِكُلّ صَحابِي مِن مُبَرّر الخُروج العَقَدِي والتَّمَيّز السِّياسِي على إمام زَمانِهِ وتَأليف اتِّجاه خاصٍّ أَو مَذْهَبٍ أَو فِرْقَةٍ بِإزاء الاتِّجاهات الشَّائعة الأُخْرى.

لقد سُفِكت الدِّماءُ وجرت غَزيرة بِسُيوف المُسلِمِين أنفسِهم في يَوم الجَمَل، وانتَهَت بحَصِيلةٍ مُفجِعَةٍ مِن القَتلى قُدِّرت بِحوالى 17ألفًا، وأَدَّت إلى تَعمِيق أَسْباب القَطِيعة مع الدِّين الأَصِيل وفقدان الثِّقَة في مَفهوم (الصَّحابِي) ذِي الإِمْرة والسّلطان إِلى جانِب الظِّنَّة بِمَفهومَي (التَّضحِيَة في الدِّين) و(طاعَةِ أُولِي الأَمْر).

عائشةُ المَرْأةُ المُتَمَرِّدَةُ على إِمام زَمانِها عَلِيٍّ أَمِير المؤمنين صَلواتُ الله وسَلامُه عليه ما انْفكَّت تَحتَوِي المُتبَقِّي مِن أَثَر (اتِّجاه أَهْلِ العامَّة) وتُحيِيه مِن جَدِيد وتَزُجّ بِه في مَذهَبِها وتَحول بَينَه والأُمَوِيِّين في الشَّام وتُحرّضه على عَلِيٍّ أَمِير المؤمِنين صَلواتُ الله وسَلامُه عليه. فسَعَت إِلى تَأصِيل عَقائِدِهِ وشَرائعِهِ بِما نَقَلَت عن النَّبِيّ صَلَّى الله عليه وآله مِن مَروِيَّات لم تَخلُ مِن وَضْعٍ وتَشطِيبٍ وتَزوِيرٍ وتَلفِيق. ثُمَّ وَظَّفته في مَعرَكَة الجَمَل.

وعلى (مَذْهَبِ عائشَة) الرِّوائي اجتَمع الأُلوف مِن المُسلِمين في إِثْر مَقتل عُثمان وشاركوه في رَسم المشَهد الحربي النِّهائي لِلقَضاء على خِلافِة عَلِيٍّ أَمير المؤمنين صَلواتُ الله وسَلامُه عليه وعلى إِمامَته قضاءً مُبرمًا، فأَصبحَت عائشة تَتقدَّم الصَّحابة الأَقطاب المُنقلِبين على وَصايا الرَّسول صَلَّى الله عليه وآله والنَّاقِضين لِبَيعة الغَدِير فَضلًا عن النَّاكِثِين المُبايِعِين على حرف.

لَقد تَمثَّل في طاعَتِها جَوهَرُ الابْتِلاء الكَبير لِعَقِيدة المُسلِمين جَمِيعًا لِتُمحَّص قُلوبهم، أَيَكفُرون بِالله عَزَّ وَجَلَّ أَمْ يُؤمِنُون.. عندما انَقطَع عَهدُ (الخلافة) بِهلاك الخلفاء الثَّلاثَة، وجاء الأُموِيُّون أُولِي الكِبر والغُرور والعَصَبِيَّة القَبلِيَّة المُستبِدَّة، وتَقدَّمَ عَلِيٌّ أَمير المؤمنين صَلواتُ الله وسَلامُه عليه بِخُطوات إِصْلاحِيَّة يَرونَها مُخالَفَةً صَرِيحَةً لِـ(مَذْهَبِ الرَّأي) وسِيرة الثَّلاثة وسُنَّتِهم وما نَشَط فِيهم مِن ثَقافَةٍ وسَطٍ بَين الجاهِلِيَّة والإِسْلام، فإِلى أَيِّ طَرَفٍ يَعودُون ويَنتَمُون؟! وإِنَّهم يَرون عائشة رُؤيا العَين

في قِبال إمام زَمانِها الَّذي بايَعوه بَيعَتَين ويعلمون أَنَّها قائمةٌ على رأس عِصْيانٍ مُسَلَّحٍ عظيم، وتَقود جيشًا مُتَمَرِّدًا تَنبحه كِلابُ الحوأب!

فعَن عبد الله بن مُحمَّد قال حدَّثَنا يَحيى بن آدم، حدَّثَنا أَبُو بَكْر بن عياش، حدَّثَنا أَبُو حُصين، حدَّثَنا أَبو مَريم عبد الله بن زِياد الأَسَدي قال (لمّا سار طَلحة والزُّبير وعائشة إِلى البَصرة بَعث عَلِيٌّ صلواتُ الله وسَلامُه عليه عَمَّار بن ياسِر والحَسن بن عَلِيّ، فَقدِما علينا الكُوفة، فصَعدا المِنبرَ، فكان الحَسنُ بن عَلِيّ فوق المنبر في أعلاه، وقام عَمَّار أسفل مِن الحَسن، فاجتَمعنا إليه، فسَمَعتُ عمارًا يقول: إنَّ عائشةَ قد سَارَت إلى البَصرة، ووَالله إنَّها لَزوجَة نَبِيّكم صَلَّى الله عليه وآله في الدُّنيا والآخِرَة، ولكِنَّ الله تَبارك وتعالى ابتَلاكُم لِيَعْلَمَ إِيَّاهُ تُطِيعون أَمْ هِي)[1].

وفي رِواية أُخْرى عن الطَّبري بِسَند يراه صَحِيحًا، عن أَبِي يَزيد المَديني قال (قال عَمَّار بن ياسر لِعَائشة لمّا فرَغوا مِن الجَمل (ما أَبْعَد هذا المَسِير مِن العَهد الَّذي عُهِدَ إليكِ). يُشِير إلى قوله تعالى [وقَرْنَ في بُيوتِكُنّ]. قالَت: أَبو اليَقظان؟! قال: نعم. قالَت: والله إنَّك ـ ما عَلِمتُ ـ لَقوّال بِالحقِّ. قال: الحمدُ لله الَّذي قَضى لِي على لِسانِكِ). وقَوله: «لِيَعلمَ إِيَّاهُ تُطِيعُون أَمْ هِي». قال بَعض الشُّرّاح، الضَّمير في إِيَّاهُ لِعَلِيٍّ صَلواتُ الله وسَلامُه عليه. والمُناسِب أَنْ يُقال: «أَمْ إِيَّاها لا هِي)[2].

انتَهَت مَعركةُ الجَمَل بِقَتْلِ حَلِيفَي عائشة الصَّحابِيَّين طَلحَة والزُّبير في وَقائع مُثيرة لِلغايَة سَجَّلتها مُدوَّنات السِّيرة وأُصُولها وسَكَت على تَفاصِيلها رُواة (اتِّجاه أَهْل العامَّة)، وكانا مِمَّن بايَع عَلِيًّا صَلواتُ الله وسَلامُه عليه بَعد مَقتَلِ عُثْمان طمعًا في الإِمْرة والسّلطان. وهُزِمَت عائشة مِن غَير أَنْ تَتَعرَّض لِخَطر القَتْل، على خِلاف ما خَطَّط له مُعاوِية وتَوقَّع مِن حَتمِيَّة مقتَل عائشة في المعركَة وإمكان استِغلال حادِثَة مقْتَلِها ولِتَعطِيل بَيعة الشَّام لِعَليّ أَمِير المؤمنين صَلواتُ الله وسَلامُه عليه بِرفَع (قَميصها)،

---

1 - البُخاري (82166)،(3488). فتح الباري ابن حجر 49/ 13. العُمدة، ابن البطريق 455

2 - فتح الباري، ابن حجر 63

ولِتَعزيز المَوقِف المُتَشدِّد مِن قَتَلةِ عُثمان، واحتِواء (اتِّجاه أَهْل العامَّة) واسْتِقطاب عَناصِره، ولِتَأجيج الفِتْنَة بين الصَّحابَة كافَّة، والحَثّ على العصيان في المناطق وإثارة الفَوضى في ولايات بلاد المسلمين، وإِشغال عَلِيٍّ أَمِير المؤمنين صَلواتُ الله وسَلامُه عليه بِمَشاكِلِها.

في هذه الأَثناء أَعَدّ مُعاوِيَة جَيشَ الشَّام لِقِتالِ عَلِيٍّ أَمِير المُؤمنين صَلواتُ الله وسَلامُه عليه وخَرج بِه إلى صِفِّين، وخاضَ عَلِيٌّ أَمِير المُؤمنين صَلواتُ الله وسَلامُه عليه هذه المَعركة بـ(جَيشِ الخِلافَة) المُؤلَّف مِن خَلِيطٍ جامِعٍ بين أَهْلِ العِراق والجَزِيرة العَربيَّة يَتقدَّم صُفوفَه ويَقوده مَن تَبقَّى مِن (شِيعَة عَلِيّ).

في (صِفِّين) حيث حَمِيَ الوَطِيس في مَعركةٍ فاصِلَةٍ بين (الإِمامَة) النَّاهِضَة مِن أَجْل الإِصْلاح ومُخلَّفات (الخِلافَة) المَلكيَّة الهِرَقْليّة المُستَبِدّة، خَطَب عَلِيٌّ أَمِير المُؤمنين صَلواتُ الله وسَلامُه عليه خُطبةً كَشَف فيها أَنَّه أَعْلَمُ النَّاس بِما كان يَجول في نُفوس جُنودِ (جَيشِ الخِلافَة) الَّذي استُدعِي مِن قَبل في جِيل عَهدِ (الخِلافَة) الهِرَقْلِيَّة وانْتَظم بِنَظمِهِ ـ وقال يُوصِفه (وقد دَخَل في هذا العَسْكر طَمعُ مُعاوِيَة، فضَعوا عنكم هَمَّ الدُّنيا بِفِراقها.. وأَيْم الله لَوَدَّتْ رِجالٌ مع مُعاوِيَة أَنَّهم مَعِي فبَاعوا الدُّنيا بِالآخِرَة، ولَودَّتْ رِجالٌ مَعي أَنَّهم مع معاوِيَة فباعوا الآخرةَ بِالدُّنيا)[1].

وطالما حَذَّر الإمامُ عَلِيّ صَلواتُ الله وسَلامُه عليه مِن غدر بَنِي أُمَيَّة، وكَشف لِأَهْل العِراق والشَّام معًا ما يَصِير إليه مُستقبَلُهم في مُلْك بَنِي أُمَيَّة، وقال في خُطبَةٍ له (أَلَا إِنَّ أَخْوَفَ الْفِتَنِ عِنْدِي عَلَيْكُمْ، فِتْنَةُ بَنِي أُمَيَّةَ، فَإِنَّهَا فِتْنَةٌ عَمْيَاءُ مُظْلِمَةٌ، عَمَّتْ خُطَّتُهَا، وَخَصَّتْ بَلِيَّتُهَا، وَأَصَابَ الْبَلَاءُ مَنْ أَبْصَرَ فِيهَا، وَأَخْطَأَ الْبَلَاءُ مَنْ عَمِيَ عَنْهَا. وَأَيْمُ الله لَتجِدنَّ بَنِي أُمَيَّةَ لَكُمْ أَرْبَابَ سُوءٍ بَعْدِي، كَالنَّابِ الضَّرُوسِ، تَعْذِمُ بِفِيهَا، وَتَخْبِطُ بِيَدِهَا، وَتَزْبِنُ بِرِجْلِهَا، وَتَمْنَعُ دَرَّهَا. لَا يَزَالُونَ بِكُمْ حَتَّى لَا يَتْرُكُوا مِنْكُمْ إِلَّا نَافِعًا لَهُمْ، أَوْ غَيْرَ ضَائِرٍ بِهِمْ. وَلَا يَزَالُ بَلَاؤُهُمْ حَتَّى لَا يَكُونَ انْتِصَارُ أَحَدِكُمْ مِنْهُمْ إِلَّا مِثْلَ انْتِصَارِ الْعَبْدِ مِنْ

---

1 -الإمامة والسِّياسة 101

رَبِّه ، وَالصَّاحِبِ مِنْ مُسْتَصْحِبِه، تَرِدُ عَلَيْكُمْ فِتَنُهُمْ شَوْهَاءَ مَخْشِيَّةً، وَقِطَعًا جَاهِلِيَّةً، لَيْسَ فِيهَا مَنَارُ هُدًى وَ لَا عَلَمٌ يُرَى)[1].

إنَّ سِيرَة الخُلفاء الثَّلاثَة ونَسقَها القائم على (مَذْهَبِ الرَّأي)، وبما جاء به)مَذْهَبُ عائشة) بِجَمَلِها إلى البَصْرة، وما جاء به مُعاوِيَة في صِفِّين ـ ضاعَفَ مِن شَكِّ المسلِمين في عَقائدهِم الَّتي اعتَنَقُوها قَبْل فَتحِ مَكَّة ومِن بَعدِهِ، وعَمَّق الشُّعور العام بِالنُّفور مِن الدِّين، وأثار الرِّيبَة في وَحْي النُّبوّة، فضَعُفَ الإسْلام في النُّفوس وقَلَّ الامتِثالُ لِلثَّقلَين، وصَار الإيمانُ بِمَفهُوم (الطَّاعة) لله ولِأولِياء الأَمْر ضَربٌ مِن العُبودِيَّة فَضْلًا عن الحُمْق والسَّذاجَة حيث لا حَقِيقَة لِنزُول الوَحْي ولا عِصْمَة لِلرَّسُول ولا ما يُؤكِّد على صِحَّة حَقّ الصَّحابِي في السِّيادة المُطلَقة على النَّاس ولا في مَقامِهِ المُقدَّس.

وبإزاء ذلك تَمَسَّكَت الأَغلَبِيَّةُ مِن أَتْباع (اتِّجاه أَهْل العَامَّة) بِـ(مَذْهَبِ عائشَة) وتَورَّطَت في حَرْبَي الجَمَل وصِفِّين واصْطَفّت في الضِّدّ مِن إمام زَمانِها وخَذَلت بَيعَتَهُ لِلمَرَّة الثَّانِيَة وتَمَرَّدت على أوامِره في السِّلم والحَرْبِ، ثُمّ انْشَقَّت عن (مَذْهَبِ عائشة) مع فَشَل حَربِ الجَمَل والتَحقَت بِالمَذاهِب الأُخْرى والفِرَق المُناوئة واعتَزَلَت بِعُزلَتِها أَو نَشَطَت بِنَشاطِها.

فِي خِلافَةِ عَلِيٍّ أَمير المُؤمنين صَلواتُ الله وسَلامُه عليه صَحا بعضُ المُسلِمين مِن غَيْبوبَة الذِّهَن والفِكر الَّتي اصْطَنَعها (مَذْهَبُ الرَّأي) مُنذ يوم الانْقِلاب على الأَعْقاب فَأَلِفَ نَفسَه على دِينٍ غير دِين الله عَزَّ وَجَلَّ الَّذي كان عليه خَليفَتُهم الجديد صَلواتُ الله وسَلامُه عليه، وقَدَّروا أَنَّهم اتَّبعوا في عهد الخُلفاء الثَّلاثَة رَبًّا مُختلِفًا وعَقِيدةً وشَريعةً مُختلِفَتَين عن عَقِيدَةِ وشَريعة نَبِيِّهم مُحمّد صَلَّى الله عليه وآله الَّتي عَلِمُوها، وداوَموا على أَداء صَلاةٍ لا صِلَة لها بِالصَّلاةِ الَّتي عَرَّفَها لهُم الرَّسُول صَلَّى الله عليه وآله.

وقد أَطلَعهُم عَلِيٌّ أَمير المؤمنين صَلواتُ الله وسَلامُه عليه و(شِيعَةُ عَلِيٍّ) ما أُخفِيَ عنهم مِن عَقِيدةٍ وشَريعَةٍ منذ أَنْ تَقمَّصها أَوّلُ الخُلفاء الثَّلاثة بِفَلتَتِهِ، وعَرَّفَهم خَلِيفَتُهم

1 - نهج البلاغة، شرح عبده، الخطبة 89.

الجَدِيد بِما حُجِب عَنهم مِن أَحْكام وما زِيدَ أَو انْتُقِص مِن الكِتاب ومَعانِيه وما طُمِس أَو شُطِب مِن السُّنّة أَو غُمِر. وطالما كَشَف لهم مَدَى خُطورَة ما أَقدموا عليه مِن استِجابةٍ فَورِيَّةٍ لِكُلّ ما جاء على خِلاف الدِّين طاعةً لِرَأي الخَلِيفَةِ وامتِثالًا لِأَوامِرِه مِن غَير تَبَصُّرٍ أَو سَعيٍ لِإحْراز العِلْم واليَقِين ومِن غير اكتِراث مِنهم لِمَا عَلِموا بِه وجُبِلوا عليه في عَهْد رَسُولِهم الكَريم صَلَّى الله عليه وآله.

ولم تَكن العناصُر الَّتي تَأَلَّف مِنها (جَيشُ الخِلافَةِ) في عهد عَلِيٍّ أَمِير المُؤمنين صَلواتُ الله وسَلامُه عليه بِمَنأى عن هذه الأَحْوال المُتَغيّرة، بَلْ هو مِصداقٌ مِن مَصادِيقِها إِذْ اختَرَقَتْ ثَقافةُ (مَذهَبِ الرَّأي) العناصِر الَّتي التَحقت بِه وشَكَّلت (جَيش الخِلافَة) وتَقَلَّبَت بِه بين المَذاهِب الوَلاءات السَّائدة آنذاك، فَكان مدارًا لِعَبَث كُلِّ الانْتِماءات المُستجَدِة. ثُمَّ جاءَت أَموالُ الشَّام لِتَغْدِق على عناصِر (جَيش الخِلافَة) مِن أَموال الرُّشا ومِن فَيضِ سُمومِ دِمَشق الفِكْريَّة وآمالها المُزَيَّفَة ووُعودِها الكاذِبَة ما يَحول بَينها والإيمان بِالوَلايَة الصَّادِقَة لِعَلِيٍّ أَمِير المؤمنين صَلواتُ الله وسَلامُه عليه والإِخْلاص لها.

لم يَكُن مِن بين مَن خَرَج مع عَلِيٍّ أَمِير المُؤمنين صَلواتُ الله وسَلامه عليه في بادِئ الأَمْر مِن المَدِينَة بِاتِّجاه العِراق ذِي العُمقِ البَشري الاستِراتيجِي إِلَّا مائة مِن الصَّحابَة، وفِئة قَلِيلَة مِمَّن يُحَسب على قائمة (شِيعة عَلِيّ) الأَبْرار.

وهُنا أَخْطأ المُدَوِّنون أَو أَرادوا الفِريَة فَقاسوا عَلِيًّا صَلواتُ الله وسَلامُه عليه بِالخُلفاء الثَّلاثة حِين أَطلَقوا على سائر جُندِ (جَيشِ الخِلافَة) الَّذي التَحق بِعَلِيٍّ أَمِير المؤمنين صَلواتُ الله وسَلامُه عليه في الكُوفَة وفي غيرها مِن مُدن العِراق وَصْف (الشِّيعَة). وكان مَرَّدَ هذه الفِريَة أَموالُ طائلة مِن الرُّشا الأُموِيَّة وحَظوةٌ في الاعْتِبار ووَعْدٌ بِالمَقام والمَنصِب مِن عطاء مِعاوِيَة. فعَمَّق مُعاوِيَة بن أَبِي سُفيان بِالمال وبِالفِريَة والشَّائعة في جُندِ (جَيشِ الخِلافَة) الشُّعورَ بِالكراهِيَّة والازْدِراء والفَصْل (الثَّأرِي) والنُّفور مِن الحَرب والاستِعلاء على أَوامِر الخَلِيفَة وقادَتِهِ المَيدانِيِّين مِن (شِيعَةِ عَلِيّ)،

ثُمَّ أَتْبَع مُعاوِيَةُ هذا المَقصَد بِمُهِمَّة شِراء ذِمَم كُبراء الصَّحابَة والجُند مِن الكُوفِيّين ومَن التحقَ بِـ(جَيشِ الخِلافَة) حَدِيثًا أَو زادَ عليه مِن العَطايا وفق المُخطط الَّذي أَعَدّه واشْتُهِر به.

ويَقول سَعِيد بن العاص في وَصْف مُخطّط مُعاوِيَة الَّذي مَثَّل سِياسَتَه لِلوُصُول إِلى مَنصِب الخِلافَة (سَمِعت مُعاوِيَة يومًا يقول: لا أَضَعُ سَيفِي حيث يَكفِيني سَوطِي، ولا أَضُع سَوطِي حيث يَكفِيني لِسَاني. ولو أَنَّ بَينِي وبين النَّاس شَعرة ما انقَطَعَت. قِيل: وكيف يا أَمِير المُؤمِنين؟! قال: كانوا إِذا مَدّوها خَلَّيتها، و إِذا خَلُّوها مَددُتها. وكان إِذا بَلغَه عن رَجُلٍ ما يَكْرَه؛ قَطع لِسانَه بالإِعطاء، ورُبما احْتال عليه فبَعَث بِه في الحُروب، وقدَّمَه، وكان أَكثر فِعْلِهِ المكرُ والحيلةُ)[1].

عندما أَصْبَح عَلِيٌّ أَمِير المُؤمنين صَلوات الله وسَلامُه عليه خَلِيفَةَ المُسلِمين في إِثْر مَقتلِ عُثمان لم يُكن بِبَيعَةِ النَّاس لَه مُؤَسِّسًا لِدَولةٍ جَديدةٍ على أَنقاضِ مُقوّمات سابِقَتِها مِن الدُّول، فالأَمرُ لا يَحتَمِل ذلك. وإِنَّما وَرِثَ عن الخَلفاء الثَّلاثة مُجتمعًا مُمزَّقًا تَتقاذَفُه الأَهواء الجاهِلِيَّة وتَعبَثُ فِيه أَموالُ الرّشا وتَميلِ بِه الاتِّجاهات القَبلِيّة والأَقْطاب المَذهبِيَّة ويَسودُ الشَّكُّ مُتعلَّقاتِ عَقِيدَتِهِ وشَرِيعَتِهِ وتعمّ الرّيبةُ كُلَّ قِيمه والمُثل الدِّينِيّة الَّتي تَتفاعل في مَحافِلِهِ. كما ورِثَ عن الخلفاء الثَّلاثة مُجتمعًا ذِي أَغلَبِيّةٍ مُتَثاقِلةٍ قد انْهكَتها الحُروب واستَفزَّتها ظِلالُ السُّيوف وأَقعَدتها الشُّكوك.. أَغْلَبِيّة ساحِقَة خاضِعَة لِهوى مَن هُم على شاكِلة مُعاوِيَة والزُّبَير وطَلحة وعائشة وأَبي الحَسن الأَشْعَرِي وابن العاص والمُغيرة بن شُعبَة وعَبد الله بن أَبِي السّرح وأَبي الأَعوَر السِلّمي وحَبِيب بن مَسلَمَة الفِهري والضّحاك الفهري وعبد الرَّحمن بن خالد المَخزُومِي ويَزيد بن الحرّ العَبسِي وحَمزة بن مالك الهَمداني)[2]، ومَن هُم على شاكِلَة الأَشْعَث بن قَيس صِهر أَبِي بكر الَّذي عُرِف عنه مَوالاتُه لِمُعاوِيَة ومِمَّن أَلَّب أَهْلَ الكُوفة مِن القُراء الَّذين وُصِفوا في مَعركة صِفِّين بِـ(المارِقِين) والخَوارِج ومِمّن نَصَّبَ الأَشْعَرِي حَكَمًا مُفوضًا عن جَيش

1 - تأريخ اليَعقُوبي، أحمد بن أبي يعقوب 238/ 2
2 - تأريخ الأمم و الملوك (تاريخ الطبري) الطَّبري محمد بن جرير 861

عَلِيٍّ أَمِير المُؤمنين صَلواتُ الله وسَلامه عليه. ولـم يَكُن في هذا المجتمع مِمَّن يُنادَى بـ(شِيعَةِ عَلِيٍّ) إِلَّا فِئةً قليلةً مَعلومةً مَعدُودة الاسْماء.

لقد جاءَ أَكثرُ ما دُوِّن في تَصنِيف هويَّة (شِيعَة عَلِيٍّ) وعَقِيدة التَّشَيُّع مُسرِفًا في الوَضْع والكَذِب والتَّلفِيق وفاحِشًا في الإِفتراء والتَّزوِير. وقد ساهَم في تَكرِيس هذه التَّصْنِيفات الكاذِبَة والمُلفَّقة الكثِيرُ مِن الرُّواة والمُدوِّنين والمُؤرِّخين الأَوائل والمُعاصِرين لِأَهداف مُوجَّهَة ومَقاصد خاصَّة مُختَلِفَة. وهُمْ مَن عَدَّل:

ـ واقِعةَ اختِيار أَبِي بَكر خَلِيفة لِلمُسلِمِين ولم يَطعَن فِيها على الرُّغْم مَن كَونِها فَلْتَةً بِلِسان أَهلِها.

ـ واقعةَ تَعيِين أَبِي بَكر لِعُمر مِن بَعدِه في سَردِيَّة كانت مَثار جَدلٍ بين الصَّحابة فلَم يَطلبوا تَصحِيحَها بِالشُّهود.

ـ انْقِلابَ الأُمَوِيِّين بِشُورى عُمَر في عُثمان حيث كانَت السّيُوف مَسلَطَّة على رِقاب أَعضاءِ الشُّورى وكان بُغضُهم لِعَلِيّ صَلواتُ الله وسَلامُه عليه مُشتَرَكٌ يَجمَعُهم.

ـ (مَذْهَبَ الرَّأي) المُعتَمَد لَدى الخلفاء الثَّلاثة واعتزالَهُم الثَّقلَين أَو تَجمِيدهُما لهما.

ـ سنَّتي أَبِي بَكر وعُمَر وجَعلوا مِن سِيرَتِهما امتِدادًا لِسُنَّة رَسُول الله صَلَّى الله عليه وآله وعَصَموهما مِن الخَطأ والزَّلَل.

ـ سِيرَةَ عُثمان الَّتي قَرَّبَت مَن أَبعدَهُم ونَفاهَم رَسُول الله صَلَّى الله عليه وآله وهَدَر دِماءهُم، وشَطَبوا ما يَشِينها مِن تَنظِيمٍ إِدارِيٍ عُمدَته الوُلاة والوُزراء والمُستشارُون مِن بَنِي أُمَيَّة .

ـ (مَذْهَبَ عائشَة) الذي استَحَسنُوا ظُهورَه وأَشاعوا ظاهِرَة نُشوء المَذاهِب الأُخرى المُستَظِلّة بـ(مَذْهَب الرَّأي).

ـ نَقضَ بَيعة الغَدير والتَّشكِيك في صدورها مِن قَبْل ثُمَّ في بَيعة الرِّضا مِن

عامَّة النَّاس لِعَلِيٍّ أمير المُؤمنين صَلواتُ الله وسَلامُه عليه بَعد واقِعَة مقَتل عُثمان، فاستَصغروا إِثْمَ تَمرُّدهم على خَلِيفتهم الجَدِيد وجَعلُوه عمَلًا هَيِّنًا سَهلًا يَسيرًا لا حَرَجَ فيه لا يَكاد يُعْجِز.

- وَصَفَ (جَيش الخِلافَة) الَّذي قادَه عَلِيٌّ أَمِير المُؤمِنين صَلواتُ الله وسَلامُه عليه لِحَربي الجَمَل وصِفِّين بِـ(شِيعَةِ عَلِيٍّ) ولم يَكُن كَذلِك، وإِنَّما هو ذاتُه الجَيش الَّذي امْتَثَلَ لِـ(مَذْهَب الرَّأي) واستَنّ بِسُنَّةِ أَبِي بَكر وعُمَر وعُثمان ثُمَّ تَمَرّد على عَلِيٍّ أَمِير المؤمنين صَلواتُ الله وسَلامُه عليه والفِئة القَلِيلَة مِن شِيعَتِهِ واقتَرَب مِن (مَذهَب عائشَة) والمَذاهِب الأُخْرى والفِرَق.

في إِثْر مَقتل عُثمان، أَدَّى التَّشَيُّع دورَ المُنقِذ لِمَسِيرة عامَّة المُسلِمين والمُصلِح لِاتِّجاهاتِهم وانْتِماءاتهم المُخْتَلِفَة والمُتبايِنَة تَحت ظِلال خلافَةٍ اتبَعَت هُدى عَلِيٍّ أَمِير المؤمنين صَلواتُ الله وسَلامُه عليه. ولم يَكن عامَّةُ المُسلِمين مُتَشَيِّعين لِعَلِيٍّ أَمِير المؤمنين صَلواتُ الله وسَلامُه عليه، وإِنَّما تَمَسَّكوا بِـ(مَذهَب الرَّأي) وبِسِيرةِ أَبي بكر وعُمر وعُثمان وسُنَّتِهم في عهد عَلِيٍّ أمير المؤمنين صَلواتُ الله وسَلامُه عليه ولم يُجبَروا على البَيعةِ أَو يُكرَهوا على اتِّباع مَنهج خَلِيفَتِهم الجَدِيد.

فصار المُتبَقِّي مِن (اتِّجاه أَهْل العامَّة) يَمِيل إِلى (مَذْهَبِ عائشَة) بِوَصْفِهِ رَدِيفًا لِـ(مَذْهَبِ الرَّأي) وامتدادًا له ولم يَتخَلَّف عنه، ورَفَض الاستِجابَة لِلخُطوات الإِصْلاحِيَّة الَّتي خَطاها خَليفَتُه الجَدِيد الَّذي بايعه، وإِنَّما راح يتأَفَّف ويَتمادَى في التَّشكِيك فِي مَوقِفه الإِصْلاحِي ويَتَّهِمه صَلواتُ الله وسَلامُه عليه بِالخُروج على سُنَّة الخُلفاء الثَّلاثَة مِن غَير أَنْ يَتعرَّض مِن (شِيعَة عَلِيّ) لِمَوجَةٍ أَمنِيَّةٍ مُضادَّة أَو لِإِجراءٍ مانِعٍ لِحَقّ التَّعبِير عن الرَّأي أَو قامِعٍ لِحَقّ النَّقد مِن قِبَل أَيّ سُلطَةٍ سِيادِيَّة أَو جِهَةٍ تابعةٍ لِلخَلِيفَة عَلِيّ أَمِير المُؤمنين صَلوات الله وسَلامُه عليه.

فلِماذا صَنَّفَ مُثقَّفو (اتِّجاه أَهْل العامَّة) وباحِثُوه المُعاصِرُون وسِياسِيُّوه كُلَّ الصَّحابة في عهد الإِمام عَلِي بن أَبِي طالِب وكُلّ التَّابعين وقُوى الجَيش والأَمْن والنَّاس

جَمِيعًا وما كان يَدُور مِن تَفاعُلات اجْتِماعِيَّة وثَقافِيَّة ـ في قائمة (شِيعَة عَلِيٍّ) وهُم لَيسوا كَذلِك؟!

لَقد اتَّخذَ عَلِيٌّ أَمِير المُؤمنين صَلواتُ الله وسَلامُه عليه مِن الدِّين الدَّارج في المُسلِمين هدفًا لِعَمَلِهِ الإصلاحِي الدَّؤوب، وخَصَّ في ذلك كُلَّ ما أَفسَدَته خلافَةُ أَبِي بكر وعُمر وعُثمان وما خَلَّفَه (مَذْهَب الرَّأي) والمذاهِب الأُخْرى الرَّدِيفَة مِثل (مَذْهَب عائشة) مِن انعِكاسات سَلبِيَّة على وَحَدة العقيدة واستِقرار النِّظام الاجْتِماعِي. ولكِنَّ فَساد الرُّؤيَةِ إِلى الدِّين القَويم وتَلوُّث السَّرائر بِأَحْقادِ الجاهِلِيّة وثَأرات العَصَبية القَبلِيَّة المُتضَخِّمَين في عَهد الخلفاء الثَّلاثَة تَمكَّنَا مِن عُقول وقُلوب المُسلِمين فشَوَّها المَفاهِيم وأَضْعَفا العَقائد وسَفَّها القِيَمَ ورَفَعا الوَضِيع وحَطّا مِن مَقامِ ورُتْبَةِ الرَّفِيع، ثُمَّ جاءت رُشَا معاوِيَة وثَروة الشَّام وإِقطاع الأُمويِّين فشَغَلت الذِّمَم وعَبَثت بِالأَذْهان وزادت على الرُّؤيَة الفاسِدَة لِلدِّين مَفسدَة ولَوثَّت السَّرائر بِما هو أَعظَمُ انحرافًا في الخُلُق وأَشَدُّ خطرًا على الفِكر.

ولم يَكُن مِن الصَّواب أَنْ ينفَرِدَ (شِيعةُ عَلِيٍّ) صَلواتُ الله وسَلامُه عليه بِأَهْلِ المَدِينة وسائر مَناطِق الجَزِيرة العَرَبيّة لِوحدِها في الحَرب على جُيوشِ عائشَة الخارِجَة على الخِلافَة في البَصرة وجُيوش مُعاوِيَة الخارج على الخِلافَة في الشَّام حيث تَفتَقر المَدِينةُ ومُحِيطُها الجُغرافِي إلى العُمق البَشري الاسْتِراتيجِي ووَحدَةِ الصَّف بين أَهْلِها مِن الأَوْسِ والخَزرج ومِن المُهاجِرين.

أَضِف إلى ذلك أَنَّ (مَذْهَب الرَّأي) صُيِّرَ عَملًا مُقدَّسًا يَصوغ يومِيَّات مُجتَمع الصَّحابة وأذهان التَّابِعين بِما فَعَلَه الخُلفاءُ الثَّلاثة في خِلافَتِهم الهِرَقْلِيَّة. وباتَ كُلُّ واحِدٍ مِن الصَّحابة يَمِيل إلى تَحكِيم رأيِهِ عملًا بهذا المَذهب الَّذي تَأَسَّس في عهد أَبِي بَكر، وتَرسَّخ في عَهدَي عُمَر وعُثمان، وعزَّز مِن وُجودِه مِن بَعد ضَعفٍ وتَرَهُّلٍ أَصاب (اتِّجاه أَهل العامَّة) ما أَقدَم عليه (مَذْهبُ عائشة) وأَهْلُ الجَمل وفيهم الزُّبير وطَلحة، وما أَقدَمَ عليه أَهْلُ صِفِّين بِقِيادة مُعاوِيَة مِن مُغامَرة طائشة ومِن إِعراضٍ مُطلق عن الثَّقلَين.

بِـ(مَذْهَبِ الرَّأي) السَّائد وبِتَفاعلات (اتِّجاه أَهْل العامَّة) الموالِي السّابِق لِلخُلفاء الثَّلاثَة والمُنتَمِي الجديد لِـ(مَذْهَب عائشَة) الرَّاهن، وبِحُكم الأَمْر الواقِع ـ تَراجَعَت القِيمةُ الفِعلِيَّة لِمفهومي (الخِلافَة) و(البَيْعَة) في النَّاس وفَقَدا قُدسِيَّتهما بِوَصْفِهِما مُلزِمَين بِعَقد مُبرم عُمدتُه الطَّاعة والوَلاء المُطلَق لِلخَلِيفة، فانْحَطَّ مَعنى (الخِلافة) و(البَيعة) في الواقِع الخارِجِي مع دُخول الخِلافَة عَهد عُثمان ذِي الكَيد الأُمَوي.

وعندما وصَلَت الخِلافةُ إِلى أَعتاب بَابِ بَيت عَلِيٍّ أَمِير المُؤمنين وابنِهِ الحَسَن صَلواتُ الله وسَلامُه عليهما لم يَكُن لِمَفهومي (الخِلافَة) و(البَيْعَةِ) مِن قِيمةٍ فِعليَّة في نُفوس النَّاس، بَل كان الشَّكُّ والارتياب فِيهِما عُمدَةَ العُقول. وكان مِن عاقِبَة ذلك أَنْ اغتِيل عَلِيٌّ أَمير المؤمنين وابنُه الحَسَن صَلواتُ الله وسَلامُه عليهما وكأَنَّ شَيئًا لم يَكُن، ومِن غَير ظُهور أَيِّ رَدّ فِعلٍ احتِجاجيٍّ عامٍّ بِحَجم هاتَين الواقِعَتَين الخَطِيرَتَين وبالمَقام العَظِيم المُقدَّس لِهاتَين الضَّحِيَّتَن في الثَّقلَين ولا بِحَجْمِ رُدود الفِعل تِلك الَّتي ظَهَرت عند مَقتَلِ عُثمان حتَّى.

ثُمَّ سادَت دَولةُ مُعاوِيَة على أَقطار المُسلِمين بِالمال والقُوَّةِ ولم يَكن مُعاوِيَة يَكتَرث لِبَيعة الصَّحابَة ولا بَيعة التَّابِعِين والنَّاس جميعًا، وأَورَثَهم سُنَّةَ لَعْنِ عَلِيٍّ أَمِير المؤمِنين صَلواتُ الله وسَلامُه عليه على 70 أَلفًا مِن مَنابِر مَساجِدِهم في 80 عامًا مُتوالِيَة فَرَضوا بِذَلك وقَبِلوا بِها وآمنوا وامْتَثلوا، فلَعَنوا عَلِيًّا أَمِير المؤمنين صَلواتُ الله وسَلامُه عليه بُكرةً وعَشِيًّا مِثْلَما فعَلوا مِن قَبْل فنَقَضوا بَيعَةِ الغَدِير امتِثالًا لِفَتلَةِ خِلافَةٍ (وَقَى اللهُ المُسلِمَين شَرَّها)، ثُمَّ تَسلَّط عليهم مُعاوِيَة وسَلَّط عَليهم ابْنَه يَزِيد شارِب الخَمْر وقاتِل النَّفس المُحْتَرَمَة وَجعَله وَلِيًّا لِلعَهد فبايَعوا على وَجْه السُّرعة وبِلا تَردُّدٍ منهم.

الخَوارِجُ مِنْ أَهْلِ العامَّة

استَعانَ معاوِيَة بِعَمرو بن العاص في وَضْع خُطَّةٍ لِهزيمَةِ (جَيش الخِلافَة) القادِم مِن الكُوفة بِقيادَةِ عَلِيٍّ أمير المؤمنين صَلواتُ الله وسَلامُه عليه والأَبْطال مِن شِيعَتِهِ لِقِتال جَيش الشَّام في صِفِّين. فقال مُعاوِيَة لابْنِ العاص (أَلم تَزعَم أَنَّك ما وَقَعتَ في أَمرٍ قط إِلَّا خَرَجْتَ منه؟!

قال: بَلَى.

قال مُعاوِيَة: أفلا تَخْرُج مِمَّا تَرى.

قال: والله لَأَدعُونَّهم إِنْ شِئتَ إلى أَمْرٍ أُفَرِّق بِه جَمعَهُم ويَزدادُ جَمعُك إِليك اجتِماعًا. إِنْ أَعطَوكَهُ اختَلَفوا وإِنْ مَنعوكَه اخْتَلفُوا.

قال مُعاوِيَة: وما ذلك؟!

قال عمرو: تَأْمر بِالمَصاحِف فتُرفَع، ثُمَّ تَدعوهم إِلى ما فِيها، فوالله لَئِنْ قَبِلَهُ لَتَفترِقَنَّ عنه جَماعةٌ، ولَئِنْ رَدَّهُ لَيُكَفِّرنَّه أَصحابُهُ)[1].

استَغَلّ عَمرو ما كان سائدًا في مُجتَمع المُسلِمين مِن أَثَر لِـ(مَذْهَبِ الرَّأي) في تَوجِيهِ الثَّقافَة العامَّة إِذْ أَعْطى ـ مَذْهَبُ الرَّأي ـ لِكُلّ صَحابِي فَضلَ العِصْمَة القَيّومَة وإِنْ كان مُنافِقًا فاسِقًا جاهلًا بِالدِّين أَو وضِيعًا في أَهلِه وضَئيلًا في نَسبِهِ بين قَومِهِ، وفَتح في الصَّحابة بابَ الاجْتِهاد على مِصْراعَيه، وعَطَّل وَظِيفة الثَّقلَين، وصار لِكُلِّ صَحابِيّ مَذهبٌ خاصٌ يَتعبَّد به ويَستَقطِب له مِن الأَتْباع ما يُفرِّق بِهم في المُسلِمِين ويُضْعِف مِن قِيمَة الدِّين في الأَذْهان ويُشَكِّك في مَعناه ومَصادِيقِه ويَجعلَه قابِلًا لِلنَّقض بِالرَّأي أَنَّى شاء وأَراد.

ما زال عَمْرو بن العاص مُطّلِعًا على التَّفاصيل الدَّقيقة في أَحوال (جَيش الخِلافَة)

---

1 -الإمامة والسِّياسة 101

ونِظام استِدعائه وتَوجِيهِه، وما زال عارِفًا بِالمُستجِدّ الطّارئ في طَبائع العَناصِر المُرشَّحة لِلانْظِمام إلى الجيش عندما يَلتَئم ويَرصّ صُفوفَه في المَعركة منذ أنْ جَرى خَوض مَعارِك (الرِّدَّة) و(الفُتوح) في عَهدي أَبي بَكر وعُمَر حتَّى نِهايَة عَهدِ عُثمان الّذي لم يَشهد حَربًا ما عدا مَعركَة واحدة سَهلة مع حامِيَةٍ بِيزَنطِيَّةٍ في فِسطاط مِصر بِقيادة عَمْرو بن العاص. فعَمرو هو آخر مَن اطَّلَع على أَحوالِ (جَيشِ الخِلافَة).

وكانَت الفَترة الواقِعَة بين تَسلُّم الخَليفَة الجَدِيد عَلِيٍّ أمير المُؤمنين صَلواتُ الله وسَلامُه عليه واستِدعائه لِـ(جَيش الخِلافَة) في شَهر ذِي الحِجّة مِن سَنَة 35هـ وقيادتِه إلى صِفِّين في شَهر صَفر مِن سَنة 37هـ قَصِيرة لا تَتجاوز السَّنتَين. وهي فَترة غَير كافِيَة لإعادَةِ بناء عَقيدة (جَيش الخِلافَة) وتَصحِيح ثَقافَتِه وإصْلاح ما فَسد مِن نُظم استِدعائه وضَبطِه في مَيادِين الحَرب وفق ما أَراده عَلِيٌّ أَمير المؤمنين صَلواتُ الله وسَلامُه عليه. وأَنَّ فَوضى الشَّكّ والرِّيبة السّائدة على البِيئة الاجْتِماعِيَة لِقُوى (جَيش الخِلافَة) ولِلأَغْلَبِيّة الدّاعِمةَ لِميادين الحَرب والمُزَوِّدَة بِالمُقاتِلين قد تَصاعَدَت حِدَّةً في غُضُون 12عامًا مِن خِلافَةِ عُثْمان حيث تَركت انْعِكاساتٍ سَلبِيّةً على عَمليّات اسْتِدعاء الجُند وعَقِيدة الالْتِحاق بِه والنُّظم المُسَيِّرة له حتَّى مَطلع عَهدِ أَمِير المُؤمِنين عَلِيٍّ أَمِير المؤمنين صَلوات الله وسَلامُه عليه.

ولم يَكن لِهذهِ البِيئة الاجْتِماعيَّة الموبُوءة بِالفِكر الجاهِليّ والعَصبيّات القَبَلِيَّة والأَحْقاد الطّائفِيَّة مِن قدرة على الصُّمود أَمام السِّلاح الجَدِيد المُغْرِي الَّذي عَبَث بِه ثَراءُ الشّام في أَزِقَة الكُوفة والمُدن الأُخرى. فالمالُ الوَفِير الَّذي استَغنَت بِه دِمَشق والثَّروة الَّتي اشتَهرت بِها الشّام في المُسلِمِين قد دَخلَ عامِلًا حاسِمًا في زَعزعة بَيعة النّاس لِخَلِيفَتِهم وفي شِراء ذِمَم كُبراء الصَّحابَة المؤثِّرين في النِّظام الاجْتِماعي لِلمُسلِمين وفي كَسْبِ وَلاء التّابِعِين المُؤهَّلِين لِلالتِحاق بِالجَيش والقِتال في صُفُوفِهِ.

فقد اعتاد عناصِرُ (جَيش الخِلافَة) رَصّ صُفوفِهم على بُنَى فِكريَّة مَحكُومَة بِـ(مَذْهب الرَّأي) مُنذ عَهد أَبِي بَكْر، ولَيْس لِلثَّقلَين (الكِتاب والسُّنَّة) المُطهَّرين مِن

حُضُور فِي تَكوِينِ عَقِيدَتِهِم الجهادِيَّة، وأَنَّ دَوافِع الانتِساب أَو الالتِحاق بِالجيش عند لَحظَةِ الاستِدعاء بِعنوان الجِهاد لا تَتجاوز كَونَها مَحلًا لِتَحْصِيل الثَّروة أَو لِلتَّعويض عن عُقْدَة نَقصٍ في الذَّات والنَّسَب أَو لِكَسْبِ مَقامٍ أَو تَحقِيق الغِنَى بِعَطاء مُنْتظم مِن الدَّولة أَو لِتَصفِيَة حِسابات ثَأر عالِق أَو قَضاء دَين.

في عَهدِ عُثمان تَمادَت مُكوِّنات (جَيش الخِلافَة) فتَخطَّت كُلِّيًّا مَفهوم الجِهاد الأَصِيل وخَرَجَت على النَّسق الوِجْداني المُتَّبع نِسبِيًّا في عَهدي كُلٍّ مِن أَبي بكر وعُمر وانقَلَبت إِلى كُتلَةٍ بَشرِيَّةٍ تَسعى إِلى اقتِناص فُرَص الانْتِماء لِجَمَل عائشة الَّذي سَطا على المال العام في البَصرَة وضَمن به مَصروفاتِه أَو الانْتِماء إِلى الهِرَقلِيّة المَلَكِيَّة في الشَّام الَّتي ذاع صِيتُ ثَرائها واشتَهر رَفاهُها في صُفوف المُسلِمِين.

لم يكن (جَيشُ الخِلافَةِ) الَّذي استُدعِي في عَهدِ عَلِيٍّ أَمير المؤمنين صَلواتُ الله وسَلامُه عليه لخِوَض حَربَيّ الجَمَل وصِفِّين يُمَثِّل التَّشَيُّعَ أَو وَجهًا مِن وُجوهِهِ أَو طرفًا مِنه أَو ظِلًا منه حتَّى يَكون مِقدامًا مُتَماسِكًا مُطِيعًا نَزيهًا بِما يَكفِي لِخَوض مَعرَكَةٍ مَصِيرِيّةٍ تَحت راية خَلِيفَتِه عَلِي بن أَبي طالِب صَلواتُ الله وسَلامُه عليه.

وما كان دُخُول (شِيعةَ عَلِيٍّ) فِي هذا الجَيش إِلَّا بِوَصْفِهِم قادَةً له فَحَسب وقد أَلزَموا أَنفُسَهم بِعَقيدة التَّشَيُّع وتَمسَّكوا بِحَقِّ الوَلايَة عن إِيمانٍ وعِلْمٍ وسابِقِ مَعرِفة، في حِين أَنَّ جُند هذا الجَيش الَّذين خاضوا حَربَيّ (الرِّدّة) و(الفُتُوح) وما بَعدَها مِن حُروبٍ شَهِيرَة تَحتَ إِمْرَةِ الخُلفاء الثَّلاثة ما زالوا يَرون في خَلِيفَتهم الجَدِيد عَلِيٍّ أَمير المُؤمنين صَلواتُ الله وسَلامُه عليه بِما كانُوا يَرونَ في عُثمان بن عَفّان مِن عَصَبِيّةٍ قَبَلِيّةٍ حادَّة، أَو بِما يَرونَ ـ في أَحْسَن الأَحْوال ـ في أَبِي بَكر وعُمَر مِن تَنازعٍ وتَحاسُدٍ على الإِمْرَةِ والرِّئاسَةِ والسُّلطان، ومِن حِرْصٍ شَدِيد على تَصفِيَةِ المُخالِفين بِالمَكر والخَدِيعَة، ومِن إِكْراهٍ لكُبراء الصَّحابة ولِلرَّعِيَّةِ المُسلِمِين على البَيْعَة تَحتَ ضَغط الابْتِزاز أَو الفِريَةِ أَو التُّهمَةِ بِالارْتِداد، ومِنْ حِرصٍ على جِبايَة الثَّروة لإِفْقار الرَّعِيَّة وتَعزيز دَور السِّيادة عَلَيهِم.

فَإِنْ تَنزَّلنا وقُلنا أَنَّ (جَيش الخِلافَة) في عهد عَلِيٍّ أَمير المؤمنين صَلواتُ الله وسَلامُه عليه هُو أَعلى مَنزلةً وأَجَلُّ قدرًا مِمّا أَشَرنا إليه في صِفَتِه؛ فإِنَّ الرُّؤيَة الحاكِمَة على جُندِه هِي أَقْرَبُ إلى ذات الرُّؤيَة الَّتي حَملها كُلٌّ مِن أَبي الدَّرداء وأَبي هُريرة في حَقِّ عَلِيٍّ أَمِير المُؤمنين صَلواتُ الله وسَلامُه عليه حِين ورَدا على مُعاوِيَة يَنصحونَه بِوَقْف سَفك دِماء المُسلِمين في حَرب صِفِّين فَقالا له (أَنَّه ـ عَلِيًّا ـ رَجُلٌ مِن المُهاجِرين الأَوَّلِين السَّابِقين بِالإحْسَان)[1] ولَيْس أَكثر مِن ذلك، وهو ذاتُ الوَصْف الَّذي اخْتَاره (جَيشُ الخلافة) مِن قَبْل في وَصفِ كلٍّ مِن أَبي بَكر وعُمر وعُثمان إِذْ سَاوى بَين خُلفائه ولم يُفَرِّق بَينَ عَلِيٍّ صَلواتُ الله وسَلامُه عليه الإِمام المَعصُوم المُفترض الطَّاعَة المَنصوب خَلِيفَة على المُسلِمِين مِن قِبل الخالِق عَزَّ وَجَلَّ والخلفاء الثَّلاثَة سابِقِيه. في حِين أَنَّ ذات الجَيش يَعلَم أَنَّ الخلفاء الثَّلاثَةِ أَنفُسهم نَكَثوا بِبَيعةِ الغَدِير الَّتي أَخذها نَبِيُّهم صَلَّى الله عليه وآله مِنهم لِعَلِيّ صَلواتُ الله وسَلامُه عليه وصَيَّروها بِـ(مَذْهَبِ الرَّأي) بَعد فَلتَةِ أَبِي بَكر حُكمًا مِن أَحكام الواقِع، وجازَ لهم الانْقِلاب عليه وغَيَّروا السَّنَّة بِاجْتِهاداتِهم الخاصَّة وبَدَّلوها.

لم يَأتِ الكَيدُ المُخادِع مِن عَمرو بن العاص مِن دون دِرايَة بِالأُسُس الهَشَّةِ الَّتي أُقِيم عليها (جَيش الخِلافَة) عندما يُلَمْلِم أَطرافَه ويَشُدّ إِزاره وَيَجتَمِع لِلحَرب، بَل أَنَّ ابنَ العاص يَحكِي بِكَيده الَّذي كاد عن تَفاصِيل ما كان يَجول مِن إِحْباطٍ ويَأسٍ وقُنوطٍ وشَكٍّ ورِيبَة ونِفاق في صُفوف الجَيش وما أَصاب قَواعِدَه الحَربِيَّة مِن تَشَوّشٍ في الرُّؤيَة واضْطِرابٍ في الفِكْرَة وسُقمٍ في المَوقِف.

وكلَّما سُفِكَت دِماءُ الأُلُوف مِن عَناصِرِ (جَيش الخِلافَة) بِسُيوف الأُلوف مِن أَندادِهِم المُسلِمين في وَاقعة (الجَمَل) أَو لَقِي قادةُ الجَيش (المُبَشَّرون بِالجَنَّةِ) مِن مَوتَةٍ بَشِعَةٍ بِسُيوف نُظرائهم (المُبَشَّرين بِالجَنَّةِ) فهُزِموا هَزِيمَةً جَنائزِيَّةً فاضِحَةً، أَو صارت (أُمُّ المُؤمِنين) إِلى جانِبِهم خارِجِيَّةً أَسِيرةً لجَمَلِها وأَصْبَحَت عاصِيَةً لِأَوامر رَسُول الله

1 - الإمامة والسِّياسة 92/ 1. العقد الفَريد 284/ 2. الكامل، المبرد 157/ 1. شرح نهج البلاغة، ابن أبي الحديد 262/ 1

صَلَّى الله عليه وآله ومُحارِبَةً لِإمام زَمانِها عَلِيٍّ أَمِير المؤمنين صَلواتُ الله وسَلامُه عليه؛ تَساءَل جُند هذه الجُيوش عن مَقام الدِّين وعَقِيدَتِه وشَريعَتِه في النُّفوس وحَقِيقَةِ صُدورِه عن الخالِق عزَّ وجَلَّ، فَشَكَّكوا في النُّبوّة والوَحْي ثُمَّ شَكَّكوا في أَصْحاب الإِمْرة والرّئاسة والسُّلطان، فلَمْ يُفرِّقوا بَين مَقام خَلِيفَتِهم عَلِيٍّ أَمير المؤمنين صَلواتُ الله وسَلامُه عليه وعائشة (أُمّ المؤمِنين) والزُّبير وطَلحة (المُبَشَّرِين بِالجنَّة).

وكُلِّما سُفِكَت دماءُ (جِيش الخِلافَة) في (صِفِّين) بِسُيوف أَندادِهِم في جَيشِ وَلايَة الشَّام وهو الجيش الَّذي أُسِّسَ على الانْضِباط الأُمَوي بِقِيادَة الوالِي المُتَمرّد المنشق الصَّحابي معاوِيَة (كاتِب الوَحْي) بَعِيدًا عن ثَقافَة أَهْلِ المَدِينة وقد حُصِّن في الضِّدّ مِن التَّبايُن العَقدِي وازدواجِيَّة الوَلاء فَأَصبحَ لا عِلْم له بِأَحوال المُسلِمِين ولا بِصِفَةِ خُلفائهم إِلّا بِما عَلَّمه مُعاوِيَة؛ شَكَّك جُند هذه الجُيوش في سِيرة ما مَضى مِن عُمُر الخِلافَة وسُنَنِها الحاكِمَة وما لَها مِن استِحقاق في التَّضْحِيَة بِالأَنفُسِ والأَموال والأَولاد، ولم يَروا أَمامهم إِلَّا دِينًا يَشتكِي سُقم النِّفاق وعِبادًا يَتعَبَّدون بِمَذْاهب اخْتلَقَها الصَّحابَة المُنافِقُون مِن المُسلِمِين في المَدِينة لِأَنفُسِهم بِإزاء هذا الدِّين، ولم يُفرِّقوا في ذلك بَين مَقام خَلِيفَتِهم عَلِيٍّ أَمير المؤمنين صَلواتُ الله وسَلامُه عليه وعائشة (أُمّ المُؤمنين) ومُعاوِيَة (كاتِب الوَحْي)!

وعندما تَهيَّأ (جيشُ الخِلافَة) لِخوض مَعركَةِ الجمل وصِفِّين إِلى جانِب خَلِيفَتِه عَلِيٍّ أَمير المُؤمِنين صَلواتُ الله وسَلامُه عليه وقادَتِه مِنْ(شَيعَة عَلِيّ) واستَعَدّ لِحَسمِهما؛ وَجدَ نَفسَه في غَمرات مَيدانَين يَقودُ كُلَّ واحِدٍ منهما صَحابِيَّان مُتنازِعان مُختَلِفان لم يَر (جَيشُ الخِلافة) لِأَحدِهِما فَضلًا ومَنقبةً تَدفعانه لِتَرجِيح كَفَّته على كَفَّة الآخَر، وأَنَّ طَلَب الثَّأر لِقَمِيص عُثمان في الجَمَل ثُمَّ في صِفِّين عامِلٌ مُشتَرَك وعَملٌ مَشروعٌ، وذلك لما كان لِعُثمان مِن صِفَةٍ عُليا ومَرتَبَةٍ ومَقامٍ كَريمَين بَين مَن سَبقَة في خِلفَاء المُسلِمِين، وأَنَّ لَه أَولِياء دَم اشتَرَطُوا إِعلان بَيعَتِهم لِعَلِيٍّ أَمِير المؤمنين صَلواتُ الله وسَلامُه عليه بِأَخذ حَقِّ القِصاص مِن القَتَلة، وأَنَّ نَتائجَ مَعركة صِفِّين في الوَقْتِ الرَّاهِن لَنْ تَختَلِف بِأَيِّ حالٍ مِن الأَحْوال عن نَتائج مَعركَةِ الجَمل في حال انْكَسر جَيشُ

عائشة وجَيشُ مُعاوِيَة أَو انْتَصرا معًا.

لقد تَسلَّم عَلِيٌّ أَمير المُؤمنين صَلواتُ الله وسَلامُه عليه (جَيشَ الخِلافَة) مُنهكًا مُضطرِب الرَّأي والموقِف بِإزاء ما فَعلَهُ الصَّحابَة (المُبَشَّرين بِالجَنَّة) بِأَنفُسِهم وبِأَندادِهم الصَّحابة (المُبَشَّرين بِالجَنّة) وبِالمُسلِمين، وعائشة (أُمُّ المؤمنين) حِينئذٍ قد خَرَجَت على رأس جَيشٍ آخَر مِن المُسلِمين يَقودُه طَلحَة والزُّبير (المبشَّرين بِالجَنَّة)، وكذلك فَعَلَ مُعاوِيَّة (كاتِب الوَحْي).

فلَمّا قُتِل طَلحة والزُّبير وسِيقَت عائشة إِلى بَيتِها مِن دون أَنْ يُنجِز جَيشُها شَيئًا يَستحِقّ الذِّكر أَمام (جَيش الخِلافَة) غَير سَفكِ الدِّماء وإِفْشاء رائحة المَوت وبَثّ الدَّمار والخراب في النِّظام الاجْتِماعي لِلمُسلِمين؛ دَخَل (جَيش الخِلافَة) ذروة اليَأس والإِحْباط والقُنوط وعَينُه على ثَروات الشَّام المُشبِعَة الهانِئة السَّاكِنَة، وباتَت العَصَبِيَّاتُ القَبَلِيَّة والعَشائريَّة تَنخُر في مَعنويَّاتِه. وكُلَّما تَفكَّرت الجيوش في تَقرِير المَصير على أَيدِي قادَتِها مِن (المُبَشَّرين بِالجَنّة) غَلَبَهم الشَّكُّ وهَيمَنَت عَلى أَنفُسِهم القابِليَّةُ لِلرّكون والدِّعة ومالوا إِلى أَسْباب الانْشِقاق والانْقِسام.

فتَقدَّم الصَّحابَةُ مِن (شِيعة عَلِيٍّ) أَمير المُؤمنين صَلواتُ الله وسَلامُه وقادوا مع إِمامِهم صَلواتُ الله وسَلامُه عليه (جَيش الخِلافَة) المُستَنزف نَفسِيًّا وفِكريًّا واجتِماعِيًّا، ودَخلوا بِه المَعركَتين.

في الأَيَّام الثَّلاثة الأُولى لِمَعركَةِ صِفّين قَاد الصَّحابةُ مِن (شِيعَة عَلِيٍّ) أَمير المؤمنين صَلواتُ الله وسَلامُه (جَيش الخِلافَة) على أَحْسَنِ ما يُرام على الرَّغْم مِن عِلّاتِه الكَثِيرة وأَسْقامِهِ المُوجِعَة. ثُمَّ تَطَوّر الأَمرُ فَبَانَ في (جَيش الخِلافَة) الخِذلان إِذْ قال بَعضُهم (إِنَّ هذه الحَرب قد أَكَلَتنا، وأَذهَبَت الرِّجال، والرَّأي المُوادَعة).

وقال البَعضُ الآخر (لا بَل نُقاتِلهم اليَوم على ما قاتَلناهم عليه بِالأَمْس. وكانت الجَماعةُ قد رَضِيَت بِالمُوادَعَة فجَنَحت إِلى الصُّلح والمُسالَمَة. فَقام عَلِيٌّ أَمير المُؤمنين صَلواتُ الله وسَلامُه عليه مُخاطِبًا فقال: أَيُّها النَّاس، إِنِّي لم أَزَل على ما أُحِبّ

حتَّى قَدَحَتْكُم الحرب، وقد والله أَخذتُ مِنكُم وتَرَكت، وهي لِعَدوِّكم أَنْهَك. وقد كُنتُ بِالأَمْسِ أَميرًا، فأَصبحتُ اليوم مأْمُورًا، وكُنتُ ناهِيًا فأَصبَحتُ مَنهِيًّا، فلَيس لي أَنْ أَحمِلكم على ما تكرهون)[1].

شَدّت الحربُ حَيازِيمَها واستُشهِد الصَّحابي الجليل عمَّار بن ياسر رِضْوان الله تعالى عليه في المعركة، وهو مِن الصَّحابة الأَبْرار (شِيعة عَلِيّ)، وقد أَوصاه رَسُول الله صَلَّى الله عليه وآله بِمُلازمة عَليٍّ أَمير المؤمنين صَلواتُ الله وسَلامُه عليه وقال له (إِنَّه ستكون بعدي في أُمَّتي هنات حتَّى يَختَلِف السَّيفُ فيما بَينَهُم وحتَّى يَقتُلَ بعضُهم بعضًا وحتَّى يبرأَ بعضُهم مِن بعض. فإذا رأيتَ ذلك فعَليكَ بهذا الأَصْلَع عن يَمِيني عَلِيٍّ بن أَبي طالب صَلواتُ الله وسَلامُه عليه. وإِنْ سلكَ النَّاسُ كلُّهم وادِيًا وسَلَك عَليٌّ واديًا فاسلُك وادِي عَليٍّ وخلّ عن النَّاس. إِنَّ عليًّا لا يردّك عن هُدى ولا يدلّك على رَدَي. يا عمار طاعةُ عَليٍّ طاعتِي وطاعَتِي طاعةُ الله)[2].

وقال رَسُول صَلَّى الله عليه وآله في عَمَّار (آخِر زادكَ مِن الدُّنيا ضياحٌ مِن لَبَن وتَقتُلك الفِئةُ الباغِية)[3]. ثُمّ زُيِّف قَولُ رَسُول الله صَلَّى الله عليه وآله بعدما قُتِل عَمّار في مَعركة صِفِّين على أَيدِي جُندِ مُعاوِيَة، وجاء رَجُلان (وأَقبلا بِرَأسِه إِلى مُعاوية يَتنازعان فيه، كُلٌّ يقول أَنا قَتلْتُه. فقال لَهُما عمرو بن العاص: إِنْ تَتَنازعان إِلّا في النَّار.. سمِعتُ رَسُول الله صَلَّى الله عليه وآله يقول: تَقْتلُ عمَّار الفِئةُ الباغِيَة. فقال مُعاوية: قَبَّحَك الله مِن شَيخ، فما تَزال تنزلق غي في قَولِك، أَونَحنُ قَتَلناه؟! إِنَّما قَتلَه الَّذين جاؤوا به. ثُم التَفَت إِلى أَهْل الشَّام فقال: إِنَّما نحن الفِئة الباغِيَة الَّتي تَبغِي دَمَ عُثمان)[4].

و(استَمر القِتالُ العَظِيم ثلاثة أَيَّام حتَّى أَشرَف جيشُ مُعاوِيَة على الهَلَكة. فرَفَعوا

1- الإمامة والسِّياسة 104

2- بحار الأنوار، العلّامة المجلسي 17/ 33. تأريخ دمشق، الحافظ بن عساكر 42/ 472. (كنز العمال) المتّقي الهندي(32972)

3- طبقات ابن سعد 180/ 3. سيرة ابن هشام 114/ 2. مُستدرك الحاكم 386/ 3 391-387-. الاستيعاب 436/ 2. شَرح نهج البلاغة، ابن أبي الحديد 274/ 2. تأريخ ابن كثير 270-267/ 7. مجمع الزوائد 296/ 9. تَهذِيب التَّهذيب409/ 7. الإصابة 512/ 2. كنز العمال 184/ 6، -73/ 7 74 7. السِّيوطي 250/ 3 ط 2

4- الإمامة والسِّياسة، ابن قتيبة 110/ 1

المَصاحِفَ وصَاحوا: لا تَردّ كِتاب الله يا أَبا الحَسَن، فإِنَّك أَوْلى به مِنَّا، وأَحقُّ مَن أَخَذَ بِه. يا أَبا الحَسَن! مَن لِذَرارِينا مِن الرُّوم إِنْ قُتِلنا. الله الله البُقْيا، كتابُ الله بَينَنا وبَينكُم!

وقال زَعيمُ أَهْل اليَمن في جَيش عَلِيٍّ أَمير المُؤمنين صَلواتُ الله وسَلامُه عليه الأَشْعَث بن قَيس: لا تَرُدّ ما دَعاك القومُ إِليه، قد أَنصَفَك القومُ، والله لَئِن لم تَقبل هذا مِنهم لا وَفاء مَعَك، ولا نَرمِي مَعك بِسَهْم ولا حَجَر، ولا نَقِف معك مَوقفًا.

وجاء إِليه القُراء المارقون (الخَوارِج)، مِنهم زَعيمُهم عبد الله بن وَهَب الرَّاسِبي في أُنَاسٍ كَثيرٍ قد اختَرَطوا سُيوفَهُم ووَضَعُوها على عَواتِقِهم، وقالوا لِعَلِيٍّ أَمير المُؤمنين صَلواتُ الله وسَلامُه عليه: اتَّقِ الله، فإِنَّك قد أَعْطَيتَ العَهد وأَخذته مِنَّا لَنَفنِيَنَّ أَنفسنا أَو لَنفنِيَنَّ عَدُوّنا أَو يَفِيءَ إِلى أَمْر الله. وإِنَّا نَراك قد رَكبتَ إِلى أَمْرٍ فيه الفُرقَة والمَعصِية لله، والذُّل في الدُّنيا، فانْهَض بِنا إِلى عَدُوّنا، فلَنُحاكِمَه إِلى الله بِسُيوفِنا حتَّى يَحكُم اللهُ بيننا وبَينهم وهو خَيرُ الحاكِمين.. لا حُكومَة النَّاس)[1].

فلمَّا سَمِعَ عَلِيٌّ أَمير المؤمنين صَلواتُ الله وسَلامه عليه قَوْلَهُمْ «لاَ حُكْمَ إِلَّا لله قَالَ (كَلِمَةُ حَقٍّ يُرَادُ بِهَا بَاطِلٌ. نَعَمْ إِنَّهُ لاَ حُكْمَ إِلَّا لله، وَلَكِنْ هَؤُلاَءِ يَقُولُونَ لا «إِمْرَةَ»! وَإِنَّهُ لاَ بُدَّ لِلنَّاسِ مِنْ أَمِيرٍ بَرٍّ أَوْ فَاجِرٍ يَعْمَلُ فِي إِمْرَتِهِ اَلْمُؤْمِنُ وَيَسْتَمْتِعُ فِيهَا اَلْكَافِرُ، وَ يُبَلِّغُ اَلله فِيهَا اَلْأَجَلَ،وَيُجْمَعُ بِهِ اَلْفَيْءُ، وَيُقَاتَلُ بِهِ اَلْعَدُوُّ، وتَأْمَنُ بِهِ اَلسُّبُلُ، وَيُؤْخَذُ بِهِ لِلضَّعِيفِ مِنَ اَلْقَوِيِّ، حَتَّى يَسْتَرِيحَ بَرٌّ وَيُسْتَرَاحَ مِنْ فَاجِرٍ)[2].

وفي إِثْر الوَساطَة الَّتي تَقدَّم بها أَبُو الدَّرداء وأَبُو هريرة لِإِنْهاء المعركة سَريعًا؛ استَجاب مُعاوِيَة فاشَترط لِإِنهائها تَسليمَ أَبْرَز قادَة (جَيش الخلافة) مِن (شِيعَة عَلِيٍّ)، وذلك لِلإِقتِصاص منهم بِتُهمة قَتلهم عُثمان، وعَلِيٌّ أَمير المُؤمنين صَلواتُ الله وسَلامه عليه يَعلمُ أَنَّ (جَيشَ الخِلافَة) المُترَهِّل هو ذاتُه جَيشُ خلافة أَبِي بَكر وعُمَر وعُثمان

1- المصدر السابق 116-108

2- بحارالأنوار 358/ 33 نهج البلاغة خ 40

وعلى نَهجِهم وسُنَّتِهم ومَذهَبِهم الَّذي أَوصَلهم مِن قَبل إِلى الهَزيمة في فارِس لَولا تَدخُّل (شِيعة عَلِيٍّ) فأَنقذوا المَوقِف، وأَنَّه صَلواتُ الله وسَلامُه عليه على رَأْسِ هذا الجَيش الَّذي أَمْسَى يَقوده إِلى وَقْتٍ قَريب مَن طَلب مُعاوِيَة تَسلِيمَه لِلقِصاص بِمُوجب وَساطة أَبِي الدَّرداء وأَبي هُريرة اللَّذين قَدِما على (مُعاوِيَة مِن حِمْص وهو بِصِفِّين فوَعظاهُ وقالا: يا مُعاوِيَة، علامَ تُقاتِل عَلِيًّا وهو أَحَقُّ بهذا الأَمْر مِنْك في الفِضل والسَّابقة، لِأَنَّه رَجلٌ مِن المُهاجِرين الأَوَّلِين السَّابقِين بِالإِحْسان، وأَنتَ طَلِيقٌ وأَبُوك مِن الأَحْزاب. أَما والله ما نَقول لك أَنْ تكون العِراق أَحَبَّ إِلينا مِن الشَّام ولكِنّ البَقاء أَحَبُّ إِلينا مِن الفَناء، والصَّلاح أَحبُّ إِلينا مِن الفَساد. فقال: لَستُ أَزعمُ إِنِّي أَوْلى بِهذا الأَمر مِن عَلِيٍّ ولكِنِّي أُقاتِله حتَّى يَدفع إِليَّ قَتَلَةَ عُثمان. فقالا: إِذا دَفعهُم إِليك ماذا يَكون؟ قال: أَكون رَجُلًا مِن المُسلمين، فأْتِيا عَلِيًّا فإِنْ دَفَعَ إِليكُما قَتلَة عُثمان جَعلتها شُورَى. فَقدِما على عَسكر عَلِيٍّ أَمير المُؤمنين صَلواتُ الله وسَلامه عليه فأَتاهُما الأَشْتر فقال: يا هذان، إِنَّه لم ينزلكما الشَّام حُبُّ مُعاوِيَة، وقد زَعَمتُما أَنَّه يَطلبُ قَتلَةَ عُثمان، فعَمَّن أَخذتُما ذلك فقبِلتماه، أعمّن قتلهُ فصدَّقتمُوهم على الذَّنب كما صدَّقتمُوهم على القَتْل، أَمْ عمّن نَصَرَه، فلا شَهادة لِمَن جرَّ إِلى نفسه، أَمْ عمَّن اعتزل إِذْ علموا ذَنْبَ عُثمان وقد عَلِموا ما الحكم في قَتلِهِ، أَوَ عن مُعاوية وقد زَعم أَنَّ عَلِيًّا قَتَلَه، اتَّقِيا الله فإِنَّا شهِدنا وغبتُما، ونَحنُ الحكّام على مَن غاب. فانْصَرَفا ذلك اليوم.

فلَمّا أَصْبَحا أَتَيا عَلِيًّا فقالا له: إِنَّ لك فَضلًا لا يُدفع، وقد سِرتَ مَسِير فتَى إِلى سَفِيهٍ مِن السُّفهاء، ومُعاوية يَسأَلُك أَنْ تَدفَع إِليه قَتلة عُثمان، فإِنْ فعلتَ ثُمَّ قاتَلك كُنَّا معك. قال عَلِيٌّ أَمير المُؤمنين صَلواتُ الله وسَلامُه عليه: أَتَعرِفانهم. قالا: نَعم. قال: فخُذاهم. فأَتَيا «مُحمَّد بن أَبِي بكر» و«عَمَّار بن ياسر» و«الأَشتَر». فقالا: أَنتُم مِن قَتلةِ عُثمان وقد أُمِرنا بأَخذِكم. فخَرَج إِليهما أَكثرُ مِن عَشَرة آلاف رَجُلٍ فقالوا: نَحن قَتَلنا عُثمان. فقالا: نَرى أَمْرًا شَدِيدًا أَلبس عَلِيًّا الرَّجل. فانصَرفَ أَبُو هُريرة وأَبُو الدَّرداء إِلى منزلهما بِحِمص.

فلَمَّا قَدِما حِمْص لِقَيهما عبد الرَّحمن بن عُثمان وسأَل عن مَسِيرهما، فقَصَّا عليه

القصّة، فقال: العَجَبُ مِنكما أنَّكما مِن أَصْحابِ رَسُول الله صَلَّى الله عليه وآله. أَما والله لَئِن كَفَفتُما أَيدَيكما ما كَففتُما أَلسِنَتِكما، أَتَأتِيان عَلِيًّا وتَطلبان إِليه قَتَلة عُثمان وقد عَلِمتما أَنَّ المُهاجرين والأَنصار لو حَرَّموا دَمَ عُثمان نَصروه، وبايَعوا عَلِيًّا على قَتلَتِه، فهَل فَعلوا؟ وأَعجبُ مِن ذلك رَغبتكما عَمَّا صنعوا، وقولكما لِعَلِيّ: اجعلها شُورى واخلعها مِن عُنقِك، وإِنَّكما لَتَعلَمان أَنَّ مَن رَضي بِعَلِيٍّ خيرٌ مِمَّن كرهه، وإِنَّ مَن بايَعه خَيرٌ مِمَّن لم يُبايعه، ثُم صِرتُما رَسُولَيّ رَجلٍ مِن الطُّلقاء لا تَحِلّ له الخِلافَة. ففَشى قَولُه وقَولَهُما، فهَمَّ مُعاوِيَة بِقَتله، ثُمَّ راقب فيه عَشِيرته)[1].

وعلى أَثَر الشِّجار والتَّناوُش الَّذي وَقَع في صفوف (جَيش الخِلافَة)؛ عُيِّن أَبُو مُوسَى الأَشْعَري مُفاوِضًا وحَكَمًا في مُقابِل الدَّاهِيَة عمرو بن العاص مُفاوِض جَيش مُعاوِيَة الَّذي تَفوَّق فأَغْوى الأَشعري بِتَقريرٍ مُزوَّرٍ حول مُلابسات مَقتل عُثمان ثُمَّ عَرَض عليه أَنْ يَتَّخِذ عُقوبةً صارمةً بِخَلع عَلِيٍّ أَمِير المُؤمنين صَلواتُ الله وسَلامُه عليه ومُعاوِية مِن مَنْصِب الخِلافَة وتَعيين (عبد الله بن عُمر) خَليفةً بديلًا.

وفي خطابٍ عامٍّ دُعِي إِليه، أَعلنَ المفاوض الحَكَم أَبُو مُوسَى خَلعَ عَلِيٍّ أَمِير المُؤمنين صَلواتُ الله وسَلامُه عليه، في حِين أَعلَنَ المفاوضُ الحَكَم ابن العاص تَثبِيتَه لِمُعاوِيَة. فتَنابَز المفاوِضَان بِالأَلقاب وتَبادَلا الشَّتائم واللَّعنات، فاختلَط الأَمرُ على (جَيشِ الخِلافَة)، وأَمَر بَعضُهم بِتَقديم القُرآن على الرِّجال، وإِنْ الحُكم إِلَّا لله. فقال عَلِيٌّ أَمِير المُؤمنين صَلواتُ الله وسَلامُه عليه (أَما إِنِّي قد أَخبرتُكم إِنْ هذا يكون بِالأَمس، وجهدت أَنْ تَبعثوا غير أَبِي مُوسى فأَبَيتُم عَلَيَّ، ولا سَبِيل إِلى حَرْبِ القَومِ حتَّى تَنقَضِي المُدّة)[2].

انْتَهى نِزاعُ المُفاوِضَين الحكَمَين إِلى ظُهور مَذْهَبِ المارقة الخَوارج المُعارِض لِتَعيِين الحكَمَين مِن النَّاس في أَمرِ دِين الله، وكَفَّر عَلِيًّا أَمِير المُؤمنين صَلواتُ الله

1- الإمامة والسِّياسة 92/ 1، 87/ 1. العقد الفريد 284/ 2. الكامل، المبرد 157/ 1. شرح نهج البلاغة، ابن أبي الحديد 252/ 1.

2- الإمامة والسِّياسة 119

وسَلامُه عليه وقادَةَ الجيش مِن شِيعَتِه.

واستَنفرَ رَجلٌ يُدعى يَزيد بن عاصِم المُحارِبي فهَمَّ بِسَيفِهِ لِيَقتُل القادَة مِن شِيعَةِ عَلِيٍّ أَمِير المُؤمنين صَلواتُ الله وسَلامُه عليه، ثُمَّ تَوجَّه إلى أَتْباع معاوِيَة يطعن فِيهم فأَصاب بَعضَهم، وأَعلَنَ بَراءته مِن كِلا الجَيشين، حتَّى (استَقرَّت فكرةُ الخروج في أَذهان جماعةٍ مِن أَهْل الكُوفَة، ولم يَتمكَّنوا مِن تَنفِيذها إلَّا مِن بعد رُجوعِهم مِن صِفِّين، وبَعد الفَشل الَّذي انتهى إليه المُؤتَمِرون.

بَلغ عددُ الَّذين انْفَصلوا عن (جَيش الخِلافَة) اثنا عَشَر أَلفًا مِمَّن كانوا معه في صِفِّين، والتَجَئوا إلى قَريَةٍ قُرْب الكُوفة تُسمّى حروراء، فغَلبَ عليهم اسم «الحَرورِيَّة» وتَولَّى قيادتَهم عبد الله بن الكوّاء وشَبثُ بن رُبعي.. ورَجَع ابن الكوّاء عن فِكْرَتِه والتَحَق بِالكُوفة مع أَلفِ رجلٍ منهم واستَمر الباقون على فكرتهم)[1].

اعْتَلَّت فكرةُ المارقة الخَوارج عندما تَمرَّدوا على إمامهم عَلِيٍّ أَمِير المُؤمنين صَلواتُ الله وسَلامُه عليه، وأَرْجَعوا الحُكمَ إلى الله مِن دُون الرِّجال. وما لَبِثوا أَنْ تَجمَّعوا والتقى بَعضُهم البعضَ الآخر في بَيت أَوَّل زَعيمٍ لهم هو عبد الله الرَّاسِبي الَّذي قاد أَوَّلَ فريقٍ مُعارضٍ «لِحكُومة النَّاس مِن دُون حُكم الله» في صِفِّين، ونادى بَعضُهم بوُجوبِ اختِيار القائد العماد والسَّند والرَّاية! ثُمَّ تَوافدوا إلى النَّهروان، فخَطَب عَلِيٌّ أَمِير المُؤمنين صَلواتُ الله وسَلامُه عليه يَقول (أَمَّا بَعد، فإِنَّ مَعصِيَةَ العالِم النَّاصِح تُورِثُ الحَسْرة، وتَعقبُ النَّدامة، وقد كنتُ أَمَرتكم في هذين الرَّجُلَين، وفي هذه الحكُومة بِأَمْري، فأَبَيتم إلَّا ما أَردتُم، فأَحيَيا ما أَماتَ القُران، وأَماتا ما أَحْيا القُران، واتَّبعَ كلُّ واحدٍ هَواه لِحكم بِغَير حُجَّة ولا سُنَّة ظاهرة، واختلفا في أَمرِهما وحُكمِهما، فكلاهُما لم يُرشد إلى الله، فبَرَء اللهُ منهما ورَسُوله وصالِح المؤمنين، فاستعِدُّوا لِلجهاد وتأَهَبُّوا لِلمَسير.. فقِيل له: يا أَمير المُؤمنين إنَّه قد افترقَت مِنَّا فِرْقَة)[2].

1- الشِّيعة بين الأشاعرة والمعتزلة 34

2- الإمامة والسِّياسة 123

يَصِف عَمرو بن العاص وأَبُو مُوسى الأَشْعري المارقة الخَوارج بِالحِمار يَحمِلُ أَسفارًا، لكنَّ بن العاص والأَشْعري لا يشذّان عن المارقة الخَوارِج في مبدأ الحكم بِـ(مَذْهَبِ الرَّأي) في قِبال حُكْمِ الله، ولا يَختلِفان في سَذاجة الفِكر.

فأَبو مُوسَى الأَشْعري مِن فِئة القُرّاء المُحترِفين الَّذين لم يُمَيِّزوا بِأَسْفارِهم المَحمولَة على ظُهورِهم المَوقِفَ السَّليم مِن حَوادث صِفِّين، ولا يَختَلِفون في شَيءٍ عن المارِقة الخَوارِج. فقد (سار الخَوارجُ فإِذا هُم بِرَجلٍ يَسوق امرأته على حِمارٍ له، فعبروا إِليه الفُرات، فقالوا له: مَن أَنْت. قال: أَنا رَجلٌ مِؤمنٌ. فقالا: فما تَقول في عَلِيِّ بن أَبِي طالب؟ قال: أَقولُ أَنَّه أَمِيرُ المؤمنين وأَوَّلُ المُسلِمِين إِيمانًا بِالله ورَسُولِهِ. قالوا: فما اسْمُك؟ قال: أَنا عبدُ الله بن خباب بن الارت صاحِب رَسُول الله صَلَّى الله عليه وآله. فقالوا له: أَفزعناك؟ قال: نعم. قالوا:لا روع عليك! حَدِّثنا عن أَبِيك بِحَديث سِمَعه مِن رَسُول الله لَعَلَّ الله أَنْ ينفعنا به. قال: نَعم، حدَّثني عن رَسُول الله صَلَّى الله عليه وآله أَنَّه قال: ستكون فِتنةٌ بعدِي يَموتُ فيها قَلبُ الرَّجلِ كما يَموتُ بَدَنُه، يُمسِي مُؤمِنًا ويُصبح كافِرًا. فقالوا: لِهذا الحديث سأَلناك، والله لَنقتُلَنَّك قَتْلَةً ما قَتلْناها أَحدًا. فأَخَذُوه وكتَّفوه، ثُمَّ اقْبَلوا به وبامرأَته وهِي حَبْلَى مُتِمّ «قارَبت الوَلادة» حتَّى نَزلوا تَحت نَخْلٍ، فسَقَطَت رطبة منها، فأَخذها بَعضُهم فقذفها فِي فيه، فقال له أَحدُهم بِغَير حلٍّ أَو بِغَير ثَمنٍ أَكلتها؟! فالقاها مِن فيه ثُمَّ اخترط بَعضُهم سَيفَه فضَرب بِه خنزيرًا لِأَهْلِ الذِّمّة فقتله. فقال له بَعضُ أَصحابِه: إِنَّ هذا مِن الفَساد في الأَرْض. فلَقِيَ الرَّجلُ صاحبَ الخِنزير فارضاه مِن خِنزيره. فلَمّا رأى منهم عبد الله بن خباب ذلك، قال: لَئن كُنتُم صادِقين فيما أَرى ما عَلَيَّ منكم باس، ووالله ما أَحدَثتُ حَدثًا في الإِسْلام، وإِنِّي لِمُؤمنٌ وقد أَمَّنتُموني وقُلتم لا روع عليك. فجاءوا بِه وبِامرأَته، فأَضجَعوه على شَفير النَّهر على ذلك الخنزير، فذَبحوه فَسال دَمُه في الماء، ثُم أَقبلوا إِلى امرأَتِه، فقالَت لَهُم: إِنَّما أَنا امرأة، أَما تَتَّقون الله؟! فبَقروا بَطنها وقَتلوا ثلاث نِسوَةٍ فيهم أُمّ سنان قد صَحِبت النَّبِيّ صَلَّى الله عليه وآله. فبَلَغَ عَلِيًّا أَمِير المُؤمنين صَلواتُ الله وسَلامُه عليه خبَرُهم، فبَعَث إِليهم الحارث بن مُرَّة لِيَنظرَ فيما بَلغه مِن قَتلِ عبد الله بن خباب والنّسوة، ويكتب إِليهم

بِالأَمْر. فلما انتَهى لِيَسأَلهم، خرجوا إِليه فقَتلوه. فقال النَّاسُ: يا أَمِير المؤمنين! تَدع هؤلاء القوم وراءنا يُخلِّفوننا في عِيالنا وأَموالِنا!.. سِرْ بنا إِليهم، فإِذا فَرَغْنا منهم نَهضنا إِلى عدوِّنا مِن أَهْل الشَّام)[1].

لقد افتَرى بَعض الرُّواة وكَثِيرٌ مِن مُؤرِّخي (اتِّجاه أَهْل العامّة) القولَ عندما أَطلَقوا على المارقة الخَوارج وَصْف (الفِرْقَة) بِلِحاظ أَنَّها انشقَّت عن (شِيعَةِ عَلِيٍّ) ولَيس عن (جَيش الخِلافَة) على أَثَر تَضخُّم المُضاعفات الَّتي تَركَتْها وَاقعةُ الحَكمَين بِصِفِّين، في حِين أَنَّ المارقة الخوارج أَنفُسهم ما زالوا يُمثِّلوا مُكوِّنًا رَئيسًا في ذات الجَيشِ الَّذي خاض حَربي (الرِّدّة) و(الفُتوح) بزَعامَة أَبِي بَكر وشَمل فيما شَمل مُرادَ دَحر المُخالِفِين لِبَيعةِ أَبِي بَكر مِن الشِّيعة المُتَمسكين بِبَيعة الغَدير، وهُم ذاتُ المُكوِّن الَّذي انخرطَ في جَيش خِلافَة عُمَر وعُثمان وفي جَيش عائشة في مَعْرَكَةِ الجَمَل واستَنّ بِسُنَّةِ الثَّلاثة وتَمَسَّك بِـ(مَذْهَبِ الرَّأي) واتَّبع (مَذْهَب عائشة).

فلا صِلَة لِلمارقة الخوارج بِـ(شِيعَة عَلِيٍّ) الَّذين تَماسَكوا في الحرب وأبلوا بَلاءً حسنًا ووَقفوا إِلى جانِب عَلِيّ أَمِيرالمؤمنين صَلواتُ الله وسَلامُه عليه ولم يَخذلُوه في شَيء مِن قَبْلِ الحَربِ وفي أَثْناء اشتِداد أُوارِها ومِن بَعدِها، وفيهم الشَّهيد عَمّار بن ياسر الَّذي قَتَلَتهُ الفِئةُ الباغِيَة في ذات المَعرَكَة.

لقد أَصبَح المارقة الخَوارج مَذهبًا مُنذ لحظة رَفعِهم لِشِعار (لا حُكمَ إِلَّا لله) المُندكّ في الواقع الاجتِماعي المُؤسَّس على (مَذْهَبِ الرَّأي) وسُنَّة الخُلفاء الثَّلاثة. فإِنْ أُطلِق عليهم وَصْف (الفِرْقة) فلِكونِهم انفصَلوا عن (جَيش الخِلافَة) الَّذي رافَقوه في عهد الثَّلاثة أَبِي بَكْر وعُمَر وعُثْمان وانْتَموا إِلى مَنهجِهِ، وصاروا مَذْهبًا بإِزاء العَدِيد مِن مَذاهِب (اتِّجاه أَهْل العامَّة) الَّتي تَأَسَّست في عَهد أَبِي بَكر وعُمر وتَكاثَرت في عَهدِ عُثمان حيث لا (فِرَق) بل (مَذاهِب) في ذات البِيئة الاجتِماعِيّة الواحدة. ولا علاقة لهم بِـ(شِيعَة عَلِيّ) لا مِن قَريبٍ ولا مِن بَعيد.

---

1 - نفس المصدر السّابق 126

وإنْ سمّوا بـ(الخَوارِج) في الأُصول والمُدوّنات القَدِيمة لِـ(اتِّجاه أَهْل العامَّة) ودَرَجَ رُواةُ هذا الاتِّجاه ومُؤرخُوه على ذلك فإنَّما لاستِبعاد المُراد عن كَونِ المارقة الخوارج مَذْهَبًا مُضافًا إلى مَذاهب (اتِّجاه أَهْل العامَّة) الكَثِيرة الَّتي يَعلُوها (مَذْهَبُ الرَّأي) الرَّسْمِي ثُمّ (مَذْهبُ عائشة). وأَنَّ الإِصْرار على تَصْنِيفِهم (فِرقَة) مِن الفِرَق المنشقّة عن الشِّيعَة فهُو تَوجِيهٌ مُخادعٌ بِلا وَجْه حَقّ وعلى خِلاف الحَقِيقَة ومِن صُنع مُدَبَّر بلَيل!

فقد وَرَد عَنْ عَليٍّ أَمير المؤمنين صَلواتُ الله وسَلامُه عليه أَنَّهُ خَصّ ثَلاث جِهاتٍ خَرَجَت على بَيعَتِهِ بالوَصْف حِين قَالَ (أُمِرْتُ أَنْ أُقَاتِلَ النَّاكِثِينَ وَالْقَاسِطِينَ وَالْمَارِقِينَ فَفَعَلْتُ مَا أُمِرْتُ بِهِ، فَأَمَّا النَّاكِثُونَ فَهُمْ أَهْلُ الْبَصْرَةِ وَغَيْرُهُمْ مِنْ أَصْحَابِ الْجَمَلِ، وَأَمَّا الْمَارِقُونَ فَهُمُ الْخَوَارِجُ، وَأَمَّا الْقَاسِطُونَ فَهُمْ أَهْلُ الشَّامِ وَغَيْرُهُمْ مِنْ أَحْزَابِ مُعَاوِيَةَ)[1].

فمَن خَرَج عَلى الإِمام عَلِيٍّ صَلواتُ الله وسَلامُه عليه في يَوم صِفِّين وَصَفَهم عَلِيٌّ أَمِير المُؤمِنين صَلواتُ الله وسَلامُه عليه بِـ(المارِقِين) وهُم ذاتُهم الَّذين تَصَدّى لهم عَلِيٌّ أَمير المؤمنين صَلواتُ الله وسَلامُه عليه وحارَبَهم في النَّهروان. وقد نَأى الكَثِيرُ مِن مُؤَرِّخِي ورُواة (اتِّجاه أَهْل العامّة) عن الأَخْذ بِوَصْف (المارِقِين) وتَمسّك بِمُسمّى (الخوارِج) لِيَكون له سِعَةٌ في عُذر تَصنِيفِهِ المُتعَسّف لهم بِوَصْف الـ(فِرقَة) المنشقَّة عن (شِيعَة عَلِيّ) والمُبالَغة في صَرْف الأَنْظار عن الوَصْفين الآخَرين الخَطِيرين وهُما:

ـ (النَّاكِثون) وهُم جَيشُ الجَمَل وعلى راسِهِ عائشة وطَلْحَة والزُّبَير (المُبشَّرين بِالجَنَّة).

ـ و(القَاسِطون) وهُم جَيشُ مُعاوِيَة (كاتِب الوَحْي) وأَتْباعُه.

وبِذَلك خَصَّ مُؤَرِّخو (اتِّجاه أَهْل العامَّة) القُراء المُتَمَرِّدِين المارِقِين في صِفِّين والنَّهروان بِمُسمَّى فِرقَةِ (الخَوارج) وأَكّدوا على ذلك لِكَي لا يَقَع (النَّاكِثون)

1 - دعائم الإسْلام (وذكر الحلال و الحرام و القضايا و الأحكام) 388/ 1

و(القاسِطون) في المَعنى المُراد مِن صِفَة (الخَوارِج) الوارِدَة مِن قَبْل في سُنَّة النَّبِيّ صَلَّى الله عليه وآله وسِيَرته المُباركة فتَشمل أَسماءً يُوالونَها ويُقدِّسُون.

فالقُوى الثَّلاث (النَّاكِثُون والقاسِطُون والمارِقُون) كلُّهم (خَوارِج) ويُشَكِّلون ثَلاثَةَ مَذاهِب مُستَقِلّة أَو أَنَّها ثلاث فِرَقٍ منشقَّةٍ عن (اتِّجاه أَهْل العامَّة) ولا صِلَة لِأَيٍّ أَحدٍ مِنها بـ(شِيعَةِ عَلِيٍّ).

وهذا أَبُو زَهْرَة وأَشباهُه مِن قَبْل ومِن بَعد يُجانِب الحَقِيقَة فيَفتَري ويَقول (اقترَنَ ظُهورُ فِرْقَة الخَوارج بِظُهور الشِّيعَة، فقد ظَهَر كِلاهُما كفِرْقَةٍ في عهد عَلِيٍّ صُلواتُ الله وسَلامُه عليه وقد كانوا مِن أَنْصارِه)[1]. في حِين أَنَّ مُدوَّنات المنقول عن الرُّواة والمُؤرِّخين المُعتَبَرين وغَير المُعتَبَرين حدَدّت أَسْماءَ (شِيعة عَلِيّ) وعدَدَهُم ولا مِن أَحدٍ مِن (شِيعَةِ عَلِيّ) التَحَقَ بِالخَوارِج أَو كان لَصِيقًا بِهم أَو بِأَحَدٍ منهم قَبْل بَيعَةِ المُسلِمين لِعَلِيّ أَمِير المؤمنين صَلواتُ الله وسَلامُه عليه وبَعدها.

فالخَوارِج المارقين فئةٌ انْشَقّت عن (جَيشِ الخِلافَة) المُهتَرِئ الَّذي وَرِثَه عَلِيٌّ أَمِير المُؤمِنين صَلواتُ الله وسَلامُه عليه في خِلافَتِهِ عن الخُلَفاء الثَّلاثَة ولم تَستَجِب لِمنهجِهِ الإِصْلاحِي. وأَنَّ أَكثَرَ الرُّواة والمُؤرِّخِين اخْتَلفوا في أَوَّل ظُهورٍ لِمَن سُمّوا بـ(الخوارج) في صِفِّين، وأَخذَ بَعضُهم بِالقَولِ أَنَّ أَوَّل الخَوارج هو الصَّحابِي عبدُ الله ذُو الخُويصرة الَّذي خَرَج على النَّبِيّ صَلَّى الله عليه وآله. وخالَفهم البعضُ الآخر مِن الرُّواة والمؤرِّخِين بِالقَول أَنَّه يَنبَغِي التَّمييز بَين مَن (خَرَجَ) في جماعةٍ ولَدَيهِ نَزعة الخُروج مِثلما فَعل (خَوارِج) صِفِّين والنَّهروان بِوَصْفِهم جماعةً قائمةً على عَقِيدةٍ مُستقِلّةٍ، ورَفضُوا تَصنِيفهم إِلى (مَذْهب) وقالوا إِنَّهم (فِرقَة)، ولا بُدّ لِلفرقَة مِن مَذْهَبٍ أَو جِهَة أُمّ لِتَنشَقّ عَنها فتُوصَف بِهذا الوَصْف وتُصنَّف بِهذا التَّصنِيف. فإِنْ وُصِفَت مَذْهبًا فإِنَّها ستَبقى في عَرْض مَذاهِب (اتِّجاه أَهْل العامَّة) المُتعدِّدة ولَنْ تُنسبَ إِلى أَيّ جِهَةٍ

1 - تأريخ المذاهب الإسلاميّة (1/65).

رَئيسة غير (اتِّجاه أَهْل العامّة) و(مَذْهَب الرَّأي) التَّابِعين لِلثَّلاثة أَبِي بَكر وعُمر وعُثمان.

فذُو الخُويصِرَة فَرْدٌ غالَى في سُوء القَول وقَلَّ أَدَبُه في حَضرة النَّبِيّ صَلَّى الله عليه وآله، فصُنِّف (خارِجيًّا). في حِين امتَنع ذاتُ الرُّواة والمؤرخِين عن تَسمِية الخَلِيفَة الثَّانِي عُمَر بـ(الخارِجِي) والثَّلاثِين صَحابِيًّا الَّذين تَواطئوا معه وخَرجوا على أَمْر رَسُول صَلَّى الله عليه وآله في يَوم الخَمِيس ورَفَضوا الامتِثال له ومَنعوا مِن كِتابَة الكِتاب المُنقِذ لِلأُمّة مِن الضَّلال ووَصَفوا النَّبِيّ صَلَّى الله عليه وآله بِأَنَّه (رَجُل) و(لَيَهْجُر). فلَم يَقدم أَحدٌ مِن هؤلاء الرُّواة والمؤرِّخين على القَول بِأَنَّ عُمَر (قَلَّ أَدَبُه) أَو صَنَّفَه (خارِجيًّا)، بَل أَقالُوه والثَّلاثِين صَحابِيًّا بِالكَثير مِن التَّأويلات المُتكلِّفة واستَدلّوا بِما وَضعوا وزَوَّروا.

وهكذا الأَمْر عند مُعالَجَتِهم لِمَوقِف أَقْطاب (صَحِيفَةِ مَكَّة الثَّانِيَة) مِن بَيعَةِ الغَدِير وما اقتَرفُوه مِن مُحاوَلات انْقلابِيّة لِقَتل الرَّسُول صَلَّى الله عليه وآله ومِن نَكْثٍ صَرِيحٍ لِبَيعةِ بايَعوها أَمامَهُ صَلَّى الله عليه وآله وأَسَّسوا على أَنقاضِها فَلْتَةً وَقَى اللهُ المُسلمين شَرَّها فلَم يَصِفوهُم بـ(الخَوارِج).

وكذلك الحال عند مُعالَجَتِهم لِخُروج عائشة وطَلْحَة والزُّبير على إِمام زَمانِهم عَلِيٍّ أَمِير المؤمِنين صَلواتُ الله وسَلامُه عليه في إِثْر مَقتل عُثمان ومِن قَبْل ذلك بايَعوه مَرَّتَين ثُمّ نكثوا، فلَم يَصنِّفوهُم في قائمة (الخَوارِج) ولم يَصِفُوهم بـ(النَّاكِثين) مِثلما وصَفَهُم الخَلِيفة عَلِيٌّ أَمِير المُؤمِنين صَلواتُ الله وسَلامُه عليه، وحُجَّتهم في ذلك أَنَّ طَلحة والزُّبَير ـ على حَسب ما اختَلقُوه مِن مَروِيَّات ـ هُما مِن (المُبشَّرين بِالجَنَّة)، وتِلك الَّتي ركبت الجَمل وقادَت جَيشَها هِي زَوجُ النَّبِيّ صَلَّى الله عليه وآله.

فإِنْ اقتربَ أَحدُهُم لِيَصِف صَحابَة الجَمَل بـ(الخَوارِج) فإِنَّه مُلزَم بِإِخراج عائشة مِنهم ويقصر طَلحة والزُّبير على ذات الصِّفة إِذْ (شَرَّعا دِينَ الخَوارج دِينًا فلَهُما أُجُور الخَوارِج وأَوزارهما)[1]. فيما ذَكَرَ آخر أَنَّ (الخَوارجَ والشِّيعَة أَحدثوا في الفِتْنَةِ الأُولى)[2]

1 - البداية والنّهاية (189/ 7).

2 - شرح العقيدة الطحاويّة 472

ويَعنِي بِها مَقتل عُثمان، وآخر قال (وجاء الخَوارج فأَخذوا مالَ بيت المال وكان فيه شيءٌ كثيرٌ جدا)[1] ويعني بِهم الَّذين تَسوّرا قصر عُثمان!

في حِين يَذْهَبُ البَعضُ مِن فِرْقَةِ الأَباضِيّة إِلى تَبرئة مَن وَصَفهم عَلِيٌّ أَمِير المُؤمنين صَلواتُ الله وسَلامُه عليه بِـ(المارِقِين) في صِفِّين مِن صِفَة (الخَوارِج) ويَرى فيهم مِثْلَما يَرى (اتِّجاهُ أَهْل العامَّة) في عائشة وطَلحَة والزُّبَير ومُعاوِيَة عندما أَجمعوا على إِثارَة واقِعَةِ مَقتل عُثمان بِمَعركَتي الجَمَل وصِفّين وسَفَكوا فيهما الدِّماء بِعُنوان القِصاص لِقَميص عُثمان، حيث آثَر (اتِّجاهُ أَهْل العامَّة) أَنْ يُنزِّه ثَلاثَةَ الجَمل عائشة وطلحة والزُّبير ويُنَزِّه مُعاوِيَةَ صِفّين معهم لِكَون واقع الحال هو (فِتْنَة) استَبَدّت بِهم، فلَم يَصِفَهم بِـ(الخَوارِج)، وحَمَّل (أَجْلاف الأَعْراب) و(العُلُوج) (الغَوغاء) (الرّعاع) و(ابنَ سَبأ) لِوَحدِهم مَسئولِيَّةَ إِثارة تِلك الفِتنة والتَّحريض على الحَرب وسَفك الدِّماء مِن دُون الصَّحابة الأَرْبَعة قادة جيش الجَمَلِ وجيش صِفِّين، وذلك لامتِناع إِدانة الصَّحابِيَّين طلحة والزُّبير لِكَونِهما مِن المُبَشَّرين بِالجنَّة وامتِناع إِدانَة عائشَة لِكَونِها أُمّ المؤمنين وزَوج النَّبِيّ صَلَّى الله عليه وآله، وكذلك امتِناع إِدانة مُعاوِيَة لِكَونِهِ (كاتِب الوَحْي)!

فقال الأَباضِيّة في المارِقَة (الخَوارج) أَنّهم لَيسوا خَوارِج، وأَنَّه قد (سَبق إِلى أَذهان أَكْثَر النّاس أَنَّ (المُحَكِّمَة) الَّذين قَتلَهم أَمِيرُ المؤمِنين عَلِيّ بن أَبي طالِب صَلواتُ الله وسَلامُه عليه في وَقْعَة النَّهروان هُم أَصْلُ الخَوارِج، وهو مَفهومٌ خاطِئ. فإِنَّ المُحَكِّمَة قد قُتِلوا في النَّهر ولم يَنجُ منهم إِلَّا تِسْعَةَ أَفراد، ثُمَّ ثارَ على الحُكمِ الأُمَوي طَوائفُ كَثِيرة مِن النَّاس جماعات وأَفرادًا حتَّى ظَهر الخَوارِج في أَواخر ولاية ابن زِياد سَنَة 64هـ بِقيادة نافِع بن الأَزْرَق. فمَعركة النَّهروان هي فِتنةٌ بين الصَّحابَة وَقعَت بين الإمام عَلِي بن أَبي طالب والمُحَكِّمة)[2]!

إِنَّ (المارِقِين) في خطابات عَلِيٍّ أَمير المؤمنين صَلواتُ الله وسَلامُه عليه وفي ثَنايا

---

1 - البداية والنّهاية (189/7)

2 - الإباضية بين الفِرق الإسلامية 377 . انظر عمان تأريخ يتكلّم 103

سِيرتِهِ المُبارَكَة هُم (الخَوارِج)، وقد تَعرَّض هذا الاسْم لِلشَّطْب في أُصُول ومُدوَّنات (اتِّجاه أَهْل العامَّة) خشية انْسِحاب مَعناه على الكَثِير مِن كبراء الصَّحابَة مُنذ عَهد رَسُول الله صَلَّى الله عليه وآله، ويَشمل ذلك مَن وُصِفُوا زُورًا بـ(المبشَّرِين بِالجَنّة) وهُمْ مَن أَحدَث في عَهد الرَّسُول صَلَّى الله عليه وآله ومِن بَعدِهِ ما أَحدث.

ومِمّا نُقِل عن البُخارِي (بينما النَّبِيّ صَلَّى الله عليه وآله يُقَسِّم جاء عبد الله بن ذِي الخُويصِرة التَّمِيمى فقال: أُعْدل يا رَسُول الله. فقال: وَيْلَكَ مَن يَعدِل إذا لَمْ أَعدِل. قال عُمر دَعني أَضْرب عُنقه. قال: دَعْهُ فإِنَّ له أَصْحابًا يحقر أَحدُكُم صَلاتَه مع صَلاتِه ، وصِيامَه مع صِيامِه ، «يَمرُقُون» مِن الدِّين كما يَمرِق السَّهم مِن الرَّمِيّة ، يَنظر في قذذه فلا يوجد فيه شيء، يَنظر في نَصلِه فلا يوجد فيه شيء ، ثُمّ ينظر في رصافه فلا يوجد فيه شيء ، ثُمّ ينظر في نضيه فلا يوجد فيه شيء، قد سبق الفرث والدّم ، آيتهم رجل إِحدى يديه ـ أَو قال ثَديَيه ـ مِثل ثَدي المرأة ـ أَو قال مثل البضعة ـ تدردر، يَخرجون على حِين فُرقةٍ مِن النَّاس. قال أَبو سَعِيد أَشهد سَمِعت مِن النَّبِيّ صَلّى الله عليه وآله وأَشهدُ أَنَّ عليًّا قَتلهم وأَنا معه ، جِيء بِالرَّجل على النَّعت الذي نَعتَه النَّبِيّ ـ صَلَّى الله عليه وآله. قال فنَزَلتَ فِيه [وَمِنْهُم مَّن يَلْمِزُكَ فِي الصَّدَقَاتِ][1].

وبِهذه الرِّوايَة المَنقولة يَكون عَلِيٌّ أَمير المُؤمنين صَلواتُ الله وسَلامُه عليه قد خَصّ الخَوارج بِوَصْف (المارِقِين) بِمِثلِ ما وَصَفهم النَّبِيّ صَلَّى الله عليه وآله مِن قَبْل بـ(يَمْرِقُون). وأَنَّ عُمر اجتَهد بِرأيٍ مِن عِندِه فحَكم بِقَتل ذِي الخُويصرة في حَضْرة النَّبِيّ صَلَّى الله عليه وآله وتَقدَّم على النَّبِيِّ صَلَّى الله عليه وآله إِذْ لا يَنبغي لِأَحَدٍ أَنْ يَتقدَّم على النَّبِيّ صَلَّى الله عليه وآله أَو يَجتَهِد في حُضورِه إِلَّا أَنْ يَكون مارقًا[2]، ثُمَّ اقترَفَ في يَوم رَزِيّة الخَمِيس مِثلما اقترَفَ ذُو الخُويصرة!

يقول الحَنبليُّ ابن الجوزي (ت597هـ) أَنَّ (أَوَّل الخَوارِج وأَقبَحَهم حال هو ذُو

---

1 - البخاري (6933)

2 - انظر (اللَّهمّ صلِّ على محمَّد وآل محمَّد الفلك الجارية في اللُّجج الغامرة، يأمنُ مَن ركبها، ويَغرقُ مَن تَركها، المتقدِّمُ لهم مارِق والمُتأخِّر عنهم زاهِق، واللَّازم لهم لاحِق) بحار الأنوار ،العلّامة المجلسي 67/ 84

الخويصرة.. فهذا أَوَّل خارِجي خَرج في الإِسْلام، وآفتُهُ أَنَّه رَضِي بِرأي نَفسِه، ولو وَقَف لَعلِمَ أَنَّه لا رَأي فَوق رأي رَسُول الله صَلَّى الله عليه وآله. وأَتْباع هذا الرَّجل هُم الَّذين قاتَلوا عَليَّ بن أَبي طالب صَلواتُ الله وسَلامُه عليه)[1].

فيَكون ابنُ الجَوزي قَد أَكَّد بِقولِهِ هذا على أَنَّ عبد الله ذِي الخُويصرة كان أَوَّل (المارِقين) في عَهد النَّبيّ صَلَّى الله عليه وآله، ولم يَصِفه ابن الجوزي بـ(المارِق) اقتداء بِالوَصْف الَّذي أَطلقه النَّبِيُّ صَلَّى الله عليه وآله، واتَّخذ مِن مُفردة (الخارِجي) وَصْفًا مُلائمًا، لِيُبعدَه عن ساحَة (النَّاكِثِين) و(القاسِطِين) فهُم ممّن يَنطبِق عَليهم وَصْفا (المارقة) و(الخوارج)!

ويَحسم الأَمْر ابنُ حزم في معرض تَصنِيفه لِذي الخُويصِرَة (وذلك خُروجٌ صَريحٌ على النَّبيّ صَلَّى الله عليه وآله، ولو صارَ مَن اعْتَرضَ على الإمام الحقِّ خارِجِيًّا فمَن اعتَرض على الرَّسُول أَحقُّ بِأَنْ يَكون خارِجيًّا)[2]. فمَا أَكثر الصَّحابة (المارِقين) الخَوارِج في عَهدِ الرَّسُول صَلَّى الله عليه وآله ومِن بَعد رَحِيله حيث كَثُر فِيهم الكَّذابَة واعتَرضوا على أَوامرِهِ وفَرّوا مِن مَيادين حُروبِهِ وتآمروا عليه واغتالُوه بِالسُّمّ بعد مُحاوَلات عديدة فاشِلَة لاغتِيالِه مع سبق الإِصْرار والتَّرصّد، وعَصوا أَمْرَه في إِنفاذ جَيش أُسامة وهُمْ المَلعُونُون على لِسانِ رَسُول الله صَلَّى الله عليه وآله ثَلاث مَرات، ومَنعُوه مِن كتابة الكِتاب المُنقذِ مِن الضَّلال، ونَكثوا بَيعة الغَدِير الَّتي أَخَذَها مِنهم، وضَلّوا وأَضَلُّوا، فهُم أَسوأُ حالًا مِن المارِقَة في صِفِّين. فَفِي المارِقَة مِن أَهْل صِفِّين قال عَلِيٌّ أَمير المؤمنين صَلواتُ الله وسَلامُه عليهم (فلَيْسَ مَن طَلَبَ الحَقّ فَأَخْطأه كَمَنْ طَلَب الباطِلَ فأَصابَه، أَو فَأَدْرَكهُ)[3]، وقال في أُولئك (أَنَّ القومَ ليسوا بِأَصْحابِ دِين ولا قُرآن.. وهُمْ أَهلُ المَكْر والغَدر)[4].

1 - تَلْبِيس إِبلِيس، ابن الجوزي 90. انظر (الفصل) (157/ 4). الملل والنّحل (116/ 1).

2 - الملل والنّحل (21/ 1)

3 - شرح نهج البلاغة، ابن أَبي الحديد 98/ 5

4 - الإمامة والسياسة 127

عند لِقائه بِجَيش المارِقِين الخَوارج في النَّهروان قال عَلِيٌّ أَمِير المُؤمنين صَلواتُ الله وسَلامُه عليه فيهم مُعاتِبًا:

(أَيَّتُها العِصابة، إِنِّي نَذِيرٌ لكم أَنْ تُصبحوا تَلعَنكم الأُمّة غدًا، وأَنتُم صرعى بإِزاء هذا النَّهر بِغَير بُرهانٍ ولا سُنَّةٍ. أَلَم تَعلُموا إِنِّي نَهيتُكم عن الحكومة وأَخبَرتُكم إِنَّ طلبَ القَوم لها مَكيدة، وأَنبأتُكم أَنَّ القومَ ليسوا بِأَصحاب دِين ولا قُرآن، وإِنِّي أَعرَفُ بهم مِنْكم، قد عرفتهم أَطفالًا، وعرفتهم رجالًا. فهُم شَرُّ رجالٍ وشَرُّ أَطفالٍ، وهُمْ أَهلُ المَكْر والغَدر. وإِنَّكم إِنْ فارقتُمُونِي ورأيي جانَبتُم الخيرَ والحزمَ. فعَصيتُمُونِي وأَكرهتُمُونِي حتَّى حَكَمْت. فلَمَّا فعلتُ شَرَطْتُ واستوثَقْتُ، أَخذتُ على الحكَمين إِنْ يَحيَيا ما أَحْيا القُران، وإِنْ يُمِيتا ما أَماتَ القُران. فاختَلَفا وخالَفا حُكمَ الكِتاب والسُّنّة، وعَملا بِالهَوى، فنَبَذا أَمرَهم ونَحنُ على أَمرنا الأَوَّل، فما نَبَؤكم ومِن أَيْنَ أَتيتم.

قالوا: إِنَّا إِذْ حكَّمنا الرَّجُلَين أَخطأنا بِذَلك وكُنَّا كافِرين، وقد تُبْنا مِن ذلك.

فقال عَلِيٌّ أَمِير المُؤمنين صَلواتُ الله وسَلامُه عليه: ويْحكُم بِمَ استَحلَلتُم قِتالنا والخروجَ مِن جَماعَتِنا؟ أَأَنْ اختارَ النَّاسُ رَجُلَين فقالوا لهما انُظرا بِالحَقِّ فِيما يُصلِح العامَّة لِيعزل رَجل ويُوضع آخر مكانَه، أَحلُّ لكم أَنْ تَضعوا سُيوفكم على عواتقكم تَضربون بها هامات النَّاس وتُسفِكون دمائهم؟! إِنَّ هذا لَهُو الخُسران المُبين)[1].

اشتَدَّ أُوارُ الحرب في النَّهرَوان، وانتَهت بِنَصرٍ ساحقٍ لِعَلِيٍّ أَمِير المُؤمنين صَلواتُ الله وسَلامُه عليه. وقِيلَ أَنَّها لم تُبقِ مِن (المَارِقِين) الخَوارج إِلَّا تِسعَة فَرُّوا مِن المعركة، واتَّجه مَن تَبَقَّى مِمَّن لم يَشتَركوا في القِتال إِلى لَمِّ الشَّمْل وإِعداد العدّة لِخوض مَعركة أُخرى حيث (اجتَمع على الخرّيت ابن راشد ـ أَحدُ زعماء المَارِقِين الخوارج ـ علوج مِن الأَهْواز انضمَّ إِليهم اللُّصُوص والموالِي وبَعضُ النَّصارى وجماعةٌ مِن العرَب فكسروا الخراج وأَخرجوا عامل عَلِيٍّ أَمِير المُؤمنين صَلواتُ الله وسَلامُه عليه في تلك البلاد.

1 - المصدر السابق 127

ويُعلِّل بعضُ المستشْرِقِين تَحمُّسَ المَوالِي لِفكرة المارِقِين الخَوارج بِأَنَّهم نادوا بِمُساواة العَرَبِ والمَوالِي في جميع الحقوق ومنها تَولِّي الخِلافَة.. وحاولوا إغراء المَوالِي وبعض المَسيحِيِّين المُقيمين في البلاد الَّتي خضَعت لِلإسلام بِسقوط الجِزيَةِ عن المَسيحِيِّين وجواز استِخلاف غير العَربِي على المُسلمين)[1].

وفي آخِرِ الأَمْر تَعاقدَ (المَارِقُون) الخوارجُ الثَّلاثَة عبد الرَّحْمن بن مُلجم المُرادي والحجَّاج بن عبد الله الصّريمي وعُمر بن بكر على قَتلِ ثَلاثَةٍ مِن الصَّحابة، مِن بَينهم عَلِيّ أَمِير المُؤمنين صَلواتُ الله وسَلامُه عليه بِتَدبيرٍ مِن مُعاوِيَة أَو بعِلمٍ منه (فاعتَمروا عُمرةَ رَجَب، واتَّفَقوا على يَومٍ واحدٍ يكون فيه وُقوع القَتل مِنهُم في عَلِيٍّ أَمِير المُؤمنين صَلواتُ الله وسَلامُه عليه ومُعاوِيَة وعَمرو، ثُمَّ سار كُلٌّ منهم في طريقه. فقَدِم ابنُ مُلجم الكُوفة وكتَم أَمرَه وتَزوَّج امرأةً يُقال لها قطام بنت علقمة، وكانت مارِقَة خارِجِيَّة قَتَل عَلِيٌّ أَمِير المُؤمنين صَلواتُ الله وسَلامُه عليه أَخاها في حَرب الخوارج، وتَزوَّجها المارق على أَنْ يَقتُلَ عَلِيًّا أَمِير المُؤمنين صَلواتُ الله وسَلامُه عليه. فأَقام عندها مُدَّة، فقالَت له في بَعض الأَيَّام وهو مُختَف: لَطالما أَحببتَ المكثَ عند أَهلِك وأَضربتَ عن الأَمْر الَّذي جئتَ بِسَببه. فقال: إنَّ لِي وَقْتًا واعَدْتُ فيه أَصْحابي ولَنْ أُجاوِزه. فلَمّا كان اليوم الَّذي تَواعدوا فيه خَرَج عدوُ الله فقعَد لِعَلِيٍّ أَمِير المُؤمنين صَلواتُ الله وسَلامُه عليه حِين خرَج لِصَلاة الصُّبح صَبِيحة نهار الجُمعة ليلة عشر بَقِيت مِن شَهر رَمَضان سَنَة أَربعين. فلَمَّا خرجَ لِلصَّلاة وثَبَ عليه وقال: الحُكم لله لا لَكَ يا عَلِيّ. وضَربه على قَرنِه بِالسَّيف. فقال عَلِيٌّ أَمِير المُؤمنين صَلواتُ الله وسَلامُه عليه: فُزْتُ ورَبِّ الكعبة)[2].

عن ابنِ عبَّاس قال رَسُول الله صَلَّى الله عليه وآله (إِنَّ اللهَ فَتَحَ هَذَا الدِّيْن بِعَلِيّ، وَ إِذَا قُتِلَ فَسَدَ الدِّيْنُ وَلاَ يُصْلِحَهُ إِلَّا الْمَهدِيُّ)[3].

لم يكُن المارِقُون الخَوارِج ظاهِرةً عَقَدِيّةً ولِيدَة ساعَةِ قِتال صِفِّين. فهُم جمعٌ نشأ

---

1 - الشِّيعة بين الأشاعرة والمعتزلة 37

2 - الإمامة والسِّياسة 137

3 - ينابيع المودَّة، الحافظ القندوزي الحنفي 304/ 2.

في خِضَمِّ وقائع الانْقِلاب على الأَعْقاب ونَقضِ بَيعةِ الغَدِير وبين تَناقُضات استِخْلاف الثَّلاثة أَبِي بكر وعُمر وعُثمان وقتلهم وبُعد سِيرتِهم الاجتماعِيّة عن الثَّقَلَين القُرآن الكريم وسُنَّة الرَّسُول صَلَّى الله عليه وآله، وإِمعانهم في الأَخذِ بِـ(مَذهب الرَّأي) وإِجماعِهم على إِقصاء وَصِيَّة الرَّسُول صَلَّى الله عليه وآله في وَلايَة عَلِيٍّ أَمِير المُؤمنين على المسلمين مِن بَعدِه.

وبَرز المارِقَةُ الخَوارِج في أَوَّل ما بَرَزوا بِالدَّعوة إِلى حُكم الله مِن دُون إِمْرة البَشر، وبِتكفيرهِم لِعَلِيٍّ أَمِير المُؤمنين صَلواتُ الله وسَلامُه عليه الَّذي حَكم بِشَرعِ الله عَزَّ وجَلَّ وتَجنَّب الأَخْذ بِـ(مَذْهَبِ الرَّأي) وامتَنع عن الأَخْذ بسُنَّةِ الخلفاء الثَّلاثَة الَّذين سَبقوه على سُدّة الخِلافة والتَّدرّع بِـ(اتِّجاه أَهْل العامّة).

لقد ظَهر مِن خِلال الإِرهاصات المؤدِّيَة إِلى نُشأة المَارِقِين الخَوارِج أَنَّ مُنطلَقَهم الأَساس كان مُتعلِّقًا بِمَفهوم الإِمْرة وهُوِيَّة الحاكم وشُروط اختِياره في إِثْر الفَوضى الَّتي عَمَّت سِيرةَ النِّظام ومَفهوم الخِلافَةِ والإِمامَة في اختِيار المُسلِمِين لِلحاكِم بَين الثَّلاثة المُتعاقِبين أَبِي بَكْر وعُمَر وعُثمان وانقلابهم على الأَعْقاب ونَقضهم لِبَيعة الغَدِير. وما كان تَعلُّقهم بِسُنَّتي أَبِي بَكر وعُمر وعُثمان في الظَّاهِر إِلَّا بُغضًا مِنهم لِعَلِيٍّ أَمِير المُؤمنين صَلواتُ الله وسَلامُه عليه وكُرها في بَنِي هاشِم وتَمسّكًا منهم بِـ(اتِّجاه أَهْل العامَّة) بُغية احتوائه. وكان اجتِماع النَّاس على اختِيار عَلِيٍّ أَمِير المؤمنين صَلواتُ الله وسَلامُه عليه خَليفة مِن بعد مَقتل عُثمان عُدّ تَحوُّلًا مُفاجئًا أَدَّى إِلى لَجمِ مَوقِفِ (الخوارج) قَبل صِفِّين وكِتمانِه إِلى حِين اشْتِداد أُوار حَرب صِفّين.

واستَمرّ مَذهَبُ المارِقِين الخَوارج على هذا المَنحى مِن الفِكر لِفَترةٍ طَويلةٍ مِن الزَّمَن ولم يَتجاوزوا خِلالها (مَذْهَبَ الرَّأي)، وعلى ذات المنوال اختاروا أَمِيرَهُم مِن تَمِيم وحنيفة ورَبيعة واعتَرضوا على حَصر الخِلافة فِي قُريش.

وفي إِعلانِهم الأَوَّل كَفَّر المارِقُون الخوارج عَلِيًّا أَمِير المُؤمنين صَلواتُ الله وسَلامُه عليه ثُمَّ نادوا بِتكفِير عُثمان، وأَكَّدوا على تَكفِير طَلحة والزُّبَير واستَثنوا زَعِيمَة

حَربِهما عائشة، بَينما لم يَذهَب أَحدٌ مِنهم على اختِلاف فِرَقِهم وتَباين آرائهم في بَعض المَسائل إلى تَكفِير أَبِي بَكر وعُمَر والتَّهجُم عليهما. وقد عَلَّلوا تكفِيرهم لِعَلِيٍّ أَمِير المُؤمنين صَلواتُ الله وسَلامُه عليه بِأَمْرَين:

- أَوَّلُهما أَنَّه حَكَم في دِين الله.

- والثَّاني أَنَّه خَلَع نَفسَه مِن إمارة المُؤمنين في وَثِيقةِ الهُدْنَةِ الَّتي كَتبها بَينَه وبَين مُعاوية لِإيقاف القِتال.

وأَمَّا عُثمان فيُعلِّلون كُفرَه بِأَنَّه حابَى أَقارِبَه ووَلَّاهُم على رِقاب المُؤمِنين مع عِلْمِه بِسوءِ تَصرُّفاتِهم واستِخفافِهم بالإِسلام وعَقِيدَتِه.

ولِكَي يَكون لهم العُذر التَّام في تَصحِيح أَمرِهم؛ اتَّفق المارِقَة الخَوارج ظاهريًّا على أَنَّ خِلافَةَ أَبِي بَكر وعُمَر هي خلافةٌ شَرعِيَّةٌ ومُعبِّرةٌ عن رَأي الأُمَّة ورَغبةُ المَجموع، واختَلفوا في شَرعِيَّة خِلافة عَلِيٍّ أَمِير المؤمنين صَلواتُ الله وسَلامُه عليه. ولَو كَفَّروا أَبا بَكر وعُمَر لَشرَّعوا لِعَلِيٍّ حَقّ تَسنُّم الخِلافَة واعْتَرفوا بِبَيعةِ الغَدِير. فقد دَفَعَهُم بُعضُهم لِعَلِيٍّ أَمِير المُؤمِنين صَلواتُ الله وسَلامُه عليه إلى تَصحِيح خِلافَتي الأَوَّل والثَّاني وتَعدِيلهما إِذْ لا عَلاقة لِلمارِقَة الخَوارِج بِـ(شِيعَةِ عَلِيٍّ). كما أَنَّهم لَيسوا فِرقَةً منشَقَّةً عن الشِّيعة وإِنَّما التَحقوا بِـ(جِيش الخِلافَة) تَحت إِمْرة عَلِيٍّ صَلواتُ الله وسَلامُه عليه عندما أَعلنوا بَيعتَهُم له بعد مَقتل عُثمان، واتَّبعُوا عَلِيًّا صَلواتُ الله وسَلامُه عليه بِشُروطِهِ وهُم يَعلمون أَنَّه لَنْ يَتَّبع شَيئًا مِن (مَذهَبِ الرَّأي) وسيَنقُض سُنَّتيّ أَبي بَكر وعُمَر وسيُدِينهما ويَسعى في إِصْلاح ما أَفسدا وعثمان في الدِّين وفي إسلام المُسلِمِين.

إِنَّ المارِقَة الخَوارج واثقوا عَلِيًّا صَلواتُ الله وسَلامُه عليه ثُمّ تَحيّنوا الفُرص لِلانْقلاب على خِلافَتِه. وعندما جاء يَوم التَّحكيم في صِفِّين عادوا بِـ(مَذْهَبِ الرَّأي) إلى سُنَّتي أَبِي بَكر وعُمَر واستَثنوا منها مُتعلِّق (هُوِيَّة الحاكِم) الَّذي نازَع أَبُو بَكر وعُمَر الأَنْصار عليه، فوسَّعوا فيه وقالوا بِأَنَّ الخِلافَة لا تَنحصِر في القُرَشِيِّين ويَصلح لها كُلُّ مُسلم حُرٍّ كان أَو عبد، ولَم يَعتَرِفوا بِصدور الأَحاديث المَروِيَّة عن الرَّسُول صَلَّى الله

عليه وآله الَّتي تَنصّ على حَصر الخِلافَةِ في القُرَشِيِّين، واعتَبروها مِن وَضعِ القُرَشِيّين أنفسِهم لِغَرَض احتِكار السُّلطة فيما بينهم.

لقد أَخذ عُمَر بِهذِه الفِكْرة مِن قَبْل عندما قال في الأَيَّام الأَخِيرة مِن حَياتِهِ وهو يَستعرِض مَن يَصلُح لِلخلافَةِ مِن بعده (لو كان مَولى حُذَيفَة حَيًّا ما عَدوتُه. قال ذلك وفي المُسلِمين عَلِيٌّ أَمِير المُؤمنين صَلواتُ الله وسَلامُه عليه وغيرُه مِن أَعيان المُسلمين)[1]. فمَولى حُذَيفة هو أَحَدُ الخَمسة المُتعاقِدين على (صحِيفَة مكَّة الثَّانِيَة) وثِقةُ عُمر الَّذي فضَّلَه على ابنِهِ عبد الله وجَعلَه في عَرَض أَبِي عُبَيدة بن الجَرّاح إِذْ قال فيه (لَو أَدرَكَني أَحدُ رَجُلين فجَعلتُ هذا الأمر إِليه لوَثَقتُ به، سالِم مَولى أَبي حُذيفة وأَبُو عُبَيدة بن الجرّاح. فقال لَهُ رَجُل: يا أَمِير المؤمنين! فأَينَ أَنْتَ عن عبد الله بن عُمر؟! فقال له: قاتَلك الله! والله ما أَردتَ الله بها، ما أَستخِلف رَجلًا لم يُحسِن أَنْ يُطلِّق امرأته)[2].

لقد ظَهر (المارِقُون) الخَوارِج في سَنة 37 لِلهِجرة بِوَصْفِهم فِئةً مَتمرِّدة، واستَحالوا إلى مَذهَبٍ مُستقِلٍّ ذِي امتِداد وثِيق في (اتِّجاه أَهْل العامَّة) المُوالِي لِمنهج (الخِلافَة) والمُتَبنّي لِـ(مَذهب الرَّأي). لكِنَّ (اتِّجاه أَهْل العامّة) خَذَل المارِقِين وصَنَّفَهم فِرقَةً في أَواخر القَرن الأَوَّل وأَوائل القَرن الثَّاني ولم يُسمِّهم مَذهبًا. وكان شططُهم في العَقِيدة والشَّرِيعَة وتشدُّدهم في رِعاية شُئون الحُكم والسِّياسَة قد أَدَّى إِلى ظُهورِهِم في المُسلِمِين بِمَظهر المَذْهَبِ المُغَفّل أو الفِرقَة السَّاذِجة.

وعلى أَثَرِ انتِشارِهم ثُمّ استقْرارِهم في مناطق مُختلفة؛ أَمسَى فِكرُ المارِقَة الخَوارِج الخاصّ في الأُصُول والفُروع مُنتظمًا. (فقد اتَّفقوا بِجَميع فِرَقِهم على تَكفِير مُرتَكِب الكَبيرة مِن الذُّنوب، وإِنَّ فاعِلَها يَخلد في النَّار. ولم يُنسَب الخلاف لِأَحدٍ منهم إِلَّا النَّجدات أَتْباع نَجدة بن عامر الحنَفِي. فيما يَرى الأَزارِقَة أَتْباع نافع الأَزرق أَنَّ كلَّ كَبِيرةٍ تُوجِب الكُفر.. وإِنَّ أَطفال المُشركِين يَدخلون النَّار مع آبائهم.

1 – الشّيعة بين الأشاعرة والمعتزلة 38. عن ابن أبي الحديد 64/ 1

2 – بِحار الأنوار، العلامة المجلسي 394/ 31. ابن الأثير في الكامل 3 / 34

ويَذهبُ المارِقُون العَطويَّة المُنتَسِبون إلى عَطِيّة بن الأَسْود الحنفي أَتْباع عبد الكريم بن عجرد إلى أَنَّ الأَطفال قبل بَلوغهم تَجِبُ البَراءةُ مِنهم. ونُسِب إلى المارِقِين العَجَارِدَة أَتْباع مَيمون العَجرَدِي أَنَّهم يُجيزون نِكاح بَنات البَنِين وبَناتِ البَناتِ وبَناتِ بَناتِ الإِخْوة والأَخَوات، ويَدَّعون أَنَّ الله لم يُحرِّم البَنات وبَنات الإِخوة والأَخوات. كما يَدَّعُون بِأَنَّ سُورة يُوسف لَيست مِن القُرآن.. ومِن فِرَقِهم الأَباضِيَّة أَتْباع عبد الله بن إباظ، ولِهؤلاء آراء يُخالفون غَيرهم بِها.

ومِن فُروعهم الحفْصِيَّة أَتْباع حفص بن أَبِي المقدام، والشَّبيبيَّة أَتْباع شَبيب بن يزيد.. وقد ادَّعى أَحَدُ الأباضِيِّين وهو يزيدُ بن أَنِيسه أَنَّ الله سيَبعثُ رَسُولًا مِن العجم ويُنزِّل عليه كِتابًا مِن السَّماء يُكتَب في السَّماء ويُنَزِّل جملةً واحدة، وأَنَّ أَهْلَ الكِتاب إِذا شَهِدوا لِمُحَمَّد بِالنُّبوَّةِ نَتولَّاهُم ويَجوز وَصْفُهم بِالإيمان وإِنْ لم يدخلوا دِين الإسلام)[1].

كَفَّر المارقون الخَوارجُ كُلَّ مَن خالَفَ رأيهم مِن المُسلِمين، وحَكَموا بِالسَّيف في جَمِيع أُمورِهِم، وكانت لهم أَفْعالٌ بَشِعَةٌ في سَفك دِماء المُسلمين وانتهاك حُرماتهم.. ويَذهبُ الأباضِيَّة المُحدثون إلى أَنَّهم لَيسوا مِن الخَوارج، ويَتبرَّؤون مِمّا يُنسَب إِليهم. لكِنَّ مُؤرِّخِي الفِرَق القُدامى يُدرِجونَهم في عِداد فِرق الخَوارج)[2].

ومِن المُدوِّنين والمؤرِّخِين والرُّواة مَن أَطلق على الخَوارج عِدَّة أَسماء مِنها (المارِقَة)، والتَزم بِاستِعمالها استنادًا إلى الحديث الصَّادر عن رَسُول الله صَلَّى الله عليه وآله بِرواية عائشة أَنَّه يَخرُج قَومٌ يَمرُقون مِن الدِّين كما يَمرُق السَّهم مِن الرَّمِيَّة، وقوله صَلَّى الله عليه وآله لِعليٍّ أَمِير المُؤمنين صَلواتُ الله وسَلامُه عليه ستُقاتِلُ بَعدي القاسِطين والنَّاكِثين والمارِقِين. ويُقال لهم المُحكِّمة لِأَنَّهم طَلبوا التَّحكِيم في صِفِّين، والحَرورِيَّة لِتَجمعهم بِحَروراء والخوارج لِخُروجِهِم ومُخالَفَتِهم عامَّة المُسلمين. وأَمَّا الخوارج أَنفسهم فيُسمُّون أَنفُسهم (الشُّراة). واتَّخذوا شِعارَهُم الآية الكريمة [ومَن

1 - نفس المصدر السّابق 41

2 - أديان ومذاهب، العاتي 15

يَشْرِي نَفسه ابتِغاء مَرضاة الله].. فهُم نَكثوا على طَلبهم التَّحكِيم وأَقرَّوا على أنفسهم بِالكُفر وغَضبوا مِن عَلِيٍّ أَمِير المُؤمنين صَلواتُ الله وسَلامُه عليه لِأَنَّه لم يَنقُض العَهد الَّذي عَقدَهُ مع مُعاوِيَة، وكانوا يَذهبون إلى أَنَّ هذا العَهد لا قِيمة له لِأَنّه مُخالفٌ لِلإيمان الَّذي يجب أَنْ يَدين به الإنسان، وأَنَّ الدِّين يفرض على عَلِيٍّ أَمِير المُؤمنين صَلواتُ الله وسَلامُه عليه نَقض هذا العهد. فلَمَّا لم يَفعل وَجبَ جِهادُه وجهادُ مَن معه، لأَنَّ المسلمين أَصبحوا كَفرة يَجِب استعراضهم بالسَّيف)[1].

إنَّ أَكثرَ عناصر المارِقَة (الخَوارج) يَنتمِي إلى القَبائل المُعادِيَة لِمُضَر، ورَأوا الخُلفاء مِن مُضَر فنَفروا مِن حكُمِهم وكرهوا الخلافَة بِالوراثة وتَعيين الخَلِيفة لِمَن يَلِيه (ولم تَكُن لهم عَقِيدة ظاِهرة ومَبدأ قَوِي يَتمسَّكون به إِلَّا مُعارضتهم لِخُلفاء بَنِي أُمَيَّة وشِيعتهم.. وهم لَيسوا بِأَهْل عِلْمٍ وحلْمٍ. فلَمّا رَضخَ الإمامُ صَلواتُ الله وسَلامُه عليه لِقُبول التَّحكِيم ـ بعد أَنْ دعوه واشتدّوا بِطَلَبِه ـ رجعوا عنه. مِمّا يدل على أَنَّهم ليس لَديهم فِكرة مُركَّزة أَو عقيدة ثابتَة أَو مبادئ يَدعون النَّاس إلى اعتِناقها.

وقد أَوْصَى عَلِيٌّ أَمِير المُؤمنين صَلواتُ الله وسَلامُه عليه أَصحابَه في المارِقَة الخوارج بِقَوله: لا تُقاتِلوا بَعدِي (الخَوارج). ويَقول ابنُ أَبِي الحَدِيد أَنَّ عَلِيًّا أَمِير المُؤمنين صَلواتُ الله وسَلامُه عليه قال فيهم (إِمَّا إِنَّكم ستَلقَون بَعدِي ذُلًّا شاملًا وسَيفًا قاطعًا وإِثرةً يَتَّخِذها الظالِمون فيكُم سُنَّةً). فسَلَّط اللهُ عَزَّ وَجَلَّ على المارِقَة الخَوارج الذُّل الشَّامل والسَّيف القاطع والإِثْرة مِن السُّلطان، وما زالت حالُهم تَضمَحِلّ حتَّى أَفناهُم الله تَعالى وافْنَي جُهودَهم.. وكانوا يَظهرون مُتفرِّقِين في أَنْحاء مختلفة إِلَّا أَنَّ أَكثرَهم في البصرة. وقد قَضى على أَكثرِهم زِيادُ بن أَبِيه في خِلافَةِ مُعاوِية وولَدِه يَزِيد وقد تَتبَّع آثارهم فلَم يَرْحَم منهم أَحدًا، وكان يَقتل حتَّى النِّساء منهم، واستَعمَل مَعهُم السَّيف الَّذي استَعمَلوه مع المُسلِمين.

في خِلافَة يَزِيد ظَهر نافِعُ بن الأَزْرَق بِالبَصرة فجَمَع شملَهم.. وأَظْهَروا مُعتقَدَهم

---

1 - تأريخ الفِرق الإسلامِيّة 89

ومُخالَفَتهم لِلسُّنَّةِ والشِّيعَة.. ولهم خُطةٌ في الحياة لا يُعاشِرون جميع الفِرَق ولا يَختلِطون بهم، فهُم في حَياتِهم في عُزْلَةٍ عن جميع البَشر)[1].

إذَنْ، المارِقَةُ (الخَوارج) هُم مَذْهَب مُستَقِلّ بِذاته، أَسَّسَه مَتمَرِّدون على خَليفَتِهم عَلِيٍّ أميرالمؤمنين صَلواتُ الله وسَلامُه عليه ومُنشَقُّون على (جَيش الخِلافَة) وهُم مِن أَتْباع (اتِّجاه أَهْل العامَّة) القائم على (مَذْهَبِ الرَّأي) وثقافَتِه، ولا صِلَة لهم ولا عَلاقَة بـ(شِيعَة عَلِيّ). وهذا عَبد الله بن أَباض أَحدُ زُعماء مَذهبِ المارِقَة الخَوارِج وقد (استَولى على حَضرَموت واليَمن، وأَظهر التَّقرُّب مِن المُسلمين يقول أَنَّه لا خِلاف بينه وبين المَذاهب السُّنِّيَّة في الجَوهر.. وقد تَفرَّق الخوارجُ إلى فِرقٍ كَثيرةٍ تكلَّمَ عنها مُؤَرِّخُو الفِرق وهي مُندثِرة الآن ما عدا الأَباضِيّة والصَّفرِيّة. فكان كُلُّ مارق خارِجِيّ يَخرج على حكومة الأُمَوِّيين فإنَّه يَدَّعِي الإمامة ويَدعو المارِقِين الخوارج إلى اتِّباعه، وكُلّ مَن خالفه يَتبرأُ منه. لِذَلك تَشعَّبت فِرَقُ مَذهب المارقة الخَوارج وكَثُر اختلافُهُم وظَهر بينهم التَّبايُن.

وقد سَجَّلَ التَّأريخ أَسماءَ فِرقٍ كثيرة لِمَذهب الخوارج كانت ظَهرت في العِراق والجَزيرَة العَربيّة وبِلاد فارِس، مِنها العَطويَّة والفدكيَّة والسَّليطِيَّة والحَمزيَّة والخَلفِيّة والشَّعيبيَّة والحازِميَّة واليَزيديَّة.. لكِنَّ هذه الفِرَق لم تَثبت ولم يَستمر لها البَقاء إلَّا مُدَّة قَصِيرة. وكان شِعارُ الخوارج بِفِرَقِهم المُتعدّدة الثَّورة على الحكومة الأُمَوِيَّة)[2].

في القَرن الهِجْرِي الأَوَّل نَشأت العديدُ مِن الاتِّجاهات و(المَذاهِب) على خُطى (مَذهب الرَّأي) المُتاح لِكُلّ صَحابِي وتابِعي يَهوى الإمْرة والرِّئاسة والسُّلطان ويَحفظ شيئًا مِن الرِّواية، وانْشَقّ عنها الكَثِيرُ مِن الفِرق لِيَتخطَّى الرَّقَم المَنصُوص بـ(الثَّلاثة والسَّبعِين). كُلُّ ذلك حدَث على قاعدَة أَوَّل مُقاطَعَة مَفرُوضَة على المُسلِمِين بِزَعامة المُشرِكين الَّذين أَسَّسوا لِصَحِيفَة مكَّة الأُوْلى إِجماعَها القَبَلِّي المُناوِئ لِلنُّبوَّة، ثُمَّ على

1 - المصدر السّابق 93

2 - نفس المصدر السّابق 107

قاعدِة أَوَّلِ انقلابٍ في الإِسْلام بِزَعامةِ الصَّحابَة الخَمسَة الَّذين أَسَّسُوا لِـ(صَحِيفَة مكَّة الثَّانِيَة) تَحالُفَها وأَقامُوا عليها (مَذْهب الرَّأي) الخاصّ النَّاقِض لِبَيعة الغَدِير والرَّافض لِوَصايا النَّبِيّ صَلَّى الله عليه وآله والمُعطِّل لِلثَّقلين، حتَّى انْتَهى الأَمر بِظُهور مَذْهَبِ المارِقَة الخَوارج وبِخُروجهم على عَلِيٍّ أَمِير المؤمنين صَلواتُ الله وسَلامُه عليه في صِفِّين.

فالمارِقَةُ الخَوارج المُنظَّمون في مَذْهَب أَو فِرْقَة هُم مِن نِتاج ما ذَهَبت إِليه أُولى الصَّحِيفَتَين ومُضاعفاتها في أَقْطاب (صَحيفَة مكَّة الثَّانِيَة).

الفَصْلُ الخامِس

جَدلُ الشُهودِ وانْفِصامُ عُرى الأُصُول

البِداياتُ الأُوْلَى لِأَهْلِ العَامَّة

قُبَيل الإعْلان عن مَرض النَّبِيّ مُحمَّد صَلَّى الله عليه وآله شارفَ التَّنافر بَين عَددٍ مِن التَّكتّلات الصَّغيرة إلى الخاتِمة المُتوقَّعة، هي: ظُهور أَوَّل انِقسامٍ في المُسلِمين شَمل اتِّجاهَين متَفاوِتَين في قُوة التَّأثير وسِعَة النُّفوذ هُما:

ـ أَقْطابُ (صَحِيفة مكَّة الثَّانِيَة) وحُلفاؤهم وفيهم كُبراءُ النِّفاق وأَوائلُهم.

ـ وحِزْب (الأُمَويّين) حيث أَسلَم أَقطابُه بعد فَتحِ مَكّة ومِنه فِئةُ الطُّلقاء المُنافِقين.

ولكنَّهما ظلّا مُستَتِرين يَعملان في السِّرّ، ويَبحثان عن الأَعوان في القَبائل والعَشائر، ويَتَحيَّنان فُرص الثَّأر مِن (شِيعَة عَلِيّ) وبَنِي هاشِم ويَتغالَبان على مَنصِب الإِمْرَةِ والرِّئاسة والسّلطان. وبِإزائهما عُرِفَ التَّشَيُّع بِوَصْفِه اتِّجاها نَشطًا يُمثِّل الإسلام الأَصِيل، ويَتَّبع خُطى النَّبِيّ صَلَّى الله عليه وآله، ويُرافِق عَلِيًّا أَمِير المُؤمِنين صَلواتُ الله وسَلامُه عليه مُنذ اليَوم الَّذي أَنذرَ الرَّسُول صَلَّى الله عليه وآله فيه (عَشِيرتَه الأَقْرَبِين)، ويَصحَرُ بِوُجودِهِ ويَتظاهر بِهُوِيَّةِ رِجاله، ويَسود في المُسلِمين بِمَنهجه الواضِح المُتَمِّسك بِالثَّقلَين: الكِتاب في كُلِّ مَراحِل نُزولِ آياتِه الكَريمة، والسُّنّة الشَّريفة لِرَّسُول صَلَّى الله عليه وآله وأَهْل بَيتِهِ المَعصُومِين صَلواتُ الله وسَلامُه عليهم في كُلِّ أَحوالِهِم.

عند بُلوغ المَرحلة الحسَّاسَة مِن بِعْثَةِ النَّبِيّ صَلَّى الله عليه وآله في المَدِينة حيث أَواخِر حَياتِهِ الشَّريفة أَخذَ اتِّجاهٌ مِن الصَّحابة يَمِيل إِلى أَبِي بَكر ويَتَبلور شَيئًا فَشيئًا

مِن غَير فَرزٍ اجتِماعِيّ واضحٍ. وعندما وَقَع الانْقِلاب على الأَعْقاب واستُشِهد النَّبِيُّ صَلَّى الله عليه وآله في إِثْرِه؛ استَحوذ أَقطابُ (صَحِيفَة مكَّة الثَّانِيَة) على الأَغلَبِيَّة مِن المُسلِمين تَحت راية (مَذْهَب الرَّأي) فأَسَّسوا بِهذه الأَغلَبِيَّة (اتِّجاه أَهْل العامَّة) لِلتَعويض عن شُعورِهم بِعقدة النَّقص في النَّسبِ والحَسَب أمام القَبائل العَرِيقَة حيث يَصعُب فَرضُ إِمْرَةٍ لِلَصيقٍ أَو سِيادَةٍ لِمَن لا نَسَب له ولا حَسَب أَو مَن هو قائمٌ على نَسَبٍ وحَسَبٍ وَضِيعَين.

مِن جَهتِه استَقَلّ الحِزْبُ الأُمَوِي بِرئاسة أَبِي سُفْيان وعامِلِه عُثمان بن عَفَّان عن التَّكتّلات المتنافِرَة، فامتَطيا ظهر (اتِّجاه أَهْلِ العَامَّة) المُتَرهِّل بَعد مَقْتَل أَبِي بَكر وعُمَر، ومَهَّدا الطَّريق به لِإِخْضاع المُسلِمين كافَّة لِسُلطَةِ مُعاوِيَة (الهِرَقْلِيّة) المَلَكِيّة الوِراثِيَّة المُستَبِدّة في إِثْر مقتل عُثْمان ونشُوبِ مَعركة الجَمل وفَشَل عائشة وطَلحة والزُّبير في الاحْتِفاظ بـ(اتِّجاه أَهْلِ العَامَّة) واحتواء العناصِر المؤثِّرة مِن ذَوِي النُّفوذين الاجْتِماعِي والسِّياسِي وتَحقِيق النَّصر بِهم على جَيش الخَلِيفة الجَدِيد عَلِيٍّ أَمير المؤمنين صَلواتُ الله وسَلامُه عليه و(شِيعة عَلِيّ).

عندما خاضَت عائشةُ مَعركَة الجَمَل كان (اتِّجاهُ أَهْل العامَّة) يَمِيل إِلى مَذهَبِها وحارَب إِلى جانِب طَلحة والزُّبير (المُبشَّرين بِالجَنَّةِ) حتَّى وَقَعت في صفوفه مَقتلةٌ عَظِيمةٌ. وحِينما دَخَل مُعاوِيَة بجَيش الشَّام أَوَّل حَربِه في (صِفِّين) وأَباد مِن الجَيشَين (سَبعِين أَلف رَجل، كان مِنهم خَمس وأَربَعون أَلف شَخص مِن جَيش الشَّام، أَي كان نِصف الجَيش قد فُنِي)[1]، وقِيل أَنَّ عَدد القَتلى (سِتُّون أَلفًا)[2]، و(تِلك هِي لَيلة الهَرِير المَشهورة)[3]، (وهِي ليلةٌ تكَسَّرت فيها الرِّماح وتَثلَّمت فيها السّيوف، وانْخَفَضَت فيها أَصْواتُ الرِّجال، وتَعبَت فيها الخَيلُ، وامتَشَق فيها أَميرُ المؤمنين صَلواتُ الله وسَلامُه عليه سَيفَه ذِي الفقار وامتَطى فرسَ رَسُول الله صَلَّى الله عليه وآله وراح يَضرِب بِسَيفه

1- الذَّهبي، تأريخ الإسلام 545. معجم البلدان 415-414/ 3

2- بحار الأنوار 589/ 22:

3- نفس المصدر السّابق 527/ 22

ويُكبّر مع كُلِّ ضَربة يُجنْدِل فيها بَطلًا، وبَلغَ عددُ قتلاه 500 قَتِيل، وبَقِي مَشغولًا بِالقتال حتَّى الصَّباح، وقد اعْوجَّ ذو الفقار بيَده مِرارًا فقوّمَه صَلواتُ الله وسَلامُه عليه على رُكبَته)[1]؛ كان (اتّجاهُ أَهْلِ العامَّة) يُقاتِل إلى جانِبي الطَّرفين: مُعاوِيَة طلبًا لِثَأر مَقتل عُثمان، و(جَيش الخِلافَة) بِقِيادة خَليفَة المُسلِمين عَلِيٍّ أَمِير المؤمنين صَلواتُ الله وسَلامُه عليه لِانْتِزاع وَلايَة الشَّام مِن سيادة مُعاوِيَة وإِنْهاء تَمرُّدِه!

يَقُول سُلَيم بن قَيْس الَّذي شَهِد معركة صِفِّين وهو في عُمُر الـ40 سَنَة (مَهْما نَسِيت مِن شَيءٍ مِن الأَشْياء فلا أَنْسى هذا الحديث. ثُمَّ بَكى وقال: صَفُّوا وصَفَفْنا، فخَرَج مالِكُ الأَشْتر على فَرسٍ له أَدْهَم مجنب وسِلاحُه مُعلَّق على فَرسِهِ وبِيَدِهِ الرُّمح وهو يَقرَع بِه رُؤوسَنا ويَقول (أَقِيموا صُفوفَكُم).

فلَما كتب الكَتائب وأَقام الصُّفوف أَقبَل على فَرسِهِ حتَّى قام بين الصَّفّين فولَّى أَهلَ الشَّام ظَهرَه وأَقْبَل علينا بوَجْهِه، فحَمد الله وأَثْنى عليه وصَلَّى على النَّبِيّ صَلَّى الله عليه و اله، ثُمَّ قال: أَمّا بعد، فإِنَّه كان مِن قضاء الله وقَدرِه اجتِماعُنا في هذه البُقعَةِ مِن الأرض لِآجال قد اقْتَرَبَت وأُمور تَصرَّمَت، يَسوسُنا فيها سَيّدُ المسلمين وأَمِيرُ المؤمنين وخَيرُ الوَصِيِّين وابنُ عمِّ نَبِيّنا وأَخوه ووَارِثُه، وسُيوفُنا سُيوف الله، ورَئيسُهم ابنُ آكِلَةِ الأَكباد وكَهْف النِّفاق وبَقِيّة الأحزاب يَسوقُهُم إِلى الشّقاء والنّار. ونَحن نَرجُو بِقتالِهم مِن الله الثَّواب، وهُم يَنتَظِرون العِقاب. فإِذا حَمِي الوَطِيس وثار القِتال وجالَت الخَيل بِقَتْلانا وقَتلاهُم رَجَونا بِقِتالِهم النَّصر مِن الله، فلا أَسْمَعنّ إِلَّا غَمْغَمَة أَو هَمْهَمَة. أَيُّها النَّاس، غُضُّوا الأَبْصار وعضُّوا على النَّواجِذ مِن الأَضْراس فإِنَّها أَشَدُّ لِضَرب الرَّأس، واستَقبِلوا القومَ بِوجُوهِكم وخُذُوا قَوائمَ سُيوفِكم بِأَيمانِكم، فاضْربوا الهام وأَطعِنوا بِالرِّماح مِمّا يَلِي الشّرسُوف الأَيْسَر فإِنّه مَقتَل وشِدوا شِدَّة قَومٍ مَوتُورِين بِآبائهم وبِدِماء إِخْوانهم حنِقِين على عَدوّهم، قد وَطَّنوا أَنفسَهم على الموت لِكَيلا تَذِلّوا ولا يُلزِمكم في الدّنيا عار».

---

1 - مُستدرك سفينة البحار 294/ 6

ثُمّ التَقى القَومُ فكان بَينهم أَمْرٌ عَظِيم، فتفرَّقوا عن سَبعِين أَلف قَتِيل مِن جَحاجِحَة العرب. وكانت الوَقْعَةُ يَوم الخَمِيس مِن حيث استَقَلَّت الشَّمْسُ حتَّى ذَهَبَ ثُلثُ اللَّيل الأَوّل. ما سَجدَ لله في ذَينك العَسكَرَين سَجدةً حتَّى مَرَّت مَواقِيت الصَّلوات الأَرْبع الظُّهر والعَصْر والمَغرِب والعشاء ـ يُصَلُّون صَلاة الخَوف حال القِيام[1].

ثُمّ إنَّ عَلِيًّا صَلواتُ الله وسَلامُه عليه قام خَطِيبًا فقال «يا أَيُّها النَّاس، إنَّه قد بَلَغ بِكُم ما قد رأيتُم وبِعَدُوِّكم كمِثْل فلَمْ يَبقَ إلّا آخِرُ نَفس، وإنَّ الأُمُور إذا أَقبَلَت اعتُبِر آخِرُها بِأَوّلِها، وقد صَبَر لَكُم القومُ على غَيرِ دِين حتَّى بَلغوا فِيكُم ما قد بَلَغوا. وأَنا غادٍ عليهم بِالغَداةِ إنْ شاء الله ومُحاكِمُهم إلى الله)[2].

في هذه المعركة استُشهِد جَمعٌ مِن (شِيعَةِ عَلِيّ)، كان من بينهم عَمّار بن ياسِر وأُوَيس القَرنِي وهاشِم المِرقال وابنُه وخُزَيمَة بن ثابِت وصَفوان بن حُذَيفة وعبد الله بن بديل وأَخوه عبد الرَّحمن وعبد الله بن الحارث أَخُو مالِك الأَشْتر عليهم الرّضوان، وهُم كانوا خَواصّ أَمِير المُؤمنين صلوات الله وسلامه عليه)[3].

بَدأت حَربُ صِفِّين بين الفَريقَين في شَهر صفر ما العام 37هـ، ثمَّ اختُتِمت وقائعُها بِعَمليّة التَّحكيم في شَهر رَمضان من العام 38هـ حيث مَكر عَمرو بن العاص ونافَق جماعةُ الأَشْعَث بن قَيس وصار كلاهُما يَبغي التَّحكِيم ويُصِرّ عليه تَحت ضَغْط الجُند مِن مُرِيدِي (اتِّجاه أَهَل العامَّة) في (جَيش الخِلافَة) الَّذي يَقوده (شِيعةُ عَلِيّ) تحت إمْرَة الخَلِيفَة عَلِيّ أَمِير المؤمنين صَلواتُ الله وسَلامُه عليه.

انْتَهَت المَعركَةُ مع جيش الشَّام بِالتَّحكِيم المُذِل بعد أَنْ قَرُب النَّصرُ لِـ(جَيش الخِلافَة) بِقيادة (شِيعَة عَلِيّ) فصَار قابَ قَوسَين أَو أَدنى. ثُمّ أَقدَمَ مُعاوِيَة ومِن ورائه حِزب الأُمَوِيِّين والخَوارج على اغتِيال عَلِيٍّ أَمِير المؤمنين صَلواتُ الله وسَلامُه عليه في مَسجِد الكُوفة. وعمد مُعاوِيَة إلى وَثِيقَة الصُّلح الَّتي صدَّقها أَمام خَلِيفَة المُسلِمِين

---

1 - أمالي الصدوق 332. بحار الأنوار 482-615/ 32

2 - كتاب سليم بن قيس 335

3 - منتخب التّواريخ 163ـ166

الإمام الحَسَن صَلواتُ الله وسَلامه عليه في ربيع الأَوَّل مِن سَنة 41هـ في إِثْر تَمرّد (جيش الخِلافَة) على خَليفَتِهِ الإمام الحَسَن صَلواتُ الله وسَلامُه عليه فنَقَضَها، وأَخَذ البَيعَةَ سَهلةً مِن المُسلِمين لِنَفسِه ثُمّ لابنِهِ يَزيد شارِب الخَمر وقاتِل النَّفْسِ المُحتَرَمَة، فكان له ذلك.

وجاء في وَثيقة الصُّلح، أَنْ يَتَسلّم مُعاوِيَة (الخِلافَة) مِن الإمام الحَسَن بن عَلِيّ صَلوات الله وسَلامُه عليه، على أَنْ يَلتَزِم معاوية في الخِلافَة بِكتاب الله وسُنَّة رُسولُه صَلَّى الله عليه وآله، وأَنْ تَعود (الخِلافَة) إلى الإمام الحَسَن صَلواتُ الله وسَلامُه عليه فَور هَلاك مُعاوِيَة أَو عَجزِه عن السِّيادَة ومُمارَسَة صَلاحِيّاتِه بِوَصفِهِ خَليفَة، وأَنْ لَيس لِمُعاوِيَة مِن حَقّ في أَنْ يَعهد بِالخِلافَة إلى أَحَدِ غير الإمام الحَسَن صَلواتُ الله وسَلامُه عليه أَو الإمام الحُسَين صَلواتُ الله وسَلامُه عليه عند مَوتِ أَخِيه الحَسَن، وأَنْ يَكفّ مُعاوِيَة عن سَبّ عَلِيّ أَمِير المؤمنين صَلواتُ الله وسَلامُه عليه في صَلوات المُسلِمين وعلى مَنابِرِهم، وأَنْ يَبقي بَنو هاشِم و(شِيعَة عَلِيّ) آمنين على أَنفُسِهم وأَموالِهم وأَولادِهِم[1]. (وعلى مُعاوِيَة بن أَبي سُفيان بِذلك عهد الله وميثاقه وما أَخَذَ اللهُ على أَحَدِ مِن خَلقِهِ بِالوَفاء وبِما أَعطى الله مِن نَفسِه)[2].

وفي طَريقِهِ لِأَخذِ البَيعَةِ مِن أَهْل الكُوفَة الَّذين بايعوا الإمام الحَسَن صَلواتُ الله وسَلامُه عليه ونصبوه خَلِيفة في إِثْر مَقتل والدِهِ صَلواتُ الله وسَلامُه عليه ثُمّ خَذَلوه تحت إِغراء أَمْوال الرّشا الوافدة على الكُوفة بِغَزارة عن ولاية الشَّام، خَطَب مُعاوِيَة فِيهم (إِنِّي والله ما قاتَلتُكم لِتُصلّوا ولا لِتَصوموا ولا لِتحِجّوا ولا لِتُزكّوا، إِنَّكم لَتفعَلُون ذلك، ولِكنِّي قاتَلتُكم لِأَتأَمَّر عليكم، وقد أَعطانِي الله ذلك وأَنْتُم لَه كارِهُون.. أَلا وإِنِّي كُنْتُ مَنَّيت الحَسَن وأَعطَيته أَشياء، وجِميعُها تَحتَ قَدَمَيَّ لا أَفِي بِشَيءٍ منها له)[3].

1 - انظر: شرح نهج البلاغة، ابن ابي الحديد 15/ 4. تأريخ الطَّبري 97/ 6. أبو الفرج الاصفهاني، مقاتل الطالبيين 26. الكامِل في التّأريخ، ابن الأَثِير 166/ 3. الإمامة والسّياسة، الدينوري 200.

2 - بحار الانوار 111/ 10، 115، 155. أعيان الشيعة 272/ 7

3 - الإرشاد، الشِّيخ المُفِيد 14/ 2.

وعِندَما هَلَك مُعاوِيَة استَعان يَزيدُ بِـ(جَيشِ الخِلافَة) وأئمّة (اتِّجاه أَهْل العامَّة) ووُعَّاظِه ومُرِيدِيه في مُطارِدَة (شِيعة عَلِيٍّ) في الكُوفة وقَتلِهم أَو سجنِهم، وسَفك بِهما دَم الإمام الحُسَين صَلواتُ الله وسَلامُه عليه فِي واقِعَة كَربلاء، ثُمَّ ورَّطَ (جَيش الخِلافَة) و(اتِّجاه أَهْل العامَة) فِي دِماء المُسلِمين وأَعراضهم في وَقْعَةِ الحرَّة مِن سَنة 63هـ حيث استَباحَ المَدِينة النَّاقِضَة لِبَيعتِهِ لِثَلاثَةِ أَيَّامٍ مُتوالِيَة، ثُمّ أَشرَكَهما في عَمَلِيّة حِصار مَكَّة لمدة شَهر ودَمَّر الكَعبَة بِالمَنجَنِيق في سَنة 64هجريَّة.

لقد رَحَّبَ (اتِّجاهُ أَهْلِ العامَّة) بِعَودة الأُمويِّين بعد مَقتل عُمَر، وبارَك وُصُول عُثمان إلى الخِلافَة واعترَضَ عليه في أَواخِر خِلافَتِه، ثُمَّ جدَّد بيعَتَه لِلأُمَويِّين بِوُصُول مُعاوِيَة ثُمَّ ابنِه يزيد إلى الخِلافَة تَيَمُّنًا منه بِالبَيعة لِلخُلفاء الثَّلاثة والتِزامًا مِنه بِـ(مَذْهَبِ الرَّأي)، ولم يُخالِف دَولةَ الزُّبَيرِيِّين في ذات المَرحَلَة لما كان لِعَبد الله بنِ الزُّبَير مِن نَسَبٍ، فَهُو ابنُ الزُّبير (المُبَشَّر بِالجَنَّة) وابنُ أَسماء بِنت (المُبَشّر بِالجَنَّة) أَبِي بَكر الخَلِيفة الأَوَّل، ولِما كان لَه مِن دَورٍ رَئِيس في نُصرة عُثمان قَبل مَقتَلِه وفي رَفْض بَيعة عَلِيّ أَمِير المؤمنين صَلوات الله وسَلامُه عليه مِن بَعد مَقتَل عُثمان. فكان (اتِّجاه أَهْل العامَّة) بَين قاتِلٍ ومَقتولٍ في جَيشَيّ الأُمَوِيّين والزُّبَيرِيّين!

واصْطَفّ (اتِّجاهُ أَهْل العامَّة) إلى جانِب (عبد الله بن حَنْظَلة) في ثَورةِ المَدِينة وقاتَل في وَقعةِ الحَرَّة، ثُمَّ اشتَرك في ثَورة عَبد الرَّحمَن بن الأَشْعَث إِذْ هِي مِنه فَوالاها وبارَكها كما وآلى وبارَكَ ثَورةَ المَدِينة وشارك في الحَرب عليهما!. واصْطَفّ كذلك إِلى جانِبِ الأُمَويِّين ووَالاهُم وحارَبهم بِثَورةَ العَبَّاسِيين، ثُمَّ اندَكَّ في الدَّولَةِ العبَّاسِيَّة ووَالاها وصار جُزءًا مِنها في إِثْر سُقوط دولة الأُمَويِّين!

وهكذا اضْطَربت هُوِيَّةُ (اتِّجاهُ أَهْل العامَّة) وتَقَلّب بَين الانْتِماء المُوالِي والانْتِماءات المُضادَّة، وتَسابَقَت الدُّوَلُ المُتعاقِبَة مِنذ عَهد أَبِي بَكر ثُمَّ في عهد الأُمَويِّين والعَبَّاسِيِّين ثُمّ في عَهدِ دُول العُثْمانِيِّين والفاطِمِيِّين والمَمالِيك والأَيُّوبِيِّين وغَيرِهم مِمَّن جاء بَعدَهُم في الدَّولة القَومِيَّة ثُمَّ الدَّولة العَلمانِيّة الوَطَنِيَّة المُعاصِرَة ـ على تَدجِينِه

واحِتوائه لِخِدمَة سِيادَة الدَّولة واستِيعاب طاقاتِهِ والزّج بها في حَسْم صِراعِها أو نِزاعها مَع المُنافِسين والأعداء، ولم تَنْس تَوظِيفِهِ لِخدِمَة قَضايا الفَصْل الطَّائفي في الضِّدّ مِن (شِيعَة عَلِيّ).

وما زالت الدُّول العَلمانِيَّة (الوَطَنِيَّة) النَّاشِئة بعد انتهاء الحَرب العالَمِيّة الأُولى وانْهيار سَلطَنَةِ العُثمانِيِّين تَرعى (اتِّجاه أَهْل العامَّة) وتَستَعِين بِمَورُوثِه الرِّوائي وسِيرتِه التَّأريخِيّة وتَتَبَنَّى أُصُولَه العَقدِيَّة وتَشريعاتِه القَائمة على (مَذْهَب الرَّأي)، وتَستعمِلَه لِلقضَاء على قوى المُعارَضَة الداخِلِيّة وتَستَنزِف بِه طاقات الوُجود الشِّيعِي الإِجتماعِي بوَجهٍ خاصٍّ كلَّما نَمَت ثَقافَة الشِّيعة أو نَهضَوا لِحِمايَةِ حُقوقِهِم المَدَنِيَّة. ويَبقى الشِّيعَةُ فِي هذه الظُّروف المُعقدة مُتَمسِّكين بِقِيمَةِ الاستِقلالِ الاجتِماعِي والمُداوَمَة على صِيانة عَقِيدَتِهِم ولِزُوم الثَّقلَين ولم يُفَرِّطوا بِأيِّ واحدٍ منها، وصَبروا على ذلك اقتداء بِآبائهم الأَوَّلين مِنذ الغَيبة الكُبْرى فِي العام 329هـ، ودافَعوا عن هُوِيَّتِهم في الضِّدّ مِن دُول الاستِعمار ثُمّ دول الاستِبداد، وضَحّوا مِن أَجْل الإِبقاء على خُصُوصِيَّاتِهِم الدِّينِيَّة حَيوِيَّة، وفَضَّلوا الانْكِفاء واعتِزال السُّلطَة السِّياسِيَّة الَّتي استَبَدّ بها حُكّام (اتِّجاه أَهْلِ العامَّة) واحتكروا.

لقد صَنَّف مُؤرِّخو السِّيرَةِ الرَّعِيلَ الأَوَّل إِلى (مُسلِمِين) مُوالِين لِعَلِيٍّ أَمير المُؤمنين صَلواتُ الله وسَلامُه عليه تَحتَ مُسَمَّى (شِيعة عَلِيّ) أَو (الشِّيعَة)، و(العامَّة مِن المُسلِمِين) وهُم (السُّنَّة) الَّذين جمعهم (اتِّجاه أَهْل العامَّة) القائم على (مَذهَبِ الرَّأي) وفَرَّقَهم حُكَّام الدُّول الهِرَقْلِيّة والمَلكِيَّة الوراثِيَّة المُستَبِدّة المُتعاقِبَة وأَئمَّة المَذاهِب والفِرَق.

ويَرجِع المؤرِّخُون الأَوائل سَبب الانقِسَام البارز في المُسلِمِين زَمنِيًّا إِلى مَرحلةِ ما بَعد شَهادة الرَّسُول صَلَّى الله عليه وآله فَقالوا أَنَّ (الأُمَّةَ انقَسَمت إلى سُنِّيِّين وشِيعِيِّين مِن يَومِ السَّقيفة)[1]. وما كان تَوصِيفُ جَماعةٍ مِن المُسلِمين بِاسْم (السُّنِّيِّين) إِلَّا مِن

1 - تأريخ الفِرق الإسلاميّة 110

العَناوِين الطَّارِئة الحَدِيثة، وقِيل على وَجْهٍ غَير مُحقَّق أَنَّها ظَهرَت فِي أَواخِر القَرن الأَوَّل أَو فِي أَوائل القَرن الثَّانِي، ولَيس لِهذا الاسْم والتَّوصِيف مِن أَثرٍ إِلّا فِي رِسالة عُمَر بن عَبد العَزيز في الرَّد على أَحدِ عناصر القَدَريّة المَجهولِين. وفي ذلك ادِّعاءٌ واضح يُفِيد يُثِير الشَّكّ والشُّبهة في صُدورِ هذه الرِّسالَة ونِسبَتِها.

وفيها جاء (عَنْ خَلَف أَبِي الفَضْل القُرشي، عن كتِاب عُمر بن عبد العزيز إلى النَّفرِ الَّذين كتَبوا إِلَيَّ بِما لم يَكُن لَهُم بِحَقّ فِي رَدِّ كِتاب الله تعالى وتَكذِيبِهم بِأَقدارِهِ النَّافِذَة فِي عِلْمِهِ السَّابِق الَّذي لا حَدّ له إِلَّا إِليه، ولَيس لِشَيءٍ مِنه مَخرَج، وطَعنِهِم فِي دِين الله وسُنَّةِ رَسُولِه القائمة فِي أُمَّتِهِ.. أَمَّا بَعد: فإِنَّكُم كَتبتُم إِلَيَّ بِما كُنْتُم تَسترون مِنه قبل اليَوم في رَدِّ عِلْمِ الله والخُروج مِنه إلى ما كان رَسُولُ الله صَلَّى الله عليه وآله يَتخوَّفَ على أُمَّتِهِ مِن التَّكذِيب بِالقدر. وقد عَلِمتُم أَنَّ «أَهْلَ السُّنَّةِ» كانُوا يَقولون: الاعتِصامُ بِالسُّنَّة نَجاةٌ، وسيُقبَضُ العِلْمَ قَبضًا سَريعًا)[1].

ويَمتَنِع ابنُ تَيمِيَّة إِمام الدَّعوةِ السَّلفِيَّةِ المُتَطرِّفَة العَنِيفَة فِي القَرن الثَّامِن الهِجري عن إِباحَة اختِصاص الأَشاعِرَة بِاسْم (أَهْلِ السُّنَّةِ) فَضلًا عن المُعتَزِلَة والشِّيعَة وغَيرِهِم. فَفِي احتِكار هذه التَّسمِيَة (السُّنَّة) نُكتَةً لافِتةً، هي(أَنَّ كِتابَةَ الحدِيث وتَدوِينَه والتَّحدُّثَ بِه وإِفشاءَه كان مِن الأُمور المُنكَرة. وهذا عُمَر قال لِأَبِي ذر الغفاري وعبد الله بن مسعود وأَبِي الدَّرداء (ما هذا الحَدِيث الَّذي تُفشُون عن مُحمَّد؟! وكان يَقول: جَرِّدوا القُرانَ وأَقِلُّوا الرِّوايَة عن رَسول الله وامْضُوا وأَنا شِريكُكُم.. حتَّى أَنَّه بعد ما أَصدر الخَلِيفة عُمَر بن عبد العَزِيز الأَمرَ الأَكِيد بِضَرُورةِ تَدْوِين السُّنَّة؛ كانَت رَواسِبُ الحَظرِ تَحول دُونَ القِيام بِمَا أَمَر)[2].

نَصب أَقطابُ (صحِيفَة مَكَّة الثَّانِيَة) العَداوَةَ لِلسُّنَّةِ المُطَهَّرَة وحارَبُوها، وزَجَروا كُتَّابَها ومُدَوِّنِيها وعاقبوا ناقِلِيها مِن الرُّواة والحُفَّاظ مُنذ البِعثَةِ النَّبويّة في القرن 610

1 - الحافظ أبو نعيم الأصبهاني، حِلية الأولياء 927/ 4

2 - بحوث في المِلل والنّحل 344-343

الميلادي، ومنعوا الرَّسُول صَلَّى الله عليه وآله في أَواخِر أَيام عُمُره الشَّرِيف مِن كِتابَةِ كِتابٍ لهم مانِعٍ مِن الضَّلال، واستَمروا في المنع في فَترة خِلافَتَي أَبِي بَكر وعُمَر حتَّى مَجِيء الأُمَوِي عُمَر بن عَبدِ العَزِيز في سَنَة 100 هِجْرِيَّة، وشارَكَهم (اتِّجاه أَهْل العامّة) في إِنْجاز هذه المُهمّة مُنذ تَقمّص أَبو بَكر مَنصِب الخِلافَة.

إِنَّ مُفردة (السُّنَّة) ومعناها كانا مَنبوذين لَدى (اتِّجاه أَهْل العامّة) بَقدَرِ ما كان يَنْبذ نَقل الرِّواية أَو حفظها أَو تَدوِينها. في حِين أَكَّد النَّبيُّ صَلَّى الله عليه وآله عليها مرارًا وتكرارا بِالتَّمسُّك بِـ(السُّنَّة) والكِتاب وأَكَّد عليهما حتَّى يَرِدا عليه الحَوض.

وبَقِيَ فِي أَنفُسِ التَّابِعين وتابِعِي التَّابِعين كما في قُلوبِ أَئمَّة ووُعَّاظ (اتِّجاه أَهْل العامَّة) مِن السُّنَّة الشَّريفة الشَّيءُ الكَثِير إِذْ رَفَضوا تَسمِية أَيّ فئةٍ ناشِطةٍ منهم بِمُسَمّى (أَهْل السُّنَّة) لِأَنَّ ذلك يَقتَضِي منهم حفظ وتَدوِين السُّنَّة الشَّريفة، وهو على خِلاف مُراد (مَذْهَب الرَّأي) ورَئيسِهِ أَبِي بَكر وراعِيه مِن بَعدِه عُمر، كما أَنَّ الحفظ والتَّدوين يَقتَضِيان أَيضًا إِضافَةَ مَروِيَّات أَهْلِ البَيت صَلواتُ الله وسَلامُه عَليهم وقَولِهم وفِعلِهم وتَقرِيرهم والجِدّ في بَثِّ فَضائِلِهم ومَناقِبِهم في مَضامِين ما يحفظون ويَنقِلُون وما يُدوِّنُون.

وعندما أُطلِق على أَهْلِ البَيت صَلواتُ الله وسَلامُه عليهم مُسَمَّى (أَهْل السُّنّة) سارع الصَّحابَةُ والتَّابِعون وتابِعو التَّابِعين وأَئمَّةُ ووُعَّاظُ (اتِّجاه أَهْل العامَّة) إِلى نَفيِهِ عَنهم أَو إِهمالِهِ بِالمُطلَق خشية الوقوع في المُلازَمَة بَين الثَّقلَين وما يعنِية الثِّقْل الآخَر مِن خُصُوصِيَّةٍ وقَيدٍ بِأَهْل البَيت صَلواتُ الله وسَلامُه عليهم مِن دُون سواهم مِن كُبراء الصَّحابَة.

وفي ظَرفٍ لاحِقٍ صادر (اتِّجاهُ أَهْلِ العامَّة) مُسمَّى (أَهْل السُّنّة) واحْتكَره لِنَفسِه وانفرد به وجَرَّد ما اختَاره مِن المَورُوث الرِّوائي مِن (سُنَّةٍ) مَنقولَة في فَضائِلِ أَهْل البَيت صَلواتُ الله وسَلامُه عليهم ومَناقِبِهم، واستَعان بِـ(مَذهب الرَّأي) لِإِضافَة ما يَراه مِن (التَّحْسِينَاتِ) المُوَجَّهَة وعلى رأسها إِضْفاء طابع العِصمَة على جِيل الصَّحابَة وتَخصِيص عَهد الخِلافَةِ (الرَّاشِدة) بِصِفَة القَداسَة إِذْ هُما ـ العِصْمَة والقَداسَة ـ مِن

العَناوِين الطَّارِئة الَّتي ابْتدَعها (اتِّجاه أَهْل العامَّة) وحَظَر - في المقابل - أيَّ مَفهومٍ أو فِكْرةٍ أو قِيمَةٍ تُشِير إلى وُجُودٍ شِيعِيٍّ أَصِيل مُستَقلّ فاعِلٍ في السِّيرة باسْم (أَهْلِ السُّنَّة) أو تُشِير إلى وُجودِ جِهاتٍ أُخْرى تَختَصّ بِمُسَمّى (السُّنَّة) أو تنفرِد بأيِّ تَوصِيف آخر مُشابِه.

فمُسَمّى (أَهْل السُّنَّة) يَقتَضِي أَنْ يكونَ لِلاتِّجاه الَّذي يَنفرِد بِه تَمَيُّزٌ خاصٌّ بِـ(مَذْهَبِ الرَّأي) المُتَّبع لدى (الخُلَفاء) الثَّلاثَة حصرًا، وأَنْ يكون له نُفوذٌ داعم ومُكنَةٌ مسانِدة لِسِيادَةِ (الخَلِيفة) الَّذي اعتَلى مَنصِبَه بِالانْقِلاب على الأَعْقاب حيث لا سُنَّة مَكتوبَة يَرتَضِيها الخَلِيفة ذاته وحيث عَصَبِيَّة القَبائل وجَاهِلِيَّةُ العَشائر حاكِمَة ومُؤثِّرة في مصير (السُّنّة) وحَيث مَفهُوم الخِلافَة مُحرّض على منعِ التَّدْوِين والحفظ والحَضّ على كَراهَتِهما على طَرِيقَةِ أَهْل الجاهِلِيَّة.

فالجامِع المُشْتَرك لِـ(اتِّجاه أَهْل العامَّة/ السُّنّة) حتَّى يَوم مَقتل عُمَر هو مَنع تَدوِين (السُّنَّة) وحَظْر حفظها ونقلها، وحتَّى يَوم أَهمَلَ عُثْمان السُّنَّة وقَوَّضَها بِما أُشِيع عنه بِجَمعِ (القرآن)، ونَبذه لِلسُّنّة المَكتوبَة أو إِهماله تَدوينها والاكْتِفاء بِنَصّ القُرآن الكَرِيم!

ويُذكَر أَنَّ عنوان أَهْلِ (السُّنَّةِ) كان استِعمالًا مُرادِفًا لِـ(أَهْلِ الحَدِيث) الَّذي وَظَّفَهُ ابنُ حَنْبَل في تَوصِيفِهِ لِمدرَسَتِه الفِقهِيَّة، وهو مِن بَين المجموع الَّذي رَفض إِطلاق تَسمِيَة (السُّنَّة) أو (الجَماعَة) على أَتْباع مَذهَبِهِ ولَم يَستَحْسِنه خَشية أَنْ يَتداولَه غَيرُه ويَخلَعه على نَفْسِهِ. فَلَمّا سُئِلَ عن ذلك قال (إِنْ لم يَكونوا أَصْحابَ الحَدِيث فَلا أَدْرِي مَنْ هُمْ)[1].

لم يُطلَق على (اتِّجاهِ أَهْلِ العَامَّة) منذ أَوّل ظُهورٍ له في عَهد أَبِي بَكر مُسَمّى (السُّنَّة) أو (أَهْلِ السُّنَّةِ) أو (أَهْلِ السُّنَّةِ والجَماعَة) حتَّى نِهايَة القُرنِ السَّابع الهِجْرِي. ولم تَكُن هذه مِن العَناوِين الشَّائعة في المُسلِمِين خِلال هذه القُرون السَّبعة، ولا يُشار بِها إِلى أَحَدٍ مِن اتِّجاهاتِهم ومَذاهِبِهم وفِرَقهم الَّتي تَكاثَرت وتَضَخَّمَت. فيما اخْتَصّ أَهْلُ البَيت صَلواتُ الله وسَلامُه عليهم بِمُسَمّى (أَهْل السُّنَّة) في هذه الفَترة الزَّمَنِيَّة بِوَصْفِهِم

---

1 - انظر: شرف أصحاب الحديث، الخطيب البغدادي

عِدل كِتاب الله على حَسب نَصّ الرِّوايَة الَّتي ورَدَت بِمُفرداتٍ مُختلِفَةٍ ومُتعدِّدَة، منها:

(أَيُّها النَّاس إِنَّما أَنا بَشرٌ أُوشَكُ، أَو يُوشَكُ، أَو إِنِّي لَأظُنّ أَنْ أُدعَى فَأُجِيب، أَو أَنْ يَأتِيَنِي، أَو يَأتِيَ رَسُولُ رَبِّي، فَأُجِيبَ، أَوْ فأَجِيبَهُ، أَو كأَنِّي قَدْ دُعِيتُ فأَجبْتُ. وَإِنِّي، أَو أَنا تارِكٌ، أَو تركْتُ، أَو قدْ تركْتُ، أَو خَلَّفْتُ، أَو مُخَلِّفٌ فِيكُم، الثَّقَلين، أَو ثَقَلَيْن، أَو أَمْرَيْنِ، أَو الثَّقَلَين خَلِيفَتَيْن، أَو اثْنَينِ، أَو مَا إِنْ تَمسَّكْتُمْ بهِ، أَو ما إِنْ أَخَذْتُم بهِ، أَو مَا إِنِ اعْتَصَمْتُمْ بِهِ، لَنْ تَضِلُّوا بَعْدِي، أَو لَنْ تَضِلّوا أَبداً، أَو لَنْ تَضِلّوا، إِنْ اتَّبعتُمُوهُما، أَو وإِنَّكُم لَنْ تَضِلّوا بَعْدَهما. وهُما كِتابُ الله، وأَهْلُ بَيْتي عِتْرَتِي، أَحدَهما أَثْقَلُ مِنَ الآخَرِ، أَو كتُابُ الله، حَبلٌ مَمدُود، أَو كِتابُ الله فيه الهُدَى والنُّورُ، أَو الصِّدقُ، أَو كِتابُ رَبِّي وعِتْرَتِي أَهْلُ بَيتِي، أَو وَعِتْرَتِي وهُمْ أَهْلُ بَيتِي، أَو وَعِتَرَتي أَهْلُ بَيتِي وَقَرابتِي، أَو أَهْلُ بَيتِي، أَو نَسَبِي. وإِنَّهُما لَنْ يَتَفرَّقا، أَو لَنْ يَفْتَرقا، أَو أَنْ لا يَفْترقا، أَو إِنَّهُما لَقَرِينان لَنْ يَفْتَرِقا، حَتَّى يَرِدَا عَلَيّ الحوضَ. فانْظرُوا، أَو فاتَّقُوا الله، أَو وانظرُوا كيف تُخلِّفُوني، أَو تَحْفَظُونِي فيهِمَا، أَو فانْظرُوا كيفَ تَلْحَقُوا بِي فيهمَا، أَو بِمَ، أَو بِما، أَو مَاذا، أَو ما تخْلفُونِي فيهما، أَو إِنَّ اللَّطِيفَ الخبيرَ أَخْبرني، أَو نَبَّأَنِي، أَو أَنْبأَنِي، أَنَّهما لَنْ يَفْترِقا حتَّى يلَقيانِي، سَأَلتُ ذَلكَ رَبِّي فَأَعْطاني، فَلا تَسبقوهُم فَتهلكوا، وَلا تُعَلِمُوهم فَإِنَّهُمْ أَعْلمُ مِنكمْ، أَو فاسْتَمْسِكوا بِهِما وَلا تَضِلّوا، أَو إِنَّهما لَنْ يَنقَضِيا حتَّى يَرِدا عَلَيَّ الحوضَ، أَو سأَلتُهُما رَبي فَوَعَدَني أَنْ يُوردَهُما عَلَيَّ الحوضَ، أَو سأَلتُه ذَلكَ لَهُما، والحوض عرضه ما بين بُصرى إلى صَنعاء، فيه مِن الآنِيَة عددُ الكَواكِب، أَو إِنَّ اللَّطِيفَ الخبيرَ عَهِد إِلَيَّ أَنَّهما لَنْ يَفْترِقا حتَّى يَرِدَا علىّ الحوضَ كهَاتَين، وأَشار بِالسَّبَّابَتَين، أَو إِنِّي فرطكم، وإِنَّكم تبعي، وتُوشِكُونَ أَنْ تَرِدُوا عَلَيَّ الحوضَ، وأَسأَلكمْ، أَو سائِلكمْ، حينَ تَلْقَونِي عنْ ثَقَلي، أَو إِنِّي سَائِلكمْ حينَ تردون عَلَيَّ عن الثَّقلينِ: كَيفَ خَلَفْتُمونِى فِيهما، أَو وإِنَّ الله سائلي وسَائلكمْ فماذَا أَنتُم قَائِلونَ، أَو إِنِّي لكم فَرط، وإِنَّكم وَارِدُونَ عَلَيَّ الحوضَ فانظرُوا كيفَ تخْلِّفوني في الثَّقَلينِ، قِيل، أَو قُلنا، أَو قالوا، وما الثَّقَلانِ؟ قال صَلَّى الله عليه وآله وسَلَّم: كتَابُ اللهِ طَرَفُهُ بِيَدِ الله، وطَرَفُهُ بِأَيدِكمْ، أَو قال، الأَكبرُ، أَو الثَّقَلُ الأَكبرُ، أَو الأَكبرُ منْهُما، أَو أَوَّلهُما، أَو أَحدُهُما، كتابُ الله، والأَصغرُ، أَو الثَّقَل الأَصغرُ، أَو

والآخرُ عِتْرَتي، فمَن اسْتقبلَ قِبلَتِي، وأَجابَ دَعْوتي. فلْيَستوصِ بِهما خَيراً، أَو أُوصِيكمْ بكتَابِ الله وعِتْرَتي، أَو حَسْبُكم كتابُ الله وعِتْرَتي، أَحدُهما أَعظَمُ منَ الآخرِ، أَو قال إنِّي سَائِلكم عنِ اثنَين: عنِ القُرآن وعن عِتْرَتِي، أَو إنَّ الله سَائلكمْ كيفَ خَلَّفتُمونِي في كتابه وأَهْلِ بَيتي، أَو إنِّي تارِكٌ فِيكمْ ما إنْ تَمَسَّكتُم بِهِ لَنْ تَضِلّوا، أَو مَا إنْ أَخذتمْ بِهِ لَنْ تَضِلّوا بَعْدي: أَمرَيْنِ أَحَدُهُما أَكبرُ منَ الآخرِ، سُببٌ مَوصولٌ مِن السَّماء إلى الأَرْضِ، أَو إنِّي تاركٌ فيكم الثَّقلينِ خَلفِي: كتاب الله وعِتْرَتِي، أَو قدْ تَركْتُ فِيكم مَا لم تَضِلّوا بَعدَه، أَو إنِّي تَركتُ فيكم الثَّقلينِ، الثَّقلَ الأكبرَ والثّقلَ الأَصْغَر، وأَمَّا الثَّقلُ الأكبرُ فَبِيَد الله طَرَفُه والطَّرفُ الآخرُ بِأَيدِكم، وهَو كتابُ الله، إنْ تَمَسّكتُم بِهِ لَنْ تَضِلّوا ولَنْ تَذِلُّوا أَبَداً، أَو فاسْتَمسِكوا بِهِ فلا تَضِلّوا، وَ لا تبدَّلوا، أَو فتَمسَّكوا بِه لَنْ تُزالوا ولَنْ تَضِلّوا، وأَمَّا الثَّقلُ الأصغرُ فعِتْرَتي أَهْلُ بَيتِي، أَو ألا وعِتْرَتي، أَو أُذَكِّرُكم اللهَ في أَهْلِ بَيتِي، قالهَا مَرةً، أَو مَرَّتَين، أَو ثَلاثَ مَرَّات، أَو إنَّ الله عَزَّ وَجَلَّ أَوحَى إليَّ أَنِّي مَقبوض، أَقُولُ لكم قَوْلاً إنْ عَمِلتُمْ بِهِ نَجوتُمْ، وإنْ تركْتُمُوهُ هَلكتُمْ، إنَّ أَهْلَ بَيْتِي وعِتْرتِي هُم خاصَّتِي وحامَّتِي، وإنَّكُم مَسْئولُون عن الثَّقلينِ، كتابِ الله وعِترَتِي، إنْ تَمَسّكْتُم بِهما لَنْ تَضِلّوا، أَو إنّكم لَنْ تَضِلّوا إنْ اتَّبعتُمْ واسْتَمسَكتُمْ بِهما، أَو إنِّي تَارِكٌ فِيكمْ كتابَ الله وعِتْرَتي أَهْلَ بَيتِي، فهُما خَليفَتان بَعْدِي، أَحَدُهما أَكبرُ مِنَ الآخرِ، أَو إنِّي تَارِكٌ فِيكم الثَّقلين: كلاَمَ الله وعِتْرَتي، أَلا فَتَمَسَّكوا بِهما فإِنَّهُما حَبْلانِ لاَ يَنْقَطِعان إلى يَوم القِيامَة)[1].

لقد حَثَّ الرَّسُول صَلَّى الله عليه وآله على التَّمَسُّكِ بِأَهْل البَيت صَلواتُ الله وسَلامُه عليهم بِوَصْفِهِم جَماعة (السُّنَّة) والثَّقْل الآخر مِن بَعد القُرآن الكريم، فيَقول (لا تَتقدَّموهم فتَهلكوا، ولا تَتَخَلَّفوا عنهم فتَهْلَكوا، ولا تُعَلِّمُوهم فإِنَّهم أَعْلَم مِنكم)[2].
وهنا يَتقدَّم مالكُ بن أَنَس إمام المَذْهَب المالكي بِخطوةٍ مُشَكِّكَةٍ ومَضادَّةٍ بِروايَةٍ يُرسِلها فِي مُوَطَّئهِ عن الرَّسُول الله صَلَّى الله عليه وآله أَنَّه قال (تَركتُ فِيكم أَمْرين لَنْ تَضلّوا

1 - رُوي في عشرات الكتب القديمة والحديثة ومنها: الصّحاح، والمسانيد، والسُّنن، والتّفاسير، والسِّيَر، والتّواريخ
2 - الدّر المنثور، السّيوطي 60/ 2 - 60. أُسد الغابة 137/ 3. الصّواعق المحرقة، ابن حجر - 148 226. ينابيع المودة 355-41. كنز العمال 168/ 1. مجمع الزوائد 163/ 9

ما تَمَسَّكتُم بِهما: كِتابَ الله وسُنَّةَ رَسُولِه)[1]، أَشار حَفظَةُ الرِّواية ونَقلها وتَدوِينها إِلى أَنَّ هذه الرِّوايَة مَشهورَةٌ إِلى حَدٍّ يُستَغْنَى عن سَنِدها[2]!

وتُعدُّ الرِّوايَة الشَّامِلة لِجُملَةِ (وسُنَّة رَسُول الله) أَو (وسُنَّتِي) شاذَّةً مِن بين كُلِّ الرِّوايات المُتعَلِّقَة بِهذا الشَّأن حيث أَجمَعَت الأَغْلبيَّةُ العُظمى مِن رُواةِ التَّشَيُّع فضلًا عن رُواة (اتِّجاه أَهْلِ العَامَّة) ومُفَسِّرِيهِما ومُؤَرِّخِيهِما وأَصحابِ الاختِصاص فِي اللُّغة و الأَدب مِنهما على أَنَّ رُواية مالِك مُرسَلَةٌ شاذَّةٌ.

وقد أُخِذَ فِي دَلالة الجُملة (وسُنَّة رَسُول الله) أَو (وسُنَّتي) أَنَّها تُطابِقُ المَعنى (وَعِتْرَتِي)، فهُم صَلواتُ الله وسَلامُه عليهم (أَهْلُ السُّنَّةِ) مِن دُون غَيرِهِم، ولَيْس مِن أَحدٍ أَذْهَبَ اللهُ عنه الرِّجْسَ تكوِينًا لِيَتَحمَّلَ الرِّوايَة غَير (أَهْلِ السُّنَّة) بِنَصٍ، وهُمْ أَهْلُ البَيت صَلواتُ الله وسَلامُه عليهم.

ومِن الرُّواة الَّذين نُسِبت إِليهم ذاتُ الرِّوايَة بِـ(وَسُنَّتِي) كُلٌّ مِن عُمَر وابَنه عبد الله وأَنَس بن مالِك وابن عبَّاس وأَبي هُرِّيرَة وناجِية بن جُندُب وعُروة بن الزُّبير وعَمرو بن عوف المزْنِي ومُوسى بن عَقَبَة. وأَنَّ القائلِين بِذلك مِن مُؤرِّخِي ومُفَسِّري ومُفَكِّري (اتِّجاه أَهْل العامّة) يُسلِمُون بِأَنَّ العِتْرَةَ هي ثَقْل (لِأَنَّهم أَخْبَرُ بحالِهِ صَلَّى الله عليه وآله)[3]، و(لكِنَّ العِتْرة هُم بَنُو هاشِم كُلُّهم: وُلْد العبَّاس، ووُلْد عَلِيٍّ، ووُلْد الحارِث بن عبد المُطَّلب، وسائر بَنِي أَبِي طالِب وغيرُهم، وعَلِيٌّ وَحدُه لَيْس هو العِتْرَة، وسِيِّد العِترة هُو رَسُولُ الله صلَّى الله عليه وآله ..وأَنَّ إِجماعُ الأُمَّة حُجَّة بِالكتاب والسُّنَّة والإِجماع، والعِتْرَةُ بَعضُ الأُمَّة، فيَلزم مِن ثُبوتِ إِجماع الأُمَّة إِجماعُ العِترة)[4]، (وهي المرادُ مِن الأَحادِيث المُقتصِرة على الكِتاب؛ لِأَنَّ السُّنّة مُبيِّنةٌ له، فأَغنى ذِكرُه عن ذِكْرِها، والحاصِل: أَنَّ الحَثَّ وقَع على التَّمسُّك بِالكِتاب وبِالسُّنّة وبِالعُلَماء بِهما مِن أَهْل البَيت)[5]، (وأَهْلُ بَيتِهِ فِي الأَصْل: هُم

1 - مالك، الموطأ (1395)

2 - انظر: التَّمهيد، ابنُ عبد البَرّ 331/ 24

3 - روضة الناظر 470/ 1

4 - منهاج السُّنّة النَّبويّة 397-393/ 7

5 - الصَّواعق المحرِقة 439/ 2

نِساؤه صَلَّى الله عليه وآله، وفيهنَّ الصِّدِّيقةُ عائشةُ.. وتَخصِيص الشِّيعة بِـ(عِتْرَتِي) في الآيَة بعَليٍّ وفاطِمَة والحَسَن والحسُيَن مِن دُون نِسائه صَلَّى الله عليه وآله مِن تَحريفِهم لِآياتِ الله تَعالى؛ انتصارًا لِأَهوائهم.. وإِنَّ المقصود مِن (عِتْرَتِي) إِنَّما هُم العُلماءُ الصَّالِحُون مِنهم والمتَمَسِّكون بِالكِتاب والسُّنَة)[1]!

ومِن المُؤكد أَنّ الرِّواية بِـ(وَعِتْرَتِي) نُقِلَت عن عَلِيٍّ أَمير المؤمنين صَلوات الله وسَلامُه عليه وأَبِي سَعِيد الخدري وزَيد بن أَرْقَم وزَيد بِن ثابِت وجابِر بن عبد الله الانْصارِي وجُبَير بن مطعم وحُذَيفة بن أَسِيد وعبد الله بن حَنْطَب.

وقد ثَبُت فِي السِّيرَة ما تَعرَّضت لَه الرِّوايَة مِن المَنع والإِحْراقِ والحَجْر والنّقل بِتدخُّلٍ مُباشرٍ من الصَّحابة وعلى رأسِهم أَبُو بَكر وعُمر وعُثمان. ومِن الأُمُور المُستغْرَبَة والمُثيرة لِلتَّساؤل في سِيرة تَصدِير الرِّواية أَنَّ مَن عُدّ مِن طَبَقَة كُبراء الصَّحابَة مِثْل أَبِي بَكر وعُمر وعُثمان ومَن هُم في حُكْمِهم لم يَرْوُوا عن النَّبِيّ صَلَّى الله عليه وآله إِلَّا القَلِيل النَّادِر الشَّاذ مِمّا اختَلَقُوه وزَوَّرُوه ولَفَّقُوه وفق مُقتَضى الحاجَة.

ولَيْس مِن شَكٍّ في أَنَّ مَقصَدَهم مِن ذلك هو مَنعُ العِتْرَةِ صَلواتُ الله وسَلامُه عليها مِن مَقامِها ومُصادرةُ مَرتَبَتِها الَّتي كانَت عليها، وتَجريدُها مِن مَناقِبها وفضائِلها، ووَضْعُ أَنفُسِهم بَدِيلًا عنها بِالقُوّة والفِعل. وهو الأَمرُ الَّذي كَشَف عن عَدَم أَهْلِيَّةِ هؤلاء الصَّحابَة وأَتْباعِهِم لِتَحمُّل الرِّوايَة فَضْلًا عن رِعايَة نَصّ كِتاب الله وتَحُمّل دَلالاتِه. وقد أَخَذوا بِـ(مَذْهب الرَّأي) وتَجنَّبوا (الثَّقلَين) ونَبذُوهما وراء الظّهور.

وما دامَت الرِّوايَةُ المَنقولَة عن مالِك بن أَنَس في مُوطَّئِه مُنطوِيَة على مُفردَة (سُنَّتِي) ومُرسَلةٌ شاذَّة ذَكرَها أَنَسُ بن مالِك؛ فلا يُؤخذ بِها ولا يُعتَدّ بِراوِيها ولا بِشهرَتِها على حَسب شُروط الدِّرايَة والرِّجال مع وُجودِ الرِّوايَة الأُخْرى ذات النَّصّ والسَّنَد الصَّحِيحَين الموفِيَين بِالغَرض.

---

1 - سلسلة الأحاديث الصحيحة 260/ 4

قِيل أَنَّ أَنَس بن مالِك مَصدر رِوايَة (وسُنَّتي) صَحابِيٌّ مُلازمٌ لِلرَّسُول الله صَلَّى الله عليه وآله بِصِفَتِه خادمًا له فنُقِلت الرِّواية على لِسانِه. وقِيل أَنَّ النَّبِيّ صَلَّى الله عليه وآله خَصَّ أَنَس بن مالِك بِبَعض الرِّوايات فأَكثر مِن نَقلِها. وكان يَطوف بين البِلاد لِيُحدِّث بهذه الرِّوايات حتَّى نَقَلَ عنه المئات مِن رُواة (اتِّجاه أَهْل العامَّة).

عُرِف عن أَنَس بن مالِك أَنَّه مِن بَين الصَّحابِة الَّذين ساهَموا بِشَكل رَئيس في نَقضِ بَيعةِ الغَدِير لِصالِح المُنقَلِبين على الأَعْقاب، ومِن المُسايِرين لحُكام الدَّولة الأُمَوِيَّة مِن بَعدِ انْقِضاء عَهد الخُلفاء الثَّلاثَة. وقد وَالى المُتنازِعِين حين الرَّأي والمُتناقِضِين في الموقِف والمُتحارِبين على الرِّئاسة والإِمْرة والسُّلطان في فَترات مُتباعِدَة، مِنهم يَزيد بن مُعاوية، وابنُ الزُّبَير، ثُمَّ عبد الرَّحمن بن الأَشْعث.

وعِندما استَولى الحَجَّاجُ الثَّقفي على البَصْرة جِيئ له بِأَنَس بن مالِك (فقال له الحَجاج: يا خَبِيث، جَوّال في الفِتَن، مرَّة مَع عَلِيّ، ومَرّة مع ابن الزُبير، ومَرَّة مع ابن الأَشْعَث.. أَما والَّذي نَفسي بِيَده لَأَستأصِلَنَّك كما تُستأصَل الصَّمغة، ولَأَجَرِّدنَّك كما يُجرّد الضَّب. فقال أَنَس: مَنْ يَعنِي الأَمير؟! قال الحَجَّاج: إياك أَعْنِي، أَصَمّ اللهُ سمعك. فأَمَر بِه الحَجَّاج فخَتَم في يَدِه «عَتِيقُ الحَجَّاج». وقِيَل في عُنقِه)[1].

وعلى الرَّغْم مِمّا قِيل في أَنَس بن مالِك بِوصْفِه مُحدِّثًا كَثير النَّقل في الرِّاويَة عن الرَّسُول صَلَّى الله عليه وآله مُباشرة لِكَونِهِ خادِمًا مُلازِمًا لِلنَّبِيّ صَلَّى الله عليه وآله فقد أَحجَم الكَثِيرُ مِن الرُّواة والمُدوِّنين المُؤرِّخين عن نَقل الرِّواية عنه. ويُشِير ذلك إِلى أَمْرَين: إِمَّا أَنَّ أَنس بن مالِك لم يَكن مُحدِّثًا راوِيًا، وإِنَّما نَسب 200 مِن رُواة (اتِّجاه أَهْل العامَّة) إِليه الرِّاوية وقَد أَكثَروا مِن ذلك زُورًا وكَذِبًا واختِلاقًا وتَلفِيقًا، وإِمَّا أَنْ يكون أَنَس بن مالِك مُحدِّثًا راوِيًا أَكثَرَ مِن التَّزوِير والكَذِب والتَّلفِيق والاخْتِلاق ومِمَّن شَمله قَولُ رَسُول الله صَلَّى الله عليه وآله بِحَديثه (كَثُرت عَلَيَّ الكَذَّابة) فهُجِر.

ويُضاف إِلى هذين الاحتِمالين أَنَّ الاضْطِراب في وَلاءِ أَنَس مِن البَيعَةِ لِلأُمويِّين

1 - مختصر تاريخ دمشق، ابن منظور، 2 /342. البداية والنهاية، ابن كثير 9/ 153.

ثُمَّ لِلزُّبَيريِّين ثُمَّ بَيعَتِهِ لِلأَشْعث قَد أَغضَب الحَجّاج الثَّقفِي ذِي اليَد البَاطِشَة، فَخشِي الرُّواة مِن ردَّة فِعلِ الأُموِيين والزُّبَيريِّين والأَشْعثِيِّين إنْ نَقلوا الرِّوايَة عنه.

ولَو كانَتْ مُفردَةُ (سُنَّتِي) مُجرَّدةً مِن الاقْتِران بِمُفرَدةِ (عِتْرَتِي) ومعناها لَكان نَصُّ المَروِيَّات الصَّحِيحَة بِمُفردَة (عِتْرَتِي) يَعتَنِي بدَلالَة أُخْرى مُختَلِفة. وهذا اللَّون مِن التَّجرِيد هو عينُ ما استَعمَلَه الصَّحابةُ أَقْطاب (صَحيفَة مكّة الثَّانِيَة) وسار (اتِّجاهُ أَهْل العامَّة) والدُّوَل الَّتي نَشأَت هِرَقْلِيّة مَلَكِيَّة مِن بَعدِهم على مِنوالهم، وقَصدوا مِنه توجِيه الرِّوايَة إِلى ما يُضْفِي طابع الشَّرعِيَّة على حُكْم دولةٍ اغتَصَبُوها وإِلى ما يمَنع أَئمَّةَ أَهْل البَيت صَلواتُ الله وسَلامُه عَلَيهِم مِن حَقِّهم في الوَلايَة الَّتي أَكَّدت الرِّوايَةُ على حَقِيقَتِهِ بدَلالَةٍ قَطعِيَّة.

أُطْلِق فِي العُقود الأُوْلى مِن القَرن الأَوَّل الهِجْري عُنوان (أَهْل السُّنَّة) على أَهْلِ البَيت صَلواتُ الله وسَلامُه عَلَيهم، وقد اختَصّوا بِه وانْفرَدُوا، ولَهُم يَعود المَعنى الأَصْلِي مِن دُون غَيرِهم إِذْ هُم مَعِينُ الرِّوايَة الصّادِقَة ومَصدرُها الصَّحِيح لِمَا لَهم مِن طُهْرٍ تكوِينِيٍّ مِن الرِّجْسِ وما لهم مِن عِصْمةٍ مانِعَين مِن الصّدور الخاطِئ. ثُمّ بَعد ذلك عُوِّم استِعمالُ هذا العُنوان بِتَدبِير مُتَعمَّد مِن قِبَل الصَّحابة أَقْطاب (صحِيفَة مكَّة الثَّانِيَة) وحُلفائهم والتَّابِعين وتابِعي التَّابعين مِن أَئمَّةٍ ووُعَّاظ (اتِّجاه أَهْل العامَّة) وشارَكَهُمُ في ذلك المُناوِئون لِعَلِيٍّ أَمِير المُؤمنين وأَهْل بَيتِه صَلوات الله وسَلامُه عليهم ولِشِيعَتِهم، ثُمَّ استَبَدّوا فَخلَعُوا مُسمَّى (أَهْل السُّنَّة) على عامَّةِ الرُّواة ومَن هُم فِي حُكمِهم ووَصَفُوهم بِـ(أَهْلِ السُّنَّة) وجَعلوهُم فِي عَرْضِ أَئمَّة أَهْلِ البَيت صَلَواتُ الله وسَلامُه عَلَيهِم. وشَمَلوا بِهذِهِ الصِّفَةِ والاخْتِصاص كُلَّ راوِيَةٍ مِن المُوالِين لِلصَّحابة أَقْطاب (صحِيفَة مكّة الثَّانِيَة) وحَظروا تَدوِينَ مَروِيَّات شِيعَة عَلِيٍّ أَمِير المُؤمِنين صَلواتُ الله وسَلامُه عليه وحفظها ونَقْلَها، وأَشَاعُوا ما وافَقَ رأْي أَقطاب الصَّحِيفَة في المُسلِمِين.

مِن جِهَةٍ أُخْرى وُظِّفَ عُنوان (أَهْل السُّنَّة) في عَقد المُقارَنَةِ أَو المُفاضَلة أَو التَّمْيِيز بين المُتَشَرِّعِين على سُنَّة الصَّحابَة مُتعاقِدي (صَحِيفة مكّة الثَّانية) مِن غَير تَخصِيصٍ

بالإِضافَة إلى مُصْطَلح (الجماعَة).

ولكَثرةِ المُواظَبَةِ على اعتِماد أَسلوب التَّعوِيم والمُغالاة فيه خَرَجَ معنَى (أَهْل السُّنَّة) عن الاختِصاص بِأَهْلِ البَيت صَلواتُ الله وسَلامُه عَليهِم وخُلِعَ على الأَغْلبِيَّة مِن المُسلِمِين المُوالِيَة لِـ(اتِّجاه أَهْلِ العَامَّة) المُتمسِّكة بِـ(مَذْهَبِ الرَّأي) المُعتمد رسميًّا لَدى الصَّحابة الثَّلاثة في فترة خِلافَتِهِم.

ومِن ذَلِك ما اشْتُرِط على عَلِيٍّ أَمِير المُؤمِنين صَلواتُ الله وسَلامُه عليه فِي الشُّورَى عندما أَمَر عُمَر بِتَشكِيلِها وعَيَّن أَعضاءَها السِّتّة ووَضَع نِظامَها مع قُرب مَنِيَّته، على أَنْ يَكون الإمامُ عَلِيٌّ عامِلًا بِالكِتابِ وبِالسُّنَّةِ الشَّامِلَة لِـ(مَذْهَبِ الرَّأي) الَّذي أُقِيمَت عليه سِيرَتا أَبي بَكر وعُمَر بِوصْفِهِما مِن (أَهْلِ السُّنَّة) إذا ما قَرَّرَ التَّرشُّح لِلخِلافَة مِن بَعد مَوت عُمر. في حِين أَنَّ سِيرَتي أَبِي بَكْر وعُمَر دَلَّتا على أَنَّهُما أَسَّسَا لِـ(مَذْهَب الرَّأي) قواعده واعتَمَداه رَسْمِيًّا في خِلافَتِهما وعَطَّلا بِه الثَّقَلَين الكِتاب والسُّنّة!

رَفَض عَلِيٌّ أَمير المُؤمنين صَلواتُ الله وسَلامُه عليه هذا الشَّرط امتِثالًا لِوَصِيَّةِ الرَّسُول صَلَّى الله عليه وآله المُؤكّدة على وجوب التَّمَسُّكِ بِالثَّقَلَين كِتاب الله عَزَّ وَجَلَّ والعِتْرَةِ صَلواتُ الله وسَلامُه عليهم بِوَصْفِها (أَهْل السُّنَّة). (فلَمّا تُوفِّي عُمر، واجتَمعوا لِلشُّورى، سأَلَهم عبد الرَّحمن بن عَوف أَنْ يَخرج نَفسه مِنها على أَنْ يَختارَ مِنهم رَجلًا. ففَعلوا ذلك. فأَقامَ ثَلاثَةَ أَيَّامٍ وخَلا بِعَلِيٍّ بن أَبِي طَالِب، فقال له: لَنا الله عَليك إِنْ وُلِّيتَ هذا الأَمْر أَنْ تَسِير فِينا بِكتابِ الله وسُنَّةِ نَبِيِّهِ وسِيرةِ أَبِي بَكر وعُمر. فَقال عَلِيٌّ أَمِير المؤمِنين صَلواتُ الله وسَلامُه عليه: «أَسِيرُ فِيكم بِكِتابِ الله وسُنَّةِ نَبِيِّهِ ما استَطعت». فَخَلا بنُ عوف بِعُثمان فَقال له: لَنا الله عليك إِنْ وُلِّيتَ هذا الأَمْر أَنْ تَسِير فِينا بِكتابِ الله وسُنَّةِ نَبِيِّهِ وسِيرةِ أَبِي بَكْرٍ وعُمر. فقال: لَكُم أَنْ أَسِيرَ فِيكم بِكِتاب الله وسُنَّةِ نَبِيِّهِ وسِيرةِ أَبِي بَكر وعُمر. ثُمَّ خَلا بِعَلِيٍّ فَقال لَه مِثل مَقالَتِه الأُولى، فَأَجابه مِثل الجَواب الأَوَّل. ثُمَّ خَلا بِعُثمان فقال لَه مِثل المَقالَةِ الأُولى فَأَجابَه مِثل ما كان أَجابَه. ثُمَّ خَلا بِعَلِيٍّ فَقال له مِثل المَقالة الأُولى. فَقال: «إِنَّ كِتابَ الله وسُنَّةَ نَبِيِّه لا يَحتاج مَعهُما إِلى إِجِيرى أَحَد..

أَنْتَ مُجتهِد أَنْ تزوي هذا الأمْر عَنِّي». فَخَلا بِعُثمان فأَعاد عليه القَول فَأجابَه بِذلك الجَواب، وصَفَق عَلى يَدِه)[1].

كان شَرطُ عُمَر في الشُّورَى أَنْ يكونَ الخَليفة مِن بَعدِهِ عامِلًا بِـ(سِيرةِ الشَّيخَين) وإِضافتِها إلى سُنَّةِ الرَّسُول صَلَّى الله عليه وآله ضَمانةً منه لِديمُومة بَقاء الحُكم بِـ(مَذْهَب الرَّأي) في أَتْباع (اتِّجاه أَهل العامَّة) المُوالِي لِأَقطاب (صحِيفَة مكّة الثَّانِيَة). فإِنْ صارَت الخِلافَةُ إِلى عَلِيٍّ أَمِير المؤمنين صَلواتُ الله وسَلامُه عليه أَو لِأَيِّ أَحدٍ مِن أَهْل البَيت صَلواتُ الله وسَلامُه عَليهم في ظَرفٍ غَير مُقرَّرْ أَو واقِعَةٍ غير مُتوقّعة في حُسْبان الخارِطَة المُعدَّة لِـ(شُورى) عُمَر؛ يَبقى ذات الشَّرط قائماً جاريًا.

لَقد أُلقِيَت الحُجَّةُ مِرارًا وتَكرارًا على الصَحابَة ومَوالِي (اتِّجاه أَهْل العامَّة) حتَّى عَلِم كِلاهُما بِحَقِّ عَلِيٍّ أَمِير المُؤمِنين صَلواتُ الله وسَلامُه عليه، إلاَّ أَنَّهما جَحَدا فَأَطْلَقا على أَبِي بَكر وعُمر مُسَمّى (أَهْل سُنَّة) ودَفَعا المُسلِمِين إِلى تَبَنِّي (رَأيِهُما) بِوَصْفِهما مَصدرًا مُلْزِمًا لِشَرعِيَّةِ حُكمِ مَن يَخلِفهُما. وهُو الأَمْر الَّذي أَمتنع عَلِيٌّ أَمير المُؤمِنين صَلواتُ الله وسَلامُه عليه القُبولَ به شَرطًا أَو الأَخْذَ بِهِ فِي عَرْض كِتابِ الله وأَكَّد على رَفْضِهِ وأَعرَض عن إِضافَتِهِ إِلى معنى الثَّقلَين وتَمَسّك بما جَعله أَخُوه رَسُول الله صَلَّى الله عليه وآله في مُكَوِّنَيّ الثَّقلَين مِن سُنَّةٍ مُتَّصِلة بِأَهْل البَيْت صَلواتُ الله وسَلامُهُ عَليهم ومِن خاصَّةٍ بِما صَدَر عَنهم إِذْ أَنَّ سُنَّتَيّ أَبِي بَكر وعُمَر قائمَتان على (مَذْهَبِ الرَّأي) حصرًا، في حِين أَنَّ أَهْل البَيتِ صَلواتُ الله وسَلامُه عليهم مَعصُومُون يُوحَى إِليهم بِوَحْيِ الإِمامَة وهُمْ (السُّنّة) والثَّقْل الآخر.

وعندما وافَق عُثمان بِشَرط (رَأي) الشَّيخَين صُوريًّا صار خَلِيفَةً على المُسلِمين كافَّة مِن غَير أَنْ يُبدي أَيّ اهتمامٍ لِسُنَّتِهما في إِدارة شُئون الخِلافَة أَو يُولِي شَيئًا مِن الرِّعاية الاجتِماعِيَّة لِـ(اتِّجاه أَهْلِ العامَّة) فأَهمَلَهُما وساهَم فِي إِضْعافِهما والانْتِقاص مِن دَورِهما. فَرسَخَ عُنوانُ (السُّنَّة) بِمَعناه المُعَوّم الشَّامِلِ، وصارَ اسمًا خاصًّا لِـ(اتِّجاه

---

1 - اليعقوبي، تأريخ اليعقوبي 162/ 2

أَهْلِ العَامَّة) ورافقَ مَسيرَتَه في الأَحْوال السِّياسِيَّة المُتَغَيِّرة ومِنها ما جَرى مِن تَحوّلٍ في الخِلافَة مِن هِرَقْلِيّة مُستَبِدَّة إلى هِرَقليَّة مَلكِيَّة وِراثيَّة قَبَلِيَّة بزَعامة دَولَة الأُمَويِّين ثُمَّ دولة العَبَّاسِيِّين ثُمَّ الأَيُّوبِيِّين والعُثمانيِّين ثُمَّ دول المُجْتَمعات المُستعمَرة ثُمَّ الدَّولِ العَلمانِيَّة الوَطنِيَّة المُستَقِلّة المُستَبِدَّة، وشُطِب في هذه الأَحْوال كُلِّها وَصفُ (أَهْل السُّنَّة) المُختَصّ بأَئِمَّة أَهْلِ البَيت صَلواتُ الله وسَلامهُ عليهم.

استَقَلَّ الشِّيعَةُ بِالمَودة لِلعِترَةِ الطَّاهِرَة مِن أَهْل البَيت صَلواتُ الله وسَلامُه عليهم بوَصْفِهم (أَهْلَ السُّنَّةِ) المَنصُوص عَليهِم. وعِندما انَقسَم (اتِّجاهُ أَهْلِ العامَّة) إلى فِرَق متعدِّدة وَصَفُوها بـ(المَذاهِب) فِرارًا مِن تَبِعات الظِّنَّة والتُّهمة؛ اختَصَّ الأَشاعِرَةُ في القَرن السَّابع الهِجْرِي بِاسم (أَهْلِ السُّنّة) فِي قِصَّةٍ مُثيرَة.

وقد أَشار إلى الأَشاعِرَة بِاسْم (أَهْل السُّنّة) بَعضُ عُلماء المَذاهِب الأَربَعة ومِنهُم أَبُو بَكر البَاقِلّانِي وأَبُو إِسْحاق الأَسْفَرائِيني وغَيرُهم، ولَم يَجرؤوا على مُشارَكتِهِم عَقائدَهُم في بَادِئِ الأَمْر، وذلك لِكَونِها عقائد مُركَّبَة مِن الفَلسفة والاعتِزال والتَّصوّف، ولكِنَّهم استَحسَنوها بَعد وَفاة الأَشْعَرِي (على أَنَّ الجَدِير بالمَعرِفَة والاعْتِبار أَنَّ هؤلاء الأَئمَّة ـ أَصْحاب المَذاهب الأَربَعة ـ لم يُعرَفوا في زَمانِهم وبَعده بِعِدَّة قُرونٍ بِاسْم (أَهْلِ السُّنَّة).. ذلك أَنَّ تَسمِية جَمهرةٍ مِن المُسلمين بِأَهْلِ السُّنَّة كان تَسمِيَةً مُتأَخِّرَةً يَرجِع تَأريخُها إلى حَوالى القَرن السَّابع الهِجرِي، أَيْ بَعد عَصر آخِر الأَئمَّةِ المَشهورين، وهُو ابنُ حَنبل بِحَوالى أَربعةِ قُرون)[1]. وفي عَهدِهِم أَطْلَقوا عليهم اسْمَين هُما (أَهْلُ الحَدِيث) و(أَهْلُ الرَّأي والقِياس).

إِنَّ تَسمِيَة (أَهْلِ الرَّأي والقِياس) كانت مَنشأً كُوفِيًّا برئاسَةِ أَبِي حَنيفة النَّعمان وأَبِي يُوسف يَعقُوب القاضِي مِن بَعدِه، ثُمَّ الشَّافِعِي، فابْن حَنْبَل، الَّذين أَقلُّوا مِن الحَدِيث وقَبلُوه وثَبَّتوه بِشَرطِ نَقلِهِ عن جَماعَةٍ لا عن فَرد، فأَسَّسُوا بذلك مَنهجًا خاصًّا عَدُّوه وَسَطًا بَين مَنهج أَهْلِ البَيت صَلواتُ الله وسَلامُه عَليهِم ومَنهجِ الصَّحابَة في العَمل بِالحدِيث.

---

1 - إسلام بلا مذاهب 411

ذلك يَكشِفُ عن جانبٍ ضَروريٍّ مِن حَجْم الجُهد المَبذول الَّذي صَرفه أئمّةُ أَهْل البَيت صَلواتُ الله وسَلامُه عَليهِم في إِصدار الرِّوايَة ونَشرِها وفق مَنهَجِهم الشَّاخِص والمَعلوم لِلحَدِّ مِن فَوضى (مَذْهَبِ الرَّأي) ومِن تَحكِيم سِيرَة الصَّحابَة الخُلفاء إِذْ اضْطَرَّ (أَهْلُ الرَّأي والقِياس) و(أَهْلُ الحَديث) إِلى استِرضاء جَهلِهِم وأَهواء أَنفُسِهِم وحُكَّامِهِم وعامَّة النَّاس مِن أَتْباع (اتِّجاهِ أَهْلِ العامَّة) باختِلاق الحَلِّ الوَسَط المناسِب ولِتَهمِيش حُضور مَروِيَّات أَهْلِ البَيت صَلواتُ الله وسَلامُه عليهم، ولكِنَّهم ازْدَادوا بِهذا العَمَل بُعدًا عن الدِّين على الرَّغْم مِن انْتِزاعِهِم لِمُسَمّى (أَهْل السُّنَّة) مِن أَهْل البَيت صَلواتُ الله وسَلامُه عَليهِم وانْفرادِهِم بِهِ واحْتِكارِه.

وعلى مَنهج الصَّحابِيَّين أَنَس بن مالِك وعَبد الله بن مَسعود وتَلامذتِهما والتَّابعين لَهُما وتابِعِي التَّابِعين مِثل عَلقَمة بن قَيس وإِبراهِيم النَّخَعي وحَمد بن أَبِي سَلمى ـ أَكثَرَ (اتِّجاهُ أَهْل العامَّة) مِن إِشاعَةِ كُلِّ ما نَجم عن (مَذْهَبِ الرَّأي) لَدى الصَّحابَة مِن سُنَّةٍ حيث امتَثَلَ لها واتَّبَعها والتَزم بِمَنهجِها ووَرِثَ سِيرتَها الرِّوائيَّة والسِّياسِيَّة مَعًا وقام عليها، وتمادى في جَعل سِيرة الصَّحابَة الخُلفاء مَصدرًا مِن مَصادِر التَّشْريع وأَضَاف (الرَّأيَ والقِياس) مَصدرًا رابِعًا بِوَصْفِهِ مُطابقًا لِـ(مَذْهَبِ الرَّأي).

وأَمّا الَّذِين خالَفوا جُزئيًّا وعلى حَذَرٍ شَديدٍ مَنهجَ (الرَّأيِ والقِياس) مِن أَتْباع (اتِّجاه أَهْلِ العامَّة) فأُطلِقَ عَليهم اسْمُ (أَهْل الحَديث). وسُجِّلَ أَوَّلُ ظُهورٍ لَهم في المَدِينَة المُنوَّرة حيث رأَسَهم مالِكُ بن أَنَس الَذي رَوى الحَدِيث عن النَّبِيِّ صَلَّى الله عليه وآله مَمزُوجًا بِرَأي أَبِي بَكر وفَتاوى عُمر بِوَصْفِهِما مَصدرًا ثالِثًا لِلتَّشريع، فِيما قَلَّلَ مِن الأَخذ بِـ(الرَّأي والقِياس).

واخْتَصَّ المُعتزِلَةُ المُنقلِبون على مَدرستِهم الأُوْلى (الأَشاعِرة) والمُنشَقّون عنها بِمُسَمَى (أَهْلِ التَّوحِيدِ والعَدْل) بَعد تَفاقُمِ النِّزاع الكَلامِي وتَحوِّلِه إِلى أَقطاب مُتَعدِّدة بَين أَتْباع العشرات مِن المَذاهِب والفِرَق النَّاشِئة على عَهد أَبِي بَكر وعُمر وعُثمان والمُنضَوِيَة تَحتَ سِيرَتِهم ومَذهبهم في(الرَّأي). ثُمَّ اتَّسَعَت رُقعَةُ الأَخذِ بِـ(الرَّأي) تبعًا

لِلانْتِشار الواسِع لِلمَدارس الكَلامِيَّة وأئمَّتِها وتَلامِذَتِها.

فنُسِبَ البَعضُ مِن المُحدِّثِين الرُّواة والدُّعاة والأئمَّة والوُعّاظ على حَسب مَدرَسَتِهِ الفِقهِيَّة، ومِنهم الأَحْناف والمالِكِيَّة والشَّافِعِيَّة والحَنابِلَة. ونُسِبَ البَعضُ الأَخر إلى مَدرَسَةِ (الكَلام) و(الفِقه) مَعًا مِثل الأَشاعِرة والمُعتزِلَة اللَّذَين صُنِّفا إلى أَحْنافٍ وشَافِعِيَّةٍ ومالِكيَّةٍ وحَنابِلَة. فعَمَّ بِذلك الخَلطُ والاضْطِراب، وازدادَت الفَوضَى بين المُحَدِّثين الرُّواة والأئمَّة والدُّعاة والوُعَّاظ تَحتَ ضَغطِ الدَّوافع العَصبِيَّة القَبلِيَّة والقَومِيَّة والسِّياسِيَّة وما اكتَنفَها مِن تَحاسُدٍ وكِبْر وغرور. وكان المُرجِّح الجامِع بَينهم هو مَظَلَّةُ (أَهلِ السُّنَّة) وذلك لِإيمانِهم المُطلق بِوُجوب الجَمع بين الكِتاب الكَريم وسُنَّةِ الخُلفاء بِـ(مَذْهَبِ الرَّأي) والسُّنَّة النَّبَوِيّة مع النِّسبِيَّة في الأَخْذِ بِـ(الرَّأي والقِياس) و(الكَلام).

تَأثَرَ (اتِّجاهُ أَهْلِ العامَّة) المسمى في وَقتٍ مُتأخِّر بِـ(أَهْلِ السُّنَّة) بِانفِتاح دُولِهِ المُتعاقِبَة على عُلوم الإغْريق وفَلْسَفات الرُّومَان حيث كَثُر الاقْتِباسُ عن هذه العلوم منهجًا ومادّةً. فزاد ذلك مِن دَرَجَة الحساسِيَّة والنُّفور بين الفِرق الكَلامِيَّة والمَذاهب الفِقهِيَّة المنشقة عنه. ثُمّ شَهِدَ (اتِّجاهُ أَهْل العامَّة) نِزاعًا وتَناحُرًا على اسْم (أَهْلِ السُّنَّةِ)، وراحَ كُلُّ مَذْهَبٍ وفِرقَةٍ وحِزبٍ في هذا الاتِّجاه يَدَّعِي لِنَفسه حقّ الانْفِراد بِوَصْف (الفِرْقَة النَّاجِيَة) واحتِكارِه لِأنَّه مِن (أَهْل السُّنّة)، ورَضِيت (المَذاهِبُ) أَنْ تُوصَفَ بِـ(الفِرْقَة) لِكَي لا تُسْتَثنى مِن قائمَة رواية (الفِرْقة النَّاجِيَة) ومُفرداتها!

أَصْبحَ اسْمُ (أَهْلِ السُّنَّة) في (اتِّجاه أَهْل العامَّة) مِن المَورُوث الثَّمِين المُقدَّس الَّذي يُشَكِّل امتدادًا لِسيرَةِ الصَّحابة مُتَعاقِدِي (صَحِيفَة مكّة الثَّانِيَة) ولِـ(مَذْهَب الرَّأي)، فَخلَعَهُ بَعضُ المُحدِّثِين مِنهُم على نَفسِه ومَذْهَبِهِ وفِرقَتِهِ وحِزْبِهِ وبَالَغَ في إقصاء الآخَرين عنه، وتَطرّف الأَشاعِرةُ في احْتِكار اسْم (أَهْل السُّنَّةِ) بَعد تَفاقُم نِزاعِهم مع المُعتزِلَة.

وفي غَمْرَة هذا النِّزاع ظَهر مُصطَلَح (البِدْعَة) بِوَصْفِهِ نَقْصًا خُصَّ بِهِ كُلّ مَن لا يَلتَقِي مَع الأَشاعِرَة فِي مَنهجِهم الكَلامِي والفِقْهِي المُنضَوِي تحت مَظَلّة (أَهلِ السُّنَّة)، ومَن أَصْبحَ مِن النَّاس بعد ذلك لَيْس مِن (أَهْلِ السُّنَّة) الأَشاعِرَة فَهُو بِالضَّرُورَة مِن

المُبتَدِعَة ومِن المُخالِفِين لِسِيادَةِ السُّلطة السِّياسِيَّة الَّتي تَبنَّت كَلام الأَشاعِرة وفِقه المَذاهِب الأَربَعة ونَبذَت كَلام المُعتزِلَة.

فاضْطَرَبَت الأَحْوال عند تَابِعي ومُقلِّدِي المِئات مِن المَذاهِب الكَلامِيَّة والفِرَق الفِقْهِيَّة الأُخْرَى، وخَضَعوا لِكلام الأَشاعِرَة وفِقهِ المَذاهِب الأَربَعة، وانْضَووا مع الأَشاعِرَة تَحتَ مَظلّة (أَهْلِ السُّنّة)، فلَم تَصْمِد بَقِيَّةُ المَذاهِب الفِقْهِيَّة والفِرَق الكَلامِيَّة الأُخْرى بَعد ذَلِك لِهَذا الفَرْزِ والتَّصْنِيف الضَّاغِط فانْدَحَرَت وتَلاشَت.

وفي وَقتٍ لاحِقٍ، وبَعد حَسْم النِّزاع على مُسمَّى (أَهْل السُّنَّة)؛ استَقَلَّت فِرْقَةُ (الماتْرِيدِيَّة) بِمَذهَب أَبِي حَنِيفَة فِقهيًّا وكَلامِيًّا وتَخَلَّت عن كَلام المُعتَزِلَة والأَشاعِرَة، وظَهرَت فِرقَةُ (الحَشَوِيَّة) واستَقَلَّت بِفِقهِ ابنِ حَنْبَل فِي فِئةٍ قَلِيلَةٍ مِن الأَنْصار والأَتْباع أُطلِق عليها اسْمُ (السَّلَفِيَّة) بِزَعامَة ابنِ تَيمِيَّة حيث رَفَضَت المَذهَبَ الكَلامِي لِلأَشاعِرَة وشَكَّكَت في عَقائِدِه واتَّخذَت مِن الجَبْر والتَّجسِيم والتَّشبِيهِ والتَّطرُّف في سَوق التُّهمة لِلآخر بِـ(البِدْعَة) مِيزَةً وخَاصَّة لَها على سَائر المَذاهِب السَّائدة العامِلَة تَحتَ مَظلَّة (أَهْلِ السُّنَّة)، واتَّهمَت الأَشْعَرِيّ وأَتباعَه بِالتَّمسُّك البَاطِنِي وبِالاعْتِزال والابتِداع مَعًا، ثُمَّ حَرَّضَت فِي مَدِينة دِمَشق على ابنِ تَيمِيَّة وطالَبَت بِسَجنِهِ حتَّى ماتَ فِيه)[1].

فَفِي رِسالةٍ جوابِيَّةٍ مِن ابن تَيمِيَّة إِلى أَهْل حَماة يَقول فيها (فهَذا كِتابُ الله مِن أَوَّلِه إِلى آخِرِه. وسُنّة رَسُوله مِن أَوَّلها إِلى آخِرها، ثُمَّ عامَّة كَلام الصَّحابة والتَّابِعين، ثُمَّ كَلامَ سائر الأَئمَّة ـ مَمْلوء بِما هُو إِمَّا نَصٌّ وإِمَّا ظاهِرٌ في أَنَّ الله سُبحانه وتَعالى فَوق كُلِّ شَيءٍ وعلى كُلِّ شَيء، وإِنَّه فَوق السَّماء، مِثْل قَولِه تعالى [إِلَيْهِ يَصْعَدُ الْكَلِمُ الطَّيِّبُ وَالْعَمَلُ الصَّالِحُ يَرْفَعُهُ]، [إِنِّي مُتَوَفِّيكَ وَرَافِعُكَ إِلَيَّ]، [ثُمَّ اسْتَوَىٰ عَلَى الْعَرْشِ] في سِتَّةِ مَواضِع، [الرَّحْمَنُ عَلَى الْعَرْشِ اسْتَوَى].. وفي الأَحادِيث الصّحاح والحِسان ما لا يُحصي، مِثْل قِصَّة مِعراج الرَّسُول صَلَّى الله عليه وآله ونُزولِ الملائكة مِن عند الله وصُعودِهم إِليه. ثُمَّ لَيس في كِتاب الله ولا في سُنَّة رَسُول الله، ولا عن أَحَدٍ مِن سَلَف

1 - انظر: محمد الكثيري، السَّلفية بين أهل السُّنة والإماميّة 73-65

الأُمَّة ولا مِن الصَّحابة والتَّابِعين، ولا عن الأئمَّة الَّذِين أدركوا زَمَنَ الأهواء والاخْتِلاف حَرفٌ واحدٌ يُخالِف ذلك لا نَصًا ولا ظاهرًا، ولم يَقُل أحدٌ منهم قط أَنَّ الله لَيْس في السَّماء، ولا أَنَّه لَيْس على العَرْش، ولا أَنَّه لَيس في كُلِّ مَكان. ولا أَنَّ جَمِيع الأَمْكِنَة بِالنِّسبَةِ إِليه سَواء، ولا أَنَّه لا داخِلَ العالَم ولا خارِجَه، ولا مُتَّصِل ولا مُنفَصِل. ولا أَنَّه لا تَجُوز الإِشارة الحِسِّيَّة إِليه بِالأَصابع ونَحوها، بَلْ قد ثَبَتَ في الصَّحِيح عن جابِر أَنَّ النَّبِيَّ لمّا خطب خُطبَتَه العَظِيمة يَوم عَرَفات في أَعْظَمِ مَجمَعٍ حَضرَه رَسُول الله، جَعَل يقول: أَلا هَلْ بَلَّغْت؟ فيَقولُون: نَعَم، فيَرفَع إِصْبعَهُ إِلى السَّماء، وينكبها إِليهم فيَقول: اللَّهُمّ اشْهَد، غَيرَ مَرَّة، وأَمثال ذلك كَثِيرة)[1].

إِنَّ رِسالة ابن تَيمِيَّة ونَظائرَها مِن الرَّسَائل الَّتي دَوَّنها وبَثَّها تَكشِف عن وَضْعٍ مِنه واخْتِلاق لِلإِجمْاع حَيث لا إِجماع في واقِع الأَمْر، وأَنَّ استِدلالَه والشَواهِدَ الَّتي أَورَدها لِإِثْبات عَقيدَتِهِ المُنحَرِفَة في التَّجسِيم لا يَقولُ بِها ذُو حَظٍّ مِن العِلْم والمَعْرِفَة.

نَصَبَ السَّلفِيَّةُ العَداوة والبَغضاء لِلشِّيعة، وذلك لِكَراهِيَّة ابن حَنْبل لِكلِّ ما يَتَّصِل بِالشَّأن الشِّيعِي بِناء على ظَنِّه الخاطِئ أَو فَهمِهِ القاصِر أَو خِدْمَةٍ لِهَوى في نَفسِهِ بِأَنَّ الشِّيعَة مَذهَبٌ ما برح يَقتِبس عن الأَعداء المُعتَزِلَه عَقائدَه، وهُو الأَمر الَّذي يَنفِيهِ الشِّيعةُ جُملةً وتَفصِيلًا.

إِنَّ في مَروِيَّات أَئمَّة الشِّيعَة صَلواتُ الله وسَلامُه عليهم الكَثِيرَ مِن الأَدلَّة على استِقلال الشِّيعَة في عَقائدِهِم مُنذ عَهْد النَّبِيّ صَلَّى الله عليه وآله وقَبل أَنْ تَظهر المَذاهِب وتَتفَشَّى الفِرق ومِنها المُعتزِلَة والأَشاعِرَة، فلا حُجَّة لابْنِ حَنْبَل ولا مِن دَلِيل مُقنِعٍ يَسوقُه.

إِنَّ المَوروث الرِّوائي الشِّيعِي المُتمَثِّل في السُّنَّة الشَّرِيفَة هو أَوسَع نِطاقًا وأَطْول مُدَّةً في الصّدور مِن المَورُوث الرِّوائي لِـ(اتِّجاه أَهْل العامَّة). فَأَهْلُ البَيت صَلواتُ الله وسَلامُه عَلَيهِم هُم الثَّقل الآخر مِن بَعد القُرآن الكريم والمُستَمِر في إِصْدار الرِّوايَة قولًا

1 - العقيدة الحموية الكبرى، ابن تيمية -429 432. انظر الملل والنّحل 116/ 4

وفِعلًا وتَقريرًا، وصِيانَة وتَفسيرًا وتَأويلًا في 329 سَنَة مِن غَير انْقِطاع.

وفي كِلِّ مَراحِلِ تَطوُّرِهم التَّأريخِي مِن بَعد الغَيبَةِ الكُبرى في سَنةِ 329هـ لَمْ يُعانِ الشِّيعَةُ مِن نَقصٍ رِوائيٍّ يَدفَعهم إلى البَحْث في عَقائدِ أو شَرائع أو أَخْلاق الأَدْيان والمَذاهِب أو الفِرَق لِيَلتَقِطوا منها أو يَقتَبِسوا ما يَسّد هذا النَّقص. في حِين أَنَّ المَورُوث الرِّوائي لدى (اتِّجاه أَهْلِ العامَّة) مَحدُودٌ بِانْقِطاعِ السُّنَّة عن الصّدور عند لَحظَةِ رَحِيل النَّبيّ صَلَّى الله عليه وآله في سَنَة 11هـ، فَأَسَّسَت مَرحَلةُ الخِلافَة (مَذْهَب الرَّأي) لإِتْمام ما بَدأته مِن حَربٍ على المَورُوث الرِّوائي، ثُمَّ استُعمِل (مَذْهَب الرَّأي) لِسَدِّ النَّقص الحادّ الحاصِل في المُتبَقِّي ممَّا عُدَّ مَورُوثًا رِوائيًّا.

لم يَستَسْلِم السَّلفِيُّون الحَشويُّون الحنابِلَة أَمام نفوذ المَذاهِب والفِرَق، ودَخلوا فِي مُواجَهةٍ أَهليَّةٍ طاحِنَةٍ استَغرَقَت مُدَّةً تَجاوزت عَشَرةَ قُرون مِن الزَّمَن في الضِّدّ مِن الأَشاعِرَة بُغيَة كَسْرِ طوق الاحتِكار المَضرُوب حول اسْم (أَهْلِ السُّنَّة) ولِانْتِزاعِهِ مِنهم. وفي نِهايَة المَطاف تَفوَّق الحَشوِيُّون الحَنابِلَة عَلى الأَشاعِرَة بِالسِّياسَةِ والقُوّة التَّدميريَّة وخَصّوا أَنفسَهم بِـاسْم (أَهْلِ السُّنَّة) وانْفَردوا به وأَضافوا إِليه مُفردةَ (الجَماعَة) تَيمُّنا بِـ(عامِ الجَماعَة) الأُمَوِي الَّذي اغتَصَبَ فيه مُعاوِيَة الخِلافَة مِن الإِمام الحَسَن صَلواتُ الله وسَلامُه عليه وجَرَّها بِالمُماكَرة السِّياسِيَّة إلى بَنِي أُمَيَّة واغْتال فِيه الإِمام الحَسَن صَلواتُ الله وسَلامُه. وازدادوا فَرْحَةً وسَعادَةً واحتفوا بهذا العام الَّذي أَعاد لِـ(صَحِيفَة مَكَّة الثَّانِيَة) اعتِبارَها واستَردَّ بَنو أُمَيَّة في هذا العام ما سَعى جَدُّهُم أَبُو سُفيان لِإِنْفاذِهِ بِـ(صَحيفة مَكَّة الأُولى)، ووُضِعَ في هذا العام حَدٌّ لِما بَدأَه عَلِيٌّ أَمير المُؤمِنين صَلواتُ الله وسَلامُه عليه مِن عَمَلٍ على اسْتِرداد حَقِ الخِلافَة مِن مُغتَصِبِيها، وقد جَعلَها مُعاوِيَة في (عامِ الجَماعَة) هِرَقْلِيَّة مَلكِيَّة وِراثِيَّة مُستَبِدَّة في ابْنِهِ يَزيد الفَاسِق المُتجاهِر بِشُرب الخُمور وقَاتِل النَّفس المُحتَرَمَة، ورَضِي (اتِّجاهُ أَهْل العامَّة) وأَهلُه ومَذاهِبُه وفِرَقُهُ بِذلك وامْتَثل واحْتَفى.

ومِن بَعدِ ذلك عَقد السَّلفِيُّون الحَشوِيُّون الحنابِلَة العَزمَ على اتِّباع سَبِيل الانْقلاب،

فتَغلَّبوا على سَائر المَذاهِب الفِقهِيَّة والفِرق الكَلامِيَّة، واستَظَلّ المعاصِرُون مِنهم بِمظلَّة (أَهْلِ السُّنَّة والجَماعَة) لِيكونَ هذا المُسمَّى صِيغةً تَوافُقِيَّةً شامِلةً لِمَبادئ الوَحدَةِ مع أَتْباع المَذاهِب الأَربَعة والأَشاعِرَة بِنَحوٍ يَشتَرط اتِّباع سِيرَةِ وسُنَّةِ الصَّحابة أَقْطاب (صَحِيفَة مكّة الثَّانِيَة) ومَذهبِهم في (الرَّأي) ونَبذِ الخَوضِ فِي الكَلام.

أَسْفَرَت إرهاصاتُ الخِلاف حَول احتِكار إطار (أَهْلِ السُّنَّة والجَماعة) عن تَشكِيلِ إجماعٍ شامِلٍ لِأَئمَّةٍ ووُعّاظ (اتِّجاه أَهْلِ العَامَّة) قاطِبَةً ولِكُلِّ مَذاهِبِهم وفِرَقِهم وأَحْزابِهم. فانْضَوى تَحت لواء هذه التَّسْمِيَة كُلُّ اتّجاه أَو مَذْهَب أَو فِرقَة مُستَعِدٍ لِتَشكِيل جَبْهَةٍ مُضادَّةٍ لِلوجود الشِّيعي الَّذي وَصَفَه السَّلفِيُّون الحَشَوِيُّون بـ(الرَّافِضَة) اقتِداءً بقول ابنِ عَبَّاس في تَفسِيرِه لِقَولِهِ تَعالى [يَوْمَ تَبْيَضُّ وُجُوهٌ وَتَسْوَدُّ وُجُوهٌ، فَأَمَّا الَّذِينَ اسْوَدَّتْ وُجُوهُهُمْ أَكَفَرْتُم بَعْدَ إِيمَانِكُمْ فَذُوقُوا الْعَذَابَ بِمَا كُنتُمْ تَكْفُرُونَ][1] أَنَّها تَعنِي (يَوْم الْقِيَامَة حِين تَبْيَضُّ وُجُوهُ أَهْلِ السُّنَّة وَالْجَمَاعَة وَتَسْوَدُّ وُجُوه أَهْلِ الْبِدْعَةِ وَالْفُرْقَة)[2].

وقال مُتَبنُّو هذا المُصْطَلح بِأَنَّ عبد الله بنِ عَبَّاس هُو أَوَّلُ مَن أَطلقَ تَسمِيَة (الرَّافِضَة). إِلَّا أَنَّ سِياق التَّفسِير فِي حَقيقَةِ الأَمْر غير ظاهِرٍ فِي الاصْطِلاح أَبدًا، ولا تَدلُّ سِيرةُ القَرنَين الأَوَّلِ والثَّاني الهِجرِيِّين على ذلك، ولم يَرِد في فَترة حَياة ابنِ عَبَّاس المُتوفى في 68هـ مُصطَلح (أَهْل السُّنَّة والجماعة) على لِسَان أَحد.

وقد تَمادَى صُنَّاعُ مصطلح (الرَّافِضَة) ومُروِّجوه في بادِئ الأَمْر فتَطرَّفوا وأَخرَجُوا كُلَّ المَذاهب والفِرَق الَّتي تَنتَسِب لِـ(اتِّجاه أَهْل العامَّة) وكُلَّ تِلك الَّتي ادُّعِي أَنَّها مُتفرِّعَة عن التَّشَيُّع ـ مِن الإِسْلام. وقَسَّمَ ابنُ تَيمِيَّة طَرائق العُلماء في فَهم العَقائد الإسلامِيَّة إِلى أَربعَةِ أَقسام، فجَعلَ القِسمَين الأَوَّل والثَّاني مِن نَصِيب الفَلاسِفَة والمُعتزلة وبَيَّنَ طَرِيقَتَهم. أَمَّا القِسمان الآخران فهُما ما سَلكَهُ الأَشْعري والماتْرِيدي فِي فَهْم العَقائد، (وبَعد ذلك قَرَّرَ ابنُ تَيمِيَّة أَنَّ مِنهاج السَّلَف لَيس واحدًا مِن هَذِهِ الأَربعة بَل هو غَيرُها.

1 - آل عمران 106

2 - تفسير ابن كثير لآل عمران.

والمُحصِّلَةُ المَنطِقيَّةُ لهذا الكَلام وغيره مِمَّا يَعتقِد به السَّلَفيّة المُعاصِرون هو أنَّ مَذاهب (أَهْلِ السُّنَّةِ والجَماعة) في الأُصُول والفُروع لَيْسَت مِن السَّلَفِ الصَّالِح في شَيء.

وهكذا حَكَموا على إسلام وإيمان المَلايين مِن المُسلِمين في الماضِي والحاضِر بالضَّلال والانْحِراف الكامِل.. على أنَّ انْتِساب السَّلَفيَّة لِمَذهَب أحمد بن حَنْبل مِمّا لا يَقرّهُم عليه بَعض فُضلاء الحَنابِلَة كما يَقول الشَّيخ مُحمَّد أَبُو زَهرة، وعلى رأسِهم الذَّهَبِي المُعاصِر لابنِ تَيمِيَّة والمُحقِّق الكَبِير، وكذلك ابنُ الجَوزِي الخَطِيب والفَقِيه الحَنبلي الَّذي أنكرَ أَنْ يَكون ما يَذهَبُ إليه حَشوِيَّةُ السَّلفيَّة في العَقائد هُو رأيُ الإمامِ أَحمَد بِن حَنْبَل.

لكِنَّ مُحمَّد بن عَبْد الوَهاب باعِث السَّلَفِيَّة المُعاصِرَة ومُحيِي عَقائدها في شِبهِ الجَزيرَةِ العَربِيَّة سَيَحسِم النِّقاش لِمصلحة حَقِيقَةٍ واضِحَةٍ يَتَحرَّجُ بعضُ السَّلَفِيِّين اليوم مِن إعلانِها، وذلك عِندما أَفتَى بِجَواز قَتل مَن يَعتقد بعَقِيدة (أَهْلِ السُّنَّةِ والجَماعَة) مِن الأَشاعِرَة خُصوصًا. وبِذلك فَصَل بين التَّيارَين، ووَضَع حَدًّا عَنيفًا بين الطَّرِيقَتَين.

وهو لَيْس أَوَّل حَنبَلِيّ يُكفِّر أَهْلَ السُّنَّةِ الأَشاعِرَة، بَلْ سَبقَهُ إلى ذلك كَثِيرٌ مِن مَشايخ الحَشوِيَّة الحَنْبَلِيَّة، حتَّى احتَدمَ النِّزال المَذهبِي بَين حَشوِيَّةِ السَّلفِيَّة والأَشاعِرَة أَهْل السُّنَّةِ، وسَالَت مِن جَراء ذلك دِماءٌ غَزيرَةٌ، كان الحَنابِلَةُ باعتِراف المُؤرِّخين هُم السَّبَّاقُون إلى سفْكِها)[1].

- مِحْنَةُ السِّياسَةِ عند أَهْلِ العامَّة

أَخذَ أَئمَّةُ أَهل البَيت صَلواتُ الله وسَلامُه عَليهم بِالتَّشَيُّع إِلى الطَّرِيق القَويم، واستَقلّوا بِه عن مُضاعفات (مَذْهَب الرَّأي) والأَزمات والمُشْكلات والانْحِرافات والاستِقطابات والنِّزاعات الَّتي طالَت (اتِّجاه أَهْلِ العامَّة) ومَذاهبَهُ وفِرَقَه ودُوله وحُكُوماتِه. وصانُوا التَّشَيُّع وحافَظُوا عليه مِن مُحاوَلاتِ الاستِغلالِ والتَّوظِيف

1 - السّلفية بين أهل السنة والإماميّة، محمد الكثيري 69

السِّياسِي والاخْتِراق الفِكرِي والاستِفزاز الأَمْنِي وتَفوَّقوا بِه ثَقافِيًّا على كُلِّ شَكلٍ مِن أَشكال الانْتِماء الدِّيني.

في هذا الظَّرف المُعقّد ذِي المَوجِ المُتلاطِم المائل بـ(اتِّجاه أَهْل العامَّة) إِلى الصِّفَة الرَّسمِيَّة على أَثَرِ عَجزِهِ عن البَقاء والمُحافَظة على الوُجُود بِلا تَبعِيَّة مُطلَقة لِلدَّولة والتَّشَبّث بِأَذيالها؛ نُسِبَ إِلى التَّشَيُّع بَعضُ المَذاهِب والفِرَق تَعسُّفًا وذلك لإِدخالِهِ في ذات النَّفَق المُظلِم الَّذي أنهكَ (اتِّجاه أَهل العامَّة) واستَنزَفَ طاقاتِه وصَيَّرهُ ذَيلًا ذَلِيلًا لِلدَّول المُستَبِدّة المُتعاقِبَة تَعبث فيه أَنّى شاءَت، فَسَادت تِلك النِّسبَةُ المُخْتَلَقة والمُلفَّقَة على لِسان مُدوِّني (اتِّجاه أَهْل العامَّة) ومُؤرِّخِيه لِفَترة زَمَنِيَّة قَصِيرة ثُمَّ تَلاشَت أَو تَراخَت وانْكَمَشت.

وتَفَوَّقَ التَّشَيُّع فكَشَف أَمام هذه النِّسْبَة الباطِلَة عن مَعدَنِهِ النَّقِي الأَصِيل وعن مَوروثِهِ العِلْمِي المَتِين والفِقْهِي الرَّصِين ذِي الحجَّةِ البالِغَة، واستطاع الصَّمود في وَجه الأَعاصِير الفِكريَّة الكاسِحَة. في حِين انْشَطرَ (اتِّجاهُ أَهْلِ العامَّة) عَقيدةً وفقهًا إِلى مَذاهِب وفِرَق مُتناحِرَة لا حَصْر لها، وتَنافَسَت الدُّول المُتعاقِبَة على احتِوائها أَو تَمثِيلها نِكايَةً بِالتَّشَيُّع ومَن عادَى أَو عارض مِن المَذاهِب والفِرق وشَنَّت الحُروب الدَّاخِلِيَّة وتَعَسَّفت بِالفَصْل المَذهَبِي والطَّائفي باسمِها وعنوانها، فاقتَرَن وُجودُ مَذاهِب (اتِّجاه أَهْل العَامَّة) وفِرَقِهِ بِبقاء هذه الدَّول أَو فَنائها واضْطَربَت بِاضْطِرابها، وما زالَت هذه الحال مِن الانْكِماش والتَّمَدّد قائمةً حتَّى عَصرِنا الرّاهن.

وبِمِقدار ما قَدَّمَت مَذاهِبُ (اتِّجاه أَهْل العامَّة) وفِرقُه مِن استِجابَةٍ فَورِيَّةٍ واستِعدادٍ لِعَقد البَيعَةِ والوَلاء لِحكام الدُّول المُستَبِدّة وتَصدِيق سِياساتِهم؛ كان انتِشارُها وتَكاثُر أَتْباعِها ومُريدِيها في الوَلايات الإِسْلامِيَّة أَكثر سِعَةً وكَثافَة. ووَجَد خُلفاءُ الدُّول وحكامُها في بَعض مَذاهِب (اتِّجاه أَهْل العَامَّة) وفِرقِه حَلِيفًا ضَرُورِيًّا لِكَسب شَرعِيَّة الوُجود ولِلبَقاء السِّياسِي وتَبرير أَعمال العُنف ووَسائله وضَبط التَّوازن الاجْتِماعي لِصالِح (التَّاج) كُلمّا نَفدَت أَسلِحَةُ الرَّدع وضَعُفَت السِّيادَة أَمام المُناوِئين وطالِبِي

الرِّئاسَة والسُّلطان وكَثُرت مَحاور المُعارَضَة وأَقطابها.

كان (مَذْهَبُ الرَّأي) أَبرز عَامِلٍ في ظُهورِ مَذاهِب (اتِّجاه أَهْلِ العامَّة) وتَعدُّد فِرَقِهِ في أَشكالٍ مُتناقِضَةٍ أَو مُتبايِنَةٍ أَو مُتخالِفَةٍ عقدِيًّا وفقهيًّا ومُتنازِعَةٍ سِياسِيًّا إِذْ هو المَذْهب النَّاشِئ عن الانْقِلاب الأَوَّل في الإِسْلام والصَّانع الأَوَّل لِـ(اتِّجاه أَهْل العامَّة) في قِبال عَلِيٍّ أَمير المؤمنين صَلواتُ الله وسَلامُه عليه وشِيعَتِه حيث شكَّلَ (مَذْهَبُ الرَّأي) الصِّبغَة السِّياسِيَّة الغالِبَة على جَميع مُكوِّنات الثَّقَافَة في مُجتَمعات (اتِّجاه أَهْلِ العَامَّة) واستَقَلَّ التَّشَيّع بِشِيعَتِه.

وعندما التَحقَت الأَقوام الأَعاجِم والملَل ذات الثَّقافَات المُختَلِفَة بِـ(اتِّجاه أَهْل العامَّة) خِلال حَربِ (الفُتُوح)؛ تَفاقَمَت عَوامِل الانْحِراف العَقَدِي في أَوساطِهِ وتَضَخَّمَت وانْعَكس ذلك على ثَقافَة المُسلِمين، وازْدادَت فُرَص الشِّقاق والانقِسام، واستَعر صِراعُ الخُلفاء والأُمراءِ والوُلاةِ واستَشرى في الصَّحابة وازْداد شِدَّةً ثُمَّ عُنفًا مع قِيام الدَّولتين الأُمَوِيَّة والعبّاسِيَّة حيث أُتيحَت الفُرص لِقيام اتِّجاهات سِياسِيَّة باحِثَة عن أَسباب قِيام دُولٍ أُخْرى مُناوئة.

ولم يَكُن أَمام (اتِّجاه أَهْلِ العامَّة) مِن خِيارٍ إِلَّا أَنْ يَتفاعل مع الثَّقافات الجَدِيدة لمُجتَمعات حَربِ الفُتُوح والاقْتباس عنها. فتكالَبت مَذاهِبُه وفِرَقُه المنشقّة عنه على المُجتَمعات الجَدِيدَة تبغي الاحْتِواء وتَحقِيق الكَثْرة المؤثِّرة بها والتَّفوّق العَدَدي أَمام نُظرائها، فعَمَّت في إِثْر ذلك الأَفكار اليُونَانِيَّة الوَثَنِيَّة والفارِسِيَّة المُعوَجَّة، واستَقوى (مَذْهَبُ الرَّأي) ونَشط القِياسُ والجبرُ والتَّجسِيمُ والإِرْجاء والتَّصوّف ونَفَذَ في العَقِيدة والشَّريعَة وهَيمَن عليهما.

ومِن أَجلِ المُحافَظَة على البَقاء؛ التَقى (اتِّجاه أَهْل العامَّة) مع مَبدأ إِضْفاء الشَّرعِيَّة السِّياسِيَّة على حُكْمِ الأُمَراء الأَقوِياء المُتنافِرين وتَبْرير ما أَقدَموا عليه مِن طُغْيان وإِرهابٍ شَدِيدين وفَسادٍ واستِبدادٍ فَضيعَين وإِحياءٍ عنيفٍ مُتعَمّدٍ لِمُسبِّبات الفِتْنَةِ في المُجتَمعات الكُبرى الجَدِيد مِن أَجْل تَعزيز مَبدأ السِّيادة عليها وأَسْلَمتها. فتكاثَر عدد

مَذاهِب (اتِّجاه أَهْل العامَّة) والفِرَق المنشقّة عنه وتَضخَّم عددُ الأَتْباع، وأَسْفرَ عن ذلك بِيئةٌ سياسيّةٌ واجتماعِيّةٌ وثقافيّةٌ مُشوَّشة العَقِيدة والشَّريعة والأَخْلاق في كُلِّ مِن وَلاياتِ الشَّام والعِراق وفارِس وخُراسان وغَيرها مِن البِلاد ذات الكَثافَة السُّكانِيَّة والمَساحَة الجغرافِيَّة الشَّاسِعَة. وكان لِزامًا على الخُلفاء العَمل على تَرويج فِكرة (الحَقّ الإِلهي) لِدَعم سِيادةَ الحُكم وبَثِّ فِكر الجَبْرِيَّة والقَدرِيَّة والمُرْجِئة.

بَثَّ الخُلفاء عناصرَ خاصَّة مِن عُمالهم وأعوانهم في كلِّ الوَلايَاتِ الجَدِيدَة، وصار كُلُّ أَميرٍ يَجرُّ مِن خَلفِهِ أُلوفًا مِن أئمَّة ووُعَّاظ المَذاهِب والفِرق وأَتْباعِهما، ويُمَهِّد بهما الطَّريق لِلإستِقلال بِوَلايَتِهِ وإِخضاع أَهلِها لِنُفُوذِهِ وسُلطانِهِ ويُعزِّز مِن متانة حُدُودِهِ السِّيادِيَّة، ثُمَّ لِيدَّعِي بعد ذلك في نَفسِهِ الجدارة بِالإمارة والوَلايَة مِن الخَلِيفة القائم بناءً على المَعايير السِّياسِيَّة المُتَباينَة الَّتي اختَلَقَها (مَذْهَبُ الرَّأي) وعَزَّز مِن آثارها سِيرةُ نِزاع الخُلفاء أَقْطاب (صَحِيفَة مكَّة الثَّانِيَة) على الإِمْرَةِ والرِّئاسة وطَريقة نَقلِها أَو تَورِيثِها لِلخَلف. فكَثُرت فيهم استِدعاءاتُ الخَلِيفة إِلى عاصِمَة الخِلافَة واستُبدِلَت الإِمْرَةُ في الولايات بين فَترةٍ وأُخرى خَوف انْقِلاب الولاة أَو النَّاس على الأَعْقاب حيث كان انْعِدام الثِّقَة في هذه الأَوساط هو الصِّفَة السَّائدة والغالِبَة.

لَيس مِن شَكٍّ في أَنَّ الخُلفاء الثَّلاثة الأَوائل اصْطَنعوا ثَلاثةً مِن السُّبُلِ لِلوُصُول إِلى الرِّئاسة والحُكم بِـ(مَذْهَبِ الرَّأي) وتَقرِير المَصِير عند قُدوم لَحظَةِ مُفارَقَتِهم للرِّئاسة بِالموتِ قَتلًا. ومِن فرط ما كانوا عليه مِن انْعدام الثِّقة؛ تَخبَّط (اتِّجاهُ أَهْل العامَّة) ومَذاهِبُه وفِرَقُه في تَقرِير أَصْلٍ واحدٍ جامعٍ لِهذه السُّبل الثَّلاثَةِ لِيكون مَبنِيًّا على نَصٍّ ثابتٍ أَو تأوِيل.

لم يَتوافر (اتِّجاه أَهْل العَامَّة) على الاستِعداد التَّام لاختِيار النِّظام الأَمْثَل المُوافِق لِتَعاليم القُرآن والسُّنَّة النَّبويَّة الشَّريفة الصَّحِيحَة بِوَصفِهما ثَقْلَينِ مُلزِمَين ومُتلازِمَين، وإِنَّما شَرع في اتِّباع (مَذْهَب الرَّأي) على سُنَّةِ الثَّلاثَة حيث لا قاعِدَة مُحدَّدة ولا أَصْل جامِع في ما يُؤمِنون به.

واختَلَف الأَمْرُ حين تَسلّم الإمامُ عَلِيّ أَمِير المؤمنين صَلواتُ الله وسَلامُه عليه الخِلافَة إِذْ جاءته الخِلافَةُ مُسْرِعَةً بَعد هَلاك الثَّالِث عُثمان. وتَوافَد المُسلِمُون على عَلِيٍّ أَمير المؤمنين صَلواتُ الله وسَلامُه عليه على عَجَلةٍ مِن أَمْرِهِم لِيَختارُنَه خَلفًا لِعُثمان مِن بَعدما تاهُوا مِمّا كان مِنهم مِن خِذلانٍ لِسُنَّةِ الرَّسول صَلَّى الله عليه وآله ومِن نَقضٍ سافِرٍ لِبَيعة الغَدِير الَّتي بايَعوا مِن قَبْل، ومِن بَعدما رَضوا بِفَلتَتَيّ أَبِي بكر وعُمَر وسكتوا على استِبداد الأُمَوِيِّين في عَهدِ عُثمان.

فلَمّا وَفدوا على عَلِيٍّ أَمير المؤمِنين صَلواتُ الله وسلامُه عليه لِيَختاروه خَلِيفة بعد هلاك عُثمان؛ وَصَفَهم عَلِيٌّ أَمِير المؤمنين صَلواتُ الله وسَلامُه عليه في خطبةٍ له قائلًا (فما راعَنِي إِلَّا والنَّاس كَعُرفِ الضَّبعِ إِلَيَّ، يَنثالُون عَلَيَّ مِن كُلِّ جانِب، حتَّى لَقد وُطِئَ الحَسنَان وشُقَّ عِطْفاي، مُجتَمِعِين حَولِي كرَبِيضَةِ الغَنَم)[1]. وما كان لَهُم الخِيَرةُ إِذا قَضى عَلِيٌّ أَمِير المؤمنين صَلواتُ الله وسَلامُه عَليه أَمْرَه في شَأنٍ مِن شُئون الخِلافَة وهُو المثالُ الَّذي دعا الرَّسُول صَلَّى الله عليه وآله إِلى بَيعَتِهِ في يوم الغَدِير ومِن قَبل ذلك دعا إِلى اتِّخاذِه أَمِيرًا لِلمُؤمِنِين مِن دُون غَيرِه إِلى قِيام يَوم الدِّين.

لقد ظَلَّت ولايةُ عَلِيٍّ أَمير المؤمنين صَلواتُ الله وسَلامُه عليه مَفرُوضَةً مُستحقَّةً على النَّاس وسارِيَة في ذِمَمِهم، فلَمْ تَسقُط وَلايَتُه بِتقمُّص أَبِي بَكْر لِلخِلافَة ومِن بَعدِهِ عُمَر وعُثمان. لِكنَّهم هَجَروا وَلايَةَ عَلِيٍّ أَمِير المؤمنين صَلواتُ الله وسَلامُه عليه، ولم يَستجِبوا لِنِدائه عندما طافَ بَين بُيوتِهم يُذَكِّرهم بِبَيعتِهم الَّتي بايعوا في يَوم الغَدِير، وانْقلبوا مع الصَّحابَة المُنقلِبين ورَضوا بِبيعة أَبِي بَكر خَلِيفَةً في يوم السَّقِيفة. ثُمَّ لم يكتَفُوا بِذلك، بَل بايعوا عُمر ثُمَّ عُثمان خَلِفَتين وهُم على عِلْمٍ قاطعٍ بِأَنَّ الرَّسُول صَلَّى الله عليه وآله أَخبَر عن السَّماء بِتَنصِيب عَلِيٍّ أَمِير المؤمنين صَلواتُ الله وسَلامُه عَليه أَمِيرًا لِلمُؤمِنين وخَلِيفَةً ولم يَنطِق في تَبلِيغ ذلك عن الهَوى!

ما زال العامِلُ الخَطِير المُؤدِّي إِلى خِذلَان مُجتمع المَدِينَة لِما وَصَّى النَبِيُّ صَلَّى

---

1 - شَرح نهج البلاغة، ابن أبي الحديد ٢٠٠/١

الله عليه وآله في وَلِيِّهِ عَلِيّ أَمير المؤمنين صَلواتُ الله وسَلامُه عليه - قائمًا في السَّواد الأَعْظم مِن أَتْباع (اتِّجاه أَهْلِ العَامَّة). لكِنّ أئمَّة ووُعَّاظ(اتِّجاه أَهْل العامّة) أَنْكَروا وُجودَ هذا العامِل أَو بَقاءَه، ونَفوا أَنْ يكون هو المؤدِّي إِلى وُقُوع (الفِتَنة الكُبْرى) في سِيرة المُسلِمين وتَهديد وَحدَتِهم وتكاثرِ أَحْوال الانْفِصال والانْقِسام إِلى مَذاهِب وفِرق، وتَنصَّلوا مِن مَسئوليَّتِهم الأخلاقِيَّة عن قِيام حُكْمٍ هِرَقليّ مَلَكِيّ وِراثِيٍّ مُستبَدّ عضوض فَرض سِيادَتَه في النَّاس بِالقَهر والقُوّة، وقَتَل مَن قَتل، وشَرّد مَن شَرّد، وسَجَن مَن سَجَن، فصار عَملُه سُنَّةً في مَن خَلَفَهُ على سدَّة الحُكم وما زال كَذلِك!

فَمَن شَهِد لِنَفسه مِن الصَّحابة والتَّابعين وتابِعِي التَّابعين بِإحراز مكانةٍ عِلْمِيّةٍ أَو اجتِماعِيَّةٍ أَو مقامٍ سِياسِيٍّ فقَد أَوجَدَها بِـشِرعَةِ (مَذْهَبِ الرَّأي) مُستقلًّا عن الثَّقلين الكِتاب و(السُّنّة)، ومَثَلُه الكبير في ذلك سُنَّةُ الخُلفاء الثَّلاثة حيث الطَّريقة الخاصَّة في اعتِلاء سدّة الحكم ونَقلها إِلى الخَلَف. فصار هذا اللَّونُ مِن الإيجاد بِـ(مَذْهَبِ الرَّأي) هو الدَّافعُ الرَّئيس لِتَأسِيس المَذاهِبِ وظهورها، والمحرِّكُ الأَوّل لانْشِقاقِها إِلى فِرَق، ومَحلُّ استِغلالٍ سَيّءٍ مِن قِبَل المتأخرين مِن أَهْل السِّياسَةِ الَّذين زَرَعوا في النَّاس بهذا الشَّكل مِن السِّيرة والسُّنَّة عواملَ الشِّقاق والانْقِسام والتَّشرذُم والفُرْقَة، وصَنعوا فِيهم الموقِفَ المناقِض والمؤيِّد والمُخالِف والمُحايِد على قاعِدَةٍ دِينِيَّةٍ مُشوَّشَةٍ وعقيدة مُلفَّقة مُضْطربة بُغْيَة تَفتِيت التَّكتُّلات والمحاور والقُوى المُنافِسَة فيهم وحَظرِ ظُهور التَّحالفات المُغالِبَة. وما كان مَقتل عُثمان بن عَفَّان إِلّا مِمّا زَاد في ثأر قَمِيصه بِلَّه.

فَفِي مَطلع الأَمْر كان النِّزاعُ بين (شِيعَة عَلِيّ) و(اتِّجاه أَهْل العامَّة) حول مَفهوم الوَلايَة ومَعناه ومصداقِهِ في الخارِج بارِدًا. فالأَوَّل مِنهما كان مِن الصَّابِرين حيث لا يَنبغِي التَّنازُع في حَضرةِ النَّبِيِّ صَلَّى الله عليه وآله وقد أَخَذَ مِن المُسلِمين عَهدًا بِالبَيعة لِعَلِيٍّ أَمير المؤمنين صَلواتُ الله وسَلامه عليه في يَوم الغَدِير ومِن قَبْل ذلك وأَلقى الحُجَّة، في حِين ظَلّ الآخرُ دائمَ الاستِفزاز لِلأَوَّل.

لكِنَّ تَوالِي حوادِث (الفِتْنَةِ الكُبْرى) الَّتي خَلَّفَها الانْقِلابُ على الأَعْقاب وتَطوّرها

واشتِدادها إلى حِين مَقتَل عُثمان - قد دَفَع بـ(اتِّجاه أَهْل العامَّة) إلى المُشاركة في قتَل الأَئمَّة الثَّلاثَة عَلِيٍّ والحَسنِ والحُسَين صَلواتُ الله وسَلامُه عَلِيهم على فَترات مُتباعدة. فَأَحدثَ ذلك هزَّةً عنِيفةً في وَسَط العامَّة مِن أَتْباعِهِ حيث اضْطَر بعضُ الصَّحابَة والتَّابِعين إلى السَّعي الجادِّ لإعادة النَّظر في قراءة مَسار الخِلافَة مُنذ أَنْ تقمَّصها ابنُ أَبِي قَحافَة مُرورًا بِمُنعَطف الانْتِقال إلى مُلكٍ أُمَوِيٍّ وِراثِيٍّ مُستَبدّ قَيصرِي عَضوض. لكِنَّ هذه العَناصر مِن الصَّحابَة والتَّابعين لم تَستَطع الاستِقلال بِرُؤيةٍ مُغايرةٍ لما كان مَعمولًا بِه في (اتِّجاه أَهْل العامَّة) حيث شَكَّل هذا الاتِّجاه الأَغلبِيَّةَ الضَّاغِطة اجتِماعِيًّا وسِياسِيًّا وثَقافِيًّا والمتُشدِّدة في التِزامِها بِمَفهوم (الخِلافَة) وفي مُوالاتِها لِمَن سُمِّي في المُسلِمِين خَليفة، وأَنَّ خُروجِ هذه العَناصِر بِمَوقِفٍ مُختَلِفٍ ناقِدٍ أَو ناقِضٍ على غَير (مَذْهَب الرَّأي) وعلى خِلاف سِيرَة الصَّحابة الثَّلاثة ومُبتَغى خُلفائهم - أَصبحَ مغامرةً مُقترِنَةً بِمَصِير الاتِّجاه بِأَكمَلِهِ حيث السِّيادة لِلخَلِيفة الحاكم مُتَغلِّبة واقِعَة يَتوجَّب مُوالاتها.

صار مِن اليُسر أَنْ يَتَواطئ جِيلُ الصَّحابَة والتَّابِعِين أَو يَتَجاسر كُلُّ واحِدٍ منهم مُنفردًا فيُقصِي أُصُول الِّدين أَو يَعبث فيها بِـ(مَذْهَبِ الرَّأي) لِيُقدِّم أَحكامَه على أَحكام الثَّقلَين ويُساهِم في نَفاذ الأَحكامِ الضَّالَة أَو المُنحَرِفَة في المُسلِمِين ولِيَبثّ الشَّكّ في عقائدهم كلَّما تَفاقَمَت الأَزمات الدَّاخِلِيَّة وهَدَّدت مَصير الخَلِيفة.

وفَوق ذلك، يَكفِي أَنْ يَنفرِدَ أَحدٌ مِن الصَّحابَة بِـ(مَذْهَبِ الرَّأي) لِيَقول كَلِمةً مُخالِفةً لما هُو مَعمُولٌ بِه في بَيتِ الخِلافَة، فإِنَّه سيَنتَهِي بِكلمتِهِ هذه إلى قِيام مَذهَبٍ أَو فِرقَةٍ مستَقلَّةٍ بعقائِدها وأُصولِها وفُروعها تَحْمِل اسمَه وتَمتاز بِسيرَتِهِ عن سُنَّة الصَّحابة الآخرين. فلِكُلّ صَحابِيٍّ بِـ(مَذْهَب الرَّأي) سُنَّةٌ خاصَّةٌ يَتميّز بها وإِنْ لم يَجتَمِع إِليه الأَتْباع.

فالمَذهَبُ الجَبْرِيّ - على سَبِيل المِثال - نَشأ على هَيئةِ رَأي مُنفرِدٍ في المُسلِمِين بِإزاء الظُّهور السِّياسِي المُفاجئ لِلاتِّجاهات الثَّورِيَّة المُناهِضَة لِلدَّولة الأُمَوِيَّة. ثمّ تَطوَّر المَذهبُ في شَكلِ إِجراءٍ سِياسِيٍّ خَبيثٍ لِبَثِّ فِكرِ الجُمود والقُعود والاستِسْلام لِلواقِع

بِما يَحمل مِن فَساد في السِّيرة والدِّين حتَّى يَنفَضَّ النَّاسُ مِن حَول أيٍّ واعِظٍ في اتِّجاه أَو إِمامٍ في مَذْهَب تُسوّل لَه نَفسُه العَمل بالمُخالِف أَو العَزم على لَعِبِ دور المُعارضة لِلخَليفة أَو الحاكِم.

كان الجَهمُ بن صَفوان أَحد زُعماء (الجَبْرِيَّة) والمِثال المعتمد لِلرُّؤيَةِ الأُمويَّة في الرِّئاسة والمُلكِ والسُّلطان. وتَقول هذه الرُّؤية (أَنَّ الإنْسَان لا يَقدِر على شَيءٍ، ولا يُوصَف بِالاستِطاعة، وإِنَّما هُو مَجبورٌ في أَفعالِه، لا قُدرة لَهُ ولا إِرادة ولا اختِيار، وإِنَّما يَخلُق اللهُ تَعالى الأَفْعال فيه على حَسب ما يَخلُق في سِائر الجَمادات، وتُنسَب إِليه الأَفعالُ مَجازًا كما تُنسَبُ إلى الجَمادات، كما يُقال: أَثمَرَت الشَّجرةُ، وجَرى الماءُ، وطَلَعَت الشَّمسُ وغَرُبَت، وتَغيَّمَت السَّماءُ وأَمطَرَت، واهتَزَّت الأَرضُ وأَنبَتَت، إِلى غير ذلك. والثَّوابُ والعِقابُ جَبرٌ، كما أَنَّ الأَفعال كُلّها جَبرٌ . قال: إِذا ثَبُتَ الجَبرُ فالتَّكليف أَيضًا كان جَبرًا)[1].

كان الجَبرُ عَقِيدةً في المُشرِكين قَبْل حلولِهِ في المُسلِمين، وجاء على أَلسِنَتِهم في عَهد الرَّسُول صَلَّى الله عليه وآله. وذَهبَ القُرآنُ الكريم إِلى تكذِيب ما ذَهبوا إِليه حيث أَنْهوا شِركَهم وشِركَ آبائهم إِلى إِرادة الله سُبحانه. لكِنَّه سُبحانه وتَعالى يقول [سَيَقُولُ الَّذِينَ أَشْرَكُواْ لَوْ شَاء الله مَا أَشْرَكْنَا وَلاَ آبَاؤُنَا وَلاَ حَرَّمْنَا مِن شَيْءٍ، كَذَلِكَ كَذَّبَ الَّذِينَ مِن قَبْلِهِم حَتَّى ذَاقُواْ بَأْسَنَا، قُلْ هَلْ عِندَكُم مِنْ عِلْمٍ فَتُخْرِجُوهُ لَنَا، إِنْ تَتَّبِعُونَ إِلَّا الظَّنَّ وَإِنْ أَنتُمْ إَلَّا تَخْرُصُونَ][2].

وقِيلَ أَنَّ الجَبْرَ كان عَقِيدة الفُرْسِ (وَقَد جاءَ رَجُلٌ إِلى النَّبِيّ صَلَّى الله عليه وآله فقال له: رأيتُ أَهْلَ فارِس يَنكِحون بَناتهم وأَخواتهم، فإِنْ قِيلَ لهم لِمَ تَفعلوا ذلك؟ قالوا: قَضاءُ الله وَقَدرهُ. فقال صَلَّى الله عليه وآله (سَيَكون في أُمَّتِي مَن يَقول هذه المَقالة، وأُولئكَ مَجُوس هذه الأُمَّة)[3].

1 - الأديان والمذاهب 65

2 - الأنعام 148

3 - الشِّيعة بين الأشاعرة والمعتزلة 175

وأَرجعَ بعضُ الباحِثِين عَقِيدة المُجَبِّرة إلى عَهد كُلٍّ مِن عُمَر وعُثمان وعَليٍّ أَمِير المؤمنين صَلواتُ الله وسَلامُه عليه. (فَفِي خِلافَةِ عُمر نُفِي ابنُ صبيغ عن المَدِينَة إلى البَصرة لِقَولِهِ بِالجَبر. وفي أَيَّام عُثمان قال له البَعضُ مِن الثَّائِرين في أَثناء الحِصار حِينَما احتَجَّ عليهم «نَحنُ ما رَمَيناك ولكِنَّ الله رَمَى». وفي خِلافة عَلِيٍّ أَمِير المؤمنين صَلواتُ الله وسَلامُه عليه سُئِل عن مَسِير الجَيش إلى حَرب صِفِّين، هَلْ كان بِقَضاء الله)[1].

لقد اخْتُلِفَ في مَنشأ الجَبرِيَّة وزَعِيمِها، لكِنَّ رَواجَها الواسِع على عَهدِ الدَّولةِ الأُموِيَّة في الشَّام شَكَّل أَوَّلَ قاعِدَةٍ عملِيَّة لها في المُسلِمين المُتحارِبين واليائِسِين مِمّا في أَيدِي الخُلفاء الحكام وتَركَ أَثرًا راسخًا في مُجتمعاتهم. وقد تَجلَّى ذلك في المَواقِفِ العامَّة مِن الوَقائع السِّياسِيَّة العَنِيفة الَّتي سُفِكَت فيها الدَّماء وأَخَلَّت بِالنُّظم والعلاقات الاجْتِماعِيَّة وشَوَّهَت مَسار الثَّقافة.

إِنَّ شيوعَ الجبرِ وتَشكّله في ظاهرةٍ واسِعَة الانْتِشار لَيُؤكِّد على أَنَّ طرفًا أُمَوِيًّا كان وراء نُشوء الجبريَّة ورَواجِه في الولايات الخاضِعَة لِلأُموِيِّين. وقد أَفادَت بعضُ الأُصُول والمدَّونَّات أَنَّ مُعاوِيَة هو أَوَّلُ المُروِّجِين لِلجَبرِ والمُنتفِعين به في سِياسات مُلْكِهِ العَضُوض حيثُ ادَّعى أَنَّ إِمْرَتَه على المُسلمين كانَت مِن الله عَزَّ وَجَلَّ، وأَنَّ النَّاس لا خِيَرة لَهُم في ذلك، وَهُم مُجبَرون على قُبُولِها وإِنْ كانوا كارِهِين.

وأَشار مُعاوِيَة على أَهْلِ الكُوفَة لمَّا أَنْجَز انْقلابَه على وَثِيقَة الصُّلحِ مع الخَلِيفة الإِمام الحَسَن صَلواتُ الله وسَلامُه عليه بِقَولِهِ (يا أَهْلَ الكُوفَةِ، أَتَروني قاتَلتكم على الصَّلاة والزَّكاة والحَجّ، وقد عَلِمتُ إِنَّكم تُصَلُّون وتُزَكُّون وتحجّون، ولكِنِّي قاتَلتكم لِأَتأَمَّرَ عليكم، وقد أَتانِي اللهُ ذلك وانْتُم له كارِهُون). وبِذلك يَكون مُعاوية هو (أَوَّلُ مَن قال بِالجَبر ودعا إِليه ودافعَ عنه وسَخَّر أَعوانَه مِن الرُّواة مَن يَضع له الأَحادِيث الَّتي تَدعمه. وكان يَرى أَنَّ ذلك عُذرُه في كُلِّ ما جَنتهُ يداه مِن المُنكرات والمُوبِقات)[2].

1 - تأريخ الفرق الاسلاميّة 72

2 - الانتفاضات الشِّيعيّة 139

ورُبما اقتبَس مُعاوِيَة الجَبر مِن الملوك الأوروبِيِّين المَسيحِيِّين الَّذين اعتادوا على أَنْ يَختلُوا بِأَنْفُسهم أمام الصَّليب أَمَلًا في أَنْ يَتلقَّوا مِنه إشارةً بِشَنِّ (الحَرْب) أَو مَنعِها، ثُمَّ إذا ما خَرَجوا مِن اعتِكافِهم مع الصَّلِيب نادوا في شُعوبِهم وجُيوشِهم (إِنَّها إرادَةُ الرَّبّ.. «الحَرْبُ» ولا شَيء سُوى «الحَرْب»). ومَن يَعترِض أَو يُخالِف أَو يَخذل قَرارَ الحَرب فإِنَّما يَستَحِقّ عِقاب الرَّبّ بِسِيادَة المَلِك وأدوات بَطْشِهِ!

وقد أَيَّد هذا المَذْهَب في نَشأَتِه قَولُ لِلقاضِي عبد الجَبّار المُعتَزِلي (أَنَّ مُعاوِيَة هو أَوَّلُ مَن قال بِالجَبر وأَظْهَرَه، وأَظهرَ أَنَّ ما يَأتِيهِ بِقَضاء الله ومِن خَلْقِه لِيَجعلَه عُذرًا فيما يَأتِيه ويُوهِم أَنَّه مُصِيبٌ فيه، وأَنَّ الله جَعلَه إمامًا ووَلَّاه الأَمرَ. وفَشَا ذلك بين مُلوك بَنِي أُمَيَّة)[1]، وكان المستَشار سَرجُون النَّصْرانِي (كاتِبُ مُعاوِيَة وكاتِمُ أَسرارِه على رَأس الجَبرِيَّة)[2].

ويَذهَبُ الشَّهْرسْتاني في المِلَل والنِّحَل إلى شَخصِيَّةٍ أُخرى كانت رائدةً في الجَبر وقال (إِنَّ مَصدرَ القول بِالجَبر هو الجَعد بن درهم، أَخذَه عن يَهودِيٍ بِالشَّام وأَخذ الجَعد ذلك عن أَبان بن سَمعان، وأَخذَه أَبان عن طالُوتِ بنَ عاصِم اليَهودِي)[3].

ورُبَما كان الجَعدُ بن درهم مَدفوعًا مِن قِبل الأُمَوِيِّين لِتَروِيج فِكرَةِ الجَبر والدَّعوة إِلِيها، فهو (مِمَّن لازمَ الأُمَوِيِّين وتَولَّى لهم تَربِيَةَ أَولادِهم.. ولِأَنَّه كان مِن دُعاةِ هذه الفِكرة والعامِلِين على إشاعَتِها، وكان مُقَرَّبًا مِن قُصورِ الخُلفاء ومُحاطًا بِعِنايَتِهم. لِأَنَّ فِكرةَ الجبر تَخلُق لهم المُبَرِّرات لِتَصرُّفاتهم وانْهماكِهم في الملذَّات والشَّهوات.

ورَوى ابنُ قُتَيبَة إِنَّ عطاء بن يَسار كان قاضِيًا لِلأُموِيِّين ويَرى رأيَ مَعبَد الجَهنِي فدَخل على الحَسَن البَصْرِي وقال له: يا أَبا سَعِيد، إِنَّ هؤلاء الملوك يَسفِكون دِماءَ المسلمين، ويَأخُذُون أَموالَهم ويَقولُون إِنَّما تَجرِي أَعمالُنا على قَضاء الله وقدره. فقال الحَسَنُ البَصرِي كذَبَ أَعداءُ الله. ولَقَد راج هذا المَذهَبُ وانْتَشرَ بين جَماهِير

---

1 - المُغني 4/ 8

2 - تأريخ الفرق 69

3 - تأريخ الفرق الإسلامِيَّة 68، عن سرح العيون في شرح رسالة ابن زيدون

المُسلمين، ولَيْس بِبَعِيد أَنْ يكون لِلحُكَّام أَثرٌ في رَواجِهِ وانتشارِه)[1].

واعتُبِر جَعدُ بن درهم ـ على حَسب تَصنِيف رِجال الجَبرِيَّة ـ صاحِبًا أو مُؤسِّسًا لِلمَذهب، لكِنَّ ناشرَه هو بن صفوان وهو (أَبُو محرز جَهْم بن صَفوان. وكان مَولى لِبَنِي راسِب مِن الأَزْدِ وأَصلُه مِن (سَمَرقَنْد) وقد أَخذَ (مزيته) عن الجَعد بن دَرهم. وكانت خاتِمةُ حياةِ جَهْم أَنْ خَرجَ على الدَّولةِ الأُمويَّة مع الخارِجين فوَقَعَ في الأَسْرِ بِيَد القائد (مُسلِم الأَحْوازي) فقَتَلَه سِياسِيًّا لا دِينيًّا وكان ذلك في عام 128هـ)[2].

ويَظهر مِن تَفاعُلاتِ الدَّولةَ الأُمويَّة أَنَّها كانَت حَرِيصَةً على رَسْم سِياساتِها على أَساسٍ مِن دَعْمِ عَقِيدة الجَبرِ ومِن الجِدّ في نَشْرِها في فَترةٍ مَرسُومَةٍ بِدِقَّةٍ وبِمَرحَلِيّة لا تَتعدّاها. كما رُسِم لِلجَعدِ وصاحِبِه الجَهم أَدوارًا مُحدَّدة يحظر تَجاوزها.

بَعد أَنْ استَفرَغَت الجَبرِيّةُ طاقتها في تَحقِيق الأَهْداف الأُمَوِيَّة المَرسُومَة في شَكٍّ مِن مُؤسِّسها ومُنشِئها؛ طالَت الأَيدِي الأُمويَّة رِجالَ الجَبْر وعلى رَأسِهِم الجَعد والجَهم. (ولِذَلِك نَجِد هِشام بن عبد الملك الَّذي أَظهَر الجَعد آراءه في أَيامِه يَأمُر بِالقَبض عليه ويُرسِله إِلى والِيه على العِراق «خالِد بن عبد الله القَسْري» ويَأمُر بِقَتلِهِ فيَحبسه «خالِد» ولا يقتله. فيَعلَم بِهذا هِشامُ فيَكتب إلى «خالِد» يَلومُه. عِندئِذٍ عَجَّلَ خالِدٌ بِقَتلِه بعد أَنْ خطبَ خُطبة عيد الإِضْحى وقال في آخِرها: اِنْصَرِفُوا وضَحُّوا تَقَبَّل الله مِنكم، فإِنِّي أُريد أَنْ أُضحِّي اليوم بِالجَعدِ بن درهم، فإِنَّه يَقول ما كَلَّم اللهُ مُوسَى ولا اتَّخذَ إِبراهِيمُ خَلِيلًا. فتَعالى الله عَمَّا يقول الجَعد عُلوًا كبيرًا، ثُمَّ ذَبحَه)[3].

لَعبَت بَعضُ الأَيادِي الخفِيَّة مِن أُولئك الَّذين يَنتسِبُون إلى دِيانات مُختلِفَة دَورًا مُساهِمًا في انتشارِ فِكرةِ الجَبْر بين المُسلِمِين، وذلك عندما استَغلّوا الفُرصَ الكَبِيرة الَّتي وفَّرَتها الدَّولَةُ الأُمَوِيَّة لهم لِتَرويج هذه الفِكرَة والسَّعي لِتَغلِيبِ ما يتبعها مِن عَقائد وأَفكار صارفة.

---

1 - الشِّيعة بين الأشاعرة والمعتزلة 176

2 - التآلف بين الفرق 167

3 - تأريخ الجهميّة والمعتزلة، جمال الدين القاسمي 27

إنَّ الجبرَ يُبرِّرُ اعتِناق العَقائد الأُخْرى ويُساهِم في نُمُوّها وانتشارها في بلاد المُسلِمِين والقُبول بِها طرفًا مُساوِقًا لِعقيدة الإسْلام. (فَشاعَت فِكرةُ الجَبرِيِّين ووَجدَت مَنفذًا إلى العُقول والأفكار. وتَحمَّسَ لِلدِّفاع عنها عَددٌ كبيرٌ مِن المُفكِّرِين والبَاحِثِين، وبِخاصَّة القُضاةُ والحُكَّام. وهَؤلاء يُرحِّبُون بها لِأَنَّها تَضعُ مَسئولِيَّةَ تَصرُّفاتِهم وجَورهِم على الخالِق، وتُسهِّل لهم مُمارسَة الشَّهوات والملذّات)[1].

لم تَكن لِظاهرةِ الجَبر وَحدَها القِدْرة على الانْتِشار والتَّغلْغُل في جِهات الدَّولة وفئات واسِعَةٍ مِن المُجتَمع لولا أَنَّ قُدْسِيَّة الثَّقلَين قد نُبِذَت ورُفِضَت وانتُهِكَت وأُخِذ بـ(مَذْهَبِ الرَّأي) ووُضِعَ بإزائها الأُلوف مِن الأَحادِيث وزُوِّرت مُفرداتُها ووُضِعَت التَّأويلات لِتَظهر بِمَظهر المؤيِّد لِمَبنَى الجَبريَّة والمُتَبَنِّي لِأُصُولِها.

كانت الدَّعوةُ إلى الأَخذِ بِظَواهر القُرآن تَجرِي مِن دُون اعتِناءٍ ورِعايَةٍ كافِيَةٍ، ولِتُشكِّل عامِلًا رَئيسًا في تَفسِير مَشِيئَةِ الله تَعالى على مَنهجٍ مُؤكِّدٍ على تَسيِير الإِنْسان المَخلُوق مِن دُون إرادةٍ مِنه. وكانَتْ الأُصُول والرِّوائيَّة في ذلك (تُنتِجها بِاستِمرار مَعامِلُ بَعض الصَّحابَة وتابِعِيهِم مِثل أَبِي هريرة وعروة بن الزُّبير وسَمرة بن جُندب والزُّهري وأَمثالهم مِن الأَوفِياء لِقُصور الخُلفاء ومَوائدِهِم الشَّهِيَّة الطَّيِّبة. وقد وَجدَ الحاكِمُون في هذا المَذهب أَعزَّ أُمنِيتهم وأَغْلاها. حيث يَحكُمون ويَظلِمون ويَتسَلَّطون على عِباد الله ويُحقِّقون إرادة الله سُبحانَه وجميعَ ما جَرى على أَيدِيهم مِن قَتل الحُسين وغَيره مِن آلاف الصُّلحاء)[2].

كان على رَأْسِ الأَهدافِ مِن اتِّباع الجَبريَّة لِلجَبر هو إِحرازُ القُبول بِالواقع السِّياسِي وعِلّاتِه وأَسْقامِهِ، والرِّضا الاجتِماعِي بِنُظم الدَّولة الأُمويَّة في المناطق القَرِيبَة والبَعِيدة بما يُساوِق ما كان يَجري في الشَّام العاصِمَة الَّتي اعتُبِرت مَعقلًا مَضمون الوَلاء لِلأُمَوِيِّين. وكان اختِيارُ الجَهْم بن صَفوان لِخُراسان ودفعه لِلسَفر إِليها هُو أَوَّل خُطوة على هذا الطَّرِيق.

---

1 - الشِّيعة بين الأشاعرة والمعتزلة 172

2 - الانتفاضات الشِّيعيّة 139

وهذه خُراسان تُشكِّلُ قاعدةً لِقُوى المعارضَة العَنِيفَة الَّتي قادت المُواجهة المُسلَّحة، وفِيها مارسَ الثَّورِيُّون العبَّاسِيُّون والعَلوِيُّون مهامًّا عَسكَرِيَّة وأمنِيَّة خَطِيرة في الضِّدّ مِن الأُمَوِيِّين وتَفوَّقوا عليهم وكَسَبوا الكَثِير مِن مَراكِز القُوى الاجتماعيَّة والسِّياسِيَّة المُتفرِّقَة، وأَعدّوا العدَّة لِلانْقِضاض على السُّلطة الأُمَوِيَّة. ورُبَما تَراجَعت السِّيادةُ الأُمَوِيَّة وضَعُفَت وفَقدَت هَيبتَها في بَعض الولايات بين النَّاس، فجاءت الجَبرِيَّةُ بِخِيارٍ عَقدِي ذِي لَمسَةٍ سِحرِيَّةٍ ناعمةٍ لِلحَدِّ مِن اتِّساعِ قَواعد القوى المُعارِضَة وانتشار نفوذها.

ولم يَكن الجَهمُ بن صَفوان بِالشَّخصِيَّة المعزَّزَة لَدى الأُموِيِّين على الرَّغْم مِمَّا قَدَّمه مِن خِدْمَةٍ كَبيرةٍ لَهم. (فالعامِلُ السِّياسِي صَبغَ هذه النِّحْلَة ـ الجَبرِيَّة ـ بِصِبغَةٍ دينيَّةٍ قُصِدَ منها تَوطِيد الحكم الأُمَوِي. وإِنَّنا نَرى أَحدَ ملوك بَنِي أُمَيَّة لَّما اعتَنقوا عقِيدَةَ الاعتِزال عَمَلوا على الخَلاص مِن جَهمٍ بِحُجَّةِ مُرافقَتِه لِلحَرث بن سرح والتَّبشِير بِمَبادِئِه)[1].

لقد تَبنَّى مُعارِضو الدَّولة الأُموِيَّة الخِيار السِّياسيّ والعَسكَرِي لِلتَّعبِير عن مَواقِفهم ومِنهم المُعارِضُون الثَّورِيُّون العَبَّاسِيُّون وغيرُهم مِن العامِلين على الثَّأر لِمَقتل الإمام الحُسَين صَلواتُ الله وسَلامُه عليه. وفي ذات الظَّرف المُعقّد كان لِلشِّيعَةِ بإمامَةِ أَئمَّة أَهْلِ البَيت صَلواتُ الله وسَلامُه عليهم الدَّورُ الأَكبر في الكَشفِ عن حَقِيقة الجَبرِ وفَضح مَذاهِبِه وفِرَقِهِ وكَشْف المَدى الَّذي وَصَلَت إليه مُساهماتُ الأُموِيِّين في ظُهورِ الجَبر وبَثِّهِ في الوَلايات الإسلاميَّة المُختَلِفَة عبر أَعوانِهم.

فعَلِيٌّ أَمِير المؤمِنِين صَلواتُ الله وسَلامُه عليه قال في الجَبر (لَو وَجدْتُ رَجُلًا مِن أَهلِ القدر لَأَخذتُ بِعُنقِهِ ولا أَزال أَضرِبَه حتَّى أَكسرَ عُنقَه، فإِنَّهم يَهود هذه الأُمَّة)[2]. وخاضَ الإمامان البَاقِر والصَّادِق صَلواتُ الله وسَلامُه عَليهِما أَشَدَّ مُواجهات العَقلِ

1 - تأريخ الفرق الاسلاميّة 71

2 - التَبصِير في الدّين وتَمييز الفِرقَة النَّاجِية عن الفِرَق الهالِكِين، طاهر الإسفرائيني 87

والمنطقِ ضَراوة في الضِّدِّ مِن دُعاة الجَبر والتَّفويضِ. وساهَم مَوقِفهما في تَراجُع جَماعةٍ عنه وعن أفكاره وفي الحَدِّ مِن عِنادِ أَهْلِهِ، وصَرَّحَا بِالبَدِيل العَقَدِيّ الصَّحِيح حيث تَوسَّطا بَين الأَمْرَين فَقالا صَلواتُ الله وسَلامُه عليهما (لا جَبْرَ ولا تَفْوِيضَ ولَكِنْ أَمْرٌ بَينَ أَمْرَين) في حِين عَجِزت المَذاهِبُ والفِرق عن ذلك.

وخُلاصَةُ هذا التَّوسُّط تَقول أَنَّ أفعالَنا مِن جِهَةٍ هِي أَفعالُنا وتَحت قدرتِنا واختِيارِنا، ومِن جِهَةٍ أُخرى هِي مَقدورَةٌ لله تَعالى وداخِلَةٌ في سُلطانِهِ، فلَم يَجْبِرْنا على أَفعالِنا حتَّى يَكون قد ظَلَمنا في عِقابِنا على المعاصي، لِأَنَّ لَنا القدرة على الاخْتِيار فيما نَفعل، ولم يُفوّض إلينا خَلقَ أَفعالِنا حتَّى يكون قد أَخرَجَها عن سُلطانِه، بَل لهُ الخَلقُ والأَمْرُ وهو قادرٌ على كُلِّ شيءٍ ومُحيطٌ بالعِباد)[1]، و(أَنَّ أَهْلَ البَينِ ـ أَي الأَمرُ بَين أَمْرَين ـ كانوا يُمثِّلُون أَقوى أَحزاب المُعارَضَة لِسِياسَةِ الحاكِمين مِن حيث تَبنِيِّهم لِقَضِيَّة العَدالة بِالمفهوم الإسْلامي كما أَكَّدها الإسْلامُ وكانت أَبرز دَعواته)[2].

وفي مُقابلِ الجَبرِيَّة الأُمَوِيَّة أُسِّسَت القدريَّةُ القائلة بِنَفي القدرة عن الله سُبحانه وتَعالى وإسنادها إلى العِباد (وقد ذكر المؤلِّفون في الفِرَق والاعتقادات أَنَّ أَوَّلَ مَن تَكلَّم في القدر رَجلٌ مِن أَهْلِ العِراق كان نَصرانِيًّا دَخل إلى الإسْلام ورَجَع عنه، ومِنه أَخذ مَعبَدُ الجهني وغِيلانُ الدِّمَشقِي. فتَولَّى مَعبدُ الجهني نَشر فِكرَةِ القدر بِمَعنى الاختِيار في العِراق، وتَولّى نشرَها في الشَّام غيلان الدِّمشقي، واستَمرّ مَعبدُ في نشر الفِكرة زَمنًا طويلًا، وأَخيرًا انضَمّ إلى عبد الرَّحمن بن الأَشْعَث في ثَورتِهِ على الأُمَوِيِّين. فلمَّا انهزمَ ابنُ الأشْعَث كان مَعبدُ الجهني مِن جُملةِ الأَسْرى، فقَتلَه الحَجَّاجُ بن يُوسِف الثَّقَفِي. وقِيل أَنَّ الَّذي تَولَّى صَلبَه عبدُ الملك بن مَروان. وأَمَّا غيلان الدِّمَشقِي فقد تَولَّى نَشرَ فكرة الاختِيار والدّعاية لها بِالشَّام، وقد جَرَت بينه وبَين عُمر بن عبد العزيز مناظرةٌ حولها، واستَطاع أَنْ يُقنِعَه بِفَساد هذه الفِكرة. فَوعَدهُ غِيلان بالرّجُوع عنها. وكان مِن نَتيجَةِ ذلك أَنْ وَلّاهُ عُمَر بن عَبدِ العَزِيز، فباع ما في خَزائن الأُمَوِيِّين مِن التُّحَفِ

1 - الإمام الصّادق والمذاهب الأربعة 122

2 - الانتفاضات الشّيعيّة 153-151

والذَّخائر، فتَولَّى ذلك وأكثرَ مِن السِّباب والشَّتائم لِلأَمَوِيِّين الماضِين، فأَضمَرها له هِشام بن عبد الملك. فلَمّا تَوَلَّى الخِلافَةَ استَدعاه هو والفَقيه الأَوْزاعِي لِيَتناظرا في القدر. ولمَّا أَفحَمَهُ الأَوزاعِي أَمَرَ هِشام بن عبد الملك بِقَتلِه، فقَتلوه بعد أَنْ قَطعوا يَديهِ ورِجلَيه)[1].

وقِيلَ أَنَّ غِيلان نَفسه قَد عَرضَ المُشاركة في دَولَةِ عُمَر بن عبد العَزيز (ورُوِي أَنَّ عُمَر بن عبد العزيز دَعاه وناقَشه، وأَنَّه قال له: أَعِنِّي على ما أَنا فيه. فقال له غِيلان: وَلِّنِي بَيعَ الخزائن ورَدَّ المظالم، فَولَّاه. فكان يَبيعَها ويُنادِي عليها قائلًا: تَعالوا إِلى متاع الخُونَة، تَعالوا إلى مَتاع الظَّلمة، تَعالوا إلى متاعِ مَن خالَف رَسُول الله صَلّى الله عليه وآله في أُمَّته بِغَير سُنَّتِهِ وسِيرَتِهِ)[2].

انتَهى دَورُ كُلٍّ مِن مَعبدِ الجَهَنِي وغِيلان الدِّمَشْقِي إِلى الشَّراكة السِّياسِيَّة، فعَمِلا في إِدارة دَولَةِ عُمَر بن عَبد العَزيز مَرَّة، والتَحقا بِثَورةِ الأَشْعَث في مَرَّة أُخرى. وأَفضَت المُواجَهةُ الأُمويَّة المُباشِرة لَهما إِلى قَتلِهما بِوَصفِهما لاعِبَين رَئيسيَّين في استِنهاض المُسلمين بِعَقيدة التَّفويض المُناقِضَة لِلمَذْهَبِ الجَبريّ الأُمَوِي. (لكِنَّ غِيلان لم يَتوقَّف عن دَعوَتِه وحتَّى وهُو على خَشَبَةِ الصَّلْب. فلَقد مَرَّ بِه هِشام وهو مصلُوبٌ فقالَ لِغِيلان: كيفَ تَرى ما صَنَع بِكَ رَبُّك؟ فالتَفتَ غِيلان وقال: لَعَنَ اللهُ مَن فَعَل بِي هذا. أَراد هِشام أَنْ يَنسِب فِعلَهُ القَبيح إِلى الله، فنَسَبَ غِيلانُ الفِعلَ إِلى فاعِلِه الحَقِيقي، فعَبَّر عن إِيمانِه بِرَأيه في مَسئولِيَّة الإِنسان عن أَفعالِهِ حتَّى الرَّمَق الأَخِير)[3].

أُطلِقَ على أَتْباعِ مَعبد الجَهَنِي وغَيلان الدِّمَشْقِي اسْمَ القَدرِيَّة والمُفَوِّضَة (وسُموا بِالقَدرِيَّة مِن بابِ تَسمِية الشَّيء بِاسْمِ ضِدِّه، فَهُم ضِدَّ مَن يَقول بِالقَدر ويَنفُون القَولَ أَنَّ الأَشياءَ مُقدَّرةٌ أَزلِيًّا. وهُم وإِنْ كانوا نَفوا القَدرَ عن الله وأَثبَتُوه لِلعَبدِ فأُطلِقَ عليهم تَجاوزًا اسْم القَدرِيَّة الّذي يَكشِف عَنهم ويَدُلُّ عليهم دَلالَةً صريحةً هو كَلِمةُ المُفَوَّضَة،

---

1 - نفس المصدر السّابق 174

2 - تأريخ الفرق الاسلاميّة 82

3 - أديان ومذاهب 53

أَيّ أَنَّ الإنسان مُفوضٌ في تَصرُّفاتِه حُرٌّ في أَعمالِهِ لِقوله تَعالى [إِنَّا هَدَيْنَاهُ السَّبِيلَ إِمَّا شَاكِراً وَإِمَّا كَفُوراً][1].

ويَقولُ الشَّهْرِستَانِي:

أَنَّ أَوَّلَ مَن اعتَنَقَ عَقِيدة القَدرِيّة ثَلاثةٌ مِن أَعلام الأُمَّة مَعْبدُ الجَهنِي وغِيلانُ الدِّمَشْقِي ويُونسُ الأَسْوارِي.. ونَظر ـ معبدُ ـ إلى ما يُحِيط به فوَجدَ أَنَّ الحكُم الأُموِي المُسيطِر على العِراق يَتَّجِه نَحو سِياسَةٍ خاصَّةٍ، فهو قد حَجَر على الحُرِّيات ونَسَبها إلى الدِّين. فهالَه ذلك الأَمرُ فقام بِفِكرَتِه ونَشر مُعتقدَه في العِراق وسُكان العِراق يَمقتون الأُمَوِيِّين. فقد عانوا مِنهم الشَّدائد وذاقوا مِن وَلائهم الأَمرَّين ولم يَروا منهم ما تَطمئِن إليه النُّفوس)[2].

وتَذْهَبُ بَعضُ الأُصُول والمُدوَّنات في اختِصاص تَأرِيخ المذاهب والفِرَق إلى أَنَّ لِمَذهَب غِيلان الدِّمَشْقِي مَصدَرَين:

الأَوَّلُ مِنهما هو الحَسَن بن مُحمَّد بن الحَنفِيَّة إذْ أُخِذ عنه فِكرَةَ الإِرْجاء ورَوى أَنَّ الحَسَن كان يَقول إذا رأى غِيلان في المُوسِم: أَتَرون هذا؟ هُو حُجَّةُ الله على أَهْلِ الشَّام، ولكِنَ الفَتى مَقتُول.

وأَمَّا الثَّاني: فما ذُكِر مِن أَنَّه أَخذ فكرتَه في القَدرِ عن مَعبد الجهني وهو مِن التَّابِعين.

وعلى هذا الأَساس فأَفكارُ غِيلانَ هِي مَزيجٌ مِن الإِرْجاء في الإِيمان والقَدر على مَذهَبِ القَدَرِيَّة[3]. وعَدَّهُ المُرتَضى ـ غِيلان ـ في المُنية والأَمَل مِن طَبَقات المُعتزِلَة)[4].

لقد جَرَت العادةُ بين المذاهِب والفِرق ذات المُنطلَق السَّياسِيّ أَو العَقدِيّ أَنْ تُحدِّد

1 - الإنْسان 3

2 - تأريخ الفرق الاسلاميّة 80-79

3 - الملل والنِّحل لِلشّهرستاني 324-103

4 - عبد الرحمن بدوي في مذاهب الإسلاميين 103-102/ 1

مَوقِفَها مِن الإمامة لِكَونِها مِن الأُمور الجدَلِيَّة في سِيرة المُسلِمِين مُنذُ وقوع الانْقِلاب على الأَعْقاب في يَوم السَّقِيفَة واقتراف النَّقض المُبرم لِبَيعة الغَدِير والتَّحوُّل الكَبير عن إمامَةِ عليٍّ أَمِير المؤمنين صَلواتُ الله وسَلامُه عليه إِلى خِلافَة أَبِي بَكر بِزَعامة الصَّحابة الخَمسة مُتعاقدي (صَحِيفَة مكّة الثَّانيَة).

وإِنَّ القول بِالجَبرِ أَو القَدرِ وبِمَفهومِهما الصَّريح قد رَضِيَ بِبَيعةِ أَبِي بَكر وعُمَر وعُثمان ونَقَض بَيعة الغَدِير. فإِمَّا أَنْ تَكونَ بَيعتُهما جَبرًا أَو قدرًا، فيُوفِّر هذا القولُ لِلخِلافة بِأَشكالها المُتباينة كامِلَ الشَّرعِيَّة. لكِنَّ قَولَهُما ـ الجَبر والقدر ـ بِجَواز الإِمامَةِ في غَير القُرَشِي (بِشَرط أَنْ تَكونَ إِمامتُه بِإِجماع المُسلمين، وإِنَّ كلَّ مَن قام بِالكِتاب والسُّنَّةِ فلَه الحقّ بِتَولِّي الإمامَة)[1] رُبَما جاء ذلك بِإِيعازٍ مِن الدَّولة الأُمَوِيَّة وذلك بِقَصد إِضعاف الاتِّجاهات السِّياسِيَّة المُنضوِيَة تحت لِواء القادَةِ القُرَشِيِّين سَواء أَكانوا مِن الثَّورِيِّين العَبَّاسِيِّين أَو مِن العَلوِيِّين. أَو أَنَّ القولَ بِجَواز الإِمامة لِغَير القُرَشِي جاءَ بِوَصْفِهِ رَدَّة فِعلٍ على الدَّور السَّلبِيّ الَّذي لَعِبتَه القِيادتان الأُمَوِيَّة والعبَّاسيَّة معًا وما لَحِق بِهذا الدَّور مِن مَعارك طاحِنَة في المُسلِمين.

وأَمَّا في المُرجِئة فقد جاء عن الإِمامُ عَلِيّ بن مُوسَى الرِّضا صَلواتُ الله وسَلامُه عليه أَنَّ النَّبِيّ صَلَّى الله عليه وآله قال (صِنفان مِن أُمَّتي لَيس لَهُم في الآخِرَة نَصيبٌ: المُرْجِئةُ والقدرِيَّةُ . وجاء عن زَيد بن عَلِيّ أَنَّه قال: لَعَن اللهُ المُرْجِئة لِأَنَّهم أَطعَموا الفَساد في عَفو الله)[2].

ويَنتَهِي الإِرجاء إِلى القول أَنَّ كُلَّ شِرِّيرٍ وآثِمٍ وحاكمٍ مُتسَلِّطٍ ظالمٍ مَهما بَلَغت جَريمَتُه فعليه أَنْ يَرجُو مَغفِرَةَ الله ويَنتظِرَ رَحمَته، ولا يَتنافى ذلك مع إِيمانه، ويَصحُّ وَصفُه بالإِيمان. وإِنْ كان مِن الحاكِمِين فإِنَّه يَبقى مِن أُمْراء المُؤمِنين. وقد أَسنَد هؤلاء فِكرَتَهم هذه إِلى القُرآن الكَريم، مُستدِلِّين بِالآية الكريمة [وَآخَرُونَ مُرْجَوْنَ لِأَمْرِ الله إِمَّا

1 - تأريخ الفرق الإسلاميّة 83

2 - الشّيعة بين الأشاعرة والمعتزلة 107

يُعَذِّبُهُمْ وَإِمَّا يَتُوبُ عَلَيْهِمْ وَالله عَلِيمٌ حَكِيمٌ][1]. ولَّما كان كُلُّ مُجرمٍ يَنتَظِرِ مِن الله العَفوَ والرَّحمةَ وهو الغَفُور الرَّحِيم كما وَصَف نَفسَه، فعَلَى النَّاسِ أَلَّا يَشجبُوا عملَ الظَّالِم أو يَستنكِروه مَهما تَمادَى في ظُلمِه وَجورِه، ولا مُقاومَته أو وصْفه بِالظُّلم والجور، لِأَنَّ الله سبحانه وتَعالى قد أَرْجَأَ أمره إلى يَومِ الحِساب. (والنَّتِيجَةُ الحَتمِيَّةُ لِذَلك أَنَّ على النَّاس أَنْ يَتركوا لِبَنِي أُمَيَّة وغَيرِهم مِن الحُكّام حُرِّيَّة التَّسلّط والحكم والسِّيادة مهما أوغلوا في البَغي والطُّغيان والتَّجبّر. وهذا هو الَّذي كان يَنشده الحاكِمُون مِن الإِرجاء الذي خَرج مِن قُصورِهم ومَهَّدوا لِانْتِشاره عن طَريق العُلَماء وخُطباء الجَوامِع وغيرها مِن الفِئات التي تَتَقاضى الثَّمن على نَشر هذه الأفكار وتَقوِيض رُوح الثَّورة ومَسارها)[2].

فالإِرجاءُ هو (التَّأخِير، كما في قولِه تعالى [قَالُواْ أَرْجِهْ وَأَخَاهُ وَأَرْسِلْ فِي الْمَدَآئِنِ حَاشِرِينَ][3]، أَي أَمْهِله وأَخِّره. وتَرى هذه الطَّائفة تَأخِير صاحِب الكَبيرةِ إلى يوم القِيامَة، فلا يُقضَى عليه بِحُكمٍ ما في الدُّنيا، مِن كَونِه مِن أَهْلِ الجَنَّة أَو مِن أَهل النَّار . وكانوا يَقولُون: لا تَضُرُّ مَع الإِيمان مَعصِيَةٌ، كما لا تَنفَعُ مع الكُفْرِ طاعَةٌ!

ولا شَكَّ في أَنَّ المُرجِئة بهذا المعنى تُشكِّل رَدَّةَ فِعلٍ لِلخَوارجِ الَّذين قَضَوا بِتكفِير مُرتَكِب الكَبيرة، فقال المُرْجِئةُ: أَنَّه لا يَحق لَنا أَنْ نحكُمَ على أَحدٍ بِالكُفر إذا كان مُسلِمًا مُؤمِنًا، والإِيمان عِندَهُم يَكون بِمَعرفَةِ الله ورَسُوله والإِقرار بما أَنزل الله، والعملُ لَيس شَرطًا، وهو ما يُفهم مِن أَقوال رِجال المُرجِئة)[4].

ويَظهر أَيضًا مِن خلال طَبيعة الإِرجاء وكذلك الجَبْرِيَّة والمُفَوِّضَة أَنَّها تَحكِي لَونَ النِّظامِ السِّياسي الحاكِم أَكثرَ مِمَّا تُعبِّر عن عَقِيدةٍ أَو فِكْرَةٍ رائجة في النَّاس. فالإِرجاءُ لا يَختَلِف كثيرًا عن الجَبر في مُنطلَقِه السِّياسيّ والاجتماعيّ فضلًا عن آثاره وما نَجمَ عنهما مِن إِحباطٍ وُقعودٍ عن نُصرَةِ الحقِّ. ويَشترِكان أَيضًا في الفَترة الزَّمَنِيّة التي أُعلِن فيها عن نُشوء كُلٍّ مِنهما.

1 - التَّوبة 106

2 - الانتفاضات الشِّيعيّة 132

3 - الأَعْراف 111

4 - الشِّيعة بين الأشاعرة والمعتزلة 101

كان ظُهور الجَبر والإِرْجاء مُقرَّرًا في فَترةٍ مَدْرُوسَةٍ مُحكَمَة بِدِقّةٍ عالِيَة، وأَنَّ مِن وَرائه حِنْكَةً سِياسِيَّةً. وأَنَّ بين الجَبر والإرجاء تَشابُهًا في العَقل المُنشِئ لهما مِن حَيث اختِيار الضَّعف في الدِّين واليَأس مِن الإيمان وشُيوع الشَّكّ في ما في أَيدِي الخُلفاء/ الحُكَّام ومِن حَيث استِغلال الفُرَص لِفَرض تَحوُّلٍ كَبيرٍ في عَقِيدةِ الطَّرفِ الآخَر يَقْضِي بانْحِسار المَوقِفِ السِّياسِي النَّاقِد وتَلاشِي المُعارض مِنه أو يَتَراجَعان بإرادةِ الأُمَّةِ إلى العمل على جَلْدِ الذَّات والرِّثاء لِخُطوب الدَّهر ومآسِي حُروب الخِلافَة المُتوالِيَة الَّتي حَصَدَت في رُؤوس المُسلِمِين وسَفكَت دِماءَهم بِأَوامِر القادَةِ مِن المُسلِمِين.

إنَّ المُرجِئَةَ قد (نَعَموا بالإِقامة في البَصرة مِن دُون أَنْ يَجِدوا عَنتًا مِن وُلاتِها، فعَمَلوا على نَشر هذا المَذهَب بين أَهلِها. وكان حَسَّان بن بِلال المُزنِي أَوَّلَ مَن دعا إلى مَذهَبِه بينهم، ولَقِيَت دعوتُه قُبولًا حيث وَجد البَصرِيُّون في الإِرْجاء ضَالَّتهُم المنشودة لِأَنَّهم سَئِموا الحروب وآثروا السَّلامة والعافِيَّة مِن جراء ما لاقُوه مِن أَهوال في مَعارِك الجَمل وصِفِّين والنَّخيلة، وأَصبَح الإِرْجاء بِمَثابَةِ الصِّيغة المذهَبِيَّة التي تُمَنطِق رَغْبَتَهم في المُوادَعَةِ والرُّكون إلى الرَّاحة، وتَحول مُعظَمُهم إلى الإرجاء وانْصَرفوا إلى أُمورِهم الدَّاخِلِيّة مِن دُون النَّظر إلى نوعيَّة السُّلطة الحاكِمة التي لم تَكُن على حَسَب مذهبهم خارجةً ضَالَّة.

ويَبدو مِن خِلال الكَثِير مِن نُصوص المَصادِر الَّتي تَحدَّثَت عن المذاهِب وبَحَثَت في الفِرق أَنَّ معظم قادَةِ المُرجِئة هُم مِن الانْتِهازِيِّين الَّذين تُسَيِّرهم المَصالح والأَهواء)[1]. ورُبَما تَميَّزَت ظاهرةُ الإِرْجاء عن غَيرِها مِن المَذاهِب والفِرق الأُخْرى بإعلانِها الصَّريح عن شَرعِيَّةِ حُكم الأُموِيِّين وصِحَّةِ سُلوكِهم وسَلامَةِ مَنهجِهم في الحُكْم.

فالإِرْجاء (في واقِعِهِ تَبريرٌ واضِحٌ لاغتِصابِ بَنِي أُمَيَّة حَقَّ الإِمامَةِ بِوَسائل التَّدلِيس والاغتِيال وأَسالِيب التَّرغِيب والتَّرهِيب. وكان الإرجاءُ دِينُ المُلوك لِأَنَّ المُرْجِئة لم يُعارِضُوا الحكومة الأُمَوِيَّة مثل سائر الفِرق الأُخرى، بل اعتَرفوا بِشَرعِيَّتها ونادوا

1 - الانتفاضات الشِّيعيّة 134. انظر: الحركات السِّرِّيّة في الإِسلام - 35 36

بِوجوب طاعَتِها.. إنَّ شُيوخ هذا المذهَب حَظوا بِرِعايَةِ الأُمَوِيِّين الأَوائل وأَقاموا إلى جانِبِهِم في عاصِمَتِهم دِمَشق، بَينما تَعرَّض غيرُهُم مِن الفِرق الأُخرى لِضُروبٍ مُختلِفةٍ مِن التَّعذِيب والاضْطِهاد)[1].

وحول النَّشأَةِ الأُولى لِلمُرجِئة وبِدءِ تكوينها فقد اضْطرَبَت الأَقوالُ واختَلَفَت وتَضارَبت. ويَقول النُّوبَخْتِي (ولمَّا قُتِل أَمِيرُ المؤمنين عَلِيّ صَلواتُ الله وسَلامُه عليه بِسَيف بن مُلجَم المُرادِي اتَّفَقَت بَقِيَّةُ النَّاكِثين والقاسِطين وتَبعَة الدُّنيا على مُعاوِيَة فسُموا بِالمُرْجِئة، وزَعمُوا أَنَّ أَهلَ القِبلَةِ كُلُّهم مُؤمنون بِإقرارِهِم الظَّاهر بِالإيمان، ويَرجُون لهم جَميعًا بِالمَغفِرة. وفي الواقع أَنَّ هذه الفِرقَة سِياسِيَّة ولكنَّها أَخذت تَخلُط بِالسِّياسَة أُصُولَ الدِّين. فَهُم أَعوانُ الأُمراء والمُنضَوُون تَحت لِوائهم، يُؤَيِّدون دَولَتَهم مع ارْتِكابِهم المَحارِم، وانْغِماسِهم بِالجَرائم.. وقد أَيَّدوا ـ بِرَأيهم هذا ـ خُلَفاءَ الدَّولَةِ الأُمَوِيَّة تأييدًا عِمليًّا، فهُم في الواقِع قد فَتحُوا بابَ الجُرأة على ارتِكاب المَحارم)[2].

وذَهَبت بَعضُ الأُصُول والمُدوَّنات إلى أَنَّ الإرْجاء قد ظَهر (في عَصر الصَّحابَة حِينما اختَلَف المُسلِمون في عَهد عُثمان بن عَفّان، واحتَجُّوا لِذَلك بما رَوُه عن أَبِي بَكر عن الرَّسُول صَلَّى اللهُ عليه وآله أَنَّه قال «إِنَّهَا سَتكُونُ فِتَنٌ، اَلْقَاعِدُ فِيهَا خَيْرٌ مِنْ اَلْمَاشِي فيها، وَالماشِي فِيهَا خَيْرٌ مِنْ اَلسَّاعِي إِلَيْهَا. أَلَا إِذَا نَزَلَتْ أَوْ وَقَعَتْ فَمَنْ كَانَ لَهُ إِبِلٌ فَلْيَلْحَقْ بِإِبِلِهِ وَمَنْ كَانَتْ لَهُ غَنَمٌ فَلْيَلْحَقْ بِغَنَمِهِ وَمَنْ كَانَتْ لَهُ أَرْضٌ فَلْيَلْحَقْ بِأَرْضِه. فَقَالَ رَجُلٌ: يَا رَسُولَ اَلله، أَرَأَيْتَ مَنْ لَمْ يَكُنْ لَهُ إِبِلٌ وَلَا غَنَمٌ وَلَا أَرْضٌ؟ قَالَ: يَعْمِدُ إِلَى سَيْفِهِ فَيَدُقُّ عَلَى حَدِّهِ بِحَجَرٍ ثُمَّ لِيَنْجُ إِنْ اِسْتَطَاعَ اَلنَّجَاةَ. اَللَّهُمَّ هَلْ بَلَّغت، اَللَّهُمَّ هَلْ بَلَّغْت، اَللَّهُمَّ هَلْ بَلَّغت!! فَقَالَ رَجُلٌ: يَا رَسُولَ اَللَّه، أَرَأَيْتَ إِنْ أُكْرِهْتُ حَتَّى يُنْطَلَقَ بِي إِلَى أَحَدِ اَلصَّفَّيْنِ أَوْ إِحْدَى اَلْفِئَتَيْنِ فَضَربَنِي رَجُلٌ بِسَيْفِهِ أَوْ يَجِيءُ سَهْمٌ فَيَقْتُلُنِي؟ قَالَ: يَبُوءُ بِإِثْمِهِ وَإِثْمِكَ وَيَكُونُ مِنْ أَصْحَابِ اَلنَّارِ)[3].

---

1 - نفس المصدر السّابق 133

2 - الإمام الصّادق والمذاهب الأربعة 121

3 - مُسلِم (الفِتَنُ وأَشراطُ السَّاعَة)، أبو داود (الفِتَن والمَلاحِمُ)

وعَملاً بهذا الحَدِيث وَقَفَ جماعةٌ مِن المُسلِمين مَوقِفًا حِياديًّا مِن النِّزاع الَّذي نَشَب بين عُثمان وخُصومِه، وبَين عَلِيٍّ صَلواتُ الله وسَلامُه عليه والخارِجين عليه ولم يَحكموا على الجَمِيع بِخَيرٍ أو شَرٍّ، فكان هذا المَوقِفُ منهم البَذرةَ الأُولى لِفِكرَةِ الإرجاء)[1].

في هذا الحَدِيث المَروِي عن أَبي بَكْر تَظهرُ مَلامِحُ الضَّعْف بَارِزَة، وهُو مِن دَعائم إرجاء الأُمَوِيِّين الَّذين كَثُر في فترة حُكمِهم الكَذِبُ على رَسُول الله صَلَّى الله عليه وآله والوَضْعُ في الرِّوايَة والتَّزوير والتَّلفِيق في السِّيرَة. فماذا عن القَولِ بِالمَوقِف مِن فِتْنَة عُثمان حيث عَناصر الإجْماع الَّذين أَقاموا عَلِيًّا صَلواتُ الله وسَلامُه عليه خَليفةً هُم أَنْفسم الَّذين جاءوا بِعُثمان خَلِيفَةً مِن قَبْل ولم يَتخِذ أَحدٌ مِنهم مَوقِفَ الحِياد، وأَنَّ المانِعِين لِوَلايَة عَلِيٍّ صَلواتُ الله وسَلامُه عليه مِن بَعد عُثمان فقَد بايَعوه في أَوَّل الأَمر ثُمَّ نَكَثوا بِبَيعَتِهم ومَرَقوا وقَسَطوا.

لقد كَشَفَت حَوادِثُ مَعركة صِفِّين وما تَبِعَها مِن رُدود الفِعل أَنَّ مَن وَصَف نفسه بِالحِياد فهُو مِن أَكثَرِ المنحازِين إلى مُعاوِيَة ودَولَتِه تَطَرُّفًا. فهذا أَبو هريرة الوَسِيط المُبادر لإِنْهاء مَعركة صِفِّين قد عُرِفَ عنه كثرةَ الوَضع والتَّلفِيق والتَّشطِيب والتَّزوِير في الأَحادِيث وإِضفَاء طابع الشَّرعِيَّة على سُلطان بَنِي أُمَيَّة.

وأَمَّا أُولئك المُتخَاذِلين عن نُصرَةِ عَلِيٍّ صَلواتُ الله وسَلامُه عليه مِن بَعد صِفِّين وفي الضِّدّ مِن المارقة الخَوارِج فلَم يَكونُوا مِن المُحايدين بَلْ أَنَّ بَعضَهُم اتَّخذَ مَوقِف المؤيِّد لِمُعاوية انْطلاقًا مِن عَصَبِيَّةٍ قَبلِيَّةٍ أَو عَشائرِيَّةٍ أَو غَيرها.

ومهما يَكُن مِن أَمْر، فمَذْهَبُ الإرْجَاء لا يُعْرَف له تَأريخ يُفَصِّل في نَشأَتِه الأُوْلى على حَسَب بَعض الأُصُول والمُدوّنات في سِيرة المَذاهب والفِرق. ويُؤيِّد بَعضُ المُستَشرِقِين: أَنَّ البحثَ عن المُرْجِئة وبِدء تكوينِها وتَأريخها مُحاطٌ بِشَيءٍ مِن الغُموض. والسَّببُ في ذلك يَعود إلى أَنَّ الدَّولَة العبَّاسِيَّة قَضَت عليهم وأَفنَت أَصحابَ

1 - الشِّيعة بين الأشاعرة والمعتزلة 102

هذه المقالة لِأَنَّهم كانوا مِنَ المُناصِرين لِلأُمَوِيِّين.

هذا الرَّأي لا يحظى بِتَأْيِيد الأَدلَّة، لِأَنَّ القائلين بالإِرْجاء قد ابتَدَعوا هذه المقالة لِمَصلَحَة الحاكِمين، وحُكَّام الدَّولة العبَّاسِيَّة كانوا في أَمَسِّ الحاجَة لِمَن يَضعهُم في صُفوف المُؤمِنين لِأَنَّهم مَثَّلوا أَقبحَ الأَدوار التي مَثَّلها حُكام الأُمَوِيِّين.

وجاء في التَّعليقَة على كِتاب (التَبصِير في الدِّين) أَنَّ أَوَّلَ مَن سمَّى)أَهْلَ السُّنَّةِ والجَماعة(بِالمُرْجِئة هُو نافِعُ بن الأَزرَق الخارِجي أحد زُعماء الخَوارِج في العَصر الأُمَوِي. وذلك عندما شاع بَينَهم أَنَّ الإيمان هو التَّصدِيقُ بِما جاء بِه النَّبِيّ تَفصِيلًا وإِجمالًا.. وهذا النَّوعُ مِن الإِرجاء قد نُسِبَ إِلى أَبِي حَنِيفَة كمَا في التَّعلِيقَة على مَقالات الإِسْلامِيِّين لِلأَشعَرِي.. وقد أَنْهى أَبُو الحَسَن الأَشْعَرِي المُرْجِئة إِلى اثْنَتَي عَشرَة فِرقَة)[1].

ويُشير بَعضُ المُدوِّنين الآخرين إِلى أَنَّ المُرجِئة فِرقَةٌ وسَط بين المارقة الخَوارِج والمُعتزِلَة. (فكَلِمَةُ المُرْجِئة لم تُعرَف قَبل العَصر الأُمَوِي، ولم تُستعمَل إِلَّا بعد أَنْ عُلِمَ مِن حالِ الخَوارِج أَنَّهم يُكفِّرون العُصاة سَواء كانُوا مِن الحُكام أَمْ مِن غَيرهم. وفي مُقابِل هَؤلاء ذَهَب المُعتزِلَة إلى أَنَّهم مُخلَّدون بِذُنوبهم. ووَقَف المُرْجِئةُ في مُقابِل الفِئَتَين الخَوارِج والمُعتَزِلَة ولم يَحكُمُوا عليهم بِالكُفر ولا بِالعقاب في الدُّنيا، وتَرَكُوه إِلى اليَوم الآخر.. وإِنَّهم وُصِفُوا بِالإرجاء لِأَنَّهم خالَفوا الفَرِيقَين المُعتَزِلَة والخَوارِج)[2].

رُبما كان مُنطَلَقُ القائلِين بِذلك هو تَصنِيفُ المُرْجِئة إِلى مَذهبٍ وَسَطٍ بين المارِقَة الخَوارج والمُعتزِلَة مِن حيث العَقِيدَة لا مِن حيث الهَدَف السِّياسِي الَّذي مِن أَجلِهِ أُقِيمَت تِلكَ المذاهب ومنها المُرْجِئة. فالمُرْجِئةُ مَذْهَبٌ مُضْطَرِبُ المَنْشأ على عَهد الأُمَوِيِّين حيث أَيَّدوه، لِكنَّهم بَعد الضَّعف الَّذي لَحِق بِدولَتِهم انحَسَروا عنه والتَحَقُوا بِالمُعتزِلَة والمارِقِين الخَوارج. وكذلك الدَّولَة العبَّاسِيَّة الجديدة الَّتي شارَكتهُم أَهدافَهم السِّياسِيَّة

1 - نفس المصدر السّابق 104

2 - نفس المصدر السّابق 101

(التحقُوا بِالتَّيارات المُعادِيَة لِلأمويِّين التي تَصدَّعت لِلدِّفاع عن العَدالة، وتَظاهَرُوا بِالتَّراجُع عن بَعض أفكارِهم فِيما يَعود إلى الإِيمان، ولم يَجِدوا غَضَاضَة في اقتِباس بَعض آراء القدريَّة أَسْلاف المُعتزِلَة والتَّنكُّر لِمُعتَقداتِهم السَّابقة كما نَسبَ ذلك إِليهم بَعض الكُتّاب.

التَحق الأُمويُّون بِأجواء الثَّورة بعد انهِيارِ دَولَتِهم، فانخَرطُوا في جماعات المارِقَة الخَوارِج وأَيدوا المَواقِف المعادِيَة لِلعبَّاسِيِّين. (ولمَّا ظَهرَت الدَّولةُ العبَّاسِيَّة على المسرح وأَصبَحَت الوَرِيثَ الوَحيد لِلأمويِّين في المَشرِق كان لا بُدَّ لها أَنْ تَستخدِم المُرْجئة وغيرَهَم مِن المَذاهِبِ والفِرق بِنَفس الرُّوح والدَّوافِع الَّتي استَخدَمَها الأُمَويُّون. وقد لَبَس كَثِيرٌ مِن المُرْجئة ثَوبَ الأَئمَّة والوُعَّاظ فَرَاحُوا يُرَدِّدون في خُطَبِهم ومَجالِس القصص قَولَ الله تعالى [يَا أَيُّهَا الَّذِينَ آمَنُواْ أَطِيعُواْ الله وَأَطِيعُواْ الرَّسُولَ وَأُوْلِي الأَمْرِ مِنكُمْ..]، وأُوَّلُو الأَمْر هُمْ السَّلاطِين فتَجِب طاعَتُهم بِحُكم القُرآن ولو كانُوا ظالِمِين)[1].

لا يَختلِف العباسِيُّون عن الصَّحابَة الأَوائل وخُلفائهم الثَّلاثة مِن حيث أَنَّهم لا يُقِيمون أَمرًا إِلَّا مِن بَعد أَنْ يُمهِّدوا له الرُّواة والفُقهاء والأَئمَّة والوُعَّاظ ولِيَعدّوا له مِن الكِتاب والسُّنَّة. ومِمَّن نَسبَ إِليهم الإِرْجاء أَبُو حَنِيفَة وحَمَّاد بن أَبِي سُليمان وابنُ أَبِي ليلى وأَبُو البُحتَرِي قاضِي القُضاة وأَبُو يُوسُف تِلميذ أَبِي حَنِيفة.

كان العبَّاسيُّون أَكثرَ التِزامًا بِالدِّين الشَّكْلِي السَّائد مِن خُصومهم القَبَلِيِّين الأُمَوِيِّين، فكَثُرت في عَهدِهم المَذاهِبُ والفِرَق وصارت أَكثَر شُيوعًا، وبالَغوا في تَجنِيد رَجالِهم مِن الأَئمَّة والوُعَّاظ والفُقهاء وقَرَّبُوهم أَكثر مِمَّا جَنَّدته الدَّولةُ الأُمويَّة الَّتي كانت صَرِيحة في غالِب الأَمْر بِمُعاداتِها لِلرُّواة والفُقهاء وبِمُحارَبتها لهم، لكِونَها دَولة تَرتكِز على عُمقٍ بَشريٍّ في الشَّام يُعِينُها في حَسْم مَعارِكها مِن دُون الحاجَة إِلى دُورِ مُسانِدٍ مِن الأَئمَّة والوُعَّاظ والرُّواة والفُقهاء.

---

1 - الانتفاضات الشِّيعيَّة 134

يَبقى أَخيرًا أَنَّ الجَبر والإِرْجاء كانا مِن مُتبَنَّيات (اتِّجاه أَهْلِ العامَّة) وإِنْ أُشِيع بِوُجود ما هو مُعتدلٌ فيهما. وليس في الشِّيعة شَيءٌ من الإِرْجاء مُطلقًا. فقد قال أَبُو حَنِيفة وأَصحابُه مِن مُريدِيه (أَنَّ الإيمان هو التَّصدِيق وهو لا يَزيد ولا يَنقُص. وصاحِبُ الكَبِيرة لا يَخلُد في النَّار بَل يُعذَّب بِمِقدار. وقد يَعفو الله عنه. وقال إِلى هذا الرَّأي الحَسنُ بن مُحمَّد بن عَلِيّ بن أَبِي طالِب وسَعِيد بن جُبير وطارِق بن حَبِيب ومُقاتل بن سُليمان وحَمَّاد بن أَبِي سُليمان شَيخ أَبِي حَنِيفَة وكَثيرٌ مِن أَئِمَّة الحديث. ولكِنَّ هؤلاء تَبرَّؤوا مِن قول المُرْجِئة: ولا تَضُرُّ مع الإيمان مَعصِيَة. وكُلُّ ما في الأَمْر تَغلِيب جانِب الاعتِقاد على العَمل)[1].

ويَردُّ الشَّهرِستاني في المِلَل والنِّحل بِقَولِهِ (إِنْ صَحّ القولُ أَنَّ الحَسَن بن مُحمَّد بن عَلِيّ بن أَبِي طالب هو أَوَّلُ قائلٍ بِالإرجاء، فإِنَّه لم يُؤخِّر العمل عن الإيمان، لكنَّه حَكَم بِأَنَّ صاحِب الكَبِيرة لا يُكفَّر، إِذْ الطَّاعات وتَرك المعاصِي ليست مِن أَصْل الإيمان حتَّى يَزُول الإيمان بِزَوالها)[2].

ومَهما يَكُن مِن أَمْر، فَالمُرْجِئةُ والجَبريَّة والمُفوِّضَة تَحوَّلَت بعد ذلك مِن مَذاهِب وفِرَق قائمة على أَهدافٍ سياسِيَّةٍ معلومة إِلى مَذاهِب وفِرَق دِينِيَّة ذات طابع عَقَدِيّ خاصٍّ مِثلَما اتَّخذَت العَديدُ مِن مَذاهِب وفِرَق (اتِّجاه أَهْلِ العامَّة) أُصُولًا تُمَيِّزها وكانت مَحلًا لِلتَّوظِيف السِّياسِي مِن قِبَل الدُّول المُتعاقِبَة.

فالقدرِيَّةُ ولَّدت مَذْهَبَ المُعتزِلَة الَّذي تَزعَّمه واصِلُ بن عَطاء، والجَبرِيَّةُ والمُرْجِئةُ ولَّدَا مَذْهَبَ الأَشاعِرة الَّذي قاده أَبُو الحَسن على بن إِسماعِيل الأَشعَرِي، إِذْ (لَيس مِن الصَّعب تَلَمُّس آثار غِيلان والقَدريَّة عمومًا عند المُعتَزِلة، ويُمكِن استِقصاء آثار الجَبرِيَّة والمُرجِئة عن الأَشاعِرة)[3].

1 - التّآلف بين الفرق الإسلاميّة165

2 - المذاهب والأديان . عن الملل والنِّحل، الشّهرستاني 144

3 - أديان ومذاهب 15

ـ المَنْبَتُ الأَوَّلِ لِلمَذاهِبِ والفِرَق

وَصَل المُسلِمون إِلى حالٍ مِن الغَليان والميلِ إِلى النُّفور مِن سُلطة الأُمويِّين ومِن كُلّ ما يَجري في قُصورِهم مِن لَهوٍ وفَسادٍ ومجون، ومِن طُغيانٍ واستِبدادٍ بَين وُلاتِهم وأعوانِهم وبَين قُوى النُّفوذ الدِّيني والمذهَبِي المُوالِي لهم، ودَخلَت بَعضُ الفِئات الثَّورِيَّة المُستَقِلّة مَيادِين المُواجَهَة المُباشرة مع سُلطَةِ الأُموِيِّين تَحت شِعار (الرِّضا مِن آل مُحمَّد).

وبَرز العَبَّاسِيُّون مِن بَين القُوى الثَّورِيَّة وتَقدَّموا على المُناوِئين لِلأُمَوِيِّين بِسرِّهِم الكَبير، ونَشطوا سِياسيًّا وانتَظموا في مَساحةٍ جُغرافِيَّةٍ واسِعَةٍ. فَجنوا ثِمار الغَليان الثَّورِي الكَبير مُتعَدِّد القُوى والمحاور والاتِّجاهات والأَهداف، وراحوا يَتقاسَمون الغُنم فِيما بينهم مُنفرِدين وعلى قاعِدَةٍ مِن الخِلافَة الهِرَقْلِيَّة المَلكِيَّة المُستَبِدّة المُتوارِثَة على طَرِيقة سَلَفِهم الأُمويِّين، وخَسِر هنالِك الثَّورِيُّون نُظراؤهم والمُستَقِلّون عنهم فضلًا عن المُتحالِفين مَعهم، وخَضَع الجو الثَّورِيُّ العام إِلى سِيادةِ العَبَّاسِيِّين مِن دُونِ غَيرهم ولم يَستَسْلِم المُتبَقِّي مِن الاتِّجاهات الثَّورِيَّة ومِن فُلولها.

ظَهَرَ على الفَترة الانتِقالِيَّة مِن دولة الأُمَويِّين إِلى دَولَةِ العبَّاسِيّين الضَّعْف حيث اقتَرَب الأُمَويُّون مِن لَحظَةِ الانْهيار والسُّقوط، فِي حِين انشَغل العبَّاسِيُّون بِالعَمل على مُطارَدة فُلول الأُمَوِيِّين وتَرسِيخ أَعمِدَة النِّظام الجَدِيد وتَأمِين السِّيادة.

وعندما انْخَرَط الثَّورِيُّون بِاتِّجاهاتِهم المُختَلِفَة في غَمْرَة الصِّراع مع الأُموِيِّين؛ استَثْمَرَ التَّشَيُّعُ الفَترة الانتِقالِيَّة هذه مِن دُون سائر القُوى المُعارِضَة في بَثِّ مَروِيَّاتِه وتَحاشَى العَمَل الثَّورِي. فأُطلِق على هذه الفَترة عَهدَ (انتِشار عُلوم آل مُحمَّد). ويُعلِّل الشَّيخ الطَّهراني ذلك بِالقَول أَنَّ الفترة الانتقالِيَّة تَمثَّلَت في (عَصر ضَعف الدَّولَتَين واشتِغال أَهْل الدَّولة بِأُمور المُلكِ عن أَهْلِ الدِّين). ويُؤرِّخُها الطَّهراني بِالفَترة المُمتدَّة (مِن أَواخِر مُلكِ بَنِي أُمَيَّة بَعد هَلاك الحَجَّاج بن يُوسف سَنة 95هـ إِلى انْقِراضِهم بِمَوتِ مَروان سَنَة 132هـ ، ثُمَّ مِن أَوائل مُلكِ بَنِي العبَّاس إِلى أَوائل أَيَّام هارُون

الرَّشيد الَّذي وُلِّي في سَنة 170هـ. وهُو المُطابق لِأوائل عَصر الإمام البَاقِر صَلواتُ الله وسَلامُه عليه في سَنة 114هـ وتَمام عَصرِ الإمام جَعْفَر الصَّادِق صَلواتُ الله وسَلامُه عليه المُتَوفَّى سَنة 148هـ، وبَعض عَصْرِ الكاظِم صَلواتُ الله وسَلامُه عليه المُتوفَّى في حَبسِ هارون الرَّشيد سَنة 184هـ، إذْ كان قَد قَبَضَ عليه الرَّشيد مِن المَدِينَة في سَفرِ حَجِّه)[1].

استَثمرَ أَئِمَّةُ الشِّيعَة الثَّلاثَة البَاقِر والصَّادِق والكاظِم صَلواتُ الله وسَلامُه عَليهِم الفَترة الزَّمنِيَّة الفاصِلَة بين رَحِيل دَولة الأُمَويِّين وقِيام دَولة الثَّورِيِّين العَبَّاسِيِّين على أَنْقاض دولة الأُمَوِيِّين - في دَعْم المَورُوثِ الرِّوائي بِعَطاءٍ رِوائيٍّ مُكثَّفٍ وإِصْلاحٍ لِلأُصُول. فَذاعَ صِيتُ التَّشَيُّع في كُلِّ مِكان انطلاقًا مِن المَسجِد النَّبوِي الشَّريف حيث كان عامِرًا بِطُلاب الرِّوايَة والعِلْم، وفِيهم مُؤسِّسو المذاهِب الَّذين التَجأوا إلى حَلقات الأَئمَّة صَلواتُ الله وسَلامُه عليهم لِتَلَقِّي المنهج وما يَرغبُون فيه مِن الرِّواية والعُلوم، وشَمل ذلك بَغداد وبَعض مَناطِق العِراق. (ولا مَشاحة في أَنَّ انْتِشار العِلْم في ذلك الحِين قد ساعَد على فَكِّ الفِكر مِن عِقالِه، فأَصبَحت المُناقَشاتُ الفَلسَفِيَّة عامّة ونَشِطَة في كُلِّ حاضِرَة مِن حواضر البِلاد الإِسْلامية. ولا يَفوتَنا أَنْ نُشِير إلى أَنَّ الّذي تَزعَّم تِلكَ الحَركة هُو حَفِيد عَلِيٍّ بن أَبِي طالِب صَلواتُ الله وسَلامُه عليه المُسمَّى بِالصَّادِق صَلواتُ الله وسَلامُه عليه. وهو رَجلٌ رَحب أُفُق التَّفكِير، بَعِيد أَغوار العَقل، مُلِمٌّ كُلَّ الإِلمام بِعُلومِ عَصرِه.. ولم يكُن يَحضر حَلَقَتَه العِلمِيَّة أُولئك الَّذين أَصبَحوا مُؤسِّسِي المذاهِب الفِقهيَّة فَحَسب، بَل كان يَحضره طُلّابُ الفَلسَفَةِ والمُتفلسِفون مِن الأَنحاء القاصِيَة)[2] إذْ تَلَقّوا عنهم الكَثِيرَ مِمّا يَنقُض المَبانِي الفَلسفِيَّة والصُّوفِيَّة ويَدعُو إلى البَدِيل الرِّوائي الأَصِيل الَّذي يُطلِق العُقول مِن قُيود بَعض الأَفكار والعُلوم الوافِدَة وما بَثّه أَئمَّة ووُعّاظ المَذاهِب الضَّالّة والفِرَق المُنحَرِفَة مِن مَفاهِيم مُشَوَّهَة لِلثَّقافَة الإِسلامِيَّة.

وصار مِن بَين دُعاة المَذاهِب الَّذين تَتَلْمَذُوا على الأَئمَّة صَلواتُ الله وسَلامُه

1 - تأريخ التَّشريع الإسلامي 1992

2 - الإمام الصّادق والمذاهب الأربعة 58

عليهم ورَووا عنهم أو زَوّروا أو جَحَدوا كُلٌّ مِن أَبِي حَنِيفَة الَّذي قال في الإِمام الصَّادِق صَلواتُ الله وسَلامُه عليه (لَولا السَّنتَان لَهلكَ النَّعمان)[1]، ومالِك بن أَنَس الَّذي قال في كِتابه تَهذِيب التَّهذيب (ما رَأَت عَينٌ ولا سَمِعَت أُذنٌ ولا خَطَر على قَلبِ بَشرٍ أفضل مِن جَعْفَر بن مُحمَّد الصَّادِق عِلمًا وعِبادةً ووَرعًا)[2].

وعندما جَدَّ الشِّيعةُ في بَثِّ الرِّوايَة والعلْوم في كُلّ مكان بإمامة الصَّادق صَلواتُ الله وسَلامُه عليه وانطلاقًا مِن المَدِينة أو بغداد، كانَت بِلادُ المُسلِمِين تَمرّ بِالأَحْوال التَّالِية:

ـ تَئن تَحت وَطأَةِ نِزاع الإِمْرَة وحُبّ الرِّئاسة النَّاجِمَين عن آثار الانْقلاب على الأَعْقاب والبُعد عن الثَّقلَين والتَّمسُّك بـ(مَذْهَبِ الرَّأي).

ـ تُعانِي مِن حالِ الاضْطِراب بين المَفاهِيم السَّائدة في الثَّقافَة، مِن بينها مَفهوما (الإِمامَة) و(الخِلافَة) المُتقابِلَين فكرًا وعملًا.

ـ وشُيوعُ ظاهرة الفَساد السِياسِيّ والاجتِماعِي حيث ضَعُفَ الوازِع الدِّيني والحِسّ الأَخْلاقِي في مُجتَمعاتِ المُسلِمِين .

ـ وكَثرَةُ المُشاحَنات الفِكْرِيَّة والضَّجيجُ الدِّعائي في تَداول الشَّأن العَقدي والفقهِي بَين المُتطَفِّلين على الرِّواية وأَهْل العِلْم.

ـ وتَفشِّي ظاهرة تَعدُّد المذاهِب العَقَدِيَّة والفقهِيَّة وانْقسامِها إِلى فِرَق كَثِيرة ونسبَة بِعضِها زُورًا إِلى التَّشَيُّع.

ـ وشِدَّة ضَغوط الحُروب الدَّاخِليَّة وتَفاقُم مُضاعَفات الثَّورات المُتتالِيَة وتَغيّر نُظمِ الدُّول.

ـ وتَنازع قوى النُّفوذ السِّياسي بين الاتِّجاهات الجَدِيدة النَّاهِضَة وفُلول الأُمَوِيِّين.

---

1 - نفس المصدر السّابق 58

2 - نفس المصدر السّابق 53

صار مَعنى (الخِلافَة) الَّذي كَرَّسه كُلٌّ مِن أَبي بَكْر وعُمَر وعُثمان في الدَّولة أكثر وُضوحًا وسُهولَة على الإِدراك، فلَم يَعد مُساوقًا لِمَفهوم (الإِمَامَة) الَّذي اعتمَده النَّبِيُّ صَلَّى الله عليه وآله في سِيرتِهِ وأَوصى بِه في يَوم الغَدِير وسارع أَقطاب (صَحِيفة مكَّة الثَّانِية) إلى نَقضِهِ والانْقِلاب عليه.

وعندما تَسَلَّم معاوِيَةُ الحُكْم رَضِي النَّاسُ به مع عِلْمِهم بِأَنَّه وَجهٌ قَبليٌّ سِياسِيٌّ مُجرَّدٌ مِن الدِّين وأَنَّ الطَّريق إلى الخِلافَةِ الَّتي أَسَّسَها وأَورَثها لابنِهِ يَزيد الفاسِق وصارَت مَلَكِيَّة (هِرَقلِيَّة) مُستَبِدّة في أَجيالهم لا تختَلِف عن الطَّريق الَّتي سَلَكها الخُلفاء الثَّلاثة مع النِّظام والرَّعِيَّة. فكِلاهُما يَنطلِق في تَسيِير شُئون حُكمِه مِن (مَذْهَبِ الرَّأي) حيث فَسَق يَزيدُ شارِب الخُمُور وقاتِلُ النَّفس المُحتَرمة وجَحَد عِندما قال (لا خَبَرٌ جاء ولا وَحْيٌ نَزَل) وكان على دِين والِدِه مُعاوِيَّة في الضَّلال والكُفر!

في هذه الأَجْواء القاتِمَة والمُلبَّدة بِالشَّك في الدِّين وعَقِيدَتِه وشَرِيعَتِه بين النَّاس، وفي غَمرة الدَّوافِعِ المُوصِلَة إلى سدّة الإِمْرَة واحتِكار السُّلطان ومَقاصِد (الخِلافَة)؛ انبَثقَ اتِّجاهُ العبَّاسِيِّين الثَّورِيّ النَّشِط في مُهمَّة تَفكِيك العِلاقَة بَين (اتِّجاه أَهْلِ العامَّة) والأُمويِّين تحت لِواء الدَّعوة إلى (الرِّضا مِن آل مُحمَّد)، مِن غَير أَنْ يُولِي اهتِمامًا لِوُجود الإِمام الصَّادِق صَلواتُ الله وسَلامُه عليه على رَأس التَّشَيُّع والوارِث الوَحِيد في الظَّرف الرَّاهِن لِحَقِّ آل مُحمَّد صَلَّى الله عليه وآله والأَعلَم بِمَسار الحَوادِثِ وبِالمَصِير الَّذي ستَنتَهِي إِليه مَقاصِدُ الثَّورات وما يَجول بَينها مِن فِكرٍ تَغيِيرِيٍّ انْقِلابِيٍّ.

إِنَّ قيامَ حَركَةٍ ثَورِيَّةٍ بِهذا الشِّعار المُناهِض لِلأُمويِّين والمُطالِب بِثأرات الحُسَين صَلواتُ الله وسَلامُه عليه وبِمَعزَلٍ عن إِمام التَّشَيُّع والرَّاعِي والمُوجِّه لِـ(شِيعَةِ عَلِيّ)، فهُو قِيامٌ لَنْ يَحظى بِاتِّصالٍ حَقِيقِيٍّ مع المَورُوث الشَّيعي ونَسَقِهِ الَّذي رَعاه الرَّسُول الأَكرم صَلَّى الله عليه وآله وقادَه عليٌّ أَمِير المؤمنين وبَنوه صَلواتُ الله وسَلامُه عليهم وإِنْ ادَّعى تَبَنِّيه لِحَقِ آل مُحمَّد صَلواتُ الله وسَلامه عليهم.

وقد (رَدَّ الإِمامُ الصَّادِق صَلواتُ الله وسَلامُه عليه طَلبًا أَلَحَّ عليه في تَزَعُّم الحَركَةِ

الثَّوريَّة الَّتي نَشبَت في أَيامِهِ بَين أَنْصارِ العَلوِيِّين والأُمَويِّين، ولكِنَّه رأى أَنَّ إصلاحَ الوَضع مِن خِلال التَّوجِيهِ الصَّحِيح، وتَفهُّم النَّاس لِضَرُورة الوُقوف إزاء الخُصوم مَوقِف المُدرِك لِمَا ستئول إِليه حال التَّسَرُّع في المُواجَهَةِ المُباشِرَة وإثارة الحَرب، وإِنَّ ذلك لَنْ يُجدي نَفعًا حيث وُجود ذَوِي الأَطماع الَّذين لا يَقِلُّ ضَررُهم على الأُمَّة الإسلامِيَّة عَن ضَرر الأُمَوِيِّين، وبِهذا يَكون حَلُّ المَشكلَةِ بِمُشكِلةٍ أَعظم مِنها)[1].

وبِحُكْم بُعْدِ العَبَّاس السَّفاح عن مُستَجِدّات الثَّقافَة في الجَزِيرة العَرَبيَّة، فقد خَطى خُطوتَه الأُولى في كَسْب وَلاء أَهْلِ فارِس، ثُمَّ سعى إِلى النُّهوض لِكَسب أَهْل الجَزيرة العَربِيَّة، فوجَد دَعوتَه في الجِزيرة العربِيَّة أَمام حاجِزَين مانِعَين لا بُدَّ مِن تَخطِّيهما:

الأَوَّل: أَنَّ الإِمام الصَّادِق صَلواتُ الله وسَلامُه عليه شَخصِيَّة عظيمة مُؤَثِّرَة بِشَكلٍ رَئيسٍ على أَفئدَةِ الشِّيعَة والمُسلِمين، وهو المرشَّح لِأَداء الدَور القِيادِي البارز. ورُبَما يَتجاوز بِمَقامِهِ ما يدعو إليه الثَّورِيُّون العَبّاسِيُّون مِن فِكْرةٍ عَقلِيَّةٍ ووِجدانِيَّةٍ كانَت مُنحصِرَة ـ في بادِئ الأَمْر ـ في حدود بِلادِ فارِس.

فالإِمامُ صَلواتُ الله وسَلامُه عليه صارَ في بِلاد المُسلِمين مَصدرًا مُلهِمًا لِلنَّهضَة العِلْمِيَّة وقُطْبًا لِتَصدير الرِّوايَة ولِتَصحِيحِها ولِرَفد المورُوث الثَّقافي الشِّيعي بِمَزيد مِن مَروِيَّات وَحْيِ الإِمامَة، وأَضْحى قِبلةً يَقصُدها طلّابُ العِلْم والحقّ والحَقِيقَة مِن كُلِّ اتِّجاه ومَكان.

وإِنْ كان هناك مِن عَمَلٍ ثَورِيٍّ يَستَحِقّ الإِشادَة ويُصبح مَحلًا لاستِلْهام معاني القُوّة والعِزَّة فلا بُدّ مِن أَنْ يَمتَلِك الاستِعداد لِلانْضِواء تَحت مَظَلَّة الإمام الصَّادِق صَلوات الله وسَلامُه عليه ويَتلَقّى منه شَرعِيَّة فِعلِه الثَّورِي وما يُقوِّمه.

فلِلإِمام ثَروةٌ مِن خِيارات التَّأثير إنْ قَرّر بِعِلْمِه وبِعِصْمَتِه أَنْ يَتقدَّم صُفوف التَّيار الثَّوري أَو عَزَمَ على تَحريكه وتَوجِيهِهِ. وهِي الخياراتُ الَّتي تُشكِّل مَصدر التَّحدِّي لِكلِّ

1 - نفس المصدر السّابق 142

أَطراف الصِّراع، ولا يَستطيع أَحدٌ تَجاوُز هذا التَّحدِّي إِنْ قرَّر صَلوات الله وسَلامُه عليه التَّدخُّل لِتَعطِيل عَمَل هذه الأطراف وتَبدِيد نَسقِها وتَثبِيط مَسارِها.

الثَّانِي: أَنَّ (اتِّجاه أَهْلِ العامَّة) بِزعامة رُواة المَدِينة والكُوفَة ومِصْر والشَّام واليَمن لا يزال على سابِق عَهدِه في الوُقوف صَفًا إِلى جانِب الدَّولَةِ الأُمَوِيَّة ما دامت تَمتَلك قُوّة السِّيادَة على بِلاد المُسلِمين وتَستَمِيل أَكثرَ أَئمَّة هذا الاتِّجاه ووُعَّاظه بِالعطاء الوَافِر والحِمايَة على الدَّوام. لكِنَّ رُؤساء (اتِّجاه أَهْلِ العامَّة) والرُّواة مِنهم انشَقُّوا على أَنفسِهم إِلى مَدرسَتين مِن غير أَنْ يَترك ذلك أَثرًا رَئيسًا على نَسَقِ وَلاء (اتِّجاه أَهْلِ العامَّة) الثَّابِت لِلأُمَوِيِّين ثُمَّ لِلعَبَّاسِيِّين، هُما:

ـ مَدْرَسةُ الحَدِيثِ: حيث لَم تَتَجاوَز حَدّ النَّصّ واستَمَّرت في انشِغالها بِالفِكْرِ والعِلْم انطلاقًا مِن المَدِينَة بِزَعامَةِ مالِك بن أَنَس الَّذي أَخذَ عنه الشَّافِعي، ومِن أَنصارِه في الحِجاز سُفيانُ الثَّورِي .

ـ مَدرَسَةُ الرَّأيِ: ومَركزُها الكُوفَة ويَتزَعَّمها أَبُو حَنِيفة النُّعمان بِن ثابِت، وكانت تَرى بِمَعقولِيَّة الشَّرِيعَة وتُمثِّل امتِدادًا لِسِيرة الخَلِيفتَين أَبِي بَكر وعُمر.

ادَّعَت مَدْرَسَةُ الحديث أَنَّها تُمثِّل الإسلام الصَّحِيح، وصَنَّفَت غَيرَها مِن مَدارِس (اتِّجاه أَهْل العامَّة) في خانَةِ البِدْعَة. فِيما عَدّ المُدوِّنُون والمُؤرِّخُون المدرسَةَ الثَّانِيَة امتدادًا لِـ(مَذْهَبِ الرَّأي) الَّذي أَسَّسَه أَبو بَكر ونادَى بِه عُمَر وتَسْلَسَل عنه وانْتَقَل (مِن ابنِ مَسعود ثُمَّ عَلقمَة بن قَيس ثُمَّ إِبراهيم النَّخعي ثُمَّ حمَّاد بن أَبِي سُليمان ثُمّ أَبِي حَنِيفَة ومِنه إِلى تَلامذَتِه أَبِي يُوسف ومُحَمَّد بن الحَسَن الشَّيبَانِي)[1].

ولم يَكُن هذا الخِلافُ في المُسلِمين بَارِزًا على هيئة مُغالباتٍ ظاهِرةٍ، وذلك لما كان لِلدَّولَةِ الأُمَوِيَّة مِن قُوَّة وسِيادةٍ صارمةٍ في مَناطقها، لكِنَّه بِدأَ يَتشَعَّب في عُمق (اتِّجاه أَهْل العامَّة) ويَشمِل (اجتِهاد الرَّأي ومَدى جَواز الرُّجوع إِليه والاعتِماد

1 - تأريخ التّشريع الإسلامي، الفضلي 145

عليه. فبالَغَت مَدرسَةُ الرَّأي في أَهمِّيَّتِهِ والاعتِماد عليه، وقَلَّلَت مِن أَهَمِّيَّةِ الرُّجوع إلى الحَدِيث، وتَشدَّدت في ذلك تَشَدُّدًا مَلحوظًا.. وقَلَّلَت مَدرسةُ الحَدِيث مِن شَأن الرَّأي إلى الحَدِّ الذي وَصَل إلى إلغائه وحُرمَتِه في رَأي بَعض فُقهاء هذه المَدرسة أَمثال: داودُ بن عَلِيّ الأَصْفهاني إِمام أَهْل الظَّاهر، وابنُ حَزم صاحِب المُحَلّى)[1].

لم يتفَرَّغ السَّفاحُ الثَّورِيُ العبَّاسِي لِتَخطِّي هذين الحاجِزَين أَو مُعالَجتهما بِالإجْراء السِّياسِي الصَّارم، وذلك لِشِدَّةِ انشِغالِه بِتَوطِيد حُكمِه في بِلاد فَارِس وملاحقة فلول الأُموِيِّين. حتَّى إذا ما جاء عَهدُ المَنصُور مِن بَعدِه على رأس دَولَةِ العبَّاسيِّين واشتُهر بِبَطشِهِ ومَيلِهِ إلى إراقةِ الدِّماء بُغيَة تَعزيز أَركان الدَّولة وتَعمِيم سِيادَتِها على البِلاد؛ اقتَحَم المنصور كلَّ الموانع والحِواجز القائمة في الجَزيرة العَربِيَّة مِن غير هَوادَة، ونَكَّل بِالشِّيعَةِ شَرَّ تَنكِيلٍ ولم يَكتَرِث لِوُجودِ الإمام الصَّادِق صَلواتُ لله وسَلامُه عليه الَّذي تَجنَّب احتِضان الخِيار الثَّوريّ وامتَنَعَ عن تَبَنِّي قُواه المُنتَشِرة في البلاد ورَدَّة فِعْلِهِ المُضادَّة.

لكِنَّ لِلمَنصور مُرادًا آخر في الوَقِت الرّاهِن يُناسِب ظُروف الدَّولة ويَتمَثّل في العَمل على تَعطِيل المَسيرَة العِلْمِيَّة لِلإمام الصَّادِق صَلواتُ لله وسَلامُه عليه، ووَضْع حَدٍّ لِمَنهَجه في بَثِّ الرِّواية وفي مُعالجَة الأَفكار المُنحرِفَة الوافِدة على ثَقافات بِلاد المُسلمين، وتَقدِيم المَذْهَب الأَكثر تَشدُّدًا في العَداوةِ والبَغضاء لِلتَّشَيّع وتَمكِينِه مِن بَين سائر المَذاهِب النَّشِطَة. فَابتدأ بِمُضايَقَة (مَدرسَة الحَدِيث) في المَدِينة وقَرَّر تَبنِّي (مَدرسَة الرَّأي) في الكُوفَة حيث قَرَّبَ فقهاءَها وسَخَّر لهم المالَ والوَجاهة الاجتِماعِيَّة في وَلايات الدَّولة العَبَّاسِيَّة.

أَدَّى هذا الإجراء المُتَّخَذ مِن قِبَل المَنصُور العَبَّاسِي إلى تَفاقُم النِّزاع بين مَدرسَتَي (الحَدِيث) و(الرَّأي) وتَطوّرِه إلى مُصادَمات مباشرة بَين الأَتْباع ثُمَّ إلى مُغالَباتٍ سِياسِيَّةٍ ومناوشات عَصبِيَّةٍ. فصار مِن نَتائج ذَلك أَنْ تَقدَّمَت (مَدرسةُ الرَّأي) ونَشَطَت بِأَقْصَى

1 - نفس المصدر السّابق 143

طاقَتَها في الانتِشار، واحتَلَت مقام المُمَثِّل الرَّئيس لِـ(اتِّجاه أَهْل العامَّة) والأَقْوى تأثيرًا في مُحيطِه الاجْتِماعِي حيث يَنسَجِم مع قَواعِده القائمة على (مَذْهَبِ الرَّأي).

وعلى أَثَر هذا التَّحوّل ظَهَرَت بِإزاء المَدرسَتين العَدِيدُ مِن المَدارس والمَذاهِب والفِرق الأُخْرى المُنافِسَة والمُناكِفَة والمُغالِبَة. فانقَسمَت البِلادُ إلى مَناطق نُفوذ فيما بَينها. (فحتَّى القَرن الثَّالِث الهِجري لم يَكُن هناك مَذهَبٌ رَسمِيٌّ «سُنِّى» وإِنَّما كانَت المذاهبُ الرَّسْمِيّة هي المُعتزِلَة، يُقابِلُها الجَبريَّة أَو القدرِيَّة.. وكان أَهْلُ الحَدِيث ـ أَو أَهْلُ السُّنَّة كما سُموا فيما بَعد ـ يَتمسَّكون بِظاهِر الأَخبار. فمَثلًا حديثُ «إنَّ الله خَلَق آدمَ على صُورَتِه» آمنوا به على ظاهِرِه، وراحَوا يُصَوِّرون الخالِق على هَيئة بَشَرٍ طُولِه سَبعين ذِراعًا وعَرضه كَذا ذِراع. لِذلك اعتبَر الشَّهْرِستَاني أَهْلَ الحديث مِن المُشَبِّهة والمُجَسِّمة (الصِّفَاتِيّة)[1].

دَفعَ ولاءُ بَعض المَذاهِب والفِرَق لِسِيادَة الدَّولَةِ المُستَبِدَّة إلى الانْخراطِ في النِّظامِ السِّياسِي والتَّوسُّع في النُّفوذِ واستِغلال الثَّروَة والاستِعانَة بِالأَجْهزة الأَمنِيَّة لِقَهر المذاهب والفِرق المُنافِسة واحْتِكار ساحَة المُوالِين والأَتْباع، فطَغَى وعَمَّ في البِلاد، وضَمَر وُجُود المَذاهِب والفِرق الأُخرى المُستَقلَّة على الرَّغم مِن تَتمتُّعها بِدَرجةٍ علميَّة عالِيَة وأَكثرَ عُمقًا في البَحث العِلمِي مِن المذاهِب والفِرق الحائزة على رِضا حُكام الدَّولة. (فسُفْيان الثَّوري لُقِّب بِأَمِير المؤمنين في الحَديث وسَيِّد الحُفَّاظ وغَير ذلك، كما قالَهُ شُعْبَة وأَبُو عاصِم وابنُ مَعِين وغَيرُهم. وقال ابنُ مُبارك: كَتَبتُ عن أَلفِ شَيخ كان سُفيانُ أَفضَلَهم. وقال القَطَّان: الثَّورِيُّ أَحبُّ إِليَّ مِن مالِك.. وأَعطَف عليه سُفْيان بن عيينة وابنُ جريح واللَّيث وغَيرَهم فإِنَّهم بِمَكانةٍ مِن العِلْم وقد رَجَع النَّاسُ إِليهم في الفُتيا مُدَّة مِن الزَّمَن واستَمر العَملُ بِمَذاهِبِهم ثُمَّ انقَرضَت ولم يَبْقَ لِأَهْلِ السُّنَّة إِلَّا المَذاهِب الأَربَعة الحَنَفِيّة والمَالكِيَّة والشَّافعِيَّة والحَنبلِيَّة. وأَمَّا المذاهب المُنقرِضَة فهِي: مَذهَبُ عُمَر بن عبد العَزِيز، مَذهبُ الشَّعبي، مَذهبُ الحَسَن البَصرِي، مَذهبُ

1 - انظر :أديان ومذاهب، إبراهيم العاتي .

الأَعمَش، مَذهبُ الأَوزاعِي، مذهبُ سُفْيان الثَّورِي، مَذهبُ اللَّيث، مَذهبُ سُفيان بن عيينة، مذهبُ إِسحاق، مَذهبُ أَبِي ثُور، مَذهبُ داوُد الظَّاهِري، مَذهبُ مُحمَّد بن جُرَير.. وغَيرُها مِن مَذاهِب المُسلِمين التي تَتَّفق أَحيانًا وتَفترِق أَحيانًا في كَثِيرٍ مِن المسَائل الشَّرعِيَّة. ومِنهم مَن جَعل في تِعداد هذه المَذاهِب مَذهَبَ عائشَة، مَذهبَ ابن عُمَر، مذهبَ ابن مَسعود، مَذهبَ إِبراهيم النَّخَعي)[1].

ـ القَولُ الفَصْل في المَذاهِب الأَرْبَعَة

لا بُدَّ مِن غِطاءٍ شَرعِيٍّ وسِياسَيٍّ لِلثَّورِيِّين العَبَّاسِيِّين يُعزِّز مِن النُّشوء الأَوَّل لِدَولَتِهم. ولا يُمكِن بِأَيِّ حالٍ مِن الأَحْوال أَنْ يَستَخْفِي جِيلُ التَّابِعين مِن العبَّاسِيِّين الثَّورِيِّين حَقِيقةَ ما أَدرَكوا في واقِعِهم اليَومِي مِن تَفاعُلٍ (ثَورِيٍّ) يَقودُه مُريدو الإِمْرَة والرِّئاسة والسُّلطان مِن كُبرائهم الَّذين اتَّبعوا ذات (الرَّأي) المُشَرِّع لِخُروج السَّابِقِين مِن الصَّحابَة على ما آمنوا بِه مِن عَقِيدة والدَّافعِ لِتَقاتُلِهم على مَقام (الخِلافَة) وإِسْرافِهم في سَفْكِ الدِّماء في سِلسِلَةٍ مِن الحُروب الكُبرى لم تَخمُد نيرانُها مُنذ واقعة اغْتِيال النَّبِيِّ صَلَّى الله عليه وآله أَو سُكوتِهم على ذلك.

كان العبَّاسِيون في أَمَسِّ حاجَة لِلغِطاء الشَّرعِي لِإِطْلاق ثَورَتِهم على نَسَقِ الثُّورات الأُخْرى الَّتي انْطَلَقَت في إِثْر واقِعَة كَربلاء تَطلُب الثَّأر. فالظُّروف الرّاهِنَة مِن حَولِ العبَّاسِيِّين باتَت تَشْهَد تَعقِيدًا على المُستَوى الثَّقافِي والإِجْتماعِي والأَمْنِي.

إِنَّ قيام دَولة العبَّاسِيِّين الثَّورِيِّين يَتطَلَّب الاستِعداد الشّامِل لِخَوض مَعتَرك فِكرِي حسَّاس ناشِئ عن الصِّراع حول مَقام (الخِلافَة) وُقُوع أَوَّل انْقِلاب في الإِسْلام بِقِيادَة الأَقطاب الخَمْسَة. ولَنْ يكون ذلك بِالأَمر السَّهل في بِلاد فارِس على وَجْه التَّحدِيد إذا ما أَخَذْنا بِعَين الاعْتِبار أَنَّ خارطة المَذاهِب والفِرَق الَّتي ساهَم الأُموِيُّون في تَنمِيةِ قاعِدَتها الشَّعبِيَّة أَو تِلك الَّتي حَلّ عليها سخطهم باتَت تُثِير قَلقًا على المُستَوى

---

1 - الإمام الصّادق والمذاهب الأربعة 154. أنظر: تأريخ الفتح العربي في ليبيا 106

الشَّعبي. فالثَّوريُّون مِن كُلِّ الاتِّجاهات الثَّورِيَّة أَصْبحوا جُيوبًا مُتفَرِّقةً مِن بَعد الهَزِيمَة أَمام الأُمَويِّين ولكِنَّهم ظلوا يَبحَثون عن فُرَص أُخرى لإشعال فَتِيل الثَّورة في كُلِّ البلاد، وأَنَّ أَئمَّة المَذاهِب يَنشَطون ويَبحثُون عن الأَتْباع ويَختلِفون عليهم، ويُلوِّحون بِسِلاح الفَتوى.

فِي أَحْوال مَذهَب الأَحْناف

ضاعفت دولة العَبَّاسِيِّين مِن إِجْراءاتِها السِّياسِيَّة لِبَسط السِّيادَة في بِلاد العِراق حيث كانَت مَدرسَةُ الرَّأي في شِهرَةٍ بِزَعامة النَّعمان بن ثابِت بن زوطي (أَبُو حَنِيفة) لِما كانَ لَها مِن امتِدادٍ فِكريٍّ تَأريخي مُتمَيِّز ورِثَه أَبُو حَنِيفة عن أُستاذَيه رَبِيعة بن عبد الرَّحمن المَدَنِي وحَمَّاد بن سُليمان المُتَّصِلَين بِإِبراهِيم النَّخَعي ومِنه إِلى عَبد الله بن مَسعُود مَبعُوث الخَلِيفَة عُمَر إِلى الكُوفة لِبَثِّ (مَذْهَب الرَّأي) فيها. فاجتَهد العبَّاسِيُّون على تَوطِيد المكانَة العِلمِيَّة لِهَذه المَدرسَةِ فتبَنّوها في مُقابِل (مَدرسَة الحَدِيث) النَّشطة بِزَعامة مالِك في المَدِينَة، ورَفعوا بِها مِن شأن المَوالِي الَّذين شَكَّلوا في بَادِئ الأَمْر قوام الدَّولَةِ العبَّاسِيَّة، وبالَغوا في تَهمِيش مَقام العَرب بَين المَوالِي.

وكان مِن بَين الدَّوافِع الرَّئيسة الأُخرى لِتَبَنِّي دَولَةِ العبَّاسِيِّين لِمَذهَب أَبِي حَنِيفَة وجَعلِه مَذهب الدَّولة:

ـ أَنَّ العبَّاسِيِّين الثَّورِيِّين رَفعوا في بادئ الأَمْر لِواء الدَّعوة إِلى استِرداد حقِّ آل البَيت صَلواتُ الله وسَلامُه عَليهم فِيمَن حَرَّضَ على (الثَّورة) في ذات السِّياق العام المُعارِض الَّذي عمَّ عددًا مِن مَناطق البلاد إِذْ كان أَبُو حَنِيفَة (يَرى أَحَقِّيَّةَ أَبناء عَلِيٍّ صَلواتُ الله وسَلامُه عليه في الخِلافَة، وأَنَّهُ تَتَلمَذ لِلبَاقِر ولِزَيْدٍ وعَقَد البَيعةَ لِلنَّفسِ الزَّكِيَّة وأَيَّد ثَورةَ زَيْد)[1]، ويَرى أَبُو حَنِيفة أَيضًا أَنَّ الخِلافَة الإِسْلامِيَّة (انتَهَت بِاستِشهاد عَلِيّ بن أَبِي طالِب)!

1 - أديان ومَذاهِب 52

وقد رُوِيَت لِأَبِي حَنِيفة آراءٌ عَدِيدة حول الَّذين خَرجُوا عَلى عَلِيٍّ بن أَبِي طالب. مِن ذِلك قَوله (ما قاتَل أَحَدٌ عَلِيًا إِلَّا وعَلِيٌّ أَوْلَى بِالحَقِّ مِنه. وهذا يَنطبِق على حَرْبِ عَلِيٍّ ومُعاوِيَة. وبِالتَّالِي فهُو يَسلُبُ الأُموِيِّين شَرعِيَّةَ ما ادَّعوه مِن خِلافَة. وسَكَت الإِمامُ أَبُو حَنِيفة عن الحَرب بين عَلِيٍّ وأَصْحاب الجَمَل.. ولم يَتحرَّج في مُناصَرة زَيدِ بن عَلِيٍّ زَين العابِدين إِمام الزَّيدِيَّة حينما خَرَج على مُلكِ بَنِي أُمَيَّة مُتسلِّحًا بِبَيعةٍ مِن جَمهرةٍ مِن المُسلِمين)[1].

ـ وُقُوف أَبِي حَنِيفة مَوقِفًا سَلبِيًّا مِن الدَّولة الأُمَويَّة (وقد حُمِّل أَبُو حَنِيفَة على تَولِّي القَضاء حَملًا فأَصَرَّ على الرَّفْض. فقد أَرادَه يَزِيدُ بن عَمرو بن هُبَيرة على القَضاء بِالكُوفَة في أَيَّام مَروان بن مُحمَّد أَخر خُلَفاءِ بَنِي أُمَيَّة فرَفَض، فضَرَبَهُ مائةَ سَوط، وظَلَّ يَضرِبَه في كُلِّ يَوم عَشرةَ أَسواطٍ لِإقناعِه، فلَمَّا يَئِس خَلَّى سَبِيلَه)[2]. ثُمّ لم يكُن حالُ أَبِي حَنِيفَة خِلال عَهد العَبَّاسِيِّين بِأَحسَن مِن حالِه خلال عَهد الأُموِيِّين، ولا سِيَّما أَنَّ رأيه في مُلك بَنِي العَبَّاس لا يَختلِف عن رَأيِه في مُلك الأُمَوِيِّين. ومِن هُنا ذَهَب إِلى نُصرَةِ (إِبراهيم الإِمام وأَخِيه مُحمَّد النَّفس الزَّكِيَّة)[3]، فاستَدعَاه الأُموِيُّون ومُرادُهم مِن ذلك احتِواءُ مَوقِفِه بَعدما استَوسَقَت أُمُور الدّولة لهم واستَقرَّ حُكمهم في العِراق.

وعندما انَتهى المَنصور العبَّاسي مِن بِناء مَدِينة بَغداد استَقدَم (أَبا حَنِيفَة مِن الكُوفَة حيث كان يُقِيم فيها، وعَرض عليه أَنْ يَلِي قَضاء الرَّصافَة، فَأَبى. فحَلَف عليه لَيَفعَلَنَّ. فحَلَفَ أَبُو حَنِيفَة أَلّا يَفعل.. فأَمرَ بِهِ إِلى الحَبس، فماتَ وهُو في السِّجن عام 150هـ.

لم يَأخُذ مَذهبُ أَبِي حَنِيفَة مَداهُ في الانتِشار على رُقعَةٍ جُغرافِيَّةٍ واسِعَةٍ. ورُبَما كان مَحدودًا في دائرةٍ مِن دَوائر الكُوفَةِ وَحدها. وكان عُمَر في عَهدِهِ قد أَرسَل عَبد الله بْنَ مَسعُود إِلى الكُوفَة لِيُعزّز مِن مُهِمّة تَمكِين (اتِّجاه أَهْل العامَّة) وتَحصِيل الرِّضا في أَهْل الكُوفة بِـ(مَذْهَب الرّاي) الَّذي أَسَّسه أَقْطاب (صَحِيفة مكّة الثّانِيَة) في المَدِينة على

1 - التّآلف بين الفِرق 215

2 - نفس المصدر السّابق 212 . وفيات الأعيان 40/ 5

3 - نفس المصدر السّابق 215

عهد أَبي بَكر. ومِن ابن مَسعُود تَلقى إِبراهيمُ النَّخَعي ورَبيعَة بن حمّاد هذه المُهِمَّة الَّتي ظَلَّت جامِدَة، وأَوصَلاها إِلى أَبِي حَنِيفة.

لا يُعرَف لِأَبِي حَنِيفَة مُؤلَّفًا إِلَّا ما نُسِب إِليه بِعُنوان (الفِقْهُ الأَكبَر) إِذْ يَتشَكَّلُ مِن وِريقاتٍ عديدة في العَقائد تُنسَب أَحيانًا إِلى أَبِي حَنِيفة البُخارِي، وقد جَرى شَرحٌ مُوسَّعٌ لها بِآراء مُنتَسِبيه. وأَمَّا على مُستوى الحَدِيث (فأَبُو حَنِيفَة لم يَثبُت عِندَه مِن أَحادِيث الرَّسُول إِلَّا سَبعة عَشَر حَدِيثًا، لِأَنَّه لا يَقبل الحِديث إِلَّا إِذا رَواهُ جَماعةٌ عن جَماعةٍ، أَو اتَّفَق فُقهاءُ الأَمْصار على العَمَل بِه، أَو رَواهُ صَحابِيٌّ ولم يُخالِفه فيه أَحَد. هذا التَّشدُّد في الحَدِيث أَدَّى بِهِ إِلى تَضيِيق العَمل بِالسُّنَّة أَو طَرحِها بِالنَّتِيجة، ومِن ثَمَّ التَّوسُّع في العَمل بِالرَّأي سَواء أَكان الرَّأيُ قِياسًا أَمْ استِحسانًا أَمْ مَصالِح مُرسَلة)[1].

لقد افتَقرَ مَذهبُ أَبِي حَنِيفَة لِأَبسَط المُقوِّمات العِلْمِيَّة التي تُؤهِّله لِلدُّخول في حَلبَةِ المُغالَبَة مع المَذاهِب والفِرق الأُخْرى، لَولا تَدخّل أَربعةٍ مِن أَصحابه وتَلامِذَته حيث بَالغوا في تَأليفِ مَذهَبِهِ وتَهذِيبه وتَقوِيمِهِ، على رَأسِهم أَبُو يُوسِف القَاضِي الَّذي دَعَمَ المَذهَب سِياسِيًّا. فِيما حامَت الشُّكوك حَول (مُحَمَّد بن الحَسَن الشَّيبَانِي الَّذي دَعَمَ المَذهَب بِمُؤلَّفَاتِهِ الَّتي اعتُبِرَت المَرجِعُ الأَوَّل لِلمَذهَب. وقال فِيه أَحمَد بِن حَنبل إِنَّه مُرْجِئي، واتَّهَمَهُ أَبُو يُوسف بِأَنَّهُ جهمِيًّا، وقال عنه مُحمَّد بن سَعد الصُّوفِي أَنَّهُ جَهمِيٌّ كَذَّاب، وزَفر بن الهَذِيل، والحَسَن بن زِياد اللُّؤلُؤي الَّذي كَذَّبه يَحيى بن مُعِين وأَبُو داوُد ومُحمَّد بن نُمَير، وقال ابنُ المَدِيني: لا يُكتَب حَدِيثُه، وقال أَبُو حاتِم: لَيس بِثِقَة، وقال الدَّار قُطني: ضَعِيف مَترُوك، وقال مُحمَّد بن حَمِيد الرَّازي: ما رأَيتُ أَسوءَ صَلاةٍ مِنه. وقال الخَطِيب: إِنَّ الحَسَن وُلِّيَ القَضاءُ ولم يُوفَّق، فكان إِذا جَلَس لا يَفهَم شيئًا. وعن إِسحاق بن إِسماعِيل: كُنَّا عند وَكِيع فقُلنا له: السُّنَّةُ مُجدبةٌ، قال: وكيفَ لا تَجدِب وحَسنُ اللُّؤلُؤي قاضٍ وحَمَّادُ بن أَبِي حَنِيفة قاضٍ)[2].

1 - الشِّيعة في الميزان 80

2 - الإمام الصّادق والمذاهب الأربعة 162

لَم يَتَوافَر أبو حَنِيفَة على القُدرة المناسبة لمُنافَسَة المَذاهِب والفِرَق والمَدارس الأُخرى الَّتي استَشْرَت بِشَكلٍ سَريعٍ في مَناطِقها، إِلّا أَنَّ الرَّجلَ الأَوَّل الَّذي أَخَذ بِيَد هذا المَذهَب لِيَنشُرَه في بِلاد المُسلِمين في فَترةٍ قِياسِيَّةٍ مِن دُون مُغالَبَةٍ أَو مُزاحمةٍ تُذكَر مِن قِبَل المَذاهِب والفِرَق الأُخرى ـ كان أَحَدَ قُضاةِ الدَّولَةِ العبَّاسِيَّةِ اسْمه أَبُو يُوسُف يَعقوب بن إِبراهيم الأَنْصارِي حيث اتَّجَهَت الدَّولةُ العبَّاسِيَّةُ بِمَسَاعِي سُلطَتِها التَّنفِيذيَّة لِأَبِي يُوسُف إِلى جَعل سُلطةِ القَضاء بِيَد مَدرسَةِ أَهْل الرَّأي مِن أَهْلِ الكُوفَة.

أَدَّى بَقاءُ أَبِي يُوسُف في السُّلطة القَضائيَّة بِمَنصِب قاضِي القُضاة على مَدى ثَلاث فتَرات سِياسِيَّة بَين حُكم الخُلَفاء العبَّاسِيِّين الثَّلاثة المَهدِي وابنه الهادِي ثُمَّ الرَّشِيد ـ إِلى تَذليل العَقَبات التي اعترَضَت طَرِيقَ انتشارِ مَذهَب أَبِي حَنِيفَة بِوَصْفِه المَذهَب الرَّسمِي لِلدَّولة. وقال عُمَر بن مالِك (ما كان في أَصْحاب أَبِي حَنِيفَة مِثلُ أَبِي يُوسُف. لولا أَبُو يُوسُف ما ذُكِر أَبُو حَنِيفَة ولا مُحمَّد بن أَبِي لَيلى، وهُو الَّذي نَشَر قَولهما.. وهُو أَوَّلُ مَن دُعِيَ بِقاضِي القُضاة.. فلَمْ يُقلَّد بِبلادِ العِراق والشَّام وخُراسان ومِصر إِلَّا مَن أَشار بِهِ القاضِي أَبُو يُوسُف.. وذلك لِمَكانَتِهِ في الدَّولَةِ ومَنزِلَتِه عند الرَّشِيد، حتَّى قال لَهُ الرَّشِيد: يا يَعقوب، لو جاز لِي إِدخالُك في نَسَبِي ومُشاركتُك في الخِلافَة المُفضِية إِلَيَّ لكُنتَ حَقيقًا بِه. أَلسْتَ القائل لِأَخِي وَقتَ كَذا وكَذا؟ وفي وَقْت كَذا وكَذا؟ يُشِير بِذَلك إلى ما عَزَم عليه الهادِي مِن خَلْعِ الرَّشِيد واستِشارَةِ أَبِي يُوسُف في ذلك، وجَوابه له بِرَدِّ عزمه. فكان الرَّشِيدُ يَشكُر لِأَبِي يُوسُف هذه اليَد، حتَّى قِيل لم يَتمكَّن أَحدٌ كتَمكُّنِ أَبِي يُوسُف مِن الرَّشِيد.. وقال بُشْر المريسِي: ما اشتَهيتُ مِن مَراتِب السُّلطان إِلَّا مَرتَبَةً رأيتُ أَبا يُوسُف بَلَغها عَشِيَّة مِن العَشايا)[1].

فِي أَحوالِ مَذهَبِ المَالِكيّة

مالِك بن أَنَس بن مالِك الأَصْبحي الحِمَيري (93-179هـ)، عاصَرَ أَربَعِين سَنَةً مِن العَصر الأُمَوِي، وأَدرَكَ خمسةً مِن خُلفاء بَنِي العَبَّاس هُم أَبُو العَبَّاس السَّفاح

1 - نفس المصدر السّابق 161. خطط المقريزي 144/ 4. المكافأة، ابن الداية 173-62

المُؤسِّس لِلدَّولَةِ العبَّاسِيَّة وأَبُو جَعفر المَنصُور والمَهدِي والهادِي والرَّشِيد، وتُوفِّي في فَترةِ خِلافَة الرَّشِيد.

وبِذَلك يَكُون مالِك قد عاصَر نُشوءَ فِكرَة الجَبر على يَد جَهْم بِن صَفوان، ونَقل الحَدِيث عن عِكْرِمَة ومُقاتِل وسَعِيد بن جُبَير تَلامِذة ابن عَبَّاس (ويُعَدُّ مالِك وَسَطًا بين الاثْنَين ـ مَذهَب أَبِي حَنِيفة وابنِ حَنْبَل ـ فهُو لا يَشترِط في الحَدِيث الشُّهرَةَ كأَبِي حَنِيفَة، ولا يَأخذُ بِالضَّعِيف كما هِي الحالُ عند ابنِ حَنْبَل، ويَعْملُ بِالخَبرِ الواحِد بِشَرط عَدالَةِ الرَّاوِي أَو أَمانَتِه، ولكِنَّه يُقدِّم عَملَ أَهْلِ المَدِينَة على الحَدِيث الصَّحِيح ويَرى أَنَّ النَّاس لَهُم تبَع)[1].

وقُبَيل انتشار شِهرة مالِك بن أَنَس وبلوغِهِ المكانَة العِلْمِيَّة الرَّفيعة بين المَسلِمين؛ صار مذهبُ أَبِي حَنِيفَة مَذهَبًا رَسمِيًّا لدى السُّلطة العبَّاسِيَّة ومنفردًا بِالسِّيادة على أَكثَرِ مِن بَلَدٍ إِسلامِي. وقد نَحَى الإِمامُ مالِك بن أَنَس الَّذي أَخَذَ مِن العِلْم عن الإِمام الصَّادِق صَلواتُ الله وسَلامُه عليه مَنحى التَّأيِيد لِمَوقِفِ العَلَوِيِّين المُعارِض.

ورَوى مالِكٌ عن الرَّسُولِ صَلَّى الله عليه وآله حَدِيثًا (لَيس على مُستكرَهٍ طَلاق)، وأَسَّس عليه قَواعِدَه ورأى أَنَّ سائر الإِيمان لا تَنعقِد بِالإِكْراه.. شَعَر العبَّاسِيُّون في نَقلِ مالِك لِهذا الحَدِيث خَطرًا على سُلطانهم القَائم على القَهر والإِكراه، فاستُدْعِيَ مِن قِبَل جَعفر بن سُليمان (ابن عَمِّ المَنصوُر)، وأَمَر بِتَجرِيدِ مالِك مِن ثِيابِهِ وضَربِهِ بِالسِّياط، ومُدَّت يدَه حتَّى خُلِعَت كَتفُه، فتَعصّب له بَعضُ أَتْباع اتِّجاه أَهْل العامَّة (وناصَرُوه وأَصبَحت له مَكانَةٌ في المُجتَمع، ولَحظَت السُّلطةُ أَهمِّيَّةَ مَكانَتِهِ، فَرأت مِن اللَّازِمِ أَنْ تَجعلَه تحت عِنايَتها لِتُوجِد منه شَخصِيَّةً عِلمِيَّةً تُوجِّه إِليه المُجتَمَع طَوعًا أَو كُرْهًا)[2].

وفي إِثْر قول مالِك بِفِكَرة الإِكْراه المُمتَنِع؛ قَصدَ المُتَضرِّرون مِن طُغيان العبَّاسِيِّين وعُنفِهِم مالكًا يَرجُون وَسِيلةً لِفَكِ بَيعتِهِم لِلعَبَّاسيِّين وقالوا (إِنَّ في أَعناقِنا بَيعةً لِأَبِي

1 - الشِّيعة في الميزان 80

2 - الإمام الصّادق والمذاهب الأربعة 163

جَعْفَر. فقال: إنَّما بايَعتُم مُكرَهِين، ولَيس على مُكرَهٍ يَمِين. فأسرَع النَّاسُ إلى مُحمَّد ـ النَّفس الزَّكِيَّة ـ ولَزمَ مالِكٌ بَيته)[1].

كان رَأيُ مالِك بن أَنَس مدعاةً لِقَلق أَبِي جَعفر المَنصور ومَحلًا لِغضَبِه فاضْطَرَّ إلى عَزل وآلِيه جَعفر بن سُليمان مِن وَلايَة المَدِينَة ثُمَّ أَرسَل إلى مالِك يَسْتَرضِيه. (وتَمَّ التَّراضِي على أَنْ يَلتَقِي مالِك المنصور العَبَّاسِي بِمِنَى في مُوسِم الحَجّ.. وكَرَّم المنصور مالِكًا. وجَرى بينهما حَدِيثٌ طويلٌ في شُئونٍ شَتَّى اتَّسَم بِالمُجاملة ولم يَخلُ مِن حِوارٍ في الفِقْه أَو الحَدِيث أو العِلْم.. ثُمَّ قال المَنصور لِمَالِك: يا أَبا عبد الله، ضَعْ هذا العِلْم ودُونه ودَوِّن مِنه كِتابًا وتَجنَّب فيه شَدائد عبد الله بن عُمَر ورُخَص عبد الله بن عبَّاس وشَواذ عبد الله بن مَسعُود، واقصِد إلى أَوسَطِ الأُمُور وما أَجمع عليه الأَئمَّةُ والصَّحابَة لِنَحمِلَ النَّاس إنْ شاء الله على عِلْمِك وكُتُبك ونَبثّها في الأَمصار ونَعهد إليهم أَلَّا يُخالِفُوها ولا يَقضُوا بِسِواها. فقال مالِك: أَصلَحَ الله الأَمِير، إنَّ أَهْلَ العِراق لا يَرضَون عِلْمَنا ولا يَرون في عِلْمِهم رَأيَنا.. فقال المَنصُور: أَمَّا أَهْل العِراق فلا أَقبَل مِنهم صَرفًا ولا عَدلًا. إنَّما العِلْم عِند أَهْل المَدِينَة، فَضَع لِلنَّاس العِلْم)[2].

فانصرَفَ مالِكٌ لِيَجمعَ في كِتابِه (المُوَطَّأ) الحديثَ وأقوالَ أَهْلِ المَدِينة مع تَرك الشَّدائد والرُّخَص والشَّواذ كما أَمرَ المنصور (ويَعجَبُ بِه ـ الموطأ ـ هارُون الرَّشِيد ويَطلُب مِن مالِك تَعلِيقه على الكَعْبَةِ وحَمْل النَّاس عليه)[3]. فأَصبحَ ـ مالِك ـ مُحترمًا إلى أَبعَدِ حدود الاحتِرام.. وكيف لا يَكون لِمَالِك ظُهورٌ وسُمعةٌ ومُنادِي السُّلطان يَهتِف في أَيَّام الحَجِّ (أَنْ لا يُفْتَ إلَّا مالِك). فأَصبَحت له مكانةٌ في المُجتمع وتَقرَّب النَّاسُ إليه بِشَتَّى الوَسائل والتَفُّوا حولَه وتَزاحَمُوا على مَجلِسِه الّذي عُيِّن له وَقتًا خاصًّا في يَوم مُعَيَّن يَزدَحِمُ النَّاسُ لاستِماع الحديث وأَخذ الفُتْيا)[4].

---

1 - التّآلف بين الفرق ص237-230

2 - نفس المصدر السّابق 237

3 - نفس المصدر السّابق 239

4 - الإمام الصّادق والمذاهب الأربعة 163

ويَظهَرُ مِن ذلك أَنَّ السُّلطات العبَّاسِيَّة سَجَّلت لِنَفسها فَشَلًا سياسيًّا ذريعًا عندما أَقدَمَت على إِخْضاع (اتِّجاه أَهْل العامَّة) ومَذاهِبه وفِرَقه في المَدِينة لِسِيادتها مِن خِلال تَعمِيم مَذهَب أَبِي حَنِيفَة وإِهانَةِ مالِك ومَذهَبِه. لكنَّ وَسِيلة العبَّاسِيِّين الأَكثر جَدوى تَمثَّلَت في العَمل على احتِواء مَدرَسَةِ الحَدِيث حيث تَجاذَب (اتِّجاهَ أَهْل العامَّة) مَذهبان رَئيسِيَّان هُما مَذهَبُ مالِك ومَذْهَبُ أَبِي حَنِيفة، في حِين أَخذ التَّشَيُّع المُستَقِلّ عن الدَّولة امتِدادًا واسِعًا وانتِشارًا سَرِيعًا على الرَّغْم مِن خُطورَة وُجودِه في الذِّهْن العبَّاسِي.

فما كان مِن العبَّاسِيِّين إِلَّا أَنْ أَعادوا النَّظر في سياسَاتِهم، وجَدّوا في إِخْلاء البلاد مِن مَحاور المُعارضَة وأَطْلقوا وَسائل القمع والإرهاب تَحوُّطًا وقَبْل أَنْ تَتفاقم الأَوضَاع السِّياسِيَّة وتَفلت. فَأَجمعوا أَمرَهم على خَوض مَعركَةٍ مَصيريَّةٍ واحدَةٍ لِإِنْهاء وُجودِ التَّشَيُّع أَوَّلًا. عِندَئذٍ بَزغَ نَجمُ مالِك بن أَنَس في الآفاق فُجأة (وأَصبَحَت له شَخصِيَّةٌ مَرمُوقةٌ مِن دُون غَيرِه مِن شُيوخِهِ الَّذين هُم أَعلَمُ وأَفقَهُ مِثل رَبِيعَةِ الرَّأي وغَيره. فامتَاز بِهذِه المَنزِلَة واكتَسَبت شَخصِيَّتُه رِداءَ العَظَمة. وسَعى العبَّاسِيُّون لِيَجعلوا منه مَرجِعًا عامًّا في الفَتوى، ولكِنَّ مُحاولتَهم هذه باءَت بِالفَشَل. وقد أَمرَهُ المَنصور بِوَضع كِتابٍ يُحمِّل النَّاس عليه بِالقَهر، وكلَّمَه مالِكٌ في ذلك وامتَنَع. فقال المَنصُور: ضَعهُ فما أَحدُ اليَوم أَعلَمُ مِنك. فوَضَع كِتاب المُوَطَّأ.

ويُحدِّثُنا أَبُو بَكر بن عبد الله الصَّنعاني قال: أَتَينا مالِك بن أَنَس فحدَّثَنا عن «رَبِيعَةِ الرَّأي» فكُنَّا نَستَزِيده فقال لَنا ذات يوم: ما تَصنَعُون بِرَبِيعَة وهو نائم في ذلك الطَّاق؟ فأَتَينا رَبِيعةَ فقُلنا: كيف يَحظَى بِكَ مالِكٌ ولم تَحظَ أَنْتَ بِنَفسِك؟ فقال: أَمَا عَلِمتُم أَنَّ مِثقالًا مِن دَولةٍ خَيرٌ مِن حَمل عِلْم)[1].

وعلى الرَّغْم مِن أَنَّ مَذْهَبَ الأَوزاعي عُدَّ مَذهبًا مؤيَّدًا ومبجَّلًا مِن قِبَل الدَّولَتين العبَّاسِيَّة والأُمويَّة مِن قَبْل ذلك، وسائدًا في الشَّام والأَنْدَلُس، إِلَّا أَنَّه لم يَقوَ على الصُّمود

1 – نفس المصدر السّابق 165. شرح الموطأ، الزرقاني 8/ 1 . طبقات الفقهاء، ابن اسحاق 43

أمام قُوَّة انتشار مَذهَب مالِك الَّذي أُضْفِي عليه مسحةً (رَسمِيَّةً).

وفي الأَنْدَلُس بَلغَ مدحُ مالك لِمَلِكها، فاتَّخذ الملك قَرارًا بِحَمْلِ النَّاس على مَذهَب مالِك والعُدول عن مَذهب الأَوزَاعِي. فانْتَشَر مَذهبُ مالِك في أَفريقْيَا على يَدي (القاضي سَحنُون. ويَقولُ المَقرِيزِي: ولَمّا وُلِّي المُعِزُّ بن بادِيس؛ حَمَّل جَمِيعَ أَهْلِ أَفْرِيقْيا وأَهْلَ الأَندَلُس كُلَّهم إلى مَذهَبِه رَغْبةً فِيما عند السُّلطان وحِرصًا على طَلَب الدُّنيا إِذْ كان القَضاءُ والإفتاءُ في جميع تِلك المُدن لا يَكون إِلّا لِمَن تَسمَّى بِمَذهب مالِك. فاضطرَّت العامَّةُ إِلى الاستعانة بِأَحكامِه وفَتاواه. ففَشَي هذا المَذهبُ هناك وحَظِي بِالقُبول لا بِحَسب مُؤهَّلاتِهِ ومُقوّماتِه الرُّوحِيَّة وإِنَّما على حَسب نِظام القُوَّة الّتي خَضَع النَّاسُ لها بِدُون تَبصُّر.

كما أَنَّ انتشارَه بِالمَغرِب الأَقصى كان رَغْبةً لِمَا عند السُّلطان وخُضوعًا لِما افتَرضُوه على النَّاس، ولم يَكن ثُبوتُه مُستقِلاً بِرُوحانِيَّتِهِ عن تَأثير السُّلطَةِ التَّنفيذِيَّة. فإِنَّ دولةَ بَنِي تاشْفِين في الأَندَلُس في القَرن الخامِس وتَولَّى ثانِيهم عَلِيّ بن يُوسِف بن تاشْفِين عَظَّم الفُقهاء، ولم يَكن يُقرِّب منه ويَحظى عنده إِلَّا مَن عَلِمَ مَذهبَ مالِك)[1].

ويُشِير ابنُ حَزم إِلى دَور السِّياسَة في انتِشار مَذْهَب مالِك بِقَوله (مَذهبان انتشرا في مَبدأ أَمرِهما بِالرِّياسة والسُّلطان: مَذهبُ أَبِي حَنِيفَة، فإِنَّه لمّا وُلِّي أَبُو يُوسف القَضاء كان لا يُوَلِّي قاضِيًا إِلّا مِن أَصحابِهِ والمنْتَسِبين إِليه وإِلى مَذهَبه. والثَّاني: مَذهبُ مَالِك عِندَنا في الأَندَلُس، فإِنَّ يَحيى بن يَحيى كان مَكِينًا عند السُّلطان مَقبولًا في القَضاء، فكان لا يُوَلِّي قاضِيًا في أَقطار الأَندَلُس إِلَّا بِمَشُورَتِهِ واختِياره ولا يَسِير إِلَّا بِأَصْحابِهِ، والنَّاس ساعٍ إِلى الدُّنيا فأَقبَلوا على ما يَرْجُون بِهِ بُلوغَ أَغراضِهم)[2].

في أَحوالِ مَذهَب الشَّافِعِيَّة

تَحوَّلَت مصر مِن مَذهَبِ مالِك بن أَنَس الأُسْتاذ إِلى مَذهَبِ تِلمِيذِهِ مُحمَّد بن

1 - نفس المصدر السّابق 166

2 - ابن خلكان 167-116/ 2

إِدريس بن العَبَّاس بن عُثمان بن شافِع الَّذي نَشط في مِصر وزاحَم المَذاهِبَ الأُخْرى فيها، ثُمَّ اكتَسحَ الأَندلُس وأَفْريقْيا في إِثْر تَبنِّي الدَّولَةِ الأَيُّوبيَّة له ورَغبةِ الدُّول المتَعاقِبَة بَعدها في جَعلِه مَذهبًا رسميًّا لها.

وحيث كان مالِك بن أَنَس مُقرَّبًا مِن الرَّشِيد فقَد قَرَّبَ مالِك تِلمِيذَهُ مِن الرَّشيد. وعُرِف عن الشَّافِعِي أَنَّه حَفظ المُوطَّأ وعَرَض ذلك على مُؤلِّفِهِ مالِك. ويَقُول الشَّافِعِي (قَدِمْتُ على مالِك بن أَنَس وقد حفظتُ المُوطَّأ فقال لي: احضِر مَن يَقرأ لَكَ. فقُلتُ: أَنا قارِئٌ. فقَراتُ عليه المُوطَّأ حفظًا. فقال: إِنْ يَكُ أَحدٌ يُفلِح فهذا الغُلام)[1].

لقد اشتُهِر عن الشَّافِعي فَقرُهُ المُدقِع، فقَرَّر الرَّحِيل إِلى اليَمن بَحثًا عن مَوردِ رِزق، وانْتَسب إِلى بَعضِ دَواوِين القَضاء، فاشتَهر في اليَمن والحِجاز حتَّى وُلِّيَ قَضاء نَجران. لكنَّه اختلَفَ مع بَعضِهم (فأَوثَقه حَمّاد البربري ـ والِي مَكَّة واليَمن ـ في الحَدِيد بِتُهمة الخُروج على الدَّولة مع العَلويِّين واقتِيدَ إِلى الرَّشِيد. فالتَفتَ الرَّشِيدُ إِليه وقال (يا أَخا شافِع، شَقَقْتَ العَصَا وخَرَجْتَ مع العَلوِيَّة عَلينا؟! فقلتُ يا أَمِير المُؤمِنين: أَأَدَعُ مَن يقول أَنِّي ابنُ عَمِّهِ وأَصِير إِلى مَن يقول إِنِّي عَبدُه. قال: فأَطلقَ عنه ووَصَلَه وقال له «عِظْنِي»، فوَعظَهُ إِلى أَنْ بَكَى، ثُمَّ أَمَر لَهُ بِخَمسِين أَلف دِرهم.. عاد الشَّافِعِيّ إِلى مَكَّة ومَعه حِمل بَعِير مِن عِلْم أَهْلِ الرَّأي.. فَيَشِيع اسْمُه وتَكثُر تَلامِذتُه)[2].

كان لِقاءُ الشَّافِعي الأَوَّل مَع الرَّشِيد في عَقِب واقِعَة اليَمن مدخَلًا لِمعرفة الرَّشيد المَزيد مِن طَبائع الشَّافعي ومَذْهَبِه عن قُرب. فتَأَهَّل الشَّافِعِيُّ لِيكونَ مَوضِع استِحسَانٍ مِن قِبل الخُلفاء العبَّاسِيِّين. وأُرْسِل إِلى مِصر لِمُنافَسَةِ أُستاذِه مالِك ولِخَلقِ لَونٍ سياسِي مِن التَّوازن في الوُجود المَذهَبِي بينهما يَرفع مِن شَأن سِيادَةِ الدَّولة العبَّاسِيّة ويَزِيد مِن قُوّة ضَبط مَقالِيد الأُمُور!

وَفَدَ الشَّافِعِيُّ في أَوَّل الأَمْر على أَرضِ مِصْر في سَنَة 198هـ بِكتابٍ خاصٍّ مِن

1 - التآلف بين الفرق 245

2 - نفس المصدر السّابق 252

الرَّشيد وَجَّهَه إلى وَالِيها يُوصِيهِ فيه بِرعايَةِ الشَّافِعي في ظَرْفٍ دانَت مصر بِمَذْهَبِ مالِك حيث كان مالِك مَحلَّ إجلالٍ وتَقديرٍ مِن قِبَل وَالِيها وأَهْل مصر. ويُحدِّثُنا الشَّافِعيُّ نَفسُه عن مَكانَةِ مالِك ومَنزِلَتِهِ الرَّسمِيَّةِ المدعومة مِن قِبَل الخَليفة العبَّاسِي مباشرة، وعن قِصَّة قُدومِهِ إلى مصر حِينما طَلَبَ مِن وَالِيها أَنْ يُوصِلَه إلى مالِك.

يَقول الشَّافِعي (فلمّا رَجعتُ إلى مكّة جَعلتُ أُنشِد الأَشْعار وأَذكر الآداب والأَخْبار وأَيّام العرب، فمَرّ بي رَجلٌ مِن الزُّبيريِّين مِن بَنِي عَمِّي فَقال لي: يا أَبا عبد الله: عزَّ عَلَيّ أَلّا يكون مع هذه اللُّغة وهذه الفَصاحَة والذَّكاء فِقهٌ فتكون قد سِدْتَ أَهْلَ زَمانِك. فقلتُ: فمَن بَقِي نَقصِد؟ فقال لي: مالِك بن أَنَس سَيّد المسلمين يَومئذٍ. قال: فوقَع في قَلبِي فعَمَدت إلى الموطإ فاستَعرته مِن رَجلٍ بِمَكّة فحفظته في تِسع ليالٍ ظاهرًا. قال: ثُمّ دخلت إلى وَالِي مَكّة وأَخذتُ كتابَه إلى والِي المدينة وإلى مالِك بن أَنس. قال: فقدِمْت المدينة فأَبلغتُ الكتاب إلى الوَالِي، فلَمّا أَنْ قرأ قال يا فَتى إنَّ المَشيَ مِن جَوف المدينة إلى جوف مكَّة حافِيًا راجلًا أَهون عَلَيَّ مِن المَشي إلى باب مالِك بن أَنس، فلَسْتُ أَرى الذُّل حتَّى أَقِف على بابه. فقلت: أَصلَح اللهُ الأَمِير، إنْ رأى الأَمِيرُ يُوجِّه إليه لِيَحضر. قال: هيهات، ليت أَنِّي إذا ركبتُ أَنا ومَن مَعيَ وأَصابنا مِن تراب العَقِيق نِلنا بعض حاجتنا. قال فواعدتُه العصر وركبنا جميعًا، فوالله لكان كما قال: لقد أَصابنا مِن تُراب العقيق. قال: فتَقدّم رَجلٌ فقَرَع الباب فخَرجَتْ إلينا جارِيَةٌ سوداء فقال لها الأَمِير: قولي لمولاك إنِّي بِالباب. قال: فدَخلَتْ فأَبطأت ثُمّ خَرجَت فقَالَت: إنَّ مولاي يُقرِئُك السَّلام ويقول: إنْ كانت مَسأَلةٌ فارفعها في رُقْعَة يَخرجُ إليك الجَواب، وإنْ كان لِلحَدِيثِ فقد عَرفْتَ يَومَ المجلس فانْصَرِف. فقال لها: قُولِي له إنَّ مَعِيَ كتابُ والِي مَكّة إليه في حاجة مُهمّة. قال فدخَلَتْ وخرَجَتْ وفي يَدِها كُرْسيّ فوضَعته، ثُمَّ إذا أنا بِمالِكٍ قد خَرجَ وعليه المهابةُ والوقار وهو شَيخٌ طويل مَسنُون اللِّحْية، فجَلس وهو مُتطَلّس فرَفَع إليه الوالي الكِتاب، فبَلغَ إلى هذا: إنَّ هذا رَجلٌ مِن أَمرِهِ وحالِهِ فتحدِّثه وتَفعَّل وتَصنّع. رَمى بِالكِتاب مِن يَدِه ثُمّ قال: سبحان الله! أَوصار عِلمُ رَسُول الله صَلّى الله عليه وآله يُؤخذ بِالوَسائل؟! قال: فرأيتُ الوالِي وقد تَهيَّب أَنْ يُكلّمه فتَقدَّمتُ إليه

وقُلتُ: أَصلَحك الله، إِنِّي رَجلٌ مطلي ومِن حالي وقِصَّتي. فلمّا أَنْ سَمِع كلامي نَظر إِليَّ ساعة وكانت لِمَالِك فراسةٌ فقال لي: ما اسمُك؟ قلت: مُحمَّد. فقال لي يا مُحمَّد. اتَّقِ الله واجتَنِب المعاصي، فإنَّه سيكون لك شأنٌ مِن الشَّأن. ثُمّ قال: نَعم كرامة، إِذا كان غدًا تَجئ ويَجئ مَن يقرأ لك. قال: فقلتُ أَنا أَقوم بِالقَراءة. قال: فغدَوتُ عليه وابتدأت أَنْ أَقرأه ظاهرًا والكتاب في يدي. فكلمّا تهيَّبت مالكًا وأردتُ أَنْ أَقطعَ أَعْجَبَه حُسنُ قراءتي وإِعرابي، فيقول: يا فتى زِدْ حتّى قرأته في أَيامٍ يسيرة، ثُمّ أَقمْتُ بالمدينة حتَّى تُوفِّي مالِك بن أَنَس، ثُمَّ خرجتُ إلى اليمن فارتفع لي بها الشَّأن، وكان بها والٍ مِن قِبَل الرَّشِيد وكان ظلومًا غَشُومًا، وكُنتُ ربما آخذ على يَديهِ وأَمنعه مِن الظُّلم. قال: وكان بِاليَمن تِسعةٌ مِن العَلوِيّة قد تَحرّكوا وإِنّي أَخاف أَنْ يخرجوا، وإِنَّ ههنا رَجلًا مِن وِلْدِ شافِع المطلب لا أَمْرٌ لي مَعه ولا نَهي. قال: فكتب إِليه هارون: أَنْ احمِل هؤلاء واحمِل الشَّافِعي معهم فقُرِنْتُ معهم. قال: فلَمّا قدمنا على هارون الرَّشِيد أَدخلنا عليه وعنده مُحمَّد بن الحسن. قال: فدعا هارون بِالنّطع والسَّيف وضَرب رِقابَ العَلوِيّة، ثُمَّ التفتَ مُحمَّد بن الحَسَن فقال: يا أَمِير المؤمنين، هذا المطلي، لا يغلبنَّك بِفصاحَتِه فإِنَّه رجلٌ لَسِن. فقلت مَهلًا يا أَمير المؤمنين فإِنَّك الدَّاعي وأَنا المدعو، وأَنتَ القادر على ما تُريد مِنّي، ولستُ القادر على ما أُريد مِنك، يا أَمير المؤمنين، ما تقول في رَجُلَين: أَحدُهما يراني أَخاه، والآخر يراني عَبدُه، أَيّهما أَحبُ إِليَّ؟! قال: الَّذي يراك أَخاه. قال: قلتُ فذاك أَنْتَ يا أَمير المؤمنين. قال فقال لي: كيف ذاك؟ فقلتُ يا أَمير المؤمنين، إِنَّكم ولد العبَّاس وهُم ولد عَليّ، ونَحن بَنو المُطّلب، فأَنتُم ولد العبَّاس تَرونا إِخوتَكم وهُم يَرونا عَبِيدهم. قال: فسري ما كان به فاستوى جالسًا فقال: يا ابن إدريس: كيف عِلمك بِالقُرآن؟ قلتُ عن أَي علومِهِ تَسألني؟ عن حِفظِهِ فقد حفظته ووَعَيته بين جَنبي وعَرِفتُ وَقفَه وابتداءه، وناسِخَه ومنسوخَه ولَيلَيِهِ ونَهارَيه ووَحشِيّه وأُنسِيّه، وما خُوطب به العام يراد به الخاصّ، وما خُوطِب به الخاصّ يرادُ به العام.

فقال لي: والله يا بن إِدْرِيس لقد ادَّعيتَ عِلمًا فكيف عِلمك بِالنُّجوم؟ فقلت: إِنّي لَأَعرفُ منها البَرّي مِن البَحرِي، والسَّهلِيّ والجبلي والفيلق والمصبح وما تَجِب

مَعرِفتُه. قال: فكيف عِلمك بِأنساب العرب. قال: فقلت إِنّي لَأَعرف أنساب اللِّئام وأَنساب الكرام ونَسَبِي ونَسبَ أَمِير المؤمنين. قال: لقد ادَّعَيتَ عِلماً فهَل مِن مَوعِظَة تَعِظ بها أَمير المؤمنين؟ قال: فذكرت مَوعِظةً لِطاوس اليَماني فوعظته بِها، فبَكى وأَمر لي بِخَمسِين أَلفًا وحملتُ على فرسٍ وركبتُ مِن بَين يديه وخَرَجتُ، فما وصلتُ الباب حتَّى فرَّقتُ الخَمسِين أَلفًا على حجاب أَمِير المؤمنين وبَوابَيه. قال: فلَحقَنِي هرثمةُ وكان صاحب هارون فقال: إِقبَل هذه مِنِّي. قال: فقلتُ له إِنّي لا آخذ العطِيّة مِمَّن هو دُوني، وإِنَّما آخذها مِمَّن هو فَوقِي. قال: فوَجَد في نفسه. قال: وَخرَجتُ كما أَنا حتَّى جئتُ مَنزِلي فوَجهتُ إلى كاتب مُحمَّد بن الحسن بِمائة دينار وقلتُ: اجمَع الورَّاقين اللَّيلة على كتب مُحمَّد بن الحَسن وانسخها لِي ووَجِّه بها إِليّ. قال: فكُتبت لي ووجَّه بِها إِليّ)[1].

كانَت رَغبةُ العبَّاسِيِّين في فِقهِ مَذهَبِ الشَّافِعي نابَعةً مِمَّا تَميَّز به الشَّافِعِيُّ مِن انفِتاح على مَختَلف المَدارِس الفِقهيَّة، ومِن خَشيَتِه مِن (ثَورة) العَلوِيِّين ورِضاه على ذَبْحهم في قُصورِ العبَّاسِيِّين، علاوةً على مُرونَة الشَّافِعي واستِعدادِهِ لِتَغيير فِقْهِه بِما يَتناسب ومَرحلَة خُروجِهِ مِن حال الفَقْر إلى المودّة لِخُلفاء بَنِي العبَّاس المَدفُوعَة الثَّمن.

قِيل أَنَّ فِقْهَ الشَّافِعي وَسَطِيٌّ ومَزِيجٌ مِن فِقهِ أَصحابِ الرَّأي والحَدِيث، وأَنَّ له مَذهبَين قَدِيم وجديد. فالقَدِيم أَقامَه خِلال رَحلاتِهِ بين مكَّة وبغداد واليَمن، وأَمَّا الجَدِيد فقَدَ أَقامه في مصر بعد مُصاحَبَتِه لِوَالِيها الجديد العبَّاس بن عبد الله (ولَيس بَين مَذهبِهِ الجَدِيد والقَدِيم كَبيرُ فَرْق. ففِي العِراق ظَهر له مِن الكُتب في الأُصُول (الرِّسالَة) وفي الفُروع (الحُجَّة)، ولَمَّا جاء مصر أَعاد النَّظر في الرِّسالَةِ كما أَعاد النَّظر في كتابِ الحُجَّة، فأَلف بِدَله كِتابَ (الأُم) وهو مَجموعٌ لِكُتبٍ كَثيرةٍ أَلَّفها الشَّافعيُّ في مصر)[2].

وأَمَّا موقفه مِن الحَدِيث والإِمامة (فيَأخذ بِالحَدِيث إِذا رَواهُ ثِقةٌ عن ثِقةٍ مَشهورٍ كان

---

1 - معجم الأدباء، ياقوت الحموي 341-340/ 2

2 - التآلف بين الفرق 256

أَو غَير مَشهور. وإِذا لم يَجدْهُ عَمِل بِالقِياس فَقط مِن دُون الاستِحْسَان والاستِصْلاح)[1].

وكان يَرى الإِمامَةَ في قُرِيشٍ (مِن دُون تَعيين بَطْنٍ بِعَينِهِ، يَستَوي في ذلك الهاشِمِيُّون والأُموِيُّون وغَيرُهم سَيرًا على سُنَّةِ الخَلفاءِ الرَّاشِدِين)[2].

على الرَّغْم مِن الهَيبة والمقام الرَّفِيعَين اللَّذين تَميّز بهما مَذهبُ مالِك في مِصر (فقد طَغى عليهما مذهَبُ الشَّافِعي بِمُؤازرة بعض رِجال الدَّولة العبَّاسِيَّة في بادِئِ الأَمرِ، ومِن بَينهم أَمِيرُ مِصر الجَدِيد عبد الله بن العبَّاس بن مُوسى العبَّاسِي الَّذي وَفَد إِليها بِصُحْبَةِ الشَّافِعي، وبَنِي عبد الحَكِيم والرَّبِيع بن مُوسى العبَّاس وأَبِي إِبراهيم إِسماعِيل بن يَحيى المُزَني والبُويطي، وكَتَبوا عنه ونَشروا مَذهبَه)[3].

لقد بُذِلَت الكثيرُ مِن المساعِي في إِثْر ذلك على طَرِيق نُصرَةِ مذهب الشَّافِعي وتَأييده، ووَقَفَ صَلاحُ الدِّين الأَيُّوبي بِقُوَّةٍ إِلى جانِبِهِ بُغية تَغيير هُوِيَّة مصر الفاطِميَّة عبر (بِناء المدارس لِفُقهاء الشَّافِعيّة واختِصاصِ القَضاءِ بِهِم. وكان الغالِبُ مِن أَهْل مصر الشِّيعَة في عَهدِ الفاطِمِيِّين الّذين كانُوا يَملِكون مصر قَبلَه. وكان المَذْهَبُ ـ الفاطِميّ ـ يُدرَّس في الجامِع الأَزهَرِ وغَيره، فَأَبطَلَ صَلاحُ الدِّين درسَه فيها وأَحْيَا مَذهبَ الشَّافِعي وأَبِي حَنِيفَة ومالِك، وبَنى لهم كَثِيرًا مِن المدارس، ورَغَّبَ النَّاس فيها بِالأَوقاف الّتي حَبَسها عَلَيها فرَغَبوا فِيها وأَخذوا في تَقلِيدها وهَجروا ما عداها مِن المَذاهِب)[4].

لم يَتردَّد صَلاحُ الدِّين في التَّعاون مع الصَّلِيبيّن أَثناء حربِهِ لِمكافَحَة الوَجُود الشِّيعي في سُوريا والمغرِب العَربي إِضافة إِلى مِصر، وأَقدم على إِعدام الكَثير مِن خَزائن الكُتب الشِّيعِيَّة، ثُمّ جاء مِن بَعد صَلاح الدِّين أَتبَاعُ المَذاهِب والفِرق لِيَعدِموا أَهْم المُدَوّنات الشِّيعِيَّة وغيرها وممَّا سَجَّل فيها عن يَومِيَّات صَلاح الدِّين وسِيرتِهِ السِّياسِيَّة وعلاقاتِهِ المَشبُوهَة بِقادَةِ الحُروب الصَّلِيبِيَّة وخُطَطِهِ المُشتركَة معهم لِاخْتِراق

1 - الشِّيعة في الميزان 81

2 - التّآلف بين الفرق 254

3 - الإمام الصّادق والمذاهب الأربعة 168

4 - نفس المصدر السّابق 168

المُدن الشِّيعِيَّة الَّتي فَشل الصَّلِيبِيُّون في اقتِحامها مِن بَعد فرض الحِصار عليها.

فِي أَحْوالِ مَذْهَب الحَنابِلة

اتَّخذَ مَذهبُ أَحمد بن مُحمَّد بن حَنْبَل في بَغداد مَكانةً رَفِيعةً ومَرمُوقَةً مِن بَعد تَزكِيةِ الشَّافِعي لَه. (فالشَّافِعي لا يُغادِر بَغداد حتَّى يُعطِي الشَّهادَةَ الشَّفَهِيَّة لِأَحمَد.. شَهادةٌ تَضَعُه على رأس عُلمائها. ذلك أَنَّ الشَّافِعِي بِوَزنِهِ العِلْمِي الدِّيني الكَبِير أَعطى لِشَهادتِه في أَحمد وزْنَها الثَّقِيل. وقال فيه: خَرَجتُ مِن بغداد وما خَلَّفتُ فيها أَتقى ولا أَفقَه مِن ابن حَنْبَل)[1].

لا يَختلف أَحمد بن حَنْبَل عن أُستاذِهِ الشَّافِعي في المِوقِف مِن الإمامَةِ والصِّراع مع مَدرسة أَهْلِ الرَّأي (فالأَئِمَّةُ ـ عنده ـ مِن قُريش كأُستاذِهِ الشَّافِعِي.. ويَقرُّ بِخلافَةِ الخُلفاء الرَّاشدِين على تَرتِيبِهم الزَّمنِي: أَبُو بَكر ثُمَّ عُمَر ثُمَّ عُثمان ثُمَّ عَلِيٍّ.. فلا يُهاجِم أَحدًا ـ مِن الصَّحابَة ـ مَهما اختَلَفوا وتَحاربوا. ويَأْمرُ بِالثَّناء على الزُّبَير وطَلحَة، بَل يُكفِّر مَن تَبرَّأ مِن الخُلَفاء الرَّاشِدين ومَن سَبَّ عائشَة.. ولا يَمسُّ ـ ابنُ حنبل ـ مُعاوِيَة بِسُوءٍ، ويُمسِك عن الخَوض فيما جَرى بِواقِعَتَي صِفِّين والجَمل، ويقول: دماءٌ صانَ اللهُ يَدِي مِن مُلابَستِها فأَصُون لِسانِي عن الخَوضِ فيها.. فيَردُّ ابنُ حَنبل ما حَدَث إِلى الاجتِهاد. وليس كُلُّ مُجتَهِدٍ مُصيب، فلِلمُصيبُ أَجْران ولِلمُخطِئ أَجرٌ واحدٌ)[2].

ابنُ حَنْبل مُتشدِّد مُخالِف لِأَهْل (الرَّأي) ومَدارِسِهِ في مَطلع عَملِهِ بِالمَذْهَب، وكان (مَيلُه إِلى الحَدِيث، حتَّى اجْتَمعَ بِالشَّافعي فتَأَثَّر به، على أَنَّ الرَّأي عند أَحمد يَأتِي مُتأَخِّرًا جِدًّا.. ويَقول أَحمد: ما زِلْنا نَلعَنُ أَهْلَ الرَّأي ويَلعنُونَنا حتَّى جاء الشَّافِعي فمَزَجَ بيننا)[3]. لكِنَّه اخْتَلَفَ مع أُستاذِه الشَّافِعي في العَمل بِالحَدِيث حيث (أَخذَ بِالحَدِيث الصَّحِيح إِنْ وَجدَه وإِلَّا فبِما أَفتَى بِه الصَّحابَة، وإِنْ اختَلفوا تَخَيَّر وإِلّا فبِالحَدِيث المُرسَل والضَّعِيف، وإِنْ فَقَد كُلَّ هؤلاء التَجَأَ إِلى الرَّأي مِن قِياس واستِصلاح، ولا

---

1 - التآلف بين الفرق 265

2 - نفس المصدر السّابق 267

3 - نفس المصدر السّابق 275-271

يَعمل به إِلَّا عند الضَّرُورة.. فهو ـ يُوسِّعُ دائرةَ الرَّأي ويُضَيِّق الأَخبار)[1].

أَمْلَى ابنُ حَنْبل مسندَه على أَولادِهِ تَحت إِشْراف المتوكِّل العبَّاسِي، ورُوِيَ المسند عن أَبي بَكر القَطيعي عن عبد الله أَحد أَولاد ابن حَنْبل الَّذي زاد فِيه ما يُشاكِل مَروِيَّاتِه. ومات ابنُ حَنْبل في مِحنَتِه قَبل أَنْ يقدِم على تَنقِيحه، فيما أُصِيب القَطِيعي بِالخَرف وهو يُضِيف إِلى المسند ما يُضِيف. (فَفِيه زيادات جَمّة مِن وَلَدِه عبد الله وبَعضها مِن أَبي بَكر القطيعي الرَّاوي له عن وَلَدِه)[2]، وأَنَّ ابن حَنْبل (كان لا يَرى التَّصنِيف، وهذا المسند لم يُصنِّفه هو ولا رَتَّبه ولا اعتَنَى بِتَهذيبِهِ، بَل كان يرويه لِولَده نسخًا وأَجزاءً، ويَأمرُه أَنْ يَضع هذا في مِسند فلان وهذا في مسند فلان)، وكان سَماعُ عبد الله لِسَائر كِتاب المسند مِن أَبِيه (بعد المِحنَةِ بِسَنوات، وفي حُدود سَنَة سَبع وثَمان وعشرين ومئتين). وذُكِر أَنَّ القَطِيعي (لم يَكُن مِن فرسان الحديث ولا مجودًا، بَلْ أَدَّى ما تَحمّله إِنْ سَلِم مِن الأَوهام في بعض الأَسانِيد والمُتُون، وهو آخر مَن روى المسند كامِلًا عنه)[3].

وضَمَّ مسندُ ابن حَنْبل مِن الأَسانِيد والمتُون (شيئًا كثيرًا ممّا يُوازي كثيرًا مِن أَحادِيث مُسلم، بَل والبُخاري أَيضًا، ولَيست عِندهما ولا عند أَحَدِهما، بَل ولم يخرّجه أَحدٌ مِن أَصحاب الكتب الأربعة وُهْم (أَبو داود) و(التّرمِذي) و(النَّسائي) و(ابن ماجَة). وأَمّا القول بِأَنَّ مسند أَحمد (إِنَّه صَحيح فهو قولٌ ضعيفٌ. فإِنَّ فيه أَحاديث ضَعِيفة بَلْ وموضُوعة كأَحادِيث فَضائل مَرْو وعَسقَلان والبرث الأحمر عند حمص وغير ذلك. كما قد نَبَّهَ عليه طائفةٌ مِن الحُفّاظ. ثُمَّ إِنَّ ابن حَنْبل قد فاتَه في كِتابِهِ هذا أَحادَيثَ كَثِيرة جدًا، بل قد قِيل إِنَّه لم يَقَع له جَماعَة مِن الصَّحابة الَّذين في الصَّحِيحين قَريبًا مِن مائتين)[4].

وذكر ابنُ الجوزي أَنَّ بَعضَ أَصْحاب الحَدِيث سأَلُوه (هَلْ في مسند أَحمد ما لَيس

---

1 - الشِّيعة في الميزان 80

2 - بُستان المحدّثين، عبد العزيز الدهلوي 69

3 - سير أعلام النبلاء، الحافظ الذهبي 81-67-16/ 11

4 - اختصار علوم الحديث، ابن كثير 29/ 25

بِصَحِيح؟ فقلتُ: نعم، فعَظُم ذلك على جماعَةٍ يُنسَبون إِلى المَذْهَب. فحَمَلتُ أَمرَهم على أَنَّهم عوام، وأَهملتُ فِكر ذلك. وإِذا بِهم قد كَتَبوا فتَاوى، فكتَب فيها جماعةٌ مِن أَهْل خُراسان يُعظِّمون هذا القَول ويَردُّونه ويُقبِّحون قول مَن قاله. فبَقِيتُ دهشًا مُتعجِّبًا، وقلتُ في نفسي: واعَجَباه صارَ المُنتَسِبُون إِلى العِلْم عامَّة أيضًا. وما ذاك إِلَّا أَنَّهم سَمَعوا الحَديثَ ولم يَبحَثوا عن صَحِيحِه وسَقِيمِه، وظَنُّوا أَنَّ مَن قال ما قلته قد تعرَّض لِلطَّعْنِ فيما أَخرَجَه ابنُ حَنْبَل ولَيْس كَذلك، فإِنَّه رَوى المَشهُور والجَيِّد والرَّدِيء. ثُمَّ هو قد رَدَّ كثيرًا ممَّا رَوى ولم يَقُل بِه ولم يَجعَلْهُ مَذْهبًا له.أَلَيْس هو القائل في حَدِيثِ الوُضوء بِالنَّبِيذِ مَجهُول، ومَن نَظرَ في كِتاب (العِلَل) الَّذي صنَّفَه أَبُو بَكر الخَلّال رَأى أَحادِيثَ كَثِيرة كلَّها في المسند وقد طَعَن فيها ابنُ حَنْبل ونُقِلَت مِن خَطّ القاضِي أَبِي يَعلى مُحمَّد بن الحسين الفَرّاء في مسألة النَّبيذ، قال: إِنَّما روى (أَحمَد) في (مسنده) ما اشتُهِر، ولم يَقصِد الصَّحيح ولا السَّقِيم، ويَدُل على ذلك أَنّ عبد الله قال: قلتُ لِأَبي: ما تَقُول في حَدِيث رُبْعِي بن خراش عن حُذَيفَة؟ قال: الَّذي يَروِيهِ عبد العَزيز بن أَبِي رواد؟ قلتُ: نَعَمْ. قال: الأَحادِيث بِخِلافِهِ. قُلْتُ: قد ذَكَرته في المسند. قال: قَصَدتُ في المسند المَشهُور، فلَو أَردتُ أَنْ أَقصِد ما صَحَّ عِندِي لم أَرْوِ مِن هذا المسند إِلَّا الشَّئ بعد الشَّئ اليَسِير، ولكِنَّك يا بُنَيّ تعرف طَرِيقَتِي في الحَدِيث، لَسْتُ أُخالِف ما ضَعُف مِن الحَدِيث إِذا لم يَكُن في البابِ شَئٌ يدفعه. قال القاصي: وقد أَخبَر عن نفسه كيف طريقه في المسند، فمَن جعلَه أَصلًا لِلصِّحة فقد خالَفَه وترك مقصده)[1].

لم يَنتشِر مذهبُ ابن حَنبل كغَيرِهِ مِن المَذاهِب والفِرَق الأُخْرى إِذْ لم يُعَدّ ابن حَنْبَل في الكَثِير مِن أُصُول ومُدوَّنات (اتِّجاه أَهْل العامَّة) فَقِيهًا ولا إِمام مَذْهَب، وإِنَّما سُجِّل مُحدِّثًا. وقد تَبنَّاه قليلٌ مِن أَتْباع (اتِّجاه أَهْل العامَّة) وهُم أَقلُ عدادًا مِن مُعتَنِقي المذاهِبِ الثَّلاثَة مُنفَرِدين. ثُمَّ أَخذَ بُعدًا واسعًا مِن الانْتِشار في القَرن السَّابع عِندما تَولَّى القَضاءُ في مِصر عبد الله بن مُحمَّد بن عبد الملك الحِجازي في سَنَة 738هـ.

---

1 - صيد الخاطر، ابن الجوزي312

ويقولُ ابنُ خلدُون (فأَمَّا أَحمد بِنْ حَنْبَل فمُقَلِّده قَلِيلٌ لِبُعدِ مَذْهَبِهِ عن الاجْتِهاد وأَصالَتِه في مُعاضَدةِ الرِّوايَة والأَخْبار بَعضها بِبَعض، وأَكثرُهُم بِالشَّام والعِراق مِن بَغداد ونَواحِيها، وهُم أَكثرُ النَّاسِ حِفظًا لِلسُّنَّة ورِوايَة الحِديث).

ويَقول ابنُ جرير (إِنَّه رَجُلُ حَدِيثٍ لا رَجُل فِقهٍ. وعَدَّه المَقْدِسي كذلك مِن أَهْل الحدِيث لا مِن الفُقهاء. ولم يَذكُره ابنُ قُتيبَة في مَعارِفِهِ في عِداد الفُقَهاء، واقتَصر ابنُ عبد البرِّ في كِتابِهِ الانتِقاء على ذِكرِ مالِك والشَّافِعي وأَبي حَنِيفة)[1].

ساهمَ رُوَّادُ المَذْهَب بَعد ذلك في إِحْيائه ونَشْرِهِ بِشَكلٍ مَحدُودٍ نِسبَةً لِبَقيَّةِ المَذاهِب حيث أَدَّى كُلٌّ مِن ابن تَيمِيَّة وتِلميذِه ابن القَيِّم الجوزِيَّة دورًا كبيرًا في ذلك. ثُمَّ تَبنَّاه مُحمَّد بن عبد الوَهاب صاحِب المَذْهَب الوَهابِي المُختَلق في عَهْد الاستِعمار البِريطاني وتَحت مَظلَّتِه ورِعايَته.

في عَهْد المأمون العبَّاسِي تعرَّض ابنُ حَنْبل إِلى مِحنَةِ السَّجن والتَّعذيب، وصَبر على مُخالَفَتِه لِرَأي المأمون المُتَبَنِّي لِمَذهب المُعتِزلة. وعندما أُثيرَت مَسأَلَةُ خَلْق القُرآن استَغَلّ المُعتِزلةُ قُربَهم مِن المأمُون لِيُوقِعوا بِمُخالِفِيهم ومِنهم ابنُ حَنْبل، فكان مَصيرهُ السَّجن والجَلْد إِلى حِين مَجِيءِ المُتوكِّل الَّذي تَبنَّى القولَ بِقِدَم القُرآن وانْقلَب على رَأي المَأمُون وضَحَّى بِالمُعتَزلة.

شَكلَّ تَبنِّي المأمُون ومِن بَعدِهِ المُعتَصِم والوَاثِق لِمَسالَةِ خَلقِ القُرآن فُسحَةً كُبرى لِتَنامي الدَّور السِّياسِي لِلمُعتَزِلَة، فتَفَرَّغُوا لِلتَّنكيل بِخُصُومِهم. وَقِيل أَنَّ أَحمد بن حَنبل استَسْلَم وخَضَع وأَقرَّ بِخَلقِ القُرآن على عهد المُعتصِم بَعد مِحنَةِ السَّجْن، وعُرِض لِلمُناظرةِ في قَصر المُعتَصِم. (ويَقول «الجاحِظ» في رِسالَتِهِ مُخاطِبًا أَهْل الحديثِ بعد أَنْ ذَكَرَ المِحنَةَ والامتِحان: وقد كان صاحِبُكم هذا ـ أَحمد ـ يَقول: «لا تَقِيَّةَ إِلَّا في دارِ الشِّرك». فلَو كان ما أَقرَّ بِهِ مِن خَلْقِ القُران كان مِنه على وَجْهِ التَّقِيَّةِ فلَقَد أَعمَلها في دار الإِسْلام وقد كَذَّب نَفسَه. وإِنْ كان مِمَّا أَقَرّ به على الصِّحَةِ والحَقِيقَةِ فلَسْتُم منه ولَيْس

1 - الإمام الصّادق والمذاهب الأربعة 169

مِنكم، على أَنَّه لم يَر سَيفًا مَشهورًا ولا ضُرِبَ ضَربًا كثيرًا، ولا ضُرِبَ إِلَّا بِثَلاثِين سَوطًا مَقطوعةَ الثِّمار، مُشبَّعةَ الأَطراف، حتَّى أَفصحَ بِالإِقرار مِرارًا. ولا كان في مَجلسٍ ضيِّقٍ ولا كانت حالٌ مَيؤسَة. ولا كان مُثقلًا بِالحدِيد. ولا خُلِع قَلبُه بِشدَّة الوَعِيد. ولقد كان يُنازَع بِأَلْيَن الكَلام ويُجِيب بِأَغلَظِ الجواب، ويرزنُون ويَخِفّ ويَحلَمون ويَطِيش)[1].

لم يَنلْ أَهْلُ الحَدِيث فُسْحةً مِن العَيش الهانِئ إِلَّا في عهد المُتوكِّل الَّذي أَبْطَلَ دَعوى المُعتزِلة بِخَلْق القُرآن في مَحاوَلَةٍ جادَّةٍ منه وحاسِمَةٍ لِلتَّخلّص مِن نُفوذِهم الضَّاغِط على سِيادَتِه ولِكَسب الرَّأي العام الَّذي ضَجَّ بِسُخْطِهِ واستِيائه على العبَّاسِيِّين ومِن ضِيق الاعتِزال ومَحاكمِهِ المُنتَشِرة في كُلِّ مكان. فأَظهر المُتوكِّلُ بذلك مَيلَه إِلى أَهْلِ الحديث وتَخلَّص بِهم مِن المُعتزلة. وهنا بَرَغ نَجمُ أَحمد بِنْ حَنْبَل حيث امتَنع العَدِيدُ مِن رُوَّادِ مَدرَسَةِ أَهْل الحَدِيث مِن الاستِجابَةِ لما تَضمِرُهُ سِياسَةُ المُتوكِّل.

استَغلَّ أَهْلُ الحَدِيث المَوقِف السَّلْبِيّ لِلمُتوكِّل مِن المُعتزِلَة فانْتَشروا وبَثّوا منابِرَهم ووَظَّفوها في الرَّدِّ على المُعتزِلَة تَحت حِراسَة الدَّولَةِ ودَعمِها المباشر. فأَفَلَ نَجْمُ المعتزِلَة (وعَلَت مَنزِلَةُ أَحمد عند المُتوكِّل وقَرَّبه وطلَبَ منه أَنْ يَتولَّى تَعلِيم وَلِيِّ العَهد، كما كان يَتعاهده بِالإِكرام ويُشِيد بِذِكرِهِ ويَتَشوّق بِرُؤيته، وطَلَبَ أَنْ يزُورَه في عاصِمَةِ مُلكِهِ لِيَراه ويَتَبرَّك بِقُربه)[2].

وعلى ذاتِ السِّيرة انتَشرت المَذاهِبُ والفِرق بِإِرادة رَسمِيَّة في إِطار لُعْبَةِ العبَّاسِيِّين على أَعلَى المستَويات في الدَّولة وتَحتَ ضَغط الضَّرُورَة السِّياسِيَّة وصِيانَة سِيادَة المُلْكِ وشَرعِيَّة نِظامِ الحُكم. فجَرَت القاعِدةُ في أَنْ يُمنع أَيّ مَذْهَبٍ مِن مَذاهِبِ (اتِّجاه أَهْلِ العامَّة) أَو فِرقَةٍ مِن فِرَقِهِ في البلاد مِن السِّيادة والانْتِشار إِلّا بِقرارٍ رَسْمي أَو مَرسُوم صادر عن الدَّولة، وذلك لِتَحقِيق غايَةٍ سِياسِيَّةٍ وليس لِأَصالةٍ أَو كفاءةٍ أَو صِحّةٍ أَو حقٍّ يَتميز بِه هذا المَذهب أَو تلك الفِرقة.

1 - الإِمام الصَّادق والمذاهب الاربعة 459. مقدمة أَحمد بِن حَنْبَل والمِحْنَة 14

2 - نفس المصدر السّابق 465

وهكذا الأَمْر حَدَث ويَحدُث في شَأن كُلِّ مَذاهِب وفِرَق (اتِّجاه أَهْل العامَّة). وكلَّما تبنَّت الدَّولةُ في مَرحلَةٍ أُخرى مُتقدِّمة مَذهبًا مُغايرًا أو فِرقَةً مُبايِنَةً لِلمَعمول بِه في النَّاس وعلى حَسَب الضَّرُورَة السِّياسِيَّة لِيكُونا بَدِيلَين أَو مُزاحِمَين فإِنَّما يكون المقصدُ مِن ذلك هو صُنعُ لَونٍ مِن التَّوازُنِ أَو التَّفوّق المَذهَبِي أو (الفِرَقِي) المُساهِم في تَعزِيز السِّيادة المُطلَقة لِخلافة الحاكِم ودَولَتِه.

ويَعمَدُ كَثِيرٌ مِن أَئمَّة المَذاهِب والفِرق في (اتِّجاه أَهْل العامَّة) إِلى الدَّولة فيُبادر مُسرعًا قبل الآخر إِلى كَسْب ودّ حُكَّامِها ويُضفِي طابع الشَّرعِيَّة على سِيادَتِهم بِالمَجّان وفي مَشهدٍ دِعائي عامّ، أَو يَسعى في استِثارَة حَفِيظَتِهم لِشَدّ الانْتِباه إِليه حتَّى يُقرِّبُوه ويَعتَمِدوا عقائدَه وشَرائعَه رَسمِيًّا، ثُمَّ يَستكمل مَسِيرتَه الرَّسمِيَّة بِالعَمل على تَوظِيف قُوى الدَّولة ومُؤسَّساتِها في مُراد حَسْم نِزاعه البَارِد مع مُغالِبيه فَضلًا عن المُنافِسين ولا يَنْسَى مِن ذلك حَربَه على الشِّيعة. وبِذلك يَظهرُ لَنا أَنَّ دورًا سِياسِيًّا مُجرَّدًا لا دِين فيه ولا وِجْدان ولا تَقْوى ولا رُوح ولا عِلْم يَبقَى هو المقرّرُ الوَحِيد فى شِهْرة بَعض المَذاهِب والفِرَق وجمودِ أَو تَلاشِي بَعضِها الآخر.

فِي مِثل هذه الأَجْواء حَرَص أَئمَّةُ أَهْلِ البَيت صَلواتُ الله وسَلامُه عليهم على استِقلال التَّشَيُّع وصِيانَة الشِّيعَة وتَجنُّب الخَوض بِهم في المُنافَسات السِّياسيَّة لِلمَذاهِب والفِرَق وفي النِّزاع البارِد بينها على الإِمْرَة والجاه والمال عند الدَّولة وسِعَة الانْتِشار في رَعِيّتها، فعانوا ما عانوا.

بَرزت ظاهرةُ غَلق بَابِ الاجْتِهاد واعتِماد المَذاهِبِ الأَربَعة على عَقِيدَتيّ الأَشاعِرَة والمعتَزِلَة بِوَصْفِهما صَحِيحَي الأَصْل والمَنهَج مِن دُون غَيرِهما، فَأَخذَت المَذاهِبُ مَداها إِلى أَبعد ما يكون مِن حُدودِ الانْتِشار. وقال المَقريزي (فلَمّا كانت سَلطنَةُ الظَّاهِر بِيبَرس البَندِقداري؛ وَلَّى بِمصر أَربعةَ قُضاة وهُم شافِعِيٌّ ومَالِكِيٌّ وحَنَفِيٌّ وحَنبَلِيٌّ. واستَمرّ ذلك مِن سَنَة 665هـ حتَّى لم يَبق في مَجمُوع أَمصار الإِسْلام مَذهبٌ يُعرَف مِن مَذاهِبِ أَهْلِ الإِسْلام سُوى المَذاهِب الأَربَعة، وعُمِلَت لِأَهْلها المدارس والخوانك

والزَّوايا والرَّبط في سائر مَمالِك الإسلام، وعُودِي مَن تَمَذْهَبَ بِغَيرِها وأُنكِر عليه ولم يُولّ قاضٍ ولا قُبِلَت شَهادَةُ أَحدٍ ولا قُدِّم لِلخطابَة والإمامَة والتَّدرِيس أَحدٌ ما لم يكن مُقلِّدًا لِأَحَدِ هذه المذاهِب وتَحريم ما عداها)[1].

وقِيل أَنَّ القَادِر بالله العَبَّاسِي هُو أَوَّل مَن اتَّخذ إجراءً في عام 408هـ بِاقتصار المُسلِمين على التَّعبّد بِالمَذاهِب الأَرْبَعة وعَطَّل ما سِواها. وتَظاهَر بِالتَّدَيّن وقَرَّبَ الأَشاعِرَة، وأَصدَر بِذَلك (الوَثِيقَة القَادِرِيَّة) الَّتي بُثَّت إلى المَساجِد والجَوامِع وما كان في حُكمِهما، وعبَّر فيها عن عَداوتِهِ لِلمُعتَزِلَة والبُويهِيّين والشِّيعَة الإمامِيَّة ونَكَّل بِهم.

فقد (أَخبَرنَا سَعد الله بن عَلِيّ البَزَّار أَنبأَ أَبُو بكر الطَّرِيثِي أَنبأَ هِبَة الله بن الحَسن الطَّبَري قال: وفي سَنةِ ثَمانٍ وأَربعمائة استَتاب القادِرُ بِالله الخليفة فُقَهاءَ المعتزِلَة، فأَظهَروا الرُّجوع وتَبرَّؤوا مِن الاعْتِزال والرَّفْض والمقالات المُخالِفَة لِلإسْلام وأُخِذَت خُطُوطُهم بِذَلك، وأَنَّهم متَى خالَفوا أُحِلَّ بِهم مِنَ النّكال والعُقوبَة ما يَتَّعِظ بِه أَمثالُهم. وامتَثَل مَحمُود بن سَبكتِكِين أَمْر أَمِير المُؤمِنين في ذلك، واستَنّ بِسُنَّتِه في أَعْمالِهِ الّتي استَخلَفَه عليها مِن بِلاد خُراسان وغَيرِها في قَتْل المُعتَزِلَة والرَّافِضَة والإسْماعِيلِيّة والقَرامِطَة والجَهمِيَّة والمُشَبِّهَة، وَصَلَبَهُمْ وحَبَسهُم ونَفاهُم، وأَمَرَ بِلَعنِهم على المَنابِر، وأَبعد جَمِيعَ طَوائف أَهْل البِدَع ونَفاهُم عن دِيارِهِم، وصار ذلك سُنَّةً في الإسلام)[2].

وعندما حَلَّ المُستنْصِر على رأس الدَّولة العبَّاسِيَّة أَسْرَعَ إلى مَشروع المَدرَسَة المستَنصِرِيَّة فأَسَّسَه في بَغداد سَنَة 635هـ (وجَعلَ لها سِتَّة عَشر مُعِيدًا، أَرْبَعةٌ لِكُلِّ مَذْهَب. وجَعل رُبْعَ القِبلَةِ الأَيمَنِ لِلشَّافِعي، وجَعل رُبعَ القِبلَةِ الأَيسر لِلحَنفِيَّة، وجَعَل الرُّبعَ الَّذي على يَمِين الدَّاخِل لِلحنابِلَة، وجَعَلَ الرُّبعَ الَّذي على يَسارِهِ لِلمالِكِيَّة.

وشَرطَ المُستَنصِر في وَقفِهِ عليها أَنْ يكونَ عَددُ فُقهائها مائتَين وثَمانِيَة وأَربَعين، مِن كُلِّ طائفةٍ اثْنان وسِتُّون بِالمشَاهرَة الوافِرَة، والجِراية الدَّارة، واللَّحم الرَّاتب، إلى

1 - نفس المصدر السَّابق 171

2 - البِداية والنِّهاية ، ابن الجوزي 7/ 6

غَيرِ هذا مِن وَسائل التَّرغِيب في هذه المَذاهِب. فأَقْبَلَ النَّاسُ على دِراسَتِها وأهملوا غَيرَها مِن المذاهِب الَّتي لم يَقدّر لها مِثل هذه الأَوقاف المُغرِيَة)[1].

وفي فُجأةٍ مِن الأَمْر تَقدَّم المَغُول بِقِيادَة هُولاكو إِلى بَغداد بُغيَة احتِلالها، فوَجدَها رَخوةً ضَعِيفَة تَعدّ أَنفاسَها الأَخِيرة إِذْ كان خَليفَتُها المُستَعصِم العَبّاسي مُوغِلًا في مَلَذّاتِهِ مُسَلِّمًا مَصِير الدَّولَةِ إِلى يَدَي وزَيرِهِ الأَوَّل ذِي العَصَبِيَّة الطَّائِفِيَّة (السُّنِّيَّة) الَّذي شَغَل العاصِمَة بِنَفسِها عن الفِكرَة في مُواجَهة المَغُول، وأَجَّجَ الصِّراع الطَّائفي فيها، وفَصَل بَين حَيِّ الأَعْظِيَمة الَّذي يَضُمّ قَبرَ أَبِي حَنِيفة ويَقطنه أَتْباعُ (اتِّجاه أَهْل العامَّة) ـ وَحَيِّ الكاظِمِيَّة الَّذي يَقطِنَه الشِّيعة ويَضمّ ضَريحَي الإِمامَين مُوسَى الكاظِم ومُحَمّد الجَواد صَلواتُ الله وسَلامُه عليهما، لِيَضمَن بِفَعْلَتِهِ هذه بَقاءَ السُّلطة مُطلَقة بِيَدِه ويَمنعها عن مُنافِسِيه في إِدارة الدَّولة. فانْهارت الدَّولَةُ العبَّاسِيَّةُ مع سُقوط عاصِمَتها بَغداد بِيَد المَغُول وقُتِل خَلِيفَتها. وبَرزَ نَجمُ السَّلاجِقَة والدَّولة العُثمانِيَّة بِزعامة سَلِيم الفاتِح الَّذي تَبنَّى مَذْهَبَ أَبِي حَنِيفَة وذلك لِعَدم اشتِراطِه قُرَشِيَّة الخَلِيفة. وعلى ذات المِنْوال اتَّبعَ مُلوكُ وأُمراءُ البِلاد الإسلامِيَّة طَرِيقَة العُثمانِيِّين، فتبَنّوا مَذْهَب أَبِي حَنِيفة مِن أَجْل تَحصِيل شَرعِيَّة الحكم.

عمَّت ظاهِرَةُ التَحوّل لدى أَتْباع مَذاهِب وفِرق (اتِّجاه أَهْل العامَّة) إِلى المَذهَب الحَنفِيّ ليس رَغبةً في عَطايا السُّلطان فَحَسْب. (فالأَمِير بَلبغا بن عبد الله الخاصكي النَّاصِري صاحِب النُّفوذ والصَّولة كان يَتعَصَّب لِمَذهَبِ أَبِي حَنِيفة ويُعطِي لِمَن تَحوّل إِلَيه العطاء الجَزِيل، ورَتَّبَ الجامكيّات الزَّائدة، وحاول في آخر عُمُره أَنْ يَجلِسَ الحَنَفِي فَوق الشَّافِعي. ولمّا انتقل أَبُو البركات الحَنَفي إِلى مَذهَبِ الحَنبَلِي فآذاه الحَنفِيَّة فانْتَقَل إِلى الشَّافِعي.. وهذا أَبُو بَكر البَغدادي الحَنْبلي تَحوَّل شافِعيًّا لِأَجْل الدُّنيا، ووُلِّيَ القضاء. وكان أَبُو المُظَفَّر يُوسُف بن قرغلي سِبط بن الجوزي حَنبَلِيًّا نَقلَهُ المَلِكُ المعظَّم إِلى مَذهَبِ أَبِي حَنِيفَة وكَثير غيرهم)[2].

---

1 - الإمام الصّادق والمذاهب الاربعة 459 . مقدمة أَحمد بن حنبل والمِحنَة 168

2 - نفس المصدر السَّابق 174. شذرات الذّهب 213/ 6، 267/ 5. مِرآة الجنان 34/ 4

وعلى الرَّغْم مِمّا قِيل وعُمِل به في مَسألة غَلق بابِ الاجتِهاد في (اتِّجاه أَهْل العامَّة) بَعد تَمكُّن أئمّة المذاهِبِ الأَربَعة مِن أَمْر شِهرَتِهم الواسعة ومِن استِجابتهم السَّريعة لِلمُقتَضى السِّياسِي الَّذي أَملَته الدَّولة عَليهم، ومِن سَعيهم الدَّؤوب إِلى تَحقِيق التَّفوُّق على الوُجُود الشِّيعي بِما يَسوقُونَه مِن تُهمَةِ اتِّباع (البِدْعَة) واعتِناقِها ـ فقَد عُرِفَ أَنَّ هؤلاء الأَئمّة لم يَشترِطُوا على الأَتْباع في مَطلَعِ الأَمْر الأَخْذَ بِما لَدَيهم مِن مَنهج في مُعالَجَةِ الرِّواية، ولم يُصَنِّفوا أَنفُسَهم أَهْلَ مَذاهِب أَو فِرق، وذلك لِكَونِهم ـ الأَئمّة ـ يِمْتَهِنُون استِظْهار الرِّوايَة وحِفظِها خِدْمَةً لِـ(مَذْهَب الرَّأي) فَحَسْب إِذْ لا يَجُوز التَّمَذْهُب بِالرِّوايَة والتَّعَدّد المَذهَبِي في قِبال دِين الإِسْلام الوَاحِد الَّذي أَشار في رِوايةٍ مِنه إِلى (الفِرْقَة النَّاجِيَة) مِن بَين عَدَدٍ مِن الفِرَق الأُخْرى مِن أَهْل النَّار. فإِنْ اجتَهَدَ إِمام المَذْهَب أَو الفِرقَة في الرِّوايَة فَفِي اجتِهادِهِ تَعرضٌ لِلصَّواب والخَطأ.(فهَذا مالِكُ بن أَنس يَقول: إِنَّما أَنا بَشرٌ أُصِيبُ وأُخْطِئ، فأَعْرِضُوا قَولِي على الكِتاب والسُّنَّة). ويَقول أَبُو حَنِيفَة (هذا رَأْيِي وهذا أَحسنُ ما رأيت فمَن جاء بِرَأيٍ خِلافِهِ قَبلناه). ويَقول الشَّافعِي إِذا صحَّ الحديثُ بِخِلاف قَولي فاضْرِبُوا بِقَولي عرض الحائط). ويَقول أَحمد بن حنبل مُتسائلًا (مَن ضَيَّق عِلْمَ الرَّجُل أَنْ يُقلِّد دِينَه الرِّجال)، وقال (لا تُقَلِّد دِينَك الرِّجال، فإِنَّهم لم يَسلَموا مِن أَنْ يَغلطوا)[1].

لم يَكتَفِ أَئمّة المَذاهِب بِمِهنَة استِظهار الرِّوايَة والتَّمَيّز بِحِفظِها ونَقلِها. فقد اتَّسعَت رُقْعَةُ المغالَبَةَ بَينَهُم وازداد النِّزاعُ حِدَّةً بين حَلقاتِهم المَدرَسِيَّة وبَين تَلامِذَتِهم، وتَحوّل استِظهارُ الرِّوايَة ونَقلُها بين الأَتْباع إِلى تَشكِيلِ انتِماءات مُساوقة لِلانْتِماء الحِزبي وأَشَدّ مِنه تعصُّبًا، وذلك بِما فَعلته السُّلطة السِّياسِيّة المتَبنِّيَة لِلمَذْهَبِ أَو الفِرقة على الرَّغْم مِمَّا قِيل مِن نَبذِ بَابِ الاجتِهاد، حتَّى عَدَّ بعضُهم البَعضَ الآخر خارِجًا على الدِّين، فتَلاعنوا وتَسابّوا وتقاتلوا في فِتَنٍ أَهلِيّة واسِعَة.

وقال مُحمَّد بن مُوسى الحَنفِي قاضِي دِمَشق (لو كان لِي مِن الأَمْرِ شَيء لأَخذتُ

---

1 – نفس المصدر السّابق 170

على الشَّافِعيَّة الجزيَة). ويقول أَبُو حامِد الطُّوسِي (لو كان لِي أَمرٌ لَوضَعتُ على الحَنابِلَة الجزيَة.. وقام خُطباءُ الحنفِيَّة يَلْعَنون الحَنابِلَة والشَّوافِع على المَنابِر، والحَنابِلةُ يَحرِقُون مَسجِدًا لِلشَّافِعيَّة بِمَرْو، وتَقعُ هناك فِتنةٌ ذَهبَ تَحت هياجِها خَلقٌ كَثِير. ويَعْظُم الأمرُ والخِلافُ بين الحَنفِيَّة والشَّافِعيَّة في نِيسابُور وتَقعُ فِتنةٌ مَبعثُها التَّعصُّب المَذهَبِي فتُحرَق الأسْواق والمدارس ويَكثُر القَتلُ في الشَّافِعيَّة فيَنتَصِرون بعد ذلك على الحَنفِيَّة ويُسرِفُون في أَخذ الثَّأر منهم. حَدَث ذلك في سَنَة (554هـ). ومِثلُها وَقَع بين الشَّافِعيَّة والحَنابِلَة في سَنَة (716هـ). فاضْطرّت سلطاتُ الدَّولة إِلى التَّدخُل لِحَسم النِّزاع بِالقُوَّةِ حيث كَثُرَ القتلُ وإِحراقُ المَساكِن والأَسْواق في اصْبهان، وكان مَنشؤه التَّعصُّب.

ولِشِدَّةِ وُقوع الفِتن بِبَغداد فقد نَادَى مُنادِ السُّلطان بِمَنع الفِتَن وعَدم ذِكر المذاهِب والفِرق والخُصومة فيها. وكان الحنابِلَةُ يخلّون في أَعمالهم بِالأَمْن ويرهجون بغداد ويَستظهِرون بِالعِميان على الشَّافِعيَّة الَّذين كانوا يَأوُون إِلى المَساجد. فإِذا مرَّ بِهم شَافِعِيُّ المَذهَب أَغْروا العِميان به فَيضرِبُونه. وكان رَئيس الحَنابِلَة وزَعِيمُهم الدِّينِي الشَّيخ البربهاري يَتولَّى إِثارة الفِتنَةِ وذلك في سَنة 323هـ.

ويَجتَمعُ غَضبُ المذاهِبِ والفِرق الأُخْرى عَلى الحَنابِلَةِ وعلى أَعمال ابن تَيمِيَّة (ونُودِي في دِمَشق وغَيرِها: مَن كان على دِين ابنِ تَيمِيَّة حَلَّ مالُه ودَمُه، بِمَعنى أَنَّهم كَفَرةٌ يُعاملون مُعامَلةَ الكافِرين، على أَنَّ الشَّيخ ابن حاتِم الحَنْبَلِي يَقول (مَن كان حَنبَلِيًّا فلَيس بِمُسلم)، وعَكسَه الشَّيخ أَبِي بَكر المقري الواعِظ في جَوامع بَغداد إِذْ ذَهبَ إِلى تَكفِير الحَنابِلَة أَجمَع.

وهذا الشَّيخُ أَبُو إِسحاق إِبراهيم بن عَلِيٍّ بن يُوسُف الفِيرُوزابادِي وكان شَيخَ الشَّافِعِيَّة وعالِمَهم المبرز حيث تَعصَّب الحَنابِلَةُ عليه فتكلَّموا فِيه وبالَغوا في الأَذى بِأَلسِنَتِهم فثَارَت فِتنَةٌ عَظِيمةٌ أَدَّت إِلى ذَهاب نُفوسٍ مِن الطَّرفَين، وانتصر السُّلطانُ لِأَبِي إِسحاق فسَجَنَ شَيخَ الشَّافِعِيَّة.

وهذا الفَقِيهُ المسمّى بِأَبِي منصور المَتوفَّى في سَنة 567هـ قَتلَهُ الحنابِلَة بِالسُّم

تَعصُّبًا عليه.. وكذلك أَبُو الحَسَن بن فورك قُتِلَ مَسمومًا بِسَبب التَّعصُّب، وأَبُو عَلِيّ خادِم المُستَنصِر مِن أَئِمَّة الشَّافِعيَّة في مصر كان يَجلِس في حَلقَة ابنِ عبد الحَكِيم ويُناظِرَهم، فسَعوا بِه إلى السُّلطان وقالوا: هذا جاسُوس، فحَبَسَهُ سَبع سِنين.

واجتَمعَ مَشايخُ المذاهِب في هَرات عند المَلِك أَلْب أَرسِلان يَستغِيثون به مِن الشَّيخ مُحمَّد بن عبد الله الأَنْصارِي الحَنبَلِي بَعد أَنْ جَعلوا صَنَمًا تحت سجَّادَتِهِ ويَقولون لِلمَلك أَنَّه مُجسِّمٌ وأَنَّهُ يَتركُ في مِحرابِهِ صَنَمًا يَزعمُ أَنَّ الله على صُورَتِه. فتَفحَّص المَلِكُ ووَجَد الأَمْرَ كَذلِك)[1].

لَقد التَجأَ المُتنازِعُون مِن المَذاهِب والفِرق المُختَلِفَة إلى السُّلطات لِلفَصل في ما بَينهم فعَزَّزت الدَّولة مِن خِلال وَساطَتِها أَو قَمعِها سِيادة الحاكِم وغَلَّبته على الجَمِيع وقَرَّبَت مَن والى ونَصَر مِنهم وأَطاع. وقِيلَ أَنَّ أَعظَمَ فِتنَةٍ وَقعَت بَين المذاهِب هِي فِتنَةُ ابنُ القشَيرِي (عِندَما ورَدَ بَغداد في سَنة 469هـ وجَلسَ في النِّظامِيَّة وأَخذَ يَذِمّ الحنابِلَة ويَنسِبهم إلى التَّجْسِيم، وكَتَبَ إلى الوَزِير يَشكو الحَنابِلَة ويَسأَله المَعونَة، فَهجَم أَصحابُ القشيري على زَعِيم الحَنابِلَة عبد الخالِق بن عيسى ووَقعَ قِتالٌ بين الطَّرَفَين وأَغلقَ أَتْباعُ ابن القشيري ـ وهُم مِن الشَّافِعِيَّة ـ أَبوابَ سُوق مَدرسة النّظام، وغَضِب أَبُو إِسحاق الشِّيرازي وكاتَب فُقهاء الشَّافِعِيَّة نِظام المُلك غضبًا لِتَسلُّط الحنابِلَة، واتَّسَعت الفِتنةُ، وفَكَّرَ الخَلِيفةُ في حَلِّ هذه المُشكِلَة واهتَدَى إلى سَعيه في الصُّلح، فجَمع القشيري وأَصحابَه وأَبا جعفر الشَّريف زَعِيم الحَنابِلَة وأَصحابَه بِمَحضرِ الوَزِير. فقامَ القشيري رَئيس الشَّافِعيَّة والتَفَت إلى الوَزِير عندما طَلَبَ منه الصُّلح وقال: أَيُّ صُلحٍ يَكون بَينَنا؟! إِنَّما يكون الصُّلْحُ بين مُختصِمَين على وَلايَةٍ أَو دِينٍ أَو تنازعٍ في مُلكٍ. فأَمَّا هؤلاء القوم فإِنَّهم يَزعمون إِنَّا كُفَّارٌ ونَحنُ نَزعَمُ إِنَّ مَن لا يَعتقِد ما نَعتِقد كان كافِرًا، فأَيُّ صُلْحٍ يكون بَينَنا)[2].

---

1 - نفس المصدر السّابق 192. البداية والنّهاية 76/ 14. مرآة الجنان 343/ 3. المنتظم 111/ 10. تذكرة الحفاظ 375/ 3. شذرات الذَّهب 253/ 3. طبقات الشَّافِعِيّة 109/ 3

2 - نفس المصدر السّابق 199 عن ذيل طبقات الحنابلة لابن رجب 22/ 1

إنَّ كثيرًا مِن أئمَّة ووُعَّاظ (اتِّجاه أَهْل العامَّة) ساير مُقتضَيات (السِّياسَة) في الدَّولة، وخَضَع لِبريق ثَروات الدّولة وقُوَّة نُفوذِها، ورَضِي بِظُلْم ساسَة الدَّولة وفَسادِهم، وتَشَبه بغُرورهم وكِبْرهم، وتَباهِي بِما قَدَّموه له مِن صِفَةٍ رَسمِيَّةٍ تُعِينه على استِقطاب الأَتْباع والانْتِشار في البِلاد وتَسْجِيل التَّفوق على نُظرائه مِن المَذاهِب والفِرق المُغالِبَة والمُنافِسَة والمُناوِشَة. فابْتُلِي بِمِحنَة الصِّراع المَذْهَبي وشَارَك مع أَتْباعه في سَفكِ الدَّماء وانتهاك الأَعْراض. ورُبما اضْطَرّ أَتْباعُه إِلى التَّخَلّي عنه واعتِناق مَذهبٍ آخَر أَو فرقةٍ أُخرى أَكثَر جُندًا وأَعزّ مالًا ونُفوذًا، حتَّى قِيل (إنَّ مَن يَصِير حَنفِيًّا يُخلَع عليه، ومَن يَصِير شافِعِيًّا يُعَزّ. فهذا أَبُو سَعِيد المُتوفَّى في سَنة 562هـ كان حَنفِيَّ المذَهبِ وتَحوَّلَ شافِعِيًّا، ولَقِي عناءً وامتُحِن لِذلك. وهذا السَّمعانِي لمّا انتقل مِن المَذهَبِ الحَنَفِي إلى المَذهَبِ الشَّافِعِي لَقِيَ مِحنًا وتَعصُّبًا وقامَت الحُروب على قدم وساقٍ وأُضرِمَت نِيرانُ الفِتنَةِ بين الفَريقَين، فكانت تَمَلأ ما بين خُراسان والعِراق، واضْطَرب أَهْلُ مَرو لِذلك اضْطِرابًا فَضِيعًا، وفُتِحَت بابُ المشَاقّة، وتَعلَّق أَهْلُ الرَّأي بِأَهْلِ الحَدِيث وساروا إِلى بابِ السُّلطان)[1].

ظنّ (اتِّجاه أَهْلِ العامَّة) أَنَّ حادِثَةَ خَلْق القُرآن وأَزمَتَها بين المَذاهِبِ والفِرَق ستَنتهي بِمَجِيء المتوكِّل الَّذي سَيسْدِل السِّتار عليها في أَوَّل إِجراءٍ رَسمِيٍّ يَتَّخِذه. لكِنّ الصِّراع كان عَمِيقَ الجُذُور، وأَنَّ آثار الخَراب الَّذي حَلّ بَين أَتْباع المَذاهِب ظَلَّ ماثِلًا يَصعب إِصلاحُه. ولم يَكترِث أَحَدٌ مِن هؤلاء الأَتْباع لِأَيّ إِجْراء مُتَعلّق بِوَقف تَبادُل فَتاوى التَّكفير. (فقد ذَهب أَحمدُ بن حَنْبَل إلى تكفِير مَن يقول بِخَلق القُرآن.. على أَنَّ أَحمد بِن حَنْبَل لم يَقبل تَوبةَ التَّائب، وكان لا يُشَيِّع جَنازةَ مَن يقول بِخَلقِ القُرآن ولم يُصَلِّ على أَحدٍ منهم[2]).

مِن جِهَتِهِم، تَمسَّك الشِّيعةُ بِالتَّشَيُّع وصَمدوا أَمام العَصبِيَّات المَذهَبِيَّة وفَتاوى التَّكفِير الَّتي اجتاحَت بِلاد المُسلِمِين بِتَخطِيطٍ وتَنفيذٍ مِن قِبَل ساسَة الدُّول الحاكِمَة حيث جَعَل الحُكامُ مِن هذا الصِّراع خيارًا سِياسِيًّا لِدَعم سِيادَة دُولِهم واجْتَهدوا في

1 – نفس المصدر السّابق ص199 عن الدين الخالص 355/ 3. طبقات الشّافعية 22/ 3

2 – نفس المصدر السّابق 202

استِثمار تَعدّد المَذاهِب والفِرق فتَبنّوا بَعضها وأَقصوا المَذاهِب والفِرق الأُخْرى بها وأَحدَثوا الوَقِيعة بَينها في المُدنِ والأَرياف.

إنَّ قيام الحَرب على وَلايَة عَلِيٍّ أَمير المؤمنين صَلواتُ الله وسَلامُه عليه مُنذ يوم أَنذرَ النَّبِيُّ صَلَّى الله عليه وآله عَشِيرته الأَقربين، وما انْتَهت إليه مِن انْقِلاب على الأَعْقاب، ومِن نَقضٍ سافرٍ لِبيعَةِ الغَدِير ببَيعةِ (الفَلْتَة)، ومِن مُصادَرة لإِمْرَةِ المُسلِمين والاستِخفاف بمَفهومِ (الإِمَامَة) المَنصُوصَة، ومِن تَجَييشٍ لِسُيوف المُسلِمين لإِبادَةِ الأُلوفِ مِن المُسلِمين في سَبيل حَسْم خِلاف الإِمْرة والرِّئاسة والسُّلطان، ومِن سَفكٍ لِدماء أَئمَّة أَهْل بَيت الرَّسُول صَلَّى الله عليه وآله وسَبي نِسائهم وأَطفالهم وقَتل شِيعَتِهم-أَدَّى إلى التَّنزُّل بإمْرَةِ المُسلِمين في سِلْسِلَةٍ مِن الانْحِرافات عن الصِّراط المُستَقِيم، فحَصَل بِالتَّرتِيب المَرحَلِي التَّالي:

- الانْقِلاب على الأَعْقاب وتَسْيِيد دُولة الهِرَقْل المُستَبِد بـ(مَذْهَبِ الرَّأي).

- الانْقلاب مِن دُولة الهِرَقْل المُستَبِد إلى دَولَةِ الاستِبداد الهِرَقلِيّ المَلَكِيّ الوراثِيّ.

- القَضاء على مُسمَّى الأُمَّة قضاءً مُبرمًا.

- الانْتِقال إلى مَرحَلة الانْشِقاق والانْقِسام إلى دُولٍ مُتحارِبَة مُختلفة المَذاهِب والفِرَق.

- إعداد البِيئة المُناسِبَة لِصُنع مُجتَمعاتٍ مُتَعصِّبةٍ مَذهَبِيًّا، مُتناحِرَة في ما بينها، ومُوالِية لِلدَّولَة المُستَبِدة الَّتي تَبَنَّت مَنهج تَعزِيز سِيادَة الحاكِم الواحِد الفَرْد وتَأجِيج نار الكَراهِيَّة الطَّائِفِيَّة والتَّمييز المَذهَبِي لإِبقائه على رَأسِ الدَّولة مَدَى الحَياة ثُم يَخلفه ابنهُ ورَيثه بِالتَّعيين.

- إِحْداث الوَقِيعة بين أَئمَّة المَذاهِب والفِرق ووُعَّاظِها وأَتْباعِها في الدُّول المنشقَّة إِذْعانًا لِمُقتضى حال المُلْك وضَرُوراتِه.

- تَوظِيف أَئمَّة المَذاهب والفِرق ووُعّاظِها وأَتْباعِها في (حَرْبِ النُّفوذ) القائمة بَين دُويلات إِسْلامِيَّة مُقَسَّمَة إلى سِيادات مُستقِلّة يَتآمَرُ بَعضُها على البَعض الآخَر لِيَحتَّل أَراضِيه ويُضِيفها إلى سِيادَتِه ويُخضِعها. فقُتِل وشُرِّد وسُجِنَ أَتْباع (اتِّجاه أَهْل العامَّة)

بِسُيوف المُتَمذهِبين مِن أَتْباع (اتِّجاه أَهْل العامَّة) في حُروبٍ طاحِنَةٍ أَكثر مِمّا قُتِل وشُرِّد وسُجِن مِن الشِّيعَة على أَيدِي هذين الطَّرفَين المُتَمَذهِبَين المُتعصِّبين مِن أَتْباع (اتِّجاه أَهْل العامَّة). وفي هذه الظُّروف المُعقدة والمُتوحِّشَة صَمَد الشِّيعَةُ على دِينِهم وصانوا ثَقافَتَهم بِتَمَسُّكِهم بِالثَّقلَين، وتَمادَى بعضُ أَئمَّة (اتِّجاه أَهْل العامَّة) في انْحِرافه العَقدِي وداوم على ارْتِكاب المَجازِر تلو الأُخْرى في أَتْباع مَذاهِبه وفِرَقِه!

كانت الدَّولةُ العُثمانِيَّةُ هي آخر الدُّول الكُبرى المُعاصِرَة في المُسلِمِين الَّتي اجتَهدت في تَبنِّي ونَشر مَذهَبِ أَبِي حَنِيفَة لِعدم اشْتِراطِه قُرَشِيَّة الحاكِم، وبَثَّت عقائدَه وشَرائعَه في العِراق ومِصْر أَثناء فَترةِ الخِديويَّة على انْقاضِ بَقِيَّةِ المَذاهِب والفِرَق ذات الوُجُود والانْتِشار الواسِع.

ـ الانْتِقال بِالدُّول المُقَسَّمة إِلى دُولٍ خاضِعَةٍ لِلمستَعمِر الغَربِي أَو الشَّرقِي الَّذي استَغَلَّ هذا التَّشَرذُم فأَشعَلَ نِيران الفَصْل المَذهَبِي والتَّمْيِيز الطَّائفي بين مُجتَمعات الدُّول المتفرِّقة، وذلك مِن أَجل تَرسِيخ وُجودِهِ وتَعزيز نُفوذِه والهَيمنة على مَصادر الثَّروات.

فَفِي مِصر تَبنَّت الدَّولَةُ المُستَعمَرَة مَذهَب أَبِي حَنِيفَة في الفَتوى وأَهمَلَت بَقِيَّة المَذاهِبِ والفِرَق على الرَّغم مِن أَنَّ الأَكثَرِيَّة مِن شَعب مصر هُم مِن أَتْباع المَذهَبَين الشَّافِعي والمالكِي اللَّذَين يَشْتَرِطان قُرَشِيَّة الحاكِم.

ـ الانْتِقال إِلى الدَّولة العَلمانِيَّة الوَطنِيَّة مِن بَعد ثَورات الاستِقلال الصُّوري وتَشَظِّي البلاد إِلى إِمارات كَثيرة مَحمِيَّة ومُجرَّدة مِن مُقوِّمات الدَّولة ومَسلُوبَة الإِرادة، ومِن غير أَنْ يكون لِهذا الشَّكل مِن الدُّول حاجَة ماسَّة لِتَبنِّي أَيّ مَذهَبٍ أَو فِرقَةٍ لِتَنصيب حاكِمها القُرَشِي أَو غير القُرَشِي.

وبَقِي هذا النَّمط المُتخَلِّف مِن الدَّولة حاكِمًا مُستَبِدًا قاهِرًا يُشكو دائمًا عَوامِل الانْهيار أَمام مَوجاتٍ قاهِرَةٍ مِن التَّحَوّل السِّياسِي والاقْتِصادِي والاجْتِماعي والتَّطور الثَّقافي المُعاصِر الَّتي لا قِبَل لَه بِها ولا طاقَة ولا ما يَدفَعه إِلى مُجاراتِ ضَرُوراتِها، فَيستَعِيض عن القدرة والمُكنَة والكَفاءة المَعدُومَة بِمَزيد مِن أَعمال الفَصْل الدِّيني أَو الطَّائفي الدَّاخِلي!

البِداياتُ الأُولَى لِأَهْلِ التَّشَيُّع

نَقلَت الأُصولُ والمُدوَّنات القَدِيمة الكَثِيرَ مِن النُّصوص الكاشِفَة عن النَّشأَةِ الأُولى لِلتَّشيُّع، وصُنِّفَت في ذلك الكَثِيرُ مِن المَصادِر، وأُلِّفَت الكَثِيرُ مِن الكُتِب، وحُرِّرت الكَثيرُ مِن البُحوث والدِّراسات في الأَوساط العِلمِيَّة لِأَهْل التَّشَيُّع وفي الأَوساط الأُخرى ذات المَواقِف المُحايِدَة أَو المُعتَدِلة أَو الوَسَطِيَّة فَضلًا عن المُناوِئة والمُناوِشة والمُناهِضة والمُغالِبة، وبُثَّت أَضْعافٌ مُضاعَفة مِن مُؤلَّفات أَهْل العَداوة والبغضاء والارتِزاق السِّياسِي في الضِّدّ مِن التَّشَيُّع. وفي ذلك ورَدَت مَجموعَةٌ مِن الأَقوال المختلفة، منها:

1- قائلٌ قالَ إِنَّ التَّطورات السِّياسِيَّة الَّتي تلَت مِحنَةَ هَضْمِ حَقِّ عَلِيٍّ أَمِير المؤمنين صَلواتُ الله وسَلامُه عليه وانْقِلاب الصَّحابَة على الأَعقاب فَور اغتِيالهم لِلرَّسول صَلَّى الله عليه وآله ونَقضِهم لِبَيعة الغَدير ـ كُلُّها شَكَّلَت الدَّافِعَ الرَّئيس لِظُهور التَّشَيُّع، ولِبُروزِ شَعائرِهِ في مَيادِين الاحْتِجاج عند التَّنازُع على حَقِّ الإِمْرة، وتَدَخُّلِهِ المُباشر لِلدِّفاع عن حَقِّ عَلِيّ أَمير المؤمنين صَلواتُ الله وسَلامُه عليه أَمامَ كبراء الصَّحابَة المُنافِقِين، وحِرصِهِ الشَّدِيد على تَأَصِيل وُجودِهِ ودَوامِ تَنمِيَة ثَقافَتِه وعلى نَبْذِ فكرة (تَبرِير الوَسَائل) المُتَّبَعة لَدى مُناوِئيهِ مِن الصَّحابَة والتَّابِعين وتابِعِي التَّابِعِين ودولهم المُتعاقِبَة.

2- وقائلٌ قال أَنَّ نَشأَةَ التَّشَيُّع جاءت لِضَرورةٍ اجتماعيَّةٍ مُلِحَّةٍ في إِثْر:

ـ حِرصِ المُسلِمِين على التَّمَسّك بِبَيعَتِهم الثَّانية لِعَلِيٍّ أَمير المُؤمنين صَلواتُ الله وسَلامه عليه بِوَصْفِه الخَلِيفَةَ الجديد المُختار مِن بَعد وُقوع سِلْسِلَةٍ مِن الحوادث الَّتي ابْتَدأَت بِنَقضِ بَيعَتِهِ الأُولى وإِقصائه عن الخِلافَة تَحت ضَغط الانْقلاب على الأَعقاب بِزَعامَة أَقطاب (صَحِيفة مَكَّة الثَّانِيَة) وتَقَمُّص أَبِي بَكر لِلخِلافَة ثُمَّ عَمَر ثُمّ عُثمان الَّذي قَتَلته ثَورَةُ النَّاس في المَدِينَة والكُوفَة ومصر.

ـ اتِّساعِ رُقْعَةِ القاعِدة الشَّعبِيَّة المُوالِيَة لِعَلِيٍّ أَمير المُؤمنين صَلواتُ الله وسَلامُه عليه الَّتي رأت فيه جِهَةَ الخَلاص مِن النِّزاع البارِد بين مَحاور قُوى النِّزاع وتَوالي أَعمال

المكايَدة بين كبراء الصَّحابة حيث كاد هؤلاء الصَّحابة يُفرِّطون بِالوَحْدة الاجتِماعيَّة لِلمُسلِمِين في المَدِينة وكادت الفُرقَة تَعود مِن جَديد إِلى أَوْسٍ وخَزرج وإِلى أَنْصار أَهْل المَدِينة ومُهاجِرين وَافِدِين عن مَكّة، وإِلى أَسْياد مِن العرب ومَوالِي مِن العَجَم.

- ورِضا المُسلِمِين بِشُروط عَلِيٍّ أَمِير المؤمنين صَلواتُ الله وسَلامُه عليه لِتَلَقِّي البَيعَة وتَعهُّدِهم بِالاستِعداد لِخَوض غَمَرات الإِصْلاح في الأُمَّة معه مِن بَعد بَيعَتِهم له.

وعندما خُذِل عَلِيٌّ أَمِير المؤمنين صَلوات الله وسَلامُه عليه مِن قِبَل مُبايِعِيه تَحت وَقع (فِتْنَة) الثَّأر لِمَقتل عُثمان بن عَفَّان واشْتِعال حَروب الجَمل وصِفِّين والنَّهروان؛ ظَهر التَّشَيُّع بِوَصفِهِ اتِّجاهًا مِحكومًا بِخِلافَة عَلِيٍّ أَمِير المؤمنين صَلوات الله وسَلامُه عليه ومكافِحًا مِن أَجل البَقاء على سدَّة الحُكم بِإِمْرَتِه صَلواتُ الله وسَلامُه عليه.

3- وقائلٌ قال أَنَّ وَقائعَ الانْقلاب على وَلايَة الغَدِير بِقِيادَة الكُبراء مِن الصَّحابة الخَمسة مُتعاقِدِي (صحِيفَة مكّة الثَّانِيَة) وإِقصاءَ هؤلاء الصَّحابَة لِعَلِيٍّ أَمير المؤمنين صَلواتُ الله وسَلامه عليه عن مَرتَبَتِه الَّتي رَتَّبها الله عَزَّ وجَلَّ على لِسَانِ الرَّسُول صَلَّى الله عليه وآله في يوم الغَدير، وما نَجم عن ذلك مِن حَربين هُما (الرِّدّة) و(الفُتوح)، ثُمَّ تَوالِي عَملِيات الاغتِيال الَّتي طالَت الخُلفاء أَنْفُسهم على أَيدي الخُلفاء ونُظرائهم في الصُّحْبَة، ثُمَّ استِقلال الأُمَوِيِّين بِوَلاية الشَّام بِتدبير مِن أَبِي بَكر وعُمَر في إِطار صَفقات تَرضِية مع الأُمَويين، ثُمَّ انْقِسام جِيش الخِلافَة الَّذي قادَه عَلِيٌّ أَمِير المؤمنين وشِيعَتُه الأَبْرار لاستِعادة وَلاية الشَّام وظُهور مَذْهَب المارِقِين الخَوارج في فِتنة التَّحكيم، ثُمَّ إِقدام هذا المَذْهَب على اغْتِيال عَلِيٍّ أَمِير المؤمنين صَلواتُ الله وسَلامُه عليه بعد حَرب النَّهروان بِتَدبيرٍ مِن الأُمَوِيِّين - كلُّها دَفعَت بِأَتْباع عَلِيٍّ أَمِير المؤمِنين صَلواتُ الله وسَلامه عليه إِلى تَشكِيل اتِّجاه يِحمل اسْمَ (التَّشَيُّع) في قِبال القُوى الأُخْرى المُناوئة والمحارِبَة!

4- وقائلٌ تَرَسَّخ لَدَيه اعتِقادٌ جازِمٌ بِأَنَّ التَّشَيُّع نَشأَ في إِثْر وُقوع حادِثَة الطَّفّ الأَلِيمة الشَّهِيرة الَّتي أَفضَت إِلى مقتَلِ الإِمام الحُسَين صَلواتُ الله وسَلامه عليه وأَهْلِ

بَيتِهِ وأصحابِهِ وسَبْيِ نِسائِهِ وأطفالِهِ وسَوقِهِم إلى قَصْرِ يَزيد بن مُعاوية في الشَّام إذ اعتصم المَوقِفُ الاجتِماعي القَبَلي السَّلْبي العامّ بمَفهوم الثَّأرِ الجاهِلي لِدِماءِ قَتلاهِ مِن المُشرِكينَ في بَدرٍ وأُحدٍ وحُنين فَخَلَّفَ عُنفًا مفرطًا طال الهاشِميين في كَربلاء. فكانَت واقِعَةُ كربلاء هِيَ الدَّافعُ الرَّئيسَ لِظُهورِ التَّشَيُّعِ بِشَكلِهِ السِّياسِيّ المَمَهَّد لِلعَمَلِ على تَعزيزِ عَقيدَةِ التَّشَيُّعِ الانفِصالِيَّة في هَيئَةِ مَذهَبٍ خاصٍّ مُميَّزٍ عن (اتِّجاهِ أَهْلِ العامَّة) الَّذي أَسَّسَهُ أَبو بَكر في خِلافَتِهِ وحرسَهُ عُمر بن الخطَّاب واستَغَلَّهُ الأُموِيّون وركب ظَهَرَهُ العَبّاسِيُّون!

5- وقائِلٌ ذَهَبَ إلى أَنَّ التَّشَيُّعَ قد أُسِّسَ في مَرحَلَةِ ظُهورِ المَذاهِبِ الفِقهِيَّة التَّقليدِيَّةِ بَينَ عَهدَي الدَّولَتَين الأُموِيَّة والعباسيَّة حيث انتظم (اتِّجاه أَهل العامَّة) في شَكلِهِ العَقَدي والتَّشريعي والأَخلاقي على أَيدي رُؤَساءِ هذه المَذاهِبِ في قِبالِ التَّشَيُّعِ النّاشِئِ الجديد الَّذي بَرَزَ بإمامة جَعفر الصّادِق صلواتُ الله وسَلامُه عليه وبفِقهِهِ الرِّوائي المُتَميَّز والواسِع. فعُدَّ (التَّشَيُّعُ) بعد ذلك مَذهَبًا فِقهيًّا خامِسًا جامِعًا لِلميراث السِّياسي لِـ(شيعَةِ عَلِيٍّ) الَّذين عاصَروا مِحَنَ الانقِلابِ على الأَعقابِ واغتِيالَ النَّبيِّ صلَّى الله عليه وآله بالسُّمِّ ومَقتَلَ ابنَتِهِ الزَّهراءِ وجَنينِها صلواتُ الله وسَلامُه عليهما عندما كُبِسَت دارُها مِن قِبَلِ جُنْدِ الخَليفَةِ أَبي بَكر، وما أُتبِعَ ذلك مِن اغتِيالٍ مُستَمِرٍّ لأَئِمَّةِ الشِّيعَةِ عَليٍّ أَمِيرِ المؤمنين والحَسَنِ والحُسَين والسَّجَّاد والبَاقِر صلواتُ الله وسَلامُه عَليهم.

6- وقائِلٌ تَطَرَّفَ وغالى في النَّصبِ والعَداوةِ والكَراهِيَّةِ لِلأَهلِ البَيتِ صلواتُ الله وسَلامُه عَليهم وشيعَتِهم، فذَهَبَ إلى القَولِ بأَنَّ التَّشَيُّعَ هو نَهضَةٌ يَهودِيَّةٌ بزَعامةِ (عَبد الله بن سَبَأ). وهُوَ شَخصِيَّةٌ مَجهُولَةٌ مُختَلَقَةٌ لُفِّقَت في سِيرَةِ وقائِعِ مَقتَلِ عُثمان لِدوافع مختلفة منها:

- لِتَرويجِ ما أُطلِقَ عليه اليومَ وَصفُ (الفِتْنَةِ الكُبْرى).

- لِطَمسِ الأَسبابِ الحَقيقيَّةِ الكامِنَةِ وراءَ مَقتَلِ عُثمان وتَبريرِ مَوجَةِ السُّخطِ العامِّ النّاجِمةِ عن الظُّروفِ السِّياسِيَّةِ المُعَقَّدةِ الَّتي اصطَنعتها الخِلافَةُ الفاشِلَةُ لِعُثمان.

- لِفَصل وَقائع (الفِتنة الكُبرى) ومؤثِّراتها السَّلبيَّة عن النَّتائج الَّتي خَلَّفها الانْقِلابُ على الأَعْقاب.

- لِتَرويج الرُّؤيَة المَوضُوعَة والكاذِبَة الَّتي أَوجَبَت إِضفاء قُدسِيَّة خاصَّة على جِيل الصَّحابَة وتَبرئة كُبرائهم ممَّا أَحدثُوا في حقِّ نَبيِّهم صَلواتُ الله وسَلامُه عليه وما اصْطَنعوه مِن فَلْتَةٍ مِن بَعدِه وتَظاهُرهم على البَيعَةِ الثَّانِيَة لِعَلِيٍّ أَمِير المؤمنين صَلواتُ الله وسَلامه عليه والخُروج عليه وإِشْعال حُروب الجَمَل وصِفِّين والنَّهروان.

- لِنِسبَة فِرقَة السَّبئيَّة لِـ(شِيعَةِ عَلِيّ) وجَعْلها مُنطلقًا لِتَأْسِيس اتِّجاه التَّشَيُّع وظُهورِه!

7- وقائلٌ أَنَّ الدَّافِع السِّياسِيّ يَقِف لِوَحْدِهِ وراء الوَقائع الَّتي أَدَّت إلى ظُهور التَّشيُّع بِوَصفِهِ اتِّجاهًا مُضادًّا لِلحَركة الانفِصاليَّة الَّتي قادَها المارِقُون الخَوارج في مَعركة صِفِّين، فنَشأَ التَّشيُّع نَصِيرًا لِعليٍّ أَمير المؤمنين صَلواتُ الله وسَلامُه عليه في اللَّحْظَة الَّتي ظَهر فِيها المارِقَة الخَوارج.

8- وقائلٌ أَنَّ (اتِّجاه أَهْل العامَّة) والمارِقَة الخَوارِج والنَّاكِثين أَهْل الجَمل والقاسِطين الأُمَوِيِّين تَوافقوا على نَقض البَيعة الثَّانِيَة لِعَلِيّ أَمِير المؤمنين صَلواتُ الله وسَلامُه عليه مِن بَعد مَقتل عُثمان، وتَواطئوا على إِقْصائه لِلمَرَّةِ الثَّانِيَة عن الخِلافَة، وخَطَّطوا لاغْتِيالِه، ثُمَّ أَقدموا على قَتلِهِ وتَصفِيَة الأَئمَّة مِن وُلْدِه صَلواتُ الله وسَلامه عليهم وأَبادوا أَتْباعه أَو شَرَّدُوهم أَو أَرغمُوهم على البَراءة مِنه، فَنَشأَ التَّشَيُّع بِوَصْفِه ردَّة فعلٍ على هذا التَّوافق.

9- وقائلٌ أَرْجأَ النَّشأة الأُولى لِلتَّشَيُّع إلى عامِلَين هُما:

- الظُّهور الأَوَّل لِلدَّولة الأُمَوِيَّة حيث استَقَلَّت بِـ(اتِّجاه أَهْل العامَّة) واحتَوتهُ واحتَضَنَته وانفرَدت بِه وتَبنَّت عَقائده وتَشريعاته لِما له مِن قُدرة على الاحْتِفاظ بِالقاعدة الشَّعبيَّة الواسِعَة الَّتي والَتْ الخُلفاء الثَّلاثَة. فسَخَّر الأُموِيُّون (اتِّجاه أَهْل العامَّة) لِتَحقِيق أَمانِيهم وبَسط سِيادَتِهم على البِلاد والعِباد واستَثمَروا (مَذْهَب الرَّأي) لِتَعزِيز وَسائلهم

في مُهِمَّة التَّغَلُّب على عَلِيٍّ أَمِير المؤمنين ووُلْدِه صَلواتُ الله وسَلامُه عليهم.

ـ وتَكاثُر الفِرَق الكلامِيَّة وتَعدُّد المَذاهب الفِقهِيَّة وتَضارُبهما في (اتِّجاه أَهْل العامّة)، ومنها المارِقة الخَوارج المُنادون بِعَقِيدة (لا حُكم إِلَّا لله)، وأَصْحاب (الجَبْر) وأَصْحاب (التَّفويض) وأَهْل المَذاهِب الفِقْهِيَّة مِثل أَهْل (الرَّأي والقِياس) وأَهْلِ (الحَدِيث) و(أَهْل السُّنَّة) وأَهْل (السُّنَّةِ والجَماعة).

فظَهَر التَّشَيُّع بِوَصْفِهِ اتِّجاهًا مُغالِبًا لِلتَّحالُف الجَدِيد القائم بين الدَّولَة و(اتِّجاه أَهْل العامَّة) والفِرق النَّاشِئة عَنهما.

10- وقائلٌ مُؤكِدٌ على أَنَّ التَّشيُّع نَشأ في عَهد رَسُول الله صَلَّى الله عليه وآله، واكتَسبَ مِن الرَّسُول صَلَّى الله عليه وآله اسْمَه. وعلى خُطَى النَّبِيّ صَلَّى الله عليه وآله أَسَّسَ التَّشيُّع قاعِدَتَه ونَظَّم هيئتَه واختَار عناصِرَه مِن الصَّحابَة الأَبْرار المُسَمّون بـ(شِيعة عَلِيّ) وحَظِي مِنه صَلَّى الله عليه وآله بِرِعايَة كِرِيمة وتَبلوَرت على آثارِهِ صَلَّى الله عليه وآله ثَقافَةُ التَّشيُّع وتَرسَّخَ وُجُودُه، ومِنه صَلَّى الله عليه وآله نَهلَ التَّشَيُّع عُلومَه ومَعارِفَه في ما كان وما يَكون.

لَقد احتَفَظ التَّشيُّع في مَسيرتِه التَّأريخيَّة بِذات مَنهَجِهِ الَّذي أُسِّسَ عَليه أَوَّل مَرَّة في عَهد رَسُول الله صَلَّى الله عليه وآله، وتَمسَّكَ بِالوَلايَة لِأَهْلِ البَيت صَلواتُ الله وسَلامُه عليهم قَبل دُخول المُسلمين مَرحلتي إِقصاء عَلِيٍّ ووُلْدِه صَلواتُ الله وسَلامُه عليهم عن الخِلافَةِ والبَيعَةِ الثَّانِيَة لِتَوَلِّي عَلِيٍّ صَلواتُ الله وسلامه عليه الخِلافَة.

ورافَقَ التَّشَيُّعُ أَئمَّةَ أَهْل البَيت صَلواتُ الله وسَلامُه عليهم في حُضورِهِم وجَعلَهُم ظِلَّه الوَارِف ودافَع عنهم واستُشهِد مَعهم، وتَمَسَّك بِهم في زمن الغَيبَةِ الكُبرى لِتَاسِع الأَئمَّة مِن وُلْد الإِمام الحُسَين صَلواتُ الله وسَلامُه عليه الإِمام مُحمَّد بن الحَسَن المَهدِي عجَّل الله تعالى فَرَجه الشَّريف على الرَّغم مِن تَوالِي التَّحدِّيات المُضادَّة وشِدَّة الإرهاب الَّذي استَهدَف القَضاء على التَّشَيُّع وتَصفِيَة الشَّيعة، كَما رافَقَهُم صَلواتُ الله وسَلامُه عليهم في غَمْرة التَّحدِّي الخَطِير النَّاجِم عن قِيام الدَّولَتَين الأُمويَّة والعَبّاسِيَّة

ولم يَخذِلهم في عَهدِهما الَّذي حَصَد الأُلُوف مِن رُؤوس المُسلِمين لِحَسم نِزاع الإِمْرة والرِّئاسَة والسَّلطنة.

لم يَتوقَّف النُّمو الثَّقافِي المُستَقلّ والمطّرد لِلتَّشَيُّع على الرَّغْم مِن تَفاقُم الأَوضاع الاجْتِماعِيَّة وتَوالي التَّحَدِّيات الصَّعبَة في سِيرتِه مع الخُلفاء والحُكام والدُّول. وحافَظ (شِيعةُ عَلِيّ) على صَفاء عَقائدِهِم عندما فَرَضَت الدُّول المتَعاقِبة الحَظرَ على وُجُودِ التَّشَيُّع وحَدَّت مِن حَركَة أَئمَّتِه وقادَتِه ونَفَتهُم عن مَناطِق التَّأثير وأَبْعَدتهم عن مَحلِّ القُدرَةِ والسَّلطَنة وفَرضَت الرَّقابَة الدَّائمة على مَروِيَّاتهم وقَيَّدت صدور آثارِهِم وحدَّت مِن انتِشار أَتْباعِهم واغْتالَت بَعضَهُم واصْطَنَعت المَذاهِب والفِرَق وحَرَّضَت أَئمَّتها وأَتباعَها عليهم.

في هذه المَراحِل المعقدَّة الَّتي مَرَّ بها التَّشَيُّع حافظَ الشِّيعةُ على المَورُوث الرِّوائي لِأَهْل البَيت صَلواتُ وسَلامُه عليهم وتَمَسَّكوا به وأَلزَموا أَنفسَهم بِالعَمَل بِه وبِبَثِّه إِلى جانِب الآيات الكَرِيمَة الدَّالة على حَقِّهم في الوَلايَة، واستَمرّوا على نَسَقٍ ثابتٍ في مَواطِن الاحتِجاج حتَّى يوم دُخول التَّشَيُّع في عهد الغَيبَةِ الكُبرى في عام 329هـ، وعالَجوا بِمَروِيَّاتِ أَهلُ البيت صَلواتُ الله وسَلامُه الشُّبهات الَّتي أَثارها (اتِّجاهُ أَهْلِ العامَّة) بِتَحرِيض مِن دُولِهِ وأَحزابِهِ وطَوائفِهِ وفِرَقِهِ ومَذاهِبِهِ وأَئمَّته ووُعَّاظِه، وتَصدّوا لِلفِتَنِ العَقدِيَّة الَّتي أَثارها مُناوِؤ التَّشَيُّع.

امتُحِنَ صَبرُ الشِّيعة في حرب التَّصفِيَة العَقدِيَّة والدِّينِيَّة الَّتي شُنَّت عَليهم واستَهدَفَت وُجودَهم الثَّقافي وكيانَهم الاجْتِماعي، وتَفوَّقوا في تَجاوز مُضاعَفات الإِرهاب السِّياسِي والفَصْل الطَّائفي اللَّذين سَعى مُرتكِبوهما إِلى تَشوِيه حقِيقَةِ التَّشَيُّع وأُصولِهِ وتَشتِيت قُوى الشِّيعَة وتَدمِير مَورُوثِهم الرِّوائي وإِنهاء وُجودِهِم.

وكان لِلشِّيعَة فِي الآيات والمَروِيَّات الدَّالة على إِمامة أَهْل البَيت صَلواتُ الله وسَلامُه عليهم ولِأَصالَة مَنشئهم وامتِدادِهم التَّأريخي عَونٌ مِثالِيٌّ وسَندٌ وُجدانِيٌّ يُلتَجأ إِليه كلَّما اصْطُنِعت البَلايا واضْطَرَمَت على طَرِيق نَهضَتِهم الثَّقافِيَّة، أَو كُلَّما قُتِل أَئمَّتُهم

صَلواتُ الله وسلامُه عليهم وأُقصِي وُلْد أئمَّتِهم، أَو كُلَّما شُنَّت عليهم الغارات لِتَصفِيَة وُجودِهم والمَساس بهُوِيَّتِهم، أَو كُلَّما اختُلِقت المَذاهِب والفِرق في الضِّدّ مِنهم أَو نُسِبَت إليهم زُورًا وافْتِراءً لِشَقِّ صُفُوفِهم.

لقد أَخفَقَ (اتِّجاهُ أَهْلِ العامَّة) المُوالِي لِلخُلفاء الثَّلاثَة والمُوجَّه مِن قِبل خُلفاء الدَّولَتين الأُمَوِيَّة والعَبَّاسِيَّة وما تَلاهم مِن دُولٍ قَبلِيَّةٍ ثُمَّ قَومِيَّةٍ ثُمَّ وَطَنِيَّةٍ عَلمانِيَّةٍ مُعاصِرَة ـ في الوَظِيفة المُوكَلة إليه إذْ اشْتملَت على:

ـ طَمْسِ المَروِيَّات الَّتي نَشأ عليها التَّشيُّع وأَرْسَى بِها قَواعِدَه ووُجُودَهُ ونَشر بِها عُلومَه وأَسَّسَ ثَقافَتَه.

ـ الإِنفرادِ بِساحَة المسلِمين وتَزعُّم مَسِيرتِهم السِّياسِيّة والثَّقافِيَّة تَحت مَظلَّة (مَذْهَبِ الرَّأي) الرَّسْمِي الَّذي انْطَوى على سُنَّة الخُلفاء الثَّلاثَة وسِيرَتِهم، وإِقصاء الشِّيعة بِتُهمة (البِدْعَة).

ـ المُبالَغةِ في مُقاطَعَة الشِّيعة اجتِماعِيًّا وزَرع عُقدة الشُّعور بِالنَّقص والحقارَة في ذَواتِهم وطَردِهِم مِن المُدُنِ الكُبرى ومُزاحَمةِ أَرزاقِهِم وحِرمانِهم مِن خَدَمات الدَّولة في أَحَيائهِم والتَّضْيِيقَ على أَوقافِهم وشَعائرِهِم.

أَخْفَق (اتِّجاه أَهْل العامَّة) في أَداء هذه المُهِمَّة، ولم يَتمَكَّن بِما سُخِّر له مِن دَعْمٍ رَسْمِيٍّ سِرِّيّ وعَلَنِيّ وما خُصّ له مِن مالٍ ونُفوذٍ ومَقامٍ وسُلْطةٍ ومُؤسَّساتٍ وانْتِشارٍ شامِلٍ ـ مِن مُصادَرَةِ المَورُوث الرِّوائي الشِّيعِي أَو شَطبِهِ وإِعدامِهِ أَو تَشْويهِ مُحتوى مَصادِرِه في المعرفة والإنصَراف بِمُتونِ أُصُولِه إِلى غَير مَعانِيها أَو العَبَث في صُدورِها أَو التَّشهِير بها لِلتَّحرِيض على الشِّيعة وتَأْلِيب الحُكَّام عليهم.

إِنَّ المَورُوث الرِّوائي الشِّيعِي الَّذي حُورِبَ في بادِئ الأَمْر على عَهدِ الرَّسُول صَلَّى الله عليه وآله كان يُشَكِّل في حَقِيقَتِه قوامَ التَّشيُّع ومُبَرِّرَ نُشوئِهِ ونُموِّه وضَرُورةَ وُجودِهِ وبَقائه. ومِنه تِلْك المَروِيَّات المُفَسِّرَة لِلآيات الكَرِيمَة النَّازِلَة في مَناقِب وفَضائل

أَهْلِ البَيت صَلواتُ الله وسَلامُه عليهم وفي تَمَثُل السُّنَّة فيهم صَلواتُ الله وسَلامُه عليهم وتِبيان عِصْمَتِهم وحَقِّهم في الوَلايَةِ المُطلَقَة على النَّاس أجمعِين مِن بَعد رَحِيل النَّبيّ صَلَّى الله عليه وآله.

وذُكِرَ أَنَّ جانِبًا مِن المَورُوث الشِّيعي ضَمَّ أكثر مِن 110 آية كُلّها نازِلَة فِي حَقِّ عَلِيٍّ أمير المؤمنين صَلواتُ الله وسَلامُه عليه، وآياتٌ أُخرى نَزلَت في حَقِّ وُلْدِهِ صَلواتُ الله وسَلامُه عليه وعَلَيهم. ومِن مَعانِي المَورُوثِ الرِّوائي استَمَدَّ الشِّيعَةُ عَقيدتَهُم في الوَلاءِ لِلأَئمَّة الإِثْنَي عشر صَلواتُ الله وسَلامُه عليهم، وأَسَّسوا لِبُنيانِهم الاجتِماعِي نِظامَه وأَقاموا عليه ثَقافَتَهم الأَصِيلَة، واعتَقَدوا بِاللُّطف الإلهي في بِعثة النَّبِيّ مُحمَّد صَلَّى الله عليه وآله ووَلايَة عَلِيٍّ أَمِير المؤمنين والأَئمَّة مِن أَهْلِ بَيته صَلواتُ الله وسَلامُه عليهم مِن بَعْدِه صَلَّى الله عليه وآله، وآمنوا بِعِصْمَة النَّبِيّ مُحمَّد صَلَّى الله عليه وآله وبِعِصْمَة آلِهِ صَلواتُ الله وسَلامُه عليهم كما آمنوا بِوُجوب طاعَتِهم وسِيادَتِهم على أَهْلِ الدُّنيا.

فَلِلمَعصُومِين مِن أَهْل البيت صَلواتُ الله وسلامُه عليهم في عَقِيدة التَّشيُّع ما لِلنَّبِيِّ صَلَّى الله عليه وآله مِن صِفاتٍ خاصَّةٍ فِي الطُّهْر والعِلْم والفَضلِ والنُّبْل والمَنقَبة والاستِعداد الجَسدِي والنَّفسِي، والكَمال في الخَلْق والخُلُق، يَهدُون بِها إِلى سَبيل الرَّشاد إِذْ هُم الصِّراطُ المستقيم وحَبْلُ الله المَتِين إِذْ يُوحى إِليهم بَوَحي الإِمامَة.

قال الرَّسُول صَلَّى الله عليه وآله لِعَمِّهِ العَبَّاس (إِنَّ الله خلَقنِي وخَلَق عليًّا وفاطِمة والحَسن والحُسَين صَلواتُ الله وسَلامُه عليهم قَبل أَنْ يَخلُق آدمَ عليه السَّلام حين لا سَماء مَبنِيَّة ولا أَرض مَدحِيَّة ولا ظُلمة ولا نُور ولا شَمس ولا قَمر ولا جَنَّة ولا نار.

فقال العَبَّاس: كيف كان بِدءُ خَلقِكُم يا رَسُول الله. فقال صَلَّى الله عليه وآله (يا عَمّ، لمّا أَراد اللهُ أَنْ يخلقنا تَكَلَّم بِكلِمَةٍ فخَلَق منها نُورًا، ثُمَّ تكلَّم بِكَلِمةٍ أُخْرى فخَلَق مِنها رُوحًا، ثُمَّ خَلط النُّورَ بِالرُّوح فخَلَقنِي وخلَق عَلِيًّا وفاطمة والحَسن والحُسين صَلواتُ الله وسَلامُه عليهم فكُنَّا نُسبِّحَه حين لا تَسبِيح ونُقدِّسَه حين لا تَقدِيس.

فلَمّا أَراد الله أَنْ يُنشِيء خَلقَه فتَقَ نُورِي فخَلَقَ مِنه العَرش، فالعَرشُ مِن نُورِي

ونُورِي مِن نُور الله ونُورِي أَفضَلُ مِن نُورِ العَرش.

ثُمَّ فتق نُورَ أَخِي عَلِيٍّ فَخَلَق منه الملائكة. فالمَلائكةُ مِن نُور عَلِيٍّ، ونُورُ عَلِيٍّ مِن نُور الله، فعَلِيٌّ صَلواتُ الله وسَلامُه عليه أَفضلَ مِن الملائكة.

ثُمَّ فتَق نُورَ ابنَتِي فخَلَق مِنه السَّماواتِ والأَرض، فالسَّماواتُ والأرض مِن نُورِ ابنَتِي فاطِمة، ونُورُ ابنَتِي فاطِمة مِن نُور الله، فابنَتِي فاطِمة أَفضلُ مِن السَّماوات والأرض.

ثُمَّ فتَق نُور وَلَدِي الحَسن وخَلَق مِنه الشَّمس والقَمر، فالشَّمسُ والقمر مِن نُور ولَدِي الحَسن، ونُور ولَدِي الحَسن أَفضلُ مِن الشَّمس والقمر.

ثُمَّ فتَق نُورَ ولَدِي الحُسين فخَلَق مِنه الجنَّة والحُور والعِين، فالجَنَّةُ والحورُ والعِين مِن نُور وَلَدِي الحُسين، ونُورُ وَلَدِي الحُسين أفضلَ مِن الجَنَّةِ والحُور والعِين)[1].

إنَّ مِن بَين أَبْرز تلك المَروِيّات في عُلوّ مَنزلة عَلِيٍّ أَمِير المؤمِنين وأَهْلِ البيت صَلواتُ الله وسَلامُه عليهم وفي مَقامِهم وما يُؤكِّد على وُجوب طاعَتِهم واتِّباع خُطاهُما ـ ما وَردَ عن الرَّسُول مُحمَّد صَلَّى الله عليه وآله إذْ قَالَ فِي آخرِ خُطبَتِهِ يَوْمَ قَبَضَهُ اللَّهُ عَزَّ وَجَلَّ إِلَيْهِ (إِنِّي قَدْ تركْتُ فِيكُمْ أَمْرَيْنِ لَنْ تَضِلوا بَعْدِي مَا إِنْ تَمَسَّكْتُمْ بِهِمَا، كِتَابَ الله وَعِتْرَتِي أَهْلَ بَيْتِي. فَإِنَّ اللَّطِيفَ الْخَبِيرَ قَدْ عَهِدَ إِلَيَّ أَنهُمَا لَنْ يَفترِقَا حَتَّى يَرِدَا عَلَيَّ الحَوْضَ كَهَاتَيْنِ ـ وَجَمَعَ بَيْنَ مُسَبِّحَتَيْهِ ـ وَلا أَقُولُ كَهَاتيْنِ ـ وَجَمَعَ بَيْنَ المُسَبِّحَةِ وَالوُسْطَى ـ فَتَسْبِقَ إِحْدَاهُمَا الأُخْرَى. فتَمَسَّكُوا بِهِمَا لَا تَزِلُّوا وَلَا تَضِلُّوا، وَلا تَقدمُوهُمْ فَتَضِلّوا)[2].

وَرُوِي عن أَئمَّةِ أَهْل البَيْت صَلواتُ الله وسَلامُه الكثيرُ مِن نَظائر معنى هذه الخُطبة. ولم يَشُذ في ذلك رُواة (اتِّجاه أَهْل العامَّة) ومنهم ابنُ حَنْبل ذِي الرُّؤية الطَّائِفيَّة المُتَطرِّفَة حيث جاء في مِسنَدِه عن النَّبيّ صَلَّى الله عليه وآله أَنَّه قال (إِنِّي تاركٌ فيكم خَلِيفَتَين كتابَ الله حَبلٌ ممدودٌ ما بين السَّماء والأرض، وعِتْرَتي أَهْل بَيتِي، وإنَّهما لَنْ

1 - البحار، المجلسي 192/ 57

2 - الكافي، الكليني 414/ 2

يَفتَرِقا حتَّى يَرِدا عَلَيَّ الحوض)[1].

إنَّ إمْعانَ النَّظر في مَعاني هذه الأَخْبار الَّتي بَلَغَت مِن التَّواتُر حَدًا لا يُدانِيها مِن الأَحادِيث إلَّا حَدِيث الغَدِير، يَقود إلى الحُكم بِضَلال مَن لم يَتمَسَّك بِالثَّقلين مَعًا. فالمُتمسِّكون بِهما هُم الفِرقَةُ النَّاجِيَة، والمُتخَلِّفون عنهما أَو المُتقدِّمون عليهما هُم الهالِكة)[2]. وقد وَرَدَ نَظِير هذه الأَحادِيث في أَهْل البَيت صَلواتُ الله وسَلامُه عليهم (باختِلافٍ قَلِيلٍ في أَلفاظ المَتْنِ في العَشرات مِن مَصادر ـ أَهْل العامَّة ـ اتِّجاه الخِلافة)[3].

وعن مَيمونٍ بن إِسْحاق الهاشِمي حدَّثَنا أَحمد بن عبد الجَبَّار يونس بن بكير، حدَّثَنا المفضَّل بن صالح عن أَبي إِسحاق عن حنش الكناني قال: سَمِعتُ أَبا ذَر رِضْوان الله تَعالى عَليهِ يَقُول وهُو آخذٌ بِبابِ الكَعْبَةِ (مَن عرَفَنِي فأَنا مَن عَرفَنِي ومَن أَنكرنِي فأَنا أَبُو ذر سَمِعتُ النَّبيَّ صَلَّى الله عليه وآله يقول «أَلا إِنَّ مثل أَهْلَ بَيتِي فِيكم مثل سَفِينة نُوحٍ مِن قَومِهِ، مَن رَكبها نَجا ومَن تَخلَّف عنها غرق)[4].

ورُوِي هذا الحَديث أَيضًا عن أَبِي سَعِيد الخُدَري وابنِ عبَّاس وعبد الله بن الزُّبير، وذُكِرَ في الصَّحاح وكُلّ المسانِيد والسُّنن.. يَقول ابنُ حَجر في هذا الحديث (ووَجْهُ تَشبِيههم بِالسَّفِينَة أَنَّ مَن أَحَبَّهم وعَظَّمَهم شُكرًا لِنِعَمِه مُشرِّفُهم، وأَخذ بُهدَي عُلمائهم نَجا مِن ظُلمة المُخالفات، ومَن تَخلَّفَ عن ذلك غَرَق في بَحْر كُفْرِ النِّعَم وهَلَك في مَفاوِز الطُّغيان)[5].

وعن النَّبِيِّ صَلَّى اللهُ عليه وآله ورَد (النُّجومُ أَمانٌ لِأَهْلِ السَّماء، فإِنْ طُمِسَت النُّجومُ أَتَى السَّماء ما يُوعدون. وأَنا أَمانٌ لِأَصحابي، فإِذا قُبِضتُ أَتَى أَصْحابي ما يُوعَدُون. وأَهْلُ بَيتي أَمانٌ لِأُمَّتِي، فإِذا ذَهَب أَهْلُ بَيتِي أَتَى أُمَّتِي ما يُوعدون)[6].

---

1 - مسند ابن حنبل 182

2 - بحوث في الملل والنحل، السبحاني 33/ 1

3 - منها: مسلم 362/ 2. الترمذي 328/ 5. مسند بن حنبل 17/ 3

4 - مستدرك الوسائل، النوري 163/ 3. الصواعق المحرقة، ابن حجر 91

5 - نفس المصدر السابق 33

6 - المستدرك 386/ 5. الصواعق، ابن حجر 91. إحياء الميت، السيوطي 114. المستدرك 448/ 2

وعن ابنِ عَبَّاس قال، قال رَسُول الله صَلَّى الله عليه وآله (والنُّجومُ أمانٌ لِأَهْلِ الأرض مِن الغَرَق، وأَهْلُ بَيتِي أَمانٌ لِأُمَّتي مِن الاخْتِلاف، فإذا خالَفَتها قَبيلةٌ مِن العَربِ اختَلفوا فصاروا حِزْبَ إبليس)[1].

وعندما نَزَلَت آيَةُ التَّطهير [إِنَّما يُريدُ اللهُ لِيُذهِبَ عَنكُمُ الرِّجسَ أَهْلَ البيتِ ويُطهِّركُم تطهيرًا][2] وَرَدَ عن عَلِيٍّ أَمير المُؤمنين صَلواتُ الله وسَلامُه عليه أَنَّ رَسُول الله صَلَّى الله عليه وآله قال له يا عَلِيّ! هذه الآية نَزلَت فِيك وفِي سِبطَيّ والأَئمَّة مِنْ وُلْدِك)[3]. وقالَت أُمُّ سَلمة رِضوان الله تعالى عليها أَنَّ آية التَّطهير لمّا نَزلَت (أَرسَل رَسُولُ الله صَلَّى الله عليه وآله إلى عَلِيٍّ وفاطِمة والحَسن والحُسين، فقال: هؤلاء أَهْلُ بَيتِي)[4]. وقالَت عائشَة (كان عَلِيٌّ أَمِير المُؤمنين صَلواتُ الله وسَلامُه عليه أَحَبَّ الرِّجال إلى رَسُول الله صَلَّى الله عليه وآله. لقد رأيتُه وقد أَدخَله تَحت ثَوبِهِ وفاطِمة وحَسنًا وحُسينًا ثُمَّ قال (اللَّهُمَّ هَؤلاءِ أَهْلُ بَيتِي)[5]. وعن أُمّ سَلَمة أَنَّها قالت مِثلَ ذلك (أَنَّ النَّبِيّ صَلَّى الله عليه وآله جَلَّل على الحَسَنِ والحُسين وعَلِيّ وفاطِمة كِساءً وقال (اللَّهُمّ هؤلاء أَهْلُ بَيتِي وحامَّتِي، أَذْهِب عَنهُم الرِّجْسَ وطهِّرهُم تَطهيرًا. قالَت أُمُّ سَلَمة: وأَنا مَعهُم يا رَسُول الله؟! فقال (إِنَّكِ على خَير)[6]. وقالَت في رواية أُخرى إِنَّ آيَةَ التَّطهير نَزلت في بَيتها في حُضورٍ مِن الرَّسُول صَلَّى الله عليه وآله (وفي البَيت سَبعة، جِبريلُ ومِيكائيل وعَلِيّ وفاطِمة والحَسن والحُسين وأَنا على البَاب. قُلتُ أَلستُ مِن أَهْلِ البيت؟! قال صَلَّى الله عليه وآله (إِنَّكِ إلى خَير، إِنَّكِ مِن أَزواج النَّبِيّ)[7].

---

1 - المستدرك، النّوري 149/ 3. عن بحوث في الملل والنحل.

2 - الأحزاب 33.

3 - كفاية الأثر في النصّ على الأئمة الأثني عشر، أبو القاسم الخزاز الرّازي 156. بحار الأنوار، العلامة المجلسي 36/ 336.

4 - المستدرك، النّوري -158/ 3(4705). السُّنن الكبرى، البيهقي 63/ 7.

5 -تأريخ مدينة دمشق، ترجمة الإمام علي عليه السلام 163/ 2 ـ 164 - 642. شواهد التنزيل لقواعد التفضيل، الحاكم الحسكاني 61/ 2 - 682 - 684. عمدة عيون صحاح الأخبار في مناقب إمام الأبرار، ابن البطريق 40 - 23.

6 -السُّنن، الترمذي 351/ 5(3205). كتاب التَّفسير 663/ 5(3787). مشكل الآثار، الطّحاوي -333/ 1 334. الدُّر المنثور، السيوطي 198/ 5.

7 - مشكل الآثار، الطحاوي 333/ 1. الدّر المنثور، السّيوطي 198/ 5.

إنَّ في الرِّوايات هذه ما يُقارب مَعنى النَّصّ الصَّريح الَّذي لا يَقبل الشَّكَ والتَّأويل، وأنَّ أُمَّ سَلَمة على خَير، وأنَّها لَيْست مِن أَهْلِ الكِساء. وأَما عائشة فقد أَخْرجَت نَفسَها مِن أَهْلِ البَيت صَلواتُ الله وسَلامُه عليهم بِما قَدَّمَت مِن تَصْرِيح عن صُدور هذه الرِّواية بِذات المعنى، وأنَّ عُمر أَخرَجها وابْنَته حَفْصَة أيضًا بِنَصِّ الآية [وَإِنْ تَظَاهَرَا عَلَيْهِ فَإِنَّ اللهَ هُوَ مَوْلاهُ وَجِبْرِيلُ وَصَالِحُ الْمُؤْمِنِينَ وَالْمَلائِكَةُ بَعْدَ ذَلِكَ ظَهِير][1]. فعندما سأَل ابنُ عَبَّاس عُمَر عن المُتظاهِرَتَين على النَّبيّ صَلَّى الله عليه وآله في هذه الآية، قال عُمَر (هُما حَفْصَة وعائشة)[2]، فلَم يَعُد أَيٌّ مِنهُن مُطَهَّرًا عن الرِّجْس بِجَعل إِلهي أَو تَشريعي.

وذَكر القَندُوزي أَنَّ المُرادَ بالضَّمِير في نَصِّ الآية بِمُفردة (مَولاه) هُو عَلِيٌّ أَمِير المؤمنين صَلواتُ الله وسَلامُه عليه. فعَن أَسْماء بنت عُمَيس أَنَّها قالَت: لمّا نَزلَ قولُه تعالى [وَإِن تَظَاهَرَا عَلَيْهِ فَإِنَّ اللهَ هُوَ مَوْلاهُ وَجِبْرِيلُ وَصَالِحُ الْمُؤْمِنِينَ وَالْمَلائِكَةُ بَعْدَ ذَلِكَ ظَهِيرٌ] قال النَّبيُّ صَلَّى الله عليه وآله لِعَلِيٍّ (أَلا أُبَشِّرك، أَنْتَ قُرِنْتَ بِجبرئيل). ثُمَّ قَرأ هذه الآية، فقال صَلَّى الله عليه وآله (فأَنْتَ والمُؤمنون مِنْ أَهْلِ بيتِكَ الصَّالِحون)[3].

وقد استَدركَ صاحِبُ المُستدرك على الصَّحِيحَين (البُخارِي ومُسْلِم) فجاء بالرِّواية عن واثلة بن الأَسقع، قال: أَتَيْتُ عَلِيًّا فلَمْ أَجِده، فقالَت لِي فاطِمة (انْطَلَقَ إلى رَسُول الله صَلَّى الله عليه وآله يَدعُوه) فجاء مع رَسُول الله صَلَّى الله عليه وآله فدَخلا ودَخَلْتُ معهما، فدَعا رَسُول الله صَلَّى الله عليه وآله الحَسَن والحُسين، فأَقعد كُلَّ واحِدٍ منهما على فَخِذيه، وأَدْنَى فاطِمةَ مِن حِجرِهِ وزَوجها، ثُمَّ لَفَّ عَليهم ثَوبًا وقال [إِنَّما يُريدُ اللهُ لِيُذهِبَ عَنكُمُ الرِّجسَ أَهلَ البيتِ ويُطَهِّرَكُم تَطهيرا]، ثُمَّ قال (هؤلاء أَهْلُ بَيتِي، اللَّهُمّ أَهْل بَيتي أَحَقّ). ويُضيف النِّيسابوري تعليقه على هذا الحديث فيقول: هذا حَدِيثٌ صَحِيحٌ على شَرْطِ الشَّيخَين ولم يُخرِجاه)[4]. ذلك يَكشف أَنَّ في نَفْسِ الشَّيخَين (البُخارِي ومُسْلِم) مِن أَهْلِ البيت الشَّيء الكَثِير، وهكذا قَولُ النِّيسابوري عن مَوقف

1 - التَّحريم 4.

2 - البخاري 277/ 6 407.

3 - ينابيع المودة، القندوزي 93.

4 - المستدرك 147-146/ 3.

الشَّيخَين مِن تَصحِيح نَقْل أُمّ سَلَمة لِحَديث الكِساء حيث ذكَرت أَنَّ الحديث صَدر عن النَّبِيّ صَلَّى الله عليه وآله في بَيتِها، عَلى خِلاف قول عائشة الَّتي ذكرت بِدَورها أَنَّ الحديث أُوحِي إِلى الرَّسُول صَلَّى الله عليه وآله وهو في بَيتِها ونَقَلَ الشَّيخان عنها الرِّواية ولم يَنقلا عن أُمِّ سَلَمَة الحديث حيث تَوافَرَت فيه شُروط الصِّحَة وفق منهجهما في الرِّواية والدِّراية.

لقد ورد حديثُ الكِساء مُتواتِرًا، وجاء بِه أَكثرُ مِن أَرْبَعِين مَصدرًا يَنتمِي لِـ(اتِّجاه أَهْل العامَّة) وعن رُواةٍ صَرَّحوا فيه بِأَسماء كُلٍّ مِن الإِمام عَلِيّ بن أَبي طالب والحَسن بن عَلِيّ وعَلِيّ بن الحُسين زَين العابِدين صَلوات الله وسَلامُه عليهم)[1]. وأَمَّا مُفسِّرو ومُحدِّثو التَّشَيُّع فقد ورَد الحديثُ عندهم في أَكثر مِن 15 مَصدرًا رَئِيسًا بِنَقلٍ مباشر عن سِتَّةٍ مِن أَئِمَّة أَهْلِ البَيت هُم عَلِيٌّ أَمِير المؤمنين والحَسن وعَلِيّ السَّجاد ومُحمَّد الباقِر وجَعفر الصَّادق وعَلِيّ الرِّضا صَلواتُ الله وسلامُه عليهم مِن بين العَشرات مِن الرُّواة. وأَمَّا طُرق النَّقْلِ فتَصِل إِلى أَكثرِ مِن سَبعِين طَريقًا عند الشِّيعة و(اتِّجاه أَهْل العامَّة).

ـ الفِئةُ أَمْ الطَّائفَةُ والمَذْهَب؟!

لا يَصْدُق على التَّشيُّع مَعنى الطَّائفة أَو الفِرقَة أَو المَذْهب بِالمعنى العام المُستقلّ النَّاشِئ عن حادِثَةٍ سِياسِيَّةٍ أَو عن فَجوةٍ فَلسفِيَّة أَو ضَرُورة أَخْلاقِيَّة أَو خَلَلٍ عَقَديٍّ أَو

1 - مسند أحمد بن حنبل، فضائل الصحابة. أحمد بن حنبل، التاريخ الكبير. البخاري. صحيح مسلم. الجامع الصحيح للترمذي. خصائص أمير المؤمنين عليه السلام، النسائي. المعجم الكبير، الطبراني. المعجم الصغير، الطبراني. أنساب الأشراف، البلاذري. مصابيح السُنّة، البغوي. معالم التنزيل، البغوي. الإحسان بترتيب صحيح ابن حبان. مشكل الآثار، الطحاوي. العقد الفريد، ابن عبد ربه الاندلسي. المستدرك على الصحيحين للحاكم النيسابوري. أسباب النزول، الواحدي. الاستيعاب في معرفة الصحابة، ابن عبدالبر. تاريخ بغداد، الخطيب البغدادي. تفسير الخازن. أُسد الغابة في معرفة الصحابة، ابن الأثير. جامع الاصول، ابن الأثير الجزري. أحكام القرآن، الجصاص. أحكام القرآن، ابن عربي. تذكرة الخواص، سبط ابن الجوزي. الكشّاف، الزمخشري. مفاتيح الغيب، الرازي. تاريخ دمشق، ابن عساكر، منهاج السُنّة، ابن تيمية. تاريخ الإِسلام، الذهبي. سير أعلام النبلاء، الذهبي. البداية والنهاية، ابن كثير ـ الاصابة في تمييز الصحابة، ابن حجر. مجمع الزوائد ومنبع الفوائد، الهيثمي. تهذيب التهذيب، ابن حجر العسقلاني. الاتقان، السيوطي. الدر المنثور، السيوطي. الصواعق المحرقة، ابن حجر الهيتمي. كنز العمال، المتقي الهندي. فتح القدير، الشوكاني.

عن كارِثَةٍ حَلَّت على النِّظام الاجْتِماعِيّ لِلمسُلِمين أَو عن هَوى ينشد الإِمْرَة والرِّئاسة والسُّلطان أَو عن انْدِفاعٍ لِلتَّعويض عن نقصٍ في مَقام مَفقُودٍ أَو نَسَبٍ وحَسَبٍ وَضِيعَين لا يَرقَيان إِلى أَدنى المَعايِير قيمة في الثَّقافَة الدَّارِجَة، مِثْلَما حَدَث في شَأن ظُهور الطَّوائف والفِرَق والمَذاهِب الَّتي نُسِبَت إِلى الإِسْلام منذ أَوَّل يوم رَحَل فيه النَّبِيُّ صَلَّى الله عليه وآله.

لَقَدْ مُيِّز التَّشَيُّع منذ لحظة نَشأتِه بِوَصفِهِ جِهةً في المُسلِمين لها عُمقٌ تَأريخيّ وامتدادٌ عَقَدِيّ أَصِيل لا يُنْكر. ومُنذ اليَوم الَّذي شَيَّد نَبِيُّنا الأَكرم صَلَّى الله عليه وآله التَّشَيُّع واختار له أَمِيره عَلِيٍّ أَمِير المؤمنين صَلواتُ الله وسَلامُه عليه ورِجاله الأَبْرار رضوان الله تعالى عليهم؛ صار التَّشَيُّع في النَّاس سَردِيَّةً عُظمَى يَعتَنِقونها ويَتسابَقون لِلانْتِماء إِليها.

ويَعتَقِد الشِّيعَة أَنَّ تَشَيعَهم سَيُظهِره اللهُ عَزَّ وَجَلَّ عَلى الدِّين كُلِّه تحت رِعايَةٍ مِن نَبِيِّه صَلَّى الله عليه وآله وبِوَلايَة عَلِيٍّ أَمِير المؤمنين ووُلْدِه صَلواتُ الله وسَلامُه عليه إِذْ هُم الإِئمَّةُ والصِّراط المُستَقِيم والقادَةُ والسَّادةُ والأَدِلاءُ لِشيعَتِه صَلَّى الله عليه وآله في حَياتِهم ومَماتِهم.

ومِن الكَمال أَنْ يَشمِل مَسْعى النَّبِيّ صَلَّى الله عليه وآله في بِناء أُمَّةٍ قائمةٍ على أَنقاضِ ثَقافةٍ جاهلِيَّة سَائدة في المُجتَمعين المَدِيني والمَكِّي - إِعداد العَناصر المُناسِبة الَّتي أُشِير إِليها بِـ(الفِئة القَلِيلَة) فِي آيات القرآن الكَريم وبِـ(شِيعَة عَلِيّ) في السِّيرة، وأَنْ يَستكمِلَ صَلَّى الله عليه وآله أُسُسَها الفِكريَّة ويُهيِّئ لها مُقوِّماتِ البَقاء الرَّصِين ويُنَظِّم لها سُلوكَها على قَواعِد مِثالِيَّة قادرة على مُواجَهة شَتَّى أَلوان التَّحدِّيات إِلى يَوم الدِّين.

صار تَطبِيق النَّصّ الدِّيني بِحاجَة إِلى هذه الفِئة المؤلَّفة مِن النَّماذج البَشريَّة المُجَسِّدة لِكَمال العَقِيدة والشَّريعة والأَخْلاق، ولِيَتشكَّلَ بِها الرَّعيلُ الأَوَّل فِي خِضَمٍ مُتلاطِمٍ مِن الأَهْواء الجاهِلِيَّة الَّتي عَصَفت بِمُجتمعٍ ذَلِيلٍ خاسِئٍ يَتخَطَّفه النَّاسُ مِن كُلِّ جانِب وما زالَ إِلى وَقتٍ قَرِيبٍ يَعبدَ الأَصْنام والأَوْثان ويَأتِيَ الفَواحِشَ ويَأكُلَ المَيتَةَ

ويَقطَعَ الأَرحامَ ويُسيءَ الجِوارَ ويَقتُلَ القَوِيُّ مِنهُ الضَّعيف، وأنَّهُ لحَديثُ عَهدٍ بِالتَّدَيُّن والتَّعَبُّدِ بِعَقيدةِ التَّوحيد.

إنَّ الرِّسالَةَ العَظيمةَ الَّتي بلَّغَها الرَّسولُ صَلَّى الله عليه وآله قامَت على سَواعِدَ مَتينةٍ لرِجالٍ تَمثَّلَت فيهم سيرتَه وسُنَّتَه ووَسيلَتَه وجَعَلَت مِنهم الدِّرعَ الحَصين، وتَعاطَت مع كُلِّ المُتَناقِضات القائِمة في هذا المُجتَمَع بِروحٍ بَنَّاءةٍ مَسئولة، وسَعَت لِأجلِ عِلاجِ هذه المُتناقِضات سَعيَها.

وكانَ مِصداقُ هذه الفِئة (شيعةُ عليٍّ) وهُم الصَّحابةُ الأبرارُ الَّذين لم يَكونوا بِمَنأى عن شَرِّ فِئاتٍ أخرى مؤلَّفة مِن الصَّحابة المُنافِقين ومِن ذَوي الثَّأرِ الجاهِلي والأطماعِ القَبليَّة والعَشائِريَّة ومِن سُقماءِ عُقدةِ الشُّعور بِالنَّقص والحقارة في النَّسَب والحَسَب، كلُّها ترَبَّصت بـ(شيعةِ عليٍّ) الدَّوائِر واجتَهدَت في سَعيِها لِرُكوبِ الإمرَة والرِّئاسة والسُّلطان بِقوَّة النِّفاق والمَكر والدَّهاء لِقَهرِ الشِّيعَة.

وأمَّا سائِرُ أفراد المُجتَمَع الَّذين تَشكَّلَ مِنهم الإسلامِ حَديثًا فهم يَنتَسِبون إلى ثَقافَة الجاهِليَّة القَبليَّة والعَصبيَّات الفِئَويَّة فلَم يُخالِطوا الإيمانَ نَصًّا وروحًا، وكانُوا مَحَلًّا لِلتَّوظيفِ السَّيِّئِ الفَضيعِ في الضِّدِّ مِن البِعثَةِ النَّبَويَّة مُنذُ اليَومِ الَّذي أنذَرَ النَّبِيُّ صَلَّى الله عليه وآله فيه عَشيرَتَه الأقرَبين وفي أوَّلِ مُنطَلَقِ الرِّسالة ـ وفي الضِّدِّ مِن (شيعةِ عليٍّ) الَّذين جَمَع النَّبِيُّ صَلَّى الله عليه وآله شَملَهُم وأعَدَّهم في هذه الفِئَةِ المُؤمِنَة إعدادًا عَقَديًّا وروحيًّا ووجدانيًّا وعِلميًّا لِيَكونُوا مِثالًا في الدِّين وصَفًّا كالبُنيانِ المَرصوص ومُبَلِّغًا لِما أُنزِلَ عَليه حتَّى وُصِفوا في مُجتَمَعاتِ المُسلِمين بـ(شيعةِ عليٍّ).

لم يُشَر إلى شَخصيَّاتِ هذه الفِئة القَليلة النَّموذَجيَّة المُحيطة بالنَّبِيِّ مُحَمَّد صَلَّى الله عليه وآله والتَّابِعة له بإحسانٍ وإخلاصٍ وبِمَودَّةٍ تامَّةٍ لِأهلِ بَيتِه صَلَواتُ الله وسَلامُهُ عليهم ـ بِوَصفِها اتِّجاهًا فِئَويًّا مُنغَلِقًا وانتِماءً مُنعَزِلًا عن مُجتَمَع الجاهِليَّة وتَفاعُلاتٍ يَوميَّاتِه أو مُستَقِلًّا قائِمًا على نُظُمِ ارتِباطٍ خاصٍّ وعَلاقاتٍ اجتِماعيَّةٍ مُنفَصِلةٍ عن النَّاسِ وحَذِرةٍ فيهم ـ إلَّا مِن بَعدِ وُقوعِ عَدَدٍ مِن الحَوادِثِ المَصيريَّة، مِنها:

ـ تَصدِّي أَبي جَهْل وأَبِي سُفيان ورَهطِهما لِبعثة النَّبيّ صَلَّى الله عليه وآله وتَحريضِهما القبائل على اقتراف عَمَلٍ مُشتَرَكٍ لاغتِيال النَّبِيّ صَلَّى الله عليه وآله مِن بَعد فَرض الحِصار التَّام على بَنِي هاشِم وأَتْباعهم، والتَّعاقدِ على ذَلِك في بـ(صَحِيفَة مَكَّة الأُولى).

ـ بِداية الهِجْرَة إِلى المَدِينة ومُضاعَفاتها الاجتماعِيَّة حيث تَكوَّنت الاستِقطاباتُ الفِئويَّة بَين المهاجِرين والأَنْصار، وحَلّ النِّفاقُ وافِدًا على المَدِينَة مِن مَكّة، وتآلَفَ رَهْطٌ مِن الصَّحابَة المُنافِقِين وتَشكَّل في تَحالُفٍ سِريٍّ مُوَسَّعٍ نَفّذَ عَددًا مِن العَمليّات (الضَّرُورِيَّة) لاغتِيال النَّبيّ صَلَّى الله عليه وآله، مِنها:

1ـ ما جاء في مَعركة أُحُد حيث التَّنسِيق القائم بين هذا الرَّهْط وأَبِي سُفيان وخالِد بن الوَلِيد مِن جانب جَيشِ المُشركِين وذلك لاصْطِناع هَزيمة ماحِقَة في جَيش المُسلِمين تُستَهلّ ببَثّ إِشاعَة صاعِقَة عن مَقتل النَّبِيّ صَلَّى الله عليه وآله في وَسط مَيدان المَعْرَكة، ثُمَّ تُستكمَل بِعَمليَّة فِرارٍ جَماعِيٍّ مُفْتَعَلٍ ومُنَسَّقٍ لِلصَّحابَة المنافِقِين وأَعوانهم مِن مَيدان المَعْرَكَة وانْحِسارِهم عنه النَّبِيّ صَلَّى الله عليه وآله ومِن ثَمّ كَشْف جانِبِه وتَعْرِيضه لِلقَتل.

2ـ وما جاء في عَملِيَّة عَقَبةِ هَرْشَى على طَرِيق العَودة مِن غَزوة تَبُوك حيث اجتَمعوا مع نَفرٍ مِن الأَنْصار لِيَنفروا ناقَة النَّبِيّ صَلَّى الله عليه وآله لِقتلِهِ ومِن ثَمّ العودة بِجيشِهِ لِلسَّيطرة على المَدينة وشَطبِ مَفهُوم (الإمامَة) بِقَتل عَلِيّ أَمِير المؤمنين صَلواتُ الله وسَلامُه عليه.

3ـ وما جاء في تَعاقُد خمَسة مِن الصَّحابة على (صَحِيفَة مكَّة الثَّانِيَة) في حجَّةِ الوداع لاستِكمال مَسيرة (صَحِيفة مَكَّة الأُولى) وإِقدام أَقطاب هذا التَّعاقد فيما بينهم على إِعادة تَأسِيس تَحالُفٍ آخر مُوَسّع مع بَعض القَبائل تمهيدًا لاغْتِيال النَّبِيّ صَلَّى الله عليه وآله وتَدبير فَلتَة السَّقِيفة حيث عَيَّن أَقْطابُ (الصَّحِيفَة الثَّانِيَة) أَبا بَكْر خَليفةً ونَقضوا بَيعةَ الغَدِير وأَقْصوا عَلِيًّا أَمير المؤمنين صَلواتُ الله وسَلامُه عليه مِن مَرتَبتِهِ ومَنزِلتِه على مُستَوَيي المَفهوم والواقِع العَملي.

ـ وظُهور (اتِّجاه أَهْل العامَّة) بِوَصْفِه جِهَةً ذات نَظرِيَّةٍ خاصَّةٍ مَبنِيَّةٍ على ما تَعاقد عليه الصَّحابَةُ الخَمسة أَقطاب (صَحِيفَة مكَّة الثَّانِيَة)، وجِهةً داعِمَةً لِنَتائج يَوم السَّقِيفة وناقِضَةً لِوَصايا النَّبِيّ صَلَّى الله عليه في الوَلايَة ولِبَيعةِ يَوم الغَدِير، وجِهةً مُسانَدَةً لمَبدأ التَّعويض عن عُقدَةِ الشُّعور بِالنَّقص في النَّسَب والحَسَب الَّتي يُعانِي مِنها صَحابَة الصَّحِيفَة بِإزاء النَّسَب والحَسَب الشَّهيرَين لَدى الصَّحابَة مِن بَنِي هاشِم وبَنِي أُمَيَّة وغَيرِهم مِن البُيوتَاتِ الكُبرى في مَكّة، وجِهَةً حاضِنَةً لِلأَغْلبيَّة العُظمى مِن المُسلِمِين ومُقَيِّدة لها في دائرة خِيارَين:

الأَوَّل: إمَّا القُبول بِالتَّحَوّل السِّياسي الرَّاهِن المُخالِف لِلقَواعد الاجتِماعِيَّة الَّتي أَرساها الرَّسُول صَلَّى الله عليه وآله في المُجتَمعات المُسلِمَة وما يَترَتَّب على ذلك مِن الرِّضا بِشَطْبِ وَصاياه فِي الوَلايَة ونَقض بَيعةِ الغَدِير ـ مِع الإبقاء على مَظاهر الإِسْلام قائمةً وشعائره خاضِعَةً لِضَوابط حُكْم المُنقلِبين بِـ(مَذْهَبِ الرَّأي) وإِطلاق المَنافِع وسَدِّ الذَّرائع بِحساب العَقل والنَّظر لا بِالثَّقلَين.

الثَّاني: وإِمَّا الاستِعداد لِرُكوب (فِتْنَةٍ) لا نِهاية لها إِلّا بِالشِّقاق القَبَليّ الداخِلي العَظِيم والانْفِصال المُدَمِّر لِكُلّ بناءٍ اجْتماعِيٍّ أُقِيم على أَنْقاض الثَّقافة الجاهِلِيَّة وعَلى كُلِّ مُستَجِدٍّ أُسِّس وشُيِّدَ عَلى هُدى الإِسلام في الجزيرة العَربِيّة حيث يَستَعِيد المُهاجِرون القُرشِيُّون في هذه (الفِتْنة) جاهِلِيَّتهم بزَعامة الأُمَوِيِّين ويُرَحِّلُون عن المَدِينة إِلى بلدهم مَكَّة خائبين مُنكَسِرين وحَيث يَرجِع شِقَّا الأَنْصار (الأَوْسِ والخَزْرَج) إِلى مَدِينَتهم يَتنازَعُون زَعامَتَها ويَتقاتلون مَهزُومِين.

لم يَقدِم الصَّحابَةُ الخَمسَة أَقطاب (صَحِيفَة مكّة الثَّانِيَة) على تَنفيذ الخُطوة التَّالِية ممَّا تَعاقدوا عليه إِلَّا مِن بَعد أَنْ أَنجزوا ما أَشاعُوه مِن خَوفٍ على مَصِير وَحدَة المُجتَمعين المَكِّي والمَدِينِي.

وقد فُوجِئ المُجتَمعان المَكِّي والمَدِينِي بِوُقوعِهما في دائرة بَين هذين الخِيارَين وعَددٌ مِن الصَّحابة القُرشِيِّين بِإزائهما قد سَمّوا أَبا بَكر خَلِيفَةً لِلمُسلِمِين وبايَعُوه تَحت

ظِلال سَقِيفة بَنِي ساعدة في حَضْرةِ الأنْصار الَّذين بايَعوا غَير مُكترِثين لِمَوقف زَعِيمِهم سَعد بن عبادة المُمتَنِع عن البَيعة.

فَالمُتبقِّي في رَوع المُجتمعَين المَكِّي والمَدينِي مِن مُقوّمات العَصَبِيَّة القَبَلِيَّة وآثار ثَقافَة الجاهِلِيَّة العَشائرِيَّة جَعلَ مِنهما فَريسَةً سَهلةً لما عَزم أَقطابُ (صَحِيفَة مكّة الثَّانية) وأَتباعُهم وحُلفاؤُهم على اقتِرافِه، فتَشكَّلوا مَعهم في جِهة أَفرزت (اتِّجاه أَهْل العامَّة) بَعد الإِعْلان عن البَيعَةِ لِخِلافَةِ أَبِي بَكْر.

ولم يَكن لِـ(شِيعة عَلِيّ) فِي هذه المَرحلة الحَسَّاسة والخَطِرة مِن عُمُر الإسْلام مِن خِيار غير مُواصَلة المَسِير وتَقدِيم الأَولَويَّة لِمُهمَّة صِيانة الدِّين والانْشِغال بِه عن الوقائع السِّياسِيَّة وضَرُوراتِها ومُتطلّباتها والامتِثال لِوَصِيَّةِ النَّبِيِّ الأَكرم صَلَّى الله عليه وآله في أَمْر الوَلايَة واتِّباع عَلِيٍّ أَمِير المؤمنين صَلواتُ الله وسلامُه عليه بِوَصْفِهِ الصِّراط المُستقيم والهادِي إِلى الحَقّ وهو أَحَقُّ أَنْ يُتّبع إِنْ قامَ أَو قَعد، والصَّبر على أَذْى أَئِمَّة (اتِّجاه أَهْل العامَّة) ووُعَّاظِهِ وخُلفائِه ودُوَلِه.

إنَّ التَّشَيُّع فِي مُقابلِ الأَغْلَبِيَّةِ المُسلِمَة المندكَّة في)اتِّجاه أَهْلِ العامَّة(ذِي الخلْفِيَّة القَبَلِيَّة الجاهِلِيَّة وذِي المُيول المُتقلِّبَة على هَوى دول خُلفائه وحُكامه مِن الأُموِيِّين والزُّبَيرِيِّين ومِن العبَّاسِيِّين والعُثمانِيِّين والأَيُّوبِيِّين وغَيرهم مِن المُتأخِّرين المُتمَسِّكين بالنَّزعَةِ المَذهَبِيَّة الطَّائفيَّة والحِزبِيَّة العلمانِيَّة المُحارِبَة ثُمَّ المُنْتَظِمَة بِفِكرٍ إرهابِيٍّ عَنِيفٍ مُتعَصِّب لا يَقبَل التَّعدُّد المَذهَبِي ـ لَم يَكُن له مِن وُجودٍ سِرِّي مُنظَّم مَحجُوبٍ عن الأَنْظار، وإِنَّما كانَ يَتَشكَّل في فِئةٍ قليلةٍ تَحِفّ بِنَبِيِّها صَلَّى الله عليه وآله وتَأخذ عنه السُّنَّة وتَحفظ الآياتِ الكَرِيمَة المُنَزلة وتَتَّبعه في السِّلم وتَحتَمِي بِه في الحَرب وتَمتَثِل لِأَوامِره ونَواهِيه مِن غَير تَرَدُّد، وغَير مُنفصِلَة عن فِئات مُجتمعي مَكَّة والمَدِينة أو مُنعَزِلَة، وإِنَّما يُشار إِلى أَهْل التَّشَيُّع في هذين المُجتَمَعين بِمُسمّى (شِيعةِ عَلِيّ) صَلواتُ الله وسَلامه عليه مِن غَير تَمايُز خاصٍّ أَو عَصَبِيّة، حتَّى جَدَّ الصَّحابةُ المُنافِقون في ما رَغبوا إِليه فتَظاهَروا بِالصُّحبَة الخَيِّرة لِلنَّبِيّ صَلَّى الله عليه وآله وتقرَّبوا منه فِي العَلَن وتَربَّصُوا به

الدَّوَائر في السِّرّ، ونَصبوا العَداوة والبَغضاء لِبَني هاشِم ولعَلِيٍّ أمير المؤمنين صَلوات الله وسَلامُه عليه ولِشيعَتِه الأبْرار، وفاوَضوا وأقاموا الصَّفقات السِّياسِيَّة مع حُلفائهم مِن خَلفِ الظُّهور تَحسُّبًا لِأيٍّ طارئٍ مُتعلِّقٍ بِمَقام الإمْرَة والرِّئاسة والسَّلطَنة.

إنَّ تَعاقُدَ الصَّحابة الخَمْسَة على (صَحِيفة مَكّة الثّانِيَة) وتَنظِيم مَساعِيهم لِاحْتِكار الحَقّ في تَقرير مَصِير الخِلافَة مِن بَعد رَحِيل النَّبِيّ صَلَّى الله عليه وآله وحَجْبِ وَصِيَّتِهِ ومَنعِ مُجتمَعيّ مكَّة والمَدِينة مِن الامتِثال لِبَيعَةِ الغَدِير وتَحريضهما على نَقض البَيعَة، والتَّشكِيك في مَفهوم الوَلايَة وقَطع الطَّريق على عَلِيٍّ أمِير المؤمنين صَلواتُ الله وسَلامُه عليه مِن أنْ يَتسَنّم مَقامَه الّذي بايَعوا ـ كان مِن أخْطر ما أقدم عَليه هَؤلاء الصَّحابَة فِي أواخِر أيّام حَياة النَّبِيّ صَلَّى الله عليه وآله الشَّريفة.

وكان المَبدأ الواضِح الَّذي ارتَكزت عليه فِئةُ (شِيعة عَلِيّ) في هَذين المُجتَمَعين هو اتِّباعُ الحَقّ المُطلَق في شَأن الوَلايَة والإيمان بِالعِصْمَة التَّكوينِيَّة المَجعُولَين لِأهْل البَيت صَلواتُ الله وسَلامُه عَليهم مِن دُون سِواهُم مِن المُسلِمِين. وهُو المبدأ الأوَّل الَّذي تَعرَّض لِلطَّعْن والإغارَة ثَمَّ شُنَّت عليه الحَرب بِالتَعاقد المُلزِم على نَصّ (صَحِيفَة مَكَّة الأُولى) الجامِع لِلمُشرِكِين والمُوَحِّد لِسُيوف قَبائلِهم قَبْل هِجْرَة الرَّسُول صَلَّى الله عليه وآله إلى المَدِينة بِأكثر مِن ثَمانِيَةِ أعْوام وإذْ أوحى الله تَعالى إلى النَّبيّ صَلَّى الله عليه وآله [وَأَنذِرْ عَشِيرَتَكَ الْأَقْرَبِينَ][1] وجَمع النَّبِيُّ صَلَّى الله عليه وآله أكثرَ مِن ثَلاثِين رَجُلًا مِن عَشِيرَتِه وقال لهم فيما قال (أيُّكُم يُؤازِرُني على هذا الأمْرِ وهو وَارِثِي ووَصِيِّي، يَقضِي دَينِي ويُنْجِزُ عِداتي، وخَلِيفَتِي فيكم مِن بَعدي)، وكرّر قَولَه فيهم ثلاثًا أو أربعًا فلم يَتَقدَّم منهم أحَدٌ غير عَلِيٍّ صَلواتُ الله وسَلامُه عليه.

وقد أوْرَد هذه الواقعة التَّأريخِيّة ابنُ حَنْبَل في مسنده والثَّعالِبي في تَفسِيره.. ولمّا يَئِس النَّبِيُّ صَلَّى الله عليه وآله مِن جَوابِ (عَشِيرَتِه) قال لِعَلِيٍّ: أنْتَ أخِي ووَصِيِّي ووَارِثِيّ وخَلِيفَتِي مِن بَعدي. فشَكَّل هذا الموقف معنى البَذرةَ الأُولى لِنشوء التَّشَيُّع «فِي صَحابَة

---

1 - الشّعراء 214.

النَّبيِّ صَلَّى الله عليه وآله وأَتْباع عَلِيٍّ صَلواتُ الله وسلامُه عليه»، وما زال النَّبِيُّ يَتعهَّد هذه البَذرة ويُغذِّيها بِأَقواله وأفعاله وتَقارِيره حتَّى نَمَت ورَكَزت فِي نفوس جَماعةٍ مِن المسلمين عُرِفوا بِالتَّشَيُّعِ لِعَلِيٍّ ومُوالاتِه حتَّى في حياة الرَّسول صَلَّى الله عليه وآله)[1].

اتَّبَعَ (شِيعةُ عَلِيّ) وَلايَةَ أَمِير المؤمنين صَلواتُ الله وسَلامُه عليه وتَمسَّكوا بِالثَّقلَين (القُرآن وعِدل القُرآن أَهْل البيتِ صَلواتُ الله وسَلامُه عَلَيهِم)، فانتَظَمَت هذه الفِئة في جماعةٍ مِن الصَّحابَة الأَبرار وشَيَّد بِهم الرَّسول مُحمَّد صَلَّى الله عليه وآله قوامَ رِسالَتِهِ وأَرسَى بِهم قَواعِدَ التَّشَيُّعِ وشَعائرَه في مُجتَمَعيّ مَكّة والمَدِينة، ويُشار لَهُم بـ(المُؤمِنين) الَّذين تَميّزوا بإيمانِهم العَمِيق في السِّلم وبِشُجاعتِهم في الحَرب وتَفوُّقهم في الصَّبر على القِتال على سائر المُسلِمِين.

فعَن جابِر بن عبد الله الأَنصارِي قال صَلَّى الله عليه وآله (كُنَّا عند النَّبِيّ صَلَّى الله عليه وآله فَأَقبَل عَلِيٌّ صَلواتُ الله وسَلامُه عليه، فَقال النَّبِيُّ صَلَّى الله عليه وآله: والَّذي نَفسي بِيَده إنَّ هذا وشِيعتَه لَهُم الفائزون يوم القِيامَة. ونَزَلت [إِنَّ الَّذِينَ آمَنُوا وَعَمِلُوا الصَّالِحَاتِ أُولَئِكَ هُمْ خَيْرُ الْبَرِيَّةِ]، فكان أَصحابُ النَّبِيِّ صَلَّى الله عليه إذا ما أَقبل عَلِيٌّ قالوا: جاء خَيرُ البَرِيَّة. وعن ابن عَبَّاس أَنَّه قال لمّا نَزلَت [إِنَّ الَّذِينَ آمَنُوا وَعَمِلُوا الصَّالِحَاتِ أُولَئِكَ هُمْ خَيْرُ الْبَرِيَّةِ] قال رَسُول الله صَلَّى الله عليه وآله لِعَلِيٍّ (هُو أَنْتَ وشِيعتُك يَوم القِيامَة راضِين مَرْضِيِّين)[2].

وقال رَسُولُ الله صَلَّى الله عليه وآله لِعَلِيٍّ صَلوات الله وسَلامُه عليه: يا عَلِيّ، أَنْتَ وشِيعتُك تَرِدون عَلَيَّ الحوضَ رواء مَروِيِّين، مُبيَضَّةٌ وُجوهُهم، وإِنَّ أَعداءكم يَرِدون عَلَيَّ الحوضَ ظماء مقمحين)[3]. (وإذا كان يوم القيامَة دُعِيَ النَّاسُ بِأَسمائهم وأَسماء أُمَّهاتِهم إِلَّا هذا «عَلِيّ» وشِيعَتُه، فإِنَّهم يُدعَون بِأَسمائهم وأَسماء آبائهم لِصِحَّة وَلادَتهم)[4].

1- الشِّيعة بين الأشاعرة والمعتزلة، الحسيني 24
2- الدّر المنثور 589/ 8. فتح القدير 477/ 5.
3- الصّواعق المحرقة، ابن حجر 66
4- مروج الذهب 51/ 2

وقال النَّبيُّ صَلَّى الله عليه وآله لِعَلِيٍّ (أَنْتَ وشِيعَتُك فِي الجَنَّة)[1]. وقال (شَجَرةٌ أنا أَصْلُها وعَلِيٌّ فرعُها، والحَسنُ والحُسين ثَمرتُها، والشِّيعةُ وَرقُها، فَهَلْ يَخرُجُ مِن الطَّيِّب إِلَّا الطَّيِّب)[2]. وقال رَسولُ الله صَلَّى الله عليه وآله (يا عَلِيّ، مَثَلُكَ في أُمَّتِي مثل المَسيح عِيسى بن مَريم، افترَق قَومُه ثلاث فِرق. فِرقةُ شِيعَتِك وهُم المُؤمنون، وفِرقَةُ أعدائك وهُم النَّاكِثون، وفِرقةٌ غَلوا فِيك وهُم الجاحِدون الضَّالُّون. فأَنتَ يا عَلِيّ وشِيعتُك في الجَنَّةِ ومُحِبّو شِيعَتِك في الجِنَّة وعدُّوك والغالِي فيك في النَّار)[3]. و(إِنَّ شِيعتَك على مَنابِر مِن نُورٍ مُبيضَّةٌ وُجوهُهم حَولِي، أَشفعُ لَهُم، فيكونُون غدًا في الجَنَّةِ جِيراني)[4].

وقال صَلَّى الله عليه وآله (إذا كان يومُ القِيامَة يُنادُون عَلِيَّ بن أَبِي طالِب عليه السَّلام بِسَبعَةِ أَسماء: يا صِدِّيق، يا دَالّ، يا عابِد، يا هادِي، يا مَهدِي، يا فَتَى، يا عَلِيّ، مُرْ أَنْتَ وشِيعتك إِلى الجَنَّة بِغَير حِساب)[5]. وقال (تَفترِقُ هذه الأُمَّة على ثَلاثٍ وسَبعِين فِرْقَة، اثْنَتان وسَبعون فِي النَّار ووَاحِدةٌ في الجنَّة، وهُم الَّذين قال الله عَزَّ وَجَلَّ [وَمِمَّنْ خَلَقْنَا أُمَّةٌ يَهْدُونَ بِالْحَقِّ وَبِهِ يَعْدِلُونَ] وهُم أَنا وشِيعَتِي)[6].

هكَذا عُرِفَ (شِيعَةُ عَلِيٍّ) وامتازوا خِلال فَترة حَياة الرَّسُول صَلَّى الله عليه وآله بِوَحدتهم وتَعاضُدهم في فِئةٍ قليلةٍ مُتماسِكَة مَعلُومَة الشُّخوص، وهُم أَكابرُ الصَّحابَة الأَبرار الَّذين مَثَّلوا الإِسْلام الأَصِيل فِي العُقود الأُولى مِن القَرن الهِجري الأَوَّل وأَرسَوا قَواعِدَ التَّشَيُّع بِجُهودِهم المباركة وتَضحياتِهم الكَبِيرة والكَثِيرة، وهُم الرَّعِيل الأَوَّل الَّذي ائتَمَّ بِعَلِيٍّ أَمِير المُؤمنين صَلواتُ الله وسَلامُه عليه وعَنِي بِالإِسْلام واحتَضَنه ومَثَّلَه وامتَثَل لِلثَّقلَين وتَعاليم رِجالِه ووَصايا أَوليائه، وبِه انْتَشر الإسلام بِوَصْفِه الدِّين الأَصِيل في مكَّة والمَدِينة ثُمَّ في سائر البِلاد الأُخْرى في وَقتٍ مُتأَخِّر.

---

1 - تأريخ بغداد 289/ 12

2 - كفاية الطّالب 98

3 - المناقب 227-228-226/ 6

4 - كتاب كفاية الطالب 135

5 - المناقب 226 228-

6 - نفس المصدر السابق 226 228-

ومِن أَبْرَزِ الصَّحابة في (شِيعَة عَلِيّ) كُلٌّ مِن (سَلمان الفارِسي القائل: بايَعنا رَسُولَ الله على النُّصْحِ لِلمُسلمين والإئتِمام بِعَلِيٍّ بن أَبِي طالِب والمُوالاة لَه. ومِثلُ أَبِي سَعيد الخُدري الَّذي يَقول: أُمِرَ النَّاسُ بِخَمْسٍ فَعَمِلوا بأَربع وتَركوا واحِدة، ولَّما سُئل عن الأَرْبع قال: الصَّلاة والزَّكاة والصَّوم والحَجّ، قِيل فَما الواحِدة الَّتي تَركُوها؟ قال: وَلايَة عَلِيّ بن أَبِي طالِب، قِيل لَه: وإِنَّها لَمَفروضَة مَعهُنّ؟ قال: نَعم هِي مَفروضَة مَعهُنّ. ومِثلُ أَبِي ذَر الغَفاري وعَمّار بن ياسِر وحُذيفة اليَمان وذِي الشَّهادتَين وأَبِي أَيُّوب الأَنْصارِي وخالِد بن سَعِيد وقَيس بن سَعَد بن عبادة.

وإِذْ كان مَعنى (التَّشَيُّع) هو الإيمان بوُجود النَّصّ مِن النَّبِيّ صلى الله عليه وآله في عَلِيٍّ صَلواتُ الله وسَلامُه عليه؛ فَمِن الطَّبِيعي أَنْ يَبتَدِئ تأريخ التَّشيُّع مِن حِين النُّطْق بالنَّصّ)[1].

لم يَنفك التَّشَيُّع يَستَظِلّ بِرعاية الرَّسُول صَلَّى الله عليه وآله ويَسْتَنّ بِسُنَّتِه مُنذ اليَوم الَّذي بُعِثَ فِيه (وقد نَصَّ عَليهم ـ الشِّيعَة ـ رَسُولُ الله صَلَّى الله عليه وآله على ما ورَدَ عن طَرِيقَي العامَّة والشِّيعة لا يَستَطِيع أَحدٌ الإنكار. فَأَبْصَر الشِّيعةُ النَّبِيَّ الأَكرم صَلَّى الله وعليه وآله فِي مَشاهِده ومَحافِله، واستَمعوا إلى نَهجِه وخُطبه ووَعوا وَصاياه فِي خَلِيفَتِه وأَهْلِ بَيتِه وتَدَبَّروا كَلِمه العَسجَدِيَّة فِي وَزِيره ووارِثه، ووَقفوا بِذلك على ما لِعَلِيّ صَلواتُ الله وسَلامُه عليه مِن مكانَةٍ عند الله ورَسُولِه، فَشايَعُوه ووَالُوه مِن دون تَشكِيكٍ فِي أَمرِه وتَردِيدٍ فِي مَقامِه، كيف لا وَفِيهم نَزَل قوله [إِنَّ الَّذِينَ آمَنُوا وَعَمِلُوا الصَّالِحَاتِ أُوْلَئِكَ هُمْ خَيْرُ الْبَرِيَّةِ][2]. فلازَمُوا الرَّسُول صَلَّى الله عليه وآله، وتَعَلَّمُوا مِنه الأُصُول، وعلى ضُوء أَحادِيثه الصَّحِيحة الثَّابِتَة في النَّص على خِلافَة صنوه الطَّاهر الإِمام عَلِيٍّ صَلواتُ الله وسَلامُه عليه ووَلائه تَمسَّكوا ولَمْ يَحيدوا عنه)[3].

إِنَّ فِي شَأن البِدايات الأُولَى لِنُشوءِ التَّشيُّع وإِرْساء قَواعِده وصِلَتِه بِالنَّبِيّ مُحمَّد

---

1 - الشِّيعة والحاكمون، جواد مغنية 17.

2 - البيِّنة 7.

3 - بداية الفرق ونهاية الملوك، الحكيمي 65

صَلَّى الله عليه وآله ووَصِيِّهِ الإمام أَمِير المُؤمنين صَلَوات الله وسَلامُه عليه ـ صَدَرت الكَثِيرُ مِن الرِّوايات، ودُوِّنَت في المَجامِيع الحَدِيثِيَّة الصَّادِرَة عن طُرق الشِّيعة، وأُخرِجَت مِن قِبل رُواةِ (اتِّجاه أَهْلِ العامَّة) على الرَّغم مِن تَحفُّظ الكَثِير مِن رُواته على دلالات النُّصوص بِعَصَبِيَّة قَبلِيَّة وطائفِيَّة ومَصلَحِيَّة ذاتِيّة لا مَجال لِنُكرانِها أو جُحُودِها.

فقد وَرَدَ في تَفسِير السِّيوطِي (وأَخرَجَ ابنُ عساكر عن جابِر بن عبد الله قال كُنَّا عند النَّبِيّ صَلَّى الله عليه وآله فأَقبَل عَلِيٌّ، فقال النَّبِيّ صَلَّى الله عليه وآله: »والَّذي نَفسِي بِيَدِه إنَّ هذا وشِيعتَه لَهُم الفائزون يَوم القِيامة، ونَزلَت [إِنَّ الَّذِينَ آمَنُوا وَعَمِلُوا الصَّالِحَاتِ أُولَئِكَ هُمْ خَيْرُ الْبَرِيَّةِ]. فكان أَصْحابُ النَّبِيِّ صَلَّى الله عليه وآله إِذا أَقْبَل عَلِيٌّ صَلواتُ الله وسَلامُه عليه قالوا: جاء «خَيرُ البَرِيَّة».

وأَخرجَ ابنُ عدي وابن عساكر عن أَبِي سَعيد مَرفوعًا: عَلِيٌّ خيرُ البَرِيَّة. وأَخرجَ ابنُ عدي عن ابن عَبَّاس قال: لمّا نَزَلَت [إِنَّ الَّذِينَ آمَنُوا وَعَمِلُوا الصَّالِحَاتِ أُولَئِكَ هُمْ خَيْرُ الْبَرِيَّةِ] قال رَسُولُ الله صَلَّى الله عليه وآله لِعَلِيّ أَمِير المؤمنين صَلواتُ الله وسَلامُه عليه: هو أَنْتَ وشِيعَتُك يَوم القِيامة راضِينَ مَرضِيِّين.

وأَخرجَ ابنُ مَردَويه عن عَلِيٍّ قال: قال لِي رَسُول الله صَلَّى الله عليه وآله: أَلم تَسمَع قولَ الله [إِنَّ الَّذِينَ آمَنُوا وَعَمِلُوا الصَّالِحَاتِ أُولَئِكَ هُمْ خَيْرُ الْبَرِيَّةِ] هُمْ أَنْتَ وشِيعَتُك، ومَوعِدي ومَوعِدُكم الحوض إذا جَثَت الأُمَمُ لِلحساب تُدعَون غُرًا مُحجَّلِين)[1].

وعندما عُقِد الولاءُ لِعَلِيٍّ صَلواتُ الله وسَلامُه عليه في عَهدِ الرَّسُول صَلَّى الله عليه وآله تَجاوزَ حُدودَ المَدِينَة ومَكَّة وأَسْوارَهما، وعَمَّت شِهرتُه القَبائل بِأَسْرِها وبُلدانًا بِقضّها وقَضِيضها. كُلُّها أصبحت تَدِين بِالولاء والمَودَّة له امتثالًا لِما ورَد عن الرَّسول صَلَّى الله عليه وآله فِيه (مِثلَ قَبِيلة الخَزرج وقَبيلة بَنِي يَربوع اللَّتان فُتِك بِرجالِهما لِتَشيُّعِهم، كما أَنَّ اليَمن مِن بِدء إِسلامها هُم شِيعةٌ لِعَلِيّ، وبَعد الفَتح الإِسْلامِي اعتَنَق

1 - الدّر المنثور في التفسير بالمأثور 379/ 6. شَواه د التَّنزيل، الحسكاني366/ 2. كفاية الطالب، الكنجي 244. المناقب، الخوارزمي 62. ترجمة الامام علي، ابن عساكر 442/ 2. الصواعق المحرقة 96. الطبري 30 146-. تذكرة الخواص، ابن الجوزي 18. روح المعاني، الألوسي 702/ 30

كَثِيرٌ مِن القَبائِل العَربيَّة عقيدة التَّشَيُّع في العِراق. وقد ظَهر التَّشيُّع بِأَبْهى صوَرِه بعد بَيعةِ السَّقِيفة بين الأَنصار بِمَن فِيهِم الأَوْسِ والخَزرَج)[1].

بَرز (شِيعةُ عَلِيّ) في المُسلِمين بِوَصْفِهم اتِّجاهًا مُدافعًا عن الوَلايَة الَّتي نَصّ عليها النَّبيُّ صَلَّى الله عليه وآله في يَوم الغَدِير عندما عزم الخَمسَةُ مِن الصَّحابَة على التَّصدِيق على (صَحِيفَة مكّة الثَّانِيَة) في جَوفِ الكَعبة أَثناء أَداء المُسلِمِين لِحَجَّة الوداع، وقَرَّروا العَمَلَ بِجدٍ على إِيجاد تَحالفٍ قَبليٍّ مُوَسّع لإِقْصاء عَلِيٍّ أَمِير المؤمنين صَلواتُ الله وسَلامُه عليه عن مَراتِبِهِ الَّتِي رَتَّبها الله تعالى له وبَلَّغَها نَبِيُّه صَلَّى الله عليه وآله في المُسلِمين، وحَرَصوا على مَنعِ وُصولِهِ إِلى سُدّة الرِّئاسة في إِثْر الفَشَلِ المُتكرِّر لِلعَملِيَّات الَّتي نَفَّذوها لاغتِيال النَّبِيّ صَلَّى الله عليه وآله وإِخْفاق حَربِهم الَّتي شَنُّوها على مَروِيَّاتِه ومَنعوا بِمُوجِبِها تَدوِينها وحظروا نَشْرها.

وعندما نُقِضَت بَيعةُ عَلِيٍّ أَمير المؤمنين صَلواتُ الله وسَلامُه عليه في يوم انْقِلاب السَّقيفة وأُعلِنَت البَيعةُ لأَبِي بَكر بِوَصْفِهِ أَوَّلَ خَلِيفةٍ لِلمُسلِمين؛ مُحِّصَ (شِيعَةُ عَلِيّ) في إِخْلاصِهم لِبَيعة عَلِيّ أَمير المؤمنين صَلواتُ الله وسَلامُه عليه وامتِثالِهم لها.

يَقولُ ابنُ مَنظور في الشِّيعَة (غَلَبَ هذا الاسْمُ ـ الشِّيعَة ـ على مَن يَتوَلَّى عَلِيًّا وأَهْلَ بَيتِهِ صَلواتُ الله وسلامُه عليهم أَجمعين حتَّى صار لَهُم اسمًا خاصًّا. فإِذا قِيل: فُلانٌ مِن الشِّيعة عُرِفَ أَنَّه مِنهم)[2]. و(أَوَّلُ الفِرَق الشِّيعِيَّة، وهِي فِرقَةُ عَلِيٍّ بن أَبي طالِب المُسَمَّون «شِيعةُ عَلِيّ» فِي زَمان النَّبِيّ صَلَّى الله عليه وآله وبَعدَه، مَعروفُون بِانقِطاعِهم إِليه والقَولِ بِإمامَتِه، وكان على رَأْسِهم المقداد بن الأَسْود، وعمَّار بن ياسر، وأَبو ذر الغَفاري، وسَلمان الفارسي، وهُم أَوَّل مَن سُمّوا بِاسْمِ التَّشيُّع مِن هذه الأُمَّة)[3]. وهُم لَيْسوا (فِرقَة) بِحَدِّ النَّصِ هذا، إِنَّما هُم الحَوارِيّون الَّذين مَثَّلوا الإِسلام على وَجهٍ أَتَمّ.

إِنَّ إِطلاق بَعض رُواة (اتِّجاه أَهْل العامّة) ومُؤَرِّخِيه وَصْف (الفِرْقَة) أو (المَذْهَب)

---

1 - تأريخ الفرق الإسلامية، محمد الزين 11

2 - لسان العرب 189/ 8

3 - المقالات والفرق، سعد القمي 15 .فرق الشيعة، النوبختي 15

على (شِيعَةِ عَلِيّ) إنَّما جاء لِتَعليل إقدام عددٍ مِن كبراء الصَّحابة على تَشكِيل (فِرْقَةٍ) أو مَذْهَبٍ يَدِين بـ(الرَّأي) بإزاء سُنّة النَّبيّ صَلَّى الله عليه وآله وتَبرير ما فَعَلوا مِن فَعْلَةٍ حيث لا فِرَق ولا مَذَاهِب في الإِسْلام والدِّينُ واحدٌ. وأَنَّ ما أُطلِق عليه (مَذْهَب) أو (فِرْقة) في إِثْر رَحِيل النَّبيّ صَلَّى الله عليه وآله فَهُو أَثَرٌ مِن آثار الانْقِلاب على الأَعْقاب وسَيِّئةٌ مِن سَيِّئات ما فَعَل رُعاة الانْقِلاب في يَوم السَّقِيفَة ولازِمَة مِن لَوازِم العَبَثِ السِّياسِي لِرُكوب الإِمْرة والرِّئاسة والسُّلطان أو السَّعي لكَسْبِ شَطرٍ منها.

ويَرى ابنُ خُلْدون في الشِّيعَة خُصوصِيَّةً مَحصورَةً في فِئةٍ عارِفَةٍ بِالدِّين ومتَشَرِّعَةٍ به، بِقوله: إعلَم أَنَّ الشِّيعةَ يُطلَقُ على الفُقهاء والمُتكَلِّمين مِن الخَلَف والسَّلَفِ على أَتْباع عَلِيٍّ وبَنِيه)[1]، ولَيْس مِن أَحَدٍ يُناظِرُهم في هذه المَهام والصِّفات، وهُمْ أَقربُ الصَّحابَة لِلنَّبيّ صَلَّى الله عليه وآله ولِعَلِيٍّ وبَنِيهِ صَلوات الله وسَلامُه عليهم جَمِيعًا.

ويُضِيفُ ابنُ خلدون (إِنَّ الشِّيعة ظَهَرَت لمّا تُوفِّي الرَّسُول وكان أَهْلُ البَيت يَرون أَنفسَهم أَحقّ بِالأَمْر وأَنَّ الخِلافَةَ لِرجالِهم مِن دُونِ سِواهُم مِن قُرَيش. ولمّا كان جماعةٌ مِن الصَّحابة يَتشَيَّعون لِعَلِيٍّ ويَرون استِحقاقَه على غَيرِه، ولمّا عدِل به إلى سُواه؛ تَأَفَّفوا مِن ذلك)[2]، فكان هذا «ظُهورًا» ـ على حَسب ابن خلدون ـ بعد شَهادَةِ النَّبِيّ صَلَّى الله عليه وآله ولَيس تَأْسِيسًا بعد شَهادَتِه صَلَّى الله عليه وآله.

ما كان في ظاهِر هُوِيَّة الشِّيعَةِ وباطِنِهم إلَّا سَعيُهم لِتَنمِية بُنيانٍ عَقَدِيٍّ مَرصُوصٍ يُوالي عَلِيًّا أَمِير المؤمنين صَلواتُ الله وسَلامُه عليه ويُلازم ظلَّ الرَّسُول صَلَّى الله عليه وآله. وقد أَوصَى النَّبِيُّ صَلَّى الله عليه وآله في الشِّيعَة وفِي إِمامِهم ما لم يُوصِ في غَيرِهما، وكانت إِمامةُ عَلِيٍّ صَلواتُ الله وسَلامُه عليه لدى التَّشَيُّع فَرضًا واجِبًا ولا خِيَرَة لِلمُسلِمين أو العدول عنه إِلى غَيره في كُلِّ الأَحْوال والظُّروف.

وليس مِن العَدل مَا قِيل بِأَنَّ لِعَلِيٍّ أَمِير المؤمنين صَلواتُ الله وسَلامُه عليه حَقًّا

---

1 - مقدمة ابن خلدون 196

2 - نفس المصدر السابق 364/ 3

سِياسِيًّا مُجرَّدًا مَبنِيًّا على تَوافر كَفاءةٍ شَخصِيَّةٍ فيه مُعادِلَة لِما كان لِغَيره مِن الصَّحابَة (حتَّى قَبلوا بِمَن عَدِل بِعَلِيٍّ صَلواتُ الله وسَلامُه عليه.. فلا يُقاس أحدٌ مِن أَهْلِ البَيت صَلواتُ الله وسَلامُه عليهم بِغَيرهم. ولِذَلك يُقال في الشِّيعَة الأَوائل الكِبار مِن الصَّحابَة الأَبرار أَنَّهم يُعَدّون (جماعة مِن المُتخلِّفين عن بَيعة أَبِي بَكر وهُم النَّواةُ الأُولى لِلتَّشيُّع، ومِن أَشْهرِهم سَلمان الفارِسي وأَبُو ذر الغفاري والمقداد بن الأَسْود)[1]، وأَنَّ تَخلُّفَهم عن بيعة أَبِي بَكر كان رَفضًا باتًّا منهم لِبَيعَتِه لِكَونِها بَيعةً فاقِدةً لِلشَّرعِيَّة الَّتي أَرْسَى الرَّسُول صَلَّى الله عليه وآله قَواعِدَها وهَيئ جَماعتَها الأُولى مِن الصَّحابة الأَبرار وعَيّن رأسَها بِوَحي نَبوِي. كما أنَّ هذا الرَّفْض لا عَلاقَة له بِتَقرير زَمَن النَّشْأة الأُولى لِلتَّشَيُّع، بَل فيه تَقريرٌ بِالتَّمَسُّك بِوَصايا الرَّسُول صَلَّى الله عليه وآله الَّتي نَصَّ فيها على وَلايَة عَلِيٍّ أَمِير المؤمنين صَلواتُ الله وسلامُه عليه والصَّبر على مِحنَتِه حِينما اغتُصِبَت الوَلايَة ووَصَلَت إِلى مَن لا يَستَحقّها بِمَفهوم (الخِلافَة) حيث أَتَى المسلِمِين بِما هو مُخالفٌ لِلحَقِيقَة إِذْ لم يَستَخلِف رَسُول صَلَّى الله عليه وآله أَبا بَكر مِن بَعدِه حتَّى يُسمّى (خَلِيفة) رَسُول الله صَلَّى الله عليه وآله، ولم يَستَخْلِفْه الله عَزَّ وَجَلَّ حتَّى يُسَمّى خَلِيفَته. ولِذَلك استَحقَّت الخلافةُ هذه ما وَصَفَها بِه عُمَر بِـ(الفَلْتَة) وانْطَبق عليها ما نَبَّأَ بِه القُرآن الكَريم ووَصَفَه بِـ(الانْقِلاب على الأَعْقاب).

مِن هُنا يُقرِّرُ الشَّهْرِسْتانِي في مِلَلِه القولَ أَنَّ الشِّيعةَ (هُم الَّذين شايَعوا عَلِيًّا وقالوا بِإِمامَتِه وخِلافَتِهِ نَصًّا ووَصايَةً إِمَّا جَلِيًّا أَو خَفِيًّا، واعْتَقدوا أَنَّ الإمامة لا تَخرُج مِن أَوْلادِه، وإِنْ خَرَجَت فَبِظُلمٍ يَكون مِن غَيرِهِ أَو بِتَقِيَّةٍ مِن عنده)[2].

إِنَّ وَاقِعَ الحال لَيُؤكِّد على أَنَّ النَّصَّ كان صَرِيحًا في الوَلايَة والبَيعَةِ ولا خَفاء فيهما، وإِنَّ الشِّيعَة لم يُشايِعوا عَلِيًّا صَلواتُ الله وسَلامُه عليه بِقَولِهم في إِمامَتِه فَحَسْب وإِنَّما هو طاعَةٌ واعتِناقٌ والتزامٌ وامتِثالٌ لِمَا نَصّ عليه الرَّسُول الأَكرم في الخُلفاء الاثْنَي عشر مِن أَهْلِ البَيت صَلواتُ الله وسَلامُه عليهم مِن بَعدِه. وما خَرَجَت الخِلافَةُ مِن

1- تأريخ اليعقوبي 104/2

2- الملل والنحل الشهرستاني 146

عِندِهِم ـ على حَسب الشَّهرِسْتاني ـ إلَّا بِظلمٍ مِن أَوَّلِ مَن ظَلَم حَقَّ أَهْل البَيْت صَلواتُ الله وسَلامُه عليهم، ثُمَّ بِظُلمٍ مِن (اتِّجاه أَهْل العامَّة) الَّذي نَقض بَيعةَ الغَدِير أو جَحدَها ورَضِيَ بِحُكم (مَذْهَبِ الرَّأي) وأخذَ بِسُنَّةِ (الفَلْتَة) لِأَوَّل المُنقَلِبين على الأَعْقاب وبِسُنَّتَيّ خَلَفَيه الثَّاني والثَّالِث.

ورَوى أَنَسُ بن مالِك عن النَّبيّ صَلَّى الله عليه وآله في الخُلفاء الاثْنَي عشَر مِن أَهْلِ البَيت صَلواتُ الله وسَلامُه عليهم (صَلَّى بِنا رَسولُ الله صَلَّى الله عليه وآله صَلاةَ الفَجر ثُمَّ أَقبَل علينا وقال: مَعاشِر أَصحابِي، مَن أَحَبَّ أَهْل بَيتِي حُشِر معنا، ومَن استَمْسَك بِأَوْصِيائي مِن بَعدي فقد استَمسَك بِالعُروة الوُثْقَى. فَقَام إليه أَبو ذر الغفاري فقال: يا رَسُول الله، كَمْ الأَئمَّة بَعدك؟ قال صَلَّى الله عليه وآله: عددُ نُقباء بَنِي إِسرائيل. فقال: كلُّهُم مِن أَهْلِ بَيتِك؟! قال: كلُّهُم مِن أَهْلِ بَيتِي، تِسعةٌ مِن صُلْبِ الحُسَين والمَهدِي مِنْهُم)[1].

ويَقول الرَّازِي في الشِّيعَة (إِنَّ اللَّفظَة ـ الشِّيعة ـ اختُصَّت بِجَماعةٍ أَلفوا عَلِيًّا في حياة الرَّسُول وعُرِفوا به مِثلَ سَلمان الفارِسِي وأَبي ذر والمقداد بن الأَسْود وعَمَّار بن ياسر، كان يُقال لَهُم «شِيعَة عَلِيّ»، وأَنْصَار عَلِيّ. وفِيهم قال رَسُول الله صَلَّى الله عليه وآله: اشتَاقَت الجَنَّةُ إلى أَربَعة: سَلمان وأَبِي ذَر والمقداد وعَمَّار)[2]. وفِي رِواية أُخرى (الجنَّةُ اشتاقَت إلى الوَصِي وعَمَّار وبِلال والمقداد ولم تَشتَق إِلى أَبِي بَكر ولا عُمَر ولا عُثمان)[3].

إِنَّ أَكثرَ ما وَرَد مِن المَروِيّات المُتعَلِّقة بِالنَّشأة الأُوْلى لِلشِّيعَة على عَهد الرَّسُول الأَكْرم صَلَّى الله عليه وآله قد حدَّد أَسماءَ أَربعةٍ أَو خَمسةٍ مِن الصَّحابَةِ الأَبرار بِوَصْفِهم فِئةً أَو جماعةً مَثَّلَت النَّواةَ الأُولى لِلتَّشيُّع. وازداد هذا العَددُ مِن الصَّحابَة الشِّيعَة على عَهد خِلافَةِ عَلِيٍّ أَمِير المؤمنين صَلواتُ الله وسَلامُه عليه لِيَستوعِب أَسماء أُخرى

---

1 - بحار الأنوار 310/ 36

2 - نشأة الشّيعة الإمامية، نبيلة عبد المنعم داود 65

3 - انظر المستدرك، الحاكم النّيسابوري

لامِعَةً مِن الصَّحابَة والتَّابِعِين مِثَلَ مالِك الأَشْتَر النَّخَعي الكُوفي رِضوان الله تعالى عليه (ت37هـ).

ويَذهبُ بعضُ المُؤرِّخين والباحِثِين والمحَقِّقِين مِن الشِّيعة إِلى أَنَّ عدد الشِّيعة الأَوائل في عهد رَسول الله صَلَّى الله عليه وآله يَصِل إِلى 133 اسْمًا مضافًا إِلى قائمة الأَرْبَعَة المَذكورين: سَلمان وأَبِي ذر وعَمَّار والمقداد)[1]، فِي تَأكِيدٍ منهم على أَنَّ التَّشيُّع في عَهد النُّبوّة كان شامِلًا وعامًّا وذا حُضورٍ كبيرٍ في فئة تَتجاوز عدد الأَربعة مِن كبراء الصَّحابة الأَبرار.

وتُشِير أُصُول ومُدوَّنات السِّيرة إِلى أَنَّ عَلِيًّا أَمير المؤمنين صَلواتُ الله وسَلامُه عليه قام في الأَنصار والمُهاجِرين الَّذين بايَعوه في يَوم الغَدِير على عَهد الرَّسُول صَلَّى الله عليه وآله يَدعوهم إِلى نُصرتِه بَعد الإعلان عن عَقد البَيعة المَعروفَة لِأَبِي بَكر على حِين غِرّة وبِفَلتَةٍ حَذَّر مِنها أَبُو بكر نَفسُه وحَلِيفُه عُمَر، فخَذلوا وَصِيَّةَ النَّبِيِّ صَلَّى الله عليه وآله في عَلِيٍّ صَلواتُ الله وسَلامُه عليه، فهُم لَيْسوا مِن الشِّيعَة.

ولو وَقَف إِلى صَفِّ عَلِيٍّ أَمِير المؤمنين صَلواتُ الله وسَلامُه عليه أُولئك الَّذين وُصِفوا بِأَنصارِهِ حتَّى بَلَغَ عَدَدُهم أَربَعِينَ فَردًا؛ لَخاضَ بِهِم حَربًا في ذات اليَوم الَّذي اغْتصَب أَقطابُ (صَّحِيفَة مكَّة الثَّانِيَة) الخِلافَة، ولَأَنْهى ما أَقدَموا عليه مِن (فَلْتَة) وهُو القائل (أَما والله ما أَلوم نَفسِي في جِهادِكم، ولو كُنْتُ استَمكَنتُ مِن الأَرْبَعين رَجُلًا لَفرَّقتُ جماعتكم، ولكِن لَعَنَ الله أَقوامًا بايَعوُنِي ثُمَّ خَذَلُونِي)[2].

ويُذكِّر مُعاوية بن أَبِي سُفيان عَلِيًّا أَمير المؤمنين صَلواتُ الله وسَلامُه عليه بِذات الأَمْر فِي كتابٍ وَجَّههُ إِليه قائلًا: وأَعهدك أَمْس تَحمِل قَعِيدَة بَيتك لَيلًا على حِمار، ويَداك في يَدَي ابنَيك الحَسن والحُسين يَوم بُويع أَبُو بَكْر الصِّدّيق، فلَمْ تَدَع أَحدًا مِن

1 - انظر: هُوِيَّة التَّشيّع، أَحمد الوائلي يُقرّر فيه هذا الرَّقم بناء على المصادر الرِّجالية التالية: الكامل للمبرد هامش رغبة الأمل 130/ 7، وأسد الغابة 35/ 1 ط أوفست حرف الألف، و61/ 1 طبع دمشق، وفجر الإِسلام ص267، والاستيعاب 280/ 1، ومدخل موسوعة العتبات المقدسة الفصل الخاص بالشيعة بقلم عبد الواحد الأنصاري.

2 - كتاب سليم بن قيس 152

أَهْل بَدرٍ والسَّوابق إِلَّا دَعوتهم إلى نَفسِك، ومَشيتَ إِليهم بِامْرأتِك، وأَدْلَيتَ إِليهم بابْنَيك، واستنَصَرتهم على صاحِب رَسُول الله، فلَم يُجِبك منهم إِلَّا أَربعة أَو خَمسة. ولَعمْري لو كُنْتَ مُحقًّا لَأَجابُوك، ولكنَّك ادَّعَيت باطِلًا، وقلتَ ما لا يُعرَف، ورُمْتَ ما لا يُدرَك. ومَهما نَسِيت فلا أَنسى قَولَك لِأَبِي سُفيان لَمّا حرَّكَكَ وهَيَّجكَ: لو وَجدتُ أَربَعِين ذَوِي عَزمٍ مِنهم لَناهَضتُ القومَ، فما يَوم المُسلمين مِنك بِواحد، ولا بَغيك على الخُلفاء بِطَرِيف ولا مُستَبدَع)[1].

لا يَعِيب التَّشيُّع ولا يَنقُص منه أَو يَنقُض أَبدًا أَنْ يُقتَلَ عددٌ كَبيرٌ مِن رجالهِ في المَعارِك الَّتي خاضُوها إِلى جانِب رَسُول الله صَلَّى الله عليه وآله فلَمْ يَبق مِنهم إِلَّا الفِئة القَلِيلَة المَعلُومَة مِنهم، أَو أَنَّهم كانوا فِئةً كَبيرةً ثُمَّ انْحَسَروا عن التَّشيُّع لِيَبقى مِنهم أَربعةٌ أَو خمسةٌ أَخلصوا في تَشيُّعِهم فجاءوا عَلِيًّا يَوم اغْتُصِبت الوَلايَة منه حَلِيقي الرُّؤوس بِأَمْرٍ مِنه أَطاعوه.

فَالشِّيعَةُ على قِلَّتِهم هُم كَثيرٌ بِعَلِيٍّ أَمير المؤمنين صَلواتُ الله وسَلامُه عليه. وأَمَّا غيرُهم مِمَن اتَّبعَه واحتَمى بِه في بَيتِ فاطِمة صَلواتُ الله وسَلامُه عليه وقاوَمَ مَعه جنودَ أَبِي بَكر أَثْناء هُجومِهم على البَيت بِزَعامة عُمَر؛ فلَم يُسجَّل أَنَّ جَميعَهُم كانُوا مِن الصَّابرين في شِيعةِ عَلِيٍّ أَمير المؤمنين صَلواتُ الله وسَلامُه عليه، وقد وُصِفَ بَعضُهم بِـ(الخِذْلان) يَوم تَمكَّن أَبُو بَكْر مِن الخِلافَةِ واغتَصبها أَو وُصِفَ بِالنَّاكِث (طالِب الإِمْرَة والرِّئاسة) عندما تظاهَرَت عائشةُ بِجَمَلِها في البصرة حتَّى قُتِل في عِداد جَيشِها.

لقد أَراد القائلون بِترَحِيل البِدايات الأُوْلى لِنَشأة التَّشيُّع عَن عَهد النُّبوَّة وعن عَهد استِلام عَلِيٍّ أَمير المؤمنين صَلواتُ الله وسَلامُه عليه لِلخِلافَة بَعد مَقْتل عُثمان ـ نِسبةَ نَشأة التَّشيُّع إِلى غير ظَرفِهِ الحَقِيقِي وزَمَنِهِ المَعلوم وتَجرِيدَهِ مِن أَصالَتِه. ومِن مَقاصِدِهْم في ذلك أَيضًا:

ـ تَصنِيفُ التَّشيُّع إِلى (فِرْقَةٍ) أَو (مَذْهَبٍ) مُستَحدَثين لَيس لهما شَأنٌ ولا مَقامٌ ولا

---

1 - شرح نهج البلاغة 47/ 2

مَنزِلَةٌ أَمام مَذاهِب وفِرَق (اتِّجاه أَهْل العامَّة) العَرِيقَة الَّتي نَشأت في عَهْدِ أَبي بَكْر ومِنها (مَذْهَبُ الرَّأي) الرَّسْمِي في نِظامِ الخِلافَةِ ومَذْهَبَا عائِشَة وأَنَس بن مالِك وغَيرهما الكَثِير مِمّا كان في حُكمِهِما.

ـ والمبالغَةُ في الاسْتِهانَةِ بِمَقام التَّشَيُّع ودَورِه التَّأريخي حيث لا يُقاس التَّشَيُّع أَمام مَذاهِبِهم الَّتي نَشأت في عَهد أَبِي بَكر واتَّخذَت لها وَجْهًا مُختلِفًا في عَهدي الإِمامين مُحمّد البَاقِر وجَعفر الصَّادِق صَلواتُ الله وسَلامُه عليهما أَو في إِثْر رَحِيلَهِما.

ـ والتَّطرّفُ في نَفي أَيِّ وُجودِ شِيعِيٍّ مُوالٍ لِعَلِيٍّ أَمير المؤمنين صَلواتُ الله وسَلامُه عليه أَو مَظهرٍ له في عَهد النُّبوَّة وعَهدِ الخُلفاء الثَّلاثة أَو يَحمِل صِفَةَ المَذْهَب أَو يَتَمَيّز بِصِفَة الاتِّجاه.

ـ والاجْتِهادُ في طَمْسِ مَعالِم التَّشَيُّع المُمتَنِع عن بَيعة الخُلفاء الثَّلاثَة أَبي بكر وعُمر وعُثمان وإِبعاد شُبهَةٍ عَقَدِيّةٍ في مَفهوم (الخِلافَة) وأَوَّل مَصادِيقِها بِوُجود مُظاهِر مُعارِضَة لهما بِقِيادَةِ فِئة مِن المُسلِمِين تَطلُبُ نَقضَهُما ومُخالَفتَهُما.

إِنَّ الإِمعان في شَطب الامتِدادِ التَّأرِيخِي الأَصِيل لِلتَّشَيُّع يُرادُ بِه الفَصْلَ عن المَورُوثِ الرِّوائي ذي النَّصّ الَّذي صَرَّح به رَسُولُ الله صَلَّى الله وعليه وآله في وَلايَة عَلِيٍّ أَمير المؤمنين صَلواتُ الله وسَلامُه عليه إِذْ استَوجَبَ أَنْ يَلِيَ عَلِيٌّ أَمِير المؤمنين صَلواتُ الله وسَلامُه عليه أَمرَ الإِمامَةِ والخِلافَة عند لَحظَة عُروج رُوحِ النَّبِيّ صَلَّى الله عليه وآله ومِن غَير فاصِلٍ زَمَنِيّ، فلا تَخل الأَرضُ مِن حُجَّةٍ بِوجُودِ عَلِيّ أَمير المؤمنين صَلواتُ الله وسَلامُه عليه ولا عندما أُقصِي عن الخِلافَة وتَقَمَّصها أَبُو بَكر حتّى.

ولو آمَنَّا بِوُجُود فاصِلٍ زَمَنِيٍّ في إِثْر شَهادَةِ النَّبِيّ صَلَّى الله عليه وآله ومِن بَعدِ تَقَمُّص أَبِي بَكر لِلخِلافَة لَخَلَت الأَرضُ مِن حُجَّة في هذا الفاصِل ولَسَاخَت بِأَهْلِها. فعَن عَلِيٍّ أَمِير المُؤمِنين صَلواتُ الله وسَلامُه عليه (إِنَّ الأَرض لا تَخلُو مِن حُجَّة وأَنا

والله ذلك الحُجَة)[1]، والنُّاس في المَدِينَة ومَكَّة يَعلَمُون ذلك بِناءً على ماجَرَياتِ بيعتهم في يَومِ الغَدِير، فَلَمْ يُسارِعُوا إلى عَلِيٍّ أَمِير المؤمنين صَلواتُ الله وسَلامُه عليه في إِثْر رَحِيل نَبِيِّهم صَلَّى الله عليه وآله لِتَأكِيد وَفائهم لما بايَعوا، فالإمامُ يُؤتَى ولا يَأتِي، ولم يُسارِع عَلِيٌّ أَمير المُؤمنين صَلواتُ الله وسَلامُه عليه لِأَخذِ البَيعَةِ مِنهم ولمّا يُشَيِّع الرَّسُول صَلَّى الله عليه وآله إلى مَرقَدِه. فهَل بُوغِتُوا بِبَيعَةِ السَّقِيفَة وبُهِتوا وقد أُعْذِروا!

سُئل الإمامُ الصَّادق صَلواتُ الله وسَلامُه عليه (أَتبقى الأَرْضُ بِغَير إمام؟ قال: لَو بَقِيت الأرضُ بِغَير إمام لَسَاخَت)[2].

وسُئل الإمامُ الرِّضا صَلواتُ الله وسَلامُه عليه (أَتبقى الأَرْضُ بِغير إمام؟ قال: لا. قُلْتُ: فإنّا نَروِي عن أَبِي عبد الله صَلواتُ الله وسَلامُه عليه أَنَّها لا تَبقى بِغَير إمام إلّا أَنْ يسخط الله تعالى على أَهْل الأرض أَو على العِباد. فقال: لا، لا تبقى إذًا لَساخَت)[3]. وعن الإمام الباقِر صَلواتُ الله وسَلامُه عليه (لو أَنَّ الإمام رُفِعَ مِن الأَرْض ساعَةً لماجَت بِأَهلِها، كما يَمُوج البَحرُ بِأَهلِه)[4].

وعن زُرارَة قال: قلتُ لِأَبي جَعفر صَلواتُ الله وسَلامُه عليه: أَخبرني عن مَعرِفَة الإمام مِنكم واجِبَة على جميع الخَلْق. فقال: إنَّ الله عَزَّ وجَلَّ بَعثَ مُحمَّدا صَلَّى الله عليه وآله إلى النَّاس أجمَعِين رَسُولًا وحُجّةً لله على جميع خَلْقِه في أَرضِه، فمَن آمَن بِالله وبِمُحَّمد رَسُول الله واتَّبَعه وصَدَّقَه فإنّ مَعرِفَةَ الإمام مِنّا واجِبَة عليه، ومَن لم يُؤمِن بِالله وبِرَسُولِه ولم يَتَّبِعه ولم يُصَدِّقه ويَعرِف حَقَّهما فكَيفَ يَجِب عليه مَعرِفَة الإمام وهُو لا يُؤمن بِالله ورَسُولِه ويَعرِف حَقَّهُما؟! قال: قُلْت: فما تَقول فِيمَن يُؤمن بالله ورَسُوله ويُصَدِّق رَسُولَه في جميع ما أَنزل الله، يَجِب على أُولئك حَقُّ مَعرِفَتِكم؟ قال: نَعَمْ أَليس هؤلاء يَعرِفُون فُلانًا وفُلانًا؟! قُلت: بَلى. قال: أَتَرَى أَنّ الله هو الَّذي أَوقَع في قُلوبَهم

1 - الكافي، الشّيخ الكليني 179/1
2 - المصدر السابق 179/1
3 - المصدر السّابق 179/1
4 - المصدر السّابق 179/1

مَعرِفَة هؤلاء؟! والله ما أَوقَعَ ذلك في قُلوبَهم إِلَّا الشَّيطان، لا والله ما أَلهَم المُؤمِنَين حَقَّنا إِلَّا الله عَزَّ وَجَلَّ)[1].

وعن جابر قال: سَمعت أَبا جَعفر صَلواتُ الله وسَلامُه عليه يَقول (إِنّما يَعْرِف اللهَ عَزَّ وَجَلَّ ويَعْبدُه مَن عَرفَ الله وعَرَف إِمامَهُ مِنَّا أَهلَ البيت ومَن لا يَعرِف الله عَزَّ وجَلَّ ولا يَعرِف الإِمام مِنَّا أَهْل البيت فإِنَّما يَعْرِف ويَعبدُ غير الله هَكذا والله ضَلالًا)[2].

إِنَّ نَفْي البِدايات الأُوْلى المُعتبَرة لِنَشأَة التَّشيُّع أَو رَفض الإِيمان والتَّصدِيق بِوُقوعِها في عَهد النُّبوَّة يُراد به الآتي:

ـ الإِفلات مِن الأَدِلَّة الثَّابِتَة على وُقوع الانْقِلاب على الأَعْقاب في الضِّدّ مِن وَصِيَّةِ النَّبِيّ صَلَّى الله عليه وآله الصّادرة في الوَلايَة لِعَليّ أَمِير المؤمنين صَلواتُ الله وسَلامُه عليه.

ـ الإِفْلات مِن الأَدلَّة الثَّابتة عَلى فَساد مفهوم الخِلافة الَّذي اصْطَنع (مَذْهَبِ الرَّأي)، وعلى تَراكم الانْحِرافات العَقدِيَّة الَّتي خلَّفتها سِيرةُ الخُلفاء الثَّلاثة في النَّظام الاجتِماعِي لِلمُسلِمِين.

ـ وتَبرير الاجْتِهاد لإِضفاء الشَّرعِيَّة الفقهيَّة والعقدِيَّة على الانشِقاق الحاصِل في الدِّين، مِن غَير نَفي لِظاهِرَة انْبثاق العَشرات مِن المَذاهب المُتزاحِمَة الرَّدِيفَة لِـ(مَذْهَبِ الرَّأي) والمُساوِقَة له وانْشِقاق المئات مِن الفِرَق عنها، وانْتِهاء هذه الظَّاهرة إِلى تَقرِير المَذاهِب الأَرْبَعة لِلحَدّ مِن فَوضَى العَقيدة وانْحرافات الشَّريعَة والأَخلاق وحَصْر الزَّعامة في (اتِّجاه أَهْل العامَّة) وتَعديل المَذهَبين العَقديَّين الأَشْعَري والمُعتزِلي وجَعلَهُما في عَرض عَقِيدة التَّشَيُّع.

ومِنَ الرُّواة والمُؤرِّخين والباحِثِين مَن عَدَّ التَّشَيُّعَ رهطًا مِن الصَّحابَة يُوالي عَلِيًّا أَمِير المؤمنين صَلواتُ الله وسَلامُه عليه في عَهد النُّبوّة، ثُمّ تَنزَّلَ فعَدَّه مَذْهَبًا مُستَحدثًا

---

1 - المصدر السّابق ١/١٨٠

2 - الكافي - الشيخ الكليني ١/١٨٠

مِن تَأسِيس الإِمام الصَّادق صَلواتُ الله وسَلامه عليه في عرض المَذاهِبِ الأَربَعة إِذِ هِي نُشوءٌ مَستَحدَثٌ على أَيدِي مُؤسِّسِيه أَرْباب المَذاهب أَو على أَيدِي تلامِذَتهم ومُريدِيهِم، فبَاعد بين نَشأةِ التَّشيُّع الأُولى وعَهدِ رَسُول الله صَلَّى الله عليه وآله وجَعَله طَريقةً جَدِيدَة ناشئة في العَقد الأَول مِن القَرن الهِجري الثَّانِي وقَطَعَ صِلَته بِسِيرَةِ النَّبِيّ صَلَّى الله عليه وآله وبِوَقائع فوضى الخِلافَة الفَلْتَة الَّتي وَقَى الله المُسلمين شَرَّها، وقال أَنَّ لِـ(مَذْهَبِ) التَّشيُّع مِن العَقائد والفِقه ما لِلمَذْاهِبِ الأَربَعة والأَشاعِرَة والمُعتزِلة ويَجوز التَّعبّد بِه أَو يُحرَم!

إِنَّ تِلك النِّسْبَة في نَشأة التَّشيُّع وفي بِداياتِه الأُولى هي مِن مُفتَريات السِّياسَة السَّائدة بِقُوّة (مَذْهَب الرَّأي) حيث شَرعِيَّة نِظام الحُكم مَفقُودَة وعَجَزت الدُّول عن تَحصِيلِها.. إِنَّها نِسبةٌ كاذبةٌ تُجانِب الحقّ والحَقِيقَة وتَخون أَمانَة البَحث العِلْمِي في مِن يُقر بِالحَقِّ والحَقِيقَة.

فمُنذ أَنْ بُعِث الرَّسُول الله صَلَّى الله عليه وآله في مكَّة نَبِيًّا عُرِفَ في مُجتمع المُسلمين عددٌ مِن صَحابَتِه بِاسْم (الشِّيعَة) أَو (شِيعَة عَلِيّ) أَو (المُؤمِنين)، وقد تَميَّزوا بهذا الاعتِناق العَقَدِي قُبَيل مَرحلَةِ الهِجرة، ورافَقوه صَلَّى الله عليه وآله في كُلِّ ما تَلا هذه المَرحَلة مِن تَحوُّلات، وشارَكوه في وَقائع مَطلَعِ القَرن الهِجْري الأَوَّل.

إِنَّ دُول (مَذْهَبِ الرَّأي) الَّتي تَظاهَرَت بِالسَّيرعلى نَسَق سُنَّة الخُلفاء الثَّلاثَة وقَصدَت مِن ذلك احْتِواء (اتِّجاه أَهْل العامَّة) ذِي الأَغلَبِيّة مِن الأَتْباع لِخِدمَةِ سياساتِها وتَعزيزِ سيادَتِها في النَّاس وتَملُّك شَرعِيَّة وُجودِها ـ بالَغَت في طَمَس الحَقائق التَّأرِيخيّة المُتعَلِّقة بِسِيرة الإِسْلام والمُسلِمين وأَسَّسَت لِسِيرةٍ مُزوَّرةٍ مُلَفَّقةٍ أَظهَرت خِلافَةَ الثَّلاثة أَبِي بَكرٍ وعُمَر وعُثمان في شَكلٍ وِجدانيٍّ وهَيئة مُقَدَّسَةٍ مُتَمِّمَة لِسِيرة النَّبِيّ صَلَّى الله عليه وآله وامتداد له، فلم يَنكث الخلفاءُ الثَّلاثة بَيعةً لِرَسُول الله صَلَّى الله عليه وآله، ولم يَقدِموا على نَقضِ وَصِيّةٍ أَوصَى بِها النَّبِيُّ صَلَّى الله عليه وآله وبايعوا بها في يَوم الغَدِير، ولا مِن مُغالِبٍ فيهم ولا مُعارضٍ ولا مُغتَصِبٍ لإِمْرَةٍ ولا رئاسَة ولا سُلطان.

وكَذَّبَت وافتَرت حين أَظهَرت خِلافة الثَّلاثَة على شَكلِ إجراءٍ مُنقذٍ مُتَّخذٍ لِشَغلِ وَظيفَةٍ شاغِرَة إذ لم يَنصّ رَسُولُ الله صَلَّى الله عليه وآله على خَليفَةٍ لَهُ يَحكم عند لَحظَةِ رَحيلِهِ عن دار الدُّنْيا قتلًا أو حَتْف أَنْفِه ويُشَكِّل بهذا النَّص الامْتِداد الحَقِيقي لِسُنَّتِه صَلَّى الله عليه وآله ولِسِيرَتِهِ!

إنَّ كُلّ الدُّول الَّتي تَبنَّت (مَذْهَبِ الرَّأي) قطَعَت بِأَنَّ النَّبِيّ صَلَّى الله عليه وآله رَحَل ولم يَأخُذ البَيعةَ مِن المُسلِمِين لِوَلِيٍّ يَلِيهِ يُقاتِل على التَّأويل مِثلَما قاتَل النَّبِيّ صَلَّى الله عليه وآلِه على التَّنزيل، وأَنَّ كُلَّ ما ذُكِرَ أَو ما دُوِّن عن وُقوعِ انقلابِ على الأَعْقاب بِزَعامة كُبراء الصَّحابة المُنافِقِين على الخَليفَة الَّذي نَصَّ عليه النَّبِيُّ صَلَّى الله عليه وآله وأُخِذَت له البَيعةُ في يَومِ الغَدِير إِنَّما هي ادِّعاءاتٌ كاذِبَةٌ وافْتِراءٌ شِيعِيّ مَحض!

إنَّها دُولٌ ما أَرادت مِن قَطعِها هذا إِلَّا الانْقِلاب على الحَقِّ والحَقِيقَة، وحتَّى يَكون لِلحاكِم المُستبدّ فيها عُذر المُلك والسُّلطان بِغَير غِطاء شَرعِي، ولِلمُغتَصِب النَّاشئ في المُسلِمِين بِأَيّ وَسِيلَة حقُّ الإمْرة والرِّئاسة.

إنَّ الهُوِيَّة الشِّيعِيَّة وما عُلِم عنها مِن فِقهٍ وعَقيدةٍ وأَخلاقٍ وشَعائر وصُحْبَةٍ وجِهادٍ ونِظامٍ اجْتِماعِي وأَصالَة ثَقافِيَّة هي لَيْست مِن تَأسِيس الإمام الصَّادِق صَلواتُ الله وسَلامُه عليه أو مِن صُنعِهِ وإبداعِهِ حتَّى يَصِحّ لِأَحَدٍ تَرحِيل تَأريخ نَشأَة هذه الهُوِيَّة إِلى عَهدِهِ صَلواتُ الله وسَلامُه عليه.

إنَّها هُوِيَّةٌ حاضِرةٌ في مَرحَلةِ التَّنزيل وفاعِلَةٌ ونَشطِةٌ في عَهدِ رَسُول الله صَلَّى الله عليه وآله، ومُتمثِّلَةٌ في (شِيعة عَلِيٍّ) أَمير المؤمنين صَلواتُ الله وسَلامُه عليه (حتَّى آنَ أَوانُ صِفِّين فاشتُهِر «التَّشيُّع» بَين مَوالِي عَلِيٍّ صَلواتُ الله وسَلامه عليه)[1]، وتَقدَّم لِيَقود (جَيشَ الخِلافَة) في الحَربِ على (القاسِطِين) ثُمَّ (المارِقِين) مِن بَعد الانْتِهاء مِن الحَربِ على (النَّاكِثين) في البَصرة. ولم يَكن (جيش الخِلافَة) يَنتَسِب إِلى (شِيعَة عَلِيّ) ولَيْسَ مِنهم وإِنَّما هُو مِمَّا ورِثَته مَرحلَةُ خِلافَةِ عَلِيٍّ أَمير المؤمنين صَلواتُ الله

1 - الإمام الصّادق والمذاهب الأربعة 2/ 32

وسَلامُه عليه عن ثَلاث مَراحِل مِن الخِلافَة مُضْطَرِبَة الثَّقافَة والنِّظام الاجْتِماعي ومِن حُكْم (مَذهَبِ الرَّأي) بِزَعامَة كُلٍّ مِن أَبِي بَكْرٍ وعُمَر وعُثْمان.

مُنذ حَلَّ الرَّسُول صَلَّى الله عليه وآله في المُسلِمين نَبِيًّا مُرسَلًا؛ طَرأ الكَثيرُ مِن التَّحوُّلات على الحياة الاجْتِماعِيَّة والثَّقافِيَّة في الجَزيرة العَرِبيَّة والبِلاد الأُخْرى الَّتي انْتَقلَت إلى دِين المُسلِمين. وكان التَّشيُّع فِي خِضَمِّ هذه التَّحوُّلات طَرفًا رَئيسًا فاعِلًا مُبلِّغًا لِلدِّين وهادِيًا، ومُدافعًا ومُعتَرِضًا ومُحارِبًا، في هَيئَةِ صَفٍّ مَرصُوصٍ لازمٍ لِجانِب الرَّسُول صَلَّى الله عليه وآله وأَهْلِ بَيتِه صَلوات الله وسَلامُه عليهم، فلم يَتقدَّم عليهم فيَمرق، ولم يَتأخَّر عنهم فَيَزهق. في حِين أَنَّ القُوى المُناوِئة المُتحَزِّبة في السِّرّ والمُؤلَّفة مِن كُبراء الصَّحابَة المُنافِقِين كانَتْ تُشَكِّل الخَطرَ الأَعظم على حياة النَّبِيّ صَلَّى الله عليه وآله ورِسالَتِه، وتُؤسِّس لِتَحالُفٍ مُمَهِّدٍ لِلإطاحَةِ بالإِسْلام ولِلانْقِلاب عَلَيه.

وعندما أَسَّس أَبُو بَكر في وَقْتٍ لاحِقٍ مِن خِلافَتِه (اتِّجاهَ أَهْل العامَّة) الغَلَّاب وروَّج بِه لِمَفهوم (الخِلافَة) وشَطَبَ مَفهومَ (الإمامَة) النَّشِط في ذاكِرَة المُسلِمين وحَكَم في المُسلِمين بِـ(هِرَقلِيَّة مُستَبِدَّة)؛ ظَلَّ (اتِّجاهُ أَهْل العامَّة) مُتمسِّكًا بِـ(مَذْهَب الرَّأي)، وجَعل مِن نَفسِه نِدًّا لِـ(شِيعَةِ عَلِيّ) حتَّى نِهايَةِ مَرحَلةِ ظُهور عَهدي الدُّول الهِرَقلِيَّة المَلَكِيَّة الوراثِيَّة والدُّول الوَطَنِيَّة والعَلمانِيَّة اللَّذين سَعَيَا سَعيَهُما لِتَقمُّص (مَذْهَب الرَّأي) ولِلإبْقاء على (اتِّجاه أَهْل العامَّة) واحْتِواء أَئمَّتِه ووُعَّاظِه وأَتباعِهِ والزَّجِّ بهم في حُروب (التَّاج والمُلْك) وجَعْلِهم اليَد الضَّارِبَة وأَداة القَهر في الضِّدّ مِن المُنافِسِين والمُغالِبِين والمُعارِضِين والإِستَعانة بِهم في أَعمال (الفَصْل الطَّائفي) لِلقَضاء على التَّشيُّع والشِيعَة.

لقد جَرَت الكَثيرُ مِن الوَقائع الخَطِيرة في عَهدِ النَّبِيّ صَلَّى الله عليه وآله الَّتي هَدَّدت مَصير الإسلام وكادَت تَقضي على وُجوده نِهائيًّا على أَيدِي كبراء الصَّحابَة المُنافِقِين، وجاء في طَلِيعتِها:

- عَمليّاتُ تَصفِيةِ النَّبِيّ صَلَّى الله عليه وآله وإِنْهاء الوُجُود الشِّيعِي بِقَتل شُخُوصِه غِيلَة.

ـ مُحارَبةُ المَورُوثِ الرِّوائي الصَّحِيح والانْصِراف بِالمتبَقِّي منه إِلى غَير مَعانِيه الحقيقِيَّة أَو نِسبَةِ صدُورِه إِلى أَقْطاب (الصَّحِيفَة الثَّانِيَة) وكُبراء الصَّحابَة المُنافِقِين مِن خُلفائهم.

ـ استِبعادُ التَّشيُّع عن المُشارَكة في إِدارة الشُّئون العامَّة واشْتِراط ذلك على المُرَشَّحِين مِن غَير الشِّيعَة لِتَقلّد منصب الخِلافَة.

ـ اختِلاقُ الفِتَن الدَّاخِليَّة والزَّجُّ بِالتَّشيُّع فِي أُتونِها، ومِنها (الفِتنَة الكُبرى) بِفَلتَةِ أَبِي بكر، وغَصْب فَدَك، وحَرب «الرِّدَّة» وحرب»الفُتُوح»، وفِتنَة الإِكثار مِن صِناعَةِ البِدْعَة وتَحرِيم ما أَحَلَّ الله وتَأليف شُورَى السِّتّة، وتَحكِيم بَنِي أُمَيَّة وتَسلِيمِهم الوَلايات الكُبرى في صَفَقات تَرضِيَة، وفِتْنة مَقْتل عُثمان بن عَفَّان الَّتي استَغَلّ الصَّحابَةُ المُنافِقُون دمَه لِلإفْلات مِن البَيعَةِ الثَّانِيَة لِعَلِيّ أَمِير المؤمنين صَلواتُ الله وسَلامُه عليه ولِلخُروج عَليه.

ـ الانْفِصالُ بِالمُسلِمِين وإِثارَتُهم في الضِّدّ مِن عَلِيٍّ أَمير المؤمنين صَلواتُ الله وسَلامُه عليه واتِّهامُه وشِيعَتُه بِتَدبِير عَمليَّة اغتِيال عُثمان أَو المُشارَكَة في تَنفِيذِها أَو التَّمهيد لها والتَّحريض عليها، وجَيَّشوا الجيوش لِلحَرب عَليهِما، مِثل حَرب الجَمل وصِفِّين والنَّهروان.

ـ استِغلالُ مُضاعفات هذه الفِتَن في النَّاس لِصِناعةِ رَأيٍ عامٍّ مُضادٍّ لِعَلِيّ أَمِير المؤمنين صَلواتُ الله وسَلامُه عليه وشِيعَتِه وإِعادة تَرسِيخ قَواعِد (اتِّجاه أَهْلِ العامَّة) وإِعادَة ثِقَةِ المُسلِمِين فيه وفي أَئمَّتِهِ ووُعَّاظِه.

ـ اغْتيالُ عَلِيّ أَمير المؤمنين صَلواتُ الله وسَلامُه عليه وكِبارِ الصَّحابَة والتَّابِعين مِن شِيعَتِهِ.

ـ تَوارثُ نِظام الحُكم في إِثْر نَقضهم لِصُلْحِ الإِمام الحَسَن صَلواتُ الله وسَلامُه عليه وقَتلِهِ بِالسُّمّ ومطارَدة الشِّيعَة فِي كُلِّ مَكان والتَّنكِيل بِهم وتَشْرِيدِهم إِلى المنافي،

ثُمَّ ارتكَاب جَريمة قَتل الإمام الحُسين صَلوات الله وسَلامه عليه وأَهْلِ بَيته وأَصحابِه في كَربلاء، واغْتيال الأئمَّة مِن وُلْدِه مِن بَعده.

ـ وتَأسِيسُ المَذاهب الفِقهيَّة والفِرَق العَقدِيّة البَدِيلة في عَرض التَّشيُّع وإشاعَتِهما في النَّاس بِدَعم مُباشرٍ مِن قِبَل الخُلفاء والحُلفاء مِن الدُّولِ واستِضعاف الشِّيعَة بِهما والقَضاء على الوُجود الشِّيعي وشَنّ العَمليَّات المُمَنهَجة لِترَحِيلِهم.

ـ العَبثُ في ثَقافَة المُسلِمين عبر الدَّعم المفتوح لِأَعْمال التَّرجَمة المُوجَّهَة والمقتَصِرة على الكُتب العَقدِيَّة والفَلسفِيَّة الإِغْريقِيَّة والرُّومانِيَّة والفارِسِيَّة القَدِيمَة.

لقد دَخَلَ التَّشيُّع بِكُلِّ ثِقلِهِ مضْمارَ هذا التَّحَدِّي واتَّخذ الإِجْراءات الوقائيَّة والمُضادَّة التَّالِيَة:

ـ دافع عن الإِسْلام الأَصِيل ورَسُولِهِ صَلَّى الله عليه وآله وأَئمَّتِه صَلواتُ الله وسَلامُه عليهم.

ـ كَشَف عن الحقائق التَّأريخِيَّة ودَوَّنَها.

ـ وأَبْطَلَ كُلَّ الفِتن بِالصَّبر وبِالمُداوَمَة على صِيانَةِ وُجود الدِّين وأَهلِهِ وبِناء الثَّقافَة وتَأصِيلها.

ـ ولم يَقِف مَكتُوف الأَيدِي أَمام الانْحرافات العَقدِيَّة الَّتي عَمَّت بِلاد المُسلِمِين بِواسطة أَئمَّة المَذاهِب والفِرَق ووُعاظِهِما ومُرِيدِيهما.

ـ واجتَهدَ في مُعالجة المُضاعَفات النَّاشِئة عن هذه الانْحرافات الخُلقِيَّة.

ـ وتَصدَّى لِلحَربِ على الأَفكار السَّلبِيَّة المُنافِيَة لِنَصّ الثَّقلَين وعالَج ما سُرِّبَ مِنها عبر أَئمَّةِ (مَذهبِ الرَّأي) إلى أَذْهان الأَغلَبِيَّة مِن أَتْباع (اتِّجاه أَهْل العامَّة)، وتَسلَّح بِالحُجَج الدَّامِغَة والبَراهِين الرَّصِينَة الواضِحَة والأَدِلَّة القاطِعَة في تَفنِيدِها.

ـ وصَبر على (الفَصْل الطَّائفي) والمَجازِر الَّتي اقْتَرفها أَتْباع (اتِّجاه أَهْل العامَّة)

بِتَدبيرٍ سِياسِيّ مِن قِبَل حُكّام الدُّول الَّذين احتَضَنوا قَواعِدَ هذا الاتِّجاه ومَدارِسَه ومُؤسَّساتِه وحارَبوا بِه التَّشَيُّع وحَرَّضُوه عليه.

لقد تَرك (التَّشيُّع) بِحُضورِهِ العِلْمِي المُتمَيِّز في ثَقافَةِ المُسلِمين ما سَرّ المُؤمِنين المُخلِصين والباحِثِين عن الحقِّ والحَقيقة في الأزمان، وكَسَب وِدَّ الجهات المُتخَصِّصة في سَبرِ غَور الإسلام وفي تَبيُّنِ سِيرة التَّشَيُّع ونَشأتِه وبِداياتِه الأُولى وسِيرَةِ رِجالِهِ الأَوائل مِن الأَئمَّة والصَّحابَة والتَّابِعين وتابِعي التَّابِعين وطَبيعَةِ الثَّقافاتِ المُختَلِفَة الَّتي نَشأت على عَقِيدة التَّشَيُّع وشَريعَتِهِ وأَخْلاقِه ونَظرِيَّتِهِ الاجتِماعِيَّة في مُواجَهة الأَخْطار المُحدِقة بِمُجتَمعاتِه.

إِنَّ المُتَتَّبع لِلمَورُوث الثَّقافي الشِّيعِي ولِمَواقِف التَّشَيُّع في الدِّفاع عن أَصالَة الدِّين وحَقِّ عَلِيٍّ أَمِير المُؤمِنين وأَهْلِ بَيتِهِ صَلواتُ الله وسَلامُه عليه ولِلتَّحَدِّيات الَّتي خاضَها التَّشَيُّع والشِّيعَة في سَبيل صِيانَة الإسْلام واستِمرار رِسالَتِه ـ سيَجِد الحقّ والحَقِيقَة ماثِلَين في سِيرَة التَّشَيُّع مُنذ اليَوم الَّذي فيه أَنذَر النَّبِيُّ صَلَّى الله عليه وآله عَشيرتَه الأَقَربين حتَّى المَرحَلَةِ الحَرِجَة مِن عَصرِنا الرَّاهن، ولا مِن أَحدٍ في الاتِّجاهات والمَذاهِب والفِرَق يَستطيع أَنْ يُصرِّح بِصِحَّةِ وسَلامَةِ مَورُوثِهِ الرِّوائي والثَّقافي بِكُلِّ ثِقَةٍ واطْمِئنان ومِن غير تَردُّد أَمام التَّشَيُّع إِذْ اختارَ التَّشَيُّعُ أَنْ يَكون مُظلومًا طوال التَّأريخ في سبيل صِيانَةِ أَصالَتِه ودَوام وُجودِهِ وبَقائه وتَمَسُّكِهِ بالثَّقلَين مَعا والصِّراطِ المُستَقِيم على أَنْ يَكون مُنافِقًا أَو ظالمًا أَو كَاذِبًا أَو مُفترِيًا أَو سِياسِيًّا مُلتَوِيًا أَو مُنقلِبًا على الأَعْقاب أَو خارِجًا على وَصايا الرَّسُول صَلَّى الله عليه وآله وهُدى الأَئمَّة مِن آله صَلواتُ الله وسَلامُه عليهم.

وعندما اختَلَف الأَنْصارُ والمُهاجِرُون في تَقرِير مَصِير الخِلافَة قُبيل الإعْلان عن شَهادَة النَّبِيّ صَلَّى الله عليه وآله لم يَحفظ أَحدٌ مِن كبراء الصَّحابَة لِلتَّشَيُّع مَقامًا ولا مَنِزلةً بين المُسلِمين إِلَّا رِجالُه الَّذين أُطلِق عليهم اسْم (شِيعَة عَلِيّ).

وعندما انقَلَبت الأَوضَاع رأسًا على عَقِب بِإِعْلان الأَقطاب الخَمسة عن مَفْهوم

(الخِلافَة) بِفَلْتَةِ السَّقِيفة؛ أَمْسَى (شِيعةُ عَلِيّ) الضَّحِيَّةَ الأُولى المُستهدَفَة إِذْ آلت الخِلافَةُ إِلى أَبِي بَكر على رأس أَقطاب (صَحيفة مكَّة الثَّانِيَة) وخُلفائهم، وأُقْصِي عَلِيٌّ أَمير المؤمنين صَلواتُ الله وسَلامُه عليه.

ثُمّ آلَت الخِلافَة إِلى عُمَر ثُمَّ عُثمان في أَجواءٍ سِياسِيَّة وتَحوّلات اجتِماعِيَّة مُثِيرَين لِلكَراهِيَّة والبَغضاء والعَداوة، فانتَهيا إِلى مَقتَلِ مُتقَمِّصي الخِلافَة وانْحراف الأُمَّة بِـ(مَذْهَبِ الرَّأي) وعُزوفِها عن الثَّقلَين. حتَّى إِذا ما عادت (الخِلافَةُ) إِلى عَلِيٍّ أَمِير المؤمنين صَلواتُ الله وسَلامُه عليه وجَرَت إِليه؛ أَرادها الإِمامُ عَلِيٌّ على غَير ما كانَت عليه في عَهدِ الخُلفاء الثَّلاثة، ونَقَضَ في النَّاس (مَذْهَبَ الرَّأي) ورَفَض العَمَلَ بِسُنَّةِ الخُلفاء الثَّلاثَة وأَدانَهُما بِخُطَبٍ عَدِيدة أَلقاها وكَشَف بِها مَعايِبَهم، غير آبِهٍ بِما رَسَّخَوه مِن مَفاهِيم في أَذهان أَتْباع (اتِّجاه أَهْل العامَّة) وفي النَّاس.

وعندما بَادر عَلِيٌّ أَمِير المؤمنين صَلواتُ الله وسَلامُه عليه إِلى رَفْض تَحكِيم (مَذْهَب الرَّأي) وسُنَّتَي أَبِي بَكر وعُمر وسِيرتَهما في فَترة خِلافَتِه الَّتي لم تَتَجاوز خَمس سِنين ما بين سَنَةِ 35هـ وسَنَة 40هـ، وأَظْهر فِي المُسلِمين دَعوتَه إِلى التَمَسُّكِ الخالص بِالثَّقلَين (الكِتاب المُنزَل وسُنَّةِ الرَّسُول صَلَّى الله عليه وآله) وبِإِعادة المُسلمين إِليهما وإِصْلاح ما أَفسدَته خِلافَةُ الثَّلاثَة بِـ(مَذْهَب الرَّأي)، وأَعلَنَ على الفَور عن إِقالَة مُعاوِيَة عن وَلاية الشَّام وتَصحيح ما اقتَرَفه وُلاة الخُلفاء مِن خَراب في شَرِيعَةِ المُسلِمِين وعَقِيدَتِهم وأَخْلاقِهم بين الأَمْصار؛ وَقفَ التَّشيُّعُ مُمتثِلًا لِوَلايَتِهِ صَلَواتُ الله وسَلامُه عليه مِثلما فَعَل مُنذ يوم الغَدِير، وخاضَ إِلى جانِبه حَربَ الجَمل في الضِّدّ مِن مَذهَب عائشة وطَلحة والزُّبير ثُمَّ خاض حربَ صِفِّين في الضِّدّ مِن مُعاوِيَة وجَيش الشَّام ثُمّ اشْتَدّ في حربِ النَّهروان في الضِّدّ مِن المارِقَة الخَوارِج.

وعندما تَغلَّب التَّحالُف القائم بين مُعاوِيَة وطالِبي الثَّأر المُلَفّق المُزَوَّر والمُختَلق لِدَم عُثمان والمارِقِين المُنشَقِّين عن (جَيشِ الخِلافَة)؛ دَخَلَ (التَّشيُّع) مَرحلَة المُواجَهة تَحت لِواءِ عَلِيٍّ أَمِير المُؤمنين صَلواتُ الله وسَلامُه عليه ولم يَخذُله في أَيٍّ مِن هذه التَّحوّلات.

وعندما تَجرَّأ مُعاوِيَة فدَبَّر مُؤامَرَتي اغتِيال عَلِيٍّ أَمِير المُؤمنين وابنه الإِمام الحَسَن صَلواتُ الله وسَلامُه عليه وأَقدم على تورِيث الخِلافَة لِابنِه يَزيد شَارب الخَمر وقاتِل النَّفْس المُحتَرمة وعلى أَخْذِ البَيعة لَه؛ كان التَّشَيُّع مُمتَنِعا رافضًا وشاهدًا ومُضحِّيًا إِلى جانِب أَئمَّة عَصره صَلواتُ الله وسَلامُه عليهم.

ـ مُغالَطاتٌ يائسَةٌ فِي التَّصْنِيفِ المَذْهَبِي

لَعلَّ آخِر ما تَفتَّقَت عنه القَراءة التَّحلِيلِيّة المُعاصِرة لَدى أَهْل العَصبِيَّات الطَّائِفيَّة والانْتِماء السِّياسِي السَّاذِج البَاحِث عن مَقام الإِمْرة والرِّئاسة والسُّلطان أَو شَطرٍ منها أَو حِصَّة مُشْبِعَة، ما يَلي:

1ـ ما ذُكِرَ بِأَنَّ أَغلَبِيَّة (اتِّجاه أَهْل العامَّة) انْحَسَرت عن (مَذْهَب الرَّأي) بِالتَّزامُن مع وُصُول مُعاوِيَة بن أَبِي سُفيان إِلى سدّة الحُكم وقيام الدَّولة الأُمَوِيَّة، وأَنَّها ـ الأَغْلَبِيَّة ـ رَكَنَت إِلى ثَقافَة المَذاهِب الفِقْهِيَّة والفِرق العَقَدِيَّة الَّتي ظَهرت في عَهدِ أَبِي بَكر وتَكاثَر أَئمَّتُها ورُواتُها ووُعَّاظُها في عهد عُثمان بن عَفَّان وصارَت تَتنافَس فيما بينها وتَتغالَب لِتُشَكِّل مِن ذاتِها نُسْخةً طِبْق الأَصْل مِن (مَذْهَبِ الرَّأي) أَو فرعًا عنه أَو بَدِيلًا نَزِقًا عنه حتَّى تَتمَكّن بِذلك مِن احْتِواء هذه الأَغلَبِيَّة والاسْتِقلال بها عن رِعايَة الدَّولة وكَسر احْتِكارِها لها، ومِن ثَمّ الاستِقواء بِها والعَودة إِلى الدَّولَة مِن جَدِيد لِكَسب الصِّفَة الرَّسْمِيَّة أَو ما هو أَقْرَب إِلى ذلك أَو أَشْبَه.

ويَبدو مِن خِلال هذا القَول أَنَّ الدَّولة الأُمَوِيَّة استَغنَت عن (مَذْهَب الرَّأي) وخَدَمات أَغْلبِيَّة (اتِّجاه أَهْل العامَّة) وعَرَّضَتهُما لِلمَزاد في سُوق المَذاهِب والفِرَق، فتَشَظَّى (مَذْهَبُ الرَّأي) وانْقَسَم (اتِّجاه أَهْل العامَّة) إِلى فِئات اجْتِماعِيَّة عَرِيضَة مُتعدِّدَة يَتنافَس عَليها أَئمَّةُ ووُعَّاظ المَذاهِب والفِرَق!

2- وأَنَّ المنهجَ المعاصِر المُتَّبَع لَدى أَئمَّة (أَهْلِ السُّنَّةِ والجَماعة) ووُعَّاظِهم أَصْبحَ لِوَحدِهِ الإِطار المُنقِذ مِن سَوءَةِ الأَحْوال المُضْطَرِبة في النِّظام الاجْتِماعي وفي الاعتِقاد والتَّقلِيد والاتِّباع الَّتي اجْتاحَت (اتِّجاه أَهْل العامَّة)، وذلك لِكَونِ هذا المنهج

يُمَثّل الوارِث الوَحِيد المُجرَّد مِن أيِّ عَصَبيَّةٍ مَذهَبيَّةٍ فاصِلَة بين المَذاهِب والفِرَق أو مُمَيِّزة، والجامِع لِطُرق المذاهِب الفقهيَّة الأَرْبَعة حصرًا. فإنْ لم يَتفوّق إطار (أَهْلِ السُّنَّةِ والجَماعة) على تَحدِّيات نشوء الدَّولَتَين الأُمَويَّة والعَبَّاسِيَّة لِيُصبِحَ البَديل التَّامّ عن (اتِّجاه أَهْلِ العامَّة) وعن مَورُوث جَماعَتِه الأُولى؛ فقد شَكَّل امتِدادًا حَقِيقيًّا بِلا مُنافِس لِلأَغْلَبيَّة المتمسِّكة بِـ(مَذْهَب الرَّأي) المُعتَمَد الرَّئيس الَّذي لَنْ يَخذُلَ أَحد عند تَسيير حَياة الأَتْباع والعَمل على ضَمانِ وحدهم.

3ـ وتَذهَبُ هذه القَراءة أَيضًا إلى القَول بِأَنَّ ثَقافَة الأَغلَبيَّة في المُجتَمعات المُسلِمَة لم تَصْمِد أَمام الفِكر الوافِد الصَّادر عن السَّردِيّات الكُبرى القَدِيمة والفَلسَفات الفارِسِيّة والإغْرِيقِيَّة والرُّومانِيَّة الوَثنِيَّة. وقد اسْتَطاع هذا الفِكرُ أَنْ يَتغلغَلَ في عَقائد المُسلِمين مُنذ فَتحِ فارِس ومصر الشَّام وأَن يُخَلِّف وراءَه آثارًا سَلبيَّةً خاطئةً وخطيرةً مُخالِفةً لِلثَّقافَةِ الَّتي جُبِل عليها (اتِّجاه أَهْل العامَّة) في عهد خِلافَة الثَّلاثَة أَبي بكر وعُمر وعُثمان.

ومِن المُفارَقات المُثِيرة في هذه القَراءة التَّحلِيلِيَّة أَنَّها لم تَأتِ على ذِكْر الوقائع والحَقائق التَّالِية:

ـ أَنَّ انْقلابًا على الأَعْقاب قد وَقَعَ في أَواخر حياة النَّبِيّ صَلَّى الله عليه وآله، وأَنَّ النَّبِيّ مُحمَّد صَلَّى الله عليه وآله تَعرَّض في حياتِه لِعِدّة مُحاولات اغْتِيال مِن تَنفِيذ الصَّحابة أَقطاب (صحِيفَة مكَّة الثَّانِيَة)، وأَنَّ حَياة المُسلِمِين كانَت مُضْطَرِبَة تَحت وَقْعِ أَحكام (مَذْهَبِ الرَّأي) والتَّدافُع النَّاشئ عن الاستِقطاب الشَّدِيد عنها وعن التَّحالُفات المُتبايِنَة في الرَّأي والمَوقِف والفِكر والعَقِيدة حيث يَتَحيَّن كُبراء الصَّحابَة الفُرص لِلانْقِضاض على مَقام الوَلاية والإِمْرَة والرِّئاسَة.

ـ أَنَّ اثْنَين على الأَقَل مِن أَقطاب (صَحِيفَةِ مكَّة الثَّانِيَة) قد دَبَّرا خُطَّة لِنَقض بَيعةِ الغَدِير وحَرَّضا المُسلِمِين على فِعْلِ ذلك بِحجَّة احتِمال وُقوع (فِتْنَةٍ) قَبل أَنْ يُعْلَن عن رَحيل النَّبيّ صَلَّى الله عليه وآله.

ـ وأَنَّ اتِّجاهًا أُمَويًّا قَبلِيًّا مُتعَصِّبًا يترَصَّد المَوقِف ويُسَخِّر ما في جُعبَتِهِ مِن خبرات

سِياسِيَّة اكتَسَبها عن تجربَة (صَحِيفَة مَكَّة الأُولى)، وقد وَقَف مَوقِفَ الدَّاعم الحَذِر لِأَقطاب (صَحِيفَة مَكّة الثَّانِيَة) حتَّى يَجعلَ مِنهم قَنطرة لِبلوغ مَقام الرِّئاسة والإِمْرة واستِرجاعِهِ مِن أَيدي المُسلِمين وإِعادِتِه إِلى أَبِي سُفيان الَّذي فَقَدَه في يَوم فَتح مَكّة.

ـ أَنَّ الخليفة الأَوَّلُ قُتِل بِيَدَي الخَلِيفة الثَّالِث عُثمان بِتَدبيرِ مَشرُوطٍ مِن الأُمَوِيِّين لِصالِح خِلافة عُمَر.

ـ وأَنَّ الخليفةَ الثَّالِث عُثمان قَد دُفِّع ثَمَن كَومَةٍ مِن (شَكاوى) الفَساد الأُمَوِي الَّتي عَمّت شُئون الدَّولة فَقُتِل، مِنها إِقدامُه على تَوَلِية العُمال مِن البَيت الأُمَوي وحُلفائه بَعد عامٍ عاصِفٍ مِن تَسلُّمِه الخِلافَة وفي العُمال مَن أُهدِرَ دَمُه وطُورِد في عَهد النَّبِيّ صَلَّى الله عليه وآله. ومنها عَبثُ العُمال الولاة الأُمَوِيِّين بِأَموال المُسلِمين وتَكديس الثَّروة في قُصور بَنِي أُمَيّة حَصرًا. ومنها تَدبِيرُ مُؤامرة قتل الثَّائرين عَليه مِن أَهْل مصر ووَالِيهم البَدِيل مُحمَّد بن أَبي بَكر رضوان الله تعالى عليه. ومنها نَفْيُه وقَتلُه الصَّحابَة الأَبرار مِن (شِيعَة عَلِيٍّ)، وجرائم أُخرى مثلها فاضِحَة.

فما بالُ هذه القَراءة تَنأى بِنَفسها عن تَحَرِّي الحقِّ والحَقِيقَة وعن التَّصرِيح بِها في النَّاس، وتَعمَد إِلى كُبراء الصَّحابَة المُنافِقين فتَجعَل مِنهم مِثالًا مَعصومًا مُتَعالِيًا مُقدَّسًا، وتُبالِغ في نَفِي وُقوع الكُفر والشِّرك والنِّفاق والانْحراف والعَصَبِيَّة الجاهِلِيَّة والقَبلِيَّة وهَوى الإِمْرة وحُبّ الرِّئاسة والسُّلطان فِيهم؟!

ولماذا تُرجِع هذه القَراءة أَسْباب انْحِسار المُسلِمين عن (اتِّجاه أَهْل العامَّة) وفَشَل (مَذْهَب الرَّأي) في احْتِواء الأَغلَبِيَّة إِلى ضُغوطٍ خَلَّفتها آثارٌ ثقافِيّةٌ أَجنَبِيَّةٌ خارِجِيَّة وافِدَة وإِلى عَبثِ الدَّهماء والعلوج؟!

وهَل يُصدِّق طالِبُ الحَقِيقَة والحَقّ أَنَّ الأَغلَبِيَّة مِن المُسلِمين انْحَسَرت عن (اتِّجاه أَهل العامَّة) واعتَزَلَت (مَذهَب الرَّأي)؟! أَمْ أَنَّها اتَّبَعتهما في إِطار سِياسَةٍ أُمَوِيَّةٍ ثُمَّ عبَّاسِيَّةٍ مُختلِفَةٍ رَجَت استِغلالَها لِخَلق لَونٍ مِن التَّوازن مع دِين أَهْل الشَّام وفارِس؟!

لقد أَكَّدَت الوَقائع التَّأريَخيَّة على أَنَّ الافتِراق بين المُسلِمين المُؤدِّي إلى سَفك دمائهم وانْتِهاك أَعْراضِهم وسَبي نِسائهم وقَتل أَطْفالِهم، وبُروز المَذاهِب والفِرق بِوَصفِها ظاهِرَة لَجأَ إليها الصَّحابَة المُتأفِّفون مِن نِزاع كُبراء الصَّحابَة على الإِمرَةِ والرِّئاسة والسُّلطان، هو مِمّا حذَّر منه النَّبيّ صَلَّى الله عليه وآله وعَلِيٌّ أَمير المؤمنين صَلوات الله وسَلامُه عليه. وأَنَّه لم يَكُنْ إِلّا رَدَّةَ فِعلٍ عَنيفَةٍ على وَقائع الانْقلاب على الأَعقاب وتَطَوّر الحُكم بِـ(مَذْهَب الرَّأي) إلى عامِلٍ أَساسِيّ خَطِير مِن عَوامِل اشتِداد النِّزاع بَين كبراء الصَّحابة أَنفُسِهم وتَطوُّر المَوقِف إلى إِشْهار السُّيوف والقَتل غِيلة بَينهم، على خِلاف ما أَشارَت إليه تِلك القَراءة السَّاذِجَة القائلة بِأَنَّ (ما حَصَلَ بين الصَّحابَة إِنَّما هو خِلافاتٌ كانَت تَنتَهي إِمَّا بالإِجْماع وإِمَّا بالخُضوع لِرَأي الجَماعة والالتِفاف حول الإِمام. هذا ما حَصل بَين الصَّحابة، ولم يَحصَل مِن صَحابِي أَنْ كان مُفْتَرقًا عن الجَماعة)[1]!

مِن خِلال التَّصور المفرط في الوِجْدانيَّة الكاذِبَة والاستِخفاف بِالعَقل المُسلِم بِهذه القَراءة السَّاذِجَة؛ يَبدو أَنَّ العَشَرات مِن عَمليَّات الاغتِيال الفاشِلَة الَّتي تَعرَّضَ لها النَّبِيُّ صَلَّى الله عليه وآله في حَياتِه والتَّصفِيات الجَسدِيَّة الَّتي اقترُفَت بِأَيدي كُبراء الصَّحابة واستَمرت في إِثْر اغتيالِ النَّبيّ صَلَّى الله عليه وآله، وأَنَّ حُروب الفِتْنَةِ الكُبرى ومِنها الرِّدَّة والفُتوح والجَمل وصِفِين والنَّهروان ـ كلّها ما كانَت إِلَّا شائعات مِن صُنع أَيادِي أَجنَبيَّة وعَناصِر مَدسُوسَة ولا حَقِيقة وُجودِيَّة لها في واقِع المُسلِمين وفي سِيرةِ دُول الخُلفاء، وما كانَت آياتُ الذِّكر الحَكِيم الَّتي نَبَّأت بِوُقوع ذلك وحَذَّرت منه إِلَّا أَساطِير ساحِرٍ عَلِيم!

يَقول ابنُ الأَثير في سَردِ مَعركَةِ الجَمل (فلَمَّا تَراءى الجَمعان، خَرجَ الزُّبَيرُ ـ المُبَشّر بِالجَنّة ـ على فَرَسٍ عليه سِلاح، وخَرجَ طَلحَة ـ المُبَشّر بِالجَنّة ـ فَخرجَ إِليهما عَلِيٌّ صَلواتُ الله وسَلامُه عليه، حتَّى اختَلَفَت أَعناقُ دوابِّهم. فقال عَلِيٌّ صَلواتُ الله

1 - الإفتراق.. مفهومه وأسبابه وسُبل الوقاية منه د.ناصر عبد الكريم 17

وسَلامُه عليه «لَعمْرِي قد أَعددتُّما سِلاحًا وخَيلًا ورِجالًا، إِنْ كُنتُما أَعددتُّما عند الله عُذرًا فاتَّقِيا الله ولا تكونا [كَالَّتِي نَقَضَتْ غَزْلَهَا مِن بَعْدِ قُوَّةٍ أَنكَاثًا][1]. أَلَمْ أَكُنْ أَخاكُما في دِينكما تُحرِّمان دَمِي وأُحرِّم دَمَكما. فهَل مِن حَدثٍ أَحَلَّ لَكُما دَمِي». قال طلحة: أَلَّبْتَ على عُثمان. قال عَلِيٌّ صَلواتُ الله وسلامُه عليه [يَوْمَئِذٍ يُوَفِّيهِمُ اللهُ دِينَهُمُ الْحَقَّ][2]، يا طلحة، تَطلبُ بِدَم عُثمان، فلَعَن الله قَتلةَ عُثمان. يا طلحة أَجِئتَ بِعرْسِ رَسُول الله صَلَّى الله عليه وآله تُقاتِل بها وخَبَّيت عرسكَ في البيت! أَما بايَعتَنِي؟! قال: بايعتُك والسَّيفُ على عُنقِي. فَقال صَلواتُ الله وسَلامُه عليه لِلزُّبير: يا زُبير ما أَخرَجَك؟ قال: أَنْتَ، ولا أَراك لِهذا الأَمر أَهلًا»[3].

في سِيَر النُّبلاء جاء: وقال شريكُ عن الأَسودِ بن قَيس: حدَّثَني مَن رَأى الزُّبيرَ يوم الجَمل.. وناداه عَلِيٌّ صَلواتُ الله وسلامُه عليه: يا أَبا عبد الله! فأَقبلَ حتَّى التَقَت أَعناقُ دَوابِّهما، فقال عَلِيٌّ: أَنشِدك بالله، أَتذكر يوم كنتُ أُناجِيك فأَتانا الرَّسُول صَلَّى الله عليه وآله فَقال لِي: تُناجِيه؟! فوالله لَيُقاتِلَنَّك وهُو ظالِمٌ لك. قال: فلَمْ يَعُد أَنْ سَمِع الحديث، فَضرَب وَجْهَ دابَّته وانْصرَف»[4]. ثُمَّ قامَت الحربُ بِزعامَة عائشة وطَلْحَة والزُّبير، وهَلَك خَلقٌ كَثيرٌ كان مِن بَينهم كِبارُ الصَّحابة، وقُتِل طَلْحَةُ والزُّبير.

وعلى حدِّ زَعم الكَثِير مِن أُصُول ومُدوَّنات (اتِّجاه أَهْل العامَّة) مِن (أَهْلِ السُّنَّة والجماعة) ـ على وَجهٍ أَخصّ ـ أَنَّ عَلِيًّا أَمير المؤمنين صَلوات الله وسَلامُه عليه مالأَ قَتلَةَ عُثمان مِن الضَّالِّين المارِقِين وأَمضى عَمَلهم أَو قَرَّره، فكانَت مَواقِفُه السَّلْبِيَّة عند مَقتَل عُثمان سَببًا رَئيسًا مُقنِعًا في تَطوّر التَّباين (البَسِيط في الرَّأي) الَّذي نَشأ بين كبراء الصَّحابَة، وأَنَّها وراء خَوضِهِ الحُروب الطَّاحِنة مِن بعد مَقتَل عُثمان في الضِّدّ مِن عائشة وطَلحَة والزُّبير، ثُمَّ في الضِّدّ مِن أَولِياء دَمِ عُثمان بِزَعامَة مُعاوِية. فأَوقَعت هذه الحروب (فِتنةً) بين المُسلِمِين حيث نَشأ التَّشَيُّع عند مَرحلَةِ التَّحكِيم بينهما وظَهرَ مُقاتلًا حتَّى

1- النَّحل 92

2- النُّور 25

3- الكامل، ابن الأثير239/ 3. انظر مُروج الذّهب 371/ 3.

4- سِيَر أعلام النبلاء، الذهبي 258/ 28.

عُرِفَ لِأَوَّل مَرَّة في هيئة اتِّجاهٍ خاصٍّ لِنُصرة وَلايَةِ عَلِيٍّ أمير المؤمنين صَلوات الله وسَلامه عليه في مُقابل حِزب الخَوارج الجديد!

وعلى قاعدةٍ مِن هذه الرُّؤيَة المُتهافِتَة والتَّصوير السَّاذِج لِلعلاقات الخَطِيرة المُتوتِّرة القائمة بين كبراء الصَّحابَة منذ أَنْ أنذرَ النَّبِيُّ صَلَّى الله عليه وآله عَشيرَتَه الأَقرَبِين، وما شَمِلته هذه العلاقات مِن تَهوِين لِمآلاتها الخَطيرة المُتمَثِّلة في تَكتّل التَّحالُفات السِّريّة ونُشوء المذاهب والفِرق وتَطاول مَجمُوعات الاغْتِيال ثُمّ وقوع الانْقِلاب على الأَعْقاب وما نَجم عن كُلّ ذلك مِن المُضاعفات الكارِثِيَّة ـ رَوَّجَ أئمَّةُ ووُعَّاظ (اتِّجاه أَهْل العامَّة) مِن (أَهْل السُّنَّة والجَماعَة) مُفرداتٍ مُرَقِّقَة لِشِدَّة ما حَصَل مِن الوَقائع العَنِيفة وأَلفاظٍ أُخْرى مَنزُوعَة (الدَّسَم) لِتَخفِيف وَطأَة هذه الحَوادث على عَقلِ المُسلِم ودِينِه قبل أَنْ يفرطَ عليه دِينُه فيُسَمِّي الرِّجال والأَفكار والأَشْياء بِأَسمائها ويَكفُرَ بِها، مِن قَبيل استِعمال المُفردات الكاذِبَة (الخِلاف البَسِيط) و(الرَّأي والرَّأي الآخر) و(أَزْمَة تَفاهُمات) (الإِجماع في إِثْر نُضجِ الأَفكار) و(الفِتْنة وتَدخُّل العلوج) و(تَعدّد الاجْتِهادات).. إِنَّها مُفرداتٌ وأَلفاظٌ مُهدِّئة ومُسَكِّنَة بَدِيله عَمَّا كان مِن الحَقائق الواقِعَة الحادَّة والعَنِيفَة والمُتشَدِّدة في وَصف الثَّأر الجاهِلي المُبَيَّت والأَحْقاد القَبلِيَّة وهَوى حُبّ الإِمْرة والرِّئاسَة والسُّلطان الَّتي دارت دوائرُها بَين كُبراء الصَّحابَة وغَرَّتهُم وهَوت بِهم إِلى أَسفَل سافِلِين، مِن قَبيل (الصِّراع بين الصِّحابة) و(الصَّحابَة المُنافِقُون) و(تَناقُض الدِّين) (غَلبَة الجاهِلِيَّة) و(الجَهل بِالدِّين) و(تَبايُن العَقائد) و(الحَرْب المُدمِّرة) و(سَفك الدِّماء) و(انْتِهاك الأَعْراض) و(إِباحَة المُدن والقُرى) و(تَصفِيَةِ الخُصُوم) و(الاغْتِيال السِّرّي) و(المُماكَرَة والمُخادَعَة) و(التَّآمُر) و(الإِمعان في إِعدام الأُصُول الرِّوائيَّة) و(التَّواطؤ على القَتل) (النَّصب والخِذْلان) و(العَداوة والبَغْضاء) و(تَزوِير العَقائد) و(والوَضْع والاخْتِلاق والتَّلفِيق في السِّيرة) و(التَّشطِيب في التَّشريعات) و(الصِّراع البَينِي) و(الكَيد والغَدْر والمَكْر) و(النِّفاق) و(الثَّأر القَبَلِي) و(العَصَبِيَّة العَشائرِيَّة) و(التَّعاقد الخَفِي لاغْتِصاب الخِلافَة) و(الانْقِلاب على الأَعقاب) و(إِشْعال الفِتن) و(شَنِّ الحروب الطَّاحِنَة بين المُسلمين وقَتل الآلاف مِنهم

بِسُيوف الآلاف مِنهم) و(إِهمال الكِتاب والسُّنَّة الشَّريفة والكَذِب والوَضع والتَّزوِير فِيهما وبِعنوانِهما) و(صِناعَة البِدعَة) و(اختِلاق دِينٍ جَديد) و(اصْطِناع مَذهب الرَّأي البَدِيل عن الثَّقْلَين) و(التَّحاسُد على الإِمْرة والرِّئاسة) و(بدعة تَألِيف المَذاهِب والفِرَق) و(التَّحالُف لِتَقمُّص معاني الزَّعامة). وكان غَرضُهم مِن هذا الاستِبدال:

ـ شَطْب الفَضائح والفضائع الحاصِلة في سِيرة كُبراء الصَّحابة وسدّ الفَراغ الكبير النَّاشئ عن انعدام النَّموذج منهم في العِلْم بِالعَقائد والشَّرائع والعِلم بما تَضَمَّنه الثَّقَلان مِن قِيمٍ في العَدل والصِّدق.

ـ واخْتِلاق القاعِدَة المِثاليَّة البَدِيلة وإِثْبات أَصْلٍ وِجدانِيٍّ تَأريخيٍّ مُقَدَّسٍ لِلقَواعد الَّتي نَشأ عليها (اتِّجاه أَهْل العامَّة) والسَّارِيَة في نِظامِه الاجتِماعِي والسِّياسِي مُنذ تَزوِير الحَقائق المُتَعلِّقَة بِفلتَةِ يَوم السَّقِيفَة.

ـ واحْتِكار الحَقّ الإِلهي في خِلافَة المُسلِمِين بِإزاء التَّشَيُّع ذِي القاعِدَة المِثاليَّة الواضِحَة والأَصْل التَّأريخِي المُقدَّس اللَّذين حازَ عليهما (شِيعَةُ عَلِيّ) بِما صَدقوا وآمنوا بِالنُّبوّة وامتَثلوا لِوَصايا النَّبيّ صَلَّى الله عليه وآله ووَلايَة عَليٍّ أَمِير المُؤمِنين صَلواتُ الله وسَلامُه عليه وتَمسَّكوا بِالثَّقلين.

ومع هذا التَّمَيُّز العَظيم الَّذي اخْتصّ بِه التَّشَيُّع وانْفَرد به بين سائر جِهات المُسلِمِين واتِّجاهاتِهم المُتبايِنَة؛ تَعرَّضَت هُوِيَّة التَّشَيُّع لِمُحاوَلات مُتَتالِيَة ومُتكرِّرة مِن التَّدمِير والتَّصفِيَّة والإِقصاء والتَّشوِيه والحَظر خِلال مَسيرته التَّأريخيَّة وفي القُرن الأَول لِلإسلام خاصَّة.

وكان أَخْطَر ما تعرض له التَّشيُّع على الإِطْلاق هو التَّواطؤ السِّياسِي على تَزوِير هُوِيَّتِهِ وتَأرِيخ نَشأَتِهِ وطَبِيعَة الظَّروف الصَّعبَة الَّتي خاضَها لِلدِّفاع عن الإِسْلام الأَصِيل واجتازَها بِتَفَوُّق مِن غير أَنْ يُساوم على عَقِيدَتِه أَو يَتَخَلّى عن أَحَدٍ مِن أَئمَّتِه صَلواتُ الله وسَلامُه عليهم أَو أَحدٍ مِن رِجالِه الأَبْرار رضوان الله تعالى عليهم أَو أَيِّ شَيءٍ مِن شَريعتِه وأَخلاقِه أَو يُفرِّط بِأَحدِ الثَّقلين أَو يُباعِد بَينَهُما أَو يُجَمّد أَحدَهُما أَو كِلاهُما.

فقِيل ذات مرَّة أَنَّ التَّشيُّع ما هو إِلّا رُدود فِعلٍ عابرة على ظاهِرَة تكوُّن المذاهب والفِرَق حيث تكاثَرَت، ومِنها (مَذْهَب الرَّأي) الرَّسْمي لِلخِلافَة والمئات مِن المَذاهب الأُخْرى الرَّدِيفَة أَو المُخالِفَة مثل مَذاهِب كُلٍّ مِن أَبي بكر وعائشة وطَلحة والزُّبير وأَنس بن مالك ومُعاوِيَة وعبد الله بن الزُّبير، ومَذاهِب الجَبر والتَّفويض والغُلاة والخَوارج.

وُتَعَدّ هذه مِن أَخْطَر الأَقوال ومِن أَسوأ ما لُفِّق وزُوِّر واختُلق لِتَشويه حَقِيقة التَّشَيُّع وفَصلِهِ عن أُصولِه أَو الاستِهانَةِ بُوجُودِه أَو التَّنَزّل بِمَقامِه عبر مُقايَسَتِه بما هو أَدْنى مِن المَذاهِب وأَحْقَر مِن الفِرَق وما هو مَهِين ولا يَكاد يُبِين مِمّا اخْتَلقَه كُبراء الصَّحابة المنافِقين تَحت ضَغْطِ السِّياسِيّة ومُتطلّبات الإِمْرة وضَرُورات الرِّئاسَة والسُّلطان.

وفي سَبِيل تَكريس هذا اللَّون مِن التَّلفِيق والتَّزوير والاخْتِلاق والتَّشطِيب يُحمِّل ابنُ تَيمِيَّة شيعةَ عَلِيٍّ صَلواتُ الله وسَلامُه عليه مَسئولِيَّة قَتل عُثمان في أَوَّلِ ظُهورٍ راهن بارزٍ لِلتَّشيُّع، فيَقول (أَمَّا الفِتنة فإِنَّما ظَهرت في الإِسْلام مِن الشِّيعَة، فإِنَّهم أَساسُ كُلِّ فِتنَةٍ وشَرٍّ، وهُم قُطبُ رَحَى الفِتَن. فإِنَّ أَوَّلَ فِتنَةٍ كانت في الإِسْلام هي قَتلُ عُثمان)[1].

ولم يُشِر ابنُ تَيمِيَّة مِن قَريبٍ أَو مِن بَعِيد إِلى تَفاصِيل أَوَّل (فِتنَةٍ كُبرى) في الإِسلام اقترفها عَقد (صَحِيفَة مكَّة الثَّانِيَة) وما أَسْفَر عنها مِن انقِلابٍ على الأَعْقاب جاء في صَريح الآيَة الكَرِيمَة الَّتي ورَدَت فيه، وأَهْمَل الحَدِيث عن هذه (الفِتنَة) الَّتي كانَت أَساسَ كُلِّ شَرّ، وهِي قُطبُ رحَى الفِتَن إِذْ غُلِّب بها مَفهوم (الخِلافَة) البَدِيل عن وَلايَة يَوم الغَدِير وخَذَل كُبراء الصَّحابَة بَيعتَها الَّتي بايَعوا أَمام رَسُول الله صَلَّى الله عليه وآله فردًا فردا، ولم يَأتِ ابنُ تَيمِيّة على ذِكر الاغْتِيالات المُتكرِّرة الَّتي استَهدَفَت حياةَ النَّبيّ صَلَّى الله عليه وآله وما رافَقَها مِن (فِتْنَةِ) شَقِّ وَحدة الأَنْصار والمُهاجِرين وَما تَلاها مِن (فِتنَةِ) فَلْتَةِ السَّقِيفة، و(فِتنَةِ) تَعطِيل الثَّقلَين بِاتِّخاذ (مَذْهَب الرَّأي) بَدِيلًا عنهما، و(فِتنَةِ) اغتِيال أَبِي بَكر، و(فِتنَةِ) شُورى السِّتَة عند مَقتلِ عُمر و(فِتن) حَرب الجَمل وصِفِّين والنَّهروان الَّتِي سَفكَت دماءَ المُسلِمين وأَزهَقَت الأُلوفَ المؤلَّفة مِن الأَرواح.

1- منهاج السُّنّة 369/ 6

ومِن المُفارَقات المُثِيرَة أَنَّ ابنَ تيمِيَّة يَنفِي ولاءَ الشِّيعِة لِأَهْلِ البَيت صَلواتُ الله وسَلامُه عليهم، ويَتَّهِمهم بِالخُروج على أُصُول)اتِّجاه أَهْلِ العامَّة(والتَّمَرّد على (أَهْل السُّنَّةِ والجَماعَة) فيُضِيف (لا نُسَلِّم أَنَّ الإماميَّةَ أَخذوا مَذهَبَهم عن أَهْلِ البَيت، لا الإثْنا عشَريَّة ولا غَيرهم، بَلْ هُم مُخالِفُون لِعَلِيٍّ وأَئمَّة أَهْلِ البَيت في جَمِيع أُصُولِهم الَّتي فارَقوا فِيها أَهْلَ السُّنَّةِ والجَماعة تَوحِيدَهم وعَدلَهم وإِمامَتهم. فإِنَّ الثَّابِتَ عن عَلِيٍّ وأَئمَّة أَهْلِ البَيت مِن إِثْبات الصِّفات لله وإِثْبات القدر وإِثْبات خِلافَةِ الخُلفاء الثَّلاثَة وإِثْبات فَضِيلة أَبِي بَكر وعُمر وغير ذلك مِن المَسائل، كلُّه يُناقِض مَذْهَبَ الرَّافِضَة. والنَّقلُ بِذلك ثابِتٌ مُستَفِيضٌ في كُتب أَهْلِ العِلْم بِحَيث أَنَّ مَعرفةَ المَنقول في هذا الباب عن أَئمَّة أَهْلِ البَيت يُوجِبُ عِلمًا ضَروريًّا بِأَنَّ الرَّافِضَة (الشِّيعَة) مُخالِفون لَهُم لا مُوافقون لهم)[1].

ويُفضِّل ابنُ تَيمَيَّة كُلَّ مَذاهِب المُسلِمِين وفِرقهم بِشَتَّى هُويَّاتِهم العقدِيّة وأَلوانِهم الفقهيَّة على الشِّيعَة مِن خِلال الإِمعان في تَضعِيف ما عند الشِّيعَةِ مِمَّا يُسمِّيه (أَقْوال)، فيُؤكِّد على (إِنَّ الموجود في الشِّيعَة مِن الأُمور المُنكَرَة الشَّنِيعة المُخالِفة لِلكتاب والسُّنَّة والإِجْماع أَعظمُ وأَشنَعُ مِمَّا يُوجَد في أَيِّ طائفةٍ فُرِضَت مِن طَوائف السُّنَّة. فما مِن طائفةٍ مِن طوائف السُّنَّة يُوجد في قَولِها ما هو ضَعِيف إِلَّا ويُوجد ما هو أَضعفُ منه وأَشنَعُ مِن أَقوال الشِّيعَة. فتَبيَّن على كُلِّ تَقدير أَنَّ كُلَّ طائفةٍ مِن أَهْل السُّنَّة خَيرٌ مِنهم)[2].

تَكشفُ مُغالَطاتُ ابنِ تَيميَّة ومَن هُم على شاكِلَته عن عَصبيَّةٍ مَقيتة منه وتَحزُّبٍ حادٍّ صَريح وانحِيازٍ مُتطرّف لِلجاهلِيَّة ولِأَذَلِّ الأَذِلّاء مِن الصَّحابَة المُنافِقِين وأَرذَلِ الأَراذِل مِن رجالهم. ويُبدي ابنُ تَيمِيَّة مِيلًا شَدِيدًا لِلاستِقلال بِـ(اتِّجاه أَهل العامَّة) واحتكاره في مَذْهَبٍ مُختَلِفٍ خاصٍّ بِشَخصِهِ واسْمِه كُلَّما تَعاطى مع مُتعلِّقات التَّشيُّع والشِّيعَة.

كما تَكشِفُ مُغالَطاتُه الشَّنِيعة أَنَّه أَورَدها واتَّبع فِيها أُسلوب التَّزوير والوَضع

---

1 - نفس المصدر السابق 17/ 4

2 - المصدر السّابق 463/ 3

والاخْتِلاق والتَّلفِيق والتَّشطِيب على سُنَّة مَن سَبق مِن أَمثالِه وأَقرانِه حيث يُؤسِّس على هذا الأُسلُوب مَذهبَه وينَفي بِعنادٍ شَديدٍ الإِفصاح عن الحَجمِ الحَقِيقي لِلانْحِراف العَقدِي والأَخلاقِي الخَطِير والتَّمَذهُب المُتطرّف الخاصّ الَّذي اصطَنَعه الصَّحابَةُ المنافِقُون بَما اتَّبعوا مِن أَنانِيَّةٍ جاهِلِيّة مفرطة تَقودها أَحقادٌ جاهِلِيَّةٌ وحَسَدٌ وثَأرٌ قَبلِيٌّ ودَهاءٌ ومَكرٌ عَنِيفَين لِلاستِحواذ على الإِمْرة والسَّطو على الرِّئاسة والسُّلطان. فكانوا مِن المنافِقِين وما عَلِموا مِن فَحشاء ومُنكر الَّذين ورَد ذِكرُهم في آيات القُرآن الكَرِيم لِتكشِف آياتُه سِرَّهُم ولِيَحذِّرَهُم ويُخَوِّفَهم ويُنذِرَهُم ويَتوعَّدَهُم ويُذَكِّرَهُم بِسُوء عَاقِبَتِهم.

وقد أَكثر ابنُ تَيمِيَّة مِن المُبالغة في جَعل الصِّراع المُستَعر بين الصَّحابَة المنافِقِين الَّذين بَالَغ في تَنزِيهِهِم مِن الرِّجْس وعَصمَهم مِن ارتِكاب الخَطأ ـ كمالًا وحالًا مُقدَّسَين، ودَعا إِلى اتِّخاذِهِم مثالًا ونموذجًا وقاعدةً لِرَصِّ صُفوف (اتِّجاه أَهْل العامَّة) وتَقدِيمِهم على الصَّحابة مِن (شِيعَةِ عَلِيّ) المُتمسِّكين بِوَلايَة عَلِيٍّ أَمير المؤمنين صَلواتُ الله وسَلامُه عليه.

إِنَّ منهج ابن تَيمِيَّة في النَّظر إِلى طَبِيعة العِلاقَة القائمة بين الصَّحابَة يَكشِف لَنا عَمّا كان يَصبو إِليه مِن شَراكةٍ صَريحةٍ فِي دَعْم ظاهِرَة تَأسِيس الفِرَق الضَّالَة والمَذاهب المُنحَرِفَة الَّتي كان مِن شَأنِها مُغالَبة التَّشَيُّع ومُقاومَته والتَّصدِّي له ومَنعه مِن الانتِشار وطَمْس المَروِيَّات الصَّادِرة عن أَئمّة أَهْلِ البَيت صَلوات الله وسَلامُه عليهم فِيه والعَبثُ في سِيرة التَّشَيُّع الحَقِيقيَّة وسَلبُ مَحاسِنِ الشِّيعة في بلاد وُجُودِهم والتَّشنِيعُ على أُصولِهم وتَسفِيهُ شَرائعهم وعقائدهم.

ويُؤكِّد ابنُ تَيمِيَّة ذاتُه على عَقدِ الوَلاء المُطلَق لِأَقطاب (صَحِيفة مكَة الثَّانِيَة) والسَّير على خُطى (مَذْهَبِ الرَّأي) في سُنَّتهم الخاصَّة، ويَقتطع بَعضَ المَروِيَّات الواردة في حقِّ أَئمَّةِ أَهْلِ البيت صَلوات الله وسَلامه عَلِيهم ومَناقبهم وفَضائلهم ويَنسبها زُورًا إِلى الصَّحابَةِ المُنافِقين وتابِعِيهم مِن أَئمَّة ووُعّاظ القُصور في دُول (اتِّجاه أَهْل العامَّة) المُستَبِدّة.

ما هي الدَّوافع الَّتي جَعَلَت مِن ابنِ تَيمِيَّة يَقْدِم على مُصادَرة ما عِند التَّشَيُّع مِن مَورُوثٍ روائيّ وعَقيدةٍ سليمة ومَودَّة لِأئمَة أَهْلِ البَيت صَلوات الله وسَلامُه عليهم والتِزامٍ بما أَضاؤا مِن مَروِيَّات في التَّوحِيد والعَدل والنُّبوَّة والإِمامَة وصِفاتِ الله تَعالى والقدر والعِصْمَة، ويُسرف ـ في المُقابِل ـ في تَقدِيس الخُلفاء الثَّلاثة أَبِي بَكر وعُمر وعُثمان ويُذهِبْ عنهم الرِّجْس ويُضفِي عليهم مِسحةً مِن العِصْمَةِ والرَّهبَنةِ ويُطهِّرهم تَطهِيرًا؟! أَليس نِكايةً بِأَئمّة أَهْلِ البَيت صَلواتُ الله وسَلامُه عَليهم وبُغضًا لَهم وطَعنًا في شِيعَتِهم وتَحريضًا إِرهابِيًّا على قَتلِهم وسَفكِ دِمائِهم وانْتِهاك أَعْراضِهم.

خَرجَ ابنُ تَيمِيَّة وتابِعُوه على الحَقّ وحقائق التَّأريخ وتَمرّدا على نَصِّ القُرآن الَّذي ضَمّ ما بين دَفَّتية الكَثير مِمّا اعْتَرى سِيرةَ هؤلاء الصَّحابَة مِن سوء فِكر وشَيطنة عَمَل، فما مِنُهم إِلّا وجَزاؤه النَّار.. مِنهم الكافِرُ والمُشْرِك وجَزاؤهما النَّار خالِدَين فِيها، ومِنهُم مَن قال «أَسْلَمنا» ومِنهم المُنافِق الَّذي انْقَلبَ على عَقِبيه في يَوم السَّقِيفَة وقَتَل ابنةَ رَسُولِ الله صَلَّى الله عليه وآله ولم يَضرّ الله فِعلُه شيئًا، ومِنهم مَن حارَب الله ورَسُوله وسَفَك دِماء المُسلِمين في فِتَنٍ لم تنفك تُثِير دفائن الجاهِلِيّة في عُقول الكَثِير مِن أَتْباع (اتِّجاه أَهل العامّة) ويُعبَّر عنها بِأَشَدِّ أَلوان العُنف والفَصْل الطَّائفي والعَمل الإِرهابي.

نَزَل القُرآنُ في مُجتَمَعي مَكّة والمَدِينَة المُشرِكَين حيث تَفاعلا مع أُصُول ثَقافَتَين جاهِلِيّتَين خاصَّتين مُختلِفَتَين، ولَم يكن أَحدُهما أَو كِلاهُما مُجتَمعًا مَلائكِيًّا، ولم يَنقلِبا بِالقرآن فُجأةً أَو بين لَيلَةٍ وضُحاها إِلى مَلائكة مُؤمنين، وإِنَّما المُؤمِنون هُم فئةٌ قَلِيلةٌ أُطلِق عليها اسْم (شِيعَة عَليّ) فحسب، وتَمَسّك الباقُون غيرهم مِن الصَّحابة بِالجاهِلِيَّة أَو عَطّلوا القُرآن أَو عَملوا على خِلافِه أَو نافَقوا وتَحيَّنوا فُرَصَ الانْقلاب على رَسُولِهم صَلَّى الله عليه وآله وسُنَّتِهِ الشَّرِيفة وعَطَّلوا الحُدود أَو اشْتَركوا وأَطاعوا أَو سَكَتوا، وقد سَجّل القُرآن بِآياتِه الكَرِيمة تَفصِيلًا لِنبأ ما يَقتَرِفُون مِن عَملٍ سَيِّئ وما يَرتَكِبون، وأَنَّ أَكثرَهُم مِن أَهْل النَّار!

[إِنَّ الَّذِينَ ارْتَدُّوا عَلَىٰ أَدْبَارِهِم مِّن بَعْدِ مَا تَبَيَّنَ لَهُمُ الْهُدَى، الشَّيْطَانُ سَوَّلَ لَهُمْ

وَأَمْلَىٰ لَهُمْ][1]، وهُم الأَغلَبيّة مِن الصَّحابَة. فعَن النَّبيّ صَلَّى الله عليه وآله أنَّه قال (بيْنما أَنا نائمٌ/ قائِمٌ إذا زُمْرَةٌ، حتَّى إذا عرَفْتُهُمْ، خرَجَ رجلٌ من بيْنِي وبيْنِهِمْ فقال: هَلُمَّ. قُلتُ: أَيْنَ؟! قال: إلى النَّارِ والله. قُلتُ: ما شأْنُهُمْ؟! قال: إِنَّهمْ ارْتدُّوا بعدَكَ على أَدْبارِهِمْ القَهْقَرَى. ثُمَّ إذا زُمرةٌ، حتّى إذا عرَفْتُهُمْ خرَجَ رجلٌ مِن بَينِي وبينِهِمْ فقال: هلُمَّ. قُلتُ: أَيْنَ؟! قال: إلى النّارِ. قُلتُ: ما شأْنُهُمْ؟! قال: إِنَّهمْ ارتَدُّوا بعدَكَ على أَدْبارِهِمْ القَهْقَرَى، فلا أُراهُ يَخلُصُ مِنهُمْ إِلَّا مثْلُ هَمَلِ النَّعَمِ)[2].

وفِي رِوايةٍ أُخْرى(تَرِد عَلَيَّ أُمَّتِي الحوضَ وأَنا أَذودُ النَّاس عنه كما يذُودُ الرَّجُلُ إِبِل الرَّجل عن إبلِه». قالوا: يا نَبيَّ الله، أَتَعرِفَنا؟! قال: نَعم، لَكُم سَيما لَيْسَت لِأَحدٍ غَيركُم. تَرِدون عَليَّ غرًّا محجَّلين مِن آثار الوُضُوء، وليصدَّنَّ عَنِّي طائفة مِنكم فَلا يَصلِون. فأَقول: يا رَبِّ، هُؤلاء مِن أَصْحابِي! فيُجِيبني مَلكٌ فيقول: وهَلْ تَدرِي ما أَحدَثُوا بَعدك؟!)[3].

فلِآياتِ القُرآن مُناسَباتٌ خاصَّة بِالنُزول يَعلَمُها مُجتمعا مُكَّة والمَدِينة، ولِلسُّنَّةِ في هذين المُجتَمَعين مُعالَجاتٌ وقَواعِد وقَوانِين وأَحْكام.. ولو أَحصَينا عَدد الصَّحابة المُنافِقِين الَّذين كَشَف المؤمنون هُوِياتِهم لِزادوا على ما أَشار إِليه ابنُ تَيمِيَّة ونُظرؤه الَّذي زَوَّروا ولَفَّقوا فعَصبوا ظاهِرة النِّفاق كلِّها في رأس (عَبد الله بن أَبِي سَلُول) الأَزْدِي الخَزرَجِي الأَنْصاري لِوَحدِه حصرًا، في حِين يَذهَب الثَّقَلان إِلى استِعمال صِيغَة الجَمع ويُشيران إِلى وَقائع خَطِيرة مِن صُنع جَمعٍ مِن الصَّحابَة المُنافِقِين ومِنها طَمْس المَروِيّات وشَنّ الحروب وتَحيُّن فُرَص الانْقِلاب واغتِيال النَّبي صَلَّى الله عليه وآله وغيرها مِن الحَوادِث الَّتي لم يَكن ابنُ سَلول طَرَفًا فيها ولا عِلم له بِها، فلَم يَكُن هو لِوَحدِهِ المُنافِقُ في أَهْل المَدِينَة وفيها الصَّحابَةُ المُنافِقون المُهاجِرُون الوافدون مِن أَهْل مَكَّة!

1 - محمد 25

2 - صَحِيح البخاري 6587.

3 - صَحِيح مُسلم 247.

لقد تَمَرَّدَ ابنُ تَيمِيَّة على المَنهج العِلْمِي الرَّصِين في البَحث والدِّراسة، وانْحرف في قراءته لِلأُصُول العَقدِيَّة ومُدوَّنات التَّشريع، وانقلبَ على سِيرة الإسْلام بِخَلفِيَّةٍ عَصبيَّةٍ وطائفِيَّةٍ باعِثةٍ على الخَراب والدَّمار في أُمَّةِ المُسلِمِين لِيُغَلِّب سِيرةَ الصَّحابة المُنافِقِين على سِيرة المُؤمنين ويَصْطَنِع منهم نَموذجًا مقدَّسًا ويَتنَزَّل بِمَقام الصَّحابَة المُؤمِنين، ويَتَّبع في هَواه سِيرة الأُمَوي عُمر بن عبد العَزيز (المَلْعُون في السَّماء)[1] الَّذي سُئل عن المَوقِف مِن القِتال بين الصَّحابَة وإزهاق الأُلوف مِن أَرواح المُسلِمِين بِسُيوف المُسلِمِين ومُثالها الكارِثي في مَعرَكَتَي الجَمَل وصِفِّين، فقال «تِلك دِماءٌ طَهّر اللهُ مِنها يَدَيَّ فَلا أُحِبُّ أَنْ أُخضِّب بِها لِسانِي. مَثَلُ أَصْحاب رَسول الله مَثَلُ العُيون، ودواءُ العُيون تَركُ مَسّها»، فيُعطِّل بهذا الاجْتِهاد الباطِل منه أَحْكام الثَّقلَين بِإزاء الأَفعال المُنكَرَة الَّتي اقتَرفها هؤلاء الصَّحابَة المُنافِقُون. فيُعَلِّق ابنُ تَيمِيَّة في ذلك (ولِهذا أَوصَوا بالإمْساك عَمّا شَجر بَينَهُم لِأَنَّا لا نُسْأَل عن ذلك.. لكِن إذا ظَهَر مُبْتَدِع يَقدحُ فِيهم بِالبَاطِل فَلا بُدَّ مِن الذَّبِّ عنهم»!)[2].

عندما سَطَّر ابنُ تَيمِيَّة أَقوالَه الزَّائفة هذه ونَظائرَها فِي كِتابِه (الرَّدِّ على الرَّافِضي الحِلِّي)[3] خَلَفَهُ أَتباعُه ومُرِيدُوه فانتَحَلوا اسْمًا آخر لِكِتابه هو (مِنهاج السُّنَّة) لِيَجعَلوا منه أَسَاسًا لِفِرْقَةٍ إرهابِيَّة أُخرى مُتعصِّبة مِن فِرق (اتِّجاه أَهْل العامَّة) ولِيَتقمَّصوا بِه لِباسًا أُصْولِيًّا مَوضُوعًا مُلَفَّقًا مُزَوَّرًا.

فلِلتَّشيُّع مَورُوثٌ تَأريخيٌّ روائي وعِلْمِيّ وافِر الأُصُول ومتَعدّد المَصادر، ولا يَنقص مِن التَّشَيُّع قَدْحُ ابن تَيمِيَّة المُتهافِت وأَمثالِه فيه ولا يَزِيد في الشِّيعةِ إِلَّا تحدِّيًا وإِيمانًا وتَمَسُّكًا بِما ضَمَّ مَورُوثُهم العَظيم القائم على نَصَّي الثَّقلَين.

---

1 - الخرائج والجرائح، الرّاونـدي 276/ 1. عـن الإمـام الباقـر صَلـوات الله وسَلامُه عليـه أنّـه رأى عُمـر بـن عبـد العزيـز في المَسـجِد وهـو غـلام صغـير، فقـال: اليلِـينَّ هـذا الغُـلام فيُظهـر العـدلَ ويَعِيـش أَربـعَ سِـنين ثُـمّ يمـوت فيَبكِـي عليـه أَهْـلُ الأرض ويَلْعَنـهُ أَهْـل السَّـماء. فقيـل لـه: يابـن رَسُـول الله أَلَيْـس ذَكَـرتَ عَدلَـهُ وإِنْصافَـه؟! قـال: يَجلِـسُ في مَجلِسِـنا ولا حَـقّ لـه فيـه.

2 - المصدر السّابق 38

3 - الحلي: العلامـة الحـلي الحسـن بـن يوسـف بـن عـلي بـن المطهـر الحـلي المعـروف بالعلامـة الحـلي (648 هــ 726- هــ)، صاحـب المؤلفـات المشـهورة عنـد الشـيعة.

لم يَكُن ابنُ تَيمِيَّة أَوَّلَ مَن وَضعَ في الأُصُول واخْتَلق وزَوَّرَ وشَطبَ في المُدوَّنات التَّأريخيَّة والمَجامِيع الحَدِيثِيَّة، أَو افتَرى على الشِّيعَة مِن عِنده، أَو أكثر مِمَّا لَيْس في الشِّيعَة ثُمَّ نَسبَهُ إِلى مَورُوثِهم بُغضًا لهم وكراهِيَةً ونَصْبًا وازْدِراء.

فمِثْلُه مِن الوضَّاعِين والمُزوِّرين والمفتَرِين في سِيرَة الإِسْلام ورِجالِه وثَقافَتِه كَثِيرٌ بِلا نَفع لِمُجْتَمعاتِ المُسلِمِين وبِلا تَأثيرٍ في مُجتَمعات الشِّيعة يُحقِّق له غَرَضَه، إِنْ هُم إِلَّا كَغُثاء السَّيل.. هُمْ لَم يَزِيدوا بِمَا أَجرَموا في الدِّين غير ما كان يَدعو إِلى اعتِناق خُلُق أَهْل النِّفَاق ومُمارَسَة العُنْف والإِرْهاب على مَذْهَبِ سُنَّتِهم المُختَلَقة.

تَختَصُّ أُصُول التَّشيُّع الحَدِيثِيَّة ومَصادِرُه في المَعرِفَة بِمَناهِج عِلمِيَّة مُتفَرِّقة رَصِينَة ومَبانِي مُتَميِّزة في البَحث حَيث تَستَعرِض الأَدِلَّة والقرآئن بِثِقَةٍ تامَّةٍ وتُناقشهما بِجَرأةٍ ووُضُوحٍ وثَباتٍ وصِدقٍ ويَقِين، وتَقتَحِم مِيادين الاحتِجاج بِلا خَشيةٍ أَو خَوفٍ مِن لَومَةِ لائم.

فَهذِه هي سِيرةُ مُتشرِّعِي التَّشَيُّع ومُؤرِّخِيهِم لا تَخفَى على كُلِّ باحثٍ ذي رُؤيةٍ مستقلَّةٍ وكُلِّ مؤرِّخ ذِي لُبٍّ حَصِيفٍ ومُنصِفٍ قديرٍ أَمِين مُتَمسِّك بِالحَقِّ والحَقِيقَة.. إِنَّها سِيرةٌ ملتزمةٌ بِأُصُولٍ مَعلُومَة ومَصادر مَعرفة مُتاحة لِلجَمِيع فلا تَتقدَّم على ما تَضمَّنه الإِسلام وسِيرته مِن حَقائق ولا تَتأخَر عن قَول الحَقّ ولا تَتردّد في اتِّباع اليَقِين.

إِنَّ المُورث الرِّوائي الشِّيعِي وسِيرَتَه التَّأريخِيَّة لا خَفاء فِيهما ولا أَسْرار مَحظُورَة على البَاحِثِين، فكُلُّ تَفاصِيلِه فِي مُتناول يَدي ذَوِي العِلْم وأَهْل المَعرِفَة وطُلَّاب الحقِّ والحَقِيقَة في هذا العالَم المَفتُوح وبِلا تَمييزٍ أَو فَصْلٍ إِذْ لا باطِنِيَّة فِي أُصُول التَّشَيُّع ولا غُموض في مَصادِر المَعرِفَة ولا لِبْس ولا تَدْلِيس ولا تَزوير ولا اختِلاق، ولا وَضْع ولا تَلفِيق في المَورُوثِ مِن المَجامِع.

وليس مِمّا يُثِير الدَّهشة أَنْ تَتطرَّف جِهةٌ مِن جِهات (اتَّجاه أَهْل العامَّة) أَو مَذهبٌ أَو فِرقَةٌ منه فتَنتَحِل مُسمَّى (أَهْل السُّنّة والجماعَة) وتَحتكِره بِدَعْم مِن أَموال النَّفط وثَرواتِهِ ونُفوذِهِ، فتَعبَثُ في فِكره وتُدَجِّنه، وتُؤسِّس له عَقِيدتَه على طِبق مُغالَطات ابن تَيمِيَّة

الشَّنيعَة في الفَصل الطَّائفي وبَثِّ الكَراهِيَّة وعلى ذات الطَّريقة الفَاحِشَة في النَّصْب الَّتي اتَّبعها الصَّحابة المُنافِقون مُحدِثُو الانْقِلاب على الأَعقاب وأعوانُهم وأتباعُهم.

إنَّ في سِيرةِ هذه الجِهات تكمنُ دوافع التَّطرُّف في السَّلبِيَّة والشَّحْن الفِكْري والتَّعبئة الحَربيَّة على نِطاقٍ واسِعٍ وعَلى غَير هُدى مِن الثَّقلَين وفي الضِّدّ مِن السِّيرة التَّأريخيَّة العَظِيمة لِلتَّشيُّع وأَصالة وُجودِهِ وسَلامة عَقِيدة وإِيمانِ أَتْباعِه.. إنَّها جهات ما انْفَكّت تَبثُّ البَغضاء وتَنفُثُ سُمومَ العداوَةَ والحسَدَ وتنشب الغِلَّ في الصُّدور، مع يَقِينها بِأَنَّ الحَدّ الفاصِل بَين أَحكام ابن تَيمِيَّة وحَقِيقة التَّشَيُّع يَتمَثّل في مدى الالتِزام بالحقِّ والتَّمكّن مِن البَحث عن الحَقِيقَة ومَدى الالتزام بِالأَمانَة العِلْمِيَّة في قراءة المَورُوث التَّأرِيخِي والاجتهاد وتَحدِيد التَّصوُّرات وإِطلاق النَّتائج على مَلأ. ولا يَكشِفُ الحقَّ ويُجلِّي هذه الحَقِيقَة أَمام الأَبَصار إِلَّا مَنهج البَحْث العِلمِي المُخْتَصّ المَسئول المُجَرَّد مِن أَهواء الإِمْرَة والرِّئاسة والكِبر وحُبّ الزَّعامة، والمَصُون مِن العَصَبِّية الجاهِليَّة وثَقافَتِها السَّلبيَّة المتطرِّفة.

ولَيس مِن شَكٍّ في أَنَّ كُلَّ مَن احتَرفَ الصَّنعَةَ الجادَّة في البَحثِ والدِّراسة والتَّحقِيق العِلْمِي لَقادر بِنَفسِه على مَعرِفَة الأُصُول الرِّوائيَّة الصَّحِيحَة وتَجرِيد المَورُوث التَّأرِيخي مِن أَسْقام الوَضْع ووَباء التَّزوِير والاطِّلاع على ما يَصِحّ أَنْ يُوصَف بِـ(مَصادِر المَعْرِفَة) والثَّقافات المتُعاقِبَة النَّاجِمة عنها في مُجتَمعات المُسلِمِين إِنْ قَرَّر بِنَفسه مُستَقِلًّا مُمارسَة حَقِّهِ مُجرّدًا عن هَوى قُوى الضَّغط ومُغْرياتها.

إِنَّ في وسْعِ الباحِث الحاذِق والمُجِدّ في البَحث عن الحَقّ والحَقِيقَة تَحدِيد دَوافع المُخالِفِين المُناهِضِين لِلشِّيعة وما وراء ما كانوا يُبصرون في أُصُول الشِّيعَة ويَجحَدون.. إِنَّهم يُقارِبون مَصادِرَ المعرفة الشِّيعِيَّة بِشَكلٍ مُعاكِسٍ ضَالّ وبِمُسَبّقات مُعوجَّة لا رُشْد فيها ولا هُدى حيث مِن المُتَيسِّر إِدراك الأَسْباب الحَقِيقِيَّة الَّتي أَدَّت إِلى ظُهور الأَقْطاب المُتنافِرَة في الصَّحابة والاتِّجاهات المُتبايِنَة في الإِسْلام وانْتِشار المَذاهِب وتَعدُّد الفِرق وما أَسَفر عن كُلِّ ذلك مِن حُروبٍ فتَّاكَةٍ ومِن ظُهورٍ لِدُولٍ مُستَبِدَّةٍ ما

زالَت قائمَة على ذاتِ الدَّوافع السَّلبيَّة والأَسْباب، ولكنَّهم يَجحَدُون ويَكتِمون العَداوة وينصبون البَغْضاء.

إنَّ الاطِّلاعَ العِلمِي المِستَقلّ على المَراحِل الأُولى لِنشُوء ما أُطلِقَ عليه مُسمَّى (أَهْل السُّنَّةِ والجَماعة) وما خَلَّفَه أَعضاءُ هذا الإِطار مِن تَنازعٍ خَطير فيما بَينهُم حول مِلكِيَّتِه بِوَصْفِه عَلَمًا جامعًا مُستقلًّا بَدِيلًا عن (اتِّجاه أَهْل العامَّة) أَو مَنسوبًا إِليه، وما رُصِد مِن نَتائج سَلبيَّة ناجِمة عن تَدخُّل فِرقَة سَلَفِيِّي ابن تَيمِيَّة المُعاصِرين في شُئون هذا الإِطار، وما صَدرَ مِن قَرارٍ مُفاجِيّ عن هذه الفِرقة يَقضِي بِانْتِزاع إِطار (أَهْل السُّنَّة والجَماعَة) وفَصْلِهِ عن (اتِّجاه أَهْل العامَّة) ومِن ثَمَّ مُصادَرتِهِ واحتِكاره ـ لَيَكشِف بِما لا يَدع مَجالًا لِلشَّكّ عن أَنَّ (أَهْل السُّنَّةِ والجَماعة) كان جِهةً بارزةً مِن جهات (اتِّجاه أَهْل العامَّة) في مُقابِل فِرقةٍ مُتوحِّشَة مُتَمسِّكة بِمَنهج ابنِ تَيمِيَّة وجِهَةٍ ذات خِبرةٍ واسِعَةٍ في اتِّباع فَنون الاسْتِحواذ على جُمهور المَذاهِب والفِرَق وتَدْجِين أَتْباع عَقِيدتي الأَشعَرية والمُعتَزِلة بِلا عوائق وموانع صارِفَة، وتَوظيفِ كُلّ الاتِّجاهات الحَلِيفَة على أُسُسٍ حادَّة مِن العَصبيَّات الطَّائفيَّة الجاعِلَة مِن التَّشيُّع العَدوّ اللَّدُود الَّذي يَستَوجِب وُجودُه تَوظِيف كُلّ الطَّاقات واتِّحادِها وتَكاتُفِها لِلطَّعن في أَصْلِه التَّأريخي وتَشوِيهِ سِيرةِ ظُهورِهِ والعَمل على عَزلِهِ إِسلامِيًّا وإِقصائِهِ دُوليًّا والقَضاء على هُويَّته وَطنِيًّا ووُجودِهِ إِسلامِيًّا.

لم يَعُد الاطِّلاع السَّلِيم على البِدايات الأُولى لِنُشوء التَّشيُّع والوُقوف على مَدى قُربِ الشِّيعة مِن الإِسْلام الأَصِيل ومِن المَودَّةِ لِأَئمَّة أَهْل البَيت صَلواتُ الله وسَلامُه ـ بِحاجَة إِلى كُلْفَةٍ فِي البَحث وعَناءٍ في الدِّراسة والتَّنقِيب. فَكُلّ أُصُولِ الشِّيعَة ومُدوَّناتِهم ومَصادر المَعرِفَة لَدَيهِم ومُكوِّنات ثَقافَتِهم ومَظاهِرها مَعلومَةٌ مُتاحةٌ لِمَن قَصَد الحقّ وأَراد مَعرِفَة الحَقِيقَة وسَلَك مَنهجًا عِلْمِيًّا مُجرّدًا مِن هوى الانْحِياز السِّياسِيّ والتَّطَرّف الطَّائفِي ومِن الانْحِياز لِلنُّظم الهِرَقْلِيّة المُستَبِدّة وخِدمَة مَقاصِدها.

إِنَّ الوُصُول إِلى الحقّ ومَعدن الحقِيقَة في كُلِّ ما يَخُصّ التَّشَيُّع يَتطَلَّب مِن الباحِثِ والدَّارس الاستِقلال عن قُوى الضَّغْط والتَّضلِيل قَبْل الشُّروع في القَراءة التَّحلِيلِيَّة

لِسِيرَة النُّشوء الأَوَّل لِلتَّشَيُّع ونُشوء المَذاهِب والفِرق في الإِسْلام والدَّوافع الَّتي تَقِف وراء ظُهورهما.

وأَمَّا النَّتائج السَّلبِيَّة الَّتي خَلَّفها التَّزوِير والتَّلفِيق والوَضع والافْتِراء والتَّشطِيب الَّذي نَشأ في القَرن الهِجْريّ الأَوَّل على أَيْدِي المُرتَزقَة الرُّواة ثُمَّ على أَيدِي المؤرِّخِين المُتَعصِّبين المُتطَرِّفِين والحُكّام المُستَبِدِّين مِن أَتْباع (اتِّجاه أَهْل العامَّة) في وَقْتٍ سابِقٍ ولاحِقٍ في الضِّدّ مِن التَّشَيُّع الأَصِيل وما تَقدَّم ذلك مِن مُقتَضيات بِالإِبادَة والتَّشرِيد وبِالفَصل الطَّائفي ـ فَلَن يَستطيع أَحدٌ مِن مُثقَّفِي كُلِّ المَذاهِب والفِرق والطَّوائف المُعاصِرين وإِنْ اجتَمَعوا في دائرة (أَهْل السُّنَّة والجَماعَة) على طَمْس الحَقائق بِهذه النَّتائج وَطَيّ سجِلّاتها أَو التَّخلص مِمّا اقترَفَ مَورُوثُهم الثَّقافي في الضِّدّ مِن الشِّيعة والتَّشَيُّع. وستَظل هذه الأَفعال الفاضِحَة شاخِصَةً وشاهِدَةً على مدى الاستِخفاف بِالعَقل المُسلِم والمَيل بِه إِلى التَّطرُّف والتَّحرِيض على العَنِيف وارتِكابِهما.

وأَمّا تَحسُّس آثار النِّزاع الطَّائفي الَّذي أَسَّس له (اتِّجاه أَهْل العامَّة) وتَتَبُّع انْعكاساتِهِ السَّلبِيَّة على أَنْماط التَفكِير في العالَم الإِسْلامِي فَلا قُدرة لَدى (اتِّجاه أَهْل العامَّة) المُعاصِر على تَطْويعِهِ بِوَصْفِهِ خاصَّة قابِلَة لِلتَّحوّل على حسب مُتعَلِّق المَنفَعَة. فهُو نِزاعٌ ظَلَّ مَرهُونًا لِتقلُّبات السِّياسَة وأَمزِجَتِها وهو نِتاج ما تَعتاش عليه سِيادةُ الدُّول المُستَبِدّة، وما (اتِّجاه أَهْل العامَّة) إِلَّا أَداةً طَيِّعَةً مِن أَدواتِ هذه الدَّولة وأَحَد خِياراتِها الرَّخِيصَة لِتَصدِير أَزماتِها أَو لِلتَّعويض عن فَشَلِ سِياساتِها. فلَم يَعُد (اتِّجاه أَهْل العامَّة) يَمتَلِك عَقلًا مُستقِلًّا ولا مُقوِّمات وُجودٍ مُستقِرَّة ثابِتَة. فَقَد تَأَسَّس تَحت وَصايَة أَبِي بكر ثُمَّ عُمر وعُثمان ثُمَّ تَلقَّفَته حُكومات الدُّول المستَبِدّة المُتعاقِبَة فخَضَع لِوصايَتها.

إِنَّ الاقْتِران بِالحَقِ واتِّباع خُطى الحَقِيقَة في زَمَنِنا المُعاصِر بِحاجَة ماسَّة إِلى المَنْهَجِيَّة في التَّبَصُّر والتَّبيُّن ورَصْد العَلاقَة القَائمَة بَين قُوى الفَصْل الطَّائِفي وقُوى الاسْتِبداد السِّياسِي ورَصد حَجْم المَصالِح المُتبادِلَة بَينَهُما وتَقيِيم الآثار المُترَتِّبة والمُضاعَفات.

إنَّ العَلاقَة الحَرام هذه مِن أَخطر مُنبِّهات الفِتَن الطائفِيَّة ذات البُعْدِ السِّياسِي في زَمنِنا المُعاصر، ومِن أَخْطَر الطُّرق لإثارة الفِتَن وتَرسِيخ دَوافِعها في عُمْق النِّظام الاجتِماعي السَّائد في المُسلِمين.

إنَّ البَحث عن الحَقِّ والحَقِيقَة في أُصُول التَّشيُّع ومَصادر المَعرِفَة الشِّيعِيَّة هي مِن الأُمُور المُؤكَّدة لدى الشِّيعَة أنفُسِهم إذْ لا خَشْيَة فيهم مِمَّا هُم عليه مِن عَقيدَةٍ وإيمانٍ ومَعرِفَةٍ وعِلْم، كما لا خَوف على ما نَشأوا عليه مِن بُنيانٍ مَرصُوصٍ، وإنَّما يُشّكِّل البَحْث عن الحَقّ والحَقِيقَة المُستَقلّ المُجرّد قُوّةً تُضاف إلى قُوّة إيمانِهم ويَزيدهم ثِقَةً في الأُصُول المُتَّبعة وما ينطَوِي عليه مَورُوثهم الرِّوائي وسِيرَتُهم التَّأريخِيَّة.

ومُنذ جَرى الحديث عن أَصْل الشِّيعة وخَلفِيَّات نَشأَتِهم بُغْيَةَ التَّشكِيك في هُوِيَّتهم والارْتِياب في أُصُول ثَقافَتِهم؛ لم يكُن أَحدٌ مِن الشِّيعة يَخشَى مِن نَتائج البَحث العِلْمِي المُفصَّل والدَّقِيق في ذلك بَتاتًا، وإنَّما كانوا على ثِقَة مِن أَصالَة ما بِحَوزَتِهم مِن مَورُوثٍ رِوائيٍّ وسِيرةٍ تَأرِيخيَّةٍ، ومِن سَلامَةِ ما بِأَيدِيهم مِن الأُصُول والمجامِيع والمَصادِر، كما كانُوا على دِرايَة بِصَلاح مَنهَجِهم في الاجْتِهاد. فإنَّ شَطَّ الباحِثُ وانْقَلَب على الحَقِّ وخَذَل الحَقائق الَّتي تَوصّل إليها في بَحثِهِ عن نَشأةِ التَّشيُّع وسِيرتَهِ وأُصُولِه وعُلومِهِ وفُنونِهِ في الاجْتِهاد فإنَّما يَخدع نَفسَه ويضرّها وما يَضرّ الشِّيعة في شَيء.

لقد ذَهَب السَّلفِيُّون المعاصِرُون ومَن هُم على شاكِلَتهم ومَن على مَنهَجِهِم إلى بَثِّ فِكْرِهِم الخَاصّ والإدِّعاء بِأَنَّ الإسْلام الأَصِيل والنَّقِي والصَّحِيح المُجرَّد مِن التَّزوِير والوَضْع والتَّلفِيق والخُرافَة والأُسْطورة والبِدعَة هو ما كان بِحَوزة (مَذْهَب الرَّأي) وأَتْباعِهِ مِن (اتِّجاه أَهْل العامَّة) ووارِثِهما الحَديث (أَهْلِ السُّنَّةِ والجَماعَة) ومَذاهِبه وفِرَقِهِ المُعترَف بها حَصرًا.

مِن هُنا اخْتُزِل (اتِّجاهُ أَهْل العامَّة) الَّذي نَشأ على عَهد أَبِي بَكر وَضَمّ المئات مِن المَذاهِبِ والفِرَق الرَّدِيفَة لِـ(مَذْهَبِ الرَّأي) إلى أَرْبَعَةِ مَذاهِب فقط، وأُسقِطت مُؤنَةُ المَذاهِب والفِرَق الأُخْرى في عَهد المَمالِيك بِمِصْر وقِيل أَنّ ذلك حَدَث في عَهدٍ مُتأخِّر.

وعندما ظَهرت الحَركةُ السَّلفِيَّة بِوَجهها السِّياسي المُعاصِر؛ اجْتَهدَت في مُصادَرة (اتِّجاه أَهْل العامَّة) وفي احْتِواء إطارِه البديل (أَهْل السَّنَّةِ والجَماعَة)، فأَكثَرت مِن ضَغْطِ نُفوذِها السِّياسِي وبَذلَت مِن أَمْوالِ الثَّروة النَّفطِيّة أَضعافًا مُضاعَفَة، فتَغَلّبت واحْتكَرَت إطار (أَهْل السُّنَّةِ والجَماعَة) وأَخْضَعته لِزَعامَةٍ سِياسِيَّة تَدَّعِي تَمثِيلها المُطلَق لِلإسْلام بِمَذاهِبِه كافَّة وأَسَّسَت بِه الأَحْزاب السِّياسِيَّة وبَثّت الجَماعات الإرهابِيَّة السِّرّيَّة إلى جانِب مُؤَسَّساتها الثَّقافِيَّة والخَيرِيَّة في بِلاد المُسلِمِين، وسَعَت إلى تَسفِيه التَّشَيُّع والحَدِّ مِن انْتِشارِه نِيابةً عن المسلِمِين كافّة، وأَرْغَمت رؤساء المَذاهِبِ والفِرَق على الاعتِراف بِالظَّاهِريَّة مَذْهَبًا خامِسًا وعلى الإعْتِقاد بِأَنَّ التَّشيُّعَ رهطٌ مُنْحَرِف العَقِيدَة نَشأ في عَهْدِ النَّبِيّ صَلَّى الله عليه وآله، وازْداد شَراسَةً عِند وُصُولِ الخِلافَة إلى عُثمان، وبَرَزَ بِوَصْفِهِ اتِّجاهًا ناشِئًا عن فِتنَة مَقْتَل عُثمان، ثُمّ رَوَّجَت ـ الحَرَكة السَّلَفِيَّة ـ في المُسلِمين قَول القائلِين أَنَّ أَوَّل عَقائد الافْتِراق الَّتي ظَهرَت في الأُمَّة كانَت خَليطًا مِن الأَفْكار والعَقائد المَغمُورة الَّتي لم يُسمَع لها هَمسًا حتَّى ظَهرت مع ظُهُور التَّشَيُّع في فِتنةِ مَقْتَلِ عُثمان على أَيْدِي (شِيعَة عَلِيّ)!

وأَمَّا أَوَّل)المَذاهِب) ظُهورًا في الإسْلام وافتِراقًا عن خُلُفاء المُسلِمِين ـ على حَسب مَنهج الوَضْع والتَّزوِير السَّلَفِي ـ فَهو مَذْهب المارِقَة الخَوارِج، ولكِنّ ذات المَنهج السَّلفي يُصَنِّف المارِقَة الخَوارج في قائمة (الفِرَق) ويَصْرِفُه عن قائمة (المَذاهِب) المَعلُومة ويُرجعه إلى نَزْعَةٍ سبَئِيَّة، مِثْلَما فَعَل هذا المَنهج فَعْلَتَه فَجَعل مِن الشِّيعَة نَبتةً في السَّبَئِيَّة، وأَنَّ السَّبَئِيَّة ـ على حَسب هذا المَنهَج ـ قد افْتَرقَت إلى فِرقَتَين رَئيسِيَّتين هُما (الخَوارج) و(الشِّيعَة)، وأَنَّ أَصْلَهُما واحدٌ على الرَّغْم مِن وُجودِ بَعْضِ الفَوارِق، فَـ(كُلُّها نَشَأَت في خِضَمّ أَحْداثِ الفِتنَةِ على عَهْدِ عُثمان الَّتي أَثارها ابنُ سَبَأ بِأَفكارِه وعَقائده وأَعمالِه، فانبَجَست مِنها أَخبَثُ العقائد حِينذاك وهِي الخَوارِج والشِّيعة)[1].

1 – الإفتراق.. مفهومه وأسبابه وسُبل الوقاية منه د.ناصر عبد الكريم 17–16

ولا يَرى أَهلُ هذا الطَّرْح السَّلَفِيّ السَّاذِج وأَمْثالِه في ما يَقترِفُونَه مِن تَزوِيرٍ ووَضْعٍ وتَشْوِيهٍ وتَلفِيق وتَشطِيب في الضِّدّ مِن التَّشَيُّع وغَيره مِن المَذاهِب والفِرَق اغْتِرابًا عن البَاطِل وغُرْبَةً عن الحقِّ والحَقِيقَة حتَّى يُقالوا أَو يُعذَروا، وإِنَّما هُم ـ السَّلَفِيُّون ـ يَفعلون فَعْلَتَهم هذه لِيَتقرَّبوا بها إِلى نُظمِ دُوَلِهم المُستَبِدة حِفاظًا على البَقاء وخَشيةً مِن الفَناء، وعن قَصْدٍ وعَمْدٍ مِنهم وعن سَبْق إِصرار، مِثْلَما فعل صَحابَةُ الفَلْتَة فَعلتَهم الَّتي وَقَى اللهُ المُسلِمِين شَرّها وَهُم على آثارِهِم مُقتَدون.

إِنَّ تَصْنِيفَهم لِلشِّيعَة في قائمَةِ مَذْهَب السَّبَئِيَّة عملٌ بَائسٌ يَفتَقِر إِلى البُرهان والدَّلِيل العِلْمِي، وفِيه تَعَسُّفٌ على مَبْنَى (مَذْهَبِ الرَّأي). في حِين أَنَّ مَنهَجَ البَحثِ التَّأريخِي يَقتَضِي الحِرص على العَودةِ إِلى الأَصْل والنَّصّ. وإِذا ما شَاء الباحِثُ الاحْتِكام إِلى المَنهج العِلمِيّ المُجرَّد بِنزاهَةِ خُلُقٍ وأَمانَةٍ فهُو في حاجَةٍ ماسَّة إِلى ذلك.

فمَن وَضَع وزَوّر ولَفَّق وافْتَرى الكَذِب في مَرحَلَةٍ مَضَت حيث ضِيق المَساحَة العِلمِيَّة المَقروئة والمَرئيَّة وصُعوبَة الوُصُول إِلى مَصادِر المَعرِفَة وأُصُولِها كانا السَّائدين والغالِبَين والمُهيمِنَين؛ فإِنَّ عالَم اليَوم مُختَلِفٌ تمامًا حيث لا تَخفَى على أَحدٍ فيه خافِيَة، وأَنَّه سَيُدِين ـ مِن دُون شَكّ ـ مَقصدَ الوَضاعِين والمُفتَرِين والمُزَوِّرِين والكَذابِين ويُستَخَفُّ عَقولَهُم ويُسَفِّهُ مَساعِيهم السَّيِّئة ومَنهَجَهُم الباطِل.

لم يُصَرِّح أَحَدٌ مِن المُؤرِّخِين البَاحِثِين المُنصِفِين الصَّادِقِين مِن أَهْل العِلْم والمَنهج القَوِيم ولا مِن المُفَسِّرِين المؤمِنين مِن أَهْل التَّقوى ولا مِن المُحلِّلين النَّزِيهِين المُستقِلّين مِن أَهْل الرُّؤية الثَّاقِبَة ـ بِأَنَّ الشِّيعةَ نَشَئوا إِلى جَانب المارِقَة الخَوارج في عَهد عُثمان بن عَفَّان، أَو أَنَّ أُصولَهُما ومَصادِرَهما في المَعْرِفَة واحِدةٌ مُشتَركةٌ، أَو أَنَّهما يَرجِعان في الأُصُول إِلى السَّبَئِيَّةِ الَّتي صُوِّرت لِلمُسْلِمين جِهةً حِزبِيَّةً أُسطورِيّةً خارِقَةً لِلعادَة وقد قرَّرت أَنْ تُصِيبَ شَيئًا خاصًّا مِن خِلافَة أَبِي بَكْر وعُمَر وعُثمان ومُعاوِيَّة ويَزِيد بن مُعاوِيَة ومِمَّن يَلِيهِم مِن أَهْلِ المَذاهِبِ والفِرَق والأَحْزابِ والدُّوَل.

إِنَّ مَن قال بِذلك فَقد اعتَرَف بِمُغالاتِهِ في التَّجَنّي على الحَقّ والحَقِيقة وبِإِفْراطِهِ

في التَّزوير وغَيِّهِ في التَّزييف وإِسْرافِهِ في الاخْتِلاق والتَّلفِيق والتَّعمِيَة واستِخفاف العُقول، ولكنَّه ساهَم مِن حيث يَجهَل في كَشَف مَدى هِزال مَفهُوم (الخِلافَةِ) وهَشاشَة نَمَط عَقِيدَتِه وسَذاجة النَّظَر بِمَذْهَبِه في (الرَّأي)، كما أَفْصَح عن اعتِرافِهِ بِضَعف مَفهُوم (الخِلافَة) الصَّادر في عَهد الثَّلاثة أَبي بَكْر وعُمر وعُثمان وبِهزال ما صَنَعَه مِن أُمَّةٍ هَشَّة المعنى مَغلوبةٍ مَسلُوبة الإرادة بالأُسْطُورة والخُرافَة، يَتَخَطَّفُها الثَّأر الجاهِلي والانْحِراف العَقدِي، وتَتقاذَفُها المَذاهِب والفِرَق وأَهْواء المُلوك والسَّلاطِين مِن الصَّحابَة والتَّابِعين وتابِعِيّ التَّابِعِين، وما زَالَت على ذلك وستَبقى إِلى يَومِ الدِّين.

لقد ذُكِر فِي سِيرة السَّبَئِيَّة المُختَلَقة أَنَّها تَتمثَّلُ فَردًا خُرافِيًّا أُسْطُورِيًّا هو (عَبد الله بن سَبَأ) الَّذي يُعدّ شَخْصِيَّةً مَجهولةً في الرِّجال ولَم يُدوَّن في الأُصُول الرِّوائِيَّة والتَّأريخِيَّة ومَصادِر المَعرِفَة المُعتَبَرة لدى المُسلِمين كافَّة عنه شَيئًا ولا في سِيرة ظُهور فِرْقَةٍ خاصَّةٍ به.. إِنَّه أُسْطورَةٌ تَطوِي مَسافات الأَرض وتَجوب بِلاد المُسلِمين في سُرعةٍ إِعجازِيَّةٍ خارقة وتَدعو إِلى ما تَعتقِده مِن أَفكارٍ فتُرَسِّخَها في العُقول بِلا كُلفة وتَدعو إِلى ما تُؤمِن بِه مِن أَشْخاص فيَتَحوَّلون إِلى أَعيانٍ مُقدَّسَة في لِمْحٍ بِالبَصر.

وأَمَّا المارِقَة الخَوارج فهُم مَذْهَبٌ لم يُعرَف له وُجودٌ ولا أَثَرٌ قبل التَّحكِيم في حَرْبِ صِفِّين الَّتي خاضَها عَلِيٌّ أَمِير المُؤمنين صَلواتُ الله وسَلامُه عليه بِجَيش (الخِلافَة) النَّاقِض لِبَيعةِ الغَدِير والمَجبول على أَحكام (مَذْهَب الرَّأي) والمُتَمسِّك بِسُنَّتَي الثَّلاثَة والهَشّ ذِي الأَهْواء والمُيول العَقَدِيَّة المُضطَرِبة في مُقابِل جَيش مُعاوِيَة بن أَبِي سُفيان الوَالِي المُتَمرِّد المَعْزُولِ في المَدِينَة عن وَلايَة الشَّام، ولَم يَكُن لِهؤلاء المارِقَة الخَوارج مِن حُضورٍ عَقدِيٍّ جَمعِيّ ولا سِياسِيٍّ ظاهِر يُعرف فِي عَهد عُثمان مُطلقًا.

ما هُو رَأيُ ابن تَيمِيَّة وأَتْباعِهِ في مدى خُطورَةِ مَوقف عائشَة وطَلحَة والزُّبير على عَقائد المُسلِمين إِذْ تَزعَّم الثَّلاثَةُ حَربَ الجَمل فِي عام 36هـ وقادوها في الضِّدّ مِن إِمام زَمانِهم عَلِيٍّ أَمِير المُؤمنين صَلواتُ الله وسَلامُه عليه الَّذي بايَعوه مَرَّتين، في يَوم الغَدِير بِرِعَايَةٍ خاصَّة مِن النَّبِيّ صَلَّى الله عليه وآله ثُمَّ نَقضوا بَيعَتَهُم الأُخرى الَّتي بايَعوا

في إِثْر مَقْتَلِ عُثمان وخَالفوا إِجماع المُسلِمِين عليه بِما اشتَرطوا على الخَلِيفَة الجديد مِن القِصاص لِدَم عُثمان وساوَمُوا عليه مُقابِل تَجدِيد بَيعَتِهم له وتَسَبَّبوا في قِيام حَرْبٍ طاحِنَةٍ في البَصْرة قُتِل فيها أَكثر مِن 17 أَلفًا مِن المُسلِمِين وهلَك فيها الصَّحابي الزُّبَير (المُبَشّر بِالجَنَّة) في أَوَّلِ المَعركة، ثُمّ غَدر الصَّحابيُّ مَروان بن الحَكم في جانِبٍ مِن المَعركَةِ بِالصَّحابِيِّ طَلحة (المُبَشَّر بِالجَنَّةِ) فرَماه بِسَهم فقَتَلَه.

يقولُ خَلِيفة بن خَيَّاط حدَّثَنا مَن سَمِعَ جويرية بن أَسماء عن يَحيَى بن سَعِيد عن عَمِّه: أَنَّ مَروان رَمى طَلْحَة بِسَهمٍ فقتَله، ثُمَّ التَفَتَ إِلى أُبان فقال قد كَفَيناك بَعض قَتَلةِ أَبيك)[1].

بَرَز مُعاوِيَة بن أَبِي سُفيان في صِفِّين بِمَذْهَبٍ خاصٍّ بِه مُختلفٍ عن (مَذْهَب الرَّأي) ومَحفوفٍ بِأَهْل الشَّام الَّذين اعتقدوا بِهذا المَذْهَبِ ونَصَرُوه حيث استَقَلّ بِدَولةٍ قائمةٍ بِذاتها ولا يَعرِف أَهلُها مَذهبًا لِأَبِي بَكْر ولا لِعائشة وطَلحَة والزُّبير ولا سابِقةً لهم ولا لِعُمَر ولا لِعُثْمان ولا لِعَلِيّ صَلواتُ الله وسَلامُه عليه ولا لِأَيٍّ أَحدٍ مِن الصَّحابة المُهاجِرِين والأَنْصار في مَكَّة والمَدِينَة.

واتَّخَذ (مَذْهَب مُعاوِيَة) مَوقِفَ الضِّدّ مِن دَولَةِ (الخِلافَة) الَّتي بات يَقود جيشَها عَلِيٌّ أَمِير المؤمنين صَلواتُ الله وسَلامُه عليه وشِيعتُه إِذْ بُويع في إِثْر مَقتل عُثمان ووَجَب على والِي الشَّام مُعاوِيَة بن أَبي سُفيان السَّمع والطَّاعَة له، ولكنَّ معاوية تَمَرّد واستَقَلّ بِالشَّام وتَقدَّم بِقَمِيص عُثمان في حَربٍ شَعواء على (الخِلافَة) مُعلنة.

ومِن غَيرِ حَرَجٍ ولا تَرَدُّدٍ، قادَ مَعاوِيَة بِمَذْهَبِهِ اتِّجاه أَهْل الشَّام الأُمَوِيّ العَريض وخَرج بِهِ على خَلِيفة المُسلِمِين وإِمام زَمانِهِ وانْشَقّ بدمشق وعَرَّضَ المُسلِمِين في الشَّطرَين مِن بِلاد المُسلِمِين لِلهلاك بِسُيوفِهما مُستغِلًّا مُضاعَفات حَرْبِ الجَمَل في البصرة وهَزِيمَةِ عائشَة (أُمّ المُؤمِنِين) الَّتي كَرِهَت عُثمان كَراهَةً شَدِيدَة عندما أَوقَفَ عَطاءَها في عَهدِ خِلافَتِهِ ودَخَلت مَعه في حَربٍ بارِدَة على النُّفوذ، واستَقطبت القُوى

---

1 - سِيَر أعلام النبلاء، الذهبي 252/ 28

الَّتي أُشْرِبَت حُبّ والِدِها في المَدِينة وبَعض مُدن العِراق، وسَعت في احْتِواء (اتِّجاه أَهْل العامَّة) وفَصلِهِ عن خِلافَة عُثمان وفي تَدجِين (مَذْهَب الرَّأي) وتَعنِيفِه، ورَوَّجَت لِمَذهَبٍ فقهيٍّ وعَقدِيٍّ خاصٍّ بها مُختلِفٍ عن مَذَاهِب المَدِينَة ومَكّة والكُوفَة ودِمَشق وطَعنت بِه في دِين عُثمان ودِين الأُمويِّين ودِين عَلِيّ أَمير المؤمنين صَلواتُ الله وسَلامُه عليه، فِيما التَزَم الشِّيعةُ بِعَقِيدَتِهم الَّتي استَمَدُّوها مِن رَسُولِهم الكَريم صَلَّى الله عليه وآله وأَطاعُوا وَلِيَهُم وإِمام زَمانهم وخَلِيفَتِهم عَلِي أَمير المؤمنين صَلواتُ الله وسَلامُه عليه.

في هذه الظُّروف الاجْتِماعِيَّة والثَّقافِيَّة الَّتي تَعدَّدت فيه الاتِّجاهات والمَذاهِب والاستِقطابات الحادَّة اختَلَط على عامَّة المُسلِمين وانْقَسَموا وخالَف بَعضُهم مَذْهَبيّ عائشَة ومُعاوِيَة في حَذرٍ شَدِيدٍ وتَردُّدٍ منه وتَقَرَّبَ بَعضُهم الآخَر إلى عَلِيٍّ أَمِير المؤمنين صَلواتُ الله وسلامُه عليه بِوَصْفِه الحاكُم الخَلِيفَة الرَّاهن المُختار ولَيْس بِوَصْفِهِ إِمامًا مَعصومًا مُفتَرض الطَّاعة في كُلِّ الأَحْوال؟!

وانْقَسَم أَتباع (اتِّجاه أَهْل العامَّة) وانْشَطر المُسلِمُون كافَّة إِلى ثَلاثَةِ اتِّجاهات، ودَخلوا ثَلاث مَعارك فاصِلَة بِثَلاثِ عَقائد مُختلِفَة وبِثَلاثَة مذاهِب مُتبايِنَة ومَذْهَبٍ رابعٍ مُشَتّت القُوى ومقطع الأَوصال بَين الخلفاء الثَّلاثة، ثُمَّ زادوا مَذْهَبًا على مَذاهِبِهم هُو مَذْهَبُ المارِقَة (الخَوارج)، يُكفِّر كُلُّ واحِدٍ مِنها الآخر ويُسفِّهُهُ ويَسْعَى في مُحارَبَتِهِ وقَتلِه.

فإِنْ أَرجعَ ابنُ تَيمِيَّة الشِّيعَةَ إِلى اتِّجاه عَلِيٍّ أَمِير المُؤمنين صَلواتُ الله وسَلامُه عليه فَلَيْس لَه مِن خِيار إِلَّا الانْحِياز إِلى مُعَسكَر واتِّجاه ومَذْهَب عائشة أَو إِلى معسكر واتِّجاه ومَذْهَب مُعاوِيَة، وهو الأَمْر الَّذي دَعاهُ إِلى الجَمع بين مَذْهَبيّ عائشَة ومُعاوِيَة المُتنافِرين فصَار في حَوزَتِهِ مَذهبٌ وسَطِيّ تَوافُقِي ومَزِيجٌ بَين سُنَّتَي عائشَة ومُعاوِيَة اللَّذَين خَرَجا على خَلِيفَةٍ مُختارٍ بِلا فَلْتَة ولا تَعيين مِن خَلْفِ جُدُرٍ ولا شُورَى هابطَة مُلَغَّمة المَعنى وخاضِعَة لِحَدّ السَّيف!

وهاهِي المَذاهِبُ والفِرق في (اتِّجاه أَهْلِ العامَّة) قد أَخذَت بِيَدِ نَظائرِها مِن

المَذاهب والفِرَق الأُخْرى في ذات الاتِّجاه وفَصلَت فِي مَواقِفها بِوَسِيلَةِ العاجِزين والمُتحيِّرين القائلين بِالجَمع بَين المِثاليَّةِ الدِّينيَّة والعَصَبيّة القَبلِيَّة وفق (مَذْهَبِ الرَّأي) والإِجْماع على مَبدأ مُكافَحَة التَّشَيُّع كَراهِيّةً وبُغضًا في أَئمَّةِ أَهْلِ البَيتِ صَلواتُ الله وسَلامُه عليهم وحُبًّا في الرِّئاسة وطَمعًا في الإِمْرة.

اختَلَفَت الأَقولُ في نَشأة التَّشَيُّع وزاد على ما أَشرنا إِليه آنفًا قولُ قائلٍ تَنَزَّلَ بِقَولِهِ عن مَقعَدِ العَصبيَّات القَبلِيَّة والفَصْل الطائِفِيّ واقْترَبَ مِن حَقِيقة وأَصْل التَّشَيُّع ولم يَبلُغْهما، فأَفصَح بقوله:

أَنَّ التَّشَيُّعَ الَّذي غَرسَ الرَّسُول صَلَّى الله عليه وآله في عَهدِه بَذرتَه الأُولى كان تَشَيُّعًا مِثالِيًّا رُوحانِيًّا. فقد اقْتَرن هذ اللَّون مِن التَّشيُّع بِالرَّسُول صَلَّى الله عليه وآله وعَلِيٍّ أَمِير المؤمنين وأَهْلِ بَيته صَلواتُ الله وسَلامُه عليهم الَّذين أَوجَبَ القُران الكَريم مَودَّتهم بِنصِّ الآيَة الكَريمة [ذَٰلِكَ الَّذِى يُبَشِّرُ اللهُ عِبَادَهُ الَّذِينَ ءَامَنُواْ وَعَمِلُواْ الصَّٰلِحَٰتِ، قُل لا أَسْـأَلُكُمْ عَلَيْهِ أَجْرًا إِلَّا الْمَوَدَّةَ فِى ٱلْقُرْبَىٰ، وَمَن يَقْتَرِفْ حَسَنَةً نَّزِدْ لَهُ فِيهَا حُسْنًا، إِنَّ الله غَفُورٌ شَكُورٌ][1] حيثُ كان أَمرُ التَّبلِيغ وعَرضُ السُّنَّة وإِظهارُهما يَتطَلَّب عَملِيَّة انْتِقالٍ مَن عَهد الجاهِلِيَّة الشِّركِيَّة إِلى عهد الإِسْلام المُوَحِّد. فِي حين بَرَز التَّشَيُّع بِشَكْلِه السِّياسِي - على حَسَب هذا الرَّأي - في إِثْر اعْتِراضِ الشِّيعَةِ على الحَوادِث السِّياسِيَّةِ الكَبيرة والخَطِيرة الَّتي مَسَّت وُجودَ الإِسلام ومَصِيرَه. وكان فِي طَلِيعتها عَهدُ (صَحِيفة مَكَّة الثَّانِيَة) وما تَلاه مِن حَوادِث يَوم السَّقِيفة.

وقائلٌ ثانٍي قال:

أَنَّ الظُهورَ السِّياسِي لِلتَّشيُّع تَمَّ في إِثْر اغتيالِ عَلِيٍّ أَمِير المؤمنين صَلواتُ الله وسَلامُه عليه في مَسجِد الكُوفَة، أَو على أَثَر اغتِيال ابْنِه الإمام الحَسَن الزَّكِي صَلواتُ الله وسَلامُه عليه بِالسُّمّ بِتَدبِير مِن مُعاوِيَة وتَنفِيذ مِن زَوجِهِ جَعدة بِنْت الأَشْعَث بن قَيس، أَو فِي إِثْر واقعةِ الطَّفّ وشَهادَةِ الإِمام الحُسين صَلواتُ الله وسُلامُه عليه و

1- الشُّورى 23

19مِن بَنِي هاشِم و60 مِن الأَصْحاب على أَرض كَربلاء وسَوق مَن تبَقى مِن أَهْل بَيتِ النَّبيّ صَلَّى الله عليه وآله مِن النِّساء والأَطفال سَبايا وأَسْر الإِمام عَلِيٍّ بن الحُسَين السَّجَّاد صَلواتُ الله وسَلامُه عليه وجرِّه وإِيَّاهم إِلى قَصر يَزيد بن مُعاوِية فِي الشَّام مَكتُوف اليَدين بِالأَصْفاد ومُثقَل بِسلاسِلَ مِن حَدِيد، وغَير ذلك مِن الحَوادِث المُشابهة واللَّاحِقَة الَّتي ساهَمَت في نَقْلِ التَّشَيُّع والشِّيعَة مُنفرِدين أَو مُجتَمِعَين مِن اتِّجاهٍ مِثاليٍّ رُوحِيّ إِلى اتِّجاهٍ سِياسِيٍّ صِرف ومُعارضٍ بارِز!

وقائلٌ ثالِث قال:

أَنَّ إِطلاقَ مُفردة (الشِّيعَة) فِي المَقام الأَوَّل قد وُجِّهَت إِلى التَّيَّار الرُّوحِي فِي الإِسْلام حصرًا (ومِن الغَريب أَنَّ الباحِثين لم يُوجِّهوا عِنايةً كافِيَةً إِلى هذه النَّاحِيَة، ناحِيَة الدُّور الرُّوحِي فِي تَشكِيل مَضمون العَقِيدة الَّذي قامَت به الشِّيعة. والعِلَّةُ في هذا أَنَّ الجانِب السِّياسِي في الشِّيعَةِ هو الَّذي لَفَتَ الأَنْظارَ أَكثر مِن بَقِيَّةِ الجوانِب، مع أَنَّه ليس إِلَّا واحدًا مِنها، وقد يَكون مِن أَقلِّها خَطرًا مِن حيث القِيمةِ الذَّاتِيَّة لِلمَذْهَب، وأَنَّ وجودَه بِشكلٍ واضحٍ لا يَدُلُّ مُطلقًا على طُغيانِه على بَقِيَّةِ الجوانِب)[1].

وقائلٌ رابعٌ أَخذَ بِالتَّمييز بين الاتِّجاهَين الرُّوحِي والسِّياسِي في التَّشَيُّع فقال:

(أَنَّ طَبيعة الأَدوار تَقتَضِي أَنْ يكونَ لِكُلِّ مَرْحَلَةٍ جانِبٌ مُميِّزٌ، وأَنَّ مَنْ قَسَّم التَّشَيُّع إِلى رُوحِي وسِياسِي إِنَّما هو تَقسِيمٌ اعتِبارِيٌّ لِتَمييز مَرحلَةٍ دُون أُخرى ولَيس هو تَقسِيمًا حَقيقيًّا فِي الواقِع)[2].

ليس في الإيمانِ بِوَلايَة عَلِيٍّ أَمِير المُؤمنين صَلواتُ الله وسَلامُه عليه أَو في اتِّخاذِه إِمامًا وخَلِيفةً بِالنَّصِّ تَصْنِيفٌ رُوحِيٌّ وسِياسِيٌّ لِمَن آمَن أَو حتَّى فَصْلٌ بَينهما فِي صُفوفِ شِيعَتِه. ورُبَما آمنَت الأَغلَبِيَّةُ مِن المُسلمين مِن غَير الشِّيعَة إِيمانًا رُوحِيًّا بِالإِمام عَلِيٍّ أَمير المُؤمنين صَلواتُ الله وسَلامُه عليه أَو تَقَمَّصَت هذا الدَّور فوَصَفَته

1- الشِّيعة في الميزان 313

2- نفس المصدر السابق 14

بِأَوَّلِ النَّاس (الفِتيان) إِسلامًا وأَكثرِهم زُهدًا وهو إِمامُ المُتَّقِين وأَقربِهم إِلى رَسول الله صَلَّى الله عليه وآله وزَوج ابْنَتِه سيِّدة نِساء العالَمِين فاطِمة الزَّهراء صَلواتُ الله وسَلامُه عليها. ولكِنَّ الأَغْلَبِيَّة هذه لم تكتَرِث بِه وَصِيًّا مَعصُومًا ونَفس نَبِيِّهم الرَّسُول صَلَّى الله عليه وآله ولا خَليفةً لِلمُسلِمِين بِبَيعةٍ صَريحةٍ أَخذَها النَّبِيّ صَلَّى الله عليه وآله في يَوم الغَدِير، وإِنْ كان هو الأَجْدر بِالخِلافَةِ فِيهم مِن دُون مُنازع بِالنَّص الجَلِيّ ومِن دُونه.

وعلى أَساسٍ مِن ذلك أَوَّلَت الأَغلَبِيَّةُ هذه نُصوصَ الوَلايَة النَّازِلَة وَحيانِيًّا بِحَقِّه وزَوَّرَتها وأَرجَعَتها إِلى مَعانِي وِجدانِيَّة صِرفَة، ولَم تَتَّخِذه وَصِيًّا ولا خَلِيفةً مِن الله عَزَّ وَجَلَّ مِن بعد الرَّسُول صَلَّى الله عليه وآله على الرَّغم مِن مُبايعَتِها له بِأَمرٍ مِن رَسُولِ الله صَلَّى الله عليه وآله في يَوم الغَدِير. فَسَكَتَت على واقِعَة الانْقِلاب على الأَعْقاب ومَقتل فاطِمَة الزَّهراء صَلواتُ الله وسَلامُه عليها، وشارَكَت في نَقْض بَيعة الغَدِير ورَضِيت بِذلك، وبايَعت خَلِيفَةً آخر غَير عَلِيٍّ أَمِير المُؤمِنِين صَلواتُ الله وسَلامُه عليه بِفَلتة، ثُمَّ عادت إِليه صَلواتُ الله وسَلامُه عليه لِتُنصِّبه خَلِيفةً في إِثْر واقِعَة مَقْتَل عُثمان بن عَفّان، شأنُه عِندَها فِي ذلك شَأن أَبِي بَكر وعُمَر وعُثمان على حدٍّ سواء أَو على حَسب ما رَأَته راجِحًا فِي الأَذْهان أَو على هَواها أَو خشية على مُستَقبل نِظامٍ اجْتِماعيٍّ تَأمل في استِقرارِه وتَرتَضِيه.

وفَوقَ ذلك، تَمَسَّكت الأَغلَبِيَّةُ مِن الصَّحابة بِـ(مَذْهَب الرَّأي) وبِسِيرَةِ (الشَّيخَين) في كُلِّ الأَحوال، والتَزَمَت بِتَفاصِيلِهما في عَهد عَلِيٍّ أَمير المؤمنين صَلواتُ الله وسَلامُه عليه عِنادًا، وهِيَ تَعلَمُ أَنَّ عليًّا أَمِير المؤمنين صَلواتُ الله وسَلامُه عليه سَيرفُض مِنها هذا الإِصْرار والالْتِزام وقد زَجَّ عُمَر قُبيل وَفاتِه بِعَلِيٍّ أَمِير المؤمنين صَلوات الله وسَلامُه عليه فِي شُورى السِّتَّة واشتَرط عليه أَنْ يَتمَسَّك بِـ(مَذْهَب الرَّأي) وسِيرتِهما فامتَنع ولم تَقِف الأَغلَبِيّة معه هذا المَوقِف على الرَّغم مِن بَيعتِها له خَلِيفَةً لِلمُسلِمِين.

وفي ذلك جاء قول عَبدُ الرَّحْمَن بن عَوف لِعَلِيّ أَمِير المؤمنين صَلواتُ الله وسَلامُه عليه: يا عَلِيّ، هَلْ أَنْتَ مُبايِعِي على كِتاب الله وسُنَّةِ نَبِيه وفِعْل أَبِي بَكر

وعُمَر؟ فقال عَلِيٌّ: أَمَّا كِتابَ الله وسُنَّةَ نَبيِّهِ فنعَم، وأَمَّا سِيرةَ الشَّيخَين فَلا.. فعَلِيٌّ لَم يَرتَض الشَّرط الأَخِير. ومَعنى كَلامُه تَخالفُ سُنَّةَ رَسُول الله صَلَّى الله عليه وآله مَع سِيرتِهما)[1]. وقال ابنُ عوف في النَّاس: أَيُّها النَّاس، إِنِّي سأَلْتُكم سِرًا وجَهرًا بِأَمانِيكم فلَمْ أَجِدكم تَعدِلُون بِأَحَدِ هذين الرَّجُلَين أَمَّا عَلِيٍّ وأَمَّا عُثْمان. فقُمْ إِليَّ يا عَلِيّ. فقام إِليه تَحت المِنبَر، فَأَخَذ عَبدُ الرَّحمَن بِيَدِه فقال: هَلْ أَنْتَ مُبايِعِي على كِتابِ الله وسُنَّة نَبيِّه صَلَّى الله عليه وآله وفِعل أَبِي بَكر وعُمر؟ فقال أَمِيرُ المُؤمنين: اللَّهُمَّ لا، ولكِن على جُهدِي مِن ذلك وَطاقَتِي. قال: فَأَرسَلَ ابنُ عوف يَده وقال: قُمْ إِليَّ يا عُثْمان. فَأَخذَ بِيَده فقال: هَلْ أَنْتَ مُبايِعي على كِتاب الله وسُنَّةِ نَبيِّهِ صَلَّى الله عليه وآله وفِعْل أَبِي بَكْر وعُمَر؟ قال عُثمان: اللَّهُمَّ نَعَم! قال: فرَفَعَ رأسَه (ابنُ عَوف) إلى سَقْفِ المَسجِد ويَده فِي يَد عُثمان فقال: اللَّهُمَّ اسْمَع واشْهَد، اللَّهُمّ اسْمَع واشْهَد، اللَّهُمَّ اسْمَع واشْهَد، اللَّهُمَّ إِنِّي قد خَلَعْتُ ما فِي رَقَبَتِي مِن ذَلِك في رَقَبَةِ عُثْمان)[2].

حَكمَ عُثْمان وأَفسَدت خِلافتُه بِهِ وأَفسَدَها بِوُلاتِه مِن بَنِي أُمَيَّة ومِن مُرِيدِيهم ثُمَّ قُتِل، فبُويع عَلِيٌّ أَمِير المُؤمِنين صَلواتُ الله وسَلامُه عليه مِن بَعده خَلِيفَةً لِلمسلِمِين بِشُروطِه ورِضاهُم وإِتيانِهم له، فَرَأَوا مِنه ما رَأَوه فِي نَبيِّهم صَلَّى الله عليه وآله مِن سُنَّةٍ صَحِيحَةٍ طُوِيَت في الفَترة الواقِعَة بَين خِلافَةِ أَبِي بَكر وعُثمان ونُسِيَت مِن قِبَل النَّاس في عَهدِهم. وَصَلَّوا خَلْفَ عَلِيٍّ أَمِير المُؤمنين صَلواتُ الله وسَلامُه عليه صَلاةَ الرَّسُول صَلَّى الله عليه وآله الَّتي لم يُصَلِّ مِثلَها أَبُو بَكر وعُمَر وعُثمان. ولكِنَّ الثَّقافَة الجاهِليَّة وأَهواءَها المُضِلَّة ظَلَّا هُما الغالِبَين في مَجتَمَعَي مَكَّة والمَدينة ومُجتَمَعات الوِلايَات الأُخرى.

في عَهد أَمِير المُؤمِنين صَلواتُ الله وسَلامُه عليه استعاد الإِسلامُ شَيئًا مِن هُوِيَّتِه الأُولى الَّتي طُمِسَت بِـ(مَذْهِب الرَّأي) في إِثْر الانْقلاب على الأَعقاب. ثُمَّ وقَعَت فِتنَةُ عائشة في يَوم الجَمَل وما عَصِف بِهِ مُعاوِيَة مِن فِتنَةٍ لاحقة في صِفِّينِ يَبغيان بهما تَعطِيل

1 – الشَّهرستاني، وضوء النَّبي صَلَّى الله عليه وآله 190/ 2

2 – البداية والنِّهاية، ابن كثير 165/ 7

الثَّقلَين والخروج والتَمرُّد على إِمام زَمانِهما ورَفَض بَيعَتِهِ ويَشتَرِطان الأَخْذَ بِثَأر عُثْمان حيث لا يَحقّ لهما المُلازَمَة بين الأَخْذِ بِالثّأر وبَيعَتِهما لِلخَليفة عَلِيّ أَمِير المُؤمِنين صَلواتُ الله وسَلامُه عليه أَو اشْتِراط تَقدِيم الأَخذِ بالثّأر قَبْل البَيعَةِ وهُم الرَّعيَّة لِلخِلافَة وهُو إِمامُ المُتَّقِين الَّذي لا يَرضى بِفَساد نَفسِهِ استِجابةً لِطَمعٍ في رِئاسَةِ وسُلطان يَمُوج في أَنْفُس قادَة الجَمَل وصِفِّين، فقال: (أَما إِنِّي أَعلَمُ الَّذي تُريدونَ ويُقيمُ أَوَدَكُم، ولكِن لا أَشتَري صَلاحَكُم بِفَسادِ نَفسي، بَل يُسَلِّطُ اللّهُ عَلَيكُم قومًا فَيَنتَقِمُ لي مِنكُم! فَلا دُنيَا استَمتَعتُم بِها، ولا آخرةَ صِرتُم إِلَيها، فَبُعدًا وسُحقًا لِأَصحابِ السَّعيرِ)[1]، وأَنَّ عَليهم أَنْ يَحتكِموا إِلى عَليٍّ أَمِير المؤمنين صَلواتُ الله وسَلامُه عليه بَعد بَيعَتِهم له ولا يَجِدوا في أَنفسهم حَرجًا مِمّا يَقضى ويُسَلِّموا تَسلِيمًا.

استِعادَت العَصَبِيَّةُ الجاهِلِيَّةُ عافيتها وتَفَشَّت في مُجتَمعات المُسلِمِين على عَهد الخُلفاء الثَلاثَة عندما استَقوَت سِيادةُ (الخِلافَة) بـ(مَذْهَبِ الرَّأي) الَّذي أَخذَ بِالوسَطِيَّة فآخى بَين الجاهِلِيَّة والإِسْلام وطَبَعَ آثاره السَّلْبِيَّة على الثَّقافَة العامَّة وغَزَى صَفحات الأَذْهَان وتَرسَّخَ في القُلوب وغَلَب على حياة النَّاس الَّذين اعتَقدوا فيه دِينًا تامًّا وآمنوا بِما صَدَرَ عنه مِن سُنَّةٍ لِلشَّيخَين وامتَثلوا له وقَدَّموه على الثَّقلَين مَرتَبَةً ومَقامًا.

فكان مِن السَّهل على مُعاوِيَة والِي الشَّام المَعزول أَنْ يَستَقطِبَ اهتمام مُجتَمعات هذه البِلاد بِمَواقِفِهِ وبِمَذهَبِه الجَدِيد الَّذي ادَّعى فيه تَمسّكه بِسُنة الخُلفاء الثَّلاثَة على (مَذْهَب الرَّأي) مِن غَير أَنْ يُجارِي إِصْلاحات عَلِيٍّ أَمير المُؤمِنين صَلواتُ الله وسَلامُه عليه الخارِجَة على (مَذْهَب الرَّأي)، على أَنْ يُسْرِف مُعاوِيَة بِأُعطِياتِهِ ويَغدِق عليها مِن ثَروات الشَّام رَشاوِيهِ السَّخِيَّة لِيَستَدرِجَها ويَقطَعَ صِلَتها بِخَليفَتِها الجَدِيد عَلِيّ أَمِير المؤمنين صَلواتُ الله وسَلامُه عليه.

فانحَسرَ مُعاوية بِأَتْباعِهِ ومُرِيدِيه عن الخَليفَةِ عَلِيّ أَمِير المؤمنين صَلواتُ الله وسَلامُه عليه ثُمّ عن ابنِهِ الخَليفة الحَسن صَلواتُ الله وسَلامُه عَليه مِن بَعدِه، ثُمَّ أَصبَح

1 - الكافي 316/ 8 . بحار الأنوار 364/ 77

مُعاوية خَلِيفَةَ لِلمُسلِمِين ومِن ورائه (اتِّجاه أَهْل العامَّة) يَدعمُهُ ويُؤيِّده، فلَمْ يَجِد حَرجًا في أَنْ يُوَلِّي على النَّاس مِن بَعدِه ابنهِ يَزِيد الفَاسِق الفَاجِر فيَجعلَ مِن الخِلافَة مُلكًا وراثيًّا عَضوضًا ولا مِن مُعتَرضٍ فيهم ولا مِن مُخالِف.

وعندما غادرَ عَلِيٌّ أَمير المؤمنين صَلواتُ الله وسَلامُه عليه مَيدانَه في مُجتَمعَيّ المَدِينة ومكَّة واتَّخذَ مِن الكُوفَةِ عاصمةً له؛ مالَت المُدنُ الرَّئيسة في الجَزيرة العَربيَّة والعِراق إِلى مُعاوِيَة وفَضَّلَته على عَلِيٍّ أَمِير المُؤمِنين صَلواتُ الله وسَلامُه عليه بِناءً على ما اعتادَت عليه مِن ثَقافةٍ هَجِينَةٍ اصْطَنعتها الجاهِلِيَّةُ بِـ(مَذْهَب الرَّأي) في عَهد الخُلفاء الثَّلاثة ومَنَعَت مِن أَنْ تَجتَمِع النُّبوَّةُ والخِلافَة في بَيتِ بَنِي هاشِم، على أَنْ يَصْفى المُلْكُ لِبَني أُمَيَّة يَتوارثُونَه ويَنزُون كالقِرَدة على مِنبَر رَسُول الله صَلَّى الله عليه وآله وهُم سُكارى مَخمُورون ويَتقَيّئون في مَحاريب مَساجِده.

أَستوسَقَت الأُمُور لِمُعاوِيَّة في الشَّام وفي مَناطق نُفوذِه، فَشَنَّ بِمَوالِيه حَربَ صِفِّين في كلِّ مكان وبِكُلّ أَنواع الأَسلِحَة الضَّاغِطة والأَساليب الماكِرة، واستتبَعها بِبَثِّ الفَوضى في بِلاد المُسلِمِين وعلى خِلاف المُتصوَّر حيث لم تَكن الحربُ هذه مَحدودةً على ميدان المَعركَة في صِفِّين. فلِمُعاوِيَة ومِن خَلفِه البيت الأُمَوِيّ نُفوذٌ نَشِطٌ في (اتِّجاه أَهْل العامّة) المُتعَبِّد بِـ(مَذْهَبِ الرَّأي) والمُتَمسِّك بِسِيرة الخلفاء الثَّلاثَة أَينما حَلّ. ولم يَكُن مِن الصَّعب على مُعاوِيَة عندئذٍ أَنْ يشقَّ (جَيش الخِلافَة) ثُمَّ يُدَبِّر به أَمْرَ الانْقلاب على الخَلِيفة عَلِيٍّ أَمِير المُؤمنين صَلواتُ الله وسَلامُه عليه ويَغْتَاله بِالتَّعاون مع المارِقَة الخَوارِج ويُردِف ذلك بِتَنفِيذ عَملِيَّة اغتيالٍ أُخرى لِلخَلِيفَة البَدِيل الإِمام الحَسن صَلواتُ الله وسَلامُه مِن غير أَنْ يَجِدَ مُعاوِيَة رَدَّة فِعلٍ عاصِفَةٍ أَو اعتراضٍ غاضِبٍ مِن قِبَل (اتِّجاه أَهْل العامَّة) أَو مِن قِبَل مَذاهِبه وفِرَقِه والمُسلِمِين كافَّة.

فَقد بَايَع (اتِّجاهُ أَهْل العامَّة) ومَذاهِبُه وفِرَقُه مُعاوِيَة بن أَبِي سُفيان خَلِيفةً خامِسًا واتَّبعَه وامتَثَلَ لِأَوامِره كُرهًا مِنهُ وبُغضًا في عَلِيٍّ أَمير المُؤمِنين صَلوات الله وسَلامُه عليه وبَنِي هاشِم، ولم يَدرُج الإِمام الحَسَن صَلواتُ الله وسَلامُه عليه في قائمة الخُلفاء لِيكُون خامِسًا، فَتَخطّاه وشَطبَه مِن مَوروثِهِ الثَّقافي المُعاصر.

ويَستمر مُعاوِيَة في تغْليب تَمسُّكِهِ الصّوري بِـ(مَذْهَب الرَّأي) الَّذي اعتَادَت عليه مُجتَمعات المُسلِمَين في خِلافَة الثَّلاثة وأَسَّسَت عليه ثَقافَتَها ونِظامَها الاجتِماعِي، ويُواصِل مَكرَه بِإعادَةِ إعداد (اتِّجاه أَهْل العامَّة) والتَّمْهيد به لِأَخذ البَيعةِ لِولاية العَهد في ابنِهِ يَزيد ويُمَرِّر مِن خِلالِه وُراثِيَّة الاستِخْلاف في بَنِي أُمَيَّة ويَجعل مِن ابْنِهِ يَزيد المُفَضَّل لدى كُبراء أَئمَّة ووُعَّاظ (اتِّجاه أَهْل العامَّة) وهُم يَعلَمون أَنَّ يَزيد فيهم فاسِقًا مُتظاهِرًا بِفسقِهِ وفاجِرًا زانِيًا وقاتِلًا لِلنَّفس المُحترَمة ومُتفَحِّشًا مُتهتِّكًا، كما أَنَّهم يَعلَمُون بِأَنَّ مُعاوِيَة نَفَّذ عَمليَّة انْقِلاب في وَضَح النَّهار على الخَلِيفة الخامِس الإمام الحَسن صَلواتُ الله وسَلامُه عليه واغْتالَه وخَرج على عَهدِ الصُّلح الَّذي نَصَّ على أَنْ يَلِيَ الإمامَ الحُسَين صَلواتُ الله وسَلامُه مَنصِب الخِلافَة عند مَوتِ مُعاوِيَة إِنْ لم يَكُن الإمام الحَسَن صَلواتُ الله وسَلامُه عليه حاضِرًا على قَيد الحَياة.

في مَطلَع خلافَتِهِ دَعا مُعاوِيَة المسلِمين إلى بَيعَةِ ابنه يَزيد وَلِيًّا لِلعَهد، ناقِضًا بذلك وَثيقَةِ الصُّلح الَّتي صدَّقها مع خَلِيفَتِهم السَّابِق الحَسَن بن عَلِيّ صَلوات الله وسَلامُه عليه. فَرَضِي بِذَلك كُلّ المُسلِمين على طَرِيقَةِ نَقضِهِم لِبَيعة الغَدِير مِن قَبْل، ورَفَضها ثَلاثَةٌ مِن الصَّحابَة هُم: الإمامُ الحُسَين صَلواتُ الله وسَلامُه عليه وعبد الله بن الزُّبير وعَبد الله بن عُمَر. ثُمَّ انْقلَب ابنُ عُمَر مِن بَين الثَّلاثَة على عَقِبَيه فَرَضِي بيَزِيد وَلِيًّا لِلعَهد ثُمَّ خَلِيفَة لِلمُسلِمين، فأَكرَمَه يَزيد في عَهدِهِ.

فعندما استَبدَّ يَزيد بن معاوية بِخِلافَتِه وازداد بها فسقًا وفُجورًا، وأَمر بِقَتل رَيحانَة رَسُول الله صَلَّى الله عليه وآله الإمام الحُسَين صَلواتُ الله وسَلامُه عليه في كَربلاء؛ خَرَج ابن عُمَر على يَزِيد ثُمَّ عاد يُبايِعُه ويُعَظِّم مِن شَأنِه. وامتَنعَ الثَّالِثُ عَبد الله بن الزُّبَير في مَكَّة عن بَيعة يَزيد وَلِيًّا لِلعَهد وانْتَظر الفُرْصَة المُناسِبَة لِلانْقِلاب على الأُمَوِيِّين، فاستَغلّ واقِعَة الطَّف وسُخط أَهل الحِجاز والكُوفة على يَزيد وثَورتِهم عليه لِيُقِيم دَولَته.

ومِن المُفارَقات المُثِيرة في هذه المَشاهِد أَنَّ الرَّسُول صَلَّى الله عليه وآله أَخذَ البَيعَةَ بِنفسه مِن الصَّحابَة المُسلِمين لِعَليٍّ صَلواتُ الله وسَلامُه عليه في يَوم الغَدِير فَلَمْ

يَتخَلَّف أَحدٌ مِنهم عنها. ثُمَّ انْقَلَب الصَّحابَةُ كُلُّهم على عَلِيٍّ أَمِير المؤمنين صَلواتُ الله وسَلامُه عليه ومَرَقوا وقَسَطوا ونَكَثوا ونَقضوا بيعَتَهم وخَذلوا نَبِيَّهم صَلَّى الله عليه وآله وغَدَروا واخْتارُوا (الفَلْتَة)، ثُمَّ كان خاتِمتهُم أَنْ رَضوا بِالبَيعة لِيَزيد الفاسِق الفاجِر وَلِيًّا لِلعَهد ولم يَتخَلَّفوا عنها ولم يَنكثُوا بِبَيعَتهِم له ولم يَمْرقوا، ولم يقسطوا بَعد هَلاك والِدِه مُعاوِيَة وإِنَّما سارعوا إلى بَيعَتِه خَليفةً وبالغوا في طاعَتِه والدِّفاع عن خِلافَته وشارَكوه في جَريمَةِ قَتلِ الإمام الحُسَين صَلواتُ الله وسَلامُه عليه. حتَّى أَنَّ ابن عُمَر (فَقِيه المَدِينَة) فِيهم قَبل بِبَيعةِ يَزِيد وَلِيًّا لِلعَهد لِقاء رَشْوة دراهم مَعدُودة تَسَلَّمها مِن مُعاوِيَة!

فقد (أَخْبَرنا عارِمُ بن الفَضْل قال: حدَّثَنا حمَّاد بن زَيد عن أَيُّوب عن نافِع أَنَّ مُعاوِيَة بَعَث إِلى ابنِ عُمَر بِمائة أَلْف، فلَمّا أَراد أَنْ يُبايع لِيَزِيد بن مُعاوية قال: أَرى ذاك أَرَاد، إِنَّ دِينِي عِندِي إِذًا لَرَخِيص)[1].

لَقَد اختَلفوا على نِسْبَةِ التَّشَيُّع إِلى أُصُولِهِ وهُم يَعلَمُون النِّسبَةَ الصَّحِيحَة نَصًّا وسِيرةً، فشَوَّهوا سِيرةَ نشوئه حتَّى قال قائلٌ منهم أَنَّ انْقلابَ مُعاوِية على عَلِيٍّ أَمِير المؤمنين صَلواتُ وسَلامُه عليه وبِما أَقدمَ عليه مِن تَدْبيرٍ لِعَمليَّة الاغْتِيال في مَسجِد الكُوفة عبر المارِق الخارجي ابن ملجم، ثُمَّ إِقدامِهِ على نَقضِ العَهد الَّذي قَطَعه مع خَلِيفة المسلِمِين الإِمام الحَسَن صَلواتُ الله وسَلامُه عليه وتَدبِير عملية اغتِيالِه عبر زَوجِهِ بِنْت الأَشعَث ـ كان هو البِدايَة الَّتي أَفْرَزَت التَّشَيُّعَ السِّياسِي عن التَّشَيُّع الرُّوحِي.

ويَحلو لِبَعضِ الباحِثِين والمُدوِّنين المُعاصِرين تَصْنِيف التَّشَيُّع إِلى ثَلاثَةِ أَقسام، هِي:

- التَّشَيُّع العَقَدِيّ.
- والتَّشَيُّع السِّياسِيّ.
- والتَّشَيُّع العاطِفِي الوِجْداني.

1 ـ الطّبقات الكبرى، ابن سعد 182/ 4. سِيَر أعلام النُّبلاء، الذهبي 225/ 3. فتح الباري، ابن حجر118/ 20

فقِيلَ أَنَّ التَّشَيُّع عَقَدِيّ المَنْشأ، وحُجَّتُهم في ذلك تَفاصِيل ما جَرى في يَوم غَدِير خُمّ حيث اخْتَتَم النَّبِيُّ صَلَّى الله عليه وآله حجَّةَ الوداع بِاجتِماعه بِالمُسلمين عند الغَدِير لِيَرفع مِن شَأن ابن عَمِّهِ عَلِيٍّ صَلواتُ الله وسَلامُه عليه ويُبرِّئ ساحَتَه مِمّا نُسِبَ إليه زُورًا مِن مَواقِف سَلبِيَّة ويُفنِّد الشُّكوك حول نَزاهَتِهِ في النَّاس وتَقواه ومَقامِهِ ومَنزِلَتِه.

ويَستَنِدون في هذا التَّصْنِيف إلى حُجَج أُخْرَى مِثْل قَول الرَّسُول صَلَّى الله عليه وآله (أنا مَدينةُ العِلْم وعَلِيٌّ بابُها، وقولِهِ صَلَّى الله عليه وآله: عَلِيٌّ مِنِّي بِمَنزِلَةِ هارون مِن مُوسَى إِلَّا أَنَّه لا نَبِيَّ بَعدِي، وقوله صَلَّى الله عليه وآله: لا يُحِبُّك إِلَّا مُؤمنٌ ولا يُبغِضُكَ إلَّا مُنافقٌ.. وعلى ذلك تَكون إمامَةُ عَلِيٍّ أَمير المؤمنين صَلواتُ الله وسَلامُه عليه لِلمُسلِمين في نَظر الشِّيعَةِ إمامةً فَرَضَها الدِّين واتَّخذَها عَقِيدَة وعلى النَّاسِ طاعَتُه ونصرَتُه والامْتِثالُ لِأَوامِره واتِّخاذُه وَلِيًّا.

وأَمَّا أُولئك الَّذين يَذهَبُون إلى أَنَّ التَّشَيُّعَ هو فِكرةٌ سِياسِيَّةٌ مجرَّدة فحُجَجُهم كَثِيرة.. إنَّ الشِّيعَةَ لم يَتَمَسَّكوا بِعَلِيٍّ إمامًا ومَرجِعًا في أُمور الدِّين والدُّنيا ولِقرابَتِه مِن الرَّسُول صَلَّى الله عليه وآله وإِنَّما لِتَنصِيبِهِ أَو تَرشِيحِهِ مِن قِبَل الله والرَّسُول صَلَّى الله عليه وآله إِذْ لم يَرِد مِثل هذا الإدِّعاء في أَيٍّ مِن كُتُبِ الشِّيعَة.. والَّذين بايَعوا عَلِيًّا بِإمارة المُسلمين لم يُبايِعُوه لِكونه رَمزًا دِينيًّا أَو لِأَنَّه وَصِيُّ النَّبِيّ صلى الله عليه وآله، وإِنَّما لِأَنَّهم رَأوهُ أَحَقَّ المسلِمين بِوَلايَةِ أَمرِ المُسلِمين، تَمامًا كما رأى المُسلمون السَّابِقُون أَحقِّيَّةَ أَبِي بَكر بِالخِلافَةِ فانتَخَبوه ومِن بَعدِه عُمَر ثُمَّ عُثمان.. والَّذين يَرون أَنَّ التَّشَيُّعَ فِكرةٌ وِجدانِيَّةٌ عاطفِيَّةٌ ليس لها عَلاقَة بِالعَقِيدة الدِّينِيَّة وما وَاكَب ذلك مِن اشتِراعاتٍ دِينِيَّةٍ مُحدَّدَةٍ يقُولُون إنَّ آل بَيتِ الرَّسُول صَلَّى الله عليه وآله يَنبَغِي لِلمُسلِمين حُبّهم وتَكْريمهم والتَّعلُّق بِهم لِأَنَّهم أَهْلُه وعِترتُه وأَحِبّاؤه.

فمَن مِن المِسلِمين لا يُحِبُّ فاطِمة والحَسن والحُسين زِينَة شَباب أَهْلِ الجَنَّة؟!.. إِنَّ المِحن الَّتي حَلَّت بِآلِ البَيت قد جَعَلَت كَثِيرًا مِن المسلمين يَتَشيَّعُون لهم ويَتَعَصَّبون

تَشيُّعَ عاطِفَةٍ وتَعَصُّبَ حُبٍّ، لا تَشَيُّعَ عَقِيدَةٍ دِينِيَّةٍ تَرتكِز على أُصُولٍ عَقائِدِيَّة مُعَيَّنة)[1].

لو نَشأ التَّشيُّع مُجزَّءًا إلى مَرحَلتَين نَظرِيَّة وعَمَلِيَّة على حَسب الظُّروف الاجتِماعِيَّة والمُعطَيات السِّياسِيَّة ـ كما يَدَّعون ـ لَفقَدَ أَهَمَّ المقاصِد التَّي أُقِيمَ مِن أَجْلِها. فَقد بَرزَ التَّشَيُّع لِيَكون أُطروحَةً لِنِظامٍ شامِلٍ غير مُنْفَصِلٍ عن مَسئولِيَّةِ تَسَلُّم إِمامة المُسلِمين مِن بَعد رَحِيل الرَّسُول صَلَّى الله عليه وآله.

لَيْس مِن شَكٍّ في أَنَّ عهد الرَّسُول صَلَّى الله عليه وآله لم يُفصِح عن طَبِيعَةِ النِّظام الحاكِم مِن حيث شَكْلِهِ المُؤسَّسِيّ والسِّياسِي الَّذي يَتَوجَّب أَنْ يَخلِفَه أَكان على طَرِيقَةِ التَّعْيِينِ بِالفَلْتَة الَّتي جاءت بِأَبي بَكر ونَصَّبته على كُرسِيّ الخِلافَة، أَو بالإستِخْلَاف كما فَعَل أَبُو بَكر في عُمَر مِن بَعدِه إِنْ صَدَق عُثْمان بِذَلك، أَو بِشُروط عُمَر في مغامرة شُورَى السِّتَّة لِتَنصيب عُثمان أَو ابنه عبد الله بن عُمر. لكِنَّه صَلَّى الله عليه وآله صَرَّحَ مِرارًا وتَكررًا وفِي مُناسباتٍ كَثِيرَةٍ مُختلفة بِأَنَّ الحكومة مِن بَعده هِي وَلايَةٌ مِن الله عَزَّ وَجَلَّ مَفرُوضَةٌ ومُتَمِّمَةٌ لِحُكومَة التَّنزِيل حيث تُقاتِل على التَّأوِيل بِلا فَاصِلٍ زَمَنِيٍّ بَينَهُما، وأَنَّ مَن يَقود حُكومَتَه صَلَّى الله عليه وآلِهِ مِن بَعدِهِ هُو مَن كان بِمَنزِلَةِ نَفسِه وعلى حَسب نَصّ الوَصِيَّة الَّذي جاء به وَحيُ النُّبوَّة قَبل يَومِ الغَدِير، وأَنَّ الحُكُومَةَ مِن بَعدِهِ صَلَّى الله عليه وآلِهِ لَيْسَت شَأنًا مُختَلِفًا عن حُكُومَةِ الرَّسُول صَلَّى الله عليه وآله حتَّى يَختارَ المُسلِمون لِأَنْفُسِهم نِظامًا مُختلفًا بِالشُّورى أَو بِالتَّعيين أَو بِالوراثة أَو بِغَير ذلك مِمَّا يَضعونَه مِن عند أَنْفُسِهم أَو يُجِيزه الاجْتِهادُ و(مَذْهَب الرَّأي).

فأَهْلِيَّةُ الإِمْرة والزَّعامة والإمامة لِحكومَةِ الرَّسُول صَلَّى الله عليه وآله مِن بَعدِه لم تَكُن مُتوافِرَةً بِكلِّ المَعايير المادِّيّة والمِثالِيّة إِلَّا عند شَخْصٍ واحِدٍ مَعلوم لَدى المسلمين كافَّة إِذْ يُوحى إِليه بِوَحي الإِمامَة، ولا مِن مُستَقرّ لِنظامٍ في المُسلِمين إِلَّا بِهِ، هُو الإِمامُ عَلِيّ أَمير المؤمنين صَلَواتُ الله وسَلامُه عليه مِن بَعد الرَّسُول صَلَّى الله عليه وآله، والأَئمَّة صَلواتُ الله وسَلامُه عليه مِن وُلْدِ فاطِمة الزَّهْراء صَلواتُ الله وسلامُه عليها

1 - إسلام بلا مذاهب 174

هُم خُلَفاؤه، تَحفُّهُم فِئةُ الصَّفَوة الأَخيار الأَبرار مِن (شِيعَةِ عَلِيٍّ) الَّتي أَمَنَت ووالَت واتَّقَت وواكَبت مَرحلَة الوَحْي والبِعثَة النَّبويَّة وهاجَرت وجاهَدَت واستقامَت على الطَّريقة ولَزِمَت الصّراط المُستَقِيم ولم تَتقدّم على أَوليائها الصَّفوة المُنتَجبين ولم تَتأَخَّر عنهم.

ولَو تُرِكَ المُسلِمون بَعد استِشهاد النَّبِيّ مُحمّد صَلَّى الله عليه وآله وأَنفُسهم مِن غَير فَرْض الفَلْتَة على رُؤوسِهِم أَو مِن غَير تَدخّل مِن قبل التَّحالُف المُوسّع المُدَبَّر لِفَرض الزَّعامة بِالإكراه أَو بِقُوة النُّفوذ؛ لما فَضَّلوا أَحدًا على عَلِيٍّ أَمِير المؤمنين صَلواتُ الله وسَلامُه عليه، ولَنْ يَتخَلّوا عن بَيعةٍ سارِيَةٍ قَطعوها أَمام النَّبِيّ صَلَّى الله عليه وآله في غَدير خُم قَبل أَشْهرٍ ثَلاثَة مِن وَفاتِه ما دامَت الأُمُور تَجرِي في سياق اجْتماعِيٍّ بَسِيط مُجَرّد مِن ظاهِرَةِ النِّفاق وكَثرة مِن الصّحابة المُنافِقِين.

كانت أَغلبِيَّةُ (اتِّجاه أَهْل العامَّة) حَدِيثَةَ عَهدٍ بِالدِّين ولم تَتجرَّد بَعْد مِن أَدْران العَصَبِيّات الجاهِلِيَّة، ولكِنّ البَيعة في ثَقافَتِها الجاهِلِيَّة ما زالت قيمةً مُحترمَةً رَفِيعة المَقام والمَنزِلَة في المُسلِمِين.. إِنَّها لم تَفْقَه بَعْد المَعاني التَّامَّة لِلنُّبوّة والإِمامَة الواردة في رِسالَة النَّبِيّ صَلَّى الله عليه وآله والتَّفاصِيل، ولم تَتمسَّك بِعَقِيدَتِهما الوَحيانِيَّة كما يَنبَغِي لها، ولم تَمْتَثِل لِمتطلّبات النِّظام الاجتِماعي الجديد الَّذي يُراد له أَنْ يَكون مُستَقِيما ومُترابطًا كالبُنيان المَرصُوص بِالنُّبوّة ثُمّ بِالإِمامَة المُتَمِّمَة لِرسالَةِ النُّبوّة بِأَمْرٍ إِلهيّ مَفرُوض. فقَبِلَت هذه الأَغْلَبِيَّة بِفَلْتَةِ كُبراء الصَّحابَة عندما رَأَت تكالُبَهم عليها، وعَظَّمت مِن شَأن (مَذْهَب الرَّأي) الرَّسْمي على نَسَقِ كُلٍّ مِن أَبي بَكْر وعُمَر وعُثْمان لِأَنّه كان وسطًا بين الجاهِلِيَّة والإِسْلام، وبَجَّلت سائر المَذاهَبِ الأُخْرى الرَّدِيفة الَّتي انْفَردَ بِها عددٌ آخر مِن الصَّحابة مِثْل (مَذْهَب عائشة) وكان لها نَصِيبٌ وافِرٌ مِن الأَتْباع عندما فُقِدَت الثِّقَة في مَفهوم (الخِلافَة) وصار أَهْلُ النَّسَب والحَسَب الوَضِيعَين خُلفاء ولمّا تَتَخلى العَرب عن قِيمِها في التَّصنِيف القَبَلي لِفئات المُجتَمع.

وَعِندما أَنجز المُنقَلِبون عَلى الأَعْقاب مقاصِدَهم وصاروا يَحكُمُون على وفق

(مَذْهَبِ الرَّاي)؛ خَضَعت الأَغلَبِيَّةُ هذه لهم ولِحُكمِ الأَمْر الواقِع وخَوف (الفِتْنَةِ) الَّتي رُوِّج عن احْتِمال وُقُوعِها، ووَالَتهم وصَرَفَت الأنظار عن وَصِيَّةِ نَبِيِّها في وَلايَة عَلِيٍّ أَمِير المؤمنين وشارَكت المُنقَلِبين على الأَعْقاب في نَقضِها، فسَقَطَت الأَغْلَبِيّة في (الفِتنَةِ) وشارَكت في سَفْكِ الدِّماء وانْخَرطَت في حرُوبٍ عَبَثِيَّةٍ، وخَلَّفت في التَّابِعين وتابعِي التَّابِعين جائحَتَيّ (الفَصْل الطَّائفِي) الحاد و(الاستِبداد السِّياسِيِّ)، وانْحَرفَت بِالثَّقافة والنِّظام الاجْتِماعي، وما زالَت على ذلك في عَصْرِنا الرَّاهن!

إِنَّ ثَلاثَةَ عُقودٍ مِن الزَّمَن أَو أَكثر مِن ذلك بِقَليلٍ لم تَكن كافِيَة حتَّى يَعمُر الإِيمانُ قُلوب الأَغلبِيَّة مِن المُسلِمِين أَو تَصفَى فِيها نُفوس الصَّحابَة وتَسكُن نَواياهُم أَو تَهتَدِي وفيهم فِئةٌ كثيرةٌ مِن الصَّحابة المُنافِقِين. فالأَجواء كلُّها مُلَبَّدة بوباء النِّفاق إِذْ تَفَشَّى في قُلوب فَرِيقٍ كَبِيرٍ مِن الصَّحابة المُهاجِرين والتَقَى في وَقْتٍ مُتقدِّم على النِّفاق واجتَمَعَ فماكَر وتآمَر.

وقد أَثْبَتَت ماجَرياتُ سِيرَة الصَّحابَة المُنافِقِين في (الخِلافَة) صِحَّةَ ما أَخبَر بِه الثَّقلان حول ظاهِرَة الفُرقَةِ بَين المُسلِمين وهُوِيَّة أَئمَّة الكُفر القائمِين عليها، [وَمِمَّنْ حَوْلَكُم مِّنَ الْأَعْرَابِ مُنَٰفِقُونَ، وَمِنْ أَهْلِ الْمَدِينَةِ، مَرَدُواْ عَلَى النِّفَاقِ لَا تَعْلَمُهُمْ، نَحْنُ نَعْلَمُهُمْ، سَنُعَذِّبُهُم مَّرَّتَيْنِ ثُمَّ يُرَدُّونَ إِلَىٰ عَذَابٍ عَظِيمٍ)[1].

لقد كَثُر أَهْلُ المُغالَطَة مِن المُدوِّنين الباحِثِين والدَّارِسِين المُعاصِرِين في تَحدِيدهم لِهُوِيَّة التَّشيُّع عندما انْطَلقوا مِن قَواعِدِهم السِّياسِيَّة الخاصَّة الَّتي ارتَكزوا عليها لِيَقرؤا سِيرة نُشوء الشِّيعَة، فجَرَّدوا النَّصّ الصَّحِيح المُتداول بَين الشِّيعَةِ مِن عُمْقِهِ العَقَدِي وخَلفِيَّته الوَحيانِيَّة. وفِي ظَنِّ البَعض مِن مُلّاك هذه المُغالَطات وصُنَّاعِها طائفيًّا ـ أَو هكذا أَرادوا أَنْ يَتظاهروا ـ أَنَّ أَيَّ تَكتُّلٍ أَو تَجمُّعٍ صَحابِيٍّ فِي المُسلمين فَهُو في جَمِيع الأَحْوال تَحزُّبٌ، ولا يَكون مَنشأُ هذا التَّحَزُّب إِلّا سِياسِيًّا. فسَاوَوا بين الصَّحابَة الشِّيعَةِ الحافِّين بِوَلايَة عَلِيٍّ أَمير المؤمنين صَلواتُ الله وسَلامُه عليه والصَّحابة

1 - التَّوبة 101

الآخرين المُتآلِفِين على (صَحِيفَةِ مكّة الثَّانِيَة) في عَهد النَّبِيّ صَلَّى الله عليه وآله مِن حيث صِفَة التكَتّل الحِزْبِي، فكِلاهُما (شِيعَةُ عَليٍّ) و(أَقطاب الصَّحيفة الثَّانِيَة) ـ في ظَنِّ أَهْل المُغالَطَة ـ يَعودان إِلى مُنطَلَقٍ واحدٍ ويُمثِّلان نَسقًا تَنافُسِيًّا لا غير، وأَنَّ الأَغلَبِيَّة في المُسلِمِين قد فَضَّلَت اختِيار الأَقطاب الَّذين انْقَلَبوا واحتكروا الخِلافَة لِأَنفُسِهم وتَخلَّت عن (شِيعَةِ عَلِيّ) الَّذين تَأَفَّفوا واسْتاؤا وسخطوا واعتَرَضُوا فحَقّ عَليهم العِقاب بِـ(الفَصْل الطَّائِفِي) حيث تَكاثَرت المَذاهِب والفِرَق وصُنِّف (شِيعَةُ عَلِيٍّ) مَذْهبًا مُدرجًا في قائمة المَذاهِب المَغضوب عليها!

بعدما اغتِيل الرَّسُول صَلَّى الله عليه وآله وحَكَمَت الفَلْتَةُ في المُسلِمِين؛ بالَغت الأَغلَبِيَّةُ مِن الصَّحابة في تَمْييز مَنزلةِ المنقلِبين على الأَعْقاب وتَقدِيس مَفهومَي (الخِلافَة) و(الخَلِيفَة) المستَجدّين، وساهَمَت في تَعويم مَعنى بَيعة الغَدِير وبرَّرت نَقضها له بِأَتْفَهِ الأَسْباب والعَوامِل، وشَوَّهت مَقام (شِيعة عَلِيّ) واختَلَقَت في تَحدِيد هُوِيَّة التَّشَيُّع وزَوَّرت ولَفَّقت ووَضَعَت.

الأَدِيبُ المِصْري المُعاصِر الكَفِيف (طَه حُسَين) يَنفِي وُجودَ تَشَيُّعٍ سِياسِيٍّ أُسِّس على عَهد خِلافة عَلِيٍّ أَمير المؤمنين صَلواتُ الله وسَلامُه عليه، فيَقول (لم يَكُن لِعَلِيٍّ قَبل وُقوعِ الفِتنَةِ شِيعَةٌ ظاهِرُون مُمتازون مِن غيرهم مِن الأُمَّة حَتَّى كانَت مُوقِعَة صِفِّين، وحَتَّى افتتح مُعاوِيَة مصر، وحَتَّى جَعل مُعاوِيَة يَغِير على أَطراف العِراق والحِجاز واليَمن. وقد قُتِل عَلِيٌّ صَلواتُ الله وسَلامُه عليه ولَيس له حِزبٌ مُنظَّمٌ ولا شِيعَةٌ مُميَّزة، بَلْ لم يُنظِّم الحِزب العَلَوِي)[1].

لكِنَّ طَه حُسين نَفسُه يَرى في المُجلَّد الثَّانِي مِن كِتابه (الفِتنَة الكُبرى) أَنَّ التَّشَيُّع نَشأ في الكُوفَة على يَدي سُليمان بن صُرَد الخزاعي رَدًّا على اللُّعبَةِ السِّياسِيَّة الَّتي انتَهجها مُعاوِيَة لِلتَّغلُّب على خِلافَةِ الإِمام الحَسن صَلواتُ الله وسَلامُه عليه، فقال إِنَّ فِرقَةَ الشِّيعَة إِنَّما نَشأَت وتَكَرَّرت وأَصبَحت حِزبًا سِياسيًّا مُنظَّمًا لِعَلِيٍّ وبَنِيه بَعد أَنْ

1 - الفِتنة الكُبرى 173/ 2

وَقَعَ الصُّلحُ بين الحَسَن ومُعاوِيَة، وبَعد أَنْ نَكَثَ معاوِيَة هذا العهد ولَمْ يَفِ بِما اشتَرطَه على نَفسِه، فتَألَّف وَفدٌ مِن أَشراف الكُوفَةِ بِرئاسة سُليمان بن صُرد الخزاعي وذَهَبوا إلى المَدِينة لِلِقاء الإمام الحَسَن صَلواتُ الله وسَلامُه عليه، وطَلبوا إليه أَنْ يُعِيد الحَرب، وأَنْ يَأذَنَ لَهم في أَنْ يَسبقوه إلى الكُوفة فيُعلِنوا خَلعَ معاوية، ويُخرِجوا مِنها عامِلَه. فأَمَرهُم الحَسنُ بِالكَفّ والانْتِظار إلى حِين. وبِهذا الوَفد تَكَوَّنَت أَوّلُ بَذرة لِفرقَةِ الشِّيعة. وكان بَرنامج الحِزب في أَوَّل إِنشائه طاعةُ الإمام مِن بَني عَلِيٍّ صَلواتُ الله وسَلامُه عليه، والانْتِظار في سِلْمٍ ودِعَةٍ حتَّى يُؤمَروا بِالحَرب فيُثيروها، ومَضى رِجالُ الشِّيعَة يُسجِّلون على مُعاوِيَة ووُلاتِه ما يَتجاوزون به حُدودَ الحقِّ والعَدل)[1].

ويُرجِع باحِثُون مُختَصُّون آخرون نَشأَةَ التَّشَيُّع السِّياسِي الحِزْبِي الَّذي ادَّعاه (طَه حُسين) إلى حَركة التَّوابِين الَّتي تَزعَّمها سُليمانُ بن صُرد بِنَفسِه بَعد مَقتل الإِمام الحُسَين صَلواتُ الله وسَلامُه عليه ولَيْس في عَهد أَخِيه الإِمام الحَسَن صَلواتُ الله وسَلامُه عليه على وفق ما رآه طه حُسين عندما قال (فَلَمّا قُتِل الحُسَينُ اتَّخذَ هذا التَّعبير «الشِّيعَة» صُورتَهُ الاصْطِلاحِيَّة لِلدَّلالة على الانْتِماء إلى الحِزب الَّذي يُوالِي عَلِيًّا وبَنِيه ويُعادِي الأُمَوِيِّين. ومِن هُنا أُطلِق لَفظُ الشِّيعة على أَنصار العَلَوِيِّين مِن التَّوابِين الَّذين كانوا يعِدّون أَنفسهم لِلثَّورة على الأُمَوِيِّين انتقامًا لِقَتل الحُسين صَلواتُ الله وسَلامُه عُليه)[2].

وفي ذلك يُفرِّقُ طه حُسين بين البِدايَة الأُولى لِلتَّشَيُّع ويُرجِعها إلى عَهد صُلْح الإِمام الحَسَن صَلواتُ الله وسَلامُه عليه ومَرحَلَةِ اتِّخاذِ التَّشَيُّع صُورتِه الاصْطِلاحِيَّة تَحتَ مُسَمّى (التَّشَيُّع) في إِثْر مَقتل الإمام الحُسَين صَلواتُ الله وسَلامُه عليه!

وآخَرون مِن الباحِثِين ذَهبوا إلى ما ذَهَبَ إليه ابنُ تيمِيَّة فِي تَحدِيد النَّشأة الأُولى لِلتَّشَيُّع. فالشَّيخ (أَبُو زَهرة) يَذهب إلى أَنَّ (الشِّيعةَ أَقدمُ المَذاهِب السِّياسِيَّة الإسلامِيَّة، وقد ظَهروا بِمَذهَبِهم في آخر عَصر عُثمان، ونَما وتَرعرع في خِلافَةِ عَلِيٍّ إِذْ كُلَّما اختلط

1 - الشِّيعة في الميزان 286

2 - انظر:الفكر الشيعي، د. كامل الشيبي 15

بِالنَّاس ازدادوا إِعجابًا بِمَواهِبه، وقُوَّة دِينِهِ وعِلمِهِ)[1]. ويُؤيدُ ذلك غَيرُه مِن الباحِثين بِالقَول (عِندما مات عُثمان انْقَسَمَ المسلمون إلى حِزبَين، الحِزبُ الأَكبر وقد سُمِّي شِيعَةُ عَلِيّ، والحِزب الأَقلّ وقد سُمِّي شِيعةُ معاوِيَة. ثُمَّ ما لَبِث اللَّفظ بِمُرور الأَيَّام أَنْ اتَّخذ مَعنًا محدَّدًا، وهو أَنصارُ عَلِيٍّ بن أَبِي طالب وأَبنائه وأَحفادِهِ مِن بَعده)[2]، وقال آخَرُون (إِنَّ مَذْهَبَ التَّشَيُّع ظَهر في يَوم الجَمَل، وقال ثالِثٌ بَل يَوم ظُهور الخَوارج)[3].

ويَتقدَّمُ (ابنُ خلدون) هَؤلاء الباحِثين في الرَّأي لِيُرجِع ظُهورَ الشِّيعَةِ إِلى ما بَعد شَهادَة النَّبِيِّ صَلَّى الله عليه وآله ووُقُوع الانْقِلاب على الأَعْقاب واغتِصاب وَلايَة عَلِيٍّ أَمِير المؤمنين صَلواتُ الله وسَلامُه عليه، فيَقول (إِنَّ الشِّيعَةَ ظَهرَت لمّا تُوفِّي الرَّسُول صَلَّى الله عليه وآله وكان أَهْلُ البيت صَلواتُ الله وسَلامُه عليهم يَرون أَنفسَهم أَحقّ بِالأَمر وأَنَّ الخلافة لِرجالِهم مِن دون سِواهم مِن قُريش. ولمّا كان جماعةٌ مِن الصَّحابَة يَتشَيَّعون لِعَلِيٍّ ويَرون استحقاقَه على غَيره، ولمّا عُدل بِه إلى سُواه، تَأَفَّفوا مِن ذلك)[4].

ويَذهَبُ (رَشِيد رِضا) صاحِب صَحيفَة المَنار وهو أَحد المُتمرِّدين على حَركة الإِصْلاح الَّتي تَزعَّمَها الشَّيخ مُحمَّد عَبده والمُنقَلِب إِلى المَذهَب الوَهابِي الَّذي انْتَمى إِليه بِعَصبِيَّةٍ لافِتَةٍ ـ إِلى القَول بـ«أَنَّ التَّشيُّعَ هو مَذهَبٌ جَديد أُسِّس على يَد عبد الله بن سَبأ». والثَّابتُ في البُحوث التَّأريخيَّة الرَّصِينة أَنَّ ابنَ سَبأ مُصَنّف في عِداد الشَّخصِيَّات الوَهمِيَّة المَوضُوعَة والمُختَلقَة فِي التَّأريخ الإِسْلامي. ولكِنَّ رَشِيد رِضا جَحَدَ فساير مُريدِيهِ مِن النَّواصِب القائلين بِضَرُورة التَّمسّك بِما اختُلِق وزُوِّر مِن شَخصيات تَأريخِيَّة وتَوظِيفِهم في عَملِيَّات الطَّعن في أَصْل التَّشَيُّع مِن مِثل شَخصِيَّةِ ابن سَبأ ووُجوب العمل على اخْتِلاق الحوادث بِعُنوانها مِن أَجْل تَبرئة ساحَة كُبراء الصَّحابة ممَّا أَجْرَموا وتَطهيرهم مِن كُلِّ رِجْسٍ والاجْتِهاد في خَلع ثَوب العِصمَة عليهم، وإِنْقاذ سائر الخُلَفاء مِمّا عَلِق بِسيرتِهم مِن خَلل عقدي فَضِيع تَعمَّدوا صُنعَه والبَقاء عليه، والقَضاء بِبَرائتِهم

1 - تأريخ المذاهب الإسلامية 51
2 - الفكر السياسي الشيعي 135
3 - إسلام بلا مذاهب 171
4 - تأريخ ابن خلدون 364/ 3

مِن تُهمَةِ الانْقلاب على الأعقاب، ونَفي تُهمَة إِشْعال حُروب الثّأر القَبَليّ والعشائري لِأَنْفُسِهم مِن خُصومِهم، والتَّقاتُل فِيما بَينهم وتَصفِية بَعْضِهم لِلبَعض الآخَر.

إنَّ كُلَّ تِلك الوَقائع جَرَت وتَفاعَلَت في سِيرَةِ الرَّعِيل الأَوَّل مِن المُسلِمِين، وقدَّمَت الخلافةَ المُغتَصَبة والفَلتة لِلأَجْيالِ المُتعاقِبَة بِوَجْهٍ مِثالِيٍّ مُساهِمٍ في إِضْفاء طابع الشَّرعِيَّة على الاتِّجاه الطَّائفي والإرهابي المُسَيَّس ومُؤكِّدٍ على ضَرُورَة موالاة دَولَةِ الاسْتِبداد واحْتِواء (اتِّجاه أَهْل العامَّة) والائتِلاف معه على قاعدةٍ مِن نَصْب العَدواة والبغضاء لِلشِّيعة والتَّشَيُّع وتَشوِيه حَقِيقَة وُجودِهما وإِسنادِها إِلى (مُبتَدِع أُصُول التَّشَيُّع الَّذي كان يَهُودِيًا اسْمه عبد الله بن سَبأ، أَظهر الإِسلام خِداعًا، ودعا إِلى الغُلو في عَلِيٍّ صَلواتُ الله وسَلامُه عليه لِأَجْل تَفرِيق هذه الأُمَّة وإِفْساد دِينِها ودُنياها عليها)[1]. وهُو إِسنادٌ يَكْفِي لِتَحريض المُسلِمِين على الشِّيعَة ودَفعِهم لِموالاة الخِلافَة تَحت مُبَرِّر خَوف الفِتنَة!

كان مُنتَهى هَدف رَشِيد رِضا في عَظِيم ما لَفَّقه وما ذَهب إِليه مِن وَضْعٍ وتَزييفٍ حول نَشأة التَّشَيُّع هو استِرضاءُ الحَنابِلة أَتْباع الوَهابِيَّة وشَدُّ عَضُد مَذهَب بن عبد الوَهاب والاسْتِقواء بِه على اتِّجاه (أَهْلِ السُّنَّةِ والجَماعَة) عندما كان اتِّجاهًا مُستَقِلًا. فَلا عَجَب مِن أَنْ يَسْعى مُفكِّرو النَّواصِب إِلى تَبَنِّي رأي رَشِيد رِضا في أَصْل التَّشَيُّع وتَروِيجِهِ وتَعظِيم خَطَرِه، والافْتِراء بِما يَشِي بِوُجود عَلاقَةٍ وثِيقَةٍ تَأسِيسِيَّةٍ بَين عبد الله بن سَبأ وأَبِي ذر الغفاري حتَّى يكون لِلنَّواصِب العُذر لِلطَّعن فِي عَلِيٍّ أَمِير المُؤمنين صَلواتُ الله وسَلامُه عليه وفي أَصْل نُشوء التَّشَيّع وفي مَوقِف الصَّحابِي الجَلِيل أَبِي ذَر رضوان الله تعالى عليه المُناهِض لِلخُلفاء الثَّلاثَة أَبِي بَكر وعُمَر وعُثمان.

فقال قائلٌ مِن هَؤلاء المُفكِّرين (كان هذا الجَوُّ مُلائمًا تَمام المُلائمة، ومُهيّئًا لِقبول دَعوة عبد الله بن سَبأ ومَن لَفَّ لَفَّه، والتَّأثر بِها إِلى أَبعد حَدٍ، وقد أَذكَى نِيران هذه الثَّورة صَحابِيٌّ قَدِيمٌ اشتُهر بِالوَرع والتَّقوى وكان مِن كِبار أَئِمّة الحَدِيث وهُو أَبو ذر

1 - السُّنّة والشِّيعة، رشيد رضا 45

الغفاري الَّذي تَحدَّى سِياسَة عُثمان ووَالِيهِ على الشَّام معاوِية بِتَحريض رَجُلٍ مِن أَهْلِ صَنعاء وهُو عبد اللَّه بن سَبأ، وكان يَهودِيًّا فأَسْلَم ثُمَّ أَخذ يَنتَقِل فِي البِلاد الإسلامِيَّة)[1].

اتَّبَعَ الكثيرُ مِن أئمَّةٍ ووُعَّاظِ السَّلاطين ومَن لَحِقَ بهم مِن الكتَّاب والمُفكِّرين المُعاصِرين والمدَوِّنيين الطامِعين في النُّفوذ والثَّروة والشُّهرة بِمَنهج الوَضَّاعِين القُدامى المُستَجِيب لِشُروط المُمَوِّل وإِملاءاتِه وساروا على مِنوالهم فقدَّموا خِدمَةً لِأَحكام الفَصل السِّياسِيّ الطَّائفي وراحوا يُزوِّرون في السِّيرة التَّأريخيّة ويَضعون مِن عِندِهم شَخصِيّة عبد الله بن سَبأ ويَنقلونها عن مُحمَّد بن جَرِير الطَّبري في تَأرِيخه.

يُرجَّح أَنْ يكون الطَّبَري هو أَوَّلُ مُؤرِّخ ناقِلٍ لِلسِّيرة الوَهمِيَّة لابن سَبأ أَو أَوَّل واضِعٍ لها ومُلَفِّق، وزادوا عليها مِن عند أَنْفُسِهم حتَّى جَعلوها مِن بعد الطَّبري مِن المُسَلَّمات في السِّيرة. ونَسبُوا أَفعال ابن سَبأ إِلى قائمة الأَسْباب الكامِنَة ورَاء قِيام الحُروب بَين المُسلِمين الصَّحابة وتَضخّم حالات الانْشِقاق وتَراكم عوامِل التَّشرْذُم وظُهور المَذاهِب المُختَلِفة والفِرق والنِّحل المُتبايِنة. ومِنهم ابنُ الأَثِير في (الكامِل فِي التَّأريخ)، وابنُ كثير فِي (البِداية والنِّهايَة)، وأَبُو الفِداء إِسماعيل بن محمود في (المُختَصَرِ في تَأرِيخِ البَشر)، وابن خلدون في مُقدَّمة (العِبر)، وأَحمد بن عَلِيّ تَقِي الدِّين المقريزي في (خُطط الآثار)، وأَحمد أَمِين في (فَجْرِ الإسلام وضُحاه)، وحَسن إِبراهيم في (تَأرِيخ الإسْلام السِّياسي)، ثُمَّ دائرتي المعارف لِكلٍّ مِن مُحمَّد فَريد وَجدِي وبُطرس بن بُولس البستاني. وقد سبَقَهُم ولَحِق بهم الكَثِيرُ مِن المُستشْرِقين الوَضَّاعِين والمُزوِّرين أَو النَّاقِلِين عن عمد أَو عن جَهْل ـ على الرَّغْم مِن أَنَّ الطَّبري نَفسُهُ لَم يُثبت في سَردِهِ التَّأريخي وُجود عَلاقَةٍ حقيقيَّةٍ ووَاقِعَةٍ بين انْتِفاضةِ الصَّحابي الجَليل أَبي ذر الغفاري رِضْوان الله تعالى عليه وابن سَبأ، وهكذا الأَمْرُ عند القُدامى كابن الأَثِير وغيرهم.

ومِن المُؤرِّخين وأَصْحاب الرِّجال والحَدِيث مِن أَتْباع (اتِّجاه أَهْل العامَّة) مَن

---

1 - تأريخ الإسلام السياسي، حسن إبراهيم حسن 349-347

انْتزعَ الرِّوايات الَّتي جاءت مِن طَريق الصَّحابِي الجَلِيل عَمّار بن ياسِر رضوان الله تَعالى عليه فِي ذَمِّهِ لِمَثالِب الخُلفاء أَبِي بَكر وعُمر وعُثمان لِيُسَجِّل صُدورها عن الشَّخْصِيَّة المَجهولة عبد الله بن سَبأ المُلقَّب بـ(ابن السَّوداء)، وهِي ذاتُ الكُنيَةِ الَّتي نُسِبَت إلى عَمَّار بن ياسر على لِسَان مُعاوِيَة بن أَبِي سُفيان، وقِيلَ مَروان بن الحَكَم، تَحقِيرًا منه لِنَسبِ عَمّار واستِخْفافًا واستِصغارًا. وأَرادوا مِن نِسبَةِ رِوايات عَمّار بن ياسِر إِلى عبد الله بن سَبأ تَحقِيق مَقاصِدَ سِياسيَّة، منها:

- تَبْيِيض ساحة كُلٍّ مِن أَبِي بَكر وعُمر وعُثمان وعائشة والزُّبير وطَلحة ومُعاوِيَة والقَضاء بِالبَراءة مِمَّا ذُمُّوا به.

- الهُروب مِن أَعْباء واجب (الأَمْر بِالمَعروف والنَّهي عن المنكر) في تَحدِيد الرَّؤيَة مِن الرِّجال الَّذين اقترفوا المُنكر في السِّيرة فإِمَّا بِالتَّصحِيح أَو بِالذَّم والتَّسفِيهِ والتَّفسِيق. فإِنْ اخْتُلِقَت شَخصِيّة مِثل ابنِ سَبأ ووُضِعَت في السِّيرة فَإِنَّ مَسئولِيَّة إِيقاظ(الفِتنَة) القائمة بين صَحابِيَين وما أَسْفَر عنها مِن سَفكٍ لِلدِّماء وانْتِهاك لِلأَعْراض تُرَحَّل عن ساحَتِهما وتُدرج في ذِمَّةِ ابن سَبأ ذي القُوى الشَّيطانِيَّة الخارِقَة الَّتي لا تُقهَر ويَخرُج الصَّحابِيَّان مِنها بَراءة.

- وطَعْنًا فِي أَصالَةِ التَّشيُّع ورِجاله.

- وتَجريدًا لِعَمار بن ياسر مِن أَقوالِهِ لِكَي لا يُشَكِّل مِن نَفْسِه دلِيلًا دامغًا على فَساد ساحَة الخُلفاء الثَّلاثة، وهو الصَّحابِي الَّذي قَتلَته الفِئةُ الباغِيَة.

وقِيل فِي ابنِ سَبأ (يُخيَّل أَنَّ حِكاية ابن سَبَأ مِن أَوَّلها إلى آخرِها كانت حِكايَةً مُتقَنَة الحبك رائعةَ التَّصوير)[1]. ويَرى طَه حُسين فِي مُؤَلَّفِهِ الفِتنة الكُبرى (ويُخيَّل إِليَّ أَنَّ الَّذين يكبرون مِن أَمْر ابن سَبأ إِلى هذا الحَدّ يُسرِفُون على أَنفُسِهم وعلى التَّأريخ إِسْرافًا شَديدًا، وأَوَّل ما نلاحظه أَنَّا لا نَجِد لابنِ سَبأ ذِكرًا في المَصادر المُهِمَّة الَّتي

1 - وعاظ السلاطين، علي الوردي- 273 276

قَصَّت أَمْرَ الخِلاف على عُثْمان)[1]. ويُضِيف في كتَابه (عَلِيٌّ وبَنوه) قائلًا (وأَقلُ ما يَدُلّ عليه إِعراضُ المُؤرِّخين عن السَّبئيَّة وعن ابن السَّوداء في حَرب صِفِّين أَنَّ أَمْرَ السَّبئيَّة وصاحِبَهم ابن السَّوداء إِنَّما كان مُتكلِّفا مَنْحُولًا، قد اختُرِع بآخره حين كان الجِدالُ بين الشِّيعَةِ وغَيرِهم مِن الفِرَق الإسلامِيَّة، وأَراد خُصومُ الشِّيعَة أَنْ يَدخلوا في أُصُول هذا المَذهَب عُنصُرًا يَهودِيًّا إِمعانًا منهم فِي الكَيدِ لَهم والنَّيلِ مِنهم.. وإِنَّ قَضِيَّة عبد الله بن سَبأ هِي مِن مُخلَّفات أَعداء الشِّيعَة)[2].

ويُؤيِّد طَهَ حُسَين ما قاله عَلِيُّ النَّشَّار (ومِن المُحتَمل أَنْ تكونَ شَخصِيّة عبد الله بن سَبأ شَخصِيَّةً مَوضوعةً أَو أَنَّها رَمَزت إلى شَخْصِيَّة ابن ياسر.. ومِن المُحتَمل أَنْ يكون عبد الله بن سَبأ هو مُجرَّد تَلفِيق لِاسْم عَمَّار بن ياسر.. أَو بِمَعنى أَدَقّ إِنِّي أَقول: إِنَّه مِن المُرَجَّح أَنْ يكون عبد الله بن سَبأ هو عَمّار بن ياسر، والمُرجَّح أَنَّ النَّواصِب حمَّلوا كذبًا عَمّار بن ياسر كُلّ تلك الآراء الَّتي لم يَعرِفها قَط ولم يَقُل بِها قَطعًا)[3].

ويُعَلّق حامِد حَنَفي داوُد: ولَعَلَّ أَعظَم هذه الأَخطاء التَّأريخِيَّة الَّتي أَفلَتَت مِن زِمام هؤلاء البَاحِثِين وغَمَّ عليهم أَمرُها فلَمْ يَفقَهوها ويفطنوا إِليها، هذه المُفتَريات الَّتي افترَوها على عُلماء الشِّيعَة حين لَفَّقُوا عليهم قِصَّة عَبد الله بن سَبأ فِيما لَفَّقُوه مِن قَصص)[4].

ولا غَرابَة في أَنَّ يُجاهِد بعضُ مُؤرِّخِي (اتِّجاه أَهْل العامَّة) في نِسْبةِ كُلِّ الطَّعون الواردة فِي سِيرة أَبي بَكر وعُمر وعُثمان ومُعاوِيَة وعائشة إِلى شَخصِيَّةٍ مُختلَقَةٍ مَوضُوعَةٍ أَو إِلى أَحَدٍ مِن الاتِّجاهات المَغضُوب عليها مِثل الشِّيعَةِ والمُعتَزِلَة والنَّصارى واليَهود!

إِنْ سَلَّمنا جدَلًا بِوجود شَخصِيَّةٍ في سِيرة المُسلِمين تُسَمَّى (ابن سَبأ) وقد تَظاهَرَت بِما نُسِبَ إِليها؛ ففِي الكَثِير مِن الرِّوايات الوَرادة عن طَريق (اتِّجاه أَهْلِ العامَّة)

1 - الفتنة الكبرى، طه حسين132.

2 - عَلِيٌّ وبَنُوه، طه حسين، 90

3 - نشأة الفكر الفلسفي في الإسلام 38/ 2 ‎‎39

4 - التَّشيع ظاهرة طبيعية في إطار الدَّعوة الإسلامِيَّة 18

نَفْسه تُؤكِّد على أَنَّ عَليًّا أَمِير المُؤمِنين صَلواتُ الله وسَلامُه عليه وشِيعَتَه قد طَعنوا فِي شَخصِيَّة (ابْنِ سَبأ) ونَعَتوه بِالكذَّاب وتَبرَّءوا منه، وجاء الطَّعنُ في ابْنِ سَبأ على لِسَان أَبِي ذر الغفاري.. ذلك مِمَّا يَنقض قَولَ القائلين بِوُجود عَلاقةٍ بَين (ابن سَبأ) والتَّشَيُّع إِنْ سَلَّمنا بِوُجود هذه الشَّخصِيَّة في التَّأريخ وتَعَلَّق طَعنُ أَمير المؤمِنين صَلوات الله وسَلامُه عليه وأَبِي ذَر الغفاري بِذات الشَّخصِيَّةِ المَوضُوعَة أَو بِغيرها مِمَّن يَحمِل ذاتَ الاسْم. وما كان قصدُ هؤلاء البَاحِثِين الَّذِين جُبِلوا على الطَّعن في أَصالَةِ التَّشَيع والشِّيعة بِهذه الطُّعون إِلَّا التَّعويض عن الضَّعف أَو الفَشل عن إِيجاد دَلِيل حِسِّي يَقضي بِبَراءة رِجالِهم الصَّحابَة والتَّابِعين مِمَّا أَحدَثوا في الإِسْلام وما أَفْشوا مِن سُقمٍ وقد بَانَ كَذِبُهم وفُضِحوا في عالَمٍ مُعاصِرٍ مُنفَتِحٍ على مصادر المَعرِفَة حيث لا تَخفى على أَحَدٍ فيه خافِيَة!

لقد جاهَد شِيعةُ عَلِيٍّ صَلواتُ الله وسَلامُه عليه في سَبِيل استِعادَةِ المُسلِمِين مَجدَهُم وأَصالَتَهم بِالثَّقلين والتَّمَسُّك بِهما حيث أَراد الرَّسُول صَلَّى الله عليه وآله، وردّوا على الانْحِراف الكَبِير الَّذي نَشأ عَلى أَوهامِ (مَذْهَب الرَّأي) منذُ خِلافَةِ أَبِي بَكر وطَغَى على ثَقافَةِ المُسلِمين في خِلافَة عُمَر وعُثمان وصار سُنَّةً تُتَّبَع ويُمْتَثل لها حتَّى زَمَنِنا المُعاصر، ولم يَخافوا في الله لَومَةَ لائم حيث يَدْفَعُ فاتُورَة هذا الانْحِراف مُجتَمع الأَغلَبِيّة في المُسلمين بِما فَعَل أَوَّلُ ظالِمٍ ظَلَمَ حَقّ مُحمَّدٍ صَلَّى الله عليه وآله.

فعن الكُمَيت بن زَيد الأَسَدِي أَنَّه سأَل الإِمام البَاقِر صَلوات الله وسَلامُه عليه وكان مُتَّكِئًا فاستَوى جالِسًا وكَسَر في صَدرِهِ وَسادَةً، ثُمَّ قال: سَلْ!. فقال: أَسأَلُك عن الرَّجُلَين . فقال: يا كُمَيت بن زَيد.. ما أُهرِيق في الإِسْلام مَحجَمة مِن دَمٍ ولا اكتُسِب مالٌ مِن غَير حِلِّه، ولا نُكِح فَرجٌ حَرامٌ إِلَّا وذلك في أَعناقِهما إِلى يَومِ القِيامَة، حتَّى يَقومَ قائمُنا ونَحنُ مَعاشِر بَنِي هاشِم نَأمُرُ كِبارَنا وصِغارَنا بِسَبِّهما والبَراءة مِنهما)[1].

ويَنقلُ بَعضُ عُلماء الشِّيعَة فِي كُتُبِهم عددًا مِن مَروِيَّات الطَّعن في (ابْنِ سَبأ)

---

1 - بحار الأنوار 323/ 47

بِوَصْفِه شَخصِيَّةً أُخْرَى غير تِلك الموضُوعَة مِن قِبَلِ النَّواصِب وأعداء الشِّيعَة وقد عُرِفَ عنها الغُلوّ. فهَذا الكِشّي فِي رِجالِهِ بَسندِه إِلى أَبي جَعفر (أَنَّ عبد الله بن سَبأ كان يَدَّعِي النُّبوَّة، وزَعَم أَنَّ أَمِير المؤمنين صَلواتُ الله وسَلامُه عليه هُو الله، تَعالى اللهُ عن ذلك عُلوًا كَبيرًا. فبَلَغَ ذلك أَمِيرَ المُؤمنين صَلواتُ الله وسَلامُه عليه فدَعاه وسأَله فأَقرّ بِذلك وقال «نَعم أَنْتَ هو، وقد كان أُلقِي في رَوعِي أَنَّكَ أَنْت الله وأَنِّي نَبِيّ». فقال له أَمِيرُ المؤمنين «وَيلك قد سَخَر مِنك الشَّيطانُ فارجِع عن هذا ثَكلَتْك أُمُّكَ وَتُب»! فأَبَى، فحَبَسه واستَتابَه ثلاثة أَيَّام فلَمْ يَتُب، فأَحرَقَه بِالنَّار.. والصَّواب أَنَّه نَفاه بِالمَدائن)[1].

وذكَر الطَّبَرِي في تَأريخِه نَصًا في (ابن سَبَأ) تَحت عنوان (ذِكْر مَسِير مَن سَار إِلى ذِي خشب مِن أَهْل مِصْر وسَبب مَسِير مَن سار إِلى ذِي المروة مِن أَهْل العراق) قائلًا (فِيما كَتَب بِه إِلي السري عن شُعَيب عن سَيف عن عَطِيّة عن يزيد الفقعسي، قال: كان عبدُ الله بن سَبَأ يَهُودِيًّا مِن أَهْل صَنعاء، أُمُّه سَوداء، فأَسْلَم زَمان عُثْمان ثُمَّ تَنقَّلَ في بُلدان المُسلِمِين يُحاول ضَلالَتهم. فبَدأ بِالحِجاز ثُمَّ بِالبَصْرة ثُمَّ بِالكُوفة ثُمَّ الشَّام، فلَمْ يَقدر على ما يُرِيد عند أَحَدٍ مِن أَهْلِ الشَّام، فَأَخرَجُوه حتَّى أَتَى مِصرَ فاعتَمَرَ فيهم، فقال: لَهُم فِيما يَقول: لَعجب مِمَّن يَزعَم أَنَّ عِيسى يَرجِع، ويُكذِّب بِأَنَّ مُحمّدًا يَرجع، وقد قال الله عَزَّ وجَلَّ [إِنَّ الَّذي فَرَض عليك القُرآن لَرَادُّك إِلى مَعاد]. فمُحَمَّد أَحَقُّ بِالرّجوع مِن عِيسى. قال: فقُبِل ذلك عنه، ووَضَع لَهُم الرَّجْعَة، فتكَلَّموا فيها. ثُمَّ قال لَهم بعد ذلك: إِنَّه كان أَلفُ نَبِيّ، ولِكُلِّ نَبِيٍّ وَصِيّ، وكان عَلِيٌّ وَصِيّ مُحمَّد، ثُمَّ قال: مُحمَّد خاتَم الأَنبياء وعَلِيٌّ خاتَم الأَوْصِياء، ثُمَّ قال بعد ذلك: مَن أَظْلَمُ مِمَّن لم يجِز وَصِيةَ رَسُول الله صَلَّى الله عليه وآله ووَثَبَ على وَصِيِّ رَسُول الله صَلَّى الله عليه وآله وتَناول أَمْرَ الأُمَّة! ثُمَّ قال لَهم بعد ذلك: إِنَّ عُثمان أَخذها بِغَير حَقّ، وهذا وَصِيُّ رَسُول الله صَلَّى الله عليه وآله، فانْهَضوا في هذا الأَمر فحَرِّكُوه، وابْدءوا بِالطَّعْنِ على أُمرائكم، وأَظهِروا الأَمْرَ بِالمَعروف، والنَّهيَ عن المنكر، تَستَمِيلوا النَّاس وادْعُوهم إِلى هذا الأَمْر. فبَثَّ

1 -انظر: رجال الكشي 98 100 -. ابن بابويه القمي، من لا يحضره الفقه 213/ 1. الشّيخ المفيد، شرح عقائد الصدور 257. الطوسي، تهذيب الأحكام 322/ 2. ابن شهرآشوب، مناقب آل أبي طالب 228-227/ 1

دُعاتَه وكاتَبَ مَن كان استَفسَد في الأَمْصار و كاتَبوه، ودَعوا في السِّرّ إلى ما عليه رَأيهم، وأَظْهَروا الأَمْر بِالمَعروف والنَّهي عن المُنكر)[1].

ويَنقل ابنُ الأَثِير نَفسُه السَّرد التَّأريخي عن (ابنِ سَبأ) بِذات نَصِّ الطَّبري مِن دون الإِشارة إلى مَصدر النَّقل اعتمادًا على ما أَكَّد عليه ابنُ الأَثِير في مُقدِّمَة كِتابه مِن تَوجِيه إلى مَصادِره فِي الكامِل حِين قال (فَلَمّا رأيتُ الأَمْرَ كذلك شَرَعتُ في تَأْلِيف تأريخ جامعٍ لِأَخْبار مُلوك الشَّرق والغَرب وما بَينهما، لِيَكونَ تَذكِرةً لِي أُراجِعه خَوف النِّسْيان، وآتِي فيه بِالحَوادث والكائنات مِن أَوَّل الزَّمان مُتتابعةً يَتلو بَعضُها بعضًا إلى وَقتِنا هذا. ولا أَقُولُ إِنِّي أَتَيتُ على جميع الحوادث المتعلِّقة بِالتَّأريخ، فإِنَّ مَن هو بِالمُوصل لا بُدَّ أَنْ يشذّ عنه ما هو بِأَقصى الشَّرق والغرب، ولكِن أَقول إِنِّي قد جمعتُ في كِتابِي هذا ما لم يَجتَمِع في كِتاب واحدٍ. ومَن تَأَمَّله عَلِمَ صِحَّة ذلك. فابتدأتُ بِالتَّأريخ الكَبير الَّذي صنَّفه الإمامُ أَبُو جَعفر الطَّبري إِذْ هو الكِتاب المُعوّل عند الكافَّة عليه والمَرجوع عند الاختِلاف إليه، فأَخذتُ ما فيه مِن جَمِيع تَراجِمِهِ لم أَخل بِتَرجمة واحدة منها. وقد ذَكر هُو في أَكثر الحَوادِث رِواياتٍ ذوات عَددٍ، كُلُّ رِوايَةٍ منها مثل الَّتي قبلها أَو أَقلّ منها. ورُبَما زاد الشَّيء اليَسير أَو نَقصَه فقَصَدتُ أَتَمَّ الرِّوايات فنقَلتها، وأَضفتُ إِليها مِن غيرها ما لَيْس فيها وأَودَعْتُ كُلّ شيء مكانه، فجاء جَمِيع ما في تلك الحادِثَة على اختِلاف طُرقها سِياقًا واحدًا على ما تراه. فلَمَّا فَرَغتُ منه أَخذتُ غيرَه مِن التَّواريخ المشهورة فطالَعته وأَضَفتُ إِلى ما نقلته مِن تَأرِيخ الطَّبري ما ليس فيه، ووَضَعتُ كُلّ شَيء منها مَوضِعه إِلّا ما يَتعلَّق بما جَرى بين أَصْحاب رَسُول الله صَلَّى الله عليه وآله، فإِنِّي لم أُضِف إِلى ما نَقله أَبُو جعفر شيئًا إِلّا ما فيه زِيادة بَيان، أَو اسم إِنسان، أَو ما لا يُطعَنُ على أَحدٍ منهم في نقله. وإِنَّما اعتمدتُ عليه مِن المؤرِّخين إِذ هو الإمامُ المُتقن حَقًّا الجامِع عِلمًا وصِحَّة اعتقاد وصِدقًا. على أَنِّي لم أَنقُل إِلّا مِن التَّوارِيخ المذكورة والكتب المَشهُورة مِمَّن يُعلَم صدقهم فِيما نقلوه وَصِحَّة ما دَوَّنوه)[2].

---

1 - تأريخ الطّبري 647/ 2

2 - الكامل في التّأريخ، ابن الأثير 9/ 1

إنَّ النَّشأةُ الأُولى لِلتَّشَيُّع لم تكن سِياسِيَّةً، ولا نَاجِمَةً عن ضَغطِ الحَوادِث السِياسِيَّة أو الوِجدانِيَّة العاطِفِيَّة. كما أَنَّها لَيْست إِفرازًا عن هذه الحَوادِث ولا اشْتُهرت بِتَطوّرات هذه الحَوادِث في المُسلمين فاستَحسَن بَعضهم عَقائدَ التَّشَيُّع فجَعلُوه دِينًا أَو كَره أَكثَرُهُم فنَبذُوه وراء ظُهورِهِم واتَّخذوه عَدوًا.

إنَّ مَنشأ التَّشَيُّع هو ذاتُ مَنشأ العَقِيدة الإِسْلامِيَّة الأَصِيلة الَّتي بَلَّغها رَسُولُ الله صَلَّى الله عليه وآله. وهُو مَنشأٌ أَصِيل مُقتَرِنٌ مع المَنشأ الأَوَّل لِلنُّبوّة ولِمَفهوم الإِمامَة الخالِص ولا يَنفَكّ عنهما.

التَّشَيُّعُ لَيس رَدَّة فِعلٍ على الوَقائع الاجْتِماعِيَّة أَو التَّحوُّلات السِّياسِيَّة، كما أَنَّه ليس نَاشِئًا عن طَفْرَةٍ اقتِصادِيَّة أو منطقة فَراغٍ في التَّأريخ أَو عن مُفاجئاتٍ اجْتِماعِيَّةٍ طارِئة على الفِكر فعُرِفَ هُنالِك التَّشَيُّع. فهذِه كُلّها مِن المَوضُوعات الَّتي يُراد بها تَبرير الطَّعن في التَّشَيُّع وخَلق الأَعذار لما أَحدَثَه (اتِّجاه أَهْل العامَّة) ورِجالُه مِن كُبراء الصَّحابَة.

ولِكَنَّ الحَوادثَ الكُبرى الَّتي طَرأَت بِشَكلٍ مُفاجِئٍ في المُسلمين مِن بَعد البِعثَة النَّبوِيَّة الشَّريفَة، وتَكثُّر مُحاولات الاغتِيال الَّتي استَهدَفَت حَياةَ النَّبِيِّ صَلَّى الله عليه وآله بناءً على التَّعاقُد الَّذي جرى بَين أَقطاب (صَحِيفَة مَكَّة الأُولى) مِن المُشركِين بِزَعامَةِ أَبِي سُفيان والتَّعاقُد الآخر الَّذي جَرى بَين كُبراء الصَّحابة أَقْطاب (صَحِيفَة مكّة الثَّانِيَة) وما أَعقَبَهما مِن انْقلابٍ على الأَعقاب في يَوم سَقِيفة بَنِي ساعدة ـ صَنَّفَت (شِيعةَ عَلِيٍّ) اتِّجاهًا مُعارِضًا أَو نِدًّا لِلأُمَوِيِّين ثُمَّ لِخِلافة الثَّلاثَة أَو جِهَةً غَير حائزةٍ على رِضا الأَغلَبِيَّة مِن المُسلِمِين الَّتي تَشكَّلَت في إِطار (اتِّجاه أَهْل العامَّة) بعد ذلك بزَعامَة أَقْطاب (صحِيفَة مكّة الثَّانِيَة) والقادَه الآخَرِين مِن الصَّحابة المُنافِقِين والمُتآمِرين الأُمويِّين ومِن ذَوي العَصَبِيَّات القَبلِيَّة والعَشائرِيَّة الجاهِلِيَّة.

فَليس التَّشَيُّع حِزبًا نَاشِئًا عن مُعطياتٍ سِياسِيَّةٍ مُتفاعِلَة مع ظاهِرَة بُروز الاتِّجاهات في شَكل أَحْزاب مثل حِزْب (الصَّحابَة الخَمْسَة) و(الحِزب الأُمَوِي) اللَّذين عُدّا أَوَّل

حِزْبَين سِياسِيَّين في الإسْلام، ولا مَذْهبًا مُضافًا إلى قائمة المَذاهِب والفِرَق النَّاشِئة في عَهد أَبِي بَكر والمُتزاحِمَة في عهد عُثْمان. وإنَّما تَمثَّل التَّشَيُّع في فِئةٍ قَليلةٍ مِن الصَّحابَة الأَخْيار الأَبْرار عُرِفَت في مَطلَعِ عَهْدِ النَّبِيِّ صَلَّى الله عليه وآله عندما أَنذَرَ النَّبِيُّ صَلَّى الله عليه وآله عَشيرتَه الأَقْربين، وأَمَرَ بِتَشَيُّعِها لِعَلِيٍّ أَمِير المؤمنين صَلواتُ الله وسَلامُه عليه والامتِثال لِنَصَّي القُرآن والسُّنَّة الشَّريفَة في وُجوب اتِّخاذ عَلِيٍّ أَمير المُؤمِنين إمامًا ووَلِيًّا.

اتَّبَع (شِيعةُ عَلِيٍّ) خُطى نَبِيِّهم مُحمَّد صَلَّى الله عليه وآله مُنذ أَوائل أَيّام بِعثَتِهِ وتَمتّعوا بِسِلْمِها وخاضوا معه حَربَها، ونَصروه عندما تَآمَر رهطٌ مِن الصَّحابَة عليه وعلى رِسالَتِه وعلى وَصِيِّه ووَصِيَّتِهِ في خَلَفِه، وأَطاعُوه عندما حدَّد المَوقِف مِن حِزْبِ الصَّحابَة الخَمْسَة وخُلفائهم، وتَمَسّكوا بِبَيعةِ الغَدِير عندما اغْتالَه الصَّحابَةُ الخَمْسَة في بَيتِهِ وصادَروا الخِلافَةَ وتَداوَلُوها فِيما بَينَهُم، ولم يَخذلُوا سُنَّتَه صَلَّى الله عليه وآله عِندما جاء مُغتَصِبوا الخِلافَة بِـ(مَذْهَبِ الرَّأي) وانْتهوا بِهِ إِلى خِلافَةٍ هِرَقْلِيَّةٍ مَلكِيَّة مُستَبِدّة تَمضِي في الأَعْقاب بِالوِراثة.

وامتَثَلَ (شِيعةُ عَلِيٍّ) لِوَصايا نَبِيِّهم مُحمَّد صَلَّى الله عليه وآله قَبْل أَنْ يَتآلف الصَّحابَة المُنافِقون في شَكل حِزبٍ سِياسِيّ يَجمَعهم، وانْفَضّ المُنافِقُون مِن الصَّحابَة مِن حَول نَبِيّهم صَلَّى الله عليه وآله ودَبَّروا أَمرًا بِليلٍ، فنَقَضوا بَيعَة غَدِير خُم، وأَسَّسوا (اتِّجاه أَهْلِ العامَّة) لِضَمان استِقرار المُلْك فِيهم، وحَرَّضُوا الأَغلَبِيَّة مِن أَتْباعِهم على إِقصاء بَني هاشِم عن مَناطِق النّفوذ القَبلي، ونَبَذوا (شِيعَة عَلِيٍّ) وراء الظُّهور، ودفعوا بِالقَبائل إِلى طَلَب ثأر بَدرٍ وأُحدٍ وحُنين والخَندق مِن الوَصِيِّ عَلِيٍّ أَمير المؤمنين صَلواتُ الله وسَلامُه عليه الَّذي جَندلَ صَنادِيدَهم ونَاوَش ذُئبانَهم.

فلَم تَكُن السِّياسَةُ سَببًا في النَّشأة الأُولى لِلتَّشَيُّع ولا دافعًا لِولادَته أَو مُحرِّضًا على ظُهورِه في الضِّدّ مِن فِتنَةِ الانقلاب الكُبرى. (فإِنَّ التَّشَيُّع دِينيٌّ صِرف، ولا صِلَةَ له بِالسِّياسَةِ مِن قَريبٍ أَو مِن بَعيد. إِنَّه فِعلُ الرَّسُول صَلَّى الله عليه وآله وقَولُه. أَمَّا

فِعلُ الرَّسول فَقد اخْتار عَلِيًّا أَخًا ونَجِيًّا، وقام بِتَربِيَتِهِ وتَنشئتِهِ مُنذ عَهدِه بِالحياة، واهتَمّ بِتَعليمِهِ وتَهذِيبِهِ حتَّى أَصْبحَ كما يَشاءُ الرَّسُول. لم يُؤاخِذه أَو يُعاتِبه على شَيءٍ في حَياتِه كُلِّها. وقد اعتَمد عليه النَّبِيُّ في المُهِمّات والسَّاعات العسرة. أَمَّا بِالقَول فقد نَصَّ النَّبِيُّ عليه بِمُناسَبات شَتّى)[1].

إِنَّ المُمَيِّزَ الأَبرَز لِلتَّشيُّع عن سَائر الأَحْزابِ الَّتي اجتَمَعَت في (اتِّجاه أَهْل العامَّة) الغَلّاب بِزَعامَة أَقطاب (صَحِيفَة مكّة الثَّانِيَة) هُو مَوقِفُه مِن (الفِتنَةِ الكُبرى) وما أَقدم عليه كُبراء الصَّحابَة فيها مِن انْقِلاب اغْتَالوا بِمُوجِب تَدبيره النَّبِيَّ صَلَّى الله عليه وآله وسمّوا أَبا بَكر خَلِيفَةً إِذْ اقتَضت هذه (الفِتْنَة الكُبرى) مِن التَّشَيُّع أَنْ يَتَّخِذَ مَوقِفًا جَرِيئًا مِن أَجلِ تَصْحِيح المَسار إِلى حَيث أَمَرَ الرَّسُول صَلَّى الله عليه وآله ولَيْس إِلى حيث اقْتَضَت ضَروراتُ السِياسَة مِن مَوقِف وفِعل مُضادّ.

وحِينما استُهدِف بَيتُ الزَّهْراء صَلواتُ الله وسَلامُه عليها مِن قِبَل جُندِ الخَلِيفَة الجَدِيد أَبِي بَكر وتَعرَّضَ لِلاقْتِحام بزعامَة عُمَر وابن عمِّه قُنفِذ في إِثْر حِصارِهِما له بِالنِّيران وإِحراق بَابِهِ وتَهدِيد أَهلِهِ بِالقَتْلِ، ورَأى (شِيعَةُ عَلِيٍّ) أَنَّ أَهْل المَدِينة قد أَحاطوا بِالبَيتِ لِلتَّفرُّج على وَقائع الهُجوم مِن غَير اعْتِراض منهم أَو تَدخُّل، وأَنَّ أَغْلبيَّة المُسلِمِين بعد ذلك قد تَراجعوا لِمَصلَحَةِ المُنقَلِبين فخَذَلوا وَصِيَّةَ نَبِيِّهم صَلَّى الله عليه وآله في وَلِيِّهِم ونَقَضُوا بَيعَتَه الَّتي بايعوا في يَومِ الغَدِير وسَكَتوا على جَرِّ عَلِيٍّ أَمير المؤمنين صَلواتُ الله وسَلامُه عليه مَكتوف اليَدين بِالحَبْل إِلى مَجلس المنقلِبين لِإجْبارِهِ على بَيعة الخَلِيفَة الجديد تَحت حَدِّ السَّيف ومصادَرة حَقِّه المَنصُوص في الإِمامَة، ورَضُوا بِالفَلتَة وتَعبَّدوا بِدِينِها الجَدِيد الَّذي استَأْنَس (مَذْهَب الرَّأي) واعتَمَدهُ رَسمِيًّا في إِدارة شُئون الخِلافَة ـ عندئذٍ ازْداد الشِّيعَةُ تَمَسُّكًا بِوَصِيَّةِ الرَّسُول صَلّى الله عليه وآله الَّتي أَوصَاهَا لِعَلِيٍّ أَمير المؤمنين صَلواتُ الله وسَلامُه عليه وأَكدَّ فيها على اتِّخاذ الصَّبر سِلاحًا فأَطاعُوه صَلواتُ الله وسَلامُه عليه بِما صَبَر وقدَّموا المَصلَحَة

1 - الشِّيعة والحاكمون 13

العُليا لِلإسْلام وشارَكُوه في دَحْر مُضاعَفات (الفِتنَةِ الكُبرى) الَّتي بانَت دَلائلُها في يَوم السَّقِيفَة وقَبْروها بِصَبرِهِم، وحافَظوا مَعه على أَصالَةِ الدِّين وقدَّموا لِلمُسلِمين نموذجًا رائعًا في الامْتِثال لِلعَقِيدة السَّلِيمَة عند أَصعَب الظُّروف وأَشَدِّها خُطورةً وتعقيدًا.

بَرز فِي (شِيعةِ عليٍّ) عدَدٌ مِن الصَحابَةِ الأَبرار مِثل سَلمان المُحَمَّدِي وأَبِي ذر الغفاري وعَمّار بن ياسر والمقداد وحُذيفة بن اليمان وغيرِهِم مِن حوارِيِّي عَلِيٍّ أَمير المؤمنين صَلواتُ الله وسَلامُه عليه، (فالَّذين شايَعوا عَلِيًّا صَلواتُ الله وسَلامُه عليه وتابَعُوه لم يَكنْ ذلك مِنهم إِلَّا تَمسُّكًا بِالدِّين، مُذعِنِين بِأَنَّ النَّبِيّ صَلَّى الله عليه وآله قد نَصَّ عليه مِن دُون أَنْ يكون هناك اندِفاعٌ حِزْبِيٌّ أَو عَلاقةٌ شَخصِيَّةٌ أَو قَبلِيَّةٌ، بَل تَسْلِيم لِقَولِهِ سُبحانه [وَمَا كَانَ لِمُؤْمِنٍ وَلَا مُؤْمِنَةٍ إِذَا قَضَى الله وَرَسُولُهُ أَمْراً أَن يَكُونَ لَهُمُ الْخِيَرَةُ مِنْ أَمْرِهِمْ وَمَن يَعْصِ اللهَ وَرَسُولَهُ فَقَدْ ضَلَّ ضَلَالًا مُبِيناً])[1].

فالشِّيعةُ هُم أَوَّلُ اتِّجاهٍ مَثّل الإِسْلام مِن غَير تَحزُّبٍ ولا تَكتّل سِرِّيّ ولا عَصَبِيّة جاهِلِيَّة، وأَوَّلُ مَن قدَّم مَصلَحةَ وُجودِ الإِسلام وبَقاء وَحدة المُسلِمِين، وأَوَّلُ مَن صَبر على اغْتِصاب الصَّحابَة الخَمسَة مَقام الإِمْرة والخِلافَة مِن غَير أَنْ يُفرّط هؤلاء الشِّيعة بِهويَّتِهم العَقَدِيّة وبِإمامِهِم الَّذي لم تَسقُط بَيعتُه بِالتَّقادُم فيهم. واستَطاع هذا الاتِّجاه أَنْ يَتعايَش مع هذه الحال مُنذ يَوم (الفِتنة الكُبرى) في السَّقِيفة مِن غَير انْدِماج وإِلى يَومِنا هذا.

ـ ذَرائعُ التَّمْيِيز والاضْطِهاد

بُويعَ الإِمامُ الحَسَن بن عَلِيّ صَلواتُ الله وسَلامُه عليه خَلِيفةً لِلمُسلِمِين في إِثْر اغتِيال المارِقَة الخَوارِج لِأَبِيهِ عَلِيٍّ أَمير المؤمنين صَلواتُ الله وسَلامُه عليه بِالسَّيف في مَسجِد الكُوفَة، لكِنَّه ما لَبِثَ أَنْ قُتِل صَلواتُ الله وسَلامُه عليه بِالسُّم بَعد صُلْحٍ

1 - بحوث في الملل والنّحل 54

أقامَه مع مُعاوِيَة تَمَّ بِمُوجِبِه مَنعَ وُقوعِ الحَرب مع الشَّام وحَقْن دِماء المُسلِمِين وإلقاء الحُجَّة على حِزْبِ الأُمَوِيِّين الَّذي استَمرّ في شِراء الذِّمَم بِالمال الوَفير وحِياكَةِ الفِتَن في الكُوفَة ومَدّ النُّفوذ في سائر بِلادِ المُسلِمِين واستِقطاب رُؤساء القَبائل والعَشائر إلى جانِب سِياسَتِه المُمَهِّدة لانْتِزاع الخِلافَة مِن الإمام الحَسَن صَلواتُ الله وسَلامُه عليه بِالقُوّة، كما أَلْقى الحَجَّةَ على المُسلِمِين أَيُطِيعون الله فِيه صَلواتُ الله وسَلامُه عليه أَمْ يُطِيعون مُعاوِيَة الَّذي لا دِين لَه ولا صِدْق حَدِيث ولا أَمْن ولا أَمانَة ولا حفظ لِلعُهود ولا التِزام بِالمواثِيق.

لقد مُدَّ لِمُعاوِيَة في ما أَراد، وأَعانَه الصَّحابَةُ المُنافِقُون والتَّابِعون على ذلك. ولَم يَتَّقِ الله ويَصبر الصَّبر الجَمِيل تَحت مَظَلَّة خَلِيفة المُسلِمِين الإمام الحَسنِ صَلواتُ الله وسَلامُه عليه ووُلاتِه إِلَّا المُتبَقِّي مِن (شِيعةِ عَلِيّ)، وخَذَله (جَيشُ الخِلافَة) مِثلَما خَذَل مِن قَبْل والِدَه أَمير المؤمنين عَلِيّ صَلواتُ الله وسَلامُه عليه.

وعندما انْقَلَب مُعاوِيَة على وَثِيقَةِ الصُّلح ونَقَضَها بِما أَقدمَ عليه مِن عَملِيّة لاغتَيالِ الإمام الحَسَن صَلواتُ الله وسَلامُه وانْفَرد بِخلافَة المُسلِمِين؛ اختُلِفَ في هُوِيَّة نِظامِهِ الجَدِيد الَّذي قادَه بِحِزْبِ الأُموِيِّين مِن بِلاد الشَّام وبِدَعم مِن الأَغلبِيَّة في (اتِّجاه أَهْل العامَّة) أَكان يَحكُم بدِين الله أَمْ يَكفر أَو يُشْرِك أَمْ كان مِن النَّاكِثِين لِلعَهد أَمْ مِن القاسِطِين أَو مِن المارِقِين. لكِنَّه في نهاية المطاف تَغَلَّب فحَظِي بِبَيعَةِ (اتِّجاه أَهْل العامَّة) الَّذي اختَلَق لِنَفسِه - في هذا الظَّرف المُعقَّد - نَظرِيَّةَ البَيعة لِلمُتغَلِّب بِالسَّيف، على أَنْ لا تَصِل الخِلافَةُ مِن بعد الخلفاء الثَّلاثَة لِأَحدٍ مِن بَنِي هاشِم وعلى رَأسِهم أَبناء عَلِيٍّ أَمِير المُؤمِنين صَلواتُ الله وسَلامُه عَلَيهِم.

وبِقِيام الدَّولة الأُمَوِيَّة يَكون عَهد (صَحِيفَة مَكَّة الثَّانِيَة) قد وَلَّى وأَنْهى مَهامَّه وأُسدِلَ السِّتارُ على عناصِره وتَحالُفِهِ المُوَسَّع، مُخلِّفًا وراءه (مَذْهَب الرَّأي) و(اتِّجاه أَهْل العامَّة) وانْحِرافًا خَطِيرًا صَرِيحًا عن الإسْلام. حِينَها أَقبلَت الدُّنيا مِن جَديد على الأُمَوِيِّين الَّذين نَجَحوا في احتواء (اتِّجاه أَهْل العامَّة) عندما تَمسّكوا في الظَّاهر

بـ(مَذْهب الرَّأي)، وحَكموا في الواقع بِالجاهِلِيَّة بِوَجْهٍ مَلَكِيٍّ هِرْقِلِيّ وراثي مُستَبِد. فقَوِيت شَوكتُهم في مُقابِل عَدوِّهم اللَّدود (التَّشَيُّع) و(الشِّيعَة).

راح مُعاوِيَة يَنتَقِم لِلأُمَوِيِّين ولِحكُم الجاهِلِيَّة مِن (شِيعَة عَلِيٍّ) ويُعرِّضهم لِلتَّنكِيل والاضْطِهاد والقَتل والسَّجْن والاغْتِيال والنَّفْي في كُلّ الوَلايات، ويَأمُر بسَبِّهم وشَتمِهم على المَنابِر. ولم يَتورَّع في ذلك عن سَبِّ عَلِيٍّ أَمِير المؤمِنين صَلواتُ الله وسَلامُه عليه حتَّى جَعْل السَّبَّ سُنَّةً في المُسلِمين إمعانًا في عَملِية الفَرْزِ بَين الشِّيعَةِ وحَلِيفِهِ (اتِّجاه أَهْلِ العامَّة) الَّذي استَسَلم لِلأُمَوِيِّين وخَضَع لَهُم وتَخلَّى هُنالِك عن صِفَة تَمثِيل سُنَّة الخُلفاء الثَّلاثَة ودخل في عَهدِ مُعاوِيَة وسَبَّ عَلِيًّا أَمِير المُؤمِنين صَلواتُ الله وسَلامُه عليه على المَنابِرِ وما لَبِثَ أَنْ بايَع يَزِيد شارِب الخَمر وقاتِل النَّفس المُحتَرمة وَلِيًّا لِلعَهد ثُمَّ خَلِيفَةً لِلمُسلِمِين وشارك في قَتْل الإمام الحُسَين بن عَلِيّ صَلواتُ الله وسَلامُه عليه وانْشَطر في الحَرب على الزُّبَيرِيّين والأَشْعَث وفي الدِّفاع عَنهم لِكَي لا يَفُوته غُنْمٌ في صَفّ أَيٍّ مِن الصَّحابَة المُتحارِبين!

وإذا ما أَردنا وَصْف طَبيعَة المَوقِف المُستَجِد الَّذي اتَّبعه (اتِّجاه أَهْل العامَّة) إزاء الشِّيعة في فَترة حُكم مُعاوِيَة والأُمَويِّين، فيُمكِن القَول أَنَّ (اتِّجاه أَهْل العامَّة) قد دَخل مَرحلَة تَصفِيَةِ الحِسابات وتَأجِيج رُوح الثَّأر والانْتِقام من أَتْباعِ التَّشَيُّع وبَثِّ الأَحقاد جهارًا ومِن دون أَيِّ حَرَجٍ سِياسِيٍّ أَو دِينِيٍّ أَو قَبلِيَ أَو عشائرِيٍّ أَو قَومِيٍّ حتَّى.

وعَزم أَئِمَّةُ ووُعّاظ(اتِّجاه أَهْل العامَّة) على الاجْتِهاد في استِغلال الانْقلاب الأُمَوي على الإمام الحَسَن صَلواتُ الله وسَلامُه عليه إلى أَقصى حَدٍّ، فاتَّخذوه فرصةً وذَرِيعَةً لِتَصفِيَة وُجود التَّشَيُّع وإقصاء الشِّيعَة ولِنَشرِ مَظاهر العُنف في كُلِّ مكان وتَحريض الأُمَّة ومَذاهِبها وفِرَقِها عليهما. فقُتِّل الشِّيعَةُ وسُجِنوا لِأَتَفه الأَسْباب وطُورِدوا وشُرِّدوا، وبُثَّت الكَثِيرُ مِن الشَّائعات والأَكاذِيب في نَشأة التَّشَيَّع وعقائدِه وشَرائعِهِ ورِجالِه وامتِدادِهِ التَّأرِيخي، وعُبِثَ في مَوروثِهِ الثَّقافي الأَصِيل.

لقد بَذلَ المُغيرةُ بن شُعبَة نَصائحَه لِلخَلِيفة الجديد مُعاوِيَة على أَنْ يَعدِل فيُنصِف

بَنِي هاشِم وأَتْباعهم إِذْ استوسَقَت الأُمُور لِلأُمَوِيِّين واستَقَرَّت لِدِمَشق وفَشا حُكم مُعاوية وساد، لكنَّ معاوية رَدَّ النَّصِيحَة بِالقَول: هَيهات هَيهات، مَلَكَ أَخُو تَيم فعَدَل، فوالله ما عدا أَنْ هَلكَ وهَلَكَ ذِكرُه إِلَّا أَنْ يَقولَ قائل أَبُو بَكر ، ثُمَّ مَلَك أَخُو عدي فاجتَهد وشَمَّر عَشر سِنين فوالله ما عدا أَنْ هَلَك وَهَلك ذِكرُه إِلَّا أَنْ يَقولَ قائل: كان عُمر بن الخَطاب، ثُمَّ مَلك أَخُونا عُثمان ولم يَكُن أَحدٌ في مِثل نَسَبه فعَمَل ما عَمَل وعُمِل بِهِ، فوالله ما عدا أَنْ هَلَكَ وهَلَكَ ذِكرُه وذُكِر ما فَعل النَّاسُ بِه. وأَنَّ أَخا هاشِم يُصْرخُ بِه في كُلِّ يومٍ خَمس مَرَّات: «أَشْهَدُ أَنَّ مُحمَّدًا رَسُولُ الله»، فَأَيُّ عَمَلٍ يَبقى بَعد هذا.. لا أُمَّ لك، أَلَا دَفْـنًا دَفْنا)[1].

لم يكُن مُعاوِيَة يَرى في النَّبِيِّ مُحمَّد صَلَّى الله عليه وآله وأَهلِ بيتِهِ صَلواتُ الله وسَلامُه عَليهم إِلَّا زَعامَةً قَبلِيّة سِياسِيَّةً لِدَولَةٍ مُستَبِدّة صالَت وجالَت ثُمَّ خَلَت، وكانَت أُسِّسَت على أَنْقاض سُلطة بَنِي عبد الدَّار ونُفوذِهم وتَرسَخَت قَواعدُها في حُدودِ مَكَّة في الضِّدّ مِن طُموح الأُمَويِّين وآمالهم. فإِنْ صَحَّح مُعاوِيَة لِلمُغيرة بن شُعبَة خِلافَة أَبِي بَكر وعُمر وعَدَّلهما فإِنَّه ما زال يَراهُما مِثلما يَراهُما أَهلُ مَكّة مِن قَبْل (مِن أَذَلِّ أَذِلاءِ بَنِي تَيم وبَنِي عَدِي وأَرْذَلِ أَراذِلِهما)، لكِنَّه تَظاهر في المُسلِمين بِغَير ذلك ورَفَع أَمام المُغِيرة مِن شَأن نَسَب عُثمان عندما رَدّ مُقترَحه فذَكَر مُلْكَ أَبي بَكر ومُلْكَ عُمَر وطَعَن في نَسَبِهما وأَردَف قائلًا (ثُمَّ مَلك أَخونا عُثمان ولم يَكُن أَحدٌ في مِثل نَسَبِه)!

عِندما وَصَل مُعاوِيَة إِلى سدّة الخِلافة؛ انتَهزَها فُرْصَة لِتَأسِيس مَلَكِيَّةٍ وراثيَّة هِرَقْلِيَّة مُستَبدَّة تُعِيد المَجدَ لِبَنِي عبد الدّار ولِلجَدِّ أُمَيَّة (اللَّصِيق) على أَنْ تَجُبَّ ما كان قبل المَلَكِيَّة هذه مِن عَقِيدةٍ وشَرِيعَةٍ وثَقافَة. ولَنْ يَكون ذلك مُمكِنًا إِلّا بِتَخَطِّي كُلِّ التَّحدِّيات الَّتي تَعتَرِض طَرِيق دَولَتِه. فاجتَهد وَجَدّ في طَمْسِ مَعالِم النُّبوَّة والتَّشَيُّع أَوَّلًا، ومِنها مَعالم دَولَةِ عَلِيٍّ أَمِير المؤمنين وابْنِهِ الحَسن صَلواتُ الله وسَلامُه عليهما الَّتي أَحْيَت ما ماتَ مِن دِينِ مُحمَّد صَلَّى الله عليه وآله في عَهد الخُلَفاء الثَّلاثَة أَو ما طُمِسَ مِن سُنَنِ

1 - الانتفاضات الشِّيعِيَّة 243

النُّبُوّة، وكادَت تُنهي البِدَع الَّتي شَرَّعَها الثَّلاثَة بِـ(مَذْهَب الرَّأي) وتَقْضِي عليها مِن غَير جَبر أو إكراه.

عندما تَسلَّم مُعاوِيَة الخِلافة وَجَدَ الصَّحابَة على مَذاهِب أو فِرقٍ مُختَلِفَة وفي شَكل رُواةٍ وأتْباع يُمَجِّدون في خِلافَةِ الثَّلاثة ويُبغِضون عَلِيًّا أَمِير المُؤمِنين وابْنَه الحَسَن صَلواتُ الله وسَلامُه عَلَيهما. فمَهّد ذلك لِمُعاوِيَة الأَمْر فأَوجَبَ على (اتِّجاه أَهْلِ العامَّة) وأَغْلَبِيَّتِه استِعمالَ بِدْعَةِ سَبِّ عَلِيٍّ أَمِير المُؤمِنين صَلواتُ الله وسَلامُه عليه ولَعْنِهِ على المَنابِر لإِثْبات وَلاءه لِلأُمَوِيِّين، وفَرض على المُتبقِّي مِن (شِيعَةِ عَلِيّ) خِيارَين لا ثالِثَ لهما، إمَّا البَراءة مِن إمامِهم ومِن ثَمَّ الإِقْدام على سَبِّهِ ولَعْنِهِ، وإِمَّا القَتل، و(بَدأ مُعاوِيَة في تَطبِيق إعلان المَلَكِيَّةِ الَّذي وَضَعَه بِالنَّخيلة. فأَوَّلُ ما قام به هُو اضْطِهاد الشِّيعَة والتَّنكِيل بهم وحَبسهم قَتلهم وتشرِيدهم. وكَتَب نسخةً واحدةً إِلى جميع عُمَّالِه أَنْ بَرَأَت الذِّمَّةُ مِمَّن رَوى شَيئًا في فَضْل أَبِي تُراب وأَهْلِ بَيتِه. فأَتى مُعاوِيَة بِذلك على ما تَبَقَّى مِن المَروِيّات المُختَصّة بِمَقام ومَنزِلَةِ أَهْل البَيت صَلواتُ الله وسَلامُه عليهم، وأَحْيا بهذا الفِعل ما تَعاقد عليه أَقطابُ (صَحِيفة مَكَّة الثَّانِيَة) وما بَدأ بِه أَبو بَكر وعُمَر في عَهدِ النَّبيّ صَلَّى الله عليه وآله مِن مُصادَرة الرِّوايَة المَكتُوبَة وإِحراقها ومُعاقَبَة الرُّواة على حفظها ونَقلِهم إِيّاها في النَّاس.

كان أَهْلُ الكُوفَةِ لِوَحدِها أَشَدَّ النَّاس تَحدِّيًا لِلأُمَوِيِّين لِكَثرة مَا بِهذه المَدِينَة مِن الصَّحابَة والتَّابِعِين اليَائسِين مِمَّا كان في أَيدِي الخُلَفاء الماضِين وما دامَت الخِلافَة الفَلْتَة وَصَلَت إِلى صبيان بَني أُمَيَّة، ورَاح معاوِيَة يُظهِر النِّفاق على طَريقَة سابِقِيه مِن المُنافِقِين.

فقد ابْتُلِيَ أَهلُ الكُوفة في الحَرْثِ والنَّسْل لِعَظِيم ما دُفِّعوا مِن أَثْمانٍ في مَعارك الصِّراع على الإِمْرَة والسَّلطنة مُنذ دخول مُجتَمع الكُوفَة دار الإسلام. فاستَعمل مُعاوِيَة بن أَبِي سفيان والِيهِ زِياد بن سُمَيَّة على الكُوفَة وضَمَّها إِلى وَلايَة البَصرَة، فتَطرّف زِياد في قَتل المُعارِضِين والمُخالِفِين لِسيادَة الشَّام وخَصَّ الشِّيعَةَ مِنهُم بِأَشَدِّ أَلوان العذاب

ولاحَقَهم تَحت كُلِّ حَجَرٍ ومَدَر ، وقَطع الأَيدِي والأَرْجُل من خِلاف وسَمل العُيون، وصَلَبَهم إلى جذوع النَّخْل، وشَرَّدَ بهم عن العِراق، فلَم يُبقِ مِن الشِّيعة في الكُوفة أَحدًا منهم، ثُمَّ لاحَقَهم في جَمِيع الأَقطار الإسلامِيَّة. وكتب مُعاوية إلى جَمِيع عُمّاله أَنْ لا يُجِيزوا لِأَحدٍ منهم شَهادة.. وأَنْ يَقطعوا العَطاء عمَّن اتُّهِم بِالتَّشَيُّع لِعَلِيٍّ وأَهْلِ بَيتِه ويَهدِموا عليه داره. فاشتَدَّ البلاءُ في العِراق ولا سِيَّما في الكوُفَة وبَلغَ حدًا لا يُطاق، وبِخاصَّة بعد مَقتل الإمام الحَسَنِ صَلواتُ الله وسَلامُه عليه.

ومَضى على سُنَّةِ مُعاوِيَة كُلُّ مَن جاء مِن بَعدِه مِن الحُكَّام الأُمَوِيِّين وعِمالهم فلَم يَعُد بِاستِطاعة أَحدٍ أَنْ يجهَر بِالتَّشَيُّع أَو يُسَمِّى حَسَنًا أَو حُسَينًا. وإذا ما أَراد الرُّواة أَنْ يُحدِّثوا عن عَلِيٍّ صَلواتُ الله وسَلامُه عليه قالوا (حَدَّثنا أَبُو زَيْنَب).

وَقَف عبد المَلِك بن قَرِيب في طَرِيق الحَجَّاج بن يُوسِف الثَّقَفِي عامِل عبد المَلِك بن مَروان فقال له: أَيُّها الأَمِير إنَّ أَهْلِي عقُّونِي فسَمُّونِي عَلِيًّا وأنا إلى صِلَة الأَمِير محتاج. فتَضاحَك الحَجَّاجُ وقال: ما أَلطَف ما توَسَّلْتَ بِه.. ولَّيتُك مَوضِع كذا، وأَغدَق عليه مِن عَطائه.. وقد قَتَل زِيادُ منهم الفُقهاء أَمثال جُوَيرة بن مَسهر ورَشِيد الهجري وصيفي بن فسيل وحَجر بن عدي وعُمر بن الحمق الخزاعي وأَمثالهم مِن القُراء وحملة الحديث)[1].

وقُبَيل هَلاكِه طَلَب مُعاوِيَة البَيعةَ لابْنِهِ يَزِيد، فوصَف عبد الرَّحمن بن أَبِي بَكْر هذه البَيعة بِـ(الهِرَقلِيَّة)، كلَّما مات هِرَقْل قام هِرقْل آخر. واستَنكر بعضُ المُسلِمِين هذه البَيعة في مَطلع الأَمْر ليس لِكونها هِرَقلِيَّةً أَو تَورِيثًا بَغِيضًا لِلخِلافَة فَحَسب بَل لِأَنَّ يَزِيد شَخصِيَّة مُتهتِّكَة سَيئة السِّيرة والسُّلوك ومُتجاهِره بِالفِسق والكُفر بِالوَحْي، ولكِنَّ الأَغلَبِيّة الَّتي ظَلّ (اتِّجاه أَهْل العامَّة) يَرعاها مِنذ عَهد أَبِي بَكر إلى ساعَة مَقْتَل عُثْمان امتَثَلَت لِمُراد مُعاوِيَة، وفِيهم مَن كَرِه حُكم الأُمَوِيِّين لَكِنَّه انْحاز إليهم بُغضًا في بَنِي هاشِم أَو جريًا على عادة كُبراء المُنافِقِين مِن أَهْل السِّيادَة.

بَعد إعلانِهِ الصَّرِيح عن مَوقِفِه الرَّافض لِبَيعَةِ يَزِيد وَلِيًّا لِلَعهد وخَلِيفةً مِن بَعد

---

1 - الفكر السِّياسي الشِّيعي ص289. عن تأريخ الفقه الجعفري لهاشم معروف الحسيني ص222

أَبيهِ مُعاوِيَة بَعَث الإمامُ الحُسَين صَلواتُ الله وسَلامُه عليه بِرِسَالةٍ إِلى مُعاوِيَة يَصِف فيها ابْنَه يَزيد قائلًا (وقَد دَلّ يَزيدُ مِن نَفسِهِ على مَوقع رأيه، فَخُذْ لِيَزيد فيما أَخذَ به مِن استِقرائه الكِلاب المُهارِشَة عند التَّحارش، والحمام السبق لأَترابها والقينات ذوات المعازف وضروب الملاهي تَجِده ناصرًا)[1].

وعلى الرَّغْم مِن كِثرة احتِجاج بعض الصَّحابَة والتَّابِعين على تَرشِيح مُعاوِيَة لابْنِه يَزيد لِوَلايَة العَهد؛ لم يَتراجَع مُعاوِيَة عن أَخذِ البَيعَةِ لابْنِه في لِقاءِته مَع أَعيان المَدِينة إِذْ لم يَبقَ أَحدٌ مِن المُسلِمين في كُلِّ الوَلايات الإِسْلامِيَّة إِلّا وقد رَضَخ فبايَع، ما عدا ثَلاثة مِن الصَّحابة القاطِنِين في المَدِينَة استَسلَمَ أَحدُهُم لِلمال بِلا تَردّد وبَقِي اثْنان هُم الإمامُ الحُسَين صَلواتُ الله وسَلامُه عليه الَّذي خَرج مِن المَدِينَة طالبًا إِصْلاح أُمَّة جَدِّه وطُورِد طَلبًا لِقَتلِه، وعَبد الله بن الزُّبير الَّذي خَرَجَ في طَلَب الإِمْرَة لِنَفسِهِ ولم يَنصُر الحُسَين صَلواتُ الله وسَلامُه عليه في خُروجِه واستَغَلّ ظُروف مَقتَلِ الإمام الحُسَين صَلواتُ الله وسَلامُه عليه في كَربلاء لِيُعلِن عن ثَورتِهِ في مَكَّة حتَّى قِيام دَولَتِهِ.

عندما أُعلِنَ عن استِلام يَزيد لِلخِلافَة في إِثْر هَلاكِ مُعاوِيَة؛ خَيَّر يَزيدُ بن مُعاوِيَة الإِمامَ الحُسين صَلواتُ الله وسَلامُه عليه بين البَيعَةِ والقَتْل، ورَفَض الإِمامُ الحُسَين صَلواتُ الله وسَلامُه عليه مُبايَعة يَزِيد وخَرَج بِصُحبَةِ خِيرَةِ طَلائع التَّشَيُّع المُتواجِدِين معه في المَدِينَة قاصِدًا مَكَّة المُكرَّمة، وفي الطَّريق إِليها أَتَتهُ كُتبُ أَهْل الكُوفة بِالعَهد الوَثِيق تَدعوه إِلى المَجيء إِلى مَدِينَتِهم، فأَرسَل إِليهم ثِقَتَه مُسلِم بن عَقِيل.

وبَعد ثَلاثة أَشهرٍ مِن المُكْثِ في مَكَّة غادَرها الإِمام الحُسَين صَلواتُ الله وسَلامُه عليه قاصِدًا الكُوفة، مُستجِيبًا لِمَشيئةِ الله عَزَّ وَجَلَّ في الخُروج بِأَهلِهِ ولِيُلْقِي الحُجَّةِ بِذلك على أَهْل الكُوفَة. فحاصَرهُ ثلاثةُ آلافٍ مِن جُندِ يَزيد على الأَطراف الجنوبِيَّة لِلكُوفَة بُغْيَةَ اعتقالِه وسَوقِهِ مَخفورًا إِلى والِي الكُوفَة عُبيد الله بن زياد. لكِنَّ الحرَّ الرِّياحي قائد الجَيش ومَبعوث بن زِياد إِلى الإِمام الحُسين صَلواتُ الله وسَلامُه عليه

1 - نَظرِيّة الإمامة 332. انظر (جِيلُ الجَنّة) 636 لمؤلفه كريم المحروس

اقتَصَر على مَنعِهِ مِن دُخول الكُوفَة وأَجازَه في الابْتِعاد عنها إلى حيث يُريد. فانْتَقَلَ الإمامُ الحُسَين صَلواتُ الله وسَلامُه عليه بِرَكبِهِ إلى الشِّمال الغَربي مِن الكُوفَة وحَطّ رِحالَه على أَرضِ كَربلاء حيث بَعَث إليه ابنُ زِياد خَمسة آلف آخَرين مِن جُندِه لِيُحاصِرُوه ويَمنعوا عنه الماء ويَقتلوه ومَن مَعه.

وفي إِثْر مَعركَةٍ قَصِيرة المُدَّة استَمرت نصف نهار قُتِل الإمامُ الحُسين صَلواتُ الله وسَلامه عليه وأَصْحابُه وسُبِيَت نِساؤه الأَرْامِل وأَطفالُه اليَتامى يَتقَدَّمهم ابنهُ الإِمام السَّجاد صَلواتُ الله وسَلامهُ عليه أَسيرًا مَغلولَ اليَدين بِالأَصْفاد ومُثقل البَدَنِ بِسَلاسِل مِن حَدِيد.

لم تَكن خاتِمَةُ مَقتل الإمام الحُسَين صَلواتُ الله وسَلامُه عليه مِثْلَ خَواتِيم أَعْمالِ الأُمَويِّين الَّتي اعتادوا عليها في سِلْسِلَة جِرائمِهِم الَّتي طالَت الشِّيعَةَ والمُخالِفين أَو مِن غَير فاتُورة حِساب يَدفعها الأُموِيُّون مُجبَرِين، وإِنَّما شَكَّل مَقتلُه صَلواتُ الله وسَلامُه عليه حَدًّا فاصِلًا في أَوساط المُسلِمين كافَّة بَين حَقٍّ يَتوجَّب عليهم العَودَة إِليه والإِيمان بِه ونُصرَته والثَّأر له وقد طُمِسَت مَعالِمُه في إِثْر قِيام تَحالُفٍ سِياسيٍّ بين (اتِّجاه أَهْل العامَّة) و(الأُمَويِّين) - وبَاطِلٍ جَلِيٍّ واضِحٍ مَبنَيٍّ على (مَذْهَب الرَّأي) قد أَنْشَب مَخالِبَه في صَدر الإسلام واستَبدَّ رُؤساؤه في النَّاس على مَرأى مِن الجَميع ومَسمَعٍ منهم ولم يكن أَحدٌ فيهم يَظنّ أَنَّ الأُمُور ستَصِل إلى هذا الحَدّ والمستوى الخَطِير مِن البَطش العَنِيف ووراثِيّة الحُكْم حيث قُتِل ابنُ بِنت النَّبِيّ صَلَّى الله عليه وآله لِرَفْضِهِ مُبايَعة فاسِقٍ شارِبٍ لِلخَمر وقاتِلٍ لِلنَّفس المُحتَرمَة ووارثٍ لِلخلافَةِ بِحَدِّ سَيفِهِ وسَيف أَبيه وسَيف خِلافَة المُسلِمين.

عندما عزم الإمامُ الحُسين صَلواتُ الله وسَلامُه عليه على الخُروج مِن المَدِينة في إِثْر قَرار اتَّخذَهُ الفاسِقُ المُتَهتِّك خَليفَة المُسلِمِين يَزيد بن معاوية بِقَتلِهِ ولو كان مُتعلِّقًا بِأَستار الكَعبة؛ بدا (اتِّجاهُ أَهْلِ العامَّة) يَتظاهَر في لَونٍ سِياسِيٍّ تَوفِيقِيٍّ على غَير ما كان عليه في عَهدِ مُعاوِيَة إِذْ أَكثَر مِن التَّرضِّي على عَهدِ الخِلفاء الثَّلاثَة أَبي بَكر وعُمَر وعُثمان

ومِن التَّغنّي بـ(مَذْهَب الرَّأي) مُستثنِيًا ذِكرَ عَلِيٍّ أَمير المؤمنين صَلواتُ الله وسَلامُه عليه إلّا باللَّعن، وراح يَستدِرك ذلك بِجَعل مُعاوِيَة إِلى الثَّلاثَة خَلِيفةً راشِدًا فحسب، وأَصْبح أَعزَّ نفرًا وأكثر مالًا ووُلْدًا مِمّا كان عليه في عَهد الخُلفاء الأَوَّل والثَّاني والثَّالث.

في المَشهَدِ العامّ لِلظَّرف الرَّاهِن صار (اتِّجاه أَهْل العامّة) حاضِرًا في كُلِّ الاتِّجاهات المُتَحارِبَة لِيَضمَن وُجودَه الفاعِل وبقاءَه في كُلّ الجَبَهات فيما عدا جبهة الإمام الحُسَين صَلوات الله وسَلامُه عليه حيث ذَهَب الإمام إِلى مَوقِفٍ لا غُنْم سِياسِيٍّ فيه ولا ثَروة مال ولا عِزّ مُلكٍ، بِل المَوتُ المُحتَّم بعد أَنْ اخْتَبر أَصْحابَه ومَحَّصهم تَمحِيصًا فخَلوا مِن غَير (شِيعَةِ عَلِيّ).

وصار (اتِّجاهُ أَهْل العامَّة) هو الأَقْدَرُ على وَضْع حَدٍّ لِوُجود التَّشَيُّع، مِن بَعد سقم وضَعفٍ فُرِضَا على أَئمَّةٍ ووُعَّاظ هذا الاتِّجاه في عَهْد عُثمان، عَلى أَنْ لا يَكون لهذا الاتِّجاه أَيّ نُفوذٍ مستقلٍّ أَو صَلاحِيَّةٍ في اتِّخاذ أَيّ قَرار مُستقلّ عن سِيادَة الأُمَوِيِّين مُنذ أَنْ أَقدم على التَّأييد المُطلق لِهم وسمَّاهُم الوَراثين لِعَهد خِلافَة أَبي بَكر وعُمر وعُثمان. فلَمْ يَتردَّد في بيَعة يَزيد وَلِيًّا لِلعَهد عندما أَمَر مُعاوية بِذلك، ثُمَّ بايَع يزيد خَلِيفَةً بِأَمرٍ صادِرٍ مِن دِمَشْق بعد هَلاك مُعاوِيَة.

قِيل أَنَّ بَعضَ أَئمَّة ووُعَّاظ (اتِّجاه أَهْل العامّة) استَدرَك مَوقِفَ التَّأييد لِيَزيد بن معاوية فأَعاد النَّظر في بَيعَتِهِ الَّتي أَخذَها عنه مُعاوِيَة قُبيل هَلاكِه، وذلك عندما رأى الإمام الحُسين صلواتُ الله وسَلامُه عليه عازِمٌ على إِعْلان رَفْضِهِ البَيعَةَ والخُروج مِن مَدِينة جَدِّه رَسُول الله صَلَّى الله عليه وآله إِلى مكَّة. فكان (رَدّ الفِعل لِمَقتل الحُسين عَنِيفا لَدى أَهْل السُّنّة، إِذْ فشَلَت تَمامًا كُلُّ محاولة لِلتَّوفيق في الحُكم بِتَصويب حَرَكة الحُسَين ومُوالاة أَعدائه مِن الخُلفاء مَع أَهْل السُّنَّة إِلى الحلول الوُسطى، ولكِنَّ ذلك قد انْهار عند مَقتَل الحُسَين، وقد عَبَّر ابنُ حَجر عن الأَزمَةِ العَنِيفة التي عاناها جُمهور السُّنَّة بِقوله:

(أَترجُو أُمَّةٌ قَتلَت حُسَينًا شفاعةَ جدِّه يَوم الحِساب)[1]، في إِشارة مِنه إِلى ما نَصَّ عليه جبرائيل لِلنَّبيّ مُحمَّد صَلَّى الله عليه وآله وذَكر فيه أَنَّ قاتِل سِبطِهِ الإِمام الحُسَين صَلواتُ وسَلامُه عليه هي (أُمَّتُه)، وأَنَّ القاتِل هو لَعِينُ هذه الأُمَّة!

وراح دَمُ الحُسَين بعد واقعة كربلاء يُدوِّي في الآفاق، وبَرَزت في إِثْر الواقعة أَسماءٌ لِعِدَّة مَحاور مُعارضة وتَكتَّلات مُناهِضة أَكثر جُرأة مِن ذِي قَبْل في مُقاومَة الدَّولة الأُموِيَّة، وبَدأ مُسَلْسَل الثَّورات يَطغى على المَناطق. (وإِذا كان الحُسَين قد هُزِم في معركةٍ حَربيَّةٍ أَو خَسر قَضِيَّةً سِياسِيَّةً، فلَم يَعرِف التَّأريخ هَزيمةً كان لها مِن الأَثر لِصَالِح المَهزُومِين كما كان لِدَم الحُسَين. فلَقد أَثار مَقتَلُه ثَورَةَ ابن الزُّبير وخُروج المُختَار، ولم يَنقَضِ ذلك حتَّى أَفضى الأَمرُ إِلى ثَوراتٍ أُخرى إِلى أَنْ زالت الدَّولةُ الأُموِيَّة بعد أَنْ أَصْبَحت ثاراتُ الحُسَين هِي الصَّرخَةُ المُدَوِّيَة لِتَدُكَّ العُروش وتُزِيل الدُّول، فقام بها مُلكُ العبَّاسِيِّين ثُمَّ الفاطِمِيِّين واستَظَلَّ بها الملوكُ والأُمراء بين العَربِ والفُرس والرُّوم.. فنَجَح ـ الحُسَين ـ في إِدانة أَعداء أَبِيه مِن أَهْل الشَّام وخاذِليه مِن أَهْلِ العِراق على السَّواء.. وتَبلور الشُّعورُ بِالإِثْمِ على نحو لم يَستشعروه مِن قبل في عَهد عَلِيٍّ والحَسن صَلواتُ الله وسَلامُه عليهما، بَل على نَحوٍ مِن الشُّعور بِالإِثْم لم يُعرَف في مَذهَبٍ مِن المَذاهِبِ أَو في دِينٍ مِن الأَديان)[2].

فإِلى أَيِّ مَدى تَصدُق وقائع هذا المَشهد الثَّورِي مِن حيث حَجمِهِ الحَقِيقِي وسَلامَة مَقاصِد رِجالِه وقُربِهِ أَو بُعدِهِ عن الدَّافِع الَّذي أَخْرج الإِمام الحُسَين صَلواتُ الله وسَلامُه عليه بِرَكبِهِ مِن المَدِينة إِلى الكُوفة إِذْ سُرعان ما عاد (اتِّجاهُ أَهْل العامَّة) بإِزاء هذه الواقِعَة إِلى (رُشْدِهِ) فأَحجَم أَئمَّتُه ووُعّاظُه عن مُعارَضَتِهم لِلمَوقِف الأُمَوي العَنِيف مِن الإِمام الحُسَين صَلواتُ الله وسَلامُه عليه خشية أَنْ يُشكِّل اعتِراضُهم على مَجزَرة كَربلاء فُرصَةً سانِحَة لِتَعافي اتِّجاه (شِيعَة عَلِيّ) المَلكُوم بِمَقتل إِمامِه أَو خشية أَنْ تَتقدَّم ثَوراتُ الثَّأر لِواقِعَة كَربلاء في مُراد إِنْهاء دَولَةِ الأُمَوِيِّين وعَودة (الخِلافَة) إِلى بَنِي هاشِم؟!

---

1 - نفس المصدر السابق 247

2 - نفس المصدر السّابق 340

يُصَوِّرُ ابنُ حجَر ما يَجرِي في بِلاد المُسلِمِين حِين يروِي أَنَّ قيصر الرُّوم قد بَعث يَقول في وَصْف المُسلِمِين (قَتلتُم نَبِيًّا أَو ابنَ نَبِيٍّ)!. وسَخِر منهم رَسُول القَيصر قائلًا: عندنا في بَعض الجزائر في دِير حافِر حِمار عِيسى، فنَحن نَحُجّ إِليه في كُلّ عام ونَنذر النّذور ونُعظِّمه كما تُعظِّمون كَعبَتكم، وانْتُم تقتلون ابنَ بِنتِ نَبِيِّكم. فاشْهد إِنَّكم على باطلٍ. وقال آخر مِن اليَهود: بَينِي وبين داوُد سَبعون أَبًا وإِنَّ اليَهود تُعظِّمني وتَحترِمُني وأَنْتُم قتَلتُم ابن نَبِيِّكم)[1].

في هذه الأَثناء نَظَّمَ محورُ العبَّاسِيِّين الثَّورِيِّين شَبكتَه السِّرِيَّة لِدَحْر الأُمَوِيِّين المُنشغِلِين بِخِلافاتِهم الدَّاخلِيَّة على الإِمْرة والرِّئاسة وبِإِجراء قَمع الثَّورات المُنادِيَة بِالثَّأر لِمَقتل الإمام الحُسَين صَلواتُ الله وسَلامُه عليه، فثاروا تَحت لافِتة (الرِّضا مِن آل مُحمَّد صَلَّى الله عليه وآله). وعِندَما نَجحوا في إِزاحَة الأُموِيِّين وتَفوَّقوا على نُظرائهم مِن الثَّورِيِّين الآخرين في تَحقِيق أَهداف ثَورَتِهم؛ طَمَسوا شِعارَهم فلم يَكن عَهدُهم بِأَحَسَن حالٍ مِن عهد الأُمَوِيِّين ولا أَقَلّ منهم هِرَقْلِيَّةً واستبدادًا وضَراوة وعُنفًا وقَهرًا وإِذلالًا لِلشِّيعَةِ ولِأَئمَّتهم مِن أَهْل البَيت صَلواتُ الله وسَلامُه عليهم.

وسُرعان ما صَدرت المَراسِيمُ المَلكِيَّة العبَّاسِيَّة لِتُدِين كُلَّ شِيعي مُقِيم بين العِراق ومِصْر تَمهيدًا لمُعاقبَتِه. فجَاء في أَحَدِ هذه المراسِيم (أَنْ لا يُقْبَل على ضَيعةٍ، ولا يَركَب فَرَسًا، ولا يُسافِر مِن الفسطاط إِلى طرفٍ مِن أَطرافها، وأَنْ يُمنَعوا مِن اتِّخاذِ العَبِيد إِلَّا العَبد الواحِد، وإِنْ كان بين عَلوِيٍّ وأَحدٍ مِن سائر النَّاس خُصومَةٌ فلا يُقبَل قَول العَلوِي ويُقبَل خَصمَه دون بَيِّنة. وكانوا يُسَفَّرون بين آوِنَةٍ وأُخرى مِن أَطراف البِلاد إِلى العاصِمةِ لِيَكونوا تَحت الرّقابَة. وقد أَمرَ الرَّشِيدُ عامِلَه على المَدِينَة أَنْ يَضمنَ العَلِويّون بَعضهم بَعضًا، ويُعرَضُوا في كُلّ يَومٍ على السُّلطة المَحَلِّيّة، فمَن غاب عُوقِب)[2].

وربما كان الأَشَدُّ خَطرًا على الشِّيعَةِ ذلك العُنفِ العشوائي الصَّادر عن النَّاس

1 - نفس المصدر السّابق 348

2 - المواعظ والاعتبار بذكر الخطط والآثار، المقريزية 26/ 2. حياة الإمام موسى بن جعفر، باقر شريف القرشي 2/186

مِن أَتْباع (اتِّجاه أَهْل العامَّة) والخارِج على سَيطرةِ دَولَة العبَّاسِيِّين إِذْ أَصبحَ سُلوكًا مُحَبَّبًا فيهم بِتَحرِيضٍ مُباشرٍ مِن قِبَل أَئمَّتهم ووُعَّاظهم الَّذين انْتَقَلوا فجأةً مِن وَلايَة دولة الأُمويِّين إِلى وَلايَة أَعدائهم العَبَّاسِيِّين مِن غَيرِ حَرَجٍ أَمام أَتْباعِهم. فقد جرى قَتلُ الشِّيعَةِ في كُلِّ مَكان وصار سُنَّةً أُمَوِيَّة/ عبَّاسِيَّة تَطوف بَين أَجْيال المُسلِمين حتَّى آخِر يَومٍ مِن عَهد العبَّاسِيِّين.

فقد (رَوَى ابنُ الأَثِير عن وُقوعَ مَذبحةٍ لِلشِّيعة عام 407هـ، وقُتِل مِنهم كَثِيرون وأُحرِقُوا بِالنَّار ونُهِبَت دِيارُهم وقُتِلوا في جَميع بلاد أَفريقيا. واجتَمع منهم جَماعةٌ أَمام قَصْر المَنْصُور قُرب القِيروان فحاصَرَهُم العامَّة وضَيَّقوا عَليهِم حتَّى اشْتَدّ عليهم الجُوع، فصاروا يَخرُجون والنَّاسُ يَقتلُونَهم حتَّى قَتِلوا عن آخِرِهم ولَجَأ مَن كان منهم بِالهدية إِلى الجامِع فقُتِلوا كلُّهُم)[1] جريًا على سُنَّةِ وُلاتِهم الجدد مِن العَبَّاسِيِّين ووُلاتِهم المُندَحِرين مِن الأُموِيِّين.

وقال صاحِبُ عُيون أَخْبار الرِّضا (لّما بَنى المَنصُور الأَبنِيَة بِبَغداد جَعل يَطلب العَلوِيَّة طلبًا شَديدًا، ويَضعُ مَن ظفرَ بِه في الإِسْطوانات المُجوَّفَة المَبنِيَّة مِن الجَصّ والآجر)[2].

ـ المَرْدُودُ في قَوائم المَذاهِب والفِرَق

انْقلبَ مُعاوِيَة على وَثِيقَة الصُّلح الَّتي أَمضاها مَع خَلِيفة المُسلِمِين الحَسَن بن عَلِيّ صَلواتُ الله وسَلامُه عليه ونَقض نَصَّها كُلّه وجَعله تَحت قَدَمَيه، وبَعث إِلى الإِمام الحَسَن صَلواتُ وسَلامُه عليه مَن يَغتاله مِن خِلال زَوجه، ثُمَّ انفَرد بِخِلافَةِ المُسلِمين وخَلَّفها في ابنِهِ يَزِيد.

وبعد مُضي تِسعَة عَشَر عامًا مِن خِلافَة دمشق المُستبِدَّة في المُسلِمين بَعث مُعاوِيَة إِلى وَالِيهِ في المَدِينَة الوَلِيد بن عُتْبَة يُخبِره أَنَّ بَني أُمَيَّة قد ضَمِنَت بَيعَة الشَّام ومِصر

---

1 - حياة الإمام موسى بن جعفر . باقر شريف القرشي 186/ 2ـ297. انظر: قصة الاضطهاد الديني في المسيحية والإسلام، د. توفيق الطويل 153

2 - الشِّيعة والحاكمون 152

والعِراق لابنِهِ يَزيد بِوَصْفِه وَلِيًّا لِلعَهد بُغيةَ اتِّقاء شَرّ (الفِتْنَة)! ثُمّ كَلَّفَه بِإنْجاز المهمَّة الأَصْعَب «أَنْ يَأخذَ البَيعة مِن أَهْل المَدِينة وفِيهم الإِمام الحُسَين صَلواتُ وسَلامُه عليه». فامتَثَل الوَالِي وإلى جانِبِه مَروان بن الحَكم يَعضده ويُسابِقه في ذلك ويُناوِشه في إِمْرَة المَدِينة. فدعا مَروان بن الحَكَم أَهَل المَدِينة إلى المَسجِد لِيَخطب فيهم فقال:

(إِنَّ أَمِير المؤمنين قد كَبُر سِنُّه، ورقَّ جِلْده وعظمُه، وخَشِي الفِتْنَةَ مِن بَعدِه، وقد أَراه الله رأيًا حسنًا، وقد أَراد أَنْ يختار لَكُم وَليّ عَهدٍ يكون مِن بعده لِكُم مَفزَعًا، يَجمعُ الله بِهِ الأُلفة ويَحقِن به الدِّماء، وأَراد أَنْ يكون ذلك مِن مَشورة مِنكم وتَراضٍ، فماذا تقولون؟!

فقال النَّاس مِن كُلّ جانب: إنَّا لا نَكره ذلك إِذا كان لله فيه رِضا.

فقال مَروان: إِنَّه قد اختار لَكُم الرِّضا الَّذي يَسير فِيكم بِسِيرة الخُلفاء الرَّاشِدين المَهدِيِّين وهو ابنهُ يَزيد!

فَسَكت النَّاسُ وتَكلَّم عبد الرَّحمن بن أَبِي بكر وقال: كَذَبْتَ والله يا مَروان وكَذبَ مَن أَمرَكَ بهذا، والله ما يَزيد بِرِضا ولكِن يَزِيد ورَأيه هُرْقِلِيّة.

فقال مَروان: أَيّها النَّاس! إِنَّ هذا المُتكلِّم هو الَّذي أَنزلَ فِيه [وَٱلَّذِى قَالَ لِوَٰلِدَيْهِ أُفٍّ لَّكُمَا]. فغَضِب عبد الرَّحمن وقال: يا بن الزَّرقاء، أَفِينا تَتأَوّل القُران وأَنْتَ الطَّرِيدُ ابْن الطَّرِيد! ثُمَّ بادر إِليه وأَخذ بِرِجلِه ثُمَّ قال: أَنْزِل يا عَدوّ الله عن هذا المِنبر، فلَيس مِثلُك مَن يَتكلّم بهذا على أَعوادِه.

فضَجَّ بَنو أُميَّة في المَسجد، وبَلغَ ذلك عائشة، فخرَجَت مِن مَنزِلها مُلتهفة بِمَلاءة لها ومعها نُسوةٌ مِن نسوان قُرَيش حتَّى دخلَت المَسجِد. فلمَّا نظر إِليها مَروان كأَنَّه فَزِع لِذَلك وقال لها: نَشدتُكِ الله يا أُمّ المؤمنين إِنْ قُلتِ إِلّا حقًّا.

قالت عائشة: لا قُلتُ إِلَّا حقًّا. أَشْهدُ لقد لَعَنَ رَسولُ الله صَلَّى الله عليه وآله وسَلَّم أَباكَ ولَعَنك. وأَنْتَ الطَّرِيد ابنُ الطَّرِيد، أَنت تُكلِّم أَخِي عبد الرَّحمن بما تُكلِّمه!

فَسَكَتَ مَروان ولم يَرِدّ عليها شيئًا، ورَجعَت عائشة إِلى مَنزِلها وتَفرَّق النَّاس. وكتبَ مروان إِلى مُعاوِيَة يُخبره بِذلك وبِما كان مِن عبد الرَّحمن بن أَبي بكر.

فلمَّا قَرَأَ مُعاوِية كِتاب مَروان أَقبَلَ على جُلسائه فقال: عبد الرَّحمن شيخٌ قد خَرِف وقَلَّ عَقلُه، ويَجِب أَنْ نكفّ عنه ونَحتَمِل ما يكون مِنه، فلَيْس هذا مِن رأيِهِ ولكِن مِنْ رأي غَيرِه.. ثُمَّ تَهيَّأ مُعاوِيَة يُريد الحجّ)[1].

خَرج مُعاوِيَة إِلى المَدِينة والتَقى أَعيانَها وفِيهم الإِمام الحُسين صَلواتُ الله وسَلامُه عليه يَطلُب البَيعة لابِنه يَزِيد ويَستفْهِم أَسبابَ رَفضِهِم البَيعة، فقال فيهم (ما أَعرَفَنِي مَفهمَكم وطَيشَكُم)!. فردَّ عليه الإِمام الحُسين صَلواتُ الله وسَلامُه عليه «مَهْلًا يا مُعاوِيَة! فلَسنا لِهذِه المقالة بِأَهْل». فقال: بَلَى والله وأَشَدّ مِن هذا القَول وأَغْلَظ، فإِنَّكم تُريدون أَمْرًا، والله يَأبَى ما تُرِيدُون)[2].

فجمَع مُعاوِيَة النَّاس وخَطَب فيهم قائلًا (مَن أَحقُّ بِالخِلافَة مِن ابْني يَزِيد في فَضلِهِ وهَديِهِ ومَذهبِهِ ومَوضِعِه مِن قُريش، والله إِنّي لَأَرى قُوَّة ما يُعِيبُونه، وما ظَنَّهُم بِمُقلِعِين ولا منتَهِين حتَّى يُصيبَهم مِنِّي بَوائق تُخيب أَصولَهَم فليَرفع أُولئك على ضِلعهم مِن قَبْلِ أَنْ تُصيبَهم مِنِّي فاقِرَة لا يقومون لها، فقد أَنْذَرتُ إِنْ نَفعَ الإِنذار وبَيَّنتُ إِنْ نَفعَ البَيان.

ثُمَّ جعل يَتَمثَّل بِهذه ويَقول:

قد كنتُ حَذّرتُكَ آل الُمصطلق   وقلتُ يا عامِرَ ذَرني وانْطَلِق.

إِنَّك إِنْ كلَّفتَنِي ما لم أُطِق   ساءَكَ ما سَرّك مِنِّي من خلق

دُونَكَ ما استَقيته فأَحسِن وذُق.

ثُمَّ حَذّر مَن رَفَضَ البَيعة لِيَزيد وقال: والله لَئن لم يُبايعوا لِيَزيد لَأَفعَلَنَّ ولَأَفعَلَنّ!

---

1 - تأريخ الطّبري، الطبري 4/ (246/ 250، 6 / 182). الفتوح، أحمد بن أَعْثم الكوفي 353-333/ 4. ابن الأثير 525/ 2. الأخبار الطوال الدينوري 266

2 - المصدر السّابق

فأَقبلَت عائشة عليه مُغضِبَة وقالَت: يا مُعاوِيَة، ما كفاك أَنَّك قَتَلْتَ أَخِي مُحمَّد بن أَبِي بَكْر وأَحْرَقته بالنَّار حتَّى قَدِمتَ المَدِينَة وأَخذْتَ بِالوَقِيعة في أَبْناءِ الصَّحابة وأَنْتَ مِن الطُّلقاء الَّذين لا تَحلّ لهم الخِلافة وكان أَبُوكَ مِن الأَحْزاب! فخَبِّرني ما كان يُؤمِنكَ مِنِّي أَنْ أَبْعثَ إِليك مَن يَقتُلك بأَخِي مُحمَّد وآخذ بِثأري!

تَقول بعضُ أُصُول (اتِّجاه أَهْل العامَّة) ومصادِره التَّأريخِيَّة أَنَّ مُعاوية استَطاع أَنْ يَكسِب مِن الصَّحابَة 60 بَيعةً مُقِرَّةً بِوَلايَة ابنِهِ يَزيد مِن بَعدِه، وذلك خِلال زِيارَتِه الخاطِفَة إِلى المَدِينة. وأَنَّ عبد الله بن عُمر بايَع وأَنْذَر أَهْلَ بَيتِه بِالقَول (أَنِّي بَرِيءٌ مِن كُلِّ مَن لم يُبايع يَزِيد)، وتَقدَّم بِنُصْحِهِ إِلى الحُسَين صَلواتُ الله وسَلامُه عليه لمَّا عَلِم عن عَزمِهِ رَفْض بَيعَةِ يَزيد وَلِيًّا لِلعَهد والخُروج من المَدِينة إِلى مكَّة قَبل خُروج مَعاوِيَة منها، قائلًا (اِتَّقِ الله ولا تُفرِّق جَماعة المُسلِمِين)[1].

وذُكِر أَنَّ ابنَ عُمر لمّا بَعث إِليه الوَلِيد بن عُتبة يَطلُب بَيعة يَزِيد قال: إِذا بايَعت النَّاسُ بايَعْتُ. فقال له رَجلٌ: ما يَمنَعك أَنْ تُبايع، إِنَّما تُريد أَنْ يَختلِف النَّاس فيَقتَتِلوا ويَتَفانَوا، فإِذا جَهِدَهم ذلك قالوا: عَليكُم بِعَبد الله بن عُمَر، لم يَبقَ غَيرُه، بايِعُوه؟! قال ابن عُمر: ما أُحِبّ أَنْ يَقتَتِلوا ولا يَتفانَوا، ولكن إِذا بَايع النَّاسُ ولم يَبقَ غَيري، بايَعْتُ. قال: فتَركُوه وكانُوا لا يَتخوّفُونَه)[2].

خرجَ مُعاوِيَة مِن المَدِينة إِلى مكَّة مِن غَير أَنْ يُحقِّق مَقصدَه التَّام بِأَخْذ البَيعة لِابنه يَزيد مِمّن أَصَرّ على رَفضها وهُم ثَلاثة مِن الصَّحابَة لم يَكترِثوا لِوُجودِه في المَدِينة بعد فَراغِهِ مِن اللِّقاء مَعهم وأَهمَلوا طَلَبَه ثُمَّ غادروا المدينة وانطَلقُوا باتِّجاه مَكَّة. وعندما غادر مُعاوِيَة المدينة قاصدًا مَكَّة في طَريق عَودَتِه إِلى الشَّام بَعَث إِلى الصَّحابَة الثَّلاثة بِالأَموال ثُمَّ كَذب وافْترى عليهم وكَذِب في النَّاس بِالإِعْلان عن قُبول هُؤلاء الصَّحابة بَيعَةَ يَزِيد مِن وراء سِتار مُقابِل صرَّةٍ مِنَ المال تَلقَّوها منه لِلتّو. (وَفَضَّل عَليهم ـ الثَّلاثة

---

1 - تأريخ الطّبري 261-254 /4. انظر: قصّة الإسلام، راغب السّرجاني

2 - المصدر السّابق 272 /3

ـ الحُسين بن عَلِيّ بِكسوةٍ حَسَنَة، فلَم يَقبلها الحُسَين مِنه. فأَرْسَلَ مُعاوِيَة إِلى الحُسَين فدَعاه، فلَمّا جاءه ودخل إِليه قرَّبَ مجلِسَه ثُمَّ قال: أبا عبد الله! اِعلَم أَنّي ما تركتُ بلدًا إِلّا وقد بعثتُ إلى أَهلِه فأَخذتُ عليهم البَيعةَ لِيَزيد، وإِنَّما أَخَّرت المَدِينة لِأَنّي قلتُ هُم أَصْلُه وقَومُه وعَشيرتُه ومَن لا أَخافهم عليه. ثُمَّ إِنّي بَعثتُ إِلى المدينة بَعد ذلك فأَبَى بَيعتَه مَن لا أَعلمُ أَحدًا هو أَشدُّ بها مِنهم، ولو عَلِمتُ أَنَّ لِأُمَّة مُحمَّد صَلَّى الله عليه وآله وسَلَّم خيرٌ مِن وَلَدِي يَزيد لما بَعثتُ له.

فقال له الحُسَين: مَهلًا يا مُعاوِية.. لا تَقل هَكذا، فإِنَّك قد تَرَكْتَ مَن هو خَيرٌ منه أُمًّا وأَبًا ونَفسًا.

فقال معاوية: كأَنَّك تُريد بِذلك نَفْسَك أَبا عبد الله!

فقال الحُسَين: فإِنْ أَردتُ نَفسِي فكان ماذَا؟!

فقال مُعاوية: إِذَن أُخبرِكَ أَبا عبد الله.. أَمَّا أُمُّك فخَيرٌ مِن أَمِّ يزيد، وأَمَّا أَبوك فلَهُ سابقةٌ وفضلٌ وقرابتُه مِن الرَّسُول الله صَلَّى الله عليه وآله وسَلّم لَيْست لِغَيره مِن النَّاس، غير أَنَّه قد حاكَم أَبُوه أَبَاك فقَضَى الله لِأَبِيهِ على أَبِيك. وأَما أَنْتَ وهو، فهُو والله خيرٌ لِأُمَّةِ مُحمّد صَلَّى الله عليه وآله وسَلَّم مِنك.

فقال الحُسين: مَن خَيرٌ لِأُمَّة مُحمَّد؟.. يَزيد الخمُور الفجُور؟!

فقال مُعاوية: مَهلًا أَبا عبد الله! فإِنَّك لو ذُكِرْتَ عِندَه لما ذَكرَ مِنك إِلّا حُسْنًا.

فقال الحُسين: إِنْ عَلِمَ مِنِّي ما أَعلَمه مِنه أَنا فلْيَقُل فِيما أَقول فيه.

فقال له مُعاوية: أَبا عبد الله.. اِنصَرِف إلى أَهلِك راشدًا واتَّقِ الله في نَفْسِك واحذَر أَهْلَ الشَّام أَنْ يَسمعوا مِنْك ما قد سَمِعتُه، فإِنَّهم أَعداؤك وأَعداءُ أَبِيك)[1].

وقُبيل أَنْ يُغادِر مُعاوِيَة مَكَّة خَطبَ في أَهلِها وكَذَب عَلَيهم وافترى عندما قال

1 - تأريخ الطّبري، الطبري 4/ (246/ 250، 6 / 182). الفتوح. أحمد بن أعثم الكوفي 353-333/ 4. ابن الأثير 525/ 2. الأخبار الطوال الدينوري 266

بِقبُول المُمتَنِعين مِن أَهْل المَدِينة بِبَيعة يَزِيد لِولاية العهد. فأَقبل أَهْل مُكَّة إِلى الإمام الحُسين صَلواتُ الله وسَلامُه عليه وإِلى الصَّحابة الآخَرين المُمتنِعين عن بَيعة يَزيد مِن أَهْل المدينة، فقالوا (يا هؤلاء! إِنَّكم قَد دُعِيتم إِلى بَيعة يَزِيد فلَمْ تُبايعوا وأَبَيتُم ذلك، ثُمَّ دُعِيتُم فَرَضِيتُم وبايَعتُم!

فقال الحُسَين: لا والله ما بايَعْنَا.. ولكنَّ مُعاوِيَة خَدَعنا وكادَنا بِبَعض ما كادَكُم به ثَمَّ صَعدَ المِنبر وتَكلم بِكَلام وخَشِينا إِنْ رَددنا مَقالَته عليه أَنْ تَعود الفِتْنَة جذعا ولا نَدرِي إِلى ماذا يَؤول أَمرُنا، فهذه قِصَّتُنا معه)[1].

وفي طَريق عَودَتِه إِلى الشَّام مَرض مُعاوِيَة فجَزَعَ لما أَصابَه وقال لِمَروان (أَخافُ أَنْ يكون عُقوبَةٌ عُجِّلَت لي لما كان مِنِّي مِن دَفعِي بِحَقّ عَلِيّ بن أَبِي طالب، وما فَعلتُ بِحُجر بن عدي وأَصحابِه، ولولا هَواي في يَزِيد لأَبْصَرتُ رُشدِي وعَرفتُ قَصْدِي).

حُجْر بن عَدِي الكِنْدي مِن الصَّحابة والمُوالِين لِعَلِيٍّ أَمير المؤمِنين صَلوات الله وسَلامُه عليه.. عِندَما عَزم عَلِيٌّ أَمِير المؤمِنين صَلواتُ الله وسَلامُه عليه على الخُروج إِلى صِفِّين جَمع خَواصَّه مِن (شِيعَة عَلِيّ) وفِيهم حُجر لِيُقلِّب وُجوه الآراء مَعهم. فقال حُجْر بن عَدي (يا أَمِير المؤمِنين، نَحنُ بَنو الحَرب وأَهلَها الَّذين نُلَقّحها ونُنتِجها، وقد ضارَبَتنا وَضارَبْناها، ولَنا أَعوانٌ ذُوو صَلاح وعَشِيرة ذات عَدد، ورأيٌ بِحَرب وبَأْسٌ مَحمود، وأَزِمّتنا منقادَةٌ لَكَ بِالسَّمع والطّاعة، فإِنْ شَرّقْتَ شَرّقْنا وإِنْ غَرّبتَ غَرَّبْنا، وما أَمرتَنا بِه مِن أَمر فَعَلْناه. فقال عَلِيٌّ صَلواتُ الله وسَلامُه عليه: أَكُلُّ قَومِك يَرى مِثْل رَأيِك؟ قال: ما رأيتُ مِنهم إِلّا حُسْنًا، وهذه يَدِي عنهم بِالسَّمع والطَّاعة وحُسْن الإِجابَة)[2].

وفِي لِقاءٍ جمع حُجْر مع عَلِيٍّ أَمير المؤمنين صَلواتُ الله وسَلامُه عليه وهو يُعانِي من أَثَر ضَرْبَةِ المارِق الخارجي ابن مُلجم له بِالسَّيف في لَيلَةِ القَدر مِن شَهر رَمَضان.

---

1 - المصدر السابق 4/ (246/ 250، 182/ 6).

2 - نصربن مزاحم، وقعة صفين 104.

قال عَلِيٌّ أَمِير المؤمنين صَلواتُ الله وسَلامُه عليه لِأَهْل العِراق (سيُقتَل سَبعة نَفَرٌ بِعذراء، مَثَلُهم كَمَثل أَصْحابِ الأخْدُود، مِنهم حُجْر بن عَدِي الأدبر وأَصحابُه. يَقتُلُهم مُعاوِيَة بِالعذراء مِن دِمَشق، كُلُّهم مِن أَهْل الكُوفة)[1].

وفي الكُوفَة، أَمَر وَاليها زِياد بن أَبيه بِاعتِقال حُجْر وفي ظَنِّهِ أَنَّ هذا الإجراء سَيُفَرِّق شَمل قَبيلَة حُجْر القَوِيّة المُتماسِكَة، ثُمّ أَرسَله مُقَيّدًا بِالأَصْفاد إِلى دِمشق لِلامتِثال أَمام مُعاوِيَّة. فأَمَر مُعاوِيَة بِقَتلِهِ. فقال حُجْر (لا تَنزَعُوا عَنِّي حَديدًا ولا تَغسلوا عَنِّي دمًا، فإِنِّي لاقٍ مُعاوِيَة على الجادَة)[2].

وعِندما وَصَل خَبرُ مَقتَلِه إِلى الإمام الحُسَين صَلواتُ الله وسَلامُه عليه بَعث إِلى مُعاوِيَة يَستنكِر ما أَقدَم عليه مِن جَريمة بِحَقّ حُجْر وأَصْحابِه. قال فيها: أَلَسْتَ قاتِل حُجْر وأَصْحابه العابِدين المُخْبِتِين الَّذين كانوا يَستفظعون البِدَع ويَأمُرون بِالمَعروف ويَنهونَ عن المُنكر. فقَتلتَهم ظُلمًا وعُدوانًا مِن بَعد ما أَعْطَيتهم المَواثِيق الغَلِيظَة والعُهُود المُؤَكَّدة جرأَةً على الله واستِخفافًا بِعَهدِه)[3].

اشْتَدّ على مُعاوِيَة مَرَضُه، وكان يَرى في مَرَضِهِ أَشْياء لا تَسُرّه حتَّى كأنَّه لَيَهذِي هذيان المدنف وهو يقول: أُسْقُوني أُسْقُوني.. فكان يَشرب الماء الكَثِير فلا يُروى. وكان ربَّما غَشِي عليه اليَوم واليَومَين، فإذا أَفاق مِن غَشْوَتِهِ يُنادِي بِأَعْلى صَوتِه: ما لِي ومالَك يا حُجْر بن عَدِي.. ما لِي وما لَك يا عَمْرو بن الحمق.. ما لِي ومالَك يا بن أَبي طالب!

فقال له ابنه يَزيد: يا أَمِير المؤمنين.. عجِّل عَلَيَّ بِالبَيعَةِ قَبل مَوتِك فقد أَزِفَ الأَمْرُ. فإنَّك إِنْ لم تَذكُر البَيعةَ لِي خَشِيتُ أَنْ أَلقى مِن آل تُراب مِثل ما لَقِيتَ. فدعا مُعاوِيَة بوزرائه وقُوّاده وخاصَّته وأَهل بَيتِه، فأَحضرهُم مَجلِسه.. وجِيئ بِسَبعِين رَجُلًا مِن صَنادِيد قُرَيش وأَهْل الشَّام، فلما دَخَلُوا على مُعاوِيَة سَلَّموا، وأَنَّهم سَبُّوا عَلِيَّ بن أَبي طالِب وقالوا فِيه القَبِيح، وقالوا: إِنَّه سار إِلينا مِن العراق فقَتَل سراتنا وأَباد حضارنا

1 - ابن عساكر، تاريخ دمشق 227/ 12. أعلام الوَرى، الطّبرسي 33.

2 -ابن الأثير، أسد الغابة في معرفة الصحابة 481/ 1.

3 - الأميني، الغدير 161/ 1.

ولسنا نحب أَنْ تَصِير الخلافة إِلى وُلْدِه، فاجْعلها في وَلَدِك يَزِيد فإِنَّه لنا رِضا ولِجَميع المسلمين، ومَن مالَ عنه بِرَأسه في بَيعتِهِ مِلْنا عليه بِسُيوفِنا، هكذا وجدنا بِأنفسنا دُون نفسِهِ.

فَسَرَّ مُعاوِيَة بما سَمِع مِن كلام أَهْل الشَّام. وخرج يَزِيد مِن عند أَبيهِ مُعاوِيَة وعلى رأسه عمامة مُعاوِيَة ومعه سَيفُهُ وخاتَمه وقد لَبِس قَمِيص عُثْمان الَّذي قُتِل عُثْمان فيه مُلطَّخًا بِالدَّم حتَى صَعد المنبر، فلَمْ يزل يَخطُب ويَتكلَّم إِلى أَنْ انْتَصَف النَّهار، ثُمَّ نَزلَ عن المِنبَر وقد بايَعَه الصَّغِير والكَبِير.

وعلى وَجْهِ السُّرعة سَلَّم مُعاوِيَة كِتابًا بِخط يَدِه إِلى الضَّحّاك بن قَيس ومُسلِم بن عقبة يَقول فيه (هذا ما عَهِده مُعاوِيَة بن أَبِي سُفيان أَمِير المؤمنين إِلى ابنهِ يَزِيد، أَنَّه قد بايَعهُ وعَهِد إِليه، وجَعل له الخِلافة مِن بَعده، وأَمَرَه بِالرَّعِيّة والقِيام بِهم والإِحْسان إِليهم، وقد سَمّاه (أَمِير المُؤمِنِين)، وأَمَرَهُ أَنْ يَسيرَ بِسِيرةِ أَهْلِ الإِنْصاف، وأَنْ يُعاقِبَ على الجُرم ويُجازِي على الإِحْسان، وأَنْ يَحفظَ هذا الحَيّ مِن قُريش خاصّة، وأَنْ يُبعد قاتِلِي الأَحِبّة، وأَنْ يُقدِّم بَنِي أُمَيّة وآل عبد شَمس على بَنِي هاشم، وأَنْ يقدِّمَ آلَ المظلوم المَقتولُ أَمِير المؤمنين عُثْمان بن عَفّان على آل أَبِي تُراب وذُرِّيّتِه، فمَن قُرِيء عليه هذا الكتاب وقَبِلَهُ حقّ قُبولِهِ وبادر إِلى طاعَةِ أَمِيره يَزِيد بن مُعاوِيَة فمَرْحَبًا به وأَهلًا، ومَن تَأَبّى عليه وامتَنع فضَرب الرِّقاب أَبدًا حتَّى يَرجع الحقُّ إِلى أَهلِه)[1].

وقُبَيل هَلاكِه، أَقبل مُعاوِيَة على ابنِهِ يَزِيد يَشرح له تَفاصِيل السِّياسَة المناسِبَة لِإِدارة الدَّولة الأُموِيَّة وسُبل مُعالَجة الموقف مِن عَددٍ مِن الصَّحابة ويُحذِّره مِن دَم الإِمام الحُسَين صَلواتُ الله وسَلامُه عليه فقال له (واعلَمْ يا بني أَنِّي أَخاف عليك مِن هذه الأُمَّة أَنْ تُنازِعك في هذا الأَمْر الَّذي قد رَفعتُ لك قَواعدَه، وخُصوصًا أَربعة نَفرٍ مِن قُريش، مِنهم عبد الرَّحمن بن أَبِي بَكر وعبد الله بن عُمَر وعبد الله بن الزَّبَير وشَبيه

1 - تأريخ الطّبري، الطبري 246-250/ 4، 6 / 182). الفتوح، أحمد بن أعثم الكوفي 353-333/ 4. ابن الأثير 525/ 2. الأخبار الطوال الدينوري 266

أَبيهِ الحُسين بن عَلِيّ. فأَمَّا عبد الرَّحمن بن أَبِي بكر فإِنَّه إِذا صَنَع أَصحابُه شيئًا صَنع مِثلَهُم وإِنْ لم يَصْنَعوا أَمسَك، وهو رَجلٌ همُّه النِّساء ولَذّة الدُّنيا، فذَره يا بُنَي وما يُريد ولا تأخذ عليه في شيءٍ مِن أَمرِهِ فلَقد عَلِمتَ ما لِأَبيه مِن الفَضْل على هذه الأُمَّة وقد يُرعى ذمام الوالِد في وُلْدِه. وأَمَّا عبد الله بن عُمر فإِنَّه رجل صِدقٍ قد تَوحَّش مِن النَّاس وآنس إِلى العِبادة ورَضِي بِالوحدة، فتَرك الدُّنيا وتَخلَّى منها فهو لا يَأخذ منها شيئًا، وإِنَّما تَجارته مِن هذه الدَّنيا كتِجارة أَبيه عُمَر، فاَقرئه مِنِّي السَّلام وتعاهده بِالعَطاء الموفر أَفضَل تَعاهُد. وأَما عبد الله بن الزُّبير فما أَخوفَنِي أَنَّك تَلْقى منه عَتبًا، فإِنَّه صاحبُ خَلَلٍ في القولِ وزَلَلٍ في الرَّأي وضَعفٍ في النَّظر، مفرّط في الأُمور مُقصِّر في الحقوق، وإِنَّه سيَحثو لك كما يَحثو الأَسد في عرينه ويُراوغُك رَواغ الثَّعلب، فإذا أَمكَنَه مِنك فُرصَةً لَعِب بِكَ كيف شاء، فكُنْ له يا بُنَي كذلك، واجزِهِ صَاعًا بِصاع، واحذه حَذو النَّعل إِلَّا أَنْ يدخلَ لكَ في الصُّلح والبَيعةِ وبِتَوبةٍ فأَقِمه على ما يُريد.

وأَمَّا الحُسين بن عَلِيّ فأَوْه أَوْه يا يَزِيد! ماذا أَقول لك فيه! فاحْذَر أَنْ لا يَتعرَّض لَك، ومُدَّ له حَبْلًا طَويلًا، وذَرهُ يَضرِب في الأَرْضِ حيث شاء ولا تُؤذِه. ولكِن أَرعِد له وأَبْرِق، وإِياك والمكاشَفة له في مُحارَبةِ سَلِّ سَيف أَو مُحاربةِ طَعنِ رُمح، ثُمَّ أَعْطِه ووَقِّرْهُ وبَجِّلْهُ، فإِنْ حال أَحدٌ مِن أَهْلِ بَيتِه فوَسِّع عَلَيهم وأَرضِهم فإِنَّهم أَهْلُ بيتٍ لا يُرضِيهم إِلَّا الرِّضى ولا يَسعهم إِلَّا المنزلة الرَّفيعة. وإِياك يا بُني أَنْ تَلقى الله بِدَمِهِ فتكونَ مِن الهالِكِين، فإِنَ ابن عبَّاس حدَّثني فقال: إِنِّي حَضرتُ رَسُول الله صَلَّى الله عليه وآله وسَلَّم وهُو في السياق وقد ضَمَّ الحُسين بن عَلِي إِلى صَدرِه وهو يقول: هذا مِن أَطائب أَرُومَتِي وأَنوارِ عِترتي وخِيار ذُرِّيَّتي، لا باركَ اللهُ فيمَن لا يَحفظه بَعدِي.. قال ابنُ عبَّاس ثُمَّ أُغمِي على النَّبِيّ صَلَّى الله عليه وآله وسَلَّم ساعةً ثُمَّ أَفاق وقال: يا حُسَين.. إِنَّ لي ولِقاتِلِك يَوم القِيامَة مَقامًا بَين يدي رَبّي وخُصومَةً، وقد طابَت نَفسِي إِذْ جَعلَنِي الله خَصِيمًا لِمَن قَتَلَك يَوم القِيامَة. يا بُنَي.. هذا حَديث ابن عبَّاس، وأَنا أُحدِّثك عن رَسُول الله صَلَّى الله عليه وآله وسَلَّم أَنَّه قال: أَتاني جبريل يَومًا فخَبَّرني وقال: يا مُحمَّد! إِنَّ أُمَّتَكَ ستَقتُل ابنَكَ حُسَينًا، وقاتِلُه لَعِينُ هذه الأُمَّة، ولقد لَعَن النَّبِيُّ صَلَّى الله

عليه وآله وسَلَّم يا بُنَيَّ قاتِل الحُسَين مِرارًا. فانْظُر لِنَفسِك ثُمَّ انظر أَنْ لا يتعرَّض له بِأَذِيَّة، فحَقُّه والله يا بُنَيَّ عظيم، ولَقد رأيتني كيف كنتُ أَحتَمِلَه في حَياتِي وأَضعَ له رَقبَتِي وهو يُواجِهني بِالكلام الَّذي يَمضّني ويُؤلم قلبي، فلا أُجِيبه ولا أَقدر له على حِيلَة، فإنَّه بَقِيّةُ أَهْل الأرض في يومه هذا، وقد أَعذر مَن أَنذر)[1].

ثُمَّ قال مُعاوِيَة لِلَّضحاك ومُسلِم بن عقبة: اِشْهدا على مقالَتِي هذه، فَوَ الله إِنْ فَعل بِي الحُسَين كُلَّ ما يَسُوءني لاحتَمَلته أَبدًا ولم يَكن الله يَسأَلنِي عن دَمِه، أَفهِمْت عنِّي ما أُوصيتك به يا يَزيد؟!

وانظُرْ في أَهْل الحِجاز فهُم أَصلُك وفرعُك، فأَكرِم مَن قَدِم عليك مِنهم ومَن غاب عنك فلا تجفهم ولا تعقّهم، وانظر أَهلَ العِراق فإنَّهم لا يُحبّونَك أَبدًا ولا يَنصحونَك ولكن دارِهم مَهما أَمكنَك واستَطعت، وإِنْ سأَلوك على كُلّ يوم أَنْ تَعزِل عنهم عاملًا فافْعَل، فإِنَّ عَزْلَ عاملٍ واحدٍ هو أَيْسَرُ وأَخفُّ مِن أَنْ يُشهَر عليك مائة أَلفِ سَيفٍ. وانْظُر يا بُنَيّ أَهْل الشَّام فإِنَّهم بِطانتُك وظهارتُك وقد بَلوتُهم واختَبرتُهم فهُم صَبرٌ عند اللِّقاء حماةٌ في الوَغى، فإِنَ رابك أَمرٌ مِن عَدو يَخرج عليك فانْتَصِر بِهم، فإذا أَصبْتَ مِنهم حاجَتَك فارِدِدْهُم إلى بِلادِهم يَكونوا بها إِلى وَقْتِ الحاجَة إِليهم)[2].

لم يَأبَه مُعاوِيَة لامتِناع أَحدٍ مِن الصَّحابة عن بَيعة يَزيد وَلِيًّا لِلعَهْد ووَراثًا لِلخِلافَة، وأَصَرّ على رَفْضِ مَا أَخذُوه على يَزيد مِن تَظاهرٍ بِالفُسْق وشُرْب الخمر وقَتل لِلنَّفس المُحترَمَة حتَّى جاء أَجَلُه وتَسنَّم ابنُهُ يَزيد الخِلافَة من بعده وراح يَطلُب البَيعةَ مِمَّن رَفَضَها في عَهدِ والدِهِ ويَنْتَقِم منه. فأَعلَن الإمامُ الحُسَين صَلواتُ الله وسَلامُه عليه مِن المَدِينَة عن تَمسُّكه بِمَوقِفه ورَفَض مِن جَدِيد رَفْضًا مُطلقًا وصَريحًا لِبَيعةِ يَزيد بن مُعاوِيَة خَليفةً لِلمُسلِمين مِثلَما رَفَض مِن قَبل البَيعة لَه وَلِيًّا لِلعَهد، وهو الإِمامُ العالِم بما كُتِب له في عِلْم الله. ولكِنَّ كَثيرًا مِمّا سِيق عن دَوافِع خُرُوجِه مِن المَدِينَة إِلى مَكَّة ومِنها إِلى الكُوفَة لا صِلَة له بِالحَقِيقَة!

---

1 - المصدر السّابق.

2 - المصدر السّابق.

فلَمْ يَخرج الإمامُ الحُسَين صَلواتُ الله وسَلامُه عليه ثائرًا بِالمَفهوم المُعاصِر الدَّارج، ولا طالِبَ ثَورةٍ ولا إمْرة ولا سُلطان، ولا رئاسَة ولا مُلْك. وإنَّ الكَثير مِمّا ذُكِر في أُصُول السِّيَر ومُدَوَّنات البَحث التَّأريخيّ القَدِيمَة مِنها والمُعاصِرَة حَول المَعْنى المراد مِن خُروجِ الإمام الحُسَين صَلواتُ الله وسَلامُه عليه والمَقاصِد هو مَحض تَأويلات مَبْنِيَّة على تَصوُّرات (ثَورِيَّة) سِياسِيّة مُسبّقة مِن صُنع المَذاهِب والفِرق ومِن تَوجِيهٍ مُتعَسِّفٍ لم يُحسِن الرُّؤية أو أنَّها مُحاوَلات استِنهاضِيَّة مُتكَلِّفة يُراد بِها اخْتِصار الطَّريق لإقامَةِ التَّغيير الاجْتِماعِي والسِّياسِي فلَم تُحسِن التَّقدير[1].

قُبَيل خُروجِهِ مِن المَدِينة استَلَم الإمامُ الحُسَين صَلواتُ الله وسَلامُه عليه دَعوةٌ عاجِلَة مِن قِبَل الوالِي الوَلِيد بن عُتبَة لِلحُضور إلى قَصْر الإمارة. فاستَجاب وقَصَد القَصر بِرفْقَةِ عَددٍ مِن أَشِدّاء أَهْل بَيتِهِ وشُجْعانِهم يَتقدَّمُهم أَبُو الفَضْل العَبَّاس عليه السَّلام، تَحوطًا وخَوف وُقوع الغَدر بِالتَّواطؤ مع مَروان بن الحَكم وخالِد بن العاص اللَّذَين يَتلَقَّيان أَوامِرَهُما مِن الشَّام مُباشَرة ويُنافِسان الوَلِيد بن عُتبة على كرسيِّ إمارة المَدِينة الَّذي يُعدّ الأَهَمّ سِياسِيًّا ووِجْدانيًّا مِن بَعد العاصِمَة دِمَشق. فإنْ استَقرَّت المدينةُ ضِمن الأُمَوِيُّون بها أَمنَ سِيادَتِهم على إمارات البِلاد كافَّة.

وفي لِقاء القَصْر حضَر مَروان بن الحكم إلى جانِب الوالِي الوَلِيد، وشَرعا في عَرْضِ البَيعَةِ لِيَزيد على الإمام الحُسَين صَلواتُ الله وسَلامُه عليه رَسمِيًّا وبِتَوجِيهٍ مِن يَزيد نَفسِهِ، فلَمْ يَتردّد الإمامُ الحُسَين صَلواتُ الله وسَلامُه عليه في رَفْضِها في الحال. فأَسْرَع الوَلِيد إلى كِتابٍ تَلقَّاه مِن يَزيد يَأمُره فيه بِاعتِقال الإمام الحُسَين وسَجنِهِ في القَصر ثُمَّ قَتلِهِ إنْ هو أَصَرّ في هذه المرَّة على رَفْضِ البَيعة، ومَضى إلى تَنفِيذِه.

عند ذلك ثارت الضَّجَّةُ فبَدَّدت سُكون اللِّقاء وتَعالَت عليه الأَصْوات. فتَدخَّل أَبُو الفَضْل العبَّاس ومَن مَعه على الفَورِ وحالوا بَين جُندِ قَصر الإمارة والإمام الحُسَين صَلواتُ الله وسَلامُه عليه ومَنعُوهم مِن اعْتِقالِه وأَخْرَجُوه مِن بَين سيوفهم سالِمًا.

---

1 - انظر: جيلُ الجنَّة، كريم المحروس 668

فقد أَخذَ الإمامُ الحُسَين صَلواتُ الله وسَلامُه عليه حذره قُبَيل وُقوع غَدر هذه اللَّحظة الحَرِجَة، وخاطَبَ أَبا الفَضْل ومَن صَحِبَه مِن أَشدَّاء أَهْل بَيتِهِ إِلى موعِدِ قَصْر الإمارَة لِمُقابَلة الوَلِيد بن عُتْبَة، قائلا (إِنِّي دَاخِلٌ، فإِنْ دَعوتَكُم أَو سَمِعتُم صَوتَه قد عَلا فاقتَحِمُوا عَلَيَّ بِأَجمَعِكم وأَلَّا تَبرَحوا حتَّى أَخْرُج مَعكُم)[1].

مِن جِهتِهِ تَشَدَّد مَروان بن الحكم في تَوصِيَتِهِ لِلوَلِيد وضَمَّنها بِأَنْ يَقدِمَ على سَدِّ أَبواب قَصر الإِمارَة في وَجْهِ الإِمام الحُسَين صَلواتُ الله وسَلامُه عليه، ويَحظر خُروجَهُ منه إِلَّا أَنْ يكون مُبايعًا أَو مَقتُولًا، وقال لِلوَلِيد بن عُتبة مُحذِّرًا (والله لَئِن فارَقَكَ السَّاعة ولم يُبايع؛ لا قَدرت مِنه على مِثْلِها أَبدًا حتَّى تَكثُر القَتلى بَينكُم وبَينَه.. اِحْبِس الرَّجُل ولا يَخرُج مِن عِندك حتَّى يُبايع أَو تَضرِب عُنقَه)[2]. فَعزم الإمامُ الحُسَين صَلواتُ الله وسَلامُه عليه في إِثْر فَشَل مُحاوَلةِ الإِغتيال في القَصْر الغادِر على الخُروج مِن المَدِينَة بِصُحبَةِ أَهْلِ بَيتِهِ إِلى مَكَّة. فأَسرَع مَروان بن الحَكم إِلى الإِمام الحُسين صَلواتُ الله وسَلامُه عليه يَعترِض طَريق رَكْبِهِ وقال له (أَبا عبد الله.. إِنِّي لك ناصِحٌ فأَطِعْني تَرشد وتُسدَّد).

فقال الإمام الحُسين صَلوات الله وسَلامُه عليه وما ذلك، قُل حتَّى أَسْمع!

فقال مَروان: أَقول إِنِّي آمركَ بِبَيعَةِ أَمِير المؤمنين يَزِيد، فإِنَّه خَيرٌ لك في دِينِك ودُنياك!

فاستَرجَع الإِمام الحُسَين وقال: إِنَّا لله وإِنَّا إِليه راجِعُون، وعلى الإِسْلام السَّلام إِذْ قد بُلِيَت الأُمَّةُ براعٍ مِثل يَزِيد. ثُمَّ أَقْبَل على مَروان وقال له: وَيْحك.. أَتَأمُرني بِبَيعة يَزِيد وهو رَجُلٌ فاسِقٌ، لقد قلتَ شَططًا مِن القَولِ يا عَظِيم الزَّلَل.. لا أَلُومك على قَولِك لِأَنَّك اللَّعين الذي لَعنَك رَسُولُ الله صَلَّى الله عليه وآله وأَنْتَ في صُلْبِ أَبِيك الحَكَم بن أَبِي العاص، فإِنَّ مَن لَعنَهُ رَسُول الله صَلَّى الله عليه وآله لا يُمكن له ولا مِنه إِلَّا أَنْ يدعو إِلى

1 - تأريخ الطّبري271/ 3

2 - المصدر السّابق 271/ 3

بَيعةِ يَزِيد. وأَضاف صَلواتُ الله وسَلامُه عليه قائلًا لِمَراون:

إِليك عَنِّي يا عدو الله! فإِنَّا أَهْل بَيت رَسُول الله صَلَّى الله عليه وآله، والحقّ فِينا، وبِالحق تَنطِق أَلسنَتُنا، وقد سَمِعتُ رَسُول الله صَلَّى الله عليه وآله يقول: «الخِلافةُ مُحرَّمَة على آل أَبي سُفيان وعلى الطُّلقاء أَبناء الطُّلقاء، فإِذا رأيتُم معاوِيَة على منبري فابْقُروا بَطنه»، فوالله لقد رآه أَهلُ المَدِينة على منبر جَدِّي فلَمْ يَفعلوا ما أُمِروا بِه، فابْتَلاهُم الله بابِنِهِ يَزِيد، زاده الله في النَّار عذابًا.

فغَضِب مَروان بن الحَكم مِن كلام الحُسين، ثُمَّ قال: والله.. لا تُفارقني، أو تُبايع لِيَزيد بن مُعاوِيَة صاغِرًا، فإِنَّكم آل أَبِي تُراب قد مُلِئتم كَلامًا وأُشرِبتُم بُغْض آل بَنِي سُفيان، وحقَّ عليكم أَنْ تُبغِضوهم وحَقّ عليهم أَنْ يُبغِضُوكم.

فقال له الحُسَين صَلواتُ الله وسَلامه عليه: وَيْلَك يا مَروان، إِليك عَنِّي، فإِنَّك رِجْسٌ، وإِنَّا أَهلُ بيت الطَّهارة الَّذين أَنزلَ الله عَزَّ وجَلَّ على نَبِيّه مُحمّد صَلَّى الله عليه وآله فقال [إِنَّمَا يُرِيدُ اللهُ لِيُذْهِبَ عَنكُمُ الرِّجسَ أَهْلَ الْبَيْتِ وَيُطَهِّرَكُمْ تَطْهِيرًا][1].

فنكَّسَ مروان رأسَه لا يَنطِق بِشيء.

فقال له الحُسَين: أَبْشِر يا ابن الزَّرقاء، بِكُلِّ ما تَكره مِن الرَّسُول صَلَّى الله عليه وآله يَوم تَقدِم على رَبِّك فيَسألك جَدِّي عن حَقِّي وحَقّ يزيد.

فمَضى مَروان مُغضِبًا حتَّى دَخَل على الوَلِيد بن عُتْبة فخَبّره بما سَمِع مِن الحُسين بن علي صَلوات الله وسَلامُه عليهما)[2].

هَلْ بِمَقدور الإمام الحُسَين صَلوات الله وسَلامُه عليه أَنْ يُحقِّق لِنَفسِهِ فَوزًا ثَورِيًّا بِأَهْلِ الكُوفَة، أَم أَنَّ النَّصر بهم يَظلّ بَعيد المنال على حَسب المَعايير الدَّراجة في مُجتَمع المُسلِمِين الَّذي اعتاد على رُكوبِ الحَرب مُنذ عَهد الجاهِلِيَّة؟!

1 - الأحزاب 33.

2 - مقتل الحسين للخوارزمي، ابن مؤيد الموفق بن أحمد المكي268-267/ 1

بِالنَّظر إِلى رَكْب الحُسَين صَلواتُ الله وسَلامُه عليه والفِئة القَليلة مِن الأَهْلِ والأَنْصار الَّتي التَحقَت بِه عند خُروجِهِ مِنَ المَدِينة ورافَقَته إِلى مَكَّة ثُمَّ إِلى الكُوفة يَتأَكَّد مَعنى المَصِير الَّذي سُيلاقِيه هو وأَهلُه وفِئَتُه وعَناصِرُ رَكْبِهِ. ولكِنَّ القِياس بِمَعايِير الحرب المُباشِرَة ومُتطلّباتها لا يَنطَبِق على مُراد إِمامٍ يُمثِّل في الخَلائق حُجَّةَ الله عَزَّ وَجَلَّ والإِمام الَّذي يَتَلقَّى وَحْيَ الإِمامَة. ولا بُدَّ لِلإِمام مِن أَنَّ يَستَجِيب لِمَشيئَةِ الله عَزَّ وَجَلَّ قبل كُلِّ شَيءٍ. فاستَجاب الحُسَين صَلواتُ الله وسَلامُه عليه مِن فَورِه وخَرَج بِرَكبِهِ مِن المَدِينَة إِلى مَقتَلِهِ وسَبيِ نِسائه قَبلَ أَنْ تَصِلَه كُتبُ الكُوفَة.

عندئذٍ عَلِمَ أَهلُ الكُوفَة مِن مَدِينَة جَدِّهِ رَسُول الله صَلَّى الله عليه أَنَّه قاصدًا مَكَّة مُتجاهِرًا بِرَفْضِهِ لِبَيعة يَزِيد، فبَعثوا بِكُتبِهِم إِليه يَطلبون مِنه الإِسْراع في المَجِيءِ إِلى مَدِينَتِهم، على أَنْ يُوفوا بِوَعدِهِم الَّذي عاهَدوا، فصار لِزامًا على الإِمام الحُسَين صَلواتُ الله وسَلامُه عليه أَنْ يَستَجِيب، ولا مَحِيص مِن إِلقاء الحُجَّة عَليهِم، ولَنْ يُعذَروا إِنْ خَذَلوا إِمامًا دَعوهُ لِنُصرَتِهم وتَخلَّفوا عنه ونَكثوا.

امتُحِن أَهْلُ الكُوفَة في أَنفُسِهم ودِينِهِم وأَخْلاقِهم ومَصِير آخِرَتِهم. فَالإِمامُ الحُسَين صَلواتُ الله وسَلامُه عليه في طَرِيقِهِ إِلى مَدِينَتِهم عن قَرِيب، وقَد سَبقَهُ عُبَيد الله بنُ زِياد إِلى الكُوفة قادمًا مِن البَصرة بِأَمْرٍ مِن يَزِيد بن مُعاوِيَة الَّذي عَزل والِي الكُوفَة النُّعمان بن بَشِير ذي السُّلطة المُتراخِيَة عن وَلايَته وضَمَّها إِلى وَلايَة ابن زِياد المُتَشدِّد العَنِيف. وسُرعان ما (جَمَع عُبيد الله بن زِياد النَّاس إِلى مَسجِد الكُوفَة، ثُمّ خرج فصَعد المِنبر، فحمَدَ الله وأَثنى عليه ثُمّ قال: أَيُّها النَّاس! إِنَّكُم قد بَلوتُم آل سُفْيان فوَجَدتُّموهُم على ما تُحِبُّون. وهذا يَزِيد قد عَرِفتُمُوه أَنْ حَسنَ السِّيرة، مُحمودَ الطَّرِيقة، مُحسِنَ إِلى الرَّعِيَّة، متُعاهِدَ الثُّغور، يُعطِي العَطاء في حَقِّه، حتَّى إِنَّه كان أَبُوه كذلك، وقد زاد أَمِيرُ المُؤمِنين في إِكْرامِكم، وكَتَب إِليَّ يَزِيد بن مُعاوِيَة بِأَرْبَعةِ آلافِ دِينار ومائتي أَلف دِرهم أُفَرِّقها عليكم وأُخْرِجكم إِلى حَرب عَدُوِّه الحُسين بن عَليّ، فاسمعوا له وأَطِيعوا.. والسَّلام.

قال: ثُمَّ نَزل عن المِنبَر ووَضَع لِأَهْل الرِّئاسة العطاء فأَعطاهم ونادَى فِيهم

بِالخُروج إِلى عُمَر بن سَعْد لِيَكونوا أعوانا له على قِتال الحُسَين. قال: فأَوَّل مَن خَرَج إِلى عُمَر بن سَعد الشِّمرُ بن ذِي الجوشَن السَّلولي في أَربعة آلاف فارس، فصار عُمَر بن سعد في تِسعَةِ آلاف ثُمّ أَتبعه زَيد بن ركاب الكَلْبي في أَلفَين، والحُصَين بن نَمِير السَّكوني في أَربعة آلاف، والمصاب الماري في ثلاثة آلاف ونَصْر بن حربة في أَلفَين، فتمَّ له عشرون أَلفًا. ثُم بَعَثَ ابنُ زياد إِلى شَبَث بن رُبْعِي الرِّياحِي رَجُلًا وسأل أَنْ يُوجِّه إِلى عُمر بن سَعد، فاعْتَلّ بِمَرض، فقال له ابنُ زياد: أَتَتمارض؟! إِنْ كنتَ في طاعَتِنا فاخرُج إِلى قِتال عَدوِّنا، فخرج إِلى عُمر بن سعد في أَلف فارس بعد أَنْ أَكرَمَه ابنُ زياد وأَعطاه وَحَباه، وأَتْبعَه بِحَجّار بن أَبْجر في أَلفِ فارس، فصار عُمَر بن سَعَد في اثْنَين وعِشرين أَلفًا ما بَين فارِسٍ وراجِلٍ.

ثُمَّ كَتب ابنُ زياد إِلى عُمَر بن سَعد أَنّي لم أَجْعل لَكَ عِلَّة في قِتال الحُسَين مِن كثرة الخيل والرِّجال، فانظر أَنْ لا تَبدأ أَمرًا حتَّى تُشاورني غدوّا وعشِيّا مع كُلّ غاد ورائح .. والسّلام)[1].

وكان ابنُ سَعد قد أُمِر مِن قَبْل بِالخُروج على رأس جَيشٍ مُؤلَّفٍ مِن 4 آلاف فارس والتَّوجُّه به إِلى (الرَّيّ) لِمحارَبَة الدَّيالِمة، وأَنَّ جزاءه مِن ذلك أَنْ يُنَصَّب على (الرَّيّ) والِيًا، فعَلَيهِ أَنْ يُحقِّقَ مُنيَتَهُ هذه بِالنَّصر. لكِنَّه بُهِتَ بِأَمْرٍ آخر وارد عن دِمَشق بِالانْعِطاف بِجَيشه إِلى كَربلاء لِمقاتلة الإِمام الحُسَين صَلواتُ الله وسَلامُه عليه!

تَثاقَل عُمر بن سَعد في أَداءِ هذه المُهِمَّة الصَّعبة، لِما كان لَه مِن نَسَبٍ مع الحُسَين صَلواتُ الله وسَلامُه عليه. فَمُنِعَ مِن مُلْكِ (الرَّيّ) إِلّا أَنْ يُنجِز مُهِمَّتَه الجَدِيدة المُكلَّف بها بِقَتْل الحُسَين صَلواتُ الله وسَلامُه عليه، وقد أَمهَلَهُ عبيد الله بن زِياد يَومًا واحدًا لِيُحدِّد فيها مَوقِفَه مِن هذه المُهِمّة ويَحسِم الأَمْر. فاختار ابنُ سعد مُلْكَ (الرَّيّ) وانْعَطَف بِجَيشِهِ إِلى كَربلاء لِيَنضَمّ إِلى جَيش الحُرّ الرِّياحي ويَتسَلَّم مِنه قِيادَة الميدان والمعركة.

عِندما حُوصِر الإِمامُ الحُسَين صَلواتُ الله وسَلامُه عليه وأَهلُه والأَنْصار على

1 - المصدر السّابق.

مَشارِف الكُوفَة، ومُنِع مِن دُخولِها، ورأى أَنَّ أَهْل الكُوفَة الَّذين استَدعوه إِلى مَدِينَتِهم قد انْخَرطوا في جَيش عُمَر بن سَعد طاعَةً لِوالِي الكُوفة الجَديد عُبيد الله بن زياد؛ طَلَب الإِمامُ الحُسَين صَلواتُ الله وسَلامُه عليه مِن عُمر بن سعد أَنْ يَفُكّ جَيش يزيد الحِصار عنه ويُطلِق لِرَكبِهِ حُرِّيَّة العَودَةِ مِن حَيث أَتى.

وقال الإِمامُ الحُسَين صَلواتُ الله وسَلامُه عليه لِقُرَّة بن قَيس الحَنظلي في رَدِّه على رِسالَة تَلقَّاها مِن عُمَر بن سَعد (يا هذا، أَبْلِغ صاحِبَك عَنِّي، لَمْ أَرِد هذا البَلد، ولكن كَتَب إِلَيَّ أَهلُ مِصرِكُم هذا أَنْ آتِيهم فيُبايِعُونِي ويَمْنَعونِي ويَنصُرونِي ولا يَخذلُونِي، فإِنْ كَرِهُونِي انْصرِف عَنهُم مِن حيث جِئت)[1].

لم يَستَجِب ابنُ سَعد على الفَور، وبَعَثَ إِلى عُبَيد الله بن زِياد والِي الكُوفَة يُخبِره بِأَنَّ الإِمام أَعطاهُ عهدًا بِالانْصِراف عن العِراق. فَرَدَّ ابنُ زياد شامِتًا:

(الآنَ إِذْ علَقَت مَخالِبُنا به   يَرجُو النَّجاةَ وَلاتَ حِينَ مَناص).

وبَعَثَ إِلى ابنِ سَعد (فازْحَفْ عَلَيهم واقْتُلهم ومَثِّل بِهم إِنْ لم يَنزِل على حُكمِي) بِإِعْلان البَيعَة لِيَزيد، وعَزَّز من قُوى الجَيش المُتواجِد في كَربلاء بِجَيشٍ آخر قِوامُه 25 أَلفًا بِقيادَة الشِّمر بن ذي الجَوشَن الَّذي تَسَلَّم قِيادة الجَيش مِن ابن سَعد بِأَمْرٍ مِن ابن زِياد وأَعلَنَ عن قراره بِمَنع الماء عن مُعسَكر الحُسَين صَلواتُ الله وسَلامُه عليه تَمهِيدًا لِلزَّحف على مُخَيّمه وقَتلِه التَّمثِيل بِجثَّته!

وفي وَصْف ابن عبَّاس لِواقِعَة الطَّف لمّا راسَلَه يَزيد بن مُعاوِيَة حول سَيطَرةِ عَبد الله بن الزُّبير على مَكَّة وما تَخلّل الوَصْف مِن امتِناع ابن عبَّاس عن بَيعة ابنِ الزُّبير، يَقُول الطَّبري (كتَبَ عبدُ الله بن الزُّبير إِلى ابنِ عبَّاس في البَيعَةِ فأَبى أَنْ يُبايِعَه، فظَنَّ يزيدُ بن مُعاوية أَنَّه إِنَّما امتَنَعَ عليه لِمَكانِه. فكتَبَ يزيدُ بن مُعاوِيَة إِلى ابنِ عبَّاس:

أَمَّا بَعد، إِنَّه بَلَغَني أَنَّ المُلحِدَ ابن الزُّبير دَعاك إِلى بَيعَتِه لِيُدخِلَك في طاعَتِه فتكونَ

---

1 - المصدر السّابق 342/1

على الباطِلِ ظَهيرًا، وفي المأثَمِ شريكًا، فامتَنَعتَ عليه وانقَبَضتَ لِمَا عرَّفك اللهُ في نَفْسِك من حَقِّنا أهلَ البَيتِ، فجَزاكَ اللهُ أفضَلَ ما جَزى الواصِلِينَ عن أرْحامِهم، المُوفِينَ بِعُهودِهم، ومَهما أنْسَى مِن الأشياءِ فلَنْ أنْسى بِرَّك، وصِلَتَك، وحُسنَ جائِزَتِك الَّتي أنتَ أهلُها في الطّاعَةِ والشَّرَفِ والقَرابَةِ لِرَسُولِ الله صلَّى اللهُ عليه وآله. فانْظُرْ مَن قَبلَك مِن قَومِك، ومَن يطَرَأُ عليك مِن أهْلِ الآفاقِ ممَّن يَسحُرُه ابنُ الزُّبَيرِ بِلسانِه وزُخرُفِ قَولِه فخَذِّلْهم عنه فإنَّهم لَكَ أطوَعُ ومنك أسمَعُ منهم لِلمُلحِدِ والخارِقِ المارِقِ والسَّلامُ.

فكتَبَ ابنُ عبَّاسٍ إليه: أمَّا بعدُ، فقد جاءَني كتابُك، تذكُرُ فيه دُعاءَ ابنِ الزُّبَيرِ إيَّايَ لِلَّذي دَعاني إليه، وإنِّي امتَنَعتُ عليه مَعرِفَةً لحقِّكَ. فإنْ يكن ذَلِك كَذلِك فلَسْتُ برَّك أرجُو بِذلك، ولكنَّ اللهَ بما أنْوي به عَلِيمٌ. وكَتَبتَ إليَّ أنْ أحُثَّ النَّاسَ عليك، وأُخذِّلَهم عن ابنِ الزُّبَيرِ، فلا، ولا سُرورَ ولا حُبورَ بفيكِ الكِثْكِثُ، ولك الأثلَبُ، إنَّك العازِبُ إنْ مَنَّتْكَ نفسُك، وإنَّك لأَنْتَ المَفْقود المَثْبورُ. وكَتَبتَ إليَّ بتَعْجيلِ بِرِّي وصِلَتي، فاحْبِسْ أيُّها الإنسان عَنِّي بِرَّك وصِلَتَك، فإنِّي حابِسٌ عنك وُدِّي ونُصْرتِي، ولَعَمْري ما تُعْطينا مِمَّا في يَدِك لنا إلَّا القَلِيل، وتَحبِسُ منه الطَّويلَ العَريضَ.

لا أبَا لك، أتُراني أنْسى قَتْلَك حُسَينًا وفِتيانَ بني عبدِ المُطَّلِبِ، مَصابيحَ الدُّجى، ونُجومَ الأعلامِ، وغادَرَتْهم خُيولُك بِأمْرِك فأَصْبَحوا مُصرَّعينَ في صَعيدٍ واحِدٍ، مُزمَّلينَ بالدِّماءِ، مَسْلوبينَ بالعَراءِ، لا مُكفَّنينَ، ولا مُوسَّدينَ، تَسفيهم الرِّياحُ، وتَغْزوهم الذِّئابُ، وتَنتابُهم عُرُجُ الضِّباعِ حتَّى أتاحَ اللهُ لهم قومًا لم يُشرِكوا في دِمائِهم، فكفَّنوهم وأجَنُّوهم، وبِهِم والله وَبِي مَنَّ اللهُ عليك، فجَلَستَ في مَجلِسِك الَّذي أنْتَ فيه. ومَهما أنْسى مِن الأَشياءِ، فلَسْتُ أنْسَى تَسْليطَك عليهم الدَّعيّ ابن الدعيِّ الَّذي كان لِلعاهِرَةِ الفاجِرَةِ، البعيدَ رَحِمًا، اللَّئيمَ أبًا، وأمَّا الّذي اكتَسَبَ أبُوك في ادِّعائِه له العار والمأثَم والمذَلَّة والخِزي في الدُّنيا والآخِرَةِ؛ لِأنَّ رَسُولَ الله صلَّى اللهُ عليه وآله قال: الوَلَدُ لِلفِراشِ ولِلعاهِرِ الحَجَرُ، وإنَّ أباك يَزعُمُ أنَّ الوَلَدَ لِغَيرِ الفِراشِ، ولا يَضيرُ العاهِرَ، ويَلحَقُ به وَلَدُه، كما يَلحَقُ وَلَدُ البَغيِّ الرَّشيدَ. ولَقد أماتَ أبوك السُّنَّةَ جَهلًا، وأَحْيا الأحداثَ المُضِلَّةَ عَمْدًا. ومَهْما أنْسى مِن الأَشْياءِ فلَسْتُ أنْسَى تَسييرَك حُسَينًا مِن حَرَمِ

رَسُولِ الله صلَّى اللهُ عليه وآله إلى حَرَمِ الله، وتَسييرَكَ إليه الرِّجال، وإدساسَك إليهم إنْ هو نَذَرَ بِكُم فعالِجوه، فما زِلْتَ بِذَلك وكَذلِك حتَّى أخرَجْتَه مِن مكَّةَ إلى أرضِ الكُوفَةِ، تَزأَرُ به إليه خَيلُك وجُنودُك زئيرَ الأُسْدِ، عَداوةً مِنكَ لله ولِرَسُولِه ولِأَهْلِ بَيتِه، ثُمّ كَتبتَ إلى ابنِ مَرجانَة يَستقبِلُه بِالخَيلِ والرِّجالِ والأسِنَّةِ والسُّيوفِ، ثُمَ كَتَبتَ إليه بِمُعالجَتِه وتَركِ مُطاولَتِه حتَّى قَتلَتَه ومَن مَعه من فِتيانِ بني عَبدِ المُطَّلِبِ أَهْلِ البَيتِ الَّذين أذهَبَ اللهُ عنهم الرِّجسَ وطهَّرهم تَطهيرًا، نَحن كَذلِك، لا كآبائِك الأجْلافِ الجُفاةِ أَكْبادِ الحَميرِ، ولقد عَلِمتَ أنَّه كان أَعزَّ أَهْلِ البَطْحاءِ بِالبَطْحاءِ قديمًا، وأَعَزَّه بها حديثًا، لوَّ ثوا الحَرَمينِ مَقامًا، واستحَلَّ بها قِتالًا، ولكنَّه كَرِهَ أَنْ يكونَ هو الَّذي يُستحَلّ به حَرَم الله وحَرَم رسولِ الله صَلَّى اللهُ عليه وآله، وحُرمَة البَيتِ الحَرامِ، فطَلَبَ إليكم الحُسَينُ المُوادَعَةَ، وسَأَلَكم الرَّجعَةَ، فطَلَبتُم قِلَّةَ أَنصارِه، واستِئْصالَ أَهْلِ بَيتِه كأنَّكم تَقتُلُون أَهلَ بَيتٍ مِن التُّركِ، أو كابُلَ. وكيف تَجِدُني على وُدِّك، وتطلُبُ نَصْري، وقد قَتَلتَ بَنِي أَبِي، وسَيفُك يَقطُرُ مِن دَمِي، وأَنتَ تَطلُبُ ثَأري، فإنْ شاءَ اللهُ لا يَطُلُ إليك دَمِي، ولا تَسبِقني بِثَأْرِي، وإنْ تَسبِقنا بِه، فقَبلْنا ما قَبلَت النَّبيّون وآلُ النَّبيِّينَ فظلَّت دِماؤُهم في الدُّنيا، وكان المَوعِد الله، وكَفى بِالله لِلمَظلومينَ ناصِرًا، ومِن الظَّالِمين مُنتقِمًا، والعَجَبُ كُلَّ العَجَبِ، ما عِشتَ بِربِّكَ الدَّهْرَ، العَجَبُ حَمْلُك بناتِ عبدِ المُطَّلِب وحَمْلُك أبنائهم أُغَيلِمَةً صِغارًا إليك بِالشَّامِ، تُرِيَ النَّاسَ أنَّك قد قَهرتَنا، وأنَّك تُذِلُّنا، وبِهم والله وَبِي مَنَّ اللهُ عليك وعَلى أَبيك وأُمِّك مِن النِّساءِ، وأَيمُ اللهِ إنَّك لتُصبِح وتُمسي آمِنًا لجِراحِ يَدي، ولَيَعظُمَنَّ جُرحُك بِلساني وبَناني ونَقْضي وإبْرامي، لا يَستَفِزَنَّك الجَدَلُ، فلَنْ يُمهِلَك اللهُ بعدَ قَتْلِك عِترَةَ رسولِ الله صلَّى اللهُ عليه وآله إلَّا قليلًا حتّى يأخُذَك اللهُ أخذًا أَليمًا، ويُخرِجَك مِن الدُّنيا آثِمًا مَذمومًا، فعِشْ لا أَبا لك ما شِئتَ، فقد أَرْداك عندَ الله ما اقتَرفتَ.

فلمَّا قَرَأَ يزيدُ الرِّسالةَ قال: لقد كان ابنُ عبَّاس مُنَصَّبًا على الشَّرِّ)[1].

---

1 - مجمع الزَّوائد ومنبع الفوائد، الحافظ الهيثمي 253/ 7

لم يَكُن طَلَب الإمام الحُسَين صَلواتُ الله وسَلامُه عليه المقدَّم لابنِ سَعد بِفَكِّ الحِصار عن رَكبِهِ وإطلاق رَكْبِهِ وشَأنِه لِيَنصَرِفَ عن العِراق ويَعود مِن حيث أَتى - استِسلامًا مِنه أَو تَراجعًا عن مَقصَدِه (الثَّوري) أَو تَنازُلًا عن (الفَتْح) الَّذي وَعَد بِه في طَرِيقهِ إِلى الكُوفَة، ولا انكفاءً منه وارتِدادًا عن مَطلبِ إِقامة الدَّولة في الكُوفَة والانْطلاق مِنها لإِنْهاء دولة الأُمَوِيِّين، ولا يَأسًا مِمَّا في أَيْدِي أَهْل الكُوفَة، وإِنَّما أَدَّى صَلواتُ الله وسَلامُه عليه وَظِيفَته على أَكمَل وَجْه وأَجمل، وامْتَثل لِمَشيئةِ الله عَزَّ وَجَلَّ في ذلك واستَجاب لِوَحْي الإِمامَة كما يَنبَغِي له، وأَلقَى بذلك الحُجَّةَ على أَهْلِ المَدِينَة عندما عَزم على الخُروج مِنها، ثُمَّ على أَهْلِ مَكَّة وحَجِيجِها إِذْ حَلَّ فِيهم إِحرَامَه، ثُمَّ أَكمَلَ مِسِيرَتَه فأَلْقَى الحُجَّةَ على أَهْلِ الكُوفَة الَّذين بَعثوا إِليه اثْني عَشر أَلفًا مِن كُتب الرَّجاء فلم يعد لهم عُذْر في ما وَصَفوه بِالخِصام حين قالوا (أَنْ أَقدِم يا بْنَ رَسُولِ الله، لَيس لَنا إِمامٌ غَيرك، فلَقد اخْضَرّ الجَناب وأَينَعَت الثِّمار، وإِنَّما تَقدِم على جُندٍ لَك مُجنَّدَة.. فإِنْ لَم تَجِب دَعْوَتَنا وتُلَبِّي طَلَبنا وتتوجَّهُ إِلينا؛ خاصَمْناك بَين يَدي الله يَوم القِيامَة)!

وعندما قَصدَ صَلواتُ الله وسَلامُه عليه بِرَكْبِهِ بلوغَ الكُوفَة وأَرْسَل سَفِيره إِلى أَهْلها؛ خَذَلوا سَفِيرَه وثِقَتَه مُسلِم بن عَقِيل وانْفَضّوا مِن حَولِه وتَركُوه قائمًا في محراب المَسجِد يُصَلِّي لِوَحدِه ثُمّ سَكتوا على قَتلِهِ، وَجاءوا إِلى كَربلاء بِرفْقَةِ جَيشِ ابن سَعَد وابن ذي الجَوشن مُنقلِبين على ما وَعَدوا في رَسائلِهم إِلى الحُسَين صَلواتُ الله وسَلامُه عليه ومُشارِكِين خَلِيفَتهم يَزِيد بن مُعاوِيَة حَربه، وهُو صَلواتُ الله وسَلامُه عليه مُحيط بِطَبائعِهم وعالِمٌ بِما تَكنّ صُدورُهم وما في نُفوسِهم وما يَدُور في رَوعِهم حتَّى وَصَفَهُم بـ(عَبِيدِ الأُمَّة وشُذّاذِ الأَحزاب ونَبَذَةِ الكِتاب ومُحرِّفِي الكَلِم وعُصبَةِ الإِثْم ونَفَثَةِ الشَّيطان ومُطفِئي السُّنَن).

إِنَّ أَخْطَر ما كَشفه الإمامُ الحُسين صَلواتُ الله وسَلامُه عليه لِأُمَّةِ جَدِّه صَلَّى الله عليه وآله في مَسِيرةِ خُروجِه مِن المَدِينة إِلى مَكَّة ثُمَّ مِنها إِلى الكُوفَة أَنَّ الفاسِق وشارِب الخَمر يَزِيد بن مُعاوِيَة قد خَيَّره في المَدِينَة بين البَيعَةِ والقَتْل.

حَدَث ذلك عندما بَعث يَزِيد بن مُعاوِيَة ـ عند لَحظةِ وُصولِهِ إِلى دِمَشق وتَسلُّمِه مهام الخِلافَة في إِثْر هَلاك أَبيهِ مُعاوِيَة ـ إِلى وَالِيه في المَدِينة الوَلِيد بن عُتبة بن أَبِي سفيان أَنْ (إِذا أَتاك كِتابِي هذا فأَحضر الحُسَين بن عَلِيّ وعبد الله بن الزُّبير، فخُذهما بالبَيعَةِ لِي، فإِنْ امْتَنعا فاضْرِب أَعناقَهُما وابْعَث إِليَّ بِرُؤوسِهما وخُذْ النَّاس بِالبَيعَةِ. فمَن امتَنَع فأَنفذ فيه الحُكم وفي الحُسَين بن عَلِيّ وعبد اللّه بن الزُّبير.. والسَّلام)[1].

فبعث وَالِي يَزيد في المَدِينة إِلى الحَسَين صَلواتُ الله وسَلامه عليه أَنْ يَقدِم إِلى قَصر الإِمارة لِيَأخذ مِنه البَيعَةَ لِيَزيد، فإِنْ أَبَى قَتَله بِسُيوف جُندِ القَصر. فجاء الحُسَين صَلواتُ الله وسَلامُه عليه إِلى القَصر، لكِنَّه رَفضَ بَيعَة يَزِيد وخَرَج مِن قَصْر الإِمارَة سالِما تَحتَ حماية مَجموعةٍ مُسلَّحةٍ يَقودها العَبَّاس بن عَلِيّ عليه السَّلام كانت أَقتَحَمَت القصر لِتَخلِيصه مِن كَمِين أُعِدّ مسبقًا لِاغْتِيالِه، ثُمَّ غادر المَدِينة حيث لَم تَعُد مُنذُ ذلك اليَوم آمِنَة.

وفي طَريقه إِلى مَكّة تَلَقَّى الإِمامُ الحُسين صَلواتُ الله وسَلامُه رسائل أَهْل الكوفَة فاستَجاب لهم. وعندما خَرَج مِن مَكَّة قاصِدًا الكُوفة، بَعثَ يَزِيد بن مُعاوِيَة إِلى عُبَيد الله بن زِياد في الكُوفَة صَحِيفة بِحَجم (إِذْن فأْرَة) قال فيها: أَمَّا بعد فُخُذ الحُسَين بِالبَيعة أَخذًا عَنِيفًا لِيسَت فيه رُخصَة، فإِنْ أَبى فاضْرِب عنقَه وابعَث إِليَّ برأسِه)[2]. فأَبى الإِمامُ الحُسَين صَلواتُ الله وسَلامُه عليه مُبايَعة يَزِيد، وقال لِطالِبها قولَه الشَّهير (مِثْلِي لا يُبايع مِثلَه)!

أَدرَكَت أُمّةُ جَدِّهِ صَلَّى الله عليه وآله الَّتي خَرَج لإِصْلاحِها مَعنى قوله لِيَزيد (مِثْلِي لا يُبايع مِثلَه) ولكِنّها خَذَلته. وعندما تَساءل النَّاس في مَكّة والمَدِينة عن معنى (الفَتْح) الَّذي صَرّح به الإِمام الحُسَين صَلواتُ الله وسَلامُه عليه ذَهب بعض كُبراء الصَّحابة والتَّابِعين إِلى القول بِإِنَّ الإِمام لَيْس بِمَقدُورِه تَحقِيق الفَوز على جَيش يَزِيد بن مُعاوِيَة..

1 - تأريخ اليعقوبي 154/ 2.

2 - الخوارزمي، مقتل الحسين180/ 1

إِنَّها المُغامَرَة والهَزِيمَة وتَلف النَّفس والأَهْل والصُّحب في التَّهلُكة!

إِنَّ النَّصرُ بِمَعناه الدّارِج في هذه المُهِمَّة لَم يَكُن مأذونًا مِن الله عَزَّ وَجَلَّ، ولكِنَّ (الفَتْح) الَّذي وَعَدَ صَلواتُ الله وسَلامه عليه شَمل مِن المَعانِي ما هو أَعظَم وأَسْمى مِمّا رُصِدَ بعد واقِعَةِ مَقتَلِهِ في كَرْبَلاء حيث حُبِسَ عن الدَّول في بِلاد المُسلِمِين - في إِثْر شَهادَتِهِ - شَرعِيَّةَ قِيامِها تَحتَ عُنوان دولة (الخِلافَة) وأَنَّ النَّاس شُهداء على ذلك حيث عَمَّت الفُرقَةُ والحُروب وانعدم الأَمْنُ والأَمان.

وكلَّما طَلَبَت الدُّول المُتعاقِبَة إِضْفاءَ طابع الشَّرعِيَّة على مُنطَلَق قِيامِها وبَقائها وتَعدِيلَ ما تُنجز مِن أَعْمال في أُمَّة المُسلِمِين فإِنَّها تفشَل في إِحراز ذلك إِلى اليَوم الآخر . وربما كان معنى خُطبة الحُسَين صَلواتُ الله وسَلامُه عليه الَّتي أَلقاها في كَربلاء يَوم تَقدَّم ابنهُ عَلِيّ الأَكبر إِلى مَيدان المَعرَكَة إِذْ دعا فَقال (فَلا ترض الولاة عنهم أَبدًا)[1] تَصرِيحًا لما أَشار إِليه مِن (الفَتْح) حيث حُبِسَت بَركات الأَرْض.

لقد أَدرك (الثُّوارُ) العَبَّاسِيُّون خِلال فَترةِ إِعدادِهِم العدّة لِلانْقِضاض على دَولة الأُمَوِيِّين والإِسْراع إِلى ذلك قَبل غَيرِهِم مِن (الثُّوار) مَعنى (الفَتْح) الوارِد في رسائل الإِمام الحُسَين صَلواتُ الله وسَلامُه عليه، فكانُوا أَشَدَّ عُنفًا مِن الأُموِيِّين على أَئمَّة أَهْل البَيت صَلواتُ الله وسَلامُه عليهم وعلى (شِيعة عَلِيّ) وعلى النَّاس جميعًا بِما قَرَّروا مِن مُرادٍ في الجَمع بَين ثَلاثة أُمور:

- مُمارَسَة البَطش السِّياسِيّ الفاحِش لِتَعزيز سِيادَةِ المُلْك الوراثِي والشِّدَة في العُنف إِلى أَقصَى مَداه لإِكْراه النَّاس على البَيعَةِ والخُضُوع لِسِيادَة الحاكم.

- الاعتِمادُ الصّوري على (مَذْهَب الرَّأي) لاحْتِواء (اتِّجاه أَهْل العامَّة) وتَصرِيف شُئون الدَّولة.

- إِطْلاق مَشروع إِعادة تَدوين المَورُوث الرِّوائي وما اشْتَمل عليه مِن سُنَّة النَّبِيّ

---

1 - الإرشاد، المفيد 241

صَلَّى الله عليه وآله وسِيرة بَعثَتِهِ ونُهوضِهِ بِالإسلام بِما يَتوافَق وواقِع الحال.

فكان ذلك مِمّا اعتُمِدَه العَبَّاسِيّون لِلتَّعويض عن فَشَلهم في تَحصِيل الشَّرعِيَّة التّامَّة لِقِيام دَولَتِهم وتَحقِيق السِّيادة التَّامَة لِخَلِيفَتِهم على الرَّغْم مِن تَفوّقِهم في احْتِواء (اتِّجاه أَهْل العامَّة) ذِي المَوقِف المَرِن مِن تَوالي الانْقِلابات الدَّموِيَّة لِلخُلفاءِ والدُّول والحُكَّامِ في دائرة الإسْلام!

جَدَّ العبَّاسِيِّون بِدولَتِهم في تَحريف الكَلِم عن مَواضِعه، فصاغُوا السُّنَّة المَدوَّنة في عَهدِهِم صِياغَةً مُوجَّهةً، ووَضَعوا في السِّيرة وزَوَّروا وشَطَبوا، ولَفَّقوا وافتَروا في سِيرَة واقِعَة الطَّف وزَوّروا في مَعنى (الفَتْح) الَّذي صَرَّح بِه الحُسَين صَلواتُ الله وسَلامُه عليه أَكثر مِمّا فَعل الأُمويُّون المَروانِيُّون بَعد هَلاك يَزِيد. وفَتحوا البابَ على مِصراعَية لِتَرجمة المَورُوث الثَّقافي الإِغْرِيقِي واليُوناني في سَبِيل تَعزيز أَثَر (مَذْهَبِ الرَّأي) بِالمنهج العَقْلي المُجرَّد أَو بِالمَضمُون الَّذي أَرادوه مُوافِقًا لما كرَّسوه مِن إِمْرةٍ مَلَكِيَّة هِرَقلِيَّةٍ يَتوراثُونها على غَير ما كان عليه مُؤَسِّسها أَبِي بَكر والخَلِيفَتين عُمَر وعُثمان، وأَغْرقوا المَنهج النَّقلِي المَوضُوع في بَحرٍ مِن المَعارِف الإغْريقِيَّة المُشكِّكة المَمزُوجَة بِالمعارف الصُّوفيّة وأَوهام السَّير والسُّلوك المُوغِلة في الذَّاتِيَّة القَدِيمة.

عندما اقْتَرب الإِمامُ الحُسَين صَلواتُ الله وسَلامُه عليه مِن جُيوش يَزِيد بن مُعاوِيَة حيث تَجاوز عددُها 4 آلاف في أَقَلِ التَّقدِيرات عددًا، يَتقدَّمهم أُولئك الكُوفِيِّين الَّذين دَعوه في رَسائلهم بِالقَول (وإِنَّما تَقدِم على جُندٍ لَك مُجنَّدَة) ـ التَفَت إِليهم يَسأَلهم عن سَبب اجْتِماعِهم في كَرْبلاء على قَتلِهِ وهُم القائلون له في تلك الرَّسائل بِوجْدان ظاهِر (فإِنْ لم تَجِب دَعوتَنا وتُلَبِّي طَلَبنا وتَتوجَّه إِلينا؛ خاصَمْناك بين يَدَي الله يَوم القِيامَة). فأَجابُوه بِلا تَردُّدٍ مِنهم (طاعَةٌ لِلأَمِير عُبَيد الله بن زِياد)! فنَادى فِيهم «يا شَبَثَ بنَ رِبْعيّ، يا حَجّارَ بنَ أَبجرَ، يا قيسَ بنَ الأَشْعَثِ، يا يَزيدَ بن الحارثِ، أَلَم تكتُبوا إِليَّ أَنْ قد أَيْنَعَتِ الثِّمارُ واخضَرَّ الجَنابُ، وإِنَّما تَقدم على جُندٍ لكَ مُجَنَّدٍ؟!». فقالَ له قيسُ بنُ الأَشعثِ: ما نَدرِي ما تَقولُ، ولكن أَنْزِلْ على حُكمِ بَنِي عَمِّكَ، فإِنَّهم لَنْ يرُوْكَ إِلَّا ما تُحِب. فقالَ

له الحُسَينُ صَلواتُ الله وسَلامُه عليه «لا والله لا أُعْطِيكُم بِيَدِي إِعطاءَ الذَّلِيل، ولا أَفِرُّ فِرارَ العَبيدِ». ثُمَّ نادى: «يا عبادَ الله، إِنِّي عُذْتُ بِرَبِّي وربِّكُم أَنْ ترجمون، أَعوذُ بِرَبِّي وربِّكُم مِن كُلِّ مُتكبِّرٍ لا يُؤْمِنُ بيومِ الحسابِ»)[1].

وذَكَّرَهُم بما هُمْ عَليهِ مِن الخِذلان وسُوء العاقِبَة وما فِيهِم مِن غَدْر قديم قائلًا (تَبًّا لَكُم أَيَّتُها الجَماعة وتَرَحا، أَحِين استَصرَخْتُمونا والِهين فأَصْرخناكُم مُوجِفِين سَلَلتُم علينا سَيفًا لَنا في أَيمانِكُم وحَشَشتُم علينا نارًا اقتَدَحنَاها على عَدُوِّنا وعَدُوِّكم فأَصْبحتُم إِلبًا لِأَعدائكم على أَوْلِيائكم بِغَير عَدْلٍ أَفشُوه فيكم ولا أَمَلٍ أَصْبح لَكُم فيهم، فهَلَّا لَكُم الوَيلات، تَركْتُمونا والسَّيف مَشِيم والجَأش طامن والرَّأي لمّا يَستَحصِف، ولكِن أَسْرَعتُم إِليها كَطيْرة الدِّبا وتَداعَيتم إِليها كتَهافُت الفراش ثُمّ نَقضْتُموها.. فَسُحْقًا لَكُم يا عَبِيد الأُمّة وشُذّاذ الأحزاب ونَبذة الكِتاب ومُحرِّفي الكَلِم وعُصبة الإِثْم ونَفَثة الشَّيطان ومُطفِئي السُّنن. وَيْحَكُم أَهؤلاء تعضدُون وعَنَّا تَتخاذَلون.. أَجَل والله غَدْرٌ فِيكم قَدِيم وشَجَت عليه أُصولُكم وتَأَزَّرت فُروعُكم فكُنْتُم أَخْبَثَ ثَمر شج لِلنَّاظر وأَكلة لِلغاصِب. أَلا وإِنَّ الدَّعِيّ بن الدَّعِيّ قد رَكَز بين اثْنَتَين، بين السِّلَة والذِّلّة، وهيهات مِنَّا الذِّلّة يَأْبى اللهُ لنا ذلك ورَسُولُه والمُؤمنون وحُجُور طابَت وطَهُرَت وأُنُوف حَمِيّة ونُفُوسٌ أَبِيَّة مِن أَنْ نُؤثِرَ طاعةَ اللِّئام على مَصارِع الكِرام، أَلا وإِنِّي زاحِفٌ بِهذه الإِسْرة على قِلَّةِ العَدد وخُذلان النَّاصر).

في هذه الأَثناء تَسَلَّم عُمَر بن سَعد رِسالَة مِن والِي يَزيد في الكُوفة عُبَيد الله بن زِياد يُؤنِّبه فيها ويضعفه ويقول ما هذه المطاولة؟! يَأمُر فِيها بقَتلِ الحُسَين صَلواتُ الله وسَلامُه عَليه قَتلَةً شَنِيعَةً أَو باقْتِيادِهِ إِلى الكُوفَة لِقَتلِه إِنْ هو استَسْلَم، قال فِيها (انظُرْ فإِنْ نَزل الحُسَين وأَصْحابُه على الحُكْم واستَسْلَمُوا فابْعَث بِهم إِليّ سِلْمًا، وإِنْ أَبَوا فازحَف إِليهم حتَّى تَقتلَهُم وتُمثِّل بِهم، فإِنَّهم لِذَلك مُستَحِقُّون. فإِنْ قُتِل الحُسَين فأَوطِئ الخَيلَ صَدره وظَهرَه)[2].

---

1 - الإرشاد، المفيد / 96. أعلام الورى، الطّبرسي 241. الدّر النَّظيم، الشّامي 552. اللهوف، ابن طاووس 96. مثير الأحزان ابن نما الحلي 54. تأريخ الأمم والملوك، الطبري/ 425. الكامل، ابن الأثير4/ 61. المنتظم، ابن الجوزي / 339. وقعة الطف، أبو مخنف 206.

2 - الخوارزمي، مقتل الحسين 348/ 1. الكامل في التَّأريخ، ابن الأثير55/ 4

قَتَلَ يَزيدُ بن مُعاوِيَة الإِمامَ الحُسَين صَلواتُ الله وسَلامُه عليه، وبَالغَ الأُموِيُّون في إِحياء فَرْحَة النَّصرِ بِقَتلِهم أَهْل بَيتِهِ وأَصْحابه وبِسَبيِهِم لِنِسائه وأَطْفاله، ومَلكوا في النَّاس وتَوارثَوا مُلكهم بَين عامي (41 ـ 132هـ)، وصَنعوا لِأَنفُسِهم أَمْبراطورِيَّةً ولِمُجتمعاتِهم المُوالِيَة ثَقافَةً خاصَّةً. وإِذا بِمَعنى(فَتْح) الإِمام الحُسين صَلوات الله وسَلامُه عليه الَّذي وَعَد في نَفَرٍ قَلِيلٍ مِن أَصْحابِه الأَبْرار يَفُوق تَقدِير العَقل سُموًا على مَدى الأَجيال المُتَعاقِبة.

فلَم يَخلُ مُجتمع في هذه الأُمَّة ولا في دَولةٍ مِن دُولِه ولا في ثَورةٍ مِن ثَوراتِه ولا سَردِيَّةٍ مِن سَردِيَّاتِهِ الثَّقافِيَّة إِلَّا وتَضَمَّن عَودَّةً فاحِصَةً إِلى تَفاصِيل واقِعَة كَربلاء، وآمَنَ بِأَنَّ الحقَّ مع الحُسَين صَلواتُ الله وسَلامُه عليه إِنْ قامَ أَو قَعد، وأَنَّ هذا الحَق المُبين أَوجَبَ على ذَوِي العُقولِ الكَبيرة النُّصرَة، وأَنَّ الباطِلَ في بَنِي أُمَيَّة قَد خاض مَعركة كَربلاء بِجُيوشٍ مُحمَّلَةٍ بِآثام يَومِ السَّقِيفة وقاتَل بِسَيفِ أَوَّل ظالِمٍ ظَلَمَ حَقَّ مُحمَّدٍ وآل مُحمَّد صَلوات الله وسَلامُه عَليهم في يوم السَّقِيفة.

فإِنْ تَصاغَر مُجتَمعُ هذه الأُمَّة بِالذُّل والهَوان وتَظاهر بِالعِناد وجَحد فَتح الحُسَين صَلواتُ الله وسَلامُه عليه بَعدما استَيقَنَه قَلبُه وأَدرَكه عَقلُه فَلا حَياة يَستحِقّها ولا آخِرة يَفوز بِها. فما مِن مُجتَمعٍ في هذه الأُمَّة ولا مِن دَولَةٍ مِن دَولِهِ ولا مِن ثَورة مِن ثَوراتِه إِلَّا وقد أَخْضَع سِيرة واقِعَة كربلاء إِلى عَملِيَّة فَصْل عَقدِيّ فَأَقَرّ بِوقُوع فِتنَةٍ تَأريخِيَّة كُبْرى قُتِل على أَثرِها رَسُول الله صَلَّى الله عليه وآله وابنَتُه فاطِمَة الزَّهراء صَلواتُ الله وسَلامُه عليها، وأَنَّ كبراء الصَّحابَة انْقلَبوا على الأَعْقاب واتَخذَوا مِن (مَذْهَب الرَّأي) بَدِيلًا عن الثَّقلَين، فانْتَهى المَطاف بِأَغلَبِيَّة هذه الأُمَّة إِلى طَريقٍ أَسرَجَت فيه وأَلجَمَت وتَهيَّأت لِقِتال ابنِ بِنتِ رَسُول الله صَلَّى الله عليه وآله عن عِلمٍ وإِدراك تامَّين لِخَلفِيَّة ما فَعَلَت والعاقِبَة. فلُعِنَت ولُعِنَ جِبتُها وطاغُوتُها عندما اختَتَم الإِمام الحُسَين صَلوات الله وسَلامه عليه آخر لَحظات عُمُره الشَّريف بِرَفعِ رأسِهِ إِلى السَّماء والسَّهمُ المَسمومُ المُحدَّد بِشُعَبِهِ الثَّلاث وَاقِعٌ في صَدرِهِ الشَّريف، فقال:

«إلهي إنَّك تَعلمُ أنَّهم يَقتُلون رجلًا لَيْس على وَجهِ الأرض ابنُ نَبيٍّ غيره».

وأَخذَ السَّهمَ فأَخرَجَه مِن قَفاه، فانْبَعَثَ الدَّمُ كالِميزاب، فوَضَع يَده على الجُرح فَلمّا امْتَلأَت رَمى بِهِ إلى السَّماء، فما رَجع مِن ذلك الدَّم قَطرة، وما عُرِفَت الحُمْرة في السَّماء حتَّى رَمَى الحُسَين صَلواتُ الله وسَلامُه عليه بِدَمِهِ إلى السَّماء، ثُمَّ وَضَع يَده ثانِيًا فلَمّا امتلأت لَطَّخَ بِها رأسَه ولِحيَتَه، وقال:

«هَكذا أكونُ حتَّى أَلقَى جَدِّي رَسُول الله وأَنا مَخضُوبٌ بِدَمِي وأَقول: يا رَسُول الله قَتَلنِي فُلانٌ وفُلانٌ»[1].

جرى الكَثِير مِن الحَدِيث في النَّاس حول (فَتْح) الإمام الحُسَين صَلواتُ الله وسَلامُه عليه وما انْطَوى عليه مِن إنْذار مُوجَّه لِلأُمَّة يُذكِّرها بِما اقتَرفَت مِن سُوء الأَعمال وبِالحُجَج البَيضَاء الَّتي أُلقِيَت على أَجيالها اللّاحِقَة كُلَّما تَجدَّد بها الزَّمان، منها:

ـ أَنَّ مَسيرَة الإسلام عادَت فاتَّصَلَت بِعهدي نُبوَّةِ رَسُول الله صلَّى الله عليه وآله وإمامَةِ أَهْلِ بَيتِهِ صَلواتُ الله وسَلامُه عليه مِن غَير انْقطاعٍ ولا انْفِصامٍ، فلا مِن سَبيل لانْدِثار النُّبوَّة والإمامَة على هَوى عَهدِي (الخِلافَة) و(دَولة الأُمَويِّين) ومَن يَليهما مِمَّن هُم على ذات النَّهج سائرون، وليَجحَد مَن جَحَد وليُؤمَن مَن آمَن. ووُفِّقَ التَّشيُّع لِلخُروج مِن هذه المِحنَة عَزيزًا قادرًا على مُواجَهة التَّحدِّيات اللَّاحِقَة بِصَبرٍ وحَسْمٍ سابِغَين. وسَما وُجود الشِّيعة بِمُلازَمَتِهم لِأَئمَّة أَهْل البَيت صَلواتُ الله وسَلامُه عَلِيهم، وأَسَّسوا لِأَنفُسِهم نَسَقًا رِوائيًّا مُستَقِلًّا ومَسارًا ثَقافِيًّا أَصِيلًا، وتآلفوا في رابِطَةٍ اجتماعِيَّةٍ وَثِيقَةٍ على خِلاف ما كان يَدُور في أَغْلبِيَّة المُسلِمِين مِن نَسَقٍ ثَقافِي تَسودُه الانْقِسامَات المَذْهَبِيَّة والانْحِرافات العَقَدِيّة والالتِقاط الفِكْري والفَساد الاجْتِماعِي والحُروب البَينِيّة.

ـ اضْطَرَبت الدَّولة الأَمَويَّة على مُستوى القِمَة، وتَلاشَى وُجُودها بِسَيف بَتّار

---

1 - بحار الأنوار 53/ 45

لظالمٍ آخر مُنتَقِمٍ لِدَولَةٍ أُخرى هي أَشَدُّ مِن الأُمَوِيّين قُوّةً ونفوذًا، فلَعَنهما اللّاعِنون. واضْمَحَّلَت ثَقافَةُ الأُمَوِيِّين بِعُنفِ ثَقافَة العبَّاسِيِّين الأَشَدُّ مِنها تَطرُّفًا وإرهابًا، وسَجَّلَ كلاهُما فَشَلًا ذَريعًا في جَعلِ خُلفائهما امتِدادًا لِعَهد رَسُول الله صَلَّى الله عليه وآله، وعلى مِثل ذلك انْتَهى مَصِيرُ الدَّول الَّتي قامَت على أَنقاضِهِما فَفُضِحت وآلَ أَمرُها إِلى الخراب.

ـ صَحا المسلِمُون مِن جَهالة غَفلَتِهم لِيَتساءَلوا عن مَدى الفَساد الَّذي حاق بِنَسقِ (اتِّجاه أَهْل العامَّة) والأَسْباب الَّتي دَفعت بِأَئمَّتِه لِلزَّج بِأَغلَبِيَّة المُسلِمِين في مَشْروع نَقض بَيعَة الغَدِير وعَقد الوَلاء لِلمُنقَلِبين على الأَعقاب ومُسايرة غَير المأمُورِ منهم وعِصْيان مَن أُمِروا بِمُلازَمَتِهم والإمْتِثال لهم، كما تَساءَلوا عن الشَّيطان الَّذي أَضَلَّ بِهم وأَغواهُم فَزَيَّن لهم (مَذْهَب الرَّأي) وحَبَّب إِلَيهم العِناد والفُسوق والعِصيان ونَقْض المَواثِيق واستِخفاف ما أَتَمَّ اللهُ عَزَّ وَجَلَّ به نِعمَتَه عَلَيهِم وأَكْمَل بِه الدِّين. ثُمَّ كان خَواتِيم عَمَلِهم أَنْ رَضوا بِمُبايعة الحاكِم الفاسِق الفاجِر المُتهَتِّك قاتِل النَّفسِ المُحتَرَمَة والكافر بِالوَحْيِ والنُّبُوّة.

وبعدما أَدانَت هذه الأُمَّة (مَذْهَب الرَّأي) الَّذي أَجاز قَتل الحُسَين صَلواتُ الله وسَلامُه عليه ونَسَق (اتِّجاه أَهل العامَّة) الَّذي بايَع يَزِيد وشارَكَ في سَفكِ دماء أَهْل البَيت على أَرضِ كَربلاء وفَرِحَ في أَسواق الشَّام وأَقام عِيدًا في قَصر دِمَشق، وكَفرَت بِشَيطان أَوَّل ظالِم ظَلَم حَقّ مُحمَّدٍ وآل مُحمَّد وأَوَّل المُنقَلِبين على الأَعْقاب؛ عادَت هَذِه الأُمَّة إِلى (مَذْهب الرَّأي) تُبَجِّله، وإِلى (اتِّجاه أَهْل العامَة) تُقدِّسه، وإِلى شَيطان السَّقِيفة تُوالِيه وتُكْرِمُه، وذَلِك مِن خِلال بَوابة المَذاهِب والفِرَق الوَرِيث الشَّرعِي لِلدِّين الوَسَطي الجامِع بَين ثَقافَة الجاهِلِيَّة وعَقِيدة الإِسْلام، فدَخَلت في عَهدِ المَذاهِب والفِرَق الَّتي كانَت مَغمورَة في إِثْر تَحوّل الخِلافَة إِلى مُلكٍ وراثي عَضُوض، وانْتَمت إِليها لِتَصنَع منها سِيرةً مُختلِفَةً لِلدين ومُنقطِعَةً عن الثَّقلَين تُنسِيها ما أَجْرمت بِحَقِّ النُّبوَّة والإمامَة وما فَرّطت به مِن مَودَّةٍ سأَلها نَبِيُّها صَلَّى الله عليه وآله لِأَهْل البَيتِ صَلواتُ الله وسَلامُه عليهم ومِن نَهيٍ عن التَّقدُّم عليهم!

ـ أدرَكَ المُسلِمُون طَبِيعَة النَّتائج المُخزِيَة لِـ(مَذْهَب الرَّأي) حيث أَزاح الثَّقلَين عن وَظِيفَتِه وعَطَّل وَصِيَّةَ الرَّسُول صَلَّى الله عليه وآله ونَقَضَ وُجوب التَّمَسّك بِهما معًا، وقَذَف بِالمُسلِمِين في حُروب داخِلِيَّة طاحِنَة قُتِل على أَثرها الأُلُوف مِن المُسلِمِين بِسُيوف المُسلِمِين وانْتُهكَت أَعراضُ الأُلوف مِن المُسلِمِين بِفُجور أُلوف المُسلِمِين حتَّى أَسْلَموا أَمْرهُم مِن بَعد الجَملِ وصِفِّين والنَّهروان لِمُعاوِيَة الطَّلِيق ابن الطَّلقاء ثُمَّ لابنِهِ يَزِيد الفاسِق الفاجر قاتِلِ النَّفس المُحتَرَمَة وقد حُرِّمَت عَليهِما الخِلافَة على لِسان رَسُول الله صَلَّى الله عليه وآله وهُم الَّذين أَحْدَثوا ما أَحْدثوا في واقعة كَربلاء بِقَتْلهم الإِمام الحُسين وأَهْل بَيتِه صَلواتُ الله وسَلامه عَلَيهِم.

في ظَهيرة يَومِ الواقِعَة بِكَربلاء كَشَف الإِمامُ الحُسين صَلواتُ الله وسَلامُه عليه عن خَواتِيم عمل الانْقِلاب السَّافر على جَدِّه رَسُول الله صَلَّى الله عليه وآله وأَبِيه عَلِيّ أَمِير المؤمنين صَلواتُ الله وسَلامُه عليه بِقيادَةِ (فُلان وفُلان) وهُما اللَّذان صارا خَلِيفَتَين على أُمَّة رَسُول الله صَلَّى الله عليه وآله وآمَنت بِهما الأَغلَبِيَّةُ في المُسلِمين وقَدَّسَتهُما وشُغِفت بِحُبهما واقْتَبَست عنْهُما دِينَها المَمزُوج بِفُنون النِّفاق والمَكْر والغَدر. وكان مِن خَواتِيم عَمَلِهِما ما جَرى في يَوم عاشوراء حيث ارتُكِبت عَمليّاتُ القَتْل والسَّلْب وجَزّ رأس ابن بِنت رَسُول الله صَلَّى الله عليه وآله ورَضّ بَدَنِه بِحَوافِرِ الخُيول، وما جَرى عَلى أَهْل بَيت جَدِّه رَسُول الله صَلَّى الله عليه وآله مِن تَروِيعٍ وضَرْبٍ وسَبيٍ.

يَقول الإِمامُ الصَّادِق صَلواتُ الله وسَلامُه عليه في أَقطاب (صَحِيفة مَكَّة الثَّانِية) الَّذين عزا الإِمامُ الحُسَين صَلوات الله وسَلامُه عليه إِليهم سَبَب مَقتَلِهِ في يَوم عاشُوراء حيث كَتبوا الكِتاب بَينهم في جَوف الكَعبَة قَبْل إِقدامِهم على تَنفِيذ الانْقلاب على النَّبِيِّ صَلَّى الله عليه وآله في يَوم الاثْنَين 28 صَفر 11هـ واغْتِيالهم له بِشَهرين:

(لَعلَّك تَرى أَنَّه كان يوم يَشبه يَوم كُتِب الكِتاب، إِلَّا يَوم قُتِل الحُسَين صَلواتُ الله وسَلامُه عليه. وهكذا كان في سابِق عِلْم الله عَزَّ وَجَلَّ الَّذي أَعْلَمَه رَسُول الله

صَلَّى الله عليه وآله أَنْ إذا كُتِبَ الكِتابُ قُتِلَ الحُسَين وخَرَجَ المُلك مِن بَنِي هاشِم فقد كان ذلك كلّه)[1].

في يَوْم (الجُمْعَة) العاشِر مِن شَهر مُحرّم الحرام مِن عام 61هـ (10 أكتوبر 680م) حيث أَشرَفَت واقعةُ الطَّفِّ على نِهايَتِها وأَسفَرت عن قَتْل الإمام الحُسين صلواتُ الله عليه وآله بِأَمْرٍ مِن يَزيد وبِسَيف الشِّمْر بن ذِي الجَوشَن ـ خاطَب الإمامُ الحُسين صلواتُ الله عليه وآله جَدَّه رَسُول الله صَلَّى الله عليه وآله وهو يَجود بِنَفسِه قائلًا (يا رَسُول الله قَتَلَنِي فُلانٌ وفُلانٌ)، ويَعنِي بِهِما اللَّذَين قادا الانْقِلاب على النَّبِيِّ صَلَّى الله عليه وآله في يَوْمِ (الاثْنَين) الثَّامِن والعِشرين مِن صَفر 11هـ.

فما وَجْهُ العَلاقَة بَين (يَوم الجُمعَة) حيث قُتِلَ الإمامُ الحُسين صَلواتُ الله عليه وآله وَولْدِه وأَصْحابِه وسُبِيَت عِيالُه ويَومُ (الاثْنَين) حيث قُتِل رَسُول الله صَلَّى الله عليه وآله وانْقَلَب المُنقلِبُون على الأَعْقاب وما هو وَجهُ النِّسبَة بين هَذين اليَومَين؟!

نَسبَ الإمامُ الحُسين صلواتُ الله عليه وآله عَمَلِيّة قَتلِهِ الَّتي ارتُكِبَت في يَوم (الجُمعَة) بِكربلاء إِلى (فُلانٍ وفُلان) وهُما اللَّذان اغتالا رَسُول الله صَلَّى الله عليه وآله في يَوم (الاثْنَين) ولم يَنسِبها إِلى يَومِ (الجُمْعَة). وأَنّ أُخته السَّيّدة زَينَب عليها السَّلام تُشِير إِلى ذاتِ المَعْنى عندما قالَت وهِي مَفجُوعَةٌ في كربلاء بِمَقْتَلِ أَخِيها الإمام الحُسين صَلواتُ الله عليه وآله ووُلْدِه وأَصْحابِهِ وحَرقِ فسطاطِهِ وسَبْيِ نِسائه وأَطفالِهِ (بِأَبِي مَن عَسْكَره في «يَومِ الاثْنَين» نَهبًا)، ولم تُرجِع العَمَل الفَجِيع إِلى يَومه وهو(الجُمْعَة). وكانت السَّيِّدة زَينب عليها السَّلام شاهِدَةً على أَنَّ النَّهب الَّذي ذَكَرَته في واقعة كَربلاء قد جَرى في يَوم (الجُمعَة) وليس في (يَوم الاثْنَين) ولكِنَّها أَرجَعَت عِلَّة وُقُوع الواقِعَة في (يَوم الجُمْعَة) العاشِر مِن شَهر مُحَرَّم 61هـ إِلى (يَوم الاثْنَين) الثَّامِن والعِشرين مِن شَهر صَفَر في السَّنَة 11هـ حيث أَنَّ (فُلانا وفُلانا) اللَّذَين نَسَب إِليهما أَخُوها الحُسَين صَلواتُ الله وسَلامُها عليه عَمَلِيَّة قَتلِه انْقلَبا في (يَوم

1 -الكافي، الشيخ الكليني ٨/ ١٨٠

الاثْنَين) على الأَعْقاب واغْتالا رَسُول الله صَلَّى الله عليه وآله، وهُما اللَّذان اقترفا إِثْمَ الانْحَراف بِالدِّين وَضَيَّعا الأُمَّة ورَسَّخا فِي مُجتَمعاتِها القابِلِيّةَ لِلرِّضا بِبَيعةِ يَزِيد الفَاسِق الفَاجِر المُتهَتِّك واتِّخاذِهِ خَلِيفَةً ما دام يَحكم فِيها صوريًّا بِـ(مَذْهَبِ الرَّأي) ويُقصِي آل البَيتِ صَلواتُ الله وسَلامُه عَليهم عن مَقام الإمْرةِ والرّئاسة، وهُما اللَّذان دَفعا بِالأُمَّة إلى المُشارَكَة مِن غَير شَكٍّ ولا تَردُّد في تَجَيِّش الجيوش لارْتِكاب مَجزَرة كَربلاء في (يَوم الجُمْعَة) وقَتْل ابن بِنْتِ نَبِيّها صَلَّى الله عليه وآله وأَهْل بَيتِه ونَهبِ فُسطاطِهِ وأَخذِ النِّساء الأَرامِل والأَطفال اليَتامى سَبْيًا وأُسارى إِلى دَمشق حيث قَصْر يَزيد بن مُعاوِيَة يَستَعِد لإِحياء عيد النَّصر العظيم على رَكْبِ الإِمام الحُسَين صَلواتُ الله وسَلامُه عليه القادم مِن مَكّة!

إِذْن، نَجِد زَينب عَليها السَّلام تُشاطِر أَخاها الإِمام الحُسَين صَلواتُ الله وسَلامُه عَليها في أَنَّ الَّذي جَيَّش الجُيوش بِكَربلاء وارتَكبَ عَمَلِيَّة القَتل والسَّبي في يَوم (الجُمْعَة) قد تَلَقَّى دَوافِعَه عن المُنقَلِبِين على الأَعقاب (فُلان وفُلان) اللَّذَين اغتالا نَبِيَّهم صَلَّى الله عليه وآله في يَوم (الاثْنَين).

بَعد ظَهِيرة يَوم (الجُمعة) العاشِر مِن مُحرَّم الحرام قُتِل الإِمامُ الحُسَين صَلواتُ الله وسَلامُه عليه و(تَسابَق القومُ على نَهبِ بُيوت آل الرَّسول وقُرَّة عين الزَّهراء البَتُول، حتَّى جَعلوا يَنزَعون مِلْحَفَة المرأة عن ظَهرِها، وخَرَجْن بناتُ الرَّسُول وحَرمُه يَتساعَدن على البُكاء ويَندِبن لِفراق الحُماة والأَحِبّاء.

ورَوى حميد بن مُسْلِم أَحَد مُدَوِّني جَيش يَزِيد بن مُعاوِيَة في مَيدان كَرْبلاء: رأيتُ امرأةً مِن بَكر بن وائل كانَت مع زَوجَها في أَصْحاب عُمَر بن سَعد، فلَمّا رأت القومَ قد اقتَحموا على نِساء الحُسَين صَلواتُ الله وسَلامُه عليه فسطاطَهُن وهُم يَسلِبونَهنّ؛ أَخذَت سَيفًا وأَقبلت نحو الفُسطاط، فقالت: يا آل بَكر بن وائل أَتُسلَبُ بَنات رَسُول الله، لا حُكمَ إِلّا لله، يا ثارات رَسُول الله. فأَخَذَها زَوجُها ورَدَّها إلى رَحلِهِ. قال: ثُمَّ أَخرجوا النِّساء مِن الخَيمَةِ وأَشعَلوا فيها النَّار، فخَرَجْنَ حَواسِر مُسلَّبات حافِيات باكِيات يَمشِين

سَبايا في أَسْرِ الذّلة، وقُلْنَ بِحَقّ الله إلّا ما مَرَرتُم بنا على مَصْرع الحُسَين. فلَمّا نظرَت النّسوة إلى القَتلى صِحْنَ وضَرَبنَ وجُوهَهُنّ.

قال: فوالله لا أَنسَى زَينب بنت عَلِيٍّ عَليها السَّلام وهي تندب الحُسَين وتُنادي بِصَوتٍ حزينٍ وقَلبٍ كَئيب: «وامُحمَّداه صَلَّى عليك مَليك السَّماء، هذا حُسينٌ مُرمَّل بالدِّماء، مُقطَّع الأَعْضاء، وبَناتُك سَبايَا.. إلى الله المُشْتكى وإلى مُحمَّد المُصْطفى وإلى عَلِيٍّ المرتضى وإلى حَمزة سَيّد الشّهداء، وامُحمَّداه هذا حُسين بِالعَراء، يَسفِي عليه «رِيحُ»الصّبا، قَتِيل أولاد البغايا، يا حُزناه يا كُرباه، اليومَ مات جَدِّي رَسُول الله، يا أَصحاب مُحمَّداه، هؤلاء ذُرِّيّة المصطفى يُساقون سَوق السَّبايا.

وفي رِواياتٍ أُخرى ورَد: يا مُحمَّداه بَناتُك سَبايا، وذُرِّيّتُك مُقتَّلة، تَسفِي عليهم رِيحُ الصّبا، وهذا حُسَينٌ مجزوز الرَّأس مِن القَفا، مَسلوب العِمامة والرِّداء، بِأَبي مَن عَسكرهُ في «يَوم الاثْنَين « نَهْبًا، بِأَبِي مَن فُسطاطه مقطَّع العرى، بِأَبي مَن لا هو غائب فيُرتَجى، ولا جَريح فيُداوى، بِأَبي مَن نَفسِي له الفداء، بِأَبي المهموم حتَّى قَضى، بِأَبي العطشان حتَّى مَضى، بِأَبي مَن شَيبته تَقطُر بِالدِّماء، بِأَبي مَن جَدّه رَسُول إله السَّماء، بِأَبي مَن هو سِبطُ نَبِيّ الهدى، بِأَبي مُحمَّد المصطفى، بِأَبي خَدِيجة الكُبرى بِأَبي عَلِيّ المُرتضى، بِأَبي فاطمة الزَّهراء سَيِّدة النِّساء، بِأَبي مَن ردَّت عليه الشَّمس حتَّى صَلَّى. قال: فأَبكَت والله كُلَّ عَدوٍّ وصَدِيقٍ. ثمَّ إنَّ سُكَينة اعتَنقَت جَسد الحُسين صَلواتُ الله وسلامُه عليه، فاجتَمع عِدَّةٌ مِن الأَعْراب حتَّى جرُّوها عنه. قال: ثُمَّ نادى عُمر بن سَعد في أَصحابه: مَن يَنتَدِب لِلحُسين فيُوطِئ الخَيلَ ظَهرَه؟ فانتَدَبَ مِنهم عَشرة وهُم إِسحاق بن حوية الَّذي سَلَب الحُسين صَلواتُ الله وسلامُه عليه قَمِيصَه، وأَخنس بن مرثد، وحَكِيم بن الطُّفيل السّنبسي، وعُمرو بن صبيح الصَّيداي، ورجاء بن منقذ العبدي، وسالم بن خيثمة الجعفي، وواحظ بن ناعم، وصالح بن وَهَب الجعفي، وهانِئ بن ثبيت الحضرمِي، وأسيد بن مالك، فداسوا الحُسَين صَلواتُ الله وسَلامُه عليه بِحَوافر

خَيلِهم حتّى رَضّوا ظَهرَه وصَدْرَه)[1].

لم يَتَخلَّ أَقْطابُ (صَحِيفَة مَكَّة الثَّانِية) عن بَني أُمَيَّة في مَراحِل تَنفيذِهم لِلانْقلاب على الأعْقاب، فَالعَرب أُمَّةٌ بَعضُها مِن بَعض إِذْ لَم يَستَطِع أَحدٌ مِن القَبائل ذات النَّسَب والحَسَب العَريقَين أَنْ يَستَغنِي عن الأُموِيِّين في مَرحَلَتَي قُوَّتِهم قَبل فَتْح مكَّة وضَعْفَهم مِن بعد الفَتْحِ غير بَنِي هاشِم الَّذين سَعوا بِالدِّين في إِصْلاح المُجتَمعين المَكِّي والمَدنِي وغَيرِهما مِن مُجتَمعات المُسلِمِين. وقد اشْتُهر أَقطابُ الصَّحِيفة بِنَسَبٍ وحَسَبٍ وَضِيعَين في القَبائل العَرَبِيَّة فكانَت حاجَتُهم لِبَني أُمَيَّة ضَرُورِيَّة ولكنَّها حَذِرة حتَّى يَوم مقُتِل عُثمان.

إِنَّ فَعْلَة أَقْطاب الصَّحِيفة الَّتي فَعلُوها وما ارتَكبوه مِن عَمَلٍ جاهِلِيٍّ فَضِيع؛ كانا المُمَهّدين الرَّئيسَين لما ظهر مِن جُرأَةٍ قَبيحةٍ اجْتَرحها أَبناءُ (الشَّجَرَةِ المَلعونَة) في ظَهيرة يَوم الجُمْعَة العاشِر مِن مُحرَّم الحَرام مِن عام 61هـ. فقد أَقْدَموا على الزَّجّ بـ(جَيش الخِلافَة) في أُتُون مَعركةٍ غير مُتكافِئة لِقَتل ابنِ فاطَمة الزَّهراء صَلواتُ الله وسَلامُه عليها والرِّجال مِن أَهْل بَيتِهِ وأَصحابِهِ، وبِحَزمٍ مِنهم وتَصمِيمٍ على سَبي نِسائهم وأَطفالهم وبِلا مُطاولَةٍ أَو تَأَفُّفٍ أَو حِيرةٍ أَو تَردُّد.

فعَن العَيَّاشِي عن الإِمام البَاقِر صَلواتُ الله وسَلامُه عليه أَنَّه سُئل عن قَولِه تَعالى [وَإِذْ قُلْنَا لَكَ إِنَّ رَبَّكَ أَحَاطَ بِالنَّاسِ وَمَا جَعَلْنَا الرُّءْيَا الَّتِي أَرَيْنَاكَ إِلاَّ فِتْنَةً لِلنَّاسِ وَالشَّجَرَةَ الْمَلْعُونَةَ فِي الْقُرْآنِ وَنُخَوِّفُهُمْ فَمَا يَزِيدُهُمْ إِلاَّ طُغْيَانًا كَبِيرًا][2]. فقال إِنَّ رَسُول الله صَلَّى الله عليه وآله وسَلَّم رآى أَنَّ رِجالًا مِن بَني تَيم وبَنِي عدي على المَنابِر يَردُّون النَّاسَ عن الصِّراط القَهْقَرى، قِيل [وَالشَّجَرَةَ الْمَلْعُونَةَ]. قال هُم بَنو أُمَيَّة.

ورُوِي عن الإِمام الصَّادق صَلواتُ الله وسَلامُه عليه مِثل ذلك، وقال «رأى أَنَّ رجالًا على المنابر يَردّون النَّاس ضَلالًا (زريق) و(زفر). أَقول: وهُما كِنايتان عن

1 - بحار الأنوار ، العلامة المجلسي 59-58/ 45. مناقب آل أبي طالب 58/ 4

2 - الإسراء 60

الأوَّلَين وتيم وعدي جَدّاهما قال. وفي رِواية أُخرى عنه صَلواتُ الله وسَلامُه عليه إنَّ رَسُول الله صَلَّى الله عليه وآله قد رأى رجالًا مِن نارٍ على منابرٍ مِن نارٍ يردّون النّاسَ على أعْقابِهم القهقري. قال ولَسْنا نُسَمِّي أحدًا. وفي رِواية أُخرى إنَّا لا نُسَمِّي الرِّجال بِأسمائهم ولكِنَّ رَسُول الله صَلَّى الله عليه وآله رآى قومًا على منبره يَضلُّون النّاس بَعْدَه عن الصِّراط القهقري. وفي رِوَاية أُخرى قال صَلَّى الله عليه وآله رأيتُ اللَّيلةَ صِبيان بَنِي أُمَيَّة يَرقَون على منبري هذا، فقُلتُ يا ربِّ معي، فقال لا ولكنْ بَعْدَكَ. وفي الكافي عن أَحدهما صَلواتُ الله وسَلامُه عليهما أَصْبح رسول الله صَلَّى الله عليه وآله يومًا كَئيبًا حزينًا، فقال له عَلِيٌّ أمير المؤمنين صَلواتُ وسلامُه عليه ما لي أَراك يا رَسُول الله كَئيبًا حزينًا؟! فقال وكيف لا أكون كَذلك وقد رأيتُ في لَيلتِي هذه أَنَّ بَنِي تَيم وبَنِي عَدي وبَنِي أُمَيَّة يَصعدون منبري هذا يردُّون النَّاسَ عن الإسلام القهقري، فقلت يا رَبِّ في حَياتي أو بعد موتي؟! فقال بعد موتِك.

أَقُول: معنى هذا الخَبر مُستفيضٌ بين الخاصَّة والعامَّة إلَّا أنَّ العامَّة رَووا تارة أنَّه رآى قومًا مِن بني أُمَيَّة يَرقَون مِنبَره ويَنزون عليه نَزْوَ القِرَدة فقال هو حَظُّهم مِن الدُّنيا يُعطونَه بإِسلامهم، وأُخرى أَنَّ قُرودًا تصعد مِنبَره وتَنزِل فساءَه ذلك واغْتَمّ به.

وقال القُمِّي نَزَلَت (الآيَةُ) لمّا رأى النَّبِيُّ صَلَّى الله عليه وآله في نَومِه كأَنَّ قرودًا تصعد منبَره فساءه ذلك وغَمَّه غمًّا شديدًا، فأَنزلَ اللهُ [وَمَا جَعَلْنَا الرُّءْيَا الَّتِي أَرَيْنَاكَ إِلَّا فِتْنَةً لِلنَّاسِ] أَي لهم لِيَعمَهوا فيها، و[والشَّجَرَةَ الْمَلْعُونَةَ فِي الْقُرْآنِ] كَذا نَزلَت وهُم بَنو أُمَيَّة.

وقال العَيّاشي عن الإمام البَاقِر صَلواتُ الله وسَلامُه عليه [وَمَا جَعَلْنَا الرُّءْيَا الَّتِي أَرَيْنَاكَ إِلَّا فِتْنَةً لِلنَّاسِ] لهم لِيَعمَهوا فيها [وَالشَّجَرَةَ الْمَلْعُونَةَ فِي الْقُرْآنِ] يَعْنِي بَنِي أُمَيَّة. ومُضمرًا أَنَّه سُئل عن هذه الآية فقال إنَّ رَسُول الله صَلَّى الله عليه وآله نام فرَأى إنَّ بَنِي أُمَيَّة يصعدون مِنبَره يصدّون النَّاس كلَّما صعد منهم رَجُل رأى رَسُول الله صَلَّى الله عليه وآله الذّلة والمسكنة، فاستيَقَظ جَزُوعًا مِن ذلك فكان الذّين رآهم اثْنَى عَشر رَجُلًا

مِن بَنِي أُمَيَّة، فأَتاه جبرئيلُ بهذه الآيَة ثُمَّ قال جِبرئيل إِنَّ بَنِي أُمَيَّة لا يَملِكون شَيئًا إِلَّا مُلك أَهْل البَيت ضعفيه.

وفي (الاحْتِجاج) عن أَمِير المؤمنين صَلواتُ الله وسَلامُه عليه في حَدِيثٍ، قال إِنَّ مُعاوية وابنه سَيلِيانها بعد عُثْمان، ثُمَّ يَلِيها سَبعةٌ مِن وِلْدِ الحَكم بن أَبِي العاص واحدٌ بعد واحد تَكمِلَة اثنى عشر إِمام ضَلالة، وهم الَّذين رأى رَسُولُ الله صَلَّى الله عليه وآله على منبره يَرِدُّون الأُمَّة على أَدْبارِهِم القهقرى، عشرةٌ منهم مِن بني أُمَيَّة ورَجلان أَسَّسَا ذلك لَهُم وعليهما أَوزارُ هذه الأُمَّة إلى يوم القِيامة.

وفي مُقدِّمة (الصَّحيفة السَّجادِيَّة) ورَدَ عن الإمام الصَّادِق عن أَبِيه عن جَدِّه صَلواتُ الله وسَلامُه عليهم أَنَّ رسولَ الله صَلَّى الله عليه وآله أَخذَته نَعسَةٌ وهو على مِنبَرِه، فرأى في مَنامِه رجالًا يَنزُون على مِنبَره نَزو القِرَدة، يَرِدُّون النَّاسَ على أَعقابهم القهقري. فاستوى رَسُولُ الله صَلَّى الله عليه وآله جالسًا والحزنُ يُعرف في وجهه. فأَتاه جبرئيلُ بهذه الآية [وَمَا جَعَلْنَا الرُّءْيَا الَّتِي أَرَيْنَاكَ إِلاَّ فِتْنَةً لِّلنَّاسِ وَالشَّجَرَةَ الْمَلْعُونَةَ فِي القُرْآنِ..] يعني بَنِي أُمَيَّة. قال رَسُولُ الله صَلَّى الله عليه وآله يا جبرئيل، أَعَلَى عهدِي يَكونون وفي زَمَنِي؟ قال لا ولكِنْ تَدور رَحى الإسلام مِن مهاجرك فتَلبَث بذلك عشرًا، ثُمَّ تدور رَحى الإسلام على رأس خَمسٍ وثَلاثِين مِن مهاجرك فتَلبَث بِذلك خمسًا، ثُمَّ لا بُدَّ مِن رَحى ضَلالة هي قائمة على قطبها، ثُمَّ ملك الفراعنة. قال وأَنزَل الله في ذلك [إِنَّا أَنزَلْنَاهُ فِي لَيْلَةِ الْقَدْرِ، وَمَا أَدْرَاكَ مَا لَيْلَةُ الْقَدْرِ، لَيْلَةُ الْقَدْرِ خَيْرٌ مِنْ أَلْفِ شَهْرٍ] تملكها بَنُو أُمَيَّة ليس فيها ليلة القدر. قال فاطلع اللهُ نبيَّه أَنَّ بَنِي أُمَيَّة تَملكُ سُلطان هذه الأُمَّة ومُلكَها طول هذه المدَّة، فلو طاوَلَتهُم الجبالُ لَطالوا عليها حتَّى يأذَنَ اللهُ بِزَوال مُلكهم وهُم في ذلك مُستَشعِرون عداوَتَنا أَهْل البيت وبُغضَنا. أَخبرَ اللهُ نبيَّه بما يلقى أَهلُ بَيتِ مُحمَّد صَلَّى الله عليه وآله وأَهْلُ مودَّتهم وشِيعَتِهم منهم في أَيامِهِم ومُلكهم.

أَقول: وإِنَّما أُرِي صَلَّى الله عليه وآله ردَّ النَّاس عن الإسلام القهقرى لِأَنَّ النَّاس كانوا يُظهِرون الإسلام وكانوا يُصَلُّون إلى القِبلة، ومع هذا كانوا يَخرجون مِن الإسلام

شَيئًا فشيئًا كالَّذي يَرتَدّ عن الصِّراط السَّوي القهقرى ويكون وَجهَهُ إِلى الحقّ حتَّى إِذا بَلغَ غايَةَ سَعيِه رآى نَفسَه في الجحيم.

وفي (الاَحْتِجاج) عن الإِمام الحَسَن بن عَلِيّ صَلواتُ الله وسلامُه عليهما في حديث أَنَّه قال لِمَروان بن الحَكم أَمَّا أَنتَ يا مَروان فلَسْتُ أَنا سبَبْتُك ولا سَببتُ أَباك، ولكنَّ الله عَزَّ وَجَلَّ لَعَنكَ ولَعَنَ أَباكَ وأَهْلَ بيتِك وذُرِّيّتَك وما خَرَج مِن صُلْبِ أَبيك إِلى يوم القِيامة على لِسان نَبيِّهِ مُحمَّد صَلَّى الله عليه وآله وسَلَّم. والله يا مَروان ما تَنكُر أَنْتَ ولا أَحَد مِمَّن حَضَر هذه اللَّعنة مِن رَسُول الله صَلَّى الله عليه وآله وسَلَّم لك ولِأَبيك مِن قَبلك، وما زَادك الله يا مَروان بِما خَوَّفك إِلَّا طُغيانا كَبيرًا، وصَدقَ اللهُ وصَدقَ رَسُولُه بِقول الله تعالى [وَالشَّجَرَةَ الْمَلْعُونَةَ فِي الْقُرْآنِ وَنُخَوِّفُهُمْ فَمَا يَزِيدُهُمْ إِلاَّ طُغْيَانًا كَبِيرًا] وأَنْتَ يا مَروان وذُرِيَّتك الشَّجرةُ المَلعُونَة في القُرآن عن رَسُول الله صَلَّى الله عليه وآله وسَلَّم.

وعن عَلِيٍّ أَمِير المُؤمِنين صَلواتُ الله وسَلامُه عليه في حديث وجَعل أَهْلَ الكِتاب القائمين به والعالمين بِظاهِره وباطِنِه مِن شَجَرةٍ أَصْلُها ثابتٌ وفَرعُها في السَّماء تُؤتِي أُكُلَها كُلَّ حِين بإِذن ربها، أَي يَظهر مثل هذا العِلم لِمُحتَمِليه في الوقت بَعد الوقت، وجَعل أَعداءها أَهْلَ الشَّجرة الملعونة الَّذين حاولوا إِطفاء نُور الله بِأَفواههم ويَأبى الله إِلَّا أَنْ يُتِمَّ نُورَه. ولو عَلِم المنافقون لَعنَهُم الله ما عليهم مِن تَرك هذه الآيات الَّتي بَيَّنتُ لك تأويلها لَأَسْقَطوها مع ما أَسقطوا منه.

أَقول: وفي قَولِه سُبحانَه [فَمَا يَزِيدُهُمْ إِلَّا طُغْيَانًا كَبِيرًا] لَطافَةٌ لا تخفى)[1].

عَمَّ نَبأُ مَقتِلِ الإِمام الحُسَين صَلواتُ الله وسَلامُه عليه البِلاد، فخَشِي كُبراءُ الصَّحابة والتَّابعين أَنْ تَنقَلِب الأَوضَاعُ رأسًا على عقب، وباتَ البَعض يَتساءل فيهم بِصَحْوةِ ذِهْنٍ وَوِجدانٍ حَيّ عن شَرعِيَّةِ حُكْمِ الدَّولَةِ الأُمَوِيَّةِ وكَيفِيَّة وُصُولها إِلى سدَّة الخِلافَة في نَومةٍ مِن مُسلِمِيّ الأُمَّة وعن الأَثَر السَّيِّئ الَّذي تَركه الانْقِلاب على الأَعْقاب

1 - التَّفسير الصَّافي، الفيض الكاشاني 201-200/ 3

في طَبائع الصَّحابَة فمَهَّد الطَّريق لِوُصُول الطُّلقاء أَبناء الطُّلقاء إِلى كُرسِيّ الخِلافَة مِن بَعد هَزِيمَةٍ وضَعْفٍ وهَوان.

وراح البَعضُ مِن زعامات الشِّيعَة يَختَرِق الحِصار الأَمْنِي الأُمَويّ لِيَستَجمِع قُواه ولِيَشحذ ذِهْنَه ويَستدعِي أَنصارَه في المناطق المُختَلِفَة مِن العِراق ويَستَعِدّ لِمُقاوَمَة الدَّولة الأُمَوِيَّة حتَّى النَّفَس الأَخير، ويَبحثُ عن غِطاءٍ شَرعِيٍّ مِن الإِمامَة (الثَّورِيَّة) الَّتي لا بُدَّ أَنَّها ستَخلِف الإِمامَ الحُسَين صَلواتُ الله وسَلامُه عليه وتَثأَرُ لِدِمائه المَسفُوكة وتَنتَقِل بِالامتِداد الشِّيعِي الَّذي صَبر على الظُّلم في خِلافَة الثَّلاثة أَبِي بَكْر وعُمَر وعُثْمان والضَّيم في حُكم الأُمَوِيِّين ـ إِلى (الثَّورَةِ) و(العِصْيان) و(الرَّفْض)، وتُحرِّض المُسلِمِين كافَّة على قِتال مَسيرةٍ طَويلةٍ مِن الانْحِرف العَقَدي لِـ(مَذْهَبِ الرَّأي) وما ابتَدعه أَوَّل الخُلفاء في الدِّين وما صار مِنْه سُنَّةً في المُسلِمين!

الإِمامُ عَلِيّ السَّجاد زَين العابِدين صَلواتُ الله وسَلامُه عليه الَّذي شَهد تَفاصِيل واقِعَة كَربلاء ومَقتل والِدِه الحُسين وأَهْل بَيته صَلواتُ الله وسَلامُه عليهم اقتِيد مُكَبّلًا بِالأَصْفاد والسَّلاسِل الثِّقال في جَمعٍ مِن السَّبايا ومِن الأَرامِل والأَطْفال اليَتامَى إِلى قَصْر يَزِيد بن مُعاوِيَة في الشَّام. وساد التَّوقُّع مُنذ الآن أَنَّ ابن الحُسَين عَلِيّ السَّجاد سيُصْبِح إِمام (الثَّورة)، وسيَحمِل أَعْباء الثَّأر لِوالِدِه وبَقِيَّة شُهَداء كَرْبلاء، وستَنضَوِي كُلُّ القُوى السَّاخِطَة على الأُمَوِيِّين مُنذ ما قَبْل فتح مكَّة تَحتَ ظِلّ لِوائه، ولَنْ يَبقى أَحدٌ مِمَّن الصَّحابَة الَّذين عارضوا الانْقِلاب على الأَعْقاب وكَتَموا رَفضهم لِتَقمُّص أَبِي بَكر لِلخِلافَة بِفَلتَةٍ ومِن بَعدِهِ عُمَر وعُثمان إِلَّا وسَيَستَظِلّ بِالغِطاء الثَّورِي لِلإِمام السَّجاد صَلواتُ الله وسَلامُه عليه!

باتَت كُلّ الأَضْواء مُسلَّطة على هذا الإِمام (الثَّورِي) الَّذي أَقعَدَه المَرضُ عن القِتال في يَوم عاشُوراء، وأَنَّ الأَنظار كلُّها مُنذ الآن مُوجَّهةً إِلى السَّجاد (الثَّورِي) الَّذي تابَع سَير عَملِيَّة قَتْل والِدِه وسَبيَ آل مُحمَّد صَلَّى الله عليه وآله لَحظةً بِلَحظَة وأُخِذَ أَسيرًا إِلى قَصر يَزِيد بن معاوِيَة في الشَّام، ومِن حَولِهِ تَتفاعَل ظُروفٌ اجْتِماعِيَّةٌ مُعقَّدةٌ لِلغايَة:

ـ إِذْ دَخلَ فيها التَّشَيُّع لِأَوَّل مَرَّة حالًا مِن التَّوسُّع الجُغرافي والانْتِشار النَّوعِي الكَثِيفَين.

ـ وكَثُرَت فيها المذَاهِبُ والفِرَق الدَّاعِيَة إِلى الانْتِقال مِن مَرحَلَة (الخِلافَة) ذات البُعد السِّياسِي المَركَزِي القائم على (مَذْهَب الرَّأي) والانْقطاع عن مَساوئها وفَضائعها وفَضائحِها والشُّروع في اقْتِحام مَرحلَة النَّسَق المَذهَبِي التَّعدُّدِي في عقائد الدِّين وشَرائعه، واحْتِواء العَصَبِيّات القَبَلِيَة الحادَّة وتَجمِيد المَواقِف الانْفصالِيَّة والحَدّ مِن تَضخُّم النَّزعة الفَردِيَّة لدى الصَّحابَة والتَّابِعين وتَوجِيهها إِلى ما يُبقِي على وَحدَة الأُمّة.

ـ وتَعدَّدت الأَقطابُ المُستقِلّة المُطالِبَة بِالثَّأر لِوالدِه الحُسَين ولِأَهْلِ بَيتِه صَلواتُ الله وسَلامُه عليهم.

ـ واستَقوَت المَحاورُ القَبلِيَّة السَّاخِطَة على الأُمَوِيِّين واجْتَهدت لِاكتساب المَزيد مِن الأَنْصار والمُرِيدِين لِلزَجِّ بهم في عَملِيّة إِزاحَة الأُمَوِيِّين عن مَقام (الخِلافَة) والتَّمكُّنِ مِن الرِّئاسة والخِلافة.

في مِثلِ هذه الظُّروف الاجْتِماعِيَّة (الثَّورِيَّة) السَّائدة والضَّاغِطة؛ أَمسَى الإِمامُ عَلِيّ بن الحُسين بن عَلِيّ زَين العابِدِين السَّجاد صَلواتُ الله وسَلامُه عليه أَكثَرَ الهاشِمِيِّين شِهرةً بين المُسلِمِين وأَرفَعَ شأنًا ومَقامًا فيهم مِن مُلوك بَنِي أُمَيَّة الطُّلقاء وأَبناء الطُّلقاء الَّذين خَلَّفوا على كُرْسِيّ الخِلافَة مُجْرِمَ حَربٍ وفاسِقًا فاجرًا قاتلًا لِلنَّفس المُحتَرمَة وشارِبًا لِلخَمر وقد تَهتَّك في حُكمِهِ ثُمّ هَلَك في وَادِي حَوران، وخَلَفَهُ ابنُه مُعاوِيَة بن يزيد (أَبِي لَيْلى) لِمُدّة 40 يومًا فقط، وقِيلَ أَربعة أَشْهرٍ، كانَت كافِيَة لِكَشْف حَجْم الانهيار الكَبِير الَّذي أَصابَ كلًّا مِن الدَّولة الأُمَوِيَّة المُنكَسِرة سِياسِيًّا و(اتِّجاه أَهْل العَامَّة) المُنكَسِر عقائديًّا واجْتِماعِيًّا الَّذي فَرَّ عن قَصْر الشَّام خوفًا مِن تَبِعات بَيعَتِهِ لِيَزيد بن مُعاوِيَة ومشارَكَتِهِ في واقِعَةِ الطَّفّ وقَتْله لابْنِ بِنْت رَسُول الله صَلَّى الله عليه وآله.

خَطَب مُعاوِيَة بن يَزِيد في مَطْلَع تَنصِيبِهِ خَلفًا لِوالِدِه يَزِيد بن معاوية مُعلِنًا لِلنَّاس عن إِقالَتِهِ لِنَفسِهِ مِن الخِلافة، فقَال في المُسلِمِين (يا أَيُّها النَّاس، ما أَنا بِالرَّاغِب في

الائتِمار عَليكُم لِعَظِيم ما أَكْرَهه مِنكم، وإِنِّي لَأَعلَمُ أَنَّكم تكرَهُونَنا أَيضًا؛ إِنَّا بُلِينا بِكُم وبُلِيتُم بِنا، فما نَجْهَل كَراهَتكُم لَنا وطَعنكُم علينا، أَلا وإِنَّ جَدِّي مُعاوِيَة بن أَبي سُفيان نازع الأَمْر مَن كان أَوْلى بِهِ مِنه في القَرابَة بِرَسُول الله، وأَحَقّ في الإِسْلام، سابِق المُسلِمين وأَوَّل المُؤمِنين وابن عَمّ رَسُول رَبّ العالمين وأَبا بَقِيَّة خاتَم المُرسَلِين. فرَكَبَ مِنكم ما تَعلَمُون، ورَكَبتُم منه ما لا تُنكِرُون، حتَّى أَتتهُ مَنِيّتُه وصار رَهْنا بِعَمَلِهِ، ثُمّ قَلّد أَبِي وكان غَير خَلِيقٍ لِلخَير، فرَكَب هَواه، واستَحسَنَ خَطأه، وعَظُم رَجاؤه، فأَخْلَفَهُ الأَمَل، وقَصر عنه الأَجَل، فقَلَّت مَنعتُه، وانْقطَعَت مُدَّتُه، وصار في حُفرَتِهِ رَهنًا بِذَنبِهِ، وأَسِيرًا بِجُرْمِهِ.

ثُمَّ بَكى، وقال: إِنَّ أَعظَمَ الأُمُور علينا عِلمُنا بِسُوء مَصرَعِهِ وقُبحِ مُنقَلَبِهِ، وقد قَتَلَ عِترَة الرَّسُول، وأَباحَ الحُرمَة وحَرَقَ الكَعبَة. وما أَنَا المُتقلِّد أُمورَكُم ولا المُتحَمِّل تَبعاتِكُم، فشَأْنكم أَمرُكُم. فو الله لَئن كانَت الدُّنيا مَغنَمًا لقد نِلْنا مِنها حظًا، وإِنْ تَكُن شرًّا فحَسب آل أَبِي سُفيان ما أَصابُوا مِنها)[1].

وقِيلَ أَنْ الأُمَوِيِّين اجتَمعوا إِلى مُعاوِيَة بن يَزيد عند فِراش المَوت يَطلبون منه تَعيين خَلِيفة مِن بعده، فرَفَض ذلك قائلًا (والله ما ذُقْتُ حَلاوَة خِلافَتِكم فكَيفَ أَتقلَّد وِزْرَهَا. وتَتَعجَّلون أَنْتُم حَلاوَتَها وأَتَعجَّلُ مَرارَتَها. اللَّهُمّ إِنِّي بَرِيءٌ مِنها مُتَخَلٍّ عنها، اللَّهُمّ إِنِّي لا أَجِدُ نَفَرًا كأَهْل الشُّورى فأَجْعَلَها إِلَيهِم يَنصِبون لها مَن يَرونَه أَهْلًا لها. فقالَت لَه أُمُّه: لَيتَ إِنِّي خرقة حَيضَة ولم أَسْمَع مِنك هذا الكَلام. فقال لها: ولَيتَنِي يا أُمّاه خرقة حَيض ولم أَتقلّد هذا الأَمْر، أَتفُوزُ بَنو أُمَيَّة بِحَلاوتِها وأَبُوءُ بِوِزْرَها وَمَنْعِها أَهْلَها؟!.. كَلَّا، إِنِّي لَبرِيءٌ مِنها)[2].

أَجمَع الأُمَوِيّون على اتِّهام مُرَبِّيه (عَمْرو المَقْصُوص) بِالتَّشَيُّع فدَفَنُوه في التُّراب حيًّا، واغْتالوا مُعاوِيَة بن يَزيد بِالسُّم عن عُمُر 23 سَنَة، وقِيل أَنَّه طُعِنَ ولم يُعَيِّن خَلِيفَةً

1 - تأريخ اليعقوبي، أحمد بن اسحاق 1/ 211

2 - مُروج الذَّهب 379/ 1

مِن بَعدِه. فسَارع أَقطاب بَنِي أَمَيَّة إِلى الخِلافَة يَطلبونها وتَسابَقُوا وتَقاتَلوا عليها، ولَقِيَ بَعضُهم مَصْرَعَه، ومِنهم الوَلِيد بن عُتْبَة بن أَبِي سُفيان، وفَرَّ أَخُوه عُثمان بن عُتْبَة بن أَبِي سُفْيان إِلى مَكّة يَطلُب العَونَ مِن عبد الله بِن الزُّبَير.

ويَصِف مَروان بن الحَكَم الأَوضَاع في البيت الأُمَوِيّ في إِثْر عزم مُعاوِيَة بن يزيد على إِعلان استِقالَتِه عن حُكم دَولَةِ الأُمَوِيِّين ورَفضِهِ جَعلها في أَخِيه:

إِنِّي أَرَى فِتْنَةً تَغْلِي مَرَاجِلُهَا وَالْمُلْكُ بَعْدَ أَبِي لَيْلَى لِمَنْ غَلَبَا[1]!

ولَمّا طُرِد مَروان بن الحَكَم مِن قَصر الإِمارة في المَدِينَة؛ غادَرها وقَصَد الشَّام حيث اضْطَرَبَت بِأَهلِها وماجَت والتَحَق وُلاتُها في الأَمْصار بابِن الزُّبَير، ومِنهم وُلاة مِصْر وفِلسْطِين ودِمَشْق وحِمْص والكُوفَة والبَصرَة وخُراسان؛ استَقَرَّ رَأيُ الأُمويِّين على اخْتِيار مَروان بن الحَكَم خَليفة مِن بَعد مُعاوِيَة بن يَزِيد.

وفي أَوَّل مَشهَدٍ مُثِيرٍ كاشِفٍ عن إِخْفاق الدَّولة الأُمَوِيَّة المَراونِيَّة الجديدة في استِعادَة سِيادَتِها وهَيبَتِها في إِثْر انْهِيار دَولَة السُّفيانِيِّين في إِثْر وَقائع كَربلاء؛ استَفرغ هِشَام بن عبد المَلِك في مكّة ما عِنده مِن هَيبةٍ واجتَهد في دَفْع بِطانَتِه المُسلَّحَة ومَفارِز جُنْدِهِ وحراس أَمْنِهِ لِشَقّ الطَّرِيق الصَّعب بين الحُجّاج لِلوصُول إِلى بيت الله الحرام واسْتِلام الحَجر الأَسْود، واصْطَنعَ مِن حَولِهِ أَجواءً استِعراضِيَّة ضخْمَة بالَغت الحاشِيَةُ المَلكِيَّة في تَنظِيمِها لِتُزِيد على سِيادَة هِشام بن عبد الملك في النَّاس زِيادَة ولِتَرفَع مِن شَأنِه. وبإِزاء ذلك تَنحَّت صُفوف الحجَّاج لِلإِمام زَين العابِدين صَلوات الله وسَلامُه عليه عندما قَصد استِلام الحَجر الأَسْود. فبانَت مَلامِحُ البُغض والكَراهِيَّة والسُّخط على وَجْه هِشام بين الحُجَّاج أَمام هذا المشْهَد العظيم الَّذي لم يَر مِثلَه أَو يَتوقَّعه بِالتَّزامُن مع استِقبال مَواكِبه المَلَكِيّة في البلاد، وكَشَف لَه أَنَّ التَّشَيُّع بِإمامَة السَّجاد صَلواتُ الله وسَلامُه عليه لم يَكُن مُنكفِئا على ذاتِه ومُنطوِيًا يَجترّ آلام (هَزِيمَة) واقِعَة كَربلاء وأَنّ السَّجّاد لَيس إِمامًا مَغمورًا في دائرةٍ مِن النِّسيان بَين المُسلِمِين ومَأسُورًا لِأَحزانِ مَقتل والدِه، وأَنَّ طُوفان (الثَّورة)

---

1 - شَرح نهج البلاغة ، ابن أَبي الحديد 152/ 6. الأغاني، أبو الفرج الاصفهاني 259/ 13.

على دَولَتِه قادِمٌ على يَدي هذا الإِمام وبِزَعامَتِه. فتَساءل هِشام عن هُوِيَّة الإِمام السَّجّاد صَلواتُ الله وسَلامُه عليه، يَبتَغِي مِن ذلك الاستِخفاف والإِهانَة.

فهَلْ فقَد الأُمَويُّون السِّيادَة بَعد واقِعَة الطَّفِ وذَهَبت مَهابَتُهم لِصالِح قُوى (ثَورِيَّة) مُعارِضَة يَقودُها الإِمام السَّجاد صَلواتُ الله وسَلامُه عليه الَّذي قال فِيه الشَّاعِرُ الفَرَزْدَق ما قاله أَمام هِشَام بن عبد المَلِك لمّا رأي هِشام هذا المشْهَد في المَسجِد الحَرام واسْتَخَفّ وأَهان؟!

يَا سَـائِلِي: أَيْنَ حَلَّ الجُودُ وَالكَرَمُ عِنْدِي بَيَانٌ إِذَا طُلاَّبُهُ قَدِمُوا
هَذَا الَّذِي تَعْرِفُ البَطْحَاءُ وَطْأَتَهُ وَالبَيْتُ يَعْرِفُهُ وَالحِلُّ وَالحَرَمُ
هَذَا ابْنُ خَيْرِ عِبَادِ الله كُلِّهِمُ هَذَا التَّقِيُّ النَّقِيُّ الطَّاهِرُ العَلَمُ
هَذَا الذي أَحْمَدُ المُخْتَارُ وَالِدُهُ صَلَّى عَلَيهِ إِلَهِي مَا جَرَي القَلَمُ
لَوْ يَعْلَمُ الرُّكْنُ مَنْ قَدْ جَاءَ يَلْثِمُهُ لَخَرَّ يَلْثِمُ مِنْهُ مَا وَطَي القَدَمُ
هَذَا عَلِيٌّ رَسُولُ الله وَالِدُهُ أَمْسَتْ بِنُورِ هُدَاهُ تَهْتَدِي الأُمَمُ
هَذَا الَّذِي عَمُّهُ الطَّيَّارُ جَعْفَرٌ وَالمَقْتُولُ حَمْزَةُ لَيْثٌ حُبُّهُ قَسَمُ
هَذَا ابْنُ سَيِّدَةِ النِّسْوَانِ فَاطِمَةٍ وَابْنُ الوَصِيِّ الَّذِي فِي سَيْفِهِ نِقَمُ
إِذَا رَأَتْهُ قُرَيْشٌ قَالَ قَائِلُهَا إِلَى مَكَارِمِ هَذَا يَنْتَهِي الكَرَمُ
يَكَادُ يُمْسِكُهُ عِرْفَانَ راحته رُكْنُ الحَطِيمِ إِذَا مَا جَاءَ يَسْتَلِمُ
وَلَيْسَ قَوْلُكَ: مَنْ هَذَا؟! بِضَائِرِهِ العُرْبُ تَعْرِفُ مَنْ أَنْكَرْتَ وَالعَجَمُ
يُنْمَي إِلَى ذَرْوَةِ العِزِّ الَّتِي قَصُرَتْ عَنْ نَيْلِهَا عَرَبُ الإِسْلاَمِ وَالعَجَمُ
يُغْضِي حَيَاءً وَيُغْضَي مِنْ مَهَابَتِهِ فَمَا يُكَلَّمُ إِلاَّ حِينَ يَبْتَسِمُ
يَنْجَابُ نُورُ الدُّجَي عَنْ نُورِ غُرَّتِهِ كَالشَّمْسِ يَنْجَابُ عَنْ إِشْرَاقِهَا الظُّلَمُ

بِكَفِّهِ خَيْزُرَانٌ رِيحُهُ عَبِقٌ مِنْ كَفِّ أَرْوَعَ فِي عِرْنِينِهِ شَمَمُ
مَا قَالَ لاَ قَطُّ، إِلاَّ فِي تَشَهُّدِهِ لَوْلاَ التَّشَهُّدُ كَانَتْ لاَؤُهُ نَعَمُ
مُشتَقَّةٌ مِنْ رَسُولِ اللهِ نَبْعَتُهُ طَابَتْ عَنَاصِرُهُ وَالخِيمُ وَالشِّيَمُ
حَمَّالُ أَثْقَالِ أَقْوَامٍ إِذَا فُدِحُوا حُلْوُ الشَّمَائِلِ تَحْلُو عِنْدَهُ نَعَمُ
إِنْ قَالَ قَالَ بِمَا يَهْوَي جَمِيعُهُمُ وَإِنْ تَكَلَّمَ يَوْمًا زَانَهُ الكَلِمُ
هَذَا ابْنُ فَاطِمَةٍ إِنْ كُنْتَ جَاهِلَهُ بِجَدِّهِ أَنبِيَاءُ اللهِ قَدْ خُتِمُوا
اللهُ فَضَّلَهُ قِدْمًا وَشَرَّفَهُ جَرَي بِذَاكَ لَهُ فِي لَوْحِهِ القَلَمُ
مَنْ جَدُّهُ دَانَ فَضْلُ الأَنْبِيَاءِ لَهُ وَفَضْلُ أُمَّتِهِ دَانَتْ لَهَا الأُمَمُ
عَمَّ البَرِيَّةَ بِالإِحْسَانِ وَانْقَشَعَتْ عَنْهَا العِمَايَةُ وَالإِمْلاَقُ وَالظُّلَمُ
كِلْتَا يَدَيْهِ غِيَاثٌ عَمَّ نَفْعُهُمَا يُسْتَوْكَفَانِ وَلاَ يَعْرُوهُمَا عَدَمُ
سَهْلُ الخَلِيقَةِ لاَ تُخْشَي بَوَادِرُهُ يَزِينُهُ خَصْلَتَانِ: الحِلْمُ وَالكَرَمُ
لاَ يُخْلِفُ الوَعْدَ مَيْمُونًا نَقِيبَتُهُ رَحْبُ الفِنَاءِ أَرِيبٌ حِينَ يُعْتَرَمُ
مِنْ مَعْشَرٍ حُبُّهُمْ دِينٌ وَبُغْضُهُمُ كُفْرٌ وَقُرْبُهُمُ مَنْجيً وَمُعْتَصَمُ
يُسْتَدْفَعُ السُّوءُ وَالبَلْوَي بِحُبِّهِمُ وَيُسْتَزَادُ بِهِ الإِحْسَانُ وَالنِّعَمُ
مُقَدَّمٌ بَعْدَ ذِكْرِ اللهِ ذِكْرُهُمْ فِي كُلِّ فَرْضٍ وَمَخْتُومٌ بِهِ الكَلِمُ
إِنْ عُدَّ أَهْلُ التُّقَي كَانُوا أَئِمَّتَهُمْ أَوْ قِيلَ: مَنْ خَيْرُ أَهْلِ الارْضِ قِيلَ: هُمُ
لاَ يَسْتَطِيعُ جَوَادٌ بُعْدَ غَايَتِهِمْ وَلاَ يُدَانِيهِمُ قَوْمٌ وَإِنْ كَرُمُوا
هُمُ الغُيُوثُ إِذَا مَا أَزْمَةٌ أَزِمَتْ وَالأُسْدُ أُسْدُ الشَّرَي وَالبَأْسُ مُحْتَدِمُ
يَأْبَي لَهُمْ أَنْ يَحِلَّ الذَّمُّ سَاحَتَهُمْ خِيمٌ كَرِيمٌ وَأَيْدٍ بِالنَّدَي هُضُمُ

لاَ يَقْبِضُ العُسْرُ بَسْطًا مِنْ أَكُفِّهِمُ   سِيَّانِ ذَلِكَ إِنْ أَثْرَوْا وَإِنْ عَدِمُوا

أَيُّ القَبَائِلِ لَيْسَتْ فِي رَقَابِهِمُ   لِأَوَّلِيَّةِ هَذَا أَوْ لَهُ نِعَمُ

مَنْ يَعْرِفِ اللَّهَ يَعْرِفْ أَوَّلِيَّةَ ذَا   فَالدِّينُ مِنْ بَيْتِ هَذَا نَالَهُ الأُمَمُ

بُيُوتُهُمْ مِنْ قُرَيْشٍ يُسْتَضَاءُ بِهَا   فِي النَّائِبَاتِ وَعِنْدَ الحُكْمِ إِنْ حَكَمُوا

فَجَدُّهُ مِنْ قُرَيْشٍ فِي أُرُومَتِهَا   مُحَمَّدٌ وَعليٌّ بَعْدَهُ عَلَمُ

بَدرٌ له شَاهِدٌ وَالشِّعْبُ مِنْ أُحُدٍ   والخَنْدَقَانِ وَيَومُ الفَتْحِ قَدْ عَلِمُوا

وَخَيْبَرٌ وَحُنَيْنٌ يَشْهَدَانِ لَهُ   وَفِي قُرَيْضَةَ يَوْمٌ صَيْلَمٌ قَتَمُ

مَوَاطِنٌ قَدْ عَلَتْ فِي كُلِّ نائِبَةٍ   على الصَّحَابَةِ لَمْ أَكْتُمْ كَمَا كَتَمُوا.

فغَضبَ هِشامُ ـ فَور سَماعِهِ لِلقَصيدة ـ ومَنَع مَنحَ جائزته لِلفَرْزَدَق وقال له: أَلا قُلْتَ فِينَا مِثْلَهَا؟! أَجابَ الفَرزدَق: هَاتِ جَدًّا كَجَدِّهِ، وَأَبًا كَأَبِيهِ، وَأُمًّا كَأُمِّهِ حَتَّي أَقُولَ فِيكُمْ مِثْلَهَا!

فأَمَرَ هِشَام بِحَبسِهِ بِعُسفَان بين مكَّة والمَدِينة، وبَلغَ ذلك الإمام عَلِيُّ بن الحُسَين صَلواتُ الله وسَلامُه عليه فبَعث إليه بِاثْنَي عَشَر أَلف دِرْهما، وقال له: أَعْذِرْنَا يَا أَبَا فِراسٍ، فَلَوْ كَانَ عِنْدَنَا أَكْثَرُ مِنْ هَذَا لَوَصَلْنَاكَ بِهِ! فرَدَّها الفَرزدق وقال: يَابْنَ رَسُولِ الله.. مَا قُلْتُ الَّذِي قُلْتُ إِلَّا غَضبًا لله وَلِرَسُولِهِ! وَمَا كُنْتُ لِارْزَأَ عَلَيهِ شَيْئًا. فَرَدَّها إليه وقال: بِحَقِّي عَلَيكَ لَمَّا قَبِلْتَهَا فَقَدْ رَأى الله مَكَانَكَ وَعَلِمَ نِيَّتَكَ! فقَبلها. فجَعَلَ الفَرزَدقُ يَهجُو هِشامًا وهُو في الحَبْس، فكان مِمّا هَجاه بِهِ قَوْلُهُ:

أَيَحْبِسُنِي بَيْنَ المَدِينَةِ وَالَّتِي إِلَيهَا   قُلُوبُ النَّاسِ يَهْوِي مُنِيبُهَا

يُقَلِّبُ رَأْسًا لَمْ يَكُنْ رَأْسَ سَيِّدٍ   وَعَيْنًا لَهُ حَوْلاَءَ بَادٍ عُيُوبُهَا.

فأُخْبِر هِشام بِذَلِك فأَطلَقه أَو أَنَّه أَخرَجه إِلى البَصرة)[1].

---

1 - الحضرمي، وسيلة المآل في مناقب الآل 7. الإرشاد، الشَّيخ المُفِيد 150/2. بحار الأنوار، العلّامة المجلسي 127/46. المناقب 306/3. دِيوان الفَرَزْدَق 51/1.

كان رَدُّ الفَرَزْدَق على هِشام بَليغًا ومُعبّرًا عن الفَرق بين البَيت الهاشِمِي الطَّاهِر السَّامِي والبَيت الأُمَوي الَّذي انْحَطَّ وفَقد مَهابَتَه، وذلك عِندما أهانَ الفَرزدَق بِقَصِيدَتِه هِشام بن عبد المَلِك في مَحضَرٍ مِن بِطانَتِهِ وحَرَسِهِ وتَجرَّأ مَرَّة أُخْرى على رَدِّ سؤاله بِالقَول (هَاتِ جَدًّا كَجَدِّهِ، وَأَبَاً كَأَبِيهِ، وَأُمَّا كَأُمِّهِ حَتَّي أَقُولَ فِيكُمْ مِثْلَهَا)!. فأَينَ الجَدّ مِن الجَدّ، وأَين الأَب مِن الأَب، وأَين الأُمّ مِن الأُمّ .. لا قِياس.

يُذْكَر في سِيرة مَهابَة مَجالِس عبد الملك بن مَروان وفي أَحوالِ مادِحِيه مِن الشُّعراء أَنّه (أُهدِيَ إِلى عبد الملك أترِسَةٌ مُكلَّلة بِالدّر والياقُوتِ فأَعجبَته، وعنده جماعةٌ مِن خاصَّتِه وأَهلُ خلوَتِه، فقال لِرَجُلٍ مِن جُلسائه اسمُه خالِد: اغمز منها ترسًا، وأراد أَنْ يَمتَحِن صَلابَته. فقام فغمزه فضَرَط، فاستَضحَكَ عبد الملك فضَحك جُلساؤه، فقال: كَمْ دِيَّة الضَّرطَة؟! فقال بَعضُهم: أَربعمائة دِرهم وقَطِيفة. فأَمرَ له بِذلك. فأَنشأ رَجلٌ مِن القَوم:

أَيضرطُ خالِد مِن غَمز تُرسٍ ويَحبُوه الأَمِيرُ بها بدورا
فيا لَكِ ضَرطَةٍ جَلبَت غناءً ويا لَكِ ضَرطَةٍ أَغْنَت فَقِيرا
يَودُّ النَّاسُ لو ضَرَطوا فنالوا مِن المال الَّذي أُعطِي عَشِيرا
ولو نَعلمُ بِأَنّ الضَّرطَ يُغنِي ضَرطْنا أَصلَح الله الأَمِيرا

فضَحك عبد الملك وقال: أعطوه أَربعة آلاف درهم، ولا حاجَة لنا في ضراطِك)[1].

في إِثْر انْهِيار دَولةِ الأَمَويّين السُّفيانِيِّين ومَقتَل خَلِيفَتها مُعاوِيَة بن يَزِيد لم يَستَسْلِم الإِمامُ السَّجَّاد صَلواتُ الله وسَلامُه عليه لِلتَّحوّل الصَّعب الجاري في الظُّروف السِّياسِيَّة والاجْتِماعِيَّة الرَّاهِنَة وما رافَقَها مِن الأَجْواء (الثَّورِيَّة) الضَّاغِطَة. فنأَى بِنَفْسِهِ عن هَوى الجُموع (الثَّورِيَّة) الغَفِيرة الَّتي راحَت تَدْعُوه إِلى قِيادَة المعركَة التَّأريخِيَّة الفاصِلَة مع الأُمَوِيِّين وتُحَرِّضه على الأَخذ بِثأر أَبِيه الحُسَين الشَّهيد صَلواتُ الله وسَلامُه عليه.

1 - مروج الذهب ومعادن الجوهر، المسعودي 120/ 3

وكَأَنَّ الإِمام السَّجَّاد صَلواتُ الله وسَلامُه عليه أَراد بِهذا المَوقِف المُفاجِئ والمُدهِش وغير المُتوقَّع مِن النَّاس ومن دولة الأُمَويِّين المروانِيِّين أَنْ يَبثّ رِسالةً إِلى مُسلِمِي عَصْرِه يُفيد بها أَنَّ لِخُروج والِدِهِ الحُسَين صَلواتُ الله وسَلامُه عليه مَعنًا غير المَعنى الرَّاهِن المَركُون في فِكر (الثَّورِيِّين) الجدد، وعلى خِلاف المَعنى المُنتَظر صدُورَه عنه وبُلوغَه بلاد المُسلِمين قاطِبَةً، وأَنَّ (فَتحَ) والِدِهِ الشَّهِيد الَّذي وَعد في طَرِيقِهِ إِلى الكُوفَة لَيْس هو ذاتُ (الفَتْح) الَّذي أَلِفَه النَّاسُ في سِيرة مَن وَالَوهُم مِن الخُلفاء الثَّلاثَة والأُمَوِيِّين مِن بَعدِهِم، ولَا صِلَة لهذا (الفَتْح) بما رُوِّجَ في ساحَة الثَّأر لِمَقتَل والِدِهِ الحُسَين صَلواتُ الله وسَلامُه عليه مِن دَعواتٍ (ثَورِيّة)، ولا عَلاقَة لهذا (الفَتْح) بِما قام عليه أَمثالُ عبد الله بن الزُّبَير الَّذي سَيطَر على المَدِينة ومكَّة والكُوفة وانْتزعها مِن الدَّولَة الأُمَوِيَّة وأَعلَنها زُبَيرِيَّة، واحْتَوى بِه أَكثَرَ السَّاخِطِين الثَّائرِين لِواقِعَةِ كَربلاء وغيرهم مِن المُتَمرِّدِين على الأُمَوِيِّين وفِيهم حَوالى ثَمانِيَة مِن وُلاتِهم.

سَلَك السَّجادُ صَلواتُ الله وسَلامُه عليه بِوَصْفِه إِمامًا عالِمًا مَعصومًا نَهجًا تَوجِيهيًّا هادِئًا لِتَربِيَة النُّفُوس وِجْدانيًّا والانْتِقال بِالتَّحَوُّل (الثَّورِي) الكَبِير إِلى غَير المَركُون في تَصوُّر (الثَّورِيِّين) مِن سُنَنٍ ثأرِيَّةٍ مُتَشدِّدَة وأَفكارٍ نَهضَوِيَّةٍ عَنِيفَةٍ وتَكَهُّنات سِياسِيَّة قَصِيرة المَدى. فأَخذَ بِالأَجواء المتوتِّرة هذه إِلى حيث (الفَتْح) المُبين الَّذي وَعَد بِه والِدُه شَهِيد كَرْبلاء صَلواتُ الله وسَلامُه عليه، وسَعى إِلى إِصْلاح ما فَسد في العُقول وسَقُم في القُلوب وما غَلَب مِن هَوى في النُّفوس وما اعْتَلج في الصّدور مِن حَنِين لِلجاهِلِيَّة الأُولى وحُبٍّ لِلإِمْرَة وسَعي إِلى الرِّئاسة.

إِنَّ في سِيرة الإِمام السَّجّاد صَلواتُ الله وسَلامُه عليه ما يَلفِت إِلى حِرْصِهِ الشَّدِيد على تَوظِيف مَن حَولَه مِمّن تبَقّى مِن فِئة (شِيعَةِ عَلِيّ) القَلِيلة في اتِّجاه عَمَلِيٍّ مَحدُودٍ على هَدَفٍ واضِحٍ عَلَنِي هو تَوظِيف رُدود الفِعل على واقِعَة كَربلاء في إِحْياء ما طُمِس مِن العَقِيدة والشَّريعة وتِبْيان ما لَزم في شَأن العِبادَة والأَخْلاق واجْتِناب الانْشِغال بِهَمِّ الثَّأر أَو التَّمرُّد السِّياسِي أَو الانْتِقام الَّذي نادَت بِه القُوى (الثَّورِيَّة).

فأَكْثَر الإِمامُ السَّجَّاد صَلواتُ الله وسَلامُه عليه مِن التَّوجِيه العَقدِي ورَكَّز على المَعرِفَة بِتَوحِيد الخالِق عَزَّ وَجَلَّ وما يَلْفِت إِلى النَّواقِص في الذَّات البَشَرِيَّة لِلمُسلِم وما اعتَورَها مِن انْشِغال بِمُتطلَّبات الواقِع والغَفلة عن خَلفِيَّاتِه التَّأرِيخيَّة. فكَشَف بِأَساليبِهِ الخِطابِيَّة وسُلوكِه العِبادِي التَّفاصِيل الدَّقِيقة لِسِيرَة وَاقِعة كَربلاء وبَثّ في النَّاس الكَثِيرَ عن بُعدَيها الوَحْياني والوِجْداني وخَلفِيَّاتها التَّأرِيخيَّة وما اكتَنفَ نَسقَها مِن ضَرُورات مَنهجِيَّة في التَّفكِير والسُّلوك ونَمَطِ خاصٍّ مِن العَلاقات.

سَعى الإمامُ السَّجّاد صَلواتُ الله وسَلامُه عليه إِلى تَعرِيف النَّاس بِأَصالَةِ التَّشَيُّع واتِّجاهِه الإِيمانِي وما يَمثِّله مِن رِجالٍ أَبْرار، وذلك مِن خِلال الخطب واللِّقاءات والسَّردِ الدَّائم لِلدُّعاء. فأَبرز في النَّاس مَلامِحَ التَّشَيُّع وشَعائرَه اللَّذَين نَشِطا مِن قَبل تَحت رِعايَةٍ كَرِيمةٍ مِن رَسُول الله صَلَّى الله عليه وآله وحُوصِرا مِن بَعد الانْقِلاب على الأَعْقاب، في مُقابِل ما كان عليه الاتِّجاه الرَّسمِي السَّائد مِن انْحِراف عَقدِي وفَساد ثَقافِي وانْقِسام سِياسِي وانْشِقاق إِلى مَذاهِب وفِرَق وقُوى اجتِماعِيَّة تَدِين بالجاهِلِيَّة، وما اكتَنف هذا الاتِّجاه مِن ظاهِر في التَّالي:

ـ الإِدعاء بِتَبَنِّي (مَذْهَب الرَّاي) وتَشغِيلِهِ رَسْمِيًّا، تَمهِيدًا لاحِتواء أَغلَبِيَّة (اتِّجاه أَهْل العامَّة) الَّذي شَكّل قاعِدَة الارْتِكاز الأُولى لخِلافَة الثَّلاثة، ومِن ثَمَّ تَوظِيف هذا الاتِّجاه في ما عَزَم الأُموِيُّون على تَنفيذِهِ مِن أَعمال عَنِيفَة لِرَدع الخُصُوم وغَير المُوالِين.

ـ تَدْجِين ثَقافَة المُسلِمِين، وذلك بِإِشاعَةِ عَقِيدة (الجَبْر) وإِفْشاء ظاهِرَة تَعدّد المَذاهِب والفِرَق وإِدْراجها ضِمْن دائرة التَّوازن السِياسِي والاجْتِماعي في المُجتَمع بِما يَخدِم سِيادَة الحاكم ويُعزِّز مِن مَفهوم (الخَلِيفَة) الهِرَقْل وراث الحُكم القَبَلِي في الدَّولة المُستَبِدّة.

ـ ومُعاداة التَّشَيُّع، والاجْتِهاد في طَمْس مَعالِمِهِ الَّتِي أَرْسَى رَسُول الله صَلَّى الله عليه وآله قواعدها في مكَّة والمَدِينة، واغْتِيال (شِيعَة عَلِيّ) ونَبذ وُجودِهِم وتَسخِير المَنابِر في الوَلايات المُختَلِفَة لِلنيل مِن مَقام عَلِيٍّ أَمِير المؤمنين صَلواتُ الله وسَلامُه عليه.

ـ التَّصريح بِنُكْران الوَحْي والنُّبوَّة والرِّسالَة وتكذِيب ما صَدرَ عنها مِن كِتابٍ وسُنَّةٍ شَريفَة.

ولا يَخفَى على كُلّ ذِي لُبٍّ أَنَّ السَّجّاد صَلواتُ الله وسَلامُه عليه هو الإمامُ العالم المعصوم في قيامِهِ أَو قُعُودِه مِثل بَقِيَّة أَئمَّة أَهْلِ البَيت صَلواتُ الله وسَلامُه عليهم، ولم يَكُن لِيَغفِلَ عن القاعِدَة الجاهِليَّة المُسَيّرة لِلنِّظام السِّياسِي الأُمَوي وما بُنِيَ عليها مِن إِجْراء صارِمٍ لِلأَخذِ بِالثَّأر مِن بَني هاشِم ومَن تَبقَّى مِن(شِيعة عَلِيّ). وهو صَلواتُ الله وسَلامُه عليه أَعْرَف النَّاس بِهُوِيَّة المُحيط الاجْتِماعِي وأُصُولِهِ وطَبائعه وما يَجرِي فيه مِن تَحوّلات ثَقافِيَّة وما يَستوجِب ذلك مِن مَوقِفٍ إِصلاحِيٍّ ضَرُورِي لِتِبيان الدَّليل إِلى الطَّريق المُستقِيم لِلمُسلِمِين، وهو أَعلَمُ النَّاس بِمَنهج والِدِهِ الشَّهيد الحُسين صَلواتُ الله وسَلامُه عليه وما كان يَرْمِي إِليه مِن خُروجِهِ إِلى كَربلاء والمَفاهِيم والمَعاني الَّتي صدَرَت عنه في فَترة إمامَتِهِ ومنها (الفَتْحُ) الَّذي وَعَد.

إِنَّ مِن وراء كُلّ حَركَةٍ صَادرة عن الإمام السَّجَّاد صَلوات الله وسَلامُه عليه قَصْدٌ لا يَخفَى على أَحَدٍ مِن مُريدي التَّشيُّع ولا جادٍّ وحَذِر في طَبائع النَّاس واختلاف انْتِماءاتِهم. ورُبَّما لا يَتسنَّى لِأَحَدٍ مِن عامَّة الصَّحابَة والتَّابعين ولا لِمُلوكِهم الأُمَوِيّين إِدْراك المَعانِي التَّفصِيلِيَّة لِما ذَهَب إِليه الإِمام السَّجّاد صَلواتُ الله وسَلامُه عليه مِن مَوقِفٍ هادِئٍ رَصِينٍ قَصدَ بِه التَّغلغُل في عُمْق ثَقافة النَّاس لإِعادَةَ صِياغَتها مِن جَدِيد وَتَخلِيصَ الدِّين مِمَّا عَلق بِه مِن الأَسْقام التي بِثّها (مَذْهَب الرَّأي) وتَحرير المُجتَمَعات المُسلِمَة مِن الإِصْر والأَغلال الَّتي كانَت عَلَيهِم ودَفْعها إِلى اعتِماد الثَّقلَين معا في الرُّؤيَة لِلدِّين والدُّنيا، كما قَصَد السَّجَّاد صَلوات الله وسَلامُه عليه بِمَوقِفه المعلوم مُعالَجَة ظاهِرَة الانْدِماج المُشكِّك بين قُوى الثَّورة المُعادِيَة لِلأُمَوِيِّين وقُوى الثَّأر لِواقِعَة كَربلاء والصَّبر على الضُّغوط الصَّادِرَة عن قَواعِدِهما الشَّعبِيَّة والأَتْباع.

فلَيسَ في النَّاس مِن هو مُتمسّكٌ بِالثَّقلَين معًا عن فَهْمٍ وإِدراكٍ تامَّين لِمَعانيهِما، وأَنَّ (مَذْهب الرَّأي) اصْطَنع ثَقافَة خاصَّة صارَت سائِدةً وراسخةً فِيهم ويَصحَبُها استهانة

بِمَقام أَهْل البَيت صَلواتُ الله وسَلامُه عليهم. وأَنَّ الدَّاعِين إِلى المَقصَدَين (الثَّورة على الأُمَويِّين) و(الثَّأر لِدَم الإِمام الحُسَين صَلواتُ الله وسَلامُه عليه) هُم خَليطٌ مُتجانِسٌ في الفكرة والرَّأي ولكِنَّه لا يُعبِّر عن كَثرةٍ في عدد (شِيعة عَليّ) أَو في المُوالِين لِأَهْل البَيت صَلواتُ الله وسَلامُه عليهم إِذْ لم يُبقِ نُصْفُ قَرنٍ مِن الاضْطهاد السَّائد في عَهد الخُلفاء المُتَعاقِبين على أَحَدٍ مِن الصَّحابة (شِيعَةِ عَليّ)، وإِنَّما غايَة ما يَودّ أَنْ يَكشِفه لِدُعاة الثَّورة هو ما يَلي:

ـ أَنَّ الشِّيعَةَ هُم في قِلَّةٍ مِن العِدَّةِ والعَدد ولا يَملِكُون لِوَحدِهم الاستِعدادَ التَّام لِلإطاحَةِ بِدَولةِ الأُموِيِّين وإِقامَةِ دَولة بَدِيلَة عادلة مَنِيعَة تَترَبّص بِهم الدّوائر.

ـ وأَنَّ مَوقِفَ أئمَّة ووُعَّاظ (اتِّجاه أَهْل العامَّة) المُستنكِر لِجريمَةِ الأُمَوِيِّين في كَرْبلاء، وكذلك مَوقِف المُتَمَرِّدِين الأُمَويِّين الجدد المُنَدِّدِين بِعمَلِيَّة اغْتِيال مُعاوِيَة بن يَزِيد والمعارِضِين لاستِلام المراونِيِّين لِلدَّولَة ـ لَيْسا قائمَين على قاعِدَة راسِخَة، وإِنَّما يَستَوجِب تَوقِّي الحَذَر مِن أَيِّ خُطوةٍ مُتَسرِّعَة لاحتِضان (المُستَنكِر) و(المُتَمرّد) فيهما أَو دَمجِهما في صَفِّ (شِيعَة عَلِيٍّ).

ـ وأَنَّ فكرة المَوجَةَ الثَّورِيَّة ما زالت خاضِعَةً لِتَأْثِير (مَذْهَب الرَّأي) حيث يَتوافَر لدى كُلّ عُنصر في المُكوِّن الثَّورِي الحَقّ في الانْفِراد بِمَذْهَبٍ يُؤسِّسه أَو في الانْشِقاق بِفِرقَة عن مَذهَبِهِ الَّذي يَعتَنِقه. وأَنَّ الكَثِير مِن الثُّوار هُم مِن صِنفِ أُولئك المُتضَرِّرين اجتِماعِيًّا أَو سِياسِيًّا مِن استِبداد دَولة الأُمَوِيِّين وقد اتَّخذوا مِن واقِعَة كَربلاء عذرًا لِثَوراتِهم ومَواقِفَهم الثَّورِيَّة السَّاخِطَة.

ـ أَنَّ الثِّقة في البُعدين الوحْيانِي والوِجْداني لِلدِّين أَصْبَحت مَعدُومَة في النَّاس مُنذ اليوم الَّذي نُقِضَت فيه بَيعةُ الغَدِير وتَقاتَل الصَّحابَةُ فيما بَينَهُم على الإِمْرة والرّئاسة وأَفْنَى بَعضُهم البَعض الآخَر وأَسْرفوا في إِراقة دِماء المُسلِمِين، حتَّى رَكِبها الطُّلقاء وأَبناء الطُّلقاء والفاسِقُون منهم وشارِبُوا الخَمْر وقاتِلوا النَّفس المُحتَرمَة وعلى رأسهم مُعاوِيَة ثُمَّ ابنه المُتهَتِّك يَزِيد بن مُعاوِيَة الَّذي حَظِي بِبَيعة الصَّحابَة والتَّابِعين والمُسلِمِين

لِولايَة العَهدِ ثُمَّ لِلخِلافَة بِلا عَنَت ولا نَصَب إِلَّا القَلِيل. ذلك استَوجَب العمل على إِعادَة شَحَن ذاكرة المُسلِمين بِما يُعَزّز مِن الإِيمان بِالدِّين القَوِيم والعَودة إِلى الثَّقلَين معًا وإِصْلاح العَقِيدة وإِعادَة صِياغة النِّظام الاجْتِماعِي وتَصْحِيح المَفاهِيم السَّائدة في ثَقافَة النَّاس.

إِنَّ القَلِيل جِدًا مِن الصَّحابة والتَّابِعين مِن بَقايا حرُوبِ الاستِنْزاف الَّتي خاضَها الخُلفاء الثَّلاثَة واستكمَل النَّاكِثون والقاسِطون والمارِقُون فَضائعها وفَضائحها ـ انْتابَتْهُ صَحوةُ دِين في إِثْر واقِعَة الطَّف، وراحَ يَبحَث عن سُبُل النَّهضَة على نَسَقٍ ثَورِيّ لا صِلَة له بِنَسَقِ (شِيعَة عَلِيّ)، وهو أَقرَبُ إِلى نَسَقِ أَئمَّة (مَذْهَب الرَّأي) وذَوِي المَيل إِلى سِيرة الخُلفاء الثَّلاثَة والحِرْص على إِحْياء سُنَّتِهم.

وفيهم مَن تَمرَّد على دَولة الأُمَويّين والتَحق بِالثَّورِيِّين الزُّبَيرِيِّين أَو العبَّاسِيِّين يَبغِي بذلك الإِمْرة أَو كَسْب الثَّروة، مِن غَير أَنْ يكون لِأَحدٍ مِن هؤلاء رَغْبةٌ في الانْظِمام لِـ(شِيعَةِ عَلِيّ) أَو اتِّباع السَّجّاد صَلواتُ الله وسلامه عليه بِوَصْفِهِ إِمامًا وصاحِب الثَّأر لواقِعَة كربلاء ووَلِيّ الدَّم.

إِنَّ الأَهَمّ في مُستَجِدّات الوَضْع الرَّاهن أَنَّ الإِمام السَّجّاد صَلواتُ الله وسَلامُه عليه أَخَذ بِعَين الاعْتِبار خُطورة ظُهور جِيلٍ ناشِيءٍ مِن التَّابِعين مُتفاعِلٍ مع سِيرة مَن تَبقَّى مِن الصَّحابة صُنَّاع المَروِيَّات المَكذُوبَة والمُلفَّقة ومُرَوِّجي المَنقُولات التَّأرِيخيّة المُزوَّرة والمَوضُوعَة ومُعتَنِقي (مَذْهَب الرَّأي) وما نُسِجَ به مِن أَنْساق مُتباينة في المَذاهب والفِرَق.. هو جِيلٌ تابِعيٌّ مُنْتَمِي لِعَهد (الخِلافَة) لم تَسلَم سِيرةُ واقِعَةِ الطَّفّ مِن تَخرُّصاتِه.

في الظَّرف الرَّاهِن، صار مَعنى (الفَتْح) الَّذي وَعدَ الإِمامُ الحُسَين صَلواتُ الله وسَلامُه عليه بِه ـ بَين راحَتَي يَدَيّ ابنِهِ السَّجّاد صَلواتُ الله وسَلامُه عليه حيث أَعاد لِأَهْل البَيت صَلواتُ الله وسَلامُه عليهم ذِكرَهُم بَعد أَنْ غُمِر بِما فَعل أَقْطاب الانْقِلاب على الأَعْقاب ومَن تَلاهُم في دَولَةِ الأُمَوِيِّين.

إِنَّ (فَتْحَ) الحُسَين صَلواتُ الله وسَلامُه عليه في واقِعَة الطَّفّ يَصبو إلى إصْلاح النُّفوس وصِيانَةِ العُقول وعِلاج الأَسْقام الَّتي اعتَرت دِينَ النَّاس وانْحَرفَت بِهم عن الجادَّة منذ عهد (فُلانٍ وفُلانٍ) اللَّذين قَتلا الحُسَين صَلوات الله وسَلامُه عليه في يَوم (الاثْنَين) الثَّامِن والعِشرين مِن صَفَر مِن عام 11هـ حيث اغْتالا جدَّه رَسُول الله صَلَّى الله عليه وآله ومَهَّدا السَّبيل بِقَتلِه لِقَتل سِبطِهِ الإمام الحُسَين صَلواتُ الله وسَلامُه عليه في كَربلاء. وهذه مِن أَهَمّ مَهامِّ (الفَتْح) في الظَّرف الرَّاهن.

ويُخطِئ مَن يَظُنّ أَنَّ (فَتْح) الحُسَين صَلواتُ الله وسَلامُه عليه يَبغِي صِناعَة رَأيٍ رِثائيٍّ دِعائيٍّ عامٍّ جَبْريٍّ مُساير لِـ(مَذْهَب الرَّأي)، أَو يَرْجو مِنه تَفجِير (ثَورةٍ) شَعبيَّةٍ سِياسِيَّةٍ عارِمَةٍ لإِسقاطِ دَولَةِ الأُمَوِيِّين. فإِنْ قُيِّض لهذا الرَّأي العام أَنْ يَفُوز بِـ(الثَّورَة) في هذا الظَّرف فَلَيْس مِن شَكٍّ في أَنَّ هذه (الثَّورة) لَنْ تُبقِي لِلإِسْلام مِن باقِيَةٍ، ولَنْ يُسفِر عنها إِلَّا ضَلالٌ فَوق الضَّلال الشَّائع ويَأسٌ فَوق اليَأس القائم وشَكٌّ فوق الشَّكِّ السَّائد.

فالإِمامُ الحُسَين صَلواتُ الله وسَلامُه عليه في رَوع أَغلَبيَّة (اتِّجاه أَهل العامَّة) هو صَحابِيٌّ لا يَمتاز عن خُلفاء (الفَلْتَة) الثَّلاثَة بشيءٍ إِنْ قِيس بِهِم. وأَمَّا في عِلْمِهم فَلِلصَّحابة الخلفاء الثَّلاثة فَضلُ الإِمْرَة وله ما لِأَيِّ صَحابي آخر في المُسلِمِين مِن صُحبَة. فلَنْ تُنجز (الثَّوريَّة) بالأَغْلَبِيّة إِصْلاحًا وإِنَّما تكريسًا لِما أَتى به (مَذْهَبُ الرَّأي) مِن دِين إِذْ هو السِّلاح الفَتَّاك الَّذي ستشهِره الدَّولةُ الأُمويَّة في وَجْه (الثَّورِيِّين)، وكذلك فَعَل (الثَّورِيُّون) العَبَّاسِيُّون وكادوا يَفشَلُون لَولا خُروج أَبِي مُسلِم الخراساني، ومِن قَبلِهم الزُّبَيرِيُّون، وما فَعل بِهما الأُمَوِيُّون.

إِنَّ (فَتْح) الإِمام الحُسَين صَلواتُ الله وسَلامُه عليه لا يَسْتَهدِف شَنَّ حَربٍ فاصِلَةٍ وما شاكَلها مِن عَمَلٍ سَلبِيٍّ غايتُه تَحفِيز إِرادة حَربٍ لِأَئمَّةٍ ما زال دِينُهم يُشْرى بِدِينار، فإِنْ فازوا استَنسَخوا ما ثاروا عليه وحَكَّموه في النَّاس بِمِثْلِه.

فالبيئةُ الاجْتِماعِيَّة في المُسلِمِين مِن بَعد واقِعَة الطَّف كانت كَئيبةً يائسةً مُستنزَفةً، طَحَنَتها الحُروب العَبَثِيَّة مُنذ عَهد الخُلفاء الثَّلاثَة، ولَم يَتبَقّ في هذه البِيئةِ السَّقِيمَة على

الطَّريقة مِن (شِيعَةِ عَلِيّ) سُوى بُيوتٍ مَعدُودةٍ لا تَتجاوز الخَمسَة أَو أَكثَر مِن ذلك بِقَلِيل ولا حَول لهم ولا قُوّة لهم يَستَعِينون بِهما لإِنْجاز (ثَورةٍ) في الضِّدّ مِن نِظامٍ عَنيفٍ غاضبٍ.

وهذا ما تَجنَّبَتْهُ مَرحَلةُ الأَئمَّةِ الثَّلاثَة السَّجَّاد والبَاقِر والصَّادِق صَلواتُ الله وسَلامُه عليهم الَّتي تَمَيَّزت بِأَداء وَظِيفَةٍ جَلِيلَةٍ كُبرى هي الأَوْلى والأَهَمّ حيث أَكثَر الأَئمّةُ الثَّلاثَة صَلواتُ الله وسَلامُه عليهم مِن تَصدير الرِّوايَة وبَثِّها في بِلاد المُسلِمِين، ولم يَحيدوا عن مَفهوم الإِصْلاح الَّذي نادَى بِه الإِمامُ الحُسَين صَلواتُ الله وسَلامُه عليه واخْتَتَم بِه حَياتَه إِذْ شاء الله عَزَّ وَجَلَّ أَنْ يراه قَتِيلًا بِسيوف (الخُلفاء الرَّاشِدِين) ويَرى نِساءَ رَكبِهِ وأَطفالَهُ سَبايا يُساق بِهم إِلى قَصْر خَلِيفَة المُسلِمِين الطَّلِيق ابن الطَّلِيق الَّذي بايَعه الناس وَلِيًا لِلعَهدِ ثُمَّ (خَلِيفَة) في الشَّام ولم يَلتَحِقوا بِمَسِيرة ابن بِنْت رَسُول الله صلى الله عليه وآله.

استَمر الأُمَوِيُّون في فَرض حال الطَّوارئ في البِلاد ومُضاعَفَةِ إِجراءات الرّقابة على مَناطِق التَّوتُّر الأَمْني، وتَشدَّدوا في فَرض طَوقٍ مِن الحِصار على وُلاياتِهم كُلَّما بَرز اتِّجاهٌ سِياسِيٌّ مُعارِضٌ يَتحيَّن الفُرص لِلاستِيلاء على السُّلطة في المَناطِق الرَّخْوة ويَسعى سَعيَه لاستِنزاف قُوى وُلاتِهم الَّذين بَلغوا في هذه المَرحلَة القِمَّة مِن السِّيادَة والتَّمكّن سِياسيًّا أَمنيًّا وعَسكريًّا .

رُبما أَدرَكت حَركةُ الثَّأر الَّتي انْطَلَقَت مِن الكُوفَة بِزَعامَة سُليمان بن صُرَد الخَزاعي تَحتَ مُسَمّى (التَّوابِين) أَنَّ الأُمَوِيِّين في دَولة يَزيد بن مُعاوِيَة تَتمتَّع بِسِيادَةٍ قَوِيَّةٍ تَكفِي لإِنْهاء أَيِّ ثَورةٍ تَبغِي الثَّأر لِواقِعَة الطَّف أَو تَبغِي استِغلال الواقِعَة وتَململَ الرَّأي العام وسخطه لانْتِزاع الإِمْرَة مِن الأُمَوِيِّين، أَو أَنَّ اليَأس مِن دِين أَهْل الحِجاز وأَهْلِ العِراق ودِين أَهْل الكُوفَة والبَصْرَة والمَدائن بَدا ظاهِرًا لابْنِ صُرَد الخزاعي إِذْ اسْتَجاب لِدَعوَته الَّتي أَثارَها في مدَّة أَربع سِنين حوالى 16 أَلفًا مِن أَهْل الكُوفَة وخارِجها ومِمَّن وعَدَه بِنُصرَتِه واستَعَد لِلإِلتِحاق به انْطلاقًا مِن النَّخيلة. وعِندما قَرّر ابن صرد الخُروج

في اليَوم المَوعُود والمَعلُوم فيهم لم يَلتَحِق به سوى 4 آلاف منهم وخَذَله الآخَرون.

عِندَئِذٍ قَرَّر سُليمانُ طلب الحَرب على الأُمَويِّين في (عَين الوَرْدَة) حتَّى الموت بهذا العَدَد القَلِيل مِن الأنصار، ثأرًا لِلشَّهيد الإمام الحُسَين صلواتُ الله وسلامهُ عليه، في مُقابِل 60 أَلفًا مِن جَيش يَزيد بن مُعاوِيَة بِقِيادَة عُبَيد الله بن زِياد الَّذي قطَع رِحلَتَه إلى مكَّة لِمُقاتلة عبد الله بن الزُّبَير وتَوَجَّه إلى عَين الوَردَة لِمُقاتَلَة جَيشِ ابن صُرَد. فقَتَل جيشُ ابن زياد حَوالى ثَلاثة آلاف مِن التَّوابين وانَسحَب أَلفٌ منهم وعادوا إلى الكُوفَة لِيَلتَحِقوا بِالمُختار الثَّقفِي الَّذي نَصر دَولةَ الزُّبَيريِّين في الحَرب على جَيشِ يَزيد بن مُعاوِيَّة قُبيل إطلاق ثَورَتِهِ، وامتَنَع عن نُصرة التَّوابين وتَخلَّف عن جَيشِ ابن صُرد الخزاعي في (النَّخِيلَة) وعن مَعرَكَتِه في (عَين الوَردة). وقد تَعرَّض المُختار لِخِذلان أَنصارِهِ مِثلَما تَعرَّض ابنُ صُرَد الخَزاعِي. فعندما انْقلَب المُخْتار على الزُّبَيريِّين الَّذين نَصرُهم في مكَّة؛ انْقلَب 6 آلاف مِن جُندِه عليه أيضًا في الكوفة.

يُذكَر أَن المُختار أُطلِق سَراحه مِن سِجن الأُمَويِّين بِوَساطَة مِن عبد الله بن عُمر، ثُمَّ قاد ثَورَةَ الكُوفَة على عَبد الله بِن مُطِيع والِي الزُّبَيرِيِّين الَّذي نَصَّب نَفسَه على الكُوفة في إِثْر خُلوّ قَصر الإمارة مِن عُبَيد الله بن زِياد. فوَقَع بنُ مُطِيع بِفَعْلَتِه هذه ضَحِيَّةً لِما تَقدَّم به مِن نَصِيحة إلى الإمام الحُسَين صَلوات الله وسَلامُه عليه عندما كان ـ بنُ مُطِيع ـ في طَرِيقِهِ إلى مَكَّة بِرفْقَة صاحِبِه عبد الله بن الزُّبير وتَوجَّه بِالسُّؤال إليه قائلًا(يا أَبا عَبد الله، إلى أين تُريد؟ فقال: العِراق، ماتَ مُعاوِيَة وجاءني أَكثرُ حمل صُحُف. قال بن مُطِيع: لا تَفْعَل، فوالله ما حَفظوا أَباك وكان خَيرًا مِنْك، ووَالله لَئِن قَتلوك لا تَبْقَى حُرْمةٌ بَعدَك إلَّا استَحَلَّت)[1]. لكِنّ ابن مُطِيع أَطاع نَفْسَه ففَعَلَها في الكُوفَة، فانْقَلَبت عليه بِقِيادَة المُختار.

ابتَدَأ المُختَار ثَورتَه على الوالِي الزُبَيري ابن مُطِيع في الكُوفَة بِإعلان طَلب البَيعَةِ من أَهْل الكُوفة على كِتاب الله وسُنَّةِ نَبِيه والثَّأر لِدِماء أَهْلِ البَيت صَلواتُ الله وسَلامُه

1 - الإصابة في تَمييز الصّحابة، ابن حجر 50/ 6

عليهم وتَعقُّب قَتَلَةِ الإِمام الحُسَين صَلواتُ الله وسَلامُه عليهم وجَزِّ رُؤوسِهم وصَلبِهم وإِحراقِ أجسادِهم.

وفي ثَورَتِه، ظَفَر المختارُ بِقَصر الإِمارَة في الكُوفَة وطارَدَ ما يُناهِز الأَلف مِن قَتلَة الإمام الحُسَين صَلواتُ الله وسَلامُه عليه وقَتَل قادَتَهم بِالتَّعاون مع إِبراهيم الأَشْتر، حتَّى جاء مُصعَب بن الزُّبَير على رأس جَيشٍ مُوفدًا مِن أَخِيه عبد الله بن الزُّبير خَليفة مكَّة لِيَثأَر لِوالِيه ابْن مطيع ويَستَعِيد وَلايَة الكُوفة مِن المُختار. فتَفَوّق مُصعبُ وقَضى على دَولَةِ المُختار بِالتَّعاون مع فُلُولِ الأُمَوِيّين مِن أَهْلِ الكُوفَة وظَفَر بِالمُخْتار وقَتله مع عَددٍ مِن أَنْصارِه فور تَخلِّي حَوالَى 6 آلاف مِن جُنده عن نُصرَتِه طَمعًا في عَفو وَعدَ به مُصعَب لِيَشملهم، فاستَدرَجَهم مُصعَبُ بن الزُّبير إِلى عَفوِه الذي وَعَد فاستَسْلَموا ثُمّ أَعمَل فِيهم حَدّ السَّيف وأَعدَمَهم كلُّهم ولم يُبق مِنهم أَحدًا.

تَسلَّم السَّجَّادُ صَلواتُ الله وسَلامُه عليه الإِمامَة في إِثْر مَقتل والِدِه في عام 61هـ، وظَنَّ السَّاخِطُون على الأُمَوِيِّين أَنَّها فُرصَتُه المواتِيَة لإِطْلاق ثَورة شامِلَة عارِمَة لا تُبقِي لِلوُجُود الأَمَوي مِن باقِيَة كما هِي فُرصَتُهم السَّانِحَة. لكِنّ الإِمام السَّجّاد صَلواتُ الله وسَلامُه عليه فاجأ الجَمِيع، فلم يَشأ أَخذ الثَّأر لِوَاقِعَة كَربلاء عبر بَثِّ مَفهُوم (الثَّورَة) في المُسلِمِين على الخَلِيفَة الأُمَوِي الفاسِق شارِب الخَمر وقاتِل النَّفْس المُحترَمَة، ولم يَتَبنَّ الرَّأي الغاضِب المُنادِي بِالكِفاح المباشر لإِزَلَة دولة الأُمَوِيِّين، ولَم يُجِز بِمُراد مُباشرٍ مِنه قِيام أَيِّ عَملٍ ثَوريٍّ غَير مَحمُود العَواقِب ولا يَتضَمّن الأُمور التَّالِيَة:

ـ مُرادَ والدِهِ الشَّهيد الحُسَين صَلواتُ الله وسَلامُه عليه ومَنهجَه في إِصْلاح البِلاد والعِباد وفي بلوغِ (الفَتْح).

ـ التَّأكِيدَ على إِعادة الاستِقرار في النِّظام الاجْتماعِي لِلمُسلِمِين لِيَتسَنّى له إِطلاق عَمليَّة الإِصْلاح.

ـ التَّمهِيد لِمُهِمَّة تَنقِيَة ثَقافة المُسلِمِين مِن الأَدران الجاهِلِية والأَسْقام الَّتي عَلقت بها.

- والعَودةَ إلى العَقيدة السَّلِيمَة الَّتي كادَت تَندَثِر بـ(مَذْهبِ الرَّأي).

- إعادَةَ الثِّقة في الدِّين حيث طُمِسَت مَعالِمُه وأُزِيلَت شَعائرُه.

- علاجَ حال التَّذَمّر والقنوط العام واليَأس ممَّا في أَيدِي كُبراء الصَّحابة والتَّابِعين الَّذين استَنزَفتهُم حُروب المَكْر والخَدِيعَة.

فالظُّروفِ الإجْتِماعيَّة الرّاهِنَة ما زالت مُرِيبَة ومُعقَّدة حيث يَتكَتَّل فيها المُتَربِّصُون ويَتحَزَّبون لِركُوبِ مَوجَةِ السُّخط العام ولِكَي يَنفردوا بِمَغانِم الإمْرة والرّئاسة تَحت لافِتَة الثَّأر لِدَم الحُسَين صَلواتُ الله وسلامُه عليه، وحيث يَقِلّ النَّاصِر المُؤمِن الصَّادِق المُوالِي لِأَهْل البَيت صَلواتُ الله وسَلامُه عليه. فلا يُمكِن القِيام بـ(ثَورة) تَغيير حَقِيقِيٍّ في المُجتَمع المُسلِم بِذات العَناصِر والأَفكار والوَسائل الَّتي خَذَلَت أَبِيه صَلوات الله وسَلامُه عليه وتَخلَّت عنه.

فَلو أَجازَ الإمامُ صَلواتُ الله وسَلامُه عليه لِسُليمان بن صرد الخزاعي القِيام بِالثَّورة - عَلى سَبِيل المِثَال - أَو أَمَر بِها؛ لما تَخَلَّف كُلُّ قادَةِ الثَّورات الأُخْرى مِن دُعاة الثَّأر لِوَاقِعَة كَربلاء بِمَن فِيهم المُختَار الثَّقفِي وأَتْباعه عن ثَورة (التَّوابِين). ولَو أَجاز الإمامُ صَلواتُ الله وسَلامُه عليه لِلمُختَار في عام 66هـ أَو أُجِيز لِزَيد في عام (121/ 122هـ) مِن قِبَل أَحد الإمامَين البَاقر أَو الصَّادِق صَلواتُ الله وسَلامُه عَلَيهما؛ لما تَخلَّف عَنْهُما قادَةُ الثَّورات الأُخْرى وأَتْباعُهما ولَو على سَبِيل المُسَايَسَة والمَكْر والخَدِيعة. فلِماذا يَتَخَلَّف الثَّائرون التَّوابُون أَو الزُّبَيرُّيون أَو العَبَّاسِيُّون و(المُختارِيُّون) عن (ثَورة) قائدٍ مُجازٍ مِن قِبَل الإمام وَلِيّ الدَّم وقائد الثَّأر وفي التَّخَلُّف عنه ما يُنقِض صِدقَ دَعوتِهم لِـ(الرِّضا مِن آل مُحمَّد) في النَّاس؟! وهَل أَجاز الإمامُ لِأَحدِهِم (الثَّورة) ولم يُشعِر الآخَرين بِضَرورة اللَّحاق بِثَورة مَن أَجاز لَه؟!

إنَّ (شِيعةَ عَلِيّ) مِن الصَّحابَة والتَّابِعين في وَسَط الجُموع الكبيرة المُنادِيَة بِالثَّورة وطَلَب الثَّأر لِكَربلاء كانوا قَلِيلي العِّدَةِ والعَدَد، وأَمَّا غيرهم مِن مُخلَّفات (مَذْهَب الرَّأي) ومُدَّعي الثَّورة أَو مِن المُتَمرِّدين على الدَّولة الأُمَوِيَّة والسَّاخِطِين عليها وطالِبي

الرِّئاسة والإمْرة فهُم كَثِير يجول في غَمَرات المَوجَة الثَّورِيَّة حيث لا يُعتَدّ بِهم وإنْ نادوا بـ(الرِّضا مِن آل مُحمَّد) صَلوات الله وسَلامُه عليهم أَو انَخرَطوا تَحت ذات اللَّافِتَة.

فالإمامُ المَعصُوم أَعْلم بِما يَفْعل ولا يُسأل عمَّا يَفعل والنَّاسُ مِن حَولِهِ يُسأَلُون، ولا يَفعل إِلَّا ما يَأمُر به وَحْيُ الإمامَة. وبِمَقاييس الواقِع، أَنَّ تصدي القِلَّة مِن (شِيعَةِ عَلِيّ) المُنهَكِين المُستَنزِفِين في مَسيرة أَربَعةِ عُقودٍ مِن الصّبر لِقيادَةِ (ثَورَةٍ) مُؤلَّفة مِن عناصِر أُشْرِبوا بِفِكر (مَذْهَب الرَّأي) وبِأَعْوانٍ مَخذولِين اتَّبَعوا (اتِّجاه أَهْل العامَّة) المُنتَظِم على نَسق عَهد (الخِلافَة) وثَقافَتِه؛ سَيَنتَهِي إِلى نار حَرب تُزهَقُ فيها أَرواح المُسلِمِين حيث لا عِبرة تُنتَزع منها ولا إِيمان عاصِم، وقد تَتكَرّر فيها واقِعَةُ كَرْبلاء وسَردِيَّتُها الأَلِيمَة فِيمَن تَبقَّى مِن (شِيعَةِ عَلِيّ) أَو يُقْضى على حَياة الأَئمَّة مِن أَهْلِ البَيْتِ السَّجاد والبَاقِر والصَّادق صَلواتُ الله وسَلامُه عَلِيهم قُبيل انْجازِ ما أُسنِد إِلِيهم مِن وَظِيفَة، أَو تُلْقِي هذه (الثَّورةُ) ـ إِذا ما اشْتَعل أُوارُها ـ بِوَبال أَمْرِها على التَّشَيُّع والشِّيعَة مِن جَدِيد ولمّا تَضمِد آلامُ وجراحاتُ نِصف قَرنٍ مِن القَتل والسَّجن والتَّشرِيد والفَصْل الاجتِماعي والإِقصاء السِّياسِي المُوجَّهة رَسمِيًّا مِن قِبَل دَول الخِلافَة لِتَصفِيَة الوُجُودِ الشِّيعي على بِكرة أَبِيه.

إِنَّ الاستِجابَة الشِّيعِيَّة لِرِدُود الفِعل الثَّورِيَّة السَّرِيعَة على حَدَثٍ بِحَجم واقِعَة كَربلاء في مُواجَهة دَولةٍ تَتفاعَل مَع مُحيطها الاجْتِماعي بِأَقصى قُوَّتها وبِذُروَة جَبَروتها، وتَمتلك مِن الإمكانِيَّات المادِّيَّة والبَشَريَّة الهائلة في بَلدٍ مِثل الشَّام المُستَقِرّ على النَّهج الأُمَويّ والمنقَطِع عن أَصْل الدِّين والمُجرَّد مِن آثار مَوجة الصِّراع بين الصَّحابة الأَوّلِين المُؤمِنين منهم والمُنافِقين، وفي مُجتَمعات مَشُوبَة بِكَثِيرٍ مِن المَذاهِب والفِرق مُتلاطِمَة الفِكر والمُضطَرِبَة في عقائدها والمُختَلِفَة في الميول الاجْتِماعِيَّة والأَهواء السِّياسِيَّة، والمَشحونَة بِأَطماع الإِمْرة والرِّئاسة، والفاقِدَة لِلثِّقة في مَفهوم (الخِلافَة) الَّذي فَقد بريقَهُ الوَحيانِي واضْطَرب في بُعدَيهِ الوِجداني والأَخلاقِي ـ ستَنتَهِي حَتمًا إِلى التَّالي:

ـ فَنَاء الوُجود الهاشِمي ونِهايَة مُتوقَّعة لِـ(شِيعَةِ عَلِيّ).

ـ اشتِعال حُروبٍ طاحِنَةٍ هائلة الدَّمار قد تُقَسِّم البِلاد إِلى دُوَيلات مُستَقّلة يَترَبّص بَعضُها الدَّوائر بِالبَعض الآخر وتكِيد لَه دُول العالَم المَسيحِي كَيدًا.

ـ فَقْد الشِّيعة لما يَضمَن النَّتائج وخَواتِيم الأُمُور لِصَالِح وُجودِهم وأَمْنِ هُوِيَّتِهم مِن بَين المَجموع (الثَّائر) السَّاخِط المُناهِض لِلدَّولة الأُموِيَّة.

ـ وأَنَّ خاتَمة الأَمْر ستُفضِي إِلى ضَياع أَفْضَل فُرصة تَأرِيخِيَّة قَعَّد لها أَبُو عبد الله الحُسَين صَلواتُ الله وسَلامُه عليه بِفَتح كَربلاء ما زالَت سانِحَةً لِبَثّ التَّشَيُّع وعَقيدَتِهِ والتَّعريف بِشَريعَتِه وأَخْلاقِهِ وسَردِيَّة نُشوئه التَّأريخِي وأَصالَة مَواقِفِه، ولِلنُّهوض بِثَقافَة (شِيعَةِ عَلِيّ) وتَنمِيتها مِن جَدِيد، ولِإِعادَة صِياغَة نُفوس أَهْل العامَّة وتَرمِيم مفاهِيم النَّاس وفق مَنهجٍ إِصلاحِيٍّ مُتَّصِلٍ بِالمَنهج الَّذي اتَّبَعه الإِمام الحُسَين صَلواتُ الله وسَلامُه عليه ووَصَفَ خاتِمتَه بِـ(الفَتْح) وَضَحَّى في سَبِيله مع أَهْل بَيتِه وأَصْحابِه صَلوات الله وسَلامُه عليهم.

وعلى سَجِيَّتِهم وما اعتادوا عليه مِن مَكرٍ وغَدر سِياسِيِّين؛ شَكَّك الأُمويُّون في طَبيعَة المَوقِف الَّذي تَبنَّاهُ الإِمام السَّجّاد صَلواتُ الله وسَلامُه عليه وارتابوا في مَا كان يَرمِي إِليه صَلواتُ الله وسَلامُه عليه في هذه الأَجواء (الثَّورِيَّة) المحمُومَة الضَّاغِطَة والدّافِعَة إِلى تَبَنِّي إِجراءٍ ثَورِيٍّ عَنِيفٍ حاسِمٍ ورُدود فِعِل شَدِيدة البَأس. وقد أَثْقَل الإِمام السَّجّاد عَلى الأُمَويّين والقُوى الثَّوريَّة بِالمَعنى العَمِيق لِمَوقِفِه وبِمَداه الشَّامِل البَعِيد الَّذي لم يَشْتَمِل على شَيءٍ مِن (العُنْفِ الثَّورِي) المُتوقَّع، فإِنْ تَقدّم صُفوف الثَّورِيّين لم يُبقِ الأُمَوِيُّون مِنه ولا مِن (شِيعة عَلِيّ) مِن باقِيَة.

فقَرّر الأُمَوِيُّون اتِّباع رُؤيَةٍ مُختَلِفَة تَشي بِالظَّنّ أَنَّ وُجُود الإِمام السَّجّاد صَلواتُ الله وسَلامُه عليه يُشَكّل أَشَدَّ الخَطر على دَولَتِهم وأَمْن نِظامِهم مِن أَيِّ مَوقِفٍ آخر يُعبَّر عنه بِـ(الثَّورَة) أَو (الثَّأر) لِأَبِيه صَلواتُ الله وسَلامُه عليه. ولكِنَّهم اضْطَرّوا لِلانْصراف عنه والانْشِغال بِعَمَلِيَّات إِطْفاء الثَّورات الَّتي اتَّخذت طَرِيق الحَرب المَناطِقِيَّة على أَعْوان بَنِي أُمَيَّة ووُلاتِهم واتَّبعَت مَنهجًا (ثَورِيًّا) مُنقطِعًا عن إِمامَةِ أَهْلِ البَيتِ صَلواتُ

الله وسَلامُه عليه. ومِن أَشْهره: ثورةُ ابن الزُّبَير في عام 61هـ، وثَورَةُ التَّوابِين في عام 65هـ، وثَورة المُختار الثَّقَفِي في عام 66هـ، ثُمَّ في ثَورة زَيد بن عَلِيّ في عام 122هـ.

لَيس مِن شَكٍّ في أَنَّ الإمام السَّجّاد صَلواتُ الله وسَلامُه عليه مَضى في العَمل على صِيانَة ما هُدِّم في الوُجُود الشِّيعِي وعلى تَنمِيَة ثَقافَتِه، مع مُراعاة طَبيعةِ البيئةِ الاجْتِماعِيَّة حيث تَعدُّد الاتِّجاهات (الثَّورِيَّة) السِّرِّيّة والعَلنِيَّة، واخْتِلاف مَقاصِدِها، فضلًا عن طُغْيان ظاهرة المَذاهِب وشُيوعها في المُسلِمِين وتَكاثُر الفِرق بِشَكل لافِت، وانْطَوائهما على استِعدادَين خَطِيرين:

ـ المُشَكِّك في النُّبوَّة ووَحيَانِيَّة العَقِيدَة، ومنه ما جاء على لِسَان كبراء الدَّولَةِ الأُمَوِيَّة مِن قَولٍ جاهِلي، نَظير قَول القائل (لَعبَت هاشِمُ بِالمُلْك فَلا خَبرٌ جاء ولا وَحْيٌ نَزَل).

ـ والمُؤمِن بِأَنَّ الصِّراع بين كُبراء الصَّحابَة مُنذ يَوم الانْقِلاب على الأَعْقاب لم يَتجاوز حَدّ لعبة السِّياسَة بِالمُلكِ والعَبَث فيها بِالمَكر والخُدعة، ولا يَخرج هذا الصِّراع عن كَونِهِ مِن التَّدافع على (هِرَقْلِيَّة/ قَيصَرِيَّة) تستَحِقّ الإدانَة ونَبذ ما اصْطَنَعه كُبراء الصَّحابَة مِن مَذهب في (الرَّأي) وتَجرِيم لِرِجاله وما تَمَخَّض عنهما مِن فَوضَى اجْتِماعِيَّة وانحِرافٍ في الدِّين يتقبَّلان الإِيمان بِالمُتَناقِضات في العَقِيدة ويَرضَيان بِالمُنافِق والفاسِق الفَاجِر والنَّاكِث والمارِق والقاسِط في الخُلفاء ما داموا مُسْتَولِين على سُدَّة الخِلافَة بِالفَلْتَة أَو بِالمَكْر أَو بِالدَّهاء أَو بِالغلبة، ويَسُودون في النَّاس بِقُوة الجَيش وخَزائن المال.

كان الإِجْراء الأَوَّل المُضادّ الَّذي استَجدَّ في الأُمَوِيِّين إزاء (العَمَل الثَّورِي) بَعد واقِعَة كَرْبلاء هو العَمَلُ على الآتي:

ـ عَرقَلة نَسَق الإمامَة ومَسارِها اللَّذين استَمرَّا في فترة إمامَةِ السَّجّاد صَلواتُ الله وسَلامُه عليه ما بين سَنة ٦١هـ وسَنة ٩٥هـ.

ـ واختِراق مَنهَجِ الإمام السَّجّاد صَلواتُ الله وسَلامُه عليه، وهو منهجٌ إِصْلاحِيٌّ مَثَّل امتدِادًا لما وَعَد بِه والدُه الحُسين صَلواتُ الله وسَلامُه عليه مِن (الفَتْح).

ـ تَفتِيت قوى الفِئة القَليلَة المتبَقِّيَة مِن الشِّيعة اللَّائذَة بِالإمام السَّجّاد صَلواتُ الله وسَلامُه عليه وزَعْزَعة ثِقَتها في مَفهوم (الإِمامَة) وتَشتِيت شَملها وجمعها.

ـ استِغلال ظاهِرَة انْتِشار المَذاهِب وتَفرُّعِها إِلى فِرق لاخْتِلاق مجموعَةٍ مِن المُتناقِضات الاجْتِماعِيَّة والعَقدِيَّة في البَيت الهاشِمي تُؤدِّي في نِهاية المطاف إِلى تَعطِيل مَسيرة التَّشيُّع ومَنعِه مِن استِثمار فُرصَة ما بَعد واقِعَة الطَّف الَّتي هَزَّت وِجْدان المُسلِمين وأَثارت دَفائن عُقول الرِّجال وزَعْزَعت الأُصُولَ العقدِيَّة لِـ(اتِّجاه أَهْل العامَّة) وزَلزَلت قَواعِدَه الفِكرِيَّة، وعَصفَت بِالثَّقافَة الجاهِلِيَّة الجَدِيدَة الَّتي اصْطَنعها (مَذْهَبُ الرَّأي) في هَيئَةِ دِينٍ مُختلف.

فأَقدمَ الأُمويُّون على تَروِيج ما عُرِف بِمَذْهَب أَو فِرقَةِ (الكَيْسانِيَّة)، وأَسندوا زَعامتها بِوَسِيلَة الشَّائعة إِلى مُحمَّد بن عَليٍّ (ابن الحَنَفِيَّة) لِيَقِف بِعَقيدَة الكيسانِيَّة الخاصَّة هذه في عَرض إِمامَةِ ابن أَخِيهِ السَّجّاد صَلواتُ الله وسَلامُه عليه.

وقد اصْطَلَح أَئمَّةُ ووُعَّاظ)اتِّجاه أَهْل العامَّة(على الكيسانِيَّة وأَشاروا إِليها بِوَصْف (الفِرْقَة) ولَم يَخلَعوا عليها مُسمَّى (المَذْهَب) لِأَسْباب مُختلفة، منها:

ـ لِيَكون بِمَقدُورِ أَعْداء (شِيعَة عَلِيّ) نِسبة الكيسانِيَّة إِلى الوُجُود الرَّئيسِيّ الشِّيعِي الَّذي يَأْتَمّ بِإمامَة السَّجّاد صَلواتُ الله وسَلامُه عليه، فيُقال أَنَّ الكَيسانِيّة (فِرْقَةٌ) منشقَّة عن (مَذْهَب) التَّشَيُّع ولَيْست مَذهبًا مُستقلًّا.

ـ ويَكون لِعَشَرات الفِرَق (السُّنِّيَّة) الشَّائعة في البلاد عُذر انفِصالها عن مَذاهِب (اتِّجاه أَهْل العامَّة) المُوالِي لِلأُموِيِّين.

ـ ولِضَمان خَلق التَّوازُن في الدَّولة لِمَصلَحة سِيادَة الخَلِيفَة الحاكِم حصْرًا، فيَكون مِن شَأنِ مَذاهِب (اتِّجاه أَهْل العامَّة) وفِرَقِهِ التَّبعِيَّة والمُوالاة لِسُلطة الخَلِيفَة الأُمَوِيّ.

ـ ولِلحَدّ مِن طُغيان ما وُصِف بِـ(الفِرَق) الشِّيعِيَّة غير المُوالِيَة لِلأُمويِّين فضلًا عن الحَدّ مِن مَيلِها لِلانْفِراد بِالسِّيادة الاجتِماعِيَّة الَّتي تُؤهِّلها لِتَشكِيل اتِّجاهٍ سِياسِيٍّ ضاغِطٍ ومُؤثِّرٍ على أَوامِر (الخَلِيفَة) ومَراسِيمه.

ـ ويَكُون لِلشِّيعَةِ وفِرَقِهِ ما يَكون لِمَذاهِب وفِرَق (اتِّجاه أَهْل العامَّة) سواءً بِسواء، فَلا تَمَيُّز مَسموح بِه لِلشِّيعة ولا تَفوق مُجاز، ولِـ(اتِّجاهِ أَهْل العامَّة) ما يُقرِّره الأُمَوِيُّون حصرًا.

قِيل في (الكَيسانِيَّة) أَنَّها مَذْهَبٌ مُستقِلٌّ اتَّخَذ مِن مُحمَّد بن الحنَفِيَّه إمامًا خلفًا لأَخِيه الحُسَين صَلوات الله وسَلامُه عليه بَعد مَقتلِهِ في واقِعَة الطَّف، وأَنَّه يُبيح المُحرَّمات ويَقولُ بِالحلول والتَّناسُخ وأُلوهِيَّة الأَشخاص، وقد تَفرَّعَ عنه ما يقرُب مِن رُبعِ عَدَدِ الفِرَق الَّتي أَورَدها مُؤرِّخو الفِرق في الإِسْلام.

وفي تَصْنِيفٍ آخر، ذُكِر أَنَّ الكَيسانِيَّة اتَّخذَت شَكْلَ الشَّائعة في المُسلِمين، وتَعمّد أَئمَّتُها نِسبَةَ مَذْهَبِهم إلى إمامَة السَّجّاد صَلواتُ الله وسلامُه عليه، وذلك لِلزَّجّ بِالإمام السَّجّاد في مَعرَكَةٍ أَمنِيَّةٍ فاصِلَةٍ مع الأُمويِّين فيَكون على أَثرِها مُضْطرًا لِلاستِجابَة الفَورِيَّة لِلتَّحَوُّل (الثَّورِي) القائم الدَّاعِي إلى الثَّأر لِمَقتل والِدِهِ الحُسَين صَلواتُ الله وسَلامُه عليه حيث كَثُرَت القُوى الثَّورِيَّة وفِيهم العَبّاسِيُّون والزُّبَيرِيُّون الأَكْثر تَنظيمًا وانْتِشارًا وعِدّةً وعَتادًا. وصار مِن اللّازم السِّياسي أَنْ يَزُجّ الأُمَويُّون بهذه القُوى في مَعركَة وجودٍ فاصِلةٍ مع السَّجّاد صَلواتُ الله وسَلامُه عليه، فهو الأَوْلَى بِزَعامَة قُوى الثَّأر الثَّورِي وهو صاحِب الدَّم الَّذي يَتوجَّب عليه التَّقدّم في هذا الأَمْر وإِضْفاء طابِع

الشَّرعِيَّـة عـلى قُـوى الثَّـورة أَو حَجْبِـهِ عنهـا. وتِلـك فرصَـةٌ لِلقضـاء عـلى الإمـام السَّـجّاد صَلـواتُ الله وسَـلامُه عليـه وتَصفِيَـة وُجُـودِ كلِّ قُـوى السُّـخط والثَّـورة دفعـةً واحـدة!

تَقـدَّم المَنهـجُ الإِصْلاحِـي المُتبنَّـى مِـن قِبَـل الإمـام السَّـجَّاد صَلـواتُ الله وسَـلامُه عليـه بِخَطـواتٍ مُؤثِّـرة مَلمُوسَـةٍ، مُتجـاوزًا بِها ضَغـط الأَجْـواء (الثَّوريَّة) واستِقطاب قُواهـا وكَيـد الأُمويِّـين بإزائهـا. فانْحـاز بِمَنهَجِـهِ المُسـتقلّ إلى مُـراد تَعزيـز إيـمان المُتبقِّـي مِـن الشِّـيعَة، وصَـانَ بِـه وُجُودَهُـم وأَظْهَـر عَقِيدتَهـم وجَعـلَ منهـما مِثـالًا يُتَّبـع وأَحـدثَ بِهـما شَـكلًا مِـن أَشْـكال الفَصْـل عـن الأَجـواء الاجتماعِيَّـة والثَّورِيَّـة. فـإِنْ غُـدِر بِـه أَو قُتِـل بعـد ذلـك فقـد ضَمـن بِـما أَنْجـزَه بهـذا المَنهَـجِ دَوامَ (فَتْـح) والِـدِه الحُسَـين صَلـواتُ الله وسَـلامُه عليـه.

لم يَتوقَّـف الإمـامُ السَّـجّاد صَلـواتُ الله وسَـلامُه عليـه في غَمَـرات هـذه الأَجْـواء الثَّورِيَّـة عـن كَشـف المَزيـد مِـن الحَقـائـق عـن واقِعَـة كَربـلاء وخَلفِيَّاتهـا التَّأريخِيَّـة، وعَـرَّفَ تَفاصِيلها لِلمُتبقِّـي مِـن (شِـيعة عَـلِيّ) والتَّابِعِـين منهـم ولِلأَغلبِيَّـة مِـن أَتْبـاع (اتِّجـاه أَهْـل العامَّـة) الَّذيـن صُدِمـوا بِتفاصِيلهـا في أَوَّل الأَمْـر ثُـمّ انقلبـوا. ويكـون الإمـام السَّـجّاد بِذلـك قـد فَنَّـد كُلَّ مـا أَشـاعَهُ الأُمويُّـون مِـن أَكاذِيـب وضَـلال، وسَـفَّه مـا اخْتَلقـوا مِـن تَفاصِيـل مُتعَلِّقـة بِالمَوقِـف الأُمَـوِي زَجُّوهـا في سِـيرة الواقِعَة، وأَبطَـل مـا سـاقُوه مِـن المُـبرِّرات الدَّافعـة نحـو ارْتِـكاب خَلِيفَتِهـم يَزيـد بـن مُعاوِيَـة الفاسِـق المُتهتّـك لِهذه الجَرِيمَـة النَّكـراء.

جَـرى بَعـد ذَلِـك مـا جَـرى مِـن رُدود الفِعْـل العَنِيفَـة الَّتـي صاحَبَـت العَمَـل (الثَّـورِي) ودَلَّـت عـلى صِحَّـة مَوقِـف الإمـام السَّـجّاد صَلـواتُ الله وسَـلامُه عليـه المُعَطِّـل لِفِكَـرة الثَّـأر بِـ(الثَّـورة) أَو المؤجِّـل لهـا، مِنهـا مـا حَصَـل في مَكَّـة والمَدِينـة لِثَـورَة ابـن الزُّبَـير مِـن استِباحَة لِلمَدِينَـة وتَدمِـير لِمَكَّـة، ومنهـا مـا حَصَـل في واقِعَـة (عَـين الـوَردة) لِثَـورة التَّوابِـين مِـن خِـذْلانٍ وعَمَـل انْتِحـارِي، ومـا رافَـق هاتَـين

الثَّورَتَـين مِـن تَصفِيَّـات دَمَوِيَّـة عَنيفَـة مِـن قِبَـل الأُمَوِيِّـين، ومِنهـا مـا أَقـدَم عليـه المُخْتَـار الثَّقَفِـي مِـن سَـيطَرَةٍ تامَّـةٍ عـلى الكُوفَـة انْتَهـت بِخِـذلان جَيـش الكُوفَـة وانْقِلابِـه عـلى المُختـار الثَّقَفِـي وتَعرُّضِـه والجيـش لِلقَتـل والإِبـادة الجماعِيَّـة في مَجـزرةٍ بَشِـعَةٍ ارتكبَهـا مصعـب ابـن الزَّبـير.

وفي هـذا الشَّـأن يُشـار إلى أَنَّ مُـبرِّر اعتـزال المُختـار الثَّقَفِـي لِجَيـش الكُوفَـة الخـارج لِلحَـربِ عـلى مُعاوِيَـة بِقِيـادَة الإِمـام الحَسَـن صَلـواتُ الله وسَـلامُه عليـه، هـو ذاتُـه المُـبرّر الَّـذي ارتكبَـه المُختـار بَعـد ذلـك وكان سَـببًا رَئيسًـا في فَشَـلِ ثَورَتِـهِ. فقَـد أَكَّـد المُخْتـار الثَّقفِـي عـلى أَنَّ أَهـلَ الكُوفَـةِ سـيَخذِلون الإِمـام الحَسَـن صَلـواتُ الله وسَـلامُه عليـه ولَـنْ يَصمِـدوا أَمـام رُشـا مُعاوِيَـة وهَيبَـةِ الجَيـش القـادِم مِـنَ الشَّـام، فامْتَنـعَ المختـار عـن نُـصْرَة الإِمـام الحَسَـن صَلـواتُ الله وسَـلامُه عليـه والالْتِحـاق بِجَيشِـهِ. لكِـنَّ المُختـار نَفْسـه وَثـقَ بِأَهْـل الكُوفَـة لِلقِيـام بِثَورَتِـهِ وطَـرد بهـم والِي الزُّبَيريِّـين ثُـمّ جَنَّدهـم لِمُقاوَمَـة جَيـش مُصعَـب بـن الزُّبـير فخَذلُـوه مِـن فَورِهِـم وأَطاعـوا ابـن الزُّبـير مِثلـما خَذلـوا الإِمـام الحَسَـن صَلـواتُ الله وسَـلامُه عليـه مـن قَبْـل وأَطاعـوا مُعاوِيَـة.

لَقَـد أُشِـيعَ في الكُوفَـة وفي مَناطِـق مُختَلِفَـة مِـن بِـلاد المُسـلِمِين أَنَّ ثـورة المُخَتـار الثَّقَفِـي كانـت مُجـازة مِـن قِبَـل ابـن الحَنَفِيَّـة ولَيْـس لِلإِمـام السَّـجَّاد صَلـواتُ الله وسَـلامُه عليـه مِـن دَخْـل أَو علاقَـةٍ أَو دَورٍ في قيـام هـذه الثَّـورَة. وقِيـل أَنَّ ابـنَ الحَنفِيَّـة لَقِـيَ المُختَـارَ عنـد خُروجِـه إِلى الكُوفَـة الخاضِعَـة لابـن الزُّبَـير، فَقَـالَ المُختـار لَـهُ «إِنِّي عَـلَى الشّـخوص لِلطَّلَـب بِدمائكـم، والانْتِصـار لَكُـم». فسَـكتَ ابْـنُ الحَنفِيَّـة فلَـمْ يَأْمُـرْه وَلَمْ ينهـه. فَقَـالَ المُختَـار «إِنَّ سـكوتَه عَنِّـي إِذْنٌ لِي»، ووَدَّعـه. فَقَـالَ لَـهُ ابْـن الحَنفِيَّـة: عَليـك بِتَقـوى الله مَـا اسـتَطَعْت!

وقِيـل إِنَّـه لمـا قَـالَ (المُخْتـار) لَـهُ: «إِنِّي عَـلَى الشّـخوص لِلطَّلَـب بِدمائكـم والانْتِصـار لكـم»، قَـالَ ابـنُ الحَنفِيـة لـه: إِنِّي لَأُحِـبّ أَنْ ينصرنـا رَبُّنـا ويَهلـكَ مَـن

سَـفك دِماءنـا ولَسْـتُ آمـر بَحـرِبٍ ولا إِراقَـةِ دَمٍ، فَإِنَّـهُ كَفـى بِـالله لَنـا نـاصِرًا، ولحِقَّنـا أَخـذًا «آخِذًا»وبِدِمائنـا طالِبًـا)[1].

اسـتَقطب مُحمَّـد بـن الحنفيَّـة اهتِـمام المُسـلِمين في هـذه الأَجْـواء (الثَّورِيَّـة) مِثلَـما اسـتَقطبَ زُعَـماء التَّحـوّلِ (الثَّـورِي) عبـد الله بـن الزُّبـير والمُختـار الثَّقفِـي وعبـد الرَّحمـن بـن الأَشْـعث وزَيـد بـن عَـلِيّ وإِمـام العِبَّاسِـيِّين المستور شَـطْرًا واسِـعًا مِـن هـذا الإهْتِـمام. فقـد عُـرِف عـن مُحمَّـد بـن الحَنفِيَّـة شَـجاعَتُه ومَحبَّـةُ والِـده عَـلِيّ أَمـير المؤمنـين صَلـواتُ الله وسَـلامُه عليـه لـه، وسُـجِّل عليـه تَخلُّفُـه عـن رَكـب أَخِيـه الحُسَـين صَلـواتُ الله وسَـلامُه عليـه عندمـا خَـرج مِـن المَدِينَـة طَلبًـا لِلحَـقّ وإِصْـلاح دِيـن أُمَّـة جَـدِّه رَسُـول الله صَـلَّى الله عليـه وآلـه. ولَم يَكُـن ـ ابـنُ الحَنفِيَّـة ـ عـلى عِلْـمٍ تَفصِيـلِيٍّ بِالحَـوادث الواقِعَـة في إِثْـر تَـوديعِـهِ لِأَخِيـه الحُسَـين صَلـواتُ الله وسَـلامُه عليـه أَثْنـاء خُرُوجِـهِ مِـن المَدِينـة مِثْلَـما كان عليـه الإمـام السَّـجّاد صَلـواتُ الله عليـه مِـن عِلْـمٍ بِتَفاصِيـل خُـروج والِـده الحُسَـين صَلـواتُ الله وسَـلامُه عليـه مِـن المَدِينَـة ودُخُولِـهِ مكَّـة وخُروجِـهِ مِنهـا قاصِـدًا الكُوفَـة، ثُـمّ تَفاصِيـل الواقِعَـة في كَربـلاء إِذْ كان في صُحْبَـةِ والِـدِه في يَومِيَّـات هـذه الرِّحْلَـة وحَامـلًا لِوَصِيَّتِـهِ والإِمـام المَعنِـيّ بِرِسـالَة (الفَتْـح) مِـن بَعـد شَـهادَة والِـدِه.

واختُلِـف في السِّـيرة حـول عِلَّـة تَخلُّـفِ ابـن الحَنفِيَّـة عـن رَكـب أَخِيـه الإِمـام الحُسَـين صَلـواتُ الله وسَـلامُه عليـه عندمـا خَـرَج مِـن المَدِينـة مودِّعًـا، وذُكِـرت في المَـورُوث التَّأريخِـي أَسْـبابٌ مُختلِفَـة، منهـا الآتي:

ـ إِلى ما كان يُعانِيه في مَرَضِهِ مِن إِعاقَةٍ مانِعَة أَقعدَته.

ـ وأَنَّ أَخِيـه الإِمـام الحُسَـين صَلـواتُ الله وسَـلامُه عليـه أَبْقـاه في المَدِينـة وأَوْصـاه بِأَهْـلِ بَيتِـهِ صَلـواتُ الله وسَـلامُه عليهـم خَـيرًا.

1 - أنساب الأشراف، البلاذري 380/ 6

ـ وأَنَّ الحُسَين صَلواتُ الله وسَلامُه عليه تَرك عِندَ ابن الحَنَفِيَّة في المَدِينة مَوارِيثَ الإمامة، على أَنْ يَدفَعها إِلى وَلَدِه عَلِيٍّ السَّجّاد إِنْ هو قُتِل (وحَرَص مُحَمَّد على ذلك حتَّى دَفَعها إِلى عَلِيٍّ بن الحُسَين وراح يَجمع النَّاس على القَول بإِمامَةِ ابن أَخِيه السَّجّاد ويُعظِّم مِنزلَتَه عند النَّاس ولا سِيّما الخاصَّة مِن أَصحاب أَبِيه)[1].

مِن جِهَتِهِ، استَطاع المُخْتار الثَّقَفي أَنْ يُقِيم (الثَّورة) في الكُوفة على وآلِي ابنِ الزُّبير ويَقضِي على عُبَيد الله بن زِياد في مَعركَةٍ فاصِلَة بِالقُرب مِن المُوصِل بِقِيادة إِبراهِيم الأَشْتر في 10 مُحرَّم 67 هـ، ويَقضِي على عُمر بن سَعْد، ويَقتَفي أَثر بَقِيَّة عَناصِر يَزِيد المُتنفِّذَة الَّتي شارَكَت ابنَ زِياد وابنَ سَعْد في قَتلِ الإِمام الحُسَين وأَهْلِ بَيتِهِ وأَصحابِهِ لِيَقْتِلَهم.

أَخْضَع بَعضُ المُدوِّنين والمُؤرِّخين مِن الشِّيعَة وَقائع (ثَورة) المُختَار لِلمَنهَجِ التَّأريخِي، فبَحَث في أَدِلَّةِ مَدْحِ عَمَلِ المُختار الثَّورِي وتَعدِيل أَو تَجرِيح شَخْصِهِ. ووَقَف هؤلاء البَعض عند كُلِّ ما استَجمَعَ مِن أَدِلَّة فقال بِأَنَّ الإمام عَلِيّ بن الحُسين السَّجّاد صَلواتُ الله وسَلامُه عليهما أَجازَ لابنِ الحَنفِيَّة إِطلاق العَمَل الثَوري مِن غَير أَنْ يُحدِّد الأَمر في شَخص المُخْتار عندما قال لَه ولِعَدَدٍ مِن وُجهاء الكُوفة: (يا عَمّ لَو أَنَّ عبدًا زنجيًّا تَعَصَّب لنا أَهْل البَيت لَوَجَبَ على النَّاس مُوازَرَته، وقد ولَّيتُك هذا الأَمْر فاصْنع ما شِئت)[2]. وقد أَبْدى صَلواتُ الله وسَلامُه عليه سُرُورَه لِمَصْرَعِ قاتِلي والِدِه بِسَيف المُخْتار الثَّقَفي، ورَوى اليَعقُوبي أَنَّ عَلِيًّا السَّجّاد (لم يُرَ ضاحِكًا قط مُنذ قُتِل أَبُوه إِلَّا في ذلك اليَوم)[3] وعَنِي بِه يَومَ مَقْتَل قَتَلَة والِدِه بِأَيدِي ثَورة المُختار.

وعن الإِمام الصَّادِق صَلواتُ الله وسَلامُه عليه أَنَّه قال (ما اكْتَحلَت هاشِميَّة ولا اخْتَضَبَت ولا رُئِيَ في دار هاشِميٍّ دُخان، خَمس حِجَج، حتَّى قُتِل عُبَيد الله بن زِياد).

1 – مذاهب ابتدعتها السِّياسة في الإسلام 62

2 – المجلسي، بحار الأنوار، ج 45، ص 365.

3 – جهاد الشِّيعة في العصر العباسي الأول 32. تأريخ اليعقوبي 6/ 3

وعَن فاطِمَة بِنْتَ عَلِيٍّ عليها السَّلام أَنَّها قالَت (ما تَحنَّأَت امْرَأةٌ مِنّا ولا أجالَت في عَينِها مَرودًا ولا امتَشَطَت حتَّى بَعَثَ المُختَار رَأس عُبَيد الله بن زِياد)[1].

وعن عَبْد الله بن شريك قال: دَخلْنا على أَبِي جعفر صَلواتُ الله وسَلامُه عليه يَوم النَّحْر وهو مُتَّكِئ، وقال: أَرْسل إلى الحَلّاق. فقَعدتُ بين يَدَيه إذْ دَخَلَ عليه شَيخٌ مِن أَهْل الكُوفَة فتَناول يَدَه لِيُقبِّلها فمَنعَه ثُمَّ قال: مَن أَنْت؟ قال: أَنا أَبُو مُحمَّد الحكم بن المُخْتار بن أَبِي عُبَيد الثَّقَفِي، وكان مُتباعِدًا مِن أَبِي جَعفر صَلواتُ الله وسَلامُه عليه، فَمَدّ يَدَه إِليه حتَّى كادَ يُقعِدَه في حِجْرِهِ بَعد مَنعِهِ يَدِه، ثُمَّ قال: أَصْلَحَك الله إنَّ النَّاس قد أَكثروا في أَبِي وقالوا، والقَول والله قَولُك. قال: وأَيُّ شَيء يَقولُون؟ قال: يَقولُون كَذَّاب، ولا تَأمُرْني بِشَيء إلّا قَبلْته. فقال: سُبحان الله، أَخبَرني أَبِي والله أَنَّ مَهْرَ أُمِّي كان مِمّا بَعَث بِه المُخْتار، أَولم يَبنِ دُورَنا وقَتَل قاتِلينا وطَلَب بِدِمائنا؟! فرَحِمَهُ الله)[2].

وعن أَبِي جَعفر صَلواتُ الله وسَلامُه عليه قال (لا تَسبّوا المُخْتار، فإِنَّه قد قَتَل قَتلَتنا وطَلَبَ بِثأْرِنا وزَوَّجَ أَرامِلَنا وقَسَّم فِينا المال على العُسْرة)[3].

وأَمَّا ما نُقِل في تَجريح شَخْصِيَّة المُخَتار وذَمِّهِ (فعَن أَبِي جَعفر صَلواتُ الله وسَلامُه عليه قال: كَتَبَ المُخْتار بن أَبِي عُبَيد الثَّقَفِي إِلى عَلِيّ بن الحُسين صَلواتُ الله وسَلامُه عَلَيهِما، وبَعَث إليه بِهدايا مِن العِراق. فلَمّا وَقَفوا على بابِ عَلِيٍّ دَخَلَ الآذِن يَستأذِن لَهُم. فخَرَج إِليهم رَسُولُه، فقال «أَمِيطوا عن بَابِي، فإِنِّي لا أَقْبل هَدايا الكَذَّابِين ولا أَقْرأ كُتبَهُم)[4].

وعن الصَّادِق صَلواتُ الله وسَلامُه عليه قال (كان المُختَارُ يَكذِب على عَلِيٍّ بن الحُسَين صَلواتُ الله وسَلامُه عليهما)[5].

---

1 - بِحار الأنوار، العلّامة المجلسي 386/ 45
2 - بحار الأنوار، العلامة المجلسي 343/ 45
3 - العوالم، الشّيخ عبد الله البحراني 652
4 - المصدر السابق 651
5 - المصدر السابق 652

وفي شُبهةِ ظُهور الكَيسَانِيَّة ورد أَنَّ (كَيسان هُو لَقبُ المُختار بن أَبِي عُبيد الثَّقفِي، وأَنَّ أَمِير المؤمنين عَلِيّ بن أَبي طالِب صَلواتُ الله وسَلامُه عليه كان لَقَّبهُ بِذلك لمّا جاء به أَبُوه عند ولادَتِهِ ووَضَعَه في حِجر عَلِيٍّ صَلواتُ الله وسَلامُه عليه، فَقال له الإِمام «كَيِّس كَيِّس»، فلُقِّبَ بِذلك. ومنهم مَن قال أَنَّ مُحمَّد بن الحنَفِيّة لمّا أَرسَلَ المُخْتار إِلى العِراق لِطَلَب ثَار الحُسين صَلواتُ الله وسَلامُه عليه وكان قد عُرِف قِيامُهُ ومَذهَبُهُ؛ سَمّاه (كَيسان) لِكَيسه.

وقال بَعضُهم أَنَّ (كَيْسَان) اسمٌ لِعُمَيرة مَولَى عَلِيٍّ أَمير المؤمنين صَلواتُ الله وسَلامه عليه وهو مُؤَسِّسُ مَذْهَب الكَيسانِيَّة. وقال آخَرُون أَنَّه كان مَولَى مُحمَّد بن الحَنَفِيَّة. ومِنهم مَن قال أَنَّه كان تِلميذًا لِمُحمَّد بن الحَنَفِيَّة أَخذ عنه عِلمَ التَّأوِيل والبَاطِن.. ومِنهم مَن زَعَم أَنَّه حارسٌ لِلمُخْتَار. ومِنهم مَن قال: أَنَّه كان رَجُلًا مِن أَهْلِ الكُوفَة دَلَّ المُختَار على قَتَلَةِ الحُسَين.. إِنَّ هذا الشَّخص ـ كَيسان ـ الموهوم في شَخصِيَّتِهِ وهُوِيَّتِهِ وصِلَتِه بالإِمام عَلِيٍّ ووَلَدِه مُحمَّد وبِالمُختار بن أَبِي عُبَيد يَحكِي لَنا شَخصِيَّة عبد الله بن سَبأ الَّذي قِيل أَنَّه مُؤَسِّس السَّبئِيَّة)[1].

إِنَّ (عَبد الله بن سَبَأ) شَخصِيَّةٌ مُفتعلَةٌ في التَّأريخ ابتَدعَها عُمَر بن سَيف التَّمِيمي لِلنَّيل مِن المقام الرُّوحي لِلتَّشَيُّع ولِتَشوِيه أُصُولِه وسِيرةِ ظُهورِه ولِإِرجاعه إِلى نشوءٍ يَهُودِي. وتُعَدّ (السَّبَئِيَّة) أَوَّل مَذْهَبٍ مُختَلقٍ نُسِبَ ظُلمًا وجورًا إِلى التَّشَيُّع في ظَرفٍ كان المُسلِمون لا يَتحرَّجُون مِن اتِّباع سُنَّة المَذاهِب والفِرَق المنشقَّة عنها، ومِنها مَذاهِب أَبِي بَكر وعُمَر وعائشة وعبد الله بن عُمر وعبد الله بن مسعود وأَنس بن مالِك، ومَذاهِب عبد الله بن عمرو بن العاص واللَّيث بن سَعد، وسُفيان بن عيينى، وعَلِيّ بن المديني، وداود بن عليّ.

وفي إِثْر ظُهور مَذْهَب الكَيسَانِيَّة وإِشاعَةِ نِسبَتِه إِلى المُخْتار قِيل أَنَّه شَكَّل امتدادًا

1 - مذاهب ابتدعتها السِّياسَةُ في الإسلام 48

أو أثرًا مِن آثار السَّبَئِيَّة. ويَرى البَغدادِي (أَنَّ الكَيسانِيَّة قد تَأَثَّرت بِتَعالِيم السَّبَئِيَّة)[1]. ويُشار إِلى أَنَّ نُشوء مَذْهَب الكَيسانِيَّة مرَّ بِمَرحَلَتَين:

الأُولى: أَنَّه ظَهَر في عَصر الدَّولة الأُمويَّة بَعد واقِعَةِ كربلاء مُباشرة وعاصَر مَرحَلة انْتِقال الإِمامَة إِلى السَّجّاد صَلواتُ الله وسَلامُه عليه وخُروج المُختار بِثَورةِ الكُوفَة. (وفي هذه الفَترة نُسِبت إِلى المُختار أُمورٌ كثيرةٌ، منها:

ـ أَنَّه يقولُ بِالبداء والرَّجْعَة.

ـ ويَزعَمُ أَنَّ الملائكةَ تُحارِبُ معه.

ـ وأَنَّه اتَّخذَ كرسِيَّ عَلِيٍّ صَلواتُ الله وسَلامُه عليه كَمَثَل تابُوتِ بَنِي إِسرائيل يُخرِجه أَمام جَيشِهِ.

ـ وأَنَّه كان زُبَيريًّا ثُمَّ صار كيسانِيًّا ثُمَّ رافضِيًّا.

ـ وأَنَّه كان يَتزَيَّن بِطلَبِ ثأر الحُسَين ويَزعَم أَنَّ الوَحي يَنزلُ عليه.

ـ وأَنَّ مُحمَّد بن الحنَفِيّة هو المَهدِي وقَد أَرْسَلَه إِلى الكُوفَة وأَنَّه يدعو لِمُحمَّد بن الحَنفِيَّة ويَقول بإِمامَتِه)[2].

والثَّانِية: أَنَّه أُشْهِر مَع أَوَّل ظُهور الدَّولَة العَبَّاسِيَّة حيث كانَت (إِشاعَة الكَيسانِيَّة في طَريق الزَّوال والتَّلاشِي بَعد أَنْ حَقَّقَت الأَغراض المطلوبة مِن إِطلاقِها ونَشرِها في عَهدِ المُختار وبَدأَ العبَّاسِيُّون يُخطِّطون مِنهاج دَعوَتهم، وأَعزَّهُم الدَّلِيلُ على إِقناع النَّاس أَنَّ الإِمامَة انْتَقلَت إِليهم بِالنَّصّ وأَنَّ خِلافتَهم لا تَختلِف عن خِلافَةِ المَنصُوص عليهم بِالإِمامَة عن النَّبِيّ صَلَّى الله عليه وآله، فعَمَدوا إِلى إِشاعَة ـ الكَيسانِيَّة ـ ولمّا تَختَفِي وتَتَلاشَى كُلِّيًّا فجَدَّدُوها ونَقلوا الإِمامَةَ مِن مُحمَّد بن الحَنَفِيَّة الَّذي زَعَمت إِشاعةُ الكَيسانِيّة أَنَّه كان الإِمامَ بَعد أَبِيه ـ إِلى وَلدِهِ عبد الله المُكَنَّى بِـ»أَبِي هاشِم«، واتَّخذوا

1 - جهاد الشّيعة في العصر العبّاسي الأوّل . د. سميرة الليثي 34. الفَرق بَين الفِرق 31

2 - مذاهب ابتدعتها السياسة في الإسلام 60

مِن وَفاتِه في دارِهِم بِالحُمَيمَة مِن أَرض الشّراة وَصِيَّةً تَنقُل الإمامَةَ إلى عَمِيدِهم مُحمَّد بن عَلِيّ)[1].

جاءت وَفاةُ أَبي هاشِم عبد الله بن مُحمَّد بن الحَنَفِيّة على أَثَر دَعوةٍ تَلقَّاها مِن سُليمان بن عبد الملك تَسأله القُدوم إلى دِمَشق بوَصْفِهِ إمام الشِّيعَة مِن بَعدِ أَبيه مُحمَّد بن الحَنَفِيّة الّذي أُسنِدَت إليه الإمامَة ومُنِعَت عن الإمام عَلِيّ بن الحُسَين السَّجّاد صَلواتُ الله وسَلامُه عليه. فغَدَر سُليمان بِأَبي هاشِم ودَسَّ إليه السُّمّ في طَريق عَودَتِهِ إلى الحِجاز.

وعندما أَدرك أَبُو هاشِم قُرب مَنِيَّتِه أَتَى إلى الحُمَيمة ـ إحْدَى قُرى فِلسطِين الواقِعَة على حُدود الصَّحراء في شِمال شِبه الجزيرة العربيَّة ـ حيث كان يُقِيم مُحمَّد بن عَلِيّ بن عبد الله بن العَبَّاس. وقُبَيل مَماتِه بِأَثر السُّمّ قِيل أَنَّه أَوصَى لِمُحَمَّد بن العبَّاس الإمامة مِن بَعدِه.

ويَذكُر (فلهوزان) في كِتابه (الدَّولة العَربيَّة) أَنَّ رِوايَةَ التَّنازل هذه كانَت على الأَرْجَح مُختَرعَة. وجاء اخْتِراعُها في زَمَنٍ مُبكرٍ، لِأَنَّ شَواهِدَها قَوِيَّة. ولولا ذلك لَحَذَّرَ العَبَّاسِيُّون فيما بَعد مِن أَنْ يُقِيموا حَقَّهُم على مِثل هذا الأَسَاس.

ويَنفِي المُؤرِّخ (زتاريين) المُختَصّ في مادَّةَ (أَبُو هاشِم) الواردة في مُجلَّدات دائرة المَعارِف قِصَّةَ تَنازُل العَلَوِيِّين عن حَقِّهم لِلعَبَّاسِيِّين، فيَذكر أَنَّ هذه الرِّوايَة وإنْ ورَدَت في أَقدَمِ تَواريخ العَرَب فإنَّ المُحقِّقِين الآخَرِين يَشكُّون في صِحَّتِها شَكًّا كبيرًا، ويَعْزُونها إلى اخْتِراع العبَّاسِيِّين الّذين أَرادوا أَنْ يُبَرهِنوا بِهذه الصُّورة على حَقِّ العَبّاسِيِّين في الخِلافَة.

وقد رَدَّ (رُونَلدسُن) على هذا الرَّأي فقال: إنَّ قُوَّةَ الشَّكِّ تَخفُّ عندما نَعلَم أَنَّ (أَبا هاشِم) قد مات بِالحُمَيمَة. ولَيس مِن المَستبعَد أَنْ يكون لهذا الاتِّفاق عَلاقة بِتوحِيدِ

---

1 - نفس المصدر السابق 135

الجُهود بين الكَيسانِيَّة والعَبَّاسِيِّين في الضِّدّ مِن بَنِي أُمَيَّة)[1].

ويُذكرُ في السِّيَر التَّأريخِيّة لِلمَذاهب والفِرَق أنَّ هناك ما يُرجِّح بُطلان دَلِيل وُجود وَصِيَّة مِن أَبِي هاشِم بِنَقل حَقِّ الإمامَة إلى مُحمَّد العبَّاس. فَفِي رَدِّ مُحمَّد النَّفْس الزَّكِيَّة على أَبي جعفر المَنصُور العَبَّاسِي ورَدَ أنَّه أنكَر عليه وَراثة الإمامَة ولم يُشِر إلى تَنازل أَبِي هاشِم لِمُحمَّد العَبَّاس.

ويُعد مُحمَّد (النَّفس الزَّكِيَّة) بن عبد الله المَحْض بن الحَسَن بن الحَسَن بن عَلِيّ بن أبي طالِب مِن أَشَدِّ الثَّورِيِّين المُناهِضين لِدَولَة العَبَّاسِيِّين ومِن المُؤيَّدِين مِن قِبَل أَبِي حَنِيفَة ومالِك بن أَنَس ومِن غَير المَرضِيِّين مِن قِبَل الإمام الصَّادِق صَلواتُ الله وسَلامه عليه والشِّيعة الإمامِيَّة، وشَملَ بـ(الثَّورة) مع أَخِيه إبراهيم البَصرَة والكُوفَة والمَدِينة وأَعْلَن نَفسَه خَلِيفَة، وقِيل أَنَّه ادَّعى المَهدَوِيَّة، ثُمَّ قاتَل مع أَخِيه جُيوشَ المَنصور العَبَّاسي في إِثْر سَنواتٍ مِن المُطارَدَة والتِماس الهِجرَة حتَّى قُتِلا في عام 145هـ.

قال المُعَلَّى بن خنيس (كُنْتُ عِنْدَ أَبِي عَبْدِ الله صَلواتُ الله وسَلامُه عليه إِذْ أَقْبَلَ مُحمَّد بن عَبْدِ الله بنِ الْحَسَن فَسَلَّمَ ثُمَّ ذَهَبَ، وَرَقَّ لَهُ أَبُو عَبْدِ الله وَدَمَعَتْ عَيْنُهُ، فَقُلْتُ لَهُ: لَقَدْ رَأَيْتُكَ صَنَعْتَ بِهِ مَا لَمْ تَكُنْ تَصْنَعُ!. قَالَ: رَقَقْتُ لَهُ؛ لِأَنَّهُ يُنْسَبُ فِي أَمْرٍ لَيْسَ لَهُ، لَمْ أَجِدْهُ فِي كِتَابِ عَلِيٍّ مِنْ خُلَفَاءِ هَذِهِ الْأُمَّةِ وَلَا مُلُوكِهَا)[2].

تَقدَّم الإمامُ الصَّادِق صَلوات الله وسَلامُه عليه بِالنَّصِيحة لِمُحمَّد النَّفس الزَّكِيَّة يَدعُوه لِلتَّخَلّي عن (الثَّورِيَّة) المُتمَرِّدة على الإمامَة، فرَدَّها وتَوَجَّه إلى الإمام الصَّادق صَلواتُ الله وسَلامُه عليه يأمُره بِبيعَتِهِ، فامتَنَع الإمامُ الصَّادق صَلواتُ الله وسَلامُه عليه، فأَمَر مُحمَّد النَّفس الزَّكِيَّة باعتِقالِهِ وسَجْنِه.

وقال الإمامُ الصَّادق صَلواتُ الله وسَلامُه في النَّفس الزَّكِيَّة (إِنَّهُ الأَحْوَلُ الأَكْشَفُ

1 - جهاد الشِّيعة في العصر العبّاسي الأوّل 42. الدَّولة العربيّة 476 .عقيدة الشِّيعة 123

2 - معجم رجال الحديث 251/ 17/ رقم11110. انظر: مقاتل الطالبيين 183. بصائر الدرجات -173 195. الكافي 366-358/ 1.

الأَخْضرُ المَقْتُولُ بِسُدَّةِ أَشْجَعَ عِنْدَ بَطْنِ مَسِيلِهَا)[1]. وقال فِيه أَيضا (فَوَ الله إِنِّي لأَرَاهُ أَشأَمَ سَلْحَةٍ أَخْرَجَتْهَا أَصْلاَبُ الرِّجَالِ إِلى أَرْحَامِ النِّسَاءِ)[2]. وأَنَّ مآل ثَورَتِهِ الفَشَل (والله لا يَمْلِك أَكْثَرَ مِن حِيطان المَدِينَة ولا يَبْلُغ عَمَلُه الطَّائف إذا أَحْفل)[3].

وذُكِر في اعتِقال مُحمَّد (النَّفس الزَّكِيَّة) لِلإمام الصَّادِق صَلواتُ الله وسَلامُه عليه وآخَرِين (فصُفِّدوا في الحَدِيد ثُمّ حُمِلوا في مَحامِل أَعْراء لا وِطاء فِيها، ووَقَفوا بِالمُصَلَّى لِكَي يُشمِتهُم النَّاس. فَكَفَّ النَّاسُ عَنْهُم ورَقّوا لهم ولِلحالِ الَّتِي هُم فيها ثُمَّ انطَلَقوا بهم حتَّى وَقفوا عند بابِ مسَجِدِ رَسُول الله صَلى الله عليه وآله.. وأَنَّهُم لما أُوقِفوا عند بابِ سَجِد يُقال له «باب جبرئيل» اطلَعَ عَلِيهم أَبُو عَبد الله صَلواتُ الله وسَلامُه عليه وعامة رِدائه مَطروح بِالأَرْض ثُمّ اطْلَعَ مِن بابِ المَسجِد فقال لَعنكُم الله يا مَعاشِر الأَنْصار ثَلاثًا ما على هذا عاهَدتُم رَسُول الله صلى الله عليه وآله ولا بايَعتُموه، أَما والله إِنْ كنتُ حَرِيصًا ولكِنّي غُلِبتُ ولَيْس لِلقَضاء مَدفَع. ثُمّ قام وأَخذَ إِحدى نَعلَيهِ فأَدخَلَها رِجْله والأُخْرى في يَدِه وعامة رِدائه يَجرّه في الأرض ثُمّ دَخَل بَيتَه فَحمّ عِشرين لَيلَةِ لم يَزل يَبكِي فيه اللَّيل والنَّهار)[4]وقِيل أَنَّ مُحمّد النَّفس الزَّكِيَّة خَرجَ بِأَمْرِ مِن الإمام الصَّادِق صَلواتُ الله وسَلامُه عليه ولكِنَّهما أَعمَلا التَّقِيَّة.

وجاء في رِسَالَةِ وجَّهَها مُحمّد النَّفس الزَّكِيَّة إِلى المنصور العَبَّاسي يُكذِّب فِيها اسناد الإِمامَة إِلى العَبَّاسِيِّين مِن قِبَل أَبِي هاشِم مُحمّد (فإِنَّ الحقَّ حقُّنا، وإِنَّما ادعَيتُم هذا الأَمْرَ بِنَا، وخَرَجتُم له بِشِيعَتِنا، وحظَيتُم بِفَضْلِنا، وإِنَّ أَبانا عَلِيًّا كان الوَصِي وكان الإِمام، فكيفَ ورَثتُم وَلايَته ووُلْده أَحْياء؟!)[5].

المَنصورُ العَبَّاسِي الَّذي أَعلَن مِن جِهَتِه عن قيام ثَورة العبَّاسِيِّين في عام 132هـ في الضِّدّ مِن دَولة الأُمَوِيِّين بِالإشتراك مع أَخَوَيهِ أَبِي العَبَّاس السَّفاح وعَلِيّ العَبَّاس

---

1 - الكافي، الكُليني 360/ 1.

2 - مرآة العقول، المجلسي 130/ 4.

3 - المصدر السابق 129/ 4.

4 - المصدر السابق 134-131/ 4

5 - الطّبري 195/ 6 ـ 196

وبِدَعمٍ مِن مُحمَّد النَّفْس الزَّكِيَّة وأَبي سَلمَة الخَلّال وأَبي مُسلِم الخُراساني ـ كَتَب كِتابًا يَردُّ فيه على مُحمَّد النَّفس الزَّكِيَّة الَّذي وَعَدَهُ العَبَّاسِيُّون بِالخِلافَة عند انْتِصار الثَّورة وخَذَلوهُ ونَصّبوا السَّفاح خَلِيفةً واغتالوا الخَلّال والخُراساني ـ (أَمَّا قولكم أَنَّكُم بَنُو رَسُول الله صَلَّى الله عليه وآله فإِنَّ الله تَعالى يقول في كِتَابه [ومَا كَانَ مُحَمَّدٌ أَبَا أَحَدٍ مِن رِجَالِكُمْ وَلَكِن رُسُولَ الله وخَاتَمَ النَّبِيِّينَ وَكَانَ الله بِكُلِّ شَيْءٍ عَلِيمًا]، ولكِنَّكُم بَنو ابْنَتِه، وإِنَّها لِقَرابةٌ قَرِيبَةٌ ولكِنَّها لا تَجوز المِيراث، ولا تَرِث الوَلايَة ولا تَجوز لها الإِمامة، فكَيف تُورث بها)[1]. فرَدَّ المَنصور على كِتاب مُحمَّد النَّفس الزَّكِيّة قائلًا (فكَيف تَفْخرُ عَلينا وقد عِلْناكم في الكُفْر وفَديناكُم مِن الأَسْر وحُزْنا عَليكُم مَكارِم الآباء ووَرِثنا دُونكم خاتم الأَنْبياء وطَلبنا بِثَأرِكُم فأَدرَكْنا مِنُه ما عَجزْتُم عنه ولم تُدرِكوا لِأَنفُسِكم)[2].

انقَرضَ مَذْهبُ الكَيسانِيَّة وتَلاشَى صِيتُه، وانْقَضى أَجَلُه، وتَسافَل العَبَّاسِيُّون الثَّورِيُّون قَبْل ذلك في تَوظِيفِهِ تَوظِيفًا سَيِّئًا، وحَقَّقوا به التَّفوُّق على مُنافِسِيهم ومُغالِبِيهم في السَّاحَة الثَّورِيَّة، واستَعانوا في ذلك بِالقُوَّة والإِثارة الوِجْدانِيَّة، وسَعوا بِه إِلى تَحصِيل مَبدأ الشَّرعِيَّة الضَّرُوري لِتَنظِيم الدَّولة وبَسط يَد السِّيادَة على البِلاد وأَطرافها.

لم يَعُد لِسيرَةِ مَذْهَب الكَيسانِيَّة مِن ذِكر رَسْمِي في الوسَط العبَّاسِي بَعد قِيام الدَّولة والقَضاء على فلول الدَّولة الأُموِيَّة. وعلى الرَّغْم مِن ذلك لم تَتخَلّ أُصُولُ ومُدوَّنات (اتِّجاه أَهْل العامَّة) عن تَصنِيف العبَّاسِيِّين ثَورةً ودَولةً في قائمة التَّشَيُّع و(لِتَجعلَ مِن ذلك مُبَرِّرًا لِوَصْفِها بِالضَّلال والشَّكِّ وتَعدُّد العَقائد والاختِلاف. وإِلَّا، فأَينَ السَّبَئِيَّة أَو الكَيسانِيَّة أَو الفَطَحِيَّة وغيرها مِن عَشرات الفِرَق الَّتي قالوا بِأَنَّها شِيعِيَّة)[3].

وأَمَّا في شَأن (الزَّيدِيَّة) فإِنَّها أَيضًا مَذْهَبٌ أَتى في الدَّرجة الثَّانِيَة مِن حَيث خُطورَة نِسبَتِهِ إِلى التَّشَيُّع بِوَصْفِهِ (فِرْقَة) مُنشقَّة ومِن حيث الفارِق الزَّمَنِي الفاصِل بين قِيام ثَورة زَيد بن عَليّ وثَورةِ المُخْتار. فالزَّيدِيَّة مَذْهبٌ يُنْسَب إِلى زَيدِ بن عَليِّ بِن الحُسَين بن عَلِيٍّ

---

1 - المصدر السّابق 196–195/ 6.

2 - المصدر السابق 197/ 6ـ 199.

3 - أديان ومذاهب. د. إبراهيم العاتي 17

أَمِير المؤمنين صَلواتُ الله وسَلامُه عليه، ويَعدّ الزَّيدِيَّة زَيد بن عَلِي السَّجَّاد إمامًا مِن بَعدِ والِدِه (وخالَفوا الشِّيعَةَ الإمامِيَّةَ الَّذين قالوا بِإِمَامَةِ مُحمَّد بن عَلِيٍّ البَاقِر صَلواتُ الله وسَلامُه عليه مِن بَعد الإِمام زَين العابِدِين صَلواتُ الله وسَلامُه عليه)[1].

ووَرد عن الزَّيدِيَّة المُعاصِرين أَنَّهم فَضَّلوا إِطلاق اسْم (المَهدَوِيَّة) على مَذْهبهم عِوضًا عن استِعمال اسْم (الزَّيدِيَّة) الشَّائع، وأَنَّ مَذهَبهم يُنسَب إِلى الإِمام الهادِي يَحيى بن الحُسَين، فهو المُؤسِّس لِلمَذْهَب في اليَمن، وأَنَّ اسْم الزَّيدِيَّة (نِسبَةٌ لم يَطلقْها الإِمامُ زَيد على أَتْباعِه، ولا أَطلقَها في البِدايَة أَتْباعُه على أنفُسِهم، وإِنَّما أَطلَقها حُكامُ بَنِي أُمَيَّة على كُلِّ ثائِرٍ عَلِيهم بَعد مقتل الإِمام زَيد مِن أَهْلِ البَيت النَّبَوِي.

فالتَّسمِيَةُ هذه تَسمِيةٌ سِياسِيَّةٌ في الأَصْل ولا دَخْل لها في ما تَعارَف عليه النَّاس في النِّسْبَةِ المَذهبِيَّةِ إِلى أَئمَّة المذاهب الإِسلامِيَّة.. ولكِنَّ الزَّيدِيَّة الطَّائفة قَبلَتها ورَضِيَت بها لِأَنَّها شعار حُرِّيَّةٍ وعِزَّةٍ وكَرامَةٍ وجِهادٍ وتَضحِيَةٍ في سَبِيل الله والمُسْتَضعَفِين)[2]. ويَرى العلامَةُ المعاصر عَلِيّ الفَضِيل أَنَّ النِّسْبَةَ هي نِسبةٌ إِلى الفِكر الزَّيدِي، وهِي نِسبَةُ انتِماء واعتِزاز.

ويعتَقِد الكَثِير مِن المُسلِمِين أَنَّ النِّسْبَةَ هي نِسبةٌ مَذهبِيَّةٌ إِلى الإِمام زَيد بن عَلِيّ كَنِسبَة الشَّافِعي أَو الحنَفِي مَثلًا إِلى أَبِي حَنِيفَة والشَّافِعي، واعتُقِد لِذَلك أَنَّ الزَّيدِيَّة مُقلِّدون لِلإِمام زَيد في الفُروع، ورُبَما اعتُقِد أَنَّهم مُقلِّدون له في الأُصُول أَيضًا ولا يَخرجُون مِن قَولِه. وهذا الاعتِقادُ يُعدُّ عملًا خاطئًا ومَغلُوطًا، لِأَنَّ النِّسْبَةَ هي نِسبَةُ انتِماءٍ واعتِزازٍ ولم تَكُن نِسبةً مَذهبِيَّةً على النَّحو المَعرُوف في النِّسْبَةِ الشَّافِعِيَّةِ أَو الحنَفِيَّةِ مَثلًا. وذلك لِأَنَّ المذهب الزَّيدِي يُحَرِّمُ التَّقلِيد على كُلِّ مُتمكِّن مِن أَخْذِ الحُكم مِن كِتاب الله وسُنَّةِ الرَّسُول صَلَّى الله عليه وآلِه، ولا يَبِيحُه في الفُروع إِلَّا لِغَير المُتَمَكِّن.. ولا تَعتَقِد الزَّيدِيَّةُ بِأَنَّ الإِمام زَيد بن عَلِيّ أَوْلَى بِالتَّقلِيد مِن غَيرِه كالإِمام الصَّادِق صَلواتُ الله وسَلامُه عليه مَثلًا.

1 - نفس المصدر السّابق 43.

2 - الزَّيديّة نظريّة وتَطبِيق 12

وفي تَصنيفِهِم لِلتَّشَيُّع يَرى الكَثيرُ مِن أَهْل التَّدوِين والبَّحث مِن أَتْباع (اتِّجاه أَهْلِ العامَّة) بِأَنَّ الزَّيدِيَّة فِرقةٌ شِيعيّةٌ مُعتَدِلةٌ، لا تُخالِف شَرعِيَّة خِلافَةِ أَبِي بَكر وعُمر وعَلِيٍّ، ولا تَتَباين مِن حيث المَوقِف مع النَّصِّ في أَمْر وَلايَةِ عَلِيٍّ صَلواتُ الله وسَلامُه عليه، ولا تُعارِض ما انتَهَت إِليه السَّقِيفةُ مِن تَنصِيبٍ لِأَبِي بَكر ثُمَّ إِقدام أَبِي بَكر على تَعيين عُمر مِن بَعدِه وما صَدَر عن عُمَر مِن تَدبيرٍ في مَجلس (السِّتّة) لِلشُّورى في أَمْرِ تَعيين عُثْمان مِن بَعدِه. وأَنَّ نَصَّ الرَّسُول صَلَّى الله عليه وآله في يَوم الغَدِير ـ في الاعتِقاد الزَّيدِي ـ كان مِن دُون تَسمِيَةٍ لِعَليّ أَمير المؤمنين صَلواتُ الله وسَلامُه عليه، لَكِنَّهُ صار إِمامًا حين دعا إِلى نَفسِه.

وتُورِدُ أُصُولُ ومدَوَّنات (اتِّجاه أَهْل العامَّة) حادِثَتَين تَدُلّان على اعتِدال الزَّيدِيَّة عَقدِيًّا:

الأُولى: نَقَلَها الطَّبَري عندما قال أَنَّ كَثيرًا مِن أَهْلِ الكُوفَة وعَدو زَيدًا بنُصرَتِهِ إِنْ هو خَرج على الدَّولة الأُمَويَّة، ولكِنَّ (بعض رُؤسائهم أَرادوا أَنْ يَتَبيَّنوا رأيه في أَبِي بَكر وعُمَر، فقال لهم زَيدٌ: رَحمَهُما الله وغَفَر لَهُما ما سَمِعتُ أَحدًا مِن أَهْل البَيتِ يَتَبرَّأ مِنهما ولا يَقول فيهما إِلّا خَيرًا. قالوا: فَلِمَ تَطلُبُ إِذَنْ بِدَم أَهْلِ البَيت إِلَّا أَنْ وثَبوا على سُلطانِكم فنَزَعوه مِن أَيدِيكُم. فقال لَهُم زَيد: إِنَّ أَشَدَّ ما أَقول فيما ذَكرتُم إِنَّا كُنَّا أَحَقّ بِسُلطان رَسول الله صَلَّى الله عليه وآله مِن النَّاس أَجمَعِين، وإِنَّ القومَ استَأثَروا علينا ودَفَعونا عنه، ولم يَبلُغ ذلك عِندنا لَهُم بِالكُفر، وقد وُلُّوا فعَدلوا في النَّاس وعَملوا بِالكتِاب والسُّنَّة. قالوا: فلِمَ يَظْلِمك هؤلاء إِذا كان أُولئك لم يَظلِموك، فلِمَ تَدعو إِلى قِتال قوم لَيْسوا لَك بظَالِمين. قال: إِنَّ هؤلاء لَيسوا كأُولئك، إِنَّ هؤلاء ظالِمُون لِي ولَكُم ولِأَنفُسِهم. فَفارَقُوه ونَكثُوا بَيعَتَهُ فسَمَّاهُم زَيدٌ بِـ«الرَّافِضَة»)[1].

الثَّانِيَة: أَنَّ زيدَ بن عَلِيّ صنَّف الخَلِيفتَين الأَوَّل والثَّاني مَفضُولَين يَجوز لهما أَنْ يَتقدَّما في الخِلافَة على الفاضِل عَلِيّ صَلواتُ الله وسَلامُه عليه. فَيَقول زيدٌ (كان عَلِيٌّ

1 - التآلف بين الفرق الاسلامية 79. الطَّبري 272/ 8

بن أَبي طالِب صَلواتُ الله وسَلامُه عليه أَفضَل الصَّحابَة على الإِطلاق، وأَنَّ الخِلافَةَ فُوِّضَت إلى أَبِي بَكر لِمَصلحةٍ رَأَوها مِن تَسْكِين ثَائرَةِ «الفِتْنة» وتَطْيِيبِ قلوبِ العامَّة، فإِنَّ عَهْدَ الحُروب الَّتي جَرت أَيَّام النُّبوَّة كان قَريبًا، وسَيفَ عَلِيٍّ أمير المؤمنين صلواتُ الله وسَلامُه عليه لم يَجِفّ بعد مِن دماء المشرِكين. فكانت المَصلَحةُ أَنْ يكون القائم بِهذا الشَّأن مَن عَرفُوه بِاللِّين والتَّؤدة والتَّقدُّم بِالسِّنّ والسّبق في الإسلام والقُرب مِن رَسُول الله صَلَّى الله عليه وآله. أَلا نَرى أَنَّ أَبا بَكر لمَّا أَراد في مَرضِهِ الَّذي مات فيه تَقليدَ الأَمْر لِعُمَر زَعَق النَّاسُ وقالوا لقد وَلَّيتَ علينا فَظًا غَلِيظًا. فما كانوا يرضَون بِأَمِير المؤمِنين عُمَر لِشدَّتِه وصلابَتِه)[1].

لقد حَدَّد زَيدُ بن عَلِيٍّ لِثَورَتِه الَّتي أَطلقها مِن الكُوفَة في شَهرِ صَفَر مِن عام 120هـ إِبّان إمامة ابن أَخِيه الصَّادِق صَلواتُ الله وسَلامُه عليه ثَلاثَة مَبادِيء:

- أَوَّلها، أَنَّ الإمامَةَ في أَولادِ فاطِمة مِن دُون غَيرِهم.

- وثانِيها، طاعَةُ كُلّ فاطِميٍّ زاهِدٍ شُجاع يَطلب الإمامَة، سواءٌ كان مِن أَولاد الحَسَن أَو الحُسَين صَلواتُ االله وسَلامُه عَلَيهما.

- وثالِثها، جَوازُ خُروج إِمامَين في قِطرَين يَشْتَركان في الخِصال الحِسِّيّة فتُصبِح واجِبَة.

ويَبدو مِمّا تَضمَّنته هذه المَبادئ الثَّلاثة أَنَّ ثورةَ زيد كانَت تُعاني مِمّا بادَرَ إِليه الأُموِيُون مِن مُحاوَلَةٍ حَثِيثَةٍ لِلإِيقاع بَين أَولادِ الحَسَن والحُسَين صَلواتُ لله وسَلامُه عليهما. وفي ذلك قَدَّم الأُموِيُّون بَنِي عُمُومَة زَيد بن عَلِيٍّ ودَفعُوهم إلى مُنازعة زَيد بن عَلِيٍّ ثَورتَه.

تُوصَفُ مَبادِيء الزَّيدِيَّة في مُتُون أُصُول ومُدَوَّنات (اتِّجاه أَهْل العامّة) بِالاعتِدال مِن حيث تَزامنها مع دَعوةِ العبَّاسِيِّين وتَنافسَهما على كَسبِ تَأيِيد المُسلِمِين. وقد

1 - نفس المصدر السابق 81. الملل والنّحل 394/1

تَميَّزت الدَّعوةُ العبَّاسِيَّة ـ في الظَّاهر ـ بِمَوقِفِها الوسَطِي حِين دَعَت إِلى «الرِّضا مِن آل مُحمَّد»، في حِين (اتَّصَفَت آراءُ زَيد أيضًا بِالاعتِدال، حتَّى يُمكِنَ وَصْفها بِأنَّها أقربُ إِلى مَبادىء السُّنَّة منها إِلى مَبادِيء الشِّيعَة)[1].

وتَأسِيسًا على ذلك اخْتَلَف بَعضُ الشِّيعَة الإمامِيَّة المُعاصِرين فِي قَراءة (ثَورة) زَيد بن عَلِيّ بَين مُعدِّلٍ لها ومُجَرِّح أو مُعدِّلٍ له ومُجرِّح لِثَورَتِهِ أو مُتوقِّفٍ، مِثْلَما اختلفوا بِإزاء ثَورة المُختَار الثَّقَفِي. ويُشِير المُعدِّلون لِثَورَةِ زَيد بن عَلِيّ إِلى أَنَّ التَّفاصِيل الوارِدَة في أَكْثَر الأُصُول والمُدَوَّنات حَول سِيرَة زَيد لم تَكْشِف دَلِيلًا قاطِعًا وحاسِمًا في الأُمُور التَّالِيَة:

ـ على أَنَّ زيدًا شَكَّل مِن نَفسِهِ مَذْهبًا مُستَقِلًّا عن التَّشَيُّع أو اتِّجاهًا مُنفَصِلًا أو خاصًّا.

ـ أَو على أَنَّه اتَّخذ مَوقِفًا مُخالفًا لِلرُّؤيَة الشِّيعِيَّة المُناهِضَة لِسِيرَة المُنقلِبين على الأَعقاب.

ـ أَو على أَنَّه اتَّخذَ مَوقفًا إِيجابِيًّا مِن (مَذْهَبِ الرَّأي) الَّذي اختَلَقُه أَبُو بَكر وخَلَّف في المُسلِمين انْحِرافاتٍ عَقَدِيَّة خَطِيرة وأَشاع في المسلمين اليَأس مِمّا في الدِّين ومِن المَفاهيم المُتَعّلقة بِالنُّظم والقِيَم، وانْتَهى بهم إِلى ارْتِكاب عَملٍ عَنيفٍ لانْتِزاع البيعَةِ ومَهَّد بهم لِظهورِ نَسَقٍ أُمَوِيٍّ انْقِلابِيٍّ لم يَتورّع في قَتْل الإِمام الحُسَين صَلواتُ الله وسَلامُه عليه وسَبْيِ عِتْرَةِ الرَّسُول صَلَّى الله عليه وآله وإِباحَة المَدِينَة لِجُندِه وتَدْمِير البَيت الحَرام بِالمَنجَنِيق.

وفي الإِحْتِمالات، أَنَّ هناك مَن أَسْنَدَ إِلى زَيد بن عَلِيّ دَورًا سِياسِيًّا يُؤهِّلُه لاستِيعاب أَو احتِواء قُوى الثَّأر لِواقِعَة كَرْبلاء في السَّاحة (الثَّورِيَّة) الَّتي كثُرَ دُعاتُها وتَشَظَّت ثَوراتُها في البِلاد مِن غَير أَمِيرٍ مُوحِّدٍ لها أَو مُتقَدِّم لِرَكْب نِضالِها أَو مُبادِرٍ في جَمعِ شَمْلِها أَو تَنسِيقِ جُهودَها وتَوجِيه طاقاتها تَوجِيهًا مُنظَّمًا لِلإِطاحة بِدَولة الأُمَوِيِّين

1 - جهاد الشيعة في العصر العبّاسي الأوّل 50. الملل والنحل، الشهرستاني 349/ 1. 535

والانْتِقام مِن كُبرائِهم وَقَطع الطَّرِيق على قُوى التَّطَفّل السِّياسِي والاستِغْلال المقيت لِلظَّرف الرَّاهِن الَّذي يَشكو تَراخِي الأَمْن في دَولَة الأُمَويّين وتَفَشّي الفَساد الاجْتِماعي والفوضى الأَمْنِيَّة في وَلاياتِها!

ومِمّا وَرَد في تَعدِيل (ثَورة) زَيد بن عَلِيّ أو تَعدِيل سِيرَتِه ما قاله الإمامُ الصَّادِق صَلواتُ الله وسَلامُه عليه (إِنَّما دعا إِلى الرِّضَا مِن آل مُحمَّد صَلَّى الله عليه وآله. ولو ظَفَر لَوفى بِما دعا إِليه. وقد استَشارَني في خُروجِهِ، فقُلْتُ له: يا عَمّ، إِنْ رَضِيتَ أَنْ تكونَ المَقتُول المَصلوب بِالكناسة فَشَأنُك!)[1].

واخْتُلِف في الشِّيعة حَول مَدلول هذا النَّص وما شاكَلَه مِمّا ورَدَ عن الأَئمَّة الطَّاهِرين صَلواتُ الله وسَلامُه عليهم في تَعدِيل ثَورَةِ زَيد أَو سِيرَتِه. فقال قائلٌ منهم أَنَّ زيدًا استَمَدَّ شَرعِيَّة عَملِهِ الثَّأرِي (الثَّورِي) مِن قَول الإمام الصَّادِق صَلواتُ الله وسَلامُه عليه بِهذا النَّص. وقائل قال أَنَّ النَّصّ كان إِخْبارًا ولَيْس إِجازةً أَو تَخويلًا أَو تَفْويضًا. فإِنْ صَحّ عَمَلُ زَيد في إِمامَة الصَّادِق صَلواتُ الله وسَلامُه عليه ووَفّى لو ظَفر فإِنَّ الإمام صَلواتُ الله وسَلامُه عليه لم يُعطِه إِجازةً صَرِيحةً لِلقِيام بِثَورَتِهِ ولِلأَخذِ بِثَأر جَدِّه الإمام الحُسَين صَلواتُ الله وسَلامه عليه وإِقامَة دَولة بَنِي هاشِم، وإِنَّما كانَت (الثَّورة) مِن زَيد بن عَليّ اجتهادًا، وفي شَخْص زَيد وسِيرتِهِ صَلاحًا.

خاطَبَ الإمامُ البَاقِر صَلواتُ الله وسَلامُه عليه زيدًا قائلًا (أَما عَلِمت يا زَيد أَنَّه لا يَخرُج أَحدٌ مِن وِلْدِ فاطِمَة على أَحَدٍ مِن السَّلاطِين قَبْل خُروج السُّفياني إِلّا قُتِل؟!)[2].

ورُوِيَ عَن اَلْحَسَن بْنِ رَاشِد أَنَّه قَالَ: ذَكَرْتُ زَيْد بْنَ عَلِيٍّ فَنَقَصْتُهُ عِنْدَ أَبِي عَبْدِ اَلله صَلواتُ الله وسَلامُه عَلَيه فقَالَ: لاَ تَفْعَلْ، رَحِمَ اَلله عَمِّي زَيْدًا، وَإِنَّهُ أَتَى إِلى أَبِي فَقَالَ: إِنِّي أُرِيدُ اَلْخُرُوجَ عَلى هَذَا اَلطَّاغِيَةِ. فَقَالَ: لاَ تَفْعَلْ، فَإِنِّي أَخَافُ أَنْ تَكُونَ اَلْمَقْتُولَ

1 - عيون أخبار الرِّضا، الصدوق225/ 2

2 - مستدرك سفينة البحار، الشّيخ علي النّمازي الشّاهرودي 46/ 3

اَلْمَصْلُوبَ عَلَى ظَهْرِ الْكُوفَةِ، أَمَا عَلِمْتَ يَا زَيْد أَنَّهُ لاَ يَخْرُجُ أَحَدٌ مِنْ وُلْدِ فَاطِمَةَ صَلَوات الله وسَلامُه عَلَيْهَا عَلَى أَحَدٍ مِنَ اَلسَّلاَطِينِ قَبْلَ خُرُوجِ اَلسُّفْيَانِيِّ إِلاَّ قُتِلَ؟!)[1].

يَمتاز زَيد بن عَلِيّ بعِلْمِهِ الغَزير إِذْ ترعرَع في بَيتِ النُّبوَّةِ المشهور بتَوارث العِلْم خَلفًا عن سَلَف. وقد أَخذَ عن أَبيهِ الرِّوايَة وانصرَفَ إِليها. وقِيل أَنَّ نجمَهُ عَلا وأَصْبحَ في مَرتَبةٍ عِلمِيَّة ومَقامٍ اجتِماعِيٍّ يَلِيان أَبيهِ السَّجَّاد صَلواتُ الله وسَلامُه عليه ويَتَقَدَّمان على أَخِيهِ الأَصْغَر الإِمام البَاقِر صَلواتُ الله وسَلامُه عليه!

وذَهَبَ المَجرِّحُون إِلى القَول بِتَفَوّق زِيد بن عَلِيّ في العِلم الغَزيز، إِلَّا أَنَّه لم يَكن يجارِي العِلم اللَّدُنّي الَّذي اختَصّ به أَخوه الباقِر صَلواتُ الله وسَلامُه عليه، ولم يَحرُز الغِطاء الشَّرعِي لِلثَّورة مِن إِمَامَيّ زمانه أَخِيهِ الإمام البَاقِر وابن أَخِيه الإمام الصَّادق صَلواتُ الله وسَلامُه عليهما، وقد تَخلَّى عن مَفهوم (التَّقِيَّة) المَعمول بِه في ظَرفٍ تَضمَّنَ ما يُقرِّب مِن سُقوط دَولَة الأُمويِّين ويُمَهِّد لِقِيام دَولة العَبّاسِيِّين على أَنْقاضِ الأُمَويِّين.

وقد كَثُرت الرِّوايات في شَأن مَوقِفِ زَيد مِن الصَّحابة أَقطاب (صَحِيفة مَكَّة الثَّانِيّة) المُنقَلِبين على الأَعْقاب. ويُحتَمَل أَنَّ أَكثَرها كان مَكذوبًا مُزوَّرًا أَو مُختلَقًا مُلَفَّقًا.

ويَشْتَرِك المُتوقِفُون عن تَجْرِيح ثَورة زَيد مع المُعدِّلِين في القَول:

- بعِلْمِ زيد المَحدود في مُقابِل تَفوّق الإِمامَين البَاقِر والصَّادق صَلوات الله وسَلامُه عليهما.

- وفي كَثْرةِ الاختِلاقِ والتَّلفِيق الرِّوائي والوَضْع والتَّزوير الَّذي طَغَى على تَفاصِيل سِيرَتِه وعَقائد مَذهَبه، وكلُّها صادرةٌ عن أَتْباع (اتِّجاه أَهْل العامَّة) ومَوالِي الدَّولَتين الأُمويَّة والعَبَّاسِيَّة وأَئمَّة المَذاهِب ووُعَّاظ الفِرَق.

- ويَشترك الفَريقان (المُجرِّح والمُتَوقِّف) مَع قَول القائلين بِإِيجابِيَّة مَوقِف زَيد مِن

1 - إِثْباتُ الهداة بِالنّصوص والمعجزات 110/ 6

الصَّحابة المُنقَلِبين على الأَعْقاب ومنهم أَقْطَاب (صَحِيفَة مكَّة الثَّانِيَة) فلَمْ يَتَبَرَّأ مِنهم. كما يَشتَرِكان في القَولِ بِضَعف الأَدِلَّة الَّتي يُطْمَئِن إِلى صُدورِها في شأنِ تَوافر الغِطاء الشَّرعِي لِثَورة زَيد مِن قِبَل الإِمام الصَّادِق صَلواتُ الله وسَلامُه عليه.

ووَرَد في سِيرة زَيد ما يُخالِف القَولَ بِكَونِهِ مُعتزِليًّا. كان ذلك في مَعرَضِ رَدِّ الزَّيدِيَّة على القائلين بِأَنَّ زَيدًا صار مِن أَهْلِ الاعتِزال وممَّن أَخذ العِلْمَ عن واصِلِ بن عَطا. وقالوا إِنَّما أَخذَ زيدٌ العِلْمَ مِن مَعدَنِهِ ويَنبُوعِه ومِن مَدِينَتِهِ.. أَخَذَه عن أَبِيه زَينِ العابدين وأَخِيه مُحمَّد البَاقِر صَلواتُ الله وسَلامُه عَليهِما.

ومَهما قِيل في تَعدِيل أَو تَجرِيح ثَورَة زَيد بن عَلِيّ، فقد أَفصَح مَسارُ الثَّورَة ونَتائجه بِأَنَّ زَيد بن عَلِيّ كان مدرِكًا لِأُمورٍ ضَرُورِيَة ثَلاثَة:

- لِطَبِيعة الإِجْراء المُتَّخذ في الدَّولة الأُمَوِيَّة لِلقَضَاء على قُوى المُعارَضَة إِذْ أَنَّها الدَّولة الأُولى الَّتي تَفَوّقَت انْطلاقًا مِن قاعِدَتها السِّرِّيّة المُنظمة والصَّارِمَة وامْتِداها الثَّقافِي القَبلِيّ الجاهِلي، وأَنَّها دَولَةٌ تَمتَلِك الرَّصِيدَ الأَكبر في فُنون المَكْر السِّياسِي والخَدِيعة في الأَوسَاط الدِّينِيَّة والاجْتِماعِيَّة.

فقد اغْتالَ الأُمَوِيُّون جَدَّه عَلِيًّا أَمير المؤمنين صَلواتُ الله وسَلامُه عليه تَحتَ لافِتَةِ الثَّأر لِعُثمان بَعد أَنْ فرَّقوا الجمعَ المُترَهِّل مِن (جَيش الخِلافَة) الَّذي وَرِثَهُ عن عُثْمان، وشَتَّتوا وَحدَة قُوى أَهْلِ الكُوفَةِ المُشكِّكَة في أَصالَة مَفهُوم (الخِلافَة) وشَرعِيَّةِ الأَخذ بِـ(مَذْهَب الرَّأي) بِإِمْرَة الخَلِيفَة الأَوَّل أَبِي بَكر وجَرَت عليهما سِيرةُ عُمَر وعُثمان، ثُمَّ حَرَّضوا جُعْدَة بِنت الأَشْعَث على اغتِيال زَوجِها خَلِيفَة المُسلِمِين الإِمام الحَسَن صَلواتُ الله وسَلامُه عليه مِن بَعد إِمْضاء مُعاوِيَة لِوثِيقَة الصُّلح معه لِوَقف الحَرب بَين (جَيشِ الخِلافَة) وجَيش الشَّام المُتمَرِّد وحَقْنِ دِماء المُسلِمِين ودَرء الفِتْنَة، ودَفَعوا بِأَهْلِ الكُوفة إِلى كَرْبلاء لِقَتْل الإِمام الحُسَين صَلواتُ الله وسَلامُه عليه بَعدما اسْتَجاب لِكُتُبِهم يَدعونَه فيها لِلقُدوم على عَجَل إِلى الكُوفة واستِلام السِّيادة عليها.

- ولِحاجَة الأُموِيِّين الماسَّة إِلى ما يُضْفِي على دَولَتِهم طابع الشَّرعِيَّة في إِثْر فَضِيحَة

اغْتِيالهم لِخَليفة المُسلِمِين الإمام الحَسَن صَلواتُ الله وسَلامُه عليه، وجَعْلهم الدَّولَة (هِرَقْلِيّة) مَلَكِيَّة وراثِيَّة في بَنِي أُمَيَّة الطُّلقاء وأَبناء الطُّلقاء وإِيصالها صوريًّا بالامتِداد الاجْتِماعِي لِخِلافَة الصَّحابَة الثَّلاثة وسُنَّتِهم وسِيرَتهم وسَردِيَّتِهم القائمة على (مَذْهَبِ الرَّأي) لِكَسب وِدّ (اتِّجاه أَهْل العامَّة) إلى حِين.

ـ ولِطَبيعة المَوقِف الَّذي اتَّخذَه أَتْباع (اتِّجاه أَهْلِ العامَّة) بِأَغلَبِيّتِه السَّاحِقَة حيث داخَلَه الحَذَرُ والحِيطَةُ مِن غَطرَسَةِ الأُمَويِّين وشِركِهِم وفُسقِهِم وفَسادِهِم، فيما ظَلّ ولاءُ أَئمَّةِ ذات الاتِّجاه مُستَقِرًّا لِلأُمَويّين على غَير ما كان عليه الأَتْباع في بادِئ الأَمْر إِذْ يَحمِل أَئمَّةُ (اتِّجاه أَهْل العامَّة) ووُعّاظِه في ذَواتِهم القابِلِيَّة لِلتَّلوُّن والتَّدْجِين والتَّحوُّل المُفاجِئ من ولاءٍ إلى آخر عندما تَتَّصِل الأُمور بِغَلَبَةِ حَكَّام الدَّولة بِالسَّيف وتَحدِيدهم لِمَصِير المَوقِف مِن (مَذْهَب الرَّأي) المُعادِي لِـ(شِيعَةِ عَلِيّ) المُتَمَسِّكين بِالثَّقلَين.

ومِن هُنا جَدَّ الأُمَويُّون في مَساعِيهِم لِاحْتِواء القُوى (الثَّائرَة) كافَّة أَو تَحييدها أَو تَعْنِيفها، مع إِقامَة حَدٍّ فاصِلٍ يُباعِد بَين (اتِّجاه أَهْل العامَّة) و(شِيعَة عَلِيّ) على الدَّوام ويَستَجِيب لِضَرُورات السِّياسَة في مَجالٍ حَيويٍّ واسِع المَدى. فَقِيل في ذلك (وما عَسَى زَيد أَنْ يَقول ـ في أَبِي بَكر وعُمَر ـ وكُلّ كَلِمَةٍ تَصدر مِنه بِحَقِّهما يَستَغِلّها الأُمَوِيُّون لِلتَّشنِيع عليه وتَبْرير مَواقِفِهم المُعادِيَة لَه ولِآبائه وأَجْدادِه.

لقد كان زَيد بن عليّ مُتَّزِنًا وحَكِيمًا أَمام أَهْل الكُوفَة ومُلتزِمًا بِالتَّقِيَّة أَمام أَتْباع (اتِّجاه أَهْل العامّة) وهُم يُلِحُّون عليه لانتِزاع كَلِمةٍ مِنه تُسِيءُ إلى ـ الخَلِيفَتين.. هذا الإِحْراجُ لِزَيد بن عَلِيّ في تِلك الظُّروف الحَرِجَة وسُيوفُ الأُمَوِيِّين مَشهورَة فوق رأسِه يَبدو أَنَّه مَقصودٌ ومُوجَّهٌ، ويُراد بِه تَفتِيت الجَبهة الدَّاخِلِيّة المُوالِية له فِيما إذا ما تَبنّى قرارًا رَفَض بِمُوجِبه تكفير الخَلِيفَتين ـ أَبِي بَكر وعُمَر ـ أَو تَفسِيقهما. فإِنْ استَجاب لِطلَبِهم استَغَلّ الأُمَويُّون وموالِيهم مِن أَئمَّة (اتِّجاه أَهْل العامَّة) ووُعّاظِه إجابتَه لِتَبرير مُلاحقَتِه وقَتْلِه. فـ(الرَّأي العام وإِنْ كان إلى جانِب زَيد ومُمتَنِع عن مُساندة الأُمويِّين

بِشَكلٍ عَمَليٍّ مُطلق؛ فإنَّه لا يَتحمَّل الطَّعْن في الخَلِيفَتين والإِساءة إِليهما)[1] في ذات الظَّرف الاجتِماعي المُعقّد الَّذي يَتطلَّب مِن زَيْد بن عَلِيّ موقفًا ثابتًا ظاهرًا.

إِنَّ زيد بن عَلِيّ السَّجّاد الَّذي تَوافَرت له كُلُّ مُعطِيات المسانَدة والتَّأْيِيد الوَاسِع لِمَوقفه الثَّأري (الثَّورِي) ـ لم يَكترث لِلكَثْرَةِ الكاثِرَة مِن أَتْباعِه (الثَّورِيِّين) الَّذين التَفُّوا مِن حَولِه وقُدِّروا بِأَربَعِين أَلفًا حيث خَذلُوه عند خُروجِه على الأُمَوِيِّين ولم يَتبقَّ مِنهم سِوى مائتَين أَو أَربعمائة مِن القُرّاء والفُقهاء.

ولِلإِمْعان في التَّشَدُّد الأُمَوي إِزاء ثَورة زَيدِ بن عَلِيّ ولِلقضاء عليه؛ جَهَّز هِشامُ بن عبد المَلِك جَيشًا شامِيًّا جَرارًا، فانْهَزَم أَمام ثُوّار زَيد في مَطلع المعركة. (وبَينما زَيدٌ يُطارِدهم بِمَن معه إِذْ انفَصَل رَجُلٌ مِن أَصْحَاب يُوسُف بن عُمر مِن بَنِي كَلْب الثَّقفِي ـ أَمِير هِشام بن عَبد المَلِك على العِراق وخُراسَان ـ وتَقدَّم مِن زَيدٍ حتَّى أَصبَح قَرِيبًا منه، فشَتَم عَلِيًّا والزَّهراء فاطِمة بِضْعَة المُصْطَفَى صَلَّى الله عليه وآله. فغَضِب زَيدٌ وبَكَى حتَّى ابْتَلَّت لِحيَتُه الكَرِيمَة، والتَفَتَ إِلى مَن كانَ مَعهُ وقال: أَما فِيكم أَحدٌ يَغضَب لِفَاطِمة بنت مُحمَّد؟!

لم يَكتَرِث زَيدٌ بِالجُمُوع المُعادِيَة، وسار إِلى مَيدان المَعرَكة بِمَن بَقِيَ معه مِن فِئة قَلِيلة وهُو يَقول: والله لو كُنْتُ أَعهد عَمَلًا أَرضَى لله مِن قِتالِ هؤلاء لَفَعَلْتَه، وقد كُنْتُ نَهيتُكم أَنْ تَتَّبِعوا مُدْبِرًا وتُجهزُوا على جَرِيح وتَفتحوا بابًا، ولكِنِّي بعد أَنْ سَمِعتَهم يَسبُّون عَلِيًّا فاقْتُلوهم مِن كُلِّ وَجْه وحيثُ وَجدتُّموهم. فالله لا يَنصُرنِي رَجلٌ عليهم اليوم إِلَّا أَخذتُ بِيَدِهِ وأَدخلته الجَنَّة.

وَعَدَ زَيدُ بن عَلِيّ أَنصارَه بِالجنَّة بِناءً على ما استَمع مِن رُوايَةٍ لِلصَّحابي الجَلِيل جابِر بن عبد الله الأَنصاري يَروِي فيها عن النَّبِيّ صَلَّى الله عليه وآله أَنَّه كان يقول (إِنَّ زَيد بن عَلِيّ وأَصحابُه يَتخطَّون رِقاب النَّاس يوم القِيامة ويَدخلون الجَنَّة بِغَير حِساب)[2].

---

1 - الانتفاضات الشِّيعيَّة 467

2 - نفس المصدر السّابق 499.

اختزلَت الأَسبابُ الَّتي دَعَت زَيد بن عَلِيّ إِلى تَبَنّي خِيار الثَّأر أَو (الثَّورة) المُسلَّحة على الأُمَويِّين في ما يَلِي:

ـ كَراهِيةُ هِشام بن عبد الملك لِلعَلَوِيِّين ومُحاولتُه التَّقلِيل مِن شَأن زَيْد حِينما وَفَد عليه. فَقَد عَيَّرَهُ بِأُمِّه ثُمَّ بِأَخِيه الإِمام مُحمَّد الباقِر صَلواتُ الله وسَلامُه عليه. فقد قال هِشامُ لِزَيد: ما فَعل أَخُوك البَقَرة ـ يَعنِي الإمام البَاقِر ـ وَزَيد لم يَحتَمِل منه ذلك، فأَجابَه: لَشَدّ ما خالَفَت رَسُول الله صَلَّى الله عليه وآله.. سَمَّاهُ رَسُول الله البَاقِر وتُسَمِّيه البَقَرة؟! لِتُخالِفَنَّه يوم القِيامَة فيَدخُل الجَنَّة وتَدخل النَّار.

ـ اتِّباع الأُمَوِيِّين لِسِياسَة الانْتِقام، لِما لِلعَصبِيَّة الجاهِلِيَّة وشيوع ثَقافَتِها في النَّاس واخْتِلال النِّظامِ الاجْتِماعي وبُلوغ الدَّولة ذُرْوَةِ الإِرهاب والفَسَاد في عَهد هِشَام وتَشدُّد النِّظام الأَمْنِي وكثافة انْتِشار عَناصِره واستِمرارهم في مُطارَدَة العلوِيِّين ومَوالِيهم وأَتْباعِهم وأَنصارِهم ومُحِبِّيهم.

ـ وسَبُّهم المُتواصِل لِعَلِيٍّ أَمِير المؤمنين صَلواتُ الله وسَلامُه عليه ووُلْدِه على المَنابر وتَهاوُنُهم في العَلاقة مع الدِّين وعَبَثُهم في الشَّرِيعَة والخُلق الاجْتِماعي.

ـ وطَعْنُهم في المُخالِفِين المُمتَنِعين عن بَيعة الخَلِيفة الأُمَوي وعن الموالاة لِدَولَتِهم.

ـ وسَوق التُّهَم وافتِراؤها وتَلفِيقُها في حَقّ المُمتَنِع المُخالِف تمهيدًا لاعْتِقاله وإِعدامِه أَو اغتياله.

اختلفَ المُؤرِّخُون ومُدوِّنو السِّيرة وأَهْل التَّفاسِير في تَحدِيد مُنطَلَق ثَورَة زَيد والأَهداف الَّتي قَرَّرها لِثَورَته. وذَهبَ أَغلَبُ مؤرِّخِي السِّيَر إِلى أَنَّ ثَورة زَيد تَتلَخَّص في نُصرة حَقِّ أَهْلِ البَيت صَلواتُ الله وسَلامُه عليهم في الخِلافَة ولَيس المُطالَبَة بِالخِلافَة لِنَفسِه. فهُو يَدعو إِلى الرِّضا مِن آل مُحمَّد صَلَّى الله عليه وآله مِثلما فَعَلَت الثَّورَات الأُخْرى، ولكِنَّه لم يُعَيِّن الشَّخص الَّذي يَدعو إِليه وفي الشِّيعَة إِمامان عاصَرَهُما، هُما

أَخُوه البَاقِر (تَ 114هـ) صَلواتُ الله وسَلامُه عليه، وابنُ أَخِيه الصَّادِق (ت 148 هـ) صَلواتُ الله وسَلامُه عَلَيه الَّذي عاصَر بِإِمامتِهِ 8 سنَوات مِن حَياة زَيد قَبل أَنْ يُقتَل في عام 121هـ.

ورَوى الكُلَيني: أَنَّ زَيدًا.. لم يَدعُ إِلى نَفسِه، إِنَّما إِلى الرِّضا مِن آل مُحمَّد. ولو ظَهر لَوَفى بِما دعاكُم إليه، إِنَّما خَرَج على سُلطان مُجتَمَعٍ يَنقُضه. على أَنَّ مصادر أُخرى تَذهب إِلى أَنَّه دَعا إِلى نَفسِه. فابنُ الطَّقطَقِي يقول: وكان دائما يُحدِّثُ نَفسَه بِالخِلافَة، ويَرى أَنَّه أَهْلٌ لِذَلك وما زال هذا المعنى يَتَردَّد في نَفسِه ويَظهر على صَفحات وَجْهِه وفَلتَات لِسَانِه)[1].

تَبنَّى زَيد ذاتَ الشِّعار السَّائد في تلك المَرحلة الزَّمَنِيَّة الثَّأرِيَّة (الثَّورِيَّة) الَّتي أَعقبَت واقِعَة الطَّف، القائل بِـ(الرِّضا مِن آل مُحمَّد)، ولم يكُن زَيد أَوَّل مَن أَطلق ذَات الشِّعار، وإِنَّما انْتَظم العَبّاسِيُّون الثَّورِيُّون في دَعوتِهم السِّرِّيَّة على ذات الشِّعار الَّذي لم يُعرف أَوَّلُ مَن أَطلَقَه.

وتَقدَّم الإِمامُ مُحمَّد البَاقِر صَلواتُ الله وسَلامُه عليه فَصار على رَأْسِ مُودِّعِي زَيْد بن عَلِيّ عندما عزم زَيدٌ على مواجهة جَيش هِشام. وأَخبرَ الإِمامُ البَاقِر صَلواتُ الله وسَلامُه عليه زيدًا أَو أَنْذَره بِالمَصِير الَّذي سيُلاقِيه حين قال له (بِها ـ الكُوفَة ـ قُتِلَ جَدُّك عَلِيّ وبِها طُعِنَ عمُّكَ الحَسَن وبها قُتِل أَبُوك الحُسَين، فأَخاف عَليكَ يا أَخِي أَنْ تَكونَ غدًا المصلوبَ بِكَناسَةِ الكُوفَة. ثُمَّ ودَّعَه وداعًا أَخِيرًا)[2].

قُتِل زَيدٌ بِسَهمٍ أَصاب رَأسَه (وحَاوَل ابنهُ يَحيى ومَن بَقِيَ مِن أَصحابِهِ إِخْفاء قَبرِه فدَفنُوه في مَحلٍّ مَجهول، وأَجروا مِن فَوقِه الماء مُبالغةً في إِخْفائه، ولكِنّ جَواسِيس هِشام عَرفَت مَوضِع دَفنِه فنَبَشَهُ يُوسف بن عُمر بن أَبِي عَقِيل الثَّقفِي ـ أَمير العِراق وخُراسان وابن عمّ الحَجّاج ـ واجتَز رأسَه وأَرسَلَه إلى هِشام، ثُمَّ صُلِبَ الجِسْمُ

1 - تأريخ الفرق الإسلاميّة 171. روضة الكافي 219. الفَخرِي في الآداب السّلطانية 97
2 - التآلف بين الفرق الإسلاميّة 79

الشَّرِيف في مَحلِ الكَناسَة، وبَقِي مَصلوبًا أَربعة أَعوام. وأَخِيرًا أَمَر الوَلِيد بن يَزِيد بن عَبد المَلِك بِإِنْزالِه وإِحراقِه وذَرِّ رَمادِهِ في الفُرات انتقامًا لِنَفسِه المُتأَجِجَّة بِالحقد على ابنِه الثَّائر الآخر يَحيى بن زَيد في خُراسَان!

وفي العِراق اتَّفَق ـ العَبَّاسِيُّون الثَّورِيُّون ـ على مُبايَعة مُحمَّد بن عبد الله (النَّفْسِ الزَّكِيَّة)، وتَوحِيد العَمل في الضِدِّ مِن الظَّالم وطُغيان بَنِي أُمَيَّة. لكِنَّ قادة بَنِي العبَّاس خَرجُوا سِرًّا عن المَسِيرة الزَّيدِيَّة وعَملوا في خُراسان لِصَالِح أَنفُسِهم حتَّى وَقَعَت ثَورةٌ في خُراسَان بِقِيادة أَبِي مُسلِم الخُراسانِي)[1] لِمَصلَحة الثَّورِيِّين العَبَّاسِيِّين.

ويَقول الشَّهرَستاني (لمّا قُتِل زَيد بن عَلِيّ وصُلِب، قام الإِمامُ بَعده يَحيى بن زَيد ومَضى إِلى خُراسان، واجتَمَعت عليه جَماعَةٌ كَثِيرةٌ. وقد وَصَل إِليه الخَبَرُ مِن الصَّادِق جَعفر بن مُحمَّد صَلواتُ الله وسَلامُه عليه بِأَنَّه يُقتَل كَما قُتِل أَبُوه، فَجرَى عليه الأَمْرُ كَما أُخْبِر. وقد فُوِّض الأَمرُ بَعدَه إِلى مُحمَّد وإِبراهيم الإِمامَين، وخَرَجا بِالمَدِينة، ومَضى إِبراهيمُ إِلى البَصرة واجتَمع النَّاسُ عليهما فقُتِلا أَيضًا. فوَقَع ما أَخْبَرهُم الصَّادق صَلواتُ الله وسَلامُه عليه بِه وجَميع ما تَمَّ عليهم وعَرَّفَهم بِأَنَّ آباءَه صَلواتُ الله وسَلامُه عليهم أَخْبرُوه بِذَلك كُلِّه.

لم يَنتَظِم أَمْرُ الزَّيدِيَّة بَعد ـ إِبراهيم ـ حتَّى ظَهر بِخُراسان ناصِرُ الأُطروش فطُلِب مَكانه لِيُقتَل فاختَفى واعتَزَل إِلى بِلاد الدَّيلم والجبل ولم يَتحلَّى أَهلُها بِدين الإِسلام بَعد. فدعا ـ ناصر ـ النَّاسَ دَعوةً إِلى الإِسلام على مَذهَبِ زَيد بن عَلِيّ، فدانُوا بذلك ونَشئوا عليه، وبَقِيَ الزَّيدِيَّةُ في تلك البلاد ظاهِرين.

وكان يَخرُج واحدٌ بَعد واحِدٍ مِن الأَئمَّة ـ الزَّيدِيَّة ـ ويَلِي أَمرَهمُ، وخَلفوا بَنِي أَعمامِهم مِن المُوسَوِيَّة في مسائل الأُصول. ومالَت أَكثَرِيَّةُ الزَّيدِيَّة بعد ذلك عن القَول بِإِمامَة المَفضُول وطَعَنَت في الصَّحابة طَعْن الإِمامِيَّة)[2].

---

1 - الزَّيدية نظرية وتطبيق 136

2 - الملل والنِّحل 46

وقد نُفِيَ أَنْ يكونَ ناصِرُ الأطروش زَيديًّا، وذُكِر أَنَّه كان شِيعِيًّا اثْنَى عَشرِيًّا يَدعو إلى التَّشَيُّع في بِلاد الدَّيلم، و(ماتَ شهيدًا سَنة 304هـ بِآمُل مِن أعمال طِبرسْتان وهو ابن الـ 79 سَنَة، وله قَبرٌ هناك عليه قُبَّةٌ مَعروفة)[1].

انْتَهت ثَورةُ زَيد بن عَلِيّ وأَخْفَقَت في طَريقها لِلوُصُول إلى الأَهدافِ السِّياسِيَّة المَرسُومَة، وأَرجع الكَثيرُ مِن المُؤرِّخين والمُدوِّنين أَسبابَ الإِخْفاق إلى عوامل ذاتِيَّة مُختلِفَة، كما كان لِلعَبَّاسِيِّين (الثَّورِيِّين) النَّشِطين في العَمَل السِّرّيِّ الدَّورُ الرَّئيس في إِخْفاقِها أمام دولة الأُمَوِيِّين!

فعندما كانَت ثَورةُ زَيْد بن عَلِيّ في أَوج قُوَّتِها؛ استَطاعت الدَّولةُ الأُمَوِيَّة فَرْض سَيطرتها على حَرَكَة العَبَّاسِيِّين وإِجْهاض ثَورَتِهم، وصار زَعيمُهم مُحمَّد العَبَّاس حَبِيس بَيتِهِ لا يقوى على شَيء. وأَدركَ الثَّائرون العبَّاسِيُّون حينها أَنَّ زيدًا قد سَبَقَهُم بِثَورتِهِ فانفرَدَ بِساحَة المُعارضَة. فما كان مِنهم إِلَّا أَنْ بَعثوا إليه يُحبِّطونَه ويَثْنُونَه عن المُضِي في مُبْتَغاه، وانْتَهوا إِلى تَهدِيدِه إِنْ هو أَصَرَّ على المُضِي في ثَورَتِه. (فقد أَقبَلَ داوُد بن عَلِيّ ـ أَحد أَركان الحَرَكة العَبَّاسِيَّة ـ عَلى زَيْدٍ يُذَكِّره بِمَوقِف أَهْل الكُوفة مِن عَلِيٍّ والحَسن والحُسَين صَلواتُ الله وسَلامُه عليهم ويَنصحه بِأَلَّا يَستَسِلم إِلى وُعودِهم الخَلَّابة الَّتي سُرعان ما تَتَبخَّر. ولكنَّ زيدًا أَصَرَّ على المُضيّ في طَرِيق الثَّورة، وقال لِدَاود: إِنَّ عَلِيًّا كان يُقاتله مُعاوِيَة بِدَهائه ونكرائه بِأَهْل الشَّام، وأَنَّ الحُسَين قاتَله يَزِيدُ بن معاوِيَة، والأَمْرُ عليهم مُقْبِل. ويَئِسَ داوُد مِن إِقناع زَيْد، فقال له: إِنِّي لَخائفٌ إِنْ رَجعْتَ مَعهم أَنْ يَكون أَحدٌ أَشَدَّ عليك مِنهم وأَنْتَ أَعلَم)[2].

إِنَّ ذاتُ اللَّون مِن التَّهدِيد العَبَّاسي الثَّورِي المُوجَّه إلى زَيد بن عَلِيّ سارَعَ الثَّورِيُّون العَبَّاسِيُّون النَّشِطون في مَدِينة إِصْفهان بِبلاد فارِس إلى تَوجِيهِهِ بِشِدّة لِـ(عَبْد الله بن مُعاوِيَة بنَ عَبْد الله بن جَعْفر بن أَبِي طالِب ـ وُلِد في مَكّة عام (83هـ) ـ الَّذي نافَسَهم

1 - الشِّيعة في التَّاريخ 54

2 - جهاد الشِّيعة في العصر العبَّاسي الأوَّل 52 . الطَّبري 265/ 8

بِثَورَتِه ودعا إِلى الرِّضَا مِن آل مُحَمد صَلواتُ الله وسَلامُه عليهم، وامتدَّت دَعوتُه إِلى مُدِن العِراق وفارِس والرَّيّ وكِرْمان وهَمدان وخُراسان، وشَكَّل في هذه المدن امتدادًا ثَأرِيًّا لِحركة زَيد بن عَلِيّ. فعَبد الله بن مُعاوِية كان أَحد المُشارِكِين الفَاعِلِين في ثَورة زَيد قبل أَنْ تُهزَم، ثُمّ رافَقَه بَعضُ الكُوفِيِّين المُنهَزِمين إِلى إِصْفهان وسَاهَموا معه في تَأسِيس جَيشِه.

فِي مبدأ الأَمر هادَنَ الثَّورِيُّون العَبّاسِيُّون عبد الله بن مُعاوِيَة، وحالَفوه وشارَكُوه في إِدارة بَعض مَناطِقِهِ الَّتي سيَطر عليها. حتَّى استَدرَجَهُ أَبُو مُسلِم إِلى خُراسان حين أَظهَر - أَبو مُسلِم - نَفسه مَطالبًا بِثَأر يَحيَى بن زَيْد في مِحاولة سِياسِيَّة ماكِرَة مِنه لاحْتِواء ابن مُعاوِيَة وثَورَتِهِ. وظَنَّ ابنُ معاوِيَة في إِثْر ذلك أَنَّ خُراسان مَنطِقةٌ آمِنةٌ لِحَركتِه. لكِنَّ أَبا مُسلِم (أَدرَكَ خُطورة ابن مُعاوِية على الدَّعوَة العبَّاسِيَّة إِذْ نَجح في استِمالة عددٍ كبيرٍ مِن أَهْل خُراسان الَّذين رأى أَبُو مُسلِم قصر وَلائهم على دَعوتِه العَبَّاسِيَّة. ولِذلك أَقدَم أَبُو مُسلِم على القَبض على ابن مُعاوية وسَجْنِه ثُمَّ قَتلِه «في بَلْدَةِ هَرَات الأَفْغانِيَّة عام 129هـ»)[1].

عندئذٍ خَلت السَّاحَةُ لِقادة ثَورة العبَّاسِيِّين، فاستَقلُّوا بِحرَكَتِهم الثَّورِيَّة عن العَلوِيِّين ورَكَبوا مَوجَتَهم العاتِيَة ثُمّ غَدروا بِأَبِي مُسلِم الخُراسَاني بَعد نَجاحِهِ في تَحقِيق الانْتِصار لِثَورتِهم في خُراسَان وبلاد فارِس، وفَعلوا بِه بِمِثْل ما فَعَل هو بِعَبد الله بن مُعاوِيَة وثَورته!

يَصوّر بَعضُ مُؤرِّخِي السِّيرة ومُدَوِّنيها أَنَّ ثَورَة زَيد بن عَلِيّ ما كانَت إِلَّا رَدَّة فِعلٍ عَنِيفةٍ على المَوقِف (القاعِد) المُتبَنّى مِن قِبَل (شِيعَة عَلِيّ) والإِمام البَاقِر ثُمّ الإمام الصَّادِق صَلواتُ الله وسَلامُه عليهما. ويُذْكَر في هذا الصَّدد أَنَّ الشِّيعَةَ التزموا بِرُؤيَة الإِمامَين صَلواتُ الله وسَلامُه عَلَيهما إِزاء المُشكِلات السِّياسِيَّة والإِجْتِماعِيّة الواقِعَة، وأَنَّ زَيدَ بن عَلِيّ خَصَّ نَفسَه بِرُؤيَةٍ ثَورِيَّةٍ مُستَقلّة مُعالِجَةٍ لهذه المُشكِلات مِن دُونِ أَخِيه

1 - نفس المصدر السّابق 56. مقاتل الطّالِبِيّن، الإصفهاني 168

الباقِر وابن أَخِيه الصَّادِق صَلواتُ الله وسَلامُه عليهما، فصار على اتِّجاهٍ نَقِيض مِنهما.

وقُدِّر أَنَّ زَيدًا قد جَمَع بَين مَنهجَين:

ـ الخُروج الثَّورِي على الأُمَوِيِّين واتِّباع طَرِيقَة جدِّه الإِمام الحُسَين صَلواتُ الله وسَلامُه عليه لِيَحتَوِي بِهما المَوجَة الثَّورِيَّة العارِمَة قَبل أَنْ يَتَلقَّفها العَبَّاسِيُّون فيَسُودُون بها.

ـ والاعتِدال في التَّعاطي مع سِيرَة الخُلفاء الثَّلاثَة مِن أَجْل احتِواء (اتِّجاه أَهْل العامَّة) وإِخْراجِهِ مِن قُصور الأُمَوِيِّين ورفَع إِصْر الحكّام الأُمَوِيِّين عنه، وذلك بِناءً على كونِ زَيد قد تَتلْمَذ على يَدي وَاصِل بن عَطاء رَأس المُعتزِلة الَّذي يَعتَقِد بِعَدم صَوابِيَّة مَوقِف عَلِيٍّ أَمير المؤمنين صَلواتُ الله وسَلامُه عليه في حُربَي الجَمل وصِفِّين!

ويَذهبُ آخَرون إِلى أَنَّ زيدًا أَخَذَ الأُصُول عن عَطاء وأَخَذَ عَطاءُ الفُروعَ عن زَيْد، فأَدَّى ذلك إِلى انْغِماس زَيْد في الأُصُول المُعتزِليَّة والقَول بِـ(الاخْتِيار). فِيما يَنقضُ مُؤرِّخُون آخَرُون ذلك بِالقَول أَنَّ زَيدًا مُتَمسِّكٌ بِالتَّشَيُّع الأَصِيل، وأَنَّ (تفكِيرَهُ مُشْتقٌّ مِن آراء عَلِيٍّ أَمير المؤمنين صَلواتُ الله وسَلامُه عليه الَّتي اشْتهِرت بين النَّاس، وإِنَّه أَراد أَنْ يَردّ التَّشيُّع إِلى أُصُولِهِ في عَهد عَلِيٍّ صَلواتُ الله وسَلامُه عليه)[1]، ويَنفِي عنه تَتَلْمذَهُ على واصِل بن عطاء، لِأَنَّ (مَسأَلَة الاخْتِيار مِن الأُمُور المَشهورَة عند أَتْباع مَذهَب أَهْل البَيت صَلواتُ الله وسَلامُه عليهم قبل أَنْ يُوجَد وَاصِل أَو غيرُه مِن المُعتزِلَة حيث رَفَض أَهْلُ البَيت صَلواتُ الله وسَلامُه عليهم الجَبْرَ مِن بِدايَة ظُهورِه وبِالتَّزامن مع ظُهور الدَّولة الأُموِيَّة الَّتي تَبَنَّته وبَثَّته في النَّاس، في حِين ظَهر الاعتِزالُ في أَواخِر الدَّولَةِ الأُمَوِيَّة.

فمذهبُ الجَبر مَرفُوضٌ في الثَّقافَة الَّتي بَثَّها أَهْلُ البيتِ صَلواتُ الله وسَلامُه عليهم، وعُرِفَ عن زَيد تَبَنِّيه ذات المَوقِف مِن الجَبر. وقال عَلِيٌّ أَمير المؤمنين صَلواتُ الله وسَلامُه عليه عِندما سُئل عن الجَبر (إِنَّ الله أَمَر تَخييرًا ونَهى تَحذيرًا وكَلَّف يَسيرًا

1 – نظرِيّة الامامة . أحمد صبحي 361 . الإمام زيد، الشّيخ أبو زهرة 118

ولـم يُكلِّف عَسِيرًا). وقال ابنُ أَبِي الحديد: إِنَّ المعتزلة لـم يَزِيدوا شيئًا على أَنْ يأخذوا أُصُول كَلام عَلِيٍّ أَمير المؤمنين صَلواتُ الله وسَلامُه عليه. ومِمَّا يبعد تَتَلْمُذ زَيْد على يَدِي واصِل أَنَّ زيدًا هو ابنُ الإِمام السَّجّاد زَين العابِدِين وحَفِيد أَمِير المُؤمِنين صَلواتُ الله وسَلامُه عليهما)[1].

وتُؤكِّد مَصادِر المَعرِفَة في أَتْباع الزَّيدِيَّة مِن أَهْلِ اليَمن أَنَّ القَولَ بِتَتَلْمُذ زَيْد على يَدِي واصِل بن عطاء هو أَغْرب وأَعجَب (ذلك أَنَّ المعلوم عند جميع المُؤرِّخِين والباحِثين والعالِمِين ـ أَنَّ المَدِينَة ولَيْس البَصرة ـ هِي مَعدنُ العِلْم ومَدِينتُه. كما قال أَبُو حَنِيفة لِمَن سَأَلَه عمَّن تَلَقَّى عِلمَه، فقال: كُنْتُ في مَعدَنِ العِلْم ولَزِمْتُ فَقِيهًا مِن فُقهائها، وهو يَعني الإِمام جَعفر الصَّادِق صَلواتُ الله وسَلامُه عليه حيث لازَمَه عامَين، وكان يقول لَو لا السَّنَتَان لَهلَكَ النُّعمان. فهَل مِن المَعقول أَنْ يَخرج الإِمامُ زَيْد مِن مَعدَنِ العِلْم ويَنبُوعِهِ ومَدِينتِه لِيَذْهَبَ إِلى البصرة لِيَحصل على عِلْم الفُروع والأُصُول حتَّى يَتحَلّى بِالعِلْم.. فلَمْ يَكن زَيدٌ مُعتَزِليًّا ولا أَخذ العِلْم عن واصِل، وإِنَّما أَخذ العِلم مِن مَعدنِه وينبوعِه ومدينتِه. أَخذَه عن أَبِيه زين العابِدين وعَن أَخِيه مُحمَّد الباقر، وعن غَيرِهما مِن عُلماء أَهْل بَيتِه صَلواتُ الله وسَلامُه عليهم)[2]. فإِنْ اخْتُلِفَ في تَعدِيل أَو تَجرِيح ثَورتِهِ أَو خُروجِهِ بِلا غِطاء شَرعِيّ مِن إِمام زَمانِهِ فلا يَعنِي ذلك أَنَّه اخْتُلِف في تَعْدِيل أَو تَجرِيح شَخْصِهِ، فقَالوا أَنَّه أَخذَ العِلْم عن غَير أَهْل البَيتِ صَلواتُ الله وسَلامُه عَليهِم!

انقَسمَ مَذْهبُ الزَّيدِيَّة إِلى فِرَق بائِدَة هِي الجارُودِيَّة والسُّليمانِيَّة والبَترِيَّة (وكان أَصحابُ الجارُود زَعموا أَنَّ النَّبِيّ صَلَّى الله عليه وآله نَصّ على عَلِيٍّ صَلواتُ الله وسَلامُه عليه بِالوَصْفِ مِن دُون التَّسمِيَة وأَنَّ الإِمام مِن بَعدِهِ صَلَّى الله عليه وآله هو عَلِيٌّ صَلواتُ الله وسَلامُه عليه، ولكِنَّ النَّاس قَصَّروا حيث لم يَتعَرَّفوا على الوَصْف ولـم يَطلُبوا المَوصُوف، وإِنَّما نَصبوا أَبا بكر بِاختِيارِهم فكَفَروا بِذلك.

1 - مذاهب وأديان 53

2 - الزَّيدِيّة نَظرِيّة وتَطبيق 20

وقَد خالَفَ أَبو الجارُود في هذه المَقالة إِمامَةَ زَيد بن عَلِيّ، فإِنَّه لم يَعتقِد بِهذا الاعتِقاد. واختَلفَت الجارُودِيَّة في التَّوقُّف والسَّوق، فسَاق بَعضُهم الإِمامَةَ مِن عَلِيٍّ أَمِير المؤمنين صَلواتُ الله وسَلامُه عليه إِلى الحَسَن ثُمَّ إلى الحُسَين ثُمَّ إِلى عَلِيٍّ بن الحُسَين زين العابِدِين ثُمَّ إلى زَيد)[1].

وتُعَدُّ الفِرْقَة الزَّيدِيَّة المُتَواجِدة حالِيًّا في اليَمن ومَركزُها العِلْمِي في مَدِينة (صَعدَة) هي مِن أَبْرَز فِرَق المَذْهَب الزَّيدِي وأَكثرها عددًا والتزامًا وانتظامًا. ويَعود الأَمْر في ذلك إِلى أَنَّ بلاد اليَمن كانَت تَعجّ بِفَوضى الحكومات المُنقَسِمة والمشْيَخات المُتبايِنَة والمُختلفة في عَهد الدَّولة العَبَّاسِيَّة. فراح اليَمنِيُّون يُفتِّشون لهم عمَّن يَقودهم مِن أَهْلِ البَيت صَلواتُ الله وسَلامُه عليهم، فاخْتاروا الإِمام الهادِي (يَحيَى بن الحُسَين بن القاسِم بن إِبراهِيم بنَ الحَسَن بنَ الحسن بن أَبِي طالب (وَلِدَ بِالمَدِينَة في سَنة 245هـ) بَعدما عَثَروا عليه (في قَرَيةٍ اسْمها الفرع في سَفْحِ مِن سفوح الرَّس، وتَقع فِيما بين المَدِينة المنَوَّرة والجِهَة الشَّرقِيَّة مِن بَدر.. فدَعوه لِلخُروج إِلى اليَمَن ـ مَرَّتَين ـ فَوصَل إِلى صَعْدَة سَنة 284هـ)[2] وقُتِل فِيها مَسمُومًا في سنة 298هـ.

تعَصَّب الكَثِيرُ مِن المؤرِّخين والمُدَوِّنين مِن أَتْباع (اتِّجاه أَهْل العامَّة) واختَلَط على غَيره مِن المُختَصِّين في بِحُوث سِيرَة المذاهِب وفِرَقِها، وذلك عندما ذهبوا إِلى وَصف المذْهَبَين الزَّيدِي والإِسماعِيلِي بِالفِرَق الشِّيعِيَّة أَو نَسبُوهما إِلى التَّشَيُّع عن سابِق خُبْثٍ وإِصْرارٍ أَو جَهْلٍ وقِلَّة حَظٍّ في العِلْم أَو استِجابَة لأَوامِر سِياسِيَّة ومَراسِيم هِرَقلِيَّة. وأَرادوا مِن مِحاوَلَةِ التَّضلِيل في هذا الشَّأن مآرب عَصَبِيَّة وأَهدافًا خاصَّة سَكَت عَليها الشِّيعُة ورَضوا بِها كَأَمْرٍ واقِعٍ لا مَحِيص مِن إِهماله أَو القُبول بِه، أَتى على رَأسِها:

ـ صِناعةُ الوَهْم بِتَقسِيم مُتَعسِّف مُختلَق لِلتَّشَيُّع إِلى مَذاهِب وفِرَق مُتباينة أَو مُختلِفَة في عَرض التَّعدُّد القَهرِي لِمَذاهِب وفِرَق (اتِّجاه أَهْلِ العامَّة)، وحتَّى يَكون لِأَئمَّة (اتِّجاه

1 - المِلل والنِّحل 255

2 - الزَّيدِيّة نَظرِيّة وتَطبيق 144

أَهل العامَّة) ووُعَّاظِه العُذر العَقَدِي التَّام في تَعدُّد مَذاهِبهم وكَثرة انْقِسامِها وتَشعُّبها إِلى فِرَقٍ إِلى جانِب ما اختَلَقوه مِن تَشابهٍ في النَّسَق أَو وَحدةٍ في مُسبِّبات الانْشِقاق بين التَّشيُّع و(اتِّجاه أَهْل العامَّة) والدَّوافع.

ـ وسَلْبُ لُبِّ التَّشيُّع الأَصيل مِن الشِّيعَةِ الإمامِيَّة الَّذين يُمثِّلون الأَغلَبِيَّة الشِّيعِيَّة السَّاحِقَة ذات المَورُوث التَّأريخي الكَبِير والرَّاسخ وذات الأُصُول والمُدوَّنات الرَّصِينة العَرِيقَة المُستَقلَة عن فَوضَى اللُّعبة السِّياسِيَّة الَّتي أَفضَت إِلى خُضُوع (اتِّجاه أَهْل العامّة) لِسيادَةِ عَهدي الخِلافَة والدُّول المَلكِيَّة الهِرَقلِيَّة المُتعاقِبَة ثُمَّ تَحوُّل هَذا اللَّون مِن الخُضُوع إِلى تَقلِيدٍ ثابِتٍ حاكِمٍ على ثَقافَة (اتِّجاه أَهِل العامَّة) ومَذاهِبه وفِرَقه المنشَقَّة ومُستَمِرّ إِلى يَومنا هذا.

ـ زَجُّ التَّشيُّع ـ بِوَصْفِهِ العامِل الرَّئيس والخَفيّ ـ في ماجَريات حُروب الإِمْرة والرِّئاسة و(التَّاج) الَّتي خاضَها (اتِّجاه أَهْل العامَّة) لِصَالِح خُلفائه وحُكّامِه وأَزْهَق فيها أَرواح أَبناء أَجْيالِه الَّتي شَكَّل بها الأَغْلَبِيَّة في المُسلِمين وسَفَكَ فيها الدِّماء بِغَير حَقّ. في حِين أَنَّ التَّشيُّع كان مُنَزَّهًا عن تلك الحُرُوب وبَريئًا مِن أَسْبابِها ودَوافِعِها وما اقْتُرِف فيها مِن فَضائع وفَضائح، وذلك لِمَا كان لِلتَّشيُّع مِن صِفَة الاستِقلال التَّام عن السِّيَاسَة والبُعد عن شُئون الإِمْرة والرِّئاسة مُنذ نَقض (اتِّجاه أَهْل العامَّة) لِبَيعة الغَدِير استِجابَة لِأُولِي الأَمْر مِن خُلفائه ورِضا رُواتِهِ وأَئمَّتِهِ ووُعَّاظِهِ والأَغْلَبِيَّة مِن أَتْباعِهِ المُسلِمِين بِوَقائع الانْقِلاب على الأَعْقاب بِوَصفِها أَمرًا واقعًا لا مَحِيص مِن إِنفاذه خَوف الفِتنَة.

ـ وإِخراجُ مَنزِلَة التَّشيُّع العَرِيقَة ومقامِهِ النَّجِيب ومرتَبَتِهِ الشَّرِيفة عن دائرة (الفِرقَةِ النَّاجِيَة) مِن المُسلِمِين، وجَعلُه في عَرض العَشَرات مِن المَذاهِب والفِرَق الأُخْرى المَغضُوب عَليها سِياسِيًّا الَّتي تَتكاثَر في كُلِّ عَصرٍ لِتُنجِبَ مذاهب وفرقًا أُخْرى مِثلها أَو مُباينة أَو مُخالِفَة أَو مُعادِيَة.

ـ سَلبُ مَناقِب التَّشيُّع وفَضائِله ومَواقِفِه المُتميِّزة بِالصِّدقِ والأَمانَة والوَفاء بِالوَعد، ومُصادرةُ سِيرةِ تَمسُّكِهِ بِمَودَّة أَهْل البَيت صَلواتُ الله وسَلامُه عليهم الَّتي انفرَد بِها مِن

دُون غَيره مِن المَذاهِب والفِرَق ولم يَتَخَلّ عنها في كُلّ الظُّروف، أَو حتَّى العَمل على فَصْلِه عن امْتِدادِه التَّأريخي ونَسَقِه الأَصِيل الَّذي تميَّز بِه على سائر المَذاهِبِ والفِرَق.

ـ جَعْلُه في عَرضِ مَذاهِب المُعتَزِلَة والزَّيدِيَّة والإسماعِيلِيَّة وغَيرِها مِن المَذاهِب والفِرَق، وذلك لِخَلْط عَقائدِها بِعَقائد التَّشَيُّع أَو نَسْبَة عَقائدها وسِيرَة مَواقِفِها في السِّلم والحَرْب إلى سِيرَة مواقف التَّشَيُّع وعَقِيدَتِه.

ـ جَعْلُ الزَّيدِيَّة والإسْماعِيلِيَّة والمَذاهِب والفِرَق الأُخْرى في نَسقٍ تَأريخِيّ واحِدٍ مَع نَسَق التَّشَيُّع، ودَمجُ هُوِيَّتِها الثَّقافِيَّة مع الهُوِيَّة الثَّقافِيَّة لِلتَّشَيُّع، وتَحمِيلُ التَّشَيُّع أَوزار ثَوارِتِها وحُروبِها ونُظم دُوَلِها.

يُشكِّل الشِّيعَةُ الإمامِيَّةُ الامْتِداد الأَصِيل لِلتَّشَيُّع الَّذي نَشأ في عهد رَسُول الله صَلَّى الله عليه وآله حيث غَرَس صَلَّى الله عليه وآله بَذرَة التَّشَيُّع الأُولى ونَشأ تَحتَ ظِلّ عَلِيٍّ أَمير المؤمنين صَلواتُ الله وسَلامُه عليه الوارف وتَرعْرَع.

ويُطلَقُ على الشِّيعَة الإمامِيَّة اسم (الإثْني عَشرِيَّة) بناءً على اعتِقادِهم بِالأَئمَّة المَعصُومِين مِن أَهْل البَيت الإِثْنَى عَشَر، أَولهم عَلِيٌّ أَمِير المُؤمِنين ثُمَّ الحَسَن والحُسَين وعَلِيٌّ السَّجَّاد ومُحمَّد البَاقِر وجَعْفَر الصَّادِق ومُوسَى الكَاظِم وعَلِيّ الرِّضا ومُحمّد الجواد وعَلِيّ الهادِي والحَسَن العَسكَرِي صَلواتُ الله وسَلامُه عليهم، وآخرُهُم الإِمام مُحمَّد المَهدِي المُنتظر عَجَّل الله تَعالى فَرَجَه الشَّرِيف.

وقد اختلَف الشِّيعَةُ الإمامِيَّة عَقَدِيًّا وفقهيًّا عن المَذهَبين الزَّيدِيّ والإسماعِيلِيّ، (ويُطلَق عليه ـ غالبًا ـ المَذهب «الشِّيعِي» لِكَثرة أَتْباعِه مُقارَنَةً بِأَتباع المذهبَين الآخَرين. ويُشّكلُ الشِّيعَةُ الإمامِيَّة في الوَقت الحاضِر حوالى نِصفَ مُسلِمي آسيا وثُلْثَ مُسلِمي العالم)[1] وهو أكبرُ اتِّجاهات (الشِّيعَة) ويَحتَل فيها نِسبَةً عَدَدِيّة تُقدّر بـ ٪85.

ويُطلَقُ على الشِّيعَة الإمامِيَّة أَيضًا اسْم (المَذهَب الجَعْفَرِي) نِسْبَةً إلى الإِمام

1 - مَذهب الإماميّة 8

جَعْفَر الصَّادق صَلواتُ الله وسَلامُه عليه، وهو الإمامُ السَّادِس في قائمَة أَئمَّةِ أَهْلِ البَيت صَلواتُ الله وسَلامُه عليهم، والمَعصُوم الثَّامِن في قائمة المَعصُومِين الأَربعة عَشَر مِن بَعد نَبيِّنا مُحمَّد صَلَّى الله عليه وآله وعَلِيٍّ والزَّهراء والحَسَن والحُسَين وعَلِيِّ بن الحُسَين والبَاقِر صَلواتُ الله وسَلامُه عليهم.

وجاء أَوَّلُ ظُهور لِمُسَمَّى (الجَعفَرِيَّة) بِوَجهٍ بارزٍ عندما أَشرَفَت الدَّولَةُ الأُمويَّة على الأُفُول حيث تَغَلَّب الثَّورِيُّون العَبَّاسِيُّون وسَيطروا على خُراسان ومَرو والكُوفة.

في هذه الفَترة الحسَّاسة الواقِعَة بين الرَّمَق الأَخِير لِدَولة الأُمَوِيِّين ومطلع العَهد الجَدِيد لِلعبَّاسِيِّين الثَّورِيِّين امتدَّ فاصِلٌ زَمنِيٌّ مُتمَيِّزٌ بِالانْفِراج الأَمنِيِّ النِّسبِي حيث انْشَغل العَبَّاسِيُّون بِمُطاردة فُلول الأُموِيِّين والاجتهاد في إِخْضاع المَناطق لِسِيادَتِهم عن الفِكرة في مُنافسة العَلَوِيِّين مِن أَتْباع الإِمام الصَّادق صَلواتُ الله وسَلامُه عليه ومُرِيدِيه.

فتَقدَّم الإِمامُ الصَّادِق صَلواتُ الله وسَلامُه عليه لِيَعمل على تَسْخِير هذه الانْفِراجة المؤقَّتَة في بَثِّ السَّرد الرِّوائي والعِلْمِي لِلتَّشَيُّع وتَنظِيمِهِ في الوَسَط الشِّيعي، (فازدَحَم طُلابُ العِلْم على أَبْوابِ مَدرسَتِه، وكَثُرَت الهجرةُ إِليها. فنُسِبَ التَّشَيّع إِليه بِوَصفِه مَذهبًا. فكُلُّ ما ذَهب إِليه الصَّادِق صَلواتُ الله وسَلامُه عليه في تَصوِيبِه والوُثُوق بِصحَّتِه مِن الأَحكام أَصْبحَ بِجُملَتِه يُسَمَّى (مَذْهَب جَعْفَر الصَّادِق صَلواتُ الله وسَلامُه عليه)[1]، لا بِمَعنى ما ذَهَب إِليه (اتِّجاه أَهْل العامَّة) ومَذاهبُه وفِرَقُه.

فالإِمامُ الصَّادِق صَلواتُ الله وسَلامُه عليه لم يَنشَقّ عن التَّشَيُّع ولم يُؤسِّس مَذْهبًا مُختَلِفًا أَو فِرْقَةً جَدِيدة مِثلما فعَلَ أَئمَّةُ المَذاهِب والفِرَق. فإِنْ أَطلَقَ أَئمَّةُ مذاهِبِ وفِرَق (اتِّجاه أَهْل العامَّة) على التَّشَيُّع صِفَةَ (المَذْهَب) زُورًا وافتراءً في فَترة تَكاثُر مَذاهِبهم وتَزاحُم فِرَقِهم وتَضَخّم نِزاعِهم المَرِير على مِلْكِيَّة (اتِّجاه أَهْل العامَّة) وما يُمَثِّله مِن أَغلَبِيَّة في المُسلِمين وما اخْتُصّ به مِن عِنوان (أَهْل السُّنّة والجَماعة)؛ فإِنَّما لِلادِّعاء بِوَحدة زَمَنِيّ النَّشوء والظُّهور بين اتِّجاهِهم والتَّشَيُّع والاشْتِراكِ بينهما في الدَّوافع

---

1 - الإمام الصّادق والمذاهب الأربعة 215/ 1

والأَسْباب وتَشابُهِما في الهَيكل العامّ والقوام وتَساوِي عِلْم أَئمَّتهم وما اخْتُص بِه الأَئمَّة صَلوات الله وسَلامُه عليهم مِن عُلوم، ثُمّ لِشَطْبِ السِّيرة الأولى لِلتَّشَيُّع المُتَّصلِة بِرعايَة رَسُول الله صَلَّى الله عليه وآله واعتِبارِ التَّشَيُّع نَسَقًا حادِثًا طارِئًا لا يَتَمَيّز على بَقِيَّة الأَنسَاق النَّاشِئة في تَأريخ المَذاهِب والفِرَق بِمَنقبَةٍ ولا فَضِيلَةٍ، ثُمَّ لِلعَمَلِ على فَصْلِهِ عن امْتِدادِهِ الشَّريف المُتَّصل بِاليَوم الَّذي أَنذر النَّبيّ صَلَّى الله عليه وآله فيه عَشِيرتَه الأَقرَبين وصَرَّح فيه بِوَلايَة عَلِيّ أَمِير المؤمنين صَلواتُ الله وسَلامُه عليه وبِتَشَكّل الفِئة القَليلَة مِن (شِيعَة عَلِيّ) وبِاشتِهارِها بِالملازَمَة بَين الثَّقلَين والتَّمسُّكِ بِهِما.

بين المَراحِل التَّأريخِيَّة الفاصِلَة الَّتي مَرَّ بها المُسلِمُون، وبَين صِراع الخُلفاء واشْتِداد أُوار حُروب دُوَلِهم وتَدافع مَذاهِبهم وفِرَقِهم، لم يَكن التَّشَيُّع مَغْمُورًا، كما أَنَّه لَيس شَرِيكًا في المُنافَساتِ الفِئوِيَّة والمُغالَباتِ الفِكْرِيَّة والنِّزاعاتِ السِّياسِيَّة.

ولم يَكُن التَّشَيُّع بين هذه وتِلك اتِّجاهًا جامِدًا في مُقابِل (اتِّجاه أَهْلِ العامَّة) الَّذي نَشأ على عَهد أَبي بَكر وظَلَّ السَّائد جُغرافِيًّا والنَّصِير السِّياسِي الثَّابت لِلخِلافَة وشَرِيك الخُلفاء الثَّلاثة في تَكرِيس (مَذْهَب الرَّأي) والتَّخلِّي عن الوَحدَة العضوِيَّة لِـ(الثَّقلَين) ونَبذها وراء الظُّهور.

إِنَّ هنالك الكَثِير مِن العَوامل الَّتي أَبْرَزت التَّشَيُّع في المُسلِمين على الرَّغم مِن تَكرار المُحاوَلات السِّياسِيَّة العَنِيفة لِإقصائه وتَشدُّد العَصَبِيّات القَبلِيّة الدَّاعِيَة إلى طَمْس مَعالِمِهِ وتَحفِيز الأَحْقاد الفِئوِيَّة والعَصَبِيّة الجاهِلِيَّة لِتَشوِيهِ شَعائرة واغْتِيال رِجالِه.

إِنَّ مِن بَين العَوامِل الَّتي جَعَلت مِن التَّشَيُّع طَرِيقَةً مُثِيرةً لِلتَّساؤل الفَلسَفِي بين الأَجْيال المُتعاقِبَة الباحِثة عن الأَصالَةِ، وجَعلَت منه مَلجأ المُتَحيِّرين في العَقِيدة والهارِبين مِن المَورُوث الرِّوائي المُفتَرى واليائسِين والمُحبَطِين مِمّا في أَيدِي أَهلِ (مَذْهَب الرَّأي) صُنَّاع الحُروب والفِتَن والوَلاءات المُزَيَّفة والباحِثِين عن الحَقِيقَة في زَحْمةِ نِزاع المذاهِبِ والفِرَق، وجَعَلَت مِنه مَحلًا لِضَمان الأَمْن مِن الفُرْقَة والأَمان مِن الطَّائفِيَّة الحادَّة والمُستَقرّ الأَمْثَل لِمن يَبتَغِي إِعادَة الاعْتِبار لِواجِبِ المَودَّة في

القُربى، هِي:

ـ المَوقِفُ الثَّابِت لِأَهْل البَيت صَلواتُ الله وسَلامُه عليهم مِن العَقِيدة والشَّريعَة والأَخْلاق وتَمَسُّك الشِّيعَة بِالثَّقلَين وصُمودهما أَمام التَّحدِّيات العاتِيَة الَّتي اصطَنَعها الدُّولُ الهِرَقْلِيَّة المُستَبِدَّة في الضِّدّ مِنهم على مَرِّ الأَزمان.

ـ خُروجُ الإِمام الحُسَين صَلواتُ الله وسَلامُه عليه لِطَلَبِ الإِصْلاح في أُمَّة جَدِّه ونَصرهُ بِما وَعَدَ مِن (الفَتْح)، وقِيامُ الثَّورات المُتَتالِيَّة الدَّاعِيَة إِلى الثَّأر لِدَمه صَلواتُ الله وسَلامُه عليه، وتِلك الأُخْرى الدَّاعِيَة إِلى تَوظِيف السُّخط العام والاسْتِياء النَّاشِئ عن الواقِعَة وما تلاه مِن تَفاقُم لِلاسْتِبداد الأُمَوِي في تَعزِيز فَتحِهِ صَلواتُ الله وسَلامُه عليه في الأُمَّة، وتِلك الأُخْرى الَّتي دَعَت في الظَّاهر إِلى (الرِّضا مِن آل مُحمَّد) ولِـ(الرِّضا مِن أَئمَّة الثَّورات) في البَاطِن، ثُمَّ إِخفاقِها وذَهاب رِيحِها!

ـ وشِدَّةَ رُدود الفِعل الأُمَوِيَّة على اشْتِعال هذه الثَّورات وفَرضها المَزِيد مِن أَعْمال العُنف والقَتل والقَمْع لِردع الثَّائرين ولِخَلق مَزِيدٍ مِن مُبَرِّرات التَّمييز الاجتِماعِي والفَصْل السِّياسِي الطَّائفي والنَّفي والتَّهجِير في الضِّدّ مِن (شِيعَةِ عَلِيّ).

ـ والإِدراكُ المُتأخِّر بين فِئَةٍ كَثيرةٍ مِن المُسلِمين لِخُطورة ما اقْتَرفه أَقطاب (صَحِيفة مَكَّة الثَّانية) مِن انْقِلابٍ على الأَعْقاب وما فَرَضُوه مِن أَسْبابٍ لِتَعطِيل وَصايا النَّبِيّ صَلَّى الله عليه وآله، وما ذَهبوا إِليه مِن اعتِمادٍ صارمٍ لِـ(مَذْهَبِ الرَّأي) ونَبذ الثَّقلَين وراء الظُّهور، وما أَسَّسُوه مِن اتِّجاهٍ جامِع لِلأَغلَبِيَّة المُوالِيَة مِن أَهْل العامَّة لِردع (شِيعَة عَلِيّ) ولاحْتِكار إِدارة شُئون الخِلافَة، وما أَشاعوه مِن مَفاهِيم تَوفِيقِيَّة وسَطِيَّة جامِعة بَين ثَقافَة الجاهِلِيَّة وتَعالِيم الدِّين وأَقاموا بها قواعد هَشَّة لِإسلام مُزوَّر وغامَروا به في حُروب الرِّدة والفُتُوح ثُمّ في حُروب السِّيادَة لِحُدود دَولَةٍ مُقسَّمةٍ مُتَخاصِمَة يَتآمَرُ حُكَّامُ بَعضِها على البَعضِ الآخَر.

ـ وتَفَشِّي مُضاعَفات (مَذْهَب الرَّأي) والتَّقديس المفرط لِسُنَّةِ الخُلفاء حيث خَلَّفا في المُسلمين دُولًا مُتخاصِمَة ذات هُوِيَّات اجتماعِيَّة مُنحَرِفَة سِياسِيًّا وأَخْلاقِيًّا ومُغامِرَة

بِدماء الأَجْيال المُتعاقِبَة تَحت لافِتَة صِيانَة سِيادَة الحاكَم الواحِد المُستَبِد ولَيْس سِيادَة الدِّين وحاكِمِيَّته.

ـ ما انَتهَى إِليه الوَضْع العام مِن استِغلالِ حادٍّ لِفكرة الثَّأر الجاهِلي إِذْ انْتَقمَ الأُمَوِيُّون بِها مِن مُغالِبِيهِم (الثَّورِيِّين)، ثُمَّ انْتَقمَ (الثَّورِيُّون) العبَّاسِيُّون والزُّبَيرِيُّون بها مِن الأُمَوِيِّين وغَيرِهِم، ثُمَّ اشْعل السَّاخِطون على هذه الدُّول بِها فَتِيل الثَّورات ذات البُعْدِ السِّياسِي الاسْتِغلالِي، وفَرّط الجَمِيع بِوحدَةِ الدَّولة وتَنَازعوا بَينهم على ثَرواتِها، ثُمَّ سفكوا دِماء المُسلِمين في حُروب السِّيادَة والإِمْرَة، وأَشاعوا اليَأس والإِحْباط في الأَجْيال.

ـ والمَيلُ المُشَكِّك لَدى الاتِّجاه العام في هُوِيَّةِ الدِّين (المُختَلق) لَدى المُنقَلِبين على الأَعْقاب الدَّاعِي إِلى الاسِتْبداد وسَفكِ الدِّماء، والجَدوى مِن نُصرة أَئمَّة أَهْل بَيتِ رَسُول الله صَلَّى الله عليه وآله، ثُمّ الانْعطافِ الحادّ لهذا الاتِّجاه لِنُصرَة الثَّورات تارةً وخِذلانِها والانْقِلاب عليها تارةً أُخْرى.

لم يَقَع هذا التَّحوُّل المُثِير والمُفاجِئ في دائرة الاهتِمام الفَجّ لَدى الأَغْلَبِيَّة مِن المُسلِمين إِلَّا عندما شَعروا مرّة أُخرى بِأَهمِيَّةِ العَودَةِ إِلى الثَّقل الآخر أَئمَّةِ أَهْل البيت الأَطهار صَلواتُ الله وسَلامُه عليهم بِوَصْفِهم الخُلفاء الحَقِيقِيِّين الَّذِين ورَدَت النُّصوص في وُجوبِ الإِئتِمام بِهم والطَّاعَة المُطلَقَة لَهُم، وأَنَّ الثَّورات القائمَة كُلّها مُناهِضَة لِلأُمَويين وداعِيَة إِلى (الرِّضا مِن آل مُحَمّد) بِصدقٍ وإِخلاصٍ وهو شعارٌ وِجدانيٌّ مِن كُلّ الوُجوه، وأَنَّ اشتِعالَ هذه الثَّورات يُمَثّل مُرادَ أَهْل البيت صَلواتُ الله وسَلامه عَلَيهم ومَقصَدَهُم أَو أَنَّهم في أَضْعَفِ الاحْتِمالات لَمْ يُشرِّعوا لِهذه الثَّورات والانْتِفاضَات والهَبَّات قِيامَها بِالكَيفِيَّة الَّتي قادَها أَئمَّتُها وزُعماؤها ولم يَتبنّوا الشِّعار الَّذي رَفَعه قادةُ الثَّورات ودعا إِلى (الرِّضا مِن آل مُحمّد) أَو نادَى بِأَخْذ الثَّأر لِوَاقِعَةِ كربلاء بِكَيفِيَّة عَنِيفَة فاقِدَة لِلضَّوابط الشَّرعِيَّة وغير حائزة على مَبدأ التَّوازن في المُكْنَة.

وفي مُقابِل ذلك، جاء في المَورُوث الرِّوائي الشِّيعي ما نَصّ على وجوب

الامْتِناعِ عن القِيام والثُّورَةِ أَو على الحَذرِ مِنها وعلى تَجنُّبِها في ذات الظُّروف الَّتي ظَهَرت فِيها تلك الشّعارات الوِجدانِيَّة المُنادِيَة بِالثَّأر لِمقتل الإِمام الحُسَين صَلواتُ الله وسَلامُه عليه.

وكان مِن بَين تلك النُّصوص:

ـ حَدَثَنا مُحمَّد بن سنان، عن أَبي الجارود، عن الإمام البَاقِر صَلواتُ الله وسَلامُه عليه، قال: قُلتُ لَه صَلواتُ الله وسَلامُه عليه: أَوْصِنِي؟ فقال: أُوصِيكَ بِتَقوى الله، وأَنْ تَلزمَ بَيتَك وتَقعُد في دَهماء هَؤلاء النَّاس، وإِيّاك والخَوارِج مِنَّا، فإِنّهم لَيْسوا على شَيء ولا إِلى شَيء، واعْلَم أَنّ لِبَنِي أُمَيَّة مَلِكًا لا يَستَطِيع النَّاس أَنْ تَردَعَه، وأَنَّ لِأَهْل الحَقِّ دولةً إذا جاءَت وَلَّاها الله لِمَن يَشاء مِنَّا أَهْل البَيت. فمَن أَدْرَكها مِنكُم كان عِندنا في السّنام الأَعلى، وإِنْ قَبضَه الله قَبْل ذلك خارَ له. واعْلَم أَنَّه لا تَقوم عِصابَةٌ تَدفَع ضَيمًا أَو تُعِزّ دِينًا إِلّا صَرعَتهُم المَنِيّة والبَلِيّة حتّى تَقُوم عِصابَةٌ شَهِدوا بَدرًا مع رَسُول الله صَلَّى الله عليه وآله لا يُوارَى قَتِيلَهُم، ولا يُرفَع صَرِيعَهم، ولا يُداوي جَرِيحَهُم)[1].

ـ وعن مُحمَّد بِن يَحيَى، عن مُحَمّد بن الحُسَين، عن عبد الرَّحمَن بن أَبِي هاشِم، عن الفَضْل الكاتِب قال: كُنْتُ عند الصَّادِق صَلواتُ الله وسَلامُه عليه فأَتاه كِتابُ أَبِي مُسلِم فقَال لَيْس لِكتابِك جَواب أُخْرج عَنَّا، فجَعَلنا يسار بَعضنا بَعضًا، فقال: أَيُّ شَيء تُسارُّون يا فَضْل؟! إِنَّ الله عَزَّ وَجَلّ ذِكرُه لا يَعجَل لِعَجلَة العِباد، ولَإِزالة جِبَل عن مَوضِعِهِ أَيسَرُ مِن زَوال مُلكٍ لم يَنقَضِ أَجَلُه)[2].

ـ عن مُحمّد بن هُمام، عن جَعفَر بن مُحَمَّد بن مالِك، عن مُحمَّد بن أَحمَد عن ابن أَسْباط، عن بَعضِ أَصحابِه، عن الصَّادِق صَلواتُ الله وسَلامُه عليه أَنَّه قال: كُفُّوا أَلسِنَتكم والزَمُوا بُيوتَكُم فإِنَّه لا يُصيبكم أَمْرٌ تخصّون بِه أَبدًا ولا يُصِيب العامَّة، ولا تَزال الزَّيدِيّة وَقاء لَكُم أَبدًا)[3].

---

1 - كتاب الغيبة، محمد بن إبراهيم النعماني 199/ 1

2 - الكافي، الشيخ الكليني 274/ 8

3 - المصدر السّابق 225/ 2. بحار الأنوار، المجلسي 139/ 52

ـ عن عَلِيّ بن إبراهِيم عن أَبِيه عن حَماد بن عِيسى عن رُبعِي رَفعَه عن عَلِيّ بن الحُسَين السَّجاد صَلواتُ الله وسَلامُه عليه قال: والله لا يَخرُج واحدٌ مِنّا قَبْل خُروجِ القائم صَلواتُ الله وسَلامُه عليه إلّا كان مَثَلُه مَثَل فَرخٍ طار مِن وَكْرِهِ قَبْل أَنْ يَستَوِي جَناحاهُ فأَخذَه الصِّبْيان فعَبَثوا بِه)[1].

فلَيس هناك شَيءٌ مِن السِّياسَة (يُروِّج الآراءَ ويُغرِي النَّاس بإتباعِها كالاسْتِبداد الَّذي يَعطِفُ المغلوب على الَّذين تَلِمُّ بِهم المِحَن وتُصَبُّ عليهم الكوارث، وتُبسَطُ عليهم يَدُ السُّلطان، والَّذي يَصرِف القُلوبَ عن هذا السُّلطان الَّذي يَدفعُ إلى الظُّلم ويُمْعِنُ فيه ويُرهِقُ النَّاس مِن أمرهم عُسْرا. لِذلك عَظُم أَمرُ التَّشَيُّع وانتَشَرَت دَعوتُه أَيّ انتِشار في شَرق البِلاد الإسلامِيَّة وفي جنوب بلاد العرب. ومات مُعاوِيَة حين مات وكَثِيرٌ مِن النَّاس وعامَّة أَهْل العِراق بِنَوعٍ خاصٍّ يَرونَ بُغضَ بَنِي أُميَّة، وبَنِي العَبّاس ـ وحُبَّ أَهْل البَيت لِأنفسهم دِينًا)[2].

فعَلى الرَّغْم مِن اجتِماع الكَثرة مِن الثَّورات على مَبدأ إنْهاء وُجود دَولَةِ الأُمَوِيِّين تحت شِعار (الرِّضا مِن آلِ مُحَمَّد) إلّا أَنَّها ساهَمَت بِشَكلٍ أَو بِآخر في التَّمهِيد لِقِيام دَولَتي الثَّورِيِّين الزُّبَيرِيِّين والعبَّاسِيِّين وهُما الأَشَدُّ طُغيانًا وكُفرًا وفُسْقًا وظُلمًا وفَتكًا وقَهرًا وبُغضًا لِأَهْل البَيتِ صَلواتُ الله وسَلامُه عليهم ولِـ(شِيعَةِ عَلِيّ) إذْ لَمْ يَستَثْنِ الثَّورِيُّون الزُّبَيرِيُّون والعَبَّاسِيُّون أَحدًا مِن نُظرائهم فِي الثَّورة فشَمَلوهُم بِاستِبدادِهم وقَهرِهِم ومَكرِهِم واغْتالوا قادَتَهم أَو وَشوا بِهم إلى الأُمَوِيِّين، وبَالَغوا في قَتل الشِّيعَة والقَضاء على أَئمَّتِهم صَلواتُ الله وسَلامُه عليهم.

وبِتَمكُّن الثَّورِيِّين الزُّبَيرِيِّين والعَبَّاسِيِّين انْتَهت ظاهِرَةُ قيام الثَّورات وتَلاشَت بِلا نَتائج مَلْمُوسَة تُعنى بِالهَدف المُتَبنَّى والظَّاهر بين عامَّة النَّاس أَو بِلا حَصِيلَة تُذكَر مِن الإنْجازات المُحَقِّقَة لِلشِّعار المَرفُوع والهَدَف الظّاهر المَرجُو!

---

1 - المصدر السّابق 264/ 8

2 - تأريخ الفرق الاسلامِيّة 118

لقد مَضى الثَّورِيُّون العَبَّاسِيُّون في مِسيرةِ التَّغِيير وفْق ما أَرادوا وخَطَّطوا، ولم يُشرِكوا أَحدًا في دَولَتِهم مِمَّن قاوم الأُموِيِّين ثأرًا لِمَقتل الإمام الحُسَين صَلواتُ الله وسَلامُه عليه، بَل خَذلوا كُلَّ مَن نَصرهُم في يَومِيَّات الثَّورَة فَقَتَلوه، وشَطبوا شعار (الرِّضا مِن آل مُحمّد) وجَعلوا مِن أَئمَّة أَهْلِ البَيت صَلواتُ الله وسَلامُه عليهم وشِيعَتِهم عَدُوَّهُم اللَّدُود.

عندما تَبَنّى الثَّورِيُّون العبَّاسِيُّون ذات الفِكرة الَّتي دَفعَت بِالمَوجَة الثَّورِيَّة المُستقِلَّة العارِمَة إِلى مُقدِّمة الحَوادِث فرَكِبُوها، ساروا على ذات النَّسَق الثَّورِي لِقُوى الثَّورة. وعندما تَسَنَّموا السُّلطة اجتَهدوا بِالسِّياسَة في احتِواء التَّيار (الثَّورِي) الَّذي نَشأ في شَكلِ رَدَّة فِعلٍ عَنِيفَة على واقِعَة الطَّف ودعا إِلى الثَّأر لِمَقتل الإمام الحُسين صَلواتُ الله وسَلامُه عليه مُستقلًّا عن دائرة التَّشَيُّع الأَصِيل وأَئمَّة الهُدى صَلواتُ الله وسَلامُه عليهم.

وبَعدَما استَتَبَّ الأَمرُ لِلثُّوار العبَّاسِيِّين وتَمكَّنَ أَتباعُهم وأَعوانُهم مِن السَّيطرة على الوَلايات الإِسْلامِيَّة؛ سَعوا إِلى تَقريب مَذاهِب (اتِّجاه أَهْلِ العامَّة) وفِرَقه المُوالِيَة لِلأُمَوِيِّين والمُتَمسِّكة بِسيرة الخُلفاء الثَّلاثة وسُنَّتِهم واحتفوا بِأَئمَّتِها ورُواتِها وفُقهائها ودَعوهم إِلى قُصُورِهم، واجتَهَدوا في احْتِواء أَئمَّة الشِّيعَة صَلواتُ الله وسَلامُه عليهم في الدَّرَجة الثَّانِيَة واستَمالُوهم بِعُنوان صِلَة القَرابَة فأَبَى الأَئمَّةُ وشِيعَتُهم ذلك واعتَزَلُوهُم وما يَمْلِكون وصَبروا على استِبدادِهم وإِرهابِهم.

وفي مَراحِل مُتقدِّمة مِن بِناء الدَّولة اقتَضَت سِياسةُ دولة العبَّاسِيِّين العَملَ على إِشاعَة فِقْه أَحَد مَذاهِب (اتِّجاه أَهْل العامّة) وإِهمال المَذاهِب الأُخرى غَير المُوالِيَة لِدَولَتِهم، ونَكَّلوا بِالمغْضُوب عَليهم مِن أَئمَّتها وسَجَنوهُم أَو قَتلوهم أَو فَرْضوا عليهم الإِقامَة الجَبرِيَّة أَو نَفَوهم إِلى الصَّحارى أَو القُرى النَّائية.

مِن جِهَتِهِ، بَذل المنصُور العَبَّاسِي كلَّ ما في وِسْعِه مِن حِيلَة لاستِمالة الإِمام الصَّادِق صَلواتُ الله وسَلامُه عليه وكَسْب وَلائِهِ أَو تَأيِيدِهِ أَو دَفْعِهِ لِلانْخِراط في جِهَةٍ مِن جِهات الدَّولة بُغْيَة وَضْعِ حَدٍّ لِنَشاطِه المُستَقلّ. فكَتَب إِليه (لَولا تَغشَانَا كمَا تَغشَانَا

سائرُ النَّاس)! فأَجابَه الصَّادِق صَلواتُ الله وسَلامُه عليه (ما عِندَنا مِن الدُّنْيَا ما نَخافَك عليه، ولا عِندَكَ مِن الآخِرَةِ ما نَرجُو له، ولا أَنْتَ في نِعْمَةٍ فنُهَنِّيك عليها، ولا تَعدّها نَقِمَة فنُعَزِّيك بها، فَلِمَ نَغشَاك؟!

فكَتَبَ المَنصور ثانِيَة: تُصْحِبَنا لِتَنصَحَنا. فأَجابَه الإِمامُ صَلواتُ الله وسَلامُه عليه: مَن أَراد الدُّنيا فلا يَنصَحُك، ومَن أَراد الآخِرَة فلا يَصحَبُك)[1].

في هذه المَرحَلةِ الحَسَّاسَةِ مِن حُكم دَولَةِ العبَّاسِيِّين اتَّبَع الإِمامُ الصَّادِق صَلواتُ الله وسَلامُه عليه السُّبُلَ الكَفِيلة بِالمُحافَظةِ على هُوِيَّة التَّشَيُّع وضَمان نَسَقِهِ وصِيانَة مَسارِه حيث كاد الحِسُّ (الثَّورِي) المُنادِي بِالثَّأر لِدِماء جَدِّه الإِمام الحُسَين صَلواتُ الله وسَلامُه عليه أَنْ يَطْغى فيَزجَّ بِالتَّشَيُّع في مَعرَكَةٍ فاصِلَةٍ خاسِرَةٍ، أَو أَنْ يَتَفَوّق على هُدى قادَتِهِ الثَّورِيِّين فيَجرِف الشِّيعَة أَو يَختَطِفَ التَّشَيُّع ويَستَفرِد بِه مِن دُونِ الإِمام صَلواتُ الله وسَلامُه عليه فلا يُوفي.

جَدَّ الإِمامُ الصَّادق صَلواتُ الله وسَلامُه عليه في بَثِّ المَفاهِيم الأَصِيلة لِلتَّشَيُّع، وفي إِحْياء المَورُوثِ الرِّوائي وتَعزِيزه بِقَولٍ مِنه وفِعلٍ وتَقرِيرٍ، وتَصْحِيح العَقائدِ وتَوثِيق الحَوادِث التَّأرِيخِيَّة وكَشْفِ حقائق السِّيرة ونَبذِ ما وُضِعَ وزُوِّر مِن مَروِيَّات في هذه الجِهات. وحَرَص صَلواتُ الله وسَلامُه عليه على استِثمار مَرحَلَة انْشِغال الثَّورِيِّين العَبَّاسِيِّين بِتكوِين دَولَتِهم وتَنظِيمِها وانْصِرافِهم المؤقَّت عن الفِكْرَةِ في تقرير مَصِير قُوى التَّأثِير المَذْهَبِي والمَحاور الثَّقافِيّة والاِجْتِماعِيَّة الأُخْرى النَّشِطة.

أَعطى الصَّادقُ صَلواتُ الله وسَلامُه عليه التِفاتَةً رائعةً لِما تَوافَر مِن اسْتِعدادٍ مَعنِويّ لدى أَغْلَبِيَّة (اتِّجاه أَهْل العامَّة) لِتَلَقِّي الرِّوايَة في إِثْر الانْقلابِ المُفاجِئ لَدى أَئمَّة ووُعاظ (اتِّجاه أَهْل العامَّة) مِن الوَلاء الخالِص لِدَولَةِ الأُموِيِّين البائدَة إِلى الوَلاء الخالِص لِدَولة العَبَّاسِيِّين النَّاشِئة ـ فعَرَّفَها بِمَنهج التَّشَيُّع وطَريقَتِهِ في التَّعاطِي مع الرِّوايَة والقَراءة الصَّحِيحَة لِلسِّيرة النَّبوِيَّة وعلاقَتِهما بِشَأن الإِمامَة، فاعتَدَلَت الرُّؤيَة

1 - الإمام الصَّادق والمذاهب الأربعة 21/ 2

واستيقَن أَئمَّةُ بَعض مَذاهِب (اتِّجاه أَهْل العامَّة) والفِرَق لولا أَنَّهم جَحدوا وانْقلَبوا وتكيَّفوا مع تَغَيّر الظُّروف وشِدَّة المُنافَسَة فيما بَينهم!

وما أَنْ استَقَرَّت دولَةُ الثَّورِيّين العَبّاسِيِّين وقَوِيَ ساعِدُها السِّيادِي الضَّارِب وانْتَظم جِهازُها العَسكَري وتَمَكَّنت سِياسيًّا واقْتِصادِيًّا وثَقافِيًّا وجَرى القَضاء على المُتبَقّي مِن فُلُول الأُمَوِيِّين بِالفَناء؛ كَشَّرَ العبَّاسِيُّون عن أَنْيابِهم فكانوا أَشَدَّ فَتْكًا وعُنفًا وإِرهابًا مِن دَولة الأُمَوِيِّين، ولكِنَّهم استَطاعوا في وَقتٍ مُتقَدِّم مِن تَدجِين المَذاهِب والفِرَق بِما أَسَّسوه مِن مُكنَة، ومِن استِثمار بَعض ما أَنْجزَه الأُمويُّون المَروانِيُّون في عَهدِ عَبد المَلِك بن مَروان مِن استِقلالٍ اقتِصادِيٍّ وتَطوُّرٍ في الحَرَكَةِ العِلمِيَّة والثَّقافِيَّة المُتأَثِّرة بِحَضارَةِ الرُّومان.

وبِالتَّزامُن مع دُخول العَباسِيِّين في هذه المَرحلَة مِن التَمكُّن؛ انْتَهى الإِمامُ الصَّادق صَلواتُ الله وسَلامُه عليه مِن انْجاز ما سَعى إِلى إِنْجازِهِ على مُستوى المُوروثِ الرِّوائي وأَرْسى قَواعِد التَّشَيُّع وعزَّز مِن وُجودِهِ مِن جَدِيد، وأَكَّد على أَهَمِّ الوَظائف في جُملة ما أَكَّد عليه:

- ضَرُورَة المُحافَظَة على استِقلال التَّشَيُّع عن الدَّولة الجَدِيدة النَّاشِئة بِزَعامَة الثَّورِيِّين العبَّاسِيِّين الجدد، فاتَّخذ مَوقفًا واضِحًا وصريحًا بِذَلك.
- وأَكثرَ مِن تَصدِير الرِّوايَة وبَثِّها ونَشْرها ومِن إِعْداد الرُّواة وبَثِّهم في البِلاد.
- وصَحَّح مَنهج نَقل الرِّوايَة وطُرق مُعالَجَتِها عند التَّزاحُم أَو التَّعارض أَو الشَّك في الصّدور.
- وأَحْيا بِذلك الثِّقَة في عَقِيدة التَّشَيُّع واستكْمَل مَعانِيها في المُتبَقّي مِن الشِّيعَة.
- وأَعَدَّ المفاهِيم المناسِبَة المُعالِجَة لِلعُلوم العَقلِيَّة الوافِدَة والمتَفَشِّيَة بين أَهْل المذاهِب والفِرَق.
- وتَجنَّبَ الخَوض المُباشِر في مُشكِلات السِّياسَة والسُّلطة والمُعارَضَة في تِلك

الأَجواء (الثَورِيَّة) المَحمُومَة والضَّاغِطَة.

ـ ووَسَّع مِن دائرة التَّواصُل مع الشِّيعَة في البِلاد ونَظَّم وجودَهُم وأَتَمَّ البَلاغ لِلنَّاس على مَنهج أَبِيه الإِمام البَاقِر صَلواتُ الله وسَلامُه عليه.

لَيس مِن شَكٍّ في أَنَّ ضَعف الدَّولة الأُموِيَّة وتَراخِي قُواها وإِقْبالَها على مَرحَلَة الانْهيار قد يَدفَعها إِلى التَّهوُّر والتَّشَدُّد وارتِكاب المَجازِر مِن أَجْل البَقاء وحفظ السِّيادَة. وأَنَّ النُشوء الجَدِيد لِدولَةِ الثَّورِيِّين العبَّاسِيِّين قد يَدْفَع بِقادَتِه إِلى التَّشَدّد وارتكِاب المَجازِر مِن أَجل فَرْض السِّيادَة البَدِيلَة والتَّمكُّن مِن قُوى السُّلطة وإِنْهاء الوُجود الأُموِيّ المؤثِّر في البِلاد.

فاتَّخذَ الإِمامُ الصَّادِق صَلواتُ الله وسَلامُه عليه هَذين الظَّرفَين في الحُسبان فصَانَ أَمْنَ التَّشَيُّع والشِّيعَة وعَزَّز مِن مُقوِّمات وُجودِهِما وحَصَّن الثَّقافَة الشِّيعِيَّة مِن بَعدِ تَصفِيَتِها مِمَّا عَلِق بِها مِن فِكْر في المَرحلَةِ الثَّورِيَّة.

نَفذَت إِمامَةُ الصَّادِق صَلواتُ الله وسَلامُه عليه بَعد مُضيّ 53 سَنة على واقِعَة كَربلاء ومَقتل الإِمام الحُسَين صَلواتُ الله وسَلامُه عليه، وهِي مُدَّةٌ زَمَنِيّة كانَت كافية لاستِنْزاف الطَّاقَة الثَّورِيَّة المُضادَّة لِلأُمَويِّين وإِنْهاك الوجُودِ السِّياسِي السَّاخِط والآخر الدَّاعي إِلى القِصاص والأَخذ بِثأر الدِّماء الَّتي سُفِكَت في يَوم العاشِر مِن مُحَرّم الحرام مِن العام 61هـ.

عِندَما دَخَل الثَّورِيُّون العَباسِيُّون في بِلاد فارِس على خَطٍّ (الثَّورَة) مِن بَعد الضَّعف والهوان اللَّذين أَصابا وُجودَهُم في البِلاد الأُخْرى، وبِوَصْفِهِم عامِلًا مُنظَّمًا وحاسِمًا يَحظى بِتأْيِيد الكَثِير مِن القُوى المؤثِّرة في المُجتَمع الفارِسي؛ اشْتَدّت قَبضَةُ الأُمويِّين حيث أَصْبَح المَوقِف المَيدانِي بِالنِّسبَةِ لِدولة الأَمويِّين والثَّورِيِّين العَبَّاسِيِّين مَصيرِيًّا.. عِندَئذٍ انْحَسَرت ظاهِرةُ الثَّورات وبَقِيَ القَلِيلُ مِن ظِلالها وبَعضُ الجيوب المُشتَّتة. فاقْتَرب الثَّورِيُّون العبَّاسِيُّون المُنتصِرون في بِلاد فارِس إِلى بِلاد الرَّافدين شَيئًا فَشَيئًا، فازداد عبَّاسِيو العِراق حماسًا ثَورِيًّا واستطاعوا الإِنفراد بِمَيدان المُواجَهَة، وبَاتَ

مِن المَصلَحة أَنْ يَجتَهِد التَّشَيُّع في شَأن الأُمُور التَّالِيَة:

ـ في العَمل على إِعادة تَصْحِيح مَسار الاستِعداد الفِكْرِي والنَّفْسِي النَّاشِئ عن واقِعَة كَربلاء في المُسلِمِين.

ـ وأَنْ يَستَثْمِرَ الشِّيعةُ نَباهةَ التَّيار العام واقْتِرابَه مِن رِجال التَّشَيُّع في هذه المَرحلة السِياسِيَّة حيث تَراجَع فِيها الزَّاجِرُ الدِّينِي والوَازِعُ الأَخلاقِي وهَيمَنَ فيها (الثَّورِيُّون) العَبَّاسِيُّون وسادَوا بِالمَكر والخَدِيعة وأَعمال العُنف والإِرْهاب والتَّطرّف الفِكرِي.

ـ وأَنْ يَتزامَنَ عَملُ بَثّ عَقِيدة التَّشَيُّع الأَصِيل مع أُولى مَراحِل نُشوء الدَّولَةِ العَبَّاسِيَّة، ويُعادَ تَأهِيل الهُوِيَّة الشِّيعِيَّة وِجدانِيًّا وعِلمِيًّا ورَفع دَرجة الثِّقة في المَورُوث الرِّوائي وتَعزيز مَسئولِيَّة تَنمِيَة الثَّقافة الشِّيعِيَّة بِمَزيدٍ مِن التَّفاعُل مع المَروِيَّات الأَصِيلة تَحت رِعايَةٍ خاصَّة مِن الأَئمَّةِ صَلواتُ الله وسَلامُه عليهم ونَقلها في المُسلِمين بِما هِيَ هِيَ.

لَقد عُدَّ المَوقِف المُمتَنِع عن الانْخِراط في الحال الثَّورِيَّة السَّائدة منذ واقِعَةِ الطَّف مِن أَفضَلِ سُبُل التَّحَدِّي الشِّيعِي لِتَجاوز مِحنَة الانْفِلات السِّياسِيّ والاجْتِماعي الَّتي اجْتاحَت التَّيار العام في أَواخر فَترة حُكمِ الأُموِيِّين، وصُنِّف مِن أَفْضَلِ الطُّرق المُلائمَة لِمُعالَجة الانْحِراف العَقَدِي في الأَمّة وتَخطِّي الأَزَمات المُصطَنَعة في الضِّدّ مِن الشِّيعَة. ولا سِيَّما أَنَّ الخِبرات الأَلِيمَة النَّاجِمة عن تَوالِي الثَّورات المُعنوَنَة بِلافِتَتيّ (الثَّأر لِدِماء الحُسَين السِّبط صَلواتُ الله وسَلامُه عليه) و(الرِّضا مِن آل مُحمَّد صَلَّى الله عليه وآله) قد ولَدَّت في الشِّيعَةِ يَقِينًا بِأَنَّ الانْخِراط في المُواجَهات الثَّورِيَّة المُباشِرَة لِصَدِّ كَيد أَعداء التَّشَيُّع في هذا الظَّرف المُعقّد ومِن غَير إِذْنٍ مِن الإِمام المَعصُوم سيَنتَهِي حَتْمًا إلى ضَخِّ المَزيد مِن المَفاهِيم السِّياسِيَّة المُساوِقَة لِـ(مَذْهَب الرَّأي) في العُمق الشِّيعِي إِضافَة إِلى المَفاهِيم الاجْتِماعيَّة المُقارِبَة لِهوى(اتِّجاه أَهْل العامَّة) ذِي الرُّؤيَة المَرِنَة في مُوالاة حُكَّام الدُّول المُستَبِدَة ومَسايَرتها واستِغْلال ثَرواتِها مِن أَجْل البَقاء ومُناجَزة التَّشَيُّع.

ومِن المعلوم أَنَّ (مَذْهَب الرَّأي) عُدّ مَن الطُّرِيق المنبُوذة على وفق مَعايِير التَّشَيُّع وقَواعِدِهِ ونُظُمِهِ على الرَّغم مِن كَون هذا المذْهَب مِمّا أُسِّسَ في عهد الصَّحابة الثَّلاثة الخُلفاء بِإزاء الثَّقلَين اللَّذين هُجِرا، وممَّا تَعبَّدت بِه الأَغْلبِيَّة السَّاحِقَة في المُسلِمِين.

إِنَّ المواجَهَة المُباشِرة في قِلَّةٍ مِن الشِّيعَة وفي كَثرة مِن أَتْباع (اتِّجاه أَهْل العامَّة) سَيُؤدِّي إِلى تَعطِيل الثِّقَة في كفاءة المفاهِيم الشِّيعِيَّة المَبثُوثَةِ في الأُمَّة بِالتَّزامِن مع تَفاقُم حال السّخط العامّ على جَرائم الدَّولة الأُمَوِيَّة المُتهالِكَة الَّتي باتَت تَلفظ أَنفاسَهَا الأَخِيرة وبِالتَّزامُن مَع تَفاقُم حال الاستِياء العام على جَرائم الاستِبداد العَبَّاسِي الثَّورِي المُستَجِدّ المُغامِر النَّشِط .

وعند اللَّحظة الَّتي شَعَر فِيها الثَّورِيُّون العَبَّاسِيُّون المُنتَصِرون بِاستْقرار دَولَتِهم؛ اجتَهدوا في العَمَل على التَّالي:

- تَعْوِيم التَّشَيُّع والزَّجِّ بِالشِّيعَة في مُعترك بِيئةٍ اجتماعيَّةٍ مُزدَحِمة بِنِزاع المَذاهِب وصِراع الفِرق.

- والمُبادَرة إِلى تَشكِيل عامِل ضَغْطٍ إِضافِيٍّ على هُوِيَّة التَّشَيُّع حيث يُراد لِمَذاهِب وفِرَق (اتِّجاه أَهْل العامَّة) وأَئمَّتِهم ووُعَّاظِهم الدُّخُول في تَوازنات اللُّعبَةِ السِّياسِيَّة الرَّسمِيَّة مِن أَجْلِ خِدْمَة ضَرُورات الهَيمَنة وبَسْط السِّيادَة العبَّاسِيَّة على البِلاد أَوَّلًا، ثُمَّ التَّحالُف مع الدَّولة والاستِعانَة بِسِيادِتها وِالاشْتِراك معها في مَشروع عَزْلِ التَّشَيُّع عن مُجتمعات المُسلِمِين وإِضْعافِ وُجُودِهِ والحَدِّ مِن ظاهِرَة انْتِشاره على وَقْع الخاتِمة الحَزِينة والمُؤلمة لِجريمَةِ الأُمَويِّين بِكَربلاء وما تَلاها مِن تَفاقمٍ لِظاهِرَةِ (الثَّورات) وتَفَشّي مُضاعَفات هَزِيمَتها إِلى جانب تَنامِي السُّخط العام وانْفِلات الوَضْع الاجتِماعِيّ العام.

لم تَتردّد المَذاهبُ والفِرَق في استِفزاز الشِّيعَةِ وإِقصاء التَّشَيُّع اجْتماعِيًّا بِدَعمٍ مُباشرٍ مِن دَولة الثَّورِيِّين العَبّاسِيِّين الجَدِيدة. فاجْتَهدت في عَرقَلة المُهِمَّة الضَّرُورِيَّة لِأَئمَّة الشِّيعَة صَلواتُ الله وسَلامُه عليهم المُتمثِّلة في استِغْلال الظُّروف الرَّاهِنة

والانْشِغال فيها بِتَصدِير الرِّوايَة الصَّحِيحَة وتَدوِينِها وتَعزيز دَورها الثَّقافي وتَنظِيم مَنهَجِها العِلمِي في مُقابِل (مَذْهَب الرَّأي) الَّذي كَذّب وافْتَرى فاختَلَق الرِّوايَة وزَوّر فيها ولَفَّق وشَطَب وأَحْرَق مُنذ عَهد أَبِي بَكر وأَسَّس على فَعْلَتِه الَّتي فَعلَ الكَثِير مِن المفاهِيم المُبايِنَة لِعَقِيدة الإِسْلام الأَصِيلة ولِشَرِيعَتِهِ الصَّحِيحَة ولِثَقافَتِه الَّتي بَدَت لِلنَّاظر أَنَّها انْتَظَمَت على الصَّعِيد العِلْمِي والأَخْلاقي واشتُهِرت.

مُنذ عَهد النَّبِيّ صَلَّى الله عليه وآله كَثُر الرُّواةُ الكذَّابَة والمُفترون في الرِّوايَة، وتَخلَّى الخُلفاء مِن بَعدِه صَلَّى الله عليه وآله عن الثَّقلَين وسَيَّدوا (مَذْهَبَ الرَّاي) وعَطّلوا الرِّوايَة الصَّحِيحَة ومَنعوا مِن تَدوِينها ونَقلِها وجَمعوا المُدَّوَن منها وأَحْرقُوه، وساهَموا في التَّرويج المُنَظّم لِلرِّوايَة المُزوَّرة والمختَلقَة والمُلَفَّقة والموضُوعَة، وبالَغوا في تَهيِئة البيئةِ المُناسِبَة لِنُمُوّ ظاهِرَة تَعدُّد المذاهِب ثُمّ تَشظِّيها إلى فِرق، وتآلفوا الأَحزاب القَبَلِيَة والعَشائرِيَّة الفَاقِدة لِلثِّقة في الدِّين الجَدِيد والبَاحِثة عن مُستَقبل مَضمون المَصِير يُعِيد لِلجاهِلِيَّة سِيرة ثَقافَتِها الأُولى.

إِنَّ ظُهور مذاهِب الرِّوايَة والفِرق الفِقهيَّة وتَطوُّر عقائدهِما على مَنهج ناشِئٍ على قَواعِد مَروِيَّات مُختَلَقة وعلى ما زُوِّر وما لُفِّق وما أُوِّل مِن أَثرٍ يَستَرضِي أَقطاب (صَحِيفة مَكَّة الثَّانية) ويُعزِّز مِن سِيادَة الخليفة ـ ساهَم بِشَكلٍ أَساسِيٍّ في احْتِواء الأَغلَبِيَّة المُنظوِيَة تَحت راية (اتِّجاه أَهْل العامَّة). وكان لِلخُلفاء حظٌّ وافِرٌ مِن المَقاصِد السِّياسِية الضَّرُورِيّة الَّتي جَنوها مِن وراء تَضَخّم ظاهِرَة نُشوء المذاهِب وتَعدّد الفِرق في عرض التَّشَيُّع الأَصِيل.

إِنَّ كُلّ تِلك الوَقائع الَّتي استَهدفَت المَورُوثَ الرِّوائي العَقَدِي والفقهي والأَخْلاقي والسِّيرة الشَّرِيفَة لِتَزوِيرها وتَشطِيبها، انْتَهت بِالأُمَّة إلى الانْحراف عن الطَّرِيقة والصِّراط المُستَقِيم ودَفَعت بِوظِيفة الإِمامَة عند البَاقِر وابنه الصَّادِق صَلواتُ الله وسَلامُه عليهما إلى التَّركِيز على تِبيان أُصُول التَّشَيُّع وقواعِدِ الشَّريعَة والأَخْلاق وعلى تَصحِيح عَقائد وشَرائع (اتِّجاه أَهْل العامَّة) السَّقِيمَين ونَقضِ (مَذْهَب الرَّأي) ووَضعِ حَدٍّ لِعقيدة

(الجَبْر) الَّتي أَشاعها الأُمويُّون، ولا سِيَّما أَنَّ (مَذْهَب الرَّأي) و(عَقِيدة الجَبر) هَيَّئا لِعهد الخِلافَةِ شَرعِيَّةَ عَمَلِهِ المُتشَدِّد العَنِيف الرَّادِع وبَرَّرَا له الوَسِيلة القَمعِيَّة والإِجراء المُطلَق المُضادّ.

إنَّ مِن أَخْطَر ما ذُكِر في هذا الشَّأن هو أَنَّ ضَرُورات فَرض سِيادَة الخَلِيفَة ذِي النَّسَب والحَسَب القَبلِيَّين الوَضِيعَين على رأس القَبائل العَرَبِيَّة الأَصِيلة أَو اللَّصِيقَة المُؤَثِّرة اجْتماعِيًّا وثَقافِيًّا قد استَوجَبَت اختِلاق المَذاهِب والفِرَق أَو المُساهَمة في إِيجادِها ودَفعها لِلانْتِشار خَوف انْحِسار طائفةٍ كَبيرةٍ مِن المُسلِمِين عن مَفهومِ (الخِلافَة) المَولُود الجَدِيد في إِثْر مَقتَلِ النَّبِيّ صَلَّى الله عليه وآله فضلًا عن عودتَها إِلى الجاهِلِيَّة النَّابِذَة لِنَسَبِ الخَلِيفَة وحَسَبه والمُعظِّمَة لِنُظرائه مِن ذَوِي النَّسَب الأَصِيل أَو اللَّصِيق. وأَنَّ هذه الضَّرُورات السِّيادِيَّة لهذا الخَلِيفة قد أَساءَت عن عمدٍ وإِصرارٍ عندما صَنَّفَت التَّشَيُّع في عِداد المَذاهب الدَّارِجَة المُختَلَقة ونَسَبَت إِليه زُورًا بَعض المَذاهِب مِثْل السَّبَئِيَّة والكِيسانِيَّة بَعد أَنْ صَنَّفَتها في خانَة الفِرَق وأَخْرَجَتها مِن قائمة المَذاهِب المُستقلّة حتَّى يَكون لِأَهْل الضَّرُورات السِّيادِيّة عُذر إِلحاقِها بِـ(مَذْهَبِ) التَّشَيُّع.

وكان المُراد مِن اقْتِراف هذا العَمَل هو تَشوِيه أُصُول التَّشَيُّع وبَعْث الشَّكّ فيها وفي مَصادِرِ المعرفة الَّتي يَستَقِي التَّشَيَّع مِنها أُصُولَه وعُلومَه ويَبنِي عليها ثَقافَته، والنَّيل مِن سِيرَتِهِ التَّأريخِيَّة العَظِيمة ومَوروثِهِ الرِّوائي المُتبَقِّي، وزَعزعة الإِيمان في عَقِيدة المُنتَسِبين إِليه، وتَورِيط أَئمَّتِهِ في قَضايا التَّدافُع السِّياسِي الَّذي اعتَزَلوه تَقِيَّةً، والتَّنزُّل بِالتَّشَيُّع إِلى دَورِ مُنافِسٍ مَهِينٍ في عَرض المَذاهِب والفِرَق والزَّجّ بِهِ في مُشكلاتِهما البَينِيَّة، وإِزاحة التَّشَيُّع عن قِمَّة التَّفوُّق الَّتي سَجَّلها تَمثُّلُه الإِسْلام الأَصِيل منذ عَهد النَّبِيّ صَلَّى الله عليه وآله.

ذلك مِمّا أَيَّدَ عِصْمةَ ما ذَهَب إِليه الإِمامُ الصَّادِق صَلواتُ الله وسَلامُه عليه مِن حِرصٍ شَدِيدٍ ظاهِرٍ على تَقعِيد أُسُسِ التَّشَيُّع وتَعزِيز أَصُولِه وتَنظِيم عُلومِه وتَوثِيق سِيرَتِه وتَنقِيَة ثَقافَتِه وتَنمِيَة نِسَقهِ الاجْتِماعي مِن خِلال السِّعَة في تَأصِيل وتَصدِير

المَروِيَّاتِ وبَثِّها في المُسلِمِين، والتَّصدِّي لِلظَّواهر السَّلبِيَّة الطّارئة الشَّائعة مِن قَبِيل الزَّندَقَة والإلحاد والرِّدة النَّاشِئة عن نِفاق صحابَة الرَّعِيل الأَوَّل وعن الجُرأة الَّتي سَنّها أَقطابُ (صَحِيفة مَكّة الثَّانِيَة) على مُخالَفةِ أَوامر النَّبِيِّ صَلَّى الله عليه وآله في حَضرَتِهِ والكَذِبِ عليه في الرِّواية في عَهدِه ونَبذِ وَصاياه في الوَلايَةِ مِن بَعدِه ونَقضِ بَيعة الغَدِير والانْقلابِ على الأَعقاب وإِقصاء عَلِيٍّ أَمِير المؤمنين صَلواتُ الله وسَلامُه عن مَقامِ الولاية الَّذي رَتَّبهُ الله عَزَّ وَجَلَّ له وجاء على لِسانِ نَبِيِّهِ صَلَّى الله عليه وآله ونَصَّ عَليه وَحيانِيًّا مِن دُون غَيرِه مِن المُسلِمِين.

لم تَغِب عُيون المنَصور العَبَّاسِي عمَّا ذَهَب إِليه الإِمامُ الصَّادق صَلواتُ الله وسَلامُه عليه مِن مَوقِفٍ عَجِزت المَذاهِب والفِرق كافَّة عن تَأصِيل عقائدها وشَرائعها أَمامه وبِمِثل ما ذَهَب إليه الإِمام الصَّادق صَلواتُ الله وسَلامُه عليه مِن عَمِلٍ لِتَأصِيل وتَنظِيم عَقائد التَّشَيُّع وشَرائعه لا يُضاهى ولا يُقاس. فالتَجأَ المُناوِؤن إِلى مُضاعفة أَعمال الاخْتِلاق الرِّوائي وتَشغِيل آلة التَّزوير والتَّلفِيق والتَّشْطِيب والتَّمادِي بِالعَبَثِ في دَلالات مُتُون النَّصّ الشِّيعِي وتَفاسِيره، فكثَّفوا منها تَحت مَظلَّة العَبّاسِيِّين وحِمايَة دولتهم وتحت مُبرّر (ضَرُورَة) التَّدوِين وحفظ الدِّين.

لم يَكن التَّشَيُّع مَذهبًا ولا فِرقَةً على حَسَب تَصنِيف الرُّواة والمُدونِيين القُدامى والمُعاصِرِين ولا (مَدرَسَةً) على حَسَب دُعاةِ (الوَحدَةِ) و(التَّعايُش) السِّياسِيِّين، ولا شَكلًا مُشابهًا لما كانَت عليه كُلّ هذه المذاهِب والفِرَق. فقد تَميَّز بِأَصالة المَنشأ والامتِداد التَّأريخيّ غَير المُنقَطِع، وانْفَرَد بِالصِّيانة الدّائمة لِمَوروثِهِ الثَّقافي ومُلازَمَة إِمام عَصْرِه المَعصُوم الَّذي يَحفَظ لِلشِّيعة هُوِيَّتَهم ويُزوِّدهم بِالنَّص ويَرعى وُجودَهم ويَصدّ الهَجمات المُضادّة.

ولِلتَّشَيُّع تَجربةٌ رائدةٌ في تَجاوز الهَجَمات المُضادَّة والأَزمات الصَّعبة والمِحَن العَصِيبة، وفي مُواجهة التَّحدِّيات الكُبرى مُنذ نُشوئه. كما أَنَّ لِلتَّشَيُّع والشِّيعَة مِن الخبرات الواسِعة ما يعينهما في مُعالجة المضاعفات النَّاجِمة عن هذه الهَجَمات

المُضادَّة والأزمَات المُعترِضَة المِحَنِ والتَّحدِّيات الصَّعبَة.

كُلّ ذلك هيَّأَ التَّشيُّعَ وأَهَّلَ الشِّيعَةَ وأعدَّهم لِلصُّمود في وَجْه العَواصِف السِّياسِيَّة والمَذهَبِيَّة الطَّائِفِيّة والمَوجات الفِكرِيَّة العَنِيفة المُشكِّكَة والمُلحِدَة والمُزوِّرة العاتِيَة مِن غَير انفِعالٍ مِنه ولا رُدود فِعلٍ (ثَورِيَّةٍ) مُغامِرَة!

في عام 147هـ وَجَّه المنْصور العَبَّاسِي إنذارًا خَطيرًا غير مُباشرٍ إلى الإمام الصَّادِق صَلواتُ الله وسَلامُه عليه تَضمَّن معنى ما عَزم المَنصُور بِوَصفِهِ خَلِيفَةً لِلمُسلِمِين على اقتِرافِه مِن إجراء سيَمضِي بِمُوجِبِه أَمْرًا بِاغتِيالِ الإمام الصَّادِق صَلواتُ الله وسَلامه عليه.

فقد أَمَر المنْصُور بِاعتِقال مالِك بن أَنَس صاحِب المذهَب المعلوم المُعزَّز في (اتِّجاه أَهْل العامَّة) والمُكرّم بِتَأيِيدٍ خاصٍّ مِن الدَّولة، وحَثَّ أَعوانَه على المُبالَغة في إِهانَتِه بين أَهلِهِ وتَلامِذَتِه ومُرِيدِيه وأَتباعِه أَثناء الاعتِقال والتَّضيِيق عليه في السِّجن وتَجرِيدِهِ مِن مَرتَبَتِهِ المَمنُوحه له رَسمِيًّا، وبِتَعرِيَتِهِ مِن مَلابِسه وضَربِهِ بِالسِّياط وخَلع كَتفِه وفَرض الإِقامَة الجَبرِيَّة عليه بَعد إِطْلاق سَراحِه.

وقِيل حِينئذٍ أَنَّ المَنصُور فَعل ذلك لإِسقاط مَقام مالِك ولِتَمريغ هَيبَتِه في التُّراب وإِثْبات الأَولَوِيَّة لِسيادَةِ الدَّولة وتَجرِيدَها مِن ظاهِرَة الأَقطاب الدِّينِيَّة الاستِثنائيَّة المُستقلَّة والخارِجَة على السِّيادة فَحَسب. وذُكِر أَنَّ مالِك بن أَنَس تَجرَّأَ فأَفتَى في يَمِين المُكرَه على البَيعَةِ لِلحَاكِم فجَعلَها بَيعةً غَير مُلْزِمَة!

ولمّا كان لِهذه الفَتوى مِن تَعرِيضٍ بِبُطلان خِلافَة المَنصُور وغَيرِه مِمّن سَبقَه في الخِلافَة؛ أَمَر المَنصُور باعتِقالِه وزَجِّه في السِّجن. في حِين أَنَّ عبد الله بن عبَّاس (ت 68هـ) جَدَّ العَبّاسِيِّين قد سَبق مالِك بن أَنَس في إِصْدار هذه الفَتوى حيث تَجاوزها الأُمَوِيُّون مِن قَبْل، وسَكَت عليها أَبو العبَّاس السَّفّاح ومَن جاءَ بَعدَ المَنصور مِن خُلفاء العَبَّاسِيِّين ولم يَكترِثوا لِصُدورِها منه، ولِكَون خِلافَة الثَّلاثَة ضامِنَة بِـ(مَذْهَب الرَّأي) مِن بَعد إِكْراهِهم لِعَلِيٍّ أَمِير المُؤمنين صَلواتُ الله وسَلامُه عَلَيهِم والكُبراء مِن الصَّحابة على البَيعة!

وصَلَت الإِشارة إِلى الإِمام الصَّادِق صَلواتُ الله وسَلامُه عليه، ولكِنَّها دَلَّت في نفس الآن على أَنَّ المنْصُور لم يَكنُ يَقوى على إِصْدار أَمرٍ مباشرٍ بِاعتِقال الإِمام الصَّادق صَلواتُ الله وسَلامُه عليه أَو على زَجرِهِ مِثلما فَعَل مَع مالِك بن أَنَسْ وأَشباهِه. وصار مالِكُ بن أَنَس كَبشَ فِداء لإِشارَةٍ عبَّاسِيَّة خاطئة فاضِحَة. فاضْطرّ المَنصُور فعاد واستَدعى مالِك بن أَنَس في حَجِّهِ إِلى الحِجاز واستَرضاه وأَوْكل إِليه تَأْليف كِتابِهِ (المُوَطَّأ) لِيُحقِّقَ به مايَلِي:

- لِيَكون مُعتمدًا في فِقه الوَلايَات العبَّاسِيَّة وسَندًا لِـ(مَذْهَب الرَّأي) الرَّئيس الحاكم في كُلِّ بِلاد المُسلِمين وسائدًا على مَفاصِل (اتِّجاه أَهْل العامَّة).

- ولِيقَطعَ به الطَّريق على التَّشَيُّع النَّشط والفَاعِل.

- ووَضْع حَدٍّ لِكَثافةِ صُدور المَروِيَّات عن الإِمام الصَّادِق صَلواتُ الله وسَلامُه عليه وانتِشارِها السَّريع في البِلاد وتأثيرِها العَمِيق على ثَقافَة المُجتَمع وتَصدِّيها لِظاهِرَة تَواطؤ الدَّولَتين الأُمَويَّة البائدة والعَبَّاسِيَّة النَّاشِئة على بَثّ عقائد المَذاهِب والفِرَق والسُّكوت على تَنامِي وُجُودِها وتَضَخُّم عدد أَتْباعِها.

لم يَتفاجأ مالِكُ بن أَنَس بِما كَلَّفه المَنصُور العبَّاسي وبِالمَغزَى مِن اعتِقالِه ومِن استِرضائه وطلبِ تَأْلِيفِهِ لِـ(المُوطأ)، فأَجَابَ مالِكُ المَنْصُور العَبَّاسِي قائلًا (أَمَّا هذا الصَّقْع «المَغْرِب» فَقَد كَفيتكَه، وأَمَّا الشَّام فَفِيهِ الرَّجل الَّذي عَلِمته - يَعنِي الأَوزَاعِي - وأَمَّا أَهْل العِراق فَهُم أَهْلُ العِراق. فكان المَنصور يَشدّ أَزرَ الأَوزاعِي ويُراسِله ويَلحظ مَالِكًا يُواصِله، حتَّى ازْدَحَم النَّاسُ على باب دارِهِ الَّتي أَصْبَحت كأَبواب دُور الملوك، وبَذَل جُهده لانْتِصار أَهْل (الرَّأي) وهُو يَأمل مِن وراء ذلك كُلِّه تَغليب مَذهبِهِ على مَبادِىء أَهْل البَيت صَلواتُ الله وسَلامُه عليهم. ولمّا اشتَدَّ جانِبُ الدَّولة وقَوِيَ ساعدُها أَظهَر المنصور ما كان يَضمِرَه، فأَعلَن مُقاومَته لِأَهْل البَيت ومُعارضة انتِشار مَذهَبهم، وشَدَّد النَّكِير على أَهلِه)[1].

---

1 - نفس المصدر السّابق 1/ 223

واستَمر كُلٌّ مِن المَهدِي والهادِي العبَّاسِيَّين في بَثِّ مَذهَب مالِك بن أَنس في المُسلِمِين وفي نَشْر كِتابِه المُوطَّأ مِن بعد هَلاك المَنصُور، حتَّى جاء الرَّشِيد الَّذي قَرَّب إليه الشَّافِعي وسلَّمَه مَنصِب المُرافَقة الدِّينِيَّة لِوالِيه على مِصر .

وعلى ذات المنوال، سعى المنصُور في كَسب وِدِّ أَبِي حَنِيفَة وتَقريبِه إلى جانِبه، وكلَّفه بِدورٍ مُشابِهٍ لِدَورِ مالِك بن أَنس، وعَرض عليه رئاسة القَضاء، وحَرَّضَه على الإمام الصَّادق صَلواتُ الله وسَلامُه عليه عندما قال له (يا أَبا حَنِيفَة، إنَّ النَّاس قد فُتِنوا بِجَعفر بن مُحمَّد، فهَيِّئ له المَسائل الشِّداد)[1]. لكِنَّ أَبا حَنِيفة الَّذي بَدَا مُتعاطِفًا مع ثَورة زَيْد بن عَلِيّ في الضِّدِّ مِن الأُموِيِّين ومُتجاهِرًا بِتَأييدِه لِقيامِ زيد، لَمْ يخفِ سُخطَهُ على العَبَّاسِيِّين الثَّورِيِّين ودَولة العَبّاسيِّين وما اقترفوه مِن ظُلمٍ في حَقِّ أَتْباع زَيد بن عَلِيّ، ولم يَكتم دَعوتَه لِلخُروج مع حَركَتي (النَّفس الزَّكِيَّة) و(إبراهِيم المَحْض).

انشَغَلت دَولةُ العَبَّاسِيِّين بِالنِّزاعات السِّياسِيَّة والمُشكِلات الإدارِيَّة وبالغوا العبَّاسِيُّون الثَّورِيُّون في تكَدِيس الثَّروَة، فَأَخفَقَت دَولتُهم في بَسط كامِل السِّيادَة على البلاد، وضَعُف أَهلُ المذاهِب والفِرق المؤيَّدين عبَّاسِيًّا والمُحَرَّضِين على مُقارعة المَدِّ الشِّيعي ومَغالَبَتِه والحَدِّ مِن انتِشاره في العِراق والشَّام والمَغرِب وبلاد فارِس والجَزيرة العَربِيَّة وسائر الوَلايَات الإسلامِيَّة، حتَّى التَفت المأمُون العبَّاسِي إلى حُكومَتِه في بَعض الأَيَّام فَأَحصَى في رِجالها مِن الوزراء والأُمراء ومِن قادة الجَيش ورُؤساء الدَّواوِين والكُتَّاب والمُدوِّنين فوجَدَهم ممَّن دانوا بِالتَّشَيُّع. فما كان مِن بُدّ، ولَم يَكن مِن خِيار، غَير استِمالة الشِّيعَة حتَّى حِين. فانتَهَى به الأَمْر إلى القُبول بِعَرض وَلايَة العَهدِ على الإمام الرِّضا صَلواتُ الله وسَلامُه عليه.

وعلى فَترةٍ مِن الزَّمَن نَصَب العبَّاسِيُّون العَداوة والبَغْضاء لِلتَّشَيُّع واستفَزُّوا الشِّيعَة ودَفعوهُم إلى المَواجَهة السِّياسِيَّة فَلَم يَجدوا إلى ذَلِك سَبِيلًا. وفي إِثْر التَّنبِيه العَبَّاسِي بِاستِخْدام آلَة الرَّدْع لاحتِواء النَّهضة العِلْمِيَّة لِلإمام الصَّادِق صَلواتُ الله وسَلامُه عليه

---

1 - أُنظر: جامع مسانِيد أَبِي حَنِيفة، الخوارمي 222/1. سِير أَعلام النُّبلاء، الذَّهبي -17/ 6 18. تَذكِرَة الحفّاظ، الذَّهَبِي 157/1.

أَو لِزَجْرِها مِن خِلال افتِعال قضيَّة مالِك بن أَنَس واعتِقالِه ثُمَّ تكريمِه وإِعادَة الاعْتِبار له؛ دَخَلَ العَبَّاسِيُّون في الخطوة اللّاحِقَة فاستَدعِي الإِمامُ الصَّادِق صَلواتُ الله وسَلامُه عليه إِلى المُناظَرات الكَلامِيَّة الَّتي أُعِدَّت لِهَزِيمَتِهِ أَمام مَوالِيهِم وأَنْصارِهم مِن أَئمَّة المَذاهِب والفِرَق ومِن وُعَّاظ (اتِّجاه أَهْل العامَّة) ومِن غير المُسلِمِين.

وثارت ثائرةُ الشُّعراء مَدحًا وقَدحًا مِن الفَرِيقَين (ولم يَعتَرِض العَبَّاسِيُّون على ما ساقَهُ السَّيِّد الحِميَري مِن مَدِيح لِلعَلوِيِّين حتَّى لا يَنطَلِق ويَقْتَصِر على مَدِيحهم وهِجاء العَبَّاسِيِّين. وعاصر السَّيِّد الحِميَّري الخُلفاء أَبا العبَّاس والمَنصُورِ والمَهدِي. وكان الحِميَري في أَوَّلِ الأَمْر على مَذْهَب الكَيسانِيّة ـ كَما أُشِيع ـ ثُمَّ تَحوَّل إِلى مَذْهَبِ الشِّيعة الإِمامِيَّة ومَدحَ جَعْفَر الصَّادِق، ولكِنَّ المُسلِمِين أَخذوا على السَّيِّد الحِميَري هِجاءَه لِبَعض الصَّحابَة الَّذين وَقفوا مَوقِفًا عدائيًّا مِن بَني هاشِم وخاصَّة الإِمام عَلِيّ بن أَبِي طالِب، وفي مُقدِّمة هؤلاء الصَّحابَة أَبُو بَكر وعُمَر)[1].

أَمَّا دِعبِل الخَزاعِي فقد جَهَر بِعَداوتِهِ لِلعَبَّاسِيِّين وهَجاهُم بِشِعره، ولم يَنجُ مِن شِعره الخُلفاء المَنصُور والرَّشِيد والمأمُون والمُعتَصِم والواثِق بِالله. فتَعقَّبَه العَبَّاسِيُّون فاضْطَرّ لِلفِرار إِلى المغرب .

عندما أُطلِقَ على الشِّيعَة مَذْهَب (الإِمامِيَّة) كان الإِمامُ الصَّادِق صَلواتُ الله وسَلامُه عليه يَمُدّ التَّشَيُّع والشِّيعَة بِكنُوزٍ مِن مَروِيَّات العَقِيدة وفِقْه الشَّرِيعَة ومَبادِئ الأَخْلاق والعُلوم المختلفة ويُقعِّد لها، ويُعرِّف بِالسِّيرة الصَّحِيحَة لِلإِسْلام والتَّشَيُّع ويُفَنِّد ما لَيْس مِنها ويَفْضَحه. فلَمْ يَستَغنِ عن هذه الكُنوزِ الرِّوائيَّة والعِلمِيَّة أَئمَّةُ المَذاهِب وزُعَماء الفِرَق في (اتِّجاه أَهْل العامَّة) حتَّى.

فهذا أَبُو حَنِيفَة يَقول في الإِمام الصَّادِق صَلوات الله وسَلامُه عليه: لَولا السَّنَتان لَهلَك النَّعمان (يُرِيد بِذلِك السَّنَتَين اللَّتَين صَحِبه فيهما لِأَخذ العِلْم، والشَّافِعي كذلك كان يرجع إِليه. أَمَّا فَقِيه المَدِينة مَالِك بن أَنَس فقد استَفاد مِن عِلْمِه وقد قال: ما رَأَيتُ

1 - جهاد الشِّيعة ص 214

أَفضلَ مِن جَعْفَر الصَّادِق فَضلًا وعِلمًا ووَرَعا. ويُقِرُّ أَهْل السُّنَّة لِلصَّادق بهذا الفَضْل إِذْ يقول صاحِبُ التُّحفَة الإِثْنا عَشرِيَّة أَنَّ الأَئمَّةَ المُتَأَخِّرين كالسَّجَّاد والبَاقِر والصَّادِق والكاظِم والرِّضا صَلواتُ الله وسَلامُه عليهم كانوا قُدوةَ أَهْل السُّنّة وأُسْوَة لَهُم، إِذْ عُلماؤهم كالزَّهَرِي وأَبِي حَنِيفة ومالِك أَخذوا العِلم عنهم. ورَوَى مُحدِّثو أَهْلِ السُّنَّةِ عنهم في كُلِّ فَنٍّ ولا سِيَّما في التَّفسِير أَحادِيثَ كَثِيرة)[1].

لكِنَّ أَبا حَنِيفَة والآخَرين مِن أَهْل الرَّأي والقِياس مِن المَذاهِب والفِرَق اتَّبَعوا (مَذْهَب الرَّأي) وتَبنّوا سِيرةَ الخُلفاء الثَّلاثَة وعَظَّمُوهم وخَالَفوا الإِمام الصَّادِق صَلواتُ الله وسَلامُه عليه في الكَثِير مِن المَباني العَقدِيَّة والفِقْهِيَّة بناء على رُؤيَتِهم المُختلِفَة الَّتي يُراد بها البَقاء على ما هو قائمٌ وسائدٌ في المُسلِمِين واحْتِواء (اتِّجاه أَهْل العامَّة) وأَغلَبِيَّته حيث لا مَجال لِلخُروج عليها إِلَّا بِمُعاداة الدَّولَة والانْصِراف عنها ومُخاصَمتِها واعتزالها اجتماعيًّا.

وفي مُتعَلِّق مَذْهَبِ الإِسْماعِيلِيَّة الَّذي نُسِب إِلى إِسماعِيل بن الإِمام الصَّادِق صَلواتُ الله وسَلامُه عليه فقَد ادَّعى الإِسْماعِيلِيُّون أَنَّ الإِمام الصَّادِق صَلواتُ الله وسَلامُه عليه أَوصَى ابنَهُ إِسماعِيل بِالإِمامةِ مِن بَعدِه، وإِنَّه لم يَمُت وإِنَّما دَخَلَ دور السِّتْر وشُوهِد حَيًّا في مَدِينة البَصرة. ورُبَما شاء الصَّادِق صَلواتُ الله وسَلامُه عليه التَّقِيَّة أَمام العَبَّاسِيِّين وذلك بِإِعلانِه الصَّرِيح عن مَوت إِسْماعِيل بِوَصفِهِ إِمامًا يَأتِي مِن بَعدِهِ حيث أَعَدَّ العَبَّاسِيُّون العُدَّةَ لِمُطارَدَتِهِ وقَتل كُلِّ مَن يَحتمِلُونَه إِمامًا يَأتِي مِن بعد الصَّادِق صَلواتُ الله وسَلامُه عليه، فسَلِمَ إِسْماعِيلُ في دَور السِّتر مِن مَوتٍ مُحقَّق. ثُمَّ انتَقَلَت الإِمامَةُ مِن بَعد إِسْماعِيل إِلى ابنهِ مُحمَّد بن إِسْماعِيل!

وفي أُصُول الشِّيعَة ومُدوَّناتِهم الكَثيرُ مِمّا أَكَّد على بُطلان صدور هذا الإِعْلان الزَّائف ووُقوع حَوادِثِه، ووَرَد أَنَّ إِسماعِيلَ تُوفِّي في حَياة والِدِه الإِمام الصَّادِق صَلواتُ الله وسَلامُه عليه ونَعاهُ والدُه ومَشَى في جنازَتِهِ إِلى جانِب عامِل المَنصُور العَبَّاسِي الَّذي كتَبَ سِجِلًّا بِوَفاةِ إِسماعِيل.

---

1 - نَظرِيّة الإِمامَة 370

إنَّ إِسْماعِيلَ في مَصادر التَّشَيُّع ومدوَّنَاتِه هو مِن الرِّجال الصَّالِحِين الَّذين رافَقوا الإِمام الصَّادِق صَلواتُ الله وسَلامُه عليه (وكان الصَّادِق شَدِيد المَحبَّة له والبِرَّ به، وأَنَّه القائم بَعدَه والخَلِيفة له والأَكبر سِنًّا مِن بين أُخوَتِه وماتَ في حَياة أَبِيهِ بالعريض وحُمِلَ على رِقاب الرِّجال إِلى المَدِينة حتَّى دُفِن بِالبَقِيع سَنة (133هـ)، وحَزنَ الصَّادِق صَلواتُ الله وسَلامُه عليه عليه حُزنًا شَديدًا وتَقدَّم إِلى سَرِيره بِغَير حِذاء ولا رِداء فأَمَر بِوَضع سَرِيره على الأَرض، وكَشَفَ عن وَجْهِهِ لإِزالَةِ الشُّبهةِ عنه في حَياتِه. وفي سنة (546هـ) وَصَل إِلى المدينة الحُسَين بن أَبِي الهَيجاء وزَير الفَاطِمِيِّين فبَنى على مَشهدِهِ قُبَّة)[1].

وتَنفِي أُصُولُ الشِّيعَة ومُدَوَّناتُهم أَنْ يَكون الإِمامُ الصَّادِق صَلواتُ الله وسَلامُه عليه قد أَوصَى لإِسْماعِيل بِالإمامة مِن بَعدِهِ أَو أَنَّه قال بِالبَداء الَّذي يُفِيد معنى عَدم عِلْمِ الله فيَنتَقِل مِن حالٍ إِلى حال، بَل أَنَّ البداء عند الشِّيعة لَيس تَقلُّبًا في التَّقدِير وإِنَّما هو الظُّهور بَعد الخَفاء. ويَرون أَنَّ الابْنَ الأَصغر مُوسَى الكاظِم صَلواتُ الله وسَلامُه عليه هو الإِمام مِن بَعد إِمامَةِ أَبِيه الصَّادِق صَلواتُ الله وسَلامُه عليه، ولَيس لإِسْماعيل مِن إِمامَةٍ في حَياتِه أَو بعد مَماتِهِ.

وتذهَبُ أُصُول (اتِّجاه أَهلِ العامَّة) ومُدوّناتُ مَذاهِبِهِ وفِرَقِهِ إِلى القول بَعدَم صَلاح سِيرةِ إِسْماعِيل، وافتَروا عليه تَعاطِي الخَمر واتِّصالَه بِالغُلاة مِن فِرقَةِ الخَطَّابِيَّة أَتْباع أَبِي الخَطّاب الأَسَدِي الَّذي لَعَنهُ الإِمام الصَّادِق صَلواتُ الله وسَلامُه عليه لما فيه مِن غُلوٍّ ومِن ادِّعاءٍ بِأُلوهِيَّة أَئمَّة أَهْلِ البَيت صَلواتُ الله وسَلامُه عليهم.

كما تَذهَبُ ذات الأُصُول والمُدوّنات إِلى القَولِ أَيضًا أَنَّ الإِمام الصَّادِق صَلواتُ الله وسَلامُه عليه عدل عن إِسماعِيل بعد أَنْ عَرف فَساده، وقال بِالبَداء فيه. ونَسبوا إِلى الإِمام الصَّادِق صَلواتُ الله وسَلامُه عليه القولَ (بَدَا لله في إِسماعِيل ابْنِي إِذْ اخترته

---

1 - تأريخ الفرق الاسلاميّة 184. عن فرق الشِّيعة 79

قَبْلِي لِيَعلَمَ ذلك أَنَّه ليس بِإمام بَعدِي)[1]. ويَنفِي هذه النِّسبَة قَولُ الإمام الصَّادق صَلواتُ الله وسَلامُه عَليهِ (مَن زَعَمَ أَنَّ الله تَعالى بَدا لَهُ في شَيءٍ بداء نَدامَة فهُو عِندنا كافِرٌ بالله العَظِيم)[2]، وقولُه صَلواتُ الله وسَلامُه عَليهِ (أَنَّ الله تَعالى ما أَظهَرَ شيئًا كان مَخفِيًّا لِلخَلقِ مِثل ما أَظهَرَه مِن عَدمِ إمامةِ ابْنِي إِسْماعِيل إِذْ اخترَمَه وأَماتَه قَبلِي لِيَعلَمَ النَّاسُ أَنَّه لَيس بِإمامٍ بَعدي)[3].

تَشدَّد (اتِّجاهُ أَهلِ العامَّة) ومَذاهِبُه وفِرقُه في مَواجَهة التَّشَيُّع الأَصِيل، فاتَّهم التَّشَيُّع بِالاقتِباس عن اليَهودِيَّة في عَقِيدة البَداء هذه. (ففِي الفَصل السَّادِس مِن تكوين التَّوراة رأَى الرَّبُ أَنَّ شَرّ الإنسان قد استَفحَل في الأرض وتَأَسَّف في قَلبِه وقال امْحُو عن وَجْه الأرض الإنسان الَّذي خَلقتَه. ولكِنَّ الشِّيعة لا تَذهب في البَداء مَذهَب اليهود الَّذين يَرون أَنَّ الله قد بَدَت له أُمورٌ لم يَكُن يَعلَمَها.

يَقول الإمام الصَّادق صَلواتُ الله وسَلامُه عَلَيهِ ما بَدا لله شَيءٌ إِلّا كان في عِلمِه قَبل أَنْ يَبدو لله. وعنه صَلواتُ الله وسَلامُه عَلَيهِ أَنَّ الله لم يَبْدَ له عن جَهل. ولكنَّهم ـ الشِّيعَة ـ يَجعلون قَضاءَ الله مُعلَّقًا وحُكمَه مَشروطًا دون أَنْ يَمسّ هذا عِلمَه أَو يُفِيد البَداء انتِقالَه مِن حالِ ظَن إلى حال يَقِين)[4].

تزامن صدور تلك المَقالات المُثِيرة في حَقِّ إِسْماعِيل مع فَترةٍ خاض فيها الشِّيعَةُ مُعتَركًا حامِي الوَطِيس اسْتَهدَف أَصالَتَهُم وما أَنجَزوه مِن انْتِشارٍ عَقدِيٍّ وتَأصِيلٍ فِقهِيٍّ وتَقدُّمٍ رَصِين وإِصدار كَثِيف لِلرِّواية وتَفوّقٍ في تَجاوز محنَةِ (الثَّورِيَّة) الَّتي غَلَّبَت العَواطِف عند بَعض الشِّيعَة على وَاجِب الامتِثال لِإمام عَصرِهِم وطاعَتِهِ قائمًا كان أَو قاعِدًا، أَو استَثمرها مَن رَغِب في إِشباع هَوى الإِمْرة وحُبِّ الرِّئاسة أَو الميل إِلى نَعيم السُّلطان.

---

1 - جهاد الشِّيعة 233

2 - شرح أُصُول الكافي، مولي محمد صالح المازندراني 89/ 6

3 - المصدر السّابق 89/ 6

4 - نَظريّة الإمامة 379

لَعِب العَبَّاسِيُّون دورًا خَطِيرًا بما بَثّوا مِن الشُّبهات في البُعد العَقَدِي ومِن مُحاولَات حَثِيثة لِاعتراض طَرِيق التَّشَيُّع المُمتَدّ إِلى أَقاصِي وَلايات الدَّولة، فشَدّوا مِن عَضِد أئمَّة ووُعّاظ (اتِّجاه أَهْل العامَّة) ومَذاهِبِهِ وفِرَقِهِ وأعانُوهم على مُناجَزة التَّحَوّل المشْهود في التَّشَيُّع وسائر الفِرَق الَّتي نَسبُوها لِلتَّشَيُّع. فكان (ظُهورُ طائفة الإِسماعِيلِيَّة يَرجع إِلى عَوامل كَثِيرة تَتعدَّى كثيرًا مُجرَّد اتِّهام إسماعيل بِشُرب الخَمْر أَو وَفاتَه في حَياة أَبِيه. ويبدو أَنَّه لا يُمكن الفَصل بين ظُهور طائفة الإِسماعِيلِيَّة وقِيام الدَّولة العبَّاسِيَّة الَّتي قامَت تَحت ادِّعاء أَحَقِّيَّة أَهْل البَيت في الخِلافَة، ثُمَّ تمكَّن أَبْناءُ العَبَّاس أَنْ يَستأثِروا بِالأمر مِن دُون العَلَوِيِّين. وكان الإِمام الصَّادِق الَّذي عاصَر هذا التَّحَوُّل الخَطِير بِكلّ ما يَتضَمَّنه مِن خَيبة أَمَلِ العَلوِيِّين بِقيام الدَّولة العَبَّاسِيَّة لم تَكُن أَقَلّ صَدمة عليهم مِن خَيبة أَمَلِهم بِاعتِلاء مُعاوِية الحكم مِن قَبْل، لِأَنَّ الأَمر حَسبَما يَبدو أَنَّ العَبَّاسِيِّين قد جَنوا ثَمرَة كِفاح العَلَويِّين)[1].

لقد أَحاط بِسِيرة النُّشوء الأَوَّل لِلإِسْماعِيلِيَّة بِوَصفِها مَذهبًا غُموضٌ شَدِيدٌ إِذْ لم يَكُن أَحدٌ يَعرف أَوَّلَ مَن دعا إِلى إِمامة إِسماعِيل. وقالَت الإِسْماعِيلِيَّةُ في معرض إِجابَتها لِتَبدِيد هذا الغُموض أَنَّ الدَّعوة انطَلَقَت في الكُوفَة بِدَور السِّتْر. وقِيل (أَنَّها نَشأت على يَد رَجُلٍ مِن أَهالِي خُوزِستَان لم يَنشُر اسْمَه ولم يَبُحْ بِنَسَبِهِ. وكان ذلك في سَنَةِ 278هـ . وكان هذا الرَّجل يَصوم نَهارَه ويُحيِي لَيلَه بِالعِبادَة ويَرتَزِق مِن كَدِّ يَدِه ويَدعو النَّاس إِلى المَذهَب الإِسْماعِيلي. ولَقد التَفَّ حوله جَمعٌ كثيرٌ اختار بَينَهم اثْنَى عَشر نَقِيبًا. ثُمَّ تَوجَّه إِلى الشَّام وغاب خَبرُه. ثُمَّ بعد ذلك ظَهر شَخصٌ آخر في العِراق بِاسِم (قُرْمُط) وبَدأ يِنشُر تَعالِيم البَاطِنيَّة وأَلغَى الصَّلاة اليَومِيَّة الإِسلامِيَّة مُحدِثًا نَموذجًا آخر مِن الصَّلاة بَدلًا منها، كما أَلغَى غُسْلَ الجنابَة وأَباح الخَمر. وقارن ذلك قِيام دُعاةٍ آخرين مِن البَاطِنيَّة. مِمَّا أَدَّى إِلى اصْطِباغ الدَّعوة الإِسماعِيلِيَّة بِصِبغَة الباطِنيَّة)[2].

وعندما عُقِد اتِّفاقٌ مُبرم بين الحُسَين الأَهْوازي وقُرْمُط حَمدان بن الأَشعَث على

---

1 - نفس المصدر السّابق ص 381

2 - أديان ومذاهب 37

مَذهَبٍ واحدٍ، استَقَلّ قُرمُط بِدَولَتِهِ وخالَفَ الإسماعِيلِيَّة حتَّى أَنكَر الفاطِمِيُّون على لِسان مُؤسِّس دَولَتِهم المَهدِي عُبَيد الله العَلَوِي عَليهِم أَفعالَهم ولَعَنَهم، وحارَبَهم عندما أَقدَموا على احتلال دِمَشق.

تَطرَّف القَرامِطَةُ في عَقِيدَتِهم وسِياسَتِهم، وعُرِف مِن بَين قادَتِهم أَبُو سَعِيد الحَسن الجَنابي الَّذي تَزعَّم القَرامطة في عَملِيَّات السَّلْب والنَّهب والقَتل والسَّبْي، (وأَرسَلَت إِليهم الدَّولةُ العبَّاسِيَّة جُيوشَها الَّتي كانت تَنهَزِم أَمام القرامِطة. وقُتِل الجَنابي في إِحدَى المعارك في عام 301 هـ بعد أَنْ استَولى على سائر بِلاد البحرين، وكان وَلَّى ابنَه (أَبا طاهِر سُليمان الجَنابِي) فتَابَع سِيرةَ أَبِيه فهَجَم على البَصرة في عام 311هـ ودَخلها بَعد قَتل حامِيَتها، ووَضَع السَّيف في أَهلِها وأَقام بها سبعةَ عشر يومًا يَحمِل منها ما يَقدِر عليه مِن المال والأَمتِعة والنِّساء والصِّبيان ثُمَّ عاد إِلى بلده ومنها تَوجه إِلى طَرِيق الحُجَّاج، فالتَقى بِقافَلَةٍ مِنهم فأَوقَعَ فيهم القَتلَ والسَّلبَ.. وقَلعَ الحَجرَ الأَسْود وأَرسَله إِلى هَجَر.. وقَلَعَ باب البَيت وقَتلَ الحُجَّاج في المسجد الحَرام وطَرح القَتلى في بِئر زَمْزَم، ودَفَن الباقِين في المَسجِد الحرام مِن غَير تَغسِيل ولا صَلاة ولا تَكفِين، وأَخذَ كسوةَ البَيت فوزَّعها على أَصحابِه، ونَهبَ دُورَ أَهْلِ مَكَّة)[1].

ونُقِل في بعض الأُصُول والمُدَوَّنات قولٌ مختلفٌ في النَّشأة الأُولى لِلمَذْهَب الإِسْماعِيلي أَفاد بِأَنَّها كانَت (فِرقَةً) لها امتدادٌ بَعِيد يَصِل إِلى بِدءِ خلق الكَون، لَكِنَّ التَّسمِيَة بِالإسماعِيلِيَّة هذه عُرِفَت مُنذ عهَد النَّبِيّ إِسْماعِيل بن إِبراهيم الخَلِيل عَليهما السَّلام، وحافظ الإِسماعِيلِيُّون (على سِرِّيَّتها التَّامَّة طِيلة العصور الماضِيَة وجَعلوا المَعرِفَة عنها مُقتصرة على طَبَقةٍ خاصَّةٍ مِن الدُّعاة إِلى أَنْ تَحوَّلَت إِلى دَعْوةٍ سِياسِيَّةٍ في عام 259هـ. وعندما بَحثوا في تَسلْسُلِ الإِمامة لم يَجعلوا تَسَلْسُلَها مِن إِسْماعِيل بن جَعفر الصَّادِق فحَسب بَل ذهبوا إِلى أَبعد مِن ذلك. وحُجَّتُهم في ذلك أَنَّ الإمامة إِذا كانت بَدأت مِن هذا العَهد المُبكر فتكون مُحْدَثَةً ولا يَقوم وُجودُها على أَساسٍ مَتِينٍ،

1 - التآلف بين الفرق الإسلاميّة 110

وإنَّهم ذَهبوا إلى عَهد بدء الخَليقة المعروف بِعَهد آدم، فطَبَّقوا قواعد الإمامة تَطبيقًا دَقِيقًا، وسَلْسَلوا الإمامةَ تَسَلْسُلًا مَنطقِيًّا مُرتكِزًا على النُّصوص الَّتي ورَدت في التَّوراة والإنْجِيل، ثُمَّ أَضافوا إلى ذلك قَولَهم بِالأَدوار والأَكوار، فقد جَعلوا كُلَّ دورٍ يَتأَلَّف مِن إمامٍ مُقيمٍ ورَسُولٍ ناطقٍ أو أَساسٍ له)[1].

وتَذهَبُ بَعضُ البُحوث التَّأريخيَّة إلى أَنَّ الإسْماعِيلِيَّة نَشأت على يَدي (مَيمُون القَدَّاح) بعد مَقتل أَبِي الخطَّاب المُقرَّب مِن الإمام الصَّادِق صَلواتُ الله وسَلامُه عَليهِ قُبيل انْفِصالِه بِفِرقَتِهِ إذْ تَحوَّل أَتْباعُه بعد وَفاة قائدِهِم إلى القَولِ بإمامَةِ إسْماعِيل ثُمَّ مِن بَعدِه ابنِهِ مُحمَّد بن إسماعِيل الَّذي جاء في المَرتَبة السَّابِعَة مِن بَعد الأَئمَّة مِن وُلْد عَلِيٍّ صَلواتُ الله وسَلامُه عَليهِ حتَّى الإمام الصَّادِق صَلواتُ الله وسَلامُه عليه ومِن ثَمَّ إسماعِيل. وبَعد وفاة إسماعِيل استَتَر أَئمَّتُهم، ولَمْ يَعُد الإمامُ الصَّادِق صَلواتُ الله وسَلامُه عَليهِ بعد لَعْنِهِ لِأَبِي الخَطَّاب لِغُلُوِّه بالنِّسبَة إليهم إمامًا.

وفي ذلك إشارةٌ واضِحةٌ إلى فَشل أَبِي الخَطَّاب في احتِواء الإمام الصَّادق صَلواتُ الله وسَلامُه عَليهِ بِوَصْفهِ زَعيمًا لِمذْهَبِهِ في أَجْواءٍ وبِيئةٍ تَموجان بِالتَّحَوُّلات الثَّورِيَّة الَّتي تَفتقِر إلى التَّوجِيه السَّلِيم وتحصيل شَرعِيَّة المنطلق مِن قِبل إمامٍ يَأخذ بها بَعِيدًا عن الضَّربات المُوجِعَة الصَّادرة عن السَّفاح والمنصُور ومُحاولات الاستِغْلال والاحْتِواء والتَّوظِيف السِّياسِي.

ورُبَما أَطلقَ الإسْماعِيلِيُّون بِقِيادَةِ أَبِي الخَطّاب على أَنفسِهم هذا الاسْم بعد مُحاولات عديدة اجتهدوا فيها لاحتِواء إسماعِيل إلى صُفوفِهم مِن بَعد انْصرافهم عن والِدِه وفَشلِهم في كَسْب إمامَتِهِ أو رِضاه. (فالغُلاة اتَّصلوا بِإسْماعِيل وذلك حين تَبَرَّأ منهم أَبُوه، وإنَّهم حاولوا التَّأثِير فيه وجَذبِه إلى صُفُوفِهم. وكان إسْماعِيل في مَيعَةِ الصِّبا.. فلمَّا تَدخَّل أَبُوه خَلَّصَه منهم وعاد إلى رِحابه كامِلًا)[2].

1 - تأريخ الفرق الاسلاميّة 194

2 - نفس المصدر السابق 184

ويُشار إلى أَنَّ (مَيمُون) الَّذي يَحتَلّ مكانةً خَطِيرةً في الدَّعوة الإسماعِيلِيَّة قد لعب دَورًا خطيرًا في هذا الأَمْر حتَّى ذَهبَ البعضُ إلى القَول أَنَّ (مَيمُون) هو نَفسُه مُحمَّد بن إسماعِيل. وذَهبَ (اتِّجاه أَهْلِ العامَّة) ومَذاهِبُه وفِرَقُه والعباسِيُّون إلى القَول (أَنَّ مَيمُون مِن نَسْلِ ديصان الثَّنَوي الَّذي تَنتَسِب إليه فِرقَةُ الدِّيصانِيَّة والمَجوسِيَّة).

دَخلَت الدَّعوةُ الإسماعِيلِيَّةُ على يَدي عبد الله بن مَيمُون ـ الَّذي كان مُتضَلِّعًا بِجَميع الشَّرائع والسُّنَن والمذاهِب ـ في دَورٍ جَديدٍ.. وعادت عليه الدَّعوة بِالأَموال الطَّائلة، وكان يَخفِي دَعوتَه وراء سِتار التَّشَيُّع والعِلْم. وحاول أَنْ يَتنَبَّأ فلَمْ يَجِدْ استِجابة، وثارَت ضِدَّه الشِّيعةُ والمُعتزِلَة، واقتَحَمُوا دارَه، فهَرب إلى البَصرة ومَعهُ داعِيَة مِن دُعاته هو الحُسَين الأَهوازِي، ودعا إلى مُحمَّد بن جَعفر الصَّادِق ولكِنَّه ما لَبِث أَنْ هربَ هو وداعِيَتُه إلى (سَلَمْيَة) ـ في الشَّام بِالقُرب مِن مَدِينة حَماه ـ حيث رُزِق بِابنِهِ أَحمد الَّذي تَولَّى الدَّعوة مِن بعد أَبِيهِ وبَعَثَ الحُسين الأَهوازي داعِيةً إلى العِراق وهناك التَقى بِمُحمَّد بن الأَشْعث المَعروف بِقُرمُط ـ الَّذي أَقام دَولة القَرامِطة ـ في سَواد الكوفة.. واستَمَرَّت الدَّعوةُ الإسماعِيلِيَّة في طريقها حتَّى نَجَحَت في تَمهِيد بلاد المَغرِب لِقِيام الدَّولة الفَاطِمِيَّة)[1].

إنَّ الكَثِير مِمَّا ذُكِر آنفًا في أُصُول (اتِّجاه أَهْل العامَّة) والمُدوَّنات التَّأريخية الأُخْرى حول سَيرةِ تَأسِيس الإسماعِيلِيَّة لا يَعدو أَنْ يَكون مُختَلقًا وموضُوعًا ومُلَفَّقاً ومُزورًا ومُفتريًا حيث انْتَزَعَت هذه الأُصُول والمُدوَّنات التَّأريخيَّة عن الإسْماعِيلِيَّة صِفَة (المَذْهَب) وصَنَّفتهم في قائمة (الفِرَق) المُتفَرِّعة عن التَّشَيُّع، نَكالًا مِن مُدوِّني هذه الأُصُول ومِن مُؤلِّفِي هذه المُدوَّنات وسياسات الدُّوَل الدَّاعِمَة المُعادِيَة لِلشِّيعَةِ وطَعنًا في أَصالَة التَّشَيُّع وعَقِيدَته وشَريعَتِه وأَخْلاقِهِ ونِظامِهِ وثَقافَتِهِ.

واكتَنف المَنقُول حَول (عَبد الله بن مَيمُون) الكَثِيرَ مِن الوَضْع المُسْرف مِن قِبَل هذه المُدوَّنات والأُصُول. فَبَنُو الإمام عَلِيٍّ أَمِير المؤمنين صَلواتُ الله وسَلامُه عليه

1 - جهاد الشّيعة 238

(على غايَةٍ مِن وَفرَةِ العَددِ وجَلالَةِ القَدر عند الشِّيعَة. فكيف لِشيعَتِهم الإعراض عنهم والدُّعاء لابن مَجوسِيٍّ أَو يَهودِي. فهذا ما لا يَفعَلهُ أَحدٌ منهم ولو بَلغَ الغايَة في الجَهل. وإِنَّما جاء هذا الإدِّعاء مِن قِبَل خُلفاء بَني العَبَّاس عندما ضَاقوا بِمَكان الفَاطِمِيِّين ـ الإِسْماعِيلِيِّين ـ الَّذين اتَّصلَت دَولتُهم بِبِلاد المَغرِب ومصر والشَّام ودِيار بَكْر والحَرَمَين واليَمن، وخُطِبَت لهم بِبَغداد نَحو أَربَعِين خُطْبَة.

ويقول (بَرنارْدْ لُوِّيس) إِنَّ التُّهم التي وُجِّهَت إلى أَصْل الفاطِمِيِّين مِن قِبَل المُؤرِّخين يَتحَمَّلُ اللَّومَ فِيها ما عُرِف عن الفاطِمِيِّين مِن تَكتُّمٍ وتنظيمٍ صارمٍ شَبِيهة بِما عُرِف عن الماسُونِيَّة والحِجاب الكَثِيف الَّذي يَخفِي عقائدَها وأَشْخاصَها على غَير المُنتَمِين إِليها. كُلُّ ذلك صَعَّبَ مِن مِهِّمَةِ المُؤرِّخ)[1].

إِنَّ هُناك مُغالطةً كَبيرةً ورَدَت في سِيرَةِ (مَيمُون القَدّاح) وهناك وَضعًا واختلاقًا وتَلفِيقًا في نِسبَةِ تَأسِيس الإسماعِيلِيَّة إِليه. ويَرجِعُ الأمرُ في ذلك إِلى أَنَّ الدَّور العَبَّاسِيَّ السِّرِّي المناهِض اسْتَطاع أَنْ يَكتسِب خِبرةً سياسِيَّة وأَمنِيَّة مُتَمَيِّزة مِن مَرحَلَةِ صِراعِه المُنظَّم مع دَولَةِ الأُموِيِّين وخلال مُواجَهَتِهِ لِنُظرائه مِن الأطراف الثَّورِيَّة الأُخْرى المُناهِضَة والمُعارِضَة، وسَجَّل قدرةً فائقةً في احْتِواء (اتِّجاه أَهْل العامَّة) ومَذاهِبِهِ وفِرَقِهِ وتَجرِيدها مِن النُّفوذ وانْتِزاع أَسْباب القُوَّة منها.

لقد اعتَمَدَ الأُموِيُّون مَنهج الصِّدام المُسَلَّح المُباشر جَريًا على طَبِيعتهم الجاهِلِيَّة وما تَوافرَ لَدَيهِم في وَلايَة الشَّام مِن قُوى عَسكرِيَّة هائلة العِدَّة والعَدَد وما أَسَّسُوه مِن جِهاتٍ رَسمِيَّة على قواعِدِ ضَبطٍ مَتِينَةٍ ومالٍ وفِيرٍ وانقطاعٍ اجتماعِيٍّ عن المَورُوث الثَّقافي وماجَرَيات السِّيرةِ الأُولى لِلصِّراع الَّذي نَشَبَ على عَهد الرَّسُول صَلَّى الله عليه وآله مع قُوى الجاهِلِيَّة وامتَدَّ إلى ساعة الانْقِلاب على الأَعْقاب. في حِين اعتَمد الثَّورِيُّون العَبَّاسِيُّون قُبيل انْهيار دَولَةِ الأُمَوِيِّين ومِن بَعدِها أُسلوبَ التَّنظِيم المُغْلَق الصَّارم والدِّقَة في جَمع المَعلومات عن مُعارِضِيهم ومُنافِسِيهم وفي رَدعِ مُناهِضِيهم

1 - تَأرِيخ الفِرَق الإِسْلامِيّة 188

بِوسائل البَطش الأَمنِي قُبَيل استِخدام القُوة العَسْكرِيَّة الحاسِمَة والمفرطة.

يُعَدُّ (عبد الله بن مَيمُون) مِن أَصْحاب الإِمام الصَّادق صَلواتُ الله وسَلامُه عَليهِ المُخلِصِين الَّذين عُرِفُوا بِالرِّوايَة عنه والدَّعوة إلى إِمامَتِه. ولَيْسَ لابن مَيمُون أَيّ صِلَة بما ادُّعِيَ مِن دَورٍ سِياسِي أَو تَأسِيسيّ لِلإسْماعِيلِيَّة. ورُبما كانَ اختِلاق نِسبة مَيمون إِلى القَرامِطَة أَو الإسْماعِيلِيِّين هو مُحاولة عَبَّاسِيَّة يائسة لِاتِّهام الإِمام الصَّادِق صَلواتُ الله وسَلامُه عليه بِتَنظِيم العَمَل السِّرّي المُناهِض لِلدّولة العَبَّاسِيَّة وتَمهيد الأَمر لِتَصفِيَتِه والمُوالِين له.

والمُلفِتْ لِلنَّظَرِ فِيما دَوَّنَه مُناهِضو الشِّيعَة (أَنَّهم يُحاوِلُون إِلصاقِهم ـ القَرامِطَة ـ بِالشِّيعَةِ. ولِذلك يَجعلونَ (عبد الله بن مَيمُون القَدَّاح) ووالِدَه مِن أَبْطال دَعْوتِهم. في حِين أَنَّ واقِع الحال يَشِي بِالقَول أَنَّ عبد الله بن مَيمُون قد عاصَر الإِمامَين البَاقِر والصَّادِق صَلواتُ الله وسَلامُه عَليهِما معًا وروى عنهما، وكان مِن الثِّقاتِ، وله كُتُبٌ مِنها (مَبعثُ النَّبِيّ صَلَّى الله عليه وآله) وكِتاب في صِفَةِ الجَنَّة والنَّار. وقد ذَكَرَهُ الطُّوسِي في كِتابِهِ فهرَسْت أَسْماء المُصَنِّفِين، كما ذَكَرَه كُلٌّ مِن أَصْحاب الرِّجال النَّجاشِي والكِشِّي.

وفي منهج المقال لِلمِيرزا مُحمَّد أَنَّ أَبا جَعْفَر مُحمَّد بن البَاقِر صَلواتُ الله وسَلامُه عَليهِ قال له يا بن مَيمون: كَم أَنتُم بِمَكَّة؟ قال: نَحنُ أَربَعة. قال صَلواتُ الله وسَلامُه عَليهِ: إِنَّكم نُورُ الله في ظُلمات الأَرض.. وأَكثرُ المُؤَلِّفِين في الرِّجال وَصفُوه بِالوَثَاقة والاستِقامَة في دِينِهِ وعَقِيدتِهِ. ومِن ذلك تَبيَّن أَنَّ عبد الله بن مَيمون القَدّاح ووَالِده مَيمون كانا مِن شِيعَةِ أَهْلِ البيت ورُواةِ أَحادِيثِهم، ولَم يَرِد في عبد الله ما يُشير إلى الطَّعْنِ عليه في شَيء مِمَّا وَصَفه بِه الشَّهرِسْتاني والفَقِيه اليَماني مُحمَّد بن مالِك في كتابه أَسْرار الباطِنِيَّة وأَخبار القَرامِطَة.. فالعَصرُ الذي وُجِدَ فيه عبد الله القَدّاح ووَالِده لا يَتَّفِق مع العَصر الذي ادَّعاه الشَّهرِستاني ولا مع العَصر الذي ظَهر فِيه القَرامِطة)[1].

ولما اسْتَتَبَّ الأَمرُ لِلإِسْماعيلِيِّين الفاطِمِيِّين في مصر والمغرب وفَشل العَبَّاسِيُّون

---

1 - الشِّيعة بين الأشاعرة والمعتزلة 86

في إنهاء حَركَتِهم (جَمعَ القادِرُ بِالله الخَليفَة العَبّاسِي العُلماءَ وفيهم القاضِي أَبُو مُحمَّد بن الأكنَانِي، ووَضعُوا سِجِلًّا في نَسبِهم ـ الإِسْماعِيلِيِّين ـ الَّذي يَنتَهِي إِلى مَيمون القدّاح، ووَقَّعه جَماعةٌ مِن العُلماء مِنهم أَبُو حامِد الأفرايِيني وأَبُو عبد الله الصِيمَرِي وأَبُو الحَسَن القدوري وأَبُو الفضل النَّسَوِي والشَّريفان المُرتضَى والرَّضِي كما جاء في كتاب كَشْف أَسْرار البَاطِنِيَّة وأَخْبار القَرامِطة ـ لِمُؤلِّفِهِ الفَقِيه السُّنِّي مُحمَّد بن مالِك اليَماني)[1].

وهنا يَبدو الأَمرُ جَليًّا في الوَضْعِ والتَّزويرِ والتَّلفِيق والافْتِراء. فهَذا الجمعُ الفِقْهي الَّذي أَدان الإِسْماعِيلِيِّين ـ وانَتهى في نَسَبِهم إِلى مَيمون بِسِجلٍ مُوقَّعٍ مِن قِبَلِهم ـ كان مُختَلقًا، أَو أَنَّ بَعضَهُم أُضِيفَ تَعسُّفًا مِن دُون عِلْمِهِ أَو إِجازَتِهِ ومُوافَقَتِهِ.

فالشَّرِيفانِ الرَّضِيّ والمُرتَضَى يُعدَّان مِن فُقهاء التَّشَيُّع الَّذين عُرِفُوا بِرَفضِهم لِلدَّولَةِ العبَّاسِيَّة، كما عُرِفُوا بِوَلائِهم لِأَهْلِ البَيت صَلواتُ الله وسَلامُه عَليهِم. وأَيَّد الرَّضِي صِحَّةَ نَسَبِ الإِسْماعِيلِيِّين إِلى العَلوِيِّين وذلك في أَبْياتِ قَصِيدةٍ كَتَبها قال فيها:

ما مَقامي عَلى الهَوانِ وَعِندي   مِقوَلٌ صارِمٌ وَأَنفٌ حَمِيُّ
وَإِباءٌ مُحَلِّقٌ بي عَنِ الضَيمِ   كَما راغَ طائِرٌ وَحشِيُّ
أَيُّ عُذرٍ لَهُ إِلى المَجدِ إِن ذَلَّ   غُلامٌ في غِمدِهِ المَشرَفِيُّ
أَلبَسُ الذُلَّ في دِيارِ الأَعادي   وَبِمِصرَ الخَليفَةُ العَلَوِيُّ
مَن أَبوهُ أَبي وَمَولاهُ مَولايَ   إِذا ضامَني البَعيدُ القَصِيُّ
لَفَّ عِرقي بِعِرقِهِ سَيِّدا النا   سِ جَميعاً مُحَمَّدٌ وَعَلِيُّ
إِنَّ ذُلّي بِذَلِكَ الجَوِّ عِزٌّ   وَأُوامي بِذَلِكَ النَقعِ رَيُّ
قَد يُذَلُّ العَزيزُ ما لَم يُشَمِّر   لِانطِلاقٍ وَقَد يُضامُ الأَبِيُّ
إِنَّ شَرّاً عَلَيَّ إِسراعُ عَزمي   في طِلابِ العُلى وَحَظّي بَطِيُّ

1 - نفس المصدر السابق 81

أَرتَضي بِالأَذى وَلَم يَقِفِ العَزمُ قُصوراً وَلَم تَعِزُّ المَطِيُّ

كَالَّذي يَخبِطُ الظَلامَ وَقَد أَقمَرَ مِن خَلفِهِ النَهارُ المُضِيُّ)[1]

ورُبما وَقَّع الرَّضِيُّ ذلك وصَدَّقه مُكرَها بِتَدَخُّلِ مُباشِرٍ مِن قِبَل الخَلِيفة العَبَّاسي، وأَنَّ جُلّ ما أَورَدَه ابنُ أَبي الحَدِيد في شَرح نَهجِ البَلاغَة أَفاد بِأَنَّ الرَّضِي امتَنَع عن التَّوقِيع وأَنَّ الخَلِيفةَ القادِر شَكاه إِلى وَالِده.

ويُشِير ابنُ الأَثِير إِلى أَنَّ الرَّضِي لم يَطعَن في نَسَبِ الفَاطِمِيِّين ولم يُورِد في دِيوانِهِ شَيئًا مِن ذلك، ولا حُجَّة بِما كُتِب عنه في المَحضَر المُتَضمِّن القَدح في أَنسابِهِم (فإِنَّ الخوفَ يَحمِل على أَكثر مِن هذا، على أَنَّه قد وَرَدَ ما يصدق ما ذكرتُه، وهو أَنَّ القادِر بالله لما بَلغَته هذه الأَبْيات أَحْضَرَ القاضِي أَبا بكر بن الباقِلاني، فأَرسَلَه إِلى الشَّرِيف أَبِي أَحمد الموسوي والدِ الشَّرِيف الرَّضِي، يقول له: قد عَرفتَ مَنزِلَتَك مِنَّا، وما لا نَزالُ عليه مِن الاعتِداد بِكَ بِصدِق المُوالاةِ مِنك، وما تَقدَّمَ لكَ في الدَّولة مِن مَواقِف مَحمُودة، ولا يَجوز أَنْ تكون أَنْتَ على خَلِيفَةٍ تَرْضاه، ويَكونُ وَلَدُك على ما يُضادّها، وقد بَلَغنا أَنَّه قال شِعرًا، وهُو كذا وكذا، فيا لَيتَ شِعري على أَيِّ مَقام ذُلٍ أَقام، وهُو ناظِرٌ في النَّقابَة والحَجّ، وهُما مِن أَشرَفِ الأَعمال، ولو كان بِمِصْر لَكانَ كَبَعض الرَّعايا. وأَطال القَولَ فحَلَف أَبُو أَحمد أَنَّه ما عَلِمَ بذلك.

وأَحضرَ وَلَدَه (الرَّضِي) وقال له في المَعنَى فَأَنْكر الشِّعر. فقال له: اكتُبْ خَطَّك إِلى الخَلِيفة بِالاعتِذار واذكُر فِيه أَنَّ نَسبَ المصري مَدخُول، وأَنَّه مُدّعٍ في نَسَبِه. فقال: لا أَفعَل.. فقال أَبُوه: تُكذِّبُني في قَولِي؟! فقال: ما أُكَذِّبك، ولكِنّي أَخافُ مِن الدَّيْلَم، وأَخافُ مِن المصري ومِن الدُّعاةِ في البِلاد. فقال أَبُوه: أَتخاف مِمَّن هو بَعِيدٌ عَنك وتُراقبه وتَسخط من (هُو قريبٌ) وأَنتَ بِمَرأى منه ومَسمَع وهُو قادِرٌ عليك وعلى أَهْلِ بَيتك؟!

1 - الكامل في التأريخ، ابن الأثير 578

وتَردَّد القولُ بَينهما ولم يَكتُب الرَّضِي خَطَّه، فحَرَدَ عليه أَبُوه وغَضِب وحَلَفَ أَنَّه لا يُقِيم مَعه في بَلَد، فآل الأَمرُ إلى أَنْ حَلَفَ الرَّضِي (أَنَّهُ) ما قال هذا الشِّعر واندَرَجَت القِصَّةُ على هذا. ففِي امتِناع الرَّضِي مِن الاعتِذار، ومِن أَنْ يَكتبَ طَعنًا في نَسَبِهم مع الخَوف دَليلٌ قَوِيٌّ على صِحَّةِ نَسبَهِم)[1].

أَشار المَقرِيزِي في كتابه إلى عِلَّة طَعْنِ العَبَّاسِيِّين في نَسَب الفاطِمِيِّين فقال (بعد أَنْ ضَعُفَت دولتُهم وتَداعى مُلكُهُم، وأَصابَهم الانْقِراضُ والتَّفكُّك، وعَجزوا عن مُقاوَمَةِ الفَاطِمِيِّين.. التَجأوا إلى الطَّعْنِ في نَسَبِهم لِيُسَوِّدوا صَحائفَهُم ولِيُجبِروا النَّاس على كَراهِيَّتهم، وإِنَّ القُضاة الَّذين سَجَّلوا شَهادَةَ الطَّعنِ عَلِيهم في بَغداد كانُوا مِن أَلَدِّ أَعداء الفَاطِمِيِّين، ومِن أَخلَص شِيعَةِ بَنِي العبَّاس، ولم يُعرَف عنهم التَّجرُّد والنَّزاهَةَ والصِّدق، بَلِ اشتَهروا بِكَراهِيَّتِهم وبُغضِهِم ونَقمَتهم على آلِ عَلِيٍّ بن أَبي طالِب صَلواتُ الله وسَلامُه عَليهِ)[2].

ويَذهبُ ابنُ خُلدون في مُقدَّمَتِه إلى القول بِأَنَّ (مِن الأَخْبار الواهِيَة ما يَذهَب إِليه الكثيرُ مِن المؤرِّخين والأثبات في الفاطِمِيِّين خلفاء الشِّيعة بِالقيروان والقاهرة مِن نَفيِهم عن أَهْل البَيت صلَواتُ الله عليهم والطَّعن في نَسبِهِم إلى إِسماعيل الإمام ابن جعفر الصَّادِق صَلَواتُ الله وسَلامُه عليه يَعتَمِدون في ذلك على أَحادِيثٍ لِفَّقَت لِلمُستضعفين مِن خُلفاء بَنِي العبَّاس تَزلُّفًا إِليهم بِالقَدحِ فيمَن ناصَبَهم وتَفنُّنًا في الشَّمات بِعَدُوِّهم حَسْبما تَذكر بَعض هذه الأَحادِيث في أَخبارِهِم ويَغفَلُون عن التَّفَطّن لِشواهِد الواقِعات وأَدِّلَة الأَحْوال الَّتي اقتضت خِلاف ذلك مِن تكذِيب دَعواهُم والرَّد عليهم)[3]. وقال أَخيرًا: (والَّذين سَجَّلوا نَفيَهم عن أَهْل البيت مِن الأَعيان والعُلماء في أَيَّام الخَلِيفة العبَّاسِي القادِر إِنَّما حَكموا بِذلك على السَّماع مِن النَّاس شِيعة بَنِي العبَّاس)[4].

1 - المصدر السابق 578

2 - تأريخ الدعوة الإسماعيلية، مصطفى غالب 164

3 - مقدمة ابن خلدون 21

4 - الشِّيعة بين الاشاعرة والمعتزلة 83

استتَرَ أَئمَّةُ الإِسْماعيلِيِّين مُنذ إِمامة مُحمَّد بن إِسْماعِيل، وفَرَّ بِصُحبَة عَددٍ مِن أَتباعه مِن العِراق وذلك لِما عانَوه مِن بَطْشِ العَبَّاسِيِّين، ولَجأوا إلى مَدِينة (سَلَمْيَة) حيث نَشروا دَعوتَهم بين القَبائل البَربَرِيَّة في الخَفاء، ثُمَّ باشَروا في ابْتِعاثِ عَددٍ مِن دُعاتِهم إِلى أَرجاءٍ مُختلِفَةٍ مِن عالمنا الإِسْلامِي. وقد (أَدرَك المأمُون خَطرَ هذه الدَّعوة فأَراد أَنْ يَقضِي عليها. فقَرَّب إِليه الإِمام الرِّضا صَلواتُ الله وسَلامُه عَليهِ وعَهِد إِليه بِالخِلافة بَعدِه، وتَتَبَّع عبد الله الرَّضِي ـ الّذي تَولَّى خِلافةَ الإسماعِيلِيَّة بعد مُحمَّد بن إِسماعيل ـ فقَتَل أَغلَب أُسْرَتِهِ وأَبنائه، لِكنَّه تَمكَّنَ مِن الوُصُول إِلى الشَّام.. وعاش هناك مُدَّعِيًا أَنَّه هاشِميٌّ)[1].

1 - تأريخ الفرق الاسلامِيّة 186

الخَاتِمَة

إِنَّ (صَحِيفَة مكَّة الأُولى) الشَّهيرة الَّتي تَعاقد عليها جَمعٌ جاهليٌّ مُشرِكٌ مِن القَبائل العَربِيَّة قَضَت في أَوَّل خُطوةٍ عَملِيَّةٍ لها في الحَرب على نُبوّةِ رَسُول الله مُحمَّد صَلَّى الله عليه وآله ـ بِاعتِماد أُسلُوب المُقاطَعة الشَّامِلَة لِبَنِي هاشِم، والإمعان في قَتل الرَّعِيل الأَوَّل مِن الأَصْحاب الأَخْيار الأَبْرار في مكَّة، والتَّضيِيق عَليهِم وتَجويعِهم وتَشْرِيدِهِم وإِقصائهم سِياسِيًّا واجتِماعِيًّا.

وكانَ لِمَعانِي هذه الصَّحِيفَة حُضُورٌ عَظِيمٌ مُؤثِّر في نَسقِ صَحِيفَةٍ جاهِلِيَّةٍ أُخْرى لا تَقِلّ خُطورة إِذْ تَعاقد عليها خَمسةٌ مِن كُبراء الصَّحابَة في جَوف الكَعبة وجَدّوا في تَنفِيذ بِنودِها. ويُمكِن الجَزم بِالقَول أَنَّ (صَحيفةُ مَكَّة الأُولى) مَدَّت (صَحِيفَة مَكَّة الثَّانِية) بِما يُعزِّز مِن حاكِمِيَّة مُتعاقِديها الخَمسَة على هُوِيَّة جِيلِ الصَّحابَة الأَوائل والأَجْيال المُتعاقِبَة مِن التَّابِعين وتَابِعي التَّابِعِين ومَن تَلاهُم ووَرِثَ سُنَّتهم على (مَذْهَبِ الرَّأي) في أَجْيالنا المُعاصِرَة.

إِنَّ مِن أَخطرِ المؤثِّرات التَّأرِيخِيَّة الَّتي تَركتها المَعاني المُشترَكَة لِلصَّحِيفَتين الأُولى والثَّانِية في مُجتَمعاتِ المُسلِمِين هِي تِلك الَّتي دَفَعت إِلى تَشكِيل انْتماءٍ مَذهَبِيٍّ حادٍّ لم يَستَنكِف أَنْ يُعلِن ولاءَه المُطلَق والدَّائم لِأَيِّ لَونٍ مِن أَلوان الحُكم الهِرَقلِيّ الوراثيّ المُستَبِد وأَيِّ شَكلٍ مِن أَشكال الحُكم المُتغَلِّب بِالقُوَّةِ والسَّائد بِالإِكْراه، وذلك لِكَي يَتَسنَّى لهذ الانْتِماء الاستِقلال بِالدَّور الدِّينِي الرَّسمِيّ في الدَّولة وإِشاعَة أعمال التَّمييز الفِئوي والفَصْل الطَّائِفِي والإرهاب المُمَنهج وفقا لما يَتَلقَّاه مِن أَوامر بِمَراسِيم صادرة عن قَصر الخَلِيفة/ الحاكِم تَستَهدِف التَّعظِيم مِن سِيادة الدَّولة واتِّباع عددٍ مِن الإِحْتِرازات الضَّرورِيَّة في أَوساط فِئات المُجتَمَع، منها:

ـ زَرعُ أَسْباب الفُرقَةِ والتَّحاسُد والتَّنابُز بِالأَلقابِ والاسْم الفُسُوق، واختِلاق

المُنازعات الدَّاخِلِيَّة الدَّائمة بَين الأَتْباع والمُوالِين، وإِشْعار الجَمِيع بِالحاجَة الضَّرُورِيَّة لِسُلطة الخَلِيفَة/ الحاكِم المُستَبِدّ القَيُّوم ذِي الذَّات المَصُونَة الَّتي لا شَريك لها في اتّخاذ القَرار السِّيادِي.

ـ افتِعالُ الحُروب البَينِيَّة لِإزهاق أَرواح الأُلُوف مِن المُسلِمِين بِأَيدي المُسلِمِين كلَّما تَطلَّب المَوقِفُ السِّياسِي رَدع المُخالِفِين وحَظر نُمو التَّكَتُّلات المُعارِضَة وقَطع دابِر المُناهِضِين والدَّاعِين لِلإصْلاح واستِئصال شَأفَة المَحاور المُنافِسَة ووَضْع حَدٍّ لِتَضخُّم نُفوذِ القُوى غير المُوالِيَة والأَعيان المَغضُوب عليهم، أَو كُلَّما تَطلَّب المَوقِفُ السِّياسِي صُنعَ نَصرٍ مُزيَّفٍ لِلسُّمو بِمَقام الحاكِم تَوطِئة لاستِعادَة الأَقالِيم المُتَمَرِّدة والوَلايات المِنشَقَّة.

ـ اختِلاق الفَوضى والفِتَن في عُمْق النِّظامِ الاجْتِماعِي السَّائد، والمُبادَرة إِلى اتِّهام الأَنْدادِ بِتَدبِيرهما وإِشْعال نِيرانِهما واستِغلال المُضاعَفات النَّاجِمة عَنهُما لِصُنع مَوجاتٍ مُتوالِيَة مِن السُّخط العامّ المُضادّ لِقُوى الخِلاف الدِّينِي والمَذْهَبِي المُعارِض ولِأَطراف المُعارَضَة السِّياسِيَّة كُلَّما اشْتَدّ ساعِدُها.

استطاع هذا اللَّون البائس مِن الانْتِماء المذهَبِي أَنْ يُحقِّق التَّفوّق في النُّفوذ والانْتِشار، والانْفِراد بِـ(اتِّجاه أَهْل العامَّة) الَّذي أَسَّسهُ الخَلِيفة الأَوَّل لِلتَّعويض عن شُعورِ الخُلفاء بِعُقدة النَّقص في النَّسَب والحَسَب بَين قبائل العَرب العَريقة وتَجاوُز عُقدَة المَقام الوَضِيع لِلأَحْياء الَّتي نَشأوا فيها وتَرعَرعوا ـ فَرَكبَ ظَهرَه وحَلَب مِن ضَرعِهِ، واستَغلَّ اسمَهُ وقاعِدَته الاجتماعِيَّة، وسَخَّر أَغلَبِيَّته العَددِيَّة السَّاحِقَة الموصُوفَة بِـ(أَهْل السُّنَّةِ) لِنُصرة مَنافِعِ أَئمَّته، والمُحافَظة على امتيازاتِ رُواتِهِ ووُعَّاظِه وأَتْباعِهِ المُوالِين في بِلاد المُسلِمِين.

إِنَّه انْتِماءٌ شَدِيد القُوَّة في الظَّاهِر وأَجْوفُ هَشٌّ فارِغُ الفكر في العُمق إِنْ شِئنا نِسبَتَه إِلى عَقِيدَة الدِّين الإِسْلامي وشَريعَتِه وأَخْلاقِهِ.. هو انْتماءٌ طُفَيلِيٌّ مأسورٌ لِبيئةٍ سياسِيَّة مُضْطَرِبَة ما زالَتْ تُفرِّق بَينَ هُوِيَّتِه الثَّقافِيَّة وما يُمَيِّز سائر المُسلِمِين، فلا يَقوى على:

ـ التَّعايُشِ مع النَّصّ الَّذي تَعبَّد بِه وأَسَّس عليه بُنيانَه، ولا يَقوى على التَّفاعُل مَع النَّصّ الَّذي تَعبَّد به نُظراؤه مِن (شِيعَة عَلِيّ) وانْفَردوا بِه وأَسَّسوا عليه حقًّا لا مُريَة فيه وحَقِيقَةً لا شَكّ فيها وبَراهِينَ لا جِدال فيها، وأَقاموا عليه مَوروثًا ثقافيًّا حَرَصوا على إِشْهاره في الوَسَط الإِسْلامي مِن غَير تَمييزٍ فِئويٍّ ولا فَصلٍ طائِفِيٍّ، وحَملوا شُعلَته وداروا بِها بين المَحافِل العِلْمِيَّة والثَّقافِيَّة المَحلِّيَّة والإقليمِيَّة والدُّولِيَّة يَطلبُون مِن ذَوِي الأَلْبَاب والعُقول الكَبِيرة مُلازَمَة العَدل والانْصاف والامْتِثال لِلحَقِّ والانْحِياز لِلحَقِيقة بِإزائه.

ـ ولا يَقوى على مُطارحةِ مَعنى (الإِمامَة) الرَّصِين المُتقدِّم السَّائد في دَوائر العِلم والمَعرفَةِ القَدِيمة منها والمُعاصِرَة مَهما كانَت طَبيعةُ الوَسِيلَة الَّتي يرتَكز عليها هذا الانْتِماء، وإِنَّما هو يحتَمِي بِحُصونٍ مِن الكَذِب والمُناورة ودروعٍ من المُوارَبة والمُماكَرة على طِبق مَفهوم (الخِلافَة) المُختَلق والمُشرّع بِـ(مَذْهَب الرَّأي)، ويُطلِق لِنَفسه الحقّ في احتِكار الإِمْرة والسُّلطة، ويَشدّ بِقَبضَتِه على مفاتِح السِّيادَة ويَستأثر بها ويَمنَعها عن غَيرِه، فلا سُنَّة صَحِيحَة يُفشِيها إِذا ما تَمكَّن، ولا ضَوابط تَعاقُدِيَّة يُلزِم نفسَه بها، ولا حُدود أَخلاقِيَّة يَتقَيَّد بها.

ـ ويَفتَقر هذا اللَّون مِن الانْتِماء إِلى الرَّؤيَة الحَكِيمة والمَسئولَة في مُراد مُعالجة الفَساد المُزمِن الدّائر في مُجتمعاتِه، وفي مُراد تَصْحِيح الانْحِراف الشّائع في مَورُوثِه الرِّوائي وسِيرَتِهِ التَّأريخيَّة وفي ثَقافَة أَجْياله. فهو انْتِماءٌ فاقدٌ لِمنَهج الاجْتِهاد الصَّحِيح ومُقيّدٌ بِـ(مَذْهَب الرَّأي) الَّذي يُلتَجأ إِليه لِلتَّعويض عن الجهل بِالدِّين وعَقائِدِهِ وشَرائِعِهِ وأَخْلاقِه.

ولَيس مِن خِيار مُتبقٍّي في جُعبَةِ أَئمَّة هذا الانْتِماء ووُعَّاظِه يُصون وُجُودَه إِلَّا المَزيد مِن العِناد والتَّضلِيل والإِصْرارِ على اجْتِرار الزَّيفِ والافْتِراء.

إِنَّ لَيَّ عُنقِ الحَقّ وطَمْس الحَقِيقَة في مُتعلّق العَقائد والشَّرائع والنُّظم الأَخلاقِيَّة، أَو تَزوِيرَ الحقّ والحَقِيقَة وإِخْفاء معالم أُصُولهما بِالقُوَّة، أَو مُمارسَةَ المَكر لِصِيانة

مَنظومَةِ هذا الانْتِماء ودوام الإبقاء على تَحالُفاتِه، أَو اعتِماد الخَديعة لِتَعزيز هَيمنَتِه على مَراكِز القَرار الرَّسْمي ـ لَيْس بِوُسعِه تَحقِيق الفَوز على الآخر المُختلِف مَذهبِيًّا أَو المتَفوّق سِياسيًّا، وأَنْ لا مَفرّ ولا مُستقرّ إِلَّا بِالامْتِثال لِمفهوم (الإِمامَة) ومعناه الَّذي أَوصى النَّبِيُّ صَلَّى الله عليه وآله على اتِّباعِهِ مِن بَعدِ رَحِيلِه وأَمَرَ بِتَسلِيم مَقالِيد الأُمور له والاجتِهاد في طاعَتِه.

إِنَّ نَقضَ الصَّحابَة المُنافِقين لِبَيعة الغَدِير وما ارتَكَبُوه مِن وَقيعةٍ وإِقصاء سافِرين لِحَقِّ عَلِيٍّ أَمِير المؤمنين صَلواتُ الله وسَلامُه عليه أَثبَتَت على مَدى القُرون الأَربَعة عَشر المنصَرِمَة أَنَّ فساد النِّظام السِّياسِي والاجتماعي وتَفشِّي الفُرقة وتَوسُّع الحُروب الدَّاخِلِيَّة واستِمرارها في أُمَّةِ المُسلِمِين والضَّعف أَمام أَطماع القُوى العُظْمى وسَردِيَّاتها الفِكريَّة الكبرى ـ كلُّها ناجِمَة عن طَمَع كُبراء الصَّحابة في الإمْرَة والرِّئاسة والسُّلطان، وعن سَعيهم الحَثِيث لِلتَّعويض عن عُقدة الشُّعور بِالنَّقْص الذَّاتي في النَّسَب والحَسَب إِذْ كانوا مِن أَذَلِّ الأَذِلّاء وأَرْذَلِ الأَراذِل في النِّظام القَبلي السَّائد في مكّة. فَلا هُم مِن الرَّاغِبِين في الانْقِلاب على الإِسْلام مِن أَجْل العودَة إِلى جاهِلِيَّة مُجتَمع مَكَّة الَّذي ما زال يَستَخِّف نَسبَهم ويُستَخِّف حَسَبهم، ولا هُم مِن الرَّاغِبِين في الانْقلاب على الإِسْلام الأَصِيل الَّذي يَكفُرون بِعقائِده ويَجهلُون شَرائعَهُ وينبذُون أَخلاقَه ونَظْمَ أَمْرِه لِيُقِيموا البَدِيل المُناسِب إِذْ لَيسُوا مُؤهَّلِين بِما يَكفِي لِتَحقِيق مَقاصِد كِلا اللَّونَين مِن الانْقِلاب، فاخْتَاروا لَونًا ثالِثًا مِن الانْقِلاب أَورَث في المُسلِمِين (مَذْهَب الرَّأي) الَّذي أَسقَط شَرط حِيازَة خَلِيفَتهم لِلعِلْم بِالثَّقلَين والتَّمَسّك بهما، وأَدخلَهُم في نَفَق مَلَكِيَّة (هِرَقْلِيّة/ قَيصَرِيَّة) مُستَبِدّة مُغامِرَة ما زالت تُفَرِّط بِدِماء أَجيال مُتعاقِبَة مِن المُسلِمِين وتَسفِكها رَخِيصَة لِخِدْمَة تِيجان المُلك وتُنفِّس عن الأَحْقاد الجاهِلِيَّة المُحتَقَنة بِما اصْطُلِحَ عليه بـ(الكَراهِيَّة الاجْتِماعِيَّة) أَو (الفَصْل الطَّائِفي).

وفي غَمْرة الانْقِلاب على الأعقاب ونَشْوتِه، وفي وَسَط جَمعٍ مِن أَئمَّته، اختَصرَت فاطِمة الزَّهراء صَلواتُ الله وسَلامُه عليها الطَّرِيق لِمعرفة هُوِيَّة المُنقلِبين ومُرِيدِيهم مِن المُهاجِرين والأَنْصار، وكَشفَت في خطبتها الشَّهيرة خَطَر ما أَقدَموا عَليه وقالَت في

جانبٍ مِن كَلِمَتها: (وَطَاعَتُنَا نِظَامًا لِلمِلَّةِ وإِمَامَتُنَا أَمَانًا مِن الفُرْقَةِ).

فلم تَكُن عَقِيدة البارِي عَزَّ وَجَلّ وشَريعتُه في المُسلِمين عامِلَين على تكرِيس الفُرقَةِ والانْقِسام، بِل جاءا لِيُعبِّدان الطَّريق لِهداية الانسان وتَوحِيد مَصيره وإِيصالِه إِلى حالٍ مِن التَّماسك الخالي مِن أَسباب التَّشَرذُمِ والمُجرّد مِن دوافع الانْفِصام والضَّياع في أُمَّةٍ قائمةٍ على قِيمة التَّقوى بوَصْفِها المَبدأ المُمَيِّز والمعيار الإِنْسانِي بَين البَشر.

وقد ورَد في الآيَة الكَريمَة [إِنَّ هَذِهِ أُمَّتُكُمْ أُمَّةً وَاحِدَةً وَأَنَا رَبُّكُمْ فَاعْبُدُونِ][1]، وجاء أَيضًا [يَا أَيُّهَا النَّاسُ إِنَّا خَلَقْنَاكُم مِن ذَكَرٍ وَأُنثَى وَجَعَلْنَاكُمْ شُعُوباً وَقَبَائِلَ لِتَعَارَفُوا إِنَّ أَكْرَمَكُمْ عِندَ الله أَتْقَاكُمْ إِنَّ الله عَلِيمٌ خَبِيرٌ][2].

فإِنْ كان واقِعُ الحال المُعاصِر يَشي بِتَفاقُمِ الانْقِسام في الأُمَّة وبِتَشعُّب المُجتَمع إِلى اتّجاهات وانْتِماءات ومَذاهِب وفِرَق وطَوائف مُتناحِرَة تَحمِل في أَحشاءِ ثَقافتِها عوامِلَ ضَياع الحقّ والتَّوتُّر الدَّائم؛ فإِنَّ مَرجع ذلك هو تَطوّر حوادث الانقلاب الَّتي استشْهد خِلالها الرَّسُول صَلَّى الله عليه وآله، وما تَشَكَّل في إِثْر ذلك مِن مُنعَطَفٍ خَطِير ناشِئٍ عن أَطماع قُوى النِّفاق والشَّك في الدِّين والارتِياب في الوَحْي وعَن ارْتِكاز شَوائب العصَبِيَّة الجاهِلِيَّة في قُلوب الصَّحابة وتَمكّنها مِن عُقولِهِم.

ذلك هو السِّرّ الدّافِع إِلى اقْتِراف جَريمَة الحِصار المَفروض على المَورُوث الرِّوائي وكَثرة الكَذّابة في الصَّحابة على النَّبِيّ صَلَّى الله عليه وآله. فلا عَجب أَنْ يَنقَلِبَ كُبراء الصَّحابة على الرَّسُول صَلَّى الله عليه وآله وقُرآنِه وسُنَّتِه وأَنْ يُقصى أَهْلُ بَيتِهِ صَلواتُ الله وسَلامُه عليهم عن مَراتِبِهم وتُنقَض بَيعةُ الغَدِير الَّتي بايَع الصَّحابَةُ وكُبراؤهم في حَضرَتِهِ صَلَّى الله عليه وآله وحَضرة صَاحِبَها ابن عَمِّه عَلِيّ أَمِير المُؤمنين صَلواتُ الله وسَلامُه عليه.

كان الانقلاب المُفاجِئ في المُسلِمين عند لحظة استِشْهاد الرَّسُول صَلَّى الله عليه

1 - الأنبياء 92

2 - الحجرات 13

وآله مُباشرةً وقُبَيل الانْتِهاء مِن مَراسِيم دَفْنِهِ ـ مِن أَهَمّ الدَّلائل وُجودِ تكتُّلات تَنتظِر فُرصَتها لاحْتِلال مَقامِ الإمرَة والرِّئاسة والسُّلطان، ومَحاور سِياسِيَّة مُتنافِرَة تَبتَغِي الفِتنَة مِن وراء سِتر نِفاقِها.

ومِن المُسَلّم بِه أَنَّ هذه التَّكتّلات والمحاور لم تُنَفِّذ انْقِلابها فجأةً وعند اللَّحظة العَصِيَّة الَّتي أُعلِنَ فيها عن رَحِيل الرَّسُول صَلَّى الله عليه وآله أَو مع طُروءِ مُتغيّراتٍ سِياسِيَّةٍ في المُسلِمين تَستَوجِب الإسْراع في تَحدِيدِ المَوقِف الرَّاهن فَحَسب، مِن قَبيل احتِمال وُقُوع الفِتْنَة وما أَشبَه ذلك، بَل هِي الجاهِليّةُ اليَقِظة ودافعُ الشُّعور بِالنَّقص في النَّسَب والحَسَب القَبَلِي حيثُ أَسَّسا لِلانْقلاب على الأَعقاب قَواعِدَه ورافقا خُطواتِه التَّنفيذِيَّة لَحظةً بِلَحظة مُنذُ أَنذَرَ الرَّسُول صَلَّى الله عليه وآله عَشِيرتَه الأَقرَبِين.

عندما فَشلَت الجاهِليَّةُ الأُولى في عَمَلِيّة اغتِيال النَّبِيّ صَلَّى اللهُ عليه وآله مِن خِلال ما أَتَمَّته مِن تَعاقُدٍ على (صَحِيفة مكَّة الأُولى) تَحيّن أَقطابُ التَّعاقد الفُرص وأَعدّوا العُدَّة لِتَنفِيذِ مُحاوَلةٍ أُخرى مُحكَمَة على قاعدةٍ مِن التَوافُق بين خَمسةٍ مِن الصَّحابة على صَحِيفَةٍ أُخرى، ولم يَفتُر أَقْطاب هذه الصَّحِيفَة حتَّى أَنجزوا انْقلابهم في الأَيَّام الثَّلاثَة الأَخِيرة مِن حياة الرَّسُول صَلَّى الله عليه وآله.

أَصبَح مَفهومُ (الإمامَةِ) هو المَستهدَف الأَوّل على سِلَّم أَولَوِيّات (صَحِيفَة مَكَّة الثَّانِيَة)، لَيْس خَشْيَةً مِن انْفِلات التَّوازنات الاجْتِماعيَّة القَائمَة واحتِمال تَدخُّلِ بعض أَطرافِها في الضِّدّ مِن المُنقَلِبين، وإِنَّما كانت خَشيةُ المُنقلِبين شَدِيدةً مِمّا يَعدّه مصداق الإِمامَة عَلِيّ أَمِير المؤمنين صَلواتُ الله وسَلامُه عَليه ويضمرُه لِرَدعِهم. فَلم يَستقرّ لهم جِفنٌ ولم يَهدَأ لهم بالٌ حتَّى تَيقَّنوا أَنَّ عَليًّا أَمير المؤمنين صَلواتُ الله وسَلامُه عليه على عِلْمٍ تَفصِيليٍّ بِما أَقدموا عليه مِن قَبْل أَنْ يَنقَلِبوا على الأَعقْاب ولو شَاء لأَبطَلَ ما هُم مُقدِمُون عليه وهو القادِرُ على ذلك، ولكِنَّهُ مُلزَمٌ بِوَصِيَّةٍ مِن أَخِيه الرَّسُول صَلَّى الله عليه وآله، وأَنَّ الخالق عَزَّ وَجَلّ غَير غافِلٍ عمّا يَعمل الظَّالمون وإِنّما يَستَدرِجهم ويَمُدُّ في طُغيانِهم حتَّى يَمِيز الخَبِيث مِن الطَّيب.

ومِن المُسلَّم به أَنَّ النَّبيَّ صَلَّى الله عليه وآله لم يَرحَل عن دار الدُّنيا إلَّا مِن بَعد ما أَنْجز وَظيفته وبَلَّغ رسالَتَه لِلمُسلِمِين وأَبَانَ لهم الصِّراطَ المُستَقِيم وسَبِيل النَّجاة وطَرِيق الحَقّ، كما كَشَف لَهُم بَعضًا مِن صُور المُستقْبَل وما تُخفِيه الأَيَّام لِأُمَّتِه، وتَرك فِيهم مَن يَعلم بِما هو أَدقّ في تَفاصِيل هذه الصُّور، وأَكَّد لهم على وُجوب التَّمسُّك بِالقُرآن الكَرِيم والثَّقلِ الآخَرِ أَهَل بَيتِه صَلواتُ الله وسَلامُه عَليهِم ففِيهِما نَجاتُهم.

فإِنْ جَحَدَ مُجتمعُ الصَّحابَة والتَّابِعِين وتابِعِي التَّابعين والمُرِيدِين وكَذَّبوا حَقِيقة وُقوع الانْقلاب وما نَجمَ عنه مِن اغتيالٍ لِلرَّسُول صَلَّى الله عليه وآله واقتِحامٍ سافِرٍ لبَيت عَلِيٍّ أَمِير المؤمِنين صَلواتُ الله وسَلامُه عليه واعتداءٍ مُباشِرٍ على فاطِمَة الزَّهراء صَلواتُ الله وسَلامُه عليها وقَتلها، ونَفوا وُقوعَ عَددٍ مِن المحاولات لاغْتِيال عَلِيٍّ أَمير المؤمنين وأَبنائه مِن الأَئمَّة الطَّاهِرين صَلواتُ الله وسَلامُه عليهم ـ فإِنَّما فَعلوا ذلك بُغْية إِضْفاء مِسْحةٍ مِن القَداسة على كُبراء الصَّحابة المُنقلِبين، وتَنزِيهِهم مِمّا أَحدثوا بِالقَول بِأَنَّ سَفك دِماء الصَّحابَة المُقدَّسِين المُبَشَّرِين بِالجَنَّة بِأَيدي الصَّحابَة المُقدَّسِين المُبَشَّرين بِالجَنَّة صانَ اللهُ الأَيدِي مِن مُلابَستِها فوَجَب صَون اللِّسان عن الخَوضِ فيها!

إِنَّ مُثقَّفِي المَذاهِب والفِرَق والطَّوائف في الإِسْلام هُم اليَوم أَقدَر النَّاس على الانْطلاق مِن قاعِدَةٍ عِلمِيَّةٍ حديثة راسِخَةٍ لِقَراءةِ حَقائق السَّردِيَّة التَّأرِيخِيَّة الحَقِيقيَّة لِلإِسْلام وتَشخِيص المَعاني الوارِدَة في نُصوص مَصادِر المَعرِفة عند المُسلمين بِدِقَّة عالِيَة، وهُم ـ مِن دُون شَكّ ـ أَحرَصُ النَّاس على مُعالَجَة التَّحدِّيات المتوقَّعة إِنْ قُيِّض لهذه القراءة أَنْ تكون صادِقَةً جادَّةً، كما أَنَّهم أَحْرَص النَّاس على السَّعي الجاد في إِنتاج المَفاهِيم المُناسِبَة لِإِعادة بِناء وَحدة الأُمَّة ونَبذِ المَفاهِيم السَّلبِيَّة الَّتي كَرَّسَها في رَوع الأُمَّة أَوَّلُ إِنْقلاب وَقَع في التَّأرِيخ الإِسْلامي.

لكِنَّ ذلك لَيس بِالعَمل السَّهل اليَسِير، وإِنَّما يَتطَلَّب هذا العَمل المَسئول مَوقِفًا صَلبًا أَمِينًا صادِقًا شجاعًا يَنطلق مِن قِيمة التَّقوى ومَبدأ إِثارة العُقول بِتَجرُّد، والتَّواضُع لِلمَعرِفَة وقُبُول الحَقّ وتَقَبّل الحقِيقَة واتِّخاذ المَوقِف العادل الجَريء المُناسِب.

فَفِي سَردِيَّة التَّأريخ الإسْلامي المُدَوّن كَثِيرٌ مِن الصَّفحات القَاتِمة وكثيرٌ مِن المَساراتِ المُظلِمَة والأنْسَاق المُنحَرِفَة والضَّالَة، وإلى جانِبها بَعضُ مِن الصَّفحات المُشرِقَة والمسَارات المُضِيئة والأنساق المُستَقِيمَة. وكُلّها تَتطلَّب مِن فئة المُثقَّفِين الجادِّين البَاحِثِين عن الحقّ والحَقِيقَةِ والرّاجِين في حاكمِيَّة عَقيدةٍ نَقيَّةٍ وشَريعةٍ صالحةٍ وأَخلاقٍ سَليمَةٍ ـ الاعتِراف بِما ضَمَّته هذه السَّردِيَّة التَّأرِيخيَّة مِمّا يُنزل السَّكينة على النُّفوس ويُطَمِئن الصُّدور فيُعتَمد ويُرفَع مِن شَأنِه لِبناء مُستَقبل أُمَّةٍ قَويَّةٍ، ومِمَّا يَبعَث على الشَّكِّ والرِّيبَة ويُؤسَف لِوُقوعِه على أَيدي كُبراء الصَّحابَة مِن المُنافِقِين فيُنبَذ ويُذَمّ ويُوضَع.

ولَعلَّ ما يَدعو فئة المُثَقَّفين في الزَّمن المُعاصر إلى تَقَصِّي الحقّ والحَقِيقَة ويُحفِّز على البَحث عنهما في سِيرَة الماضِين مِن بَعد الاعتِراف بِوجود الانْحِراف في المَسار والنَّسَق بناءً على نَتائج القَراءة المَوضُوعِيَّة الصَّادِقَة والمَسئولَة لِلواقِع المُعاش ـ هو رَصْدُ الآثَار السَّلبِيَّة الخَطِيرة النَّاجِمَة عن هذا الانْحراف وسِيرة الضَّلال وما أَسفَر عن كُلّ ذلك مِن فُرْقَةٍ مُنهِكَةٍ لِمُجتَمعات المُسلِمين ومُستَنْزِفَةٍ لِطاقاتها الفِكرِيَّة والعَمَلِيَّة بِلا حُدود ولا ضَوابِط.

فالمُنْقَلِبون الخَمسَة مِن الصَّحابة وَظَّفوا كُلَّ التَّحالُفات السِّياسِيَّة والاعتِبارات القَبَلِيَّة والعَصبِيَّات العَشائرِيَّة لمنع كِتابة وَصِيَّة الرَّسول صَلَّى الله عليه وآله في الإمام الخَلَف ومَهامِّه مِن بَعدِ رحيل الرَّسُول صَلَّى الله عليه وآله لِيَتَسنّى لهم تَأوِيل خِطاب يَوم الغَدير بما يَشتَهُون ونَقض بَيعَتِه على هَواهم وتَعطِيل نفاذ كُلّ ما يُشير إلى مَفهُوم (الإمامة) وحتَّى يَكون لَهُم في الأمر فُسحةٌ لِتَروِيج مَفهوم (الخِلافَة) البَديل.

هاتان المُهِمَّتان أَدَّتا إلى ولادة السُّنَن الخاطِئة بِتَحفِيزٍ مِن (مَذْهَب الرَّأي) وزَجْرٍ بِحَدِّ السَّيف ورَهْبَةٍ بِضَغط السِّيادة، فدُفِّع المُسلِمُون بِإزائهما ثَمَنًا باهِظًا ممَّا سُلِّطوا عليه مِن أَمْنٍ في الأَوطان وسَكِينةٍ في الأَنفسِ وسَلامةٍ في الدِّين وفي الأَهْلِ والأَولاد والأَموال.

وعلى الرَّغْم مِن وُضُوح الحَقِّ والحَقِيقَة والعِلْمِ التَّفصِيلي بِهما لِلقاصِي والدَّاني مِن غَير كُلفَةِ بَحثٍ وتَنقِيب في عالم مُعاصِر مُنفَتِح ومُترابط اجتِماعيًّا ومُتجانس ثَقافِيًّا ومُتَطوّر تِقنِيًّا؛ إلَّا أَنَّ المؤثِّرات السِّياسِيَّة الطَّارِدَة عن الرَّغْبَةِ في الامْتِثال لِلحَقِّ والصَّارِفَة عن كَشْف الحَقِيقة ظلَّت هي الحاكِم والسَّائد والمانِع.. حاكِمَة بـ(مَذْهَب الرَّأي) الَّذي صار في الخُلفاء الثَّلاثَة مَصدرًا وَحِيدًا مُهيمِنًا على ما خَلَّفوا مِن اتِّجاه عريض ورثه أَهْلُ السُّنَّة والجَماعة وأُريد لَه أَنْ يَكون في ظَرفِنا الرَّاهن الجامِع لِأَتْباع المَذاهِب والفِرق المُنضوِيَة تَحت لِواء (اتِّجاه أَهْل العامَّة) التَّأريخي حصرًا ولكِن بِنكهةٍ سَلفِيَّةٍ عَنيفةِ المَوقِف دِثارُها المال والسِّلاح وعمادُها النُّفوذ الدُّولي وسَندُها التَّبعِيَّة لِلقُوى العُظمى.

لقد تَصدَّرَت الأَهواءُ السِّياسيَّةُ والأَطماع في الإمْرة والرِّئاسة مَسارَ (اتِّجاه أَهْل العامَّة) الاجْتِماعِي ونَسَقَهُ الثَّقافِي بِما ضَمَّ مِن المَذاهِب والفِرق المُتبايِنَة في العَقائد والشَّرائع والأَخْلاق، فأَفقَدَت حَياة الأَجيال المتَعاقِبَة مَعناها الرَّصِين المُستَقِرّ وعبَثَت في مَصائرها وشَوَّهَت سِيرتها الاجتِماعِيَّة. وظَل الفِكر المَذهَبِيّ والفُرَقِي ذُي النَّكهة المُسَيَّسة هو المُحرِّض على التَّميِيز الطَّائفي والمنتِج لِمفاهيم الفَصل الاجْتماعِي والمُولِّد لِطَبائع الاستِبداد. فاستحال تَقلِيدُ المَذهَب واتِّباع أَثَر الفِرقَة لدى كُلِّ فَردٍ مِن أَتْباع (اتِّجاه أَهْل العامَّة) إلى انتِماء حادٍّ مُطلَقٍ لما يِصفه بِالحَقِّ المَصُون في احْتِكار السُّلطة ومُقدّراتها، وفي فَرضِ عُقوبَة الفَصل الطَّائفي على مُجتَمعات المُسلِمِين، وفي رَدعِ النُّظراء والشُّركاء أَو المُنافِسِين على السِّيادة، وفي دَحر الخُصُوم وقَتلهم غِيلة، والاستِعانة بِقُوة الفِريَة والنَّمِيمَّة والبُهتان والفُسُوق والعِصيان بِلا حِساب عَقدِي مانِع وبِلا ضَوابِط شَرعِيَّة وأُخلاقِيَّة رادِعَة ولا مَعايِير إنسانِيَّة ناهِيَة.

لَيْس مِن شَكٍّ في أَنَّ التَّعَصّبَ الأَعْمَى بِنكهَتِهِ السِّياسِيَّة الصَّارفة عن وَظِيفة البَحث عن الحَقّ والحقِيقَة والامْتِثال لهما قد استَفحَل حتَّى تَقلَّصَت قِيَمُ الدِّين وتَلاشَى دَور الثَّقلَين واستُبدِلا بالانْتِماء السِّياسِي الحادّ لِلمَذاهِب الأَربعة عِوضًا عن التَّقلِيد، واستَبدَّت السِّياسَةُ فاستَبعَدَت الكَثِيرَ مِن المَذاهِب والفِرق الأُخْرى وحُورِب أَتْباعُها وأُرغِموا

على البَراءة منها وصُفّي أئمَّتُها ووُعّاظُها حيث لا تَقل المَذاهِبُ والفِرق المُستَبعدَة والمُستَثناة عن المَذاهِب الأَربعة شَأنًا في العِلْم وكَفاءةً في مَجال الاختِصاص.. إنَّها ضَرُورات السِّياسَة ومُتطلَّبات السِّيادَة ورَغَبات الخَلِيفة الحاكِم الَّتي استَوجَبت اصْطِناع التَّوازن في مُجتَمع (اتِّجاه أَهْل العامَّة) السَّقِيم بِأَمراض الشَّكّ والارْتِياب الدّائم في العَقِيدة والخاضِع المُستَسلِم لِذَوي القُوة والبَأس الشَّدِيدين المُتَغلِّب بِقُوّة السَّيف. فإنْ اقتَضَت سِيادةُ الحاكِم اختِراق ما سُمّي بِـ(مَذهَبِ أَهل السُّنَّةِ والجَماعَة) وتَأليب بَعض مَذاهِبه وفِرَقِهِ على البَعضِ الآخر؛ كان لَه ذلك ومِن أَهلِ العامَّة السَّمع والطَّاعة. وإنْ اقْتَضَت اجْتِماع المَذاهِب والفِرق كلّها على مشروع تَقويض أَركان التَّشَيُّع ودَحرِ وُجودِ الشِّيعَة؛ كان له ذلك أَيضًا ومِن أَهْل العامَّة السَّمعُ والطَّاعة!

ولَيس مِن شَكٍّ في أَنَّ الأَنظِمَة السِّياسِيَّة المُستَبِدَّة تَبايَنَت في الرُّؤية إزاء وُجود المَذاهِب الأَربَعة وفِرقَة السَّلَفِيَّة فتَبَنَّت بعضها مرَّة وتَخلَّت عن البَعض الآخَر وعاقَبَت أَئمَّتَها ووُعَّاظَها وأَتباعَها مِمَّن حَلَّ عليه الغَضبُ والسُّخط بِحَسب مُتطَلَّبات السِّيادة. وعَمدت إِلى المَذهَب الَّذي ضَمن لها شَرعِيَّةَ الإِمْرة وإِطْلاق الوَسائل مِن دُون دَورٍ رقابِيّ أَو تَحذِيري أَو رَدْعِيّ فتَبَنَّته وروَّجَته وأَقصَت الأُخرى أَو كافَحتها وحَدَّت مِن انْتِشارها إِلى حِين، ولَم تَنس أَنْ تَضع المَذهب المُختَار في مَوقِفِ النِّدّ لِلتَّشَيُّع مُطلقًا.

تَبادَل أَتْباعُ (اتِّجاه أَهْل العامّة) وأَئمَّةُ ووُعّاظُ مَذاهِبه وفِرَقِهِ الشُّعورَ بِالخَوفِ مِن اتِّساع رُقعَةِ التَّشَيُّع الَّذي استَقَلّ عن قيود الدَّولة والمؤثِّرات السِّياسِيَّة والرَّسْمِيَّة المُستَبِدّة وتَفرَّغَ لِتَنمِيَة ثَقافَة مُجتَمعاتِهِ على المودَّة لِأَهْلِ البَيت صَلواتُ الله وسَلامُه عَليهِم والبَراءة مِن أَعدائهم ولِتَعزِيز وُجودِه العِلْمِي.

لقد اجتَهدَ الشِّيعَةُ في إِيضاح الحَقّ والحَقِيقَة التَّامّة في النَّاس جميعًا مِن غير فَصلٍ ولا تَمييزٍ ولا إِكْراه، وسَعوا في كَشَف الأَسْباب الكامِنَة وراء مَوقِفه مِن ظاهِرَة نُشوء المذاهب والفِرق وتَعدُّدها في (اتِّجاه أَهْل العامَّة)، واستَند في ذلك إِلى قُوَّة الحُجَّة في التَّعاطِي مع الانعِكاسَات السَّلْبِيَّة الصّادِرَة عن أَتْباع (مَذْهَبِ الرَّأي) وإِلى دَحضِ

الافتِراءات الصَّادِرة عن مُعتَنِقيه مِن الأَئمَّةِ والوُعّاظِ ومن مُتَبنِّيه مِن أَنْظِمَة الفَصْل الطَّائفي والاسْتِبداد السِّياسِي الدِّينِي.

وإذا ما رَجعنا فِي جَولةٍ مُوجَزةٍ فاحِصَةٍ ومُختزَلَةٍ إلى أَثَر البُعد التَّاريخي لِلإسْلام وسِيرَتِهِ على الواقِع المُعاصر وفق القَراءة الَّتي سَطَّرها كِتابنا هذا المُعنْون بِاسم (مات إلهُ الغَرابِيب) سَنَجِد تَفاعلًا بين أَلوانٍ وأَشكالٍ مِن الاتِّجاهات والطَّوائف والمَذاهِب والفِرَق حيث نَتمَكَّن مِن تَحدِيدِها في الإِطُر العامَّة التَّالية:

ـ (التَّشَيُّع الإمامِي) الَّذي ظَهر في مُجتمع مكَّة مُنذ اليَوم الَّذي أَنذَرَ النَّبِيُّ صَلَّى الله عليه وآله فيه عَشِيرتَه الأَقرَبين. وقَد رعاه النَّبِيُّ صَلَّى الله عليه وآله في المَدينة وقادَه عَلِيٌّ أَمير المؤمنين صَلواتُ الله وسَلامُه عليه، واجتاز الإِمامان الحَسَنُ والحُسَين صَلواتُ الله وسَلامُه عليهما بهذا التَّشَيُّع مِحنَةَ التَّأويل حتَّى قُتِلا في مَرحلةٍ لاحِقَةٍ لاغْتِيال والدِهِما في مَسجد الكُوفة وقُتِل معهما الكَثِيرُ مِن الصَّحابة الأَبرار (شِيعة عَلِيّ)، ولم يَبق أَحدٌ مِن الشِّيعَة لِنُصرَةِ الأَئمَّة صَلواتُ الله وسَلامُه عليهم إلَّا فئة قَلِيلة مِن البُيوت.

ومنذ دُخول التَّشَيُّع عَهد الأَئمَّة السَّجاد والبَاقِر والصَّادِق صَلواتُ الله وسَلامُه عليهم تَطوَّر وُجودُه مَعنًا وعَددًا بِشكلٍ لافِتٍ فَصار اتِّجاهًا واسِعًا مُتميّزًا بِمَنهجٍ روائيٍّ وفِقهِيٍّ خاصّ واجْتاز بِرعايَةٍ مِن الإمامَين صَلواتُ الله وسَلامُه عليهما وبِتَفوّقٍ منه أَجْواءً (ثَورِيَّةً) عارِمَةً تَبغِي القصاص والثَّأر لِدِماء الحُسَين صَلوات الله وسَلامُه عليه وأَهلِ بَيتِهِ وأَصحابِهِ الَّتي سُفِكَت في كربلاء.

وحِينها لم يَنفع (اتِّجاه أَهْل العامَّة) النَّسَق الَّذي ابتغاه له مُؤسِّسُوه، فخَذَلتُه الدُّولُ المُتعاقِبَة ووَظَّفته في أَداء مُهمَّتَين أَساسِيَّتين: تَعزيز سِيادَةِ الحاكِم الفاسِق الفَاجِر المُتهتِّك على كُلِّ المَذاهِب والفِرَق والقُوى الاجْتِماعِيَّة الأُخرى، وإِنْهاء الوُجُود الشِّيعي والقَضاء عليه أَو الحدِّ مِن نَشاطِه.

وفي أَحْوالٍ نادِرَة اعتمدَت بَعض الدَّول الإِسْلامِيَّة (العَلمانِيّة) على شَكلٍ مِن

أَشكال التَّوازن السِّياسِي بين الوُجودَين: (اتِّجاه أَهْل العامَّة) بِمَذاهِبِهِ وفِرقِهِ و(التَّشَيُّع) وبِما نُسِب إِليه مِن فِرَق.

في البَيت الشِّيعِي جَرت عِدَّة مُحاولات سِياسِيَّة مُعاصِرَة لِلتَّمرُّد على أَصالَة التَّشَيُّع والخُروج على سَردِيَّته التَّأريخيَّة يَأسًا مِن قُدرة التَّشَيُّع على تَأسِيس دَولةٍ مُستَقلَّةٍ والخَلاص مِن اسْتِبداد دُول (اتِّجاه أَهْل العامّة) وتَبَعِيَّتِها لِلدُّول العظمى، أَو يَأسًا مِن استِجابَة عَقيدة التَّشَيُّع لِضَرُورات الوَاقِع ومُقْتَضياتِهِ، أَو يأسًا مِن قدرة التَّشَيُّع على التَّفاعُل الواقِعي مع ظاهِرَة انِدماج المَذاهِب والفِرق في إِطارٍ جامِعٍ يُقرِّر لها مَصيرها، أَو يأسًا مِن القدرة على إِيجاد حَلٍّ دائمٍ لِلمُشكِلات الاجتماعِيَّة النَّاجمة عن الفَصل المَذهِبِي المُضاد لِلوُجُود الشِّيعي أَو كُلَّما عَمَّ الفَصْلُ الطَّائفي وأَدَّى إِلى وُقُوع خَسائرٍ مادِيَّةٍ ومَعنوِيَّة فادِحَة في صُفوف الأَجْيال الشِّيعِيَّة.

وسُجِّلَ مِن بَين هذه المُحاوَلات المُعاصِرة اليائسة ما أَقدَم عليه رَهطٌ مِن مَرجِعيَّات الشِّيعَة مِن تَطعِيمٍ مُستحدَث لِعَقيدة التَّشَيُّع بِقِيمٍ مِن (التَّصوُّف الفَلسَفِي) وتَسمِيتها بِـ(العِرفان الشِّيعِي) حيث أَنَّ التَّصوُّف لِوَحدِه لا يَمتَلِك القابِلِيَّة لِلتَّصالح مع المَذاهِب والفِرق ـ على حَسب هذا المُدّعى ـ فإِنْ أُدخِلَت الفَلسَفَةُ على التَّصوُّف واندكَّت فيه فإِنَّ النَّاتج النَّاجِم عنهما المُسمّى بِـ(التَّصوّف الفَلسَفِي) أَو (العِرفان) سَيدفع بِالتَّشَيُّع إِلى التَّالي:

ـ إِلى الاعتِدال في المَوقِف إِزاء مَفهوم وَحدَة المَذاهِب والفِرق.

ـ والامْتِناعِ عن التَّخَلّي عن فِكرة الانْدماج مع المَذاهِب والفِرق في كُلِّ الظُّروف.

ـ والسَّعي الجادِّ والدّائم إِلى مُشاركة (اتِّجاه أَهْل العامَّة) آماله والتَّمهيد لِلدُّخول مَعه في إِطار (أَهْل السُّنّة والجَماعة).

ـ والتَّحوُّل إِلى فكِرة مُجرَّدة مِن القدوة العُليا والصَّارِمَة غَير المَرِنَة في الرُّؤية، ومُتَملِّصَة مِن مَعنى الآية الكَريمة [أُوْلئِكَ الَّذِينَ هَدَى الله فَبِهُدَاهُمُ اقْتَدِهْ، قُلْ لا أَسْـأَلُكُمْ

عَلَيۡهِ أَجۡرًاۖ إِنۡ هُوَ إِلَّا ذِكۡرَىٰ لِلۡعَٰلَمِينَ][1]. فتكون المَودَّةُ لِأَهْلِ البَيت صَلوات الله وسَلامُه عَليهم ـ وفق هذه الفِكرة ـ مُقيَّدةً بِأَحْكام الواقع وضَرُوراتِه ولَيْس بِقِيَمِهِ ومَبادِئه الثَّابتة.

إِنَّها مُحاولةٌ مُعاصِرَةٌ تَمِيل كُلّ المَيل إلى تَأسِيس دَولَةٍ مُوحِّدةٍ جامِعَةٍ لِلطَّوائف والمَذاهِب والفِرق على قَواعِدِ مِن فِكري كلٌّ مِن :

ـ ابنِ عَربِي ذِي المَذهَب (المالِكِي) وصاحِب نَظرِيَّة (وَحدَة الوُجود والمَوجُود) الَّتي تُجرِّد الإنسان مِن انْسانِيَّتِه وتدمجه في الإله (الحَقّ) فيَكون الإنْسان والإله هُو هُو، ومَن أثبتَ شَيئًا سواه فَقَد أَشرَك بِه وأَنَّ الله هو عَينُ الوُجُود.. وقال في ذلك:

(ممن تَفِرُّ وما في الكَونِ إلّا هُو   وهَلْ يَجوز عليه هُو أو ما هو؟!

إِنْ قلتَ هُو فشُهودُ العَينِ تَنكره   أَو قُلتَ ما هُو فما هُو لَيْس إلّا هو

فلا تَفِرّ ولا تَركُن إلى طَلبٍ   فكلُّ شَيءٍ تَراه ذلك الله)[2].

و(فَسُبحان مَن أَظهرَ الأَشياء وهُو عَينُها)[3] و(وقد ثَبتَ عند المُحقِّقين أَنَّه ما في الوُجود إِلَّا الله، ونَحنُ وإِنْ كنَّا مَوجودِين فإِنَّما كان وُجودُنا بِه. فمَن كان وُجودُه بِغَيرِه فهو في حُكم العدَم)[4].

وصُنِّف ابنُ عَربِي في قائمة عُلماء أَهْلِ (التَّشَيُّع) عند بَعض المُحقِّقِين الشِّيعِة مِن أَهْلِ (العرفان) و(التَّصوف الفَلسَفِي) بعد أَنْ تَخلّى عنه بِعضُ أَطرافِ الفِكْر في (اتَّجاه أَهْل العامَّة) القَدِيم وتَخلَّت عنه أُطرُه الحَدِيثة لِصريح كُفره، ونَفوا قَولَه بِـ(وَحدَةِ الوُجُود والمَوجُود) في كِتابَيهِ (الفُتوحات المَكِّيّة و(فُصوص الحِكَم)، وقالوا أَنَّ جُلَّ ما وَردَ مِن نُصوصٍ في هذا القَول فهُو مِمّا دَسَّه أَعداءُ التَّشيُّع، وذلك لما لِلكِتابَين مِن عَظِيم الأَثَر على عَقِيدة المَلايين مِن الأَشعَرِيَّة الَّتي نَفَى ابنُ عَرَبِي نَفسُه وتَلامِذتُه أَنْ يَكون مِن أَتْباعها.

1 - الأنعام 90

2 - ابن عربي، الفتوحات المكيّة 6٠2/ 2. التّصوف ، أبو العلا عفيفي 163

3 - المصدر السابق 604/ 2

4 - المصدر السابق 363/ 1

فيما يُؤكِّد باحِثُون آخرون مِن كِلا الفَريقَين (الشِّيعَة) و(الأشاعِرَة) أَنَّ ابن عَربِي اطَّلع قَبل عام مِن وَفاتِهِ على نِسخَةٍ مِن كتابِه (الفُتوحات المكِّيّة) المعتَمدَة في مَكتَبة قُونْيَه بِتُركِيا وتحقَّق مِن نَصِّها ثُمَّ صَدَّقها بِتَوقِيعِ خَطِ يَدِه، فلا وَضْعٌ في كُلِّ النِّسَخ المُتداولة ولا مِن تَزوِير. وهناك أَدلَّةٌ أُخرى نافِيَة لِلوَضْع والتَّزوير في النَّسَخ المُتَداولة، منها: أَنَّ ابنَ عَرَبِي نفسه أَلَّفَ مُلخَّصًا لِكِتابه (فُصُوصِ الحِكَم) وطُبع بِعُنوان (خُلاصَة الفُصُوص)، وأَنّ لِرَبيبِهِ (فَضْل الدِّين القَونوي) شرحٌ مُفصّل لِكِتاب الفُصوص بِعُنوان (فُكُوك النُّصوص في مستَنداتِ حِكَم الفُصُوص)، وهناك شُروح كَثِيرة لِلكِتابَين (فُصوص الحِكَم) و(الفُتوحات المكِّيّة) صادرة عن تَلامِذَة ابنِ عَرَبِي ومُرِيدِيهِ، كُلَّها تُؤكّد على تَطابُق كُلِّ نُصوص النِّسخ المَحفوظَة والمَطبُوعَة في قُونْيَه بِتُركيا وبِلاد شِمال أَفريقْيا وإِسبانْيا، كما دَلَّت على اعتِقاد ابنِ عَرَبي بِـ(وَحدَة الوُجودِ والمَوجُود) الكُفْريَّة ولا مِن تَدلِيس ولا وَضْع ولا دَسّ ولا تَزوِير في هذه المُؤلّفاتِ وفي سائر مُؤلَّفاتِه.

ـ ومُلّا صَدرا (الشِّيعِي الاثْني عَشَري) صاحِب كتاب (الحِكْمَة المُتعالِيَة) الَّذي جَمع في القَرن التَّاسِع الهِجْري بين مَنقول التَّشَيُّع وتَصَوُّف أَبي حامِد الغَزالِي ذِي المَذهَب الشَّافِعي، واشتُهِرَ بِعَقِيدة (وَحدَةِ الوُجود والمَوجُود) مِن خِلال ما نَصّ عليه بِقَولِه (بَسيط الحَقِيقَة كُلُّ الأَشْياء ولَيس بِشَيء مِنها)[1].

وكان مِن نِتاج عَمَلِيَّة الدَّمج بَين الفِكرين ظُهور مَدرَسَةٍ تَقول بِـ(الطَّرِيق إِلى الله بِعَدد أَنْفاسِ الخَلائق) وبِـ(مَن لا شَيخ لَهُ فشَيخُه الشَّيطان) فلا مُريد إِلَّا بِشَيخٍ يَصنَع مِنه إِنسانًا كامِلًا ويَنقلُه مِن عالَم الخَلقِ إِلى عالَم الحَقِّ بِنَسَقٍ تَربَوِيٍّ صاعِدٍ أَو بما يُطلَق عليه (قَوسَ الصُّعود)، وأَنَّ المَوتَ والحياة هِي (بَقاءٌ وفَناءٌ في ذاتِ الله)، وأَنَّ النُّبوَّةَ اختُتِمَت وبَقِيَ (الإِنْباء) المُباشِر لِلمُريد مِن الخالِق الَّذي يَتأَتّى بِنَسقٍ رِياضِيٍّ خاصٍّ تَحت رِعايَةٍ وإِشرافٍ مِن شَيخِهِ!

وقال أَهْلُ (العِرفان) في طَريقَتِهم أَنَّ فِكرَيّ (ابن عَربِي) و(مُلّا صَدرا) ارتكزا

1 - الحكمة المتعالية، صدر الدين الشيرازي 7/ 368

على دِين عَلِيٍّ أَمِير المُؤمنين صَلواتُ الله وسَلامُه عليه ودِين الحَسن البَصري، ولُطّفا ورُقّقا بِدِيوان (المَثنَوي) لِجلال الدِّين الرُّومي الحَنفِي المذهَب وبِـ(دِيوان حافِظ) لِحافظ الشِّيرازي الشَّافِعيّ المَذهَب وبِدِيوان (رُباعِيّات الخيّام) لعُمر الخَيّام الحَنفِيّ المَذهْب، واجتَمعا في دائرة ما سُمّي بِـ(العِرفان) بين ثَلاثةٍ مِن مَصادِر لِلمَعرِفَة هي: القُرآن (النَّصّ)، والبُرهان (الفَلسَفَة)، والشُّهود (الأَعَمّ مِن وَحي النُّبوَّة).

فجَعلَ (العِرفانُ) لِلتَّشيُّع ـ عند أَهْلِ العِرفان ـ ظاهرًا وباطِنًا هُما أَقرَبُ فكرًا مِن نَسَق الإِسْماعِيلِيَّة في دَولَتِهم (الفَاطِمِيَّة). فأَمَّا الظاهِريّ منه فالشِّيعةُ فِيه (سُنَّةٌ اِثْني عَشرِيَّة) على دِين الخُلفاء أَبي بَكر وعُمر وعُثمان، وأَما البَاطِنِيّ منه فالشِّيعَةُ على سُنَّةِ (الأَئمَّةِ الاثْني عَشَر). وبذلك يكون التَّشيُّع ـ على حَسب ظَنِّ أَهْلِ العِرفان ـ مُؤهّلًا لِيَقود المُسلِمِين إِلى وَحدةٍ عضويَّةٍ جامِعَة لِكُلّ المذاهب والفِرق في دَولةٍ واحدةٍ حيث يعَجز التَّشَيُّع الأَصِيل النَّقِي المُجرَّد مِن (التَّصوّف الفَلسَفِي) عن ذلك بِما هُو هُو، ويَعجز (اتِّجاه أَهْل العامَّة) أَو إِطار (أَهْل السَّنَّة والجَماعَة)!

أَهمَل العارِفُ مُلّا صَدرا (التَّشَيُّع) في نَظرياتِه، ورُبما لم يَذكُره في أَسفارِه بِوَصفِه دِينًا يُدان بِه، وفَتَح لِرُؤى ابن عَربِي والغَزالي أُفقَ الثَّقافة الشِّيعِيَّة لِيَغزوانِها، وقال أَنَّ لِلرُّوح والنَّفس جوهرٌ مَتحرّكٌ قابلٌ لِلتَّرقِّي على الجَسد والتَّحرُّر مِن قُيودِه، فبِذلك يكون مُستعِدًّا استِعدادًا تامًّا لِتَبنِّي مَفهوم الانْدِماج مع فِكر المذاهِب والفِرق أَو السُّمو عليها بِما هُو أَرقى مِن وَحدَةِ المَذاهب والفِرق في إِطارٍ جامعٍ مُختَلِف، فيَكون التَّشَيُّع معها في وَحدةٍ عضويَّةٍ إِنسانِيَّة الشُّعور بِدَرجةٍ مِثالِيَّة الصِّفَة ووِجدانيَّة الهَوى وفَوق مُستقلّات العَقل ذِي الوَظِيفة المَحدُودة!

يَأخذ الشِّيعَةُ على (العِرفان) الكَثِيرَ مِن المؤخَذات. ولَعلَّ أَخطرها هو تَكفِيرُهم إِيَّاه لما يَنطَوِي عليه مِن عَقِيدَةٍ في (وَحدة الوُجود والموجود) والاندِماج التَّامّ لِلمَخلوق في الخالِق فيَكون المَخلوقُ ظِلًا لِلخالِق، ومِن تَجرُّدِه مِن مَورُوثِه التَّأريخي ومِن القدوة والانقطاع عن الأَصالَة والاستِقلال عن الثَّقلَين القرآن وأَئمَّة الهدى أَهْل البَيت صَلواتُ

الله وسَلامُه عليهم، على خِلاف ما نَصَّت عليه الآية الكريمة [أُوْلَٰئِكَ الَّذِينَ هَدَى الله، فَبِهُدَاهُمُ اقْتَدِهْ، قُل لَا أَسْـَٔلُكُمْ عَلَيْهِ أَجْرًا، إِنْ هُوَ إِلَّا ذِكْرَىٰ لِلْعَٰلَمِينَ]. كما يُؤخَذ على العِرفان حَثُّهُ لِلفَرد على الذَّاتِيَّة الحادَّة ونَبذ مَفهومِ القدوة، والانْسلاخ عن عَقِيدة التَّشَيُّع في ذات الله وصِفاتِهِ، وقُدرة الذَّات على الفَناء في ذات الله بِأداء مَجموعةٍ مِن الطُّقوس المُوهِمَة المانِعَة مِن وُقُوع المَعاد الجِسماني.

ـ (اتِّجاهُ أَهْل العامَّة/ الخِلافَة) وقد أُقِيمت قَواعِدُه في عَهد أَبِي بَكر، وتَبلور في شَكلِه العام عندما أُخِذ بِيَده إِلى: نَقضِ بَيعة الغَدِير ورَفْض وَلايَة عَلِيٍّ أَمير المؤمِنين صَلواتُ الله وسَلامُه عليه (خَوف الفِتْنَةِ)، وإِلى تَعظِيم مَقام الصَّحابة أَقطاب (صَحِيفة مَكَّة الثَّانِيَة) وجَعْل سِيرتِهم سُنَّةً بَديلةً عن الثَّقلَين بعدما سَقَط هذا الاتِّجاهُ وأَقطابُه الخَمسَة في وَحْلِ فِتنَةٍ حَقِيقِيَّةٍ كُبرى لا نِهايَة لها أَجمعا على اخْتِلاقِها مُنذُ أَنْ هَمّوا باغْتِيال النَّبِيّ صَلَّى الله عليه وآله، وهِي فتنةٌ حَقِيقِيّةٌ وأَعْظَم خَطرًا مِمّا سَكَت عليه (اتِّجاه أَهْل العامَّة) مِن قَبْل حِينما بَرَّر لِأَقطابُ الصَّحِيفة الخَمسَة إِقْصاء عَلِيٍّ أَمِير المؤمنين صَلواتُ الله وسَلامُه عليه عن مَرتَبَتِه ومَقامِهِ بـ(خَوف الفِتْنَة المُحتَمَلة)، وما زَالت مُجتَمعات المُسلِمِين المُعاصِرَة تُعانِي مِن وَقائع هذا الانْقِلاب، ولَيْس في الأُفق ما يَدلُّ على وُجود نِهاية لِهذِه المُعاناة.

ومنذ الإعْلان المفاجِئ عن بَيعةِ أَبِي بَكر خَلِيفَةً لِلمُسلِمين في يَوم السَّقيفة ما زالت الأَغلَبِيّة في المُسلِمِين تَتحَسَّس (الفِتْنَةِ) المُحتَملَة المُختَلَقة الَّتي زُجَّت فيها، وما زال (اتِّجاه أَهل العامّة) يَدرِك أَنَّه وُضِع على مُفتَرق طَرق منذ فَترة ظُهورِه وخِلال مَرحَلةِ تَفاعُلِه مع دُول الخِلافَة والدُّول المُتعاقِبَة وما صَدر عنها مِن مَفاهِيم وقِيَم ومَورُث رُوائي خاصّ، لِيرَضى والأَغلَبِيّة مِن المُسلِمِين مِن خَلفِه بِأَحدِ اثْنَين:

ـ إِمَّا تَقويضُ الدِّين وما تَقدَّمَ فيه مِن كِتابٍ وسُنَّةٍ وما أُسِّسَ عليه مِن ثَقافةٍ وقَواعِد اجتماعِيَّة وأُصُولٍ عَقديَّة بلَّغها وأَوضَحها وشَرَّعها النَّبِيّ صَلَّى الله عليه وآله، وخَوضُ حَربٍ ضَروس تَقع فيما بَين القَبائل الكُبرى الَّتي شكَّلت مُجتمع المُسلِمِين مِن جِهَة،

وفِيما بَين المهاجِرين مِن أَهْل مكَّة والأَنْصار مِن أَهْل المَدِينة مِن جِهَةٍ أُخرى، فتَعوُد مَكَّة إِلى أَهلِها وتَعود المَدِينة كذلك إِلى أَهلِها.

ـ وإمَّا القُبُول بِبَيعةِ أَبي بَكر والإيمان بِصحَّتِها والإبقاء على الدِّين مَحكومًا بـ(مَذْهَب الرَّأي) وتَعطِيل الثَّقلين، فيُصار بِالدِّين إِلى شَكلٍ وَسَطيٍّ خَليطٍ بَين ثَقافة الجاهِلِيَّة وعَقِيدة الإِسْلام، على أَنْ يَظلَ هذا المُجتَمَع مُستَقرًّا مَنزوعَ الإِرادة، وناقضًا لِبَيعة الغَدِير، ولا مِن حَقٍّ له في اختِيار الخَلِيفة البَدِيل.

نَشأت تَحت مَظلَّة (اتِّجاه أَهْل العامَّة) وبِرعايَةٍ مِن خُلفائه ودُوَلِه وحُكوماتِه المُتعاقِبَة الكثيرُ مِن المذاهِب، وتَمثَّلَت عَقدِيًّا في الجَبرِيَّة والقَدرِيَّة والمُرْجِئة والمُعتَزِلَة والأَشاعِرَة وغيرها حيث هَيأت هذه المذاهب لِنَفسها الأُصُول اللَّازِمَة. وساهمَ الخُلفاء والدُّول في انْشِقاق هذه المِذَاهِب إِلى أَلوان عديدة مِن الفِرق حِمايةً لِسِيادَةِ الخَلِيفَة أَو الحاكم. وكان مِن بَينها تلك الفِرق الفِقهيَّة الأَربَعَة الَّتي نَشأت في عَهدٍ مُتأخِرٍ على أَثَر انْقِلاب عَددٍ مِن حَفظَةِ الرِّواية إِلى أَئمَّةٍ مَذاهِب مُتخَصِّصِين في سَردِ ونَقلِ الرِّوايَة بين المسلمين ومُتمَيِّزين بِهذه الصِّفة على نُظرائهم مِن أَئمَّة الفِرق الأُخْرى بِاتِّباع أَبي الحَسن الأَشْعَرِي ـ الَّذي نَشأ مُعتَزِلِيًّا ـ في الأُصُول منذ النِّصف الأَوّل مِن القَرن الثَّاني الهَجرِي وحُمِّلوا صِفَة (المَذْهَب) المُستَقِلّ عوضًا عن مُسَمّى الفِرْقَة (الفِقْهِيَّة) وهُروبًا مِن الجِدال القائم في تَحدِيد الفِرْقة النَّاجِيَة في مصْداق الرِّوايَة المَروِيَّة عن النَّبِيِّ صَلَّى الله عليه وآله (ستَفْتَرِق أُمَّتي على ثَلاثٍ وسَبعين فِرْقَة كُلّها في النَّار إِلَّا واحِدَة).

ومِن الأُمور المُثيرة في الكثيرِ مِن الأُصُول والمُدَوَّنات المُختَصّة في سَرد سِيرة المِلَل والنِّحَل وتَأريخ نَشأَتِها وتَحدِيد اتِّجاهِها العَقدِي والفقهي أَنَّها تَخطَّت حُدود المَعايير العِلمِيَّة فنَسَبَت إِلى التَّشَيُّع بَعض المَذاهِب المُستقِلّة والمُتَميِّزة في الفِكرَةِ والنِّظام. وكلَّما اعترى هذه المَذاهِب خَلَلٌ عَقدِيٌّ فاضحٌ أَو صُنِّفَت في قائمَةِ المَغضُوبِ عليهم سِياسِيًّا لدى (اتِّجاه أَهْل العامَّة) وحُلفائه مِن حُكّام/ خُلفاء الدُّول؛ جُرِّدَت مِن صِفَة (المَذْهَب) وأُطلِقَ عليها صِفَة (الفِرَقة) المُنشقَّة أَو زُجَّ بِأَسْمائها في قائمَة فِرق

(التَشيُّع الإمامِي) الَّذي لم يَكن له صِلَة بِهذه المَذاهِب والفِرق بَتاتًا، وأَنَّ عوامل نَشأتها وظُهورِها مُتناقِضات عَنيفَة اختلَقها (مَذْهَبُ الرَّأي) وغذَّتها سِياسات الدُّول الحاكِمة.

عندما صَنَّفَ (اتِّجاهُ أَهْل العامَّة) وخُلفاؤه وحُكَّامُه المَذاهِب والفِرَق وانْتزعوا مِن بعض المَذاهِب صِفَة (المَذهَب) وصَنَّفوها ضِمْن قائمة (الفِرَق)؛ أَرادوا مِن ذلك تحقيقَ أَمَرين:

ـ أَنْ يَختَلِقوا دَلالةً فاقعةً دائمة تُفِيد أَنّ انْشِقاق هذه (الفِرَق) عن (مَذْهَب) إِنَّما وَجَب أَنْ يكون هُو (التَّشيُّع) الهَشّ الَّذي لا يَتوافَر على أَدْنى مُقَوِّمات (المَذْهَب) وفق مَعايير اخْتَلَقها (اتِّجاه أَهْل العامَّة) ورَوَّجها خُلفاؤه مِن الدَّول، وحتَّى يكون لِـ(اتِّجاه أَهْل العامَّة) العُذْرُ المقبولُ كلَّما انْشقَّ إِلى فِرَقٍ لم تَلتَزِم بِمَعاييره الَّتي انْفَرَد بِها وادَّعَى تُمَثّلها الامتِداد الحَقِيقي لِلإسلام!

ـ استِخدام هذا التَّصنِيف بِوَصْفِهِ سِلاحًا ضاغِطًا لِابْتِزاز أَئمَّةِ المَذاهِب القائمة، ولِلحَدِّ مِن ظاهِرَة انْشِقاق (اتِّجاه أَهْل العامَّة) إلى فِرَقٍ مُستَقِلّة، وإِخْراجَ المذاهِب والفِرق المُتَمرِّدة على سِيادَة الحاكِم أَو المَغضُوب عليها سِياسِيًّا عن دائرة (اتِّجاه أَهْل العامَّة) الَّذي تَلوَّن فتَشَكَّل في وَقْتٍ لاحِقٍ في إِطار (أَهْلَ السُّنّة والجماعة).

في حِين رَفَض الشِّيعةُ إِطلاقَ مُسَمَّى (المَذهَب) على وُجُودِهم ومُقايَسته بِقائمة المَذاهِب السَّائدة ومِنها الأَربعة المشْهورة والسَّلَفِيَّة الحادَّة. فالشِّيعةُ يَرون في التَّشيُّع وجه الإِسْلام الأَصِيل الَّذي يُؤتى حيث لا مَذاهِب ولا فِرَق في الإِسْلام إِلَّا أَنْ تَكون على خِلاف ما جاء بِه الإِسْلام مِن عَقِيدة واحِدَةٍ وشَرِيعة وأَخْلاق!

فالكَيسانِيَّةُ مَذهبٌ مُستَقِلّ على طِبق مَعايير (اتِّجاه أَهْل العامَّة) ولَيس فِرقَةً منْشَقَّةً عن اتِّجاهٍ أَو مَذْهبٍ ما. وقد أُسِّس هذا المذهب على إِشاعَة مِن صُنع وتَرويج الدَّولة الأُمَويَّة لِمُواجَهَة إِمامَةِ عَلِيٍّ السَّجاد بن الحُسين بن عَلِيٍّ صَلواتُ الله وسَلامُه عَليه، ونُسِبَ إِلى ابن الحَنَفِيَّة مُحمَّد بن عَلِيّ بن أَبِي طَالِب والمُختَار الثَّقَفِي. وعلى أَنقاضِ هذا المَذْهَب أُسِّست الدَّولة العَبَّاسِيَّة لِتَستكمِل الدَّور الأُمَوي في قمع التَّشيُّع الأَصِيل

واستِئصال شأفَته. في حين رَفَض (اتِّجاهُ أَهْل العامَّة) تَصنِيف الكَيسانِيَّة ضِمْن قائمة المَذاهِب، ووَصَفَه بِـ(الفِرقَة) المنشقَّة حتَّى يَتسنّى له إلحاقه افِتراءً وزُورًا بِقائمة الفِرَق المنشَقَّة عن التَّشَيُّع!

وأَمَّا الزَّيدِيَّة (المَهدَوِيَّة) فهو اسمٌ أَطلَقَه الأُمَوِيُّون على مَذْهَبٍ دَخلَ مَعرَكَةً فَاصلةً شَرِسَة على أَثَر تَفاقُم الفَساد السِّياسِي الأُمَوي والانْحِراف العَقَدي والأَخْلاقِي لِـ(اتِّجاه أَهْل العامَّة) وتفاقم حِدَّة الصِّراع القَبلي في البِلاد. في حِين اعتزّ مَذْهَبُ الزَّيدِيَّة (المَهدَوِيَّة) بِنِسبَتِه إِلى زَيد بن عَلِيّ السَّجَّاد وبِقِيام زَيد لِلثَّورَة على الدَّولَة الأُمَوِيَّة وبِاتِّباع (المهدَوِيَة) لِحَفيدِهِ بِوَصْفِهِ حاكِما.

ولا يعتَقِد الزَّيدِيَّةُ (المَهدَوِيَّة) بِأَنَّ زيدًا أَوْلَى بِالتَّقليد مِن غَيره مِن أَئمَّة المُسلِمِين إِذْ هو مَذهبٌ مُعتَزِلِيّ المُعتَقد وحَنَفِيّ الشَّريعَة وكُلّ مَصادِرِه في العَقِيدة والشَّرِيعَة والأخلاق هِي ذاتُ مَصادِر (اتِّجاه أَهْل العامَّة) بِزِيادَة مسند زَيد، وهو مُغايِر لِلتَّشَيُّع في نَسَق العَقِيدة ومَسار الإِمامَة، ولكِنّ أُصُول ومُدوَّنات (اتِّجاه أَهْل العامَّة) ما زالت تَنسِب مَذْهَب الزَّيدِيَّة (المَهدَوِيَّة) إِلى التَّشَيُّع وتجَرِّده مِن صِفَة (المَذْهَب) وتُصَنِّفه (فِرقَة) في قائمة الفِرَق الشِّيعِيَّة كما فَعلَت مِن قَبل مع مَذْهَب الخَوارِج الَّذي وَصَفته بِـ(الفِرْقَة) ونَسبَته إِلى التَّشَيُّع، في حِين أَنّ الخَوارِج مَذهَبٌ مُستَقِلٌّ انْبَثق عن (جَيش الخِلافَة) في صِفِّين.

وأَمَّا مَذهب (الإسْماعِيلِيَّة) فهُو غامِض المَنشأ حيث لَعب (اتِّجاه أَهْل العامَّة) بِالتَّعاون مع العَبَّاسِيِّين دورًا كبيرًا في استِغلال (ثَورَتِه) لِمُواجَهَة النَّهضَة العِلْمِيَّة لِلإمام الصَّادِق صَلواتُ الله وسَلامُه عليه والمبالغة في طَعنِهِ في وَلَدِهِ إِسْماعِيل الَّذي مات في عَهدِه وقالَت الإسماعِيلِيَّةُ بِدخُولِهِ دور (السِّتْر) ونَفَت عنه الموت، وأَسَّس أَحفادُه بعد ذلك (دَولةَ الفاطِمِيِّين)!

وقد تَفرَّعَ عن العَشرات مِن المَذاهِب الَّتي نَشأت في عَهد الخُلفاء الثَّلاثة فِرقٌ أُخرى وُصِفَت بِـ(المَذاهِب) ولكِنَّها آلت إِلى الانْدِثار أَو دَخل أَغلبها في اللُّعبة

السِّياسِيَّة مُستقلّا أَو انْضوى إِلى إِطار (اتِّجاه أَهْل العامَّة) مِن أَجْل البَقاء. باستِثناء (التَّشَيُّع) الَّذي استَقلّ مُنذ عَهد النَّبِيّ صَلَّى الله عليه وآله وانَكفأ على نَفسه وانْطَوى منذ انْقلاب أَقطاب (صَحِيفَة مكّة الثَّانِيَة) على الأعقاب وتَجَنّب السُّلطة وشُئونها العامَّة، وتَفرّغ لِتَنمِيَة جانِبه العِلْمِي والثَّقافِي، وصَبَرَ على سِياسات الفَصْل الطَّائفي الَّتي نَفَّذتها الدُّول بِمُشارَكةٍ مُباشِرَةٍ مِن قِبَل (اتِّجاه أَهْل العامَّة).

استَغَلَّ (اتَّجاهُ أَهْل العامَّة) تحالُفَه مع الدُّول المُتعاقِبة مُنذ عهد مُؤَسِّسِهِ أَبِي بَكر وذلك لِتَحقِيق التَّفَوّق والانْتِشار والسِّيادَة على المَذاهِب والفِرق الأُخْرى المُستقلّة والمُنافِسَة، فشَكَّل بهم الأَغلَبِيَّة السَّائدة في البِلاد الإِسلامِيَّة مِن دُون مُنازِع.

ولم يَسلَم التَّشَيُّع والشِّيعَة مِن إرهاب الدُوَل المُتعاقِبَة الحاكِمَة في بِلاد المُسلِمِين والمُتحالِفَة مع أَئمَّة (اتِّجاه أَهْل العامَّة). وشَهِد عالمُنا الإِسْلامِي الكَثِيرَ مِن المجازِر بِزَعامَتِهما طالَت مُجتَمعات التَّشَيُّع ومَورُوثَها الثَّقافي الأَصِيل. لكِنَّ الشِّيعَة التَزَموا بِالصّبر وأَظهروا رُوحًا إِيجابِيَّة مُنتِجَة مُتفائلة، فاستطاعوا بهما النُّهوض عَقِبَ كُلِّ مُجزَرةٍ تُقتَرف في حَقِّ مُجتمعاتِهم، وتَجاوزوا بهما آثارَ المجازر تلك وعالَجوا مُضاعَفاتها وحقَّقوا المَزِيدَ مِن التَّنمِية في عمق وُجودِهِم الثَّقافِي المُوحَّد ورَسَّخوا العَقِيدَة الأَصِيلة الَّتي آمنوا بها بَين أَجيالِهم وتَجنَّبوا فِكرة الثَّأر (الثَّورِي) المُكلف وصَبَروا على تَمسُّكِهِم بِالثَّقلَين وتَبَنِّي (التَّقِيَّة) في ظَرفِها المُناسِب وتَخلّوا عنها في ظُروف أُخْرى.

ظَلَّ الصِّراعُ بين المذاهِب والفِرَق مُرشَّحًا لِلانفِجار في كُلّ لَحظةٍ وعند طُروء ظَرفٍ سِياسِيٍّ جَدِيد يَطغى فيه مزاجُ الخَلِيفَة/ الحاكم أَو تَتراجَع فِيه سِياسةُ قُصور الأُمْراء عن تَحقِيق الآمال أَو بَسطِ الاستِقرار الأَمْني المَحلِّي أَو الحُدودِي، مِن غَير أَنْ يَكون لِلدَّولة ثَباتٌ على مَذهَبٍ مُختارٍ أَو استقرارٍ على فِرقَةٍ تَنال رِضا الخَلِيفة/ الحاكم أَو الأَمير على الدَّوام. وتَبقى العَدِيدُ مِن العَوامِل مُحَرِّضَة على إِنْهاء خِدمَةِ مَذهب في الدَّولة أَو دافعةً نحو تَبنِّي خِدمَة فِرْقَةٍ ما قائمة ونَشِطَة. ويَأتِي العامِلُ السِّياسي في طَلِيعَةِ المُحَرِّضِين على ذلك، ويُمَثِّلُ العامِل السِّيادِي على رَأسِ هذه العَوامِل المُقرِّرة لاعتِماد

عَقِيدَة مَذهَبٍ مِن المَذاهِب أو فِرقَةٍ مِن الفِرَق، وهو الأَخطر على الإِطْلاق.

لم تَتأَسَّس دَولةٌ إِسلامِيَّة على قاعِدَةٍ شَرعِيَّة في التَّأريخ الإِسلامي إِلَّا ثَلاث دُول فقط، هِي دَولَةُ النَّبيّ صَلَّى الله عليه وآله ودَولَتَا الإِمام عَلِيّ أَمير المُؤمِنين وابنه الحَسَن صَلواتُ الله وسَلامُه عَليهما. وأَمَّا تلك الدُّول الأُخْرى فَقد انتزعَت صِفَتها الشَّرعِيَّة بِالانْقلاب على الوَضع القائم وامتَثَلت لِضَرُورات السِّياسة وأَسَّست لها اتِّجاها شَعبِيًّا عامًّا مُؤيِّدًا يَقوم على مَهامٍّ مُشابِهَة لِمَهام (اتِّجاه أَهْل العامَّة) في أَوَّل ظُهورٍ له على يَدي أَبِي بَكر أَو تَبَنَّت مَذْهبًا داعمًا أَو فِرْقةً مُناصرة لِتُبقِي على نِظام الحُكم أَمدًا طويلًا.

لم تَتوان الدُّول في بِلاد المُسلِمين عن تَفعِيل العَصَبِيَّات الدِّينيَّة والمَذهَبِيَّة والقَومِيَّة والوَطَنِيّة لِتَحقيق مقاصِدِها. وكلَّما قَرَّرت مَصالِحُها السِّيادِيَّة تَروِيج مَذهَبٍ عَقَدِي أَو فقهي مُختار أَو تَغليب فِرقَة مِن الفِرَق أَو فِكرة من الأفكار فَعَلت ذلك وتَلَقَّت استِجابَةً سَريعةً وتأييدًا مُطلقًا ودَعمًا بلا حدود مِن قِبَل (اتِّجاه أَهْل العامَّة) وعلى وفق مُكوّنات الدَّولة. لَيس رَغبَةً مِن هذه الدُّول في اتِّباع أُصُول هذا المَذْهَب أَو الامتِثال لِفُروع تلك الفِرْقَة بِشَكل دائم، وإِنَّما لِلتَّنكِيل بِأَتْباع المَذاهِب والفِرق الأُخرى المرشَّحَة لِلنُّمو والانْتِشار في خارج إِطار الاتِّجاه الشَّعبِي الموالِي أَو دائرة السِّيادَة الرَّسمِيَّة لِلحاكِم، ولِلمبالَغة في رَدعهم والتَّقلِيل مِن شَأنِهم أَو لإِخْضاعِهم لِحكم السُّلطان ومذهبه في (الرَّأي) كُلَّما تَطلَّبت ضَرورَة مِن ضَرُورات أَمْن الدّولة أَو الخليفة/ الحاكم ذلك.

وتذهَبُ بعضُ الأُصُول والمُدوَّنات المُعاصِرَة المخْتَصَّة في مبحث نُشوء المذاهِب والفِرق إِلى القَول أَنَّ إِيجاد حَلٍّ لِمُشكلات التَّمييز الفِئوي والقَومِي والفَصلِ الطَّائفِي ومُضاعَفاتِها هو في غايَة الإمكان، وذلك بِنَبذ العَصَبِيَّة المَذهَبِيَّة عَلمانِيًّا مع الإِبْقاء على المَذاهِب الفِرَق على هَيئتِها المُستَقلّة، على أَنْ تَتوطَّد العَلاقَةُ السِّياسِيَّة بين أَئمَّة المذاهِب والفِرق والنُّظم الحاكِمَة السَّائدة والتَّأكِيد على إِبراز القواسِم المُشترَكَة ومَحاور التَّوافُقِ إِلى جانِب تَجمِيد مَحاور الخِلاف وتَجنّبها أَو تَعطِيلها أَو مُحاصرَتها في أُصُولها ومُدوَّناتها، والامتِناع عن الرّجوع إِليها في إِعداد البُحوث والمُؤلَّفات

المُعاصِرة، والإِكْثار مِن وظائف الوَعظ والتَّبلِيغ في الوَسَط العام حول مُوجِبات وحدة المُسلِمين وضَروراتِها ومَنافِعها تَحت ظِلّ راية الخَلِيفَة/ الحاكِم وإِنْ كان مُستَبِدًّا طاغِيًّا إِرهابيًّا غَلِيظ القَلب، والمُداومَة على عَقدِ المُؤتَمرات الدَّورِيَّة بين ذَوِي الشَّأن ومُتَبَنِّي مَلف (الوَعْي الثَّقافِي).

لقد جُرِّب (المَنهج التَّوفِيقي) وأساليبُهِ المَرِنَة الرَّخوة لِمُكافَحة آفة (الفَصْل الطَّائفي) ولِلتَّقْرِيب بين عقائد المَذاهِب والفِرَق والطَّوائف، كما جُمِدّ الخِلافُ على أَثره وعُطِّل في القُرون السَّالِفَة مِن أَجْل تَحقِيق وَحَدة دائمَة أَو استِقْرار اجتِماعِي مُقِيم. فصَارَ المَنهجُ بِذاتِه مَحلًّا لِلاستِغْلال السِّياسِي وتَعزِيز التَحالَف التَّأريخي القائم بين (اتِّجاه أَهْل العامَّة) و(النُّظم المُستَبِدة) على حِساب التَّشَيُّع والمَذاهِب والفِرَق الأُخْرى كافَّة.

وأَمَّا في عصرنا الرَّاهِن فقد باتَت يَومِيَّات التَّوافق هذه مادَّة لِلمُساوَمَة والمُزايدة. ولا بُدّ مِن إِيجاد حَلٍ بَديلٍ أَكثر عُمقًا وجِدِّيَّةً ورَصانَةً وجَذرِيَّة وأَقرب احتِرامًا لِأَصالَة الحُرِّيَّة، وأَوسَع خِدْمةً لِثقافَات المُجتَمع المُسلِم، وذلك في إِطار السُّبل التَّالِيَة:

1- وُجُوب التَّعَمُّق في الدِّراسَة المَوضُوعِيَّة التَّجرِيدِيَّة لِلأُصُول والمدوَّنات في الوَسَط الاجتِماعي والأكادِيمي المُتعدِّد مَذهبِيًّا أَو فِرقِيًّا بِشَكلٍ تَفصِيلِيٍّ، ولَيْس الإِعْراض عَنها أو تَجمِيدها والفِرار مِنها خَوف (الفِتْنَة). إِذْ أَنَّ النَّاسَ أَعداء ما جهلوا، فإِنْ عَرفُوا أَنَّ في التَّدوِين لِلسُّنَّة ولِنَسقِها التَّأريخِيّ كَذّابَة ومُزَوِّرين ومُلَفِّقين ووَضَّاعِين ازْدادَت حصِيلةُ عِلْمِهم دَرجات ويَقِينِهم على يَقِين، وتَلاشَى التَّعصُّب، وانْحَسَرت مَظاهر التَّمييز، وضَعُفَت الأهواءُ الشَّخصِيَّة، وتَراجعَ مَبدأ تَفضِيل المصالِح الخاصَّة ـ مع التَّأكِيد على أَهميَّة إِطلاق البَحث التَّأريخي التَّفصِيلي حول طَبِيعة العَوامِل السِّياسِيَّة والدَّوافع السَّلبِيَّة لِظُهور الاتِّجاهات المُتبايِنَة فضلًا عن المُؤسِّسة لِلمَذاهِب والفِرق والمؤجِّجة لِلخِلاف فِيما بَينها.

إِنَّ مِن كَمال هذا اللَّون مِن الحَل هو التَّأكِيدَ على عَقد المؤتَمرات العِلمِيَّة المشْتَركَة

المَفتُوحَة والدَّائمَة والنَّشر الإِعْلامي الحُرّ والمُناظرات العِلمِيَّة الحُرَّة، على أَنْ تَأخُذَ هذه المُناظرات والحوارات والمؤتمرات والنَّشر الإِعلامِي حَدِيثًا صَرِيحًا مُجرَّدًا مِن المؤثِرات الخارجِيَّة الضَّاغِطة أَو المانِعَة مِن التَّصريح بِالوَقائع التَّأرِيخِيَّة وحقائقها بما هِيَ هِيَ ومِن غَير وَجَلٍ أَو خَجَلٍ أَو تَرَدّدٍ أَو خَوفٍ أَو شَكٍّ، ومِن غير رُدُودِ فِعلٍ حَذِرة أَو مُضادَّة، وإِطلاق حُرِيَّة التَّعبِير عن العَقائد والشَّرائع وشَعائرِهما في المُنتدَيات العامَّة مِن غير حَساسِيَّة أَو حِذر.

2- إِنَّ العَوامِل السِّياسِيَّة وأَطماع الإِمْرَة وهَوى الرِّئاسة والسُّلطان تُشكِّل العِلَّة الرَّئيسة في فَرز الاتِّجاهات المُتبايِنَة ونشوء المَذاهِب والفِرق وتَأصِيل عَقائدها وشَرائعها، ونُموها وانتِشارها، وانشِطارها وتَلاشِيها، وهي الدَّافِع الأَوَّل إِلى تَفشِّي الحال العَصبِيَّة الدِّينيَّة والمَذْهبِيَّة والقَومِيَّة والفئويَّة والقبليَّة، والمحرِّض على تَبنِّي وَسِيلة العُنف عند المُغالَبَة وحِين الخِصام في المَواقِف.

إِنَّ الاعتَراف بِدور هذه العِلَل وأَثرها السَّلبِي الرَّئيس يَتطَلَّبُ شُجاعَةً علميَّة وأَخلاقيَّة لم يَتمكّن أَقطاب الاتِّجاهات وأَئمَّة ووُعَّاظ المذاهب والفِرق مِن تَحقِيقها في أَنْفُسِهم في طُول القُرونِ المُنصرِمَة وعرضها، بَل أَنَّ التَّآمر والتَّآزر الماكِر على مَنهجِ صَحابة (صَحِيفة مكّة الثَّانِيَة) كانا هُما الصِّفَتان الغالِبَتان وسَيِّدتا المَوقِف.

إِنَّ الفُرَصَ ما زالت مُتاحةً لِلتَّقدُّم بِمَشروعٍ تَوفِيقِيٍّ ثابِتٍ دائم ولِتَجاوز معوقات الخُطوة الأُولى على طَرِيق الاعتِراف المُتبادَل، على أَنْ يَكون مُنطلَق ذلك هو:

ـ الحرصَ الصَّادِق على وَحدَةِ الأُمَّة.

ـ ووَضْع الإِسْلام الصَّحِيح الأَصِيل فَوق كُلِّ اعتِبار.

ـ والإيمان بِمَفهوم (البَحث عن الحَقّ والحَقِيقَة) والانْطِلاق بِه لِتَحدِيد المنهج المُعالِج.

وليس مِن الكَمال أَنْ يُستَجاب لِمَفهوم (البَحث عن الحَقِّ والحَقِيقَة) وأَنْ يُخرَج

إِلى الواقِع العَمَلِي المُعاش عندما تَكون الظُّروف الصَّعبَة وحْدها قاهِرَةً ومُلزِمَةً ودافعة لِلاستِجابَة. فمَفهوم (البَحث عن الحقِّ والحَقِيقَة) مِن أَجمل المَفاهِيم الحضارِيَّة الَّتي ورَدَت في مَوضوعات الحِوار بَين الاتِّجاهات والمَذاهِب والفِرق مُنذ يَومها الأَوَّل إِذْ هو المُفضَل المَرغوب عَقلًا، وهو المُختار حضاريًّا، وهو الأكثر ثَمرًا وفائدة. ولا يَجوز أَنْ يُصار إِليه مع وُجود حاكمِيَّة لِـ(مَذهب الرَّأي) في بِلاد المُسلِمين، فذلك مِمّا جَعل مِن إخراج مَفهوم (البَحث عن الحقِّ والحَقِيقَة) إلى الواقع العَمِلي أَمرًا عَسيرًا وبَعِيد المنال ويَكاد يَقترِب مِن المُستَحِيل.

3- ورَدَت العديدُ مِن تَجارب الجَمع بَين الاتِّجاهات والمَذاهِب والفِرق أَو ما يُسمَى بِـ(التَّقرِيب) فيما بَينها، لكِنّ قصارى ما تَوصَّلَت إِليه هذه التَّجارب مِن نَتائج هو جَعل بَعض الاتِّجاهات والمَذاهِب والفِرق أَكثرَ مُرونَةً عند إِثارة مَطلَب الاعتِراف المتبادل بِالحَقِّ في الوُجودِ والبَقاء، مِن غير أَنْ تَشتَمِل هذه التَّجارب على ما يُفضي إلى قُرب تَحقُّق الحَلّ الجَذرِي التَّوافُقِي على المَدى الزَّمَني القَصِير أَو الاستِراتِيجِيّ بَعِيد المدى.

فلَيس مِن السُّهولَةِ بِمَكان أَنْ يُطوى نَسَقٌ عَقدِيٌّ تَأريخيٌّ طَويلٌ مُكتَظٌّ بِمَظاهِر صِراع الوُجود ومُزدَحِمٌ بِنِزاع الهُوِيَّة بَين أَهْل الاتِّجاهات والمَذاهِب والفِرق كافَّة في فَترةٍ زَمنيّةٍ وَجِيزة مُتَعجِّلة النَّتائج ولِمَصلَحة سِياسَات أَنْظِمَة مُستبدّةٍ وهوى أَئمَّةٍ ووُعَّاظٍ يقودون هذه الاتِّجاهات والمذاهِب والفِرق إلى حيث تُرِيد السِّياسة وتَرْضَى مَصالحُها وحيث حِصَص الإِمْرة والرِّئاسة والزَّعامة تَشهَر سُيوفَها وتَفرِض شُروطِها.

4- رِعايَة المُتَغيِّرات الإنسانِيَّة والنُّمو العِلمي في النَّهضة الحَضارِيَّة القائم لدى السَّردِيَّات العظمى. فقد أَصبحَ العالَمُ قَريةً صَغيرةً بِما انجَزَه على مُستَوى تِقنِيَة الاتِّصال والتَّواصُل الاجتِماعِي وتَأمين المصالح اقتصادِيًّا والتَّبادل الثَّقافي وتَحقِيق التَّوازن استراتيجيًّا. فَقد أَصبَح مِن اليَسير حيازَة الأُصُول والمُدَوَّنات ومَصادِر المَعرِفَة الَّتي يُرجَع إِليها لِلاطِّلاع على السِّيرة الحَقِيقِيَّة لِلنَّشأةِ الأُولى لِلإسلام وعلى أَحوال التَّدافُع

في مُجتمع الصَّحابَة وعِلل ظُهور الاتِّجاهات والمذاهِب والفِرق وانتشارها وتَطوُّر عقائدها وانقسام شرائعها.

وصَار في الإمْكان اختِراقُ كُلّ القُيود المَفروضَة نخْبَوِيًّا على مَصادر المَعرِفَة وأُصُولها القَديمَة وما بُنِيَ عليها مِن ثَقافَة ونَسَق في الفِكر والأَخلاق والسُّنَن في النِّظام الإجتماعي فضلًا عن إمكان إِعادَة العمل على تَجرِيح أَو تَعدِيل الأَشْخاص والأَفْكار والأَشْياء بِما تَوافر مِن مَناهج عِلْمِيَّة مُعتَبَرة وسائدة لدى عامَّة النَّاس.

فَقد ضَاقَت على أَرباب الاتِّجاهات والمَذاهِب والفِرق وسائلُهم القَديمة في الوَضعِ والتَّزوير والتَّلفِيق والاخْتِلاق، وقَلَّت حِيلةُ أَسالِيبِهم المُهترئة في الافْتِراء وطَمْسِ الحقِّ وسَترِ الحَقائق أَو حَجْبِهما عن العامَّة مِن الأَتْباع.

ولم تَعدُ أَنظمة الحُكم المعاصرة بِحاجَة ماسَّة إِلى عقائد المذاهب والفِرق وشرائعهما مع تَحقّق التَّطوّر الفَلْسَفِي في النَّظريَّات السِّياسِيَّة وتَطَوّر نُظُم الحُكم والإدارة، ومع سِيادة مَبادِئ العَلمَنة وقِيمها وقَوانِينها عالميًّا، وقد ضاق النَّاس ذرعًا لما يُثار بين أُمراء المَذاهِب وأَئمّة الفِرق مِن تَعصُّبٍ لِلأَفكار والأَشْخاص والأَشْياء مِن مُنطَلَقٍ سِياسي أَو أَنانِيَّةٍ فَردِيَّةٍ مفرطة في الإِمْرة.

لقد حان الأَوان لِلتَّصريح بِـ(الحقِّ) وتَناول (الحَقِيقَة) وتَجرِيد مُقدِّماتِهما مِن دَوافع المُغالَبة الطَّائفِيَّة أَو العَصَبِيَّة الفِئويَّة أَو القَوميَّة المُصاحِبَة:

- فلا مَناص مِن مُواكَبةِ التَّحول التِّقْني والثَّقافِي الحضارِي، ولا بُدَّ مِن العَمل الجادّ على إِطلاق الطَّاقة الذِّهنيَّة لِلإنسان المُسلِم مِن قَيدِها كيما يَستَقلّ كلُّ فردٍ وكُلّ مُجتمع بِنَفسِه في الإطِّلاع على تفاصِيل عَقائد وشَرائع الأَدْيان والمَذاهِب والفِرق كافَّة، وتَقصيّ الحقائق حول مَدى بُعدها أَو قُربها مِن الدِّين الأَصِيل والنَّص المُنَزّل مِن غير كُلفةٍ وتَعصُّبٍ وضِيق نَفس.

- وأَنْ يُنمَّى فِي روع كُلّ فَردٍ وفي ثقافة كُلِّ مُجتمع رُوح البَحث المستقلّ بِالمناهِج

الصَّحِيحَة الموائمة عِوضًا عن الخضوع لِأَدوات غَسل الأَدْمِغة الَّتي لم تَعد تُجدي نَفعًا، على أَنْ يكون لِكُلّ اتِّجاه ومَذْهَبٍ وفِرقةٍ وطائفةٍ الحُرِيَّة المُطلَقَة في التَّصريح بِالنَّظرِيَّة المُعالَجة لِسِيرة الإسلام ونَسقِه التَّأريخي تَصويبًا وتَجريحًا وفق رُؤيتِهِ لِـ(الحقِّ والحَقِيقةَ) في الأَشْخاص والأَفكار والأَشْياء إِنْ كانَت تَصدِيقًا أو إِذعانًا، ووفق المَنهج المُختار والمُتبَنّى نَقلًا أو عقلًا، مِن غير مُقدِّمات حَذِرة أو شُروط مُقَيِّدة.

يَنبَغِي أَنْ تَعود امتُنا الإسلامِيَّة إلى حيث عِزِّها ومَجدِها وشَرفِها المؤمَّل والموعود، وأَنْ تَخرجَ على حِيرَتِها، ولا يكون ذلك إِلّا بَوَحدتها وتَمسّكها بِالثَّقلَين كِتاب الله وعِتْرَةِ نَبيِّهِ الأَكرَم صَلَّى الله عليه وآله الَّذين يَتمثَّل الدِّينُ فِيهما، وبِالجِدّ في إِصْلاح أُمَّةٍ تاهَت وضاعَت في 1400سَنَة ثُمَّ أَدركَت أَنَّ الإله الحقَّ لا يَموت، وأَنَّ فرصتَها لِلعَودة إلى الصِّراط المُستقِيم مُتاحةٌ بِشَرط إيمانِها بِأَنَّ إله الغَرابِيب ماتَ بَعدما انْقضى أَجلُه وتَدانى في الدُّنيا أَملُه واشْتَدّت فاقَتُه وشَمُت بِه عِبادُه الَّذين اصْطَنعوه لِأَمْر كانوا يَطلبُونَه وصَلَّوا له وصاموا وتَصدَّقوا، فلَما انْقضى الأَمْرُ لا صَلّوا له ولا صاموا ولا تَصدَّقوا، ثُمَّ انفردوا بِه وأَكلوه لِسَدّ جَوعة.

والحَمدُ لله رَبِّ العالَمِين.

المَصادِرُ والمَراجِع

1 - النِّيسابُورِي، المُستَدرك على الصَّحِيحين، ط1، دار الكُتب العلميّة، بيروت 1990م.
2 - كتاب سُلَيم بن قَيس (تَحقِيق الأنصاري)، ط1، هادِي لِلنّشر، قم المقدّسة 1985م.
3 - الرّازي أَبي القاسم، كِفاية الأثر في النَّصّ على الأئمة الأثْنَي عشر، مطبعة الخيّام، قم المقدّسة 1981م.
4 - الحَسَكاني الحاكِم، شَواهِد التَّنزيل لقواعد التَّفضيل، مؤسَّسة الأعلمي، ط2، بيروت 2010م.
5 - ابنُ البَطريق يَحيَى بن الحسن، عُمْدَة عُيون صِحاح الأخبار في مَناقِب إِمام الأبرار، مُؤسَّسة النّشر الإسلامي، قم المقدّسة 1986م.
6 - ابنُ حَجَر أَحمد بن مُحمّد، الصَّواعِق المُحرِقَة، مؤسَّسة الرِّسالة، بيروت 1997م.
7 - القُمِّي سَعد، المقالات والفِرق، طهران 1963م.
8 - النُّوبَختِي الحَسَن بن مُوسى بن مُحمّد، فِرَق الشِّيعة، دار الأضواء، بيروت 1984م.
9 - داوُود نبيلة عبد المنعم، نَشأة الشِّيعة الإماميّة، بغداد 1968م.
10 - الوائلي أَحمَد، هُوِيّة التَّشَيّع، دار الصّفوة، بيروت 2009م.
11 - أَبُو رَيَّة، شَيخ المضيرة أَبي هريرة، الأعلمي لِلمطبوعات، ط4، بيروت 1993م .
12 - ابن حَنْبَل، مسند أَحمد، مؤسَّسة الرِّسالة، بيروت 2001م.
13 - الطُّوسِي، رجال الكِشِّي، ط1، مؤسَّسة النَّشر الإسلامي، قم المقدّسة 1999م.
14 - القُمِّي مُحمّد بن عَلِيّ بن بابويه، مَن لا يَحضره الفَقِيه، مُؤسَّسة الأعلمي، بيروت 1986م.
15 - المُفِيد الشَّيخ مُحمَّد النّعمان، شرح عقائد الصَّدوق (تَصحِيح الإعتِقاد)، ط1، المحجّة البيضاء، بيروت 2016م.

16 - الطُّوسِي، تَهذِيب الأحكام، ط4، دار الكتب الإسلاميّة، طهران 1946م.
17 - ابن شهرآشوب، مناقب آل أَبِي طالب، مؤسَّسة تحقيقات ونَشر معارف أَهْل البيت عليهم السّلام، قم المقدَّسة 1988م.
18 - ابن أَبي الحَدِيد. شَرْح نَهج البَلاغة، دار إحياء الكتب العربية .
19 - الطَّبري ابنُ جرير، تأريخ الطَّبري (تأريخ الأمم والملوك)، ط1، دار الكُتب العلميّة، بيروت 2011م.
20 - الشَّكْعَة مُصطفى، إِسلام بلا مذاهب، ط11، الدّار المصريّة اللّبنانِيّة، 1996م.
21 - ابنُ كثير، البِداية والنِّهاية، دار عالم الكتب، القاهرة 2003م.
22 - المُفِيد، مُحمّد بن النعمان، المُقنَعَة، ط2، مُؤسَّسة النَّشر الإسلامي، قم المقدّسة 1989م.
23 - الشَّهرسْتاني، المِلَل والنِّحَل الشّهرستاني، دار المعرفة، بيروت 1984م.
24 - المَجْلِسِي، مُحمّد باقِر، بحار الأنوار، مؤسَّسة الوفاء، بيروت 1983م.
25 - البَيهقي، دلائل النُّبوّة، ط1، دار الكتب العلميّة، بيروت 1988م.
26 - ابنُ أَبي الحديد، شَرح نهج البلاغة، تَحقِيق مُحمّد أَبي الفضل إبراهيم، دار الكتاب العربي ، بغداد 2007م.
27 - البلاذري، أَنساب الأَشْراف، دار الفكر، ط1، بيروت 1996م.
28 - الكَفعَمِي، المصباح، الأعلمي، بيروت 1993م.
92 - ابنُ اللّبان، صَحِيح ابن حبان بِتَرتيب ابن اللّبان، تحقيق شُعَيب الأرنَؤط، مؤسَّسة الرِّسالة، ط2، بيروت 1993.
30 - بَدَوِي عبد الرّحمن، مذاهِب الإسلاميّين، دار العلم لِلملايين، بيروت 1983م.
31 - الزَّين مُحمَّد خليل، تأريخ الفِرق الإسلامِيّة، مؤسَّسة الأعلمي للمطبوعات، بيروت 1985م.
32 - ابنُ حبان حمد أَحمد أَبي الحاتم، كِتاب الثُّقات، دار الفكر، ط1، بيروت 1983م.
33 - ابنُ هشام عبد الملك، السِّيرة النَّبويّة، دار الصَّحابة للتّراث، ط1، طنطا 1995م.

34 - الطَّبري مُحمّد بن جرير، المسترشد، ط1، مؤسَّسة الثَّقافة الإسلامِيّة، قم المقدّسة 1994م.

35 - الثَّقفِي إبراهيم بن مُحمّد، الغارات، تحقيق عبد الزَّهراء الحُسَيني، دار الأضواء للطّباعة والنّشر، بيروت 1987م.

36 - الرَّضِي، الشّريف، نهج البلاغة. دار المعرفة للطباعة والنَّشر، بيروت، لبنان.

37 - الأندلسي ابن عبد ربه، العَقد الفَرِيد، ط1، دار الكتب العلميّة، بيروت 1983م.

38 - الهندي علاء الدِّين المُتَّقي، كنز العُمال في سُنَن القَول والأفعال، ط5، مؤسسة الرّسالة، بيروت 1981م.

39 - ابنُ طاوُوس، رَضِي الدِّين بن موسى، الطَّرائف في معرفة الطّوائف، مطبعة الخيّام، قم المقدّسة 1979م.

40 - طه حُسين، الفِتنةُ الكبرى عَلِيّ وبَنُوه، دار المعارف، ط13، القاهرة 2019م

41 - البحراني السَّيّد هاشِم، مدينة المعاجز، ط1، مؤسَّسة المعارف الإسلامِيّة، بيروت 1993م.

42 - المرندي الشَّيخ مُحمّد أَبي الحسن، مَجمَع النُّورَين ومُلتقى البحرين، مؤسَّسة تحقيقات ونشر معارف أَهل البَيت عليهم السَّلام، طهران 1993م.

43 - البَحرانِي كَرِيم عِيسى المَحرُوس، جِيلُ الجَنَّة ونَقضُ مَنهجِ الشَّكّ والتَّشْطِيب والتَّأمِيم، ط1، شَركة (□□□ □□□□□□ □□□□□□□□□) لندن 2022م.

44 - النّمازي عَلِيّ الشّاهرُودي، مُستَدرك سَفِينة البحار، مؤسَّسة النَّشر الإسلامي، قم المقدّسة 1997م.

45 - الحِلِّي العلّامة الحَسَن بن المُطهَّر، منهاج الكرامة في معرفة الإمامة، مركز الأبحاث العقائديّة، مشهد 1992م.

46 - ابنُ عبد البِرّ، التَّمهِيد لما في المُوطّأ، وزارة الأوقاف المغربيّة، الرّباط 1967م.

47 - الهَيثَمِي عَلِيّ بن أَبِي بكر، مجمع الزَّوائد ومَنبع الفوائد، دار الفكر، بيروت 1992م.

48 - الصَّوّاف العلاّمة ياسين بن أَحمد الصواف، عقد الدّرر في إِدخال السّرور على بِنْتِ سَيّد البَشَر، تحقيق السَّيّد مُحمّد الغُريفي، دار أَبِي طالب، الدّنمارك 1996م.
49 - ابن عساكر عَلِيّ بن الحسن الدِّمشقي، تأريخ دمشق، دار الفكر للطّباعة والنَّشر، بيروت 1995م.
50 - الذَّهبِي شمس الدِّين مُحمّد بن عُثمان، سِيَر أَعلام النُّبلاء، مؤسَّسة الرِّسالة، ط 1، القاهرة 1996م.
51 - أَبو الفِداء عماد الدِّين أَيّوب، المختصر في أخبار البشر(تأريخ أبي الفداء) دار الكتب العلمية للنَّشر والتّوزيع، بيروت 1997م.
52 - ابن عثم أَحمد بن مُحمَّد الكوفي، الفتوح، ط 1، دائرة المعارف العثمانيّة، حيدرآباد 1972م.
53 - ابنُ تَيمِيّة أحمد عبد الحليم الحرّاني، مِنهاج السُّنّة، ط 1، مؤسَّسة قرطبة، القاهرة 1986م.
54 - ابنُ حجر شِهاب الدّين أحمد، الدّراية في تخريج أحاديث الهِداية، دار المعرفة، بيروت 1964م.
55 - النّميري ابن شَبّة أبو زيد عمر البصري، تأريخ المدينة (أخبار المدينة المنوَّرة)، دار الفكر، قم المقدسة 1990م.
56 - اليعقوبي أَحمد ابن أَبي يعقوب بن جعفر، تأريخ اليعقوبي، دار صادر، بيروت 1995م.
57 - الصَّدوق الشَّيخ، معاني الأخبار، مؤسَّسة النشر الإسلامي، قم المقدسة 1960م.
85 - الصَّدوق الشّيخ، الخِصال، 1983م، مكتبة الصّدوق 2016م.
59 - النَّسائي أَحمد بن عَلِيّ بن سنان، سُنن النَّسائي، مكتبة المطبوعات الإسلاميّة، بيروت 1994م.
60 - الطّبرسي أحمد بن علي، الاحتِجاج، المُرتضى للنّشر، ط 1، مشهد 1982م.
61 - صُبحي أَحمد، نظريّة الإمامة لدى الشِّيعة الأثني عشريّة، دار المعارف، بيروت 1969م.

62 - التّرمذي مُحمّد بن عيسى، سنن التّرمذي، دار الغرب الإسلاميّة، بيروت 1996م.
63 - المسعودي أَبي الحسن عَلِيّ بن الحسين بن عَلِيّ، مُروج الذّهب ومَعادِن الجوهر، دار الفكر، بيروت 1973م.
64 - المبرد أَبو العبّاس الأزدي، تهذيب الكامل في اللّغة والأدب، مطبعة السّعادة، القاهرة 1923م.
65 - الكُلينِي مُحمّد يعقوب، رَوضة الكافي، منشورات الفجر، بيروت 2007م.
66 - الرّازي مُحمّد بن عمر التّميمي البكري، نِهاية العقول في الكَلام ودِراية الأصول، تحقيق سعيد فودة، دار الذّخائر، بيروت 2015م.
67 - الآمدي عبد الواحد بن مُحمّد، غُرَر الحِكَم ودُرر الكلم، مكتب الإعلام الإسلامي، قم المقدّسة 1987م.
68 - البلاذري، أَنساب الأشراف 3/ 33، دار الكتب العلميّة 2010م.
69 - السّيوطي جلال الدِّين عبد الرَّحمن بن مُحمّد، دُرر الكلم وغُرَر الحكم. دار ابن الجوزي، الرياض 2006م.
70 - الحُسَيني هاشِم مَعروف، الشِّيعة بين الأشاعرة والمعتزلة، ط1، دار القلم، بيروت 1981م.
71 - العاتي إبراهيم، أَديان ومذاهب، الجامعة العالميّة للعلوم الإسلاميّة، لندن 1992م.
72 - النِيسابوري مُسلم بن الحجاج القشيري، صحيح مُسلم، دار طيبة، الرياض 2006م.
73 - العاملي مُحمّد بن الحسن الحرّ، وسائل الشِّيعة، دار إحياء التّراث، بيروت 1991م.
74 - المُفِيد الشَّيخ محمّد بن محمّد، الفصول المختارة، ط4، دار الأضواء، بيروت 1985م.
75 - الأيجي عبد الرَّحمن بن أحمد، شرح المختصر المنتهى لابن الحاجب، دار الكتب العلميّة، بيروت 2000م.

76 - المُفِيدمحمدبن النّعمان البغدادي، الاختصاص، مؤسّسة الأعلمي، بيروت 1993م.
77 - السَّمرقندي عبد الله بن عبد الرَّحمن، سنن الدّرامي، دار ابن حزم، بيروت 1970م.
78 - ابن الأثير مجد أَبي السّعادات، النِّهاية في غريب الحديث والأثر، دار ابن الجوزي، القاهرة 2000م.
79 - السُّبحاني جعفر، بحوث في الملل والنِّحل، نشر لجنة إدارة الحوزة العلميّة، ط1، قم المقدسّة 2001م.
80 - البغدادي شهاب الدّين ياقوت الحموي، معجم البلدان، دار صادر، بيروت 1993م.
81 - ابن عساكر عَلِيّ بن الحسن الدّمشقي، تأريخ دمشق، دار الفكر لِلطّباعة والنَّشر، بيروت 1995م.
82 - الطّوسي أَبِي جعفر مُحمّد، اختيار معرفة الرِّجال (رجال الكِشّي)، مؤسَّسة أَهْل البيت عليهم السّلام لإِحياء التّراث، لندن 1984م.
83 - النّووي، تهذيب الأسماء واللُّغات، دار النّشر، دار الفكر، بيروت 1996م.
84 - الشّيرازي صَدر الدِّين السيد علي، الدَّرجات الرفيعة في طبقات الشَّيعة، مؤسَّسة الوفاء، بيروت 1983م.
85 - حيدر أَسد، الإمام الصّادق والمذاهب الأربعة، مكتبة الصّدر، طهران 1981م.
86 - العسكري، تفسير الإمام أَبي مُحمّد الحسن، تحقيق السَّيّد علي عاشور، مؤسَّسة قائد الغرّ المُحجَّلِين، قم المقدسّة 2005م.
87 - الفَراهِيدِي الخليل أحمد، كتاب العين، تحقيق مهدي المخزومي، الأعلمي للمطبوعات. بيروت 1988م.
88 - الدّيلمي الحسن بن أَبي الحسن، إِرشاد القلوب، ط2، تحقيق سيد هاشم الميلاني، دار الأسوة للنَّشر، قم المقدَّسة 2003م.
89 - الجويني إبراهيم بن المؤيد الخراساني، فرائد السمطين، تحقيق مُحمّد باقر

المحمودي، مؤسسة المحمودي للطباعة والنشر، بيروت 1978م.
90 - البحراني السيد هاشم، مدينة المعاجز، مؤسسة المعارف الإسلاميّة 1992م.
91 - ابن منظور، مختصر تأريخ دمشق لابن عساكر، دار الفكر المعاصر، دمشق 1988م.
92 - ابن عبيد الله مُحمّد بن مسلم، المغازي النَّبوِيّة، تحقيق زهير زكار، دار الفكر، دمشق 1981م.
93 - الحميدي عبد الله بن الزُّبير، مسند الحميدي، تحقيق حبيب الأعظمي، دار السّقا، دمشق 1996م.
94 - الطُّوسي مُحمّد بن الحسن، الغَيبة، ط1، مؤسَّسة الأعلمي للمطبوعات، بيروت 1983م.
95 - العامِلي مُحمّد بن محسن الحرّ، إثبات الهداة بالنّصوص والمعجزات، ط1، مؤسَّسة الأعلمي، بيروت 2004م.
96 - البَحراني السَّيّد هاشِم المُوسَوي التّوبلاني، غاية المرام وحُجّة الخصام، تحقيق علي عاشور، ط1، مؤسسة التاريخ العربي للطباعة والنشر، بيروت 2001م.
97 - ابن كثير، البداية والنِّهاية، دار عالم الكتب، القاهرة 2003م.
98 - الشَّيخ المُفِيد محمّد بن النّعمان ، الجَمَل، مَكتَبة الدّواري، قُم المُقدّسة.
99 - النُّوري الشَّيخ الميرزا مُحمَّد تَقِي الطّبرسي، النَّجم الثَّاقِب في أَحوال الإمام الغائب عجّل الله فَرَجَه الشَّريف. تحقيق ياسين الموسوي، دار المحجة البيضاء، بيروت 2021م.
100 - البَحْراني الشَّيخ عبد الله بن نُور الله، عَوالِم العلوم، تحقيق ونشر مدرسة الإمام المهدي عليه السّلام، قم المقدّسة 1994م.
101 - المُوصِلي أَبي يعلى، مسند أَبي يعلى، تحقيق حُسَين أَسد، ط1، دار المأمون للتّراث، دمشق 1948.
102 - العيَّاشِي مُحمَّد بن مسعود، تَفسِير العَيّاشِي، تحقيق هاشم المحلاتي، مؤسَّسة الأعلمي للمطبوعات، بيروت 1991م.

103 - البَحراني السَّيّد هاشِم، تَفسِير البُرهان، ط3، مؤسسة الوفاء، بيروت 1983م.
104 - الحلبي مُحمّد برهان، السِّيرة الحلَبيّة، دار الكُتب العلمِيّة، ط2، بيروت 2006م.
105 - الزَّبيدي مُحمّد بن مُحمّد الحسيني، تاج العروس من جواهر القاموس، دار إحياء التّراث العربي، بيروت 1984م.
601 - صُبح الأعشى في صِناعة الإنشا، أبو العبّاس القلقشندي، دار الكتب المصرية، القاهرة 1919م.
107 - الأندلسي عبد الله بن عبد العزيز البكري، معجم ما استُعجم من أسماء البلاد والمواضع، تحقيق مصطفى السقا، عالم الكتب، بيروت 1983م.
108 - المقريزي تَقِي الدّين أحمد بن علي، إِمتاع الأسماع، ط1، دار الكتب العلميّة، بيروت 1999م.
109 - البيهقي أحمد بن حسين، دلائل النّبوة ومعرفة أَحوال صاحب الشّريعة، تحقيق د. عبد المعطي قلعجي، ط1، دار الكتب العلمية، بيروت 1988م.
110 - الطَّبري أحمد بن عبد الله، ذخائر العُقبى، دار المعرفة للنّشر، بيروت 2000م.
111 - المُفِيد مُحمّد بن النَّعمان البغدادي، أمالي الشَّيخ المفيد، تحقيق علي أَكبر الغفاري، حسين استاد ولي، المطبعة الإسلاميّة، قُم المقدّسة 1993م.
112 - تأريخ اليعقوبي، أحمد بن إسحاق، دار صادر 1995.
113 - ابنُ طاووس رضي الدِّين، الطّرائف في معرفة مذاهب الطَّوائف، دار خيّام، قم المقدسة 1980م.
114 - بدوي عبد الرَّحمن، مذاهب الإسلامِيِّين، دار العلم للملايين 1983م.
115 - الحسكاني الحاكم عبد الله بن حسكان، شواهد التَّنزيل، ط1، طهران 1990م.
116 - العَسْقلاني الحافظ بن حجر، تهذيب التَّهذِيب، ط1، 1325، دار الكِتاب الإسلامي، القاهرة 1993م.
117 - حسين حسن، الصِّياغة المنطقِيّة لِلفكر الإسلامي، ط1، الدّار العلميّة لِلطِّباعة والنَّشر، بيروت 1992م.

118 - الأميني العلّامة الشّيخ عبد الحسين، الغدير، مركز الغدير للطّباعة والنشر، بيروت 2007م.

119 - الطَّهراني مُحمّد محسن آغا بزرك، الذّريعة الى تَصانِيف الشِّيعة، دار الأضواء، بيروت 1983م.

120 - الحموي شهاب الدِّين ياقوت بن عبد الله الرُّومي البغدادي، معجم البلدان، دار صادر، بيروت 1993م.

121 - العسقلاني الحافظ احمد بن علي بن حجر، لسان الميزان، تحقيق عبد الفتاح أبي عبدة، ط1، مكتب المطبوعات الإسلامية، 2002م.

122 - مقتل الحسين للخوارزمي، ابن مؤيد الموفق بن أحمد المكي، دار أنوار الهدى ط1، مطبعة مِهْر، قم المقدسة 1418هـ.

321 - شرف الدِّين، السَّيِّد عبد الحُسَين، المراجعات، ط2، الجمعيّة الإسلاميّة، بيروت 1982.

421 - الزّين محمد خليل، تاريخ الفرق الإسلامية، مؤسسة الأعلمي، بيروت 1985م.

125 - البغدادي عبد القاهر بن طاهر، الفرق بين الفرق، دار التراث، المكتبة المصرية، بيروت 1995م.

126 - الدّينوري عبد الله بن مسلم ابن قتيبة، الإمامة والسِّياسة، مطبعة النِّيل، القاهرة 1904م.

127 - الصَّفدي صلاح الدِّين، الوافي بالوفايّات، دار احياء التراث العربي، 2000م.

128 - العسقلاني ابن حجر، الإصابة في تَمييز الصّحابة، دار الكتب العلمية، بيروت 1995م.

129 - مُحمّد الكثيري، السَّلَفِيّة بين أَهْل السُّنّة والإمامِيّة، مركز الغدير للدِّراسات والنّشر، بيروت 1997م.

031 - سَمِيرة مختار، جهاد الشِّيعة في العصر العبّاسي الأوّل، دار الجيل، بيروت 1978م.

131 - الزَّمخشري مَحمُود بن مُحمّد، الكشاف عن حقائق غوامض التَّنزِيل، دار المعرفة 2009م.
132 - محمد بن شهراشوب، مناقب آل أَبي طالِب، المكتبة الحيدرية ـ النجف سنة 1376هـ.
331 - الطّبراني سليمان بن أحمد، المعجم الكبير ، دار الرّاية، 1993م.
134 - السّيوطي جلال الدين، الدّر المنثور في التّفسير بالمأثور، مركز هجر للبحوث، القاهرة 2003م.
531 - الدّليمي أَبي منصور شهردار، فردوس الأخبار، دار الكتاب العربي، القاهرة 1987م.
136 - أَبو ريَّة مَحمُود، أضواء على السُّنّة المحمدِيّة، ، دار المعارف، القاهرة 1999م.
137 - ابن حزم الأندلسي على بن أحمد بن حزم، المحلى بالآثار، دار ابن حزم، بيروت 2016م.
831 - الشَّافعي مُحمّد، كفاية الطَّالب في مناقب علي بن أبي طالب، دار احياء التراث 1984م.
931 - المَدَنِي عَلِيّ، الدَّرجات الرَّفِيعة في طبقات الشِّيعة، مؤسسة الوفاء، بيروت 1997م.
041 - ابنُ الأثير، الكامِل في التّأريخ، دار الكتب العلمية، بيروت 1987م.
141 - الطَّبَرسي، الاحْتِجاج، دار النَّعمان لِلطِّباعة والنَّشر النَّجف الأشْرف 1966 م.
142 - البغدادي أحمد بن عبد العزيز الجوهري، السَّقِيفَة وفَدَك، شركة الكتبي لِلطِّباعة والنّشر، بيروت 1993م.
341 - الهيثمي عَلِيّ، مجمع الزّوائد، دار الكتب العلمية، بيروت 2001م.
144 - ابنُ المُبرد الحَنبلي، مَحضُ الخَلاص في مَناقِب سَعد بن أَبِي وَقّاص، دار البَشائر لِلطِّباعة والنَّشْرـ ط 1، بيروت 2006م.
145 - ابنُ حزم عَلِيّ بن أحمد، الأحكام في أصول الأحكام، دار الآفاق الجديدة، بيروت 1983م.

641 - العَيّاشي مُحمّد بن مسعود، تَفسِير العَيّاشي، مؤسسة الأعلمي، بيروت 1991م.
147 - ابنُ الجوزي، الطِّب النَّبوِي، دار الفكر، بيروت 2012م.
841 - المفيد مُحمَّد بن النَّعمان، الفصول المختارة، دار المفيد، لندن 1993م.
941 - الحُرّ العاملي مُحمّد بن الحسن، وسائل الشِّيعة، دار إِحياء التّراث العربي، بيروت 1983م.
051 - الطَّبري محمّد بن جرير، المسترشد، مؤسسة الثّقافة الاسلاميّة، قم المقدسة 1994م.
151 - الطويل ط. توفيق، قصة الاضطهاد الديني في المسيحية والإسلام، الزّهراء للإعلام العربي 1991م.
251 - المرتضى عَلِيّ بن محمّد، تلخيص الشّافي، دار الكتب العلميّة، قم المقدسة 1974م.
153 - الأَنْدَلُسي أحمد بن مُحمّد، العقد الفريد، دار الكتب العلميّة، قم المقدسة 1983م.
154 - المسعودي أَبِي الحَسَن، مُروج الذَّهب، المكتبة العصريّة، صيدا، 2005م.
155 - بَدوي عبد الرَّحمن، مذاهب الإسلاميِّين، دار العلم للملايين، بيروت 1996م.
156 - المُتَّقي الهندي علاء الدّين، كنز العمال في سنن الأقوال والأفعال، مؤسسة الرّسالة، بيروت 1981م.
157 - الثَّقفي إبراهيم بن مُحمّد، الغارات، دار الأضواء، بيروت 1987م.
851 - مصطفى غالب، تأريخ الدَّعوة الإسماعيلِيّة، دار الأَنْدلس للطِّباعة والنّشر 1965م.
951 - النَّماري عَلِي، مُستَدرك سَفِينة البِحار، مُؤسَّسَة النَّشر الإسْلامي، قم المقدسة 1997م.
160 - روضة المُحدّثين ، مجموعة من الوعّاظ، مركز النّور، الاسكندريّة.
161 - العَسْقلاني ابن حَجَر، فتح البَارِي بصحيح البخاري، دار الرِّسالة العالمية، مراكش 2013م.

162 - الأَنْدلِسي ابن حزم، الإحكام في أصول الأحكام، دار الآفاق الجديدة، بيروت 1983م.
163 - أَبُو الفداء عامد الدّين اسماعيل، تأريخ أبي الفداء (المختصر في أخبار البشر)، دار الكتب العلمية، قم المقدسة 1997م.
164 - القاسِمي جمال الدّين، تأريخ الجهمِيّة والمعتزلة ، مؤسسة الرّسالة، بيروت 2013م.
165 - أَبو الفرج المراواني علي بن الحسين، الأغاني، دار الكتب العلميّة، بيروت 1991م.
166 - محمودي محمد باقر، نهج السعادة في مستدرك نهج البلاغة، مطبعة النّعمان، بغداد 1965م.
167 - الزّهري مُحمّد سعد، طبقات ابن سعد (الطّبقات الكبرى)، مطبعة الخانجي، القاهرة 2001م.
168 - أَبو حنيف النَّعمان بن محمّد، دعائم الإسلام (وذكر الحلال والحرام والقضايا والأحكام)، دار المعارف، بيروت 1996م.
169 - أَبُو القاسِم الخزار القُمّي علي بن محمّد، كفاية الأثر في النَّصّ على الأئمة الأثني عشر، مطبعة الخيّام، قم المقدسة 1981م.
170 - القرشي، باقر شريف، حياة الإمام موسى بن جعفر، العَتبَة الكاظميّة المقدّسة 2009م.
171 - طاهر الإسفرائيني ، التَبصِير في الدّين وتَمِييز الفِرقَة النَّاجِية عن الفِرَق الهالِكِين، مكتبة الأزهر للتّراث، القاهرة 2010م.
172 - الأَمِين محسن، أَعيان الشِّيعَة، دار التَّعارف لِلمَطبُوعات، بيروت 1983م
173 - المفيد، الإرشاد في معرفة حجج الله على العباد ، دار المفيد، بيروت 1993م.
174 - الطّبرسي، إعلام الورى، المطبعة الحيدريّة، النّجف الأشرف 1390هـ.
175 - الشّامي كمال الدين، الدّر النّظيم، مؤسَّسة النَّشر الإسلامي، قم المقدسة 1420هـ.

176 - ابن طاووس علي بن جعفر، اللّهوف، مطبعة جهان، طهران 1348ش.

771 - ابن نما الحلي، مثير الأحزان، تحقيق ونشر مدرسة الإمام المهدي عليه السلام 1406هـ.

178 - ابن الجوزي عبد الرحمن بن عليّ، المنتظم في تأريخ الملوك، دار الكتب العلمية، بيروت 1992م.

971 - أبو مخنف لوط الأزدي، وقعة الطف، مؤسسة النشر الإسلامي، قم المقدّسة 1417هـ.

180 - الطوسي محمد بن الحسن، الأمالي، دار الثّقافة، قُم المُقدَّسَة 1414هـ.

181 - أَبُو فراس الفَرَزدق، دِيوان الفَرَزْدَق، تَحقِيق أَكْرَم البستاني، دار بيروت للطّباعة والنّشر 1984م.

182 - العقل ناصر عبد الكريم، الافْتِراق مفهومه وأَسْبابه وسُبل الوقاية منه، دار المسلم، الرياض 2004م.

183 - محمود أبو ريَّة، شيخ المضيرة أبو هريرة ط 1، دار المعارف، مصر 1965م.

481 - محمد رشيد رضا، الوحي المحمدي، ط 1، دار الكتب العلمية، بيروت 2005م

185 - الشَّهرِسْتاني السَّيّد عليّ، وُضُوء النَّبِي صَلَّى الله عليه وآله، دار المشعر، طهران 1996م.

186 - الصَّدر مُحمّد باقر، التَّشيّع ظاهرة طبيعية في إِطار الدَّعوة الإسلامِيّة، دار التّعارف، بيروت 1977م.

187 - النَّشّار علي سامي، نشأة الفكر الفلسفي في الإسلام، دار المعارف، القاهرة 1995م.

188 - المقريزي تَقِي الدِّين، المواعظ والاعتبار بذكر الخطط والآثار، دار الكتب العلميّة، بيروت 1998م.

981 - المنقَرِي نَصر بن مزاحم ، وَقْعَةُ صِفّين، المؤسَّسَة العربيّة للطِّباعة والنّشر، بيروت 1914م.

190 - المَكِّي موفق بن أَحمد، مقتل الحُسَين (عليه السَّلام) لِلخَوارِزمِي، مكتبة المفيد، قم المقدسة 1980م.
191 - المسعودي، مروج الذّهب ومعادن الجوهر، مشورات دار الهجرة ، ط2، ايران 1984م.
192 - صَدر الدّين محمد الشّيرازي، الحكمة المتعالية في الأسفار العقلية الأربعة، دار المعارف الإسلامِيّة، مَطبعة قُم، ط3 ، 1981م
193 - المُفِيد محمّد بن النّعمان، الإرشاد، مؤسسة آل البيت، بيروت 1993م.
491 - الطَّبرسِي الفضل بن حسن، أَعلام الوَرى بِأَعلام الهدى، مؤسسة آل البيت، بيروت 1997م.
195 - الفَيض الكاشاني مُحمّد بن مرتضى، الصَّافي في تفسير القرآن، دار الكتب الاسلاميّة، قم المقدسة 1996م.
196 - ابنُ عَربِي، الفُتوحات المكِّيّة، دار إحياء التّراث الإسْلامي، بيروت 1997م.
197 - ابنُ عَرَبِي، فصوص الحكم، القاهرة، 1946م.
198 - أَبو العلا عفيفي، التَّصوف الثّروة الرُّوحيّة في الإسلام، مؤسسة هنداوي، القاهرة 2017م
199 - المازِنْداراني شَرح أُصُول الكافي، دار إِحياء التراث، بيرت 2000م.
200 - الذَّهبِي محمّد بن أحمد ، تأريخ الإسلام، دار الكتاب العربي، القاهرة 1990م.

www.ingramcontent.com/pod-product-compliance
Lightning Source LLC
Chambersburg PA
CBHW071112080526
44587CB00013B/1311
9781739751920